ترجمة معاني القرآن الكريم
باللغة اليابانية

حسب القراءات العشر المتواترة
وبحاشيته شرح لمعاني الآيات

日亜対訳
クルアーン

［付］訳解と正統十読誦注解

中田考【監修】
中田香織／下村佳州紀 訳
「正統十読誦注解」訳著 松山洋平

責任編集
黎明イスラーム学術・文化振興会

作品社

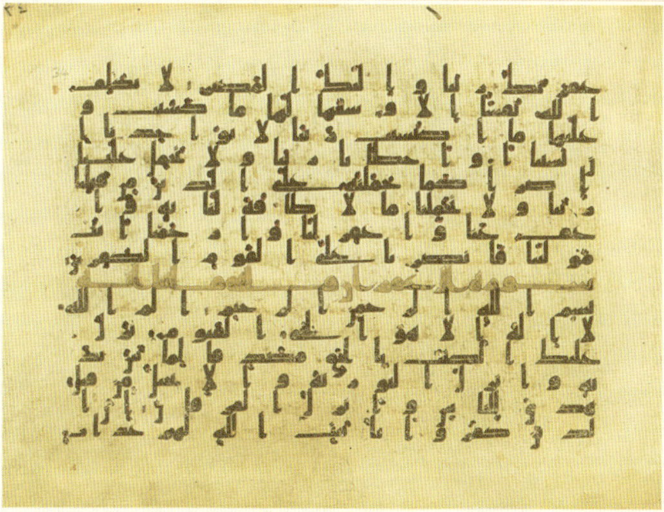

غفرنك[1] ربنا واليك المصير [٢٨٥] لا يكلف
الله نفسا الا وسعها لها ما كسبت و
عليها ما اكتسبت ربنا لا تواخذنا ا
ن نسينا او اخطانا[2] ربنا ولا تحمل علينا
اصرا كما حملته على الذين من قبلنا
ربنا ولا تحملنا ما لا طاقة لنا به وا
عف عنا واغفر لنا وارحمنا انت
مولينا فانصرنا على القوم الكفرين [٢٨٦]

[٣] سـورة ال عمران وهـى مـائتا ايـة[3]
بسم الله الرحمن الرحيم الم [١] الله
لا اله الا هو الحى القيوم [٢] نزل
عليك الكتب بالحق مصدقا لما بين يد
يه وانزل التورية والانجيل [٣] من قبل
هدى للناس وانزل الفرقان[4] ان ا
لذين كفروا بايت الله لهم عذاب

١ غفرنك: ت // غفرن•: ط // غفرانك: ف (انظر: المقنع ٤٤).
٢ اخطانا: ت، ف // اخطئنا: ط (بألف ثابتة صورة للهمزة، ورسمت أيضا بغير ألف؛ انظر: مختصر التبيين ٢/٣٢٣).
٣ سورة ... اية: ت // -: ط // سورة آل عمران: ف.
٤ الفرقان: ت، ف // •لفرقن: ط (انظر: المقنع ٤٤؛ مختصر التبيين ٢/٣٢٨؛ الجامع ٣٢).

Hz. Osman'a Nisbet Edilen Mushaf-ı Şerif Türk İslâm Eserleri Müzesi Nüshası
２章２８５節の終りから２８６節の最後まで
３章１節から４節の途中まで

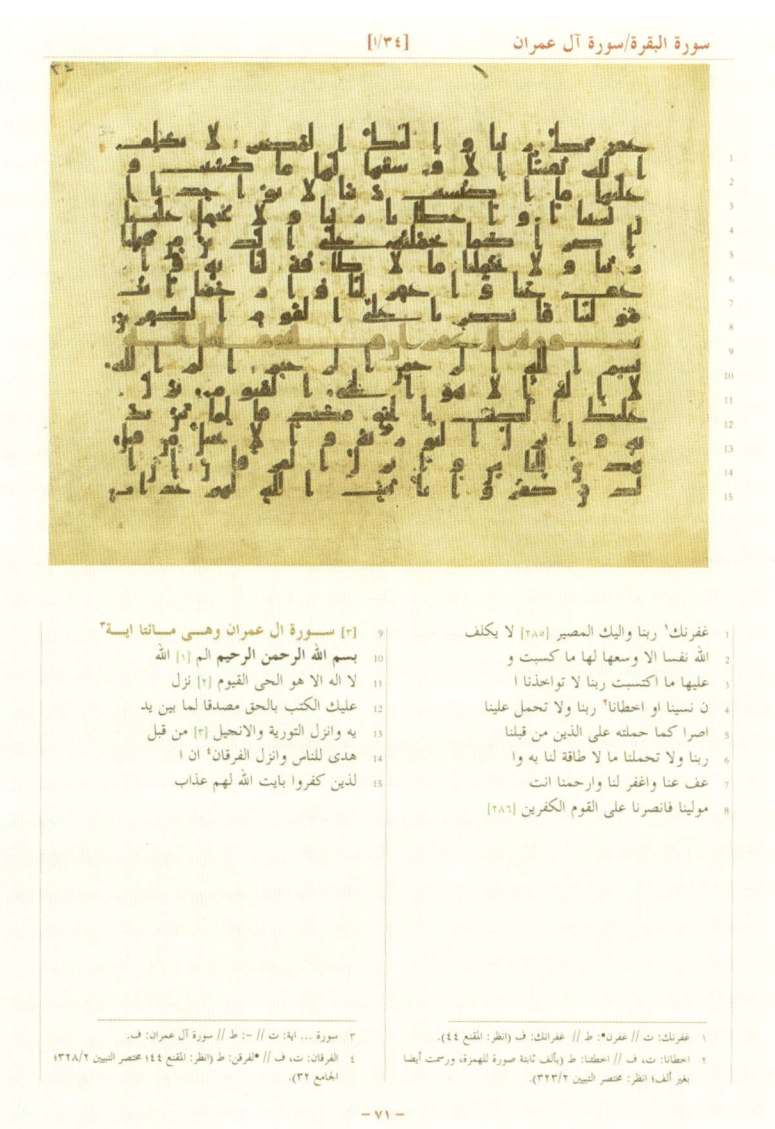

سورة آل عمران

(١ ، ٢) ﴿ الم الله ﴾ قرأ الجميع بإسقاط همزة لفظ الجلالة وصلاً ، وتحريك الميم بالفتح للساكنين ، ويجوز لكل القراء في الميم المد ، والقصر ، لتغير سبب المد ، فيجوز الاعتداد بالعارض وعدمه . وقرأ أبو جعفر : بالسكت سكتة لطيفة على : (ألف) ، و (لام) ، و (ميم) . والسكت : قطع الصوت زمناً دون زمن الوقف عادة من غير تنفس ، والمشافهة تحكم ذلك بحقه . ويترتب على هذا السكت لزوم المد الطويل في (ميم) وعدم جواز القصر فيه ، لأن سبب القصر ، وهو تحرك الميم قد زال بالسكت ، كما يترتب عليه إثبات همزة الوصل حالة الوصل .

سورة آل عمران

بسم الله الرحمن الرحيم

القراءات الشاذة

٥٠

٤٩

al-Muyassar fī al-Qirā'āt al-'Arba' 'Ashrah
２章２８３―２８６節
３章１－９節

بسم الله الرحمن الرحيم

الحمد لله رب العالمين والصلاة والسلام على سيدنا محمد وآله الأكرمين وبعد...

فقد طلب مني الطالب النجيب والباحث الأديب / حسن كوناكاتا الياباني أن أجيزه بكتاب حاشية الجمل على تفسير الجلالين الذي قرأه عليّ حتى ختمه عشاء يوم الاثنين ٢٤ من ذي القعدة سنة ١٤١٨هـ الموافق ٢٣ من مارس سنة ١٩٩٨م، وقد أجزت الطالب المذكور ضاعف الله لي وله العطاء والأجور.

وإني أروي كتب التفسير والحديث وغيرها من كتب العلوم الشرعية بأعلى إسناد في هذا العصر عن شيخنا العالم العترة العارف بالله تعالى الحافظ أبو الفضل عبد الله بن محمد بن الصديق الغماري الحسني المولود بطنجة بالمغرب أول رجب سنة ١٣٢٨هـ والمتوفى يوم ٢٠ من شعبان سنة ١٤١٣ﻫ أسبغ الله عليه رحمته وأسكنه الفردوس الأعلى في دار كرامته.

وهو يروي عن مشايخ أعلام من المشرق والمغرب أخص منهم بالتقديم والده الإمام العارف بالله تعالى سيدي الشيخ محمد بن الصديق المتوفى سنة ١٣٥٤هـ.

ويروي ثبت العلامة محمد الأمير المصري المالكي عن الشيخ المعمر محمد دويدار الكفراوي وقد جاوز المائة عن البرهان إبراهيم الباجوري عن الأمير.

(ح) وعن الشيخ عمر حمدان المحرسي عن المعمر الطيب النيفر عن البرهان الرياحي عن الأمير المذكور بما في ثبته المطبوع المتداول.

ويروي الإمداد بعلو الإسناد للعلامة عبد الله بن سالم البصري المكي الشافعي رحمه الله تعالى عن الشيخ محمد إمام السقا خطيب الأزهر عن والده البرهان السقا عن ولي الله تعيلب الفشني عن السطوحي الملوي والجوهري عن عبد الله بن سالم البصري بما في الإمداد المطبوع.

ويروي اليانع الجني بأسانيد عبد الغني وهو الدهلوي ثم المدني المجددي محشي سنن ابن ماجه عن الشيخ خليل الخالدي المقدسي والشيخ توفيق الطرابلسي كلاهما عن الشيخ عبد الغني الدهلوي وهو عن الشيخ عابد السندي ثم المدني بما في ثبته الشهير الكبير حصر الشارد من أسانيد محمد عابد وهو من أوسع الأثبات.

(ح) ويروي الشيخ عبد الغني المذكور عن والده أبي سعيد الدهلوي عن محمد إسحاق الدهلوي

عن عبد العزيز الدهلوي عن والده ولي الله عبد الرحيم الدهلوي بما في أثباته المتعددة.

ويتصل سند السيد عبد الله الصديق بالعلامة المحدث اللغوي السيد مرتضى الزبيدي الحنفي بأعلى سند يوجد في الدنيا وهو ما يرويه عن الشيخ القاضي عبد الحفيظ الفاسي عن يوسف السويدي البغدادي عن السيد مرتضى الزبيدي المتوفى سنة ١٢٠٥هـ وله أثبات متعددة وهو القائل في ألفية السند له:

وقل أن ترى كتابا يعتمد ... إلا ولي فيه اتصال وسند

أو عالما إلا ولي إليه ... وسائط توقفني عليه

ـ وكذا يروي شيخنا رحمه الله تعالى المناهل السلسلة والإسعاد بالإسناد عن المسند الشيخ عبد الباقي اللكنوي المتوفى سنة ١٣٦٤هـ.

ويروي أيضا المعجم الوجيز للمستجيز والبحر العميق في مرويات ابن الصديق وصلة الرواة [illegible] والأثبات ثلاثتهم عن مصنفهم وشقيق شيخنا الحافظ أبي الفيض السيد أحمد بن الصديق رحمه الله تعالى.

ويروي شيخنا أيضا عن الشيخ محمد بخيت المطيعي مفتي الديار المصرية رحمه، والشيخ محمد راغب الطباخ الحلبي، والسيد محمد بن إدريس القادري شارح الترمذي، والسيد المؤرخ محمد بن زبارة الحسني اليماني، والشيخ بدر الدين البيباني الدمشقي والسيد إدريس بن محمد المهدي بن محمد بن علي السنوسي ملك ليبيا عن أبيه عن جده بما في أثباته المتعددة وتوفي سنة ١٢٧٦هـ بجغبوب.

ـ وأوصي الطالب المجاز بتقوى الله تعالى في السر والعلانية وبأن يكد في طلب العلم حتى يصل إلى ما يرغب فيه إن شاء الله تعالى.

كما أوصيه أن يدعو لي دائما عقب الصلوات وفي الخلوات والجلوات وكلما تذكرني أو قرأ لي.

وآخر دعوانا أن الحمد لله رب العالمين

وصلى الله على سيدنا محمد وعلى آله وصحبه وسلم تسليما كثيرا

وكتبه راجي ربه الغفور

مجدي بن محمد بن محمد عاشور

عفي عنه

中田考がクルアーン学の専門家Dr.マジュディー・アーシュール師(現アズハル大学教官)から授かったクルアーン釈義免状

日亜対訳　クルアーン

شكر وعرفان

تمت أعمال هذه الترجمة والتفسير المرافق وأعمال التدقيق

بدعم مبارك من

السيدة الفاضلة حياة عبد اللطيف جميل

والتي وضعت للأجيال اليابانية القادمة بصمة لا تمحى

في تاريخ العمل الإسلامي العلمي في اليابان

篤志家のハヤート・アブドゥッラティーフ・ジャミール女史より、本書の翻訳、校正などに際し長年にわたる暖かい支援を賜りました。

ワフバ・アッ＝ズハイリー博士からの推薦状

بسم الله الرحمن الرحيم

الحمد لله رب العالمين، والصلاة والسلام على سيدنا محمد خاتم الأنبياء والمرسلين، وعلى آله وصحبه أجمعين وبعد:

فإن القرآن الكريم كلام الله الذي أنزله بالوحي القطعي على قلب رسوله الكريم، بدليل أنه لا مثيل له من كلام البشر، فهو يتميز بالإعجاز البياني والتشريعي والاعتقادي والإنساني والاجتماعي والإعلامي بقصص الأنبياء والرسل الكرام وغيرهم وغير ذلك، بدليل تحدي العرب المشركين أقطاب البلاغة والفصاحة شعراً ونثراً أن يأتوا بمثل القرآن المجيد أو بعشر سور مثله أو بأقصر سورة منه، فلم يستطيعوا، حتى ولو استعانوا بكل إمكانات الجن والإنس.

هذا القرآن يحقق لكل من آمن به السعادة في عالم الدنيا وعالم الآخرة بعد انتهاء أمد العالم ووجود القيامة المؤكد، علماً أن لم يعلم أحد من البشر بتاريخ ذلك، وإنما اختص الله بغيبيات خمسة شرعية، منها: تحديد مجيء القيامة وحدوثها.

والواجب تبليغ مضامين القرآن العظيم وما اشتملت رسالة ونبوة محمد بن عبد الله النبي العربي الهاشمي في بدء الوحي الإلهي واستمراره تدريجاً على مدى ثلاث وعشرين سنة، ويكون تبليغه للناس كافة بقدر المستطاع، وعلى عاتق كل مسلم ومسلمة، ولو آية كريمة منه، ويكون ذلك بإيضاح معانيه وأحكامه ومشتملاته باللغة العربية، أو بنقل معانيه لا لفظه أو نظمه إلى اللغات الأخرى غير العربية، وهذا هو الجائز شرعاً، لاستحالة ترجمة نصوص القرآن العربية بذاتها إلى لغات أخرى هنا.. وقد ترجمت معاني القرآن الكريم في المملكة العربية السعودية وغيرها إلى أكثر من خمس وأربعين لغة، وهذه ترجمة جديدة مرموقة

فيما اطلعت عليه من نماذج ثلاثة، بواسطة فريق من المسلمين
اليابانيين وعربي مسلم، نجحوا في تحقيقها ونقل المعاني على
كتب رصينة في التفسير، مع الجهد بالترجمة ترجمة للقراءات
العشر المتواترة التي نزل بها القرآن، لتغطية لغات القبائل
العربية ولهجاتهم وثقافاتهم، بما فيها من تنوع ومن وجود ألفاظ
ذات مدلولات متقاربة في معانيها وأحكامها لتحقيق غايات
كثيرة من أجل رفد البشرية بمعارف عديدة شاملة.
وإني لفخور بما قام به فريق الترجمة إلى اللغة اليابانية
من أجل تيسير الاطلاع على مشتملات القرآن الكريم في
خطابه البليغ بلاغة لا نظير لها، داعيًا الله تعالى لهم بالتوفيق والسداد.
لذا، فإني أهنئ فريق الترجمة، وأقدر ما بذلوه من جهد كبير
في فهم معاني آيات القرآن ونقلها بدقة إلى اللغة
اليابانية، لعل الله تعالى يقذف في قلوب المطلعين عليها
نور الإيمان والإسلام ليكونوا من السعداء، والله
الموفق إلى صراط مستقيم.

دمشق ١٠ من رجب ١٤٣١هـ
٢١/٧/٢٠١٠م

الأستاذ الدكتور وهبة الزحيلي
عميد كلية الشريعة بجامعة دمشق سابقًا

慈悲あまねく慈悲深きアッラーの御名において

諸世界の主、アッラーに称賛あれ。また、諸預言者と諸使徒達の封緘である我らが長ムハンマドとその一族とその一党に平安あれ。

さて、聖クルアーン(コーラン)とは、アッラーが疑問の余地のない啓示によって彼の高貴な使徒の心に下し給うた、アッラーの御言葉である。その根拠は、クルアーンには人間の言葉でこれと同様のものが無いことであり、クルアーンは表現的、聖法的、信条的、人間的、社会的な奇跡と、高貴な諸預言者と諸使徒の説話等の宣示によって傑出している。さらに、クルアーンがアラブの多神教徒等の詩文と散文における修辞法や言語の正則性の巨匠達に対して、栄光あるクルアーンと同様のもの、あるいは同様の10章あるいは最短の章をもって来るようにと挑戦し、彼らがそれを果たせなかったこと —例え彼らが人間と幽精《ジン》の全ての能力に助けを求めたとしても— もその根拠である。

このクルアーンは、これを信じた全ての者に現世とこの世界の終結の後にある来世での幸福を実現する。復活の存在は確実であり、例え人間の誰一人としてその期日を知らないとしても、アッラーのみは五つの不可知の事象[1](の知識)を専有し給い、そのうちの一つが復活の到来と発生の(期日の)特定である。

そして、おおいなるクルアーンの内容と、神的啓示の開始と(そこから)二三年間に及ぶ啓示の段階的継続におけるハーシム家のアラブ人である預言者ムハンマド・ブン・アブドゥッラーの預言者性と使徒性が包含する内容とを伝達することは聖法上の義務である。そしてその伝達は、可能な限りあらゆる人間を対象とするものであり、例えクルアーンの一つの節(の伝達)に過ぎなくとも、全てのムスリム(イスラーム教徒)男性及び女性の肩に掛かっている(義務である)。そして、それはクルアーンの意味内容、諸規定、包含内容のアラビア語による説明によるものか、あるいはアラビア語以外の他言語へのクルアーンの意味内容の —文字や韻律構造のではなく— 移し換えによるものとなる。そして、このことは、アラビア語のクルアーンの本文をそのまま他言語へ翻訳することが不可能である以上、聖法上許可されるのである。

さて、すでに聖クルアーンの意味内容は、サウディアラビア王国などで四五以上の言語に翻訳されているが、私が三つの見本を見た限りでは信頼の置ける、この新訳は、日本人ムスリム達の集団とアラブ人ムスリムによるものであり、彼らはクルアーンの意味の置き換えと翻訳の精査に関しクルアーン解釈学における不動の名著を参照している。

加えて、不可謬多数の伝承に基づくクルアーンの正統十読誦の解釈の翻訳が付属するが、これはアラブの諸部族の言語、発音、文化を包摂するためであり、意味や規定において近接した指示内容を有する諸発音の存在と多様性が含まれている。これは、包括的かつ多様な知を人類に与えるべく、様々な目的を達成するためである。

さて、私は聖クルアーンの包含する内容を閲読しやすくするために日本語への翻訳集団がおこなった作業を極めて誇らしく思い、至高なるアッラーに彼らの大いなる成功と至正を祈るものである。

1　五つの不可知・不可視の事象とは、31章34節に言及される最後の審判の日の到来時期、雨の降る時と場所、胎児の詳細な有様・容態、自己の未来、自己の死に場所を指す。

従って、私は本翻訳集団に祝辞を述べ、他に類例のないほど修辞的に奥深い語りかけを有するクルアーンの諸節の意味内容の理解と日本語への正確なその移し換えにおいて彼らが払った多大な努力を評価するものである。

願わくば、至高なるアッラーが読者諸賢の心に信仰とイスラームの光を投げ入れられ、読者諸賢が幸福とならんことを。

アッラーこそは真っすぐな道へと導き給う御方であらせられる。

ダマスカス

ヒジュラ歴 1431 年ラジャブ月 10 日　／　西暦 2010 年 7 月 21 日

元ダマスカス大学シャリーア学部学部長

ワフバ・アッ＝ズハイリー博士

شكر وعرفان

تمت أعمال طباعة هذه الترجمة

بدعم كريم من

سمو الشيخة شمسة بنت حمدان آل نهيان

والتي جعلت هذه الترجمة في متناول

جميع أفراد الشعب الياباني الآن والأجيال قادمة

アッ＝シャイハ・シャムサ・ビントゥ・ハムダーン・アール・ナヒヤーン妃殿下より、本書の出版助成を賜りました。

※アッ＝ズハイリー博士は、アズハル大学シャリーア学部を卒業後、カイロ大学で法学博士号を取得、『照明クルアーン注釈』（全三十巻）や『イスラーム法における戦争の効果』の著書であり、特に『イスラーム法とその典拠』（全十一巻）はトルコ語やマレー語にも訳されるなど、現代イスラーム世界で最も影響力のあるイスラーム学者（アーリム）の一人。

アラブ首長国連邦大統領府からの推薦状

UNITED ARAB EMIRATES
MINISTRY OF PRESIDENTIAL AFFAIRS

الإمارات العربية المتحدة
وزارة شؤون الرئاسة

بسم الله الرحمن الرحيم

ترجمة معاني القرآن الكريم إلى اللغة اليابانية

الحمدلله الذي بنعمته تتم الصالحات ، والصلاة والسلام على من تنزلت عليه الآيات البينات ، سيدنا محمد وعلى آله الطاهرين الثقاة ، وصحابته أولى النهى والمكرمات .

ومن اتبع هديه وتمسك بسنته من المؤمنين والمؤمنات .

وبعد ، ...

فلقد عرض عليَّ الأخ الفاضل الأستاذ الدكتور / محمد جباصيني مؤلفاً يشتمل على معاني القرآن الكريم باللغة اليابانية ، مشفوعاً بتقديم من العلامة الأستاذ الدكتور / وهبة الزحيلي ، وأرى أنه لاقول على ماتم تحريره بقلم أحد العلماء الكبار ممن يشهد له أهل العلم بوفرة المعرفة وغزارة العلم ورجاحة الفكر وسلامة العقيدة .

فإن العلامة الشيخ الزحيلي نفعنا الله به وبعلومه قد أوضح في تقديمه لهذا السفر النفيس ما يكشف عن صحة ما ذهب إليه الإخوة العلماء الذي نقلوا معاني الفاظ القرآن الكريم وقد وفقوا بحمدالله إلى تيسير المعرفة بمعاني أي الذكر الحكيم .

وإذ أهنئهم بهذا العمل الجليل ، فإني أرفع أكف الضراعة إلى الله عزوجل بأن يزيدهم توفيقاً وتسديداً في خدمة كتاب الله العزيز ورسالة الإسلام الخالدة .

والله يقول الحق وهو الهادي إلى سواء السبيل .

السيد علي بن السيد عبدالرحمن آل هاشم
مستشار الشئون القضائية والدينية
عضو مجمع البحوث الإسلامية بالأزهر الشريف

الإمارات العربية المتحدة
وزارة شؤون الرئاسة

حرر في : 16 من جمادي الأولى 1432هـ
الموافق : 20 من إبريل 2011م

/ ح !

www.mopa.ae

هاتف: ‎+٩٧١ ٢ ٦٢٢ ٢٢٢١ • فاكس: ‎+٩٧١ ٢ ٦٦٦ ٢٥٨٦ • ص.ب ٢٨٠ • أبوظبي • الإمارات العربية المتحدة
TELEPHONE: +971 2 622 2221 • FACSIMILE: +971 2 666 2586 • PO BOX 280 • ABU DHABI • UNITED ARAB EMIRATES

アラブ首長国連邦
大統領府

慈悲あまねく慈悲深きアッラーの御名において

聖クルアーンの意味の日本語への翻訳について

その恩寵によって善行が完遂される御方、アッラーに称賛は帰す。また、明白な(クルアーンの)諸節がその上に降された方、我らが長ムハンマドと清浄で信頼の置けるその一族、そして知性と高潔な行いを有する彼の教友達に平安あれ。

また、信仰者の男性達と女性達で彼の道に従い、彼のスンナ(慣行)を堅持した者たちにも(平安あれ)。

さて、過日、畏兄ムハンマド・ジャバースィーニー博士が、碩学ワフバ・アッ＝ズハイリー博士による序文が付された、日本語による聖クルアーンの意味を包括した著作を私に見せて下さった。私の見るところ、学者達がその学識の広大さ、学知の深さ、思想の優位性、信条の清廉潔白さを証言する大学者の一人の筆によって記述されたものに対し付言することはない。

碩学アッ＝ズハイリー師　――アッラーが彼と彼の知によって我らを益し給うように――はこの貴重な書への序文において、聖クルアーンの言葉の意味を移し換えた同胞の学者達が到達したもの(見解)の信頼性を開示するものを明らかにしており、彼らは「英知の教訓」(クルアーン)の印・節《アーヤ》の意味理解を分かり易くすることに成功したのである。

私はこの重大な成果に対し彼らに祝辞を述べ、威力比類無く威厳あるアッラーに、偉大なるアッラーの書とイスラームの永遠なる使信への奉仕における成功と導きを彼らに増し加え給わんことを、との乞い願いの掌を捧げるものである[1]。

アッラーは真実を述べ給い、彼こそは正道へと導き給う御方にあらせられる。

アッ＝サイイド・アリー・ブン・アッ＝サイイド・アブドゥッラフマーン・アール・ハーシム
宗教・司法問題顧問
アズハル大学イスラーム研究機構会員

ヒジュラ歴1432年ジュマーダー・アル＝ウーラー月16日
西暦2011年4月20日　記

1　イスラームでは祈願を捧げる際に掌を天に向けることから取られた表現。

日亜対訳　クルアーン　目次

日亜対訳 クルアーン

序

本書はクルアーンの邦訳である。しかし日本語の『聖書』が聖書であり、日本語の仏典が仏典であるのと違い、クルアーンの邦訳はクルアーンではない。

分かりやすい例を挙げよう。仏教の葬儀では日本語(漢文)の仏典の読経が行われ、キリスト教のミサでは日本語の『聖書』が読みあげられる。しかし、イスラームの一日五回の勤行の礼拝では、クルアーンの邦訳が読まれることはない[1]。このことからも、同じように宗教の聖典と呼ばれるとしても、クルアーンは、『聖書』や仏典とは聖典としての性格が異なっていることが分かるであろう。クルアーンはアラビア語の原典だけがクルアーンであり、その邦訳はクルアーンの日本語による解釈であってクルアーン自体ではないのである。

仏教では「八万四千の法門」とも呼ばれるように無数の経典があるが、そのうちで歴史上のゴータマ・シッダッタに遡れるものは少なく、日本で馴染みの深い般若経、法華三部経、浄土三部経などの大乗経典は西暦紀元前後に大乗諸教団によって創作されたものと考えられており、パーリ語で書かれた最古の仏典群を奉ずる上座部仏教では用いられない。

キリスト教では、主としてヘブライ語の文書群を原典とする『旧約聖書』とギリシャ語の文書群を原典とする『新約聖書』を併せて『聖書』と呼ぶことは、カトリック、プロテスタント、正教会に共通である。しかし『旧約聖書』に収められる文書の内容については、ヘブライ語の聖書を原典とするプロテスタントと、そのギリシャ語訳『七十人訳(セプトゥアギンタ)』を元にするカトリック、正教会では異なっており、新約聖書に関しては原典自体がイエスの用いたアラム語ではなくギリシャ語であり、イエスの肉声を殆ど保存していない。ちなみに、カトリックでは公式の「正典」はギリシャ語の原典ではなく標準ラテン語訳『ヴルガータ』である。

つまり、仏教やキリスト教においては、開祖ゴータマ、イエスの肉声を伝えることに重きが置かれておらず、その開祖の言葉を記録した原典のみが絶対の真理を伝える正典とはみなされず、原典と翻訳の間に絶対的な区別がなされることもないのである。

ところがクルアーンについては事情が全く異なり、預言者ムハンマドの肉声のアラビア語の読誦が現在に至るまで口伝えで伝承されている。また書き記された「書物・本」としても、第3代カリフ・ウスマーンが結集したウスマーン版と呼ばれる欽定クルアーンがスンナ派、シーア派の宗派の別を問わず世界中で共通して用いられており、他の言語のヴァージョンは一切存在しない。

クルアーンの翻訳を読む場合には、あくまでもアラビア語の原典のみがクルアーンである、とのこのクルアーンの聖典としての性格をよく理解しておく必要がある。それゆえ、以

1　マーリキー派、シャーフィイー派、ハンバリー派、シーア派は礼拝におけるクルアーンの訳文の読誦を禁じているが、ハナフィー派法学祖アブー・ハニーファは、アラビア語の発音のできない外国人がアラビア語を習熟するにいたるまでに限って訳文を読誦することを許可した。Cf., Muḥammad Hādī Ma‘rifah, *Al-Tafsīr wa-al-Mufassirūn*, Mashhad, 1997, vol.1, pp.124-125.

但しエジプトのアズハル版英訳クルアーンはアブー・ハニーファが礼拝でクルアーンの訳文を読誦することを許したと言われるのは謬説である、と述べている。Cf., al-Azhar, Ministry of Al Awkaf, Supreme Council for Islamic Affairs, *al-Muntakhab The Select,* Cairo, 1993, p.9.

下において、同じアブラハムの宗教としての歴史を共有する啓示宗教であるユダヤ・キリスト教の聖書と比較してクルアーンの特徴を明らかにしよう。

1. クルアーンと聖書の成立過程

イスラーム学と新約学を講ずるオリエンタリストでニューヨーク大学教授のF.E. ピータースが、ユダヤ教、キリスト教、イスラームの自己理解について、「彼ら(ユダヤ教徒、キリスト教徒、ムスリム)は、そして彼らだけが、神の言葉(the Word of God)を聞き、忠実に保持し、同様に忠実に遵守してきた」[2]と述べている通り、ユダヤ教徒、キリスト教徒、ムスリムは、ヘブライ語聖書、新約、クルアーンが広義における「神の言葉」であると考えている。

しかしこの三つの聖典の文書としての性格は極めて異なっている。クルアーンとヘブライ語聖書が理念的に天啓の聖典としての共通性をある程度有しているのに対して、新約はそもそもそうではない。ピータースの言う通り、「この三つの聖典の中で新約は目立って地上に繋がれている(earthbound)。その名前がつけられている作者たちが、たとえ聖霊によって霊感を受けて無謬に導かれていたということがありえたとしても、新約の彼らの作品、伝記、歴史書、書簡、黙示録は、明らかに文学的な出版物(literary issue)であり、『高天原からの言葉(Words from On High)』ではない。ところがヘブライ語の聖書とアラビア語のクルアーンについて事情は全く違う。両者とも『天の書(heavenly book)』の神さびた伝統に繋がっており、特にクルアーンはそれ自らによる明示的な証言に則っているのである[3]」。

ヘブライ語聖書とクルアーンは同じ天啓の聖典の類型に属するが、その編集には決定的な違いがある。「新約聖書とほぼ同じサイズのクルアーンは、同じように編集された一冊の書物であるが、きわめて異なった様式においてである。ユダヤ教徒とキリスト教徒の聖典(Scriptures)は様々な著者たちの手になる霊感を受けた(inspired)諸書を纏めている。クルアーンはその表・裏両表紙の間に、一人の個人の二二、あるいは二三年の宣教の年月の間にわたって行われた正式で公的な(formal public)証言を保持している[4]」。

ピータースが「56章77-78節において、一冊の『書かれた書物』(a “written book”)の形態を取る『明白な読誦』(“a clear recitation”)と自らを規定することによって(中略)三つの一連の聖典(ヘブライ語聖書、新約、クルアーン)のうち、クルアーンだけが自ら立証した正典性を享受している」[5]と述べているように、ヘブライ語聖書や新約の文書群の作者、あるいは編者たちには自らが「一冊の正典」を作成しているとの自覚がなかったのに対して、クルアーンはその中で「一冊の正典」と自己規定をはっきりと表明している[6]。

2　F. E. Peters, *The Voice, the Word, the Books: the Sacred Scripture of the Jews, Christians, and Muslims*, New Jersey, 2007, p.1.

3　*Ibid.*, pp.36-37.

4　*Ibid.*, p.28.

5　*Ibid.*, p.30.

6　クルアーンはその固有名「クルアーン」の他に「フルカーン」などの別称が存在するが、それらと並んでクルアーン中で頻繁に使われる呼称が「本(kitāb)」である。「本(kitāb)」は必ず単数形で用いられ、複数形が用いられるクルアーンの下位の構成単位である「章(sūrah)」、「節(āyah)」と対照をなしている。それは啓示の初期のマッカ期(610-622)においても後期のマディーナ期(622-632)においても変わらない。これはクルアーンが啓示の途中の段階においても既に「一冊の本」として了解されていたことを示している。クルアーンは天にその原本があり、それが地上に下されたと考えられている。クルアーンは二二－二三年にわたって少しずつ啓示されていったが、その啓示の順序は、クルアーンの章立てとは一致しない。クルアーンは全114章からなるが最初の啓示は96章1-5節であり、最後の啓示は2章281節である。つまりクルアーンは天上の原本から断片的にバラバラに下され、それが最後の節の啓示後、地上で本来の順序に組み立て直されたのである。

イブラーヒーム・ブン・ウマル・アル＝ビカーイー(d.885/1480)とイブン・アン＝ナディーム(d.438/1047)に依拠し、クルアーンの章を啓示の時代順に配列し直した現代の研究者ムハンマド・アブドゥッラヒームの研究を収録したラジャブ・ディーブのクルアーン注釈の配列を整理したものは以下の通りである。

1.「96章：凝血」、2.「68章：筆」、3.「73章：包まる者」、4.「74章：身を包んだ者」、5.「1章：開端」、6.「111章：棕櫚」、7.「81章：巻き上げ」、8.「87章：至高者」、9.「94章：広げること」、10.「103章：時」、11.「89章：暁」、12.「93章：朝」、13.「92章：夜」、14.「100章：駆けるもの」、15.「108章：豊饒」、16.「102章：数の競い合い」、17.「107章：什器」、18「109章：不信仰者たち」、19.「105章：象」、20.「112章：純正」、21.「113章：夜明け」、22.「114章：人々」、23.「53章：星」、24.「80章：眉をひそめ」、25.「97章：決定」、26.「91章：太陽」、27.「85章：星座」、28.「95章：イチジク」、29.「106章：クライシュ(族)」、30.「101章：大打撃」、31.「75章：復活」、32.「104章：中傷者たち」、33.「77章：送られるものたち」、34.「50章：カーフ」、35.「90章：国」、36.「55章：慈悲あまねき御方」、37.「72章：幽精《ジン》」、38.「36章：ヤー・スィーン」、39.「7章：高壁」、40.「25章：識別」、41.「38章：サード」、42.「35章：創始者」、43.「19章：マルヤム」、44.「20章：ター・ハー」、45.「56章：かの出来事」、46.「26章：詩人たち」、47.「27章：蟻」、48.「28章：物語」、49.「17章：夜行」、50.「11章：フード」、51.「12章：ユースフ」、52.「10章：ユーヌス」、53.「15章：アル＝ヒジュル」、54.「37章：整列」、55.「31章：ルクマーン」、56.「23章：信仰者たち」、57.「34章：サバァ」、58.「21章：預言者たち」、59.「39章：集団」、60.「40章：赦す御方」、61.「41章：解説された」、62.「42章：協議」、63.「43章：金の装飾」、64.「44章：煙霧」、65.「45章：蹲った群れ」、66.「46章：砂丘」、67.「51章：撒き散らすもの」、68.「88章：覆い被さるもの」、69.「18章：洞窟」、70.「6章：家畜」、71.「16章：蜜蜂」、72.「71章：ヌーフ」、73.「14章：イブラーヒーム」、74.「32章：跪拝」、75.「52章：山」、76.「67章：王権」、77.「69章：必ず実現するもの」、78.「70章：階梯」、79.「78章：消息」、80.「79章：引き抜く者たち」、81.「82章：裂けること」、82.「84章：割れること」、83.「30章：(東)ローマ」、84.「29章：蜘蛛」、85.「83章：量りをごまかす者たち」、86.「54章：月」、87.「86章：夜の訪問者」、88.「2章：雌牛」、89.「8章：戦利品」、90.「3章：イムラーン家」、91.「33章：部族連合」、92.「60章：試問される女」、93.「4章：女性」、94.「99章：地震」、95.「57章：鉄」、96.「47章：ムハンマド」、97.「13章：雷」、98.「76章：人間」、99.「65章：離婚」、100.「98章：明証」、101.「59章：追い集め」、102.「110章：援助」、103.「24章：御光」、104.「22章：大巡礼」、105.「63章：偽信者たち」、106.「58章：抗弁する女」、107.「49章：部屋」、108.「66章：禁止」、109.「62章：金曜集合礼拝」、110.「64章：相互得失」、111.「61章：戦列」、112.「48章：勝利」、113.「5章：食卓」、114.「9章：悔悟」。

但し、章の中には、マッカ時代の啓示とマディーナ時代の啓示が混在するものもあり、この表はあくまでも啓示の時系列の概観的順序であり、また順序についても異論も存在し、クルアーンの継時的構成のおおまかな目安を示すものでしかない。

七一番目の啓示とされる「蜜蜂」章を例に取ると、イブン・アン＝ナディームは「洞窟」章を六九番、「家畜」章を七〇番としその後に置いているが、アル＝ビカーイーは「蜜蜂」章は「洞窟」章の後に啓示されたと述べており、また「蜜蜂」章の1-125章まではマッカ啓示であるが、最後の3章126-128章はマディーナ啓示とされる(Cf., Rajab Dīb, *al-Tafsīr al-Raḥīb*, Beirut, Dār Afnān, n.d, vol.1, pp.134-143)。

また、Dār al-Fikr al-Muʻāṣir社のDr. Wahbah Al-Zuḥailīの*al-Tafsīr al-Wajīz wa-Muʻjam Maʻānī al-Qur'ān al-ʻAzīz*の付録の啓示順の章の配列は以下の通りである。

1.「96章：凝血」、2.「68章：筆」、3.「73章：包まる者」、4.「74章：身を包んだ者」、5.「1章：開端」、6.「111章：棕櫚」、7.「81章：巻き上げ」、8.「87章：至高者」、9.「92章：夜」、10.「89章：暁」、11.「93章：朝」、12.「94章：広げること」、13.「103章：時」、14.「100章：駆けるもの」、15.「108章：豊饒」、16.「102章：数の競い合い」、17.「107章：什器」、18.「109章：不信仰者たち」、19.「105章：象」、20.「113章：夜明け」、21.「114章：人々」、22.「112章：純正」、23.「53章：星」、24.「80章：

キリスト教については、初期キリスト教徒たちが重んじた多くの「福音書」と呼ばれる文学類型に属する作品や、無数に存在したイエスの直弟子や無名の初期キリスト教徒の書簡などの文書群、聖典(scriptures)の中で、特定の福音書などの作品や書簡が「権威ある」とされ「テキストとして確定」されることにより「正典」が成立したのであり、その正典が「聖書(新約・旧約)」であった。一方、イスラームにおいては、預言者ムハンマドがアッラーから授かった啓典クルアーン、預言者の言行録(ハディース)、預言者伝(スィーラ)、預言者の弟子たちの言葉などの宗教文書のうち、クルアーンと預言者の言行録(ハディース)は信徒が準拠すべき無謬の教えとして「権威ある」「聖典」となったが、ハディースはテキストが確定しなかったため正典化されず、「クルアーン」だけが「確定した権威あるテキスト」として正典となったのである。

但し、ユダヤ・キリスト教の伝統の中で「ヘブライ語聖書」、「新約」が「書物」であるように「クルアーン」もまた「書物」である、と考えるのは誤りである。

アラビア語では、書物としての「聖書」にあたるものは、「ムスハフ(字義は「紙に記入されたもの」)」と呼ばれ、書かれた内容である「クルアーン」とは概念的に異なるばかりでなく、名称からして全く別物である(但し「クルアーン」は「ムスハフ」の内容であると同時にタイトルでもある)。

そもそも「クルアーン」とは「読誦されるもの」を意味し、「書かれたもの」ではない。

眉をひそめ」、25.「97章：決定」、26.「91章：太陽」、27.「85章：星座」、28.「95章：イチジク」、29.「106章：クライシュ（族）」、30.「101章：大打撃」、31.「75章：復活」、32.「104章：中傷者たち」、33.「77章：送られるものたち」、34.「50章：カーフ」、35.「90章：国」、36.「86章：夜の訪問者」、37.「54章：月」、38.「38章：サード」、39.「7章：高壁」、40.「72章：幽精《ジン》」、41.「36章：ヤー・スィーン」、42.「25章：識別」、43.「35章：創始者」、44.「19章：マルヤム」、45.「20章：ター・ハー」、46.「56章：かの出来事」、47.「26章：詩人たち」、48.「27章：蟻」、49.「28章：物語」、50.「17章：夜行」、51.「10章：ユーヌス」、52.「11章：フード」、53.「12章：ユースフ」、54.「15章：アル＝ヒジュル」、55.「6章：家畜」、56.「37章：整列」、57.「31章：ルクマーン」、58.「34章：サバァ」、59.「39章：集団」、60.「40章：赦す御方」、61.「41章：解説された」、62.「42章：協議」、63.「43章：金の装飾」、64.「44章：煙霧」、65.「45章：蹲った群れ」、66.「46章：砂丘」、67.「51章：撒き散らすもの」、68.「88章：覆い被さるもの」、69.「18章：洞窟」、70.「16章：蜜蜂」、71.「71章：ヌーフ」、72.「14章：イブラーヒーム」、73.「21章：預言者たち」、74.「23章：信仰者たち」、75.「32章：跪拝」、76.「52章：山」、77.「67章：王権」、78.「69章：必ず実現するもの」、79.「70章：階梯」、80.「78章：消息」、81.「79章：引き抜く者たち」、82.「82章：裂けること」、83.「84章：割れること」、84.「30章：(東)ローマ」、85.「29章：蜘蛛」、86.「83章：量りをごまかす者たち」、87.「2章：雌牛」、88.「8章：戦利品」、89.「3章：イムラーン家」、90.「33章：部族連合」、91.「60章：試問される女」、92.「4章：女性」、93.「99章：地震」、94.「57章：鉄」、95.「47章：ムハンマド」、96.「13章：雷」、97.「55章：慈悲あまねき御方」、98.「76章：人間」、99.「65章：離婚」、100.「98章：明証」、101.「59章：追い集め」、102.「24章：御光」、103.「22章：大巡礼」、104.「63章：偽信者たち」、105.「58章：抗弁する女」、106.「49章：部屋」、107.「66章：禁止」、108.「64章：相互得失」、109.「61章：戦列」、110.「62章：金曜集合礼拝」、111.「48章：勝利」、112.「5章：食卓」、113.「9章：悔悟」、114.「110章：援助」。

ちなみに、日本人ムスリムによる最初のクルアーンの翻訳である『聖香蘭経』は、章が啓示の時代順の配列をとっているが、1章「血の凝塊もて」は現行の「96章：凝血」であり、最終章114章「擡子」は現行「5章：食卓」となっており、現行「1章：開端」は8章「讃美」、現行最終章「114章：人々」は7章「人類のため」となっており、ラジャブ・ディーブの配列とは大きく異なっている。

但し、現代版のクルアーンの多くは、各章を大まかにマッカ啓示かマディーナ啓示に分類し、章のタイトルと共に記すことが多いので、本書もそれに倣う。

その意味においては、そもそも書かれた文書としての「クルアーン」の「ムスハフ」の「正典性」は、「クルアーン」にとって、副次的なものでしかない、とも言うことが出来る[7]。

現行の「ムスハフ」は結集命令者第三代カリフ・ウスマーンの名に因んで「ムスハフ・ウスマーニー（ウスマーン版テキスト）」と呼ばれる。信者の心の中に暗記され、読み上げられるものとして存在していたクルアーンが、書かれた一冊の本の形を取ったのは、このカリフ・ウスマーンの結集の結果である[8]。この結集は西暦645年（ヒジュラ暦25年）頃、つまり預言者ムハンマドの没後十五年程が経ってから行われたが、現行のクルアーンはこのムスハフ・ウスマーニーを忠実に継承している。

クルアーンの結集の時点で、イスラーム・カリフ国は、既にササン朝ペルシャを滅ぼし、ローマ帝国の経済文化的に最も豊かな領土であったエジプト、北アフリカとシリアを支配下に収めた世界最大の帝国であった。そしてカリフ・ウスマーンは預言者ムハンマドのイスラーム宣教開始の初年（西暦610年）に入信しその後彼の死に至るまで二十年以上にわたりずっと身近に仕えた最古参の直弟子の一人であり、預言者ムハンマドの娘婿でもあった。

つまりクルアーンの結集は、預言者ムハンマドの高弟であったウスマーンが世界最大の帝国の元首として自ら指揮し、ムハンマド在世時のクルアーンの記録者であったザイド・ブン・サービトらに編集を命じて行ったムスリム共同体の総力を結集した「国家事業」だったのである。

またカリフ・ウスマーンの時代は、初期イスラームにおける二大分派であるシーア派、ハワーリジュ派はまだ発生していないため、クルアーンの結集においては、党派的対立はなく、ユダヤ教やキリスト教におけるようにユダヤとサマリア、初期キリスト教における諸分

7　クルアーンは、声として、預言者ムハンマドに啓示されたものであり、方言の違いなどによる、幾通りかの読み方、発音があることは、預言者ムハンマドの生前から周知であり、書かれたテキストとしてのクルアーン（ムスハフ）は、クルアーンを読む補助的記録でしかない。クルアーン学は古来からクルアーンの多くの異読を保存し、それらの真偽を判定した結果、預言者ムハンマドに遡る「正統」な読みを確定する作業を続けてきた。本書では、こうして評価の定まった十の「正統」伝承のうち発音だけでなく意味に違いが生ずる異読の全てを付録として翻訳した。

欧米では時折、クルアーンには異本がある、といったセンセーショナルな「研究」が現れるが、どれも、そもそも「クルアーン」の概念に西欧流の書かれたテキスト概念を当て嵌めるカテゴリーの誤謬に基づくものであり、古典イスラーム学の中で積み重ねられてきたクルアーンにおける様々な許される異読と許されない異読の研究の範囲を出るものではない。そうした研究の典型に Ibn Warraq（ed.）, *Which Koran*（2011, New York, Prometheus Books）がある。

また近年、Tayyar Altıclaç による現存するクルアーンの古写本の写真と対照した一連の校訂が IRCICA（Organization of the Islamic Conference Research Center for Islamic History, Art and Culture）から公刊されているが、Tayyar Altıclaç はこれらの古写本が現行のクルアーンの正統読誦と完全に一致すると結論している。 Cf., Tayyar Altıclaç, *Al-Muṣḥaf Al-Sharīf Attributed to ‘Uthmān bin ‘Affān*（The Copy at the Topkapı Palace Museum）, İstanbul,1428/2007, *Hz. Osman'a Nisbet Edilen Mushaf-i Şerīf*（Türk ve İsam Esereri Müzesi Nüshası）, Cilt.1-2, İstanbul,1428/2007, *Hz. Osman'a Nisbet Edilen Mushaf-i Şerīf*（Türk ve İsam Esereri Müzesi Nüshası）, Cilt 1-2, İstanbul,1428/2007, *Hz. Osman'a Nisbet Edilen Mushaf-i Şerīf*（Kahire el-Meşhedü'l-Hüseynī Nüshası）, Cilt 1-2, İstanbul,1430/2009, *Hz. Ali'ye Nisbet Edilen Mushaf-i Şerīf*（San'ā Nüshası）, Cilt.1-2, İstanbul,1432/2011.

8　預言者の生前から、啓示されたクルアーンは書板、ラクダの肩甲骨、木片などに書き留められており、初代カリフ・アブー・バクル、第二代カリフ・ウマルもそうした書き留められたクルアーンの断片を書き物として纏める作業は行っていた。ウスマーンの結集の意義は、組織的なクルアーン全巻の公式な完全版の作成、異本の焼却による正典化にある。

派間の対立により、それぞれの党派が各個に独自の正典を制定する、といった事態も生じず、後のイスラームの全ての分派がこのウスマーン版欽定クルアーン(ムスハフ・ウスマーニー)のみをクルアーンの正典として認めている。

クルアーンの成立過程の概観により明らかになったクルアーンと聖書の主要な相違は、以下の三点に纏めることができよう。

(1) 『ヘブライ語聖書』が、モーセに帰される『トーラー(律法)』、及び諸預言者の書、ダビデ王の詩篇、ソロモン王の箴言などの、『新約聖書』が四人の福音書記者によるイエス伝、ルカによる使徒言行録、パウロ、ペテロら使徒の書簡集、ヨハネの黙示録などの作者の異なる雑多な文書群であり、それらの文書群を一冊の『聖書』に纏めたのが聖書の編集者であったのに対して、クルアーンは、預言者ムハンマドの授かった啓示のみを纏めたものであり、それは預言者ムハンマドの生前から「一冊の本」と呼ばれていた。

(2) 『ヘブライ語聖書』、『新約聖書』の正典化がそれらの文書群の成立より何世紀か遅れて、政治的な権威の裏付けなく行われたのに対し、クルアーンの正典化は預言者ムハンマドの没後15年経っただけの時点で、自分自身も二十年以上にわたり預言者に身近に仕えた最古参の直弟子であった第三代カリフ・ウスマーンが、クルアーンに通じた預言者の高弟たちを結集して、当時の最大の世界帝国の元首として国家事業として行った。

(3) 『ヘブライ語聖書』、『新約聖書』の正典化は、ユダヤ教徒、キリスト教徒が政治的統一を失い、多くの分派が政治的、思想的に対立する中で進められ、正典文書の選択にもそうした対立が反映された。『聖書』の正典化は正統派の成立、異端の排除と平行して進行したのであり、正典となった文書群も当時の全ての信徒によって認められたものではなかった。一方、ウスマーン版欽定クルアーンの成立は、預言者の弟子たちが、ハワーリジュ派、シーア派、スンナ派などの宗派に分裂する前のことであり、正典化が宗派的対立の影響を蒙ることもなく、ウスマーン版欽定クルアーンは成立当初から現在に至るまで、全ての信徒によって正典として認められている。

2. クルアーンと聖書の構成

クルアーンと聖書は共に「神の言葉」とみなされているが、その意味は大きく異なる。クルアーンがいかなる意味で「神の言葉」であるのかは、聖書と比べることで、より明晰に理解することができる。そこで先ず聖書の構成の大枠を以下に示そう。

ユダヤ教徒のヘブライ語聖書[9]は一世紀の終わりごろにヤムニア(ヤブネ)会議で確認され、「トーラー(律法)」、「ネヴィイーム(預言者)」及び「ケトゥビーム(諸文書)」の頭文字をとってタナハと呼ばれる[10]。このヘブライ語本文を、マソラー学者が五世紀から十世紀まで

---

9 「キリスト教徒の旧約聖書は、ユダヤ教徒が彼らの聖書として読んでいるものとは違った書物(book)である。先ず、キリスト教徒はそれを翻訳、東方ではギリシャ語のセプトゥアギンタ訳(七十人訳)で、『セプトゥアギンタ』、西欧ではヒエロニムスの所謂『ヴルガータ』版で読んでいるのである」とピータースが述べている通り、ヘブライ語聖書は、ユダヤ教とキリスト教が共に聖典とみなすが、両者が同一の正典を有しているわけではない。*Ibid.*, p.64.

10 「トーラー」は「創世記」「出エジプト記」「レビ記」「民数記」「申命記」、「ネヴィイーム(預言者)」は「ヨシュア記」「士師記」「サムエル記」「列王記」「イザヤ」「エレミヤ」「エゼキエル」「小預言者」、「ケトゥビーム(諸文書)」は「詩篇」「ヨブ記」「箴言」「雅歌」「ルツ記」「哀歌」「コヘレトの言葉」「エステル」「ダニエル」「エズラ」「歴代誌」から成る。

に編集した(八世紀以降に母音記号等を加えた)ものがマソラー本文で全二四書である。

ヘブライ語聖書の最重要な中核は「トーラー」である。ラビ・ユダヤ教の理解では、トーラー（律法、モーセ五書)は「創世記」1章1節「初めに、神が天と地を創造した」から「申命記」の最後までの全てがモーセによって書かれたとされる。他方、西欧の聖書学は、「トーラー」をモーセが書いたとも、ヨシュアがモーセの言葉を書きとめたとも考えず、ヤハウィスト、エロヒスト、祭司記者、申命記史家などの匿名のグループの資料を匿名の編集者が編集したものと考える[11]。

「申命記」の終章34章5-6節は「主の僕モーセは、主の命令によってモアブの地で死んだ。主は、モーセをベト・ペオルの近くのモアブの地にある谷に葬られたが、今日に至るまで、だれも彼が葬られた場所を知らない」の「今日に至るまで」は常識的に考えれば、その時点では死んでいるモーセではなく、聖書記者の編集句であろう[12]。

「モーセはイスラエルのすべての人にこれらの言葉を告げた。それは、ヨルダン川の東側にある荒れ野で、一方にパラン、他方にトフェル、ラバン、ハツェロト、ディ・ザハブがあるスフに近いアラバにおいてであった」で始まる「申命記」は、「モーセは、ヨルダン川の東側にあるモアブ地方で、この律法の説き明かしに当たった」(1章5節)を導入句として、申命記記者がモーセの死に至るまでの神の啓示について自分が集めた伝承資料を書き留めたものである。

こうした編集の事情は「ネヴィイーム(預言者)」では更にはっきりと見て取れる。たとえば「エレミヤ書」45章1節「ユダの王ヨシヤの子ヨヤキムの第四年に、ネリヤの子バルクは、預言者エレミヤの口述に従ってこれらの言葉を巻物に書き記した。そのとき、エレミヤは次のように語った」は、エレミヤが神の預言を自ら書き記したのではなく書記に口述筆記させたこと、「エレミヤ書」にはその記者の編集句が挿入されていることを明瞭に示している。

ヘブライ語聖書は、聖書記者たちが、神の啓示を受けた預言者たちに関する伝承を纏めた文書という性格を有することが分かる。「申命記」では前述の聖書記者の導入句「モーセは、ヨルダン川の東側にあるモアブ地方で、この律法の説き明かしに当たった」(1章5節)に「我々の神、主はホレブで仰せになった。『あなたたちは既に久しくこの山にとどまっている』」(1章6節)との、神の言葉を告げるモーセの言葉が続く構成になっている。

また前述の「エレミヤ書」45章1節も「バルクよ、イスラエルの神、主は、あなたについてこう言われる。あなたは、かつてこう言った。『ああ、災いだ。主は、わたしの苦しみに悲しみを加えられた。わたしは疲れ果てて呻き、安らぎを得ない。』バルクにこう言いなさい。主はこう言われる。わたしは建てたものを破壊し、植えたものを抜く。全世界をこのようにする」(45節2-4節)との、神の言葉を告げるエレミヤの言葉が続く。つまり、ヘブライ語聖書は、(1)神の言葉、(2)預言者の言葉、(3)預言者に関する聖書記者の編集句の三層

11　これらのグループがいかにモーセから伝承を継承したかについてはそれを裏付ける資料が存在しないことからそもそも問題とされることすらない。つまり、歴史的・文献的には、現行の「トーラー(モーセ五書)」のテキストとモーセとの関係は研究自体が不可能である。

またユダヤ教の伝承でも、モーセからのトーラーの伝承経路は、ヨシュア、長老たち、預言者たち、大会堂の人々、と匿名でしかなく、具体的な固有名は伝わっていない。石川耕一郎訳『ミシュナ　アヴォート　ホラヨート』9、76、101頁参照。

12　神学的には、神がモーセに彼の死後の出来事を教え、それをモーセが「予言」として書き留めることが可能であることは言うまでもない。

構造を有する、と言うことができる[13]。

他方、新約正典二七文書は四世紀末から五世紀にかけて確定され、福音書、使徒的文書、ヨハネの黙示録からなる[14]。

四福音書の「書き手」は四人の福音書記者であるが、これらの「書き手」はイエスが語った言葉を書き写した「筆記者」ではない。イエスの直弟子でないルカだけでなく、イエスの直弟子たちに帰されることもある他の三福音書も、イエスの伝記、言行録であり、福音書記者たちはそれぞれ独自の伝聞資料を元にイエス伝を編集しているのであり、イエスの言葉を口述筆記したわけではない[15]。

使徒的文書は、十二使徒などの直弟子だけでなく、生前のイエスに全く会ったことのないパウロのような弟子も含む弟子たちについての伝記「使徒言行録」と彼らの手紙を集めた書簡集である。「ヨハネの黙示録」は十二使徒の一人のヨハネに帰される終末論の予言書である。

以上の概観からも、イエスを神とみなすキリスト教の理解に基づき、「神の言葉＝イエス語録」と考えたとしても、新約聖書に含まれる「神(イエス)の言葉」はごく僅かでしかなく、大半は新約聖書記者たちの言葉であり、イエスを神ならぬ人間、預言者と考えた場合、ヘブライ語聖書からの引用を除いて新約にはイエスが「神は言われる」という形で明示的に伝える神の言葉は全く存在しないことが分かる[16]。

ヘブライ語聖書が神の言葉を伝える預言者たちの言行を聖書記者が編集記録した文書として、三層構造を有したのと比べ、新約聖書には、そのような構造を見出すことはできない。新約聖書とは、イエスの言行録を含むところの、イエスの弟子たち(直弟子とは限らない)が残した文書群であり、ヘブライ語聖書のような「神の言葉」の記録ではそもそもないのである。

新約聖書が「神の言葉」とみなされるためには、聖書霊感説の立場を取る必要がある。聖書霊感説は「聖書はすべて神の霊の導きの下に書かれ」(『新共同訳』「テモテへの手紙二」3:16)を典拠とし、聖書はその全体が神の霊の導きの下に書かれていると主張する[17]。ただ

13　ここでは聖書の構造だけを問題としているので、現行の「申命記」「エレミヤ記」をヨシュア、バルクに帰すことができるか、あるいはヨシュアやバルクがそれぞれモーセ、エレミヤの言行を正確に記録しているか、といった文献学的問いには立ち入らない。

14　使徒的文書とは「使徒言行録」と、「ローマの信徒への手紙」、「コリントの信徒への手紙一」、「コリントの信徒への手紙二」、「ガラテヤの信徒への手紙」、「エフェソの信徒への手紙」、「フィリピの信徒への手紙」、「コロサイの信徒への手紙」、「テサロニケの信徒への手紙一」、「テサロニケの信徒への手紙二」、「テモテへの手紙一」、「テモテへの手紙二」、「テトスへの手紙」、「フィレモンへの手紙」、「ヘブライ人への手紙」、「ヤコブの手紙」、「ペトロの手紙一」、「ペトロの手紙二」、「ヨハネの手紙一」、「ヨハネの手紙二」、「ヨハネの手紙三」、「ユダの手紙」の二一の書簡である。

15　近代聖書学はQ資料と呼ばれるイエスの言葉を集めた語録の存在を仮定しているが、二十世紀半ばに発見されたナグ・ハマディ文書の一つ「トマス福音書」はイエス語録である。

16　福音書の中で「神の声」の記録ともみなしうるものは、天の声「私の愛する子、私の心に適う者」(マルコ1:11、マタイ3:17、ルカ3:22、マタイ17:5、同趣旨のマルコ9:7、ルカ9:35参照)のみである。

17　例えば渡辺善太は「正統主義神学の聖書正典観は、普通逐語霊感説と呼ばれている。…聖書正典の著者霊感観に立つとは、聖書正典中の六六冊の諸書が、それぞれそのしるされた時において、聖霊の直接的霊感によってしるされたものであり、その意味においてそれぞれの著者は、聖霊またはキリストの『書記』であり、『手』であり、『筆』であるとせられ、それぞれの著作におけるいっ

し、この「テモテへの手紙二」にある「聖書」はヘブライ語聖書であり、その時点では後の「新約聖書」は存在しない。原始キリスト教団の残した文書群のうちでどの文書が神の霊の下に書かれているのかを示す言葉は、それらの文書群の中には残されていないため、新約聖書の結集は遥か後代の四世紀末から六世紀にかけての教会の選択に委ねられることになる。

一方で、クルアーンは、預言者ムハンマドただ一人が授かった神の啓示の書である。そして預言者エレミヤがそうであったように、預言者ムハンマドも自らがクルアーンを書き記したわけではない。クルアーンは、預言者からクルアーンを聞いた直弟子たちの手によって彼の死後15年ほど経ってから書物化される。それが既に述べたウスマーン版欽定クルアーンである。ただし、クルアーンにおいては、ヘブライ語聖書が(1)神の言葉、(2)預言者の言葉、(3)預言者に関する聖書記者の編集句、という三層構造を有したのと異なり、ウスマーン版欽定クルアーンではその書記たちの編集句も、預言者ムハンマド自身の言葉も完全に排除され、預言者ムハンマドが授かった神の言葉のみから成り立っている。

そこで次節では、イスラームの第二聖典である預言者の言行録ハディースと比較することにより、イスラームにおいてクルアーンが神の言葉である、と言われることの意味をより明らかにしよう。

3. クルアーンとハディース

「クルアーン」とは「読誦されるもの」を意味する。クルアーンは様々な機会に読まれるが、その「生活の座(Sitz im Leben)」はなによりも礼拝中の読誦である。特に夜の礼拝は長時間にわたるクルアーン読誦の場である(クルアーン第73章2-4節参照)。預言者の言行録「ハディース」集成『サヒーフ・ムスリム』には礼拝におけるクルアーン朗唱について以下のようにある。

「私(教友フザイファ)は一夜、アッラーのみ使いと礼拝を行った。そのかたは初めに雌牛章(第2章)を読まれた。(中略)それからみ使いは婦人章(第4章)に入られてそれを読唱し終えられ、更にイムラーン家章(第3章)に入られて、それをゆっくりと読まれた」(『日訳　サヒーフ・ムスリム』第1巻532-533頁)。

「イムラーン家」章については読了したとは明言していないが、「雌牛」章と「婦人章」だけを読んだ場合で、クルアーンを二百四十に分けたうちの約三十、「イムラーン家」章を読み終えたとすれば、約四二、即ち前者の場合では一夜でクルアーン全体の八分の一、後者の場合では六分の一を読了していたことになる[18]。

このハディースから、ムハンマドの在世中において、信徒たちにとっては、クルアーンとは第一義的には、預言者ムハンマドによって読誦されるのを聞くものであったことが分かる。では預言者ムハンマド自身がいかにしてクルアーンを読誦するようになったのか。

クルアーンは預言者ムハンマドに二二 - 二三年間にわたって断続的に啓示されたものであり、クルアーン自体が、42章51節において示唆しているように、啓示の形態には様々なパターンがある。そして、クルアーンの啓示の形態も様々であった。クルアーンの最初の啓示

さいの人間的なるものの参与を否定する立場に立つことを言う」と、聖書霊感説を説明している。『渡辺善太全集8(『聖書論』)〈普及版〉』95頁。

18　実際にはおそらくこの時期には2-4章はまだ完結していなかったと思われるのでもう少し短くなる。

を例に取ると、最有力説では最初の啓示は96章1節「誦め、おまえの主の御名において」である。ここで「誦め」と命じられているのは、預言者ムハンマドであるが、この最初の啓示の状況について、預言者の言行録『ブハーリーの真正伝承集』の「啓示の始り」章は、預言者の妻アーイシャの伝える伝承として以下のように述べている。

「天使が彼に現われて『誦め』と命じた。(中略)すると天使は三度目に彼を捉え、苦しみに打ちひしがれるほど羽交い絞めにしてから放し、『誦め、創造主なる主の御名において。(中略)』と言った」。(『ハディースI　イスラーム伝承集成』中公文庫、21頁)。

つまり、預言者ムハンマドにとってのクルアーン読誦とは、天使ジブリール(ガブリエル)から読むように命じられたものを読むことであった。そしてここで重要なことは、「ジブリールが現れて『誦め』と命じた」という預言者ムハンマドの言葉や、「預言者ムハンマドがそう語った」とアーイシャが語った、というような編集句は、預言者の言行録(ハディース)のレベルで見出されるのであって、クルアーンには一切、混入していない、ということである。ウスマーン版欽定クルアーンの結集の時点で、神の言葉以外の要素は慎重に全てクルアーンから排除されており、そのことに関しては宗派、学派の違いを超えて、合意が成立している。

更に興味深いのは、ムハンマドが伝えたアッラーの言葉の中でも、クルアーンは、クルアーン以外のアッラーの言葉とも明確に区別されていることである。クルアーン以外のアッラーの言葉を預言者が伝えるハディースは「神聖ハディース(ḥadīth qudsī)」と呼ばれるが、以下にその例をあげてみよう。

(1)アブー・フライラ(ウサーマ・ブン・ザイド)(ヒジュラ暦54年没)経由、
(2)アターゥ(イブン・アビー・ラバーフ)(ヒジュラ暦114年没)経由、
(3)シャリーク・ブン・アブドゥッラー・ブン・アブー・ナミル(ヒジュラ暦140年没)経由、
(4)スライマーン・ブン・ビラール(ヒジュラ暦177年没)経由、
(5)ハーリド・ブン・マフラド(ヒジュラ暦213年没)経由、
(6)ムハンマド・ブン・ウスマーン・ブン・カラーマ(ヒジュラ暦256年没)経由、でブハーリーが伝える神聖ハディースに曰く。

アブー・フライラは以下のように言った。

アッラーの使徒は以下のように言われた。「アッラーは仰せられた。『我が庇護下にある者に敵対する者には我は宣戦する。我が僕が我に近づくのに、我が彼に課した義務によって(近づくこと)ほど我にとって好ましいことはなく、そして我が僕が随意の善行によって更に我に近づき続ける時、我はその者を愛するようになる。そして我が彼を愛すれば、我は彼の聞く耳になり、見る目となり、力を振るう腕となり、歩む足となり、もし彼が我に祈願すれば、我は彼に与え、もし彼が我に庇護を求めれば、我は彼を庇護するであろう。信仰者で、死を嫌い、我も彼に悪くすることを嫌うような者の魂(を召し上げること)についての我が躊躇《ちゅうちょ》ほど、我が行うことで躊躇《ためら》うことはない。』[19]」

このハディースではハディース集成者ブハーリーが、「我が庇護下にある者に敵対する者には我は宣戦する(後略)」との神の言葉が預言者ムハンマドによって語られたことを、その直弟子のアブー・フライラが「アッラーの使徒は言われた」と述べて伝えたハディースを自

19　牧野信也訳では、『ハディースV』465頁記載のハディースに該当する。

分から彼に遡る伝承経路と共に記録している。このハディースにおいては、神の言葉「我が庇護下にある者に敵対する者には我は宣戦する(後略)」は、ブハーリーの編集句、アブー・フライラなどの伝承者、預言者ムハンマドの言葉からはっきりと区別された純粋な神の言葉であるにもかかわらず、一冊の神の書「クルアーン」の一部を指すものではないことが、ムスリムたちの間では自明とされているのである[20]。

つまり、クルアーンはムハンマドが伝えたアッラーの言葉であるが、ムハンマドが伝えたアッラーの言葉の全てではないのである。

クルアーン18章109節にあるように、アッラーの言葉は無限に存在することが前提とされている。人間に対して語りかけられた言葉はその一部に過ぎない。そして神聖ハディースの存在が示すように、預言者に対して語られたアッラーの言葉ですら、その全てが「啓典」であるわけではない。一冊の独立の書物をなす「啓典」は、預言者が授かったアッラーの言葉の中でも特殊なカテゴリーであり、そうした啓典が、モーセの「律法の書(亜:タウラー)」、イエスの「福音書(亜:インジール)」、ムハンマドの「クルアーン」などとなるのである。イスラームの啓示理解の枠組みの中では、「クルアーン」はアッラーの言葉の中でも、「人間に対して語りかけられた言葉」の一部の「預言者たちに臨んだ言葉」の一部の「預言者ムハンマドに臨んだ言葉」の一部の「預言者ムハンマドに下された啓典」となるのである。

つまり、「クルアーン」はアッラーの言葉を授かる預言者ムハンマドが、その存命中から、自らが授かった神の言葉の中でも特別な「一冊の書物」として、信徒たちに礼拝中に読誦するように指示していた言葉の集成であり、それゆえカリフ・ウスマーンによる結集に当たって、「クルアーン」からは、結集作業に従事した者の編集句は言うに及ばず、預言者ムハンマド自身の言葉のみならず、預言者が授かったクルアーン以外のアッラーの言葉も厳密に排除されたのである。

聖書は多くの聖書記者たちの書いた雑多な文書群であり、それを神の言葉たる一冊の書物と考えるには、それらの記者たちが神の聖霊に導かれて書いたとの聖書霊感説を採るしかないことは既に述べた。

イスラームにおいては、クルアーンの編集においても、ハディースの編集においても、編集者である預言者ムハンマドの直弟子たち、初期教父(salaf)たちが神の導きの下にあったとしてそれを正典化する霊感説は生まれなかった。預言者以外の人間は全て可謬でありムハンマドの高弟であれ誤りを免れないため、彼らの編集になるクルアーン、ハディースといえども、通常の歴史的文書の資料批判と同様のテキスト批判が行われ、その検証に耐えた資料だけが、「正典化」された。そしてイスラームにおいて「正典」となったのはクルアーンだけだったのである。一冊の書物としての預言者の伝記『預言者伝(al-Sīrah)』はこうした資料批判に耐えず正典とはなることはなく、ハディースは個々のハディースが真正の伝承と認められることはあっても、一冊の書物としての『ハディース集成』が正典と認められることはなかった。個々のハディースは信憑性の程度により「真正」から「偽作」まで様々な評価がなされたが、それは純粋に個々の学者の批判に任されていたのであり、正典化が公会議のよ

20　礼拝中のクルアーン読誦において、クルアーンの章句以外の言葉は決して読み上げられることはないので、一般信徒であっても、クルアーンの章句とこうした神聖ハディースの中のアッラーの言葉を混同することはない。

うな権威によって機関決定されるというようなことはなかった。例えばスンナ派では最も権威あるハディース集とみなされる『ブハーリーの真正伝承集』といえども、その収録するそれぞれのハディースの信憑性には差異があり、また預言者の同一の言行についても文言の異なる長短様々なヴァリアントを同時に収録している場合も多く、その個々のハディースについては今日でもテキスト批判の対象となっているのであり、テキストの確定した「正典」とはみなされない。預言者の言行録ハディースは全体としては正典を構成していないのである。

キリスト教と異なりイスラームは神の導きによる正当化である「霊感説」を採用してクルアーンやハディースを正典化することはなかった。しかしイスラームにも、神学のレベルでは霊感説が存在する。その第一は預言者の無謬性である。イスラームにおいて預言者ムハンマドは神ではなく人間に過ぎない。預言者ムハンマドの言葉と彼が授かったアッラーの言葉は厳密に区別されている。しかし同時にイスラーム神学は、預言者ムハンマドはアッラーの導きの下にあったため過ちから護られており無謬であるとする。これは一種の霊感説と言えるだろう。したがって、預言者の言行録ハディースは、それが歴史的に真正な伝承であると証明されれば神の啓示の一種とみなされ、神学、法学の無謬の典拠となるのである。ただし繰り返しになるが、イスラームにおいて神に正しく導かれて無謬とみなされるのは預言者自身のみであり、ハディース伝承者、編集者ではないことはキリスト教徒の啓示、正典理解との重大な相違として強調しておく必要があろう。

4. クルアーンと預言者ムハンマド

イスラームは預言者に神性を認めない。預言者は啓典を授かり、神の言葉を伝えるだけに過ぎない。しかしアッラーが啓典を下すのに、それを人々に直接配布せずに啓典を授けられた使徒を人々に遣わし、使徒をして啓典を人々に読み聞かさせたのもまた事実である。

預言者は神の言葉の伝達者に過ぎないが、神の言葉を伝えるとは、その文言をただ鸚鵡返しに口にするだけではない。クルアーン62章2節にあるとおり預言者ムハンマドはクルアーンを読み聞かせると共にその意味を解き明かしたのであり、また33章21節にある通り、クルアーンの言葉に従っていかに生きるかを教える生きた手本でもあったのである。その意味においてクルアーンは預言者ムハンマドの存在とセットで初めて理解されるものでもある。

例えば、ムスリムの最も基本的な義務である礼拝でさえ、クルアーンは礼拝の重要性を繰り返し述べているが、その回数も具体的な作法も指示しておらず、クルアーンの命ずる礼拝を実行するためには、預言者の言行の参照が不可欠である。礼拝の回数については「預言者はムアーズをイエメンに総督として派遣されたとき、『アッラーが一昼夜の間に五回の礼拝をおまえたちに義務付け給うた、とイエメンの民に告げなさい』と言われた」とのブハーリーとムスリムの伝えるハディースにより一日五回であることが分かり、そのそれぞれの定刻については、アフマド、ナサーイー、ティルミズィーの伝える以下のハディースなどを参照しなくては知ることはできない。

「預言者のもとにジブリール(ガブリエル)がやってきて、『立ってその礼拝をせよ』と命じ、太陽が(南中の後に)傾き始めた時、昼(ズフル)の礼拝をした。その後、午後にまた彼のもとに来て、また『立ってその礼拝をせよ』と命じ、万物の陰が本体と同じ長さになった時、午後(アスル)の礼拝をした。その後日没にまた彼のもとに来て、『立ってその礼拝をせよ』と命じ、太陽が沈んだ時、日没(マグリブ)の礼拝をした。その後夜にまた彼のもとに来てまた『立ってその礼拝をせよ』と命じ、残照が消えた時、夜(イシャーゥ)の礼拝をした。その後夜明け前にまた彼のもとに来てまた『立ってその礼拝をせよ』と命じ、夜が白み始めた時、夜明け前(ファジュル)の礼拝をした。

また翌日預言者のもとにジブリール(ガブリエル)がやってきて、『立ってその礼拝をせよ』と命じ、万物の陰が本体と同じ長さになった時、昼の礼拝をした。その後午後にやって来てまた『立ってその礼拝をせよ』と命じ、万物の陰が本体の長さの二倍になった時、午後の礼拝をした。その後にやって来てまた『立ってその礼拝をせよ』と命じ、同時刻に、日没の礼拝をした。その後夜にまたやって来てまた『立ってその礼拝をせよ』と命じ、夜半が過ぎた、あるいは夜の三分の一が過ぎた頃、夜の礼拝をした。その後夜も完全に白んでからまたやって来てまた『立ってその礼拝をせよ』と命じ、夜明け前の礼拝をし、『この二つの間が(定)刻である』と言った」。

更に礼拝の作法については、個々の動作、そこで唱えられる文言について、それぞれについての言及のあるハディースを調べる必要があるのである。

またクルアーンは酒に関して、2章219節、4章43節、5章90節、16章67節において、異なる規定を与えているが、これらのクルアーンの章句自体の中には、最終的に神意がどこにあるのかを決定しうる文言は存在しない。神意の所在を知るためには、クルアーンが預言者に啓示された状況の記録というクルアーン本文以外の情報がどうしても必要になる。

預言者の言行録の研究に基づき、クルアーンの古典注釈書は、酒に関するクルアーンの節は、まずマッカで16章67節が、次いでマディーナで2章219節、その後、4章43節、最後に5章90節が下されたことを明らかにしている。

16章67節がマッカで下された時には飲酒はまだ許されており、ムスリムたちはそれを飲んでいたのである。

次いでマディーナでウマルとムアーズが預言者ムハンマドに質問した時に2章219節が啓示された。そこである者たちは「罪は大きい」という言葉から酒を遠ざけたが、またある者たちは「人々への益がある」という言葉から飲み続けていた。

その後、預言者の高弟の一人アブドゥッラフマーン・ブン・アウフが、酒宴の半ばで日没の礼拝の時間を迎えて人々の礼拝を先導してクルアーンを読誦したが、「言え、不信仰者たちよ、おまえたちが仕えるものに私は仕える」(正しくは109章1-2節参照)という重大な読み間違いを犯すという事件が生じた。そこでアッラーは、4章43節を下し、礼拝時に酒を飲むことを禁じ給うた。そこで人々は礼拝時には酒を遠ざけるようになった。その後、酒宴での口論から怪我人がでるに及び、ウマルが「アッラーよ、われらに酒についてはっきりとした明証を示し給え」と祈り、それに応えてアッラーは5章の90節から91節を下し、酒は最終的に全面的に禁止されることになった。それは部族連合の戦いより数日後のことであったと言われている。

預言者ムハンマドはクルアーンを人々に伝えただけではなく、クルアーンをどう読むのか、具体的にどう生きるのかを弟子たちに教えたのであり、後代のムスリムたちは、預言者からクルアーンを教わった弟子たちから、クルアーンを伝えた預言者ムハンマドに従うとはいかなることであるかを学び伝えてきた。

クルアーンの啓示は、その意味がいかに生の文脈の中で具現化されるかを示す預言者の存在と不可分であり、そうした預言者によるクルアーンの教えはやはり預言者から教えを受けた弟子たちによって同様な形で次の世代に伝えられ、師につくことにより学統の伝統が形成されていったのである。

5. クルアーンのテーマ

クルアーンの教えは森羅万象を解き明かし、人間の生活の全てを規定すると言われ、また内容から分類すると神論、律法、歴史に三分されるとも言われる。

そこで以下にクルアーンのテーマを、神論、律法、歴史に分けて順に概観しよう。

(1)神論

イスラームの根本教理は神の唯一性である。アッラーが唯一の神であることを宣言するクルアーンの章句は枚挙に暇がないが、ここではクルアーンの精髄とも言われる「玉座の節」(2章255節)を挙げておこう。

クルアーン7章59節で預言者ヌーフ(ノア)がその民族に呼びかけているように、アッラーのみが神であることが、アッラーのみを崇拝することの根拠である。ここで「神」と訳したアラビア語「イラーフ(ilāh)」とはそもそも語義的には「崇拝されるもの(ma‘būd)」を意味する。

アラビア語の「神」とは、それ自体の属性ではなく、崇拝する人間との関係性によって定義される言葉であり、「アッラーの他に神はない」とのイスラームの信仰告白は、「アッラー以外に何物も崇拝しない」との遂行的言明なのである。

イスラームの神論の基礎は、人間が唯一崇拝を捧げるべき対象であるこのアッラーが、現世と来世の森羅万象の創造主であることを示すことである(7章54節参照)。

アッラーは人々に崇拝を命ずる立法者であると同時に、万有の主である。クルアーン59章24節は、クルアーン、イスラーム神学において「創造」を意味して最もよく使用される語「創る(khalaqa)」に加え「創世記」1章1節で用いられるヘブライ語「bāra’」と同語根の「造る(bara’a)」、それに「形を与える(ṣawwara)」の三つの「作る」を意味する動詞を用いて、唯一なる崇拝対象アッラーが創造主に他ならないことを確証している。

このアッラーによる創造は所謂「無からの創造(creatio ex nihilo)」である。クルアーンが16章40節と36章82節に述べるとおり、創造はアッラーの言葉によって為される。発話行為によって無から世界を創り出す創造主としてのアッラーは被造物からの超越性が強調される(42章11節参照)。アッラーの唯一性、超越性を簡潔に表現した章が、「クルアーンの三分の一」とも呼ばれ人口に膾炙した第112章である。

しかしアッラーは世界を最初に創造した後には世界と係わり合いを持たない第一原因、法則、あるいは理神論者の神ではなく、この世界の個物の全てに通暁し、その全てを差配する生きた神である(6章59節参照)。

万象を自ら創ったが故に、その全てに通暁するアッラーは、被造物から隔絶した超越者でありながら被造物にとって最も近いものでもあるのである(50章16節参照)。

クルアーンは、被造物の創造主であるアッラーにおける被造物の超越と内在の対極の一致を57章3節に簡潔に述べているのである。

(2)律法

アッラーは世界の創造主であると同時に人間に対する立法者でもある。創造主としてのアッラーは世界の森羅万象を創造するが、法は人間のみに定められる。

イスラームの世界観において、人間には理解できなくとも、全ての被造物はそれぞれの言語で創造主を称えている(17章44節参照)。人間を他の被造物から分かつものは理性や言語ではない。人間は自らの意思で善を行い悪を避ける義務を負うことによって他の被造物にない特別な存在論的地位を有する。

33章72節にある「信託(amānah)」とは自由意志を意味する。天と地にあるものは全て、掟を守れず禁を犯し懲罰を受けることを恐れ、自由意志の代価に掟を課されることを断ったが、アーダムは自ら掟を守ることを約した。

自然はアッラーが自然に課した法、即ち「自然法則」に従い、それから逸れることは決してない。人間もまた自然の一部で有る限りにおいては、自然法則に従う。しかし自然法則が不可侵であるのに対して、アッラーが人間に課した掟である人間の「法」を人間は破ることができる。アッラーの定めた法に従うか、あるいは背くかが自由意志に委ねられていることが、人間を他の被造物から分かつのである。

既に述べたとおり、クルアーンの教えは包括的であり、具体的な行動指針は、預言者ムハンマドによって与えられる。アッラーへの服従は、預言者への服従を含意する(4章59節参照)。

そしてクルアーンは預言者ムハンマドが「良識を勧め、悪行を禁じ、彼らに良いものを許可し、彼らに悪いものを禁じ」(7章157節)と述べている。

「良識」のアラビア語の原語はma'rufであり、その語義は「知られたもの」であり、「悪行」の原語munkarの語義は「拒否される」である。それゆえ、それに続く「彼らに良いものを許可し、彼らに悪いものを禁じ」と合わせて、この節は、人は基本的にその本性により善悪を知ることができ、アッラーが預言者ムハンマドを通じて啓示したイスラームの教えは、天性に合致し常識に適った人倫の再確認であったことを示している。

しかし人が基本的にその本性により善悪を知ることができるとしても、人間の認識能力には限りがあり、全ての個々の事例について自ら善悪の正しい判断ができるわけではない。また人間の欲望は往々にして判断能力を曇らせる(2章216節参照)。

人間は善悪を識別することができる。それゆえ善を命じ、悪を禁ずるアッラーの預言者に従うことを自ら正しく選ぶことができる。しかし同時に、人間による善悪の認識は大まかなものでしかなく、また欲望によって判断を狂わされるが故に、詳細な善悪の基準を示すアッラーの啓示を携えた預言者の導きを必要とするのである。

このイスラームの律法、法の範囲は、日本語の宗教の戒律とも、国家の制定した法律とも異なり、道徳、倫理から、宗教儀礼、社会、経済、法律の規範、国際法までを含み、更にその視野は現世だけでなく、来世にまで及んでいる。

こうしたクルアーンの重層性の例として、ジハードに関する61章10-13節を取り上げてみよう。同節では他者との関係を律する異教徒とのジハードの義務が説かれているが、それは来世での懲罰から救う商売という、宗教と経済のシンボリズムの用語で表現されている。そして戦闘の義務には身体性のみならず兵站の経済的負担の言及が忘れられることはなく、かつそれは内心の信仰と不可分であり、またその報償も、現世での勝利と戦利品と来世での楽園に加えて、内面の罪の赦しがセットになっているのである。

またイスラーム法の特徴として、その中庸と現実主義を挙げることもできよう。

たとえば、モーセの律法ではハンムラビ法典以来の「目には目を歯には歯を」として知られる同害報復刑が定められており、「申命記」は「あわれみをかけてはならない。いのちにはいのち、目には目、歯には歯、手には手、足には足」(申命記19章21節)と、刑の免除が禁じられているが、新約聖書では「『目には目で、歯には歯で』と言われたのを、あなたがたは聞いています。しかし、わたしはあなたがたに言います。悪い者に手向かってはいけません。あなたの右の頬を打つような者には、左の頬も向けなさい」(「マタイ」5章38-39節)と同害報復は禁じるばかりか、逆に自ら更なる加害を求めてそれを甘受することを命じている。

一方、クルアーンは5章45節のとおり、同害報復の正義を追認する一方、自らの罪の贖罪になることを教えてむしろ相手を赦すことを勧めている。クルアーンは律法の妥協を許さない峻厳さを緩和する一方で、非現実的な新約の赦しの理想主義をも否定する現実主義的な中庸の立場を取っている。

またクルアーンの6章151節、17章33節にあるとおり、イスラームも他の宗教と同じく殺人を禁じている。しかしこの句には、「正当な理由なしに」との除外詞が続いており、イスラームにおける殺人の禁止は絶対ではない。イブン・アッバースのクルアーン注釈によると、「正当な理由」とは「姦通の石打ち刑、殺人の同害報復刑、背教の死刑」であり、いずれも重大な犯罪に対する処刑である[21]。また対内的犯罪だけでなく対外的な戦争においても殺人の禁止が解除されることにおいても、イスラームは西洋法と同様に現実主義的なのである。

近代西洋法のような特定の時代の特定の地域の価値観と一時的に衝突、競合することはあるとしても、歴史的にイスラーム法が千年を越す時を越え、西はサハラの砂漠地帯から南はマレーシアの熱帯雨林までの多様な風土において広く受け入れられ、今尚、信徒の間で信奉される法的妥当性を失うことなく今日に至っているのは、この現実主義に立脚した中庸の立場ゆえとも言うことができよう。

(3)歴史

イスラームは、ユダヤ教、キリスト教と世界の創造に始まり終末に至る直線的な歴史観を共有する。イスラームにおいても、確かに歴史は重要である。しかしユダヤ教、キリスト教に比べた場合、イスラームは相対的に歴史的個別性よりも、普遍性を重んじる宗教ということができよう。

イスラームにおける歴史の相対的軽視は、その祭礼の少なさのうちに明白に看て取る事ができる。ユダヤ暦は出エジプトを記念する過ぎ越しの祭、収穫祭、仮庵の祭の三大巡礼祭や、大贖罪日など、歴史的事件を記念する祭りに満ちている。キリスト教においても、イエスの誕生を祝うクリスマス、復活を祝う復活祭、聖霊降臨を祝うペンテコステなど新約聖書に纏わる歴史的事件を記念する祭りに事欠かない。それに比すと、イスラームにおける祭りの少なさは特筆に価する。

イスラームにおいて、祭りと呼べるものは、年間を通じて、ラマダーン月の一ヶ月の斎戒の完遂を祝う開斎祭(イード・アル＝フィトル)(小祭)とマッカ大巡礼に際して行われる犠牲祭(イード・アル＝アドハー)(大祭)の二回しかない。開斎祭は文字通り斎戒明け

21　Ibn ʻAbbās, *Tanwīr al-Miqbās min Tafsīr Ibn ʻAbbās*, Dār al-Fikr, Beirut, n.d., p.299.

郵便はがき

料金受取人払郵便

麹町局承認

6918

差出有効期間
2026年10月
14日まで

切手を貼らずに
お出しください

1 0 2 - 8 7 9 0

1 0 2

［受取人］
東京都千代田区
飯田橋２－７－４

株式会社 作品社
営業部読者係　行

【書籍ご購入お申し込み欄】

お問い合わせ　作品社営業部
TEL 03(3262)9753／FAX 03(3262)9757

小社へ直接ご注文の場合は、このはがきでお申し込み下さい。宅急便でご自宅までお届けいたします。送料は冊数に関係なく500円（ただしご購入の金額が2500円以上の場合は無料）、手数料は一律300円です。お申し込みから一週間前後で宅配いたします。書籍代金（税込）、送料、手数料は、お届け時にお支払い下さい。

書名	定価　　円	冊
書名	定価　　円	冊
書名	定価　　円	冊
お名前　　TEL（　　）		
ご住所　〒		

フリガナ
お名前

男・女　　　　歳

ご住所
〒

Eメール
アドレス

ご職業

ご購入図書名

●本書をお求めになった書店名

●ご購読の新聞・雑誌名

●本書を何でお知りになりましたか。

イ　店頭で

ロ　友人・知人の推薦

ハ　広告をみて（　　　　　　　　）

ニ　書評・紹介記事をみて（　　　　　）

ホ　その他（　　　　　　　　　　）

●本書についてのご感想をお聞かせください。

ご購入ありがとうございました。このカードによる皆様のご意見は、今後の出版の貴重な資料として生かしていきたいと存じます。また、ご記入いただいたご住所、Eメールアドレスに、小社の出版物のご案内をさしあげることがあります。上記以外の目的で、お客様の個人情報を使用することはありません。

を祝うだけであり、特に歴史的な故事に由来があるわけではない[22]。犠牲祭は預言者ムハンマドが執り行った祭礼であるが、その由来は彼自身ではなく預言者イブラーヒーム(アブラハム)の故事にある。クルアーンの3章96-97節、22章26-27節に述べられている通り、マッカの聖モスクの巡礼自体がイブラーヒームに遡る儀礼とされており、犠牲祭は、イブラーヒームが夢でアッラーから息子を犠牲に捧げるように命じられ、その実行の直前にそれを免じられ、代わりに羊を犠牲に捧げた、聖書とも共通する故事に因んでいる[23]。

また聖書が創世記と出エジプト記において、天地の創造について詳述しているのに対しても、クルアーンは天地を六日で創造したと述べるばかりである[24]。またヘブライ語聖書が、イスラエルの民の家系図、その寿命などを詳しく書きとめており、新約もマタイとルカの福音書がイエスの家系を記しているのにたいして、クルアーンは預言者ムハンマドの家系についてすら言及がない。またノアの箱舟のような逸話についても、創世記が箱舟の造りや大きさなどについて具体的な数字を挙げているのに対して、クルアーンにはそのような記述は存在しない。聖書と比較した場合、クルアーンは我々の考えるような歴史的記録を伝えることにたいする関心は薄いということができよう。

クルアーンの伝える歴史の大半は預言者たちの物語である[25]。クルアーンにはモーセのように聖書と共通のイスラエルの民の預言者と、聖書には記されていないアラブの預言者サーリフ、シュアイブ、フード、ムハンマドの四名、通説では合計二五名の預言者が登場する[26]。しかしこれらの預言者の中には、アルヤサア(エリシャ)、イルヤース(エリヤ)、ズー・アル＝キフル(エゼキエル)など名前が挙げられているだけで言行が一切伝えられていない者もあり、またクルアーンの中には預言者の名前を冠した章がいくつかあるが、章題の預言者の預言を集めた聖書の「預言者」諸書と異なり、クルアーンにおいては12章「ユースフ」がほぼ預言者ユースフ(ヨセフ)の物語で占められているのを除き、預言者の逸話は章のごく一部をなすにすぎない。

クルアーンにおける預言者の物語が総じて簡潔であり個々の預言者の個性が薄いのは、その強調点が、過去の預言者のメッセージは本質的に同一、即ち唯一神への帰依(イスラーム)に他ならず、ムハンマドのもたらしたクルアーンはそれを最終的に確証し完成す

22　ラマダーン月の最後の十日のうちの奇数日にクルアーンが啓示されたと伝えられているが(2章185節、44章3節、97章1節参照)、それが斎戒の課された理由であるわけでもなく、開斎祭にもクルアーンの啓示を祝う祭りとの位置づけがなされることもない。

23　37章102-107節、「創世記」22章1-13節。ただし、創世記ではアブラハムが犠牲に捧げようとした息子の名は次男の嫡子イサクとなっているのに対して、クルアーンには名前の言及はないがムスリムの通説では長男のイシュマエル(イスマーイール)である。

24　7章54節、10章3節、11章7節、25章59節、32章4節、50章38節、57章4節。

25　それ以外の物語としては、通説では預言者ではないとされている賢者ルクマーン、マルヤム(イエスの母マリヤ)、アレキサンダー大王とも言われるズー・アル＝カルナインなどにまつわるものがある。

26　通説で聖書の預言者と同定されるのは、アーダム(アダム)、イドリース(エノク)、ヌーフ(ノア)、イブラーヒーム(アブラハム)、ルート(ロト)、ヤアクーブ(ヤコブ)、イスマーイール(イシュマエル)、イスハーク(イサク)、ユースフ(ヨセフ)、アルヤサア(エリシャ)、イルヤース(エリヤ)、ムーサー(モーセ)、ハールーン(アロン)、ダーウード(ダビデ)、スライマーン(ソロモン)、ユーヌス(ヨナ)、アイユーブ(ヨブ)、ズー・アル＝キフル(エゼキエル)、ザカリーヤー(ゼカリア)、ヤフヤー(ヨハネ)、イーサー(イエス)の二一人である。

るものだ、という点にあるからである[27]。アッラーは、人々が預言者たちの伝えたイスラームを忘却、改変、歪曲する度に、新たな預言者を遣わし、真のイスラームの教えを復興してきた。預言者ムハンマドが遣わされた時代においては、アラブ人たちが太祖イブラーヒーム(アブラハム)の教えを忘れ去り多神崇拝に堕していたのみならず、イスラエルの民の末裔としてモーセの律法を奉ずると自認するユダヤ教徒も、イエスの弟子を称するキリスト教徒も、真のイスラームの教える唯一神教から逸脱していた。

クルアーンは、3章67節に述べるように、ユダヤ教とキリスト教の正統性を否定し、ムハンマドこそがアブラハムの純粋な唯一神教の正統な継承者であるとし、アブラハムの教えとしてのイスラームの宗教復興を宣言したのである。

クルアーンは世界の創造については語るところが少ないが[28]、終末については世界の破滅、復活、最後の審判、楽園と火獄について繰り返し詳細に告げており、この点において、クルアーンは、来世の存在について殆ど記述のないヘブライ語聖書(旧約)、ヨハネの黙示録以外に来世の具体的描写に乏しい新約と著しい対照をなしている。

ディテールを欠く預言者たちの物語を説くクルアーンの歴史記述は、唯一神アッラーのみの崇拝を命ずる預言者たちへの服従による楽園の報償、背反による火獄の懲罰の告知という、偶然的な歴史状況の枝葉末節をそぎ落とした明確なメッセージによって貫かれている、と言うこともできよう。

6. アラビア語の意味の重層性

アラビア語は原則的に三つの子音を語根とし、その活用、変化によって、品詞や意味の違いが生成する言語である。またアラビア語の特徴として、文化・学問の蓄積、発展と共に、専門用語としての新造語を作るよりも、できるだけ古来より日常的に使われていた言葉に専門用語としての意味を重層的に付け加えていく傾向を指摘することができる。従ってイスラーム学の用語については、一つの単語がクルアーンの啓示の以前の語源的意味、クルアーンの啓示によって新たにもたらされた聖法的意味、後のイスラーム学の専門分化によって特定された専門用語的意味を重層的に有することが往々にして見られる。

聖戦と訳されカタカナの「ジハード」のままでの人口に膾炙している jihād を例にとって説明しよう[29]。jihād は、語義的には、力を尽くすことを意味する語根「j-h-d」の相互行為を意味する派生形第Ⅲ型(jāhada)の動名詞である。クルアーンでは、この「j-h-d」の動詞派生形第Ⅲ型は、動詞の様々な活用形と動名詞、能動分詞の形で総計三六回現れる。その中でも

27　預言者に帰される言葉で最も多いのは、第26章の「まことに、私はあなたがたへの誠実な使徒である。それゆえ、アッラーを畏れ身を守り、私に従え」(ヌーフの言葉107-8節、フードの言葉125-126節、サーリフの言葉143-144節、ルートの言葉162-163節、シュアイブの言葉178-179節、なお後段「それゆえアッラーを畏れ身を守り、私に従え」のみではイーサーも3章50節に述べ伝えている)であり、ついで「わが民よ、アッラーに仕えよ。おまえたちには彼のほかに神はない」(ヌーフ、フード、サーリフ、シュアイブの言葉7章59、65、73、85節、11章50、61、84節、23章23節)である。

28　7章172節のような現世での創造以前の人間の実存を示唆する所謂「原初契約」を伝える一節も存在するが、その表現は多様な解釈の余地を残しており、神秘哲学者の想像力をそそるものではあるが、確立した歴史認識の基礎となるものとはなっていない。

29　『大辞林』には「(アラビア)イスラム教徒が信仰を迫害されたり、布教を妨害された場合に、武力に訴える行為。聖戦」とある。

イスラーム以前の語源的意味の用法を保存しているのは29章8節及び31章15節であり、ここでは奮闘《ジハード》には戦闘の意味がないばかりか、二人の奮闘する(jāhadā)者は不信仰者であって、ジハードはムスリムの行為ですらない。

但し、クルアーンの啓示により、ジハードは、特にアッラーへの献身を意味するようになる。たとえば25章52節は不信仰者とのジハード[30]を命じているが、この章はマディーナへの聖遷以前のムスリムがマッカで少数派として虐げられていた時点で下された啓示であり、この時点では不信仰者との武力を用いた戦闘は禁じられていたため、ここでの「大いなる奮闘《ジハード》」とは、アッラーの啓示の真実性を立証するための論戦を意味している。

マディーナへの聖遷の後に22章39節が啓示され、戦闘が解禁された後の啓示においては、「奮闘《ジハード》」は「戦闘」の意味で用いられることが多くなる。9章19節の「奮闘《ジハード》」が意味するのは戦闘に他ならない。

しかし戦闘が許可された後の啓示における「奮闘《ジハード》」の意味が必ずしも全て戦闘に特化しているわけではない。たとえば49章15節の奮闘《ジハード》は、一般的なアッラーに対する献身を意味しており、標準的なクルアーンの古典釈義書もそう解している。

イスラーム学の専門分化に伴い、ジハードや戦闘(qitāl)に関するクルアーンの諸節や預言者ムハンマドの様々なハディースなどを総合的に考察し、法学(fiqh)においては、ジハードは「アッラーの御言葉の宣揚のための不信仰者(異教徒)との戦い」と定義されるようになる。一方、「(最大のジハード〈jihād akbar〉は)人間の自己の欲望との闘い(mujāhadah)である」とのハディースに基づいて、同じくj-h-dの派生形第Ⅲ型の別の動名詞「ムジャーハダ」が、倫理学の専門用語としてアッラーへの献身による克己の意味で用いられることになる[31]。

こうした専門用語の意味が今度はクルアーンの釈義書に取り入れられる。たとえば9章73節は不信仰者と偽信者に対する奮闘《ジハード》を命じるが、上記の法学の定義にある通りジハードが戦闘を意味するのは異教徒に対してに限られ、偽信者は現世ではムスリムとして処遇されることから、「不信仰者とは剣によって戦うこと」、「偽信者とは議論によって闘うこと」と注釈される[32]。また後代のクルアーン釈義者イブン・アジーバ(1809年没)は上記の49章15節の「奮闘」を「不信仰者、自我、欲望に対して闘うべきこと」と注釈している[33]。

このように専門用語に新造語を充てるよりも日常言語に専門用語の意味を重層的に重ねていくアラビア語の特徴により、クルアーンの言葉は、聞く者に、法学や倫理学などの専門用語としての文脈に応じた正確な意味を示すと共に、字義的意味、聖法的意味をも同時に想起させ、豊かな連想の世界に誘うことになるのである。

7. クルアーンの翻訳

(1)クルアーンの翻訳の歴史と現状

既に述べたように、アラビア語から他言語に翻訳されたクルアーンはクルアーンではな

30　論敵との論戦は、敵との武力による戦いに優るので、「大いなる奮闘(ジハード・カビール)」と呼ばれている。

31　ジハードの語義的意味、聖法的意味、専門用語的意味については、Muḥammad Khair Haikal, *al-Jihād wa-al-Qitāl fī al-Siyāsah al-Shar'īyah*, Lebanon, vol.1, pp.36-46,58 参照。

32　Al-Jamal, *al-Futūḥāt al-Ilāhīyah*, Lebanon, 1994, vol. 3, p. 291.

33　Ibn 'Ajībah, *al-Baḥr al-Madīd*, Cairo, 2000, vol.5. 439.

く、別の言語でなされたクルアーンの解説(タフスィール)である。この意味において、クルアーンの翻訳とはクルアーンの解説の一種である。事実、クルアーンの章句自体の外国語訳については、預言者ムハンマドのペルシャ人の弟子のサルマーン・アル＝ファーリスィーが、イエメン在住のペルシャ人ムスリムからクルアーン第1章の翻訳を求められて、「アッラーの御名によりて(bi-smi Allāhi al-Raḥmāni)」をペルシャ語「(be（によって）-nam（名）-i yazdān（神）-i khoshāvande（恵み深い）…)」に逐語的に翻訳したと言われているのをはじめ、アラビア語を解さない者のために最初期から行われていたにもかかわらず、記録されるクルアーン全巻の翻訳は、クルアーン本文自体ではなく、タバリー（ヒジュラ暦310年没)のクルアーン注釈『解説集成(Jāmi‘ al-Bayān)』の翻訳が嚆矢である[34]。この『解説集成』の翻訳においてアラビア語のクルアーン本文のペルシャ語訳はペルシャ語文法の統語論を無視し、アラビア語のクルアーンの行間にアラビア語の単語の下にペルシャ語の単語を記した文字通りの逐語訳であり、最初のトルコ語訳もその方式を採用していた[35]。

クルアーンの意味と韻律の全てを、統語体系の異なる他の言語に完全に翻訳することは不可能であり、アラビア語以外のクルアーンの翻訳はクルアーンではない。それゆえクルアーンの外国語訳は、あくまでも意味を近似的に説明するだけであることから、翻訳(tarjamah)の名称を避け、各国語による解説(タフスィール)、あるいは「解説的翻訳(tarjamah tafsīrīyah)」とも呼ばれることも多い。

歴史的にも福音書の成立自体がアラム語で話したイエスの言葉のギリシャ語への翻訳から始まったと言うこともでき、原始教会から多くの言語に翻訳されており、現在では数千の民族言語に翻訳されている聖書と比べると、クルアーンの場合、この意味での「解説的翻訳」は歴史的にも遥かに後代になって始まり、その数もそれ程、多くはないが、それでも現代に至っては、百を超える言語に翻訳されている。イスラーム会議機構の下部機関「イスラーム歴史・芸術・文化研究センター（Research Center for Islamic History, Art and Culture：IRCICA)」が1986年に刊行した『1515年から1980年にかけて公刊された聖クルアーン翻訳世界書誌目録』は六五言語のクルアーン全訳五百五一点、部分訳八百八三点を収録しており[36]、イランのコムに1994年に創設された聖クルアーン翻訳センター（The Centre for Translation of the Holy Qur'an)のウエブサイト(http：//www.cthq.ir/)によると、その図書館は百一言語にわたる九七七人の翻訳者による四千三百六冊のクルアーンの翻訳を所蔵している。またインターネット上では、ヨルダンのアール・アル＝バイト王立イスラーム思想研究所(Royal Aal al-Bayt Institute for Islamic Thought)が運営する「クルアーン解説ドットコム(http：//www.altafsir.com/)」は日本語を含む二五言語のクルアーン翻訳を

34　Muḥammad Hādī Ma‘rifah, *al-Tafsīr wa-l-Mufassirūn*, Mashhad, 1997, pp. 157-158.
このタバリーのクルアーン注釈『解説集成(*Jāmi‘ Al-Bayān*)』は1984年出版のベールートのダール・フィクル社版で三十巻十五冊の浩瀚な大著であるが、その翻訳という大プロジェクトは、ヒジュラ暦4世紀にサーマーン朝のスルターン・マンスール・ブン・ヌーフ(在位ヒジュラ暦350-365年)の要請によって中央アジアのイスラーム学者たちによって行われた。

35　Ekmeleddin İhsanoğlu, *World Bibliography of Translation of the Meaning of the Holy Qur'an Printed Translations 1515-1980*, Istanbul, Research Center for Islamic History, Art and Culture, 1986, pp. XXIX-XXX(29-30).

36　Ekmeleddin, *ibid.*, p.XII(12).

ウェブ上で公開している。

(2)クルアーンの邦訳

クルアーンの最初の邦訳は坂本健一訳の『コーラン経』(上下二巻)で大正9年の出版「世界聖典全集」に収められている。昭和13年には日本人ムスリムの手になる翻訳としては有賀阿馬土(アフマド文八郎)・高橋五郎共訳による『聖香蘭経』が出版された。なお、この『聖香蘭経』は、クルアーンの章の配列が啓示の時代順になっている。戦後になってからは昭和25年に、大川周明による『古蘭』が出版されたが、これらは全てアラビア語からの翻訳ではなく重訳であった。

アラビア語のクルアーン原典からの初の訳業は、昭和32-33年の井筒俊彦による『コーラン』(岩波文庫、上中下三巻)である。その後、藤本勝次、伴康哉、池田修の三氏による共訳『コーラン』が中央公論社から、「世界の名著」の一冊として出版された(昭和四五年)。

アラビア語のクルアーン原典との対訳では、昭和47年に日本ムスリム協会によって『日亜対訳注解聖クルアーン』が刊行されたが、同書は改訂を重ねつつ現在に至っている。

2002年から2006年にかけて、本邦初のクルアーンの本格的な古典的注釈書(タフスィール)の翻訳『タフスィール・アル＝ジャラーライン(ジャラーラインによるクルアーン注釈)』(中田香織訳・中田考監訳、全三巻)が刊行された。本書は、この『タフスィール・アル＝ジャラーライン』のクルアーン本文の翻訳を下敷きとする。

(3)本訳の特徴

本書のクルアーン本文訳は、注釈書『タフスィール・アル＝ジャラーライン』に基づいているため、当然ながら、スンナ派イスラームの権威ある正統的な解釈に立脚する翻訳であることを基本的な特徴としている。

また古典注釈を参照していることにより、教義的に正統であるだけでなく、アラビア語文法の厳密な分析に基づくものともなっている。

以下に、現代流通している井筒訳、藤本・伴・池田訳、日本ムスリム協会訳との比較により、クルアーン第1章6-7節を例にとって具体的に説明しよう。

井筒訳：　願わくば、我らを導いて正しい道を辿らしめ給え。汝の御怒りを蒙る人々や、踏み迷う人々の道ではなく、汝の嘉し給う人々の道を(歩ませ給え)。

藤本・伴・池田訳：　われわれを正しい道に導き給え。あなたがみ恵みをお下しになった人々の道に。お怒りにふれた者やさまよう者のではなくて。

協会訳：　わたしたちを正しい道に導き給え。あなたが御恵みを下された人々の道に、あなたの怒りを受けし者、また踏み迷える人々の道ではなく。

本訳：　われらを真っすぐな道に導き給え、あなたが恩寵を垂れ給うた者たち、(つまり)御怒りを被らず、迷ってもいない者たちの道に。

『タフスィール・アル＝ジャラーライン』は「あなたが恩寵を垂れ給うた者たち、御怒りを被らず、迷ってもいない者たちの道」を「真っすぐな道」の言い替えであり、そして「御怒りを被らず、迷ってもいない者たち」を「あなたが恩寵を垂れ給うた者たち」の言い替えである、と解説している。

つまり「いない」との否定詞は「怒りを被る」、「迷う」という二つの動詞にかかるために「御怒りを被らず、迷ってもいない」となり、前の句の「あなたが恩寵を垂れ給うた者たち」を説明、形容する言い換えとして後置されているのである。

ところが、従来訳は「…人々の道ではなく」(井筒訳)、「者のではなくて」(藤本・伴・池田訳)、「…人々の道ではなく」(協会訳)と、いずれも否定詞を動詞「怒りを蒙る」、「迷う」ではなく、「道」にかかっているかのように訳しており、文法的に不正確な訳、あるいは誤訳となっている。

この文法上の誤りについては、W. ライトの『アラビア語文典』の訳者後藤三男が既に井筒訳等に共通した誤訳として指摘している。また後藤は、井筒訳は文法的に誤りであるだけでなく「意味の上でも両者の間には落差がある。すなわち、片や跪拝者の心中にはひたすらに希求する一本の道しかない(タウヒード!)に対し、片や跪拝者は二とおりないしは三とおりの道を頭にうかべ、そこから択一したものへの祈りの形式となっている。」と意味的にも、井筒訳が一本の道のイメージを正しく伝えていないと批判している。そしてこの一本の道のイメージは、マイケル・クックも「おもしろい特徴なのだが、アラビア語ではこの単語(「道：スィラート」)には複数形がない。よってこのまっすぐな道の唯一性がより強く感じられるのである」と指摘しているところでもある[37]。

8. 終わりに　本書における翻訳の方針

本書においては、『タフスィール・アル＝ジャラーライン』のクルアーン本文の翻訳を下敷きとする。しかし、注釈の一部としてのクルアーンの本文の訳と注釈無しの本文のみの訳では自らその性格が異なるため、全く同一の訳にはならない。

クルアーンは、「明白なアラビア語」(16章103節)とアッラーが仰せの通り、明晰なアラビア語で啓示されている。しかしクルアーンが啓示された西暦7世紀のアラビア半島には中央集権的国家は存在せず、全国共通の国語教育が施されていたわけでもなく、国語(アラビア語)辞典もまだ編纂されていなかった(最古のアラビア語の辞書が編纂されるのは西暦8世紀)。当時のアラブ諸部族は各部族独自の方言を用いていた。またクルアーンは、過去の異民族の諸預言者の物語や、未知の天の楽園や火獄など幽玄界の事物についても語っている。それゆえクルアーンは「明白なアラビア語」で啓示されたとしても、当初より聞いた者が全員それを理解できるようなものではなかった。

アラビア語のクルアーン本文自体に、難解で意味が曖昧、あるいは理解が困難な表現が数多く存在するが故に、クルアーンには古今を通じて万巻の注釈書が著されてきたのである。それゆえ、アラビア語の本文自体が難解で分かり難いのであるのなら、その日本語訳だけが明瞭で誰にでも理解できるものになることは原理的にありえない。

『タフスィール・アル＝ジャラーライン』の中のクルアーン本文の邦訳は、注釈を参照することを前提に語義的、文法的に難解な原語のニュアンスを伝えるような訳語をあてた、いや、時には、注釈が必要とされることが看取できるように、故意に敢えてより分かり難い訳をした場合さえあった。しかし、本書では、ジャラーラインの注釈を本文の意味に反映さ

37　詳しくは中田香織訳『タフスィール・アル＝ジャラーライン(ジャラーラインによるクルアーン注釈)』(第三巻)日本サウディアラビア協会、2006年、640-641頁参照。

せ、できうる限り注釈なしで邦訳の本文だけを読んでも意味が通る読み易い訳にするように心がけた。

しかし、翻訳の基本方針はアラビア語の原文に可能な限り忠実に逐語的に訳することであり、そのために、時として日本語としては不自然な表現になることを避けることができなかった。たとえば、英語の and（そして、また）にほぼ相当する wa は、文書の冒頭に置かれる場合、日本語では殆どの場合、省略した方が自然であり、また英訳でも省略しているものもあるが、本書では、適宜訳し分けつつ、省略しないことを原則とした。

なお、「Traduttore, traditore（翻訳者は裏切り者）」との諺もあるように、いかなる言語であれ、またどのようなテキストであれ、翻訳によって意味のずれが生ずるのは普遍的な事実であり、クルアーンに限られたことではない。しかし、とりわけアラビア語のクルアーンの翻訳不可能性が強調されるのは、アラビア語の原音それ自体の持つメッセージ性という理由がある。つまり他の言語に置き換えることによって、辞書的な意味での原義とのずれだけではなく、アラビア語の音自体が伝える意味が失われてしまう、ということである[38]。

38　クルアーンのアラビア語の持つメッセージ性については、日本語とアラビア語のバイリンガルの声楽家師岡カリーマ・エルサムニーが『イスラームから考える』（白水社、2008年、146-150頁）においてクルアーン第96章について解説した以下の文章によって、その一端を垣間見ることが出来る。長くなるが以下に全文を引用しよう。

(1)	イクラッビスミラッビカッラズィーハラク	詠みなさい。創造主であるあなたの主の御名において
(2)	ハラカルインサーナミンアラク	一つの凝血から人間を創造した
(3)	イクラッワラッブカルアクラム	詠みなさい、あなたの主はもっとも高貴であり
(4)	アッラズィーアッラマビルカラム	筆によって教えた御方
(5)	アッラマルインサーナマーラムヤアラム	人間が知らなかったことを教えた
(6)	カッラーインナルインサーナラヤトゥガー	否、人間とは真に反逆的であり
(7)	アッラーハスタグナー	助けなど必要ないと信じている
(8)	インナイラーラッビカッルジャアー	すべてはあなたの主に帰するのである
(9)	アラアイタッラズィーヤンハー	あなたは見たか、止めようとする者を
(10)	アブダンイザーサッラー	一人のしもべが祈りを捧げる時に
(11)	アラアイタインカーナアラルフダー	あなたはその者が正しい道にあると見たか
(12)	アウアマラビッタクワー	または敬神を勧めていると
(13)	アラアイタインカッザバワタワッラー	あなたは彼が(神の言葉を)嘘だと言い、背を向けるのを見たか
(14)	アラムヤアラムビアンナッラーハヤラー	神が見ているということをその者は知らなかったか
(15)	カッラーインラムヤンタヒラナスファアンビンナースィヤ	否、もし彼がそれをやめないならば、我は彼を前髪から捕らえるだろう
(16)	ナースィヤティンカーズィバティンハーティア	偽り深く罪深い前髪から
(17)	ファルヤドゥウナーディヤ	彼は仲間を呼ぶがよい
(18)	サナドゥウザバーニヤ	我は火獄の番人を呼ぶであろう
(19)	カッラーラートゥティウフワスジュドワクタリブ	否、彼に従ってはならない(神に)額づき、近づきなさい

（中略）

章は「イクラッ(詠みなさい)」という言葉で始まる。これは天使ジブリールによって三回繰り返され、三度目に第一節の最後までを唱えたと伝えられる。「イクラッ」の「ク」は喉から出るアラビア語特有の強い音だが、節が同じ音で終わっていることで音的なバランスが生じ、衝撃的ですらそして、こうしたアラビア語ならではの音の伝えるメッセージは当然ながら日本語で伝えることは不可能である。それゆえ翻訳に当たっては、アラビア語の持つ音やリズムの美しさを伝えることは最初から断念し、韻文にすることも、流麗な文体を用いることもせず、敢えて意味の直訳に近い生硬な翻訳体を用いた。

アッラーは三人称ではアラビア語では三人称男性単数代名詞「huwa」でその所有格、対格の「hu」と共に多用される。本来代名詞を持たず、特に目上の対象には代名詞の使用を避ける日本語では、アッラーの三人称代名詞を適切に翻訳することはできない。また個々の文脈に応じて適宜訳し分けるにはあまりにも用例が多すぎるため、日本語としては違和感が残るが、已むを得ず一律に「彼」と訳した。

また近年では「盲(a'mā)」を視覚障害、「聾(ṣamam)」を聴覚障害等と訳し変えることが多いが、アラビア語の言語では、盲、聾はそれぞれそれだけを意味する一語の単語であり、視覚、聴覚と障害を組み合わせた複合語ではなく、勿論、アラビア語のクルアーン原典について、かつて盲、聾が差別用語であったから置き換えるべきだ、などといった議論はおきていない。それゆえ本訳においても、従来の盲、聾等の訳語を踏襲し、癩病(abraṣ)も同様とする。

本書では、訳注は最小限に留めたが、『タフスィール・アル＝ジャラーライン』が古典注釈の翻訳に徹したのとは異なり、その古典注釈を基礎としながら、その他の古典に加えて、現代の注釈を参照した。現代の作品では、特にエジプトのアズハル・寄進省・イスラーム最高評議会編のアラビア語注釈付と英訳『撰集(*al-Muntakhab, The Select*)』(1993年)、サウディアラビア王国イスラーム問題・寄進・宣教・善導省・ファハド王立クルアーン出版アカデミー編『簡易クルアーン注釈(*al-Tafsīr al-Muyassar*)』(1999年)、『照明クルアーン注釈(*al-Tafsīr al-Munīr*)』(全三十巻)、『中版クルアーン注釈(*al-Tafsīr al-Awsaṭ*)』(全三巻)の著者でダマスカス大学シャリーア(イスラーム法)学部長ワフバ・アッ＝ズハイリー著『小クルアーン注釈(*al-Tafsīr al-Wajīz*)』(第二版、1995年)などの現代のスンナ派の標準的な注釈書を選び、現代のスンナ派イスラーム学の正統な見解を示す注釈を目指した。

なお、クルアーンのヴァリアントの翻訳に当たっては、ハフスの伝えるアースィムの読誦

ある。最初の一節はディミヌエンドもクレッシェンドもせずに同じ勢いを保ったまま一気にしめくくられる。文頭の音の強さを考えると、脚韻がこの音でなければ尻すぼみになりかねない一文である。そして次の第二節もまた、一節に解説を加えるかのように同じ脚韻で続く。

第三節からは「ム」というより柔らかい韻が三節にわたって続く。筆によって人間に未知の知識を授けたという言葉は、その瞬間に新たな宗教が誕生しただけでなく、あるひとつの文明が誕生したことを暗示していたようですらある。

中断を経て再開された第六節以降は、冒頭のインパクトの強さとは打って変わって、「ター・ハー」と同じ「アー」というより柔らかな韻を踏み、苦悩するムハンマドを慰めるかのようなニュアンスが感じられる。それが九節にわたって続く。

しかし、預言者の使命を妨害する者を待ち受ける罰に話題が移ると、脚韻も全体の音の連なりも途端に鋭く、厳しいものになる。「ナースィヤ」、「ハーティア」、「ナーディア」「ザバーニヤ」という強い音が畳み掛けるように重なっていくことによって緊張感と畏れが増幅される。

そして最後の一節に至る。「カッラー(否)」というのは、単独ではどちらかというと硬い言葉だが、なぜか上の四節の直後に来るとホッと緊張感を解くものがある。「(神に)近づきなさい」は命令形だが、許可の意味を含む「近づいてもよい」と読むこともできる。「否」から「近づきなさい」に至るまでが比較的長い一文であることによって、直前までの緊張感が和らぐソフトランディングで章は終わる。

法を中央、残りの九伝承の異読を欄外、正統読誦とは認められなかった少数説の四読誦法の異読を脚注に示してある Muḥammad Fahd Khārūf(ed.), *al-Muyassar fī al-Qirā'āt al-Arba'ah 'Ashrah*（1995, Damascus）を底本とした。聖典の研究においては、まずヴァリアントを収めた底本とするテキストを決める必要があり、聖書学ではヘブライ語聖書は Rudolf Kittel (ed.), *Biblia Hebraica*（Stuttgart）、ギリシャ語聖書は Nestle-Aland, *Novum Testamentum Graece*（Stuttgart）が用いられる。クルアーンに関しては、近年、翻訳を含むオリエンタリストたちによるクルアーンの概説書が相次いで出版されたが（大川玲子『聖典「クルアーン」の思想』講談社現代新書、2004年、大川玲子『図説コーランの世界』河出書房新社、2005年、マイケル・クック（著）・大川玲子（訳）『コーラン』岩波書店、2005年、ジャック・ベルク（著）内藤陽介・内藤あいさ（訳）『コーランの新しい読み方』晶文社、2005年、ブルース・ローレンス（著）池内恵（訳）『コーラン』ポプラ社、2008年、フランソワ・デロッシュ（著）小村優太（訳）『コーラン―構造・教義・伝承』白水社文庫クセジュ、2009年、小杉泰『クルアーン』岩波書店、2009年）、そのいずれも Muḥammad Fahd Khārūf（ed.), *al-Muyassar fī al-Qirā'āt al-Arba'ah 'Ashrah* のような十四読誦を網羅したテキストを用いていない[39]。

本書が、本邦の教養人のクルアーンに対する理解を深める手がかりとなると同時に、専門的なクルアーン研究の礎石となれば、訳者にとって望外の喜びである。（中田香織・中田考）

本翻訳の特徴について、若干の説明を補足したい。例えば、ムスリム協会版では「リバー」（2章275節）は「高利」と訳されているが、本書ではスンナ派法学の通説に従い「利子」と訳した。また、例えば5章33節は「アッラーとその使徒に戦いをいどみ」（井筒訳）、「神とその使徒に戦いを挑み」（藤本・伴・池田訳）、「アッラーとその使徒に対して戦い」（協会訳）、「アッラーと彼の使徒と戦い」（本書）と訳されているが、この句は強盗を働くことを意味しているため、本書ではその点を明らかにするべく注を付けるなど、普通に日本語で理解する限りではイスラーム教学において一般的とされる解釈に到達できない箇所については説明を加えるように務めたつもりである。なお、クルアーンの後半部分は省略や複雑な言い回しが多いため、括弧内に言葉を補う機会が増えている。

さて、*al-Tafsīr al-Wajīz* と *al-Tafsīr al-Muyassar* は簡潔な表現が多く、クルアーン本文の表現をそのまま繰り返す箇所も多いため、それぞれ適宜 *al-Tafsīr al-Munīr* と 'Abd al-Raḥmān al-Sa'dī, *Taysīr al-Karīm al-Raḥmān fī Tafsīr Kalām al-Mannān*, Beirut, 2000 の該当箇所を参照した。また、クルアーンの章句には多様な解釈があり得るため、Abū al-Ḥasan 'Alī bn Ḥabīb al-Māwardī, *al-Nukat wa al-'Uyūn*, Beirut, 1992、Abū al-Fidā' 'Ismā'īl Ibn Kathīr, *Tafsīr al-Qur'ān al-'Aẓīm*, Riyad, 1999、Muḥammad al-Rāzī, *Tafsīr Fakhr al-Rāzī al-mushtahir bi al-Tafs*

39 欧米においても事情は大差なく、Gabriel Said Reynolds(ed.), *The Qur'ān in its Historical Context*（London–New York, 2008）のようなクルアーンの文献学的研究でさえ、上記の *al-Muyassar fī al-Qirā'āt al-Arba'ah* 'Ashrah や Muḥammad Kurayyim Rājiḥ(ed.), *al-Qirā'āt al-'Ashr al-Mutawātirah 'an Ṭarīqai al-Shāṭibīyah wa al-Durrah fī Hāmish al-Qur'ān* al-Karīm, 1994, al-Madīnah/Tarīm/Ḥaḍramaut のような正統読誦のヴァリアントを収めたテキストを用いておらず、Arthur Jeffery, *Materials for the History of the Text of the Qur'ān*（1937, Leiden）を補完する参考図書として、1983年にクウェートで刊行された 'Abd al-'Āl Mukarram and Aḥmad 'Umar, *Mujma' al-Qirā'āt al-Qur'ānīyah*（Kuwait, 1983）を挙げるのみで、Muḥammad Ḥabash, *al-Shāmil fī al-Qirā'āt al-Mutawātirah*（Damascus–Beirut, 2001）のような新しい研究書も参照していない。

īr al-Kabīr wa Mafātīḥ al-Gaib, Beirut, 1981を適宜参照し、別解釈を付記した。

クルアーンの構文解析書としてはal-Samīn al-Ḥalabī, *al-Durr al-Maṣūn fī ‘Ulūm al-Kitāb al-Maknūn*, Damascus, n.d.、Muḥyī al-Dīn al-Darwīsh, *I‘rāb al-Qur'ān al-Karīm wa Bayānu-hu*, Damascus,1999、Maḥmūd Ṣāfī, *al-Jadwal fī I‘rāb al-Qur'ān wa Ṣarf-hu wa Bayānu-hu*, Damascus, 1995、Bahjat ‘Abd al-Wāḥid, *al-I‘rāb al-Mufaṣṣal li-Kitāb Allāh al-Murattal*, n.p., n.d.を参照し、構文解析理解の相違に起因する解釈の相違に関しては、*al-Durr al-Maṣūn*に拠るところが大きい。また、アラビア語学の観点からは、Muḥammad Jabāṣīnī博士にご教示いただいた。

本書の成り立ちについてであるが、前出の『タフスィール・アル＝ジャラーライン』の本文訳見直しに下村が参加、また世界初の業績としてクルアーンの正統十読誦により生じる意味の違いを訳出するべく松山が参加した。2011年3月、パイロット版となる『訳解　クルアーン』を制作、推薦文（本書巻頭）を掲載の上、関係者に配布された。2013年5月、黎明イスラーム学術・文化振興会と作品社のあいだで、東京ジャーミイにてムスリム諸国大使館関係者出席のもと契約式を挙行、正式に契約を交わした。そののち、監修者と訳者が本文見直し作業を行い、刊行に至ったものである。

（下村佳州紀）

日亜対訳　クルアーン

［凡例］

■内容構成

本書『日亜対訳クルアーン』はハフス＆アースィム版の読誦に従い訳された、いわゆるコーランの全訳である。

■底本

ハフス＆アースィム版の読誦に従ったサウディアラビアのファハド・クルアーン・コンプレックス発行のものとカイロのアズハル大学発行のものを底本としたが、版による相違はない。現在イスラーム諸国に流通しているクルアーンは、この読誦法に基づくものがほとんどであり、これらは各国の権威ある認証機関の審査を通っている。

なお、井筒俊彦訳の『コーラン』(改版)は、いわゆるカイロ版とフリューゲル版の章節番号が併記されているが、現在フリューゲル版のそれが用いられることは絶無といってよいため、併記しなかった。

■転写法

岩波イスラーム辞典のそれに原則的に従ったが、語末のハムザについては詰まりの小文字で示し、長母音などの後でも省略しなかった。

例：サバァ　ヒラーゥ　クバーゥ

■人名・地名などの表記

一、人名の定冠詞は冒頭にあるときのみ、これを省略した。

一、地名の定冠詞は慣用的に省略される事が多いために、これに従った。

例　アカバ(アル＝アカバとしない)　フダイビーヤ(アル＝フダイビーヤとしない)

一、クルアーン本文に現れる地名については定冠詞を省略しなかった。

例　アッ＝ラッス　例外　カアバ(アル＝カアバとしない) マディーナ(アル＝マディーナとしない)

一、旧約聖書ならびに新約聖書に登場する人名については、アラビア語原文の表記に従い、適宜説明を補った。

例　アイユーブ(ヨブ)　イーサー（イエス)

一、「イブン」(息子、子孫)の複数形であるバヌーは親族集団を表す言葉であるが、文脈に応じ子孫、部族などと訳し分け、クライシュ族の内部集団のみは慣例に従い「家」と訳した。

一、系譜の途中に来るイブンは「ブン」と表記した。

一、「アブド・某」(某の僕)については分かち書きしなかった。

例　アブドゥッラー（アブド・アッラーとしない)　アブドゥッラフマーン(アブド・アッ＝ラフマーンとしない)

一、「アブー・某」(某の父)については、系譜の途中に来た場合にもアビー（属格形)ではなく、アブー(主格形)で統一した。

■地名、人名の読み方

アラビア文字は母音を表記せず、日本語の振り仮名に相当するシャクルが振られていない場合には、文法上の規則に従って母音を復元する。クルアーン本文には、全てシャクルが振られているが、その注釈書には振られていない。従って、注釈書のみに現れる地名、人名(特に非アラビア系のもの)に関しては、読み方が明示されている場合には基本的にはそれを優先しながら、地名辞典、人名辞典を参照しつつ、慣用も考慮に入れ、総合的に判断した。

■本文について

・訳文末尾の括弧内は章節番号を示す。

例：　慈悲あまねく慈悲深いアッラーの御名において(1：1)　…　第１章第１節

・本文中の(　)は主に訳者による補足。

・ヒジュラ歴、西暦、そして章と節、頁は算用数字で、他は漢数字とした。

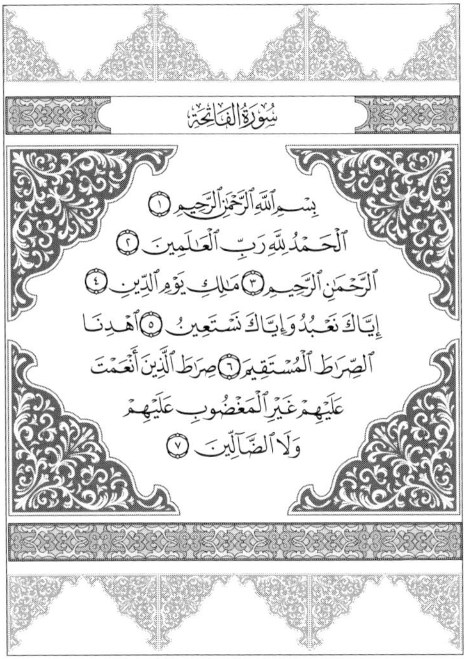

第1章　開端 …… سورة الفاتحة

マッカ垂示

クルアーンを開始する章であることから、「開端」章と名づけられる。「啓典の母」、「クルアーンの母」とも呼ばれる。

この「開端」章だけは、毎日５回の義務の礼拝の中で読むことが義務付けられている。

慈悲の神、裁きの神としてのアッラーの属性、そして創造主、崇拝を捧げるべき対象としてのアッラーの唯一性が直截に表明されている。

慈悲あまねく慈悲深き[1]アッラー[2]の御名において(1：1)

称賛はアッラーに帰す、諸世界[3]の主に(1：2)

慈悲あまねく慈悲深き御方、(1：3)

裁きの日の主宰者に。(1：4)

あなたにこそわれらは仕え、あなたにこそ助けを求める。(1：5)

われらを真っすぐな道に導き給え、(1：6)

あなたが恩寵を垂れ給うた者たち、(つまり)御怒りを被らず、迷ってもいない者たちの道に。(1：7)

1　「慈悲あまねく(al-raḥmān)」は、全ての被造物に慈悲を及ぼすことを意味し、「慈悲深き(al-raḥīm)」は、正義に基づき善に報いることを意味するとも言われる。

2　「アッラー(Allāh)」は多数説では固有名詞であるが、「‘abada(崇拝、隷従する)」の意味の動詞「aliha」の派生形で「ma‘būd(崇拝、隷従されるもの)」の意味であるとの説も有力である。

また「fazi‘a(畏怖する)」「sakana(立ちすくむ)」の意味の動詞「aliha」、あるいは「taḥaiyara(驚愕する)」「dahasha(驚く)」「ṭaraba(錯乱する)」の意味の動詞「walaha」、あるいは「iḥtajaba(覆いが取れる)」「irtafa‘a(高みに現れる)」「istanāra(照らす)」の意味の動詞「lāh」の派生語であるとも言われる。

3　‘ālam(単)の複数形属格で ‘ālamīn となっており、天使、人間、幽精《ジン》等の理性を有する存在に代表される被造物を指すとも、現在世界(現世)とそこにあるものを指すとも、未来世界(来世)と現世を指すとも言われる。

第2章　雌牛 …… سورة البقرة

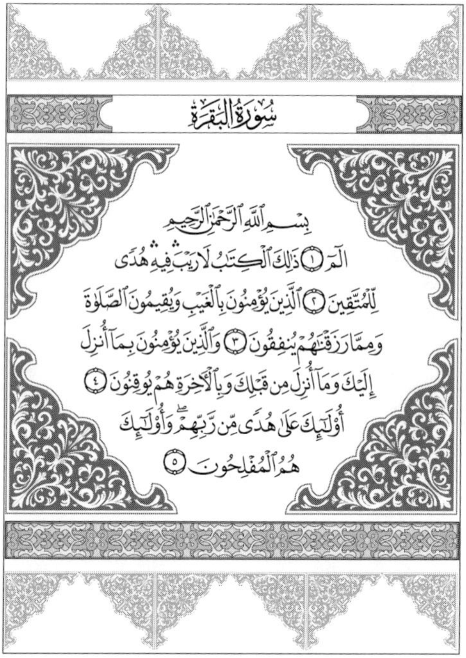

マディーナ垂示

ムーサー（モーセ）がイスラーイール（イスラエル）の民に雌牛の犠牲を命じたエピソード（67-71 節）に因んで「雌牛」章と名づけられる。

人間が、アッラーを畏れる信仰者、忘恩の不信仰者、信仰者を装った背信の偽信者の三種の範疇に分かれることが冒頭で述べられ、続いて第 30-141 章で、アーダム（アダム）、ムーサー、イーサー（イエス）、スライマーン（ソロモン）、イブラーヒーム（アブラハム）とその二人の息子イスマーイール（イシュマエル）、イスハーク（イサク）、イスハークの息子ヤアクーブ（ヤコブ）ら諸預言者の逸話が語られる。

その後、第 142 節以下、礼拝の方角（キブラ）、食物禁忌、喜捨、浄財、斎戒断食、遺言、偽証、異教徒との戦争、殺人傷害の同害報復刑、（大小）巡礼、酒と賭博の禁止、孤児の養育、異教徒との結婚、生理（月経）、離婚、授乳、待婚期間、戦時の礼拝などの法規定が列挙された後、第 246-260 節ではタールート（サウル）、ダーウード（ダビデ）、イーサー、イブラーヒームの物語が述べられ、途中、永生自存の全知全能のアッラーの属性と主権を簡潔に示し、「クルアーンの節の長（sayyidah āy al-Qur'ān）」と呼ばれる「玉座」節（第 255 節）と「宗教に強制なし」（第 256 節）との原則が挿入されている。

第 261 節以下では、施しの勧めと利子の禁止、証人、文書、担保などによる商取引の契約などの法規定が示され、倫理の基本原則を示す祈りの句（第 286 節）で終わる。

慈悲あまねく慈悲深きアッラーの御名において

アリフ・ラーム・ミーム[4]（2：1）

4　クルアーンの 114 章のうち二九の章の冒頭にはアラビア語文字の数文字が置かれている。このアリフ・ラーム・ミームで始まるのは、第 2 章、第 3 章、第 29 章、第 30 章、第 31 章、第 32 章であり、サードで始まるのが第 38 章、カーフで始まるのが第 50 章、ヌーンで始まるのが第 68 章、ター・ハーで始まるのが第 20 章、ター・スィーンで始まるのが第 27 章、ヤー・スィーンで始まるのが第 36 章、ハー・ミームで始まるのが第 40–46 章（第 42 章はハー・ミームにアイン・スィーン・カーフが続く）、アリフ・ラーム・ラーで始まるのが、第 10-12 章、第 14-15 章、ター・スィーン・ミームで始まるのが第 26 章、第 28 章、アリフ・ラーム・ミーム・サードで始まるのが第 7 章、ア

それなる啓典は、それになんの懸念もない、畏れ身を守る者たち[5]への導きである。(2：2)

(それらは)隠されたものを信じ[6]、礼拝を遵守し、われらが糧として与えたものから(善に)費やす[7]者たち。(2：3)

そして(それらは)おまえに下されたものとおまえ以前に下されたもの[8]を信ずる者たちであり、そして来世を彼らは確信する。(2：4)

それらの者は彼らの主からの導きの上にあり、それらの者こそ成功者である。(2：5)

リフ・ラーム・ミーム・ラーで始まるのが第13章、カーフ・ハー・ヤー・アイン・サードで始まるのは第19章である。この「アリフ・ラーム・ミーム」については、クルアーンの別名の一つ、章の名称(第20章「ター・ハー」、第36章「ヤー・スィーン」、第38章「サード」、第50章「カーフ」では、文字が章の名になっている)、アッラーの美称の一つ、「anā Allāh A‘lam(私はアッラー、全知者)」の省略などとも言われるが、預言者ムハンマドに遡る真正なハディースの典拠に欠け、確たる根拠はない。多数説によると、これらの文字は意味のない文字の羅列(ḥurūf muqaṭṭa‘ah)であるが、これらの文字を冒頭で読み上げることで、クルアーンが、人間には真似ることのできない比類なき言葉であるにもかかわらず、アラブ人が日常的に話している言葉の文字の組み合わせであることに注意を喚起し、その奇跡性を示している。

5　アッラーに命じられたことを守り、禁じられたことを避け、そうすることによって火獄を畏れ身を守るタクワー(神を畏れる篤信)の持ち主。

6　復活、楽園、火獄など目に隠されたものを。

7　nafaqaの第Ⅳ型は原則として費やす、あるいは出費すると訳した。ここでは、浄財の支払い、あるいは家族への出費、あるいは自発的施しが意図されているとも言われる。施しとも訳しうる語である。

8　イエスの「福音書」やモーセの「律法の書」など。

まことに信仰を拒否する者たちは、おまえが警告しようと、警告しまいと同じで、信じはしない。(2:6)

アッラーが彼らの心と聴覚を封じ給い、彼らの目の上には覆いがある。そして彼らには重い懲罰がある。(2:7)

また、人々の中には、「われらはアッラーと最後の日[9]を信じる」と言いながら、信仰者ではない者たちがいる。(2:8)

彼らはアッラーと信仰する者たちを欺いているが、彼らが欺いているのは彼ら自身にほかならない。だが、彼らは感じていない。(2:9)

彼らの心には病がある。それゆえアッラーは彼らに病を増し加え給うた。そして彼らには嘘をついたがゆえに痛苦の懲罰がある。(2:10)

また「地上で害悪をなしてはならない」と彼らが言われると、「われらは改良者に他ならない」と言う[10]。(2:11)

いや、まことに彼らは害悪をなす者である。ところが、彼らは感じていない。(2:12)

「人々が信じたように信じよ」と言われると、彼らは、「愚か者たちが信じたようにわれらも信じるというのか」と言う。いや、まことに彼らこそ愚か者ではないか。ところが彼らは知らない。(2:13)

そして信仰する者に出会えば、「われらは信じた」と言うが、彼らの悪魔たち[11]の許に引きこもると、「まことにわれらはおまえたちと共にある。われらは愚弄する者にすぎない」と言う。(2:14)

アッラーは彼らを愚弄し、彼らを無法のうちに留め置き給い、彼らはさ迷い続ける。(2:15)

これらの者は、導きとひきかえに迷誤を買った[12]者たちで、彼らの商売は儲からず、彼らは導かれる者ではなかった。(2:16)

إِنَّ ٱلَّذِينَ كَفَرُوا۟ سَوَآءٌ عَلَيْهِمْ ءَأَنذَرْتَهُمْ أَمْ لَمْ تُنذِرْهُمْ
لَا يُؤْمِنُونَ ﴿٦﴾ خَتَمَ ٱللَّهُ عَلَىٰ قُلُوبِهِمْ وَعَلَىٰ سَمْعِهِمْ ۖ وَعَلَىٰٓ
أَبْصَٰرِهِمْ غِشَٰوَةٌ ۖ وَلَهُمْ عَذَابٌ عَظِيمٌ ﴿٧﴾ وَمِنَ ٱلنَّاسِ
مَن يَقُولُ ءَامَنَّا بِٱللَّهِ وَبِٱلْيَوْمِ ٱلْءَاخِرِ وَمَا هُم بِمُؤْمِنِينَ ﴿٨﴾
يُخَٰدِعُونَ ٱللَّهَ وَٱلَّذِينَ ءَامَنُوا۟ وَمَا يَخْدَعُونَ إِلَّآ أَنفُسَهُمْ
وَمَا يَشْعُرُونَ ﴿٩﴾ فِى قُلُوبِهِم مَّرَضٌ فَزَادَهُمُ ٱللَّهُ مَرَضًا ۖ
وَلَهُمْ عَذَابٌ أَلِيمٌۢ بِمَا كَانُوا۟ يَكْذِبُونَ ﴿١٠﴾ وَإِذَا قِيلَ لَهُمْ
لَا تُفْسِدُوا۟ فِى ٱلْأَرْضِ قَالُوٓا۟ إِنَّمَا نَحْنُ مُصْلِحُونَ ﴿١١﴾ أَلَآ إِنَّهُمْ
هُمُ ٱلْمُفْسِدُونَ وَلَٰكِن لَّا يَشْعُرُونَ ﴿١٢﴾ وَإِذَا قِيلَ لَهُمْ
ءَامِنُوا۟ كَمَآ ءَامَنَ ٱلنَّاسُ قَالُوٓا۟ أَنُؤْمِنُ كَمَآ ءَامَنَ ٱلسُّفَهَآءُ ۗ
أَلَآ إِنَّهُمْ هُمُ ٱلسُّفَهَآءُ وَلَٰكِن لَّا يَعْلَمُونَ ﴿١٣﴾ وَإِذَا لَقُوا۟
ٱلَّذِينَ ءَامَنُوا۟ قَالُوٓا۟ ءَامَنَّا وَإِذَا خَلَوْا۟ إِلَىٰ شَيَٰطِينِهِمْ قَالُوٓا۟ إِنَّا
مَعَكُمْ إِنَّمَا نَحْنُ مُسْتَهْزِءُونَ ﴿١٤﴾ ٱللَّهُ يَسْتَهْزِئُ بِهِمْ وَيَمُدُّهُمْ
فِى طُغْيَٰنِهِمْ يَعْمَهُونَ ﴿١٥﴾ أُو۟لَٰٓئِكَ ٱلَّذِينَ ٱشْتَرَوُا۟ ٱلضَّلَٰلَةَ
بِٱلْهُدَىٰ فَمَا رَبِحَت تِّجَٰرَتُهُمْ وَمَا كَانُوا۟ مُهْتَدِينَ ﴿١٦﴾

---

9 復活と清算の日であり、楽園の住人が楽園に、そして火獄の住人が火獄に入る日のこと。

10 「地上で害悪をなす」とは戦争の扇動や、人々の正しい品行を失わせ、現世の生活と来世への準備を乱す誘惑と不和の種を蒔いたりすることである。ところが心に病のある彼らには、自分たちが為している悪が善と映っているので、「我らは改良者に他ならない」、とうそぶくのである。

11 悪魔たちとは、偽信者たちの頭領格の者たちを指す。

12 アラビア語の sharā、ishtarā は、買う、売る、(対価を)得る等、適宜訳し分けた。

مَثَلُهُمْ كَمَثَلِ ٱلَّذِى ٱسْتَوْقَدَ نَارًا فَلَمَّآ أَضَآءَتْ مَا حَوْلَهُۥ
ذَهَبَ ٱللَّهُ بِنُورِهِمْ وَتَرَكَهُمْ فِى ظُلُمَٰتٍ لَّا يُبْصِرُونَ ١٧ صُمٌّۢ
بُكْمٌ عُمْىٌ فَهُمْ لَا يَرْجِعُونَ ١٨ أَوْ كَصَيِّبٍ مِّنَ ٱلسَّمَآءِ فِيهِ
ظُلُمَٰتٌ وَرَعْدٌ وَبَرْقٌ يَجْعَلُونَ أَصَٰبِعَهُمْ فِىٓ ءَاذَانِهِم مِّنَ
ٱلصَّوَٰعِقِ حَذَرَ ٱلْمَوْتِ ۚ وَٱللَّهُ مُحِيطٌۢ بِٱلْكَٰفِرِينَ ١٩ يَكَادُ ٱلْبَرْقُ
يَخْطَفُ أَبْصَٰرَهُمْ ۖ كُلَّمَآ أَضَآءَ لَهُم مَّشَوْا۟ فِيهِ وَإِذَآ أَظْلَمَ عَلَيْهِمْ
قَامُوا۟ ۚ وَلَوْ شَآءَ ٱللَّهُ لَذَهَبَ بِسَمْعِهِمْ وَأَبْصَٰرِهِمْ ۚ إِنَّ ٱللَّهَ عَلَىٰ
كُلِّ شَىْءٍ قَدِيرٌ ٢٠ يَٰٓأَيُّهَا ٱلنَّاسُ ٱعْبُدُوا۟ رَبَّكُمُ ٱلَّذِى
خَلَقَكُمْ وَٱلَّذِينَ مِن قَبْلِكُمْ لَعَلَّكُمْ تَتَّقُونَ ٢١ ٱلَّذِى جَعَلَ لَكُمُ
ٱلْأَرْضَ فِرَٰشًا وَٱلسَّمَآءَ بِنَآءً وَأَنزَلَ مِنَ ٱلسَّمَآءِ مَآءً فَأَخْرَجَ
بِهِۦ مِنَ ٱلثَّمَرَٰتِ رِزْقًا لَّكُمْ ۖ فَلَا تَجْعَلُوا۟ لِلَّهِ أَندَادًا وَأَنتُمْ
تَعْلَمُونَ ٢٢ وَإِن كُنتُمْ فِى رَيْبٍ مِّمَّا نَزَّلْنَا عَلَىٰ عَبْدِنَا فَأْتُوا۟
بِسُورَةٍ مِّن مِّثْلِهِۦ وَٱدْعُوا۟ شُهَدَآءَكُم مِّن دُونِ ٱللَّهِ إِن
كُنتُمْ صَٰدِقِينَ ٢٣ فَإِن لَّمْ تَفْعَلُوا۟ وَلَن تَفْعَلُوا۟ فَٱتَّقُوا۟ ٱلنَّارَ
ٱلَّتِى وَقُودُهَا ٱلنَّاسُ وَٱلْحِجَارَةُ ۖ أُعِدَّتْ لِلْكَٰفِرِينَ ٢٤

彼らの譬《たと》えは、ちょうど火を熾《おこ》し、それが周囲を照らした途端に、アッラーが彼らの光を取り上げ、闇に置き去りにし給うたために見えなくなった者のようである。(2：17)

聾で、唖で、盲であり、彼らは戻らない。(2：18)

あるいは、天からの雨雲のようでもある。そこには闇と雷と稲妻があり、雷鳴からの死を恐れて彼らは指を耳に差し込む[13]。そしてアッラーは不信仰者たちを取り囲んでおられる。(2：19)

稲妻は彼らの視力を奪わんばかりである。光る度に彼らはその中を歩くが、闇が彼らを包めば立ち止まる。アッラーが望み給うたなら、彼らの聴覚と視覚を取り去り給うたであろう。まことにアッラーはすべてのものに全能であらせられる。(2：20)

人々よ、おまえたちの主に仕えよ。おまえたちを創り給うた御方であるおまえたちの主に。そしておまえたち以前の者たちをも(創り給うた御方)。きっとおまえたちは身を守るであろう。(2：21)

おまえたちに大地を寝床として、また天を天蓋として創り、天から水を下し、それによって果実をおまえたちへの糧として出でさせ給うた御方である。それゆえ、知っていながらアッラーに互角の者たちを置いてはならない。(2：22)

そしてもしおまえたちに、われらがわれらの僕《しもべ》に垂示したものへの疑念があるなら[14]、それと同様の一章を持って来、アッラー以外のおまえたちの証人たちを呼ぶがよい、おまえたちが真実の者ならば[15]。(2：23)

それでもしおまえたちにできなければ　―おまえたちにできはしない―、人間たちと石[16]を燃料とする獄火を畏れ身を守れ。それは不信仰者たちに用意された。(2：24)

13　クルアーンの中には「闇」のような不信仰についての言及、「雷」のような警告、「稲妻」のような明証があるが、それが啓示されると偽信者たちは信仰に心が傾かないようにと耳に栓をして聞くまいとする。というのは彼らにとっては、自分たちが慣習的に信じてきた価値観を捨てることは死にも等しいからである。

14　ムハンマドに下したクルアーンについて、それがアッラーの御許からのものであることを疑うなら。

15　「ムハンマドがクルアーンを自分ででっちあげた」と言うのが本当であるなら、おまえたちは彼と同じ雄弁なアラブ人なのだから、クルアーンと同様なものを一章でも自分たち自身で作ってみよ。
最初に十章を求め、その後、一章でも作ってみよ、と更に問い質した。11 章 13 節参照。

16　石でできた偶像など。

وَبَشِّرِ ٱلَّذِينَ ءَامَنُوا۟ وَعَمِلُوا۟ ٱلصَّٰلِحَٰتِ أَنَّ لَهُمْ جَنَّٰتٍ
تَجْرِى مِن تَحْتِهَا ٱلْأَنْهَٰرُ ۖ كُلَّمَا رُزِقُوا۟ مِنْهَا مِن ثَمَرَةٍ
رِّزْقًا ۙ قَالُوا۟ هَٰذَا ٱلَّذِى رُزِقْنَا مِن قَبْلُ ۖ وَأُتُوا۟ بِهِۦ مُتَشَٰبِهًا ۖ
وَلَهُمْ فِيهَآ أَزْوَٰجٌ مُّطَهَّرَةٌ ۖ وَهُمْ فِيهَا خَٰلِدُونَ ﴿٢٥﴾ ۞ إِنَّ
ٱللَّهَ لَا يَسْتَحْىِۦٓ أَن يَضْرِبَ مَثَلًا مَّا بَعُوضَةً فَمَا فَوْقَهَا ۚ فَأَمَّا
ٱلَّذِينَ ءَامَنُوا۟ فَيَعْلَمُونَ أَنَّهُ ٱلْحَقُّ مِن رَّبِّهِمْ ۖ وَأَمَّا
ٱلَّذِينَ كَفَرُوا۟ فَيَقُولُونَ مَاذَآ أَرَادَ ٱللَّهُ بِهَٰذَا مَثَلًا ۘ
يُضِلُّ بِهِۦ كَثِيرًا وَيَهْدِى بِهِۦ كَثِيرًا ۚ وَمَا يُضِلُّ بِهِۦٓ
إِلَّا ٱلْفَٰسِقِينَ ﴿٢٦﴾ ٱلَّذِينَ يَنقُضُونَ عَهْدَ ٱللَّهِ مِنۢ بَعْدِ
مِيثَٰقِهِۦ وَيَقْطَعُونَ مَآ أَمَرَ ٱللَّهُ بِهِۦٓ أَن يُوصَلَ وَيُفْسِدُونَ
فِى ٱلْأَرْضِ ۚ أُو۟لَٰٓئِكَ هُمُ ٱلْخَٰسِرُونَ ﴿٢٧﴾ كَيْفَ
تَكْفُرُونَ بِٱللَّهِ وَكُنتُمْ أَمْوَٰتًا فَأَحْيَٰكُمْ ۖ ثُمَّ يُمِيتُكُمْ
ثُمَّ يُحْيِيكُمْ ثُمَّ إِلَيْهِ تُرْجَعُونَ ﴿٢٨﴾ هُوَ ٱلَّذِى خَلَقَ
لَكُم مَّا فِى ٱلْأَرْضِ جَمِيعًا ثُمَّ ٱسْتَوَىٰٓ إِلَى ٱلسَّمَآءِ
فَسَوَّىٰهُنَّ سَبْعَ سَمَٰوَٰتٍ ۚ وَهُوَ بِكُلِّ شَىْءٍ عَلِيمٌ ﴿٢٩﴾

そして信仰し、善行をなした者たちには吉報を伝えよ、彼らには下に河川が流れる楽園がある、と。彼らは、それから果実が糧として与えられる度に、「これは以前にわれらに与えられたものだ」と言うが、彼らは似たものを与えられるのである。また彼らにはそこでは清らかな伴侶がいて、彼らはそこに永遠に留まる。(2：25)

まことにアッラーは、蚊のごときものだろうと、それ以上のものだろうと、譬《たと》えにあげることを恥じ給わない[17]。それで信仰する者たちはそれが彼らの主からの真理であることを知るが、信仰を拒んだ者たちは、「これによって譬えとして、何をアッラーは望み給うたのか」と言う。彼は、それによって多くを迷わせ、また、それによって多くを導き給う。そして彼がそれによって迷わせ給うのは、邪な者たちのみである。(2：26)

(それらは)アッラーの約定を確約の後で破り、アッラーがつながれるべきと命じ給うたものごと[18]を断ち、地上で悪をなす者たちであり、それらの者こそ、損失者である。(2：27)

どうしておまえたちにアッラーを否定できようか。死んでいたおまえたちを生かし給うた[19]御方であり、それからおまえたちを死なせ、それから生かし給い、それからおまえたちは彼の許に戻されるというのに。(2：28)

彼こそはおまえたちのために地にあるものをすべて創り、それから天に向かい、それらを七つの天に整え給うた御方である。そして彼はあらゆることについてよく知り給う御方。(2：29)

17　アッラーが22章73節において「蠅」を、29章41節において「蜘蛛」を譬えにあげられたとき、ユダヤ教徒が「アッラーはこれらの卑しいものに言及することで何を意図しているのか」と言ったことに対する返答として、これらの節が啓示された。

18　親族との交際や信徒の相互扶助など。

19　かつては非在であったお前たちを創造し給うことによって。あるいは、かつて魂のない精液にすぎなかったおまえたちに、子宮の中で魂を吹き込むことによって。

وَإِذْ قَالَ رَبُّكَ لِلْمَلَٰٓئِكَةِ إِنِّي جَاعِلٞ فِي ٱلۡأَرۡضِ خَلِيفَةٗۖ قَالُوٓاْ
أَتَجۡعَلُ فِيهَا مَن يُفۡسِدُ فِيهَا وَيَسۡفِكُ ٱلدِّمَآءَ وَنَحۡنُ نُسَبِّحُ
بِحَمۡدِكَ وَنُقَدِّسُ لَكَۖ قَالَ إِنِّيٓ أَعۡلَمُ مَا لَا تَعۡلَمُونَ ٣٠ وَعَلَّمَ
ءَادَمَ ٱلۡأَسۡمَآءَ كُلَّهَا ثُمَّ عَرَضَهُمۡ عَلَى ٱلۡمَلَٰٓئِكَةِ فَقَالَ
أَنۢبِـُٔونِي بِأَسۡمَآءِ هَٰٓؤُلَآءِ إِن كُنتُمۡ صَٰدِقِينَ ٣١ قَالُواْ سُبۡحَٰنَكَ
لَا عِلۡمَ لَنَآ إِلَّا مَا عَلَّمۡتَنَآۖ إِنَّكَ أَنتَ ٱلۡعَلِيمُ ٱلۡحَكِيمُ ٣٢ قَالَ يَٰٓـَٔادَمُ
أَنۢبِئۡهُم بِأَسۡمَآئِهِمۡۖ فَلَمَّآ أَنۢبَأَهُم بِأَسۡمَآئِهِمۡ قَالَ أَلَمۡ أَقُل
لَّكُمۡ إِنِّيٓ أَعۡلَمُ غَيۡبَ ٱلسَّمَٰوَٰتِ وَٱلۡأَرۡضِ وَأَعۡلَمُ مَا تُبۡدُونَ
وَمَا كُنتُمۡ تَكۡتُمُونَ ٣٣ وَإِذۡ قُلۡنَا لِلۡمَلَٰٓئِكَةِ ٱسۡجُدُواْ لِأٓدَمَ
فَسَجَدُوٓاْ إِلَّآ إِبۡلِيسَ أَبَىٰ وَٱسۡتَكۡبَرَ وَكَانَ مِنَ ٱلۡكَٰفِرِينَ ٣٤ وَقُلۡنَا
يَٰٓـَٔادَمُ ٱسۡكُنۡ أَنتَ وَزَوۡجُكَ ٱلۡجَنَّةَ وَكُلَا مِنۡهَا رَغَدًا حَيۡثُ
شِئۡتُمَا وَلَا تَقۡرَبَا هَٰذِهِ ٱلشَّجَرَةَ فَتَكُونَا مِنَ ٱلظَّٰلِمِينَ ٣٥ فَأَزَلَّهُمَا
ٱلشَّيۡطَٰنُ عَنۡهَا فَأَخۡرَجَهُمَا مِمَّا كَانَا فِيهِۖ وَقُلۡنَا ٱهۡبِطُواْ بَعۡضُكُمۡ
لِبَعۡضٍ عَدُوّٞۖ وَلَكُمۡ فِي ٱلۡأَرۡضِ مُسۡتَقَرّٞ وَمَتَٰعٌ إِلَىٰ حِينٖ ٣٦ فَتَلَقَّىٰٓ
ءَادَمُ مِن رَّبِّهِۦ كَلِمَٰتٖ فَتَابَ عَلَيۡهِۚ إِنَّهُۥ هُوَ ٱلتَّوَّابُ ٱلرَّحِيمُ ٣٧

そしておまえの主が天使たちに、われは地に代行者[20]をなす、と仰せられた時のこと、彼らは言った。「あなたは悪をなし、血を流す者をそこに創り給うのですか。われらはあなたへの称賛をもって賛美し、あなたに対して崇めまつるというのに」。彼は仰せられた。「まことにわれは、おまえたちの知らないことを知っている」。(2：30)

そして彼はアーダムに諸々の名前をそっくり教え[21]、それからそれらを天使たちに示し、言い給うた。「これらの名前をわれに告げよ、もしおまえたちが正しければ」。(2：31)

彼らは言った。「称えあれ、あなたこそ超越者。あなたがわれらに教え給うたこと以外にわれらに知識はありません。まことにあなた、あなたこそはよく知り給う英明なる御方」。(2：32)

彼は仰せられた。「アーダムよ、彼らにそれらの名を告げてやるがよい」。彼が彼らにそれらの名を告げると、仰せられた。「われは諸天と地の見えないことを知っており、おまえたちが明かすものも隠したものも知っているとおまえたちに言ったではないか」。(2：33)

また、われらが天使たちに、「アーダムに跪拝せよ」[22]と言った時のこと、彼らは跪拝したが、イブリース[23]は別であった。彼は拒み、思い上がった。そして彼は不信仰者たち(のうちの一人)であった。(2：34)

また、われらは言った。「アーダムよ、おまえは、そしておまえの妻も、楽園に住め。そして、どこでも望むところで(望みのままに)存分に食べよ。だが、この木には近づいてはならない。そうすればおまえたちは不正な者たち(のうちの二人となる)であろう[24]」。(2：35)

それで悪魔が[25]二人をそこから躓き出でさせ、二人のいたところから彼らを追い出した。そしてわれらは言った。「落ちて行け[26]。おまえたちは[27]互いに敵である。そして、おまえたちには、地上に一時の住処と食糧がある」。(2：36)

それからアーダムは彼の主から御言葉を授かり[28]、彼の許に顧み戻り給うた[29]。まことに彼は

20　地上においてわが命令を執行するわれの代理人とする。これはアーダム(アダム)のことである。

21　「創世記」の記述ではアーダムが動物や鳥の名前をつける。「創世記」2章19節参照。

22　崇拝の跪拝ではなく、表敬の跪拝。

23　彼は幽精《ジン》の太祖であり、天使の間に居た。7章11-22節参照。

24　20章115-123節、「創世記」2章16-25節、3章参照。

25　イブリースが。

26　地上に。

27　アーダムの子孫とイブリースの子孫は。

28　そしてその御言葉とは、第7章23節であり、アーダムはこの言葉で赦しを請うて祈った。

29　ここで「顧み戻る」と訳したアラビア語「ターバ」tābaの原義は「戻る」である。人間が「ターバ」するとは、罪を認め、悔やみ、二度とすまいと決意し、アッラーへの不服従から服従に戻り、

قُلْنَا ٱهْبِطُوا۟ مِنْهَا جَمِيعًا ۖ فَإِمَّا يَأْتِيَنَّكُم مِّنِّى هُدًى فَمَن تَبِعَ
هُدَاىَ فَلَا خَوْفٌ عَلَيْهِمْ وَلَا هُمْ يَحْزَنُونَ ﴿٣٨﴾ وَٱلَّذِينَ كَفَرُوا۟
وَكَذَّبُوا۟ بِـَٔايَٰتِنَآ أُو۟لَٰٓئِكَ أَصْحَٰبُ ٱلنَّارِ ۖ هُمْ فِيهَا خَٰلِدُونَ ﴿٣٩﴾
يَٰبَنِىٓ إِسْرَٰٓءِيلَ ٱذْكُرُوا۟ نِعْمَتِىَ ٱلَّتِىٓ أَنْعَمْتُ عَلَيْكُمْ وَأَوْفُوا۟ بِعَهْدِىٓ
أُوفِ بِعَهْدِكُمْ وَإِيَّٰىَ فَٱرْهَبُونِ ﴿٤٠﴾ وَءَامِنُوا۟ بِمَآ أَنزَلْتُ مُصَدِّقًا
لِّمَا مَعَكُمْ وَلَا تَكُونُوٓا۟ أَوَّلَ كَافِرٍۭ بِهِۦ ۖ وَلَا تَشْتَرُوا۟ بِـَٔايَٰتِى
ثَمَنًا قَلِيلًا وَإِيَّٰىَ فَٱتَّقُونِ ﴿٤١﴾ وَلَا تَلْبِسُوا۟ ٱلْحَقَّ بِٱلْبَٰطِلِ وَتَكْتُمُوا۟
ٱلْحَقَّ وَأَنتُمْ تَعْلَمُونَ ﴿٤٢﴾ وَأَقِيمُوا۟ ٱلصَّلَوٰةَ وَءَاتُوا۟ ٱلزَّكَوٰةَ
وَٱرْكَعُوا۟ مَعَ ٱلرَّٰكِعِينَ ﴿٤٣﴾ ۞ أَتَأْمُرُونَ ٱلنَّاسَ بِٱلْبِرِّ
وَتَنسَوْنَ أَنفُسَكُمْ وَأَنتُمْ تَتْلُونَ ٱلْكِتَٰبَ ۚ أَفَلَا تَعْقِلُونَ ﴿٤٤﴾
وَٱسْتَعِينُوا۟ بِٱلصَّبْرِ وَٱلصَّلَوٰةِ ۚ وَإِنَّهَا لَكَبِيرَةٌ إِلَّا عَلَى ٱلْخَٰشِعِينَ
﴿٤٥﴾ ٱلَّذِينَ يَظُنُّونَ أَنَّهُم مُّلَٰقُوا۟ رَبِّهِمْ وَأَنَّهُمْ إِلَيْهِ رَٰجِعُونَ ﴿٤٦﴾
يَٰبَنِىٓ إِسْرَٰٓءِيلَ ٱذْكُرُوا۟ نِعْمَتِىَ ٱلَّتِىٓ أَنْعَمْتُ عَلَيْكُمْ وَأَنِّى فَضَّلْتُكُمْ
عَلَى ٱلْعَٰلَمِينَ ﴿٤٧﴾ وَٱتَّقُوا۟ يَوْمًا لَّا تَجْزِى نَفْسٌ عَن نَّفْسٍ شَيْـًٔا
وَلَا يُقْبَلُ مِنْهَا شَفَٰعَةٌ وَلَا يُؤْخَذُ مِنْهَا عَدْلٌ وَلَا هُمْ يُنصَرُونَ ﴿٤٨﴾

よく顧み戻り給う慈悲深い御方。(2：37)

われらは言った。「皆でそこから落ちて行け。そして、もしもおまえたちにわれからの導きが訪れるなら、そこでわが導きに従った者に恐怖はなく、彼らは悲しむことはない[30]」(2：38)

だが、信仰を拒み、われらの諸々の徴を嘘として否定した者たち、そうした者たちは火獄《ジャハンナム》の輩であり、彼らはそこに永遠に住まう。(2：39)

イスラーイールの子孫よ[31]、おまえたちに恵んだわが恩寵を思い起こせ。そしてわが約定を果たせ。おまえたちとの約定をわれも果たそう。そして、われこそを怖れよ。(2：40)

そして、おまえたちの持っているもの[32]の真実性の裏付けとして、われが下したもの[33]を信じよ、そしてそれを拒絶する最初の者となってはならない[34]。また、われの諸々の徴とひきかえにわずかな代価を得てはならない。われこそを畏れ身を守れ。(2：41)

また、知っていながら[35]、真理を虚偽で被ってはならないし、真理を隠蔽することも(ならない)。(2：42)

また、礼拝を遵守し、浄財を払い、屈礼をする者たちと共に屈礼せよ。(2：43)

おまえたちは人々には善行を命じながら、自分たちのことを忘れているのか。啓典を読んでいるというのに。考えてはみないのか。(2：44)

そして忍耐[36]と礼拝に助けを求めよ。だが、それは謙《へりくだ》る者たち以外には大儀である。(2：45)

もし他人に不義をはたらいたなら補償することであるが、アッラーの「ターバ」は、罰から赦しに戻り給うことである。

30　来世における懲罰の恐れ、不安がなく、現世で失ったものに対する悲しみ、嘆きがない。

31　ヤアクーブ(ヤコブ)の子孫よ。前節までは「人々よ」と述べて、人々一般に向かって呼びかけがなされたが、この節から呼びかけはイスラエルの民、つまり預言者ムハンマドの時代のマディーナ在住のユダヤ教徒に向けられる。

32　律法の書。

33　クルアーン。

34　「啓典の民(ユダヤ教徒、キリスト教徒)」の中でそれを否定する最初の者となるな。なぜならおまえたちの子孫はお前たちに追随するので、子孫たちの罪もおまえたちが負うことになるからである。

35　知らない者は免責されることもありうるのに対して、真理を知りながらそれを隠したり、偽ったりすることはより重大な罪である。その真理の中には、ムハンマドが真正な預言者であることも含まれる。なぜならユダヤ教徒たちは、律法の書の予言によってムハンマドが預言者であるのを知っていたからである。なお、律法の書の中の預言者ムハンマドの予言の章句とは、『申命記』18章15-19節を指すとも言われる。

36　アッラーの崇拝に精を出すこと、怒りを抑えること、堪忍すること、悪をなす者に善で応えること、反逆行為を自制する忍耐など。忍耐には三種ある。(1)困難、災難に対する忍耐、(2)アッラーの命令への服従における忍耐。後者は前者よりも辛く、その報酬は多い。(3)アッラーへの反逆行為を自制する忍耐。これは先の二つよりも困難で、報酬も多い。

وَإِذْ نَجَّيْنَٰكُم مِّنْ ءَالِ فِرْعَوْنَ يَسُومُونَكُمْ سُوٓءَ ٱلْعَذَابِ
يُذَبِّحُونَ أَبْنَآءَكُمْ وَيَسْتَحْيُونَ نِسَآءَكُمْ ۚ وَفِى ذَٰلِكُم بَلَآءٌ
مِّن رَّبِّكُمْ عَظِيمٌ ﴿٤٩﴾ وَإِذْ فَرَقْنَا بِكُمُ ٱلْبَحْرَ فَأَنجَيْنَٰكُمْ
وَأَغْرَقْنَآ ءَالَ فِرْعَوْنَ وَأَنتُمْ تَنظُرُونَ ﴿٥٠﴾ وَإِذْ وَٰعَدْنَا مُوسَىٰٓ
أَرْبَعِينَ لَيْلَةً ثُمَّ ٱتَّخَذْتُمُ ٱلْعِجْلَ مِنۢ بَعْدِهِۦ وَأَنتُمْ ظَٰلِمُونَ
﴿٥١﴾ ثُمَّ عَفَوْنَا عَنكُم مِّنۢ بَعْدِ ذَٰلِكَ لَعَلَّكُمْ تَشْكُرُونَ ﴿٥٢﴾
وَإِذْ ءَاتَيْنَا مُوسَى ٱلْكِتَٰبَ وَٱلْفُرْقَانَ لَعَلَّكُمْ تَهْتَدُونَ ﴿٥٣﴾
وَإِذْ قَالَ مُوسَىٰ لِقَوْمِهِۦ يَٰقَوْمِ إِنَّكُمْ ظَلَمْتُمْ أَنفُسَكُم بِٱتِّخَاذِكُمُ
ٱلْعِجْلَ فَتُوبُوٓا۟ إِلَىٰ بَارِئِكُمْ فَٱقْتُلُوٓا۟ أَنفُسَكُمْ ذَٰلِكُمْ
خَيْرٌ لَّكُمْ عِندَ بَارِئِكُمْ فَتَابَ عَلَيْكُمْ ۚ إِنَّهُۥ هُوَ ٱلتَّوَّابُ
ٱلرَّحِيمُ ﴿٥٤﴾ وَإِذْ قُلْتُمْ يَٰمُوسَىٰ لَن نُّؤْمِنَ لَكَ حَتَّىٰ نَرَى ٱللَّهَ
جَهْرَةً فَأَخَذَتْكُمُ ٱلصَّٰعِقَةُ وَأَنتُمْ تَنظُرُونَ ﴿٥٥﴾ ثُمَّ بَعَثْنَٰكُم
مِّنۢ بَعْدِ مَوْتِكُمْ لَعَلَّكُمْ تَشْكُرُونَ ﴿٥٦﴾ وَظَلَّلْنَا عَلَيْكُمُ
ٱلْغَمَامَ وَأَنزَلْنَا عَلَيْكُمُ ٱلْمَنَّ وَٱلسَّلْوَىٰ ۖ كُلُوا۟ مِن طَيِّبَٰتِ
مَا رَزَقْنَٰكُمْ ۖ وَمَا ظَلَمُونَا وَلَٰكِن كَانُوٓا۟ أَنفُسَهُمْ يَظْلِمُونَ ﴿٥٧﴾

(それらは)自分たちが主にまみえる[37]者であり、彼の御許に帰り行く者であると思う者たちである。(2：46)

イスラーイールの子孫よ、われがおまえたちに恵んだわが恩寵を思い起こせ。そして、われがおまえたちを諸世界の上に優待したことを[38]。(2：47)

そして誰かが誰かに代わって償うことはならず、誰からも執り成しは受け入れられず、誰からも身代金は受け取られず、彼らが助けられることのない日を畏れ身を守れ。(2：48)

われらがおまえたちをフィルアウンの一党から救い出した時のこと。彼らはおまえたちに酷い虐待をくわえ、おまえたちの男児たちを惨殺し、おまえたちの女たちを生かしておいた。そしてそれにはおまえたちの主からの大いなる試練があった[39]。(2：49)

また、われらがおまえたちのために海を分け、おまえたちを救い、おまえたちが見ている前でフィルアウンの一党を溺れさせた時のこと[40]。(2：50)

また、われらがムーサーに四十夜を約束した時のこと。その後、彼の後で[41]、おまえたちは子牛を(神と)成し[42]、不正をなす者であった。(2：51)

その後、われらはおまえたちを赦した。きっとおまえたちは感謝するであろうと。(2：52)

また、われらがムーサーに啓典[43]と識別を与えた時のこと。きっとおまえたちは導かれようと。(2：53)

また、ムーサーが彼の民に言った時のこと。「わが民よ、おまえたちは子牛を(神と)成したことによって自分自身に不正をなした。それゆえ、おまえたちの造り主の許に戻り、おまえたち自身を殺せ[44]。その方が、おまえたちの造り主の許では、おまえたちにとってより良い」。すると、彼はおまえたちを顧み戻り給うた。まことに彼はよく顧み戻る慈悲深い御方。(2：54)

またおまえたちが、「ムーサーよ、われらはアッラーをはっきりと見るまではおまえを信じない」と言った時のこと[45]。すると、おまえたちが見ている前で雷鳴がおまえたちを捕らえた[46]。(2：55)

それから、おまえたちの死後、われらはおまえたちを蘇らせた。きっとおまえたちは感

37　死後の復活によって。

38　イスラエルの民が諸世界より優れているとの意味は、アッラーが彼らに他のどの民よりも多くの預言者を遣わし給うた、ということである(5章20節参照)。

39　28章4節、「出エジプト記」1章参照。

40　10章90-92節、「出エジプト記」14章参照。

41　ムーサーの不在時に。

42　子牛の偶像を造って拝んだ。20章87-88節、「出エジプト記」32章1-5、24節参照。

43　「律法の書」。

44　つまり、おまえたちの中で偶像崇拝の罪を犯さなかった者が、偶像を拝んだ罪人を処刑せよ。「出エジプト記」32章27-29節参照。

45　あるいは、「ムーサーよ、われらはアッラーを見るまではおまえを信じない」と公然と言った時のこと。

46　それで死んだ。「サーイカ(雷鳴)」とは天から下された火で、彼らはそれで焼かれたとも言われる。

وَإِذْ قُلْنَا ٱدْخُلُوا۟ هَٰذِهِ ٱلْقَرْيَةَ فَكُلُوا۟ مِنْهَا حَيْثُ شِئْتُمْ
رَغَدًا وَٱدْخُلُوا۟ ٱلْبَابَ سُجَّدًا وَقُولُوا۟ حِطَّةٌ نَّغْفِرْ لَكُمْ
خَطَٰيَٰكُمْ ۚ وَسَنَزِيدُ ٱلْمُحْسِنِينَ ﴿٥٨﴾ فَبَدَّلَ ٱلَّذِينَ
ظَلَمُوا۟ قَوْلًا غَيْرَ ٱلَّذِى قِيلَ لَهُمْ فَأَنزَلْنَا عَلَى ٱلَّذِينَ ظَلَمُوا۟
رِجْزًا مِّنَ ٱلسَّمَآءِ بِمَا كَانُوا۟ يَفْسُقُونَ ﴿٥٩﴾ ۞ وَإِذِ ٱسْتَسْقَىٰ
مُوسَىٰ لِقَوْمِهِۦ فَقُلْنَا ٱضْرِب بِّعَصَاكَ ٱلْحَجَرَ ۖ فَٱنفَجَرَتْ
مِنْهُ ٱثْنَتَا عَشْرَةَ عَيْنًا ۖ قَدْ عَلِمَ كُلُّ أُنَاسٍ مَّشْرَبَهُمْ ۖ كُلُوا۟
وَٱشْرَبُوا۟ مِن رِّزْقِ ٱللَّهِ وَلَا تَعْثَوْا۟ فِى ٱلْأَرْضِ مُفْسِدِينَ ﴿٦٠﴾
وَإِذْ قُلْتُمْ يَٰمُوسَىٰ لَن نَّصْبِرَ عَلَىٰ طَعَامٍ وَٰحِدٍ فَٱدْعُ لَنَا
رَبَّكَ يُخْرِجْ لَنَا مِمَّا تُنۢبِتُ ٱلْأَرْضُ مِنۢ بَقْلِهَا وَقِثَّآئِهَا
وَفُومِهَا وَعَدَسِهَا وَبَصَلِهَا ۖ قَالَ أَتَسْتَبْدِلُونَ ٱلَّذِى هُوَ
أَدْنَىٰ بِٱلَّذِى هُوَ خَيْرٌ ۚ ٱهْبِطُوا۟ مِصْرًا فَإِنَّ لَكُم مَّا سَأَلْتُمْ ۗ
وَضُرِبَتْ عَلَيْهِمُ ٱلذِّلَّةُ وَٱلْمَسْكَنَةُ وَبَآءُو بِغَضَبٍ مِّنَ
ٱللَّهِ ۗ ذَٰلِكَ بِأَنَّهُمْ كَانُوا۟ يَكْفُرُونَ بِـَٔايَٰتِ ٱللَّهِ وَيَقْتُلُونَ
ٱلنَّبِيِّۦنَ بِغَيْرِ ٱلْحَقِّ ۗ ذَٰلِكَ بِمَا عَصَوا۟ وَّكَانُوا۟ يَعْتَدُونَ ﴿٦١﴾

謝するだろうと。(2：56)

また、われらはおまえたちの上に雲で陰を作り、おまえたちの上にマンヌとサルワーを下した[47]。われらがおまえたちに与えたものの良い物から食べよ。彼らはわれらに不正をなしたのではなく、自分自身に不正をなしたのである[48]。(2：57)

また、われらが、「この町[49]に入れ。そして、そこから望むものを存分に食べよ」と言った時のこと。「そして平身低頭して(城)門に入り、『御赦しを』と言え。そうすればわれらはおまえたちにおまえたちの過ちを赦し、善を尽くす者たちには(報償を)増し加えよう」。(2：58)

すると、不正をなす者たちは、言葉を命じられたものでないもの(言葉)と言い替えた[50]。それで、われらは不正をなした者に、彼らが背徳したことゆえに天から天罰を下した。(2：59)

またムーサーが彼の民のために水乞いをした時のこと。われらは、「おまえの杖で岩を打て」と言った。すると、そこから十二の泉[51]が湧き出た。すべての人が自分の水飲み場を確かに知った。「アッラーの糧から食べ、飲むがよい。しかし害悪をなす者たちとなって地上で悪を犯してはならない」。(2：60)

またおまえたちが、「ムーサーよ、われらはひとつの食べ物[52]では耐えられない」と言った時のこと。「われらのためにおまえの主に、葉野菜やキュウリ、ニンニク(あるいは小麦)、レンズ豆やタマネギのような大地が生やすものを生え出でさせるよう祈ってくれ」。(ムーサーは)言った。「よりつまらないものをより良いものの代わりに求めようというのか」。「町へ降りて行くがよい。おまえたちにはおまえたちが求めるものがあろう」。

そして彼らの上には屈辱と惨苦が襲い、彼らはアッラーからの怒りを被った[53]。それは、彼らがアッラーの諸々の徴を否定し、預言者たち[54]を正当性なく殺したためである。それは、彼らが背き、矩《のり》を越えていたことのためである。(2：61)

47　「マンヌ」は、甘い粘液、「サルワー」はウズラと言われる。「出エジプト記」16 章参照。

48　アッラーの命に背いても、アッラーをいささかなりとも害することはなく、背いた者自身が懲罰を被り、自業自得となるから。2 章 61 節参照。

49　エルサレムと言われる。

50　一説によると、彼らはアッラーの教えを嘲り、「御赦し(ḥiṭṭah)」を「穀粒(ḥabbah)」、あるいは「麦粒(ḥinṭah)」と言い換えて、「髪の中の穀粒、麦粒だ」と言って尻を引きずりながらエルサレムの町に入った。

51　イスラエルの十二支族の数の。「出エジプト記」17 章 6 節参照。

52　前述(57 節)のマンヌとサルワー。

53　直訳すると「アッラーからの怒りと共に戻った」。

54　ザカリーヤー(エホヤダの子ゼカリヤ、エルサレム神殿で殺された。「歴代誌下」24 章 21 節参照。クルアーンに登場するヤフヤーの父のザカリーヤーとは別人)やヤフヤー(ヨハネ、処刑については「マタイ福音書」14 章 10 節参照)などの。

إِنَّ ٱلَّذِينَ ءَامَنُواْ وَٱلَّذِينَ هَادُواْ وَٱلنَّصَٰرَىٰ وَٱلصَّٰبِـِٔينَ مَنْ
ءَامَنَ بِٱللَّهِ وَٱلْيَوْمِ ٱلْءَاخِرِ وَعَمِلَ صَٰلِحًا فَلَهُمْ أَجْرُهُمْ عِندَ
رَبِّهِمْ وَلَا خَوْفٌ عَلَيْهِمْ وَلَا هُمْ يَحْزَنُونَ ٦٢ وَإِذْ أَخَذْنَا
مِيثَٰقَكُمْ وَرَفَعْنَا فَوْقَكُمُ ٱلطُّورَ خُذُواْ مَآ ءَاتَيْنَٰكُم
بِقُوَّةٍ وَٱذْكُرُواْ مَا فِيهِ لَعَلَّكُمْ تَتَّقُونَ ٦٣ ثُمَّ تَوَلَّيْتُم
مِّنۢ بَعْدِ ذَٰلِكَ فَلَوْلَا فَضْلُ ٱللَّهِ عَلَيْكُمْ وَرَحْمَتُهُۥ لَكُنتُم مِّنَ
ٱلْخَٰسِرِينَ ٦٤ وَلَقَدْ عَلِمْتُمُ ٱلَّذِينَ ٱعْتَدَوْاْ مِنكُمْ فِى ٱلسَّبْتِ
فَقُلْنَا لَهُمْ كُونُواْ قِرَدَةً خَٰسِـِٔينَ ٦٥ فَجَعَلْنَٰهَا نَكَٰلًا لِّمَا
بَيْنَ يَدَيْهَا وَمَا خَلْفَهَا وَمَوْعِظَةً لِّلْمُتَّقِينَ ٦٦ وَإِذْ قَالَ
مُوسَىٰ لِقَوْمِهِۦٓ إِنَّ ٱللَّهَ يَأْمُرُكُمْ أَن تَذْبَحُواْ بَقَرَةً ۖ قَالُوٓاْ
أَتَتَّخِذُنَا هُزُوًا ۖ قَالَ أَعُوذُ بِٱللَّهِ أَنْ أَكُونَ مِنَ ٱلْجَٰهِلِينَ
٦٧ قَالُواْ ٱدْعُ لَنَا رَبَّكَ يُبَيِّن لَّنَا مَا هِىَ ۚ قَالَ إِنَّهُۥ يَقُولُ إِنَّهَا
بَقَرَةٌ لَّا فَارِضٌ وَلَا بِكْرٌ عَوَانٌۢ بَيْنَ ذَٰلِكَ ۖ فَٱفْعَلُواْ مَا
تُؤْمَرُونَ ٦٨ قَالُواْ ٱدْعُ لَنَا رَبَّكَ يُبَيِّن لَّنَا مَا لَوْنُهَا ۚ قَالَ إِنَّهُۥ
يَقُولُ إِنَّهَا بَقَرَةٌ صَفْرَآءُ فَاقِعٌ لَّوْنُهَا تَسُرُّ ٱلنَّٰظِرِينَ ٦٩

まことに信仰した者、「戻った者たち」[55]、キリスト教徒たち、サービア教徒たち[56]で、アッラーと最後の日を信じ、善行をなした者、彼らには彼らの報酬が彼らの主の許にあり、彼らには恐怖はなく、彼らは悲しむことはない。(2：62)

また、われらがおまえたちの確約を取り[57]、おまえたちの上に(シナイ)山を上げた時のこと[58]。「われらがおまえたちに与えたものをしっかりと受け取り、そこにあるものを考えよ。きっとおまえたちは畏れるだろう」。(2：63)

その後、おまえたちは背き去った。もしアッラーのお恵みと慈悲がおまえたちになかったら、おまえたちは損失者たち(の仲間)となったであろう。(2：64)

また、おまえたちは、おまえたちの中で安息日を破った者[59]を確かに知っていた。そこで、われらは彼らに言った。「卑しい猿になれ」。(2：65)

そうしてわれらはそれをその日前のものとその後のもの(その時代とその後の時代の者)に対する見せしめとし、畏れる者たちへの訓告とした。(2：66)

また、ムーサーが彼の民に、「アッラーはおまえたちに一頭の雌牛を犠牲に捧げることを命じ給う」と言った時のこと[60]。彼らは言った。「おまえはわれらを愚弄するのか[61]」。彼は言った。「私はアッラーに、無知な者たち(の一人)となることからの守護を求める」。(2：67)

「それがどんなものか、われらに明かし給うよう、おまえの主に祈ってくれ」と彼らは言った。彼は言った。「それは老いもせず、若くもなく、その間の中年の雌牛であると彼は仰せられる。それゆえ、命じられたことをなせ」。(2：68)

彼らは言った。「その色がどんなか、われらに明かし給うよう、おまえの主に祈ってくれ」。彼は言った。「それは見る者を喜ばせる色鮮やかな黄色の雌牛であると彼は仰せられる」。(2：69)

55　ユダヤ教徒。彼らは子牛の偶像の崇拝から悔い改めて立ち戻った(hādū)時に、このように「戻った者たち」(alladhīna hādū)と名付けられた。

56　サービア教徒とは、キリスト教徒で天使を崇拝した者とも、星を崇拝した者とも、ユダヤ教とゾロアスター教を折衷した教えを信奉した者とも言われる。彼らが啓典の民であるか、見解が分かれている。

57　「律法の書」の戒めの実践の約束。

58　2章93節、4章154節、7章171節参照。

59　安息日の土曜日に禁じられた漁猟を行ったと言われる。7章163節参照。

60　一説によると、イスラエルの民の一人が殺されたが、殺人犯が分からなかった時、彼らはアッラーが殺人犯を明かしてくれるよう祈って欲しいとムーサーに頼み、彼はアッラーに祈った。「申命記」21章1-9節、「民数記」19章2-6節参照。

61　彼らが真犯人を知ることを求めたのに、ムーサーが一見、無関係な雌牛の屠殺を命じた理由が分からなかったから。

قَالُواْ ٱدۡعُ لَنَا رَبَّكَ يُبَيِّن لَّنَا مَا هِيَ إِنَّ ٱلۡبَقَرَ تَشَٰبَهَ عَلَيۡنَا وَإِنَّآ
إِن شَآءَ ٱللَّهُ لَمُهۡتَدُونَ ٧٠ قَالَ إِنَّهُۥ يَقُولُ إِنَّهَا بَقَرَةٞ لَّا ذَلُولٞ
تُثِيرُ ٱلۡأَرۡضَ وَلَا تَسۡقِي ٱلۡحَرۡثَ مُسَلَّمَةٞ لَّا شِيَةَ فِيهَاۚ قَالُواْ
ٱلۡـَٰٔنَ جِئۡتَ بِٱلۡحَقِّۚ فَذَبَحُوهَا وَمَا كَادُواْ يَفۡعَلُونَ ٧١ وَإِذۡ
قَتَلۡتُمۡ نَفۡسٗا فَٱدَّٰرَٰٔتُمۡ فِيهَاۖ وَٱللَّهُ مُخۡرِجٞ مَّا كُنتُمۡ تَكۡتُمُونَ
٧٢ فَقُلۡنَا ٱضۡرِبُوهُ بِبَعۡضِهَاۚ كَذَٰلِكَ يُحۡيِ ٱللَّهُ ٱلۡمَوۡتَىٰ وَيُرِيكُمۡ
ءَايَٰتِهِۦ لَعَلَّكُمۡ تَعۡقِلُونَ ٧٣ ثُمَّ قَسَتۡ قُلُوبُكُم مِّنۢ بَعۡدِ ذَٰلِكَ
فَهِيَ كَٱلۡحِجَارَةِ أَوۡ أَشَدُّ قَسۡوَةٗۚ وَإِنَّ مِنَ ٱلۡحِجَارَةِ لَمَا يَتَفَجَّرُ
مِنۡهُ ٱلۡأَنۡهَٰرُۚ وَإِنَّ مِنۡهَا لَمَا يَشَّقَّقُ فَيَخۡرُجُ مِنۡهُ ٱلۡمَآءُۚ وَإِنَّ
مِنۡهَا لَمَا يَهۡبِطُ مِنۡ خَشۡيَةِ ٱللَّهِۗ وَمَا ٱللَّهُ بِغَٰفِلٍ عَمَّا تَعۡمَلُونَ
٧٤ ۞ أَفَتَطۡمَعُونَ أَن يُؤۡمِنُواْ لَكُمۡ وَقَدۡ كَانَ فَرِيقٞ مِّنۡهُمۡ
يَسۡمَعُونَ كَلَٰمَ ٱللَّهِ ثُمَّ يُحَرِّفُونَهُۥ مِنۢ بَعۡدِ مَا عَقَلُوهُ وَهُمۡ
يَعۡلَمُونَ ٧٥ وَإِذَا لَقُواْ ٱلَّذِينَ ءَامَنُواْ قَالُوٓاْ ءَامَنَّا وَإِذَا
خَلَا بَعۡضُهُمۡ إِلَىٰ بَعۡضٖ قَالُوٓاْ أَتُحَدِّثُونَهُم بِمَا فَتَحَ ٱللَّهُ
عَلَيۡكُمۡ لِيُحَآجُّوكُم بِهِۦ عِندَ رَبِّكُمۡۚ أَفَلَا تَعۡقِلُونَ ٧٦

彼らは言った。「それがどんなものか、われらに明かし給うよう、おまえの主に祈ってくれ。まことに牛はわれらには似通っている。アッラーが望み給うたならわれらも導かれた者[62]となろう」。(2：70)

彼は言った。「それは、土地を耕すようには飼い馴らされておらず、耕地に水を撒くこともない、健全で、まだらのない牛であると彼は仰せられる」。彼らは、「いまこそおまえは真理をもたらした」と言って、それを犠牲に捧げたが、あやうくしないで済ますところであった[63]。(2：71)

また、おまえたちが一人の人間を殺し、そのことで互いに争った時のこと。そしてアッラーはおまえたちが隠したことを明るみに出し給う御方。(2：72)

そこでわれらは言った。「それをその一部で打て[64]」。このようにアッラーは死者を生かし[65]、おまえたちに彼の諸々の徴を見せ給う。きっとおまえたちは考えるであろう。(2：73)

その後、おまえたちの心は固くなった。それはまるで岩のよう、いや、さらに固い。というのは、岩の中には、そこから小川が湧き出るものもあれば、裂けてそこから水が流れ出るものもあり、アッラーへの懼れから崩れ落ちるものもあるからである[66]。そしてアッラーはおまえたちがなすことについて見落とし給う御方ではない。(2：74)

それでもおまえたちは、彼ら(ユダヤ教徒)がおまえたち(の宗教)を信じることを期待するのか。彼らの一派はアッラーの御言葉を聞き、それからそれを理解した後に、知った上でそれを捩じ曲げたというのに。(2：75)

また、彼らは信仰する者と出会えば、「われらは信じた」と言いながら、彼ら同士だけになると、「アッラーがおまえたちに明かし給うたものに[67]ついて彼らに語り、おまえたちの主の御許でそれについて彼らにおまえたちを論駁させようというのか、(それが)わからないのか」と言った。(2：76)

62　目的の牛に。

63　その価格があまりに高かったので、あやうく実行できないところであった。最初はどんな雌牛であれ屠殺していれば、それで間に合っていたのだが、彼らが自分から厳しい条件を課したために、アッラーは彼らに厳しい条件を課し給うた、とも言われる。

64　屠殺した雌牛の死体の一部でその死者を打て。

65　殺された者が甦り、「私を殺したのは某である」と告げて、再び死んだ、と言われる。

66　スンナ派の信条では、動物にも無機物にもアッラーへの認識と知識があるが、いかに認識しているのかの具体的な様態はアッラーだけがご存知である。また、動物や無機物にも礼拝があり、アッラーに賛美を捧げ、アッラーを畏怖している。第17章44節、第59章21節参照。

67　律法の書の中のムハンマドの描写。

أَوَلَا يَعْلَمُونَ أَنَّ ٱللَّهَ يَعْلَمُ مَا يُسِرُّونَ وَمَا يُعْلِنُونَ ٧٧
وَمِنْهُمْ أُمِّيُّونَ لَا يَعْلَمُونَ ٱلْكِتَٰبَ إِلَّآ أَمَانِىَّ وَإِنْ هُمْ
إِلَّا يَظُنُّونَ ٧٨ فَوَيْلٌ لِّلَّذِينَ يَكْتُبُونَ ٱلْكِتَٰبَ بِأَيْدِيهِمْ
ثُمَّ يَقُولُونَ هَٰذَا مِنْ عِندِ ٱللَّهِ لِيَشْتَرُوا۟ بِهِۦ ثَمَنًا قَلِيلًا ۖ
فَوَيْلٌ لَّهُم مِّمَّا كَتَبَتْ أَيْدِيهِمْ وَوَيْلٌ لَّهُم مِّمَّا يَكْسِبُونَ
٧٩ وَقَالُوا۟ لَن تَمَسَّنَا ٱلنَّارُ إِلَّآ أَيَّامًا مَّعْدُودَةً ۚ قُلْ
أَتَّخَذْتُمْ عِندَ ٱللَّهِ عَهْدًا فَلَن يُخْلِفَ ٱللَّهُ عَهْدَهُۥٓ ۖ أَمْ
تَقُولُونَ عَلَى ٱللَّهِ مَا لَا تَعْلَمُونَ ٨٠ بَلَىٰ مَن كَسَبَ سَيِّئَةً
وَأَحَٰطَتْ بِهِۦ خَطِيٓـَٔتُهُۥ فَأُو۟لَٰٓئِكَ أَصْحَٰبُ ٱلنَّارِ ۖ هُمْ
فِيهَا خَٰلِدُونَ ٨١ وَٱلَّذِينَ ءَامَنُوا۟ وَعَمِلُوا۟ ٱلصَّٰلِحَٰتِ
أُو۟لَٰٓئِكَ أَصْحَٰبُ ٱلْجَنَّةِ ۖ هُمْ فِيهَا خَٰلِدُونَ ٨٢ وَإِذْ أَخَذْنَا
مِيثَٰقَ بَنِىٓ إِسْرَٰٓءِيلَ لَا تَعْبُدُونَ إِلَّا ٱللَّهَ وَبِٱلْوَٰلِدَيْنِ
إِحْسَانًا وَذِى ٱلْقُرْبَىٰ وَٱلْيَتَٰمَىٰ وَٱلْمَسَٰكِينِ وَقُولُوا۟
لِلنَّاسِ حُسْنًا وَأَقِيمُوا۟ ٱلصَّلَوٰةَ وَءَاتُوا۟ ٱلزَّكَوٰةَ ثُمَّ
تَوَلَّيْتُمْ إِلَّا قَلِيلًا مِّنكُمْ وَأَنتُم مُّعْرِضُونَ ٨٣

彼らは知らないのか、アッラーが自分たちの秘しているることも公にすることも知り給うことを。(2：77)

また彼らの中には文盲で、啓典を知らない者たちがいる。ただ、夢想があるだけで[68]、彼らは思い込んでいるにすぎない。(2：78)

それゆえ自らの手で啓典を書きながら、それとひきかえにわずかな代価を得るために、これはアッラーからのものだと言う者に災いあれ。それゆえ彼らの手が書いたものゆえに彼らに災いあれ。そして、彼らが稼ぐものゆえに彼らに災いあれ。(2：79)

また、彼ら(ユダヤ教徒)は、「獄火がわれらに触れるのは一定の日数だけだ」と言った[69]。言ってやれ、「おまえたちはアッラーの御許に約定を取り付けたのか。そうであれば、アッラーはその約定を違え給うことはない。それとも、おまえたちはアッラーについて知りもしないことを言っているのか」。(2：80)

いや、悪事を稼ぎ、自分の過ちに取り囲まれた者、それらの者は獄火の輩であり、彼らはそこに永遠に住まう。(2：81)

一方、信仰し、善行をなした者、それらの者は楽園の住人であり、彼らはそこに永遠に住まう。(2：82)

また、われらがイスラーイールの子孫からの確約を取った時のこと。「おまえたちはアッラー以外のものに仕えない(こと)。そして、両親には至善を。そして血縁がある者、孤児たち、貧しい者たちにも。そして人々には善を語れ。また、礼拝を遵守し、浄財を払え」。その後、おまえたちはわずかな者を除いて背を向けた。そして、おまえたちも[70]背反者である。(2：83)

68　ユダヤ教徒の学者たちから教え込まれた虚偽を盲信しているだけで。

69　一説によると、マディーナのユダヤ教徒たちは、懲罰は彼らの祖先がムーサーの不在中に子牛の偶像を拝んだ四十日間だけで、その後は免じられる、と言っていた。

70　おまえたちの祖先に加えておまえたちも。また、「おまえたちは」、とも訳せる。この場合、「わずかな者」はクルアーンが啓示された当時のユダヤ教徒のうちムハンマドに従った者を指すと考えられる。

وَإِذْ أَخَذْنَا مِيثَٰقَكُمْ لَا تَسْفِكُونَ دِمَآءَكُمْ وَلَا تُخْرِجُونَ
أَنفُسَكُم مِّن دِيَٰرِكُمْ ثُمَّ أَقْرَرْتُمْ وَأَنتُمْ تَشْهَدُونَ ﴿٨٤﴾
ثُمَّ أَنتُمْ هَٰٓؤُلَآءِ تَقْتُلُونَ أَنفُسَكُمْ وَتُخْرِجُونَ فَرِيقًا
مِّنكُم مِّن دِيَٰرِهِمْ تَظَٰهَرُونَ عَلَيْهِم بِٱلْإِثْمِ وَٱلْعُدْوَٰنِ
وَإِن يَأْتُوكُمْ أُسَٰرَىٰ تُفَٰدُوهُمْ وَهُوَ مُحَرَّمٌ عَلَيْكُمْ
إِخْرَاجُهُمْ ۚ أَفَتُؤْمِنُونَ بِبَعْضِ ٱلْكِتَٰبِ وَتَكْفُرُونَ بِبَعْضٍ ۚ
فَمَا جَزَآءُ مَن يَفْعَلُ ذَٰلِكَ مِنكُمْ إِلَّا خِزْيٌ فِى ٱلْحَيَوٰةِ
ٱلدُّنْيَا ۖ وَيَوْمَ ٱلْقِيَٰمَةِ يُرَدُّونَ إِلَىٰٓ أَشَدِّ ٱلْعَذَابِ ۗ وَمَا ٱللَّهُ
بِغَٰفِلٍ عَمَّا تَعْمَلُونَ ﴿٨٥﴾ أُو۟لَٰٓئِكَ ٱلَّذِينَ ٱشْتَرَوُا۟ ٱلْحَيَوٰةَ
ٱلدُّنْيَا بِٱلْءَاخِرَةِ ۖ فَلَا يُخَفَّفُ عَنْهُمُ ٱلْعَذَابُ وَلَا هُمْ يُنصَرُونَ
﴿٨٦﴾ وَلَقَدْ ءَاتَيْنَا مُوسَى ٱلْكِتَٰبَ وَقَفَّيْنَا مِنۢ بَعْدِهِۦ
بِٱلرُّسُلِ ۖ وَءَاتَيْنَا عِيسَى ٱبْنَ مَرْيَمَ ٱلْبَيِّنَٰتِ وَأَيَّدْنَٰهُ بِرُوحِ
ٱلْقُدُسِ ۗ أَفَكُلَّمَا جَآءَكُمْ رَسُولٌۢ بِمَا لَا تَهْوَىٰٓ أَنفُسُكُمُ
ٱسْتَكْبَرْتُمْ فَفَرِيقًا كَذَّبْتُمْ وَفَرِيقًا تَقْتُلُونَ ﴿٨٧﴾ وَقَالُوا۟ قُلُوبُنَا
غُلْفٌۢ ۚ بَل لَّعَنَهُمُ ٱللَّهُ بِكُفْرِهِمْ فَقَلِيلًا مَّا يُؤْمِنُونَ ﴿٨٨﴾

また、われらがおまえたちからの確約を取った時のこと。「おまえたちは自分たちの血を流さない(こと)、また、おまえたち自身を自分たちの住居から追い出すことはしない(こと)」と。それからおまえたちは承認し、自ら証人となった。(2：84)

その後、おまえたち、つまりこの者どもは、自分たちを殺し、一部の者を彼らの住居から追い出し、罪と侵害によって彼らに敵対する加担をした。そして捕虜たちがおまえたちの許に来ると、彼らを身請けする。だが、彼らを追い出すことが、それこそ、おまえたちに禁じられているというのに[71]。それではおまえたちは啓典の一部を信じ、一部を否定するのか。それでおまえたちの中でそのようなことをする者の報いは現世における屈辱以外にはなく[72]、復活(審判)の日には最も痛烈な懲罰に帰される。そしてアッラーはおまえたちのなすことを見過ごし給う御方ではない。(2：85)

それらの者は来世とひきかえに現世を買う者たちである。彼らには懲罰が軽減されることはなく、彼らが助けられることもない。(2：86)

そしてわれらはムーサーに啓典[73]を与え、彼の後に使徒たちを引き続き遣わした。また、われらはマルヤムの子イーサーに諸々の明証[74]を授け、聖霊[75]によって彼を支えた。ところが、おまえたちは、使徒が自分たちの望まないものを携えて来る度、思い上がり、(その使徒たちの)一部を嘘だと否定し[76]、また、一部を殺しているではないか[77]。(2：87)

そして彼らは言った。「われらの心は覆われている」。いや、アッラーが彼らの不信仰ゆえに彼らを呪い給うたのであり、そのため彼らはわずかしか信じない。(2：88)

71　当時のマディーナではユダヤ教徒のクライザ族とアラブ多神教徒のアウス族、ユダヤ教徒のナディール族とアラブ多神教徒のハズラジュ族がそれぞれ同盟を組み、同盟者に加担し、ユダヤ教徒同士であっても戦い、家を破壊し、追い出した。ところがユダヤ教徒が捕虜となると、その身の代金を払って身請けした。「どうして殺し合っておきながら、身の代金を支払うのだ」と尋ねられると「身の代金の支払いが我らには命じられているからだ」と答え、「では、なぜ殺し合ったのだ」と尋ねられると、「おまえたち(ユダヤ教徒の敵対部族)が我々の同盟者(アラブ多神教徒の盟友部族)を辱めるのを恥じたのだ」と答えた。

72　これらのマディーナのユダヤ教徒はクライザ族の処刑、ナディール族のシリアへの追放、貢租の賦課により辱められることになった。

73　「律法の書」。

74　奇跡。3章49節参照。

75　天使ジブリール(ガブリエル)。

76　イーサーにしたように。

77　ザカリーヤー(ゼカリヤ)やヤフヤー(ヨハネ)などの。2章61節脚注参照。

وَلَمَّا جَآءَهُمْ كِتَٰبٌ مِّنْ عِندِ ٱللَّهِ مُصَدِّقٌ لِّمَا مَعَهُمْ
وَكَانُوا۟ مِن قَبْلُ يَسْتَفْتِحُونَ عَلَى ٱلَّذِينَ كَفَرُوا۟ فَلَمَّا
جَآءَهُم مَّا عَرَفُوا۟ كَفَرُوا۟ بِهِۦ ۚ فَلَعْنَةُ ٱللَّهِ عَلَى ٱلْكَٰفِرِينَ
﴿٨٩﴾ بِئْسَمَا ٱشْتَرَوْا۟ بِهِۦٓ أَنفُسَهُمْ أَن يَكْفُرُوا۟ بِمَآ أَنزَلَ ٱللَّهُ
بَغْيًا أَن يُنَزِّلَ ٱللَّهُ مِن فَضْلِهِۦ عَلَىٰ مَن يَشَآءُ مِنْ عِبَادِهِۦ ۖ
فَبَآءُو بِغَضَبٍ عَلَىٰ غَضَبٍ ۚ وَلِلْكَٰفِرِينَ عَذَابٌ مُّهِينٌ
﴿٩٠﴾ وَإِذَا قِيلَ لَهُمْ ءَامِنُوا۟ بِمَآ أَنزَلَ ٱللَّهُ قَالُوا۟ نُؤْمِنُ بِمَآ أُنزِلَ
عَلَيْنَا وَيَكْفُرُونَ بِمَا وَرَآءَهُۥ وَهُوَ ٱلْحَقُّ مُصَدِّقًا لِّمَا
مَعَهُمْ ۗ قُلْ فَلِمَ تَقْتُلُونَ أَنۢبِيَآءَ ٱللَّهِ مِن قَبْلُ إِن كُنتُم
مُّؤْمِنِينَ ﴿٩١﴾ ۞ وَلَقَدْ جَآءَكُم مُّوسَىٰ بِٱلْبَيِّنَٰتِ ثُمَّ
ٱتَّخَذْتُمُ ٱلْعِجْلَ مِنۢ بَعْدِهِۦ وَأَنتُمْ ظَٰلِمُونَ ﴿٩٢﴾ وَإِذْ
أَخَذْنَا مِيثَٰقَكُمْ وَرَفَعْنَا فَوْقَكُمُ ٱلطُّورَ خُذُوا۟
مَآ ءَاتَيْنَٰكُم بِقُوَّةٍ وَٱسْمَعُوا۟ ۖ قَالُوا۟ سَمِعْنَا وَعَصَيْنَا
وَأُشْرِبُوا۟ فِى قُلُوبِهِمُ ٱلْعِجْلَ بِكُفْرِهِمْ ۚ قُلْ بِئْسَمَا
يَأْمُرُكُم بِهِۦٓ إِيمَٰنُكُمْ إِن كُنتُم مُّؤْمِنِينَ ﴿٩٣﴾

そして彼らの持っているものを確証する啓典(クルアーン)がアッラーの御許から来ると、以前は(信仰を)拒絶する者たちに対する勝利を祈っていたにもかかわらず、知っているものが彼らの許に来るとそれを拒絶した[78]。それゆえアッラーの呪いが不信仰者の上にはある。(2：89)

彼らが己の魂(己自身)をそれとひきかえに売ったもののなんと悪いことか。アッラーがご自分の僕《しもべ》のうち御望みの者に彼の御恵みを[79]垂示し給うことを妬んでアッラーが下し給うたもの(クルアーン)を拒絶するとは。それで彼らは御怒りの上に御怒りを招き寄せた[80]。また不信仰者には恥辱の懲罰がある。(2：90)

また、彼らに「アッラーの下し給うたものを信じよ」と言われると、「われらはわれらに下されたものを[81]信じる」と言った。そして彼らはそれ以降のものは、それが真実で、彼らが持っているものの確証であっても拒絶するのである。言え、「信仰者であるならどうして以前にアッラーの預言者たちを殺しているのか」。(2：91)

またおまえたちの許にはムーサーが諸々の明証を[82]携えてやって来たが、その後、おまえたちは彼の後[83]に子牛を(神と)成し、おまえたちは不正な者であった。(2：92)

またわれらがおまえたちからの確約を取った時のこと。われらはおまえたちの上に山を持ち上げた[84]。「われらがおまえたちに授けたものをしっかりと摑み、聴従せよ」。彼らは、「我らは聞き、そして背いた」と言った。彼らは、その不信仰ゆえに心が子牛[85]に染まっていたのである。言ってやれ、「おまえたちの信仰がおまえたちに命ずることのなんと悪いことよ、もし、おまえたちが信仰者であるとすればであるが」と。(2：93)

78　マディーナのユダヤ教徒たちは、ムハンマドが使徒として遣わされるまでは、「アッラーよ、終末の時に遣わされる預言者によって、アラブの不信仰者(アウス族とハズラジュ族)に対して、我らユダヤ教徒に勝利をもたらし給え」と祈っていたが、アラブ人の使徒が遣わされたと知ると、彼を拒んだ。

79　啓典を。

80　彼らは「律法の書」を改竄し、その戒めを破り、預言者イーサーを信じなかったことでアッラーの御怒りを被っていたが、今また預言者ムハンマドを拒んだことで、更なる御怒りを被ることになった。

81　「律法の書」を。

82　17章101節の「九つの徴(奇跡)」参照。

83　ムーサーの不在時に。もしくはムーサーが明証を携えてやって来た後に。

84　2章63節、4章154節、7章171節参照。

85　子牛の偶像への愛、崇拝に。

قُلْ إِن كَانَتْ لَكُمُ الدَّارُ الْآخِرَةُ عِندَ اللَّهِ خَالِصَةً مِّن
دُونِ النَّاسِ فَتَمَنَّوُا الْمَوْتَ إِن كُنتُمْ صَادِقِينَ ﴿٩٤﴾ وَلَن
يَتَمَنَّوْهُ أَبَدًا بِمَا قَدَّمَتْ أَيْدِيهِمْ ۗ وَاللَّهُ عَلِيمٌ بِالظَّالِمِينَ
﴿٩٥﴾ وَلَتَجِدَنَّهُمْ أَحْرَصَ النَّاسِ عَلَىٰ حَيَاةٍ وَمِنَ الَّذِينَ أَشْرَكُوا ۚ
يَوَدُّ أَحَدُهُمْ لَوْ يُعَمَّرُ أَلْفَ سَنَةٍ وَمَا هُوَ بِمُزَحْزِحِهِ مِنَ
الْعَذَابِ أَن يُعَمَّرَ ۗ وَاللَّهُ بَصِيرٌ بِمَا يَعْمَلُونَ ﴿٩٦﴾ قُلْ مَن
كَانَ عَدُوًّا لِّجِبْرِيلَ فَإِنَّهُ نَزَّلَهُ عَلَىٰ قَلْبِكَ بِإِذْنِ
اللَّهِ مُصَدِّقًا لِّمَا بَيْنَ يَدَيْهِ وَهُدًى وَبُشْرَىٰ لِلْمُؤْمِنِينَ
﴿٩٧﴾ مَن كَانَ عَدُوًّا لِّلَّهِ وَمَلَائِكَتِهِ وَرُسُلِهِ وَجِبْرِيلَ
وَمِيكَالَ فَإِنَّ اللَّهَ عَدُوٌّ لِّلْكَافِرِينَ ﴿٩٨﴾ وَلَقَدْ أَنزَلْنَا
إِلَيْكَ آيَاتٍ بَيِّنَاتٍ ۖ وَمَا يَكْفُرُ بِهَا إِلَّا الْفَاسِقُونَ ﴿٩٩﴾
أَوَكُلَّمَا عَاهَدُوا عَهْدًا نَّبَذَهُ فَرِيقٌ مِّنْهُم ۚ بَلْ أَكْثَرُهُمْ
لَا يُؤْمِنُونَ ﴿١٠٠﴾ وَلَمَّا جَاءَهُمْ رَسُولٌ مِّنْ عِندِ اللَّهِ مُصَدِّقٌ
لِّمَا مَعَهُمْ نَبَذَ فَرِيقٌ مِّنَ الَّذِينَ أُوتُوا الْكِتَابَ
كِتَابَ اللَّهِ وَرَاءَ ظُهُورِهِمْ كَأَنَّهُمْ لَا يَعْلَمُونَ ﴿١٠١﴾

言え、「人々を差し置いておまえたちだけにアッラーの御許に来世の住まいがあるならば、死を願うがよい、おまえたちが正しいのなら」。(2：94)

そして彼らは決してそれを願いはしない[86]、彼らの手がすでになしたことゆえに[87]。アッラーは不正な者たちについてよく知り給う御方。(2：95)

そして彼らが最も生に執着する人々であることを、必ずおまえは見出すであろう。多神を信じる者たちよりもである。彼らの誰もが千年の寿命があるならばと望んでいる。だが、長生きさせられてもそれが彼を懲罰から遠ざけることはない。そしてアッラーは彼らがなすことを見通し給う御方。(2：96)

言え、「ジブリールに敵対した者と(はなんたることか)[88]。まことに彼(ジブリール)こそはアッラーの御許可によりおまえの心にそれ(クルアーン)以前にあったもの[89]の確証として、また、信仰者への導きと吉報としてそれ(クルアーン)を垂示した者である」。(2：97)

アッラーと彼の天使たちと使徒たちとジブリール、そしてミーカールに敵対した者。そして、アッラーは(このような)不信仰者たちの敵であらせられる。(2：98)

われらはおまえ(預言者ムハンマド)に諸々の明白な徴を確かに下した。そしてそれを拒絶するのは邪な者たちだけである。(2：99)

だが、彼らが約定を結ぶ度、彼らの一部の者らはそれを放棄したではないか。いや、彼らの大半は信じない。(2：100)

彼らの持っているものを確証する使徒(ムハンマド)がアッラーの御許から来ると、啓典を授けられた者の一部の者らは、まるで知らないかのようにアッラーの書を背後に投げ捨てた[90]。(2：101)

86　62章7節参照。

87　彼らの犯した悪行、罪のゆえに。

88　ユダヤ教徒たちが、「ミーカール(ミカエル)は自分たちの味方であるが、ジブリール(ガブリエル)は自分たちの敵である」、と言ったのに対して啓示された。

89　クルアーン以前の諸啓典。

90　ここでの「アッラーの書」はムーサーの「律法の書」を指す。つまり、預言者ムハンマドの到来を予言する「律法の書」の教えを無視した。2章42節脚注参照。

وَٱتَّبَعُوا۟ مَا تَتْلُوا۟ ٱلشَّيَٰطِينُ عَلَىٰ مُلْكِ سُلَيْمَٰنَ ۖ وَمَا كَفَرَ
سُلَيْمَٰنُ وَلَٰكِنَّ ٱلشَّيَٰطِينَ كَفَرُوا۟ يُعَلِّمُونَ ٱلنَّاسَ
ٱلسِّحْرَ وَمَآ أُنزِلَ عَلَى ٱلْمَلَكَيْنِ بِبَابِلَ هَٰرُوتَ وَمَٰرُوتَ ۚ
وَمَا يُعَلِّمَانِ مِنْ أَحَدٍ حَتَّىٰ يَقُولَآ إِنَّمَا نَحْنُ فِتْنَةٌ فَلَا
تَكْفُرْ ۖ فَيَتَعَلَّمُونَ مِنْهُمَا مَا يُفَرِّقُونَ بِهِۦ بَيْنَ ٱلْمَرْءِ
وَزَوْجِهِۦ ۚ وَمَا هُم بِضَآرِّينَ بِهِۦ مِنْ أَحَدٍ إِلَّا بِإِذْنِ ٱللَّهِ ۚ
وَيَتَعَلَّمُونَ مَا يَضُرُّهُمْ وَلَا يَنفَعُهُمْ ۚ وَلَقَدْ عَلِمُوا۟ لَمَنِ
ٱشْتَرَىٰهُ مَا لَهُۥ فِى ٱلْءَاخِرَةِ مِنْ خَلَٰقٍ ۚ وَلَبِئْسَ مَا شَرَوْا۟ بِهِۦٓ
أَنفُسَهُمْ ۚ لَوْ كَانُوا۟ يَعْلَمُونَ ﴿١٠٢﴾ وَلَوْ أَنَّهُمْ ءَامَنُوا۟ وَٱتَّقَوْا۟
لَمَثُوبَةٌ مِّنْ عِندِ ٱللَّهِ خَيْرٌ ۚ لَّوْ كَانُوا۟ يَعْلَمُونَ ﴿١٠٣﴾
يَٰٓأَيُّهَا ٱلَّذِينَ ءَامَنُوا۟ لَا تَقُولُوا۟ رَٰعِنَا وَقُولُوا۟ ٱنظُرْنَا
وَٱسْمَعُوا۟ ۗ وَلِلْكَٰفِرِينَ عَذَابٌ أَلِيمٌ ﴿١٠٤﴾ مَّا يَوَدُّ
ٱلَّذِينَ كَفَرُوا۟ مِنْ أَهْلِ ٱلْكِتَٰبِ وَلَا ٱلْمُشْرِكِينَ
أَن يُنَزَّلَ عَلَيْكُم مِّنْ خَيْرٍ مِّن رَّبِّكُمْ ۚ وَٱللَّهُ يَخْتَصُّ
بِرَحْمَتِهِۦ مَن يَشَآءُ ۚ وَٱللَّهُ ذُو ٱلْفَضْلِ ٱلْعَظِيمِ ﴿١٠٥﴾

そして彼らは、スライマーン王の治世に、悪魔たちが読むことに従った。スライマーンは不信仰に陥らなかった。ただ、悪魔たちが信仰を拒絶し、人々に魔術を教え、バービル（バビロン）の二人の天使ハールートとマールートに下されたものをもまた（教えた）[91]。しかし、両者は「われらは『試練』にほかならない。不信仰に陥ってはいけない」と二人が言ってからでなければ誰にも教えなかった。彼らは両者から妻と夫の間を引き裂くことを習ったのであるが、彼らはアッラーの御許可なしにはそれで誰をも害することはできなかった。彼らは自分たちを害し、益しないものを習ったのである。そして彼らは、まさにそれを買った者、その者には来世にはなんの分け前もないことを確かに知っていた。そして彼らが自分自身をそれとひきかえに売ったもの（魔術）のなんと悪いことよ。もし彼らが知っていたならば。（2：102）

そしてもし彼らが信じ、畏れ身を守ったならば。アッラーの御許からの報いこそより良いものである。もし、彼らが知っていたならば。（2：103）

信仰する者たちよ、「ラーイナー（われらを看てください）」と言ってはならない[92]。「ウンズルナー（われらを見てください）」と言え。そして聴従せよ。そして不信仰者には痛苦の懲罰がある。（2：104）

啓典の民の不信仰に陥った者たちも多神教徒たちも、おまえたちにおまえたちの主から善[93]が垂示されることを望まない。だがアッラーは彼の慈悲を御望みの者に特別にかけ給う[94]。そしてアッラーは大いなる御恵みの持ち主。（2：105）

91　ハールートとマールートは魔術師であったとも言われる。

92　当時、人々が、預言者に対してそう言っていたが、それがユダヤ教徒の言葉では「ルウーナ（愚か者）」に由来するののしりの表現であったため、ユダヤ教徒はその意味で預言者に話しかけた。そこで、その表現を使うことが信仰者たちに禁じられた。

93　啓典など。

94　預言者に任じ給う。

われらが取り消すかまたは忘れさせる徴（クルアーンの一節）があれば、それに優るか、同様のものを持ってくる[95]。アッラーがあらゆることに全能であることをおまえは知らないのか。(2：106)

諸天と地の王権がアッラーにあることをおまえは知らないのか。そしてアッラーをおいて後見[96]も援助者もおまえたちにはないのである。(2：107)

それとも、おまえたちはおまえたちの使徒に求めたいのか[97]、ちょうど以前ムーサーが求められたように[98]。不信仰を信仰に替えて選ぶ者があれば、その者は中庸の道から迷ったのである。(2：108)

啓典の民の多くは、おまえたちが信仰した後に不信仰者に戻せるならば、と望んでいる。真実が彼らに明らかになった後でありながら、自分たちの妬み心から。それゆえ、アッラーがその命令をもたらし給うまで[99]許し、見過ごしておけ。まことに、アッラーはすべての

۞ مَا نَنسَخۡ مِنۡ ءَايَةٍ أَوۡ نُنسِهَا نَأۡتِ بِخَيۡرٖ مِّنۡهَآ أَوۡ مِثۡلِهَآۗ
أَلَمۡ تَعۡلَمۡ أَنَّ ٱللَّهَ عَلَىٰ كُلِّ شَيۡءٖ قَدِيرٌ ١٠٦ أَلَمۡ تَعۡلَمۡ أَنَّ
ٱللَّهَ لَهُۥ مُلۡكُ ٱلسَّمَٰوَٰتِ وَٱلۡأَرۡضِۗ وَمَا لَكُم مِّن دُونِ
ٱللَّهِ مِن وَلِيّٖ وَلَا نَصِيرٍ ١٠٧ أَمۡ تُرِيدُونَ أَن تَسۡـَٔلُواْ رَسُولَكُمۡ
كَمَا سُئِلَ مُوسَىٰ مِن قَبۡلُۗ وَمَن يَتَبَدَّلِ ٱلۡكُفۡرَ بِٱلۡإِيمَٰنِ
فَقَدۡ ضَلَّ سَوَآءَ ٱلسَّبِيلِ ١٠٨ وَدَّ كَثِيرٞ مِّنۡ أَهۡلِ ٱلۡكِتَٰبِ
لَوۡ يَرُدُّونَكُم مِّنۢ بَعۡدِ إِيمَٰنِكُمۡ كُفَّارًا حَسَدٗا
مِّنۡ عِندِ أَنفُسِهِم مِّنۢ بَعۡدِ مَا تَبَيَّنَ لَهُمُ ٱلۡحَقُّۖ فَٱعۡفُواْ
وَٱصۡفَحُواْ حَتَّىٰ يَأۡتِيَ ٱللَّهُ بِأَمۡرِهِۦٓۗ إِنَّ ٱللَّهَ عَلَىٰ كُلِّ شَيۡءٖ
قَدِيرٞ ١٠٩ وَأَقِيمُواْ ٱلصَّلَوٰةَ وَءَاتُواْ ٱلزَّكَوٰةَۚ وَمَا تُقَدِّمُواْ
لِأَنفُسِكُم مِّنۡ خَيۡرٖ تَجِدُوهُ عِندَ ٱللَّهِۗ إِنَّ ٱللَّهَ بِمَا تَعۡمَلُونَ
بَصِيرٞ ١١٠ وَقَالُواْ لَن يَدۡخُلَ ٱلۡجَنَّةَ إِلَّا مَن كَانَ هُودًا
أَوۡ نَصَٰرَىٰۗ تِلۡكَ أَمَانِيُّهُمۡۗ قُلۡ هَاتُواْ بُرۡهَٰنَكُمۡ إِن كُنتُمۡ
صَٰدِقِينَ ١١١ بَلَىٰۚ مَنۡ أَسۡلَمَ وَجۡهَهُۥ لِلَّهِ وَهُوَ مُحۡسِنٞ فَلَهُۥٓ
أَجۡرُهُۥ عِندَ رَبِّهِۦ وَلَا خَوۡفٌ عَلَيۡهِمۡ وَلَا هُمۡ يَحۡزَنُونَ ١١٢

95　不信仰者たちが啓示の改廃について中傷し、「ムハンマドは教友たちに、今日命じたかと思うと、明日には禁止する」と言った時に啓示された。取り消しには三種類ある。第一は、クルアーンからその句が削除され、その句の規定も廃されたものである。第二は、姦夫姦婦に対する石打刑のようにその句はクルアーンから削除されたが、その規定は存続したものである。イブン・アッバースによると、ウマル・ブン・アル＝ハッターブはアッラーの使徒の説教壇に座って言った。「アッラーはムハンマドを真理と共に遣わし、彼に啓典を下し給うた。石打ちの節が下されると、我らはそれを読み、それを暗記し、それを理解した。そして、アッラーの使徒は石打刑を行い、我らも彼に続いて石打刑を行った。ところが時が経って、至高なるアッラーの書には石打刑は見当たらないと人々が言い出し、アッラーが下し給うた義務を退け、迷誤に陥ることを私は懸念する。まことに、男と女が結婚した後で姦通を犯し、その証拠が成立するか、妊娠するか、自白した者には石打刑がアッラーの書に定められた真理である」。(ムスリムの伝えるハディース)。第三は、規定は取り消されたが、言葉は残ったもので、そのような節は数多くある。例えば、8章65節の規定は、8章66節により廃されたが、その字句はクルアーン中に残っている。

96　「後見」と訳したアラビア語の原語「ワリー」(複数形は「アウリヤーゥ」)には、仲間、味方、友、庇護者などの意味もあるが、本書では原則的に「後見」で訳語を統一した。

97　この句はマッカの住民が預言者ムハンマドに石を金に変える奇跡を求めた時に啓示された。彼らが奇跡を求めたのに対し、預言者ムハンマドが「かまわないが、もしお前たちが不信仰におちいれば、奇跡はお前たちにとってイスラエルの民に下された食卓(5章115節)のような(反証と)なろう」と答えられ、クライシュ族が求めをとりさげ戻った際に啓示された。

98　以前にイスラエルの民がムーサーにアッラーを目で見せるように求めたように。2章55節参照。

99　戦いの命令があるまで、ということである。したがって、この節は戦闘の許可が下りる以前の啓示と考えられる。戦いの許可の啓示は22章39節、戦いを義務づける啓示は2章216節である。この節がウフドの戦い以後に啓示されたと考える者もいるが、その場合には、この時点では戦闘はアラブの多神教徒に対しては許されていたが、ユダヤ教徒、キリスト教徒に対してはまだ許されていなかったということになる。ユダヤ教徒、キリスト教徒との戦争の許可がおりたのは、アラブとの戦闘許可より遅れて、「部族連合の戦い」の時、あるいはその直前であった。

وَقَالَتِ ٱلْيَهُودُ لَيْسَتِ ٱلنَّصَٰرَىٰ عَلَىٰ شَيْءٍ وَقَالَتِ ٱلنَّصَٰرَىٰ
لَيْسَتِ ٱلْيَهُودُ عَلَىٰ شَيْءٍ وَهُمْ يَتْلُونَ ٱلْكِتَٰبَ ۗ كَذَٰلِكَ
قَالَ ٱلَّذِينَ لَا يَعْلَمُونَ مِثْلَ قَوْلِهِمْ ۚ فَٱللَّهُ يَحْكُمُ بَيْنَهُمْ
يَوْمَ ٱلْقِيَٰمَةِ فِيمَا كَانُوا۟ فِيهِ يَخْتَلِفُونَ ﴿١١٣﴾ وَمَنْ أَظْلَمُ مِمَّن
مَّنَعَ مَسَٰجِدَ ٱللَّهِ أَن يُذْكَرَ فِيهَا ٱسْمُهُۥ وَسَعَىٰ فِى خَرَابِهَآ ۚ
أُو۟لَٰٓئِكَ مَا كَانَ لَهُمْ أَن يَدْخُلُوهَآ إِلَّا خَآئِفِينَ ۚ لَهُمْ فِى
ٱلدُّنْيَا خِزْىٌ وَلَهُمْ فِى ٱلْءَاخِرَةِ عَذَابٌ عَظِيمٌ ﴿١١٤﴾ وَلِلَّهِ ٱلْمَشْرِقُ
وَٱلْمَغْرِبُ ۚ فَأَيْنَمَا تُوَلُّوا۟ فَثَمَّ وَجْهُ ٱللَّهِ ۚ إِنَّ ٱللَّهَ وَٰسِعٌ عَلِيمٌ ﴿١١٥﴾
وَقَالُوا۟ ٱتَّخَذَ ٱللَّهُ وَلَدًا ۗ سُبْحَٰنَهُۥ ۖ بَل لَّهُۥ مَا فِى ٱلسَّمَٰوَٰتِ
وَٱلْأَرْضِ ۖ كُلٌّ لَّهُۥ قَٰنِتُونَ ﴿١١٦﴾ بَدِيعُ ٱلسَّمَٰوَٰتِ وَٱلْأَرْضِ ۖ
وَإِذَا قَضَىٰٓ أَمْرًا فَإِنَّمَا يَقُولُ لَهُۥ كُن فَيَكُونُ ﴿١١٧﴾ وَقَالَ
ٱلَّذِينَ لَا يَعْلَمُونَ لَوْلَا يُكَلِّمُنَا ٱللَّهُ أَوْ تَأْتِينَآ ءَايَةٌ ۗ
كَذَٰلِكَ قَالَ ٱلَّذِينَ مِن قَبْلِهِم مِّثْلَ قَوْلِهِمْ ۘ تَشَٰبَهَتْ
قُلُوبُهُمْ ۗ قَدْ بَيَّنَّا ٱلْءَايَٰتِ لِقَوْمٍ يُوقِنُونَ ﴿١١٨﴾ إِنَّآ أَرْسَلْنَٰكَ
بِٱلْحَقِّ بَشِيرًا وَنَذِيرًا ۖ وَلَا تُسْـَٔلُ عَنْ أَصْحَٰبِ ٱلْجَحِيمِ ﴿١١٩﴾

ものに対して全能であらせられる。(2 : 109)

また、礼拝を遵守し、浄財を払え。そしておまえたちがおまえたち自身のために前もって(現世で)なしておいた善行は、おまえたちはアッラーの御許にそれを見出そう。まことに、アッラーはおまえたちのなすことを見通し給う御方。(2 : 110)

そして彼らは、「ユダヤ教徒、またはキリスト教徒でなければ楽園には入らない」と言った[100]。それは彼らの夢想である。言ってやれ、「おまえたちの証拠を持って来い、もしおまえたちが正しいのであれば」。(2 : 111)

いや、己の顔[101]をアッラーに委ね、善を尽した者であれば、彼には主の御許にその報酬がある。そして彼らには恐怖はなく、彼らは悲しむことはない。(2 : 112)

そしてユダヤ教徒は「キリスト教徒はなににも則っていない」と言い、キリスト教徒は「ユダヤ教徒はなににも則っていない」と言う[102]。彼らは啓典を読んでいるというのに。それと同じように、知識のない者たち[103]は彼らの言うことと同じことを言う。そしてアッラーは復活の日に彼らの意見の相違について彼らの間を裁き給う。(2 : 113)

そしてアッラーの諸モスク[104]で彼の御名が唱えられることを妨害し、それを破壊しようと試みる者以上に不正な者は誰か。彼らにとっては恐る恐るしかそこに入ることは罷りならなかった[105]。彼らには現世において恥辱があり、彼らには来世において大いなる懲罰がある[106]。(2 : 114)

そして東も西もアッラーのものである。それゆえ、おまえたちがどこを向こうと、そこにアッラーの御顔はある[107]。まことにアッラーは広大にして、よく知り給う御方。(2 : 115)

また彼らは、「アッラーは子供を持ち給うた」と言う。称えあれ彼こそは超越者。い

100　マディーナのユダヤ教徒とナジュラーンのキリスト教徒が預言者ムハンマドの前で言い争い、ユダヤ教徒は「楽園に入るのはユダヤ教徒だけだ」と言い、キリスト教徒は「楽園に入るのはキリスト教徒だけだ」と言った。

101　己自身を。

102　預言者ムハンマドを前にしての論争で、マディーナのユダヤ教徒は「キリスト教徒には全く宗教がない」と言い、イーサーと「福音書」を否定し、ナジュラーンのキリスト教徒は「ユダヤ教徒には全く宗教がない」と言って、ムーサーと「律法の書」を否定した。

103　アラブの多神教徒など。

104　跪拝所。イスラームの礼拝所。マスジドといい、モスクの語源となった。

105　mā kāna li anという表現は、原則として、罷り成らない、相応しくない、あり得ない、出来ないに訳し分けた。

106　この節を典拠に、アブー・ハニーファは非ムスリムがモスクに入ることは許されるとし、マーリクは全面的に禁じられているとし、シャーフィイーはマッカの禁裏モスクは禁止であるが、他のモスクはムスリムの許可があり、必要があった場合には許されるとの判断を下した。

107　礼拝の方向(キブラ)がエルサレムからマッカに変更になったことについてユダヤ教徒が中傷したのに対して啓示された。2章142節参照。

وَلَن تَرۡضَىٰ عَنكَ ٱلۡيَهُودُ وَلَا ٱلنَّصَٰرَىٰ حَتَّىٰ تَتَّبِعَ مِلَّتَهُمۡۗ قُلۡ
إِنَّ هُدَى ٱللَّهِ هُوَ ٱلۡهُدَىٰۗ وَلَئِنِ ٱتَّبَعۡتَ أَهۡوَآءَهُم بَعۡدَ ٱلَّذِي
جَآءَكَ مِنَ ٱلۡعِلۡمِ مَا لَكَ مِنَ ٱللَّهِ مِن وَلِيّٖ وَلَا نَصِيرٍ ١٢٠ ٱلَّذِينَ
ءَاتَيۡنَٰهُمُ ٱلۡكِتَٰبَ يَتۡلُونَهُۥ حَقَّ تِلَاوَتِهِۦٓ أُوْلَٰٓئِكَ يُؤۡمِنُونَ بِهِۦۗ وَمَن
يَكۡفُرۡ بِهِۦ فَأُوْلَٰٓئِكَ هُمُ ٱلۡخَٰسِرُونَ ١٢١ يَٰبَنِيٓ إِسۡرَٰٓءِيلَ ٱذۡكُرُواْ نِعۡمَتِيَ
ٱلَّتِيٓ أَنۡعَمۡتُ عَلَيۡكُمۡ وَأَنِّي فَضَّلۡتُكُمۡ عَلَى ٱلۡعَٰلَمِينَ ١٢٢ وَٱتَّقُواْ يَوۡمٗا
لَّا تَجۡزِي نَفۡسٌ عَن نَّفۡسٖ شَيۡـٔٗا وَلَا يُقۡبَلُ مِنۡهَا عَدۡلٞ وَلَا تَنفَعُهَا
شَفَٰعَةٞ وَلَا هُمۡ يُنصَرُونَ ١٢٣ ۞ وَإِذِ ٱبۡتَلَىٰٓ إِبۡرَٰهِـۧمَ رَبُّهُۥ بِكَلِمَٰتٖ
فَأَتَمَّهُنَّۖ قَالَ إِنِّي جَاعِلُكَ لِلنَّاسِ إِمَامٗاۖ قَالَ وَمِن ذُرِّيَّتِيۖ قَالَ
لَا يَنَالُ عَهۡدِي ٱلظَّٰلِمِينَ ١٢٤ وَإِذۡ جَعَلۡنَا ٱلۡبَيۡتَ مَثَابَةٗ لِّلنَّاسِ
وَأَمۡنٗا وَٱتَّخِذُواْ مِن مَّقَامِ إِبۡرَٰهِـۧمَ مُصَلّٗىۖ وَعَهِدۡنَآ إِلَىٰٓ إِبۡرَٰهِـۧمَ
وَإِسۡمَٰعِيلَ أَن طَهِّرَا بَيۡتِيَ لِلطَّآئِفِينَ وَٱلۡعَٰكِفِينَ وَٱلرُّكَّعِ ٱلسُّجُودِ
١٢٥ وَإِذۡ قَالَ إِبۡرَٰهِـۧمُ رَبِّ ٱجۡعَلۡ هَٰذَا بَلَدًا ءَامِنٗا وَٱرۡزُقۡ أَهۡلَهُۥ
مِنَ ٱلثَّمَرَٰتِ مَنۡ ءَامَنَ مِنۡهُم بِٱللَّهِ وَٱلۡيَوۡمِ ٱلۡأٓخِرِۚ قَالَ وَمَن كَفَرَ
فَأُمَتِّعُهُۥ قَلِيلٗا ثُمَّ أَضۡطَرُّهُۥٓ إِلَىٰ عَذَابِ ٱلنَّارِۖ وَبِئۡسَ ٱلۡمَصِيرُ ١٢٦

や、諸天と地にあるものは彼に属し、すべてが彼に恭順である。(2：116)

諸天と地を創始し給う御方。そして彼が事を決め給うた時には、それにただ、「あれ」と仰せられれば、それはある。(2：117)

また、知識のない者たちは[108]、「アッラーがわれらに話しかけ給うか、徴が現れることはないのか」と言う。こうして、彼ら以前の者たちも彼らの言うようなことを言った。彼らの心は似通っているのである。われらは確信する者たちには諸々の徴を既に明らかにしている。(2：118)

まことにわれらは、おまえ(預言者ムハンマド)を吉報伝達者として、また警告者として真理と共に遣わした。そして焦熱地獄《ジャヒーム》の輩について、おまえは問われはしない[109]。(2：119)

そしてユダヤ教徒もキリスト教徒も、おまえが彼らの宗旨に従うまでおまえに満足しないであろう。言ってやれ、「アッラーの導きこそが導きである」と。もし仮におまえが、おまえの許に知識が訪れた後に彼らの妄執に従うなら、おまえにはアッラーに対する後見も援助者もない。(2：120)

われらが啓典を授けた者たち、彼らはそれを正しい読誦で読むが[110]、それらの者はそれを信じている。一方、それを拒絶する者、それらの者こそは損失者である。(2：121)

イスラーイールの子孫よ、われがおまえたちに与えたわが恩寵を思い起こせ。そしてわれがおまえたちを諸世界の上に優遇したことを[111]。(2：122)

そして、どんな者もわずかにもだれかの代わりをすることはなく、誰からも身代金は受け取られず、執り成しも誰にも役に立たず、彼らが助けられることのない日を畏れ身を守れ。(2：123)

また、イブラーヒームを彼の主が御言葉によって試み給い[112]、彼がそれらを全うした時のこと。「われはおまえを人々の導師となそう」と仰せられた。「そして、私の子孫からも」と彼(イブラーヒーム)は言った。「われの約定は不正者には及ばない」と仰せられた。(2：124)

また、われらがこの館[113]を人々の戻り行く場所とし、また、安全地帯とした時のこと。

108　無知なマッカの多神教徒たちは。

109　彼らの不信仰の責任を。

110　ユダヤ教徒やキリスト教徒の中でも。もしくは、クルアーンを授けられた者との解釈もある。

111　2章47節脚注参照。

112　命令と禁止の義務負荷によって。巡礼の儀式とも言われる。ハサン・アル＝バスリーによると、それは、星と月と太陽の試練(6章76-78節)、火の試練(21章68-69節)、割礼の試練(「創世記」17章10-14節)、息子の犠牲の試練(37章102-106節)、砂漠への移動の試練(19章48-49節、21章71節、「創世記」12章1節)のことで、イブラーヒームはこれらを耐えた。割礼については、クルアーンには記述は無い。

113　マッカの禁裏モスクのカアバ神殿。

وَإِذْ يَرْفَعُ إِبْرَٰهِـۧمُ ٱلْقَوَاعِدَ مِنَ ٱلْبَيْتِ وَإِسْمَٰعِيلُ رَبَّنَا تَقَبَّلْ
مِنَّآ ۖ إِنَّكَ أَنتَ ٱلسَّمِيعُ ٱلْعَلِيمُ ﴿١٢٧﴾ رَبَّنَا وَٱجْعَلْنَا مُسْلِمَيْنِ
لَكَ وَمِن ذُرِّيَّتِنَآ أُمَّةً مُّسْلِمَةً لَّكَ وَأَرِنَا مَنَاسِكَنَا وَتُبْ عَلَيْنَآ ۖ
إِنَّكَ أَنتَ ٱلتَّوَّابُ ٱلرَّحِيمُ ﴿١٢٨﴾ رَبَّنَا وَٱبْعَثْ فِيهِمْ رَسُولًا مِّنْهُمْ
يَتْلُوا۟ عَلَيْهِمْ ءَايَٰتِكَ وَيُعَلِّمُهُمُ ٱلْكِتَٰبَ وَٱلْحِكْمَةَ
وَيُزَكِّيهِمْ ۚ إِنَّكَ أَنتَ ٱلْعَزِيزُ ٱلْحَكِيمُ ﴿١٢٩﴾ وَمَن يَرْغَبُ عَن مِّلَّةِ
إِبْرَٰهِـۧمَ إِلَّا مَن سَفِهَ نَفْسَهُۥ ۚ وَلَقَدِ ٱصْطَفَيْنَٰهُ فِى ٱلدُّنْيَا ۖ
وَإِنَّهُۥ فِى ٱلْءَاخِرَةِ لَمِنَ ٱلصَّٰلِحِينَ ﴿١٣٠﴾ إِذْ قَالَ لَهُۥ رَبُّهُۥٓ أَسْلِمْ ۖ
قَالَ أَسْلَمْتُ لِرَبِّ ٱلْعَٰلَمِينَ ﴿١٣١﴾ وَوَصَّىٰ بِهَآ إِبْرَٰهِـۧمُ بَنِيهِ
وَيَعْقُوبُ يَٰبَنِىَّ إِنَّ ٱللَّهَ ٱصْطَفَىٰ لَكُمُ ٱلدِّينَ فَلَا تَمُوتُنَّ
إِلَّا وَأَنتُم مُّسْلِمُونَ ﴿١٣٢﴾ أَمْ كُنتُمْ شُهَدَآءَ إِذْ حَضَرَ يَعْقُوبَ
ٱلْمَوْتُ إِذْ قَالَ لِبَنِيهِ مَا تَعْبُدُونَ مِنۢ بَعْدِى ۖ قَالُوا۟ نَعْبُدُ
إِلَٰهَكَ وَإِلَٰهَ ءَابَآئِكَ إِبْرَٰهِـۧمَ وَإِسْمَٰعِيلَ وَإِسْحَٰقَ إِلَٰهًا
وَٰحِدًا وَنَحْنُ لَهُۥ مُسْلِمُونَ ﴿١٣٣﴾ تِلْكَ أُمَّةٌ قَدْ خَلَتْ ۖ لَهَا مَا كَسَبَتْ
وَلَكُم مَّا كَسَبْتُمْ ۖ وَلَا تُسْـَٔلُونَ عَمَّا كَانُوا۟ يَعْمَلُونَ ﴿١٣٤﴾

「イブラーヒームの立ち処を礼拝の場とせよ」。また、われらはイブラーヒームとイスマーイールに、周回する者たち、御籠りする者たち、屈礼し、跪拝する者たちのためにわが館を清めることを命じた。(2：125)

また、イブラーヒームが、「主よ、ここを安全な町[114]とし、その住民に果実の糧を与え給え。彼らのうちアッラーと最後の日を信じる者たちに」と言った時のこと。(アッラーは)仰せられた。「信仰を拒絶する者にも。それで彼にはしばしの楽しみを与え、その後、獄火の懲罰に追い込もう。また、なんと悪い行き着く先か」。(2：126)

またイブラーヒームとイスマーイールがこの館の礎を上げた[115]時のこと。「われらが主よ、われらから(神殿造営を)嘉納し給え。まことにあなたはよく聞き、よく知り給う御方」。(2：127)

「われらが主よ、われらをあなたに帰依する二人の者とし、われらの子孫からあなたに帰依する共同体《ウンマ》を成し給え。また、われらにわれらの祭儀[116]を示し、われらに顧み戻り給え。まことにあなたはよく顧み戻る慈悲深い御方」。(2：128)

「われらが主よ、彼らの間に彼らのうちより使徒[117]を遣わし給え。彼らにあなたの諸々の徴を読み(聞かせ)、啓典と英知を教え、彼らを清める(使徒を遣わし給え)。まことにあなたは威力比類なき英知ある御方」。(2：129)

そして己自身を愚弄した者以外に誰がイブラーヒームの宗旨からの離反を望むであろうか。そして確かにわれらは彼を現世で選別した。そして、彼は来世では義人たちの一人となろう。(2：130)

彼に彼の主が、「帰依せよ」と仰せられた時のこと。彼は言った。「私は諸世界の主に帰依いたしました」。(2：131)

イブラーヒームは彼の子孫にこれを言い残し、ヤアクーブ(ヤコブ)も。「わが子孫よ、まことにアッラーはおまえたちに宗教を[118]選び給うた。それゆえ、帰依者《ムスリム》としてでなければ断じて死んではならない」。(2：132)

では、おまえたちはヤアクーブに死が訪れた時に目撃者であったか[119]。その時、彼は子孫に言った。「わたしの後、おまえたちはなにに仕えるか」。彼らは言った。「われらはあなたの神、あなたの父祖イブラーヒーム、イスマーイール、イスハークの神、唯一の神に仕えます。

114　アッラーはマッカを、人間の血が流されず、狩猟も行われず、木も伐採されない聖域となし給うた。
115　礎の上にカアバ神殿を建てた。
116　巡礼の諸規定や、その他の崇拝の儀を。
117　イスマーイールの子孫のアラブ人の預言者。ムハンマドを指す。
118　イスラームの教えを。
119　聖書によるヤコブの最後の記述は「創世記」48-49 章参照。

われらは彼に帰依する者《ムスリム》です」。(2：133)

これはすでに過ぎ去った民である。彼らにはその稼いだものがあり、そしておまえたちにはおまえたちが稼いだものがあり、おまえたちは彼らがなしたことを問われることはない[120]。(2：134)

また彼らは言った。「ユダヤ教徒に　―またはキリスト教徒に―　なれ、導かれよう」。言ってやれ、「いや、ひたむきな[121]イブラーヒームの宗旨[122]に。彼は多神教徒たち(の一人)ではなかった」。(2：135)

言え。「われらは、アッラーと、われらに下されたもの、イブラーヒーム、イスマーイール、イスハーク、ヤアクーブと諸支族[123]に下されたもの、ムーサーとイーサーが授けられたもの、そして諸預言者たちが彼らの主から授けられたものを信じた。われらは彼らのだれにも区別をつけない。われらは彼に帰依する者である」。(2：136)

もし彼らがおまえたちが信じたものと同様のものを信じたならば、導かれたのであるが、もし背を向けたならば、彼らは分裂にあるだけである。そして彼らに対してはおまえにはアッラーで十分であろう[124]。そして彼はよく聞き、よく知り給う御方。(2：137)

アッラーの色染めを[125]。アッラーよりも色染めに優れた者が誰かあろうか。そしてわれらは彼に仕える者である。(2：138)

言ってやれ。「おまえたちはわれらとアッラーについて議論するのか。そして彼はわれらの主であり、おまえたちの主である。そしてわれらにはわれらの行いがあり、おまえたちにはおまえたちの行いがある。そしてわれらは彼のみに忠誠な者である」。(2：139)

それとも、おまえたちは、「イブラーヒーム、イスマーイール、イスハーク、ヤアクーブ、そして諸支族がユダヤ教徒、あるいはキリスト教徒であった」と言うのか[126]。言ってやれ。「おまえたちの方がよく知っているのか、それともアッラーか。そして自分の許にある

وَقَالُوا۟ كُونُوا۟ هُودًا أَوْ نَصَٰرَىٰ تَهْتَدُوا۟ ۗ قُلْ بَلْ مِلَّةَ إِبْرَٰهِـۧمَ
حَنِيفًا ۖ وَمَا كَانَ مِنَ ٱلْمُشْرِكِينَ ١٣٥ قُولُوٓا۟ ءَامَنَّا بِٱللَّهِ وَمَآ
أُنزِلَ إِلَيْنَا وَمَآ أُنزِلَ إِلَىٰٓ إِبْرَٰهِـۧمَ وَإِسْمَٰعِيلَ وَإِسْحَٰقَ وَيَعْقُوبَ
وَٱلْأَسْبَاطِ وَمَآ أُوتِىَ مُوسَىٰ وَعِيسَىٰ وَمَآ أُوتِىَ ٱلنَّبِيُّونَ مِن
رَّبِّهِمْ لَا نُفَرِّقُ بَيْنَ أَحَدٍ مِّنْهُمْ وَنَحْنُ لَهُۥ مُسْلِمُونَ ١٣٦
فَإِنْ ءَامَنُوا۟ بِمِثْلِ مَآ ءَامَنتُم بِهِۦ فَقَدِ ٱهْتَدَوا۟ ۖ وَّإِن تَوَلَّوْا۟
فَإِنَّمَا هُمْ فِى شِقَاقٍ ۖ فَسَيَكْفِيكَهُمُ ٱللَّهُ ۚ وَهُوَ ٱلسَّمِيعُ ٱلْعَلِيمُ
١٣٧ صِبْغَةَ ٱللَّهِ ۖ وَمَنْ أَحْسَنُ مِنَ ٱللَّهِ صِبْغَةً ۖ وَنَحْنُ لَهُۥ
عَٰبِدُونَ ١٣٨ قُلْ أَتُحَآجُّونَنَا فِى ٱللَّهِ وَهُوَ رَبُّنَا وَرَبُّكُمْ
وَلَنَآ أَعْمَٰلُنَا وَلَكُمْ أَعْمَٰلُكُمْ وَنَحْنُ لَهُۥ مُخْلِصُونَ ١٣٩
أَمْ تَقُولُونَ إِنَّ إِبْرَٰهِـۧمَ وَإِسْمَٰعِيلَ وَإِسْحَٰقَ وَيَعْقُوبَ
وَٱلْأَسْبَاطَ كَانُوا۟ هُودًا أَوْ نَصَٰرَىٰ ۗ قُلْ ءَأَنتُمْ أَعْلَمُ أَمِ
ٱللَّهُ ۗ وَمَنْ أَظْلَمُ مِمَّن كَتَمَ شَهَٰدَةً عِندَهُۥ مِنَ ٱللَّهِ ۗ وَمَا ٱللَّهُ
بِغَٰفِلٍ عَمَّا تَعْمَلُونَ ١٤٠ تِلْكَ أُمَّةٌ قَدْ خَلَتْ ۖ لَهَا مَا كَسَبَتْ
وَلَكُم مَّا كَسَبْتُمْ ۖ وَلَا تُسْـَٔلُونَ عَمَّا كَانُوا۟ يَعْمَلُونَ ١٤١

120　ユダヤ教徒に対する語りかけ。

121　まっすぐな、真理に傾いた。

122　純粋な唯一神崇拝。

123　「スィブト(「アスバート〈諸支族〉」の単数形)」の原義は「すべての孫」であるが、通例では、「スィブト」を「娘の子供」、「ハフィード」を「息子の子供」と使い分ける。

124　アッラーが彼らからおまえを守る、ないしは、彼らのことはおまえのかわりにアッラーが引きうけ給うの意。

125　「アッラーの色染め」とは、アッラーが創り給うた人間の天性に適った宗教の比喩。一説では、キリスト教の洗礼と対照して言われている。

126　3章67節参照。

۞ سَيَقُولُ ٱلسُّفَهَآءُ مِنَ ٱلنَّاسِ مَا وَلَّىٰهُمْ عَن قِبْلَتِهِمُ ٱلَّتِي كَانُواْ
عَلَيْهَاۚ قُل لِّلَّهِ ٱلْمَشْرِقُ وَٱلْمَغْرِبُۚ يَهْدِي مَن يَشَآءُ إِلَىٰ صِرَٰطٖ
مُّسْتَقِيمٖ ١٤٢ وَكَذَٰلِكَ جَعَلْنَٰكُمْ أُمَّةٗ وَسَطٗا لِّتَكُونُواْ
شُهَدَآءَ عَلَى ٱلنَّاسِ وَيَكُونَ ٱلرَّسُولُ عَلَيْكُمْ شَهِيدٗاۗ وَمَا
جَعَلْنَا ٱلْقِبْلَةَ ٱلَّتِي كُنتَ عَلَيْهَآ إِلَّا لِنَعْلَمَ مَن يَتَّبِعُ ٱلرَّسُولَ
مِمَّن يَنقَلِبُ عَلَىٰ عَقِبَيْهِۚ وَإِن كَانَتْ لَكَبِيرَةً إِلَّا عَلَى ٱلَّذِينَ
هَدَى ٱللَّهُۗ وَمَا كَانَ ٱللَّهُ لِيُضِيعَ إِيمَٰنَكُمْۚ إِنَّ ٱللَّهَ
بِٱلنَّاسِ لَرَءُوفٞ رَّحِيمٞ ١٤٣ قَدْ نَرَىٰ تَقَلُّبَ وَجْهِكَ فِي ٱلسَّمَآءِۖ
فَلَنُوَلِّيَنَّكَ قِبْلَةٗ تَرْضَىٰهَاۚ فَوَلِّ وَجْهَكَ شَطْرَ ٱلْمَسْجِدِ
ٱلْحَرَامِۚ وَحَيْثُ مَا كُنتُمْ فَوَلُّواْ وُجُوهَكُمْ شَطْرَهُۥۗ وَإِنَّ
ٱلَّذِينَ أُوتُواْ ٱلْكِتَٰبَ لَيَعْلَمُونَ أَنَّهُ ٱلْحَقُّ مِن رَّبِّهِمْۗ وَمَا ٱللَّهُ
بِغَٰفِلٍ عَمَّا يَعْمَلُونَ ١٤٤ وَلَئِنْ أَتَيْتَ ٱلَّذِينَ أُوتُواْ ٱلْكِتَٰبَ
بِكُلِّ ءَايَةٖ مَّا تَبِعُواْ قِبْلَتَكَۚ وَمَآ أَنتَ بِتَابِعٖ قِبْلَتَهُمْۚ
وَمَا بَعْضُهُم بِتَابِعٖ قِبْلَةَ بَعْضٖۚ وَلَئِنِ ٱتَّبَعْتَ أَهْوَآءَهُم مِّنۢ
بَعْدِ مَا جَآءَكَ مِنَ ٱلْعِلْمِ إِنَّكَ إِذٗا لَّمِنَ ٱلظَّٰلِمِينَ ١٤٥

アッラーからの証言[127]を隠す者ほど不正な者があろうか。そしてアッラーはおまえたちがすることを見過ごし給う御方ではない」。(2：140)

これはすでに過ぎ去った民である。彼らにはその稼いだものがあり、おまえたちにはおまえたちが稼いだものがあり、おまえたちは彼らがなしていたことを問われることはない。(2：141)

人々の中の愚か者たちは言うであろう。「なにが彼らに、彼らの向いていたキブラ(礼拝の時に向う方向)から背を向けさせたのか」。言ってやれ、「東も西もアッラーのもの。御望みの者をまっすぐな道に導き給う」。(2：142)

そしてこのようにわれらはおまえたちを中正の民となした。おまえたちを人々に対する証言者とし、使徒をおまえたちに対する証言者とするために。そしてわれらが、おまえが向いていたもの[128]をキブラと定めたのは、使徒に従う者を踵を返す者から識別するためにほかならない。そしてまことにこのことは大事《おおごと》であるが、アッラーが導き給うた者たちには別である。そしてアッラーはおまえたちの信仰を無駄にし給う御方ではなかった。まことにアッラーは人々に対し憐れみ深く、慈悲深い御方。(2：143)

われらはおまえが顔を天に巡らすのを確かに見る[129]。そこでまさにわれらはおまえが満足するキブラにおまえを向かせる。それゆえ、おまえの顔を禁裏モスク[130]の方に向けよ。おまえたちがどこにいようと、おまえたちの顔をその方向に向けよ。そしてまことに啓典を授けられた者たちであれば、それが彼らの主からの真理であると知る。そしてアッラーは彼らのなすことを見過ごし給う御方ではない。(2：144)

そしてたとえおまえが啓典を授けられた者たちにすべての徴をもたらしたとしても、彼らはおまえのキブラに従わなかったであろう。そしておまえも彼らのキブラに従う者ではない。また彼ら同士でも相手のキブラに従う者ではない。そしてもし、おまえが、おまえの許に知識がもたらされた後に彼らの妄執に従うならば、その時はまさにおまえは不正をなす者たち(の一人)である。(2：145)

127　イブラーヒーム、イスマーイール、イスハーク、ヤアクーブ、そして諸支族がユダヤ教徒、あるいはキリスト教徒でなかったとの証言。

128　預言者はマディーナへの聖遷後、エルサレムの方向を向いて礼拝したが、それ以前はマッカのカアバ神殿を向いて礼拝していた。したがって、ここでの「向いていたもの」とは、マッカのカアバ神殿とも、エルサレムとも解釈される。

129　カアバ神殿はイブラーヒームのキブラだったため、アラブをイスラームの入信に呼びかけるのにより魅力的なので、預言者ムハンマドはかつてからキブラの変更を望んでいた。

130　そこでの戦闘などが禁じられたモスク。

ٱلَّذِينَ ءَاتَيْنَٰهُمُ ٱلْكِتَٰبَ يَعْرِفُونَهُۥ كَمَا يَعْرِفُونَ أَبْنَآءَهُمْ ۖ
وَإِنَّ فَرِيقًا مِّنْهُمْ لَيَكْتُمُونَ ٱلْحَقَّ وَهُمْ يَعْلَمُونَ ١٤٦ ٱلْحَقُّ
مِن رَّبِّكَ فَلَا تَكُونَنَّ مِنَ ٱلْمُمْتَرِينَ ١٤٧ وَلِكُلٍّ وِجْهَةٌ
هُوَ مُوَلِّيهَا ۖ فَٱسْتَبِقُوا۟ ٱلْخَيْرَٰتِ ۚ أَيْنَ مَا تَكُونُوا۟ يَأْتِ بِكُمُ ٱللَّهُ
جَمِيعًا ۚ إِنَّ ٱللَّهَ عَلَىٰ كُلِّ شَىْءٍ قَدِيرٌ ١٤٨ وَمِنْ حَيْثُ خَرَجْتَ
فَوَلِّ وَجْهَكَ شَطْرَ ٱلْمَسْجِدِ ٱلْحَرَامِ ۖ وَإِنَّهُۥ لَلْحَقُّ مِن رَّبِّكَ ۗ
وَمَا ٱللَّهُ بِغَٰفِلٍ عَمَّا تَعْمَلُونَ ١٤٩ وَمِنْ حَيْثُ خَرَجْتَ فَوَلِّ
وَجْهَكَ شَطْرَ ٱلْمَسْجِدِ ٱلْحَرَامِ ۚ وَحَيْثُ مَا كُنتُمْ فَوَلُّوا۟
وُجُوهَكُمْ شَطْرَهُۥ لِئَلَّا يَكُونَ لِلنَّاسِ عَلَيْكُمْ حُجَّةٌ إِلَّا ٱلَّذِينَ
ظَلَمُوا۟ مِنْهُمْ فَلَا تَخْشَوْهُمْ وَٱخْشَوْنِى وَلِأُتِمَّ نِعْمَتِى عَلَيْكُمْ
وَلَعَلَّكُمْ تَهْتَدُونَ ١٥٠ كَمَآ أَرْسَلْنَا فِيكُمْ رَسُولًا مِّنكُمْ يَتْلُوا۟
عَلَيْكُمْ ءَايَٰتِنَا وَيُزَكِّيكُمْ وَيُعَلِّمُكُمُ ٱلْكِتَٰبَ وَٱلْحِكْمَةَ
وَيُعَلِّمُكُم مَّا لَمْ تَكُونُوا۟ تَعْلَمُونَ ١٥١ فَٱذْكُرُونِىٓ أَذْكُرْكُمْ
وَٱشْكُرُوا۟ لِى وَلَا تَكْفُرُونِ ١٥٢ يَٰٓأَيُّهَا ٱلَّذِينَ ءَامَنُوا۟
ٱسْتَعِينُوا۟ بِٱلصَّبْرِ وَٱلصَّلَوٰةِ ۚ إِنَّ ٱللَّهَ مَعَ ٱلصَّٰبِرِينَ ١٥٣

われらが啓典を与えた者たちは自分の息子を識《し》るように彼を識《し》る[131]。しかし、彼らの一部は知っていながら真理を隠すのである。(2：146)

真理はおまえの主から。それゆえ、決して疑う者たち(の一人)となってはならない。(2：147)

そしてそれぞれ[132]に、彼が向かせる[133]方向がある。それゆえ、諸々の善行を競え。おまえたちがどこにいようと、アッラーはおまえたちを一同に呼び寄せ給う。まことに、アッラーはすべてのことに全能な御方。(2：148)

そしておまえが出掛けた所から、おまえの顔を禁裏モスクの方に向けよ。そしてまことにそれはおまえの主からの真理である。そしてアッラーはおまえたちのなすことを見過ごし給う御方ではない。(2：149)

そしておまえが出掛けた所から、おまえの顔を禁裏モスクの方に向けよ。そしておまえたちがどこにいようと、おまえたちの顔をその方向に向けよ。人々がおまえたちに対して(言い掛かりをつける)論拠が存在しないように　—ただ、彼らのうち不正をなす者は別であるが、彼らを懼れず、われを懼れよ—　また、われがおまえたちに対するわれの恩寵を全うするために。そしてきっとおまえたちは導かれよう。(2：150)

ちょうど、われらがおまえたちの中に、おまえたちにわれらの諸々の徴を読み聞かせ、おまえたちを清め、啓典と英知[134]を教え、おまえたちが知らなかったことを教える使徒を、おまえたちの中から[135]遣わしたように。(2：151)

それゆえ、われを念じよ、われはおまえたちを念じる。われに感謝せよ、われに背信してはならない。(2：152)

信仰する者たちよ、忍耐と礼拝に助けを求めよ。まことにアッラーは忍耐する者たちと共にあらせられる。(2：153)

131　ユダヤ教の律法学者アブドゥッラー・ブン・サラームは「私はムハンマドを見た時、自分の息子を見分けるように彼を見分けた。いや、ムハンマドの方がもっとはっきりとわかった」と述べた、と言われている。

132　各々の宗教。あるいは共同体。

133　礼拝において自分の顔を向かせる。あるいはアッラーが信徒を向かせ給う。

134　「英知」とは預言者の言行(スンナ)のことだとも言われる。

135　おまえたちアラブ人のうちから。

وَلَا تَقُولُواْ لِمَن يُقْتَلُ فِي سَبِيلِ ٱللَّهِ أَمْوَٰتُۢ بَلْ أَحْيَآءٌ وَلَٰكِن

لَّا تَشْعُرُونَ ١٥٤ وَلَنَبْلُوَنَّكُم بِشَيْءٍ مِّنَ ٱلْخَوْفِ وَٱلْجُوعِ

وَنَقْصٍ مِّنَ ٱلْأَمْوَٰلِ وَٱلْأَنفُسِ وَٱلثَّمَرَٰتِ وَبَشِّرِ ٱلصَّٰبِرِينَ ١٥٥

ٱلَّذِينَ إِذَآ أَصَٰبَتْهُم مُّصِيبَةٌ قَالُوٓاْ إِنَّا لِلَّهِ وَإِنَّآ إِلَيْهِ رَٰجِعُونَ

١٥٦ أُوْلَٰٓئِكَ عَلَيْهِمْ صَلَوَٰتٌ مِّن رَّبِّهِمْ وَرَحْمَةٌ وَأُوْلَٰٓئِكَ

هُمُ ٱلْمُهْتَدُونَ ١٥٧ ۞ إِنَّ ٱلصَّفَا وَٱلْمَرْوَةَ مِن شَعَآئِرِ ٱللَّهِ

فَمَنْ حَجَّ ٱلْبَيْتَ أَوِ ٱعْتَمَرَ فَلَا جُنَاحَ عَلَيْهِ أَن يَطَّوَّفَ بِهِمَا

وَمَن تَطَوَّعَ خَيْرًا فَإِنَّ ٱللَّهَ شَاكِرٌ عَلِيمٌ ١٥٨ إِنَّ ٱلَّذِينَ

يَكْتُمُونَ مَآ أَنزَلْنَا مِنَ ٱلْبَيِّنَٰتِ وَٱلْهُدَىٰ مِنۢ بَعْدِ مَا بَيَّنَّٰهُ

لِلنَّاسِ فِي ٱلْكِتَٰبِ أُوْلَٰٓئِكَ يَلْعَنُهُمُ ٱللَّهُ وَيَلْعَنُهُمُ ٱللَّٰعِنُونَ

١٥٩ إِلَّا ٱلَّذِينَ تَابُواْ وَأَصْلَحُواْ وَبَيَّنُواْ فَأُوْلَٰٓئِكَ أَتُوبُ عَلَيْهِمْ

وَأَنَا ٱلتَّوَّابُ ٱلرَّحِيمُ ١٦٠ إِنَّ ٱلَّذِينَ كَفَرُواْ وَمَاتُواْ وَهُمْ

كُفَّارٌ أُوْلَٰٓئِكَ عَلَيْهِمْ لَعْنَةُ ٱللَّهِ وَٱلْمَلَٰٓئِكَةِ وَٱلنَّاسِ أَجْمَعِينَ

١٦١ خَٰلِدِينَ فِيهَا لَا يُخَفَّفُ عَنْهُمُ ٱلْعَذَابُ وَلَا هُمْ يُنظَرُونَ ١٦٢

وَإِلَٰهُكُمْ إِلَٰهٌ وَٰحِدٌ لَّآ إِلَٰهَ إِلَّا هُوَ ٱلرَّحْمَٰنُ ٱلرَّحِيمُ ١٦٣

またアッラーの道において殺された者を死者と言ってはならない。いや、生きている。ただ、おまえたちは感知しない[136]。(2：154)

そして確かにわれらはおまえたちをなんらかの恐怖や飢え、そして財産、命、収穫の損失によって試みる。そして忍耐する者には吉報を伝えよ。(2：155)

(それは)苦難が襲うと、「まことにわれらはアッラーのもの、われらは彼の御許に帰り行く者である」と言う者たちである。(2：156)

それらの者は、彼らの主からの祝福と慈悲が彼らの上にある。それらの者、彼らこそ導かれた者である。(2：157)

まことにアッ＝サファーとアル＝マルワ[137]はアッラーの諸々の象徴(の一部)である。それゆえ、館に大巡礼(ハッジ)、または小巡礼(ウムラ)をする者はこのふたつを巡回することに咎はない。善行を自発的になした者、まことにアッラーはよく感謝し[138]、よく知り給う御方。(2：158)

われらが下した諸々の明証と導きを、われらが啓典に於いてそれを人々に解明した後に、隠す者たち、そうした者は、アッラーが彼らを呪い給い、呪う者たちもまた彼らを呪う。(2：159)

ただし、悔いて戻り、(行いを)正し、(隠したものを)明らかにする者たち、そうした者をわれは顧み戻る。われはよく顧み戻る慈悲深い者である。(2：160)

まことに、信仰を拒み不信仰者として死んだ者、そうした者にはアッラーと天使と人間すべての呪いがある[139]。(2：161)

(彼らは)その中に永遠に。彼らの懲罰が軽減されることはなく、彼らは猶予を与えられることはない[140]。(2：162)

そしておまえたちの神は唯一なる神である。彼のほかに神はなく、慈悲あまねく慈悲深い御方。(2：163)

136　肉体から魂が離れたという意味では死んでいるが、次の世界に移り、アッラーの御許では生きている。ただ、われわれには彼らがどういう状態にあるかを見ることができないだけである。ハディースによれば、殉教者の魂は楽園の緑の鳥の中にいる。

137　カアバ神殿の近くにある二つの小さな丘。ハージャルが息子のイスマーイールのために、水を探し求めてその間を七回さまよっていたところ、アッラーがザムザムの泉をその地から湧き出させ給うた故事に因んで、巡礼では、その二つの丘の間を七回行き来する(三往復半)儀礼が定められている。しかしイスラーム以前のジャーヒリーヤ(無明)時代、アッ＝サファーの丘には男神イサーフの偶像、アル＝マルワには女神ナーイラの偶像が置かれ、多神教徒たちがその間を往来して像を撫でていた。そのためにムスリムたちがこの往来を嫌っていたため、この節が下された、と言われる。

138　僕《しもべ》たちの善行に報い給う、の意。

139　但し、来世において(29章25節参照)。現世では、特定の不信仰者を呪うことは避けたほうが良いとされる。

140　もしくは、「(慈悲の目で)見られることはない」。

إِنَّ فِي خَلْقِ ٱلسَّمَٰوَٰتِ وَٱلْأَرْضِ وَٱخْتِلَٰفِ ٱلَّيْلِ وَٱلنَّهَارِ
وَٱلْفُلْكِ ٱلَّتِي تَجْرِي فِي ٱلْبَحْرِ بِمَا يَنفَعُ ٱلنَّاسَ وَمَآ أَنزَلَ ٱللَّهُ
مِنَ ٱلسَّمَآءِ مِن مَّآءٍ فَأَحْيَا بِهِ ٱلْأَرْضَ بَعْدَ مَوْتِهَا وَبَثَّ فِيهَا
مِن كُلِّ دَآبَّةٍ وَتَصْرِيفِ ٱلرِّيَٰحِ وَٱلسَّحَابِ ٱلْمُسَخَّرِ بَيْنَ
ٱلسَّمَآءِ وَٱلْأَرْضِ لَءَايَٰتٍ لِّقَوْمٍ يَعْقِلُونَ ١٦٤ وَمِنَ ٱلنَّاسِ
مَن يَتَّخِذُ مِن دُونِ ٱللَّهِ أَندَادًا يُحِبُّونَهُمْ كَحُبِّ ٱللَّهِ ۖ وَٱلَّذِينَ
ءَامَنُوٓا۟ أَشَدُّ حُبًّا لِّلَّهِ ۗ وَلَوْ يَرَى ٱلَّذِينَ ظَلَمُوٓا۟ إِذْ يَرَوْنَ
ٱلْعَذَابَ أَنَّ ٱلْقُوَّةَ لِلَّهِ جَمِيعًا وَأَنَّ ٱللَّهَ شَدِيدُ ٱلْعَذَابِ ١٦٥
إِذْ تَبَرَّأَ ٱلَّذِينَ ٱتُّبِعُوا۟ مِنَ ٱلَّذِينَ ٱتَّبَعُوا۟ وَرَأَوُا۟ ٱلْعَذَابَ
وَتَقَطَّعَتْ بِهِمُ ٱلْأَسْبَابُ ١٦٦ وَقَالَ ٱلَّذِينَ ٱتَّبَعُوا۟ لَوْ أَنَّ
لَنَا كَرَّةً فَنَتَبَرَّأَ مِنْهُمْ كَمَا تَبَرَّءُوا۟ مِنَّا ۗ كَذَٰلِكَ يُرِيهِمُ ٱللَّهُ
أَعْمَٰلَهُمْ حَسَرَٰتٍ عَلَيْهِمْ ۖ وَمَا هُم بِخَٰرِجِينَ مِنَ ٱلنَّارِ ١٦٧
يَٰٓأَيُّهَا ٱلنَّاسُ كُلُوا۟ مِمَّا فِي ٱلْأَرْضِ حَلَٰلًا طَيِّبًا وَلَا تَتَّبِعُوا۟
خُطُوَٰتِ ٱلشَّيْطَٰنِ ۚ إِنَّهُۥ لَكُمْ عَدُوٌّ مُّبِينٌ ١٦٨ إِنَّمَا يَأْمُرُكُم
بِٱلسُّوٓءِ وَٱلْفَحْشَآءِ وَأَن تَقُولُوا۟ عَلَى ٱللَّهِ مَا لَا تَعْلَمُونَ ١٦٩

まことに、諸天と地の創造、夜昼の交替、人に役立つものと共に海を行く船、アッラーが天から下し、それによって大地をそれが死んだ(草木が枯れ果てた)後に生き返らせ、その(大地の)中であらゆる動物を散らばらせ給う雨水、風向きの変更、天と地の間で駆使される雲のうちには理解する民への諸々の徴がある。(2：164)

だが、人々の中にはアッラーをさしおいていくつもの互角の者(偶像神)を奉り、アッラーを愛するようにそれらを愛する者がいる。だが信仰する者たちは一層激しくアッラーを愛する。そして不正をなす者たちが(来世にて)懲罰を見る時(の有様を)、力はすべてアッラーに属し、アッラーが懲罰に厳しい御方であることを、(現世で)知りさえすれば[141]。(2：165)

その時、従われた者たちは従った者たちとの関係を否定した。そして彼らは懲罰を目にしたのであり、彼らの諸々の絆は断たれた。(2：166)

そして従った者たちは言う。「もし、われらに繰り返し[142]があるならば、彼らがわれらとの関係を否定したように、われらも彼らとの関係を否定しただろうに」。こうしてアッラーは彼らに彼らの行いが彼らにとって痛恨となることを見せ給う。そして、彼らは獄火から逃れ出る者ではない。(2：167)

人々よ、地にあるものから許された良いものを食べよ。悪魔の歩みに従ってはならない。まことに彼はおまえたちにとって明白な敵である。(2：168)

おまえたちにただ悪事と醜行と、アッラーについておまえたちが知りもしないことを口にすることを命じる。(2：169)。

141　そうすれば、アッラーをさしおいて同位者を奉ることはなかったであろう。
142　現世に戻ること。

وَإِذَا قِيلَ لَهُمُ ٱتَّبِعُوا۟ مَآ أَنزَلَ ٱللَّهُ قَالُوا۟ بَلْ نَتَّبِعُ مَآ أَلْفَيْنَا
عَلَيْهِ ءَابَآءَنَآ ۗ أَوَلَوْ كَانَ ءَابَآؤُهُمْ لَا يَعْقِلُونَ شَيْـًٔا وَلَا
يَهْتَدُونَ ﴿١٧٠﴾ وَمَثَلُ ٱلَّذِينَ كَفَرُوا۟ كَمَثَلِ ٱلَّذِى يَنْعِقُ
بِمَا لَا يَسْمَعُ إِلَّا دُعَآءً وَنِدَآءً ۚ صُمٌّۢ بُكْمٌ عُمْىٌ فَهُمْ لَا يَعْقِلُونَ
﴿١٧١﴾ يَـٰٓأَيُّهَا ٱلَّذِينَ ءَامَنُوا۟ كُلُوا۟ مِن طَيِّبَـٰتِ مَا رَزَقْنَـٰكُمْ
وَٱشْكُرُوا۟ لِلَّهِ إِن كُنتُمْ إِيَّاهُ تَعْبُدُونَ ﴿١٧٢﴾ إِنَّمَا حَرَّمَ
عَلَيْكُمُ ٱلْمَيْتَةَ وَٱلدَّمَ وَلَحْمَ ٱلْخِنزِيرِ وَمَآ أُهِلَّ بِهِۦ لِغَيْرِ
ٱللَّهِ ۖ فَمَنِ ٱضْطُرَّ غَيْرَ بَاغٍ وَلَا عَادٍ فَلَآ إِثْمَ عَلَيْهِ ۚ إِنَّ ٱللَّهَ
غَفُورٌ رَّحِيمٌ ﴿١٧٣﴾ إِنَّ ٱلَّذِينَ يَكْتُمُونَ مَآ أَنزَلَ ٱللَّهُ مِنَ
ٱلْكِتَـٰبِ وَيَشْتَرُونَ بِهِۦ ثَمَنًا قَلِيلًا ۙ أُو۟لَـٰٓئِكَ مَا يَأْكُلُونَ
فِى بُطُونِهِمْ إِلَّا ٱلنَّارَ وَلَا يُكَلِّمُهُمُ ٱللَّهُ يَوْمَ ٱلْقِيَـٰمَةِ
وَلَا يُزَكِّيهِمْ وَلَهُمْ عَذَابٌ أَلِيمٌ ﴿١٧٤﴾ أُو۟لَـٰٓئِكَ ٱلَّذِينَ
ٱشْتَرَوُا۟ ٱلضَّلَـٰلَةَ بِٱلْهُدَىٰ وَٱلْعَذَابَ بِٱلْمَغْفِرَةِ ۚ فَمَآ
أَصْبَرَهُمْ عَلَى ٱلنَّارِ ﴿١٧٥﴾ ذَٰلِكَ بِأَنَّ ٱللَّهَ نَزَّلَ ٱلْكِتَـٰبَ بِٱلْحَقِّ ۗ
وَإِنَّ ٱلَّذِينَ ٱخْتَلَفُوا۟ فِى ٱلْكِتَـٰبِ لَفِى شِقَاقٍۭ بَعِيدٍ ﴿١٧٦﴾

そして彼らは、「アッラーが下し給うたものに従え」と言われると、「いや、われらはわれらの父祖がその上にあるのをわれらが見出したもの(父祖の立場)に従う」と言う。彼らの父祖がなにも理解せず、導かれていなかったとしてもか。(2：170)

そして信仰を拒む者の譬《たと》えは、ちょうど呼び声と叫び声[143]しか聞き取れないものに呼びかける者(牧者)のようなもの。聾で唖で盲で、彼らは理解することができない。(2：171)

信じる者たちよ、われらがおまえたちに糧として与えた良いものから食べ、アッラーに感謝せよ、もしおまえたちが彼にこそ仕えるのであれば。(2：172)

(アッラーは)おまえたちに死肉、血、豚肉、そしてアッラー以外の名を唱えられ(屠殺され)たものだけを禁じ給うた[144]。ただし、反逆者でなく、無法者でもなく[145]余儀なくされた者[146]には罪はない。まことにアッラーはよく赦し給う慈悲深い御方。(2：173)

アッラーが下し給うた啓典を隠し、それとひきかえにわずかな代価を得る者[147]、それらの者が腹の中に喰らうのは火だけである。そして復活の日、アッラーは彼らに言葉を掛け給わず、彼らを清め給うこともない。彼らには痛苦の懲罰[148]がある。(2：174)

それらの者は導きとひきかえに迷誤を[149]、そして赦しとひきかえに懲罰を[150]買い取った者である。それでなにが彼らに獄火を耐えさせるのか。(2：175)

それは、アッラーが真理と共に啓典を垂示し給うたからである。そしてまことに啓典について分裂する者たちは遠い相違にある。(2：176)

143　牧童が遠くから(呼び声)、近くから(叫び声)家畜を呼ぶ声。

144　5章3節、6章145節、16章115節。

145　神に対する反逆、無法を指すとも、「反逆者(bāghī)」が為政者に反旗を翻した叛徒を指し、「無法者(‘ādī)」が人民に対する襲撃者(強盗)を指す、とも言われる。

146　上述の禁じられた食物の中の何かを食べねばならないやむを得ない事情があった者。

147　自分たちが享受してきた利益、特権を失うことを恐れて、預言者ムハンマドの到来の予言の記された「律法の書」を隠したユダヤ教徒の律法学者たちや神の啓示されたものをかくした全ての者を指す。

148　つまり獄火。

149　現世で。

150　来世で。

* لَّيْسَ ٱلْبِرَّ أَن تُوَلُّوا۟ وُجُوهَكُمْ قِبَلَ ٱلْمَشْرِقِ وَٱلْمَغْرِبِ
وَلَـٰكِنَّ ٱلْبِرَّ مَنْ ءَامَنَ بِٱللَّهِ وَٱلْيَوْمِ ٱلْـَٔاخِرِ وَٱلْمَلَـٰٓئِكَةِ
وَٱلْكِتَـٰبِ وَٱلنَّبِيِّـۧنَ وَءَاتَى ٱلْمَالَ عَلَىٰ حُبِّهِۦ ذَوِى ٱلْقُرْبَىٰ وَٱلْيَتَـٰمَىٰ
وَٱلْمَسَـٰكِينَ وَٱبْنَ ٱلسَّبِيلِ وَٱلسَّآئِلِينَ وَفِى ٱلرِّقَابِ وَأَقَامَ
ٱلصَّلَوٰةَ وَءَاتَى ٱلزَّكَوٰةَ وَٱلْمُوفُونَ بِعَهْدِهِمْ إِذَا عَـٰهَدُوا۟ ۖ
وَٱلصَّـٰبِرِينَ فِى ٱلْبَأْسَآءِ وَٱلضَّرَّآءِ وَحِينَ ٱلْبَأْسِ ۗ أُو۟لَـٰٓئِكَ ٱلَّذِينَ
صَدَقُوا۟ ۖ وَأُو۟لَـٰٓئِكَ هُمُ ٱلْمُتَّقُونَ ﴿١٧٧﴾ يَـٰٓأَيُّهَا ٱلَّذِينَ ءَامَنُوا۟ كُتِبَ
عَلَيْكُمُ ٱلْقِصَاصُ فِى ٱلْقَتْلَى ۖ ٱلْحُرُّ بِٱلْحُرِّ وَٱلْعَبْدُ بِٱلْعَبْدِ وَٱلْأُنثَىٰ
بِٱلْأُنثَىٰ ۚ فَمَنْ عُفِىَ لَهُۥ مِنْ أَخِيهِ شَىْءٌ فَٱتِّبَاعٌۢ بِٱلْمَعْرُوفِ وَأَدَآءٌ
إِلَيْهِ بِإِحْسَـٰنٍ ۗ ذَٰلِكَ تَخْفِيفٌ مِّن رَّبِّكُمْ وَرَحْمَةٌ ۗ فَمَنِ ٱعْتَدَىٰ
بَعْدَ ذَٰلِكَ فَلَهُۥ عَذَابٌ أَلِيمٌ ﴿١٧٨﴾ وَلَكُمْ فِى ٱلْقِصَاصِ حَيَوٰةٌ يَـٰٓأُو۟لِى
ٱلْأَلْبَـٰبِ لَعَلَّكُمْ تَتَّقُونَ ﴿١٧٩﴾ كُتِبَ عَلَيْكُمْ إِذَا حَضَرَ
أَحَدَكُمُ ٱلْمَوْتُ إِن تَرَكَ خَيْرًا ٱلْوَصِيَّةُ لِلْوَٰلِدَيْنِ وَٱلْأَقْرَبِينَ
بِٱلْمَعْرُوفِ ۖ حَقًّا عَلَى ٱلْمُتَّقِينَ ﴿١٨٠﴾ فَمَنۢ بَدَّلَهُۥ بَعْدَمَا سَمِعَهُۥ
فَإِنَّمَآ إِثْمُهُۥ عَلَى ٱلَّذِينَ يُبَدِّلُونَهُۥٓ ۚ إِنَّ ٱللَّهَ سَمِيعٌ عَلِيمٌ ﴿١٨١﴾

忠義とは、おまえたちの顔を東や西に向けることではない。そうではなく忠義とは、アッラーと最後の日、諸天使、啓典、諸預言者を信じ、その愛着にもかかわらず財産を近親たち、孤児たち、貧者たち、旅路にある者、求める者たちに与え、奴隷たち(の解放)に費やし、礼拝を遵守し、浄財を払い、約定を交わした時にはその約定を果たし、困窮と苦難と危難の時にあって忍耐する者である。そしてそうした者が真実の者であり、そうした者たち、彼らこそが畏れ身を守る者である。(2：177)

信じる者たちよ、おまえたちには殺された者たちについて同害報復(キサース)が書き定められた。自由人によっては自由人、奴隷によっては奴隷、女性によっては女性である[151]。ただし、彼の兄弟から何らかの許しを得た者[152](に関して)は良識ある対応を続けること、そして彼には至誠をもって履行すること[153]。それはおまえたちの主からの軽減であり、慈悲である[154]。それゆえその後に法を越えた者には痛苦の懲罰がある。(2：178)

そしておまえたちにとって同害報復には生命がある[155]。賢慮を備えた者たちよ。きっとおまえたちは畏れ身を守るであろう。(2：179)

おまえたちには書き定められた。おまえたちの誰かに死が迫った時には、良いもの(財産)を残すなら、両親と近親たちに対し良識に則った遺言が、畏れ身を守る者たちへの義務として[156]。(2：180)

それゆえそれを聞いた後にそれを挿げ替える者[157]がいれば、それを挿げ替える者たちにこそその罪はある。まことにアッラーはよく聞き、よく知り給う御方。(2：181)

151　同害報復は故意の殺人にのみ課され、過失致死には賠償のみが課される。男性が女性を殺した場合も、その男性が処刑されることには法学派間の合意があるが、自由人が奴隷を殺した場合に自由人が処刑されるかについては、学説が分かれている。

152　賠償金の支払いか放免によって、被害者の遺族から同害報復を免じられた者。

153　赦してくれた被害者の遺族に賠償金を遅延なく支払うこと。

154　律法の書には同害報復のみが記載されているので。

155　なぜなら、殺そうと思う者は自分も殺されると知れば思いとどまり、自分自身と殺そうとした者の命を救うことになるからである。

156　この節の遺言(遺贈)の義務は、4章11-12節の遺産相続によって廃棄され、推奨行為となった。

157　個人の遺言を改竄する遺言執行人、あるいは証人。

فَمَنْ خَافَ مِن مُّوصٍ جَنَفًا أَوْ إِثْمًا فَأَصْلَحَ بَيْنَهُمْ فَلَا إِثْمَ
عَلَيْهِ إِنَّ ٱللَّهَ غَفُورٌ رَّحِيمٌ ﴿١٨٢﴾ يَـٰٓأَيُّهَا ٱلَّذِينَ ءَامَنُوا۟ كُتِبَ
عَلَيْكُمُ ٱلصِّيَامُ كَمَا كُتِبَ عَلَى ٱلَّذِينَ مِن قَبْلِكُمْ
لَعَلَّكُمْ تَتَّقُونَ ﴿١٨٣﴾ أَيَّامًا مَّعْدُودَٰتٍ فَمَن كَانَ
مِنكُم مَّرِيضًا أَوْ عَلَىٰ سَفَرٍ فَعِدَّةٌ مِّنْ أَيَّامٍ أُخَرَ وَعَلَى
ٱلَّذِينَ يُطِيقُونَهُۥ فِدْيَةٌ طَعَامُ مِسْكِينٍ فَمَن تَطَوَّعَ خَيْرًا
فَهُوَ خَيْرٌ لَّهُۥ وَأَن تَصُومُوا۟ خَيْرٌ لَّكُمْ إِن كُنتُمْ تَعْلَمُونَ
﴿١٨٤﴾ شَهْرُ رَمَضَانَ ٱلَّذِىٓ أُنزِلَ فِيهِ ٱلْقُرْءَانُ هُدًى لِّلنَّاسِ
وَبَيِّنَـٰتٍ مِّنَ ٱلْهُدَىٰ وَٱلْفُرْقَانِ فَمَن شَهِدَ مِنكُمُ
ٱلشَّهْرَ فَلْيَصُمْهُ وَمَن كَانَ مَرِيضًا أَوْ عَلَىٰ سَفَرٍ فَعِدَّةٌ
مِّنْ أَيَّامٍ أُخَرَ يُرِيدُ ٱللَّهُ بِكُمُ ٱلْيُسْرَ وَلَا يُرِيدُ بِكُمُ
ٱلْعُسْرَ وَلِتُكْمِلُوا۟ ٱلْعِدَّةَ وَلِتُكَبِّرُوا۟ ٱللَّهَ عَلَىٰ مَا
هَدَىٰكُمْ وَلَعَلَّكُمْ تَشْكُرُونَ ﴿١٨٥﴾ وَإِذَا سَأَلَكَ
عِبَادِى عَنِّى فَإِنِّى قَرِيبٌ أُجِيبُ دَعْوَةَ ٱلدَّاعِ إِذَا دَعَانِ
فَلْيَسْتَجِيبُوا۟ لِى وَلْيُؤْمِنُوا۟ بِى لَعَلَّهُمْ يَرْشُدُونَ ﴿١٨٦﴾

ただし、遺言者からの（による）不公平や不正を[158]恐れる者がいれば、彼らの間を調停しても、それに罪はない。まことにアッラーはよく赦し給う慈悲深い御方。（2：182）

信仰する者たちよ、おまえたちには斎戒が書き定められた、ちょうどおまえたち以前の者たちに課されたように。きっとおまえたちは畏れ身を守るだろう。（2：183）

一定の日数である[159]。それゆえ、おまえたちのうち病気か旅にある者は別の日に日数を。そしてそれができる者[160]には代償、（つまり）貧者への食べ物。そしてより一層の善を喜んでなした者は、それは彼にとってより良い。また、おまえたちが斎戒することは、おまえたちにとってさらに良い。もし、おまえたちが知っていれば。（2：184）

クルアーンが人々への導きとして、また、導きと識別の諸々の明証として下されたラマダーン月である。それゆえ、おまえたちのうちその月に居合わせた者[161]はそれを斎戒せよ。そして病気か旅にある者は別の日に日数を。アッラーはおまえたちに安易を望み、おまえたちに困難は望み給わない。そして、おまえたちが日数を全うし、おまえたちを導き給うたことに対し、おまえたちがアッラーの偉大さを称えるためである。きっとおまえたちは感謝しよう。（2：185）

そしてわが僕《しもべ》がおまえにわれについて尋ねるなら、まことにわれは近く、われは祈る者がわれに祈る時その祈りに応える[162]。それゆえ、彼らにはわれに応えさせよ、そしてわれを信じさせよ。きっと彼らも導かれよう。（2：186）

158　遺言者が錯誤による間違いや、法定相続人の権利を侵害する遺言をしたような場合。

159　一定の日数とはラマダーン月の日数を意味する。

160　老齢、不治の病や妊娠・授乳によって斎戒ができはするが多大な困難が伴う者。一説には、斎戒が最初に課された時には、斎戒のできる者にも、斎戒をするか、貧者に食べ物を施すかの二者択一が許されていた、とも言われる。

161　旅行中でなく、居住者としてラマダーン月を迎えた者。あるいは目撃した者との解釈もある。月の境は新月の目視により、知られる。

162　または「われに祈ればその祈りに応える」。

أُحِلَّ لَكُمْ لَيْلَةَ ٱلصِّيَامِ ٱلرَّفَثُ إِلَىٰ نِسَآئِكُمْۚ هُنَّ
لِبَاسٌ لَّكُمْ وَأَنتُمْ لِبَاسٌ لَّهُنَّۗ عَلِمَ ٱللَّهُ أَنَّكُمْ كُنتُمْ
تَخْتَانُونَ أَنفُسَكُمْ فَتَابَ عَلَيْكُمْ وَعَفَا عَنكُمْۖ فَٱلْـَٔـٰنَ
بَٰشِرُوهُنَّ وَٱبْتَغُواْ مَا كَتَبَ ٱللَّهُ لَكُمْۚ وَكُلُواْ وَٱشْرَبُواْ
حَتَّىٰ يَتَبَيَّنَ لَكُمُ ٱلْخَيْطُ ٱلْأَبْيَضُ مِنَ ٱلْخَيْطِ ٱلْأَسْوَدِ مِنَ
ٱلْفَجْرِۖ ثُمَّ أَتِمُّواْ ٱلصِّيَامَ إِلَى ٱلَّيْلِۚ وَلَا تُبَٰشِرُوهُنَّ وَأَنتُمْ
عَٰكِفُونَ فِى ٱلْمَسَٰجِدِۗ تِلْكَ حُدُودُ ٱللَّهِ فَلَا تَقْرَبُوهَاۗ كَذَٰلِكَ
يُبَيِّنُ ٱللَّهُ ءَايَٰتِهِۦ لِلنَّاسِ لَعَلَّهُمْ يَتَّقُونَ ﴿١٨٧﴾ وَلَا تَأْكُلُوٓاْ
أَمْوَٰلَكُم بَيْنَكُم بِٱلْبَٰطِلِ وَتُدْلُواْ بِهَآ إِلَى ٱلْحُكَّامِ
لِتَأْكُلُواْ فَرِيقًا مِّنْ أَمْوَٰلِ ٱلنَّاسِ بِٱلْإِثْمِ وَأَنتُمْ تَعْلَمُونَ
﴿١٨٨﴾ ۞ يَسْـَٔلُونَكَ عَنِ ٱلْأَهِلَّةِۖ قُلْ هِىَ مَوَٰقِيتُ لِلنَّاسِ وَٱلْحَجِّۗ
وَلَيْسَ ٱلْبِرُّ بِأَن تَأْتُواْ ٱلْبُيُوتَ مِن ظُهُورِهَا وَلَٰكِنَّ ٱلْبِرَّ
مَنِ ٱتَّقَىٰۗ وَأْتُواْ ٱلْبُيُوتَ مِنْ أَبْوَٰبِهَاۚ وَٱتَّقُواْ ٱللَّهَ
لَعَلَّكُمْ تُفْلِحُونَ ﴿١٨٩﴾ وَقَٰتِلُواْ فِى سَبِيلِ ٱللَّهِ ٱلَّذِينَ
يُقَٰتِلُونَكُمْ وَلَا تَعْتَدُوٓاْۚ إِنَّ ٱللَّهَ لَا يُحِبُّ ٱلْمُعْتَدِينَ ﴿١٩٠﴾

おまえたちには斎戒の夜、おまえたちの妻たちへの睦言が許された。彼女たちはおまえたちの衣であり、おまえたちは彼女たちの衣である。アッラーはおまえたちがおまえたち自身を欺いていたのを知り[163]、おまえたちを顧み戻り、おまえたちを赦し給うた。それゆえ、今は彼女たちと交わり、アッラーがおまえたちに書き留め給うたもの[164]を望め。そして、暁で、おまえたちに白糸と黒糸[165]がはっきりする時まで食べて飲め。それから夜まで斎戒を全うせよ。そしておまえたちが諸モスクに御籠りをしている間は彼女たちと交わってはならない。それがアッラーの諸法度である。それゆえ、それに近づいてはならない。こうしてアッラーは人々に彼の諸々の徴を解き明かし給う。きっと彼らも畏れ身を守るであろう。(2：187)

またおまえたちの財産を互いの間で虚偽[166]によって貪ってはならない。また、それを裁定者たちに持ち込み、わかっていながら人の財産の一部を犯罪によって貪ってはならない。(2：188)

新月について彼らはおまえに尋ねる。言え、「それは人々のため、そして大巡礼のための時の区切りである」。そして忠義とは、家に裏から入ることではない[167]。忠義とは、畏れ身を守る者である。そして家には戸口から入り、アッラーを畏れ身を守れ。きっとおまえたちは成功するであろう。(2：189)

そしてアッラーの道において、おまえたちと戦う者と戦え。だが、法《のり》を越えてはならない[168]。まことにアッラーは法を越える者たちを愛し給わない。(2：190)

163　斎戒が課された当初は、日没後に斎戒を解き、飲食をし、妻と交わり、それから夜の礼拝をするか、礼拝をする前に眠ったなら、その後は次の夜まで飲食と性交が禁じられていた。伝承によると、ウマルはある時、夜の礼拝の後、あるいは夜に眠った後に妻と交わってしまい、預言者ムハンマドの許に行きそれを告白したところ、他の男たちも自分たちのあやまちを告白した。そこでこの節が啓示されたと言われる。

164　正当な性交、あるいは護持された書板(85 章 21-22 節)に記された子供。

165　闇の中で暁の光により白んだ地平線が白糸と表現されている。

166　窃盗、押領、売春、あるいは裁判での偽証や贈賄など。裁定者の判決が許されないものの本性を変え、それを神の許で許されたものとすることはない。

167　イスラーム以前のジャーヒリーヤ(無明)時代には、巡礼の禁忌の状態に入った者は、家の戸口から入らず、裏から出入りすることが敬虔な行為だと考えていた。

168　最初に戦いをしかけることにより。もしくは、非戦闘員と戦うことにより。

وَٱقۡتُلُوهُمۡ حَيۡثُ ثَقِفۡتُمُوهُمۡ وَأَخۡرِجُوهُم مِّنۡ حَيۡثُ أَخۡرَجُوكُمۡۚ وَٱلۡفِتۡنَةُ
أَشَدُّ مِنَ ٱلۡقَتۡلِۚ وَلَا تُقَٰتِلُوهُمۡ عِندَ ٱلۡمَسۡجِدِ ٱلۡحَرَامِ حَتَّىٰ يُقَٰتِلُوكُمۡ
فِيهِۖ فَإِن قَٰتَلُوكُمۡ فَٱقۡتُلُوهُمۡۗ كَذَٰلِكَ جَزَآءُ ٱلۡكَٰفِرِينَ ١٩١ فَإِنِ ٱنتَهَوۡاْ
فَإِنَّ ٱللَّهَ غَفُورٞ رَّحِيمٞ ١٩٢ وَقَٰتِلُوهُمۡ حَتَّىٰ لَا تَكُونَ فِتۡنَةٞ وَيَكُونَ
ٱلدِّينُ لِلَّهِۖ فَإِنِ ٱنتَهَوۡاْ فَلَا عُدۡوَٰنَ إِلَّا عَلَى ٱلظَّٰلِمِينَ ١٩٣ ٱلشَّهۡرُ ٱلۡحَرَامُ
بِٱلشَّهۡرِ ٱلۡحَرَامِ وَٱلۡحُرُمَٰتُ قِصَاصٞۚ فَمَنِ ٱعۡتَدَىٰ عَلَيۡكُمۡ فَٱعۡتَدُواْ
عَلَيۡهِ بِمِثۡلِ مَا ٱعۡتَدَىٰ عَلَيۡكُمۡۚ وَٱتَّقُواْ ٱللَّهَ وَٱعۡلَمُوٓاْ أَنَّ ٱللَّهَ مَعَ
ٱلۡمُتَّقِينَ ١٩٤ وَأَنفِقُواْ فِي سَبِيلِ ٱللَّهِ وَلَا تُلۡقُواْ بِأَيۡدِيكُمۡ إِلَى ٱلتَّهۡلُكَةِ
وَأَحۡسِنُوٓاْۚ إِنَّ ٱللَّهَ يُحِبُّ ٱلۡمُحۡسِنِينَ ١٩٥ وَأَتِمُّواْ ٱلۡحَجَّ وَٱلۡعُمۡرَةَ لِلَّهِۚ
فَإِنۡ أُحۡصِرۡتُمۡ فَمَا ٱسۡتَيۡسَرَ مِنَ ٱلۡهَدۡيِۖ وَلَا تَحۡلِقُواْ رُءُوسَكُمۡ حَتَّىٰ يَبۡلُغَ
ٱلۡهَدۡيُ مَحِلَّهُۥۚ فَمَن كَانَ مِنكُم مَّرِيضًا أَوۡ بِهِۦٓ أَذٗى مِّن رَّأۡسِهِۦ فَفِدۡيَةٞ
مِّن صِيَامٍ أَوۡ صَدَقَةٍ أَوۡ نُسُكٖۚ فَإِذَآ أَمِنتُمۡ فَمَن تَمَتَّعَ بِٱلۡعُمۡرَةِ إِلَى ٱلۡحَجِّ
فَمَا ٱسۡتَيۡسَرَ مِنَ ٱلۡهَدۡيِۚ فَمَن لَّمۡ يَجِدۡ فَصِيَامُ ثَلَٰثَةِ أَيَّامٖ فِي ٱلۡحَجِّ
وَسَبۡعَةٍ إِذَا رَجَعۡتُمۡۗ تِلۡكَ عَشَرَةٞ كَامِلَةٞۗ ذَٰلِكَ لِمَن لَّمۡ يَكُنۡ أَهۡلُهُۥ حَاضِرِي
ٱلۡمَسۡجِدِ ٱلۡحَرَامِۚ وَٱتَّقُواْ ٱللَّهَ وَٱعۡلَمُوٓاْ أَنَّ ٱللَّهَ شَدِيدُ ٱلۡعِقَابِ ١٩٦

そして彼らを見つけ次第[169]、彼らを殺せ。そして彼らがおまえたちを追い出したところ[170]から彼らを追い出せ。そして迫害《フィトナ》[171]は殺害[172]よりもより重大である。しかし禁裏モスクでは彼らがそこでおまえたちに戦いをしかけるまでは彼らと戦ってはならない。だが彼らがおまえたちと戦うなら、彼らを殺せ。不信仰者の報いはこのようなものである。（2：191）

それで彼らが止めたなら[173]、まことにアッラーはよく赦し給う慈悲深い御方。（2：192）

迫害がなくなり、宗教がアッラーに帰されるまで彼らと戦え。しかし彼らが止めたなら[174]、不正をなす者以外には敵対はない。（2：193）

聖月には聖月を。聖なる諸物には同害報復である。それゆえおまえたちに対して法を越える者には、彼がおまえたちに対して法を越えたことと同じものをもって法を越えよ[175]。そしてアッラーを畏れ身を守れ、そしてアッラーが畏れ身を守る者たちと共におられることを知れ。（2：194）

また、アッラーの道において費やせ、そして自分たちの手をもって破滅に投じてはならない[176]。そして、善を尽くせ。まことにアッラーは善を尽くす者たちを愛し給う。（2：195）

そして大巡礼と小巡礼をアッラーのために完遂せよ。もし、おまえたちが遮られたなら[177]、無理のない犠牲[178]。そして犠牲がその解禁地[179]に届くまでおまえたちの頭を剃っては

169　あるいは、「可能となり次第」。

170　マッカ。

171　「迫害」と訳した「フィトナ」fitnahには試練、誘惑などの意味があり、この文脈では多神崇拝とイスラームに対する敵対を意味する。

172　戦闘におけるムスリムの死、あるいは、不信仰者の死とも解される。

173　戦闘を止めるか不信仰を止めてイスラームに改宗するか。

174　不信仰者が自分たちから仕かけた戦いを止めること。または、不信仰者が多神崇拝（フィトナ）を止め、イスラームに入信するか、ジズヤ（人頭税）を支払うこと。

175　戦闘を禁じられた聖月に多神教徒たちがおまえたちに戦いを仕掛けたのであるから、彼らに対しては聖月であっても彼らに戦いをしかけよ。マッカの多神教徒たちはフダイビーヤの年（ヒジュラ暦6年／西暦628年）の聖月ズー・アル＝カアダ月にムスリムに戦いを仕掛けた。ムスリムたちが翌年のズー・アル＝カアダ月に、小巡礼のためにマッカに向けて出立した際、聖なる月に多神教徒たちと戦うことになるのではと懸念する彼らに対して啓示された。聖月とは、ズー・アル＝カアダ（11）月、ズー・アル＝ヒッジャ（12）月、ムハッラム（1）月、ラジャブ（7）月の四ヶ月。聖月については9章36節参照。

176　ジハードの戦費を出し惜しんで、あるいはジハードの戦闘を放棄して自滅してはならない。

177　敵か病により。　178　羊か牛かラクダを屠殺し、貧者たちに施す。

179　巡礼に支障が生じた場所（マーリキー派、シャーフィイー派、ハンバリー派）。ハナフィー派では犠牲がささげられるマッカの聖域。

ならない。それでおまえたちのうち病気の者や頭に疾患がある者には、代償は、斎戒、または喜捨[180]、または供儀を[181]。またもしおまえたちが安全な時で、小巡礼を享受して大巡礼に[182]、との者には、無理のない犠牲が(課される)。そして(犠牲を)見出さない者は大巡礼の間に三日間の斎戒[183]、そしておまえたちが戻った後に七日間を。それで全部で十日である。これは禁裏モスクに家族がいない者に対するものである。そしてアッラーを畏れ身を守れ。そして、アッラーが応報に厳しい御方であると知れ。(2：196)

大巡礼は周知の月々である[184]。それゆえその間に大巡礼を(自らに)課した者には大巡礼の間、睦言、不道徳、口論はない。そしておまえたちが行う善行をアッラーは知り給う。また旅仕度をせよ。まことに最良の旅仕度は畏れ身を守ることである。そして畏れ身を守れ、賢慮を備えた者たちよ。(2：197)

ٱلْحَجُّ أَشْهُرٌ مَّعْلُومَٰتٌ ۚ فَمَن فَرَضَ فِيهِنَّ ٱلْحَجَّ فَلَا
رَفَثَ وَلَا فُسُوقَ وَلَا جِدَالَ فِى ٱلْحَجِّ ۗ وَمَا تَفْعَلُوا۟ مِنْ
خَيْرٍ يَعْلَمْهُ ٱللَّهُ ۗ وَتَزَوَّدُوا۟ فَإِنَّ خَيْرَ ٱلزَّادِ ٱلتَّقْوَىٰ ۖ
وَٱتَّقُونِ يَٰٓأُو۟لِى ٱلْأَلْبَٰبِ ﴿١٩٧﴾ لَيْسَ عَلَيْكُمْ جُنَاحٌ
أَن تَبْتَغُوا۟ فَضْلًا مِّن رَّبِّكُمْ ۚ فَإِذَآ أَفَضْتُم مِّنْ
عَرَفَٰتٍ فَٱذْكُرُوا۟ ٱللَّهَ عِندَ ٱلْمَشْعَرِ ٱلْحَرَامِ ۖ
وَٱذْكُرُوهُ كَمَا هَدَىٰكُمْ وَإِن كُنتُم مِّن قَبْلِهِۦ
لَمِنَ ٱلضَّآلِّينَ ﴿١٩٨﴾ ثُمَّ أَفِيضُوا۟ مِنْ حَيْثُ أَفَاضَ
ٱلنَّاسُ وَٱسْتَغْفِرُوا۟ ٱللَّهَ ۚ إِنَّ ٱللَّهَ غَفُورٌ رَّحِيمٌ ﴿١٩٩﴾
فَإِذَا قَضَيْتُم مَّنَٰسِكَكُمْ فَٱذْكُرُوا۟ ٱللَّهَ كَذِكْرِكُمْ
ءَابَآءَكُمْ أَوْ أَشَدَّ ذِكْرًا ۗ فَمِنَ ٱلنَّاسِ مَن يَقُولُ
رَبَّنَآ ءَاتِنَا فِى ٱلدُّنْيَا وَمَا لَهُۥ فِى ٱلْءَاخِرَةِ مِنْ خَلَٰقٍ
﴿٢٠٠﴾ وَمِنْهُم مَّن يَقُولُ رَبَّنَآ ءَاتِنَا فِى ٱلدُّنْيَا حَسَنَةً
وَفِى ٱلْءَاخِرَةِ حَسَنَةً وَقِنَا عَذَابَ ٱلنَّارِ ﴿٢٠١﴾ أُو۟لَٰٓئِكَ
لَهُمْ نَصِيبٌ مِّمَّا كَسَبُوا۟ ۚ وَٱللَّهُ سَرِيعُ ٱلْحِسَابِ ﴿٢٠٢﴾

おまえたちがおまえたちの主からの御恵みを願うことは罪ではない[185]。アラファート[186]から押し出す時には聖標[187]でアッラーのことを念じ、(アッラーの導き)以前にはおまえたちは迷う者たちの一部でこそあったというのに彼がおまえたちを導き給うたこと故に[188]彼を念じよ。(2：198)

それから人々が押し出すところから押し出せ。そして、アッラーに赦しを乞え。まことにアッラーはよく赦し給う慈悲深い御方。(2：199)

それでおまえたちがおまえたちの祭儀を果たした時にはアッラーを念じよ。おまえたちがおまえたちの父祖たちを念じるように[189]、あるいはそれより強い念によって。それで人々の中には、「われらが主よ、現世においてわれらに(恵みを)与え給え」と言う者がいるが、彼には来世に分け前はない。(2：200)

180　その土地の主食三サーゥ(一サーゥは両手に四杯分)を六人の貧者に。

181　羊。

182　巡礼諸月内に小巡礼のために禁忌の状態に入り、小巡礼を果たしてから一旦解禁し様々な制約からの解除を「享受」した後に、改めて大巡礼のための禁忌の状態に入って大巡礼の儀を履行する巡礼の形式を採用した場合。

183　アラファでの逗留前に三日間。

184　シャウワール(10)月、ズー・アル＝カアダ(11)月、およびズー・アル＝ヒッジャ(12)月(同月10日迄)。

185　巡礼の儀の途中に商売等により生計を得ても構わない。

186　巡礼たちが巡礼月九日に逗留する場所。

187　ムズダリファのクザフと呼ばれる丘。

188　「導き給うたことに対し」、「神がお前たちを良く導き給うたように(お前たちもよく念じよ)」、の意とも取れる。

189　イスラーム以前のジャーヒリーヤ(無明)時代には、アラブ人たちは巡礼を済ますと、自分の父祖たちの美徳、功績を称える詩を吟じ、自慢していた。

۞ وَٱذۡكُرُواْ ٱللَّهَ فِيٓ أَيَّامٖ مَّعۡدُودَٰتٖۚ فَمَن تَعَجَّلَ فِي
يَوۡمَيۡنِ فَلَآ إِثۡمَ عَلَيۡهِ وَمَن تَأَخَّرَ فَلَآ إِثۡمَ عَلَيۡهِۖ لِمَنِ
ٱتَّقَىٰۗ وَٱتَّقُواْ ٱللَّهَ وَٱعۡلَمُوٓاْ أَنَّكُمۡ إِلَيۡهِ تُحۡشَرُونَ
٢٠٣ وَمِنَ ٱلنَّاسِ مَن يُعۡجِبُكَ قَوۡلُهُۥ فِي ٱلۡحَيَوٰةِ ٱلدُّنۡيَا
وَيُشۡهِدُ ٱللَّهَ عَلَىٰ مَا فِي قَلۡبِهِۦ وَهُوَ أَلَدُّ ٱلۡخِصَامِ ٢٠٤
وَإِذَا تَوَلَّىٰ سَعَىٰ فِي ٱلۡأَرۡضِ لِيُفۡسِدَ فِيهَا وَيُهۡلِكَ ٱلۡحَرۡثَ
وَٱلنَّسۡلَۚ وَٱللَّهُ لَا يُحِبُّ ٱلۡفَسَادَ ٢٠٥ وَإِذَا قِيلَ لَهُ ٱتَّقِ ٱللَّهَ
أَخَذَتۡهُ ٱلۡعِزَّةُ بِٱلۡإِثۡمِۚ فَحَسۡبُهُۥ جَهَنَّمُۖ وَلَبِئۡسَ
ٱلۡمِهَادُ ٢٠٦ وَمِنَ ٱلنَّاسِ مَن يَشۡرِي نَفۡسَهُ ٱبۡتِغَآءَ
مَرۡضَاتِ ٱللَّهِۚ وَٱللَّهُ رَءُوفُۢ بِٱلۡعِبَادِ ٢٠٧ يَٰٓأَيُّهَا ٱلَّذِينَ
ءَامَنُواْ ٱدۡخُلُواْ فِي ٱلسِّلۡمِ كَآفَّةٗ وَلَا تَتَّبِعُواْ خُطُوَٰتِ
ٱلشَّيۡطَٰنِۚ إِنَّهُۥ لَكُمۡ عَدُوّٞ مُّبِينٞ ٢٠٨ فَإِن زَلَلۡتُم مِّنۢ بَعۡدِ
مَا جَآءَتۡكُمُ ٱلۡبَيِّنَٰتُ فَٱعۡلَمُوٓاْ أَنَّ ٱللَّهَ عَزِيزٌ حَكِيمٌ
٢٠٩ هَلۡ يَنظُرُونَ إِلَّآ أَن يَأۡتِيَهُمُ ٱللَّهُ فِي ظُلَلٖ مِّنَ ٱلۡغَمَامِ
وَٱلۡمَلَٰٓئِكَةُ وَقُضِيَ ٱلۡأَمۡرُۚ وَإِلَى ٱللَّهِ تُرۡجَعُ ٱلۡأُمُورُ ٢١٠

また、彼らの中には、「われらが主よ、現世において良きことを、また来世において良きことを与え給え。そして、われらを獄火の懲罰から守り給え」と言う者がいる。(2：201)

それらの者には、彼らの稼いだものの分け前がある。そしてアッラーは清算に素早い御方。(2：202)

そして定められた日々[190]にアッラーを念じよ。それで二日に早める[191]者に罪はなく、遅らせる者にも罪はない、畏れ身を守る者であれば[192]。そしてアッラーを畏れ身を守り、おまえたちが彼の御許に集められることを知れ。(2：203)

また人々の中にはその現世での言葉がおまえの気に入る者がいる。そして彼はアッラーを彼の心中の証人とする。しかし彼は最も手ごわい論敵である。(2：204)

そして彼は背を向けると、地上に荒廃[193]をもたらし、田畑と子孫[194]を滅ぼそうと奔走した。だが、アッラーは荒廃を愛し給わない。(2：205)

そして「アッラーを畏れ身を守れ」と言われると、虚栄が彼に罪を犯させる。それで彼には火獄《ジャハンナム》で十分である。また、なんと悪い寝床か。(2：206)

また、人々の中にはアッラーの御満悦を望んで己自身を売る者がいる。そしてアッラーは僕《しもべ》たちに対し憐れみ深い御方。(2：207)

信仰する者たちよ、完全に服従に入り[195]、悪魔の歩みに従ってはならない。まことに彼はおまえたちにとって明白な敵である。(2：208)

そしておまえたちが、おまえたちの許に諸々の明証が届いた後に躓いたなら、アッラーは威力比類なく英知ある御方と知れ。(2：209)

彼らは座視しているとでも言うのか。白雲の陰影の中をアッラーが、そして天使たちが、彼らの許を訪れ給い、事が決されること以外を[196]。そしてアッラーの御許に万事は戻されるのである。(2：210)

190　犠牲祭の翌日(ズー・アル＝ヒッジャ月11日)から三日間。

191　ジャムラ(投石場)での石投げを終えた後に、ミナーの地からの出立を。

192　あるいは、「にとっては」。

193　腐朽、頽廃、邪悪等を意味する。

194　この啓示のきっかけとなった事件は、偽信者のアフナスが、ムスリムたちの所有する農作物やロバの傍らを通りかかると、夜中のうちにそれを燃やしたり、傷つけ殺したりしたことであり、このエピソードでは「子孫」とはロバのことであった。

195　服従とはイスラームを指す。この節は、ユダヤ教からイスラームに改宗したアブドゥッラー・ブン・サラームとその仲間たちについて下された。彼らは改宗後も、ムーサーの律法を尊び、安息日(土曜日)を遵守し、ラクダの肉と乳を避けていた。

196　彼らがイスラームを完全に受け入れることなくただ座視していたならば、アッラーの裁きによる破滅を招くのみである。

سَلْ بَنِىٓ إِسْرَٰٓءِيلَ كَمْ ءَاتَيْنَٰهُم مِّنْ ءَايَةٍۭ بَيِّنَةٍ ۗ وَمَن يُبَدِّلْ نِعْمَةَ
ٱللَّهِ مِنۢ بَعْدِ مَا جَآءَتْهُ فَإِنَّ ٱللَّهَ شَدِيدُ ٱلْعِقَابِ ٢١١ زُيِّنَ
لِلَّذِينَ كَفَرُوا۟ ٱلْحَيَوٰةُ ٱلدُّنْيَا وَيَسْخَرُونَ مِنَ ٱلَّذِينَ ءَامَنُوا۟ ۘ وَٱلَّذِينَ
ٱتَّقَوْا۟ فَوْقَهُمْ يَوْمَ ٱلْقِيَٰمَةِ ۗ وَٱللَّهُ يَرْزُقُ مَن يَشَآءُ بِغَيْرِ حِسَابٍ
٢١٢ كَانَ ٱلنَّاسُ أُمَّةً وَٰحِدَةً فَبَعَثَ ٱللَّهُ ٱلنَّبِيِّـۧنَ مُبَشِّرِينَ
وَمُنذِرِينَ وَأَنزَلَ مَعَهُمُ ٱلْكِتَٰبَ بِٱلْحَقِّ لِيَحْكُمَ بَيْنَ ٱلنَّاسِ
فِيمَا ٱخْتَلَفُوا۟ فِيهِ ۚ وَمَا ٱخْتَلَفَ فِيهِ إِلَّا ٱلَّذِينَ أُوتُوهُ مِنۢ بَعْدِ
مَا جَآءَتْهُمُ ٱلْبَيِّنَٰتُ بَغْيًۢا بَيْنَهُمْ ۖ فَهَدَى ٱللَّهُ ٱلَّذِينَ ءَامَنُوا۟
لِمَا ٱخْتَلَفُوا۟ فِيهِ مِنَ ٱلْحَقِّ بِإِذْنِهِۦ ۗ وَٱللَّهُ يَهْدِى مَن يَشَآءُ
إِلَىٰ صِرَٰطٍ مُّسْتَقِيمٍ ٢١٣ أَمْ حَسِبْتُمْ أَن تَدْخُلُوا۟ ٱلْجَنَّةَ وَلَمَّا
يَأْتِكُم مَّثَلُ ٱلَّذِينَ خَلَوْا۟ مِن قَبْلِكُم ۖ مَّسَّتْهُمُ ٱلْبَأْسَآءُ وَٱلضَّرَّآءُ
وَزُلْزِلُوا۟ حَتَّىٰ يَقُولَ ٱلرَّسُولُ وَٱلَّذِينَ ءَامَنُوا۟ مَعَهُۥ مَتَىٰ نَصْرُ
ٱللَّهِ ۗ أَلَآ إِنَّ نَصْرَ ٱللَّهِ قَرِيبٌ ٢١٤ يَسْـَٔلُونَكَ مَاذَا يُنفِقُونَ ۖ قُلْ
مَآ أَنفَقْتُم مِّنْ خَيْرٍ فَلِلْوَٰلِدَيْنِ وَٱلْأَقْرَبِينَ وَٱلْيَتَٰمَىٰ وَٱلْمَسَٰكِينِ
وَٱبْنِ ٱلسَّبِيلِ ۗ وَمَا تَفْعَلُوا۟ مِنْ خَيْرٍ فَإِنَّ ٱللَّهَ بِهِۦ عَلِيمٌ ٢١٥

イスラーイールの子孫に問え、われらが彼らにどれだけの明白な徴をもたらしたかと。そしてアッラーの恩寵をそれが訪れた後に替える者[197]があれば、アッラーは応報に厳しい御方。(2：211)

不信仰の者たちには現世が飾り立てられ、また信仰する者たちを嘲る[198]。だが、復活の日、畏れ身を守る者たちは彼らの上にあり、アッラーは御望みの者に計算ぬきで糧を与え給う。(2：212)

人々は一つの共同体であった[199]。そこでアッラーは吉報の伝達者として、また警告者として諸預言者を遣わし、彼らと共に啓典を真理をもって下し給うた。人々の間を、彼らが対立した点について裁定し給うためである。そしてそれについて対立したのは、それ(啓典)を授かった者だけで、諸々の明証が訪れた後に互い妬み合ったためであった。それでアッラーは信じる者たちを、彼らがそれをめぐって分裂していたことの真理へと、彼の御許可によって導き給うた。そしてアッラーは御望みの者をまっすぐな道に導き給う。(2：213)

それともおまえたちは、おまえたち以前に逝った者たち(に訪れた)ようなものがおまえたちにいまだ訪れていないのに、楽園に入ると考えたのか。困窮や苦難が彼らを襲い、動揺させられ、使徒と彼と共に信仰した者たちが、「アッラーの援助はいつか」と言うほどであった。まことにアッラーの援助は近いのではないのか。(2：214)

彼らはおまえに、なにを(善に)費やすかと問う。言え、「良いものでおまえたちが費やすものは、両親、近親たち、孤児たち、貧者たち、そして旅路にある者のためにである。そしておまえたちのなす良いことは、アッラーがよく知り給う」。(2：215)

197　14章28節参照。

198　マッカの多神教徒たちは、現世の外観では富み栄えていたので、ビラール、アンマール、スハイブなどの貧しいムスリムたちを見下し、嘲っていた。

199　アーダムからヌーフ(ノア)に到るまで、人間の宗教は一つであった。その後、分裂した。

كُتِبَ عَلَيْكُمُ الْقِتَالُ وَهُوَ كُرْهٌ لَّكُمْ ۖ وَعَسَىٰ أَن تَكْرَهُوا
شَيْئًا وَهُوَ خَيْرٌ لَّكُمْ ۖ وَعَسَىٰ أَن تُحِبُّوا شَيْئًا وَهُوَ شَرٌّ
لَّكُمْ ۗ وَاللَّهُ يَعْلَمُ وَأَنتُمْ لَا تَعْلَمُونَ ٢١٦ يَسْأَلُونَكَ عَنِ الشَّهْرِ
الْحَرَامِ قِتَالٍ فِيهِ ۖ قُلْ قِتَالٌ فِيهِ كَبِيرٌ ۖ وَصَدٌّ عَن سَبِيلِ
اللَّهِ وَكُفْرٌ بِهِ وَالْمَسْجِدِ الْحَرَامِ وَإِخْرَاجُ أَهْلِهِ مِنْهُ
أَكْبَرُ عِندَ اللَّهِ ۚ وَالْفِتْنَةُ أَكْبَرُ مِنَ الْقَتْلِ ۗ وَلَا يَزَالُونَ
يُقَاتِلُونَكُمْ حَتَّىٰ يَرُدُّوكُمْ عَن دِينِكُمْ إِنِ اسْتَطَاعُوا ۚ وَمَن
يَرْتَدِدْ مِنكُمْ عَن دِينِهِ فَيَمُتْ وَهُوَ كَافِرٌ فَأُولَٰئِكَ
حَبِطَتْ أَعْمَالُهُمْ فِي الدُّنْيَا وَالْآخِرَةِ ۖ وَأُولَٰئِكَ أَصْحَابُ
النَّارِ ۖ هُمْ فِيهَا خَالِدُونَ ٢١٧ إِنَّ الَّذِينَ آمَنُوا وَالَّذِينَ
هَاجَرُوا وَجَاهَدُوا فِي سَبِيلِ اللَّهِ أُولَٰئِكَ يَرْجُونَ رَحْمَتَ
اللَّهِ ۚ وَاللَّهُ غَفُورٌ رَّحِيمٌ ٢١٨ ۞ يَسْأَلُونَكَ عَنِ الْخَمْرِ وَالْمَيْسِرِ ۖ
قُلْ فِيهِمَا إِثْمٌ كَبِيرٌ وَمَنَافِعُ لِلنَّاسِ وَإِثْمُهُمَا أَكْبَرُ
مِن نَّفْعِهِمَا ۗ وَيَسْأَلُونَكَ مَاذَا يُنفِقُونَ ۖ قُلِ الْعَفْوَ ۗ كَذَٰلِكَ
يُبَيِّنُ اللَّهُ لَكُمُ الْآيَاتِ لَعَلَّكُمْ تَتَفَكَّرُونَ ٢١٩

おまえたちには戦いが書き定められた[200]、おまえたちにとっては嫌なものであろうが。だがおまえたちはなにかを、おまえたちにとって良いことでありながらも嫌うかもしれない。また、おまえたちはなにかを、おまえたちにとって悪いことでありながらも好むかもしれない。そしてアッラーは知り給うが、おまえたちは知らない。(2：216)

彼らはおまえに、聖月[201]について、その間の戦闘について問う。言え、「その間の戦闘は重大(な罪)である。だが、アッラーの道の妨害と、彼への不信仰、禁裏モスク(の妨害)と、その住民をそこから追い出すことはアッラーの御許においては一層重大である。そしてフィトナ[202]は戦闘よりも重大(な罪)である。そして彼らはできることならば、おまえたちをおまえたちの宗教から背かせるまでは、おまえたちとの戦闘を止めない。そしておまえたちのうちその宗教から背き、不信仰者として死ぬ者がいれば、それらの者はその行いが現世でも来世でも無駄となる。そしてそれらの者は獄火の住人であり、彼らはそこに永遠に住まう」。(2：217)

まことに信仰する者、そして移住し[203]、アッラーの道で奮闘《ジハード》する者、それらの者はアッラーの御慈悲を望む。そしてアッラーはよく赦し給う慈悲深い御方。(2：218)

彼らは酒[204]と賭け矢についておまえに問う。言え、「その二つには大きな罪と人々への益があるが、両者の罪は両者の益よりも大きい[205]」。また彼らは、なにを(善に)費やすべ

200　戦闘については、最初に22章39節の啓示で許可され、次いで2章190節によって侵略者に対して義務付けられ、最後にこの節の啓示によって多神教徒に対する戦闘は無条件の義務となった。それはマディーナへの聖遷から十七ヶ月後のことであったと言われる。

201　ラジャブ月。

202　ここでの「フィトナ」とは、多神崇拝とイスラームの妨害。2章193節参照。

203　不信仰の家からイスラームの家へ。

204　ハムル。元来はブドウの汁による酒。

205　この節は、ウマル・ブン・アル＝ハッターブ、ムアーズ・ブン・ジャバルたちが預言者ムハンマドの許を訪れ、「アッラーの御使い様、酒と賭け矢について私たちに法判断を下してください。どちらも理性を去らせ、財産をなくさせるものです」と言ったのに対して下された。酒の禁止についてアッラーは四つの節を下し給うた。まず、16章67節がマッカで下された。イスラームの初期において酒は許されたものであったため、ムスリムたちはそれを飲んでいたのである。次いでマディーナでウマルとムアーズの質問に答えて2章219節が下された。そこである者たちは「罪が大きい」という言葉から酒を遠ざけたが、またある者たちは「人々への益がある」という言葉からそれを飲み続けた。アブドゥッラフマーン・ブン・アウフが預言者ムハンマドの弟子たちを食事に招き、酒を飲ませた。日没の礼拝の時間が来たため人々は一人に礼拝の先導をさせて彼はクルアーンを読誦したが、「言え、不信仰者たちよ、おまえたちが仕えるものに私は仕える」と否定詞を抜いて最後まで読んでしまった。そこでアッラーは、4章43節を下し、礼拝時に酒を飲むことを禁じ給うた。そこで人々は礼拝時には酒を遠ざけたが、ある者は夜の礼拝の後に酒を飲み、酔ったまま朝を迎え夜明け前の礼拝をし、その後また酒を

فِي ٱلدُّنۡيَا وَٱلۡأٓخِرَةِۗ وَيَسۡـَٔلُونَكَ عَنِ ٱلۡيَتَٰمَىٰۖ قُلۡ إِصۡلَاحٞ لَّهُمۡ
خَيۡرٞۖ وَإِن تُخَالِطُوهُمۡ فَإِخۡوَٰنُكُمۡۚ وَٱللَّهُ يَعۡلَمُ ٱلۡمُفۡسِدَ مِنَ
ٱلۡمُصۡلِحِۚ وَلَوۡ شَآءَ ٱللَّهُ لَأَعۡنَتَكُمۡۚ إِنَّ ٱللَّهَ عَزِيزٌ حَكِيمٞ
٢٢٠ وَلَا تَنكِحُواْ ٱلۡمُشۡرِكَٰتِ حَتَّىٰ يُؤۡمِنَّۚ وَلَأَمَةٞ مُّؤۡمِنَةٌ
خَيۡرٞ مِّن مُّشۡرِكَةٖ وَلَوۡ أَعۡجَبَتۡكُمۡۗ وَلَا تُنكِحُواْ ٱلۡمُشۡرِكِينَ
حَتَّىٰ يُؤۡمِنُواْۚ وَلَعَبۡدٞ مُّؤۡمِنٌ خَيۡرٞ مِّن مُّشۡرِكٖ وَلَوۡ أَعۡجَبَكُمۡۗ
أُوْلَٰٓئِكَ يَدۡعُونَ إِلَى ٱلنَّارِۖ وَٱللَّهُ يَدۡعُوٓاْ إِلَى ٱلۡجَنَّةِ وَٱلۡمَغۡفِرَةِ
بِإِذۡنِهِۦۖ وَيُبَيِّنُ ءَايَٰتِهِۦ لِلنَّاسِ لَعَلَّهُمۡ يَتَذَكَّرُونَ ٢٢١
وَيَسۡـَٔلُونَكَ عَنِ ٱلۡمَحِيضِۖ قُلۡ هُوَ أَذٗى فَٱعۡتَزِلُواْ ٱلنِّسَآءَ فِي
ٱلۡمَحِيضِ وَلَا تَقۡرَبُوهُنَّ حَتَّىٰ يَطۡهُرۡنَۖ فَإِذَا تَطَهَّرۡنَ فَأۡتُوهُنَّ
مِنۡ حَيۡثُ أَمَرَكُمُ ٱللَّهُۚ إِنَّ ٱللَّهَ يُحِبُّ ٱلتَّوَّٰبِينَ وَيُحِبُّ ٱلۡمُتَطَهِّرِينَ
٢٢٢ نِسَآؤُكُمۡ حَرۡثٞ لَّكُمۡ فَأۡتُواْ حَرۡثَكُمۡ أَنَّىٰ شِئۡتُمۡۖ وَقَدِّمُواْ
لِأَنفُسِكُمۡۚ وَٱتَّقُواْ ٱللَّهَ وَٱعۡلَمُوٓاْ أَنَّكُم مُّلَٰقُوهُۗ وَبَشِّرِ
ٱلۡمُؤۡمِنِينَ ٢٢٣ وَلَا تَجۡعَلُواْ ٱللَّهَ عُرۡضَةٗ لِّأَيۡمَٰنِكُمۡ أَن تَبَرُّواْ
وَتَتَّقُواْ وَتُصۡلِحُواْ بَيۡنَ ٱلنَّاسِۚ وَٱللَّهُ سَمِيعٌ عَلِيمٞ ٢٢٤

きかとおまえに問う。言え、「余分なものを[206]」と。こうしてアッラーはおまえたちに諸々の徴を明らかにし給う。きっとおまえたちは考えるであろう。(2：219)

現世と来世について。また、彼らは孤児たちについておまえに問う。言え、「彼らのために善処することはより良いことである。またもしおまえたちが彼らと混ざり合うなら、それならおまえたちの兄弟である[207]」。そしてアッラーは悪用者と善用者とを見分け給う。またもし彼が望み給うたならば、おまえたちに困難を課し給うたであろう。まことにアッラーは威力比類なく英明なる御方。(2：220)

また多神教徒の女性たちとは彼女たちが信仰するまで結婚してはならない。そして信仰ある女奴隷の方が多神教徒の女性よりも確かに良い、たとえ彼女をおまえたちが気に入ったとしても。また、多神教徒の男性たちとは彼らが信仰するまで結婚させてはならない。そして信仰ある奴隷の方が多神教徒の男性よりも確かに良い、たとえ彼をおまえたちが気に入ったとしても。それらの者は獄火へと招く。アッラーは楽園と赦しへと彼の御許可によって招き給う。そして、彼は人々に彼の諸々の徴を明かし給う。きっと彼らは留意するであろう。(2：221)

また彼らは月経についておまえに問う。言え、「それは障りである。それゆえ、月経の際には妻たちから遠ざかり、彼女たちが清まるまで近づいてはならない[208]」。彼女たちが身を清めたら、アッラーが命じ給うところ[209]から彼女たちに赴け。まことにアッラーは悔いて戻る者たちを愛し、身を清める者たちを愛し給う。(2：222)

おまえたちの妻はおまえたちの畑である。それゆえ、いかようにもおまえたちの望むまま

飲み、昼の礼拝時にはしらふに戻っていた。ある時、マディーナの信徒のイトバーン・ブン・マーリクがマッカのクライシュ族の移住者のサアド・ブン・アブー・ワッカースを含むムスリムたちを食事に招いた。彼らには焼いたラクダの頭が振る舞われた。人々は食べ、酔うまで飲み、その状態で家柄の自慢を始め、詩を歌った。ある者たちが自分の一族を誇る歌を歌い、マディーナの信徒たちを笑い者にした。そこで彼らの一人がラクダの顎の骨をつかんでそれでサアドの頭を叩き、骨の出るような傷を負わせた。サアドは預言者に訴えた。すると、ウマルは、「アッラーよ、われらに酒についてはっきりとした明証を示し給え」と言った。するとアッラーは5章90-91節を下し給うた。そこでウマルは、「主よ、われらは止めました」と言った。これは部族連合の戦いより数日後のことであった。

206　必要なものをひいた残りを。

207　孤児たちの財産を、自分自身の財産と一緒にして利殖によって運用することは望ましい。また孤児たちを宗教上の同胞として兄弟同様に扱い、孤児の家計と自分たちの家計を一緒にしても構わない。

208　性交をしてはならない。

209　女陰。

لَّا يُؤَاخِذُكُمُ ٱللَّهُ بِٱللَّغۡوِ فِيٓ أَيۡمَٰنِكُمۡ وَلَٰكِن يُؤَاخِذُكُم بِمَا كَسَبَتۡ
قُلُوبُكُمۡۗ وَٱللَّهُ غَفُورٌ حَلِيمٞ ٢٢٥ لِّلَّذِينَ يُؤۡلُونَ مِن نِّسَآئِهِمۡ تَرَبُّصُ
أَرۡبَعَةِ أَشۡهُرٖۖ فَإِن فَآءُو فَإِنَّ ٱللَّهَ غَفُورٞ رَّحِيمٞ ٢٢٦ وَإِنۡ عَزَمُواْ
ٱلطَّلَٰقَ فَإِنَّ ٱللَّهَ سَمِيعٌ عَلِيمٞ ٢٢٧ وَٱلۡمُطَلَّقَٰتُ يَتَرَبَّصۡنَ بِأَنفُسِهِنَّ
ثَلَٰثَةَ قُرُوٓءٖۚ وَلَا يَحِلُّ لَهُنَّ أَن يَكۡتُمۡنَ مَا خَلَقَ ٱللَّهُ فِيٓ أَرۡحَامِهِنَّ
إِن كُنَّ يُؤۡمِنَّ بِٱللَّهِ وَٱلۡيَوۡمِ ٱلۡأٓخِرِۚ وَبُعُولَتُهُنَّ أَحَقُّ بِرَدِّهِنَّ فِي
ذَٰلِكَ إِنۡ أَرَادُوٓاْ إِصۡلَٰحٗاۚ وَلَهُنَّ مِثۡلُ ٱلَّذِي عَلَيۡهِنَّ بِٱلۡمَعۡرُوفِۚ
وَلِلرِّجَالِ عَلَيۡهِنَّ دَرَجَةٞۗ وَٱللَّهُ عَزِيزٌ حَكِيمٌ ٢٢٨ ٱلطَّلَٰقُ مَرَّتَانِۖ
فَإِمۡسَاكُۢ بِمَعۡرُوفٍ أَوۡ تَسۡرِيحُۢ بِإِحۡسَٰنٖۗ وَلَا يَحِلُّ لَكُمۡ أَن تَأۡخُذُواْ
مِمَّآ ءَاتَيۡتُمُوهُنَّ شَيۡـًٔا إِلَّآ أَن يَخَافَآ أَلَّا يُقِيمَا حُدُودَ ٱللَّهِۖ
فَإِنۡ خِفۡتُمۡ أَلَّا يُقِيمَا حُدُودَ ٱللَّهِ فَلَا جُنَاحَ عَلَيۡهِمَا فِيمَا ٱفۡتَدَتۡ
بِهِۦۗ تِلۡكَ حُدُودُ ٱللَّهِ فَلَا تَعۡتَدُوهَاۚ وَمَن يَتَعَدَّ حُدُودَ ٱللَّهِ فَأُوْلَٰٓئِكَ
هُمُ ٱلظَّٰلِمُونَ ٢٢٩ فَإِن طَلَّقَهَا فَلَا تَحِلُّ لَهُۥ مِنۢ بَعۡدُ حَتَّىٰ تَنكِحَ زَوۡجًا
غَيۡرَهُۥۗ فَإِن طَلَّقَهَا فَلَا جُنَاحَ عَلَيۡهِمَآ أَن يَتَرَاجَعَآ إِن ظَنَّآ أَن
يُقِيمَا حُدُودَ ٱللَّهِۗ وَتِلۡكَ حُدُودُ ٱللَّهِ يُبَيِّنُهَا لِقَوۡمٖ يَعۡلَمُونَ ٢٣٠

に畑に赴け。そしておまえたち自身のために(善行を[210])前もってなしておけ。そしてアッラーを畏れ身を守り、彼にまみえることを知れ。そして信仰者たちに吉報を伝えよ。(2：223)

そして、アッラーを口実にしてはならない。善をなし、畏れ身を守り、人々の間を取りもつ(ことをしない)というお前たちの誓約のための[211]。そしてアッラーはよく聞きよく知り給う御方。(2：224)

アッラーはおまえたちの誓約における軽はずみに対してはお前たちの責任を問い給わないが[212]、おまえたちの心が意図したものについておまえたちの責任を問い給う。そしてアッラーはよく赦し給う寛容なる御方。(2：225)

妻からの絶縁を誓った者たちには4ヶ月の猶予がある。それでもしおまえが復縁すれば[213]、アッラーはよく赦し給う慈悲深い御方。(2：226)

それでもしおまえが離婚を決意したなら、アッラーはよく聞きよく知り給う御方。(2：227)

また離婚を宣告された女は独りで三回の月経[214]を待つ。そしてアッラーが彼女らの子宮に創り給うたものを隠すことは彼女たちには許されない、もし彼女たちがアッラーと最後の日を信じるならば。そして彼女たちの主人(夫)には、彼らが和解を望めば、その間に彼女たちを取り戻す一層の権利がある。そして彼女たちには彼女たちに良識により課せられたのと同じものがあるが[215]、男性には彼女たちより一位階がある。そしてアッラーは威力比類なく、英明なる御方。(2：228)

離婚は二度である[216]。それから良識をもって引き留めるか、心尽くしをもって去らせるかである。おまえたちが彼女たちに与えたもの[217]からなにかを取り戻すことは許されな

210　あるいは、性交の前に、アッラーの名前を唱えることなどを。

211　この節はアブドゥッラー・ブン・ラワーハに対して啓示された。彼と義理の息子のバシール・ブン・アン＝ヌウマーンの間に問題が起き、アブドゥッラーは「彼を訪れず、彼とは口を利かず、彼とその敵を仲裁しない」、との誓いを立てており、それについて何か言われても、「私はそうしないと、もうアッラーに誓ってしまったので、自分の誓約を守らないことは私には許されない」と言っていた。そこでアッラーはこの節を下された。

212　つい、誓約のつもりでなく「アッラーにかけて」等と言うこと。あるいは、ある事実はこうであると思って誓ったが、そうではないことが明らかになった場合。

213　但し絶縁の誓いを破ったことに対する償いが課される。破約の贖罪については、5章89節参照。絶縁とは性交を経つこと。

214　アラビア語の「月経(qar')」には経血の出血期と清浄期の両意があり、ハナフィー派、ハンバリー派とマーリキー派、シャーフィイー派との間で、待婚期間の解釈に差が生じる原因となっている。

215　夫に対する義務と同じく夫に対する権利がある。

216　撤回が可能な離婚は二回までであり、三回目で離婚は確定し、もはや撤回はできなくなる。

217　婚姻に際して夫が妻に支払った婚資。

وَإِذَا طَلَّقْتُمُ النِّسَاءَ فَبَلَغْنَ أَجَلَهُنَّ فَأَمْسِكُوهُنَّ بِمَعْرُوفٍ
أَوْ سَرِّحُوهُنَّ بِمَعْرُوفٍ ۚ وَلَا تُمْسِكُوهُنَّ ضِرَارًا لِتَعْتَدُوا ۚ وَمَنْ
يَفْعَلْ ذَٰلِكَ فَقَدْ ظَلَمَ نَفْسَهُ ۚ وَلَا تَتَّخِذُوا آيَاتِ اللَّهِ هُزُوًا ۚ
وَاذْكُرُوا نِعْمَتَ اللَّهِ عَلَيْكُمْ وَمَا أَنْزَلَ عَلَيْكُمْ مِنَ الْكِتَابِ وَالْحِكْمَةِ
يَعِظُكُمْ بِهِ ۚ وَاتَّقُوا اللَّهَ وَاعْلَمُوا أَنَّ اللَّهَ بِكُلِّ شَيْءٍ عَلِيمٌ ﴿٢٣١﴾ وَإِذَا
طَلَّقْتُمُ النِّسَاءَ فَبَلَغْنَ أَجَلَهُنَّ فَلَا تَعْضُلُوهُنَّ أَنْ يَنْكِحْنَ
أَزْوَاجَهُنَّ إِذَا تَرَاضَوْا بَيْنَهُمْ بِالْمَعْرُوفِ ۗ ذَٰلِكَ يُوعَظُ بِهِ مَنْ كَانَ
مِنْكُمْ يُؤْمِنُ بِاللَّهِ وَالْيَوْمِ الْآخِرِ ۗ ذَٰلِكُمْ أَزْكَىٰ لَكُمْ وَأَطْهَرُ ۗ وَاللَّهُ
يَعْلَمُ وَأَنْتُمْ لَا تَعْلَمُونَ ﴿٢٣٢﴾ ۞ وَالْوَالِدَاتُ يُرْضِعْنَ أَوْلَادَهُنَّ حَوْلَيْنِ
كَامِلَيْنِ ۖ لِمَنْ أَرَادَ أَنْ يُتِمَّ الرَّضَاعَةَ ۚ وَعَلَى الْمَوْلُودِ لَهُ رِزْقُهُنَّ
وَكِسْوَتُهُنَّ بِالْمَعْرُوفِ ۚ لَا تُكَلَّفُ نَفْسٌ إِلَّا وُسْعَهَا ۚ لَا تُضَارَّ
وَالِدَةٌ بِوَلَدِهَا وَلَا مَوْلُودٌ لَهُ بِوَلَدِهِ ۚ وَعَلَى الْوَارِثِ مِثْلُ ذَٰلِكَ ۗ فَإِنْ
أَرَادَا فِصَالًا عَنْ تَرَاضٍ مِنْهُمَا وَتَشَاوُرٍ فَلَا جُنَاحَ عَلَيْهِمَا ۗ وَإِنْ
أَرَدْتُمْ أَنْ تَسْتَرْضِعُوا أَوْلَادَكُمْ فَلَا جُنَاحَ عَلَيْكُمْ إِذَا سَلَّمْتُمْ مَا
آتَيْتُمْ بِالْمَعْرُوفِ ۗ وَاتَّقُوا اللَّهَ وَاعْلَمُوا أَنَّ اللَّهَ بِمَا تَعْمَلُونَ بَصِيرٌ ﴿٢٣٣﴾

い。ただし、彼ら二人が自分たちがアッラーの諸法度に則ることができないことを恐れる場合は別で、もしお前たち[218]が彼ら二人がアッラーの諸法度に則ることができないことを恐れる場合は彼女が贖《あがな》ったものは彼ら二人にとって罪ではない[219]。これがアッラーの諸法度である。それゆえ、それを越えてはならない。アッラーの諸法度を越える者、それらの者こそ不正者である。(2：229)

それで彼が彼女を離婚したなら、その後は、彼女が彼以外の夫と結婚するまで彼には彼女(との復縁)は許されない。それでもし彼(前妻が再婚した相手)が彼女を離婚したなら、二人がアッラーの諸法度に則ることができると考えて復縁することに二人への罪はない。そしてこれがアッラーの諸法度で、彼はそれを知る者たちに明示し給う。(2：230)

そしておまえたちが妻たちを離婚して彼女らの(待婚)期間が経過したなら[220]、良識をもって彼女を引き留めるか、良識をもって彼女を去らせよ。そして無法をはたらいて害を与えるために彼女らを引き留めてはならない。そしてそのようなことを行う者は、自らに対して不正を働いたのである。またアッラーの諸々の徴を愚弄してはならない。そしてアッラーのおまえたちへの恩寵と、下し給うた啓典と英知を、彼がおまえたちにそれを諭したのを、思い起こせ。そしてアッラーを畏れ身を守れ。そしてアッラーがすべてのものごとを知り給う御方であると知れ。(2：231)

そしておまえたちが妻たちを離婚して彼女らの(待婚)期間が経過した場合。もし彼らが良識を持って互いに同意しているなら、彼女らが彼女らの夫と結婚することを妨害してはならない[221]。それがおまえたちの中でアッラーと最後の日を信じている者に訓戒されたことである。それがおまえたちにはより清くより清浄である。そしてアッラーは知り給うが、おまえたちは知らないのである。(2：232)

そして母親たちは子供たちに満二年授乳をする(必要がある)。授乳を全うすることを望む者に関する(規定である)。そして父親には彼女たちの糧と衣服が良識に従って課せられる。人は自分の器量以上には(重荷を)課せられない。母親は子のことで苦しめられること

218　為政者。
219　結婚における夫婦の権利義務をお互いに果たせないと思った場合に、妻が夫から貰った婚資を返すことで自らを身請けして別れることは許される。
220　ここでは、待婚期間の満了が近づいたら、の意。
221　妻の後見に向けられた言葉で、妻の後見は、彼女が夫の許に戻るか新しい夫と結婚するのを妨げてはならない。一説によると、これは前夫に対する、前妻の再婚の妨害の禁止である。

وَٱلَّذِينَ يُتَوَفَّوۡنَ مِنكُمۡ وَيَذَرُونَ أَزۡوَٰجٗا يَتَرَبَّصۡنَ بِأَنفُسِهِنَّ
أَرۡبَعَةَ أَشۡهُرٖ وَعَشۡرٗاۖ فَإِذَا بَلَغۡنَ أَجَلَهُنَّ فَلَا جُنَاحَ عَلَيۡكُمۡ
فِيمَا فَعَلۡنَ فِيٓ أَنفُسِهِنَّ بِٱلۡمَعۡرُوفِۗ وَٱللَّهُ بِمَا تَعۡمَلُونَ خَبِيرٞ
٢٣٤ وَلَا جُنَاحَ عَلَيۡكُمۡ فِيمَا عَرَّضۡتُم بِهِۦ مِنۡ خِطۡبَةِ ٱلنِّسَآءِ
أَوۡ أَكۡنَنتُمۡ فِيٓ أَنفُسِكُمۡۚ عَلِمَ ٱللَّهُ أَنَّكُمۡ سَتَذۡكُرُونَهُنَّ
وَلَٰكِن لَّا تُوَاعِدُوهُنَّ سِرًّا إِلَّآ أَن تَقُولُواْ قَوۡلٗا مَّعۡرُوفٗاۚ
وَلَا تَعۡزِمُواْ عُقۡدَةَ ٱلنِّكَاحِ حَتَّىٰ يَبۡلُغَ ٱلۡكِتَٰبُ أَجَلَهُۥۚ
وَٱعۡلَمُوٓاْ أَنَّ ٱللَّهَ يَعۡلَمُ مَا فِيٓ أَنفُسِكُمۡ فَٱحۡذَرُوهُۚ وَٱعۡلَمُوٓاْ
أَنَّ ٱللَّهَ غَفُورٌ حَلِيمٞ ٢٣٥ لَّا جُنَاحَ عَلَيۡكُمۡ إِن طَلَّقۡتُمُ ٱلنِّسَآءَ
مَا لَمۡ تَمَسُّوهُنَّ أَوۡ تَفۡرِضُواْ لَهُنَّ فَرِيضَةٗۚ وَمَتِّعُوهُنَّ عَلَى
ٱلۡمُوسِعِ قَدَرُهُۥ وَعَلَى ٱلۡمُقۡتِرِ قَدَرُهُۥ مَتَٰعَۢا بِٱلۡمَعۡرُوفِۖ حَقًّا عَلَى
ٱلۡمُحۡسِنِينَ ٢٣٦ وَإِن طَلَّقۡتُمُوهُنَّ مِن قَبۡلِ أَن تَمَسُّوهُنَّ وَقَدۡ
فَرَضۡتُمۡ لَهُنَّ فَرِيضَةٗ فَنِصۡفُ مَا فَرَضۡتُمۡ إِلَّآ أَن يَعۡفُونَ
أَوۡ يَعۡفُوَاْ ٱلَّذِي بِيَدِهِۦ عُقۡدَةُ ٱلنِّكَاحِۚ وَأَن تَعۡفُوٓاْ أَقۡرَبُ لِلتَّقۡوَىٰۚ
وَلَا تَنسَوُاْ ٱلۡفَضۡلَ بَيۡنَكُمۡۚ إِنَّ ٱللَّهَ بِمَا تَعۡمَلُونَ بَصِيرٌ ٢٣٧

はなく、父親もまた、(苦しめられることは)ない。また、相続人[222]にもそれと同じものが課せられる。それで二人が協議の上で互いに納得してのことなら、離乳を望んでも、二人には罪はない。また、おまえたちが子供たちに乳母をつけても、良識に従って提示したものを渡すならば[223]、おまえたちの罪にはならない。そしてアッラーを畏れ身を守り、アッラーがおまえたちのなすことを見通し給う御方であることを知れ。(2：233)

またおまえたちのうちで妻を残して魂を召される者があれば、彼女たちは四ヶ月と十日を独りで待つ。それでその期間に達したなら、彼女たちが自分の身(のふりかた)を良識に従って処理しても、おまえたちに罪はない。そしてアッラーはおまえたちのなすことに通暁し給う御方。(2：234)

またそうした女性[224]に求婚をほのめかしても、あるいは心のうちに秘めても、おまえたちの罪にはならない。アッラーはおまえたちがいずれ彼女たちのことを考えるであろうことを知り給う。ただし、彼女たちには良識に従った言葉を話すほか、密かに約束を交わしてはならない。また、定め(の待婚期限)がその満期に達するまで結婚の約束を決めてはならない。そしてアッラーがおまえたちの心にあることを知っておられることを知って彼に警戒せよ。また、アッラーがよく赦し給う寛容な御方であると知れ。(2：235)

おまえたちが女性と、定めのもの(婚資)を定めないうち、あるいは彼女らに触れ[225]ないうちに離婚してもおまえたちに罪はない。そして豊かな者はその分に応じて、また乏しい者もその分に応じて良識に則った慰楽[226]を彼女らに享受させよ。至誠の者へ(課せられた)義務としての。(2：236)

彼女たちには触れる前であっても、すでに定めのもの(婚資)を定めていた時は、定めたものの半分である。ただし、彼女たちか結婚契約を手中にする者がそれを免じた場合は別である[227]。免じる方がより敬虔に近い。おまえたちの相互の寛容を忘れてはならない。まことにアッラーはおまえたちのなすことを見通し給う御方。(2：237)

222　父親の死後の相続人がその乳児の場合には、その後見に扶養義務が課される。もしくは、相続人とは、乳児を「相続」する者、すなわち後見人であるとする解釈もある。
223　乳母に授乳の賃金を払うなら。
224　死別や離婚後の待婚期間中の女性。
225　性交の意。
226　ムトアと呼ばれる生活費。
227　妻が婚資を全額ないし一部放棄するか、あるいは結婚契約を手中にする者すなわち夫が婚資を全額渡すなどした場合。

حَٰفِظُواْ عَلَى ٱلصَّلَوَٰتِ وَٱلصَّلَوٰةِ ٱلۡوُسۡطَىٰ وَقُومُواْ لِلَّهِ
قَٰنِتِينَ ٢٣٨ فَإِنۡ خِفۡتُمۡ فَرِجَالًا أَوۡ رُكۡبَانٗاۖ فَإِذَآ أَمِنتُمۡ
فَٱذۡكُرُواْ ٱللَّهَ كَمَا عَلَّمَكُم مَّا لَمۡ تَكُونُواْ تَعۡلَمُونَ
٢٣٩ وَٱلَّذِينَ يُتَوَفَّوۡنَ مِنكُمۡ وَيَذَرُونَ أَزۡوَٰجٗا
وَصِيَّةٗ لِّأَزۡوَٰجِهِم مَّتَٰعًا إِلَى ٱلۡحَوۡلِ غَيۡرَ إِخۡرَاجٖۚ فَإِنۡ
خَرَجۡنَ فَلَا جُنَاحَ عَلَيۡكُمۡ فِي مَا فَعَلۡنَ فِيٓ أَنفُسِهِنَّ
مِن مَّعۡرُوفٖۗ وَٱللَّهُ عَزِيزٌ حَكِيمٞ ٢٤٠ وَلِلۡمُطَلَّقَٰتِ مَتَٰعُۢ
بِٱلۡمَعۡرُوفِۖ حَقًّا عَلَى ٱلۡمُتَّقِينَ ٢٤١ كَذَٰلِكَ يُبَيِّنُ
ٱللَّهُ لَكُمۡ ءَايَٰتِهِۦ لَعَلَّكُمۡ تَعۡقِلُونَ ٢٤٢ ۞ أَلَمۡ تَرَ
إِلَى ٱلَّذِينَ خَرَجُواْ مِن دِيَٰرِهِمۡ وَهُمۡ أُلُوفٌ حَذَرَ ٱلۡمَوۡتِ
فَقَالَ لَهُمُ ٱللَّهُ مُوتُواْ ثُمَّ أَحۡيَٰهُمۡۚ إِنَّ ٱللَّهَ لَذُو فَضۡلٍ
عَلَى ٱلنَّاسِ وَلَٰكِنَّ أَكۡثَرَ ٱلنَّاسِ لَا يَشۡكُرُونَ ٢٤٣
وَقَٰتِلُواْ فِي سَبِيلِ ٱللَّهِ وَٱعۡلَمُوٓاْ أَنَّ ٱللَّهَ سَمِيعٌ عَلِيمٞ ٢٤٤ مَّن
ذَا ٱلَّذِي يُقۡرِضُ ٱللَّهَ قَرۡضًا حَسَنٗا فَيُضَٰعِفَهُۥ لَهُۥٓ أَضۡعَافٗا
كَثِيرَةٗۚ وَٱللَّهُ يَقۡبِضُ وَيَبۡصُۜطُ وَإِلَيۡهِ تُرۡجَعُونَ ٢٤٥

諸礼拝と中間の礼拝[228]を守れ。そして(礼拝時は)アッラーに対して従順に立て。(2：238)

それでもしおまえたちが恐れるならば[229]、徒歩のまま、または騎乗のまま[230]。そして安全になったらアッラーを念じよ[231]。おまえたちが知らなかったこと[232]を彼がおまえたちに教え給うたとおりに。(2：239)

おまえたちのうち妻を残して魂を召される者たちは、妻たちへの遺言を、そして追い出すことなく一年までの慰楽(扶養)を[233]。それでもし彼女が家を出たなら、彼女らが良識に従って自分たちのためになしたことについておまえたちに罪はない。そしてアッラーは威力比類なく、英明な御方。(2：240)

そして離婚された女性には良識に従った慰楽(扶養)がある。畏れ身を守る者の義務として。(2：241)

こうしてアッラーはおまえたちに彼の諸々の徴を明らかにし給うた。きっとおまえたちも理解するであろう。(2：242)

おまえは数千人に及ぶ、死を恐れて自分の家を出て行った者たちを見なかったか[234]。アッラーは彼らに、「死ね」と仰せられ、それから彼らを生き返らせ給うた。まことにアッラーは人々に対する御恵みの持ち主。だが、人々の大半は感謝しない。(2：243)

そしてアッラーの道において戦え。そしてアッラーがよく聞きよく知り給う御方と知れ。(2：244)

アッラーに良い債権を貸し付ける者はだれか。それで彼はその者のためにそれを倍加し、数倍にもなし給う[235]。アッラーは締め付け給い、また広げ給う[236]。そしておまえたちは彼の許に帰らされるのである。(2：245)

228　中間の礼拝とは、通説では昼下がり後(アスル)の礼拝を指すが、異説もある。

229　敵や猛獣に襲われる危険があれば。

230　礼拝の方向(マッカ、カアバ神殿)を向いてでも、向かなくとも、歩きながら、あるいは乗り物に乗ったままで礼拝せよ。

231　通常の礼拝をせよ。

232　礼拝の仕方等。

233　衣食住の費用。尚、遺言に関する規定は相続に関する諸節によって、1 年間の待婚は 2 章 234 節の啓示によってそれぞれ廃棄された。

234　戦争、あるいは疫病を恐れて居住地を棄てて逃げ出した、と言われる。イスラーイールの子孫であったとも言われるが、確かな伝承の典拠はない。

235　6 章 160 節、2 章 261 節参照。

236　試練として、時に豊かにし、時に貧しくされる。

أَلَمْ تَرَ إِلَى ٱلْمَلَإِ مِنۢ بَنِىٓ إِسْرَٰٓءِيلَ مِنۢ بَعْدِ مُوسَىٰٓ إِذْ
قَالُوا۟ لِنَبِىٍّ لَّهُمُ ٱبْعَثْ لَنَا مَلِكًا نُّقَٰتِلْ فِى سَبِيلِ ٱللَّهِ ۖ
قَالَ هَلْ عَسَيْتُمْ إِن كُتِبَ عَلَيْكُمُ ٱلْقِتَالُ أَلَّا تُقَٰتِلُوا۟ ۖ
قَالُوا۟ وَمَا لَنَآ أَلَّا نُقَٰتِلَ فِى سَبِيلِ ٱللَّهِ وَقَدْ أُخْرِجْنَا
مِن دِيَٰرِنَا وَأَبْنَآئِنَا ۖ فَلَمَّا كُتِبَ عَلَيْهِمُ ٱلْقِتَالُ تَوَلَّوْا۟
إِلَّا قَلِيلًا مِّنْهُمْ ۗ وَٱللَّهُ عَلِيمٌۢ بِٱلظَّٰلِمِينَ ﴿٢٤٦﴾ وَقَالَ لَهُمْ
نَبِيُّهُمْ إِنَّ ٱللَّهَ قَدْ بَعَثَ لَكُمْ طَالُوتَ مَلِكًا ۚ
قَالُوٓا۟ أَنَّىٰ يَكُونُ لَهُ ٱلْمُلْكُ عَلَيْنَا وَنَحْنُ أَحَقُّ
بِٱلْمُلْكِ مِنْهُ وَلَمْ يُؤْتَ سَعَةً مِّنَ ٱلْمَالِ ۚ قَالَ إِنَّ ٱللَّهَ
ٱصْطَفَىٰهُ عَلَيْكُمْ وَزَادَهُۥ بَسْطَةً فِى ٱلْعِلْمِ وَٱلْجِسْمِ ۖ
وَٱللَّهُ يُؤْتِى مُلْكَهُۥ مَن يَشَآءُ ۚ وَٱللَّهُ وَٰسِعٌ عَلِيمٌ ﴿٢٤٧﴾
وَقَالَ لَهُمْ نَبِيُّهُمْ إِنَّ ءَايَةَ مُلْكِهِۦٓ أَن يَأْتِيَكُمُ
ٱلتَّابُوتُ فِيهِ سَكِينَةٌ مِّن رَّبِّكُمْ وَبَقِيَّةٌ مِّمَّا
تَرَكَ ءَالُ مُوسَىٰ وَءَالُ هَٰرُونَ تَحْمِلُهُ ٱلْمَلَٰٓئِكَةُ ۚ
إِنَّ فِى ذَٰلِكَ لَءَايَةً لَّكُمْ إِن كُنتُم مُّؤْمِنِينَ ﴿٢٤٨﴾

おまえはムーサーの後のイスラーイールの子孫の長老たちを見なかったか。彼らが彼らの預言者[237]に、「われらに王を遣わしてくれ。我らはアッラーの道において戦う」と言った時のこと[238]。彼は言った。「おそらくおまえたちは、戦いがおまえたちに課されても、戦わないのではないか」。彼らは言った。「どうしてわれらがアッラーの道において戦わないことがあろうか。われらはわれらの家と子供たちから引き離されたというのに[239]」。ところが、戦いが彼らに課されると、彼らのうち少数を除き背き去った。そしてアッラーは不正な者たちをよく知り給う。(2：246)

そして彼らの預言者は彼らに言った。「アッラーはおまえたちにタールート(サウル)を王として遣わし給うた」。彼らは言った。「どうして彼にわれらの上に立つ王権が与えられるのか。われらは彼より王権にふさわしい。一方、彼は財産も豊かに授かっていない」。彼は言った。「アッラーは彼をおまえたちの上に選び、彼の知識と身体を豊かに増し給うたのである。そしてアッラーは、御望みの者に彼の王権を授け給う。そしてアッラーは広大にして、よく知り給う御方」。(2：247)

また彼らの預言者は彼らに言った。「彼(タールート)の王権の徴は、おまえたちに櫃《ひつ》がもたらされることである。その中にはおまえたちの主からの静謐[240]とムーサーの一族とハールーンの一族が残した遺品があり[241]、天使たちがそれを運ぶ。まことにそこにはおまえたちへの徴がある、もしおまえたちが信仰者であるならば」。(2：248)

237　シャムウィール(サムエル)。
238　「サムエル記上」8章参照。
239　ジャールート(ゴリアテ)の民(ペリシテ人)は、イスラーイールの民を征服し、家を奪い、子供たちを捕虜にし、人頭税を課していた。
240　「静謐(sakīnah)」のヘブライ語形(shekhīnā)はユダヤ教では「神の臨在」を意味する。
241　この「櫃」(聖櫃)については、「出エジプト記」16章33-34節(マナの入った壺)、同40章20節、「民数記」17章11節(香炉)、「申命記」10章2節(契約の石盤)、「サムエル記上」4-7章(契約の箱)、「ヘブライ人への手紙」9章4節参照。

فَلَمَّا فَصَلَ طَالُوتُ بِٱلْجُنُودِ قَالَ إِنَّ ٱللَّهَ مُبْتَلِيكُم
بِنَهَرٍ فَمَن شَرِبَ مِنْهُ فَلَيْسَ مِنِّى وَمَن لَّمْ يَطْعَمْهُ
فَإِنَّهُۥ مِنِّىٓ إِلَّا مَنِ ٱغْتَرَفَ غُرْفَةًۢ بِيَدِهِۦ ۚ فَشَرِبُوا۟ مِنْهُ
إِلَّا قَلِيلًا مِّنْهُمْ ۚ فَلَمَّا جَاوَزَهُۥ هُوَ وَٱلَّذِينَ ءَامَنُوا۟
مَعَهُۥ قَالُوا۟ لَا طَاقَةَ لَنَا ٱلْيَوْمَ بِجَالُوتَ وَجُنُودِهِۦ ۚ
قَالَ ٱلَّذِينَ يَظُنُّونَ أَنَّهُم مُّلَٰقُوا۟ ٱللَّهِ كَم مِّن فِئَةٍ
قَلِيلَةٍ غَلَبَتْ فِئَةً كَثِيرَةًۢ بِإِذْنِ ٱللَّهِ ۗ وَٱللَّهُ مَعَ
ٱلصَّٰبِرِينَ ﴿٢٤٩﴾ وَلَمَّا بَرَزُوا۟ لِجَالُوتَ وَجُنُودِهِۦ قَالُوا۟
رَبَّنَآ أَفْرِغْ عَلَيْنَا صَبْرًا وَثَبِّتْ أَقْدَامَنَا وَٱنصُرْنَا
عَلَى ٱلْقَوْمِ ٱلْكَٰفِرِينَ ﴿٢٥٠﴾ فَهَزَمُوهُم بِإِذْنِ ٱللَّهِ
وَقَتَلَ دَاوُۥدُ جَالُوتَ وَءَاتَىٰهُ ٱللَّهُ ٱلْمُلْكَ
وَٱلْحِكْمَةَ وَعَلَّمَهُۥ مِمَّا يَشَآءُ ۗ وَلَوْلَا دَفْعُ ٱللَّهِ ٱلنَّاسَ
بَعْضَهُم بِبَعْضٍ لَّفَسَدَتِ ٱلْأَرْضُ وَلَٰكِنَّ ٱللَّهَ ذُو
فَضْلٍ عَلَى ٱلْعَٰلَمِينَ ﴿٢٥١﴾ تِلْكَ ءَايَٰتُ ٱللَّهِ نَتْلُوهَا
عَلَيْكَ بِٱلْحَقِّ ۚ وَإِنَّكَ لَمِنَ ٱلْمُرْسَلِينَ ﴿٢٥٢﴾

そこでタールートが軍隊と共に出征した時、彼は言った。「まことにアッラーはおまえたちを川で試み給う。それでそれを飲む者は私には属さず、それを口にしない者こそ私に属す。ただし、手で一掬いする者は別である」。だが、彼らのうち少数を除き、それから飲んだ。それゆえ彼と彼と共に信仰する者たちが川を渡った時、彼らは言った。「今日、われらにジャールート(ゴリアテ)とその軍隊に対抗する力はない」。自分たちがアッラーとまみえる者であると信じる者たちは言った。「どれだけ(数々)の少ない衆がアッラーの御許可の下、多くの衆に打ち勝ったことか[242]。そしてアッラーは耐える者と共におわせられる」。(2：249)

そして彼らはジャールートとその軍隊に相対すると言った。「われらが主よ、われらに忍耐を注ぎ、われらの足を固め、不信仰の民に対しわれらに勝利を与え給え」。(2：250)

それゆえ彼らはアッラーの御許可の下、彼らを打ち破り、ダーウード(ダビデ)はジャールートを殺し[243]、アッラーは彼に王権と英知を授け、彼(アッラー)の御望みのことを彼に教え給うた。もしアッラーが人々を相互に抑制させ給わなければ、大地は荒廃したであろう。だが、アッラーは諸世界への御恵みの持ち主。(2：251)

これはアッラーの諸々の徴で、われらはそれをおまえに真理をもって読み聞かせる。まことにおまえはまさに遣わされた者たち(の一人)である。(2：252)

242　小勢が幾度となく多勢に勝った、の意。
243　「サムエル記上」17 章 49-51 節参照。

۞ تِلْكَ ٱلرُّسُلُ فَضَّلْنَا بَعْضَهُمْ عَلَىٰ بَعْضٍ ۘ مِّنْهُم مَّن كَلَّمَ ٱللَّهُ ۖ
وَرَفَعَ بَعْضَهُمْ دَرَجَٰتٍ ۚ وَءَاتَيْنَا عِيسَى ٱبْنَ مَرْيَمَ ٱلْبَيِّنَٰتِ
وَأَيَّدْنَٰهُ بِرُوحِ ٱلْقُدُسِ ۗ وَلَوْ شَآءَ ٱللَّهُ مَا ٱقْتَتَلَ ٱلَّذِينَ مِنۢ
بَعْدِهِم مِّنۢ بَعْدِ مَا جَآءَتْهُمُ ٱلْبَيِّنَٰتُ وَلَٰكِنِ ٱخْتَلَفُوا۟
فَمِنْهُم مَّنْ ءَامَنَ وَمِنْهُم مَّن كَفَرَ ۚ وَلَوْ شَآءَ ٱللَّهُ مَا ٱقْتَتَلُوا۟
وَلَٰكِنَّ ٱللَّهَ يَفْعَلُ مَا يُرِيدُ ٢٥٣ يَٰٓأَيُّهَا ٱلَّذِينَ ءَامَنُوٓا۟ أَنفِقُوا۟
مِمَّا رَزَقْنَٰكُم مِّن قَبْلِ أَن يَأْتِىَ يَوْمٌ لَّا بَيْعٌ فِيهِ وَلَا خُلَّةٌ وَلَا
شَفَٰعَةٌ ۗ وَٱلْكَٰفِرُونَ هُمُ ٱلظَّٰلِمُونَ ٢٥٤ ٱللَّهُ لَآ إِلَٰهَ إِلَّا هُوَ
ٱلْحَىُّ ٱلْقَيُّومُ ۚ لَا تَأْخُذُهُۥ سِنَةٌ وَلَا نَوْمٌ ۚ لَّهُۥ مَا فِى ٱلسَّمَٰوَٰتِ
وَمَا فِى ٱلْأَرْضِ ۗ مَن ذَا ٱلَّذِى يَشْفَعُ عِندَهُۥٓ إِلَّا بِإِذْنِهِۦ ۚ يَعْلَمُ
مَا بَيْنَ أَيْدِيهِمْ وَمَا خَلْفَهُمْ ۖ وَلَا يُحِيطُونَ بِشَىْءٍ مِّنْ عِلْمِهِۦٓ إِلَّا
بِمَا شَآءَ ۚ وَسِعَ كُرْسِيُّهُ ٱلسَّمَٰوَٰتِ وَٱلْأَرْضَ ۖ وَلَا يَـُٔودُهُۥ حِفْظُهُمَا ۚ
وَهُوَ ٱلْعَلِىُّ ٱلْعَظِيمُ ٢٥٥ لَآ إِكْرَاهَ فِى ٱلدِّينِ ۖ قَد تَّبَيَّنَ ٱلرُّشْدُ مِنَ
ٱلْغَىِّ ۚ فَمَن يَكْفُرْ بِٱلطَّٰغُوتِ وَيُؤْمِنۢ بِٱللَّهِ فَقَدِ ٱسْتَمْسَكَ
بِٱلْعُرْوَةِ ٱلْوُثْقَىٰ لَا ٱنفِصَامَ لَهَا ۗ وَٱللَّهُ سَمِيعٌ عَلِيمٌ ٢٥٦

これらの使徒は、われらが彼らのある者たちを別の者たちよりも優遇した。彼らの中にはアッラーが語りかけ給うた者[244]もあり、ある者たちは彼が位階を高め給うた。また、われらはマルヤムの子イーサーには諸々の明証[245]を与え、彼を聖霊(天使ジブリール)によって支えた[246]。そしてもしアッラーが望み給うたならば、彼らの後の者たちは諸々の明証がそれらの者にもたらされた後に戦い合いはしなかったであろう。だが、彼らは分裂し、彼らの中には信仰した者もいれば、また、彼らの中には信仰を拒んだ者もいた。そしてもしアッラーが望み給うたならば、彼らは戦い合わなかったが、アッラーはお望みのことをなし給う。(2：253)

信仰する者たちよ、われらがおまえたちに糧として与えたものから(善に)費やせ、取引もなく、友情もなく、執り成しもない日が来る前に。そして不信仰者たち、彼らこそは不正な者である。(2：254)

アッラー、彼のほかに神はない。生き、維持し給う御方。まどろみも眠りも彼をとらえることはない。諸天にあるものも地にあるものも彼に属す。彼の御許可なしに誰が彼の御許で執り成しをなし得ようか。彼らの前にあることも後ろにあること[247]も知り給う。そして彼が望み給うたことを除いて、彼の知識のうちどんなものも彼らにとらえることはできない。彼の玉座[248]は諸天と地を覆って広がり、それら(諸天と地)を支えることは彼を疲れさせない。そして彼は至高にして偉大なる御方。(2：255)

宗教に強制はない[249]。既に正導は迷誤から明らかにされた。それゆえ、邪神たちを拒絶しアッラーを信じる者は切れない最も堅い握りを摑んだのである。アッラーはよく聞きよく知り給う御方。(2：256)

244　ムーサーとムハンマド。

245　奇跡を指すといわれる。3章49節参照。

246　2章87節参照。

247　人間の創造以前と死後とも、人間が表現したものと隠したものとも、現世と来世の全てとも言われる。

248　この「玉座(kursī)」の語に因んで、この節は「玉座の節」と呼ばれ、クルアーンの中で最も功徳のある節として尊重されている。「玉座」はアッラーの「高御座(ʻarsh)」の下にあると言われる。

249　預言者ムハンマドの弟子のフサインには二人の息子があったが、預言者の召命以前にキリスト教徒になっていた。その後、二人がマディーナにやってきた時に、フサインは二人に「おまえたちがムスリムとなるまで私はおまえたちを行かせない」と言った。そこで彼らが預言者ムハンマドに訴えた。父親が「アッラーの使徒よ、私の肉親が獄火に入るというのに、それを私は座視できましょうか」と言うと、この節が下され、彼は二人を行かせた。

ٱللَّهُ وَلِيُّ ٱلَّذِينَ ءَامَنُوا۟ يُخْرِجُهُم مِّنَ ٱلظُّلُمَٰتِ إِلَى ٱلنُّورِ ۖ
وَٱلَّذِينَ كَفَرُوٓا۟ أَوْلِيَآؤُهُمُ ٱلطَّٰغُوتُ يُخْرِجُونَهُم مِّنَ
ٱلنُّورِ إِلَى ٱلظُّلُمَٰتِ ۗ أُو۟لَٰٓئِكَ أَصْحَٰبُ ٱلنَّارِ ۖ هُمْ فِيهَا
خَٰلِدُونَ ﴿٢٥٧﴾ أَلَمْ تَرَ إِلَى ٱلَّذِى حَآجَّ إِبْرَٰهِۦمَ فِى رَبِّهِۦٓ
أَنْ ءَاتَىٰهُ ٱللَّهُ ٱلْمُلْكَ إِذْ قَالَ إِبْرَٰهِۦمُ رَبِّىَ ٱلَّذِى يُحْىِۦ
وَيُمِيتُ قَالَ أَنَا۠ أُحْىِۦ وَأُمِيتُ ۖ قَالَ إِبْرَٰهِۦمُ فَإِنَّ ٱللَّهَ يَأْتِى
بِٱلشَّمْسِ مِنَ ٱلْمَشْرِقِ فَأْتِ بِهَا مِنَ ٱلْمَغْرِبِ فَبُهِتَ ٱلَّذِى
كَفَرَ ۗ وَٱللَّهُ لَا يَهْدِى ٱلْقَوْمَ ٱلظَّٰلِمِينَ ﴿٢٥٨﴾ أَوْ كَٱلَّذِى
مَرَّ عَلَىٰ قَرْيَةٍ وَهِىَ خَاوِيَةٌ عَلَىٰ عُرُوشِهَا قَالَ أَنَّىٰ يُحْىِۦ
هَٰذِهِ ٱللَّهُ بَعْدَ مَوْتِهَا ۖ فَأَمَاتَهُ ٱللَّهُ مِا۟ئَةَ عَامٍ ثُمَّ بَعَثَهُۥ ۖ
قَالَ كَمْ لَبِثْتَ ۖ قَالَ لَبِثْتُ يَوْمًا أَوْ بَعْضَ يَوْمٍ ۖ قَالَ بَل
لَّبِثْتَ مِا۟ئَةَ عَامٍ فَٱنظُرْ إِلَىٰ طَعَامِكَ وَشَرَابِكَ لَمْ يَتَسَنَّهْ ۖ
وَٱنظُرْ إِلَىٰ حِمَارِكَ وَلِنَجْعَلَكَ ءَايَةً لِّلنَّاسِ ۖ وَٱنظُرْ إِلَى
ٱلْعِظَامِ كَيْفَ نُنشِزُهَا ثُمَّ نَكْسُوهَا لَحْمًا ۚ فَلَمَّا
تَبَيَّنَ لَهُۥ قَالَ أَعْلَمُ أَنَّ ٱللَّهَ عَلَىٰ كُلِّ شَىْءٍ قَدِيرٌ ﴿٢٥٩﴾

アッラーは信仰した者たちの後見であり、彼らを諸々の闇から光に連れ出し給う。そして信仰を拒んだ者たちは邪神たちが彼らの後見で、彼らを光から諸々の闇に連れ出す。それらの者は獄火の輩であり、彼らはそこに永遠に住まう。(2：257)

おまえは見なかったか、イブラーヒームに対して彼の主について、アッラーが王権を与え給うたことで言い争った者を[250]。その時、イブラーヒームが、「わが主は生かし、そして死なせ給う御方である」と言うと、「われこそが生かし、殺す[251]」と言った。イブラーヒームは言った。「それではアッラーは太陽を東からもたらし給うから、それを西からもたらしてみよ」。すると信仰を拒んだ者は言葉に詰まった。アッラーは不正の民は導き給わない。(2：258)

あるいはまた、屋根まで潰れた町[252]を通りがかった者のような者[253]。彼は言った。「いかにアッラーはこれを死んだ後に生き返らせ給うのか」。すると、アッラーは彼を百年の間死なせ、それから生き返らせ給うた。彼は仰せられた。「どれほど留まったか」。彼は言った。「一日、または半日留まりました」。彼は仰せられた。「いや、おまえは百年留まったのである。おまえの食べ物と飲み物を見よ。いまだ年を経ていない。また、おまえのロバを見よ。われらはおまえを人々への徴となそう。その骨を見よ。われらがそれをどのように持ち上げ、ついで肉を着せるか」。それが明らかにされるや彼は言った。「アッラーがすべてのものに対して全能であらせられることを私は知っている」。(2：259)

250　ヌムルーズ(ニムロデ)とも言われる。「創世記」10章8-9節、「歴代誌上」1章10節参照。

251　つまり、殺害と恩赦によって。彼は二人の男を呼び寄せて、一人を殺し、一人を放免した。

252　あるいは、「家々に人影のない町」。

253　ブフトゥナッサル(ネブカドネザル)がエルサレムを破壊した時に、そこを訪れたウザイル(エズラ)を指す、とも言われる。

وَإِذْ قَالَ إِبْرَٰهِۦمُ رَبِّ أَرِنِى كَيْفَ تُحْىِ ٱلْمَوْتَىٰ ۖ قَالَ أَوَلَمْ
تُؤْمِن ۖ قَالَ بَلَىٰ وَلَٰكِن لِّيَطْمَئِنَّ قَلْبِى ۖ قَالَ فَخُذْ أَرْبَعَةً مِّنَ
ٱلطَّيْرِ فَصُرْهُنَّ إِلَيْكَ ثُمَّ ٱجْعَلْ عَلَىٰ كُلِّ جَبَلٍ مِّنْهُنَّ جُزْءًا
ثُمَّ ٱدْعُهُنَّ يَأْتِينَكَ سَعْيًا ۚ وَٱعْلَمْ أَنَّ ٱللَّهَ عَزِيزٌ حَكِيمٌ
﴿٢٦٠﴾ مَّثَلُ ٱلَّذِينَ يُنفِقُونَ أَمْوَٰلَهُمْ فِى سَبِيلِ ٱللَّهِ كَمَثَلِ حَبَّةٍ
أَنۢبَتَتْ سَبْعَ سَنَابِلَ فِى كُلِّ سُنۢبُلَةٍ مِّا۟ئَةُ حَبَّةٍ ۗ وَٱللَّهُ
يُضَٰعِفُ لِمَن يَشَآءُ ۗ وَٱللَّهُ وَٰسِعٌ عَلِيمٌ ﴿٢٦١﴾ ٱلَّذِينَ يُنفِقُونَ
أَمْوَٰلَهُمْ فِى سَبِيلِ ٱللَّهِ ثُمَّ لَا يُتْبِعُونَ مَآ أَنفَقُوا۟ مَنًّا وَلَآ
أَذًى ۙ لَّهُمْ أَجْرُهُمْ عِندَ رَبِّهِمْ وَلَا خَوْفٌ عَلَيْهِمْ وَلَا هُمْ
يَحْزَنُونَ ﴿٢٦٢﴾ ۞ قَوْلٌ مَّعْرُوفٌ وَمَغْفِرَةٌ خَيْرٌ مِّن صَدَقَةٍ
يَتْبَعُهَآ أَذًى ۗ وَٱللَّهُ غَنِىٌّ حَلِيمٌ ﴿٢٦٣﴾ يَٰٓأَيُّهَا ٱلَّذِينَ ءَامَنُوا۟
لَا تُبْطِلُوا۟ صَدَقَٰتِكُم بِٱلْمَنِّ وَٱلْأَذَىٰ كَٱلَّذِى يُنفِقُ مَالَهُۥ
رِئَآءَ ٱلنَّاسِ وَلَا يُؤْمِنُ بِٱللَّهِ وَٱلْيَوْمِ ٱلْءَاخِرِ ۖ فَمَثَلُهُۥ كَمَثَلِ
صَفْوَانٍ عَلَيْهِ تُرَابٌ فَأَصَابَهُۥ وَابِلٌ فَتَرَكَهُۥ صَلْدًا ۖ لَّا يَقْدِرُونَ
عَلَىٰ شَىْءٍ مِّمَّا كَسَبُوا۟ ۗ وَٱللَّهُ لَا يَهْدِى ٱلْقَوْمَ ٱلْكَٰفِرِينَ ﴿٢٦٤﴾

また、イブラーヒームが、「主よ、どのようにあなたが死者を生かし給うか私に見せ給え」と言った時のこと。彼は仰せられた。「おまえは信じないのか」。彼は言った。「そうではありません。ただ、私の心が落ち着くようにです」。彼は仰せられた。「鳥を四羽取り、それらをおまえの方に引寄せ切り分けよ。それからそれぞれの山にその一部を置き、それからそれらを呼んでみよ。おまえの許に急いでやってこよう。そしてアッラーが威力比類なく、英知ある御方であることを知れ」。(2：260)

自分の財産をアッラーの道で費やす者たちの譬《たと》えは、ちょうど一粒の種の譬えのよう。七つの穂を出し、それぞれの穂に百粒の種。そしてアッラーはお望みの者に対し加増し給う。そしてアッラーは広大にしてよく知り給う御方。(2：261)

アッラーの道において自分の財産を費やし、費やした後に続けて恩を着せたり、傷つけたりしない者たち、彼らには彼らの主の許に彼らの報償がある。そして彼らには恐怖はなく、彼らが悲しむことはない。(2：262)

良い言葉と許し[254]は傷つけが後続する喜捨[255]に優る。アッラーは自足者[256]にして寛容なる御方。(2：263)

信仰する者たちよ、恩を着せ傷つけておまえたちの喜捨を無駄にしてはならない、人々への見せびらかしのために財産を費やし、アッラーと最後の日を信じない者のように。その者の譬えはちょうど土くれを被った滑らかな岩石のようなもので、大雨が降ればそれを平滑にしてしまう。彼らは自分の稼いだもの[257]から何も出来はしない[258]。そしてアッラーは不信仰の民を導き給わない。(2：264)

254　施しの対象者に対する許しとも、アッラーによる許しとも、罪を犯さないこととも解釈される。
255　恩着せがましくしたり、物乞いを咎めたり嘲ったりしながら施すこと。
256　ghanī は、富裕、満ち足りている、…を必要とせず自足している、自足者等の意味がある。
257　支出や行為。
258　何も得られない。

وَمَثَلُ ٱلَّذِينَ يُنفِقُونَ أَمْوَٰلَهُمُ ٱبْتِغَآءَ مَرْضَاتِ ٱللَّهِ
وَتَثْبِيتًا مِّنْ أَنفُسِهِمْ كَمَثَلِ جَنَّةٍۭ بِرَبْوَةٍ أَصَابَهَا وَابِلٌ
فَـَٔاتَتْ أُكُلَهَا ضِعْفَيْنِ فَإِن لَّمْ يُصِبْهَا وَابِلٌ فَطَلٌّ ۗ
وَٱللَّهُ بِمَا تَعْمَلُونَ بَصِيرٌ ﴿٢٦٥﴾ أَيَوَدُّ أَحَدُكُمْ أَن تَكُونَ لَهُۥ
جَنَّةٌ مِّن نَّخِيلٍ وَأَعْنَابٍ تَجْرِى مِن تَحْتِهَا ٱلْأَنْهَـٰرُ لَهُۥ
فِيهَا مِن كُلِّ ٱلثَّمَرَٰتِ وَأَصَابَهُ ٱلْكِبَرُ وَلَهُۥ ذُرِّيَّةٌ
ضُعَفَآءُ فَأَصَابَهَآ إِعْصَارٌ فِيهِ نَارٌ فَٱحْتَرَقَتْ ۗ كَذَٰلِكَ
يُبَيِّنُ ٱللَّهُ لَكُمُ ٱلْـَٔايَـٰتِ لَعَلَّكُمْ تَتَفَكَّرُونَ ﴿٢٦٦﴾ يَـٰٓأَيُّهَا
ٱلَّذِينَ ءَامَنُوٓا۟ أَنفِقُوا۟ مِن طَيِّبَـٰتِ مَا كَسَبْتُمْ وَمِمَّآ أَخْرَجْنَا
لَكُم مِّنَ ٱلْأَرْضِ ۖ وَلَا تَيَمَّمُوا۟ ٱلْخَبِيثَ مِنْهُ تُنفِقُونَ
وَلَسْتُم بِـَٔاخِذِيهِ إِلَّآ أَن تُغْمِضُوا۟ فِيهِ ۚ وَٱعْلَمُوٓا۟ أَنَّ ٱللَّهَ غَنِىٌّ
حَمِيدٌ ﴿٢٦٧﴾ ٱلشَّيْطَـٰنُ يَعِدُكُمُ ٱلْفَقْرَ وَيَأْمُرُكُم بِٱلْفَحْشَآءِ ۖ
وَٱللَّهُ يَعِدُكُم مَّغْفِرَةً مِّنْهُ وَفَضْلًا ۗ وَٱللَّهُ وَٰسِعٌ عَلِيمٌ
﴿٢٦٨﴾ يُؤْتِى ٱلْحِكْمَةَ مَن يَشَآءُ ۚ وَمَن يُؤْتَ ٱلْحِكْمَةَ فَقَدْ
أُوتِىَ خَيْرًا كَثِيرًا ۗ وَمَا يَذَّكَّرُ إِلَّآ أُو۟لُوا۟ ٱلْأَلْبَـٰبِ ﴿٢٦٩﴾

またアッラーの御満悦を求めて、自分から確信して自分の財産を費やす者たちの譬《たと》えは、ちょうど高台の果樹園の譬えのようで、大雨が降ると二倍の糧をもたらし、大雨が降らなければ小雨[259]。そしてアッラーはおまえたちのなすことを見通し給う御方。(2：265)

おまえたちのうち、ナツメヤシやブドウの果樹園を持ち、下に河川が流れ、そこにあるあらゆる種類の果物を所有しながら、老いに襲われ、弱輩の子供たちがいるところに猛火をはらんだ暴風が襲い、(果樹園が)燃えてしまうことを望む者があろうか。このようにアッラーはおまえたちに諸々の徴を明かし給う。きっとおまえたちは思慮するであろう。(2：266)

信仰する者たちよ、おまえたちが稼いだ良きものと、われらがおまえたちのために大地から出でさせたものから(善に)費やせ。その中から(質の)悪いものをねらって費やしてはならない。おまえたちが(自分では)それについては目を閉じてでもいなければ受け取らないようなものを。そしてアッラーは自足者で称賛されるべき御方と知れ。(2：267)

悪魔はおまえたちに貧困を約束し、おまえたちに醜行を命じる[260]。他方、アッラーはおまえたちに彼からの御赦しと御恵みを約束し給う。そしてアッラーは広大にしてよく知り給う御方。(2：268)

彼は御望みの者に英知を授け給う。そして英知を授けられた者は、多くの良きものを授けられたのである。だが、賢慮を備えた者を除き留意しない。(2：269)

259　小雨が降る。あるいは、小雨でも十分である。
260　悪魔は喜捨を払えば貧しくなるぞと囁いて、吝嗇を勧める。

وَمَآ أَنفَقۡتُم مِّن نَّفَقَةٍ أَوۡ نَذَرۡتُم مِّن نَّذۡرٖ فَإِنَّ ٱللَّهَ
يَعۡلَمُهُۥۗ وَمَا لِلظَّٰلِمِينَ مِنۡ أَنصَارٍ ٢٧٠ إِن تُبۡدُواْ
ٱلصَّدَقَٰتِ فَنِعِمَّا هِيَۖ وَإِن تُخۡفُوهَا وَتُؤۡتُوهَا
ٱلۡفُقَرَآءَ فَهُوَ خَيۡرٞ لَّكُمۡۚ وَيُكَفِّرُ عَنكُم مِّن
سَيِّـَٔاتِكُمۡۗ وَٱللَّهُ بِمَا تَعۡمَلُونَ خَبِيرٞ ٢٧١ ۞ لَّيۡسَ
عَلَيۡكَ هُدَىٰهُمۡ وَلَٰكِنَّ ٱللَّهَ يَهۡدِي مَن يَشَآءُۗ وَمَا
تُنفِقُواْ مِنۡ خَيۡرٖ فَلِأَنفُسِكُمۡۚ وَمَا تُنفِقُونَ إِلَّا
ٱبۡتِغَآءَ وَجۡهِ ٱللَّهِۚ وَمَا تُنفِقُواْ مِنۡ خَيۡرٖ يُوَفَّ إِلَيۡكُمۡ
وَأَنتُمۡ لَا تُظۡلَمُونَ ٢٧٢ لِلۡفُقَرَآءِ ٱلَّذِينَ أُحۡصِرُواْ
فِي سَبِيلِ ٱللَّهِ لَا يَسۡتَطِيعُونَ ضَرۡبٗا فِي ٱلۡأَرۡضِ
يَحۡسَبُهُمُ ٱلۡجَاهِلُ أَغۡنِيَآءَ مِنَ ٱلتَّعَفُّفِ تَعۡرِفُهُم
بِسِيمَٰهُمۡ لَا يَسۡـَٔلُونَ ٱلنَّاسَ إِلۡحَافٗاۗ وَمَا تُنفِقُواْ مِنۡ
خَيۡرٖ فَإِنَّ ٱللَّهَ بِهِۦ عَلِيمٌ ٢٧٣ ٱلَّذِينَ يُنفِقُونَ أَمۡوَٰلَهُم
بِٱلَّيۡلِ وَٱلنَّهَارِ سِرّٗا وَعَلَانِيَةٗ فَلَهُمۡ أَجۡرُهُمۡ عِندَ
رَبِّهِمۡ وَلَا خَوۡفٌ عَلَيۡهِمۡ وَلَا هُمۡ يَحۡزَنُونَ ٢٧٤

そしておまえたちが(善に)費やすどんな費やしも、おまえたちが誓うどんな誓いも、アッラーはそれを知り給う。そして、不正な者たちに援助者はいない[261]。(2：270)

おまえたちが喜捨を公に行えば、それは何と良いことか。だが、それを隠して貧者に与えれば、それはおまえたちにとってなお良く[262]、おまえたちからおまえたちの悪事(の一部)を帳消しにする。アッラーはおまえたちのなすことに通暁し給う。(2：271)

彼らの導きはおまえに課せられたことではなく、アッラーが御望みの者を導き給うのである[263]。そしておまえたちが費やす良いもの、それはおまえたち自身のためである。また、おまえたちが費やすのはアッラーの御顔を(御満悦を)願ってのことにほかならない。そして、おまえたちが費やす良いものは、おまえたちに十全に返済される。そしておまえたちは不正に扱われることはない。(2：272)

アッラーの道において拘束され、大地に闊歩することができない貧者たちのため[264]。知らない者は慎み深さゆえに彼らが金持ちであると考える。おまえは彼らの徴によって彼らを見抜く。彼らは人々にしつこく乞うこともない[265]。おまえたちが費やす良いもの、それをアッラーは知り給う御方。(2：273)

自分の財産を夜に昼に、また密かに公に(善に)費やす者たち、彼らには彼らの主の御許に彼らの報償がある。そして彼らに恐怖はなく、彼らは悲しむことはない。(2：274)

261　アッラーが彼らを罰するのを阻止できる者はいない。

262　任意の喜捨は人知れず密かに行う方が良いが、義務の浄財については、公にした方がよい。それは人々が模範としてそれに倣い、また不払いとのあらぬ嫌疑をかけられないためである。

263　ムスリムは宗教を問わずマディーナの貧しい者に施しをしていたが、ムスリムの数が増えると、預言者ムハンマドは、多神教徒に施しをすることを禁じられた。それは、彼らが困窮すれば、施しを求めてイスラームに余儀なく入信するのでは、と彼が望まれたからであった。そこでこの聖句が下された。つまり、入信させるために施しを禁じることまでして、多神教徒を導くことは預言者ムハンマドに課せられてはいないことを示すためであり、以後、また多神教徒にも施しがなされるようになった。

264　「喜捨は」、という主語が省略されている。この句は、マッカからマディーナに移住した後、家族も住む家も持たず、預言者モスクの片隅に寄宿し、クルアーンの学習やジハードの出征のために常時待機していたため、商売や生計を得るための仕事ができなかった約四百人の「アフル・アッ＝スッファ(庇の民)」と呼ばれた人たちについて啓示された。

265　彼らは、金持ちと勘違いされており、少しでも乞えばしつこいと見なされるため、そもそも全く乞わない、との解釈もある。

ٱلَّذِينَ يَأْكُلُونَ ٱلرِّبَوٰا۟ لَا يَقُومُونَ إِلَّا كَمَا يَقُومُ ٱلَّذِى
يَتَخَبَّطُهُ ٱلشَّيْطَـٰنُ مِنَ ٱلْمَسِّ ۚ ذَٰلِكَ بِأَنَّهُمْ قَالُوٓا۟ إِنَّمَا ٱلْبَيْعُ
مِثْلُ ٱلرِّبَوٰا۟ ۗ وَأَحَلَّ ٱللَّهُ ٱلْبَيْعَ وَحَرَّمَ ٱلرِّبَوٰا۟ ۚ فَمَن جَآءَهُۥ
مَوْعِظَةٌ مِّن رَّبِّهِۦ فَٱنتَهَىٰ فَلَهُۥ مَا سَلَفَ وَأَمْرُهُۥٓ إِلَى ٱللَّهِ ۖ وَمَنْ
عَادَ فَأُو۟لَـٰٓئِكَ أَصْحَـٰبُ ٱلنَّارِ ۖ هُمْ فِيهَا خَـٰلِدُونَ ﴿٢٧٥﴾ يَمْحَقُ
ٱللَّهُ ٱلرِّبَوٰا۟ وَيُرْبِى ٱلصَّدَقَـٰتِ ۗ وَٱللَّهُ لَا يُحِبُّ كُلَّ كَفَّارٍ أَثِيمٍ
﴿٢٧٦﴾ إِنَّ ٱلَّذِينَ ءَامَنُوا۟ وَعَمِلُوا۟ ٱلصَّـٰلِحَـٰتِ وَأَقَامُوا۟ ٱلصَّلَوٰةَ
وَءَاتَوُا۟ ٱلزَّكَوٰةَ لَهُمْ أَجْرُهُمْ عِندَ رَبِّهِمْ وَلَا خَوْفٌ عَلَيْهِمْ
وَلَا هُمْ يَحْزَنُونَ ﴿٢٧٧﴾ يَـٰٓأَيُّهَا ٱلَّذِينَ ءَامَنُوا۟ ٱتَّقُوا۟ ٱللَّهَ
وَذَرُوا۟ مَا بَقِىَ مِنَ ٱلرِّبَوٰٓا۟ إِن كُنتُم مُّؤْمِنِينَ ﴿٢٧٨﴾ فَإِن لَّمْ تَفْعَلُوا۟
فَأْذَنُوا۟ بِحَرْبٍ مِّنَ ٱللَّهِ وَرَسُولِهِۦ ۖ وَإِن تُبْتُمْ فَلَكُمْ رُءُوسُ
أَمْوَٰلِكُمْ لَا تَظْلِمُونَ وَلَا تُظْلَمُونَ ﴿٢٧٩﴾ وَإِن كَانَ
ذُو عُسْرَةٍ فَنَظِرَةٌ إِلَىٰ مَيْسَرَةٍ ۚ وَأَن تَصَدَّقُوا۟ خَيْرٌ لَّكُمْ
إِن كُنتُمْ تَعْلَمُونَ ﴿٢٨٠﴾ وَٱتَّقُوا۟ يَوْمًا تُرْجَعُونَ فِيهِ إِلَى
ٱللَّهِ ۖ ثُمَّ تُوَفَّىٰ كُلُّ نَفْسٍ مَّا كَسَبَتْ وَهُمْ لَا يُظْلَمُونَ ﴿٢٨١﴾

利子を貪る者は、悪魔が気を触れさせる者が立つようにしか立ち上がれない[266]。それは彼らが、「商売も利子のようなものにすぎない」と言ったからである。しかしアッラーは商売を許し、利子を禁じ給うた。その主からの訓告が訪れ、止めた者、彼が過去に取ったものは彼のものであり、その件はアッラーに委ねられる。だが、再開する者、そういう者たちは獄火の輩で、彼らはそこに永遠に住まう。(2：275)

アッラーは利子を消し、喜捨は増し給う。アッラーはいかなる罪深い不信仰者も愛し給わない。(2：276)

信仰し、善行をなし、礼拝を遵守し、浄財を払う者たち、彼らには彼らの主の御許に彼らの報償がある。彼らに恐怖はなく、彼らは悲しむことはない。(2：277)

信仰する者たちよ、アッラーを畏れ身を守り、利子の残りを放棄せよ、おまえたちが信仰者であるならば。(2：278)

それでもおまえたちが行わないならば、アッラーと彼の使徒からの戦いがあると知れ[267]。そしておまえが悔いて戻れば、おまえたちの財産の元本はおまえたちのものである。おまえたちは不正をなすことはなく、不正を受けることもない。(2：279)

また、もし彼が苦境をかかえていれば、順境まで遅延を。(免じて)喜捨とすることはおまえたちにとってなお良い[268]。もしおまえたちが知っているなら。(2：280)

そしておまえたちがアッラーに帰され、それから、すべての魂が稼いだものを十全に返済される日を恐れ身を守れ、彼らは不正を被ることはないのである[269]。(2：281)

266　復活の日に蘇る時に。

267　現世における戦闘と、来世における獄火の懲罰。または、お前たちがアッラーと彼の使徒の敵となると知れ、との解釈もある。

268　債務者が困窮している時は、債権者は返済を猶予する義務があるが、債権を放棄し返済を免除すればなお良い。

269　一説によると、この節がジブリールの携えて下ったクルアーンの最後の啓示であった。

يَٰٓأَيُّهَا ٱلَّذِينَ ءَامَنُوٓاْ إِذَا تَدَايَنتُم بِدَيۡنٍ إِلَىٰٓ أَجَلٖ مُّسَمّٗى
فَٱكۡتُبُوهُۚ وَلۡيَكۡتُب بَّيۡنَكُمۡ كَاتِبُۢ بِٱلۡعَدۡلِۚ وَلَا يَأۡبَ
كَاتِبٌ أَن يَكۡتُبَ كَمَا عَلَّمَهُ ٱللَّهُۚ فَلۡيَكۡتُبۡ وَلۡيُمۡلِلِ
ٱلَّذِي عَلَيۡهِ ٱلۡحَقُّ وَلۡيَتَّقِ ٱللَّهَ رَبَّهُۥ وَلَا يَبۡخَسۡ مِنۡهُ شَيۡـٔٗاۚ
فَإِن كَانَ ٱلَّذِي عَلَيۡهِ ٱلۡحَقُّ سَفِيهًا أَوۡ ضَعِيفًا أَوۡ لَا يَسۡتَطِيعُ
أَن يُمِلَّ هُوَ فَلۡيُمۡلِلۡ وَلِيُّهُۥ بِٱلۡعَدۡلِۚ وَٱسۡتَشۡهِدُواْ شَهِيدَيۡنِ
مِن رِّجَالِكُمۡۖ فَإِن لَّمۡ يَكُونَا رَجُلَيۡنِ فَرَجُلٞ وَٱمۡرَأَتَانِ
مِمَّن تَرۡضَوۡنَ مِنَ ٱلشُّهَدَآءِ أَن تَضِلَّ إِحۡدَىٰهُمَا فَتُذَكِّرَ
إِحۡدَىٰهُمَا ٱلۡأُخۡرَىٰۚ وَلَا يَأۡبَ ٱلشُّهَدَآءُ إِذَا مَا دُعُواْۚ وَلَا تَسۡـَٔمُوٓاْ
أَن تَكۡتُبُوهُ صَغِيرًا أَوۡ كَبِيرًا إِلَىٰٓ أَجَلِهِۦۚ ذَٰلِكُمۡ أَقۡسَطُ
عِندَ ٱللَّهِ وَأَقۡوَمُ لِلشَّهَٰدَةِ وَأَدۡنَىٰٓ أَلَّا تَرۡتَابُوٓاْ إِلَّآ أَن تَكُونَ
تِجَٰرَةً حَاضِرَةٗ تُدِيرُونَهَا بَيۡنَكُمۡ فَلَيۡسَ عَلَيۡكُمۡ جُنَاحٌ
أَلَّا تَكۡتُبُوهَاۗ وَأَشۡهِدُوٓاْ إِذَا تَبَايَعۡتُمۡۚ وَلَا يُضَآرَّ كَاتِبٞ
وَلَا شَهِيدٞۚ وَإِن تَفۡعَلُواْ فَإِنَّهُۥ فُسُوقُۢ بِكُمۡۗ وَٱتَّقُواْ
ٱللَّهَۖ وَيُعَلِّمُكُمُ ٱللَّهُۗ وَٱللَّهُ بِكُلِّ شَيۡءٍ عَلِيمٞ ٢٨٢

信仰する者たちよ、おまえたちが一定の期限まで貸借契約を交わす時は、それを書き留めよ。おまえたちの間のことを書記に公正に書き留めさせよ。そして書記はアッラーが教え給うた通り、書くことを拒んではならない。それゆえ、彼に書き留めさせ、債務者に口述させよ。そして彼には彼の主アッラーを畏れ身を守らせよ。そして彼はそこからわずかにも差し引いてはならない。そしてもし債務者が禁治産者か無能力者であるか、自分で口述することができないならば、彼の後見に公正に口述させよ。そして、おまえたちの男の中から二人の証人に証言を依頼せよ。だがもし二人の男がいなければ、証人としておまえたちが認める者[270]から男一人と女二人である。二人の女のうち一人が間違えれば[271]、もう一人が相手に思い出させるのである。そして証人はもしも呼ばれた時には拒んではならない。そして小さいものも大きいものもその期限まで、それを書き留めることを疎んじてはならない。それはアッラーの御許においてより公平で、証言としてより廉直で、疑惑が生じないことにより適っている。ただし、おまえたちの間で受け渡しをするその場の取引であれば別で、それを書き留めないことにおまえたちへの罪はない。そして商取引をする時には証人を立てよ。書記も証人も害を被るようなことがあってはならない。もしおまえたちが行えば[272]、それはおまえたちの背徳である。それでアッラーを畏れ身を守れ。そしてアッラーはおまえたちに教え給い、アッラーはすべてのことを知り給う御方。(2：282)

270　公正なムスリム自由人。
271　あるいは、「忘れれば」。
272　禁じられている加害行為を。

۞وَإِن كُنتُمْ عَلَىٰ سَفَرٍ وَلَمْ تَجِدُوا۟ كَاتِبًا فَرِهَـٰنٌ مَّقْبُوضَةٌ ۖ
فَإِنْ أَمِنَ بَعْضُكُم بَعْضًا فَلْيُؤَدِّ ٱلَّذِى ٱؤْتُمِنَ أَمَـٰنَتَهُۥ وَلْيَتَّقِ
ٱللَّهَ رَبَّهُۥ ۗ وَلَا تَكْتُمُوا۟ ٱلشَّهَـٰدَةَ ۚ وَمَن يَكْتُمْهَا فَإِنَّهُۥٓ
ءَاثِمٌ قَلْبُهُۥ ۗ وَٱللَّهُ بِمَا تَعْمَلُونَ عَلِيمٌ ٢٨٣ لِّلَّهِ مَا فِى ٱلسَّمَـٰوَٰتِ
وَمَا فِى ٱلْأَرْضِ ۗ وَإِن تُبْدُوا۟ مَا فِىٓ أَنفُسِكُمْ أَوْ تُخْفُوهُ
يُحَاسِبْكُم بِهِ ٱللَّهُ ۖ فَيَغْفِرُ لِمَن يَشَآءُ وَيُعَذِّبُ مَن يَشَآءُ ۗ
وَٱللَّهُ عَلَىٰ كُلِّ شَىْءٍ قَدِيرٌ ٢٨٤ ءَامَنَ ٱلرَّسُولُ بِمَآ أُنزِلَ إِلَيْهِ
مِن رَّبِّهِۦ وَٱلْمُؤْمِنُونَ ۚ كُلٌّ ءَامَنَ بِٱللَّهِ وَمَلَـٰٓئِكَتِهِۦ
وَكُتُبِهِۦ وَرُسُلِهِۦ لَا نُفَرِّقُ بَيْنَ أَحَدٍ مِّن رُّسُلِهِۦ ۚ وَقَالُوا۟
سَمِعْنَا وَأَطَعْنَا ۖ غُفْرَانَكَ رَبَّنَا وَإِلَيْكَ ٱلْمَصِيرُ ٢٨٥ لَا يُكَلِّفُ
ٱللَّهُ نَفْسًا إِلَّا وُسْعَهَا ۚ لَهَا مَا كَسَبَتْ وَعَلَيْهَا مَا ٱكْتَسَبَتْ ۗ
رَبَّنَا لَا تُؤَاخِذْنَآ إِن نَّسِينَآ أَوْ أَخْطَأْنَا ۚ رَبَّنَا وَلَا تَحْمِلْ
عَلَيْنَآ إِصْرًا كَمَا حَمَلْتَهُۥ عَلَى ٱلَّذِينَ مِن قَبْلِنَا ۚ رَبَّنَا
وَلَا تُحَمِّلْنَا مَا لَا طَاقَةَ لَنَا بِهِۦ ۖ وَٱعْفُ عَنَّا وَٱغْفِرْ لَنَا
وَٱرْحَمْنَآ ۚ أَنتَ مَوْلَىٰنَا فَٱنصُرْنَا عَلَى ٱلْقَوْمِ ٱلْكَـٰفِرِينَ ٢٨٦

おまえたちが旅行中で、書記を見出さない場合は、担保の受け取りを。そして相互に信頼したなら[273]、信頼された者には託されたもの(債務)を果たさせ、彼の主アッラーを畏れ身を守らせよ。そしておまえたちは証言を隠してはならない。それを隠す者、それは心が罪深い者である。そしてアッラーはおまえたちのなすことを知っておられる方。(2：283)

天にあるものも地にあるものもアッラーに属す。そしておまえたちがおまえたちの(心の)うちにあるものを現そうと隠そうと、アッラーはそのことでおまえたちを清算し給う。そして、御望みの者を赦し、御望みの者を罰し給う。そしてアッラーはすべてのものに対して全能なる御方。(2：284)

使徒は彼の主から彼に下されたものを信じ、信仰者たちもまた[274]。(彼らのうち)誰もがアッラーを、そして彼の諸天使、彼の諸啓典、彼の使徒たちを信じた。「われらは彼の使徒たちのいずれの間にも区別をつけない[275]」。彼らは言った。「われらは聞き、そして従った。あなたの御赦しを、われらの主よ。そしてあなたの御許にこそ行き着く先はある」。(2：285)

アッラーは誰にもその器量以上のものは負わせ給わない。己が稼いだものは己のためとなり、己が稼ぎ取ったものは己に課される[276]。「われらが主よ、われらが忘れた、あるいは過ちを犯した[277]としてもわれらを咎め給うな。われらが主よ、われら以前の者たちにあなたが負わせ給うたように、われらに重荷を負わせ給うな。われらが主よ、われらの力が及ばないものを[278]われらに負わせ給うな。われらを免じ、われらを赦し、われらに慈悲を垂れ給え。あなたはわれらの庇護者、それゆえ不信仰の民に対しわれらを助け勝たせ給え」。(2：286)

273　債権者が債務者を信頼し無担保で貸したなら。

274　使徒は預言を保持しその共同体(ウンマ)に伝えることにより、信仰者は使徒の伝える内容を真実であるとし、実行することにより。

275　信仰者の言葉。

276　自分が行った善の報酬は自分が授かり、自分が犯した悪行の報いは自分が蒙る。2章284節が啓示されると、ムスリムたちは、邪念が心に浮かぶことは制することが困難であると嘆願した。そこでこの節が啓示され、悪心が生じても、それを実行に移さない限り、懲罰はないことが明らかにされた。

277　意図的にではなく。

278　耐え切れない重い義務負荷や厳しい試練を。

سُورَةُ آلِ عِمۡرَانَ

بِسۡمِ ٱللَّهِ ٱلرَّحۡمَٰنِ ٱلرَّحِيمِ

الٓمٓ ١ ٱللَّهُ لَآ إِلَٰهَ إِلَّا هُوَ ٱلۡحَيُّ ٱلۡقَيُّومُ ٢ نَزَّلَ عَلَيۡكَ ٱلۡكِتَٰبَ
بِٱلۡحَقِّ مُصَدِّقٗا لِّمَا بَيۡنَ يَدَيۡهِ وَأَنزَلَ ٱلتَّوۡرَىٰةَ وَٱلۡإِنجِيلَ ٣ مِن
قَبۡلُ هُدٗى لِّلنَّاسِ وَأَنزَلَ ٱلۡفُرۡقَانَۗ إِنَّ ٱلَّذِينَ كَفَرُواْ بِـَٔايَٰتِ ٱللَّهِ
لَهُمۡ عَذَابٞ شَدِيدٞۗ وَٱللَّهُ عَزِيزٞ ذُو ٱنتِقَامٍ ٤ إِنَّ ٱللَّهَ لَا يَخۡفَىٰ
عَلَيۡهِ شَيۡءٞ فِي ٱلۡأَرۡضِ وَلَا فِي ٱلسَّمَآءِ ٥ هُوَ ٱلَّذِي يُصَوِّرُكُمۡ
فِي ٱلۡأَرۡحَامِ كَيۡفَ يَشَآءُۚ لَآ إِلَٰهَ إِلَّا هُوَ ٱلۡعَزِيزُ ٱلۡحَكِيمُ ٦ هُوَ
ٱلَّذِيٓ أَنزَلَ عَلَيۡكَ ٱلۡكِتَٰبَ مِنۡهُ ءَايَٰتٞ مُّحۡكَمَٰتٌ هُنَّ أُمُّ
ٱلۡكِتَٰبِ وَأُخَرُ مُتَشَٰبِهَٰتٞۖ فَأَمَّا ٱلَّذِينَ فِي قُلُوبِهِمۡ زَيۡغٞ فَيَتَّبِعُونَ
مَا تَشَٰبَهَ مِنۡهُ ٱبۡتِغَآءَ ٱلۡفِتۡنَةِ وَٱبۡتِغَآءَ تَأۡوِيلِهِۦۖ وَمَا يَعۡلَمُ تَأۡوِيلَهُۥٓ
إِلَّا ٱللَّهُۗ وَٱلرَّٰسِخُونَ فِي ٱلۡعِلۡمِ يَقُولُونَ ءَامَنَّا بِهِۦ كُلّٞ مِّنۡ عِندِ
رَبِّنَاۗ وَمَا يَذَّكَّرُ إِلَّآ أُوْلُواْ ٱلۡأَلۡبَٰبِ ٧ رَبَّنَا لَا تُزِغۡ قُلُوبَنَا بَعۡدَ
إِذۡ هَدَيۡتَنَا وَهَبۡ لَنَا مِن لَّدُنكَ رَحۡمَةًۚ إِنَّكَ أَنتَ ٱلۡوَهَّابُ ٨ رَبَّنَآ
إِنَّكَ جَامِعُ ٱلنَّاسِ لِيَوۡمٖ لَّا رَيۡبَ فِيهِۚ إِنَّ ٱللَّهَ لَا يُخۡلِفُ ٱلۡمِيعَادَ ٩

第3章　イムラーン家 …… سورة آل عمران

マディーナ垂示

33節以下のイムラーン家の物語に因み「イムラーン家」章と名づけられる。

クルアーンが、律法の書や、福音書などの過去の啓典を完成させる全人類に啓示された啓典であること(3-4節)、その基本は明瞭であるが、アッラーのみの知り給う難解な箇所もあり、信仰者は難解な箇所に惑わされてはならないことが教えられる(7節)。

イスラームがアッラーの御許で受け入れられる宗教であることが宣言され(19節)、更にムスリムが良識を命じ悪行を禁じる人類最善の共同体であること(110節)、イスラーム以外の宗教がアッラーに認められることはないことが確認されている(85節)。

本章の表題にもなっているイムラーンと、ザカリーヤー、マルヤム、ヤフヤー、イーサーの物語が語られ(33-60節)、啓典の民への呼びかけとそれが拒否された場合への対応が教えられ(64節)、イブラーヒームの教えを正統に継承するのがユダヤ教徒や、キリスト教徒ではなく、ムハンマドとムスリムたちであること(67-68節)、マッカのカアバ神殿が最古の神殿であることが確認される(96節)。

ついで、バドルの戦い(ヒジュラ暦2年／西暦624年)とウフドの戦い(ヒジュラ暦3年／西暦625年)にまつわる逸話が語られ、苦難による試練と堅忍不抜の信仰の要諦、協議の重要性、不信仰者への警戒の必要が教えられ(13節、121-175節)、敵との戦いに備えての忍耐と軍備を命じる節で締め括られる。

慈悲あまねく慈悲深きアッラーの御名において

アリフ・ラーム・ミーム[279]。(3：1)

アッラー、彼のほかに神はない。生き、維持し給う御方。(3：2)

彼はおまえの上に真理をもって、それ以前にあったものの真実性を裏付けるものとしてかの啓典を垂示し給うた。そして、律法の書と福音書を下し給うた、(3：3)

以前に[280]人々への導きとして。そして、識別を下し給うた。アッラーの諸々の徴を拒む者たち、彼らには烈しい懲罰がある。そしてアッラーは威力比類なき報復の主《ぬし》。(3：4)

まことに、アッラーに対しては、地のなにものも、また天のなにものも隠れえない。(3：5)

彼こそは、おまえたちを子宮のうちに御望みのままに形作り給う御方である。彼のほかに神

279　2章1節脚注参照。

280　クルアーン以前に。

はない。威力比類なく英明なる御方。(3:6)

彼こそは、おまえにかの啓典を下し給うた御方で、その中には確固たる諸々の徴がある。それらは啓典の母[281]であり、他は曖昧なものである[282]。それゆえ心に歪みのある者たちは、紊乱《びんらん》を望み、また、その真意を求めて、そのうちの曖昧なものに従う。だが、その真意はアッラーのほかは知らない。そして知識が確かな者[283]たちは[284]、「われらはそれを信じる。どれもわれらの主からのもの」と言う。だが、賢慮を備えた者を除き、留意しない。(3:7)

「われらが主よ、われらを導き給うた後、われらの心を歪ませ給うな。そしてあなたの御側から御慈悲を恵み給え。まことにあなたは良く贈与し給う御方」。(3:8)

「われらが主よ、まことにあなたは疑いのない(復活の)日に人々を集め給う御方。まことにアッラーは約束を違え給わない」。(3:9)

إِنَّ ٱلَّذِينَ كَفَرُواْ لَن تُغۡنِيَ عَنۡهُمۡ أَمۡوَٰلُهُمۡ وَلَآ أَوۡلَٰدُهُم
مِّنَ ٱللَّهِ شَيۡـٔٗاۖ وَأُوْلَٰٓئِكَ هُمۡ وَقُودُ ٱلنَّارِ ١٠ كَدَأۡبِ ءَالِ
فِرۡعَوۡنَ وَٱلَّذِينَ مِن قَبۡلِهِمۡۚ كَذَّبُواْ بِـَٔايَٰتِنَا فَأَخَذَهُمُ ٱللَّهُ
بِذُنُوبِهِمۡۗ وَٱللَّهُ شَدِيدُ ٱلۡعِقَابِ ١١ قُل لِّلَّذِينَ كَفَرُواْ
سَتُغۡلَبُونَ وَتُحۡشَرُونَ إِلَىٰ جَهَنَّمَۖ وَبِئۡسَ ٱلۡمِهَادُ ١٢
قَدۡ كَانَ لَكُمۡ ءَايَةٞ فِي فِئَتَيۡنِ ٱلۡتَقَتَاۖ فِئَةٞ تُقَٰتِلُ فِي
سَبِيلِ ٱللَّهِ وَأُخۡرَىٰ كَافِرَةٞ يَرَوۡنَهُم مِّثۡلَيۡهِمۡ رَأۡيَ
ٱلۡعَيۡنِۚ وَٱللَّهُ يُؤَيِّدُ بِنَصۡرِهِۦ مَن يَشَآءُۚ إِنَّ فِي ذَٰلِكَ
لَعِبۡرَةٗ لِّأُوْلِي ٱلۡأَبۡصَٰرِ ١٣ زُيِّنَ لِلنَّاسِ حُبُّ ٱلشَّهَوَٰتِ
مِنَ ٱلنِّسَآءِ وَٱلۡبَنِينَ وَٱلۡقَنَٰطِيرِ ٱلۡمُقَنطَرَةِ مِنَ ٱلذَّهَبِ
وَٱلۡفِضَّةِ وَٱلۡخَيۡلِ ٱلۡمُسَوَّمَةِ وَٱلۡأَنۡعَٰمِ وَٱلۡحَرۡثِۗ ذَٰلِكَ
مَتَٰعُ ٱلۡحَيَوٰةِ ٱلدُّنۡيَاۖ وَٱللَّهُ عِندَهُۥ حُسۡنُ ٱلۡمَـَٔابِ ١٤ ۞قُلۡ
أَؤُنَبِّئُكُم بِخَيۡرٖ مِّن ذَٰلِكُمۡۖ لِلَّذِينَ ٱتَّقَوۡاْ عِندَ رَبِّهِمۡ
جَنَّٰتٞ تَجۡرِي مِن تَحۡتِهَا ٱلۡأَنۡهَٰرُ خَٰلِدِينَ فِيهَا وَأَزۡوَٰجٞ
مُّطَهَّرَةٞ وَرِضۡوَٰنٞ مِّنَ ٱللَّهِۗ وَٱللَّهُ بَصِيرُۢ بِٱلۡعِبَادِ ١٥

まことに、信仰を拒む者たち、彼らの財産も子供たちもアッラーに対してはなんの足しにもならない。そしてそれらの者、彼らこそ獄火の薪である。(3:10)

フィルアウンの一族や彼ら以前の者たちの慣わしのよう。彼らはわれらの諸々の徴を嘘として拒絶し、それでアッラーは彼らの罪のせいで彼らを捕え給うた。そしてアッラーは応報に厳しい御方。(3:11)

信仰を拒む者たちに言え。「おまえたちはいずれ打ち負かされ、火獄《ジャハンナム》に追い集められよう。またなんと悪い臥所であることか[285]」。(3:12)

確かに遭遇した両軍にはおまえたちへの[286]徴があった。一方はアッラーの道に戦い、もう一方は不信仰の軍であった。彼らの目にはまざまざと相手が自分たちの二倍に見え

281　依拠されるべき基礎、核。
282　例えば、高御座の上に座し給う(20章5節)、アッラーの御手(48章10節)などの。
283　深く精通した者。
284　句点の区切り方によって、「だが、その隠された意味はアッラーと知識が確かな者たち以外は知らない」との解釈もある。
285　バドルの戦いに勝利して戻ると、預言者ムハンマドはユダヤ教徒のカイヌカーウ族の市場で、バドルの戦いで戦死したクライシュ族の多神教徒たちのような末路を辿らないようにと警告した。ところが彼らは「クライシュ族の戦い方も知らない雑兵たちを殺したからといって勘違いするな、もしおまえたちがわれらユダヤ教徒と戦うなら、われらこそがおまえの見たこともないような真の益荒男であるのを知るだろう」と豪語した。そこでこの啓示が下った。
286　バドルの戦いで。「おまえたち」はユダヤ教徒を指すと言われる。

ٱلَّذِينَ يَقُولُونَ رَبَّنَآ إِنَّنَآ ءَامَنَّا فَٱغْفِرْ لَنَا ذُنُوبَنَا
وَقِنَا عَذَابَ ٱلنَّارِ ١٦ ٱلصَّٰبِرِينَ وَٱلصَّٰدِقِينَ وَٱلْقَٰنِتِينَ
وَٱلْمُنفِقِينَ وَٱلْمُسْتَغْفِرِينَ بِٱلْأَسْحَارِ ١٧ شَهِدَ ٱللَّهُ
أَنَّهُۥ لَآ إِلَٰهَ إِلَّا هُوَ وَٱلْمَلَٰٓئِكَةُ وَأُو۟لُوا۟ ٱلْعِلْمِ قَآئِمًۢا
بِٱلْقِسْطِ ۚ لَآ إِلَٰهَ إِلَّا هُوَ ٱلْعَزِيزُ ٱلْحَكِيمُ ١٨ إِنَّ ٱلدِّينَ
عِندَ ٱللَّهِ ٱلْإِسْلَٰمُ ۗ وَمَا ٱخْتَلَفَ ٱلَّذِينَ أُوتُوا۟ ٱلْكِتَٰبَ
إِلَّا مِنۢ بَعْدِ مَا جَآءَهُمُ ٱلْعِلْمُ بَغْيًۢا بَيْنَهُمْ ۗ وَمَن يَكْفُرْ
بِـَٔايَٰتِ ٱللَّهِ فَإِنَّ ٱللَّهَ سَرِيعُ ٱلْحِسَابِ ١٩ فَإِنْ حَآجُّوكَ
فَقُلْ أَسْلَمْتُ وَجْهِىَ لِلَّهِ وَمَنِ ٱتَّبَعَنِ ۗ وَقُل لِّلَّذِينَ أُوتُوا۟
ٱلْكِتَٰبَ وَٱلْأُمِّيِّۦنَ ءَأَسْلَمْتُمْ ۚ فَإِنْ أَسْلَمُوا۟ فَقَدِ ٱهْتَدَوا۟ ۖ
وَّإِن تَوَلَّوْا۟ فَإِنَّمَا عَلَيْكَ ٱلْبَلَٰغُ ۗ وَٱللَّهُ بَصِيرٌۢ بِٱلْعِبَادِ ٢٠
إِنَّ ٱلَّذِينَ يَكْفُرُونَ بِـَٔايَٰتِ ٱللَّهِ وَيَقْتُلُونَ ٱلنَّبِيِّۦنَ
بِغَيْرِ حَقٍّ وَيَقْتُلُونَ ٱلَّذِينَ يَأْمُرُونَ بِٱلْقِسْطِ مِنَ
ٱلنَّاسِ فَبَشِّرْهُم بِعَذَابٍ أَلِيمٍ ٢١ أُو۟لَٰٓئِكَ ٱلَّذِينَ حَبِطَتْ
أَعْمَٰلُهُمْ فِى ٱلدُّنْيَا وَٱلْءَاخِرَةِ وَمَا لَهُم مِّن نَّٰصِرِينَ ٢٢

た[287]。アッラーは御望みの者に神祐をもって加勢し給う。まことにその中には心眼を備えた者への教訓がある。(3：13)

人々には諸々の欲望(の対象物へ)の愛着が飾り立てられた。女、息子、莫大な金銀の財宝、焼印を押された馬[288]、家畜や耕地などの。それらは現世の楽しみである。だが、アッラーの御許にこそ至善の帰り処はある。(3：14)

言え。「それよりも良いものについておまえたちに告げようか。畏れ身を守る者たちには彼らの主の御許に、下に河川が流れる楽園があり、彼らはそこに永遠に。また、清らかな伴侶たちとアッラーからの御満悦がある。そしてアッラーは僕《しもべ》たちを見通し給う御方」。(3：15)

「われらが主よ、確かにわれらは信じました。それゆえ、われらの罪を赦し、獄火の懲罰からわれらを守り給え」と言う者たちで、(3：16)

忍耐強く、誠実で、(神に)従順で、(善に)費やし、深夜に赦しを乞う者である。(3：17)

アッラーは、彼のほかに神はないと立証し給い、天使たちと、知識を持つ者たちもまた(証言した)。常に公正を貫く御方で、彼のほかに神はないと。威力比類なく英明なる御方。(3：18)

まことにアッラーの御許における宗教はイスラームである。啓典を授けられた者たちが分裂したのは彼らに知識がもたらされた後にほかならず、互いの間の妬み[289]からであった。そしてアッラーの諸々の徴を拒む者たちがいれば、アッラーは清算に迅速な御方。(3：19)

それゆえ、彼らがおまえと論争するならば、言え。「私は私の顔[290]をアッラーに帰依させ、私に従う者たちもまた(帰依した)」。また、啓典を授けられた者たちと文盲の者たちに言え。「おまえたちは帰依したか」。もし彼らが帰依したなら、彼らは導かれたのである。また、もし彼らが背を向けたとしても、おまえに課されたのは伝達だけである。そしてアッラーは僕《しもべ》たちを見通し給う御方。(3：20)

アッラーの諸々の徴を拒み、正当性なく預言者たちを殺し、人々のうち公正を命じる者たちを殺す者たち、彼らには痛苦の懲罰という吉報を伝えよ[291]。(3：21)

それらの者は現世と来世においてその行為が台なしになった者たちであり、彼らには援助者たちはいない。(3：22)

287　実際にはムスリム軍は三百三十名、クライシュ族の多神教徒軍は千名あまりで三倍近くの開きがあったが、アッラーの御計らいによって、多神教徒たちの目にはムスリム軍の方が自らの倍もいるように見えた。あるいは、ムスリムたちの目には多神教徒軍が自らの二倍程度にしか見えなかった。

288　もしくは、放牧された馬。

289　もしくは、蹂躙《じゅうりん》、不正。

290　顔は最も高貴な部分であるために特に言及された。

291　bashshara は吉報を伝えるという意味であるため、皮肉的表現となっている。

أَلَمْ تَرَ إِلَى ٱلَّذِينَ أُوتُوا۟ نَصِيبًا مِّنَ ٱلْكِتَٰبِ يُدْعَوْنَ إِلَىٰ كِتَٰبِ
ٱللَّهِ لِيَحْكُمَ بَيْنَهُمْ ثُمَّ يَتَوَلَّىٰ فَرِيقٌ مِّنْهُمْ وَهُم مُّعْرِضُونَ ﴿٢٣﴾
ذَٰلِكَ بِأَنَّهُمْ قَالُوا۟ لَن تَمَسَّنَا ٱلنَّارُ إِلَّآ أَيَّامًا مَّعْدُودَٰتٍ
وَغَرَّهُمْ فِى دِينِهِم مَّا كَانُوا۟ يَفْتَرُونَ ﴿٢٤﴾ فَكَيْفَ إِذَا جَمَعْنَٰهُمْ
لِيَوْمٍ لَّا رَيْبَ فِيهِ وَوُفِّيَتْ كُلُّ نَفْسٍ مَّا كَسَبَتْ وَهُمْ
لَا يُظْلَمُونَ ﴿٢٥﴾ قُلِ ٱللَّهُمَّ مَٰلِكَ ٱلْمُلْكِ تُؤْتِى ٱلْمُلْكَ مَن
تَشَآءُ وَتَنزِعُ ٱلْمُلْكَ مِمَّن تَشَآءُ وَتُعِزُّ مَن تَشَآءُ وَتُذِلُّ مَن
تَشَآءُ بِيَدِكَ ٱلْخَيْرُ إِنَّكَ عَلَىٰ كُلِّ شَىْءٍ قَدِيرٌ ﴿٢٦﴾ تُولِجُ ٱلَّيْلَ
فِى ٱلنَّهَارِ وَتُولِجُ ٱلنَّهَارَ فِى ٱلَّيْلِ وَتُخْرِجُ ٱلْحَىَّ مِنَ ٱلْمَيِّتِ
وَتُخْرِجُ ٱلْمَيِّتَ مِنَ ٱلْحَىِّ وَتَرْزُقُ مَن تَشَآءُ بِغَيْرِ حِسَابٍ ﴿٢٧﴾
لَّا يَتَّخِذِ ٱلْمُؤْمِنُونَ ٱلْكَٰفِرِينَ أَوْلِيَآءَ مِن دُونِ ٱلْمُؤْمِنِينَ
وَمَن يَفْعَلْ ذَٰلِكَ فَلَيْسَ مِنَ ٱللَّهِ فِى شَىْءٍ إِلَّآ أَن تَتَّقُوا۟ مِنْهُمْ
تُقَىٰةً وَيُحَذِّرُكُمُ ٱللَّهُ نَفْسَهُۥ وَإِلَى ٱللَّهِ ٱلْمَصِيرُ ﴿٢٨﴾ قُلْ
إِن تُخْفُوا۟ مَا فِى صُدُورِكُمْ أَوْ تُبْدُوهُ يَعْلَمْهُ ٱللَّهُ وَيَعْلَمُ
مَا فِى ٱلسَّمَٰوَٰتِ وَمَا فِى ٱلْأَرْضِ وَٱللَّهُ عَلَىٰ كُلِّ شَىْءٍ قَدِيرٌ ﴿٢٩﴾

おまえは啓典の分け前を授けられた者たちを見なかったか。彼らは彼らの間を裁くためにアッラーの書(クルアーン)へと呼びかけられ、その後に彼らの一部が背き去り、離反者たちとなったのであった。(3：23)

それは彼らが、「獄火は一定の日数[292]しかわれらに触れることはない」と言い、彼らの宗教において彼らが捏造したものが彼らを欺いたからである。(3：24)

それで疑いのない(復活の)日にわれらが彼らを集めた時はどんなであろうか。そして人はだれも稼いだものが十全に支払われ、彼らは不正を受けることはない。(3：25)

言え。「アッラー、王権の所有者よ、あなたは御望みの者に王権を授け、御望みの者から王権を取り上げ給う。また、御望みの者に威力を授け、御望みの者を卑しめ給う。あなたの御手に善はある。まことにあなたはすべてのものに対し全能なる御方」。(3：26)

「あなたは夜を昼に押し込み、昼を夜に押し込み[293]、生者を死者から出でさせ[294]、死者を生者から出でさせ給う。そして、あなたは御望みの者には計算抜きに糧を与え給う」。(3：27)

信仰者たちは、信仰者たちをさしおいて不信仰者たちを後見としてはならない[295]。そしてそれをなす者がいれば、彼はいかなる点でもアッラーとは縁が無い。ただし、おまえたちが彼らを恐れて身を守る場合は別である[296]。そしてアッラーはおまえたちに彼御自身を警戒させ給う。そしてアッラーの御許に行き着く処はある。(3：28)

言え。「おまえたちが胸にあることを隠そうと公にしようと、アッラーはそれを知り給い、彼は諸天のものも地のものも知り給う。そしてアッラーはすべてのものに対し全能なる御方」。(3：29)

292　子牛を崇拝した四十日間。

293　昼夜の長さの変化を指すとも、昼夜の交替を指すとも言われる。

294　精子や卵などの不活性物から活性物が生じることを指す。不信仰者から信仰者が生じることを指すとも言われる。

295　あるいは、「後見としない」。

296　アッラーはムスリムに、不信仰者との同盟、追従、親交を禁じ給うたが、以下の例外条件を定めた。第一に、不信仰者が征服者、支配者であるか、ムスリムが不信仰の民の間で孤立して暮らしているかである。第二に、身の安全を護るために、彼らに口では追従しても、心の信仰はゆるぎなく、禁じられた流血や財産侵害などの禁止行為を合法であると考えないことである。第三に、ムスリム側の機密を不信仰者に漏らさないことである。

يَوْمَ تَجِدُ كُلُّ نَفْسٍ مَّا عَمِلَتْ مِنْ خَيْرٍ مُّحْضَرًا وَمَا عَمِلَتْ
مِن سُوٓءٍ تَوَدُّ لَوْ أَنَّ بَيْنَهَا وَبَيْنَهُۥٓ أَمَدًۢا بَعِيدًا ۗ وَيُحَذِّرُكُمُ ٱللَّهُ
نَفْسَهُۥ ۗ وَٱللَّهُ رَءُوفٌۢ بِٱلْعِبَادِ ٣٠ قُلْ إِن كُنتُمْ تُحِبُّونَ ٱللَّهَ
فَٱتَّبِعُونِى يُحْبِبْكُمُ ٱللَّهُ وَيَغْفِرْ لَكُمْ ذُنُوبَكُمْ ۗ وَٱللَّهُ غَفُورٌ
رَّحِيمٌ ٣١ قُلْ أَطِيعُوا۟ ٱللَّهَ وَٱلرَّسُولَ ۖ فَإِن تَوَلَّوْا۟ فَإِنَّ ٱللَّهَ لَا يُحِبُّ
ٱلْكَٰفِرِينَ ٣٢ ۞ إِنَّ ٱللَّهَ ٱصْطَفَىٰٓ ءَادَمَ وَنُوحًا وَءَالَ إِبْرَٰهِيمَ
وَءَالَ عِمْرَٰنَ عَلَى ٱلْعَٰلَمِينَ ٣٣ ذُرِّيَّةًۢ بَعْضُهَا مِنۢ بَعْضٍ ۗ وَٱللَّهُ
سَمِيعٌ عَلِيمٌ ٣٤ إِذْ قَالَتِ ٱمْرَأَتُ عِمْرَٰنَ رَبِّ إِنِّى نَذَرْتُ لَكَ
مَا فِى بَطْنِى مُحَرَّرًا فَتَقَبَّلْ مِنِّىٓ ۖ إِنَّكَ أَنتَ ٱلسَّمِيعُ ٱلْعَلِيمُ ٣٥
فَلَمَّا وَضَعَتْهَا قَالَتْ رَبِّ إِنِّى وَضَعْتُهَآ أُنثَىٰ وَٱللَّهُ أَعْلَمُ بِمَا وَضَعَتْ
وَلَيْسَ ٱلذَّكَرُ كَٱلْأُنثَىٰ ۖ وَإِنِّى سَمَّيْتُهَا مَرْيَمَ وَإِنِّىٓ أُعِيذُهَا بِكَ
وَذُرِّيَّتَهَا مِنَ ٱلشَّيْطَٰنِ ٱلرَّجِيمِ ٣٦ فَتَقَبَّلَهَا رَبُّهَا بِقَبُولٍ
حَسَنٍ وَأَنۢبَتَهَا نَبَاتًا حَسَنًا وَكَفَّلَهَا زَكَرِيَّا ۖ كُلَّمَا دَخَلَ عَلَيْهَا
زَكَرِيَّا ٱلْمِحْرَابَ وَجَدَ عِندَهَا رِزْقًا ۖ قَالَ يَٰمَرْيَمُ أَنَّىٰ لَكِ هَٰذَا ۖ
قَالَتْ هُوَ مِنْ عِندِ ٱللَّهِ ۖ إِنَّ ٱللَّهَ يَرْزُقُ مَن يَشَآءُ بِغَيْرِ حِسَابٍ ٣٧

誰もが己のなした善を眼前に、また己のなした悪をも見出す日、己とその(悪事の)間に遠い隔たりがあればなぁ、と望む。そしてアッラーはおまえたちに彼御自身を警戒させ給う。そしてアッラーは僕《しもべ》たちに対し憐れみ深い御方。(3：30)

言え。「もしおまえたちがアッラーを愛するなら、私(預言者ムハンマド)に従え、アッラーはおまえたちを愛し、おまえたちの罪を赦し給う。アッラーはよく赦し給う慈悲深い御方」。(3：31)

言え。「アッラーと使徒に従え。それでもし彼らが背き去るならば、まことにアッラーは不信仰者たちを愛し給わない」。(3：32)

まことにアッラーはアーダムとヌーフとイブラーヒームの一族とイムラーン一族を諸世界の上に選り抜き給うた。(3：33)

子孫を[297]、そのある者はある者から[298]。そしてアッラーはよく聞き、よく知り給う御方。(3：34)

イムラーンの妻[299]が言った時のこと[300]。「わが主よ、私は私の胎内のものを自由な者として[301]あなたに(捧げます)、と誓いました。それゆえ、私から受け取り給え。まことにあなたはよく聴きよく知り給う御方」。(3：35)

それで彼女(女児)を産み落とした時、彼女は言った。「主よ、私は女児を産み落としました。―そしてアッラーは彼女が産み落としたものを最もよくご存じであらせられます― 男児は女児のようではありません。そして私は彼女をマルヤム[302]と名付け、私は彼女と彼女の子孫を石もて追われた(呪われた)悪魔からあなたの守護に委ねます」。(3：36)

それで彼女の主は彼女を嘉納し給い、彼女を善良にすくすくと成長させ、彼女をザカリーヤーに託し給うた。ザカリーヤーが彼女を聖所[303]に訪ねる度、彼女の許に糧を見出した。彼は言った。「マルヤムよ、どのようにしてこれはおまえに(来たのか)」。彼女は言った。「それはアッラーの御許から。まことにアッラーは御望みの者に計算ぬきに糧を与え給います」。(3：37)

297　あるいは、「子孫として」。

298　子々孫々連綿と生まれた。あるいは、「そのある者は他の者の一部である(を共有している)」とも訳され、この場合、彼らは人徳や善行等において似かよっていた、と理解される。

299　ハンナ(Ḥannah)。

300　ヤフヤーとイーサーの誕生物語については19章1-34節参照。新約聖書ではヤフヤー(ヨハネ)とイーサー(イエス)の誕生物語がどちらも記述されているのはルカ福音書(同1-2章参照)。

301　(エルサレム)神殿に仕えるために俗事から解放された者として。

302　主に仕える者の意(ヘブライ語)とされる。

303　「聖所(ミフラーブ)」は、そこでの神の崇拝が、悪魔との「戦い(マハーリブ)」であるため、そう名づけられた、とも言われる。

هُنَالِكَ دَعَا زَكَرِيَّا رَبَّهُۥ ۖ قَالَ رَبِّ هَبْ لِى مِن لَّدُنكَ ذُرِّيَّةً
طَيِّبَةً ۖ إِنَّكَ سَمِيعُ ٱلدُّعَآءِ ﴿٣٨﴾ فَنَادَتْهُ ٱلْمَلَٰٓئِكَةُ وَهُوَ قَآئِمٌ
يُصَلِّى فِى ٱلْمِحْرَابِ أَنَّ ٱللَّهَ يُبَشِّرُكَ بِيَحْيَىٰ مُصَدِّقًۢا بِكَلِمَةٍ
مِّنَ ٱللَّهِ وَسَيِّدًا وَحَصُورًا وَنَبِيًّا مِّنَ ٱلصَّٰلِحِينَ ﴿٣٩﴾ قَالَ رَبِّ
أَنَّىٰ يَكُونُ لِى غُلَٰمٌ وَقَدْ بَلَغَنِىَ ٱلْكِبَرُ وَٱمْرَأَتِى عَاقِرٌ ۖ قَالَ
كَذَٰلِكَ ٱللَّهُ يَفْعَلُ مَا يَشَآءُ ﴿٤٠﴾ قَالَ رَبِّ ٱجْعَل لِّىٓ ءَايَةً ۖ
قَالَ ءَايَتُكَ أَلَّا تُكَلِّمَ ٱلنَّاسَ ثَلَٰثَةَ أَيَّامٍ إِلَّا رَمْزًا ۗ وَٱذْكُر
رَّبَّكَ كَثِيرًا وَسَبِّحْ بِٱلْعَشِىِّ وَٱلْإِبْكَٰرِ ﴿٤١﴾ وَإِذْ قَالَتِ
ٱلْمَلَٰٓئِكَةُ يَٰمَرْيَمُ إِنَّ ٱللَّهَ ٱصْطَفَىٰكِ وَطَهَّرَكِ وَٱصْطَفَىٰكِ
عَلَىٰ نِسَآءِ ٱلْعَٰلَمِينَ ﴿٤٢﴾ يَٰمَرْيَمُ ٱقْنُتِى لِرَبِّكِ وَٱسْجُدِى
وَٱرْكَعِى مَعَ ٱلرَّٰكِعِينَ ﴿٤٣﴾ ذَٰلِكَ مِنْ أَنۢبَآءِ ٱلْغَيْبِ نُوحِيهِ إِلَيْكَ ۚ
وَمَا كُنتَ لَدَيْهِمْ إِذْ يُلْقُونَ أَقْلَٰمَهُمْ أَيُّهُمْ يَكْفُلُ مَرْيَمَ
وَمَا كُنتَ لَدَيْهِمْ إِذْ يَخْتَصِمُونَ ﴿٤٤﴾ إِذْ قَالَتِ ٱلْمَلَٰٓئِكَةُ
يَٰمَرْيَمُ إِنَّ ٱللَّهَ يُبَشِّرُكِ بِكَلِمَةٍ مِّنْهُ ٱسْمُهُ ٱلْمَسِيحُ عِيسَى
ٱبْنُ مَرْيَمَ وَجِيهًا فِى ٱلدُّنْيَا وَٱلْءَاخِرَةِ وَمِنَ ٱلْمُقَرَّبِينَ ﴿٤٥﴾

そこで[304]ザカリーヤーは彼の主に祈って言った。「わが主よ、あなたの御側から良き子孫を授け給え。まことにあなたは祈りを聞き給う御方」。(3：38)

そして彼が聖所で礼拝していると、天使たちが彼に呼びかけた。「アッラーはおまえにヤフヤーの吉報を告げ給う。アッラーからの御言葉[305]の真実性を立証する者であり、長であり、自制した者[306]であり、正しい者たちのうちの預言者である」。(3：39)

彼は言った。「わが主よ、どうして私に息子ができましょう。私は老齢に達し、私の妻は不妊だというのに」。言った[307]。「そのようにアッラーは御望みのことをなし給う」。(3：40)

彼は言った。「わが主よ、私に徴を示し給え」。(アッラーは)仰せられた[308]。「おまえの徴は、三日の間身振り(による)ほかに人々と語らないことである。おまえの主を多く念じ、夕に朝に賛美を捧げよ」。(3：41)

また、天使たちが言った時のこと。「マルヤムよ、まことにアッラーはおまえを選り抜き、おまえを清め、諸世界の女性の上に選り抜き給うた」。(3：42)

「マルヤムよ、おまえの主に服し、跪拝し、屈礼する者たちと共に屈礼せよ」。(3：43)

これは隠された不可知の消息の一部であり、われらはそれをおまえに啓示する。そして誰がマルヤムを養育するかを巡って彼らがペンを投げた時[309]、おまえは彼らの許にいなかった。また彼らが言い争った時もおまえは彼らの許にいなかった。(3：44)

天使たちが言った時のこと。「マルヤムよ、まことにアッラーはおまえに『彼からの御言葉[310]』について吉報を伝え給う。その名はマスィーフ[311](メシア)・イーサー、マルヤムの息子。現世と来世における尊者、側近たち(の一人)である」。(3：45)

304　本来は、その場所での意だが、ここではその時の意。両方の意味を併せ持つとも。

305　「アッラーからの御言葉」とは、「アッラーの御言葉」即ちイーサーを指すとも言われる。3章45節、4章171節参照。

306　女性を遠ざけた者。

307　天使が。一説では、アッラーが仰せられた。

308　天使が言ったとも考えられる。

309　籤引きのために。

310　イーサーはアッラーの「あれ」という御言葉により創造されたため、「アッラーの御言葉」とも呼ばれる。3章47節参照。

311　マスィーフは、祝福によりあるいは香油により「拭われた者」を意味するとも言われる。

وَيُكَلِّمُ ٱلنَّاسَ فِى ٱلْمَهْدِ وَكَهْلًا وَمِنَ ٱلصَّٰلِحِينَ ٤٦
قَالَتْ رَبِّ أَنَّىٰ يَكُونُ لِى وَلَدٌ وَلَمْ يَمْسَسْنِى بَشَرٌ قَالَ كَذَٰلِكِ
ٱللَّهُ يَخْلُقُ مَا يَشَآءُ إِذَا قَضَىٰٓ أَمْرًا فَإِنَّمَا يَقُولُ لَهُۥ كُن فَيَكُونُ
٤٧ وَيُعَلِّمُهُ ٱلْكِتَٰبَ وَٱلْحِكْمَةَ وَٱلتَّوْرَىٰةَ وَٱلْإِنجِيلَ
٤٨ وَرَسُولًا إِلَىٰ بَنِىٓ إِسْرَٰٓءِيلَ أَنِّى قَدْ جِئْتُكُم بِـَٔايَةٍ مِّن
رَّبِّكُمْ أَنِّىٓ أَخْلُقُ لَكُم مِّنَ ٱلطِّينِ كَهَيْـَٔةِ ٱلطَّيْرِ فَأَنفُخُ
فِيهِ فَيَكُونُ طَيْرًۢا بِإِذْنِ ٱللَّهِ وَأُبْرِئُ ٱلْأَكْمَهَ وَٱلْأَبْرَصَ
وَأُحْىِ ٱلْمَوْتَىٰ بِإِذْنِ ٱللَّهِ وَأُنَبِّئُكُم بِمَا تَأْكُلُونَ وَمَا تَدَّخِرُونَ
فِى بُيُوتِكُمْ إِنَّ فِى ذَٰلِكَ لَءَايَةً لَّكُمْ إِن كُنتُم مُّؤْمِنِينَ ٤٩
وَمُصَدِّقًا لِّمَا بَيْنَ يَدَىَّ مِنَ ٱلتَّوْرَىٰةِ وَلِأُحِلَّ لَكُم
بَعْضَ ٱلَّذِى حُرِّمَ عَلَيْكُمْ وَجِئْتُكُم بِـَٔايَةٍ مِّن رَّبِّكُمْ
فَٱتَّقُوا۟ ٱللَّهَ وَأَطِيعُونِ ٥٠ إِنَّ ٱللَّهَ رَبِّى وَرَبُّكُمْ فَٱعْبُدُوهُ
هَٰذَا صِرَٰطٌ مُّسْتَقِيمٌ ٥١ ۞ فَلَمَّآ أَحَسَّ عِيسَىٰ مِنْهُمُ
ٱلْكُفْرَ قَالَ مَنْ أَنصَارِىٓ إِلَى ٱللَّهِ قَالَ ٱلْحَوَارِيُّونَ نَحْنُ
أَنصَارُ ٱللَّهِ ءَامَنَّا بِٱللَّهِ وَٱشْهَدْ بِأَنَّا مُسْلِمُونَ ٥٢

「そして彼は揺り籠の中でも[312]、壮年[313]でも人々に語り、正しい者の一人である」。(3：46)

彼女は言った。「わが主よ、どうして私に子供ができましょう。誰も(男性が)私に触れていませんのに」。言った[314]。「そのようにアッラーは御望みのものを創り給う。事を決め給うた時には、ただ『あれ』と仰せられるだけでそれはある」。(3：47)

「彼(アッラー)は彼(イーサー)に書[315]と英知と律法の書と福音書を教え給う」。(3：48)

そしてイスラーイールの子孫への使徒と(なし給うた)。「私はあなたがたの主からの徴を携えてあなたがたの許にやって来た。それで私があなたがたのために泥で鳥の形のようなものを創り、それに息を吹き込むとそれはアッラーの御許しによって鳥となる、ということである。また、私はアッラーの御許可によって生まれつきの盲人と癩病患者を癒し、死者を生き返らせる[316]。また、私はあなたがたがなにを食べ、なにを家に蓄えているかをあなたがたに告げる。まことに、その中にはあなたがたへの徴がある。もし、あなたがたが信仰者であれば」。(3：49)

「また、私の前の律法の書を確証し、あなたがたに禁じられたものの一部をあなたがたに許すために[317]。そして、私はあなたがたの主からの徴を携えて来た。それゆえ、アッラーを畏れ身を守り、私に従え」。(3：50)

「まことにアッラーはわが主であり、あなたがたの主である。それゆえ彼に仕えよ。これが真っすぐな道である」。(3：51)

イーサーは、彼らの不信仰を察知すると、言った。「アッラーに向かっての[318]私の援助者は誰か」。弟子たち[319]は言った。「われらがアッラーの援助者です。われらはアッラーを信じます。われらが帰依者《ムスリム》であることを証言してください[320]」。(3：52)

312　19章29-33節参照。

313　三十-四十歳からあるいは青年期から老年期前までを指す。壮年期には啓示によって話すの意だとも、揺り籠の中でも壮年の言葉で話すの意だとも言われる。

314　天使が。アッラーが仰せられた、とも考えられる。

315　読み書きを指す。あるいは律法の書と福音書以外の啓典を指すとも言われる。

316　「マタイ」8章2-3節、9章24-25、27-30節、11章5節、「ヨハネ」11章43-44節他参照。

317　やって来た。

318　アッラーと共に、またはアッラーの道において、の意。

319　ḥawārīyūn(弟子たち)の字義は「(心のあるいは衣の)純白な人々」だが、クルアーンではイーサーの弟子たちを指す。

320　イーサーへの依頼。

رَبَّنَآ ءَامَنَّا بِمَآ أَنزَلۡتَ وَٱتَّبَعۡنَا ٱلرَّسُولَ فَٱكۡتُبۡنَا مَعَ
ٱلشَّٰهِدِينَ ﴿٥٣﴾ وَمَكَرُواْ وَمَكَرَ ٱللَّهُۖ وَٱللَّهُ خَيۡرُ ٱلۡمَٰكِرِينَ
﴿٥٤﴾ إِذۡ قَالَ ٱللَّهُ يَٰعِيسَىٰٓ إِنِّي مُتَوَفِّيكَ وَرَافِعُكَ إِلَيَّ وَمُطَهِّرُكَ
مِنَ ٱلَّذِينَ كَفَرُواْ وَجَاعِلُ ٱلَّذِينَ ٱتَّبَعُوكَ فَوۡقَ ٱلَّذِينَ
كَفَرُوٓاْ إِلَىٰ يَوۡمِ ٱلۡقِيَٰمَةِۖ ثُمَّ إِلَيَّ مَرۡجِعُكُمۡ فَأَحۡكُمُ
بَيۡنَكُمۡ فِيمَا كُنتُمۡ فِيهِ تَخۡتَلِفُونَ ﴿٥٥﴾ فَأَمَّا ٱلَّذِينَ كَفَرُواْ
فَأُعَذِّبُهُمۡ عَذَابٗا شَدِيدٗا فِي ٱلدُّنۡيَا وَٱلۡأٓخِرَةِ وَمَا لَهُم
مِّن نَّٰصِرِينَ ﴿٥٦﴾ وَأَمَّا ٱلَّذِينَ ءَامَنُواْ وَعَمِلُواْ ٱلصَّٰلِحَٰتِ
فَيُوَفِّيهِمۡ أُجُورَهُمۡۗ وَٱللَّهُ لَا يُحِبُّ ٱلظَّٰلِمِينَ ﴿٥٧﴾ ذَٰلِكَ نَتۡلُوهُ
عَلَيۡكَ مِنَ ٱلۡأٓيَٰتِ وَٱلذِّكۡرِ ٱلۡحَكِيمِ ﴿٥٨﴾ إِنَّ مَثَلَ
عِيسَىٰ عِندَ ٱللَّهِ كَمَثَلِ ءَادَمَۖ خَلَقَهُۥ مِن تُرَابٖ ثُمَّ قَالَ لَهُۥ
كُن فَيَكُونُ ﴿٥٩﴾ ٱلۡحَقُّ مِن رَّبِّكَ فَلَا تَكُن مِّنَ ٱلۡمُمۡتَرِينَ
﴿٦٠﴾ فَمَنۡ حَآجَّكَ فِيهِ مِنۢ بَعۡدِ مَا جَآءَكَ مِنَ ٱلۡعِلۡمِ فَقُلۡ تَعَالَوۡاْ
نَدۡعُ أَبۡنَآءَنَا وَأَبۡنَآءَكُمۡ وَنِسَآءَنَا وَنِسَآءَكُمۡ وَأَنفُسَنَا
وَأَنفُسَكُمۡ ثُمَّ نَبۡتَهِلۡ فَنَجۡعَل لَّعۡنَتَ ٱللَّهِ عَلَى ٱلۡكَٰذِبِينَ ﴿٦١﴾

「われらが主よ、われらはあなたが下し給うたものを信じ、使徒に従います。それゆえわれらを証言する者たちと共に書き留め給え」。(3：53)

そして彼ら(イスラーイールの子孫)は謀《たばか》り、アッラーも謀り給うた。そしてアッラーは策謀者たちのうち最良の御方[321]。(3：54)

アッラーが仰せられた時のこと。「イーサーよ、われはおまえを召し[322]、われの許に上げ[323]、信仰を拒む者たちからおまえを清め、また、おまえに従う者たちを復活(審判)の日まで不信仰者たちの上に置く者である。それから、われにこそおまえたちの帰り処はあり、それでわれはおまえたちが意見対立していたことについておまえたちの間を裁く」。(3：55)

それゆえ信仰を拒んだ者たち、彼らをわれは現世と来世において厳しい懲罰で懲らしめ、彼らには助け手たちはいない。(3：56)

一方、信仰し、善行をなした者たち、(アッラーは)彼らに彼らの報いを十分に与え給う。そしてアッラーは不正な者たちを愛し給わない。(3：57)

これ(マルヤムやイーサー等の情報)は、われがおまえに、徴として、英知の教訓(クルアーン)としてそれを読み聞かせる。(3：58)

まことにイーサーの様《さま》はアッラーの御許ではアーダムの様のようである。彼を土くれから創り、それから彼に「あれ」と仰せられると、彼はある。(3：59)

おまえの主からの真理である。それゆえ懐疑の徒たちの一人となってはならない。(3：60)

それでおまえに知識が訪れた後、彼(それ)についておまえと論争する者があれば、言え。「来るがいい。われらの子孫とおまえたちの子孫、われらの妻(女)たちとおまえたちの妻(女)たち、そしてわれら自身とおまえたち自身を呼び、われらは謙虚に祈願し[324]、虚言者たちの上にアッラーの呪いを下そう[325]」。(3：61)

321　ユダヤ教徒の不信仰者たちはイーサーを謀殺しようとしたが、アッラーは彼らを出し抜き給い、イーサーを天に上げ給うた。4章157節参照。

322　アッラーがイーサーを生きたまま摑み(召し)天に上げたというのが最有力説。他に、眠らせたの意、死なせたの意、語順が逆との説がある。最後の説は、われの許に上げ、(その後終末の前に地上に下ろし)その後召す(死なせる)の意。

323　天に上げの意とも、アッラーの威儀(karāmah)へ上げの意とも言われる。

324　あるいは、「呪い合い」。

325「アッラーよ、イーサーについて虚偽を述べている者を呪い給え」との文言で。一説によると、預言者ムハンマドが、ナジュラーンのキリスト教徒とイーサーについて論争した時、彼はアリー、ファーティマ、ハサン、フサインを伴って、彼らに、自分が「アッラーよ、イーサーについて虚偽

إِنَّ هَٰذَا لَهُوَ ٱلْقَصَصُ ٱلْحَقُّ ۚ وَمَا مِنْ إِلَٰهٍ إِلَّا ٱللَّهُ ۚ وَإِنَّ ٱللَّهَ لَهُوَ
ٱلْعَزِيزُ ٱلْحَكِيمُ ٦٢ فَإِن تَوَلَّوْا۟ فَإِنَّ ٱللَّهَ عَلِيمٌۢ بِٱلْمُفْسِدِينَ
٦٣ قُلْ يَٰٓأَهْلَ ٱلْكِتَٰبِ تَعَالَوْا۟ إِلَىٰ كَلِمَةٍ سَوَآءٍۭ بَيْنَنَا
وَبَيْنَكُمْ أَلَّا نَعْبُدَ إِلَّا ٱللَّهَ وَلَا نُشْرِكَ بِهِۦ شَيْـًٔا وَلَا يَتَّخِذَ
بَعْضُنَا بَعْضًا أَرْبَابًا مِّن دُونِ ٱللَّهِ ۚ فَإِن تَوَلَّوْا۟ فَقُولُوا۟ ٱشْهَدُوا۟
بِأَنَّا مُسْلِمُونَ ٦٤ يَٰٓأَهْلَ ٱلْكِتَٰبِ لِمَ تُحَآجُّونَ فِىٓ إِبْرَٰهِيمَ
وَمَآ أُنزِلَتِ ٱلتَّوْرَىٰةُ وَٱلْإِنجِيلُ إِلَّا مِنۢ بَعْدِهِۦٓ ۚ أَفَلَا تَعْقِلُونَ
٦٥ هَٰٓأَنتُمْ هَٰٓؤُلَآءِ حَٰجَجْتُمْ فِيمَا لَكُم بِهِۦ عِلْمٌ فَلِمَ
تُحَآجُّونَ فِيمَا لَيْسَ لَكُم بِهِۦ عِلْمٌ ۚ وَٱللَّهُ يَعْلَمُ وَأَنتُمْ
لَا تَعْلَمُونَ ٦٦ مَا كَانَ إِبْرَٰهِيمُ يَهُودِيًّا وَلَا نَصْرَانِيًّا
وَلَٰكِن كَانَ حَنِيفًا مُّسْلِمًا وَمَا كَانَ مِنَ ٱلْمُشْرِكِينَ ٦٧
إِنَّ أَوْلَى ٱلنَّاسِ بِإِبْرَٰهِيمَ لَلَّذِينَ ٱتَّبَعُوهُ وَهَٰذَا ٱلنَّبِىُّ وَٱلَّذِينَ
ءَامَنُوا۟ ۗ وَٱللَّهُ وَلِىُّ ٱلْمُؤْمِنِينَ ٦٨ وَدَّت طَّآئِفَةٌ مِّنْ أَهْلِ ٱلْكِتَٰبِ
لَوْ يُضِلُّونَكُمْ وَمَا يُضِلُّونَ إِلَّآ أَنفُسَهُمْ وَمَا يَشْعُرُونَ ٦٩ يَٰٓأَهْلَ
ٱلْكِتَٰبِ لِمَ تَكْفُرُونَ بِـَٔايَٰتِ ٱللَّهِ وَأَنتُمْ تَشْهَدُونَ ٧٠

まことにこれは真実の物語である。そしてアッラーのほかに神はない。そしてまことにアッラーこそは威力比類なく、英明なる御方。(3：62)

それでもし彼らが背き去るなら、まことにアッラーは害悪をなす者どもを御存じの御方。(3：63)

言え。「啓典の民よ、われらとおまえたちの間の等しい言葉に来れ。すなわち、われらはアッラーのほかに仕えず、彼になにものをも並び置かず、われらのある者がある者をアッラーをさしおいて主とすることはないと[326]」。それでもし彼らが背き去るなら、言え。「われらが帰依者《ムスリム》であることを証言せよ」。(3：64)

啓典の民よ、なぜおまえたちはイブラーヒームのことで論争するのか[327]。律法の書と福音書は彼の後にしか下されなかったのに。それでおまえたちは理解しないのか。(3：65)

これ、おまえたちは、おまえたちに知識があることについて[328]論争した者たちである。それでどうしてそのおまえたちが知識のないことについても[329]論争するのか。そしてアッラーは知り給い、おまえたちは知らないのである。(3：66)

イブラーヒームはユダヤ教徒でもキリスト教徒でもなく、彼はひたむきな帰依者《ムスリム》であり、多神教徒たち(の一人)ではなかった。(3：67)

まことにイブラーヒームに最も近い人々は、彼に従った者とこの預言者と信仰する者たちである[330]。そしてアッラーは信仰者たちの後見であらせられる。(3：68)

啓典の民の一派はおまえたちを迷わすことを望んだ。しかし彼らが迷わすのは自分たちだけであるが、彼らは気づいていない。(3：69)

啓典の民よ、どうしておまえたちはアッラーの諸々の徴を拒むのか。おまえたちは証人として立ち会っているというのに[331]。(3：70)

を述べている者たちを呪い給え」と呪詛するので、「アーミーン(そのようになりますように)」と唱和するように迫ったが、彼らはそれを拒み、人頭税(ジズヤ)を支払って和解することを選んだ。

326　人間がシャリーアを制定することはできないの意とも、人間を主としてはならないの意(9章31節参照)とも言われる。

327　3章67節参照。

328　ユダヤ教徒、キリスト教徒は、それぞれが知っていると称するムーサーとイーサーについても論争し際限がなかった。

329　イブラーヒームについて。よく知っていることについてさえ論争になり結論がでなかったのに、知りもしないことについてもまた議論をしようとするのか。

330　イブラーヒームの時代に彼に付き従った者と預言者ムハンマドとムスリムたちである。

331　お前たちは預言者が遣わされることを予言した啓典を持ち、預言者ムハンマドに下されたアッ

يَٰٓأَهۡلَ ٱلۡكِتَٰبِ لِمَ تَلۡبِسُونَ ٱلۡحَقَّ بِٱلۡبَٰطِلِ وَتَكۡتُمُونَ ٱلۡحَقَّ
وَأَنتُمۡ تَعۡلَمُونَ ٧١ وَقَالَت طَّآئِفَةٞ مِّنۡ أَهۡلِ ٱلۡكِتَٰبِ ءَامِنُواْ
بِٱلَّذِيٓ أُنزِلَ عَلَى ٱلَّذِينَ ءَامَنُواْ وَجۡهَ ٱلنَّهَارِ وَٱكۡفُرُوٓاْ ءَاخِرَهُۥ
لَعَلَّهُمۡ يَرۡجِعُونَ ٧٢ وَلَا تُؤۡمِنُوٓاْ إِلَّا لِمَن تَبِعَ دِينَكُمۡ قُلۡ إِنَّ
ٱلۡهُدَىٰ هُدَى ٱللَّهِ أَن يُؤۡتَىٰٓ أَحَدٞ مِّثۡلَ مَآ أُوتِيتُمۡ أَوۡ يُحَآجُّوكُمۡ
عِندَ رَبِّكُمۡۗ قُلۡ إِنَّ ٱلۡفَضۡلَ بِيَدِ ٱللَّهِ يُؤۡتِيهِ مَن يَشَآءُۗ وَٱللَّهُ
وَٰسِعٌ عَلِيمٞ ٧٣ يَخۡتَصُّ بِرَحۡمَتِهِۦ مَن يَشَآءُۗ وَٱللَّهُ ذُو ٱلۡفَضۡلِ
ٱلۡعَظِيمِ ٧٤ ۞وَمِنۡ أَهۡلِ ٱلۡكِتَٰبِ مَنۡ إِن تَأۡمَنۡهُ بِقِنطَارٖ
يُؤَدِّهِۦٓ إِلَيۡكَ وَمِنۡهُم مَّنۡ إِن تَأۡمَنۡهُ بِدِينَارٖ لَّا يُؤَدِّهِۦٓ إِلَيۡكَ
إِلَّا مَا دُمۡتَ عَلَيۡهِ قَآئِمٗاۗ ذَٰلِكَ بِأَنَّهُمۡ قَالُواْ لَيۡسَ عَلَيۡنَا فِي
ٱلۡأُمِّيِّـۧنَ سَبِيلٞ وَيَقُولُونَ عَلَى ٱللَّهِ ٱلۡكَذِبَ وَهُمۡ يَعۡلَمُونَ
٧٥ بَلَىٰۚ مَنۡ أَوۡفَىٰ بِعَهۡدِهِۦ وَٱتَّقَىٰ فَإِنَّ ٱللَّهَ يُحِبُّ ٱلۡمُتَّقِينَ
٧٦ إِنَّ ٱلَّذِينَ يَشۡتَرُونَ بِعَهۡدِ ٱللَّهِ وَأَيۡمَٰنِهِمۡ ثَمَنٗا قَلِيلًا
أُوْلَٰٓئِكَ لَا خَلَٰقَ لَهُمۡ فِي ٱلۡأٓخِرَةِ وَلَا يُكَلِّمُهُمُ ٱللَّهُ وَلَا يَنظُرُ
إِلَيۡهِمۡ يَوۡمَ ٱلۡقِيَٰمَةِ وَلَا يُزَكِّيهِمۡ وَلَهُمۡ عَذَابٌ أَلِيمٞ ٧٧

啓典の民よ、どうしておまえたちは真理と虚偽をもつれさせ[332]、知っていながら真理を隠すのか。(3：71)

そして啓典の民の一派は言った。「信仰する者たちに下されたものを日中の始めに信じ、その終わりに背信せよ。おそらく彼らは戻るであろう[333]」。(3：72)

「そして、おまえの宗教に従う者を除いては信じてはならない」。　―言え、「まことに導きとはアッラーの導きである」。[334]―　「また、おまえたちに与えられたのと同じものが誰かに与えられること、あるいは、彼らがおまえたちの主の御許でおまえたちを論駁すると(信じてはならない)」。言え。「まことに御恵みはアッラーの御手にあり、彼はそれを御望みの者に与え給う。そしてアッラーは広大にしてよく知り給う御方」。(3：73)

「御望みの者に特別の御慈悲をかけ給う。アッラーは大いなる御恵みの持ち主」。(3：74)

啓典の民の中には、莫大な財宝を託してもそれをおまえに返す者もいれば、彼らの中には、一金貨を託しても常に付きまとわなければ[335]おまえに返さない者もいる[336]。それは彼らが、文盲の者たちについてはわれらに責任[337]はないと言ったせいである[338]。そして彼らはアッラーについて、知っていながら虚偽を語る。(3：75)

いや(その様ではなく)、彼の約定を果たし、畏れ身を守る者、アッラーは畏れ身を守る者たちを愛し給う。(3：76)

ラーの徴(クルアーンや預言者性の証)を目にしており、来世では、これがお前たちの立場に悪く働く反証となるというのに。

332　真理と虚偽を混ぜ。啓典の改竄とも3章72節の内容とも言われる。

333　ユダヤ教徒たちは、自分たちが昼の始めに口先でイスラームに入信し、昼の終わりには棄教すれば、預言者ムハンマドの弟子たちも、自分たちより宗教に詳しい啓典の民たちがイスラームに入った後で抜けたなら、それが虚偽であると知ったからに違いないと、イスラームに疑念を抱き、離れていくだろうと考えた。

334　アッラーの御言葉の挿入句。なお、挿入句でないと解釈した場合、以降は次の訳となる。「また、お前たち(ムスリム)に与えられたのと同じものが誰かに与えられることはなく、あるいは、彼らがお前たちの主の御許でおまえたちを論駁することもない」。

335　あるいは、「常に(催促を)行わなければ」。

336　ユダヤ教からイスラームに改宗したアブドゥッラー・ブン・サラームは預かった八千四百ディナールの金を返したが、イスラームに敵対したユダヤ教徒カアブ・ブン・アル＝アシュラフは、クライシュ族の一人が一金貨を預けたのに、それを否認した。

337　原義は道。抗弁の道のこと。

338　ユダヤ教徒は、啓典を持たないアラブ人に対しては不正を働いても罪にはならないと「律法の書」に定められていると主張した。

وَإِنَّ مِنْهُمْ لَفَرِيقًا يَلْوُۥنَ أَلْسِنَتَهُم بِٱلْكِتَٰبِ لِتَحْسَبُوهُ
مِنَ ٱلْكِتَٰبِ وَمَا هُوَ مِنَ ٱلْكِتَٰبِ وَيَقُولُونَ هُوَ مِنْ
عِندِ ٱللَّهِ وَمَا هُوَ مِنْ عِندِ ٱللَّهِ وَيَقُولُونَ عَلَى ٱللَّهِ ٱلْكَذِبَ
وَهُمْ يَعْلَمُونَ ﴿٧٨﴾ مَا كَانَ لِبَشَرٍ أَن يُؤْتِيَهُ ٱللَّهُ ٱلْكِتَٰبَ
وَٱلْحُكْمَ وَٱلنُّبُوَّةَ ثُمَّ يَقُولَ لِلنَّاسِ كُونُوا۟ عِبَادًا لِّى مِن
دُونِ ٱللَّهِ وَلَٰكِن كُونُوا۟ رَبَّٰنِيِّـۧنَ بِمَا كُنتُمْ تُعَلِّمُونَ
ٱلْكِتَٰبَ وَبِمَا كُنتُمْ تَدْرُسُونَ ﴿٧٩﴾ وَلَا يَأْمُرَكُمْ أَن
تَتَّخِذُوا۟ ٱلْمَلَٰٓئِكَةَ وَٱلنَّبِيِّـۧنَ أَرْبَابًا ۗ أَيَأْمُرُكُم بِٱلْكُفْرِ بَعْدَ
إِذْ أَنتُم مُّسْلِمُونَ ﴿٨٠﴾ وَإِذْ أَخَذَ ٱللَّهُ مِيثَٰقَ ٱلنَّبِيِّـۧنَ لَمَآ ءَاتَيْتُكُم
مِّن كِتَٰبٍ وَحِكْمَةٍ ثُمَّ جَآءَكُمْ رَسُولٌ مُّصَدِّقٌ لِّمَا
مَعَكُمْ لَتُؤْمِنُنَّ بِهِۦ وَلَتَنصُرُنَّهُۥ ۚ قَالَ ءَأَقْرَرْتُمْ وَأَخَذْتُمْ
عَلَىٰ ذَٰلِكُمْ إِصْرِى ۖ قَالُوٓا۟ أَقْرَرْنَا ۚ قَالَ فَٱشْهَدُوا۟ وَأَنَا۠ مَعَكُم
مِّنَ ٱلشَّٰهِدِينَ ﴿٨١﴾ فَمَن تَوَلَّىٰ بَعْدَ ذَٰلِكَ فَأُو۟لَٰٓئِكَ هُمُ
ٱلْفَٰسِقُونَ ﴿٨٢﴾ أَفَغَيْرَ دِينِ ٱللَّهِ يَبْغُونَ وَلَهُۥٓ أَسْلَمَ مَن فِى
ٱلسَّمَٰوَٰتِ وَٱلْأَرْضِ طَوْعًا وَكَرْهًا وَإِلَيْهِ يُرْجَعُونَ ﴿٨٣﴾

アッラーの約定と彼らの誓約とひきかえにわずかな代価を得る者、それらの者には来世において取り分はなく、復活(審判)の日にアッラーは彼らに言葉をかけ給わず、彼らに目を向け給わず[339]、彼らを清め給わない。そして彼らには痛苦の懲罰がある。(3：77)

そしてまことに、彼らの中には啓典で[340]自分の舌を歪め(啓典を歪曲・改変し)、啓典にはないものを、それが啓典にあるとおまえたちに思わせようとする一派があり、彼らは「それはアッラーの御許からだ」と言うが、それはアッラーの御許からではない。そして彼らはアッラーについて、知っていながら虚偽を語るのである。(3：78)

人にとってはありえないこと。アッラーが彼に啓典と判断力[341]を授け給い、その後に彼が人々に「アッラーをさしおいて私の僕《しもべ》となれ」と言うことは。むしろ、「啓典を教え、学んだがゆえに教導師[342]となれ」(と言う)。(3：79)

また、おまえたちに、天使たちと預言者たちを主とするよう命じることはない。彼がおまえたちに、帰依者《ムスリム》となった後で不信仰を命じるというのか。(3：80)

またアッラーが預言者たちからの確約を取り給うた時のこと。「まことにわれがおまえたちに授けたところのものは啓典と英知である。やがておまえたちにおまえたちが持つものを確証する使徒[343]が来たなら、必ずやおまえたちは彼を信じ、彼を助けるのである」。

彼は仰せられた。「おまえたちは認め、これについてわれの重責を担うか[344]」。彼らは言った。「認めました」。彼は仰せられた。「では、それを証言せよ。われもまたおまえたちと共に証言する者たち(の一人)である」。(3：81)

それでその後に背き去った者、それらの者こそは邪な者である。(3：82)

それでもアッラーの宗教以外のものを彼らは求めるのか。彼に諸天と地にある者は進んでまた(は)嫌々ながらも服し[345]、彼らは彼の御許に帰されるというのに。(3：83)

339　慈悲の言葉と眼差しでは。もしくは全く。後者の場合、天使が彼らと語る。
340　啓典の読誦で。
341　英知。神意と啓典の実践を伴う理解力。
342　「教導師(rābbānī：主の人)」とはアッラーに献身する言行一致の有徳の学者を意味する。
343　預言者ムハンマドを指す。
344　あるいは、「われの契約を受け入れるか」。
345　ムスリムは自ら服し、不信仰者は死後に嫌々ながら神の命に服すとも言われる。

قُلْ ءَامَنَّا بِٱللَّهِ وَمَآ أُنزِلَ عَلَيْنَا وَمَآ أُنزِلَ عَلَىٰٓ إِبْرَٰهِيمَ
وَإِسْمَٰعِيلَ وَإِسْحَٰقَ وَيَعْقُوبَ وَٱلْأَسْبَاطِ وَمَآ أُوتِىَ مُوسَىٰ
وَعِيسَىٰ وَٱلنَّبِيُّونَ مِن رَّبِّهِمْ لَا نُفَرِّقُ بَيْنَ أَحَدٍ مِّنْهُمْ
وَنَحْنُ لَهُۥ مُسْلِمُونَ ٨٤ وَمَن يَبْتَغِ غَيْرَ ٱلْإِسْلَٰمِ دِينًا فَلَن
يُقْبَلَ مِنْهُ وَهُوَ فِى ٱلْءَاخِرَةِ مِنَ ٱلْخَٰسِرِينَ ٨٥ كَيْفَ
يَهْدِى ٱللَّهُ قَوْمًا كَفَرُوا۟ بَعْدَ إِيمَٰنِهِمْ وَشَهِدُوٓا۟ أَنَّ
ٱلرَّسُولَ حَقٌّ وَجَآءَهُمُ ٱلْبَيِّنَٰتُ ۚ وَٱللَّهُ لَا يَهْدِى ٱلْقَوْمَ
ٱلظَّٰلِمِينَ ٨٦ أُو۟لَٰٓئِكَ جَزَآؤُهُمْ أَنَّ عَلَيْهِمْ لَعْنَةَ ٱللَّهِ
وَٱلْمَلَٰٓئِكَةِ وَٱلنَّاسِ أَجْمَعِينَ ٨٧ خَٰلِدِينَ فِيهَا لَا يُخَفَّفُ
عَنْهُمُ ٱلْعَذَابُ وَلَا هُمْ يُنظَرُونَ ٨٨ إِلَّا ٱلَّذِينَ تَابُوا۟ مِنۢ
بَعْدِ ذَٰلِكَ وَأَصْلَحُوا۟ فَإِنَّ ٱللَّهَ غَفُورٌ رَّحِيمٌ ٨٩ إِنَّ ٱلَّذِينَ
كَفَرُوا۟ بَعْدَ إِيمَٰنِهِمْ ثُمَّ ٱزْدَادُوا۟ كُفْرًا لَّن تُقْبَلَ تَوْبَتُهُمْ
وَأُو۟لَٰٓئِكَ هُمُ ٱلضَّآلُّونَ ٩٠ إِنَّ ٱلَّذِينَ كَفَرُوا۟ وَمَاتُوا۟ وَهُمْ
كُفَّارٌ فَلَن يُقْبَلَ مِنْ أَحَدِهِم مِّلْءُ ٱلْأَرْضِ ذَهَبًا وَلَوِ
ٱفْتَدَىٰ بِهِۦٓ ۗ أُو۟لَٰٓئِكَ لَهُمْ عَذَابٌ أَلِيمٌ وَمَا لَهُم مِّن نَّٰصِرِينَ ٩١

言え。「われらはアッラーを信じ、われらに下されたもの、イブラーヒームとイスマーイールとイスハークとヤアクーブと諸支族に下されたもの、そしてムーサーとイーサーと諸預言者に彼らの主から授けられたものを信じた。われらは彼らのうちだれをも区別することはなく、われらは彼に帰依する者《ムスリム》である」。(3：84)

そしてイスラーム以外の宗教を求める者、彼からは受け入れられず、彼は来世においては損失者たち(の一人)となる。(3：85)

どうしてアッラーが信仰した後に背信した民を導き給うことがあろうか。彼らは使徒が真理であり、彼らに諸々の明証が訪れたことを証言したというのに。そしてアッラーは不正の民を導き給わない。(3：86)

それらの者は、彼らの報いは、彼らの上にアッラーと天使と人々すべての呪い[346]があることである。(3：87)

彼らはそこ[347]に永遠に。彼らから懲罰が軽減されることはなく、彼らは猶予されることもない。(3：88)

ただし、その後で悔いて戻り、(行いを)正した者は別であり、まことにアッラーはよく赦し給う慈悲深い御方。(3：89)

信仰したのち背信し、不信仰を増した者の悔い戻り[348]は受け入れられず[349]、それらの者、彼らこそは迷った者である。(3：90)

まことに信仰を拒み、不信仰者として死んだ者たちは、彼らの誰一人として、大地一杯の金でたとえわが身を贖《あがな》おうとしても、受け入れられない。それらの者、彼らには痛苦の懲罰があり、彼らには助け手たちはいない。(3：91)

346　アッラーの呪いとは、アッラーの慈悲から外されることを指す。

347　呪い、もしくは火獄。

348　(今際の際に)虫の息で悔い戻りの言葉を言うこと。あるいは、不信仰者として死んだ場合等に。

349　ムーサーを信じていた者がイーサーを拒み、ムハンマドも拒んだ場合、今際の際の悔い戻りは受け入れられないの意とも、啓典の民の罪に対する悔い戻りは不信仰の状態にある限り受け入れられないの意とも、背信したムスリムが見せかけの悔い戻りの言葉を口にしたがそれは受け入れられないの意とも、ユダヤ教徒とキリスト教徒が預言者が遣わされるであろうとの啓典を信じていたにも拘わらず預言者ムハンマドを拒んだことを指すとも言われる。

لَن تَنَالُواْ ٱلۡبِرَّ حَتَّىٰ تُنفِقُواْ مِمَّا تُحِبُّونَۚ وَمَا تُنفِقُواْ مِن شَيۡءٖ
فَإِنَّ ٱللَّهَ بِهِۦ عَلِيمٞ ٩٢ ۞ كُلُّ ٱلطَّعَامِ كَانَ حِلّٗا لِّبَنِيٓ
إِسۡرَٰٓءِيلَ إِلَّا مَا حَرَّمَ إِسۡرَٰٓءِيلُ عَلَىٰ نَفۡسِهِۦ مِن قَبۡلِ أَن تُنَزَّلَ
ٱلتَّوۡرَىٰةُۚ قُلۡ فَأۡتُواْ بِٱلتَّوۡرَىٰةِ فَٱتۡلُوهَآ إِن كُنتُمۡ صَٰدِقِينَ
٩٣ فَمَنِ ٱفۡتَرَىٰ عَلَى ٱللَّهِ ٱلۡكَذِبَ مِنۢ بَعۡدِ ذَٰلِكَ فَأُوْلَٰٓئِكَ
هُمُ ٱلظَّٰلِمُونَ ٩٤ قُلۡ صَدَقَ ٱللَّهُۗ فَٱتَّبِعُواْ مِلَّةَ إِبۡرَٰهِيمَ حَنِيفٗاۖ
وَمَا كَانَ مِنَ ٱلۡمُشۡرِكِينَ ٩٥ إِنَّ أَوَّلَ بَيۡتٖ وُضِعَ لِلنَّاسِ لَلَّذِي
بِبَكَّةَ مُبَارَكٗا وَهُدٗى لِّلۡعَٰلَمِينَ ٩٦ فِيهِ ءَايَٰتُۢ بَيِّنَٰتٞ مَّقَامُ
إِبۡرَٰهِيمَۖ وَمَن دَخَلَهُۥ كَانَ ءَامِنٗاۗ وَلِلَّهِ عَلَى ٱلنَّاسِ حِجُّ ٱلۡبَيۡتِ
مَنِ ٱسۡتَطَاعَ إِلَيۡهِ سَبِيلٗاۚ وَمَن كَفَرَ فَإِنَّ ٱللَّهَ غَنِيٌّ عَنِ ٱلۡعَٰلَمِينَ
٩٧ قُلۡ يَٰٓأَهۡلَ ٱلۡكِتَٰبِ لِمَ تَكۡفُرُونَ بِـَٔايَٰتِ ٱللَّهِ وَٱللَّهُ شَهِيدٌ
عَلَىٰ مَا تَعۡمَلُونَ ٩٨ قُلۡ يَٰٓأَهۡلَ ٱلۡكِتَٰبِ لِمَ تَصُدُّونَ عَن
سَبِيلِ ٱللَّهِ مَنۡ ءَامَنَ تَبۡغُونَهَا عِوَجٗا وَأَنتُمۡ شُهَدَآءُۗ وَمَا ٱللَّهُ
بِغَٰفِلٍ عَمَّا تَعۡمَلُونَ ٩٩ يَٰٓأَيُّهَا ٱلَّذِينَ ءَامَنُوٓاْ إِن تُطِيعُواْ فَرِيقٗا
مِّنَ ٱلَّذِينَ أُوتُواْ ٱلۡكِتَٰبَ يَرُدُّوكُم بَعۡدَ إِيمَٰنِكُمۡ كَٰفِرِينَ ١٠٠

おまえたちはおまえたちの愛するものから(善に)費やすまで忠義[350]を得ることは決してない。そしておまえたちが費やしたものはなんでも、アッラーはそれを知り給う御方。(3：92)

すべての食べ物はイスラーイールの子孫に許されていた、律法の書が垂示される以前にイスラーイール(ヤアクーブ)が自分に禁じたもの[351]以外は。言え。「律法の書を持って来てそれを読め。もしおまえたちが正しいのであれば」。(3：93)

それでその後にアッラーについて虚偽を捏造する者があれば、それらの者、彼らこそは不正な者である。(3：94)

言え。「アッラーは真実を語り給う。それゆえ、ひたむきなイブラーヒームの宗旨に従え。そして彼は多神教徒たち(の一人)ではなかった」。(3：95)

まことに人々のために[352]建立された最初の館はバッカ(マッカ)のもので、諸世界への祝福、導きとしてであった。(3：96)

そこには明白な諸々の徴があり、イブラーヒームの立ち処があり、そこに入った者は安全である。そしてアッラーに対し人々には館の大巡礼が、その道行が可能な者であれば課せられる。それで信仰[353]を拒む者があっても、まことにアッラーは諸世界を必要とせず自足し給うた御方。(3：97)

言え。「啓典の民よ、どうしておまえたちはアッラーの諸々の徴を拒むのか。アッラーはおまえたちのなすことへの証人(見通し給う御方)であるというのに」。(3：98)

言え。「啓典の民よ、どうしておまえたちは証人でありながら信仰した者をアッラーの道から逸らし、その歪曲を望むのか。そしてアッラーはおまえたちのなすことを見逃し給う御方ではない」。(3：99)

信仰する者たちよ、おまえたちが啓典を授けられた者の一派に従うなら、彼らはおまえたちを信仰の後に不信仰者に引き戻すであろう[354]。(3：100)

350　楽園とも、善行とも、アッラーの報償とも言われる。
351　ラクダの肉と乳。
352　崇拝行為のために。
353　アッラーないし大巡礼の義務性。
354　イスラーム入信後に和解したアウス族とハズラジュ族をユダヤ教徒が改めて仲違いさせようとしたことに関し啓示された。

وَكَيْفَ تَكْفُرُونَ وَأَنتُمْ تُتْلَىٰ عَلَيْكُمْ ءَايَٰتُ ٱللَّهِ وَفِيكُمْ
رَسُولُهُۥ ۗ وَمَن يَعْتَصِم بِٱللَّهِ فَقَدْ هُدِىَ إِلَىٰ صِرَٰطٍ مُّسْتَقِيمٍ ﴿١٠١﴾
يَٰٓأَيُّهَا ٱلَّذِينَ ءَامَنُوا۟ ٱتَّقُوا۟ ٱللَّهَ حَقَّ تُقَاتِهِۦ وَلَا تَمُوتُنَّ إِلَّا وَأَنتُم
مُّسْلِمُونَ ﴿١٠٢﴾ وَٱعْتَصِمُوا۟ بِحَبْلِ ٱللَّهِ جَمِيعًا وَلَا تَفَرَّقُوا۟ ۚ وَٱذْكُرُوا۟
نِعْمَتَ ٱللَّهِ عَلَيْكُمْ إِذْ كُنتُمْ أَعْدَآءً فَأَلَّفَ بَيْنَ قُلُوبِكُمْ
فَأَصْبَحْتُم بِنِعْمَتِهِۦٓ إِخْوَٰنًا وَكُنتُمْ عَلَىٰ شَفَا حُفْرَةٍ مِّنَ
ٱلنَّارِ فَأَنقَذَكُم مِّنْهَا ۗ كَذَٰلِكَ يُبَيِّنُ ٱللَّهُ لَكُمْ ءَايَٰتِهِۦ لَعَلَّكُمْ
تَهْتَدُونَ ﴿١٠٣﴾ وَلْتَكُن مِّنكُمْ أُمَّةٌ يَدْعُونَ إِلَى ٱلْخَيْرِ وَيَأْمُرُونَ
بِٱلْمَعْرُوفِ وَيَنْهَوْنَ عَنِ ٱلْمُنكَرِ ۚ وَأُو۟لَٰٓئِكَ هُمُ ٱلْمُفْلِحُونَ ﴿١٠٤﴾
وَلَا تَكُونُوا۟ كَٱلَّذِينَ تَفَرَّقُوا۟ وَٱخْتَلَفُوا۟ مِنۢ بَعْدِ مَا جَآءَهُمُ ٱلْبَيِّنَٰتُ ۚ
وَأُو۟لَٰٓئِكَ لَهُمْ عَذَابٌ عَظِيمٌ ﴿١٠٥﴾ يَوْمَ تَبْيَضُّ وُجُوهٌ وَتَسْوَدُّ
وُجُوهٌ ۚ فَأَمَّا ٱلَّذِينَ ٱسْوَدَّتْ وُجُوهُهُمْ أَكَفَرْتُم بَعْدَ إِيمَٰنِكُمْ
فَذُوقُوا۟ ٱلْعَذَابَ بِمَا كُنتُمْ تَكْفُرُونَ ﴿١٠٦﴾ وَأَمَّا ٱلَّذِينَ ٱبْيَضَّتْ
وُجُوهُهُمْ فَفِى رَحْمَةِ ٱللَّهِ ۖ هُمْ فِيهَا خَٰلِدُونَ ﴿١٠٧﴾ تِلْكَ ءَايَٰتُ
ٱللَّهِ نَتْلُوهَا عَلَيْكَ بِٱلْحَقِّ ۗ وَمَا ٱللَّهُ يُرِيدُ ظُلْمًا لِّلْعَٰلَمِينَ ﴿١٠٨﴾

またどうしておまえたちは信仰を拒むのか。おまえたちにはアッラーの諸々の徴が読み聞かされ、おまえたちの中に彼の使徒がいるというのに。それでアッラーにしっかりと縋《すが》る者は真っすぐな道に導かれている。(3：101)

信仰する者たちよ、真の畏怖をもってアッラーを畏れ身を守れ[355]。そして、帰依者《ムスリム》としてでなければ死んではならない。(3：102)

そしてアッラーの絆[356]に皆でしっかりと縋り、分裂してはならない。そしておまえたちへのアッラーの恩寵を思い起こせ。その時、おまえたちは敵であったが、彼がおまえたちの心を結び付け給い、おまえたちは彼の恩寵によって兄弟にかわった。また、おまえたちは獄火の穴の縁《ふち》にいたが、彼はおまえたちをそこから救い出し給うた。こうしてアッラーはおまえたちに彼の諸々の徴を明示し給う。きっとおまえたちは導かれるであろう。(3：103)

また、善に誘い、良識を命じ、悪行を禁じる一団《ウンマ》がおまえたちの中にあるようにせよ。そしてそれらの者、彼らこそは成功者である。(3：104)

そして諸々の明証が訪れた後に分裂し、相争った者たちのようになってはならない。それらの者、彼らには大いなる懲罰がある[357]。(3：105)

顔が白くなり、また顔が黒くなる日[358]、顔が黒くなった者たちには(言われる)、「おまえたちは信仰の後に不信仰に陥ったではないか[359]。それゆえ、おまえたちが背信したことゆえに懲罰を味わえ」。(3：106)

一方、顔が白くなった者はアッラーの御慈悲[360]に入り、彼らはそこに永遠に留まる。(3：107)

それがわれらがおまえに真理を持って読み聞かせるアッラーの諸々の徴である。そしてアッラーは諸世界に不正を望み給わない。(3：108)

355　この節は64章16節により廃棄されたとも、されていないとも言われる。

356　クルアーンとも、イスラームとも、アッラーとの確約とも、唯一神信仰とも、ムスリムの集団とも言われる。

357　「ユダヤ教徒は七一の派に分裂し、キリスト教徒は七二の派に分裂し、わがウンマ(ムスリム)は七三の派に分裂する。そのうちの一派だけが楽園に入り、七二派は獄火に入る。」(ハディース)。なお、許されない分裂とは信条や宗教の根幹に関するもの。

358　ムスリムの顔が喜びに輝き、不信仰者の顔が絶望と苦痛に翳る復活(最後の審判)の日。

359　偽信者とも、背教者とも、啓典の民とも、人間が原子の状態であった時に信仰があったので(7章172節)不信仰者全般とも言われる。

360　楽園。

وَلِلَّهِ مَا فِي ٱلسَّمَٰوَٰتِ وَمَا فِي ٱلْأَرْضِۚ وَإِلَى ٱللَّهِ تُرْجَعُ ٱلْأُمُورُ
١٠٩ كُنتُمْ خَيْرَ أُمَّةٍ أُخْرِجَتْ لِلنَّاسِ تَأْمُرُونَ بِٱلْمَعْرُوفِ
وَتَنْهَوْنَ عَنِ ٱلْمُنكَرِ وَتُؤْمِنُونَ بِٱللَّهِۗ وَلَوْ ءَامَنَ أَهْلُ
ٱلْكِتَٰبِ لَكَانَ خَيْرًا لَّهُمۚ مِّنْهُمُ ٱلْمُؤْمِنُونَ وَأَكْثَرُهُمُ
ٱلْفَٰسِقُونَ ١١٠ لَن يَضُرُّوكُمْ إِلَّآ أَذًىۖ وَإِن يُقَٰتِلُوكُمْ
يُوَلُّوكُمُ ٱلْأَدْبَارَ ثُمَّ لَا يُنصَرُونَ ١١١ ضُرِبَتْ عَلَيْهِمُ
ٱلذِّلَّةُ أَيْنَ مَا ثُقِفُوٓاْ إِلَّا بِحَبْلٍ مِّنَ ٱللَّهِ وَحَبْلٍ مِّنَ ٱلنَّاسِ
وَبَآءُو بِغَضَبٍ مِّنَ ٱللَّهِ وَضُرِبَتْ عَلَيْهِمُ ٱلْمَسْكَنَةُۚ ذَٰلِكَ
بِأَنَّهُمْ كَانُواْ يَكْفُرُونَ بِـَٔايَٰتِ ٱللَّهِ وَيَقْتُلُونَ ٱلْأَنۢبِيَآءَ
بِغَيْرِ حَقٍّۚ ذَٰلِكَ بِمَا عَصَواْ وَّكَانُواْ يَعْتَدُونَ ١١٢ ۞ لَيْسُواْ
سَوَآءًۗ مِّنْ أَهْلِ ٱلْكِتَٰبِ أُمَّةٌ قَآئِمَةٌ يَتْلُونَ ءَايَٰتِ ٱللَّهِ
ءَانَآءَ ٱلَّيْلِ وَهُمْ يَسْجُدُونَ ١١٣ يُؤْمِنُونَ بِٱللَّهِ وَٱلْيَوْمِ
ٱلْأٓخِرِ وَيَأْمُرُونَ بِٱلْمَعْرُوفِ وَيَنْهَوْنَ عَنِ ٱلْمُنكَرِ
وَيُسَٰرِعُونَ فِي ٱلْخَيْرَٰتِۖ وَأُوْلَٰٓئِكَ مِنَ ٱلصَّٰلِحِينَ ١١٤ وَمَا
يَفْعَلُواْ مِنْ خَيْرٍ فَلَن يُكْفَرُوهُۗ وَٱللَّهُ عَلِيمُۢ بِٱلْمُتَّقِينَ ١١٥

そして諸天にあるものも地にあるものもアッラーに属し、万象はアッラーに帰される。(3：109)

おまえたちは人々のために引き出された最良の共同体《ウンマ》であった[361]。おまえたちは良識を命じ、悪行を禁じ、アッラーを信仰する。そしてもし啓典の民が信仰していたなら、それは彼らにとって良いことであった。彼らの中には信仰者たちもいるが、その多くは邪な者たちである。(3：110)

彼らはおまえたちには傷付け[362]のほかには害をなすことは決してない。もし彼らがおまえたちに戦いをしかけても、彼らはおまえたちに背を向け(逃亡、敗走し)、援助されることもない。(3：111)

彼らはどこで見つけられても屈辱に囲まれる[363]。アッラーからの絆と人々からの絆による以外は[364]。また彼らはアッラーからの御怒りを持ち来たり、彼らは惨苦に囲まれる。それは、彼らがアッラーの諸々の徴を拒み、預言者たちを正当性なく殺したためである。それは、彼らが背き、法《のり》を越えたことによる。(3：112)

彼らは同等ではない。啓典の民のうちにも廉直の共同体《ウンマ》があり、彼らはアッラーの諸々の徴を夜間に読み、彼らは跪拝する[365]。(3：113)

彼らはアッラーと最後の日を信じ、良識を命じ、悪行を禁じ、善行に急ぎ向かう。そしてそれらの者は正しい者たちのうちにある。(3：114)

そして彼らのなす善行は一つとして(報償が)拒否されることはないであろう。アッラーは畏れ身を守る者を知り給う御方。(3：115)

361　過去形で述べられているのは、過去の啓典にこの共同体のことが吉報として記されていたからとも、運命が記されているという「護持された書板」に記載されているからとも、その様に創造されたとの意とも、kāna(…であった)という動詞は強調のために用いられているとも言われる。

362　中傷や恫喝などの嫌がらせ。

363　直訳すると「屈辱が打たれる」。アラビア語ではテントを立てることを「テントを打つ」と言い、ここでは彼らの上に屈辱(のテント)が立てられるの意。

364　人頭税(ジズヤ)の納入による、永代庇護契約(ズィンマ)、一時滞在許可を指す。9章29節、9章6節参照。

365　あるいは、「読む、跪拝しながら」。

إِنَّ ٱلَّذِينَ كَفَرُواْ لَن تُغۡنِيَ عَنۡهُمۡ أَمۡوَٰلُهُمۡ وَلَآ أَوۡلَٰدُهُم مِّنَ
ٱللَّهِ شَيۡـٔٗاۖ وَأُوْلَٰٓئِكَ أَصۡحَٰبُ ٱلنَّارِۖ هُمۡ فِيهَا خَٰلِدُونَ ١١٦
مَثَلُ مَا يُنفِقُونَ فِي هَٰذِهِ ٱلۡحَيَوٰةِ ٱلدُّنۡيَا كَمَثَلِ رِيحٖ فِيهَا
صِرٌّ أَصَابَتۡ حَرۡثَ قَوۡمٖ ظَلَمُوٓاْ أَنفُسَهُمۡ فَأَهۡلَكَتۡهُۚ وَمَا
ظَلَمَهُمُ ٱللَّهُ وَلَٰكِنۡ أَنفُسَهُمۡ يَظۡلِمُونَ ١١٧ يَٰٓأَيُّهَا ٱلَّذِينَ
ءَامَنُواْ لَا تَتَّخِذُواْ بِطَانَةٗ مِّن دُونِكُمۡ لَا يَأۡلُونَكُمۡ خَبَالٗا
وَدُّواْ مَا عَنِتُّمۡ قَدۡ بَدَتِ ٱلۡبَغۡضَآءُ مِنۡ أَفۡوَٰهِهِمۡ وَمَا تُخۡفِي
صُدُورُهُمۡ أَكۡبَرُۚ قَدۡ بَيَّنَّا لَكُمُ ٱلۡأٓيَٰتِۖ إِن كُنتُمۡ تَعۡقِلُونَ
١١٨ هَٰٓأَنتُمۡ أُوْلَآءِ تُحِبُّونَهُمۡ وَلَا يُحِبُّونَكُمۡ وَتُؤۡمِنُونَ بِٱلۡكِتَٰبِ
كُلِّهِۦ وَإِذَا لَقُوكُمۡ قَالُوٓاْ ءَامَنَّا وَإِذَا خَلَوۡاْ عَضُّواْ عَلَيۡكُمُ
ٱلۡأَنَامِلَ مِنَ ٱلۡغَيۡظِۚ قُلۡ مُوتُواْ بِغَيۡظِكُمۡۗ إِنَّ ٱللَّهَ عَلِيمُۢ بِذَاتِ
ٱلصُّدُورِ ١١٩ إِن تَمۡسَسۡكُمۡ حَسَنَةٞ تَسُؤۡهُمۡ وَإِن تُصِبۡكُمۡ
سَيِّئَةٞ يَفۡرَحُواْ بِهَاۖ وَإِن تَصۡبِرُواْ وَتَتَّقُواْ لَا يَضُرُّكُمۡ كَيۡدُهُمۡ
شَيۡـًٔاۗ إِنَّ ٱللَّهَ بِمَا يَعۡمَلُونَ مُحِيطٞ ١٢٠ وَإِذۡ غَدَوۡتَ مِنۡ أَهۡلِكَ
تُبَوِّئُ ٱلۡمُؤۡمِنِينَ مَقَٰعِدَ لِلۡقِتَالِۗ وَٱللَّهُ سَمِيعٌ عَلِيمٌ ١٢١

まことに、信仰を拒む者たちには彼らの財産も子供たちもアッラーに対してはなんの足しにもならない。そしてそれらの者は獄火の輩であり、彼らはそこに永遠に留まる。(3：116)

彼らがこの現世で費やすものの譬《たと》えは、ちょうど己に不正をなす[366]者たちの畑を襲い、それを滅ぼす厳寒[367]をはらんだ風の譬えのようである。そしてアッラーが彼らに不正をなし給うたのではなく、彼らは自身に不正をなすのである。(3：117)

信仰する者たちよ、おまえたち以外に腹心をもってはならない[368]。彼らはおまえたちへの荒廃には労を厭わず、おまえたちが苦しむことを望む。憎悪は彼らの口からすでに顕わになっている。だが、彼らの胸が隠すものはさらに大きい。われらはおまえたちに諸々の徴を既に明示した。おまえたちが理解するなら。(3：118)

これ、おまえたち、おまえたちは彼らを愛する者であるが、彼らはおまえたちを愛してはいない。おまえたちは啓典をすべて信じるが、彼らはおまえたちに会うと、「われらは信じた」と言うが、彼らだけになるとおまえたちへの憤怒に指先を噛む。言ってやれ、「おまえたちの憤怒で死ぬがいい。まことにアッラーは胸中にあるものを知り給う御方」。(3：119)

おまえたちに良きことが訪れると、それは彼らを不幸にし、おまえたちに悪しきことが襲うと彼らはそれに喜ぶ。しかし、もしおまえたちが忍耐し、畏れ身を守るなら、彼らの悪巧みがおまえたちを害することはわずかにもない。まことにアッラーは彼らのなすことを取り囲み給う御方。(3：120)

そしておまえが信仰者たちを戦闘のため陣に配置するべく、おまえの家(族)から早朝に出掛けた時のこと[369]。アッラーはよく聴きよく知り給う御方。(3：121)

366　不正をなしたことが風をもたらしたの意とも、不適切な場所と時期に栽植した故に風に襲われたの意とも言われる。

367　あるいは、火の音とも、風の音とも言われる。

368　お前たちムスリム以外を、秘密を打ち明ける親友としてはならない。

369　ヒジュラ暦3年(西暦625年)にウフドの戦いのためにマディーナから出陣した時のこと。

إِذْ هَمَّت طَّآئِفَتَانِ مِنكُمْ أَن تَفْشَلَا وَٱللَّهُ وَلِيُّهُمَا ۗ وَعَلَى ٱللَّهِ
فَلْيَتَوَكَّلِ ٱلْمُؤْمِنُونَ ﴿١٢٢﴾ وَلَقَدْ نَصَرَكُمُ ٱللَّهُ بِبَدْرٍ وَأَنتُمْ أَذِلَّةٌ ۖ
فَٱتَّقُوا۟ ٱللَّهَ لَعَلَّكُمْ تَشْكُرُونَ ﴿١٢٣﴾ إِذْ تَقُولُ لِلْمُؤْمِنِينَ
أَلَن يَكْفِيَكُمْ أَن يُمِدَّكُمْ رَبُّكُم بِثَلَٰثَةِ ءَالَٰفٍ مِّنَ ٱلْمَلَٰٓئِكَةِ
مُنزَلِينَ ﴿١٢٤﴾ بَلَىٰٓ ۚ إِن تَصْبِرُوا۟ وَتَتَّقُوا۟ وَيَأْتُوكُم مِّن فَوْرِهِمْ
هَٰذَا يُمْدِدْكُمْ رَبُّكُم بِخَمْسَةِ ءَالَٰفٍ مِّنَ ٱلْمَلَٰٓئِكَةِ مُسَوِّمِينَ
﴿١٢٥﴾ وَمَا جَعَلَهُ ٱللَّهُ إِلَّا بُشْرَىٰ لَكُمْ وَلِتَطْمَئِنَّ قُلُوبُكُم بِهِۦ ۗ
وَمَا ٱلنَّصْرُ إِلَّا مِنْ عِندِ ٱللَّهِ ٱلْعَزِيزِ ٱلْحَكِيمِ ﴿١٢٦﴾ لِيَقْطَعَ طَرَفًا
مِّنَ ٱلَّذِينَ كَفَرُوٓا۟ أَوْ يَكْبِتَهُمْ فَيَنقَلِبُوا۟ خَآئِبِينَ ﴿١٢٧﴾
لَيْسَ لَكَ مِنَ ٱلْأَمْرِ شَىْءٌ أَوْ يَتُوبَ عَلَيْهِمْ أَوْ يُعَذِّبَهُمْ فَإِنَّهُمْ
ظَٰلِمُونَ ﴿١٢٨﴾ وَلِلَّهِ مَا فِى ٱلسَّمَٰوَٰتِ وَمَا فِى ٱلْأَرْضِ ۚ يَغْفِرُ لِمَن
يَشَآءُ وَيُعَذِّبُ مَن يَشَآءُ ۚ وَٱللَّهُ غَفُورٌ رَّحِيمٌ ﴿١٢٩﴾ يَٰٓأَيُّهَا
ٱلَّذِينَ ءَامَنُوا۟ لَا تَأْكُلُوا۟ ٱلرِّبَوٰٓا۟ أَضْعَٰفًا مُّضَٰعَفَةً ۖ
وَٱتَّقُوا۟ ٱللَّهَ لَعَلَّكُمْ تُفْلِحُونَ ﴿١٣٠﴾ وَٱتَّقُوا۟ ٱلنَّارَ ٱلَّتِىٓ أُعِدَّتْ
لِلْكَٰفِرِينَ ﴿١٣١﴾ وَأَطِيعُوا۟ ٱللَّهَ وَٱلرَّسُولَ لَعَلَّكُمْ تُرْحَمُونَ ﴿١٣٢﴾

おまえたちの二派が腰砕けになりかけた時のこと[370]。アッラーは両者の後見であらせられた。それゆえアッラーにこそ信仰者たちは一任せよ。(3：122)

そしてアッラーはバドルで劣勢だったおまえたちを確かに助け給うた[371]。それゆえ、アッラーを畏れ身を守れ。きっとおまえたちは感謝するであろう。(3：123)

その時、おまえは信仰者たちに言った。「おまえたちの主が、三千の下された天使たちによっておまえたちを補強し給うても、なお足りないか」。(3：124)

「いや(それで足りる)、おまえたちが耐え、畏れ身を守るなら、彼らが今、即刻[372]、おまえたちを急襲しても、おまえたちの主は五千の徴を付けた天使[373]でおまえたちを補強し給う」。(3：125)

そしてアッラーがそれをなし給うたのはおまえたちへの吉報としてにほかならず、それによっておまえたちの心が安らぐためであった。そして勝利は威力比類なく英明なアッラーの御許からのほかにない。(3：126)

彼が信仰を拒む者たちの一部を切り崩すか、彼らを制圧し、失意のうちに退かせるためである。(3：127)

この件はおまえにはなんのかかわりもない。あるいは彼が彼らを顧み戻り給うか、彼らが不正な者であるがゆえに罰し給うかである[374]。(3：128)

そして諸天にあるものも地にあるものもアッラーに属す。彼は御望みの者を赦し、御望みの者を罰し給う。そしてアッラーはよく赦し給う慈悲深い御方。(3：129)

信仰する者たちよ、何倍にも倍加した利子を貪ってはならない[375]。そしてアッラーを畏れ身を守れ。きっとおまえたちは成功するであろう。(3：130)

そして不信仰者たちに用意された獄火を畏れ身を守れ。(3：131)

そしてアッラーと使徒に従え。きっとおまえたちは御慈悲を授かるであろう。(3：132)

370　ハズラジュ族系のサリマ族とアウス族系のハーリサ族がムスリム軍の両翼であったが、偽信者のアブドゥッラー・ブン・ウバイイとその一党が離脱すると、彼らも士気が落ち、引き返しそうになった。

371　前年のヒジュラ暦2年のバドルの戦いで、兵力も装備も遥かに劣っていたムスリム軍をアッラーは勝利せしめ給うた。

372　faurには煮え立つの意味があるため、「彼らが燃えたぎる怒りに駆られて」とも訳しうる。

373　あるいは「なだれ込む天使」。

374　ウフドの戦いはムスリム側の戦死者が七九名であったのに対し、マッカの多神教徒側の戦死者は十六名で、ムスリム軍の敗北であったが、それは預言者ムハンマドの責任ではなかった。アッラーが、彼ら不信仰者たちを顧み、懲罰までに悔い改める猶予を与え給うたのであった。

375　ジャーヒリーヤ(イスラーム以前の無明時代)には、借金をして期限が過ぎても返済できないと、債権者は「こちらが期限を延ばすかわりにそちらも返済額を増やせ」と言い、それが何度もくりかえされると、利子は何倍にも膨れ上がった。

۞ وَسَارِعُوٓاْ إِلَىٰ مَغۡفِرَةٖ مِّن رَّبِّكُمۡ وَجَنَّةٍ عَرۡضُهَا
ٱلسَّمَٰوَٰتُ وَٱلۡأَرۡضُ أُعِدَّتۡ لِلۡمُتَّقِينَ ١٣٣ ٱلَّذِينَ يُنفِقُونَ
فِي ٱلسَّرَّآءِ وَٱلضَّرَّآءِ وَٱلۡكَٰظِمِينَ ٱلۡغَيۡظَ وَٱلۡعَافِينَ
عَنِ ٱلنَّاسِۗ وَٱللَّهُ يُحِبُّ ٱلۡمُحۡسِنِينَ ١٣٤ وَٱلَّذِينَ إِذَا فَعَلُواْ
فَٰحِشَةً أَوۡ ظَلَمُوٓاْ أَنفُسَهُمۡ ذَكَرُواْ ٱللَّهَ فَٱسۡتَغۡفَرُواْ
لِذُنُوبِهِمۡ وَمَن يَغۡفِرُ ٱلذُّنُوبَ إِلَّا ٱللَّهُ وَلَمۡ يُصِرُّواْ عَلَىٰ مَا
فَعَلُواْ وَهُمۡ يَعۡلَمُونَ ١٣٥ أُوْلَٰٓئِكَ جَزَآؤُهُم مَّغۡفِرَةٞ مِّن
رَّبِّهِمۡ وَجَنَّٰتٞ تَجۡرِي مِن تَحۡتِهَا ٱلۡأَنۡهَٰرُ خَٰلِدِينَ فِيهَاۚ وَنِعۡمَ
أَجۡرُ ٱلۡعَٰمِلِينَ ١٣٦ قَدۡ خَلَتۡ مِن قَبۡلِكُمۡ سُنَنٞ فَسِيرُواْ
فِي ٱلۡأَرۡضِ فَٱنظُرُواْ كَيۡفَ كَانَ عَٰقِبَةُ ٱلۡمُكَذِّبِينَ
١٣٧ هَٰذَا بَيَانٞ لِّلنَّاسِ وَهُدٗى وَمَوۡعِظَةٞ لِّلۡمُتَّقِينَ ١٣٨
وَلَا تَهِنُواْ وَلَا تَحۡزَنُواْ وَأَنتُمُ ٱلۡأَعۡلَوۡنَ إِن كُنتُم مُّؤۡمِنِينَ
١٣٩ إِن يَمۡسَسۡكُمۡ قَرۡحٞ فَقَدۡ مَسَّ ٱلۡقَوۡمَ قَرۡحٞ مِّثۡلُهُۥۚ وَتِلۡكَ
ٱلۡأَيَّامُ نُدَاوِلُهَا بَيۡنَ ٱلنَّاسِ وَلِيَعۡلَمَ ٱللَّهُ ٱلَّذِينَ ءَامَنُواْ
وَيَتَّخِذَ مِنكُمۡ شُهَدَآءَۗ وَٱللَّهُ لَا يُحِبُّ ٱلظَّٰلِمِينَ ١٤٠

そしておまえたちの主からの御赦しと楽園に急ぎ向かえ。その広がりは諸天と地ほどで、畏れ身を守る者たちに用意された。(3：133)

順境においても逆境においても(善に)費やす者、憤怒を押し止める者、人々を恕する者、アッラーは善を尽くす者たちを愛し給う。(3：134)

醜行をなしたり、わが身に不正をなしたりした[376]時にアッラーを思い出し、己の罪の赦しを乞う者　―アッラーのほかに罪を赦す御方があろうか―、知った上でなしたことに留まり[377]はしない者。(3：135)

それらの者、彼らの報酬は彼らの主からの御赦しと下に河川が流れる楽園で、そこに永遠に。そして行為する者たちの報酬のなんと良いことか。(3：136)

おまえたち以前にも多くの慣例[378]が既に過ぎ去った。それゆえ地上を旅し、嘘として否定した者たちの末路がどうであったかを見よ。(3：137)

これは人々への明示であり、畏れ身を守る者たちへの導きと訓告である。(3：138)

そして弱気になってはならず、悲しんでもいけない。そしておまえたちの方が優位者である。もしおまえたちが信仰者であれば。(3：139)

もしおまえたちが傷を被ったとしても、あの民(彼ら)も同じような傷を被っている[379]のである。そしてそうしたものが日々であり、われらはそれを人々の間に持ち回らせる[380]。それは、アッラーが信仰する者を知り、おまえたちのうちから実証者(殉教者)たちを受け入れ給うためであり　―アッラーは不正な者たちを愛し給わない―、(3：140)

376　前者が大罪、後者が小罪を指すとも言われる。

377　専門用語としての「罪に留まる」とは、顧み戻りもせず、悪行を止めることもなく、それを続けることを指す。

378　過去の民を滅した「神の慣例」とも、善や悪の慣例を有した民とも言われる。

379　前者がウフドの際、後者がバドルの際の傷を指す。

380　バドルの戦いではマッカの多神教徒軍七十人が戦死したが、ウフドの戦いではムスリム側に約七十名の戦死者が出たことを指す。

وَلِيُمَحِّصَ ٱللَّهُ ٱلَّذِينَ ءَامَنُوا۟ وَيَمْحَقَ ٱلْكَـٰفِرِينَ ﴿١٤١﴾ أَمْ
حَسِبْتُمْ أَن تَدْخُلُوا۟ ٱلْجَنَّةَ وَلَمَّا يَعْلَمِ ٱللَّهُ ٱلَّذِينَ جَـٰهَدُوا۟
مِنكُمْ وَيَعْلَمَ ٱلصَّـٰبِرِينَ ﴿١٤٢﴾ وَلَقَدْ كُنتُمْ تَمَنَّوْنَ ٱلْمَوْتَ مِن
قَبْلِ أَن تَلْقَوْهُ فَقَدْ رَأَيْتُمُوهُ وَأَنتُمْ تَنظُرُونَ ﴿١٤٣﴾ وَمَا مُحَمَّدٌ
إِلَّا رَسُولٌ قَدْ خَلَتْ مِن قَبْلِهِ ٱلرُّسُلُ ۚ أَفَإِي۟ن مَّاتَ أَوْ قُتِلَ
ٱنقَلَبْتُمْ عَلَىٰٓ أَعْقَـٰبِكُمْ ۚ وَمَن يَنقَلِبْ عَلَىٰ عَقِبَيْهِ فَلَن يَضُرَّ
ٱللَّهَ شَيْـًٔا ۗ وَسَيَجْزِى ٱللَّهُ ٱلشَّـٰكِرِينَ ﴿١٤٤﴾ وَمَا كَانَ
لِنَفْسٍ أَن تَمُوتَ إِلَّا بِإِذْنِ ٱللَّهِ كِتَـٰبًا مُّؤَجَّلًا ۗ وَمَن يُرِدْ
ثَوَابَ ٱلدُّنْيَا نُؤْتِهِۦ مِنْهَا وَمَن يُرِدْ ثَوَابَ ٱلْـَٔاخِرَةِ نُؤْتِهِۦ مِنْهَا ۚ
وَسَنَجْزِى ٱلشَّـٰكِرِينَ ﴿١٤٥﴾ وَكَأَيِّن مِّن نَّبِىٍّ قَـٰتَلَ مَعَهُۥ
رِبِّيُّونَ كَثِيرٌ فَمَا وَهَنُوا۟ لِمَآ أَصَابَهُمْ فِى سَبِيلِ ٱللَّهِ وَمَا ضَعُفُوا۟
وَمَا ٱسْتَكَانُوا۟ ۗ وَٱللَّهُ يُحِبُّ ٱلصَّـٰبِرِينَ ﴿١٤٦﴾ وَمَا كَانَ قَوْلَهُمْ إِلَّآ أَن
قَالُوا۟ رَبَّنَا ٱغْفِرْ لَنَا ذُنُوبَنَا وَإِسْرَافَنَا فِىٓ أَمْرِنَا وَثَبِّتْ أَقْدَامَنَا
وَٱنصُرْنَا عَلَى ٱلْقَوْمِ ٱلْكَـٰفِرِينَ ﴿١٤٧﴾ فَـَٔاتَىٰهُمُ ٱللَّهُ ثَوَابَ
ٱلدُّنْيَا وَحُسْنَ ثَوَابِ ٱلْـَٔاخِرَةِ ۗ وَٱللَّهُ يُحِبُّ ٱلْمُحْسِنِينَ ﴿١٤٨﴾

そして、アッラーが信仰する者たちを清め[381]、不信仰者たちを滅亡させ給うためである。(3：141)

それとも、おまえたちは楽園に入ると思ってか。いまだアッラーがおまえたちのうち奮闘《ジハード》する者たちを知らず、忍従者たちを知り給わないというのに[382]。(3：142)

おまえたちは死(殉教)を、それに出会う以前には願っていた。ところが、おまえたちはそれを眼前にし、見つめている[383]。(3：143)

そしてムハンマドは一人の使徒にすぎず、かつて彼以前にも使徒たちが逝った。それなのに、もし彼が死ぬか、殺されるかしたら、おまえたちは踵を返すのか。そして踵を返す者がいたとしても、アッラーをわずかにも害することはない。いずれアッラーは感謝する者たちに報い給う。(3：144)

誰にとってもアッラーの御許可がなければ死ぬことは出来ない。定刻の書き定められたものとして。そして現世の報酬を望む者にわれらはそこから与え、来世の報酬を望む者にわれらはそこから与える。そしていずれわれらは感謝する者たちに報いる。(3：145)

どれほどの預言者が戦い、彼と共に多くの集団[384]も。それで彼らはアッラーの道において彼らにふりかかったことに気落ちせず、弱気にならず、屈しなかった。そしてアッラーは忍耐する者を愛し給う。(3：146)

そして彼らの言葉といえば、「われらが主よ、われらにわれらの罪とわれらのなす事における行き過ぎを赦し、われらの足を固め、不信仰の民に対しわれらを助け勝たせ給え」と言うばかり。(3：147)

それでアッラーは彼らに現世の報酬と来世の至善の報酬を与え給う。アッラーは善を尽くす者たちを愛し給う。(3：148)

381　あるいは、「試み」。
382　アッラーの永遠の知が実現する前に。
383　考え込み立ちすくんでいる。
384　群衆。他に、主を崇拝する人々、敬虔な学者、従う人々とする説もある。

يَٰٓأَيُّهَا ٱلَّذِينَ ءَامَنُوٓاْ إِن تُطِيعُواْ ٱلَّذِينَ كَفَرُواْ
يَرُدُّوكُمْ عَلَىٰٓ أَعْقَٰبِكُمْ فَتَنقَلِبُواْ خَٰسِرِينَ
١٤٩ بَلِ ٱللَّهُ مَوْلَىٰكُمْ ۖ وَهُوَ خَيْرُ ٱلنَّٰصِرِينَ ١٥٠ سَنُلْقِى
فِى قُلُوبِ ٱلَّذِينَ كَفَرُواْ ٱلرُّعْبَ بِمَآ أَشْرَكُواْ بِٱللَّهِ
مَا لَمْ يُنَزِّلْ بِهِۦ سُلْطَٰنًا ۖ وَمَأْوَىٰهُمُ ٱلنَّارُ ۚ وَبِئْسَ
مَثْوَى ٱلظَّٰلِمِينَ ١٥١ وَلَقَدْ صَدَقَكُمُ ٱللَّهُ
وَعْدَهُۥٓ إِذْ تَحُسُّونَهُم بِإِذْنِهِۦ ۖ حَتَّىٰٓ إِذَا فَشِلْتُمْ
وَتَنَٰزَعْتُمْ فِى ٱلْأَمْرِ وَعَصَيْتُم مِّنۢ بَعْدِ مَآ أَرَىٰكُم
مَّا تُحِبُّونَ ۚ مِنكُم مَّن يُرِيدُ ٱلدُّنْيَا وَمِنكُم مَّن
يُرِيدُ ٱلْءَاخِرَةَ ۚ ثُمَّ صَرَفَكُمْ عَنْهُمْ لِيَبْتَلِيَكُمْ ۖ
وَلَقَدْ عَفَا عَنكُمْ ۗ وَٱللَّهُ ذُو فَضْلٍ عَلَى ٱلْمُؤْمِنِينَ
١٥٢ ۞ إِذْ تُصْعِدُونَ وَلَا تَلْوُۥنَ عَلَىٰٓ أَحَدٍ
وَٱلرَّسُولُ يَدْعُوكُمْ فِىٓ أُخْرَىٰكُمْ فَأَثَٰبَكُمْ
غَمًّۢا بِغَمٍّ لِّكَيْلَا تَحْزَنُواْ عَلَىٰ مَا فَاتَكُمْ وَلَا
مَآ أَصَٰبَكُمْ ۗ وَٱللَّهُ خَبِيرٌۢ بِمَا تَعْمَلُونَ ١٥٣

信仰する者たちよ、もしおまえたちが信仰を拒む者たちに従うならば、彼らはおまえたちの踵を返させ、おまえたちは損失者に成り下がる。(3：149)

いや、アッラーこそおまえたちの庇護者。そして、彼こそ最良の援助者であらせられる。(3：150)

いずれわれらは信仰を拒む者たちの心に震恐を投じる。彼らが権威を降されて(授けられて)いないものをアッラーと同位に置いたことゆえに。それゆえ彼らの棲家は獄火である。また不正な者たちの住処のなんと悪いことよ。(3：151)

そしてアッラーは、おまえたちが彼の御許可によって彼らを討った時に彼の約束を既に実行し給うた。だが、その後おまえたちは、彼がおまえたちの好きなものを見せ給うた後に怖気づき、命令を巡って争い、背き　—おまえたちの中には現世を望む者があり、また、おまえたちの中には来世を望む者がある—、それから、彼はおまえたちを試みるため、おまえたちを彼らから退却させ給うた[385]。そして彼はすでにおまえたちを赦し給うた。そしてアッラーは信仰者たちに対する御恵みの持ち主。(3：152)

おまえたちが(逃げ)上り[386]、誰も顧みなかった時のこと。使徒がおまえたちの後方でおまえたちを呼んでいたというのに。そこで彼(アッラー)は悲嘆につぐ悲嘆でおまえたちに報い給うた[387]。おまえたちが失ったものにも、おまえたちを襲ったことにも悲しまないようにと。そしてアッラーはおまえたちのなすことに通暁し給う御方。(3：153)

385　預言者ムハンマドは進軍するにあたって、アブドゥッラー・ブン・ジュバイルの率いる弓兵隊をウフドの丘に配置し、兵の背後を守り、敵が敗走しても持ち場を決して離れず追ってはならない、と命じた。戦況は最初、ムスリム軍に有利であったが、多神教徒軍が崩れたのを見て、一部の弓兵たちが戦利品を求めて、預言者の命令に背いて持ち場を離れたため、形勢が逆転し、ムスリム軍は敗北した。

386　あるいは、「遠くへ(逃)走し」。

387　預言者の言葉に背いて、敗北し多くの死傷者を出してしまったことの激しい後悔の念によって、戦利品を獲られなかったことや損失を惜しんだり、悲しんだりしないようにさせ給うた。

ثُمَّ أَنزَلَ عَلَيْكُم مِّنۢ بَعْدِ ٱلْغَمِّ أَمَنَةً نُّعَاسًا يَغْشَىٰ طَآئِفَةً
مِّنكُمْ ۖ وَطَآئِفَةٌ قَدْ أَهَمَّتْهُمْ أَنفُسُهُمْ يَظُنُّونَ بِٱللَّهِ غَيْرَ
ٱلْحَقِّ ظَنَّ ٱلْجَٰهِلِيَّةِ ۖ يَقُولُونَ هَل لَّنَا مِنَ ٱلْأَمْرِ مِن شَىْءٍ ۗ
قُلْ إِنَّ ٱلْأَمْرَ كُلَّهُۥ لِلَّهِ ۗ يُخْفُونَ فِىٓ أَنفُسِهِم مَّا لَا يُبْدُونَ لَكَ ۖ
يَقُولُونَ لَوْ كَانَ لَنَا مِنَ ٱلْأَمْرِ شَىْءٌ مَّا قُتِلْنَا هَٰهُنَا ۗ قُل لَّوْ كُنتُمْ
فِى بُيُوتِكُمْ لَبَرَزَ ٱلَّذِينَ كُتِبَ عَلَيْهِمُ ٱلْقَتْلُ إِلَىٰ مَضَاجِعِهِمْ ۖ
وَلِيَبْتَلِىَ ٱللَّهُ مَا فِى صُدُورِكُمْ وَلِيُمَحِّصَ مَا فِى قُلُوبِكُمْ ۗ
وَٱللَّهُ عَلِيمٌۢ بِذَاتِ ٱلصُّدُورِ ﴿١٥٤﴾ إِنَّ ٱلَّذِينَ تَوَلَّوْا۟ مِنكُمْ
يَوْمَ ٱلْتَقَى ٱلْجَمْعَانِ إِنَّمَا ٱسْتَزَلَّهُمُ ٱلشَّيْطَٰنُ بِبَعْضِ
مَا كَسَبُوا۟ ۖ وَلَقَدْ عَفَا ٱللَّهُ عَنْهُمْ ۗ إِنَّ ٱللَّهَ غَفُورٌ حَلِيمٌ ﴿١٥٥﴾ يَٰٓأَيُّهَا
ٱلَّذِينَ ءَامَنُوا۟ لَا تَكُونُوا۟ كَٱلَّذِينَ كَفَرُوا۟ وَقَالُوا۟ لِإِخْوَٰنِهِمْ إِذَا
ضَرَبُوا۟ فِى ٱلْأَرْضِ أَوْ كَانُوا۟ غُزًّى لَّوْ كَانُوا۟ عِندَنَا مَا مَاتُوا۟
وَمَا قُتِلُوا۟ لِيَجْعَلَ ٱللَّهُ ذَٰلِكَ حَسْرَةً فِى قُلُوبِهِمْ ۗ وَٱللَّهُ يُحْىِۦ
وَيُمِيتُ ۗ وَٱللَّهُ بِمَا تَعْمَلُونَ بَصِيرٌ ﴿١٥٦﴾ وَلَئِن قُتِلْتُمْ فِى سَبِيلِ
ٱللَّهِ أَوْ مُتُّمْ لَمَغْفِرَةٌ مِّنَ ٱللَّهِ وَرَحْمَةٌ خَيْرٌ مِّمَّا يَجْمَعُونَ ﴿١٥٧﴾

それから、おまえたちの上に悲嘆の後に安堵を、おまえたちのなかの一派を覆うまどろみを下し給うた。ところが、(他の)一派は自分たちのことが気にかかり、アッラーについて真実に反するジャーヒリーヤ(イスラーム以前の無明時代)の憶測をなし、「この事でわれらにはなにかひとつでもあるのか[388]」と言う。言え、「まことに事はそのすべてがアッラーに帰属する」。彼らは自分たちの心中におまえには明かさないことを隠し、言う。「この事でなにかわれらに帰されるものがあったなら、ここでわれらが殺されることはなかった[389]」。言え、「たとえおまえたちが家の中にいたとしても、殺害がその上に書き留められた者は己の斃れる場所に現れたであろう[390]」。それでアッラーがおまえたちの胸の内にあることを試み、おまえたちの心にあるものを清め[391]給うためである。そしてアッラーは胸中にあるものを知り給う御方。(3：154)

両軍の会戦の日におまえたちのうち背を向け(敗退し)た者たちは、彼らの稼いだなんらかのもの[392]によって悪魔が彼らを躓かせたにすぎない。だが、アッラーは彼らを赦し給うた。まことにアッラーはよく赦し給う寛容なる御方。(3：155)

信仰する者たちよ、信仰を拒み、同胞に対して(関して)彼らが地上を闊歩するか遠征にある際に、「もし彼らがわれらの許にいたら、死ぬことはなく、殺されることもなかったろうに」と言った者たち[393]のようになってはならない。アッラーがそれを彼らの心の嘆きとなし給うたためである。そしてアッラーは生かし、また殺し給う。そしてアッラーはおまえたちのなすことを見通し給う御方。(3：156)

そしてたとえもしおまえたちがアッラーの道において殺されるか死ぬかしたとしても、アッラーからの御赦しと慈悲こそは、彼らが(現世で)かき集めたものよりも良い。(3：157)

388　あるいは、「この事でなにかわれら(の決定)に帰されるものがあるか」とも訳しうる。この場合、出陣は自分たちの本意ではなかったとして、それを批難している。

389　心の落ち着きを授けられた信仰者たちはまどろんだ。しかし、偽信者たちは不安と不満とにより眠れず、「預言者が約束した勝利と戦利品はどこにあるのか」、「自分たちは出陣するか居残るかを選べず無理やり連れてこられたが、もし居残っていれば戦死者を出すこともなかったろうに」、などと不平を漏らした。

390　そこに赴き、そこで殺される。4章78節参照。もしくは、偽信者たちが戦いを避けたとしても、ムスリムは避けなかったろう、の意。

391　あるいは、「区別し」。

392　預言者の命に背いたこと。あるいは過去の罪を悪魔が思い出させ、悔いて戻る前に死ぬのは嫌だと思ったこと。

393　偽信者。

وَلَئِن مُّتُّمْ أَوْ قُتِلْتُمْ لَإِلَى ٱللَّهِ تُحْشَرُونَ ﴿١٥٨﴾ فَبِمَا رَحْمَةٍ مِّنَ ٱللَّهِ
لِنتَ لَهُمْ ۖ وَلَوْ كُنتَ فَظًّا غَلِيظَ ٱلْقَلْبِ لَٱنفَضُّوا۟ مِنْ حَوْلِكَ ۖ
فَٱعْفُ عَنْهُمْ وَٱسْتَغْفِرْ لَهُمْ وَشَاوِرْهُمْ فِى ٱلْأَمْرِ ۖ فَإِذَا عَزَمْتَ
فَتَوَكَّلْ عَلَى ٱللَّهِ ۚ إِنَّ ٱللَّهَ يُحِبُّ ٱلْمُتَوَكِّلِينَ ﴿١٥٩﴾ إِن يَنصُرْكُمُ ٱللَّهُ
فَلَا غَالِبَ لَكُمْ ۖ وَإِن يَخْذُلْكُمْ فَمَن ذَا ٱلَّذِى يَنصُرُكُم مِّنۢ
بَعْدِهِۦ ۗ وَعَلَى ٱللَّهِ فَلْيَتَوَكَّلِ ٱلْمُؤْمِنُونَ ﴿١٦٠﴾ وَمَا كَانَ لِنَبِىٍّ أَن
يَغُلَّ ۚ وَمَن يَغْلُلْ يَأْتِ بِمَا غَلَّ يَوْمَ ٱلْقِيَٰمَةِ ۚ ثُمَّ تُوَفَّىٰ كُلُّ
نَفْسٍ مَّا كَسَبَتْ وَهُمْ لَا يُظْلَمُونَ ﴿١٦١﴾ أَفَمَنِ ٱتَّبَعَ رِضْوَٰنَ
ٱللَّهِ كَمَنۢ بَآءَ بِسَخَطٍ مِّنَ ٱللَّهِ وَمَأْوَىٰهُ جَهَنَّمُ ۖ وَبِئْسَ ٱلْمَصِيرُ
﴿١٦٢﴾ هُمْ دَرَجَٰتٌ عِندَ ٱللَّهِ ۗ وَٱللَّهُ بَصِيرٌۢ بِمَا يَعْمَلُونَ ﴿١٦٣﴾ لَقَدْ
مَنَّ ٱللَّهُ عَلَى ٱلْمُؤْمِنِينَ إِذْ بَعَثَ فِيهِمْ رَسُولًا مِّنْ أَنفُسِهِمْ
يَتْلُوا۟ عَلَيْهِمْ ءَايَٰتِهِۦ وَيُزَكِّيهِمْ وَيُعَلِّمُهُمُ ٱلْكِتَٰبَ
وَٱلْحِكْمَةَ وَإِن كَانُوا۟ مِن قَبْلُ لَفِى ضَلَٰلٍ مُّبِينٍ ﴿١٦٤﴾ أَوَلَمَّآ
أَصَٰبَتْكُم مُّصِيبَةٌ قَدْ أَصَبْتُم مِّثْلَيْهَا قُلْتُمْ أَنَّىٰ هَٰذَا ۖ
قُلْ هُوَ مِنْ عِندِ أَنفُسِكُمْ ۗ إِنَّ ٱللَّهَ عَلَىٰ كُلِّ شَىْءٍ قَدِيرٌ ﴿١٦٥﴾

また、まことにもし、おまえたちが死ぬか殺されるかしたとしても、アッラーの御許にこそおまえたちは集められるのである。(3：158)

また、アッラーからの御慈悲によっておまえは柔和であった。そしておまえが粗野で心が冷酷(頑固、無情)であったら、彼らはおまえの周りから四散したであろう。それゆえ、彼らを赦し、彼らのために赦しを乞い、事においては彼らと協議せよ[394]。それでおまえが決断した時にはアッラーに一任せよ[395]。まことにアッラーは一任する者たちを愛し給う。(3：159)

もしおまえたちをアッラーが助け勝たせ給えば、おまえたちに打ち勝つ者はない。だがもし、彼がおまえたちを見捨て給えば、彼の後に誰がおまえたちを助け勝たせられようか。それゆえ、アッラーにこそ信仰者たちは一任せよ。(3：160)

そして預言者にとって詐取することはあり得ない[396]。そして詐取する者があれば、彼は復活(審判)の日に詐取したものと共に来る。そして、誰もが自分の稼いだものに十分に報いられ、彼らは不当に扱われることはない。(3：161)

アッラーの御満悦を追い求めた者がアッラーからの激怒を招いた者のようであろうか。そして彼の棲家は火獄《ジャハンナム》である。またなんと悪い行く末であろうか。(3：162)

彼らはアッラーの御許でいくつもの位階(のよう)である。そしてアッラーは彼らのなすことを見通し給う御方。(3：163)

アッラーは信仰者たちの上に恩恵を垂れ給うた。彼らのうちから彼らに使徒を遣わし、(使徒は)彼らに彼(アッラー)の諸々の徴を読み聞かせ、彼らを清め、啓典と英知を教え給うた際に。まことに以前、明白な迷誤のうちに彼らはあったものを。(3：164)

それなのに、おまえたちに苦難が襲うと、それに倍するものを得たことがあったにもかかわらず[397]、おまえたちは、「いったいこれはどうしたことか」と言うのか。言え、「それはおまえたち自身から(出たもの)である[398]」。まことにアッラーはすべてのものに対して全能なる御方。(3：165)

394　アッラーに導かれた無謬の預言者ムハンマドが、人々と協議するように命じられた理由について学者の間で見解が分かれている。一説では、当時のアラブ人の有力者たちは相談を受けないと気を悪くしたため、彼らへの気配りからであり、また一説によると、預言者ムハンマドの亡き後のムスリム共同体は合議が必要となるため、その先例とするためであった。

395　協議の結果、自らの決定を一旦下したなら、もはや誰にも頼らずアッラーのみに拠り頼め。

396　バドルの戦いの日に戦利品の中から赤いベルベットが紛失し、偽信者たちが、「預言者がそれを横領したのではないか」と言いふらしたのに対してこの節が啓示された。

397　バドルの戦いの際に敵に与えた苦難は、ウフドの戦いの際の苦難の二倍であった、の意。

398　ウフドの戦いの敗北は彼らが持ち場を離れるな、との預言者ムハンマドの命令に背いた結果である。

وَمَآ أَصَٰبَكُمۡ يَوۡمَ ٱلۡتَقَى ٱلۡجَمۡعَانِ فَبِإِذۡنِ ٱللَّهِ وَلِيَعۡلَمَ ٱلۡمُؤۡمِنِينَ
﴿١٦٦﴾ وَلِيَعۡلَمَ ٱلَّذِينَ نَافَقُواْۚ وَقِيلَ لَهُمۡ تَعَالَوۡاْ قَٰتِلُواْ فِي سَبِيلِ ٱللَّهِ
أَوِ ٱدۡفَعُواْۖ قَالُواْ لَوۡ نَعۡلَمُ قِتَالٗا لَّٱتَّبَعۡنَٰكُمۡۗ هُمۡ لِلۡكُفۡرِ يَوۡمَئِذٍ
أَقۡرَبُ مِنۡهُمۡ لِلۡإِيمَٰنِۚ يَقُولُونَ بِأَفۡوَٰهِهِم مَّا لَيۡسَ فِي قُلُوبِهِمۡۚ
وَٱللَّهُ أَعۡلَمُ بِمَا يَكۡتُمُونَ ﴿١٦٧﴾ ٱلَّذِينَ قَالُواْ لِإِخۡوَٰنِهِمۡ وَقَعَدُواْ
لَوۡ أَطَاعُونَا مَا قُتِلُواْۗ قُلۡ فَٱدۡرَءُواْ عَنۡ أَنفُسِكُمُ ٱلۡمَوۡتَ إِن
كُنتُمۡ صَٰدِقِينَ ﴿١٦٨﴾ وَلَا تَحۡسَبَنَّ ٱلَّذِينَ قُتِلُواْ فِي سَبِيلِ ٱللَّهِ
أَمۡوَٰتَۢاۚ بَلۡ أَحۡيَآءٌ عِندَ رَبِّهِمۡ يُرۡزَقُونَ ﴿١٦٩﴾ فَرِحِينَ بِمَآ ءَاتَىٰهُمُ
ٱللَّهُ مِن فَضۡلِهِۦ وَيَسۡتَبۡشِرُونَ بِٱلَّذِينَ لَمۡ يَلۡحَقُواْ بِهِم
مِّنۡ خَلۡفِهِمۡ أَلَّا خَوۡفٌ عَلَيۡهِمۡ وَلَا هُمۡ يَحۡزَنُونَ ﴿١٧٠﴾ ۞ يَسۡتَبۡشِرُونَ
بِنِعۡمَةٖ مِّنَ ٱللَّهِ وَفَضۡلٖ وَأَنَّ ٱللَّهَ لَا يُضِيعُ أَجۡرَ
ٱلۡمُؤۡمِنِينَ ﴿١٧١﴾ ٱلَّذِينَ ٱسۡتَجَابُواْ لِلَّهِ وَٱلرَّسُولِ مِنۢ بَعۡدِ مَآ أَصَابَهُمُ
ٱلۡقَرۡحُۚ لِلَّذِينَ أَحۡسَنُواْ مِنۡهُمۡ وَٱتَّقَوۡاْ أَجۡرٌ عَظِيمٌ ﴿١٧٢﴾
ٱلَّذِينَ قَالَ لَهُمُ ٱلنَّاسُ إِنَّ ٱلنَّاسَ قَدۡ جَمَعُواْ لَكُمۡ فَٱخۡشَوۡهُمۡ
فَزَادَهُمۡ إِيمَٰنٗا وَقَالُواْ حَسۡبُنَا ٱللَّهُ وَنِعۡمَ ٱلۡوَكِيلُ ﴿١٧٣﴾

そして両軍の会戦の日におまえたちを襲ったことはアッラーの御許可によるもので、信仰者たちを知り給うためであり、(3：166)

また、偽る者たちを知り給うためであった。そして彼らは、「来て、アッラーの道において戦え。あるいは、守れ[399]」と言われると、「もし戦闘[400]を知っていれば、おまえたちに従ったのだが」と言った[401]。彼らはその日、信仰に対するより、不信仰に対して近かった[402]。彼らは心にないことを口先で言っている。だが、アッラーは彼らの隠すことを最も良く知っておられる。(3：167)

居残って、自分の兄弟たちに対して、「彼らもわれらに従っていれば、殺されることはなかったものを」と言った者たちである。言え、「ならば、自分自身から死を撥ね除けてみよ。もしおまえたちが正しいならば」。(3：168)

そしてアッラーの道において殺された者たちが死んでいると考えてはならない。いや、彼らの主の御許で生きており、糧を与えられている[403]。(3：169)

アッラーが彼ら(殉教者)に授け給うたその御恵みに満悦し、彼らの後からまだ彼らに追いついていない者たちについても、彼らにも恐れがなく、彼らも悲しむことがないことを喜んでいる。(3：170)

彼らは、アッラーからの恩寵と御恵み、そして、アッラーが信仰者たちの報酬を喪失せしめ給わないことを喜ぶ。(3：171)

痛手が彼らを襲った後でアッラーと使徒に応えた者たち[404]、彼らのうち善を尽くし、畏れ身を守った者たちには大いなる報酬がある。(3：172)

人々[405]が彼らに向かって「まことに人々がおまえたちに対して結集した[406]。それゆえ彼らを懼れよ」と言うと、それは彼らの信仰を増し加え、「われらにはアッラーで十分。なんと良き代理人か[407]」と言った者。(3：173)。

399　自衛のために戦えとも、戦わなくても良いので頭数を増やすために同行せよ、とも解釈される。

400　戦闘の仕方を。あるいは、戦闘が生じるということを。

401　偽信者たちは、「戦うか、戦わないまでも守りの員数として随行せよ」、と命じられたにもかかわらず、戦い方を知らない、との口実で戦線から離脱した。

402　偽信者は信仰を表明するため、不信仰との判断が下されず、これ以前は彼らは信仰の表明によって信仰に近かったが、この日、彼らのなした事によって不信仰に近くなった。

403　殉教者の魂は肉体を離れるとすぐに楽園に入るが、一般の信仰者の魂は復活の日に肉体と共に蘇り、最後の審判を経て楽園に入る。

404　ウフドの戦いの敗戦の翌日、預言者ムハンマドの召集に応じて出陣し、再び、マッカの多神教徒軍と対峙した者たち。両軍は翌年の会戦を約して、共に兵を引いた。

405　アブー・スフヤーンにそそのかされたベドウィンとも、ヌアイム・アル＝アシュジャイーとも言われる。

406　アブー・スフヤーン率いるマッカの多神教徒の大軍がムスリム軍と戦う準備をして結集した。ウフドの戦いの翌日のこととも、会戦を約した翌年のこととも言われる。

407　「代理人」のアラビア語の原語「ワキール」wakīlは、監督者、保護者、証人、保証人などの意

فَانقَلَبُوا بِنِعْمَةٍ مِّنَ اللَّهِ وَفَضْلٍ لَّمْ يَمْسَسْهُمْ سُوءٌ وَاتَّبَعُوا
رِضْوَانَ اللَّهِ ۗ وَاللَّهُ ذُو فَضْلٍ عَظِيمٍ ﴿١٧٤﴾ إِنَّمَا ذَٰلِكُمُ الشَّيْطَانُ
يُخَوِّفُ أَوْلِيَاءَهُ فَلَا تَخَافُوهُمْ وَخَافُونِ إِن كُنتُم مُّؤْمِنِينَ ﴿١٧٥﴾
وَلَا يَحْزُنكَ الَّذِينَ يُسَارِعُونَ فِي الْكُفْرِ ۚ إِنَّهُمْ لَن يَضُرُّوا اللَّهَ
شَيْئًا ۗ يُرِيدُ اللَّهُ أَلَّا يَجْعَلَ لَهُمْ حَظًّا فِي الْآخِرَةِ ۖ وَلَهُمْ عَذَابٌ
عَظِيمٌ ﴿١٧٦﴾ إِنَّ الَّذِينَ اشْتَرَوُا الْكُفْرَ بِالْإِيمَانِ لَن يَضُرُّوا اللَّهَ
شَيْئًا وَلَهُمْ عَذَابٌ أَلِيمٌ ﴿١٧٧﴾ وَلَا يَحْسَبَنَّ الَّذِينَ كَفَرُوا أَنَّمَا
نُمْلِي لَهُمْ خَيْرٌ لِّأَنفُسِهِمْ ۚ إِنَّمَا نُمْلِي لَهُمْ لِيَزْدَادُوا إِثْمًا ۚ وَلَهُمْ
عَذَابٌ مُّهِينٌ ﴿١٧٨﴾ مَّا كَانَ اللَّهُ لِيَذَرَ الْمُؤْمِنِينَ عَلَىٰ مَا أَنتُمْ
عَلَيْهِ حَتَّىٰ يَمِيزَ الْخَبِيثَ مِنَ الطَّيِّبِ ۗ وَمَا كَانَ اللَّهُ لِيُطْلِعَكُمْ
عَلَى الْغَيْبِ وَلَٰكِنَّ اللَّهَ يَجْتَبِي مِن رُّسُلِهِ مَن يَشَاءُ ۖ فَآمِنُوا بِاللَّهِ
وَرُسُلِهِ ۚ وَإِن تُؤْمِنُوا وَتَتَّقُوا فَلَكُمْ أَجْرٌ عَظِيمٌ ﴿١٧٩﴾ وَلَا يَحْسَبَنَّ
الَّذِينَ يَبْخَلُونَ بِمَا آتَاهُمُ اللَّهُ مِن فَضْلِهِ هُوَ خَيْرًا لَّهُم ۖ
بَلْ هُوَ شَرٌّ لَّهُمْ ۖ سَيُطَوَّقُونَ مَا بَخِلُوا بِهِ يَوْمَ الْقِيَامَةِ ۗ وَلِلَّهِ
مِيرَاثُ السَّمَاوَاتِ وَالْأَرْضِ ۗ وَاللَّهُ بِمَا تَعْمَلُونَ خَبِيرٌ ﴿١٨٠﴾

そこで彼らはアッラーからの恩寵と御恵みと共にひきあげ、災難は彼らを襲わず、彼らはアッラーの御満悦を追い求めた[408]。アッラーは大いなる御恵みの持ち主。(3：174)

それ[409]は悪魔にほかならず、自分の(被)後見たちのことを恐れさせる[410]。それゆえ彼らを恐れず、われを恐れよ。もしおまえたちが信仰者であるなら。(3：175)

また、不信仰に急ぐ者たち[411]がおまえを悲しませることがあってはならない。彼らはわずかにもアッラーを損なうことはない。アッラーは彼らに来世での取り分を与えまいと欲し給う。そして彼らには大いなる懲罰がある。(3：176)

信仰とひきかえに不信仰を買った者たちはわずかにもアッラーを損なうことはなく、彼らには痛苦の懲罰がある。(3：177)

それで信仰を拒む者たちは、われらが彼らを猶予することを自分たちにとって良いと考えることがあってはならない。われらが彼らを猶予するのは、彼らが罪を増し加えるためにほかならない。そして、彼らには恥辱の懲罰がある。(3：178)

アッラーは、信仰者たちをおまえたちが今ある状態に放置するようなことはなく、いずれ邪悪なものを善良なものから区別し給う。アッラーは、おまえたちに不可視のものを垣間見させるようなことはなく、アッラーは彼の使徒のうちから御望みの者を選び給う[412]。それゆえ、アッラーと彼の使徒を信じよ。そしてもしおまえたちが信じ、畏れ身を守るなら、おまえたちには大いなる報酬がある。(3：179)

アッラーが御恵みとして与え給うたものを出し惜しみする者たちは[413]、それが自分たちにとって良いと考えることがあってはならない。いや、それは彼らにとって悪いことである。復活(審判)の日、彼らは自分が出し惜しみしたものを首に巻かれるであろう[414]。そし

味もあるが、本書では、原則的に訳語を「代理人」で統一した。ムスリムが、アッラーに自らの事柄を委任した結果、アッラーが「代理人」となる。

408　ムスリム軍はアッラーの御満悦を求めジハードの決意をもって出陣したが、戦いは起きず、遠征先での交易で利益をあげ、アッラーからの報償を得て無事に帰還した。

409　3章173節「人々」に関する脚注参照。

410　悪魔が信者に多神教徒(悪魔の被後見)を恐れさせるとも、偽信者(悪魔の被後見)に多神教徒との戦いを恐れさせるとも言われる。

411　偽信者とも、背教者とも言われる。

412　アッラーは、選ばれた預言者にのみ、不可視のものを垣間見せ給う。それによって預言者は偽信者の正体を知ることができた。

413　生活の糧をアッラーから恵まれていながら、定めの浄財の支払いや、ジハードの戦費の供出などを出し惜しむ者は。

414　定めの浄財を払わなかった者には、最後の審判の日に、その財産が大蛇の姿をとって首に巻きつき顔に噛み付くとも火の首飾りになるとも言われる。

لَقَدْ سَمِعَ ٱللَّهُ قَوْلَ ٱلَّذِينَ قَالُوٓا۟ إِنَّ ٱللَّهَ فَقِيرٌ وَنَحْنُ أَغْنِيَآءُ ۘ
سَنَكْتُبُ مَا قَالُوا۟ وَقَتْلَهُمُ ٱلْأَنۢبِيَآءَ بِغَيْرِ حَقٍّ وَنَقُولُ
ذُوقُوا۟ عَذَابَ ٱلْحَرِيقِ ﴿١٨١﴾ ذَٰلِكَ بِمَا قَدَّمَتْ أَيْدِيكُمْ
وَأَنَّ ٱللَّهَ لَيْسَ بِظَلَّامٍ لِّلْعَبِيدِ ﴿١٨٢﴾ ٱلَّذِينَ قَالُوٓا۟ إِنَّ ٱللَّهَ
عَهِدَ إِلَيْنَآ أَلَّا نُؤْمِنَ لِرَسُولٍ حَتَّىٰ يَأْتِيَنَا بِقُرْبَانٍ
تَأْكُلُهُ ٱلنَّارُ ۗ قُلْ قَدْ جَآءَكُمْ رُسُلٌ مِّن قَبْلِى بِٱلْبَيِّنَٰتِ
وَبِٱلَّذِى قُلْتُمْ فَلِمَ قَتَلْتُمُوهُمْ إِن كُنتُمْ صَٰدِقِينَ
﴿١٨٣﴾ فَإِن كَذَّبُوكَ فَقَدْ كُذِّبَ رُسُلٌ مِّن قَبْلِكَ جَآءُو
بِٱلْبَيِّنَٰتِ وَٱلزُّبُرِ وَٱلْكِتَٰبِ ٱلْمُنِيرِ ﴿١٨٤﴾ كُلُّ نَفْسٍ
ذَآئِقَةُ ٱلْمَوْتِ ۗ وَإِنَّمَا تُوَفَّوْنَ أُجُورَكُمْ يَوْمَ ٱلْقِيَٰمَةِ ۖ
فَمَن زُحْزِحَ عَنِ ٱلنَّارِ وَأُدْخِلَ ٱلْجَنَّةَ فَقَدْ فَازَ ۗ وَمَا
ٱلْحَيَوٰةُ ٱلدُّنْيَآ إِلَّا مَتَٰعُ ٱلْغُرُورِ ﴿١٨٥﴾ ۞ لَتُبْلَوُنَّ فِىٓ
أَمْوَٰلِكُمْ وَأَنفُسِكُمْ وَلَتَسْمَعُنَّ مِنَ ٱلَّذِينَ أُوتُوا۟
ٱلْكِتَٰبَ مِن قَبْلِكُمْ وَمِنَ ٱلَّذِينَ أَشْرَكُوٓا۟ أَذًى كَثِيرًا ۚ
وَإِن تَصْبِرُوا۟ وَتَتَّقُوا۟ فَإِنَّ ذَٰلِكَ مِنْ عَزْمِ ٱلْأُمُورِ ﴿١٨٦﴾

て諸天と地の遺産はアッラーに属する[415]。そしてアッラーはおまえたちのなすことに通暁し給う御方。(3：180)

「アッラーは貧しく、われらは富んでいる」と言った者たちの言葉をアッラーは確かに聞き給うた[416]。われらは彼らの言ったこと、そして正当性なく預言者たちを殺したことを書き留め、「炎熱の懲罰を味わえ」と言う。(3：181)

「それはおまえたちの手が前もってなしたことによる」。そしてアッラーは僕《しもべ》たちに不当不正な御方ではあらせられない。(3：182)

「アッラーはわれらに、(使徒が)火が食い尽くす供物[417]をわれらにもたらすまでは使徒を信じないようにと約束し給うた」と言った者たち(ユダヤ教徒)。言え。「かつて私以前にも使徒たちが様々な明証とおまえたちの言うようなことをたずさえておまえたちの許に来た。それなのに彼らを殺した[418]のはどういうわけか、もし、おまえたちが正しいならば」。(3：183)

それゆえたとえ彼らがおまえを嘘として否定したとしても、おまえ以前の使徒たちも様々な明証と書巻と照明する啓典[419]を携えて来たのに嘘として否定されたのである。(3：184)

だれもが死を味わう。そして、おまえたちは復活(審判)の日にのみ報酬を十分に支払われる。それで獄火から引き離され、楽園に入れられた者は成功を遂げたのである。そして現世はまやかしの享楽に過ぎない。(3：185)

おまえたちは必ずや自分たちの財産と心身において試みを受け、また、おまえたち以前に啓典を授けられた者たちと多神を拝する者たちから多くの悪口[420]を聞くであろう。だが、もしおまえたちが耐え、畏れ身を守るなら。そしてまことにそれは万事の要[421]なのである。(3：186)

415　天と地にある者が死滅した後にアッラーがその財産を相続するの意とも、天と地にある者が代々相続する財産は結局はアッラーに由来するの意とも言われる。

416　2章245節が下されると、ユダヤ教徒が「アッラーが富裕であれば、われらに貸付を求めたりしないであろう」と言った。

417　「列王記上」18章23-39節参照。

418　ザカリーヤー(エホヤダの子ゼカリヤ、エルサレム神殿で殺された。「歴代誌下」24章21節参照。クルアーンに登場するヤフヤーの父のザカリーヤーとは別人)やヤフヤーのように。

419　「書巻」がイブラーヒームの書、「照明する啓典」が律法書と福音書とも、「書巻」が使徒たちに下された書、「照明する啓典」が明瞭な書とも言われる。

420　預言者ムハンマドに対するものとも、神の唯一性に対するものとも言われる。

421　強い決意と精神力を要し、物事の行方を左右する事柄。

وَإِذْ أَخَذَ ٱللَّهُ مِيثَٰقَ ٱلَّذِينَ أُوتُوا۟ ٱلْكِتَٰبَ لَتُبَيِّنُنَّهُۥ لِلنَّاسِ
وَلَا تَكْتُمُونَهُۥ فَنَبَذُوهُ وَرَآءَ ظُهُورِهِمْ وَٱشْتَرَوْا۟ بِهِۦ ثَمَنًا
قَلِيلًا ۖ فَبِئْسَ مَا يَشْتَرُونَ ﴿١٨٧﴾ لَا تَحْسَبَنَّ ٱلَّذِينَ يَفْرَحُونَ بِمَآ
أَتَوا۟ وَّيُحِبُّونَ أَن يُحْمَدُوا۟ بِمَا لَمْ يَفْعَلُوا۟ فَلَا تَحْسَبَنَّهُم
بِمَفَازَةٍ مِّنَ ٱلْعَذَابِ ۖ وَلَهُمْ عَذَابٌ أَلِيمٌ ﴿١٨٨﴾ وَلِلَّهِ مُلْكُ
ٱلسَّمَٰوَٰتِ وَٱلْأَرْضِ ۗ وَٱللَّهُ عَلَىٰ كُلِّ شَىْءٍ قَدِيرٌ ﴿١٨٩﴾ إِنَّ فِى
خَلْقِ ٱلسَّمَٰوَٰتِ وَٱلْأَرْضِ وَٱخْتِلَٰفِ ٱلَّيْلِ وَٱلنَّهَارِ لَءَايَٰتٍ
لِّأُو۟لِى ٱلْأَلْبَٰبِ ﴿١٩٠﴾ ٱلَّذِينَ يَذْكُرُونَ ٱللَّهَ قِيَٰمًا وَقُعُودًا
وَعَلَىٰ جُنُوبِهِمْ وَيَتَفَكَّرُونَ فِى خَلْقِ ٱلسَّمَٰوَٰتِ وَٱلْأَرْضِ
رَبَّنَا مَا خَلَقْتَ هَٰذَا بَٰطِلًا سُبْحَٰنَكَ فَقِنَا عَذَابَ ٱلنَّارِ ﴿١٩١﴾
رَبَّنَآ إِنَّكَ مَن تُدْخِلِ ٱلنَّارَ فَقَدْ أَخْزَيْتَهُۥ ۖ وَمَا لِلظَّٰلِمِينَ مِنْ
أَنصَارٍ ﴿١٩٢﴾ رَّبَّنَآ إِنَّنَا سَمِعْنَا مُنَادِيًا يُنَادِى لِلْإِيمَٰنِ أَنْ
ءَامِنُوا۟ بِرَبِّكُمْ فَـَٔامَنَّا ۚ رَبَّنَا فَٱغْفِرْ لَنَا ذُنُوبَنَا وَكَفِّرْ عَنَّا
سَيِّـَٔاتِنَا وَتَوَفَّنَا مَعَ ٱلْأَبْرَارِ ﴿١٩٣﴾ رَبَّنَا وَءَاتِنَا مَا وَعَدتَّنَا عَلَىٰ
رُسُلِكَ وَلَا تُخْزِنَا يَوْمَ ٱلْقِيَٰمَةِ ۗ إِنَّكَ لَا تُخْلِفُ ٱلْمِيعَادَ ﴿١٩٤﴾

アッラーが啓典を授けられた者たちからの、「お前たちはそれを人々に解明し、隠蔽してはならない」との確約を取り給うた時のこと。彼らはそれを自分たちの背後に投げ捨て、それとひきかえにわずかな代価を得た。彼らの買い取るもののなんとまた悪いことか。(3：187)

決して考えてはならない。己のもたらしたことに喜び、なしていないことで称賛されることを好む者たち[422]、彼らが懲罰から逃れたところに居るとは、決して考えてはならない。そして彼らには痛苦の懲罰がある。(3：188)

そしてアッラーに諸天と地の王権は属する。そして、アッラーはすべてのものに対して全能なる御方。(3：189)

まことに、諸天と地の創造と夜と昼の交替のうちには賢慮を備えた者たちへの諸々の徴がある。(3：190)

立ち、座り、また横たわってアッラーを念じ、諸天と地の創造について考える者たち。「われらが主よ、あなたはこれを無駄に創り給うたのではありません。称えあれ、あなたこそ超越者。それゆえわれらを獄火の懲罰から守り給え」。(3：191)

「われらが主よ、あなたは、あなたが獄火に入れ給う者を確かに辱め給うた。そして、不正な者たちには援助者たちなどいません」。(3：192)

「われらが主よ、われらは、おまえたちの主を信じよ、と信仰へと呼びかける者[423]が呼ばわるのを聞き、それゆえ信じました。われらが主よ、それゆえわれらの罪を赦し、われらの悪事を帳消しにし、敬虔な者たちと共にわれら(の魂)を召し上げ給え」。(3：193)

「われらが主よ、あなたの使徒を通してわれらに約束し給うたものをわれらに与え、復活(審判)の日にわれらを辱め給わないでください。あなたは約束を違え給いません」。(3：194)

422　偽信者が出征せず、預言者の帰還後に言い訳をして神に誓い褒められようとしたことに際して下されたとも、ユダヤ教徒が預言者の質問をはぐらかしたことに際して下されたとも言われる。

423　預言者ムハンマド。あるいはクルアーンとも。

فَٱسْتَجَابَ لَهُمْ رَبُّهُمْ أَنِّي لَآ أُضِيعُ عَمَلَ عَٰمِلٖ مِّنكُم مِّن
ذَكَرٍ أَوْ أُنثَىٰۖ بَعْضُكُم مِّنۢ بَعْضٖۖ فَٱلَّذِينَ هَاجَرُواْ وَأُخْرِجُواْ
مِن دِيَٰرِهِمْ وَأُوذُواْ فِي سَبِيلِي وَقَٰتَلُواْ وَقُتِلُواْ لَأُكَفِّرَنَّ
عَنْهُمْ سَيِّـَٔاتِهِمْ وَلَأُدْخِلَنَّهُمْ جَنَّٰتٖ تَجْرِي مِن تَحْتِهَا
ٱلْأَنْهَٰرُ ثَوَابٗا مِّنْ عِندِ ٱللَّهِۚ وَٱللَّهُ عِندَهُۥ حُسْنُ ٱلثَّوَابِ ١٩٥
لَا يَغُرَّنَّكَ تَقَلُّبُ ٱلَّذِينَ كَفَرُواْ فِي ٱلْبِلَٰدِ ١٩٦ مَتَٰعٞ قَلِيلٞ
ثُمَّ مَأْوَىٰهُمْ جَهَنَّمُۖ وَبِئْسَ ٱلْمِهَادُ ١٩٧ لَٰكِنِ ٱلَّذِينَ ٱتَّقَوْاْ
رَبَّهُمْ لَهُمْ جَنَّٰتٞ تَجْرِي مِن تَحْتِهَا ٱلْأَنْهَٰرُ خَٰلِدِينَ فِيهَا
نُزُلٗا مِّنْ عِندِ ٱللَّهِۗ وَمَا عِندَ ٱللَّهِ خَيْرٞ لِّلْأَبْرَارِ ١٩٨ وَإِنَّ مِنْ
أَهْلِ ٱلْكِتَٰبِ لَمَن يُؤْمِنُ بِٱللَّهِ وَمَآ أُنزِلَ إِلَيْكُمْ
وَمَآ أُنزِلَ إِلَيْهِمْ خَٰشِعِينَ لِلَّهِ لَا يَشْتَرُونَ بِـَٔايَٰتِ ٱللَّهِ
ثَمَنٗا قَلِيلًاۚ أُوْلَٰٓئِكَ لَهُمْ أَجْرُهُمْ عِندَ رَبِّهِمْۗ إِنَّ ٱللَّهَ
سَرِيعُ ٱلْحِسَابِ ١٩٩ يَٰٓأَيُّهَا ٱلَّذِينَ ءَامَنُواْ ٱصْبِرُواْ
وَصَابِرُواْ وَرَابِطُواْ وَٱتَّقُواْ ٱللَّهَ لَعَلَّكُمْ تُفْلِحُونَ ٢٠٠

سُورَةُ النِّسَاءِ

それで彼らの主は彼らに応え給うた。「われは、男であろうと女であろうとおまえたちのうち行為者の行為を無駄にはしない。おまえたちの一方は他方からなっている[424]。それゆえ、(マッカからマディーナに)移住し、自分の家から追放され、わが道において迫害され、戦い、殺された者たち、われは必ず彼らの悪事を帳消しにし、下に河川が流れる楽園に彼らを入れよう」。アッラーの御許からの報酬として。そしてアッラーの御許にこそ最良の報酬はある。(3：195)

信仰を拒む者たちの諸国での活躍がおまえを惑わすことがあってはならない。(3：196)

わずかな享楽であり、それから彼らの棲家は火獄《ジャハンナム》である。またなんと悪い臥所であるか。(3：197)

一方、主を畏れ身を守った者たち、彼らには下に河川が流れる楽園があり、彼らはそこに永遠に、アッラーの御許からの歓待として。そしてアッラーの御許にあるものは敬虔な者にとってより良い。(3：198)

啓典の民の中には、アッラーと、おまえたちに下されたものと彼らに下されたものを信じ、アッラーに謙虚に仕え、アッラーの諸々の徴とひきかえにわずかな対価を得ない者が確かにいる[425]。それらの者、彼らには彼らの主の御許に彼らの報酬がある。まことにアッラーは清算に素早い御方。(3：199)

信仰する者たちよ、忍耐し、競って忍耐し[426]、備えよ[427]。そしてアッラーを畏れ身を守れ。きっとおまえたちは成功するであろう。(3：200)

424　男は女から、女は男からであり、男女は善行の報酬において同等である。3章34節の脚注参照。

425　この節はエチオピアのナジャーシー王(キリスト教徒)に関して、あるいはユダヤ教徒のアブドゥッラー・ブン・サラーム等に関して下されたと言われる。

426　アッラーへの服従において忍耐し、敵に対して競って忍耐する。

427　辺境でジハードに備えよ。あるいは、礼拝に備えよ、とも。

第 4 章　女性 …… سورة النساء

マディーナ垂示

女性に関わる事柄が多く述べられていることから「女性」章と名づけられる。本章は、多くの戦死者を出したウフドの戦いの後で啓示されたこともあり、遺産相続、寡婦と孤児の扱い、ウフドでの敗戦の一因となった偽信者の問題などが中心的に述べられている。

孤児の後見、遺産の公正な管理の文脈で、一夫多妻に四人までの制限が課され(3 節)、続いて相続法(11-12 節)、姦通罪(15-16 節)、婚姻法(19-25 節)、家長権(34 節)が定められる。続いて偽信者やユダヤ教徒の悪徳が述べられ、人々の権利を護り正義を実現する指導者の義務とアッラーと使徒と権威に従う人民の義務というイスラームにおける政治の要諦が示され(58-59 節)、異教徒が悪魔に味方して戦うのに対して、アッラーのために戦うムスリムの心構え、偽信者に対する警戒の必要が教えられ(66-126 節)、その間に、傷害致死の賠償と殺人の応報(92-93 節)、戦闘時の礼拝の規定(101-102 節)が定められ、他の罪は赦されることがあっても多神崇拝だけは決して赦されないことが明らかにされる。

孤児や妻に対する正しい振る舞い、公正な証言などが命じられた後(127-135 節)、再び偽信者の害悪が述べられ(137-152 節)、次いで啓典の民と預言者たちの物語が続き、預言者たちを殺しイーサーをも殺そうとしたようなイスラーイールの民の非道(153-161 節)、キリスト教徒の三神論(171-172 節)が非難される。

本章は、両親も子供もいない者の遺産の相続規定の啓示によって閉じられる。

بِسْمِ ٱللَّهِ ٱلرَّحْمَٰنِ ٱلرَّحِيمِ
يَٰٓأَيُّهَا ٱلنَّاسُ ٱتَّقُوا۟ رَبَّكُمُ ٱلَّذِى خَلَقَكُم مِّن نَّفْسٍ وَٰحِدَةٍ وَخَلَقَ مِنْهَا
زَوْجَهَا وَبَثَّ مِنْهُمَا رِجَالًا كَثِيرًا وَنِسَآءً ۚ وَٱتَّقُوا۟ ٱللَّهَ ٱلَّذِى تَسَآءَلُونَ
بِهِۦ وَٱلْأَرْحَامَ ۚ إِنَّ ٱللَّهَ كَانَ عَلَيْكُمْ رَقِيبًا ﴿١﴾ وَءَاتُوا۟ ٱلْيَتَٰمَىٰٓ أَمْوَٰلَهُمْ ۖ
وَلَا تَتَبَدَّلُوا۟ ٱلْخَبِيثَ بِٱلطَّيِّبِ ۖ وَلَا تَأْكُلُوٓا۟ أَمْوَٰلَهُمْ إِلَىٰٓ أَمْوَٰلِكُمْ ۚ إِنَّهُۥ
كَانَ حُوبًا كَبِيرًا ﴿٢﴾ وَإِنْ خِفْتُمْ أَلَّا تُقْسِطُوا۟ فِى ٱلْيَتَٰمَىٰ فَٱنكِحُوا۟
مَا طَابَ لَكُم مِّنَ ٱلنِّسَآءِ مَثْنَىٰ وَثُلَٰثَ وَرُبَٰعَ ۖ فَإِنْ خِفْتُمْ أَلَّا تَعْدِلُوا۟
فَوَٰحِدَةً أَوْ مَا مَلَكَتْ أَيْمَٰنُكُمْ ۚ ذَٰلِكَ أَدْنَىٰٓ أَلَّا تَعُولُوا۟ ﴿٣﴾ وَءَاتُوا۟
ٱلنِّسَآءَ صَدُقَٰتِهِنَّ نِحْلَةً ۚ فَإِن طِبْنَ لَكُمْ عَن شَىْءٍ مِّنْهُ نَفْسًا فَكُلُوهُ
هَنِيٓـًٔا مَّرِيٓـًٔا ﴿٤﴾ وَلَا تُؤْتُوا۟ ٱلسُّفَهَآءَ أَمْوَٰلَكُمُ ٱلَّتِى جَعَلَ ٱللَّهُ لَكُمْ
قِيَٰمًا وَٱرْزُقُوهُمْ فِيهَا وَٱكْسُوهُمْ وَقُولُوا۟ لَهُمْ قَوْلًا مَّعْرُوفًا ﴿٥﴾ وَٱبْتَلُوا۟
ٱلْيَتَٰمَىٰ حَتَّىٰٓ إِذَا بَلَغُوا۟ ٱلنِّكَاحَ فَإِنْ ءَانَسْتُم مِّنْهُمْ رُشْدًا فَٱدْفَعُوٓا۟
إِلَيْهِمْ أَمْوَٰلَهُمْ ۖ وَلَا تَأْكُلُوهَآ إِسْرَافًا وَبِدَارًا أَن يَكْبَرُوا۟ ۚ وَمَن كَانَ
غَنِيًّا فَلْيَسْتَعْفِفْ ۖ وَمَن كَانَ فَقِيرًا فَلْيَأْكُلْ بِٱلْمَعْرُوفِ ۚ فَإِذَا
دَفَعْتُمْ إِلَيْهِمْ أَمْوَٰلَهُمْ فَأَشْهِدُوا۟ عَلَيْهِمْ ۚ وَكَفَىٰ بِٱللَّهِ حَسِيبًا ﴿٦﴾

慈悲あまねく慈悲深きアッラーの御名において

人々よ、おまえたちの主を畏れ身を守れ。一人からおまえたちを創り、また、そこからその配偶者を創り、両者から多くの男と女を撒き散らし給うた御方。アッラーを畏れ身を守れ。おまえたちが彼に誓って頼みごとをし合う御方。また、血縁を[428]。まことにアッラーはおまえたちを監視し給う御方。(4：1)

428　人類の祖は一人であり、血縁関係を絶たないように畏れ身を守れ。「血縁(arḥām)(複数形)」の原義は「子宮」であるが、転じて、男女、父方、母方を問わず全ての「血縁者」を意味する。血縁との交際を大切にすることはあらゆる善に通じ、血縁との交際を疎かにすることは、あらゆる悪に通じるため、この節では、アッラーへの畏怖と、血縁との交際が並列されている。血縁との断交は大罪の一つである。「血縁(子宮)は玉座と繋がっていて、(「血縁(子宮)」は)言う。『私と関係を繋いだ者とアッラーは関係を繋ぎ給い、私との関係を断った者とアッラーは断交し給う』」との預言者のハディースをアーイシャは伝えている。

لِّلرِّجَالِ نَصِيبٌ مِّمَّا تَرَكَ ٱلْوَٰلِدَانِ وَٱلْأَقْرَبُونَ وَلِلنِّسَآءِ نَصِيبٌ
مِّمَّا تَرَكَ ٱلْوَٰلِدَانِ وَٱلْأَقْرَبُونَ مِمَّا قَلَّ مِنْهُ أَوْ كَثُرَ ۚ نَصِيبًا
مَّفْرُوضًا ﴿٧﴾ وَإِذَا حَضَرَ ٱلْقِسْمَةَ أُو۟لُوا۟ ٱلْقُرْبَىٰ وَٱلْيَتَٰمَىٰ
وَٱلْمَسَٰكِينُ فَٱرْزُقُوهُم مِّنْهُ وَقُولُوا۟ لَهُمْ قَوْلًا مَّعْرُوفًا
﴿٨﴾ وَلْيَخْشَ ٱلَّذِينَ لَوْ تَرَكُوا۟ مِنْ خَلْفِهِمْ ذُرِّيَّةً ضِعَٰفًا
خَافُوا۟ عَلَيْهِمْ فَلْيَتَّقُوا۟ ٱللَّهَ وَلْيَقُولُوا۟ قَوْلًا سَدِيدًا ﴿٩﴾ إِنَّ
ٱلَّذِينَ يَأْكُلُونَ أَمْوَٰلَ ٱلْيَتَٰمَىٰ ظُلْمًا إِنَّمَا يَأْكُلُونَ فِى
بُطُونِهِمْ نَارًا ۖ وَسَيَصْلَوْنَ سَعِيرًا ﴿١٠﴾ يُوصِيكُمُ ٱللَّهُ فِىٓ
أَوْلَٰدِكُمْ ۖ لِلذَّكَرِ مِثْلُ حَظِّ ٱلْأُنثَيَيْنِ ۚ فَإِن كُنَّ نِسَآءً
فَوْقَ ٱثْنَتَيْنِ فَلَهُنَّ ثُلُثَا مَا تَرَكَ ۖ وَإِن كَانَتْ وَٰحِدَةً فَلَهَا
ٱلنِّصْفُ ۚ وَلِأَبَوَيْهِ لِكُلِّ وَٰحِدٍ مِّنْهُمَا ٱلسُّدُسُ مِمَّا تَرَكَ إِن
كَانَ لَهُۥ وَلَدٌ ۚ فَإِن لَّمْ يَكُن لَّهُۥ وَلَدٌ وَوَرِثَهُۥٓ أَبَوَاهُ فَلِأُمِّهِ ٱلثُّلُثُ ۚ فَإِن
كَانَ لَهُۥٓ إِخْوَةٌ فَلِأُمِّهِ ٱلسُّدُسُ ۚ مِنۢ بَعْدِ وَصِيَّةٍ يُوصِى بِهَآ
أَوْ دَيْنٍ ۗ ءَابَآؤُكُمْ وَأَبْنَآؤُكُمْ لَا تَدْرُونَ أَيُّهُمْ أَقْرَبُ لَكُمْ
نَفْعًا ۚ فَرِيضَةً مِّنَ ٱللَّهِ ۗ إِنَّ ٱللَّهَ كَانَ عَلِيمًا حَكِيمًا ﴿١١﴾

また孤児[429]には彼らの財産を与え、悪いものを良いものと取り替えてはならない。彼らの財産を自分たちの財産に算入して貪ってはならない。まことにそれは大きな罪である。(4：2)

またもし、おまえたちが孤児に対して公正にできないことを恐れるなら、女性でおまえたちに良いものを[430]、二人、三人、四人娶れ[431]。それでもし、おまえたちが公平にできないことを恐れるならば、一人、またはおまえたちの右手が所有する者(女奴隷)を。それがお前たちが規を越えないことにより近い。(4：3)

また、女たちには彼女らへの結納(婚資)[432]を贈り物として与えよ。それで彼女たちがおまえたちのためにそのいくらかを自ら快く辞退するなら、おいしく喉越し良くそれを食べるがよい(受け取るが良い)。(4：4)

アッラーがおまえたちのために支えとなし給うたおまえたちの財産を愚者[433]に渡してはならない。彼らにはその中で[434]糧を与え、衣服を着せ、適切な言葉を掛けよ。(4：5)

孤児は結婚(年齢)[435]に達するまで試み、それで彼らに分別があるとおまえたちが認めたなら、彼らに彼らの財産を渡せ。そして、それを過度に、また彼らが成人するからというので性急に貪ってはならない[436]。富裕な者であれば差し控え、貧困な者であれば良識に従って食べよ[437]。それで、おまえたちが彼らに彼らの財産を返す時には彼らに証人を立てよ。そして清算者としてはアッラーで万全であった。(4：6)

男には両親と近親たちが遺したものからの配分があり、女には両親と近親たちが遺した

429　アラビア語の「ヤティーム(孤児)」とは、父親が死去した者のことであり、語義的には大人も含まれるが、常識的に子供を指す。

430　あるいは、「女性とのお前たちに良い婚姻を」。

431　自分が後見している孤児の女児と、その財産を目当てに安い婚資で結婚することを禁じるために啓示されたとも、多数の妻を扶養するために自分が後見している孤児の財産に手をつけることがないように妻の上限を四人に定めるために啓示されたとも、人々は孤児の財産への不正を恐れていたが、それと同様に女性への不正を恐れよとの趣旨で啓示されたとも言われる。

432　字義通りには喜捨。

433　老若男女に関わらず財産を無駄使いする者、つまり禁治産者。

434　後見が預かっている孤児等の財産によって。

435　第二次性徴が現れるか、法定成人年齢になるか。法定成人年齢は、シャーフィイー派、ハンバリー派では十五歳、マーリキー派では十八歳、ハナフィー派では男子は十八歳、女子は十七歳。

436　孤児が成人して、自分が預かっているその財産を引き渡さねばならなくなるのを恐れて、それを急いで使い込んで蕩尽してはならない。

437　後見が富裕であれば孤児の財産には手をつけることを慎み、貧しければ孤児の世話の適正な報酬分だけを取れ。

ものからの分け前がある、そのわずかなもの、あるいは多くのものからの。定めの分け前として[438]。(4：7)

そして分配(の際)に血縁の者たち、孤児たち、貧困者たち[439]が居合わせた場合には、彼らにそこから糧を与え、彼らに適切な言葉を掛けよ。(4：8)

仮にか弱い子孫を後に遺すことになったとした場合に彼らの身を案じる者は、懼れよ[440]、そして、アッラーを畏れ身を守り、正しい言葉を掛けよ[441]。(4：9)

不正に孤児の財産を食べる者たちは、腹の中に火を食らう。そして、彼らはいずれ烈火に火を焼《く》べる[442]。(4：10)

アッラーはおまえたちに、おまえたちの子供たちについて教示し給う。男(息子)には女(娘)二人の取り分に相当するものがある。そしてもしそれが女(だけ)の場合[443]、二人以上であれば、彼女らには彼の遺したものの三分の二がある。また、もし女一人であれば、彼女には半分がある。また、彼の両親には、彼に子供がいる場合、両者のそれぞれに遺したものから六分の一がある。彼に子供がない場合、両親が彼を相続し、彼の母親には三分の一となる[444]。もし彼に兄弟[445]がいる場合には、彼の母親には六分の一がある[446]。彼が遺した遺言や債務の後からである。おまえたちの両親と子供と、おまえたちはそのどちらがおまえたちに益としてより近いかを知らない。アッラーからの義務として。アッラーはよく知り英明なる御方。(4：11)

また、おまえたちには、おまえたちの妻に子供がなかった場合に彼女が遺したものの半分がある。また、妻に子供があった場合には、おまえたちには彼女が遺したものの四分の一がある。彼女たちが遺した遺言や債務の後からである。また、彼女たちには、おまえたちに子供がなかった場合におまえたちが遺したものの四分の一がある。また、おまえたちに子供があった場合には、彼女たちにはおまえたちの遺したものの八分の一がある。おまえたちが遺した遺言や債務の後からである。また、被相続人の男あるいは女が「遠縁しか

۞ وَلَكُمْ نِصْفُ مَا تَرَكَ أَزْوَٰجُكُمْ إِن لَّمْ يَكُن
لَّهُنَّ وَلَدٌ ۚ فَإِن كَانَ لَهُنَّ وَلَدٌ فَلَكُمُ ٱلرُّبُعُ مِمَّا
تَرَكْنَ ۚ مِنۢ بَعْدِ وَصِيَّةٍ يُوصِينَ بِهَآ أَوْ دَيْنٍ ۚ
وَلَهُنَّ ٱلرُّبُعُ مِمَّا تَرَكْتُمْ إِن لَّمْ يَكُن لَّكُمْ وَلَدٌ ۚ
فَإِن كَانَ لَكُمْ وَلَدٌ فَلَهُنَّ ٱلثُّمُنُ مِمَّا تَرَكْتُم ۚ
مِّنۢ بَعْدِ وَصِيَّةٍ تُوصُونَ بِهَآ أَوْ دَيْنٍ ۗ وَإِن كَانَ
رَجُلٌ يُورَثُ كَلَٰلَةً أَوِ ٱمْرَأَةٌ وَلَهُۥٓ أَخٌ أَوْ أُخْتٌ فَلِكُلِّ
وَٰحِدٍ مِّنْهُمَا ٱلسُّدُسُ ۚ فَإِن كَانُوٓا۟ أَكْثَرَ مِن ذَٰلِكَ
فَهُمْ شُرَكَآءُ فِى ٱلثُّلُثِ ۚ مِنۢ بَعْدِ وَصِيَّةٍ يُوصَىٰ
بِهَآ أَوْ دَيْنٍ غَيْرَ مُضَآرٍّ ۚ وَصِيَّةً مِّنَ ٱللَّهِ ۗ وَٱللَّهُ
عَلِيمٌ حَلِيمٌ ﴿١٢﴾ تِلْكَ حُدُودُ ٱللَّهِ ۚ وَمَن يُطِعِ ٱللَّهَ
وَرَسُولَهُۥ يُدْخِلْهُ جَنَّٰتٍ تَجْرِى مِن تَحْتِهَا
ٱلْأَنْهَٰرُ خَٰلِدِينَ فِيهَا ۚ وَذَٰلِكَ ٱلْفَوْزُ ٱلْعَظِيمُ
﴿١٣﴾ وَمَن يَعْصِ ٱللَّهَ وَرَسُولَهُۥ وَيَتَعَدَّ حُدُودَهُۥ
يُدْخِلْهُ نَارًا خَٰلِدًا فِيهَا وَلَهُۥ عَذَابٌ مُّهِينٌ ﴿١٤﴾

438　イスラーム以前の無明時代のアラブは成人男性のみが遺産を相続するとしていた。

439　つまり、相続人でない者のうちのこれらの者。この規定は他の節により廃棄されたとも言われる。

440　後見に向けられた言葉で、仮に自分が死んだとしたら、自分の子孫の扱いを心配するであろう、だから被後見たる孤児のことも、心配せよ。

441　死にゆく者に、又は孤児に対して。

442　烈火に焼ける、烈火に永住するの意。

443　前段が、息子と娘がいる場合であるのに対して。

444　残りは父親が相続する。

445　兄弟姉妹。

446　残りは父親が相続し、兄弟姉妹は何も相続しない。

وَٱلَّٰتِي يَأۡتِينَ ٱلۡفَٰحِشَةَ مِن نِّسَآئِكُمۡ فَٱسۡتَشۡهِدُواْ عَلَيۡهِنَّ
أَرۡبَعَةٗ مِّنكُمۡۖ فَإِن شَهِدُواْ فَأَمۡسِكُوهُنَّ فِي ٱلۡبُيُوتِ
حَتَّىٰ يَتَوَفَّىٰهُنَّ ٱلۡمَوۡتُ أَوۡ يَجۡعَلَ ٱللَّهُ لَهُنَّ سَبِيلٗا ١٥
وَٱلَّذَانِ يَأۡتِيَٰنِهَا مِنكُمۡ فَـَٔاذُوهُمَاۖ فَإِن تَابَا وَأَصۡلَحَا
فَأَعۡرِضُواْ عَنۡهُمَآۗ إِنَّ ٱللَّهَ كَانَ تَوَّابٗا رَّحِيمًا ١٦
إِنَّمَا ٱلتَّوۡبَةُ عَلَى ٱللَّهِ لِلَّذِينَ يَعۡمَلُونَ ٱلسُّوٓءَ بِجَهَٰلَةٖ
ثُمَّ يَتُوبُونَ مِن قَرِيبٖ فَأُوْلَٰٓئِكَ يَتُوبُ ٱللَّهُ عَلَيۡهِمۡۗ
وَكَانَ ٱللَّهُ عَلِيمًا حَكِيمٗا ١٧ وَلَيۡسَتِ ٱلتَّوۡبَةُ لِلَّذِينَ
يَعۡمَلُونَ ٱلسَّيِّـَٔاتِ حَتَّىٰٓ إِذَا حَضَرَ أَحَدَهُمُ ٱلۡمَوۡتُ
قَالَ إِنِّي تُبۡتُ ٱلۡـَٰٔنَ وَلَا ٱلَّذِينَ يَمُوتُونَ وَهُمۡ كُفَّارٌۚ
أُوْلَٰٓئِكَ أَعۡتَدۡنَا لَهُمۡ عَذَابًا أَلِيمٗا ١٨ يَٰٓأَيُّهَا ٱلَّذِينَ
ءَامَنُواْ لَا يَحِلُّ لَكُمۡ أَن تَرِثُواْ ٱلنِّسَآءَ كَرۡهٗاۖ وَلَا تَعۡضُلُوهُنَّ
لِتَذۡهَبُواْ بِبَعۡضِ مَآ ءَاتَيۡتُمُوهُنَّ إِلَّآ أَن يَأۡتِينَ بِفَٰحِشَةٖ
مُّبَيِّنَةٖۚ وَعَاشِرُوهُنَّ بِٱلۡمَعۡرُوفِۚ فَإِن كَرِهۡتُمُوهُنَّ فَعَسَىٰٓ
أَن تَكۡرَهُواْ شَيۡـٔٗا وَيَجۡعَلَ ٱللَّهُ فِيهِ خَيۡرٗا كَثِيرٗا ١٩

持たない者[447]」で、彼に兄弟か姉妹[448]が一人いる場合は、(男女の)どちらであれ六分の一がある。また彼らがそれ以上であった場合には、彼らは三分の一を分け合う。その者が損害を生ずることなく遺した遺言や債務[449]の後からである。アッラーからの教示である。アッラーはよく知り給う寛容なる御方。(4:12)

それがアッラーの諸法度である。そしてアッラーと彼の使徒に従う者、彼はその者を下に河川が流れる楽園に入れ給い、彼らはそこに永遠に。そしてそれは大いなる成就である。(4:13)

だが、アッラーと彼の使徒に背き、彼の諸法度を越える者、彼はその者を獄火に入れ給い、彼はそこに永遠に留まる。そして、彼には恥辱の懲罰がある。(4:14)

おまえたちの女で醜行(姦通)をなした者たちには、おまえたちの中から四人の証人を立て、彼らが証言したなら、彼女らを家の中に引きとめよ。死が彼女らに訪れるまで、あるいはアッラーが彼女らに道を定め給う(まで)[450]。(4:15)

そしておまえたちのうちそれをなした二人[451]は痛めつけよ。それで二人が悔いて戻り、(行いを)正したなら、彼らから離れよ[452]。まことにアッラーはよく顧み戻る慈悲深い御方。(4:16)

その顧み戻りはアッラー(の恩寵)に依拠し、無知ゆえに悪事をなし[453]、その後、間近で[454]悔い戻る者に対してのみ。そしてそれらの者、アッラーは彼らに顧み戻り給う。そしてアッラーはよく知り給う英明なる御方であらせられた。(4:17)

そして(アッラーの)顧み戻りはない、いくつもの悪事をなし、ついに死が彼に臨み、その時になって「私は今こそ悔い戻った」と言う者たちや、不信仰者のまま死ぬ者たちには。それらの者、われらは彼らに痛苦の懲罰を用意した。(4:18)

信仰する者たちよ、おまえたちには無理やり女たちを相続することは許されない[455]。また、

447　「遠縁しか持たない者(kalālah)」とは通説では「親も子もなく死んだ者」を指す。

448　父が異なり母を同じくする異父同母兄弟姉妹。4章176節参照。

449　例えば、他人への三分の一を超える遺贈や自分のものではない債務を認めることにより。

450　これらはイスラーム初期の規定で後に廃棄され、24章2節により未婚者には百の鞭打ち刑が定まり、預言者ムハンマドのスンナによって既婚者には石打ち刑が定まった。

451　この二人が男性二人(姦通あるいは同性愛)か、男女一人ずつかで学説が分かれている。

452　痛めつけることなく、放っておけ。

453　ここでの無知とは愚かさを含む概念であり、そのため、人間が犯す全ての罪は無知によるとも、意図的な悪事を指すとも言われる。

454　臨終を迎えるより前に。

455　ジャーヒリーヤ(イスラーム以前の無明時代)には、死者の近親が故人の妻を相続し、婚資を払わずにその未亡人と結婚したり、彼女を結婚させてその婚資を取り上げたり、彼女が遺産で自らを身

وَإِنۡ أَرَدتُّمُ ٱسۡتِبۡدَالَ زَوۡجٖ مَّكَانَ زَوۡجٖ وَءَاتَيۡتُمۡ
إِحۡدَىٰهُنَّ قِنطَارٗا فَلَا تَأۡخُذُواْ مِنۡهُ شَيۡـًٔاۚ أَتَأۡخُذُونَهُۥ
بُهۡتَٰنٗا وَإِثۡمٗا مُّبِينٗا ﴿٢٠﴾ وَكَيۡفَ تَأۡخُذُونَهُۥ وَقَدۡ أَفۡضَىٰ
بَعۡضُكُمۡ إِلَىٰ بَعۡضٖ وَأَخَذۡنَ مِنكُم مِّيثَٰقًا غَلِيظٗا
﴿٢١﴾ وَلَا تَنكِحُواْ مَا نَكَحَ ءَابَآؤُكُم مِّنَ ٱلنِّسَآءِ
إِلَّا مَا قَدۡ سَلَفَۚ إِنَّهُۥ كَانَ فَٰحِشَةٗ وَمَقۡتٗا وَسَآءَ
سَبِيلًا ﴿٢٢﴾ حُرِّمَتۡ عَلَيۡكُمۡ أُمَّهَٰتُكُمۡ وَبَنَاتُكُمۡ
وَأَخَوَٰتُكُمۡ وَعَمَّٰتُكُمۡ وَخَٰلَٰتُكُمۡ وَبَنَاتُ
ٱلۡأَخِ وَبَنَاتُ ٱلۡأُخۡتِ وَأُمَّهَٰتُكُمُ ٱلَّٰتِيٓ أَرۡضَعۡنَكُمۡ
وَأَخَوَٰتُكُم مِّنَ ٱلرَّضَٰعَةِ وَأُمَّهَٰتُ نِسَآئِكُمۡ
وَرَبَٰٓئِبُكُمُ ٱلَّٰتِي فِي حُجُورِكُم مِّن نِّسَآئِكُمُ
ٱلَّٰتِي دَخَلۡتُم بِهِنَّ فَإِن لَّمۡ تَكُونُواْ دَخَلۡتُم بِهِنَّ فَلَا
جُنَاحَ عَلَيۡكُمۡ وَحَلَٰٓئِلُ أَبۡنَآئِكُمُ ٱلَّذِينَ مِنۡ
أَصۡلَٰبِكُمۡ وَأَن تَجۡمَعُواْ بَيۡنَ ٱلۡأُخۡتَيۡنِ إِلَّا
مَا قَدۡ سَلَفَۗ إِنَّ ٱللَّهَ كَانَ غَفُورٗا رَّحِيمٗا ﴿٢٣﴾

おまえたちは、彼女らに与えたものの一部を取り戻すため彼女らの結婚を妨害してもならない。ただし、彼女らが明らかな醜行をなした場合は別である。そして彼女らとは良識に沿って暮らせ。そしてたとえおまえたちが彼女らを嫌ったとしても。おまえたちはなにかを嫌うかもしれないが、アッラーはそこに多くの良いことをなし給うであろう。(4：19)

おまえたちがある妻を代わりのある妻と取り替えようと欲した時[456]、彼女らの一人に千金(の婚資)を与えていたとしても、そこから何も取り上げてはならない。おまえたちは捏造と明白な罪を犯してそれを取り上げようとするのか。(4：20)

いかにしておまえたちはそれを取り上げようというのか。おまえたちはすでに互いに相手の許に達し[457]、彼女らはおまえたちからの峻厳な確約を取った(というのに)。(4：21)

また、女のうちおまえたちの父親が結婚したものと結婚してはならない。ただし、すでになしたことは別である。まことにそれは醜行、忌まわしいことであり、なんとも悪い道であることよ。(4：22)

おまえたちには、おまえたちの母、娘、姉妹、父方のおば、母方のおば、兄弟の娘、姉妹の娘、おまえたちに乳を与えた乳母、乳姉妹、妻の母、おまえたちの衣の裾の陰(後見下)の、おまえたちが入った(交合した)妻の養女[458] —ただし、妻にまだ入って(交合して)いないならば、それはおまえたちの罪とはならない—、そして、おまえたちの腰から出来たおまえたちの息子の伴侶は禁じられた。また、二人の姉妹を併せることも。ただし、すでに過ぎたことは別である。まことにアッラーはよく赦し給う慈悲深い御方であらせられた。(4：23)

請けするか、死んで自分がそれを相続するまで彼女の結婚を妨害したりすることがあった。

456　妻と離婚して別の女性と再婚しようと思っても。

457　婚資の支払いを確定する性交の婉曲的表現。

458　字義上は後見となって育てる後妻の連れ子を意味するが、これは一般的表現であり、例え後見とならずとも、禁じられる。

۞ وَٱلْمُحْصَنَٰتُ مِنَ ٱلنِّسَآءِ إِلَّا مَا مَلَكَتْ أَيْمَٰنُكُمْ ۖ
كِتَٰبَ ٱللَّهِ عَلَيْكُمْ ۚ وَأُحِلَّ لَكُم مَّا وَرَآءَ ذَٰلِكُمْ أَن تَبْتَغُوا۟
بِأَمْوَٰلِكُم مُّحْصِنِينَ غَيْرَ مُسَٰفِحِينَ ۚ فَمَا ٱسْتَمْتَعْتُم بِهِۦ
مِنْهُنَّ فَـَٔاتُوهُنَّ أُجُورَهُنَّ فَرِيضَةً ۚ وَلَا جُنَاحَ عَلَيْكُمْ فِيمَا
تَرَٰضَيْتُم بِهِۦ مِنۢ بَعْدِ ٱلْفَرِيضَةِ ۚ إِنَّ ٱللَّهَ كَانَ عَلِيمًا
حَكِيمًا ٢٤ وَمَن لَّمْ يَسْتَطِعْ مِنكُمْ طَوْلًا أَن يَنكِحَ
ٱلْمُحْصَنَٰتِ ٱلْمُؤْمِنَٰتِ فَمِن مَّا مَلَكَتْ أَيْمَٰنُكُم مِّن
فَتَيَٰتِكُمُ ٱلْمُؤْمِنَٰتِ ۚ وَٱللَّهُ أَعْلَمُ بِإِيمَٰنِكُم ۚ بَعْضُكُم
مِّنۢ بَعْضٍ ۚ فَٱنكِحُوهُنَّ بِإِذْنِ أَهْلِهِنَّ وَءَاتُوهُنَّ أُجُورَهُنَّ
بِٱلْمَعْرُوفِ مُحْصَنَٰتٍ غَيْرَ مُسَٰفِحَٰتٍ وَلَا مُتَّخِذَٰتِ
أَخْدَانٍ ۚ فَإِذَآ أُحْصِنَّ فَإِنْ أَتَيْنَ بِفَٰحِشَةٍ فَعَلَيْهِنَّ نِصْفُ
مَا عَلَى ٱلْمُحْصَنَٰتِ مِنَ ٱلْعَذَابِ ۚ ذَٰلِكَ لِمَنْ خَشِىَ ٱلْعَنَتَ
مِنكُمْ ۚ وَأَن تَصْبِرُوا۟ خَيْرٌ لَّكُمْ ۗ وَٱللَّهُ غَفُورٌ رَّحِيمٌ
٢٥ يُرِيدُ ٱللَّهُ لِيُبَيِّنَ لَكُمْ وَيَهْدِيَكُمْ سُنَنَ ٱلَّذِينَ
مِن قَبْلِكُمْ وَيَتُوبَ عَلَيْكُمْ ۗ وَٱللَّهُ عَلِيمٌ حَكِيمٌ ٢٦

また、女性で既婚者である[459]。ただし、おまえたちの右手が所有する者[460]は別である。おまえたちに対しアッラーが書き留め給うたこととして。そしておまえたちにはそれ以外は許された。おまえたちがおまえたちの財産を用いて既婚者として、放縦人[461]としてでなく求めること(は許された)。そして彼女らのうちおまえたちが楽しんだもの[462]、彼女らには定めの報酬(婚資)を与えよ。そして定めた後、互いが同意したこと[463]であれば、おまえたちに罪はない。まことにアッラーはよく知り英明なる御方であらせられた。(4：24)

また、おまえたちのうち信仰者の淑女[464]と結婚する資力のない者は[465]、おまえたちの右手の所有する信仰者の娘たちのうちから。そしてアッラーはおまえたちの信仰を最もよく知り給う。おまえたちは互いに互いから出た[466]。それゆえ彼女らの家族の許可[467]を得て彼女らと結婚せよ。そして、彼女らには良識に沿って報酬(婚資)を与えよ。貞潔で放縦でなく、また密通相手のいる女でなければ。それで彼女らが嫁がされた後、醜行をなした場合、彼女らには淑女に課せられる懲罰の半分が課せられる[468]。これはおまえたちのうち罪苦[469]を懼れた者のためである。そしておまえたちが忍耐すれば、それはおまえたちにとってより良い。そしてアッラーはよく赦し給う慈悲深い御方。(4：25)

アッラーは、おまえたちのために明示し、おまえたちをおまえたち以前の者たち[470]の慣行に導き、おまえたちの許に顧み戻ることを望み給う。そしてアッラーはよく知り給う英明なる御方。(4：26)

459　つまり、夫がいる女性(宗教に関係なく)との重婚は禁じられている。Muḥṣan は ḥ-ṣ-n の第Ⅳ型の受動分詞。クルアーンの中では同動詞は、①結婚、②イスラーム、③貞淑、④自由の意味に関係して使われている。

460　女奴隷。捕虜の奴隷については、敵地(ダール・アル＝ハルブ)にいる夫との結婚契約が解消したと見なされる。

461　姦通者。原義は、水を注ぐ者。

462　夫婦の交わりを楽しんだ相手。

463　報酬の増減等。

464　奴隷でない自由人身分の女性。

465　あるいは、「資力(の欠如)により、結婚することができない者は」。

466　おまえたちも、おまえたちの奴隷もみなアーダムを祖先とし、イスラームを宗教とする者であり、奴隷女も宗教においては等しい。それゆえ彼女らと結婚することを見下してはならない。

467　その女奴隷を所有する主人の許可。

468　五十回の鞭打ちと半年の国外追放刑が科される。

469　婚外性交を犯してしまうこと、又はその罪。

470　預言者たち。

وَٱللَّهُ يُرِيدُ أَن يَتُوبَ عَلَيۡكُمۡ وَيُرِيدُ ٱلَّذِينَ يَتَّبِعُونَ
ٱلشَّهَوَٰتِ أَن تَمِيلُواْ مَيۡلًا عَظِيمٗا ٢٧ يُرِيدُ ٱللَّهُ أَن يُخَفِّفَ
عَنكُمۡۚ وَخُلِقَ ٱلۡإِنسَٰنُ ضَعِيفٗا ٢٨ يَٰٓأَيُّهَا ٱلَّذِينَ ءَامَنُواْ
لَا تَأۡكُلُوٓاْ أَمۡوَٰلَكُم بَيۡنَكُم بِٱلۡبَٰطِلِ إِلَّآ أَن تَكُونَ
تِجَٰرَةً عَن تَرَاضٖ مِّنكُمۡۚ وَلَا تَقۡتُلُوٓاْ أَنفُسَكُمۡۚ إِنَّ
ٱللَّهَ كَانَ بِكُمۡ رَحِيمٗا ٢٩ وَمَن يَفۡعَلۡ ذَٰلِكَ عُدۡوَٰنٗا
وَظُلۡمٗا فَسَوۡفَ نُصۡلِيهِ نَارٗاۚ وَكَانَ ذَٰلِكَ عَلَى ٱللَّهِ
يَسِيرًا ٣٠ إِن تَجۡتَنِبُواْ كَبَآئِرَ مَا تُنۡهَوۡنَ عَنۡهُ نُكَفِّرۡ
عَنكُمۡ سَيِّـَٔاتِكُمۡ وَنُدۡخِلۡكُم مُّدۡخَلٗا كَرِيمٗا ٣١
وَلَا تَتَمَنَّوۡاْ مَا فَضَّلَ ٱللَّهُ بِهِۦ بَعۡضَكُمۡ عَلَىٰ بَعۡضٖۚ لِّلرِّجَالِ
نَصِيبٞ مِّمَّا ٱكۡتَسَبُواْۖ وَلِلنِّسَآءِ نَصِيبٞ مِّمَّا ٱكۡتَسَبۡنَۚ
وَسۡـَٔلُواْ ٱللَّهَ مِن فَضۡلِهِۦٓۚ إِنَّ ٱللَّهَ كَانَ بِكُلِّ شَيۡءٍ
عَلِيمٗا ٣٢ وَلِكُلّٖ جَعَلۡنَا مَوَٰلِيَ مِمَّا تَرَكَ ٱلۡوَٰلِدَانِ
وَٱلۡأَقۡرَبُونَۚ وَٱلَّذِينَ عَقَدَتۡ أَيۡمَٰنُكُمۡ فَـَٔاتُوهُمۡ
نَصِيبَهُمۡۚ إِنَّ ٱللَّهَ كَانَ عَلَىٰ كُلِّ شَيۡءٖ شَهِيدًا ٣٣

そしてアッラーは、おまえたちの許に顧み戻ることを望み給うが、欲望に従う者たちは、おまえたちが大きく片寄り偏向することを望む。(4：27)

アッラーは、おまえたちから(義務、責任を)軽減することを望み給う。人間は弱く創られたのであるから。(4：28)

信仰する者たちよ、おまえたちの財産をおまえたちの間で不法に貪ってはならない。ただし、互いの同意の上での商売であれば別である。また、おまえたち自身を殺してはならない[471]。まことにアッラーはおまえたちに慈悲深い御方。(4：29)

そして無法に不正にそれをなす者があれば、いずれわれらは彼を獄火に焼《く》べるであろう。そしてそれはアッラーにとっては易しいことであった。(4：30)

おまえたちが禁じられた大罪[472]を避けるなら、われらはおまえたちから悪事[473]を帳消しにし、(楽園の)栄誉ある入り口に入れるであろう。(4：31)

またアッラーがおまえたちのある者に他の者以上に恵み給うたものを願って(羨んで)はならない[474]。男たちには彼らの稼いだものから分け前があり、女たちには彼女らの稼いだものから分け前がある[475]。そしてアッラーに彼の御恵みを求めよ。まことにアッラーはすべてのものについてよく知り給う御方であらせられた。(4：32)

(男女)各々に、われらは両親と近親たちが遺したものの有権者[476]を定めた。それでおまえたちの誓約が結ばれた者たちがあれば、彼らには彼らの分け前を与えよ[477]。まことにアッラーはすべて

471　アッラーの禁令を犯して、互いに殺しあっても、自殺してもならない。ハディースに曰く、「山から身を投げて自殺した者は、獄火に永遠に留まって永遠に身投げをする。また、毒を飲んで自殺した者は、獄火に永遠に留まって毒を手にし、それを飲む。また、刃で自殺した者は、獄火に永遠に留まって腹を刃で割く」。

472　諸説あり、アッラーに同位者を配すること、不当な殺人、魔術、利子の取得、孤児の財産の着服、敵前逃亡、姦通の中傷の七つとも、これに両親への不服従、カアバ神殿の禁忌性を侵すことが加わるとも、それを犯すことに対する警告や刑罰が伝えられているものとも言われる。

473　小罪。

474　他人の有するよきものが消滅することを願わずに、それと同様のものを得ることを願うことは許される。

475　預言者ムハンマドの妻の一人ウンム・サラマが、「アッラーの使徒よ、男たちは戦争に出かけ、女性は戦争に出かけません。われらには半分の相続しかありません。われらが男であったらよかったものを。そうすれば、われらはジハードに行き、男たちの報酬と同じものがわれらにもあったものを」と言った時に、この節が啓示されたと言われる。

476　血縁による相続人。

477　ジャーヒリーヤ(イスラーム以前の無明時代)とイスラームの初期には、「私の血はおまえの血、私の破滅はおまえの破滅、私はおまえの血の代価を払い、おまえは私の血の代価を払う。そして、私はおまえの遺産を継ぎ、おまえは私の遺産を継ぐ」との誓いを交わし合った者は、遺産の六分の一を相続していた。しかしこの規定は本節前段の「各々に…定めた」、あるいは8章75節、33章6

ٱلرِّجَالُ قَوَّٰمُونَ عَلَى ٱلنِّسَآءِ بِمَا فَضَّلَ ٱللَّهُ بَعْضَهُمْ عَلَىٰ
بَعْضٍ وَبِمَآ أَنفَقُوا۟ مِنْ أَمْوَٰلِهِمْ ۚ فَٱلصَّٰلِحَٰتُ قَٰنِتَٰتٌ
حَٰفِظَٰتٌ لِّلْغَيْبِ بِمَا حَفِظَ ٱللَّهُ ۚ وَٱلَّٰتِى تَخَافُونَ
نُشُوزَهُنَّ فَعِظُوهُنَّ وَٱهْجُرُوهُنَّ فِى ٱلْمَضَاجِعِ
وَٱضْرِبُوهُنَّ ۖ فَإِنْ أَطَعْنَكُمْ فَلَا تَبْغُوا۟ عَلَيْهِنَّ سَبِيلًا ۗ
إِنَّ ٱللَّهَ كَانَ عَلِيًّا كَبِيرًا ﴿٣٤﴾ وَإِنْ خِفْتُمْ شِقَاقَ بَيْنِهِمَا
فَٱبْعَثُوا۟ حَكَمًا مِّنْ أَهْلِهِۦ وَحَكَمًا مِّنْ أَهْلِهَآ إِن
يُرِيدَآ إِصْلَٰحًا يُوَفِّقِ ٱللَّهُ بَيْنَهُمَآ ۗ إِنَّ ٱللَّهَ كَانَ عَلِيمًا
خَبِيرًا ﴿٣٥﴾ ۞ وَٱعْبُدُوا۟ ٱللَّهَ وَلَا تُشْرِكُوا۟ بِهِۦ شَيْـًٔا ۖ
وَبِٱلْوَٰلِدَيْنِ إِحْسَٰنًا وَبِذِى ٱلْقُرْبَىٰ وَٱلْيَتَٰمَىٰ وَٱلْمَسَٰكِينِ
وَٱلْجَارِ ذِى ٱلْقُرْبَىٰ وَٱلْجَارِ ٱلْجُنُبِ وَٱلصَّاحِبِ بِٱلْجَنۢبِ
وَٱبْنِ ٱلسَّبِيلِ وَمَا مَلَكَتْ أَيْمَٰنُكُمْ ۗ إِنَّ ٱللَّهَ
لَا يُحِبُّ مَن كَانَ مُخْتَالًا فَخُورًا ﴿٣٦﴾ ٱلَّذِينَ يَبْخَلُونَ
وَيَأْمُرُونَ ٱلنَّاسَ بِٱلْبُخْلِ وَيَكْتُمُونَ مَآ ءَاتَىٰهُمُ
ٱللَّهُ مِن فَضْلِهِۦ ۗ وَأَعْتَدْنَا لِلْكَٰفِرِينَ عَذَابًا مُّهِينًا ﴿٣٧﴾

のことに対して証人であらせられた。(4：33)

男たちは女たちの上に立つ管理人[478]である。アッラーが一方に他方以上に恵み給うたことゆえ、また、彼らが彼らの財産から費やすことゆえに。それゆえ、良き女たちとは、従順で、アッラーが守り給うたがゆえに留守中に守る女たちである[479]。おまえたちが不従順を恐れる[480]女たちには、諭し、寝床で彼女らを避け、そして、彼女らを打て[481]。もし彼女らがおまえたちに従うなら、彼女らに対し道を求めるな[482]。まことにアッラーは崇高にして大いなる御方であらせられた。(4：34)

またおまえたちが(夫婦)両者の間の破局を恐れたなら、彼(夫)の家族から調停者一人と彼女(妻)の家族から調停者一人を派遣せよ。双方が和解を望めば、アッラーは両者(双方)の間を一致させ給う。まことにアッラーはよく知り通暁し給う御方であらせられた。(4：35)

そしてアッラーに仕え、彼になにものも並び置いてはならない。そして、両親には心尽くしを。また、縁故のある者たち[483]や孤児たち、貧者たち、縁故のある者の隣人[484]、縁遠い隣人[485]、隣り合った連れ[486]、旅路にある者、そしておまえたちの右手が所有する者(奴隷)にも。まことにアッラーは尊大な自惚れ屋を好み給わない。(4：36)

出し惜しみをし、人々にも出し惜しみを命じ、アッラーが彼らに与え給うた彼の御恵みを隠す者たち。そしてわれらは不信仰者たちに恥辱の懲罰を用意した。(4：37)

節の啓示によって破棄された。

478　首班、代理人、守護者、統率者。

479　アッラーの御加護により、夫の目の届かないところでも、貞操を守り、任された家政を正しく管理する良妻である、の意。あるいは、「アッラーが守り給うたものゆえに」、つまりアッラーが夫に定めた義務(婚資や良いふるまい)が妻の守りとなる、の意。

480　知った。あるいは、思料した。

481　寝床で避けても改めない時には、痛めつけたり傷を負わせたりしない程度に訓育的に打って懲らしめよ。イスラーム学者は、打つことは許されるが、避けたほうが良いことで合意している。

482　それ以上に、虐待する方法、口実を探してはならない。あるいは妻に「お前は私を愛していない、お前は私に逆らう」等と言うこと。夫への愛は妻の義務ではなく、内心の問題であり、人間の手中にはないので。

483　兄弟、おじとおば(父系と母系)、彼らの子。

484　住居が、あるいは血縁が近い者。あるいはムスリムとも。

485　住居が、あるいは血縁が遠い者。あるいは非ムスリムとも。

486　旅の道連れ、仕事仲間、あるいは妻。

وَٱلَّذِينَ يُنفِقُونَ أَمۡوَٰلَهُمۡ رِئَآءَ ٱلنَّاسِ وَلَا يُؤۡمِنُونَ بِٱللَّهِ
وَلَا بِٱلۡيَوۡمِ ٱلۡأٓخِرِۗ وَمَن يَكُنِ ٱلشَّيۡطَٰنُ لَهُۥ قَرِينٗا فَسَآءَ
قَرِينٗا ٣٨ وَمَاذَا عَلَيۡهِمۡ لَوۡ ءَامَنُواْ بِٱللَّهِ وَٱلۡيَوۡمِ ٱلۡأٓخِرِ وَأَنفَقُواْ
مِمَّا رَزَقَهُمُ ٱللَّهُۚ وَكَانَ ٱللَّهُ بِهِمۡ عَلِيمًا ٣٩ إِنَّ ٱللَّهَ لَا يَظۡلِمُ
مِثۡقَالَ ذَرَّةٖۖ وَإِن تَكُ حَسَنَةٗ يُضَٰعِفۡهَا وَيُؤۡتِ مِن لَّدُنۡهُ
أَجۡرًا عَظِيمٗا ٤٠ فَكَيۡفَ إِذَا جِئۡنَا مِن كُلِّ أُمَّةِۭ بِشَهِيدٖ
وَجِئۡنَا بِكَ عَلَىٰ هَٰٓؤُلَآءِ شَهِيدٗا ٤١ يَوۡمَئِذٖ يَوَدُّ ٱلَّذِينَ
كَفَرُواْ وَعَصَوُاْ ٱلرَّسُولَ لَوۡ تُسَوَّىٰ بِهِمُ ٱلۡأَرۡضُ وَلَا يَكۡتُمُونَ
ٱللَّهَ حَدِيثٗا ٤٢ يَٰٓأَيُّهَا ٱلَّذِينَ ءَامَنُواْ لَا تَقۡرَبُواْ ٱلصَّلَوٰةَ وَأَنتُمۡ
سُكَٰرَىٰ حَتَّىٰ تَعۡلَمُواْ مَا تَقُولُونَ وَلَا جُنُبًا إِلَّا عَابِرِي
سَبِيلٍ حَتَّىٰ تَغۡتَسِلُواْۚ وَإِن كُنتُم مَّرۡضَىٰٓ أَوۡ عَلَىٰ سَفَرٍ أَوۡ جَآءَ
أَحَدٞ مِّنكُم مِّنَ ٱلۡغَآئِطِ أَوۡ لَٰمَسۡتُمُ ٱلنِّسَآءَ فَلَمۡ تَجِدُواْ مَآءٗ
فَتَيَمَّمُواْ صَعِيدٗا طَيِّبٗا فَٱمۡسَحُواْ بِوُجُوهِكُمۡ وَأَيۡدِيكُمۡۗ
إِنَّ ٱللَّهَ كَانَ عَفُوًّا غَفُورًا ٤٣ أَلَمۡ تَرَ إِلَى ٱلَّذِينَ أُوتُواْ نَصِيبٗا مِّنَ
ٱلۡكِتَٰبِ يَشۡتَرُونَ ٱلضَّلَٰلَةَ وَيُرِيدُونَ أَن تَضِلُّواْ ٱلسَّبِيلَ ٤٤

また、人々への見栄のために自分たちの財産を費やし、アッラーも、最後の日も信じない者たち。悪魔がその相棒となる者、彼は相棒として何と悪いことよ。(4：38)

仮に彼らがアッラーと最後の日を信じ、アッラーが彼らに糧として与え給うたものから(善に)費やしたとして、彼らにとってなんの負担となろう。アッラーは彼らのことをよく知り給う御方であらせられた。(4：39)

まことにアッラーは微塵の重さも不正はなし給わない。もしそれ(微塵)が一つの善事であれば、それを倍加し、彼の御許から大きな報酬を与え給う。(4：40)

それゆえわれらがそれぞれの共同体から証言者を連れ出し、これらの者に対しておまえ(ムハンマド)を証言者として連れ出す時はどんなであろうか。(4：41)

その日、信仰を拒み、使徒に背いた者たちは、大地が彼らと共に平らにされればと願う[487]が、彼らはアッラーに対しどんな言葉を隠すこともできない。(4：42)

信仰する者たちよ、おまえたちが酔っている時には、言っていることがわかるようになるまで礼拝に近づいてはならない[488]。また、大汚[489]にある時も、道を通行する者を除き[490]、全身沐浴をするまでは(礼拝に近づいては)いけない。またもしおまえたちが病気か、旅先にあるか、おまえたちの誰かが御下(厠)から出たか、妻に触れたかし、水を見出さなかった時には、良い地面を求め(手で触れ)、おまえたちの顔と両手のところを撫でよ。まことにアッラーはよく免じ、よく赦す御方であらせられた。(4：43)

啓典の分け前を授けられた者たちが迷誤を買い、おまえたちが道を迷うことを望むのをおまえは見なかったか。(4：44)

487　78章40節にあるとおり土くれとなることを望む。あるいは、大地に呑みこまれることを望む。

488　この節の下された契機について、アリー・ブン・アブー・ターリブが以下のように伝えている。「酒が禁じられる以前のことであったが、われらにアブドゥッラフマーン・ブン・アウフが食事を作り、酒を注いだ。われらは酒に酔い、日没の礼拝の時間となった。人々が私を前に押し出したので、私は礼拝を先導しクルアーンを読んだ。『言え、不信仰者たちよ、われは、おまえたちが仕えるものに仕え、われらはおまえたちが仕えるものに仕える』(109章参照)と私は混同した。すると、『おまえたちが酔っている時には……礼拝に近づくな』との節が下された」。

489　性交、射精による穢れのこと。

490　旅行者、あるいはモスクの中を通り過ぎる者を除いて。従って、大汚にある者がモスクにとどまることは禁じられる。

وَٱللَّهُ أَعۡلَمُ بِأَعۡدَآئِكُمۡۚ وَكَفَىٰ بِٱللَّهِ وَلِيّٗا وَكَفَىٰ بِٱللَّهِ نَصِيرٗا ٤٥
مِّنَ ٱلَّذِينَ هَادُواْ يُحَرِّفُونَ ٱلۡكَلِمَ عَن مَّوَاضِعِهِۦ وَيَقُولُونَ
سَمِعۡنَا وَعَصَيۡنَا وَٱسۡمَعۡ غَيۡرَ مُسۡمَعٖ وَرَٰعِنَا لَيَّۢا بِأَلۡسِنَتِهِمۡ
وَطَعۡنٗا فِي ٱلدِّينِۚ وَلَوۡ أَنَّهُمۡ قَالُواْ سَمِعۡنَا وَأَطَعۡنَا وَٱسۡمَعۡ وَٱنظُرۡنَا
لَكَانَ خَيۡرٗا لَّهُمۡ وَأَقۡوَمَ وَلَٰكِن لَّعَنَهُمُ ٱللَّهُ بِكُفۡرِهِمۡ فَلَا يُؤۡمِنُونَ
إِلَّا قَلِيلٗا ٤٦ يَٰٓأَيُّهَا ٱلَّذِينَ أُوتُواْ ٱلۡكِتَٰبَ ءَامِنُواْ بِمَا نَزَّلۡنَا
مُصَدِّقٗا لِّمَا مَعَكُم مِّن قَبۡلِ أَن نَّطۡمِسَ وُجُوهٗا فَنَرُدَّهَا
عَلَىٰٓ أَدۡبَارِهَآ أَوۡ نَلۡعَنَهُمۡ كَمَا لَعَنَّآ أَصۡحَٰبَ ٱلسَّبۡتِۚ وَكَانَ أَمۡرُ
ٱللَّهِ مَفۡعُولًا ٤٧ إِنَّ ٱللَّهَ لَا يَغۡفِرُ أَن يُشۡرَكَ بِهِۦ وَيَغۡفِرُ مَا دُونَ
ذَٰلِكَ لِمَن يَشَآءُۚ وَمَن يُشۡرِكۡ بِٱللَّهِ فَقَدِ ٱفۡتَرَىٰٓ إِثۡمًا عَظِيمًا
٤٨ أَلَمۡ تَرَ إِلَى ٱلَّذِينَ يُزَكُّونَ أَنفُسَهُمۚ بَلِ ٱللَّهُ يُزَكِّي مَن يَشَآءُ
وَلَا يُظۡلَمُونَ فَتِيلًا ٤٩ ٱنظُرۡ كَيۡفَ يَفۡتَرُونَ عَلَى ٱللَّهِ ٱلۡكَذِبَۖ
وَكَفَىٰ بِهِۦٓ إِثۡمٗا مُّبِينًا ٥٠ أَلَمۡ تَرَ إِلَى ٱلَّذِينَ أُوتُواْ نَصِيبٗا
مِّنَ ٱلۡكِتَٰبِ يُؤۡمِنُونَ بِٱلۡجِبۡتِ وَٱلطَّٰغُوتِ وَيَقُولُونَ
لِلَّذِينَ كَفَرُواْ هَٰٓؤُلَآءِ أَهۡدَىٰ مِنَ ٱلَّذِينَ ءَامَنُواْ سَبِيلًا ٥١

アッラーはおまえたちの敵たちについて最もよく知り給う。そして後見としてはアッラーで万全であり、援助者としてはアッラーで万全であった。(4：45)

「戻った者たち」(ユダヤ教徒)の中には、言葉をその場所から捩じ曲げ、「われらは聞き、そして背いた」、「聞いてくれ、聞かされはしないが[491]」、「われらを看てくれ[492]」と舌をゆがめ、宗教を嘲弄して言う者がある。それでもし彼らが、「われらは聞き、そして従った」、また「聞いてくれ」、そして「われらを見てくれ」と言ったのであれば、それは彼らにとってより良く、より廉直だった。だが、アッラーは彼らの不信仰ゆえに彼らを呪い給い、それで彼らはわずかな者しか信じない。(4：46)

啓典を授けられた者たちよ、おまえたちが持つものの確証としてわれらが垂示したものを信じよ。われらが顔をつぶし、それを後ろに回す[493]か、われらが安息日の者たちを呪ったように彼らを呪う前に[494]。そしてアッラーの命令は成し遂げられるものであった。(4：47)

まことにアッラーは彼に共同者が並べ立てられることは赦し給わないが、それ以外のことは御望みの者には赦し給う。アッラーに同位者を配する者は重大な罪を捏造したのである。(4：48)

おまえは自分を清浄とする[495]者たちを見なかったか。いや、アッラーが御望みの者を清め給うのであり、彼らはナツメヤシの種の薄皮ほども不正を蒙ることはない。(4：49)

見よ、いかに彼らがアッラーについて嘘を捏造するかを。そして明白な罪としてそれで万全であった。(4：50)

おまえは、啓典の分け前を授けられた者たちが魔像と邪神[496]を信じ、信仰を拒む者たちに向かって、「これらの者は信仰する者たちよりも正道により導かれている」と言うのを見なかったか。(4：51)

491　表面的には「悪いことを聞かされはしない」の意だが、真意は「良いことを聞かされはしない」。あるいは「聞けない」の意で、死や聾の呪い。

492　2章104節注参照。

493　目や鼻等を消され、うなじ(あるいは後頭部)のようにのっぺりさせるの意とも言われる。

494　2章65節参照。

495　5章18節前段の主張。あるいは、自らの子孫を罪なきものとして礼拝指導者とすること。あるいは、自らの子孫が自分の為に罪の許しを願い清めてくれるとの主張。あるいは、現世でなにがしかを得るべく、自分たちを互いに清められた存在とし合うこと。

496　「ジブト(魔像)」と「ターグート(邪神)」とは、クライシュ族の二体の偶像とも、「ジブト」とは偶像の名で、「ターグート」とは偶像に宿り人々を惑わす悪魔であるとも、「ジブト」とは巫蠱、「ターグート」とは魔法使いであるとも、「ジブト」が悪魔、魔法使い、巫蠱、「ターグート」がアッラー以外に崇拝される全てのものとも言われる。

أُو۟لَـٰٓئِكَ ٱلَّذِينَ لَعَنَهُمُ ٱللَّهُ ۖ وَمَن يَلْعَنِ ٱللَّهُ فَلَن تَجِدَ لَهُۥ نَصِيرًا ﴿٥٢﴾
أَمْ لَهُمْ نَصِيبٌ مِّنَ ٱلْمُلْكِ فَإِذًا لَّا يُؤْتُونَ ٱلنَّاسَ نَقِيرًا ﴿٥٣﴾ أَمْ
يَحْسُدُونَ ٱلنَّاسَ عَلَىٰ مَآ ءَاتَىٰهُمُ ٱللَّهُ مِن فَضْلِهِۦ ۖ فَقَدْ ءَاتَيْنَآ
ءَالَ إِبْرَٰهِيمَ ٱلْكِتَـٰبَ وَٱلْحِكْمَةَ وَءَاتَيْنَـٰهُم مُّلْكًا عَظِيمًا ﴿٥٤﴾
فَمِنْهُم مَّنْ ءَامَنَ بِهِۦ وَمِنْهُم مَّن صَدَّ عَنْهُ ۚ وَكَفَىٰ بِجَهَنَّمَ سَعِيرًا ﴿٥٥﴾
إِنَّ ٱلَّذِينَ كَفَرُوا۟ بِـَٔايَـٰتِنَا سَوْفَ نُصْلِيهِمْ نَارًا كُلَّمَا نَضِجَتْ
جُلُودُهُم بَدَّلْنَـٰهُمْ جُلُودًا غَيْرَهَا لِيَذُوقُوا۟ ٱلْعَذَابَ ۗ إِنَّ ٱللَّهَ كَانَ
عَزِيزًا حَكِيمًا ﴿٥٦﴾ وَٱلَّذِينَ ءَامَنُوا۟ وَعَمِلُوا۟ ٱلصَّـٰلِحَـٰتِ سَنُدْخِلُهُمْ
جَنَّـٰتٍ تَجْرِى مِن تَحْتِهَا ٱلْأَنْهَـٰرُ خَـٰلِدِينَ فِيهَآ أَبَدًا ۖ لَّهُمْ فِيهَآ
أَزْوَٰجٌ مُّطَهَّرَةٌ ۖ وَنُدْخِلُهُمْ ظِلًّا ظَلِيلًا ﴿٥٧﴾ ۞ إِنَّ ٱللَّهَ يَأْمُرُكُمْ
أَن تُؤَدُّوا۟ ٱلْأَمَـٰنَـٰتِ إِلَىٰٓ أَهْلِهَا وَإِذَا حَكَمْتُم بَيْنَ ٱلنَّاسِ أَن
تَحْكُمُوا۟ بِٱلْعَدْلِ ۚ إِنَّ ٱللَّهَ نِعِمَّا يَعِظُكُم بِهِۦٓ ۗ إِنَّ ٱللَّهَ كَانَ سَمِيعًۢا
بَصِيرًا ﴿٥٨﴾ يَـٰٓأَيُّهَا ٱلَّذِينَ ءَامَنُوٓا۟ أَطِيعُوا۟ ٱللَّهَ وَأَطِيعُوا۟ ٱلرَّسُولَ وَأُو۟لِى
ٱلْأَمْرِ مِنكُمْ ۖ فَإِن تَنَـٰزَعْتُمْ فِى شَىْءٍ فَرُدُّوهُ إِلَى ٱللَّهِ وَٱلرَّسُولِ إِن كُنتُمْ
تُؤْمِنُونَ بِٱللَّهِ وَٱلْيَوْمِ ٱلْـَٔاخِرِ ۚ ذَٰلِكَ خَيْرٌ وَأَحْسَنُ تَأْوِيلًا ﴿٥٩﴾

これらの者はアッラーが呪い給うた者たちで、アッラーが呪い給う者に、お前は援助者を見出しはしまい。(4：52)

それとも彼らには王権の分け前があるのか。その時にも彼らは(強欲で)人々にはナツメヤシの種の斑点ほども与えはしない。(4：53)

それとも彼らは人々[497]を、アッラーが与え給うた彼の御恵みゆえに妬むのか。そしてわれらはかつてイブラーヒームの一族に啓典と英知を授け、彼らには大きな王権を授けた。(4：54)

それで彼らの中には彼を信じた者もあれば、彼から背き去った者もある。烈火としては火獄《ジャハンナム》で万全であった。(4：55)

まことにわれらの諸々の徴を拒む者たちは、いずれわれらが獄火に焼《く》べよう。彼らの皮膚が焼きあがる度、彼らが懲罰を味わうべく、われらは彼らに別の皮膚を付け替える。まことにアッラーは威力比類なく英明なる御方であらせられた。(4：56)

一方、信仰し、善行をなした者たちは、いずれわれらが下に河川が流れる楽園に入れよう。彼らはそこにいつまでも永遠に。そこで彼らには清らかな伴侶があり、われらは彼らを翳《かげ》なす陰[498]に入らせる。(4：57)

まことにアッラーはおまえたちに信託物を持ち主に返すこと、また、人々の間を裁く時には公正に裁くことを命じ給う。まことにアッラーがおまえたちに訓戒し給うことのなんと良きことか。まことにアッラーはよく聴きよく見通し給う御方であらせられた。(4：58)

信仰する者たちよ、アッラーに従い、使徒とおまえたちのうち権威[499]を持った者に従え。おまえたちがなにかで争った時にはその件をアッラーと使徒に戻せ[500]。もしおまえたちがアッラーと最後の日を信じるならば。それは最も良く、最善な結末である。(4：59)

497　預言者ムハンマド。あるいは彼とその教友。

498　心地よく永続する陰。

499　預言者ムハンマドの逝去後は、カリフ、軍司令官、イスラーム学者、イスラーム法官などのムスリムの指導者たちを指す。

500　使徒が生きている間は。そしてその崩御の後は、クルアーンと使徒のスンナ(言行)に照らしてそれを検討せよ。

أَلَمْ تَرَ إِلَى الَّذِينَ يَزْعُمُونَ أَنَّهُمْ آمَنُوا بِمَا أُنزِلَ إِلَيْكَ
وَمَا أُنزِلَ مِن قَبْلِكَ يُرِيدُونَ أَن يَتَحَاكَمُوا إِلَى الطَّاغُوتِ
وَقَدْ أُمِرُوا أَن يَكْفُرُوا بِهِۦ وَيُرِيدُ الشَّيْطَانُ أَن يُضِلَّهُمْ
ضَلَالًا بَعِيدًا ﴿٦٠﴾ وَإِذَا قِيلَ لَهُمْ تَعَالَوْا إِلَىٰ مَا أَنزَلَ
اللَّهُ وَإِلَى الرَّسُولِ رَأَيْتَ الْمُنَافِقِينَ يَصُدُّونَ عَنكَ
صُدُودًا ﴿٦١﴾ فَكَيْفَ إِذَا أَصَابَتْهُم مُّصِيبَةٌ بِمَا
قَدَّمَتْ أَيْدِيهِمْ ثُمَّ جَاءُوكَ يَحْلِفُونَ بِاللَّهِ إِنْ أَرَدْنَا إِلَّا
إِحْسَانًا وَتَوْفِيقًا ﴿٦٢﴾ أُولَٰئِكَ الَّذِينَ يَعْلَمُ اللَّهُ مَا
فِي قُلُوبِهِمْ فَأَعْرِضْ عَنْهُمْ وَعِظْهُمْ وَقُل لَّهُمْ فِي
أَنفُسِهِمْ قَوْلًا بَلِيغًا ﴿٦٣﴾ وَمَا أَرْسَلْنَا مِن رَّسُولٍ إِلَّا
لِيُطَاعَ بِإِذْنِ اللَّهِ ۚ وَلَوْ أَنَّهُمْ إِذ ظَّلَمُوا أَنفُسَهُمْ
جَاءُوكَ فَاسْتَغْفَرُوا اللَّهَ وَاسْتَغْفَرَ لَهُمُ الرَّسُولُ
لَوَجَدُوا اللَّهَ تَوَّابًا رَّحِيمًا ﴿٦٤﴾ فَلَا وَرَبِّكَ لَا يُؤْمِنُونَ
حَتَّىٰ يُحَكِّمُوكَ فِيمَا شَجَرَ بَيْنَهُمْ ثُمَّ لَا يَجِدُوا فِي
أَنفُسِهِمْ حَرَجًا مِّمَّا قَضَيْتَ وَيُسَلِّمُوا تَسْلِيمًا ﴿٦٥﴾

おまえは、おまえに下されたものとおまえ以前に下されたものを信じると主張する者たちが邪神に裁定を求めようとするのを見なかったか[501]。それを拒絶するよう命じられていたにもかかわらず。そして悪魔は彼らを遠く迷わせることを望んでいる。(4：60)

そして彼らに対しアッラーが下し給うたものと使徒の許に来るようにと言われると、おまえは偽信者たちがおまえから背き去るのを見た。(4：61)

それゆえ彼らの手が前もってなしたことのせいで災難が彼らを襲った時[502]はどうか。それから彼らはアッラーに誓いながらおまえの許に来る。「われらはただ、善行と和解を望んだにすぎない」と。(4：62)

これらの者は、アッラーがその心にあるものを知り給う。それゆえ、彼らから背を向け[503]、彼らに訓戒し、彼ら自身について心に達する言葉を掛けよ。(4：63)

そしてわれらが使徒を遣わしたのは、アッラーの御許可によって彼が従われるためにほかならない。そしてもし彼らが彼ら自身に不正をなした時におまえの許に来て、アッラーに赦しを乞い、使徒も彼らのために赦しを乞うならば、彼らはアッラーがよく顧み戻る慈悲深い御方であることを見出すであろう。(4：64)

いや、否、おまえの主に誓って、彼らは信じてはいない。彼らの間で拗れたことについておまえに裁定を求め、そしておまえが決定したことに内心に不服を見出さず、信服して従うまでは。(4：65)

501　ここで述べられている「邪神(ターグート)」とは、アッラーが「邪神(ターグート)」と断じ給うたユダヤ教徒の首領カアブ・ブン・アル＝アシュラフを指していると言われる。
　あるユダヤ教徒とムスリムを自称する偽信者の間に争いが生じ、偽信者はカアブ・ブン・アル＝アシュラフの裁定を望んだが、ユダヤ教徒は預言者ムハンマドの裁定を求め、二人は預言者ムハンマドの許に行った。彼はユダヤ教徒に有利な判定をされたが、偽信者はそれに納得しなかった。そこで二人はウマルのところに行き、ユダヤ教徒が状況を説明するとウマルは偽信者に「その通りか」と尋ねた。彼が「そうだ」と言うと、ウマルは、「戻るまでちょっと待て」と言って自宅に戻り、剣を取って引き返し、それでその偽信者を切り殺し、「これがアッラーの判定と使徒の判定に満足しない者に対する私の判定だ」と言った。そこで、この節が啓示され、ジブリールは、「ウマルは真実と虚偽を分断した(ファッラカ)」と言い、彼を「ファールーク(識別者)」と名付けた。あるいは、あるユダヤ教徒と偽信者が争い、ユダヤ教徒は賄賂を取らない預言者ムハンマドの裁定を望んだが偽信者が納得しなかったため、ジュハイナの巫蠱に裁定を求めることで合意したことを指す。

502　不信仰や、悪行を犯したせいで懲罰を蒙った時。

503　彼らを咎め立てせず。あるいは、彼らの言い訳を受け入れることなく。あるいは、彼らに対して峻厳としてあれ。

وَلَوْ أَنَّا كَتَبْنَا عَلَيْهِمْ أَنِ ٱقْتُلُوٓا۟ أَنفُسَكُمْ أَوِ ٱخْرُجُوا۟ مِن
دِيَـٰرِكُم مَّا فَعَلُوهُ إِلَّا قَلِيلٌ مِّنْهُمْ ۖ وَلَوْ أَنَّهُمْ فَعَلُوا۟ مَا يُوعَظُونَ
بِهِۦ لَكَانَ خَيْرًا لَّهُمْ وَأَشَدَّ تَثْبِيتًا ٦٦ وَإِذًا لَّـَٔاتَيْنَـٰهُم
مِّن لَّدُنَّآ أَجْرًا عَظِيمًا ٦٧ وَلَهَدَيْنَـٰهُمْ صِرَٰطًا مُّسْتَقِيمًا
٦٨ وَمَن يُطِعِ ٱللَّهَ وَٱلرَّسُولَ فَأُو۟لَـٰٓئِكَ مَعَ ٱلَّذِينَ أَنْعَمَ ٱللَّهُ
عَلَيْهِم مِّنَ ٱلنَّبِيِّـۧنَ وَٱلصِّدِّيقِينَ وَٱلشُّهَدَآءِ وَٱلصَّـٰلِحِينَ ۚ
وَحَسُنَ أُو۟لَـٰٓئِكَ رَفِيقًا ٦٩ ذَٰلِكَ ٱلْفَضْلُ مِنَ ٱللَّهِ ۚ وَكَفَىٰ
بِٱللَّهِ عَلِيمًا ٧٠ يَـٰٓأَيُّهَا ٱلَّذِينَ ءَامَنُوا۟ خُذُوا۟ حِذْرَكُمْ
فَٱنفِرُوا۟ ثُبَاتٍ أَوِ ٱنفِرُوا۟ جَمِيعًا ٧١ وَإِنَّ مِنكُمْ لَمَن لَّيُبَطِّئَنَّ
فَإِنْ أَصَـٰبَتْكُم مُّصِيبَةٌ قَالَ قَدْ أَنْعَمَ ٱللَّهُ عَلَىَّ إِذْ لَمْ أَكُن
مَّعَهُمْ شَهِيدًا ٧٢ وَلَئِنْ أَصَـٰبَكُمْ فَضْلٌ مِّنَ ٱللَّهِ لَيَقُولَنَّ كَأَن
لَّمْ تَكُنۢ بَيْنَكُمْ وَبَيْنَهُۥ مَوَدَّةٌ يَـٰلَيْتَنِى كُنتُ مَعَهُمْ
فَأَفُوزَ فَوْزًا عَظِيمًا ٧٣ ۞ فَلْيُقَـٰتِلْ فِى سَبِيلِ ٱللَّهِ ٱلَّذِينَ
يَشْرُونَ ٱلْحَيَوٰةَ ٱلدُّنْيَا بِٱلْـَٔاخِرَةِ ۚ وَمَن يُقَـٰتِلْ فِى سَبِيلِ
ٱللَّهِ فَيُقْتَلْ أَوْ يَغْلِبْ فَسَوْفَ نُؤْتِيهِ أَجْرًا عَظِيمًا ٧٤

また仮にわれらが彼らに自分たちを殺せ[504]、あるいは家から出よ、と書き定めても、彼らのうちわずかな者しかそれを実行しなかったであろう。だがもし彼らが訓戒されたことをなしていれば、それは彼らにとってより良く、より確信を強めるものとなったであろう。(4：66)

そしてその時には、われらはわれらの側から大きな報酬を彼らに与えたであろう。(4：67)

また、彼らをまっすぐな道に導いたであろう。(4：68)

そしてアッラーと使徒に従う者、それらの者はアッラーが御恵みを授け給うた預言者たち、篤信者たち、殉教者たち、そして正しい者たちと共にある。またそれらの者はなんと良き仲間であることよ。(4：69)

それはアッラーからの御恵みであり、そして知る者としてはアッラーで万全であった。(4：70)

信仰する者たちよ、(敵軍へ)警戒を備えよ。そして、分隊で突き進むか、一斉に突き進め。(4：71)

そしてまことにおまえたちの中には(戦闘に)遅れる者がいる。そして、おまえたちを災難が襲うと、「アッラーは確かに私に恩寵を垂れ給うた。それで、私は彼らと共に殉教者[505]にならなかった」と言った。(4：72)

ところが、まことにもしおまえたちにアッラーからの御恵みが下れば、おまえたちと彼の間に友好がなかったかのように[506]、「ああ、私が彼らと共にいたらよかったものを。そうすれば、大きな成功をなし遂げたであろうに[507]」ときっと言うのである。(4：73)

それゆえ、来世とひきかえに現世を売る者たちにアッラーの道において戦わせよ。そしてアッラーの道において戦う者は、(殉教して)殺されても、勝利を得ても、いずれわれらが彼には大いなる報酬を与えよう。(4：74)

504　悔い戻りを求める人々に対し、かつてイスラエルの民が命じられたように。2章54節参照。あるいはジハードに命を捧げることで。

505　あるいは、その場に居合わせる「目撃者」。

506　全く関係がなかったかのように。見ず知らずの他人であったかのように。

507　戦利品からたっぷりと分け前を得て。

وَمَا لَكُمْ لَا تُقَٰتِلُونَ فِي سَبِيلِ ٱللَّهِ وَٱلْمُسْتَضْعَفِينَ مِنَ ٱلرِّجَالِ
وَٱلنِّسَآءِ وَٱلْوِلْدَٰنِ ٱلَّذِينَ يَقُولُونَ رَبَّنَآ أَخْرِجْنَا مِنْ هَٰذِهِ ٱلْقَرْيَةِ
ٱلظَّالِمِ أَهْلُهَا وَٱجْعَل لَّنَا مِن لَّدُنكَ وَلِيًّا وَٱجْعَل لَّنَا مِن لَّدُنكَ نَصِيرًا
٧٥ ٱلَّذِينَ ءَامَنُوا۟ يُقَٰتِلُونَ فِي سَبِيلِ ٱللَّهِ ۖ وَٱلَّذِينَ كَفَرُوا۟ يُقَٰتِلُونَ فِي
سَبِيلِ ٱلطَّٰغُوتِ فَقَٰتِلُوٓا۟ أَوْلِيَآءَ ٱلشَّيْطَٰنِ ۖ إِنَّ كَيْدَ ٱلشَّيْطَٰنِ
كَانَ ضَعِيفًا ٧٦ أَلَمْ تَرَ إِلَى ٱلَّذِينَ قِيلَ لَهُمْ كُفُّوٓا۟ أَيْدِيَكُمْ وَأَقِيمُوا۟
ٱلصَّلَوٰةَ وَءَاتُوا۟ ٱلزَّكَوٰةَ فَلَمَّا كُتِبَ عَلَيْهِمُ ٱلْقِتَالُ إِذَا فَرِيقٌ مِّنْهُمْ
يَخْشَوْنَ ٱلنَّاسَ كَخَشْيَةِ ٱللَّهِ أَوْ أَشَدَّ خَشْيَةً ۚ وَقَالُوا۟ رَبَّنَا لِمَ كَتَبْتَ
عَلَيْنَا ٱلْقِتَالَ لَوْلَآ أَخَّرْتَنَآ إِلَىٰٓ أَجَلٍ قَرِيبٍ ۗ قُلْ مَتَٰعُ ٱلدُّنْيَا قَلِيلٌ
وَٱلْءَاخِرَةُ خَيْرٌ لِّمَنِ ٱتَّقَىٰ وَلَا تُظْلَمُونَ فَتِيلًا ٧٧ أَيْنَمَا تَكُونُوا۟
يُدْرِككُّمُ ٱلْمَوْتُ وَلَوْ كُنتُمْ فِي بُرُوجٍ مُّشَيَّدَةٍ ۗ وَإِن تُصِبْهُمْ حَسَنَةٌ
يَقُولُوا۟ هَٰذِهِۦ مِنْ عِندِ ٱللَّهِ ۖ وَإِن تُصِبْهُمْ سَيِّئَةٌ يَقُولُوا۟ هَٰذِهِۦ مِنْ
عِندِكَ ۚ قُلْ كُلٌّ مِّنْ عِندِ ٱللَّهِ ۖ فَمَالِ هَٰٓؤُلَآءِ ٱلْقَوْمِ لَا يَكَادُونَ يَفْقَهُونَ
حَدِيثًا ٧٨ مَّآ أَصَابَكَ مِنْ حَسَنَةٍ فَمِنَ ٱللَّهِ ۖ وَمَآ أَصَابَكَ مِن سَيِّئَةٍ
فَمِن نَّفْسِكَ ۚ وَأَرْسَلْنَٰكَ لِلنَّاسِ رَسُولًا ۚ وَكَفَىٰ بِٱللَّهِ شَهِيدًا ٧٩

どうしておまえたちは戦わないのか、アッラーの道において、また、男、女、子供たちで、「われらの主よ、住民が不正な者(たち)であるこの町からわれらを救い出し、われらにあなたの御側から後見を送り、われらにあなたの御許から援助者を送り給え」と言う虐げられた者たちのために。(4：75)

信仰する者たちはアッラーの道において戦い、信仰を拒絶する不信仰者たちは邪神の道において戦う。それゆえ、悪魔の後見たちと戦え。まことに悪魔の策謀は弱いものであった。(4：76)

おまえは見なかったか。「(不信仰者との戦闘から)おまえたちの手を控え、礼拝を遵守し、浄財を払え」と言われた者たち[508]を。ところが彼らに戦闘が(義務として)書き留められると、途端に彼らの一部は、ちょうどアッラーに対する畏懼のように、あるいは一層激しい畏懼で人々[509]を懼れ、言った。「われらが主よ、どうしてあなたはわれらの上に戦闘を書き留め給うたのか。わずかな期間、われらを猶予してはくださらないものか」。言え。「現世の享楽は少なく、畏れ身を守る者には来世の方がより良い。そして、おまえたちはナツメヤシの種の薄皮ほども不正を蒙ることはない」。(4：77)

おまえたちがどこにいようと、たとえ、おまえたちが高い塔[510]にいたとしても、死はおまえたちに追いつく。そして彼らは良きことが訪れると、「これはアッラーからだ」と言い、悪しきことが訪れると、「これはおまえ[511]からだ」と言う。言え。「すべてはアッラーの御許から」。それで、これらの民が言葉を理解しそうにないとはどうしたことか。(4：78)

おまえに訪れる良きことはアッラーからであり、おまえに訪れる悪しきことはおまえ自身からである[512]。そしてわれらはおまえを人々に使徒として遣わした。そして証人としてアッラーで万全であった。(4：79)

508　マッカで迫害されていた教友が戦闘許可を求めたが、預言者ムハンマドに制止された際の人々とも、偽信者とも言われる。

509　敵の不信仰者を。

510　宮殿や城塞を指す。

511　預言者ムハンマド。

512　人間一般に向けられた内容とされる。良きことはアッラーからの恩寵、賜として訪れ、悪しきことは人間の側から、その行為、あるいは罪の結果として訪れる。なお、良きこと、悪しきことは、それぞれ一般的意味であるとも、バドルの戦いとウフドの戦いを指すとも、アッラーへの服従と反逆を指すとも言われる。

مَّن يُطِعِ ٱلرَّسُولَ فَقَدْ أَطَاعَ ٱللَّهَ ۖ وَمَن تَوَلَّىٰ فَمَآ أَرْسَلْنَـٰكَ
عَلَيْهِمْ حَفِيظًا ٨٠ وَيَقُولُونَ طَاعَةٌ فَإِذَا بَرَزُوا۟ مِنْ عِندِكَ
بَيَّتَ طَآئِفَةٌ مِّنْهُمْ غَيْرَ ٱلَّذِى تَقُولُ ۖ وَٱللَّهُ يَكْتُبُ مَا يُبَيِّتُونَ ۖ
فَأَعْرِضْ عَنْهُمْ وَتَوَكَّلْ عَلَى ٱللَّهِ ۚ وَكَفَىٰ بِٱللَّهِ وَكِيلًا
٨١ أَفَلَا يَتَدَبَّرُونَ ٱلْقُرْءَانَ ۚ وَلَوْ كَانَ مِنْ عِندِ غَيْرِ ٱللَّهِ
لَوَجَدُوا۟ فِيهِ ٱخْتِلَـٰفًا كَثِيرًا ٨٢ وَإِذَا جَآءَهُمْ أَمْرٌ مِّنَ ٱلْأَمْنِ
أَوِ ٱلْخَوْفِ أَذَاعُوا۟ بِهِۦ ۖ وَلَوْ رَدُّوهُ إِلَى ٱلرَّسُولِ وَإِلَىٰٓ أُو۟لِى ٱلْأَمْرِ
مِنْهُمْ لَعَلِمَهُ ٱلَّذِينَ يَسْتَنۢبِطُونَهُۥ مِنْهُمْ ۗ وَلَوْلَا فَضْلُ ٱللَّهِ
عَلَيْكُمْ وَرَحْمَتُهُۥ لَٱتَّبَعْتُمُ ٱلشَّيْطَـٰنَ إِلَّا قَلِيلًا ٨٣
فَقَـٰتِلْ فِى سَبِيلِ ٱللَّهِ لَا تُكَلَّفُ إِلَّا نَفْسَكَ ۚ وَحَرِّضِ ٱلْمُؤْمِنِينَ ۖ
عَسَى ٱللَّهُ أَن يَكُفَّ بَأْسَ ٱلَّذِينَ كَفَرُوا۟ ۚ وَٱللَّهُ أَشَدُّ بَأْسًا
وَأَشَدُّ تَنكِيلًا ٨٤ مَّن يَشْفَعْ شَفَـٰعَةً حَسَنَةً يَكُن لَّهُۥ
نَصِيبٌ مِّنْهَا ۖ وَمَن يَشْفَعْ شَفَـٰعَةً سَيِّئَةً يَكُن لَّهُۥ كِفْلٌ مِّنْهَا ۗ
وَكَانَ ٱللَّهُ عَلَىٰ كُلِّ شَىْءٍ مُّقِيتًا ٨٥ وَإِذَا حُيِّيتُم بِتَحِيَّةٍ فَحَيُّوا۟
بِأَحْسَنَ مِنْهَآ أَوْ رُدُّوهَآ ۗ إِنَّ ٱللَّهَ كَانَ عَلَىٰ كُلِّ شَىْءٍ حَسِيبًا ٨٦

使徒に従う者はアッラーに従ったのである。そして、背を向ける者については、われらはおまえを彼らの見張りとして遣わしたのではない。(4：80)

そして彼らは、「服従です[513]」と口にするが、おまえの許から去ると、彼らの一派は言うことと違うことを夜陰に秘める[514]。だが、アッラーは彼らが夜陰に秘めることを書き留め給う。それゆえ、彼らから離れ、アッラーに一任せよ。そして代理人としてアッラーで万全であった。(4：81)

彼らはクルアーンを熟考することがないのか。そしてもしそれがアッラー以外のものからであったならば、そこに多くの矛盾[515]を見出しただろう。(4：82)

そして彼らに安全または危険の事情がもたらされる度、彼らはそれを言いふらす[516]。それを使徒、または彼らのうち権威を持った者に戻せば、それを捜し当てる者たちはそれを彼らから知ったであろうに[517]。そしてアッラーの御恵みと慈悲がおまえたちになかったら、わずかを除き、おまえたちは悪魔に従ったであろう。(4：83)

それゆえ、アッラーの道において戦え。おまえに課せられたのはおまえ自身だけである[518]。それゆえ、信仰者たちを励ませ。きっとアッラーは信仰を拒む者たちの力を抑え給う。アッラーは力において一層強く、懲らしめに一層厳しくあらせられる。(4：84)

良い取り成しで執り成す者にはその分け前があり、悪い取り成しで執り成す者にはその応報がある。そしてアッラーはすべてのものに対し力ある御方であらせられた。(4：85)

また、おまえたちが挨拶を受けた時には、それより良いもので挨拶をするか、同じものを返せ[519]。まことにアッラーはすべてのことを清算し給う御方であらせられた。(4：86)

513　我らの使命は服従である、あるいはあなたの命令は服従されるの意。

514　言ったことと違うことを夜、考える、心に秘める、目論む。

515　論旨の破綻や文体の不統一を。

516　遠征軍からの戦況報告を、信仰心の弱い信徒たちや偽信徒が漏らして、ムスリムたちの士気が挫かれることがあった。

517　それを捜し当てる者たち(事態について知ろうとし、言いふらした者たち)は、それ(事態の真相や取扱い方)を彼ら(権威を持った者)から知ったであろう。あるいは、それを捜し当てる者たち(有識者)は、それ(事態の真相)を彼ら(言いふらした者)から知ったであろう。この部分は、「彼らのうちそれを捜し当てる者たちはそれを知ったであろう」とも訳せ、この場合は、権威を持った者たちのなかの有識者が真相を知ったであろう、の意となる。

518　それゆえ、偽信者たちがおまえの許から去っても気にするな。おまえ一人になっても、戦え。おまえには勝利が約束されているのだから。3章173節参照。

519　「アッサラーム・アライクム(平安が貴方の上にありますように)」と挨拶された時は、「アライクム・ッサラーム　ワ・ラフマトゥッラーヒ　ワ・バラカートゥフ(貴方の上に平安とアッラーの慈

ٱللَّهُ لَآ إِلَٰهَ إِلَّا هُوَۚ لَيَجۡمَعَنَّكُمۡ إِلَىٰ يَوۡمِ ٱلۡقِيَٰمَةِ لَا رَيۡبَ فِيهِۗ
وَمَنۡ أَصۡدَقُ مِنَ ٱللَّهِ حَدِيثٗا ٨٧ ۞ فَمَا لَكُمۡ فِي ٱلۡمُنَٰفِقِينَ
فِئَتَيۡنِ وَٱللَّهُ أَرۡكَسَهُم بِمَا كَسَبُوٓاْۚ أَتُرِيدُونَ أَن تَهۡدُواْ مَنۡ
أَضَلَّ ٱللَّهُۖ وَمَن يُضۡلِلِ ٱللَّهُ فَلَن تَجِدَ لَهُۥ سَبِيلٗا ٨٨ وَدُّواْ لَوۡ تَكۡفُرُونَ
كَمَا كَفَرُواْ فَتَكُونُونَ سَوَآءٗۖ فَلَا تَتَّخِذُواْ مِنۡهُمۡ أَوۡلِيَآءَ حَتَّىٰ
يُهَاجِرُواْ فِي سَبِيلِ ٱللَّهِۚ فَإِن تَوَلَّوۡاْ فَخُذُوهُمۡ وَٱقۡتُلُوهُمۡ حَيۡثُ
وَجَدتُّمُوهُمۡۖ وَلَا تَتَّخِذُواْ مِنۡهُمۡ وَلِيّٗا وَلَا نَصِيرًا ٨٩ إِلَّا ٱلَّذِينَ
يَصِلُونَ إِلَىٰ قَوۡمِۭ بَيۡنَكُمۡ وَبَيۡنَهُم مِّيثَٰقٌ أَوۡ جَآءُوكُمۡ حَصِرَتۡ
صُدُورُهُمۡ أَن يُقَٰتِلُوكُمۡ أَوۡ يُقَٰتِلُواْ قَوۡمَهُمۡۚ وَلَوۡ شَآءَ ٱللَّهُ
لَسَلَّطَهُمۡ عَلَيۡكُمۡ فَلَقَٰتَلُوكُمۡۚ فَإِنِ ٱعۡتَزَلُوكُمۡ فَلَمۡ يُقَٰتِلُوكُمۡ
وَأَلۡقَوۡاْ إِلَيۡكُمُ ٱلسَّلَمَ فَمَا جَعَلَ ٱللَّهُ لَكُمۡ عَلَيۡهِمۡ سَبِيلٗا ٩٠
سَتَجِدُونَ ءَاخَرِينَ يُرِيدُونَ أَن يَأۡمَنُوكُمۡ وَيَأۡمَنُواْ قَوۡمَهُمۡ كُلَّ
مَا رُدُّوٓاْ إِلَى ٱلۡفِتۡنَةِ أُرۡكِسُواْ فِيهَاۚ فَإِن لَّمۡ يَعۡتَزِلُوكُمۡ وَيُلۡقُوٓاْ
إِلَيۡكُمُ ٱلسَّلَمَ وَيَكُفُّوٓاْ أَيۡدِيَهُمۡ فَخُذُوهُمۡ وَٱقۡتُلُوهُمۡ حَيۡثُ
ثَقِفۡتُمُوهُمۡۚ وَأُوْلَٰٓئِكُمۡ جَعَلۡنَا لَكُمۡ عَلَيۡهِمۡ سُلۡطَٰنٗا مُّبِينٗا ٩١

アッラー、彼のほかに神はない。まさに彼は疑いのない復活の日におまえたちを集め給うのである。いったい誰がアッラーよりも言葉においてより正しくあろうか。(4：87)

それなのにおまえたちはどうしたのだ、偽信者たちのことで二派(に分れた)とは[520]。アッラーは彼らが稼いだものゆえに彼らを引き戻し給うたというのに[521]。おまえたちはアッラーが迷わせ給うた者を導こうというのか。だが、アッラーが迷わせ給うた者におまえは道を見出すことはない。(4：88)

彼らは自分たちが信仰を拒んだようにおまえたちも不信仰に陥り、同類となることを望んだ。それゆえ、彼らがアッラーの道において移住するまで[522]は彼らを後見としてはならない。もし彼らが背を向けたなら、彼らを見出し次第、捕えて殺せ。おまえたちは彼らの中に後見を得てはならず、援助者を得てもならない。(4：89)

ただし、おまえたちとの間に確約(盟約)のある民の許に至った者[523]たち、あるいは、おまえたちと戦うことや自分の民と戦うことに心を締め付けられておまえたちのところに来た者[524]たちは別である。そして仮にアッラーが望み給うたならば、彼らをおまえたちよりも優勢にし、おまえたちと戦わせ給うたであろう。それでもし彼らがおまえたちから身を引き、おまえたちと戦わず、おまえたちに和平を申し出るなら、アッラーはおまえたちに彼らに敵対する道を与え給わない[525]。(4：90)

おまえたちは、別の者たち[526]がおまえたちから安全を望み、自分の民からも安全を望むのを見出すであろう。彼らは試練に連れ戻される度、そこに逆さに戻される[527]。それゆえもし彼らがおまえたちから身を引かず、また、おまえたちに和平を申し出ることも、彼らの手を差し控えることも(しないの)であれば、見つけ次第、捕えて殺せ。そしてそれらの

悲と祝福あれ」か、「ワ・アライクム・ッサラーム(貴方にも平安あれ)」と言って返礼する。相手が異教徒の場合は「ワ・アライクム(あなたにも)」とだけ答える。

520　偽信者たちがウフドの戦いから戻ると、信徒たちの一部は、不信仰を示す証拠ゆえに彼らを殺そう、と言い、また別の信徒たちは、信仰告白を唱えた者たちであるから殺してはならない、と言って意見が分かれた。そこでこの節が啓示された。

521　不信仰へと。それゆえ偽信者の不信仰は確定した。

522　マディーナに移住し、預言者と信徒たちと共にジハードに出征し、不信仰者の敵軍と戦うまでは。

523　停戦協定に従い、その締約者により保護された者。

524　どちらの側と戦うことも嫌になり、中立となった者。

525　殺害したり捕虜にしたりすることを許し給わない。ただしこの規定は、「剣の節」(9章5節)によって廃棄されたと言われ、アラブの多神教徒にはイスラーム入信か殺害かの選択肢のみが残されることとなった。

526　偽信徒。

527　不信仰に誘われると、不信仰に陥る。

وَمَا كَانَ لِمُؤْمِنٍ أَن يَقْتُلَ مُؤْمِنًا إِلَّا خَطَـًٔا ۚ وَمَن قَتَلَ
مُؤْمِنًا خَطَـًٔا فَتَحْرِيرُ رَقَبَةٍ مُّؤْمِنَةٍ وَدِيَةٌ مُّسَلَّمَةٌ
إِلَىٰٓ أَهْلِهِۦٓ إِلَّآ أَن يَصَّدَّقُوا۟ ۚ فَإِن كَانَ مِن قَوْمٍ عَدُوٍّ
لَّكُمْ وَهُوَ مُؤْمِنٌ فَتَحْرِيرُ رَقَبَةٍ مُّؤْمِنَةٍ ۖ وَإِن كَانَ
مِن قَوْمٍۭ بَيْنَكُمْ وَبَيْنَهُم مِّيثَـٰقٌ فَدِيَةٌ مُّسَلَّمَةٌ إِلَىٰٓ
أَهْلِهِۦ وَتَحْرِيرُ رَقَبَةٍ مُّؤْمِنَةٍ ۖ فَمَن لَّمْ يَجِدْ فَصِيَامُ
شَهْرَيْنِ مُتَتَابِعَيْنِ تَوْبَةً مِّنَ ٱللَّهِ ۗ وَكَانَ ٱللَّهُ
عَلِيمًا حَكِيمًا ﴿٩٢﴾ وَمَن يَقْتُلْ مُؤْمِنًا مُّتَعَمِّدًا
فَجَزَآؤُهُۥ جَهَنَّمُ خَـٰلِدًا فِيهَا وَغَضِبَ ٱللَّهُ عَلَيْهِ
وَلَعَنَهُۥ وَأَعَدَّ لَهُۥ عَذَابًا عَظِيمًا ﴿٩٣﴾ يَـٰٓأَيُّهَا ٱلَّذِينَ
ءَامَنُوٓا۟ إِذَا ضَرَبْتُمْ فِى سَبِيلِ ٱللَّهِ فَتَبَيَّنُوا۟ وَلَا تَقُولُوا۟
لِمَنْ أَلْقَىٰٓ إِلَيْكُمُ ٱلسَّلَـٰمَ لَسْتَ مُؤْمِنًا تَبْتَغُونَ
عَرَضَ ٱلْحَيَوٰةِ ٱلدُّنْيَا فَعِندَ ٱللَّهِ مَغَانِمُ كَثِيرَةٌ ۚ
كَذَٰلِكَ كُنتُم مِّن قَبْلُ فَمَنَّ ٱللَّهُ عَلَيْكُمْ
فَتَبَيَّنُوٓا۟ ۚ إِنَّ ٱللَّهَ كَانَ بِمَا تَعْمَلُونَ خَبِيرًا ﴿٩٤﴾

者、われらはおまえたちに彼らに対する明白な権能を授ける。(4:91)

そして信仰者にとって信仰者を殺すことは罷りならない。ただし過失によるのは別である。過失により信仰者を殺した者には信仰ある奴隷を自由にすることと、彼の遺族に手渡す血の代償である[528]。ただし、遺族が(免じて)喜捨とする場合は別である。また彼(殺された者)がおまえたちの敵の民の者で、信仰者[529]であれば、信仰ある奴隷を自由にすることである。また、もし彼(殺された者)がおまえたちとの間に確約(盟約)のある民の者[530]であれば、遺族に手渡す血の代償と信仰ある奴隷を自由にすることである。またそれ(奴隷の解放の資力)を見出さない者は連続二ヶ月の斎戒である。アッラーからの顧み戻り(恩赦)として。そしてアッラーはよく知り英知ある御方であらせられた。(4:92)

そして信仰者を故意に殺す者、彼の応報は火獄《ジャハンナム》で、彼はそこに永遠に[531]。またアッラーは彼に対し怒り、呪い給い、彼に大いなる懲罰を用意し給う。(4:93)

信仰する者たちよ、おまえたちがアッラーの道において闊歩した時には、判別し[532]、おまえたちに平安の挨拶[533]を送った者に対して、「おまえは信仰者ではない」と言ってはならない[534]。おまえたちは現世の儚きものを求めるが、アッラーの御許には多くの戦利品がある。おまえたちも以前はそのようであったが、アッラーがおまえたちに恩恵を垂れ給うた。それゆえ、判別せよ[535]。まことにアッラーはおまえたちのなすことに通暁し給う御方であらせられた。(4:94)

528　預言者ムハンマドのスンナ(言行)によると、殺された男性の血の代償はラクダ百頭である。

529　入信後に「イスラームの家」に移住しなかった信仰者など。

530　「イスラームの家」内にいる庇護協定を結んだ「庇護民」や停戦協定を結んだ民等。

531　通説では大罪を犯してもムスリムは獄火に永遠に留まることはない(39章53節、4章48節、25章68-70節も参照)。永遠に獄火に留まるのはアッラーが禁じ給うた殺人を合法であると正当化して殺した者だけであるとも、この節の「永遠」とは長期間を意味する、とも言われる。

532　事態を良く見極め、判断を急がないこと。

533　イスラームの信仰を示す「アッサラーム・アライクム(平安が貴方の上にありますように)」の挨拶。

534　ジハード等の際に、「おまえはただ殺されないようにムスリムのふりをしているだけだ」と言って殺して、戦利品と称してその財産を奪ってはならない。

535　おまえたちも以前は同じようなもので、イスラームの挨拶ほどのものしか実践していなかったが、それでもムスリムとして扱われ、生命と財産を保障されていた。それゆえ新入信者には気を配り、かつておまえたちがされていたように扱え。あるいは、お前たちも以前は不信仰者であったが、の意。

لَّا يَسْتَوِي الْقَاعِدُونَ مِنَ الْمُؤْمِنِينَ غَيْرُ أُولِي الضَّرَرِ وَالْمُجَاهِدُونَ
فِي سَبِيلِ اللَّهِ بِأَمْوَالِهِمْ وَأَنفُسِهِمْ ۚ فَضَّلَ اللَّهُ الْمُجَاهِدِينَ بِأَمْوَالِهِمْ
وَأَنفُسِهِمْ عَلَى الْقَاعِدِينَ دَرَجَةً ۚ وَكُلًّا وَعَدَ اللَّهُ الْحُسْنَىٰ ۚ وَفَضَّلَ اللَّهُ
الْمُجَاهِدِينَ عَلَى الْقَاعِدِينَ أَجْرًا عَظِيمًا ﴿٩٥﴾ دَرَجَاتٍ مِّنْهُ وَمَغْفِرَةً
وَرَحْمَةً ۚ وَكَانَ اللَّهُ غَفُورًا رَّحِيمًا ﴿٩٦﴾ إِنَّ الَّذِينَ تَوَفَّاهُمُ الْمَلَائِكَةُ
ظَالِمِي أَنفُسِهِمْ قَالُوا فِيمَ كُنتُمْ ۖ قَالُوا كُنَّا مُسْتَضْعَفِينَ فِي الْأَرْضِ ۚ
قَالُوا أَلَمْ تَكُنْ أَرْضُ اللَّهِ وَاسِعَةً فَتُهَاجِرُوا فِيهَا ۚ فَأُولَٰئِكَ مَأْوَاهُمْ
جَهَنَّمُ ۖ وَسَاءَتْ مَصِيرًا ﴿٩٧﴾ إِلَّا الْمُسْتَضْعَفِينَ مِنَ الرِّجَالِ
وَالنِّسَاءِ وَالْوِلْدَانِ لَا يَسْتَطِيعُونَ حِيلَةً وَلَا يَهْتَدُونَ سَبِيلًا ﴿٩٨﴾
فَأُولَٰئِكَ عَسَى اللَّهُ أَن يَعْفُوَ عَنْهُمْ ۚ وَكَانَ اللَّهُ عَفُوًّا غَفُورًا ﴿٩٩﴾ ۞ وَمَن
يُهَاجِرْ فِي سَبِيلِ اللَّهِ يَجِدْ فِي الْأَرْضِ مُرَاغَمًا كَثِيرًا وَسَعَةً ۚ وَمَن
يَخْرُجْ مِن بَيْتِهِ مُهَاجِرًا إِلَى اللَّهِ وَرَسُولِهِ ثُمَّ يُدْرِكْهُ الْمَوْتُ فَقَدْ
وَقَعَ أَجْرُهُ عَلَى اللَّهِ ۗ وَكَانَ اللَّهُ غَفُورًا رَّحِيمًا ﴿١٠٠﴾ وَإِذَا ضَرَبْتُمْ فِي
الْأَرْضِ فَلَيْسَ عَلَيْكُمْ جُنَاحٌ أَن تَقْصُرُوا مِنَ الصَّلَاةِ إِنْ خِفْتُمْ
أَن يَفْتِنَكُمُ الَّذِينَ كَفَرُوا ۚ إِنَّ الْكَافِرِينَ كَانُوا لَكُمْ عَدُوًّا مُّبِينًا ﴿١٠١﴾

信仰者たちのうち、支障もないのに座り込む者たちと自分の財産と己の命をかけてアッラーの道において奮闘《ジハード》する者たちとは同じではない。アッラーは、自分の財産と己の命をかけて闘う者たちを座る者たちよりも一位階上に恵み給い、どちらにもアッラーは至善[536]を約束し給うた。だが、奮闘《ジハード》する者を座る者よりも大きな報酬により恵み給うた。(4：95)

彼からのいくつもの位階、そして、御赦しと御慈悲により。そしてアッラーはよく赦し給う慈悲深い御方であらせられた。(4：96)

まことに自分自身に不正をなすところを天使たちに召し上げられた者たちに(天使たちは)言った[537]。「おまえたちはどんな状態にあったのか[538]」。彼らは言った。「われらは大地で虐げられていました[539]」。(天使たちは)言った。「アッラーの大地は広く、その中でおまえたちは移住できたのではなかったか」。そしてそれらの者の棲家は火獄《ジャハンナム》である。またなんと悪い行き着く先であろうか。(4：97)

ただし、男、女、子供たちで虐げられた者は別であり、為すこと能《あた》わず、(移住への)道へと導かれていない。(4：98)

それゆえこれらの者についてはきっとアッラーは免じ給う。そしてアッラーはよく免じよく赦し給う御方であらせられた。(4：99)

そしてアッラーの道において移住する者は、大地に多くの避難所と豊かさを見出す。また、アッラーと彼の使徒の許への移住者として自分の家から出た者は、その後死が彼を捕えても、彼の報酬はアッラーに対して確定した。そしてアッラーはよく赦し給う慈悲深い御方であらせられた。(4：100)

またおまえたちが大地を闊歩する時には[540]礼拝を短縮してもおまえたちに罪はない、信仰を拒絶する者たちがおまえたちを苦しめる恐れがあれば。まことに、不信仰者たちはおまえたちにとって明白な敵であった。(4：101)

536　あるいは、「楽園」。

537　イスラームを受け入れたが、マディーナに移住(ヒジュラ)せず、バドルの戦いの日に不信仰者と共に出征して殺された者たちについて下された。預言者ムハンマドのマディーナへの聖遷(ヒジュラ)により、預言者の許への移住(ヒジュラ)は義務となったが、マッカの征服によってその義務は廃棄されたと言われる。

538　ムスリムたちと非ムスリムたち、どちらの方にいたのか。

539　だからイスラームの教えを遵守、実践できなかった。

540　二日行程、あるいは、三日行程の距離の移動(旅)を指す。

وَإِذَا كُنتَ فِيهِمْ فَأَقَمْتَ لَهُمُ ٱلصَّلَوٰةَ فَلْتَقُمْ طَآئِفَةٌ
مِّنْهُم مَّعَكَ وَلْيَأْخُذُوٓا۟ أَسْلِحَتَهُمْ فَإِذَا سَجَدُوا۟ فَلْيَكُونُوا۟
مِن وَرَآئِكُمْ وَلْتَأْتِ طَآئِفَةٌ أُخْرَىٰ لَمْ يُصَلُّوا۟ فَلْيُصَلُّوا۟
مَعَكَ وَلْيَأْخُذُوا۟ حِذْرَهُمْ وَأَسْلِحَتَهُمْ وَدَّ ٱلَّذِينَ
كَفَرُوا۟ لَوْ تَغْفُلُونَ عَنْ أَسْلِحَتِكُمْ وَأَمْتِعَتِكُمْ فَيَمِيلُونَ
عَلَيْكُم مَّيْلَةً وَٰحِدَةً وَلَا جُنَاحَ عَلَيْكُمْ إِن كَانَ بِكُمْ
أَذًى مِّن مَّطَرٍ أَوْ كُنتُم مَّرْضَىٰٓ أَن تَضَعُوٓا۟ أَسْلِحَتَكُمْ
وَخُذُوا۟ حِذْرَكُمْ إِنَّ ٱللَّهَ أَعَدَّ لِلْكَٰفِرِينَ عَذَابًا مُّهِينًا ١٠٢
فَإِذَا قَضَيْتُمُ ٱلصَّلَوٰةَ فَٱذْكُرُوا۟ ٱللَّهَ قِيَٰمًا وَقُعُودًا وَعَلَىٰ
جُنُوبِكُمْ فَإِذَا ٱطْمَأْنَنتُمْ فَأَقِيمُوا۟ ٱلصَّلَوٰةَ إِنَّ ٱلصَّلَوٰةَ
كَانَتْ عَلَى ٱلْمُؤْمِنِينَ كِتَٰبًا مَّوْقُوتًا ١٠٣ وَلَا تَهِنُوا۟ فِى
ٱبْتِغَآءِ ٱلْقَوْمِ إِن تَكُونُوا۟ تَأْلَمُونَ فَإِنَّهُمْ يَأْلَمُونَ كَمَا
تَأْلَمُونَ وَتَرْجُونَ مِنَ ٱللَّهِ مَا لَا يَرْجُونَ وَكَانَ ٱللَّهُ
عَلِيمًا حَكِيمًا ١٠٤ إِنَّآ أَنزَلْنَآ إِلَيْكَ ٱلْكِتَٰبَ بِٱلْحَقِّ لِتَحْكُمَ
بَيْنَ ٱلنَّاسِ بِمَآ أَرَىٰكَ ٱللَّهُ وَلَا تَكُن لِّلْخَآئِنِينَ خَصِيمًا ١٠٥

おまえが彼ら[541]のうちにいて、彼らを率いて礼拝に立った時には、彼らの一派をおまえと共に立たせ[542]、彼ら[543]には彼らの武器を持たせよ。そして彼ら[544]が跪拝する時には、彼ら[545]におまえたちの後ろに控えさせ[546]、そしてまだ礼拝していない別の一派に来させ、おまえと共に礼拝させ、彼らには警戒と武器を備えさせよ[547]。信仰を拒む者たちは、おまえたちが武器と所持品から気を逸らしはしまいか、そうすればおまえたちを一挙に攻撃しようと望んでいる。またおまえたちを雨が襲うか、おまえたちが病気である時には武器を置いてもおまえたちの罪にはならない[548]。だが、警戒を備えよ。まことにアッラーは不信仰者たちに恥辱の懲罰を用意し給うた。(4：102)

そしておまえたちは礼拝を済ませたら、立ったまま、座ったまま、そして、横になったままアッラーを念じよ。それで落ち着いたなら、礼拝を遵守せよ[549]。まことに礼拝は信仰者たちに定時のものとして書き定められた。(4：103)

541　ムスリム。

542　礼拝に立たせ。これにより、礼拝に立つ一派と見張りに立つ一派に分かれる。

543　礼拝に立つ一派。見張りに立つ一派とも言われる。

544　最初に礼拝する一派。

545　最初に見張りに立つ一派。

546　この文は、「そして彼ら(礼拝に立つ一派)が跪拝し(礼拝を終えた)時には、彼ら(礼拝を終えた一派)にお前たちの後ろに控えさせ」とも解釈される。

547　つまり最初の一派が礼拝を終えて見張りに立つまでの間は、別の一派に後ろで見張らせ、最初の一派が跪拝し礼拝を終えて見張り役を交代した後で、最初に見張りに立った一派が武器を携帯したまま導師と共に礼拝する。

548　ムスリムとムハーリブ族との戦いの途中で大雨が降り、雨水が谷底で濁流となり、預言者ムハンマドがムスリム軍から離れて一人だけになられた。それを目にしたムハーリブ族のガウラス・ブン・アル＝ハーリスが、「私が彼を殺さなかったら、アッラーが私を殺すように」と言うと、剣を手に谷から急いで下った。ガウラスが頭上に立って、鞘から剣を抜いた時に、預言者は彼に気付いたが、ガウラスは言った。「ムハンマドよ、今、おまえを私から守る者は誰か」。すると預言者は、「アッラーである」と答え、「アッラーよ、あなたの御望みのやり方で、ガウラス・ブン・アル＝ハーリスから私を守り給え」と祈られた。ガウラスは剣で預言者を打とうと襲い掛かったが、滑ってうつ伏せに倒れ、手から剣を落とした。そこで預言者は立って、剣を取ると「ガウラスよ、今おまえを私から守る者は誰か」と言われた。彼が「誰もいない」と答えると、預言者は「おまえは、アッラーのほかに神がなく、ムハンマドが彼の僕《しもべ》であり使徒であることを証言するか」と尋ねた。彼が「いや、しない。だが、おまえとは戦わず、おまえと敵対する敵を助けないことを証言する」と答えると、預言者は彼に剣を返し、放免した。濁流が収まると、預言者は浅瀬を渡り、ムスリム軍の許に戻り、起こったことを告げ、この節を読まれた。

549　身が安全となった、あるいは旅が終った際には、通常の礼拝をせよ。

وَٱسۡتَغۡفِرِ ٱللَّهَۖ إِنَّ ٱللَّهَ كَانَ غَفُورٗا رَّحِيمٗا ١٠٦ وَلَا تُجَٰدِلۡ
عَنِ ٱلَّذِينَ يَخۡتَانُونَ أَنفُسَهُمۡۚ إِنَّ ٱللَّهَ لَا يُحِبُّ مَن كَانَ
خَوَّانًا أَثِيمٗا ١٠٧ يَسۡتَخۡفُونَ مِنَ ٱلنَّاسِ وَلَا يَسۡتَخۡفُونَ
مِنَ ٱللَّهِ وَهُوَ مَعَهُمۡ إِذۡ يُبَيِّتُونَ مَا لَا يَرۡضَىٰ مِنَ ٱلۡقَوۡلِۚ
وَكَانَ ٱللَّهُ بِمَا يَعۡمَلُونَ مُحِيطًا ١٠٨ هَٰٓأَنتُمۡ هَٰٓؤُلَآءِ
جَٰدَلۡتُمۡ عَنۡهُمۡ فِي ٱلۡحَيَوٰةِ ٱلدُّنۡيَا فَمَن يُجَٰدِلُ ٱللَّهَ عَنۡهُمۡ
يَوۡمَ ٱلۡقِيَٰمَةِ أَم مَّن يَكُونُ عَلَيۡهِمۡ وَكِيلٗا ١٠٩ وَمَن يَعۡمَلۡ
سُوٓءًا أَوۡ يَظۡلِمۡ نَفۡسَهُۥ ثُمَّ يَسۡتَغۡفِرِ ٱللَّهَ يَجِدِ ٱللَّهَ غَفُورٗا
رَّحِيمٗا ١١٠ وَمَن يَكۡسِبۡ إِثۡمٗا فَإِنَّمَا يَكۡسِبُهُۥ عَلَىٰ نَفۡسِهِۦۚ
وَكَانَ ٱللَّهُ عَلِيمًا حَكِيمٗا ١١١ وَمَن يَكۡسِبۡ خَطِيٓـَٔةً
أَوۡ إِثۡمٗا ثُمَّ يَرۡمِ بِهِۦ بَرِيٓـٔٗا فَقَدِ ٱحۡتَمَلَ بُهۡتَٰنٗا وَإِثۡمٗا مُّبِينٗا
١١٢ وَلَوۡلَا فَضۡلُ ٱللَّهِ عَلَيۡكَ وَرَحۡمَتُهُۥ لَهَمَّت طَّآئِفَةٞ مِّنۡهُمۡ
أَن يُضِلُّوكَ وَمَا يُضِلُّونَ إِلَّآ أَنفُسَهُمۡۖ وَمَا يَضُرُّونَكَ
مِن شَيۡءٖۚ وَأَنزَلَ ٱللَّهُ عَلَيۡكَ ٱلۡكِتَٰبَ وَٱلۡحِكۡمَةَ وَعَلَّمَكَ
مَا لَمۡ تَكُن تَعۡلَمُۚ وَكَانَ فَضۡلُ ٱللَّهِ عَلَيۡكَ عَظِيمٗا ١١٣

そして(敵の)民の追撃に弱気になってはならない。おまえたちが苦しむなら、彼らもおまえたちが苦しむように苦しんでいる。しかも、おまえたちは彼らが望まないもの[550]をアッラーから望んでいる。そしてアッラーはよく知り英知ある御方であらせられた。(4：104)

まことに、われらはおまえに真理と共に啓典を下した。アッラーがおまえに見せ給うたもの[551]によって人々の間を裁くために。そして裏切り者たちのための抗弁者となってはならない[552]。(4：105)

そしてアッラーに赦しを乞え[553]。まことにアッラーはよく赦し給う慈悲深い御方であらせられた。(4：106)

また自分自身を欺く者のために論争してはならない。まことにアッラーは変節漢で罪人であった者を愛し給わない。(4：107)

彼らは、人々からは隠れようとしても、アッラーから隠れようとはしない。彼らが彼の喜び給わない言葉を夜陰に秘める時、彼は彼らと共におられるというのに。そしてアッラーは彼らのなすことを包囲し給うておられた。(4：108)

おまえたち、現世において彼らのために論争する者たちよ、復活(審判)の日に、誰が彼らのためにアッラーと論争するか。あるいは、誰が彼らの代理人となるか。(4：109)

悪事をなし、あるいは、我が身に不正をなし、それからアッラーに赦しを乞う者は、アッラーがよく赦し給う慈悲深い御方であらせられることを見出す。(4：110)

罪を稼ぐ者は、我が身に仇してそれを稼ぐだけである。そしてアッラーはよく知り給う英知ある御方であらせられた。(4：111)

しかし過ち、または罪を稼ぎ、それからそれを無実な者に(濡れ衣を)着せる者は、捏造と明白な罪を負ったのである。(4：112)

そしてもしおまえにアッラーの御恵みと慈悲がなかったら、彼らのうちの一派[554]がおまえを迷わそうと企んだであろう。だが、彼らが迷わすのは自分たち自身だけであり、わずかにもおまえを害することはない。そしてアッラーはおまえに啓典と英知を下し、おまえの知らなかったことを教え給うた。そしてアッラーのおまえに対する御恵みは大きなものであった。(4：113)

550　アッラーからの神祐や報奨。

551　アッラーの教示。学的努力の結果を意味するとも。

552　マディーナの偽信者の一人トゥウマ・ブン・ウバイリクが鎧を盗み、それをユダヤ教徒のザイド・ブン・アッ＝サミーンの家に隠し、彼に盗みの罪を着せ、自分はそれを盗んでいないと誓い、トゥウマの部族も預言者を訪れ、彼について弁じ無実を訴え、預言者がそのユダヤ教徒を窃盗罪で手首切断刑に処すことを考えた時に、アッラーがトゥウマの罪を暴きユダヤ教徒の無実を明かし給い、この節が啓示されたと言われる。トゥウマはマッカに逃れ、背教者として死んだ。

553　冤罪で窃盗の手首切断刑を執行しかけたことに対して。前節脚注参照。

554　ウバイリクの部族。

۞ لَّا خَيْرَ فِي كَثِيرٍ مِّن نَّجْوَاهُمْ إِلَّا مَنْ أَمَرَ بِصَدَقَةٍ
أَوْ مَعْرُوفٍ أَوْ إِصْلَاحٍ بَيْنَ النَّاسِ ۚ وَمَن يَفْعَلْ ذَٰلِكَ
ابْتِغَاءَ مَرْضَاتِ اللَّهِ فَسَوْفَ نُؤْتِيهِ أَجْرًا عَظِيمًا ﴿١١٤﴾ وَمَن
يُشَاقِقِ الرَّسُولَ مِن بَعْدِ مَا تَبَيَّنَ لَهُ الْهُدَىٰ وَيَتَّبِعْ غَيْرَ
سَبِيلِ الْمُؤْمِنِينَ نُوَلِّهِ مَا تَوَلَّىٰ وَنُصْلِهِ جَهَنَّمَ ۖ وَسَاءَتْ
مَصِيرًا ﴿١١٥﴾ إِنَّ اللَّهَ لَا يَغْفِرُ أَن يُشْرَكَ بِهِ وَيَغْفِرُ مَا دُونَ
ذَٰلِكَ لِمَن يَشَاءُ ۚ وَمَن يُشْرِكْ بِاللَّهِ فَقَدْ ضَلَّ ضَلَالًا
بَعِيدًا ﴿١١٦﴾ إِن يَدْعُونَ مِن دُونِهِ إِلَّا إِنَاثًا وَإِن يَدْعُونَ
إِلَّا شَيْطَانًا مَّرِيدًا ﴿١١٧﴾ لَّعَنَهُ اللَّهُ ۘ وَقَالَ لَأَتَّخِذَنَّ مِنْ
عِبَادِكَ نَصِيبًا مَّفْرُوضًا ﴿١١٨﴾ وَلَأُضِلَّنَّهُمْ وَلَأُمَنِّيَنَّهُمْ
وَلَآمُرَنَّهُمْ فَلَيُبَتِّكُنَّ آذَانَ الْأَنْعَامِ وَلَآمُرَنَّهُمْ
فَلَيُغَيِّرُنَّ خَلْقَ اللَّهِ ۚ وَمَن يَتَّخِذِ الشَّيْطَانَ وَلِيًّا مِّن
دُونِ اللَّهِ فَقَدْ خَسِرَ خُسْرَانًا مُّبِينًا ﴿١١٩﴾ يَعِدُهُمْ
وَيُمَنِّيهِمْ ۖ وَمَا يَعِدُهُمُ الشَّيْطَانُ إِلَّا غُرُورًا ﴿١٢٠﴾ أُولَٰئِكَ
مَأْوَاهُمْ جَهَنَّمُ وَلَا يَجِدُونَ عَنْهَا مَحِيصًا ﴿١٢١﴾

彼らの密談の多くには良いことはない。ただし、喜捨、善行、人々の間の和解を命じる者は別である。そしてアッラーの御満悦を望んでこれをなす者があれば、われらはいずれ彼に大きな報酬を与えよう。(4：114)

そして導きが明らかにされた後で使徒に刃向い、信仰者たちの道でないものに従う者があれば、われらは彼に自分で引き受けたものを任せ[555]、彼を火獄《ジャハンナム》に焼《く》べる。またなんと悪い行く先であることか。(4：115)

まことにアッラーは彼に同位者が配されることは赦し給わないが、それ以外のことは御望みの者には赦し給う。アッラーに同位者を配する者は遠く迷い去ったのである。(4：116)

彼らが彼を差し置いて祈るのは女[556]にほかならず、反逆の悪魔に祈っているにほかならない。(4：117)

アッラーは彼(悪魔)を呪い給うた。一方、彼は言った。「私はあなたの僕《しもべ》たちから一定の分け前を必ずや奪い取ります」。(4：118)

「そして、私は彼らを迷わせ、彼らの欲望を掻き立て、彼らに命じて家畜の耳を切らせ[557]、また彼らに命じてアッラーの創造を変形させます[558]」。そしてアッラーを差し置いて悪魔を後見とした者は明白な損失を被ったのである。(4：119)

彼は彼らに約束し、彼らに欲望を掻き立てるが、悪魔が彼らに約束するのは虚妄にすぎない。(4：120)

それらの者、彼らの棲家は火獄で、彼らはそこからの逃所《にげど》を見出せない。(4：121)

555　つまり、放置すること。

556　アッラート、アル＝ウッザー、マナートなどの女神の偶像。天使や無生物を指すとも。

557　「バヒーラ(四頭子をなし、五頭目に雌を生んだ雌ラクダで、労役を免じられ、その乳は偶像に捧げられた)」が、その目印に耳を裂かれたことを指す(5章103節参照)。

558　自然、天性に背くことを行わせる。アッラーの教えを変えること、去勢、入れ墨を指すとも言われる。

وَالَّذِينَ ءَامَنُوا۟ وَعَمِلُوا۟ ٱلصَّٰلِحَٰتِ سَنُدْخِلُهُمْ جَنَّٰتٍ
تَجْرِى مِن تَحْتِهَا ٱلْأَنْهَٰرُ خَٰلِدِينَ فِيهَآ أَبَدًا ۖ وَعْدَ ٱللَّهِ
حَقًّا ۚ وَمَنْ أَصْدَقُ مِنَ ٱللَّهِ قِيلًا ﴿١٢٢﴾ لَّيْسَ بِأَمَانِيِّكُمْ
وَلَآ أَمَانِىِّ أَهْلِ ٱلْكِتَٰبِ ۗ مَن يَعْمَلْ سُوٓءًا يُجْزَ بِهِۦ
وَلَا يَجِدْ لَهُۥ مِن دُونِ ٱللَّهِ وَلِيًّا وَلَا نَصِيرًا ﴿١٢٣﴾ وَمَن
يَعْمَلْ مِنَ ٱلصَّٰلِحَٰتِ مِن ذَكَرٍ أَوْ أُنثَىٰ وَهُوَ مُؤْمِنٌ
فَأُو۟لَٰٓئِكَ يَدْخُلُونَ ٱلْجَنَّةَ وَلَا يُظْلَمُونَ نَقِيرًا ﴿١٢٤﴾ وَمَنْ
أَحْسَنُ دِينًا مِّمَّنْ أَسْلَمَ وَجْهَهُۥ لِلَّهِ وَهُوَ مُحْسِنٌ وَٱتَّبَعَ
مِلَّةَ إِبْرَٰهِيمَ حَنِيفًا ۗ وَٱتَّخَذَ ٱللَّهُ إِبْرَٰهِيمَ خَلِيلًا ﴿١٢٥﴾ وَلِلَّهِ
مَا فِى ٱلسَّمَٰوَٰتِ وَمَا فِى ٱلْأَرْضِ ۚ وَكَانَ ٱللَّهُ بِكُلِّ شَىْءٍ
مُّحِيطًا ﴿١٢٦﴾ وَيَسْتَفْتُونَكَ فِى ٱلنِّسَآءِ ۖ قُلِ ٱللَّهُ يُفْتِيكُمْ
فِيهِنَّ وَمَا يُتْلَىٰ عَلَيْكُمْ فِى ٱلْكِتَٰبِ فِى يَتَٰمَى ٱلنِّسَآءِ
ٱلَّٰتِى لَا تُؤْتُونَهُنَّ مَا كُتِبَ لَهُنَّ وَتَرْغَبُونَ أَن تَنكِحُوهُنَّ
وَٱلْمُسْتَضْعَفِينَ مِنَ ٱلْوِلْدَٰنِ وَأَن تَقُومُوا۟ لِلْيَتَٰمَىٰ بِٱلْقِسْطِ ۚ
وَمَا تَفْعَلُوا۟ مِنْ خَيْرٍ فَإِنَّ ٱللَّهَ كَانَ بِهِۦ عَلِيمًا ﴿١٢٧﴾

一方、信仰し善行をなす者たち、いずれわれらは彼らを下に河川が流れる楽園に入れよう。彼らはそこにいつまでも永遠に。真なるアッラーの約束として。そして誰がアッラーより言葉においてより正しくあろうか。(4：122)

それはおまえたちの夢想によるものではなく、啓典の民の夢想によるものでもない。悪事をなした者はその報いを受け、彼はアッラーをおいて後見も援助者も見出さない[559]。(4：123)

また、善行をなす男女で、信仰者である者、それらの者は楽園に入り、ナツメヤシの種の斑点ほども不当に扱われることはない。(4：124)

また、自分の顔をアッラーに差し出し[560]、そして善を尽くす者で、ひたむきなイブラーヒームの宗旨に従う者よりも宗教においてより優れた者がいようか。そしてアッラーはイブラーヒームを親密な者となし給うたのである。(4：125)

そしてアッラーに諸天にあるものも地にあるものも属す。そしてアッラーはあらゆるものを包囲し給う御方であらせられた。(4：126)

そして彼らは女についておまえに判断を求める。言え。アッラーは彼女らについて判断を下し給い、啓典の中でおまえたちに読み聞かせられたこともまた(判断を下す)。女の孤児たちでおまえたちが彼女らに書き定められたものを与えないで[561]結婚を望む者についてまた弱い子供たちについて[562]。また、孤児に公正に接することについても。そしておまえたちがなす善行、まことにアッラーはそれについてよく知り給う御方であらせられた。(4：127)

559　この節が下されると、アブー・バクルが「アッラーの使徒よ、悪事をなさない者がわれわれの中にいましょうか。われわれは自分のなしたすべての悪事の報いを受けるのですか」と尋ね、預言者は「あなたとあなたの信仰ある仲間について言えば、現世でその報いを受け、アッラーに見《まみ》える時にはあなたがたには罪はない。一方、その他の者は、審判の日に犯した悪事を集められてその報いを受ける」と答えられた、と言われる。また、悪事とはアッラーに同位者を配すること、あるいは大罪とも言われる。

560　自分自身を。自らの目的をアッラーのためとすることによって。

561　孤児の遺産、あるいは婚資を与えずに。

562　4章11節参照。

وَإِنِ ٱمۡرَأَةٌ خَافَتۡ مِنۢ بَعۡلِهَا نُشُوزًا أَوۡ إِعۡرَاضٗا فَلَا جُنَاحَ
عَلَيۡهِمَآ أَن يُصۡلِحَا بَيۡنَهُمَا صُلۡحٗاۚ وَٱلصُّلۡحُ خَيۡرٞۗ
وَأُحۡضِرَتِ ٱلۡأَنفُسُ ٱلشُّحَّۚ وَإِن تُحۡسِنُواْ وَتَتَّقُواْ فَإِنَّ ٱللَّهَ
كَانَ بِمَا تَعۡمَلُونَ خَبِيرٗا ﴿١٢٨﴾ وَلَن تَسۡتَطِيعُوٓاْ أَن تَعۡدِلُواْ
بَيۡنَ ٱلنِّسَآءِ وَلَوۡ حَرَصۡتُمۡۖ فَلَا تَمِيلُواْ كُلَّ ٱلۡمَيۡلِ فَتَذَرُوهَا
كَٱلۡمُعَلَّقَةِۚ وَإِن تُصۡلِحُواْ وَتَتَّقُواْ فَإِنَّ ٱللَّهَ كَانَ
غَفُورٗا رَّحِيمٗا ﴿١٢٩﴾ وَإِن يَتَفَرَّقَا يُغۡنِ ٱللَّهُ كُلّٗا مِّن سَعَتِهِۦۚ
وَكَانَ ٱللَّهُ وَٰسِعًا حَكِيمٗا ﴿١٣٠﴾ وَلِلَّهِ مَا فِي ٱلسَّمَٰوَٰتِ
وَمَا فِي ٱلۡأَرۡضِۗ وَلَقَدۡ وَصَّيۡنَا ٱلَّذِينَ أُوتُواْ ٱلۡكِتَٰبَ مِن
قَبۡلِكُمۡ وَإِيَّاكُمۡ أَنِ ٱتَّقُواْ ٱللَّهَۚ وَإِن تَكۡفُرُواْ فَإِنَّ لِلَّهِ
مَا فِي ٱلسَّمَٰوَٰتِ وَمَا فِي ٱلۡأَرۡضِۚ وَكَانَ ٱللَّهُ غَنِيًّا حَمِيدٗا
﴿١٣١﴾ وَلِلَّهِ مَا فِي ٱلسَّمَٰوَٰتِ وَمَا فِي ٱلۡأَرۡضِۚ وَكَفَىٰ بِٱللَّهِ وَكِيلًا
﴿١٣٢﴾ إِن يَشَأۡ يُذۡهِبۡكُمۡ أَيُّهَا ٱلنَّاسُ وَيَأۡتِ بِـَٔاخَرِينَۚ وَكَانَ
ٱللَّهُ عَلَىٰ ذَٰلِكَ قَدِيرٗا ﴿١٣٣﴾ مَّن كَانَ يُرِيدُ ثَوَابَ ٱلدُّنۡيَا فَعِندَ ٱللَّهِ
ثَوَابُ ٱلدُّنۡيَا وَٱلۡأٓخِرَةِۚ وَكَانَ ٱللَّهُ سَمِيعَۢا بَصِيرٗا ﴿١٣٤﴾

もし女が彼女の主人（夫）からの虐待や忌避を恐れたなら、両者の間で和解で仲直りすることは両者の罪にはならない。和解はより良い。だが、人には強欲がつきものである。もし、おまえたちが最善を尽くし、畏れ身を守るならば、アッラーはおまえたちのすることに通暁し給う御方であらせられた[563]。（4：128）

そしておまえたちは女たちの間で公平にはできない、たとえ、切望したとしても。それゆえ偏愛にすっかり傾き、彼女を宙吊りにされた者のように放っておいてはならない[564]。もしおまえたちが和解し、畏れ身を守るならば、まことにアッラーはよく赦し給う慈悲深い御方であらせられた。（4：129）

また、もし両者が別れるとしても、アッラーは彼の豊かさから両者を満たし給う[565]。アッラーは広大にして英知ある御方であらせられた。（4：130）

そしてアッラーに諸天のものも地のものも属す。そしてわれらはおまえたち以前に啓典を授けられた者たちとおまえたちに、アッラーを畏れ身を守れ、と確かに命じた。例えおまえたちが信仰を拒んでも、アッラーに諸天にあるものも地にあるものも属す。そして、アッラーは自足し、賛美されるべき御方であらせられた。（4：131）

そしてアッラーに諸天にあるものも地にあるものも属す。そして代理人としてアッラーで万全であった。（4：132）

もし彼が御望みならば、人々よ、彼はおまえたちを行かせ、別の者たちを連れて来給う[566]。そしてアッラーはそうすることも可能であらせられた。（4：133）

現世の報いを望む者、アッラーの御許には現世と来世の報いがある[567]。そしてアッラーはよく聞き、よく見通し給う御方であらせられた。（4：134）

563　つまり、報償を与え給う、ということ。

564　気に入った妻にだけ目をかけて、興味の失せた妻を、夫との家族生活もなく、離婚されていないので再婚もできない状態のままに放置してはならない。

565　両者に再婚相手、財物、納得などを授け給う。

566　47章38節、14章19-20節参照。この節が下された時、預言者ムハンマドはペルシャ人のサルマーンの背を手で叩き、「それはこの者の民である」と言われた、と伝えられている。

567　であれば、何故現世の報いのみを望むのか。

۞ يَٰٓأَيُّهَا ٱلَّذِينَ ءَامَنُواْ كُونُواْ قَوَّٰمِينَ بِٱلۡقِسۡطِ شُهَدَآءَ لِلَّهِ وَلَوۡ
عَلَىٰٓ أَنفُسِكُمۡ أَوِ ٱلۡوَٰلِدَيۡنِ وَٱلۡأَقۡرَبِينَۚ إِن يَكُنۡ غَنِيًّا أَوۡ فَقِيرٗا
فَٱللَّهُ أَوۡلَىٰ بِهِمَاۖ فَلَا تَتَّبِعُواْ ٱلۡهَوَىٰٓ أَن تَعۡدِلُواْۚ وَإِن تَلۡوُۥٓاْ
أَوۡ تُعۡرِضُواْ فَإِنَّ ٱللَّهَ كَانَ بِمَا تَعۡمَلُونَ خَبِيرٗا ١٣٥ يَٰٓأَيُّهَا
ٱلَّذِينَ ءَامَنُوٓاْ ءَامِنُواْ بِٱللَّهِ وَرَسُولِهِۦ وَٱلۡكِتَٰبِ ٱلَّذِي نَزَّلَ
عَلَىٰ رَسُولِهِۦ وَٱلۡكِتَٰبِ ٱلَّذِيٓ أَنزَلَ مِن قَبۡلُۚ وَمَن يَكۡفُرۡ
بِٱللَّهِ وَمَلَٰٓئِكَتِهِۦ وَكُتُبِهِۦ وَرُسُلِهِۦ وَٱلۡيَوۡمِ ٱلۡأٓخِرِ فَقَدۡ ضَلَّ
ضَلَٰلَۢا بَعِيدًا ١٣٦ إِنَّ ٱلَّذِينَ ءَامَنُواْ ثُمَّ كَفَرُواْ ثُمَّ ءَامَنُواْ ثُمَّ
كَفَرُواْ ثُمَّ ٱزۡدَادُواْ كُفۡرٗا لَّمۡ يَكُنِ ٱللَّهُ لِيَغۡفِرَ لَهُمۡ وَلَا لِيَهۡدِيَهُمۡ
سَبِيلَۢا ١٣٧ بَشِّرِ ٱلۡمُنَٰفِقِينَ بِأَنَّ لَهُمۡ عَذَابًا أَلِيمًا ١٣٨ ٱلَّذِينَ
يَتَّخِذُونَ ٱلۡكَٰفِرِينَ أَوۡلِيَآءَ مِن دُونِ ٱلۡمُؤۡمِنِينَۚ أَيَبۡتَغُونَ
عِندَهُمُ ٱلۡعِزَّةَ فَإِنَّ ٱلۡعِزَّةَ لِلَّهِ جَمِيعٗا ١٣٩ وَقَدۡ نَزَّلَ عَلَيۡكُمۡ فِي
ٱلۡكِتَٰبِ أَنۡ إِذَا سَمِعۡتُمۡ ءَايَٰتِ ٱللَّهِ يُكۡفَرُ بِهَا وَيُسۡتَهۡزَأُ بِهَا فَلَا
تَقۡعُدُواْ مَعَهُمۡ حَتَّىٰ يَخُوضُواْ فِي حَدِيثٍ غَيۡرِهِۦٓ إِنَّكُمۡ إِذٗا مِّثۡلُهُمۡۗ
إِنَّ ٱللَّهَ جَامِعُ ٱلۡمُنَٰفِقِينَ وَٱلۡكَٰفِرِينَ فِي جَهَنَّمَ جَمِيعًا ١٤٠

信仰する者たちよ、アッラーのために証人として公正さを堅持する者となれ[568]、たとえ自分たち自身、両親、近親たちに不利であっても、それが富裕者でも貧者でも。そしてアッラーはその両者により近い[569]。それゆえ、公正であること(を望むべく)、欲望に従うな。そしてもしおまえたちが(証言を)ねじ曲げたり、避けたりすれば、まことにアッラーはおまえたちのなすことに通暁し給う御方であらせられた。(4：135)

信仰する者たちよ、アッラー、彼の使徒、彼の使徒に垂示し給うた啓典、以前に下し給うた啓典を信じよ。そしてアッラーと、彼の諸天使、彼の諸啓典、彼の諸使徒、最後の日の信仰を拒む者、彼は遠く迷ったのである。(4：136)

信仰し、それから背信し、それから信仰し、それから背信し、それから不信仰を増した者たち[570]、アッラーは彼らを赦し給うことも、道を導き給うこともない。(4：137)

偽信者たちに吉報を伝えよ、彼らには痛苦の懲罰があると。(4：138)

(偽信者とは)信仰者たちをさしおいて不信仰者たちを後見とする者たちである。彼ら(偽信者)は彼ら(不信仰者)の許に威力を求めるのか。そしてまことに威力はすべてアッラーに属す。(4：139)

そして(アッラーは)おまえたちに啓典の中で、アッラーの諸々の徴が拒まれ、嘲笑されるのを聞いた時には、彼らが他の話題に移るまで彼らと同席してはならない、さもなければおまえたちは彼らと同類である、と既に垂示し給うた[571]。まことにアッラーは偽信者たちと不信仰者たちを一緒に火獄《ジャハンナム》に集め給う御方。(4：140)

568　あるいは、「アッラーのための証人、公正さを堅持する者となれ」。

569　アッラーは富裕者と貧者を共に配慮し、庇護し給う。

570　偽信者とも、子牛を拝めイーサーを拒んだことによって背信したユダヤ教徒のうち預言者ムハンマドの出現により不信仰を増した者を指すとも言われる。

571　マッカ期に既に同趣旨の節(6章68節)が啓示され、クルアーンが嘲笑される場への同席が禁じられていた。

ٱلَّذِينَ يَتَرَبَّصُونَ بِكُمۡ فَإِن كَانَ لَكُمۡ فَتۡحٞ مِّنَ ٱللَّهِ قَالُوٓاْ
أَلَمۡ نَكُن مَّعَكُمۡ وَإِن كَانَ لِلۡكَٰفِرِينَ نَصِيبٞ قَالُوٓاْ
أَلَمۡ نَسۡتَحۡوِذۡ عَلَيۡكُمۡ وَنَمۡنَعۡكُم مِّنَ ٱلۡمُؤۡمِنِينَۚ فَٱللَّهُ يَحۡكُمُ
بَيۡنَكُمۡ يَوۡمَ ٱلۡقِيَٰمَةِۗ وَلَن يَجۡعَلَ ٱللَّهُ لِلۡكَٰفِرِينَ عَلَى ٱلۡمُؤۡمِنِينَ
سَبِيلًا ﴿١٤١﴾ إِنَّ ٱلۡمُنَٰفِقِينَ يُخَٰدِعُونَ ٱللَّهَ وَهُوَ خَٰدِعُهُمۡ وَإِذَا
قَامُوٓاْ إِلَى ٱلصَّلَوٰةِ قَامُواْ كُسَالَىٰ يُرَآءُونَ ٱلنَّاسَ وَلَا يَذۡكُرُونَ
ٱللَّهَ إِلَّا قَلِيلٗا ﴿١٤٢﴾ مُّذَبۡذَبِينَ بَيۡنَ ذَٰلِكَ لَآ إِلَىٰ هَٰٓؤُلَآءِ وَلَآ إِلَىٰ
هَٰٓؤُلَآءِۚ وَمَن يُضۡلِلِ ٱللَّهُ فَلَن تَجِدَ لَهُۥ سَبِيلٗا ﴿١٤٣﴾ يَٰٓأَيُّهَا ٱلَّذِينَ
ءَامَنُواْ لَا تَتَّخِذُواْ ٱلۡكَٰفِرِينَ أَوۡلِيَآءَ مِن دُونِ ٱلۡمُؤۡمِنِينَۚ
أَتُرِيدُونَ أَن تَجۡعَلُواْ لِلَّهِ عَلَيۡكُمۡ سُلۡطَٰنٗا مُّبِينًا ﴿١٤٤﴾ إِنَّ
ٱلۡمُنَٰفِقِينَ فِي ٱلدَّرۡكِ ٱلۡأَسۡفَلِ مِنَ ٱلنَّارِ وَلَن تَجِدَ لَهُمۡ نَصِيرًا
﴿١٤٥﴾ إِلَّا ٱلَّذِينَ تَابُواْ وَأَصۡلَحُواْ وَٱعۡتَصَمُواْ بِٱللَّهِ وَأَخۡلَصُواْ
دِينَهُمۡ لِلَّهِ فَأُوْلَٰٓئِكَ مَعَ ٱلۡمُؤۡمِنِينَۖ وَسَوۡفَ يُؤۡتِ ٱللَّهُ
ٱلۡمُؤۡمِنِينَ أَجۡرًا عَظِيمٗا ﴿١٤٦﴾ مَّا يَفۡعَلُ ٱللَّهُ بِعَذَابِكُمۡ
إِن شَكَرۡتُمۡ وَءَامَنتُمۡۚ وَكَانَ ٱللَّهُ شَاكِرًا عَلِيمٗا ﴿١٤٧﴾

（偽信者とは）おまえたちに対して待ち構える者たちで、もしおまえたちにアッラーからの勝利があれば、「われらもおまえたちと共にいたではないか」と言うが、不信仰者たちに分け前（勝利）があれば、「われらはおまえたちを圧倒していたし、信仰者たちからおまえたちを守ってやったではないか」と言う。しかしアッラーは復活の日におまえたちの間を裁定し給う。そしてアッラーは不信仰者たちには信仰者たちに対する手立てを与え給わない。(4：141)

まことに偽信者たちはアッラーを欺くが[572]、彼こそ彼らを欺き給う御方。彼らが礼拝に立つ時には怠惰な様子で立ち、人々にこれ見よがしに、アッラーをわずかにしか念じない。(4：142)

その（信仰と不信仰の）間をためらいつつ、あちらの者たちの方でもなければ、こちらの者たちの方でもない。そしてアッラーが迷わせ給うた者におまえは道を見出せはしない。(4：143)

信仰する者たちよ、信仰者たちをさしおいて不信仰者たちを後見としてはならない。おまえたちはアッラーに自分たちに不利となる明白な証拠を提供しようというのか。(4：144)

まことに偽信者たちは獄火の最下の底にあり、彼らにおまえは援助者を見出せはしない。(4：145)

ただし、悔い戻り、（行いを）正し、アッラーにしっかりと縋《すが》り、彼らの宗教をアッラーに一心に捧げる者たちは別で、それらの者は信仰者たちと共にある。そして、いずれアッラーは信仰者たちに大きな報酬を与え給う。(4：146)

おまえたちが感謝し、信仰したのであれば、アッラーがおまえたちへの懲罰で何をなし給うというのか（懲罰し給うことはない）。そしてアッラーは報いに厚く、よく知り給う御方であらせられた。(4：147)

572　彼らはアッラーを欺けたと考えているが、の意。あるいは、信仰を装いアッラーの使徒を欺くが、の意。2章9節、58章18節参照。

۞ لَّا يُحِبُّ ٱللَّهُ ٱلْجَهْرَ بِٱلسُّوٓءِ مِنَ ٱلْقَوْلِ إِلَّا مَن ظُلِمَ ۚ وَكَانَ
ٱللَّهُ سَمِيعًا عَلِيمًا ﴿١٤٨﴾ إِن تُبْدُوا۟ خَيْرًا أَوْ تُخْفُوهُ أَوْ تَعْفُوا۟ عَن
سُوٓءٍ فَإِنَّ ٱللَّهَ كَانَ عَفُوًّا قَدِيرًا ﴿١٤٩﴾ إِنَّ ٱلَّذِينَ يَكْفُرُونَ
بِٱللَّهِ وَرُسُلِهِۦ وَيُرِيدُونَ أَن يُفَرِّقُوا۟ بَيْنَ ٱللَّهِ وَرُسُلِهِۦ وَيَقُولُونَ
نُؤْمِنُ بِبَعْضٍ وَنَكْفُرُ بِبَعْضٍ وَيُرِيدُونَ أَن يَتَّخِذُوا۟
بَيْنَ ذَٰلِكَ سَبِيلًا ﴿١٥٠﴾ أُو۟لَٰٓئِكَ هُمُ ٱلْكَٰفِرُونَ حَقًّا ۚ وَأَعْتَدْنَا
لِلْكَٰفِرِينَ عَذَابًا مُّهِينًا ﴿١٥١﴾ وَٱلَّذِينَ ءَامَنُوا۟ بِٱللَّهِ وَرُسُلِهِۦ
وَلَمْ يُفَرِّقُوا۟ بَيْنَ أَحَدٍ مِّنْهُمْ أُو۟لَٰٓئِكَ سَوْفَ يُؤْتِيهِمْ
أُجُورَهُمْ ۗ وَكَانَ ٱللَّهُ غَفُورًا رَّحِيمًا ﴿١٥٢﴾ يَسْـَٔلُكَ أَهْلُ ٱلْكِتَٰبِ
أَن تُنَزِّلَ عَلَيْهِمْ كِتَٰبًا مِّنَ ٱلسَّمَآءِ ۚ فَقَدْ سَأَلُوا۟ مُوسَىٰٓ أَكْبَرَ
مِن ذَٰلِكَ فَقَالُوٓا۟ أَرِنَا ٱللَّهَ جَهْرَةً فَأَخَذَتْهُمُ ٱلصَّٰعِقَةُ بِظُلْمِهِمْ ۚ
ثُمَّ ٱتَّخَذُوا۟ ٱلْعِجْلَ مِنۢ بَعْدِ مَا جَآءَتْهُمُ ٱلْبَيِّنَٰتُ فَعَفَوْنَا
عَن ذَٰلِكَ ۚ وَءَاتَيْنَا مُوسَىٰ سُلْطَٰنًا مُّبِينًا ﴿١٥٣﴾ وَرَفَعْنَا فَوْقَهُمُ
ٱلطُّورَ بِمِيثَٰقِهِمْ وَقُلْنَا لَهُمُ ٱدْخُلُوا۟ ٱلْبَابَ سُجَّدًا وَقُلْنَا
لَهُمْ لَا تَعْدُوا۟ فِى ٱلسَّبْتِ وَأَخَذْنَا مِنْهُم مِّيثَٰقًا غَلِيظًا ﴿١٥٤﴾

アッラーは悪い言葉を公然と言うことを好み給わない。ただし、不正を被った者は別である[573]。そしてアッラーはよく聴きよく知り給う御方であらせられた。(4：148)

お前たちが善を表そうとも、あるいはそれを隠そうとも、あるいは(被った)悪を許そうとも、まことにアッラーは寛容にして全能なる御方であらせられた。(4：149)

まことに、アッラーと彼の使徒たちを拒み、アッラーと彼の使徒たちの間を分けようとし、「我らはある者は信じ、ある者は信じない」と言い、その間[574]に(折衷の)道を得ようとする者たち。(4：150)

それらの者、彼らこそ本当に不信仰者たちである。そして、われらは不信仰者たちには屈辱の懲罰を用意した。(4：151)

アッラーと彼の使徒たちを信じ、彼らのだれをも区別しない者たち、それらの者にはいずれ彼が彼らの報酬を与え給う。そしてアッラーはよく赦し給う慈悲深い御方であらせられた。(4：152)

啓典の民はおまえに、彼らに天から啓典を垂示するよう求める[575]。だが、彼らはかつてムーサーにそれより大それたことを求め、「我らにアッラーをはっきりと見せてくれ」と言い[576]、彼らの不正ゆえに雷が彼らを捕えた。さらにそれから彼らは諸々の明証が彼らに訪れた後で、子牛を(神と)成したが[577]、われらはそれを赦した。そして、われらはムーサーに明白な権威を与えた。(4：153)

そして彼らとの確約(の締結)にあたりわれらは(シナイ)山を彼らの上に持ち上げ[578]、「平身低頭して門に入れ」と彼らに言った[579]。また、われらは、「安息日に破戒はならない」と彼らに言い、峻厳な確約を彼らから取った。(4：154)

573　不正を被った者が裁判所に訴えでる。または不正を行った者を呪う、あるいはその不正を暴くこと、を意味する。

574　信仰と不信仰との間に。

575　書かれた書物としての啓典を一度に。

576　あるいは、「我らにアッラーを見せてくれ」と公然と言い(2章55節参照)。

577　2章51-56節参照。

578　2章63、93節、7章171節参照。

579　2章58節参照。

فَبِمَا نَقْضِهِم مِّيثَٰقَهُمْ وَكُفْرِهِم بِـَٔايَٰتِ ٱللَّهِ وَقَتْلِهِمُ ٱلْأَنۢبِيَآءَ
بِغَيْرِ حَقٍّ وَقَوْلِهِمْ قُلُوبُنَا غُلْفٌۢ ۚ بَلْ طَبَعَ ٱللَّهُ عَلَيْهَا بِكُفْرِهِمْ
فَلَا يُؤْمِنُونَ إِلَّا قَلِيلًا ١٥٥ وَبِكُفْرِهِمْ وَقَوْلِهِمْ عَلَىٰ مَرْيَمَ بُهْتَٰنًا
عَظِيمًا ١٥٦ وَقَوْلِهِمْ إِنَّا قَتَلْنَا ٱلْمَسِيحَ عِيسَى ٱبْنَ مَرْيَمَ رَسُولَ
ٱللَّهِ وَمَا قَتَلُوهُ وَمَا صَلَبُوهُ وَلَٰكِن شُبِّهَ لَهُمْ ۚ وَإِنَّ ٱلَّذِينَ
ٱخْتَلَفُوا۟ فِيهِ لَفِى شَكٍّ مِّنْهُ ۚ مَا لَهُم بِهِۦ مِنْ عِلْمٍ إِلَّا ٱتِّبَاعَ ٱلظَّنِّ ۚ
وَمَا قَتَلُوهُ يَقِينًۢا ١٥٧ بَل رَّفَعَهُ ٱللَّهُ إِلَيْهِ ۚ وَكَانَ ٱللَّهُ عَزِيزًا حَكِيمًا
١٥٨ وَإِن مِّنْ أَهْلِ ٱلْكِتَٰبِ إِلَّا لَيُؤْمِنَنَّ بِهِۦ قَبْلَ مَوْتِهِۦ ۖ وَيَوْمَ
ٱلْقِيَٰمَةِ يَكُونُ عَلَيْهِمْ شَهِيدًا ١٥٩ فَبِظُلْمٍ مِّنَ ٱلَّذِينَ هَادُوا۟
حَرَّمْنَا عَلَيْهِمْ طَيِّبَٰتٍ أُحِلَّتْ لَهُمْ وَبِصَدِّهِمْ عَن سَبِيلِ ٱللَّهِ
كَثِيرًا ١٦٠ وَأَخْذِهِمُ ٱلرِّبَوٰا۟ وَقَدْ نُهُوا۟ عَنْهُ وَأَكْلِهِمْ أَمْوَٰلَ
ٱلنَّاسِ بِٱلْبَٰطِلِ ۚ وَأَعْتَدْنَا لِلْكَٰفِرِينَ مِنْهُمْ عَذَابًا أَلِيمًا ١٦١ لَّٰكِنِ
ٱلرَّٰسِخُونَ فِى ٱلْعِلْمِ مِنْهُمْ وَٱلْمُؤْمِنُونَ يُؤْمِنُونَ بِمَآ أُنزِلَ إِلَيْكَ
وَمَآ أُنزِلَ مِن قَبْلِكَ ۚ وَٱلْمُقِيمِينَ ٱلصَّلَوٰةَ ۚ وَٱلْمُؤْتُونَ ٱلزَّكَوٰةَ
وَٱلْمُؤْمِنُونَ بِٱللَّهِ وَٱلْيَوْمِ ٱلْءَاخِرِ أُو۟لَٰٓئِكَ سَنُؤْتِيهِمْ أَجْرًا عَظِيمًا ١٦٢

だが、彼らの確約の破棄のゆえに、そしてアッラーの諸々の徴の否定、不当に預言者たちを殺したこと、「われらの心は覆われている」という言葉ゆえに。いや、アッラーが彼らの不信仰ゆえにそれ(心)を封じ給い、それで彼らはわずかしか信じないのである。(4：155)

また、彼らの不信仰、マルヤムに対する酷い中傷[580]の言葉ゆえに。(4：156)

「われらはマスィーフ[581]・イーサー、マルヤムの子、アッラーの使徒を殺した」という言葉ゆえに。だが、彼らは彼を殺したのでも、磔にしたのでもなく、彼らは彼と混同させられたのである[582]。まことにこのことについて分裂する者はそれについて疑念のうちにある。彼らにはそれについての知識はなく、ただ憶測に従っていただけである。そして彼らは確かに彼を殺しはしなかった[583]。(4：157)

そうではなく、アッラーが彼を彼の御許に召し上げ給うたのである。そしてアッラーは威力比類なく、英明なる御方であった。(4：158)

そして啓典の民で彼の死の前に彼を信じない者はない[584]。そして、復活(審判)の日、彼は彼らに対する証言者となる。(4：159)

それから、「戻った者たち」(ユダヤ教徒)の一部の不正ゆえにわれらは彼らに許されていた良いものを禁じた[585]。また、彼らがアッラーの道について多く妨害したがゆえに。(4：160)

また、彼らの利子の搾取ゆえに。だが、それは既に彼らに禁じられていた[586]。また、人々の財産を偽りによって貪ったがゆえに。そしてわれらは彼らのうち不信仰者には痛苦の懲罰を用意した。(4：161)

580　マルヤムが姦通したとの。

581　3章45節脚注参照。

582　彼の身代わりを買って出たイーサーの弟子の一人に、アッラーがイーサーの似顔を授け給い、イーサーと間違えられたその弟子が磔になったとも、イーサーを裏切って処刑人に引き渡そうとした弟子がイーサーの似顔を被せられて代わりに磔にされたとも言われる。

583　彼らが彼を殺すことは決してなかった。又は、彼らは彼がイーサーだと確信を持って殺しはしなかった。

584　「彼の死」の代名詞「彼」は、「啓典の民の各人」を指すとも、「イーサー」を指すとも言われる。「啓典の民の各人」を指す場合、それは臨終にあたって死の天使を目にする時には、イーサーが神の子ではなく神の使徒であったことを知るが、その時にはもうその信仰は役に立たないことを意味する。「イーサー」を指す場合、それは最後の審判の前にイーサーが天から降臨した時で、その時、ユダヤ教徒もキリスト教徒も彼が神の使徒であることを信じ、イスラームを受け入れ宗教は統一されることを意味する。

585　6章146節、3章93節参照。

586　「出エジプト記」22章24節、「申命記」23章19節参照。ただし「申命記」23章20節は外国人からは利子をとってよいと明言している。

۞إِنَّآ أَوۡحَيۡنَآ إِلَيۡكَ كَمَآ أَوۡحَيۡنَآ إِلَىٰ نُوحٖ وَٱلنَّبِيِّـۧنَ مِنۢ بَعۡدِهِۦۚ
وَأَوۡحَيۡنَآ إِلَىٰٓ إِبۡرَٰهِيمَ وَإِسۡمَٰعِيلَ وَإِسۡحَٰقَ وَيَعۡقُوبَ
وَٱلۡأَسۡبَاطِ وَعِيسَىٰ وَأَيُّوبَ وَيُونُسَ وَهَٰرُونَ وَسُلَيۡمَٰنَۚ
وَءَاتَيۡنَا دَاوُۥدَ زَبُورٗا ١٦٣ وَرُسُلٗا قَدۡ قَصَصۡنَٰهُمۡ عَلَيۡكَ
مِن قَبۡلُ وَرُسُلٗا لَّمۡ نَقۡصُصۡهُمۡ عَلَيۡكَۚ وَكَلَّمَ ٱللَّهُ مُوسَىٰ
تَكۡلِيمٗا ١٦٤ رُّسُلٗا مُّبَشِّرِينَ وَمُنذِرِينَ لِئَلَّا يَكُونَ
لِلنَّاسِ عَلَى ٱللَّهِ حُجَّةُۢ بَعۡدَ ٱلرُّسُلِۚ وَكَانَ ٱللَّهُ عَزِيزًا حَكِيمٗا
١٦٥ لَّٰكِنِ ٱللَّهُ يَشۡهَدُ بِمَآ أَنزَلَ إِلَيۡكَۖ أَنزَلَهُۥ بِعِلۡمِهِۦۖ وَٱلۡمَلَٰٓئِكَةُ
يَشۡهَدُونَۚ وَكَفَىٰ بِٱللَّهِ شَهِيدًا ١٦٦ إِنَّ ٱلَّذِينَ كَفَرُواْ
وَصَدُّواْ عَن سَبِيلِ ٱللَّهِ قَدۡ ضَلُّواْ ضَلَٰلَۢا بَعِيدًا ١٦٧ إِنَّ ٱلَّذِينَ
كَفَرُواْ وَظَلَمُواْ لَمۡ يَكُنِ ٱللَّهُ لِيَغۡفِرَ لَهُمۡ وَلَا لِيَهۡدِيَهُمۡ
طَرِيقًا ١٦٨ إِلَّا طَرِيقَ جَهَنَّمَ خَٰلِدِينَ فِيهَآ أَبَدٗاۚ وَكَانَ
ذَٰلِكَ عَلَى ٱللَّهِ يَسِيرٗا ١٦٩ يَٰٓأَيُّهَا ٱلنَّاسُ قَدۡ جَآءَكُمُ ٱلرَّسُولُ بِٱلۡحَقِّ
مِن رَّبِّكُمۡ فَـَٔامِنُواْ خَيۡرٗا لَّكُمۡۚ وَإِن تَكۡفُرُواْ فَإِنَّ لِلَّهِ
مَا فِي ٱلسَّمَٰوَٰتِ وَٱلۡأَرۡضِۚ وَكَانَ ٱللَّهُ عَلِيمًا حَكِيمٗا ١٧٠

だが、彼らのうち知識が確かな者たちと信仰者たちは、おまえに下されたものとおまえ以前に下されたものを信じる。　―(彼らは)礼拝を遵守する者たちであって、そして、(彼らは)浄財を払う者たち、アッラーと最後の日を信じる者たち(である)[587]―、それらの者にはわれらがいずれ大きな報酬を与えよう。(4：162)

まことにわれらは、おまえに啓示した。ちょうどわれらが、ヌーフと彼以降の諸預言者に啓示したように、また、われらはイブラーヒーム、イスマーイール[588]、イスハーク、ヤアクーブ、その子孫たち、イーサー、アイユーブ、ユーヌス、ハールーン、そしてスライマーンに啓示した。また、われらはダーウードに詩篇を授けた。(4：163)

またわれらがすでにおまえに語った使徒たちと、まだおまえに語っていない使徒たちを（遣わした）[589]。また、アッラーはムーサーに御言葉を語りかけ給うた。(4：164)

吉報伝達者であり警告者である使徒たちで、それは、使徒たちの後で人々にアッラーに対して抗弁(の口実)のないようにするためである[590]。そしてアッラーは威力比類なく、英明なる御方であらせられた。(4：165)

だが、アッラーは彼がおまえに下し給うたものについて、それを彼の知識と共に下し給うた[591]ことを証言し給う。そして、天使たちも証言する。そして証言者としてはアッラーで万全であった。(4：166)

まことに信仰を拒みアッラーの道を阻害する者たちは遠く迷ったのである。(4：167)

まことに信仰を拒み、不正をなす者たち、アッラーは彼らを赦し給うことも、彼らを道へ導き給うこともない。(4：168)

ただし、火獄《ジャハンナム》の道へは別であり、彼らはそこにいつまでも永遠に。そしてそれはアッラーには容易いことであった。(4：169)

人々よ、使徒がおまえたちの許におまえたちの主から真理と共にやって来た。それゆえ、信仰せよ。おまえたちにとってより良い[592]。もしおまえたちが拒んでも、まことにアッラーに諸天と地にあるものは属す。そしてアッラーはよく知り給う英明なる御方であらせられた。(4：170)

587　「―」で囲まれた部分は賞讃の挿入句。

588　アラブ民族の預言者はフード、サーリフ、イスマーイール、シュアイブ、そしてムハンマドの5人だけであったと言われる。

589　預言者の数は十二万四千人とも言われる。

590　使徒が派遣されていなければ、アッラーを信じなかったことに言い訳が成り立つからである。20章134節参照。

591　あるいは、「それを知りながら下し給うた」。

592　信仰することは。あるいは、「おまえたちにとってより良い信仰を信じよ」。

يَـٰٓأَهْلَ ٱلْكِتَـٰبِ لَا تَغْلُوا۟ فِى دِينِكُمْ وَلَا تَقُولُوا۟ عَلَى
ٱللَّهِ إِلَّا ٱلْحَقَّ ۚ إِنَّمَا ٱلْمَسِيحُ عِيسَى ٱبْنُ مَرْيَمَ رَسُولُ ٱللَّهِ
وَكَلِمَتُهُۥٓ أَلْقَىٰهَآ إِلَىٰ مَرْيَمَ وَرُوحٌ مِّنْهُ ۖ فَـَٔامِنُوا۟ بِٱللَّهِ
وَرُسُلِهِۦ ۖ وَلَا تَقُولُوا۟ ثَلَـٰثَةٌ ۚ ٱنتَهُوا۟ خَيْرًا لَّكُمْ ۚ إِنَّمَا ٱللَّهُ
إِلَـٰهٌ وَٰحِدٌ ۖ سُبْحَـٰنَهُۥٓ أَن يَكُونَ لَهُۥ وَلَدٌ ۘ لَّهُۥ مَا فِى ٱلسَّمَـٰوَٰتِ
وَمَا فِى ٱلْأَرْضِ ۗ وَكَفَىٰ بِٱللَّهِ وَكِيلًا ١٧١ لَّن يَسْتَنكِفَ
ٱلْمَسِيحُ أَن يَكُونَ عَبْدًا لِّلَّهِ وَلَا ٱلْمَلَـٰٓئِكَةُ ٱلْمُقَرَّبُونَ ۚ
وَمَن يَسْتَنكِفْ عَنْ عِبَادَتِهِۦ وَيَسْتَكْبِرْ فَسَيَحْشُرُهُمْ
إِلَيْهِ جَمِيعًا ١٧٢ فَأَمَّا ٱلَّذِينَ ءَامَنُوا۟ وَعَمِلُوا۟ ٱلصَّـٰلِحَـٰتِ
فَيُوَفِّيهِمْ أُجُورَهُمْ وَيَزِيدُهُم مِّن فَضْلِهِۦ ۖ وَأَمَّا ٱلَّذِينَ
ٱسْتَنكَفُوا۟ وَٱسْتَكْبَرُوا۟ فَيُعَذِّبُهُمْ عَذَابًا أَلِيمًا وَلَا
يَجِدُونَ لَهُم مِّن دُونِ ٱللَّهِ وَلِيًّا وَلَا نَصِيرًا ١٧٣ يَـٰٓأَيُّهَا ٱلنَّاسُ
قَدْ جَآءَكُم بُرْهَـٰنٌ مِّن رَّبِّكُمْ وَأَنزَلْنَآ إِلَيْكُمْ نُورًا مُّبِينًا
١٧٤ فَأَمَّا ٱلَّذِينَ ءَامَنُوا۟ بِٱللَّهِ وَٱعْتَصَمُوا۟ بِهِۦ فَسَيُدْخِلُهُمْ فِى
رَحْمَةٍ مِّنْهُ وَفَضْلٍ وَيَهْدِيهِمْ إِلَيْهِ صِرَٰطًا مُّسْتَقِيمًا ١٧٥

啓典の民よ、おまえたちの宗教において度を越してはならず、アッラーについては真実しか語ってはならない。かのマスィーフ、マルヤムの子イーサーはアッラーの使徒であり、マルヤムに授けられた彼の御言葉であり、彼からの霊である[593]。それゆえ、アッラーと彼の諸使徒を信じ、三である[594]、と言ってはならない。止めよ。おまえたちにとってより良い。アッラーは唯一の神にほかならない。彼は息子がいることから超越しておられる。彼に諸天のものも地のものも属す。そして代理人としてはアッラーで万全であった。(4：171)

マスィーフはアッラーの僕《しもべ》であることを見下して厭いはしない。また、御側の天使たちも。そして彼に仕えることを見下して厭い、思い上がる者、彼は彼らを一堂に彼の御許に集め給う。(4：172)

さて、信仰し、善行をなす者たち、彼は彼らにその報酬を十分に与え、彼の御恵みから彼らにさらに増し加え給う。一方、見下して厭い、思い上がった者たち、彼は彼らには痛苦の懲罰を与え給う。そして彼らは自分たちにアッラーをおいて後見も援助者も見出せない。(4：173)

人々よ、おまえたちにはおまえたちの主から明証[595]が既にもたらされた。また、われらはおまえたちに明瞭な光を下した[596]。(4：174)

それゆえアッラーを信じ、彼にしっかりと縋《すが》った者たち、彼は彼らを彼の御慈悲と御恵みの中に入れ、彼に至るまっすぐな道に彼らを導き給う。(4：175)

彼らはおまえに判断を求める。言え、「アッラーがおまえたちに『遠縁しか持たない者』について判断を垂示し給う。もし男が死に、彼に子がなく、姉妹[597]が一人いる場合には、彼女に彼の残したものの半分がある。(もし物故した『遠縁しか持たない者』が女性で)彼女

593　イーサーは父親なしに、アッラーの「あれ」との御言葉によって創造されたために「アッラーの御言葉」と呼ばれ、また天使ジブリールがマルヤムの子宮に吹き込んだ息によって、アッラーの霊を吹き込まれて生じたので「アッラーの霊」とも呼ばれる。3章59節、21章91節参照。「アッラーの御言葉」と呼ばれるのは、イーサーの誕生がアッラーからの吉報として予告されたためとも(3章45節参照)、人々がアッラーの御言葉に導かれるように、イーサーによって導かれたためとも言われる。「アッラーの霊」と呼ばれるのは、アッラーによって付けられた尊称であるからとも、人々が霊によって生きる様に、人々がイーサーによって信仰を生きることによるとも言われる。

594　神々が。あるいは位格(uqnūm)が。

595　預言者ムハンマド。

596　迷妄の闇から光明へと導くクルアーンを下した。光によって可視物が明らかとなる様に、クルアーンによって真理が明らかとなる。

597　父母を、または父を同じくする。以下同様。本節は同父同母および同父異母兄弟姉妹に関する相続規定であり、異父同母兄弟姉妹については4章12節を参照。

يَسْتَفْتُونَكَ قُلِ ٱللَّهُ يُفْتِيكُمْ فِى ٱلْكَلَٰلَةِ ۚ إِنِ ٱمْرُؤٌا۟ هَلَكَ
لَيْسَ لَهُۥ وَلَدٌ وَلَهُۥٓ أُخْتٌ فَلَهَا نِصْفُ مَا تَرَكَ ۚ وَهُوَ يَرِثُهَآ إِن
لَّمْ يَكُن لَّهَا وَلَدٌ ۚ فَإِن كَانَتَا ٱثْنَتَيْنِ فَلَهُمَا ٱلثُّلُثَانِ مِمَّا تَرَكَ ۚ
وَإِن كَانُوٓا۟ إِخْوَةً رِّجَالًا وَنِسَآءً فَلِلذَّكَرِ مِثْلُ حَظِّ ٱلْأُنثَيَيْنِ ۗ
يُبَيِّنُ ٱللَّهُ لَكُمْ أَن تَضِلُّوا۟ ۗ وَٱللَّهُ بِكُلِّ شَىْءٍ عَلِيمٌۢ ١٧٦

سُورَةُ ٱلْمَائِدَةِ

بِسْمِ ٱللَّهِ ٱلرَّحْمَٰنِ ٱلرَّحِيمِ

يَٰٓأَيُّهَا ٱلَّذِينَ ءَامَنُوٓا۟ أَوْفُوا۟ بِٱلْعُقُودِ ۚ أُحِلَّتْ لَكُم بَهِيمَةُ ٱلْأَنْعَٰمِ
إِلَّا مَا يُتْلَىٰ عَلَيْكُمْ غَيْرَ مُحِلِّى ٱلصَّيْدِ وَأَنتُمْ حُرُمٌ ۗ إِنَّ ٱللَّهَ
يَحْكُمُ مَا يُرِيدُ ١ يَٰٓأَيُّهَا ٱلَّذِينَ ءَامَنُوا۟ لَا تُحِلُّوا۟ شَعَٰٓئِرَ ٱللَّهِ
وَلَا ٱلشَّهْرَ ٱلْحَرَامَ وَلَا ٱلْهَدْىَ وَلَا ٱلْقَلَٰٓئِدَ وَلَآ ءَآمِّينَ ٱلْبَيْتَ
ٱلْحَرَامَ يَبْتَغُونَ فَضْلًا مِّن رَّبِّهِمْ وَرِضْوَٰنًا ۚ وَإِذَا حَلَلْتُمْ فَٱصْطَادُوا۟ ۚ
وَلَا يَجْرِمَنَّكُمْ شَنَـَٔانُ قَوْمٍ أَن صَدُّوكُمْ عَنِ ٱلْمَسْجِدِ ٱلْحَرَامِ أَن
تَعْتَدُوا۟ ۘ وَتَعَاوَنُوا۟ عَلَى ٱلْبِرِّ وَٱلتَّقْوَىٰ ۖ وَلَا تَعَاوَنُوا۟ عَلَى ٱلْإِثْمِ
وَٱلْعُدْوَٰنِ ۚ وَٱتَّقُوا۟ ٱللَّهَ ۖ إِنَّ ٱللَّهَ شَدِيدُ ٱلْعِقَابِ ٢

に子がない場合は、彼が彼女(の残したもの全て)を相続する。(相続人である)彼女らが二人の場合には二人に彼が残したものの三分の二がある。また、男と女の兄弟姉妹であれば、男に女二人分の分け前がある。アッラーはおまえたちが迷うこと(がないように)明らかにし給う。アッラーはすべてのことを知り給う御方」。(4：176)

第5章　食卓 …… سورة المائدة

マディーナ垂示

イーサーの祈りにより食卓が天から下された逸話(112-115節)に因み「食卓」章と名づけられる。

本章では、イスラームの教えが完成されたことが宣言され(3節)、巡礼の禁忌、食物規定、啓典の民の食物、女性との結婚の許可、礼拝のための身体の浄め方が定められる(1-6節)。

啓典の民の犯した誤りが示され、イスラーイールの民がムーサーの命令に背いたために、ムーサーが約束の聖地に入ることができなかったこと、アーダムの息子たちの間の兄弟殺しが語られる(12-32節)。ついで強盗、窃盗の刑罰が定められ、律法の書に傷害に対する同害報復刑が定められていることが確認された上で、アッラーが啓示し給うた法に則って裁きを執行しない者が、邪で不正な不信仰者であることが示される(33-50節)。

ユダヤ教徒、キリスト教徒と親交を結ぶことが禁じられ、ユダヤ教徒とキリスト教のムスリムに対する敵意、キリスト教の三神論の誤りが物語られるが、ユダヤ教徒が多神教徒と並んでイスラームを憎むことにおいて最も激しいとされるのに対し、キリスト教徒のイスラームへの親和性も述べられる(51-83節)。

続いてアッラーにかけての誓言の破約の贖罪、酒、呪物、賭け事の禁止、巡礼における狩猟の禁止と禁忌を犯した場合の贖罪などが言及され、ジャーヒリーヤ(イスラーム以前の無明時代)の迷信の廃止が宣された後に、旅先で病気に罹った場合の遺言が規定される(89-108節)。

イーサーが授けられた様々な神兆の奇跡が語られた後、キリスト教の聖餐(ミサ)の起源となったイーサーの弟子たちの求めに応じてイーサーの祈りに応えて天から食卓が下されたという、章のタイトルともなっている逸話によって本章は終わる。

慈悲あまねく慈悲深きアッラーの御名において

信仰する者たちよ、契約を果たせ。おまえたちには家畜の四足動物[598]が許されたものの、

598　家畜の強調表現とも、家畜の胎児とも、野生の牛やガゼル等とも言われる。

حُرِّمَتْ عَلَيْكُمُ ٱلْمَيْتَةُ وَٱلدَّمُ وَلَحْمُ ٱلْخِنزِيرِ وَمَآ أُهِلَّ لِغَيْرِ ٱللَّهِ بِهِۦ
وَٱلْمُنْخَنِقَةُ وَٱلْمَوْقُوذَةُ وَٱلْمُتَرَدِّيَةُ وَٱلنَّطِيحَةُ وَمَآ أَكَلَ
ٱلسَّبُعُ إِلَّا مَا ذَكَّيْتُمْ وَمَا ذُبِحَ عَلَى ٱلنُّصُبِ وَأَن تَسْتَقْسِمُوا۟
بِٱلْأَزْلَٰمِ ۚ ذَٰلِكُمْ فِسْقٌ ۗ ٱلْيَوْمَ يَئِسَ ٱلَّذِينَ كَفَرُوا۟ مِن دِينِكُمْ فَلَا
تَخْشَوْهُمْ وَٱخْشَوْنِ ۚ ٱلْيَوْمَ أَكْمَلْتُ لَكُمْ دِينَكُمْ وَأَتْمَمْتُ عَلَيْكُمْ
نِعْمَتِى وَرَضِيتُ لَكُمُ ٱلْإِسْلَٰمَ دِينًا ۚ فَمَنِ ٱضْطُرَّ فِى مَخْمَصَةٍ
غَيْرَ مُتَجَانِفٍ لِّإِثْمٍ ۙ فَإِنَّ ٱللَّهَ غَفُورٌ رَّحِيمٌ ٣ يَسْـَٔلُونَكَ مَاذَآ
أُحِلَّ لَهُمْ ۖ قُلْ أُحِلَّ لَكُمُ ٱلطَّيِّبَٰتُ ۙ وَمَا عَلَّمْتُم مِّنَ ٱلْجَوَارِحِ
مُكَلِّبِينَ تُعَلِّمُونَهُنَّ مِمَّا عَلَّمَكُمُ ٱللَّهُ ۖ فَكُلُوا۟ مِمَّآ أَمْسَكْنَ عَلَيْكُمْ
وَٱذْكُرُوا۟ ٱسْمَ ٱللَّهِ عَلَيْهِ ۖ وَٱتَّقُوا۟ ٱللَّهَ ۚ إِنَّ ٱللَّهَ سَرِيعُ ٱلْحِسَابِ ٤
ٱلْيَوْمَ أُحِلَّ لَكُمُ ٱلطَّيِّبَٰتُ ۖ وَطَعَامُ ٱلَّذِينَ أُوتُوا۟ ٱلْكِتَٰبَ حِلٌّ لَّكُمْ
وَطَعَامُكُمْ حِلٌّ لَّهُمْ ۖ وَٱلْمُحْصَنَٰتُ مِنَ ٱلْمُؤْمِنَٰتِ وَٱلْمُحْصَنَٰتُ
مِنَ ٱلَّذِينَ أُوتُوا۟ ٱلْكِتَٰبَ مِن قَبْلِكُمْ إِذَآ ءَاتَيْتُمُوهُنَّ أُجُورَهُنَّ
مُحْصِنِينَ غَيْرَ مُسَٰفِحِينَ وَلَا مُتَّخِذِىٓ أَخْدَانٍ ۗ وَمَن يَكْفُرْ
بِٱلْإِيمَٰنِ فَقَدْ حَبِطَ عَمَلُهُۥ وَهُوَ فِى ٱلْءَاخِرَةِ مِنَ ٱلْخَٰسِرِينَ ٥

おまえたちに読み聞かせられるものは別で[599]あり、(また)おまえたちが(巡礼の)禁忌の状態にある場合には狩猟は許されない。まことにアッラーは御望みのままに定め給う。(5：1)

信仰する者たちよ、アッラーの諸儀礼[600]を解禁[601]してはならず、聖月も、捧げ物も、首飾りも、彼らの主からの御恵みと御満悦を求めて禁裏の館に身を寄せる者も[602]。おまえたちが解禁した時には、狩猟せよ[603]。そして禁裏モスクからおまえたちを妨害したことで民への憎しみがおまえたちをして、敵対するよう仕向けさせることがあってはならない[604]。そして互いに善行と畏怖のために助け合い、罪と無法のために助け合ってはならない。そしてアッラーを畏れ身を守れ。まことにアッラーは応報に厳しい御方。(5：2)

おまえたちには死肉、血[605]、豚肉、アッラー以外のものに声を上げ捧げられたもの[606]、窒息死したもの、打ち殺されたもの、墜死したもの、角で突き殺されたもの、肉食獣が食べたもの　―ただし、おまえたちが屠った[607]ものは別である―、また、列石[608]に対して犠牲として屠られたものは禁じられた。また、占い矢で神託を求めることも[609]。それは背徳である。今日、信仰を拒む者たちはおまえたちの宗教を(滅ぼすことを)諦めた。それゆえ彼らを懼れず、われを懼れよ。今日、われはおまえたちにおまえたちの宗教を完成させ、おまえたちにわれの恩寵を全うし[610]、おまえたちに対して宗教としてイスラームを是認した[611]。それで罪に逸れたわけでな

599　5章3節以降で禁じられたものを除き、家畜を屠殺して食べることが許された。
600　巡礼の儀とも、アッラーの禁じた事とも、アッラーの教え全てとも言われる。
601　禁忌を犯し、あるいはそれを正当化すること。
602　聖月(2章194節注参照)に戦ったり、カアバ神殿に供え物を捧げるのを妨害したり、神殿の供え物であることを示す首飾りをつけた家畜とその持主や神殿に糧や報償を求めてやって来る人々を襲撃したりすることを解禁してはならない。
603　許可を意味する命令法。巡礼の潔斎を終えた者は、狩猟をしても良い。
604　巡礼を妨げられたことに怒って、憎しみから、無法な襲撃を行ってはならない。
605　流れる血。6章145節参照。
606　アッラー以外の名を唱えて屠殺されたもの。
607　動物が死んでしまう前に屠ったもの。
608　崇拝用の石柱。カアバ神殿の周辺にあったという。
609　一説によると、三本の占い矢は、各々「なせ」、「なすな」と書かれた二本に加え無地の一本から成り、文字の書かれた矢が出るまで行われたという。
610　宗教の完成により。あるいは、マッカの開城により。
611　この節は、預言者ムハンマドの逝去の八一日前、別離の巡礼のアラファの日(巡礼月九日目)に啓示され、この後下されたクルアーンの節は2章281節のみであったとも言われる。

يَٰٓأَيُّهَا ٱلَّذِينَ ءَامَنُوٓاْ إِذَا قُمۡتُمۡ إِلَى ٱلصَّلَوٰةِ فَٱغۡسِلُواْ
وُجُوهَكُمۡ وَأَيۡدِيَكُمۡ إِلَى ٱلۡمَرَافِقِ وَٱمۡسَحُواْ بِرُءُوسِكُمۡ
وَأَرۡجُلَكُمۡ إِلَى ٱلۡكَعۡبَيۡنِۚ وَإِن كُنتُمۡ جُنُبٗا فَٱطَّهَّرُواْۚ
وَإِن كُنتُم مَّرۡضَىٰٓ أَوۡ عَلَىٰ سَفَرٍ أَوۡ جَآءَ أَحَدٞ مِّنكُم مِّنَ
ٱلۡغَآئِطِ أَوۡ لَٰمَسۡتُمُ ٱلنِّسَآءَ فَلَمۡ تَجِدُواْ مَآءٗ فَتَيَمَّمُواْ صَعِيدٗا
طَيِّبٗا فَٱمۡسَحُواْ بِوُجُوهِكُمۡ وَأَيۡدِيكُم مِّنۡهُۚ مَا يُرِيدُ ٱللَّهُ
لِيَجۡعَلَ عَلَيۡكُم مِّنۡ حَرَجٖ وَلَٰكِن يُرِيدُ لِيُطَهِّرَكُمۡ
وَلِيُتِمَّ نِعۡمَتَهُۥ عَلَيۡكُمۡ لَعَلَّكُمۡ تَشۡكُرُونَ ٦
وَٱذۡكُرُواْ نِعۡمَةَ ٱللَّهِ عَلَيۡكُمۡ وَمِيثَٰقَهُ ٱلَّذِي وَاثَقَكُم
بِهِۦٓ إِذۡ قُلۡتُمۡ سَمِعۡنَا وَأَطَعۡنَاۖ وَٱتَّقُواْ ٱللَّهَۚ إِنَّ ٱللَّهَ عَلِيمُۢ
بِذَاتِ ٱلصُّدُورِ ٧ يَٰٓأَيُّهَا ٱلَّذِينَ ءَامَنُواْ كُونُواْ قَوَّٰمِينَ
لِلَّهِ شُهَدَآءَ بِٱلۡقِسۡطِۖ وَلَا يَجۡرِمَنَّكُمۡ شَنَـَٔانُ قَوۡمٍ عَلَىٰٓ
أَلَّا تَعۡدِلُواْۚ ٱعۡدِلُواْ هُوَ أَقۡرَبُ لِلتَّقۡوَىٰۖ وَٱتَّقُواْ ٱللَّهَۚ إِنَّ
ٱللَّهَ خَبِيرُۢ بِمَا تَعۡمَلُونَ ٨ وَعَدَ ٱللَّهُ ٱلَّذِينَ ءَامَنُواْ
وَعَمِلُواْ ٱلصَّٰلِحَٰتِ لَهُم مَّغۡفِرَةٞ وَأَجۡرٌ عَظِيمٞ ٩

く空腹にあって（禁じられたものの食用を）余儀なくされた者、まことにアッラーはよく赦し給う慈悲深い御方[612]。（5：3）

彼らは、なにが彼らに許されているかをおまえに問う。言え、「おまえたちには良いものと、捕食動物のうちおまえたちが調教して教え込み、アッラーがおまえたちに教え給うたもの（狩猟の技）によって教え込んだものが許された。それゆえそれらがおまえたちに捕らえたものは食べ、それにアッラーの御名を唱えよ[613]。そしてアッラーを畏れ身を守れ。まことにアッラーは清算に素早い御方」。（5：4）

今日、おまえたちに良いものは許された。啓典を授けられた者たちの食べ物はおまえたちにとって許され、おまえたちの食べ物は彼らに許される。また、信仰者たちのうち淑女[614]たちとおまえたち以前に啓典を授けられた者たちのうち淑女たちも。もし、おまえたちが彼女らに彼女らの報酬（婚資）を与え、おまえたちが貞潔で、放縦でなく、また密通相手を持つのでなければ。そして信仰を拒む者は、彼の行為は無駄となり[615]、彼は来世で損失者たち（の一人）となる。（5：5）

信仰する者たちよ、おまえたちが礼拝に立った時にはおまえたちの顔と両手を肘まで洗い、頭のところを撫で[616]、両足をくるぶしまで。またもしおまえたちが大汚にあれば、身を浄めよ。またもしおまえたちが病気か、旅先にあるか、おまえたちのだれかが御下（厠）から出たか、妻に触れたかし、水を見出さなかった時には、良い地面を求め（手で触れ）、おまえたちの顔と両手のところをそれで撫でよ[617]。アッラーはおまえたちに困難を課そうと欲し給うのではなく、おまえたちを清め、おまえたちへの彼の恩寵を全うしようと欲し給うのである。きっとおまえたちは感謝するであろう。（5：6）

アッラーのおまえたちへの恩寵と、彼がおまえたちと交わし給うた確約を思い起こせ。その時、おまえたちは、「われらは聴き、従いました」と言った[618]。そしてアッラーを畏れ

612　2章173節、6章145節、16章115節参照。

613　それらの狩猟の調教のすんだ動物、鳥などを獲物に向かって放つときに、アッラーの御名を唱えよ。矢を射る時もそれに準ずる。

614　自由人女性。あるいは身分に関係なく貞淑な女性。

615　信仰を伴わない善行には来世では報酬がない。

616　あるいは、「頭を撫で」。

617　4章43節参照。

618　この確約とは、預言者ムハンマドがムスリムたちに、順境にあっても逆境にあっても、奮い立つようなことでも気乗りのしないことでも服従することの誓いを求めた時に、彼らが「われわれは聴き、従います」と応えたことを指すとも、ヤスリブ（後のマディーナ）の代表団が、マッカに預言者ムハンマドを訪れ、ヤスリブの元首として迎えるために忠誠を誓った「アカバの誓い」、あるいは

وَٱلَّذِينَ كَفَرُوا۟ وَكَذَّبُوا۟ بِـَٔايَٰتِنَآ أُو۟لَٰٓئِكَ أَصْحَٰبُ
ٱلْجَحِيمِ ١٠ يَٰٓأَيُّهَا ٱلَّذِينَ ءَامَنُوا۟ ٱذْكُرُوا۟ نِعْمَتَ
ٱللَّهِ عَلَيْكُمْ إِذْ هَمَّ قَوْمٌ أَن يَبْسُطُوٓا۟ إِلَيْكُمْ أَيْدِيَهُمْ
فَكَفَّ أَيْدِيَهُمْ عَنكُمْ ۖ وَٱتَّقُوا۟ ٱللَّهَ ۚ وَعَلَى ٱللَّهِ فَلْيَتَوَكَّلِ
ٱلْمُؤْمِنُونَ ١١ ۞ وَلَقَدْ أَخَذَ ٱللَّهُ مِيثَٰقَ بَنِىٓ إِسْرَٰٓءِيلَ
وَبَعَثْنَا مِنْهُمُ ٱثْنَىْ عَشَرَ نَقِيبًا ۖ وَقَالَ ٱللَّهُ إِنِّى
مَعَكُمْ ۖ لَئِنْ أَقَمْتُمُ ٱلصَّلَوٰةَ وَءَاتَيْتُمُ ٱلزَّكَوٰةَ
وَءَامَنتُم بِرُسُلِى وَعَزَّرْتُمُوهُمْ وَأَقْرَضْتُمُ ٱللَّهَ قَرْضًا
حَسَنًا لَّأُكَفِّرَنَّ عَنكُمْ سَيِّـَٔاتِكُمْ وَلَأُدْخِلَنَّكُمْ
جَنَّٰتٍ تَجْرِى مِن تَحْتِهَا ٱلْأَنْهَٰرُ ۚ فَمَن كَفَرَ بَعْدَ ذَٰلِكَ
مِنكُمْ فَقَدْ ضَلَّ سَوَآءَ ٱلسَّبِيلِ ١٢ فَبِمَا نَقْضِهِم
مِّيثَٰقَهُمْ لَعَنَّٰهُمْ وَجَعَلْنَا قُلُوبَهُمْ قَٰسِيَةً ۖ يُحَرِّفُونَ
ٱلْكَلِمَ عَن مَّوَاضِعِهِۦ ۙ وَنَسُوا۟ حَظًّا مِّمَّا ذُكِّرُوا۟
بِهِۦ ۚ وَلَا تَزَالُ تَطَّلِعُ عَلَىٰ خَآئِنَةٍ مِّنْهُمْ إِلَّا قَلِيلًا مِّنْهُمْ ۖ
فَٱعْفُ عَنْهُمْ وَٱصْفَحْ ۚ إِنَّ ٱللَّهَ يُحِبُّ ٱلْمُحْسِنِينَ ١٣

身を守れ。まことにアッラーは胸中にあるものを知る御方。(5：7)

信仰する者たちよ、アッラー(の命令と禁止)の履行者、公正な証人となれ。民に対する憎しみがおまえたちを公平でなくなるよう仕向けさせることがあってはならない。公平にせよ[619]。それが畏怖により近い。そしてアッラーを畏れ身を守れ。まことにアッラーはおまえたちのなすことに通暁し給う御方。(5：8)

アッラーは信仰し、善行をなす者たちに約束し給うた。彼らには赦しと大きな報酬がある(と)。(5：9)

だが、信仰を拒み、われらの諸々の徴を嘘だと言う者たち、それらの者は焦熱地獄の輩である。(5：10)

信仰する者たちよ、アッラーのおまえたちへの恩寵を思い起こせ。民がおまえたちに手を伸ばそうと目論んだ時[620]、彼は彼らの手をおまえたちから制止し給うた。そしてアッラーを畏れ身を守れ。そしてアッラーにこそ信仰者たちは一任せよ。(5：11)

アッラーはかつてイスラーイールの子孫からの確約を取り給い、われらは彼らのうちから十二人の首長[621]を遣わした。そしてアッラーは仰せられた。「まことにわれはおまえたちと共にある。もしも、おまえたちが礼拝を遵守し、浄財を払い、わが使徒たちを信じて彼らに助力し、アッラーに良い債権を貸付けたならば、われはおまえたちからおまえたちの悪事を帳消しにし、おまえたちを下に河川が流れる楽園に必ずや入れよう。そしておまえたちのうち、その後に信仰を拒んだ者は中庸の道から迷ったのである」。(5：12)

だが、彼らの確約の破棄ゆえにわれらは彼らを呪い、彼らの心を頑なにした。彼らは言葉をその場所から捩じ曲げ、彼らに訓戒されたものの一部を忘れた[622]。それでおまえは彼らのうちわずかな者を除き、彼らの裏切り[623]を目にし続けるのである。それゆえ彼らを免じ、見逃せ[624]。まことに、アッラーは善をなす者を愛し給う。(5：13)

フダイビーヤの休戦協定の前に預言者ムハンマドへの忠誠を再確認した「満足の誓い」を指す、とも言われる。

619　不信仰の民に対する憎悪、敵意から、彼らとの約束を破ったり、子弟を殺傷したり、財産を奪うなどの不正を行ってはならない。ムスリム同胞だけでなく、異教徒の敵にも公正に振舞わなければならない。

620　クライシュ族の多神教徒あるいは、ユダヤ教徒ナディール族が不意打ちを策した時。

621　語源的には広大さや傑出を意味する語で、保証人、信頼ある長、責任ある庇護者等の意味があるといわれる。

622　「律法の書」を改竄し、その一部を破棄し、あるいは解釈を捩じ曲げた。

623　あるいは、「彼らのなかの裏切り者(たち)」。

624　これは9章29節、あるいは8章58節によって破棄された。破棄されなかったとの説もある。

وَمِنَ ٱلَّذِينَ قَالُوٓاْ إِنَّا نَصَٰرَىٰٓ أَخَذۡنَا مِيثَٰقَهُمۡ فَنَسُواْ
حَظّٗا مِّمَّا ذُكِّرُواْ بِهِۦ فَأَغۡرَيۡنَا بَيۡنَهُمُ ٱلۡعَدَاوَةَ
وَٱلۡبَغۡضَآءَ إِلَىٰ يَوۡمِ ٱلۡقِيَٰمَةِۚ وَسَوۡفَ يُنَبِّئُهُمُ ٱللَّهُ
بِمَا كَانُواْ يَصۡنَعُونَ ﴿١٤﴾ يَٰٓأَهۡلَ ٱلۡكِتَٰبِ قَدۡ
جَآءَكُمۡ رَسُولُنَا يُبَيِّنُ لَكُمۡ كَثِيرٗا مِّمَّا
كُنتُمۡ تُخۡفُونَ مِنَ ٱلۡكِتَٰبِ وَيَعۡفُواْ عَن كَثِيرٖۚ
قَدۡ جَآءَكُم مِّنَ ٱللَّهِ نُورٞ وَكِتَٰبٞ مُّبِينٞ ﴿١٥﴾
يَهۡدِي بِهِ ٱللَّهُ مَنِ ٱتَّبَعَ رِضۡوَٰنَهُۥ سُبُلَ ٱلسَّلَٰمِ
وَيُخۡرِجُهُم مِّنَ ٱلظُّلُمَٰتِ إِلَى ٱلنُّورِ بِإِذۡنِهِۦ
وَيَهۡدِيهِمۡ إِلَىٰ صِرَٰطٖ مُّسۡتَقِيمٖ ﴿١٦﴾ لَّقَدۡ كَفَرَ
ٱلَّذِينَ قَالُوٓاْ إِنَّ ٱللَّهَ هُوَ ٱلۡمَسِيحُ ٱبۡنُ مَرۡيَمَۚ
قُلۡ فَمَن يَمۡلِكُ مِنَ ٱللَّهِ شَيۡـًٔا إِنۡ أَرَادَ أَن يُهۡلِكَ
ٱلۡمَسِيحَ ٱبۡنَ مَرۡيَمَ وَأُمَّهُۥ وَمَن فِي ٱلۡأَرۡضِ
جَمِيعٗاۗ وَلِلَّهِ مُلۡكُ ٱلسَّمَٰوَٰتِ وَٱلۡأَرۡضِ وَمَا بَيۡنَهُمَاۚ
يَخۡلُقُ مَا يَشَآءُۚ وَٱللَّهُ عَلَىٰ كُلِّ شَيۡءٖ قَدِيرٞ ﴿١٧﴾

また、「われらはキリスト教徒である」と言う者たち、われらは彼らからの確約を取った。だが、彼らは彼らに訓戒されたものの一部を忘れた。そこで、われらは彼らの間に復活の日まで敵意と憎悪をかきたてた。そして、いずれアッラーは彼らがなしていたことを彼らに告げ給うであろう。(5：14)

啓典の民よ、既におまえたちにはわれらの使徒(ムハンマド)が訪れ、おまえたちが啓典から隠したものの多くをおまえたちに明かしたが、多くについては免じた[625]。おまえたちにはアッラーから光[626]と明白な啓典が確かに届いたのである。(5：15)

それによってアッラーは彼の御満悦を追い求めた者を平安の道に導き[627]、彼の御許可によって彼らを諸々の暗闇から光に連れ出し、まっすぐな道に導き給う。(5：16)

「アッラーとはかのマスィーフ、マルヤムの子である」と言う者たちは確かに信仰を拒んだのである。言え。「ではアッラーに対して誰になにができるというのか[628]。もし彼がマスィーフ[629]、マルヤムの子とその母と地上の者をすべて滅ぼそうと欲し給うたなら」。アッラーにこそ諸天と地とその間のものの王権は属し、彼は御望みのものを創り給う。アッラーはすべてのものの上に全能なる御方。(5：17)

625　明かすことなく免じた。

626　預言者ムハンマド。もしくはクルアーン。

627　あるいは、「アッラーは彼の御満悦、平安の道を追い求めた者を導き」。

628　誰がアッラーの能力や意志のうちから何かを制することが出来るというのか。

629　3章45節脚注参照。

وَقَالَتِ ٱلْيَهُودُ وَٱلنَّصَٰرَىٰ نَحْنُ أَبْنَٰٓؤُا۟ ٱللَّهِ وَأَحِبَّٰٓؤُهُۥ ۚ قُلْ
فَلِمَ يُعَذِّبُكُم بِذُنُوبِكُم ۖ بَلْ أَنتُم بَشَرٌ مِّمَّنْ خَلَقَ ۚ يَغْفِرُ لِمَن
يَشَآءُ وَيُعَذِّبُ مَن يَشَآءُ ۚ وَلِلَّهِ مُلْكُ ٱلسَّمَٰوَٰتِ وَٱلْأَرْضِ
وَمَا بَيْنَهُمَا ۖ وَإِلَيْهِ ٱلْمَصِيرُ ﴿١٨﴾ يَٰٓأَهْلَ ٱلْكِتَٰبِ قَدْ جَآءَكُمْ
رَسُولُنَا يُبَيِّنُ لَكُمْ عَلَىٰ فَتْرَةٍ مِّنَ ٱلرُّسُلِ أَن تَقُولُوا۟ مَا جَآءَنَا
مِنۢ بَشِيرٍ وَلَا نَذِيرٍ ۖ فَقَدْ جَآءَكُم بَشِيرٌ وَنَذِيرٌ ۗ وَٱللَّهُ عَلَىٰ كُلِّ
شَىْءٍ قَدِيرٌ ﴿١٩﴾ وَإِذْ قَالَ مُوسَىٰ لِقَوْمِهِۦ يَٰقَوْمِ ٱذْكُرُوا۟
نِعْمَةَ ٱللَّهِ عَلَيْكُمْ إِذْ جَعَلَ فِيكُمْ أَنۢبِيَآءَ وَجَعَلَكُم مُّلُوكًا
وَءَاتَىٰكُم مَّا لَمْ يُؤْتِ أَحَدًا مِّنَ ٱلْعَٰلَمِينَ ﴿٢٠﴾ يَٰقَوْمِ ٱدْخُلُوا۟
ٱلْأَرْضَ ٱلْمُقَدَّسَةَ ٱلَّتِى كَتَبَ ٱللَّهُ لَكُمْ وَلَا تَرْتَدُّوا۟
عَلَىٰٓ أَدْبَارِكُمْ فَتَنقَلِبُوا۟ خَٰسِرِينَ ﴿٢١﴾ قَالُوا۟ يَٰمُوسَىٰٓ إِنَّ
فِيهَا قَوْمًا جَبَّارِينَ وَإِنَّا لَن نَّدْخُلَهَا حَتَّىٰ يَخْرُجُوا۟ مِنْهَا فَإِن
يَخْرُجُوا۟ مِنْهَا فَإِنَّا دَٰخِلُونَ ﴿٢٢﴾ قَالَ رَجُلَانِ مِنَ ٱلَّذِينَ يَخَافُونَ
أَنْعَمَ ٱللَّهُ عَلَيْهِمَا ٱدْخُلُوا۟ عَلَيْهِمُ ٱلْبَابَ فَإِذَا دَخَلْتُمُوهُ فَإِنَّكُمْ
غَٰلِبُونَ ۚ وَعَلَى ٱللَّهِ فَتَوَكَّلُوٓا۟ إِن كُنتُم مُّؤْمِنِينَ ﴿٢٣﴾

またユダヤ教徒とキリスト教徒は言った。「われらはアッラーの子であり、彼が愛する者である[630]」。言え。「では、どうして彼はおまえたちをおまえたちの罪ゆえに懲罰を与え給うのか」。いや、おまえたちは彼が創り給うた者のうちの人間である。彼は御望みの者を赦し、御望みの者を罰し給う。そしてアッラーにこそ諸天と地とその間のものの王権は属し、彼にこそ行き着く末はある。(5：18)

啓典の民よ、おまえたちには、使徒たちの空白期の後[631]、おまえたちに(教えを)解明するためにわれらの使徒が訪れた。おまえたちが、「われらには吉報の伝達者も警告者も来なかった」と言うことが(ないように)。そしてておまえたちには吉報伝達者と警告者が既に訪れたのである。そしてアッラーはすべてのものに対して全能なる御方。(5：19)

また、ムーサーが彼の民に言った時のこと。「わが民よ、アッラーのおまえたちへの恩寵を思い起こせ。彼がおまえたちの中に預言者たちをなし、おまえたちを王[632]とし、世界のだれにも授けたことのなかったもの[633]をおまえたちに授け給うた際の」。(5：20)

「わが民よ、アッラーがおまえたちに書き定め給うた聖なる地に入れ[634]。踵を返して戻り、そうして損失者として帰ってはならない」。(5：21)

彼らは言った。「ムーサーよ、まことにそこには強大な民がいる。それでまことに彼らがそこから出るまでわれらは入ることはない。しかし彼らがそこから出れば、われらは入る者となろう[635]」。(5：22)

(アッラーを)恐れる者たちの二人[636]　―アッラーは二人に恵みを垂れ給うた―　が言っ

630　ユダヤ教徒が、自分たちはちょうど父と子の様に神と親密である、又は、神が「イスラエルはわたしの子、わたしの長子である」(「出エジプト記」4:22)と言われたと主張する。又は、預言者ムハンマドにより神の懲罰を警告されたことに対し、「我々を脅すな、我々は神の子である」と主張する。キリスト教徒が、イーサーの「わたしの父であり、あなたがたの父である方、また、わたしの神であり、あなたがたの神である方のところへわたしは上る」(「ヨハネによる福音書」20:17)との言葉を拡大解釈した、あるいは、イーサーを「神の子」とした際に自分たちを「神の子」とした。

631　イーサーが使徒として遣わされて以来、ムハンマドの召命まで、人類に使徒は遣わされなかった、と言われる。

632　自由人を意味するとも、家、妻、召使いの所有者を意味するとも言われる。

633　多数の預言者の派遣、あるいはマンヌやサルワー。

634　多神崇拝から清められた地で、歴史的シリア(シャーム)あるいはエルサレム地方を指す。イブラーヒームがレバノン山に登った時、「見よ。おまえの目が届くところは聖なる地であり、おまえの子孫への遺産である」との天の声があった、とも言われる。「創世記」12章7節、15章18節参照。

635　「民数記」13、14章参照。

636　ユーシャウ(ヨシュア)とカーリブ(カレブ)とも言われる。

قَالُوا۟ يَٰمُوسَىٰٓ إِنَّا لَن نَّدْخُلَهَآ أَبَدًا مَّا دَامُوا۟ فِيهَا فَٱذْهَبْ
أَنتَ وَرَبُّكَ فَقَٰتِلَآ إِنَّا هَٰهُنَا قَٰعِدُونَ ٢٤ قَالَ رَبِّ إِنِّى
لَآ أَمْلِكُ إِلَّا نَفْسِى وَأَخِى ۖ فَٱفْرُقْ بَيْنَنَا وَبَيْنَ ٱلْقَوْمِ
ٱلْفَٰسِقِينَ ٢٥ قَالَ فَإِنَّهَا مُحَرَّمَةٌ عَلَيْهِمْ ۛ أَرْبَعِينَ سَنَةً ۛ
يَتِيهُونَ فِى ٱلْأَرْضِ ۚ فَلَا تَأْسَ عَلَى ٱلْقَوْمِ ٱلْفَٰسِقِينَ
٢٦ ۞ وَٱتْلُ عَلَيْهِمْ نَبَأَ ٱبْنَىْ ءَادَمَ بِٱلْحَقِّ إِذْ قَرَّبَا قُرْبَانًا فَتُقُبِّلَ
مِنْ أَحَدِهِمَا وَلَمْ يُتَقَبَّلْ مِنَ ٱلْءَاخَرِ قَالَ لَأَقْتُلَنَّكَ ۖ
قَالَ إِنَّمَا يَتَقَبَّلُ ٱللَّهُ مِنَ ٱلْمُتَّقِينَ ٢٧ لَئِنۢ بَسَطتَ إِلَىَّ يَدَكَ
لِتَقْتُلَنِى مَآ أَنَا۠ بِبَاسِطٍ يَدِىَ إِلَيْكَ لِأَقْتُلَكَ ۖ إِنِّىٓ أَخَافُ ٱللَّهَ
رَبَّ ٱلْعَٰلَمِينَ ٢٨ إِنِّىٓ أُرِيدُ أَن تَبُوٓأَ بِإِثْمِى وَإِثْمِكَ فَتَكُونَ
مِنْ أَصْحَٰبِ ٱلنَّارِ ۚ وَذَٰلِكَ جَزَٰٓؤُا۟ ٱلظَّٰلِمِينَ ٢٩ فَطَوَّعَتْ
لَهُۥ نَفْسُهُۥ قَتْلَ أَخِيهِ فَقَتَلَهُۥ فَأَصْبَحَ مِنَ ٱلْخَٰسِرِينَ ٣٠
فَبَعَثَ ٱللَّهُ غُرَابًا يَبْحَثُ فِى ٱلْأَرْضِ لِيُرِيَهُۥ كَيْفَ يُوَٰرِى
سَوْءَةَ أَخِيهِ ۚ قَالَ يَٰوَيْلَتَىٰٓ أَعَجَزْتُ أَنْ أَكُونَ مِثْلَ هَٰذَا
ٱلْغُرَابِ فَأُوَٰرِىَ سَوْءَةَ أَخِى ۖ فَأَصْبَحَ مِنَ ٱلنَّٰدِمِينَ ٣١

た。「門から入って彼らに向かえ。それでおまえたちがそれに入ったならば、おまえたちは勝利者となろう。もしおまえたちが信仰者であれば、アッラーにこそ一任せよ」。(5：23)

彼らは言った。「ムーサーよ、彼らがそこに留まる限り、まことにわれらはそこには決して入らない。それゆえ、おまえとおまえの主で行ってそして二人で戦え。まことにわれらはここに座っていよう」。(5：24)

彼は言った。「わが主よ、まことに私は自分自身と私の兄弟(ハールーン：アロン)しか支配できません[637]。ですから、われらと邪な民の間を引き離し給え」。(5：25)

彼は仰せられた。「ならば、そこは彼らに対して四十年間禁じられたものとなり、彼らは地をさすらう[638]。それゆえ、おまえは邪な民のことで落胆してはならない」。(5：26)

また彼らにアーダムの二人の息子の話を真実をもって語れ。二人は捧げ物を差し出したが、そのうち一人からは受け入れられ、他方は受け入れられなかった時のこと[639]。彼は言った。「私はおまえを殺してやる」。彼は言った。「アッラーは畏れ身を守る者たちからのみ嘉納し給うのである」。(5：27)

「おまえが私を殺そうと手を伸ばしても、私はおまえを殺すために手を伸ばしはしない。私は諸世界の主アッラーを恐れる」。(5：28)

「私は、おまえが私の罪とおまえの罪を持ち帰り、獄火の住人たち(の一人)となることを望む。そしてそれが不正な者たちの報いである」。(5：29)

だが、彼の自我は自分の兄弟の殺害を彼にそそのかし、そして彼は兄弟を殺し、損失者たち(の一人)となった。(5：30)

そこで、アッラーは彼にカラスを遣わし、それは地を掘って、その兄弟の屍骸[640]をどのように隠すかを彼に見せた[641]。彼は言った。「なんと情けないことか。私はこのカラスほどのものとなって、私の兄弟の屍骸を隠すことさえ出来ないのだ」。こうして彼は後悔する者の一人となった。(5：31)

637　あるいは、「私は自分自身しか支配できません。私の兄弟も(彼自身を支配できるのみです)」。

638　あるいは、「そこは彼らに禁じられたものとなり、四十年間彼らは地をさすらう」。

639　カービール(カイン)の捧げた農作物は受け入れられなかったが、ハービール(アベル)の捧げた子羊は嘉納され、それを恨んだカインはアベルを殺した。「創世記」4章参照。

640　原義は「明らかになることが憚られるもの」。

641　一羽のカラスがもう一羽のカラス(兄弟)の屍骸を隠した。あるいは、天使がカラスの姿を取って、アベルの屍骸の隠し方を教えた。

مِنْ أَجْلِ ذَٰلِكَ كَتَبْنَا عَلَىٰ بَنِيٓ إِسْرَٰٓءِيلَ أَنَّهُۥ مَن قَتَلَ
نَفْسًۢا بِغَيْرِ نَفْسٍ أَوْ فَسَادٍ فِي ٱلْأَرْضِ فَكَأَنَّمَا قَتَلَ
ٱلنَّاسَ جَمِيعًا وَمَنْ أَحْيَاهَا فَكَأَنَّمَآ أَحْيَا ٱلنَّاسَ
جَمِيعًاۚ وَلَقَدْ جَآءَتْهُمْ رُسُلُنَا بِٱلْبَيِّنَٰتِ ثُمَّ إِنَّ كَثِيرًا
مِّنْهُم بَعْدَ ذَٰلِكَ فِي ٱلْأَرْضِ لَمُسْرِفُونَ ٣٢ إِنَّمَا
جَزَٰٓؤُاْ ٱلَّذِينَ يُحَارِبُونَ ٱللَّهَ وَرَسُولَهُۥ وَيَسْعَوْنَ فِي
ٱلْأَرْضِ فَسَادًا أَن يُقَتَّلُوٓاْ أَوْ يُصَلَّبُوٓاْ أَوْ تُقَطَّعَ أَيْدِيهِمْ
وَأَرْجُلُهُم مِّنْ خِلَٰفٍ أَوْ يُنفَوْاْ مِنَ ٱلْأَرْضِۚ ذَٰلِكَ
لَهُمْ خِزْيٌ فِي ٱلدُّنْيَاۖ وَلَهُمْ فِي ٱلْأٓخِرَةِ عَذَابٌ عَظِيمٌ
٣٣ إِلَّا ٱلَّذِينَ تَابُواْ مِن قَبْلِ أَن تَقْدِرُواْ عَلَيْهِمْۖ فَٱعْلَمُوٓاْ
أَنَّ ٱللَّهَ غَفُورٌ رَّحِيمٌ ٣٤ يَٰٓأَيُّهَا ٱلَّذِينَ ءَامَنُواْ ٱتَّقُواْ
ٱللَّهَ وَٱبْتَغُوٓاْ إِلَيْهِ ٱلْوَسِيلَةَ وَجَٰهِدُواْ فِي سَبِيلِهِۦ
لَعَلَّكُمْ تُفْلِحُونَ ٣٥ إِنَّ ٱلَّذِينَ كَفَرُواْ لَوْ أَنَّ لَهُم
مَّا فِي ٱلْأَرْضِ جَمِيعًا وَمِثْلَهُۥ مَعَهُۥ لِيَفْتَدُواْ بِهِۦ مِنْ
عَذَابِ يَوْمِ ٱلْقِيَٰمَةِ مَا تُقُبِّلَ مِنْهُمْۖ وَلَهُمْ عَذَابٌ أَلِيمٌ ٣٦

それゆえにわれらはイスラーイールの子孫に書き定めた。それ即ち、人の命のゆえにでも[642]、あるいは地上での害悪のせいでもなく人一人を殺した者は、人々すべてを殺したようなものであり、人一人を生かした者は人々すべてを生かしたようなものであると[643]。そして彼らにわれらの使徒たちは諸々の明証を携えて確かに訪れた。それからも、彼らの多くはその後も地上においてまことに度を越す者たちであった。(5：32)

アッラーと彼の使徒と戦い、地上で害悪をなして回る者たちの報いは[644]、殺されるか、磔にされるか、手足を互い違いに切断されるか、その地から追放されるかにほかならない。これが彼らへの現世での恥辱であり、彼らには来世でも大いなる懲罰がある[645]。(5：33)

ただし、おまえたちが彼らを取り押さえる前に悔い戻った者は別である。それゆえアッラーはよく赦し給う慈悲深い御方と知れ[646]。(5：34)

信仰する者たちよ、アッラーを畏れ身を守り、彼に至る手段を求め、彼の道において奮闘《ジハード》せよ。きっとおまえたちは成功するであろう。(5：35)

信仰を拒む者たちは、たとえ彼らに地にあるものすべてと、さらにそれと同じものがあって、復活(審判)の日の懲罰からそれで身を贖《あがな》おうとしても、それは彼らから受け入れられない。そして、彼らには痛苦の懲罰がある。(5：36)

642　故意の殺人に対する同害報復によって。

643　一人を殺したものは全人類を殺した者同様に業火で焼かれるとも、一人だけを殺したのであっても全人類を殺したかの様に罪は重大であり同害報復刑等に処されるとも、殺された者にとっては殺した者は全人類を殺したかの様であるとも、理由なく一人を殺すことを正当化することは全人類を殺すことに等しいとも、預言者やカリフを殺すことは全人類を殺すに等しいとも言われる。

644　本節は強盗に対する刑罰を定めており、強盗は「アッラーとその使徒との戦い」(ムハーラバ)と呼ばれ、殺人のみ犯した者は死刑、殺した上に財産を奪った者は磔と死刑、財産を奪い殺人は犯さなかった者は右手と左足の切断、脅迫しただけの者は流罪(あるいは禁固)となる。

645　ただし、これは不信仰者の場合で、ムスリムの場合には現世でこの法定刑を受けた者は来世での懲罰は免れる。

646　これは、彼らが法定刑を免れることを意味しない。

يُرِيدُونَ أَن يَخْرُجُوا۟ مِنَ ٱلنَّارِ وَمَا هُم بِخَٰرِجِينَ مِنْهَا ۖ
وَلَهُمْ عَذَابٌ مُّقِيمٌ ﴿٣٧﴾ وَٱلسَّارِقُ وَٱلسَّارِقَةُ فَٱقْطَعُوٓا۟
أَيْدِيَهُمَا جَزَآءًۢ بِمَا كَسَبَا نَكَٰلًا مِّنَ ٱللَّهِ ۗ وَٱللَّهُ عَزِيزٌ
حَكِيمٌ ﴿٣٨﴾ فَمَن تَابَ مِنۢ بَعْدِ ظُلْمِهِۦ وَأَصْلَحَ فَإِنَّ ٱللَّهَ
يَتُوبُ عَلَيْهِ ۗ إِنَّ ٱللَّهَ غَفُورٌ رَّحِيمٌ ﴿٣٩﴾ أَلَمْ تَعْلَمْ أَنَّ ٱللَّهَ
لَهُۥ مُلْكُ ٱلسَّمَٰوَٰتِ وَٱلْأَرْضِ يُعَذِّبُ مَن يَشَآءُ وَيَغْفِرُ
لِمَن يَشَآءُ ۗ وَٱللَّهُ عَلَىٰ كُلِّ شَىْءٍ قَدِيرٌ ﴿٤٠﴾ ۞ يَٰٓأَيُّهَا
ٱلرَّسُولُ لَا يَحْزُنكَ ٱلَّذِينَ يُسَٰرِعُونَ فِى ٱلْكُفْرِ مِنَ
ٱلَّذِينَ قَالُوٓا۟ ءَامَنَّا بِأَفْوَٰهِهِمْ وَلَمْ تُؤْمِن قُلُوبُهُمْ ۛ وَمِنَ
ٱلَّذِينَ هَادُوا۟ ۛ سَمَّٰعُونَ لِلْكَذِبِ سَمَّٰعُونَ لِقَوْمٍ
ءَاخَرِينَ لَمْ يَأْتُوكَ ۖ يُحَرِّفُونَ ٱلْكَلِمَ مِنۢ بَعْدِ مَوَاضِعِهِۦ ۖ
يَقُولُونَ إِنْ أُوتِيتُمْ هَٰذَا فَخُذُوهُ وَإِن لَّمْ تُؤْتَوْهُ
فَٱحْذَرُوا۟ ۚ وَمَن يُرِدِ ٱللَّهُ فِتْنَتَهُۥ فَلَن تَمْلِكَ لَهُۥ مِنَ ٱللَّهِ
شَيْـًٔا ۚ أُو۟لَٰٓئِكَ ٱلَّذِينَ لَمْ يُرِدِ ٱللَّهُ أَن يُطَهِّرَ قُلُوبَهُمْ ۚ لَهُمْ
فِى ٱلدُّنْيَا خِزْىٌ ۖ وَلَهُمْ فِى ٱلْءَاخِرَةِ عَذَابٌ عَظِيمٌ ﴿٤١﴾

彼らは獄火から出ることを望むが、彼らはそこから出ることはない。そして彼らには永続の懲罰がある。(5：37)

そして男の盗人と女の盗人は[647]、彼らの手(首)を切断せよ。彼らのなしたことへの報いとして、アッラーからの見せしめに。アッラーは威力比類なく、英明なる御方。(5：38)

しかし、自らの不正の後に悔いて戻り、(行いを)正した者、アッラーは彼を顧み戻り給う[648]。まことにアッラーはよく赦し給う慈悲深い御方。(5：39)

おまえは、アッラーに諸天と地の王権が属し、御望みの者に懲罰を与え、御望みの者を赦し給うことを知らないのか。そしてアッラーはすべてに対して全能なる御方。(5：40)

使徒よ、不信仰に急ぐ者たちがおまえを悲しめることがあってはならない。彼らは口では、「われらは信仰する」。と言いながら、心は信仰していない者たち[649]である。また、「戻った者たち」(ユダヤ教徒)で、虚偽に耳を傾け、他のおまえのところには来ない民[650]に耳を傾ける者たちである。彼らは、言葉をその場所から捩じ曲げ[651]、言う。「おまえたちにこれが授けられたのであれば、それを取り、これが授けられたのでなければ、警戒せよ[652]」。そしてアッラーが試練[653]を望み給うた者があれば、おまえはアッラーに対して彼のためにはなにもできない。それらの者はアッラーが彼らの心を清めようと欲し給わなかった者である。彼らには現世において恥辱があり、彼らには来世でも大いなる懲罰がある。(5：41)

647　通説では、金四分の一ディーナール(一ディーナールは約四.二五グラム)、ハナフィー派では銀十ディルハム(一ディルハムは約三グラム)以上の価格のものをひそかに盗んだ場合は。

648　来世での懲罰を免じる。

649　偽信徒。

650　傲慢で預言者ムハンマドの許を訪れようとしなかったハイバルのユダヤ教徒を指すと言われる。ハイバルの名家の既婚者が姦通を犯したが、両者を石打にすることを嫌い、マディーナのユダヤ教徒のクライザ族の者を使者として預言者の許に送って裁決を求めさせた。

651　姦夫、姦婦に対する石打刑の規定を鞭打ちに改変するなどの改竄。

652　「これ」は改竄された規定を意味し、預言者ムハンマドがこの通りに裁定したならそれを受け入れ、そうでなければそれを拒め、と言った。

653　ここでの意味は懲罰とも、アッラーにより迷わされることとも、不名誉とも言われる。

سَمَّٰعُونَ لِلۡكَذِبِ أَكَّٰلُونَ لِلسُّحۡتِۚ فَإِن جَآءُوكَ
فَٱحۡكُم بَيۡنَهُمۡ أَوۡ أَعۡرِضۡ عَنۡهُمۡۖ وَإِن تُعۡرِضۡ عَنۡهُمۡ فَلَن
يَضُرُّوكَ شَيۡـٔٗاۖ وَإِنۡ حَكَمۡتَ فَٱحۡكُم بَيۡنَهُم بِٱلۡقِسۡطِۚ
إِنَّ ٱللَّهَ يُحِبُّ ٱلۡمُقۡسِطِينَ ٤٢ وَكَيۡفَ يُحَكِّمُونَكَ
وَعِندَهُمُ ٱلتَّوۡرَىٰةُ فِيهَا حُكۡمُ ٱللَّهِ ثُمَّ يَتَوَلَّوۡنَ مِنۢ بَعۡدِ
ذَٰلِكَۚ وَمَآ أُوْلَٰٓئِكَ بِٱلۡمُؤۡمِنِينَ ٤٣ إِنَّآ أَنزَلۡنَا ٱلتَّوۡرَىٰةَ
فِيهَا هُدٗى وَنُورٞۚ يَحۡكُمُ بِهَا ٱلنَّبِيُّونَ ٱلَّذِينَ أَسۡلَمُواْ
لِلَّذِينَ هَادُواْ وَٱلرَّبَّٰنِيُّونَ وَٱلۡأَحۡبَارُ بِمَا ٱسۡتُحۡفِظُواْ مِن
كِتَٰبِ ٱللَّهِ وَكَانُواْ عَلَيۡهِ شُهَدَآءَۚ فَلَا تَخۡشَوُاْ ٱلنَّاسَ
وَٱخۡشَوۡنِ وَلَا تَشۡتَرُواْ بِـَٔايَٰتِي ثَمَنٗا قَلِيلٗاۚ وَمَن لَّمۡ يَحۡكُم
بِمَآ أَنزَلَ ٱللَّهُ فَأُوْلَٰٓئِكَ هُمُ ٱلۡكَٰفِرُونَ ٤٤ وَكَتَبۡنَا
عَلَيۡهِمۡ فِيهَآ أَنَّ ٱلنَّفۡسَ بِٱلنَّفۡسِ وَٱلۡعَيۡنَ بِٱلۡعَيۡنِ وَٱلۡأَنفَ
بِٱلۡأَنفِ وَٱلۡأُذُنَ بِٱلۡأُذُنِ وَٱلسِّنَّ بِٱلسِّنِّ وَٱلۡجُرُوحَ
قِصَاصٞۚ فَمَن تَصَدَّقَ بِهِۦ فَهُوَ كَفَّارَةٞ لَّهُۥۚ وَمَن
لَّمۡ يَحۡكُم بِمَآ أَنزَلَ ٱللَّهُ فَأُوْلَٰٓئِكَ هُمُ ٱلظَّٰلِمُونَ ٤٥

虚偽に耳を傾け、不法のもの[654]を貪る者たち。それでもし彼らがおまえの許に来たなら、彼らの間を裁くか、あるいは彼らから背を向けよ[655]。そしてたとえおまえが彼らから背を向けても、彼らはおまえをわずかにも害することは決してない。また、もし、おまえが裁くなら、彼らの間を公正に裁け。まことにアッラーは公正な者たちを愛し給う。(5：42)

またいかにして彼らはおまえに裁きを求めるのか。彼らには律法の書があり、そこにはアッラーの裁定があるというのに。それから、その(裁きの)後で彼らは背き去る。そしてそれらの者は信仰者ではない。(5：43)

まことにわれらは律法の書を下し、その中には導きと光がある。帰依した預言者たちはそれによって「戻った者たち」(ユダヤ教徒)に対して裁き、教導師たちと律法学者たちもまた、アッラーの書で彼らにその保管が任され、彼らがその証人であったものによって(裁く)。それゆえ人々を懼れず、われを懼れよ。そして、われの徴とひきかえにわずかな代価を得てはならない。アッラーが下し給うたもので裁かない者、それらの者こそは不信仰者たちである。(5：44)

また、われらは彼らに対しその中で、命には命、目には目、鼻には鼻、耳には耳、歯には歯、傷には同害報復と書き定めた[656]。それでそれを(免じて)喜捨とした者、それは彼にとって罪滅ぼしである。そしてアッラーの下し給うたもので裁かない者、それらの者こそは不正な者たちである。(5：45)

654　賄賂とも、禁じられたものの取引とも言われる。
655　この二者択一は、5章48-49節によって破棄されたと言われる。
656　「出エジプト記」21章23-25節、「レビ記」24章18-20節、「申命記」19章21節参照。

وَقَفَّيْنَا عَلَىٰٓ ءَاثَٰرِهِم بِعِيسَى ٱبْنِ مَرْيَمَ مُصَدِّقًا لِّمَا بَيْنَ يَدَيْهِ
مِنَ ٱلتَّوْرَىٰةِ ۖ وَءَاتَيْنَٰهُ ٱلْإِنجِيلَ فِيهِ هُدًى وَنُورٌ وَمُصَدِّقًا
لِّمَا بَيْنَ يَدَيْهِ مِنَ ٱلتَّوْرَىٰةِ وَهُدًى وَمَوْعِظَةً لِّلْمُتَّقِينَ ﴿٤٦﴾
وَلْيَحْكُمْ أَهْلُ ٱلْإِنجِيلِ بِمَآ أَنزَلَ ٱللَّهُ فِيهِ ۚ وَمَن لَّمْ يَحْكُم
بِمَآ أَنزَلَ ٱللَّهُ فَأُو۟لَٰٓئِكَ هُمُ ٱلْفَٰسِقُونَ ﴿٤٧﴾ وَأَنزَلْنَآ إِلَيْكَ
ٱلْكِتَٰبَ بِٱلْحَقِّ مُصَدِّقًا لِّمَا بَيْنَ يَدَيْهِ مِنَ ٱلْكِتَٰبِ
وَمُهَيْمِنًا عَلَيْهِ ۖ فَٱحْكُم بَيْنَهُم بِمَآ أَنزَلَ ٱللَّهُ ۖ وَلَا تَتَّبِعْ أَهْوَآءَهُمْ
عَمَّا جَآءَكَ مِنَ ٱلْحَقِّ ۚ لِكُلٍّ جَعَلْنَا مِنكُمْ شِرْعَةً وَمِنْهَاجًا ۚ
وَلَوْ شَآءَ ٱللَّهُ لَجَعَلَكُمْ أُمَّةً وَٰحِدَةً وَلَٰكِن لِّيَبْلُوَكُمْ
فِى مَآ ءَاتَىٰكُمْ ۖ فَٱسْتَبِقُوا۟ ٱلْخَيْرَٰتِ ۚ إِلَى ٱللَّهِ مَرْجِعُكُمْ جَمِيعًا
فَيُنَبِّئُكُم بِمَا كُنتُمْ فِيهِ تَخْتَلِفُونَ ﴿٤٨﴾ وَأَنِ ٱحْكُم بَيْنَهُم
بِمَآ أَنزَلَ ٱللَّهُ وَلَا تَتَّبِعْ أَهْوَآءَهُمْ وَٱحْذَرْهُمْ أَن يَفْتِنُوكَ عَنۢ
بَعْضِ مَآ أَنزَلَ ٱللَّهُ إِلَيْكَ ۖ فَإِن تَوَلَّوْا۟ فَٱعْلَمْ أَنَّمَا يُرِيدُ ٱللَّهُ أَن يُصِيبَهُم
بِبَعْضِ ذُنُوبِهِمْ ۗ وَإِنَّ كَثِيرًا مِّنَ ٱلنَّاسِ لَفَٰسِقُونَ ﴿٤٩﴾ أَفَحُكْمَ
ٱلْجَٰهِلِيَّةِ يَبْغُونَ ۚ وَمَنْ أَحْسَنُ مِنَ ٱللَّهِ حُكْمًا لِّقَوْمٍ يُوقِنُونَ ﴿٥٠﴾

また、われらは彼らの足跡をマルヤムの子イーサーに、彼以前にあった律法の書を確証する者として、辿らせた(引き続き遣わした)。そして、われらは彼に福音書を授けたが、その中には導きと光があり、それ以前にあった律法の書の確証として、畏れ身を守る者への導きと訓告として(であった)。(5：46)

また、福音書の民にはアッラーがその中で下し給うたものによって裁かせよ。そしてアッラーが下し給うたものによって裁かない者、それらの者こそは邪な者たちである。(5：47)

またわれらはおまえに啓典を真理と共に下した。それ以前にあった啓典を確証し、それを看視する[657]ものとして。それゆえ彼らの間をアッラーが下し給うたものによって裁き、おまえにもたらされた真理から(離れ)、彼らの欲望に従ってはならない。おまえたちそれぞれのために[658]われらは聖法と道を定めた。そしてもしアッラーが望み給うたならば、おまえたちを一つの民《ウンマ》となし給うたであろう。だが、おまえたちに与え給うたものにおいておまえたちを試すためであった。それゆえ競って善行に励め。アッラーにこそおまえたちすべての帰り処はあり、そこで彼はおまえたちに、おまえたちが対立していたことについて告げ給う。(5：48)

そして彼らの間はアッラーが下し給うたもので裁き、彼らの欲望に従ってはならないこと。彼らに警戒せよ、彼らがおまえを、アッラーがおまえに下し給うたものの一部から惑わし逸らせることに。それでもし彼らが背き去るなら、まことにアッラーが彼らの罪の一部ゆえに彼らを罰することを望み給うているのだと知れ。そしてまことに人々の多くは邪な者である。(5：49)

そうして、ジャーヒリーヤ(イスラーム以前の無明時代)の裁定を彼らは求めているというのか。そして、確信する民にとって誰が裁定においてアッラーに優る者であるというのか。(5：50)

657　監視、保護する。
658　諸々の、あるいはムハンマドのウンマ(共同体)のために。

۞ يَٰٓأَيُّهَا ٱلَّذِينَ ءَامَنُوا۟ لَا تَتَّخِذُوا۟ ٱلْيَهُودَ وَٱلنَّصَٰرَىٰٓ أَوْلِيَآءَ ۘ بَعْضُهُمْ
أَوْلِيَآءُ بَعْضٍ ۚ وَمَن يَتَوَلَّهُم مِّنكُمْ فَإِنَّهُۥ مِنْهُمْ ۗ إِنَّ ٱللَّهَ لَا يَهْدِى ٱلْقَوْمَ
ٱلظَّٰلِمِينَ ﴿٥١﴾ فَتَرَى ٱلَّذِينَ فِى قُلُوبِهِم مَّرَضٌ يُسَٰرِعُونَ فِيهِمْ يَقُولُونَ
نَخْشَىٰٓ أَن تُصِيبَنَا دَآئِرَةٌ ۚ فَعَسَى ٱللَّهُ أَن يَأْتِىَ بِٱلْفَتْحِ أَوْ أَمْرٍ مِّنْ عِندِهِۦ
فَيُصْبِحُوا۟ عَلَىٰ مَآ أَسَرُّوا۟ فِىٓ أَنفُسِهِمْ نَٰدِمِينَ ﴿٥٢﴾ وَيَقُولُ ٱلَّذِينَ ءَامَنُوٓا۟
أَهَٰٓؤُلَآءِ ٱلَّذِينَ أَقْسَمُوا۟ بِٱللَّهِ جَهْدَ أَيْمَٰنِهِمْ ۙ إِنَّهُمْ لَمَعَكُمْ ۚ حَبِطَتْ
أَعْمَٰلُهُمْ فَأَصْبَحُوا۟ خَٰسِرِينَ ﴿٥٣﴾ يَٰٓأَيُّهَا ٱلَّذِينَ ءَامَنُوا۟ مَن يَرْتَدَّ
مِنكُمْ عَن دِينِهِۦ فَسَوْفَ يَأْتِى ٱللَّهُ بِقَوْمٍ يُحِبُّهُمْ وَيُحِبُّونَهُۥٓ أَذِلَّةٍ
عَلَى ٱلْمُؤْمِنِينَ أَعِزَّةٍ عَلَى ٱلْكَٰفِرِينَ يُجَٰهِدُونَ فِى سَبِيلِ ٱللَّهِ وَلَا
يَخَافُونَ لَوْمَةَ لَآئِمٍ ۚ ذَٰلِكَ فَضْلُ ٱللَّهِ يُؤْتِيهِ مَن يَشَآءُ ۚ وَٱللَّهُ وَٰسِعٌ
عَلِيمٌ ﴿٥٤﴾ إِنَّمَا وَلِيُّكُمُ ٱللَّهُ وَرَسُولُهُۥ وَٱلَّذِينَ ءَامَنُوا۟ ٱلَّذِينَ يُقِيمُونَ
ٱلصَّلَوٰةَ وَيُؤْتُونَ ٱلزَّكَوٰةَ وَهُمْ رَٰكِعُونَ ﴿٥٥﴾ وَمَن يَتَوَلَّ ٱللَّهَ وَرَسُولَهُۥ
وَٱلَّذِينَ ءَامَنُوا۟ فَإِنَّ حِزْبَ ٱللَّهِ هُمُ ٱلْغَٰلِبُونَ ﴿٥٦﴾ يَٰٓأَيُّهَا ٱلَّذِينَ ءَامَنُوا۟
لَا تَتَّخِذُوا۟ ٱلَّذِينَ ٱتَّخَذُوا۟ دِينَكُمْ هُزُوًا وَلَعِبًا مِّنَ ٱلَّذِينَ أُوتُوا۟
ٱلْكِتَٰبَ مِن قَبْلِكُمْ وَٱلْكُفَّارَ أَوْلِيَآءَ ۚ وَٱتَّقُوا۟ ٱللَّهَ إِن كُنتُم مُّؤْمِنِينَ ﴿٥٧﴾

信仰する者たちよ、ユダヤ教徒とキリスト教徒を後見としてはならない[659]。彼らは互いに後見である。そしておまえたちのうち彼らを後見とする者[660]は彼らの内にある。まことにアッラーは不正な民を導き給わない。(5：51)

そしておまえは、心に病のある者たちが彼ら[661]の許に急ぎ、「われらはわれらに転変が見舞うことを恐れる」と言うのを見る。きっとアッラーは、勝利、あるいは彼の御許からの命《めい》をもたらし給う。それで、彼らは彼らの心中に隠したものを悔やむ者となるであろう。(5：52)

そして信仰する者たちは言う。「これらの者は、おまえたちと必ずや共にあると必死の誓約でアッラーに誓った者たちではないか」。彼らの行いは無益となり、彼らは損失者となるであろう。(5：53)

信仰する者たちよ、おまえたちのうち自分の宗教から背き去る者があれば、アッラーはいずれ彼が愛し給い、また彼らも彼を愛する民[662]をもたらし給うであろう。信仰者たちには謙虚で、不信仰者たちには峻厳で、アッラーの道において奮闘《ジハード》し、非難する者の非難を恐れない。それはアッラーが御望みの者に与え給う御恵みである。そしてアッラーは寛大にして全知なる御方。(5：54)

おまえたちの後見はアッラーと彼の使徒、そして信仰する者たち、(つまり)礼拝を遵守し、浄財を払い、屈礼をする者たちだけである。(5：55)

アッラーと彼の使徒と信仰する者たちを後見とする者、まことにアッラーの党、彼らこそ勝利者である。(5：56)

信仰する者たちよ、おまえたち以前に啓典を授けられた者で、おまえたちの宗教を笑いものとし、戯れごととする者たち、そして不信仰者たちを後見にしてはならない。そしてアッラーを畏れ身を守れ、もし、おまえたちが信仰者であるならば。(5：57)

659　3章28節、118節参照。

660　宗教における後見関係とも、同盟におけるそれとも言われる。

661　ユダヤ教徒とキリスト教徒。

662　背教戦争を戦ったアブー・バクルとその一派とも、アブー・ムーサー・アル＝アシュアリーとその一派とも言われる。

وَإِذَا نَادَيْتُمْ إِلَى ٱلصَّلَوٰةِ ٱتَّخَذُوهَا هُزُوًا وَلَعِبًا ۚ ذَٰلِكَ بِأَنَّهُمْ قَوْمٌ
لَّا يَعْقِلُونَ ٥٨ قُلْ يَٰٓأَهْلَ ٱلْكِتَٰبِ هَلْ تَنقِمُونَ مِنَّآ إِلَّآ أَنْ ءَامَنَّا
بِٱللَّهِ وَمَآ أُنزِلَ إِلَيْنَا وَمَآ أُنزِلَ مِن قَبْلُ وَأَنَّ أَكْثَرَكُمْ فَٰسِقُونَ ٥٩
قُلْ هَلْ أُنَبِّئُكُم بِشَرٍّ مِّن ذَٰلِكَ مَثُوبَةً عِندَ ٱللَّهِ ۚ مَن لَّعَنَهُ ٱللَّهُ وَغَضِبَ
عَلَيْهِ وَجَعَلَ مِنْهُمُ ٱلْقِرَدَةَ وَٱلْخَنَازِيرَ وَعَبَدَ ٱلطَّٰغُوتَ ۚ أُو۟لَٰٓئِكَ شَرٌّ
مَّكَانًا وَأَضَلُّ عَن سَوَآءِ ٱلسَّبِيلِ ٦٠ وَإِذَا جَآءُوكُمْ قَالُوٓا۟ ءَامَنَّا وَقَد
دَّخَلُوا۟ بِٱلْكُفْرِ وَهُمْ قَدْ خَرَجُوا۟ بِهِۦ ۚ وَٱللَّهُ أَعْلَمُ بِمَا كَانُوا۟ يَكْتُمُونَ
٦١ وَتَرَىٰ كَثِيرًا مِّنْهُمْ يُسَٰرِعُونَ فِى ٱلْإِثْمِ وَٱلْعُدْوَٰنِ وَأَكْلِهِمُ
ٱلسُّحْتَ ۚ لَبِئْسَ مَا كَانُوا۟ يَعْمَلُونَ ٦٢ لَوْلَا يَنْهَىٰهُمُ ٱلرَّبَّٰنِيُّونَ
وَٱلْأَحْبَارُ عَن قَوْلِهِمُ ٱلْإِثْمَ وَأَكْلِهِمُ ٱلسُّحْتَ ۚ لَبِئْسَ مَا كَانُوا۟
يَصْنَعُونَ ٦٣ وَقَالَتِ ٱلْيَهُودُ يَدُ ٱللَّهِ مَغْلُولَةٌ ۚ غُلَّتْ أَيْدِيهِمْ وَلُعِنُوا۟
بِمَا قَالُوا۟ ۘ بَلْ يَدَاهُ مَبْسُوطَتَانِ يُنفِقُ كَيْفَ يَشَآءُ ۚ وَلَيَزِيدَنَّ كَثِيرًا
مِّنْهُم مَّآ أُنزِلَ إِلَيْكَ مِن رَّبِّكَ طُغْيَٰنًا وَكُفْرًا ۚ وَأَلْقَيْنَا بَيْنَهُمُ ٱلْعَدَٰوَةَ
وَٱلْبَغْضَآءَ إِلَىٰ يَوْمِ ٱلْقِيَٰمَةِ ۚ كُلَّمَآ أَوْقَدُوا۟ نَارًا لِّلْحَرْبِ أَطْفَأَهَا
ٱللَّهُ ۚ وَيَسْعَوْنَ فِى ٱلْأَرْضِ فَسَادًا ۚ وَٱللَّهُ لَا يُحِبُّ ٱلْمُفْسِدِينَ ٦٤

また、おまえたちが礼拝に呼びかけると、彼らはそれを笑いものにし、戯れごととする。それは彼らが理解しない民だからである。(5：58)

言え。「啓典の民よ、おまえたちは、われらがアッラーと、われらに下されたものとそれ以前に下されたものを、そしておまえたちの大半が邪な者であることを信じているというだけで、われわれを咎めるのか」。(5：59)

言え。「アッラーの御許での応報においてそれ[663]より悪いこと[664]についておまえたちに告げようか。アッラーが呪い、怒りを下し、彼らから猿と豚を成し給うた者、また邪神を崇拝した者、それらの者は居場所が一層悪く、中庸の道から一層迷った者である」。(5：60)

そして彼らは、おまえたちのところに来ると、「われらは信じた」と言ったが、彼らは不信仰と共に入り、それと共に既に出て行ったのである。そしてアッラーは彼らが隠していたことを最もよくご存知であらせられる。(5：61)

おまえは、彼らの多くが罪と無法に急ぎ、禁じられたものを貪る[665]のを見る。彼らの行っていたことのなんと悪いことよ。(5：62)

教導師と律法学者は、彼らが罪深い言葉を語り禁じられたものを貪ることを禁じないのか。彼らのなしていたことのなんと悪いことよ。(5：63)

そしてユダヤ教徒は、「アッラーの手は枷がはめられている[666]」と言った。彼らの手は枷をはめられ[667]、彼らは言ったことによって呪いを受けた。いや、彼の両手は広げられ、御望みのままに費やし給う。そしておまえにおまえの主から下されたものは、彼らの多くに無法と不信仰を必ずや増し加える。そしてわれらは、彼らの間に復活の日まで敵意と憎悪を投じる。彼らが戦火を焚きつける度、アッラーはそれを消し給う。そして彼らは地上で害悪をなして回る。だが、アッラーは害悪をなす者どもを愛し給わない。(5：64)

663　啓典の民が咎めるイスラームの信仰。

664　つまり、不信仰。

665　賄賂や利子を取るといった禁じられたことを犯す。

666　ユダヤ教徒は裕福であったが、預言者ムハンマドを拒絶したために、アッラーは彼らに恵みを授けるのをやめ給うた。彼らが、それを「手に枷がはめられている」(吝嗇である、の意)と譬《たと》える瀆神の言葉を吐いた時、この節が下された、と言われる。あるいは懲罰を与えることが出来ないの意、とも言われる。

667　吝嗇となったの意とも、火獄につながれるの意とも言われる。

وَلَوۡ أَنَّ أَهۡلَ ٱلۡكِتَٰبِ ءَامَنُواْ وَٱتَّقَوۡاْ لَكَفَّرۡنَا عَنۡهُمۡ
سَيِّـَٔاتِهِمۡ وَلَأَدۡخَلۡنَٰهُمۡ جَنَّٰتِ ٱلنَّعِيمِ ٦٥ وَلَوۡ أَنَّهُمۡ أَقَامُواْ
ٱلتَّوۡرَىٰةَ وَٱلۡإِنجِيلَ وَمَآ أُنزِلَ إِلَيۡهِم مِّن رَّبِّهِمۡ لَأَكَلُواْ
مِن فَوۡقِهِمۡ وَمِن تَحۡتِ أَرۡجُلِهِمۚ مِّنۡهُمۡ أُمَّةٞ مُّقۡتَصِدَةٞۖ
وَكَثِيرٞ مِّنۡهُمۡ سَآءَ مَا يَعۡمَلُونَ ٦٦ ۞ يَٰٓأَيُّهَا ٱلرَّسُولُ
بَلِّغۡ مَآ أُنزِلَ إِلَيۡكَ مِن رَّبِّكَۖ وَإِن لَّمۡ تَفۡعَلۡ فَمَا بَلَّغۡتَ
رِسَالَتَهُۥۚ وَٱللَّهُ يَعۡصِمُكَ مِنَ ٱلنَّاسِۗ إِنَّ ٱللَّهَ لَا يَهۡدِي ٱلۡقَوۡمَ
ٱلۡكَٰفِرِينَ ٦٧ قُلۡ يَٰٓأَهۡلَ ٱلۡكِتَٰبِ لَسۡتُمۡ عَلَىٰ شَيۡءٍ حَتَّىٰ
تُقِيمُواْ ٱلتَّوۡرَىٰةَ وَٱلۡإِنجِيلَ وَمَآ أُنزِلَ إِلَيۡكُم مِّن رَّبِّكُمۡۗ
وَلَيَزِيدَنَّ كَثِيرٗا مِّنۡهُم مَّآ أُنزِلَ إِلَيۡكَ مِن رَّبِّكَ طُغۡيَٰنٗا وَكُفۡرٗاۖ
فَلَا تَأۡسَ عَلَى ٱلۡقَوۡمِ ٱلۡكَٰفِرِينَ ٦٨ إِنَّ ٱلَّذِينَ ءَامَنُواْ وَٱلَّذِينَ
هَادُواْ وَٱلصَّٰبِـُٔونَ وَٱلنَّصَٰرَىٰ مَنۡ ءَامَنَ بِٱللَّهِ وَٱلۡيَوۡمِ ٱلۡأٓخِرِ
وَعَمِلَ صَٰلِحٗا فَلَا خَوۡفٌ عَلَيۡهِمۡ وَلَا هُمۡ يَحۡزَنُونَ ٦٩ لَقَدۡ أَخَذۡنَا
مِيثَٰقَ بَنِيٓ إِسۡرَٰٓءِيلَ وَأَرۡسَلۡنَآ إِلَيۡهِمۡ رُسُلٗاۖ كُلَّمَا جَآءَهُمۡ رَسُولُۢ
بِمَا لَا تَهۡوَىٰٓ أَنفُسُهُمۡ فَرِيقٗا كَذَّبُواْ وَفَرِيقٗا يَقۡتُلُونَ ٧٠

そしてもし啓典の民が信仰し、畏れ身を守るなら、われらは必ず彼らの悪事を帳消しにし、彼らを至福の楽園に入れるであろう。(5：65)

また、もし彼らが律法の書と福音書と彼らの主から彼らに下されたものを遵守するなら、彼らは必ず彼らの上からも足元からも糧を得るであろう。彼らの中には中庸の共同体[668]がある。だが、彼らの多くが行うところのなんと悪いことか。(5：66)

使徒よ、おまえの主からおまえに下されたものを伝えよ[669]。もしおまえが行わなければ、おまえは彼の便りを伝えたことにならない。そしてアッラーはおまえを人々から守り給う。まことにアッラーは不信仰の民を導き給わない。(5：67)

言え。「啓典の民よ、律法の書と福音書とおまえたちの主からおまえたちに下されたものを遵守するまでは、おまえたちはなにものの上にもない[670]」。だが、おまえの主からおまえに下されたものは彼らの多くに無法と不信仰を増し加えるのである。それゆえ、不信仰の民についておまえが落胆することはない。(5：68)

まことに、信仰する者たち、「戻った者たち」(ユダヤ教徒)、サービア教徒たち[671]、そしてキリスト教徒たちでアッラーと最後の日を信じ、善行をなす者、彼らには恐怖はなく、彼らは悲しむことはない。(5：69)

確かにわれらはイスラーイールの子孫からの確約を取り、彼らに使徒を遣わした。使徒が彼らの許に彼ら自身が欲さないものをもたらす度に、一部(の使徒)を彼らは嘘だと否定し、一部(の使徒)を彼らは殺すのであった。(5：70)

668　宗教において度を越えない、あるいは公正な集団。

669　クルアーンとして下された内容は英知であれ、物語であれ全て伝えよ。他方、クルアーン以外の啓示は、法規定に関する内容のみ伝達が義務となる。

670　宗教と呼べるものは何も有していないに等しい。

671　あるいは、「また同様にサービア教徒たちも」。サービア教徒については 2 章 62 節参照。

وَحَسِبُوٓاْ أَلَّا تَكُونَ فِتۡنَةٞ فَعَمُواْ وَصَمُّواْ ثُمَّ تَابَ ٱللَّهُ عَلَيۡهِمۡ ثُمَّ
عَمُواْ وَصَمُّواْ كَثِيرٞ مِّنۡهُمۡۚ وَٱللَّهُ بَصِيرُۢ بِمَا يَعۡمَلُونَ ٧١
لَقَدۡ كَفَرَ ٱلَّذِينَ قَالُوٓاْ إِنَّ ٱللَّهَ هُوَ ٱلۡمَسِيحُ ٱبۡنُ مَرۡيَمَۖ وَقَالَ ٱلۡمَسِيحُ
يَٰبَنِيٓ إِسۡرَٰٓءِيلَ ٱعۡبُدُواْ ٱللَّهَ رَبِّي وَرَبَّكُمۡۖ إِنَّهُۥ مَن يُشۡرِكۡ
بِٱللَّهِ فَقَدۡ حَرَّمَ ٱللَّهُ عَلَيۡهِ ٱلۡجَنَّةَ وَمَأۡوَىٰهُ ٱلنَّارُۖ وَمَا
لِلظَّٰلِمِينَ مِنۡ أَنصَارٖ ٧٢ لَّقَدۡ كَفَرَ ٱلَّذِينَ قَالُوٓاْ إِنَّ ٱللَّهَ
ثَالِثُ ثَلَٰثَةٖۘ وَمَا مِنۡ إِلَٰهٍ إِلَّآ إِلَٰهٞ وَٰحِدٞۚ وَإِن لَّمۡ يَنتَهُواْ
عَمَّا يَقُولُونَ لَيَمَسَّنَّ ٱلَّذِينَ كَفَرُواْ مِنۡهُمۡ عَذَابٌ أَلِيمٌ ٧٣
أَفَلَا يَتُوبُونَ إِلَى ٱللَّهِ وَيَسۡتَغۡفِرُونَهُۥۚ وَٱللَّهُ غَفُورٞ رَّحِيمٞ ٧٤
مَّا ٱلۡمَسِيحُ ٱبۡنُ مَرۡيَمَ إِلَّا رَسُولٞ قَدۡ خَلَتۡ مِن قَبۡلِهِ ٱلرُّسُلُ وَأُمُّهُۥ
صِدِّيقَةٞۖ كَانَا يَأۡكُلَانِ ٱلطَّعَامَۗ ٱنظُرۡ كَيۡفَ نُبَيِّنُ لَهُمُ ٱلۡأٓيَٰتِ
ثُمَّ ٱنظُرۡ أَنَّىٰ يُؤۡفَكُونَ ٧٥ قُلۡ أَتَعۡبُدُونَ مِن دُونِ ٱللَّهِ مَا لَا
يَمۡلِكُ لَكُمۡ ضَرّٗا وَلَا نَفۡعٗاۚ وَٱللَّهُ هُوَ ٱلسَّمِيعُ ٱلۡعَلِيمُ ٧٦ قُلۡ
يَٰٓأَهۡلَ ٱلۡكِتَٰبِ لَا تَغۡلُواْ فِي دِينِكُمۡ غَيۡرَ ٱلۡحَقِّ وَلَا تَتَّبِعُوٓاْ أَهۡوَآءَ
قَوۡمٖ قَدۡ ضَلُّواْ مِن قَبۡلُ وَأَضَلُّواْ كَثِيرٗا وَضَلُّواْ عَن سَوَآءِ ٱلسَّبِيلِ ٧٧

それでも彼らは、試練はありはしないと見積もった。そこで彼らは目が見えなくなり、耳が聞こえなくなったが[672]、その後アッラーは彼らに顧み戻り給うた。それから彼らの多くは目が見えなくなり、耳が聞こえなくなった。そしてアッラーは彼らがなすことを見通し給う御方。(5：71)

「アッラーとはかのマスィーフ[673]、マルヤムの子である」と言った者は確かに信仰を拒んだのである。マスィーフは言った。「イスラーイールの子孫よ、わが主でありあなたがたの主であるアッラーに仕えよ」。そしてアッラーに同位者を配する者にアッラーは楽園を禁じ給うたのであり、彼の住まいは獄火である。そして、不正な者たちには援助者たちはいない。(5：72)

「アッラーは三のうちの第三である」と言った者は信仰を拒んだのである。そして唯一の神のほかに神はない。そして彼らが言っていることを止めなければ、信仰を拒んだ者たちを痛苦の懲罰が必ず襲うであろう。(5：73)

それなのに彼らはアッラーに悔い戻り、赦しを乞おうとしないというのか。そしてアッラーはよく赦し給う慈悲深い御方。(5：74)

マスィーフ、マルヤムの子は使徒に過ぎず、かつて彼以前にも使徒たちは逝った。また、彼の母は篤信者で、どちらも食べ物を食べていた。見よ、われらがどのように彼らに諸々の徴を明かすか。それから、見よ、彼らがいかに迷い去らされるかを。(5：75)

言え。おまえたちはアッラーをさしおいて、おまえたちに害も益もなす力のないものに仕えるというのか。そしてアッラーこそよく聞き、よく知り給う御方。(5：76)

672　真理を見る目、聴く耳を持たなかった。
673　3章45節脚注参照。

لُعِنَ ٱلَّذِينَ كَفَرُواْ مِنۢ بَنِيٓ إِسۡرَٰٓءِيلَ عَلَىٰ لِسَانِ
دَاوُۥدَ وَعِيسَى ٱبۡنِ مَرۡيَمَۚ ذَٰلِكَ بِمَا عَصَواْ وَّكَانُواْ
يَعۡتَدُونَ ٧٨ كَانُواْ لَا يَتَنَاهَوۡنَ عَن مُّنكَرٖ فَعَلُوهُۚ
لَبِئۡسَ مَا كَانُواْ يَفۡعَلُونَ ٧٩ تَرَىٰ كَثِيرٗا مِّنۡهُمۡ
يَتَوَلَّوۡنَ ٱلَّذِينَ كَفَرُواْۚ لَبِئۡسَ مَا قَدَّمَتۡ لَهُمۡ
أَنفُسُهُمۡ أَن سَخِطَ ٱللَّهُ عَلَيۡهِمۡ وَفِي ٱلۡعَذَابِ هُمۡ
خَٰلِدُونَ ٨٠ وَلَوۡ كَانُواْ يُؤۡمِنُونَ بِٱللَّهِ وَٱلنَّبِيِّ وَمَآ
أُنزِلَ إِلَيۡهِ مَا ٱتَّخَذُوهُمۡ أَوۡلِيَآءَ وَلَٰكِنَّ كَثِيرٗا
مِّنۡهُمۡ فَٰسِقُونَ ٨١ ۞ لَتَجِدَنَّ أَشَدَّ ٱلنَّاسِ عَدَٰوَةٗ
لِّلَّذِينَ ءَامَنُواْ ٱلۡيَهُودَ وَٱلَّذِينَ أَشۡرَكُواْۖ وَلَتَجِدَنَّ
أَقۡرَبَهُم مَّوَدَّةٗ لِّلَّذِينَ ءَامَنُواْ ٱلَّذِينَ قَالُوٓاْ إِنَّا نَصَٰرَىٰۚ
ذَٰلِكَ بِأَنَّ مِنۡهُمۡ قِسِّيسِينَ وَرُهۡبَانٗا وَأَنَّهُمۡ
لَا يَسۡتَكۡبِرُونَ ٨٢ وَإِذَا سَمِعُواْ مَآ أُنزِلَ إِلَى
ٱلرَّسُولِ تَرَىٰٓ أَعۡيُنَهُمۡ تَفِيضُ مِنَ ٱلدَّمۡعِ مِمَّا عَرَفُواْ
مِنَ ٱلۡحَقِّۖ يَقُولُونَ رَبَّنَآ ءَامَنَّا فَٱكۡتُبۡنَا مَعَ ٱلشَّٰهِدِينَ ٨٣

言え。啓典の民よ、おまえたちの宗教において真理を外れて度を越してはならない。また、以前に迷った者たちの妄執に従ってはならない。彼らは多くを迷わせ、中庸の道から迷ったのである。(5：77)

イスラーイールの子孫のうち信仰を拒んだ者たちはダーウードとマルヤムの子イーサーの舌で呪われた[674]。それは彼らが背き、法を越えていたことによる。(5：78)

彼らは自分たちのなした悪事を諫めあっていなかった。彼らのなしていたことのなんと悪いことよ。(5：79)

おまえは、彼らの多くが信仰を拒んだ者たちを後見とするのを見る。彼らが自分自身のために前もってなしておいたことのなんと悪いことよ。アッラーは彼らに激怒し給い、懲罰のうちに彼らは永遠に留まることとなる。(5：80)

もし彼らがアッラーと預言者と彼(預言者)に下されたものを信じたなら、彼らを後見にはしなかったであろう。だが、彼らの多くは邪な者である。(5：81)

おまえは、信仰する者に対して敵意が最も激しいのはユダヤ教徒と多神を拝する者たちであるのをきっと見出そう。また、信仰する者に対して愛情が最も親密なのは「私はキリスト教徒である」と言う者たち[675]であるのをきっと見出そう。それは、彼らの中には司祭たちや修道士たちがいて、彼らは高慢ではないからである。(5：82)

674　ダーウードの詩篇とイーサーの福音書の中で。
675　これはムスリムの亡命者たちを歓待したエチオピアのナジャーシー王とキリスト教徒たちを指す。

وَمَا لَنَا لَا نُؤْمِنُ بِٱللَّهِ وَمَا جَآءَنَا مِنَ ٱلْحَقِّ وَنَطْمَعُ أَن يُدْخِلَنَا
رَبُّنَا مَعَ ٱلْقَوْمِ ٱلصَّٰلِحِينَ ﴿٨٤﴾ فَأَثَٰبَهُمُ ٱللَّهُ بِمَا قَالُوا۟ جَنَّٰتٍ
تَجْرِى مِن تَحْتِهَا ٱلْأَنْهَٰرُ خَٰلِدِينَ فِيهَا ۚ وَذَٰلِكَ جَزَآءُ
ٱلْمُحْسِنِينَ ﴿٨٥﴾ وَٱلَّذِينَ كَفَرُوا۟ وَكَذَّبُوا۟ بِـَٔايَٰتِنَآ أُو۟لَٰٓئِكَ
أَصْحَٰبُ ٱلْجَحِيمِ ﴿٨٦﴾ يَٰٓأَيُّهَا ٱلَّذِينَ ءَامَنُوا۟ لَا تُحَرِّمُوا۟
طَيِّبَٰتِ مَآ أَحَلَّ ٱللَّهُ لَكُمْ وَلَا تَعْتَدُوٓا۟ ۚ إِنَّ ٱللَّهَ لَا يُحِبُّ
ٱلْمُعْتَدِينَ ﴿٨٧﴾ وَكُلُوا۟ مِمَّا رَزَقَكُمُ ٱللَّهُ حَلَٰلًا طَيِّبًا ۚ
وَٱتَّقُوا۟ ٱللَّهَ ٱلَّذِىٓ أَنتُم بِهِۦ مُؤْمِنُونَ ﴿٨٨﴾ لَا يُؤَاخِذُكُمُ ٱللَّهُ
بِٱللَّغْوِ فِىٓ أَيْمَٰنِكُمْ وَلَٰكِن يُؤَاخِذُكُم بِمَا عَقَّدتُّمُ ٱلْأَيْمَٰنَ ۖ
فَكَفَّٰرَتُهُۥٓ إِطْعَامُ عَشَرَةِ مَسَٰكِينَ مِنْ أَوْسَطِ مَا تُطْعِمُونَ
أَهْلِيكُمْ أَوْ كِسْوَتُهُمْ أَوْ تَحْرِيرُ رَقَبَةٍ ۖ فَمَن لَّمْ يَجِدْ فَصِيَامُ
ثَلَٰثَةِ أَيَّامٍ ۚ ذَٰلِكَ كَفَّٰرَةُ أَيْمَٰنِكُمْ إِذَا حَلَفْتُمْ ۚ وَٱحْفَظُوٓا۟
أَيْمَٰنَكُمْ ۚ كَذَٰلِكَ يُبَيِّنُ ٱللَّهُ لَكُمْ ءَايَٰتِهِۦ لَعَلَّكُمْ تَشْكُرُونَ ﴿٨٩﴾
يَٰٓأَيُّهَا ٱلَّذِينَ ءَامَنُوٓا۟ إِنَّمَا ٱلْخَمْرُ وَٱلْمَيْسِرُ وَٱلْأَنصَابُ وَٱلْأَزْلَٰمُ
رِجْسٌ مِّنْ عَمَلِ ٱلشَّيْطَٰنِ فَٱجْتَنِبُوهُ لَعَلَّكُمْ تُفْلِحُونَ ﴿٩٠﴾

そして使徒に下されたものを彼らが耳にすると、真理と認めたもののために彼らの目が涙であふれるのをおまえは見る。彼らは言う。「われらが主よ、われらは信じました。それゆえわれらを証言する者たち[676]と共に書き留め給え」。(5：83)

「どうしてわれらがアッラーとわれらに訪れた真理を信じないで、またわれらの主がわれらを正しき民と共に入れ給うことを望まないでいられようか」。(5：84)

そこでアッラーは、彼らの言ったことに対し、下に河川が流れる楽園を報い給い、彼らはそこに永遠に。そしてそれが善を尽くす者の報奨である。(5：85)

一方、信仰を拒み、われらの諸々の徴を嘘だとする者たち、それらの者は焦熱地獄の住人である。(5：86)

信仰する者たちよ、アッラーがおまえたちに許した良いものを禁じ、法を越えてはならない[677]。まことにアッラーは度を越す者を愛し給わない。(5：87)

アッラーがおまえたちに糧として与え給うたもので許された良いものを食べ、おまえたちが信仰しているアッラーを畏れ身を守れ。(5：88)

アッラーは、おまえたちの誓約における軽はずみに対してはおまえたちの責任を問い給わないが、おまえたちが誓約を交わしたものにはおまえたちの責任を問い給う[678]。その贖罪は、おまえたちが家族に食べさせるものの中くらいのものから十人の貧者に食べさせることか、彼らに服を着せ与えることか、奴隷一人を自由にすることである。一方、(それらを)見出さない者には三日間の斎戒である。これがおまえたちが誓った時の誓約の贖罪である。そしておまえたちの誓約を守れ。こうしてアッラーはおまえたちに彼の諸々の徴を解明し給う。きっとおまえたちは感謝するであろう。(5：89)

676　ムスリムたち(2章143節参照)、あるいは信仰告白(証言)をする者たち。

677　弟子たちの一部が禁欲修行生活を送ろうとしたところ、預言者ムハンマドは、「私は夜礼拝にも立つが眠りもし、斎戒もするが、それを解きもする。肉も食べるし、女性の許にも赴く。私の言行から逸脱しようと望む者は私の仲間ではない。女性、食物、良いもの、現世の欲望を禁じる者たちはどうしたことか。私はあなたがたに司祭や修道士になれとは命じていない。私の宗教には肉や女性を退けることも、修道士の庵に籠ることも含まれていない。私の民の遍路と修行はジハードである」と言われた。

678　2章225節参照。

إِنَّمَا يُرِيدُ ٱلشَّيْطَٰنُ أَن يُوقِعَ بَيْنَكُمُ ٱلْعَدَٰوَةَ وَٱلْبَغْضَآءَ
فِى ٱلْخَمْرِ وَٱلْمَيْسِرِ وَيَصُدَّكُمْ عَن ذِكْرِ ٱللَّهِ وَعَنِ
ٱلصَّلَوٰةِ ۖ فَهَلْ أَنتُم مُّنتَهُونَ ﴿٩١﴾ وَأَطِيعُوا۟ ٱللَّهَ وَأَطِيعُوا۟
ٱلرَّسُولَ وَٱحْذَرُوا۟ ۚ فَإِن تَوَلَّيْتُمْ فَٱعْلَمُوٓا۟ أَنَّمَا عَلَىٰ رَسُولِنَا
ٱلْبَلَٰغُ ٱلْمُبِينُ ﴿٩٢﴾ لَيْسَ عَلَى ٱلَّذِينَ ءَامَنُوا۟ وَعَمِلُوا۟ ٱلصَّٰلِحَٰتِ
جُنَاحٌ فِيمَا طَعِمُوٓا۟ إِذَا مَا ٱتَّقَوا۟ وَّءَامَنُوا۟ وَعَمِلُوا۟ ٱلصَّٰلِحَٰتِ
ثُمَّ ٱتَّقَوا۟ وَّءَامَنُوا۟ ثُمَّ ٱتَّقَوا۟ وَّأَحْسَنُوا۟ ۗ وَٱللَّهُ يُحِبُّ
ٱلْمُحْسِنِينَ ﴿٩٣﴾ يَٰٓأَيُّهَا ٱلَّذِينَ ءَامَنُوا۟ لَيَبْلُوَنَّكُمُ ٱللَّهُ بِشَىْءٍ
مِّنَ ٱلصَّيْدِ تَنَالُهُۥٓ أَيْدِيكُمْ وَرِمَاحُكُمْ لِيَعْلَمَ ٱللَّهُ مَن يَخَافُهُۥ
بِٱلْغَيْبِ ۚ فَمَنِ ٱعْتَدَىٰ بَعْدَ ذَٰلِكَ فَلَهُۥ عَذَابٌ أَلِيمٌ ﴿٩٤﴾ يَٰٓأَيُّهَا
ٱلَّذِينَ ءَامَنُوا۟ لَا تَقْتُلُوا۟ ٱلصَّيْدَ وَأَنتُمْ حُرُمٌ ۚ وَمَن قَتَلَهُۥ
مِنكُم مُّتَعَمِّدًا فَجَزَآءٌ مِّثْلُ مَا قَتَلَ مِنَ ٱلنَّعَمِ يَحْكُمُ بِهِۦ ذَوَا
عَدْلٍ مِّنكُمْ هَدْيًۢا بَٰلِغَ ٱلْكَعْبَةِ أَوْ كَفَّٰرَةٌ طَعَامُ مَسَٰكِينَ
أَوْ عَدْلُ ذَٰلِكَ صِيَامًا لِّيَذُوقَ وَبَالَ أَمْرِهِۦ ۗ عَفَا ٱللَّهُ عَمَّا
سَلَفَ ۚ وَمَنْ عَادَ فَيَنتَقِمُ ٱللَّهُ مِنْهُ ۗ وَٱللَّهُ عَزِيزٌ ذُو ٱنتِقَامٍ ﴿٩٥﴾

信仰する者たちよ、酒と賭け矢と石像と占い矢は不浄であり悪魔の行いにほかならない。それゆえ、これを避けよ[679]。きっとおまえたちは成功するであろう。(5：90)

悪魔は酒と賭け矢によっておまえたちの間に敵意と憎しみを惹き起こし、おまえたちをアッラーの唱念と礼拝から逸らそうとしているにほかならない。これでおまえたちも止める者となるか。(5：91)

アッラーに従い、使徒に従い、警戒せよ。それでもしおまえたちが背を向けるなら、われらの使徒には明白な伝達が課せられているにすぎないことを知れ[680]。(5：92)

信仰し善行をなす者には(禁止以前に)食べたものについての罪はない。彼らが畏れ身を守り、信仰し、善行をなし、次いで畏れ身を守り、信仰し、次いで畏れ身を守り、より良くするならば。アッラーは善を尽くす者たちを愛し給う。(5：93)

信仰する者たちよ、アッラーは必ずやおまえたちを、おまえたちの手や槍が狩る獲物のなんらかによって試み給う。アッラーが、見えないところで誰が彼を恐れるかを知るために。それゆえその後に法を乗り越える者には痛苦の懲罰がある。(5：94)

信仰する者たちよ、おまえたちが(巡礼の)禁忌の時には獲物を殺してはならない。そしておまえたちのうち意図的にそれを殺した者には、代償　―おまえたちのうち公正な二人が家畜の中から判定する彼の殺した等価物で、カアバ神殿に達した犠牲動物―　、あるいは、贖罪　―貧者への食べ物または斎戒でそれに相当するもの―　[681]が(課せられる)、彼が自分の行為の重い結末を味わうためである。アッラーは過去になしたことは許し給う。だが、繰り返す者にはアッラーは報復をなし給う。そしてアッラーは威力比類なき報復の主。(5：95)

679　2章219節、5章3節参照。

680　罪への懲罰の応報はアッラーがなし給う。

681　狩の獲物に等しい家畜の供物を、マッカの聖域に連れて行き、そこで屠って貧者たちに施す。

أُحِلَّ لَكُمْ صَيْدُ الْبَحْرِ وَطَعَامُهُ مَتَاعًا لَّكُمْ وَلِلسَّيَّارَةِ
وَحُرِّمَ عَلَيْكُمْ صَيْدُ الْبَرِّ مَا دُمْتُمْ حُرُمًا وَاتَّقُوا اللَّهَ الَّذِي
إِلَيْهِ تُحْشَرُونَ ﴿٩٦﴾ ۞ جَعَلَ اللَّهُ الْكَعْبَةَ الْبَيْتَ الْحَرَامَ
قِيَامًا لِّلنَّاسِ وَالشَّهْرَ الْحَرَامَ وَالْهَدْيَ وَالْقَلَائِدَ ذَٰلِكَ لِتَعْلَمُوا
أَنَّ اللَّهَ يَعْلَمُ مَا فِي السَّمَاوَاتِ وَمَا فِي الْأَرْضِ وَأَنَّ اللَّهَ بِكُلِّ
شَيْءٍ عَلِيمٌ ﴿٩٧﴾ اعْلَمُوا أَنَّ اللَّهَ شَدِيدُ الْعِقَابِ وَأَنَّ اللَّهَ
غَفُورٌ رَّحِيمٌ ﴿٩٨﴾ مَّا عَلَى الرَّسُولِ إِلَّا الْبَلَاغُ وَاللَّهُ يَعْلَمُ مَا
تُبْدُونَ وَمَا تَكْتُمُونَ ﴿٩٩﴾ قُل لَّا يَسْتَوِي الْخَبِيثُ وَالطَّيِّبُ
وَلَوْ أَعْجَبَكَ كَثْرَةُ الْخَبِيثِ فَاتَّقُوا اللَّهَ يَا أُولِي الْأَلْبَابِ
لَعَلَّكُمْ تُفْلِحُونَ ﴿١٠٠﴾ يَا أَيُّهَا الَّذِينَ آمَنُوا لَا تَسْأَلُوا عَنْ
أَشْيَاءَ إِن تُبْدَ لَكُمْ تَسُؤْكُمْ وَإِن تَسْأَلُوا عَنْهَا حِينَ يُنَزَّلُ
الْقُرْآنُ تُبْدَ لَكُمْ عَفَا اللَّهُ عَنْهَا وَاللَّهُ غَفُورٌ حَلِيمٌ ﴿١٠١﴾
قَدْ سَأَلَهَا قَوْمٌ مِّن قَبْلِكُمْ ثُمَّ أَصْبَحُوا بِهَا كَافِرِينَ ﴿١٠٢﴾ مَا جَعَلَ
اللَّهُ مِن بَحِيرَةٍ وَلَا سَائِبَةٍ وَلَا وَصِيلَةٍ وَلَا حَامٍ وَلَٰكِنَّ الَّذِينَ
كَفَرُوا يَفْتَرُونَ عَلَى اللَّهِ الْكَذِبَ وَأَكْثَرُهُمْ لَا يَعْقِلُونَ ﴿١٠٣﴾

海の獲物とその食べものはおまえたちに許された。おまえたちにとって、また旅人たちにとっての糧食として。一方、おまえたちには禁忌にある限り陸の獲物は禁じられた。そしておまえたちがその許に集められるアッラーを畏れ身を守れ。(5：96)

アッラーは禁裏の館カアバを人間の拠り所となし給い、聖月と捧げ物と首飾りもまた[682]。それは、アッラーが諸天にあるものも地にあるものも知っておられ、アッラーがすべてのことを知り給う御方であることをおまえたちが知るためである。(5：97)

アッラーは応報に厳しく、アッラーはよく赦し給う慈悲深い御方であることを知れ。(5：98)

使徒に課せられたものは伝達だけである。そしてアッラーはおまえたちが顕にすることも隠すことも知り給う。(5：99)

言え、「邪悪なものと良いものとは同じではない。たとえ、邪悪なものの多さがおまえを魅了しても[683]」。それゆえ、アッラーを畏れ身を守れ、賢慮を備えた者たちよ。きっとおまえたちは成功するであろう。(5：100)

信仰する者たちよ、いろいろなことについて尋ねてはならない。もしそれがおまえたちに明かされれば、おまえたちを困らせるであろう。しかしおまえたちがそれについてクルアーンが垂示される時に尋ねれば、それはおまえたちに明かされるであろう。アッラーはそれを大目に見給うた。アッラーはよく赦し給う寛容なる御方。(5：101)

おまえたち以前の民もかつてそれを尋ねた。それからそれによって不信仰者となり果てた。(5：102)

アッラーはバヒーラも、サーイバも、ワスィーラもハーミーも定め給わなかったが[684]、信仰を拒んだ者たちがアッラーについて虚偽を捏造しているのである。だが、彼らの大半は理解しない。(5：103)

682　5章2節参照。

683　合法なものと禁じられたもの、信仰者と不信仰者は等しくない。それゆえたとえ現世の取引で禁じられたもので儲けることができ、不信仰者が富裕であったとしても幻惑されてはならない。

684　「バヒーラ」とは、五頭目に雄を生み、労役を免じられ、その乳が偶像に捧げられ、目印に耳を裂かれた雌ラクダで、「サーイバ」は旅から無事に帰還したり、病気が治ったら、自由にすると偶像に願をかけた雌ラクダ、「ワスィーラ」とは雌雄の双子を生んだ羊、あるいはラクダ、「ハーミー」は一定数の子供を生ませたことで、荷を負わせたり、人を乗せたりすることが免じられた雄ラクダ、などと言われる。いずれもジャーヒリーヤ(イスラーム以前の無明時代)の多神教の迷信の習慣であった。

وَإِذَا قِيلَ لَهُمْ تَعَالَوْا إِلَىٰ مَا أَنزَلَ اللَّهُ وَإِلَى الرَّسُولِ قَالُوا حَسْبُنَا
مَا وَجَدْنَا عَلَيْهِ آبَاءَنَا ۚ أَوَلَوْ كَانَ آبَاؤُهُمْ لَا يَعْلَمُونَ
شَيْئًا وَلَا يَهْتَدُونَ ﴿١٠٤﴾ يَا أَيُّهَا الَّذِينَ آمَنُوا عَلَيْكُمْ أَنفُسَكُمْ ۖ
لَا يَضُرُّكُم مَّن ضَلَّ إِذَا اهْتَدَيْتُمْ ۚ إِلَى اللَّهِ مَرْجِعُكُمْ جَمِيعًا
فَيُنَبِّئُكُم بِمَا كُنتُمْ تَعْمَلُونَ ﴿١٠٥﴾ يَا أَيُّهَا الَّذِينَ آمَنُوا شَهَادَةُ
بَيْنِكُمْ إِذَا حَضَرَ أَحَدَكُمُ الْمَوْتُ حِينَ الْوَصِيَّةِ اثْنَانِ ذَوَا
عَدْلٍ مِّنكُمْ أَوْ آخَرَانِ مِنْ غَيْرِكُمْ إِنْ أَنتُمْ ضَرَبْتُمْ فِي الْأَرْضِ
فَأَصَابَتْكُم مُّصِيبَةُ الْمَوْتِ ۚ تَحْبِسُونَهُمَا مِن بَعْدِ الصَّلَاةِ
فَيُقْسِمَانِ بِاللَّهِ إِنِ ارْتَبْتُمْ لَا نَشْتَرِي بِهِ ثَمَنًا وَلَوْ كَانَ ذَا
قُرْبَىٰ ۙ وَلَا نَكْتُمُ شَهَادَةَ اللَّهِ إِنَّا إِذًا لَّمِنَ الْآثِمِينَ ﴿١٠٦﴾ فَإِنْ عُثِرَ
عَلَىٰ أَنَّهُمَا اسْتَحَقَّا إِثْمًا فَآخَرَانِ يَقُومَانِ مَقَامَهُمَا مِنَ الَّذِينَ
اسْتَحَقَّ عَلَيْهِمُ الْأَوْلَيَانِ فَيُقْسِمَانِ بِاللَّهِ لَشَهَادَتُنَا أَحَقُّ مِن
شَهَادَتِهِمَا وَمَا اعْتَدَيْنَا إِنَّا إِذًا لَّمِنَ الظَّالِمِينَ ﴿١٠٧﴾ ذَٰلِكَ أَدْنَىٰ
أَن يَأْتُوا بِالشَّهَادَةِ عَلَىٰ وَجْهِهَا أَوْ يَخَافُوا أَن تُرَدَّ أَيْمَانٌ بَعْدَ
أَيْمَانِهِمْ ۗ وَاتَّقُوا اللَّهَ وَاسْمَعُوا ۗ وَاللَّهُ لَا يَهْدِي الْقَوْمَ الْفَاسِقِينَ ﴿١٠٨﴾

そして「アッラーが下し給うたものと使徒の許に来たれ」と言われると、「われらの父祖がその上にあるのを見出したもので、われらには十分である」と言った。たとえ彼らの父祖がなにも知らず、導かれていなかったとしてもか。(5：104)

信仰する者たちよ、おまえたちにはおまえたち自身に対して(責任が課されている)。おまえたちが導かれたなら、迷った者はおまえたちに害をなすことはない。アッラーにこそおまえたちすべての帰り処はあり、彼はおまえたちがなしたことをおまえたちに告げ給う。(5：105)

信仰する者たちよ、おまえたちのだれかに死が臨んだ時、遺言の際にはおまえたちの間の証言はおまえたちのうちの公正な二人によるものとし、おまえたちが地上を闊歩していてそこに死の苦悩が襲ったのであれば、おまえたち以外の者からの(たとえ異教徒、異邦人であっても)二人によるものとする[685]。おまえたちが礼拝の後で引き留めた二人である。それでおまえたちが疑う時には、両者はアッラーに誓う。「われらはそれとひきかえに対価を得ることはない、たとえ、それが近親であっても。また、われらはアッラーの証言を隠しはしない。その時には、われらはまさしく罪ある者たちの中にある」。(5：106)

二人が罪に値することと判明した場合には、権利を有する者たち(相続人候補)の中の最も縁の深い別の二人がその二人の代わりに立ち、アッラーに誓う。「われらの証言はこの二人の証言よりも真実である。われらは法を犯したことはなく、その時には、われらはまさしく不正な者たちの中にある」。(5：107)

それは、彼らが証言をその本来の形でもたらすこと、あるいは彼らの誓約の後で誓約が差し戻されることを彼らが恐れることにより近い[686]。そしてアッラーを恐れ身を守り、聴従せよ。そしてアッラーは邪な者たちを導き給わない。(5：108)

685　異教徒の証言は2章282節、65章2節により破棄された。

686　そうすることで証人の、遺言の改竄、偽証を防ぐ効果がある。

۞ يَوْمَ يَجْمَعُ ٱللَّهُ ٱلرُّسُلَ فَيَقُولُ مَاذَآ أُجِبْتُمْ ۖ قَالُوا۟ لَا عِلْمَ لَنَآ ۖ
إِنَّكَ أَنتَ عَلَّٰمُ ٱلْغُيُوبِ ﴿١٠٩﴾ إِذْ قَالَ ٱللَّهُ يَٰعِيسَى ٱبْنَ مَرْيَمَ
ٱذْكُرْ نِعْمَتِى عَلَيْكَ وَعَلَىٰ وَٰلِدَتِكَ إِذْ أَيَّدتُّكَ بِرُوحِ
ٱلْقُدُسِ تُكَلِّمُ ٱلنَّاسَ فِى ٱلْمَهْدِ وَكَهْلًا ۖ وَإِذْ عَلَّمْتُكَ
ٱلْكِتَٰبَ وَٱلْحِكْمَةَ وَٱلتَّوْرَىٰةَ وَٱلْإِنجِيلَ ۖ وَإِذْ تَخْلُقُ
مِنَ ٱلطِّينِ كَهَيْـَٔةِ ٱلطَّيْرِ بِإِذْنِى فَتَنفُخُ فِيهَا فَتَكُونُ
طَيْرًۢا بِإِذْنِى ۖ وَتُبْرِئُ ٱلْأَكْمَهَ وَٱلْأَبْرَصَ بِإِذْنِى ۖ وَإِذْ تُخْرِجُ
ٱلْمَوْتَىٰ بِإِذْنِى ۖ وَإِذْ كَفَفْتُ بَنِىٓ إِسْرَٰٓءِيلَ عَنكَ إِذْ
جِئْتَهُم بِٱلْبَيِّنَٰتِ فَقَالَ ٱلَّذِينَ كَفَرُوا۟ مِنْهُمْ إِنْ هَٰذَآ
إِلَّا سِحْرٌ مُّبِينٌ ﴿١١٠﴾ وَإِذْ أَوْحَيْتُ إِلَى ٱلْحَوَارِيِّـۧنَ أَنْ ءَامِنُوا۟
بِى وَبِرَسُولِى قَالُوٓا۟ ءَامَنَّا وَٱشْهَدْ بِأَنَّنَا مُسْلِمُونَ ﴿١١١﴾
إِذْ قَالَ ٱلْحَوَارِيُّونَ يَٰعِيسَى ٱبْنَ مَرْيَمَ هَلْ يَسْتَطِيعُ رَبُّكَ
أَن يُنَزِّلَ عَلَيْنَا مَآئِدَةً مِّنَ ٱلسَّمَآءِ ۖ قَالَ ٱتَّقُوا۟ ٱللَّهَ إِن كُنتُم
مُّؤْمِنِينَ ﴿١١٢﴾ قَالُوا۟ نُرِيدُ أَن نَّأْكُلَ مِنْهَا وَتَطْمَئِنَّ قُلُوبُنَا
وَنَعْلَمَ أَن قَدْ صَدَقْتَنَا وَنَكُونَ عَلَيْهَا مِنَ ٱلشَّٰهِدِينَ ﴿١١٣﴾

アッラーが使徒たちを集め給う日、彼は、「なんとおまえたちは応えられたか」と仰せられる。彼らは言った。「われらには知識はありません。あなたこそ隠されたものを知り尽くし給う御方」。(5：109)

アッラーが仰せられた時のこと。マルヤムの息子イーサーよ、おまえとおまえの母親に対するわれの恩寵を思い起こせ。われが聖霊によっておまえを支え、おまえが人々に揺りかごの中で、また青年で語りかけた[687]時のこと。また、われがおまえに啓典と英知と律法の書と福音書を教えた時のこと。また、おまえが我の許可によって泥土から鳥の姿のようなものを作り、おまえが息を吹きかけるとそれが我の許可によって鳥となり、また、おまえが生まれつきの盲人と癩病患者を我の許可によって癒した時のこと[688]。また、おまえが我の許可によって死者を蘇らせた時のこと。また、おまえがイスラーイールの子孫の許に諸々の明証をもたらした際にわれがおまえに対して彼らを抑制させた時のこと。すると彼らのうち信仰を拒む者たちは、「これは明白な魔術にほかならない」と言った。(5：110)

また、われが弟子たちに、われとわれの使徒を信じるよう啓示した時のこと、彼らは言った。「われらは信じました。それゆえ、われらが帰依者《ムスリム》であることを証言し給え」。(5：111)

弟子たちが、「マルヤムの息子イーサーよ、あなたの主は、われらに天から食卓を降《くだ》し給うことができるでしょうか」と言った時のこと。彼は言った。「アッラーを畏れ身を守れ、もしおまえたちが信仰者であるなら」。(5：112)

彼らは言った。「われらはそこから食べ、われらの心を安らげることを望み、また、あなたがわれらに真実を語ったことを知り、われらがそれについて証人の一人となることを(望みます)」。(5：113)

687　イーサーは揺りかごの中のか弱い存在であった頃にも、壮健な青年となってからも人々に語りかけた、の意。19章30-31節参照。揺りかごの中での語りかけは人々にその預言者性を示すためのものであり、青年以降の語りかけは人々にアッラーの御命令に従うよう呼びかけるものであったとも言われる。

688　3章49節参照。

قَالَ عِيسَى ٱبۡنُ مَرۡيَمَ ٱللَّهُمَّ رَبَّنَآ أَنزِلۡ عَلَيۡنَا مَآئِدَةٗ مِّنَ ٱلسَّمَآءِ
تَكُونُ لَنَا عِيدٗا لِّأَوَّلِنَا وَءَاخِرِنَا وَءَايَةٗ مِّنكَۖ وَٱرۡزُقۡنَا وَأَنتَ
خَيۡرُ ٱلرَّٰزِقِينَ ١١٤ قَالَ ٱللَّهُ إِنِّي مُنَزِّلُهَا عَلَيۡكُمۡۖ فَمَن يَكۡفُرۡ بَعۡدُ
مِنكُمۡ فَإِنِّيٓ أُعَذِّبُهُۥ عَذَابٗا لَّآ أُعَذِّبُهُۥٓ أَحَدٗا مِّنَ ٱلۡعَٰلَمِينَ ١١٥
وَإِذۡ قَالَ ٱللَّهُ يَٰعِيسَى ٱبۡنَ مَرۡيَمَ ءَأَنتَ قُلۡتَ لِلنَّاسِ ٱتَّخِذُونِي
وَأُمِّيَ إِلَٰهَيۡنِ مِن دُونِ ٱللَّهِۖ قَالَ سُبۡحَٰنَكَ مَا يَكُونُ لِيٓ أَنۡ أَقُولَ
مَا لَيۡسَ لِي بِحَقٍّۚ إِن كُنتُ قُلۡتُهُۥ فَقَدۡ عَلِمۡتَهُۥۚ تَعۡلَمُ مَا فِي نَفۡسِي
وَلَآ أَعۡلَمُ مَا فِي نَفۡسِكَۚ إِنَّكَ أَنتَ عَلَّٰمُ ٱلۡغُيُوبِ ١١٦ مَا قُلۡتُ لَهُمۡ
إِلَّا مَآ أَمَرۡتَنِي بِهِۦٓ أَنِ ٱعۡبُدُواْ ٱللَّهَ رَبِّي وَرَبَّكُمۡۚ وَكُنتُ عَلَيۡهِمۡ
شَهِيدٗا مَّا دُمۡتُ فِيهِمۡۖ فَلَمَّا تَوَفَّيۡتَنِي كُنتَ أَنتَ ٱلرَّقِيبَ عَلَيۡهِمۡۚ
وَأَنتَ عَلَىٰ كُلِّ شَيۡءٖ شَهِيدٌ ١١٧ إِن تُعَذِّبۡهُمۡ فَإِنَّهُمۡ عِبَادُكَۖ وَإِن
تَغۡفِرۡ لَهُمۡ فَإِنَّكَ أَنتَ ٱلۡعَزِيزُ ٱلۡحَكِيمُ ١١٨ قَالَ ٱللَّهُ هَٰذَا يَوۡمُ يَنفَعُ
ٱلصَّٰدِقِينَ صِدۡقُهُمۡۚ لَهُمۡ جَنَّٰتٞ تَجۡرِي مِن تَحۡتِهَا ٱلۡأَنۡهَٰرُ خَٰلِدِينَ
فِيهَآ أَبَدٗاۖ رَّضِيَ ٱللَّهُ عَنۡهُمۡ وَرَضُواْ عَنۡهُۚ ذَٰلِكَ ٱلۡفَوۡزُ ٱلۡعَظِيمُ ١١٩ لِلَّهِ
مُلۡكُ ٱلسَّمَٰوَٰتِ وَٱلۡأَرۡضِ وَمَا فِيهِنَّۚ وَهُوَ عَلَىٰ كُلِّ شَيۡءٖ قَدِيرُۢ ١٢٠

マルヤムの息子イーサーは言った。「アッラーよ、われらが主よ、われらに天から食卓を下し給え。われらにとって、その最初の者と最後の者への祭日となり[689]、あなたからの徴となるように。そしてわれらに糧を与え給え。あなたは糧を与える者の最も優れた御方」。(5：114)

アッラーは仰せられた。「まことにわれはおまえたちにそれを降《くだ》す者である。それゆえ、今後おまえたちのうちで信仰を拒む者があれば、われらは諸世界の誰をも苦しめたことのない懲罰でその者を責めるであろう」。(5：115)

また、アッラーが、「マルヤムの息子イーサーよ、おまえは人々に、アッラーのほかに私(イーサー)と私の母(マルヤム)を二神とせよ、と言ったのか」と仰せられた時のこと。彼は言った。「称えあれ、あなたこそ超越者。私に(言う)権利のないことを言うことは私には許されません。もし私がそれを言ったとすれば、あなたはすでにそれを御存じです。あなたは私自身の中にあることを知り給いますが、私はあなた御自身の中にあることを知りません。まことにあなたは隠されたものを知り尽くし給う御方」。(5：116)

「私は彼らにあなたが私に命じ給うたことしか言っていません。わが主であり、おまえたちの主であるアッラーに仕えよと。そして、私が彼らの許にいた間は私が彼らの証人でした。その後、あなたが私を召し上げ給うた後は、あなたこそが彼らの監視者であらせられました。そしてあなたはすべてのものに対する証言者であらせられる」。(5：117)

「あなたが彼らに懲罰を与え給うても、まことに彼らはあなたの僕《しもべ》であります[690]。また、あなたが彼らを赦し給えば、まことにあなたこそは威力比類なく、英知ある御方」。(5：118)

アッラーは仰せられた。「これ(復活、最後の審判の日)は誠実な者の誠実さが益をなす日である。彼らには下に河川が流れる楽園があり、そこにいつまでも永遠に」。アッラーは彼らに満足し給い、彼らも彼に満足する。それは大いなる成功である。(5：119)

アッラーに諸天と地とその間のものの王権は属す。そして彼はすべてのものに対して全能なる御方。(5：120)

689　自分たちと自分たちの後の世代のキリスト教徒が祝う日(日曜の聖餐)。
690　僕《しもべ》の命運は主人が決めるものであるの意とも、僕《しもべ》に対する同情を求めているとも言われる。

第6章　家畜 …… سورة الأنعام

سُورَةُ الأَنۡعَامِ

بِسۡمِ ٱللَّهِ ٱلرَّحۡمَٰنِ ٱلرَّحِيمِ

ٱلۡحَمۡدُ لِلَّهِ ٱلَّذِي خَلَقَ ٱلسَّمَٰوَٰتِ وَٱلۡأَرۡضَ وَجَعَلَ ٱلظُّلُمَٰتِ
وَٱلنُّورَۖ ثُمَّ ٱلَّذِينَ كَفَرُواْ بِرَبِّهِمۡ يَعۡدِلُونَ ١ هُوَ ٱلَّذِي
خَلَقَكُم مِّن طِينٖ ثُمَّ قَضَىٰٓ أَجَلٗاۖ وَأَجَلٞ مُّسَمًّى عِندَهُۥۖ ثُمَّ أَنتُمۡ
تَمۡتَرُونَ ٢ وَهُوَ ٱللَّهُ فِي ٱلسَّمَٰوَٰتِ وَفِي ٱلۡأَرۡضِ يَعۡلَمُ سِرَّكُمۡ
وَجَهۡرَكُمۡ وَيَعۡلَمُ مَا تَكۡسِبُونَ ٣ وَمَا تَأۡتِيهِم مِّنۡ ءَايَةٖ مِّنۡ
ءَايَٰتِ رَبِّهِمۡ إِلَّا كَانُواْ عَنۡهَا مُعۡرِضِينَ ٤ فَقَدۡ كَذَّبُواْ بِٱلۡحَقِّ
لَمَّا جَآءَهُمۡ فَسَوۡفَ يَأۡتِيهِمۡ أَنۢبَٰٓؤُاْ مَا كَانُواْ بِهِۦ يَسۡتَهۡزِءُونَ ٥
أَلَمۡ يَرَوۡاْ كَمۡ أَهۡلَكۡنَا مِن قَبۡلِهِم مِّن قَرۡنٖ مَّكَّنَّٰهُمۡ فِي ٱلۡأَرۡضِ
مَا لَمۡ نُمَكِّن لَّكُمۡ وَأَرۡسَلۡنَا ٱلسَّمَآءَ عَلَيۡهِم مِّدۡرَارٗا وَجَعَلۡنَا ٱلۡأَنۡهَٰرَ
تَجۡرِي مِن تَحۡتِهِمۡ فَأَهۡلَكۡنَٰهُم بِذُنُوبِهِمۡ وَأَنشَأۡنَا مِنۢ بَعۡدِهِمۡ قَرۡنًا
ءَاخَرِينَ ٦ وَلَوۡ نَزَّلۡنَا عَلَيۡكَ كِتَٰبٗا فِي قِرۡطَاسٖ فَلَمَسُوهُ بِأَيۡدِيهِمۡ
لَقَالَ ٱلَّذِينَ كَفَرُوٓاْ إِنۡ هَٰذَآ إِلَّا سِحۡرٞ مُّبِينٞ ٧ وَقَالُواْ لَوۡلَآ أُنزِلَ
عَلَيۡهِ مَلَكٞۖ وَلَوۡ أَنزَلۡنَا مَلَكٗا لَّقُضِيَ ٱلۡأَمۡرُ ثُمَّ لَا يُنظَرُونَ ٨

マッカ垂示

136節以下で家畜に関する迷信について論じられるのにちなみ「家畜」章と呼ばれる。

アッラーが天と地の主であることが特に強調され(3節)、預言者ムハンマドが只の人間に過ぎないことが宣言される一方で(50節)、アッラーが世界の運行の詳細を全て知悉していることが改めて印象的に告げられる(59節)。また不信仰者たちは、天使が遣わされようとも預言者がいかなる奇跡をもたらそうとも決して信じず(4-9、109-111節)、アッラーが彼らの心を閉ざし給うた以上、たとえ火獄の前に立たされた後で現世に戻されようともなおも悪行を繰り返すことが教えられる(25-28節)。

現世は束の間の遊び、戯れに過ぎず、来世こそが永遠の至福であり(32節)、不信仰者たちがアッラーの啓示を愚弄する場には同席することが禁じられる一方(68節)、多神教徒たちの崇める偶像を謗ることも反ってアッラーへの誹謗を招くことがあるとして諫められる(108節)。

イブラーヒームが星辰崇拝者たちを論駁し、唯一神教を確立したこと、そして彼の後を継いだイスハーク、ヤアクーブらイスラーイールの民の預言者たちの名が告げられ、クルアーンがそれらを確証するものであることが示される(74-92節)。

禁じられた食肉が教えられ、家畜の禁忌の迷信が打破され(118-119、136-145節)、ユダヤ教徒にのみ禁じられたものが別に明示される(146節)。また農作物の浄財の支払い時期が示される(141節)。生命が不可侵とされ、殺人、貧しさからの子供の間引きが禁じられ(140、151節)、孤児の財産の公正な管理が命じられる(152節)。

本章の最後では、人間が個々人としてその行為の責任を問われ、他人の罪を負わされることがないことが示された後、人間に貧富や地位の違いが存在するのは、それぞれちがったものを授かってそれをどのように費やしたかが試されるためであることが教えられる(164-165節)。

慈悲あまねく慈悲深きアッラーの御名において

称賛は、諸天と地を創り、諸々の闇と光をなし給うたアッラーに属す。だが、信仰を拒む者たちは彼らの主に同位を配する。(6：1)

彼こそはおまえたちを泥土から創り、それから期限(寿命)を定め給うた。そして期限は彼の御許に定められている。だが、おまえたちは疑うのである。(6：2)

وَلَوۡ جَعَلۡنَٰهُ مَلَكٗا لَّجَعَلۡنَٰهُ رَجُلٗا وَلَلَبَسۡنَا عَلَيۡهِم مَّا
يَلۡبِسُونَ ٩ وَلَقَدِ ٱسۡتُهۡزِئَ بِرُسُلٖ مِّن قَبۡلِكَ فَحَاقَ بِٱلَّذِينَ
سَخِرُواْ مِنۡهُم مَّا كَانُواْ بِهِۦ يَسۡتَهۡزِءُونَ ١٠ قُلۡ سِيرُواْ
فِي ٱلۡأَرۡضِ ثُمَّ ٱنظُرُواْ كَيۡفَ كَانَ عَٰقِبَةُ ٱلۡمُكَذِّبِينَ
١١ قُل لِّمَن مَّا فِي ٱلسَّمَٰوَٰتِ وَٱلۡأَرۡضِۖ قُل لِّلَّهِۚ كَتَبَ عَلَىٰ
نَفۡسِهِ ٱلرَّحۡمَةَۚ لَيَجۡمَعَنَّكُمۡ إِلَىٰ يَوۡمِ ٱلۡقِيَٰمَةِ لَا رَيۡبَ
فِيهِۚ ٱلَّذِينَ خَسِرُوٓاْ أَنفُسَهُمۡ فَهُمۡ لَا يُؤۡمِنُونَ ١٢ ۞وَلَهُۥ
مَا سَكَنَ فِي ٱلَّيۡلِ وَٱلنَّهَارِۚ وَهُوَ ٱلسَّمِيعُ ٱلۡعَلِيمُ ١٣ قُلۡ
أَغَيۡرَ ٱللَّهِ أَتَّخِذُ وَلِيّٗا فَاطِرِ ٱلسَّمَٰوَٰتِ وَٱلۡأَرۡضِ وَهُوَ
يُطۡعِمُ وَلَا يُطۡعَمُۗ قُلۡ إِنِّيٓ أُمِرۡتُ أَنۡ أَكُونَ أَوَّلَ مَنۡ أَسۡلَمَۖ
وَلَا تَكُونَنَّ مِنَ ٱلۡمُشۡرِكِينَ ١٤ قُلۡ إِنِّيٓ أَخَافُ إِنۡ عَصَيۡتُ
رَبِّي عَذَابَ يَوۡمٍ عَظِيمٖ ١٥ مَّن يُصۡرَفۡ عَنۡهُ يَوۡمَئِذٖ فَقَدۡ رَحِمَهُۥۚ
وَذَٰلِكَ ٱلۡفَوۡزُ ٱلۡمُبِينُ ١٦ وَإِن يَمۡسَسۡكَ ٱللَّهُ بِضُرّٖ فَلَا كَاشِفَ
لَهُۥٓ إِلَّا هُوَۖ وَإِن يَمۡسَسۡكَ بِخَيۡرٖ فَهُوَ عَلَىٰ كُلِّ شَيۡءٖ قَدِيرٞ
١٧ وَهُوَ ٱلۡقَاهِرُ فَوۡقَ عِبَادِهِۦۚ وَهُوَ ٱلۡحَكِيمُ ٱلۡخَبِيرُ ١٨

また彼こそは諸天においても地においてもアッラー[691]であり、おまえたちの秘密とおまえたちの顕すものを知り、おまえたちが稼いだものを知り給う。(6：3)

そして彼らの主の諸々の徴のうちどんな徴が彼らの許に来ても、必ず彼らはそれから背を向けた。(6：4)

そして彼らは真理を、それが彼らの許に来ると、確かに嘘と否定した。いずれ、彼らが嘲笑していたものの知らせが彼らにもたらされるであろう。(6：5)

われらが彼ら以前にどれほど多くの世代を滅ぼしたか、彼らは見なかったか。われらは地上において、おまえたちにも与えなかった権勢を彼らに与えた。そして、われらは天を彼らの上に頻繁に送り[692]、彼らの下にいくつもの川をなした。だが、われらは彼らの罪ゆえに彼らを滅ぼし、彼らの後に他の世代を作り出した。(6：6)

そして、たとえわれらがおまえに紙(羊皮紙)に書いたものを垂示し、彼らがそれに手で触れたとしても、信仰を拒む者たちは、これは明白な魔術にほかならない、と言うであろう。(6：7)

また、彼らは、どうして彼には天使が下されないのか、と言った。だがもしわれらが天使を下したなら、事は決定され、彼らは猶予されなかったであろう。(6：8)

また、仮にわれらが彼を天使としたとすれば、きっと彼を男とし、そして彼らが惑乱しているように彼らを必ず惑乱させたであろう[693]。(6：9)

またおまえ以前の使徒たちも確かに嘲笑されたが、彼らのうち嘲笑した者たちは、その嘲笑したもの(懲罰)が取り囲んだ。(6：10)

言え、「大地を旅し、そして(使徒たちを)嘘だと否定した者たちの末路がどのようなものであったかを見よ」。(6：11)

言え、「諸天と地のものは誰に属するか」。言え、「アッラーに属する」。アッラーは御自身に慈悲を書き留め給うた。必ずや彼は疑いの余地のない復活(審判)の日におまえたちを集め給うであろう。自分自身を損失した者たち、彼らは信じない。(6：12)

また彼に夜と昼に住むものは属す。彼はよく聞きよく知り給う御方。(6：13)

言え、「アッラーのほかに私が後見を持つというのか。養い、養われることのない諸天と地の作り主のほかに」。言え、「私は帰依する最初の者となるよう命じられた。また、多神教

691　崇拝に値するものである。Allāh はアラビア語学者の説明では、ilāh(崇拝に値するもの、神)に定冠詞の al が付いた al-ilāh の短縮形であるが、創造主の固有名詞とも言われる。

692　豊かに雨を降らせ。

693　人間の使徒ムハンマドに対して言ったのと同じように、男の姿をした天使の使徒にも、やはり「われらと同じ人間にすぎない」と言う。

قُلْ أَيُّ شَيْءٍ أَكْبَرُ شَهَادَةً قُلِ اللَّهُ شَهِيدٌ بَيْنِي وَبَيْنَكُمْ وَأُوحِيَ إِلَيَّ هَٰذَا
الْقُرْآنُ لِأُنذِرَكُم بِهِ وَمَن بَلَغَ أَئِنَّكُمْ لَتَشْهَدُونَ أَنَّ مَعَ اللَّهِ آلِهَةً
أُخْرَىٰ قُل لَّا أَشْهَدُ قُلْ إِنَّمَا هُوَ إِلَٰهٌ وَاحِدٌ وَإِنَّنِي بَرِيءٌ مِّمَّا تُشْرِكُونَ
١٩ الَّذِينَ آتَيْنَاهُمُ الْكِتَابَ يَعْرِفُونَهُ كَمَا يَعْرِفُونَ أَبْنَاءَهُمُ الَّذِينَ
خَسِرُوا أَنفُسَهُمْ فَهُمْ لَا يُؤْمِنُونَ ٢٠ وَمَنْ أَظْلَمُ مِمَّنِ افْتَرَىٰ عَلَى
اللَّهِ كَذِبًا أَوْ كَذَّبَ بِآيَاتِهِ إِنَّهُ لَا يُفْلِحُ الظَّالِمُونَ ٢١ وَيَوْمَ نَحْشُرُهُمْ
جَمِيعًا ثُمَّ نَقُولُ لِلَّذِينَ أَشْرَكُوا أَيْنَ شُرَكَاؤُكُمُ الَّذِينَ كُنتُمْ تَزْعُمُونَ ٢٢
ثُمَّ لَمْ تَكُن فِتْنَتُهُمْ إِلَّا أَن قَالُوا وَاللَّهِ رَبِّنَا مَا كُنَّا مُشْرِكِينَ ٢٣
انظُرْ كَيْفَ كَذَبُوا عَلَىٰ أَنفُسِهِمْ وَضَلَّ عَنْهُم مَّا كَانُوا يَفْتَرُونَ ٢٤
وَمِنْهُم مَّن يَسْتَمِعُ إِلَيْكَ وَجَعَلْنَا عَلَىٰ قُلُوبِهِمْ أَكِنَّةً أَن يَفْقَهُوهُ
وَفِي آذَانِهِمْ وَقْرًا وَإِن يَرَوْا كُلَّ آيَةٍ لَّا يُؤْمِنُوا بِهَا حَتَّىٰ إِذَا
جَاءُوكَ يُجَادِلُونَكَ يَقُولُ الَّذِينَ كَفَرُوا إِنْ هَٰذَا إِلَّا أَسَاطِيرُ
الْأَوَّلِينَ ٢٥ وَهُمْ يَنْهَوْنَ عَنْهُ وَيَنْأَوْنَ عَنْهُ وَإِن يُهْلِكُونَ إِلَّا
أَنفُسَهُمْ وَمَا يَشْعُرُونَ ٢٦ وَلَوْ تَرَىٰ إِذْ وُقِفُوا عَلَى النَّارِ فَقَالُوا
يَا لَيْتَنَا نُرَدُّ وَلَا نُكَذِّبَ بِآيَاتِ رَبِّنَا وَنَكُونَ مِنَ الْمُؤْمِنِينَ ٢٧

徒たち（の一人）となってはならないと」。（6：14）

言え、「もし私がわが主に背くなら、大いなる日の懲罰を恐れる」。（6：15）

その日、それ（懲罰）を遠ざけられた者は彼が慈悲をかけ給うたのである。そして、それは明白な成功である。（6：16）

そしてもしアッラーが災厄でおまえに触れ給うたなら、それを除く者は彼のほかにない。また、もし彼が幸福でおまえに触れ給うたなら、彼はすべてのものに対して全能なる御方。（6：17）

そして彼は彼の僕《しもべ》たちの上にあらせられる支配者。また彼は英明にして通暁し給う御方。（6：18）

言え、「どんなものが証言として最大か」。言え、「アッラーである。彼は私とおまえたちの間の証言者であらせられる。クルアーンは私に啓示された、おまえたちとそれが届いた者にそれによって警告するために。おまえたちはアッラーに並んでほかの神がいると証言するのか」。言え、「私は証言しない」。言え、「彼は唯一の神にほかならない。そして、まことに私はおまえたちが（アッラーと並べて）同位に崇拝するものとは無関係である」。（6：19）

われらが啓典を授けた者たちは、彼らが自分たちの子供を認めるように彼を認める。自分自身を損失した者たち、彼らは信じない。（6：20）

そしてアッラーについて虚偽を捏造するか、彼の諸々の徴を嘘だと否定する者より不正な者があろうか。まことに、不正な者が成功することはない。（6：21）

そして、われらが彼らを一斉に追い集める日。それから、われらは多神を拝した者たちに、「おまえたちが言い張っていた同位者たちはどこか」と言う。（6：22）

それから彼らの言い訳はただ、「われらが主アッラーに誓って、われらは多神教徒ではなかった」と言うほかない。（6：23）

見よ。彼らが自分自分にどのように嘘をついたかを。そして、彼らが捏造したものは彼らからはぐれ去った。（6：24）

また、彼らの中にはおまえに耳を傾ける者もあるが、われらは彼らがそれを理解することに（理解しないように）彼らの心に覆いをなし、彼らの耳を難聴にした。それで、彼らはどの徴を見てもそれを信じない。そして、遂にはおまえの許に来ておまえと争論し、信仰を拒む者たちは、「これはただの昔の者たちの作り話にすぎない」と言う。（6：25）

そして彼らはそれを阻止し、それから離れる。それで彼らはただ自分自身を滅ぼすだけだが、気づいていない。（6：26）

そしてもしおまえが、彼らが獄火の前に立たされるのを見るならば。その時、彼らは言う。「ああ、戻されることがあればよいものを。そうすれば、われらはわれらの主の諸々の徴を嘘だと否定せず、信仰者たちの中にあるものを」。（6：27）

بَلْ بَدَا لَهُم مَّا كَانُوا۟ يُخْفُونَ مِن قَبْلُ ۖ وَلَوْ رُدُّوا۟ لَعَادُوا۟ لِمَا نُهُوا۟ عَنْهُ
وَإِنَّهُمْ لَكَٰذِبُونَ ﴿٢٨﴾ وَقَالُوٓا۟ إِنْ هِىَ إِلَّا حَيَاتُنَا ٱلدُّنْيَا وَمَا نَحْنُ
بِمَبْعُوثِينَ ﴿٢٩﴾ وَلَوْ تَرَىٰٓ إِذْ وُقِفُوا۟ عَلَىٰ رَبِّهِمْ ۚ قَالَ أَلَيْسَ هَٰذَا
بِٱلْحَقِّ ۚ قَالُوا۟ بَلَىٰ وَرَبِّنَا ۚ قَالَ فَذُوقُوا۟ ٱلْعَذَابَ بِمَا كُنتُمْ تَكْفُرُونَ
﴿٣٠﴾ قَدْ خَسِرَ ٱلَّذِينَ كَذَّبُوا۟ بِلِقَآءِ ٱللَّهِ ۖ حَتَّىٰٓ إِذَا جَآءَتْهُمُ ٱلسَّاعَةُ
بَغْتَةً قَالُوا۟ يَٰحَسْرَتَنَا عَلَىٰ مَا فَرَّطْنَا فِيهَا وَهُمْ يَحْمِلُونَ أَوْزَارَهُمْ
عَلَىٰ ظُهُورِهِمْ ۚ أَلَا سَآءَ مَا يَزِرُونَ ﴿٣١﴾ وَمَا ٱلْحَيَوٰةُ ٱلدُّنْيَآ
إِلَّا لَعِبٌ وَلَهْوٌ ۖ وَلَلدَّارُ ٱلْءَاخِرَةُ خَيْرٌ لِّلَّذِينَ يَتَّقُونَ ۗ أَفَلَا تَعْقِلُونَ
﴿٣٢﴾ قَدْ نَعْلَمُ إِنَّهُۥ لَيَحْزُنُكَ ٱلَّذِى يَقُولُونَ ۖ فَإِنَّهُمْ لَا يُكَذِّبُونَكَ
وَلَٰكِنَّ ٱلظَّٰلِمِينَ بِـَٔايَٰتِ ٱللَّهِ يَجْحَدُونَ ﴿٣٣﴾ وَلَقَدْ كُذِّبَتْ
رُسُلٌ مِّن قَبْلِكَ فَصَبَرُوا۟ عَلَىٰ مَا كُذِّبُوا۟ وَأُوذُوا۟ حَتَّىٰٓ أَتَىٰهُمْ
نَصْرُنَا ۚ وَلَا مُبَدِّلَ لِكَلِمَٰتِ ٱللَّهِ ۚ وَلَقَدْ جَآءَكَ مِن نَّبَإِى۟ ٱلْمُرْسَلِينَ
﴿٣٤﴾ وَإِن كَانَ كَبُرَ عَلَيْكَ إِعْرَاضُهُمْ فَإِنِ ٱسْتَطَعْتَ أَن تَبْتَغِىَ
نَفَقًا فِى ٱلْأَرْضِ أَوْ سُلَّمًا فِى ٱلسَّمَآءِ فَتَأْتِيَهُم بِـَٔايَةٍ ۚ وَلَوْ شَآءَ
ٱللَّهُ لَجَمَعَهُمْ عَلَى ٱلْهُدَىٰ ۚ فَلَا تَكُونَنَّ مِنَ ٱلْجَٰهِلِينَ ﴿٣٥﴾

いや、以前から彼らが隠していたものが彼らに明らかになったのである。またもし彼らが戻されたとしても、禁じられていたことに戻ったであろう。そしてまことに彼らは虚言の徒である。(6：28)

彼らは、「それ(世)はわれらの現世のみで、われらが復活させられることなどない」と言った。(6：29)

もしおまえが、彼らが彼らの主の前に立つのを見るならば。彼は仰せられた。「これは真実ではないか」。彼らは言った。「われらの主にかけて、そのとおり」。仰せられた。「では、おまえたちが否定したことゆえに懲罰を味わえ」。(6：30)

アッラーとの面会を嘘だと否定し、そしてついにその時が不意に彼らに来ると、「ああ、われらがそこで疎かにしたことへのわれらの悲嘆よ」と言う者たちは確かに損失したのである。その時、彼らは背に自分たちの重荷を背負っている。彼らが負うものはなんと悪いものではないか。(6：31)

そして現世は遊びと戯れに過ぎず、来世の住まいこそ畏れ身を守る者にはより良いものである。おまえたちは理解しないのか。(6：32)

彼らの言うことがおまえを悲しませることをわれらは確かに知っている。だが、彼らはおまえを嘘と否定しているのではなく[694]、不正な者たちがアッラーの諸々の徴を否認しているのである。(6：33)

そしておまえ以前の使徒たちも嘘と否定されたが、彼らは嘘と否定され、迫害されたことに対してわれらの助けが来るまで耐えたのである。そしてアッラーの御言葉を挿げ替える者はない。そしておまえの許に使徒たちの消息が確かに届いたのである。(6：34)

そしておまえにとって彼らの離反が重大であっても、穴を大地に、あるいははしごを天に求め、彼らに徴をもたらすことがおまえにできるものならば[695](するが良い)。そしてもしアッラーが御望みならば、彼らを導きの上に集め給うたであろう。それゆえ、決して無知な者たち(の一人)となってはならない。(6：35)

694　内心ではムハンマドが真実を語る真の預言者であることを認めている。

695　彼らがおまえから離反するのをそれほど気に病んでも、おまえには、大地を掘るか、天に昇って、アッラーの徴をもたらそうとしても、できはしない。

۞ إِنَّمَا يَسْتَجِيبُ ٱلَّذِينَ يَسْمَعُونَ وَٱلْمَوْتَىٰ يَبْعَثُهُمُ ٱللَّهُ ثُمَّ إِلَيْهِ
يُرْجَعُونَ ٣٦ وَقَالُوا۟ لَوْلَا نُزِّلَ عَلَيْهِ ءَايَةٌ مِّن رَّبِّهِۦ ۚ قُلْ إِنَّ ٱللَّهَ
قَادِرٌ عَلَىٰٓ أَن يُنَزِّلَ ءَايَةً وَلَٰكِنَّ أَكْثَرَهُمْ لَا يَعْلَمُونَ ٣٧ وَمَا
مِن دَآبَّةٍ فِى ٱلْأَرْضِ وَلَا طَٰٓئِرٍ يَطِيرُ بِجَنَاحَيْهِ إِلَّآ أُمَمٌ أَمْثَالُكُم ۚ
مَّا فَرَّطْنَا فِى ٱلْكِتَٰبِ مِن شَىْءٍ ۚ ثُمَّ إِلَىٰ رَبِّهِمْ يُحْشَرُونَ ٣٨
وَٱلَّذِينَ كَذَّبُوا۟ بِـَٔايَٰتِنَا صُمٌّ وَبُكْمٌ فِى ٱلظُّلُمَٰتِ ۗ مَن يَشَإِ
ٱللَّهُ يُضْلِلْهُ وَمَن يَشَأْ يَجْعَلْهُ عَلَىٰ صِرَٰطٍ مُّسْتَقِيمٍ ٣٩ قُلْ
أَرَءَيْتَكُمْ إِنْ أَتَىٰكُمْ عَذَابُ ٱللَّهِ أَوْ أَتَتْكُمُ ٱلسَّاعَةُ أَغَيْرَ ٱللَّهِ
تَدْعُونَ إِن كُنتُمْ صَٰدِقِينَ ٤٠ بَلْ إِيَّاهُ تَدْعُونَ فَيَكْشِفُ
مَا تَدْعُونَ إِلَيْهِ إِن شَآءَ وَتَنسَوْنَ مَا تُشْرِكُونَ ٤١ وَلَقَدْ أَرْسَلْنَآ
إِلَىٰٓ أُمَمٍ مِّن قَبْلِكَ فَأَخَذْنَٰهُم بِٱلْبَأْسَآءِ وَٱلضَّرَّآءِ لَعَلَّهُمْ
يَتَضَرَّعُونَ ٤٢ فَلَوْلَآ إِذْ جَآءَهُم بَأْسُنَا تَضَرَّعُوا۟ وَلَٰكِن قَسَتْ
قُلُوبُهُمْ وَزَيَّنَ لَهُمُ ٱلشَّيْطَٰنُ مَا كَانُوا۟ يَعْمَلُونَ ٤٣ فَلَمَّا
نَسُوا۟ مَا ذُكِّرُوا۟ بِهِۦ فَتَحْنَا عَلَيْهِمْ أَبْوَٰبَ كُلِّ شَىْءٍ حَتَّىٰٓ
إِذَا فَرِحُوا۟ بِمَآ أُوتُوٓا۟ أَخَذْنَٰهُم بَغْتَةً فَإِذَا هُم مُّبْلِسُونَ ٤٤

聞く者たちだけが応えるのである。そして、死者はアッラーが蘇らせ給い、それから彼の御許に帰らされる。(6：36)

また彼らは言う。「彼には彼の主から徴が垂示されないのか」。言え、「まことにアッラーは徴を垂示することができ給う。だが、彼らの大半は知らないのである」。(6：37)

そして地上のどんな動物も、双翼で飛ぶ鳥も、おまえたちのような共同体でないものはない。われらは書[696]の中でなにものも疎かにはしなかった。そして、彼らの主の御許に彼らは集められるのである。(6：38)

われらの諸々の徴を嘘だと否定する者たちは、暗闇の中で耳が聞こえず、口がきけない。アッラーは御望みの者を迷わせ、御望みの者をまっすぐな道につかせ給う。(6：39)

言え、「おまえたちにアッラーの懲罰が襲うか、おまえたちに時が来たなら、アッラー以外のものにおまえたちは祈るとおまえは考えたのか、もし、おまえたちが正しいなら」。(6：40)

「いや、彼(アッラー)にこそおまえたちは祈る。すると、彼は、望み給うたならば、おまえたちがそのために祈っているもの[697]を取り除き給う。そして、おまえたちはおまえたちが(アッラーに)同位に配していたものを忘れる」。(6：41)

そしてわれらはかつておまえ以前にも(使徒たちを)共同体に遣わし、彼らを不幸と災厄で捕えた。きっと彼らは謙《へりくだ》るであろうと。(6：42)

それで彼らにわれらの災厄が襲った時、それでも彼らが謙《へりくだ》らなかったならば[698]。それどころか、彼らの心は頑なになり、悪魔が彼らに彼らのなすことを美しく飾った。(6：43)

それゆえそれによって訓戒されたこと(厄災)を彼らが忘れた時、われらは彼らの上にすべての(恵みの)扉を開き、与えられたものに彼らが歓喜していた時、われらは彼らを不意に捕え、すると彼らは意気消沈した。(6：44)

696　天上の「護持された書板」(85章22節)、あるいはクルアーン。
697　害悪等。
698　それでも彼らが謙《へりくだ》らなかったのは一体どうしてか。

فَقُطِعَ دَابِرُ ٱلْقَوْمِ ٱلَّذِينَ ظَلَمُوا۟ ۚ وَٱلْحَمْدُ لِلَّهِ رَبِّ ٱلْعَـٰلَمِينَ ٤٥
قُلْ أَرَءَيْتُمْ إِنْ أَخَذَ ٱللَّهُ سَمْعَكُمْ وَأَبْصَـٰرَكُمْ وَخَتَمَ عَلَىٰ قُلُوبِكُم
مَّنْ إِلَـٰهٌ غَيْرُ ٱللَّهِ يَأْتِيكُم بِهِ ۗ ٱنظُرْ كَيْفَ نُصَرِّفُ ٱلْـَٔايَـٰتِ
ثُمَّ هُمْ يَصْدِفُونَ ٤٦ قُلْ أَرَءَيْتَكُمْ إِنْ أَتَىٰكُمْ عَذَابُ ٱللَّهِ
بَغْتَةً أَوْ جَهْرَةً هَلْ يُهْلَكُ إِلَّا ٱلْقَوْمُ ٱلظَّـٰلِمُونَ ٤٧ وَمَا
نُرْسِلُ ٱلْمُرْسَلِينَ إِلَّا مُبَشِّرِينَ وَمُنذِرِينَ ۖ فَمَنْ ءَامَنَ وَأَصْلَحَ
فَلَا خَوْفٌ عَلَيْهِمْ وَلَا هُمْ يَحْزَنُونَ ٤٨ وَٱلَّذِينَ كَذَّبُوا۟ بِـَٔايَـٰتِنَا
يَمَسُّهُمُ ٱلْعَذَابُ بِمَا كَانُوا۟ يَفْسُقُونَ ٤٩ قُل لَّآ أَقُولُ لَكُمْ
عِندِى خَزَآئِنُ ٱللَّهِ وَلَآ أَعْلَمُ ٱلْغَيْبَ وَلَآ أَقُولُ لَكُمْ إِنِّى مَلَكٌ ۖ
إِنْ أَتَّبِعُ إِلَّا مَا يُوحَىٰٓ إِلَىَّ ۚ قُلْ هَلْ يَسْتَوِى ٱلْأَعْمَىٰ وَٱلْبَصِيرُ ۚ
أَفَلَا تَتَفَكَّرُونَ ٥٠ وَأَنذِرْ بِهِ ٱلَّذِينَ يَخَافُونَ أَن يُحْشَرُوٓا۟ إِلَىٰ
رَبِّهِمْ ۙ لَيْسَ لَهُم مِّن دُونِهِۦ وَلِىٌّ وَلَا شَفِيعٌ لَّعَلَّهُمْ يَتَّقُونَ
٥١ وَلَا تَطْرُدِ ٱلَّذِينَ يَدْعُونَ رَبَّهُم بِٱلْغَدَوٰةِ وَٱلْعَشِىِّ يُرِيدُونَ
وَجْهَهُۥ ۖ مَا عَلَيْكَ مِنْ حِسَابِهِم مِّن شَىْءٍ وَمَا مِنْ حِسَابِكَ
عَلَيْهِم مِّن شَىْءٍ فَتَطْرُدَهُمْ فَتَكُونَ مِنَ ٱلظَّـٰلِمِينَ ٥٢

こうして不正をなした民の根は絶やされた。そして、称賛は諸世界の主アッラーに属す。(6：45)

言え、「アッラーがおまえたちの聴覚と視覚を取り上げ、おまえたちの心を封じ給うたら、アッラー以外のどの神がそれをおまえたちにもたらすとおまえたちは考えたのか」。見よ、いかにわれらが諸々の徴を解明するか。だが、彼らは背き去るのであった。(6：46)

言え、「もしおまえたちにアッラーの懲罰が不意に、あるいは公然と襲ったとして、不正な民のほかに滅ぼされるものがあるとおまえは考えたのか」。(6：47)

そしてわれらが使徒たちを遣わしたのは、吉報伝達者たちとして、また、警告者たちとしてにほかならない。それゆえ、信じ、(行いを)正した者には恐れはなく、彼らは悲しむことはない。(6：48)

一方、われらの諸々の徴を嘘だと否定した者たちは、彼らが為した邪なことのために懲罰が襲う。(6：49)

言え、「私はおまえたちに、私の許にアッラーの宝庫があるなどとは言わない。また、不可視のものを知らないし、私は天使である、などともおまえたちに言わない。私はただ私に啓示されたものに従っているだけである」。言え、「盲人と晴眼者とが同じであろうか。おまえたちは考えてみないのか」。(6：50)

そして彼らの主の御許に追い集められることを恐れる者たちにそれによって警告せよ。彼らには、彼をおいて後見もなく仲裁者もいない。きっと彼らは畏れ身を守るであろう。(6：51)

そして彼らの主にその御顔を求めて朝に夕に祈る者たちを追い払ってはならない[699]。彼らの清算はわずかにもおまえには課されず、おまえの清算はわずかにも彼らには課されない。それでおまえが彼らを追い払えば、おまえは不正な者の一人となったであろう。(6：52)

699　裕福で身分の高い不信仰者たちの機嫌をとって、貧しくみすぼらしい信仰者たちを遠ざけてはならない。

وَكَذَٰلِكَ فَتَنَّا بَعْضَهُم بِبَعْضٍ لِّيَقُولُوٓاْ أَهَٰٓؤُلَآءِ مَنَّ ٱللَّهُ
عَلَيْهِم مِّنۢ بَيْنِنَآ ۗ أَلَيْسَ ٱللَّهُ بِأَعْلَمَ بِٱلشَّٰكِرِينَ ٥٣ وَإِذَا
جَآءَكَ ٱلَّذِينَ يُؤْمِنُونَ بِـَٔايَٰتِنَا فَقُلْ سَلَٰمٌ عَلَيْكُمْ ۖ كَتَبَ
رَبُّكُمْ عَلَىٰ نَفْسِهِ ٱلرَّحْمَةَ ۖ أَنَّهُۥ مَنْ عَمِلَ مِنكُمْ سُوٓءًۢا
بِجَهَٰلَةٍ ثُمَّ تَابَ مِنۢ بَعْدِهِۦ وَأَصْلَحَ فَأَنَّهُۥ غَفُورٌ رَّحِيمٌ ٥٤
وَكَذَٰلِكَ نُفَصِّلُ ٱلْءَايَٰتِ وَلِتَسْتَبِينَ سَبِيلُ ٱلْمُجْرِمِينَ
٥٥ قُلْ إِنِّى نُهِيتُ أَنْ أَعْبُدَ ٱلَّذِينَ تَدْعُونَ مِن دُونِ ٱللَّهِ ۚ قُل
لَّآ أَتَّبِعُ أَهْوَآءَكُمْ ۙ قَدْ ضَلَلْتُ إِذًا وَمَآ أَنَا۠ مِنَ ٱلْمُهْتَدِينَ
٥٦ قُلْ إِنِّى عَلَىٰ بَيِّنَةٍ مِّن رَّبِّى وَكَذَّبْتُم بِهِۦ ۚ مَا عِندِى مَا
تَسْتَعْجِلُونَ بِهِۦٓ ۚ إِنِ ٱلْحُكْمُ إِلَّا لِلَّهِ ۖ يَقُصُّ ٱلْحَقَّ ۖ وَهُوَ
خَيْرُ ٱلْفَٰصِلِينَ ٥٧ قُل لَّوْ أَنَّ عِندِى مَا تَسْتَعْجِلُونَ بِهِۦ لَقُضِىَ
ٱلْأَمْرُ بَيْنِى وَبَيْنَكُمْ ۗ وَٱللَّهُ أَعْلَمُ بِٱلظَّٰلِمِينَ ٥٨ ۞ وَعِندَهُۥ
مَفَاتِحُ ٱلْغَيْبِ لَا يَعْلَمُهَآ إِلَّا هُوَ ۚ وَيَعْلَمُ مَا فِى ٱلْبَرِّ
وَٱلْبَحْرِ ۚ وَمَا تَسْقُطُ مِن وَرَقَةٍ إِلَّا يَعْلَمُهَا وَلَا حَبَّةٍ فِى ظُلُمَٰتِ
ٱلْأَرْضِ وَلَا رَطْبٍ وَلَا يَابِسٍ إِلَّا فِى كِتَٰبٍ مُّبِينٍ ٥٩

そしてこのようにわれらは彼らの一部を別の一部によって試みた。彼らが、「これらの者がわれらのうちアッラーが恩恵を垂れ給うた者たちか」と言うために。アッラーこそ感謝する者たちを最も良く知る御方ではないか。(6：53)

そしてわれらの諸々の徴を信じる者たちがおまえの許に来た時には、「おまえたちの上に平安あれ」と言え。おまえたちの主は御自身の上に慈悲を書き留め給うた。すなわち、おまえたちのうち無知[700]から悪をなし、その後悔いて戻り、(行いを)正した者に彼はよく赦し給う慈悲深い御方。(6：54)

そしてこのようにわれらの諸々の徴を解明した。また、罪を犯す者たちの道が明らかとなるためにと。(6：55)

言え、「私はおまえたちがアッラーをさしおいて祈っているものに仕えることを禁じられた」。言え、「私はおまえたちの妄執には従わない。そうなれば私は迷ったのであり、私は導かれた者たち(の一人)ではない」。(6：56)

言え、「まことに私はわが主からの明証の上にあるが、おまえたちはそれ[701]を嘘だと否定した。おまえたちがそれを急《せ》かせるもの[702]は私の許にはない。裁決はアッラーのみにしか属さない。彼は真実を語り給い、また彼は最良の判決者であらせられる」。(6：57)

言え、「もしおまえたちがそれを急かせるものが私の許にあれば、私とおまえたちの間の事は決着が既についているであろう。そしてアッラーは不正な者たちのことを最もよく知り給う」。(6：58)

彼の御許に不可視界の諸々の鍵はあり、彼のほかにはそれを知らない。そして彼は陸と海でのことを知り給う。また木の葉の一枚も彼が知り給わずに落ちることはなく、大地の暗闇の中の一粒の種も、湿ったものも乾いたものも、明白な書[703]の中にないものはない。(6：59)

700　4章17節参照。
701　あるいは、「彼(わが主、アッラー)」。
702　預言者ムハンマドによる懲罰の警告に対して、多神教徒たちが嘲笑して言った8章32節の内容。
703　天上の「護持された書板」(85章22節)。

وَهُوَ ٱلَّذِي يَتَوَفَّىٰكُم بِٱلَّيۡلِ وَيَعۡلَمُ مَا جَرَحۡتُم بِٱلنَّهَارِ ثُمَّ
يَبۡعَثُكُمۡ فِيهِ لِيُقۡضَىٰٓ أَجَلٞ مُّسَمّٗىۖ ثُمَّ إِلَيۡهِ مَرۡجِعُكُمۡ ثُمَّ
يُنَبِّئُكُم بِمَا كُنتُمۡ تَعۡمَلُونَ ٦٠ وَهُوَ ٱلۡقَاهِرُ فَوۡقَ عِبَادِهِۦۖ
وَيُرۡسِلُ عَلَيۡكُمۡ حَفَظَةً حَتَّىٰٓ إِذَا جَآءَ أَحَدَكُمُ ٱلۡمَوۡتُ تَوَفَّتۡهُ
رُسُلُنَا وَهُمۡ لَا يُفَرِّطُونَ ٦١ ثُمَّ رُدُّوٓاْ إِلَى ٱللَّهِ مَوۡلَىٰهُمُ ٱلۡحَقِّۚ
أَلَا لَهُ ٱلۡحُكۡمُ وَهُوَ أَسۡرَعُ ٱلۡحَٰسِبِينَ ٦٢ قُلۡ مَن يُنَجِّيكُم مِّن
ظُلُمَٰتِ ٱلۡبَرِّ وَٱلۡبَحۡرِ تَدۡعُونَهُۥ تَضَرُّعٗا وَخُفۡيَةٗ لَّئِنۡ أَنجَىٰنَا مِنۡ
هَٰذِهِۦ لَنَكُونَنَّ مِنَ ٱلشَّٰكِرِينَ ٦٣ قُلِ ٱللَّهُ يُنَجِّيكُم مِّنۡهَا وَمِن كُلِّ كَرۡبٖ
ثُمَّ أَنتُمۡ تُشۡرِكُونَ ٦٤ قُلۡ هُوَ ٱلۡقَادِرُ عَلَىٰٓ أَن يَبۡعَثَ عَلَيۡكُمۡ عَذَابٗا مِّن
فَوۡقِكُمۡ أَوۡ مِن تَحۡتِ أَرۡجُلِكُمۡ أَوۡ يَلۡبِسَكُمۡ شِيَعٗا وَيُذِيقَ بَعۡضَكُم
بَأۡسَ بَعۡضٍۗ ٱنظُرۡ كَيۡفَ نُصَرِّفُ ٱلۡأٓيَٰتِ لَعَلَّهُمۡ يَفۡقَهُونَ ٦٥ وَكَذَّبَ
بِهِۦ قَوۡمُكَ وَهُوَ ٱلۡحَقُّۚ قُل لَّسۡتُ عَلَيۡكُم بِوَكِيلٖ ٦٦ لِّكُلِّ نَبَإٖ
مُّسۡتَقَرّٞۚ وَسَوۡفَ تَعۡلَمُونَ ٦٧ وَإِذَا رَأَيۡتَ ٱلَّذِينَ يَخُوضُونَ فِيٓ ءَايَٰتِنَا
فَأَعۡرِضۡ عَنۡهُمۡ حَتَّىٰ يَخُوضُواْ فِي حَدِيثٍ غَيۡرِهِۦۚ وَإِمَّا يُنسِيَنَّكَ
ٱلشَّيۡطَٰنُ فَلَا تَقۡعُدۡ بَعۡدَ ٱلذِّكۡرَىٰ مَعَ ٱلۡقَوۡمِ ٱلظَّٰلِمِينَ ٦٨

彼こそは夜におまえたちの魂を召し上げ(眠らせ)、おまえたちが昼に稼いだことを知り、それからそこでおまえたちを生き返らせ、定められた期限を満了させ給う御方。そして彼の御許におまえたちの帰り処はある。それから彼はおまえたちがなしたことをおまえたちに告げ給う。(6：60)

彼は彼の僕《しもべ》たちの上に立つ支配者であらせられ、おまえたちに「監査者たち(天使)」を遣わし[704]、おまえたちの一人に死が訪れると、われらの使徒たち(天使たち)が彼を召し上げ、彼らは怠ることはない。(6：61)

それから彼らは彼らの真の庇護者アッラーの御許に戻される。彼にこそ裁決はあるのではないか。そして彼は清算者たちの中で最速の御方。(6：62)

言え、「陸と海の諸々の闇からおまえたちを救い出すのは誰か。おまえたちは彼に祈り声をあげ謙虚に、そして隠れて彼に祈る。もし彼がわれらをここから救い出し給うたなら、必ずやわれらは感謝する者たちになります、と」。(6：63)

言え、「アッラーはおまえたちをそこからも、あらゆる苦悩からも救い出し給う。それなのにおまえたちは多神を拝するのである」。(6：64)

言え、「彼はおまえたちにおまえたちの上からでも足下からでも懲罰を下すことができ、おまえたちを分派で混乱させ、おまえたちのある者にある者の暴威を味わわせることもでき給う」。われらがどのように諸々の徴を示すかを見よ。きっと彼らは理解するであろう。(6：65)

それなのにおまえの民は真実であるのにそれを嘘として否定した。言え、「私はおまえたちの代理人ではない」。(6：66)

あらゆる知らせには定時がある。そしておまえたちはいずれ知るであろう。(6：67)

そしてわれらの諸々の徴を(クルアーンを嘲笑して)話題にする者たちを見かけたら、彼らがほかの話題に入るまで彼らから離れよ。そしてたとえ悪魔がおまえに忘れさせたとしても、思い出した後は不正の民とは共に座してはならない。(6：68)

704　人間は生前には善行と悪行を帳簿につける天使が同行し、死に臨んでは魂を召し上げる天使が遣わされる。

وَمَا عَلَى ٱلَّذِينَ يَتَّقُونَ مِنْ حِسَابِهِم مِّن شَىْءٍ وَلَٰكِن
ذِكْرَىٰ لَعَلَّهُمْ يَتَّقُونَ ﴿٦٩﴾ وَذَرِ ٱلَّذِينَ ٱتَّخَذُوا۟ دِينَهُمْ
لَعِبًا وَلَهْوًا وَغَرَّتْهُمُ ٱلْحَيَوٰةُ ٱلدُّنْيَا ۚ وَذَكِّرْ بِهِۦٓ أَن
تُبْسَلَ نَفْسٌۢ بِمَا كَسَبَتْ لَيْسَ لَهَا مِن دُونِ ٱللَّهِ وَلِىٌّ
وَلَا شَفِيعٌ وَإِن تَعْدِلْ كُلَّ عَدْلٍ لَّا يُؤْخَذْ مِنْهَآ ۗ أُو۟لَٰٓئِكَ
ٱلَّذِينَ أُبْسِلُوا۟ بِمَا كَسَبُوا۟ ۖ لَهُمْ شَرَابٌ مِّنْ حَمِيمٍ
وَعَذَابٌ أَلِيمٌۢ بِمَا كَانُوا۟ يَكْفُرُونَ ﴿٧٠﴾ قُلْ أَنَدْعُوا۟ مِن دُونِ
ٱللَّهِ مَا لَا يَنفَعُنَا وَلَا يَضُرُّنَا وَنُرَدُّ عَلَىٰٓ أَعْقَابِنَا بَعْدَ إِذْ
هَدَىٰنَا ٱللَّهُ كَٱلَّذِى ٱسْتَهْوَتْهُ ٱلشَّيَٰطِينُ فِى ٱلْأَرْضِ
حَيْرَانَ لَهُۥٓ أَصْحَٰبٌ يَدْعُونَهُۥٓ إِلَى ٱلْهُدَى ٱئْتِنَا ۗ قُلْ إِنَّ
هُدَى ٱللَّهِ هُوَ ٱلْهُدَىٰ ۖ وَأُمِرْنَا لِنُسْلِمَ لِرَبِّ ٱلْعَٰلَمِينَ ﴿٧١﴾ وَأَنْ
أَقِيمُوا۟ ٱلصَّلَوٰةَ وَٱتَّقُوهُ ۚ وَهُوَ ٱلَّذِىٓ إِلَيْهِ تُحْشَرُونَ ﴿٧٢﴾ وَهُوَ
ٱلَّذِى خَلَقَ ٱلسَّمَٰوَٰتِ وَٱلْأَرْضَ بِٱلْحَقِّ ۖ وَيَوْمَ يَقُولُ كُن
فَيَكُونُ ۚ قَوْلُهُ ٱلْحَقُّ ۚ وَلَهُ ٱلْمُلْكُ يَوْمَ يُنفَخُ فِى ٱلصُّورِ ۚ
عَٰلِمُ ٱلْغَيْبِ وَٱلشَّهَٰدَةِ ۚ وَهُوَ ٱلْحَكِيمُ ٱلْخَبِيرُ ﴿٧٣﴾

そして畏れ身を守る者には彼らの清算はわずかにも課せられない。ただし、訓戒がある。きっと彼らは畏れ身を守るであろう。(6：69)

そして自分の宗教を遊び、戯れとし、現世に欺かれた者たちは放っておけ。だれもが自分の稼いだものによって取り滅ぼさることをそれをもって[705]訓戒せよ。彼にはアッラーをおいて後見も仲裁者もいないのである。また、あらゆる身代金で贖《あがな》おうとも、それは受け入れられない。それらの者は自分の稼いだものによって取り滅ぼされた者であり、彼らには彼らが信仰を拒んだものゆえに熱湯の飲み物と痛苦の懲罰がある。(6：70)

言え、「アッラーのほかにわれらの益にもならず害にもならないものにわれらが祈り、アッラーがわれらを導き給うた後でわれらが踵を返すというのか。まるで地上で悪魔が彼を幻惑し、迷った者のように。しかも彼には、われらの許に来いと導きに彼を招く仲間たちがいるというのに」。言え、「まことにアッラーの導き、それこそ導きである。そしてわれらは諸世界の主アッラーに帰依するよう命じられた」。(6：71)

「また、礼拝を遵守し、彼を畏れ身を守れと。彼にこそわれらは集められるのである」。(6：72)

また、彼こそは諸天と地を真理をもって創り給うた御方。彼が「あれ」と仰せられると、それがある、(という)日。彼の御言葉は真実であり、角笛が吹かれる日[706]、彼に王権は属す。隠されたものも顕れたものも知り給う御方。そして彼は英明にして通暁し給う御方。(6：73)

705　クルアーンによって。
706　最後の日、天使イスラーフィールが角笛を吹くと全ての生き物が死に絶えるが、二度目に角笛を吹くと、全ての霊魂が身体に還り甦る。

۞ وَإِذْ قَالَ إِبْرَٰهِيمُ لِأَبِيهِ ءَازَرَ أَتَتَّخِذُ أَصْنَامًا ءَالِهَةً إِنِّىٓ
أَرَىٰكَ وَقَوْمَكَ فِى ضَلَٰلٍ مُّبِينٍ ٧٤ وَكَذَٰلِكَ نُرِىٓ إِبْرَٰهِيمَ
مَلَكُوتَ ٱلسَّمَٰوَٰتِ وَٱلْأَرْضِ وَلِيَكُونَ مِنَ ٱلْمُوقِنِينَ
٧٥ فَلَمَّا جَنَّ عَلَيْهِ ٱلَّيْلُ رَءَا كَوْكَبًا ۖ قَالَ هَٰذَا رَبِّى ۖ فَلَمَّآ أَفَلَ
قَالَ لَآ أُحِبُّ ٱلْءَافِلِينَ ٧٦ فَلَمَّا رَءَا ٱلْقَمَرَ بَازِغًا قَالَ هَٰذَا
رَبِّى ۖ فَلَمَّآ أَفَلَ قَالَ لَئِن لَّمْ يَهْدِنِى رَبِّى لَأَكُونَنَّ مِنَ ٱلْقَوْمِ
ٱلضَّآلِّينَ ٧٧ فَلَمَّا رَءَا ٱلشَّمْسَ بَازِغَةً قَالَ هَٰذَا رَبِّى هَٰذَآ
أَكْبَرُ ۖ فَلَمَّآ أَفَلَتْ قَالَ يَٰقَوْمِ إِنِّى بَرِىٓءٌ مِّمَّا تُشْرِكُونَ
٧٨ إِنِّى وَجَّهْتُ وَجْهِىَ لِلَّذِى فَطَرَ ٱلسَّمَٰوَٰتِ وَٱلْأَرْضَ
حَنِيفًا ۖ وَمَآ أَنَا۠ مِنَ ٱلْمُشْرِكِينَ ٧٩ وَحَآجَّهُۥ قَوْمُهُۥ ۚ قَالَ
أَتُحَٰٓجُّوٓنِّى فِى ٱللَّهِ وَقَدْ هَدَىٰنِ ۚ وَلَآ أَخَافُ مَا تُشْرِكُونَ بِهِۦٓ
إِلَّآ أَن يَشَآءَ رَبِّى شَيْـًٔا ۗ وَسِعَ رَبِّى كُلَّ شَىْءٍ عِلْمًا ۗ أَفَلَا
تَتَذَكَّرُونَ ٨٠ وَكَيْفَ أَخَافُ مَآ أَشْرَكْتُمْ وَلَا تَخَافُونَ
أَنَّكُمْ أَشْرَكْتُم بِٱللَّهِ مَا لَمْ يُنَزِّلْ بِهِۦ عَلَيْكُمْ سُلْطَٰنًا ۚ
فَأَىُّ ٱلْفَرِيقَيْنِ أَحَقُّ بِٱلْأَمْنِ ۖ إِن كُنتُمْ تَعْلَمُونَ ٨١

また、イブラーヒームが彼の父アーザルに、「あなたは偶像を神々とするのか。まことに私はあなたとあなたの民が明白な迷誤にあると見る」と言った時のこと。(6：74)

そしてこのようにわれらはイブラーヒームに天と地の王国を見せた。また彼が確信者になるようにと。(6：75)

それで彼を夜が覆うと、彼は星を目にした。彼は言った。「これがわが主である」。それからそれが沈むと、彼は言った。「私は沈むものたちを好まない」。(6：76)

それから月が昇るのを見ると、彼は言った。「これがわが主である」。それからそれが沈むと、彼は言った。「わが主が私を導かなければ、私は迷った民(の一人)となったであろう」。(6：77)

それから太陽が昇るのを見ると、彼は言った。「これがわが主である。この方がさらに大きい」。それからそれが沈むと、彼は言った。「わが民よ、私はあなたがたが(アッラーと)同位に崇めるものとは無縁である[707]」。(6：78)

「まことに私は、私の顔を諸天と地を創出し給うた御方にひたむきに向ける。私は多神崇拝者たち(の一人)ではない」。(6：79)

だが、彼の民は彼に反論した。彼は言った。「あなたがたはアッラーについて私と議論するのか。彼が私を既に導き給うているというのに。そして私はあなたがたが彼と同位に並べ置くもの[708]を恐れはしない。ただ、わが主がなにかを望み給えば別である。わが主は知識においてすべてのことを包み給う。それなのにあなたがたは留意しないのか」。(6：80)

「またどうして私があなたがたが同位に崇めるものを恐れることがあろうか。あなたがたが、アッラーがそれについてあなたがたに論拠を降し給うていないものをアッラーと同位に崇めることを恐れていないというのに。それで両派のどちらが平安により相応しいか。もしあなたがたが知っているなら」。(6：81)

707　イブラーヒームの民は星辰崇拝の徒であった。
708　アッラーに並べて崇拝している対象。

ٱلَّذِينَ ءَامَنُوا۟ وَلَمْ يَلْبِسُوٓا۟ إِيمَٰنَهُم بِظُلْمٍ أُو۟لَٰٓئِكَ لَهُمُ ٱلْأَمْنُ
وَهُم مُّهْتَدُونَ ٨٢ وَتِلْكَ حُجَّتُنَآ ءَاتَيْنَٰهَآ إِبْرَٰهِيمَ عَلَىٰ
قَوْمِهِۦ ۚ نَرْفَعُ دَرَجَٰتٍ مَّن نَّشَآءُ ۗ إِنَّ رَبَّكَ حَكِيمٌ عَلِيمٌ ٨٣
وَوَهَبْنَا لَهُۥٓ إِسْحَٰقَ وَيَعْقُوبَ ۚ كُلًّا هَدَيْنَا ۚ وَنُوحًا هَدَيْنَا
مِن قَبْلُ ۖ وَمِن ذُرِّيَّتِهِۦ دَاوُۥدَ وَسُلَيْمَٰنَ وَأَيُّوبَ وَيُوسُفَ
وَمُوسَىٰ وَهَٰرُونَ ۚ وَكَذَٰلِكَ نَجْزِى ٱلْمُحْسِنِينَ ٨٤
وَزَكَرِيَّا وَيَحْيَىٰ وَعِيسَىٰ وَإِلْيَاسَ ۖ كُلٌّ مِّنَ ٱلصَّٰلِحِينَ
٨٥ وَإِسْمَٰعِيلَ وَٱلْيَسَعَ وَيُونُسَ وَلُوطًا ۚ وَكُلًّا فَضَّلْنَا عَلَى
ٱلْعَٰلَمِينَ ٨٦ وَمِنْ ءَابَآئِهِمْ وَذُرِّيَّٰتِهِمْ وَإِخْوَٰنِهِمْ ۖ وَٱجْتَبَيْنَٰهُمْ
وَهَدَيْنَٰهُمْ إِلَىٰ صِرَٰطٍ مُّسْتَقِيمٍ ٨٧ ذَٰلِكَ هُدَى ٱللَّهِ يَهْدِى
بِهِۦ مَن يَشَآءُ مِنْ عِبَادِهِۦ ۚ وَلَوْ أَشْرَكُوا۟ لَحَبِطَ عَنْهُم مَّا كَانُوا۟
يَعْمَلُونَ ٨٨ أُو۟لَٰٓئِكَ ٱلَّذِينَ ءَاتَيْنَٰهُمُ ٱلْكِتَٰبَ وَٱلْحُكْمَ
وَٱلنُّبُوَّةَ ۚ فَإِن يَكْفُرْ بِهَا هَٰٓؤُلَآءِ فَقَدْ وَكَّلْنَا بِهَا قَوْمًا لَّيْسُوا۟
بِهَا بِكَٰفِرِينَ ٨٩ أُو۟لَٰٓئِكَ ٱلَّذِينَ هَدَى ٱللَّهُ ۖ فَبِهُدَىٰهُمُ ٱقْتَدِهْ ۗ
قُل لَّآ أَسْـَٔلُكُمْ عَلَيْهِ أَجْرًا ۖ إِنْ هُوَ إِلَّا ذِكْرَىٰ لِلْعَٰلَمِينَ ٩٠

信仰し、自分の信仰に不正(多神崇拝)を混ぜない者たち、それらの者には平安があり、彼らは導かれた者である。(6：82)

そしてそれ[709]がわれらの論拠であり、われらはそれをイブラーヒームに彼の民に対するために与えた。われらはわれらの望む者を位階において高める。まことにおまえの主は英明にしてよく知り給う御方。(6：83)

そしてわれらは彼にイスハークとヤアクーブを授けた。両者をわれらは導いた。また、ヌーフを以前に導いた。そして、彼の子孫にはダーウード、スライマーン、アイユーブ、ユースフ、ムーサー、ハールーンがいる。そしてこのようにわれらは善を尽くす者たちに報いる。(6：84)

また、ザカリーヤー、ヤフヤー、イーサー、イルヤース。みな正しい者たちである。(6：85)

また、イスマーイール、アルヤサア(エリシャ)、ユーヌス、そして、ルート。そして、みなをわれらは諸世界の上に優遇した。(6：86)

また、彼らの父祖と子孫と兄弟の中から[710]、そしてわれらは彼らを選りすぐり、まっすぐな道に導いた。(6：87)

それがアッラーの導きで、彼は彼の僕《しもべ》たちのうち御望みの者をそれによって導き給う。そしてもし彼らが多神を崇めたとすれば、彼らのなしたことは彼らにとって台無しとなったであろう。(6：88)

それらの者は、われらが啓典と判断力と預言を授けた者たちである。それでもし仮にこれらの者がそれを拒むなら、それを拒まない民に、われらは既にそれを委ねていたであろう。(6：89)

それらの者はアッラーが導き給うた者である。それゆえ彼らの導きについて、それに倣え。言え、「私はそれに対しておまえたちに報酬は求めない。これは諸世界への訓戒にほかならない」。(6：90)

709　76-81節におけるイブラーヒームの発言内容。
710　～の中から導いた、あるいは、優遇した。

وَمَا قَدَرُوا۟ ٱللَّهَ حَقَّ قَدْرِهِۦٓ إِذْ قَالُوا۟ مَآ أَنزَلَ ٱللَّهُ عَلَىٰ بَشَرٍ مِّن شَىْءٍ ۗ
قُلْ مَنْ أَنزَلَ ٱلْكِتَٰبَ ٱلَّذِى جَآءَ بِهِۦ مُوسَىٰ نُورًا وَهُدًى
لِّلنَّاسِ ۖ تَجْعَلُونَهُۥ قَرَاطِيسَ تُبْدُونَهَا وَتُخْفُونَ كَثِيرًا ۖ وَعُلِّمْتُم
مَّا لَمْ تَعْلَمُوٓا۟ أَنتُمْ وَلَآ ءَابَآؤُكُمْ ۖ قُلِ ٱللَّهُ ۖ ثُمَّ ذَرْهُمْ فِى خَوْضِهِمْ
يَلْعَبُونَ ﴿٩١﴾ وَهَٰذَا كِتَٰبٌ أَنزَلْنَٰهُ مُبَارَكٌ مُّصَدِّقُ ٱلَّذِى بَيْنَ
يَدَيْهِ وَلِتُنذِرَ أُمَّ ٱلْقُرَىٰ وَمَنْ حَوْلَهَا ۚ وَٱلَّذِينَ يُؤْمِنُونَ بِٱلْءَاخِرَةِ
يُؤْمِنُونَ بِهِۦ ۖ وَهُمْ عَلَىٰ صَلَاتِهِمْ يُحَافِظُونَ ﴿٩٢﴾ وَمَنْ أَظْلَمُ مِمَّنِ
ٱفْتَرَىٰ عَلَى ٱللَّهِ كَذِبًا أَوْ قَالَ أُوحِىَ إِلَىَّ وَلَمْ يُوحَ إِلَيْهِ شَىْءٌ
وَمَن قَالَ سَأُنزِلُ مِثْلَ مَآ أَنزَلَ ٱللَّهُ ۗ وَلَوْ تَرَىٰٓ إِذِ ٱلظَّٰلِمُونَ فِى
غَمَرَٰتِ ٱلْمَوْتِ وَٱلْمَلَٰٓئِكَةُ بَاسِطُوٓا۟ أَيْدِيهِمْ أَخْرِجُوٓا۟ أَنفُسَكُمُ ۖ
ٱلْيَوْمَ تُجْزَوْنَ عَذَابَ ٱلْهُونِ بِمَا كُنتُمْ تَقُولُونَ عَلَى ٱللَّهِ غَيْرَ
ٱلْحَقِّ وَكُنتُمْ عَنْ ءَايَٰتِهِۦ تَسْتَكْبِرُونَ ﴿٩٣﴾ وَلَقَدْ جِئْتُمُونَا
فُرَٰدَىٰ كَمَا خَلَقْنَٰكُمْ أَوَّلَ مَرَّةٍ وَتَرَكْتُم مَّا خَوَّلْنَٰكُمْ وَرَآءَ
ظُهُورِكُمْ ۖ وَمَا نَرَىٰ مَعَكُمْ شُفَعَآءَكُمُ ٱلَّذِينَ زَعَمْتُمْ أَنَّهُمْ فِيكُمْ
شُرَكَٰٓؤُا۟ ۚ لَقَد تَّقَطَّعَ بَيْنَكُمْ وَضَلَّ عَنكُم مَّا كُنتُمْ تَزْعُمُونَ ﴿٩٤﴾

ところが彼ら（ユダヤ教徒）はアッラーを相応しく尊崇しなかった。「アッラーは人間にはなにも下し給わなかった」と言った時のこと。言え、「ムーサーが携えて来た人々への光であり導きである書を下し給うたのは誰か。おまえたちはそれを紙（羊皮紙）にしたため、それを明示し、また、多くを隠す。おまえたちは、おまえたちもおまえたちの父祖も知らなかったことを教えられた」。言え、「アッラーである」。その後は、彼らが詭弁を弄するままに放置せよ。（6：91）

そしてこれはわれらが下した祝福された啓典で、それ以前のものの真実性を証しするものであり、おまえが諸都市の母（マッカ）とその周辺に警告するためである。来世を信じる者たちはそれを信じる。そして、彼らは礼拝を遵守する者たちである。（6：92）

そして、アッラーについて虚偽を捏造するか、なにも啓示されていないのに、「私に啓示があった」と言う者以上に不正な者があろうか。また、「アッラーが下し給うたものと同じものを私は下してみせる」と言う者。そしてもしおまえが、不正な者たちが死の苦しみの中にあり、天使たちが「おまえたちの魂を差し出せ」と両手を広げるのを見るならば。「今日、おまえたちは、おまえたちがアッラーについて真実でないことを言い、彼の諸々の徴に対して高慢であったがゆえに屈辱の懲罰の報いを受ける」。（6：93）

また、おまえたちは、最初にわれらが創ったように単独でわれらの許にやって来たのであり、われらがおまえたちに与えたものを背後に残して来た。また、われらは、おまえたちがおまえたちにおいて同位者たちであると言い張っていたおまえたちの仲裁者たちがおまえたちと共にいないのを見る[711]。おまえたちの間で絶縁され、おまえたちが言い張っていたものはおまえたちからはぐれ去った。（6：94）

711　自分たちが崇めていた偶像神たちが、アッラーに対して自分たちのために仲裁をしてくれるとのおまえたちの主張が虚偽であったことを悟る。

۞ إِنَّ ٱللَّهَ فَالِقُ ٱلْحَبِّ وَٱلنَّوَىٰ ۖ يُخْرِجُ ٱلْحَىَّ مِنَ ٱلْمَيِّتِ وَمُخْرِجُ
ٱلْمَيِّتِ مِنَ ٱلْحَىِّ ۚ ذَٰلِكُمُ ٱللَّهُ ۖ فَأَنَّىٰ تُؤْفَكُونَ ﴿٩٥﴾ فَالِقُ ٱلْإِصْبَاحِ
وَجَعَلَ ٱلَّيْلَ سَكَنًا وَٱلشَّمْسَ وَٱلْقَمَرَ حُسْبَانًا ۚ ذَٰلِكَ تَقْدِيرُ
ٱلْعَزِيزِ ٱلْعَلِيمِ ﴿٩٦﴾ وَهُوَ ٱلَّذِى جَعَلَ لَكُمُ ٱلنُّجُومَ لِتَهْتَدُوا۟
بِهَا فِى ظُلُمَٰتِ ٱلْبَرِّ وَٱلْبَحْرِ ۗ قَدْ فَصَّلْنَا ٱلْءَايَٰتِ لِقَوْمٍ يَعْلَمُونَ
﴿٩٧﴾ وَهُوَ ٱلَّذِىٓ أَنشَأَكُم مِّن نَّفْسٍ وَٰحِدَةٍ فَمُسْتَقَرٌّ وَمُسْتَوْدَعٌ ۗ
قَدْ فَصَّلْنَا ٱلْءَايَٰتِ لِقَوْمٍ يَفْقَهُونَ ﴿٩٨﴾ وَهُوَ ٱلَّذِىٓ أَنزَلَ مِنَ
ٱلسَّمَآءِ مَآءً فَأَخْرَجْنَا بِهِۦ نَبَاتَ كُلِّ شَىْءٍ فَأَخْرَجْنَا مِنْهُ
خَضِرًا نُّخْرِجُ مِنْهُ حَبًّا مُّتَرَاكِبًا وَمِنَ ٱلنَّخْلِ مِن طَلْعِهَا قِنْوَانٌ
دَانِيَةٌ وَجَنَّٰتٍ مِّنْ أَعْنَابٍ وَٱلزَّيْتُونَ وَٱلرُّمَّانَ مُشْتَبِهًا وَغَيْرَ
مُتَشَٰبِهٍ ۗ ٱنظُرُوٓا۟ إِلَىٰ ثَمَرِهِۦٓ إِذَآ أَثْمَرَ وَيَنْعِهِۦٓ ۚ إِنَّ فِى ذَٰلِكُمْ
لَءَايَٰتٍ لِّقَوْمٍ يُؤْمِنُونَ ﴿٩٩﴾ وَجَعَلُوا۟ لِلَّهِ شُرَكَآءَ ٱلْجِنَّ وَخَلَقَهُمْ ۖ
وَخَرَقُوا۟ لَهُۥ بَنِينَ وَبَنَٰتٍۭ بِغَيْرِ عِلْمٍ ۚ سُبْحَٰنَهُۥ وَتَعَٰلَىٰ عَمَّا يَصِفُونَ
﴿١٠٠﴾ بَدِيعُ ٱلسَّمَٰوَٰتِ وَٱلْأَرْضِ ۖ أَنَّىٰ يَكُونُ لَهُۥ وَلَدٌ وَلَمْ تَكُن لَّهُۥ
صَٰحِبَةٌ ۖ وَخَلَقَ كُلَّ شَىْءٍ ۖ وَهُوَ بِكُلِّ شَىْءٍ عَلِيمٌ ﴿١٠١﴾

まことにアッラーは種子と種を裂き給う御方。彼は死者から生者を出し給い、また、生者から死者を出し給う御方[712]。それがアッラーである。それなのにどうしておまえたちは背き去らされるのか。(6：95)

朝を裂く御方、そして彼は夜を休息として、また太陽と月を(時を)計算するものとして作り給うた。それは威力比類なくよく知り給う御方の決定である。(6：96)

また、彼こそはおまえたちのために星を、それによっておまえたちが陸と海の暗闇の中で導きを得るようにと作り給うた御方。既にわれらは知る者たちに諸々の徴を詳細に解明したのである。(6：97)

また、彼こそはおまえたちを一人の命(アーダム)から作り出し給うた御方で、定位する処と貯蔵される処がある[713]。既にわれらは理解する者たちに諸々の徴を解明したのである。(6：98)

また、彼こそは天から水を下す御方。それから、われらはそれによってすべてのものの芽を出させ、次いでそこから緑を萌えさせた。われらはそこから累々と穀物を出す。また、ナツメヤシからは、その新芽から密な房が。また、ブドウの園と、(葉や実や色や形の一部は)似ているが(一部は)似ていないオリーブとザクロを。その果実が実を結び、そして成熟するのを見よ。まことにその中には信仰する者たちへの諸々の徴がある。(6：99)

また、彼らはアッラーに幽精《ジン》の同位者たちをなす、彼が彼らを創り給うたのに。また、彼らは知識もないまま、彼に息子や娘を捏造した。称えあれ、彼こそは超越者、彼らが思い描くものを高く越え給う御方。(6：100)

諸天と地を創始し給う御方。どうして彼に子があろう。彼には配偶者がいないのに。また、彼はすべてを創り給うた。そして、彼はすべてについて知り給う御方。(6：101)

712　草木の種子から芽を出でさせる御方。あるいは、種子の裂け目、ないし種子自体を創造された御方。

713　定位する処は精子の着床する女性の子宮、貯蔵される処は男性の腰とも言われる。

ذَٰلِكُمُ ٱللَّهُ رَبُّكُمۡۖ لَآ إِلَٰهَ إِلَّا هُوَۖ خَٰلِقُ كُلِّ شَيۡءٖ فَٱعۡبُدُوهُۚ
وَهُوَ عَلَىٰ كُلِّ شَيۡءٖ وَكِيلٞ ١٠٢ لَّا تُدۡرِكُهُ ٱلۡأَبۡصَٰرُ وَهُوَ
يُدۡرِكُ ٱلۡأَبۡصَٰرَۖ وَهُوَ ٱللَّطِيفُ ٱلۡخَبِيرُ ١٠٣ قَدۡ جَآءَكُم
بَصَآئِرُ مِن رَّبِّكُمۡۖ فَمَنۡ أَبۡصَرَ فَلِنَفۡسِهِۦۖ وَمَنۡ عَمِيَ فَعَلَيۡهَاۚ
وَمَآ أَنَا۠ عَلَيۡكُم بِحَفِيظٖ ١٠٤ وَكَذَٰلِكَ نُصَرِّفُ ٱلۡأٓيَٰتِ
وَلِيَقُولُواْ دَرَسۡتَ وَلِنُبَيِّنَهُۥ لِقَوۡمٖ يَعۡلَمُونَ ١٠٥ ٱتَّبِعۡ
مَآ أُوحِيَ إِلَيۡكَ مِن رَّبِّكَۖ لَآ إِلَٰهَ إِلَّا هُوَۖ وَأَعۡرِضۡ عَنِ ٱلۡمُشۡرِكِينَ
١٠٦ وَلَوۡ شَآءَ ٱللَّهُ مَآ أَشۡرَكُواْۗ وَمَا جَعَلۡنَٰكَ عَلَيۡهِمۡ حَفِيظٗاۖ
وَمَآ أَنتَ عَلَيۡهِم بِوَكِيلٖ ١٠٧ وَلَا تَسُبُّواْ ٱلَّذِينَ يَدۡعُونَ
مِن دُونِ ٱللَّهِ فَيَسُبُّواْ ٱللَّهَ عَدۡوَۢا بِغَيۡرِ عِلۡمٖۗ كَذَٰلِكَ زَيَّنَّا لِكُلِّ أُمَّةٍ
عَمَلَهُمۡ ثُمَّ إِلَىٰ رَبِّهِم مَّرۡجِعُهُمۡ فَيُنَبِّئُهُم بِمَا كَانُواْ يَعۡمَلُونَ
١٠٨ وَأَقۡسَمُواْ بِٱللَّهِ جَهۡدَ أَيۡمَٰنِهِمۡ لَئِن جَآءَتۡهُمۡ ءَايَةٞ لَّيُؤۡمِنُنَّ
بِهَاۚ قُلۡ إِنَّمَا ٱلۡأٓيَٰتُ عِندَ ٱللَّهِۖ وَمَا يُشۡعِرُكُمۡ أَنَّهَآ إِذَا جَآءَتۡ
لَا يُؤۡمِنُونَ ١٠٩ وَنُقَلِّبُ أَفۡـِٔدَتَهُمۡ وَأَبۡصَٰرَهُمۡ كَمَا لَمۡ
يُؤۡمِنُواْ بِهِۦٓ أَوَّلَ مَرَّةٖ وَنَذَرُهُمۡ فِي طُغۡيَٰنِهِمۡ يَعۡمَهُونَ ١١٠

それがアッラー、おまえたちの主であらせられる。彼のほかに神はない。すべてを創り給うた御方。それゆえ彼に仕えよ。また、彼はすべてに対して代理人であらせられる。(6：102)

視覚は彼を捉えず[714]、彼は視覚を捉え給う。また、彼は繊細にして通暁し給う御方。(6：103)

おまえたちには、おまえたちの主から証拠が既に訪れた。それゆえ、見た(そして信じた)者は自分のためにそうしたのであり、目を閉ざした者は自分に仇をなしたのである。だが、わたし(預言者ムハンマド)はおまえたちの看視人ではない。(6：104)

そしてこのようにわれらは諸々の徴を解明する。そして彼らが、「おまえは習ったのである[715]」と言い、われらが知識のある民にそれを解明するために。(6：105)

おまえの主からおまえに啓示されたものに従え。彼のほかに神はないのである。そして多神教徒たちに背を向けよ。(6：106)

またもしアッラーが望み給うたなら、彼らは多神を崇拝することはなかった。そしてわれらはおまえを彼らに対する看視者とはせず、おまえは彼らに対する代理人ではない。(6：107)

また、アッラーをさしおいて彼らが祈る者を謗《そし》ってはならない。知識もないまま、敵意からアッラーを謗らせないために[716]。こうしてわれらはそれぞれの民に彼らの行いを美しく飾った。それから彼らの主にこそ彼らの帰り処はあり、彼は、彼らがなしたことを彼らに告げ給う。(6：108)

また彼らは、必死の誓約でアッラーに誓った。もしも彼らに徴が訪れたなら必ずそれを信じるであろう、と。言え、「諸々の徴はアッラーの御許にのみある」。だが何がおまえたちにわからせるか、それが来ても彼らは信じないのである。(6：109)

そして、彼らがそれを最初に信じなかった時のように、われらは彼らの心と目を反転させ、彼らを無法の中にさ迷うままに放置するのである。(6：110)

714　現世ではアッラーを見ることはできないが、信仰者は来世において、アッラーに見えることが許される(75章22-23節)。

715　ムハンマドは、アッラーからの啓示と称して、ただ啓典の民から教わったことを受け売りしているだけだ、と不信仰者たちが批判した。

716　21章98節が下されると、多神教徒たちは、「ムハンマドよ、われらの神々を中傷することをやめよ。さもなければわれらはおまえの主を侮辱するであろう」と言った。そこでアッラーは、多神教徒が知識もなくアッラーを謗ることがないようにと、ムスリムに多神教徒の偶像を謗ることを禁じ給うた。

۞ وَلَوۡ أَنَّنَا نَزَّلۡنَآ إِلَيۡهِمُ ٱلۡمَلَٰٓئِكَةَ وَكَلَّمَهُمُ ٱلۡمَوۡتَىٰ وَحَشَرۡنَا
عَلَيۡهِمۡ كُلَّ شَيۡءٖ قُبُلٗا مَّا كَانُواْ لِيُؤۡمِنُوٓاْ إِلَّآ أَن يَشَآءَ ٱللَّهُ
وَلَٰكِنَّ أَكۡثَرَهُمۡ يَجۡهَلُونَ ۝١١١ وَكَذَٰلِكَ جَعَلۡنَا لِكُلِّ نَبِيٍّ
عَدُوّٗا شَيَٰطِينَ ٱلۡإِنسِ وَٱلۡجِنِّ يُوحِي بَعۡضُهُمۡ إِلَىٰ بَعۡضٖ
زُخۡرُفَ ٱلۡقَوۡلِ غُرُورٗاۚ وَلَوۡ شَآءَ رَبُّكَ مَا فَعَلُوهُۖ فَذَرۡهُمۡ وَمَا
يَفۡتَرُونَ ۝١١٢ وَلِتَصۡغَىٰٓ إِلَيۡهِ أَفۡـِٔدَةُ ٱلَّذِينَ لَا يُؤۡمِنُونَ بِٱلۡأٓخِرَةِ
وَلِيَرۡضَوۡهُ وَلِيَقۡتَرِفُواْ مَا هُم مُّقۡتَرِفُونَ ۝١١٣ أَفَغَيۡرَ ٱللَّهِ أَبۡتَغِي
حَكَمٗا وَهُوَ ٱلَّذِيٓ أَنزَلَ إِلَيۡكُمُ ٱلۡكِتَٰبَ مُفَصَّلٗاۚ
وَٱلَّذِينَ ءَاتَيۡنَٰهُمُ ٱلۡكِتَٰبَ يَعۡلَمُونَ أَنَّهُۥ مُنَزَّلٞ مِّن رَّبِّكَ
بِٱلۡحَقِّۖ فَلَا تَكُونَنَّ مِنَ ٱلۡمُمۡتَرِينَ ۝١١٤ وَتَمَّتۡ كَلِمَتُ رَبِّكَ
صِدۡقٗا وَعَدۡلٗاۚ لَّا مُبَدِّلَ لِكَلِمَٰتِهِۦۚ وَهُوَ ٱلسَّمِيعُ ٱلۡعَلِيمُ
۝١١٥ وَإِن تُطِعۡ أَكۡثَرَ مَن فِي ٱلۡأَرۡضِ يُضِلُّوكَ عَن سَبِيلِ ٱللَّهِۚ إِن
يَتَّبِعُونَ إِلَّا ٱلظَّنَّ وَإِنۡ هُمۡ إِلَّا يَخۡرُصُونَ ۝١١٦ إِنَّ رَبَّكَ هُوَ
أَعۡلَمُ مَن يَضِلُّ عَن سَبِيلِهِۦۖ وَهُوَ أَعۡلَمُ بِٱلۡمُهۡتَدِينَ ۝١١٧ فَكُلُواْ
مِمَّا ذُكِرَ ٱسۡمُ ٱللَّهِ عَلَيۡهِ إِن كُنتُم بِـَٔايَٰتِهِۦ مُؤۡمِنِينَ ۝١١٨

たとえわれらが彼らに天使を降し、死者たちが彼らに語り、われらが彼らにあらゆるものを種類ごとに集めたとしても、彼らは信じない。ただし、アッラーが望み給えば別である。だが、彼らの多くは知らない。(6：111)

そしてこのようにわれらはどの預言者にも人間の、また幽《ジ》精《ン》の悪魔たちを敵となし、彼らは欺いて、互いに嘘で飾った言葉を吹き込む。そしてもしアッラーが望み給うたなら、彼らはそれをしなかった。それゆえ彼らと彼らが捏造するものを放っておけ。(6：112)

そして来世を信じない者の心がそれに傾き、彼らがそれを喜び、そして彼らが犯しているものを彼らが犯すために。(6：113)

アッラーのほかに私が裁定者を望むというのか。彼こそはおまえたちに、詳らかにされたものとして啓典を下し給うた御方であるのに。われらが啓典を授けた者たちはそれがおまえの主から真理と共に垂示されたものであると知っている。それゆえ、疑う者たち(の一人)となってはならない。(6：114)

そしておまえの主の御言葉は真実と公正さにおいて完成した。彼の御言葉を挿げ替える者はない。そして彼はよく聞きよく知り給う御方。(6：115)

そしてもしおまえが地上の大多数の者に従うなら、彼らはおまえをアッラーの道から迷わせるであろう。まことに彼らは憶測に従っているにすぎず、彼らは嘘をついているにすぎない。(6：116)

まことにおまえの主、彼こそ彼の道から迷う者を最もよく知り給い、導かれた者たちのことを最もよく知り給う。(6：117)

それゆえアッラーの御名が唱えられたもの[717]を食べよ。もし、おまえたちが彼の諸々の徴を信じるのであれば。(6：118)

717　アッラーの御名を唱えて屠殺されたもの。

وَمَا لَكُمْ أَلَّا تَأْكُلُوا۟ مِمَّا ذُكِرَ ٱسْمُ ٱللَّهِ عَلَيْهِ وَقَدْ فَصَّلَ
لَكُم مَّا حَرَّمَ عَلَيْكُمْ إِلَّا مَا ٱضْطُرِرْتُمْ إِلَيْهِ ۗ وَإِنَّ كَثِيرًا
لَّيُضِلُّونَ بِأَهْوَآئِهِم بِغَيْرِ عِلْمٍ ۗ إِنَّ رَبَّكَ هُوَ أَعْلَمُ بِٱلْمُعْتَدِينَ
﴿١١٩﴾ وَذَرُوا۟ ظَٰهِرَ ٱلْإِثْمِ وَبَاطِنَهُۥٓ ۚ إِنَّ ٱلَّذِينَ يَكْسِبُونَ ٱلْإِثْمَ
سَيُجْزَوْنَ بِمَا كَانُوا۟ يَقْتَرِفُونَ ﴿١٢٠﴾ وَلَا تَأْكُلُوا۟ مِمَّا لَمْ
يُذْكَرِ ٱسْمُ ٱللَّهِ عَلَيْهِ وَإِنَّهُۥ لَفِسْقٌ ۗ وَإِنَّ ٱلشَّيَٰطِينَ لَيُوحُونَ
إِلَىٰٓ أَوْلِيَآئِهِمْ لِيُجَٰدِلُوكُمْ ۖ وَإِنْ أَطَعْتُمُوهُمْ إِنَّكُمْ لَمُشْرِكُونَ
﴿١٢١﴾ أَوَمَن كَانَ مَيْتًا فَأَحْيَيْنَٰهُ وَجَعَلْنَا لَهُۥ نُورًا يَمْشِى بِهِۦ
فِى ٱلنَّاسِ كَمَن مَّثَلُهُۥ فِى ٱلظُّلُمَٰتِ لَيْسَ بِخَارِجٍ مِّنْهَا ۚ كَذَٰلِكَ
زُيِّنَ لِلْكَٰفِرِينَ مَا كَانُوا۟ يَعْمَلُونَ ﴿١٢٢﴾ وَكَذَٰلِكَ جَعَلْنَا
فِى كُلِّ قَرْيَةٍ أَكَٰبِرَ مُجْرِمِيهَا لِيَمْكُرُوا۟ فِيهَا ۖ وَمَا
يَمْكُرُونَ إِلَّا بِأَنفُسِهِمْ وَمَا يَشْعُرُونَ ﴿١٢٣﴾ وَإِذَا جَآءَتْهُمْ
ءَايَةٌ قَالُوا۟ لَن نُّؤْمِنَ حَتَّىٰ نُؤْتَىٰ مِثْلَ مَآ أُوتِىَ رُسُلُ ٱللَّهِ ۘ ٱللَّهُ
أَعْلَمُ حَيْثُ يَجْعَلُ رِسَالَتَهُۥ ۗ سَيُصِيبُ ٱلَّذِينَ أَجْرَمُوا۟ صَغَارٌ
عِندَ ٱللَّهِ وَعَذَابٌ شَدِيدٌۢ بِمَا كَانُوا۟ يَمْكُرُونَ ﴿١٢٤﴾

またおまえたちはどうしたのか、アッラーの御名が唱えられたものを食べないとは。彼はおまえたちに禁じ給うたものをすでに明示し給うているのに。ただし、それを余儀なくされた場合は別である。また、まことに多くの者は知識もないまま自分たちの妄執によって迷わせている。まことにおまえの主、彼こそ無法者たちを最もよく知り給う。(6：119)

そして罪は公然のものも内密のものも避けよ。まことに罪を稼ぐ者たちは、彼らが犯したものの報いをいずれ受けるであろう。(6：120)

そしてアッラーの御名が唱えられていないものは食べてはならない。そしてそれは背徳である。またまことに悪魔たちは彼らの(被)後見たちを唆し、おまえたちと論争させるのである[718]。そしてもしおまえたちが彼らに従うなら、おまえたちは確かに多神教徒である。(6：121)

死んでいたのにわれらが生かし、人々の間を歩くのに携える光をわれらが与えた者が、暗闇にいて、そこから出られない者のようであろうか。このように、不信仰者たちには彼らがなしていることが美しく粉飾されたのである。(6：122)

また、このようにわれらはすべての町にその罪人たちの有力者たちを立て、そこで欺かせた。だが、彼らは自分自身を欺いているにすぎず、気づいていない。(6：123)

そして、彼ら(マッカの住人)に徴が訪れると、「アッラーの使徒たちに与えられたと同じものがわれらに与えられるまでわれらは信じない」と言った。アッラーは彼の使信を下すところを最もよく知っておられる[719]。罪を犯した者たちはいずれ、アッラーの許における不面目と、彼らが欺いたことへの厳しい懲罰に襲われるであろう。(6：124)

718　この節はペルシャに唆されたクライシュ族が預言者ムハンマドに対し「おまえは自分の手で屠殺したものは食べることが許されるとし、アッラーが屠殺し給うたもの(つまり死肉)は許されないとするのか」と論争を挑んだ際に啓示された。

719　誰に啓示を下すべきかをご存知であり、マッカの多神教徒たちがそれに相応しくないことを知り給う。

فَمَن يُرِدِ ٱللَّهُ أَن يَهْدِيَهُۥ يَشْرَحْ صَدْرَهُۥ لِلْإِسْلَـٰمِ ۖ وَمَن
يُرِدْ أَن يُضِلَّهُۥ يَجْعَلْ صَدْرَهُۥ ضَيِّقًا حَرَجًا كَأَنَّمَا
يَصَّعَّدُ فِى ٱلسَّمَآءِ ۚ كَذَٰلِكَ يَجْعَلُ ٱللَّهُ ٱلرِّجْسَ عَلَى ٱلَّذِينَ
لَا يُؤْمِنُونَ ﴿١٢٥﴾ وَهَـٰذَا صِرَٰطُ رَبِّكَ مُسْتَقِيمًا ۗ قَدْ فَصَّلْنَا
ٱلْـَٔايَـٰتِ لِقَوْمٍ يَذَّكَّرُونَ ﴿١٢٦﴾ ۞ لَهُمْ دَارُ ٱلسَّلَـٰمِ عِندَ
رَبِّهِمْ ۖ وَهُوَ وَلِيُّهُم بِمَا كَانُوا۟ يَعْمَلُونَ ﴿١٢٧﴾ وَيَوْمَ يَحْشُرُهُمْ
جَمِيعًا يَـٰمَعْشَرَ ٱلْجِنِّ قَدِ ٱسْتَكْثَرْتُم مِّنَ ٱلْإِنسِ ۖ وَقَالَ
أَوْلِيَآؤُهُم مِّنَ ٱلْإِنسِ رَبَّنَا ٱسْتَمْتَعَ بَعْضُنَا بِبَعْضٍ وَبَلَغْنَآ
أَجَلَنَا ٱلَّذِىٓ أَجَّلْتَ لَنَا ۚ قَالَ ٱلنَّارُ مَثْوَىٰكُمْ خَـٰلِدِينَ فِيهَآ
إِلَّا مَا شَآءَ ٱللَّهُ ۗ إِنَّ رَبَّكَ حَكِيمٌ عَلِيمٌ ﴿١٢٨﴾ وَكَذَٰلِكَ نُوَلِّى
بَعْضَ ٱلظَّـٰلِمِينَ بَعْضًۢا بِمَا كَانُوا۟ يَكْسِبُونَ ﴿١٢٩﴾
يَـٰمَعْشَرَ ٱلْجِنِّ وَٱلْإِنسِ أَلَمْ يَأْتِكُمْ رُسُلٌ مِّنكُمْ
يَقُصُّونَ عَلَيْكُمْ ءَايَـٰتِى وَيُنذِرُونَكُمْ لِقَآءَ يَوْمِكُمْ
هَـٰذَا ۚ قَالُوا۟ شَهِدْنَا عَلَىٰٓ أَنفُسِنَا ۖ وَغَرَّتْهُمُ ٱلْحَيَوٰةُ ٱلدُّنْيَا
وَشَهِدُوا۟ عَلَىٰٓ أَنفُسِهِمْ أَنَّهُمْ كَانُوا۟ كَـٰفِرِينَ ﴿١٣٠﴾

アッラーが導こうと望み給う者は、彼がその心をイスラームに開き給い、彼が迷わそうと望み給う者は、彼がその心をまるで天に昇るかのように狭く、苦しいものとなし給う。こうしてアッラーは信仰しない者たちに罰を与え給う。(6：125)

そしてこれがおまえの主のまっすぐな道である。われらは既に訓戒を得る民に諸々の徴を解明した。(6：126)

彼らには、彼らの主の御許に平安の住まいがある。そして、彼は彼らがなしたことゆえに彼らの後見であらせられる。(6：127)

そして彼が彼らを一斉に集め給う日、「幽精《ジン》の者どもよ、おまえたちは人間の多くを得た」。そして彼らの(被)後見である人間たちは言った。「われらが主よ、われらは互いに楽しみました。そして、われらにあなたが定め給うたわれらの期限が訪れました」。彼は仰せられた。「獄火がおまえたちの住居であり、そこに永遠に」。ただし、アッラーが望み給うたものは別である。まことにおまえの主は英明にしてよく知り給う御方。(6：128)

そしてこのように我らは、不正な者たちに彼らがなしたことゆえに互いに互いの後見を任せる。(6：129)

幽精《ジン》と人間の者どもよ、おまえたちにはおまえたちの中から使徒たちが来て、われの諸々の徴をおまえたちに語り、おまえたちのこの日の会見をおまえたちに警告しなかったか。彼らは言った。「われらはわれらに不利な証言をしました」。そして現世が彼らを欺き、彼らは不信仰者であった、と我が身に不利な証言をした。(6：130)

それは、おまえの主が、町を不正にその住民の知らないうちに滅ぼし給う方ではないからである[720]。(6：131)

720　彼らに善悪を教える聖法を携えた使徒を送ることなく、民族を滅ぼすことはない。17章15節参照。「(住人の)不正ゆえに町を～」という解釈もある。

ذَٰلِكَ أَن لَّمْ يَكُن رَّبُّكَ مُهْلِكَ ٱلْقُرَىٰ بِظُلْمٍ وَأَهْلُهَا
غَٰفِلُونَ ١٣١ وَلِكُلٍّ دَرَجَٰتٌ مِّمَّا عَمِلُوا۟ ۚ وَمَا رَبُّكَ
بِغَٰفِلٍ عَمَّا يَعْمَلُونَ ١٣٢ وَرَبُّكَ ٱلْغَنِىُّ ذُو ٱلرَّحْمَةِ ۚ
إِن يَشَأْ يُذْهِبْكُمْ وَيَسْتَخْلِفْ مِنۢ بَعْدِكُم مَّا
يَشَآءُ كَمَآ أَنشَأَكُم مِّن ذُرِّيَّةِ قَوْمٍ ءَاخَرِينَ ١٣٣
إِنَّ مَا تُوعَدُونَ لَءَاتٍ ۖ وَمَآ أَنتُم بِمُعْجِزِينَ ١٣٤ قُلْ يَٰقَوْمِ
ٱعْمَلُوا۟ عَلَىٰ مَكَانَتِكُمْ إِنِّى عَامِلٌ ۖ فَسَوْفَ تَعْلَمُونَ
مَن تَكُونُ لَهُۥ عَٰقِبَةُ ٱلدَّارِ ۗ إِنَّهُۥ لَا يُفْلِحُ ٱلظَّٰلِمُونَ ١٣٥
وَجَعَلُوا۟ لِلَّهِ مِمَّا ذَرَأَ مِنَ ٱلْحَرْثِ وَٱلْأَنْعَٰمِ نَصِيبًا
فَقَالُوا۟ هَٰذَا لِلَّهِ بِزَعْمِهِمْ وَهَٰذَا لِشُرَكَآئِنَا ۖ فَمَا كَانَ
لِشُرَكَآئِهِمْ فَلَا يَصِلُ إِلَى ٱللَّهِ ۖ وَمَا كَانَ لِلَّهِ فَهُوَ
يَصِلُ إِلَىٰ شُرَكَآئِهِمْ ۗ سَآءَ مَا يَحْكُمُونَ ١٣٦ وَكَذَٰلِكَ
زَيَّنَ لِكَثِيرٍ مِّنَ ٱلْمُشْرِكِينَ قَتْلَ أَوْلَٰدِهِمْ
شُرَكَآؤُهُمْ لِيُرْدُوهُمْ وَلِيَلْبِسُوا۟ عَلَيْهِمْ دِينَهُمْ ۖ
وَلَوْ شَآءَ ٱللَّهُ مَا فَعَلُوهُ ۖ فَذَرْهُمْ وَمَا يَفْتَرُونَ ١٣٧

そして各自、自分のなしたことに応じてそれぞれ位階がある。そしておまえの主は彼らのなすことを見逃し給う御方ではあらせられない。(6：132)

そしておまえの主は自足し、慈悲を備え給うた御方。彼が御望みなら、おまえたちを去らせ、おまえたちの後に御望みの者を継がせ給う。ちょうど別の民の子孫からおまえたちを創生し給うたように。(6：133)

まことに、おまえたちに約束されたこと(最後の審判)は必ず来る。そして、おまえたちは逃れることはできない。(6：134)

言え、「わが民よ、おまえたちの立場で行為せよ。私も行為者である[721]。そしていずれおまえたちは住まいの結果(現世と来世の善果)が自分のものとなる者を知るであろう。まことに不正な者たちは成功しない」。(6：135)

また彼らはアッラーに、彼が作り給うた作物と家畜から分け前をさだめて、言った。「これは　―彼らの主張によれば―　アッラーに。またこれはわれらの共同者たち(偶像神)に」。それで彼らの共同者たち(偶像神)のものはアッラーに届かず、アッラーのものは彼らの共同者たち(偶像神)に届く[722]。彼らの判定することのなんと悪いことか。(6：136)

そしてこのように多くの多神教徒に、彼らの共同者たち(偶像神)は、子供たちの殺害(間引き)を美しく飾った。彼らを滅ぼし、彼らの宗教を混乱させるためである。そしてもしアッラーが望み給うたならば、彼らはそうはしなかった。それゆえ彼らと彼らが捏造するものを放っておけ。(6：137)

721　おまえたちはおまえたちがこれまでしてきた多神崇拝を続けるがよい。私は私でイスラームを実践する。

722　多神教徒たちが偶像に捧げたものは偶像崇拝にのみ費やされ、アッラーが定め給うた困窮者の扶助にまわされることはないが、アッラーに捧げられたものは偶像崇拝に流用される。

وَقَالُوا۟ هَٰذِهِۦٓ أَنْعَٰمٌ وَحَرْثٌ حِجْرٌ لَّا يَطْعَمُهَآ إِلَّا مَن نَّشَآءُ
بِزَعْمِهِمْ وَأَنْعَٰمٌ حُرِّمَتْ ظُهُورُهَا وَأَنْعَٰمٌ لَّا يَذْكُرُونَ
ٱسْمَ ٱللَّهِ عَلَيْهَا ٱفْتِرَآءً عَلَيْهِ ۚ سَيَجْزِيهِم بِمَا كَانُوا۟
يَفْتَرُونَ ﴿١٣٨﴾ وَقَالُوا۟ مَا فِى بُطُونِ هَٰذِهِ ٱلْأَنْعَٰمِ خَالِصَةٌ
لِّذُكُورِنَا وَمُحَرَّمٌ عَلَىٰٓ أَزْوَٰجِنَا ۖ وَإِن يَكُن مَّيْتَةً
فَهُمْ فِيهِ شُرَكَآءُ ۚ سَيَجْزِيهِمْ وَصْفَهُمْ ۚ إِنَّهُۥ حَكِيمٌ
عَلِيمٌ ﴿١٣٩﴾ قَدْ خَسِرَ ٱلَّذِينَ قَتَلُوٓا۟ أَوْلَٰدَهُمْ سَفَهًۢا بِغَيْرِ
عِلْمٍ وَحَرَّمُوا۟ مَا رَزَقَهُمُ ٱللَّهُ ٱفْتِرَآءً عَلَى ٱللَّهِ ۚ قَدْ ضَلُّوا۟
وَمَا كَانُوا۟ مُهْتَدِينَ ﴿١٤٠﴾ ۞ وَهُوَ ٱلَّذِىٓ أَنشَأَ جَنَّٰتٍ
مَّعْرُوشَٰتٍ وَغَيْرَ مَعْرُوشَٰتٍ وَٱلنَّخْلَ وَٱلزَّرْعَ مُخْتَلِفًا
أُكُلُهُۥ وَٱلزَّيْتُونَ وَٱلرُّمَّانَ مُتَشَٰبِهًا وَغَيْرَ مُتَشَٰبِهٍ ۚ
كُلُوا۟ مِن ثَمَرِهِۦٓ إِذَآ أَثْمَرَ وَءَاتُوا۟ حَقَّهُۥ يَوْمَ حَصَادِهِۦ ۖ
وَلَا تُسْرِفُوٓا۟ ۚ إِنَّهُۥ لَا يُحِبُّ ٱلْمُسْرِفِينَ ﴿١٤١﴾ وَمِنَ ٱلْأَنْعَٰمِ
حَمُولَةً وَفَرْشًا ۚ كُلُوا۟ مِمَّا رَزَقَكُمُ ٱللَّهُ وَلَا تَتَّبِعُوا۟
خُطُوَٰتِ ٱلشَّيْطَٰنِ ۚ إِنَّهُۥ لَكُمْ عَدُوٌّ مُّبِينٌ ﴿١٤٢﴾

また、彼らは、彼らの主張で言った。「これは禁じられた家畜と作物であり、われらが望んだ者を除きそれを食べてはならない」、「背中が禁じられた家畜である」、「われらがそれに対してアッラーの御名を唱えない家畜である[723]」。彼に対する捏造として。いずれ彼は、彼らが捏造したことに報復し給う。(6：138)

また彼らは言った。「これらの家畜の腹にあるものはわれらの男のためだけで、われらの妻たちには禁じられた。またそれが死産なら、彼ら(男女)はそれについて共有者である」。いずれ彼は彼らの叙述ゆえに彼らに報復し給う。まことに彼は英明にしてよく知り給う御方。(6：139)

知識なく、愚かにも自分たちの子供を殺し、アッラーについての捏造で、アッラーが彼らに糧として与え給うたものを禁じた者たちは、損をしたのである。彼らは確かに迷ったのであり、彼らは導かれた者ではなかった。(6：140)

また、彼こそは、棚に支えられたもの[724]や棚に支えられないものの園、そして可食部が様々なナツメヤシと穀物、(葉や実や色や形の一部は)似ているが(一部は)似ていないオリーブとザクロを創生し給うた御方である。実がなったらその実を食べよ。そして、その収穫の日には義務を差し出せ[725]。だが度を越してはならない。まことに彼は度を越す者たちを好み給わない。(6：141)

また、家畜は運搬用と小家畜を(創生し給うた)。アッラーがおまえたちに糧として与え給うたものから食べ、悪魔の歩みに従ってはならない。まことに彼はおまえたちにとって明白な敵である。(6：142)

723　いずれもジャーヒリーヤ(イスラーム以前の無明時代)の迷信。5章103節参照。
724　葡萄などのように棚栽培する果物。
725　法定の浄財を納めよ。天水農法の場合は十分の一を、灌漑農法の場合は二十分の一を納める。

ثَمَٰنِيَةَ أَزْوَٰجٍ مِّنَ ٱلضَّأْنِ ٱثْنَيْنِ وَمِنَ ٱلْمَعْزِ ٱثْنَيْنِ
قُلْ ءَآلذَّكَرَيْنِ حَرَّمَ أَمِ ٱلْأُنثَيَيْنِ أَمَّا ٱشْتَمَلَتْ عَلَيْهِ
أَرْحَامُ ٱلْأُنثَيَيْنِ نَبِّـُٔونِى بِعِلْمٍ إِن كُنتُمْ صَٰدِقِينَ ١٤٣
وَمِنَ ٱلْإِبِلِ ٱثْنَيْنِ وَمِنَ ٱلْبَقَرِ ٱثْنَيْنِ قُلْ ءَآلذَّكَرَيْنِ
حَرَّمَ أَمِ ٱلْأُنثَيَيْنِ أَمَّا ٱشْتَمَلَتْ عَلَيْهِ أَرْحَامُ ٱلْأُنثَيَيْنِ
أَمْ كُنتُمْ شُهَدَآءَ إِذْ وَصَّىٰكُمُ ٱللَّهُ بِهَٰذَا فَمَنْ
أَظْلَمُ مِمَّنِ ٱفْتَرَىٰ عَلَى ٱللَّهِ كَذِبًا لِّيُضِلَّ ٱلنَّاسَ بِغَيْرِ
عِلْمٍ إِنَّ ٱللَّهَ لَا يَهْدِى ٱلْقَوْمَ ٱلظَّٰلِمِينَ ١٤٤ قُل لَّآ أَجِدُ
فِى مَآ أُوحِىَ إِلَىَّ مُحَرَّمًا عَلَىٰ طَاعِمٍ يَطْعَمُهُۥٓ إِلَّآ أَن يَكُونَ
مَيْتَةً أَوْ دَمًا مَّسْفُوحًا أَوْ لَحْمَ خِنزِيرٍ فَإِنَّهُۥ رِجْسٌ أَوْ
فِسْقًا أُهِلَّ لِغَيْرِ ٱللَّهِ بِهِۦ فَمَنِ ٱضْطُرَّ غَيْرَ بَاغٍ وَلَا عَادٍ
فَإِنَّ رَبَّكَ غَفُورٌ رَّحِيمٌ ١٤٥ وَعَلَى ٱلَّذِينَ هَادُوا۟ حَرَّمْنَا
كُلَّ ذِى ظُفُرٍ وَمِنَ ٱلْبَقَرِ وَٱلْغَنَمِ حَرَّمْنَا عَلَيْهِمْ
شُحُومَهُمَآ إِلَّا مَا حَمَلَتْ ظُهُورُهُمَآ أَوِ ٱلْحَوَايَآ أَوْ مَا ٱخْتَلَطَ
بِعَظْمٍ ذَٰلِكَ جَزَيْنَٰهُم بِبَغْيِهِمْ وَإِنَّا لَصَٰدِقُونَ ١٤٦

八頭のつがい。羊から二頭、ヤギから二頭。言え、「雄二頭を禁じ給うたのか、それとも雌二頭か、二頭の雌の子宮が孕んだものか。知識をもって私に告げよ、もしおまえたちが正しいならば」。(6：143)

そして、ラクダから二頭、牛から二頭。言え、「雄二頭を禁じ給うたのか、それとも雌二頭か、二頭の雌の子宮が孕んだものか。それともおまえたちは、アッラーがおまえたちにこれを命じ給うた時に立ち会ったのか」。それでアッラーについて嘘を捏造し、知識もなく人々を迷わせる者より不正な者が誰かあろうか。まことにアッラーは不正な民を導き給うことはない。(6：144)

言え、「私は、私に啓示されたものの中に、食べる者に食べることが禁じられたものを見出さない。ただし、死肉、流れる血、豚肉　—まことにそれは不浄である—　であれば別である[726]。あるいは、アッラー以外のものの名を唱えられ(屠殺され)た邪なものだけである。だが反逆者でなく、無法者でもなく余儀なくされた者があれば、まことにおまえの主はよく赦し給う慈悲深い御方」。(6：145)

また「戻った者たち」(ユダヤ教徒)にはわれらはすべての爪のある動物を禁じ、牛と羊は、その脂を彼らに禁じた。ただし、それらの背や腸が付けたもの、あるいは骨と混じりあったものは別である[727]。それは彼らの不正行為に対しわれらが報いたものである。そしてまことにわれらは真実な者である。(6：146)

726　2章173節、5章3節、16章115節参照。
727　ユダヤ教徒の食物規定は「レビ記」11章参照。

فَإِن كَذَّبُوكَ فَقُل رَّبُّكُمْ ذُو رَحْمَةٍ وَٰسِعَةٍ وَلَا يُرَدُّ
بَأْسُهُۥ عَنِ ٱلْقَوْمِ ٱلْمُجْرِمِينَ ١٤٧ سَيَقُولُ ٱلَّذِينَ أَشْرَكُوا۟
لَوْ شَآءَ ٱللَّهُ مَآ أَشْرَكْنَا وَلَآ ءَابَآؤُنَا وَلَا حَرَّمْنَا مِن شَىْءٍۚ
كَذَٰلِكَ كَذَّبَ ٱلَّذِينَ مِن قَبْلِهِمْ حَتَّىٰ ذَاقُوا۟ بَأْسَنَاۗ
قُلْ هَلْ عِندَكُم مِّنْ عِلْمٍ فَتُخْرِجُوهُ لَنَآۖ إِن تَتَّبِعُونَ إِلَّا
ٱلظَّنَّ وَإِنْ أَنتُمْ إِلَّا تَخْرُصُونَ ١٤٨ قُلْ فَلِلَّهِ ٱلْحُجَّةُ ٱلْبَٰلِغَةُۖ
فَلَوْ شَآءَ لَهَدَىٰكُمْ أَجْمَعِينَ ١٤٩ قُلْ هَلُمَّ شُهَدَآءَكُمُ
ٱلَّذِينَ يَشْهَدُونَ أَنَّ ٱللَّهَ حَرَّمَ هَٰذَاۖ فَإِن شَهِدُوا۟ فَلَا تَشْهَدْ
مَعَهُمْۚ وَلَا تَتَّبِعْ أَهْوَآءَ ٱلَّذِينَ كَذَّبُوا۟ بِـَٔايَٰتِنَا وَٱلَّذِينَ
لَا يُؤْمِنُونَ بِٱلْءَاخِرَةِ وَهُم بِرَبِّهِمْ يَعْدِلُونَ ١٥٠ ۞ قُلْ
تَعَالَوْا۟ أَتْلُ مَا حَرَّمَ رَبُّكُمْ عَلَيْكُمْۖ أَلَّا تُشْرِكُوا۟
بِهِۦ شَيْـًٔاۖ وَبِٱلْوَٰلِدَيْنِ إِحْسَٰنًاۖ وَلَا تَقْتُلُوٓا۟ أَوْلَٰدَكُم
مِّنْ إِمْلَٰقٍۖ نَّحْنُ نَرْزُقُكُمْ وَإِيَّاهُمْۖ وَلَا تَقْرَبُوا۟ ٱلْفَوَٰحِشَ
مَا ظَهَرَ مِنْهَا وَمَا بَطَنَۖ وَلَا تَقْتُلُوا۟ ٱلنَّفْسَ ٱلَّتِى حَرَّمَ ٱللَّهُ
إِلَّا بِٱلْحَقِّۚ ذَٰلِكُمْ وَصَّىٰكُم بِهِۦ لَعَلَّكُمْ تَعْقِلُونَ ١٥١

それゆえ、彼らがおまえを嘘として否定するならば、言え、「おまえたちの主は広大な御慈悲の持ち主。だが、彼の威力は罪を犯した民から押し戻されることはない[728]」。(6：147)

多神を崇拝する者たちは言うであろう。「もしアッラーが望み給うたならば、われらもわれらの祖先も多神を拝まず、なにも禁じなかったであろう」。こうして彼ら以前の者もわれらの威力を味わうまで嘘として否定した。言え、「おまえたちにはわれらに出して見せるような知識があるのか。まことにおまえたちは憶測に従っているにすぎない。まことにおまえたちは嘘をついているにすぎない」。(6：148)

言え、「そしてアッラーにこそ決定的な論拠はある。それゆえもし彼が望み給うたなら、おまえたちをそっくり導き給うたであろう」。(6：149)

言え、「アッラーがこれを禁じ給うたと証言するおまえたちの証人たちを連れて来い」。それでたとえ彼らが証言しても、彼らと共に証言してはならない。また、われらの諸々の徴を嘘だと否定する者たち、来世を信じない者たちの妄執に従ってはならない。彼らは彼らの主に共同者を配しているのである。(6：150)

言え、「来るがよい。おまえたちの主がおまえたちに禁じ給うたものを私が読み聞かせよう。おまえたちは彼になにものをも並び置いてはならない。そして、両親には善行を。また、困窮からおまえたちの子供を殺してはならない。われらがおまえたちと彼らを養う。また、顕れたものにしろ隠れたものにしろ醜行に近づいてはならない。また、アッラーが(不可侵として)禁じ給うた命を正当な理由[729]なしに殺してはならない。それが彼がおまえたちに命じ給うたものである。きっとおまえたちは理解するであろう」、と。(6：151)

728　彼の懲罰が一旦下されると、それが中止、撤回されることはない。
729　殺人の同害報復刑、棄教や既婚者の姦通に対する死刑など。17章33節参照。

وَلَا تَقْرَبُوا۟ مَالَ ٱلْيَتِيمِ إِلَّا بِٱلَّتِى هِىَ أَحْسَنُ حَتَّىٰ يَبْلُغَ أَشُدَّهُۥ ۖ
وَأَوْفُوا۟ ٱلْكَيْلَ وَٱلْمِيزَانَ بِٱلْقِسْطِ ۖ لَا نُكَلِّفُ نَفْسًا إِلَّا
وُسْعَهَا ۖ وَإِذَا قُلْتُمْ فَٱعْدِلُوا۟ وَلَوْ كَانَ ذَا قُرْبَىٰ ۖ وَبِعَهْدِ
ٱللَّهِ أَوْفُوا۟ ۚ ذَٰلِكُمْ وَصَّىٰكُم بِهِۦ لَعَلَّكُمْ تَذَكَّرُونَ ﴿١٥٢﴾
وَأَنَّ هَٰذَا صِرَٰطِى مُسْتَقِيمًا فَٱتَّبِعُوهُ ۖ وَلَا تَتَّبِعُوا۟ ٱلسُّبُلَ
فَتَفَرَّقَ بِكُمْ عَن سَبِيلِهِۦ ۚ ذَٰلِكُمْ وَصَّىٰكُم بِهِۦ لَعَلَّكُمْ
تَتَّقُونَ ﴿١٥٣﴾ ثُمَّ ءَاتَيْنَا مُوسَى ٱلْكِتَٰبَ تَمَامًا عَلَى ٱلَّذِىٓ
أَحْسَنَ وَتَفْصِيلًا لِّكُلِّ شَىْءٍ وَهُدًى وَرَحْمَةً لَّعَلَّهُم بِلِقَآءِ
رَبِّهِمْ يُؤْمِنُونَ ﴿١٥٤﴾ وَهَٰذَا كِتَٰبٌ أَنزَلْنَٰهُ مُبَارَكٌ فَٱتَّبِعُوهُ
وَٱتَّقُوا۟ لَعَلَّكُمْ تُرْحَمُونَ ﴿١٥٥﴾ أَن تَقُولُوٓا۟ إِنَّمَآ أُنزِلَ ٱلْكِتَٰبُ
عَلَىٰ طَآئِفَتَيْنِ مِن قَبْلِنَا وَإِن كُنَّا عَن دِرَاسَتِهِمْ لَغَٰفِلِينَ
﴿١٥٦﴾ أَوْ تَقُولُوا۟ لَوْ أَنَّآ أُنزِلَ عَلَيْنَا ٱلْكِتَٰبُ لَكُنَّآ أَهْدَىٰ
مِنْهُمْ ۚ فَقَدْ جَآءَكُم بَيِّنَةٌ مِّن رَّبِّكُمْ وَهُدًى وَرَحْمَةٌ ۚ
فَمَنْ أَظْلَمُ مِمَّن كَذَّبَ بِـَٔايَٰتِ ٱللَّهِ وَصَدَفَ عَنْهَا ۗ سَنَجْزِى ٱلَّذِينَ
يَصْدِفُونَ عَنْ ءَايَٰتِنَا سُوٓءَ ٱلْعَذَابِ بِمَا كَانُوا۟ يَصْدِفُونَ ﴿١٥٧﴾

また孤児の財産には、彼が壮年(三十-四十歳)に達する(行為能力者となる)までは[730]より良いものによってしか近づいてはならない。また升目と秤は公正に量りきれ。われらは誰にもその能力以外のものを課すことはない。また、おまえたちが語る時[731]にはそれが近親であっても公正にせよ。また、アッラーとの約定は果たせ。それこそが、彼がそれを命じ給うたこと。きっとおまえたちは留意するであろう。(6：152)

また、これがまっすぐなわれの道であるがゆえに。それゆえ、それに従い、諸々の道には従ってはならない。さすればそれらがおまえたちを彼の道から離れさせる。それこそが、彼がそれをおまえたちに命じ給うたこと。きっとおまえたちは畏れ身を守るであろう。(6：153)

それからわれらは、善を尽くす者への完成として、またすべてに対する解説として、また導きと慈悲として、ムーサーに啓典を与えた。きっと彼らも彼らの主との会見を信じるであろう。(6：154)

そしてこれ(クルアーン)はわれらが下した祝福に満ちた啓典である。それゆえ、それに従い、畏れ身を守れ。きっとおまえたちは慈悲を授かるであろう、と。(6：155)

「啓典はわれら以前の二派(ユダヤ教徒、キリスト教徒)に下されただけである。そしてまことに彼らの学ぶものをわれらは知らなかった」とおまえたちが言うこと(がないように)[732]。(6：156)

あるいは、「もしもわれらに啓典が下されていたならば、われらは彼らよりも導かれていただろう」とおまえたちが言う(ことがないように)。それでおまえたちにはおまえたちの主からの明証と導きと慈悲が既に訪れた。アッラーの諸々の徴を嘘だと否定し、そこから離れる者より不正な者が誰かあろうか。いずれわれらは、われらの諸々の徴から離れた者に、離れたことに対し酷い懲罰で報いるであろう。(6：157)

730　第二次性徴が現れることによって成人し責任能力者になるまで、との説もある(およそ、15-18歳)。

731　裁判の判決などで。

732　知らなかったとの言い訳ができないように。4章165節脚注参照。

هَلْ يَنظُرُونَ إِلَّآ أَن تَأْتِيَهُمُ ٱلْمَلَٰٓئِكَةُ أَوْ يَأْتِىَ رَبُّكَ أَوْ يَأْتِىَ بَعْضُ
ءَايَٰتِ رَبِّكَ ۗ يَوْمَ يَأْتِى بَعْضُ ءَايَٰتِ رَبِّكَ لَا يَنفَعُ نَفْسًا إِيمَٰنُهَا
لَمْ تَكُنْ ءَامَنَتْ مِن قَبْلُ أَوْ كَسَبَتْ فِىٓ إِيمَٰنِهَا خَيْرًا ۗ قُلِ ٱنتَظِرُوٓا۟
إِنَّا مُنتَظِرُونَ ١٥٨ إِنَّ ٱلَّذِينَ فَرَّقُوا۟ دِينَهُمْ وَكَانُوا۟ شِيَعًا لَّسْتَ
مِنْهُمْ فِى شَىْءٍ ۚ إِنَّمَآ أَمْرُهُمْ إِلَى ٱللَّهِ ثُمَّ يُنَبِّئُهُم بِمَا كَانُوا۟ يَفْعَلُونَ
١٥٩ مَن جَآءَ بِٱلْحَسَنَةِ فَلَهُۥ عَشْرُ أَمْثَالِهَا ۖ وَمَن جَآءَ بِٱلسَّيِّئَةِ
فَلَا يُجْزَىٰٓ إِلَّا مِثْلَهَا وَهُمْ لَا يُظْلَمُونَ ١٦٠ قُلْ إِنَّنِى هَدَىٰنِى رَبِّىٓ
إِلَىٰ صِرَٰطٍ مُّسْتَقِيمٍ دِينًا قِيَمًا مِّلَّةَ إِبْرَٰهِيمَ حَنِيفًا ۚ وَمَا كَانَ
مِنَ ٱلْمُشْرِكِينَ ١٦١ قُلْ إِنَّ صَلَاتِى وَنُسُكِى وَمَحْيَاىَ وَمَمَاتِى لِلَّهِ
رَبِّ ٱلْعَٰلَمِينَ ١٦٢ لَا شَرِيكَ لَهُۥ ۖ وَبِذَٰلِكَ أُمِرْتُ وَأَنَا۠ أَوَّلُ ٱلْمُسْلِمِينَ
١٦٣ قُلْ أَغَيْرَ ٱللَّهِ أَبْغِى رَبًّا وَهُوَ رَبُّ كُلِّ شَىْءٍ ۚ وَلَا تَكْسِبُ كُلُّ
نَفْسٍ إِلَّا عَلَيْهَا ۚ وَلَا تَزِرُ وَازِرَةٌ وِزْرَ أُخْرَىٰ ۚ ثُمَّ إِلَىٰ رَبِّكُم
مَّرْجِعُكُمْ فَيُنَبِّئُكُم بِمَا كُنتُمْ فِيهِ تَخْتَلِفُونَ ١٦٤ وَهُوَ ٱلَّذِى جَعَلَكُمْ
خَلَٰٓئِفَ ٱلْأَرْضِ وَرَفَعَ بَعْضَكُمْ فَوْقَ بَعْضٍ دَرَجَٰتٍ لِّيَبْلُوَكُمْ فِى
مَآ ءَاتَىٰكُمْ ۗ إِنَّ رَبَّكَ سَرِيعُ ٱلْعِقَابِ وَإِنَّهُۥ لَغَفُورٌ رَّحِيمٌۢ ١٦٥

彼らは、天使が彼らを訪れるか、おまえの主が訪れるか、あるいはおまえの主の諸々の徴の一部[733]が訪れることのほかに座視することがあるのか。おまえの主の諸々の徴の一部が訪れる日、以前から信仰しなかった者、あるいは信仰において善行を稼がなかった者に信仰は役立たない。言え、「待つがよい。われらも待つ者である」。(6：158)

彼らの宗教を分裂させ、諸派に分かれた者、おまえは彼らとはなにも関わりがない。彼らのことはただアッラーに委ねられ、それから彼は彼らに彼らのなしたことを告げ給う。(6：159)

善事を携えて来た者、彼にはその十倍のものがある。一方、悪事を携えて来た者はそれと同じだけを報いられるのみで、彼らが不正に扱われることはない。(6：160)

言え、「まことにわが主が私をまっすぐな道、正しい宗教、ひたむきなイブラーヒームの宗旨に導き給うた。そして彼は多神教徒たち(の一人)ではなかった」。(6：161)

言え、「まことに私の礼拝も、私の犠牲も、私の生も、そして私の死も諸世界の主アッラーのものである」。(6：162)

「彼に同位者はない。そしてこれを私は命じられ、私は帰依者《ムスリム》たちの最初の者である」。(6：163)

言え、「アッラーのほかに私が主を求めるというのか。彼こそはすべての主であらせられるのに」。そして人はだれも稼いだものは自らが負うばかりであり、荷を担う(者)は他(者)の荷を担うことはない。それからおまえたちの主にこそおまえたちの帰り処はあり、そこで彼はおまえたちが意見を異にしたことについて告げ給う。(6：164)

そして彼こそはおまえたちを地の継承者となし、おまえたちのある者をある者よりも位階を高め給うた御方。彼がおまえたちに与え給うたものにおいておまえたちを試み給うために。まことにおまえの主は応報に速い御方、また、まことに彼はよく赦し給う慈悲深い御方。(6：165)

733　終末の予兆には、ダッジャール(偽メシア：「ヨハネの手紙上」2章18節参照)の出現、イーサーの再臨、それからヤアジュージュとマアジュージュ(ゴグとマゴク：「エゼキエル書」38章、「ヨハネ黙示録」20章7-9節参照)の出現、獣(ヨハネ黙示録13章参照)の出現があり、太陽が西から昇ることなどがあると言われる。

第7章　高壁 …… سورة الأعراف

سُورَةُ الأَعۡرَافِ

بِسۡمِ ٱللَّهِ ٱلرَّحۡمَٰنِ ٱلرَّحِيمِ

الٓمٓصٓ ١ كِتَٰبٌ أُنزِلَ إِلَيۡكَ فَلَا يَكُن فِي صَدۡرِكَ حَرَجٞ مِّنۡهُ
لِتُنذِرَ بِهِۦ وَذِكۡرَىٰ لِلۡمُؤۡمِنِينَ ٢ ٱتَّبِعُواْ مَآ أُنزِلَ إِلَيۡكُم
مِّن رَّبِّكُمۡ وَلَا تَتَّبِعُواْ مِن دُونِهِۦٓ أَوۡلِيَآءَۗ قَلِيلٗا مَّا تَذَكَّرُونَ
٣ وَكَم مِّن قَرۡيَةٍ أَهۡلَكۡنَٰهَا فَجَآءَهَا بَأۡسُنَا بَيَٰتًا أَوۡ هُمۡ
قَآئِلُونَ ٤ فَمَا كَانَ دَعۡوَىٰهُمۡ إِذۡ جَآءَهُم بَأۡسُنَآ إِلَّآ أَن قَالُوٓاْ
إِنَّا كُنَّا ظَٰلِمِينَ ٥ فَلَنَسۡـَٔلَنَّ ٱلَّذِينَ أُرۡسِلَ إِلَيۡهِمۡ وَلَنَسۡـَٔلَنَّ
ٱلۡمُرۡسَلِينَ ٦ فَلَنَقُصَّنَّ عَلَيۡهِم بِعِلۡمٖۖ وَمَا كُنَّا غَآئِبِينَ ٧
وَٱلۡوَزۡنُ يَوۡمَئِذٍ ٱلۡحَقُّۚ فَمَن ثَقُلَتۡ مَوَٰزِينُهُۥ فَأُوْلَٰٓئِكَ هُمُ
ٱلۡمُفۡلِحُونَ ٨ وَمَنۡ خَفَّتۡ مَوَٰزِينُهُۥ فَأُوْلَٰٓئِكَ ٱلَّذِينَ خَسِرُوٓاْ
أَنفُسَهُم بِمَا كَانُواْ بِـَٔايَٰتِنَا يَظۡلِمُونَ ٩ وَلَقَدۡ مَكَّنَّٰكُمۡ
فِي ٱلۡأَرۡضِ وَجَعَلۡنَا لَكُمۡ فِيهَا مَعَٰيِشَۗ قَلِيلٗا مَّا تَشۡكُرُونَ
١٠ وَلَقَدۡ خَلَقۡنَٰكُمۡ ثُمَّ صَوَّرۡنَٰكُمۡ ثُمَّ قُلۡنَا لِلۡمَلَٰٓئِكَةِ
ٱسۡجُدُواْ لِأٓدَمَ فَسَجَدُوٓاْ إِلَّآ إِبۡلِيسَ لَمۡ يَكُن مِّنَ ٱلسَّٰجِدِينَ ١١

マッカ垂示

楽園と火獄の間にある高壁の住人の話に因み「高壁」章と名づけられる。

アーダムの創造と悪魔の誘惑による楽園追放の経緯が語られた後(11-25節)、楽園追放の契機となった禁断の実を食べたことによる性の禁忌を犯してはならないことが教えられ(26-33節)、火獄と楽園と本章のタイトルにもなっている高壁の住人の姿が描かれる(36-51節)。

六日間の天地の創造、ヌーフ、フード、サーリフ、ルート、シュアイブ、ムーサーがいずれも民から拒絶されたが、最後には使徒たちを拒絶した者たちは滅ぼされたことが告げられ(54-171節)、その間に、ムハンマドが律法の書と福音書に予言されている善を命じ、悪を禁じ、良き物を合法とし有害なものを不法とし、人々を重荷と枷から解き放つ預言者であることが示される(157節)。

また人類が現世に生まれる以前に、アッラーの御前に引き出され、アッラーのみを主として崇める誓約を結んだことが告げられる(172-173節)。

アッラーは多くの神名を有し、どの名を唱えて祈ってもよいこと(180節)、最後の審判が何時かは預言者ムハンマドも知らず、アッラーのみが知り給うことが教えられ(187節)、最後にクルアーンが唱えられる時には静聴すること、朝な夕なにアッラーを唱えること、天使を範としてアッラーを称え跪拝することが命じられる(204-206節)。

慈悲あまねく慈悲深きアッラーの御名において

アリフ・ラーム・ミーム・サード[734]。(7：1)

おまえに下された啓典である。それゆえ、おまえの心にそのせいで気掛りがあってはならない。おまえがそれで警告するためであり、信仰者への訓戒である。(7：2)

おまえたちの主からおまえたちに下されたものに従い、彼をさしおいて後見たちに従ってはならない。わずかしかおまえたちは留意しない。(7：3)

そしてなんと多くの町をわれらは滅ぼし、そこをわれらの威力(懲罰)が夜半、または彼らが午睡をとっている間に襲ったことか。(7：4)

それで彼らにわれらの威力が襲った時、彼らが口にするのは、「まことにわれらは不正な者であった」との嘆声ばかりであった。(7：5)

734　2章1節脚注参照。

قَالَ مَا مَنَعَكَ أَلَّا تَسۡجُدَ إِذۡ أَمَرۡتُكَۖ قَالَ أَنَا۠ خَيۡرٞ مِّنۡهُ خَلَقۡتَنِي مِن نَّارٖ
وَخَلَقۡتَهُۥ مِن طِينٖ ١٢ قَالَ فَٱهۡبِطۡ مِنۡهَا فَمَا يَكُونُ لَكَ أَن تَتَكَبَّرَ
فِيهَا فَٱخۡرُجۡ إِنَّكَ مِنَ ٱلصَّٰغِرِينَ ١٣ قَالَ أَنظِرۡنِيٓ إِلَىٰ يَوۡمِ يُبۡعَثُونَ
١٤ قَالَ إِنَّكَ مِنَ ٱلۡمُنظَرِينَ ١٥ قَالَ فَبِمَآ أَغۡوَيۡتَنِي لَأَقۡعُدَنَّ لَهُمۡ
صِرَٰطَكَ ٱلۡمُسۡتَقِيمَ ١٦ ثُمَّ لَأٓتِيَنَّهُم مِّنۢ بَيۡنِ أَيۡدِيهِمۡ وَمِنۡ خَلۡفِهِمۡ
وَعَنۡ أَيۡمَٰنِهِمۡ وَعَن شَمَآئِلِهِمۡۖ وَلَا تَجِدُ أَكۡثَرَهُمۡ شَٰكِرِينَ ١٧ قَالَ
ٱخۡرُجۡ مِنۡهَا مَذۡءُومٗا مَّدۡحُورٗاۖ لَّمَن تَبِعَكَ مِنۡهُمۡ لَأَمۡلَأَنَّ جَهَنَّمَ مِنكُمۡ
أَجۡمَعِينَ ١٨ وَيَٰٓـَٔادَمُ ٱسۡكُنۡ أَنتَ وَزَوۡجُكَ ٱلۡجَنَّةَ فَكُلَا مِنۡ حَيۡثُ
شِئۡتُمَا وَلَا تَقۡرَبَا هَٰذِهِ ٱلشَّجَرَةَ فَتَكُونَا مِنَ ٱلظَّٰلِمِينَ ١٩ فَوَسۡوَسَ
لَهُمَا ٱلشَّيۡطَٰنُ لِيُبۡدِيَ لَهُمَا مَا وُۥرِيَ عَنۡهُمَا مِن سَوۡءَٰتِهِمَا وَقَالَ
مَا نَهَىٰكُمَا رَبُّكُمَا عَنۡ هَٰذِهِ ٱلشَّجَرَةِ إِلَّآ أَن تَكُونَا مَلَكَيۡنِ
أَوۡ تَكُونَا مِنَ ٱلۡخَٰلِدِينَ ٢٠ وَقَاسَمَهُمَآ إِنِّي لَكُمَا لَمِنَ ٱلنَّٰصِحِينَ ٢١
فَدَلَّىٰهُمَا بِغُرُورٖۚ فَلَمَّا ذَاقَا ٱلشَّجَرَةَ بَدَتۡ لَهُمَا سَوۡءَٰتُهُمَا وَطَفِقَا
يَخۡصِفَانِ عَلَيۡهِمَا مِن وَرَقِ ٱلۡجَنَّةِۖ وَنَادَىٰهُمَا رَبُّهُمَآ أَلَمۡ أَنۡهَكُمَا عَن
تِلۡكُمَا ٱلشَّجَرَةِ وَأَقُل لَّكُمَآ إِنَّ ٱلشَّيۡطَٰنَ لَكُمَا عَدُوّٞ مُّبِينٞ ٢٢

それからわれらは必ずや使徒が遣わされた者たちに尋ね、使徒たちにも尋ねる。(7：6)

それからわれらは必ずや知識をもって彼らについて語る。そしてわれらは不在ではなかったのである。(7：7)

そして計量は[735]その日、真実である。それで秤の重たかった者、それらの者、彼らこそは成功者である。(7：8)

一方、秤が軽かった者、それらの者はわれらの諸々の徴に不正をなしたがゆえに己を損なった者たちである。(7：9)

そしてわれらはおまえたちに地上で地位を与え、おまえたちに生計の道を与えた。わずかにしかおまえたちは感謝しない。(7：10)

そしてわれらは確かにおまえたちを創り、それから形作り、それから天使たちに、「アーダムに跪拝せよ」と言った。すると、彼らは跪拝したが、イブリース[736]だけは跪拝する者たち(の一人)とならなかった。(7：11)

(アッラーは)仰せられた。「われがおまえに命じた時、おまえが跪拝しないとは、なにが妨げたのか」。彼は言った。「私は彼より優れています。あなたは私を火から創り、彼を泥土から創り給いました」。(7：12)

仰せられた。「では、ここから落ちていけ。そしてここでは高慢であることはおまえに許されていない。それゆえ出て行け。まことにおまえは卑しい者の一人である」。(7：13)

彼は言った。「彼らが蘇らされる日まで私を猶予し給え」。(7：14)

仰せられた。「おまえは猶予された者たち(の一人)である」。(7：15)

彼は言った。「あなたが私を惑わし給うたことに誓って[737]、必ずや私はあなたのまっすぐな道で彼らを待ち伏せしましょう」。(7：16)

「それから必ず彼らを彼らの前から、彼らの後ろから、そして右からも左からも襲いましょう。そして彼らのほとんどが感謝する者でないことをあなたは見出すでしょう」。(7：17)

仰せられた。「非難され、追い払われた者としてここから出ていけ。彼らのうちおまえに従う者があれば、必ずわれはおまえたち一同で火獄《ジャハンナム》を満たすであろう」。(7：18)

そして「アーダムよ、おまえとおまえの妻は楽園に住め。そして、どこでも望むところで食べよ。ただ、この木に近づいてはならない。さもなければ、おまえたちは不正な者たち(の仲間)となるであろう」。(7：19)

それから悪魔は二人にささやき、彼らに彼らから隠されていた陰部を顕にしようとし、言った。「おまえたち二人の主がおまえたちにこの木を禁じ給うたのは、おまえたちが天

735　生前の善行と悪行の行状の記録が天秤にかけられる。

736　2章34節、20章116節参照。

737　「惑わし給うたために」との解釈もある。

قَالَا رَبَّنَا ظَلَمْنَآ أَنفُسَنَا وَإِن لَّمْ تَغْفِرْ لَنَا وَتَرْحَمْنَا لَنَكُونَنَّ
مِنَ ٱلْخَٰسِرِينَ ﴿٢٣﴾ قَالَ ٱهْبِطُوا۟ بَعْضُكُمْ لِبَعْضٍ عَدُوٌّ ۖ وَلَكُمْ
فِى ٱلْأَرْضِ مُسْتَقَرٌّ وَمَتَٰعٌ إِلَىٰ حِينٍ ﴿٢٤﴾ قَالَ فِيهَا تَحْيَوْنَ وَفِيهَا
تَمُوتُونَ وَمِنْهَا تُخْرَجُونَ ﴿٢٥﴾ يَٰبَنِىٓ ءَادَمَ قَدْ أَنزَلْنَا عَلَيْكُمْ
لِبَاسًا يُوَٰرِى سَوْءَٰتِكُمْ وَرِيشًا ۖ وَلِبَاسُ ٱلتَّقْوَىٰ ذَٰلِكَ خَيْرٌ ۚ
ذَٰلِكَ مِنْ ءَايَٰتِ ٱللَّهِ لَعَلَّهُمْ يَذَّكَّرُونَ ﴿٢٦﴾ يَٰبَنِىٓ ءَادَمَ لَا يَفْتِنَنَّكُمُ
ٱلشَّيْطَٰنُ كَمَآ أَخْرَجَ أَبَوَيْكُم مِّنَ ٱلْجَنَّةِ يَنزِعُ عَنْهُمَا
لِبَاسَهُمَا لِيُرِيَهُمَا سَوْءَٰتِهِمَآ ۗ إِنَّهُۥ يَرَىٰكُمْ هُوَ وَقَبِيلُهُۥ مِنْ
حَيْثُ لَا تَرَوْنَهُمْ ۗ إِنَّا جَعَلْنَا ٱلشَّيَٰطِينَ أَوْلِيَآءَ لِلَّذِينَ لَا يُؤْمِنُونَ
﴿٢٧﴾ وَإِذَا فَعَلُوا۟ فَٰحِشَةً قَالُوا۟ وَجَدْنَا عَلَيْهَآ ءَابَآءَنَا وَٱللَّهُ أَمَرَنَا
بِهَا ۗ قُلْ إِنَّ ٱللَّهَ لَا يَأْمُرُ بِٱلْفَحْشَآءِ ۖ أَتَقُولُونَ عَلَى ٱللَّهِ مَا لَا تَعْلَمُونَ
﴿٢٨﴾ قُلْ أَمَرَ رَبِّى بِٱلْقِسْطِ ۖ وَأَقِيمُوا۟ وُجُوهَكُمْ عِندَ كُلِّ مَسْجِدٍ
وَٱدْعُوهُ مُخْلِصِينَ لَهُ ٱلدِّينَ ۚ كَمَا بَدَأَكُمْ تَعُودُونَ ﴿٢٩﴾
فَرِيقًا هَدَىٰ وَفَرِيقًا حَقَّ عَلَيْهِمُ ٱلضَّلَٰلَةُ ۗ إِنَّهُمُ ٱتَّخَذُوا۟
ٱلشَّيَٰطِينَ أَوْلِيَآءَ مِن دُونِ ٱللَّهِ وَيَحْسَبُونَ أَنَّهُم مُّهْتَدُونَ ﴿٣٠﴾

使となるか、永遠に生きる者となるからにほかならない[738]」。(7：20)

そして彼は二人に誓った。「まことに私はおまえたちに対する忠告者たち(の一人)である」。(7：21)

そうして彼は欺きによって二人を引き降ろした。それで二人が木(の実)を味わうと、陰部が顕となり、楽園の葉で身を被い始めた。二人の主は彼らに呼びかけ給うた。「われはおまえたちにその木を禁じ、悪魔はおまえたちの明白な敵であると言わなかったか」。(7：22)

二人は言った。「われらが主よ、われらは己に不正をなしました。もしあなたがわれらを赦し、慈悲をかけ給わなければ、われらは損失者たち(の仲間)となります」。(7：23)

仰せられた。「おまえたちは[739]互いに敵として落ちてゆけ。そしておまえたちには地上に定住地と一定の時までの楽しみがある」。(7：24)

仰せられた。「そこでおまえたちは生き、そこでおまえたちは死に、そこからおまえたちは引き出される」。(7：25)

「アーダムの子孫よ、われらはおまえたちに、おまえたちの陰部を被う衣服と装束を確かに下した。そしてタクワー（神を畏れ身を守ること)の衣服、その方がもっと良い。これはアッラーからの諸々の徴(の一つ)である。きっと彼らも留意するであろう」。(7：26)

「アーダムの子孫よ、悪魔がおまえたちを惑わすことがあってはならない。ちょうど彼がおまえたちの祖先の二人から陰部を見せるために衣服を奪い、彼らを楽園から追い出したように。まことに彼と彼の一味は、おまえたちが彼らを見ていないところからおまえたちを見ているのである。まことにわれらは悪魔たちを信仰しない者たちの後見となした」。(7：27)

そして彼らは醜行をなした時には言った。「われらはわれらの祖先がそうしていたのを見出した。そしてアッラーがわれらにこれを命じ給うたのである[740]」。言え、「まことにアッラーは醜行を命じ給わない。おまえたちはアッラーについて、おまえたちの知らないことを言うのか」。(7：28)

言え、「わが主は公正を命じ給うた。また、どのモスクにおいてもおまえたちの顔をまっすぐに向け、一心に彼に宗教を捧げて祈れ。彼がおまえたちを創始し給うたようにおまえたちは戻るのである」。(7：29)

738　20章120節参照。

739　アーダムと妻のハウワーゥとイブリース。

740　ジャーヒリーヤ(イスラーム以前の無明時代)、アラブの多神教徒たちは、カアバ神殿を裸で周回し、それを敬神の勤行と称していた。

۞ يَٰبَنِيٓ ءَادَمَ خُذُواْ زِينَتَكُمۡ عِندَ كُلِّ مَسۡجِدٖ وَكُلُواْ وَٱشۡرَبُواْ
وَلَا تُسۡرِفُوٓاْۚ إِنَّهُۥ لَا يُحِبُّ ٱلۡمُسۡرِفِينَ ٣١ قُلۡ مَنۡ حَرَّمَ زِينَةَ ٱللَّهِ
ٱلَّتِيٓ أَخۡرَجَ لِعِبَادِهِۦ وَٱلطَّيِّبَٰتِ مِنَ ٱلرِّزۡقِۚ قُلۡ هِيَ لِلَّذِينَ ءَامَنُواْ
فِي ٱلۡحَيَوٰةِ ٱلدُّنۡيَا خَالِصَةٗ يَوۡمَ ٱلۡقِيَٰمَةِۗ كَذَٰلِكَ نُفَصِّلُ ٱلۡأٓيَٰتِ
لِقَوۡمٖ يَعۡلَمُونَ ٣٢ قُلۡ إِنَّمَا حَرَّمَ رَبِّيَ ٱلۡفَوَٰحِشَ مَا ظَهَرَ مِنۡهَا وَمَا
بَطَنَ وَٱلۡإِثۡمَ وَٱلۡبَغۡيَ بِغَيۡرِ ٱلۡحَقِّ وَأَن تُشۡرِكُواْ بِٱللَّهِ مَا لَمۡ يُنَزِّلۡ
بِهِۦ سُلۡطَٰنٗا وَأَن تَقُولُواْ عَلَى ٱللَّهِ مَا لَا تَعۡلَمُونَ ٣٣ وَلِكُلِّ أُمَّةٍ
أَجَلٞۖ فَإِذَا جَآءَ أَجَلُهُمۡ لَا يَسۡتَـٔۡخِرُونَ سَاعَةٗ وَلَا يَسۡتَقۡدِمُونَ
٣٤ يَٰبَنِيٓ ءَادَمَ إِمَّا يَأۡتِيَنَّكُمۡ رُسُلٞ مِّنكُمۡ يَقُصُّونَ عَلَيۡكُمۡ ءَايَٰتِي فَمَنِ
ٱتَّقَىٰ وَأَصۡلَحَ فَلَا خَوۡفٌ عَلَيۡهِمۡ وَلَا هُمۡ يَحۡزَنُونَ ٣٥ وَٱلَّذِينَ كَذَّبُواْ
بِـَٔايَٰتِنَا وَٱسۡتَكۡبَرُواْ عَنۡهَآ أُوْلَٰٓئِكَ أَصۡحَٰبُ ٱلنَّارِۖ هُمۡ فِيهَا
خَٰلِدُونَ ٣٦ فَمَنۡ أَظۡلَمُ مِمَّنِ ٱفۡتَرَىٰ عَلَى ٱللَّهِ كَذِبًا أَوۡ كَذَّبَ
بِـَٔايَٰتِهِۦٓۚ أُوْلَٰٓئِكَ يَنَالُهُمۡ نَصِيبُهُم مِّنَ ٱلۡكِتَٰبِۖ حَتَّىٰٓ إِذَا جَآءَتۡهُمۡ
رُسُلُنَا يَتَوَفَّوۡنَهُمۡ قَالُوٓاْ أَيۡنَ مَا كُنتُمۡ تَدۡعُونَ مِن دُونِ ٱللَّهِۖ
قَالُواْ ضَلُّواْ عَنَّا وَشَهِدُواْ عَلَىٰٓ أَنفُسِهِمۡ أَنَّهُمۡ كَانُواْ كَٰفِرِينَ ٣٧

一部の者を彼は導き給うたが、一部の者には迷誤が彼らに実現した。まことに彼らはアッラーをさしおいて悪魔たちを後見とし、自分たちが導かれた者であると思い込んでいる。(7：30)

アーダムの子孫よ、どこのモスクでも飾りを着けよ[741]。そして飲み、食べ、度を越してはならない。まことに彼は度を越す者たちを好み給わない。(7：31)

言え、「アッラーが彼の僕《しもべ》たちに与え給うた彼の装飾や糧のうち良いものを禁じた者はだれか」。言え、「それらは現世では信仰した者たちのためにあり、復活(審判)の日にはとりわけそうである」。このようにわれらは知る者たちに諸々の徴を解明する。(7：32)

言え、「わが主が禁じ給うたのは、醜行で表面に現れたものと内面に隠れたもの、罪と不当な侵害、さらに、それについて(アッラーが)権限を降し給うていないものをアッラーと同位に置くことと、アッラーについて知らないことを言うことだけである」。(7：33)

そしてどの共同体にも期限がある。それゆえ、その期限が訪れた時には彼らは一刻も遅らせることはならず、早めることもならない。(7：34)

アーダムの子孫よ、おまえたちの中から使徒たちがおまえたちに訪れ、おまえたちにわれの諸々の徴を語ることがあっても、畏れ身を守り、(身を)正した者、彼らに恐怖はなく、彼らは悲しむこともない。(7：35)

しかしわれらの諸々の徴を嘘だと否定し、それに対して高慢な態度を取る者、それらの者は獄火の住人であり、彼らはそこに永遠に留まる。(7：36)

それで、アッラーについて嘘を捏造したり、彼の諸々の徴を嘘だと否定する者以上に不正な者が誰かあろうか。それらの者にはかの書からの彼らの分け前が訪れる[742]。それからついにわれらの使徒たち(天使)が彼らを召し上げるために訪れると、言った。「おまえたちがアッラーのほかに祈っていたものはどこにいるのか」。彼らは言った。「彼らはわれらからはぐれ去りました」。そして彼らは己に反して、自分たちが不信仰者であったことを証言した。(7：37)

741　モスクでも衣服をつけよ。裸で勤行をしてはならない。
742　天上の「護持された書板」(85章22節)に予め書き記されていた彼らの寿命などの、運勢が実現する。

قَالَ ٱدۡخُلُواْ فِيٓ أُمَمٖ قَدۡ خَلَتۡ مِن قَبۡلِكُم مِّنَ ٱلۡجِنِّ وَٱلۡإِنسِ
فِي ٱلنَّارِۖ كُلَّمَا دَخَلَتۡ أُمَّةٞ لَّعَنَتۡ أُخۡتَهَاۖ حَتَّىٰٓ إِذَا ٱدَّارَكُواْ
فِيهَا جَمِيعٗا قَالَتۡ أُخۡرَىٰهُمۡ لِأُولَىٰهُمۡ رَبَّنَا هَٰٓؤُلَآءِ أَضَلُّونَا فَـَٔاتِهِمۡ
عَذَابٗا ضِعۡفٗا مِّنَ ٱلنَّارِۖ قَالَ لِكُلّٖ ضِعۡفٞ وَلَٰكِن لَّا تَعۡلَمُونَ
٣٨ وَقَالَتۡ أُولَىٰهُمۡ لِأُخۡرَىٰهُمۡ فَمَا كَانَ لَكُمۡ عَلَيۡنَا مِن فَضۡلٖ
فَذُوقُواْ ٱلۡعَذَابَ بِمَا كُنتُمۡ تَكۡسِبُونَ ٣٩ إِنَّ ٱلَّذِينَ
كَذَّبُواْ بِـَٔايَٰتِنَا وَٱسۡتَكۡبَرُواْ عَنۡهَا لَا تُفَتَّحُ لَهُمۡ أَبۡوَٰبُ ٱلسَّمَآءِ
وَلَا يَدۡخُلُونَ ٱلۡجَنَّةَ حَتَّىٰ يَلِجَ ٱلۡجَمَلُ فِي سَمِّ ٱلۡخِيَاطِۚ وَكَذَٰلِكَ
نَجۡزِي ٱلۡمُجۡرِمِينَ ٤٠ لَهُم مِّن جَهَنَّمَ مِهَادٞ وَمِن فَوۡقِهِمۡ غَوَاشٖۚ
وَكَذَٰلِكَ نَجۡزِي ٱلظَّٰلِمِينَ ٤١ وَٱلَّذِينَ ءَامَنُواْ وَعَمِلُواْ ٱلصَّٰلِحَٰتِ
لَا نُكَلِّفُ نَفۡسًا إِلَّا وُسۡعَهَآ أُوْلَٰٓئِكَ أَصۡحَٰبُ ٱلۡجَنَّةِۖ هُمۡ
فِيهَا خَٰلِدُونَ ٤٢ وَنَزَعۡنَا مَا فِي صُدُورِهِم مِّنۡ غِلّٖ تَجۡرِي
مِن تَحۡتِهِمُ ٱلۡأَنۡهَٰرُۖ وَقَالُواْ ٱلۡحَمۡدُ لِلَّهِ ٱلَّذِي هَدَىٰنَا لِهَٰذَا وَمَا كُنَّا
لِنَهۡتَدِيَ لَوۡلَآ أَنۡ هَدَىٰنَا ٱللَّهُۖ لَقَدۡ جَآءَتۡ رُسُلُ رَبِّنَا بِٱلۡحَقِّۖ
وَنُودُوٓاْ أَن تِلۡكُمُ ٱلۡجَنَّةُ أُورِثۡتُمُوهَا بِمَا كُنتُمۡ تَعۡمَلُونَ ٤٣

仰せられた。「おまえたち以前に過ぎ去った幽精《ジン》と人間たちの諸共同体の間に、獄火に入れ」。一つの共同体が入るたびに彼らはその仲間の集団を呪った。そしてついに彼らがそっくりその（獄火の）中で追いつくと、最後の一団は最初の一団に言った。「われらの主よ、これらの者がわれらを迷わせました。彼らに獄火の懲罰を倍にして与え給え」。仰せられた。「それぞれに倍である。だが、おまえたちは知らない[743]」。（7：38）

そして、最初の一団は後の一団に言った。「それでおまえたちにわれらより優れたところはない。それゆえ、おまえたちが稼いだものに対する懲罰を味わえ」。（7：39）

われらの諸々の徴を嘘だと否定し、それに対して高慢な態度を取った者たち、彼らには天の扉は開かず、ラクダが針穴を通るまで、彼らが楽園に入ることはない。そしてこのようにわれらは罪人に報いる。（7：40）

彼らには火獄《ジャハンナム》の寝床があり、彼らの上にはいくつもの（火の）覆いがある。こうしてわれらは不正な者に報いる。（7：41）

一方、信仰し、善行をなす者たち　―われらはだれにも能力以上のものは負わせない―、　それらの者は楽園の住人であり、彼らはそこに永遠に留まる。（7：42）

そしてわれらは彼らの心の怨恨を取り除き、彼らの下には川が流れる。そして彼らは言った。「賞賛はアッラーに属す、われらをこれに導き給うた御方。そしてもしアッラーがわれらを導き給うていなければ、われらは確かに導かれてはいなかった。確かに我らの主の使徒たちが真理と共に訪れた」。彼らは呼びかけられた。「それがおまえたちがなしたもののゆえにおまえたちが継がされた楽園である」。（7：43）

743　各集団への懲罰の様態を知らない。それぞれに倍加される理由は、それぞれが迷い迷わせる者たちであったためともいわれる。16章25節、同88節、29章13節、33章66-68節参照。

وَنَادَىٰٓ أَصْحَٰبُ ٱلْجَنَّةِ أَصْحَٰبَ ٱلنَّارِ أَن قَدْ وَجَدْنَا مَا وَعَدَنَا
رَبُّنَا حَقًّا فَهَلْ وَجَدتُّم مَّا وَعَدَ رَبُّكُمْ حَقًّا ۖ قَالُوا۟ نَعَمْ ۚ فَأَذَّنَ
مُؤَذِّنٌۢ بَيْنَهُمْ أَن لَّعْنَةُ ٱللَّهِ عَلَى ٱلظَّٰلِمِينَ ٤٤ ٱلَّذِينَ يَصُدُّونَ عَن
سَبِيلِ ٱللَّهِ وَيَبْغُونَهَا عِوَجًا وَهُم بِٱلْءَاخِرَةِ كَٰفِرُونَ ٤٥ وَبَيْنَهُمَا
حِجَابٌ ۚ وَعَلَى ٱلْأَعْرَافِ رِجَالٌ يَعْرِفُونَ كُلًّۢا بِسِيمَىٰهُمْ ۚ وَنَادَوْا۟
أَصْحَٰبَ ٱلْجَنَّةِ أَن سَلَٰمٌ عَلَيْكُمْ ۚ لَمْ يَدْخُلُوهَا وَهُمْ يَطْمَعُونَ ٤٦
۞ وَإِذَا صُرِفَتْ أَبْصَٰرُهُمْ تِلْقَآءَ أَصْحَٰبِ ٱلنَّارِ قَالُوا۟ رَبَّنَا لَا تَجْعَلْنَا
مَعَ ٱلْقَوْمِ ٱلظَّٰلِمِينَ ٤٧ وَنَادَىٰٓ أَصْحَٰبُ ٱلْأَعْرَافِ رِجَالًا يَعْرِفُونَهُم
بِسِيمَىٰهُمْ قَالُوا۟ مَآ أَغْنَىٰ عَنكُمْ جَمْعُكُمْ وَمَا كُنتُمْ تَسْتَكْبِرُونَ ٤٨
أَهَٰٓؤُلَآءِ ٱلَّذِينَ أَقْسَمْتُمْ لَا يَنَالُهُمُ ٱللَّهُ بِرَحْمَةٍ ۚ ٱدْخُلُوا۟ ٱلْجَنَّةَ
لَا خَوْفٌ عَلَيْكُمْ وَلَآ أَنتُمْ تَحْزَنُونَ ٤٩ وَنَادَىٰٓ أَصْحَٰبُ ٱلنَّارِ أَصْحَٰبَ
ٱلْجَنَّةِ أَنْ أَفِيضُوا۟ عَلَيْنَا مِنَ ٱلْمَآءِ أَوْ مِمَّا رَزَقَكُمُ ٱللَّهُ ۚ قَالُوٓا۟
إِنَّ ٱللَّهَ حَرَّمَهُمَا عَلَى ٱلْكَٰفِرِينَ ٥٠ ٱلَّذِينَ ٱتَّخَذُوا۟ دِينَهُمْ لَهْوًا
وَلَعِبًا وَغَرَّتْهُمُ ٱلْحَيَوٰةُ ٱلدُّنْيَا ۚ فَٱلْيَوْمَ نَنسَىٰهُمْ كَمَا نَسُوا۟
لِقَآءَ يَوْمِهِمْ هَٰذَا وَمَا كَانُوا۟ بِـَٔايَٰتِنَا يَجْحَدُونَ ٥١

そして楽園の住人は獄火の住人に呼びかけた。「われらはわれらの主がわれらに約束し給うたものを真実として見出した。おまえたちはおまえたちの主が約束し給うたものを真実として見出したか」。彼らは言った。「はい」。すると、告知者[744]が彼らの間で告知した。「アッラーの呪いは不正な者たちの上にある」。(7：44)

アッラーの道から(人々を)逸らせ、その歪曲を望む者たち、そして彼らは来世を信ずることを拒む者たちである。(7：45)

そして、両者の間には仕切りがある。そして、高壁の上にはそれぞれを彼らの標章で見分ける者たちがいる[745]。彼らは楽園の住人に呼びかけた。「あなたがたに平安あれ」。彼らはまだそこに入ってはいない、熱望してはいるものの。(7：46)

そして彼らの視線が獄火の住人の方に向かせられると、彼らは言った。「われらの主よ、われらを不正な民と一緒にしないでください」。(7：47)

また高壁の仲間は標章によって見分けた者たちに呼びかけて言った。「おまえたちの集めたものとおまえたちが思い上がっていたことはおまえたちのなんの役に立ったか[746]」。(7：48)

「これらの者は[747]、彼らにはアッラーは慈悲を与え給わないとおまえたちが誓った者たちではないか」。「楽園に入れ。おまえたちには恐怖はなく、おまえたちは悲しむことはない」。(7：49)

また獄火の住人は楽園の住人を呼んで言った。「われらに水か、アッラーがおまえたちに糧として与え給うたものを注いでくれ」。彼らは言った。「アッラーは不信仰者たちにはどちらも禁じ給うた」。(7：50)

(不信仰者たちとは)自分の宗教を遊びや戯れと捉え、現世に欺かれた者たちである。それで、今日、われらは彼らを忘れる、ちょうど彼らが彼らのこの日の会見を忘れ、われらの諸々の徴を否定していたように。(7：51)

744　天使イスラーフィール(6章73節脚注参照)を指すとも言われる。

745　通説では、高壁とは楽園と獄火の間の障壁で、高壁の住人とは善行と悪行が等しく、善行が不足し楽園にも入れないが、獄火に投げ入れられるだけの悪行はなかった者で、アッラーの裁定が下されるまで壁の上で待っている。預言者、義人の学者たちとする説もある。

746「役に立たなかった」と否定文と解する説もある。

747　貧しく地位の低いムスリムの弱者たち。

وَلَقَدْ جِئْنَٰهُم بِكِتَٰبٍ فَصَّلْنَٰهُ عَلَىٰ عِلْمٍ هُدًى وَرَحْمَةً
لِّقَوْمٍ يُؤْمِنُونَ ٥٢ هَلْ يَنظُرُونَ إِلَّا تَأْوِيلَهُۥ ۚ يَوْمَ يَأْتِى تَأْوِيلُهُۥ
يَقُولُ ٱلَّذِينَ نَسُوهُ مِن قَبْلُ قَدْ جَآءَتْ رُسُلُ رَبِّنَا بِٱلْحَقِّ
فَهَل لَّنَا مِن شُفَعَآءَ فَيَشْفَعُوا۟ لَنَآ أَوْ نُرَدُّ فَنَعْمَلَ غَيْرَ ٱلَّذِى
كُنَّا نَعْمَلُ ۚ قَدْ خَسِرُوٓا۟ أَنفُسَهُمْ وَضَلَّ عَنْهُم مَّا كَانُوا۟
يَفْتَرُونَ ٥٣ إِنَّ رَبَّكُمُ ٱللَّهُ ٱلَّذِى خَلَقَ ٱلسَّمَٰوَٰتِ وَٱلْأَرْضَ
فِى سِتَّةِ أَيَّامٍ ثُمَّ ٱسْتَوَىٰ عَلَى ٱلْعَرْشِ يُغْشِى ٱلَّيْلَ ٱلنَّهَارَ
يَطْلُبُهُۥ حَثِيثًا وَٱلشَّمْسَ وَٱلْقَمَرَ وَٱلنُّجُومَ مُسَخَّرَٰتٍۭ
بِأَمْرِهِۦٓ ۗ أَلَا لَهُ ٱلْخَلْقُ وَٱلْأَمْرُ ۗ تَبَارَكَ ٱللَّهُ رَبُّ ٱلْعَٰلَمِينَ ٥٤
ٱدْعُوا۟ رَبَّكُمْ تَضَرُّعًا وَخُفْيَةً ۚ إِنَّهُۥ لَا يُحِبُّ ٱلْمُعْتَدِينَ ٥٥
وَلَا تُفْسِدُوا۟ فِى ٱلْأَرْضِ بَعْدَ إِصْلَٰحِهَا وَٱدْعُوهُ خَوْفًا وَطَمَعًا ۚ
إِنَّ رَحْمَتَ ٱللَّهِ قَرِيبٌ مِّنَ ٱلْمُحْسِنِينَ ٥٦ وَهُوَ ٱلَّذِى يُرْسِلُ
ٱلرِّيَٰحَ بُشْرًۢا بَيْنَ يَدَىْ رَحْمَتِهِۦ ۖ حَتَّىٰٓ إِذَآ أَقَلَّتْ سَحَابًا ثِقَالًا
سُقْنَٰهُ لِبَلَدٍ مَّيِّتٍ فَأَنزَلْنَا بِهِ ٱلْمَآءَ فَأَخْرَجْنَا بِهِۦ مِن كُلِّ
ٱلثَّمَرَٰتِ ۚ كَذَٰلِكَ نُخْرِجُ ٱلْمَوْتَىٰ لَعَلَّكُمْ تَذَكَّرُونَ ٥٧

そしてわれらは、知識に基づいて解明した啓典を、信仰する民への導きと慈悲として、確かに彼らにもたらした。(7：52)

彼らはその(クルアーンにある審判の日の応報の)真相を待っているだけなのか。その真相が訪れる日、以前よりそれを忘れていた者たちは言う。「確かにわれらの主の使徒たちは真理と共に訪れた。われらには執り成す者たちはいないのか。そうすれば彼らはわれらの執り成しをするであろうに。あるいは、われらが戻されることはないのか。そうすればわれらはかつてなしたことと違ったことをなすであろうに」。彼らは確かに己を損じ、彼らが捏造していたものは彼らからはぐれ去った。(7：53)

まことにおまえたちの主はアッラー、諸天と地を六日間[748]で創り、それから高御座に座し給うた御方。彼は夜で昼を覆い給い、それはそれ(他方)を急いで求める[749]。また、太陽と月と星を。彼の命令に従うものたちとして。彼にこそ創造と命令は属すのではないか。諸世界の主アッラーに称えあれ。(7：54)

おまえたちの主に謙《へりくだ》り、密かに祈れ。まことに彼は法《のり》を超える者たちを好み給わない。(7：55)

また、その秩序が正された[750]後に地上で悪をなしてはならない。そして、彼に恐れと希望を込めて祈れ。まことにアッラーの慈悲は善を尽くす者たちに近い。(7：56)

また、彼こそはその慈悲(慈雨)の前に吉報として風を送り給う御方。そしてついにそれが重い雲を運ぶと、われらはそれを死んだ地に送り、そこに水(雨)を下し、それによってあらゆる実りを萌え出だせる。このようにしてわれらは死者たちを出でさす。きっとおまえたちも悟るであろう。(7：57)

748　アッラーの御許での一日は人間界の千年に相当するとも、五千年とも言われる。22章47節、70章4節参照。

749　昼と夜は急いで交代する。

750　預言者の派遣によって。

وَٱلْبَلَدُ ٱلطَّيِّبُ يَخْرُجُ نَبَاتُهُۥ بِإِذْنِ رَبِّهِۦ ۖ وَٱلَّذِى خَبُثَ لَا يَخْرُجُ
إِلَّا نَكِدًا ۚ كَذَٰلِكَ نُصَرِّفُ ٱلْءَايَٰتِ لِقَوْمٍ يَشْكُرُونَ ٥٨
لَقَدْ أَرْسَلْنَا نُوحًا إِلَىٰ قَوْمِهِۦ فَقَالَ يَٰقَوْمِ ٱعْبُدُوا۟ ٱللَّهَ مَا لَكُم
مِّنْ إِلَٰهٍ غَيْرُهُۥٓ إِنِّىٓ أَخَافُ عَلَيْكُمْ عَذَابَ يَوْمٍ عَظِيمٍ ٥٩
قَالَ ٱلْمَلَأُ مِن قَوْمِهِۦٓ إِنَّا لَنَرَىٰكَ فِى ضَلَٰلٍ مُّبِينٍ ٦٠ قَالَ يَٰقَوْمِ
لَيْسَ بِى ضَلَٰلَةٌ وَلَٰكِنِّى رَسُولٌ مِّن رَّبِّ ٱلْعَٰلَمِينَ ٦١
أُبَلِّغُكُمْ رِسَٰلَٰتِ رَبِّى وَأَنصَحُ لَكُمْ وَأَعْلَمُ مِنَ ٱللَّهِ
مَا لَا تَعْلَمُونَ ٦٢ أَوَعَجِبْتُمْ أَن جَآءَكُمْ ذِكْرٌ مِّن رَّبِّكُمْ
عَلَىٰ رَجُلٍ مِّنكُمْ لِيُنذِرَكُمْ وَلِتَتَّقُوا۟ وَلَعَلَّكُمْ تُرْحَمُونَ
٦٣ فَكَذَّبُوهُ فَأَنجَيْنَٰهُ وَٱلَّذِينَ مَعَهُۥ فِى ٱلْفُلْكِ وَأَغْرَقْنَا ٱلَّذِينَ
كَذَّبُوا۟ بِـَٔايَٰتِنَآ ۚ إِنَّهُمْ كَانُوا۟ قَوْمًا عَمِينَ ٦٤ ۞ وَإِلَىٰ
عَادٍ أَخَاهُمْ هُودًا ۗ قَالَ يَٰقَوْمِ ٱعْبُدُوا۟ ٱللَّهَ مَا لَكُم مِّنْ إِلَٰهٍ
غَيْرُهُۥٓ ۚ أَفَلَا تَتَّقُونَ ٦٥ قَالَ ٱلْمَلَأُ ٱلَّذِينَ كَفَرُوا۟ مِن قَوْمِهِۦٓ
إِنَّا لَنَرَىٰكَ فِى سَفَاهَةٍ وَإِنَّا لَنَظُنُّكَ مِنَ ٱلْكَٰذِبِينَ ٦٦
قَالَ يَٰقَوْمِ لَيْسَ بِى سَفَاهَةٌ وَلَٰكِنِّى رَسُولٌ مِّن رَّبِّ ٱلْعَٰلَمِينَ ٦٧

そして良い土地はその主の御許可によってその草木が生え、悪いところは卑小にしか生えない。こうしてわれらは感謝する民に諸々の徴を解明する。(7：58)

確かにわれらはヌーフを彼の民に遣わし、彼は言った。「わが民よ、アッラーに仕えよ。おまえたちには彼のほかに神はない。まことに私はおまえたちに大いなる日の懲罰を恐れる」。(7：59)

彼の民の長老たちは言った。「まことにわれらはおまえが明白な迷誤にあると見る」。(7：60)

彼は言った。「わが民よ、私に迷誤はない。そうではなく、私は諸世界の主からの使徒である」。(7：61)

「私はおまえたちにわが主の便りを伝え、おまえたちに忠告する。また私はアッラーによっておまえたちの知らないことを知っているのである」。(7：62)

「おまえたちは、訓告が主からおまえたちに、おまえたちの一人を通じて到来したことに驚くのか。彼がおまえたちに警告し、おまえたちが畏れ身を守るために。きっとおまえたちも慈悲を被るであろう」。(7：63)

だが、彼らは彼を嘘だと否定し、そこでわれらは彼と彼と共に方舟にいた者たちを救い、われらの諸々の徴を嘘だと否定した者たちを溺れさせた[751]。まことに彼らは盲目の民であった。(7：64)

また、アード(族)に、彼らの同胞フードを(遣わした)[752]。彼は言った。「わが民よ、アッラーに仕えよ。おまえたちには彼のほかに神はない。それなのにおまえたちは畏れ身を守らないのか」。(7：65)

彼の民のうち信仰を拒んだ長老たちは言った。「まことにわれらはおまえが愚昧にあるのを見る。そしてまことにわれらはおまえを嘘つきたち(の一人)だと考える」。(7：66)

彼は言った。「わが民よ、私には愚昧はない。そうではなく、私は諸世界の主からの使徒である」。(7：67)

751　11章36-48節参照。「創世記」6-8章参照。
752　アード(族)と預言者フードについては、11章50-60節などを参照。

أُبَلِّغُكُمْ رِسَٰلَٰتِ رَبِّى وَأَنَا۠ لَكُمْ نَاصِحٌ أَمِينٌ ﴿٦٨﴾ أَوَعَجِبْتُمْ أَن
جَآءَكُمْ ذِكْرٌ مِّن رَّبِّكُمْ عَلَىٰ رَجُلٍ مِّنكُمْ لِيُنذِرَكُمْ ۚ
وَٱذْكُرُوٓا۟ إِذْ جَعَلَكُمْ خُلَفَآءَ مِنۢ بَعْدِ قَوْمِ نُوحٍ وَزَادَكُمْ
فِى ٱلْخَلْقِ بَصْۜطَةً ۖ فَٱذْكُرُوٓا۟ ءَالَآءَ ٱللَّهِ لَعَلَّكُمْ تُفْلِحُونَ
﴿٦٩﴾ قَالُوٓا۟ أَجِئْتَنَا لِنَعْبُدَ ٱللَّهَ وَحْدَهُۥ وَنَذَرَ مَا كَانَ يَعْبُدُ
ءَابَآؤُنَا ۖ فَأْتِنَا بِمَا تَعِدُنَآ إِن كُنتَ مِنَ ٱلصَّٰدِقِينَ ﴿٧٠﴾
قَالَ قَدْ وَقَعَ عَلَيْكُم مِّن رَّبِّكُمْ رِجْسٌ وَغَضَبٌ ۖ
أَتُجَٰدِلُونَنِى فِىٓ أَسْمَآءٍ سَمَّيْتُمُوهَآ أَنتُمْ وَءَابَآؤُكُم
مَّا نَزَّلَ ٱللَّهُ بِهَا مِن سُلْطَٰنٍ ۚ فَٱنتَظِرُوٓا۟ إِنِّى مَعَكُم مِّنَ
ٱلْمُنتَظِرِينَ ﴿٧١﴾ فَأَنجَيْنَٰهُ وَٱلَّذِينَ مَعَهُۥ بِرَحْمَةٍ مِّنَّا
وَقَطَعْنَا دَابِرَ ٱلَّذِينَ كَذَّبُوا۟ بِـَٔايَٰتِنَا ۖ وَمَا كَانُوا۟ مُؤْمِنِينَ
﴿٧٢﴾ وَإِلَىٰ ثَمُودَ أَخَاهُمْ صَٰلِحًا ۗ قَالَ يَٰقَوْمِ ٱعْبُدُوا۟ ٱللَّهَ
مَا لَكُم مِّنْ إِلَٰهٍ غَيْرُهُۥ ۖ قَدْ جَآءَتْكُم بَيِّنَةٌ مِّن رَّبِّكُمْ ۖ
هَٰذِهِۦ نَاقَةُ ٱللَّهِ لَكُمْ ءَايَةً ۖ فَذَرُوهَا تَأْكُلْ فِىٓ أَرْضِ
ٱللَّهِ ۖ وَلَا تَمَسُّوهَا بِسُوٓءٍ فَيَأْخُذَكُمْ عَذَابٌ أَلِيمٌ ﴿٧٣﴾

「私は、わが主の使信をおまえたちに伝えるのであり、私はおまえたちにとって誠実な忠告者である」。(7：68)

「主からの訓戒がおまえたちの一人を通じておまえたちに警告するためにおまえたちに訪れたことに驚くのか。そして彼がおまえたちをヌーフの民の後の後継者とし、体格を増強し給うた時のことを思い起こせ。そしてアッラーの恩顧を思い起こせ。きっとおまえたちは成功するであろう」。(7：69)

彼らは言った。「おまえは、アッラー独りにわれらを仕えさせ、われらの祖先が仕えていたものをわれらに捨てさせるためにわれらの許に来たのか。おまえが真実を語る者たち(の一人)ならば、おまえがわれらに約束するもの(懲罰)をわれらに持って来てみせよ」。(7：70)

彼は言った。「おまえたちには主からの天罰と怒りがすでに下された[753]。おまえたちは、アッラーがそれらになんの権限も降し給うていないおまえたちとおまえたちの祖先が名付けただけの空名(偶像)について、私と論争するのか。それならば、待つがよい。私もおまえたちと共に待つ者たち(の一人)である」。(7：71)

そこで、われらは彼と彼と共にいた者たちをわれらの慈悲によって救い、われらの諸々の徴を嘘だと否定した者たちを根絶した。彼らは信仰者ではなかったのである。(7：72)

また、サムード(族)には彼らの同胞サーリフを(遣わした)[754]。彼は言った。「わが民よ、アッラーに仕えよ。おまえたちには彼のほかに神はない。おまえたちには明証が主から訪れた。これがおまえたちへの徴としてのアッラーのラクダである。それゆえ、それがアッラーの大地で食べるがままに放置し、それに危害を加えてはならない。さもなければ痛苦の懲罰がおまえたちを捕らえるであろう」。(7：73)

753　確定した。

754　サムード(族)と預言者サーリフについては、11 章 61-68 節など参照。

وَٱذْكُرُوٓا۟ إِذْ جَعَلَكُمْ خُلَفَآءَ مِنۢ بَعْدِ عَادٍ وَبَوَّأَكُمْ
فِى ٱلْأَرْضِ تَتَّخِذُونَ مِن سُهُولِهَا قُصُورًا وَتَنْحِتُونَ
ٱلْجِبَالَ بُيُوتًا ۖ فَٱذْكُرُوٓا۟ ءَالَآءَ ٱللَّهِ وَلَا تَعْثَوْا۟ فِى
ٱلْأَرْضِ مُفْسِدِينَ ٧٤ قَالَ ٱلْمَلَأُ ٱلَّذِينَ ٱسْتَكْبَرُوا۟ مِن
قَوْمِهِۦ لِلَّذِينَ ٱسْتُضْعِفُوا۟ لِمَنْ ءَامَنَ مِنْهُمْ أَتَعْلَمُونَ
أَنَّ صَٰلِحًا مُّرْسَلٌ مِّن رَّبِّهِۦ ۚ قَالُوٓا۟ إِنَّا بِمَآ أُرْسِلَ بِهِۦ
مُؤْمِنُونَ ٧٥ قَالَ ٱلَّذِينَ ٱسْتَكْبَرُوٓا۟ إِنَّا بِٱلَّذِىٓ
ءَامَنتُم بِهِۦ كَٰفِرُونَ ٧٦ فَعَقَرُوا۟ ٱلنَّاقَةَ وَعَتَوْا۟ عَنْ
أَمْرِ رَبِّهِمْ وَقَالُوا۟ يَٰصَٰلِحُ ٱئْتِنَا بِمَا تَعِدُنَآ إِن كُنتَ
مِنَ ٱلْمُرْسَلِينَ ٧٧ فَأَخَذَتْهُمُ ٱلرَّجْفَةُ فَأَصْبَحُوا۟ فِى دَارِهِمْ
جَٰثِمِينَ ٧٨ فَتَوَلَّىٰ عَنْهُمْ وَقَالَ يَٰقَوْمِ لَقَدْ أَبْلَغْتُكُمْ
رِسَالَةَ رَبِّى وَنَصَحْتُ لَكُمْ وَلَٰكِن لَّا تُحِبُّونَ ٱلنَّٰصِحِينَ
٧٩ وَلُوطًا إِذْ قَالَ لِقَوْمِهِۦٓ أَتَأْتُونَ ٱلْفَٰحِشَةَ مَا سَبَقَكُم
بِهَا مِنْ أَحَدٍ مِّنَ ٱلْعَٰلَمِينَ ٨٠ إِنَّكُمْ لَتَأْتُونَ ٱلرِّجَالَ
شَهْوَةً مِّن دُونِ ٱلنِّسَآءِ ۚ بَلْ أَنتُمْ قَوْمٌ مُّسْرِفُونَ ٨١

「また、彼がおまえたちをアード(族)の後に後継者となし給い、地に安住させ給うた時のことを思い起こせ。おまえたちは平地に宮殿を設け、山を掘って家となした。それゆえ、アッラーの恩顧を思い起こし、害悪をなす者たちとなって大地で罪を犯してはならない」。(7：74)

彼の民のうち高慢な長老たちは、弱く虐げられた者たちに、彼らのうちで信仰した者たちに言った。「おまえたちは、サーリフが主から遣わされた者であることを知っているか」。彼らは言った。「われらは、彼が携えて遣わされたものを信じる者である」。(7：75)

高慢な者たちは言った。「われらはおまえたちが信じるものを信ずることを拒む者である」。(7：76)

そこで、彼らは雌ラクダの腱を切り(殺し)、彼らの主の命令に尊大にも背き、言った。「サーリフよ、もしおまえが使徒たち(の一人)であるなら、おまえがわれらに約束したものを持って来い」。(7：77)

そこで大地震が彼らを襲い、彼らは家の中で屈んだまま(死んで)朝を迎えた。(7：78)

それで彼は彼らから背を向け、言った。「わが民よ、私はおまえたちにわが主の使信を既に伝え、おまえたちに忠告した。だが、おまえたちは忠告者たちを好まない」。(7：79)

また、ルートを(遣わした)。彼が彼の民に言った時のことを[755]。「おまえたちは諸世界の誰もかつて行ったことのない醜行を犯すのか」。(7：80)

「まことにおまえたちは女を差し置いて欲望から男の許に赴く。いや、おまえたちは度を越した民である」。(7：81)

755　ソドムとゴモラの話。「創世記」18-19 章参照。

وَمَا كَانَ جَوَابَ قَوْمِهِۦٓ إِلَّآ أَن قَالُوٓا۟ أَخْرِجُوهُم مِّن
قَرْيَتِكُمْ ۖ إِنَّهُمْ أُنَاسٌ يَتَطَهَّرُونَ ﴿٨٢﴾ فَأَنجَيْنَٰهُ
وَأَهْلَهُۥٓ إِلَّا ٱمْرَأَتَهُۥ كَانَتْ مِنَ ٱلْغَٰبِرِينَ ﴿٨٣﴾ وَأَمْطَرْنَا
عَلَيْهِم مَّطَرًا ۖ فَٱنظُرْ كَيْفَ كَانَ عَٰقِبَةُ ٱلْمُجْرِمِينَ
﴿٨٤﴾ وَإِلَىٰ مَدْيَنَ أَخَاهُمْ شُعَيْبًا ۗ قَالَ يَٰقَوْمِ ٱعْبُدُوا۟ ٱللَّهَ
مَا لَكُم مِّنْ إِلَٰهٍ غَيْرُهُۥ ۖ قَدْ جَآءَتْكُم بَيِّنَةٌ مِّن رَّبِّكُمْ ۖ
فَأَوْفُوا۟ ٱلْكَيْلَ وَٱلْمِيزَانَ وَلَا تَبْخَسُوا۟ ٱلنَّاسَ
أَشْيَآءَهُمْ وَلَا تُفْسِدُوا۟ فِى ٱلْأَرْضِ بَعْدَ إِصْلَٰحِهَا ۚ
ذَٰلِكُمْ خَيْرٌ لَّكُمْ إِن كُنتُم مُّؤْمِنِينَ ﴿٨٥﴾ وَلَا
تَقْعُدُوا۟ بِكُلِّ صِرَٰطٍ تُوعِدُونَ وَتَصُدُّونَ عَن
سَبِيلِ ٱللَّهِ مَنْ ءَامَنَ بِهِۦ وَتَبْغُونَهَا عِوَجًا ۚ وَٱذْكُرُوٓا۟
إِذْ كُنتُمْ قَلِيلًا فَكَثَّرَكُمْ ۖ وَٱنظُرُوا۟ كَيْفَ كَانَ
عَٰقِبَةُ ٱلْمُفْسِدِينَ ﴿٨٦﴾ وَإِن كَانَ طَآئِفَةٌ مِّنكُمْ
ءَامَنُوا۟ بِٱلَّذِىٓ أُرْسِلْتُ بِهِۦ وَطَآئِفَةٌ لَّمْ يُؤْمِنُوا۟ فَٱصْبِرُوا۟
حَتَّىٰ يَحْكُمَ ٱللَّهُ بَيْنَنَا ۚ وَهُوَ خَيْرُ ٱلْحَٰكِمِينَ ﴿٨٧﴾

だが彼の民の返答は、ただこう言うばかりであった。「彼らをおまえたちの町から追い出せ。彼らは身を清める民である」。(7：82)

そこで、われらは彼と彼の家族を救った。ただし、彼の妻は別で、彼女は後に残った者たち(の一人)となった。(7：83)

そして、われらは彼らの上に雨を降らした[756]。それゆえ、見よ、罪人たちの末路がどのようなものであったかを。(7：84)

また、マドヤンには彼らの同胞シュアイブを(遣わした)[757]。彼は言った。「わが民よ、アッラーに仕えよ。おまえたちには彼のほかに神はない。おまえたちにはおまえたちの主から明証が既に到来した。それゆえ、升目と秤を十分に量りきり、人々のものに損失を与えてはならない。また、その秩序が正された後に地上で害悪をなしてはならない。それはおまえたちにとってより良い。もしおまえたちが信仰者であるなら」。(7：85)

どんな道でも、信仰する者を待ち伏せし脅かし、アッラーの道から逸らしたり、その歪曲を望んではならない。そしておまえたちが少なかった時のことを思い起こせ。彼はおまえたちを多くし給うた。そして、見よ、害悪をなす者たちの末路がどのようなものであったかを。(7：86)

そしておまえたちの中に私が携えて遣わされたものを信じる一派と、信じない一派があるならば、アッラーがわれらの間を裁き給うまで耐えよ。彼は裁き手たちの中で最良の御方であらせられる。(7：87)

756　石、または煉瓦を降らせ給うた、とも言われる。
757　マドヤンの民と預言者シュアイブについては、11章84-95節など参照。

۞ قَالَ ٱلْمَلَأُ ٱلَّذِينَ ٱسْتَكْبَرُوا۟ مِن قَوْمِهِۦ لَنُخْرِجَنَّكَ يَٰشُعَيْبُ
وَٱلَّذِينَ ءَامَنُوا۟ مَعَكَ مِن قَرْيَتِنَآ أَوْ لَتَعُودُنَّ فِى مِلَّتِنَا ۚ قَالَ أَوَلَوْ
كُنَّا كَٰرِهِينَ ﴿٨٨﴾ قَدِ ٱفْتَرَيْنَا عَلَى ٱللَّهِ كَذِبًا إِنْ عُدْنَا فِى مِلَّتِكُم بَعْدَ
إِذْ نَجَّىٰنَا ٱللَّهُ مِنْهَا ۚ وَمَا يَكُونُ لَنَآ أَن نَّعُودَ فِيهَآ إِلَّآ أَن يَشَآءَ
ٱللَّهُ رَبُّنَا ۚ وَسِعَ رَبُّنَا كُلَّ شَىْءٍ عِلْمًا ۚ عَلَى ٱللَّهِ تَوَكَّلْنَا ۚ رَبَّنَا ٱفْتَحْ
بَيْنَنَا وَبَيْنَ قَوْمِنَا بِٱلْحَقِّ وَأَنتَ خَيْرُ ٱلْفَٰتِحِينَ ﴿٨٩﴾ وَقَالَ ٱلْمَلَأُ
ٱلَّذِينَ كَفَرُوا۟ مِن قَوْمِهِۦ لَئِنِ ٱتَّبَعْتُمْ شُعَيْبًا إِنَّكُمْ إِذًا لَّخَٰسِرُونَ
﴿٩٠﴾ فَأَخَذَتْهُمُ ٱلرَّجْفَةُ فَأَصْبَحُوا۟ فِى دَارِهِمْ جَٰثِمِينَ ﴿٩١﴾ ٱلَّذِينَ
كَذَّبُوا۟ شُعَيْبًا كَأَن لَّمْ يَغْنَوْا۟ فِيهَا ۚ ٱلَّذِينَ كَذَّبُوا۟ شُعَيْبًا كَانُوا۟
هُمُ ٱلْخَٰسِرِينَ ﴿٩٢﴾ فَتَوَلَّىٰ عَنْهُمْ وَقَالَ يَٰقَوْمِ لَقَدْ أَبْلَغْتُكُمْ
رِسَٰلَٰتِ رَبِّى وَنَصَحْتُ لَكُمْ ۖ فَكَيْفَ ءَاسَىٰ عَلَىٰ قَوْمٍ
كَٰفِرِينَ ﴿٩٣﴾ وَمَآ أَرْسَلْنَا فِى قَرْيَةٍ مِّن نَّبِىٍّ إِلَّآ أَخَذْنَآ أَهْلَهَا
بِٱلْبَأْسَآءِ وَٱلضَّرَّآءِ لَعَلَّهُمْ يَضَّرَّعُونَ ﴿٩٤﴾ ثُمَّ بَدَّلْنَا
مَكَانَ ٱلسَّيِّئَةِ ٱلْحَسَنَةَ حَتَّىٰ عَفَوا۟ وَّقَالُوا۟ قَدْ مَسَّ ءَابَآءَنَا
ٱلضَّرَّآءُ وَٱلسَّرَّآءُ فَأَخَذْنَٰهُم بَغْتَةً وَهُمْ لَا يَشْعُرُونَ ﴿٩٥﴾

彼の民のうちで高慢であった長老たちは言った。「シュアイブよ、必ずやわれらはおまえと信仰する者たちを共にわれらの町から追放しよう。さもなければ、おまえたちがわれらの宗派に戻るかである」。彼は言った。「われらが嫌っているとしてもか」。(7：88)

「アッラーがわれらをおまえたちの宗派から救い出し給うた後でわれらがそれに戻ったなら、確かにわれらはアッラーについて虚偽を捏造したことになる。そしてわれらにはそこに戻ることなどありえない、われらの主アッラーが望み給えば別であるが。われらの主はすべてのことを知識で包み給う。アッラーにこそわれらは一任する。われらの主よ、われらとわれらの民の間を真実をもって判定し給え。あなたは判定者たちの中で最良の御方であらせられる」。(7：89)

そして彼の民のうち信仰を拒んだ長老たちは言った。「もしもおまえたちがシュアイブに従ったならば、その時、おまえたちはまさしく損失者である」。(7：90)

そこで彼らを大地震が捕え、彼らは家の中で屈んだまま(死んで)朝を迎えた。(7：91)

シュアイブを嘘だと否定した者たちはまるでそこに住んでいなかったかのようであった。シュアイブを嘘だと否定した者たち、彼らこそが損失者であった。(7：92)

そこで彼は彼らから離れ、言った。「わが民よ、私は確かにおまえたちにわが主の使信を伝え、おまえたちに忠告した。それゆえ不信仰の民にどうして私が悲嘆しよう」。(7：93)

そしてわれらが町に預言者を遣わした時には必ずその住民を不運と困難で捕えた。きっと彼らも謙虚になるであろうと。(7：94)

それからわれらは悪しきことに良きことを置き替え、やがて彼らは数を増やすと言った。「われらの父祖にも苦難と幸福があった[758]」。そこでわれらは彼らを不意に、彼らが気づかないうちに捕えた。(7：95)

758　有為転変は世の常で、アッラーの懲罰に見舞われるわけではない、と考えた。

وَلَوْ أَنَّ أَهْلَ ٱلْقُرَىٰٓ ءَامَنُوا۟ وَٱتَّقَوْا۟ لَفَتَحْنَا عَلَيْهِم بَرَكَـٰتٍ
مِّنَ ٱلسَّمَآءِ وَٱلْأَرْضِ وَلَـٰكِن كَذَّبُوا۟ فَأَخَذْنَـٰهُم بِمَا كَانُوا۟
يَكْسِبُونَ ٩٦ أَفَأَمِنَ أَهْلُ ٱلْقُرَىٰٓ أَن يَأْتِيَهُم بَأْسُنَا
بَيَـٰتًا وَهُمْ نَآئِمُونَ ٩٧ أَوَأَمِنَ أَهْلُ ٱلْقُرَىٰٓ أَن يَأْتِيَهُم
بَأْسُنَا ضُحًى وَهُمْ يَلْعَبُونَ ٩٨ أَفَأَمِنُوا۟ مَكْرَ ٱللَّهِ
فَلَا يَأْمَنُ مَكْرَ ٱللَّهِ إِلَّا ٱلْقَوْمُ ٱلْخَـٰسِرُونَ ٩٩ أَوَلَمْ يَهْدِ
لِلَّذِينَ يَرِثُونَ ٱلْأَرْضَ مِنۢ بَعْدِ أَهْلِهَآ أَن لَّوْ نَشَآءُ
أَصَبْنَـٰهُم بِذُنُوبِهِمْ وَنَطْبَعُ عَلَىٰ قُلُوبِهِمْ فَهُمْ لَا يَسْمَعُونَ
١٠٠ تِلْكَ ٱلْقُرَىٰ نَقُصُّ عَلَيْكَ مِنْ أَنۢبَآئِهَا وَلَقَدْ جَآءَتْهُمْ
رُسُلُهُم بِٱلْبَيِّنَـٰتِ فَمَا كَانُوا۟ لِيُؤْمِنُوا۟ بِمَا كَذَّبُوا۟ مِن
قَبْلُ كَذَٰلِكَ يَطْبَعُ ٱللَّهُ عَلَىٰ قُلُوبِ ٱلْكَـٰفِرِينَ ١٠١ وَمَا وَجَدْنَا
لِأَكْثَرِهِم مِّنْ عَهْدٍ وَإِن وَجَدْنَآ أَكْثَرَهُمْ لَفَـٰسِقِينَ ١٠٢
ثُمَّ بَعَثْنَا مِنۢ بَعْدِهِم مُّوسَىٰ بِـَٔايَـٰتِنَآ إِلَىٰ فِرْعَوْنَ وَمَلَإِي۟هِۦ
فَظَلَمُوا۟ بِهَا فَٱنظُرْ كَيْفَ كَانَ عَـٰقِبَةُ ٱلْمُفْسِدِينَ ١٠٣
وَقَالَ مُوسَىٰ يَـٰفِرْعَوْنُ إِنِّى رَسُولٌ مِّن رَّبِّ ٱلْعَـٰلَمِينَ ١٠٤

そして町の住民が信仰し、畏れ身を守ったならば、われらは彼らに天と地からの祝福[759]を開いたであろうが、彼らは嘘と否定した。そこでわれらは彼らが稼いだものゆえに彼らを捕えた。(7：96)

また、町の住民は、夜間、眠っている間にわれらの威力が訪れることから安全だというのか。(7：97)

あるいは、町の住民は、昼前(日中)、戯れている間にわれらの災難が訪れることから安全だというのか。(7：98)

それでは彼らはアッラーの策略に対して安全だというのか。それでもアッラーの策略に安心しているのは損失の民だけである。(7：99)

その住民の後に地を継いだ者たちに明らかにならなかったのか。もしわれらが望めば彼らの罪ゆえに彼らを打ち、また、彼らの心を封じ、それで彼らが聞く[760]ことができなくなるということが。(7：100)

それらの町は、われらがおまえにその消息を語った。そして彼らには彼らの使徒が明証と共に既に訪れた。だが、以前から嘘だと否定していたことを彼らは信じなかったのである。このようにアッラーは不信仰者たちの心を封じ給う。(7：101)

またわれらは、彼らの大半に約定[761](の履行)を見出さず、また、彼らの大半がまさに邪な者であることを見出した。(7：102)

それから、われらは、彼らの後にムーサーを、われらの諸々の徴と共にフィルアウンとその長老たちに遣わしたが、彼らはそれに対して不正をなした。それゆえ、害悪をなす者たちの末路がどのようなものかを見よ。(7：103)

ムーサーは言った。「フィルアウンよ、私は諸世界の主からの使徒である」。(7：104)

759　天水と草木。あるいは、祈願が受け入れられ、必要が満たされやすくなること。
760　聞き入れる。受け入れて従う。
761　7章172節の内容とも、諸預言者の使信を指すとも言われる。

حَقِيقٌ عَلَىٰٓ أَن لَّآ أَقُولَ عَلَى ٱللَّهِ إِلَّا ٱلْحَقَّ ۚ قَدْ جِئْتُكُم بِبَيِّنَةٍ
مِّن رَّبِّكُمْ فَأَرْسِلْ مَعِىَ بَنِىٓ إِسْرَٰٓءِيلَ ﴿١٠٥﴾ قَالَ إِن كُنتَ
جِئْتَ بِـَٔايَةٍ فَأْتِ بِهَآ إِن كُنتَ مِنَ ٱلصَّٰدِقِينَ ﴿١٠٦﴾ فَأَلْقَىٰ
عَصَاهُ فَإِذَا هِىَ ثُعْبَانٌ مُّبِينٌ ﴿١٠٧﴾ وَنَزَعَ يَدَهُۥ فَإِذَا هِىَ بَيْضَآءُ
لِلنَّٰظِرِينَ ﴿١٠٨﴾ قَالَ ٱلْمَلَأُ مِن قَوْمِ فِرْعَوْنَ إِنَّ هَٰذَا لَسَٰحِرٌ
عَلِيمٌ ﴿١٠٩﴾ يُرِيدُ أَن يُخْرِجَكُم مِّنْ أَرْضِكُمْ ۖ فَمَاذَا تَأْمُرُونَ
﴿١١٠﴾ قَالُوٓا۟ أَرْجِهْ وَأَخَاهُ وَأَرْسِلْ فِى ٱلْمَدَآئِنِ حَٰشِرِينَ ﴿١١١﴾ يَأْتُوكَ
بِكُلِّ سَٰحِرٍ عَلِيمٍ ﴿١١٢﴾ وَجَآءَ ٱلسَّحَرَةُ فِرْعَوْنَ قَالُوٓا۟ إِنَّ
لَنَا لَأَجْرًا إِن كُنَّا نَحْنُ ٱلْغَٰلِبِينَ ﴿١١٣﴾ قَالَ نَعَمْ وَإِنَّكُمْ
لَمِنَ ٱلْمُقَرَّبِينَ ﴿١١٤﴾ قَالُوا۟ يَٰمُوسَىٰٓ إِمَّآ أَن تُلْقِىَ وَإِمَّآ أَن
نَّكُونَ نَحْنُ ٱلْمُلْقِينَ ﴿١١٥﴾ قَالَ أَلْقُوا۟ ۖ فَلَمَّآ أَلْقَوْا۟ سَحَرُوٓا۟
أَعْيُنَ ٱلنَّاسِ وَٱسْتَرْهَبُوهُمْ وَجَآءُو بِسِحْرٍ عَظِيمٍ ﴿١١٦﴾
۞ وَأَوْحَيْنَآ إِلَىٰ مُوسَىٰٓ أَنْ أَلْقِ عَصَاكَ ۖ فَإِذَا هِىَ تَلْقَفُ مَا يَأْفِكُونَ
﴿١١٧﴾ فَوَقَعَ ٱلْحَقُّ وَبَطَلَ مَا كَانُوا۟ يَعْمَلُونَ ﴿١١٨﴾ فَغُلِبُوا۟
هُنَالِكَ وَٱنقَلَبُوا۟ صَٰغِرِينَ ﴿١١٩﴾ وَأُلْقِىَ ٱلسَّحَرَةُ سَٰجِدِينَ ﴿١٢٠﴾

「私がアッラーについて真実しか言わないことは当然である。確かに私はおまえたちの主からの明証と共におまえたちの許にやって来た。それゆえ、私と共にイスラーイールの子孫を行かせよ[762]」。(7：105)

彼は言った。「もしおまえが徴と共に来たのなら、それを見せよ。もしおまえが真実を語る者たち(の一人)ならば」。(7：106)

そこで彼は彼の杖を投げた。すると、それは明らかな蛇であった。(7：107)

また、彼は手を出すと、それは見る者たちに白く輝いた。(7：108)

フィルアウンの民の長老たちは言った。「まことにこの者はまさに博学な魔術師である[763]」。(7：109)

「彼はあなたをあなたの領地から追い出そうとしている。あなたはなにを命じるか[764]」。(7：110)

彼らは言った。「彼と彼の兄弟をしばらく猶予し、諸都市に招集者を遣わせ」。(7：111)

「あらゆる博学な魔術師をあなたの許に連れて来させよ」。(7：112)

そして魔術師たちはフィルアウンの許に来て言った。「われらが勝利者となれば必ずやわれらには報奨があろう」。(7：113)

彼は言った。「いかにも。そしておまえたちは私の側近となろう」。(7：114)

彼らは言った。「ムーサーよ、おまえが投げるか、それともわれらが投げる者となるか」。(7：115)

彼は言った。「投げよ」。そこで彼らは投げ、人々の目に魔法をかけ、彼らを怖がらせ、大いなる魔術を行った[765]。(7：116)

そこでわれらはムーサーに、「おまえの杖を投げよ」と啓示した。すると、それは彼らが偽るものを飲み込むのであった。(7：117)

こうして真理は現れ、彼らがなしていたことは虚と化した。(7：118)

ここに及んで彼らは打ち負かされ、屈従する者となった。(7：119)

762　ヤアクーブの息子たちとその子孫は聖地シリアに住んでいたが兄弟のユースフを頼ってエジプトに移住したところ、フィルアウンが彼らを奴隷化し、重労働に使役した。そこでムーサーは彼らをその捕虜の状態から救い出し、彼らは祖先の故郷である聖地シリアに帰還することになった。「出エジプト記」参照。

763　26章34節では、この言葉と次節の言葉は、フィルアウンが長老たちに対して述べた言葉となっている。以下の物語は、「出エジプト記」7-14章参照。

764　長老たちがフィルアウンに敬語の二人称複数形を使っている。本節をフィルアウンの言葉と解釈すると、「あなた」は「お前たち」となる。

765　杖が蛇に変り動き出したように見せて、人々を脅かした。

قَالُوٓاْ ءَامَنَّا بِرَبِّ ٱلۡعَٰلَمِينَ ١٢١ رَبِّ مُوسَىٰ وَهَٰرُونَ ١٢٢ قَالَ
فِرۡعَوۡنُ ءَامَنتُم بِهِۦ قَبۡلَ أَنۡ ءَاذَنَ لَكُمۡۖ إِنَّ هَٰذَا لَمَكۡرٞ
مَّكَرۡتُمُوهُ فِي ٱلۡمَدِينَةِ لِتُخۡرِجُواْ مِنۡهَآ أَهۡلَهَاۖ فَسَوۡفَ تَعۡلَمُونَ
١٢٣ لَأُقَطِّعَنَّ أَيۡدِيَكُمۡ وَأَرۡجُلَكُم مِّنۡ خِلَٰفٖ ثُمَّ لَأُصَلِّبَنَّكُمۡ
أَجۡمَعِينَ ١٢٤ قَالُوٓاْ إِنَّآ إِلَىٰ رَبِّنَا مُنقَلِبُونَ ١٢٥ وَمَا تَنقِمُ مِنَّآ
إِلَّآ أَنۡ ءَامَنَّا بِـَٔايَٰتِ رَبِّنَا لَمَّا جَآءَتۡنَاۚ رَبَّنَآ أَفۡرِغۡ عَلَيۡنَا صَبۡرٗا
وَتَوَفَّنَا مُسۡلِمِينَ ١٢٦ وَقَالَ ٱلۡمَلَأُ مِن قَوۡمِ فِرۡعَوۡنَ أَتَذَرُ مُوسَىٰ
وَقَوۡمَهُۥ لِيُفۡسِدُواْ فِي ٱلۡأَرۡضِ وَيَذَرَكَ وَءَالِهَتَكَۚ قَالَ سَنُقَتِّلُ
أَبۡنَآءَهُمۡ وَنَسۡتَحۡيِۦ نِسَآءَهُمۡ وَإِنَّا فَوۡقَهُمۡ قَٰهِرُونَ ١٢٧
قَالَ مُوسَىٰ لِقَوۡمِهِ ٱسۡتَعِينُواْ بِٱللَّهِ وَٱصۡبِرُوٓاْۖ إِنَّ ٱلۡأَرۡضَ
لِلَّهِ يُورِثُهَا مَن يَشَآءُ مِنۡ عِبَادِهِۦۖ وَٱلۡعَٰقِبَةُ لِلۡمُتَّقِينَ ١٢٨
قَالُوٓاْ أُوذِينَا مِن قَبۡلِ أَن تَأۡتِيَنَا وَمِنۢ بَعۡدِ مَا جِئۡتَنَاۚ قَالَ
عَسَىٰ رَبُّكُمۡ أَن يُهۡلِكَ عَدُوَّكُمۡ وَيَسۡتَخۡلِفَكُمۡ فِي ٱلۡأَرۡضِ
فَيَنظُرَ كَيۡفَ تَعۡمَلُونَ ١٢٩ وَلَقَدۡ أَخَذۡنَآ ءَالَ فِرۡعَوۡنَ
بِٱلسِّنِينَ وَنَقۡصٖ مِّنَ ٱلثَّمَرَٰتِ لَعَلَّهُمۡ يَذَّكَّرُونَ ١٣٠

魔術師たちは跪拝し倒れ伏し、(7：120)

言った。「われらは諸世界の主を信じた」。(7：121)

「ムーサーとハールーンの主を」。(7：122)

フィルアウンは言った。「私がおまえたちに許可する前におまえたちは信じたのか。まことにこれは、おまえたちが町でその民をそこから追い出そうとするために企んだ策謀に違いない。だが、おまえたちはいずれ知るであろう」。(7：123)

「必ずや私はおまえたちの手と足を互い違いに[766]切り落とし、それからおまえたちを全員磔にするであろう」。(7：124)

彼らは言った。「まことにわれらはわれらの主の御許に戻される者である」。(7：125)

「あなたは、われらが主の諸々の徴が訪れた時に信じたというだけでわれらに報復するのか。われらの主よ、われらに忍耐を注ぎ、われらを帰依者《ムスリム》として召し上げ給え」。(7：126)

フィルアウンの民の長老たちは言った[767]。「ムーサーと彼の民が地に悪をなし、彼があなたとあなたの神々を捨てるのを放っておくのか」。彼(フィルアウン)は言った。「われらは彼らの男児を惨殺し、女児を生かしておこう。そしてまことにわれらは彼らの上に支配する者である」。(7：127)

ムーサーは彼の民に言った。「アッラーに助けを求め、忍耐せよ。まことに大地はアッラーのものであり、彼の僕《しもべ》たちのうちのお望みの者にそれを継がせ給う。そして(良き)末路は畏れ身を守る者たちのためにある」。(7：128)

彼らは言った。「あなたがわれらの許に来る前も来た後もわれらは迫害を被った」。彼は言った。「おそらく、おまえたちの主はおまえたちの敵を滅ぼし、おまえたちに地を継がせ、おまえたちがどのように行うのかを見給うであろう」。(7：129)

われらはフィルアウンの一族を不作の年と収穫の減少で襲った。きっと彼らも留意するであろうと。(7：130)

766　右手と左足、あるいは左手と右足。

767　104-126節の事件があった後、フィルアウンがムーサーを恐れ放置していたことを受けての発言。

فَإِذَا جَآءَتۡهُمُ ٱلۡحَسَنَةُ قَالُواْ لَنَا هَٰذِهِۦۖ وَإِن تُصِبۡهُمۡ سَيِّئَةٞ
يَطَّيَّرُواْ بِمُوسَىٰ وَمَن مَّعَهُۥٓۗ أَلَآ إِنَّمَا طَٰٓئِرُهُمۡ عِندَ ٱللَّهِ
وَلَٰكِنَّ أَكۡثَرَهُمۡ لَا يَعۡلَمُونَ ١٣١ وَقَالُواْ مَهۡمَا تَأۡتِنَا بِهِۦ
مِنۡ ءَايَةٖ لِّتَسۡحَرَنَا بِهَا فَمَا نَحۡنُ لَكَ بِمُؤۡمِنِينَ ١٣٢ فَأَرۡسَلۡنَا
عَلَيۡهِمُ ٱلطُّوفَانَ وَٱلۡجَرَادَ وَٱلۡقُمَّلَ وَٱلضَّفَادِعَ وَٱلدَّمَ
ءَايَٰتٖ مُّفَصَّلَٰتٖ فَٱسۡتَكۡبَرُواْ وَكَانُواْ قَوۡمٗا مُّجۡرِمِينَ
١٣٣ وَلَمَّا وَقَعَ عَلَيۡهِمُ ٱلرِّجۡزُ قَالُواْ يَٰمُوسَى ٱدۡعُ لَنَا رَبَّكَ بِمَا
عَهِدَ عِندَكَۖ لَئِن كَشَفۡتَ عَنَّا ٱلرِّجۡزَ لَنُؤۡمِنَنَّ لَكَ
وَلَنُرۡسِلَنَّ مَعَكَ بَنِيٓ إِسۡرَٰٓءِيلَ ١٣٤ فَلَمَّا كَشَفۡنَا عَنۡهُمُ
ٱلرِّجۡزَ إِلَىٰٓ أَجَلٍ هُم بَٰلِغُوهُ إِذَا هُمۡ يَنكُثُونَ ١٣٥ فَٱنتَقَمۡنَا
مِنۡهُمۡ فَأَغۡرَقۡنَٰهُمۡ فِي ٱلۡيَمِّ بِأَنَّهُمۡ كَذَّبُواْ بِـَٔايَٰتِنَا وَكَانُواْ عَنۡهَا
غَٰفِلِينَ ١٣٦ وَأَوۡرَثۡنَا ٱلۡقَوۡمَ ٱلَّذِينَ كَانُواْ يُسۡتَضۡعَفُونَ
مَشَٰرِقَ ٱلۡأَرۡضِ وَمَغَٰرِبَهَا ٱلَّتِي بَٰرَكۡنَا فِيهَاۖ وَتَمَّتۡ كَلِمَتُ
رَبِّكَ ٱلۡحُسۡنَىٰ عَلَىٰ بَنِيٓ إِسۡرَٰٓءِيلَ بِمَا صَبَرُواْۖ وَدَمَّرۡنَا
مَا كَانَ يَصۡنَعُ فِرۡعَوۡنُ وَقَوۡمُهُۥ وَمَا كَانُواْ يَعۡرِشُونَ ١٣٧

だが、良きことが訪れると彼らは、「これはわれらのもの」と言い、悪しきことが彼らに降りかかると、彼らはムーサーと彼と共にいる者たちのせいにする。彼らの運命はアッラーの御許にのみあるのではないか。だが、彼らの多くは知らない。(7：131)

そして彼らは言った。「おまえがわれらを魔法にかけようとして、どんな徴をもたらそうとも、われらはおまえを信じはしない」。(7：132)

そこでわれらは彼らに洪水、イナゴ、シラミ[768]、カエル、そして血を諸々の詳細な徴[769]として送ったが、彼らは高慢な態度を取った。そして彼らは罪を犯した民であった。(7：133)

そして彼らに天罰が下ると、彼らは言った。「ムーサーよ、おまえの主に、彼がおまえと約束し給うたものによってわれらのために祈ってくれ。もしもおまえがわれらから天罰を取り除いたなら、きっとわれらはおまえを信じ、おまえと共にイスラーイールの子孫を行かせるであろう」。(7：134)

だが、彼らが達する一定の時までの間、われらが彼らから天罰を取り除くと、途端に彼らは破棄するのであった。(7：135)

そこでわれらは彼らに報復し、彼らを海で溺れさせた。彼らがわれらの諸々の徴を嘘だと否定し、それを無視したためである。(7：136)

そしてわれらは虐げられていた民にわれらが祝福した地の日の昇る諸々の場(東)と日の沈む諸々の場(西)を継がせた。そしてイスラーイールの子孫の上に彼らが忍耐したがゆえにおまえの主の至善の言葉は成就した。そしてわれらはフィルアウンと彼の民が作っていたもの、建てていたものを破壊した。(7：137)

768　小麦を食べるキクイムシの一種とも、作物を食い荒らす毛虫ないしダニとも言われる。
769　明白な徴。あるいは、「(相互に時間的)間隔のある諸々の徴」。

وَجَٰوَزۡنَا بِبَنِيٓ إِسۡرَٰٓءِيلَ ٱلۡبَحۡرَ فَأَتَوۡاْ عَلَىٰ قَوۡمٖ يَعۡكُفُونَ
عَلَىٰٓ أَصۡنَامٖ لَّهُمۡۚ قَالُواْ يَٰمُوسَى ٱجۡعَل لَّنَآ إِلَٰهٗا كَمَا
لَهُمۡ ءَالِهَةٞۚ قَالَ إِنَّكُمۡ قَوۡمٞ تَجۡهَلُونَ ١٣٨ إِنَّ هَٰٓؤُلَآءِ مُتَبَّرٞ
مَّا هُمۡ فِيهِ وَبَٰطِلٞ مَّا كَانُواْ يَعۡمَلُونَ ١٣٩ قَالَ أَغَيۡرَ ٱللَّهِ
أَبۡغِيكُمۡ إِلَٰهٗا وَهُوَ فَضَّلَكُمۡ عَلَى ٱلۡعَٰلَمِينَ ١٤٠ وَإِذۡ أَنجَيۡنَٰكُم
مِّنۡ ءَالِ فِرۡعَوۡنَ يَسُومُونَكُمۡ سُوٓءَ ٱلۡعَذَابِ يُقَتِّلُونَ
أَبۡنَآءَكُمۡ وَيَسۡتَحۡيُونَ نِسَآءَكُمۡۚ وَفِي ذَٰلِكُم بَلَآءٞ
مِّن رَّبِّكُمۡ عَظِيمٞ ١٤١ ۞ وَوَٰعَدۡنَا مُوسَىٰ ثَلَٰثِينَ لَيۡلَةٗ
وَأَتۡمَمۡنَٰهَا بِعَشۡرٖ فَتَمَّ مِيقَٰتُ رَبِّهِۦٓ أَرۡبَعِينَ لَيۡلَةٗۚ وَقَالَ
مُوسَىٰ لِأَخِيهِ هَٰرُونَ ٱخۡلُفۡنِي فِي قَوۡمِي وَأَصۡلِحۡ وَلَا تَتَّبِعۡ
سَبِيلَ ٱلۡمُفۡسِدِينَ ١٤٢ وَلَمَّا جَآءَ مُوسَىٰ لِمِيقَٰتِنَا وَكَلَّمَهُۥ
رَبُّهُۥ قَالَ رَبِّ أَرِنِيٓ أَنظُرۡ إِلَيۡكَۚ قَالَ لَن تَرَىٰنِي وَلَٰكِنِ
ٱنظُرۡ إِلَى ٱلۡجَبَلِ فَإِنِ ٱسۡتَقَرَّ مَكَانَهُۥ فَسَوۡفَ تَرَىٰنِيۚ فَلَمَّا
تَجَلَّىٰ رَبُّهُۥ لِلۡجَبَلِ جَعَلَهُۥ دَكّٗا وَخَرَّ مُوسَىٰ صَعِقٗاۚ فَلَمَّآ
أَفَاقَ قَالَ سُبۡحَٰنَكَ تُبۡتُ إِلَيۡكَ وَأَنَا۠ أَوَّلُ ٱلۡمُؤۡمِنِينَ ١٤٣

そしてわれらはイスラーイールの子孫に海を越えさせ、彼らは自分たちの偶像を崇め祀る民のところに行き着いた。彼らは言った。「ムーサーよ、われらに彼らの神々のような神を作ってくれ」。彼は言った。「まことにおまえたちは物を知らない民である」。(7：138)

「まことにこれらの者、彼らがそのなかにあるもの(偶像崇拝)は滅ぼされ、彼らの行っていたことは無駄である」。(7：139)

彼は言った。「私がアッラーのほかに神をおまえたちに望むことがあろうか。彼こそはおまえたちを諸世界の上に優遇し給うた御方であるのに」。(7：140)

また、われらがおまえたちをフィルアウンの一党から救った時のこと。彼らはおまえたちに酷い虐待をくわえ、おまえたちの男児たちを惨殺し、おまえたちの女たちを生かしておいた。そしてまことにそこにはおまえたちの主からの大いなる試練がある。(7：141)

また、われらはムーサーに三十夜を約束し、それを十日で補足した。それで彼の主の約束期日は四十夜で完了した[770]。そして、ムーサーは彼の兄弟ハールーンに言った。「私の民について私の代理をなし、正し、害悪をなす者たちの道に従ってはならない」。(7：142)

そしてムーサーがわれらの約束期日に来て、彼の主が彼に語り給うた時、彼は言った。「わが主よ。私があなたを眺めるよう私に見せ給え[771]」。彼(アッラー)は仰せられた。「おまえがわれを見ることはない。だが、山を眺めよ。もしそれがその場にじっとしてしていれば、おまえはわれを見るであろう」。そこで彼の主が山に姿を現し給うと、それを平らになし給い、ムーサーは大音響に打たれて倒れ伏した。そして彼は意識を取り戻すと、言った。「称えあれ、あなたこそ超越者。私はあなたに悔いて戻ります。そして私は信仰者たちの最初の者です」。(7：143)

770　「出エジプト記」24章、34章28節参照。

771　「出エジプト記」33章18-23節、19章19-24節参照。この求めは、ムーサーの民の2章55節の要請に基づいて行われたがムーサーは現世での見神は不可能であったと知っていたとも、現世での見神が不可能であると推論によって知ってはいたが確信したかったためとも、現世での見神が可能であると考えていたためとも言われる。

قَالَ يَٰمُوسَىٰٓ إِنِّي ٱصۡطَفَيۡتُكَ عَلَى ٱلنَّاسِ بِرِسَٰلَٰتِي وَبِكَلَٰمِي
فَخُذۡ مَآ ءَاتَيۡتُكَ وَكُن مِّنَ ٱلشَّٰكِرِينَ ﴿١٤٤﴾ وَكَتَبۡنَا
لَهُۥ فِي ٱلۡأَلۡوَاحِ مِن كُلِّ شَيۡءٖ مَّوۡعِظَةٗ وَتَفۡصِيلٗا لِّكُلِّ
شَيۡءٖ فَخُذۡهَا بِقُوَّةٖ وَأۡمُرۡ قَوۡمَكَ يَأۡخُذُواْ بِأَحۡسَنِهَاۚ سَأُوْرِيكُمۡ
دَارَ ٱلۡفَٰسِقِينَ ﴿١٤٥﴾ سَأَصۡرِفُ عَنۡ ءَايَٰتِيَ ٱلَّذِينَ يَتَكَبَّرُونَ
فِي ٱلۡأَرۡضِ بِغَيۡرِ ٱلۡحَقِّ وَإِن يَرَوۡاْ كُلَّ ءَايَةٖ لَّا يُؤۡمِنُواْ بِهَا
وَإِن يَرَوۡاْ سَبِيلَ ٱلرُّشۡدِ لَا يَتَّخِذُوهُ سَبِيلٗا وَإِن يَرَوۡاْ سَبِيلَ
ٱلۡغَيِّ يَتَّخِذُوهُ سَبِيلٗاۚ ذَٰلِكَ بِأَنَّهُمۡ كَذَّبُواْ بِـَٔايَٰتِنَا
وَكَانُواْ عَنۡهَا غَٰفِلِينَ ﴿١٤٦﴾ وَٱلَّذِينَ كَذَّبُواْ بِـَٔايَٰتِنَا
وَلِقَآءِ ٱلۡأٓخِرَةِ حَبِطَتۡ أَعۡمَٰلُهُمۡۚ هَلۡ يُجۡزَوۡنَ إِلَّا مَا كَانُواْ
يَعۡمَلُونَ ﴿١٤٧﴾ وَٱتَّخَذَ قَوۡمُ مُوسَىٰ مِنۢ بَعۡدِهِۦ مِنۡ حُلِيِّهِمۡ
عِجۡلٗا جَسَدٗا لَّهُۥ خُوَارٌۚ أَلَمۡ يَرَوۡاْ أَنَّهُۥ لَا يُكَلِّمُهُمۡ
وَلَا يَهۡدِيهِمۡ سَبِيلًاۘ ٱتَّخَذُوهُ وَكَانُواْ ظَٰلِمِينَ ﴿١٤٨﴾
وَلَمَّا سُقِطَ فِيٓ أَيۡدِيهِمۡ وَرَأَوۡاْ أَنَّهُمۡ قَدۡ ضَلُّواْ قَالُواْ لَئِن
لَّمۡ يَرۡحَمۡنَا رَبُّنَا وَيَغۡفِرۡ لَنَا لَنَكُونَنَّ مِنَ ٱلۡخَٰسِرِينَ ﴿١٤٩﴾

仰せられた。「ムーサーよ、われはおまえをわが使信とわが言葉によって人々の上に選り抜いた。それゆえ、われがおまえに授けたものを摑み、感謝する者たち(の一人)となれ」。(7：144)

そして、われらは彼のために書板(複数)にあらゆることを、訓告とあらゆることに対する解説として書き留めた。それゆえ、それを力強く摑め。そして、おまえの民にそれの最良のものを守るよう命じよ。いずれわれはおまえたちに邪な者たちの住まいを見せるであろう。(7：145)

いずれ、われはわれの諸々の徴から、地上で正当性もなく思い上がる者たちを離反させよう。そして彼らはどんな徴を見ても、それを信じない。また、正導の道を見てもそれを道とせず、過ちの道を見るとそれを道とする。それは、彼らがわれらの諸々の徴を嘘として否定し、それを無視する者であったためである。(7：146)

われらの諸々の徴と来世の会見を嘘として否定する者たち、彼らの行いは無益となった。彼らは彼らのなしたことのほかに報いを受けることがあろうか。(7：147)

そしてムーサーの民は彼の後、彼らの装飾品から鳴き声の出る体をした子牛を作った[772]。それが彼らに語りかけもせず、道に導きもしないことを彼らは見ないのか。彼らはそれを(神と)成し、不正な者となった。(7：148)

そしてそれが自分たちの手中に落とされ[773]、迷っていたことに気づいた時、彼らは言った。「われらの主がわれらに慈悲をかけ、われらを赦し給わなければ、必ずやわれらは損失者となったであろう」。(7：149)

772　彼らは自分たちの金の装飾品を供出して溶かし、金の子牛の偶像を作った。子牛像の崇拝については20章85-97節及び「出エジプト記」32章参照。

773　アラビア語で後悔を表す表現で、「過ちに気付き、深く後悔して」の意味。後悔する者は手をかんだり、片手でもう片方の手をたたいたりするため、手が後悔の暗喩となった。18章42節参照。

وَلَمَّا رَجَعَ مُوسَىٰٓ إِلَىٰ قَوْمِهِۦ غَضْبَٰنَ أَسِفًا قَالَ بِئْسَمَا خَلَفْتُمُونِى
مِنۢ بَعْدِىٓ ۖ أَعَجِلْتُمْ أَمْرَ رَبِّكُمْ ۖ وَأَلْقَى ٱلْأَلْوَاحَ وَأَخَذَ بِرَأْسِ
أَخِيهِ يَجُرُّهُۥٓ إِلَيْهِ ۚ قَالَ ٱبْنَ أُمَّ إِنَّ ٱلْقَوْمَ ٱسْتَضْعَفُونِى وَكَادُوا۟
يَقْتُلُونَنِى فَلَا تُشْمِتْ بِىَ ٱلْأَعْدَآءَ وَلَا تَجْعَلْنِى مَعَ ٱلْقَوْمِ
ٱلظَّٰلِمِينَ ﴿١٥٠﴾ قَالَ رَبِّ ٱغْفِرْ لِى وَلِأَخِى وَأَدْخِلْنَا فِى رَحْمَتِكَ ۖ
وَأَنتَ أَرْحَمُ ٱلرَّٰحِمِينَ ﴿١٥١﴾ إِنَّ ٱلَّذِينَ ٱتَّخَذُوا۟ ٱلْعِجْلَ سَيَنَالُهُمْ
غَضَبٌ مِّن رَّبِّهِمْ وَذِلَّةٌ فِى ٱلْحَيَوٰةِ ٱلدُّنْيَا ۚ وَكَذَٰلِكَ نَجْزِى
ٱلْمُفْتَرِينَ ﴿١٥٢﴾ وَٱلَّذِينَ عَمِلُوا۟ ٱلسَّيِّـَٔاتِ ثُمَّ تَابُوا۟ مِنۢ
بَعْدِهَا وَءَامَنُوٓا۟ إِنَّ رَبَّكَ مِنۢ بَعْدِهَا لَغَفُورٌ رَّحِيمٌ ﴿١٥٣﴾
وَلَمَّا سَكَتَ عَن مُّوسَى ٱلْغَضَبُ أَخَذَ ٱلْأَلْوَاحَ ۖ وَفِى نُسْخَتِهَا
هُدًى وَرَحْمَةٌ لِّلَّذِينَ هُمْ لِرَبِّهِمْ يَرْهَبُونَ ﴿١٥٤﴾ وَٱخْتَارَ مُوسَىٰ
قَوْمَهُۥ سَبْعِينَ رَجُلًا لِّمِيقَٰتِنَا ۖ فَلَمَّآ أَخَذَتْهُمُ ٱلرَّجْفَةُ قَالَ
رَبِّ لَوْ شِئْتَ أَهْلَكْتَهُم مِّن قَبْلُ وَإِيَّٰىَ ۖ أَتُهْلِكُنَا بِمَا فَعَلَ
ٱلسُّفَهَآءُ مِنَّآ ۖ إِنْ هِىَ إِلَّا فِتْنَتُكَ تُضِلُّ بِهَا مَن تَشَآءُ وَتَهْدِى
مَن تَشَآءُ ۖ أَنتَ وَلِيُّنَا فَٱغْفِرْ لَنَا وَٱرْحَمْنَا ۖ وَأَنتَ خَيْرُ ٱلْغَٰفِرِينَ ﴿١٥٥﴾

そしてムーサーは、彼の民の許に怒り、悲しんで帰ると、言った。「私の後におまえたちが私を引き継いだことのなんと悪いことか。おまえたちは主の命令[774]を急いだのか」。そして、書板(複数)を投げ、兄弟(ハールーン)の頭を摑んで自分に引き寄せた。彼は言った。「母の息子よ。まことに民は私を見下し、私を殺しそうになった。それゆえ、私のことで敵たちを喜ばせるな。また、私を不正な民と一緒にするな」。(7：150)

彼は言った。「わが主よ、私と私の兄弟を赦し、われらをあなたの慈悲のうちに入れ給え。あなたは慈悲深い者たちのうちで最も慈悲深い御方」。(7：151)

まことに子牛を(神と)成した者たちは、彼らの主からの怒りと現世での屈辱が彼らに達するであろう。こうしてわれらは捏造する者たちに報いる。(7：152)

だが、悪事をなし、それからその後で悔いて戻り、信仰した者たちは、まことにおまえの主はその後ではよく赦し給う慈悲深い御方。(7：153)

そしてムーサーから怒りが静まると、彼は書板(複数)を取り上げた。そしてその写し(記載)の中には、彼らの主を怖れるその者たちへの導きと慈悲がある。(7：154)

そして、ムーサーは、われらとの約束期日のために彼の民を七十人選んだ。そして彼らを大地震が捕えると、彼は言った。「主よ、もしあなたが望み給うていたなら、彼らを、また私をも以前に滅ぼし給うていたでしょう。あなたはわれらのうちの愚か者がなしたことゆえにわれらを滅ぼし給うのですか。まことにこれはあなたの試練にほかなりません。あなたはそれによってお望みの者を迷わせ、お望みの者を導き給う。あなたはわれらの後見であらせられる。それゆえ、われらを赦し、われらに慈悲をかけ給え。あなたは赦す者たちのうち最良の御方」。(7：155)

774　「主の命令」とは、「定められたムーサーの帰還」とも、「アッラーからの懲罰」とも言われる。

۞ وَٱكْتُبْ لَنَا فِى هَٰذِهِ ٱلدُّنْيَا حَسَنَةً وَفِى ٱلْءَاخِرَةِ
إِنَّا هُدْنَآ إِلَيْكَ ۚ قَالَ عَذَابِىٓ أُصِيبُ بِهِۦ مَنْ أَشَآءُ ۖ وَرَحْمَتِى
وَسِعَتْ كُلَّ شَىْءٍ ۚ فَسَأَكْتُبُهَا لِلَّذِينَ يَتَّقُونَ وَيُؤْتُونَ
ٱلزَّكَوٰةَ وَٱلَّذِينَ هُم بِـَٔايَٰتِنَا يُؤْمِنُونَ ﴿١٥٦﴾ ٱلَّذِينَ يَتَّبِعُونَ
ٱلرَّسُولَ ٱلنَّبِىَّ ٱلْأُمِّىَّ ٱلَّذِى يَجِدُونَهُۥ مَكْتُوبًا عِندَهُمْ
فِى ٱلتَّوْرَىٰةِ وَٱلْإِنجِيلِ يَأْمُرُهُم بِٱلْمَعْرُوفِ وَيَنْهَىٰهُمْ
عَنِ ٱلْمُنكَرِ وَيُحِلُّ لَهُمُ ٱلطَّيِّبَٰتِ وَيُحَرِّمُ عَلَيْهِمُ
ٱلْخَبَٰٓئِثَ وَيَضَعُ عَنْهُمْ إِصْرَهُمْ وَٱلْأَغْلَٰلَ ٱلَّتِى كَانَتْ
عَلَيْهِمْ ۚ فَٱلَّذِينَ ءَامَنُوا۟ بِهِۦ وَعَزَّرُوهُ وَنَصَرُوهُ وَٱتَّبَعُوا۟
ٱلنُّورَ ٱلَّذِىٓ أُنزِلَ مَعَهُۥٓ ۙ أُو۟لَٰٓئِكَ هُمُ ٱلْمُفْلِحُونَ ﴿١٥٧﴾
قُلْ يَٰٓأَيُّهَا ٱلنَّاسُ إِنِّى رَسُولُ ٱللَّهِ إِلَيْكُمْ جَمِيعًا ٱلَّذِى
لَهُۥ مُلْكُ ٱلسَّمَٰوَٰتِ وَٱلْأَرْضِ ۖ لَآ إِلَٰهَ إِلَّا هُوَ يُحْىِۦ وَيُمِيتُ ۖ
فَـَٔامِنُوا۟ بِٱللَّهِ وَرَسُولِهِ ٱلنَّبِىِّ ٱلْأُمِّىِّ ٱلَّذِى يُؤْمِنُ بِٱللَّهِ
وَكَلِمَٰتِهِۦ وَٱتَّبِعُوهُ لَعَلَّكُمْ تَهْتَدُونَ ﴿١٥٨﴾ وَمِن
قَوْمِ مُوسَىٰٓ أُمَّةٌ يَهْدُونَ بِٱلْحَقِّ وَبِهِۦ يَعْدِلُونَ ﴿١٥٩﴾

「また、われらにこの現世において良きことを、また来世においても書き留め給え。まことにわれらはあなたの許に立ち返りました」。仰せられた。「わが懲罰、われはそれでわれが望む者を打つ。だが、わが慈悲は全てを広く包む。それゆえ、われはそれ（慈悲）を、畏れ身を守り、浄財を払う者たち、また、われらの諸々の徴を信ずる者たちに書き留めるであろう」。（7：156）

「使徒にして文盲の預言者に従う者たち。その彼は、彼らの許にある律法の書と福音書の中に書かれているのを彼らが見出す者で、彼らに良識を勧め、悪行を禁じ、彼らに良いものを許可し、彼らに悪いものを禁じ、彼らから彼らの負担と彼らの上にあった枷[775]を除く。それで、彼を信じ、彼を誉め、彼を援助し、彼と共に下された光に従う者たち、それらの者たちは成功者である」。（7：157）

言え、「人々よ、まことに私はおまえたちすべてへのアッラーの使徒である。その御方には天と地の王権が属す。彼のほかに神はなく、生かし、また殺す御方。それゆえアッラーと彼の使徒にして文盲の預言者を信じよ。彼はアッラーと彼の御言葉を信じる者である。そして彼に従え。きっとおまえたちは導かれるであろう」。（7：158）

ムーサーの民の中には真理によって導き、それによって公正に振舞う一団がいる。（7：159）

775　イスラーイールの民に対する安息日の労働禁止などの厳しい規定を指す。

وَقَطَّعۡنَٰهُمُ ٱثۡنَتَيۡ عَشۡرَةَ أَسۡبَاطًا أُمَمٗاۚ وَأَوۡحَيۡنَآ إِلَىٰ
مُوسَىٰٓ إِذِ ٱسۡتَسۡقَىٰهُ قَوۡمُهُۥٓ أَنِ ٱضۡرِب بِّعَصَاكَ ٱلۡحَجَرَۖ
فَٱنۢبَجَسَتۡ مِنۡهُ ٱثۡنَتَا عَشۡرَةَ عَيۡنٗاۖ قَدۡ عَلِمَ كُلُّ أُنَاسٖ
مَّشۡرَبَهُمۡۚ وَظَلَّلۡنَا عَلَيۡهِمُ ٱلۡغَمَٰمَ وَأَنزَلۡنَا عَلَيۡهِمُ
ٱلۡمَنَّ وَٱلسَّلۡوَىٰۖ كُلُواْ مِن طَيِّبَٰتِ مَا رَزَقۡنَٰكُمۡۚ وَمَا
ظَلَمُونَا وَلَٰكِن كَانُوٓاْ أَنفُسَهُمۡ يَظۡلِمُونَ ١٦٠
وَإِذۡ قِيلَ لَهُمُ ٱسۡكُنُواْ هَٰذِهِ ٱلۡقَرۡيَةَ وَكُلُواْ مِنۡهَا
حَيۡثُ شِئۡتُمۡ وَقُولُواْ حِطَّةٞ وَٱدۡخُلُواْ ٱلۡبَابَ سُجَّدٗا
نَّغۡفِرۡ لَكُمۡ خَطِيٓـَٰٔتِكُمۡۚ سَنَزِيدُ ٱلۡمُحۡسِنِينَ
١٦١ فَبَدَّلَ ٱلَّذِينَ ظَلَمُواْ مِنۡهُمۡ قَوۡلًا غَيۡرَ ٱلَّذِي قِيلَ
لَهُمۡ فَأَرۡسَلۡنَا عَلَيۡهِمۡ رِجۡزٗا مِّنَ ٱلسَّمَآءِ بِمَا كَانُواْ
يَظۡلِمُونَ ١٦٢ وَسۡـَٔلۡهُمۡ عَنِ ٱلۡقَرۡيَةِ ٱلَّتِي كَانَتۡ
حَاضِرَةَ ٱلۡبَحۡرِ إِذۡ يَعۡدُونَ فِي ٱلسَّبۡتِ إِذۡ تَأۡتِيهِمۡ
حِيتَانُهُمۡ يَوۡمَ سَبۡتِهِمۡ شُرَّعٗا وَيَوۡمَ لَا يَسۡبِتُونَ لَا تَأۡتِيهِمۡۚ
كَذَٰلِكَ نَبۡلُوهُم بِمَا كَانُواْ يَفۡسُقُونَ ١٦٣

また、われらは彼らを十二の支族、共同体に分断した。そしてムーサーに、彼の民が水を求めた時、おまえの杖で岩を打て、と啓示した。すると、そこから十二の泉が流れ出て、まさしくすべての人々が自分たちの飲み場を知った[776]。またわれらは彼らの上に雲で陰を作り、彼らの上にマンヌとサルワーを下した。われらがおまえたちに糧と与えた良いものから食べよ。それで彼らはわれらに不正をなしたのではなく、自分自身に不正をなしたのである[777]。(7：160)

また、彼らが言われた時のこと。「この町に住み、おまえたちが望むところでそこから食べよ。そして、『御赦し』と言って、平身低頭して門に入れ[778]。われらはおまえたちにおまえたちの過ちを赦し、善を尽くす者たちには(報償を)増し加えよう」。(7：161)

だが、彼らのうち不正をなした者たちは言葉を彼らに言われたものでないものに言い替えた。そこでわれらは彼らに、彼らが不正をなしたがゆえに天から天罰を送った。(7：162)

また、海の側にある町について彼らに問え。彼らが安息日に法《のり》を越えた時のことを。その時、彼らの魚は彼らの安息日には水面に現れて彼らの許に来るが、彼らが安息日を守らない日には来ない[779]。このようにわれらは彼らを彼らが違背したことゆえに試みる。(7：163)

776　「出エジプト記」17 章参照。
777　2 章 57 節脚注参照。
778　2 章 58-59 節脚注参照。
779　安息日の土曜には現れる魚群が、安息日ではない平日には姿を見せなかった。

وَإِذْ قَالَتْ أُمَّةٌ مِّنْهُمْ لِمَ تَعِظُونَ قَوْمًا ٱللَّهُ مُهْلِكُهُمْ أَوْ مُعَذِّبُهُمْ
عَذَابًا شَدِيدًا ۖ قَالُوا۟ مَعْذِرَةً إِلَىٰ رَبِّكُمْ وَلَعَلَّهُمْ يَتَّقُونَ ١٦٤
فَلَمَّا نَسُوا۟ مَا ذُكِّرُوا۟ بِهِۦٓ أَنجَيْنَا ٱلَّذِينَ يَنْهَوْنَ عَنِ ٱلسُّوٓءِ
وَأَخَذْنَا ٱلَّذِينَ ظَلَمُوا۟ بِعَذَابٍۭ بَـِٔيسٍۭ بِمَا كَانُوا۟ يَفْسُقُونَ ١٦٥
فَلَمَّا عَتَوْا۟ عَن مَّا نُهُوا۟ عَنْهُ قُلْنَا لَهُمْ كُونُوا۟ قِرَدَةً خَـٰسِـِٔينَ ١٦٦
وَإِذْ تَأَذَّنَ رَبُّكَ لَيَبْعَثَنَّ عَلَيْهِمْ إِلَىٰ يَوْمِ ٱلْقِيَـٰمَةِ مَن يَسُومُهُمْ
سُوٓءَ ٱلْعَذَابِ ۗ إِنَّ رَبَّكَ لَسَرِيعُ ٱلْعِقَابِ ۖ وَإِنَّهُۥ لَغَفُورٌ رَّحِيمٌ
١٦٧ وَقَطَّعْنَـٰهُمْ فِى ٱلْأَرْضِ أُمَمًا ۖ مِّنْهُمُ ٱلصَّـٰلِحُونَ وَمِنْهُمْ
دُونَ ذَٰلِكَ ۖ وَبَلَوْنَـٰهُم بِٱلْحَسَنَـٰتِ وَٱلسَّيِّـَٔاتِ لَعَلَّهُمْ
يَرْجِعُونَ ١٦٨ فَخَلَفَ مِنۢ بَعْدِهِمْ خَلْفٌ وَرِثُوا۟ ٱلْكِتَـٰبَ
يَأْخُذُونَ عَرَضَ هَـٰذَا ٱلْأَدْنَىٰ وَيَقُولُونَ سَيُغْفَرُ لَنَا وَإِن
يَأْتِهِمْ عَرَضٌ مِّثْلُهُۥ يَأْخُذُوهُ ۚ أَلَمْ يُؤْخَذْ عَلَيْهِم مِّيثَـٰقُ ٱلْكِتَـٰبِ
أَن لَّا يَقُولُوا۟ عَلَى ٱللَّهِ إِلَّا ٱلْحَقَّ وَدَرَسُوا۟ مَا فِيهِ ۗ وَٱلدَّارُ ٱلْـَٔاخِرَةُ
خَيْرٌ لِّلَّذِينَ يَتَّقُونَ ۗ أَفَلَا تَعْقِلُونَ ١٦٩ وَٱلَّذِينَ يُمَسِّكُونَ
بِٱلْكِتَـٰبِ وَأَقَامُوا۟ ٱلصَّلَوٰةَ إِنَّا لَا نُضِيعُ أَجْرَ ٱلْمُصْلِحِينَ ١٧٠

また、彼らのうちの一団が言った時のこと。「どうしておまえたちはアッラーが滅ぼし給うか、厳しい懲罰で罰し給う民に訓戒するのか[780]」。彼らは言った。「おまえたちの主への免責として。そしてきっと彼らも畏れ身を守るであろうと」。(7：164)

それでも彼らがそれによって説教されたことを忘れると、われらは忌事を禁じた者たちを救い、不正をなした者たちを彼らが違背したがゆえに過酷な懲罰で捕えた。(7：165)

そして彼らが禁じられたことを冒瀆した時、われらは彼らに言った。「貶められた猿となれ」。(7：166)

また、おまえの主が彼らに、必ずや復活(審判)の日まで彼らに酷い懲罰を押し付ける者を遣わすと告げ給うた時のこと。「まことに、おまえの主は懲罰に素早く、まことに彼はよく赦し給う慈悲深い御方」。(7：167)

そして、われらは彼らを地上にいくつもの集団に分断した。彼らの中には正しい者もあれば、彼らの中にはそうでない者もいる。そしてわれらは彼らを良きことと悪しきことで試みた。きっと彼らも戻るであろうと。(7：168)

それから、彼らの後を子孫が継ぎ、啓典を相続したが、彼らはこの近い方(現世)の儚きものを受け取る。そして、「いずれ彼はわれらを赦し給う」と言い、彼らの許にそれと同じ儚きものが来れば、それを受け取るのである。アッラーについては真実しか語らないという彼らに対する啓典の確約は取られなかったのか。その中のものを学んでいたというのに。だが、畏れ身を守る者たちには来世の住まいの方がより良い。それなのにおまえたちは悟らないのか。(7：169)

一方、啓典を固持し、礼拝を遵守する者たち、まことにわれは(行状を)正す者たちの報酬を損ないはしない。(7：170)

780 漁猟に関して、町は漁をする者たちと、彼らが漁をするのを禁じようとする者たちと、猟もしなければ止めもしない者たちの三つに分かれ、漁もしなければ止めもしなかった者たちが、漁を禁じようとした者たちに対して「どうしておまえたちはアッラーが滅ぼし給うか、厳しい懲罰で罰し給う民(漁をした者たち)に訓戒するのか」と言った。

۞ وَإِذْ نَتَقْنَا ٱلْجَبَلَ فَوْقَهُمْ كَأَنَّهُۥ ظُلَّةٌ وَظَنُّوٓا۟ أَنَّهُۥ وَاقِعٌۢ بِهِمْ
خُذُوا۟ مَآ ءَاتَيْنَٰكُم بِقُوَّةٍ وَٱذْكُرُوا۟ مَا فِيهِ لَعَلَّكُمْ تَتَّقُونَ ﴿١٧١﴾
وَإِذْ أَخَذَ رَبُّكَ مِنۢ بَنِىٓ ءَادَمَ مِن ظُهُورِهِمْ ذُرِّيَّتَهُمْ وَأَشْهَدَهُمْ
عَلَىٰٓ أَنفُسِهِمْ أَلَسْتُ بِرَبِّكُمْ ۖ قَالُوا۟ بَلَىٰ ۛ شَهِدْنَآ ۛ أَن تَقُولُوا۟ يَوْمَ
ٱلْقِيَٰمَةِ إِنَّا كُنَّا عَنْ هَٰذَا غَٰفِلِينَ ﴿١٧٢﴾ أَوْ تَقُولُوٓا۟ إِنَّمَآ أَشْرَكَ
ءَابَآؤُنَا مِن قَبْلُ وَكُنَّا ذُرِّيَّةً مِّنۢ بَعْدِهِمْ ۖ أَفَتُهْلِكُنَا
بِمَا فَعَلَ ٱلْمُبْطِلُونَ ﴿١٧٣﴾ وَكَذَٰلِكَ نُفَصِّلُ ٱلْءَايَٰتِ وَلَعَلَّهُمْ
يَرْجِعُونَ ﴿١٧٤﴾ وَٱتْلُ عَلَيْهِمْ نَبَأَ ٱلَّذِىٓ ءَاتَيْنَٰهُ ءَايَٰتِنَا فَٱنسَلَخَ
مِنْهَا فَأَتْبَعَهُ ٱلشَّيْطَٰنُ فَكَانَ مِنَ ٱلْغَاوِينَ ﴿١٧٥﴾ وَلَوْ شِئْنَا
لَرَفَعْنَٰهُ بِهَا وَلَٰكِنَّهُۥٓ أَخْلَدَ إِلَى ٱلْأَرْضِ وَٱتَّبَعَ هَوَىٰهُ ۚ فَمَثَلُهُۥ
كَمَثَلِ ٱلْكَلْبِ إِن تَحْمِلْ عَلَيْهِ يَلْهَثْ أَوْ تَتْرُكْهُ
يَلْهَث ۚ ذَّٰلِكَ مَثَلُ ٱلْقَوْمِ ٱلَّذِينَ كَذَّبُوا۟ بِـَٔايَٰتِنَا ۚ فَٱقْصُصِ
ٱلْقَصَصَ لَعَلَّهُمْ يَتَفَكَّرُونَ ﴿١٧٦﴾ سَآءَ مَثَلًا ٱلْقَوْمُ ٱلَّذِينَ
كَذَّبُوا۟ بِـَٔايَٰتِنَا وَأَنفُسَهُمْ كَانُوا۟ يَظْلِمُونَ ﴿١٧٧﴾ مَن يَهْدِ ٱللَّهُ
فَهُوَ ٱلْمُهْتَدِى ۖ وَمَن يُضْلِلْ فَأُو۟لَٰٓئِكَ هُمُ ٱلْخَٰسِرُونَ ﴿١٧٨﴾

また、われらが山をおまえたちの上で天蓋のように揺さぶり、彼らの上に落ちてくると思った時のこと[781]。おまえたちに授けたものを力強く摑め。そして、その中にあるものを銘記せよ。きっとおまえたちも恐れ身を守ろう。(7：171)

また、おまえの主がアーダムの子孫から、彼らの腰からその子孫を取り出し[782]、彼ら自身の証人とならせ給うた時のこと。「われはおまえたちの主ではないか」。彼らは言った。「いかにも。われらは証言します」。おまえたちが復活(審判)の日に、「まことにわれらはこれについて見落としていた」と言うことが(ないように)。(7：172)

あるいは、おまえたちが、「われらの父祖が以前から多神を拝し、われらは彼らの後の子孫です。あなたは虚偽をなす者たちがなしたことでわれらを滅ぼし給うのですか」と言うことが(ないように)[783]。(7：173)

そしてこのようにわれらは諸々の徴を解明した。そしてきっと彼らは立ち返るであろう。(7：174)

彼らに語れ、われらがわれらの諸々の徴を授けたが、それを脱ぎ捨て、悪魔が付きまとい、迷える者たち(の一人)となった者の消息を[784]。(7：175)

そしてもしわれらが望んだならば、われらは彼をそれによって引き立てたであろう。だが、彼は地上に固執し、己の欲望に従った。それゆえ、彼の譬《たと》えはまるで犬の譬えで、もしおまえが彼を叱り付ければ舌を垂らし、また、放っておいても舌を垂らす。これはわれらの諸々の徴を嘘だと否定した民の譬えである。それゆえ、その物語を語れ。きっと彼らも熟考するであろう。(7：176)

われらの諸々の徴を嘘だと否定し、己自身に不正をなした民のなんと悪い譬えであることか。(7：177)

781　2章63、93節、4章154節参照。

782　アッラーは、アーダムの腰から精子を引き出し給い、それから同様に子孫を次々と順番に引き出し給うた上で、「われのほかに神はなく、われはおまえたちの主であり、われのほかにおまえたちには主はないことを知れ。それゆえ、われになにものをも並び置いてはならない。われに同位者を置き、われを信じなかった者にわれはいずれ報復する。われはおまえたちに使徒たちを遣わし、彼らはおまえたちにわれの約束、われの契約をおまえたちに思い起こさせるであろう。また、おまえたちに啓典を下す者である。それゆえいっせいに応えよ」と仰せられ、彼らから「われらはあなたがわれらの主であり、あなたのほかにわれらに主はいないことを証言します」との誓約を取り給うた、と伝えられる。

783　現世における使徒たちによる一神教の宣教は、現世に生まれる以前に人間がアッラーと交わしたこの誓約を思い起こさせるものに過ぎない、とも言われる。

784　聖書に登場する占い師ベオルの子バラムのこととも言われる。「民数記」22-24章、31章16節、「ヨシュア記」13章22節、「ヨハネ黙示録」2章14節参照。

وَلَقَدۡ ذَرَأۡنَا لِجَهَنَّمَ كَثِيرٗا مِّنَ ٱلۡجِنِّ وَٱلۡإِنسِۖ لَهُمۡ قُلُوبٞ لَّا يَفۡقَهُونَ
بِهَا وَلَهُمۡ أَعۡيُنٞ لَّا يُبۡصِرُونَ بِهَا وَلَهُمۡ ءَاذَانٞ لَّا يَسۡمَعُونَ بِهَآۚ
أُوْلَٰٓئِكَ كَٱلۡأَنۡعَٰمِ بَلۡ هُمۡ أَضَلُّۚ أُوْلَٰٓئِكَ هُمُ ٱلۡغَٰفِلُونَ ١٧٩ وَلِلَّهِ
ٱلۡأَسۡمَآءُ ٱلۡحُسۡنَىٰ فَٱدۡعُوهُ بِهَاۖ وَذَرُواْ ٱلَّذِينَ يُلۡحِدُونَ فِيٓ أَسۡمَٰٓئِهِۦۚ
سَيُجۡزَوۡنَ مَا كَانُواْ يَعۡمَلُونَ ١٨٠ وَمِمَّنۡ خَلَقۡنَآ أُمَّةٞ يَهۡدُونَ بِٱلۡحَقِّ
وَبِهِۦ يَعۡدِلُونَ ١٨١ وَٱلَّذِينَ كَذَّبُواْ بِـَٔايَٰتِنَا سَنَسۡتَدۡرِجُهُم
مِّنۡ حَيۡثُ لَا يَعۡلَمُونَ ١٨٢ وَأُمۡلِي لَهُمۡۚ إِنَّ كَيۡدِي مَتِينٌ ١٨٣ أَوَلَمۡ
يَتَفَكَّرُواْۗ مَا بِصَاحِبِهِم مِّن جِنَّةٍۚ إِنۡ هُوَ إِلَّا نَذِيرٞ مُّبِينٌ ١٨٤
أَوَلَمۡ يَنظُرُواْ فِي مَلَكُوتِ ٱلسَّمَٰوَٰتِ وَٱلۡأَرۡضِ وَمَا خَلَقَ ٱللَّهُ
مِن شَيۡءٖ وَأَنۡ عَسَىٰٓ أَن يَكُونَ قَدِ ٱقۡتَرَبَ أَجَلُهُمۡۖ فَبِأَيِّ حَدِيثِۭ
بَعۡدَهُۥ يُؤۡمِنُونَ ١٨٥ مَن يُضۡلِلِ ٱللَّهُ فَلَا هَادِيَ لَهُۥۚ وَيَذَرُهُمۡ
فِي طُغۡيَٰنِهِمۡ يَعۡمَهُونَ ١٨٦ يَسۡـَٔلُونَكَ عَنِ ٱلسَّاعَةِ أَيَّانَ مُرۡسَىٰهَاۖ
قُلۡ إِنَّمَا عِلۡمُهَا عِندَ رَبِّيۖ لَا يُجَلِّيهَا لِوَقۡتِهَآ إِلَّا هُوَۚ ثَقُلَتۡ فِي
ٱلسَّمَٰوَٰتِ وَٱلۡأَرۡضِۚ لَا تَأۡتِيكُمۡ إِلَّا بَغۡتَةٗۗ يَسۡـَٔلُونَكَ كَأَنَّكَ حَفِيٌّ عَنۡهَاۖ
قُلۡ إِنَّمَا عِلۡمُهَا عِندَ ٱللَّهِ وَلَٰكِنَّ أَكۡثَرَ ٱلنَّاسِ لَا يَعۡلَمُونَ ١٨٧

アッラーが導き給う者、彼は導かれた者であり、彼が迷わせ給うた者、それらの者は損失者である。(7：178)

そしてわれらは火獄《ジャハンナム》のために多くの幽精《ジン》と人間を既に作った。彼らには心があるが、それで悟らず、彼らには目があるが、それで見ず、彼らには耳があるが、それで聞かない。それらの者は動物のようである。いや、彼らはさらに迷っている。それらの者、彼らは虚《うつ》け者たちである。(7：179)

そしてアッラーに至善の諸々の名は属す[785]。それゆえ、それによって彼を呼び、彼の御名において逸脱する者たちは放っておけ。いずれ彼らは彼らのなしたことを報いられるであろう。(7：180)

また、われらの創造した者の中には真理によって導き、それによって正義をなす一団がある。(7：181)

一方、われらの諸々の徴を嘘だと否定する者たち、いずれわれらは彼らが知らないうちに彼らを徐々に陥れるであろう。(7：182)

そしてわれは彼らに猶予する。まことにわが策謀は抜かりがない。(7：183)

彼らは熟考しないのか。彼らの仲間(ムハンマド)は狂気ではない。彼は明白な警告者に他ならない。(7：184)

彼らは諸天と地の王国と、なんであれアッラーが創造し給うたものを眺めたことがないのか。彼らの期限がすでに近づいたかもしれないと。それでその後にどのような話を彼らは信じるのか。(7：185)

アッラーが迷わせ給うた者、彼には導きはない。彼らを彼らの無法の中に当てもなくさ迷うがままに任せ給う。(7：186)

彼らはおまえに(終末の)時について、その投錨地はどこか(何時か)を尋ねる。言え。その知識はわが主の御許にのみある[786]。その時刻にそれを示すのは彼のほかにない。それは諸天と地において重大である。それはおまえたちに不意にしか訪れない。彼らは、まるでおまえがそれについて調べて知っているかのようにおまえに尋ねる。言え。その知識はアッラーの御許にしかないが、人々の大半は知らない。(7：187)

785　ハディースによるとアッラーには九九の美名がある。
786　「マルコ福音書」13章32節。

言え、私は、アッラーが望み給うたのでなければ、自分に益も害も統御できない。またもし私が見えないことを知っていたならば、良いことを増やし、また、私に悪は触れなかったであろう。私は警告者であり、信仰する民への吉報伝達者にすぎない。(7：188)

彼こそはおまえたちを一人の命(アーダム)から創造し、それ(命)からその妻を、彼が彼女の許に安住するために成し給うた御方。彼が彼女に覆い被さると彼女は軽い荷を負い(妊娠し)、そのまま往来した。それから(胎児が)重くなると、二人は二人の主アッラーに祈った。「もしあなたがわれらに良い子を授け給えば、われらは感謝する者たちとなりましょう」。(7：189)

二人に良いものを授け給うと、二人は(アッラーが)彼らに授け給うたものについて彼に共同者たちを置いた[787]。アッラーは彼らが同位に置く者よりもいと高き御方。(7：190)

なにも創造せず、それらこそ創られたものであるもの(偶像)を(アッラーに)同位に配するのか。(7：191)

そしてそれらは彼らを助けることはできず、また自らをも救うこともできない。(7：192)

また、たとえおまえたちがそれらを導きへと呼びかけても、それらはおまえたちに従わないであろう。おまえたちがそれらに呼びかけても、おまえたちが黙っていても、おまえたちにとっては同じことである。(7：193)

まことにアッラーをさしおいておまえたちが祈るものたちはおまえたちと同類の僕《しもべ》である。それゆえそれらに祈り、それらにおまえたちに答えさせよ。もしおまえたちが正しいならば。(7：194)

それらには足があってそれで歩くのか。それとも、それらには手があってそれで力を振るうのか。それともそれらには目があってそれで見るのか。それともそれらには耳があってそれで聞くのか。言え、「おまえたちの共同者たちを呼べ。それからわれに対して策謀せよ、われに猶予を与えてはならない」。(7：195)

قُل لَّآ أَمۡلِكُ لِنَفۡسِي نَفۡعٗا وَلَا ضَرًّا إِلَّا مَا شَآءَ ٱللَّهُۚ وَلَوۡ كُنتُ
أَعۡلَمُ ٱلۡغَيۡبَ لَٱسۡتَكۡثَرۡتُ مِنَ ٱلۡخَيۡرِ وَمَا مَسَّنِيَ ٱلسُّوٓءُۚ
إِنۡ أَنَا۠ إِلَّا نَذِيرٞ وَبَشِيرٞ لِّقَوۡمٖ يُؤۡمِنُونَ ﴿١٨٨﴾ ۞ هُوَ ٱلَّذِي خَلَقَكُم
مِّن نَّفۡسٖ وَٰحِدَةٖ وَجَعَلَ مِنۡهَا زَوۡجَهَا لِيَسۡكُنَ إِلَيۡهَاۖ فَلَمَّا
تَغَشَّىٰهَا حَمَلَتۡ حَمۡلًا خَفِيفٗا فَمَرَّتۡ بِهِۦۖ فَلَمَّآ أَثۡقَلَت دَّعَوَا
ٱللَّهَ رَبَّهُمَا لَئِنۡ ءَاتَيۡتَنَا صَٰلِحٗا لَّنَكُونَنَّ مِنَ ٱلشَّٰكِرِينَ ﴿١٨٩﴾
فَلَمَّآ ءَاتَىٰهُمَا صَٰلِحٗا جَعَلَا لَهُۥ شُرَكَآءَ فِيمَآ ءَاتَىٰهُمَاۚ فَتَعَٰلَى
ٱللَّهُ عَمَّا يُشۡرِكُونَ ﴿١٩٠﴾ أَيُشۡرِكُونَ مَا لَا يَخۡلُقُ شَيۡـٔٗا وَهُمۡ يُخۡلَقُونَ
﴿١٩١﴾ وَلَا يَسۡتَطِيعُونَ لَهُمۡ نَصۡرٗا وَلَآ أَنفُسَهُمۡ يَنصُرُونَ ﴿١٩٢﴾
وَإِن تَدۡعُوهُمۡ إِلَى ٱلۡهُدَىٰ لَا يَتَّبِعُوكُمۡۚ سَوَآءٌ عَلَيۡكُمۡ أَدَعَوۡتُمُوهُمۡ
أَمۡ أَنتُمۡ صَٰمِتُونَ ﴿١٩٣﴾ إِنَّ ٱلَّذِينَ تَدۡعُونَ مِن دُونِ ٱللَّهِ عِبَادٌ
أَمۡثَالُكُمۡۖ فَٱدۡعُوهُمۡ فَلۡيَسۡتَجِيبُواْ لَكُمۡ إِن كُنتُمۡ
صَٰدِقِينَ ﴿١٩٤﴾ أَلَهُمۡ أَرۡجُلٞ يَمۡشُونَ بِهَآۖ أَمۡ لَهُمۡ أَيۡدٖ يَبۡطِشُونَ
بِهَآۖ أَمۡ لَهُمۡ أَعۡيُنٞ يُبۡصِرُونَ بِهَآۖ أَمۡ لَهُمۡ ءَاذَانٞ يَسۡمَعُونَ
بِهَاۗ قُلِ ٱدۡعُواْ شُرَكَآءَكُمۡ ثُمَّ كِيدُونِ فَلَا تُنظِرُونِ ﴿١٩٥﴾

787　ハウワーゥ(イブ)が悪魔イブリースに欺かれ、その子をアブドゥルハーリス(ハーリスの僕、ハーリスはイブリースの別名)と名付けることによって多神崇拝に陥ったとも、アーダムとハウワーゥの間に子が生まれると、彼ら両名の子孫である人間の夫妻が多神崇拝に陥ったとも言われる。

إِنَّ وَلِـِّۧيَ ٱللَّهُ ٱلَّذِي نَزَّلَ ٱلۡكِتَٰبَۖ وَهُوَ يَتَوَلَّى ٱلصَّٰلِحِينَ
١٩٦ وَٱلَّذِينَ تَدۡعُونَ مِن دُونِهِۦ لَا يَسۡتَطِيعُونَ نَصۡرَكُمۡ
وَلَآ أَنفُسَهُمۡ يَنصُرُونَ ١٩٧ وَإِن تَدۡعُوهُمۡ إِلَى ٱلۡهُدَىٰ لَا يَسۡمَعُواْۖ
وَتَرَىٰهُمۡ يَنظُرُونَ إِلَيۡكَ وَهُمۡ لَا يُبۡصِرُونَ ١٩٨ خُذِ ٱلۡعَفۡوَ
وَأۡمُرۡ بِٱلۡعُرۡفِ وَأَعۡرِضۡ عَنِ ٱلۡجَٰهِلِينَ ١٩٩ وَإِمَّا يَنزَغَنَّكَ
مِنَ ٱلشَّيۡطَٰنِ نَزۡغٞ فَٱسۡتَعِذۡ بِٱللَّهِۚ إِنَّهُۥ سَمِيعٌ عَلِيمٌ ٢٠٠ إِنَّ
ٱلَّذِينَ ٱتَّقَوۡاْ إِذَا مَسَّهُمۡ طَٰٓئِفٞ مِّنَ ٱلشَّيۡطَٰنِ تَذَكَّرُواْ
فَإِذَا هُم مُّبۡصِرُونَ ٢٠١ وَإِخۡوَٰنُهُمۡ يَمُدُّونَهُمۡ فِي ٱلۡغَيِّ ثُمَّ
لَا يُقۡصِرُونَ ٢٠٢ وَإِذَا لَمۡ تَأۡتِهِم بِـَٔايَةٖ قَالُواْ لَوۡلَا ٱجۡتَبَيۡتَهَاۚ
قُلۡ إِنَّمَآ أَتَّبِعُ مَا يُوحَىٰٓ إِلَيَّ مِن رَّبِّيۚ هَٰذَا بَصَآئِرُ مِن رَّبِّكُمۡ
وَهُدٗى وَرَحۡمَةٞ لِّقَوۡمٖ يُؤۡمِنُونَ ٢٠٣ وَإِذَا قُرِئَ ٱلۡقُرۡءَانُ
فَٱسۡتَمِعُواْ لَهُۥ وَأَنصِتُواْ لَعَلَّكُمۡ تُرۡحَمُونَ ٢٠٤ وَٱذۡكُر رَّبَّكَ
فِي نَفۡسِكَ تَضَرُّعٗا وَخِيفَةٗ وَدُونَ ٱلۡجَهۡرِ مِنَ ٱلۡقَوۡلِ بِٱلۡغُدُوِّ
وَٱلۡأٓصَالِ وَلَا تَكُن مِّنَ ٱلۡغَٰفِلِينَ ٢٠٥ إِنَّ ٱلَّذِينَ عِندَ رَبِّكَ
لَا يَسۡتَكۡبِرُونَ عَنۡ عِبَادَتِهِۦ وَيُسَبِّحُونَهُۥ وَلَهُۥ يَسۡجُدُونَۤ۩ ٢٠٦

「まことに私の後見はアッラー、啓典を垂示し給うた御方。そして、彼は正しい者たちを庇護し給う」。(7：196)

一方、彼をさしおいておまえたちが祈るものはおまえたちを助けることはできず、自らを救うこともできない。(7：197)

そして、たとえおまえたちがそれらを導きのために呼んでも、それらは聞かない。おまえはそれらがおまえの方を眺めているのを見るが、それらは見えていないのである。(7：198)

赦免(寛容)を取り、良識を命じ、無知な者たちから遠ざかれ。(7：199)

また、悪魔からの誘惑がおまえを煽る時には、アッラーに守護を求めよ。まことに彼はよく聞き、よく知り給う御方。(7：200)

まことに畏れ身を守る者たちは、彼らに悪魔の巡回(妄念)が触れたときには(アッラーを)思い出せ。そうすれば、その時には彼らは洞察者となろう。(7：201)

また彼らの兄弟たち[788]、彼ら(悪魔)は彼らを誤りの中に引き込み、そして彼らは抑えない。(7：202)

そして、おまえが彼らに徴を持って来ないと、彼らは言った。「どうしてそれを自選しなかったのか(クルアーンの節を即興で作らなかったのか)」。言え、「私は、私に主から啓示されることに従うだけである」。これはおまえたちの主からの明察であり、信仰する民への導きであり、慈悲である。(7：203)

またクルアーンが読誦された時にはそれに傾聴し、静粛にせよ。きっとおまえたちも慈悲を授かるであろう。(7：204)

またおまえの主をおまえ自身の中で、謙虚に、恐れ、言葉は大声でなく、朝に夕に念じよ。そして、虚《うつ》け者たち(の一人)になってはならない。(7：205)

まことにおまえの主の許にいる者たち(天使たち)は彼の崇拝に高慢でなく、彼を褒め称え、彼に跪拝する。(7：206)

788　悪魔の兄弟である不信仰者たち。

第 8 章　戦利品 …… سورة الأنفال

سُورَةُ الأَنفَال

بِسْمِ اللَّهِ الرَّحْمَٰنِ الرَّحِيمِ

يَسْأَلُونَكَ عَنِ الْأَنفَالِ قُلِ الْأَنفَالُ لِلَّهِ وَالرَّسُولِ فَاتَّقُوا اللَّهَ
وَأَصْلِحُوا ذَاتَ بَيْنِكُمْ وَأَطِيعُوا اللَّهَ وَرَسُولَهُ إِن كُنتُم
مُّؤْمِنِينَ ١ إِنَّمَا الْمُؤْمِنُونَ الَّذِينَ إِذَا ذُكِرَ اللَّهُ وَجِلَتْ
قُلُوبُهُمْ وَإِذَا تُلِيَتْ عَلَيْهِمْ آيَاتُهُ زَادَتْهُمْ إِيمَانًا وَعَلَىٰ رَبِّهِمْ
يَتَوَكَّلُونَ ٢ الَّذِينَ يُقِيمُونَ الصَّلَاةَ وَمِمَّا رَزَقْنَاهُمْ
يُنفِقُونَ ٣ أُولَٰئِكَ هُمُ الْمُؤْمِنُونَ حَقًّا لَّهُمْ دَرَجَاتٌ عِندَ
رَبِّهِمْ وَمَغْفِرَةٌ وَرِزْقٌ كَرِيمٌ ٤ كَمَا أَخْرَجَكَ رَبُّكَ
مِن بَيْتِكَ بِالْحَقِّ وَإِنَّ فَرِيقًا مِّنَ الْمُؤْمِنِينَ لَكَارِهُونَ ٥
يُجَادِلُونَكَ فِي الْحَقِّ بَعْدَ مَا تَبَيَّنَ كَأَنَّمَا يُسَاقُونَ إِلَى الْمَوْتِ
وَهُمْ يَنظُرُونَ ٦ وَإِذْ يَعِدُكُمُ اللَّهُ إِحْدَى الطَّائِفَتَيْنِ أَنَّهَا
لَكُمْ وَتَوَدُّونَ أَنَّ غَيْرَ ذَاتِ الشَّوْكَةِ تَكُونُ لَكُمْ وَيُرِيدُ
اللَّهُ أَن يُحِقَّ الْحَقَّ بِكَلِمَاتِهِ وَيَقْطَعَ دَابِرَ الْكَافِرِينَ ٧
لِيُحِقَّ الْحَقَّ وَيُبْطِلَ الْبَاطِلَ وَلَوْ كَرِهَ الْمُجْرِمُونَ ٨

マディーナ垂示

本章はバドルの戦いについて啓示され、第 1 節の戦利品の規定に因んで「戦利品」章と名づけられる。

バドルの戦いには見えない天使の助けなどのさまざまな神佑があったこと(9、12、43-44 節)、また勝利に導いた信仰者たちや預言者の行いも実はアッラーの御業に他ならないことが教えられる(17 節)。

イスラームへの迫害がなくなり、宗教がアッラーに帰一されるまで戦うこと、戦利品の分配の規定(39-41 節)、休戦協定は敵が裏切りの恐れがあれば破棄すべきこと、平時にも戦備を怠らないこと、敵が和平を求めれば応ずべきこと、堅忍不抜のムスリムは二倍の兵力に立ち向かえることなどが示される。また当初戦争捕虜の解放は譴責されたが、後に許可され、捕虜にイスラームへの改宗を勧めることが命じられた(56-71 節)。

章末では、イスラームの信仰のためにマッカからマディーナに移住(ヒジュラ)した者たちと、彼らを迎え入れ共にジハードを戦ったマディーナの支援者たちは、真の信仰者であり相互に扶助しあうこと、一方、移住しなかった者たちに対しては相互扶助の義務は無いが、宗教的迫害を被って援助を求めてきた場合には、援けるべきことが説かれる(72-75 節)。

慈悲あまねく慈悲深きアッラーの御名において

彼らは戦利品についておまえに問う[789]。言え、「戦利品はアッラーと使徒のものである。アッラーを怖れ身を守り、おまえたちの間を正し、アッラーと彼の使徒に従え。もしおまえたちが信仰者であるならば」。(8：1)

信仰者たちとはただ、アッラーが言及されると心が慄き、彼の諸々の徴が読み聞かされると信仰を増し、主に一任する者たち、(8：2)

礼拝を遵守し、われらが彼らに糧として与えたものから(善に)費やす者たち、(8：3)

それらの者、彼らこそ真に信仰者である。彼らには彼らの主の御許にいくつもの位階とお赦しと栄誉ある糧がある。(8：4)

おまえの主がおまえをおまえの家から真理と共に出陣させ給うたように。まことに、信仰者たちの一派は嫌う者たちであった。(8：5)

789　バドルの戦いの戦利品の分配について預言者ムハンマドに弟子たちが尋ねたのに対して啓示された。分配の詳細は 8 章 41 節参照。

إِذْ تَسْتَغِيثُونَ رَبَّكُمْ فَاسْتَجَابَ لَكُمْ أَنِّي مُمِدُّكُم بِأَلْفٍ
مِّنَ الْمَلَائِكَةِ مُرْدِفِينَ ﴿٩﴾ وَمَا جَعَلَهُ اللَّهُ إِلَّا بُشْرَىٰ
وَلِتَطْمَئِنَّ بِهِ قُلُوبُكُمْ ۚ وَمَا النَّصْرُ إِلَّا مِنْ عِندِ اللَّهِ ۚ إِنَّ اللَّهَ
عَزِيزٌ حَكِيمٌ ﴿١٠﴾ إِذْ يُغَشِّيكُمُ النُّعَاسَ أَمَنَةً مِّنْهُ وَيُنَزِّلُ
عَلَيْكُم مِّنَ السَّمَاءِ مَاءً لِّيُطَهِّرَكُم بِهِ وَيُذْهِبَ عَنكُمْ
رِجْزَ الشَّيْطَانِ وَلِيَرْبِطَ عَلَىٰ قُلُوبِكُمْ وَيُثَبِّتَ بِهِ الْأَقْدَامَ
﴿١١﴾ إِذْ يُوحِي رَبُّكَ إِلَى الْمَلَائِكَةِ أَنِّي مَعَكُمْ فَثَبِّتُوا الَّذِينَ
آمَنُوا ۚ سَأُلْقِي فِي قُلُوبِ الَّذِينَ كَفَرُوا الرُّعْبَ فَاضْرِبُوا
فَوْقَ الْأَعْنَاقِ وَاضْرِبُوا مِنْهُمْ كُلَّ بَنَانٍ ﴿١٢﴾ ذَٰلِكَ بِأَنَّهُمْ
شَاقُّوا اللَّهَ وَرَسُولَهُ ۚ وَمَن يُشَاقِقِ اللَّهَ وَرَسُولَهُ فَإِنَّ اللَّهَ
شَدِيدُ الْعِقَابِ ﴿١٣﴾ ذَٰلِكُمْ فَذُوقُوهُ وَأَنَّ لِلْكَافِرِينَ
عَذَابَ النَّارِ ﴿١٤﴾ يَا أَيُّهَا الَّذِينَ آمَنُوا إِذَا لَقِيتُمُ الَّذِينَ
كَفَرُوا زَحْفًا فَلَا تُوَلُّوهُمُ الْأَدْبَارَ ﴿١٥﴾ وَمَن يُوَلِّهِمْ يَوْمَئِذٍ
دُبُرَهُ إِلَّا مُتَحَرِّفًا لِّقِتَالٍ أَوْ مُتَحَيِّزًا إِلَىٰ فِئَةٍ فَقَدْ بَاءَ
بِغَضَبٍ مِّنَ اللَّهِ وَمَأْوَاهُ جَهَنَّمُ ۖ وَبِئْسَ الْمَصِيرُ ﴿١٦﴾

彼らは真理[790]について、それが明らかになった後もおまえと論争する。ちょうど見ている中で死へと追い集められているかのように。(8：6)

また、アッラーが二派のうちひとつを、それはおまえたちのものだと約束し給うた時のこと[791]。そしておまえたちは武器を持たない方がおまえたちのものとなることを望んだ。だが、アッラーは彼の御言葉によって真理を真理となし、不信仰者たちを根絶させることを望み給うた。(8：7)

真理を真理となし、虚偽を虚偽となし給うために。そしてたとえ、罪人《つみびと》たちが嫌おうとも。(8：8)

おまえたちがおまえたちの主に助けを求めた時のこと[792]。彼はおまえたちに答え給うた、「われは列をなす千の天使たちでおまえたちを増強する者である」。(8：9)

そしてアッラーはこれを吉報以外にはなし給わず、それは、それによっておまえたちの心が安んじるためであった。そして勝利はアッラーの御許からのみ。まことにアッラーは威力比類なく、英明なる御方。(8：10)

彼がおまえたちを、彼からの安全としてまどろみ[793]で包み給うた時のこと。彼はおまえたちに天から水を降らせ給うた。それでおまえたちを清め、おまえたちから悪魔の汚れを払い、おまえたちの心を引き締め、それによって足を確固たるものとなし給うために。(8：11)

おまえたちの主が天使たちに啓示し給うた時のこと。「まことにわれはおまえたちと共にいる。それゆえ、信仰する者たちを強固にせよ。われは信仰を拒んだ者たちの心に震恐を投じよう。それゆえ、おまえたちはうなじの上を打ち、彼らの指先をことごとく打ち切れ」。(8：12)

それは、彼らがアッラーと彼の使徒に刃向ったからである。アッラーと彼の使徒に刃向う者、まことにアッラーは応報に厳しい御方。(8：13)

こうしたもの[794]、それゆえ、それを味わえ。不信仰者たちには獄火の懲罰があるのである。(8：14)

信仰する者たちよ、寄せ来る信仰を拒む者たち[795]に対峙した時には、彼らに背を向けてはならない。(8：15)

その日、彼らに背を向ける者は、戦闘のための方向転換か、(別の)一隊(の支援)に合流するためを除き、アッラーからの御怒りを蒙り、その住処は火獄《ジャハンナム》である。またなんと悪い行き着く先か。(8：16)

790　戦闘を行うべきであるとの真理。

791　二派とは、(1)商品を運ぶ隊商(隊商と商品を捕獲しての帰郷)、(2)敵軍(勝利と戦死者への殉教の栄誉と生き残った者への戦利品と凱旋)を意味し、どちらか一つが約束された。

792　バドルの戦いにおいて、マッカの多神教徒軍が約千名であったのに対して、ムスリム軍は三百数十名の劣勢であった。

793　戦時の恐怖の中でまどろみが訪れることは、平常心の回復と安全の印とされる。3章154節参照。

794　応報とはこうしたものである。または、こうしたものが応報である(あるいは相応しい)。

795　不信仰者の一丸となった大軍。

فَلَمْ تَقْتُلُوهُمْ وَلَٰكِنَّ ٱللَّهَ قَتَلَهُمْ ۚ وَمَا رَمَيْتَ إِذْ رَمَيْتَ
وَلَٰكِنَّ ٱللَّهَ رَمَىٰ وَلِيُبْلِىَ ٱلْمُؤْمِنِينَ مِنْهُ بَلَآءً حَسَنًا ۚ
إِنَّ ٱللَّهَ سَمِيعٌ عَلِيمٌ ﴿١٧﴾ ذَٰلِكُمْ وَأَنَّ ٱللَّهَ مُوهِنُ كَيْدِ
ٱلْكَٰفِرِينَ ﴿١٨﴾ إِن تَسْتَفْتِحُوا۟ فَقَدْ جَآءَكُمُ ٱلْفَتْحُ ۖ وَإِن
تَنتَهُوا۟ فَهُوَ خَيْرٌ لَّكُمْ ۖ وَإِن تَعُودُوا۟ نَعُدْ وَلَن تُغْنِىَ عَنكُمْ
فِئَتُكُمْ شَيْـًٔا وَلَوْ كَثُرَتْ وَأَنَّ ٱللَّهَ مَعَ ٱلْمُؤْمِنِينَ ﴿١٩﴾
يَٰٓأَيُّهَا ٱلَّذِينَ ءَامَنُوٓا۟ أَطِيعُوا۟ ٱللَّهَ وَرَسُولَهُۥ وَلَا تَوَلَّوْا۟ عَنْهُ
وَأَنتُمْ تَسْمَعُونَ ﴿٢٠﴾ وَلَا تَكُونُوا۟ كَٱلَّذِينَ قَالُوا۟ سَمِعْنَا وَهُمْ
لَا يَسْمَعُونَ ﴿٢١﴾ ۞ إِنَّ شَرَّ ٱلدَّوَآبِّ عِندَ ٱللَّهِ ٱلصُّمُّ ٱلْبُكْمُ
ٱلَّذِينَ لَا يَعْقِلُونَ ﴿٢٢﴾ وَلَوْ عَلِمَ ٱللَّهُ فِيهِمْ خَيْرًا لَّأَسْمَعَهُمْ ۖ
وَلَوْ أَسْمَعَهُمْ لَتَوَلَّوا۟ وَّهُم مُّعْرِضُونَ ﴿٢٣﴾ يَٰٓأَيُّهَا ٱلَّذِينَ
ءَامَنُوا۟ ٱسْتَجِيبُوا۟ لِلَّهِ وَلِلرَّسُولِ إِذَا دَعَاكُمْ لِمَا يُحْيِيكُمْ ۖ
وَٱعْلَمُوٓا۟ أَنَّ ٱللَّهَ يَحُولُ بَيْنَ ٱلْمَرْءِ وَقَلْبِهِۦ وَأَنَّهُۥٓ إِلَيْهِ
تُحْشَرُونَ ﴿٢٤﴾ وَٱتَّقُوا۟ فِتْنَةً لَّا تُصِيبَنَّ ٱلَّذِينَ ظَلَمُوا۟
مِنكُمْ خَآصَّةً ۖ وَٱعْلَمُوٓا۟ أَنَّ ٱللَّهَ شَدِيدُ ٱلْعِقَابِ ﴿٢٥﴾

そしておまえたちが彼らを殺したのではなく、アッラーが彼らを殺し給うた。また、おまえが投げた時、おまえが投げたのではなく、アッラーが投げ給うた[796]。そしてそれは、信仰者をそれによって良い試練として試み給うためであった。まことに、アッラーはよく聞きよく知り給う御方。(8：17)

こうしたもの、アッラーは不信仰者たちの策謀を無力化し給う御方。(8：18)

おまえたちは[797]勝利を求めたが、すでにおまえたちにその勝利は訪れたのである[798]。そしておまえたちが止めれば、それはおまえたちにとって一層良い。またもしおまえたちが戻るなら、われらも戻る[799]。そしておまえたちの軍隊がおまえたちの役に立つことはない、たとえそれが多かろうとも。まことにアッラーは信仰者たちと共におわします。(8：19)

信仰する者たちよ、アッラーと彼の使徒に従え。そして聞きながら、彼に背いてはならない。(8：20)

また、聞いていないのに「われらは聞いた」という者たちのようであってはならない[800]。(8：21)

まことに、アッラーの御許において最悪の動物は理解しない聾唖者たちである[801]。(8：22)

そしてもしアッラーが彼らに善を認め給うたなら、必ずや彼らに聞かせ給うたであろう。だが、たとえ彼らに聞かせ給うたとしても、彼らは背を向けて離れ去ったであろう。(8：23)

信仰する者たちよ、アッラーと彼の使徒に応えよ。彼がおまえたちを生かすものへと呼びかけた時には。そして、アッラーは人とその心の間を仕切り給うと知れ[802]。また彼の御許にこそ、おまえは集められるのだと。(8：24)

また、試練を畏れ身を守れ。それは、おまえたちのうち不正をなす者だけを襲うのではない[803]。そしてアッラーは懲罰に厳しい御方であらせられると知れ。(8：25)

796　預言者ムハンマドが一握りの小石を不信仰者たちの顔に投げつけた時、アッラーは彼らの目を眩ませ給うた。

797　一転して、マッカの不信仰者たちへの呼びかけとなっている。

798　マッカの不信仰者がアッラーに「より正当な側を勝利させ給え」と祈った後に、ムスリム側が勝利したことを指す。

799　おまえたちが不信仰とムスリムとの敵対を止めるなら、そのほうがおまえたちにとって良い。もしまた戦いを再開するなら、われらもまたムスリム軍を助けおまえたちを打ち破る。

800　耳で聞いてはいるが、聴き従わない偽信者、不信仰者のようになってはならない。

801　一説によると、これは「われわれはムハンマドがもたらしたものに対して、聾唖である」と嘲笑していたアブドゥッダール家の者たちを指し、彼らはバドルの戦いで、全員が戦死した。

802　アッラーの御心によってでなければ、人は信仰することも、信仰を拒むこともできないことを悟れ。

803　アッラーはムスリムが悪を黙認することを禁じ給い、ムスリムの間に悪が蔓延した時には、悪を犯した者だけではなく、悪が蔓延するまで放置した者にも、厄災が及ぶ。

وَٱذْكُرُوٓاْ إِذْ أَنتُمْ قَلِيلٌ مُّسْتَضْعَفُونَ فِى ٱلْأَرْضِ تَخَافُونَ
أَن يَتَخَطَّفَكُمُ ٱلنَّاسُ فَـَٔاوَىٰكُمْ وَأَيَّدَكُم بِنَصْرِهِۦ وَرَزَقَكُم
مِّنَ ٱلطَّيِّبَٰتِ لَعَلَّكُمْ تَشْكُرُونَ ﴿٢٦﴾ يَٰٓأَيُّهَا ٱلَّذِينَ ءَامَنُواْ
لَا تَخُونُواْ ٱللَّهَ وَٱلرَّسُولَ وَتَخُونُوٓاْ أَمَٰنَٰتِكُمْ وَأَنتُمْ تَعْلَمُونَ
﴿٢٧﴾ وَٱعْلَمُوٓاْ أَنَّمَآ أَمْوَٰلُكُمْ وَأَوْلَٰدُكُمْ فِتْنَةٌ وَأَنَّ ٱللَّهَ
عِندَهُۥٓ أَجْرٌ عَظِيمٌ ﴿٢٨﴾ يَٰٓأَيُّهَا ٱلَّذِينَ ءَامَنُوٓاْ إِن تَتَّقُواْ
ٱللَّهَ يَجْعَل لَّكُمْ فُرْقَانًا وَيُكَفِّرْ عَنكُمْ سَيِّـَٔاتِكُمْ
وَيَغْفِرْ لَكُمْ ۗ وَٱللَّهُ ذُو ٱلْفَضْلِ ٱلْعَظِيمِ ﴿٢٩﴾ وَإِذْ يَمْكُرُ بِكَ
ٱلَّذِينَ كَفَرُواْ لِيُثْبِتُوكَ أَوْ يَقْتُلُوكَ أَوْ يُخْرِجُوكَ ۚ وَيَمْكُرُونَ
وَيَمْكُرُ ٱللَّهُ ۖ وَٱللَّهُ خَيْرُ ٱلْمَٰكِرِينَ ﴿٣٠﴾ وَإِذَا تُتْلَىٰ عَلَيْهِمْ
ءَايَٰتُنَا قَالُواْ قَدْ سَمِعْنَا لَوْ نَشَآءُ لَقُلْنَا مِثْلَ هَٰذَآ ۙ إِنْ هَٰذَآ
إِلَّآ أَسَٰطِيرُ ٱلْأَوَّلِينَ ﴿٣١﴾ وَإِذْ قَالُواْ ٱللَّهُمَّ إِن كَانَ هَٰذَا
هُوَ ٱلْحَقَّ مِنْ عِندِكَ فَأَمْطِرْ عَلَيْنَا حِجَارَةً مِّنَ ٱلسَّمَآءِ
أَوِ ٱئْتِنَا بِعَذَابٍ أَلِيمٍ ﴿٣٢﴾ وَمَا كَانَ ٱللَّهُ لِيُعَذِّبَهُمْ وَأَنتَ
فِيهِمْ ۚ وَمَا كَانَ ٱللَّهُ مُعَذِّبَهُمْ وَهُمْ يَسْتَغْفِرُونَ ﴿٣٣﴾

またおまえたちが(マッカの)地において少なく、虐げられており、人々がおまえたちを襲うことを恐れているところを、彼がおまえたちを(マディーナに)避難させ、彼の援けによって加勢し、良いものから糧を与え給うた時のことを思い起こせ。きっとおまえたちも感謝するであろうと。(8：26)

信仰する者たちよ、アッラーと使徒を裏切ってはならない。また知っていながら信託物を裏切ることも(ならない)。(8：27)

おまえたちの財産と子供たちは試練[804]であり、アッラーの御許には大いなる報酬があると知れ。(8：28)

信仰する者たちよ、もしおまえたちがアッラーを畏れ身を守るなら、彼はおまえたちに識別を与え、おまえたちの悪事を帳消しにし、おまえたちを赦し給う。そしてまことにアッラーは大いなる御恵みの持ち主。(8：29)

また、信仰を拒んだ者たちがおまえに対し、拘禁するか、殺害するか、追放しようとしておまえを欺いた時のこと[805]。そして彼らは欺くが、アッラーも欺き給う。そしてアッラーは策謀者たちのうち最良の御方。(8：30)

そして彼らは、われらの諸々の徴が読み聞かされると、言った。「われらはすでに聞いた[806]。われらが望むなら、それと同じものをわれらも語ったであろう。まことに、これは昔の者たちの作り話にすぎない」。(8：31)

また、彼らが言った時のこと。「アッラーよ、もしこれがあなたの御許からの真理であれば、われらに天から石を降らせるか、われらに痛苦の懲罰を与え給え[807]」。(8：32)

だが、アッラーは、おまえが彼らの間にありながら彼らを罰し給うことはなく、彼らが赦しを乞うているのに[808]彼らを罰し給う御方ではない。(8：33)

804　来世を想うことから気を逸らせるもの。

805　預言者がマディーナに移住する前の出来事。マディーナの民がイスラームを受け入れたことを知ったマッカの多神教徒のクライシュ族の長老たちが集まって対策を協議し、預言者の謀殺を決めた時、天使ジブリールがそのことを預言者に告げ、彼は危うく難を逃れた。

806　「律法の書」や「福音書」などの昔話の類を。

807　70章1節参照。

808　カアバ神殿の周りを「あなたの御赦しを」と唱えながら周回していた多神教徒を指すとも、多神教徒に混じって暮らしていたムスリムを指すとも言われる。

وَمَا لَهُمْ أَلَّا يُعَذِّبَهُمُ ٱللَّهُ وَهُمْ يَصُدُّونَ عَنِ ٱلْمَسْجِدِ
ٱلْحَرَامِ وَمَا كَانُوٓا۟ أَوْلِيَآءَهُۥٓ ۚ إِنْ أَوْلِيَآؤُهُۥٓ إِلَّا ٱلْمُتَّقُونَ
وَلَٰكِنَّ أَكْثَرَهُمْ لَا يَعْلَمُونَ ﴿٣٤﴾ وَمَا كَانَ صَلَاتُهُمْ
عِندَ ٱلْبَيْتِ إِلَّا مُكَآءً وَتَصْدِيَةً ۚ فَذُوقُوا۟ ٱلْعَذَابَ
بِمَا كُنتُمْ تَكْفُرُونَ ﴿٣٥﴾ إِنَّ ٱلَّذِينَ كَفَرُوا۟ يُنفِقُونَ
أَمْوَٰلَهُمْ لِيَصُدُّوا۟ عَن سَبِيلِ ٱللَّهِ ۚ فَسَيُنفِقُونَهَا ثُمَّ تَكُونُ
عَلَيْهِمْ حَسْرَةً ثُمَّ يُغْلَبُونَ ۗ وَٱلَّذِينَ كَفَرُوٓا۟ إِلَىٰ جَهَنَّمَ
يُحْشَرُونَ ﴿٣٦﴾ لِيَمِيزَ ٱللَّهُ ٱلْخَبِيثَ مِنَ ٱلطَّيِّبِ وَيَجْعَلَ
ٱلْخَبِيثَ بَعْضَهُۥ عَلَىٰ بَعْضٍ فَيَرْكُمَهُۥ جَمِيعًا فَيَجْعَلَهُۥ
فِى جَهَنَّمَ ۚ أُو۟لَٰٓئِكَ هُمُ ٱلْخَٰسِرُونَ ﴿٣٧﴾ قُل لِّلَّذِينَ
كَفَرُوٓا۟ إِن يَنتَهُوا۟ يُغْفَرْ لَهُم مَّا قَدْ سَلَفَ وَإِن يَعُودُوا۟
فَقَدْ مَضَتْ سُنَّتُ ٱلْأَوَّلِينَ ﴿٣٨﴾ وَقَٰتِلُوهُمْ حَتَّىٰ
لَا تَكُونَ فِتْنَةٌ وَيَكُونَ ٱلدِّينُ كُلُّهُۥ لِلَّهِ ۚ فَإِنِ
ٱنتَهَوْا۟ فَإِنَّ ٱللَّهَ بِمَا يَعْمَلُونَ بَصِيرٌ ﴿٣٩﴾ وَإِن تَوَلَّوْا۟
فَٱعْلَمُوٓا۟ أَنَّ ٱللَّهَ مَوْلَىٰكُمْ ۚ نِعْمَ ٱلْمَوْلَىٰ وَنِعْمَ ٱلنَّصِيرُ ﴿٤٠﴾

だが禁裏モスクを、その後見（管理人）でもないのに妨害する彼らをアッラーが罰し給わないとは、彼らはどうしたことか[809]。まことに、その後見（管理人）たちは、畏れ身を守る者たちのほかにない。だが、彼らの大半は知らない。(8：34)

そして館（カアバ神殿）における彼らの礼拝は、口笛と拍手のほかにない。それゆえ、おまえたちが信ずることを拒んだものゆえに懲罰を味わえ。(8：35)

まことに信仰を拒んだ者たち、彼らはアッラーの道を妨害するために彼らの財産を費やす。それで彼らはそれを今後も費やすであろう。それからそれは彼らの遺憾となり、それから彼らは打ち負かされる。そして信仰を拒んだ者たちは、火獄《ジャハンナム》に追い集められるのである。(8：36)

アッラーが善良なものから邪悪なものを分け、邪悪なものを互いの上に重ねて、一緒に積み上げ、火獄に入れ給うために。それらの者、彼らこそ損失者である。(8：37)

信仰を拒んだ者たちに言え、もし彼らが止めるなら、彼らには過去になしたことは赦されるが、もし戻るなら、昔の者たちの先例はすでに起こっている[810]。(8：38)

そして彼らと戦え、迫害がなくなり、宗教がそっくりアッラーのものとなるまで。それで彼らが止めるなら、まことにアッラーは彼らのなすことを見通し給う御方。(8：39)

だが、もし背き去るなら、アッラーこそおまえたちの庇護者と知れ。なんと良い庇護者にして、なんと良い援助者であらせられることか。(8：40)

809　本来、多神教徒にはマッカの禁裏モスクを管理する資格はないのに、あまつさえムスリムが正しくそこでアッラーを崇拝するのを妨害する以上、もはやアッラーが懲罰を猶予されることはない、との反語疑問文。この節は前節の赦しの猶予を破棄する。

810　彼らが預言者ムハンマドへの敵対を止めないなら、過去の預言者たちに背いた者たちが懲罰を受け滅ぼされたのと同様の報いを受けることになる。

۞وَٱعۡلَمُوٓاْ أَنَّمَا غَنِمۡتُم مِّن شَيۡءٖ فَأَنَّ لِلَّهِ خُمُسَهُۥ وَلِلرَّسُولِ
وَلِذِي ٱلۡقُرۡبَىٰ وَٱلۡيَتَٰمَىٰ وَٱلۡمَسَٰكِينِ وَٱبۡنِ ٱلسَّبِيلِ إِن
كُنتُمۡ ءَامَنتُم بِٱللَّهِ وَمَآ أَنزَلۡنَا عَلَىٰ عَبۡدِنَا يَوۡمَ ٱلۡفُرۡقَانِ
يَوۡمَ ٱلۡتَقَى ٱلۡجَمۡعَانِۗ وَٱللَّهُ عَلَىٰ كُلِّ شَيۡءٖ قَدِيرٌ ٤١ إِذۡ
أَنتُم بِٱلۡعُدۡوَةِ ٱلدُّنۡيَا وَهُم بِٱلۡعُدۡوَةِ ٱلۡقُصۡوَىٰ وَٱلرَّكۡبُ
أَسۡفَلَ مِنكُمۡۚ وَلَوۡ تَوَاعَدتُّمۡ لَٱخۡتَلَفۡتُمۡ فِي ٱلۡمِيعَٰدِ
وَلَٰكِن لِّيَقۡضِيَ ٱللَّهُ أَمۡرٗا كَانَ مَفۡعُولٗا لِّيَهۡلِكَ مَنۡ
هَلَكَ عَنۢ بَيِّنَةٖ وَيَحۡيَىٰ مَنۡ حَيَّ عَنۢ بَيِّنَةٖۗ وَإِنَّ ٱللَّهَ
لَسَمِيعٌ عَلِيمٌ ٤٢ إِذۡ يُرِيكَهُمُ ٱللَّهُ فِي مَنَامِكَ قَلِيلٗاۖ
وَلَوۡ أَرَىٰكَهُمۡ كَثِيرٗا لَّفَشِلۡتُمۡ وَلَتَنَٰزَعۡتُمۡ فِي ٱلۡأَمۡرِ
وَلَٰكِنَّ ٱللَّهَ سَلَّمَۚ إِنَّهُۥ عَلِيمُۢ بِذَاتِ ٱلصُّدُورِ ٤٣ وَإِذۡ
يُرِيكُمُوهُمۡ إِذِ ٱلۡتَقَيۡتُمۡ فِيٓ أَعۡيُنِكُمۡ قَلِيلٗا وَيُقَلِّلُكُمۡ
فِيٓ أَعۡيُنِهِمۡ لِيَقۡضِيَ ٱللَّهُ أَمۡرٗا كَانَ مَفۡعُولٗاۗ وَإِلَى ٱللَّهِ
تُرۡجَعُ ٱلۡأُمُورُ ٤٤ يَٰٓأَيُّهَا ٱلَّذِينَ ءَامَنُوٓاْ إِذَا لَقِيتُمۡ فِئَةٗ
فَٱثۡبُتُواْ وَٱذۡكُرُواْ ٱللَّهَ كَثِيرٗا لَّعَلَّكُمۡ تُفۡلِحُونَ ٤٥

そしておまえたちが戦い獲ったどんなものも、その五分の一はアッラーとその使徒と、近親[811]、孤児、貧困者、そして旅路にある者に属すると知れ[812]。もし、おまえたちがアッラーと、分別の日、両軍の会戦の日[813]にわれらの僕《しもべ》にわれらが下したものを信ずるのであれば。そしてアッラーはすべてのものに対して全能なる御方。(8：41)

その時、おまえたちは近い岸[814]に、また彼らは遠方の岸にいて、隊商はおまえたちより低い位置(海辺)にいた。そしておまえたちはあらかじめ(その地での会戦の)約束を交わしていたとしても、その約束を違えたであろう。だが、それは、アッラーがなされるべきことを果たし給い、滅びる者が明証に基づき滅び、生きる者が明証に基づき生きるためであった。アッラーはまことによく聞きよく知り給う御方。(8：42)

アッラーがおまえの夢の中で、彼らを少ないとおまえに見せ給う時のこと。そしてもし彼らを多いとおまえに見せ給うたなら、おまえたちは怖気づき、決定について論争になっていたであろう。だが、アッラーは護り給うた。まことに、彼は、胸中にあるものをよく知り給う御方。(8：43)

そしておまえたちが対決した際、おまえたちの目に彼らを少なく見せ給い、彼らの目にもおまえたちを少ないものとなし給う時のこと[815]。アッラーがなされるべきことを果たし給うために。そしてアッラーの御許に諸事は戻されるのである。(8：44)

信仰する者たちよ、(敵軍の)一隊に遭遇した時には、確固とし、アッラーを多く唱念せよ。きっとおまえたちは成功しよう。(8：45)

811　預言者ムハンマドの。ハーシム家とムッタリブ家が該当する。

812　残りの戦利品の五分の四は参戦者の間で分配される。

813　真実と虚偽を分けた日、ムスリム軍と不信仰者軍が戦ったバドルの戦いの日に。

814　マディーナから離れた涸川(ワーディー)の土手。

815　どちらも怖気づいて戦わずして退却しないように。ただしこれは開戦前のことで、会戦後は、不信仰者軍には、実際には少ないムスリム軍を自分たちの倍にも見せ給うた。3章13節参照。

وَأَطِيعُواْ ٱللَّهَ وَرَسُولَهُۥ وَلَا تَنَٰزَعُواْ فَتَفۡشَلُواْ وَتَذۡهَبَ
رِيحُكُمۡۖ وَٱصۡبِرُوٓاْۚ إِنَّ ٱللَّهَ مَعَ ٱلصَّٰبِرِينَ ٤٦ وَلَا تَكُونُواْ
كَٱلَّذِينَ خَرَجُواْ مِن دِيَٰرِهِم بَطَرٗا وَرِئَآءَ ٱلنَّاسِ وَيَصُدُّونَ
عَن سَبِيلِ ٱللَّهِۚ وَٱللَّهُ بِمَا يَعۡمَلُونَ مُحِيطٞ ٤٧ وَإِذۡ زَيَّنَ
لَهُمُ ٱلشَّيۡطَٰنُ أَعۡمَٰلَهُمۡ وَقَالَ لَا غَالِبَ لَكُمُ ٱلۡيَوۡمَ مِنَ
ٱلنَّاسِ وَإِنِّي جَارٞ لَّكُمۡۖ فَلَمَّا تَرَآءَتِ ٱلۡفِئَتَانِ نَكَصَ
عَلَىٰ عَقِبَيۡهِ وَقَالَ إِنِّي بَرِيٓءٞ مِّنكُمۡ إِنِّيٓ أَرَىٰ مَا لَا
تَرَوۡنَ إِنِّيٓ أَخَافُ ٱللَّهَۚ وَٱللَّهُ شَدِيدُ ٱلۡعِقَابِ ٤٨ إِذۡ يَقُولُ
ٱلۡمُنَٰفِقُونَ وَٱلَّذِينَ فِي قُلُوبِهِم مَّرَضٌ غَرَّ هَٰٓؤُلَآءِ دِينُهُمۡۗ
وَمَن يَتَوَكَّلۡ عَلَى ٱللَّهِ فَإِنَّ ٱللَّهَ عَزِيزٌ حَكِيمٞ ٤٩ وَلَوۡ
تَرَىٰٓ إِذۡ يَتَوَفَّى ٱلَّذِينَ كَفَرُواْ ٱلۡمَلَٰٓئِكَةُ يَضۡرِبُونَ
وُجُوهَهُمۡ وَأَدۡبَٰرَهُمۡ وَذُوقُواْ عَذَابَ ٱلۡحَرِيقِ ٥٠ ذَٰلِكَ
بِمَا قَدَّمَتۡ أَيۡدِيكُمۡ وَأَنَّ ٱللَّهَ لَيۡسَ بِظَلَّٰمٖ لِّلۡعَبِيدِ ٥١
كَدَأۡبِ ءَالِ فِرۡعَوۡنَ وَٱلَّذِينَ مِن قَبۡلِهِمۡۚ كَفَرُواْ بِـَٔايَٰتِ ٱللَّهِ
فَأَخَذَهُمُ ٱللَّهُ بِذُنُوبِهِمۡۚ إِنَّ ٱللَّهَ قَوِيّٞ شَدِيدُ ٱلۡعِقَابِ ٥٢

アッラーと彼の使徒に従え。論争し、怖気づいておまえたちの威風が消え去るようなことがあってはならない。そして忍耐せよ。まことにアッラーは忍耐する者と共におわします。(8：46)

また尊大な態度で、見栄の為に家から出陣し、アッラーの道を阻む者たちのようになってはならない。そしてアッラーは彼らのなすことを取り囲み給う御方。(8：47)

また悪魔が[816]彼らに彼らの行いを飾ってみせ、「今日、人々の中でおまえたちに勝利する者はない。そしてまことに私はおまえたちの隣人[817]である」と言った時のこと。ところが、両軍がお互いに見合った時、彼は踵を返して言った。「私はおまえたちと無縁である。私はおまえたちの見ていないもの(天使の軍団)を見る。私はアッラーを恐れる。アッラーは応報に厳しい御方」。(8：48)

偽信者と心に病のある者たちが、「これらの者を彼らの宗教が欺いた[818]」と言った時のこと。そしてアッラーに一任する者があれば、まことにアッラーは威力比類なく、英明なる御方。(8：49)

そしてもしおまえが見るならば。天使たちが信仰を拒んだ者たちを、彼らの顔や背を打ちながら召し上げるその時に。そして(天使たちは言う)「炎熱の懲罰を味わえ」。(8：50)

「それは、おまえたちの両手が先になしたことゆえである。そしてまことにアッラーは僕《しもべ》たちに対して不当不正な御方ではあらせられない」。(8：51)

フィルアウンの一党や、彼以前の者たちの慣わしのようである。彼らはアッラーの諸々の徴を拒み、そこでアッラーは彼らを彼らの罪ゆえに捉え給うた。まことにアッラーは強く、応報に厳しい御方。(8：52)

816　悪魔はバクル族の族長スラーカ・ブン・マーリクの姿をとって現れた、と言われる。
817　隣りにいて守護する者。
818　これらの者は自らの宗教に欺かれた、の意。

ذَٰلِكَ بِأَنَّ ٱللَّهَ لَمۡ يَكُ مُغَيِّرٗا نِّعۡمَةً أَنۡعَمَهَا عَلَىٰ قَوۡمٍ حَتَّىٰ
يُغَيِّرُواْ مَا بِأَنفُسِهِمۡ وَأَنَّ ٱللَّهَ سَمِيعٌ عَلِيمٞ ٥٣ كَدَأۡبِ ءَالِ
فِرۡعَوۡنَ وَٱلَّذِينَ مِن قَبۡلِهِمۡۚ كَذَّبُواْ بِـَٔايَٰتِ رَبِّهِمۡ فَأَهۡلَكۡنَٰهُم
بِذُنُوبِهِمۡ وَأَغۡرَقۡنَآ ءَالَ فِرۡعَوۡنَۚ وَكُلّٞ كَانُواْ ظَٰلِمِينَ ٥٤
إِنَّ شَرَّ ٱلدَّوَآبِّ عِندَ ٱللَّهِ ٱلَّذِينَ كَفَرُواْ فَهُمۡ لَا يُؤۡمِنُونَ
٥٥ ٱلَّذِينَ عَٰهَدتَّ مِنۡهُمۡ ثُمَّ يَنقُضُونَ عَهۡدَهُمۡ فِي كُلِّ
مَرَّةٖ وَهُمۡ لَا يَتَّقُونَ ٥٦ فَإِمَّا تَثۡقَفَنَّهُمۡ فِي ٱلۡحَرۡبِ فَشَرِّدۡ بِهِم
مَّنۡ خَلۡفَهُمۡ لَعَلَّهُمۡ يَذَّكَّرُونَ ٥٧ وَإِمَّا تَخَافَنَّ مِن قَوۡمٍ
خِيَانَةٗ فَٱنۢبِذۡ إِلَيۡهِمۡ عَلَىٰ سَوَآءٍۚ إِنَّ ٱللَّهَ لَا يُحِبُّ ٱلۡخَآئِنِينَ
٥٨ وَلَا يَحۡسَبَنَّ ٱلَّذِينَ كَفَرُواْ سَبَقُوٓاْۚ إِنَّهُمۡ لَا يُعۡجِزُونَ
٥٩ وَأَعِدُّواْ لَهُم مَّا ٱسۡتَطَعۡتُم مِّن قُوَّةٖ وَمِن رِّبَاطِ ٱلۡخَيۡلِ
تُرۡهِبُونَ بِهِۦ عَدُوَّ ٱللَّهِ وَعَدُوَّكُمۡ وَءَاخَرِينَ مِن دُونِهِمۡ
لَا تَعۡلَمُونَهُمُ ٱللَّهُ يَعۡلَمُهُمۡۚ وَمَا تُنفِقُواْ مِن شَيۡءٖ فِي سَبِيلِ
ٱللَّهِ يُوَفَّ إِلَيۡكُمۡ وَأَنتُمۡ لَا تُظۡلَمُونَ ٦٠ ۞ وَإِن جَنَحُواْ لِلسَّلۡمِ
فَٱجۡنَحۡ لَهَا وَتَوَكَّلۡ عَلَى ٱللَّهِۚ إِنَّهُۥ هُوَ ٱلسَّمِيعُ ٱلۡعَلِيمُ ٦١

それは、アッラーがある民に恵み給うた恩寵を、彼らが自らの許にあるものを変えるまでは、変えられる御方ではなく、またアッラーがよく聞きよく知り給う御方であれせられるからである。(8：53)

フィルアウンの一党や、彼以前の者たちの慣わしのようである。彼らはアッラーの諸々の徴を嘘として否定した。そこでアッラーは彼らを彼らの罪ゆえに滅ぼし、フィルアウンの一党を溺死させた[819]。そしてことごとく不正な者たちであった。(8：54)

まことに、アッラーの御許で最悪の動物は信仰を拒んだ者たちで、彼らは信仰しない。(8：55)

おまえが彼らと約定を交わした者で、その後、彼らはその都度約定を破り、彼らは畏れ身を守らなかった[820]。(8：56)

それゆえ、もしおまえが戦いで彼らに遭遇したなら、彼らによって彼らの背後にいる者を追い散らせ[821]。きっと、彼らも教訓を得よう。(8：57)

またおまえたちが民の中に裏切りを恐れるのであれば、対等に彼らに投げつけよ[822]。まことにアッラーは裏切る者たちを愛し給わない。(8：58)

そして信仰を拒んだ者たちは、出し抜いたと考えてはならない。まことに彼らがくじくことはできない[823]。(8：59)

そして彼らに対して、できる限りの力と馬の綱を備え、それによってアッラーとおまえたちの敵と、おまえたちは知らないがアッラーは知り給うそれ以外の者たちを威嚇せよ。そしておまえたちがアッラーの道で費やすものは、どんなものもおまえたちに十分に返済され、おまえたちは不正を蒙ることはない。(8：60)

そしてもし彼らが和平に傾いたなら、おまえたちもそれに傾き、アッラーに一任せよ[824]。まことに彼はよく聞きよく知り給う御方。(8：61)

819　2章50節参照。

820　ムスリムと戦わず、ムスリムに敵対する者を支援しないとの盟約を結びながら、破約を繰り返したユダヤ教徒クライザ族を指すと言われる。

821　ユダヤ教徒に懲罰を加えることによって、彼らの背後にいるマッカのクライシュ族の不信仰者軍の士気を挫き四散させよ。

822　前もって停戦の破棄を公式に伝えてから、宣戦せよ。

823　アッラーにつかまることを免れ、彼の懲罰を阻止し上手く逃れることができる、と思い上がってはならない。

824　庇護契約、休戦協定、寄留者安全保障契約などを交わせ。多神教徒に関する庇護契約については「剣の節」(9章5節)によって廃棄されたとも言われる。

وَإِن يُرِيدُوٓا۟ أَن يَخْدَعُوكَ فَإِنَّ حَسْبَكَ ٱللَّهُ ۚ هُوَ ٱلَّذِىٓ أَيَّدَكَ
بِنَصْرِهِۦ وَبِٱلْمُؤْمِنِينَ ﴿٦٢﴾ وَأَلَّفَ بَيْنَ قُلُوبِهِمْ ۚ لَوْ أَنفَقْتَ
مَا فِى ٱلْأَرْضِ جَمِيعًا مَّآ أَلَّفْتَ بَيْنَ قُلُوبِهِمْ وَلَـٰكِنَّ ٱللَّهَ
أَلَّفَ بَيْنَهُمْ ۚ إِنَّهُۥ عَزِيزٌ حَكِيمٌ ﴿٦٣﴾ يَـٰٓأَيُّهَا ٱلنَّبِىُّ حَسْبُكَ
ٱللَّهُ وَمَنِ ٱتَّبَعَكَ مِنَ ٱلْمُؤْمِنِينَ ﴿٦٤﴾ يَـٰٓأَيُّهَا ٱلنَّبِىُّ حَرِّضِ
ٱلْمُؤْمِنِينَ عَلَى ٱلْقِتَالِ ۚ إِن يَكُن مِّنكُمْ عِشْرُونَ صَـٰبِرُونَ
يَغْلِبُوا۟ مِا۟ئَتَيْنِ ۚ وَإِن يَكُن مِّنكُم مِّا۟ئَةٌ يَغْلِبُوٓا۟ أَلْفًا مِّنَ
ٱلَّذِينَ كَفَرُوا۟ بِأَنَّهُمْ قَوْمٌ لَّا يَفْقَهُونَ ﴿٦٥﴾ ٱلْـَٔـٰنَ خَفَّفَ
ٱللَّهُ عَنكُمْ وَعَلِمَ أَنَّ فِيكُمْ ضَعْفًا ۚ فَإِن يَكُن مِّنكُم مِّا۟ئَةٌ
صَابِرَةٌ يَغْلِبُوا۟ مِا۟ئَتَيْنِ ۚ وَإِن يَكُن مِّنكُمْ أَلْفٌ يَغْلِبُوٓا۟
أَلْفَيْنِ بِإِذْنِ ٱللَّهِ ۗ وَٱللَّهُ مَعَ ٱلصَّـٰبِرِينَ ﴿٦٦﴾ مَا كَانَ لِنَبِىٍّ
أَن يَكُونَ لَهُۥٓ أَسْرَىٰ حَتَّىٰ يُثْخِنَ فِى ٱلْأَرْضِ ۚ تُرِيدُونَ عَرَضَ
ٱلدُّنْيَا وَٱللَّهُ يُرِيدُ ٱلْـَٔاخِرَةَ ۗ وَٱللَّهُ عَزِيزٌ حَكِيمٌ ﴿٦٧﴾ لَّوْلَا كِتَـٰبٌ
مِّنَ ٱللَّهِ سَبَقَ لَمَسَّكُمْ فِيمَآ أَخَذْتُمْ عَذَابٌ عَظِيمٌ ﴿٦٨﴾ فَكُلُوا۟
مِمَّا غَنِمْتُمْ حَلَـٰلًا طَيِّبًا ۚ وَٱتَّقُوا۟ ٱللَّهَ ۚ إِنَّ ٱللَّهَ غَفُورٌ رَّحِيمٌ ﴿٦٩﴾

だが、もし彼らがおまえを欺こうとするなら、おまえにはアッラーで十分である。彼こそはおまえをその神佑と信仰者たちによって支え給う御方。(8：62)

そして、彼ら(信仰者たち)の心を結ばせ給うた。たとえおまえが地にあるものをそっくり費やしたとしても、彼らの間を結び合わせることはできなかったが、アッラーは彼らの間を結び合わせ給うた。まことに彼は威力比類なく、英明なる御方。(8：63)

預言者よ、おまえたちにはアッラー、そして信仰者たちのうちおまえに従う者で十分である。(8：64)

預言者よ、信仰者たちを戦闘に向けて励ませ。もしおまえたちのうち二十人の忍耐する者がいれば、彼らは二百人を打ち負かし、おまえたちのうち百人がいれば、信仰を拒んだ者のうちの千人を打ち負かすであろう。なぜなら、彼らは理解しない民だからである。(8：65)

今、アッラーはおまえたちから軽減し給うた[825]。おまえたちの中には弱さがあることを知り給うたからである。それゆえ、もしおまえたちのうち百人の忍耐する者がいれば、二百人を打ち負かすであろう。そして、もしおまえたちのうち千人がいれば、アッラーの御許可によって二千人を打ち負かすであろう。そしてアッラーは忍耐する者と共におわします。(8：66)

預言者にとって捕虜があることは、彼がその地で酷薄にふるまうまでは[826]、彼にはふさわしくない[827]。おまえたちは現世の儚きものを望むが、アッラーは来世を望み給う。そしてアッラーは威力比類なく、英明なる御方。(8：67)

アッラーからの書が先立っていなければ[828]、おまえたちが受け取ったものゆえにおまえたちを大いなる懲罰が襲ったであろう。(8：68)

それゆえ、おまえたちが戦い取ったものから合法で良いものを食べよ(享受せよ)。そしてアッラーを畏れ身を守れ。まことにアッラーはよく赦し給う慈悲深い御方。(8：69)

825　兵力で二倍までの敵とは戦えとのこの節によって、十倍までの敵とは戦えとの前節(第65節)の規定は破棄された。

826　敵兵は捕虜とはせず、全て殺害する。

827　この節は、バドルの戦いで、敵の敗残兵を捕虜にし、一人につき銀千六百ディルハム(約四千八百グラム)の身代金で捕虜を解放したときに下された。この節は敵兵を捕虜として解放することを許す8章70節、あるいは47章4節によって破棄された。

828　天の「護持された書板」(85章22節)の中に戦利品を奪い、敵を捕虜とし身代金を取ることの許可が予め運命として書き定められていなければ。

يَٰٓأَيُّهَا ٱلنَّبِيُّ قُل لِّمَن فِيٓ أَيۡدِيكُم مِّنَ ٱلۡأَسۡرَىٰٓ إِن يَعۡلَمِ ٱللَّهُ
فِي قُلُوبِكُمۡ خَيۡرٗا يُؤۡتِكُمۡ خَيۡرٗا مِّمَّآ أُخِذَ مِنكُمۡ وَيَغۡفِرۡ لَكُمۡۚ
وَٱللَّهُ غَفُورٞ رَّحِيمٞ ٧٠ وَإِن يُرِيدُواْ خِيَانَتَكَ فَقَدۡ خَانُواْ ٱللَّهَ
مِن قَبۡلُ فَأَمۡكَنَ مِنۡهُمۡۗ وَٱللَّهُ عَلِيمٌ حَكِيمٌ ٧١ إِنَّ ٱلَّذِينَ
ءَامَنُواْ وَهَاجَرُواْ وَجَٰهَدُواْ بِأَمۡوَٰلِهِمۡ وَأَنفُسِهِمۡ فِي سَبِيلِ
ٱللَّهِ وَٱلَّذِينَ ءَاوَواْ وَّنَصَرُوٓاْ أُوْلَٰٓئِكَ بَعۡضُهُمۡ أَوۡلِيَآءُ بَعۡضٖۚ وَٱلَّذِينَ
ءَامَنُواْ وَلَمۡ يُهَاجِرُواْ مَا لَكُم مِّن وَلَٰيَتِهِم مِّن شَيۡءٍ حَتَّىٰ يُهَاجِرُواْۚ
وَإِنِ ٱسۡتَنصَرُوكُمۡ فِي ٱلدِّينِ فَعَلَيۡكُمُ ٱلنَّصۡرُ إِلَّا عَلَىٰ قَوۡمِۭ
بَيۡنَكُمۡ وَبَيۡنَهُم مِّيثَٰقٞۗ وَٱللَّهُ بِمَا تَعۡمَلُونَ بَصِيرٞ ٧٢ وَٱلَّذِينَ
كَفَرُواْ بَعۡضُهُمۡ أَوۡلِيَآءُ بَعۡضٍۚ إِلَّا تَفۡعَلُوهُ تَكُن فِتۡنَةٞ فِي
ٱلۡأَرۡضِ وَفَسَادٞ كَبِيرٞ ٧٣ وَٱلَّذِينَ ءَامَنُواْ وَهَاجَرُواْ وَجَٰهَدُواْ
فِي سَبِيلِ ٱللَّهِ وَٱلَّذِينَ ءَاوَواْ وَّنَصَرُوٓاْ أُوْلَٰٓئِكَ هُمُ ٱلۡمُؤۡمِنُونَ
حَقّٗاۚ لَّهُم مَّغۡفِرَةٞ وَرِزۡقٞ كَرِيمٞ ٧٤ وَٱلَّذِينَ ءَامَنُواْ مِنۢ بَعۡدُ
وَهَاجَرُواْ وَجَٰهَدُواْ مَعَكُمۡ فَأُوْلَٰٓئِكَ مِنكُمۡۚ وَأُوْلُواْ ٱلۡأَرۡحَامِ
بَعۡضُهُمۡ أَوۡلَىٰ بِبَعۡضٖ فِي كِتَٰبِ ٱللَّهِۚ إِنَّ ٱللَّهَ بِكُلِّ شَيۡءٍ عَلِيمُۢ ٧٥

預言者よ、おまえたちの手中にある捕虜の者に言え。もし、アッラーがおまえたちの心の中の良いものを認め給えば、おまえたちから奪われたものより良いものをおまえたちに与え給い、おまえたちを赦し給う[829]。そしてアッラーはよく赦し給う慈悲深い御方。(8：70)

だが、もし彼らが(解放後)おまえを裏切ることを望むなら、彼らは以前よりアッラーを裏切っていたのであり、それゆえ、彼は彼らを征し給うたのである[830]。アッラーはよく知り給う英明なる御方。(8：71)

まことに信仰し、移住し、自分たちの財産と命を捧げてアッラーの道において奮闘《ジハード》した者たち、また避難所を提供し、援けた者たち、それらの者たちは互いに後見である[831]。一方、信仰しても移住しない者、彼らが移住するまでは彼らの庇護はおまえたちの義務ではまったくない[832]。しかしもし、彼らが宗教においておまえたちに援けを求めたなら、おまえたちと彼らの間に確約(盟約)のある民に敵対する場合を除き、援けがおまえたちに課せられる。そしてアッラーはおまえたちのなすことを見通し給う御方。(8：72)

そして信仰を拒んだ者たち、彼らは互いに後見である。おまえたちがそれ(ムスリムの援助)をしなければ、地上には紊乱と大きな荒廃があろう。(8：73)

そして信仰し、移住し、アッラーの道において奮闘《ジハード》した者たち、そして避難所を提供し助けた者たち、それらの者、彼らこそは真の信仰者である。彼らには赦しと栄誉ある糧がある。(8：74)

また後から信仰し、移住し、おまえたちと共に奮闘《ジハード》した者たち、それらの者はおまえたちの仲間である。但し、血縁のある者たちは(遺産相続においては)アッラーの書において互いに一層近い。まことにアッラーは全てのことを知り給う御方。(8：75)

829　イスラームを信ずれば、払った身代金以上のものを現世、来世でアッラーから授かる。

830　アッラーは不信仰者たちを預言者に捕虜として引き渡し給うた。

831　マディーナへのヒジュラ(聖遷)直後には、マッカから移住した避難者と、マディーナで彼らを受け入れた援助者の間で、義兄弟関係が設定され、義兄弟となった者は互いに相続しあった。この義兄弟関係による相続は8章75節によって破棄された。

832　彼らはおまえたちの戦利品の分け前も無く、相続もしない。

第９章　悔悟 …… سورة التوبة

マディーナ垂示

３節の「悔いて戻れば」に因み「悔悟」章と名づけられる。

冒頭に、「慈悲あまねく慈悲深きアッラーの御名において」が書かれない唯一の章。不信仰者との絶縁と宣戦布告であるため慈悲の言葉が添えられないためとも、前章「戦利品」章の続きであるためとも言われる。第１節の冒頭の語に因み「絶縁」章とも呼ばれる。

多神教徒との盟約が破棄され、戦いが命じられる。その中で一般のモスク、及びマッカの聖モスクに異教徒が立ち入ることの禁止(17-18、28節)、たとえ近親であっても不信仰者と親交を結んではならず(23-24節)、その赦しを請うて祈ってもならないこと(113節)、啓典の民とも彼らが税(ジズヤ)を払わない限り戦うべきこと(29節)、ユダヤ教やキリスト教の聖職者の貪欲、貨幣の退蔵が大罪であること(34-35節)、聖月の規定(36節)、ジハードに出征しないことが偽信仰とみなされること(38-59、81-96、118-126節)、但し病弱な者、貧しい者はその限りではないこと(91節)、ジハードに出征しなかった者でも悔い改めた者は赦されること(118節)、一部の信徒は出征せずイスラームの教育に携るべきこと(122節)などが教えられる。

سُورَةُ التَّوۡبَةِ

بَرَآءَةٞ مِّنَ ٱللَّهِ وَرَسُولِهِۦٓ إِلَى ٱلَّذِينَ عَٰهَدتُّم مِّنَ ٱلۡمُشۡرِكِينَ ١
فَسِيحُواْ فِي ٱلۡأَرۡضِ أَرۡبَعَةَ أَشۡهُرٖ وَٱعۡلَمُوٓاْ أَنَّكُمۡ غَيۡرُ مُعۡجِزِي
ٱللَّهِ وَأَنَّ ٱللَّهَ مُخۡزِي ٱلۡكَٰفِرِينَ ٢ وَأَذَٰنٞ مِّنَ ٱللَّهِ وَرَسُولِهِۦٓ
إِلَى ٱلنَّاسِ يَوۡمَ ٱلۡحَجِّ ٱلۡأَكۡبَرِ أَنَّ ٱللَّهَ بَرِيٓءٞ مِّنَ ٱلۡمُشۡرِكِينَ
وَرَسُولُهُۥۚ فَإِن تُبۡتُمۡ فَهُوَ خَيۡرٞ لَّكُمۡۖ وَإِن تَوَلَّيۡتُمۡ فَٱعۡلَمُوٓاْ
أَنَّكُمۡ غَيۡرُ مُعۡجِزِي ٱللَّهِۗ وَبَشِّرِ ٱلَّذِينَ كَفَرُواْ بِعَذَابٍ أَلِيمٍ
٣ إِلَّا ٱلَّذِينَ عَٰهَدتُّم مِّنَ ٱلۡمُشۡرِكِينَ ثُمَّ لَمۡ يَنقُصُوكُمۡ شَيۡـٔٗا
وَلَمۡ يُظَٰهِرُواْ عَلَيۡكُمۡ أَحَدٗا فَأَتِمُّوٓاْ إِلَيۡهِمۡ عَهۡدَهُمۡ إِلَىٰ مُدَّتِهِمۡۚ
إِنَّ ٱللَّهَ يُحِبُّ ٱلۡمُتَّقِينَ ٤ فَإِذَا ٱنسَلَخَ ٱلۡأَشۡهُرُ ٱلۡحُرُمُ
فَٱقۡتُلُواْ ٱلۡمُشۡرِكِينَ حَيۡثُ وَجَدتُّمُوهُمۡ وَخُذُوهُمۡ وَٱحۡصُرُوهُمۡ
وَٱقۡعُدُواْ لَهُمۡ كُلَّ مَرۡصَدٖۚ فَإِن تَابُواْ وَأَقَامُواْ ٱلصَّلَوٰةَ وَءَاتَوُاْ
ٱلزَّكَوٰةَ فَخَلُّواْ سَبِيلَهُمۡۚ إِنَّ ٱللَّهَ غَفُورٞ رَّحِيمٞ ٥ وَإِنۡ أَحَدٞ
مِّنَ ٱلۡمُشۡرِكِينَ ٱسۡتَجَارَكَ فَأَجِرۡهُ حَتَّىٰ يَسۡمَعَ كَلَٰمَ
ٱللَّهِ ثُمَّ أَبۡلِغۡهُ مَأۡمَنَهُۥ ذَٰلِكَ بِأَنَّهُمۡ قَوۡمٞ لَّا يَعۡلَمُونَ ٦

アッラーと彼の使徒から、おまえたちが約定を交わした多神教徒たちへの絶縁である。(9：1)

それゆえ四ヶ月地上を往来せよ[833]。そして知れ、おまえたちはアッラーを頓挫させる者ではなく、アッラーは不信仰者たちを辱め給う御方であると。(9：2)

大巡礼の(犠牲の)日におけるアッラーと彼の使徒から人々への、アッラーは多神教徒たちとは無関係であり、彼の使徒もまた(無関係である)、との告知である[834]。それでもしおまえたちが悔いて戻れば、それはおまえたちにとって一番良いが、もしおまえたちが背き去るなら、おまえたちはアッラーを頓挫させる者ではないと知れ。そして信仰を拒んだ者たちには痛苦の吉報を伝えよ。(9：3)

ただし、多神教徒のうちおまえたちと約定を交わし、その後おまえたちにわずかでも不利益になることをせず、おまえたちに敵対して誰かを援助したことのない者たちは別である。彼ら

833　多神教徒へ向けた言葉。

834　ヒジュラ暦9(西暦630)年の巡礼月に、預言者ムハンマドはアブー・バクル、次いでアリーをマッカに遣わし、カアバ神殿を裸で周回していた多神教徒たちに、多神教徒がカアバ神殿を裸で回ることを禁止し、翌年以降は多神教徒がカアバ神殿に巡礼に来ることはもはや許されないことを告知せられた。

كَيۡفَ يَكُونُ لِلۡمُشۡرِكِينَ عَهۡدٌ عِندَ ٱللَّهِ وَعِندَ رَسُولِهِۦٓ
إِلَّا ٱلَّذِينَ عَٰهَدتُّمۡ عِندَ ٱلۡمَسۡجِدِ ٱلۡحَرَامِۖ فَمَا ٱسۡتَقَٰمُواْ
لَكُمۡ فَٱسۡتَقِيمُواْ لَهُمۡۚ إِنَّ ٱللَّهَ يُحِبُّ ٱلۡمُتَّقِينَ ٧
كَيۡفَ وَإِن يَظۡهَرُواْ عَلَيۡكُمۡ لَا يَرۡقُبُواْ فِيكُمۡ إِلّٗا وَلَا
ذِمَّةٗۚ يُرۡضُونَكُم بِأَفۡوَٰهِهِمۡ وَتَأۡبَىٰ قُلُوبُهُمۡ وَأَكۡثَرُهُمۡ
فَٰسِقُونَ ٨ ٱشۡتَرَوۡاْ بِـَٔايَٰتِ ٱللَّهِ ثَمَنٗا قَلِيلٗا فَصَدُّواْ عَن
سَبِيلِهِۦٓۚ إِنَّهُمۡ سَآءَ مَا كَانُواْ يَعۡمَلُونَ ٩ لَا يَرۡقُبُونَ
فِي مُؤۡمِنٍ إِلّٗا وَلَا ذِمَّةٗۚ وَأُوْلَٰٓئِكَ هُمُ ٱلۡمُعۡتَدُونَ ١٠ فَإِن
تَابُواْ وَأَقَامُواْ ٱلصَّلَوٰةَ وَءَاتَوُاْ ٱلزَّكَوٰةَ فَإِخۡوَٰنُكُمۡ فِي
ٱلدِّينِۗ وَنُفَصِّلُ ٱلۡأٓيَٰتِ لِقَوۡمٖ يَعۡلَمُونَ ١١ وَإِن
نَّكَثُوٓاْ أَيۡمَٰنَهُم مِّنۢ بَعۡدِ عَهۡدِهِمۡ وَطَعَنُواْ فِي دِينِكُمۡ
فَقَٰتِلُوٓاْ أَئِمَّةَ ٱلۡكُفۡرِ إِنَّهُمۡ لَآ أَيۡمَٰنَ لَهُمۡ لَعَلَّهُمۡ
يَنتَهُونَ ١٢ أَلَا تُقَٰتِلُونَ قَوۡمٗا نَّكَثُوٓاْ أَيۡمَٰنَهُمۡ
وَهَمُّواْ بِإِخۡرَاجِ ٱلرَّسُولِ وَهُم بَدَءُوكُمۡ أَوَّلَ مَرَّةٍۚ
أَتَخۡشَوۡنَهُمۡۚ فَٱللَّهُ أَحَقُّ أَن تَخۡشَوۡهُ إِن كُنتُم مُّؤۡمِنِينَ ١٣

には彼らの約定を期限まで全うせよ。まことにアッラーは畏れ身を守る者たちを愛し給う。(9：4)

それで諸聖月[835]が過ぎたら、多神教徒たちを見出し次第殺し、捕らえ、包囲し、あらゆる道で彼らを待ちうけよ。だが、もし彼らが悔いて戻り、礼拝を遵守し、浄財を払うなら、彼らの道を空けよ。まことにアッラーはよく赦し給う慈悲深い御方。(9：5)

またもし多神教徒の一人がおまえに庇護を求めたなら、彼がアッラーの御言葉を聞くまでは彼を庇護し、それからその者を安全な場所に送り届けよ。それは、彼らが知らない民だからである。(9：6)

いかにして多神教徒たちにアッラーと彼の使徒の許で約定がありえようか。ただし、おまえたちが禁裏モスクで約定[836]を交わした者たちは別である。それゆえ彼らがおまえたちに誠実である限りは、おまえたちも彼らに誠実であれ。まことにアッラーは畏れ身を守る者たちを愛し給う。(9：7)

いかにして。そして彼らは、おまえたちに対し優勢とみれば、おまえたちについては血縁も協定も顧みないというのに。口ではおまえたちを満足させるが、彼らの心は拒否している。彼らの大半は邪な者である。(9：8)

彼らはアッラーの諸々の徴とひきかえにわずかな代価を得て、彼の道を妨げた。まことに、彼らのなすことのなんと悪いことよ。(9：9)

彼らは信仰者には血縁も協定も顧みない。そしてそれらの者、彼らこそは矩を越えた者である。(9：10)

だが、彼らが悔いて戻り、礼拝を遵守し、浄財を払うなら、宗教におけるおまえたちの兄弟である。そしてわれらは知る者たちのために諸々の徴を解明する。(9：11)

だが、彼らが約定の後で彼らの誓約を破り、おまえたちの宗教を誹謗するなら、不信仰者の頭目たちと戦え。そうすれば、まことに彼らには誓約がない。きっと彼らも止めるであろう。(9：12)

誓約を破り、使徒の追放を企てた民と戦わないのか。彼らは最初におまえたちに仕掛けたのである[837]。おまえたちは彼らを懼れるのか。アッラーは懼れるのに一層ふさわしい御方。もしおまえたちが信仰者であるならば。(9：13)

835　諸聖月とは、第2節の指す四ヶ月、すなわちズー・アル＝ヒッジャ(12)月10日から、ムハッラム(1)月、サファル(2)月、ラビーウ・アル＝アウワル(3)月を経て、ラビーウ・アッ＝サーニー(4)月10日までを指すとも、ズー・アル＝カアダ(11)月、ズー・アル＝ヒッジャ月、ムハッラム月、ラジャブ(7)月を指すとも言われる。

836　ヒジュラ暦6年(西暦628年)のフダイビーヤの和約を指す。

837　誓約を破り、ムスリム側の同盟者のフザーア族と戦ったバクル族に加勢した。

قَٰتِلُوهُمْ يُعَذِّبْهُمُ ٱللَّهُ بِأَيْدِيكُمْ وَيُخْزِهِمْ وَيَنصُرْكُمْ
عَلَيْهِمْ وَيَشْفِ صُدُورَ قَوْمٍ مُّؤْمِنِينَ ١٤ وَيُذْهِبْ غَيْظَ
قُلُوبِهِمْ ۗ وَيَتُوبُ ٱللَّهُ عَلَىٰ مَن يَشَآءُ ۗ وَٱللَّهُ عَلِيمٌ حَكِيمٌ ١٥
أَمْ حَسِبْتُمْ أَن تُتْرَكُوا۟ وَلَمَّا يَعْلَمِ ٱللَّهُ ٱلَّذِينَ جَٰهَدُوا۟ مِنكُمْ
وَلَمْ يَتَّخِذُوا۟ مِن دُونِ ٱللَّهِ وَلَا رَسُولِهِۦ وَلَا ٱلْمُؤْمِنِينَ وَلِيجَةً ۚ
وَٱللَّهُ خَبِيرٌۢ بِمَا تَعْمَلُونَ ١٦ مَا كَانَ لِلْمُشْرِكِينَ أَن يَعْمُرُوا۟ مَسَٰجِدَ
ٱللَّهِ شَٰهِدِينَ عَلَىٰٓ أَنفُسِهِم بِٱلْكُفْرِ ۚ أُو۟لَٰٓئِكَ حَبِطَتْ
أَعْمَٰلُهُمْ وَفِى ٱلنَّارِ هُمْ خَٰلِدُونَ ١٧ إِنَّمَا يَعْمُرُ مَسَٰجِدَ
ٱللَّهِ مَنْ ءَامَنَ بِٱللَّهِ وَٱلْيَوْمِ ٱلْءَاخِرِ وَأَقَامَ ٱلصَّلَوٰةَ وَءَاتَى
ٱلزَّكَوٰةَ وَلَمْ يَخْشَ إِلَّا ٱللَّهَ ۖ فَعَسَىٰٓ أُو۟لَٰٓئِكَ أَن يَكُونُوا۟ مِنَ
ٱلْمُهْتَدِينَ ١٨ ۞ أَجَعَلْتُمْ سِقَايَةَ ٱلْحَآجِّ وَعِمَارَةَ ٱلْمَسْجِدِ
ٱلْحَرَامِ كَمَنْ ءَامَنَ بِٱللَّهِ وَٱلْيَوْمِ ٱلْءَاخِرِ وَجَٰهَدَ فِى سَبِيلِ
ٱللَّهِ ۚ لَا يَسْتَوُۥنَ عِندَ ٱللَّهِ ۗ وَٱللَّهُ لَا يَهْدِى ٱلْقَوْمَ ٱلظَّٰلِمِينَ
١٩ ٱلَّذِينَ ءَامَنُوا۟ وَهَاجَرُوا۟ وَجَٰهَدُوا۟ فِى سَبِيلِ ٱللَّهِ بِأَمْوَٰلِهِمْ
وَأَنفُسِهِمْ أَعْظَمُ دَرَجَةً عِندَ ٱللَّهِ ۚ وَأُو۟لَٰٓئِكَ هُمُ ٱلْفَآئِزُونَ ٢٠

彼らと戦え。そうすれば、アッラーはおまえたちの手によって彼らを罰し、辱め、彼らに対しおまえたちを援け、信仰する民の胸中を癒し給う。(9：14)

また、彼ら[838]の心の憤怒を取り去り、御望みの者の許に、顧み戻り給う。そしてアッラーはよく知り給う英明なる御方。(9：15)

それとも、おまえたちは放っておかれると思っていたのか。おまえたちのうち奮闘《ジハード》し、アッラーと彼の使徒と信仰者たちをさしおいて親友を持たない者たちをアッラーがまだ知り給うていないのに。そしてアッラーはおまえたちのなすことに通暁し給う御方[839]。(9：16)

自ら不信仰を立証しているのに、多神教徒たちがアッラーの諸モスクを差配することがあってはならない[840]。それらの者、彼らの行いは無益となり、獄火に彼らは永遠に住まう。(9：17)

アッラーの諸モスクは、アッラーと最後の日を信じ、礼拝を遵守し、浄財を払い、アッラーの他に懼れない者だけが差配するのである。おそらくそれらの者は正しく導かれた者たち(の仲間)となるであろう。(9：18)

おまえたちは、巡礼の水の提供と禁裏モスクの差配[841]をアッラーと最後の日を信じ、アッラーの道で奮闘《ジハード》した者と同様だとするのか。彼らはアッラーの御許では同じではない。そしてアッラーは不正な民は導き給わない。(9：19)

信仰し、移住し、自分たちの財産と命を捧げてアッラーの道で奮闘《ジハード》した者はアッラーの御許で一層大いなる位階にある。そしてそれらの者、彼らこそは成功者である。(9：20)

---

838 信仰者。

839 アッラー、使徒、ムスリムのみに忠誠を尽くす者とそうでない者の区分がまだ判明していないのに、それを明らかにする戦争が課されないままに放置されたままでいると思うのか。

840 不信仰者はモスクに用があり、ムスリムの許可を得ている場合を除き、モスクに入ることは許されない。「差配」は入域・滞在、建造・管理を意味する。

841 不信仰者による。

يُبَشِّرُهُمْ رَبُّهُم بِرَحْمَةٍ مِّنْهُ وَرِضْوَانٍ وَجَنَّاتٍ لَّهُمْ فِيهَا
نَعِيمٌ مُّقِيمٌ ﴿٢١﴾ خَالِدِينَ فِيهَا أَبَدًا ۚ إِنَّ اللَّهَ عِندَهُ أَجْرٌ
عَظِيمٌ ﴿٢٢﴾ يَا أَيُّهَا الَّذِينَ آمَنُوا لَا تَتَّخِذُوا آبَاءَكُمْ
وَإِخْوَانَكُمْ أَوْلِيَاءَ إِنِ اسْتَحَبُّوا الْكُفْرَ عَلَى الْإِيمَانِ ۚ
وَمَن يَتَوَلَّهُم مِّنكُمْ فَأُولَٰئِكَ هُمُ الظَّالِمُونَ ﴿٢٣﴾ قُلْ إِن
كَانَ آبَاؤُكُمْ وَأَبْنَاؤُكُمْ وَإِخْوَانُكُمْ وَأَزْوَاجُكُمْ
وَعَشِيرَتُكُمْ وَأَمْوَالٌ اقْتَرَفْتُمُوهَا وَتِجَارَةٌ تَخْشَوْنَ
كَسَادَهَا وَمَسَاكِنُ تَرْضَوْنَهَا أَحَبَّ إِلَيْكُم مِّنَ اللَّهِ
وَرَسُولِهِ وَجِهَادٍ فِي سَبِيلِهِ فَتَرَبَّصُوا حَتَّىٰ يَأْتِيَ اللَّهُ
بِأَمْرِهِ ۗ وَاللَّهُ لَا يَهْدِي الْقَوْمَ الْفَاسِقِينَ ﴿٢٤﴾ لَقَدْ نَصَرَكُمُ
اللَّهُ فِي مَوَاطِنَ كَثِيرَةٍ ۙ وَيَوْمَ حُنَيْنٍ ۙ إِذْ أَعْجَبَتْكُمْ
كَثْرَتُكُمْ فَلَمْ تُغْنِ عَنكُمْ شَيْئًا وَضَاقَتْ عَلَيْكُمُ
الْأَرْضُ بِمَا رَحُبَتْ ثُمَّ وَلَّيْتُم مُّدْبِرِينَ ﴿٢٥﴾ ثُمَّ أَنزَلَ اللَّهُ
سَكِينَتَهُ عَلَىٰ رَسُولِهِ وَعَلَى الْمُؤْمِنِينَ وَأَنزَلَ جُنُودًا
لَّمْ تَرَوْهَا وَعَذَّبَ الَّذِينَ كَفَرُوا ۚ وَذَٰلِكَ جَزَاءُ الْكَافِرِينَ ﴿٢٦﴾

彼らの主は、彼の御慈悲と御満悦と彼らのための楽園の吉報を告げ給う。そして彼らにはそこでは永続の至福がある。(9：21)

彼らはそこでいつまでも永遠に。まことにアッラー、彼の御許には大いなる報償がある。(9：22)

信仰する者たちよ、おまえたちの父と兄弟が信仰より不信仰を好むのであれば、彼らを後見としてはならない。おまえたちのうち彼らを後見とする者があれば、それらの者、彼らこそは不正な者である。(9：23)

言え、もしおまえたちの父、子、兄弟、妻、一族、おまえたちが手に入れた財産、不景気を恐れる商売、おまえたちが満足する住居がアッラーとその使徒とその道における奮闘《ジハード》よりもおまえたちに好ましいのであれば、アッラーが命《めい》を齎《もたら》し給うまで待機せよ。そしてアッラーは邪《よこしま》な民を導き給わない。(9：24)

アッラーは多くの場において、おまえたちを確かに援け給うた。そして、フナインの日[842]も、その時、おまえたちの数の多さがおまえたちを得意にさせたが[843]、それはなにほどにもおまえたちの足しにはならず、大地は広かったにもかかわらずおまえたちに対して狭くなり、おまえたちは背を向けて退却した。(9：25)

その後、アッラーは、彼の静謐[844]を彼の使徒と信仰者たちの上に下し、またおまえたちには見えない軍勢(天使)を下して信仰を拒んだ者たちを罰し給うた。そしてそれが不信仰者たちの報いである。(9：26)

842　ヒジュラ暦8年(630年)シャウワール月にフナインの地で起きた戦争の日。
843　ムスリム軍は約一万二千人で、不信仰者軍は約四千人だった。
844　2章248節脚注参照。

ثُمَّ يَتُوبُ ٱللَّهُ مِنۢ بَعۡدِ ذَٰلِكَ عَلَىٰ مَن يَشَآءُۗ وَٱللَّهُ
غَفُورٞ رَّحِيمٞ ٢٧ يَٰٓأَيُّهَا ٱلَّذِينَ ءَامَنُوٓاْ إِنَّمَا ٱلۡمُشۡرِكُونَ
نَجَسٞ فَلَا يَقۡرَبُواْ ٱلۡمَسۡجِدَ ٱلۡحَرَامَ بَعۡدَ عَامِهِمۡ هَٰذَاۚ
وَإِنۡ خِفۡتُمۡ عَيۡلَةٗ فَسَوۡفَ يُغۡنِيكُمُ ٱللَّهُ مِن فَضۡلِهِۦٓ
إِن شَآءَۚ إِنَّ ٱللَّهَ عَلِيمٌ حَكِيمٞ ٢٨ قَٰتِلُواْ ٱلَّذِينَ
لَا يُؤۡمِنُونَ بِٱللَّهِ وَلَا بِٱلۡيَوۡمِ ٱلۡأٓخِرِ وَلَا يُحَرِّمُونَ
مَا حَرَّمَ ٱللَّهُ وَرَسُولُهُۥ وَلَا يَدِينُونَ دِينَ ٱلۡحَقِّ مِنَ
ٱلَّذِينَ أُوتُواْ ٱلۡكِتَٰبَ حَتَّىٰ يُعۡطُواْ ٱلۡجِزۡيَةَ عَن يَدٖ
وَهُمۡ صَٰغِرُونَ ٢٩ وَقَالَتِ ٱلۡيَهُودُ عُزَيۡرٌ ٱبۡنُ ٱللَّهِ
وَقَالَتِ ٱلنَّصَٰرَى ٱلۡمَسِيحُ ٱبۡنُ ٱللَّهِۖ ذَٰلِكَ قَوۡلُهُم
بِأَفۡوَٰهِهِمۡۖ يُضَٰهِـُٔونَ قَوۡلَ ٱلَّذِينَ كَفَرُواْ مِن قَبۡلُۚ
قَٰتَلَهُمُ ٱللَّهُۖ أَنَّىٰ يُؤۡفَكُونَ ٣٠ ٱتَّخَذُوٓاْ أَحۡبَارَهُمۡ
وَرُهۡبَٰنَهُمۡ أَرۡبَابٗا مِّن دُونِ ٱللَّهِ وَٱلۡمَسِيحَ ٱبۡنَ
مَرۡيَمَ وَمَآ أُمِرُوٓاْ إِلَّا لِيَعۡبُدُوٓاْ إِلَٰهٗا وَٰحِدٗاۖ
لَّآ إِلَٰهَ إِلَّا هُوَۚ سُبۡحَٰنَهُۥ عَمَّا يُشۡرِكُونَ ٣١

それから、アッラーはその後、御望みの者に顧み戻り給うた。そしてアッラーはよく赦し給う慈悲深い御方。(9：27)

信仰する者たちよ、まさしく多神教徒たちは不浄である。それゆえ、彼らにはこの年以降、禁裏モスクに近寄らせてはならない。そしておまえたちが困窮を恐れても、アッラーが望み給うたならばいずれおまえたちを彼の御恵みによって富裕となし給うであろう。まことにアッラーはよく知り給う英明な御方。(9：28)

啓典を授けられた者たちで、アッラーも最後の日も信じず、アッラーと彼の使徒が禁じられたものを禁じず、真理の宗教を奉じない者たちとは、彼らが卑しめられて手ずから税《ジズヤ》を納めるまで戦え[845]。(9：29)

またユダヤ教徒はウザイル(エズラ)をアッラーの息子だと言い、キリスト教徒はマスィーフ[846]（メシア)をアッラーの息子だと言った。これは彼らの口先による弁であり、彼らは以前に信仰を拒んだ者の弁を真似ているのである。アッラーが彼らを誅し給わんことを。なんと彼らは迷い去らされていることか。(9：30)

彼らは、彼らの律法学者や修道士を、アッラーをさしおいて主とし、マスィーフである、マルヤムの子(イーサー)をもまた(主とする)。だが、彼らは唯一の神に仕えよというほかに命じられてはいないのである。彼のほかに神はない。彼に称えあれ。彼らが同位に並べるものを遥かに超越し給う御方。(9：31)

845　税額は法学派により違うが、ハナフィー派とハンバリー派では、一万ディルハム以上の資産のある富裕層で年間四八ディルハム、中間層で二四ディルハム、貧困層で一二ディルハム、マーリキー派では銀四十ディルハムか金四ディーナール、シャーフィイー派では、上流で四ディーナール、中流で二ディーナール、下流では一ディーナール(一ディーナール＝金約四.二五グラム。一ディルハム＝銀約三グラム)。

846　3章45節脚注参照。

يُرِيدُونَ أَن يُطْفِـُٔوا۟ نُورَ ٱللَّهِ بِأَفْوَٰهِهِمْ وَيَأْبَى ٱللَّهُ إِلَّآ أَن
يُتِمَّ نُورَهُۥ وَلَوْ كَرِهَ ٱلْكَـٰفِرُونَ ٣٢ هُوَ ٱلَّذِىٓ أَرْسَلَ
رَسُولَهُۥ بِٱلْهُدَىٰ وَدِينِ ٱلْحَقِّ لِيُظْهِرَهُۥ عَلَى ٱلدِّينِ
كُلِّهِۦ وَلَوْ كَرِهَ ٱلْمُشْرِكُونَ ٣٣ ۞ يَـٰٓأَيُّهَا ٱلَّذِينَ
ءَامَنُوٓا۟ إِنَّ كَثِيرًا مِّنَ ٱلْأَحْبَارِ وَٱلرُّهْبَانِ لَيَأْكُلُونَ
أَمْوَٰلَ ٱلنَّاسِ بِٱلْبَـٰطِلِ وَيَصُدُّونَ عَن سَبِيلِ ٱللَّهِ ۗ وَٱلَّذِينَ
يَكْنِزُونَ ٱلذَّهَبَ وَٱلْفِضَّةَ وَلَا يُنفِقُونَهَا فِى
سَبِيلِ ٱللَّهِ فَبَشِّرْهُم بِعَذَابٍ أَلِيمٍ ٣٤ يَوْمَ يُحْمَىٰ عَلَيْهَا
فِى نَارِ جَهَنَّمَ فَتُكْوَىٰ بِهَا جِبَاهُهُمْ وَجُنُوبُهُمْ
وَظُهُورُهُمْ ۖ هَـٰذَا مَا كَنَزْتُمْ لِأَنفُسِكُمْ فَذُوقُوا۟ مَا كُنتُمْ
تَكْنِزُونَ ٣٥ إِنَّ عِدَّةَ ٱلشُّهُورِ عِندَ ٱللَّهِ ٱثْنَا عَشَرَ
شَهْرًا فِى كِتَـٰبِ ٱللَّهِ يَوْمَ خَلَقَ ٱلسَّمَـٰوَٰتِ وَٱلْأَرْضَ مِنْهَآ
أَرْبَعَةٌ حُرُمٌ ۚ ذَٰلِكَ ٱلدِّينُ ٱلْقَيِّمُ ۚ فَلَا تَظْلِمُوا۟ فِيهِنَّ
أَنفُسَكُمْ ۚ وَقَـٰتِلُوا۟ ٱلْمُشْرِكِينَ كَآفَّةً كَمَا
يُقَـٰتِلُونَكُمْ كَآفَّةً ۚ وَٱعْلَمُوٓا۟ أَنَّ ٱللَّهَ مَعَ ٱلْمُتَّقِينَ ٣٦

彼らは彼らの口でアッラーの御光を消そうと望んでいるが、たとえ不信仰者たちが嫌おうとも、アッラーは彼の御光を全うすること以外を拒み給う。(9：32)

彼こそは、彼の使徒を導きと真理の宗教と共に遣わし給う御方。たとえ多神教徒たちが嫌おうとも、それをあらゆる宗教に勝たせ給うために。(9：33)

信仰する者たちよ、まことに律法学者と修道士の多くは人々の財産を虚偽によって貪り、アッラーの道を妨げる。また金と銀を貯め込み、それをアッラーの道に費やさない者たち、彼らには痛苦の懲罰という吉報を伝えよ。(9：34)

火獄《ジャハンナム》の火の中、(金銀が)熱せられ、彼らの額と脇腹と背中がそれで焼きごてを押される日に。これがおまえたちが自分たちのために貯め込んだものである。それゆえ、おまえたちが貯め込んだものを味わえ。(9：35)

まことに、月の数はアッラーの御許では十二ヶ月であると、彼が天と地を作り給うた日にアッラーの書[847]の中に。そのうち四ヶ月は聖月である[848]。それが正しい宗教である。それゆえ、それらにおいて自分自身に不正をなしてはならない。そしてこぞって多神教徒と戦え、彼らがこぞっておまえたちと戦うように。そしてアッラーは畏れ身を守る者たちとともにあらせられると知れ。(9：36)

847　天上の「護持された書板」(85章22節参照)。

848　聖月とは、ズー・アル＝カアダ(11)月、ズー・アル＝ヒッジャ(12)月、ムハッラム(1)月、ラジャブ(7)月の四ヶ月。聖月の間は、戦争も仇討ちも禁じられた。

إِنَّمَا ٱلنَّسِيٓءُ زِيَادَةٞ فِي ٱلۡكُفۡرِۖ يُضَلُّ بِهِ ٱلَّذِينَ
كَفَرُواْ يُحِلُّونَهُۥ عَامٗا وَيُحَرِّمُونَهُۥ عَامٗا لِّيُوَاطِـُٔواْ
عِدَّةَ مَا حَرَّمَ ٱللَّهُ فَيُحِلُّواْ مَا حَرَّمَ ٱللَّهُۚ زُيِّنَ لَهُمۡ
سُوٓءُ أَعۡمَٰلِهِمۡۗ وَٱللَّهُ لَا يَهۡدِي ٱلۡقَوۡمَ ٱلۡكَٰفِرِينَ
٣٧ يَٰٓأَيُّهَا ٱلَّذِينَ ءَامَنُواْ مَا لَكُمۡ إِذَا قِيلَ لَكُمُ
ٱنفِرُواْ فِي سَبِيلِ ٱللَّهِ ٱثَّاقَلۡتُمۡ إِلَى ٱلۡأَرۡضِۚ أَرَضِيتُم
بِٱلۡحَيَوٰةِ ٱلدُّنۡيَا مِنَ ٱلۡأٓخِرَةِۚ فَمَا مَتَٰعُ ٱلۡحَيَوٰةِ
ٱلدُّنۡيَا فِي ٱلۡأٓخِرَةِ إِلَّا قَلِيلٌ ٣٨ إِلَّا تَنفِرُواْ يُعَذِّبۡكُمۡ
عَذَابًا أَلِيمٗا وَيَسۡتَبۡدِلۡ قَوۡمًا غَيۡرَكُمۡ وَلَا تَضُرُّوهُ
شَيۡـٔٗاۗ وَٱللَّهُ عَلَىٰ كُلِّ شَيۡءٖ قَدِيرٌ ٣٩ إِلَّا تَنصُرُوهُ
فَقَدۡ نَصَرَهُ ٱللَّهُ إِذۡ أَخۡرَجَهُ ٱلَّذِينَ كَفَرُواْ ثَانِيَ ٱثۡنَيۡنِ
إِذۡ هُمَا فِي ٱلۡغَارِ إِذۡ يَقُولُ لِصَٰحِبِهِۦ لَا تَحۡزَنۡ إِنَّ ٱللَّهَ
مَعَنَاۖ فَأَنزَلَ ٱللَّهُ سَكِينَتَهُۥ عَلَيۡهِ وَأَيَّدَهُۥ بِجُنُودٖ
لَّمۡ تَرَوۡهَا وَجَعَلَ كَلِمَةَ ٱلَّذِينَ كَفَرُواْ ٱلسُّفۡلَىٰۗ
وَكَلِمَةُ ٱللَّهِ هِيَ ٱلۡعُلۡيَاۗ وَٱللَّهُ عَزِيزٌ حَكِيمٌ ٤٠

まことに、延期は不信仰の増長である[849]。信仰を拒んだ者たちはそれに迷わされ、ある年はそれを許し、ある年はそれを禁じる。アッラーが禁じ給うたものと数を合わせるために。それで、彼らはアッラーが禁じ給うたものを許すのである。彼らの行いの悪は彼らには美しく粉飾された。そしてアッラーは不信仰の民を導き給わない。(9：37)

信仰する者たちよ、おまえたちはどうしたのか、アッラーの道において突き進め[850]、と言われると、大地にへたり込むとは[851]。来世よりも現世に満足したのか。いや現世の楽しみは来世に比べればわずかなものにすぎない。(9：38)

もしおまえたちが突き進まなければ、彼は痛苦の懲罰でおまえたちを罰し、おまえたちでない民と替え給い、おまえたちが彼をわずかにも害することはない。そしてアッラーはすべてのものに対して全能なる御方。(9：39)

たとえおまえたちが彼(預言者)を援けなくとも、実際、アッラーは彼を援け給うた。信仰を拒んだ者たちが彼を追い出した時、二人のうちの二人目として[852]、両者が洞窟にいた時に[853]。その時、彼はその仲間に向かって、「悲しむな。まことにアッラーはわれわれと共におわします」と言った。すると、アッラーは彼の上に彼の静謐を下し、おまえたちには見えない彼の軍勢(天使)によって彼を支え給うた。そして、信仰を拒む者たちの言葉を卑しめ給うた。アッラーの御言葉、それこそは至高である。そしてアッラーは威力比類なく、英明なる御方。(9：40)

849　ジャーヒリーヤ(イスラーム以前の無明時代)の多神教徒たちが、戦争中にムハッラムの聖月の新月が出ても戦争を止めず、代わりに翌サファル月を聖月として戦争を止めたことにして数合わせをしたように。

850　出征せよ。

851　ヒジュラ暦9(西暦630)年の旱魃の猛暑の季節に、(東)ローマ帝国軍を迎え撃つため、タブークへの遠征を命じられた時のことである。

852　二人のうち一人として。アラブでは、五人のうちの一人を意図して「五人のうちの五番目」と言うことがある。

853　預言者ムハンマドが、アブー・バクル一人を供に連れてマディーナに聖遷されたが、途中、マッカの多神教徒の追っ手を逃れてサウル山の洞窟に隠れた時のことと言われる。

ٱنفِرُواْ خِفَافٗا وَثِقَالٗا وَجَٰهِدُواْ بِأَمۡوَٰلِكُمۡ وَأَنفُسِكُمۡ
فِي سَبِيلِ ٱللَّهِۚ ذَٰلِكُمۡ خَيۡرٞ لَّكُمۡ إِن كُنتُمۡ تَعۡلَمُونَ
﴿٤١﴾ لَوۡ كَانَ عَرَضٗا قَرِيبٗا وَسَفَرٗا قَاصِدٗا لَّٱتَّبَعُوكَ
وَلَٰكِنۢ بَعُدَتۡ عَلَيۡهِمُ ٱلشُّقَّةُۚ وَسَيَحۡلِفُونَ بِٱللَّهِ
لَوِ ٱسۡتَطَعۡنَا لَخَرَجۡنَا مَعَكُمۡ يُهۡلِكُونَ أَنفُسَهُمۡ وَٱللَّهُ
يَعۡلَمُ إِنَّهُمۡ لَكَٰذِبُونَ ﴿٤٢﴾ عَفَا ٱللَّهُ عَنكَ لِمَ أَذِنتَ لَهُمۡ
حَتَّىٰ يَتَبَيَّنَ لَكَ ٱلَّذِينَ صَدَقُواْ وَتَعۡلَمَ ٱلۡكَٰذِبِينَ
﴿٤٣﴾ لَا يَسۡتَـٔۡذِنُكَ ٱلَّذِينَ يُؤۡمِنُونَ بِٱللَّهِ وَٱلۡيَوۡمِ ٱلۡأٓخِرِ أَن
يُجَٰهِدُواْ بِأَمۡوَٰلِهِمۡ وَأَنفُسِهِمۡۗ وَٱللَّهُ عَلِيمُۢ بِٱلۡمُتَّقِينَ ﴿٤٤﴾
إِنَّمَا يَسۡتَـٔۡذِنُكَ ٱلَّذِينَ لَا يُؤۡمِنُونَ بِٱللَّهِ وَٱلۡيَوۡمِ ٱلۡأٓخِرِ
وَٱرۡتَابَتۡ قُلُوبُهُمۡ فَهُمۡ فِي رَيۡبِهِمۡ يَتَرَدَّدُونَ ﴿٤٥﴾ ۞وَلَوۡ
أَرَادُواْ ٱلۡخُرُوجَ لَأَعَدُّواْ لَهُۥ عُدَّةٗ وَلَٰكِن كَرِهَ ٱللَّهُ ٱنۢبِعَاثَهُمۡ
فَثَبَّطَهُمۡ وَقِيلَ ٱقۡعُدُواْ مَعَ ٱلۡقَٰعِدِينَ ﴿٤٦﴾ لَوۡ خَرَجُواْ فِيكُم
مَّا زَادُوكُمۡ إِلَّا خَبَالٗا وَلَأَوۡضَعُواْ خِلَٰلَكُمۡ يَبۡغُونَكُمُ
ٱلۡفِتۡنَةَ وَفِيكُمۡ سَمَّٰعُونَ لَهُمۡۗ وَٱللَّهُ عَلِيمُۢ بِٱلظَّٰلِمِينَ ﴿٤٧﴾

軽々と（軽装で）、また重々しく（重装で）突き進め。そして、おまえたちの財産とおまえたちの命を捧げてアッラーの道において奮闘《ジハード》せよ。それはおまえたちにとって最も良い。もしおまえたちが知っているならば。（9：41）

もしそれが間近な見返りで、中距離の遠征であれば、彼らはおまえに従ったであろう。だが、道程《みちのり》は彼らに遠かった。いずれ彼らはアッラーに誓って言う[854]。「もしできたものなら、われらはおまえたちと共に出征したであろう」。彼らは自分自身を滅ぼす。そしてアッラーは彼らが確かに嘘つきであることを知り給う。（9：42）

アッラーがおまえを寛恕し給いますように。どうしておまえは彼らに（居残ることを）許可したのか。真実を語った者たちがおまえに明白になり、嘘つきたちを知るにいたる前に。（9：43）

アッラーと最後の日を信ずる者たちは、自分の財産と己の命を捧げて奮闘《ジハード》することの免除をおまえに求めたりはしない。そしてアッラーは畏れ身を守る者たちをよく知り給う御方。（9：44）

アッラーと最後の日を信じない者たちだけが、おまえに免除を求める。彼らの心は疑い、彼らは疑念の中で逡巡している。（9：45）

そして彼らが出征を望んだならば、彼らはそれに対して（武器兵糧の）準備をしていたであろう。だが、アッラーは彼らの派遣を嫌い、彼らを手間取らせ給うた。そして、彼らに、「座す者と共に留まれ[855]」と言われた。（9：46）

もし彼らがおまえたちと共に出征していたとしても、おまえたちに混乱を増やしただけであろう。そしておまえたちに紊乱《びんらん》を望んで、おまえたちの間で奔走したであろうし、おまえたちの間には彼らに耳を傾ける者も出たであろう。そしてアッラーは不正な者たちをよく知り給う御方。（9：47）

854　出征せずにマディーナに居残った偽信者たちが、預言者ムハンマドたちがタブーク遠征から帰還した時に。

855　アッラーの御言葉とも、預言者ムハンマドの言葉とも、悪魔の囁きとも言われる。

لَقَدِ ٱبْتَغَوُاْ ٱلْفِتْنَةَ مِن قَبْلُ وَقَلَّبُواْ لَكَ ٱلْأُمُورَ حَتَّىٰ
جَآءَ ٱلْحَقُّ وَظَهَرَ أَمْرُ ٱللَّهِ وَهُمْ كَٰرِهُونَ ﴿٤٨﴾ وَمِنْهُم
مَّن يَقُولُ ٱئْذَن لِّي وَلَا تَفْتِنِّيٓ ۚ أَلَا فِي ٱلْفِتْنَةِ سَقَطُواْ ۗ وَإِنَّ
جَهَنَّمَ لَمُحِيطَةُۢ بِٱلْكَٰفِرِينَ ﴿٤٩﴾ إِن تُصِبْكَ
حَسَنَةٌ تَسُؤْهُمْ ۖ وَإِن تُصِبْكَ مُصِيبَةٌ يَقُولُواْ قَدْ
أَخَذْنَآ أَمْرَنَا مِن قَبْلُ وَيَتَوَلَّواْ وَّهُمْ فَرِحُونَ ﴿٥٠﴾ قُل
لَّن يُصِيبَنَآ إِلَّا مَا كَتَبَ ٱللَّهُ لَنَا هُوَ مَوْلَىٰنَا ۚ وَعَلَى
ٱللَّهِ فَلْيَتَوَكَّلِ ٱلْمُؤْمِنُونَ ﴿٥١﴾ قُلْ هَلْ تَرَبَّصُونَ بِنَآ إِلَّآ
إِحْدَى ٱلْحُسْنَيَيْنِ ۖ وَنَحْنُ نَتَرَبَّصُ بِكُمْ أَن يُصِيبَكُمُ ٱللَّهُ
بِعَذَابٍ مِّنْ عِندِهِۦٓ أَوْ بِأَيْدِينَا ۖ فَتَرَبَّصُوٓاْ إِنَّا مَعَكُم
مُّتَرَبِّصُونَ ﴿٥٢﴾ قُلْ أَنفِقُواْ طَوْعًا أَوْ كَرْهًا لَّن يُتَقَبَّلَ
مِنكُمْ ۖ إِنَّكُمْ كُنتُمْ قَوْمًا فَٰسِقِينَ ﴿٥٣﴾ وَمَا
مَنَعَهُمْ أَن تُقْبَلَ مِنْهُمْ نَفَقَٰتُهُمْ إِلَّآ أَنَّهُمْ كَفَرُواْ
بِٱللَّهِ وَبِرَسُولِهِۦ وَلَا يَأْتُونَ ٱلصَّلَوٰةَ إِلَّا وَهُمْ
كُسَالَىٰ وَلَا يُنفِقُونَ إِلَّا وَهُمْ كَٰرِهُونَ ﴿٥٤﴾

彼らは以前にも紊乱を望み[856]、おまえに対して物事の転覆を策した。そして遂に真理が訪れ、アッラーの御命令が顕れたが、彼らは嫌っていた。(9：48)

彼らの中には、「私を許し、私に試練を与えないで下さい」と言う者がいるが、試練に彼らは陥っているではないか。そしてまことに火獄《ジャハンナム》は不信仰者たちを取り囲んでいる。(9：49)

おまえに(戦利品などの)良きことがあれば、それは彼らを悲しませ、もしおまえに(敗戦などの)災いが襲えば、「以前からわれらは用心していたのだ」と言って、喜んで背き去る。(9：50)

言え、「われらにはアッラーがわれらに書き留め給うたもの(天命)以外、われらを見舞うことはない。そして彼はわれらの庇護者であらせられる。それゆえアッラーにこそ信仰者たちは一任せよ」。(9：51)

言え、「おまえたちは二つの良きこと(勝利、殉教)のうちの一方のほかにわれらに対して待ち構えているのか。われらはおまえたちに対し、アッラーが彼の御許から、あるいはわれらの手を用いておまえたちを懲罰で打ち給うことを待ち構えている。それゆえ待ち構えよ。まことにわれらもおまえたちと共に待ち構える者である」。(9：52)

言え、「自発的に、あるいは嫌々ながらにでも(善に)費やせ。おまえたちからは受け入れられないであろう[857]。まことにおまえたちは邪な者である、と」。(9：53)

彼らの費やしが彼らから受け入れられることを妨げたのは、彼らがアッラーと彼の使徒を信ずることを拒み、怠慢にしか礼拝に赴かず、嫌々にしか費やさないことのほかにはなかった。(9：54)

856　ウフドの戦いのときにも。3 章 118-120、167 節参照。

857　偽信者ジャッド・ブン・カイスが、出征せずにマディーナに居残るのに、残る代わりに戦費を供出すると申し出た時に啓示されたと言われる。

فَلَا تُعۡجِبۡكَ أَمۡوَٰلُهُمۡ وَلَآ أَوۡلَٰدُهُمۡۚ إِنَّمَا يُرِيدُ ٱللَّهُ لِيُعَذِّبَهُم
بِهَا فِي ٱلۡحَيَوٰةِ ٱلدُّنۡيَا وَتَزۡهَقَ أَنفُسُهُمۡ وَهُمۡ كَٰفِرُونَ
﴿٥٥﴾ وَيَحۡلِفُونَ بِٱللَّهِ إِنَّهُمۡ لَمِنكُمۡ وَمَا هُم مِّنكُمۡ وَلَٰكِنَّهُمۡ
قَوۡمٞ يَفۡرَقُونَ ﴿٥٦﴾ لَوۡ يَجِدُونَ مَلۡجَـًٔا أَوۡ مَغَٰرَٰتٍ أَوۡ مُدَّخَلٗا
لَّوَلَّوۡاْ إِلَيۡهِ وَهُمۡ يَجۡمَحُونَ ﴿٥٧﴾ وَمِنۡهُم مَّن يَلۡمِزُكَ فِي
ٱلصَّدَقَٰتِ فَإِنۡ أُعۡطُواْ مِنۡهَا رَضُواْ وَإِن لَّمۡ يُعۡطَوۡاْ مِنۡهَآ إِذَا
هُمۡ يَسۡخَطُونَ ﴿٥٨﴾ وَلَوۡ أَنَّهُمۡ رَضُواْ مَآ ءَاتَىٰهُمُ ٱللَّهُ وَرَسُولُهُۥ
وَقَالُواْ حَسۡبُنَا ٱللَّهُ سَيُؤۡتِينَا ٱللَّهُ مِن فَضۡلِهِۦ وَرَسُولُهُۥٓ
إِنَّآ إِلَى ٱللَّهِ رَٰغِبُونَ ﴿٥٩﴾ ۞إِنَّمَا ٱلصَّدَقَٰتُ لِلۡفُقَرَآءِ وَٱلۡمَسَٰكِينِ
وَٱلۡعَٰمِلِينَ عَلَيۡهَا وَٱلۡمُؤَلَّفَةِ قُلُوبُهُمۡ وَفِي ٱلرِّقَابِ
وَٱلۡغَٰرِمِينَ وَفِي سَبِيلِ ٱللَّهِ وَٱبۡنِ ٱلسَّبِيلِۖ فَرِيضَةٗ
مِّنَ ٱللَّهِۗ وَٱللَّهُ عَلِيمٌ حَكِيمٞ ﴿٦٠﴾ وَمِنۡهُمُ ٱلَّذِينَ يُؤۡذُونَ
ٱلنَّبِيَّ وَيَقُولُونَ هُوَ أُذُنٞۚ قُلۡ أُذُنُ خَيۡرٖ لَّكُمۡ يُؤۡمِنُ
بِٱللَّهِ وَيُؤۡمِنُ لِلۡمُؤۡمِنِينَ وَرَحۡمَةٞ لِّلَّذِينَ ءَامَنُواْ
مِنكُمۡۚ وَٱلَّذِينَ يُؤۡذُونَ رَسُولَ ٱللَّهِ لَهُمۡ عَذَابٌ أَلِيمٞ ﴿٦١﴾

それゆえ、彼らの財産や子供たちがおまえの気をひくことがあってはならない。アッラーはただ、それらによって現世の中で彼らを懲らしめ、彼らの魂が不信仰者のまま死滅するようにと望み給うたのである。(9：55)

そして彼らはアッラーにかけて、彼らはおまえたちの仲間である、と誓う。だが、彼らはおまえたちの仲間ではなく、彼らは怯える民である。(9：56)

もし彼らは避難所や洞窟、あるいは入り処を見出せば、必ずやそこに急いで逃げ込んだであろう。(9：57)

そして彼らの中には、喜捨のことでおまえを誇る者がおり、それから与えられれば喜び、それから与えられなければ、途端に彼らは激怒するのである。(9：58)

そして彼らがアッラーと彼の使徒が彼らに与え給うたもの(戦利品など)に満足し、「われらにはアッラーで十分。アッラーはいずれわれらに彼の御恵みから授け給い、彼の使徒もまた。まことにわれらはアッラーに期待する者である」と言ったならば(彼らにとってより良かった)。(9：59)

まことに(法定)喜捨は、貧者たち、困窮者たち、それを行う者たち[858]、心が傾いた者たちのため[859]、また奴隷たちと負債者たち[860]、そしてアッラーの道において、また旅路にある者のみに。アッラーからの義務として。アッラーはよく知り給う英明なる御方。(9：60)

また彼らの中には、預言者を傷つけ、「彼は耳である[861]」と言う者たちがいる。言え、「おまえたちに良いことの耳である。アッラーを信じ、信仰者たちに対して信じ、おまえたちのうち信仰する者たちへの慈悲である[862]。そしてアッラーの使徒を傷つける者たち、彼らには痛苦の懲罰がある」。(9：61)

858　喜捨の徴収、登録、保管、分配などに従事する者。
859　イスラームを受け入れるのを援けるため、新入信者の信仰を確かにするため、あるいは異教徒がムスリムとイスラームに害を及ぼさないように懐柔するためなど。
860　奴隷の解放と負債の肩代わりのため。
861　聞いたことの真偽を区別できない、ただ聞くだけの耳のような者である、との嘲笑。
862　信仰者の言うことは善意に解釈し信用する慈悲深い方である。

يَحْلِفُونَ بِٱللَّهِ لَكُمْ لِيُرْضُوكُمْ وَٱللَّهُ وَرَسُولُهُۥٓ أَحَقُّ
أَن يُرْضُوهُ إِن كَانُوا۟ مُؤْمِنِينَ ٦٢ أَلَمْ يَعْلَمُوٓا۟ أَنَّهُۥ مَن
يُحَادِدِ ٱللَّهَ وَرَسُولَهُۥ فَأَنَّ لَهُۥ نَارَ جَهَنَّمَ خَـٰلِدًا فِيهَا ۚ
ذَٰلِكَ ٱلْخِزْىُ ٱلْعَظِيمُ ٦٣ يَحْذَرُ ٱلْمُنَـٰفِقُونَ أَن
تُنَزَّلَ عَلَيْهِمْ سُورَةٌ تُنَبِّئُهُم بِمَا فِى قُلُوبِهِمْ ۚ قُلِ ٱسْتَهْزِءُوٓا۟
إِنَّ ٱللَّهَ مُخْرِجٌ مَّا تَحْذَرُونَ ٦٤ وَلَئِن سَأَلْتَهُمْ
لَيَقُولُنَّ إِنَّمَا كُنَّا نَخُوضُ وَنَلْعَبُ ۚ قُلْ أَبِٱللَّهِ وَءَايَـٰتِهِۦ
وَرَسُولِهِۦ كُنتُمْ تَسْتَهْزِءُونَ ٦٥ لَا تَعْتَذِرُوا۟ قَدْ كَفَرْتُم
بَعْدَ إِيمَـٰنِكُمْ ۚ إِن نَّعْفُ عَن طَآئِفَةٍ مِّنكُمْ نُعَذِّبْ طَآئِفَةًۢ
بِأَنَّهُمْ كَانُوا۟ مُجْرِمِينَ ٦٦ ٱلْمُنَـٰفِقُونَ وَٱلْمُنَـٰفِقَـٰتُ
بَعْضُهُم مِّنۢ بَعْضٍ ۚ يَأْمُرُونَ بِٱلْمُنكَرِ وَيَنْهَوْنَ
عَنِ ٱلْمَعْرُوفِ وَيَقْبِضُونَ أَيْدِيَهُمْ ۚ نَسُوا۟ ٱللَّهَ فَنَسِيَهُمْ ۗ
إِنَّ ٱلْمُنَـٰفِقِينَ هُمُ ٱلْفَـٰسِقُونَ ٦٧ وَعَدَ ٱللَّهُ ٱلْمُنَـٰفِقِينَ
وَٱلْمُنَـٰفِقَـٰتِ وَٱلْكُفَّارَ نَارَ جَهَنَّمَ خَـٰلِدِينَ فِيهَا ۚ هِىَ
حَسْبُهُمْ ۚ وَلَعَنَهُمُ ٱللَّهُ ۖ وَلَهُمْ عَذَابٌ مُّقِيمٌ ٦٨

「彼らはおまえたちを喜ばすためにおまえたちに向かってアッラーに誓うが[863]、アッラーと彼の使徒は、おまえたちが喜ばせるに一層ふさわしい。もしおまえたちが信仰者であったならば」。(9：62)

彼らは知らないのか、アッラーとその使徒に歯向かう者、彼には火獄《ジャハンナム》の火があり、そこに永遠に住まうことを。それは大いなる屈辱である。(9：63)

偽信者たちは、彼らの心の中にあるものを暴露する一章が彼らについて垂示されることを警戒する。言え、「嘲笑するがよい。まことにアッラーはおまえたちが警戒するものを暴き出し給う御方」。(9：64)

そしてもしもおまえが彼らに問えば、彼らはきっと「われらは雑談に耽り、戯れていただけである」と言うであろう。言え、「アッラーと彼の諸々の徴と彼の使徒について、おまえたちは嘲笑していたのか」。(9：65)

弁解をするな。おまえたちは信仰の後で不信仰に陥ったのである。おまえたちの一派についてはわれらが寛恕するとしても、別の一派は罪人たちであったがゆえにわれらが懲らしめるであろう。(9：66)

男の偽信者と女の偽信者は互いに同類である。悪を命じ、良識を禁じ、(吝嗇に)両手を握り締める。彼らはアッラーを忘れ、それゆえ彼も彼らを忘れ給うた。まことに偽信者たち、彼らこそ邪な者である。(9：67)

アッラーは、男の偽信者たち、女の偽信者たち、不信仰者たちに火獄《ジャハンナム》の火を用意し給い、彼らはそこに永遠に住まう。それが彼らには十分である。そしてアッラーは彼らを呪い給い、彼らには永続の懲罰がある。(9：68)

863　偽信者達は預言者ムハンマドへの自らの中傷が信仰者達の耳に達すると、彼らの元へ赴き中傷した事実はないと誓う。

كَالَّذِينَ مِن قَبْلِكُمْ كَانُوا أَشَدَّ مِنكُمْ قُوَّةً وَأَكْثَرَ أَمْوَالًا
وَأَوْلَادًا فَاسْتَمْتَعُوا بِخَلَاقِهِمْ فَاسْتَمْتَعْتُم بِخَلَاقِكُمْ
كَمَا اسْتَمْتَعَ الَّذِينَ مِن قَبْلِكُم بِخَلَاقِهِمْ وَخُضْتُمْ
كَالَّذِي خَاضُوا ۚ أُولَٰئِكَ حَبِطَتْ أَعْمَالُهُمْ فِي الدُّنْيَا
وَالْآخِرَةِ ۖ وَأُولَٰئِكَ هُمُ الْخَاسِرُونَ ٦٩ أَلَمْ يَأْتِهِمْ
نَبَأُ الَّذِينَ مِن قَبْلِهِمْ قَوْمِ نُوحٍ وَعَادٍ وَثَمُودَ وَقَوْمِ
إِبْرَاهِيمَ وَأَصْحَابِ مَدْيَنَ وَالْمُؤْتَفِكَاتِ ۚ أَتَتْهُمْ رُسُلُهُم
بِالْبَيِّنَاتِ ۖ فَمَا كَانَ اللَّهُ لِيَظْلِمَهُمْ وَلَٰكِن كَانُوا
أَنفُسَهُمْ يَظْلِمُونَ ٧٠ وَالْمُؤْمِنُونَ وَالْمُؤْمِنَاتُ بَعْضُهُمْ
أَوْلِيَاءُ بَعْضٍ ۚ يَأْمُرُونَ بِالْمَعْرُوفِ وَيَنْهَوْنَ عَنِ الْمُنكَرِ
وَيُقِيمُونَ الصَّلَاةَ وَيُؤْتُونَ الزَّكَاةَ وَيُطِيعُونَ اللَّهَ
وَرَسُولَهُ ۚ أُولَٰئِكَ سَيَرْحَمُهُمُ اللَّهُ ۗ إِنَّ اللَّهَ عَزِيزٌ حَكِيمٌ
٧١ وَعَدَ اللَّهُ الْمُؤْمِنِينَ وَالْمُؤْمِنَاتِ جَنَّاتٍ تَجْرِي مِن تَحْتِهَا
الْأَنْهَارُ خَالِدِينَ فِيهَا وَمَسَاكِنَ طَيِّبَةً فِي جَنَّاتِ عَدْنٍ ۚ
وَرِضْوَانٌ مِّنَ اللَّهِ أَكْبَرُ ۚ ذَٰلِكَ هُوَ الْفَوْزُ الْعَظِيمُ ٧٢

おまえたち以前の者たちのようである。彼らはおまえたちよりも力が強く、財産と子供たちが多かった。それで、彼らは彼らの持ち分を享受した。おまえたちもおまえたち以前の者が彼らの持ち分を享受したように、おまえたちの持ち分を享受し、彼らが耽ったように耽った[864]。それらの者、彼らの行いは現世でも来世でも役に立たない。そしてそれらの者、彼らこそ損失者である。(9：69)

彼らには、彼ら以前の者の消息は届かなかったのか。ヌーフの民、アード(族)[865]、サムード(族)[866]、イブラーヒームの民、マドヤン[867]の住民、そして転覆させられた諸都市[868]の。彼らの使徒たちは諸々の明証を彼らにもたらした。それゆえアッラーは彼らに不正をなし給うような御方ではなく、彼らが己自身に不正をなしたのである。(9：70)

男の信仰者たち、女の信仰者たちは互いに後見である。良識を命じ、悪行を禁じ、礼拝を遵守し、浄財を払い、アッラーと彼の使徒に従う。それらの者、彼らをいずれアッラーは慈しみ給う。まことにアッラーは威力比類なく、英明なる御方。(9：71)

アッラーは男の信仰者たちと女の信仰者たちに、下に河川が流れる楽園を約束し給い、彼らはそこに永遠に。そして、永住の園の中の立派な住まいをもまた。だが、アッラーからの御満悦はさらに大きい。それは大いなる成就である。(9：72)

864　昔の不信仰者たちが、現世で与えられた糧、富を蕩尽し、遊興と宗教の嘲弄に耽ったのと同じことを、おまえたち偽信者たちもしている。

865　預言者フードの遣わされた民族。

866　預言者サーリフの遣わされた民族。

867　預言者シュアイブの遣わされた都市。

868　預言者ルートの遣わされた都市。

يَٰٓأَيُّهَا ٱلنَّبِيُّ جَٰهِدِ ٱلْكُفَّارَ وَٱلْمُنَٰفِقِينَ وَٱغْلُظْ عَلَيْهِمْۚ
وَمَأْوَىٰهُمْ جَهَنَّمُۖ وَبِئْسَ ٱلْمَصِيرُ ٧٣ يَحْلِفُونَ بِٱللَّهِ مَا قَالُوا۟
وَلَقَدْ قَالُوا۟ كَلِمَةَ ٱلْكُفْرِ وَكَفَرُوا۟ بَعْدَ إِسْلَٰمِهِمْ وَهَمُّوا۟
بِمَا لَمْ يَنَالُوا۟ۚ وَمَا نَقَمُوٓا۟ إِلَّآ أَنْ أَغْنَىٰهُمُ ٱللَّهُ وَرَسُولُهُۥ
مِن فَضْلِهِۦۚ فَإِن يَتُوبُوا۟ يَكُ خَيْرًا لَّهُمْۖ وَإِن يَتَوَلَّوْا۟ يُعَذِّبْهُمُ
ٱللَّهُ عَذَابًا أَلِيمًا فِى ٱلدُّنْيَا وَٱلْءَاخِرَةِۚ وَمَا لَهُمْ فِى ٱلْأَرْضِ
مِن وَلِىٍّ وَلَا نَصِيرٍ ٧٤ ۞ وَمِنْهُم مَّنْ عَٰهَدَ ٱللَّهَ لَئِنْ ءَاتَىٰنَا
مِن فَضْلِهِۦ لَنَصَّدَّقَنَّ وَلَنَكُونَنَّ مِنَ ٱلصَّٰلِحِينَ
٧٥ فَلَمَّآ ءَاتَىٰهُم مِّن فَضْلِهِۦ بَخِلُوا۟ بِهِۦ وَتَوَلَّوا۟ وَّهُم
مُّعْرِضُونَ ٧٦ فَأَعْقَبَهُمْ نِفَاقًا فِى قُلُوبِهِمْ إِلَىٰ يَوْمِ يَلْقَوْنَهُۥ
بِمَآ أَخْلَفُوا۟ ٱللَّهَ مَا وَعَدُوهُ وَبِمَا كَانُوا۟ يَكْذِبُونَ ٧٧
أَلَمْ يَعْلَمُوٓا۟ أَنَّ ٱللَّهَ يَعْلَمُ سِرَّهُمْ وَنَجْوَىٰهُمْ وَأَنَّ ٱللَّهَ
عَلَّٰمُ ٱلْغُيُوبِ ٧٨ ٱلَّذِينَ يَلْمِزُونَ ٱلْمُطَّوِّعِينَ مِنَ
ٱلْمُؤْمِنِينَ فِى ٱلصَّدَقَٰتِ وَٱلَّذِينَ لَا يَجِدُونَ إِلَّا جُهْدَهُمْ
فَيَسْخَرُونَ مِنْهُمْۙ سَخِرَ ٱللَّهُ مِنْهُمْ وَلَهُمْ عَذَابٌ أَلِيمٌ ٧٩

預言者よ、不信仰者たちと偽信者たちに対し奮闘《ジハード》し、彼らに厳しくあれ。そして彼らの棲家は火獄《ジャハンナム》である。なんと悪い行き着く先であるか。(9：73)

彼らはアッラーにかけて、言わなかったと誓うが、確かに彼らは不信仰の言葉[869]を口にし、イスラーム入信の後に信仰を拒み、なしえなかったことを企んだ[870]。そして彼らが恨んだのは、アッラーが、そして彼の使徒が、その御恵みによって、彼ら(ムスリムたち)を豊かになし給うたがゆえにほかならない。それでもし彼らが悔いて戻るなら、それは彼らにとってより良いが、もし背き去るなら、アッラーは彼らを現世と来世で痛苦の懲罰をもって懲らしめ給う。そして彼らには地上に後見も援助者もいない。(9：74)

彼らの中にはアッラーと約定を交わした者がいた。「もし、彼がわれらに彼の御恵みを与え給うなら、きっとわれらは喜捨をなし、必ずや正しい者たち(の一人)となろう」。(9：75)

ところが、彼が彼らに彼の御恵みから与え給うと、彼らは背いて、それを出し惜しみ、背を向けた。(9：76)

そこで彼は彼らに、心における偽信仰を彼らが彼に見える日まで継がせ給うた。それは、彼らがアッラーに約束したことを破ったがゆえであり、嘘をついたがゆえである。(9：77)

彼らは、アッラーが彼らの秘密や彼らの密談を知り給うことを知らないのか。そして、アッラーが見えないことを知り尽くし給う御方であらせられることを。(9：78)

信仰者たちのうち(任意の)喜捨を自発的に行う者たちや、自分の尽力のほかには見出せない者たち[871]を罵り、彼らのことを嘲弄する者たち、アッラーは彼らを嘲弄し、彼らには痛苦の懲罰がある。(9：79)

869　預言者ムハンマドの中傷、イスラームの否定、あるいは謀叛の謀議。
870　偽信者たちがタブークの戦いの遠征からの帰路に、預言者ムハンマドの暗殺を謀った。
871　労働力、あるいは苦労して稼いだ僅かな糧しか、喜捨として差し出すものを持たない者。

ٱسْتَغْفِرْ لَهُمْ أَوْ لَا تَسْتَغْفِرْ لَهُمْ إِن تَسْتَغْفِرْ لَهُمْ سَبْعِينَ مَرَّةً
فَلَن يَغْفِرَ ٱللَّهُ لَهُمْ ۚ ذَٰلِكَ بِأَنَّهُمْ كَفَرُوا۟ بِٱللَّهِ وَرَسُولِهِۦ ۗ
وَٱللَّهُ لَا يَهْدِى ٱلْقَوْمَ ٱلْفَٰسِقِينَ ﴿٨٠﴾ فَرِحَ ٱلْمُخَلَّفُونَ بِمَقْعَدِهِمْ
خِلَٰفَ رَسُولِ ٱللَّهِ وَكَرِهُوٓا۟ أَن يُجَٰهِدُوا۟ بِأَمْوَٰلِهِمْ وَأَنفُسِهِمْ
فِى سَبِيلِ ٱللَّهِ وَقَالُوا۟ لَا تَنفِرُوا۟ فِى ٱلْحَرِّ ۗ قُلْ نَارُ جَهَنَّمَ أَشَدُّ حَرًّا ۚ
لَّوْ كَانُوا۟ يَفْقَهُونَ ﴿٨١﴾ فَلْيَضْحَكُوا۟ قَلِيلًا وَلْيَبْكُوا۟ كَثِيرًا جَزَآءًۢ
بِمَا كَانُوا۟ يَكْسِبُونَ ﴿٨٢﴾ فَإِن رَّجَعَكَ ٱللَّهُ إِلَىٰ طَآئِفَةٍ
مِّنْهُمْ فَٱسْتَـْٔذَنُوكَ لِلْخُرُوجِ فَقُل لَّن تَخْرُجُوا۟ مَعِىَ أَبَدًا وَلَن
تُقَٰتِلُوا۟ مَعِىَ عَدُوًّا ۖ إِنَّكُمْ رَضِيتُم بِٱلْقُعُودِ أَوَّلَ مَرَّةٍ فَٱقْعُدُوا۟
مَعَ ٱلْخَٰلِفِينَ ﴿٨٣﴾ وَلَا تُصَلِّ عَلَىٰٓ أَحَدٍ مِّنْهُم مَّاتَ أَبَدًا وَلَا تَقُمْ
عَلَىٰ قَبْرِهِۦٓ ۖ إِنَّهُمْ كَفَرُوا۟ بِٱللَّهِ وَرَسُولِهِۦ وَمَاتُوا۟ وَهُمْ فَٰسِقُونَ
﴿٨٤﴾ وَلَا تُعْجِبْكَ أَمْوَٰلُهُمْ وَأَوْلَٰدُهُمْ ۚ إِنَّمَا يُرِيدُ ٱللَّهُ أَن يُعَذِّبَهُم
بِهَا فِى ٱلدُّنْيَا وَتَزْهَقَ أَنفُسُهُمْ وَهُمْ كَٰفِرُونَ ﴿٨٥﴾ وَإِذَآ
أُنزِلَتْ سُورَةٌ أَنْ ءَامِنُوا۟ بِٱللَّهِ وَجَٰهِدُوا۟ مَعَ رَسُولِهِ ٱسْتَـْٔذَنَكَ
أُو۟لُوا۟ ٱلطَّوْلِ مِنْهُمْ وَقَالُوا۟ ذَرْنَا نَكُن مَّعَ ٱلْقَٰعِدِينَ ﴿٨٦﴾

彼らのために赦しを乞え。あるいは彼らのために赦しを乞うな。たとえおまえが彼らのために七十回赦しを乞うても、アッラーが彼らを赦し給うことはない。それは、彼らがアッラーと彼の使徒の信仰を拒んだがゆえである。そしてアッラーは邪な民を導き給わない。(9：80)

彼らの居所に居残された者たちはアッラーの使徒から離れて喜び、自分の財産と己の命を捧げてアッラーの道に奮闘《ジハード》することを嫌い、「暑さの中、突き進む(出征する)な」と言った。言え、「火獄《ジャハンナム》の火は一層熱さが厳しい」。もし彼らが理解するならば。(9：81)

それゆえ、彼らには少し笑わせ、多く泣かせよ。彼らが稼いだものの報いとして。(9：82)

アッラーがおまえを彼らの一派に戻し給えば[872]、彼らはおまえに出征の許可を求める。その時には言え、「おまえたちが私と出征することはなく、おまえたちが私と共に敵と戦うことはない。まことにおまえたちは最初の時、居残りに満足した。それゆえ、座す者たちと共に留まれ」。(9：83)

そして彼らのうち誰かが死んでも決して彼に礼拝を捧げてはならないし、彼の墓の傍らに立ってもならない。まことに彼らはアッラーと彼の使徒を信ずることを拒み、邪な者として死んだのである。(9：84)

また、彼らの財産と子供たちがおまえの気を引くようなことがあってはならない。アッラーはただ彼らをそれによって現世で懲らしめ、不信仰者のまま彼らの魂が離れることを望み給うのである。(9：85)

そしてアッラーを信じ、彼の使徒と共に奮闘《ジハード》せよとの一章が下されると、彼らのうち力のある者たちがおまえに免除を求め、「われらを座す者たちと共にいさせよ」と言う。(9：86)

872　預言者ムハンマドが遠征を終えて、偽信者たちのうちでマディーナに居残っていた者たちの許に、帰還したなら。

رَضُوا بِأَن يَكُونُوا مَعَ الْخَوَالِفِ وَطُبِعَ عَلَىٰ قُلُوبِهِمْ فَهُمْ
لَا يَفْقَهُونَ ﴿٨٧﴾ لَٰكِنِ الرَّسُولُ وَالَّذِينَ آمَنُوا مَعَهُ
جَاهَدُوا بِأَمْوَالِهِمْ وَأَنفُسِهِمْ ۚ وَأُولَٰئِكَ لَهُمُ الْخَيْرَاتُ ۖ
وَأُولَٰئِكَ هُمُ الْمُفْلِحُونَ ﴿٨٨﴾ أَعَدَّ اللَّهُ لَهُمْ جَنَّاتٍ تَجْرِي
مِن تَحْتِهَا الْأَنْهَارُ خَالِدِينَ فِيهَا ۚ ذَٰلِكَ الْفَوْزُ الْعَظِيمُ ﴿٨٩﴾
وَجَاءَ الْمُعَذِّرُونَ مِنَ الْأَعْرَابِ لِيُؤْذَنَ لَهُمْ وَقَعَدَ الَّذِينَ
كَذَبُوا اللَّهَ وَرَسُولَهُ ۚ سَيُصِيبُ الَّذِينَ كَفَرُوا مِنْهُمْ عَذَابٌ
أَلِيمٌ ﴿٩٠﴾ لَّيْسَ عَلَى الضُّعَفَاءِ وَلَا عَلَى الْمَرْضَىٰ وَلَا عَلَى الَّذِينَ
لَا يَجِدُونَ مَا يُنفِقُونَ حَرَجٌ إِذَا نَصَحُوا لِلَّهِ وَرَسُولِهِ ۚ
مَا عَلَى الْمُحْسِنِينَ مِن سَبِيلٍ ۚ وَاللَّهُ غَفُورٌ رَّحِيمٌ ﴿٩١﴾
وَلَا عَلَى الَّذِينَ إِذَا مَا أَتَوْكَ لِتَحْمِلَهُمْ قُلْتَ لَا أَجِدُ
مَا أَحْمِلُكُمْ عَلَيْهِ تَوَلَّوا وَّأَعْيُنُهُمْ تَفِيضُ مِنَ الدَّمْعِ
حَزَنًا أَلَّا يَجِدُوا مَا يُنفِقُونَ ﴿٩٢﴾ ۞ إِنَّمَا السَّبِيلُ عَلَى
الَّذِينَ يَسْتَأْذِنُونَكَ وَهُمْ أَغْنِيَاءُ ۚ رَضُوا بِأَن يَكُونُوا
مَعَ الْخَوَالِفِ وَطَبَعَ اللَّهُ عَلَىٰ قُلُوبِهِمْ فَهُمْ لَا يَعْلَمُونَ ﴿٩٣﴾

彼らは居残った者たちと共にいることに満足し、彼らの心には封がなされた。それで彼らは理解しないのである。(9：87)

だが、使徒と彼と共に信ずる者たちは自分の財産と己の命を捧げて奮闘《ジハード》した。それらの者、彼らにこそは良いものがある。また、それらの者、彼らこそ成功者である。(9：88)

アッラーは彼らのために下に河川が流れる楽園を用意し給い、彼らはそこに永遠に。それは大いなる成就である。(9：89)

ベドウィンのうち弁解者たちは、彼らが許可されるようにと彼を訪れた。また、アッラーと彼の使徒に嘘をついた者たちは[873]居残った。そして彼らのうち信仰を拒んだ者たちには痛苦の懲罰が襲うであろう。(9：90)

弱い者たち、病人たち、(善に)費やすものを見出さない者たちには罪はない。もし彼らがアッラーと彼の使徒に誠実であれば。また、善をなす者には(譴責の)道はない[874]。そしてアッラーはよく赦し給う慈悲深い御方。(9：91)

おまえに乗せてもらおうとおまえの許に来た時、おまえが「おまえたちの乗り物を私は見出さない」と言うと、目に涙を溢れさせ、費やすものを見出さないことを悲しんで背を向けた者たちにも(譴責の道はない)。(9：92)

(譴責の)道があるのは、裕福であるのにおまえに許可を願い出る者たちだけである。彼らは居残った者たちと共にいることに満足し、アッラーは彼らの心に封をなし給うた。それで彼らは知らないのである。(9：93)

873　自らを信仰者であるとして嘘をついた偽信者たちは、そもそも居残る弁解もせず許可も求めなかった。

874　病弱であるか、出征する軍備を自己調達できない者は、アッラーと使徒に忠誠を捧げている限り、決して咎められることはない。

يَعْتَذِرُونَ إِلَيْكُمْ إِذَا رَجَعْتُمْ إِلَيْهِمْ ۚ قُل لَّا تَعْتَذِرُوا
لَن نُّؤْمِنَ لَكُمْ قَدْ نَبَّأَنَا اللَّهُ مِنْ أَخْبَارِكُمْ ۚ وَسَيَرَى
اللَّهُ عَمَلَكُمْ وَرَسُولُهُ ثُمَّ تُرَدُّونَ إِلَىٰ عَالِمِ الْغَيْبِ وَالشَّهَادَةِ
فَيُنَبِّئُكُم بِمَا كُنتُمْ تَعْمَلُونَ ﴿٩٤﴾ سَيَحْلِفُونَ بِاللَّهِ
لَكُمْ إِذَا انقَلَبْتُمْ إِلَيْهِمْ لِتُعْرِضُوا عَنْهُمْ ۖ فَأَعْرِضُوا
عَنْهُمْ ۖ إِنَّهُمْ رِجْسٌ ۖ وَمَأْوَاهُمْ جَهَنَّمُ جَزَاءً بِمَا كَانُوا
يَكْسِبُونَ ﴿٩٥﴾ يَحْلِفُونَ لَكُمْ لِتَرْضَوْا عَنْهُمْ ۖ فَإِن
تَرْضَوْا عَنْهُمْ فَإِنَّ اللَّهَ لَا يَرْضَىٰ عَنِ الْقَوْمِ الْفَاسِقِينَ
﴿٩٦﴾ الْأَعْرَابُ أَشَدُّ كُفْرًا وَنِفَاقًا وَأَجْدَرُ أَلَّا يَعْلَمُوا حُدُودَ
مَا أَنزَلَ اللَّهُ عَلَىٰ رَسُولِهِ ۗ وَاللَّهُ عَلِيمٌ حَكِيمٌ ﴿٩٧﴾ وَمِنَ
الْأَعْرَابِ مَن يَتَّخِذُ مَا يُنفِقُ مَغْرَمًا وَيَتَرَبَّصُ بِكُمُ
الدَّوَائِرَ ۚ عَلَيْهِمْ دَائِرَةُ السَّوْءِ ۗ وَاللَّهُ سَمِيعٌ عَلِيمٌ ﴿٩٨﴾ وَمِنَ
الْأَعْرَابِ مَن يُؤْمِنُ بِاللَّهِ وَالْيَوْمِ الْآخِرِ وَيَتَّخِذُ مَا يُنفِقُ
قُرُبَاتٍ عِندَ اللَّهِ وَصَلَوَاتِ الرَّسُولِ ۚ أَلَا إِنَّهَا قُرْبَةٌ لَّهُمْ ۚ
سَيُدْخِلُهُمُ اللَّهُ فِي رَحْمَتِهِ ۗ إِنَّ اللَّهَ غَفُورٌ رَّحِيمٌ ﴿٩٩﴾

おまえたちが（遠征から）彼らの許に帰ると、彼らはおまえたちに弁解する。言え、「弁解するな。われらがおまえたちを信ずることはない。アッラーはわれらにおまえたちの情報を告げ給うた。いずれアッラーはおまえたちの行為を見給い[875]、彼の使徒もまた。それからおまえたちは不可視界と可視界を知り尽くし給うた御方の御許に戻される。そして、彼はおまえたちに、おまえたちのなしたことについて告げ知らせ給う」。(9：94)

おまえたちが（遠征から）彼らの許に戻ると、彼らはおまえたちに自分たちのことを放免させようと、おまえたちにアッラーにかけて誓うであろう。そうすれば彼らのことを放免せよ。まことに彼らは不浄であり、彼らの棲家は火獄《ジャハンナム》である。彼らが稼いだものの報いとして。(9：95)

彼らはおまえたちを彼らに満足させようと、おまえたちに誓う。だが、たとえおまえたちが彼らに満足しようと、アッラーは邪な民には満足し給わない。(9：96)

ベドウィンは不信仰と偽信仰が一層はなはだしく、アッラーが彼の使徒に下し給うたものの諸法度を知らないことが一層似つかわしい。そしてアッラーはよく知り給う英明な御方。(9：97)

またベドウィンの中には、費やすものを負担と捉え、おまえたちに運の転変を待ち望む者がいる[876]。彼らにこそ悪運はある。そしてアッラーはよく聞きよく知り給う御方。(9：98)

だが、ベドウィンの中にも、アッラーと最後の日を信じ、費やすものをアッラーの御許への（アッラーに近づくための）捧げ物であり、使徒への祝福であると捉える者たちもいる。まさに、それは彼らにとって（アッラーに近づくための）奉納ではないか、いずれアッラーは彼らを彼の御慈悲の中に入らせ給う。まことにアッラーはよく赦し給う慈悲深い御方。(9：99)

875　おまえたちが悔いて戻るかどうかを。

876　喜捨を強制された税金、損失と考え、ムスリムの支配が終わって喜捨の徴収もなくなるのを期待していた。

وَٱلسَّٰبِقُونَ ٱلْأَوَّلُونَ مِنَ ٱلْمُهَٰجِرِينَ وَٱلْأَنصَارِ وَٱلَّذِينَ
ٱتَّبَعُوهُم بِإِحْسَٰنٍ رَّضِيَ ٱللَّهُ عَنْهُمْ وَرَضُوا۟ عَنْهُ وَأَعَدَّ
لَهُمْ جَنَّٰتٍ تَجْرِي تَحْتَهَا ٱلْأَنْهَٰرُ خَٰلِدِينَ فِيهَآ أَبَدًا
ذَٰلِكَ ٱلْفَوْزُ ٱلْعَظِيمُ ١٠٠ وَمِمَّنْ حَوْلَكُم مِّنَ ٱلْأَعْرَابِ
مُنَٰفِقُونَ وَمِنْ أَهْلِ ٱلْمَدِينَةِ مَرَدُوا۟ عَلَى ٱلنِّفَاقِ لَا تَعْلَمُهُمْ
نَحْنُ نَعْلَمُهُمْ سَنُعَذِّبُهُم مَّرَّتَيْنِ ثُمَّ يُرَدُّونَ إِلَىٰ عَذَابٍ
عَظِيمٍ ١٠١ وَءَاخَرُونَ ٱعْتَرَفُوا۟ بِذُنُوبِهِمْ خَلَطُوا۟ عَمَلًا صَٰلِحًا
وَءَاخَرَ سَيِّئًا عَسَى ٱللَّهُ أَن يَتُوبَ عَلَيْهِمْ إِنَّ ٱللَّهَ غَفُورٌ رَّحِيمٌ
١٠٢ خُذْ مِنْ أَمْوَٰلِهِمْ صَدَقَةً تُطَهِّرُهُمْ وَتُزَكِّيهِم بِهَا وَصَلِّ عَلَيْهِمْ
إِنَّ صَلَوٰتَكَ سَكَنٌ لَّهُمْ وَٱللَّهُ سَمِيعٌ عَلِيمٌ ١٠٣ أَلَمْ يَعْلَمُوٓا۟ أَنَّ
ٱللَّهَ هُوَ يَقْبَلُ ٱلتَّوْبَةَ عَنْ عِبَادِهِۦ وَيَأْخُذُ ٱلصَّدَقَٰتِ وَأَنَّ
ٱللَّهَ هُوَ ٱلتَّوَّابُ ٱلرَّحِيمُ ١٠٤ وَقُلِ ٱعْمَلُوا۟ فَسَيَرَى ٱللَّهُ عَمَلَكُمْ
وَرَسُولُهُۥ وَٱلْمُؤْمِنُونَ وَسَتُرَدُّونَ إِلَىٰ عَٰلِمِ ٱلْغَيْبِ وَٱلشَّهَٰدَةِ
فَيُنَبِّئُكُم بِمَا كُنتُمْ تَعْمَلُونَ ١٠٥ وَءَاخَرُونَ مُرْجَوْنَ لِأَمْرِ ٱللَّهِ
إِمَّا يُعَذِّبُهُمْ وَإِمَّا يَتُوبُ عَلَيْهِمْ وَٱللَّهُ عَلِيمٌ حَكِيمٌ ١٠٦

そして移住者たちと援助者たちの最初の先行者たちと至善をもって彼らに続いた者たち、アッラーは彼らに満足し給い、彼らも彼に満足する。そして、彼は彼らに下に河川が流れる楽園を用意し給い、彼らはそこにいつまでも永遠に。それは大いなる成就である。(9：100)

またおまえたちの周囲のベドウィンの中には偽信者たちがいる、そして、マディーナの住民の中にも。彼らは偽信仰に惑溺しているが、おまえは彼らを知らない。だが、われらは彼らを知っている。われらは彼らを二度懲らしめ[877]、それから彼らは大いなる懲罰に送り返される。(9：101)

一方、自分たちの罪を認めた他の者たちは、正しい行いに他の悪いものを混ぜ合わせた[878]。きっとアッラーは彼らの許に顧み戻り給う。まことにアッラーはよく赦し給う慈悲深い御方。(9：102)

彼らの財産から(定めの)喜捨を受け取れ。おまえはそれによって彼らを浄化し、清める。そして彼らに祝福を祈願せよ。まことにおまえの祝福祈願は彼らにとって安らぎである。そしてアッラーはよく聞きよく知り給う御方。(9：103)

彼らは、アッラーこそ彼の僕《しもべ》たちからの悔い戻りを受け入れ、喜捨を受け取り給うことを知らないのか。そして、アッラーこそ、よく顧み戻り給う慈悲深い御方であることを。(9：104)

そして言え、「行え。アッラーはいずれおまえの行いを見給うであろうし、彼の使徒と信仰者たちもまた。そして、いずれおまえたちは不可視界と可視界を知り給う御方の御許に戻され、彼はおまえたちのなしたことをおまえたちに告げ給う」。(9：105)

また他の者たちは、アッラーの裁決へと引き延ばされた者たちである[879]。彼は彼らを懲らしめ給うか、彼らの許に顧み戻り給う。そしてアッラーはよく知り給う英明なる御方。(9：106)

877　先ず現世での恥辱と殺害によって、そして死後の墓の中での懲罰によって。

878　以前のジハードに参加した古参のムスリムたちで、タブークの戦いに出征せず居残ったことで、それまでの善行に悪行を混ぜてしまったことを後悔した者たちについて啓示されたと言われる。

879　偽信者ではなかったが、怠慢からタブークの戦いに出征せずマディーナに居残ったが、居残った理由を預言者ムハンマドの許に弁解に行かなかった者たち。彼らには五十日後に、その悔悟が受け入れられ赦されたとの啓示(9章118節)が下されたと言われる。

وَٱلَّذِينَ ٱتَّخَذُوا۟ مَسْجِدًا ضِرَارًا وَكُفْرًا وَتَفْرِيقًۢا بَيْنَ
ٱلْمُؤْمِنِينَ وَإِرْصَادًا لِّمَنْ حَارَبَ ٱللَّهَ وَرَسُولَهُۥ مِن قَبْلُ ۚ
وَلَيَحْلِفُنَّ إِنْ أَرَدْنَآ إِلَّا ٱلْحُسْنَىٰ ۖ وَٱللَّهُ يَشْهَدُ إِنَّهُمْ
لَكَـٰذِبُونَ ١٠٧ لَا تَقُمْ فِيهِ أَبَدًا ۚ لَّمَسْجِدٌ أُسِّسَ عَلَى ٱلتَّقْوَىٰ
مِنْ أَوَّلِ يَوْمٍ أَحَقُّ أَن تَقُومَ فِيهِ ۚ فِيهِ رِجَالٌ يُحِبُّونَ أَن
يَتَطَهَّرُوا۟ ۚ وَٱللَّهُ يُحِبُّ ٱلْمُطَّهِّرِينَ ١٠٨ أَفَمَنْ أَسَّسَ بُنْيَـٰنَهُۥ
عَلَىٰ تَقْوَىٰ مِنَ ٱللَّهِ وَرِضْوَٰنٍ خَيْرٌ أَم مَّنْ أَسَّسَ بُنْيَـٰنَهُۥ
عَلَىٰ شَفَا جُرُفٍ هَارٍ فَٱنْهَارَ بِهِۦ فِى نَارِ جَهَنَّمَ ۗ وَٱللَّهُ لَا يَهْدِى
ٱلْقَوْمَ ٱلظَّـٰلِمِينَ ١٠٩ لَا يَزَالُ بُنْيَـٰنُهُمُ ٱلَّذِى بَنَوْا۟ رِيبَةً
فِى قُلُوبِهِمْ إِلَّآ أَن تَقَطَّعَ قُلُوبُهُمْ ۗ وَٱللَّهُ عَلِيمٌ حَكِيمٌ
١١٠ ۞ إِنَّ ٱللَّهَ ٱشْتَرَىٰ مِنَ ٱلْمُؤْمِنِينَ أَنفُسَهُمْ وَأَمْوَٰلَهُم
بِأَنَّ لَهُمُ ٱلْجَنَّةَ ۚ يُقَـٰتِلُونَ فِى سَبِيلِ ٱللَّهِ فَيَقْتُلُونَ
وَيُقْتَلُونَ ۖ وَعْدًا عَلَيْهِ حَقًّا فِى ٱلتَّوْرَىٰةِ وَٱلْإِنجِيلِ
وَٱلْقُرْءَانِ ۚ وَمَنْ أَوْفَىٰ بِعَهْدِهِۦ مِنَ ٱللَّهِ ۚ فَٱسْتَبْشِرُوا۟
بِبَيْعِكُمُ ٱلَّذِى بَايَعْتُم بِهِۦ ۚ وَذَٰلِكَ هُوَ ٱلْفَوْزُ ٱلْعَظِيمُ ١١١

また妨害と不信仰、そして信仰者の分裂のため、また以前からアッラーと彼の使徒に対して戦った者が待ち伏せするためにモスクを建てた者たちがいる[880]。そして彼らは、われらは至善しか願わなかったと誓う。だが、アッラーは彼らがまさに嘘をついていることを立証し給う。(9：107)

決してそこに立ってはいけない[881]。最初の日から畏怖の上に礎を定められたモスクこそ[882]、おまえがそこに立つことにふさわしい。そこには身を清めることを好む者たちがいる。そしてアッラーは身を清める者を愛し給う。(9：108)

アッラーへの畏怖と(アッラーからの)御満悦の上に自分の建物の礎を定める者の方が良いか、それとも崩れそうな土手の縁《ふち》に建物の礎を定め、それと共に火獄《ジャハンナム》の火の中に落下する者の方か。そしてアッラーは不正な民を導き給わない。(9：109)

彼らの建てた建物は彼らの心が砕かれない限り、彼らの心の疑念であることをやめない[883]。そしてアッラーはよく知り給う慈悲深い御方。(9：110)

まことにアッラーは、彼らには楽園があることとひきかえに、信仰者たちから彼ら自身と彼らの財産を買い給うた。彼らはアッラーの道において戦い、殺しまた殺される。律法の書と福音書とクルアーンにおいて真実とされた彼の約束として。アッラーよりも自分の約定をより良く果たす者が誰かあろうか。それゆえ、おまえたちが彼と売買した商売を喜べ。そしてそれこそ大いなる成就である。(9：111)

880　預言者ムハンマドにかねてより敵対していたキリスト教徒の修道士アブー・アーミルに扇動されて、偽信者が、マディーナで最も古いクバーゥのモスクで礼拝していたムスリムたちを分裂させるために、別のモスクを建てた。

881　そのモスクで礼拝するように偽信者たちが預言者ムハンマドに頼んだが、この句が啓示されたため、預言者はこのモスクを破壊、焼却し、その地をごみ捨て場に変えた。

882　マッカから聖遷してきた預言者がマディーナに到着した最初の日に、マディーナの郊外の地クバーゥに建てたモスクを指す。

883　彼ら偽信者たちの建てたこのモスク(妨害のモスク)の破壊は、彼らの預言者への憎しみを増し、彼らは死ぬまでイスラームを疑ったままであった。

ٱلتَّٰٓئِبُونَ ٱلْعَٰبِدُونَ ٱلْحَٰمِدُونَ ٱلسَّٰٓئِحُونَ
ٱلرَّٰكِعُونَ ٱلسَّٰجِدُونَ ٱلْـَٔامِرُونَ بِٱلْمَعْرُوفِ
وَٱلنَّاهُونَ عَنِ ٱلْمُنكَرِ وَٱلْحَٰفِظُونَ لِحُدُودِ ٱللَّهِ ۗ
وَبَشِّرِ ٱلْمُؤْمِنِينَ ﴿١١٢﴾ مَا كَانَ لِلنَّبِىِّ وَٱلَّذِينَ ءَامَنُوٓا۟
أَن يَسْتَغْفِرُوا۟ لِلْمُشْرِكِينَ وَلَوْ كَانُوٓا۟ أُو۟لِى قُرْبَىٰ
مِنۢ بَعْدِ مَا تَبَيَّنَ لَهُمْ أَنَّهُمْ أَصْحَٰبُ ٱلْجَحِيمِ ﴿١١٣﴾ وَمَا
كَانَ ٱسْتِغْفَارُ إِبْرَٰهِيمَ لِأَبِيهِ إِلَّا عَن مَّوْعِدَةٍ وَعَدَهَآ
إِيَّاهُ فَلَمَّا تَبَيَّنَ لَهُۥٓ أَنَّهُۥ عَدُوٌّ لِّلَّهِ تَبَرَّأَ مِنْهُ ۚ إِنَّ إِبْرَٰهِيمَ
لَأَوَّٰهٌ حَلِيمٌ ﴿١١٤﴾ وَمَا كَانَ ٱللَّهُ لِيُضِلَّ قَوْمًۢا بَعْدَ إِذْ
هَدَىٰهُمْ حَتَّىٰ يُبَيِّنَ لَهُم مَّا يَتَّقُونَ ۚ إِنَّ ٱللَّهَ بِكُلِّ شَىْءٍ
عَلِيمٌ ﴿١١٥﴾ إِنَّ ٱللَّهَ لَهُۥ مُلْكُ ٱلسَّمَٰوَٰتِ وَٱلْأَرْضِ ۖ يُحْىِۦ
وَيُمِيتُ ۚ وَمَا لَكُم مِّن دُونِ ٱللَّهِ مِن وَلِىٍّ وَلَا نَصِيرٍ ﴿١١٦﴾
لَّقَد تَّابَ ٱللَّهُ عَلَى ٱلنَّبِىِّ وَٱلْمُهَٰجِرِينَ وَٱلْأَنصَارِ ٱلَّذِينَ
ٱتَّبَعُوهُ فِى سَاعَةِ ٱلْعُسْرَةِ مِنۢ بَعْدِ مَا كَادَ يَزِيغُ قُلُوبُ
فَرِيقٍ مِّنْهُمْ ثُمَّ تَابَ عَلَيْهِمْ ۚ إِنَّهُۥ بِهِمْ رَءُوفٌ رَّحِيمٌ ﴿١١٧﴾

悔いて戻る者たち、崇拝する者たち、賞賛する者たち、遍路する者たち、屈礼する者たち、跪拝する者たち、良識を命じ忌事を禁じる者たち、そしてアッラーの諸法度を守る者たち。そして信仰する者たちに吉報を伝えよ。(9：112)

預言者と信仰する者たちにとっては、たとえ近親であっても、彼らが焦熱地獄の住人であることが彼らに判明した後には、多神教徒たちのために赦し乞いをすることは罷り成らない。(9：113)

そしてイブラーヒームによる彼の父のための赦し乞いは[884]、彼が彼に対して交わした約束ゆえにほかならなかった。だが、彼がアッラーの敵であることが彼に判明するや、彼は彼と決別した。まことにイブラーヒームはよく嘆願し祈る寛容な者である。(9：114)

そしてアッラーは、一旦民を導いた後は、彼らが畏れ身を守るべきことを彼らに解明するまでは彼らを迷わすようなことはなし給わない。まことにアッラーはあらゆることについてよく知り給う御方。(9：115)

まことに、アッラー、彼にこそ諸天と地の王権はあり、彼は生かし、また死なせ給う。そしておまえたちにはアッラーをおいて後見も援助者もいないのである。(9：116)

アッラーは確かに預言者と移住者たちと援助者たちの許に顧み戻り給うた。彼らのうちの一部の者の心は逸脱しそうになったが、その後、彼らは苦難の時に彼に従った。そこで彼は彼らの許に顧み戻り給うたのである。まことに彼は、彼らに対し憐れみ深く、慈悲深い御方。(9：117)

884　19章47節参照。

وَعَلَى ٱلثَّلَٰثَةِ ٱلَّذِينَ خُلِّفُواْ حَتَّىٰٓ إِذَا ضَاقَتۡ عَلَيۡهِمُ ٱلۡأَرۡضُ
بِمَا رَحُبَتۡ وَضَاقَتۡ عَلَيۡهِمۡ أَنفُسُهُمۡ وَظَنُّوٓاْ أَن لَّا مَلۡجَأَ
مِنَ ٱللَّهِ إِلَّآ إِلَيۡهِ ثُمَّ تَابَ عَلَيۡهِمۡ لِيَتُوبُوٓاْۚ إِنَّ ٱللَّهَ هُوَ ٱلتَّوَّابُ
ٱلرَّحِيمُ ١١٨ يَٰٓأَيُّهَا ٱلَّذِينَ ءَامَنُواْ ٱتَّقُواْ ٱللَّهَ وَكُونُواْ مَعَ
ٱلصَّٰدِقِينَ ١١٩ مَا كَانَ لِأَهۡلِ ٱلۡمَدِينَةِ وَمَنۡ حَوۡلَهُم
مِّنَ ٱلۡأَعۡرَابِ أَن يَتَخَلَّفُواْ عَن رَّسُولِ ٱللَّهِ وَلَا يَرۡغَبُواْ
بِأَنفُسِهِمۡ عَن نَّفۡسِهِۦۚ ذَٰلِكَ بِأَنَّهُمۡ لَا يُصِيبُهُمۡ ظَمَأٞ
وَلَا نَصَبٞ وَلَا مَخۡمَصَةٞ فِي سَبِيلِ ٱللَّهِ وَلَا يَطَـُٔونَ مَوۡطِئٗا
يَغِيظُ ٱلۡكُفَّارَ وَلَا يَنَالُونَ مِنۡ عَدُوّٖ نَّيۡلًا إِلَّا كُتِبَ
لَهُم بِهِۦ عَمَلٞ صَٰلِحٌۚ إِنَّ ٱللَّهَ لَا يُضِيعُ أَجۡرَ ٱلۡمُحۡسِنِينَ
١٢٠ وَلَا يُنفِقُونَ نَفَقَةٗ صَغِيرَةٗ وَلَا كَبِيرَةٗ وَلَا يَقۡطَعُونَ
وَادِيًا إِلَّا كُتِبَ لَهُمۡ لِيَجۡزِيَهُمُ ٱللَّهُ أَحۡسَنَ مَا كَانُواْ
يَعۡمَلُونَ ١٢١ ۞وَمَا كَانَ ٱلۡمُؤۡمِنُونَ لِيَنفِرُواْ كَآفَّةٗۚ
فَلَوۡلَا نَفَرَ مِن كُلِّ فِرۡقَةٖ مِّنۡهُمۡ طَآئِفَةٞ لِّيَتَفَقَّهُواْ فِي ٱلدِّينِ
وَلِيُنذِرُواْ قَوۡمَهُمۡ إِذَا رَجَعُوٓاْ إِلَيۡهِمۡ لَعَلَّهُمۡ يَحۡذَرُونَ ١٢٢

また、取り残された三人の許にも(顧み戻り給うた)[885]。大地は広いにもかかわらず、遂には彼らには窮屈となり、彼ら自身も彼らには窮屈で[886]、彼らはアッラーからの逃げ場は彼の御許にしかないと考えた。その後、彼らが悔いて戻るようにと、彼は彼らを顧み戻り給うた。まことにアッラーこそよく顧み戻り給う慈悲深い御方。(9：118)

信仰する者たちよ、アッラーを畏れ身を守り、誠実な者たちと共にいよ。(9：119)

マディーナの住民も、彼らの周辺のベドウィンも、アッラーの使徒の後に居残ること、また、彼の命よりも自分自身の命を望むことは罷り成らない。それというのも、アッラーの道において渇きと疲労と飢えが彼らを襲い、また彼らが不信仰者を立腹させる踏み跡を踏みしめ、敵から獲得するものがあれば[887]、必ずやその度に、彼らには善行が書き留められるからである。まことにアッラーは善を尽くす者たちの報償を損ない給わない。(9：120)

また彼らが少なくとも多くとも(戦)費を払い、谷一つ横切ろうとも、必ず彼らに書き留められて、アッラーは彼らがしてきたことの最良のもので彼らに報い給う。(9：121)

そして信仰者たちにとって一斉に突き進む[888]ことは罷り成らない。それで彼らのうち各集団の一派が突き進まないとすれば[889]。彼らが宗教について理解を深め、彼らの民に、彼らが彼の許に戻った時に、警告するために[890]。きっと彼らも用心するであろう。(9：122)

885　9章106節参照。

886　アッラーの命令に背いたことの後悔と、ムスリム同胞から村八分にされた孤独で身の置き場がなく。

887　飢餓と渇きに苦しむ強行軍でジハードを戦い、不信仰者を悩ませ、殺傷し、あるいは捕虜にし戦利品を獲れば。

888　戦闘のため、あるいは学問のため。

889　なぜ一部だけが突き進み、残りの者は留まることにしないのか。

890　預言者ムハンマド自身はマディーナに残り、遠征隊を派遣された時に啓示された。一部の者が預言者と共にマディーナに残り、彼からイスラームの教えを学び、遠征軍がマディーナに帰還した時に、彼らが教わったことを帰還兵たちに教えることができるように。

يَٰٓأَيُّهَا ٱلَّذِينَ ءَامَنُواْ قَٰتِلُواْ ٱلَّذِينَ يَلُونَكُم مِّنَ ٱلۡكُفَّارِ
وَلۡيَجِدُواْ فِيكُمۡ غِلۡظَةٗۚ وَٱعۡلَمُوٓاْ أَنَّ ٱللَّهَ مَعَ ٱلۡمُتَّقِينَ
١٢٣ وَإِذَا مَآ أُنزِلَتۡ سُورَةٞ فَمِنۡهُم مَّن يَقُولُ أَيُّكُمۡ زَادَتۡهُ
هَٰذِهِۦٓ إِيمَٰنٗاۚ فَأَمَّا ٱلَّذِينَ ءَامَنُواْ فَزَادَتۡهُمۡ إِيمَٰنٗا وَهُمۡ
يَسۡتَبۡشِرُونَ ١٢٤ وَأَمَّا ٱلَّذِينَ فِي قُلُوبِهِم مَّرَضٞ فَزَادَتۡهُمۡ
رِجۡسًا إِلَىٰ رِجۡسِهِمۡ وَمَاتُواْ وَهُمۡ كَٰفِرُونَ ١٢٥ أَوَلَا
يَرَوۡنَ أَنَّهُمۡ يُفۡتَنُونَ فِي كُلِّ عَامٖ مَّرَّةً أَوۡ مَرَّتَيۡنِ
ثُمَّ لَا يَتُوبُونَ وَلَا هُمۡ يَذَّكَّرُونَ ١٢٦ وَإِذَا مَآ
أُنزِلَتۡ سُورَةٞ نَّظَرَ بَعۡضُهُمۡ إِلَىٰ بَعۡضٍ هَلۡ يَرَىٰكُم
مِّنۡ أَحَدٖ ثُمَّ ٱنصَرَفُواْۚ صَرَفَ ٱللَّهُ قُلُوبَهُم بِأَنَّهُمۡ قَوۡمٞ
لَّا يَفۡقَهُونَ ١٢٧ لَقَدۡ جَآءَكُمۡ رَسُولٞ مِّنۡ أَنفُسِكُمۡ
عَزِيزٌ عَلَيۡهِ مَا عَنِتُّمۡ حَرِيصٌ عَلَيۡكُم بِٱلۡمُؤۡمِنِينَ
رَءُوفٞ رَّحِيمٞ ١٢٨ فَإِن تَوَلَّوۡاْ فَقُلۡ حَسۡبِيَ ٱللَّهُ لَآ إِلَٰهَ
إِلَّا هُوَۖ عَلَيۡهِ تَوَكَّلۡتُۖ وَهُوَ رَبُّ ٱلۡعَرۡشِ ٱلۡعَظِيمِ ١٢٩

سُورَةُ يُونُسَ

信仰する者たちよ、おまえたちに近い不信仰者と戦え、彼らにおまえたちの過酷さを見出させよ。そしてアッラーは畏れ身を守る者たちと共におわしますと知れ。(9：123)

そして一章が下される度、彼らの中には、「これがおまえたちの誰の信仰を増すのか」と言う者(偽信者たち)がある。しかし信仰する者たちは、彼らにはそれは信仰を増し加え、彼らは喜ぶ。(9：124)

一方、心に病のある者たちは、彼らにはそれは汚れの上に汚れを増し加え、彼らは不信仰者として死んだ。(9：125)

毎年、一度か二度、彼らが試みられることに彼らは気付かないのか[891]。それでも彼らは悔いて戻らず、留意しないのである。(9：126)

そして一章が下される度、彼らは互いに見つめあった。誰かおまえたちを見ているか、と。それから彼らは立ち去り、アッラーは彼らの心を逸らされた。彼らが理解しない民であるがためである。(9：127)

おまえたちの許におまえたち自身の中から使徒が確かにやって来たのである。おまえたちが悩むことは彼にとって辛く、彼はおまえたちに心を砕き[892]、信仰者たちに対して憐れみ深く、慈悲深い。(9：128)

それゆえ、もし彼らが背を向けたなら、言え、「私にはアッラーで十分。彼のほかに神はない。彼に私は一任した。そして彼こそ大いなる高御座の主であらせられる」。(9：129)

891　ジハード、あるいは天災や病気などによって。
892　おまえたちが正しく導かれるようにと切望し。

第10章　ユーヌス …… سورة يونس

بِسۡمِ ٱللَّهِ ٱلرَّحۡمَٰنِ ٱلرَّحِيمِ
الٓرۚ تِلۡكَ ءَايَٰتُ ٱلۡكِتَٰبِ ٱلۡحَكِيمِ ١ أَكَانَ لِلنَّاسِ عَجَبًا
أَنۡ أَوۡحَيۡنَآ إِلَىٰ رَجُلٖ مِّنۡهُمۡ أَنۡ أَنذِرِ ٱلنَّاسَ وَبَشِّرِ ٱلَّذِينَ
ءَامَنُوٓاْ أَنَّ لَهُمۡ قَدَمَ صِدۡقٍ عِندَ رَبِّهِمۡۗ قَالَ ٱلۡكَٰفِرُونَ
إِنَّ هَٰذَا لَسَٰحِرٞ مُّبِينٌ ٢ إِنَّ رَبَّكُمُ ٱللَّهُ ٱلَّذِي خَلَقَ ٱلسَّمَٰوَٰتِ
وَٱلۡأَرۡضَ فِي سِتَّةِ أَيَّامٖ ثُمَّ ٱسۡتَوَىٰ عَلَى ٱلۡعَرۡشِۖ يُدَبِّرُ ٱلۡأَمۡرَۖ
مَا مِن شَفِيعٍ إِلَّا مِنۢ بَعۡدِ إِذۡنِهِۦۚ ذَٰلِكُمُ ٱللَّهُ رَبُّكُمۡ فَٱعۡبُدُوهُۚ
أَفَلَا تَذَكَّرُونَ ٣ إِلَيۡهِ مَرۡجِعُكُمۡ جَمِيعٗاۖ وَعۡدَ ٱللَّهِ حَقًّاۚ إِنَّهُۥ
يَبۡدَؤُاْ ٱلۡخَلۡقَ ثُمَّ يُعِيدُهُۥ لِيَجۡزِيَ ٱلَّذِينَ ءَامَنُواْ وَعَمِلُواْ
ٱلصَّٰلِحَٰتِ بِٱلۡقِسۡطِۚ وَٱلَّذِينَ كَفَرُواْ لَهُمۡ شَرَابٞ مِّنۡ حَمِيمٖ
وَعَذَابٌ أَلِيمُۢ بِمَا كَانُواْ يَكۡفُرُونَ ٤ هُوَ ٱلَّذِي جَعَلَ ٱلشَّمۡسَ
ضِيَآءٗ وَٱلۡقَمَرَ نُورٗا وَقَدَّرَهُۥ مَنَازِلَ لِتَعۡلَمُواْ عَدَدَ ٱلسِّنِينَ
وَٱلۡحِسَابَۚ مَا خَلَقَ ٱللَّهُ ذَٰلِكَ إِلَّا بِٱلۡحَقِّۚ يُفَصِّلُ ٱلۡأٓيَٰتِ
لِقَوۡمٖ يَعۡلَمُونَ ٥ إِنَّ فِي ٱخۡتِلَٰفِ ٱلَّيۡلِ وَٱلنَّهَارِ وَمَا خَلَقَ
ٱللَّهُ فِي ٱلسَّمَٰوَٰتِ وَٱلۡأَرۡضِ لَأٓيَٰتٖ لِّقَوۡمٖ يَتَّقُونَ ٦

マッカ垂示

98節の預言者ユーヌスにちなんで「ユーヌス」章と呼ばれる。

アッラーが天地の万物の創造者であり、アッラーをおいて何者もその御許で仲裁する力を有さず、全ての被造物にはアッラーの徴があることが詳述される(1-6節)。

人間が苦難にあってはアッラーのみに縋《すが》るが、苦難が去ると不信仰に戻りがちであることが戒められる(12、22-23節)。

人間を真理に導くことができるのは、偶像神ではなくアッラーだけであり、アッラーの啓示であるクルアーンが比類なきものであることが、人間にはそのようなものを一章たりとも作れないことによって立証される(35-38節)。

ヌーフとムーサーの物語により、預言者の警告を拒んだ民の滅亡が告げられた後、ユーヌスの警告を受け入れ信仰した町が滅亡を免れて救われたことが教えられる(71-98節)。

慈悲あまねく慈悲深きアッラーの御名において

アリフ・ラーム・ラー。それは英知ある啓典の諸々の徴(節)である。(10：1)

人々にとっては驚きであったか、われらが彼らの一人の男に、「人々に警告せよ、そして信仰する者たちには、彼らの主の御許に真実の先行[893]があるとの吉報を伝えよ」と啓示したことは。不信仰者たちは、「これは明白な魔術師である」と言った。(10：2)

まことにおまえたちの主はアッラー、六日の間に諸天と地を創造し、それから高御座に座し給うた御方。彼は物事を采配し給う。彼の御許可の後でなければ執り成す者などいない。それがアッラー、おまえたちの主。それゆえ、彼に仕えよ。おまえたちは留意しないのか。(10：3)

彼にこそおまえたちすべての帰り処はある。真なるアッラーの約束として。まことに彼は創造を始め、そしてそれを繰り返し給う[894]。信仰し、善行をなした者たちに公正に報い給うために。一方、信仰を拒んだ者たち、彼らは信仰を拒んだがゆえに熱湯の飲み物と痛苦の懲罰がある。(10：4)

彼こそは太陽を輝きとし、月を光となし、おまえたちが年数と計算を知るためにそれに星宿[895]を割り当て給うた御方。アッラーがこれを創り給うたのは、真理によってに他ならず、知る民に諸々の徴を解明し給う。(10：5)

893　前もって用意された確かな報償が。
894　死後、復活によって創造を繰り返す。
895　毎月、二八夜で二八の星宿を。

إِنَّ ٱلَّذِينَ لَا يَرۡجُونَ لِقَآءَنَا وَرَضُواْ بِٱلۡحَيَوٰةِ ٱلدُّنۡيَا وَٱطۡمَأَنُّواْ
بِهَا وَٱلَّذِينَ هُمۡ عَنۡ ءَايَٰتِنَا غَٰفِلُونَ ٧ أُوْلَٰٓئِكَ مَأۡوَىٰهُمُ
ٱلنَّارُ بِمَا كَانُواْ يَكۡسِبُونَ ٨ إِنَّ ٱلَّذِينَ ءَامَنُواْ وَعَمِلُواْ
ٱلصَّٰلِحَٰتِ يَهۡدِيهِمۡ رَبُّهُم بِإِيمَٰنِهِمۡۖ تَجۡرِي مِن تَحۡتِهِمُ
ٱلۡأَنۡهَٰرُ فِي جَنَّٰتِ ٱلنَّعِيمِ ٩ دَعۡوَىٰهُمۡ فِيهَا سُبۡحَٰنَكَ
ٱللَّهُمَّ وَتَحِيَّتُهُمۡ فِيهَا سَلَٰمٞۚ وَءَاخِرُ دَعۡوَىٰهُمۡ أَنِ ٱلۡحَمۡدُ
لِلَّهِ رَبِّ ٱلۡعَٰلَمِينَ ١٠ ۞وَلَوۡ يُعَجِّلُ ٱللَّهُ لِلنَّاسِ ٱلشَّرَّ
ٱسۡتِعۡجَالَهُم بِٱلۡخَيۡرِ لَقُضِيَ إِلَيۡهِمۡ أَجَلُهُمۡۖ فَنَذَرُ ٱلَّذِينَ
لَا يَرۡجُونَ لِقَآءَنَا فِي طُغۡيَٰنِهِمۡ يَعۡمَهُونَ ١١ وَإِذَا مَسَّ ٱلۡإِنسَٰنَ
ٱلضُّرُّ دَعَانَا لِجَنۢبِهِۦٓ أَوۡ قَاعِدًا أَوۡ قَآئِمٗا فَلَمَّا كَشَفۡنَا
عَنۡهُ ضُرَّهُۥ مَرَّ كَأَن لَّمۡ يَدۡعُنَآ إِلَىٰ ضُرّٖ مَّسَّهُۥۚ كَذَٰلِكَ زُيِّنَ
لِلۡمُسۡرِفِينَ مَا كَانُواْ يَعۡمَلُونَ ١٢ وَلَقَدۡ أَهۡلَكۡنَا ٱلۡقُرُونَ
مِن قَبۡلِكُمۡ لَمَّا ظَلَمُواْ وَجَآءَتۡهُمۡ رُسُلُهُم بِٱلۡبَيِّنَٰتِ وَمَا كَانُواْ
لِيُؤۡمِنُواْۚ كَذَٰلِكَ نَجۡزِي ٱلۡقَوۡمَ ٱلۡمُجۡرِمِينَ ١٣ ثُمَّ جَعَلۡنَٰكُمۡ
خَلَٰٓئِفَ فِي ٱلۡأَرۡضِ مِنۢ بَعۡدِهِمۡ لِنَنظُرَ كَيۡفَ تَعۡمَلُونَ ١٤

まことに、夜と昼の交替、そして、アッラーが諸天と地に創り給うたものの中には、畏れ身を守る民への諸々の徴がある。(10：6)

まことに、(来世での)われらとの会見を望まず、現世に満足し、それに安住した者たち、また、われらの諸々の徴に無頓着な者たち、(10：7)

それらの者、彼らの棲家は彼らの稼いだもののゆえに獄火である。(10：8)

まことに、信仰し、善行をなした者たち、彼らを彼らの主は信仰によって導き給う。至福の楽園の中、彼らの下には河川が流れる。(10：9)

そこでの彼らの祈りは、「称えあれ、アッラー、あなたこそ超越者」、そこでの彼らの挨拶は、「平安あれ」、そして、彼らの祈りの結びは、「称賛はアッラーに属す、諸世界の主」。(10：10)

そしてアッラーが人々に対し、彼らへの善をもってする迅速さで悪を急ぎ給えば[896]、彼らには彼らの期限(天命)は終わらされたであろう。われらは、われらとの会見を望まない者たちを無法のうちにさまようままに捨て置く。(10：11)

そして人間に災難が襲うと、横になって、あるいは座って、あるいは立ってわれらに祈る。だが、われらが彼からその災難を取り除くと、彼を襲った苦しみのためにわれらに祈ったことなどなかったかのように(不信仰に時を)過ごす。こうして法外な者たちには、彼らの行うことが美しく粉飾された。(10：12)

そしてわれらはおまえたちの前にも幾多の世代を、彼らの許に諸々の明証を携えて使徒たちが来たにもかかわらず不正に振舞い信仰しなかった時に、滅ぼした。このようにわれらは罪を犯した民に報いる。(10：13)

それからわれらはおまえたちをこの地で彼らの後の後継者たちとした。おまえたちがどのようになすかを眺めるために。(10：14)

896　人々が幸福がすぐにも実現するようにとアッラーに祈り、アッラーが迅速に応え給うように、直ぐにも厄災をもたらせ、との祈りにも応え給うたとすれば。この節は、ナドル・ブン・アル＝ハーリスが預言者ムハンマドを嘲弄して「アッラーよ、もしこれ(イスラーム)があなたの御許からの真理であるなら、われらの上に天から石を雨と降らせ(滅ぼし)給え」と祈ってみせた時に啓示されたとも言われる。

あるいは、「彼ら(人々)が善に急ぐ(様に)アッラーが人々に対し悪を急ぎ給えば」とも訳し得る。

وَإِذَا تُتۡلَىٰ عَلَيۡهِمۡ ءَايَاتُنَا بَيِّنَٰتٖ قَالَ ٱلَّذِينَ لَا يَرۡجُونَ
لِقَآءَنَا ٱئۡتِ بِقُرۡءَانٍ غَيۡرِ هَٰذَآ أَوۡ بَدِّلۡهُۚ قُلۡ مَا يَكُونُ
لِيٓ أَنۡ أُبَدِّلَهُۥ مِن تِلۡقَآيِٕ نَفۡسِيٓۖ إِنۡ أَتَّبِعُ إِلَّا مَا يُوحَىٰٓ إِلَيَّۖ
إِنِّيٓ أَخَافُ إِنۡ عَصَيۡتُ رَبِّي عَذَابَ يَوۡمٍ عَظِيمٖ ١٥ قُل
لَّوۡ شَآءَ ٱللَّهُ مَا تَلَوۡتُهُۥ عَلَيۡكُمۡ وَلَآ أَدۡرَىٰكُم بِهِۦۖ
فَقَدۡ لَبِثۡتُ فِيكُمۡ عُمُرٗا مِّن قَبۡلِهِۦٓۚ أَفَلَا تَعۡقِلُونَ ١٦
فَمَنۡ أَظۡلَمُ مِمَّنِ ٱفۡتَرَىٰ عَلَى ٱللَّهِ كَذِبًا أَوۡ كَذَّبَ بِـَٔايَٰتِهِۦٓۚ
إِنَّهُۥ لَا يُفۡلِحُ ٱلۡمُجۡرِمُونَ ١٧ وَيَعۡبُدُونَ مِن دُونِ ٱللَّهِ
مَا لَا يَضُرُّهُمۡ وَلَا يَنفَعُهُمۡ وَيَقُولُونَ هَٰٓؤُلَآءِ شُفَعَٰٓؤُنَا
عِندَ ٱللَّهِۚ قُلۡ أَتُنَبِّـُٔونَ ٱللَّهَ بِمَا لَا يَعۡلَمُ فِي ٱلسَّمَٰوَٰتِ وَلَا
فِي ٱلۡأَرۡضِۚ سُبۡحَٰنَهُۥ وَتَعَٰلَىٰ عَمَّا يُشۡرِكُونَ ١٨ وَمَا
كَانَ ٱلنَّاسُ إِلَّآ أُمَّةٗ وَٰحِدَةٗ فَٱخۡتَلَفُواْۚ وَلَوۡلَا كَلِمَةٞ
سَبَقَتۡ مِن رَّبِّكَ لَقُضِيَ بَيۡنَهُمۡ فِيمَا فِيهِ يَخۡتَلِفُونَ
١٩ وَيَقُولُونَ لَوۡلَآ أُنزِلَ عَلَيۡهِ ءَايَةٞ مِّن رَّبِّهِۦۖ فَقُلۡ إِنَّمَا
ٱلۡغَيۡبُ لِلَّهِ فَٱنتَظِرُوٓاْ إِنِّي مَعَكُم مِّنَ ٱلۡمُنتَظِرِينَ ٢٠

だが、彼らにわれらの諸々の徴が明白に読み聞かされると、われらとの会見を望まない者たちは、「これとは別のクルアーンを持って来い。あるいは、それを挿げ替えよ」と言った。言え、「私にはそれを自分勝手に挿げ替えることは許されない。私は私に啓示されたものに従っているにすぎない。もし私がわが主に背きでもすれば、まことに大いなる日の懲罰を私は恐れる」。(10：15)

言え、「もしアッラーが望み給うたならば、私がおまえたちにこれを読み聞かせることもなく、彼がおまえたちにそれについて知らせ給うこともなかったであろう。そして私はおまえたちの間でそれ以前に生を過ごした[897]。おまえたちは悟らないのか」。(10：16)

アッラーについて嘘を捏造するか、彼の諸々の徴を嘘として否定する者ほど不正な者が誰かあろうか。まことに罪人たちが成功することはない。(10：17)

そして彼らは、アッラーをさしおいて彼らに危害を与えることも益をなすこともないもの(偶像神)に仕え、「これらの者はアッラーの御許でのわれらの仲介者である」と言う。言え、「おまえたちは諸天においても地においてもアッラーが知り給わないことを彼に告げようというのか[898]。称えあれ、彼は彼らが同位に配するものを超越し、はるかに高い御方」。(10：18)

また人間は一つの共同体に他ならなかったが[899]分裂した。もしお前たちの主からの御言葉が先立っていなければ[900]、彼らの間で彼らが相違することについて裁決が下されたであろう。(10：19)

それなのに彼らは言う。「彼(ムハンマド)には彼の主からの徴が下されないのか[901]」。言え、見えないことはアッラーに帰される。それゆえ待て。私もお前たちと共に待つ者たち(の一人)である。(10：20)

897　お前たち皆が知っているように、私は四十歳になってクルアーンの啓示を下されイスラームの宣教を始めるまでの前半生を、おまえたちと同じマッカのクライシュ族の一人の正直な商人としておまえたちの間で普通に暮らしていた。

898　アッラーは御自身に同位者が存在することを認め給わず、そのような仲介者が存在することも知り給わない。

899　アーダムからヌーフの時代まで、一つの宗教イスラームの下に一つの宗教共同体であった。

900　復活の日まで裁きを猶予するとの。7章14-15節参照。

901　ムーサーやイーサーがもたらした物質的奇跡のような徴が。

وَإِذَآ أَذَقۡنَا ٱلنَّاسَ رَحۡمَةٗ مِّنۢ بَعۡدِ ضَرَّآءَ مَسَّتۡهُمۡ إِذَا لَهُم مَّكۡرٞ
فِيٓ ءَايَاتِنَاۚ قُلِ ٱللَّهُ أَسۡرَعُ مَكۡرًاۚ إِنَّ رُسُلَنَا يَكۡتُبُونَ مَا تَمۡكُرُونَ
٢١ هُوَ ٱلَّذِي يُسَيِّرُكُمۡ فِي ٱلۡبَرِّ وَٱلۡبَحۡرِۖ حَتَّىٰٓ إِذَا كُنتُمۡ فِي ٱلۡفُلۡكِ
وَجَرَيۡنَ بِهِم بِرِيحٖ طَيِّبَةٖ وَفَرِحُواْ بِهَا جَآءَتۡهَا رِيحٌ عَاصِفٞ
وَجَآءَهُمُ ٱلۡمَوۡجُ مِن كُلِّ مَكَانٖ وَظَنُّوٓاْ أَنَّهُمۡ أُحِيطَ بِهِمۡ
دَعَوُاْ ٱللَّهَ مُخۡلِصِينَ لَهُ ٱلدِّينَ لَئِنۡ أَنجَيۡتَنَا مِنۡ هَٰذِهِۦ لَنَكُونَنَّ
مِنَ ٱلشَّٰكِرِينَ ٢٢ فَلَمَّآ أَنجَىٰهُمۡ إِذَا هُمۡ يَبۡغُونَ فِي ٱلۡأَرۡضِ بِغَيۡرِ
ٱلۡحَقِّۗ يَٰٓأَيُّهَا ٱلنَّاسُ إِنَّمَا بَغۡيُكُمۡ عَلَىٰٓ أَنفُسِكُمۖ مَّتَٰعَ ٱلۡحَيَوٰةِ
ٱلدُّنۡيَاۖ ثُمَّ إِلَيۡنَا مَرۡجِعُكُمۡ فَنُنَبِّئُكُم بِمَا كُنتُمۡ تَعۡمَلُونَ ٢٣
إِنَّمَا مَثَلُ ٱلۡحَيَوٰةِ ٱلدُّنۡيَا كَمَآءٍ أَنزَلۡنَٰهُ مِنَ ٱلسَّمَآءِ فَٱخۡتَلَطَ
بِهِۦ نَبَاتُ ٱلۡأَرۡضِ مِمَّا يَأۡكُلُ ٱلنَّاسُ وَٱلۡأَنۡعَٰمُ حَتَّىٰٓ إِذَآ
أَخَذَتِ ٱلۡأَرۡضُ زُخۡرُفَهَا وَٱزَّيَّنَتۡ وَظَنَّ أَهۡلُهَآ أَنَّهُمۡ قَٰدِرُونَ
عَلَيۡهَآ أَتَىٰهَآ أَمۡرُنَا لَيۡلًا أَوۡ نَهَارٗا فَجَعَلۡنَٰهَا حَصِيدٗا كَأَن لَّمۡ تَغۡنَ
بِٱلۡأَمۡسِۚ كَذَٰلِكَ نُفَصِّلُ ٱلۡأٓيَٰتِ لِقَوۡمٖ يَتَفَكَّرُونَ ٢٤ وَٱللَّهُ يَدۡعُوٓاْ
إِلَىٰ دَارِ ٱلسَّلَٰمِ وَيَهۡدِي مَن يَشَآءُ إِلَىٰ صِرَٰطٖ مُّسۡتَقِيمٖ ٢٥

そして人々を厄災が襲った後に、われらが彼らに慈悲を味わわせると、すると彼らにはわれらの諸々の徴についての策謀がある[902]。言え、アッラーは策謀により迅速であらせられる。まことにアッラーの使徒たち（天使）はおまえたちが策謀することを書き留めている。（10：21）

彼こそはおまえたちに陸と海を旅させ給う御方で、おまえたちが帆船の上で、それが順風によって彼らを乗せて走ると、彼らはそれを喜ぶが、暴風がそれを襲い、波が四方八方から彼らに押し寄せ、自分たちが取り囲まれたと思うと、彼らはアッラーに宗教を一心に捧げて祈った。「もしもあなたがこれ（災厄）からわれらを救い給えば、われらは感謝する者たちとなるでしょう」。（10：22）

そこで彼が彼らを救い給えば、たちまち彼らは地上で正当性なく不義をなした。人々よ、おまえたちの不義はおまえたち自身に対するものにほかならず、現世の享楽を（おまえたちは楽しむ）。それからわれらの許におまえたちの帰り処はある。そして、われらは、おまえたちがなしたことについておまえたちに告げる。（10：23）

現世の譬《たと》えは、まさにわれらが天から下す水のようである。そしてそれによって人間や動物が食べる大地の植物は混ざりあった。そして、ついに大地がその装いをまとい、飾られると、その所有者たちは彼らがそれに全権を持つものと思い込んだ。ある夜、あるいはある日中、そこにわれらの命《めい》が訪れ、われらはそれを、まるで昨日まで豊かに存在してはいなかったかのように、刈り取られたものとなした。こうしてわれらは熟考する民に徴を解明する。（10：24）

そしてアッラーは平和の館（楽園）に呼び招き、御望みの者をまっすぐな道に導き給う。（10：25）

902　徴は干天の慈雨などを指し、不信仰者は災厄から救われるとアッラーに感謝することも忘れ、これを偶然や星辰、偶像神によるものとする。

۞ لِّلَّذِينَ أَحْسَنُوا۟ ٱلْحُسْنَىٰ وَزِيَادَةٌ ۖ وَلَا يَرْهَقُ وُجُوهَهُمْ قَتَرٌ
وَلَا ذِلَّةٌ ۚ أُو۟لَـٰٓئِكَ أَصْحَـٰبُ ٱلْجَنَّةِ ۖ هُمْ فِيهَا خَـٰلِدُونَ ٢٦ وَٱلَّذِينَ
كَسَبُوا۟ ٱلسَّيِّـَٔاتِ جَزَآءُ سَيِّئَةٍۭ بِمِثْلِهَا وَتَرْهَقُهُمْ ذِلَّةٌ ۖ مَّا لَهُم
مِّنَ ٱللَّهِ مِنْ عَاصِمٍ ۖ كَأَنَّمَآ أُغْشِيَتْ وُجُوهُهُمْ قِطَعًا مِّنَ ٱلَّيْلِ
مُظْلِمًا ۚ أُو۟لَـٰٓئِكَ أَصْحَـٰبُ ٱلنَّارِ ۖ هُمْ فِيهَا خَـٰلِدُونَ ٢٧ وَيَوْمَ نَحْشُرُهُمْ
جَمِيعًا ثُمَّ نَقُولُ لِلَّذِينَ أَشْرَكُوا۟ مَكَانَكُمْ أَنتُمْ وَشُرَكَآؤُكُمْ ۚ فَزَيَّلْنَا
بَيْنَهُمْ ۖ وَقَالَ شُرَكَآؤُهُم مَّا كُنتُمْ إِيَّانَا تَعْبُدُونَ ٢٨ فَكَفَىٰ بِٱللَّهِ
شَهِيدًۢا بَيْنَنَا وَبَيْنَكُمْ إِن كُنَّا عَنْ عِبَادَتِكُمْ لَغَـٰفِلِينَ ٢٩
هُنَالِكَ تَبْلُوا۟ كُلُّ نَفْسٍ مَّآ أَسْلَفَتْ ۚ وَرُدُّوٓا۟ إِلَى ٱللَّهِ مَوْلَىٰهُمُ
ٱلْحَقِّ ۖ وَضَلَّ عَنْهُم مَّا كَانُوا۟ يَفْتَرُونَ ٣٠ قُلْ مَن يَرْزُقُكُم مِّنَ
ٱلسَّمَآءِ وَٱلْأَرْضِ أَمَّن يَمْلِكُ ٱلسَّمْعَ وَٱلْأَبْصَـٰرَ وَمَن يُخْرِجُ
ٱلْحَىَّ مِنَ ٱلْمَيِّتِ وَيُخْرِجُ ٱلْمَيِّتَ مِنَ ٱلْحَىِّ وَمَن يُدَبِّرُ ٱلْأَمْرَ ۚ
فَسَيَقُولُونَ ٱللَّهُ ۚ فَقُلْ أَفَلَا تَتَّقُونَ ٣١ فَذَٰلِكُمُ ٱللَّهُ رَبُّكُمُ
ٱلْحَقُّ ۖ فَمَاذَا بَعْدَ ٱلْحَقِّ إِلَّا ٱلضَّلَـٰلُ ۖ فَأَنَّىٰ تُصْرَفُونَ ٣٢ كَذَٰلِكَ
حَقَّتْ كَلِمَتُ رَبِّكَ عَلَى ٱلَّذِينَ فَسَقُوٓا۟ أَنَّهُمْ لَا يُؤْمِنُونَ ٣٣

善を尽くした者には至善があり、さらに追加があり、彼らの顔を暗さや屈辱が捉えることはない。それらの者は楽園の住人であり、彼らはそこに永遠に住まう。(10：26)

だが、悪事を稼いだ者たち、悪事の報いはそれと同じものによる。彼らは屈辱が捉え、彼らにはアッラーから守る者などいない。それはちょうど彼らの顔が闇夜の断片に覆われたようである。それらの者は獄火の住人であり、彼らはそこに永遠に住まう。(10：27)

そして、われらが彼らを一斉に集める日、それからわれらは多神を崇めた者たちに言う。「おまえたちとおまえたちの共同者(偶像神)たちは、おまえたちの場所を(動くな)」。それから、われらは彼らの間を引き離す。彼らの共同者たちは言う。「おまえたちはわれらに仕えていたのではなかった[903]」。(10：28)

「それで、われらとおまえたちの間の証言者としては、アッラーのみで万全である。まことに、われらはおまえたちの崇拝については知らなかった」。(10：29)

その時、各々は先になしたことを確かめる。そして彼らの真の庇護者アッラーの御許に戻され、彼らが捏造していたものは彼らからはぐれ去る。(10：30)

言え、「おまえたちに天と大地から糧を与えるのは誰か。聴覚と視覚を司るのは誰か。また死んだものから生きたものを出し、生きたものから死んだものを出すのは誰か。また、物事を采配するのは誰か」。彼らは、「アッラーである」と言うであろう。ならば言ってやれ、「それでもおまえは畏れ身を守らないのか」。(10：31)

それがおまえたちの真の主アッラーであらせられる。そして真理の後には迷誤のほかに何があろう。それなのにいかにしておまえたちは背き去らされるのか。(10：32)

こうして、邪な者たちに対し、「彼らは信じない」というおまえの主の御言葉は真実となった。(10：33)

903　本当のところは、多神教徒たちはただ自分たちの我欲、妄執を神に祀り上げていただけである。あるいは、偶像は多神教徒の為したことなど、見も、聞きも、感じもしなかった、との意味。

قُلْ هَلْ مِن شُرَكَآئِكُم مَّن يَبْدَؤُا۟ ٱلْخَلْقَ ثُمَّ يُعِيدُهُۥ ۚ قُلِ ٱللَّهُ يَبْدَؤُا۟
ٱلْخَلْقَ ثُمَّ يُعِيدُهُۥ ۖ فَأَنَّىٰ تُؤْفَكُونَ ٣٤ قُلْ هَلْ مِن شُرَكَآئِكُم مَّن يَهْدِىٓ
إِلَى ٱلْحَقِّ ۚ قُلِ ٱللَّهُ يَهْدِى لِلْحَقِّ ۗ أَفَمَن يَهْدِىٓ إِلَى ٱلْحَقِّ أَحَقُّ أَن
يُتَّبَعَ أَمَّن لَّا يَهِدِّىٓ إِلَّآ أَن يُهْدَىٰ ۖ فَمَا لَكُمْ كَيْفَ تَحْكُمُونَ ٣٥
وَمَا يَتَّبِعُ أَكْثَرُهُمْ إِلَّا ظَنًّا ۚ إِنَّ ٱلظَّنَّ لَا يُغْنِى مِنَ ٱلْحَقِّ شَيْـًٔا ۚ
إِنَّ ٱللَّهَ عَلِيمٌۢ بِمَا يَفْعَلُونَ ٣٦ وَمَا كَانَ هَٰذَا ٱلْقُرْءَانُ أَن يُفْتَرَىٰ
مِن دُونِ ٱللَّهِ وَلَٰكِن تَصْدِيقَ ٱلَّذِى بَيْنَ يَدَيْهِ وَتَفْصِيلَ ٱلْكِتَٰبِ
لَا رَيْبَ فِيهِ مِن رَّبِّ ٱلْعَٰلَمِينَ ٣٧ أَمْ يَقُولُونَ ٱفْتَرَىٰهُ ۖ قُلْ فَأْتُوا۟
بِسُورَةٍ مِّثْلِهِۦ وَٱدْعُوا۟ مَنِ ٱسْتَطَعْتُم مِّن دُونِ ٱللَّهِ إِن كُنتُمْ صَٰدِقِينَ
٣٨ بَلْ كَذَّبُوا۟ بِمَا لَمْ يُحِيطُوا۟ بِعِلْمِهِۦ وَلَمَّا يَأْتِهِمْ تَأْوِيلُهُۥ ۚ كَذَٰلِكَ
كَذَّبَ ٱلَّذِينَ مِن قَبْلِهِمْ ۖ فَٱنظُرْ كَيْفَ كَانَ عَٰقِبَةُ ٱلظَّٰلِمِينَ ٣٩
وَمِنْهُم مَّن يُؤْمِنُ بِهِۦ وَمِنْهُم مَّن لَّا يُؤْمِنُ بِهِۦ ۚ وَرَبُّكَ أَعْلَمُ
بِٱلْمُفْسِدِينَ ٤٠ وَإِن كَذَّبُوكَ فَقُل لِّى عَمَلِى وَلَكُمْ عَمَلُكُمْ ۖ أَنتُم
بَرِيٓـُٔونَ مِمَّآ أَعْمَلُ وَأَنَا۠ بَرِىٓءٌ مِّمَّا تَعْمَلُونَ ٤١ وَمِنْهُم مَّن
يَسْتَمِعُونَ إِلَيْكَ ۚ أَفَأَنتَ تُسْمِعُ ٱلصُّمَّ وَلَوْ كَانُوا۟ لَا يَعْقِلُونَ ٤٢

言え、「おまえたちの共同者(偶像神)たちの中に、創造を始め、それを繰り返す者があるか」。言え、「アッラーは創造を始め、それからそれを繰り返し給う。それなのにおまえたちは迷い去らされるのか」。(10：34)

言え、「おまえたちの共同者(偶像神)たちの中に、真理へと導く者があるか」。言え、「アッラーは真理へと導き給う。真理へと導き給う御方が従われるに一層ふさわしいか、それとも、導かれるだけで導くことのできない者の方か。それなのにおまえたちはどうしたというのか。どのようにおまえたちは判断するのか」。(10：35)

そして彼らの大半は憶測に従っているだけである。まことに憶測は真理の代用には全く役立たない。まことにアッラーは彼らのなすことをよく知り給う御方。(10：36)

そしてこのクルアーンは、アッラーをさしおいて捏造されることなどありえない。そうではなく、それ以前にあったものの確証、また諸世界の主からの疑いのない啓典の解明である。(10：37)

それとも彼らは、「彼(ムハンマド)がそれを捏造した」と言うのか。言え、「それならば、それと同じような一章を持って来い[904]。そして、できるものなら誰にでも、アッラーをさしおいて(啓典作成の援けを)祈って(呼びかけて)みるがよい。もし、おまえたちが真実を語る者たちであるのなら」。(10：38)

いや、彼らは知識で把握できないことや、その真相(の解明)がまだ彼らの許にもたらされていないことを嘘として否定した。このように彼ら以前の者たちも嘘と否定した。だが、見よ、不正な者たちの末路がどんなものであったかを。(10：39)

また、彼らの中にはそれを信ずる者もあれば、また彼らの中にはそれを信じない者もある。そしておまえの主は害悪をなす者たちについて最もよく知り給う。(10：40)

また、もし彼らがおまえを嘘として否定するのであれば、言ってやれ、「私には私の行いがあり、おまえたちにはおまえたちの行いがある。おまえたちは私のなすことに無関係であり、私はおまえたちのなすことに無関係である」。(10：41)

また、彼らの中にはおまえに耳を傾ける者がある。だが、おまえに聾者たちに聞かせられようか、もし、彼らが理解しないのであれば。(10：42)

904　クルアーンに匹敵するものを作ってみせることを求め、次いでそのうちの十章分ほどでもと求め、その後に、一章だけでも作ってみよ、と更に問い質した。11章13節、2章23節参照。

وَمِنۡهُم مَّن يَنظُرُ إِلَيۡكَۚ أَفَأَنتَ تَهۡدِي ٱلۡعُمۡيَ وَلَوۡ كَانُواْ لَا يُبۡصِرُونَ
﴿٤٣﴾ إِنَّ ٱللَّهَ لَا يَظۡلِمُ ٱلنَّاسَ شَيۡـٔٗا وَلَٰكِنَّ ٱلنَّاسَ أَنفُسَهُمۡ
يَظۡلِمُونَ ﴿٤٤﴾ وَيَوۡمَ يَحۡشُرُهُمۡ كَأَن لَّمۡ يَلۡبَثُوٓاْ إِلَّا سَاعَةٗ مِّنَ ٱلنَّهَارِ
يَتَعَارَفُونَ بَيۡنَهُمۡۚ قَدۡ خَسِرَ ٱلَّذِينَ كَذَّبُواْ بِلِقَآءِ ٱللَّهِ وَمَا كَانُواْ
مُهۡتَدِينَ ﴿٤٥﴾ وَإِمَّا نُرِيَنَّكَ بَعۡضَ ٱلَّذِي نَعِدُهُمۡ أَوۡ نَتَوَفَّيَنَّكَ
فَإِلَيۡنَا مَرۡجِعُهُمۡ ثُمَّ ٱللَّهُ شَهِيدٌ عَلَىٰ مَا يَفۡعَلُونَ ﴿٤٦﴾ وَلِكُلِّ
أُمَّةٖ رَّسُولٞۖ فَإِذَا جَآءَ رَسُولُهُمۡ قُضِيَ بَيۡنَهُم بِٱلۡقِسۡطِ وَهُمۡ
لَا يُظۡلَمُونَ ﴿٤٧﴾ وَيَقُولُونَ مَتَىٰ هَٰذَا ٱلۡوَعۡدُ إِن كُنتُمۡ صَٰدِقِينَ
﴿٤٨﴾ قُل لَّآ أَمۡلِكُ لِنَفۡسِي ضَرّٗا وَلَا نَفۡعًا إِلَّا مَا شَآءَ ٱللَّهُۗ لِكُلِّ أُمَّةٍ
أَجَلٌۚ إِذَا جَآءَ أَجَلُهُمۡ فَلَا يَسۡتَـٔۡخِرُونَ سَاعَةٗ وَلَا يَسۡتَقۡدِمُونَ ﴿٤٩﴾
قُلۡ أَرَءَيۡتُمۡ إِنۡ أَتَىٰكُمۡ عَذَابُهُۥ بَيَٰتًا أَوۡ نَهَارٗا مَّاذَا يَسۡتَعۡجِلُ مِنۡهُ
ٱلۡمُجۡرِمُونَ ﴿٥٠﴾ أَثُمَّ إِذَا مَا وَقَعَ ءَامَنتُم بِهِۦٓۚ ءَآلۡـَٰٔنَ وَقَدۡ كُنتُم بِهِۦ
تَسۡتَعۡجِلُونَ ﴿٥١﴾ ثُمَّ قِيلَ لِلَّذِينَ ظَلَمُواْ ذُوقُواْ عَذَابَ ٱلۡخُلۡدِ
هَلۡ تُجۡزَوۡنَ إِلَّا بِمَا كُنتُمۡ تَكۡسِبُونَ ﴿٥٢﴾ ۞ وَيَسۡتَنۢبِـُٔونَكَ
أَحَقٌّ هُوَۖ قُلۡ إِي وَرَبِّيٓ إِنَّهُۥ لَحَقّٞۖ وَمَآ أَنتُم بِمُعۡجِزِينَ ﴿٥٣﴾

また、彼らの中にはおまえの方を眺める者がある。だが、おまえに盲人たちを導けようか、もし彼らが見えていないのであれば。(10：43)

まことにアッラーはわずかも人々に不正をなし給わない。だが、人々が己自身に不正をなすのである。(10：44)

そして彼が彼らを集め給う日、昼間の一刻しか留まらなかったかのように[905]、互いを認め合う。アッラーとの会見を嘘として否定した者たちは損失し、彼らは導かれた者でなかった。(10：45)

そしてわれらがおまえに、われらが彼らに約束するものの一部を見せたとしても、あるいは、おまえを召しあげたとしても、われらにこそ彼らの帰り処はあるのである。それから、アッラーは彼らのなすことの証言者であらせられる。(10：46)

そしてどの共同体にも使徒がいる。それで、彼らの使徒がやって来た時には彼らの間は公正に裁かれ、彼らは不正を被ることはない。(10：47)

だが、彼らは言う。「その約束はいつか。もしおまえたちが真実を語る者であるのなら」。(10：48)

言え、「私は自分に対し害も益も自由に出来ない。アッラーが御望みのものを除いて。どの共同体にも期限があり、彼らの期限がやって来た時には、彼らは一刻たりとて遅れることはなく、また先んずることもない」。(10：49)

言え、「おまえたちは考えたか。彼の懲罰が夜間に、または日中におまえたちの許に来た時に、罪人たちはそのうちのどれを急《せ》かすのか」、(10：50)

それから、それが起こった時になって、おまえたちはそれを信ずるのか。「今になってか。おまえたちはかつてこれを急《せ》かしていたのである」。(10：51)

それから不正をなした者たちに向かって言われる。「永遠の懲罰を味わえ。おまえたちが稼いだもののほかにおまえたちが報いられるものがあるのか」。(10：52)

そして彼らはおまえに尋ねる。「それは真実なのか」。言え、「そうだ。わが主に誓って、まことにそれは真実である。おまえたちは出し抜く者ではない」。(10：53)

905　現世で生きた時間、あるいは墓の中で眠っていた時間を短く感じる譬《たと》え。

وَلَوْ أَنَّ لِكُلِّ نَفْسٍ ظَلَمَتْ مَا فِي ٱلْأَرْضِ لَٱفْتَدَتْ بِهِۦ وَأَسَرُّوا۟
ٱلنَّدَامَةَ لَمَّا رَأَوُا۟ ٱلْعَذَابَ وَقُضِىَ بَيْنَهُم بِٱلْقِسْطِ وَهُمْ
لَا يُظْلَمُونَ ٥٤ أَلَآ إِنَّ لِلَّهِ مَا فِي ٱلسَّمَٰوَٰتِ وَٱلْأَرْضِ أَلَآ إِنَّ
وَعْدَ ٱللَّهِ حَقٌّ وَلَٰكِنَّ أَكْثَرَهُمْ لَا يَعْلَمُونَ ٥٥ هُوَ يُحْىِۦ وَيُمِيتُ
وَإِلَيْهِ تُرْجَعُونَ ٥٦ يَٰٓأَيُّهَا ٱلنَّاسُ قَدْ جَآءَتْكُم مَّوْعِظَةٌ
مِّن رَّبِّكُمْ وَشِفَآءٌ لِّمَا فِي ٱلصُّدُورِ وَهُدًى وَرَحْمَةٌ لِّلْمُؤْمِنِينَ
٥٧ قُلْ بِفَضْلِ ٱللَّهِ وَبِرَحْمَتِهِۦ فَبِذَٰلِكَ فَلْيَفْرَحُوا۟ هُوَ خَيْرٌ مِّمَّا
يَجْمَعُونَ ٥٨ قُلْ أَرَءَيْتُم مَّآ أَنزَلَ ٱللَّهُ لَكُم مِّن رِّزْقٍ
فَجَعَلْتُم مِّنْهُ حَرَامًا وَحَلَٰلًا قُلْ ءَآللَّهُ أَذِنَ لَكُمْ أَمْ عَلَى
ٱللَّهِ تَفْتَرُونَ ٥٩ وَمَا ظَنُّ ٱلَّذِينَ يَفْتَرُونَ عَلَى ٱللَّهِ ٱلْكَذِبَ
يَوْمَ ٱلْقِيَٰمَةِ إِنَّ ٱللَّهَ لَذُو فَضْلٍ عَلَى ٱلنَّاسِ وَلَٰكِنَّ أَكْثَرَهُمْ
لَا يَشْكُرُونَ ٦٠ وَمَا تَكُونُ فِي شَأْنٍ وَمَا تَتْلُوا۟ مِنْهُ مِن قُرْءَانٍ
وَلَا تَعْمَلُونَ مِنْ عَمَلٍ إِلَّا كُنَّا عَلَيْكُمْ شُهُودًا إِذْ تُفِيضُونَ
فِيهِ وَمَا يَعْزُبُ عَن رَّبِّكَ مِن مِّثْقَالِ ذَرَّةٍ فِي ٱلْأَرْضِ وَلَا فِي
ٱلسَّمَآءِ وَلَآ أَصْغَرَ مِن ذَٰلِكَ وَلَآ أَكْبَرَ إِلَّا فِي كِتَٰبٍ مُّبِينٍ ٦١

そして不正をなした者は誰も、地上のものが(全て自分の私財で)あったとすれば、それによって身を贖《あがな》おうとしたであろう。また、懲罰を目にした時、彼らは密かに悔いた。だが、彼らの間は公正に裁定され、彼らは不正を受けることはない。(10：54)

まことにアッラーにこそ、諸天と地にあるものは属すのではないか、まことに、アッラーの約束は真実ではないか。だが、彼らの大半は知らない。(10：55)

彼こそが生かし、そして死なせ給うのであり、彼の御許にこそおまえたちは帰されるのである。(10：56)

人々よ、おまえたちにはすでにおまえたちの主からの訓告がもたらされた。胸中にあるものの癒し、そして信仰者への導きと慈悲が。(10：57)

言え、「アッラーの御恵みと御慈悲によって、それによって彼らを喜ばせよ」。それは彼らが集めるものよりも良い。(10：58)

言え、「お前たちは考えたか、アッラーがおまえたちにどんな糧を下し給うたか、それでおまえたちはそれから禁じられたものと許されたものを作り出した[906]」。言え、「アッラーがおまえたちに許可し給うたのか。いや、アッラーについておまえたちは捏造しているのである」。(10：59)

また復活(審判)の日、アッラーについて虚偽を捏造した者たちの思いは何か、まことにアッラーは人々に対する御恵みの持ち主。だが、彼らの大半は感謝しない。(10：60)

またおまえが何かに従事するか、おまえが何かをクルアーンから読誦するか、またおまえたちがなんらかの行為をなすなら、おまえたちがそれに没頭している間、われらがおまえたちに対する証言者でないことはない。おまえの主から、天のものも地のものも、微塵の重さも逃れることはなく、それより小さなものも大きなものも、明白な書(「護持された書板」)のうちにないものはない。(10：61)

906　6章138-139、143-144節参照。

أَلَآ إِنَّ أَوْلِيَآءَ ٱللَّهِ لَا خَوْفٌ عَلَيْهِمْ وَلَا هُمْ يَحْزَنُونَ ﴿٦٢﴾
ٱلَّذِينَ ءَامَنُوا۟ وَكَانُوا۟ يَتَّقُونَ ﴿٦٣﴾ لَهُمُ ٱلْبُشْرَىٰ
فِى ٱلْحَيَوٰةِ ٱلدُّنْيَا وَفِى ٱلْءَاخِرَةِ ۚ لَا تَبْدِيلَ لِكَلِمَٰتِ
ٱللَّهِ ۚ ذَٰلِكَ هُوَ ٱلْفَوْزُ ٱلْعَظِيمُ ﴿٦٤﴾ وَلَا يَحْزُنكَ قَوْلُهُمْ ۘ إِنَّ
ٱلْعِزَّةَ لِلَّهِ جَمِيعًا ۚ هُوَ ٱلسَّمِيعُ ٱلْعَلِيمُ ﴿٦٥﴾ أَلَآ إِنَّ لِلَّهِ
مَن فِى ٱلسَّمَٰوَٰتِ وَمَن فِى ٱلْأَرْضِ ۗ وَمَا يَتَّبِعُ ٱلَّذِينَ
يَدْعُونَ مِن دُونِ ٱللَّهِ شُرَكَآءَ ۚ إِن يَتَّبِعُونَ إِلَّا ٱلظَّنَّ
وَإِنْ هُمْ إِلَّا يَخْرُصُونَ ﴿٦٦﴾ هُوَ ٱلَّذِى جَعَلَ لَكُمُ
ٱلَّيْلَ لِتَسْكُنُوا۟ فِيهِ وَٱلنَّهَارَ مُبْصِرًا ۚ إِنَّ فِى ذَٰلِكَ
لَءَايَٰتٍ لِّقَوْمٍ يَسْمَعُونَ ﴿٦٧﴾ قَالُوا۟ ٱتَّخَذَ ٱللَّهُ وَلَدًا ۗ
سُبْحَٰنَهُۥ ۖ هُوَ ٱلْغَنِىُّ ۖ لَهُۥ مَا فِى ٱلسَّمَٰوَٰتِ وَمَا فِى ٱلْأَرْضِ ۚ
إِنْ عِندَكُم مِّن سُلْطَٰنٍۭ بِهَٰذَآ ۚ أَتَقُولُونَ عَلَى ٱللَّهِ
مَا لَا تَعْلَمُونَ ﴿٦٨﴾ قُلْ إِنَّ ٱلَّذِينَ يَفْتَرُونَ عَلَى ٱللَّهِ ٱلْكَذِبَ
لَا يُفْلِحُونَ ﴿٦٩﴾ مَتَٰعٌ فِى ٱلدُّنْيَا ثُمَّ إِلَيْنَا مَرْجِعُهُمْ ثُمَّ
نُذِيقُهُمُ ٱلْعَذَابَ ٱلشَّدِيدَ بِمَا كَانُوا۟ يَكْفُرُونَ ﴿٧٠﴾

まことにアッラーを後見とするものたち、彼らには恐怖はなく、彼らは悲しまないのではないか。(10：62)

信仰し、畏れ身を守った者たちである。(10：63)

彼らには現世において吉報があり、来世においても。アッラーの御言葉に変更はない。それこそ大いなる成就である。(10：64)

それで彼らの言葉がおまえを悲しませることがあってはならない。まことに、威力はすべてアッラーのものである。彼はよく聞き知り給う御方。(10：65)

まことに、アッラーにこそ天にある者も地にある者[907]も属すのではないか。アッラーをさしおいて祈る者たちは共同者たち(偶像神)に従っているのではない。彼らが従っているのは憶測にすぎず、彼らは嘘をついているにすぎない。(10：66)

彼こそおまえたちに、おまえたちが安住するようにと夜を、また見せるもの[908]として昼を作り給うた御方。まことにそこには聞く民への諸々の徴がある。(10：67)

彼らは言った。「アッラーは子を持ち給うた」。称えあれ、彼こそは超越者。彼は自足し給う御方。彼に諸天にあるものも地にあるものも属す。おまえたちにはこれに対する権威はない。おまえたちはアッラーについて、おまえたちの知らないことを語るのか。(10：68)

言え、「まことに、アッラーについて虚偽を捏造する者たちが成功することはない」。(10：69)

現世での享楽、それからわれらの許に帰り処はある。それからわれらは彼らが信仰を拒んだことに対し、彼らに厳しい懲罰を味わわせる。(10：70)

907　天使や幽精《ジン》や人間等。

908　人間の目に事物を明らかにするもの。

*وَٱتۡلُ عَلَيۡهِمۡ نَبَأَ نُوحٍ إِذۡ قَالَ لِقَوۡمِهِۦ يَٰقَوۡمِ إِن كَانَ كَبُرَ
عَلَيۡكُم مَّقَامِي وَتَذۡكِيرِي بِـَٔايَٰتِ ٱللَّهِ فَعَلَى ٱللَّهِ تَوَكَّلۡتُ
فَأَجۡمِعُوٓاْ أَمۡرَكُمۡ وَشُرَكَآءَكُمۡ ثُمَّ لَا يَكُنۡ أَمۡرُكُمۡ عَلَيۡكُمۡ غُمَّةٗ ثُمَّ
ٱقۡضُوٓاْ إِلَيَّ وَلَا تُنظِرُونِ ٧١ فَإِن تَوَلَّيۡتُمۡ فَمَا سَأَلۡتُكُم مِّنۡ أَجۡرٍۖ
إِنۡ أَجۡرِيَ إِلَّا عَلَى ٱللَّهِۖ وَأُمِرۡتُ أَنۡ أَكُونَ مِنَ ٱلۡمُسۡلِمِينَ ٧٢
فَكَذَّبُوهُ فَنَجَّيۡنَٰهُ وَمَن مَّعَهُۥ فِي ٱلۡفُلۡكِ وَجَعَلۡنَٰهُمۡ خَلَٰٓئِفَ
وَأَغۡرَقۡنَا ٱلَّذِينَ كَذَّبُواْ بِـَٔايَٰتِنَاۖ فَٱنظُرۡ كَيۡفَ كَانَ عَٰقِبَةُ ٱلۡمُنذَرِينَ
٧٣ ثُمَّ بَعَثۡنَا مِنۢ بَعۡدِهِۦ رُسُلًا إِلَىٰ قَوۡمِهِمۡ فَجَآءُوهُم بِٱلۡبَيِّنَٰتِ
فَمَا كَانُواْ لِيُؤۡمِنُواْ بِمَا كَذَّبُواْ بِهِۦ مِن قَبۡلُۚ كَذَٰلِكَ نَطۡبَعُ عَلَىٰ قُلُوبِ
ٱلۡمُعۡتَدِينَ ٧٤ ثُمَّ بَعَثۡنَا مِنۢ بَعۡدِهِم مُّوسَىٰ وَهَٰرُونَ إِلَىٰ فِرۡعَوۡنَ
وَمَلَإِيْهِۦ بِـَٔايَٰتِنَا فَٱسۡتَكۡبَرُواْ وَكَانُواْ قَوۡمٗا مُّجۡرِمِينَ ٧٥
فَلَمَّا جَآءَهُمُ ٱلۡحَقُّ مِنۡ عِندِنَا قَالُوٓاْ إِنَّ هَٰذَا لَسِحۡرٞ مُّبِينٞ ٧٦
قَالَ مُوسَىٰٓ أَتَقُولُونَ لِلۡحَقِّ لَمَّا جَآءَكُمۡۖ أَسِحۡرٌ هَٰذَا وَلَا يُفۡلِحُ
ٱلسَّٰحِرُونَ ٧٧ قَالُوٓاْ أَجِئۡتَنَا لِتَلۡفِتَنَا عَمَّا وَجَدۡنَا عَلَيۡهِ ءَابَآءَنَا
وَتَكُونَ لَكُمَا ٱلۡكِبۡرِيَآءُ فِي ٱلۡأَرۡضِ وَمَا نَحۡنُ لَكُمَا بِمُؤۡمِنِينَ ٧٨

また彼らにヌーフの消息を読み聞かせよ。彼が彼の民にこう言った時のこと。「わが民よ、私が居ることや、私がアッラーの諸々の徴を思い起こさせることがおまえたちに大儀であっても、アッラーに私は一任した。それゆえおまえたちとおまえたちの共同者(偶像神)たちの事柄を決定せよ。それから、おまえたちの事柄がおまえたちの間の隠し事であってはならない。それから、私に対して遂行せよ、待つことはない[909]」。(10：71)

それでもしおまえたちが背き去っても、私はおまえたちに報酬を求めたわけではない。まことに、私の報酬はアッラーにあるほかない。私は帰依する者《ムスリム》たち(の一人)であることを命じられたのである。(10：72)

だが、彼らは彼を嘘として否定し、そこでわれらは彼と共にいた者を方船《はこぶね》で救い出した。そして彼らを後継者と成して、われらの諸々の徴を嘘として否定した者たちを溺れさせた[910]。それゆえ警告を受けた者たちの末路がどのようであったかをよく見よ。(10：73)

それからわれらは、彼の後、使徒たちを彼らの民に遣わした。そこで彼ら(使徒たち)は彼ら(民)の許に諸々の明証と共に来たが、以前に彼らが嘘と否定したことを信ずることはなかった。こうしてわれらは法《のり》を超える者たちの心に封をした。(10：74)

それからわれらは、彼の後、ムーサーとハールーンをフィルアウンと彼の長老たちの許に、われらの諸々の徴と共に遣わしたが、彼らは思い上がった。そして彼らは罪を犯した民であった。(10：75)

それで彼らにわれらの許から真理がもたらされると、彼らは言った。「まことにこれは明白な魔術である」。(10：76)

ムーサーは言った。「真理に対し、それ(真理)がおまえたちにもたらされると、(『これは明白な魔術である』と)言うのか。魔術か。これが[911]。魔術師たちが成功することはないというのに」。(10：77)

彼らは言った。「おまえがわれらの許に来たのは、われらがその上にわれらの祖先を見出したもの(偶像崇拝の因習)からわれらを逸らせるためであり、この地で要職が二人(ムーサーとハールーン)のものとなるためである。だが、われらはおまえたち両名を信じはしない」。(10：78)

909　おまえたちが私(ヌーフ)に対して企む迫害を、隠さず公然と今直ぐに行うがよい。
910　11章36-48節参照。
911　これ(ムーサーが行った奇跡)が魔術だと言うのか。

وَقَالَ فِرْعَوْنُ ٱئْتُونِى بِكُلِّ سَٰحِرٍ عَلِيمٍ ٧٩ فَلَمَّا جَآءَ ٱلسَّحَرَةُ
قَالَ لَهُم مُّوسَىٰٓ أَلْقُوا۟ مَآ أَنتُم مُّلْقُونَ ٨٠ فَلَمَّآ أَلْقَوْا۟ قَالَ
مُوسَىٰ مَا جِئْتُم بِهِ ٱلسِّحْرُ ۖ إِنَّ ٱللَّهَ سَيُبْطِلُهُۥٓ ۖ إِنَّ ٱللَّهَ لَا يُصْلِحُ
عَمَلَ ٱلْمُفْسِدِينَ ٨١ وَيُحِقُّ ٱللَّهُ ٱلْحَقَّ بِكَلِمَٰتِهِۦ وَلَوْ كَرِهَ
ٱلْمُجْرِمُونَ ٨٢ فَمَآ ءَامَنَ لِمُوسَىٰٓ إِلَّا ذُرِّيَّةٌ مِّن قَوْمِهِۦ عَلَىٰ
خَوْفٍ مِّن فِرْعَوْنَ وَمَلَإِي۟هِمْ أَن يَفْتِنَهُمْ ۚ وَإِنَّ فِرْعَوْنَ لَعَالٍ
فِى ٱلْأَرْضِ وَإِنَّهُۥ لَمِنَ ٱلْمُسْرِفِينَ ٨٣ وَقَالَ مُوسَىٰ يَٰقَوْمِ إِن
كُنتُمْ ءَامَنتُم بِٱللَّهِ فَعَلَيْهِ تَوَكَّلُوٓا۟ إِن كُنتُم مُّسْلِمِينَ ٨٤
فَقَالُوا۟ عَلَى ٱللَّهِ تَوَكَّلْنَا رَبَّنَا لَا تَجْعَلْنَا فِتْنَةً لِّلْقَوْمِ ٱلظَّٰلِمِينَ
٨٥ وَنَجِّنَا بِرَحْمَتِكَ مِنَ ٱلْقَوْمِ ٱلْكَٰفِرِينَ ٨٦ وَأَوْحَيْنَآ إِلَىٰ مُوسَىٰ
وَأَخِيهِ أَن تَبَوَّءَا لِقَوْمِكُمَا بِمِصْرَ بُيُوتًا وَٱجْعَلُوا۟ بُيُوتَكُمْ
قِبْلَةً وَأَقِيمُوا۟ ٱلصَّلَوٰةَ ۗ وَبَشِّرِ ٱلْمُؤْمِنِينَ ٨٧ وَقَالَ مُوسَىٰ
رَبَّنَآ إِنَّكَ ءَاتَيْتَ فِرْعَوْنَ وَمَلَأَهُۥ زِينَةً وَأَمْوَٰلًا فِى ٱلْحَيَوٰةِ
ٱلدُّنْيَا رَبَّنَا لِيُضِلُّوا۟ عَن سَبِيلِكَ ۖ رَبَّنَا ٱطْمِسْ عَلَىٰٓ أَمْوَٰلِهِمْ
وَٱشْدُدْ عَلَىٰ قُلُوبِهِمْ فَلَا يُؤْمِنُوا۟ حَتَّىٰ يَرَوُا۟ ٱلْعَذَابَ ٱلْأَلِيمَ ٨٨

そしてフィルアウンは言った。「あらゆる物知りの魔術師を私の許に連れて来い」。(10：79)

そこで魔術師たちが来ると、彼らにムーサーは言った。「おまえたちが投げるものを投げよ」。(10：80)

そして彼らが投げると、ムーサーは言った。「おまえたちがもたらしたものは魔法である。まことに、アッラーはそれを無効にし給う。まことにアッラーは害悪を為す者たちの行いを是認し給わない」。(10：81)

そしてアッラーは彼の御言葉によって真理を実現せしめ給う。たとえ罪人たちがそれを嫌っても。(10：82)

それでムーサーを信じたのは、彼の民(イスラーイールの民)の子孫のほかになく、彼らを迫害するのではないかと、フィルアウンと彼らの長老たちを恐れてであった。まことにフィルアウンはかの地で増長し、まことに彼は度を越した者の一人であった。(10：83)

そしてムーサーは言った。「わが民よ、もしおまえたちがアッラーを信ずるなら、彼に一任せよ。もしおまえたちが帰依する者《ムスリム》ならば」。(10：84)

それで彼らは言った。「アッラーにわれらは一任します、われらが主よ、われらを不正な民への試練となし給うな」。(10：85)

「そしてあなたの御慈悲によって不信仰の民からわれらを救い出し給え」。(10：86)

また、われらはムーサーと彼の兄弟に啓示した。おまえたちの民のため、エジプトで住まいを手に入れ、おまえたちの住まいを礼拝の方向(キブラ)として[912]、礼拝を遵守せよ、そして信仰者たちに吉報を伝えよ。(10：87)

そしてムーサーは言った。「われらが主よ、まことにあなたはフィルアウンと彼の長老たちに現世で飾りと財産を与え給いましたが、われらが主よ、彼らは(人々を)あなたの道から迷わせました。われらが主よ、彼らの財産を消し去り、彼らの心を頑なになし給え。彼らが痛苦の懲罰を目にするまで信じないように」。(10：88)

---

912 「住まい」が民家を意味し、迫害を逃れるべく民家を礼拝所とせよとの意とも、「住まい」が礼拝所を意味し、礼拝所がキブラ(この場合はエルサレム)を向くようにせよとの意ともされる。

قَالَ قَدۡ أُجِيبَت دَّعۡوَتُكُمَا فَٱسۡتَقِيمَا وَلَا تَتَّبِعَآنِّ سَبِيلَ
ٱلَّذِينَ لَا يَعۡلَمُونَ ٨٩ ۞ وَجَٰوَزۡنَا بِبَنِيٓ إِسۡرَٰٓءِيلَ ٱلۡبَحۡرَ فَأَتۡبَعَهُمۡ
فِرۡعَوۡنُ وَجُنُودُهُۥ بَغۡيٗا وَعَدۡوًاۖ حَتَّىٰٓ إِذَآ أَدۡرَكَهُ ٱلۡغَرَقُ
قَالَ ءَامَنتُ أَنَّهُۥ لَآ إِلَٰهَ إِلَّا ٱلَّذِيٓ ءَامَنَتۡ بِهِۦ بَنُوٓاْ إِسۡرَٰٓءِيلَ
وَأَنَا۠ مِنَ ٱلۡمُسۡلِمِينَ ٩٠ ءَآلۡـَٰٔنَ وَقَدۡ عَصَيۡتَ قَبۡلُ وَكُنتَ
مِنَ ٱلۡمُفۡسِدِينَ ٩١ فَٱلۡيَوۡمَ نُنَجِّيكَ بِبَدَنِكَ لِتَكُونَ لِمَنۡ
خَلۡفَكَ ءَايَةٗۚ وَإِنَّ كَثِيرٗا مِّنَ ٱلنَّاسِ عَنۡ ءَايَٰتِنَا لَغَٰفِلُونَ
٩٢ وَلَقَدۡ بَوَّأۡنَا بَنِيٓ إِسۡرَٰٓءِيلَ مُبَوَّأَ صِدۡقٖ وَرَزَقۡنَٰهُم مِّنَ
ٱلطَّيِّبَٰتِ فَمَا ٱخۡتَلَفُواْ حَتَّىٰ جَآءَهُمُ ٱلۡعِلۡمُۚ إِنَّ رَبَّكَ يَقۡضِي
بَيۡنَهُمۡ يَوۡمَ ٱلۡقِيَٰمَةِ فِيمَا كَانُواْ فِيهِ يَخۡتَلِفُونَ ٩٣ فَإِن كُنتَ فِي شَكّٖ
مِّمَّآ أَنزَلۡنَآ إِلَيۡكَ فَسۡـَٔلِ ٱلَّذِينَ يَقۡرَءُونَ ٱلۡكِتَٰبَ مِن
قَبۡلِكَۚ لَقَدۡ جَآءَكَ ٱلۡحَقُّ مِن رَّبِّكَ فَلَا تَكُونَنَّ مِنَ ٱلۡمُمۡتَرِينَ ٩٤
وَلَا تَكُونَنَّ مِنَ ٱلَّذِينَ كَذَّبُواْ بِـَٔايَٰتِ ٱللَّهِ فَتَكُونَ مِنَ ٱلۡخَٰسِرِينَ
٩٥ إِنَّ ٱلَّذِينَ حَقَّتۡ عَلَيۡهِمۡ كَلِمَتُ رَبِّكَ لَا يُؤۡمِنُونَ ٩٦
وَلَوۡ جَآءَتۡهُمۡ كُلُّ ءَايَةٍ حَتَّىٰ يَرَوُاْ ٱلۡعَذَابَ ٱلۡأَلِيمَ ٩٧

彼は仰せられた。「おまえたちの祈りはすでに聞き届けられた。それゆえ、身を正し、知識のない者たちの道には断じて従ってはならない」。(10：89)

われらはイスラーイールの子孫に海を渡らせた。フィルアウンと彼の軍隊は横暴と敵意ゆえに彼らに迫《せま》ったが、ついに溺死が彼を捉えようとすると、彼は言った。「イスラーイールの子孫が信じた御方のほかに神はないことを私は信じた。そして私は帰依《ムスリム》する者たちの一人である」。(10：90)

「今になってか。だがおまえはかつて以前、反抗し、害悪を為す者たちの一人であった」。(10：91)

「それで今日、われらはおまえの肉体を救う[913]。おまえの後続の者への徴となるように。そしてまことに、人々の多くはわれら諸々の徴に対して不注意な者たちである」。(10：92)

そしてわれらはかつてイスラーイールの子孫に堅実な住まいを備え、良いものを糧として授け、彼らに知識がもたらされるまでは彼らは分裂しなかった。まことにおまえの主は、復活(審判)の日、彼らが分裂していたことについて、彼らの間を裁決し給う。(10：93)

それでもしおまえが、われらがおまえに下したものについて疑念のうちにあるのなら、おまえ以前の啓典を読む者たちに問え。確かにおまえには、おまえの主からの真理がもたらされた。それゆえ、懐疑の徒たち(の一人)となってはならない。(10：94)

また、アッラーの徴を嘘として否定する者たち(の一人)となってはならない。そうなれば損失者たち(の一人)となるであろう。(10：95)

まことに、彼らの上におまえの主の御言葉[914]が実現した者たちは信仰しない。(10：96)

たとえ彼らにすべての徴がもたらされても、痛苦の懲罰を目にするまでは。(10：97)

913　死体を岸辺に晒す。「出エジプト記」14 章 30 節参照。
914　懲罰についての。

فَلَوۡلَا كَانَتۡ قَرۡيَةٌ ءَامَنَتۡ فَنَفَعَهَآ إِيمَٰنُهَآ إِلَّا قَوۡمَ يُونُسَ
لَمَّآ ءَامَنُواْ كَشَفۡنَا عَنۡهُمۡ عَذَابَ ٱلۡخِزۡيِ فِي ٱلۡحَيَوٰةِ ٱلدُّنۡيَا
وَمَتَّعۡنَٰهُمۡ إِلَىٰ حِينٖ ٩٨ وَلَوۡ شَآءَ رَبُّكَ لَأٓمَنَ مَن فِي ٱلۡأَرۡضِ
كُلُّهُمۡ جَمِيعًاۚ أَفَأَنتَ تُكۡرِهُ ٱلنَّاسَ حَتَّىٰ يَكُونُواْ مُؤۡمِنِينَ
٩٩ وَمَا كَانَ لِنَفۡسٍ أَن تُؤۡمِنَ إِلَّا بِإِذۡنِ ٱللَّهِۚ وَيَجۡعَلُ ٱلرِّجۡسَ
عَلَى ٱلَّذِينَ لَا يَعۡقِلُونَ ١٠٠ قُلِ ٱنظُرُواْ مَاذَا فِي ٱلسَّمَٰوَٰتِ
وَٱلۡأَرۡضِۚ وَمَا تُغۡنِي ٱلۡأٓيَٰتُ وَٱلنُّذُرُ عَن قَوۡمٖ لَّا يُؤۡمِنُونَ
١٠١ فَهَلۡ يَنتَظِرُونَ إِلَّا مِثۡلَ أَيَّامِ ٱلَّذِينَ خَلَوۡاْ مِن قَبۡلِهِمۡۚ
قُلۡ فَٱنتَظِرُوٓاْ إِنِّي مَعَكُم مِّنَ ٱلۡمُنتَظِرِينَ ١٠٢ ثُمَّ نُنَجِّي
رُسُلَنَا وَٱلَّذِينَ ءَامَنُواْۚ كَذَٰلِكَ حَقًّا عَلَيۡنَا نُنجِ ٱلۡمُؤۡمِنِينَ ١٠٣
قُلۡ يَٰٓأَيُّهَا ٱلنَّاسُ إِن كُنتُمۡ فِي شَكّٖ مِّن دِينِي فَلَآ أَعۡبُدُ ٱلَّذِينَ
تَعۡبُدُونَ مِن دُونِ ٱللَّهِ وَلَٰكِنۡ أَعۡبُدُ ٱللَّهَ ٱلَّذِي يَتَوَفَّىٰكُمۡۖ وَأُمِرۡتُ
أَنۡ أَكُونَ مِنَ ٱلۡمُؤۡمِنِينَ ١٠٤ وَأَنۡ أَقِمۡ وَجۡهَكَ لِلدِّينِ حَنِيفٗا
وَلَا تَكُونَنَّ مِنَ ٱلۡمُشۡرِكِينَ ١٠٥ وَلَا تَدۡعُ مِن دُونِ ٱللَّهِ مَا لَا
يَنفَعُكَ وَلَا يَضُرُّكَۖ فَإِن فَعَلۡتَ فَإِنَّكَ إِذٗا مِّنَ ٱلظَّٰلِمِينَ ١٠٦

信じ、その信仰が役に立った町はなかったのか。ただし、ユーヌス(ヨナ)の民は別で、彼らが信じた時、われらは彼らから現世における屈辱の懲罰を取り除き、ある時まで彼らを楽しませた[915]。(10：98)

そしておまえの主が望み給うたならば、地上にいる全ての者がそっくり信じたであろう。それなのにおまえは信仰者となるように人々を強いるのか。(10：99)

そして誰にとってもアッラーの御許可なしには信ずることは出来ず、彼は、悟らない者たちに天罰を与え給う。(10：100)

言え、「諸天と地になにがあるか、眺めてみよ」。だが、信仰しない民には諸々の徴も警告者も役立たない。(10：101)

彼らは、彼ら以前に過ぎ去った者の日々と同じもの(天罰)以外を待つのか。言え、「待つがよい、まことに私もおまえたちと共に待つ者たち(の一人)である」。(10：102)

それから、われらは、われらの使徒たちと信仰した者たちを救う。このようにわれらは、われらの務めとして、信仰者を救う。(10：103)

言え、「人々よ、もしおまえたちが私の宗教について疑いの中にあったとしても、私はおまえたちがアッラーをさしおいて仕えるものたち(偶像神)には仕えず、おまえたちを召し上げ給うアッラーに仕える。そして私は信仰者たち(の一人)となるように命じられたのである」。(10：104)

「また、おまえの顔をひたむきにこの宗教に向け、多神教徒たち(の一人)となってはならない、と」。(10：105)

「また、アッラーをさしおいて、おまえに益をなすことも害をなすこともないもの(偶像神)に祈ってはならない。それでもし行えば、おまえはその時には不正な者たち(の一人)である」。(10：106)

915　「ヨナ書」参照。

そしてアッラーがおまえを厄災で捕らえ給えば、彼のほかにそれを取り除く者はない。また、もし彼がおまえに良いことを望み給えば、彼の御恵みを退ける者はいない。彼の僕《しもべ》たちのうち御望みの者にそれを与え給う。そして彼はよく赦し給う慈悲深い御方。(10：107)

言え、「人々よ、既におまえたちにはおまえの主からの真理がもたらされた。それで導かれた者は自分のために導かれ、迷った者は己に仇して迷うのであり、私はおまえたちの代理人ではない」。(10：108)

そしておまえに啓示されたものに従い、アッラーが裁き給うまで耐えよ。そして彼は裁き手たちの中で最良の御方。(10：109)

وَإِن يَمْسَسْكَ ٱللَّهُ بِضُرٍّ فَلَا كَاشِفَ لَهُۥٓ إِلَّا هُوَ ۖ وَإِن يُرِدْكَ
بِخَيْرٍ فَلَا رَآدَّ لِفَضْلِهِۦ ۚ يُصِيبُ بِهِۦ مَن يَشَآءُ مِنْ عِبَادِهِۦ ۚ
وَهُوَ ٱلْغَفُورُ ٱلرَّحِيمُ ١٠٧ قُلْ يَـٰٓأَيُّهَا ٱلنَّاسُ قَدْ جَآءَكُمُ ٱلْحَقُّ
مِن رَّبِّكُمْ ۖ فَمَنِ ٱهْتَدَىٰ فَإِنَّمَا يَهْتَدِى لِنَفْسِهِۦ ۖ وَمَن ضَلَّ
فَإِنَّمَا يَضِلُّ عَلَيْهَا ۖ وَمَآ أَنَا۠ عَلَيْكُم بِوَكِيلٍ ١٠٨ وَٱتَّبِعْ مَا يُوحَىٰٓ
إِلَيْكَ وَٱصْبِرْ حَتَّىٰ يَحْكُمَ ٱللَّهُ ۚ وَهُوَ خَيْرُ ٱلْحَـٰكِمِينَ ١٠٩

سُورَةُ هُودٍ

بِسْمِ ٱللَّهِ ٱلرَّحْمَـٰنِ ٱلرَّحِيمِ

الٓر ۚ كِتَـٰبٌ أُحْكِمَتْ ءَايَـٰتُهُۥ ثُمَّ فُصِّلَتْ مِن لَّدُنْ حَكِيمٍ خَبِيرٍ ١
أَلَّا تَعْبُدُوٓا۟ إِلَّا ٱللَّهَ ۚ إِنَّنِى لَكُم مِّنْهُ نَذِيرٌ وَبَشِيرٌ ٢ وَأَنِ ٱسْتَغْفِرُوا۟
رَبَّكُمْ ثُمَّ تُوبُوٓا۟ إِلَيْهِ يُمَتِّعْكُم مَّتَـٰعًا حَسَنًا إِلَىٰٓ أَجَلٍ مُّسَمًّى وَيُؤْتِ
كُلَّ ذِى فَضْلٍ فَضْلَهُۥ ۖ وَإِن تَوَلَّوْا۟ فَإِنِّىٓ أَخَافُ عَلَيْكُمْ عَذَابَ يَوْمٍ
كَبِيرٍ ٣ إِلَى ٱللَّهِ مَرْجِعُكُمْ ۖ وَهُوَ عَلَىٰ كُلِّ شَىْءٍ قَدِيرٌ ٤ أَلَآ إِنَّهُمْ
يَثْنُونَ صُدُورَهُمْ لِيَسْتَخْفُوا۟ مِنْهُ ۚ أَلَا حِينَ يَسْتَغْشُونَ ثِيَابَهُمْ
يَعْلَمُ مَا يُسِرُّونَ وَمَا يُعْلِنُونَ ۚ إِنَّهُۥ عَلِيمٌۢ بِذَاتِ ٱلصُّدُورِ ٥

第11章　フード …… سورة هود

マッカ垂示

預言者フードの物語にちなんで「フード」章と名づけられる。過去の預言者たちヌーフ(36-49節)、フード(50-60節)、サーリフ(61-68節)、イブラーヒームとルート(69-83節)、シュアイブ(84-95節)、ムーサーとハールーン(96-99節)の物語が語られるが、本章は26章と並んでアラブの預言者フード、サーリフ、シュアイブたちの逸話が最も多く記されている章でもある。

なお、本章ではクルアーンが預言者ムハンマドによる創作であるとの誹謗に対して、クルアーンに類するものを十章でも作ってみよ、との挑戦がなされるが(13節)、後に、十章の創作が不可能なばかりか、人間には一章すらも作れないことが明らかになる(2章23節、10章38節)。

慈悲あまねく慈悲深きアッラーの御名において

アリフ・ラーム・ラー[916]。その諸々の徴(節)が完成されそれから解明された、英明にして知悉し給う御方の御許からの啓典である。(11：1)

アッラーのほかに仕えてはならない。まことに私はおまえたちへの彼からの警告者であり、吉報告知者である。(11：2)

またおまえの主に赦しを乞え、そして彼の御許に悔いて戻れ、彼は(現世で)定めの期限まで良い享楽でおまえたちを楽しませ給い、それぞれ徳のある者には(来世で)彼の御恵みを与え給う。それでもおまえたちが背き去るなら、まことに私はおまえたちに大いなる懲罰の日を恐れる。(11：3)

アッラーにこそおまえたちの帰り処はある。彼はすべてのものに対して全能なる御方。(11：4)

916　2章1節脚注参照。

۞ وَمَا مِن دَآبَّةٖ فِي ٱلۡأَرۡضِ إِلَّا عَلَى ٱللَّهِ رِزۡقُهَا وَيَعۡلَمُ
مُسۡتَقَرَّهَا وَمُسۡتَوۡدَعَهَاۚ كُلّٞ فِي كِتَٰبٖ مُّبِينٖ ٦ وَهُوَ
ٱلَّذِي خَلَقَ ٱلسَّمَٰوَٰتِ وَٱلۡأَرۡضَ فِي سِتَّةِ أَيَّامٖ وَكَانَ
عَرۡشُهُۥ عَلَى ٱلۡمَآءِ لِيَبۡلُوَكُمۡ أَيُّكُمۡ أَحۡسَنُ عَمَلٗاۗ وَلَئِن
قُلۡتَ إِنَّكُم مَّبۡعُوثُونَ مِنۢ بَعۡدِ ٱلۡمَوۡتِ لَيَقُولَنَّ ٱلَّذِينَ كَفَرُوٓاْ
إِنۡ هَٰذَآ إِلَّا سِحۡرٞ مُّبِينٞ ٧ وَلَئِنۡ أَخَّرۡنَا عَنۡهُمُ ٱلۡعَذَابَ إِلَىٰٓ
أُمَّةٖ مَّعۡدُودَةٖ لَّيَقُولُنَّ مَا يَحۡبِسُهُۥٓۗ أَلَا يَوۡمَ يَأۡتِيهِمۡ لَيۡسَ
مَصۡرُوفًا عَنۡهُمۡ وَحَاقَ بِهِم مَّا كَانُواْ بِهِۦ يَسۡتَهۡزِءُونَ
٨ وَلَئِنۡ أَذَقۡنَا ٱلۡإِنسَٰنَ مِنَّا رَحۡمَةٗ ثُمَّ نَزَعۡنَٰهَا مِنۡهُ إِنَّهُۥ
لَيَـُٔوسٞ كَفُورٞ ٩ وَلَئِنۡ أَذَقۡنَٰهُ نَعۡمَآءَ بَعۡدَ ضَرَّآءَ
مَسَّتۡهُ لَيَقُولَنَّ ذَهَبَ ٱلسَّيِّـَٔاتُ عَنِّيٓۚ إِنَّهُۥ لَفَرِحٞ فَخُورٌ
١٠ إِلَّا ٱلَّذِينَ صَبَرُواْ وَعَمِلُواْ ٱلصَّٰلِحَٰتِ أُوْلَٰٓئِكَ لَهُم
مَّغۡفِرَةٞ وَأَجۡرٞ كَبِيرٞ ١١ فَلَعَلَّكَ تَارِكُۢ بَعۡضَ مَا يُوحَىٰٓ إِلَيۡكَ
وَضَآئِقُۢ بِهِۦ صَدۡرُكَ أَن يَقُولُواْ لَوۡلَآ أُنزِلَ عَلَيۡهِ كَنزٌ أَوۡ جَآءَ
مَعَهُۥ مَلَكٌۚ إِنَّمَآ أَنتَ نَذِيرٞۚ وَٱللَّهُ عَلَىٰ كُلِّ شَيۡءٖ وَكِيلٌ ١٢

彼らは、彼から隠そうと彼らの胸をたたみ込んでいるのではないか[917]。彼らが彼らの服で(身を)隠そうとする時、彼は彼らが隠すことも彼らが顕すことも知り給うのではないか。まことに彼は胸中にあるものをよく知り給う御方。(11：5)

また地上の動物でアッラーに糧を負わないものはない。そして彼はそれら(動物)の定位する処と貯蔵される処[918]を知り給う。すべては明白な書(「護持された書板」)の中にある。(11：6)

彼こそは天と地を六日で創り給うた御方で―彼の高御座は水の上にあった―　それはおまえたちの誰が行為において優れているかを試みるためであった。だが、「おまえたちは死後、甦らされる者である」とおまえが言ったとしても、信仰を拒んだ者たちは、「これは明白な魔術にほかならない」と必ずや言うであろう。(11：7)

そして、われらが彼らに一定の時間[919]まで懲罰を遅延すれば、彼らは、「なにがそれを引き止めるのか」と言うのである。それが彼らに訪れる日、それが彼らからそらされることはないではないか。そして、彼らが嘲笑していたものが彼らを取り囲む。(11：8)

もしわれらが人間にわれらからの慈悲を味わわせ、それから彼からそれを取り上げれば、かならずや彼は落胆し、忘恩の不信仰者となる。(11：9)

また、彼を襲った悪しきことの後、われらが彼に恩寵を味わわせれば、必ずや「私から不幸は去った」と言う。まことに彼は歓喜し、得意になる。(11：10)

ただし、忍耐し、善行をなす者たちは別である。これらの者、彼らには赦しと大きな報償がある。(11：11)

もしかすると、おまえは、おまえに啓示されたものの一部を、そのことでおまえの心が狭められ、放棄[920]するかもしれない[921]。彼らが、「彼には財宝が下されるか、彼と共に天使が来ることはないのか」と言うからである。おまえは警告者にすぎない。そしてアッラーはすべてのことに対し代理人であらせられる。(11：12)

917　心に秘めた不信仰をアッラーから隠そうとしているのか。

918　生き場所と死に場所。

919　ここで「時間」と訳した「ウンマ」は文字通りには「同種のものの集合」を意味する。

920　多神教徒の怒りを買うような啓示を伝達することの放棄。

921　マッカの多神教徒たちが預言者ムハンマドに彼らの偶像神への批判を止めるよう求めたのに対し、クルアーンの多神崇拝の否定の教えを放棄してはならず、多神教徒たちの要求を気にかけることもないことが啓示された。

أَمْ يَقُولُونَ ٱفْتَرَىٰهُ ۖ قُلْ فَأْتُوا۟ بِعَشْرِ سُوَرٍ مِّثْلِهِۦ مُفْتَرَيَٰتٍ
وَٱدْعُوا۟ مَنِ ٱسْتَطَعْتُم مِّن دُونِ ٱللَّهِ إِن كُنتُمْ صَٰدِقِينَ ﴿١٣﴾
فَإِلَّمْ يَسْتَجِيبُوا۟ لَكُمْ فَٱعْلَمُوٓا۟ أَنَّمَآ أُنزِلَ بِعِلْمِ ٱللَّهِ وَأَن
لَّآ إِلَٰهَ إِلَّا هُوَ ۖ فَهَلْ أَنتُم مُّسْلِمُونَ ﴿١٤﴾ مَن كَانَ يُرِيدُ ٱلْحَيَوٰةَ
ٱلدُّنْيَا وَزِينَتَهَا نُوَفِّ إِلَيْهِمْ أَعْمَٰلَهُمْ فِيهَا وَهُمْ فِيهَا
لَا يُبْخَسُونَ ﴿١٥﴾ أُو۟لَٰٓئِكَ ٱلَّذِينَ لَيْسَ لَهُمْ فِى ٱلْءَاخِرَةِ إِلَّا
ٱلنَّارُ ۖ وَحَبِطَ مَا صَنَعُوا۟ فِيهَا وَبَٰطِلٌ مَّا كَانُوا۟ يَعْمَلُونَ ﴿١٦﴾
أَفَمَن كَانَ عَلَىٰ بَيِّنَةٍ مِّن رَّبِّهِۦ وَيَتْلُوهُ شَاهِدٌ مِّنْهُ وَمِن قَبْلِهِۦ
كِتَٰبُ مُوسَىٰٓ إِمَامًا وَرَحْمَةً ۚ أُو۟لَٰٓئِكَ يُؤْمِنُونَ بِهِۦ ۚ وَمَن يَكْفُرْ
بِهِۦ مِنَ ٱلْأَحْزَابِ فَٱلنَّارُ مَوْعِدُهُۥ ۚ فَلَا تَكُ فِى مِرْيَةٍ مِّنْهُ ۚ إِنَّهُ
ٱلْحَقُّ مِن رَّبِّكَ وَلَٰكِنَّ أَكْثَرَ ٱلنَّاسِ لَا يُؤْمِنُونَ ﴿١٧﴾ وَمَنْ
أَظْلَمُ مِمَّنِ ٱفْتَرَىٰ عَلَى ٱللَّهِ كَذِبًا ۚ أُو۟لَٰٓئِكَ يُعْرَضُونَ عَلَىٰ
رَبِّهِمْ وَيَقُولُ ٱلْأَشْهَٰدُ هَٰٓؤُلَآءِ ٱلَّذِينَ كَذَبُوا۟ عَلَىٰ رَبِّهِمْ ۚ
أَلَا لَعْنَةُ ٱللَّهِ عَلَى ٱلظَّٰلِمِينَ ﴿١٨﴾ ٱلَّذِينَ يَصُدُّونَ عَن سَبِيلِ
ٱللَّهِ وَيَبْغُونَهَا عِوَجًا وَهُم بِٱلْءَاخِرَةِ هُمْ كَٰفِرُونَ ﴿١٩﴾

それとも、彼らは彼(預言者ムハンマド)がそれを捏造したと言うのか。言ってやれ、「それならそれと同じような捏造された章を十章持って来い[922]。できるものならアッラーをさしおいて誰にでも祈る(呼びかける)がよい。もしおまえたちが真実を語る者であるのなら」。(11：13)

それでもし彼ら(偶像あるいは人間等)がおまえたちに応えないのであれば、(クルアーンが)アッラーの知識をもって下されたものであり、彼のほかに神はないと知れ。それで、おまえたちは帰依する者《ムスリム》であるのか。(11：14)

現世とその装飾を望んでいた者、われらは彼らに彼の行いをそこで完全に返済しよう。そして彼らはそこで減らされることはない。(11：15)

それらの者は、来世には獄火のほかになにもない者たちである。そしてそこでは彼らがなしたことは台無しとなり、彼が行ったことは無駄である。(11：16)

主からの明証の上にあり、彼からの証人が追随し[923]、またそれ以前にはムーサーの書が導師として、また慈悲としてある者がか[924]。それらの者はそれを信ずる。一方、諸党のうちそれを信ずることを拒む者は、獄火が彼の約束地である。それゆえ、それについて疑いの中にあってはならない。まことに、それはおまえの主からの真実である。だが、大半の人は信じない。(11：17)

アッラーに虚偽を捏造する者以上に不正な者が誰かあろうか。それらの者は彼らの主の御許に引き出され、証言者たちが、「これらの者は主について虚偽を語った者である」と言う。アッラーの呪いが不正な者たちの上にはあるのではないか。(11：18)

アッラーの道から逸らし、その歪曲を望む者たち、彼らこそ来世の信仰を拒む不信仰者である。(11：19)

922　多神教徒たちが十章を作ることができなかった時、一章でも作ることができるか、と重ねて問い質した。2章23節、10章38節参照。

923　天使ジブリール、あるいは預言者ムハンマドがクルアーンの明証を確証し、また以前の律法の書もまたそれを支持する。

924　主からの明証の上にある者が、現世とその装飾を望んでいた者と同様であるか。

أُو۟لَـٰٓئِكَ لَمْ يَكُونُوا۟ مُعْجِزِينَ فِى ٱلْأَرْضِ وَمَا كَانَ لَهُم مِّن دُونِ
ٱللَّهِ مِنْ أَوْلِيَآءَ ۘ يُضَـٰعَفُ لَهُمُ ٱلْعَذَابُ ۚ مَا كَانُوا۟ يَسْتَطِيعُونَ
ٱلسَّمْعَ وَمَا كَانُوا۟ يُبْصِرُونَ ﴿٢٠﴾ أُو۟لَـٰٓئِكَ ٱلَّذِينَ خَسِرُوٓا۟
أَنفُسَهُمْ وَضَلَّ عَنْهُم مَّا كَانُوا۟ يَفْتَرُونَ ﴿٢١﴾ لَا جَرَمَ أَنَّهُمْ
فِى ٱلْـَٔاخِرَةِ هُمُ ٱلْأَخْسَرُونَ ﴿٢٢﴾ إِنَّ ٱلَّذِينَ ءَامَنُوا۟ وَعَمِلُوا۟
ٱلصَّـٰلِحَـٰتِ وَأَخْبَتُوٓا۟ إِلَىٰ رَبِّهِمْ أُو۟لَـٰٓئِكَ أَصْحَـٰبُ ٱلْجَنَّةِ ۖ
هُمْ فِيهَا خَـٰلِدُونَ ﴿٢٣﴾ ۞ مَثَلُ ٱلْفَرِيقَيْنِ كَٱلْأَعْمَىٰ وَٱلْأَصَمِّ
وَٱلْبَصِيرِ وَٱلسَّمِيعِ ۚ هَلْ يَسْتَوِيَانِ مَثَلًا ۚ أَفَلَا تَذَكَّرُونَ
﴿٢٤﴾ وَلَقَدْ أَرْسَلْنَا نُوحًا إِلَىٰ قَوْمِهِۦٓ إِنِّى لَكُمْ نَذِيرٌ مُّبِينٌ ﴿٢٥﴾
أَن لَّا تَعْبُدُوٓا۟ إِلَّا ٱللَّهَ ۖ إِنِّىٓ أَخَافُ عَلَيْكُمْ عَذَابَ يَوْمٍ أَلِيمٍ ﴿٢٦﴾
فَقَالَ ٱلْمَلَأُ ٱلَّذِينَ كَفَرُوا۟ مِن قَوْمِهِۦ مَا نَرَىٰكَ إِلَّا بَشَرًا مِّثْلَنَا
وَمَا نَرَىٰكَ ٱتَّبَعَكَ إِلَّا ٱلَّذِينَ هُمْ أَرَاذِلُنَا بَادِىَ ٱلرَّأْىِ
وَمَا نَرَىٰ لَكُمْ عَلَيْنَا مِن فَضْلٍۭ بَلْ نَظُنُّكُمْ كَـٰذِبِينَ ﴿٢٧﴾
قَالَ يَـٰقَوْمِ أَرَءَيْتُمْ إِن كُنتُ عَلَىٰ بَيِّنَةٍ مِّن رَّبِّى وَءَاتَىٰنِى رَحْمَةً مِّنْ
عِندِهِۦ فَعُمِّيَتْ عَلَيْكُمْ أَنُلْزِمُكُمُوهَا وَأَنتُمْ لَهَا كَـٰرِهُونَ ﴿٢٨﴾

それらの者は地上において(アッラーを)出し抜くことはできず、彼らにはアッラーをおいて後見たちはいなかった。彼らには懲罰が倍加される。彼らは聞くことができず、見ることもできなかったのである[925]。(11：20)

それらの者は己自身を損失した者たちで、彼らが捏造したものは彼らからはぐれ去った。(11：21)

間違いなく、彼らこそは来世での最大の損失者である。(11：22)

まことに、信仰し、善行をなし、主の御許に畏まる者たち、それらの者は楽園の住民で、彼らはそこに永遠に留まる。(11：23)

その二派の譬《たと》えは、ちょうど盲者と聾者、晴眼者と健聴者のようである。両者が譬《たと》えにおいて等しいか。それでもお前たちは留意しないのか。(11：24)

また、われらはかつてヌーフを彼の民に遣わした。「私(ヌーフ)はおまえたちへの明白な警告者である」。(11：25)

おまえたちはアッラー以外に仕えてはならない。まことに私はおまえたちに痛烈な日の懲罰を恐れる。(11：26)

すると、彼の民のうち、信仰を拒んだ長老たちは言った。「われらには、おまえはわれらと同じような一介の人間にしか見えない。おまえに従ったのは、見識の未熟な、われらの中で最も卑しい者たちのみと見る。また、われらはおまえたちにわれらに対する優越を見出さない。いや、おまえたちは嘘つきであるとわれらは考える」。(11：27)

彼は言った。「わが民よ、おまえたちは考えなかったか、もし私が明証の上にあり、彼が彼の御許から御慈悲を私に与え給うていながら[926]、それでもそれがおまえたちに不明瞭ならば、おまえたちが嫌っているのに、われらがそれを無理強いできようか」。(11：28)

925　現世において心眼・心耳が閉ざされること。

926　明証とはアッラーに関する知識ないし預言者性の正しさを証明するもの、御慈悲とは信仰ないし預言者性を意味すると言われる。

وَيَٰقَوْمِ لَآ أَسْـَٔلُكُمْ عَلَيْهِ مَالًا ۖ إِنْ أَجْرِىَ إِلَّا عَلَى ٱللَّهِ ۚ وَمَآ أَنَا۠
بِطَارِدِ ٱلَّذِينَ ءَامَنُوٓا۟ ۚ إِنَّهُم مُّلَٰقُوا۟ رَبِّهِمْ وَلَٰكِنِّىٓ أَرَىٰكُمْ قَوْمًا
تَجْهَلُونَ ٢٩ وَيَٰقَوْمِ مَن يَنصُرُنِى مِنَ ٱللَّهِ إِن طَرَدتُّهُمْ ۚ أَفَلَا
تَذَكَّرُونَ ٣٠ وَلَآ أَقُولُ لَكُمْ عِندِى خَزَآئِنُ ٱللَّهِ وَلَآ
أَعْلَمُ ٱلْغَيْبَ وَلَآ أَقُولُ إِنِّى مَلَكٌ وَلَآ أَقُولُ لِلَّذِينَ تَزْدَرِىٓ
أَعْيُنُكُمْ لَن يُؤْتِيَهُمُ ٱللَّهُ خَيْرًا ۖ ٱللَّهُ أَعْلَمُ بِمَا فِىٓ أَنفُسِهِمْ ۖ إِنِّىٓ
إِذًا لَّمِنَ ٱلظَّٰلِمِينَ ٣١ قَالُوا۟ يَٰنُوحُ قَدْ جَٰدَلْتَنَا فَأَكْثَرْتَ جِدَٰلَنَا
فَأْتِنَا بِمَا تَعِدُنَآ إِن كُنتَ مِنَ ٱلصَّٰدِقِينَ ٣٢ قَالَ إِنَّمَا
يَأْتِيكُم بِهِ ٱللَّهُ إِن شَآءَ وَمَآ أَنتُم بِمُعْجِزِينَ ٣٣ وَلَا يَنفَعُكُمْ
نُصْحِىٓ إِنْ أَرَدتُّ أَنْ أَنصَحَ لَكُمْ إِن كَانَ ٱللَّهُ يُرِيدُ أَن
يُغْوِيَكُمْ ۚ هُوَ رَبُّكُمْ وَإِلَيْهِ تُرْجَعُونَ ٣٤ أَمْ يَقُولُونَ ٱفْتَرَىٰهُ ۖ
قُلْ إِنِ ٱفْتَرَيْتُهُۥ فَعَلَىَّ إِجْرَامِى وَأَنَا۠ بَرِىٓءٌ مِّمَّا تُجْرِمُونَ
٣٥ وَأُوحِىَ إِلَىٰ نُوحٍ أَنَّهُۥ لَن يُؤْمِنَ مِن قَوْمِكَ إِلَّا مَن قَدْ ءَامَنَ
فَلَا تَبْتَئِسْ بِمَا كَانُوا۟ يَفْعَلُونَ ٣٦ وَٱصْنَعِ ٱلْفُلْكَ بِأَعْيُنِنَا
وَوَحْيِنَا وَلَا تُخَٰطِبْنِى فِى ٱلَّذِينَ ظَلَمُوٓا۟ ۚ إِنَّهُم مُّغْرَقُونَ ٣٧

「わが民よ、私はそれ(使信の伝達)に対しておまえたちに金銭を求めない。私の報酬はアッラーの御許にしかない。また、私は信仰する者たちを追い返す者ではない[927]。まことに彼らは彼らの主に見《まみ》える者たちである。だが、私が見るところ、おまえたちは知らない民である」。(11：29)

「わが民よ、私が彼らを追い返したら、誰がアッラーから私を守るのか。それでもおまえたちは留意しないのか」。(11：30)

「私はおまえたちに、私の許にアッラーからの財宝があるとは言わず、私は隠されたものを知らず、自分が天使だとも言わない。また、おまえたちの目が卑しめる者たちに向かって、アッラーは彼らに良いものを与え給わないだろうとは言わない。アッラーは彼ら自身(の心中)にあることについてよりよくご存知であらせられる。まことに、そうであれば[928]私は不正な者たち(の一人)である」。(11：31)

彼らは言った。「ヌーフよ、おまえはわれらと論争し、われらと論争を多くなした。それではおまえが真実を述べる者たち(の一人)なら、おまえがわれらに約束したものを持って来い」。(11：32)

彼は言った。「アッラーが望み給うならば、それをおまえたちにもたらし給う。そしておまえたちは出し抜くことはできない」。(11：33)

「そして私の忠告はおまえたちには役に立たない、たとえ私がおまえたちに忠告しようと望んでも、アッラーがおまえたちを迷わすことを望み給うたならば。彼はお前たちの主であり、彼の御許におまえたちは戻されるのである」。(11：34)

それとも、彼らは彼がそれを捏造したというのか[929]。言え、「もし私がそれを捏造したなら、私の罪は私の上にある。だが、私はおまえたちの犯す罪には無関係である」。(11：35)

そこでヌーフに啓示された。「おまえの民のうち、すでに信じた者しか信じないであろう。それゆえ彼らのなしてきたことについて落胆してはならない[930]」。(11：36)

「われらの眼前で啓示の下に方舟《はこぶね》を造れ[931]。そして不正をなした者たちについてわれに話しかけてはならない[932]。まことに彼らは溺死する者たちである」。(11：37)

927　クライシュ族の多神教徒の長老たちが、社会的地位の低いムスリムを軽蔑し、彼らと同席することを嫌がり、彼らを追い払うよう預言者ムハンマドに求めたとき、アッラーが6章52節にあるとおり仰せられたのと同じである。

928　もし私がそのような事を言えば。

929　この節については、ヌーフとその民の会話の一部であるのか、預言者ムハンマドとマッカの多神教徒の会話が挿入されているのかについて見解が分かれている。

930　そこでヌーフは71章26節にあるとおり祈った。

931　方舟と洪水の物語については、「創世記」6-8章参照。

932　アッラーが彼らを滅ぼすことを思い止まるように執り成そうとしてはならない。

وَيَصۡنَعُ ٱلۡفُلۡكَ وَكُلَّمَا مَرَّ عَلَيۡهِ مَلَأٞ مِّن قَوۡمِهِۦ سَخِرُواْ مِنۡهُۚ
قَالَ إِن تَسۡخَرُواْ مِنَّا فَإِنَّا نَسۡخَرُ مِنكُمۡ كَمَا تَسۡخَرُونَ
﴿٣٨﴾ فَسَوۡفَ تَعۡلَمُونَ مَن يَأۡتِيهِ عَذَابٞ يُخۡزِيهِ وَيَحِلُّ عَلَيۡهِ عَذَابٞ
مُّقِيمٌ ﴿٣٩﴾ حَتَّىٰٓ إِذَا جَآءَ أَمۡرُنَا وَفَارَ ٱلتَّنُّورُ قُلۡنَا ٱحۡمِلۡ فِيهَا
مِن كُلّٖ زَوۡجَيۡنِ ٱثۡنَيۡنِ وَأَهۡلَكَ إِلَّا مَن سَبَقَ عَلَيۡهِ ٱلۡقَوۡلُ
وَمَنۡ ءَامَنَۚ وَمَآ ءَامَنَ مَعَهُۥٓ إِلَّا قَلِيلٞ ﴿٤٠﴾ ۞ وَقَالَ ٱرۡكَبُواْ
فِيهَا بِسۡمِ ٱللَّهِ مَجۡر۪ىٰهَا وَمُرۡسَىٰهَآۚ إِنَّ رَبِّي لَغَفُورٞ رَّحِيمٞ
﴿٤١﴾ وَهِيَ تَجۡرِي بِهِمۡ فِي مَوۡجٖ كَٱلۡجِبَالِ وَنَادَىٰ نُوحٌ ٱبۡنَهُۥ
وَكَانَ فِي مَعۡزِلٖ يَٰبُنَيَّ ٱرۡكَب مَّعَنَا وَلَا تَكُن مَّعَ ٱلۡكَٰفِرِينَ ﴿٤٢﴾
قَالَ سَـَٔاوِيٓ إِلَىٰ جَبَلٖ يَعۡصِمُنِي مِنَ ٱلۡمَآءِۚ قَالَ لَا عَاصِمَ ٱلۡيَوۡمَ
مِنۡ أَمۡرِ ٱللَّهِ إِلَّا مَن رَّحِمَۚ وَحَالَ بَيۡنَهُمَا ٱلۡمَوۡجُ فَكَانَ مِنَ
ٱلۡمُغۡرَقِينَ ﴿٤٣﴾ وَقِيلَ يَٰٓأَرۡضُ ٱبۡلَعِي مَآءَكِ وَيَٰسَمَآءُ أَقۡلِعِي
وَغِيضَ ٱلۡمَآءُ وَقُضِيَ ٱلۡأَمۡرُ وَٱسۡتَوَتۡ عَلَى ٱلۡجُودِيِّۖ وَقِيلَ
بُعۡدٗا لِّلۡقَوۡمِ ٱلظَّٰلِمِينَ ﴿٤٤﴾ وَنَادَىٰ نُوحٞ رَّبَّهُۥ فَقَالَ رَبِّ إِنَّ ٱبۡنِي
مِنۡ أَهۡلِي وَإِنَّ وَعۡدَكَ ٱلۡحَقُّ وَأَنتَ أَحۡكَمُ ٱلۡحَٰكِمِينَ ﴿٤٥﴾

そこで彼は方舟を造るが、彼の民の長老たちは彼の許を通る度に彼を嘲笑った。彼は言った。「おまえたちがわれらを嘲笑うなら、おまえたちが嘲笑うようにわれらはおまえたちを嘲笑う」。(11：38)

「それでいずれおまえたちは、その者にその者を辱める懲罰が訪れ、その上に永続の懲罰が降りかかる者が誰かを知るであろう」。(11：39)

そしてついにわれらの命《めい》が訪れ、かまどが煮えたぎった時[933]、われらは言った。「その(方舟の)中にすべてのつがい二頭ずつとおまえの家族—ただし、(溺死の運命の)言葉がその者について先立った者は別である—、そして、信仰した者を乗せよ」。だが、彼と共に信じた者はわずかしかいなかった。(11：40)

彼は言った。「アッラーの御名によってそれに乗れ、その航行にも停泊にも。まことにわが主はよく赦し給う慈悲深い御方」。(11：41)

そして、それは彼らと共に山のような波の中を進む。そしてヌーフは離れたところにいた彼の息子に呼びかけた。「わが息子よ、われらと共に乗れ。不信仰者たちと共にいてはならない」。(11：42)

彼は言った。「私は、私を水から護ってくれる山に避難しよう」。彼(ヌーフ)は言った。「今日、アッラーの御命令から護るものは何もない、彼が慈悲をかけ給うた者を除いて」。そして、両者の間を波が遮り、彼は溺死する者たちの一人となった。(11：43)

そして言われた。「大地よ、おまえの水を飲み込み、天よ、止めよ」。そして水は引き、事態は収まり、アル＝ジューディー[934]の上に乗り上げた。そして言われた。「不正な民は遠ざかれ(破滅せよ)」。(11：44)

そこでヌーフは彼の主に呼びかけ、言った。「わが主よ、私の息子は私の家族の一人であり[935]、あなたの御約束は真実です。あなたは裁定者たちの中で最も優れた御方」。(11：45)

933　洪水の予兆としてかまどから水が噴出した時とも、煮えたぎった湯が器から溢れ出るように、大地から水が噴出し始めた時、とも言われる。

934　山の名前。トルコ、イラク、シリアの国境付近に位置すると言われる。

935　あなたは私の家族の救済を約束し給うた、の意。

قَالَ يَٰنُوحُ إِنَّهُۥ لَيْسَ مِنْ أَهْلِكَ ۖ إِنَّهُۥ عَمَلٌ غَيْرُ صَٰلِحٍ ۖ فَلَا تَسْـَٔلْنِ
مَا لَيْسَ لَكَ بِهِۦ عِلْمٌ ۖ إِنِّىٓ أَعِظُكَ أَن تَكُونَ مِنَ ٱلْجَٰهِلِينَ
(٤٦) قَالَ رَبِّ إِنِّىٓ أَعُوذُ بِكَ أَنْ أَسْـَٔلَكَ مَا لَيْسَ لِى بِهِۦ عِلْمٌ ۖ وَإِلَّا
تَغْفِرْ لِى وَتَرْحَمْنِىٓ أَكُن مِّنَ ٱلْخَٰسِرِينَ (٤٧) قِيلَ يَٰنُوحُ
ٱهْبِطْ بِسَلَٰمٍ مِّنَّا وَبَرَكَٰتٍ عَلَيْكَ وَعَلَىٰٓ أُمَمٍ مِّمَّن مَّعَكَ ۚ
وَأُمَمٌ سَنُمَتِّعُهُمْ ثُمَّ يَمَسُّهُم مِّنَّا عَذَابٌ أَلِيمٌ (٤٨) تِلْكَ
مِنْ أَنۢبَآءِ ٱلْغَيْبِ نُوحِيهَآ إِلَيْكَ ۖ مَا كُنتَ تَعْلَمُهَآ أَنتَ
وَلَا قَوْمُكَ مِن قَبْلِ هَٰذَا ۖ فَٱصْبِرْ ۖ إِنَّ ٱلْعَٰقِبَةَ لِلْمُتَّقِينَ (٤٩)
وَإِلَىٰ عَادٍ أَخَاهُمْ هُودًا ۚ قَالَ يَٰقَوْمِ ٱعْبُدُوا۟ ٱللَّهَ مَا لَكُم مِّنْ
إِلَٰهٍ غَيْرُهُۥٓ ۖ إِنْ أَنتُمْ إِلَّا مُفْتَرُونَ (٥٠) يَٰقَوْمِ لَآ أَسْـَٔلُكُمْ عَلَيْهِ
أَجْرًا ۖ إِنْ أَجْرِىَ إِلَّا عَلَى ٱلَّذِى فَطَرَنِىٓ ۚ أَفَلَا تَعْقِلُونَ (٥١)
وَيَٰقَوْمِ ٱسْتَغْفِرُوا۟ رَبَّكُمْ ثُمَّ تُوبُوٓا۟ إِلَيْهِ يُرْسِلِ ٱلسَّمَآءَ
عَلَيْكُم مِّدْرَارًا وَيَزِدْكُمْ قُوَّةً إِلَىٰ قُوَّتِكُمْ وَلَا تَتَوَلَّوْا۟
مُجْرِمِينَ (٥٢) قَالُوا۟ يَٰهُودُ مَا جِئْتَنَا بِبَيِّنَةٍ وَمَا نَحْنُ
بِتَارِكِىٓ ءَالِهَتِنَا عَن قَوْلِكَ وَمَا نَحْنُ لَكَ بِمُؤْمِنِينَ (٥٣)

彼は仰せられた。「ヌーフよ、まことに彼はおまえの家族の一人ではない。まことにそれは正しい行いではない[936]。それゆえおまえに知識のないことをわれに求めてはならない。まことにおまえが無知な者の一人となること(がないように)と、われはおまえに訓戒する」。(11：46)

彼は言った。「わが主よ、私が知識のないことをあなたに求めることからの守護をあなたに求めます。あなたが私を赦し、私に御慈悲を垂れ給わなければ、私は損失者たち(の一人)となるでしょう」。(11：47)

言われた。「ヌーフよ、おまえとおまえと共にいる者たちの諸共同体(ヌーフの未来の子孫たち)の上への、われらからの平安と祝福と共に降りよ。一部の共同体は、いずれわれらが彼らを楽しませるが、それから、われらからの痛苦の懲罰が彼らを捕らえるであろう」。(11：48)

それが、われらがおまえ(預言者ムハンマド)に啓示する隠されたものの消息である。おまえもおまえの民もこれ以前はそれを知らなかった。それゆえ耐えよ。まことに(良き)末路は畏れ身を守る者たちのためにある。(11：49)

また、アード(族)には彼の同胞フードを(遣わした)。彼は言った。「わが民よ、アッラーに仕えよ。おまえたちには彼のほかに神はない。おまえたちは(偶像崇拝においてアッラーに虚偽を帰す)捏造者にほかならない」。(11：50)

「わが民よ、私はおまえたちにそのことで報酬を求めはしない。私の報酬は私を創始し給うた御方から以外にはない。それでもおまえたちは悟らないのか」。(11：51)

「また、わが民よ、おまえたちの主に赦しを乞い、彼の御許に悔いて戻れ。彼はおまえたちの上に天(から雨)を豊かに解き放ち、おまえたちの力に力を加え給う。そして罪人として背き去ってはならない」。(11：52)

彼らは言った。「フードよ、おまえはわれらに明証をもたらさなかった。われらはおまえの言葉のせいでわれらの神々を捨てる者ではないし、おまえを信ずる者でもない」。(11：53)

936　アッラーに背いた息子の救済を求めることは、預言者に相応しい行いではない、の意味。別の解釈では、代名詞はヌーフの息子を指し、「彼は正しい行いを為す者ではなかった」の意味。

إِن نَّقُولُ إِلَّا ٱعْتَرَىٰكَ بَعْضُ ءَالِهَتِنَا بِسُوٓءٍ ۗ قَالَ إِنِّىٓ أُشْهِدُ ٱللَّهَ
وَٱشْهَدُوٓا۟ أَنِّى بَرِىٓءٌ مِّمَّا تُشْرِكُونَ ٥٤ مِن دُونِهِۦ ۖ فَكِيدُونِى
جَمِيعًا ثُمَّ لَا تُنظِرُونِ ٥٥ إِنِّى تَوَكَّلْتُ عَلَى ٱللَّهِ رَبِّى وَرَبِّكُم ۚ
مَّا مِن دَآبَّةٍ إِلَّا هُوَ ءَاخِذٌۢ بِنَاصِيَتِهَآ ۚ إِنَّ رَبِّى عَلَىٰ صِرَٰطٍ مُّسْتَقِيمٍ
٥٦ فَإِن تَوَلَّوْا۟ فَقَدْ أَبْلَغْتُكُم مَّآ أُرْسِلْتُ بِهِۦٓ إِلَيْكُمْ ۚ وَيَسْتَخْلِفُ
رَبِّى قَوْمًا غَيْرَكُمْ وَلَا تَضُرُّونَهُۥ شَيْـًٔا ۚ إِنَّ رَبِّى عَلَىٰ كُلِّ شَىْءٍ حَفِيظٌ
٥٧ وَلَمَّا جَآءَ أَمْرُنَا نَجَّيْنَا هُودًا وَٱلَّذِينَ ءَامَنُوا۟ مَعَهُۥ بِرَحْمَةٍ مِّنَّا
وَنَجَّيْنَٰهُم مِّنْ عَذَابٍ غَلِيظٍ ٥٨ وَتِلْكَ عَادٌ ۖ جَحَدُوا۟ بِـَٔايَٰتِ
رَبِّهِمْ وَعَصَوْا۟ رُسُلَهُۥ وَٱتَّبَعُوٓا۟ أَمْرَ كُلِّ جَبَّارٍ عَنِيدٍ ٥٩ وَأُتْبِعُوا۟ فِى
هَٰذِهِ ٱلدُّنْيَا لَعْنَةً وَيَوْمَ ٱلْقِيَٰمَةِ ۗ أَلَآ إِنَّ عَادًا كَفَرُوا۟ رَبَّهُمْ ۗ أَلَا
بُعْدًا لِّعَادٍ قَوْمِ هُودٍ ٦٠ ۞ وَإِلَىٰ ثَمُودَ أَخَاهُمْ صَٰلِحًا ۚ قَالَ يَٰقَوْمِ
ٱعْبُدُوا۟ ٱللَّهَ مَا لَكُم مِّنْ إِلَٰهٍ غَيْرُهُۥ ۖ هُوَ أَنشَأَكُم مِّنَ ٱلْأَرْضِ
وَٱسْتَعْمَرَكُمْ فِيهَا فَٱسْتَغْفِرُوهُ ثُمَّ تُوبُوٓا۟ إِلَيْهِ ۚ إِنَّ رَبِّى قَرِيبٌ مُّجِيبٌ
٦١ قَالُوا۟ يَٰصَٰلِحُ قَدْ كُنتَ فِينَا مَرْجُوًّا قَبْلَ هَٰذَآ ۖ أَتَنْهَىٰنَآ أَن نَّعْبُدَ
مَا يَعْبُدُ ءَابَآؤُنَا وَإِنَّنَا لَفِى شَكٍّ مِّمَّا تَدْعُونَآ إِلَيْهِ مُرِيبٍ ٦٢

「われらはただ、われらの神々のある者がおまえを悪で摑んだのだ[937]、と言うほかはない」。彼は言った。「まことに、私はアッラーに証言を求める。私がおまえたちが(彼をさしおいて：次節冒頭)同位に配するものと無関係であることをおまえたちは証言せよ」。(11：54)

「彼をさしおいて。こぞって私に策謀せよ。そして、私に猶予を与えることはない」。(11：55)

「私は、わが主であり、おまえたちの主でもあるアッラーに一任した。動物で彼がその前髪を摑み(支配し)給わないものはない。まことにわが主は真っすぐな道の上にあらせられる」。(11：56)

「それでもしおまえたちが背き去っても、私はおまえたちに、私がそれと共に遣わされたもの(啓示)を確かに伝えた。そしてわが主はおまえたちでない民を継がせ給い、おまえたちは彼をわずかにも害することはできない。まことに、わが主はすべてに対して看視し給う御方」。(11：57)

そしてわれらの命《めい》(懲罰)が到来すると[938]、われらはフードと彼と共に信じた者たちをわれらからの慈悲によって救い、過酷な懲罰から彼らを救った。(11：58)

そしてそれがアード(族)である。彼らは彼らの主の諸々の徴を否認し、彼の使徒たちに背き、あらゆる頑迷な専制者の命令に従った。(11：59)

それで彼らは現世で呪いに付きまとわれ、復活(審判)の日にもまた。まことに、アード(族)は彼らの主を拒絶したではないか。フードの民アード(族)は、(滅び)遠ざけられよ。(11：60)

またサムード(族)には彼らの同胞サーリフを(遣わした)。彼は言った。「わが民よ、アッラーに仕えよ。おまえたちには彼のほかに神はない。彼はおまえたちを大地から作り出し、おまえたちをそこに住み着かせ給うた。彼に赦しを乞い、そして彼の御許に悔いて戻れ。まことにわが主は近く、応え給う御方」。(11：61)

彼らは言った。「サーリフよ、おまえはこれ以前にはわれらのうちで期待された者であった。おまえは、われらがわれらの祖先が仕えるもの(偶像)に仕えるのを阻止するのか。そしてまことに、われらはおまえがわれらをそれへと呼び招くものに関して疑いのうちにあり、疑念を覚える者である」。(11：62)

937　神々の祟りで気が狂った。

938　八日七晩にわたる突風。69章7節参照。

彼は言った。「わが民よ、おまえたちは考えなかったのか、もし私が主からの明証の上にあり、彼が私に彼の御許からの御慈悲(預言の啓示)を与え給うていながら、もし私が彼に背いたならば、誰が私をアッラーから助けるであろうか。おまえたちが私に増し加えるのは私の破滅以外にない」。(11：63)

「そして、わが民よ、これがおまえたちへの徴としてのアッラーのラクダである。それゆえ、それがアッラーの大地で食べるがままに放置し、それに危害を加えてはならない。さもなければ間近な懲罰がおまえたちを捕らえるであろう」。(11：64)

だが、彼らはその腱を切っ（て殺し)た。そこで彼は言った。「おまえたちの家で三日間楽しめ。これが偽りのない約束である」。(11：65)

そしてわれらの命《めい》が訪れた時、われらはサーリフと彼と共に信仰した者たちを、われらからの慈悲によってその日の恥辱から救い出した。まことに、おまえの主、彼は力強く威力比類なき御方。(11：66)

一方、不正をなした者たちは(恐ろしい)叫び声が捕らえ[939]、彼らは家でうずくまったまま(死んで)朝を迎えた。(11：67)

まるでそこに居たことがなかったかのようであった。まことに、サムードは彼らの主を拒絶したのではなかったか。サムードは(滅び)遠ざけられよ。(11：68)

また、かつてわれらの使徒たち(天使たち)がイブラーヒームの許に吉報をもたらした時[940]、彼らは、「平安(の挨拶)を」と言った。彼も「平安を」と言った。そして、ほどなくして彼は石焼の子牛を持って来た。(11：69)

ところが彼らの手がそれに伸びないのを見、彼は彼らを不審に思い、彼らに恐れを抱いた。彼らは言った。「恐れるな、われらはルートの民に遣わされたのである」。(11：70)

彼の妻は立っていたが、笑った[941]。そこでわれらは彼女にイスハーク、そしてイスハークの後にはヤアクーブの吉報を告げた。(11：71)

قَالَ يَٰقَوۡمِ أَرَءَيۡتُمۡ إِن كُنتُ عَلَىٰ بَيِّنَةٖ مِّن رَّبِّي وَءَاتَىٰنِي
مِنۡهُ رَحۡمَةٗ فَمَن يَنصُرُنِي مِنَ ٱللَّهِ إِنۡ عَصَيۡتُهُۥۖ فَمَا تَزِيدُونَنِي
غَيۡرَ تَخۡسِيرٖ ٦٣ وَيَٰقَوۡمِ هَٰذِهِۦ نَاقَةُ ٱللَّهِ لَكُمۡ ءَايَةٗۖ
فَذَرُوهَا تَأۡكُلۡ فِيٓ أَرۡضِ ٱللَّهِۖ وَلَا تَمَسُّوهَا بِسُوٓءٖ فَيَأۡخُذَكُمۡ
عَذَابٞ قَرِيبٞ ٦٤ فَعَقَرُوهَا فَقَالَ تَمَتَّعُواْ فِي دَارِكُمۡ
ثَلَٰثَةَ أَيَّامٖۖ ذَٰلِكَ وَعۡدٌ غَيۡرُ مَكۡذُوبٖ ٦٥ فَلَمَّا جَآءَ أَمۡرُنَا
نَجَّيۡنَا صَٰلِحٗا وَٱلَّذِينَ ءَامَنُواْ مَعَهُۥ بِرَحۡمَةٖ مِّنَّا وَمِنۡ
خِزۡيِ يَوۡمِئِذٍۚ إِنَّ رَبَّكَ هُوَ ٱلۡقَوِيُّ ٱلۡعَزِيزُ ٦٦ وَأَخَذَ ٱلَّذِينَ
ظَلَمُواْ ٱلصَّيۡحَةُ فَأَصۡبَحُواْ فِي دِيَٰرِهِمۡ جَٰثِمِينَ ٦٧
كَأَن لَّمۡ يَغۡنَوۡاْ فِيهَآۗ أَلَآ إِنَّ ثَمُودَاْ كَفَرُواْ رَبَّهُمۡۗ أَلَا
بُعۡدٗا لِّثَمُودَ ٦٨ وَلَقَدۡ جَآءَتۡ رُسُلُنَآ إِبۡرَٰهِيمَ بِٱلۡبُشۡرَىٰ قَالُواْ
سَلَٰمٗاۖ قَالَ سَلَٰمٞۖ فَمَا لَبِثَ أَن جَآءَ بِعِجۡلٍ حَنِيذٖ ٦٩ فَلَمَّا رَءَآ
أَيۡدِيَهُمۡ لَا تَصِلُ إِلَيۡهِ نَكِرَهُمۡ وَأَوۡجَسَ مِنۡهُمۡ خِيفَةٗۚ
قَالُواْ لَا تَخَفۡ إِنَّآ أُرۡسِلۡنَآ إِلَىٰ قَوۡمِ لُوطٖ ٧٠ وَٱمۡرَأَتُهُۥ قَآئِمَةٞ
فَضَحِكَتۡ فَبَشَّرۡنَٰهَا بِإِسۡحَٰقَ وَمِن وَرَآءِ إِسۡحَٰقَ يَعۡقُوبَ ٧١

939　大地震と共に。聞いた者を絶命させる恐ろしい叫び声。7章78節参照。

940　「創世記」18章参照。

941　彼女が笑った理由については、客人への恐れがなくなったからとも、老齢にもかかわらず子供を授かるとの吉報を聞いたからとも言われる。「創世記」18章12節参照。

قَالَتْ يَٰوَيْلَتَىٰٓ ءَأَلِدُ وَأَنَا۠ عَجُوزٌ وَهَٰذَا بَعْلِى شَيْخًا ۖ إِنَّ هَٰذَا
لَشَىْءٌ عَجِيبٌ ٧٢ قَالُوٓا۟ أَتَعْجَبِينَ مِنْ أَمْرِ ٱللَّهِ ۖ رَحْمَتُ ٱللَّهِ
وَبَرَكَٰتُهُۥ عَلَيْكُمْ أَهْلَ ٱلْبَيْتِ ۚ إِنَّهُۥ حَمِيدٌ مَّجِيدٌ ٧٣ فَلَمَّا ذَهَبَ
عَنْ إِبْرَٰهِيمَ ٱلرَّوْعُ وَجَآءَتْهُ ٱلْبُشْرَىٰ يُجَٰدِلُنَا فِى قَوْمِ لُوطٍ ٧٤
إِنَّ إِبْرَٰهِيمَ لَحَلِيمٌ أَوَّٰهٌ مُّنِيبٌ ٧٥ يَٰٓإِبْرَٰهِيمُ أَعْرِضْ عَنْ هَٰذَآ ۖ إِنَّهُۥ
قَدْ جَآءَ أَمْرُ رَبِّكَ ۖ وَإِنَّهُمْ ءَاتِيهِمْ عَذَابٌ غَيْرُ مَرْدُودٍ ٧٦ وَلَمَّا
جَآءَتْ رُسُلُنَا لُوطًا سِىٓءَ بِهِمْ وَضَاقَ بِهِمْ ذَرْعًا وَقَالَ هَٰذَا
يَوْمٌ عَصِيبٌ ٧٧ وَجَآءَهُۥ قَوْمُهُۥ يُهْرَعُونَ إِلَيْهِ وَمِن قَبْلُ كَانُوا۟
يَعْمَلُونَ ٱلسَّيِّـَٔاتِ ۚ قَالَ يَٰقَوْمِ هَٰٓؤُلَآءِ بَنَاتِى هُنَّ أَطْهَرُ لَكُمْ ۖ
فَٱتَّقُوا۟ ٱللَّهَ وَلَا تُخْزُونِ فِى ضَيْفِىٓ ۖ أَلَيْسَ مِنكُمْ رَجُلٌ رَّشِيدٌ ٧٨
قَالُوا۟ لَقَدْ عَلِمْتَ مَا لَنَا فِى بَنَاتِكَ مِنْ حَقٍّ وَإِنَّكَ لَتَعْلَمُ مَا نُرِيدُ
٧٩ قَالَ لَوْ أَنَّ لِى بِكُمْ قُوَّةً أَوْ ءَاوِىٓ إِلَىٰ رُكْنٍ شَدِيدٍ ٨٠ قَالُوا۟
يَٰلُوطُ إِنَّا رُسُلُ رَبِّكَ لَن يَصِلُوٓا۟ إِلَيْكَ ۖ فَأَسْرِ بِأَهْلِكَ بِقِطْعٍ
مِّنَ ٱلَّيْلِ وَلَا يَلْتَفِتْ مِنكُمْ أَحَدٌ إِلَّا ٱمْرَأَتَكَ ۖ إِنَّهُۥ مُصِيبُهَا
مَآ أَصَابَهُمْ ۚ إِنَّ مَوْعِدَهُمُ ٱلصُّبْحُ ۚ أَلَيْسَ ٱلصُّبْحُ بِقَرِيبٍ ٨١

彼女は言った。「なんということ、私が子供を生むとは、私は老女であり、こちらはわが主人で老人です。まことに、これは奇妙なことです」。(11：72)

彼らは言った。「おまえはアッラーの御命令に驚くのか。アッラーの御慈悲と祝福がおまえたちの上にありますように、この家の者よ。まことに彼は賞賛すべき、寛大な御方」。(11：73)

それでイブラーヒームから恐怖が去り、彼に吉報がもたらされると、彼はルートの民についてわれらに弁じる。(11：74)

まことに、イブラーヒームは寛容で、哀れみ深く、悔いて帰った者である。(11：75)

(天使たちが言った。)「イブラーヒームよ、このこと(議論)から遠ざかれ[942]。まことに、おまえの主からの御命令がすでに到来したのであり、まことに彼らには避けられない懲罰が下ったのである」。(11：76)

そしてわれらの使徒(天使)たちがルートを訪れた時、彼は彼らのことで悩み、彼らを守る腕《うで》(力《ちから》)が及ばず[943]、「これは酷い日である」と言った。(11：77)

そして彼の民は急いで彼の許にやって来たが、彼らは以前から悪事をなしていた。彼は言った。「わが民よ、これらはわが娘である。彼女らの方がおまえたちにはより清い。アッラーを畏れ身を守り、私の客人のことで私を辱めないでくれ。おまえたちの中には良識ある男はいないのか」。(11：78)

彼らは言った。「おまえの娘たちがわれらに適当でないことをおまえは確かに知っていた。またまことにおまえはわれらが何を望んでいるのかを知っている」。(11：79)

彼は言った。「私におまえたちに対する力があったなら。もしくは、力強い支え(親族)に頼ることができるなら[944]」。(11：80)

彼ら(天使)は言った。「ルートよ、まことにわれらはおまえの主からの使徒である。彼

942　イブラーヒームが天使たちに「あなたがたは三百人の信仰者がいる町を滅ぼすのか」と尋ねると、彼らは「いやそんなことはない」と答えた。そこでまた「あなたがたは二百人の信仰者がいる町を滅ぼすのか」と尋ねると、彼らは「いやそんなことはない」と答えた。そこでまた「あなたがたは四十人の信仰者がいる町を滅ぼすのか」と尋ねると、彼らは「いやそんなことはない」と答えた。そこでまた「あなたがたは十四人の信仰者がいる町を滅ぼすのか」と尋ねると、彼らは「いやそんなことはない」と答えた。そこでまた「あなたがたは一人の信仰者がいる町であればどうか」と尋ねると、「滅ぼさない」と彼らは答えた。そこで「そこにはルートがいる」と彼が言うと、彼らは「われらは誰がそこにいるかをいっそうよく知っている」(29章32節)と答えた。

このようにイブラーヒームが執拗に議論を続けたために、天使たちは「このことから遠ざかれ」と言って、議論に終止符を打った。「創世記」18章23-33節参照。

943　男色家の住民たちが美しい天使を陵辱するのを妨げる力が自分にないことで悩んで。

944　ルートはイブラーヒームと同じくイラクからの移住者で、その町(ソドム)では余所者であり、頼るべき親族や勢力がいなかった。

فَلَمَّا جَآءَ أَمۡرُنَا جَعَلۡنَا عَٰلِيَهَا سَافِلَهَا وَأَمۡطَرۡنَا عَلَيۡهَا
حِجَارَةٗ مِّن سِجِّيلٖ مَّنضُودٖ ٨٢ مُّسَوَّمَةً عِندَ رَبِّكَۖ
وَمَا هِيَ مِنَ ٱلظَّٰلِمِينَ بِبَعِيدٖ ٨٣ ۞ وَإِلَىٰ مَدۡيَنَ أَخَاهُمۡ
شُعَيۡبٗاۚ قَالَ يَٰقَوۡمِ ٱعۡبُدُواْ ٱللَّهَ مَا لَكُم مِّنۡ إِلَٰهٍ غَيۡرُهُۥۖ
وَلَا تَنقُصُواْ ٱلۡمِكۡيَالَ وَٱلۡمِيزَانَۖ إِنِّيٓ أَرَىٰكُم بِخَيۡرٖ
وَإِنِّيٓ أَخَافُ عَلَيۡكُمۡ عَذَابَ يَوۡمٖ مُّحِيطٖ ٨٤ وَيَٰقَوۡمِ
أَوۡفُواْ ٱلۡمِكۡيَالَ وَٱلۡمِيزَانَ بِٱلۡقِسۡطِۖ وَلَا تَبۡخَسُواْ ٱلنَّاسَ
أَشۡيَآءَهُمۡ وَلَا تَعۡثَوۡاْ فِي ٱلۡأَرۡضِ مُفۡسِدِينَ ٨٥ بَقِيَّتُ
ٱللَّهِ خَيۡرٞ لَّكُمۡ إِن كُنتُم مُّؤۡمِنِينَۚ وَمَآ أَنَا۠ عَلَيۡكُم
بِحَفِيظٖ ٨٦ قَالُواْ يَٰشُعَيۡبُ أَصَلَوٰتُكَ تَأۡمُرُكَ أَن نَّتۡرُكَ
مَا يَعۡبُدُ ءَابَآؤُنَآ أَوۡ أَن نَّفۡعَلَ فِيٓ أَمۡوَٰلِنَا مَا نَشَٰٓؤُاْۖ إِنَّكَ
لَأَنتَ ٱلۡحَلِيمُ ٱلرَّشِيدُ ٨٧ قَالَ يَٰقَوۡمِ أَرَءَيۡتُمۡ إِن كُنتُ
عَلَىٰ بَيِّنَةٖ مِّن رَّبِّي وَرَزَقَنِي مِنۡهُ رِزۡقًا حَسَنٗاۚ وَمَآ أُرِيدُ أَنۡ
أُخَالِفَكُمۡ إِلَىٰ مَآ أَنۡهَىٰكُمۡ عَنۡهُۚ إِنۡ أُرِيدُ إِلَّا ٱلۡإِصۡلَٰحَ
مَا ٱسۡتَطَعۡتُۚ وَمَا تَوۡفِيقِيٓ إِلَّا بِٱللَّهِۚ عَلَيۡهِ تَوَكَّلۡتُ وَإِلَيۡهِ أُنِيبُ ٨٨

らはおまえの許に達することはない。それゆえ、おまえの家族を連れ、夜の一時《ひととき》に出立せよ。そしておまえたちのうち誰も振り返ってはならない。ただし、おまえの妻は別である。彼らを襲ったものが彼女を襲うのである。まことに彼らの約束(の破滅の時)は朝である。朝は近いではないか」。(11：81)

われらの命《めい》が訪れた時、われらはその(町の)上部を下部と為し(転覆させ)、その上に積み重ね固めた粘土のような石を雨と降らせた。(11：82)

おまえ(預言者ムハンマド)の主の御許で徴をつけられて。そしてそれ[945]は不正な者たちから遠く離れてはいなかった[946]。(11：83)

また、マドヤン(の民)には彼らの同胞シュアイブを。彼は言った。「わが民よ、アッラーに仕えよ。おまえたちには彼のほかに神はない。升と秤を減らして(ごまかして)はならない。まことに私は、おまえたちには富があるのを見る。そして、まことに私は、おまえたちに、取り囲む日の懲罰を恐れる」。(11：84)

「そして、人々よ、升と秤は正確に量り、人々に彼らのものを減量してはならない。また、害悪を為す者となって地上で罪を犯してはならない」。(11：85)

「アッラーの残り[947]の方がおまえたちにはもっと良い、もしおまえたちが信仰者であれば。だが、私はおまえたちに対して保護者ではない」。(11：86)

彼らは言った。「シュアイブよ、おまえの礼拝[948]は、われらの父祖が仕えたもの(偶像)をわれらが放棄することをおまえに命ずるのか。また、われらの財産に関し、われらがわれらの望むことをなすことを(放棄することを命ずるのか)。なんとおまえは度量があり良識のある者であることよ」。(11：87)

彼は言った。「わが民よ、おまえたちは考えなかったか、もし、私が主からの明証の上にあり、彼が私に彼から良き糧を与え給うたのだとしたら[949]。私は、私がおまえたちに禁じることに、おまえたちと違うことをしようとは欲しない[950]。私はできる限り正すこと以外を望んではおらず、私の成功はアッラーによる以外にはない。彼にこそ私は一任し、彼にこそ悔いて戻る」。(11：88)

945　滅ぼされた町。あるいは雨のように降る石。

946　石の雨によって滅ぼされたこの町(ソドム)と同じような懲罰が下されることは、預言者ムハンマドに背いたマッカの多神教徒たちにとってもありえないことではなかった。

947　アッラーから授かった糧の中で枡や秤をきっちり量った後で残った自分に許された分け前。

948　宗教の意とも言われる。

949　そうであれば、私がアッラーの命に背くことなど考えられない。

950　おまえたちには禁じたことを自分では犯そうなどとは望まない。

وَيَٰقَوۡمِ لَا يَجۡرِمَنَّكُمۡ شِقَاقِيٓ أَن يُصِيبَكُم مِّثۡلُ مَآ أَصَابَ
قَوۡمَ نُوحٍ أَوۡ قَوۡمَ هُودٍ أَوۡ قَوۡمَ صَٰلِحٖۚ وَمَا قَوۡمُ لُوطٖ مِّنكُم
بِبَعِيدٖ ٨٩ وَٱسۡتَغۡفِرُواْ رَبَّكُمۡ ثُمَّ تُوبُوٓاْ إِلَيۡهِۚ إِنَّ رَبِّي
رَحِيمٞ وَدُودٞ ٩٠ قَالُواْ يَٰشُعَيۡبُ مَا نَفۡقَهُ كَثِيرٗا مِّمَّا تَقُولُ
وَإِنَّا لَنَرَىٰكَ فِينَا ضَعِيفٗاۖ وَلَوۡلَا رَهۡطُكَ لَرَجَمۡنَٰكَۖ وَمَآ أَنتَ
عَلَيۡنَا بِعَزِيزٖ ٩١ قَالَ يَٰقَوۡمِ أَرَهۡطِيٓ أَعَزُّ عَلَيۡكُم مِّنَ ٱللَّهِ
وَٱتَّخَذۡتُمُوهُ وَرَآءَكُمۡ ظِهۡرِيًّاۖ إِنَّ رَبِّي بِمَا تَعۡمَلُونَ
مُحِيطٞ ٩٢ وَيَٰقَوۡمِ ٱعۡمَلُواْ عَلَىٰ مَكَانَتِكُمۡ إِنِّي عَٰمِلٞۖ
سَوۡفَ تَعۡلَمُونَ مَن يَأۡتِيهِ عَذَابٞ يُخۡزِيهِ وَمَنۡ هُوَ كَٰذِبٞۖ
وَٱرۡتَقِبُوٓاْ إِنِّي مَعَكُمۡ رَقِيبٞ ٩٣ وَلَمَّا جَآءَ أَمۡرُنَا نَجَّيۡنَا
شُعَيۡبٗا وَٱلَّذِينَ ءَامَنُواْ مَعَهُۥ بِرَحۡمَةٖ مِّنَّا وَأَخَذَتِ
ٱلَّذِينَ ظَلَمُواْ ٱلصَّيۡحَةُ فَأَصۡبَحُواْ فِي دِيَٰرِهِمۡ جَٰثِمِينَ ٩٤
كَأَن لَّمۡ يَغۡنَوۡاْ فِيهَآۗ أَلَا بُعۡدٗا لِّمَدۡيَنَ كَمَا بَعِدَتۡ ثَمُودُ ٩٥
وَلَقَدۡ أَرۡسَلۡنَا مُوسَىٰ بِـَٔايَٰتِنَا وَسُلۡطَٰنٖ مُّبِينٍ ٩٦ إِلَىٰ فِرۡعَوۡنَ
وَمَلَإِيْهِۦ فَٱتَّبَعُوٓاْ أَمۡرَ فِرۡعَوۡنَۖ وَمَآ أَمۡرُ فِرۡعَوۡنَ بِرَشِيدٖ ٩٧

「わが民よ、私との対立がおまえたちを、ヌーフの民やフードの民、あるいはサーリフの民を襲ったもの(破滅の懲罰)と同じものがおまえたちを襲う羽目に陥らせてはならない。そして(破滅した)ルートの民はおまえたちから遠くはない[951]のである」。(11：89)

「そしておまえたちの主に赦しを乞い、彼の御許に悔いて戻れ。まことにわが主は慈悲深く、情け深い御方」。(11：90)

彼らは言った。「シュアイブよ、おまえの言うことの多くをわれらは理解しない。それに、われらはおまえがわれらの中の弱者だと思う。またもしおまえの縁者がいなければ、われらはおまえを石打ちにしたであろう。そしておまえはわれらに対し権威を持たない」。(11：91)

彼は言った。「わが民よ、私の縁者の方がおまえたちにはアッラーよりも権威があるのか。そしておまえたちは彼をおまえたちの背後に打ち捨てるのか。まことに、わが主はおまえたちのなすことを取り囲んでおられる御方」。(11：92)

「わが民よ、おまえたちの立場で為すがよい、まことに私もまた行為者である。辱める懲罰が襲うのは誰か、また嘘つきが誰かをいずれおまえたちは知るであろう。そして(行為の結末を)待ち受けるがよい、まことに、私もおまえたちと共に待ち受ける者である」。(11：93)

それでわれらの命《めい》が訪れるや、われらはわれらからの慈悲によって、シュアイブと彼と共に信仰していた者たちを救い出した。そして不正をなしていた者たちを叫び声が捕らえ、彼らは彼らの家でうずくまったまま(死んで)朝を迎えた。(11：94)

まるで彼らがそこに居なかったかのようであった。サムード(族)が遠ざけられ(滅び)たように、マドヤン(の民)も遠ざけられ(滅び)よ。(11：95)

また、われらはかつてムーサーをわれらの諸々の徴と明白な権威と共に遣わした。(11：96)

フィルアウンとその長老らに。ところが、彼らはフィルアウンの命令に従った。だが、フィルアウンの命令は良識に適っていなかった。(11：97)

951　時間的、距離的に隔たってはいない。

يَقْدُمُ قَوْمَهُۥ يَوْمَ ٱلْقِيَٰمَةِ فَأَوْرَدَهُمُ ٱلنَّارَ ۖ وَبِئْسَ ٱلْوِرْدُ
ٱلْمَوْرُودُ ﴿٩٨﴾ وَأُتْبِعُوا۟ فِى هَٰذِهِۦ لَعْنَةً وَيَوْمَ ٱلْقِيَٰمَةِ ۚ بِئْسَ
ٱلرِّفْدُ ٱلْمَرْفُودُ ﴿٩٩﴾ ذَٰلِكَ مِنْ أَنۢبَآءِ ٱلْقُرَىٰ نَقُصُّهُۥ عَلَيْكَ ۖ
مِنْهَا قَآئِمٌ وَحَصِيدٌ ﴿١٠٠﴾ وَمَا ظَلَمْنَٰهُمْ وَلَٰكِن ظَلَمُوٓا۟
أَنفُسَهُمْ ۖ فَمَآ أَغْنَتْ عَنْهُمْ ءَالِهَتُهُمُ ٱلَّتِى يَدْعُونَ مِن دُونِ
ٱللَّهِ مِن شَىْءٍ لَّمَّا جَآءَ أَمْرُ رَبِّكَ ۖ وَمَا زَادُوهُمْ غَيْرَ تَتْبِيبٍ ﴿١٠١﴾
وَكَذَٰلِكَ أَخْذُ رَبِّكَ إِذَآ أَخَذَ ٱلْقُرَىٰ وَهِىَ ظَٰلِمَةٌ ۚ إِنَّ أَخْذَهُۥٓ
أَلِيمٌ شَدِيدٌ ﴿١٠٢﴾ إِنَّ فِى ذَٰلِكَ لَءَايَةً لِّمَنْ خَافَ عَذَابَ ٱلْءَاخِرَةِ ۚ
ذَٰلِكَ يَوْمٌ مَّجْمُوعٌ لَّهُ ٱلنَّاسُ وَذَٰلِكَ يَوْمٌ مَّشْهُودٌ ﴿١٠٣﴾
وَمَا نُؤَخِّرُهُۥٓ إِلَّا لِأَجَلٍ مَّعْدُودٍ ﴿١٠٤﴾ يَوْمَ يَأْتِ لَا تَكَلَّمُ نَفْسٌ
إِلَّا بِإِذْنِهِۦ ۚ فَمِنْهُمْ شَقِىٌّ وَسَعِيدٌ ﴿١٠٥﴾ فَأَمَّا ٱلَّذِينَ شَقُوا۟ فَفِى
ٱلنَّارِ لَهُمْ فِيهَا زَفِيرٌ وَشَهِيقٌ ﴿١٠٦﴾ خَٰلِدِينَ فِيهَا مَا دَامَتِ ٱلسَّمَٰوَٰتُ
وَٱلْأَرْضُ إِلَّا مَا شَآءَ رَبُّكَ ۚ إِنَّ رَبَّكَ فَعَّالٌ لِّمَا يُرِيدُ ﴿١٠٧﴾
۞ وَأَمَّا ٱلَّذِينَ سُعِدُوا۟ فَفِى ٱلْجَنَّةِ خَٰلِدِينَ فِيهَا مَا دَامَتِ
ٱلسَّمَٰوَٰتُ وَٱلْأَرْضُ إِلَّا مَا شَآءَ رَبُّكَ ۖ عَطَآءً غَيْرَ مَجْذُوذٍ ﴿١٠٨﴾

彼は復活（審判）の日、彼の民を率い、彼らを獄火に連れ下る。なんと悪い到達された水場[952]であることよ。（11：98）

そして彼らはこの世で呪いにつきまとわれ、そして復活（審判）の日にも。なんと悪い贈られた支援であることよ。（11：99）

これが、われらがおまえに語る町々の消息の一部である。その中には今も残るものもあれば、刈り取られ（抹消され）たものもある。（11：100）

そしてわれらが彼らに不正を為したのではなく、彼らが己自身に不正を為したのである。彼らがアッラーをさしおいて祈っている神々はおまえの主の御命令が訪れた時、彼らにわずかにも役立たず、それらは彼らに破滅しか増し加えなかった。（11：101）

かくのごとくが、おまえの主の捕らえ方であり、町が不正な際に、それを捕らえ給う時の。まことに彼の捕らえ方は痛苦、痛烈である。（11：102）

まことに、この中には来世の懲罰を恐れる者への徴がある。それはそのために人々が集められる（審判の）日であり、それは立ち会われる日である。（11：103）

そしてわれらがそれを遅らせるのは、定められた期日まででしかない。（11：104）

やって来る日、人は誰も彼の御許可なしには語らない。そして彼らの中には不幸な者もあれば幸福な者もある。（11：105）

それで不幸となった者たちはと言うと、獄火の中にいて、そこには呻き声と喘ぎ声がある。（11：106）

彼らは天と地が続く限り[953]そこに永遠に。ただし、おまえの主が望み給うたならば別である[954]。まことに、おまえの主は御望みのことを為し遂げ給う御方。（11：107）

そして幸福にされた者はと言うと、楽園の中で、天と地が続く限りそこに永遠に。ただし、おまえの主が御望みになれば別である。絶たれることなき賜物である。（11：108）

952　彼らの到達した水場、の意

953　天と地が続く限りとは、永遠を意味するアラブの慣用表現であるとも、永続する来世の天と地を指すとも言われる。

954　諸説あるが、火獄に落ちたムスリムの罪人が許され救出されることを意味するとの説が有力。

فَلَا تَكُ فِي مِرْيَةٍ مِّمَّا يَعْبُدُ هَٰٓؤُلَآءِۚ مَا يَعْبُدُونَ إِلَّا كَمَا يَعْبُدُ
ءَابَآؤُهُم مِّن قَبْلُۚ وَإِنَّا لَمُوَفُّوهُمْ نَصِيبَهُمْ غَيْرَ مَنقُوصٍ
﴿١٠٩﴾ وَلَقَدْ ءَاتَيْنَا مُوسَى ٱلْكِتَٰبَ فَٱخْتُلِفَ فِيهِۚ وَلَوْلَا كَلِمَةٌ
سَبَقَتْ مِن رَّبِّكَ لَقُضِيَ بَيْنَهُمْۚ وَإِنَّهُمْ لَفِي شَكٍّ مِّنْهُ مُرِيبٍ
﴿١١٠﴾ وَإِنَّ كُلًّا لَّمَّا لَيُوَفِّيَنَّهُمْ رَبُّكَ أَعْمَٰلَهُمْۚ إِنَّهُۥ بِمَا يَعْمَلُونَ
خَبِيرٌ ﴿١١١﴾ فَٱسْتَقِمْ كَمَآ أُمِرْتَ وَمَن تَابَ مَعَكَ وَلَا تَطْغَوْاْۚ
إِنَّهُۥ بِمَا تَعْمَلُونَ بَصِيرٌ ﴿١١٢﴾ وَلَا تَرْكَنُوٓاْ إِلَى ٱلَّذِينَ ظَلَمُواْ
فَتَمَسَّكُمُ ٱلنَّارُ وَمَا لَكُم مِّن دُونِ ٱللَّهِ مِنْ أَوْلِيَآءَ ثُمَّ
لَا تُنصَرُونَ ﴿١١٣﴾ وَأَقِمِ ٱلصَّلَوٰةَ طَرَفَيِ ٱلنَّهَارِ وَزُلَفًا مِّنَ
ٱلَّيْلِۚ إِنَّ ٱلْحَسَنَٰتِ يُذْهِبْنَ ٱلسَّيِّـَٔاتِۚ ذَٰلِكَ ذِكْرَىٰ
لِلذَّٰكِرِينَ ﴿١١٤﴾ وَٱصْبِرْ فَإِنَّ ٱللَّهَ لَا يُضِيعُ أَجْرَ ٱلْمُحْسِنِينَ
﴿١١٥﴾ فَلَوْلَا كَانَ مِنَ ٱلْقُرُونِ مِن قَبْلِكُمْ أُوْلُواْ بَقِيَّةٍ يَنْهَوْنَ
عَنِ ٱلْفَسَادِ فِي ٱلْأَرْضِ إِلَّا قَلِيلًا مِّمَّنْ أَنجَيْنَا مِنْهُمْۗ وَٱتَّبَعَ
ٱلَّذِينَ ظَلَمُواْ مَآ أُتْرِفُواْ فِيهِ وَكَانُواْ مُجْرِمِينَ ﴿١١٦﴾ وَمَا
كَانَ رَبُّكَ لِيُهْلِكَ ٱلْقُرَىٰ بِظُلْمٍ وَأَهْلُهَا مُصْلِحُونَ ﴿١١٧﴾

それゆえ、それらの者が仕えるものについて、おまえは疑いに陥ってはならない。彼らは、彼らの父祖が以前から仕えたようにしか仕えていない。そして、まことにわれらは軽減なく彼らの分け前を彼らに与える者である。(11：109)

またわれらはかつてムーサーに啓典を授けたが、それについて分裂があった。それでおまえの主からの御言葉[955]が先立っていなければ、彼らの間で決着がつけられたであろう。まことに、彼らはそれについて訝しむ疑念のうちにあった。(11：110)

そしてまことに、ことごとくおまえの主は彼らの行いに対して必ずや彼らに報い給う。まことに、彼は彼らのなすことについて通暁し給う御方。(11：111)

それゆえ、身を真っすぐにせよ、おまえが命じられた通りに、またお前と共に悔いて戻った者も。そして無法に振舞ってはならない。まことに、彼はおまえたちがなすことを見通し給う御方。(11：112)

また、不正をなす者たちに頼ってはならない。さもなければ、獄火がおまえたちを捕らえるであろう。そしてアッラーをさしおいておまえたちには後見などなく、おまえたちは助けられることはない。(11：113)

そして昼の両端と夜の初めに礼拝を遵守せよ。まことに善事は悪事を追い払う。これは念ずる者たちへの訓戒である。(11：114)

そして忍耐せよ、まことにアッラーは善を尽くす者たちの報酬を無にはなし給わない。(11：115)

それでおまえ以前の世代の中には、地上の荒廃を禁ずる卓越性の持ち主はいなかったのか。彼らのうちわれらが救い出した少数の者のほかには。不正をなす者たちはそこで贅沢に与えられたものを追い求め、彼らは罪人であった。(11：116)

そしておまえの主は、ひとつの町であれ、その住民が(行状を)正す者たちであるにもかかわらず、不正に破壊するような御方ではあらせられなかった。(11：117)

955　復活の日まで被造物の懲罰を遅らせるという御言葉。

وَلَوْ شَآءَ رَبُّكَ لَجَعَلَ ٱلنَّاسَ أُمَّةً وَٰحِدَةً ۖ وَلَا يَزَالُونَ مُخْتَلِفِينَ
١١٨ إِلَّا مَن رَّحِمَ رَبُّكَ ۚ وَلِذَٰلِكَ خَلَقَهُمْ ۗ وَتَمَّتْ كَلِمَةُ رَبِّكَ
لَأَمْلَأَنَّ جَهَنَّمَ مِنَ ٱلْجِنَّةِ وَٱلنَّاسِ أَجْمَعِينَ ١١٩ وَكُلًّا نَّقُصُّ
عَلَيْكَ مِنْ أَنۢبَآءِ ٱلرُّسُلِ مَا نُثَبِّتُ بِهِۦ فُؤَادَكَ ۚ وَجَآءَكَ فِى هَٰذِهِ
ٱلْحَقُّ وَمَوْعِظَةٌ وَذِكْرَىٰ لِلْمُؤْمِنِينَ ١٢٠ وَقُل لِّلَّذِينَ لَا يُؤْمِنُونَ
ٱعْمَلُوا۟ عَلَىٰ مَكَانَتِكُمْ إِنَّا عَٰمِلُونَ ١٢١ وَٱنتَظِرُوٓا۟ إِنَّا مُنتَظِرُونَ
١٢٢ وَلِلَّهِ غَيْبُ ٱلسَّمَٰوَٰتِ وَٱلْأَرْضِ وَإِلَيْهِ يُرْجَعُ ٱلْأَمْرُ كُلُّهُۥ
فَٱعْبُدْهُ وَتَوَكَّلْ عَلَيْهِ ۚ وَمَا رَبُّكَ بِغَٰفِلٍ عَمَّا تَعْمَلُونَ ١٢٣

سُورَةُ يُوسُفَ

بِسْمِ ٱللَّهِ ٱلرَّحْمَٰنِ ٱلرَّحِيمِ

الٓر ۚ تِلْكَ ءَايَٰتُ ٱلْكِتَٰبِ ٱلْمُبِينِ ١ إِنَّآ أَنزَلْنَٰهُ قُرْءَٰنًا
عَرَبِيًّا لَّعَلَّكُمْ تَعْقِلُونَ ٢ نَحْنُ نَقُصُّ عَلَيْكَ أَحْسَنَ
ٱلْقَصَصِ بِمَآ أَوْحَيْنَآ إِلَيْكَ هَٰذَا ٱلْقُرْءَانَ وَإِن كُنتَ مِن قَبْلِهِۦ
لَمِنَ ٱلْغَٰفِلِينَ ٣ إِذْ قَالَ يُوسُفُ لِأَبِيهِ يَٰٓأَبَتِ إِنِّى رَأَيْتُ
أَحَدَ عَشَرَ كَوْكَبًا وَٱلشَّمْسَ وَٱلْقَمَرَ رَأَيْتُهُمْ لِى سَٰجِدِينَ ٤

また、もしおまえの主が望み給うたならば、人々を一つの共同体となし給うたであろう。だが、彼らは分裂を止めなかった。(11：118)

ただし、おまえの主が慈悲をかけ給うた御方は別である。そのために彼は彼らを創り給うた。そして、おまえの主の御言葉、「必ずやわれは火獄《ジャハンナム》を幽精《ジン》と人間をひとまとめで満たすであろう」は実現した。(11：119)

そしてことごとくわれらは使徒たちの消息をおまえに語って聞かせた、それによってわれらがおまえの胸を落ち着かせるものを。そして、その中でおまえには、真理と、信仰者たちへの訓告と訓戒がもたらされた。(11：120)

そして信仰しない者たちに言ってやれ、「おまえたちの立場で為すがよい、まことにわれらもまた行為者である」。(11：121)

「(行為の結末を)そして待つがよい、まことに、われらも待つ者である」。(11：122)

そしてアッラーにこそ諸天と地の隠されたものは属し、彼の御許に物事はことごとく戻される。それゆえ彼に仕え、彼に一任せよ。そしておまえの主は、おまえたちのなすことに対して不注意な御方ではあらせられない。(11：123)

第 12 章　ユースフ …… سورة يوسف

マッカ垂示

本章は、ユースフが父ヤアクーブに夢を語ることから始まり、その夢の実現をもって終わり、章全体が一つの筋を持つ物語をなしているクルアーンで唯一の章であり、「最も美しい物語」と呼ばれている。ユースフを失ったヤアクーブの「美しい忍耐」(18節)などの言葉はムスリムの間では人口に膾炙している。

慈悲あまねく慈悲深きアッラーの御名において

アリフ・ラーム・ラー。それは明白な啓典の諸々の徴(節)である。(12：1)

まことにわれらはそれをアラビア語のクルアーンとして下した。きっとおまえたちも悟るであろうと。(12：2)

われらはおまえに物語のうち最も美しいものを語ろう、おまえにこのクルアーンを啓示することによって。そしておまえもそれ以前は不注意な者たち(の一人)であった。(12：3)

ユースフが彼の父に言った時のこと。「わが父よ、私は十一の星と太陽と月を見ました。それらが私に平身低頭するのを見たのです[956]」。(12：4)

956　「創世記」37 章 9-10 節参照。

قَالَ يَٰبُنَيَّ لَا تَقْصُصْ رُءْيَاكَ عَلَىٰٓ إِخْوَتِكَ فَيَكِيدُوا۟ لَكَ كَيْدًا ۖ
إِنَّ ٱلشَّيْطَٰنَ لِلْإِنسَٰنِ عَدُوٌّ مُّبِينٌ ﴿٥﴾ وَكَذَٰلِكَ يَجْتَبِيكَ
رَبُّكَ وَيُعَلِّمُكَ مِن تَأْوِيلِ ٱلْأَحَادِيثِ وَيُتِمُّ نِعْمَتَهُۥ عَلَيْكَ
وَعَلَىٰٓ ءَالِ يَعْقُوبَ كَمَآ أَتَمَّهَا عَلَىٰٓ أَبَوَيْكَ مِن قَبْلُ إِبْرَٰهِيمَ
وَإِسْحَٰقَ ۚ إِنَّ رَبَّكَ عَلِيمٌ حَكِيمٌ ﴿٦﴾ ۞ لَّقَدْ كَانَ فِى يُوسُفَ
وَإِخْوَتِهِۦٓ ءَايَٰتٌ لِّلسَّآئِلِينَ ﴿٧﴾ إِذْ قَالُوا۟ لَيُوسُفُ وَأَخُوهُ أَحَبُّ
إِلَىٰٓ أَبِينَا مِنَّا وَنَحْنُ عُصْبَةٌ إِنَّ أَبَانَا لَفِى ضَلَٰلٍ مُّبِينٍ ﴿٨﴾
ٱقْتُلُوا۟ يُوسُفَ أَوِ ٱطْرَحُوهُ أَرْضًا يَخْلُ لَكُمْ وَجْهُ أَبِيكُمْ
وَتَكُونُوا۟ مِنۢ بَعْدِهِۦ قَوْمًا صَٰلِحِينَ ﴿٩﴾ قَالَ قَآئِلٌ مِّنْهُمْ
لَا تَقْتُلُوا۟ يُوسُفَ وَأَلْقُوهُ فِى غَيَٰبَتِ ٱلْجُبِّ يَلْتَقِطْهُ بَعْضُ
ٱلسَّيَّارَةِ إِن كُنتُمْ فَٰعِلِينَ ﴿١٠﴾ قَالُوا۟ يَٰٓأَبَانَا مَا لَكَ لَا تَأْمَ۫نَّا عَلَىٰ
يُوسُفَ وَإِنَّا لَهُۥ لَنَٰصِحُونَ ﴿١١﴾ أَرْسِلْهُ مَعَنَا غَدًا يَرْتَعْ وَيَلْعَبْ
وَإِنَّا لَهُۥ لَحَٰفِظُونَ ﴿١٢﴾ قَالَ إِنِّى لَيَحْزُنُنِىٓ أَن تَذْهَبُوا۟ بِهِۦ وَأَخَافُ
أَن يَأْكُلَهُ ٱلذِّئْبُ وَأَنتُمْ عَنْهُ غَٰفِلُونَ ﴿١٣﴾ قَالُوا۟ لَئِنْ
أَكَلَهُ ٱلذِّئْبُ وَنَحْنُ عُصْبَةٌ إِنَّآ إِذًا لَّخَٰسِرُونَ ﴿١٤﴾

彼は言った。「わが息子よ、おまえの夢をおまえの兄たちに語ってはならない。さもなければ、彼らはおまえに策謀を企むであろう。まことに悪魔は人間にとって明白な敵である」。(12：5)

「そしてこのようにおまえの主はおまえを選り抜き、おまえに出来事(夢)の解釈を教え給い、おまえとヤアクーブ一族に対し彼の恩寵を全うし給うた。ちょうど以前、おまえの父祖であるイブラーヒームとイスハークに対しそれを全うし給うたように。まことに、おまえの主はよく知り給い英明なる御方」。(12：6)

ユースフと彼の兄弟たちのうちには、尋ね求める者たちへの諸々の徴が確かにあった。(12：7)

彼らが言った時のこと。「まことに、ユースフと彼の弟はわれらの父にとってわれらよりも愛しい、われらは一党をなしているというのに。まことに、われらの父は明白な迷誤の中にある」。(12：8)

「ユースフを殺すか、どこかの地に捨てよ、おまえたちの父の顔はおまえたちだけに向けられよう。そして、その後に、正しい民となればよい[957]」。(12：9)

彼らのうちの発言者が言った。「ユースフを殺さず、彼を井戸の見えない底に投げ込め。いずれかの隊商が彼を拾い上げるであろう。もしおまえたちが為す者であるというなら」。(12：10)

彼らは言った。「われらの父よ、ユースフをわれらに任せないとは、あなたはどうしたのですか。そしてまことにわれらは彼に対して誠実です」。(12：11)

「彼を明日われらと共に送り出してください、彼は楽しみ、遊び、必ずわれらは彼を守ります」。(12：12)

彼は言った。「彼を連れておまえたちがでかけることは私を悲しませる。私は、おまえたちが彼から気を逸らしている間に、狼が彼を食べることを恐れる」。(12：13)

彼らは言った。「われらは一党をなしているというのに、もし狼が彼を食べるようなことがあれば、その時にはわれらは損失者となるでしょう」。(12：14)

957　「創世記」37 章 20-23 節参照。

فَلَمَّا ذَهَبُوا۟ بِهِۦ وَأَجْمَعُوٓا۟ أَن يَجْعَلُوهُ فِى غَيَٰبَتِ ٱلْجُبِّ ۚ وَأَوْحَيْنَآ
إِلَيْهِ لَتُنَبِّئَنَّهُم بِأَمْرِهِمْ هَٰذَا وَهُمْ لَا يَشْعُرُونَ ١٥ وَجَآءُوٓ
أَبَاهُمْ عِشَآءً يَبْكُونَ ١٦ قَالُوا۟ يَٰٓأَبَانَآ إِنَّا ذَهَبْنَا نَسْتَبِقُ
وَتَرَكْنَا يُوسُفَ عِندَ مَتَٰعِنَا فَأَكَلَهُ ٱلذِّئْبُ ۖ وَمَآ أَنتَ
بِمُؤْمِنٍ لَّنَا وَلَوْ كُنَّا صَٰدِقِينَ ١٧ وَجَآءُو عَلَىٰ قَمِيصِهِۦ
بِدَمٍ كَذِبٍ ۚ قَالَ بَلْ سَوَّلَتْ لَكُمْ أَنفُسُكُمْ أَمْرًا ۖ فَصَبْرٌ جَمِيلٌ ۖ
وَٱللَّهُ ٱلْمُسْتَعَانُ عَلَىٰ مَا تَصِفُونَ ١٨ وَجَآءَتْ سَيَّارَةٌ
فَأَرْسَلُوا۟ وَارِدَهُمْ فَأَدْلَىٰ دَلْوَهُۥ ۖ قَالَ يَٰبُشْرَىٰ هَٰذَا غُلَٰمٌ ۚ وَأَسَرُّوهُ
بِضَٰعَةً ۚ وَٱللَّهُ عَلِيمٌۢ بِمَا يَعْمَلُونَ ١٩ وَشَرَوْهُ بِثَمَنٍۭ بَخْسٍ
دَرَٰهِمَ مَعْدُودَةٍ وَكَانُوا۟ فِيهِ مِنَ ٱلزَّٰهِدِينَ ٢٠ وَقَالَ
ٱلَّذِى ٱشْتَرَىٰهُ مِن مِّصْرَ لِٱمْرَأَتِهِۦٓ أَكْرِمِى مَثْوَىٰهُ عَسَىٰٓ
أَن يَنفَعَنَآ أَوْ نَتَّخِذَهُۥ وَلَدًا ۚ وَكَذَٰلِكَ مَكَّنَّا لِيُوسُفَ فِى
ٱلْأَرْضِ وَلِنُعَلِّمَهُۥ مِن تَأْوِيلِ ٱلْأَحَادِيثِ ۚ وَٱللَّهُ غَالِبٌ عَلَىٰٓ
أَمْرِهِۦ وَلَٰكِنَّ أَكْثَرَ ٱلنَّاسِ لَا يَعْلَمُونَ ٢١ وَلَمَّا بَلَغَ أَشُدَّهُۥٓ
ءَاتَيْنَٰهُ حُكْمًا وَعِلْمًا ۚ وَكَذَٰلِكَ نَجْزِى ٱلْمُحْسِنِينَ ٢٢

それで彼らは彼を連れて出かけ、彼を井戸の見えない底に投げ込むことで合意した時(彼らはそれを実行した)。そして、われらは彼(ユースフ)に啓示した。「必ずやおまえは彼らにこの件について、彼らが気づかぬままに、彼らに告げることになろう」。(12：15)

そして夕方、彼らは泣きながら彼らの父の許にやって来た[958]。(12：16)

彼らは言った。「われらの父よ、われらは互いに競い合って出かけ、ユースフをわれらの所持品のところに置き去りにしました。すると、狼が彼を食べてしまいました。それでもあなたはわれらを信ずる者ではないでしょう、たとえ、われらが真実を語る者であっても」。(12：17)

また、彼らは彼の服の上に偽りの血をつけて持って来た。彼は言った。「いや、おまえたちの自我がおまえたちに事をそそのかしたのである。だが、(私が為すべきは)美しい忍耐である。そしてアッラーはおまえたちが述べることに対し助けを求められるべき御方[959]」。(12：18)

そして、隊商がやって来て、彼らは水汲みを遣わし、彼はつるべを下ろした。彼は言った。「やぁ、吉報かな[960]、これは少年である」。彼らは彼を売り物として隠した[961]。アッラーはそして彼らのなすことをよく知り給う御方。(12：19)

そして、彼ら[962]は彼を安値、いくらかの銀貨と引きかえに売った[963]。そして彼らは彼に関して無欲であった。(12：20)

そして彼を買ったエジプトの者[964]は妻に言った。「彼の住まいを手厚くせよ、きっと彼はわれらの役に立とう、もしくは養子としても良い」。そしてこのようにわれらはユースフにこの地で地位を授けた、また彼に出来事(夢)の解釈を教えるために。そしてアッラーはその御命令を貫徹し給う御方。だが、人々の大半は知らない。(12：21)

そして彼が壮年(三十－四十歳)に達すると、われらは彼に知恵と知識を授けた。そしてこのようにわれらは善を尽くす者たちに報いる。(12：22)

958　「創世記」37章31-35節参照。

959　アッラーは私が助けを求める対象者である、の意。

960　やあ、吉報よ(呼びかけ)とも訳しうる。

961　一説によると、隊商は、ユースフの兄弟たちに、ユースフを拾ったことを告げずにその少年は売り物の奴隷であると偽って隠した。また、「彼ら」はユースフの兄弟を指し、ユースフが彼らの弟であることを隠し、売り物としたとも言われる。

962　隊商、あるいはユースフの兄弟。

963　「創世記」37章28節参照。

964　フィルアウンの大臣キトフィール(ポティファル)と言われる。「創世記」37章36節参照。

وَرَٰوَدَتۡهُ ٱلَّتِي هُوَ فِي بَيۡتِهَا عَن نَّفۡسِهِۦ وَغَلَّقَتِ ٱلۡأَبۡوَٰبَ
وَقَالَتۡ هَيۡتَ لَكَۚ قَالَ مَعَاذَ ٱللَّهِۖ إِنَّهُۥ رَبِّيٓ أَحۡسَنَ مَثۡوَايَۖ
إِنَّهُۥ لَا يُفۡلِحُ ٱلظَّٰلِمُونَ ٢٣ وَلَقَدۡ هَمَّتۡ بِهِۦۖ وَهَمَّ بِهَا
لَوۡلَآ أَن رَّءَا بُرۡهَٰنَ رَبِّهِۦۚ كَذَٰلِكَ لِنَصۡرِفَ عَنۡهُ ٱلسُّوٓءَ
وَٱلۡفَحۡشَآءَۚ إِنَّهُۥ مِنۡ عِبَادِنَا ٱلۡمُخۡلَصِينَ ٢٤ وَٱسۡتَبَقَا
ٱلۡبَابَ وَقَدَّتۡ قَمِيصَهُۥ مِن دُبُرٖ وَأَلۡفَيَا سَيِّدَهَا لَدَا ٱلۡبَابِۚ
قَالَتۡ مَا جَزَآءُ مَنۡ أَرَادَ بِأَهۡلِكَ سُوٓءًا إِلَّآ أَن يُسۡجَنَ أَوۡ عَذَابٌ
أَلِيمٞ ٢٥ قَالَ هِيَ رَٰوَدَتۡنِي عَن نَّفۡسِيۚ وَشَهِدَ شَاهِدٞ مِّنۡ
أَهۡلِهَآ إِن كَانَ قَمِيصُهُۥ قُدَّ مِن قُبُلٖ فَصَدَقَتۡ وَهُوَ مِنَ
ٱلۡكَٰذِبِينَ ٢٦ وَإِن كَانَ قَمِيصُهُۥ قُدَّ مِن دُبُرٖ فَكَذَبَتۡ وَهُوَ
مِنَ ٱلصَّٰدِقِينَ ٢٧ فَلَمَّا رَءَا قَمِيصَهُۥ قُدَّ مِن دُبُرٖ قَالَ إِنَّهُۥ
مِن كَيۡدِكُنَّۖ إِنَّ كَيۡدَكُنَّ عَظِيمٞ ٢٨ يُوسُفُ أَعۡرِضۡ عَنۡ
هَٰذَاۚ وَٱسۡتَغۡفِرِي لِذَنۢبِكِۖ إِنَّكِ كُنتِ مِنَ ٱلۡخَاطِـِٔينَ
٢٩ ۞ وَقَالَ نِسۡوَةٞ فِي ٱلۡمَدِينَةِ ٱمۡرَأَتُ ٱلۡعَزِيزِ تُرَٰوِدُ فَتَىٰهَا
عَن نَّفۡسِهِۦۖ قَدۡ شَغَفَهَا حُبًّاۖ إِنَّا لَنَرَىٰهَا فِي ضَلَٰلٖ مُّبِينٖ ٣٠

そして、彼のいる家の女（主人の妻）が彼を彼の意に反して誘惑し、全ての扉を閉めて言った。「さぁ、おまえ、おいで[965]」。彼は言った。「アッラーの御加護あれ。まことに彼（その女の夫、大臣）はわが主人で、私の住まいを良くしてくださった。まことに、不正な者たちは成功しない」。（12：23）

そして確かに彼女は彼に欲望を抱き、彼も彼女に欲望を抱いた、もしも、主の明証を目にしなかったならば[966]。このように、われらが彼から悪と醜行を遠ざけるために。まことに、彼は選別されたわれらの僕《しもべ》たち（の一人）である。（12：24）

二人はわれ先に戸口に向かい、彼女は彼の服を後ろから引き裂いた。そして、彼らは戸口のところで彼女の主人に出くわした。彼女は言った。「あなたの家人（妻）に悪事を働こうとした者の報いは投獄されるか、痛苦の懲罰のほかに何がありましょう」。（12：25）

彼（ユースフ）は言った。「彼女が私を私の意に反して誘惑したのです」。すると彼女の家の者から証人が証言した。「もし彼の服が前から裂かれていれば、彼女は真実を語り、彼は嘘つきたち（の一人）です」。（12：26）

「ところがもし彼の服が後ろから裂かれていれば、彼女が嘘をついたのであり、彼は真実を語る者たち（の一人）です」。（12：27）

それで彼の服が後ろから裂かれているのを見て、彼（大臣）は言った。「まことにそれはおまえたち女の策謀である。まことにおまえたち女の策謀は重大である」。（12：28）

「ユースフよ、これから離れよ[967]。そして、おまえ（妻）はおまえの罪の赦しを乞え。まことにおまえは間違いを犯した者（たちの一人）である」。（12：29）

そこで町の女たちは言った。「大臣の奥方が彼女の小姓を彼の意に反して誘惑した。確かに彼が彼女を恋で夢中にさせた。私たちは、彼女が明白な迷誤にあると思う」。（12：30）

965　ユースフの誘惑の物語は「創世記」39 章 7-20 節参照。

966　同衾したであろう。「もしも、主の明証を目にしなかったならば、彼も彼女に欲望を抱いただろう」とも訳しうる。

967　この件は忘れ、口外するな。

فَلَمَّا سَمِعَتْ بِمَكْرِهِنَّ أَرْسَلَتْ إِلَيْهِنَّ وَأَعْتَدَتْ لَهُنَّ مُتَّكَـًٔا
وَءَاتَتْ كُلَّ وَٰحِدَةٖ مِّنْهُنَّ سِكِّينٗا وَقَالَتِ ٱخْرُجْ عَلَيْهِنَّۖ فَلَمَّا رَأَيْنَهُۥٓ
أَكْبَرْنَهُۥ وَقَطَّعْنَ أَيْدِيَهُنَّ وَقُلْنَ حَٰشَ لِلَّهِ مَا هَٰذَا بَشَرًا إِنْ هَٰذَآ
إِلَّا مَلَكٞ كَرِيمٞ ٣١ قَالَتْ فَذَٰلِكُنَّ ٱلَّذِي لُمْتُنَّنِي فِيهِۖ وَلَقَدْ رَٰوَدتُّهُۥ
عَن نَّفْسِهِۦ فَٱسْتَعْصَمَۖ وَلَئِن لَّمْ يَفْعَلْ مَآ ءَامُرُهُۥ لَيُسْجَنَنَّ
وَلَيَكُونٗا مِّنَ ٱلصَّٰغِرِينَ ٣٢ قَالَ رَبِّ ٱلسِّجْنُ أَحَبُّ إِلَيَّ مِمَّا يَدْعُونَنِيٓ
إِلَيْهِۖ وَإِلَّا تَصْرِفْ عَنِّي كَيْدَهُنَّ أَصْبُ إِلَيْهِنَّ وَأَكُن مِّنَ ٱلْجَٰهِلِينَ
٣٣ فَٱسْتَجَابَ لَهُۥ رَبُّهُۥ فَصَرَفَ عَنْهُ كَيْدَهُنَّۚ إِنَّهُۥ هُوَ ٱلسَّمِيعُ
ٱلْعَلِيمُ ٣٤ ثُمَّ بَدَا لَهُم مِّنۢ بَعْدِ مَا رَأَوُاْ ٱلْأٓيَٰتِ لَيَسْجُنُنَّهُۥ
حَتَّىٰ حِينٖ ٣٥ وَدَخَلَ مَعَهُ ٱلسِّجْنَ فَتَيَانِۖ قَالَ أَحَدُهُمَآ إِنِّيٓ
أَرَىٰنِيٓ أَعْصِرُ خَمْرٗاۖ وَقَالَ ٱلْأٓخَرُ إِنِّيٓ أَرَىٰنِيٓ أَحْمِلُ فَوْقَ رَأْسِي
خُبْزٗا تَأْكُلُ ٱلطَّيْرُ مِنْهُۖ نَبِّئْنَا بِتَأْوِيلِهِۦٓۖ إِنَّا نَرَىٰكَ مِنَ
ٱلْمُحْسِنِينَ ٣٦ قَالَ لَا يَأْتِيكُمَا طَعَامٞ تُرْزَقَانِهِۦٓ إِلَّا نَبَّأْتُكُمَا
بِتَأْوِيلِهِۦ قَبْلَ أَن يَأْتِيَكُمَاۚ ذَٰلِكُمَا مِمَّا عَلَّمَنِي رَبِّيٓۚ إِنِّي تَرَكْتُ
مِلَّةَ قَوْمٖ لَّا يُؤْمِنُونَ بِٱللَّهِ وَهُم بِٱلْأٓخِرَةِ هُمْ كَٰفِرُونَ ٣٧

それで彼女が彼女らの策謀[968]を聞きつけると、彼女らに遣いを送り、彼女らのために背もたれ[969]を備え、彼女らのそれぞれにナイフを渡した。そして彼女は言った。「彼女らの許に出ておいで」。彼女らが彼を見ると、彼を過大評価し（彼に見惚れ）、自分の手を切って言った。「アッラーにはあるまじきこと。これは人間ではない。まことに、これは高貴な天使にほかならない」。（12：31）

彼女は言った。「かの者が、それをめぐっておまえたちが私を謗った者です。私は彼を彼の意に反して誘惑しましたが、彼は身を守りました。しかし、もし彼が私が命じたことをなさなければ、彼は投獄され、卑しめられた者たち（の一人）となるでしょう」。（12：32）

彼は言った。「わが主よ、監獄は彼女らが私をそこに誘おうとするものよりも私には好ましい。もし、あなたが私から彼女らの策謀を遠ざけ給わなければ、私は彼女らに心が動き、無知な者（たちの一人）となるでしょう」。（12：33）

そこで彼の主は、彼に応え給い、彼女らの策謀を彼から遠ざけ給うた。まことに、彼こそはよく聞きよく知り給う御方。（12：34）

その後、彼らが諸々の徴（彼の無罪の証拠）を見た後であったが、彼らに思い浮かび[970]、彼らはある時まで彼を投獄することにした。（12：35）

そして彼と共に二人の若者が入獄した[971]。二人の一方（王の酌人）が言った。「私はぶどう酒を絞る夢を見た」。また、他方（王の調理人）が言った。「私は頭の上にパンを乗せて運び、それを鳥が食べるのを見た。その解釈をわれらに告げよ。まことにわれわれは、あなたが善を尽くす者（たちの一人）であると見受けた」。（12：36）

彼は言った。「あなたがたに配給される食物は、それがあなたがたに届く前に私がその解釈についてあなたがたに告げ知らせることなしには来ないだろう。これはわが主が、私に教え給うたものである。私は、アッラーを信じない民の宗旨を捨てた。彼ら、彼らこそは来世を信ずることを拒む者たちである」。（12：37）

968　陰口。彼女らは、陰口をたたくことで、ユースフを自分たちが見られる様にと仕向けた。
969　宴席。あるいは食事。
970　投獄が、あるいは、見解が、優勢（支配的）となった、の意。
971　ユースフの夢解きの物語は、「創世記」40章、41章1-36節参照。ただし、ユースフの無実が明らかにされる挿話は「創世記」にはない。

وَٱتَّبَعۡتُ مِلَّةَ ءَابَآءِيٓ إِبۡرَٰهِيمَ وَإِسۡحَٰقَ وَيَعۡقُوبَۚ مَا كَانَ
لَنَآ أَن نُّشۡرِكَ بِٱللَّهِ مِن شَيۡءٖۚ ذَٰلِكَ مِن فَضۡلِ ٱللَّهِ عَلَيۡنَا وَعَلَى
ٱلنَّاسِ وَلَٰكِنَّ أَكۡثَرَ ٱلنَّاسِ لَا يَشۡكُرُونَ ٣٨ يَٰصَٰحِبَيِ
ٱلسِّجۡنِ ءَأَرۡبَابٞ مُّتَفَرِّقُونَ خَيۡرٌ أَمِ ٱللَّهُ ٱلۡوَٰحِدُ ٱلۡقَهَّارُ
٣٩ مَا تَعۡبُدُونَ مِن دُونِهِۦٓ إِلَّآ أَسۡمَآءٗ سَمَّيۡتُمُوهَآ أَنتُمۡ
وَءَابَآؤُكُم مَّآ أَنزَلَ ٱللَّهُ بِهَا مِن سُلۡطَٰنٍۚ إِنِ ٱلۡحُكۡمُ إِلَّا لِلَّهِ
أَمَرَ أَلَّا تَعۡبُدُوٓاْ إِلَّآ إِيَّاهُۚ ذَٰلِكَ ٱلدِّينُ ٱلۡقَيِّمُ وَلَٰكِنَّ أَكۡثَرَ
ٱلنَّاسِ لَا يَعۡلَمُونَ ٤٠ يَٰصَٰحِبَيِ ٱلسِّجۡنِ أَمَّآ أَحَدُكُمَا
فَيَسۡقِي رَبَّهُۥ خَمۡرٗاۖ وَأَمَّا ٱلۡأٓخَرُ فَيُصۡلَبُ فَتَأۡكُلُ ٱلطَّيۡرُ
مِن رَّأۡسِهِۦۚ قُضِيَ ٱلۡأَمۡرُ ٱلَّذِي فِيهِ تَسۡتَفۡتِيَانِ ٤١ وَقَالَ
لِلَّذِي ظَنَّ أَنَّهُۥ نَاجٖ مِّنۡهُمَا ٱذۡكُرۡنِي عِندَ رَبِّكَ فَأَنسَىٰهُ
ٱلشَّيۡطَٰنُ ذِكۡرَ رَبِّهِۦ فَلَبِثَ فِي ٱلسِّجۡنِ بِضۡعَ سِنِينَ
٤٢ وَقَالَ ٱلۡمَلِكُ إِنِّيٓ أَرَىٰ سَبۡعَ بَقَرَٰتٖ سِمَانٖ يَأۡكُلُهُنَّ
سَبۡعٌ عِجَافٞ وَسَبۡعَ سُنۢبُلَٰتٍ خُضۡرٖ وَأُخَرَ يَابِسَٰتٖۖ يَٰٓأَيُّهَا
ٱلۡمَلَأُ أَفۡتُونِي فِي رُءۡيَٰيَ إِن كُنتُمۡ لِلرُّءۡيَا تَعۡبُرُونَ ٤٣

「そして、私は私の父祖イブラーヒーム、イスハーク、そしてヤアクーブの宗旨に従った。なんであろうとアッラーに共同者を配することはわれらにはありえない。これはわれら、そして人々へのアッラーの御恵みである。だが、人々の大半は感謝しない」。(12：38)

「監獄の二人の同僚よ、雑多な主(神々)が良いか、唯一なる支配者アッラーの方か」。(12：39)

「おまえたちが彼をさしおいて仕えているのは、おまえたちやおまえたちの祖先が命名した空名にほかならない。アッラーはそれについてなんの権威も下し(与え)給うてはいない。決定はアッラー以外には属さない。彼は、おまえたちに彼にしか仕えてはならないと命じ給うた。それが正しい宗教である。だが、人々の大半は知らない」。(12：40)

「監獄の二人の同僚よ、おまえたちの一人について言えば、自分の主(王)にぶどう酒を注ぐであろう。もう一人はと言えば、磔にされ、鳥がその頭から食べるだろう。おまえたち二人がそれについて判断を求めたことは決定された」。(12：41)

そして彼は、二人のうちの助かる方と考えた者に向かって言った。「おまえの主人の許で私について話してください」。だが、悪魔は彼(酌人)に、彼の主(王)に(ユースフについて)話すことを忘れさせた[972]。そのため彼は数年、獄に留まった。(12：42)

そして王は言った。「私は七頭の肥えた雌牛を痩せた七頭(の雌牛)が食らうのを見る。また緑の(穀物の)七穂と枯れた別のもの(七穂)を。長老たちよ、私の夢について答えよ、もしおまえたちが夢に対し解釈するなら」。(12：43)

972　代名詞「彼」をユースフとし、悪魔がユースフに、苦境からの救いを求めるにあたって彼の主(アッラー)を想うことを忘れさせ、それでユースフが被造物に過ぎない酌人に助けを求め、そのため彼は更に数年を獄中で過ごすことになったとする解釈もある。

قَالُوٓاْ أَضۡغَٰثُ أَحۡلَٰمٖۖ وَمَا نَحۡنُ بِتَأۡوِيلِ ٱلۡأَحۡلَٰمِ بِعَٰلِمِينَ ٤٤
وَقَالَ ٱلَّذِي نَجَا مِنۡهُمَا وَٱدَّكَرَ بَعۡدَ أُمَّةٍ أَنَا۠ أُنَبِّئُكُم بِتَأۡوِيلِهِۦ
فَأَرۡسِلُونِ ٤٥ يُوسُفُ أَيُّهَا ٱلصِّدِّيقُ أَفۡتِنَا فِي سَبۡعِ بَقَرَٰتٖ
سِمَانٖ يَأۡكُلُهُنَّ سَبۡعٌ عِجَافٞ وَسَبۡعِ سُنۢبُلَٰتٍ خُضۡرٖ
وَأُخَرَ يَابِسَٰتٖ لَّعَلِّيٓ أَرۡجِعُ إِلَى ٱلنَّاسِ لَعَلَّهُمۡ يَعۡلَمُونَ ٤٦ قَالَ
تَزۡرَعُونَ سَبۡعَ سِنِينَ دَأَبٗا فَمَا حَصَدتُّمۡ فَذَرُوهُ فِي سُنۢبُلِهِۦٓ إِلَّا
قَلِيلٗا مِّمَّا تَأۡكُلُونَ ٤٧ ثُمَّ يَأۡتِي مِنۢ بَعۡدِ ذَٰلِكَ سَبۡعٞ شِدَادٞ يَأۡكُلۡنَ
مَا قَدَّمۡتُمۡ لَهُنَّ إِلَّا قَلِيلٗا مِّمَّا تُحۡصِنُونَ ٤٨ ثُمَّ يَأۡتِي مِنۢ بَعۡدِ ذَٰلِكَ
عَامٞ فِيهِ يُغَاثُ ٱلنَّاسُ وَفِيهِ يَعۡصِرُونَ ٤٩ وَقَالَ ٱلۡمَلِكُ ٱئۡتُونِي
بِهِۦۖ فَلَمَّا جَآءَهُ ٱلرَّسُولُ قَالَ ٱرۡجِعۡ إِلَىٰ رَبِّكَ فَسۡـَٔلۡهُ مَا بَالُ
ٱلنِّسۡوَةِ ٱلَّٰتِي قَطَّعۡنَ أَيۡدِيَهُنَّۚ إِنَّ رَبِّي بِكَيۡدِهِنَّ عَلِيمٞ ٥٠
قَالَ مَا خَطۡبُكُنَّ إِذۡ رَٰوَدتُّنَّ يُوسُفَ عَن نَّفۡسِهِۦۚ قُلۡنَ حَٰشَ
لِلَّهِ مَا عَلِمۡنَا عَلَيۡهِ مِن سُوٓءٖۚ قَالَتِ ٱمۡرَأَتُ ٱلۡعَزِيزِ ٱلۡـَٰٔنَ حَصۡحَصَ
ٱلۡحَقُّ أَنَا۠ رَٰوَدتُّهُۥ عَن نَّفۡسِهِۦ وَإِنَّهُۥ لَمِنَ ٱلصَّٰدِقِينَ ٥١ ذَٰلِكَ
لِيَعۡلَمَ أَنِّي لَمۡ أَخُنۡهُ بِٱلۡغَيۡبِ وَأَنَّ ٱللَّهَ لَا يَهۡدِي كَيۡدَ ٱلۡخَآئِنِينَ ٥٢

彼らは言った。「夢の惑乱である。われらは夢の解釈について知る者ではない」。(12：44)

それで二人のうち救われた者(酌人)が、しばらく後に思いつき、言った。「私がその解説についてあなたがたに告げましょう。それゆえ、私を遣わしてください」。(12：45)

「ユースフ、篤信なる者よ、痩せた雌牛が食べる七頭の肥えた雌牛と、緑の(穀物の)七穂と枯れた別のもの(七穂)についてわれらに説明してください。きっと私は人々の許に戻り、彼らも知るでしょう」。(12：46)

彼は言った。「あなたがたは七年間続けて種を蒔き、刈り取ったものは、あなたがたの食べるわずかなものを除き、穂のまま貯蔵しなさい」。(12：47)

「それから、その後の七年の凶年がやって来て、それら(凶年)はあなたがたが(翌年の種蒔のために)貯蔵していたわずかなものを除き、あなたがたがそれら(凶年)のために予め備えておいたものを食べるでしょう」。(12：48)

「それから、その後、人々が助けを受ける一年が来て、彼らはその年に搾るでしょう[973]」。(12：49)

そこで王は言った。「彼を私の許に連れて来い」。それで使者が彼の許に来ると、彼は言った。「あなたの主(王)の許に戻り、自分たちの手を切った女たちの状況はどうであるかと彼に尋ねてください。わが主(アッラー)は彼女らの策謀についてよく知り給う御方」。(12：50)

彼は言った。「ユースフを彼の意に反して誘惑した時の、おまえたちの事情はどうであったか」。彼女らは言った。「アッラーにあるまじきこと。彼には悪いところを知りません」。大臣の妻は言った。「今や真実は明らかになりました。私が彼を彼の意に反して誘惑したのであり、彼は真実を語る者たち(の一人)です」。(12：51)

(ユースフは言った。)「これは、私が彼(大臣)を不在中に裏切らなかったこと、またアッラーが裏切り者の策謀を導き給わないことを彼が知るためです」。(12：52)

973　七年の飢饉が過ぎると雨が降り豊作となり、人々は葡萄を搾って葡萄酒を作ったり、オリーブを搾ってオリーブ油を採ったりする。

۞وَمَآ أُبَرِّئُ نَفۡسِيٓۚ إِنَّ ٱلنَّفۡسَ لَأَمَّارَةُۢ بِٱلسُّوٓءِ إِلَّا مَا رَحِمَ رَبِّيٓۚ
إِنَّ رَبِّي غَفُورٞ رَّحِيمٞ ٥٣ وَقَالَ ٱلۡمَلِكُ ٱئۡتُونِي بِهِۦٓ أَسۡتَخۡلِصۡهُ
لِنَفۡسِيۖ فَلَمَّا كَلَّمَهُۥ قَالَ إِنَّكَ ٱلۡيَوۡمَ لَدَيۡنَا مَكِينٌ أَمِينٞ ٥٤
قَالَ ٱجۡعَلۡنِي عَلَىٰ خَزَآئِنِ ٱلۡأَرۡضِۖ إِنِّي حَفِيظٌ عَلِيمٞ ٥٥ وَكَذَٰلِكَ
مَكَّنَّا لِيُوسُفَ فِي ٱلۡأَرۡضِ يَتَبَوَّأُ مِنۡهَا حَيۡثُ يَشَآءُۚ نُصِيبُ
بِرَحۡمَتِنَا مَن نَّشَآءُۖ وَلَا نُضِيعُ أَجۡرَ ٱلۡمُحۡسِنِينَ ٥٦ وَلَأَجۡرُ
ٱلۡأٓخِرَةِ خَيۡرٞ لِّلَّذِينَ ءَامَنُواْ وَكَانُواْ يَتَّقُونَ ٥٧ وَجَآءَ
إِخۡوَةُ يُوسُفَ فَدَخَلُواْ عَلَيۡهِ فَعَرَفَهُمۡ وَهُمۡ لَهُۥ مُنكِرُونَ
٥٨ وَلَمَّا جَهَّزَهُم بِجَهَازِهِمۡ قَالَ ٱئۡتُونِي بِأَخٖ لَّكُم مِّنۡ أَبِيكُمۡۚ أَلَا
تَرَوۡنَ أَنِّيٓ أُوفِي ٱلۡكَيۡلَ وَأَنَا۠ خَيۡرُ ٱلۡمُنزِلِينَ ٥٩ فَإِن لَّمۡ تَأۡتُونِي
بِهِۦ فَلَا كَيۡلَ لَكُمۡ عِندِي وَلَا تَقۡرَبُونِ ٦٠ قَالُواْ سَنُرَٰوِدُ عَنۡهُ أَبَاهُ
وَإِنَّا لَفَٰعِلُونَ ٦١ وَقَالَ لِفِتۡيَٰنِهِ ٱجۡعَلُواْ بِضَٰعَتَهُمۡ فِي رِحَالِهِمۡ
لَعَلَّهُمۡ يَعۡرِفُونَهَآ إِذَا ٱنقَلَبُوٓاْ إِلَىٰٓ أَهۡلِهِمۡ لَعَلَّهُمۡ يَرۡجِعُونَ
٦٢ فَلَمَّا رَجَعُوٓاْ إِلَىٰٓ أَبِيهِمۡ قَالُواْ يَٰٓأَبَانَا مُنِعَ مِنَّا ٱلۡكَيۡلُ
فَأَرۡسِلۡ مَعَنَآ أَخَانَا نَكۡتَلۡ وَإِنَّا لَهُۥ لَحَٰفِظُونَ ٦٣

「私は己を潔白とはしない。まことに魂というものは悪を唆す。ただし、わが主が慈悲をかけ給うたものは別である。まことにわが主はよく赦し給う慈悲深い御方」。(12：53)

王は言った。「彼を私の許に連れて来い。彼を私の専属としよう」。そして彼は彼と言葉を交わすと、言った。「今日、おまえはわれらの許で有力者、信任厚い者となる[974]」。(12：54)

彼は言った。「私にこの地の国庫をお任せください。まことに私は博識な管理人です」。(12：55)

そしてこのようにわれらはユースフにこの地で地位を授け、彼はそのどこでも望むところを居所と定めるであろう[975]。われらは、われらの望む者にわれらの慈悲をもたらす。そして、われらは善を尽くす者たちの報酬を損ないはしない。(12：56)

そして、来世の報酬こそは、信仰し畏れ身を守る者たちにとって一層良い。(12：57)

さて、ユースフの兄弟たちが彼の許にやって来て、彼の前にまかり出た[976]。すると、彼は彼らに気づいたが、彼らは彼に気づかなかった。(12：58)

そして彼らに彼が彼らの荷を用意(食糧を支給)すると、彼は言った。「おまえたちの同父(異母)兄弟[977]を私の許に連れて来い。私が升目を十分に満たし、私がもてなす者のうち最良であることをおまえたちは見ていないか」。(12：59)

「それでもし、おまえたちが彼を私の許に連れて来なければ、私の許にはおまえたちの升目はなく、おまえたちは私に近づくことはならない」。(12：60)

彼らは言った。「われわれは彼について彼の父を丸め込みます。われらは必ずや為す者です」。(12：61)

そして彼は彼の小姓たちに言った。「彼らの商品を彼らの荷物の中に入れて(返して)おけ。彼らの家族の許に帰り着いた時、きっとそれに気づき、われらの許に戻ってくるであろう」。(12：62)

そこで彼らの父の許に戻ると、彼らは言った。「われらの父よ、われらから升目は拒否されました。それゆえわれらと一緒にわれらの弟を遣わしてください。そうすれば、われらは量ってもらえます。そしてわれらは彼を必ず守るでしょう」。(12：63)

974　ユースフの大臣就任については「創世記」41章37-45節参照。

975　人が自宅で自由に振る舞うように、エジプト中で自分の意のままに振る舞い、活動したの意とも言われる。

976　凶年が訪れ、カナン、シリア地方も飢饉となったが、食糧備蓄の豊富なエジプトの大臣の許に行けば食糧が買えるとの情報が広まっていたため。ユースフと兄弟の再会の物語は「創世記」42-45章参照。

977　ユースフの同腹の兄弟ビンヤーミーン(ベニヤミン)。

قَالَ هَلۡ ءَامَنُكُمۡ عَلَيۡهِ إِلَّا كَمَآ أَمِنتُكُمۡ عَلَىٰٓ أَخِيهِ مِن
قَبۡلُ فَٱللَّهُ خَيۡرٌ حَٰفِظٗاۖ وَهُوَ أَرۡحَمُ ٱلرَّٰحِمِينَ ٦٤ وَلَمَّا فَتَحُواْ
مَتَٰعَهُمۡ وَجَدُواْ بِضَٰعَتَهُمۡ رُدَّتۡ إِلَيۡهِمۡۖ قَالُواْ يَٰٓأَبَانَا
مَا نَبۡغِيۖ هَٰذِهِۦ بِضَٰعَتُنَا رُدَّتۡ إِلَيۡنَاۖ وَنَمِيرُ أَهۡلَنَا وَنَحۡفَظُ
أَخَانَا وَنَزۡدَادُ كَيۡلَ بَعِيرٖۖ ذَٰلِكَ كَيۡلٞ يَسِيرٞ ٦٥ قَالَ
لَنۡ أُرۡسِلَهُۥ مَعَكُمۡ حَتَّىٰ تُؤۡتُونِ مَوۡثِقٗا مِّنَ ٱللَّهِ لَتَأۡتُنَّنِي
بِهِۦٓ إِلَّآ أَن يُحَاطَ بِكُمۡۖ فَلَمَّآ ءَاتَوۡهُ مَوۡثِقَهُمۡ قَالَ ٱللَّهُ عَلَىٰ مَا
نَقُولُ وَكِيلٞ ٦٦ وَقَالَ يَٰبَنِيَّ لَا تَدۡخُلُواْ مِنۢ بَابٖ وَٰحِدٖ
وَٱدۡخُلُواْ مِنۡ أَبۡوَٰبٖ مُّتَفَرِّقَةٖۖ وَمَآ أُغۡنِي عَنكُم مِّنَ ٱللَّهِ مِن
شَيۡءٍۖ إِنِ ٱلۡحُكۡمُ إِلَّا لِلَّهِۖ عَلَيۡهِ تَوَكَّلۡتُۖ وَعَلَيۡهِ فَلۡيَتَوَكَّلِ
ٱلۡمُتَوَكِّلُونَ ٦٧ وَلَمَّا دَخَلُواْ مِنۡ حَيۡثُ أَمَرَهُمۡ أَبُوهُم مَّا كَانَ
يُغۡنِي عَنۡهُم مِّنَ ٱللَّهِ مِن شَيۡءٍ إِلَّا حَاجَةٗ فِي نَفۡسِ يَعۡقُوبَ
قَضَىٰهَاۚ وَإِنَّهُۥ لَذُو عِلۡمٖ لِّمَا عَلَّمۡنَٰهُ وَلَٰكِنَّ أَكۡثَرَ ٱلنَّاسِ
لَا يَعۡلَمُونَ ٦٨ وَلَمَّا دَخَلُواْ عَلَىٰ يُوسُفَ ءَاوَىٰٓ إِلَيۡهِ أَخَاهُۖ
قَالَ إِنِّيٓ أَنَا۠ أَخُوكَ فَلَا تَبۡتَئِسۡ بِمَا كَانُواْ يَعۡمَلُونَ ٦٩

彼は言った。「彼の兄について以前おまえたちを信用したというほかに、彼についておまえたちを信用できようか。だが、アッラーは守護者として最良の御方。そして、彼は慈悲ある者のうち最も慈悲ある御方」。(12：64)

そして彼らが荷を開くと、彼らの商品が彼らに戻されているのを見出した。彼らは言った。「われらの父よ、(これ以上の厚意の)何をわれらは望めましょうか。これはわれらの商品で、われらに戻されています。家族に備品を運び、弟を守り、ラクダ一頭(分)の升目を増やします。それは易しい升目です」。(12：65)

彼は言った。「おまえたちが私に、おまえたちが包囲された(絶体絶命の危機に陥った)場合を除いて、必ずや彼を私の許に連れ帰るとのアッラーからの確約を与えるまで、私はおまえたちと一緒に彼を遣わしはしない」。それで彼らが彼に確約を与えた時、彼は言った。「アッラーがわれらの言うことに対する代理人であらせられる」。(12：66)

また、彼は言った。「わが息子たちよ、一つの門から入ってはならない。別々の門から入りなさい[978]。だが、アッラーに対して、なにほどもおまえたちの役には立たない。裁定はアッラーのもの以外にない。そして彼に私は一任した。それゆえ、彼にこそ、一任する者たちには一任させよ」。(12：67)

それで彼らが父から命じられたところから入った時、アッラーに対しては何ほども彼らの役には立たなかった。ただ、ヤアクーブが自分のための気休めに為したのみであった。そしてまことに彼は、われらが彼に教えたがゆえに、知識を持っていたが、人々の大半は知らない。(12：68)

そして彼らがユースフの前にまかり出ると、彼は弟を自分の許に迎え入れた[979]。彼は(密かに)言った。「私はおまえの兄である。それゆえ、彼らがしてきたことについて、悲嘆してはならない」。(12：69)

978　揃って一つの門から入って目立ち、嫉妬の邪視の対象とならないように。

979　「創世記」43章15節以下参照。但し、「創世記」ではヨセフ(ユースフ)は弟(ベニヤミン)を実際には拘束せず、その場で兄弟たちに自分がヨセフであることを明かす。「創世記」45章3節参照。

فَلَمَّا جَهَّزَهُم بِجَهَازِهِمْ جَعَلَ ٱلسِّقَايَةَ فِى رَحْلِ أَخِيهِ
ثُمَّ أَذَّنَ مُؤَذِّنٌ أَيَّتُهَا ٱلْعِيرُ إِنَّكُمْ لَسَٰرِقُونَ ٧٠ قَالُوا۟
وَأَقْبَلُوا۟ عَلَيْهِم مَّاذَا تَفْقِدُونَ ٧١ قَالُوا۟ نَفْقِدُ صُوَاعَ ٱلْمَلِكِ
وَلِمَن جَآءَ بِهِۦ حِمْلُ بَعِيرٍ وَأَنَا۠ بِهِۦ زَعِيمٌ ٧٢ قَالُوا۟ تَٱللَّهِ
لَقَدْ عَلِمْتُم مَّا جِئْنَا لِنُفْسِدَ فِى ٱلْأَرْضِ وَمَا كُنَّا سَٰرِقِينَ
٧٣ قَالُوا۟ فَمَا جَزَٰٓؤُهُۥٓ إِن كُنتُمْ كَٰذِبِينَ ٧٤ قَالُوا۟ جَزَٰٓؤُهُۥ
مَن وُجِدَ فِى رَحْلِهِۦ فَهُوَ جَزَٰٓؤُهُۥ ۚ كَذَٰلِكَ نَجْزِى ٱلظَّٰلِمِينَ
٧٥ فَبَدَأَ بِأَوْعِيَتِهِمْ قَبْلَ وِعَآءِ أَخِيهِ ثُمَّ ٱسْتَخْرَجَهَا مِن
وِعَآءِ أَخِيهِ ۚ كَذَٰلِكَ كِدْنَا لِيُوسُفَ ۖ مَا كَانَ لِيَأْخُذَ أَخَاهُ
فِى دِينِ ٱلْمَلِكِ إِلَّآ أَن يَشَآءَ ٱللَّهُ ۚ نَرْفَعُ دَرَجَٰتٍ مَّن نَّشَآءُ ۗ
وَفَوْقَ كُلِّ ذِى عِلْمٍ عَلِيمٌ ٧٦ ۞ قَالُوٓا۟ إِن يَسْرِقْ
فَقَدْ سَرَقَ أَخٌ لَّهُۥ مِن قَبْلُ ۚ فَأَسَرَّهَا يُوسُفُ فِى نَفْسِهِۦ
وَلَمْ يُبْدِهَا لَهُمْ ۚ قَالَ أَنتُمْ شَرٌّ مَّكَانًا ۖ وَٱللَّهُ أَعْلَمُ بِمَا
تَصِفُونَ ٧٧ قَالُوا۟ يَٰٓأَيُّهَا ٱلْعَزِيزُ إِنَّ لَهُۥٓ أَبًا شَيْخًا كَبِيرًا
فَخُذْ أَحَدَنَا مَكَانَهُۥٓ ۖ إِنَّا نَرَىٰكَ مِنَ ٱلْمُحْسِنِينَ ٧٨

それで彼は、彼らに彼らの荷を用意すると、彼の弟の荷物の中に杯を入れた。(ユースフと別れた後)それから呼ぶ者が呼びかけた。「隊商よ、まことにおまえたちこそは盗人である」。(12：70)

彼らの方に振り向いて彼らは言った。「何をあなたがたは失くしたのか」。(12：71)

彼らは言った。「われわれは王の枡(杯)を失くした。それでそれを取り戻した者にはラクダ一頭分の荷(の懸賞)があり、私はそのことの責任者である」。(12：72)

彼らは言った。「アッラーに誓って、われらが来たのはこの地で害悪をなすためではないことをあなたがたは確かに知っている。またわれらは盗人であったことはない」。(12：73)

彼らは言った。「もしおまえたちが嘘つきであったなら、その報いはなんであるか」。(12：74)

彼らは言った。「その報いは、荷物の中にそれが見出された者である[980]。かれがその報いである。このようにわれらは不正な者に報いる」。(12：75)

そして彼(ユースフ)は、彼の弟の袋の前に彼らの袋から始めた[981]。そして、それを彼の弟の袋から探し出した。こうしてわれらはユースフのために策を弄した。アッラーがお望みにならなければ、彼には王の法の下では弟を捕らえることができなかったのである[982]。われらは望む者に位階を高める。そして、あらゆる知者の上に更なる知者がいるのである。(12：76)

彼らは言った。「彼が盗みをするとすれば、彼の兄もかつて盗みをしたことがありました」。だが、ユースフはそれを自分の心中に秘め、彼らにはそれを明かさなかった。彼は(心の中で)言った。「(私を殺しかけた)おまえたちの立場は一層悪い。そしてアッラーはおまえたちの述べることについてより良く知り給う」。(12：77)

彼らは言った。「大臣よ、彼には大変年老いた父親がいます。それゆえ、彼の代わりにわれらの一人をお取りください。あなたは善を尽くす方たち(の一人)と見受けます」。(12：78)

980　盗人の罰は、盗んだ相手に奴隷として引き渡されることである。

981　彼ら兄弟はユースフの許に戻り、ユースフは自ら捜査を行った。

982　エジプトの法律では窃盗犯を奴隷化できなかったが、イスラエルの民の掟によって裁く策が授けられ、ユースフは弟を拘束することができた。

قَالَ مَعَاذَ ٱللَّهِ أَن نَّأۡخُذَ إِلَّا مَن وَجَدۡنَا مَتَٰعَنَا عِندَهُۥٓ إِنَّآ
إِذٗا لَّظَٰلِمُونَ ٧٩ فَلَمَّا ٱسۡتَيۡـَٔسُواْ مِنۡهُ خَلَصُواْ نَجِيّٗاۖ
قَالَ كَبِيرُهُمۡ أَلَمۡ تَعۡلَمُوٓاْ أَنَّ أَبَاكُمۡ قَدۡ أَخَذَ عَلَيۡكُم
مَّوۡثِقٗا مِّنَ ٱللَّهِ وَمِن قَبۡلُ مَا فَرَّطتُمۡ فِي يُوسُفَۖ فَلَنۡ أَبۡرَحَ
ٱلۡأَرۡضَ حَتَّىٰ يَأۡذَنَ لِيٓ أَبِيٓ أَوۡ يَحۡكُمَ ٱللَّهُ لِيۖ وَهُوَ خَيۡرُ ٱلۡحَٰكِمِينَ
٨٠ ٱرۡجِعُوٓاْ إِلَىٰٓ أَبِيكُمۡ فَقُولُواْ يَٰٓأَبَانَآ إِنَّ ٱبۡنَكَ سَرَقَ
وَمَا شَهِدۡنَآ إِلَّا بِمَا عَلِمۡنَا وَمَا كُنَّا لِلۡغَيۡبِ حَٰفِظِينَ
٨١ وَسۡـَٔلِ ٱلۡقَرۡيَةَ ٱلَّتِي كُنَّا فِيهَا وَٱلۡعِيرَ ٱلَّتِيٓ أَقۡبَلۡنَا فِيهَاۖ
وَإِنَّا لَصَٰدِقُونَ ٨٢ قَالَ بَلۡ سَوَّلَتۡ لَكُمۡ أَنفُسُكُمۡ أَمۡرٗاۖ
فَصَبۡرٞ جَمِيلٌۖ عَسَى ٱللَّهُ أَن يَأۡتِيَنِي بِهِمۡ جَمِيعًاۚ إِنَّهُۥ هُوَ
ٱلۡعَلِيمُ ٱلۡحَكِيمُ ٨٣ وَتَوَلَّىٰ عَنۡهُمۡ وَقَالَ يَٰٓأَسَفَىٰ عَلَىٰ
يُوسُفَ وَٱبۡيَضَّتۡ عَيۡنَاهُ مِنَ ٱلۡحُزۡنِ فَهُوَ كَظِيمٞ
٨٤ قَالُواْ تَٱللَّهِ تَفۡتَؤُاْ تَذۡكُرُ يُوسُفَ حَتَّىٰ تَكُونَ حَرَضًا
أَوۡ تَكُونَ مِنَ ٱلۡهَٰلِكِينَ ٨٥ قَالَ إِنَّمَآ أَشۡكُواْ بَثِّي
وَحُزۡنِيٓ إِلَى ٱللَّهِ وَأَعۡلَمُ مِنَ ٱللَّهِ مَا لَا تَعۡلَمُونَ ٨٦

彼は言った。「アッラーの御加護を。われらはわれらの物をそこに見出した者しか捕らえることなどしない。さもなければ、まことにわれらこそが不正な者であろう」。(12：79)

それで彼に絶望した彼らは、密談のために彼らだけになった。彼らのうちで年長者が言った。「おまえたちの父がおまえたちに対しアッラーから確約を既に取っていることをおまえたちは知らないのか。また、以前にもおまえたちはユースフについて怠慢であった。それゆえわが父が私に許可するまで、あるいはアッラーが私に裁定されるまで、私はこの地を出立しない。彼は裁定者たちのうち最良の御方」。(12：80)

「おまえたちの父の許に戻り、言え、『われらの父よ、あなたの息子は盗みをはたらきました。われらはわれらの知っていることしか証言しませんでした。そしてわれわれは隠されたことについては守ることはできなかったのです[983]』と」。(12：81)

「『またわれらが居た町(エジプト)と、われらが同行した隊商に尋ねてください、まことにわれらは真実を語る者たちです』と」。(12：82)

彼(ヤアクーブ)は言った。「いや、おまえたちの自我がおまえたちに事をそそのかしたのである。だが、美しい忍耐である。あるいは、アッラーが彼らをそっくり私に与え給うかもしれない。まことに彼はよく知り給う英明な御方」。(12：83)

そして彼は彼らから離れ、言った。「ああ、ユースフをめぐる私の悲嘆よ」。そして悲しみのあまり彼の両目は白濁し、彼は鬱ぎこんだ。(12：84)

彼らは言った。「アッラーに誓って、あなたはやつれ果てるか、破滅者[984]たち(の一人)となるまでユースフを思い出すことを止めない」。(12：85)

彼は言った。「私は己の嘆きと悲しみをアッラーに訴えるだけである。そして私はおまえたちの知らないことをアッラーによって知っている」。(12：86)

983　弟を連れ帰ると確約した時点では予測できなかった弟の窃盗のような事態が生じた場合にまで、弟を守って連れ帰ることはできなかった。

984　死者。

يَٰبَنِيَّ ٱذْهَبُواْ فَتَحَسَّسُواْ مِن يُوسُفَ وَأَخِيهِ وَلَا تَاْيْـَٔسُواْ
مِن رَّوْحِ ٱللَّهِۖ إِنَّهُۥ لَا يَاْيْـَٔسُ مِن رَّوْحِ ٱللَّهِ إِلَّا ٱلْقَوْمُ
ٱلْكَٰفِرُونَ ٨٧ فَلَمَّا دَخَلُواْ عَلَيْهِ قَالُواْ يَٰٓأَيُّهَا ٱلْعَزِيزُ
مَسَّنَا وَأَهْلَنَا ٱلضُّرُّ وَجِئْنَا بِبِضَٰعَةٍ مُّزْجَىٰةٍ فَأَوْفِ لَنَا
ٱلْكَيْلَ وَتَصَدَّقْ عَلَيْنَآۖ إِنَّ ٱللَّهَ يَجْزِي ٱلْمُتَصَدِّقِينَ
٨٨ قَالَ هَلْ عَلِمْتُم مَّا فَعَلْتُم بِيُوسُفَ وَأَخِيهِ إِذْ أَنتُمْ
جَٰهِلُونَ ٨٩ قَالُوٓاْ أَءِنَّكَ لَأَنتَ يُوسُفُۖ قَالَ أَنَا۠ يُوسُفُ
وَهَٰذَآ أَخِيۖ قَدْ مَنَّ ٱللَّهُ عَلَيْنَآۖ إِنَّهُۥ مَن يَتَّقِ وَيَصْبِرْ فَإِنَّ
ٱللَّهَ لَا يُضِيعُ أَجْرَ ٱلْمُحْسِنِينَ ٩٠ قَالُواْ تَٱللَّهِ لَقَدْ
ءَاثَرَكَ ٱللَّهُ عَلَيْنَا وَإِن كُنَّا لَخَٰطِـِٔينَ ٩١ قَالَ لَا تَثْرِيبَ
عَلَيْكُمُ ٱلْيَوْمَۖ يَغْفِرُ ٱللَّهُ لَكُمْۖ وَهُوَ أَرْحَمُ ٱلرَّٰحِمِينَ
٩٢ ٱذْهَبُواْ بِقَمِيصِي هَٰذَا فَأَلْقُوهُ عَلَىٰ وَجْهِ أَبِي يَأْتِ
بَصِيرًا وَأْتُونِي بِأَهْلِكُمْ أَجْمَعِينَ ٩٣ وَلَمَّا فَصَلَتِ
ٱلْعِيرُ قَالَ أَبُوهُمْ إِنِّي لَأَجِدُ رِيحَ يُوسُفَۖ لَوْلَآ أَن
تُفَنِّدُونِ ٩٤ قَالُواْ تَٱللَّهِ إِنَّكَ لَفِي ضَلَٰلِكَ ٱلْقَدِيمِ ٩٥

「わが息子たちよ、行って、ユースフと彼の弟について尋ねよ。アッラーの慈悲心[985]に絶望してはならない。まことにアッラーの慈悲心に絶望するのは不信仰の民だけである」。(12：87)

そこで彼らは彼の御前にまかり出て、言った。「大臣よ、われらとわれらの一族に災難が降りかかり、われらは粗末な商品を持ってやって来ました。それゆえわれらに升目を量り、われらに善を施してください。まことにアッラーは善を施す者に報い給います」。(12：88)

彼は言った。「おまえたちは、おまえたちが無知であった時に、ユースフとその弟に何をしたか知っているのか」。(12：89)

彼らは言った。「あなたは、まさか、ユースフですか」。彼は言った。「私はユースフで、これは私の弟である。確かにアッラーはわれらに恩恵を垂れ給うた。まことに、畏れ身を守り、忍耐する者、まことにアッラーは善を尽くす者たちの報酬を損ない給わない」。(12：90)

彼らは言った。「アッラーに誓って、まことにアッラーはあなたをわれらの上に優遇し給いました。まことにわれらこそは誤った者でした」。(12：91)

彼は言った。「今日、おまえたちには咎めはない。アッラーはおまえたちを赦し給う。彼は慈悲ある者たちのうちの最も慈悲ある御方」。(12：92)

「この私の服を持って行き、それをわが父の顔の上に投げかけなさい。目が見えてこよう。そして、あなたがたの家族を全員、私の許に連れて来なさい」。(12：93)

そして隊商が出発すると、彼らの父は言った。「私は確かにユースフの匂いを感じる。もし、おまえたちが、私を（耄碌したと考えて）嘲けらなければ」。(12：94)

彼らは言った。「アッラーに誓って、あなたは以前からのあなたの迷誤のうちにある」。(12：95)

985　原義は「いぶき」で、人の心を落ち着かせるもの。

فَلَمَّآ أَن جَآءَ ٱلۡبَشِيرُ أَلۡقَىٰهُ عَلَىٰ وَجۡهِهِۦ فَٱرۡتَدَّ بَصِيرٗاۖ قَالَ
أَلَمۡ أَقُل لَّكُمۡ إِنِّيٓ أَعۡلَمُ مِنَ ٱللَّهِ مَا لَا تَعۡلَمُونَ ٩٦ قَالُواْ
يَٰٓأَبَانَا ٱسۡتَغۡفِرۡ لَنَا ذُنُوبَنَآ إِنَّا كُنَّا خَٰطِـِٔينَ ٩٧ قَالَ سَوۡفَ
أَسۡتَغۡفِرُ لَكُمۡ رَبِّيٓۖ إِنَّهُۥ هُوَ ٱلۡغَفُورُ ٱلرَّحِيمُ ٩٨ فَلَمَّا
دَخَلُواْ عَلَىٰ يُوسُفَ ءَاوَىٰٓ إِلَيۡهِ أَبَوَيۡهِ وَقَالَ ٱدۡخُلُواْ مِصۡرَ
إِن شَآءَ ٱللَّهُ ءَامِنِينَ ٩٩ وَرَفَعَ أَبَوَيۡهِ عَلَى ٱلۡعَرۡشِ وَخَرُّواْ
لَهُۥ سُجَّدٗاۖ وَقَالَ يَٰٓأَبَتِ هَٰذَا تَأۡوِيلُ رُءۡيَٰيَ مِن قَبۡلُ قَدۡ جَعَلَهَا
رَبِّي حَقّٗاۖ وَقَدۡ أَحۡسَنَ بِيٓ إِذۡ أَخۡرَجَنِي مِنَ ٱلسِّجۡنِ وَجَآءَ بِكُم
مِّنَ ٱلۡبَدۡوِ مِنۢ بَعۡدِ أَن نَّزَغَ ٱلشَّيۡطَٰنُ بَيۡنِي وَبَيۡنَ إِخۡوَتِيٓۚ إِنَّ
رَبِّي لَطِيفٞ لِّمَا يَشَآءُۚ إِنَّهُۥ هُوَ ٱلۡعَلِيمُ ٱلۡحَكِيمُ ١٠٠ ۞ رَبِّ
قَدۡ ءَاتَيۡتَنِي مِنَ ٱلۡمُلۡكِ وَعَلَّمۡتَنِي مِن تَأۡوِيلِ ٱلۡأَحَادِيثِۚ
فَاطِرَ ٱلسَّمَٰوَٰتِ وَٱلۡأَرۡضِ أَنتَ وَلِيِّۦ فِي ٱلدُّنۡيَا وَٱلۡأٓخِرَةِۖ
تَوَفَّنِي مُسۡلِمٗا وَأَلۡحِقۡنِي بِٱلصَّٰلِحِينَ ١٠١ ذَٰلِكَ مِنۡ أَنۢبَآءِ
ٱلۡغَيۡبِ نُوحِيهِ إِلَيۡكَۖ وَمَا كُنتَ لَدَيۡهِمۡ إِذۡ أَجۡمَعُوٓاْ أَمۡرَهُمۡ
وَهُمۡ يَمۡكُرُونَ ١٠٢ وَمَآ أَكۡثَرُ ٱلنَّاسِ وَلَوۡ حَرَصۡتَ بِمُؤۡمِنِينَ ١٠٣

そこで吉報伝達者が到着すると、彼はそれ(ユースフの服)を彼の顔の上にかけた。すると、彼は視力を回復した。彼は言った。「私はおまえたちの知らないことをアッラーによって知っていると言ったではないか」。(12：96)

彼らは言った。「われらが父よ、われらのためにわれらの罪の赦しを乞うてください。まことにわれらは罪人でした」。(12：97)

彼は言った。「いずれ私はおまえたちのためにわが主に赦しを乞おう。まことに彼こそはよく赦し給う慈悲深い御方」。(12：98)

彼らがユースフの前にまかり出ると、彼は両親を自分の方に迎え入れ、言った。「エジプトにお入りください。アッラーが望み給うたならば、安らかに」。(12：99)

そして彼は高御座の上に両親を上げ、彼ら[986]は彼に平身低頭した。そこで彼は言った。「わが父よ、これが以前の私の夢[987]の解釈(実現)です。わが主は確かにそれを真実となし給い、また私に善をなし給いました。悪魔が私と私の兄弟たちの間を不和にした後、彼は私を獄から出し、あなたたちを砂漠から連れて来給いました。まことにわが主は御望みのものに繊細であらせられ、まことに彼こそはよく知り給う英明なる御方」。(12：100)

「わが主よ、あなたは確かに私に王権(の一部)を与え、出来事の解釈を教え給うた。諸天と地の創始者よ、あなたは現世と来世における私の後見であらせられる。私を帰依する者《ムスリム》として召しあげ、私を正しい者たちに加え給え」。(12：101)

それは隠されたものの消息の一つで、われらはそれをおまえ(預言者ムハンマド)に啓示する。そして彼ら(ユースフの兄弟たち)が策謀し、彼らの一件を決めた時、おまえは彼らの前にいなかった。(12：102)

そして人々の大半は、おまえが切望しても、信仰者ではない。(12：103)

986　両親と十一人の兄弟。
987　12 章 4 節参照。

وَمَا تَسْـَٔلُهُمْ عَلَيْهِ مِنْ أَجْرٍ ۚ إِنْ هُوَ إِلَّا ذِكْرٌ لِّلْعَٰلَمِينَ
١٠٤ وَكَأَيِّن مِّنْ ءَايَةٍ فِى ٱلسَّمَٰوَٰتِ وَٱلْأَرْضِ يَمُرُّونَ عَلَيْهَا
وَهُمْ عَنْهَا مُعْرِضُونَ ١٠٥ وَمَا يُؤْمِنُ أَكْثَرُهُم بِٱللَّهِ إِلَّا
وَهُم مُّشْرِكُونَ ١٠٦ أَفَأَمِنُوٓا۟ أَن تَأْتِيَهُمْ غَٰشِيَةٌ مِّنْ عَذَابِ
ٱللَّهِ أَوْ تَأْتِيَهُمُ ٱلسَّاعَةُ بَغْتَةً وَهُمْ لَا يَشْعُرُونَ ١٠٧ قُلْ
هَٰذِهِۦ سَبِيلِىٓ أَدْعُوٓا۟ إِلَى ٱللَّهِ ۚ عَلَىٰ بَصِيرَةٍ أَنَا۠ وَمَنِ ٱتَّبَعَنِى ۖ
وَسُبْحَٰنَ ٱللَّهِ وَمَآ أَنَا۠ مِنَ ٱلْمُشْرِكِينَ ١٠٨ وَمَآ أَرْسَلْنَا مِن
قَبْلِكَ إِلَّا رِجَالًا نُّوحِىٓ إِلَيْهِم مِّنْ أَهْلِ ٱلْقُرَىٰٓ ۗ أَفَلَمْ يَسِيرُوا۟
فِى ٱلْأَرْضِ فَيَنظُرُوا۟ كَيْفَ كَانَ عَٰقِبَةُ ٱلَّذِينَ مِن
قَبْلِهِمْ ۗ وَلَدَارُ ٱلْءَاخِرَةِ خَيْرٌ لِّلَّذِينَ ٱتَّقَوْا۟ ۗ أَفَلَا تَعْقِلُونَ ١٠٩
حَتَّىٰٓ إِذَا ٱسْتَيْـَٔسَ ٱلرُّسُلُ وَظَنُّوٓا۟ أَنَّهُمْ قَدْ كُذِبُوا۟
جَآءَهُمْ نَصْرُنَا فَنُجِّىَ مَن نَّشَآءُ ۖ وَلَا يُرَدُّ بَأْسُنَا عَنِ ٱلْقَوْمِ
ٱلْمُجْرِمِينَ ١١٠ لَقَدْ كَانَ فِى قَصَصِهِمْ عِبْرَةٌ لِّأُو۟لِى ٱلْأَلْبَٰبِ ۗ
مَا كَانَ حَدِيثًا يُفْتَرَىٰ وَلَٰكِن تَصْدِيقَ ٱلَّذِى بَيْنَ يَدَيْهِ
وَتَفْصِيلَ كُلِّ شَىْءٍ وَهُدًى وَرَحْمَةً لِّقَوْمٍ يُؤْمِنُونَ ١١١

そしておまえはそれに対して彼らに報酬など求めない。まことに、それは諸世界への訓戒にほかならない。(12：104)

どれほどの徴が諸天と地にはあることか。彼らはその側を通り過ぎるが、彼らはそれから身を背ける。(12：105)

また彼らの大半はアッラーを、多神教徒でありながらしか信仰しない[988]。(12：106)

彼らは、アッラーの懲罰の覆いが彼らの許に来ることに安心しているのか[989]、あるいは、彼らが気付かないうちにその時が突然来ることに(安心しているのか)。(12：107)

言え、「これは私の道であり、私はアッラーに呼び招く。洞察の上に私はあり、私に従う者もまた。称えあれ、アッラーこそ超越者。そして私は、多神教徒たち(の一人)ではない」。(12：108)

またわれらはおまえ以前にも、町の住民のうちからわれらが啓示を下した男たち以外を遣わすことはなかった[990]。彼らは地上を旅し、彼ら以前の者たちの末路がどんなであったかを眺めてみなかったのか。確かに、来世の住まいは畏れ身を守る者たちにとっては一層良い。おまえたちは悟らないのか。(12：109)

ついに使徒たちが落胆し、嘘をつかれたと彼らが思った時になって、われらの援けは彼らに到来し、それでわれらの望む者は救われたのである。われらの威力は罪を犯した者たちから跳ね返されることはない[991]。(12：110)

確かに、彼らの物語の中には賢慮を備えた者たちへの教訓があった。それは捏造された話ではなく、それ以前にあったものの確証であり、(宗教において不可欠な)あらゆることの解説であり、信仰する民への導き、慈悲である。(12：111)

988　アッラーが森羅万象の唯一の創造主であることを認めているにもかかわらず、他の神々を崇め偶像を拝んでいる。

989　彼らを覆い包む天罰など来ないと、高をくくっているのか。

990　この句は「どうしてアッラーはクルアーンを携えた天使を遣わさないのか」とのマッカの多神教徒たちの批判に対する回答となっている。

991　神佑がなかなか現れず、使徒たちが希望を失いかけ、不信仰者たちが、使徒たちがやはり嘘つきであった、と確信を強めた頃になって、神佑が来たり、アッラーが愛で給う使徒と信仰者たちが救われたりした。そして信仰を拒絶する者たちには、アッラーの天罰を防ぐ術はない。

第13章　雷 …… سورة الرعد

マディーナ垂示

本章13節に因み「雷」章と名づけられる。

アッラーが天と地上の全てのものの創造者であり、人間の復活による新たな創造にも不思議が無いことに注意が喚起された後に(2-5節)、本章のタイトルともなっている「雷」がアッラーの讃美であることが示され、人間だけでなく、天と地のすべてのものが、アッラーを讃美していることが教えられる。

また天上の「書物の母」は永遠に変わらないが、預言者たちに下される啓示は、時代に応じて変わりうることが明らかにされる。(38-39節)

慈悲あまねく慈悲深きアッラーの御名において

سُورَةُ الرَّعْدِ

بِسْمِ اللَّهِ الرَّحْمَٰنِ الرَّحِيمِ

الٓمٓر تِلْكَ ءَايَٰتُ ٱلْكِتَٰبِ وَٱلَّذِىٓ أُنزِلَ إِلَيْكَ مِن رَّبِّكَ ٱلْحَقُّ
وَلَٰكِنَّ أَكْثَرَ ٱلنَّاسِ لَا يُؤْمِنُونَ ١ ٱللَّهُ ٱلَّذِى رَفَعَ ٱلسَّمَٰوَٰتِ
بِغَيْرِ عَمَدٍ تَرَوْنَهَا ثُمَّ ٱسْتَوَىٰ عَلَى ٱلْعَرْشِ وَسَخَّرَ ٱلشَّمْسَ وَٱلْقَمَرَ
كُلٌّ يَجْرِى لِأَجَلٍ مُّسَمًّى يُدَبِّرُ ٱلْأَمْرَ يُفَصِّلُ ٱلْءَايَٰتِ لَعَلَّكُم
بِلِقَآءِ رَبِّكُمْ تُوقِنُونَ ٢ وَهُوَ ٱلَّذِى مَدَّ ٱلْأَرْضَ وَجَعَلَ فِيهَا رَوَٰسِىَ
وَأَنْهَٰرًا وَمِن كُلِّ ٱلثَّمَرَٰتِ جَعَلَ فِيهَا زَوْجَيْنِ ٱثْنَيْنِ يُغْشِى ٱلَّيْلَ
ٱلنَّهَارَ إِنَّ فِى ذَٰلِكَ لَءَايَٰتٍ لِّقَوْمٍ يَتَفَكَّرُونَ ٣ وَفِى ٱلْأَرْضِ
قِطَعٌ مُّتَجَٰوِرَٰتٌ وَجَنَّٰتٌ مِّنْ أَعْنَٰبٍ وَزَرْعٌ وَنَخِيلٌ صِنْوَانٌ
وَغَيْرُ صِنْوَانٍ يُسْقَىٰ بِمَآءٍ وَٰحِدٍ وَنُفَضِّلُ بَعْضَهَا عَلَىٰ بَعْضٍ
فِى ٱلْأُكُلِ إِنَّ فِى ذَٰلِكَ لَءَايَٰتٍ لِّقَوْمٍ يَعْقِلُونَ ٤ وَإِن تَعْجَبْ
فَعَجَبٌ قَوْلُهُمْ أَءِذَا كُنَّا تُرَٰبًا أَءِنَّا لَفِى خَلْقٍ جَدِيدٍ
أُو۟لَٰٓئِكَ ٱلَّذِينَ كَفَرُوا۟ بِرَبِّهِمْ وَأُو۟لَٰٓئِكَ ٱلْأَغْلَٰلُ فِىٓ
أَعْنَاقِهِمْ وَأُو۟لَٰٓئِكَ أَصْحَٰبُ ٱلنَّارِ هُمْ فِيهَا خَٰلِدُونَ ٥

アリフ・ラーム・ミーム・ラー[992]。それは、啓典の諸々の徴(節)である。そしておまえにおまえの主から下されたものは真実であるが、人々の大半は信じない。(13：1)

アッラーこそは、おまえたちに見える列柱なしに天を掲げ、それから高御座に座し給うた御方。そして彼は太陽と月を従わせ給い、それぞれは定められた期限まで運行する。事物を采配し、諸々の徴を解説し給う。きっとおまえたちもおまえたちの主との会見に確信を持つであろう。(13：2)

彼こそは、大地を延べ広げ、そこに揺るぎない山脈や河川をなし給うた御方。そして、あらゆる果実からそこにつがいをなし給うた。夜によって昼を覆わせ給う。まことに、この中には熟考する者たちへの諸々の徴がある。(13：3)

また大地には隣り合う地区、ブドウの園、畑、そして双生のと双生でないナツメヤシ[993]があり、ひとつの水で灌漑されながら、われらはそのあるものをほかのものよりも食物として優越させる。まことに、この中には思考する民への諸々の徴がある。(13：4)

また、もしおまえが不思議に思うなら[994]、不思議は彼らの言葉である。「なに、われらが土くれになった時、あらたな創造に入るだと」。それらの者は自分たちの主を信ずることを拒んだ者たちである。そしてそれらの者、彼らの首には枷がある。それらの者は獄火の住人で、彼らはそこに永遠に留まる。(13：5)

992　2章1節脚注参照。
993　幹が二つに分かれたナツメヤシの木。
994　不信仰者がおまえを嘘であると否定することを。

وَيَسْتَعْجِلُونَكَ بِالسَّيِّئَةِ قَبْلَ الْحَسَنَةِ وَقَدْ خَلَتْ مِن
قَبْلِهِمُ الْمَثُلَاتُ وَإِنَّ رَبَّكَ لَذُو مَغْفِرَةٍ لِّلنَّاسِ عَلَىٰ ظُلْمِهِمْ
وَإِنَّ رَبَّكَ لَشَدِيدُ الْعِقَابِ ﴿٦﴾ وَيَقُولُ الَّذِينَ كَفَرُوا لَوْلَا
أُنزِلَ عَلَيْهِ آيَةٌ مِّن رَّبِّهِ إِنَّمَا أَنتَ مُنذِرٌ وَلِكُلِّ قَوْمٍ
هَادٍ ﴿٧﴾ اللَّهُ يَعْلَمُ مَا تَحْمِلُ كُلُّ أُنثَىٰ وَمَا تَغِيضُ الْأَرْحَامُ
وَمَا تَزْدَادُ وَكُلُّ شَيْءٍ عِندَهُ بِمِقْدَارٍ ﴿٨﴾ عَالِمُ الْغَيْبِ
وَالشَّهَادَةِ الْكَبِيرُ الْمُتَعَالِ ﴿٩﴾ سَوَاءٌ مِّنكُم مَّنْ
أَسَرَّ الْقَوْلَ وَمَن جَهَرَ بِهِ وَمَنْ هُوَ مُسْتَخْفٍ بِاللَّيْلِ وَسَارِبٌ
بِالنَّهَارِ ﴿١٠﴾ لَهُ مُعَقِّبَاتٌ مِّن بَيْنِ يَدَيْهِ وَمِنْ خَلْفِهِ
يَحْفَظُونَهُ مِنْ أَمْرِ اللَّهِ إِنَّ اللَّهَ لَا يُغَيِّرُ مَا بِقَوْمٍ حَتَّىٰ يُغَيِّرُوا
مَا بِأَنفُسِهِمْ وَإِذَا أَرَادَ اللَّهُ بِقَوْمٍ سُوءًا فَلَا مَرَدَّ لَهُ وَمَا
لَهُم مِّن دُونِهِ مِن وَالٍ ﴿١١﴾ هُوَ الَّذِي يُرِيكُمُ الْبَرْقَ خَوْفًا
وَطَمَعًا وَيُنشِئُ السَّحَابَ الثِّقَالَ ﴿١٢﴾ وَيُسَبِّحُ الرَّعْدُ بِحَمْدِهِ
وَالْمَلَائِكَةُ مِنْ خِيفَتِهِ وَيُرْسِلُ الصَّوَاعِقَ فَيُصِيبُ بِهَا
مَن يَشَاءُ وَهُمْ يُجَادِلُونَ فِي اللَّهِ وَهُوَ شَدِيدُ الْمِحَالِ ﴿١٣﴾

そして彼らは良きことよりも悪しきことをおまえに急《せ》かし求める。彼ら以前に諸々の見せしめの罰が過ぎ去ったというのに。そしてまことにおまえの主は人間に対して彼らの不正に対する容赦の持ち主[995]。そしてまた、まことにおまえの主は懲罰に厳しい御方。(13：6)

また、信仰を拒んだ者たちは言う。「彼には主からの徴が下されないのか」。おまえは警告者にすぎない。そしてあらゆる民に導き手はいるのである[996]。(13：7)

アッラーは女性がそれぞれ宿すものを知り給い、子宮が(妊娠期間によって)減じるものと、それが増すものをも。あらゆるものは彼の御許に定めの量がある。(13：8)

隠れたものと顕れたものを知り給う者、偉大にして、いと高き御方。(13：9)

おまえたちのうち、言葉を秘める者も声に出して言う者も、また夜陰に身を隠す者も日中に往来を出歩く者も、(アッラーが知り給うことにおいては)みな同じである。(13：10)

彼(人間)には前からも後ろからも引き継ぐ者たち(交代で監視する天使)があり、彼らはアッラーの御命令によって彼を守っている。まことにアッラーは、民が己の事柄を変えるまで、彼らの事柄を変え給うことはない。そして、アッラーが一つの民に災いを望み給うた時には、それを覆すものはない。そして彼らには、彼をおいて擁護者などいない。(13：11)

彼こそはおまえたちに稲妻を恐怖として、または(降雨の前兆としての)希望として見せ給い、重い雲を生じさせ給う御方。(13：12)

そして雷は彼への賛美をもって称え奉り、天使たちもまた、彼への畏怖から。そして彼は稲妻を送り、それによって御望みの者を、彼らがアッラーについて論争している間に襲い給う。彼は勢威激しい御方。(13：13)

995　16章61節にある通り、アッラーが人間の不正を赦し給わなければ、人間は滅びるしかない。

996　あらゆる民にアッラーの唯一神崇拝へと呼び招く預言者が遣わされている(16章36節参照)。あるいは、「おまえは警告者、あらゆる民への導き手にほかならない」との解釈もある。

لَهُۥ دَعْوَةُ ٱلْحَقِّ ۖ وَٱلَّذِينَ يَدْعُونَ مِن دُونِهِۦ لَا يَسْتَجِيبُونَ لَهُم بِشَىْءٍ إِلَّا
كَبَٰسِطِ كَفَّيْهِ إِلَى ٱلْمَآءِ لِيَبْلُغَ فَاهُ وَمَا هُوَ بِبَٰلِغِهِۦ ۚ وَمَا دُعَآءُ ٱلْكَٰفِرِينَ
إِلَّا فِى ضَلَٰلٍ ﴿١٤﴾ وَلِلَّهِ يَسْجُدُ مَن فِى ٱلسَّمَٰوَٰتِ وَٱلْأَرْضِ طَوْعًا
وَكَرْهًا وَظِلَٰلُهُم بِٱلْغُدُوِّ وَٱلْءَاصَالِ ۩ ﴿١٥﴾ قُلْ مَن رَّبُّ ٱلسَّمَٰوَٰتِ
وَٱلْأَرْضِ قُلِ ٱللَّهُ ۚ قُلْ أَفَٱتَّخَذْتُم مِّن دُونِهِۦٓ أَوْلِيَآءَ لَا يَمْلِكُونَ
لِأَنفُسِهِمْ نَفْعًا وَلَا ضَرًّا ۚ قُلْ هَلْ يَسْتَوِى ٱلْأَعْمَىٰ وَٱلْبَصِيرُ أَمْ هَلْ
تَسْتَوِى ٱلظُّلُمَٰتُ وَٱلنُّورُ ۗ أَمْ جَعَلُوا۟ لِلَّهِ شُرَكَآءَ خَلَقُوا۟ كَخَلْقِهِۦ فَتَشَٰبَهَ
ٱلْخَلْقُ عَلَيْهِمْ ۚ قُلِ ٱللَّهُ خَٰلِقُ كُلِّ شَىْءٍ وَهُوَ ٱلْوَٰحِدُ ٱلْقَهَّٰرُ ﴿١٦﴾ أَنزَلَ
مِنَ ٱلسَّمَآءِ مَآءً فَسَالَتْ أَوْدِيَةٌۢ بِقَدَرِهَا فَٱحْتَمَلَ ٱلسَّيْلُ زَبَدًا رَّابِيًا ۚ
وَمِمَّا يُوقِدُونَ عَلَيْهِ فِى ٱلنَّارِ ٱبْتِغَآءَ حِلْيَةٍ أَوْ مَتَٰعٍ زَبَدٌ مِّثْلُهُۥ ۚ
كَذَٰلِكَ يَضْرِبُ ٱللَّهُ ٱلْحَقَّ وَٱلْبَٰطِلَ ۚ فَأَمَّا ٱلزَّبَدُ فَيَذْهَبُ جُفَآءً ۖ
وَأَمَّا مَا يَنفَعُ ٱلنَّاسَ فَيَمْكُثُ فِى ٱلْأَرْضِ ۚ كَذَٰلِكَ يَضْرِبُ ٱللَّهُ
ٱلْأَمْثَالَ ﴿١٧﴾ لِلَّذِينَ ٱسْتَجَابُوا۟ لِرَبِّهِمُ ٱلْحُسْنَىٰ ۚ وَٱلَّذِينَ لَمْ يَسْتَجِيبُوا۟
لَهُۥ لَوْ أَنَّ لَهُم مَّا فِى ٱلْأَرْضِ جَمِيعًا وَمِثْلَهُۥ مَعَهُۥ لَٱفْتَدَوْا۟ بِهِۦٓ ۚ
أُو۟لَٰٓئِكَ لَهُمْ سُوٓءُ ٱلْحِسَابِ وَمَأْوَىٰهُمْ جَهَنَّمُ ۖ وَبِئْسَ ٱلْمِهَادُ ﴿١٨﴾

真実の呼びかけ（祈願）は彼にこそ属す。彼をさしおいて彼らが祈るものたちは彼らに何も応えない。ただ、口に届くようにと水に向かって両手を差し出すが、それはそれに（水が口に）達することはない者のようでしかなく、不信仰者たちの祈りは迷誤のうちにしかない。（13：14）

また、アッラーにこそ諸天と地にある者は、喜んで、また嫌々ながらも跪拝する[997]。そして、彼らの影もまた[998]、朝に夕に。（13：15）

言え、「天と地の主は誰か」。言え、「アッラーである」。言え、「それなのにおまえたちは彼をさしおいて自分自身にすら益も害も為し得ない後見たちを持とうというのか」。言え、「盲人と晴眼者は同じであるか。暗闇と光は同じであるか」。彼らはアッラーに、彼の創造のように創造をなした共同者たちを配し、それで彼らにはその創造が似通ったのか[999]。言え、「アッラーはあらゆるものの創造者であり、彼は唯一なる支配者」。（13：16）

彼は天から水を下し給い、谷川はその量に応じて流れ、奔流は増えた泡を運んだ。また、装飾品や道具を望んで彼らが火に焼《く》べるものからもそれと同じような泡がある[1000]。このようにアッラーは真実と虚偽を示し給う。泡は虚しく消え行くものだが、人々に役立つもの[1001]は地上に残る。こうしてアッラーはいくつもの譬《たと》えを示し給う。（13：17）

彼の主に応える者たちには至善があり、彼に応えない者たちは、たとえ彼らに地上にあるすべてがあり、またそれに加えてそれと同じだけのものがあったとしても、それによって身を贖《あがな》おうとするが、それらの者、彼らには悪い清算があり、彼らの住まいは火獄《ジャハンナム》である。そしてその臥処のなんと悪いことよ。（13：18）

997　信仰者は喜んで、不信仰者は困難等に際し嫌々ながら。

998　アッラーの御命令に従う。

999　多神教徒たちは、「創造」の概念について思い違いをしており、アッラーが創造をなし給うのと同じように、彼らが拝む偶像の神々も創造ができると思って多神崇拝に陥っているのか。

1000　鋳金細工のために金属を炉で熱すると、溶けた金属にも泡が生ずる。

1001　水や金属。

۞ أَفَمَن يَعْلَمُ أَنَّمَآ أُنزِلَ إِلَيْكَ مِن رَّبِّكَ ٱلْحَقُّ كَمَنْ هُوَ أَعْمَىٰٓ ۚ إِنَّمَا يَتَذَكَّرُ
أُو۟لُوا۟ ٱلْأَلْبَٰبِ ﴿١٩﴾ ٱلَّذِينَ يُوفُونَ بِعَهْدِ ٱللَّهِ وَلَا يَنقُضُونَ ٱلْمِيثَٰقَ
﴿٢٠﴾ وَٱلَّذِينَ يَصِلُونَ مَآ أَمَرَ ٱللَّهُ بِهِۦٓ أَن يُوصَلَ وَيَخْشَوْنَ رَبَّهُمْ
وَيَخَافُونَ سُوٓءَ ٱلْحِسَابِ ﴿٢١﴾ وَٱلَّذِينَ صَبَرُوا۟ ٱبْتِغَآءَ وَجْهِ رَبِّهِمْ
وَأَقَامُوا۟ ٱلصَّلَوٰةَ وَأَنفَقُوا۟ مِمَّا رَزَقْنَٰهُمْ سِرًّا وَعَلَانِيَةً وَيَدْرَءُونَ
بِٱلْحَسَنَةِ ٱلسَّيِّئَةَ أُو۟لَٰٓئِكَ لَهُمْ عُقْبَى ٱلدَّارِ ﴿٢٢﴾ جَنَّٰتُ عَدْنٍ يَدْخُلُونَهَا
وَمَن صَلَحَ مِنْ ءَابَآئِهِمْ وَأَزْوَٰجِهِمْ وَذُرِّيَّٰتِهِمْ ۖ وَٱلْمَلَٰٓئِكَةُ يَدْخُلُونَ
عَلَيْهِم مِّن كُلِّ بَابٍ ﴿٢٣﴾ سَلَٰمٌ عَلَيْكُم بِمَا صَبَرْتُمْ ۚ فَنِعْمَ عُقْبَى ٱلدَّارِ ﴿٢٤﴾
وَٱلَّذِينَ يَنقُضُونَ عَهْدَ ٱللَّهِ مِنۢ بَعْدِ مِيثَٰقِهِۦ وَيَقْطَعُونَ
مَآ أَمَرَ ٱللَّهُ بِهِۦٓ أَن يُوصَلَ وَيُفْسِدُونَ فِى ٱلْأَرْضِ ۙ أُو۟لَٰٓئِكَ لَهُمُ
ٱللَّعْنَةُ وَلَهُمْ سُوٓءُ ٱلدَّارِ ﴿٢٥﴾ ٱللَّهُ يَبْسُطُ ٱلرِّزْقَ لِمَن يَشَآءُ
وَيَقْدِرُ ۚ وَفَرِحُوا۟ بِٱلْحَيَوٰةِ ٱلدُّنْيَا وَمَا ٱلْحَيَوٰةُ ٱلدُّنْيَا فِى ٱلْءَاخِرَةِ إِلَّا
مَتَٰعٌ ﴿٢٦﴾ وَيَقُولُ ٱلَّذِينَ كَفَرُوا۟ لَوْلَآ أُنزِلَ عَلَيْهِ ءَايَةٌ مِّن رَّبِّهِۦ ۗ قُلْ
إِنَّ ٱللَّهَ يُضِلُّ مَن يَشَآءُ وَيَهْدِىٓ إِلَيْهِ مَنْ أَنَابَ ﴿٢٧﴾ ٱلَّذِينَ ءَامَنُوا۟
وَتَطْمَئِنُّ قُلُوبُهُم بِذِكْرِ ٱللَّهِ ۗ أَلَا بِذِكْرِ ٱللَّهِ تَطْمَئِنُّ ٱلْقُلُوبُ ﴿٢٨﴾

おまえの主からおまえに下されたものが真理であると知る者が盲目な者のようであろうか。賢慮を備えた者たちこそが教訓を得る。(13：19)

アッラーの約定を果たし、確約を破らない者たち、(13：20)

そしてアッラーがそれをつながれるべきと命じ給うたものごと[1002]をつなぎ、己の主を懼れ、悪い清算を恐れる者たち、(13：21)

また、己の主の御顔(御満悦)を願って忍耐し、礼拝を遵守し、われらが彼らに糧として与えたものから密かにまた公然と(善に)費やし、良きことによって悪しきことを追い払う者たち、そうした者たち、彼らには住処の報い[1003]がある。(13：22)

(それは)永住の楽園で、彼らはそこに入り、彼らの父祖たち、妻たち、子供たちのうち身を正した者もまた。そして、天使たちがそれぞれの戸口から、彼らの許に入るであろう。(13：23)

(天使が言う。)「おまえたちに平安あれ、おまえたちが忍耐したことゆえ。なんと良き住処の報いか」。(13：24)

だが、アッラーの約束をその確約の後で破り、アッラーがつながれるべきと命じ給うたものごとを断ち、地上で害悪をなす者たち、それらの者、彼らには呪いがあり、彼らには悪い住処(火獄)がある。(13：25)

アッラーは御望みの者に糧を広げ、また制限し給う。そして彼らは現世を楽しむが、現世は来世に比べれば、(僅かな儚い)享楽に過ぎない。(13：26)

そして信仰を拒んだ者たちは言う。「彼には彼の主から徴が下されないのか」。言え、「アッラーは御望みの者を迷わせ、悔いて戻る者を彼へと導き給う」。(13：27)

(悔いて戻る者は)信仰し、アッラーの思念によって心が安んずる者たちである。アッラーの思念によって心は安んずるのではないか。(13：28)

1002　親族との交際など。
1003　あるいは、「(良い)結末の住処」。

ٱلَّذِينَ ءَامَنُوا۟ وَعَمِلُوا۟ ٱلصَّٰلِحَٰتِ طُوبَىٰ لَهُمْ وَحُسْنُ مَـَٔابٍ ٢٩
كَذَٰلِكَ أَرْسَلْنَٰكَ فِىٓ أُمَّةٍ قَدْ خَلَتْ مِن قَبْلِهَآ أُمَمٌ لِّتَتْلُوَا۟
عَلَيْهِمُ ٱلَّذِىٓ أَوْحَيْنَآ إِلَيْكَ وَهُمْ يَكْفُرُونَ بِٱلرَّحْمَٰنِ ۚ قُلْ هُوَ رَبِّى
لَآ إِلَٰهَ إِلَّا هُوَ عَلَيْهِ تَوَكَّلْتُ وَإِلَيْهِ مَتَابِ ٣٠ وَلَوْ أَنَّ قُرْءَانًا
سُيِّرَتْ بِهِ ٱلْجِبَالُ أَوْ قُطِّعَتْ بِهِ ٱلْأَرْضُ أَوْ كُلِّمَ بِهِ ٱلْمَوْتَىٰ ۗ
بَل لِّلَّهِ ٱلْأَمْرُ جَمِيعًا ۗ أَفَلَمْ يَا۟يْـَٔسِ ٱلَّذِينَ ءَامَنُوٓا۟ أَن لَّوْ يَشَآءُ
ٱللَّهُ لَهَدَى ٱلنَّاسَ جَمِيعًا ۗ وَلَا يَزَالُ ٱلَّذِينَ كَفَرُوا۟ تُصِيبُهُم
بِمَا صَنَعُوا۟ قَارِعَةٌ أَوْ تَحُلُّ قَرِيبًا مِّن دَارِهِمْ حَتَّىٰ يَأْتِىَ وَعْدُ
ٱللَّهِ ۚ إِنَّ ٱللَّهَ لَا يُخْلِفُ ٱلْمِيعَادَ ٣١ وَلَقَدِ ٱسْتُهْزِئَ بِرُسُلٍ مِّن
قَبْلِكَ فَأَمْلَيْتُ لِلَّذِينَ كَفَرُوا۟ ثُمَّ أَخَذْتُهُمْ ۖ فَكَيْفَ كَانَ
عِقَابِ ٣٢ أَفَمَنْ هُوَ قَآئِمٌ عَلَىٰ كُلِّ نَفْسٍۭ بِمَا كَسَبَتْ ۗ وَجَعَلُوا۟
لِلَّهِ شُرَكَآءَ قُلْ سَمُّوهُمْ ۚ أَمْ تُنَبِّـُٔونَهُۥ بِمَا لَا يَعْلَمُ فِى ٱلْأَرْضِ أَم
بِظَٰهِرٍ مِّنَ ٱلْقَوْلِ ۗ بَلْ زُيِّنَ لِلَّذِينَ كَفَرُوا۟ مَكْرُهُمْ وَصُدُّوا۟ عَنِ
ٱلسَّبِيلِ ۗ وَمَن يُضْلِلِ ٱللَّهُ فَمَا لَهُۥ مِنْ هَادٍ ٣٣ لَّهُمْ عَذَابٌ فِى ٱلْحَيَوٰةِ
ٱلدُّنْيَا ۖ وَلَعَذَابُ ٱلْءَاخِرَةِ أَشَقُّ ۖ وَمَا لَهُم مِّنَ ٱللَّهِ مِن وَاقٍ ٣٤

信仰し、善行をなす者たち、幸福が彼らにはあり、良き帰り処がある。(13：29)

こうして、われらはおまえを、それ以前にもいくつもの共同体が過ぎ去った、そういう一つの共同体に遣わした。おまえが彼らに、われらがおまえに啓示したものを読み聞かせるためであるが、彼らは慈悲あまねき御方への信仰を拒んでいる。言え、「彼こそはわが主であり、彼のほかに神はない。彼に私は一任し、彼の御許に私の戻り処はある」。(13：30)

また、仮に、ある読誦されるもの(クルアーン)が、それによって山々が動かされ、それによって大地が裂かれ、あるいはそれによって死者が語らされるものだったとしても(それでも不信仰者たちは信じない[1004])、いや、アッラーにこそ万事は属する。信仰する者たちは、アッラーが御望みなら人間すべてを導き給うたことをまだ知得しないのか。そして信仰を拒んだ者たち、彼らには彼らのなしたことゆえに大打撃(災厄)が襲い止まず、あるいは、彼らの住まい付近に降りかかり止まない。そして、ついにアッラーの約束は到来するのである。まことに、アッラーは約束を違え給わない。(13：31)

そしてかつておまえ以前に使徒たちは嘲笑されたが、われは信仰を拒んだ者たちに猶予を与え、それから彼らを捕らえた。それでわが応報はどのようなものであったか。(13：32)

各々に対し、それらが稼いだものの管理者であらせられる御方が(そうでない者と同じであろう)か。だが、彼らはアッラーに共同者を配する。言え、「彼らの名を挙げよ。それとも、おまえたちは彼に、彼がこの地上で認め給わないことを告げるのか、それとも、口先だけのものか」。いや、信仰を拒んだ者たちには彼らの策謀が美しく粉飾され、道から逸らされたのである。そしてアッラーが迷わせ給うた者、彼には導き手はいない。(13：33)

彼らには現世で懲罰があるが、来世の懲罰はさらに辛く、彼らにはアッラーからの防ぎ手はいない。(13：34)

1004　あるいは、「それはこの預言者ムハンマドに下されたこのクルアーンであったろう」。

۞ مَّثَلُ ٱلْجَنَّةِ ٱلَّتِى وُعِدَ ٱلْمُتَّقُونَ ۖ تَجْرِى مِن تَحْتِهَا ٱلْأَنْهَٰرُ ۖ
أُكُلُهَا دَآئِمٌ وَظِلُّهَا ۚ تِلْكَ عُقْبَى ٱلَّذِينَ ٱتَّقَوا۟ ۖ وَّعُقْبَى
ٱلْكَٰفِرِينَ ٱلنَّارُ ٣٥ وَٱلَّذِينَ ءَاتَيْنَٰهُمُ ٱلْكِتَٰبَ يَفْرَحُونَ
بِمَآ أُنزِلَ إِلَيْكَ ۖ وَمِنَ ٱلْأَحْزَابِ مَن يُنكِرُ بَعْضَهُۥ ۚ قُلْ إِنَّمَآ
أُمِرْتُ أَنْ أَعْبُدَ ٱللَّهَ وَلَآ أُشْرِكَ بِهِۦٓ ۚ إِلَيْهِ أَدْعُوا۟ وَإِلَيْهِ مَـَٔابِ
٣٦ وَكَذَٰلِكَ أَنزَلْنَٰهُ حُكْمًا عَرَبِيًّا ۚ وَلَئِنِ ٱتَّبَعْتَ أَهْوَآءَهُم بَعْدَ
مَا جَآءَكَ مِنَ ٱلْعِلْمِ مَا لَكَ مِنَ ٱللَّهِ مِن وَلِىٍّ وَلَا وَاقٍ ٣٧ وَلَقَدْ
أَرْسَلْنَا رُسُلًا مِّن قَبْلِكَ وَجَعَلْنَا لَهُمْ أَزْوَٰجًا وَذُرِّيَّةً ۚ وَمَا كَانَ
لِرَسُولٍ أَن يَأْتِىَ بِـَٔايَةٍ إِلَّا بِإِذْنِ ٱللَّهِ ۗ لِكُلِّ أَجَلٍ كِتَابٌ ٣٨
يَمْحُوا۟ ٱللَّهُ مَا يَشَآءُ وَيُثْبِتُ ۖ وَعِندَهُۥٓ أُمُّ ٱلْكِتَٰبِ ٣٩ وَإِن مَّا
نُرِيَنَّكَ بَعْضَ ٱلَّذِى نَعِدُهُمْ أَوْ نَتَوَفَّيَنَّكَ فَإِنَّمَا عَلَيْكَ ٱلْبَلَٰغُ
وَعَلَيْنَا ٱلْحِسَابُ ٤٠ أَوَلَمْ يَرَوْا۟ أَنَّا نَأْتِى ٱلْأَرْضَ نَنقُصُهَا
مِنْ أَطْرَافِهَا ۚ وَٱللَّهُ يَحْكُمُ لَا مُعَقِّبَ لِحُكْمِهِۦ ۚ وَهُوَ سَرِيعُ
ٱلْحِسَابِ ٤١ وَقَدْ مَكَرَ ٱلَّذِينَ مِن قَبْلِهِمْ فَلِلَّهِ ٱلْمَكْرُ جَمِيعًا ۖ
يَعْلَمُ مَا تَكْسِبُ كُلُّ نَفْسٍ ۗ وَسَيَعْلَمُ ٱلْكُفَّٰرُ لِمَنْ عُقْبَى ٱلدَّارِ ٤٢

畏れ身を守る者たちに約束された楽園の譬《たと》えは、その下に河川が流れ、その食べ物は永久で、その陰もまた。これが畏れ身を守る者たちの結末である。一方、不信仰者たちの結末は獄火である。(13：35)

われらが啓典を与えた者たちは、おまえに下されたものに喜ぶ。だが、諸党派の中にはその一部を拒絶する者がいる。言え、「私は、アッラーに仕えること、そして彼に共同者を配してはならないことを命じられた。彼にこそ私は祈り、彼にこそ私の帰り処はある」。(13：36)

そしてこのように、われらは、それをアラビア語の規範として下した。それでおまえが、おまえに知識がもたらされた後で、彼らの妄執に従ったなら、おまえにはアッラーに対して後見も防ぎ手もいない。(13：37)

またわれらはかつておまえ以前にも使徒たちを送り、彼らに妻と子孫を授けた。そして、使徒にとって、アッラーの御許可なしに徴をもたらすことは出来なかった。あらゆる時代には書がある[1005]。(13：38)

アッラーは御望みのものを消し、また確定し給う。そして、彼の御許には「書物の母[1006]」がある。(13：39)

そしてわれらが彼らに約束したことの一部をおまえに見せたとしても、あるいは、おまえの魂を召し上げたとしても、おまえには伝達が課されているだけであり、われらに清算はある[1007]。(13：40)

彼らは、われらがこの地に来て、その端々からそれを切り崩すのを見なかったか[1008]。そしてアッラーは裁決し給い、彼の裁決には棄却者はいない。彼は清算に素早い御方。(13：41)

またかつて彼ら以前の者たちも策謀した。だが、アッラーにこそ策謀はすべて属す。アッラーはあらゆる者が稼ぐものを知り給う。そして不信仰者たちは、住処の結末が誰のものかを知るであろう[1009]。(13：42)

1005　どの時代にも、その時代に応じた律法を定めた啓典がある。あるいは、万物には寿命があり、それは「護持された書板」(85章22節)に書き記されている、との意とも言われる。

1006　森羅万象が予め書き記された不変の書。「書物の母」と「護持された書板」(85章22節)は同一物とも、両者は別物で、「護持された書板」に書かれたことは、アッラーが御望みのままに書き換え給うが、「書物の母」は永久不変であり、アッラーの知そのものであるとも言われる。

1007　預言者の存命中に現世で為されるにせよ、来世で獄火の応報を受けるにせよ、不信仰者はアッラーから懲罰を蒙るのであり、預言者ムハンマドの務めはイスラームの使信を伝えることのみである。

1008　ムスリムが不信仰者の支配地を征服し、イスラームの支配を広げるのを見なかったか。

1009　来世での良き報酬が信仰者のものであることを知る。

また信仰を拒んだ者たちは、「おまえは遣わされた者ではない」と言う。言え、「私とおまえたちの間の証言者としてはアッラーと、そして啓典の知識を有する者で万全である」。(13：43)

第 14 章　イブラーヒーム …… سورة إبراهيم

マッカ垂示

本章の収めるイブラーヒームの祈り(35-41 節)に因んで「イブラーヒーム」章と名づけられるが、必ずしも本章にクルアーンの中でイブラーヒームに関する最もまとまった記述があるというわけではない。

アッラーが諸民族に使徒を遣わす場合、必ずその民族の言語を話す者であることが告げられた後、ムーサーの逸話が述べられ、ヌーフ、アード、サムードについて言及され、使徒たちの宣教と民の叛逆について語られ(4-14 節)、イブラーヒームの祈り(35-41 節)に続く。

وَيَقُولُ ٱلَّذِينَ كَفَرُوا۟ لَسْتَ مُرْسَلًا ۚ قُلْ كَفَىٰ بِٱللَّهِ شَهِيدًۢا
بَيْنِى وَبَيْنَكُمْ وَمَنْ عِندَهُۥ عِلْمُ ٱلْكِتَٰبِ ٤٣

سُورَةُ إِبْرَاهِيمَ

بِسْمِ ٱللَّهِ ٱلرَّحْمَٰنِ ٱلرَّحِيمِ

الٓر ۚ كِتَٰبٌ أَنزَلْنَٰهُ إِلَيْكَ لِتُخْرِجَ ٱلنَّاسَ مِنَ ٱلظُّلُمَٰتِ
إِلَى ٱلنُّورِ بِإِذْنِ رَبِّهِمْ إِلَىٰ صِرَٰطِ ٱلْعَزِيزِ ٱلْحَمِيدِ ١
ٱللَّهِ ٱلَّذِى لَهُۥ مَا فِى ٱلسَّمَٰوَٰتِ وَمَا فِى ٱلْأَرْضِ ۗ وَوَيْلٌ
لِّلْكَٰفِرِينَ مِنْ عَذَابٍ شَدِيدٍ ٢ ٱلَّذِينَ يَسْتَحِبُّونَ
ٱلْحَيَوٰةَ ٱلدُّنْيَا عَلَى ٱلْءَاخِرَةِ وَيَصُدُّونَ عَن سَبِيلِ
ٱللَّهِ وَيَبْغُونَهَا عِوَجًا ۚ أُو۟لَٰٓئِكَ فِى ضَلَٰلٍۭ بَعِيدٍ ٣ وَمَآ
أَرْسَلْنَا مِن رَّسُولٍ إِلَّا بِلِسَانِ قَوْمِهِۦ لِيُبَيِّنَ لَهُمْ ۖ
فَيُضِلُّ ٱللَّهُ مَن يَشَآءُ وَيَهْدِى مَن يَشَآءُ ۚ وَهُوَ ٱلْعَزِيزُ
ٱلْحَكِيمُ ٤ وَلَقَدْ أَرْسَلْنَا مُوسَىٰ بِـَٔايَٰتِنَآ أَنْ أَخْرِجْ
قَوْمَكَ مِنَ ٱلظُّلُمَٰتِ إِلَى ٱلنُّورِ وَذَكِّرْهُم بِأَيَّىٰمِ
ٱللَّهِ ۚ إِنَّ فِى ذَٰلِكَ لَءَايَٰتٍ لِّكُلِّ صَبَّارٍ شَكُورٍ ٥

慈悲あまねく慈悲深きアッラーの御名において

アリフ・ラーム・ラー[1010]。われらがおまえに下した啓典である。おまえが人々を、彼らの主の御許可によって諸々の闇から光へ、威力比類なく、称賛されるべき御方への道へと引き出すために。(14：1)

アッラー、彼にこそ諸天にあるものも地にあるものも属す御方。そして不信仰者たちに厳しい懲罰の災いあれ。(14：2)

来世よりも現世を愛し、アッラーの道から逸らし、それが曲がることを願う者たち。それらの者は遠い迷誤のうちにある。(14：3)

そしてわれらは使徒を、その民の言葉によってのほか遣わしたことはない。彼が彼らに明示するためである。それでアッラーは御望みの者を迷わせ、御望みの者を導き給う。そして彼は威力比類なく、英明なる御方。(14：4)

またかつてわれらはムーサーを、われらの諸々の徴と共に遣わした。「おまえの民を諸々の闇から光へと引き出し、彼らにアッラーの日々[1011]を思い出させよ」と。まことに、その中には忍耐強く、深謝するあらゆる者への諸々の徴がある。(14：5)

1010　2 章 1 節脚注参照。

1011　アッラーの恩寵を。あるいは、過去の民に起こった出来事を。

وَإِذۡ قَالَ مُوسَىٰ لِقَوۡمِهِ ٱذۡكُرُواْ نِعۡمَةَ ٱللَّهِ عَلَيۡكُمۡ
إِذۡ أَنجَىٰكُم مِّنۡ ءَالِ فِرۡعَوۡنَ يَسُومُونَكُمۡ سُوٓءَ ٱلۡعَذَابِ
وَيُذَبِّحُونَ أَبۡنَآءَكُمۡ وَيَسۡتَحۡيُونَ نِسَآءَكُمۡۚ وَفِي
ذَٰلِكُم بَلَآءٞ مِّن رَّبِّكُمۡ عَظِيمٞ ٦ وَإِذۡ تَأَذَّنَ رَبُّكُمۡ
لَئِن شَكَرۡتُمۡ لَأَزِيدَنَّكُمۡۖ وَلَئِن كَفَرۡتُمۡ إِنَّ عَذَابِي
لَشَدِيدٞ ٧ وَقَالَ مُوسَىٰٓ إِن تَكۡفُرُوٓاْ أَنتُمۡ وَمَن فِي
ٱلۡأَرۡضِ جَمِيعٗا فَإِنَّ ٱللَّهَ لَغَنِيٌّ حَمِيدٌ ٨ أَلَمۡ يَأۡتِكُمۡ نَبَؤُاْ
ٱلَّذِينَ مِن قَبۡلِكُمۡ قَوۡمِ نُوحٖ وَعَادٖ وَثَمُودَ وَٱلَّذِينَ
مِنۢ بَعۡدِهِمۡ لَا يَعۡلَمُهُمۡ إِلَّا ٱللَّهُۚ جَآءَتۡهُمۡ رُسُلُهُم
بِٱلۡبَيِّنَٰتِ فَرَدُّوٓاْ أَيۡدِيَهُمۡ فِيٓ أَفۡوَٰهِهِمۡ وَقَالُوٓاْ إِنَّا كَفَرۡنَا
بِمَآ أُرۡسِلۡتُم بِهِۦ وَإِنَّا لَفِي شَكّٖ مِّمَّا تَدۡعُونَنَآ إِلَيۡهِ مُرِيبٖ ٩
۞ قَالَتۡ رُسُلُهُمۡ أَفِي ٱللَّهِ شَكّٞ فَاطِرِ ٱلسَّمَٰوَٰتِ وَٱلۡأَرۡضِۖ
يَدۡعُوكُمۡ لِيَغۡفِرَ لَكُم مِّن ذُنُوبِكُمۡ وَيُؤَخِّرَكُمۡ إِلَىٰٓ أَجَلٖ
مُّسَمّٗىۚ قَالُوٓاْ إِنۡ أَنتُمۡ إِلَّا بَشَرٞ مِّثۡلُنَا تُرِيدُونَ أَن تَصُدُّونَا
عَمَّا كَانَ يَعۡبُدُ ءَابَآؤُنَا فَأۡتُونَا بِسُلۡطَٰنٖ مُّبِينٖ ١٠

またムーサーが彼の民に言った時のこと。「アッラーのおまえたちへの恩寵を思い起こせ。彼がおまえたちをフィルアウンの一党から救い出し給うた時のこと。彼らはおまえたちに酷い虐待をくわえ、おまえたちの男児たちを惨殺し、おまえたちの女たちを生かしておいた。そしてまことに、その中にはおまえたちの主からの大いなる試練があった」。(14：6)

「そしてその時、おまえの主は報知し給うた。『もし、おまえたちが感謝するなら、必ずやわれはおまえたちを増やし、もしおまえたちが信仰を拒むなら、まことにわが懲罰は苛酷である』と」。(14：7)

またムーサーは言った。「もし、おまえたちと地上にいる者がそっくり信仰を拒んだとしても、まことにアッラーは自足し、称賛されるべき御方」。(14：8)

おまえたちには、おまえたち以前の者たち、ヌーフの民、アード、サムードの消息は来なかったのか。そして彼らの後の者たち、彼らのことはアッラーのほかに知る者はない。彼らの許には彼らの使徒が諸々の明証と共にやって来た。だが、彼らは手を口に返し[1012]、言った。「われらはおまえたちがそれと共に遣わされたもの(明証、奇跡)の信仰を拒んだ。また、われらは、おまえたちがわれらをそこへと呼び招くもの(唯一神信仰)について訝しむ疑念のうちにある」。(14：9)

彼らの使徒たちは言った。「アッラーについて疑念があるのか、天と地の創始者に。彼は、おまえたちの罪をおまえたちに赦し、定めの期限までおまえたちを猶予しようとおまえたちを呼び招き給う」。彼らは言った。「おまえたちはわれらと同じ人間に過ぎない。おまえたちは、われらの父祖が仕えてきたもの(偶像)からわれらを逸らすことを欲しているのだ。それではわれらに明白な権威を持って来い」。(14：10)

1012　一説によると、不信仰者たちが怒りのあまり自分の手を噛んだ。別の説では、不信仰者たちが彼らの手で使徒たちの口を塞いだ。

قَالَتْ لَهُمْ رُسُلُهُمْ إِن نَّحْنُ إِلَّا بَشَرٌ مِّثْلُكُمْ وَلَٰكِنَّ ٱللَّهَ
يَمُنُّ عَلَىٰ مَن يَشَآءُ مِنْ عِبَادِهِۦ ۖ وَمَا كَانَ لَنَآ أَن نَّأْتِيَكُم
بِسُلْطَٰنٍ إِلَّا بِإِذْنِ ٱللَّهِ ۚ وَعَلَى ٱللَّهِ فَلْيَتَوَكَّلِ ٱلْمُؤْمِنُونَ
﴿١١﴾ وَمَا لَنَآ أَلَّا نَتَوَكَّلَ عَلَى ٱللَّهِ وَقَدْ هَدَىٰنَا سُبُلَنَا ۚ وَلَنَصْبِرَنَّ
عَلَىٰ مَآ ءَاذَيْتُمُونَا ۚ وَعَلَى ٱللَّهِ فَلْيَتَوَكَّلِ ٱلْمُتَوَكِّلُونَ
﴿١٢﴾ وَقَالَ ٱلَّذِينَ كَفَرُوا۟ لِرُسُلِهِمْ لَنُخْرِجَنَّكُم مِّنْ أَرْضِنَآ
أَوْ لَتَعُودُنَّ فِى مِلَّتِنَا ۖ فَأَوْحَىٰٓ إِلَيْهِمْ رَبُّهُمْ لَنُهْلِكَنَّ
ٱلظَّٰلِمِينَ ﴿١٣﴾ وَلَنُسْكِنَنَّكُمُ ٱلْأَرْضَ مِنۢ بَعْدِهِمْ ۚ
ذَٰلِكَ لِمَنْ خَافَ مَقَامِى وَخَافَ وَعِيدِ ﴿١٤﴾ وَٱسْتَفْتَحُوا۟
وَخَابَ كُلُّ جَبَّارٍ عَنِيدٍ ﴿١٥﴾ مِّن وَرَآئِهِۦ جَهَنَّمُ وَيُسْقَىٰ
مِن مَّآءٍ صَدِيدٍ ﴿١٦﴾ يَتَجَرَّعُهُۥ وَلَا يَكَادُ يُسِيغُهُۥ وَيَأْتِيهِ
ٱلْمَوْتُ مِن كُلِّ مَكَانٍ وَمَا هُوَ بِمَيِّتٍ ۖ وَمِن وَرَآئِهِۦ
عَذَابٌ غَلِيظٌ ﴿١٧﴾ مَّثَلُ ٱلَّذِينَ كَفَرُوا۟ بِرَبِّهِمْ ۖ أَعْمَٰلُهُمْ
كَرَمَادٍ ٱشْتَدَّتْ بِهِ ٱلرِّيحُ فِى يَوْمٍ عَاصِفٍ ۖ لَّا يَقْدِرُونَ
مِمَّا كَسَبُوا۟ عَلَىٰ شَىْءٍ ۚ ذَٰلِكَ هُوَ ٱلضَّلَٰلُ ٱلْبَعِيدُ ﴿١٨﴾

彼らの使徒たちは彼らに言った。「われらはおまえたちと同じ人間に過ぎない。だが、アッラーは彼の僕《しもべ》たちのうちの御望みの者に恩恵を授け給う。そしてわれらにとってはアッラーの御許可なしに権威をおまえたちにもたらすことは出来ない。それゆえアッラーにこそ信仰者たちは一任せよ」。(14：11)

「またどうしてわれらがアッラーに一任せずにいられようか。かつて彼はわれらをわれらの道に導き給うたというのに。また必ずやわれらはおまえたちがわれらになす迫害に耐えてみせよう。それゆえアッラーにこそ一任する者たちは一任せよ」。(14：12)

それで信仰を拒んだ者たちは彼らの使徒たちに言った。「必ずやわれらはおまえたちをわれらの地から追い出してみせる。そうでなければ、おまえたちはわれらの宗旨に戻るであろう」。そこで彼らの主は彼ら(使徒たち)に啓示し給うた。「必ずやわれらは不正な者たちを滅ぼすであろう」。(14：13)

「そして、必ずやわれらは、彼らの後におまえたちをその地に住まわせるであろう。それはわが立ち場所[1013]を恐れ、わが(懲罰の)約束を恐れる者たちのためである」。(14：14)

そして彼らは勝利を求め、すべての高慢で頑迷な者は滅びた。(14：15)

彼の背後には火獄《ジャハンナム》があり、血膿の汁を飲まされる。(14：16)

彼はそれを一飲みするが、ほとんど喉を通らず、彼にはあらゆる場から死が迫るが、彼は死ぬ者ではない。そして、彼の背後には苛酷な懲罰がある。(14：17)

己の主を拒絶した者たちの譬《たと》えは、彼らの行いはちょうど暴風の日に風が舞い上げる灰のようである。彼らは己の稼いだことから、少しも何か(役に立つこと)をなす力はない。それこそは遠い迷誤である。(14：18)

1013　最後の審判の日にアッラーの御前に立たされ裁かれるのを。

أَلَمْ تَرَ أَنَّ ٱللَّهَ خَلَقَ ٱلسَّمَٰوَٰتِ وَٱلْأَرْضَ بِٱلْحَقِّ إِن يَشَأْ
يُذْهِبْكُمْ وَيَأْتِ بِخَلْقٍ جَدِيدٍ ۝١٩ وَمَا ذَٰلِكَ عَلَى ٱللَّهِ بِعَزِيزٍ
۝٢٠ وَبَرَزُوا۟ لِلَّهِ جَمِيعًا فَقَالَ ٱلضُّعَفَٰٓؤُا۟ لِلَّذِينَ ٱسْتَكْبَرُوٓا۟
إِنَّا كُنَّا لَكُمْ تَبَعًا فَهَلْ أَنتُم مُّغْنُونَ عَنَّا مِنْ عَذَابِ ٱللَّهِ
مِن شَىْءٍ قَالُوا۟ لَوْ هَدَىٰنَا ٱللَّهُ لَهَدَيْنَٰكُمْ سَوَآءٌ عَلَيْنَآ
أَجَزِعْنَآ أَمْ صَبَرْنَا مَا لَنَا مِن مَّحِيصٍ ۝٢١ وَقَالَ ٱلشَّيْطَٰنُ لَمَّا
قُضِىَ ٱلْأَمْرُ إِنَّ ٱللَّهَ وَعَدَكُمْ وَعْدَ ٱلْحَقِّ وَوَعَدتُّكُمْ
فَأَخْلَفْتُكُمْ وَمَا كَانَ لِىَ عَلَيْكُم مِّن سُلْطَٰنٍ إِلَّآ
أَن دَعَوْتُكُمْ فَٱسْتَجَبْتُمْ لِى فَلَا تَلُومُونِى وَلُومُوٓا۟ أَنفُسَكُم
مَّآ أَنَا۠ بِمُصْرِخِكُمْ وَمَآ أَنتُم بِمُصْرِخِىَّ إِنِّى كَفَرْتُ
بِمَآ أَشْرَكْتُمُونِ مِن قَبْلُ إِنَّ ٱلظَّٰلِمِينَ لَهُمْ عَذَابٌ
أَلِيمٌ ۝٢٢ وَأُدْخِلَ ٱلَّذِينَ ءَامَنُوا۟ وَعَمِلُوا۟ ٱلصَّٰلِحَٰتِ جَنَّٰتٍ
تَجْرِى مِن تَحْتِهَا ٱلْأَنْهَٰرُ خَٰلِدِينَ فِيهَا بِإِذْنِ رَبِّهِمْ تَحِيَّتُهُمْ
فِيهَا سَلَٰمٌ ۝٢٣ أَلَمْ تَرَ كَيْفَ ضَرَبَ ٱللَّهُ مَثَلًا كَلِمَةً طَيِّبَةً
كَشَجَرَةٍ طَيِّبَةٍ أَصْلُهَا ثَابِتٌ وَفَرْعُهَا فِى ٱلسَّمَآءِ ۝٢٤

おまえは、アッラーが諸天と地を真理と共に創造し給うたのを見なかったのか。もし彼が御望みならば、おまえたちを行かせ、新たな被造物を連れて来給う。(14：19)

そしてそれはアッラーにとっては大事《おおごと》ではない。(14：20)

そして彼らはそっくりアッラーの御前にまかり出た。そして、弱者たちは高慢であった者たちに言った。「われらはおまえたちに従う者であった。それでおまえたちはわれらからアッラーの懲罰を少しでも免ずる者であるか」。彼らは言った。「アッラーがわれらを導き給うていれば、われらはおまえたちを導いたであろう。嘆いても、忍耐しても、われらには同じこと、われらに逃所《にげど》などない」。(14：21)

そして、事が定まった時、悪魔は言った。「まことにアッラーはおまえたちに真実の約束を約束し給い、私もおまえたちに約束したが、私はおまえたちを裏切った。そして私にはおまえたちに対してなんの権能もなかった。ただ、私がおまえたちに呼びかけたところ、おまえたちが私に応えただけである。それゆえ、私を責めずに、おまえたち自身を責めよ。私はおまえたちを助ける者ではなく、おまえたちも私を助ける者ではない。まことに私は、おまえたちが私を(アッラーと)同位に配することを既に以前に拒絶していた」。まことに、不正な者たち、彼らには痛苦の懲罰がある[1014]。(14：22)

一方、信仰し、善行をなした者たちは、彼らの主の御許しによって、下に河川が流れる楽園に入れられ、そこに永遠に。そこでの彼らの挨拶は「平安あれ」。(14：23)

おまえは見なかったか、いかにアッラーが譬《たと》えを、良い言葉を、ちょうど良い木のようだと示し給うたのを。その根幹はしっかりし、その枝は天に。(14：24)

1014 「まことに、不正な者たち、彼らには痛苦の懲罰がある」は悪魔の言葉の続きであるとも、アッラーの御言葉であるとも言われる。

تُؤْتِىٓ أُكُلَهَا كُلَّ حِينٍۭ بِإِذْنِ رَبِّهَا ۗ وَيَضْرِبُ ٱللَّهُ ٱلْأَمْثَالَ
لِلنَّاسِ لَعَلَّهُمْ يَتَذَكَّرُونَ ﴿٢٥﴾ وَمَثَلُ كَلِمَةٍ خَبِيثَةٍ
كَشَجَرَةٍ خَبِيثَةٍ ٱجْتُثَّتْ مِن فَوْقِ ٱلْأَرْضِ مَا لَهَا مِن
قَرَارٍ ﴿٢٦﴾ يُثَبِّتُ ٱللَّهُ ٱلَّذِينَ ءَامَنُوا۟ بِٱلْقَوْلِ ٱلثَّابِتِ فِى ٱلْحَيَوٰةِ
ٱلدُّنْيَا وَفِى ٱلْءَاخِرَةِ ۖ وَيُضِلُّ ٱللَّهُ ٱلظَّٰلِمِينَ ۚ وَيَفْعَلُ ٱللَّهُ
مَا يَشَآءُ ﴿٢٧﴾ ۞ أَلَمْ تَرَ إِلَى ٱلَّذِينَ بَدَّلُوا۟ نِعْمَتَ ٱللَّهِ كُفْرًا
وَأَحَلُّوا۟ قَوْمَهُمْ دَارَ ٱلْبَوَارِ ﴿٢٨﴾ جَهَنَّمَ يَصْلَوْنَهَا ۖ وَبِئْسَ
ٱلْقَرَارُ ﴿٢٩﴾ وَجَعَلُوا۟ لِلَّهِ أَندَادًا لِّيُضِلُّوا۟ عَن سَبِيلِهِۦ ۗ قُلْ
تَمَتَّعُوا۟ فَإِنَّ مَصِيرَكُمْ إِلَى ٱلنَّارِ ﴿٣٠﴾ قُل لِّعِبَادِىَ ٱلَّذِينَ
ءَامَنُوا۟ يُقِيمُوا۟ ٱلصَّلَوٰةَ وَيُنفِقُوا۟ مِمَّا رَزَقْنَٰهُمْ سِرًّا وَعَلَانِيَةً
مِّن قَبْلِ أَن يَأْتِىَ يَوْمٌ لَّا بَيْعٌ فِيهِ وَلَا خِلَٰلٌ ﴿٣١﴾ ٱللَّهُ ٱلَّذِى
خَلَقَ ٱلسَّمَٰوَٰتِ وَٱلْأَرْضَ وَأَنزَلَ مِنَ ٱلسَّمَآءِ مَآءً فَأَخْرَجَ
بِهِۦ مِنَ ٱلثَّمَرَٰتِ رِزْقًا لَّكُمْ ۖ وَسَخَّرَ لَكُمُ ٱلْفُلْكَ لِتَجْرِىَ
فِى ٱلْبَحْرِ بِأَمْرِهِۦ ۖ وَسَخَّرَ لَكُمُ ٱلْأَنْهَٰرَ ﴿٣٢﴾ وَسَخَّرَ لَكُمُ
ٱلشَّمْسَ وَٱلْقَمَرَ دَآئِبَيْنِ ۖ وَسَخَّرَ لَكُمُ ٱلَّيْلَ وَٱلنَّهَارَ ﴿٣٣﴾

それは主の御許可によってその食物(果実)をあらゆる時期にもたらす。そしてアッラーは人々に譬《たと》えを示し給う。きっと彼らも留意するであろう。(14：25)

一方、悪い言葉の譬えは、ちょうど悪い木[1015]のよう。地表から引き抜かれ、定着しない。(14：26)

アッラーは信仰する者たちを現世でも来世でも確固とした言葉で強め給う。また、アッラーは不正な者たちを迷わせ給う。アッラーは御望みのことをなし給う。(14：27)

おまえはアッラーの恩寵を不信仰に替え、己の民を破滅の館に住まわせた者たち[1016]を見なかったか。(14：28)

火獄《ジャハンナム》に。彼らはそれに焼《く》べられる[1017]。またなんと悪い居場所であるか。(14：29)

そして彼らはアッラーに互角の者(偶像)を配し、彼の道から迷わせた。言え、「(束の間の現世を)楽しめ、まことにおまえたちの行き着く先は獄火である」。(14：30)

信仰するわが僕《しもべ》たちに言え、「礼拝を遵守し、われらが彼らに糧として与えたものから、密かに、また公然と(善に)費やすように[1018]、取引も友情も(役に立た)ない日がやって来る前に」と。(14：31)

アッラーは諸天と地を創造し、天から水(雨)を下し、それによっておまえたちに実りを糧として出でさせ、また彼の御命令によって、海を行くようにと、おまえたちに船を従わせ給うた御方。また彼はおまえたちに川も従わせ給うた。(14：32)

また、彼はおまえたちに二つの軌道運行の太陽と月を従わせ、おまえたちに昼と夜を従わせ給うた。(14：33)

1015　コロシント(ウリ科)。根が浅く安定しない。

1016　バドルの戦いで壊滅的打撃を蒙ったマッカの不信仰者たち、特にウマイヤ家、ムギーラ家を指す、とも言われる。

1017　それで焼けるの意。

1018　一説によると、任意の喜捨は密かに施し、義務の浄財は支払いを周知させるように、との意。

وَءَاتَىٰكُم مِّن كُلِّ مَا سَأَلْتُمُوهُ ۚ وَإِن تَعُدُّوا۟ نِعْمَتَ ٱللَّهِ
لَا تُحْصُوهَآ ۗ إِنَّ ٱلْإِنسَٰنَ لَظَلُومٌ كَفَّارٌ ٣٤ وَإِذْ قَالَ إِبْرَٰهِيمُ
رَبِّ ٱجْعَلْ هَٰذَا ٱلْبَلَدَ ءَامِنًا وَٱجْنُبْنِى وَبَنِىَّ أَن نَّعْبُدَ
ٱلْأَصْنَامَ ٣٥ رَبِّ إِنَّهُنَّ أَضْلَلْنَ كَثِيرًا مِّنَ ٱلنَّاسِ ۖ فَمَن
تَبِعَنِى فَإِنَّهُۥ مِنِّى ۖ وَمَنْ عَصَانِى فَإِنَّكَ غَفُورٌ رَّحِيمٌ ٣٦ رَّبَّنَآ
إِنِّىٓ أَسْكَنتُ مِن ذُرِّيَّتِى بِوَادٍ غَيْرِ ذِى زَرْعٍ عِندَ بَيْتِكَ
ٱلْمُحَرَّمِ رَبَّنَا لِيُقِيمُوا۟ ٱلصَّلَوٰةَ فَٱجْعَلْ أَفْـِٔدَةً مِّنَ ٱلنَّاسِ
تَهْوِىٓ إِلَيْهِمْ وَٱرْزُقْهُم مِّنَ ٱلثَّمَرَٰتِ لَعَلَّهُمْ يَشْكُرُونَ
٣٧ رَبَّنَآ إِنَّكَ تَعْلَمُ مَا نُخْفِى وَمَا نُعْلِنُ ۗ وَمَا يَخْفَىٰ عَلَى ٱللَّهِ
مِن شَىْءٍ فِى ٱلْأَرْضِ وَلَا فِى ٱلسَّمَآءِ ٣٨ ٱلْحَمْدُ لِلَّهِ ٱلَّذِى
وَهَبَ لِى عَلَى ٱلْكِبَرِ إِسْمَٰعِيلَ وَإِسْحَٰقَ ۚ إِنَّ رَبِّى لَسَمِيعُ
ٱلدُّعَآءِ ٣٩ رَبِّ ٱجْعَلْنِى مُقِيمَ ٱلصَّلَوٰةِ وَمِن ذُرِّيَّتِى ۚ رَبَّنَا
وَتَقَبَّلْ دُعَآءِ ٤٠ رَبَّنَا ٱغْفِرْ لِى وَلِوَٰلِدَىَّ وَلِلْمُؤْمِنِينَ
يَوْمَ يَقُومُ ٱلْحِسَابُ ٤١ وَلَا تَحْسَبَنَّ ٱللَّهَ غَٰفِلًا عَمَّا يَعْمَلُ
ٱلظَّٰلِمُونَ ۚ إِنَّمَا يُؤَخِّرُهُمْ لِيَوْمٍ تَشْخَصُ فِيهِ ٱلْأَبْصَٰرُ ٤٢

そしておまえたちが求めるものをすべておまえたちに与え給うた。それでおまえたちがアッラーの恩寵を数えても、それを数え尽くすことはない。まことに人間は不正を極め[1019]不信仰極まりない者である。(14：34)

また、イブラーヒームが、「わが主よ、この国を安全なものとし、私と私の子孫を、われらが偶像に仕えること(から)遠ざけ給え」と言った時のこと。(14：35)

「わが主よ、まことにそれら(偶像)は人々の多くを迷わせました。私に従った者は私の身内であり、私に背いた者、まことにあなたはよく赦し給う寛大な御方[1020]」。(14：36)

「われらが主よ、私はあなたの聖なる館の傍らの作物をもたらさない谷間(涸川)の地(マッカ)にわが子孫の一部を住まわせましたが、われらが主よ、(それは)彼らに礼拝を遵守させるためでした。それゆえ、人々のうちの心に彼らを(慕い)求めさせ、彼らに果実の糧を与え給え。きっと彼らは感謝しましょう」。(14：37)

「われらが主よ、あなたは私たちが隠すことも公にすることも知り給い、地のものも天のものも、何物であれアッラーに対して隠れたものはありません」。(14：38)

「称賛はアッラーに属す、高齢の私にイスマーイールとイスハークを授け給うた御方。まことにわが主は祈願を聞き届け給う御方」。(14：39)

「わが主よ、私を礼拝を履行する者とし、わが子孫のうちからもまた。われらが主よ、私の祈願を受け入れ給え」。(14：40)

「われらが主よ、私を赦し給え。そして私の両親[1021]と信仰者たちを。清算が成る日に」。(14：41)

そして不正な者たちがなすことについてアッラーが不注意であらせられると考えてはならない。彼はただ(最後の審判の恐怖に)目が見開く日のために彼らを猶予しておられるのである。(14：42)

1019　恩寵を授かった相手に感謝せず、それ以外の感謝に値しない者に感謝を捧げる。

1020　これは多神崇拝は決して赦されないことを教えられる前のイブラーヒームの言葉とも、多神崇拝以外の違背は赦される、との意味とも、アッラーは背く者であっても赦し正しく導き給う寛大な御方である、との意味とも言われる。

1021　これはイブラーヒームの父親が多神崇拝から悔い改めて戻らないことが判明する(19章46節)よりも前のことである。9章113節参照。

مُهْطِعِينَ مُقْنِعِي رُءُوسِهِمْ لَا يَرْتَدُّ إِلَيْهِمْ طَرْفُهُمْ
وَأَفْـِٔدَتُهُمْ هَوَآءٌ ﴿٤٣﴾ وَأَنذِرِ ٱلنَّاسَ يَوْمَ يَأْتِيهِمُ ٱلْعَذَابُ
فَيَقُولُ ٱلَّذِينَ ظَلَمُوا۟ رَبَّنَآ أَخِّرْنَآ إِلَىٰٓ أَجَلٍ قَرِيبٍ نُّجِبْ
دَعْوَتَكَ وَنَتَّبِعِ ٱلرُّسُلَ ۗ أَوَلَمْ تَكُونُوٓا۟ أَقْسَمْتُم مِّن قَبْلُ
مَا لَكُم مِّن زَوَالٍ ﴿٤٤﴾ وَسَكَنتُمْ فِى مَسَـٰكِنِ ٱلَّذِينَ ظَلَمُوٓا۟
أَنفُسَهُمْ وَتَبَيَّنَ لَكُمْ كَيْفَ فَعَلْنَا بِهِمْ وَضَرَبْنَا لَكُمُ
ٱلْأَمْثَالَ ﴿٤٥﴾ وَقَدْ مَكَرُوا۟ مَكْرَهُمْ وَعِندَ ٱللَّهِ مَكْرُهُمْ
وَإِن كَانَ مَكْرُهُمْ لِتَزُولَ مِنْهُ ٱلْجِبَالُ ﴿٤٦﴾ فَلَا
تَحْسَبَنَّ ٱللَّهَ مُخْلِفَ وَعْدِهِۦ رُسُلَهُۥٓ ۚ إِنَّ ٱللَّهَ عَزِيزٌ
ذُو ٱنتِقَامٍ ﴿٤٧﴾ يَوْمَ تُبَدَّلُ ٱلْأَرْضُ غَيْرَ ٱلْأَرْضِ وَٱلسَّمَـٰوَٰتُ ۖ
وَبَرَزُوا۟ لِلَّهِ ٱلْوَٰحِدِ ٱلْقَهَّارِ ﴿٤٨﴾ وَتَرَى ٱلْمُجْرِمِينَ يَوْمَئِذٍ
مُّقَرَّنِينَ فِى ٱلْأَصْفَادِ ﴿٤٩﴾ سَرَابِيلُهُم مِّن قَطِرَانٍ وَتَغْشَىٰ
وُجُوهَهُمُ ٱلنَّارُ ﴿٥٠﴾ لِيَجْزِىَ ٱللَّهُ كُلَّ نَفْسٍ مَّا كَسَبَتْ ۚ
إِنَّ ٱللَّهَ سَرِيعُ ٱلْحِسَابِ ﴿٥١﴾ هَـٰذَا بَلَـٰغٌ لِّلنَّاسِ وَلِيُنذَرُوا۟ بِهِۦ
وَلِيَعْلَمُوٓا۟ أَنَّمَا هُوَ إِلَـٰهٌ وَٰحِدٌ وَلِيَذَّكَّرَ أُو۟لُوا۟ ٱلْأَلْبَـٰبِ ﴿٥٢﴾

頭をもたげて早足で歩き、彼らの眼差しは彼らに戻らず、彼らの心は空ろである。(14：43)

そして人々に、懲罰が彼らに訪れる日を警告せよ。その時、不正をなした者たちは言う。「われらが主よ、間近な期限までわれらを猶予し給え。われらはあなたの呼びかけに応え、使徒たちに従います」。「おまえたちは以前から、じぶんたちには(現世から来世への)退去などないと誓っていたではないか」。(14：44)

そしておまえたちは、自らに不正をなした者たちの[1022]住まいに住み、われらが彼らに対していかになしたかがおまえたちに明らかになった。そしてわれらはおまえたちに譬《たと》えを示した。(14：45)

また彼らはかつて自らの策謀を策したが、アッラーの御許に彼らの策謀はあった[1023]。しかし彼らの策謀は、それで山を消すようなものではない[1024]。(14：46)

それゆえ、アッラーが彼の使徒との約束を違える御方だと考えてはならない。まことに、アッラーは威力比類なき報復の主。(14：47)

大地が大地でないものに、そして諸天も(諸天でないものに)替えられ、彼らが唯一なる支配者アッラーの許にまかり出る日。(14：48)

そして、おまえは、罪人たちがその日、枷に繋ぎ合わせられているのを見る。(14：49)

彼らの衣類はタールからなり、彼らの顔を火が覆う。(14：50)

アッラーが各々に対し彼のなしたことに報い給うためである。まことにアッラーは清算に素早い御方。(14：51)

これは人々への伝言であり、それは、彼らがそれによって警告され、彼こそは唯一なる神であらせられると知り、賢慮を備えた者たちが留意するためである。(14：52)

1022　サムードのような過去の民族。

1023　預言者ムハンマドの殺害、拘束、追放などを策したが、アッラーはそれらを見通し給うていた。

1024　「山」とは、山のように確固不動な預言者ムハンマドの聖法(シャリーア)の比喩であるとも言われる。

سُورَةُ الحِجْرِ

بِسْمِ ٱللَّهِ ٱلرَّحْمَٰنِ ٱلرَّحِيمِ

الٓر تِلْكَ ءَايَٰتُ ٱلْكِتَٰبِ وَقُرْءَانٍ مُّبِينٍ ١ رُّبَمَا يَوَدُّ
ٱلَّذِينَ كَفَرُوا۟ لَوْ كَانُوا۟ مُسْلِمِينَ ٢ ذَرْهُمْ يَأْكُلُوا۟
وَيَتَمَتَّعُوا۟ وَيُلْهِهِمُ ٱلْأَمَلُ فَسَوْفَ يَعْلَمُونَ ٣ وَمَآ أَهْلَكْنَا
مِن قَرْيَةٍ إِلَّا وَلَهَا كِتَابٌ مَّعْلُومٌ ٤ مَّا تَسْبِقُ مِنْ أُمَّةٍ
أَجَلَهَا وَمَا يَسْتَـْٔخِرُونَ ٥ وَقَالُوا۟ يَٰٓأَيُّهَا ٱلَّذِى نُزِّلَ عَلَيْهِ
ٱلذِّكْرُ إِنَّكَ لَمَجْنُونٌ ٦ لَّوْ مَا تَأْتِينَا بِٱلْمَلَٰٓئِكَةِ إِن كُنتَ
مِنَ ٱلصَّٰدِقِينَ ٧ مَا نُنَزِّلُ ٱلْمَلَٰٓئِكَةَ إِلَّا بِٱلْحَقِّ وَمَا كَانُوٓا۟
إِذًا مُّنظَرِينَ ٨ إِنَّا نَحْنُ نَزَّلْنَا ٱلذِّكْرَ وَإِنَّا لَهُۥ لَحَٰفِظُونَ ٩
وَلَقَدْ أَرْسَلْنَا مِن قَبْلِكَ فِى شِيَعِ ٱلْأَوَّلِينَ ١٠ وَمَا يَأْتِيهِم
مِّن رَّسُولٍ إِلَّا كَانُوا۟ بِهِۦ يَسْتَهْزِءُونَ ١١ كَذَٰلِكَ نَسْلُكُهُۥ
فِى قُلُوبِ ٱلْمُجْرِمِينَ ١٢ لَا يُؤْمِنُونَ بِهِۦ وَقَدْ خَلَتْ سُنَّةُ ٱلْأَوَّلِينَ
١٣ وَلَوْ فَتَحْنَا عَلَيْهِم بَابًا مِّنَ ٱلسَّمَآءِ فَظَلُّوا۟ فِيهِ يَعْرُجُونَ ١٤
لَقَالُوٓا۟ إِنَّمَا سُكِّرَتْ أَبْصَٰرُنَا بَلْ نَحْنُ قَوْمٌ مَّسْحُورُونَ ١٥

第 15 章　アル＝ヒジュル ……　سورة الحجر

マッカ垂示

ヒジュルの住人の物語(80-84 節)に因み「アル＝ヒジュル」章と名づけられる。

本章では、冒頭から使徒たちを信ずることを拒んだ町が滅ぼされることが語られ(2-15 節)、アーダムの創造、イブリースの堕罪(26-44 節)、預言者イブラーヒーム、ルート、シュアイブ(51-79 節)、そして本章のタイトルとなっているヒジュルの住人の物語が語られる(80-84 節)。

なお本章には、定めの礼拝で必ず唱えられるクルアーン第 1「開端」章の別名「繰り返されるものの七つ」(87 節)が現れる。

慈悲あまねく慈悲深きアッラーの御名において

アリフ・ラーム・ラー[1025]。それは啓典の、明白なクルアーンの諸々の徴(節)である。(15：1)

おそらく信仰を拒む者たちは、帰依者《ムスリム》であったならば、と望むであろう。(15：2)

彼らを放っておけ、食べ、楽しみ、希望が彼らの気を逸らせるままに。それでいずれ彼らは知るであろう。(15：3)

そしてわれらはどんな町をも、それに対する周知の書(期限)なしに滅ぼすことはなかった。(15：4)

どんな共同体も、その期限に先んずることはなく、遅れることもない。(15：5)

だが、彼らは言う。「訓戒(クルアーン)が垂示された者よ、まことにおまえは狂人である」。(15：6)

「もしおまえが真実を語る者たち(の一人)であるなら、どうしてわれらに天使を連れて来ないのか」。(15：7)

われらが天使たちを降すのは、真理を伴ってのみに他ならず[1026]、そうなれば、おまえたちは待ってもらう者ではなくなろう。(15：8)

まことにわれら、われらこそが訓戒(クルアーン)を垂示したのであり、まことにわれらこそはその(改竄、散逸からの)護持者である。(15：9)

そしてわれらは、かつておまえ以前にも昔の者たちの諸集団に(使徒を)遣わした。(15：10)

だが、彼らの許に使徒が訪れる度、彼らは彼を笑いものにせずにはいなかった。(15：11)

こうしてわれらは罪人の心にそれ(不信仰)を入り込ませた。(15：12)

彼らは彼を信じない。昔の者たちの慣例が既に過ぎ去ったというのに[1027]。(15：13)

そして仮にわれらが彼らの上に天の扉を開き、彼らがそこを昇り続けたとしても。(15：14)

1025　2 章 1 節脚注参照。

1026　天使が降臨するのは、天罰が下される時でしかない。あるいは、叡智に基づくなんらかの理由がなければ、天使は降臨しない。

1027　過去に使徒たちを拒絶した諸民族の滅亡の先例があるというのに。

وَلَقَدۡ جَعَلۡنَا فِي ٱلسَّمَآءِ بُرُوجٗا وَزَيَّنَّٰهَا لِلنَّٰظِرِينَ ١٦
وَحَفِظۡنَٰهَا مِن كُلِّ شَيۡطَٰنٖ رَّجِيمٍ ١٧ إِلَّا مَنِ ٱسۡتَرَقَ ٱلسَّمۡعَ
فَأَتۡبَعَهُۥ شِهَابٞ مُّبِينٞ ١٨ وَٱلۡأَرۡضَ مَدَدۡنَٰهَا وَأَلۡقَيۡنَا فِيهَا
رَوَٰسِيَ وَأَنۢبَتۡنَا فِيهَا مِن كُلِّ شَيۡءٖ مَّوۡزُونٖ ١٩ وَجَعَلۡنَا لَكُمۡ
فِيهَا مَعَٰيِشَ وَمَن لَّسۡتُمۡ لَهُۥ بِرَٰزِقِينَ ٢٠ وَإِن مِّن شَيۡءٍ إِلَّا
عِندَنَا خَزَآئِنُهُۥ وَمَا نُنَزِّلُهُۥٓ إِلَّا بِقَدَرٖ مَّعۡلُومٖ ٢١ وَأَرۡسَلۡنَا
ٱلرِّيَٰحَ لَوَٰقِحَ فَأَنزَلۡنَا مِنَ ٱلسَّمَآءِ مَآءٗ فَأَسۡقَيۡنَٰكُمُوهُ وَمَآ أَنتُمۡ
لَهُۥ بِخَٰزِنِينَ ٢٢ وَإِنَّا لَنَحۡنُ نُحۡيِۦ وَنُمِيتُ وَنَحۡنُ ٱلۡوَٰرِثُونَ ٢٣
وَلَقَدۡ عَلِمۡنَا ٱلۡمُسۡتَقۡدِمِينَ مِنكُمۡ وَلَقَدۡ عَلِمۡنَا ٱلۡمُسۡتَـٔۡخِرِينَ
٢٤ وَإِنَّ رَبَّكَ هُوَ يَحۡشُرُهُمۡۚ إِنَّهُۥ حَكِيمٌ عَلِيمٞ ٢٥ وَلَقَدۡ خَلَقۡنَا
ٱلۡإِنسَٰنَ مِن صَلۡصَٰلٖ مِّنۡ حَمَإٖ مَّسۡنُونٖ ٢٦ وَٱلۡجَآنَّ خَلَقۡنَٰهُ مِن
قَبۡلُ مِن نَّارِ ٱلسَّمُومِ ٢٧ وَإِذۡ قَالَ رَبُّكَ لِلۡمَلَٰٓئِكَةِ إِنِّي خَٰلِقُۢ بَشَرٗا
مِّن صَلۡصَٰلٖ مِّنۡ حَمَإٖ مَّسۡنُونٖ ٢٨ فَإِذَا سَوَّيۡتُهُۥ وَنَفَخۡتُ فِيهِ
مِن رُّوحِي فَقَعُواْ لَهُۥ سَٰجِدِينَ ٢٩ فَسَجَدَ ٱلۡمَلَٰٓئِكَةُ كُلُّهُمۡ
أَجۡمَعُونَ ٣٠ إِلَّآ إِبۡلِيسَ أَبَىٰٓ أَن يَكُونَ مَعَ ٱلسَّٰجِدِينَ ٣١

彼らはきっと言ったであろう。「われらの目は眩《くら》まされた。いや、われらは魔法をかけられた民である」。(15：15)

そして確かにわれらは天に星座をなし、眺める者たちのためにそれを美しく飾り、(15：16)

また、それを石もて追われた(呪われた)全ての悪魔から守った[1028]。(15：17)

ただし、それを盗んだ(盗み聞きした)者は別で、輝く流星が彼を追いかけた。(15：18)

また、大地をわれらは延べ広げ、そこに(磐石の)山脈を据え、そこにあらゆる均衡を計られたものを成長させた。(15：19)

そして、われらは、そこでおまえたちに暮らしの糧を成し、おまえたちがその扶養者でなかった者[1029]をも(成した)。(15：20)

そして、まことにどんなものでも、われらの許にその格納庫がないものはなく、われらはそれを周知の量しか降さない。(15：21)

また、われらは孕ませる[1030]風を送り、天から水を下し、それをおまえたちに飲ませたが、おまえたちはその貯蔵係ではない。(15：22)

また、まことに、われらこそ生かし、死なせるのであり、われらこそ相続者である。(15：23)

また確かにわれらは、おまえたちのうち先を行く者たちを知っていたし、遅れる者たちも知っていた[1031]。(15：24)

そしてまことにおまえの主、彼こそは彼らを追い集め給う。まことに彼は英明にしてよく知り給う御方。(15：25)

また確かにわれらは、人間を変質した黒土のからからの粘土[1032]から創った。(15：26)

そして、ジャーンヌ[1033]を、われらは以前に灼熱の火から創った。(15：27)

またおまえの主が天使たちに仰せられた時のこと。「まことにわれは、変質した黒土のからからの粘土から人間を創る」。(15：28)

「それゆえわれが彼を仕上げ、彼にわれの霊から吹き込んだ時、彼に膝を屈し、跪拝せよ」。(15：29)

そこで天使たちは全員が一斉に跪拝した。(15：30)

ただし、イブリースは別で、彼は跪拝者たち(の一人)となることを拒んだ。(15：31)

1028　悪魔が天上の秘話を盗み聞きするのを防いだ。

1029　奴隷や、家畜など。奴隷や家畜も、真の扶養者はアッラーのみである。あるいは、「おまえたちがその扶養者でなかった者にも(暮らしの糧を成した)」とも訳される。

1030　雲を孕ませる風。

1031　既に死んだ者、生きている者、生まれてくる者を知っていた。

1032　あるいは、「乾いた泥土、変質した黒土」。

1033　「ジャーンヌ」とは、幽精《ジン》のことであるとも、幽精《ジン》の太祖(イブリース)のことであるとも言われる。

قَالَ يَٰٓإِبۡلِيسُ مَا لَكَ أَلَّا تَكُونَ مَعَ ٱلسَّٰجِدِينَ ﴿٣٢﴾ قَالَ لَمۡ أَكُن
لِّأَسۡجُدَ لِبَشَرٍ خَلَقۡتَهُۥ مِن صَلۡصَٰلٖ مِّنۡ حَمَإٖ مَّسۡنُونٖ ﴿٣٣﴾
قَالَ فَٱخۡرُجۡ مِنۡهَا فَإِنَّكَ رَجِيمٞ ﴿٣٤﴾ وَإِنَّ عَلَيۡكَ ٱللَّعۡنَةَ إِلَىٰ يَوۡمِ
ٱلدِّينِ ﴿٣٥﴾ قَالَ رَبِّ فَأَنظِرۡنِيٓ إِلَىٰ يَوۡمِ يُبۡعَثُونَ ﴿٣٦﴾ قَالَ فَإِنَّكَ
مِنَ ٱلۡمُنظَرِينَ ﴿٣٧﴾ إِلَىٰ يَوۡمِ ٱلۡوَقۡتِ ٱلۡمَعۡلُومِ ﴿٣٨﴾ قَالَ رَبِّ بِمَآ
أَغۡوَيۡتَنِي لَأُزَيِّنَنَّ لَهُمۡ فِي ٱلۡأَرۡضِ وَلَأُغۡوِيَنَّهُمۡ أَجۡمَعِينَ
﴿٣٩﴾ إِلَّا عِبَادَكَ مِنۡهُمُ ٱلۡمُخۡلَصِينَ ﴿٤٠﴾ قَالَ هَٰذَا صِرَٰطٌ عَلَيَّ
مُسۡتَقِيمٌ ﴿٤١﴾ إِنَّ عِبَادِي لَيۡسَ لَكَ عَلَيۡهِمۡ سُلۡطَٰنٌ إِلَّا مَنِ
ٱتَّبَعَكَ مِنَ ٱلۡغَاوِينَ ﴿٤٢﴾ وَإِنَّ جَهَنَّمَ لَمَوۡعِدُهُمۡ أَجۡمَعِينَ ﴿٤٣﴾
لَهَا سَبۡعَةُ أَبۡوَٰبٖ لِّكُلِّ بَابٖ مِّنۡهُمۡ جُزۡءٞ مَّقۡسُومٌ ﴿٤٤﴾ إِنَّ
ٱلۡمُتَّقِينَ فِي جَنَّٰتٖ وَعُيُونٍ ﴿٤٥﴾ ٱدۡخُلُوهَا بِسَلَٰمٍ ءَامِنِينَ ﴿٤٦﴾
وَنَزَعۡنَا مَا فِي صُدُورِهِم مِّنۡ غِلٍّ إِخۡوَٰنًا عَلَىٰ سُرُرٖ مُّتَقَٰبِلِينَ
﴿٤٧﴾ لَا يَمَسُّهُمۡ فِيهَا نَصَبٞ وَمَا هُم مِّنۡهَا بِمُخۡرَجِينَ ﴿٤٨﴾
۞ نَبِّئۡ عِبَادِيٓ أَنِّيٓ أَنَا ٱلۡغَفُورُ ٱلرَّحِيمُ ﴿٤٩﴾ وَأَنَّ عَذَابِي
هُوَ ٱلۡعَذَابُ ٱلۡأَلِيمُ ﴿٥٠﴾ وَنَبِّئۡهُمۡ عَن ضَيۡفِ إِبۡرَٰهِيمَ ﴿٥١﴾

彼は仰せられた。「イブリースよ、おまえはどうしたのか、跪拝者たちに同調しないとは」。(15：32)

彼は言った。「私は、変質した黒土のからからの粘土からあなたが創り給うた人間には、私は跪拝したりはしません」。(15：33)

彼は仰せられた。「ならば、ここから出て行け。それでまことにおまえは石もて追われた(呪われた)者である」。(15：34)

「そして、まことにおまえの上には裁きの日まで呪いがある」。(15：35)

彼は言った。「主よ、では彼らが蘇らされる日まで私を待ち(猶予し)給え」。(15：36)

彼は仰せられた。「では、まことにおまえは待たれた(猶予された)者たち(の一人)である」。(15：37)

「既知の時の日まで」。(15：38)

彼は言った。「主よ、あなたが私を惑わせ給うたことにより、地上で彼らに(彼らの悪行を)美しく飾り、彼らをそっくり惑わせてみましょう」。(15：39)

「ただし彼らのうち選別されたあなたの僕《しもべ》たちは別です」。(15：40)

彼は仰せられた。「これはわれへのまっすぐな道である[1034]」。(15：41)

「まことに、わが僕《しもべ》たち、おまえは彼らに対して権能はない、ただ、迷う者のうちおまえに従った者だけにである」。(15：42)

そして、まことに、火獄《ジャハンナム》こそ彼ら(イブリースに従った者)すべての約束の地である。(15：43)

それには七つの扉があり、それぞれの扉には彼らのうち割り当てられた一部がいる。(15：44)

まことに、畏れ身を守る者たちは楽園と泉にいる。(15：45)

「そこに平安と共に安らかに入れ」。(15：46)

そしてわれらは彼らの胸にある怨恨を取り除いた。兄弟として、寝台の上に向かい合って。(15：47)

そこで疲労が彼らを捕らえることはなく、彼らはそこから追い出される者ではない。(15：48)

わが僕《しもべ》たちに告げ知らせよ、われこそはよく赦す慈悲深い者であると。(15：49)

そして、わが懲罰、それは痛苦の懲罰であると。(15：50)

また、彼らにイブラーヒームの客人について告げ知らせよ[1035]。(15：51)

1034　あるいは、「これはわれの嘉するまっすぐな道である」とも「これはわれが責任をもって(護る)まっすぐな道である」とも訳されうる。

1035　イブラーヒームとルートの物語は、11章69-83節参照。

إِذْ دَخَلُوا۟ عَلَيْهِ فَقَالُوا۟ سَلَـٰمًا قَالَ إِنَّا مِنكُمْ وَجِلُونَ ﴿٥٢﴾ قَالُوا۟
لَا تَوْجَلْ إِنَّا نُبَشِّرُكَ بِغُلَـٰمٍ عَلِيمٍ ﴿٥٣﴾ قَالَ أَبَشَّرْتُمُونِى عَلَىٰٓ أَن
مَّسَّنِىَ ٱلْكِبَرُ فَبِمَ تُبَشِّرُونَ ﴿٥٤﴾ قَالُوا۟ بَشَّرْنَـٰكَ بِٱلْحَقِّ
فَلَا تَكُن مِّنَ ٱلْقَـٰنِطِينَ ﴿٥٥﴾ قَالَ وَمَن يَقْنَطُ مِن رَّحْمَةِ
رَبِّهِۦٓ إِلَّا ٱلضَّآلُّونَ ﴿٥٦﴾ قَالَ فَمَا خَطْبُكُمْ أَيُّهَا ٱلْمُرْسَلُونَ
﴿٥٧﴾ قَالُوٓا۟ إِنَّآ أُرْسِلْنَآ إِلَىٰ قَوْمٍ مُّجْرِمِينَ ﴿٥٨﴾ إِلَّآ ءَالَ لُوطٍ
إِنَّا لَمُنَجُّوهُمْ أَجْمَعِينَ ﴿٥٩﴾ إِلَّا ٱمْرَأَتَهُۥ قَدَّرْنَآ إِنَّهَا لَمِنَ
ٱلْغَـٰبِرِينَ ﴿٦٠﴾ فَلَمَّا جَآءَ ءَالَ لُوطٍ ٱلْمُرْسَلُونَ ﴿٦١﴾ قَالَ
إِنَّكُمْ قَوْمٌ مُّنكَرُونَ ﴿٦٢﴾ قَالُوا۟ بَلْ جِئْنَـٰكَ بِمَا كَانُوا۟ فِيهِ
يَمْتَرُونَ ﴿٦٣﴾ وَأَتَيْنَـٰكَ بِٱلْحَقِّ وَإِنَّا لَصَـٰدِقُونَ ﴿٦٤﴾ فَأَسْرِ
بِأَهْلِكَ بِقِطْعٍ مِّنَ ٱلَّيْلِ وَٱتَّبِعْ أَدْبَـٰرَهُمْ وَلَا يَلْتَفِتْ مِنكُمْ أَحَدٌ
وَٱمْضُوا۟ حَيْثُ تُؤْمَرُونَ ﴿٦٥﴾ وَقَضَيْنَآ إِلَيْهِ ذَٰلِكَ ٱلْأَمْرَ أَنَّ
دَابِرَ هَـٰٓؤُلَآءِ مَقْطُوعٌ مُّصْبِحِينَ ﴿٦٦﴾ وَجَآءَ أَهْلُ ٱلْمَدِينَةِ
يَسْتَبْشِرُونَ ﴿٦٧﴾ قَالَ إِنَّ هَـٰٓؤُلَآءِ ضَيْفِى فَلَا تَفْضَحُونِ ﴿٦٨﴾
وَٱتَّقُوا۟ ٱللَّهَ وَلَا تُخْزُونِ ﴿٦٩﴾ قَالُوٓا۟ أَوَلَمْ نَنْهَكَ عَنِ ٱلْعَـٰلَمِينَ ﴿٧٠﴾

彼らが彼の許に入った時のこと、彼らは、「平安あれ」と言い、彼は「われらはあなたがたが恐ろしい」と言った。(15：52)

彼らは言った。「怯えることはない。われらはおまえに賢い子供(が授かること)の吉報を伝えるのである」。(15：53)

彼は言った。「あなたがたは私に吉報を伝えたというのか、私は歳をとっているというのに、何をあなたがたは吉報として伝えるのか」。(15：54)

彼らは言った。「われらはおまえに真理の吉報を伝えた。それゆえ絶望した者たち(の一人)となってはならない」。(15：55)

彼は言った。「そして迷った者たちを除き、誰が主の御慈悲に絶望しようか」。(15：56)

彼は言った。「それではあなたがたの用件は何か、使者の方々よ」。(15：57)

彼らは言った。「われらは罪を犯した民に遣わされた」。(15：58)

「ただし、ルートの一家は別で、われらは必ずや彼らを全員救い出すであろう」。(15：59)

「ただし、彼の妻は別で、われらは彼女が後に残る者たち(の一人)であると定めた」。(15：60)

それからルートの許に使者たちが来ると、(15：61)

彼は言った。「あなたがたは見知らぬ方々です」。(15：62)

彼らは言った。「いや、われらはおまえの許に、彼らが疑っていること(懲罰)を携えてやってきたのである」。(15：63)

「またわれらはおまえの許に真理と共にやって来た。そしてまことにわれらは真実を語る者である」。(15：64)

「それゆえおまえの家族と共に、夜のうちに旅立ち、彼らの後ろを歩め(殿《しんがり》を務めよ)。そしておまえたちの誰一人として振り返ってはならず、命じられたところに進め」。(15：65)

そしてわれらはそのことを彼に説明した。これらの者が朝を迎えて根絶されることを。(15：66)

さて、町の住民たちは吉報に喜んでやって来た[1036]。(15：67)

彼は言った。「まことにこの方々は私の客人である。それゆえ、私を辱めないでくれ」。(15：68)

「アッラーを畏れ身を守れ、私に恥をかかせないでくれ」。(15：69)

彼らは言った。「われらはおまえに諸世界の者を禁じなかったか[1037]」。(15：70)

1036　サドゥーム(ソドム)の住民たちはルートの家に美しい若者が滞在していると聞きつけて。

1037　われわれはおまえに誰であれ余所者を歓待し庇護することを禁じなかったか。

قَالَ هَٰٓؤُلَآءِ بَنَاتِيٓ إِن كُنتُمۡ فَٰعِلِينَ ٧١ لَعَمۡرُكَ إِنَّهُمۡ لَفِي سَكۡرَتِهِمۡ
يَعۡمَهُونَ ٧٢ فَأَخَذَتۡهُمُ ٱلصَّيۡحَةُ مُشۡرِقِينَ ٧٣ فَجَعَلۡنَا عَٰلِيَهَا
سَافِلَهَا وَأَمۡطَرۡنَا عَلَيۡهِمۡ حِجَارَةٗ مِّن سِجِّيلٍ ٧٤ إِنَّ فِي ذَٰلِكَ
لَأٓيَٰتٖ لِّلۡمُتَوَسِّمِينَ ٧٥ وَإِنَّهَا لَبِسَبِيلٖ مُّقِيمٍ ٧٦ إِنَّ فِي ذَٰلِكَ
لَأٓيَةٗ لِّلۡمُؤۡمِنِينَ ٧٧ وَإِن كَانَ أَصۡحَٰبُ ٱلۡأَيۡكَةِ لَظَٰلِمِينَ ٧٨
فَٱنتَقَمۡنَا مِنۡهُمۡ وَإِنَّهُمَا لَبِإِمَامٖ مُّبِينٖ ٧٩ وَلَقَدۡ كَذَّبَ أَصۡحَٰبُ
ٱلۡحِجۡرِ ٱلۡمُرۡسَلِينَ ٨٠ وَءَاتَيۡنَٰهُمۡ ءَايَٰتِنَا فَكَانُواْ عَنۡهَا مُعۡرِضِينَ
٨١ وَكَانُواْ يَنۡحِتُونَ مِنَ ٱلۡجِبَالِ بُيُوتًا ءَامِنِينَ ٨٢ فَأَخَذَتۡهُمُ
ٱلصَّيۡحَةُ مُصۡبِحِينَ ٨٣ فَمَآ أَغۡنَىٰ عَنۡهُم مَّا كَانُواْ يَكۡسِبُونَ ٨٤
وَمَا خَلَقۡنَا ٱلسَّمَٰوَٰتِ وَٱلۡأَرۡضَ وَمَا بَيۡنَهُمَآ إِلَّا بِٱلۡحَقِّۗ وَإِنَّ
ٱلسَّاعَةَ لَأٓتِيَةٞۖ فَٱصۡفَحِ ٱلصَّفۡحَ ٱلۡجَمِيلَ ٨٥ إِنَّ رَبَّكَ هُوَ
ٱلۡخَلَّٰقُ ٱلۡعَلِيمُ ٨٦ وَلَقَدۡ ءَاتَيۡنَٰكَ سَبۡعٗا مِّنَ ٱلۡمَثَانِي
وَٱلۡقُرۡءَانَ ٱلۡعَظِيمَ ٨٧ لَا تَمُدَّنَّ عَيۡنَيۡكَ إِلَىٰ مَا مَتَّعۡنَا بِهِۦٓ أَزۡوَٰجٗا
مِّنۡهُمۡ وَلَا تَحۡزَنۡ عَلَيۡهِمۡ وَٱخۡفِضۡ جَنَاحَكَ لِلۡمُؤۡمِنِينَ ٨٨ وَقُلۡ
إِنِّيٓ أَنَا ٱلنَّذِيرُ ٱلۡمُبِينُ ٨٩ كَمَآ أَنزَلۡنَا عَلَى ٱلۡمُقۡتَسِمِينَ ٩٠

彼は言った。「この者たちは私の娘たちである、もしおまえたちが(どうしても)行うというのであれば[1038]」。(15：71)

おまえの生命にかけて[1039]、まことに彼らは彼らの混乱の中を闇雲にさ迷うのである。(15：72)

そして、日の出を迎えた彼らを叫び声が捕らえた。(15：73)

われらはその(町の)上を下となし(転覆させ)、彼らの上に焼いた泥の石を降らせた。(15：74)

まことに、この中には読み解く者への諸々の徴がある。(15：75)

そして、まことにそれは耐久する道の傍らにある[1040]。(15：76)

まことに、この中には信仰者たちへの諸々の徴がある。(15：77)

また、まことに森の住人たち[1041]は不正な者であった。(15：78)

そこで、われらは彼らに報復した。まことに両者は明白な道引き(目立つ街道)に沿ってある[1042]。(15：79)

またアル＝ヒジュルの住人たち[1043]もかつて、使徒たちを嘘と否定した。(15：80)

そしてわれらは彼らにわれらの諸々の徴を与えたが、彼らはそれに背を向けた。(15：81)

また彼らは山から家を切り出し、安住していた。(15：82)

それで朝を迎えて彼らを叫び声が捕らえた[1044]。(15：83)

その時、彼らが稼いできたものは彼らに役立たなかった。(15：84)

そしてわれらが諸天と地とその間のものを創ったのは真理によってにほかならない。そして、まことにその時はやって来る。それゆえ、美しい許しで許せ[1045]。(15：85)

まことに、おまえの主、彼こそは創造主にしてよく知り給う御方。(15：86)

そして確かにわれらはおまえに繰り返されるものの七つ[1046]とおおいなるクルアーンを与えた。(15：87)

彼らのうちの諸集団にわれらが楽しませたものにおまえの両目(羨望の眼差し)を向けてはならない。また、彼らに対して悲しんではならない。そして信仰者たちに対しておまえの翼を低く下げよ(柔和であれ)。(15：88)

1038　交わるなら、私の娘たちと結婚せよ。

1039　アッラーが、預言者ムハンマドに対して仰せられた。

1040　ルートの民の村は、今もまだクライシュ族のシリアへの隊商路の途中に現存している。

1041　預言者シュアイブが遣わされたマドヤンの民。

1042　ルートの民とシュアイブの民の町は今も人々が通る通商路に現存している。

1043　アル＝ヒジュルはマディーナとシリアの間にある谷間(涸川)の地。アル＝ヒジュルの住人とは、預言者サーリフを拒んだサムード。

1044　11章67節参照。

1045　預言者ムハンマドよ、多神教徒たちの行いを大目に見、放免せよ。

1046　七節からなるクルアーン第1章を指すと言われる。

そして言え、「まことに私は明白な警告者である」。(15：89)

われらは区別した者たち[1047]にも下した。(15：90)

クルアーンを部分に分けた者たち。(15：91)

それでおまえの主にかけて、必ずわれらは彼らをそっくり尋問する。(15：92)

彼らがなしていたことについて。(15：93)

それゆえ、命じられたこと(イスラームの公宣)を断行せよ。そして、多神教徒たちから離れよ。(15：94)

まことに、われらは嘲笑する者たちからおまえを守った。(15：95)

アッラーに(他の)神を配する者たち、いずれ彼らは知るであろう。(15：96)

また、おまえの心が彼らの言うことに締め付けられるのをわれらは確かに知っている。(15：97)

それゆえ、称賛によっておまえの主を称え、跪拝する者たち(の一人)となれ。(15：98)

そして、おまえの主に仕えよ、確実なもの(死)がおまえに訪れるまで。(15：99)

ٱلَّذِينَ جَعَلُواْ ٱلْقُرْءَانَ عِضِينَ ٩١ فَوَرَبِّكَ لَنَسْـَٔلَنَّهُمْ
أَجْمَعِينَ ٩٢ عَمَّا كَانُواْ يَعْمَلُونَ ٩٣ فَٱصْدَعْ بِمَا تُؤْمَرُ وَأَعْرِضْ
عَنِ ٱلْمُشْرِكِينَ ٩٤ إِنَّا كَفَيْنَٰكَ ٱلْمُسْتَهْزِءِينَ ٩٥ ٱلَّذِينَ
يَجْعَلُونَ مَعَ ٱللَّهِ إِلَٰهًا ءَاخَرَ فَسَوْفَ يَعْلَمُونَ ٩٦ وَلَقَدْ نَعْلَمُ
أَنَّكَ يَضِيقُ صَدْرُكَ بِمَا يَقُولُونَ ٩٧ فَسَبِّحْ بِحَمْدِ رَبِّكَ وَكُن
مِّنَ ٱلسَّٰجِدِينَ ٩٨ وَٱعْبُدْ رَبَّكَ حَتَّىٰ يَأْتِيَكَ ٱلْيَقِينُ ٩٩

سُورَةُ ٱلنَّحْلِ

بِسْمِ ٱللَّهِ ٱلرَّحْمَٰنِ ٱلرَّحِيمِ

أَتَىٰٓ أَمْرُ ٱللَّهِ فَلَا تَسْتَعْجِلُوهُ سُبْحَٰنَهُۥ وَتَعَٰلَىٰ عَمَّا يُشْرِكُونَ
١ يُنَزِّلُ ٱلْمَلَٰٓئِكَةَ بِٱلرُّوحِ مِنْ أَمْرِهِۦ عَلَىٰ مَن يَشَآءُ مِنْ
عِبَادِهِۦٓ أَنْ أَنذِرُوٓاْ أَنَّهُۥ لَآ إِلَٰهَ إِلَّآ أَنَا۠ فَٱتَّقُونِ ٢ خَلَقَ
ٱلسَّمَٰوَٰتِ وَٱلْأَرْضَ بِٱلْحَقِّ تَعَٰلَىٰ عَمَّا يُشْرِكُونَ ٣ خَلَقَ
ٱلْإِنسَٰنَ مِن نُّطْفَةٍ فَإِذَا هُوَ خَصِيمٌ مُّبِينٌ ٤ وَٱلْأَنْعَٰمَ
خَلَقَهَا لَكُمْ فِيهَا دِفْءٌ وَمَنَٰفِعُ وَمِنْهَا تَأْكُلُونَ
٥ وَلَكُمْ فِيهَا جَمَالٌ حِينَ تُرِيحُونَ وَحِينَ تَسْرَحُونَ ٦

第16章　蜜蜂……سورة النحل

マッカ垂示

第68節に因み「蜜蜂」章と名づけられる。

本章は、アッラーが創造された自然の恵みについて強調され、特に動物(5-8、14節)、植物(10-11、67節)が具体的に言及される。本書のタイトルとなっている蜜蜂もその一環である(68-69節)。

食用動物の禁忌が示された後で、ユダヤ教徒には彼らの罪のために彼らだけに禁じられたものがあること、そして従うべきは、イブラーヒームのひたむきに純粋な一神教であること、土曜日の安息日の規定がユダヤ教徒にのみ課されたものであること、最後に人々にイスラームの教えを説く場合の作法が教えられる(115-128節)。

なお、クルアーンを読誦する時に悪魔からの守護を祈ることが命じられるのも、本章においてである(98節)。

慈悲あまねく慈悲深きアッラーの御名において

アッラーの命《めい》は来た[1048]。それゆえ、それを急《せ》いてはならない。称えあれ、彼は彼らが同位に

1047　クルアーンを腑分けし、一部だけを信じ、それ以外を否定したキリスト教徒やユダヤ教徒のような啓典の民など。

1048　近く、来るの意。

وَتَحْمِلُ أَثْقَالَكُمْ إِلَىٰ بَلَدٍ لَّمْ تَكُونُوا۟ بَٰلِغِيهِ إِلَّا بِشِقِّ
ٱلْأَنفُسِ ۚ إِنَّ رَبَّكُمْ لَرَءُوفٌ رَّحِيمٌ ٧ وَٱلْخَيْلَ وَٱلْبِغَالَ
وَٱلْحَمِيرَ لِتَرْكَبُوهَا وَزِينَةً ۚ وَيَخْلُقُ مَا لَا تَعْلَمُونَ ٨
وَعَلَى ٱللَّهِ قَصْدُ ٱلسَّبِيلِ وَمِنْهَا جَآئِرٌ ۚ وَلَوْ شَآءَ لَهَدَىٰكُمْ
أَجْمَعِينَ ٩ هُوَ ٱلَّذِىٓ أَنزَلَ مِنَ ٱلسَّمَآءِ مَآءً ۖ لَّكُم
مِّنْهُ شَرَابٌ وَمِنْهُ شَجَرٌ فِيهِ تُسِيمُونَ ١٠ يُنۢبِتُ لَكُم
بِهِ ٱلزَّرْعَ وَٱلزَّيْتُونَ وَٱلنَّخِيلَ وَٱلْأَعْنَٰبَ وَمِن كُلِّ
ٱلثَّمَرَٰتِ ۗ إِنَّ فِى ذَٰلِكَ لَءَايَةً لِّقَوْمٍ يَتَفَكَّرُونَ
١١ وَسَخَّرَ لَكُمُ ٱلَّيْلَ وَٱلنَّهَارَ وَٱلشَّمْسَ وَٱلْقَمَرَ ۖ
وَٱلنُّجُومُ مُسَخَّرَٰتٌۢ بِأَمْرِهِۦٓ ۗ إِنَّ فِى ذَٰلِكَ لَءَايَٰتٍ لِّقَوْمٍ
يَعْقِلُونَ ١٢ وَمَا ذَرَأَ لَكُمْ فِى ٱلْأَرْضِ مُخْتَلِفًا
أَلْوَٰنُهُۥٓ ۗ إِنَّ فِى ذَٰلِكَ لَءَايَةً لِّقَوْمٍ يَذَّكَّرُونَ ١٣
وَهُوَ ٱلَّذِى سَخَّرَ ٱلْبَحْرَ لِتَأْكُلُوا۟ مِنْهُ لَحْمًا طَرِيًّا
وَتَسْتَخْرِجُوا۟ مِنْهُ حِلْيَةً تَلْبَسُونَهَا وَتَرَى ٱلْفُلْكَ مَوَاخِرَ
فِيهِ وَلِتَبْتَغُوا۟ مِن فَضْلِهِۦ وَلَعَلَّكُمْ تَشْكُرُونَ ١٤

配するものから超越し、いと高き御方。(16：1)

彼は、彼の僕《しもべ》たちのうちの御望みの者たちの上に、天使たちを彼の御命令から霊(啓示)と共に降し給う。われのほかに神はなく、それゆえわれを畏れ身を守れ、と警告するように。(16：2)

彼は諸天と地を真理によって創り給うた。彼らが同位に配するものよりも、いと高き御方。(16：3)

彼は人間を精一滴から創り給うた。ところが彼はあからさまな反論者になる。(16：4)

そして、家畜も、彼がおまえたちのために創り給うた。それには暖と便益があり、またそれらからおまえたちは食べる。(16：5)

また、夕に連れ戻す時、また朝に放牧に出す時、それらにはおまえたちにとって優美さがある。(16：6)

また、それらはおまえたちの重荷をおまえたち自らの労苦なしにはそこに到達できなかった国まで運ぶ。まことに、おまえたちの主は憐れみ深く、慈悲深い御方。(16：7)

そして、馬とラバとロバもまた(創り給うた)。おまえたちがそれに乗るため、また装飾として。また、おまえたちの知らないものも彼は創り給う。(16：8)

また、アッラーに正道の導きはあり[1049]、(道の)中には脇に逸れたものもある。だがもし彼が望み給うたならば、おまえたちをそっくり導き給うたであろう。(16：9)

彼こそは天から水を下し給うた御方。おまえたちにはそれによって飲料があり、それによって木があり、それによっておまえたちは放牧する。(16：10)

彼はそれによっておまえたちに穀物とオリーブとナツメヤシとブドウ、そしてあらゆる果実を生やし給う。まことに、このうちには熟考する民への諸々の徴がある。(16：11)

また彼はおまえたちに夜と昼、太陽と月を従わせ給い、星々も彼の命令によって服従する。まことに、このうちには理解する民への諸々の徴がある。(16：12)

また、彼がおまえたちのために大地に色とりどりに造り給うたものも(従わせ給うた)。まことに、その中には留意する民への諸々の徴がある。(16：13)

また彼こそは海を従わせ給うた御方。おまえたちがそこから新鮮な(魚)肉を食べ、また、おまえたちが身につける服飾品(真珠、珊瑚)をそこから取り出すためである。また、おまえは船がそこを進むのを見るが、おまえたちが彼の御恵みを希求するためである。そしてきっとおまえたちも感謝するであろう。(16：14)

1049　正道の導きはアッラーの務めであり、の意。

وَأَلْقَىٰ فِى ٱلْأَرْضِ رَوَٰسِىَ أَن تَمِيدَ بِكُمْ وَأَنْهَٰرًا وَسُبُلًا
لَّعَلَّكُمْ تَهْتَدُونَ ﴿١٥﴾ وَعَلَٰمَٰتٍ ۚ وَبِٱلنَّجْمِ هُمْ يَهْتَدُونَ
﴿١٦﴾ أَفَمَن يَخْلُقُ كَمَن لَّا يَخْلُقُ ۗ أَفَلَا تَذَكَّرُونَ ﴿١٧﴾ وَإِن
تَعُدُّوا۟ نِعْمَةَ ٱللَّهِ لَا تُحْصُوهَآ ۗ إِنَّ ٱللَّهَ لَغَفُورٌ رَّحِيمٌ ﴿١٨﴾
وَٱللَّهُ يَعْلَمُ مَا تُسِرُّونَ وَمَا تُعْلِنُونَ ﴿١٩﴾ وَٱلَّذِينَ يَدْعُونَ
مِن دُونِ ٱللَّهِ لَا يَخْلُقُونَ شَيْـًٔا وَهُمْ يُخْلَقُونَ ﴿٢٠﴾ أَمْوَٰتٌ
غَيْرُ أَحْيَآءٍ ۖ وَمَا يَشْعُرُونَ أَيَّانَ يُبْعَثُونَ ﴿٢١﴾ إِلَٰهُكُمْ إِلَٰهٌ
وَٰحِدٌ ۚ فَٱلَّذِينَ لَا يُؤْمِنُونَ بِٱلْـَٔاخِرَةِ قُلُوبُهُم مُّنكِرَةٌ وَهُم
مُّسْتَكْبِرُونَ ﴿٢٢﴾ لَا جَرَمَ أَنَّ ٱللَّهَ يَعْلَمُ مَا يُسِرُّونَ وَمَا
يُعْلِنُونَ ۚ إِنَّهُۥ لَا يُحِبُّ ٱلْمُسْتَكْبِرِينَ ﴿٢٣﴾ وَإِذَا قِيلَ لَهُم
مَّاذَآ أَنزَلَ رَبُّكُمْ ۙ قَالُوٓا۟ أَسَٰطِيرُ ٱلْأَوَّلِينَ ﴿٢٤﴾ لِيَحْمِلُوٓا۟
أَوْزَارَهُمْ كَامِلَةً يَوْمَ ٱلْقِيَٰمَةِ ۙ وَمِنْ أَوْزَارِ ٱلَّذِينَ يُضِلُّونَهُم
بِغَيْرِ عِلْمٍ ۗ أَلَا سَآءَ مَا يَزِرُونَ ﴿٢٥﴾ قَدْ مَكَرَ ٱلَّذِينَ مِن قَبْلِهِمْ
فَأَتَى ٱللَّهُ بُنْيَٰنَهُم مِّنَ ٱلْقَوَاعِدِ فَخَرَّ عَلَيْهِمُ ٱلسَّقْفُ
مِن فَوْقِهِمْ وَأَتَىٰهُمُ ٱلْعَذَابُ مِنْ حَيْثُ لَا يَشْعُرُونَ ﴿٢٦﴾

また、彼は大地に、それがおまえたちと共に揺れるために(揺れないようにと)、(磐石の)山脈を投げつけ給うた。そして河川と道路もまた。きっとおまえたちも導かれよう。(16：15)

また、様々な標識。そして、星によって彼らは導かれる。(16：16)

創造し給う御方が、創造しない者(偶像)のようであろうか。おまえたちは教訓を得ないのか。(16：17)

また、たとえおまえたちがアッラーの恩寵を数えたとしても、それを数えつくすことはできない。まことに、アッラーはよく赦し給う慈悲深い御方。(16：18)

そしてアッラーはおまえたちが隠すものも公にするものも知り給う。(16：19)

だが彼らがアッラーをさしおいて祈るものたち(偶像)、彼らは何も創らず、彼らが創られているのである。(16：20)

死んだもので、生きてはおらず、彼らは彼らがいつ甦らされるのかも察知しない。(16：21)

おまえたちの神は唯一の神である。来世を信じない者たち、彼らの心は拒絶的で、彼らは高慢である。(16：22)

間違いなく、彼らが隠すことも公にすることもアッラーは知り給う。まことに、アッラーは高慢な者たちを愛し給わない。(16：23)

また、彼らに向かって、「おまえたちの主が下し給うたものは何か」と問われると、「昔の者たちの作り話である」と言う。(16：24)

復活(審判)の日、彼らは彼らの重荷(罪)をそっくり負い、彼らが知識もなしに迷わせた者たちの重荷から(の一部)もまた(負う)。彼らの負うもののなんと悪いことではないか。(16：25)

彼ら以前の者たちも策謀した。だが、アッラーは彼らの建物[1050]に土台から赴き、屋根が彼らの上から彼らの上に落ち、懲罰は彼らが気づかないうちに彼らに訪れた。(16：26)

1050　聖書のバベルの塔を指すと言われる。「創世記」11 章参照。

ثُمَّ يَوْمَ الْقِيَامَةِ يُخْزِيهِمْ وَيَقُولُ أَيْنَ شُرَكَائِيَ الَّذِينَ
كُنْتُمْ تُشَاقُّونَ فِيهِمْ ۚ قَالَ الَّذِينَ أُوتُوا الْعِلْمَ إِنَّ الْخِزْيَ
الْيَوْمَ وَالسُّوءَ عَلَى الْكَافِرِينَ ﴿٢٧﴾ الَّذِينَ تَتَوَفَّاهُمُ الْمَلَائِكَةُ
ظَالِمِي أَنْفُسِهِمْ ۖ فَأَلْقَوُا السَّلَمَ مَا كُنَّا نَعْمَلُ مِنْ سُوءٍ ۚ بَلَىٰ
إِنَّ اللَّهَ عَلِيمٌ بِمَا كُنْتُمْ تَعْمَلُونَ ﴿٢٨﴾ فَادْخُلُوا أَبْوَابَ جَهَنَّمَ
خَالِدِينَ فِيهَا ۖ فَلَبِئْسَ مَثْوَى الْمُتَكَبِّرِينَ ﴿٢٩﴾ ۞ وَقِيلَ
لِلَّذِينَ اتَّقَوْا مَاذَا أَنْزَلَ رَبُّكُمْ ۚ قَالُوا خَيْرًا ۗ لِلَّذِينَ أَحْسَنُوا فِي
هَٰذِهِ الدُّنْيَا حَسَنَةٌ ۚ وَلَدَارُ الْآخِرَةِ خَيْرٌ ۚ وَلَنِعْمَ دَارُ الْمُتَّقِينَ
﴿٣٠﴾ جَنَّاتُ عَدْنٍ يَدْخُلُونَهَا تَجْرِي مِنْ تَحْتِهَا الْأَنْهَارُ ۖ
لَهُمْ فِيهَا مَا يَشَاءُونَ ۚ كَذَٰلِكَ يَجْزِي اللَّهُ الْمُتَّقِينَ ﴿٣١﴾
الَّذِينَ تَتَوَفَّاهُمُ الْمَلَائِكَةُ طَيِّبِينَ ۙ يَقُولُونَ سَلَامٌ عَلَيْكُمُ
ادْخُلُوا الْجَنَّةَ بِمَا كُنْتُمْ تَعْمَلُونَ ﴿٣٢﴾ هَلْ يَنْظُرُونَ إِلَّا أَنْ
تَأْتِيَهُمُ الْمَلَائِكَةُ أَوْ يَأْتِيَ أَمْرُ رَبِّكَ ۚ كَذَٰلِكَ فَعَلَ الَّذِينَ مِنْ
قَبْلِهِمْ ۚ وَمَا ظَلَمَهُمُ اللَّهُ وَلَٰكِنْ كَانُوا أَنْفُسَهُمْ يَظْلِمُونَ ﴿٣٣﴾
فَأَصَابَهُمْ سَيِّئَاتُ مَا عَمِلُوا وَحَاقَ بِهِمْ مَا كَانُوا بِهِ يَسْتَهْزِئُونَ ﴿٣٤﴾

それから、復活(審判)の日、彼は彼らを辱め、仰せられる。「おまえたちが彼らを巡って対立していたわれの共同者たち(偶像神)はどこか」。知識を与えられた者たちは言った。「今日、屈辱と災いが不信仰者たちの上にあれ」。(16：27)

己自身に対して不正を為した者たちとして、天使たちが召し上げる者たち(不信仰者たち)、彼らは、「われらは悪を行いはしなかった」と恭順を示す。「いや、まことに、アッラーはおまえたちがなしていたことについてよく知り給う御方[1051]」。(16：28)

「それゆえ、火獄《ジャハンナム》の門を入り、そこに永遠に(留まれ)。そして高慢な者たちの住まいのなんと悪いことよ」。(16：29)

また、畏れ身を守った者たちは問われた。「おまえたちの主は何を下し給うたか」。彼らは言った。「良きことを」。現世で善を尽くした者たちには善があり、来世は更に良い。畏れ身を守る者たちの住まいのなんと良いことか。(16：30)

永住の楽園、彼らはそこに入るが、その下に河川が流れる。彼らにはそこに望むものがある。こうして、アッラーは畏れ身を守る者たちに報い給う。(16：31)

天使たちが善良な者として召し上げた者たちで、彼ら(天使)は言う。「おまえたちに平安あれ。おまえたちがなしたことゆえに楽園に入れ」。(16：32)

天使たちが彼らの許にやって来るか、おまえの主の御命令(天罰、あるいは最後の審判)が来ることのほかを座視して(待って)いるのか。このように彼ら以前の者もなした。そしてアッラーが彼らに不正をなし給うたのではなく、彼らが己自身に不正をなしたのである。(16：33)

それで彼らのなした悪事(の報い)は彼らを襲い、彼らが嘲笑していたもの(懲罰)が彼らを取り囲んだ。(16：34)

1051　不信仰者たちの言葉を、嘘と否認し、天使が言う。

وَقَالَ ٱلَّذِينَ أَشْرَكُوا۟ لَوْ شَآءَ ٱللَّهُ مَا عَبَدْنَا مِن دُونِهِۦ مِن
شَىْءٍ نَّحْنُ وَلَآ ءَابَآؤُنَا وَلَا حَرَّمْنَا مِن دُونِهِۦ مِن شَىْءٍ ۚ كَذَٰلِكَ
فَعَلَ ٱلَّذِينَ مِن قَبْلِهِمْ ۚ فَهَلْ عَلَى ٱلرُّسُلِ إِلَّا ٱلْبَلَٰغُ ٱلْمُبِينُ
٣٥ وَلَقَدْ بَعَثْنَا فِى كُلِّ أُمَّةٍ رَّسُولًا أَنِ ٱعْبُدُوا۟ ٱللَّهَ
وَٱجْتَنِبُوا۟ ٱلطَّٰغُوتَ ۖ فَمِنْهُم مَّنْ هَدَى ٱللَّهُ وَمِنْهُم مَّنْ
حَقَّتْ عَلَيْهِ ٱلضَّلَٰلَةُ ۚ فَسِيرُوا۟ فِى ٱلْأَرْضِ فَٱنظُرُوا۟ كَيْفَ
كَانَ عَٰقِبَةُ ٱلْمُكَذِّبِينَ ٣٦ إِن تَحْرِصْ عَلَىٰ هُدَىٰهُمْ
فَإِنَّ ٱللَّهَ لَا يَهْدِى مَن يُضِلُّ ۖ وَمَا لَهُم مِّن نَّٰصِرِينَ ٣٧
وَأَقْسَمُوا۟ بِٱللَّهِ جَهْدَ أَيْمَٰنِهِمْ ۙ لَا يَبْعَثُ ٱللَّهُ مَن يَمُوتُ ۚ بَلَىٰ
وَعْدًا عَلَيْهِ حَقًّا وَلَٰكِنَّ أَكْثَرَ ٱلنَّاسِ لَا يَعْلَمُونَ ٣٨
لِيُبَيِّنَ لَهُمُ ٱلَّذِى يَخْتَلِفُونَ فِيهِ وَلِيَعْلَمَ ٱلَّذِينَ كَفَرُوٓا۟
أَنَّهُمْ كَانُوا۟ كَٰذِبِينَ ٣٩ إِنَّمَا قَوْلُنَا لِشَىْءٍ إِذَآ أَرَدْنَٰهُ أَن نَّقُولَ
لَهُۥ كُن فَيَكُونُ ٤٠ وَٱلَّذِينَ هَاجَرُوا۟ فِى ٱللَّهِ مِنۢ بَعْدِ مَا ظُلِمُوا۟
لَنُبَوِّئَنَّهُمْ فِى ٱلدُّنْيَا حَسَنَةً ۖ وَلَأَجْرُ ٱلْءَاخِرَةِ أَكْبَرُ ۚ لَوْ كَانُوا۟
يَعْلَمُونَ ٤١ ٱلَّذِينَ صَبَرُوا۟ وَعَلَىٰ رَبِّهِمْ يَتَوَكَّلُونَ ٤٢

そして(アッラーに)共同者(偶像神)を配した者たちは言った。「もしアッラーが望み給うたならば、彼をさしおいてなにものにも仕えはしなかった。われらも、われらの祖先も。また、われらは彼をさしおいてなにも禁じなかったであろう」。このように彼ら以前の者もなした。使徒たちに課されたのは明白な伝達のほかにあろうか[1052]。(16：35)

確かにわれらはすべての共同体に使徒を遣わした。アッラーに仕え、邪神を避けよ、と。それで彼らの中にはアッラーが導き給うた者もあれば、彼らの中には迷誤が必定な者もあった。それゆえ地上を旅し、嘘と否定した者たちの末路がどのようであったかを見よ。(16：36)

たとえおまえが彼らの導きを切望したところで、アッラーは迷わせ給う者を導き給わない。彼らに援助者たちなどいないのである。(16：37)

彼らは必死の誓約でアッラーに誓った。「アッラーは死ぬ者を甦らせ給うことはない」。いや、真実に彼(アッラー)に課された約束として(甦えらせ給う)。だが、人々の大半は知らない。(16：38)

彼らに彼らが分裂していたことを明らかにし給い、信仰を拒んだ者たちが自分たちが嘘つきであったと知るために。(16：39)

われらがあるものを欲した時、それに対するわれらの言葉は、それにわれらが「あれ」と言うだけで、そうすればそれはある。(16：40)

そして不正を被った後、アッラーのために移住した者たち、必ずやわれらは彼らに現世で良きもの(住まい)に住まわせる。だが、来世の報酬はさらに大きい。もし彼らが知っていたなら。(16：41)

(彼らは)忍耐し、己の主に一任する者たち。(16：42)

1052　使徒たちの使命は、イスラームを述べ伝えることだけで、多神教徒たちがそれを信じ導かれるか否かは、使徒の責任ではない。

وَمَآ أَرۡسَلۡنَا مِن قَبۡلِكَ إِلَّا رِجَالٗا نُّوحِيٓ إِلَيۡهِمۡۚ فَسۡـَٔلُوٓاْ أَهۡلَ
ٱلذِّكۡرِ إِن كُنتُمۡ لَا تَعۡلَمُونَ ٤٣ بِٱلۡبَيِّنَٰتِ وَٱلزُّبُرِۗ وَأَنزَلۡنَآ إِلَيۡكَ
ٱلذِّكۡرَ لِتُبَيِّنَ لِلنَّاسِ مَا نُزِّلَ إِلَيۡهِمۡ وَلَعَلَّهُمۡ يَتَفَكَّرُونَ ٤٤
أَفَأَمِنَ ٱلَّذِينَ مَكَرُواْ ٱلسَّيِّـَٔاتِ أَن يَخۡسِفَ ٱللَّهُ بِهِمُ ٱلۡأَرۡضَ
أَوۡ يَأۡتِيَهُمُ ٱلۡعَذَابُ مِنۡ حَيۡثُ لَا يَشۡعُرُونَ ٤٥ أَوۡ يَأۡخُذَهُمۡ
فِي تَقَلُّبِهِمۡ فَمَا هُم بِمُعۡجِزِينَ ٤٦ أَوۡ يَأۡخُذَهُمۡ عَلَىٰ تَخَوُّفٖ فَإِنَّ
رَبَّكُمۡ لَرَءُوفٞ رَّحِيمٌ ٤٧ أَوَلَمۡ يَرَوۡاْ إِلَىٰ مَا خَلَقَ ٱللَّهُ مِن شَيۡءٖ
يَتَفَيَّؤُاْ ظِلَٰلُهُۥ عَنِ ٱلۡيَمِينِ وَٱلشَّمَآئِلِ سُجَّدٗا لِّلَّهِ وَهُمۡ دَٰخِرُونَ
٤٨ وَلِلَّهِ يَسۡجُدُ مَا فِي ٱلسَّمَٰوَٰتِ وَمَا فِي ٱلۡأَرۡضِ مِن دَآبَّةٖ
وَٱلۡمَلَٰٓئِكَةُ وَهُمۡ لَا يَسۡتَكۡبِرُونَ ٤٩ يَخَافُونَ رَبَّهُم مِّن فَوۡقِهِمۡ
وَيَفۡعَلُونَ مَا يُؤۡمَرُونَ۩ ٥٠ ۞ وَقَالَ ٱللَّهُ لَا تَتَّخِذُوٓاْ إِلَٰهَيۡنِ
ٱثۡنَيۡنِۖ إِنَّمَا هُوَ إِلَٰهٞ وَٰحِدٞ فَإِيَّٰيَ فَٱرۡهَبُونِ ٥١ وَلَهُۥ مَا فِي ٱلسَّمَٰوَٰتِ
وَٱلۡأَرۡضِ وَلَهُ ٱلدِّينُ وَاصِبًاۚ أَفَغَيۡرَ ٱللَّهِ تَتَّقُونَ ٥٢ وَمَا بِكُم مِّن
نِّعۡمَةٖ فَمِنَ ٱللَّهِۖ ثُمَّ إِذَا مَسَّكُمُ ٱلضُّرُّ فَإِلَيۡهِ تَجۡـَٔرُونَ ٥٣ ثُمَّ إِذَا
كَشَفَ ٱلضُّرَّ عَنكُمۡ إِذَا فَرِيقٞ مِّنكُم بِرَبِّهِمۡ يُشۡرِكُونَ ٥٤

われらはおまえ以前に、われらが啓示を授けた男たち以外を(使徒として)遣わしたことはない。それゆえ訓戒の民に尋ねよ、もしおまえたちが知らないなら。(16：43)

諸々の明証と諸々の書物(啓典)と共に。そして、われらはおまえに訓戒を下した。おまえが人々に彼らに垂示されたものを解明するためである。そしてきっと彼らも熟考するであろう。(16：44)

悪事を策謀する者たちは、アッラーが大地に彼らを飲み込ませ給うことから[1053]、あるいは彼らの気づかないところから懲罰が彼らに訪れることから安全であるか。(16：45)

あるいは、彼らの往来の最中に彼らを捕らえ給うことから。それで彼らは出し抜くことはできない。(16：46)

あるいは、すこしずつ追い詰めて彼らを捕らえ給うことから。そして、まことにおまえの主は憐れみ深く、慈悲深い御方。(16：47)

彼らはアッラーが創り給うたものをなにも見たことがないのか。どれもその影はアッラーに跪拝しながら右から左々[1054]に回り、それらは謙《へりくだ》る。(16：48)

アッラーに向かって諸天にあるものも地にあるものも、動物も天使も、跪拝し、彼らは高慢ではない。(16：49)

彼らは彼らの上の彼らの主を恐れ、命じられたことをなす。(16：50)

そしてアッラーは仰せられた。「二つの二神を取って(崇拝対象となして)はならない。まさに彼は唯一の神、それゆえわれをこそ怖れよ」。(16：51)

そして彼にこそ諸天と地にあるものは属し、彼にこそ宗教は常に属す。それなのにアッラー以外をおまえたちは畏れ身を守るのか。(16：52)

また、おまえたちにある恩寵はどんなものもアッラーからである。その後で災難がおまえたちを捕らえると、彼におまえたちは懇願する。(16：53)

それから、彼がおまえたちから災難を取り除き給うと、すると、おまえたちの一部は己の主に共同者(偶像神)を配する。(16：54)

1053　カールーンのように。28章76-81節参照。

1054　アラビア語の右(yamīn)は単複同形をとる場合があるため、文意は「右々から左々に」なのだとされる。

لِيَكْفُرُوا بِمَا آتَيْنَاهُمْ ۚ فَتَمَتَّعُوا ۖ فَسَوْفَ تَعْلَمُونَ ٥٥ وَيَجْعَلُونَ
لِمَا لَا يَعْلَمُونَ نَصِيبًا مِمَّا رَزَقْنَاهُمْ ۗ تَاللَّهِ لَتُسْأَلُنَّ عَمَّا كُنْتُمْ
تَفْتَرُونَ ٥٦ وَيَجْعَلُونَ لِلَّهِ الْبَنَاتِ سُبْحَانَهُ ۙ وَلَهُمْ مَا يَشْتَهُونَ
٥٧ وَإِذَا بُشِّرَ أَحَدُهُمْ بِالْأُنْثَىٰ ظَلَّ وَجْهُهُ مُسْوَدًّا وَهُوَ كَظِيمٌ ٥٨
يَتَوَارَىٰ مِنَ الْقَوْمِ مِنْ سُوءِ مَا بُشِّرَ بِهِ ۚ أَيُمْسِكُهُ عَلَىٰ هُونٍ
أَمْ يَدُسُّهُ فِي التُّرَابِ ۗ أَلَا سَاءَ مَا يَحْكُمُونَ ٥٩ لِلَّذِينَ لَا يُؤْمِنُونَ
بِالْآخِرَةِ مَثَلُ السَّوْءِ ۖ وَلِلَّهِ الْمَثَلُ الْأَعْلَىٰ ۚ وَهُوَ الْعَزِيزُ الْحَكِيمُ
٦٠ وَلَوْ يُؤَاخِذُ اللَّهُ النَّاسَ بِظُلْمِهِمْ مَا تَرَكَ عَلَيْهَا مِنْ دَابَّةٍ
وَلَٰكِنْ يُؤَخِّرُهُمْ إِلَىٰ أَجَلٍ مُسَمًّى ۖ فَإِذَا جَاءَ أَجَلُهُمْ لَا يَسْتَأْخِرُونَ
سَاعَةً ۖ وَلَا يَسْتَقْدِمُونَ ٦١ وَيَجْعَلُونَ لِلَّهِ مَا يَكْرَهُونَ وَتَصِفُ
أَلْسِنَتُهُمُ الْكَذِبَ أَنَّ لَهُمُ الْحُسْنَىٰ ۖ لَا جَرَمَ أَنَّ لَهُمُ النَّارَ
وَأَنَّهُمْ مُفْرَطُونَ ٦٢ تَاللَّهِ لَقَدْ أَرْسَلْنَا إِلَىٰ أُمَمٍ مِنْ قَبْلِكَ
فَزَيَّنَ لَهُمُ الشَّيْطَانُ أَعْمَالَهُمْ فَهُوَ وَلِيُّهُمُ الْيَوْمَ وَلَهُمْ
عَذَابٌ أَلِيمٌ ٦٣ وَمَا أَنْزَلْنَا عَلَيْكَ الْكِتَابَ إِلَّا لِتُبَيِّنَ لَهُمُ
الَّذِي اخْتَلَفُوا فِيهِ ۙ وَهُدًى وَرَحْمَةً لِقَوْمٍ يُؤْمِنُونَ ٦٤

あげくに、彼らはわれらが彼らに与えたもの(恩寵)を否認した。それゆえ、楽しむがよい、いずれおまえたちは知るであろう。(16：55)

また、彼らは知るということがないもの(偶像神)[1055]にわれらが彼らに糧として与えたものから分け前を成した。アッラーにかけて、おまえたちはおまえたちが捏造したものについて必ずや問われよう。(16：56)

また、彼らはアッラーに娘たちがあるとする　―称えあれ、彼こそは超越者―、彼らには彼らが欲するもの(息子)があるというのに[1056]。(16：57)

彼らの一人に女児(誕生)の吉報が伝えられると、彼の顔は黒く翳《かげ》り、彼は鬱ぎ込んだ。(16：58)

彼は吉報として伝えられたもの(女児の誕生)の悪により人目を避ける。恥を忍んでそれを留めるか、それとも土くれに埋めるか。彼らの判断することのなんと悪いことか。(16：59)

来世を信じない者たちには悪の譬《たと》えがあり、アッラーには最高の譬え[1057]がある。そして彼は威力比類なく、英明なる御方。(16：60)

もし、アッラーが人々を、その不正ゆえに罰するなら、そこ(地上)にどんな動物も残し給わなかったであろう。だが、彼は定められた期限まで彼らを猶予し給うた。そして、彼らの期限が来た時、彼らは一時も遅れることはなく、先んずることもない。(16：61)

彼らはアッラーに自分たちが嫌うものを帰《き》しながら[1058]、彼らの舌は彼らには(来世で)至善(報酬)があると嘘を述べる。間違いなく、彼らには獄火があり、彼らは(そこに)捨て置かれる。(16：62)

アッラーにかけて、われらは確かにおまえ以前の諸共同体に(使徒たちを)遣わした。だが、悪魔は彼らに彼らの行いを装飾した。それゆえ、今日、彼は彼らの後見であり、彼らには痛苦の懲罰がある。(16：63)

われらがおまえに啓典を下したのは、彼らが分裂していたことについておまえが彼らに解明するため、また、信仰する民への導き、慈悲としてにほかならない。(16：64)

1055　あるいは、「彼らが(神々と名づけているが、本当はそうではないことを)知らないもの(偶像神)」。

1056　当時のアラブは天使たちがアッラーの娘たちであるとしながらも、男子を好み女子を嫌い、娘が生まれると生き埋めにする悪習さえあった。37章149節参照。

1057　本節における「譬え」は属性を意味する。

1058　自分自身は娘が生まれることや、自分の権力を他人と分け合うことを嫌いながら、アッラーの娘と称して女神を拝み、アッラーの権威を損なう多神崇拝を行う。

وَٱللَّهُ أَنزَلَ مِنَ ٱلسَّمَآءِ مَآءٗ فَأَحۡيَا بِهِ ٱلۡأَرۡضَ بَعۡدَ مَوۡتِهَآۚ إِنَّ فِي
ذَٰلِكَ لَأٓيَةٗ لِّقَوۡمٖ يَسۡمَعُونَ ٦٥ وَإِنَّ لَكُمۡ فِي ٱلۡأَنۡعَٰمِ لَعِبۡرَةٗۖ نُّسۡقِيكُم
مِّمَّا فِي بُطُونِهِۦ مِنۢ بَيۡنِ فَرۡثٖ وَدَمٖ لَّبَنًا خَالِصٗا سَآئِغٗا لِّلشَّٰرِبِينَ
٦٦ وَمِن ثَمَرَٰتِ ٱلنَّخِيلِ وَٱلۡأَعۡنَٰبِ تَتَّخِذُونَ مِنۡهُ سَكَرٗا وَرِزۡقًا
حَسَنًاۚ إِنَّ فِي ذَٰلِكَ لَأٓيَةٗ لِّقَوۡمٖ يَعۡقِلُونَ ٦٧ وَأَوۡحَىٰ رَبُّكَ إِلَى ٱلنَّحۡلِ
أَنِ ٱتَّخِذِي مِنَ ٱلۡجِبَالِ بُيُوتٗا وَمِنَ ٱلشَّجَرِ وَمِمَّا يَعۡرِشُونَ ٦٨ ثُمَّ
كُلِي مِن كُلِّ ٱلثَّمَرَٰتِ فَٱسۡلُكِي سُبُلَ رَبِّكِ ذُلُلٗاۚ يَخۡرُجُ مِنۢ بُطُونِهَا
شَرَابٞ مُّخۡتَلِفٌ أَلۡوَٰنُهُۥ فِيهِ شِفَآءٞ لِّلنَّاسِۚ إِنَّ فِي ذَٰلِكَ لَأٓيَةٗ لِّقَوۡمٖ
يَتَفَكَّرُونَ ٦٩ وَٱللَّهُ خَلَقَكُمۡ ثُمَّ يَتَوَفَّىٰكُمۡۚ وَمِنكُم مَّن يُرَدُّ إِلَىٰٓ
أَرۡذَلِ ٱلۡعُمُرِ لِكَيۡ لَا يَعۡلَمَ بَعۡدَ عِلۡمٖ شَيۡـًٔاۚ إِنَّ ٱللَّهَ عَلِيمٞ قَدِيرٞ ٧٠
وَٱللَّهُ فَضَّلَ بَعۡضَكُمۡ عَلَىٰ بَعۡضٖ فِي ٱلرِّزۡقِۚ فَمَا ٱلَّذِينَ فُضِّلُواْ
بِرَآدِّي رِزۡقِهِمۡ عَلَىٰ مَا مَلَكَتۡ أَيۡمَٰنُهُمۡ فَهُمۡ فِيهِ سَوَآءٌۚ أَفَبِنِعۡمَةِ
ٱللَّهِ يَجۡحَدُونَ ٧١ وَٱللَّهُ جَعَلَ لَكُم مِّنۡ أَنفُسِكُمۡ أَزۡوَٰجٗا
وَجَعَلَ لَكُم مِّنۡ أَزۡوَٰجِكُم بَنِينَ وَحَفَدَةٗ وَرَزَقَكُم مِّنَ
ٱلطَّيِّبَٰتِۚ أَفَبِٱلۡبَٰطِلِ يُؤۡمِنُونَ وَبِنِعۡمَتِ ٱللَّهِ هُمۡ يَكۡفُرُونَ ٧٢

そしてアッラーは天から水(雨)を下し、それで大地をその死後[1059]に生き返らせ給うた。まことに、その中には聞く民への徴がある。(16：65)

また、おまえたちには家畜のうちにも教訓がある。われらはおまえたちにその腹の中のものを飲ませる。胃の内容物と血液の間から、飲む者たちに純粋で飲み易い乳を。(16：66)

また、ナツメヤシとブドウの果実からも。おまえたちはそれから酔わせる物と良い糧を得る[1060]。まことに、その中には思考する民への徴がある。(16：67)

また、おまえの主は蜜蜂に啓示し給うた。「山に巣を作れ、また木に、そして彼ら(人間)が屋根を作るもの(養蜂場)に」。(16：68)

「それから、あらゆる果実から食べ、おまえの主の道を易しく進め」。その腹からは色とりどりの飲み物(蜜)が分泌され、それには人々のための癒しがある。まことに、そのうちには熟考する民への徴がある。(16：69)

また、アッラーはおまえたちを創り、それからおまえたちを召し上げ給う。おまえたちの中には知識(のあった状態)の後に何も知らなくなるほど老いさらばえるまで留められるものもある。まことにアッラーはよく知り給う全能なる御方。(16：70)

また、アッラーはおまえたちのある者を別の者より以上に糧において優遇し給うた。だが、優遇された者たちは、彼らの右手が所有するもの(奴隷)に彼らの糧を与え、それにおいて彼ら(主人と奴隷)が平等となるようにはしない。それなのに彼らはアッラーの恩寵を否定するのか。(16：71)

また、アッラーはおまえたちにおまえたち自身から伴侶をなし[1061]、おまえたちの伴侶から息子と孫をなし給うた。また、彼はおまえたちに良いものから糧を与え給うた。それなのに虚偽を信じ、アッラーの恩寵を彼らは否定するのか。(16：72)

1059　それが不毛であった後に。

1060　この節は酒が禁止される以前に啓示されたものである。

1061　アーダムからハウワーゥ(イブ)を。あるいは、同類(人類)から。

وَيَعْبُدُونَ مِن دُونِ ٱللَّهِ مَا لَا يَمْلِكُ لَهُمْ رِزْقًا مِّنَ ٱلسَّمَٰوَٰتِ
وَٱلْأَرْضِ شَيْـًٔا وَلَا يَسْتَطِيعُونَ ﴿٧٣﴾ فَلَا تَضْرِبُوا۟ لِلَّهِ ٱلْأَمْثَالَ ۚ
إِنَّ ٱللَّهَ يَعْلَمُ وَأَنتُمْ لَا تَعْلَمُونَ ﴿٧٤﴾ ۞ ضَرَبَ ٱللَّهُ مَثَلًا عَبْدًا
مَّمْلُوكًا لَّا يَقْدِرُ عَلَىٰ شَىْءٍ وَمَن رَّزَقْنَٰهُ مِنَّا رِزْقًا حَسَنًا
فَهُوَ يُنفِقُ مِنْهُ سِرًّا وَجَهْرًا ۖ هَلْ يَسْتَوُۥنَ ۚ ٱلْحَمْدُ لِلَّهِ ۚ
بَلْ أَكْثَرُهُمْ لَا يَعْلَمُونَ ﴿٧٥﴾ وَضَرَبَ ٱللَّهُ مَثَلًا رَّجُلَيْنِ
أَحَدُهُمَآ أَبْكَمُ لَا يَقْدِرُ عَلَىٰ شَىْءٍ وَهُوَ كَلٌّ عَلَىٰ مَوْلَىٰهُ
أَيْنَمَا يُوَجِّههُّ لَا يَأْتِ بِخَيْرٍ ۖ هَلْ يَسْتَوِى هُوَ وَمَن يَأْمُرُ
بِٱلْعَدْلِ ۙ وَهُوَ عَلَىٰ صِرَٰطٍ مُّسْتَقِيمٍ ﴿٧٦﴾ وَلِلَّهِ غَيْبُ
ٱلسَّمَٰوَٰتِ وَٱلْأَرْضِ ۚ وَمَآ أَمْرُ ٱلسَّاعَةِ إِلَّا كَلَمْحِ
ٱلْبَصَرِ أَوْ هُوَ أَقْرَبُ ۚ إِنَّ ٱللَّهَ عَلَىٰ كُلِّ شَىْءٍ قَدِيرٌ ﴿٧٧﴾
وَٱللَّهُ أَخْرَجَكُم مِّنۢ بُطُونِ أُمَّهَٰتِكُمْ لَا تَعْلَمُونَ شَيْـًٔا
وَجَعَلَ لَكُمُ ٱلسَّمْعَ وَٱلْأَبْصَٰرَ وَٱلْأَفْـِٔدَةَ ۙ لَعَلَّكُمْ
تَشْكُرُونَ ﴿٧٨﴾ أَلَمْ يَرَوْا۟ إِلَى ٱلطَّيْرِ مُسَخَّرَٰتٍ فِى جَوِّ ٱلسَّمَآءِ
مَا يُمْسِكُهُنَّ إِلَّا ٱللَّهُ ۗ إِنَّ فِى ذَٰلِكَ لَءَايَٰتٍ لِّقَوْمٍ يُؤْمِنُونَ ﴿٧٩﴾

そして彼らは、アッラーをさしおいて、彼らのためになる諸天と地からの糧をなにも所有せず、能力も持たないもの(偶像神)に仕える。(16：73)

それゆえアッラーに類比を行ってはならない(多神崇拝をしてはならない)。まことにアッラーは知り給い、おまえたちは知らないのである。(16：74)

アッラーは譬《たと》えに、何に対しても力を持たない所有された奴隷と、われらがわれらの許から良い糧を与え、そしてその中から密かにまた公然と(善に)費やす者(自由人)とを挙げ給うた。彼らが等しいであろうか。称賛はアッラーに属す。いや、彼らの大半は知らない。(16：75)

またアッラーは譬えに、二人の男を挙げ給うた。彼らの一人は何も出来ない唖者で、彼の主人にとって重荷であり、どこに差し向けても、益をもたらさない。彼が、まっすぐな道に立ち公正を命ずる者と等しいであろうか[1062]。(16：76)

そしてアッラーにこそ、諸天と地の不可視事象は属す。かの時(復活、最後の審判の日)の事は目の瞬きのようなものでしかない、それどころかさらに近い。まことに、アッラーはあらゆるものに対して全能なる御方。(16：77)

アッラーはまた何も分からないおまえたちを、おまえたちの母親の腹から出し給い、おまえたちに聴覚と視覚と心を授け給うた。きっとおまえたちは感謝するであろう。(16：78)

彼らは、天空の(飛ぶように)操縦された鳥を見なかったか。それを(天空に)留まらせるものはアッラーのほかにない。まことに、そのうちには信仰する民への諸々の徴がある。(16：79)

1062　前節と本節の譬えにおいては、無力で無益かつ無害な偶像神と全能なるアッラーが比較されている。

وَٱللَّهُ جَعَلَ لَكُم مِّنۢ بُيُوتِكُمۡ سَكَنٗا وَجَعَلَ لَكُم مِّن جُلُودِ
ٱلۡأَنۡعَٰمِ بُيُوتٗا تَسۡتَخِفُّونَهَا يَوۡمَ ظَعۡنِكُمۡ وَيَوۡمَ إِقَامَتِكُمۡ
وَمِنۡ أَصۡوَافِهَا وَأَوۡبَارِهَا وَأَشۡعَارِهَآ أَثَٰثٗا وَمَتَٰعًا إِلَىٰ حِينٖ
٨٠ وَٱللَّهُ جَعَلَ لَكُم مِّمَّا خَلَقَ ظِلَٰلٗا وَجَعَلَ لَكُم مِّنَ
ٱلۡجِبَالِ أَكۡنَٰنٗا وَجَعَلَ لَكُمۡ سَرَٰبِيلَ تَقِيكُمُ
ٱلۡحَرَّ وَسَرَٰبِيلَ تَقِيكُم بَأۡسَكُمۡۚ كَذَٰلِكَ يُتِمُّ نِعۡمَتَهُۥ
عَلَيۡكُمۡ لَعَلَّكُمۡ تُسۡلِمُونَ ٨١ فَإِن تَوَلَّوۡاْ فَإِنَّمَا عَلَيۡكَ
ٱلۡبَلَٰغُ ٱلۡمُبِينُ ٨٢ يَعۡرِفُونَ نِعۡمَتَ ٱللَّهِ ثُمَّ يُنكِرُونَهَا
وَأَكۡثَرُهُمُ ٱلۡكَٰفِرُونَ ٨٣ وَيَوۡمَ نَبۡعَثُ مِن كُلِّ أُمَّةٖ
شَهِيدٗا ثُمَّ لَا يُؤۡذَنُ لِلَّذِينَ كَفَرُواْ وَلَا هُمۡ يُسۡتَعۡتَبُونَ
٨٤ وَإِذَا رَءَا ٱلَّذِينَ ظَلَمُواْ ٱلۡعَذَابَ فَلَا يُخَفَّفُ عَنۡهُمۡ وَلَا هُمۡ
يُنظَرُونَ ٨٥ وَإِذَا رَءَا ٱلَّذِينَ أَشۡرَكُواْ شُرَكَآءَهُمۡ قَالُواْ
رَبَّنَا هَٰٓؤُلَآءِ شُرَكَآؤُنَا ٱلَّذِينَ كُنَّا نَدۡعُواْ مِن دُونِكَۖ
فَأَلۡقَوۡاْ إِلَيۡهِمُ ٱلۡقَوۡلَ إِنَّكُمۡ لَكَٰذِبُونَ ٨٦ وَأَلۡقَوۡاْ إِلَى
ٱللَّهِ يَوۡمَئِذٍ ٱلسَّلَمَۖ وَضَلَّ عَنۡهُم مَّا كَانُواْ يَفۡتَرُونَ ٨٧

アッラーはまた、おまえたちのためにおまえたちの家を住居とし、おまえたちのために家畜の皮から家(幕屋、天幕)をなし給い、おまえたちはそれを旅の日にも宿泊の日にも軽いものと感じる。また、羊毛、毛皮、獣毛[1063]から、ある期間までの家庭用品と日用品を。(16：80)

アッラーはまた、彼が創り給うたものから、おまえたちのために陰をなし、山をおまえたちの覆い(洞窟、洞穴)となし、おまえたちを暑さから守る衣類と、おまえたちを危害から守る衣類(鎧)をおまえたちのために作り給うた。こうして、彼は彼のおまえたちへの恩寵を全うされる。きっとおまえたちは帰依するであろう。(16：81)

それでたとえ彼らが背き去ったとしても、おまえに課されたのは明白な伝達だけである。(16：82)

彼らはアッラーの恩寵を知っているが、その上でそれを否定する。彼らの大半は不信仰者である。(16：83)

われらがそれぞれの共同体から証言者を立て[1064]、それから信仰を拒んだ者たちには(弁明が)許可されず、彼らが(アッラーの)御機嫌を直すことを求められない日[1065]。(16：84)

そして不正をなした者たちが懲罰を見る時、彼らからは(懲罰は)軽減されず、彼らは猶予もされない。(16：85)

そして共同者(偶像神)を配していた者たちは、彼らの共同者たちを見ると、言った。「われらが主よ、これらはわれらがあなたをさしおいて祈っていたわれらの共同者たちです」。彼ら(偶像神)は彼らに言葉を投げつけた。「おまえたちは本当に嘘つきである[1066]」。(16：86)

そして彼ら(多神教徒)はその日、アッラーに恭順を示し、彼らが捏造していたもの(偶像神がアッラーに執り成しをするとの思い込み)は彼らからはぐれ去った。(16：87)

1063　それぞれ羊、ラクダ、山羊の毛。

1064　最後の審判では、それぞれの共同体に遣わされた預言者が証人として出廷し、その民に有利な、あるいは不利な証言を行う。

1065　最後の審判の日には、もはやアッラーの御機嫌直しを求めて悔い改めて善行を行うことはできない。

1066　19章81-82節、28章63-64節、46章5-6節参照。

ٱلَّذِينَ كَفَرُوا۟ وَصَدُّوا۟ عَن سَبِيلِ ٱللَّهِ زِدْنَٰهُمْ عَذَابًا
فَوْقَ ٱلْعَذَابِ بِمَا كَانُوا۟ يُفْسِدُونَ ﴿٨٨﴾ وَيَوْمَ نَبْعَثُ فِى
كُلِّ أُمَّةٍ شَهِيدًا عَلَيْهِم مِّنْ أَنفُسِهِمْ ۖ وَجِئْنَا بِكَ
شَهِيدًا عَلَىٰ هَٰٓؤُلَآءِ ۚ وَنَزَّلْنَا عَلَيْكَ ٱلْكِتَٰبَ تِبْيَٰنًا لِّكُلِّ
شَىْءٍ وَهُدًى وَرَحْمَةً وَبُشْرَىٰ لِلْمُسْلِمِينَ ﴿٨٩﴾ ۞ إِنَّ ٱللَّهَ
يَأْمُرُ بِٱلْعَدْلِ وَٱلْإِحْسَٰنِ وَإِيتَآئِ ذِى ٱلْقُرْبَىٰ وَيَنْهَىٰ عَنِ
ٱلْفَحْشَآءِ وَٱلْمُنكَرِ وَٱلْبَغْىِ ۚ يَعِظُكُمْ لَعَلَّكُمْ تَذَكَّرُونَ
﴿٩٠﴾ وَأَوْفُوا۟ بِعَهْدِ ٱللَّهِ إِذَا عَٰهَدتُّمْ وَلَا تَنقُضُوا۟ ٱلْأَيْمَٰنَ
بَعْدَ تَوْكِيدِهَا وَقَدْ جَعَلْتُمُ ٱللَّهَ عَلَيْكُمْ كَفِيلًا ۚ إِنَّ
ٱللَّهَ يَعْلَمُ مَا تَفْعَلُونَ ﴿٩١﴾ وَلَا تَكُونُوا۟ كَٱلَّتِى نَقَضَتْ
غَزْلَهَا مِنۢ بَعْدِ قُوَّةٍ أَنكَٰثًا تَتَّخِذُونَ أَيْمَٰنَكُمْ دَخَلًۢا
بَيْنَكُمْ أَن تَكُونَ أُمَّةٌ هِىَ أَرْبَىٰ مِنْ أُمَّةٍ ۚ إِنَّمَا يَبْلُوكُمُ ٱللَّهُ
بِهِۦ ۚ وَلَيُبَيِّنَنَّ لَكُمْ يَوْمَ ٱلْقِيَٰمَةِ مَا كُنتُمْ فِيهِ تَخْتَلِفُونَ
﴿٩٢﴾ وَلَوْ شَآءَ ٱللَّهُ لَجَعَلَكُمْ أُمَّةً وَٰحِدَةً وَلَٰكِن يُضِلُّ مَن
يَشَآءُ وَيَهْدِى مَن يَشَآءُ ۚ وَلَتُسْـَٔلُنَّ عَمَّا كُنتُمْ تَعْمَلُونَ ﴿٩٣﴾

信仰を拒み、アッラーの道から(人々を)逸らせた者たち、われらは彼らに、彼らが害悪をなしたものゆえに、懲罰の上に懲罰を増し加える。(16：88)

そしてわれらがあらゆる共同体に対する証言者を彼ら自身のうちから立てる日、われらはおまえをこれらの者に対する証言者として連れて来た。そして、われらはおまえに啓典を垂示した、あらゆることを説明するものとして、帰依者《ムスリム》たちへの導き、慈悲、吉報として。(16：89)

まことにアッラーは公正、心尽くし、近親への贈与を命じ給い、醜行、忌むべき行為、侵害を禁じ給う。彼はおまえたちに訓戒し給う、きっとおまえたちは留意するであろう。(16：90)

そしておまえたちが約定を交わした時には、アッラーの約定を果たせ。また、誓約をその確認の後で破ってはならない[1067]。確かにおまえたちはすでにアッラーをおまえたちに対する保証人としたのであるから。まことに、アッラーはおまえたちのなすことを知り給う。(16：91)

また紬糸を縒り糸の後でほぐれた糸に解く女のようになり、おまえたちの誓約をおまえたちの間で余計物(誤魔化し)としてはならない、一つの集団の方が別の集団より多数であることから[1068]。アッラーはただそれによっておまえたちを試み給うのである。そして、復活(審判)の日、おまえたちが分裂していたことをおまえたちに解明し給うのである。(16：92)

また、アッラーが望み給うたなら、おまえたちを一つの共同体とし給うたであろう。だが、彼は御望みの者を迷わせ、御望みの者を導き給う。そして、おまえたちは、おまえたちのなしたことについて必ずや問われるであろう。(16：93)

1067 「誓いをたてたが、それを破る方がより良いと思った者は、より良い方をなし、誓言については破約の償いをすべきである」との預言者ムハンマドのハディースにより、有害なことを行うと誓言した者は、破約の贖罪の償いをして、誓言を破る方が良い。破約の贖罪については、5章89節参照。

1068 同盟を結んだにも拘わらず、より勢力のある者を見つけると、それを反故にして、その有力な方と同盟してはならない。

وَلَا تَتَّخِذُوٓاْ أَيۡمَٰنَكُمۡ دَخَلَۢا بَيۡنَكُمۡ فَتَزِلَّ قَدَمُۢ بَعۡدَ
ثُبُوتِهَا وَتَذُوقُواْ ٱلسُّوٓءَ بِمَا صَدَدتُّمۡ عَن سَبِيلِ ٱللَّهِ وَلَكُمۡ
عَذَابٌ عَظِيمٞ ٩٤ وَلَا تَشۡتَرُواْ بِعَهۡدِ ٱللَّهِ ثَمَنٗا قَلِيلًاۚ إِنَّمَا
عِندَ ٱللَّهِ هُوَ خَيۡرٞ لَّكُمۡ إِن كُنتُمۡ تَعۡلَمُونَ ٩٥ مَا عِندَكُمۡ
يَنفَدُ وَمَا عِندَ ٱللَّهِ بَاقٖۗ وَلَنَجۡزِيَنَّ ٱلَّذِينَ صَبَرُوٓاْ أَجۡرَهُم
بِأَحۡسَنِ مَا كَانُواْ يَعۡمَلُونَ ٩٦ مَنۡ عَمِلَ صَٰلِحٗا
مِّن ذَكَرٍ أَوۡ أُنثَىٰ وَهُوَ مُؤۡمِنٞ فَلَنُحۡيِيَنَّهُۥ حَيَوٰةٗ طَيِّبَةٗۖ
وَلَنَجۡزِيَنَّهُمۡ أَجۡرَهُم بِأَحۡسَنِ مَا كَانُواْ يَعۡمَلُونَ ٩٧
فَإِذَا قَرَأۡتَ ٱلۡقُرۡءَانَ فَٱسۡتَعِذۡ بِٱللَّهِ مِنَ ٱلشَّيۡطَٰنِ ٱلرَّجِيمِ
٩٨ إِنَّهُۥ لَيۡسَ لَهُۥ سُلۡطَٰنٌ عَلَى ٱلَّذِينَ ءَامَنُواْ وَعَلَىٰ رَبِّهِمۡ
يَتَوَكَّلُونَ ٩٩ إِنَّمَا سُلۡطَٰنُهُۥ عَلَى ٱلَّذِينَ يَتَوَلَّوۡنَهُۥ وَٱلَّذِينَ
هُم بِهِۦ مُشۡرِكُونَ ١٠٠ وَإِذَا بَدَّلۡنَآ ءَايَةٗ مَّكَانَ ءَايَةٖ
وَٱللَّهُ أَعۡلَمُ بِمَا يُنَزِّلُ قَالُوٓاْ إِنَّمَآ أَنتَ مُفۡتَرِۭۚ بَلۡ أَكۡثَرُهُمۡ
لَا يَعۡلَمُونَ ١٠١ قُلۡ نَزَّلَهُۥ رُوحُ ٱلۡقُدُسِ مِن رَّبِّكَ بِٱلۡحَقِّ
لِيُثَبِّتَ ٱلَّذِينَ ءَامَنُواْ وَهُدٗى وَبُشۡرَىٰ لِلۡمُسۡلِمِينَ ١٠٢

そしておまえたちの誓約[1069]をおまえたちの間で余計物(誤魔化し)としてはならない。さもなければ、足は確立の後で滑り、おまえたちは、アッラーの道から(人々を)逸らせたことゆえに悪(懲罰)を味わい、(来世でも)おまえたちには大いなる懲罰がある。(16：94)

またアッラーの約定とひきかえにわずかな代価を得てはならない。まことに、アッラーの御許にあるもの、それはおまえたちにとって一層良い。もし、おまえたちが知っていれば。(16：95)

おまえたちの許にあるものは尽きるが、アッラーの御許にあるものは残るのである。そしてわれらは、忍耐した者たちに彼らのなしてきたことの最善によって彼らの報酬を与えよう。(16：96)

善行をなした者は男も女も、信仰者であれば、われらは必ずやその者に良い生活を送らせよう。そして、彼らには彼らのなしてきたことの最善によって彼らの報酬を報いよう。(16：97)

それでおまえがクルアーンを読んだときは、石もて追われた(呪われた)悪魔からアッラーに守護を求めよ。(16：98)

まことに彼には、信仰し、彼の主に一任した者たちに対する権能はない。(16：99)

まことに彼の権能は、彼を後見とする者たち、そして彼(アッラー)に共同者(偶像神)を配した者たちに対するものに過ぎない。(16：100)

そしてわれらが一つの節の代わりに別の節を置き替えると、—アッラーは彼が垂示し給うものをよりよくご存知であらせられる—、彼らは言った。「おまえは捏造者にすぎない」。いや、彼らの大半は知らないのである。(16：101)

言え、「聖霊(ジブリール)がそれを、おまえの主から真理と共に垂示したのである。信仰する者たちを強固にするためであり、また帰依者《ムスリム》たちへの導き、吉報としてである」。(16：102)

1069　92節における誓約が一般的なものであるのに対し、ここでの誓約は預言者ムハンマドへの忠誠の誓い(バイア)を指すとされる。

وَلَقَدْ نَعْلَمُ أَنَّهُمْ يَقُولُونَ إِنَّمَا يُعَلِّمُهُۥ بَشَرٌۗ لِّسَانُ
ٱلَّذِى يُلْحِدُونَ إِلَيْهِ أَعْجَمِىٌّ وَهَٰذَا لِسَانٌ عَرَبِىٌّ مُّبِينٌ
﴿١٠٣﴾ إِنَّ ٱلَّذِينَ لَا يُؤْمِنُونَ بِـَٔايَٰتِ ٱللَّهِ لَا يَهْدِيهِمُ ٱللَّهُ
وَلَهُمْ عَذَابٌ أَلِيمٌ ﴿١٠٤﴾ إِنَّمَا يَفْتَرِى ٱلْكَذِبَ ٱلَّذِينَ
لَا يُؤْمِنُونَ بِـَٔايَٰتِ ٱللَّهِۖ وَأُو۟لَٰٓئِكَ هُمُ ٱلْكَٰذِبُونَ ﴿١٠٥﴾
مَن كَفَرَ بِٱللَّهِ مِنۢ بَعْدِ إِيمَٰنِهِۦٓ إِلَّا مَنْ أُكْرِهَ وَقَلْبُهُۥ
مُطْمَئِنٌّۢ بِٱلْإِيمَٰنِ وَلَٰكِن مَّن شَرَحَ بِٱلْكُفْرِ
صَدْرًا فَعَلَيْهِمْ غَضَبٌ مِّنَ ٱللَّهِ وَلَهُمْ عَذَابٌ عَظِيمٌ
﴿١٠٦﴾ ذَٰلِكَ بِأَنَّهُمُ ٱسْتَحَبُّوا۟ ٱلْحَيَوٰةَ ٱلدُّنْيَا عَلَى
ٱلْءَاخِرَةِ وَأَنَّ ٱللَّهَ لَا يَهْدِى ٱلْقَوْمَ ٱلْكَٰفِرِينَ
﴿١٠٧﴾ أُو۟لَٰٓئِكَ ٱلَّذِينَ طَبَعَ ٱللَّهُ عَلَىٰ قُلُوبِهِمْ وَسَمْعِهِمْ
وَأَبْصَٰرِهِمْۖ وَأُو۟لَٰٓئِكَ هُمُ ٱلْغَٰفِلُونَ ﴿١٠٨﴾ لَا جَرَمَ
أَنَّهُمْ فِى ٱلْءَاخِرَةِ هُمُ ٱلْخَٰسِرُونَ ﴿١٠٩﴾ ثُمَّ إِنَّ رَبَّكَ
لِلَّذِينَ هَاجَرُوا۟ مِنۢ بَعْدِ مَا فُتِنُوا۟ ثُمَّ جَٰهَدُوا۟
وَصَبَرُوٓا۟ إِنَّ رَبَّكَ مِنۢ بَعْدِهَا لَغَفُورٌ رَّحِيمٌ ﴿١١٠﴾

そしてわれらは彼らが、「人間がそれを教えているだけだ[1070]」と言うのを確かに知っている。彼らが(預言者ムハンマドの中傷において)依拠している言葉[1071]は外国語であるが、これは明白なアラビア語である。(16：103)

まことに、アッラーの諸々の徴を信じない者たち、アッラーは彼らを導き給わず、彼らには痛苦の懲罰がある。(16：104)

アッラーの諸々の徴を信じない者たちは虚偽を捏造しているだけである。それらの者、彼らこそ嘘つきというものである。(16：105)

その信仰の後にアッラーを拒んだ者、ただし強制された者で、彼の心が信仰に落ち着いているならば別である[1072]。だが、不信仰に心がくつろぐ者、彼らの上にはアッラーの御怒りがあり、彼らには大いなる懲罰がある。(16：106)

それは、彼らが来世よりも現世を好んだからであり、アッラーは不信仰の民を導き給わないからである。(16：107)

それらの者はアッラーが心と聴覚と視覚を封じ給うた者たちであり、それらの者、彼らこそ虚《うつ》け者である。(16：108)

間違いなく、彼らは来世では損失者である。(16：109)

それから、まことにおまえの主は、迫害を被った後で移住し、それから奮闘《ジハード》し、忍耐した者たちに対し、まことにおまえの主はその後には、よく赦し給う慈悲深い御方。(16：110)

1070　通説によると、マッカの多神教徒たちは預言者ムハンマドがクルアーンをキリスト教からイスラームに改宗したジャブルという名のギリシャ人の鍛冶屋から教わったと中傷していた。

1071　彼らが、預言者ムハンマドがクルアーンを教わったとしている男の言語。

1072　マッカの多神教徒から迫害され両親を殺され、脅迫され、預言者ムハンマドを誹謗し棄教するよう強制されたアンマール・ブン・ヤースィルが泣きながら預言者の許にやって来て、「私はあなたの誹謗を口にしました」と告白した時、預言者は「その時、おまえの心はどうであったか」と尋ねられた。アンマールが「信仰に安らいでいました」と答えると、預言者は彼の両目の涙を拭い、「もし彼らがおまえにまた同じことをすれば、おまえが口にしたことをまた彼らに言うがよい」と言われた。その時、この節が啓示された。

۞ يَوْمَ تَأْتِي كُلُّ نَفْسٖ تُجَٰدِلُ عَن نَّفْسِهَا وَتُوَفَّىٰ كُلُّ
نَفْسٖ مَّا عَمِلَتْ وَهُمْ لَا يُظْلَمُونَ ﴿١١١﴾ وَضَرَبَ ٱللَّهُ مَثَلٗا
قَرْيَةٗ كَانَتْ ءَامِنَةٗ مُّطْمَئِنَّةٗ يَأْتِيهَا رِزْقُهَا رَغَدٗا مِّن
كُلِّ مَكَانٖ فَكَفَرَتْ بِأَنْعُمِ ٱللَّهِ فَأَذَٰقَهَا ٱللَّهُ لِبَاسَ
ٱلْجُوعِ وَٱلْخَوْفِ بِمَا كَانُواْ يَصْنَعُونَ ﴿١١٢﴾ وَلَقَدْ جَآءَهُمْ
رَسُولٞ مِّنْهُمْ فَكَذَّبُوهُ فَأَخَذَهُمُ ٱلْعَذَابُ وَهُمْ ظَٰلِمُونَ
﴿١١٣﴾ فَكُلُواْ مِمَّا رَزَقَكُمُ ٱللَّهُ حَلَٰلٗا طَيِّبٗا وَٱشْكُرُواْ
نِعْمَتَ ٱللَّهِ إِن كُنتُمْ إِيَّاهُ تَعْبُدُونَ ﴿١١٤﴾ إِنَّمَا حَرَّمَ
عَلَيْكُمُ ٱلْمَيْتَةَ وَٱلدَّمَ وَلَحْمَ ٱلْخِنزِيرِ وَمَآ أُهِلَّ لِغَيْرِ
ٱللَّهِ بِهِۦۖ فَمَنِ ٱضْطُرَّ غَيْرَ بَاغٖ وَلَا عَادٖ فَإِنَّ ٱللَّهَ غَفُورٞ
رَّحِيمٞ ﴿١١٥﴾ وَلَا تَقُولُواْ لِمَا تَصِفُ أَلْسِنَتُكُمُ ٱلْكَذِبَ
هَٰذَا حَلَٰلٞ وَهَٰذَا حَرَامٞ لِّتَفْتَرُواْ عَلَى ٱللَّهِ ٱلْكَذِبَۚ إِنَّ
ٱلَّذِينَ يَفْتَرُونَ عَلَى ٱللَّهِ ٱلْكَذِبَ لَا يُفْلِحُونَ ﴿١١٦﴾ مَتَٰعٞ قَلِيلٞ
وَلَهُمْ عَذَابٌ أَلِيمٞ ﴿١١٧﴾ وَعَلَى ٱلَّذِينَ هَادُواْ حَرَّمْنَا مَا قَصَصْنَا عَلَيْكَ
مِن قَبْلُۖ وَمَا ظَلَمْنَٰهُمْ وَلَٰكِن كَانُوٓاْ أَنفُسَهُمْ يَظْلِمُونَ ﴿١١٨﴾

誰もがやって来て、己自身のために議論し、誰もがなしたことを十分に支払われ、不正を受けることはない日(復活、最後の審判の日)。(16：111)

そしてアッラーは譬《たと》えに、安全で平穏であった町を挙げ給うた。そこには糧があらゆる場所から豊かにやって来た。ところが、アッラーの恩寵を否認し、そのため、アッラーは彼らがなしたことゆえに空腹と恐怖の衣服を味わわせ給うた。(16：112)

そして確かに、かつて彼らのうちから使徒がやって来たが、彼らは彼を嘘だと否定し、そこで懲罰が彼らを捕らえた。彼らが不正な者だったからである。(16：113)

それゆえ、アッラーがおまえたちに、許された良い糧として恵み給うたものから食べよ。そして、アッラーの恩寵に感謝せよ。もし、おまえたちが彼にこそ仕えてきたのであれば。(16：114)

彼はおまえたちに死肉、血、豚肉、そしてアッラー以外の名を唱えられ(屠殺され)たものだけを禁じ給うた。但し、反逆者でなく、無法者でもなく余儀なくされた者であれば(罪はない)[1073]。まことにアッラーはよく赦し給う慈悲深い御方。(16：115)

それで、おまえたちの舌が述べる嘘で、「これは許され、これは禁じられている」と言い、アッラーに対して虚偽を捏造してはならない。まことに、アッラーに対して虚偽を捏造する者たちは成功しない。(16：116)

(彼らには現世での)わずかな楽しみがあり、そして彼らには痛苦の懲罰がある。(16：117)

また「戻った者たち」(ユダヤ教徒)には、以前おまえに語ったもの[1074]をわれらは禁じた。そしてわれらが彼らに不正をなしたのではなく、彼らが己自身に不正をなしたのである。(16：118)

1073　2章173節、5章3節、6章145節参照。
1074　6章146節参照。

ثُمَّ إِنَّ رَبَّكَ لِلَّذِينَ عَمِلُواْ ٱلسُّوٓءَ بِجَهَٰلَةٖ ثُمَّ تَابُواْ مِنۢ بَعۡدِ
ذَٰلِكَ وَأَصۡلَحُوٓاْ إِنَّ رَبَّكَ مِنۢ بَعۡدِهَا لَغَفُورٞ رَّحِيمٌ ١١٩ إِنَّ
إِبۡرَٰهِيمَ كَانَ أُمَّةٗ قَانِتٗا لِّلَّهِ حَنِيفٗا وَلَمۡ يَكُ مِنَ ٱلۡمُشۡرِكِينَ
١٢٠ شَاكِرٗا لِّأَنۡعُمِهِۚ ٱجۡتَبَىٰهُ وَهَدَىٰهُ إِلَىٰ صِرَٰطٖ مُّسۡتَقِيمٖ
١٢١ وَءَاتَيۡنَٰهُ فِي ٱلدُّنۡيَا حَسَنَةٗۖ وَإِنَّهُۥ فِي ٱلۡأٓخِرَةِ لَمِنَ ٱلصَّٰلِحِينَ
١٢٢ ثُمَّ أَوۡحَيۡنَآ إِلَيۡكَ أَنِ ٱتَّبِعۡ مِلَّةَ إِبۡرَٰهِيمَ حَنِيفٗاۖ وَمَا كَانَ
مِنَ ٱلۡمُشۡرِكِينَ ١٢٣ إِنَّمَا جُعِلَ ٱلسَّبۡتُ عَلَى ٱلَّذِينَ ٱخۡتَلَفُواْ
فِيهِۚ وَإِنَّ رَبَّكَ لَيَحۡكُمُ بَيۡنَهُمۡ يَوۡمَ ٱلۡقِيَٰمَةِ فِيمَا
كَانُواْ فِيهِ يَخۡتَلِفُونَ ١٢٤ ٱدۡعُ إِلَىٰ سَبِيلِ رَبِّكَ بِٱلۡحِكۡمَةِ
وَٱلۡمَوۡعِظَةِ ٱلۡحَسَنَةِۖ وَجَٰدِلۡهُم بِٱلَّتِي هِيَ أَحۡسَنُۚ إِنَّ
رَبَّكَ هُوَ أَعۡلَمُ بِمَن ضَلَّ عَن سَبِيلِهِۦ وَهُوَ أَعۡلَمُ بِٱلۡمُهۡتَدِينَ
١٢٥ وَإِنۡ عَاقَبۡتُمۡ فَعَاقِبُواْ بِمِثۡلِ مَا عُوقِبۡتُم بِهِۦۖ وَلَئِن
صَبَرۡتُمۡ لَهُوَ خَيۡرٞ لِّلصَّٰبِرِينَ ١٢٦ وَٱصۡبِرۡ وَمَا صَبۡرُكَ
إِلَّا بِٱللَّهِۚ وَلَا تَحۡزَنۡ عَلَيۡهِمۡ وَلَا تَكُ فِي ضَيۡقٖ مِّمَّا يَمۡكُرُونَ
١٢٧ إِنَّ ٱللَّهَ مَعَ ٱلَّذِينَ ٱتَّقَواْ وَّٱلَّذِينَ هُم مُّحۡسِنُونَ ١٢٨

それから、まことにおまえの主は、無知[1075]ゆえに悪をなし、それから後で悔いて戻り、（行状を）改めた者たちに対し、まことにおまえの主はその後には、よく赦し給う慈悲深い御方。(16：119)

まことにイブラーヒームはアッラーに従順でありひたむきな共同体[1076]であり、多神教徒たち（の一人）ではなかった。(16：120)

（イブラーヒームは）彼の恩寵に感謝する者であり、（アッラーは）彼を選び、真っすぐな道へと彼を導き給うた。(16：121)

そして、われらは彼に現世で良きことを与えた[1077]。そして、まことに彼は来世において正しい者たち（の一人）である。(16：122)

それから、われらはおまえに啓示した。ひたむきで、多神教徒たち（の一人）ではなかったイブラーヒームの宗旨に従え、と。(16：123)

土曜日は、ただそれについて分裂した者たちに対して定められたものである[1078]。そしてまことに、おまえの主は復活（審判）の日、彼らが分裂していたことについて彼らの間を裁き給う。(16：124)

おまえの主の道へと英知と良い訓告をもって呼び招け。そして、彼らとはより良いものをもって議論せよ。まことにおまえの主、彼こそ彼の道から迷った者についてよりよく知り給い、彼こそは導かれた者たちについてもよりよく知り給う。(16：125)

そしてもしおまえたちが罰するならば、おまえたちが罰されたのと同じものをもって罰せよ[1079]。だが、もしおまえたちが忍耐すれば、それは忍耐する者たちにとって一層良い。(16：126)

そして忍耐せよ。だが、おまえたちの忍耐はアッラーによるほかない。また、彼らに対して（イスラームに導かれないことを）悲しむことはなく、彼らの策謀することに胸を痛めてはならない。(16：127)

まことにアッラーは、畏れ身を守る者たち、そして善を尽くす者たちと共におわします。(16：128)

1075　4章17節参照。

1076　イブラーヒーム個人が、「ummah（共同体）」と呼ばれているが、ここでの「ummah」は「一人の人格のうちに全ての美徳を完備した指導者、模範」を意味する、と言われる。

1077　ユダヤ教、キリスト教、イスラームの信奉者の全てから称えられるという名誉を授かった。

1078　土曜日（Sabt）を安息日とすることはユダヤ教徒に対してのみ課された。ユダヤ教徒は土曜日の安息日の就業禁止がイブラーヒームの宗旨の一部であると主張し、ムスリムと対立した。一説では、ムーサーは、金曜日を祝日として尊重するようにイスラエルの民に命じたが、彼らはそれに背いて分裂し土曜日を安息日とするよう望んだため、とも言われる。

1079　ウフドの戦いで預言者ムハンマドのおじのハムザが戦死したが、敵のマッカの多神教徒たちがその遺体を損壊・陵辱した時に啓示され、報復の遺体陵辱は、ムスリム側の遺体の損壊の範囲を超えてはならず、むしろ報復を自制することがより望ましいことが示された。

سُورَةُ الإِسۡرَاءِ

بِسۡمِ ٱللَّهِ ٱلرَّحۡمَٰنِ ٱلرَّحِيمِ

سُبۡحَٰنَ ٱلَّذِيٓ أَسۡرَىٰ بِعَبۡدِهِۦ لَيۡلٗا مِّنَ ٱلۡمَسۡجِدِ ٱلۡحَرَامِ إِلَى
ٱلۡمَسۡجِدِ ٱلۡأَقۡصَا ٱلَّذِي بَٰرَكۡنَا حَوۡلَهُۥ لِنُرِيَهُۥ مِنۡ ءَايَٰتِنَآۚ إِنَّهُۥ
هُوَ ٱلسَّمِيعُ ٱلۡبَصِيرُ ١ وَءَاتَيۡنَا مُوسَى ٱلۡكِتَٰبَ وَجَعَلۡنَٰهُ
هُدٗى لِّبَنِيٓ إِسۡرَٰٓءِيلَ أَلَّا تَتَّخِذُواْ مِن دُونِي وَكِيلٗا ٢
ذُرِّيَّةَ مَنۡ حَمَلۡنَا مَعَ نُوحٍۚ إِنَّهُۥ كَانَ عَبۡدٗا شَكُورٗا ٣
وَقَضَيۡنَآ إِلَىٰ بَنِيٓ إِسۡرَٰٓءِيلَ فِي ٱلۡكِتَٰبِ لَتُفۡسِدُنَّ فِي ٱلۡأَرۡضِ
مَرَّتَيۡنِ وَلَتَعۡلُنَّ عُلُوّٗا كَبِيرٗا ٤ فَإِذَا جَآءَ وَعۡدُ أُولَىٰهُمَا
بَعَثۡنَا عَلَيۡكُمۡ عِبَادٗا لَّنَآ أُوْلِي بَأۡسٖ شَدِيدٖ فَجَاسُواْ خِلَٰلَ
ٱلدِّيَارِۚ وَكَانَ وَعۡدٗا مَّفۡعُولٗا ٥ ثُمَّ رَدَدۡنَا لَكُمُ ٱلۡكَرَّةَ
عَلَيۡهِمۡ وَأَمۡدَدۡنَٰكُم بِأَمۡوَٰلٖ وَبَنِينَ وَجَعَلۡنَٰكُمۡ أَكۡثَرَ نَفِيرًا
٦ إِنۡ أَحۡسَنتُمۡ أَحۡسَنتُمۡ لِأَنفُسِكُمۡۖ وَإِنۡ أَسَأۡتُمۡ فَلَهَاۚ فَإِذَا
جَآءَ وَعۡدُ ٱلۡأٓخِرَةِ لِيَسُـُٔواْ وُجُوهَكُمۡ وَلِيَدۡخُلُواْ ٱلۡمَسۡجِدَ
كَمَا دَخَلُوهُ أَوَّلَ مَرَّةٖ وَلِيُتَبِّرُواْ مَا عَلَوۡاْ تَتۡبِيرًا ٧

第17章　夜行 ...... سورة الإسراء

マッカ垂示

冒頭の句(1節)に因み「夜行」章と名づけられる。本章のタイトルともなっている「夜行」とは、預言者ムハンマドが天馬ブラークに連れられてマッカの禁裏モスクから夜にエルサレムの最遠のモスクに旅し、そこから天に昇り、最高天でアッラーの御許に参上したとの、本章の冒頭に置かれた逸話である。なお、一日五回の礼拝が義務として定められたのも、この昇天に際してであると伝えられている。

またこの夜の旅の逸話の後に、ムーサーの後にイスラーイールの子孫が二度にわたり道を外れ現世で懲罰を被ったことが語られ(2-7節)、最後にムーサーとイスラーイールの子孫の救済の物語が置かれており(101-104節)、本章は「イスラーイールの子孫」章とも呼ばれる。

また本章では、唯一神崇拝と並べて親孝行が命じられた後(23-24節)、近親、貧者、旅人を正しく遇すべきこと、貧困を恐れての子供の間引きの禁止、殺人の禁止と、殺された者の遺族の同害報復の権利、孤児に行為能力が備わるまでの後見の義務、商売における計量を正すことなどの社会規範が教えられる(26-35節)。

慈悲あまねく慈悲深きアッラーの御名において

称えあれ、その僕《しもべ》を夜に(マッカの)禁裏モスクから、われらがその周囲を祝福した最遠のモスク[1080]へと、われらが彼にわれらの諸々の徴を見せるために夜行させ給うた御方こそ超越者。まことに彼は全聴にして全視なる御方。(17：1)

そして、われらはムーサーに啓典を与え、それをイスラーイールの子孫への導きとなした。「おまえたちがわれをさしおいて代理人を持ってはならない」。(17：2)

われらがヌーフと共に運んだ者の子孫たち(よ)、まことに彼(ヌーフ)は深謝する僕《しもべ》であった。(17：3)

また、われらは啓典の中でイスラーイールの子孫に定めた。必ずやおまえたちは地上で二度害悪をなし[1081]、必ずやおまえたちは高慢で尊大に思い上がるであろう。(17：4)

1080　「最遠のモスク」とはエルサレムのモスクと言われる。
伝承によると、マッカの禁裏モスク(あるいは隣接するウンム・ハーニゥの家)にいた預言者ムハンマドは天馬ブラークに乗り飛翔しエルサレムに至り、そこで礼拝を捧げて、更にそこから七つの天に昇り、第七天でアッラーから一日に五回の礼拝の義務を課された。一日に五回の礼拝が定められたのはその時であった。この出来事は「夜行(isrā’)」と「昇天(mi‘rāj)」と呼ばれ、ヒジュラ暦前1年(西暦621年)のラビーウ・アッ＝サーニー(4月)27日に起きたと言われる。

1081　最初は預言者ザカリーヤー(エホヤダの子ゼカリヤ、エルサレム神殿で殺された。「歴代誌下」24章21節参照)の殺害、第二は預言者ヤフヤーの殺害とも言われる。

عَسَىٰ رَبُّكُمْ أَن يَرْحَمَكُمْ ۚ وَإِنْ عُدتُّمْ عُدْنَا ۘ وَجَعَلْنَا جَهَنَّمَ لِلْكَٰفِرِينَ
حَصِيرًا ﴿٨﴾ إِنَّ هَٰذَا ٱلْقُرْءَانَ يَهْدِى لِلَّتِى هِىَ أَقْوَمُ وَيُبَشِّرُ
ٱلْمُؤْمِنِينَ ٱلَّذِينَ يَعْمَلُونَ ٱلصَّٰلِحَٰتِ أَنَّ لَهُمْ أَجْرًا كَبِيرًا ﴿٩﴾
وَأَنَّ ٱلَّذِينَ لَا يُؤْمِنُونَ بِٱلْءَاخِرَةِ أَعْتَدْنَا لَهُمْ عَذَابًا أَلِيمًا ﴿١٠﴾
وَيَدْعُ ٱلْإِنسَٰنُ بِٱلشَّرِّ دُعَآءَهُۥ بِٱلْخَيْرِ ۖ وَكَانَ ٱلْإِنسَٰنُ عَجُولًا ﴿١١﴾
وَجَعَلْنَا ٱلَّيْلَ وَٱلنَّهَارَ ءَايَتَيْنِ ۖ فَمَحَوْنَآ ءَايَةَ ٱلَّيْلِ وَجَعَلْنَآ ءَايَةَ
ٱلنَّهَارِ مُبْصِرَةً لِّتَبْتَغُوا۟ فَضْلًا مِّن رَّبِّكُمْ وَلِتَعْلَمُوا۟ عَدَدَ
ٱلسِّنِينَ وَٱلْحِسَابَ ۚ وَكُلَّ شَىْءٍ فَصَّلْنَٰهُ تَفْصِيلًا ﴿١٢﴾ وَكُلَّ
إِنسَٰنٍ أَلْزَمْنَٰهُ طَٰٓئِرَهُۥ فِى عُنُقِهِۦ ۖ وَنُخْرِجُ لَهُۥ يَوْمَ ٱلْقِيَٰمَةِ كِتَٰبًا
يَلْقَىٰهُ مَنشُورًا ﴿١٣﴾ ٱقْرَأْ كِتَٰبَكَ كَفَىٰ بِنَفْسِكَ ٱلْيَوْمَ عَلَيْكَ حَسِيبًا
﴿١٤﴾ مَّنِ ٱهْتَدَىٰ فَإِنَّمَا يَهْتَدِى لِنَفْسِهِۦ ۖ وَمَن ضَلَّ فَإِنَّمَا يَضِلُّ
عَلَيْهَا ۚ وَلَا تَزِرُ وَازِرَةٌ وِزْرَ أُخْرَىٰ ۗ وَمَا كُنَّا مُعَذِّبِينَ حَتَّىٰ نَبْعَثَ
رَسُولًا ﴿١٥﴾ وَإِذَآ أَرَدْنَآ أَن نُّهْلِكَ قَرْيَةً أَمَرْنَا مُتْرَفِيهَا فَفَسَقُوا۟ فِيهَا
فَحَقَّ عَلَيْهَا ٱلْقَوْلُ فَدَمَّرْنَٰهَا تَدْمِيرًا ﴿١٦﴾ وَكَمْ أَهْلَكْنَا مِنَ ٱلْقُرُونِ
مِنۢ بَعْدِ نُوحٍ ۗ وَكَفَىٰ بِرَبِّكَ بِذُنُوبِ عِبَادِهِۦ خَبِيرًۢا بَصِيرًا ﴿١٧﴾

そしてその二つの初めの約束が訪れた時[1082]、われらはおまえたちの上に強烈な力を持ったわれらの僕《しもべ》たちを遣わし、彼らは家々の内部を(おまえたちを殺し捕虜にするため)探索し、約束はなされたのであった。(17：5)

それから、われらはおまえたちのために彼らに対する巻き返しを戻し[1083]、われらはおまえたちに財産と子孫を増やし、おまえたちをより多くの一団となした。(17：6)

もしおまえたちが善を尽くすなら、おまえたちは己自身のために善を尽くしたのであり、もしおまえたちが悪をなすなら、己自身のためである。それから、後の約束が来た時、彼らはおまえたちの顔を曇らせ、初めの時に入ったようにモスク(エルサレム神殿)に入り、掌握したものを粉々に粉砕した[1084]。(17：7)

きっとおまえたちの主はおまえたちに慈悲を垂れ給うであろう。だが、おまえたちが(悪事に)戻れば、われらも(懲罰に)戻る。そして、われらは火獄《ジャハンナム》を不信仰者たちへの牢獄となした。(17：8)

まことに、このクルアーンはより廉直なものへと導く。そして、善をなす信仰者たちに、彼らには大きな報酬があるとの吉報を告げる。(17：9)

また来世を信じない者たち、彼らにはわれらが痛苦の懲罰を用意したことを。(17：10)

人間は悪を祈る[1085]、彼が善を祈るように。また人間とは性急な者であった。(17：11)

そしてわれらは夜と昼を二つの徴となし、夜の徴を消し、昼の徴を見る物とした。おまえたちがおまえたちの主からの御恵みを求め、年数と計算を知るためである。そして、われらはすべてのものを詳細に説き明かした。(17：12)

また全ての人間に、われらは各自の「鳥」(吉凶善悪の運命)をその首に付けた。そして、復活(審判)の日、われらは彼に書(生前の善行悪行の帳簿)を差し出し、彼はそれが開かれているのを見る。(17：13)

「読め、おまえの書を。今日、おまえ自身がおまえに対する清算者として万全である」。(17：14)

「導かれる者、彼は己自身のために導かれ、迷う者、彼は己自身に仇して迷うのである。荷を負う者は、他人の荷を負うことはない。そしてわれらは、使徒を遣わすまで懲罰

1082 初めの約束がザカリーヤーの殺害の懲罰を指すなら、アッシリアによるエルサレム寇掠(「歴代誌下」24章23節参照)。バビロニヤのネブカドネザル二世によってエルサレムが攻略されユダ王国が滅亡し、住民がバビロニヤに強制移住させられたことを指すとも言われる。

1083 彼らに対する優位を戻し。

1084 この「後の約束」が、ネブカドネザル二世によるユダ王国の滅亡とも言われる。なおクルアーンの英訳者ムハンマド・アサドは、ローマによる第二神殿の破壊を指すのではないかと注釈している。

1085 怒りや動揺により、自らや身内に対して悪を祈る。あるいは、近視眼的には有益だが、長い目で見ると害のあるものを求める。

مَن كَانَ يُرِيدُ ٱلۡعَاجِلَةَ عَجَّلۡنَا لَهُۥ فِيهَا مَا نَشَآءُ لِمَن نُّرِيدُ ثُمَّ
جَعَلۡنَا لَهُۥ جَهَنَّمَ يَصۡلَىٰهَا مَذۡمُومٗا مَّدۡحُورٗا ١٨ وَمَنۡ أَرَادَ
ٱلۡأٓخِرَةَ وَسَعَىٰ لَهَا سَعۡيَهَا وَهُوَ مُؤۡمِنٞ فَأُوْلَٰٓئِكَ كَانَ
سَعۡيُهُم مَّشۡكُورٗا ١٩ كُلّٗا نُّمِدُّ هَٰٓؤُلَآءِ وَهَٰٓؤُلَآءِ مِنۡ
عَطَآءِ رَبِّكَۚ وَمَا كَانَ عَطَآءُ رَبِّكَ مَحۡظُورًا ٢٠ ٱنظُرۡ كَيۡفَ
فَضَّلۡنَا بَعۡضَهُمۡ عَلَىٰ بَعۡضٖۚ وَلَلۡأٓخِرَةُ أَكۡبَرُ دَرَجَٰتٖ وَأَكۡبَرُ
تَفۡضِيلٗا ٢١ لَّا تَجۡعَلۡ مَعَ ٱللَّهِ إِلَٰهًا ءَاخَرَ فَتَقۡعُدَ مَذۡمُومٗا مَّخۡذُولٗا
٢٢ ۞ وَقَضَىٰ رَبُّكَ أَلَّا تَعۡبُدُوٓاْ إِلَّآ إِيَّاهُ وَبِٱلۡوَٰلِدَيۡنِ إِحۡسَٰنًاۚ إِمَّا
يَبۡلُغَنَّ عِندَكَ ٱلۡكِبَرَ أَحَدُهُمَآ أَوۡ كِلَاهُمَا فَلَا تَقُل لَّهُمَآ
أُفّٖ وَلَا تَنۡهَرۡهُمَا وَقُل لَّهُمَا قَوۡلٗا كَرِيمٗا ٢٣ وَٱخۡفِضۡ لَهُمَا
جَنَاحَ ٱلذُّلِّ مِنَ ٱلرَّحۡمَةِ وَقُل رَّبِّ ٱرۡحَمۡهُمَا كَمَا رَبَّيَانِي
صَغِيرٗا ٢٤ رَّبُّكُمۡ أَعۡلَمُ بِمَا فِي نُفُوسِكُمۡۚ إِن تَكُونُواْ صَٰلِحِينَ
فَإِنَّهُۥ كَانَ لِلۡأَوَّٰبِينَ غَفُورٗا ٢٥ وَءَاتِ ذَا ٱلۡقُرۡبَىٰ حَقَّهُۥ
وَٱلۡمِسۡكِينَ وَٱبۡنَ ٱلسَّبِيلِ وَلَا تُبَذِّرۡ تَبۡذِيرًا ٢٦ إِنَّ ٱلۡمُبَذِّرِينَ
كَانُوٓاْ إِخۡوَٰنَ ٱلشَّيَٰطِينِۖ وَكَانَ ٱلشَّيۡطَٰنُ لِرَبِّهِۦ كَفُورٗا ٢٧

を下す者ではない[1086]」。(17：15)

そしてわれらがひとつの町を滅ぼそうと望んだ時には、そこの富裕な者たちに(アッラーへの帰依を)命じたが、彼らはそこで不義をなし、その上に御言葉が成就し、われらはそこを壊滅的に破壊した。(17：16)

また、ヌーフの後、どれほどの世代をわれらは滅ぼしたことか。そしておまえの主は、彼の僕《しもべ》たちの罪を知悉し見通し給う御方として万全であらせられる。(17：17)

目先(現世)を望んだ者、われらは彼にそこで、われらが望むものをわれらが欲する者に急ぎ(取りあえず)与えるが、それから彼には火獄《ジャハンナム》を為し(用意し)、彼は非難され、追い払われてそれに焼《く》べられる。(17：18)

だが、信仰者であって、来世を望んでそのために努力に精を出した者、それらの者、彼らの努力は報いられた。(17：19)

どちらの者[1087]にも、これらの者にもそれらの者にも、われらはおまえの主の賜物から広く与える。そしておまえの主の賜物が制限されることはない。(17：20)

見よ、いかにわれらがある者を別の者より優遇するかを。そして確かに来世は位階として一層大きく、また特典として一層大きい。(17：21)

アッラーと並べて別の神を立ててはならない。さもなければ、おまえは非難され、見捨てられたままとなるであろう。(17：22)

そしておまえの主は定め給うた、彼のほかに仕えてはならない、と。そして、両親には心尽くしを。もし彼らの片方か両方がおまえの許で高齢に達したとしても、彼らには「ふっ（忌々しい)」と言ってはならず、彼らに声を荒らげてはならない。むしろ、彼らには優しい言い回しで話せ。(17：23)

そして、彼らには慈愛から謙譲の翼を下げ、言え、「わが主よ、ふたりに御慈悲を垂れ給え、彼らが幼い私を育ててくれましたように」。(17：24)

おまえたちの主はおまえたちの心中にあることをより良く知り給う御方。もし、おまえたちが正しいものであれば、まことに彼は、悔い改め戻るものに対してよく赦す御方であらせられた。(17：25)

また、近親には彼の権利(当然与えられるべきもの)を与えよ、そして貧困者と旅路にある者にも。だが、無駄に浪費してはならない。(17：26)

まことに、浪費する者は悪魔たちの兄弟である。そして、悪魔は彼の主に対し忘恩の徒であった。(17：27)

1086　この節は、イスラームの宣教の到達が懲罰の条件であり、使徒が遣わされず宣教が届いていない民は全て、不信仰であってもアッラーの恩寵により救われるとの学説の典拠とされる。

1087　現世を望む者と来世を望む者。不信仰者と信仰者。

وَإِمَّا تُعْرِضَنَّ عَنْهُمُ ٱبْتِغَآءَ رَحْمَةٍ مِّن رَّبِّكَ تَرْجُوهَا فَقُل لَّهُمْ قَوْلًا
مَّيْسُورًا ﴿٢٨﴾ وَلَا تَجْعَلْ يَدَكَ مَغْلُولَةً إِلَىٰ عُنُقِكَ وَلَا تَبْسُطْهَا
كُلَّ ٱلْبَسْطِ فَتَقْعُدَ مَلُومًا مَّحْسُورًا ﴿٢٩﴾ إِنَّ رَبَّكَ يَبْسُطُ ٱلرِّزْقَ
لِمَن يَشَآءُ وَيَقْدِرُ ۚ إِنَّهُۥ كَانَ بِعِبَادِهِۦ خَبِيرًۢا بَصِيرًا ﴿٣٠﴾ وَلَا تَقْتُلُوٓا۟
أَوْلَٰدَكُمْ خَشْيَةَ إِمْلَٰقٍ ۖ نَّحْنُ نَرْزُقُهُمْ وَإِيَّاكُمْ ۚ إِنَّ قَتْلَهُمْ كَانَ
خِطْـًٔا كَبِيرًا ﴿٣١﴾ وَلَا تَقْرَبُوا۟ ٱلزِّنَىٰٓ ۖ إِنَّهُۥ كَانَ فَٰحِشَةً وَسَآءَ
سَبِيلًا ﴿٣٢﴾ وَلَا تَقْتُلُوا۟ ٱلنَّفْسَ ٱلَّتِى حَرَّمَ ٱللَّهُ إِلَّا بِٱلْحَقِّ ۗ
وَمَن قُتِلَ مَظْلُومًا فَقَدْ جَعَلْنَا لِوَلِيِّهِۦ سُلْطَٰنًا فَلَا يُسْرِف فِّى
ٱلْقَتْلِ ۖ إِنَّهُۥ كَانَ مَنصُورًا ﴿٣٣﴾ وَلَا تَقْرَبُوا۟ مَالَ ٱلْيَتِيمِ إِلَّا بِٱلَّتِى
هِىَ أَحْسَنُ حَتَّىٰ يَبْلُغَ أَشُدَّهُۥ ۚ وَأَوْفُوا۟ بِٱلْعَهْدِ ۖ إِنَّ ٱلْعَهْدَ كَانَ
مَسْـُٔولًا ﴿٣٤﴾ وَأَوْفُوا۟ ٱلْكَيْلَ إِذَا كِلْتُمْ وَزِنُوا۟ بِٱلْقِسْطَاسِ ٱلْمُسْتَقِيمِ ۚ
ذَٰلِكَ خَيْرٌ وَأَحْسَنُ تَأْوِيلًا ﴿٣٥﴾ وَلَا تَقْفُ مَا لَيْسَ لَكَ بِهِۦ عِلْمٌ ۚ إِنَّ
ٱلسَّمْعَ وَٱلْبَصَرَ وَٱلْفُؤَادَ كُلُّ أُو۟لَٰٓئِكَ كَانَ عَنْهُ مَسْـُٔولًا ﴿٣٦﴾
وَلَا تَمْشِ فِى ٱلْأَرْضِ مَرَحًا ۖ إِنَّكَ لَن تَخْرِقَ ٱلْأَرْضَ وَلَن تَبْلُغَ
ٱلْجِبَالَ طُولًا ﴿٣٧﴾ كُلُّ ذَٰلِكَ كَانَ سَيِّئُهُۥ عِندَ رَبِّكَ مَكْرُوهًا ﴿٣٨﴾

そしてもしおまえが、おまえが期待する主からの御慈悲を求めて彼らから離れるとしても[1088]、彼らには温和な言い回しで話せ。(17：28)

またおまえは手を自分の首にくくりつけてはならない、また完全に開ききってもならない[1089]。さもなければ、おまえは非難され没落してしまうだろう。(17：29)

まことに、おまえの主は御望みの者に糧を広げ、また制限し給う。まことに彼は、彼の僕《しもべ》たちについて知悉し、見通し給う御方。(17：30)

また困窮を恐れておまえたちの子供たちを殺してはならない。われらが彼らを、そしておまえたちをも養う。まことに彼らの殺害は大きな罪過である。(17：31)

また姦通に近づいてはならない。まことにそれは醜行であり、そのなんと道として悪いことか。(17：32)

また、アッラーが(不可侵として)禁じ給うた命は正当な理由によるほか殺してはならない[1090]。不当に殺された者、われらはその後見(相続人)に権能を与えた。それゆえ、殺害において度を越してはならない。まことに、彼(後見)は援けられているのである[1091]。(17：33)

また、孤児の財産には、彼が壮年(三十－四十歳)に達する(行為能力者となる)まではより良いものによってしか近づいてはならない[1092]。また、約定を果たせ、まことに約定は尋問されるものである。(17：34)

また、おまえたちが計量する時には量目を十分にし、正しい秤で量れ。それは(来世の)結末としてより良く、優れている。(17：35)

また、おまえに知識のないことについて行ってはならない。まことに、聴覚、視覚、そして心、それらはすべて、それについて尋問されるものである。(17：36)

また、地上を意気揚々として歩いてはならない。おまえが大地を貫くことはないし、背丈が山に達することもないのである[1093]。(17：37)

これらすべてはおまえの主の御許においてはその悪が嫌悪される事である。(17：38)

1088　現在は手元不如意であるが、いずれアッラーからの御恵みで豊かになった時には近親、貧困者、旅路にある者の求めに応えようと思って、彼らに何も与えずに別れる場合も。

1089　財産を握り締めて放さず吝嗇になってもならず、逆に手放しに散財してもならない。

1090　預言者の言葉によると、殺害が合法化されるのは、背教、姦通、無辜のムスリムの故意の殺害の三つの事由である。6章151節参照。

1091　後見(殺害された者の遺族)は、同害報復法によってその復仇を制度的に保障されている。

1092　孤児の後見は、自分の管理下の孤児の財産には、有益に運用する以外は手をつけてはならない。6章152節参照。

1093　そんな卑小なおまえが思い上がってはならない。

ذَٰلِكَ مِمَّآ أَوْحَىٰٓ إِلَيْكَ رَبُّكَ مِنَ ٱلْحِكْمَةِ ۗ وَلَا تَجْعَلْ مَعَ ٱللَّهِ إِلَٰهًا
ءَاخَرَ فَتُلْقَىٰ فِى جَهَنَّمَ مَلُومًا مَّدْحُورًا ٣٩ أَفَأَصْفَىٰكُمْ رَبُّكُم
بِٱلْبَنِينَ وَٱتَّخَذَ مِنَ ٱلْمَلَٰٓئِكَةِ إِنَٰثًا ۚ إِنَّكُمْ لَتَقُولُونَ قَوْلًا عَظِيمًا ٤٠
وَلَقَدْ صَرَّفْنَا فِى هَٰذَا ٱلْقُرْءَانِ لِيَذَّكَّرُوا۟ وَمَا يَزِيدُهُمْ إِلَّا نُفُورًا ٤١
قُل لَّوْ كَانَ مَعَهُۥٓ ءَالِهَةٌ كَمَا يَقُولُونَ إِذًا لَّٱبْتَغَوْا۟ إِلَىٰ ذِى ٱلْعَرْشِ سَبِيلًا
٤٢ سُبْحَٰنَهُۥ وَتَعَٰلَىٰ عَمَّا يَقُولُونَ عُلُوًّا كَبِيرًا ٤٣ تُسَبِّحُ لَهُ ٱلسَّمَٰوَٰتُ
ٱلسَّبْعُ وَٱلْأَرْضُ وَمَن فِيهِنَّ ۚ وَإِن مِّن شَىْءٍ إِلَّا يُسَبِّحُ بِحَمْدِهِۦ وَلَٰكِن
لَّا تَفْقَهُونَ تَسْبِيحَهُمْ ۗ إِنَّهُۥ كَانَ حَلِيمًا غَفُورًا ٤٤ وَإِذَا قَرَأْتَ
ٱلْقُرْءَانَ جَعَلْنَا بَيْنَكَ وَبَيْنَ ٱلَّذِينَ لَا يُؤْمِنُونَ بِٱلْءَاخِرَةِ حِجَابًا
مَّسْتُورًا ٤٥ وَجَعَلْنَا عَلَىٰ قُلُوبِهِمْ أَكِنَّةً أَن يَفْقَهُوهُ وَفِىٓ ءَاذَانِهِمْ
وَقْرًا ۚ وَإِذَا ذَكَرْتَ رَبَّكَ فِى ٱلْقُرْءَانِ وَحْدَهُۥ وَلَّوْا۟ عَلَىٰٓ أَدْبَٰرِهِمْ نُفُورًا ٤٦
نَّحْنُ أَعْلَمُ بِمَا يَسْتَمِعُونَ بِهِۦٓ إِذْ يَسْتَمِعُونَ إِلَيْكَ وَإِذْ هُمْ نَجْوَىٰٓ
إِذْ يَقُولُ ٱلظَّٰلِمُونَ إِن تَتَّبِعُونَ إِلَّا رَجُلًا مَّسْحُورًا ٤٧ ٱنظُرْ
كَيْفَ ضَرَبُوا۟ لَكَ ٱلْأَمْثَالَ فَضَلُّوا۟ فَلَا يَسْتَطِيعُونَ سَبِيلًا ٤٨
وَقَالُوٓا۟ أَءِذَا كُنَّا عِظَٰمًا وَرُفَٰتًا أَءِنَّا لَمَبْعُوثُونَ خَلْقًا جَدِيدًا ٤٩

それは、おまえの主がおまえに啓示し給うた英知である。アッラーと並べて別の神を立ててはならない。そうなれば、おまえは非難され追い払われて火獄《ジャハンナム》に投げ込まれるであろう。(17：39)

おまえの主は、おまえたちに男児を選び授け給うておきながら、天使たちからは女児を取り給うたというのか。まことにおまえたちは途方もない言葉を口にするものである。(17：40)

そして確かにわれらは、このクルアーンの中で、彼らに留意させようと(法規、教訓、比喩などを)提示した。だが、それは彼らに離反を増し加えるだけであった。(17：41)

言え、「もし彼らが言うように、彼と並んで神々がいるのであれば、その時は必ず彼らは高御座の主への道を求めたであろう[1094]」。(17：42)

称えあれ、彼こそは超越者、彼らが言うものから高く大きく超えた至高者。(17：43)

七つの天と地、そしてそれらのうちにある者が彼に賛美を捧げる。まことに、どんなものでも、彼への称賛と共に彼の超越を称え奉らないものはない。だが、おまえたちは、彼らの賛美を理解しない。まことに、彼は寛容にしてよく赦す御方。(17：44)

そしておまえがクルアーンを読誦する時、われらはおまえと来世を信じない者たちの間に覆いの幕をなした。(17：45)

また、彼らの心の上に、彼らがそれを理解すること(のないよう)覆いをなし、彼らの耳には聾を。それで、おまえがクルアーンの中でおまえの主、唯お独りに言及すると、背を向け、逃げ出した。(17：46)

われらは、彼らがおまえに聞きに来る時、なにゆえ聞きに来るかをより良く知っている。また、彼らの密談の時も。その時、不正な者たちは、「おまえたちは魔法にかけられた男に従っているにほかならない」と言う。(17：47)

彼らがおまえにどのような比喩をあげるかよく見よ。そうして、彼らは迷い、道を見出すことができない。(17：48)

そして、彼らは言った。「われらが骨と塵土となった後、新たな被造物として甦らされるというのか」。(17：49)

1094　アッラーを凌駕しその王位を奪おうと争ったであろう。

۞ قُلْ كُونُوا۟ حِجَارَةً أَوْ حَدِيدًا ٥٠ أَوْ خَلْقًا مِّمَّا يَكْبُرُ فِى
صُدُورِكُمْ ۚ فَسَيَقُولُونَ مَن يُعِيدُنَا ۖ قُلِ ٱلَّذِى فَطَرَكُمْ أَوَّلَ مَرَّةٍ ۚ
فَسَيُنْغِضُونَ إِلَيْكَ رُءُوسَهُمْ وَيَقُولُونَ مَتَىٰ هُوَ ۖ قُلْ عَسَىٰٓ أَن
يَكُونَ قَرِيبًا ٥١ يَوْمَ يَدْعُوكُمْ فَتَسْتَجِيبُونَ بِحَمْدِهِۦ وَتَظُنُّونَ
إِن لَّبِثْتُمْ إِلَّا قَلِيلًا ٥٢ وَقُل لِّعِبَادِى يَقُولُوا۟ ٱلَّتِى هِىَ أَحْسَنُ ۚ
إِنَّ ٱلشَّيْطَـٰنَ يَنزَغُ بَيْنَهُمْ ۚ إِنَّ ٱلشَّيْطَـٰنَ كَانَ لِلْإِنسَـٰنِ عَدُوًّا
مُّبِينًا ٥٣ رَّبُّكُمْ أَعْلَمُ بِكُمْ ۖ إِن يَشَأْ يَرْحَمْكُمْ أَوْ إِن يَشَأْ
يُعَذِّبْكُمْ ۚ وَمَآ أَرْسَلْنَـٰكَ عَلَيْهِمْ وَكِيلًا ٥٤ وَرَبُّكَ أَعْلَمُ
بِمَن فِى ٱلسَّمَـٰوَٰتِ وَٱلْأَرْضِ ۗ وَلَقَدْ فَضَّلْنَا بَعْضَ ٱلنَّبِيِّـۧنَ عَلَىٰ
بَعْضٍ ۖ وَءَاتَيْنَا دَاوُۥدَ زَبُورًا ٥٥ قُلِ ٱدْعُوا۟ ٱلَّذِينَ زَعَمْتُم مِّن
دُونِهِۦ فَلَا يَمْلِكُونَ كَشْفَ ٱلضُّرِّ عَنكُمْ وَلَا تَحْوِيلًا ٥٦ أُو۟لَـٰٓئِكَ
ٱلَّذِينَ يَدْعُونَ يَبْتَغُونَ إِلَىٰ رَبِّهِمُ ٱلْوَسِيلَةَ أَيُّهُمْ أَقْرَبُ
وَيَرْجُونَ رَحْمَتَهُۥ وَيَخَافُونَ عَذَابَهُۥٓ ۚ إِنَّ عَذَابَ رَبِّكَ كَانَ
مَحْذُورًا ٥٧ وَإِن مِّن قَرْيَةٍ إِلَّا نَحْنُ مُهْلِكُوهَا قَبْلَ يَوْمِ ٱلْقِيَـٰمَةِ
أَوْ مُعَذِّبُوهَا عَذَابًا شَدِيدًا ۚ كَانَ ذَٰلِكَ فِى ٱلْكِتَـٰبِ مَسْطُورًا ٥٨

言え、「(最も甦りそうもない無生物の)石にでも鉄にでもなるがよい」。(17：50)

「あるいは、おまえたちの胸中で大いなるもの(と思っているもの)のうちのどんな被造物にでも」。すると、彼らは、「誰がわれらを戻すのか」と言うであろう。言え、「おまえたちを最初に創始し給うた御方である」。すると、彼らはおまえに向かって頭を振って、「それはいつのことか」と言うであろう。言え、「おそらく、それは近い」。(17：51)

その日、彼はおまえたちを呼び招き給い、おまえたちは彼への称賛をもって応じる。おまえたちは、(現世、あるいは墓の中に)留まったのはわずかに過ぎないと思うであろう。(17：52)

また、言え、わが僕《しもべ》たちに、より良いもの(言葉)を言うようにと。まことに、悪魔は彼らの間を不和にする。まことに、悪魔は人間にとって明白な敵であった。(17：53)

おまえたちの主はおまえについてよりよく知り給う。彼が御望みなら、おまえたちに慈悲をかけ、彼が御望みなら、おまえたちを罰し給う。そしてわれらはおまえを彼らに対する代理人として遣わしたのではない。(17：54)

また、おまえの主は諸天と地にある者についてより良く知り給う。またかつてわれらは預言者のある者たちを別のものたちよりも優遇し、ダーウードには詩篇を授けた。(17：55)

言え、「彼をさしおいておまえたちが(神だと)思い込んだ者たちに祈るがよい、だが、彼らはおまえたちから厄災を除く力もなければ、変更することもできない[1095]」。(17：56)

彼らが祈っているそれらの者[1096]は、彼らの主への(近づく)手立てを、彼らの誰が最も近いかと(競って)求め[1097]、彼の御慈悲を期待し、彼の懲罰を恐れている。まことに、おまえの主の懲罰こそ、用心されるべきであった。(17：57)

そしてどんな町でも、復活(審判)の日以前にわれらがそれを滅ぼし、厳しい懲罰で罰さないものはない。それは書(「護持された書板」)の中に書き記されていた。(17：58)

1095　おまえたちの厄災を他の者に振り向けることもできない。
1096　イーサー等の預言者たちや天使等。
1097　あるいは、「彼らのうちの最も近い者(ですら)が求め」。

وَمَا مَنَعَنَآ أَن نُّرْسِلَ بِٱلْـَٔايَٰتِ إِلَّآ أَن كَذَّبَ بِهَا ٱلْأَوَّلُونَ ۚ
وَءَاتَيْنَا ثَمُودَ ٱلنَّاقَةَ مُبْصِرَةً فَظَلَمُوا۟ بِهَا ۚ وَمَا نُرْسِلُ بِٱلْـَٔايَٰتِ
إِلَّا تَخْوِيفًا ٥٩ وَإِذْ قُلْنَا لَكَ إِنَّ رَبَّكَ أَحَاطَ بِٱلنَّاسِ ۚ وَمَا جَعَلْنَا
ٱلرُّءْيَا ٱلَّتِىٓ أَرَيْنَٰكَ إِلَّا فِتْنَةً لِّلنَّاسِ وَٱلشَّجَرَةَ ٱلْمَلْعُونَةَ
فِى ٱلْقُرْءَانِ ۚ وَنُخَوِّفُهُمْ فَمَا يَزِيدُهُمْ إِلَّا طُغْيَٰنًا كَبِيرًا ٦٠
وَإِذْ قُلْنَا لِلْمَلَٰٓئِكَةِ ٱسْجُدُوا۟ لِءَادَمَ فَسَجَدُوٓا۟ إِلَّآ إِبْلِيسَ
قَالَ ءَأَسْجُدُ لِمَنْ خَلَقْتَ طِينًا ٦١ قَالَ أَرَءَيْتَكَ هَٰذَا ٱلَّذِى
كَرَّمْتَ عَلَىَّ لَئِنْ أَخَّرْتَنِ إِلَىٰ يَوْمِ ٱلْقِيَٰمَةِ لَأَحْتَنِكَنَّ
ذُرِّيَّتَهُۥٓ إِلَّا قَلِيلًا ٦٢ قَالَ ٱذْهَبْ فَمَن تَبِعَكَ مِنْهُمْ فَإِنَّ
جَهَنَّمَ جَزَآؤُكُمْ جَزَآءً مَّوْفُورًا ٦٣ وَٱسْتَفْزِزْ مَنِ ٱسْتَطَعْتَ
مِنْهُم بِصَوْتِكَ وَأَجْلِبْ عَلَيْهِم بِخَيْلِكَ وَرَجِلِكَ وَشَارِكْهُمْ
فِى ٱلْأَمْوَٰلِ وَٱلْأَوْلَٰدِ وَعِدْهُمْ ۚ وَمَا يَعِدُهُمُ ٱلشَّيْطَٰنُ إِلَّا
غُرُورًا ٦٤ إِنَّ عِبَادِى لَيْسَ لَكَ عَلَيْهِمْ سُلْطَٰنٌ ۚ وَكَفَىٰ
بِرَبِّكَ وَكِيلًا ٦٥ رَّبُّكُمُ ٱلَّذِى يُزْجِى لَكُمُ ٱلْفُلْكَ فِى
ٱلْبَحْرِ لِتَبْتَغُوا۟ مِن فَضْلِهِۦٓ ۚ إِنَّهُۥ كَانَ بِكُمْ رَحِيمًا ٦٦

われらに諸々の徴を送ることを控えさせたのは、昔の者たちがそれを嘘として否定したからにほかならない[1098]。またわれらはサムードに明白な証拠として雌ラクダを与えたが、彼らはそれに不正をなした。そしてわれらが諸々の徴を送るのは威嚇のためにほかならない。(17：59)

また、われらがおまえに、「まことに、おまえの主は人間を取り囲み給うた」と言った時のこと。われらがおまえに見せた光景[1099]は人々への試練にほかならず、クルアーンの中の呪われた木[1100]もまた。それでわれらは彼らを脅かすが、それは彼らに無法を増させるばかり。(17：60)

またわれらが天使たちに、「アーダムに跪拝せよ」と言った時のこと。それで彼らは跪拝したが、イブリースは別で、彼は言った。「あなたが泥土で創り給うた者に私が跪拝するというのですか」。(17：61)

彼は言った。「この者が、あなたが私よりも栄誉を与え給うた者だというのですか[1101]。もし私を復活(審判)の日まで猶予し給うなら、必ずや私は彼の子孫を、わずかな者を除き荒し尽くしてみせましょう」。(17：62)

彼は仰せられた。「行くがよい。彼らのうちおまえに従った者があれば、まことに、火獄《ジャハンナム》がおまえたちの応報である、十分な応報として」。(17：63)

「彼らのうちできる限りの者をおまえの声で扇動し、おまえの馬(騎兵)や足(歩兵)により彼らに声を上げよ。また財産と子供において彼らと共同し、彼らに約束せよ」。だが、悪魔が彼らに約束するのは迷いにほかならない。(17：64)

「まことに、われの僕《しもべ》たち、彼らに対してはおまえに権能はない。おまえの主は代理人として万全であらせられる」。(17：65)

おまえの主こそはおまえたちのために船を海で航行させ、おまえたちに彼の御恵みを求めさせた御方。まことに、彼はおまえたちに慈悲深い御方であらせられた。(17：66)

1098　過去の諸民族が徴(奇蹟)を否定して滅ぼされたように、マッカの住民が預言者ムハンマドの存命中にその使命の完了を待たずに滅亡してしまわないようにと、猶予を与えた。

1099　夜行と昇天の際に。

1100　ザックームの木(37章62節、44章43節、56章52節参照)。多神教徒たちは、「火獄の火の中でどうやって木が生えるのか」、と嘲笑した。

1101　この者について教え給え、何故、私よりも栄誉を与え給うたのか、の意。

وَإِذَا مَسَّكُمُ ٱلضُّرُّ فِى ٱلْبَحْرِ ضَلَّ مَن تَدْعُونَ إِلَّآ إِيَّاهُ ۖ فَلَمَّا
نَجَّىٰكُمْ إِلَى ٱلْبَرِّ أَعْرَضْتُمْ ۚ وَكَانَ ٱلْإِنسَـٰنُ كَفُورًا ﴿٦٧﴾ أَفَأَمِنتُمْ
أَن يَخْسِفَ بِكُمْ جَانِبَ ٱلْبَرِّ أَوْ يُرْسِلَ عَلَيْكُمْ حَاصِبًا ثُمَّ
لَا تَجِدُوا۟ لَكُمْ وَكِيلًا ﴿٦٨﴾ أَمْ أَمِنتُمْ أَن يُعِيدَكُمْ فِيهِ تَارَةً
أُخْرَىٰ فَيُرْسِلَ عَلَيْكُمْ قَاصِفًا مِّنَ ٱلرِّيحِ فَيُغْرِقَكُم بِمَا كَفَرْتُمْ
ثُمَّ لَا تَجِدُوا۟ لَكُمْ عَلَيْنَا بِهِۦ تَبِيعًا ﴿٦٩﴾ ۞ وَلَقَدْ كَرَّمْنَا بَنِىٓ
ءَادَمَ وَحَمَلْنَـٰهُمْ فِى ٱلْبَرِّ وَٱلْبَحْرِ وَرَزَقْنَـٰهُم مِّنَ ٱلطَّيِّبَـٰتِ
وَفَضَّلْنَـٰهُمْ عَلَىٰ كَثِيرٍ مِّمَّنْ خَلَقْنَا تَفْضِيلًا ﴿٧٠﴾ يَوْمَ نَدْعُوا۟
كُلَّ أُنَاسٍۭ بِإِمَـٰمِهِمْ ۖ فَمَنْ أُوتِىَ كِتَـٰبَهُۥ بِيَمِينِهِۦ فَأُو۟لَـٰٓئِكَ
يَقْرَءُونَ كِتَـٰبَهُمْ وَلَا يُظْلَمُونَ فَتِيلًا ﴿٧١﴾ وَمَن كَانَ
فِى هَـٰذِهِۦٓ أَعْمَىٰ فَهُوَ فِى ٱلْـَٔاخِرَةِ أَعْمَىٰ وَأَضَلُّ سَبِيلًا ﴿٧٢﴾ وَإِن
كَادُوا۟ لَيَفْتِنُونَكَ عَنِ ٱلَّذِىٓ أَوْحَيْنَآ إِلَيْكَ لِتَفْتَرِىَ
عَلَيْنَا غَيْرَهُۥ ۖ وَإِذًا لَّٱتَّخَذُوكَ خَلِيلًا ﴿٧٣﴾ وَلَوْلَآ أَن ثَبَّتْنَـٰكَ
لَقَدْ كِدتَّ تَرْكَنُ إِلَيْهِمْ شَيْـًٔا قَلِيلًا ﴿٧٤﴾ إِذًا لَّأَذَقْنَـٰكَ ضِعْفَ
ٱلْحَيَوٰةِ وَضِعْفَ ٱلْمَمَاتِ ثُمَّ لَا تَجِدُ لَكَ عَلَيْنَا نَصِيرًا ﴿٧٥﴾

そして、おまえたちを厄災が海で捕らえると、おまえたちが祈る者は彼以外にははぐれ去った。だが、彼がおまえたちを陸地に救い給うや、おまえたちは背き去った。そして人間は忘恩者であった。(17：67)

おまえたちは、彼が陸地の袖で(地中に)おまえたちを飲み込ませ給うことから安全なのか。また、彼がおまえたちに小石を撒き散らす強風を送り給い、その時、おまえたちがおまえたちに代理人を見出さないことからも。(17：68)

あるいはまた、彼がおまえたちをそこにもう一度戻し、おまえたちの上に暴風を送り、おまえたちが信仰を拒んだがゆえにおまえたちを溺死させ給うことから安全なのか。そうなれば、おまえたちはわれらに対する後ろ盾を見出すことはできないのである。(17：69)

そしてわれらは確かにアーダムの子らに栄誉を与え、彼らを海と陸で運び、彼らには良いものを糧として恵み、われらが創造した者[1102]の多くに対して特別に彼らを優遇した。(17：70)

われらがすべての人々を彼らの指導者と共に呼ぶ日、右手に書(生前の善行悪行の帳簿)を与えられた者、それらの者は己の書を読み上げ、彼らはナツメヤシの種の薄皮ほども不正に扱われることはない。(17：71)

だが、この世で(真理、導きに)盲目だった者は来世においても盲目で、さらに道に迷っている。(17：72)

そして彼らは、われらがおまえに啓示したものからおまえを逸らそうと誘惑し、われらについておまえにそれ以外のものを捏造させようとしたのである[1103]。そうすれば、彼らはおまえを親友としたであろう。(17：73)

それでもし、われらがおまえをしっかりさせなければ、おまえは彼らに幾分か傾きかけたであろう。(17：74)

そうなれば、われらはおまえに生で倍、死で倍(の懲罰)を味わわせ、それでおまえはわれらに対しておまえのための援助者を見出せないであろう。(17：75)

1102　家畜、野獣や被造物一般に対して。天使に関しては、預言者たちは天使より高貴であるが、一般の人間よりは天使の方が高貴である。

1103　マッカのクライシュ族の多神教徒が彼らの偶像神を黙認するように求めたり、ターイフのサキーフ族がターイフを聖域とするように求めたりした。

وَإِن كَادُوا۟ لَيَسْتَفِزُّونَكَ مِنَ ٱلْأَرْضِ لِيُخْرِجُوكَ مِنْهَا ۖ
وَإِذًا لَّا يَلْبَثُونَ خِلَٰفَكَ إِلَّا قَلِيلًا ٧٦ سُنَّةَ مَن قَدْ أَرْسَلْنَا
قَبْلَكَ مِن رُّسُلِنَا ۖ وَلَا تَجِدُ لِسُنَّتِنَا تَحْوِيلًا ٧٧ أَقِمِ
ٱلصَّلَوٰةَ لِدُلُوكِ ٱلشَّمْسِ إِلَىٰ غَسَقِ ٱلَّيْلِ وَقُرْءَانَ ٱلْفَجْرِ ۖ
إِنَّ قُرْءَانَ ٱلْفَجْرِ كَانَ مَشْهُودًا ٧٨ وَمِنَ ٱلَّيْلِ فَتَهَجَّدْ
بِهِۦ نَافِلَةً لَّكَ عَسَىٰٓ أَن يَبْعَثَكَ رَبُّكَ مَقَامًا مَّحْمُودًا ٧٩
وَقُل رَّبِّ أَدْخِلْنِى مُدْخَلَ صِدْقٍ وَأَخْرِجْنِى مُخْرَجَ صِدْقٍ
وَٱجْعَل لِّى مِن لَّدُنكَ سُلْطَٰنًا نَّصِيرًا ٨٠ وَقُلْ جَآءَ ٱلْحَقُّ وَزَهَقَ
ٱلْبَٰطِلُ ۚ إِنَّ ٱلْبَٰطِلَ كَانَ زَهُوقًا ٨١ وَنُنَزِّلُ مِنَ ٱلْقُرْءَانِ مَا هُوَ
شِفَآءٌ وَرَحْمَةٌ لِّلْمُؤْمِنِينَ ۙ وَلَا يَزِيدُ ٱلظَّٰلِمِينَ إِلَّا خَسَارًا ٨٢
وَإِذَآ أَنْعَمْنَا عَلَى ٱلْإِنسَٰنِ أَعْرَضَ وَنَـَٔا بِجَانِبِهِۦ ۖ وَإِذَا مَسَّهُ
ٱلشَّرُّ كَانَ يَـُٔوسًا ٨٣ قُلْ كُلٌّ يَعْمَلُ عَلَىٰ شَاكِلَتِهِۦ فَرَبُّكُمْ أَعْلَمُ
بِمَنْ هُوَ أَهْدَىٰ سَبِيلًا ٨٤ وَيَسْـَٔلُونَكَ عَنِ ٱلرُّوحِ ۖ قُلِ ٱلرُّوحُ مِنْ
أَمْرِ رَبِّى وَمَآ أُوتِيتُم مِّنَ ٱلْعِلْمِ إِلَّا قَلِيلًا ٨٥ وَلَئِن شِئْنَا لَنَذْهَبَنَّ
بِٱلَّذِىٓ أَوْحَيْنَآ إِلَيْكَ ثُمَّ لَا تَجِدُ لَكَ بِهِۦ عَلَيْنَا وَكِيلًا ٨٦

そして彼らはおまえをこの地から脅かして追い出し、おまえをそこから追放しようとしていた。そうなれば、彼らはおまえの後にわずか(の間)しか留まらないであろう[1104]。(17：76)

(使徒を追放した民の破滅は)われらの使徒たちで、われらがおまえ以前に遣わした者の慣わしである。そして、おまえはわれらの慣わしに変更を見出すことはない。(17：77)

礼拝に立て、太陽の傾きから夜の暗さまで[1105]。そして、暁のクルアーン(夜明け前の礼拝)にも。まことに、暁のクルアーンは立ち会われたものであった[1106]。(17：78)

また、夜には、おまえ自身の追加として[1107]、深夜礼拝をせよ。きっとおまえの主はおまえを称えられた地位に甦らせ給う。(17：79)

また、言え、「わが主よ、私を正しい入り方で入らせ、正しい出方で出させ給え[1108]。そしてあなたの御側から私に助けとなる権能を授け給え」。(17：80)

また、言え、「真理は到来し、虚偽は消え去った。まことに虚偽は消え去るものである[1109]」。(17：81)

そしてわれらはクルアーンから、信仰者たちにとって治癒であり慈悲であるものを垂示する。だが、不正な者たちにはそれは損失を増やすばかりである。(17：82)

そしてわれらが人間に恩寵を授けても、彼は身を背け、脇を捩《ねじ》り[1110]、災いが彼を襲えば、絶望する。(17：83)

言え、「誰もが己の仕方で行動するのであり、おまえの主は、誰が道においてより良く導かれているかをよりよく知り給う」。(17：84)

1104　一説によると、この節は預言者ムハンマドがマッカからマディーナに移住してきた時に、マディーナのユダヤ教徒たちから、「歴史的シリア(シャーム)こそが預言者たちが住むべき土地でありシリアに行け」と言われ、シリアに向けて出陣された時に啓示され、ほどなくして預言者はマディーナのユダヤ教徒部族を全て追放された。また別の説では、この節は預言者ムハンマドを迫害して追い出したマッカの多神教徒たちについて啓示されたとも言われる。

1105　太陽の南中後から夜の闇まで、つまり、ズフル(午後)、アスル(午後後半)、マグリブ(日没)、イシャーゥ(夜)の礼拝である。

1106　暁(ファジュル)、つまり夜明け前(スブフ)の礼拝には夜の天使と昼の天使が立ち会う。

1107　イシャーゥ(夜)の礼拝後の、深夜に起きての礼拝は、預言者ムハンマドだけに課された義務であり、一般のムスリムには義務ではなく、随意の推奨行為であった。

1108　マディーナへのヒジュラ(聖遷)を命じられた時の啓示で、正しくマディーナに入るために、マッカから正しく出られるよう祈るように命じられたとも言われる。

1109　預言者ムハンマドがマッカを征服された時、カアバ神殿に入り、中に安置されていた三百六十体の偶像を破壊したが、その時、この節を読み上げられたと伝えられる。

1110　尊大になって横を向き。

إِلَّا رَحۡمَةٗ مِّن رَّبِّكَۚ إِنَّ فَضۡلَهُۥ كَانَ عَلَيۡكَ كَبِيرٗا ٨٧ قُل
لَّئِنِ ٱجۡتَمَعَتِ ٱلۡإِنسُ وَٱلۡجِنُّ عَلَىٰٓ أَن يَأۡتُواْ بِمِثۡلِ هَٰذَا ٱلۡقُرۡءَانِ
لَا يَأۡتُونَ بِمِثۡلِهِۦ وَلَوۡ كَانَ بَعۡضُهُمۡ لِبَعۡضٖ ظَهِيرٗا ٨٨
وَلَقَدۡ صَرَّفۡنَا لِلنَّاسِ فِي هَٰذَا ٱلۡقُرۡءَانِ مِن كُلِّ مَثَلٖ فَأَبَىٰٓ أَكۡثَرُ
ٱلنَّاسِ إِلَّا كُفُورٗا ٨٩ وَقَالُواْ لَن نُّؤۡمِنَ لَكَ حَتَّىٰ تَفۡجُرَ
لَنَا مِنَ ٱلۡأَرۡضِ يَنۢبُوعًا ٩٠ أَوۡ تَكُونَ لَكَ جَنَّةٞ مِّن نَّخِيلٖ
وَعِنَبٖ فَتُفَجِّرَ ٱلۡأَنۡهَٰرَ خِلَٰلَهَا تَفۡجِيرًا ٩١ أَوۡ تُسۡقِطَ ٱلسَّمَآءَ
كَمَا زَعَمۡتَ عَلَيۡنَا كِسَفًا أَوۡ تَأۡتِيَ بِٱللَّهِ وَٱلۡمَلَٰٓئِكَةِ
قَبِيلًا ٩٢ أَوۡ يَكُونَ لَكَ بَيۡتٞ مِّن زُخۡرُفٍ أَوۡ تَرۡقَىٰ فِي ٱلسَّمَآءِ
وَلَن نُّؤۡمِنَ لِرُقِيِّكَ حَتَّىٰ تُنَزِّلَ عَلَيۡنَا كِتَٰبٗا نَّقۡرَؤُهُۥۗ قُلۡ
سُبۡحَانَ رَبِّي هَلۡ كُنتُ إِلَّا بَشَرٗا رَّسُولٗا ٩٣ وَمَا مَنَعَ ٱلنَّاسَ
أَن يُؤۡمِنُوٓاْ إِذۡ جَآءَهُمُ ٱلۡهُدَىٰٓ إِلَّآ أَن قَالُوٓاْ أَبَعَثَ ٱللَّهُ بَشَرٗا
رَّسُولٗا ٩٤ قُل لَّوۡ كَانَ فِي ٱلۡأَرۡضِ مَلَٰٓئِكَةٞ يَمۡشُونَ مُطۡمَئِنِّينَ
لَنَزَّلۡنَا عَلَيۡهِم مِّنَ ٱلسَّمَآءِ مَلَكٗا رَّسُولٗا ٩٥ قُلۡ كَفَىٰ بِٱللَّهِ
شَهِيدَۢا بَيۡنِي وَبَيۡنَكُمۡۚ إِنَّهُۥ كَانَ بِعِبَادِهِۦ خَبِيرَۢا بَصِيرٗا ٩٦

また彼らはおまえに霊について尋ねる[1111]。言え、「霊はわが主の御命令による。そしておまえたちに授けられた知識はわずかにすぎない」。(17：85)

そしてもしもわれらが望んだならば、おまえに啓示したものを取り去るであろう。そして、おまえはそれについてわれらに対しておまえのための代理人を見出さないであろう。(17：86)

ただし(だが)、おまえの主からの御慈悲として(残され)、まことに彼の御恵みはおまえに対して大きかった。(17：87)

言え、「たとえもし人間と幽精《ジン》が結束して、このクルアーンのようなものをもたらそうとしたとしても、そのようなものをもたらすことはできない、たとえ彼らがお互いに協力したとしても」。(17：88)

そしてわれらはこのクルアーンの中で人間のためにあらゆる比喩を提示した。だが、人間の大半は(信仰を)拒絶すること以外を拒んだ[1112]。(17：89)

そして彼らは言った。「われらはおまえを決して信じない、おまえがわれらに大地から泉水を湧き出させるまでは」。(17：90)

「あるいは、おまえにナツメヤシとブドウの園があるようになり、その間を河川が滾《たぎ》って流れるまでは」。(17：91)

「あるいは、おまえが主張したように、われらの上に天を粉々に落とすか、アッラーと天使たちを面前に連れて来るまで」。(17：92)

「あるいは、おまえに黄金細工の家があるようになるか、天におまえが昇るまで。いや。われらはおまえの昇天を信じないだろう、おまえがわれらにわれらが読む啓典を垂示するまでは」。言え、「称えあれ、わが主こそ超越者。私が人間である使徒以外の者であったか」。(17：93)

人々に導きが到来した時、彼らが信ずることを妨げたのは、「アッラーは人間である使徒を遣わし給うたのか」と彼らが言ったことにほかならない。(17：94)

言え、「もし、地上を天使たちが落ち着いて歩いていたなら、われらは彼ら(天使たち)に天から天使である使徒を降したであろう」。(17：95)

言え、「アッラーは私とおまえたちの間の証言者として万全であらせられる。まことに、彼は彼の僕《しもべ》たちについて知悉し、見通し給う御方であらせられた」。(17：96)

1111　ユダヤ教徒が「霊」についての質問によって預言者を試みた時に啓示された。「霊」は生物の霊を指すとも、天使ジブリール(26章193節)、クルアーン(42章52節)とも、イーサー(イエス)を指すとも言われる。

1112　不信仰以外を拒んだ、つまり、不信仰に固執し満足したの意。

وَمَن يَهْدِ ٱللَّهُ فَهُوَ ٱلْمُهْتَدِ ۖ وَمَن يُضْلِلْ فَلَن تَجِدَ لَهُمْ أَوْلِيَآءَ
مِن دُونِهِۦ ۖ وَنَحْشُرُهُمْ يَوْمَ ٱلْقِيَـٰمَةِ عَلَىٰ وُجُوهِهِمْ عُمْيًا وَبُكْمًا
وَصُمًّا ۖ مَّأْوَىٰهُمْ جَهَنَّمُ ۖ كُلَّمَا خَبَتْ زِدْنَـٰهُمْ سَعِيرًا ﴿٩٧﴾
ذَٰلِكَ جَزَآؤُهُم بِأَنَّهُمْ كَفَرُوا۟ بِـَٔايَـٰتِنَا وَقَالُوٓا۟ أَءِذَا كُنَّا عِظَـٰمًا
وَرُفَـٰتًا أَءِنَّا لَمَبْعُوثُونَ خَلْقًا جَدِيدًا ﴿٩٨﴾ ۞ أَوَلَمْ يَرَوْا۟ أَنَّ ٱللَّهَ
ٱلَّذِى خَلَقَ ٱلسَّمَـٰوَٰتِ وَٱلْأَرْضَ قَادِرٌ عَلَىٰٓ أَن يَخْلُقَ مِثْلَهُمْ
وَجَعَلَ لَهُمْ أَجَلًا لَّا رَيْبَ فِيهِ فَأَبَى ٱلظَّـٰلِمُونَ إِلَّا كُفُورًا ﴿٩٩﴾
قُل لَّوْ أَنتُمْ تَمْلِكُونَ خَزَآئِنَ رَحْمَةِ رَبِّىٓ إِذًا لَّأَمْسَكْتُمْ خَشْيَةَ
ٱلْإِنفَاقِ ۚ وَكَانَ ٱلْإِنسَـٰنُ قَتُورًا ﴿١٠٠﴾ وَلَقَدْ ءَاتَيْنَا مُوسَىٰ تِسْعَ
ءَايَـٰتٍۭ بَيِّنَـٰتٍ ۖ فَسْـَٔلْ بَنِىٓ إِسْرَٰٓءِيلَ إِذْ جَآءَهُمْ فَقَالَ لَهُۥ فِرْعَوْنُ
إِنِّى لَأَظُنُّكَ يَـٰمُوسَىٰ مَسْحُورًا ﴿١٠١﴾ قَالَ لَقَدْ عَلِمْتَ مَآ أَنزَلَ
هَـٰٓؤُلَآءِ إِلَّا رَبُّ ٱلسَّمَـٰوَٰتِ وَٱلْأَرْضِ بَصَآئِرَ وَإِنِّى لَأَظُنُّكَ
يَـٰفِرْعَوْنُ مَثْبُورًا ﴿١٠٢﴾ فَأَرَادَ أَن يَسْتَفِزَّهُم مِّنَ ٱلْأَرْضِ
فَأَغْرَقْنَـٰهُ وَمَن مَّعَهُۥ جَمِيعًا ﴿١٠٣﴾ وَقُلْنَا مِنۢ بَعْدِهِۦ لِبَنِىٓ إِسْرَٰٓءِيلَ
ٱسْكُنُوا۟ ٱلْأَرْضَ فَإِذَا جَآءَ وَعْدُ ٱلْـَٔاخِرَةِ جِئْنَا بِكُمْ لَفِيفًا ﴿١٠٤﴾

アッラーが導き給うた者があれば、それは導かれた者であり、彼が迷わし給うた者、おまえは彼らには彼（アッラー）をおいて後見たちを決して見出さない。そしてわれらは復活（審判）の日、彼らを彼らの顔の上で（顔を地面につけて）、盲で唖で聾の状態で追い集める。彼らの住まいは火獄《ジャハンナム》で、消える（衰える）度、われらは彼らに烈火を増し加える。（17：97）

それが、われらの諸々の徴を信ずることを拒み、「われらが骨と塵土になった後で、新たな被造物として甦らされる者だというのか」と言ったがゆえの彼らの報いである。（17：98）

彼らは考えなかったのか。天と地を作り給うたアッラーは彼らと同じものを創ることが可能であらせられることを。そして彼は彼らに期限を定め給い、それに疑いの余地はないのである。だが、不正な者たちは（信仰を）拒絶すること以外を拒んだ。（17：99）

言え、「もしおまえたちがわが主の御慈悲の宝庫を手中に収めたとしても、費やすことを懼れて握りしめたであろう」。まことに人間は吝嗇であった。（17：100）

またわれらは確かにムーサーに九つの明白な徴を授けた[1113] ―それゆえ、イスラーイールの子孫に尋ねよ―、彼が彼らの許に来た時に。だが、フィルアウンは彼に言った。「ムーサーよ、まことに私はおまえが魔法にかけられていると考える」。（17：101）

彼は言った。「おまえは、これらのものを目に明らかな徴として下し給うたのが諸天と地の主にほかならないことを確かに知っていた。そしてフィルアウンよ、まことに私はおまえが破滅させられると考える」。（17：102）

そこで彼は彼らをその地から追い払おうとしたが、われらは彼と彼と共にいた者たち全てを溺死させた[1114]。（17：103）

そしてその後、われらはイスラーイールの子孫に言った。「この地に住め。そして来世の約束が来た時、われらはおまえたちを混成で纏めて連れ出したのである」。（17：104）

1113　九つの徴の数え方は諸説ある。7 章 107-108、130-133 節参照。「出エジプト記」7-14 章参照。
1114　「出エジプト記」14 章 26-30 節参照。

وَبِٱلْحَقِّ أَنزَلْنَٰهُ وَبِٱلْحَقِّ نَزَلَ ۗ وَمَآ أَرْسَلْنَٰكَ إِلَّا مُبَشِّرًا وَنَذِيرًا ﴿١٠٥﴾
وَقُرْءَانًا فَرَقْنَٰهُ لِتَقْرَأَهُۥ عَلَى ٱلنَّاسِ عَلَىٰ مُكْثٍ وَنَزَّلْنَٰهُ تَنزِيلًا ﴿١٠٦﴾
قُلْ ءَامِنُوا۟ بِهِۦٓ أَوْ لَا تُؤْمِنُوٓا۟ ۚ إِنَّ ٱلَّذِينَ أُوتُوا۟ ٱلْعِلْمَ مِن قَبْلِهِۦٓ إِذَا يُتْلَىٰ
عَلَيْهِمْ يَخِرُّونَ لِلْأَذْقَانِ سُجَّدًا ﴿١٠٧﴾ وَيَقُولُونَ سُبْحَٰنَ رَبِّنَآ إِن كَانَ
وَعْدُ رَبِّنَا لَمَفْعُولًا ﴿١٠٨﴾ وَيَخِرُّونَ لِلْأَذْقَانِ يَبْكُونَ وَيَزِيدُهُمْ
خُشُوعًا ۩ ﴿١٠٩﴾ قُلِ ٱدْعُوا۟ ٱللَّهَ أَوِ ٱدْعُوا۟ ٱلرَّحْمَٰنَ ۖ أَيًّا مَّا تَدْعُوا۟ فَلَهُ
ٱلْأَسْمَآءُ ٱلْحُسْنَىٰ ۚ وَلَا تَجْهَرْ بِصَلَاتِكَ وَلَا تُخَافِتْ بِهَا وَٱبْتَغِ
بَيْنَ ذَٰلِكَ سَبِيلًا ﴿١١٠﴾ وَقُلِ ٱلْحَمْدُ لِلَّهِ ٱلَّذِى لَمْ يَتَّخِذْ وَلَدًا وَلَمْ يَكُن
لَّهُۥ شَرِيكٌ فِى ٱلْمُلْكِ وَلَمْ يَكُن لَّهُۥ وَلِىٌّ مِّنَ ٱلذُّلِّ ۖ وَكَبِّرْهُ تَكْبِيرًۢا ﴿١١١﴾

سُورَةُ الكَهْفِ

بِسْمِ ٱللَّهِ ٱلرَّحْمَٰنِ ٱلرَّحِيمِ

ٱلْحَمْدُ لِلَّهِ ٱلَّذِىٓ أَنزَلَ عَلَىٰ عَبْدِهِ ٱلْكِتَٰبَ وَلَمْ يَجْعَل لَّهُۥ عِوَجَا ۜ
﴿١﴾ قَيِّمًا لِّيُنذِرَ بَأْسًا شَدِيدًا مِّن لَّدُنْهُ وَيُبَشِّرَ ٱلْمُؤْمِنِينَ
ٱلَّذِينَ يَعْمَلُونَ ٱلصَّٰلِحَٰتِ أَنَّ لَهُمْ أَجْرًا حَسَنًا ﴿٢﴾
مَّٰكِثِينَ فِيهِ أَبَدًا ﴿٣﴾ وَيُنذِرَ ٱلَّذِينَ قَالُوا۟ ٱتَّخَذَ ٱللَّهُ وَلَدًا ﴿٤﴾

そして真理と共にわれらはそれ(クルアーン)を下し、真実と共にそれは下った。われらがおまえを遣わしたのは、吉報伝達者として、また警告者としてにほかならない。(17：105)

そしてクルアーンを、われらはそれを、おまえが人々にゆっくりと読み聞かせるために分割し、それを垂示として(徐々に)降した。(17：106)

言え、「これを信じよ、あるいは信じずともよい」。それ以前から知識を授けられていた者たちはこれを読み聞かされると、跪拝して顎により(顔を地面につけて)それにひれ伏す。(17：107)

そして彼らは言う。「称えあれ、われらの主こそ超越者、まことにわれらの主の約束は確かに果たされた」と。(17：108)

彼らは泣きながら顎により(顔を地面につけて)ひれ伏し、それは彼らに謙譲を増し加える。(17：109)

言え、「アッラーに祈れ、あるいは慈悲あまねき御方に祈れ。どちらでおまえたちが祈ろうとも、至善の諸々の名[1115]はすべて彼に属す。またおまえの礼拝では大声をあげてはならないし、声を低めてもならず、その中間に道を求めよ」。(17：110)

また、言え、「称賛はアッラーに属す、子を持たず、王権において彼に共同者がなく、また卑小さからの後見のない御方[1116]に」。そして、彼の偉大さを称えよ。(17：111)

第18章　洞窟 …… سورة الكهف

マッカ垂示

宗教上の迫害を逃れて洞窟に避難し、そこで三百九年の眠りの後で目覚めた人々（エフェソスの眠り人)の逸話が、最後の審判の真実性の証として告げられる(9-26節)。本章はこの洞窟の逸話に因んで「洞窟」章と呼ばれる。なお、将来の出来事を語るときに、「アッラーが望み給うならば(イン・シャーァ・アッラー)」と言い添える義務は、この逸話の中に挿入されている(24節)。

またムーサーと神智を授かった賢者(ヒドル)の物語(60-82節)、アレキサンダー大王を指すとも言われるズー・アル＝カルナインの東征、最後の審判の前に出現するヤアジュージュとマアジュージュ（ゴグとマゴグ)の物語(83-101節)も本章において語られる(ヤアジュージュ、マアジュージュは21章96節でも後述)。

慈悲あまねく慈悲深きアッラーの御名において

1115　ハディースによるとアッラーには九九の美名がある。
1116　卑しめられないために誰かの助けを必要とすることなどない御方。あるいは、(アッラーにとっては)卑小な者の一部である後見など必要とされない御方。

مَّا لَهُم بِهِۦ مِنْ عِلْمٍ وَلَا لِءَابَآئِهِمْ ۚ كَبُرَتْ كَلِمَةً تَخْرُجُ مِنْ
أَفْوَٰهِهِمْ ۚ إِن يَقُولُونَ إِلَّا كَذِبًا ٥ فَلَعَلَّكَ بَٰخِعٌ نَّفْسَكَ
عَلَىٰٓ ءَاثَٰرِهِمْ إِن لَّمْ يُؤْمِنُوا۟ بِهَٰذَا ٱلْحَدِيثِ أَسَفًا ٦ إِنَّا
جَعَلْنَا مَا عَلَى ٱلْأَرْضِ زِينَةً لَّهَا لِنَبْلُوَهُمْ أَيُّهُمْ أَحْسَنُ عَمَلًا
٧ وَإِنَّا لَجَٰعِلُونَ مَا عَلَيْهَا صَعِيدًا جُرُزًا ٨ أَمْ حَسِبْتَ
أَنَّ أَصْحَٰبَ ٱلْكَهْفِ وَٱلرَّقِيمِ كَانُوا۟ مِنْ ءَايَٰتِنَا عَجَبًا ٩
إِذْ أَوَى ٱلْفِتْيَةُ إِلَى ٱلْكَهْفِ فَقَالُوا۟ رَبَّنَآ ءَاتِنَا مِن لَّدُنكَ
رَحْمَةً وَهَيِّئْ لَنَا مِنْ أَمْرِنَا رَشَدًا ١٠ فَضَرَبْنَا عَلَىٰٓ ءَاذَانِهِمْ
فِى ٱلْكَهْفِ سِنِينَ عَدَدًا ١١ ثُمَّ بَعَثْنَٰهُمْ لِنَعْلَمَ أَىُّ
ٱلْحِزْبَيْنِ أَحْصَىٰ لِمَا لَبِثُوٓا۟ أَمَدًا ١٢ نَّحْنُ نَقُصُّ عَلَيْكَ نَبَأَهُم
بِٱلْحَقِّ ۚ إِنَّهُمْ فِتْيَةٌ ءَامَنُوا۟ بِرَبِّهِمْ وَزِدْنَٰهُمْ هُدًى ١٣
وَرَبَطْنَا عَلَىٰ قُلُوبِهِمْ إِذْ قَامُوا۟ فَقَالُوا۟ رَبُّنَا رَبُّ ٱلسَّمَٰوَٰتِ
وَٱلْأَرْضِ لَن نَّدْعُوَا۟ مِن دُونِهِۦٓ إِلَٰهًا ۖ لَّقَدْ قُلْنَآ إِذًا شَطَطًا ١٤
هَٰٓؤُلَآءِ قَوْمُنَا ٱتَّخَذُوا۟ مِن دُونِهِۦٓ ءَالِهَةً ۖ لَّوْلَا يَأْتُونَ عَلَيْهِم
بِسُلْطَٰنٍۭ بَيِّنٍ ۖ فَمَنْ أَظْلَمُ مِمَّنِ ٱفْتَرَىٰ عَلَى ٱللَّهِ كَذِبًا ١٥

称賛はアッラーに属す、その僕《しもべ》の上に啓典を下し給うた御方。そして彼はそれに曲がったところを作り給わなかった。(18：1)

まっすぐに(作り給い)、彼が彼の御前からの苛酷な災難を警告し、善行をなす信仰者たちに、彼らには良い報酬があるとの吉報を告げ給うためであった。(18：2)

彼らはそこに永遠に住まう。(18：3)

また、「アッラーは子を持ち給うた」、と言う者たちに警告するためであった。(18：4)

彼らにはそれについてなんの知識もなく、彼らの祖先にもなかった。(上記の言説は)彼らの口から出る言葉としてなんと由々しきことか。まことに、彼らが語るのは虚偽にほかならない。(18：5)

それゆえきっとおまえは、彼らの後に続いて自滅したかもしれない、彼らがこの話(クルアーン)を信じないならばと、悲嘆の故に。(18：6)

まことに、われらは地上にあるものをその装飾となした。彼らの誰がその行為において最も優れているか、彼らを試みるために。(18：7)

また、まことにわれらは、その上にあるものを不毛の地面となす者である。(18：8)

おまえは、洞窟と書板[1117]の仲間がわれらの諸々の徴のうちでも驚くべきものであったと考えたか。(18：9)

その若者たちが洞窟に避難した時のこと。彼らは言った。「われらが主よ、あなたの御側から慈悲をわれらに垂れ、われらのためにわれらの事態に正導を整え給え」。(18：10)

そこで、われらは洞窟の中で幾多の年月、彼らの耳に(覆いを)打ち下し(耳を聞こえなくし眠らせ)た。(18：11)

それから、われらは彼らを蘇らせ(目覚めさせ)た。それは、(期間について意見を異にする)二集団のうちいずれが彼らの留まったものの期間を(正しく)計算するかを知るためであった。(18：12)

われらはおまえに彼らの消息を真実をもって語る。まことに彼らは彼らの主を信ずる若者たちであり、われらは彼らに導きを増し加えた。(18：13)

われらは彼らの心を引き締め、そこで彼らは立って言った。「われらの主は諸天と地の主であり、われらは彼をさしおいてどんな神にも祈ることはない。そうなれば(アッラー以外に祈れば)、大法螺を言ったことになる」。(18：14)

「これら、われらの民は彼をさしおいて神々を立てた。彼らは彼らに対して明白な権能を持っては来ないのか。そしてアッラーについて虚偽を捏造する者より不正な者が誰かあろうか」。(18：15)

1117 「raqīm(書板)」とは、彼らの名前を書いた板とも、彼らの聖典とも、地名とも、彼らの連れていた犬の名前とも言われる。
この物語は、キリスト教世界ではローマのデキウス帝(在位 249-251 年)の迫害を逃れてエフェソスの洞窟に隠れた七人の眠り男の逸話と同定されている。

وَإِذِ ٱعۡتَزَلۡتُمُوهُمۡ وَمَا يَعۡبُدُونَ إِلَّا ٱللَّهَ فَأۡوُۥٓاْ إِلَى ٱلۡكَهۡفِ
يَنشُرۡ لَكُمۡ رَبُّكُم مِّن رَّحۡمَتِهِۦ وَيُهَيِّئۡ لَكُم مِّنۡ أَمۡرِكُم مِّرۡفَقٗا
١٦ * وَتَرَى ٱلشَّمۡسَ إِذَا طَلَعَت تَّزَٰوَرُ عَن كَهۡفِهِمۡ ذَاتَ
ٱلۡيَمِينِ وَإِذَا غَرَبَت تَّقۡرِضُهُمۡ ذَاتَ ٱلشِّمَالِ وَهُمۡ فِي فَجۡوَةٖ
مِّنۡهُۚ ذَٰلِكَ مِنۡ ءَايَٰتِ ٱللَّهِۗ مَن يَهۡدِ ٱللَّهُ فَهُوَ ٱلۡمُهۡتَدِۖ وَمَن
يُضۡلِلۡ فَلَن تَجِدَ لَهُۥ وَلِيّٗا مُّرۡشِدٗا ١٧ وَتَحۡسَبُهُمۡ أَيۡقَاظٗا
وَهُمۡ رُقُودٞۚ وَنُقَلِّبُهُمۡ ذَاتَ ٱلۡيَمِينِ وَذَاتَ ٱلشِّمَالِۖ وَكَلۡبُهُم
بَٰسِطٞ ذِرَاعَيۡهِ بِٱلۡوَصِيدِۚ لَوِ ٱطَّلَعۡتَ عَلَيۡهِمۡ لَوَلَّيۡتَ مِنۡهُمۡ
فِرَارٗا وَلَمُلِئۡتَ مِنۡهُمۡ رُعۡبٗا ١٨ وَكَذَٰلِكَ بَعَثۡنَٰهُمۡ
لِيَتَسَآءَلُواْ بَيۡنَهُمۡۚ قَالَ قَآئِلٞ مِّنۡهُمۡ كَمۡ لَبِثۡتُمۡۖ قَالُواْ لَبِثۡنَا
يَوۡمًا أَوۡ بَعۡضَ يَوۡمٖۚ قَالُواْ رَبُّكُمۡ أَعۡلَمُ بِمَا لَبِثۡتُمۡ فَٱبۡعَثُوٓاْ
أَحَدَكُم بِوَرِقِكُمۡ هَٰذِهِۦٓ إِلَى ٱلۡمَدِينَةِ فَلۡيَنظُرۡ أَيُّهَآ أَزۡكَىٰ
طَعَامٗا فَلۡيَأۡتِكُم بِرِزۡقٖ مِّنۡهُ وَلۡيَتَلَطَّفۡ وَلَا يُشۡعِرَنَّ
بِكُمۡ أَحَدًا ١٩ إِنَّهُمۡ إِن يَظۡهَرُواْ عَلَيۡكُمۡ يَرۡجُمُوكُمۡ
أَوۡ يُعِيدُوكُمۡ فِي مِلَّتِهِمۡ وَلَن تُفۡلِحُوٓاْ إِذًا أَبَدٗا ٢٠

「またおまえたちが彼らと彼らがアッラーのほかに崇拝するものを避けた時には、洞窟に逃れよ。おまえたちの主はおまえたちに御慈悲を広げ、おまえたちのためにおまえたちの事態に便宜をはかり給うであろう[1118]」。(18：16)

そして彼らはその広間にいたが、太陽が昇る時には彼らの洞窟から右側に逸れ、沈む時には左側に通過するのをおまえは見る。それはアッラーの諸々の徴(の一つ)である。アッラーが導き給うた者、それこそは導かれた者であり、彼が迷わせ給うた者、おまえは彼に、(正道に)導く後見を見出すことはない。(18：17)

そしておまえは彼らが目覚めていると思う(であろう)が[1119]、彼らは眠っていた。そして、われらは彼らを右側に、また左側に寝返りさせ、彼らの犬は入り口に両前足を伸ばす。もしおまえが彼らを眺めたら、彼らから背を向けて逃げ出し、彼らに対する震恐で一杯になったであろう[1120]。(18：18)

そしてこのようにわれらは彼らを甦らせ、彼らの間で尋ね合わせた。彼らのうち一人の話者が言った。「おまえたちはどれだけ留まったのか」。彼らは言った。「われらは一日か半日ほど留まった」。彼らは言った。「おまえたちの主がおまえたちがどれだけ留まったかをより良く知り給う。さて、おまえたちの一人をおまえたちのこの銀貨を持たせて町に送り、いずれの食べ物が最も清いかを見させ、それから糧をおまえたちに持って来させよ。そして彼には優しい物腰を取らせ、おまえたちのことを誰にも察知させてはならない」。(18：19)

「まことに、もしも彼らがおまえたちのことを知ったら、彼らはおまえたちを石打にするか、おまえを彼らの宗旨に戻らせるであろう。そして、そうなれば、おまえたちが栄えることは決してない」。(18：20)

1118　洞窟にいた若者たち同士の会話。
1119　彼らの目が少し開いているので。
1120　アッラーが、そうして彼らに誰も近づかないように護り給うたのである。

وَكَذَٰلِكَ أَعْثَرْنَا عَلَيْهِمْ لِيَعْلَمُوٓا۟ أَنَّ وَعْدَ ٱللَّهِ حَقٌّ وَأَنَّ
ٱلسَّاعَةَ لَا رَيْبَ فِيهَآ إِذْ يَتَنَٰزَعُونَ بَيْنَهُمْ أَمْرَهُمْ ۖ فَقَالُوا۟
ٱبْنُوا۟ عَلَيْهِم بُنْيَٰنًا ۖ رَّبُّهُمْ أَعْلَمُ بِهِمْ ۚ قَالَ ٱلَّذِينَ غَلَبُوا۟ عَلَىٰٓ
أَمْرِهِمْ لَنَتَّخِذَنَّ عَلَيْهِم مَّسْجِدًا ٢١ سَيَقُولُونَ ثَلَٰثَةٌ
رَّابِعُهُمْ كَلْبُهُمْ وَيَقُولُونَ خَمْسَةٌ سَادِسُهُمْ كَلْبُهُمْ
رَجْمًۢا بِٱلْغَيْبِ ۖ وَيَقُولُونَ سَبْعَةٌ وَثَامِنُهُمْ كَلْبُهُمْ ۚ قُل رَّبِّىٓ
أَعْلَمُ بِعِدَّتِهِم مَّا يَعْلَمُهُمْ إِلَّا قَلِيلٌ ۗ فَلَا تُمَارِ فِيهِمْ إِلَّا مِرَآءً
ظَٰهِرًا وَلَا تَسْتَفْتِ فِيهِم مِّنْهُمْ أَحَدًا ٢٢ وَلَا تَقُولَنَّ لِشَا۟ىْءٍ
إِنِّى فَاعِلٌ ذَٰلِكَ غَدًا ٢٣ إِلَّآ أَن يَشَآءَ ٱللَّهُ ۚ وَٱذْكُر رَّبَّكَ
إِذَا نَسِيتَ وَقُلْ عَسَىٰٓ أَن يَهْدِيَنِ رَبِّى لِأَقْرَبَ مِنْ هَٰذَا رَشَدًا
٢٤ وَلَبِثُوا۟ فِى كَهْفِهِمْ ثَلَٰثَ مِا۟ئَةٍ سِنِينَ وَٱزْدَادُوا۟ تِسْعًا
٢٥ قُلِ ٱللَّهُ أَعْلَمُ بِمَا لَبِثُوا۟ ۖ لَهُۥ غَيْبُ ٱلسَّمَٰوَٰتِ وَٱلْأَرْضِ ۖ
أَبْصِرْ بِهِۦ وَأَسْمِعْ ۚ مَا لَهُم مِّن دُونِهِۦ مِن وَلِىٍّ وَلَا يُشْرِكُ
فِى حُكْمِهِۦٓ أَحَدًا ٢٦ وَٱتْلُ مَآ أُوحِىَ إِلَيْكَ مِن كِتَابِ
رَبِّكَ ۖ لَا مُبَدِّلَ لِكَلِمَٰتِهِۦ وَلَن تَجِدَ مِن دُونِهِۦ مُلْتَحَدًا ٢٧

そしてこのように、われらは彼らのことを明らかにした。それは、アッラーの約束が真実であり、かの時(審判の日)については疑いがないことを彼ら(人々)が知るためである。その時(洞窟の仲間たちの死後)、彼ら(人々)は彼ら(洞窟の仲間たち)の件を彼らの間で論じ合っていた。それで彼らは言った。「彼らの(埋葬されたその洞窟の)上に建物を建てよ。彼の主が彼らについてはより良く知り給う」。彼らの件を制した者たちは言った。「彼らの上にモスクを作ることにしよう」。(18：21)

いずれ彼ら(預言者ムハンマドの同時代人たち)は言うであろう。「三人で、四番目は犬である」。また(別の者たちは)言う。「五人で、六番目は犬である」。知り得ないことについて臆断して、また(別の者たちは)言う。「七人で、八番目は犬である」。言え、「わが主が彼らの数についてはよりよく知り給う。彼らを知っているのはわずかなものに過ぎない。それゆえ、彼らに関しては(啓示による)明らかな議論を除いて論じてはならず、彼らについては彼ら(キリスト教徒やユダヤ教徒)の誰にも見解を質してはならない」。(18：22)

また、なににつけ、「私はそれを明日なすであろう」と決して言ってはならない。(18：23)

ただし、「アッラーが御望みなら(イン・シャーァ・アッラー)」が(言い添えて)あれば別である。また、(言い添えるのを)忘れた時にはおまえの主を思い起こせ(唱名せよ)。そして、言え、「きっとわが主は私をこれよりも正導に近いものへと導き給うであろう」。(18：24)

彼らは彼らの洞窟の中に三百年留まり、それに九年を加えた。(18：25)

言え、「アッラーこそ彼らが留まったものについてよりよく知り給う」。彼にこそ諸天と地の不可視事象は属す。アッラーはなんとよく見、聞き給う御方であることか[1121]。彼らには彼をおいて後見はなく、彼は彼の裁定において何ものも参与させ給わない。(18：26)

そしておまえの主の啓典のうちおまえに啓示されたものを読み聞かせよ。彼の御言葉には挿げ替える者はなく、おまえは彼をおいてどんな避難所も見出すことはない。(18：27)

1121　直訳すると「彼(アッラー)によって見せよ、そして聞かせよ」となり、命令形をとった感嘆文と言われる。

وَٱصْبِرْ نَفْسَكَ مَعَ ٱلَّذِينَ يَدْعُونَ رَبَّهُم بِٱلْغَدَوٰةِ وَٱلْعَشِيِّ
يُرِيدُونَ وَجْهَهُۥ ۖ وَلَا تَعْدُ عَيْنَاكَ عَنْهُمْ تُرِيدُ زِينَةَ ٱلْحَيَوٰةِ
ٱلدُّنْيَا ۖ وَلَا تُطِعْ مَنْ أَغْفَلْنَا قَلْبَهُۥ عَن ذِكْرِنَا وَٱتَّبَعَ هَوَىٰهُ وَكَانَ
أَمْرُهُۥ فُرُطًا ٢٨ وَقُلِ ٱلْحَقُّ مِن رَّبِّكُمْ ۖ فَمَن شَآءَ فَلْيُؤْمِن وَمَن
شَآءَ فَلْيَكْفُرْ ۚ إِنَّآ أَعْتَدْنَا لِلظَّٰلِمِينَ نَارًا أَحَاطَ بِهِمْ سُرَادِقُهَا ۚ
وَإِن يَسْتَغِيثُوا۟ يُغَاثُوا۟ بِمَآءٍ كَٱلْمُهْلِ يَشْوِى ٱلْوُجُوهَ ۚ بِئْسَ
ٱلشَّرَابُ وَسَآءَتْ مُرْتَفَقًا ٢٩ إِنَّ ٱلَّذِينَ ءَامَنُوا۟ وَعَمِلُوا۟
ٱلصَّٰلِحَٰتِ إِنَّا لَا نُضِيعُ أَجْرَ مَنْ أَحْسَنَ عَمَلًا ٣٠ أُو۟لَٰٓئِكَ
لَهُمْ جَنَّٰتُ عَدْنٍ تَجْرِى مِن تَحْتِهِمُ ٱلْأَنْهَٰرُ يُحَلَّوْنَ فِيهَا مِنْ أَسَاوِرَ
مِن ذَهَبٍ وَيَلْبَسُونَ ثِيَابًا خُضْرًا مِّن سُندُسٍ وَإِسْتَبْرَقٍ مُّتَّكِـِٔينَ
فِيهَا عَلَى ٱلْأَرَآئِكِ ۚ نِعْمَ ٱلثَّوَابُ وَحَسُنَتْ مُرْتَفَقًا ٣١ ۞ وَٱضْرِبْ
لَهُم مَّثَلًا رَّجُلَيْنِ جَعَلْنَا لِأَحَدِهِمَا جَنَّتَيْنِ مِنْ أَعْنَٰبٍ وَحَفَفْنَٰهُمَا
بِنَخْلٍ وَجَعَلْنَا بَيْنَهُمَا زَرْعًا ٣٢ كِلْتَا ٱلْجَنَّتَيْنِ ءَاتَتْ أُكُلَهَا وَلَمْ
تَظْلِم مِّنْهُ شَيْـًٔا ۚ وَفَجَّرْنَا خِلَٰلَهُمَا نَهَرًا ٣٣ وَكَانَ لَهُۥ ثَمَرٌ فَقَالَ
لِصَٰحِبِهِۦ وَهُوَ يُحَاوِرُهُۥٓ أَنَا۠ أَكْثَرُ مِنكَ مَالًا وَأَعَزُّ نَفَرًا ٣٤

そして彼の主にその御顔を求めて朝に夕に祈る者たちと共に忍耐自制せよ[1122]。現世の装飾を望んで、おまえの両目が彼らから逸れてはならない。また、われらがその心をわれらの想念(唱名)[1123]から逸らせたために己の欲望に従うことになった者に従ってはならない。そして彼の件は度を越していた。(18：28)

そして言え、「おまえの主からの真理である」。そして、望む者には信じさせ、望む者には信仰を拒ませよ。まことにわれらは不正な者たちに獄火を用意し、その幕が彼らを取り囲んだ。そして、彼らは、助けを求めると溶鉱のような水を注がれ、それが彼らの顔を焼く。なんと酷い飲み物であることよ、また休息所としてなんと悪いものであることよ。(18：29)

まことに、信仰し、善行をなした者、まことにわれらは行いを良くした者の報酬を損ないはしない。(18：30)

それらの者、彼らには永住の楽園があり、彼らの下には河川が流れ、彼らはそこでは金の腕輪で身を飾られ、錦と緞子[1124]の緑色の服をまとい、そこでは寝椅子にもたれかかって(いる)。なんと優れた報償であることよ、またそれは休息所としても素晴らしい。(18：31)

また、彼らに譬《たと》えとして、二人の男を挙げよ。われらは二人のうち一人に二つのぶどう園をなし、それら二つをナツメヤシで囲み、それら二つの間に耕地をなした。(18：32)

二つの園はどちらもその食べ物をもたらし、少しの不作もなさなかった。そしてわれらはそれら二つの隙間に川を開いた。(18：33)

そして彼には実りがあった。そこで彼は彼の相方と議論して言った。「私は財産がおまえよりも多く、(家族の)人数も優勢である」。(18：34)

1122　6章52節注参照。
1123　クルアーンを指すとも言われる。
1124　錦は薄く、緞子は地が厚い。

وَدَخَلَ جَنَّتَهُۥ وَهُوَ ظَالِمٌ لِّنَفْسِهِۦ قَالَ مَآ أَظُنُّ أَن تَبِيدَ هَٰذِهِۦٓ
أَبَدًا ٣٥ وَمَآ أَظُنُّ ٱلسَّاعَةَ قَآئِمَةً وَلَئِن رُّدِدتُّ إِلَىٰ رَبِّى لَأَجِدَنَّ
خَيْرًا مِّنْهَا مُنقَلَبًا ٣٦ قَالَ لَهُۥ صَاحِبُهُۥ وَهُوَ يُحَاوِرُهُۥٓ أَكَفَرْتَ
بِٱلَّذِى خَلَقَكَ مِن تُرَابٍ ثُمَّ مِن نُّطْفَةٍ ثُمَّ سَوَّىٰكَ رَجُلًا ٣٧
لَّٰكِنَّا۠ هُوَ ٱللَّهُ رَبِّى وَلَآ أُشْرِكُ بِرَبِّىٓ أَحَدًا ٣٨ وَلَوْلَآ إِذْ دَخَلْتَ
جَنَّتَكَ قُلْتَ مَا شَآءَ ٱللَّهُ لَا قُوَّةَ إِلَّا بِٱللَّهِ إِن تَرَنِ أَنَا۠ أَقَلَّ مِنكَ
مَالًا وَوَلَدًا ٣٩ فَعَسَىٰ رَبِّىٓ أَن يُؤْتِيَنِ خَيْرًا مِّن جَنَّتِكَ وَيُرْسِلَ
عَلَيْهَا حُسْبَانًا مِّنَ ٱلسَّمَآءِ فَتُصْبِحَ صَعِيدًا زَلَقًا ٤٠ أَوْ يُصْبِحَ
مَآؤُهَا غَوْرًا فَلَن تَسْتَطِيعَ لَهُۥ طَلَبًا ٤١ وَأُحِيطَ بِثَمَرِهِۦ
فَأَصْبَحَ يُقَلِّبُ كَفَّيْهِ عَلَىٰ مَآ أَنفَقَ فِيهَا وَهِىَ خَاوِيَةٌ عَلَىٰ
عُرُوشِهَا وَيَقُولُ يَٰلَيْتَنِى لَمْ أُشْرِكْ بِرَبِّىٓ أَحَدًا ٤٢ وَلَمْ تَكُن لَّهُۥ
فِئَةٌ يَنصُرُونَهُۥ مِن دُونِ ٱللَّهِ وَمَا كَانَ مُنتَصِرًا ٤٣ هُنَالِكَ ٱلْوَلَٰيَةُ
لِلَّهِ ٱلْحَقِّ هُوَ خَيْرٌ ثَوَابًا وَخَيْرٌ عُقْبًا ٤٤ وَٱضْرِبْ لَهُم مَّثَلَ ٱلْحَيَوٰةِ
ٱلدُّنْيَا كَمَآءٍ أَنزَلْنَٰهُ مِنَ ٱلسَّمَآءِ فَٱخْتَلَطَ بِهِۦ نَبَاتُ ٱلْأَرْضِ
فَأَصْبَحَ هَشِيمًا تَذْرُوهُ ٱلرِّيَٰحُ وَكَانَ ٱللَّهُ عَلَىٰ كُلِّ شَىْءٍ مُّقْتَدِرًا ٤٥

そして、彼は己の園に入ったが、己自身に不正をなしていた。彼は言った。「これが消滅することがよもやあるとは思わない」。(18：35)

「また、かの時(審判の日)があるとは思わない。また、もし私が主の許に戻されたとしても、必ずや帰還所としてこれよりも良いものを見出すであろう」。(18：36)

彼の相方が彼に議論して言った。「おまえはおまえを土くれから、そして精一滴から創り給い、おまえを男に形作り給うた御方の恩を否定するのか」。(18：37)

「そうではなく、私は(言おう)彼こそはアッラー、わが主であらせられ、私はわが主には誰も同位に配さない」。(18：38)

「そしておまえは、おまえの園に入る時[1125]、『アッラーが御望みになったこと、アッラーによるほか力はない』と言わなかったのか。たとえ、おまえがこの私をおまえより財産も子供も少ないと思うとしても」。(18：39)

「わが主は私におまえの園よりも良いものを与え、そこ(おまえの園)に天から雷電を送り給い、それは平滑な(不毛な)地表になるかもしれない」。(18：40)

「あるいは、その水が浸み込んで(地面は乾いて)しまい、そうなれば、おまえにはそれを求めることはできないであろう」。(18：41)

彼の果実は(破滅に)覆い尽くされ、彼は彼が費やしたものがブドウ棚の上で荒廃しているのに対して掌を返し(後悔し嘆き)、言った。「ああ、わが主に何ものも共同者(偶像神)として配さなければよかった」。(18：42)

そして彼にはアッラーをおいて彼を援ける集団はなく、彼は援けを得た(自衛した)者ではなかった。(18：43)

そこでは[1126]、庇護は真実なる御方アッラーに属す。彼は報償において一層良く、また応報において一層良くあらせられる。(18：44)

また、彼らには現世の譬《たと》えを挙げよ。天からわれらが下す水のようで、それによって大地の草木は入り混じるが、やがて(乾いた)破片となり、風がそれを吹き散らす。そしてアッラーはあらゆるものに対して力ある御方であらせられた。(18：45)

1125　おまえの園をすばらしいと思い、得意になった時。
1126　この様に困難な時には。あるいは、審判の日には。

ٱلْمَالُ وَٱلْبَنُونَ زِينَةُ ٱلْحَيَوٰةِ ٱلدُّنْيَا ۖ وَٱلْبَٰقِيَٰتُ ٱلصَّٰلِحَٰتُ
خَيْرٌ عِندَ رَبِّكَ ثَوَابًا وَخَيْرٌ أَمَلًا ﴿٤٦﴾ وَيَوْمَ نُسَيِّرُ ٱلْجِبَالَ وَتَرَى
ٱلْأَرْضَ بَارِزَةً وَحَشَرْنَٰهُمْ فَلَمْ نُغَادِرْ مِنْهُمْ أَحَدًا ﴿٤٧﴾ وَعُرِضُوا۟
عَلَىٰ رَبِّكَ صَفًّا لَّقَدْ جِئْتُمُونَا كَمَا خَلَقْنَٰكُمْ أَوَّلَ مَرَّةٍۭ ۚ بَلْ زَعَمْتُمْ
أَلَّن نَّجْعَلَ لَكُم مَّوْعِدًا ﴿٤٨﴾ وَوُضِعَ ٱلْكِتَٰبُ فَتَرَى ٱلْمُجْرِمِينَ
مُشْفِقِينَ مِمَّا فِيهِ وَيَقُولُونَ يَٰوَيْلَتَنَا مَالِ هَٰذَا ٱلْكِتَٰبِ
لَا يُغَادِرُ صَغِيرَةً وَلَا كَبِيرَةً إِلَّآ أَحْصَىٰهَا ۚ وَوَجَدُوا۟ مَا عَمِلُوا۟
حَاضِرًا ۗ وَلَا يَظْلِمُ رَبُّكَ أَحَدًا ﴿٤٩﴾ وَإِذْ قُلْنَا لِلْمَلَٰٓئِكَةِ ٱسْجُدُوا۟
لِءَادَمَ فَسَجَدُوٓا۟ إِلَّآ إِبْلِيسَ كَانَ مِنَ ٱلْجِنِّ فَفَسَقَ عَنْ أَمْرِ رَبِّهِۦٓ ۗ
أَفَتَتَّخِذُونَهُۥ وَذُرِّيَّتَهُۥٓ أَوْلِيَآءَ مِن دُونِى وَهُمْ لَكُمْ عَدُوٌّۢ ۚ
بِئْسَ لِلظَّٰلِمِينَ بَدَلًا ﴿٥٠﴾ ۞ مَّآ أَشْهَدتُّهُمْ خَلْقَ ٱلسَّمَٰوَٰتِ
وَٱلْأَرْضِ وَلَا خَلْقَ أَنفُسِهِمْ وَمَا كُنتُ مُتَّخِذَ ٱلْمُضِلِّينَ عَضُدًا
﴿٥١﴾ وَيَوْمَ يَقُولُ نَادُوا۟ شُرَكَآءِىَ ٱلَّذِينَ زَعَمْتُمْ فَدَعَوْهُمْ
فَلَمْ يَسْتَجِيبُوا۟ لَهُمْ وَجَعَلْنَا بَيْنَهُم مَّوْبِقًا ﴿٥٢﴾ وَرَءَا ٱلْمُجْرِمُونَ
ٱلنَّارَ فَظَنُّوٓا۟ أَنَّهُم مُّوَاقِعُوهَا وَلَمْ يَجِدُوا۟ عَنْهَا مَصْرِفًا ﴿٥٣﴾

財産と子孫は現世の飾りであるが、残存する正しいもの(善行)こそ、おまえの主の御許では報償として一層良く、希望としても一層良い。(18：46)

そしてわれらが山々を動かし、大地が露《あらわ》になるのをおまえが見、そして、われらが彼らを追い集め、彼らのうち一人も取り残すことのない日。(18：47)

そして、彼らはおまえの主の御前に列をなして引き出された。「おまえたちはわれらの許に、われらが最初におまえたちを創ったように[1127]やって来た。いや、おまえたちは、われらがおまえたちに約束の時を設けることはないと主張していた」。(18：48)

そして、書(生前の善行悪行の帳簿)が置かれ、罪人がその中にあるものを心配するのをおまえは見る。そして彼らは言う。「ああ、われらの災いよ。この書のなんとしたことか。小さなものも大きなものも取り残すことなく数え上げてある」。そして、彼らは彼らがなしたことが現前するのを見出した。そしておまえの主は誰一人不当には扱い給わない。(18：49)

また、われらが天使たちに向かって、「アーダムに跪拝せよ」と言った時のこと。それで彼らは跪拝したが、イブリースは別であった。彼は幽精《ジン》の一人で、主の御命令から逸脱した。それなのにおまえたちはわれをさしおいて彼と彼の子孫を後見たちとするのか。彼らはおまえたちの敵だというのに。不正な者たちのなんと悪い交換[1128]であることよ。(18：50)

われは彼らを諸天と地の創造にも、彼ら自身の創造にも立ち会わせなかった。また、われは迷わす者たちを支援者とする者ではなかった。(18：51)

彼が、「おまえたちが言い張っていたわれの共同者たち(偶像神)を呼んでみせよ」と仰せになる日。それで彼らは彼ら(偶像神)を呼ぶが、彼らは彼らに応えず、われらは彼ら(偶像崇拝者たちと偶像たち)の間に谷(破滅の場)を設ける。(18：52)

そして罪人たちは獄火を見、そこに落とされる身であると思うが、そこからの出口を見出さない。(18：53)

1127　子供も連れず独りで無一物で、何も身に纏わず。
1128　人間がアッラーの代わりに悪魔に服従すること。あるいは、イブリースとその仲間がアッラーに服従する代わりに背いたこと。

وَلَقَدْ صَرَّفْنَا فِي هَٰذَا ٱلْقُرْءَانِ لِلنَّاسِ مِن كُلِّ مَثَلٍۚ وَكَانَ
ٱلْإِنسَٰنُ أَكْثَرَ شَيْءٍ جَدَلًا ٥٤ وَمَا مَنَعَ ٱلنَّاسَ أَن يُؤْمِنُوٓاْ
إِذْ جَآءَهُمُ ٱلْهُدَىٰ وَيَسْتَغْفِرُواْ رَبَّهُمْ إِلَّآ أَن تَأْتِيَهُمْ سُنَّةُ
ٱلْأَوَّلِينَ أَوْ يَأْتِيَهُمُ ٱلْعَذَابُ قُبُلًا ٥٥ وَمَا نُرْسِلُ ٱلْمُرْسَلِينَ
إِلَّا مُبَشِّرِينَ وَمُنذِرِينَۚ وَيُجَٰدِلُ ٱلَّذِينَ كَفَرُواْ بِٱلْبَٰطِلِ
لِيُدْحِضُواْ بِهِ ٱلْحَقَّۖ وَٱتَّخَذُوٓاْ ءَايَٰتِي وَمَآ أُنذِرُواْ هُزُوًا ٥٦
وَمَنْ أَظْلَمُ مِمَّن ذُكِّرَ بِـَٔايَٰتِ رَبِّهِۦ فَأَعْرَضَ عَنْهَا وَنَسِيَ
مَا قَدَّمَتْ يَدَاهُۚ إِنَّا جَعَلْنَا عَلَىٰ قُلُوبِهِمْ أَكِنَّةً أَن يَفْقَهُوهُ
وَفِيٓ ءَاذَانِهِمْ وَقْرًاۖ وَإِن تَدْعُهُمْ إِلَى ٱلْهُدَىٰ فَلَن يَهْتَدُوٓاْ إِذًا
أَبَدًا ٥٧ وَرَبُّكَ ٱلْغَفُورُ ذُو ٱلرَّحْمَةِۖ لَوْ يُؤَاخِذُهُم بِمَا كَسَبُواْ
لَعَجَّلَ لَهُمُ ٱلْعَذَابَۚ بَل لَّهُم مَّوْعِدٌ لَّن يَجِدُواْ مِن دُونِهِۦ
مَوْئِلًا ٥٨ وَتِلْكَ ٱلْقُرَىٰٓ أَهْلَكْنَٰهُمْ لَمَّا ظَلَمُواْ وَجَعَلْنَا
لِمَهْلِكِهِم مَّوْعِدًا ٥٩ وَإِذْ قَالَ مُوسَىٰ لِفَتَىٰهُ لَآ أَبْرَحُ حَتَّىٰٓ
أَبْلُغَ مَجْمَعَ ٱلْبَحْرَيْنِ أَوْ أَمْضِيَ حُقُبًا ٦٠ فَلَمَّا بَلَغَا مَجْمَعَ
بَيْنِهِمَا نَسِيَا حُوتَهُمَا فَٱتَّخَذَ سَبِيلَهُۥ فِي ٱلْبَحْرِ سَرَبًا ٦١

まことに、われらはこのクルアーンの中で人々のためにあらゆる譬《たと》えを提示した。だが、人間は議論の最も多いもの(被造物)であった[1129]。(18：54)

そして人間たちに導きが訪れた時、彼らが信仰して赦しを乞うことを妨げたのは、彼らに昔の者たちの慣行が到来することか、彼らに懲罰が様々に到来すること以外にはなかった。(18：55)

そしてわれらが使徒を遣わすのは、吉報伝達者として、また警告者としてにほかならない。信仰を拒んだ者たちは、虚偽をもって論争し、それによって真理に反駁し、われの諸々の徴と彼らが警告されたことを笑いものにした。(18：56)

そして、主の諸々の徴を思い起こさせられたのに、それから背を向け、自分の手が以前になしたことを忘れた者以上に不正な者が誰かあろうか。まことに、われらは彼らの心の上に、それを理解すること(がないよう)覆いをなし、彼らの耳には聾をなした。それゆえ、おまえが彼らを導きへと呼びかけても、彼らが導かれることは決してない。(18：57)

だが、おまえの主はよく赦し給う慈悲ある御方。もし彼が彼らが稼いだことで彼らを査問し給うとすれば、彼らに懲罰を急ぎ給うたであろう。いや、彼らには約束の時があり、彼らがそれを超えて逃げ場を見出すことはない。(18：58)

またあれらの町々、われらは彼らが不正をなした際に彼らを滅ぼしたが、われらは彼らの破滅に約束の時を設けた。(18：59)

また、ムーサーが彼の従者[1130]に言った時のこと。「私は二つの海[1131]の合流点に行き着くまでは、長年かかっても止めない」。(18：60)

それで二人がそれら二つの合流点に行き着くと、彼らは彼らの(糧食の死んだ)魚を忘れたが、それは海の中に(飛び込んで泳ぎ去り)その道を坑道(トンネル)とした。(18：61)

1129　不信仰者たちは詭弁を弄して頻繁に論争をしかけた。

1130　従者はヨシュアであったと言われる。

1131　紅海とインド洋(バーブ・アル＝マンダブ海峡)、地中海と大西洋(ジブラルタル海峡)、ヨルダン海(アカバ湾)と紅海(シャルム・アッ＝シャイフ周辺)とも言われ定説はない。

فَلَمَّا جَاوَزَا قَالَ لِفَتَىٰهُ ءَاتِنَا غَدَآءَنَا لَقَدْ لَقِينَا مِن سَفَرِنَا
هَٰذَا نَصَبًا ﴿٦٢﴾ قَالَ أَرَءَيْتَ إِذْ أَوَيْنَآ إِلَى ٱلصَّخْرَةِ فَإِنِّى نَسِيتُ
ٱلْحُوتَ وَمَآ أَنسَىٰنِيهُ إِلَّا ٱلشَّيْطَٰنُ أَنْ أَذْكُرَهُۥ ۚ وَٱتَّخَذَ سَبِيلَهُۥ
فِى ٱلْبَحْرِ عَجَبًا ﴿٦٣﴾ قَالَ ذَٰلِكَ مَا كُنَّا نَبْغِ ۚ فَٱرْتَدَّا عَلَىٰٓ ءَاثَارِهِمَا
قَصَصًا ﴿٦٤﴾ فَوَجَدَا عَبْدًا مِّنْ عِبَادِنَآ ءَاتَيْنَٰهُ رَحْمَةً مِّنْ عِندِنَا
وَعَلَّمْنَٰهُ مِن لَّدُنَّا عِلْمًا ﴿٦٥﴾ قَالَ لَهُۥ مُوسَىٰ هَلْ أَتَّبِعُكَ عَلَىٰٓ أَن
تُعَلِّمَنِ مِمَّا عُلِّمْتَ رُشْدًا ﴿٦٦﴾ قَالَ إِنَّكَ لَن تَسْتَطِيعَ مَعِىَ
صَبْرًا ﴿٦٧﴾ وَكَيْفَ تَصْبِرُ عَلَىٰ مَا لَمْ تُحِطْ بِهِۦ خُبْرًا ﴿٦٨﴾ قَالَ
سَتَجِدُنِىٓ إِن شَآءَ ٱللَّهُ صَابِرًا وَلَآ أَعْصِى لَكَ أَمْرًا ﴿٦٩﴾ قَالَ
فَإِنِ ٱتَّبَعْتَنِى فَلَا تَسْـَٔلْنِى عَن شَىْءٍ حَتَّىٰٓ أُحْدِثَ لَكَ مِنْهُ ذِكْرًا
﴿٧٠﴾ فَٱنطَلَقَا حَتَّىٰٓ إِذَا رَكِبَا فِى ٱلسَّفِينَةِ خَرَقَهَا ۖ قَالَ أَخَرَقْتَهَا
لِتُغْرِقَ أَهْلَهَا لَقَدْ جِئْتَ شَيْـًٔا إِمْرًا ﴿٧١﴾ قَالَ أَلَمْ أَقُلْ إِنَّكَ
لَن تَسْتَطِيعَ مَعِىَ صَبْرًا ﴿٧٢﴾ قَالَ لَا تُؤَاخِذْنِى بِمَا نَسِيتُ وَلَا
تُرْهِقْنِى مِنْ أَمْرِى عُسْرًا ﴿٧٣﴾ فَٱنطَلَقَا حَتَّىٰٓ إِذَا لَقِيَا غُلَٰمًا فَقَتَلَهُۥ
قَالَ أَقَتَلْتَ نَفْسًا زَكِيَّةًۢ بِغَيْرِ نَفْسٍ لَّقَدْ جِئْتَ شَيْـًٔا نُّكْرًا ﴿٧٤﴾

そして二人が通り過ぎたとき、彼は彼の従者に言った。「われらの昼食を渡してくれ。われらはわれらのこの旅に疲れを覚えた」。(18：62)

彼は言った。「われらが岩に降り立った時の(われらの状態を)あなたは見ましたか(思い出して気付きましたか)。そこでまことに私は魚を忘れました。私がそのことを告げることを私に忘れさせたのは悪魔にほかなりません。それで、それは驚いたことに海の中に道を取りました」。(18：63)

彼は言った。「それこそわれらが求めていたものである」。そうして、二人は自分たちの跡に沿って引き返した。(18：64)

すると、二人はわれらの僕《しもべ》たちのうちの一人で、われらがわれらの許から慈悲を与えわれらの側から知識を教えた僕《しもべ》[1132]を見出した。(18：65)

彼にムーサーは言った。「あなたが正導として教えられたものを私に教える条件で、私があなたに随行するというのはどうでしょう」。(18：66)

彼は言った。「おまえは私に忍耐できないであろう」。(18：67)

「知識として把握していないこと[1133]にどうしておまえが忍耐しようか」。(18：68)

彼は言った。「あなたは私が、アッラーが望み給えば忍耐強く、あなたに対し命令において背かないことを見出すでしょう」。(18：69)

彼は言った。「もしおまえが私に従うなら、何事についても私に尋ねてはならない、私がそれについておまえに説明を始めるまでは」。(18：70)

そこで二人は出かけ、舟に乗ったが、彼(ヒドル)はそれに穴を開けた。彼(ムーサー)は言った。「あなたは、その者(舟の乗員)たちを溺れさせようとそれに穴を開けたのですか。まことにあなたは途方もないことをしたものです」。(18：71)

彼は言った。「私は『おまえには忍耐できないであろう』と言わなかったか」。(18：72)

彼は言った。「私が忘れたことで私を咎めないでください。また、私のことで困難を私に課さないでください」。(18：73)

それから彼ら二人はでかけたが、やがて少年に出会うと、彼(ヒドル)は彼を殺した。彼(ムーサー)は言った。「あなたは無辜の者を(殺人に対する)命の代償でもなく殺したのですか。まことにあなたはいまわしいことをしたものです」。(18：74)

1132　ヒドル、もしくはハディルと呼ばれる。彼が預言者であるか、聖者であるかについては見解が分かれている。

1133　おまえがその真相を理解していないこと。

۞ قَالَ أَلَمۡ أَقُل لَّكَ إِنَّكَ لَن تَسۡتَطِيعَ مَعِيَ صَبۡرٗا ٧٥ قَالَ إِن
سَأَلۡتُكَ عَن شَيۡءِۭ بَعۡدَهَا فَلَا تُصَٰحِبۡنِيۖ قَدۡ بَلَغۡتَ مِن لَّدُنِّي عُذۡرٗا
٧٦ فَٱنطَلَقَا حَتَّىٰٓ إِذَآ أَتَيَآ أَهۡلَ قَرۡيَةٍ ٱسۡتَطۡعَمَآ أَهۡلَهَا فَأَبَوۡاْ
أَن يُضَيِّفُوهُمَا فَوَجَدَا فِيهَا جِدَارٗا يُرِيدُ أَن يَنقَضَّ فَأَقَامَهُۥۖ
قَالَ لَوۡ شِئۡتَ لَتَّخَذۡتَ عَلَيۡهِ أَجۡرٗا ٧٧ قَالَ هَٰذَا فِرَاقُ بَيۡنِي
وَبَيۡنِكَۚ سَأُنَبِّئُكَ بِتَأۡوِيلِ مَا لَمۡ تَسۡتَطِع عَّلَيۡهِ صَبۡرًا ٧٨ أَمَّا
ٱلسَّفِينَةُ فَكَانَتۡ لِمَسَٰكِينَ يَعۡمَلُونَ فِي ٱلۡبَحۡرِ فَأَرَدتُّ أَنۡ
أَعِيبَهَا وَكَانَ وَرَآءَهُم مَّلِكٞ يَأۡخُذُ كُلَّ سَفِينَةٍ غَصۡبٗا ٧٩ وَأَمَّا
ٱلۡغُلَٰمُ فَكَانَ أَبَوَاهُ مُؤۡمِنَيۡنِ فَخَشِينَآ أَن يُرۡهِقَهُمَا طُغۡيَٰنٗا
وَكُفۡرٗا ٨٠ فَأَرَدۡنَآ أَن يُبۡدِلَهُمَا رَبُّهُمَا خَيۡرٗا مِّنۡهُ زَكَوٰةٗ وَأَقۡرَبَ
رُحۡمٗا ٨١ وَأَمَّا ٱلۡجِدَارُ فَكَانَ لِغُلَٰمَيۡنِ يَتِيمَيۡنِ فِي ٱلۡمَدِينَةِ
وَكَانَ تَحۡتَهُۥ كَنزٞ لَّهُمَا وَكَانَ أَبُوهُمَا صَٰلِحٗا فَأَرَادَ رَبُّكَ أَن
يَبۡلُغَآ أَشُدَّهُمَا وَيَسۡتَخۡرِجَا كَنزَهُمَا رَحۡمَةٗ مِّن رَّبِّكَۚ
وَمَا فَعَلۡتُهُۥ عَنۡ أَمۡرِيۚ ذَٰلِكَ تَأۡوِيلُ مَا لَمۡ تَسۡطِع عَّلَيۡهِ صَبۡرٗا ٨٢
وَيَسۡـَٔلُونَكَ عَن ذِي ٱلۡقَرۡنَيۡنِۖ قُلۡ سَأَتۡلُواْ عَلَيۡكُم مِّنۡهُ ذِكۡرًا ٨٣

彼は言った。「私はおまえに『おまえには忍耐できないであろう』と言わなかったか」。(18：75)

彼は言った。「今後私があなたに何かについて尋ねたなら、私を同伴しないでください。すでにあなたは私の許からの申し訳[1134]に達しています」。(18：76)

それから彼ら二人は出かけたが、やがて町の住民に至ると、その住民に食べ物を求めたが、彼らは二人をもてなすことを拒んだ。すると、二人はそこに倒れようとしている壁を見出し、そこで彼(ヒドル)はそれを立て直した。彼(ムーサー)は言った。「もし望めば、あなたはそれに対する報酬を得たでしょう」。(18：77)

彼は言った。「これが私の間とおまえの間の離別である。おまえが耐えられなかったことの解釈(真相)についておまえに告げよう」。(18：78)

「舟について言えば、それは海で働く貧しい者たちのもので、私がそれを損なおうとしたのは、彼らの背後に王がいて、舟をことごとく力ずくで取り上げたからである」。(18：79)

「また、少年について言えば、彼の両親は信仰者で、われらは、彼が反逆と不信仰で彼ら両名を苦しめることを恐れたのである」。(18：80)

「そこでわれらは、二人の主が彼よりも清純さに優れ、慈愛により近いものを彼ら二人に代わりに授け給うことを願ったのである」。(18：81)

「また、壁について言えば、それはその町の二人の孤児の少年のもので、その下には彼ら二人の財宝があり、二人の父親は義人であった。それでおまえの主は二人が壮年(三十－四十歳)に達し、二人の財宝を取り出すことを望み給うたのである。おまえの主の御慈悲ゆえに。私がそれをなしたのは私の発意によるのではない。それがおまえが忍耐できなかったことの説明である」。(18：82)

彼らはおまえに「二つの角を持つ者」[1135]について尋ねる。言え、「私がおまえに彼についての話を読み聞かせよう」。(18：83)

1134　私があなたと別れる正当な理由。
1135　「ズー・アル＝カルナイン(二つの角を持つ者)」。通説では、アレキサンダー大王を指す。

إِنَّا مَكَّنَّا لَهُۥ فِى ٱلْأَرْضِ وَءَاتَيْنَٰهُ مِن كُلِّ شَىْءٍ سَبَبًا ٨٤ فَأَتْبَعَ سَبَبًا
٨٥ حَتَّىٰٓ إِذَا بَلَغَ مَغْرِبَ ٱلشَّمْسِ وَجَدَهَا تَغْرُبُ فِى عَيْنٍ حَمِئَةٍ
وَوَجَدَ عِندَهَا قَوْمًا ۗ قُلْنَا يَٰذَا ٱلْقَرْنَيْنِ إِمَّآ أَن تُعَذِّبَ وَإِمَّآ أَن تَتَّخِذَ
فِيهِمْ حُسْنًا ٨٦ قَالَ أَمَّا مَن ظَلَمَ فَسَوْفَ نُعَذِّبُهُۥ ثُمَّ يُرَدُّ إِلَىٰ رَبِّهِۦ
فَيُعَذِّبُهُۥ عَذَابًا نُّكْرًا ٨٧ وَأَمَّا مَنْ ءَامَنَ وَعَمِلَ صَٰلِحًا فَلَهُۥ جَزَآءً
ٱلْحُسْنَىٰ ۖ وَسَنَقُولُ لَهُۥ مِنْ أَمْرِنَا يُسْرًا ٨٨ ثُمَّ أَتْبَعَ سَبَبًا ٨٩ حَتَّىٰٓ
إِذَا بَلَغَ مَطْلِعَ ٱلشَّمْسِ وَجَدَهَا تَطْلُعُ عَلَىٰ قَوْمٍ لَّمْ نَجْعَل لَّهُم مِّن
دُونِهَا سِتْرًا ٩٠ كَذَٰلِكَ ۖ وَقَدْ أَحَطْنَا بِمَا لَدَيْهِ خُبْرًا ٩١ ثُمَّ
أَتْبَعَ سَبَبًا ٩٢ حَتَّىٰٓ إِذَا بَلَغَ بَيْنَ ٱلسَّدَّيْنِ وَجَدَ مِن دُونِهِمَا قَوْمًا
لَّا يَكَادُونَ يَفْقَهُونَ قَوْلًا ٩٣ قَالُوا۟ يَٰذَا ٱلْقَرْنَيْنِ إِنَّ يَأْجُوجَ
وَمَأْجُوجَ مُفْسِدُونَ فِى ٱلْأَرْضِ فَهَلْ نَجْعَلُ لَكَ خَرْجًا عَلَىٰٓ أَن
تَجْعَلَ بَيْنَنَا وَبَيْنَهُمْ سَدًّا ٩٤ قَالَ مَا مَكَّنِّى فِيهِ رَبِّى خَيْرٌ فَأَعِينُونِى
بِقُوَّةٍ أَجْعَلْ بَيْنَكُمْ وَبَيْنَهُمْ رَدْمًا ٩٥ ءَاتُونِى زُبَرَ ٱلْحَدِيدِ ۖ حَتَّىٰٓ إِذَا سَاوَىٰ
بَيْنَ ٱلصَّدَفَيْنِ قَالَ ٱنفُخُوا۟ ۖ حَتَّىٰٓ إِذَا جَعَلَهُۥ نَارًا قَالَ ءَاتُونِىٓ أُفْرِغْ عَلَيْهِ
قِطْرًا ٩٦ فَمَا ٱسْطَٰعُوٓا۟ أَن يَظْهَرُوهُ وَمَا ٱسْتَطَٰعُوا۟ لَهُۥ نَقْبًا ٩٧

まことに、われらは彼に地上において勢威を授け、あらゆるものから彼に方途[1136]を与えた。(18:84)

そこで彼は方途を辿った。(18：85)

やがて、ついに太陽の沈むところに達すると、彼はそれが泥の泉に沈むのを見出した。そして、彼はそこにある部族を見出した。われらは言った。「『二つの角を持つ者』よ、懲らしめるなり、彼らに善を施すなりせよ」。(18:86)

彼は言った。「不正をなした者については、いずれわれらが懲らしめよう。それから彼は彼の主に戻され、彼は酷い懲罰で彼を懲らしめ給うであろう」。(18：87)

「一方、信仰し、善行をなした者については、彼には応報として至善がある。そして、われらは彼に、われらの命令から安易なものを言いつけよう」。(18:88)

それから彼は方途を辿った。(18：89)

やがてついに太陽の昇るところに達すると、彼はそれがある部族の上に登るのを見出したが、われらは彼らにそれに対して覆い[1137]を設けていなかった。(18：90)

このようであった。そしてわれらは、彼(「二つの角を持つ者」)の許にあるものを確かに知識として包摂した(知り尽くしていた)。(18：91)

それから彼は方途を辿った。(18：92)

やがてついに二つの障壁(山)の間に達すると、その手前にある部族を見出したが、彼らは言葉をほとんど解さなかった[1138]。(18：93)

彼らは言った。「『二つの角を持つ者』よ、まことにヤアジュージュとマアジュージュ[1139]はこの地で悪をなす者たちです。あなたがわれらと彼らの間に障壁をなす条件で、われらはあなたに貢租を払いましょうか」。(18：94)

彼は言った。「わが主がそれにおいて私に権限を授け給うたものは一層良い。それゆえ私を力で助けよ(労力を提供せよ)。私はおまえたちと彼らの間に防壁をなそう」。(18：95)

「私の許に鉄の塊を持ってくるがよい」。やがてついに二つの(山)際の間を平らにした時、彼は、「吹け」と言った。やがてついにそれを火にする(灼熱させる)と、彼は言った。「私に持って来い、溶けた銅、私がその(灼熱の鉄の塊)の上に注ぎ込もう」。(18：96)

すると、彼ら(ヤアジュージュとマアジュージュ)はそれ(防壁)を越えることができず、

1136　望みの物を得る手段、道を。

1137　日陰をなす建物や陽射しを遮る衣類。

1138　特殊な言語を話し、他の民族と意思疎通がほとんどできなかった。

1139　通説ではヤアジュージュとマアジュージュは聖書のゴグとマゴグと同定される。「創世記」10章2節、「歴代誌上」1章5節、「エゼキエル書」38章、「ヨハネ黙示録」20章7-9節参照。トルコ人、モンゴル人を指すとも言われる。

قَالَ هَٰذَا رَحْمَةٌ مِّن رَّبِّي ۖ فَإِذَا جَاءَ وَعْدُ رَبِّي جَعَلَهُۥ دَكَّاءَ ۖ وَكَانَ وَعْدُ رَبِّي
حَقًّا ﴿٩٨﴾ ۞ وَتَرَكْنَا بَعْضَهُمْ يَوْمَئِذٍ يَمُوجُ فِي بَعْضٍ ۖ وَنُفِخَ فِي ٱلصُّورِ
فَجَمَعْنَٰهُمْ جَمْعًا ﴿٩٩﴾ وَعَرَضْنَا جَهَنَّمَ يَوْمَئِذٍ لِّلْكَٰفِرِينَ عَرْضًا ﴿١٠٠﴾
ٱلَّذِينَ كَانَتْ أَعْيُنُهُمْ فِي غِطَاءٍ عَن ذِكْرِي وَكَانُوا۟ لَا يَسْتَطِيعُونَ سَمْعًا
﴿١٠١﴾ أَفَحَسِبَ ٱلَّذِينَ كَفَرُوٓا۟ أَن يَتَّخِذُوا۟ عِبَادِي مِن دُونِيٓ أَوْلِيَاءَ ۚ إِنَّآ
أَعْتَدْنَا جَهَنَّمَ لِلْكَٰفِرِينَ نُزُلًا ﴿١٠٢﴾ قُلْ هَلْ نُنَبِّئُكُم بِٱلْأَخْسَرِينَ أَعْمَٰلًا
﴿١٠٣﴾ ٱلَّذِينَ ضَلَّ سَعْيُهُمْ فِي ٱلْحَيَوٰةِ ٱلدُّنْيَا وَهُمْ يَحْسَبُونَ أَنَّهُمْ يُحْسِنُونَ
صُنْعًا ﴿١٠٤﴾ أُو۟لَٰٓئِكَ ٱلَّذِينَ كَفَرُوا۟ بِـَٔايَٰتِ رَبِّهِمْ وَلِقَآئِهِۦ فَحَبِطَتْ
أَعْمَٰلُهُمْ فَلَا نُقِيمُ لَهُمْ يَوْمَ ٱلْقِيَٰمَةِ وَزْنًا ﴿١٠٥﴾ ذَٰلِكَ جَزَآؤُهُمْ جَهَنَّمُ
بِمَا كَفَرُوا۟ وَٱتَّخَذُوٓا۟ ءَايَٰتِي وَرُسُلِي هُزُوًا ﴿١٠٦﴾ إِنَّ ٱلَّذِينَ ءَامَنُوا۟ وَعَمِلُوا۟
ٱلصَّٰلِحَٰتِ كَانَتْ لَهُمْ جَنَّٰتُ ٱلْفِرْدَوْسِ نُزُلًا ﴿١٠٧﴾ خَٰلِدِينَ فِيهَا
لَا يَبْغُونَ عَنْهَا حِوَلًا ﴿١٠٨﴾ قُل لَّوْ كَانَ ٱلْبَحْرُ مِدَادًا لِّكَلِمَٰتِ رَبِّي لَنَفِدَ
ٱلْبَحْرُ قَبْلَ أَن تَنفَدَ كَلِمَٰتُ رَبِّي وَلَوْ جِئْنَا بِمِثْلِهِۦ مَدَدًا ﴿١٠٩﴾ قُلْ إِنَّمَآ
أَنَا۠ بَشَرٌ مِّثْلُكُمْ يُوحَىٰٓ إِلَيَّ أَنَّمَآ إِلَٰهُكُمْ إِلَٰهٌ وَٰحِدٌ ۖ فَمَن كَانَ يَرْجُوا۟
لِقَآءَ رَبِّهِۦ فَلْيَعْمَلْ عَمَلًا صَٰلِحًا وَلَا يُشْرِكْ بِعِبَادَةِ رَبِّهِۦٓ أَحَدًۢا ﴿١١٠﴾

掘削もできなかった。(18：97)

彼は言った。「これはわが主からの御慈悲である。だが、わが主の約束が到来した時、彼はそれ(防壁)を(破壊し)平坦になし給う。そしてわが主の約束は真実であった」。(18：98)

そしてその日、われらは彼ら[1140]が互いに打ち寄せる(入り乱れる)ままに任せた。そして、角笛[1141]が吹かれ、われらは彼らを一斉に集める。(18：99)

そして、われらはその日、不信仰者たちに火獄《ジャハンナム》を目前に見せつける。(18：100)

目が覆いに包まれて、わが想念(唱名)から逸らされ、聞くことができなかった者たち。(18：101)

信仰を拒んだ者たちは、われをさしおいて、わが僕《しもべ》たちを後見にしようと考えたのか。まことに、われらは火獄を不信仰者たちに(歓迎の)宿として用意した。(18：102)

言え、「行為における最大の損失者たちについておまえたちに告げようか」。(18：103)

「現世における彼らの奔走が迷い(道を外れ)、それでいながら自分たちの仕事をうまく進めていると考える者たちである」。(18：104)

それらの者たちは主の諸々の徴と彼との会見を信ずることを拒んだ者たちで、それゆえ彼らの行いは無益となり、復活(審判)の日、われらは彼らに重み(価値)を与えないであろう。(18：105)

それ、彼らの報いは、彼らが信仰を拒絶し、わが諸々の徴とわが使徒たちを笑いものにしたがゆえの火獄である。(18：106)

まことに信仰し、善行をなした者、彼らには(歓迎の)宿として極楽《フィルダウス》の園がある。(18：107)

そこに永遠に。彼らはそこから移ることを望まない。(18：108)

言え、「たとえ海がわが主の御言葉のためのインクであるとしても、わが主の御言葉が尽きる前に海は尽きたであろう、たとえわれらが追加にそれと同じもの(もう一つの海)を持ってきたとしても」。(18：109)

言え、「私はおまえたちと同じ人間であるが、私には、おまえたちの神は唯一の神であることが啓示されている。そして自分の主との会見を願っていた者は、善行をなせ、そして自分の主の崇拝に何ものも並びおいてはならない」。(18：110)

1140　ヤアジュージュとマアジュージュ。あるいは全ての被造物。
1141　6章73節脚注参照。

第19章　マルヤム ……سورة مريم

マッカ垂示

マルヤムによるイーサーの懐胎、出産の物語に因み「マルヤム」章と名づけられる。ヤフヤーの誕生(2-15節)、イーサーの誕生の物語に次いで(16-34節)、イブラーヒームとイスハーク、ヤアクーブ(41-50節)、ムーサーとハールーン(51-53節)、イスマーイール(54-55節)、イドリース(56-57節)らの預言者たちの物語が語られる。本書のタイトルはその中でも最も長いマルヤムへのイーサーの受胎告知、出産などの物語に因んで名づけられている。

本章では、アッラーに子を配する多神崇拝が、天地が恐れ慄いて崩れるほどの冒瀆であることが示される(88-92節)。

سُورَةُ مَرۡيَمَ

بِسۡمِ ٱللَّهِ ٱلرَّحۡمَٰنِ ٱلرَّحِيمِ

كٓهيعٓصٓ ١ ذِكۡرُ رَحۡمَتِ رَبِّكَ عَبۡدَهُۥ زَكَرِيَّآ ٢ إِذۡ
نَادَىٰ رَبَّهُۥ نِدَآءً خَفِيّٗا ٣ قَالَ رَبِّ إِنِّي وَهَنَ ٱلۡعَظۡمُ مِنِّي
وَٱشۡتَعَلَ ٱلرَّأۡسُ شَيۡبٗا وَلَمۡ أَكُنۢ بِدُعَآئِكَ رَبِّ شَقِيّٗا
٤ وَإِنِّي خِفۡتُ ٱلۡمَوَٰلِيَ مِن وَرَآءِي وَكَانَتِ ٱمۡرَأَتِي
عَاقِرٗا فَهَبۡ لِي مِن لَّدُنكَ وَلِيّٗا ٥ يَرِثُنِي وَيَرِثُ مِنۡ
ءَالِ يَعۡقُوبَۖ وَٱجۡعَلۡهُ رَبِّ رَضِيّٗا ٦ يَٰزَكَرِيَّآ إِنَّا
نُبَشِّرُكَ بِغُلَٰمٍ ٱسۡمُهُۥ يَحۡيَىٰ لَمۡ نَجۡعَل لَّهُۥ مِن قَبۡلُ سَمِيّٗا
٧ قَالَ رَبِّ أَنَّىٰ يَكُونُ لِي غُلَٰمٞ وَكَانَتِ ٱمۡرَأَتِي عَاقِرٗا
وَقَدۡ بَلَغۡتُ مِنَ ٱلۡكِبَرِ عِتِيّٗا ٨ قَالَ كَذَٰلِكَ قَالَ
رَبُّكَ هُوَ عَلَيَّ هَيِّنٞ وَقَدۡ خَلَقۡتُكَ مِن قَبۡلُ وَلَمۡ تَكُ
شَيۡـٔٗا ٩ قَالَ رَبِّ ٱجۡعَل لِّيٓ ءَايَةٗۖ قَالَ ءَايَتُكَ أَلَّا
تُكَلِّمَ ٱلنَّاسَ ثَلَٰثَ لَيَالٖ سَوِيّٗا ١٠ فَخَرَجَ عَلَىٰ قَوۡمِهِۦ مِنَ
ٱلۡمِحۡرَابِ فَأَوۡحَىٰٓ إِلَيۡهِمۡ أَن سَبِّحُواْ بُكۡرَةٗ وَعَشِيّٗا ١١

慈悲あまねく慈悲深きアッラーの御名において

カーフ・ハー・ヤー・アイン・サード[1142]。(19：1)

僕《しもべ》ザカリーヤーへのおまえの主の御慈悲の叙述である。(19：2)

彼の主に密かな呼びかけで彼が呼びかけた時のこと。(19：3)

彼は言った。「わが主よ、私は骨が弱まり、頭は白く燃え立ちました(老齢になりました)。我が主よ、私はあなたへの祈りによって不幸になったことはありません」。(19：4)

「そして私は、私の後の近親たち(が正しくイスラームを実践しないこと)を恐れます。そして私の妻は不妊でした。それゆえ、私にあなたの御側から後見(後継者)を授け給え」。(19：5)

「彼は私を継ぎ、ヤアクーブの家を継ぐでしょう。そして、我が主よ、彼を嘉された者となし給え」。(19：6)

「ザカリーヤーよ、まことに、われらはおまえに男子の吉報を告げる。彼の名はヤフヤー、われらはこれまでに彼と同名の者をなしたことがなかった[1143]」。(19：7)

彼は言った。「主よ、いかに私に男児ができましょう。私の妻は不妊で、私は老衰していますのに」。(19：8)

彼は言った。「そのように[1144]。おまえの主は仰せになった。『それはわれにとって容易いこと。確かにわれはおまえを以前に創造したが、(その時)おまえはなにものでもなかったというのに』」。(19：9)

彼は言った。「主よ、私に徴をなし給え」。彼(アッラー)は仰せられた。「おまえの徴

1142　2章1節脚注参照。

1143　前後の文脈からアッラーによる語りかけとも、3章39節に基づき天使がアッラーに代わって語った内容とも言われる。

1144　事態(ザカリーヤーの老衰など)はそのようであるが、しかし、の意とも、アッラーはそのように(おまえの求めたとおりに)なし給う、の意とも言われる。

يَٰيَحْيَىٰ خُذِ ٱلْكِتَٰبَ بِقُوَّةٍ ۖ وَءَاتَيْنَٰهُ ٱلْحُكْمَ صَبِيًّا ١٢
وَحَنَانًا مِّن لَّدُنَّا وَزَكَوٰةً ۖ وَكَانَ تَقِيًّا ١٣ وَبَرًّۢا بِوَٰلِدَيْهِ وَلَمْ
يَكُن جَبَّارًا عَصِيًّا ١٤ وَسَلَٰمٌ عَلَيْهِ يَوْمَ وُلِدَ وَيَوْمَ يَمُوتُ
وَيَوْمَ يُبْعَثُ حَيًّا ١٥ وَٱذْكُرْ فِى ٱلْكِتَٰبِ مَرْيَمَ إِذِ ٱنتَبَذَتْ
مِنْ أَهْلِهَا مَكَانًا شَرْقِيًّا ١٦ فَٱتَّخَذَتْ مِن دُونِهِمْ حِجَابًا
فَأَرْسَلْنَآ إِلَيْهَا رُوحَنَا فَتَمَثَّلَ لَهَا بَشَرًا سَوِيًّا ١٧ قَالَتْ إِنِّىٓ
أَعُوذُ بِٱلرَّحْمَٰنِ مِنكَ إِن كُنتَ تَقِيًّا ١٨ قَالَ إِنَّمَآ أَنَا۠ رَسُولُ
رَبِّكِ لِأَهَبَ لَكِ غُلَٰمًا زَكِيًّا ١٩ قَالَتْ أَنَّىٰ يَكُونُ لِى
غُلَٰمٌ وَلَمْ يَمْسَسْنِى بَشَرٌ وَلَمْ أَكُ بَغِيًّا ٢٠ قَالَ كَذَٰلِكِ
قَالَ رَبُّكِ هُوَ عَلَىَّ هَيِّنٌ ۖ وَلِنَجْعَلَهُۥٓ ءَايَةً لِّلنَّاسِ وَرَحْمَةً
مِّنَّا ۚ وَكَانَ أَمْرًا مَّقْضِيًّا ٢١ ۞ فَحَمَلَتْهُ فَٱنتَبَذَتْ بِهِۦ
مَكَانًا قَصِيًّا ٢٢ فَأَجَآءَهَا ٱلْمَخَاضُ إِلَىٰ جِذْعِ ٱلنَّخْلَةِ
قَالَتْ يَٰلَيْتَنِى مِتُّ قَبْلَ هَٰذَا وَكُنتُ نَسْيًا مَّنسِيًّا ٢٣
فَنَادَىٰهَا مِن تَحْتِهَآ أَلَّا تَحْزَنِى قَدْ جَعَلَ رَبُّكِ تَحْتَكِ سَرِيًّا ٢٤
وَهُزِّىٓ إِلَيْكِ بِجِذْعِ ٱلنَّخْلَةِ تُسَٰقِطْ عَلَيْكِ رُطَبًا جَنِيًّا ٢٥

は、おまえが健常でありながら、三(昼)夜人々と語らないことである」。(19：10)

そこで彼は聖所[1145]から彼の民のところへ出て、彼らに向かって「朝に夕に賛美せよ」と合図で伝えた。(19：11)

「ヤフヤーよ、啓典をしっかりと握れ」。そして、われらは幼少の彼に英知を与えた。(19：12)

また、われらの側から情愛と清純さを(与えた)。そして、彼は敬虔であった。(19：13)

また、彼の両親には孝行で、高慢でも反逆的でもなかった。(19：14)

そして、彼に平安あれ、彼が生まれた日、彼が死ぬ日、そして彼が生きて甦らされる日に。(19：15)

また、啓典(クルアーン)の中でマルヤムに言及せよ。彼女が家族から東の場に引きこもった時のこと。(19：16)

それで彼女は彼らに対して幕を張ったが、われらは彼女にわれらの霊(天使ジブリール)を送り、彼は彼女に対して健全な人間の姿を取った。(19：17)

彼女は言った。「私は慈悲あまねき御方にあなたからの守護を求めます。あなたが敬虔であるなら(私に手出ししないように)」。(19：18)

彼は言った。「私はおまえの主の使徒にほかならず、私がおまえに清純な男児を授けるためである」。(19：19)

彼女は言った。「いかに私に男児ができましょう。人(男性)が私に触れたことはなく、私はふしだらであったことはないというのに」。(19：20)

彼は言った。「そのように。おまえの主は仰せられた。『それはわれにとって容易いこと。それは、われらが彼を人々への徴とし、われらの慈悲とするためである。そしてそれは決定されたことであった』」。(19：21)

それで彼女は彼(男児)を妊娠し、彼と共に遠い場所に引き籠った。(19：22)

そして陣痛が彼女をナツメヤシの幹まで連れて行き[1146]、彼女は言った。「ああ、これより前に死んで、忘れ忘れ去られたものであったらよかったものを」。(19：23)

すると、彼が彼女の下から呼びかけた[1147]。「悲しんではならない。確かにおまえの主はおまえの下に水流をなし給うた」。(19：24)

「それでナツメヤシの幹をおまえの方に揺り動かせ。おまえの上に収穫(に適した旬)の新鮮な実を落とすであろう」。(19：25)

1145　3章37節脚注参照。
1146　陣痛によりナツメヤシにもたれかかった。
1147　ジブリール、あるいはイーサーが言った。

فَكُلِي وَٱشْرَبِي وَقَرِّي عَيْنًا فَإِمَّا تَرَيِنَّ مِنَ ٱلْبَشَرِ أَحَدًا فَقُولِىٓ
إِنِّى نَذَرْتُ لِلرَّحْمَٰنِ صَوْمًا فَلَنْ أُكَلِّمَ ٱلْيَوْمَ إِنسِيًّا ٢٦ فَأَتَتْ
بِهِۦ قَوْمَهَا تَحْمِلُهُۥ قَالُوا۟ يَٰمَرْيَمُ لَقَدْ جِئْتِ شَيْـًٔا فَرِيًّا ٢٧
يَٰٓأُخْتَ هَٰرُونَ مَا كَانَ أَبُوكِ ٱمْرَأَ سَوْءٍ وَمَا كَانَتْ
أُمُّكِ بَغِيًّا ٢٨ فَأَشَارَتْ إِلَيْهِ قَالُوا۟ كَيْفَ نُكَلِّمُ مَن كَانَ فِى
ٱلْمَهْدِ صَبِيًّا ٢٩ قَالَ إِنِّى عَبْدُ ٱللَّهِ ءَاتَىٰنِىَ ٱلْكِتَٰبَ وَجَعَلَنِى
نَبِيًّا ٣٠ وَجَعَلَنِى مُبَارَكًا أَيْنَ مَا كُنتُ وَأَوْصَٰنِى بِٱلصَّلَوٰةِ
وَٱلزَّكَوٰةِ مَا دُمْتُ حَيًّا ٣١ وَبَرًّۢا بِوَٰلِدَتِى وَلَمْ يَجْعَلْنِى
جَبَّارًا شَقِيًّا ٣٢ وَٱلسَّلَٰمُ عَلَىَّ يَوْمَ وُلِدتُّ وَيَوْمَ أَمُوتُ
وَيَوْمَ أُبْعَثُ حَيًّا ٣٣ ذَٰلِكَ عِيسَى ٱبْنُ مَرْيَمَ قَوْلَ ٱلْحَقِّ
ٱلَّذِى فِيهِ يَمْتَرُونَ ٣٤ مَا كَانَ لِلَّهِ أَن يَتَّخِذَ مِن وَلَدٍ سُبْحَٰنَهُۥٓ
إِذَا قَضَىٰٓ أَمْرًا فَإِنَّمَا يَقُولُ لَهُۥ كُن فَيَكُونُ ٣٥ وَإِنَّ ٱللَّهَ رَبِّى وَرَبُّكُمْ
فَٱعْبُدُوهُ هَٰذَا صِرَٰطٌ مُّسْتَقِيمٌ ٣٦ فَٱخْتَلَفَ ٱلْأَحْزَابُ مِنۢ
بَيْنِهِمْ فَوَيْلٌ لِّلَّذِينَ كَفَرُوا۟ مِن مَّشْهَدِ يَوْمٍ عَظِيمٍ ٣٧ أَسْمِعْ بِهِمْ
وَأَبْصِرْ يَوْمَ يَأْتُونَنَا لَٰكِنِ ٱلظَّٰلِمُونَ ٱلْيَوْمَ فِى ضَلَٰلٍ مُّبِينٍ ٣٨

「それで食べ、飲み、目を涼ませよ。そしてもしも、誰か人を見たなら、『私は慈悲あまねき御方に斎戒を誓いました。それゆえ、今日は人とは話しません』と言え」。(19：26)

それから彼女は、彼を抱き連れて彼女の民の許に赴いた。彼らは言った。「マルヤムよ、驚いたことをしでかしたものだ」。(19：27)

「ハールーンの姉妹よ[1148]、おまえの父は悪い人ではなかったし、おまえの母もふしだらではなかった」。(19：28)

そこで彼女は彼の方を指し示した。彼らは言った。「ゆりかごの中の幼子である者とどうしてわれらが話すことができようか」。(19：29)

彼(イーサー)は言った。「私はアッラーの僕《しもべ》であり、彼は私に啓典を授け、私を預言者となし給うた」。(19：30)

「そして、彼は私を、どこにいようと祝福されたものとなし給い、生きている限り私に礼拝と浄財を命じ給うた」。(19：31)

「また、私の母への孝行者に(私をなし給うた)。そして彼は私を高慢で、不幸な者にはなし給わなかった」。(19：32)

「そして、私に平安あれ、私が生まれた日、私が死ぬ日、そして私が生きて甦らされる日に」。(19：33)

それが、イーサー、マルヤムの息子。真実の言葉として(言う)、彼らがそれについて疑うところの。(19：34)

アッラーが子など持つことはありえない。称えあれ、彼こそは超越者。彼が一事を決し給う時には、ただそれに「あれ」と仰せになり、するとある。(19：35)

そしてまことにアッラーはわが主であり、おまえの主であらせられる。それゆえ、彼に仕えよ。これこそが真っすぐな道である。(19：36)

だが、彼ら(ユダヤ教徒とキリスト教徒)の間で諸派が分裂した。それゆえ大いなる(復活、審判の)日の立会いに、信仰を拒んだ者たちに災いあれ。(19：37)

彼らのなんとよく聞くことか、またなんとよく見ることか[1149]、彼らがわれらの許にやって来る日には。だが、今日のところ、不正な者たちは明白な迷誤の中にいる。(19：38)

1148　ハールーンの末裔の意味。あるいは彼女が斎女であったので祭司であったハールーンと似ていることからハールーンの姉妹と呼んだ。

1149　直訳すると「彼らについて聞かせよ、そして見せよ」となるが、本文に訳出した意味の感嘆文と言われる。

وَأَنذِرْهُمْ يَوْمَ ٱلْحَسْرَةِ إِذْ قُضِىَ ٱلْأَمْرُ وَهُمْ فِى غَفْلَةٍ وَهُمْ لَا يُؤْمِنُونَ
٣٩ إِنَّا نَحْنُ نَرِثُ ٱلْأَرْضَ وَمَنْ عَلَيْهَا وَإِلَيْنَا يُرْجَعُونَ ٤٠ وَٱذْكُرْ
فِى ٱلْكِتَٰبِ إِبْرَٰهِيمَ إِنَّهُۥ كَانَ صِدِّيقًا نَّبِيًّا ٤١ إِذْ قَالَ لِأَبِيهِ يَٰٓأَبَتِ
لِمَ تَعْبُدُ مَا لَا يَسْمَعُ وَلَا يُبْصِرُ وَلَا يُغْنِى عَنكَ شَيْـًٔا ٤٢ يَٰٓأَبَتِ
إِنِّى قَدْ جَآءَنِى مِنَ ٱلْعِلْمِ مَا لَمْ يَأْتِكَ فَٱتَّبِعْنِىٓ أَهْدِكَ صِرَٰطًا
سَوِيًّا ٤٣ يَٰٓأَبَتِ لَا تَعْبُدِ ٱلشَّيْطَٰنَ إِنَّ ٱلشَّيْطَٰنَ كَانَ لِلرَّحْمَٰنِ
عَصِيًّا ٤٤ يَٰٓأَبَتِ إِنِّىٓ أَخَافُ أَن يَمَسَّكَ عَذَابٌ مِّنَ ٱلرَّحْمَٰنِ
فَتَكُونَ لِلشَّيْطَٰنِ وَلِيًّا ٤٥ قَالَ أَرَاغِبٌ أَنتَ عَنْ ءَالِهَتِى
يَٰٓإِبْرَٰهِيمُ لَئِن لَّمْ تَنتَهِ لَأَرْجُمَنَّكَ وَٱهْجُرْنِى مَلِيًّا ٤٦ قَالَ
سَلَٰمٌ عَلَيْكَ سَأَسْتَغْفِرُ لَكَ رَبِّىٓ إِنَّهُۥ كَانَ بِى حَفِيًّا ٤٧
وَأَعْتَزِلُكُمْ وَمَا تَدْعُونَ مِن دُونِ ٱللَّهِ وَأَدْعُوا۟ رَبِّى عَسَىٰٓ أَلَّآ
أَكُونَ بِدُعَآءِ رَبِّى شَقِيًّا ٤٨ فَلَمَّا ٱعْتَزَلَهُمْ وَمَا يَعْبُدُونَ مِن
دُونِ ٱللَّهِ وَهَبْنَا لَهُۥٓ إِسْحَٰقَ وَيَعْقُوبَ وَكُلًّا جَعَلْنَا نَبِيًّا ٤٩
وَوَهَبْنَا لَهُم مِّن رَّحْمَتِنَا وَجَعَلْنَا لَهُمْ لِسَانَ صِدْقٍ عَلِيًّا ٥٠
وَٱذْكُرْ فِى ٱلْكِتَٰبِ مُوسَىٰٓ إِنَّهُۥ كَانَ مُخْلَصًا وَكَانَ رَسُولًا نَّبِيًّا ٥١

そして彼らに悔恨の日を警告せよ。なぜなら、彼らが不注意のうちにあり、信じないでいる間に事は決定されたからである。(19：39)

まことにわれらは、大地とその上にいる者を相続し、われらの許に彼らは帰《かえ》されるのである。(19：40)

啓典(クルアーン)の中でイブラーヒームに言及せよ。まことに彼は篤信者で預言者であった。(19：41)

彼が彼の父に言った時のこと、「わが父よ、どうしてあなたは、聞くこともなく見ることもなく、なんらあなたの役に立たないものに仕えるのですか」。(19：42)

「わが父よ、私には、あなたに授けられていない知識が授けられたのです。それゆえ、私に従ってください。私はあなたを正しい道に導きましょう」。(19：43)

「わが父よ、悪魔に仕えてはなりません。まことに悪魔は慈悲あまねき御方に対する反逆者でした」。(19：44)

「わが父よ、私は、慈悲あまねき御方からの懲罰があなたを襲い、それであなたが悪魔の後見(仲間)になることを恐れます」。(19：45)

彼は言った。「イブラーヒームよ、おまえはわが神々を嫌うのか。もしおまえがやめなければ、私はおまえを必ずや石打ちにしよう。私から長らく離れておれ」。(19：46)

彼は言った。「あなたに平安あれ。私はあなたのためにわが主に赦しを乞いましょう[1150]。まことに彼は私に対して恵み深くあらせられた」。(19：47)

「そして私は、あなたがたとあなたがたがアッラーをさしおいて祈るもの(偶像神)から離れ、わが主に祈ります。きっと、わが主への祈りによって、私は不幸な者にはならないでしょう」。(19：48)

こうして彼が彼らと彼らがアッラーをさしおいて仕えるものを離れると、われらは彼にイスハークとヤアクーブを授けた。そして、いずれをもわれらは預言者となした。(19：49)

そして、われらは彼らにわれらの慈悲から(恩寵を)授け、彼らに真実を語る崇高な舌をなした[1151]。(19：50)

また、啓典(クルアーン)の中でムーサーに言及せよ。まことに彼は選別された者であり、使徒であり、預言者であった。(19：51)

1150　イブラーヒームは父の赦し乞いをしたが(26章86節参照)、それは彼がアッラーの敵であることが最終的に判明する前であった。9章113-114節参照。

1151　人々の彼らに対するすばらしい称賛を彼らに与えた、の意。舌は称賛の換喩。

وَنَٰدَيۡنَٰهُ مِن جَانِبِ ٱلطُّورِ ٱلۡأَيۡمَنِ وَقَرَّبۡنَٰهُ نَجِيّٗا ٥٢ وَوَهَبۡنَا لَهُۥ مِن
رَّحۡمَتِنَآ أَخَاهُ هَٰرُونَ نَبِيّٗا ٥٣ وَٱذۡكُرۡ فِي ٱلۡكِتَٰبِ إِسۡمَٰعِيلَۚ إِنَّهُۥ كَانَ
صَادِقَ ٱلۡوَعۡدِ وَكَانَ رَسُولٗا نَّبِيّٗا ٥٤ وَكَانَ يَأۡمُرُ أَهۡلَهُۥ بِٱلصَّلَوٰةِ
وَٱلزَّكَوٰةِ وَكَانَ عِندَ رَبِّهِۦ مَرۡضِيّٗا ٥٥ وَٱذۡكُرۡ فِي ٱلۡكِتَٰبِ إِدۡرِيسَۚ إِنَّهُۥ
كَانَ صِدِّيقٗا نَّبِيّٗا ٥٦ وَرَفَعۡنَٰهُ مَكَانًا عَلِيًّا ٥٧ أُوْلَٰٓئِكَ ٱلَّذِينَ أَنۡعَمَ
ٱللَّهُ عَلَيۡهِم مِّنَ ٱلنَّبِيِّـۧنَ مِن ذُرِّيَّةِ ءَادَمَ وَمِمَّنۡ حَمَلۡنَا مَعَ نُوحٖ وَمِن
ذُرِّيَّةِ إِبۡرَٰهِيمَ وَإِسۡرَٰٓءِيلَ وَمِمَّنۡ هَدَيۡنَا وَٱجۡتَبَيۡنَآۚ إِذَا تُتۡلَىٰ عَلَيۡهِمۡ
ءَايَٰتُ ٱلرَّحۡمَٰنِ خَرُّواْۤ سُجَّدٗاۤ وَبُكِيّٗا۩ ٥٨ ۞ فَخَلَفَ مِنۢ بَعۡدِهِمۡ
خَلۡفٌ أَضَاعُواْ ٱلصَّلَوٰةَ وَٱتَّبَعُواْ ٱلشَّهَوَٰتِۖ فَسَوۡفَ يَلۡقَوۡنَ غَيًّا
٥٩ إِلَّا مَن تَابَ وَءَامَنَ وَعَمِلَ صَٰلِحٗا فَأُوْلَٰٓئِكَ يَدۡخُلُونَ ٱلۡجَنَّةَ
وَلَا يُظۡلَمُونَ شَيۡـٔٗا ٦٠ جَنَّٰتِ عَدۡنٍ ٱلَّتِي وَعَدَ ٱلرَّحۡمَٰنُ عِبَادَهُۥ
بِٱلۡغَيۡبِۚ إِنَّهُۥ كَانَ وَعۡدُهُۥ مَأۡتِيّٗا ٦١ لَّا يَسۡمَعُونَ فِيهَا لَغۡوًا إِلَّا
سَلَٰمٗاۖ وَلَهُمۡ رِزۡقُهُمۡ فِيهَا بُكۡرَةٗ وَعَشِيّٗا ٦٢ تِلۡكَ ٱلۡجَنَّةُ ٱلَّتِي
نُورِثُ مِنۡ عِبَادِنَا مَن كَانَ تَقِيّٗا ٦٣ وَمَا نَتَنَزَّلُ إِلَّا بِأَمۡرِ رَبِّكَۖ لَهُۥ
مَا بَيۡنَ أَيۡدِينَا وَمَا خَلۡفَنَا وَمَا بَيۡنَ ذَٰلِكَۚ وَمَا كَانَ رَبُّكَ نَسِيّٗا ٦٤

そしてわれらは彼にかの山《トゥール》（シナイ山）の右側から呼び[1152]、声をかけて彼を側に近づけた。（19：52）

そして、われらは彼に、われらの慈悲から兄ハールーンを預言者として授けた[1153]。（19：53）

また、啓典（クルアーン）の中でイスマーイールに言及せよ。まことに彼は約束に忠実であり、使徒であり預言者であった。（19：54）

彼はいつも彼の家族に礼拝と浄財を命じ、彼の主の御許において嘉された者であった。（19：55）

また、啓典（クルアーン）の中でイドリース（エノク）に言及せよ。まことに彼は篤信者で預言者であった。（19：56）

そして、われらは彼を高い地位に上げた[1154]。（19：57）

これらの者はアッラーが恩寵を垂れ給うた預言者たちで、アーダムの子孫から、われらがヌーフと共に（方舟に）乗せたものから、イブラーヒームとイスラーイールの子孫から、またわれらが導き、選んだ者からの者であるが、彼らは慈悲あまねき御方の徴が読み聞かされると、身を伏し、跪拝し涙を流した。（19：58）

だが、彼らの後から礼拝を失い、欲望に従った後継者が後を継いだ。いずれ彼らは罪過（の応報）に出会うであろう。（19：59）

ただし、悔いて戻り、信仰し、善行をなした者は別である。これらの者は楽園に入り、少しも不正を被らない。（19：60）

永住の楽園に。それは慈悲あまねき御方が彼の僕《しもべ》たちに不可視界において[1155]約束し給うたものである。まことに、彼の約束はもたらされるものである。（19：61）

彼らはそこで無駄話は聞かず、ただ、「平安あれ」とだけ。そして彼らには彼らの糧がそこで朝に夕にある。（19：62）

それが、われらの僕《しもべ》たちのうち畏れ身を守った者にわれらが継がせる楽園である。（19：63）

「われら（天使たち[1156]）はおまえの主の御命令によるほか降《くだ》ることはなく、彼にこそわれらの前にあるものもわれらの後にあるもの[1157]も、その間にあるものも属す。そしておまえの主は忘れ給う御方ではあらせられなかった」。（19：64）

1152　28 章 30 節参照。

1153　20 章 29–30 節参照。

1154　生きて天に上げられたとも言われる。「創世記」5 章 24 節参照。

1155　楽園は彼らから隠れていて彼らには見えない状態ではあるが、の意。あるいは「不可視界（を信じること）によって」とも訳されうる。

1156　あるいは、ジブリールが自らを指してわれらと表現した。

1157　時間的には現世と来世、過去と未来、空間的には天と地、全方角。

رَّبُّ ٱلسَّمَٰوَٰتِ وَٱلۡأَرۡضِ وَمَا بَيۡنَهُمَا فَٱعۡبُدۡهُ وَٱصۡطَبِرۡ لِعِبَٰدَتِهِۦۚ
هَلۡ تَعۡلَمُ لَهُۥ سَمِيّٗا ٦٥ وَيَقُولُ ٱلۡإِنسَٰنُ أَءِذَا مَا مِتُّ لَسَوۡفَ
أُخۡرَجُ حَيًّا ٦٦ أَوَلَا يَذۡكُرُ ٱلۡإِنسَٰنُ أَنَّا خَلَقۡنَٰهُ مِن قَبۡلُ
وَلَمۡ يَكُ شَيۡـٔٗا ٦٧ فَوَرَبِّكَ لَنَحۡشُرَنَّهُمۡ وَٱلشَّيَٰطِينَ ثُمَّ
لَنُحۡضِرَنَّهُمۡ حَوۡلَ جَهَنَّمَ جِثِيّٗا ٦٨ ثُمَّ لَنَنزِعَنَّ مِن كُلِّ
شِيعَةٍ أَيُّهُمۡ أَشَدُّ عَلَى ٱلرَّحۡمَٰنِ عِتِيّٗا ٦٩ ثُمَّ لَنَحۡنُ أَعۡلَمُ بِٱلَّذِينَ
هُمۡ أَوۡلَىٰ بِهَا صِلِيّٗا ٧٠ وَإِن مِّنكُمۡ إِلَّا وَارِدُهَاۚ كَانَ عَلَىٰ رَبِّكَ
حَتۡمٗا مَّقۡضِيّٗا ٧١ ثُمَّ نُنَجِّي ٱلَّذِينَ ٱتَّقَواْ وَّنَذَرُ ٱلظَّٰلِمِينَ
فِيهَا جِثِيّٗا ٧٢ وَإِذَا تُتۡلَىٰ عَلَيۡهِمۡ ءَايَٰتُنَا بَيِّنَٰتٖ قَالَ ٱلَّذِينَ كَفَرُواْ
لِلَّذِينَ ءَامَنُوٓاْ أَيُّ ٱلۡفَرِيقَيۡنِ خَيۡرٞ مَّقَامٗا وَأَحۡسَنُ نَدِيّٗا ٧٣
وَكَمۡ أَهۡلَكۡنَا قَبۡلَهُم مِّن قَرۡنٍ هُمۡ أَحۡسَنُ أَثَٰثٗا وَرِءۡيٗا ٧٤
قُلۡ مَن كَانَ فِي ٱلضَّلَٰلَةِ فَلۡيَمۡدُدۡ لَهُ ٱلرَّحۡمَٰنُ مَدًّاۚ حَتَّىٰٓ إِذَا رَأَوۡاْ
مَا يُوعَدُونَ إِمَّا ٱلۡعَذَابَ وَإِمَّا ٱلسَّاعَةَ فَسَيَعۡلَمُونَ مَنۡ هُوَ شَرّٞ
مَّكَانٗا وَأَضۡعَفُ جُندٗا ٧٥ وَيَزِيدُ ٱللَّهُ ٱلَّذِينَ ٱهۡتَدَوۡاْ هُدٗىۗ
وَٱلۡبَٰقِيَٰتُ ٱلصَّٰلِحَٰتُ خَيۡرٌ عِندَ رَبِّكَ ثَوَابٗا وَخَيۡرٞ مَّرَدًّا ٧٦

「諸天と地とその間のものの主、それゆえ、彼に仕え、彼の崇拝に忍耐せよ。おまえは彼の同名者(同じ名に値する者)を知っているか」。(19：65)

また、人間は言う。「私が死んだ時、やがて(甦り)生きて(墓から)出されるというのか」。(19：66)

人間は思い出さないのか、われらが以前に彼を創造し、(その時に)彼はなにものでもなかったことを。(19：67)

それゆえおまえの主に誓って、必ずやわれらは彼らと悪魔を追い集め、それから必ずやわれらは彼らを膝をついたまま[1158]火獄《ジャハンナム》の周囲に立ち会わせよう。(19：68)

それからわれらは、それぞれの(宗)派からいずれの者が慈悲あまねき御方に対して最も傲慢であったか、その者を必ずや引き出そう。(19：69)

それから、われらこそ、それに焼べられるに一層ふさわしい者たちについてより良く知っているのである。(19：70)

そして、おまえたちのうちでそこ(火獄)に到達し(入ら)ない者はいない[1159]。それはおまえの主にとっては成し遂げられる決定であった。(19：71)

それから、われらは畏れ身を守った者たちを救い出し、不正な者たちをそこに膝をついたまま放置する。(19：72)

彼らにわれらの諸々の徴が明確に読み聞かされると、信仰を拒んだ者たちは信仰した者たちに向かって、「二派のいずれが立場において一層優れ、会合において一層良いか」と言った。(19：73)

そしてどれだけの世代を彼ら以前にわれらが滅ぼしたことか。彼らは家財も見栄えも優れていた。(19：74)

言え、「迷誤の中にいる者は、慈悲あまねき御方が彼に期間を引き伸ばし給うように。そしてついに彼らが自分たちに約束されているものを、―懲罰か、またはかの時(審判の日)を― 見たときになって、いずれ彼らは、誰が居場所においてより悪く、軍としてより弱いかを知るであろう」。(19：75)

一方、導かれた者たちにはアッラーは導きを増し加え給う。そして残存する正しいもの(善行)こそおまえの主の御許では報償として一層良く、帰り場所として一層良い。(19：76)

1158 恐怖で足腰立たないまま。

1159 火獄に架かる「道」(架け橋)の上を信仰者であれ不信仰者であれ通過しない者はない、の意とされる。

أَفَرَءَيۡتَ ٱلَّذِي كَفَرَ بِـَٔايَٰتِنَا وَقَالَ لَأُوتَيَنَّ مَالٗا وَوَلَدًا
﴿٧٧﴾ أَطَّلَعَ ٱلۡغَيۡبَ أَمِ ٱتَّخَذَ عِندَ ٱلرَّحۡمَٰنِ عَهۡدٗا ﴿٧٨﴾ كَلَّاۚ
سَنَكۡتُبُ مَا يَقُولُ وَنَمُدُّ لَهُۥ مِنَ ٱلۡعَذَابِ مَدّٗا ﴿٧٩﴾ وَنَرِثُهُۥ
مَا يَقُولُ وَيَأۡتِينَا فَرۡدٗا ﴿٨٠﴾ وَٱتَّخَذُواْ مِن دُونِ ٱللَّهِ ءَالِهَةٗ
لِّيَكُونُواْ لَهُمۡ عِزّٗا ﴿٨١﴾ كَلَّاۚ سَيَكۡفُرُونَ بِعِبَادَتِهِمۡ وَيَكُونُونَ
عَلَيۡهِمۡ ضِدًّا ﴿٨٢﴾ أَلَمۡ تَرَ أَنَّآ أَرۡسَلۡنَا ٱلشَّيَٰطِينَ عَلَى ٱلۡكَٰفِرِينَ
تَؤُزُّهُمۡ أَزّٗا ﴿٨٣﴾ فَلَا تَعۡجَلۡ عَلَيۡهِمۡۖ إِنَّمَا نَعُدُّ لَهُمۡ عَدّٗا ﴿٨٤﴾
يَوۡمَ نَحۡشُرُ ٱلۡمُتَّقِينَ إِلَى ٱلرَّحۡمَٰنِ وَفۡدٗا ﴿٨٥﴾ وَنَسُوقُ ٱلۡمُجۡرِمِينَ
إِلَىٰ جَهَنَّمَ وِرۡدٗا ﴿٨٦﴾ لَّا يَمۡلِكُونَ ٱلشَّفَٰعَةَ إِلَّا مَنِ ٱتَّخَذَ عِندَ
ٱلرَّحۡمَٰنِ عَهۡدٗا ﴿٨٧﴾ وَقَالُواْ ٱتَّخَذَ ٱلرَّحۡمَٰنُ وَلَدٗا ﴿٨٨﴾ لَّقَدۡ
جِئۡتُمۡ شَيۡـًٔا إِدّٗا ﴿٨٩﴾ تَكَادُ ٱلسَّمَٰوَٰتُ يَتَفَطَّرۡنَ مِنۡهُ
وَتَنشَقُّ ٱلۡأَرۡضُ وَتَخِرُّ ٱلۡجِبَالُ هَدًّا ﴿٩٠﴾ أَن دَعَوۡاْ لِلرَّحۡمَٰنِ وَلَدٗا
﴿٩١﴾ وَمَا يَنۢبَغِي لِلرَّحۡمَٰنِ أَن يَتَّخِذَ وَلَدًا ﴿٩٢﴾ إِن كُلُّ مَن فِي
ٱلسَّمَٰوَٰتِ وَٱلۡأَرۡضِ إِلَّآ ءَاتِي ٱلرَّحۡمَٰنِ عَبۡدٗا ﴿٩٣﴾ لَّقَدۡ أَحۡصَىٰهُمۡ
وَعَدَّهُمۡ عَدّٗا ﴿٩٤﴾ وَكُلُّهُمۡ ءَاتِيهِ يَوۡمَ ٱلۡقِيَٰمَةِ فَرۡدًا ﴿٩٥﴾

おまえは見たか、われらの諸々の徴を信ずることを拒みながら、「きっと私は財産と子に恵まれるであろうよ[1160]」と言った者を。(19：77)

彼は隠されたものを覗いたのか、それとも、慈悲あまねき御方の御許に約定を取り付けたのか。(19：78)

いや決して(そうでは)なく、いずれわれらは彼の言うことを書き留め、彼には懲罰を長く引き伸ばすであろう。(19：79)

そしてわれらは彼から彼の言うこと(財産と子)を相続し、彼はわれらの許に独りでやって来る。(19：80)

そして彼らはアッラーをさしおいて神々を立て、彼ら(神々)を彼らのための威力にしようとした。(19：81)

いや、決して(そうなることは)なく、彼ら(神々)はいずれ彼ら(多神教徒)の崇拝を否定し[1161]、彼らに対して敵対するであろう。(19：82)

おまえは見なかったか、われらが悪魔たちを不信仰者たちに対して、彼らを唆すように遣わしたのを。(19：83)

それゆえ、彼らに対して急《せ》いてはならない。われらは彼らにただ(命)数を数えているのである。(19：84)

われらが、畏れ身を守る者たちを慈悲あまねき御方の許に使節団[1162]として集める日。(19：85)

そしてわれらは罪人たちを火獄《ジャハンナム》に、渇きに水場を求める畜群のように追いやる。(19：86)

彼らは取り成しの権限を持たない。ただし、慈悲あまねき御方の御許に約定を得た者は別である。(19：87)

また、彼らは言った。「慈悲あまねき御方は子を持ち給うた」。(19：88)

おまえたちは酷いこと(発言)をもたらしたものである。(19：89)

諸天はそのためにまさしく砕け散らんばかりとなり、大地は割れ裂け、山々は崩れ落ちんばかりである。(19：90)

彼らが慈悲あまねき御方に対して子を主張したことによって[1163]。(19：91)

そして慈悲あまねき御方が子を持つことなどありえない。(19：92)

諸天と地の者はいずれも、慈悲あまねき御方に僕《しもべ》として赴かない者はない(審判の日には)。(19：93)

彼は彼らを確かに数え尽くし、彼らの数を数え給うた。(19：94)

そして彼らはことごとく復活(審判)の日に、独りで彼の許に赴く。(19：95)

1160　来世において、それらに恵まれるだろう、の意。アース・ブン・ワーイルが皮肉として言った内容。

1161　16 章 86 節、28 章 63-64 節参照。

1162　王の許へ参上する使節団が貴賓としてある様に。

1163　前節の理由の説明。

إِنَّ ٱلَّذِينَ ءَامَنُواْ وَعَمِلُواْ ٱلصَّٰلِحَٰتِ سَيَجْعَلُ لَهُمُ
ٱلرَّحْمَٰنُ وُدًّا ٩٦ فَإِنَّمَا يَسَّرْنَٰهُ بِلِسَانِكَ لِتُبَشِّرَ بِهِ
ٱلْمُتَّقِينَ وَتُنذِرَ بِهِۦ قَوْمًا لُّدًّا ٩٧ وَكَمْ أَهْلَكْنَا قَبْلَهُم
مِّن قَرْنٍ هَلْ تُحِسُّ مِنْهُم مِّنْ أَحَدٍ أَوْ تَسْمَعُ لَهُمْ رِكْزًۢا ٩٨

سُورَةُ طه

بِسْمِ ٱللَّهِ ٱلرَّحْمَٰنِ ٱلرَّحِيمِ

طه ١ مَآ أَنزَلْنَا عَلَيْكَ ٱلْقُرْءَانَ لِتَشْقَىٰٓ ٢ إِلَّا تَذْكِرَةً
لِّمَن يَخْشَىٰ ٣ تَنزِيلًا مِّمَّنْ خَلَقَ ٱلْأَرْضَ وَٱلسَّمَٰوَٰتِ ٱلْعُلَى ٤
ٱلرَّحْمَٰنُ عَلَى ٱلْعَرْشِ ٱسْتَوَىٰ ٥ لَهُۥ مَا فِى ٱلسَّمَٰوَٰتِ وَمَا فِى
ٱلْأَرْضِ وَمَا بَيْنَهُمَا وَمَا تَحْتَ ٱلثَّرَىٰ ٦ وَإِن تَجْهَرْ بِٱلْقَوْلِ
فَإِنَّهُۥ يَعْلَمُ ٱلسِّرَّ وَأَخْفَى ٧ ٱللَّهُ لَآ إِلَٰهَ إِلَّا هُوَ لَهُ ٱلْأَسْمَآءُ
ٱلْحُسْنَىٰ ٨ وَهَلْ أَتَىٰكَ حَدِيثُ مُوسَىٰٓ ٩ إِذْ رَءَا نَارًا
فَقَالَ لِأَهْلِهِ ٱمْكُثُوٓاْ إِنِّىٓ ءَانَسْتُ نَارًا لَّعَلِّىٓ ءَاتِيكُم مِّنْهَا بِقَبَسٍ
أَوْ أَجِدُ عَلَى ٱلنَّارِ هُدًى ١٠ فَلَمَّآ أَتَىٰهَا نُودِىَ يَٰمُوسَىٰٓ ١١ إِنِّىٓ
أَنَا۠ رَبُّكَ فَٱخْلَعْ نَعْلَيْكَ إِنَّكَ بِٱلْوَادِ ٱلْمُقَدَّسِ طُوًى ١٢

まことに、信仰し、善行をなした者たち、慈悲あまねき御方はいずれ彼らに情愛をなし給う[1164]。(19：96)

そしてわれらがそれ(クルアーン)をおまえの舌(アラビア語)によって(降し)易しいものとしたのは、おまえが畏れ身を守る者たちにそれによって吉報を伝え、論争好きの民にそれによって警告するためにほかならない。(19：97)

また、どれほどの世代を彼ら以前にわれらが滅ぼしたことか。おまえは彼ら(滅ぼされた者たち)のうち一人にでも気付いたり、彼らの囁きを聞いたりすることがあるか。(19：98)

第20章　ター・ハー ...... سورة طه

マッカ垂示

冒頭のアラビア語二文字「ター・ハー」を取って「ター・ハー」章と名づけられる。

本章ではムーサーの物語が詳しく述べられる(9-98節)。イスラーイールの子孫たちに子牛の偶像を作るように唆したサーミリーが登場するのは本章のみである(85-97節)。

また本章において、アーダムが食べて楽園を追放されることになる木は悪魔によって「永遠の生命の木」と呼ばれている(聖書では知恵の木)。

なお、本章は、第二代カリフ・ウマルの入信のきっかけとなったことでも知られている。

慈悲あまねく慈悲深きアッラーの御名において

ター・ハー[1165]。(20：1)

われらがおまえにクルアーンを下したのはおまえに苦労させるためではなく、(20：2)

ただ、懼れる者への訓戒としてであり、(20：3)

大地と高い諸天を創り給うた御方からの垂示としてであった。(20：4)

慈悲あまねき御方で、高御座の上に座し給うた。(20：5)

彼にこそ、諸天にあるもの、地にあるもの、そして両者の間にあるもの、そして土の下にあるものは属す。(20：6)

そしてたとえおまえが言葉[1166]を大声で言うとしても、彼は秘密も、さらに隠されたことも知り給う。(20：7)

アッラー、彼のほかに神はない。彼にこそ至善の諸々の名は属す。(20：8)

そしておまえにはムーサーの話が届いたか。(20：9)

彼が火を見て、彼の家族に言った時のこと。「留まっておれ。まことに私は火を感知した

1164　彼らの心に情愛をなし、人々は彼らを愛し、アッラーも彼らを嘉する。
1165　2章1節脚注参照。
1166　祈願や想念・唱名。

وَأَنَا ٱخۡتَرۡتُكَ فَٱسۡتَمِعۡ لِمَا يُوحَىٰٓ ١٣ إِنَّنِيٓ أَنَا ٱللَّهُ لَآ إِلَٰهَ إِلَّآ أَنَا۠
فَٱعۡبُدۡنِي وَأَقِمِ ٱلصَّلَوٰةَ لِذِكۡرِيٓ ١٤ إِنَّ ٱلسَّاعَةَ ءَاتِيَةٌ
أَكَادُ أُخۡفِيهَا لِتُجۡزَىٰ كُلُّ نَفۡسِۭ بِمَا تَسۡعَىٰ ١٥ فَلَا يَصُدَّنَّكَ
عَنۡهَا مَن لَّا يُؤۡمِنُ بِهَا وَٱتَّبَعَ هَوَىٰهُ فَتَرۡدَىٰ ١٦ وَمَا تِلۡكَ
بِيَمِينِكَ يَٰمُوسَىٰ ١٧ قَالَ هِيَ عَصَايَ أَتَوَكَّؤُاْ عَلَيۡهَا
وَأَهُشُّ بِهَا عَلَىٰ غَنَمِي وَلِيَ فِيهَا مَـَٔارِبُ أُخۡرَىٰ ١٨ قَالَ أَلۡقِهَا
يَٰمُوسَىٰ ١٩ فَأَلۡقَىٰهَا فَإِذَا هِيَ حَيَّةٌ تَسۡعَىٰ ٢٠ قَالَ خُذۡهَا
وَلَا تَخَفۡۖ سَنُعِيدُهَا سِيرَتَهَا ٱلۡأُولَىٰ ٢١ وَٱضۡمُمۡ يَدَكَ
إِلَىٰ جَنَاحِكَ تَخۡرُجۡ بَيۡضَآءَ مِنۡ غَيۡرِ سُوٓءٍ ءَايَةً أُخۡرَىٰ ٢٢ لِنُرِيَكَ
مِنۡ ءَايَٰتِنَا ٱلۡكُبۡرَى ٢٣ ٱذۡهَبۡ إِلَىٰ فِرۡعَوۡنَ إِنَّهُۥ طَغَىٰ ٢٤ قَالَ
رَبِّ ٱشۡرَحۡ لِي صَدۡرِي ٢٥ وَيَسِّرۡ لِيٓ أَمۡرِي ٢٦ وَٱحۡلُلۡ عُقۡدَةً مِّن
لِّسَانِي ٢٧ يَفۡقَهُواْ قَوۡلِي ٢٨ وَٱجۡعَل لِّي وَزِيرًا مِّنۡ أَهۡلِي ٢٩ هَٰرُونَ
أَخِي ٣٠ ٱشۡدُدۡ بِهِۦٓ أَزۡرِي ٣١ وَأَشۡرِكۡهُ فِيٓ أَمۡرِي ٣٢ كَيۡ نُسَبِّحَكَ
كَثِيرًا ٣٣ وَنَذۡكُرَكَ كَثِيرًا ٣٤ إِنَّكَ كُنتَ بِنَا بَصِيرًا ٣٥ قَالَ قَدۡ
أُوتِيتَ سُؤۡلَكَ يَٰمُوسَىٰ ٣٦ وَلَقَدۡ مَنَنَّا عَلَيۡكَ مَرَّةً أُخۡرَىٰٓ ٣٧

(見た)。おそらく私はそこからおまえたちに火種を持ってこられるだろう。あるいは、その火に導きを見出すかもしれない[1167]」。(20：10)

それで、そこに至ると、彼は呼ばれた、「ムーサーよ」と。(20：11)

「まことにわれは、われこそは、おまえの主である。それゆえ、おまえの沓を脱げ。まことにおまえは、聖なる谷(涸川)、トゥワーにいるのである[1168]」。(20：12)

「そしてわれはおまえを選んだ。それゆえ、啓示されることを拝聴せよ」。(20：13)

「まことにわれは、われこそは、アッラー、われのほかに神はない。それゆえ、われに仕え、わが想念(唱名)のため礼拝を遵守せよ」。(20：14)

「まことに、かの時は来るべきものであるが、それをわれが隠すようにしている[1169]のは、誰もが努力することに応じて報いられるためである」。(20：15)

「それゆえ、それを信じないで、己の妄執に従った者たちが、それからおまえを逸らせることがあってはならない。さもなければ、おまえは破滅するであろう」。(20：16)

「そして、おまえの右手のそれはなにか、ムーサーよ[1170]」。(20：17)

彼は言った。「これは私の杖で、私はこれに寄りかかり、私の羊のためにこれで(木の葉を)打ち払い、また私にはこれに他の用途もあります」。(20：18)

彼は仰せられた。「それを投げよ、ムーサーよ」。(20：19)

そこで彼はそれを投げた。すると、たちまちそれは動き回る蛇となった。(20：20)

彼は仰せられた。「それを摑め。恐れることはない。われらがそれを最初の状態に戻すであろう」。(20：21)

「またおまえの手をおまえの脇の下に入れよ、それは悪疫でもないのに白くなって出よう、もうひとつの徴として」。(20：22)

「われらの最大の諸々の徴から(の一部を)おまえに見せるためである」。(20：23)

「フィルアウンの許に行け、まことに彼は無法を極めた[1171]」。(20：24)

彼は言った。「主よ、私の胸を広げ給え」。(20：25)

「そして、私に、私の任務を容易なものとなし給え」。(20：26)

「また私の舌のもつれを解きほぐし給え」。(20：27)

「彼らが私の言葉を理解するように」。(20：28)

「また、私に、私の家族から補佐を立てたまえ」。(20：29)

1167　火のところに道を教えてくれる者がいるかもしれない。

1168　「出エジプト記」3 章 1-5 節参照。「出エジプト記」では、出会いの場はホレブ山。

1169　あるいは、「それをわれがほとんど隠しているのは」。

1170　「出エジプト記」4 章 2-17 節参照。

1171　「出エジプト記」3 章 9-10 節、6 章 29-30 節、7 章 1-5 節参照。

إِذۡ أَوۡحَيۡنَآ إِلَىٰٓ أُمِّكَ مَا يُوحَىٰٓ ٣٨ أَنِ ٱقۡذِفِيهِ فِي ٱلتَّابُوتِ فَٱقۡذِفِيهِ
فِي ٱلۡيَمِّ فَلۡيُلۡقِهِ ٱلۡيَمُّ بِٱلسَّاحِلِ يَأۡخُذۡهُ عَدُوّٞ لِّي وَعَدُوّٞ لَّهُۥۚ وَأَلۡقَيۡتُ
عَلَيۡكَ مَحَبَّةٗ مِّنِّي وَلِتُصۡنَعَ عَلَىٰ عَيۡنِيٓ ٣٩ إِذۡ تَمۡشِيٓ أُخۡتُكَ فَتَقُولُ
هَلۡ أَدُلُّكُمۡ عَلَىٰ مَن يَكۡفُلُهُۥۖ فَرَجَعۡنَٰكَ إِلَىٰٓ أُمِّكَ كَيۡ تَقَرَّ عَيۡنُهَا
وَلَا تَحۡزَنَۚ وَقَتَلۡتَ نَفۡسٗا فَنَجَّيۡنَٰكَ مِنَ ٱلۡغَمِّ وَفَتَنَّٰكَ فُتُونٗاۚ
فَلَبِثۡتَ سِنِينَ فِيٓ أَهۡلِ مَدۡيَنَ ثُمَّ جِئۡتَ عَلَىٰ قَدَرٖ يَٰمُوسَىٰ ٤٠
وَٱصۡطَنَعۡتُكَ لِنَفۡسِي ٤١ ٱذۡهَبۡ أَنتَ وَأَخُوكَ بِـَٔايَٰتِي وَلَا
تَنِيَا فِي ذِكۡرِي ٤٢ ٱذۡهَبَآ إِلَىٰ فِرۡعَوۡنَ إِنَّهُۥ طَغَىٰ ٤٣ فَقُولَا لَهُۥ قَوۡلٗا
لَّيِّنٗا لَّعَلَّهُۥ يَتَذَكَّرُ أَوۡ يَخۡشَىٰ ٤٤ قَالَا رَبَّنَآ إِنَّنَا نَخَافُ أَن يَفۡرُطَ
عَلَيۡنَآ أَوۡ أَن يَطۡغَىٰ ٤٥ قَالَ لَا تَخَافَآۖ إِنَّنِي مَعَكُمَآ أَسۡمَعُ وَأَرَىٰ
٤٦ فَأۡتِيَاهُ فَقُولَآ إِنَّا رَسُولَا رَبِّكَ فَأَرۡسِلۡ مَعَنَا بَنِيٓ إِسۡرَٰٓءِيلَ
وَلَا تُعَذِّبۡهُمۡۖ قَدۡ جِئۡنَٰكَ بِـَٔايَةٖ مِّن رَّبِّكَۖ وَٱلسَّلَٰمُ عَلَىٰ مَنِ ٱتَّبَعَ
ٱلۡهُدَىٰٓ ٤٧ إِنَّا قَدۡ أُوحِيَ إِلَيۡنَآ أَنَّ ٱلۡعَذَابَ عَلَىٰ مَن كَذَّبَ
وَتَوَلَّىٰ ٤٨ قَالَ فَمَن رَّبُّكُمَا يَٰمُوسَىٰ ٤٩ قَالَ رَبُّنَا ٱلَّذِيٓ أَعۡطَىٰ
كُلَّ شَيۡءٍ خَلۡقَهُۥ ثُمَّ هَدَىٰ ٥٠ قَالَ فَمَا بَالُ ٱلۡقُرُونِ ٱلۡأُولَىٰ ٥١

「私の兄ハールーンを」。(20：30)

「彼によって私の背(力)を強めたまえ」。(20：31)

「そして、私の任務において彼を協力させ給え」。(20：32)

「われらがあなたをたくさん賛美し」。(20：33)

「あなたをたくさん想念(唱名)できるように」。(20：34)

「まことに、あなたはわれらについて見通し給う御方であらせられた」。(20：35)

彼は仰せられた。「おまえの願い[1172]は既にお前に与えられた[1173]、ムーサーよ」。(20：36)

またかつて、われらはおまえに別の時にも恩恵を授けたことがあった。(20：37)

われらがおまえの母に啓示されることを啓示した時のこと。(20：38)

「彼を箱の中に入れ、海(大河ナイル川)に投げ入れよ、そして海は彼を岸に打ち上げよ、われにとっての敵にして彼にとっての敵(フィルアウン)がそれを拾い上げるであろう」、と。そして、われはおまえにわれらからの愛を注いだ[1174]。そしてわれの目の許でおまえが育てられるためであった。(20：39)

おまえの姉が歩み出て言った時のこと。「あなたがたに彼を養育する者を教えましょうか」。こうして、われらはおまえをおまえの母に戻した。彼女の目が喜び、彼女が悲しまないためであった。また、おまえは人を殺したが[1175]、われらはおまえを苦悩から救い出し、おまえをさまざまな試練で試みた。それでおまえはマドヤンの住民の許に数年留まり[1176]、それから、ムーサーよ、おまえは定めのままにやって来たのである。(20：40)

われは、われ自身の(使徒職の)ためにおまえを(選り抜き)仕上げた。(20：41)

おまえとおまえの兄で、わが諸々の徴を携えて行け。われを念ずることを怠ってはならない。(20：42)

おまえたち二人はフィルアウンの許へ行け、まことに彼は無法を極めた。(20：43)

そしておまえたち二人は彼に優しい言葉で話せ、彼も訓戒を聞き入れるか、懼れるかもしれない。(20：44)

彼ら二人は言った。「われらが主よ、彼がわれらに向かって(懲罰を)即決するか、無法を働くことを私は恐れます」。(20：45)

彼は仰せられた。「二人とも恐れることはない。まことにわれはおまえたち二人と共にあり、聞いているし見てもいる」。(20：46)

それゆえ、おまえたち二人は彼の許に行って言え、「われらはおまえの主の使徒二名である。それゆえ、われらと共にイスラーイールの子孫を送り出せ、そして彼らを虐げるな。確かにわれらはおま

1172　お前が私に願った内容。
1173　叶えられた。
1174　それによってお前は人々から愛される。
1175　過失により。
1176　詳しくは28章7-28節参照。「出エジプト記」2章3-21節参照。

えにおまえの主からの徴を携えてきたのである。そして導きに従った者に平安あれ[1177]」。(20：47)

「まことに、(アッラーの徴を)嘘と否定し、背き去った者には懲罰がある、と、われらに啓示されたのである」。(20：48)

彼(フィルアウン)は言った。「おまえたち二人の主とは誰か、ムーサーよ」。(20：49)

彼は言った。「われらの主は、あらゆるものにその創造[1178]を付与し、導き給うた御方であらせられる」。(20：50)

彼は言った。「昔の諸世代[1179]の状態はいかなるものか」。(20：51)

彼は言った。「その知識はわが主の御許、書(「護持された書板」)のうちにある。わが主は迷誤せず、忘れ給うこともない」。(20：52)

「おまえたちのために大地を寝床となし、おまえたちのためにそこに道を通し、天から水を下し給うた御方であらせられる」。それによってわれらは植物の様々な種類を出でさせた。(20：53)

قَالَ عِلْمُهَا عِندَ رَبِّى فِى كِتَٰبٍ ۖ لَّا يَضِلُّ رَبِّى وَلَا يَنسَى ﴿٥٢﴾ ٱلَّذِى
جَعَلَ لَكُمُ ٱلْأَرْضَ مَهْدًا وَسَلَكَ لَكُمْ فِيهَا سُبُلًا وَأَنزَلَ مِنَ
ٱلسَّمَآءِ مَآءً فَأَخْرَجْنَا بِهِۦٓ أَزْوَٰجًا مِّن نَّبَاتٍ شَتَّىٰ ﴿٥٣﴾ كُلُوا۟
وَٱرْعَوْا۟ أَنْعَٰمَكُمْ ۗ إِنَّ فِى ذَٰلِكَ لَءَايَٰتٍ لِّأُو۟لِى ٱلنُّهَىٰ ﴿٥٤﴾ ۞ مِنْهَا
خَلَقْنَٰكُمْ وَفِيهَا نُعِيدُكُمْ وَمِنْهَا نُخْرِجُكُمْ تَارَةً أُخْرَىٰ ﴿٥٥﴾ وَلَقَدْ
أَرَيْنَٰهُ ءَايَٰتِنَا كُلَّهَا فَكَذَّبَ وَأَبَىٰ ﴿٥٦﴾ قَالَ أَجِئْتَنَا لِتُخْرِجَنَا
مِنْ أَرْضِنَا بِسِحْرِكَ يَٰمُوسَىٰ ﴿٥٧﴾ فَلَنَأْتِيَنَّكَ بِسِحْرٍ مِّثْلِهِۦ
فَٱجْعَلْ بَيْنَنَا وَبَيْنَكَ مَوْعِدًا لَّا نُخْلِفُهُۥ نَحْنُ وَلَآ أَنتَ مَكَانًا
سُوًى ﴿٥٨﴾ قَالَ مَوْعِدُكُمْ يَوْمُ ٱلزِّينَةِ وَأَن يُحْشَرَ ٱلنَّاسُ ضُحًى
﴿٥٩﴾ فَتَوَلَّىٰ فِرْعَوْنُ فَجَمَعَ كَيْدَهُۥ ثُمَّ أَتَىٰ ﴿٦٠﴾ قَالَ لَهُم
مُّوسَىٰ وَيْلَكُمْ لَا تَفْتَرُوا۟ عَلَى ٱللَّهِ كَذِبًا فَيُسْحِتَكُم بِعَذَابٍ ۖ
وَقَدْ خَابَ مَنِ ٱفْتَرَىٰ ﴿٦١﴾ فَتَنَٰزَعُوٓا۟ أَمْرَهُم بَيْنَهُمْ وَأَسَرُّوا۟
ٱلنَّجْوَىٰ ﴿٦٢﴾ قَالُوٓا۟ إِنْ هَٰذَٰنِ لَسَٰحِرَٰنِ يُرِيدَانِ أَن يُخْرِجَاكُم
مِّنْ أَرْضِكُم بِسِحْرِهِمَا وَيَذْهَبَا بِطَرِيقَتِكُمُ ٱلْمُثْلَىٰ ﴿٦٣﴾
فَأَجْمِعُوا۟ كَيْدَكُمْ ثُمَّ ٱئْتُوا۟ صَفًّا ۚ وَقَدْ أَفْلَحَ ٱلْيَوْمَ مَنِ ٱسْتَعْلَىٰ ﴿٦٤﴾

食べよ、そしておまえたちの家畜を放牧せよ。まことにそれらのうちには思慮ある者への諸々の徴がある。(20：54)

そこ(大地)からわれらはおまえたちを創り、そこにわれらはおまえたちを戻す(埋葬する)。そして、(審判の日に)もう一度そこからわれらはおまえたちを引き出すのである。(20：55)

そしてわれらは彼にわれらの徴を確かに全て見せたが[1180]、彼は嘘と否定し、拒絶した。(20：56)

彼は言った。「ムーサーよ、おまえはおまえの魔術によってわれらをわれらの地から追い出すためにわれらの許に来たのか」。(20：57)

「それならば、われらも必ずやそれと同じような魔術をおまえに持ってこよう。われらとおまえの間で約束を等距離の場所[1181]でなせ。われらはそれを破らないし、おまえもである」。(20：58)

彼(ムーサー)は言った。「あなたがたとの約束は飾り(祭り)の日であり、人々が昼前に集められる時である」。(20：59)

そこでフィルアウンは立ち去り、彼の策略を集め、それから(約束の場所に)やって来た。(20：60)

ムーサーは彼らに言った。「おまえたちに災いあれ。アッラーに関して虚偽を捏造してはならない、さもないと、彼がおまえたちを懲罰で根絶させ給う。そして捏造した者はすでに破滅した」。(20：61)

そこで彼らは自分たちの件を互いに論じ合い、自分たちの密談を秘した。(20：62)

彼らは(仲間うちで)言った。「この二人は魔術師で、彼ら二人の魔術によっておまえたちをおまえ

1177　「出エジプト記」の中でのムーサーがフィルアウンの許に赴く話は5章以下参照。
1178　形相(khilqa)。配偶者、知識等とも言われる。
1179　神の唯一性を認めなかったかつての諸共同体。
1180　7章133節参照。
1181　あるいは集まった者全員が見えるように「平坦な場所」。

قَالُوا۟ يَٰمُوسَىٰٓ إِمَّآ أَن تُلْقِىَ وَإِمَّآ أَن نَّكُونَ أَوَّلَ مَنْ أَلْقَىٰ ﴿٦٥﴾ قَالَ بَلْ
أَلْقُوا۟ ۖ فَإِذَا حِبَالُهُمْ وَعِصِيُّهُمْ يُخَيَّلُ إِلَيْهِ مِن سِحْرِهِمْ أَنَّهَا
تَسْعَىٰ ﴿٦٦﴾ فَأَوْجَسَ فِى نَفْسِهِۦ خِيفَةً مُّوسَىٰ ﴿٦٧﴾ قُلْنَا لَا تَخَفْ إِنَّكَ
أَنتَ ٱلْأَعْلَىٰ ﴿٦٨﴾ وَأَلْقِ مَا فِى يَمِينِكَ تَلْقَفْ مَا صَنَعُوٓا۟ ۖ إِنَّمَا صَنَعُوا۟
كَيْدُ سَٰحِرٍ ۖ وَلَا يُفْلِحُ ٱلسَّاحِرُ حَيْثُ أَتَىٰ ﴿٦٩﴾ فَأُلْقِىَ ٱلسَّحَرَةُ سُجَّدًا
قَالُوٓا۟ ءَامَنَّا بِرَبِّ هَٰرُونَ وَمُوسَىٰ ﴿٧٠﴾ قَالَ ءَامَنتُمْ لَهُۥ قَبْلَ أَنْ ءَاذَنَ
لَكُمْ ۖ إِنَّهُۥ لَكَبِيرُكُمُ ٱلَّذِى عَلَّمَكُمُ ٱلسِّحْرَ ۖ فَلَأُقَطِّعَنَّ أَيْدِيَكُمْ
وَأَرْجُلَكُم مِّنْ خِلَٰفٍ وَلَأُصَلِّبَنَّكُمْ فِى جُذُوعِ ٱلنَّخْلِ وَلَتَعْلَمُنَّ
أَيُّنَآ أَشَدُّ عَذَابًا وَأَبْقَىٰ ﴿٧١﴾ قَالُوا۟ لَن نُّؤْثِرَكَ عَلَىٰ مَا جَآءَنَا مِنَ
ٱلْبَيِّنَٰتِ وَٱلَّذِى فَطَرَنَا ۖ فَٱقْضِ مَآ أَنتَ قَاضٍ ۖ إِنَّمَا تَقْضِى هَٰذِهِ
ٱلْحَيَوٰةَ ٱلدُّنْيَآ ﴿٧٢﴾ إِنَّآ ءَامَنَّا بِرَبِّنَا لِيَغْفِرَ لَنَا خَطَٰيَٰنَا وَمَآ أَكْرَهْتَنَا
عَلَيْهِ مِنَ ٱلسِّحْرِ ۗ وَٱللَّهُ خَيْرٌ وَأَبْقَىٰٓ ﴿٧٣﴾ إِنَّهُۥ مَن يَأْتِ رَبَّهُۥ مُجْرِمًا
فَإِنَّ لَهُۥ جَهَنَّمَ لَا يَمُوتُ فِيهَا وَلَا يَحْيَىٰ ﴿٧٤﴾ وَمَن يَأْتِهِۦ مُؤْمِنًا قَدْ
عَمِلَ ٱلصَّٰلِحَٰتِ فَأُو۟لَٰٓئِكَ لَهُمُ ٱلدَّرَجَٰتُ ٱلْعُلَىٰ ﴿٧٥﴾ جَنَّٰتُ عَدْنٍ
تَجْرِى مِن تَحْتِهَا ٱلْأَنْهَٰرُ خَٰلِدِينَ فِيهَا ۚ وَذَٰلِكَ جَزَآءُ مَن تَزَكَّىٰ ﴿٧٦﴾

たちの地から追い出し、おまえたちの最も優れた伝統を廃絶させせようと望んでいるのである」。(20：63)

「それゆえ、おまえたちの策略を決めて、列をなして来たれ。そして今日、優った者は確かに成功したのである」[1182]。(20：64)

彼らは言った。「ムーサーよ、おまえが投げるか、それともわれらが最初に投げる者となるか」。(20：65)

彼は言った。「いや、おまえたちが投げよ」。すると、彼らの縄と彼らの杖は彼らの魔術によって彼には這っているように見えた。(20：66)

そこでムーサーは内心、恐怖心を抱いた。(20：67)

われらは言った。「恐れるな、まことにおまえこそが勝者である」。(20：68)

「そしておまえの右手にあるものを投げよ。それは彼らが作ったものを呑み込むであろう。まことに、彼らが作ったものは魔術師の詐術である。そして魔術師はどこにいようと成功しない」。(20：69)

それで、魔術師たちは身を投げ出して跪拝し、言った。「われらはハールーンとムーサーの主を信じました」。(20：70)

彼(フィルアウン)は言った。「おまえたちは私がおまえたちに許可する前に彼を信じたのか。彼はまさしくおまえたちの頭目で、おまえたちに魔術を教えたのである。それならわれは必ずやおまえたちの手と足を互い違いに切り落とし、必ずやおまえたちをナツメヤシの幹に磔にするであろう。そして、おまえたちは、われら(フィルアウンとムーサーの主)のいずれが懲罰により厳しく、より長く続ける者かを知るであろう」。(20：71)

彼らは言った。「われらにもたらされた諸々の明証[1183]、そしてわれらを創り出した御方に対してわれらがあなたを優先することは決してない。それゆえ、あなたがたが決めたことを実行するがよい。あなたはこの現世を[1184]決定するに過ぎない」。(20：72)

「まことにわれらはわれらの主を信じた。彼に、われらの罪とあなたがわれらに無理強いした魔術をわれらに対して赦していただくために。そしてアッラーはより良く、永続し給う御方」。(20：73)

まことに罪人として主の御許にやって来る者、彼には火獄《ジャハンナム》があり、彼はそこで死ぬこともなければ、生きることもない[1185]。(20：74)

一方、信仰者として彼の御許にやって来る者で、善行を確かになした者、それらの者、彼らには最高の諸位階がある。(20：75)

永住の楽園で、その下に河川が流れ、彼らはそこに永遠に。そしてそれは(己を)清めた者の報いである。(20：76)

1182　7章106-126節。

1183　7章133節参照。

1184　あるいは、「現世において」。

1185　死んで苦痛から解放されることもなく、生の悦びを味わうこともない。

وَلَقَدْ أَوْحَيْنَآ إِلَىٰ مُوسَىٰٓ أَنْ أَسْرِ بِعِبَادِى فَٱضْرِبْ لَهُمْ طَرِيقًا
فِى ٱلْبَحْرِ يَبَسًا لَّا تَخَٰفُ دَرَكًا وَلَا تَخْشَىٰ ٧٧ فَأَتْبَعَهُمْ فِرْعَوْنُ
بِجُنُودِهِۦ فَغَشِيَهُم مِّنَ ٱلْيَمِّ مَا غَشِيَهُمْ ٧٨ وَأَضَلَّ فِرْعَوْنُ قَوْمَهُۥ
وَمَا هَدَىٰ ٧٩ يَٰبَنِىٓ إِسْرَٰٓءِيلَ قَدْ أَنجَيْنَٰكُم مِّنْ عَدُوِّكُمْ وَوَٰعَدْنَٰكُمْ
جَانِبَ ٱلطُّورِ ٱلْأَيْمَنَ وَنَزَّلْنَا عَلَيْكُمُ ٱلْمَنَّ وَٱلسَّلْوَىٰ ٨٠ كُلُوا۟ مِن
طَيِّبَٰتِ مَا رَزَقْنَٰكُمْ وَلَا تَطْغَوْا۟ فِيهِ فَيَحِلَّ عَلَيْكُمْ غَضَبِى
وَمَن يَحْلِلْ عَلَيْهِ غَضَبِى فَقَدْ هَوَىٰ ٨١ وَإِنِّى لَغَفَّارٌ لِّمَن تَابَ
وَءَامَنَ وَعَمِلَ صَٰلِحًا ثُمَّ ٱهْتَدَىٰ ٨٢ ۞ وَمَآ أَعْجَلَكَ عَن
قَوْمِكَ يَٰمُوسَىٰ ٨٣ قَالَ هُمْ أُو۟لَآءِ عَلَىٰٓ أَثَرِى وَعَجِلْتُ إِلَيْكَ
رَبِّ لِتَرْضَىٰ ٨٤ قَالَ فَإِنَّا قَدْ فَتَنَّا قَوْمَكَ مِنۢ بَعْدِكَ وَأَضَلَّهُمُ
ٱلسَّامِرِىُّ ٨٥ فَرَجَعَ مُوسَىٰٓ إِلَىٰ قَوْمِهِۦ غَضْبَٰنَ أَسِفًا ۚ قَالَ
يَٰقَوْمِ أَلَمْ يَعِدْكُمْ رَبُّكُمْ وَعْدًا حَسَنًا ۚ أَفَطَالَ عَلَيْكُمُ ٱلْعَهْدُ
أَمْ أَرَدتُّمْ أَن يَحِلَّ عَلَيْكُمْ غَضَبٌ مِّن رَّبِّكُمْ فَأَخْلَفْتُم
مَّوْعِدِى ٨٦ قَالُوا۟ مَآ أَخْلَفْنَا مَوْعِدَكَ بِمَلْكِنَا وَلَٰكِنَّا حُمِّلْنَآ
أَوْزَارًا مِّن زِينَةِ ٱلْقَوْمِ فَقَذَفْنَٰهَا فَكَذَٰلِكَ أَلْقَى ٱلسَّامِرِىُّ ٨٧

そしてかつてわれらはムーサーに啓示した。「わが僕《しもべ》たちと夜の旅をし、彼らのために海の中に乾いた道を打ち開け、追いつかれることを恐がらず、(溺死を)恐れずに」、と。(20：77)

それに対してフィルアウンは彼の軍隊に彼らを追わせたが、海で彼らを覆ったものが覆った(溺れさせた)[1186]。(20：78)

フィルアウンは彼の民を迷わせ、導かなかったのである。(20：79)

イスラーイールの子孫よ、われらはかつておまえたちをおまえたちの敵から救い出し、かの山《トゥール》(シナイ山)の右側でおまえたちと約束し(律法の書を与え)、おまえたちの上にマンヌとサルワーを降した[1187]。(20：80)

われらがおまえたちに糧として与えた良いものを食べよ。それにおいて無法に振舞ってはならない。さもなければ、わが怒りがおまえたちの上に降ろう。わが怒りがその上に降った者は既に没落したのである。(20：81)

だが、まことにわれは、悔いて戻り、信仰し、善をなし、そうして導かれた者に対して寛恕者である。(20：82)

「また、ムーサーよ、なにがおまえを急《せ》かし、おまえの民から離れさせたのか」。(20：83)

彼は言った。「彼らは私の後を追って近くにいます。私は、わが主よ、あなたが御喜びになるようにとあなたの御許に急いだのです」。(20：84)

彼は仰せられた。「まことにわれらはおまえの(去った)後でおまえの民を試み、彼らをサーミリーが迷わせた[1188]」。(20：85)

そこでムーサーは彼の民の許に、怒りと悲嘆にくれて戻った。彼は言った。「わが民よ、おまえたちの主はおまえたちに良い約束を約し給うたではないか。おまえたちにはその期間が長すぎたのか。それとも、おまえたちの上におまえたちの主からの御怒りが降ることを望み、それで私との約束を破ったのか」。(20：86)

彼らは言った。「われらに実権があって[1189]われわれはあなたとの約束を破ったのではない。ただ、かの(フィルアウンの)民の装飾の重荷を運ばされ、われらはそれを(火中に)投げ入れたのだ。そしてそのようにサーミリーも投げ入れた」。(20：87)

1186　10章92節参照。「覆った」がくり返されるのは強調表現。

1187　2章57節、7章160節参照。

1188　ムーサーの留守中の子牛の偶像の作成、崇拝の物語については2章51-54節、92-93節、4章153節、7章148-152節、「出エジプト記」32章参照。但し、「出エジプト記」にはサーミリーへの言及はない。サーミリーとは誰かについては定説がない。

1189　自らの選択によって。

فَأَخۡرَجَ لَهُمۡ عِجۡلٗا جَسَدٗا لَّهُۥ خُوَارٞ فَقَالُواْ هَٰذَآ إِلَٰهُكُمۡ
وَإِلَٰهُ مُوسَىٰ فَنَسِيَ ٨٨ أَفَلَا يَرَوۡنَ أَلَّا يَرۡجِعُ إِلَيۡهِمۡ قَوۡلٗا
وَلَا يَمۡلِكُ لَهُمۡ ضَرّٗا وَلَا نَفۡعٗا ٨٩ وَلَقَدۡ قَالَ لَهُمۡ هَٰرُونُ
مِن قَبۡلُ يَٰقَوۡمِ إِنَّمَا فُتِنتُم بِهِۦۖ وَإِنَّ رَبَّكُمُ ٱلرَّحۡمَٰنُ فَٱتَّبِعُونِي
وَأَطِيعُوٓاْ أَمۡرِي ٩٠ قَالُواْ لَن نَّبۡرَحَ عَلَيۡهِ عَٰكِفِينَ حَتَّىٰ يَرۡجِعَ
إِلَيۡنَا مُوسَىٰ ٩١ قَالَ يَٰهَٰرُونُ مَا مَنَعَكَ إِذۡ رَأَيۡتَهُمۡ ضَلُّوٓاْ ٩٢
أَلَّا تَتَّبِعَنِۖ أَفَعَصَيۡتَ أَمۡرِي ٩٣ قَالَ يَبۡنَؤُمَّ لَا تَأۡخُذۡ بِلِحۡيَتِي
وَلَا بِرَأۡسِيٓۖ إِنِّي خَشِيتُ أَن تَقُولَ فَرَّقۡتَ بَيۡنَ بَنِيٓ إِسۡرَٰٓءِيلَ
وَلَمۡ تَرۡقُبۡ قَوۡلِي ٩٤ قَالَ فَمَا خَطۡبُكَ يَٰسَٰمِرِيُّ ٩٥ قَالَ
بَصُرۡتُ بِمَا لَمۡ يَبۡصُرُواْ بِهِۦ فَقَبَضۡتُ قَبۡضَةٗ مِّنۡ أَثَرِ
ٱلرَّسُولِ فَنَبَذۡتُهَا وَكَذَٰلِكَ سَوَّلَتۡ لِي نَفۡسِي ٩٦ قَالَ
فَٱذۡهَبۡ فَإِنَّ لَكَ فِي ٱلۡحَيَوٰةِ أَن تَقُولَ لَا مِسَاسَۖ وَإِنَّ لَكَ
مَوۡعِدٗا لَّن تُخۡلَفَهُۥۖ وَٱنظُرۡ إِلَىٰٓ إِلَٰهِكَ ٱلَّذِي ظَلۡتَ عَلَيۡهِ
عَاكِفٗاۖ لَّنُحَرِّقَنَّهُۥ ثُمَّ لَنَنسِفَنَّهُۥ فِي ٱلۡيَمِّ نَسۡفًا ٩٧ إِنَّمَآ
إِلَٰهُكُمُ ٱللَّهُ ٱلَّذِي لَآ إِلَٰهَ إِلَّا هُوَۚ وَسِعَ كُلَّ شَيۡءٍ عِلۡمٗا ٩٨

そこで彼は彼らに身体のある[1190]子牛を作り出したが、それには嘶き声があった。すると彼ら(サーミリー等)は言った。「これがおまえたちの神であり、ムーサーの神であるが、彼は忘れたのである」。(20：88)

彼らは見ないのか、それが彼らには一言も返すことなく、彼らに害も益ももたらす力がないことを。(20：89)

彼らに対してハールーンは以前に既に言っていた。「わが民よ、あなたがたはそれによって試練を被っているのである。そしてまことにあなたがたの主は慈悲あまねき御方であらせられる。それゆえ、私に従い、私の命令に服せ」。(20：90)

彼らは言った。「われらの許にムーサーが戻るまで、われらはそれ(子牛像の信奉)に没頭することを断じて止めない」。(20：91)

彼(ムーサー)は言った。「ハールーンよ、彼らが迷うのをあなたが見た時、なにがあなたを(彼らの不信仰に抗うことから)妨げたのか」。(20：92)

「私に従わないとは(何故か)[1191]。私の命令に背いたのか」。(20：93)

彼は言った。「私の母の息子よ、私のあごひげや頭を摑むのを止めよ。まことに私は『あなたはイスラーイールの子孫らの間を分裂させ、私の言葉を守らなかった』とあなたが言うのを懼れたのだ[1192]」。(20：94)

彼は言った。「さて、サーミリーよ、おまえの事情はなにか」。(20：95)

彼は言った。「私は彼らが見抜かなかったことを見抜いた。そこで使徒(天使ジブリール)の足跡から一握りを摑み取り、それを投げつけたのである[1193]。そしてそのように私の自我が私を唆したのだ」。(20：96)

彼は言った。「立ち去れ。まことにおまえは生涯『不可触』と言うことになる[1194]。そして、おまえには破られることのない約束がある。おまえが(その信奉に)没頭し続けたおまえの神をよく見よ。必ずやわれらはそれを焼き、それを海の中に粉々に撒き散らしてみせよう」。(20：97)

まことに、おまえたちの神はアッラーだけであり、彼のほかに神はない。彼はあらゆるものを知識によって包含し給うた。(20：98)

1190　身体のみで霊魂のない。

1191　前節とつながり、「なにが私に従うことをあなたに妨げたのか」とも訳しうる。

1192　7章142節参照。

1193　フィルアウンを滅ぼすためにジブリールが来た際、その馬の足跡の土を取り、(87節に出てくる)火中の装飾に投げ入れた、の意とも言われる。

1194　おまえは、お前に会った人々に「私に近づかないで下さい」と言わなければならない。

كَذَٰلِكَ نَقُصُّ عَلَيْكَ مِنْ أَنۢبَآءِ مَا قَدْ سَبَقَ ۚ وَقَدْ ءَاتَيْنَٰكَ مِن لَّدُنَّا
ذِكْرًا ﴿٩٩﴾ مَّنْ أَعْرَضَ عَنْهُ فَإِنَّهُۥ يَحْمِلُ يَوْمَ ٱلْقِيَٰمَةِ وِزْرًا
﴿١٠٠﴾ خَٰلِدِينَ فِيهِ ۖ وَسَآءَ لَهُمْ يَوْمَ ٱلْقِيَٰمَةِ حِمْلًا ﴿١٠١﴾ يَوْمَ يُنفَخُ
فِى ٱلصُّورِ ۚ وَنَحْشُرُ ٱلْمُجْرِمِينَ يَوْمَئِذٍ زُرْقًا ﴿١٠٢﴾ يَتَخَٰفَتُونَ
بَيْنَهُمْ إِن لَّبِثْتُمْ إِلَّا عَشْرًا ﴿١٠٣﴾ نَّحْنُ أَعْلَمُ بِمَا يَقُولُونَ إِذْ يَقُولُ
أَمْثَلُهُمْ طَرِيقَةً إِن لَّبِثْتُمْ إِلَّا يَوْمًا ﴿١٠٤﴾ وَيَسْـَٔلُونَكَ عَنِ ٱلْجِبَالِ
فَقُلْ يَنسِفُهَا رَبِّى نَسْفًا ﴿١٠٥﴾ فَيَذَرُهَا قَاعًا صَفْصَفًا ﴿١٠٦﴾
لَّا تَرَىٰ فِيهَا عِوَجًا وَلَآ أَمْتًا ﴿١٠٧﴾ يَوْمَئِذٍ يَتَّبِعُونَ ٱلدَّاعِىَ
لَا عِوَجَ لَهُۥ ۖ وَخَشَعَتِ ٱلْأَصْوَاتُ لِلرَّحْمَٰنِ فَلَا تَسْمَعُ إِلَّا هَمْسًا
﴿١٠٨﴾ يَوْمَئِذٍ لَّا تَنفَعُ ٱلشَّفَٰعَةُ إِلَّا مَنْ أَذِنَ لَهُ ٱلرَّحْمَٰنُ وَرَضِىَ لَهُۥ
قَوْلًا ﴿١٠٩﴾ يَعْلَمُ مَا بَيْنَ أَيْدِيهِمْ وَمَا خَلْفَهُمْ وَلَا يُحِيطُونَ بِهِۦ
عِلْمًا ﴿١١٠﴾ ۞ وَعَنَتِ ٱلْوُجُوهُ لِلْحَىِّ ٱلْقَيُّومِ ۖ وَقَدْ خَابَ مَنْ حَمَلَ
ظُلْمًا ﴿١١١﴾ وَمَن يَعْمَلْ مِنَ ٱلصَّٰلِحَٰتِ وَهُوَ مُؤْمِنٌ فَلَا يَخَافُ
ظُلْمًا وَلَا هَضْمًا ﴿١١٢﴾ وَكَذَٰلِكَ أَنزَلْنَٰهُ قُرْءَانًا عَرَبِيًّا وَصَرَّفْنَا
فِيهِ مِنَ ٱلْوَعِيدِ لَعَلَّهُمْ يَتَّقُونَ أَوْ يُحْدِثُ لَهُمْ ذِكْرًا ﴿١١٣﴾

こうして、われらはおまえ(預言者ムハンマド)にすでに過ぎ去ったものの消息を語る。そしてわれらは既におまえにわれらの側からの訓戒を与えたのである。(20：99)

それに背いた者、まことに彼は復活(審判)の日、重荷を背負う。(20：100)

彼らはそこに永遠に。復活(審判)の日、彼らには、運ぶものとして、なんと悪いものであることよ。(20：101)

角笛が吹かれる日、その日、われらは青目となった罪人たち[1195]を追い集める。(20：102)

彼らは互いに声を低めて言う。「おまえたちが(現世に)留まったのは十(日)に過ぎない」。(20：103)

われらは彼らの言うことをよりよく知っている。その時、彼らのうち道理を最もよくわきまえた者は言う。「おまえたちが留まったのは一日に過ぎない」。(20：104)

彼らはおまえに山々について問う。ならば、言え、「わが主はそれを粉々に撒き散らし給う」。(20：105)

そして、それを平坦な平地とし、(20：106)

おまえはそこに歪みも隆起も見ないであろう。(20：107)

その日、彼らは呼び手に従い、それには歪み(乱れ)[1196]はない。声々は慈悲あまねき御方に謙《へりくだ》り、おまえは微音[1197]しか聞かないであろう。(20：108)

その日、慈悲あまねき御方が許可し、その者に言葉を嘉し給うた者のほか、執り成しが役立つことはない。(20：109)

彼は彼らの前にあることも後にあることも知り給うが、彼らにはそれ[1198]を知識で網羅(把握)することはできない。(20：110)

そして、それらの顔は、生ける御方、維持し給う御方(を前)に恭順した。不正を背負った(悪行を犯した)者は既に破滅した。(20：111)

一方、信仰者で善をなした者、彼は不正も不当も恐れることはない。(20：112)

こうして、われらはそれをアラビア語のクルアーンとして下し、その中で警告を詳述した。きっと彼らも畏れ身を守るであろう、あるいはそれ(クルアーン)は彼らに訓戒を呼び起こすであろう。(20：113)

1195　彼らの身体や目はその日の苛酷さと恐怖から青く変色する、と言われる。

1196　彼らは乱れなく呼び手に従う。あるいは呼び手の呼び声に歪み(遺漏)はなく、全員がそれを聞く、の意。

1197　小声、口の動く音、足音。

1198　彼らの前にあることと後ろにあること。あるいは「彼」(アッラー)を。

فَتَعَٰلَى ٱللَّهُ ٱلْمَلِكُ ٱلْحَقُّ وَلَا تَعْجَلْ بِٱلْقُرْءَانِ مِن قَبْلِ أَن
يُقْضَىٰٓ إِلَيْكَ وَحْيُهُۥ وَقُل رَّبِّ زِدْنِى عِلْمًا ﴿١١٤﴾ وَلَقَدْ عَهِدْنَآ
إِلَىٰٓ ءَادَمَ مِن قَبْلُ فَنَسِىَ وَلَمْ نَجِدْ لَهُۥ عَزْمًا ﴿١١٥﴾ وَإِذْ قُلْنَا
لِلْمَلَٰٓئِكَةِ ٱسْجُدُوا۟ لِءَادَمَ فَسَجَدُوٓا۟ إِلَّآ إِبْلِيسَ أَبَىٰ ﴿١١٦﴾
فَقُلْنَا يَٰٓـَٔادَمُ إِنَّ هَٰذَا عَدُوٌّ لَّكَ وَلِزَوْجِكَ فَلَا يُخْرِجَنَّكُمَا
مِنَ ٱلْجَنَّةِ فَتَشْقَىٰٓ ﴿١١٧﴾ إِنَّ لَكَ أَلَّا تَجُوعَ فِيهَا وَلَا تَعْرَىٰ
﴿١١٨﴾ وَأَنَّكَ لَا تَظْمَؤُا۟ فِيهَا وَلَا تَضْحَىٰ ﴿١١٩﴾ فَوَسْوَسَ إِلَيْهِ
ٱلشَّيْطَٰنُ قَالَ يَٰٓـَٔادَمُ هَلْ أَدُلُّكَ عَلَىٰ شَجَرَةِ ٱلْخُلْدِ وَمُلْكٍ
لَّا يَبْلَىٰ ﴿١٢٠﴾ فَأَكَلَا مِنْهَا فَبَدَتْ لَهُمَا سَوْءَٰتُهُمَا وَطَفِقَا
يَخْصِفَانِ عَلَيْهِمَا مِن وَرَقِ ٱلْجَنَّةِ وَعَصَىٰٓ ءَادَمُ رَبَّهُۥ فَغَوَىٰ
﴿١٢١﴾ ثُمَّ ٱجْتَبَٰهُ رَبُّهُۥ فَتَابَ عَلَيْهِ وَهَدَىٰ ﴿١٢٢﴾ قَالَ ٱهْبِطَا مِنْهَا
جَمِيعًۢا بَعْضُكُمْ لِبَعْضٍ عَدُوٌّ فَإِمَّا يَأْتِيَنَّكُم مِّنِّى هُدًى
فَمَنِ ٱتَّبَعَ هُدَاىَ فَلَا يَضِلُّ وَلَا يَشْقَىٰ ﴿١٢٣﴾ وَمَنْ أَعْرَضَ
عَن ذِكْرِى فَإِنَّ لَهُۥ مَعِيشَةً ضَنكًا وَنَحْشُرُهُۥ يَوْمَ ٱلْقِيَٰمَةِ
أَعْمَىٰ ﴿١٢٤﴾ قَالَ رَبِّ لِمَ حَشَرْتَنِىٓ أَعْمَىٰ وَقَدْ كُنتُ بَصِيرًا ﴿١٢٥﴾

そして、いと高くおわしますかな、アッラー、王にして、真実なる御方。おまえにその啓示が完了する前にクルアーンを急《せ》いてはならない。そして言え、「わが主よ、私に知識を増し給え」。(20：114)

またかつて、われらは以前にアーダムに約定を課していた。だが、彼は忘れ、われらは彼に決意を見出さなかった[1199]。(20：115)

またわれらが天使たちに向かって、「アーダムに跪拝せよ」と言った時のこと。すると、彼らは跪拝したが、イブリースは別で、彼は拒否した。(20：116)

そこでわれらは言った。「アーダムよ、まことにこの者はおまえとおまえの妻の敵である。彼がおまえたち二人を楽園から追い出し、おまえが苦しむようなことになってはならない」。(20：117)

「まことにおまえにはそこで飢えることがなく、裸になることもないことが(保障されて)ある」。(20：118)

「また、おまえはそこでは渇くことがなく、陽に晒されることもないことも(保障されてある)」。(20：119)

だが、彼に悪魔が囁いて言った。「アーダムよ、おまえに永遠(の生命)の木と衰えることのない王権について教えようか」。(20：120)

そこで二人はそこから食べ、すると彼らには己の陰部が顕わとなり、彼らは楽園の葉でそれら二つ(陰部)を覆い始めた。こうしてアーダムは彼の主に背き、道を誤った。(20：121)

その後、彼の主は彼を選び、彼に顧み戻り、彼を導き給うた。(20：122)

彼は仰せられた。「おまえたち二人、そこから一緒に落ちてゆけ。おまえたち(の子孫)は互いに敵である[1200]。だが、もしおまえたちにわれの許から導きがもたらされ、わが導きに従った者があれば、彼は迷うことはなく、苦しむこともない」。(20：123)

「だが、わが訓戒から背を向けた者、まことに彼には窮屈な生があり、復活(審判)の日、われらは彼を盲目にして追い集める」。(20：124)

彼は言った。「わが主よ、どうしてあなたは私を盲目にして追い集め給うたのか。私はかつて晴眼でありましたのに」。(20：125)

1199　「木」に近づくなとの約定を忘れ、それを固守しなかった。2章34-36節参照。
1200　悪魔と一緒に落ちてゆけ、おまえたち(人間と悪魔)は互いに敵である、との解釈もある。

قَالَ كَذَٰلِكَ أَتَتۡكَ ءَايَٰتُنَا فَنَسِيتَهَاۖ وَكَذَٰلِكَ ٱلۡيَوۡمَ تُنسَىٰ ١٢٦
وَكَذَٰلِكَ نَجۡزِي مَنۡ أَسۡرَفَ وَلَمۡ يُؤۡمِنۢ بِـَٔايَٰتِ رَبِّهِۦۚ وَلَعَذَابُ ٱلۡأٓخِرَةِ
أَشَدُّ وَأَبۡقَىٰٓ ١٢٧ أَفَلَمۡ يَهۡدِ لَهُمۡ كَمۡ أَهۡلَكۡنَا قَبۡلَهُم مِّنَ ٱلۡقُرُونِ
يَمۡشُونَ فِي مَسَٰكِنِهِمۡۚ إِنَّ فِي ذَٰلِكَ لَأٓيَٰتٖ لِّأُوْلِي ٱلنُّهَىٰ ١٢٨
وَلَوۡلَا كَلِمَةٞ سَبَقَتۡ مِن رَّبِّكَ لَكَانَ لِزَامٗا وَأَجَلٞ مُّسَمّٗى ١٢٩
فَٱصۡبِرۡ عَلَىٰ مَا يَقُولُونَ وَسَبِّحۡ بِحَمۡدِ رَبِّكَ قَبۡلَ طُلُوعِ ٱلشَّمۡسِ
وَقَبۡلَ غُرُوبِهَاۖ وَمِنۡ ءَانَآيِٕ ٱلَّيۡلِ فَسَبِّحۡ وَأَطۡرَافَ ٱلنَّهَارِ لَعَلَّكَ
تَرۡضَىٰ ١٣٠ وَلَا تَمُدَّنَّ عَيۡنَيۡكَ إِلَىٰ مَا مَتَّعۡنَا بِهِۦٓ أَزۡوَٰجٗا مِّنۡهُمۡ زَهۡرَةَ
ٱلۡحَيَوٰةِ ٱلدُّنۡيَا لِنَفۡتِنَهُمۡ فِيهِۚ وَرِزۡقُ رَبِّكَ خَيۡرٞ وَأَبۡقَىٰ ١٣١ وَأۡمُرۡ أَهۡلَكَ
بِٱلصَّلَوٰةِ وَٱصۡطَبِرۡ عَلَيۡهَاۖ لَا نَسۡـَٔلُكَ رِزۡقٗاۖ نَّحۡنُ نَرۡزُقُكَۗ وَٱلۡعَٰقِبَةُ
لِلتَّقۡوَىٰ ١٣٢ وَقَالُواْ لَوۡلَا يَأۡتِينَا بِـَٔايَةٖ مِّن رَّبِّهِۦٓۚ أَوَلَمۡ تَأۡتِهِم
بَيِّنَةُ مَا فِي ٱلصُّحُفِ ٱلۡأُولَىٰ ١٣٣ وَلَوۡ أَنَّآ أَهۡلَكۡنَٰهُم بِعَذَابٖ
مِّن قَبۡلِهِۦ لَقَالُواْ رَبَّنَا لَوۡلَآ أَرۡسَلۡتَ إِلَيۡنَا رَسُولٗا فَنَتَّبِعَ
ءَايَٰتِكَ مِن قَبۡلِ أَن نَّذِلَّ وَنَخۡزَىٰ ١٣٤ قُلۡ كُلّٞ مُّتَرَبِّصٞ فَتَرَبَّصُواْۖ
فَسَتَعۡلَمُونَ مَنۡ أَصۡحَٰبُ ٱلصِّرَٰطِ ٱلسَّوِيِّ وَمَنِ ٱهۡتَدَىٰ ١٣٥

彼は仰せられた。「そのように、おまえにはわれらの諸々の徴が到来したが、おまえはそれを忘れた。そしてそのように、今日、おまえは忘れられるのである」。(20：126)

そしてそのように、われらは度を越し、己の主の諸々の徴を信じなかった者に報いる。そして、確かに来世の懲罰はより厳しく、より長く続くものである。(20：127)

それが彼ら(マッカの多神教徒)を導かなかったのか[1201]。如何に多くの世代を彼ら以前にわれらが滅ぼしたか(ということが)。彼らは彼らの居住地[1202]を歩いている。まことに、その中には思慮ある者への諸々の徴がある。(20：128)

そしてもしおまえの主からの御言葉が先立っていなければ、それ(滅亡)は必定となっていたし、定められた期限もまた[1203]。(20：129)

それゆえ、彼らの言うことに耐えよ、そして、日の出前と日没前におまえの主への称賛をもって讃美(礼拝)し、夜の一時《いっとき》にも讃美(礼拝)せよ。そして、昼の両端にも。きっとおまえは満足するであろう。(20：130)

そして、彼らのある類の者たちに、われらが彼らをそれによって試みるために、われらが現世の栄華として享楽させたものにおまえの両目を向けてはならない。そしておまえの主の糧はより良く、より長く続くものである。(20：131)

おまえの家族に礼拝を命じ、それに忍耐せよ。われらはおまえに糧を求めはしない。われらがおまえを養うのである。そして(良き)末路(楽園)は畏怖(アッラーを畏れ身を守る者)のためにある。(20：132)

そして彼らは言った。「彼は彼の主からの徴(奇蹟)をわれらにもたらさないのか」。彼らには昔の諸書(啓典)にあったものの明証が訪れなかったのか。(20：133)

そしてもしわれらが彼(使徒ムハンマド)より前に彼らを懲罰で滅ぼせば、(復活の日に)彼らは、「われらが主よ、あなたはわれらに使徒を遣わし給わなかったのですか。そうであれば、われらは卑しみを被り、屈辱を被る前にあなたの諸々の徴に従っていたでしょうに」と言ったであろう。(20：134)

言え、「誰もが待っている。それゆえおまえたちも待て。いずれおまえたちは誰がまっすぐな道の仲間で、誰が導かれた者であるかを知るであろう」。(20：135)

1201　われらが数多くの世代を滅ぼしたことが、彼らには明らかにならなかったのか、の意。あるいは「彼(アッラー)が彼らを導き(示し)給わなかったというのか」とも訳しうる。

1202　滅ぼされた者たちがかつて住んでいた土地。

1203　あるいは「また(もし)期限が定められ(ていなければ)」とも訳しうる。

سُورَةُ الأَنبِيَاءِ

بِسْمِ اللَّهِ الرَّحْمَٰنِ الرَّحِيمِ

اقْتَرَبَ لِلنَّاسِ حِسَابُهُمْ وَهُمْ فِي غَفْلَةٍ مُّعْرِضُونَ ١
مَا يَأْتِيهِم مِّن ذِكْرٍ مِّن رَّبِّهِم مُّحْدَثٍ إِلَّا اسْتَمَعُوهُ وَهُمْ
يَلْعَبُونَ ٢ لَاهِيَةً قُلُوبُهُمْ وَأَسَرُّوا النَّجْوَى الَّذِينَ
ظَلَمُوا هَلْ هَٰذَا إِلَّا بَشَرٌ مِّثْلُكُمْ أَفَتَأْتُونَ السِّحْرَ وَأَنتُمْ
تُبْصِرُونَ ٣ قَالَ رَبِّي يَعْلَمُ الْقَوْلَ فِي السَّمَاءِ وَالْأَرْضِ
وَهُوَ السَّمِيعُ الْعَلِيمُ ٤ بَلْ قَالُوا أَضْغَاثُ أَحْلَامٍ بَلِ
افْتَرَاهُ بَلْ هُوَ شَاعِرٌ فَلْيَأْتِنَا بِآيَةٍ كَمَا أُرْسِلَ الْأَوَّلُونَ
٥ مَا آمَنَتْ قَبْلَهُم مِّن قَرْيَةٍ أَهْلَكْنَاهَا أَفَهُمْ يُؤْمِنُونَ
٦ وَمَا أَرْسَلْنَا قَبْلَكَ إِلَّا رِجَالًا نُّوحِي إِلَيْهِمْ فَاسْأَلُوا أَهْلَ
الذِّكْرِ إِن كُنتُمْ لَا تَعْلَمُونَ ٧ وَمَا جَعَلْنَاهُمْ جَسَدًا
لَّا يَأْكُلُونَ الطَّعَامَ وَمَا كَانُوا خَالِدِينَ ٨ ثُمَّ صَدَقْنَاهُمُ
الْوَعْدَ فَأَنجَيْنَاهُمْ وَمَن نَّشَاءُ وَأَهْلَكْنَا الْمُسْرِفِينَ ٩
لَقَدْ أَنزَلْنَا إِلَيْكُمْ كِتَابًا فِيهِ ذِكْرُكُمْ أَفَلَا تَعْقِلُونَ ١٠

第21章　預言者たち …… سورة الأنبياء

マッカ垂示

本章は、ムーサー、ハールーン、イブラーヒーム、ルート、イスハーク、ヤアクーブ、ヌーフ、ダーウード、スライマーン、アイユーブ、イスマーイール、イドリース、ズー・アル＝キフル、ズー・アン＝ヌーン、ザカリーヤー（48-90節）ら多くの預言者たちが言及されることから「預言者たち」章と名づけられている。

また本章では、無答責の唯一絶対者たるアッラーの存在が宇宙の統一的秩序を保証するとの、唯一神教としてのイスラームの原則が示されている（22-23節）。

慈悲あまねく慈悲深きアッラーの御名において

人々（マッカの多神教徒）に彼らの清算が間近に迫った。彼らが不注意のうちに背き去っている間に。（21：1）

彼らに彼らの主から新しい訓戒（クルアーン）が来ても、ふざけながらそれを聞くだけである。（21：2）

彼らの心はそぞろで、不正をなした者たちは密談を秘匿した。「これ（預言者ムハンマド）は、おまえたち同様の人間に他ならないではないか。おまえたちは目で見ていながら、魔術[1204]に赴くのか」。（21：3）

彼は言った。「わが主は天と地での言葉を知り給う。そして彼はよく聞きよく知り給う御方」。（21：4）

「いや」、彼らは言った。「夢の寄せ集めだ」、「いや、彼が捏造した」、「いや彼は詩人である」、「それなら（真実であるというのなら）、彼に昔の者たちが遣わされた（際の）ような徴（奇蹟）をわれらに持って来させよ」。（21：5）

彼ら以前にも、われらが滅ぼした町（の住民）が信じなかった。それで彼らは信ずるか。（21：6）

そしておまえ以前にわれらが遣わしたのは、（天使ではなく）われらが啓示した男たちにほかならない。それゆえ、訓戒の民（キリスト教徒、ユダヤ教徒の学者）に尋ねよ、もしおまえたちが知らないのならば。（21：7）

われらは彼らを食べ物を食べない身体にはしなかったし、彼らは永遠に生きる者ではなかった。（21：8）

それからわれらは彼らに約束を果たし、彼ら（使徒たち）とわれらが望む者（使徒たちに従った者たち）を救い出し、法外な者たちを滅ぼした。（21：9）

確かに既に、われらはおまえたちに啓典（クルアーン）を下し、そこにはおまえたちの記述がある[1205]。それなのにおまえたちは悟らないのか。（21：10）

1204　クライシュ族の多神教徒がクルアーンを魔術と呼称した。
1205　おまえたちの言語アラビア語でおまえたちへの訓戒、おまえたちの栄誉と責務が記されている。43章44節参照。

وَكَمۡ قَصَمۡنَا مِن قَرۡيَةٖ كَانَتۡ ظَالِمَةٗ وَأَنشَأۡنَا بَعۡدَهَا قَوۡمًا
ءَاخَرِينَ ١١ فَلَمَّآ أَحَسُّواْ بَأۡسَنَآ إِذَا هُم مِّنۡهَا يَرۡكُضُونَ ١٢
لَا تَرۡكُضُواْ وَٱرۡجِعُوٓاْ إِلَىٰ مَآ أُتۡرِفۡتُمۡ فِيهِ وَمَسَٰكِنِكُمۡ لَعَلَّكُمۡ
تُسۡـَٔلُونَ ١٣ قَالُواْ يَٰوَيۡلَنَآ إِنَّا كُنَّا ظَٰلِمِينَ ١٤ فَمَا زَالَت تِّلۡكَ
دَعۡوَىٰهُمۡ حَتَّىٰ جَعَلۡنَٰهُمۡ حَصِيدًا خَٰمِدِينَ ١٥ وَمَا خَلَقۡنَا
ٱلسَّمَآءَ وَٱلۡأَرۡضَ وَمَا بَيۡنَهُمَا لَٰعِبِينَ ١٦ لَوۡ أَرَدۡنَآ أَن نَّتَّخِذَ
لَهۡوٗا لَّٱتَّخَذۡنَٰهُ مِن لَّدُنَّآ إِن كُنَّا فَٰعِلِينَ ١٧ بَلۡ نَقۡذِفُ بِٱلۡحَقِّ
عَلَى ٱلۡبَٰطِلِ فَيَدۡمَغُهُۥ فَإِذَا هُوَ زَاهِقٞۚ وَلَكُمُ ٱلۡوَيۡلُ مِمَّا تَصِفُونَ
١٨ وَلَهُۥ مَن فِي ٱلسَّمَٰوَٰتِ وَٱلۡأَرۡضِۚ وَمَنۡ عِندَهُۥ لَا يَسۡتَكۡبِرُونَ
عَنۡ عِبَادَتِهِۦ وَلَا يَسۡتَحۡسِرُونَ ١٩ يُسَبِّحُونَ ٱلَّيۡلَ وَٱلنَّهَارَ
لَا يَفۡتُرُونَ ٢٠ أَمِ ٱتَّخَذُوٓاْ ءَالِهَةٗ مِّنَ ٱلۡأَرۡضِ هُمۡ يُنشِرُونَ ٢١
لَوۡ كَانَ فِيهِمَآ ءَالِهَةٌ إِلَّا ٱللَّهُ لَفَسَدَتَاۚ فَسُبۡحَٰنَ ٱللَّهِ رَبِّ ٱلۡعَرۡشِ
عَمَّا يَصِفُونَ ٢٢ لَا يُسۡـَٔلُ عَمَّا يَفۡعَلُ وَهُمۡ يُسۡـَٔلُونَ ٢٣ أَمِ ٱتَّخَذُواْ
مِن دُونِهِۦٓ ءَالِهَةٗۖ قُلۡ هَاتُواْ بُرۡهَٰنَكُمۡۖ هَٰذَا ذِكۡرُ مَن مَّعِيَ وَذِكۡرُ
مَن قَبۡلِيۚ بَلۡ أَكۡثَرُهُمۡ لَا يَعۡلَمُونَ ٱلۡحَقَّۖ فَهُم مُّعۡرِضُونَ ٢٤

また、どれほどわれらが不正であった町を破壊し、その後に別の民を生起させたか。(21：11)

そしてわれらの災いを察知するや、途端に彼らはそこから逃げ去る。(21：12)

「逃げるな、おまえたちが快楽に耽ったところ、おまえたちの居住地に戻れ。きっとおまえたちは問われるであろう[1206]」。(21：13)

彼らは言った。「ああ、われらに災いあれ、まことにわれらは不正な者であった」。(21：14)

そしてそれが彼らの呼び声であり続けた(繰り返した)が、やがてわれらは彼らを消えかかった(残り火のような)刈り取られたもの(切り殺された死体)となした[1207]。(21：15)

そしてわれらは天と地とその間にあるものを戯れて(戯れとして)創造したわけではない。(21：16)

もしわれらが気晴らしを持とうと欲したのであれば、われらの側から[1208]それを持ったであろう。もしわれらが(それを)なす者であれば[1209]。(21：17)

いや、われらは真理を虚偽の上に投げつけ、するとそれはそれを打倒する。すると途端にそれは消滅した。そしておまえたちにはおまえたちが述べ立てたことゆえに災いがある[1210]。(21：18)

そして彼にこそ天と地にある者は属し、彼の御許にいる者(天使)は彼への崇拝に対して思い上がることはなく、疲れを感じない。(21：19)

彼らは昼も夜も彼を讃美し、倦むことはない。(21：20)

それとも彼らは神々を大地から得て(石や金属の偶像を神として)、それらが(死者を)甦らせるというのか。(21：21)

もしそこ(天地)にアッラーの他に神々がいれば、それら(天地)は荒廃したであろう[1211]。それゆえ、称えあれ、高御座の主アッラーこそは彼らが述べることから超越し給うた御方。(21：22)

彼は彼がなし給うことについて問責されることはなく、彼ら(人間)こそが問責されるのである。(21：23)

それとも、彼らは彼をさしおいて神々を立てたのか。言え、「おまえたちの明証を持っ

1206　通説では天使の言葉であるが、アッラーの御言葉との説もある。
古注釈によると「彼らが問われる」、とは、以前に人々が裕福な彼らに求めていたのと同様なこと(気前良い施し)を求められる、との意味。

1207　あるいは「刈り取られたものであって、しかも消えかかったものとなした」とも訳しうる。

1208　おまえたち人間の側からではなく。

1209　仮にわれらが無聊の慰めに配偶者や子を欲したとしたなら、自らそれを創造することもできたが、そのようなことはありえなかった。

1210　マッカの多神教徒たちは、アッラーが配偶者や子を有すると虚偽を語っていたために厳しい懲罰を被る。

1211　支配者が乱立する地上が荒廃するように、神々の争いによって。

وَمَآ أَرۡسَلۡنَا مِن قَبۡلِكَ مِن رَّسُولٍ إِلَّا نُوحِيٓ إِلَيۡهِ أَنَّهُۥ لَآ إِلَٰهَ
إِلَّآ أَنَا۠ فَٱعۡبُدُونِ ٢٥ وَقَالُواْ ٱتَّخَذَ ٱلرَّحۡمَٰنُ وَلَدٗاۗ سُبۡحَٰنَهُۥۚ
بَلۡ عِبَادٞ مُّكۡرَمُونَ ٢٦ لَا يَسۡبِقُونَهُۥ بِٱلۡقَوۡلِ وَهُم
بِأَمۡرِهِۦ يَعۡمَلُونَ ٢٧ يَعۡلَمُ مَا بَيۡنَ أَيۡدِيهِمۡ وَمَا خَلۡفَهُمۡ
وَلَا يَشۡفَعُونَ إِلَّا لِمَنِ ٱرۡتَضَىٰ وَهُم مِّنۡ خَشۡيَتِهِۦ مُشۡفِقُونَ
٢٨ ۞ وَمَن يَقُلۡ مِنۡهُمۡ إِنِّيٓ إِلَٰهٞ مِّن دُونِهِۦ فَذَٰلِكَ نَجۡزِيهِ
جَهَنَّمَۚ كَذَٰلِكَ نَجۡزِي ٱلظَّٰلِمِينَ ٢٩ أَوَلَمۡ يَرَ ٱلَّذِينَ كَفَرُوٓاْ
أَنَّ ٱلسَّمَٰوَٰتِ وَٱلۡأَرۡضَ كَانَتَا رَتۡقٗا فَفَتَقۡنَٰهُمَاۖ وَجَعَلۡنَا
مِنَ ٱلۡمَآءِ كُلَّ شَيۡءٍ حَيٍّۚ أَفَلَا يُؤۡمِنُونَ ٣٠ وَجَعَلۡنَا فِي ٱلۡأَرۡضِ
رَوَٰسِيَ أَن تَمِيدَ بِهِمۡ وَجَعَلۡنَا فِيهَا فِجَاجٗا سُبُلٗا لَّعَلَّهُمۡ
يَهۡتَدُونَ ٣١ وَجَعَلۡنَا ٱلسَّمَآءَ سَقۡفٗا مَّحۡفُوظٗاۖ وَهُمۡ عَنۡ
ءَايَٰتِهَا مُعۡرِضُونَ ٣٢ وَهُوَ ٱلَّذِي خَلَقَ ٱلَّيۡلَ وَٱلنَّهَارَ وَٱلشَّمۡسَ
وَٱلۡقَمَرَۖ كُلّٞ فِي فَلَكٖ يَسۡبَحُونَ ٣٣ وَمَا جَعَلۡنَا لِبَشَرٖ مِّن قَبۡلِكَ
ٱلۡخُلۡدَۖ أَفَإِيْن مِّتَّ فَهُمُ ٱلۡخَٰلِدُونَ ٣٤ كُلُّ نَفۡسٖ ذَآئِقَةُ
ٱلۡمَوۡتِۗ وَنَبۡلُوكُم بِٱلشَّرِّ وَٱلۡخَيۡرِ فِتۡنَةٗۖ وَإِلَيۡنَا تُرۡجَعُونَ ٣٥

て来てみよ。これは私と共にいる者への訓戒であり、私以前の者への訓戒である」。いや、彼らの大半は真実を知らず、それゆえ彼らは背を向けているのである。(21：24)

そしてわれらはおまえ以前にも、「われのほかに神はない、それゆえ、われに仕えよ」と啓示せずに使徒を遣わしたことはなかった。(21：25)

だが彼らは言った。「慈悲あまねき御方は子を持ち給うた」。称えあれ、彼こそは超越者。いや、(彼らは)栄誉を授かった僕《しもべ》たちである[1212]。(21：26)

彼ら(天使)は言葉において彼に先行することはなく(アッラーの御命令を待たずに言葉を発することはなく)、彼らは彼の御命令によって行動するのである。(21：27)

彼は彼らの前にあることも彼らの後にあることも知り給い、彼らは(アッラーから)嘉《よみ》された者に対してしか(赦し乞いの)執り成しをすることはない。そして彼らは彼への畏怖から恐懼《きょうく》を抱いている。(21：28)

そして彼らのうち、「われは彼(アッラー)をさしおいて神である」と言う者があれば、そのような者をわれらは火獄《ジャハンナム》で報いる。このようにわれらは不正をなす者たちに報いるのである。(21：29)

また信仰を拒んだ者たちは見なかったのか、諸天と地はとじ合わさっていたが、われらがそれら二つを引き裂いたのを。また、われらが水からあらゆる生き物を成したのである。それなのに彼らは信じないのか。(21：30)

われらはまた、大地にそれが彼らと共に揺れるので(揺れないように)、(磐石の)山脈を成した。また、われらはそこに広い山路、道を成した。きっと彼らは導かれるであろうと。(21：31)

われらはまた、天を(落下から)守られた屋根と成した。だが、彼らはその諸々の徴から背を向ける。(21：32)

そして彼こそは夜と昼、太陽と月を作り給うた御方。どれも軌道を泳いでいる(運行する)。(21：33)

われらは、おまえ以前の人間に対し永生を成したことはなかった。そして、おまえが死んでも、彼らは永遠に生きるというのか。(21：34)

どんな魂も(誰でも)死を味わう。そして、われらはおまえたちを悪と善の試練で試みる。そして、われらの許におまえたちは戻されるのである。(21：35)

1212　多神教徒たちがアッラーの子と呼んでいるものは、アッラーに仕える高貴な天使に過ぎない。

وَإِذَا رَءَاكَ ٱلَّذِينَ كَفَرُوٓاْ إِن يَتَّخِذُونَكَ إِلَّا هُزُوًا أَهَٰذَا
ٱلَّذِي يَذۡكُرُ ءَالِهَتَكُمۡ وَهُم بِذِكۡرِ ٱلرَّحۡمَٰنِ هُمۡ
كَٰفِرُونَ ﴿٣٦﴾ خُلِقَ ٱلۡإِنسَٰنُ مِنۡ عَجَلٖۚ سَأُوْرِيكُمۡ
ءَايَٰتِي فَلَا تَسۡتَعۡجِلُونِ ﴿٣٧﴾ وَيَقُولُونَ مَتَىٰ هَٰذَا ٱلۡوَعۡدُ
إِن كُنتُمۡ صَٰدِقِينَ ﴿٣٨﴾ لَوۡ يَعۡلَمُ ٱلَّذِينَ كَفَرُواْ حِينَ
لَا يَكُفُّونَ عَن وُجُوهِهِمُ ٱلنَّارَ وَلَا عَن ظُهُورِهِمۡ وَلَا
هُمۡ يُنصَرُونَ ﴿٣٩﴾ بَلۡ تَأۡتِيهِم بَغۡتَةٗ فَتَبۡهَتُهُمۡ فَلَا
يَسۡتَطِيعُونَ رَدَّهَا وَلَا هُمۡ يُنظَرُونَ ﴿٤٠﴾ وَلَقَدِ ٱسۡتُهۡزِئَ
بِرُسُلٖ مِّن قَبۡلِكَ فَحَاقَ بِٱلَّذِينَ سَخِرُواْ مِنۡهُم مَّا كَانُواْ
بِهِۦ يَسۡتَهۡزِءُونَ ﴿٤١﴾ قُلۡ مَن يَكۡلَؤُكُم بِٱلَّيۡلِ وَٱلنَّهَارِ
مِنَ ٱلرَّحۡمَٰنِۚ بَلۡ هُمۡ عَن ذِكۡرِ رَبِّهِم مُّعۡرِضُونَ ﴿٤٢﴾
أَمۡ لَهُمۡ ءَالِهَةٞ تَمۡنَعُهُم مِّن دُونِنَاۚ لَا يَسۡتَطِيعُونَ نَصۡرَ
أَنفُسِهِمۡ وَلَا هُم مِّنَّا يُصۡحَبُونَ ﴿٤٣﴾ بَلۡ مَتَّعۡنَا هَٰٓؤُلَآءِ
وَءَابَآءَهُمۡ حَتَّىٰ طَالَ عَلَيۡهِمُ ٱلۡعُمُرُۗ أَفَلَا يَرَوۡنَ أَنَّا نَأۡتِي
ٱلۡأَرۡضَ نَنقُصُهَا مِنۡ أَطۡرَافِهَآۚ أَفَهُمُ ٱلۡغَٰلِبُونَ ﴿٤٤﴾

信仰を拒んだ者たちはおまえを見ると、おまえを物笑いにしかしない。「これがおまえたちの神々を（悪く）言う《ズィクルする》者か」。だが、彼らこそ慈悲あまねき御方の訓戒《ズィクル》に対し、彼らこそ拒む者である。(21：36)

人間は性急さから[1213]創られた。いずれわれはおまえたちにわれらの諸々の徴を見せるであろう。それゆえ、われを急《せ》かすでない。(21：37)

また彼らは言う。「その約束はいつか、もしおまえたちが真実を語る者であるなら」。(21：38)

もし信仰を拒んだ者たちが、獄火を彼らの顔からも背からも防ぐことができず、援けられることもない時のことを知っていれば[1214]。(21：39)

いや、それは突然彼らの許にやって来て、彼らを狼狽させる。それで、彼らはそれを退けることはできず、彼らは猶予されることもない。(21：40)

そしておまえ以前にも使徒たちは嘲笑された。だが、彼らを嘲弄した者たちには彼ら（嘲弄者）が嘲笑したもの（懲罰）が取り囲んだ。(21：41)

言え、「誰がおまえたちを夜に昼に慈悲あまねき御方から守るのか」。いや、彼らは彼らの主の訓戒から背を向ける。(21：42)

それとも、彼らにはわれらをさしおいて彼らを守る神々がいるのか[1215]。それらは己自身を救うこともできず、彼らはわれらから護衛されていないというのに。(21：43)

いや、われらはこれらの者と彼らの祖先を楽しませ、やがて彼らは年齢を重ねた。彼らは、われらがこの地にやって来て、その隅々からそれを減らし取るのを見ないのか[1216]。それでも彼らは勝者なのか。(21：44)

1213　性急なものに。
1214　そのような発言をしなかったであろう。
1215　あるいは、「彼らにはわれらから彼らを守る神々がいるのか」とも訳される。
1216　ムスリムたちが多神教徒たちに勝利し征服地を広げることや災難によって。

قُلْ إِنَّمَآ أُنذِرُكُم بِٱلْوَحْىِ ۚ وَلَا يَسْمَعُ ٱلصُّمُّ ٱلدُّعَآءَ إِذَا
مَا يُنذَرُونَ ﴿٤٥﴾ وَلَئِن مَّسَّتْهُمْ نَفْحَةٌ مِّنْ عَذَابِ رَبِّكَ
لَيَقُولُنَّ يَٰوَيْلَنَآ إِنَّا كُنَّا ظَٰلِمِينَ ﴿٤٦﴾ وَنَضَعُ ٱلْمَوَٰزِينَ
ٱلْقِسْطَ لِيَوْمِ ٱلْقِيَٰمَةِ فَلَا تُظْلَمُ نَفْسٌ شَيْـًٔا ۖ وَإِن كَانَ
مِثْقَالَ حَبَّةٍ مِّنْ خَرْدَلٍ أَتَيْنَا بِهَا ۗ وَكَفَىٰ بِنَا حَٰسِبِينَ ﴿٤٧﴾
وَلَقَدْ ءَاتَيْنَا مُوسَىٰ وَهَٰرُونَ ٱلْفُرْقَانَ وَضِيَآءً وَذِكْرًا
لِّلْمُتَّقِينَ ﴿٤٨﴾ ٱلَّذِينَ يَخْشَوْنَ رَبَّهُم بِٱلْغَيْبِ وَهُم مِّنَ ٱلسَّاعَةِ
مُشْفِقُونَ ﴿٤٩﴾ وَهَٰذَا ذِكْرٌ مُّبَارَكٌ أَنزَلْنَٰهُ ۚ أَفَأَنتُمْ لَهُۥ
مُنكِرُونَ ﴿٥٠﴾ ۞ وَلَقَدْ ءَاتَيْنَآ إِبْرَٰهِيمَ رُشْدَهُۥ مِن قَبْلُ وَكُنَّا
بِهِۦ عَٰلِمِينَ ﴿٥١﴾ إِذْ قَالَ لِأَبِيهِ وَقَوْمِهِۦ مَا هَٰذِهِ ٱلتَّمَاثِيلُ ٱلَّتِىٓ
أَنتُمْ لَهَا عَٰكِفُونَ ﴿٥٢﴾ قَالُوا۟ وَجَدْنَآ ءَابَآءَنَا لَهَا عَٰبِدِينَ ﴿٥٣﴾ قَالَ
لَقَدْ كُنتُمْ أَنتُمْ وَءَابَآؤُكُمْ فِى ضَلَٰلٍ مُّبِينٍ ﴿٥٤﴾ قَالُوٓا۟ أَجِئْتَنَا
بِٱلْحَقِّ أَمْ أَنتَ مِنَ ٱللَّٰعِبِينَ ﴿٥٥﴾ قَالَ بَل رَّبُّكُمْ رَبُّ ٱلسَّمَٰوَٰتِ
وَٱلْأَرْضِ ٱلَّذِى فَطَرَهُنَّ وَأَنَا۠ عَلَىٰ ذَٰلِكُم مِّنَ ٱلشَّٰهِدِينَ ﴿٥٦﴾
وَتَٱللَّهِ لَأَكِيدَنَّ أَصْنَٰمَكُم بَعْدَ أَن تُوَلُّوا۟ مُدْبِرِينَ ﴿٥٧﴾

言え、「私はただ啓示によっておまえたちに警告する者である」。だが、聾者たちは警告されてもその呼び声を聞かない。(21：45)

ところが、もしおまえの主の懲罰の一吹きが(わずかにでも)彼らに触れれば、必ずや彼らは言う。「ああ、われらに災いあれ、まことにわれらは不正な者であった」。(21：46)

そしてわれらは復活(審判)の日に公正な秤を置く。それゆえ、誰もわずかにも不正を受けることはなく、たとえそれがカラシの種粒の重さほどであっても、われらはそれを持ち出した。清算者としてわれらは万全であった。(21：47)

かつてわれらは、ムーサーとハールーンに識別と輝きと畏れ身を守る者たちへの訓戒[1217]を授けた。(21：48)

(彼らは)隠れて[1218]彼らの主を懼れる者たちで、彼らはかの時(復活、最後の審判の日)に恐懼《きょうく》を抱いている。(21：49)

そしてこれはわれらが下した祝福された訓戒である。それでもおまえたちはそれを否定するのか。(21：50)

またわれらはイブラーヒームに(ムーサーとハールーン)以前に既にその正導(見識)を授けた。そしてわれらは彼について知り尽くした者であった。(21：51)

彼が彼の父とその民に言った時のこと、「あなたがたが(信奉に)没頭するこれらの像は何か[1219]」。(21：52)

彼らは言った。「われらはわれらの祖先がそれに仕えているのを見出したのである」。(21：53)

彼は言った。「あなたがたもあなたがたの祖先も確かに明白な迷誤の中にあった」。(21：54)

彼らは言った。「おまえは真実をわれらの許にもたらしたのか[1220]、それともおまえは戯れる者たち(の一人)か」。(21：55)

彼は言った。「いや、あなたがたの主は諸天と地の主で、それらを創始し給うた御方。そして、私はそれに対する証言者たち(の一人)である」。(21：56)

「そしてアッラーに誓って、あなたがたが背を向けて立ち去った後、必ずや私はあなたがたの偶像に策謀をなそう」。(21：57)

1217　道を照らし人々を導く律法の書(識別、フルカーン)を。

1218　人々の見ていないところでも。異説によると、「隠れて(bi-al-ghaib)」いるのはアッラーで、「人間には知覚、把握できない存在であらせられる彼らの主を懼れている者たち」を意味する。

1219　19章42-46節、26章69-86節、37章84-98節参照。

1220　おまえがわれらにもたらした発言は真面目な正直なものか。

فَجَعَلَهُمْ جُذَٰذًا إِلَّا كَبِيرًا لَّهُمْ لَعَلَّهُمْ إِلَيْهِ يَرْجِعُونَ
﴿٥٨﴾ قَالُوا۟ مَن فَعَلَ هَٰذَا بِـَٔالِهَتِنَآ إِنَّهُۥ لَمِنَ ٱلظَّٰلِمِينَ ﴿٥٩﴾
قَالُوا۟ سَمِعْنَا فَتًى يَذْكُرُهُمْ يُقَالُ لَهُۥٓ إِبْرَٰهِيمُ ﴿٦٠﴾ قَالُوا۟ فَأْتُوا۟
بِهِۦ عَلَىٰٓ أَعْيُنِ ٱلنَّاسِ لَعَلَّهُمْ يَشْهَدُونَ ﴿٦١﴾ قَالُوٓا۟ ءَأَنتَ
فَعَلْتَ هَٰذَا بِـَٔالِهَتِنَا يَٰٓإِبْرَٰهِيمُ ﴿٦٢﴾ قَالَ بَلْ فَعَلَهُۥ كَبِيرُهُمْ
هَٰذَا فَسْـَٔلُوهُمْ إِن كَانُوا۟ يَنطِقُونَ ﴿٦٣﴾ فَرَجَعُوٓا۟ إِلَىٰٓ
أَنفُسِهِمْ فَقَالُوٓا۟ إِنَّكُمْ أَنتُمُ ٱلظَّٰلِمُونَ ﴿٦٤﴾ ثُمَّ نُكِسُوا۟
عَلَىٰ رُءُوسِهِمْ لَقَدْ عَلِمْتَ مَا هَٰٓؤُلَآءِ يَنطِقُونَ ﴿٦٥﴾ قَالَ
أَفَتَعْبُدُونَ مِن دُونِ ٱللَّهِ مَا لَا يَنفَعُكُمْ شَيْـًٔا وَلَا
يَضُرُّكُمْ ﴿٦٦﴾ أُفٍّ لَّكُمْ وَلِمَا تَعْبُدُونَ مِن دُونِ ٱللَّهِ
أَفَلَا تَعْقِلُونَ ﴿٦٧﴾ قَالُوا۟ حَرِّقُوهُ وَٱنصُرُوٓا۟ ءَالِهَتَكُمْ إِن كُنتُمْ
فَٰعِلِينَ ﴿٦٨﴾ قُلْنَا يَٰنَارُ كُونِى بَرْدًا وَسَلَٰمًا عَلَىٰٓ إِبْرَٰهِيمَ
﴿٦٩﴾ وَأَرَادُوا۟ بِهِۦ كَيْدًا فَجَعَلْنَٰهُمُ ٱلْأَخْسَرِينَ ﴿٧٠﴾ وَنَجَّيْنَٰهُ
وَلُوطًا إِلَى ٱلْأَرْضِ ٱلَّتِى بَٰرَكْنَا فِيهَا لِلْعَٰلَمِينَ ﴿٧١﴾ وَوَهَبْنَا
لَهُۥٓ إِسْحَٰقَ وَيَعْقُوبَ نَافِلَةً ۖ وَكُلًّا جَعَلْنَا صَٰلِحِينَ ﴿٧٢﴾

そこで彼は彼ら(偶像)の中の巨像だけを残しそれらを粉々にした。きっと彼らがそれ(巨像)に戻ってくるだろうと。(21：58)

彼らは言った。「誰がわれらの神々にこのようなことをしたのか。まことにそれは不正な者たち(の一人)である」。(21：59)

彼らは言った。「われらはある若者が彼ら(偶像)について(悪く)言うのを聞いた。イブラーヒームと言われる(者である)」。(21：60)

彼らは言った。「彼を人々の目の前に連れ出せ。きっと彼らは証言するであろう」。(21：61)

彼らは言った。「イブラーヒームよ、おまえか、このようなことをわれらの神々になしたのは」。(21：62)

彼は言った。「いや、それをなしたのは彼らのうちのこの巨像である。それゆえ彼らに尋ねよ、もし彼らが口を利けるなら[1221]」。(21：63)

そこで彼らは我に返り、(自分たちの間で互いに)言った。「まことにあなたがたこそ不正な者である」。(21：64)

それから彼らは頭からひっくり返された(元の誤謬に戻った)。「確かにおまえはこれらが口を利かないことを知っていたはずだ」。(21：65)

彼は言った。「それでもあなたがたはアッラーをさしおいて、あなたがたに何の益もなさず、害もなさないものに仕えるのか」。(21：66)

「なんと忌わしい、あなたがたも、あなたがたの仕えるものも。あなたがたは悟らないのか」。(21：67)

彼らは言った。「彼を大いに焼き、あなたがたの神々を援けよ、もしおまえたちが為す者ならば」。(21：68)

われらは言った。「火よ、冷たくなり、イブラーヒームに対して安全となれ」。(21：69)

そして彼らは彼に策謀を望んだが、われらは彼らを大層損失した者どもとなした。(21：70)

われらはまた、彼とルートを、われらが諸世界の者たちのために祝福した地(歴史的シリア)に救い出した。(21：71)

そして、われらは彼にイスハークを、そしてヤアクーブを贈物として[1222]授けた。そしてそれぞれをわれらは正しい者たちとなした。(21：72)

1221　イブラーヒームが嘘をついたのは、この時と、病気でないのに病気であると言った時(37章89節)、必要に迫られて妻のサーラを姉妹と呼んだ時の三回であると伝えられる(ブハーリー)。

1222　イブラーヒームの願っていたイスハーク(子)に加え、ヤアクーブ(孫)をも。あるいは、両者を贈物として、の意。

وَجَعَلۡنَٰهُمۡ أَئِمَّةٗ يَهۡدُونَ بِأَمۡرِنَا وَأَوۡحَيۡنَآ إِلَيۡهِمۡ فِعۡلَ
ٱلۡخَيۡرَٰتِ وَإِقَامَ ٱلصَّلَوٰةِ وَإِيتَآءَ ٱلزَّكَوٰةِۖ وَكَانُواْ لَنَا
عَٰبِدِينَ ٧٣ وَلُوطًا ءَاتَيۡنَٰهُ حُكۡمٗا وَعِلۡمٗا وَنَجَّيۡنَٰهُ مِنَ
ٱلۡقَرۡيَةِ ٱلَّتِي كَانَت تَّعۡمَلُ ٱلۡخَبَٰٓئِثَۚ إِنَّهُمۡ كَانُواْ قَوۡمَ سَوۡءٖ
فَٰسِقِينَ ٧٤ وَأَدۡخَلۡنَٰهُ فِي رَحۡمَتِنَآۖ إِنَّهُۥ مِنَ ٱلصَّٰلِحِينَ
٧٥ وَنُوحًا إِذۡ نَادَىٰ مِن قَبۡلُ فَٱسۡتَجَبۡنَا لَهُۥ فَنَجَّيۡنَٰهُ
وَأَهۡلَهُۥ مِنَ ٱلۡكَرۡبِ ٱلۡعَظِيمِ ٧٦ وَنَصَرۡنَٰهُ مِنَ ٱلۡقَوۡمِ
ٱلَّذِينَ كَذَّبُواْ بِـَٔايَٰتِنَآۚ إِنَّهُمۡ كَانُواْ قَوۡمَ سَوۡءٖ فَأَغۡرَقۡنَٰهُمۡ
أَجۡمَعِينَ ٧٧ وَدَاوُۥدَ وَسُلَيۡمَٰنَ إِذۡ يَحۡكُمَانِ فِي ٱلۡحَرۡثِ
إِذۡ نَفَشَتۡ فِيهِ غَنَمُ ٱلۡقَوۡمِ وَكُنَّا لِحُكۡمِهِمۡ شَٰهِدِينَ ٧٨
فَفَهَّمۡنَٰهَا سُلَيۡمَٰنَۚ وَكُلًّا ءَاتَيۡنَا حُكۡمٗا وَعِلۡمٗاۚ وَسَخَّرۡنَا
مَعَ دَاوُۥدَ ٱلۡجِبَالَ يُسَبِّحۡنَ وَٱلطَّيۡرَۚ وَكُنَّا فَٰعِلِينَ ٧٩
وَعَلَّمۡنَٰهُ صَنۡعَةَ لَبُوسٖ لَّكُمۡ لِتُحۡصِنَكُم مِّنۢ بَأۡسِكُمۡۖ
فَهَلۡ أَنتُمۡ شَٰكِرُونَ ٨٠ وَلِسُلَيۡمَٰنَ ٱلرِّيحَ عَاصِفَةٗ تَجۡرِي بِأَمۡرِهِۦٓ
إِلَى ٱلۡأَرۡضِ ٱلَّتِي بَٰرَكۡنَا فِيهَاۚ وَكُنَّا بِكُلِّ شَيۡءٍ عَٰلِمِينَ ٨١

そしてわれらは、彼らをわれらの命令に従って導く導師となし、彼らに諸善の実践と礼拝の遵守と浄財の支払いを啓示した。そして彼らはわれらに仕える者たちであった。(21：73)

またルートにも[1223]、われらは彼に英知と知識を与え、醜悪な行為(男色など)をなしていた町(サドゥーム：ソドム)から彼を救い出した。まことに彼らは悪の民、邪な者たちであった。(21：74)

そして、われらは彼をわれらの慈悲のうちに入れた。まことに彼は正しい者(たちの一人)であった。(21：75)

また、ヌーフを[1224]。彼が以前に祈り呼びかけた時[1225]、われらは彼に答え、彼と彼の家族を大いなる災難から救い出した[1226]。(21：76)

われらは、われらの徴を嘘として否定した民から彼を助け出した。まことに彼らは悪の民であり、われらは彼らをみな溺死させた。(21：77)

また、ダーウードとスライマーンを。二人が耕地について裁決した時のこと、その時、民の羊がそこで夜中に草を食んだのであった[1227]。そしてわれらは彼らの裁決の証言者であった。(21：78)

それでわれらはそれ(裁決)をスライマーンに理解させた。それぞれ、われらは判断力[1228]と知識を授け、(ダーウードには)山々を従わせ、それらはダーウードと共に讃美し、鳥たちも。そしてわれらは為す者であった。(21：79)

また、われらは彼に、おまえたちのために胸甲《きょうこう》の作り方を教え、それでおまえたちをおまえたちの暴力から守った。それで、おまえたちは感謝する者であるのか。(21：80)

また、スライマーンには猛威を奮う風を(われらは従わせた)[1229]。それは彼の命令によって、われらが祝福した大地に吹いた。そして、われらはあらゆることについて知る者であった。(21：81)

1223　11章77-82節、15章61-74節参照。

1224　想起せよ。あるいは、ルートに与えた様にヌーフにもわれらは与えた、の意。

1225　71章26節参照。

1226　11章25-48節参照。

1227　ダーウードは、耕地の作物を荒らした羊の持ち主に、賠償としてその羊を耕地の持ち主に引き渡せと裁定したが、スライマーンは、羊の持ち主にその耕地の原状回復を義務付け、それまでの間は耕地の持ち主がその羊の乳、羊毛、子羊などを得るとの裁定を下した、と伝えられる。

1228　預言者性。

1229　38章36節参照。

وَمِنَ ٱلشَّيَٰطِينِ مَن يَغُوصُونَ لَهُۥ وَيَعۡمَلُونَ عَمَلٗا دُونَ
ذَٰلِكَۖ وَكُنَّا لَهُمۡ حَٰفِظِينَ ٨٢ ۞وَأَيُّوبَ إِذۡ نَادَىٰ
رَبَّهُۥٓ أَنِّي مَسَّنِيَ ٱلضُّرُّ وَأَنتَ أَرۡحَمُ ٱلرَّٰحِمِينَ ٨٣
فَٱسۡتَجَبۡنَا لَهُۥ فَكَشَفۡنَا مَا بِهِۦ مِن ضُرّٖۖ وَءَاتَيۡنَٰهُ أَهۡلَهُۥ
وَمِثۡلَهُم مَّعَهُمۡ رَحۡمَةٗ مِّنۡ عِندِنَا وَذِكۡرَىٰ لِلۡعَٰبِدِينَ
٨٤ وَإِسۡمَٰعِيلَ وَإِدۡرِيسَ وَذَا ٱلۡكِفۡلِۖ كُلّٞ مِّنَ ٱلصَّٰبِرِينَ
٨٥ وَأَدۡخَلۡنَٰهُمۡ فِي رَحۡمَتِنَآۖ إِنَّهُم مِّنَ ٱلصَّٰلِحِينَ ٨٦
وَذَا ٱلنُّونِ إِذ ذَّهَبَ مُغَٰضِبٗا فَظَنَّ أَن لَّن نَّقۡدِرَ عَلَيۡهِ
فَنَادَىٰ فِي ٱلظُّلُمَٰتِ أَن لَّآ إِلَٰهَ إِلَّآ أَنتَ سُبۡحَٰنَكَ إِنِّي
كُنتُ مِنَ ٱلظَّٰلِمِينَ ٨٧ فَٱسۡتَجَبۡنَا لَهُۥ وَنَجَّيۡنَٰهُ
مِنَ ٱلۡغَمِّۚ وَكَذَٰلِكَ نُـۨجِي ٱلۡمُؤۡمِنِينَ ٨٨ وَزَكَرِيَّآ
إِذۡ نَادَىٰ رَبَّهُۥ رَبِّ لَا تَذَرۡنِي فَرۡدٗا وَأَنتَ خَيۡرُ ٱلۡوَٰرِثِينَ
٨٩ فَٱسۡتَجَبۡنَا لَهُۥ وَوَهَبۡنَا لَهُۥ يَحۡيَىٰ وَأَصۡلَحۡنَا
لَهُۥ زَوۡجَهُۥٓۚ إِنَّهُمۡ كَانُواْ يُسَٰرِعُونَ فِي ٱلۡخَيۡرَٰتِ
وَيَدۡعُونَنَا رَغَبٗا وَرَهَبٗاۖ وَكَانُواْ لَنَا خَٰشِعِينَ ٩٠

また、悪魔たちのうちからも(われらは従わせ)、彼のために潜水する者もあれば、それ以外の仕事をする者もあった。そしてわれらは彼らに対して監視者であった。(21：82)

また、アイユーブを(想起せよ)。彼が主に呼びかけた時のこと、「まことに苦痛(病)が私に触れましたが、あなたは慈悲ある者たちのうち最も慈悲ある御方です」。(21：83)

そこでわれらは彼に応え、彼にあった苦痛(病)を取り除いた。そして、彼に家族、それに加えて、同じものを与えた[1230]。われらの許からの慈悲として、また仕える者たちへの訓戒として。(21：84)

また、イスマーイールとイドリースとズー・アル＝キフルを(想起せよ)。皆、忍耐する者たちであった。(21：85)

われらは彼らをわれらの慈悲のうちに入れた。まことに彼らは正しい者であった。(21：86)

また、ズー・アン＝ヌーン(ユーヌス：ヨナ)を(想起せよ)。彼が怒って出かけた時のこと[1231]。彼はわれらが彼に対して力を及ぼすことはないだろうと思った。それから彼は、諸々の暗闇[1232]の中で祈り呼びかけた。「あなたのほかに神はありません。称えあれ、あなたこそ超越者。まことに私は不正なものたち(の一人)でした」。(21：87)

そこでわれらは彼に答え、彼をその苦難から救い出した。そしてこのようにわれらは信仰者たちを救い出す。(21：88)

また、ザカリーヤーを(想起せよ)。彼が彼の主に祈り呼びかけた時のこと、「わが主よ、私を一人に放置し給うな。あなたは相続者たちのうち最良の御方[1233]」。(21：89)

そこでわれらは彼に応え、彼にヤフヤーを授け、彼の妻を彼のために健やかにした[1234]。彼らは善行に急いで向かい、期待し、また怖れて[1235]われらに祈っていた。そして彼らはわれらに謙虚であった。(21：90)

1230　子供たちは皆事故死したが、アッラーは後に以前より多くの子を恵み給うた。38章41-43節、「ヨブ記」1章13-22節、2章1-13節、42章10-17節参照。

1231　自分の民が信仰しないことに怒り、彼らから立ち去った時のこと。

1232　夜の闇、海底の闇、大魚の腹の中の闇。ユーヌスは、アッラーの命令に背き、船で海に出たため嵐に襲われた。誰のせいで嵐に襲われたのかを知るために乗客の間で籤が引かれたが、籤が彼に当たり、海中に投げ出された。彼は大魚に飲まれたが、悔いてアッラーに立ち戻り祈ったため、大魚の腹から救い出された。37章139-148節、「ヨナ書」1章、2章参照。

1233　被造物が全て消滅した後にも永存される御方。

1234　閉経後にもかかわらず不妊を治した。3章38-41節、19章7-10節参照。

1235　アッラーの慈悲や良きことを期待し、懲罰を怖れて。

وَٱلَّتِيٓ أَحۡصَنَتۡ فَرۡجَهَا فَنَفَخۡنَا فِيهَا مِن رُّوحِنَا
وَجَعَلۡنَٰهَا وَٱبۡنَهَآ ءَايَةٗ لِّلۡعَٰلَمِينَ (٩١) إِنَّ هَٰذِهِۦٓ
أُمَّتُكُمۡ أُمَّةٗ وَٰحِدَةٗ وَأَنَا۠ رَبُّكُمۡ فَٱعۡبُدُونِ (٩٢)
وَتَقَطَّعُوٓاْ أَمۡرَهُم بَيۡنَهُمۡۖ كُلٌّ إِلَيۡنَا رَٰجِعُونَ (٩٣)
فَمَن يَعۡمَلۡ مِنَ ٱلصَّٰلِحَٰتِ وَهُوَ مُؤۡمِنٞ فَلَا كُفۡرَانَ
لِسَعۡيِهِۦ وَإِنَّا لَهُۥ كَٰتِبُونَ (٩٤) وَحَرَٰمٌ عَلَىٰ قَرۡيَةٍ
أَهۡلَكۡنَٰهَآ أَنَّهُمۡ لَا يَرۡجِعُونَ (٩٥) حَتَّىٰٓ إِذَا فُتِحَتۡ
يَأۡجُوجُ وَمَأۡجُوجُ وَهُم مِّن كُلِّ حَدَبٖ يَنسِلُونَ (٩٦)
وَٱقۡتَرَبَ ٱلۡوَعۡدُ ٱلۡحَقُّ فَإِذَا هِيَ شَٰخِصَةٌ أَبۡصَٰرُ ٱلَّذِينَ
كَفَرُواْ يَٰوَيۡلَنَا قَدۡ كُنَّا فِي غَفۡلَةٖ مِّنۡ هَٰذَا بَلۡ كُنَّا
ظَٰلِمِينَ (٩٧) إِنَّكُمۡ وَمَا تَعۡبُدُونَ مِن دُونِ ٱللَّهِ
حَصَبُ جَهَنَّمَ أَنتُمۡ لَهَا وَٰرِدُونَ (٩٨) لَوۡ كَانَ
هَٰٓؤُلَآءِ ءَالِهَةٗ مَّا وَرَدُوهَاۖ وَكُلّٞ فِيهَا خَٰلِدُونَ (٩٩)
لَهُمۡ فِيهَا زَفِيرٞ وَهُمۡ فِيهَا لَا يَسۡمَعُونَ (١٠٠) إِنَّ ٱلَّذِينَ
سَبَقَتۡ لَهُم مِّنَّا ٱلۡحُسۡنَىٰٓ أُوْلَٰٓئِكَ عَنۡهَا مُبۡعَدُونَ (١٠١)

また、己の陰部を守りとおした女人（マルヤム）を（想起せよ）。そしてわれらは彼女にわれらの霊（ジブリール）から吹き込み[1236]、彼女とその息子を諸世界への徴となした[1237]。(21：91)

まことに、これはおまえたちの共同体、唯一の共同体であり[1238]、われはおまえたちの主である。それゆえ、われに仕えよ。(21：92)

だが、彼らは彼らの間で彼らの事柄（教義問題）で分裂した。いずれもわれらの許に帰り行く者たちである。(21：93)

それで善行をなした者は、信仰者であるなら、彼の努力には（その報酬が）否認（されること）はなく、まことにわれらは彼のために書き留める者である。(21：94)

そしてわれらが滅ぼした町には、彼らが戻らないよう、禁じられた[1239]。(21：95)

ヤアジュージュとマアジュージュが解き放たれ、彼らがあらゆる丘から走り来るまでは[1240]。(21：96)

真実の約束は近づいた。すると、それ、信仰を拒んだ者たちの目は大きく見開かれる。「ああ、われらに災いあれ、このことについてわれらは不注意であった。いや、われらは不正な者であった」。(21：97)

まことに、おまえたち、そしておまえたちがアッラーをさしおいて仕えていたもの（偶像、悪魔）は火獄《ジャハンナム》の石[1241]であり、おまえたちはそこにやって来るのである。(21：98)

もしこれら（偶像、悪魔）が神々であったなら、彼らがそこにやって来ることはなかった。だが、どちらもそこに永遠に留まる。(21：99)

彼らにはそこで嘆息[1242]がある。彼らはそこでは（他に何も）聞かないであろう。(21：100)

われらから彼らへの至善が先行した者たち、それらの者はそれ（火獄）から遠く離されている[1243]。(21：101)

1236　ジブリールが息を吹き込み。

1237　3章45-47節、4章171節、19章17-24節参照。

1238　これらの預言者たちの宗旨は全て同じイスラームである。

1239　われらが滅ぼした町の住民が現世に戻る、あるいは悔いて戻ることは禁じられた。

1240　18章94-97節参照。

1241　燃料、薪を意味すると伝えられる。

1242　慟哭、呻吟。

1243　永遠の昔からアッラーの至高の報酬が約束されていた者たちは、火獄から遠ざけられる。従って、ウザイルやイーサーや天使等は崇拝対象とされていても火獄には入れられない。

لَا يَسۡمَعُونَ حَسِيسَهَاۖ وَهُمۡ فِي مَا ٱشۡتَهَتۡ أَنفُسُهُمۡ
خَٰلِدُونَ ١٠٢ لَا يَحۡزُنُهُمُ ٱلۡفَزَعُ ٱلۡأَكۡبَرُ وَتَتَلَقَّىٰهُمُ
ٱلۡمَلَٰٓئِكَةُ هَٰذَا يَوۡمُكُمُ ٱلَّذِي كُنتُمۡ تُوعَدُونَ ١٠٣
يَوۡمَ نَطۡوِي ٱلسَّمَآءَ كَطَيِّ ٱلسِّجِلِّ لِلۡكُتُبِۚ كَمَا بَدَأۡنَآ
أَوَّلَ خَلۡقٖ نُّعِيدُهُۥۚ وَعۡدًا عَلَيۡنَآۚ إِنَّا كُنَّا فَٰعِلِينَ ١٠٤ وَلَقَدۡ
كَتَبۡنَا فِي ٱلزَّبُورِ مِنۢ بَعۡدِ ٱلذِّكۡرِ أَنَّ ٱلۡأَرۡضَ يَرِثُهَا
عِبَادِيَ ٱلصَّٰلِحُونَ ١٠٥ إِنَّ فِي هَٰذَا لَبَلَٰغٗا لِّقَوۡمٍ
عَٰبِدِينَ ١٠٦ وَمَآ أَرۡسَلۡنَٰكَ إِلَّا رَحۡمَةٗ لِّلۡعَٰلَمِينَ
١٠٧ قُلۡ إِنَّمَا يُوحَىٰٓ إِلَيَّ أَنَّمَآ إِلَٰهُكُمۡ إِلَٰهٞ وَٰحِدٞۖ فَهَلۡ
أَنتُم مُّسۡلِمُونَ ١٠٨ فَإِن تَوَلَّوۡاْ فَقُلۡ ءَاذَنتُكُمۡ عَلَىٰ سَوَآءٖۖ
وَإِنۡ أَدۡرِيٓ أَقَرِيبٌ أَم بَعِيدٞ مَّا تُوعَدُونَ ١٠٩ إِنَّهُۥ يَعۡلَمُ
ٱلۡجَهۡرَ مِنَ ٱلۡقَوۡلِ وَيَعۡلَمُ مَا تَكۡتُمُونَ ١١٠ وَإِنۡ أَدۡرِي
لَعَلَّهُۥ فِتۡنَةٞ لَّكُمۡ وَمَتَٰعٌ إِلَىٰ حِينٖ ١١١ قَٰلَ رَبِّ ٱحۡكُم
بِٱلۡحَقِّۗ وَرَبُّنَا ٱلرَّحۡمَٰنُ ٱلۡمُسۡتَعَانُ عَلَىٰ مَا تَصِفُونَ ١١٢

سُورَةُ الحَجِّ

その(獄火の)かすかな音も彼らは聞かない。そして彼らは彼ら自身が切望していたもののうちに永遠に留まる。(21：102)

最大の恐怖が彼らを悩ますことはなく、天使たちが彼らを出迎える、「これがおまえたちに約束されていたおまえたちの日である」。(21：103)

われらが、紙葉(巻物)をそこに書かれるものに対し(内にして)巻き上げるように天を巻き上げる日[1244]。最初の創造を始めたように、われらはそれを戻す、われらに課された約束として。まことにわれらは為す者であった。(21：104)

われらは、詩篇[1245]の中でも記述の後に書いた[1246]。「大地はわが正しい僕《しもべ》たちがこれを継ぐ」。(21：105)

まことに、この中には仕える民にとっての充足[1247]がある。(21：106)

そしてわれらがおまえを遣わしたのは、諸世界への慈悲としてにほかならない。(21：107)

言え、「私に啓示されたのは、おまえたちの神は唯一の神であるということに他ならない。さて、おまえたちは帰依する者《ムスリム》であるか」。(21：108)

それでもし、彼らがそむき去るなら、言え、「私はおまえたちに平等に知らせた。そして、おまえたちに約束されたもの(懲罰)が近いのか遠いのか、私にも分らない」。(21：109)

「まことに、彼は言葉であからさまなものを知り給うし、おまえたちが隠すものも知り給う」。(21：110)

「そして、もしかするとそれはおまえたちへの試練かもしれないし、そして(あるいは)一時期までの享楽であるのかもしれないが、私は知らない」。(21：111)

彼(預言者ムハンマド)は言った。「わが主よ、真実によって裁き給え。われらの主は慈悲あまねき御方、おまえたちが述べること(アッラーへの冒瀆、預言者ムハンマドへの中傷)に対し助けを乞われるべき御方である」。(21：112)

1244　なお、「われらが、書記(スィジッル)が巻物を巻き上げるように天を巻き上げる日」との解釈もある。

1245　あるいは「諸啓典」との解釈も有力。

1246　「詩篇」37章29節参照。「記述の後に」とは、「『護持された書板』に書き記した後に」の意味。

1247　「充足(バラーグ)」は、「目的の楽園に到達するために十分なもの」を意味するとも、「メッセージ、達意」の意味とも言われる。

بِسۡمِ ٱللَّهِ ٱلرَّحۡمَٰنِ ٱلرَّحِيمِ

يَٰٓأَيُّهَا ٱلنَّاسُ ٱتَّقُواْ رَبَّكُمۡۚ إِنَّ زَلۡزَلَةَ ٱلسَّاعَةِ شَيۡءٌ عَظِيمٞ
١ يَوۡمَ تَرَوۡنَهَا تَذۡهَلُ كُلُّ مُرۡضِعَةٍ عَمَّآ أَرۡضَعَتۡ وَتَضَعُ
كُلُّ ذَاتِ حَمۡلٍ حَمۡلَهَا وَتَرَى ٱلنَّاسَ سُكَٰرَىٰ وَمَا هُم
بِسُكَٰرَىٰ وَلَٰكِنَّ عَذَابَ ٱللَّهِ شَدِيدٞ ٢ وَمِنَ ٱلنَّاسِ مَن
يُجَٰدِلُ فِي ٱللَّهِ بِغَيۡرِ عِلۡمٖ وَيَتَّبِعُ كُلَّ شَيۡطَٰنٖ مَّرِيدٖ ٣
كُتِبَ عَلَيۡهِ أَنَّهُۥ مَن تَوَلَّاهُ فَأَنَّهُۥ يُضِلُّهُۥ وَيَهۡدِيهِ
إِلَىٰ عَذَابِ ٱلسَّعِيرِ ٤ يَٰٓأَيُّهَا ٱلنَّاسُ إِن كُنتُمۡ فِي رَيۡبٖ
مِّنَ ٱلۡبَعۡثِ فَإِنَّا خَلَقۡنَٰكُم مِّن تُرَابٖ ثُمَّ مِن نُّطۡفَةٖ
ثُمَّ مِنۡ عَلَقَةٖ ثُمَّ مِن مُّضۡغَةٖ مُّخَلَّقَةٖ وَغَيۡرِ مُخَلَّقَةٖ لِّنُبَيِّنَ
لَكُمۡۚ وَنُقِرُّ فِي ٱلۡأَرۡحَامِ مَا نَشَآءُ إِلَىٰٓ أَجَلٖ مُّسَمّٗى ثُمَّ
نُخۡرِجُكُمۡ طِفۡلٗا ثُمَّ لِتَبۡلُغُوٓاْ أَشُدَّكُمۡۖ وَمِنكُم مَّن يُتَوَفَّىٰ
وَمِنكُم مَّن يُرَدُّ إِلَىٰٓ أَرۡذَلِ ٱلۡعُمُرِ لِكَيۡلَا يَعۡلَمَ مِنۢ
بَعۡدِ عِلۡمٖ شَيۡـٔٗاۚ وَتَرَى ٱلۡأَرۡضَ هَامِدَةٗ فَإِذَآ أَنزَلۡنَا عَلَيۡهَا
ٱلۡمَآءَ ٱهۡتَزَّتۡ وَرَبَتۡ وَأَنۢبَتَتۡ مِن كُلِّ زَوۡجِۭ بَهِيجٖ ٥

第22章　大巡礼……سورة الحج

マディーナ垂示

本章は、マッカの聖モスクがイブラーヒームによって巡礼者のために建設されたこと、犠牲の捧げ方に至る大巡礼の諸規定が明らかにされていることから、「大巡礼」章と呼ばれる(26-37節)。

また、ムスリムたちにジハードが最初に許可されたのは、戦いを仕掛けられた場合の自衛権を定めた本章39-40節の啓示によってであるが、同時にムスリムのモスクだけでなく、キリスト教徒の修道院や教会、ユダヤ教徒のシナゴーグの安全も等しく保証されるべきことが謳われている。

なお、イブラーヒームの時代以来、ムハンマドの到来までの、イスラームを宗教として奉ずる全ての信仰者の名称が「ムスリム」であることは、本章78節に明記されている。

慈悲あまねく慈悲深きアッラーの御名において

人々よ、おまえたちの主を畏れ身を守れ。まことに、かの時(復活の日)の地震は大いなるものである。(22：1)

おまえたちがそれを見る日、授乳する女(母)はことごとく授乳していたもの(乳児)を忘れ、妊娠している者はことごとく彼女の孕んだものを産み落とす(流産する)。そしておまえは人々が酔っていると見るが、彼らは酔ってはいない。そうではなく、アッラーの懲罰が厳しいのである。(22：2)

人々の中には知識もなくアッラーについて論争し、あらゆる反抗的な悪魔に従う者がいる。(22：3)

彼(悪魔)には書き留め(定め)られている、彼を後見とする者、彼はその者を迷わせ、彼はその者を烈火の懲罰に導くと。(22：4)

人々よ、もしおまえたちが甦りについて疑念のうちにあるなら、まことにわれらがおまえたちを土くれから、それから精液から、それから凝血から、それから創造されたものと創造されたものでない[1248]肉塊から創ったのである。おまえたちに(われらの威力の完全性を)明示するために。そしてわれらは子宮の中にわれらが望むものを定められた時期まで留め置き、それからおまえたちを乳児として出でさせ、それからおまえたちは壮年(三十－四十歳)に達するのである。おまえたちの中には召し上げられる者もあれば[1249]、おまえたちの中には最も低劣な(耄碌の)年まで戻され、知識の後に何も知らないようになる者もいる。またおまえは大地が枯れ果てているのを見よう。ところがわれらがそこに水(雨)を下すや、それは身震いし、盛り上がり、あらゆる麗しい種類の植物をも生じさせた。(22：5)

1248　「創造されたもの」とは「人間の形をとったもの」、「創造されたものでない」とは「人間の形をとらなかったもの、未熟児」を指す、と言われる。

1249　壮年に達する前に。

ذَٰلِكَ بِأَنَّ ٱللَّهَ هُوَ ٱلۡحَقُّ وَأَنَّهُۥ يُحۡيِ ٱلۡمَوۡتَىٰ وَأَنَّهُۥ عَلَىٰ كُلِّ شَيۡءٖ
قَدِيرٞ ٦ وَأَنَّ ٱلسَّاعَةَ ءَاتِيَةٞ لَّا رَيۡبَ فِيهَا وَأَنَّ ٱللَّهَ يَبۡعَثُ مَن فِي
ٱلۡقُبُورِ ٧ وَمِنَ ٱلنَّاسِ مَن يُجَٰدِلُ فِي ٱللَّهِ بِغَيۡرِ عِلۡمٖ وَلَا هُدٗى
وَلَا كِتَٰبٖ مُّنِيرٖ ٨ ثَانِيَ عِطۡفِهِۦ لِيُضِلَّ عَن سَبِيلِ ٱللَّهِۖ لَهُۥ فِي
ٱلدُّنۡيَا خِزۡيٞۖ وَنُذِيقُهُۥ يَوۡمَ ٱلۡقِيَٰمَةِ عَذَابَ ٱلۡحَرِيقِ ٩ ذَٰلِكَ
بِمَا قَدَّمَتۡ يَدَاكَ وَأَنَّ ٱللَّهَ لَيۡسَ بِظَلَّٰمٖ لِّلۡعَبِيدِ ١٠ وَمِنَ ٱلنَّاسِ
مَن يَعۡبُدُ ٱللَّهَ عَلَىٰ حَرۡفٖۖ فَإِنۡ أَصَابَهُۥ خَيۡرٌ ٱطۡمَأَنَّ بِهِۦۖ وَإِنۡ
أَصَابَتۡهُ فِتۡنَةٌ ٱنقَلَبَ عَلَىٰ وَجۡهِهِۦ خَسِرَ ٱلدُّنۡيَا وَٱلۡأٓخِرَةَۚ ذَٰلِكَ
هُوَ ٱلۡخُسۡرَانُ ٱلۡمُبِينُ ١١ يَدۡعُواْ مِن دُونِ ٱللَّهِ مَا لَا يَضُرُّهُۥ
وَمَا لَا يَنفَعُهُۥۚ ذَٰلِكَ هُوَ ٱلضَّلَٰلُ ٱلۡبَعِيدُ ١٢ يَدۡعُواْ لَمَن
ضَرُّهُۥٓ أَقۡرَبُ مِن نَّفۡعِهِۦۚ لَبِئۡسَ ٱلۡمَوۡلَىٰ وَلَبِئۡسَ ٱلۡعَشِيرُ ١٣
إِنَّ ٱللَّهَ يُدۡخِلُ ٱلَّذِينَ ءَامَنُواْ وَعَمِلُواْ ٱلصَّٰلِحَٰتِ جَنَّٰتٖ
تَجۡرِي مِن تَحۡتِهَا ٱلۡأَنۡهَٰرُۚ إِنَّ ٱللَّهَ يَفۡعَلُ مَا يُرِيدُ ١٤ مَن كَانَ
يَظُنُّ أَن لَّن يَنصُرَهُ ٱللَّهُ فِي ٱلدُّنۡيَا وَٱلۡأٓخِرَةِ فَلۡيَمۡدُدۡ بِسَبَبٍ إِلَى
ٱلسَّمَآءِ ثُمَّ لۡيَقۡطَعۡ فَلۡيَنظُرۡ هَلۡ يُذۡهِبَنَّ كَيۡدُهُۥ مَا يَغِيظُ ١٥

そうしたことは、アッラー、彼こそが真理であり、彼が死者を生き返らせ、彼があらゆるものに対して全能なる御方であらせられることによる。(22：6)

また、かの時は到来し、それについて疑いはなく、アッラーは墓の中にいる者を甦らせ給うこと(による)。(22：7)

だが、人々の中には、アッラーについて知識もなく、導きもなく、照明する啓典もなく、論争する者がいる。(22：8)

(高慢に)首を傾げながら(論争し)、アッラーの道から迷わすために(論争する)。彼には現世で屈辱があり、復活(審判)の日、われらは彼に炎熱の懲罰を味わわせる。(22：9)

「これはおまえの両手が前もってなしたことゆえである。アッラーは僕《しもべ》たちに対し不当不正な御方ではあらせられない」。(22：10)

また人々の中には縁《へり》で[1250]アッラーに仕える者がいる。もし善が降りかかれば、彼はそれに安心するが、もし試練が降りかかれば、顔を反転する。彼は現世と来世を失った。それこそ明白な喪失である。(22：11)

彼らはアッラーをさしおいて自分に害をなすこともないもの、益をなすこともないもの(偶像神)に祈る。それこそ遠い迷誤である。(22：12)

彼らはその者の害がその者の益よりも近い者にこそ祈っている。なんと悪い庇護者であり、なんと悪い仲間であることよ。(22：13)

まことにアッラーは信仰し善行をなした者を下に河川が流れる楽園に入れ給う。まことにアッラーは御望みのことをなし給う。(22：14)

アッラーが彼(預言者ムハンマド)を現世においても来世においても援け給うことはないと考えた者には、天(天井)に縄を張り伸ばさせ、それから切断させよ、そして彼の策謀が怒らせるもの(怒りの原因)を取り除くことができるものかを見させよ[1251]。(22：15)

1250　山頂のあるいは壁の縁に立ったように不安定な信仰で、疑いながら。

1251　天井に紐を吊るしてそれで首を吊って、それからその紐を切って(あるいは首吊りにより首を切り)、それでアッラーがその預言者ムハンマドを援け給うたことに対する自分の嫉妬と怒りが収まるか、試してみるがよい。

وَكَذَٰلِكَ أَنزَلْنَٰهُ ءَايَٰتٍۭ بَيِّنَٰتٍ وَأَنَّ ٱللَّهَ يَهْدِى مَن يُرِيدُ
﴿١٦﴾ إِنَّ ٱلَّذِينَ ءَامَنُوا۟ وَٱلَّذِينَ هَادُوا۟ وَٱلصَّٰبِـِٔينَ وَٱلنَّصَٰرَىٰ
وَٱلْمَجُوسَ وَٱلَّذِينَ أَشْرَكُوٓا۟ إِنَّ ٱللَّهَ يَفْصِلُ بَيْنَهُمْ يَوْمَ
ٱلْقِيَٰمَةِ ۚ إِنَّ ٱللَّهَ عَلَىٰ كُلِّ شَىْءٍ شَهِيدٌ ﴿١٧﴾ أَلَمْ تَرَ أَنَّ ٱللَّهَ
يَسْجُدُ لَهُۥ مَن فِى ٱلسَّمَٰوَٰتِ وَمَن فِى ٱلْأَرْضِ وَٱلشَّمْسُ
وَٱلْقَمَرُ وَٱلنُّجُومُ وَٱلْجِبَالُ وَٱلشَّجَرُ وَٱلدَّوَآبُّ وَكَثِيرٌ مِّنَ
ٱلنَّاسِ ۖ وَكَثِيرٌ حَقَّ عَلَيْهِ ٱلْعَذَابُ ۗ وَمَن يُهِنِ ٱللَّهُ فَمَا لَهُۥ مِن
مُّكْرِمٍ ۚ إِنَّ ٱللَّهَ يَفْعَلُ مَا يَشَآءُ ۩ ﴿١٨﴾ ۞ هَٰذَانِ خَصْمَانِ
ٱخْتَصَمُوا۟ فِى رَبِّهِمْ ۖ فَٱلَّذِينَ كَفَرُوا۟ قُطِّعَتْ لَهُمْ ثِيَابٌ
مِّن نَّارٍ يُصَبُّ مِن فَوْقِ رُءُوسِهِمُ ٱلْحَمِيمُ ﴿١٩﴾ يُصْهَرُ بِهِۦ
مَا فِى بُطُونِهِمْ وَٱلْجُلُودُ ﴿٢٠﴾ وَلَهُم مَّقَٰمِعُ مِنْ حَدِيدٍ ﴿٢١﴾ كُلَّمَآ
أَرَادُوٓا۟ أَن يَخْرُجُوا۟ مِنْهَا مِنْ غَمٍّ أُعِيدُوا۟ فِيهَا وَذُوقُوا۟ عَذَابَ
ٱلْحَرِيقِ ﴿٢٢﴾ إِنَّ ٱللَّهَ يُدْخِلُ ٱلَّذِينَ ءَامَنُوا۟ وَعَمِلُوا۟ ٱلصَّٰلِحَٰتِ
جَنَّٰتٍ تَجْرِى مِن تَحْتِهَا ٱلْأَنْهَٰرُ يُحَلَّوْنَ فِيهَا مِنْ
أَسَاوِرَ مِن ذَهَبٍ وَلُؤْلُؤًا ۖ وَلِبَاسُهُمْ فِيهَا حَرِيرٌ ﴿٢٣﴾

そしてこのように、われらはそれ(クルアーン)を明白に諸々の徴として下した、アッラーは御望みの者を導き給うのであると。(22：16)

まことに信仰した者、「戻った者たち」(ユダヤ教徒)、サービア教徒[1252]、キリスト教徒、マギ教徒[1253]、そして多神を崇拝する者たち、まことにアッラーは彼らの間を復活(審判)の日に分別し給う。まことにアッラーはあらゆるものの証人となり給う御方。(22：17)

おまえたちは見なかったか、アッラー、彼に、諸天の者、地の者、太陽、月、星々、山々、木、動物たちが跪拝するのを。そして、人々の多くもまた。だが、多くの者には懲罰がふさわしい。そしてアッラーが卑しめ給うた者、彼には栄誉を与える者はない。まことにアッラーは御望みのことをなし給う。(22：18)

この両者(信仰者と不信仰者)は彼らの主をめぐって論争する論敵同士である。それで信仰を拒んだ者たち、彼らには火の服が裁断され、頭の上から熱湯が注がれる。(22：19)

腹の中のものはそれで溶かされ、皮膚もまた。(22：20)

そして彼らには鉄の棒がある[1254]。(22：21)

苦悩のため、そこから出ようとする度、彼らはそこに押し返され、「炎熱の懲罰を味わえ」(と言われる)。(22：22)

まことに、アッラーは信仰し善行をなした者たちを、下に河川が流れる楽園に入れ給う。彼らはそこでは金の腕輪と真珠に飾られ、彼らの衣装はそこでは絹である。(22：23)

1252　2章62節参照。
1253　光と闇の二元論を信じ、火を崇拝するゾロアスター教徒を指すとも言われる。
1254　天使が鉄棒で彼らを殴る。あるいは鉄格子の檻に収監される。

وَهُدُوٓاْ إِلَى ٱلطَّيِّبِ مِنَ ٱلۡقَوۡلِ وَهُدُوٓاْ إِلَىٰ صِرَٰطِ ٱلۡحَمِيدِ
٢٤ إِنَّ ٱلَّذِينَ كَفَرُواْ وَيَصُدُّونَ عَن سَبِيلِ ٱللَّهِ وَٱلۡمَسۡجِدِ
ٱلۡحَرَامِ ٱلَّذِي جَعَلۡنَٰهُ لِلنَّاسِ سَوَآءً ٱلۡعَٰكِفُ فِيهِ وَٱلۡبَادِۚ
وَمَن يُرِدۡ فِيهِ بِإِلۡحَادِۭ بِظُلۡمٖ نُّذِقۡهُ مِنۡ عَذَابٍ أَلِيمٖ
٢٥ وَإِذۡ بَوَّأۡنَا لِإِبۡرَٰهِيمَ مَكَانَ ٱلۡبَيۡتِ أَن لَّا تُشۡرِكۡ
بِي شَيۡـٔٗا وَطَهِّرۡ بَيۡتِيَ لِلطَّآئِفِينَ وَٱلۡقَآئِمِينَ وَٱلرُّكَّعِ
ٱلسُّجُودِ ٢٦ وَأَذِّن فِي ٱلنَّاسِ بِٱلۡحَجِّ يَأۡتُوكَ رِجَالٗا وَعَلَىٰ
كُلِّ ضَامِرٖ يَأۡتِينَ مِن كُلِّ فَجٍّ عَمِيقٖ ٢٧ لِّيَشۡهَدُواْ
مَنَٰفِعَ لَهُمۡ وَيَذۡكُرُواْ ٱسۡمَ ٱللَّهِ فِيٓ أَيَّامٖ مَّعۡلُومَٰتٍ
عَلَىٰ مَا رَزَقَهُم مِّنۢ بَهِيمَةِ ٱلۡأَنۡعَٰمِۖ فَكُلُواْ مِنۡهَا
وَأَطۡعِمُواْ ٱلۡبَآئِسَ ٱلۡفَقِيرَ ٢٨ ثُمَّ لۡيَقۡضُواْ تَفَثَهُمۡ
وَلۡيُوفُواْ نُذُورَهُمۡ وَلۡيَطَّوَّفُواْ بِٱلۡبَيۡتِ ٱلۡعَتِيقِ ٢٩
ذَٰلِكَۖ وَمَن يُعَظِّمۡ حُرُمَٰتِ ٱللَّهِ فَهُوَ خَيۡرٞ لَّهُۥ عِندَ
رَبِّهِۦۗ وَأُحِلَّتۡ لَكُمُ ٱلۡأَنۡعَٰمُ إِلَّا مَا يُتۡلَىٰ عَلَيۡكُمۡۖ
فَٱجۡتَنِبُواْ ٱلرِّجۡسَ مِنَ ٱلۡأَوۡثَٰنِ وَٱجۡتَنِبُواْ قَوۡلَ ٱلزُّورِ ٣٠

彼らは良い言葉に導かれ、称賛されるべき御方の道に導かれた。(22：24)

まことに、信仰を拒み、アッラーの道と禁裏モスク　―われらはそれを居住者であろうと遊牧民(遠来の訪問者)であろうと人々のために設けた―　から(人々を)阻む者たち、そしてそこで不正による逸脱を望む者[1255]、われらは彼に痛苦の懲罰から(の一部を)味わわせるであろう。(22：25)

われらがイブラーヒームに館(マッカの禁裏モスク)の場所を用意した(示した)時のこと。「われに何ものも並び配してはならない。またわが館を、周礼する者たち、立礼する者たち、屈礼し、跪拝する者たちのために清めよ」。(22：26)

また、人々に大巡礼を呼びかけよ。彼らはおまえの許に歩いてやって来る。また、あらゆる痩せたラクダで、あらゆる遠い山路からやって来る。(22：27)

彼らが彼らの利益に立会い、アッラーが彼らに糧として与え給うた家畜の四足動物に対して、定められた日々に彼の名を唱え(屠殺す)るために。「それから食べよ、また、困窮した不幸な者に食べさせよ」。(22：28)

それから、彼らには、彼らの汚れを始末させ、誓願を果たさせ[1256]、古来の館を周礼させよ。(22：29)

それが(義務であり)、アッラーの禁忌を重んじる者、それ[1257]は彼にとって彼の主の御許において一層良い。そしておまえたちには家畜が許された。ただし、おまえたちに読み聞かされたものは別であり[1258]、そして偶像の汚れを避け、また虚偽の言葉を避けよ。(22：30)

1255　アッラーに叛き悪を行おうとする者。

1256　大巡礼、小巡礼、供犠の誓いを果たし、その後で、巡礼中には禁じられていた爪切り、散髪などを解禁し、身を清めよ。

1257　アッラーの禁忌を重んじること。

1258　2章173節、5章3節、6章145節、16章115節参照。

حُنَفَآءَ لِلَّهِ غَيْرَ مُشْرِكِينَ بِهِۦ ۚ وَمَن يُشْرِكْ بِٱللَّهِ فَكَأَنَّمَا خَرَّ مِنَ
ٱلسَّمَآءِ فَتَخْطَفُهُ ٱلطَّيْرُ أَوْ تَهْوِى بِهِ ٱلرِّيحُ فِى مَكَانٍ سَحِيقٍ
٣١ ذَٰلِكَ ۖ وَمَن يُعَظِّمْ شَعَٰٓئِرَ ٱللَّهِ فَإِنَّهَا مِن تَقْوَى ٱلْقُلُوبِ ٣٢
لَكُمْ فِيهَا مَنَٰفِعُ إِلَىٰٓ أَجَلٍ مُّسَمًّى ثُمَّ مَحِلُّهَآ إِلَى ٱلْبَيْتِ ٱلْعَتِيقِ
٣٣ وَلِكُلِّ أُمَّةٍ جَعَلْنَا مَنسَكًا لِّيَذْكُرُوا۟ ٱسْمَ ٱللَّهِ عَلَىٰ
مَا رَزَقَهُم مِّنۢ بَهِيمَةِ ٱلْأَنْعَٰمِ ۗ فَإِلَٰهُكُمْ إِلَٰهٌ وَٰحِدٌ فَلَهُۥٓ
أَسْلِمُوا۟ ۗ وَبَشِّرِ ٱلْمُخْبِتِينَ ٣٤ ٱلَّذِينَ إِذَا ذُكِرَ ٱللَّهُ وَجِلَتْ
قُلُوبُهُمْ وَٱلصَّٰبِرِينَ عَلَىٰ مَآ أَصَابَهُمْ وَٱلْمُقِيمِى ٱلصَّلَوٰةِ
وَمِمَّا رَزَقْنَٰهُمْ يُنفِقُونَ ٣٥ وَٱلْبُدْنَ جَعَلْنَٰهَا لَكُم مِّن شَعَٰٓئِرِ
ٱللَّهِ لَكُمْ فِيهَا خَيْرٌ ۖ فَٱذْكُرُوا۟ ٱسْمَ ٱللَّهِ عَلَيْهَا صَوَآفَّ ۖ فَإِذَا وَجَبَتْ
جُنُوبُهَا فَكُلُوا۟ مِنْهَا وَأَطْعِمُوا۟ ٱلْقَانِعَ وَٱلْمُعْتَرَّ ۚ كَذَٰلِكَ سَخَّرْنَٰهَا
لَكُمْ لَعَلَّكُمْ تَشْكُرُونَ ٣٦ لَن يَنَالَ ٱللَّهَ لُحُومُهَا وَلَا دِمَآؤُهَا
وَلَٰكِن يَنَالُهُ ٱلتَّقْوَىٰ مِنكُمْ ۚ كَذَٰلِكَ سَخَّرَهَا لَكُمْ لِتُكَبِّرُوا۟
ٱللَّهَ عَلَىٰ مَا هَدَىٰكُمْ ۗ وَبَشِّرِ ٱلْمُحْسِنِينَ ٣٧ ۞ إِنَّ ٱللَّهَ يُدَٰفِعُ
عَنِ ٱلَّذِينَ ءَامَنُوٓا۟ ۗ إِنَّ ٱللَّهَ لَا يُحِبُّ كُلَّ خَوَّانٍ كَفُورٍ ٣٨

(その際には)アッラーに対しひたむきに、また、彼に共同者(偶像神)を配する者でなく。アッラーに共同者を配する者、それは天から転落し、鳥がさらった者のよう、あるいは風が遠く離れたところに吹き飛ばした者のようである。(22：31)

それが(義務であり)、アッラーの儀典を重んじる者、まさにそれは心の畏怖の念(アッラーを畏れ身を守ること)から(の一部)である。(22：32)

おまえたちにとって、それには定めの期限まで益があり[1259]、それからその(犠牲獣を屠る)解禁場所は古来の館の方[1260]である。(22：33)

そしてあらゆる共同体にわれらは儀式を定めた。彼らが、アッラーが彼らに糧として授け給うた家畜の四足動物に対して彼の御名を唱え(屠殺す)るためである。おまえたちの神は唯一の神である。それゆえ、彼に帰依せよ。そして、畏まった者たちに吉報を伝えよ。(22：34)

(彼らは)アッラー（の御名)が唱えられると心が臆する者であり、降りかかったもの(苦難)に対して忍耐する者、礼拝を遵守する者で、彼らはわれらが彼らに糧として授けたものから(善に)費やす。(22：35)

また、ラクダ(等の犠牲)を、われらはおまえたちのためにアッラーの儀典の一部とした。おまえたちにはそこに良いものがある。並べた状態で、それに対してアッラーの御名を唱えよ(屠殺せよ)。それでその脇が倒れたら[1261]、それから食べ、満足した者にも[1262]物乞いにも食べさせよ。こうしてわれらはそれをおまえたちに従わせた。きっとおまえたちも感謝するであろう。(22：36)

その肉もその血もアッラーに達するのではない。そうではなく、おまえたちからの畏怖の念が彼に達するのである。こうしてわれらはそれ(供犠の家畜)をおまえたちに従わせた。アッラーがおまえたちを導き給うたことに対しおまえたちが彼を偉大であると称えるためである。善を尽くす者たちに吉報を伝えよ。(22：37)

まことに、アッラーは信仰する者たちを(不信仰者の敵対から)守り給う。まことに、アッラーはあらゆる変節漢の不信仰者を愛し給わない。(22：38)

1259　供犠のために巡礼に連れてきたラクダは、供犠の日までは、それに乗ったり、荷物を載せて運ばせたりしても構わない。

1260　その供犠は、マッカの禁裏モスク内に限られず、マッカの全域で許される。

1261　ラクダは左前足を縛って三本足で立たせた姿勢で屠殺し、地面に倒れたら。

1262　貧しいが手元にあるものに満足し、又は恥じて乞わない者。

أُذِنَ لِلَّذِينَ يُقَٰتَلُونَ بِأَنَّهُمْ ظُلِمُوا۟ ۚ وَإِنَّ ٱللَّهَ عَلَىٰ نَصْرِهِمْ لَقَدِيرٌ
٣٩ ٱلَّذِينَ أُخْرِجُوا۟ مِن دِيَٰرِهِم بِغَيْرِ حَقٍّ إِلَّآ أَن يَقُولُوا۟
رَبُّنَا ٱللَّهُ ۗ وَلَوْلَا دَفْعُ ٱللَّهِ ٱلنَّاسَ بَعْضَهُم بِبَعْضٍ لَّهُدِّمَتْ
صَوَٰمِعُ وَبِيَعٌ وَصَلَوَٰتٌ وَمَسَٰجِدُ يُذْكَرُ فِيهَا ٱسْمُ ٱللَّهِ
كَثِيرًا ۗ وَلَيَنصُرَنَّ ٱللَّهُ مَن يَنصُرُهُۥٓ ۗ إِنَّ ٱللَّهَ لَقَوِىٌّ
عَزِيزٌ ٤٠ ٱلَّذِينَ إِن مَّكَّنَّٰهُمْ فِى ٱلْأَرْضِ أَقَامُوا۟ ٱلصَّلَوٰةَ
وَءَاتَوُا۟ ٱلزَّكَوٰةَ وَأَمَرُوا۟ بِٱلْمَعْرُوفِ وَنَهَوْا۟ عَنِ ٱلْمُنكَرِ ۗ
وَلِلَّهِ عَٰقِبَةُ ٱلْأُمُورِ ٤١ وَإِن يُكَذِّبُوكَ فَقَدْ كَذَّبَتْ
قَبْلَهُمْ قَوْمُ نُوحٍ وَعَادٌ وَثَمُودُ ٤٢ وَقَوْمُ إِبْرَٰهِيمَ وَقَوْمُ
لُوطٍ ٤٣ وَأَصْحَٰبُ مَدْيَنَ ۖ وَكُذِّبَ مُوسَىٰ فَأَمْلَيْتُ لِلْكَٰفِرِينَ
ثُمَّ أَخَذْتُهُمْ ۖ فَكَيْفَ كَانَ نَكِيرِ ٤٤ فَكَأَيِّن مِّن قَرْيَةٍ
أَهْلَكْنَٰهَا وَهِىَ ظَالِمَةٌ فَهِىَ خَاوِيَةٌ عَلَىٰ عُرُوشِهَا وَبِئْرٍ
مُّعَطَّلَةٍ وَقَصْرٍ مَّشِيدٍ ٤٥ أَفَلَمْ يَسِيرُوا۟ فِى ٱلْأَرْضِ فَتَكُونَ
لَهُمْ قُلُوبٌ يَعْقِلُونَ بِهَآ أَوْ ءَاذَانٌ يَسْمَعُونَ بِهَا ۖ فَإِنَّهَا
لَا تَعْمَى ٱلْأَبْصَٰرُ وَلَٰكِن تَعْمَى ٱلْقُلُوبُ ٱلَّتِى فِى ٱلصُّدُورِ ٤٦

戦いを仕掛けられた者たちには、不正を被ったがゆえに許可された[1263]。まことに、アッラーは彼らを援けることが可能であらせられる御方。(22：39)

(彼らは)正当な理由なしに自分たちの家から追い出された者たちで、彼らはただ「われらの主はアッラーである」と言っただけであった。そしてもしアッラーが人々を、彼らのある者たち(不正な不信仰者)をある者たち(ムスリム)によって撃退・抑制し給わなければ、修道院も教会も礼拝堂(シナゴーグ)も諸モスクも、―そこではアッラーの御名が多く唱えられる―　打ち壊されていたであろう。そして確かにアッラーは彼を援ける者を援け給う。まことにアッラーは強く、威力比類なき御方。(22：40)

(彼らは)地上でわれらが彼らに勢威を与えると、礼拝に立ち、浄財を払い、良識を命じ、忌事を禁じた者たちである。アッラーにこそ物事の結果は属す。(22：41)

また彼らがおまえを嘘だと否定しても、彼ら以前にもかつてヌーフの民も、アード(族)もサムード(族)も嘘と否定したのである。(22：42)

またイブラーヒームの民も、ルートの民も。(22：43)

マドヤンの住民もまた。そして、ムーサーも嘘と否定された。だが、われは不信仰者たちに猶予を与え、それから彼らを捕らえた。それでわが拒絶[1264]がどのようなものであったか。(22：44)

そしていかほどの不正をなしていた町をわれらは滅ぼしたことか。そしてそれは、屋根の上に荒廃した[1265]。また、(いかほどの)廃れた井戸と高大な城を(われらは滅ぼしたことか)[1266]。(22：45)

彼らは地上を旅しなかったのか。そうすれば、彼らがそれによって考えるところの心、あるいは彼らがそれによって聞くところの耳ができたであろうに。まことにそれは視覚が盲《めし》いているのではなく、胸にある心が盲いているのである。(22：46)

1263　マディーナへのヒジュラ(聖遷)以前には、預言者ムハンマドとムスリムたちは不信仰者たちの迫害に対して反撃することが禁じられていたが、この節の啓示によって初めてジハードが許可された。

1264　彼らが信仰を拒んだことに対する。

1265　屋根が崩落し、それから壁が壊れ、屋根の上に壁が落ちた。

1266　あるいは、「そしてそれは屋根屋根の、また廃れた井戸と高大な城の上に荒廃した」とも訳される。

وَيَسْتَعْجِلُونَكَ بِٱلْعَذَابِ وَلَن يُخْلِفَ ٱللَّهُ وَعْدَهُۥ ۚ وَإِنَّ يَوْمًا
عِندَ رَبِّكَ كَأَلْفِ سَنَةٍ مِّمَّا تَعُدُّونَ ﴿٤٧﴾ وَكَأَيِّن مِّن
قَرْيَةٍ أَمْلَيْتُ لَهَا وَهِىَ ظَالِمَةٌ ثُمَّ أَخَذْتُهَا وَإِلَىَّ ٱلْمَصِيرُ
﴿٤٨﴾ قُلْ يَٰٓأَيُّهَا ٱلنَّاسُ إِنَّمَآ أَنَا۠ لَكُمْ نَذِيرٌ مُّبِينٌ ﴿٤٩﴾ فَٱلَّذِينَ
ءَامَنُوا۟ وَعَمِلُوا۟ ٱلصَّٰلِحَٰتِ لَهُم مَّغْفِرَةٌ وَرِزْقٌ كَرِيمٌ ﴿٥٠﴾
وَٱلَّذِينَ سَعَوْا۟ فِىٓ ءَايَٰتِنَا مُعَٰجِزِينَ أُو۟لَٰٓئِكَ أَصْحَٰبُ
ٱلْجَحِيمِ ﴿٥١﴾ وَمَآ أَرْسَلْنَا مِن قَبْلِكَ مِن رَّسُولٍ وَلَا نَبِىٍّ إِلَّآ
إِذَا تَمَنَّىٰٓ أَلْقَى ٱلشَّيْطَٰنُ فِىٓ أُمْنِيَّتِهِۦ فَيَنسَخُ ٱللَّهُ مَا يُلْقِى
ٱلشَّيْطَٰنُ ثُمَّ يُحْكِمُ ٱللَّهُ ءَايَٰتِهِۦ ۗ وَٱللَّهُ عَلِيمٌ حَكِيمٌ ﴿٥٢﴾ لِّيَجْعَلَ
مَا يُلْقِى ٱلشَّيْطَٰنُ فِتْنَةً لِّلَّذِينَ فِى قُلُوبِهِم مَّرَضٌ وَٱلْقَاسِيَةِ
قُلُوبُهُمْ ۗ وَإِنَّ ٱلظَّٰلِمِينَ لَفِى شِقَاقٍۭ بَعِيدٍ ﴿٥٣﴾ وَلِيَعْلَمَ
ٱلَّذِينَ أُوتُوا۟ ٱلْعِلْمَ أَنَّهُ ٱلْحَقُّ مِن رَّبِّكَ فَيُؤْمِنُوا۟ بِهِۦ
فَتُخْبِتَ لَهُۥ قُلُوبُهُمْ ۗ وَإِنَّ ٱللَّهَ لَهَادِ ٱلَّذِينَ ءَامَنُوٓا۟ إِلَىٰ صِرَٰطٍ
مُّسْتَقِيمٍ ﴿٥٤﴾ وَلَا يَزَالُ ٱلَّذِينَ كَفَرُوا۟ فِى مِرْيَةٍ مِّنْهُ حَتَّىٰ
تَأْتِيَهُمُ ٱلسَّاعَةُ بَغْتَةً أَوْ يَأْتِيَهُمْ عَذَابُ يَوْمٍ عَقِيمٍ ﴿٥٥﴾

そして彼らはおまえに懲罰を急《せ》かすであろう。だが、アッラーが彼の約束を違え給うことはない[1267]。そして、まことに、おまえの主の御許での一日はおまえたちが数える千年のようなものである。(22：47)

いかほどの町にわれは猶予を与えたことか、それが不正をなしているというのに。それからわれはそれを捕らえた。われの許にこそ行き着く先はある。(22：48)

言え、「人々よ、私はおまえたちへの明白な警告者にほかならない」。(22：49)

「そして信仰し、善行をなす者たち、彼らには御赦しと高貴な糧[1268]がある」。(22：50)

「だが、われらの諸々の徴(クルアーン)(への敵対)において奔走し、見くびった者たち、それらの者は焦熱地獄の輩である」。(22：51)

おまえ以前にも、われらが使徒や預言者を遣わした時には、彼が(読誦を)欲するや、悪魔が彼の欲望(読誦)に(虚偽の囁きを)吹き込まないことはなかった。だが、アッラーは悪魔が吹き込んだことを廃棄し、それからご自身の徴を確定させ給う[1269]。そしてアッラーはよく知り給う英明なる御方。(22：52)

悪魔が吹き込むものを心に病がある者や心頑な者たちへの試練となし給うためであった。そして、まことに不正な者たちは遠い対立のうちにある。(22：53)

また、知識を与えられた者たちがそれ(クルアーン)がおまえの主からの真理であると知り、そうして彼らがそれを信じ、彼らの心がそれに畏まるためであった。まことにアッラーは、信仰する者たちを真っすぐな道に導く御方。(22：54)

しかし信仰を拒む者たちはそれについての疑念に留まり続け、やがてついにかの時が不意に彼らに訪れるか、不毛な日[1270](復活、審判の日)の懲罰が彼に訪れるのである。(22：55)

1267　バドルの戦いの際に彼らに対する現世での懲罰が実現した。

1268　来世での楽園を指す。

1269　預言者がクライシュ族の多神教徒の集まりで、53章19-20節を誦みあげられた時、悪魔が、預言者が気付かない間に、その舌に「これら色白の水鳥のような高貴な乙女たち、まことに彼女らの執り成しは期待される」の句を吹き込み、彼はそれを続けて誦みあげられた。そこで天使ジブリールが預言者にそれを教え、それからこの節が啓示されたと言われる。

但し、この伝承は捏造されたもので、そのような事実はなかった、とする学者も多い(10章15節、17章73-74節、25章32節、53章3節、69章44-46節、87章6節参照)。

1270　不妊の日、つまり女たちが自分たちの子供を戦闘により失い、不妊の女であるかのようになる日、とも言われる。

ٱلۡمُلۡكُ يَوۡمَئِذٖ لِّلَّهِ يَحۡكُمُ بَيۡنَهُمۡۚ فَٱلَّذِينَ ءَامَنُواْ
وَعَمِلُواْ ٱلصَّٰلِحَٰتِ فِي جَنَّٰتِ ٱلنَّعِيمِ ٥٦ وَٱلَّذِينَ
كَفَرُواْ وَكَذَّبُواْ بِـَٔايَٰتِنَا فَأُوْلَٰٓئِكَ لَهُمۡ عَذَابٞ
مُّهِينٞ ٥٧ وَٱلَّذِينَ هَاجَرُواْ فِي سَبِيلِ ٱللَّهِ ثُمَّ قُتِلُوٓاْ
أَوۡ مَاتُواْ لَيَرۡزُقَنَّهُمُ ٱللَّهُ رِزۡقًا حَسَنٗاۚ وَإِنَّ ٱللَّهَ لَهُوَ
خَيۡرُ ٱلرَّٰزِقِينَ ٥٨ لَيُدۡخِلَنَّهُم مُّدۡخَلٗا يَرۡضَوۡنَهُۥۚ
وَإِنَّ ٱللَّهَ لَعَلِيمٌ حَلِيمٞ ٥٩ ۞ذَٰلِكَۖ وَمَنۡ عَاقَبَ بِمِثۡلِ
مَا عُوقِبَ بِهِۦ ثُمَّ بُغِيَ عَلَيۡهِ لَيَنصُرَنَّهُ ٱللَّهُۚ إِنَّ ٱللَّهَ
لَعَفُوٌّ غَفُورٞ ٦٠ ذَٰلِكَ بِأَنَّ ٱللَّهَ يُولِجُ ٱلَّيۡلَ فِي
ٱلنَّهَارِ وَيُولِجُ ٱلنَّهَارَ فِي ٱلَّيۡلِ وَأَنَّ ٱللَّهَ سَمِيعُۢ
بَصِيرٞ ٦١ ذَٰلِكَ بِأَنَّ ٱللَّهَ هُوَ ٱلۡحَقُّ وَأَنَّ مَا يَدۡعُونَ
مِن دُونِهِۦ هُوَ ٱلۡبَٰطِلُ وَأَنَّ ٱللَّهَ هُوَ ٱلۡعَلِيُّ ٱلۡكَبِيرُ ٦٢
أَلَمۡ تَرَ أَنَّ ٱللَّهَ أَنزَلَ مِنَ ٱلسَّمَآءِ مَآءٗ فَتُصۡبِحُ ٱلۡأَرۡضُ
مُخۡضَرَّةًۚ إِنَّ ٱللَّهَ لَطِيفٌ خَبِيرٞ ٦٣ لَّهُۥ مَا فِي ٱلسَّمَٰوَٰتِ
وَمَا فِي ٱلۡأَرۡضِۗ وَإِنَّ ٱللَّهَ لَهُوَ ٱلۡغَنِيُّ ٱلۡحَمِيدُ ٦٤

その日、王権はアッラーに属し、彼は彼らの間を裁き給う。その結果、信仰し、善行をなした者たちは至福の楽園にいる。(22：56)

一方、信仰を拒み、われらの諸々の徴を嘘として否定した者たち、それらの者、彼らには恥辱の懲罰がある。(22：57)

そしてアッラーの道において移住し、それから殺されるか死んだ者たち、必ずやアッラーは彼らによい糧を授け給う。まことにアッラーこそは糧を与える者たちのうち最良の御方。(22：58)

彼は必ずや彼らを彼らが満足する入り方で[1271]（楽園に）入れ給う。そしてまことにアッラーはよく知り給う寛容なる御方。(22：59)

（事態は）こうである。そして自分が被ったもの（害悪）と同じものによって報復し、それから不当な仕打ちを受けた者、アッラーは必ず彼を援け給う。まことにアッラーはよく免じ、よく赦し給う御方。(22：60)

それ（神佑）は、アッラーが夜を昼の中に割り込ませ、昼を夜の中に割り込ませ給うこと（威力）による。まことにアッラーはよく聞き見通し給う御方。(22：61)

それ[1272]は、アッラー、彼こそが真理であらせられること、そして、彼らが彼をさしおいて祈るもの（偶像神）、それが虚偽であること、そして、アッラーこそいと高く、偉大なる御方であらせられることによる。(22：62)

おまえは見なかったか、アッラーが天から水を下し、すると大地が緑になるのを。まことにアッラーは繊細にして通暁し給う御方。(22：63)

諸天にあるものも地にあるものも彼に属す。そしてまことにアッラー、彼こそは自足し、称賛されるべき御方。(22：64)

1271　あるいは「入り所に」。
1272　アッラーの全能性と全知性。

أَلَمْ تَرَ أَنَّ اللَّهَ سَخَّرَ لَكُم مَّا فِي الْأَرْضِ وَالْفُلْكَ تَجْرِي
فِي الْبَحْرِ بِأَمْرِهِ وَيُمْسِكُ السَّمَاءَ أَن تَقَعَ عَلَى الْأَرْضِ إِلَّا
بِإِذْنِهِ إِنَّ اللَّهَ بِالنَّاسِ لَرَءُوفٌ رَّحِيمٌ ٦٥ وَهُوَ الَّذِي
أَحْيَاكُمْ ثُمَّ يُمِيتُكُمْ ثُمَّ يُحْيِيكُمْ إِنَّ الْإِنسَانَ لَكَفُورٌ ٦٦
لِّكُلِّ أُمَّةٍ جَعَلْنَا مَنسَكًا هُمْ نَاسِكُوهُ فَلَا يُنَازِعُنَّكَ
فِي الْأَمْرِ وَادْعُ إِلَىٰ رَبِّكَ إِنَّكَ لَعَلَىٰ هُدًى مُّسْتَقِيمٍ ٦٧
وَإِن جَادَلُوكَ فَقُلِ اللَّهُ أَعْلَمُ بِمَا تَعْمَلُونَ ٦٨ اللَّهُ يَحْكُمُ
بَيْنَكُمْ يَوْمَ الْقِيَامَةِ فِيمَا كُنتُمْ فِيهِ تَخْتَلِفُونَ ٦٩
أَلَمْ تَعْلَمْ أَنَّ اللَّهَ يَعْلَمُ مَا فِي السَّمَاءِ وَالْأَرْضِ إِنَّ
ذَٰلِكَ فِي كِتَابٍ إِنَّ ذَٰلِكَ عَلَى اللَّهِ يَسِيرٌ ٧٠ وَيَعْبُدُونَ
مِن دُونِ اللَّهِ مَا لَمْ يُنَزِّلْ بِهِ سُلْطَانًا وَمَا لَيْسَ لَهُم بِهِ
عِلْمٌ وَمَا لِلظَّالِمِينَ مِن نَّصِيرٍ ٧١ وَإِذَا تُتْلَىٰ عَلَيْهِمْ آيَاتُنَا
بَيِّنَاتٍ تَعْرِفُ فِي وُجُوهِ الَّذِينَ كَفَرُوا الْمُنكَرَ يَكَادُونَ
يَسْطُونَ بِالَّذِينَ يَتْلُونَ عَلَيْهِمْ آيَاتِنَا قُلْ أَفَأُنَبِّئُكُم بِشَرٍّ مِّن
ذَٰلِكُمُ النَّارُ وَعَدَهَا اللَّهُ الَّذِينَ كَفَرُوا وَبِئْسَ الْمَصِيرُ ٧٢

おまえは見なかったか、アッラーがおまえたちに大地のものと彼の御命令で海を走る舟を従わせ給うのを。また、彼は天を、それが彼の御許可なしに地上に落ちること(がないように)、摑み給う。まことにアッラーは人々に対して憐れみ深く、慈悲深い御方。(22：65)

彼こそはおまえたちを生かし、それからおまえたちを死なせ、それからおまえたちを生き返らせ給う御方。まことに人間は忘恩、不信仰の徒である。(22：66)

あらゆる共同体にわれらは彼らが捧げる儀式[1273]をなした。それゆえ、この件について彼らをおまえと論争させてはならない。おまえの主に呼び招け。まことにおまえは真っすぐな導きの上にいる。(22：67)

だが、もし彼らがおまえと口論するなら、言え、「アッラーはおまえたちがなすことをよりよく知り給う」。(22：68)

「アッラーは復活(審判)の日に、おまえたちが分裂していたことに関し、おまえたちの間を裁き給う」。(22：69)

アッラーが天と地のものを知り給うことをおまえは知らないのか。まことに、それは書(「護持された書板」)の中にある。まことに、それはアッラーには容易なことである。(22：70)

そして彼らは、アッラーをさしおいて彼(アッラー)がそれについて権威を降し給うていないもの、そして彼らにはそれについての知識がないもの(偶像神)に仕える。そして不正な者たちには援助者などいない。(22：71)

そしてわれらの諸々の徴が明白に彼らに読み聞かされると、おまえは信仰を拒んだ者たちの顔に嫌悪を認める。彼らは、われらの諸々の徴を彼らに対して読み聞かせる者たちに襲い掛からんばかりである。言え、「それより更に悪いものをおまえたちに告げようか。獄火である。アッラーはそれを信仰を拒んだ者たちに約束し給うた。またなんと悪い行き着く先であることか」。(22：72)

1273　聖法(シャリーア)と道を指す。5章48節参照。

人々よ、一つの比喩が説かれた。それゆえ、それに耳を傾けよ。まことに、アッラーを差し置いておまえたちが祈る者たちは、たとえそのために結束したとしても一匹のハエを創ることも決してできはしない。また、ハエが彼らから何かを奪い去っても、それをそれから取り戻しもしない。祈り求める者も祈り求められる者も[1274]なんと弱いことか。(22：73)

彼らはアッラーをその御力にふさわしく評価していない[1275]。まことにアッラーは力強く、威力比類なき御方。(22：74)

アッラーは天使たちから使徒を選び給い[1276]、人間からもまた。まことにアッラーはよく知り、よく見通し給う御方。(22：75)

彼は彼らの前にあるものも彼らの後ろにあるものも知り給う。そして、アッラーの御許にこそ万事は帰される。(22：76)

信仰する者たちよ、屈礼し、跪拝し、おまえたちの主に仕え、善をなせ。きっとおまえたちは成功するであろう。(22：77)

また、アッラーにおいてその奮闘《ジハード》の誠を奮闘せよ。彼はおまえたちを選び給うたのである。そして彼は宗教においておまえたちに苦行(困難)を定め給わなかった。おまえたちの父イブラーヒームの宗旨として。彼(アッラー)がおまえたちを以前から、またこの(クルアーンの)中においても帰依者《ムスリム》と名づけ給うたのである[1277]。それは使徒がおまえたちの証人となり、おまえたちが人々の証人となるためである。それゆえ、礼拝を遵守し、浄財を払い、アッラーにしっかりと縋《すが》れ。彼こそはおまえたちの庇護者であらせられる。なんと良き庇護者であり、なんと良き援助者であることか。(22：78)

يَٰٓأَيُّهَا ٱلنَّاسُ ضُرِبَ مَثَلٞ فَٱسۡتَمِعُواْ لَهُۥٓۚ إِنَّ ٱلَّذِينَ
تَدۡعُونَ مِن دُونِ ٱللَّهِ لَن يَخۡلُقُواْ ذُبَابٗا وَلَوِ ٱجۡتَمَعُواْ لَهُۥۖ
وَإِن يَسۡلُبۡهُمُ ٱلذُّبَابُ شَيۡـٔٗا لَّا يَسۡتَنقِذُوهُ مِنۡهُۚ ضَعُفَ
ٱلطَّالِبُ وَٱلۡمَطۡلُوبُ ٧٣ مَا قَدَرُواْ ٱللَّهَ حَقَّ قَدۡرِهِۦٓۚ إِنَّ ٱللَّهَ
لَقَوِيٌّ عَزِيزٌ ٧٤ ٱللَّهُ يَصۡطَفِي مِنَ ٱلۡمَلَٰٓئِكَةِ رُسُلٗا
وَمِنَ ٱلنَّاسِۚ إِنَّ ٱللَّهَ سَمِيعُۢ بَصِيرٞ ٧٥ يَعۡلَمُ مَا بَيۡنَ
أَيۡدِيهِمۡ وَمَا خَلۡفَهُمۡۚ وَإِلَى ٱللَّهِ تُرۡجَعُ ٱلۡأُمُورُ ٧٦ يَٰٓأَيُّهَا
ٱلَّذِينَ ءَامَنُواْ ٱرۡكَعُواْ وَٱسۡجُدُواْۤ وَٱعۡبُدُواْ رَبَّكُمۡ
وَٱفۡعَلُواْ ٱلۡخَيۡرَ لَعَلَّكُمۡ تُفۡلِحُونَ ۩ ٧٧ وَجَٰهِدُواْ فِي
ٱللَّهِ حَقَّ جِهَادِهِۦۚ هُوَ ٱجۡتَبَىٰكُمۡ وَمَا جَعَلَ عَلَيۡكُمۡ
فِي ٱلدِّينِ مِنۡ حَرَجٖۚ مِّلَّةَ أَبِيكُمۡ إِبۡرَٰهِيمَۚ هُوَ سَمَّىٰكُمُ
ٱلۡمُسۡلِمِينَ مِن قَبۡلُ وَفِي هَٰذَا لِيَكُونَ ٱلرَّسُولُ شَهِيدًا عَلَيۡكُمۡ
وَتَكُونُواْ شُهَدَآءَ عَلَى ٱلنَّاسِۚ فَأَقِيمُواْ ٱلصَّلَوٰةَ وَءَاتُواْ ٱلزَّكَوٰةَ
وَٱعۡتَصِمُواْ بِٱللَّهِ هُوَ مَوۡلَىٰكُمۡۖ فَنِعۡمَ ٱلۡمَوۡلَىٰ وَنِعۡمَ ٱلنَّصِيرُ ٧٨

سُورَةُ ٱلۡمُؤۡمِنُونَ

1274　原義は求めるものと求められる者で、一説には取り返すことを求める偶像と取ったものを返すよう求められる蠅を指すとも言われる。

1275　あるいは、「彼らはアッラーをその正当な評価において評価していない」。

1276　ジブリール、ミーカールなど。

1277　5章3節参照。

بِسْمِ اللَّهِ الرَّحْمَٰنِ الرَّحِيمِ
قَدْ أَفْلَحَ الْمُؤْمِنُونَ ﴿١﴾ الَّذِينَ هُمْ فِي صَلَاتِهِمْ خَاشِعُونَ
﴿٢﴾ وَالَّذِينَ هُمْ عَنِ اللَّغْوِ مُعْرِضُونَ ﴿٣﴾ وَالَّذِينَ هُمْ لِلزَّكَاةِ
فَاعِلُونَ ﴿٤﴾ وَالَّذِينَ هُمْ لِفُرُوجِهِمْ حَافِظُونَ ﴿٥﴾ إِلَّا عَلَىٰ
أَزْوَاجِهِمْ أَوْ مَا مَلَكَتْ أَيْمَانُهُمْ فَإِنَّهُمْ غَيْرُ مَلُومِينَ ﴿٦﴾ فَمَنِ
ابْتَغَىٰ وَرَاءَ ذَٰلِكَ فَأُولَٰئِكَ هُمُ الْعَادُونَ ﴿٧﴾ وَالَّذِينَ هُمْ
لِأَمَانَاتِهِمْ وَعَهْدِهِمْ رَاعُونَ ﴿٨﴾ وَالَّذِينَ هُمْ عَلَىٰ صَلَوَاتِهِمْ
يُحَافِظُونَ ﴿٩﴾ أُولَٰئِكَ هُمُ الْوَارِثُونَ ﴿١٠﴾ الَّذِينَ يَرِثُونَ
الْفِرْدَوْسَ هُمْ فِيهَا خَالِدُونَ ﴿١١﴾ وَلَقَدْ خَلَقْنَا الْإِنْسَانَ مِنْ
سُلَالَةٍ مِنْ طِينٍ ﴿١٢﴾ ثُمَّ جَعَلْنَاهُ نُطْفَةً فِي قَرَارٍ مَكِينٍ ﴿١٣﴾
ثُمَّ خَلَقْنَا النُّطْفَةَ عَلَقَةً فَخَلَقْنَا الْعَلَقَةَ مُضْغَةً فَخَلَقْنَا
الْمُضْغَةَ عِظَامًا فَكَسَوْنَا الْعِظَامَ لَحْمًا ثُمَّ أَنْشَأْنَاهُ خَلْقًا
آخَرَ فَتَبَارَكَ اللَّهُ أَحْسَنُ الْخَالِقِينَ ﴿١٤﴾ ثُمَّ إِنَّكُمْ بَعْدَ ذَٰلِكَ
لَمَيِّتُونَ ﴿١٥﴾ ثُمَّ إِنَّكُمْ يَوْمَ الْقِيَامَةِ تُبْعَثُونَ ﴿١٦﴾ وَلَقَدْ
خَلَقْنَا فَوْقَكُمْ سَبْعَ طَرَائِقَ وَمَا كُنَّا عَنِ الْخَلْقِ غَافِلِينَ ﴿١٧﴾

第 23 章　信仰者たち …… سورة المؤمنون

マッカ垂示

冒頭に、真の信仰者たちの特質が列挙されることから(1-11 節)、「信仰者たち」章と呼ばれる。人間の母胎内における創造の過程、天地、植物、家畜の創造が語られた後、ヌーフからイーサーに至る使徒たちの派遣とその後の宗教の分裂が略述される(12-56 節)。

不信仰者たちは、天地の全ての創造者、支配者がアッラーである事を知っていながら、頑迷に真理を拒む者であることが明らかにされる(84-90 節)。

慈悲あまねく慈悲深きアッラーの御名において

確かに信仰者たちは成功した。(23：1)

(信仰者たちとは)彼らは己の礼拝において畏まる者たち、(23：2)

また、彼らは無駄話に背を向ける者たち、(23：3)

また、彼らは浄財を行う者たち、(23：4)

また、己の陰部を守る者たち、(23：5)

ただし、彼らの伴侶たち、または彼らの右手が所有するもの(女奴隷)に対しては別で、彼らは咎められる者ではない。(23：6)

だが、それ以上に求める者、それらの者たちは度を越した者である。(23：7)

また、彼らは己の信託内容と約束を守る者たち、(23：8)

また、彼らは己の礼拝を遵守する者たち、(23：9)

それらの者、彼らこそ、相続者、(23：10)

彼らは極楽《フィルダウス》を継ぎ、彼らこそそこに永遠に留まる。(23：11)

そして確かにわれらは人間を泥土の精髄から創った。(23：12)

それから、われらは彼らを精液として丈夫な定着地に置いた。(23：13)

それから、われらはその精液を凝血に創り、その凝血を肉塊に創り、その肉塊を骨に創り、その骨に肉を着せ、それからわれらはそれを別の創造に作り出した[1278]。それゆえ、祝福多きかな、アッラー、創造者たちのうち最良の御方。(23：14)

それから、まことにおまえたちはその後、必ずや死者となる。(23：15)

それから、まことにおまえたちは復活(審判)の日に、甦らされる。(23：16)

また、確かにわれらはおまえたちの上に七つの道[1279]を創った。われらは決して創造に不注意ではなかった。(23：17)

1278　魂を注入することで別の存在となした。
1279　天体が運行し天使が通る道。つまり、七つの天。

وَأَنزَلۡنَا مِنَ ٱلسَّمَآءِ مَآءَۢ بِقَدَرٖ فَأَسۡكَنَّٰهُ فِي ٱلۡأَرۡضِۖ وَإِنَّا عَلَىٰ
ذَهَابِۭ بِهِۦ لَقَٰدِرُونَ ١٨ فَأَنشَأۡنَا لَكُم بِهِۦ جَنَّٰتٖ مِّن نَّخِيلٖ
وَأَعۡنَٰبٖ لَّكُمۡ فِيهَا فَوَٰكِهُ كَثِيرَةٞ وَمِنۡهَا تَأۡكُلُونَ ١٩ وَشَجَرَةٗ
تَخۡرُجُ مِن طُورِ سَيۡنَآءَ تَنۢبُتُ بِٱلدُّهۡنِ وَصِبۡغٖ لِّلۡأٓكِلِينَ ٢٠
وَإِنَّ لَكُمۡ فِي ٱلۡأَنۡعَٰمِ لَعِبۡرَةٗۖ نُّسۡقِيكُم مِّمَّا فِي بُطُونِهَا وَلَكُمۡ فِيهَا
مَنَٰفِعُ كَثِيرَةٞ وَمِنۡهَا تَأۡكُلُونَ ٢١ وَعَلَيۡهَا وَعَلَى ٱلۡفُلۡكِ تُحۡمَلُونَ
٢٢ وَلَقَدۡ أَرۡسَلۡنَا نُوحًا إِلَىٰ قَوۡمِهِۦ فَقَالَ يَٰقَوۡمِ ٱعۡبُدُواْ ٱللَّهَ
مَا لَكُم مِّنۡ إِلَٰهٍ غَيۡرُهُۥٓۚ أَفَلَا تَتَّقُونَ ٢٣ فَقَالَ ٱلۡمَلَؤُاْ ٱلَّذِينَ
كَفَرُواْ مِن قَوۡمِهِۦ مَا هَٰذَآ إِلَّا بَشَرٞ مِّثۡلُكُمۡ يُرِيدُ أَن يَتَفَضَّلَ عَلَيۡكُمۡ
وَلَوۡ شَآءَ ٱللَّهُ لَأَنزَلَ مَلَٰٓئِكَةٗ مَّا سَمِعۡنَا بِهَٰذَا فِيٓ ءَابَآئِنَا
ٱلۡأَوَّلِينَ ٢٤ إِنۡ هُوَ إِلَّا رَجُلُۢ بِهِۦ جِنَّةٞ فَتَرَبَّصُواْ بِهِۦ حَتَّىٰ حِينٖ
٢٥ قَالَ رَبِّ ٱنصُرۡنِي بِمَا كَذَّبُونِ ٢٦ فَأَوۡحَيۡنَآ إِلَيۡهِ أَنِ ٱصۡنَعِ
ٱلۡفُلۡكَ بِأَعۡيُنِنَا وَوَحۡيِنَا فَإِذَا جَآءَ أَمۡرُنَا وَفَارَ ٱلتَّنُّورُ فَٱسۡلُكۡ
فِيهَا مِن كُلّٖ زَوۡجَيۡنِ ٱثۡنَيۡنِ وَأَهۡلَكَ إِلَّا مَن سَبَقَ عَلَيۡهِ
ٱلۡقَوۡلُ مِنۡهُمۡۖ وَلَا تُخَٰطِبۡنِي فِي ٱلَّذِينَ ظَلَمُوٓاْ إِنَّهُم مُّغۡرَقُونَ ٢٧

またわれらは天から水を適量下し、それを大地に留まらせた。また、まことにわれらはそれを取り去ることに対して可能な者である。(23：18)

そしてわれらはそれによっておまえたちにナツメヤシとブドウの園々を作り出した。おまえたちのためにそこには多くの果実があり、それ(果実)からおまえたちは食べるのである。(23：19)

また、一本の木を(作り出した)。それはシナイ山から出て、油と食べる者たちのための味付け[1280]を伴って生える。(23：20)

また、まことにおまえたちのために家畜にもまさしく教訓がある。われらはそれらの腹の中のものをおまえたちに飲ませる。おまえたちにはそれ(家畜)には多くの益があり、それ(家畜)からおまえたちは食べるのである。(23：21)

また、その上や船の上(に乗せられて)おまえたちは運ばれる。(23：22)

そして確かにわれらはヌーフを彼の民に遣わした[1281]。彼は言った。「わが民よ、アッラーに仕えよ、おまえたちには彼のほかに神はない。それなのにおまえたちは畏れ身を守らないのか」。(23：23)

それに対して彼の民のうち信仰を拒んだ者たちの長老たちは言った。「この者はおまえたち同様、人間にすぎない。彼はおまえたちよりも自分を優ったものとしたいのだ。もしアッラーが御望みなら、彼は天使たちを下し給うたであろう。昔のわれらの父祖たちに関しても、われらはそのようなことを聞いたことがない」。(23：24)

「彼はもの憑きの男にほかならない。それゆえ、しばらく彼を静観するがよい」。(23：25)

彼は言った。「わが主よ、彼らが私を嘘と否定することについて私を援け給え」。(23：26)

そこでわれらは彼に、われらの目視と啓示に従って方舟を作れと啓示した。それからわれらの命令が到来し、釜が煮えたぎったら、あらゆるものからつがいを二匹ずつそこに乗り込ませよ。そして、おまえの家族も。ただし、彼ら(家族)のうち御言葉が先行した者は別である。不正をなした者たちについてわれに話してはならない。まことに彼らは溺れる者である[1282]。(23：27)

1280　原義は「浸けること」で、パン等をこの木の油に浸して味を付けることを意味する。なお、この木はオリーブの木とされる。

1281　11 章 25-47 節参照。

1282　11 章 43-47 節参照。

فَإِذَا ٱسْتَوَيْتَ أَنتَ وَمَن مَّعَكَ عَلَى ٱلْفُلْكِ فَقُلِ ٱلْحَمْدُ لِلَّهِ ٱلَّذِى
نَجَّىٰنَا مِنَ ٱلْقَوْمِ ٱلظَّـٰلِمِينَ ﴿٢٨﴾ وَقُل رَّبِّ أَنزِلْنِى مُنزَلًا مُّبَارَكًا وَأَنتَ
خَيْرُ ٱلْمُنزِلِينَ ﴿٢٩﴾ إِنَّ فِى ذَٰلِكَ لَـَٔايَـٰتٍ وَإِن كُنَّا لَمُبْتَلِينَ ﴿٣٠﴾ ثُمَّ أَنشَأْنَا
مِنۢ بَعْدِهِمْ قَرْنًا ءَاخَرِينَ ﴿٣١﴾ فَأَرْسَلْنَا فِيهِمْ رَسُولًا مِّنْهُمْ أَنِ ٱعْبُدُوا۟
ٱللَّهَ مَا لَكُم مِّنْ إِلَـٰهٍ غَيْرُهُۥٓ ۚ أَفَلَا تَتَّقُونَ ﴿٣٢﴾ وَقَالَ ٱلْمَلَأُ مِن قَوْمِهِ
ٱلَّذِينَ كَفَرُوا۟ وَكَذَّبُوا۟ بِلِقَآءِ ٱلْـَٔاخِرَةِ وَأَتْرَفْنَـٰهُمْ فِى ٱلْحَيَوٰةِ ٱلدُّنْيَا
مَا هَـٰذَآ إِلَّا بَشَرٌ مِّثْلُكُمْ يَأْكُلُ مِمَّا تَأْكُلُونَ مِنْهُ وَيَشْرَبُ
مِمَّا تَشْرَبُونَ ﴿٣٣﴾ وَلَئِنْ أَطَعْتُم بَشَرًا مِّثْلَكُمْ إِنَّكُمْ إِذًا لَّخَـٰسِرُونَ
﴿٣٤﴾ أَيَعِدُكُمْ أَنَّكُمْ إِذَا مِتُّمْ وَكُنتُمْ تُرَابًا وَعِظَـٰمًا أَنَّكُم مُّخْرَجُونَ
﴿٣٥﴾ ۞ هَيْهَاتَ هَيْهَاتَ لِمَا تُوعَدُونَ ﴿٣٦﴾ إِنْ هِىَ إِلَّا حَيَاتُنَا
ٱلدُّنْيَا نَمُوتُ وَنَحْيَا وَمَا نَحْنُ بِمَبْعُوثِينَ ﴿٣٧﴾ إِنْ هُوَ إِلَّا
رَجُلٌ ٱفْتَرَىٰ عَلَى ٱللَّهِ كَذِبًا وَمَا نَحْنُ لَهُۥ بِمُؤْمِنِينَ ﴿٣٨﴾ قَالَ رَبِّ
ٱنصُرْنِى بِمَا كَذَّبُونِ ﴿٣٩﴾ قَالَ عَمَّا قَلِيلٍ لَّيُصْبِحُنَّ نَـٰدِمِينَ ﴿٤٠﴾
فَأَخَذَتْهُمُ ٱلصَّيْحَةُ بِٱلْحَقِّ فَجَعَلْنَـٰهُمْ غُثَآءً ۚ فَبُعْدًا لِّلْقَوْمِ
ٱلظَّـٰلِمِينَ ﴿٤١﴾ ثُمَّ أَنشَأْنَا مِنۢ بَعْدِهِمْ قُرُونًا ءَاخَرِينَ ﴿٤٢﴾

そしておまえとおまえと共にいる者が舟に落ち着いたら、言え、「称賛はアッラーのもの、不正な民からわれらを救い出し給うた御方」。(23：28)

そして、言え、「わが主よ、祝福された降り立ち(地)で私を降り立たせ給え。あなたは降り立たせる者たちのうち最良の御方」。(23：29)

まことに、その中には諸々の徴があり、まことにわれらは試練を与える者であった。(23：30)

それから彼らの後にわれらは別の世代[1283]を作り出した。(23：31)

そして、われらは彼らのうちに彼らの中から使徒を遣わした。「アッラーに仕えよ、おまえたちには彼のほかに神はない。それなのにおまえたちは畏れ身を守らないのか」と。(23：32)

そして、信仰を拒み、来世での会見を嘘として否定したが、われらが現世で優雅な生活を送らせた彼の民の長老たちは言った。「この者はおまえたち同様の人間にすぎず、おまえたちが食べるものから食べ、おまえたちが飲むものから飲む」。(23：33)

「そしてもし、おまえたちがおまえたち同様の人間に服従するようなことがあれば、おまえたちはその時には必ずや損失者となるであろう」。(23：34)

「彼はおまえたちに、おまえたちが、死んで土くれと骨となってからおまえたちが引き出される者であると約束するのか」。(23：35)

「おまえたちが約束されたもののなんと的外れな、なんと的外れなことよ」(23：36)

「それは(生とは)われらの現世にすぎず、われらは死に、そして生きる。そしてわれらは甦らされる者ではない」。(23：37)

「彼はアッラーについて虚偽を捏造する者にほかならず、われらは彼を信ずる者ではない」。(23：38)

彼は言った。「わが主よ、彼らが私を嘘と否定することについて私を援け給え」。(23：39)

彼(アッラー)は仰せられた。「まもなく、必ずや彼らは後悔する者となるであろう」。(23：40)

それで、真実と共に叫び声が彼らを捕らえ、われらは彼らを枯草屑とした。それゆえ、不正な民は遠ざけられよ。(23：41)

その後、われらは彼らの後に別の諸世代を作り出した。(23：42)

1283　アード族、あるいはサムード族のことと言われる。

مَا تَسۡبِقُ مِنۡ أُمَّةٍ أَجَلَهَا وَمَا يَسۡتَـٔۡخِرُونَ ٤٣ ثُمَّ أَرۡسَلۡنَا رُسُلَنَا
تَتۡرَاۖ كُلَّ مَا جَآءَ أُمَّةٗ رَّسُولُهَا كَذَّبُوهُۖ فَأَتۡبَعۡنَا بَعۡضَهُم بَعۡضٗا
وَجَعَلۡنَٰهُمۡ أَحَادِيثَۚ فَبُعۡدٗا لِّقَوۡمٖ لَّا يُؤۡمِنُونَ ٤٤ ثُمَّ أَرۡسَلۡنَا مُوسَىٰ
وَأَخَاهُ هَٰرُونَ بِـَٔايَٰتِنَا وَسُلۡطَٰنٖ مُّبِينٍ ٤٥ إِلَىٰ فِرۡعَوۡنَ وَمَلَإِيْهِۦ
فَٱسۡتَكۡبَرُواْ وَكَانُواْ قَوۡمًا عَالِينَ ٤٦ فَقَالُوٓاْ أَنُؤۡمِنُ لِبَشَرَيۡنِ مِثۡلِنَا
وَقَوۡمُهُمَا لَنَا عَٰبِدُونَ ٤٧ فَكَذَّبُوهُمَا فَكَانُواْ مِنَ ٱلۡمُهۡلَكِينَ
٤٨ وَلَقَدۡ ءَاتَيۡنَا مُوسَى ٱلۡكِتَٰبَ لَعَلَّهُمۡ يَهۡتَدُونَ ٤٩ وَجَعَلۡنَا
ٱبۡنَ مَرۡيَمَ وَأُمَّهُۥٓ ءَايَةٗ وَءَاوَيۡنَٰهُمَآ إِلَىٰ رَبۡوَةٖ ذَاتِ قَرَارٖ وَمَعِينٖ
٥٠ يَٰٓأَيُّهَا ٱلرُّسُلُ كُلُواْ مِنَ ٱلطَّيِّبَٰتِ وَٱعۡمَلُواْ صَٰلِحًاۖ إِنِّي بِمَا
تَعۡمَلُونَ عَلِيمٞ ٥١ وَإِنَّ هَٰذِهِۦٓ أُمَّتُكُمۡ أُمَّةٗ وَٰحِدَةٗ وَأَنَا۠ رَبُّكُمۡ
فَٱتَّقُونِ ٥٢ فَتَقَطَّعُوٓاْ أَمۡرَهُم بَيۡنَهُمۡ زُبُرٗاۖ كُلُّ حِزۡبِۭ بِمَا لَدَيۡهِمۡ
فَرِحُونَ ٥٣ فَذَرۡهُمۡ فِي غَمۡرَتِهِمۡ حَتَّىٰ حِينٍ ٥٤ أَيَحۡسَبُونَ أَنَّمَا نُمِدُّهُم
بِهِۦ مِن مَّالٖ وَبَنِينَ ٥٥ نُسَارِعُ لَهُمۡ فِي ٱلۡخَيۡرَٰتِۚ بَل لَّا يَشۡعُرُونَ
٥٦ إِنَّ ٱلَّذِينَ هُم مِّنۡ خَشۡيَةِ رَبِّهِم مُّشۡفِقُونَ ٥٧ وَٱلَّذِينَ هُم
بِـَٔايَٰتِ رَبِّهِمۡ يُؤۡمِنُونَ ٥٨ وَٱلَّذِينَ هُم بِرَبِّهِمۡ لَا يُشۡرِكُونَ ٥٩

どの共同体も、（滅亡が）その期限に先立つことはなく、遅れることもない。（23：43）

その後、われらは次々とわれらの使徒を遣わした。共同体にその使徒が訪れる度、彼らは彼を嘘として否定した。そこでわれらは彼らを（滅亡において）互いに後を追わせ、彼らを語り草とした。それゆえ、信仰しない民は遠ざけられよ。（23：44）

その後、われらはムーサーと彼の兄ハールーンをわれらの諸々の徴と明白な権威と共に遣わした。（23：45）

フィルアウンと彼の長老たちの許に。だが、彼らは思い上がり、彼らは高圧的な民であった。（23：46）

そして彼らは言った。「われら同様の二人の人間をわれらが信ずるというのか。彼ら両名の民はわれらに隷属する者たちであるというのに」。（23：47）

それで彼らは二人を嘘として否定し、彼らは滅ぼされる者となった。（23：48）

また、かつてわれらはムーサーに啓典を授けた。きっと彼らが導かれるだろうと。（23：49）

また、われらはマルヤムの息子とその母を一つの徴となし、二人を安住[1284]と泉のある丘に避難させた。（23：50）

使徒たちよ、良いものから食べ、善をなせ。まことに、われはおまえたちがなすことについてよく知っている。（23：51）

そしてこれ[1285]がおまえたちの共同体、一つの共同体である。そして、われはおまえたちの主である。それゆえ、われを畏れ身を守れ。（23：52）

だが、彼らは彼らの間で彼らの（宗教の）件で諸派に分裂した。それぞれの党派は自らの許にあるものに嬉々としている。（23：53）

それゆえ、しばらくの間、彼らの深水（迷誤）のうちに彼らを放っておけ。（23：54）

彼らは考えるのか、財産や子供など、われらが彼らに施すものは、（23：55）

われらが彼らに善を急ぐのだと[1286]。いや、彼らは察知しない。（23：56）

まことに彼らの主への懼れから不安を抱く者たち、（23：57）

また、まことに彼らの主の諸々の徴を信ずる者たち、（23：58）

また、彼らの主に共同者（偶像神）を配さない者たち、（23：59）

1284　安住の理由となる、果実や作物。

1285　この教え、イスラーム教。

1286　彼らの善に対する報酬として来世で授かるべき良きものを現世で先にいただいているのだと誤解しているのか。

وَٱلَّذِينَ يُؤْتُونَ مَآ ءَاتَوا۟ وَّقُلُوبُهُمْ وَجِلَةٌ أَنَّهُمْ إِلَىٰ رَبِّهِمْ رَٰجِعُونَ ٦٠
أُو۟لَٰٓئِكَ يُسَٰرِعُونَ فِى ٱلْخَيْرَٰتِ وَهُمْ لَهَا سَٰبِقُونَ ٦١ وَلَا نُكَلِّفُ
نَفْسًا إِلَّا وُسْعَهَا ۖ وَلَدَيْنَا كِتَٰبٌ يَنطِقُ بِٱلْحَقِّ ۚ وَهُمْ لَا يُظْلَمُونَ
٦٢ بَلْ قُلُوبُهُمْ فِى غَمْرَةٍ مِّنْ هَٰذَا وَلَهُمْ أَعْمَٰلٌ مِّن دُونِ ذَٰلِكَ
هُمْ لَهَا عَٰمِلُونَ ٦٣ حَتَّىٰٓ إِذَآ أَخَذْنَا مُتْرَفِيهِم بِٱلْعَذَابِ إِذَا هُمْ
يَجْـَٔرُونَ ٦٤ لَا تَجْـَٔرُوا۟ ٱلْيَوْمَ ۖ إِنَّكُم مِّنَّا لَا تُنصَرُونَ ٦٥ قَدْ كَانَتْ
ءَايَٰتِى تُتْلَىٰ عَلَيْكُمْ فَكُنتُمْ عَلَىٰٓ أَعْقَٰبِكُمْ تَنكِصُونَ ٦٦
مُسْتَكْبِرِينَ بِهِۦ سَٰمِرًا تَهْجُرُونَ ٦٧ أَفَلَمْ يَدَّبَّرُوا۟ ٱلْقَوْلَ أَمْ
جَآءَهُم مَّا لَمْ يَأْتِ ءَابَآءَهُمُ ٱلْأَوَّلِينَ ٦٨ أَمْ لَمْ يَعْرِفُوا۟ رَسُولَهُمْ
فَهُمْ لَهُۥ مُنكِرُونَ ٦٩ أَمْ يَقُولُونَ بِهِۦ جِنَّةٌۢ ۚ بَلْ جَآءَهُم بِٱلْحَقِّ
وَأَكْثَرُهُمْ لِلْحَقِّ كَٰرِهُونَ ٧٠ وَلَوِ ٱتَّبَعَ ٱلْحَقُّ أَهْوَآءَهُمْ لَفَسَدَتِ
ٱلسَّمَٰوَٰتُ وَٱلْأَرْضُ وَمَن فِيهِنَّ ۚ بَلْ أَتَيْنَٰهُم بِذِكْرِهِمْ فَهُمْ
عَن ذِكْرِهِم مُّعْرِضُونَ ٧١ أَمْ تَسْـَٔلُهُمْ خَرْجًا فَخَرَاجُ رَبِّكَ خَيْرٌ ۖ
وَهُوَ خَيْرُ ٱلرَّٰزِقِينَ ٧٢ وَإِنَّكَ لَتَدْعُوهُمْ إِلَىٰ صِرَٰطٍ مُّسْتَقِيمٍ ٧٣
وَإِنَّ ٱلَّذِينَ لَا يُؤْمِنُونَ بِٱلْءَاخِرَةِ عَنِ ٱلصِّرَٰطِ لَنَٰكِبُونَ ٧٤

また、差し出したものを差し出し[1287]、自分たちが主の御許に帰り行く者であるがゆえに己の心が怯える[1288]者たち、(23：60)

それらの者は善に急ぎ、彼らはそれに向かって先立つものである。(23：61)

そしてわれらは、誰にもその器量以上は課さない。そしてわれらの許には真実を語る書物があり、彼らは不正を被ることはない。(23：62)

いや、彼らの心はこれに対して深水(迷誤)のうちにあり、彼にはそれ以下の行為があり、彼らはそれを行う者である[1289]。(23：63)

やがて、彼らのうち贅を尽くした者たちをわれらが懲罰で捕らえると、すると彼らは(祈って)叫ぶ。(23：64)

「今日になって(祈って)叫ぶな。まことに、おまえたちがわれらから援けられることはないのである」。(23：65)

「わが諸々の徴は既におまえたちに読み聞かされていたが、おまえたちは後ずさりするばかりで」、(23：66)

「そこ(カアバ神殿)において高慢で、夜話に戯言《たわごと》[1290]に耽っていた」。(23：67)

彼らは御言葉を熟考しないのか。それとも昔の彼らの父祖たちに訪れなかったもの[1291]が彼らに訪れたのか。(23：68)

それとも、彼らは彼らの使徒[1292]を認知せず、それで彼らは彼を拒否するのか。(23：69)

それとも、彼らは、彼にものが憑いていると言うのか。いや彼は彼らの許に真理をもたらしたが、彼らの大半は真理を嫌うのである。(23：70)

そしてもし真理が彼らの欲望に従ったなら、諸天と地とそこにいる者たちは荒廃したであろう。いや、われらは彼らの許に彼らへの言及[1293](訓戒)をもたらしたが、彼らは彼らへの言及(訓戒)から背を向けるのである。(23：71)

それともおまえは彼らに支払いを求めるのか。おまえの主の供出は一層良い。そして彼こそは糧を与える者たちのうち最良の御方。(23：72)

そして、まことにおまえは彼らをまっすぐな道に導くのである。(23：73)

だが、まことに来世を信じない者たちは道から逸れる者である。(23：74)

1287　喜捨や浄財を差し出し。
1288　自らのなした善行がアッラーに受け入れられないのではないかと。
1289　その他にも諸々の悪行を犯しており、その行いによって懲罰を被る。
1290　クルアーンや預言者ムハンマドを否定する。
1291　啓典と預言者。
1292　ムハンマドを指す。
1293　彼らの栄誉を含んだクルアーン。というのも、預言者ムハンマドは彼らの一部であり、クルアーンはアラビア語で下されたため。

۞ وَلَوْ رَحِمْنَٰهُمْ وَكَشَفْنَا مَا بِهِم مِّن ضُرٍّ لَّلَجُّوا۟ فِى طُغْيَٰنِهِمْ
يَعْمَهُونَ ٧٥ وَلَقَدْ أَخَذْنَٰهُم بِٱلْعَذَابِ فَمَا ٱسْتَكَانُوا۟ لِرَبِّهِمْ
وَمَا يَتَضَرَّعُونَ ٧٦ حَتَّىٰٓ إِذَا فَتَحْنَا عَلَيْهِم بَابًا ذَا عَذَابٍ شَدِيدٍ
إِذَا هُمْ فِيهِ مُبْلِسُونَ ٧٧ وَهُوَ ٱلَّذِىٓ أَنشَأَ لَكُمُ ٱلسَّمْعَ وَٱلْأَبْصَٰرَ
وَٱلْأَفْـِٔدَةَ ۚ قَلِيلًا مَّا تَشْكُرُونَ ٧٨ وَهُوَ ٱلَّذِى ذَرَأَكُمْ فِى ٱلْأَرْضِ
وَإِلَيْهِ تُحْشَرُونَ ٧٩ وَهُوَ ٱلَّذِى يُحْىِۦ وَيُمِيتُ وَلَهُ ٱخْتِلَٰفُ
ٱلَّيْلِ وَٱلنَّهَارِ ۚ أَفَلَا تَعْقِلُونَ ٨٠ بَلْ قَالُوا۟ مِثْلَ مَا قَالَ
ٱلْأَوَّلُونَ ٨١ قَالُوٓا۟ أَءِذَا مِتْنَا وَكُنَّا تُرَابًا وَعِظَٰمًا أَءِنَّا
لَمَبْعُوثُونَ ٨٢ لَقَدْ وُعِدْنَا نَحْنُ وَءَابَآؤُنَا هَٰذَا مِن قَبْلُ
إِنْ هَٰذَآ إِلَّآ أَسَٰطِيرُ ٱلْأَوَّلِينَ ٨٣ قُل لِّمَنِ ٱلْأَرْضُ وَمَن
فِيهَآ إِن كُنتُمْ تَعْلَمُونَ ٨٤ سَيَقُولُونَ لِلَّهِ ۚ قُلْ أَفَلَا
تَذَكَّرُونَ ٨٥ قُلْ مَن رَّبُّ ٱلسَّمَٰوَٰتِ ٱلسَّبْعِ وَرَبُّ ٱلْعَرْشِ
ٱلْعَظِيمِ ٨٦ سَيَقُولُونَ لِلَّهِ ۚ قُلْ أَفَلَا تَتَّقُونَ ٨٧ قُلْ مَنۢ
بِيَدِهِۦ مَلَكُوتُ كُلِّ شَىْءٍ وَهُوَ يُجِيرُ وَلَا يُجَارُ عَلَيْهِ إِن
كُنتُمْ تَعْلَمُونَ ٨٨ سَيَقُولُونَ لِلَّهِ ۚ قُلْ فَأَنَّىٰ تُسْحَرُونَ ٨٩

そしてたとえわれらが彼らに慈悲を垂れ、彼らの厄災を取り除いたとしても、彼らは彼らの無法に固執し、さ迷うのである。(23：75)

またかつてわれらは彼らを懲罰で捕らえた。だが、彼らは彼らの主に対して謙《へりくだ》ることはなかったし、嘆願することもない。(23：76)

ついにわれらが彼らの上に厳しい懲罰の門を開いた時、すると彼らはそこで意気消沈する。(23：77)

そして彼こそはおまえたちに聴覚と視覚と(理解する)心を作り出し給うた御方。おまえたちの感謝することのなんとわずかなことか。(23：78)

また、彼こそは地上におまえたちを蒔《ま》き[1294]給うた御方。そして、彼の御許にこそおまえたちは集められるのである。(23：79)

また、彼こそは生かし、そして死なせ給う御方であり、彼にこそ夜と昼の交替は属す。それなのにおまえたちは悟らないのか。(23：80)

いや、彼らは昔の者たちが言ったのと同じことを言う。(23：81)

彼らは言った。「死んで土くれと骨になった時に、まことにわれらが甦らされる者だというのか」。(23：82)

「確かにわれらは、またわれらの父祖たちも、これを以前に約束された。まことに、これは昔の者たちの作り話にすぎない」。(23：83)

言え、「大地とその中にいる者たちは誰のものか、もしおまえが知っているのなら」。(23：84)

彼らは言うであろう。「アッラーのものである」。言え、「それなのにおまえたちは気付かないのか」。(23：85)

言え、「七つの天の主、大いなる高御座の主は誰か」。(23：86)

彼らは言うであろう。「アッラーに(属す)」。言え、「それなのにおまえたちは畏れ身を守らないのか」。(23：87)

言え、「あらゆるものの王国《マラクート》は誰の手にあるのか。彼が保護するのであり、保護されることはない、もしおまえたちが知っているのなら」。(23：88)

彼らは言うであろう。「アッラーに」。言え、「それなのにおまえたちが惑わされるのはどうしたことか」。(23：89)

1294　創造し拡散させ。

بَلْ أَتَيْنَٰهُم بِٱلْحَقِّ وَإِنَّهُمْ لَكَٰذِبُونَ ٩٠ مَا ٱتَّخَذَ ٱللَّهُ مِن
وَلَدٍ وَمَا كَانَ مَعَهُۥ مِنْ إِلَٰهٍ إِذًا لَّذَهَبَ كُلُّ إِلَٰهٍۭ بِمَا خَلَقَ
وَلَعَلَا بَعْضُهُمْ عَلَىٰ بَعْضٍ سُبْحَٰنَ ٱللَّهِ عَمَّا يَصِفُونَ ٩١
عَٰلِمِ ٱلْغَيْبِ وَٱلشَّهَٰدَةِ فَتَعَٰلَىٰ عَمَّا يُشْرِكُونَ ٩٢ قُل رَّبِّ
إِمَّا تُرِيَنِّى مَا يُوعَدُونَ ٩٣ رَبِّ فَلَا تَجْعَلْنِى فِى ٱلْقَوْمِ ٱلظَّٰلِمِينَ
٩٤ وَإِنَّا عَلَىٰٓ أَن نُّرِيَكَ مَا نَعِدُهُمْ لَقَٰدِرُونَ ٩٥ ٱدْفَعْ بِٱلَّتِى
هِىَ أَحْسَنُ ٱلسَّيِّئَةَ نَحْنُ أَعْلَمُ بِمَا يَصِفُونَ ٩٦ وَقُل رَّبِّ
أَعُوذُ بِكَ مِنْ هَمَزَٰتِ ٱلشَّيَٰطِينِ ٩٧ وَأَعُوذُ بِكَ رَبِّ أَن
يَحْضُرُونِ ٩٨ حَتَّىٰٓ إِذَا جَآءَ أَحَدَهُمُ ٱلْمَوْتُ قَالَ رَبِّ
ٱرْجِعُونِ ٩٩ لَعَلِّىٓ أَعْمَلُ صَٰلِحًا فِيمَا تَرَكْتُ كَلَّآ إِنَّهَا
كَلِمَةٌ هُوَ قَآئِلُهَا وَمِن وَرَآئِهِم بَرْزَخٌ إِلَىٰ يَوْمِ يُبْعَثُونَ ١٠٠
فَإِذَا نُفِخَ فِى ٱلصُّورِ فَلَآ أَنسَابَ بَيْنَهُمْ يَوْمَئِذٍ وَلَا يَتَسَآءَلُونَ
١٠١ فَمَن ثَقُلَتْ مَوَٰزِينُهُۥ فَأُو۟لَٰٓئِكَ هُمُ ٱلْمُفْلِحُونَ ١٠٢ وَمَنْ
خَفَّتْ مَوَٰزِينُهُۥ فَأُو۟لَٰٓئِكَ ٱلَّذِينَ خَسِرُوٓا۟ أَنفُسَهُمْ فِى جَهَنَّمَ
خَٰلِدُونَ ١٠٣ تَلْفَحُ وُجُوهَهُمُ ٱلنَّارُ وَهُمْ فِيهَا كَٰلِحُونَ ١٠٤

いや、われらは彼らに真理をもたらした。だが、まことに彼らは嘘つきである。(23：90)

アッラーは子など持ち給わなかったし、彼と並ぶ神などなかった。そうすれば(もしもそうであれば)、きっとそれぞれの神は己が創ったものを持ち去り[1295]、きっと互いに上に立とうとしたであろう[1296]。アッラーに称えあれ、彼らが思い描くものから超越し給う御方。(23：91)

隠されたものと顕れたものを知り給う御方。彼らが同位に配するもの(偶像神)を高く超え給う御方。(23：92)

言え、「わが主よ、もしも彼らに約束されたもの(懲罰)をあなたが私に見せ給うのであれば」、(23：93)

「わが主よ、私を不正な民たちの中に入れ給うな」。(23：94)

そして、まことに、われらは、われらが彼らに約束したものをおまえに見せることが出来る者である。(23：95)

より良いものによって悪しきことを追い払え[1297]。われらは彼らが思い描くものについてよりよく知っている。(23：96)

そして言え、「わが主よ、私は悪魔たちの誘惑からあなたに加護を求め」、(23：97)

「また、主よ、彼らが私に現れることからあなたに加護を求めます」。(23：98)

ついに彼らの一人に死が訪れると、彼は言う。「わが主よ、私を戻し給え」。(23：99)

「きっと私は残してきたものにおいて善行をなすでしょう」。いや、それは彼が口にする言葉にすぎない。そして、彼らの後ろには彼らが甦らされる日まで、障壁[1298]がある。(23：100)

そして角笛が吹かれると、その日、彼らの間にはいかなる血統もなく、彼らは互いに尋ねあうこともない[1299]。(23：101)

そして、己の秤が(善行によって)重かった者、それらの者、彼らこそは成功者である。(23：102)

だが、己の秤が(悪行のせいで)軽かった者、それらの者は己自身を損失した者であり、永遠に火獄《ジャハンナム》に留まる。(23：103)

彼らの顔を火が焦がし、彼らはそこで顔を歪める[1300]。(23：104)

1295　己が創ったものを独占して独立し。

1296　現世で諸王が相争うように。

1297　不信仰者からの危害に報復せず、それを大目に見、相手にせず、むしろ悪に報いるに善をもってすることによって、彼らからの危害を避けよ。但しこれは、戦闘の命令が下る前のことである。

1298　彼らが現生へ戻ることを妨げる障壁。

1299　復活の日の出来事の過酷さに気も漫《そぞ》ろで。しかし正気に返ると、互いに尋ねあう。37章50節参照。

1300　上唇と下唇がまくれあがって。

أَلَمۡ تَكُنۡ ءَايَٰتِي تُتۡلَىٰ عَلَيۡكُمۡ فَكُنتُم بِهَا تُكَذِّبُونَ ١٠٥ قَالُواْ
رَبَّنَا غَلَبَتۡ عَلَيۡنَا شِقۡوَتُنَا وَكُنَّا قَوۡمٗا ضَآلِّينَ ١٠٦ رَبَّنَآ
أَخۡرِجۡنَا مِنۡهَا فَإِنۡ عُدۡنَا فَإِنَّا ظَٰلِمُونَ ١٠٧ قَالَ ٱخۡسَـُٔواْ فِيهَا
وَلَا تُكَلِّمُونِ ١٠٨ إِنَّهُۥ كَانَ فَرِيقٞ مِّنۡ عِبَادِي يَقُولُونَ رَبَّنَآ ءَامَنَّا
فَٱغۡفِرۡ لَنَا وَٱرۡحَمۡنَا وَأَنتَ خَيۡرُ ٱلرَّٰحِمِينَ ١٠٩ فَٱتَّخَذۡتُمُوهُمۡ
سِخۡرِيًّا حَتَّىٰٓ أَنسَوۡكُمۡ ذِكۡرِي وَكُنتُم مِّنۡهُمۡ تَضۡحَكُونَ ١١٠
إِنِّي جَزَيۡتُهُمُ ٱلۡيَوۡمَ بِمَا صَبَرُوٓاْ أَنَّهُمۡ هُمُ ٱلۡفَآئِزُونَ ١١١ قَٰلَ
كَمۡ لَبِثۡتُمۡ فِي ٱلۡأَرۡضِ عَدَدَ سِنِينَ ١١٢ قَالُواْ لَبِثۡنَا يَوۡمًا أَوۡ بَعۡضَ
يَوۡمٖ فَسۡـَٔلِ ٱلۡعَآدِّينَ ١١٣ قَٰلَ إِن لَّبِثۡتُمۡ إِلَّا قَلِيلٗاۖ لَّوۡ أَنَّكُمۡ
كُنتُمۡ تَعۡلَمُونَ ١١٤ أَفَحَسِبۡتُمۡ أَنَّمَا خَلَقۡنَٰكُمۡ عَبَثٗا وَأَنَّكُمۡ
إِلَيۡنَا لَا تُرۡجَعُونَ ١١٥ فَتَعَٰلَى ٱللَّهُ ٱلۡمَلِكُ ٱلۡحَقُّۖ لَآ إِلَٰهَ إِلَّا
هُوَ رَبُّ ٱلۡعَرۡشِ ٱلۡكَرِيمِ ١١٦ وَمَن يَدۡعُ مَعَ ٱللَّهِ إِلَٰهًا
ءَاخَرَ لَا بُرۡهَٰنَ لَهُۥ بِهِۦ فَإِنَّمَا حِسَابُهُۥ عِندَ رَبِّهِۦٓۚ إِنَّهُۥ لَا يُفۡلِحُ
ٱلۡكَٰفِرُونَ ١١٧ وَقُل رَّبِّ ٱغۡفِرۡ وَٱرۡحَمۡ وَأَنتَ خَيۡرُ ٱلرَّٰحِمِينَ ١١٨

سُورَةُ النُّورِ

おまえたちにはわが諸々の徴が読み聞かせられなかったのか。だが、おまえたちはそれを嘘として否定した。(23：105)

彼らは言った。「われらが主よ、われらの上にはわれらの不幸[1301]が伸しかかり、われらは迷った民でした」。(23：106)

「われらが主よ、ここからわれらを出し給え。もし(迷誤に)戻ることがあれば、その時こそわれらは不正な者でしょう」。(23：107)

彼は仰せられた。「その(獄火の)中に追い払われよ。われに語りかけるな」。(23：108)

まことに、わが僕《しもべ》たちの一部は、「われらが主よ、われらは信じました。それゆえ、われらを赦し、われらに慈悲を垂れ給え。そしてあなたは慈悲ある者たちのうち最良の御方」と言っていた。(23：109)

だが、おまえたちは彼らを笑いものにした。そして、彼らを笑っている間に、ついに彼らはおまえたちにわが想念・唱名を忘れ果てさせた[1302]。(23：110)

まことにわれは、彼らが忍耐したことゆえに、今日彼らに、彼らこそ勝者であることを報いた。(23：111)

彼は仰せられた。「おまえたちはどれほどの年数、地上に滞在したのか」。(23：112)

彼らは言った。「一日、あるいは一日の幾分か滞在しました。計算者にお尋ね下さい」。(23：113)

彼は仰せられた。「おまえたちが(現世に)滞在したのは(獄火の永遠の懲罰に比べて)わずかにすぎない。もしおまえたちが知っていたならば」。(23：114)

おまえたちは、われらがおまえたちを戯れに創り、おまえたちがわれらの許に戻されることはないと考えたか。(23：115)

それに対して、いと高きかなアッラー、王にして、真理なる御方。高貴な高御座の主、彼のほかに神はない。(23：116)

そしてアッラーと共に他の神に祈る者、彼にはその証拠はない。そして彼の清算は彼の主の御許にのみあり、まことに不信仰者たちが栄えることはない。(23：117)

そして言え、「主よ、赦し給え、慈悲を垂れ給え、あなたは慈悲ある者のうち最良の御方」。(23：118)

1301　われらを火獄へと到らしめた欲望や身勝手な考え。
1302　不信仰者たちは信仰者を嘲笑するのに忙しく、アッラーを念ずることを忘れ去った。

第24章　御光 …… سورة النور

بِسۡمِ ٱللَّهِ ٱلرَّحۡمَٰنِ ٱلرَّحِيمِ
سُورَةٌ أَنزَلۡنَٰهَا وَفَرَضۡنَٰهَا وَأَنزَلۡنَا فِيهَآ ءَايَٰتِۭ بَيِّنَٰتٖ لَّعَلَّكُمۡ تَذَكَّرُونَ
١ ٱلزَّانِيَةُ وَٱلزَّانِي فَٱجۡلِدُواْ كُلَّ وَٰحِدٖ مِّنۡهُمَا مِاْئَةَ جَلۡدَةٖۖ وَلَا تَأۡخُذۡكُم
بِهِمَا رَأۡفَةٞ فِي دِينِ ٱللَّهِ إِن كُنتُمۡ تُؤۡمِنُونَ بِٱللَّهِ وَٱلۡيَوۡمِ ٱلۡأٓخِرِۖ وَلۡيَشۡهَدۡ
عَذَابَهُمَا طَآئِفَةٞ مِّنَ ٱلۡمُؤۡمِنِينَ ٢ ٱلزَّانِي لَا يَنكِحُ إِلَّا زَانِيَةً أَوۡ مُشۡرِكَةٗ
وَٱلزَّانِيَةُ لَا يَنكِحُهَآ إِلَّا زَانٍ أَوۡ مُشۡرِكٞۚ وَحُرِّمَ ذَٰلِكَ عَلَى ٱلۡمُؤۡمِنِينَ
٣ وَٱلَّذِينَ يَرۡمُونَ ٱلۡمُحۡصَنَٰتِ ثُمَّ لَمۡ يَأۡتُواْ بِأَرۡبَعَةِ شُهَدَآءَ
فَٱجۡلِدُوهُمۡ ثَمَٰنِينَ جَلۡدَةٗ وَلَا تَقۡبَلُواْ لَهُمۡ شَهَٰدَةً أَبَدٗاۚ وَأُوْلَٰٓئِكَ
هُمُ ٱلۡفَٰسِقُونَ ٤ إِلَّا ٱلَّذِينَ تَابُواْ مِنۢ بَعۡدِ ذَٰلِكَ وَأَصۡلَحُواْ فَإِنَّ
ٱللَّهَ غَفُورٞ رَّحِيمٞ ٥ وَٱلَّذِينَ يَرۡمُونَ أَزۡوَٰجَهُمۡ وَلَمۡ يَكُن لَّهُمۡ
شُهَدَآءُ إِلَّآ أَنفُسُهُمۡ فَشَهَٰدَةُ أَحَدِهِمۡ أَرۡبَعُ شَهَٰدَٰتِۭ بِٱللَّهِ إِنَّهُۥ لَمِنَ
ٱلصَّٰدِقِينَ ٦ وَٱلۡخَٰمِسَةُ أَنَّ لَعۡنَتَ ٱللَّهِ عَلَيۡهِ إِن كَانَ مِنَ ٱلۡكَٰذِبِينَ
٧ وَيَدۡرَؤُاْ عَنۡهَا ٱلۡعَذَابَ أَن تَشۡهَدَ أَرۡبَعَ شَهَٰدَٰتِۭ بِٱللَّهِ إِنَّهُۥ لَمِنَ
ٱلۡكَٰذِبِينَ ٨ وَٱلۡخَٰمِسَةَ أَنَّ غَضَبَ ٱللَّهِ عَلَيۡهَآ إِن كَانَ مِنَ ٱلصَّٰدِقِينَ
٩ وَلَوۡلَا فَضۡلُ ٱللَّهِ عَلَيۡكُمۡ وَرَحۡمَتُهُۥ وَأَنَّ ٱللَّهَ تَوَّابٌ حَكِيمٌ ١٠

マディーナ垂示

「御光」章の名はアッラーを光に喩える35節に由来する。

本章では、姦通の刑罰(2-5節)、姦通による離婚の規定(6-9節)、及び姦通の中傷の禁止(11-25節)、男女の服装規定、家庭内での男女の作法など(30-31、58-61節)、家庭と男女間の問題が多く扱われる。

慈悲あまねく慈悲深きアッラーの御名において

(これは)われらがそれを下し、それを課し、その中に明白な諸々の徴(節)を下した一つの章である。きっとおまえたちが留意するであろうと。(24：1)

姦通を犯した女と男は[1303]、そのそれぞれを百回、鞭打ちにせよ。アッラーの宗教(教え定めた規定)において両者への憐憫がおまえたちを捉えるようなことがあってはならない、もしおまえたちがアッラーと最後の日を信ずるならば。また、二人の懲罰には信仰者の一団を立ち合わせよ。(24：2)

姦通を犯した男は姦通を犯した女か多神教徒の女としか婚姻してはならず、姦通を犯した女は姦通を犯した男か多神教徒しか彼女と婚姻してはならない。そしてそれは信仰者たちには禁じられた[1304]。(24：3)

そして淑女たちに(姦通の)罪を負わせながら、四人の証人を連れて来ない者たち、彼らを八十回鞭打ちにせよ。そして、彼らからは決して証言を受け入れてはならない。そしてそれらの者、彼らは邪な者である。(24：4)

ただし、その後、悔いて戻り、(己の行状を)正した者は別である[1305]。まことにアッラーはよく赦し給う慈悲深い御方。(24：5)

そして自分たちの妻たちに(姦通の)罪を負わせ、自分たち以外に証人がいない者たち、彼ら一人の証言は、確かに自分が真実を語る者(たちの一人)であるとのアッラーに誓った四回の証言である。(24：6)

そして五回目は、もし自分が嘘つき(たちの一人)であれば、アッラーの呪いが自分の上にあれ、である[1306]。(24：7)

そして彼女から懲罰を阻止するのは[1307]、彼女がアッラーに誓って確かに彼が嘘つき(たちの一人)であると四回証言することである。(24：8)

1303　未婚の男女の場合、鞭打ちと一年間の所払。既婚の姦婦、姦夫は石打刑となる。

1304　婚姻相手の制限に関するこの規定は24章32節によって破棄されたというのが多数説。

1305　悔い改めた者が、その後に法廷での証言の資格を回復するかどうかについては法学派間で見解が分かれている。

1306　それによって姦通誣告の罪を免じられる。

1307　夫の証言による姦通罪の刑罰の執行を。

إِنَّ ٱلَّذِينَ جَآءُو بِٱلۡإِفۡكِ عُصۡبَةٞ مِّنكُمۡۚ لَا تَحۡسَبُوهُ شَرّٗا لَّكُمۖ بَلۡ
هُوَ خَيۡرٞ لَّكُمۡۚ لِكُلِّ ٱمۡرِيٕٖ مِّنۡهُم مَّا ٱكۡتَسَبَ مِنَ ٱلۡإِثۡمِۚ وَٱلَّذِي تَوَلَّىٰ
كِبۡرَهُۥ مِنۡهُمۡ لَهُۥ عَذَابٌ عَظِيمٞ ١١ لَّوۡلَآ إِذۡ سَمِعۡتُمُوهُ ظَنَّ ٱلۡمُؤۡمِنُونَ
وَٱلۡمُؤۡمِنَٰتُ بِأَنفُسِهِمۡ خَيۡرٗا وَقَالُواْ هَٰذَآ إِفۡكٞ مُّبِينٞ ١٢ لَّوۡلَا
جَآءُو عَلَيۡهِ بِأَرۡبَعَةِ شُهَدَآءَۚ فَإِذۡ لَمۡ يَأۡتُواْ بِٱلشُّهَدَآءِ فَأُوْلَٰٓئِكَ
عِندَ ٱللَّهِ هُمُ ٱلۡكَٰذِبُونَ ١٣ وَلَوۡلَا فَضۡلُ ٱللَّهِ عَلَيۡكُمۡ وَرَحۡمَتُهُۥ
فِي ٱلدُّنۡيَا وَٱلۡأٓخِرَةِ لَمَسَّكُمۡ فِي مَآ أَفَضۡتُمۡ فِيهِ عَذَابٌ عَظِيمٌ ١٤
إِذۡ تَلَقَّوۡنَهُۥ بِأَلۡسِنَتِكُمۡ وَتَقُولُونَ بِأَفۡوَاهِكُم مَّا لَيۡسَ لَكُم بِهِۦ عِلۡمٞ
وَتَحۡسَبُونَهُۥ هَيِّنٗا وَهُوَ عِندَ ٱللَّهِ عَظِيمٞ ١٥ وَلَوۡلَآ إِذۡ سَمِعۡتُمُوهُ
قُلۡتُم مَّا يَكُونُ لَنَآ أَن نَّتَكَلَّمَ بِهَٰذَا سُبۡحَٰنَكَ هَٰذَا بُهۡتَٰنٌ عَظِيمٞ
١٦ يَعِظُكُمُ ٱللَّهُ أَن تَعُودُواْ لِمِثۡلِهِۦٓ أَبَدًا إِن كُنتُم مُّؤۡمِنِينَ ١٧
وَيُبَيِّنُ ٱللَّهُ لَكُمُ ٱلۡأٓيَٰتِۚ وَٱللَّهُ عَلِيمٌ حَكِيمٌ ١٨ إِنَّ ٱلَّذِينَ
يُحِبُّونَ أَن تَشِيعَ ٱلۡفَٰحِشَةُ فِي ٱلَّذِينَ ءَامَنُواْ لَهُمۡ عَذَابٌ أَلِيمٞ
فِي ٱلدُّنۡيَا وَٱلۡأٓخِرَةِۚ وَٱللَّهُ يَعۡلَمُ وَأَنتُمۡ لَا تَعۡلَمُونَ ١٩ وَلَوۡلَا
فَضۡلُ ٱللَّهِ عَلَيۡكُمۡ وَرَحۡمَتُهُۥ وَأَنَّ ٱللَّهَ رَءُوفٞ رَّحِيمٞ ٢٠

そして五回目は、もし彼が真実を語る者(たちの一人)であれば、アッラーの御怒りが自分の上にあれ、である。(24：9)

そしてアッラーの御恵みと御慈悲がおまえたちの上になければ[1308]。まことに、アッラーはよく顧み戻る英知ある御方。(24：10)

まことに虚言をもたらした者たちはおまえたちの一団である[1309]。おまえたちはこれがおまえたちへの災いだと考えてはならない。いや、それはおまえたちにとって良いことである[1310]。彼らのうちいずれの者にも罪のうち稼いだものがある。そして彼らのうちその大罪(大半)に責任のある者、彼には大いなる懲罰がある。(24：11)

おまえたちがそれを聞いた時、男の信仰者も女の信仰者も自分たちについて良いことを(善意に)考え、「これは明白な虚言である」と何故言わなかったのか。(24：12)

彼らはそれに対して四人の証人を何故連れて来なかったのか。そして証人を連れて来なかったなら、それらの者、彼らこそはアッラーの御許において嘘つきである。(24：13)

もしアッラーの御恵みと御慈悲が現世と来世でおまえたちの上になければ、おまえたちが耽ったこと(姦通の中傷)において、大いなる懲罰がおまえたちに降りかかったであろう。(24：14)

その時、おまえたちはそれをおまえたちの舌で受け止め、おまえたちの口でおまえたちに知識のないことを言い、それが些細なことであると考えたが、それはアッラーの御許においては重大なことだったのである。(24：15)

そしておまえたちがそれを聞いた時、「それについて私たちは語るべきではない。称えあれ、あなたこそ超越者。これは、重大な中傷である」と何故言わなかったのか。(24：16)

アッラーは、おまえたちがこのようなことを繰り返すこと(がないこと)をおまえたちに戒め給う。もし、おまえたちが信仰者ならば。(24：17)

またアッラーは、おまえたちに諸々の徴を解明し給う。そしてアッラーはよく知り給う英明なる御方。(24：18)

信仰する者たちの間で醜行(姦通の噂)が広まることを好む者たち、彼らには現世と来世で痛苦の懲罰がある。そしてアッラーは知り給うが、おまえたちは知らない。(24：19)

アッラーの御恵みと御慈悲がおまえたちの上になかったなら[1311]。まことにアッラーは憐れみ深く慈悲深い御方。(24：20)

1308　懲罰として呪いや怒りの実現を急ぎ給うたであろう。

1309　預言者の妻アーイシャが遠征からの帰路に砂漠で遠征隊からはぐれ、後で通りかかった信徒の男性の一人に連れ帰られた時、偽信者の一団が、二人に姦通の中傷を行った。

1310　アッラーが両名の無実を明らかにし、良き報いを与え給うからである。

1311　アッラーはおまえたちへの懲罰を急ぎ給うただろう。

۞ يَـٰٓأَيُّهَا ٱلَّذِينَ ءَامَنُوا۟ لَا تَتَّبِعُوا۟ خُطُوَٰتِ ٱلشَّيْطَـٰنِ ۚ وَمَن يَتَّبِعْ
خُطُوَٰتِ ٱلشَّيْطَـٰنِ فَإِنَّهُۥ يَأْمُرُ بِٱلْفَحْشَآءِ وَٱلْمُنكَرِ ۚ وَلَوْلَا
فَضْلُ ٱللَّهِ عَلَيْكُمْ وَرَحْمَتُهُۥ مَا زَكَىٰ مِنكُم مِّنْ أَحَدٍ أَبَدًا وَلَـٰكِنَّ
ٱللَّهَ يُزَكِّى مَن يَشَآءُ ۗ وَٱللَّهُ سَمِيعٌ عَلِيمٌ ﴿٢١﴾ وَلَا يَأْتَلِ أُو۟لُوا۟ ٱلْفَضْلِ
مِنكُمْ وَٱلسَّعَةِ أَن يُؤْتُوٓا۟ أُو۟لِى ٱلْقُرْبَىٰ وَٱلْمَسَـٰكِينَ وَٱلْمُهَـٰجِرِينَ
فِى سَبِيلِ ٱللَّهِ ۖ وَلْيَعْفُوا۟ وَلْيَصْفَحُوٓا۟ ۗ أَلَا تُحِبُّونَ أَن يَغْفِرَ ٱللَّهُ
لَكُمْ ۗ وَٱللَّهُ غَفُورٌ رَّحِيمٌ ﴿٢٢﴾ إِنَّ ٱلَّذِينَ يَرْمُونَ ٱلْمُحْصَنَـٰتِ
ٱلْغَـٰفِلَـٰتِ ٱلْمُؤْمِنَـٰتِ لُعِنُوا۟ فِى ٱلدُّنْيَا وَٱلْـَٔاخِرَةِ وَلَهُمْ عَذَابٌ
عَظِيمٌ ﴿٢٣﴾ يَوْمَ تَشْهَدُ عَلَيْهِمْ أَلْسِنَتُهُمْ وَأَيْدِيهِمْ وَأَرْجُلُهُم بِمَا
كَانُوا۟ يَعْمَلُونَ ﴿٢٤﴾ يَوْمَئِذٍ يُوَفِّيهِمُ ٱللَّهُ دِينَهُمُ ٱلْحَقَّ وَيَعْلَمُونَ أَنَّ
ٱللَّهَ هُوَ ٱلْحَقُّ ٱلْمُبِينُ ﴿٢٥﴾ ٱلْخَبِيثَـٰتُ لِلْخَبِيثِينَ وَٱلْخَبِيثُونَ
لِلْخَبِيثَـٰتِ ۖ وَٱلطَّيِّبَـٰتُ لِلطَّيِّبِينَ وَٱلطَّيِّبُونَ لِلطَّيِّبَـٰتِ ۚ
أُو۟لَـٰٓئِكَ مُبَرَّءُونَ مِمَّا يَقُولُونَ ۖ لَهُم مَّغْفِرَةٌ وَرِزْقٌ كَرِيمٌ ﴿٢٦﴾ يَـٰٓأَيُّهَا
ٱلَّذِينَ ءَامَنُوا۟ لَا تَدْخُلُوا۟ بُيُوتًا غَيْرَ بُيُوتِكُمْ حَتَّىٰ تَسْتَأْنِسُوا۟
وَتُسَلِّمُوا۟ عَلَىٰٓ أَهْلِهَا ۚ ذَٰلِكُمْ خَيْرٌ لَّكُمْ لَعَلَّكُمْ تَذَكَّرُونَ ﴿٢٧﴾

信仰する者たちよ、悪魔の歩みに従ってはならない。そして悪魔の歩みに従う者、彼は醜行と忌み事を命じる。そしてもしアッラーのおまえたちに対する御恵みと御慈悲がなければ、おまえたちの誰一人として決して清まることはなかったであろう。だが、アッラーは御望みの者を清め給う。アッラーはよく聞きよく知り給う御方。(24：21)

おまえたちのうち御恵みと富裕の持ち主は、近親たち、貧困者、アッラーの道における移住者に与えることを(しないと)誓ってはならない[1312]。彼ら(富裕な者)には免じさせ、大目に見させよ。おまえたちはアッラーがおまえたちを赦し給うことを望まないのか。そしてアッラーはよく赦し給う慈悲深い御方。(24：22)

まことに、貞淑で無垢な信仰する女たちに(姦通の)罪を負わせる者たちは、現世でも来世でも呪われ、彼らには大いなる懲罰がある。(24：23)

彼らの舌と手と足が彼らのなしたことを証言する日に、(24：24)

その日に、アッラーは彼らに彼らの正当な報酬を十分に払い給い、彼らはアッラーが明白な真理であらせられることを知る。(24：25)

不浄なもの(女、言葉、行為)は不浄な男に、不浄な男は不浄なもの(女、言葉、行為)に、善良なもの(女、言葉、行為)は善良な男に、善良な男は善良なもの(女、言葉、行為)に(相応しい)。それらの者(善男善女)は彼らが言うこと(不浄な男女の中傷)とは無縁である。彼らには御赦しと寛大なる糧がある。(24：26)

信仰する者たちよ、自宅以外の家には、許可を求め、その家族に挨拶をする[1313]までは入ってはならない。それがおまえたちには一層良い。きっとおまえたちも留意するであろう。(24：27)

1312　この節は、アーイシャの父アブー・バクルが彼女を中傷した(24章11節脚注参照)母方の従兄弟の貧しいミスタフに対して、それまで与えてきた施しを中止すると誓った時に啓示された。アブー・バクルは、「私はアッラーが私を赦して下さることを望む」と言って、ミスタフへの施しを再開したと伝えられる。

1313　あなたたちに平和あれ、私が入って(も良い)ですか、と尋ねること。

فَإِن لَّمْ تَجِدُوا۟ فِيهَآ أَحَدًا فَلَا تَدْخُلُوهَا حَتَّىٰ يُؤْذَنَ لَكُمْ ۖ
وَإِن قِيلَ لَكُمُ ٱرْجِعُوا۟ فَٱرْجِعُوا۟ ۖ هُوَ أَزْكَىٰ لَكُمْ ۚ وَٱللَّهُ بِمَا
تَعْمَلُونَ عَلِيمٌ ﴿٢٨﴾ لَّيْسَ عَلَيْكُمْ جُنَاحٌ أَن تَدْخُلُوا۟ بُيُوتًا
غَيْرَ مَسْكُونَةٍ فِيهَا مَتَٰعٌ لَّكُمْ ۚ وَٱللَّهُ يَعْلَمُ مَا تُبْدُونَ وَمَا
تَكْتُمُونَ ﴿٢٩﴾ قُل لِّلْمُؤْمِنِينَ يَغُضُّوا۟ مِنْ أَبْصَٰرِهِمْ وَيَحْفَظُوا۟
فُرُوجَهُمْ ۚ ذَٰلِكَ أَزْكَىٰ لَهُمْ ۗ إِنَّ ٱللَّهَ خَبِيرٌۢ بِمَا يَصْنَعُونَ ﴿٣٠﴾
وَقُل لِّلْمُؤْمِنَٰتِ يَغْضُضْنَ مِنْ أَبْصَٰرِهِنَّ وَيَحْفَظْنَ
فُرُوجَهُنَّ وَلَا يُبْدِينَ زِينَتَهُنَّ إِلَّا مَا ظَهَرَ مِنْهَا ۖ وَلْيَضْرِبْنَ
بِخُمُرِهِنَّ عَلَىٰ جُيُوبِهِنَّ ۖ وَلَا يُبْدِينَ زِينَتَهُنَّ إِلَّا لِبُعُولَتِهِنَّ
أَوْ ءَابَآئِهِنَّ أَوْ ءَابَآءِ بُعُولَتِهِنَّ أَوْ أَبْنَآئِهِنَّ أَوْ أَبْنَآءِ بُعُولَتِهِنَّ
أَوْ إِخْوَٰنِهِنَّ أَوْ بَنِىٓ إِخْوَٰنِهِنَّ أَوْ بَنِىٓ أَخَوَٰتِهِنَّ أَوْ نِسَآئِهِنَّ
أَوْ مَا مَلَكَتْ أَيْمَٰنُهُنَّ أَوِ ٱلتَّٰبِعِينَ غَيْرِ أُو۟لِى ٱلْإِرْبَةِ مِنَ
ٱلرِّجَالِ أَوِ ٱلطِّفْلِ ٱلَّذِينَ لَمْ يَظْهَرُوا۟ عَلَىٰ عَوْرَٰتِ ٱلنِّسَآءِ ۖ
وَلَا يَضْرِبْنَ بِأَرْجُلِهِنَّ لِيُعْلَمَ مَا يُخْفِينَ مِن زِينَتِهِنَّ ۚ وَتُوبُوٓا۟
إِلَى ٱللَّهِ جَمِيعًا أَيُّهَ ٱلْمُؤْمِنُونَ لَعَلَّكُمْ تُفْلِحُونَ ﴿٣١﴾

それでそこに誰も見出さなかった場合には、許可されるまで入ってはならない。そして戻るようにと言われたならば戻れ。それがおまえたちには一層清廉である。そしてアッラーはおまえたちがなすことについてよく知り給う御方。(24：28)

人の住んでいない家[1314]には、そこにおまえたちのための活計《たつき》があるなら、入ることはおまえたちにとって罪ではない。そしてアッラーはおまえたちが顕すことも隠すことも知り給う。(24：29)

(男の)信仰者たちに言え、彼らの目を伏せ、陰部を守るようにと。それは彼らにとって一層清廉である。まことにアッラーは彼らのなすことについて通暁し給う御方。(24：30)

また女の信仰者たちに言え、彼女らの目を伏せ、陰部を守るようにと。また、彼女らの装飾[1315]は外に現れたもの以外、表に現してはならない。また彼女らの胸元には覆いを垂れさせ[1316]、自分の配偶者、父親、配偶者の父親、自分の息子、配偶者の息子、自分の兄弟、兄弟の息子たち、姉妹の息子たち、自分の女たち[1317]、自分の右手が所有するもの(奴隷)、男のうち性欲を持つ者でない従者、または女の恥部を知らない幼児を除いて自分の装飾を表に表すことがあってはならない。また、彼女らの装飾で自ら隠したものが知られないよう、彼女らの足で打ち鳴らしてはならない[1318]。そして信仰者たちよ、こぞってアッラーの御許に悔いて戻れ、きっとおまえたちは成功するであろう。(24：31)

1314　旅人のための宿泊施設など。
1315　装飾とは、美しく魅力的な部分で、顔と両掌以外の全身を指す。
1316　頭と胸に覆いをさせ。
1317　ムスリマ(イスラーム教徒の女性)。あるいは女性全般。
1318　足輪などを踏み鳴らして、異性の注意を惹きつけてはならない。

وَأَنكِحُواْ ٱلۡأَيَٰمَىٰ مِنكُمۡ وَٱلصَّٰلِحِينَ مِنۡ عِبَادِكُمۡ وَإِمَآئِكُمۡۚ إِن
يَكُونُواْ فُقَرَآءَ يُغۡنِهِمُ ٱللَّهُ مِن فَضۡلِهِۦۗ وَٱللَّهُ وَٰسِعٌ عَلِيمٞ ٣٢
وَلۡيَسۡتَعۡفِفِ ٱلَّذِينَ لَا يَجِدُونَ نِكَاحًا حَتَّىٰ يُغۡنِيَهُمُ ٱللَّهُ مِن فَضۡلِهِۦۗ
وَٱلَّذِينَ يَبۡتَغُونَ ٱلۡكِتَٰبَ مِمَّا مَلَكَتۡ أَيۡمَٰنُكُمۡ فَكَاتِبُوهُمۡ إِنۡ
عَلِمۡتُمۡ فِيهِمۡ خَيۡرٗاۖ وَءَاتُوهُم مِّن مَّالِ ٱللَّهِ ٱلَّذِيٓ ءَاتَىٰكُمۡۚ وَلَا تُكۡرِهُواْ
فَتَيَٰتِكُمۡ عَلَى ٱلۡبِغَآءِ إِنۡ أَرَدۡنَ تَحَصُّنٗا لِّتَبۡتَغُواْ عَرَضَ ٱلۡحَيَوٰةِ
ٱلدُّنۡيَاۚ وَمَن يُكۡرِههُّنَّ فَإِنَّ ٱللَّهَ مِنۢ بَعۡدِ إِكۡرَٰهِهِنَّ غَفُورٞ رَّحِيمٞ
٣٣ وَلَقَدۡ أَنزَلۡنَآ إِلَيۡكُمۡ ءَايَٰتٖ مُّبَيِّنَٰتٖ وَمَثَلٗا مِّنَ ٱلَّذِينَ خَلَوۡاْ
مِن قَبۡلِكُمۡ وَمَوۡعِظَةٗ لِّلۡمُتَّقِينَ ٣٤ ۞ ٱللَّهُ نُورُ ٱلسَّمَٰوَٰتِ وَٱلۡأَرۡضِۚ
مَثَلُ نُورِهِۦ كَمِشۡكَوٰةٖ فِيهَا مِصۡبَاحٌۖ ٱلۡمِصۡبَاحُ فِي زُجَاجَةٍۖ
ٱلزُّجَاجَةُ كَأَنَّهَا كَوۡكَبٞ دُرِّيّٞ يُوقَدُ مِن شَجَرَةٖ مُّبَٰرَكَةٖ زَيۡتُونَةٖ
لَّا شَرۡقِيَّةٖ وَلَا غَرۡبِيَّةٖ يَكَادُ زَيۡتُهَا يُضِيٓءُ وَلَوۡ لَمۡ تَمۡسَسۡهُ نَارٞۚ
نُّورٌ عَلَىٰ نُورٖۚ يَهۡدِي ٱللَّهُ لِنُورِهِۦ مَن يَشَآءُۚ وَيَضۡرِبُ ٱللَّهُ ٱلۡأَمۡثَٰلَ
لِلنَّاسِۗ وَٱللَّهُ بِكُلِّ شَيۡءٍ عَلِيمٞ ٣٥ فِي بُيُوتٍ أَذِنَ ٱللَّهُ أَن تُرۡفَعَ
وَيُذۡكَرَ فِيهَا ٱسۡمُهُۥ يُسَبِّحُ لَهُۥ فِيهَا بِٱلۡغُدُوِّ وَٱلۡأٓصَالِ ٣٦

おまえたちのうちやもめ(独身者)[1319]とおまえたちの奴隷と女奴隷のうち善良な者(信仰者)を婚姻させよ。もし彼らが貧しくても、アッラーが彼の御恵みから彼らを富ませ給う。そしてアッラーは広大にしてよく知り給う御方。(24：32)

そして婚姻(経費)を見出せない者たちには、アッラーが彼の御恵みから彼らを富ませ給うまで(姦通を)自制させよ。そしておまえたちの右手が所有するもの(奴隷)のうち(自己身請け契約)証書を求める者たち、彼らには、おまえたちが彼らのうちに良いところを認めるならば書いてやるがよい。アッラーがおまえたちに与え給うたアッラーの財から彼らに与えよ。またおまえたちの婢に、もし彼女らが貞操を守ることを望んだなら、現世の儚きものを求めて売春を強制してはならない。それで彼女らを強制する者(があれば)、まことにアッラーは、彼女らが強制された後には、よく赦し給う御方。(24：33)

そして確かにわれらはおまえたちに(真理を)明白にする諸々の徴と、おまえたち以前に過ぎ去った者たちの先例と、畏れ身を守る者たちへの訓告を下した。(24：34)

アッラーは諸天と地の光にあらせられる。彼の光の譬《たと》えは、壁龕のようで、その中には灯火があり、その灯火はガラスの中にあり、そのガラスはまるで(真珠のように)輝き放つ星のようで、(灯火は)西方のものでもなく東方のものでもない[1320]祝福されたオリーブの木で灯されている。その油は火がそれに触れなくても輝かんばかりである。光が光の上に。アッラーは彼の光に御望みの者を導き給う。そしてアッラーは人々のために譬えを挙げ給う。アッラーはあらゆることについてよく知り給う御方。(24：35)

(その灯火は)アッラーが、高く建てられることと、そこで彼の御名が唱えられることを許可し給うた家々（モスク)の中に(ある)。そこでは彼に朝に夕に讃美(礼拝)を捧げる。(24：36)

1319　婚姻経験の有無に関係なく、男女の独身者。
1320　日中を通じて日の当たる所にある。

رِجَالٞ لَّا تُلۡهِيهِمۡ تِجَٰرَةٞ وَلَا بَيۡعٌ عَن ذِكۡرِ ٱللَّهِ وَإِقَامِ ٱلصَّلَوٰةِ
وَإِيتَآءِ ٱلزَّكَوٰةِ يَخَافُونَ يَوۡمٗا تَتَقَلَّبُ فِيهِ ٱلۡقُلُوبُ وَٱلۡأَبۡصَٰرُ ٣٧
لِيَجۡزِيَهُمُ ٱللَّهُ أَحۡسَنَ مَا عَمِلُواْ وَيَزِيدَهُم مِّن فَضۡلِهِۦۗ وَٱللَّهُ
يَرۡزُقُ مَن يَشَآءُ بِغَيۡرِ حِسَابٖ ٣٨ وَٱلَّذِينَ كَفَرُوٓاْ أَعۡمَٰلُهُمۡ كَسَرَابِۭ
بِقِيعَةٖ يَحۡسَبُهُ ٱلظَّمۡـَٔانُ مَآءً حَتَّىٰٓ إِذَا جَآءَهُۥ لَمۡ يَجِدۡهُ شَيۡـٔٗا
وَوَجَدَ ٱللَّهَ عِندَهُۥ فَوَفَّىٰهُ حِسَابَهُۥۗ وَٱللَّهُ سَرِيعُ ٱلۡحِسَابِ ٣٩
أَوۡ كَظُلُمَٰتٖ فِي بَحۡرٖ لُّجِّيّٖ يَغۡشَىٰهُ مَوۡجٞ مِّن فَوۡقِهِۦ مَوۡجٞ مِّن فَوۡقِهِۦ
سَحَابٞۚ ظُلُمَٰتُۢ بَعۡضُهَا فَوۡقَ بَعۡضٍ إِذَآ أَخۡرَجَ يَدَهُۥ لَمۡ يَكَدۡ
يَرَىٰهَاۗ وَمَن لَّمۡ يَجۡعَلِ ٱللَّهُ لَهُۥ نُورٗا فَمَا لَهُۥ مِن نُّورٍ ٤٠ أَلَمۡ تَرَ أَنَّ
ٱللَّهَ يُسَبِّحُ لَهُۥ مَن فِي ٱلسَّمَٰوَٰتِ وَٱلۡأَرۡضِ وَٱلطَّيۡرُ صَٰٓفَّٰتٖۖ كُلّٞ
قَدۡ عَلِمَ صَلَاتَهُۥ وَتَسۡبِيحَهُۥۗ وَٱللَّهُ عَلِيمُۢ بِمَا يَفۡعَلُونَ ٤١ وَلِلَّهِ مُلۡكُ
ٱلسَّمَٰوَٰتِ وَٱلۡأَرۡضِۖ وَإِلَى ٱللَّهِ ٱلۡمَصِيرُ ٤٢ أَلَمۡ تَرَ أَنَّ ٱللَّهَ يُزۡجِي
سَحَابٗا ثُمَّ يُؤَلِّفُ بَيۡنَهُۥ ثُمَّ يَجۡعَلُهُۥ رُكَامٗا فَتَرَى ٱلۡوَدۡقَ يَخۡرُجُ مِنۡ
خِلَٰلِهِۦ وَيُنَزِّلُ مِنَ ٱلسَّمَآءِ مِن جِبَالٖ فِيهَا مِنۢ بَرَدٖ فَيُصِيبُ بِهِۦ مَن يَشَآءُ
وَيَصۡرِفُهُۥ عَن مَّن يَشَآءُۖ يَكَادُ سَنَا بَرۡقِهِۦ يَذۡهَبُ بِٱلۡأَبۡصَٰرِ ٤٣

（讃美を捧げるのは）商取引や販売がアッラーの想念・唱名、礼拝の遵守、浄財の支払いからその気を逸らすことのない男たち。彼らは心と視線が引っくり返る日（審判の日）を恐れる。(24：37)

（それは）アッラーが彼らがなしたものの最善に対して彼らに報い、さらに彼の御恵みから彼らに増し加えるためである。そして、アッラーは御望みの者に計算なしに糧を与え給う。(24：38)

そして信仰を拒む者たち、彼らの所業は平野の逃げ水（蜃気楼）のようで、喉が渇いた者たちはそれを水だと思うが、ついにそこに辿り着いても何も見出さず、そこにアッラーを見出し、そうして彼（アッラー）はその者に彼の清算を完済し給うた。そしてアッラーは清算に素早い御方。(24：39)

あるいは、底知れない大海における暗闇のようで、それ（海）を波が覆い、その上には波があり、その上には雲がある。いくつもの暗闇が、互いに積み重なり、ある者が自分の手を差し出しても、それはほとんど見えない。そしてアッラーが光をなし給わなかった者、彼には光はない。(24：40)

おまえは、アッラーに諸天と地の者、そして鳥が羽を広げて讃美を捧げるのを見なかったか。それぞれ、その礼拝と讃美を彼（アッラー）は確かに知り給うた[1321]。そしてアッラーは彼らのなすことについてよく知り給う御方。(24：41)

そして諸天と地の王権はアッラーに属す。そして、アッラーの御許にこそ行き着く先はある。(24：42)

おまえは、アッラーが雲々を走らせ、それからその（雲々の）間を結び合わせ、それからそれを積み重なり（積雲）になし給うのを見なかったか。するとおまえは、雨がその割れ目から降り出るのを見るのである。そして、彼は天から、（つまり）そこにある山（のような雲）から、雹《ひょう》を降し給うた。そして彼はそれによってお望みの者を襲い、また、御望みの者をそれから遠ざけ給う。その稲妻の閃光は視覚を奪い去らんばかりである。(24：43)

1321 「それぞれが、各自の讃美、礼拝（すべき仕方）を知っている」との解釈、「それぞれが彼（アッラー）を讃美、礼拝（する仕方）を知っている」との解釈も存在する。

يُقَلِّبُ ٱللَّهُ ٱلَّيۡلَ وَٱلنَّهَارَۚ إِنَّ فِي ذَٰلِكَ لَعِبۡرَةٗ لِّأُوْلِي ٱلۡأَبۡصَٰرِ ٤٤
وَٱللَّهُ خَلَقَ كُلَّ دَآبَّةٖ مِّن مَّآءٖۖ فَمِنۡهُم مَّن يَمۡشِي عَلَىٰ بَطۡنِهِۦ وَمِنۡهُم مَّن
يَمۡشِي عَلَىٰ رِجۡلَيۡنِ وَمِنۡهُم مَّن يَمۡشِي عَلَىٰٓ أَرۡبَعٖۚ يَخۡلُقُ ٱللَّهُ مَا يَشَآءُۚ
إِنَّ ٱللَّهَ عَلَىٰ كُلِّ شَيۡءٖ قَدِيرٞ ٤٥ لَّقَدۡ أَنزَلۡنَآ ءَايَٰتٖ مُّبَيِّنَٰتٖۚ
وَٱللَّهُ يَهۡدِي مَن يَشَآءُ إِلَىٰ صِرَٰطٖ مُّسۡتَقِيمٖ ٤٦ وَيَقُولُونَ
ءَامَنَّا بِٱللَّهِ وَبِٱلرَّسُولِ وَأَطَعۡنَا ثُمَّ يَتَوَلَّىٰ فَرِيقٞ مِّنۡهُم مِّنۢ بَعۡدِ
ذَٰلِكَۚ وَمَآ أُوْلَٰٓئِكَ بِٱلۡمُؤۡمِنِينَ ٤٧ وَإِذَا دُعُوٓاْ إِلَى ٱللَّهِ وَرَسُولِهِۦ
لِيَحۡكُمَ بَيۡنَهُمۡ إِذَا فَرِيقٞ مِّنۡهُم مُّعۡرِضُونَ ٤٨ وَإِن يَكُن لَّهُمُ ٱلۡحَقُّ
يَأۡتُوٓاْ إِلَيۡهِ مُذۡعِنِينَ ٤٩ أَفِي قُلُوبِهِم مَّرَضٌ أَمِ ٱرۡتَابُوٓاْ أَمۡ يَخَافُونَ
أَن يَحِيفَ ٱللَّهُ عَلَيۡهِمۡ وَرَسُولُهُۥۚ بَلۡ أُوْلَٰٓئِكَ هُمُ ٱلظَّٰلِمُونَ ٥٠ إِنَّمَا
كَانَ قَوۡلَ ٱلۡمُؤۡمِنِينَ إِذَا دُعُوٓاْ إِلَى ٱللَّهِ وَرَسُولِهِۦ لِيَحۡكُمَ بَيۡنَهُمۡ أَن
يَقُولُواْ سَمِعۡنَا وَأَطَعۡنَاۚ وَأُوْلَٰٓئِكَ هُمُ ٱلۡمُفۡلِحُونَ ٥١ وَمَن
يُطِعِ ٱللَّهَ وَرَسُولَهُۥ وَيَخۡشَ ٱللَّهَ وَيَتَّقۡهِ فَأُوْلَٰٓئِكَ هُمُ ٱلۡفَآئِزُونَ
٥٢ ۞ وَأَقۡسَمُواْ بِٱللَّهِ جَهۡدَ أَيۡمَٰنِهِمۡ لَئِنۡ أَمَرۡتَهُمۡ لَيَخۡرُجُنَّۖ قُل
لَّا تُقۡسِمُواْۖ طَاعَةٞ مَّعۡرُوفَةٌۚ إِنَّ ٱللَّهَ خَبِيرُۢ بِمَا تَعۡمَلُونَ ٥٣

アッラーは夜と昼とを交代させ給う。まことにその中には心眼を備えた者への教訓がある。(24：44)

アッラーはあらゆる動物を水から創り給うた。その中には腹ばいで歩む者もあれば、その中には二本の足で歩く者もあり、またその中には四本足で歩く者もある。アッラーは御望みのものを創り給う。まことに、アッラーはあらゆるものに対して全能なる御方。(24：45)

確かにわれらは(真理を)明白にする諸々の徴を下した。そしてアッラーは御望みの者を真っすぐな道に導き給う。(24：46)

そして彼らは、「われらはアッラーと使徒を信じ、従った」と言う。それから彼らの一部はその後に背き去るのである。そしてそれらの者たちは信仰者ではない。(24：47)

そして彼らがアッラーと彼の使徒の許に、彼[1322]が彼らの間を裁くために呼び招かれると、すると彼らの一部は背を向ける者となるのである[1323]。(24：48)

そしてもし彼らに真理があるのなら、彼らは彼(預言者)の許に承服してやって来るであろう。(24：49)

彼らの心には病があるのか、それとも彼らは疑うのか、それとも彼らはアッラーと彼の使徒が彼らに対して不公平をなすことを恐れるのか、いや、それらの者たち、彼らこそが不正な者である。(24：50)

信仰者たちの言葉は、彼らがアッラーと彼の使徒の許に、彼が彼らの間を裁くために呼び招かれると、「われらは聞き、われらは従った」と言うことのみである。そしてそれらの者たち、彼らこそは成功者である。(24：51)

そしてアッラーと彼の使徒に従い、アッラーを懼れ、彼を畏れ身を守る者、それらの者たち、彼らこそ勝者である。(24：52)

一方、彼らは、おまえが彼らに命じたならば、必ずや出かける(出征する)と必死の誓約で宣誓する。言え、「誓うな。よく知られた服従である[1324]。まことにアッラーはおまえたちがなすことについて通暁し給う御方」。(24：53)

1322　アッラーの使徒。あるいは、アッラーと彼の使徒。というのも、アッラーの使徒の裁定は、アッラーの裁定でもあるため。

1323　この争いと裁定については4章60節脚注参照。

1324　おまえたちの服従は口先だけのものであることがよく知られた(周知の)服従である。あるいは、「(求められているのは)適切な服従である」、「適切な服従(こそがより良い)」とも訳されうる。

قُلْ أَطِيعُوا۟ ٱللَّهَ وَأَطِيعُوا۟ ٱلرَّسُولَ ۖ فَإِن تَوَلَّوْا۟ فَإِنَّمَا عَلَيْهِ مَا حُمِّلَ
وَعَلَيْكُم مَّا حُمِّلْتُمْ ۖ وَإِن تُطِيعُوهُ تَهْتَدُوا۟ ۚ وَمَا عَلَى ٱلرَّسُولِ
إِلَّا ٱلْبَلَٰغُ ٱلْمُبِينُ ﴿٥٤﴾ وَعَدَ ٱللَّهُ ٱلَّذِينَ ءَامَنُوا۟ مِنكُمْ وَعَمِلُوا۟
ٱلصَّٰلِحَٰتِ لَيَسْتَخْلِفَنَّهُمْ فِى ٱلْأَرْضِ كَمَا ٱسْتَخْلَفَ
ٱلَّذِينَ مِن قَبْلِهِمْ وَلَيُمَكِّنَنَّ لَهُمْ دِينَهُمُ ٱلَّذِى ٱرْتَضَىٰ
لَهُمْ وَلَيُبَدِّلَنَّهُم مِّنۢ بَعْدِ خَوْفِهِمْ أَمْنًا ۚ يَعْبُدُونَنِى لَا يُشْرِكُونَ
بِى شَيْـًٔا ۚ وَمَن كَفَرَ بَعْدَ ذَٰلِكَ فَأُو۟لَٰٓئِكَ هُمُ ٱلْفَٰسِقُونَ ﴿٥٥﴾
وَأَقِيمُوا۟ ٱلصَّلَوٰةَ وَءَاتُوا۟ ٱلزَّكَوٰةَ وَأَطِيعُوا۟ ٱلرَّسُولَ لَعَلَّكُمْ
تُرْحَمُونَ ﴿٥٦﴾ لَا تَحْسَبَنَّ ٱلَّذِينَ كَفَرُوا۟ مُعْجِزِينَ فِى ٱلْأَرْضِ ۚ
وَمَأْوَىٰهُمُ ٱلنَّارُ ۖ وَلَبِئْسَ ٱلْمَصِيرُ ﴿٥٧﴾ يَٰٓأَيُّهَا ٱلَّذِينَ ءَامَنُوا۟
لِيَسْتَـْٔذِنكُمُ ٱلَّذِينَ مَلَكَتْ أَيْمَٰنُكُمْ وَٱلَّذِينَ لَمْ يَبْلُغُوا۟ ٱلْحُلُمَ مِنكُمْ
ثَلَٰثَ مَرَّٰتٍ ۚ مِّن قَبْلِ صَلَوٰةِ ٱلْفَجْرِ وَحِينَ تَضَعُونَ ثِيَابَكُم مِّنَ
ٱلظَّهِيرَةِ وَمِنۢ بَعْدِ صَلَوٰةِ ٱلْعِشَآءِ ۚ ثَلَٰثُ عَوْرَٰتٍ لَّكُمْ ۚ لَيْسَ عَلَيْكُمْ
وَلَا عَلَيْهِمْ جُنَاحٌۢ بَعْدَهُنَّ ۚ طَوَّٰفُونَ عَلَيْكُم بَعْضُكُمْ عَلَىٰ بَعْضٍ ۚ
كَذَٰلِكَ يُبَيِّنُ ٱللَّهُ لَكُمُ ٱلْءَايَٰتِ ۗ وَٱللَّهُ عَلِيمٌ حَكِيمٌ ﴿٥٨﴾

言え、「アッラーに従え、そして使徒に従え。それでもしおまえたちが背き去ったとしても、彼(預言者)には彼に負わされたものがあり、おまえたちにはおまえたちに負わされたものがある。そしてもし、おまえたちが彼に従うなら、導かれるであろう。そうでなければ、使徒に課されたのは明白な伝達以外にない」。(24：54)

アッラーは、おまえたちのうち、信仰し、善行をなした者たちに、必ずや彼らにこの地で後を継がせる[1325]と約束し給うた。ちょうど彼が彼ら以前の者たちに後を継がせ給うたようにである。また、彼が彼らのために是認し給うた彼らの宗教を彼らに確立させ、彼らの恐怖の後に替わりに彼らに安全を授け給うと。彼らはわれに仕え、われになにものをも並び置かない。その後に信仰を拒んだ者[1326]、それらの者、彼らこそは邪な者である。(24：55)

また、礼拝を遵守し、浄財を支払い、使徒に従え。きっとおまえたちも御慈悲を受けるであろう。(24：56)

おまえは、信仰を拒んだ者たちが地上で逃げ果《おお》せると考えてはならない。そして彼らの居場所は獄火である。またなんと悪い行き着き先であろうか。(24：57)

信仰する者たちよ、おまえたちの右手が所有する者(奴隷)たちとおまえたちのうち成年に達していない者たちには、夜明け前の礼拝前、真昼でおまえたちが衣服を脱ぐ時間、そして夜の礼拝の後、三回はおまえたちに(入室時には)許可を求めさせよ。おまえたちにとって三つの(脱衣で)恥部(が顕になる時間帯)である。それらの(時間帯の)後は、おまえたちにも、彼らにも咎はない。(彼らは)おまえたちの許を巡るのであり、おまえたちも互いが互いの許を。このようにアッラーはおまえたちに諸々の徴を解明し給う。そしてアッラーはよく知り給う英明な御方。(24：58)

1325　勝者、王者となす、の意。
1326　あるいは、「(このような恩寵を)否定した者」。

وَإِذَا بَلَغَ ٱلْأَطْفَٰلُ مِنكُمُ ٱلْحُلُمَ فَلْيَسْتَـْٔذِنُوا۟ كَمَا
ٱسْتَـْٔذَنَ ٱلَّذِينَ مِن قَبْلِهِمْ ۚ كَذَٰلِكَ يُبَيِّنُ ٱللَّهُ لَكُمْ
ءَايَٰتِهِۦ ۗ وَٱللَّهُ عَلِيمٌ حَكِيمٌ ﴿٥٩﴾ وَٱلْقَوَٰعِدُ مِنَ ٱلنِّسَآءِ
ٱلَّٰتِى لَا يَرْجُونَ نِكَاحًا فَلَيْسَ عَلَيْهِنَّ جُنَاحٌ أَن يَضَعْنَ
ثِيَابَهُنَّ غَيْرَ مُتَبَرِّجَٰتٍۭ بِزِينَةٍ ۖ وَأَن يَسْتَعْفِفْنَ خَيْرٌ
لَّهُنَّ ۗ وَٱللَّهُ سَمِيعٌ عَلِيمٌ ﴿٦٠﴾ لَّيْسَ عَلَى ٱلْأَعْمَىٰ حَرَجٌ وَلَا
عَلَى ٱلْأَعْرَجِ حَرَجٌ وَلَا عَلَى ٱلْمَرِيضِ حَرَجٌ وَلَا عَلَىٰٓ أَنفُسِكُمْ
أَن تَأْكُلُوا۟ مِنۢ بُيُوتِكُمْ أَوْ بُيُوتِ ءَابَآئِكُمْ أَوْ بُيُوتِ
أُمَّهَٰتِكُمْ أَوْ بُيُوتِ إِخْوَٰنِكُمْ أَوْ بُيُوتِ أَخَوَٰتِكُمْ
أَوْ بُيُوتِ أَعْمَٰمِكُمْ أَوْ بُيُوتِ عَمَّٰتِكُمْ أَوْ بُيُوتِ
أَخْوَٰلِكُمْ أَوْ بُيُوتِ خَٰلَٰتِكُمْ أَوْ مَا مَلَكْتُم
مَّفَاتِحَهُۥٓ أَوْ صَدِيقِكُمْ ۚ لَيْسَ عَلَيْكُمْ جُنَاحٌ أَن
تَأْكُلُوا۟ جَمِيعًا أَوْ أَشْتَاتًا ۚ فَإِذَا دَخَلْتُم بُيُوتًا فَسَلِّمُوا۟
عَلَىٰٓ أَنفُسِكُمْ تَحِيَّةً مِّنْ عِندِ ٱللَّهِ مُبَٰرَكَةً طَيِّبَةً ۚ كَذَٰلِكَ
يُبَيِّنُ ٱللَّهُ لَكُمُ ٱلْءَايَٰتِ لَعَلَّكُمْ تَعْقِلُونَ ﴿٦١﴾

そしておまえたちの子供たちが成年に達したときには、彼らより前の者たち(大人の自由人)が許可を求めたように許可を求めさせよ[1327]。このようにアッラーはおまえたちに彼の諸々の徴を解明し給う。そしてアッラーはよく知り給う英明な御方。(24：59)

女のうち産児期を過ぎた者で婚姻を望まない者があれば、飾りを目立たせる者でない限り、衣服(上着)を脱いでも彼女らに咎はない。だが、彼女らが慎ましくすることは彼女らにとって一層良い。そしてアッラーはよく聞き、よく知り給う御方。(24：60)

盲人には咎はなく、足の不自由な者にも咎はなく、病人にも咎はない(一緒に食べることに[1328])。またおまえたち自身にも、おまえたちの家で食べようと、おまえたちの父親の家でも、おまえたちの母親の家でも、おまえたちの兄弟の家でも、おまえたちの姉妹の家でも、おまえたちの父方のおじの家でも、おまえたちの父方のおばの家でも、おまえたちの母方のおじの家でも、おまえたちの母方のおばの家でも、またおまえたちが鍵を持っているところでも、おまえたちの友人のところでも(咎はない)。おまえたちに咎はない、一緒に食べても別々でも。それでおまえたちが家に入った時にはおまえたち自身に対して、アッラーの御許からの祝福された良い挨拶で挨拶せよ。このようにアッラーはおまえたちに諸々の徴を解明し給う。きっとおまえたちも理解するであろうと。(24：61)

1327　24章27節参照。
1328　あるいは、ジハード等の己の能力を超えた義務を放棄することに。

まことに信仰者たちとは、アッラーと彼の使徒を信ずる者たちで、集合的な用件[1329]で彼と共にいる時には、彼に許可を求めるまで立ち去らなかった者たちである。まことに、おまえに許可を求める者たち、それらの者たちはアッラーと彼の使徒を信ずる者である。彼らがなんらかの自分たちの用事でおまえに許可を求めたならば、彼らのうちでおまえの望んだ者には許可を出し、彼らのためにアッラーに赦しを乞え。まことにアッラーはよく赦し給う慈悲深い御方。(24：62)

おまえたちの間での使徒の呼びかけを、おまえたちの互いの呼びかけのようにしてはならない[1330]。アッラーは、おまえたちのうち密かに抜け出す者を確かに知り給う。彼の命令に背く者たちには試練が襲うか、痛苦の懲罰が襲うことを警戒させよ。(24：63)

まことにアッラーにこそ諸天と地のものは属すのではないか。確かに彼はおまえたちのあるがままを知り給い、彼らが彼の御許に帰される日をもまた。そして、彼らがなしたことについて告げ知らせ給う。そしてアッラーはあらゆるものについてよく知り給う御方。(24：64)

إِنَّمَا ٱلْمُؤْمِنُونَ ٱلَّذِينَ ءَامَنُوا۟ بِٱللَّهِ وَرَسُولِهِۦ وَإِذَا كَانُوا۟ مَعَهُۥ
عَلَىٰٓ أَمْرٍ جَامِعٍ لَّمْ يَذْهَبُوا۟ حَتَّىٰ يَسْتَـْٔذِنُوهُ ۚ إِنَّ ٱلَّذِينَ يَسْتَـْٔذِنُونَكَ
أُو۟لَـٰٓئِكَ ٱلَّذِينَ يُؤْمِنُونَ بِٱللَّهِ وَرَسُولِهِۦ ۚ فَإِذَا ٱسْتَـْٔذَنُوكَ
لِبَعْضِ شَأْنِهِمْ فَأْذَن لِّمَن شِئْتَ مِنْهُمْ وَٱسْتَغْفِرْ لَهُمُ
ٱللَّهَ ۚ إِنَّ ٱللَّهَ غَفُورٌ رَّحِيمٌ ٦٢ لَّا تَجْعَلُوا۟ دُعَآءَ ٱلرَّسُولِ
بَيْنَكُمْ كَدُعَآءِ بَعْضِكُم بَعْضًا ۚ قَدْ يَعْلَمُ ٱللَّهُ ٱلَّذِينَ
يَتَسَلَّلُونَ مِنكُمْ لِوَاذًا ۚ فَلْيَحْذَرِ ٱلَّذِينَ يُخَالِفُونَ عَنْ
أَمْرِهِۦٓ أَن تُصِيبَهُمْ فِتْنَةٌ أَوْ يُصِيبَهُمْ عَذَابٌ أَلِيمٌ ٦٣ أَلَآ إِنَّ
لِلَّهِ مَا فِى ٱلسَّمَـٰوَٰتِ وَٱلْأَرْضِ ۖ قَدْ يَعْلَمُ مَآ أَنتُمْ عَلَيْهِ وَيَوْمَ
يُرْجَعُونَ إِلَيْهِ فَيُنَبِّئُهُم بِمَا عَمِلُوا۟ ۗ وَٱللَّهُ بِكُلِّ شَىْءٍ عَلِيمٌۢ ٦٤

سُورَةُ ٱلْفُرْقَانِ

بِسْمِ ٱللَّهِ ٱلرَّحْمَـٰنِ ٱلرَّحِيمِ

تَبَارَكَ ٱلَّذِى نَزَّلَ ٱلْفُرْقَانَ عَلَىٰ عَبْدِهِۦ لِيَكُونَ لِلْعَـٰلَمِينَ نَذِيرًا
١ ٱلَّذِى لَهُۥ مُلْكُ ٱلسَّمَـٰوَٰتِ وَٱلْأَرْضِ وَلَمْ يَتَّخِذْ وَلَدًا وَلَمْ يَكُن
لَّهُۥ شَرِيكٌ فِى ٱلْمُلْكِ وَخَلَقَ كُلَّ شَىْءٍ فَقَدَّرَهُۥ تَقْدِيرًا ٢

第 25 章　識別 …… سورة الفرقان

マッカ垂示

アッラーが預言者ムハンマドに識別を下し給うたとの冒頭の節に因んで「識別」章と名づけられている。「識別(フルカーン)」はクルアーンの別名であり、またムーサーにも「識別」が下されたと言われる(2 章 53 節など)。

なお、本章において、不信仰者とクルアーンを論拠として論戦することが「大いなる奮闘《ジハード》」と呼ばれている。

慈悲あまねく慈悲深きアッラーの御名において

祝福多きかな、識別(クルアーン)を彼の僕《しもべ》(ムハンマド)に、諸世界への警告者となるようにと垂示し給うた御方。(25：1)

彼にこそ、諸天と地の王権は属し、子を持ち給うたことはなく、その王権における共同者もなく、あらゆるものを創造し、それに応分を定められた御方。(25：2)

1329　金曜集合礼拝、戦争、協議の席など。
1330　ムハンマドよ、等と呼ばずにアッラーの預言者よ、アッラーの使徒よ、等と呼ぶ。

وَٱتَّخَذُوا۟ مِن دُونِهِۦٓ ءَالِهَةً لَّا يَخْلُقُونَ شَيْـًٔا وَهُمْ يُخْلَقُونَ
وَلَا يَمْلِكُونَ لِأَنفُسِهِمْ ضَرًّا وَلَا نَفْعًا وَلَا يَمْلِكُونَ مَوْتًا
وَلَا حَيَوٰةً وَلَا نُشُورًا ٣ وَقَالَ ٱلَّذِينَ كَفَرُوٓا۟ إِنْ هَٰذَآ إِلَّآ
إِفْكٌ ٱفْتَرَىٰهُ وَأَعَانَهُۥ عَلَيْهِ قَوْمٌ ءَاخَرُونَ ۖ فَقَدْ جَآءُو ظُلْمًا
وَزُورًا ٤ وَقَالُوٓا۟ أَسَٰطِيرُ ٱلْأَوَّلِينَ ٱكْتَتَبَهَا فَهِىَ تُمْلَىٰ
عَلَيْهِ بُكْرَةً وَأَصِيلًا ٥ قُلْ أَنزَلَهُ ٱلَّذِى يَعْلَمُ ٱلسِّرَّ
فِى ٱلسَّمَٰوَٰتِ وَٱلْأَرْضِ ۚ إِنَّهُۥ كَانَ غَفُورًا رَّحِيمًا ٦
وَقَالُوا۟ مَالِ هَٰذَا ٱلرَّسُولِ يَأْكُلُ ٱلطَّعَامَ وَيَمْشِى فِى
ٱلْأَسْوَاقِ لَوْلَآ أُنزِلَ إِلَيْهِ مَلَكٌ فَيَكُونَ مَعَهُۥ نَذِيرًا ٧
أَوْ يُلْقَىٰٓ إِلَيْهِ كَنزٌ أَوْ تَكُونُ لَهُۥ جَنَّةٌ يَأْكُلُ مِنْهَا ۚ وَقَالَ
ٱلظَّٰلِمُونَ إِن تَتَّبِعُونَ إِلَّا رَجُلًا مَّسْحُورًا ٨ ٱنظُرْ
كَيْفَ ضَرَبُوا۟ لَكَ ٱلْأَمْثَٰلَ فَضَلُّوا۟ فَلَا يَسْتَطِيعُونَ
سَبِيلًا ٩ تَبَارَكَ ٱلَّذِىٓ إِن شَآءَ جَعَلَ لَكَ خَيْرًا مِّن ذَٰلِكَ
جَنَّٰتٍ تَجْرِى مِن تَحْتِهَا ٱلْأَنْهَٰرُ وَيَجْعَل لَّكَ قُصُورًۢا ١٠ بَلْ
كَذَّبُوا۟ بِٱلسَّاعَةِ ۖ وَأَعْتَدْنَا لِمَن كَذَّبَ بِٱلسَّاعَةِ سَعِيرًا ١١

そして彼らは彼をさしおいて何も創造することができない神々を立てるが、それらこそ創造され、己自身に対しても害も益も支配せず、死も生も復活も支配することはない（神々である）。(25：3)

そして信仰を拒んだ者たちは言った。「これ（クルアーン）は彼が捏造した虚言にほかならず、別の民（ユダヤ教徒やキリスト教徒）がそのために彼に協力したのである」。それで確かに彼らは不正と虚偽をもたらした。(25：4)

また、彼らは言った。「昔の者たちの作り話で、それを彼が書き写させた[1331]のであり、それが朝に夕に彼に口述されたのである」。(25：5)

言え、「諸天と地の秘密を知り給う御方がそれを下し給うたのである。まことに彼はよく赦し給う慈悲深い御方であらせられる」。(25：6)

また、彼らは言った。「どうしたことか、この使徒は。食べ物を食べ、市場を歩くとは。彼の許に天使が下され（遣わされ）、彼と共に警告者となることが何故ないのか」。(25：7)

「あるいは彼に財宝が投下されるか、彼に（果樹）園があるようになって、そこから食べるかしないのか」。そして不正な者たちは言った。「おまえたちは魔術にかけられた男に従っているにすぎない」。(25：8)

彼らがどのようにおまえに諸々の譬《たと》えを挙げたかをよく見よ。それで彼らは迷い、道を見出すことができないのである。(25：9)

祝福多きかな、もし望み給えば、おまえにそれよりも一層良いものを、（つまり）下に河川が流れる楽園をなし、またおまえにいくつもの城をなし給う御方。(25：10)

いや、彼らはかの時を嘘として否定した。だが、われらはかの時を嘘として否定した者に烈火を用意した。(25：11)

1331　あるいは、「彼が書き写した」。

إِذَا رَأَتْهُم مِّن مَّكَانٍۭ بَعِيدٍ سَمِعُوا۟ لَهَا تَغَيُّظًا وَزَفِيرًا ﴿١٢﴾
وَإِذَآ أُلْقُوا۟ مِنْهَا مَكَانًا ضَيِّقًا مُّقَرَّنِينَ دَعَوْا۟ هُنَالِكَ ثُبُورًا
﴿١٣﴾ لَّا تَدْعُوا۟ ٱلْيَوْمَ ثُبُورًا وَٰحِدًا وَٱدْعُوا۟ ثُبُورًا كَثِيرًا ﴿١٤﴾
قُلْ أَذَٰلِكَ خَيْرٌ أَمْ جَنَّةُ ٱلْخُلْدِ ٱلَّتِى وُعِدَ ٱلْمُتَّقُونَ ۚ كَانَتْ
لَهُمْ جَزَآءً وَمَصِيرًا ﴿١٥﴾ لَّهُمْ فِيهَا مَا يَشَآءُونَ خَٰلِدِينَ ۚ
كَانَ عَلَىٰ رَبِّكَ وَعْدًا مَّسْـُٔولًا ﴿١٦﴾ وَيَوْمَ يَحْشُرُهُمْ وَمَا
يَعْبُدُونَ مِن دُونِ ٱللَّهِ فَيَقُولُ ءَأَنتُمْ أَضْلَلْتُمْ عِبَادِى
هَٰٓؤُلَآءِ أَمْ هُمْ ضَلُّوا۟ ٱلسَّبِيلَ ﴿١٧﴾ قَالُوا۟ سُبْحَٰنَكَ مَا كَانَ
يَنۢبَغِى لَنَآ أَن نَّتَّخِذَ مِن دُونِكَ مِنْ أَوْلِيَآءَ وَلَٰكِن مَّتَّعْتَهُمْ
وَءَابَآءَهُمْ حَتَّىٰ نَسُوا۟ ٱلذِّكْرَ وَكَانُوا۟ قَوْمًۢا بُورًا ﴿١٨﴾
فَقَدْ كَذَّبُوكُم بِمَا تَقُولُونَ فَمَا تَسْتَطِيعُونَ صَرْفًا
وَلَا نَصْرًا ۚ وَمَن يَظْلِم مِّنكُمْ نُذِقْهُ عَذَابًا كَبِيرًا ﴿١٩﴾
وَمَآ أَرْسَلْنَا قَبْلَكَ مِنَ ٱلْمُرْسَلِينَ إِلَّآ إِنَّهُمْ لَيَأْكُلُونَ
ٱلطَّعَامَ وَيَمْشُونَ فِى ٱلْأَسْوَاقِ ۗ وَجَعَلْنَا بَعْضَكُمْ
لِبَعْضٍ فِتْنَةً أَتَصْبِرُونَ ۗ وَكَانَ رَبُّكَ بَصِيرًا ﴿٢٠﴾

それ（烈火）が彼らを遠い場所から目にする時、彼らはその憤怒と咆哮を聞いた。（25：12）

そしてそこの窮屈な場所に括られたまま[1332]投げ込まれた時、彼らはそこで破滅を祈り求めた。（25：13）

「今日、一度の破滅を祈り求めるな、多くの破滅を祈り求めよ」。（25：14）

言え、「これが良いか、それとも畏れ身を守る者たちに約束された永遠の楽園か」。それ（楽園）が彼らへの報いであり、行き着く先であった。（25：15）

彼らにはそこに彼らの望むものがあり、永遠に。それはおまえの主に対して求められる約束である。（25：16）

そして（アッラーが）彼ら（多神教徒）と彼らがアッラーをさしおいて仕えたものたちを追いたて、仰せられる日、「おまえたちがこれらのわが僕《しもべ》たちを迷わせたのか、それとも彼らが道を迷ったのか」。（25：17）

彼ら（偶像神）は言った。「称えあれ、あなたこそ超越者。あなた以外に（被）後見たちを持つことなどわれらにはありえません。ただ、あなたが彼ら（多神教徒）と彼らの祖先を享楽させ給い、ついに彼らは訓戒を忘れ、破滅の民となったのです」。（25：18）

「それで確かに彼ら（偶像神）は、おまえたち（多神教徒）が言ったことについておまえたちを嘘として否定した。それゆえ、おまえたちは（懲罰を）逸らすことも援助（を得ること）も能《あた》わない。そしておまえたちのうち不正をなす者、われらは彼に大きな懲罰を味わわせる」。（25：19）

そしてわれらはおまえ以前に使者（使徒）たちを遣わしたが、彼らは確かに食べ物を食べ、市場を歩く者にほかならなかった。それでわれらはおまえたちを互いに試練となした[1333]、おまえたちは忍耐するか。そしておまえの主はすべてを見通し給う御方であらせられた。（25：20）

1332　手を首に括られて。
1333　導きと迷妄、富裕と貧困、健康と病等の偏在によって。

۞ وَقَالَ ٱلَّذِينَ لَا يَرْجُونَ لِقَآءَنَا لَوْلَآ أُنزِلَ عَلَيْنَا ٱلْمَلَٰٓئِكَةُ
أَوْ نَرَىٰ رَبَّنَا ۗ لَقَدِ ٱسْتَكْبَرُوا۟ فِىٓ أَنفُسِهِمْ وَعَتَوْ عُتُوًّا كَبِيرًا
﴿٢١﴾ يَوْمَ يَرَوْنَ ٱلْمَلَٰٓئِكَةَ لَا بُشْرَىٰ يَوْمَئِذٍ لِّلْمُجْرِمِينَ وَيَقُولُونَ
حِجْرًا مَّحْجُورًا ﴿٢٢﴾ وَقَدِمْنَآ إِلَىٰ مَا عَمِلُوا۟ مِنْ عَمَلٍ فَجَعَلْنَٰهُ
هَبَآءً مَّنثُورًا ﴿٢٣﴾ أَصْحَٰبُ ٱلْجَنَّةِ يَوْمَئِذٍ خَيْرٌ مُّسْتَقَرًّا
وَأَحْسَنُ مَقِيلًا ﴿٢٤﴾ وَيَوْمَ تَشَقَّقُ ٱلسَّمَآءُ بِٱلْغَمَٰمِ وَنُزِّلَ ٱلْمَلَٰٓئِكَةُ
تَنزِيلًا ﴿٢٥﴾ ٱلْمُلْكُ يَوْمَئِذٍ ٱلْحَقُّ لِلرَّحْمَٰنِ ۚ وَكَانَ يَوْمًا عَلَى
ٱلْكَٰفِرِينَ عَسِيرًا ﴿٢٦﴾ وَيَوْمَ يَعَضُّ ٱلظَّالِمُ عَلَىٰ يَدَيْهِ يَقُولُ
يَٰلَيْتَنِى ٱتَّخَذْتُ مَعَ ٱلرَّسُولِ سَبِيلًا ﴿٢٧﴾ يَٰوَيْلَتَىٰ لَيْتَنِى لَمْ
أَتَّخِذْ فُلَانًا خَلِيلًا ﴿٢٨﴾ لَّقَدْ أَضَلَّنِى عَنِ ٱلذِّكْرِ بَعْدَ إِذْ جَآءَنِى ۗ
وَكَانَ ٱلشَّيْطَٰنُ لِلْإِنسَٰنِ خَذُولًا ﴿٢٩﴾ وَقَالَ ٱلرَّسُولُ يَٰرَبِّ
إِنَّ قَوْمِى ٱتَّخَذُوا۟ هَٰذَا ٱلْقُرْءَانَ مَهْجُورًا ﴿٣٠﴾ وَكَذَٰلِكَ
جَعَلْنَا لِكُلِّ نَبِىٍّ عَدُوًّا مِّنَ ٱلْمُجْرِمِينَ ۗ وَكَفَىٰ بِرَبِّكَ هَادِيًا
وَنَصِيرًا ﴿٣١﴾ وَقَالَ ٱلَّذِينَ كَفَرُوا۟ لَوْلَا نُزِّلَ عَلَيْهِ ٱلْقُرْءَانُ جُمْلَةً
وَٰحِدَةً ۚ كَذَٰلِكَ لِنُثَبِّتَ بِهِۦ فُؤَادَكَ ۖ وَرَتَّلْنَٰهُ تَرْتِيلًا ﴿٣٢﴾

また、われらとの会見を望まない者たち[1334]は言った。「われらの上に天使たちが下されるか、われらの主を見ることは何故ないのか」。そして彼らは自らについて思い上がり、法外に横柄に振舞った。(25：21)

彼らが天使たちを見る日、その日、罪人には吉報はない。そして、彼らは言う。「遮られた遮断よ」[1335]。(25：22)

われらは彼らがなした行為に向かい、それを撒き散らされた塵のようにした。(25：23)

楽園の住人はその日、住居も一層良く、午睡の場(休息所)も一層素晴らしい。(25：24)

そして天が雲と共に裂け、天使たちが降下し降される日。(25：25)

その日、真実の王権は慈悲あまねき御方に属す。そして、それは不信仰者たちにとっては多難の日である。(25：26)

そして不正な者が己の両手を噛み、「あぁ、私が使徒と共に道をとっていればよかったものを」と言う日。(25：27)

「あぁ、わが災いよ、私が誰某《だれそれ》を親友としなければよかったものを」。(25：28)

「確かに彼(誰某《だれそれ》)は、訓戒が私にもたらされた後に、私をそれから迷わせました」。そして悪魔は人間を見捨てる者であった。(25：29)

そして使徒(ムハンマド)は言った。「わが主よ、まことにわが民はこのクルアーンを打ち捨てられたものとしました」。(25：30)

そしてこのように、われらはあらゆる預言者に罪人たちの中から敵をなした。そしておまえの主は導き手として、援助者として万全であらせられる。(25：31)

また、信仰を拒んだ者たちは言った。「彼の上にクルアーンが(ムーサーの『律法の書』のように)一纏めに垂示されないのは何故か」。このように(われらは分散して垂示した)。われらがそれによっておまえの心を堅固にするためである[1336]。そして、われらはそれを整然と整えて(ゆっくりと徐々に)読み聞かせた。(25：32)

1334　死後の復活を否定する者たち。

1335　天使が彼らに、「おまえたちにはアッラーの御慈悲、楽園は禁じられ遮断されている」と言う。あるいは、彼らが「懲罰から守る遮断を」と懇願する。

1336　継続的、段階的に啓示されることにより徐々に慣れ親しみ心が安らぐ。

وَلَا يَأْتُونَكَ بِمَثَلٍ إِلَّا جِئْنَٰكَ بِٱلْحَقِّ وَأَحْسَنَ تَفْسِيرًا
﴿٣٣﴾ ٱلَّذِينَ يُحْشَرُونَ عَلَىٰ وُجُوهِهِمْ إِلَىٰ جَهَنَّمَ أُو۟لَٰٓئِكَ
شَرٌّ مَّكَانًا وَأَضَلُّ سَبِيلًا ﴿٣٤﴾ وَلَقَدْ ءَاتَيْنَا مُوسَى ٱلْكِتَٰبَ
وَجَعَلْنَا مَعَهُۥٓ أَخَاهُ هَٰرُونَ وَزِيرًا ﴿٣٥﴾ فَقُلْنَا ٱذْهَبَآ
إِلَى ٱلْقَوْمِ ٱلَّذِينَ كَذَّبُوا۟ بِـَٔايَٰتِنَا فَدَمَّرْنَٰهُمْ تَدْمِيرًا ﴿٣٦﴾
وَقَوْمَ نُوحٍ لَّمَّا كَذَّبُوا۟ ٱلرُّسُلَ أَغْرَقْنَٰهُمْ وَجَعَلْنَٰهُمْ لِلنَّاسِ
ءَايَةً ۖ وَأَعْتَدْنَا لِلظَّٰلِمِينَ عَذَابًا أَلِيمًا ﴿٣٧﴾ وَعَادًا وَثَمُودَا۟
وَأَصْحَٰبَ ٱلرَّسِّ وَقُرُونًۢا بَيْنَ ذَٰلِكَ كَثِيرًا ﴿٣٨﴾ وَكُلًّا
ضَرَبْنَا لَهُ ٱلْأَمْثَٰلَ ۖ وَكُلًّا تَبَّرْنَا تَتْبِيرًا ﴿٣٩﴾ وَلَقَدْ أَتَوْا۟ عَلَى
ٱلْقَرْيَةِ ٱلَّتِىٓ أُمْطِرَتْ مَطَرَ ٱلسَّوْءِ ۚ أَفَلَمْ يَكُونُوا۟ يَرَوْنَهَا ۚ
بَلْ كَانُوا۟ لَا يَرْجُونَ نُشُورًا ﴿٤٠﴾ وَإِذَا رَأَوْكَ إِن يَتَّخِذُونَكَ
إِلَّا هُزُوًا أَهَٰذَا ٱلَّذِى بَعَثَ ٱللَّهُ رَسُولًا ﴿٤١﴾ إِن كَادَ
لَيُضِلُّنَا عَنْ ءَالِهَتِنَا لَوْلَآ أَن صَبَرْنَا عَلَيْهَا ۚ وَسَوْفَ
يَعْلَمُونَ حِينَ يَرَوْنَ ٱلْعَذَابَ مَنْ أَضَلُّ سَبِيلًا ﴿٤٢﴾ أَرَءَيْتَ
مَنِ ٱتَّخَذَ إِلَٰهَهُۥ هَوَىٰهُ أَفَأَنتَ تَكُونُ عَلَيْهِ وَكِيلًا ﴿٤٣﴾

また、彼らがおまえに譬《たと》えを挙げてくる(時には)、われらはおまえに必ず真理とよりよい解釈をもたらさずにはおかなかった。(25：33)

(彼らは)顔の上で(逆さまに顔を地面につけて)火獄《ジャハンナム》に追い立てられる者たちで、それらの者たちは、場所(居所)において悪く、道において迷っている。(25：34)

またかつて、われらはムーサーに啓典を授け、彼と共に彼の兄ハールーンを副官とした。(25：35)

そして、われらは言った。「おまえたち二人はわれらの諸々の徴を嘘として否定した民の許に行け」。そして、われらは彼らを壊滅的に滅ぼした。(25：36)

また、ヌーフの民をも。彼らが使徒たちを嘘として否定した際に、われらは彼らを溺れさせ、彼らを人々への徴となした。そして、われらは不正な者たちに痛苦の懲罰を用意した。(25：37)

また、アード(族)とサムード(族)とアッ＝ラッス[1337]の住民、さらにその間の多くの世代をも。(25：38)

それぞれにわれらは譬えを示し、それぞれをわれらは破壊的に滅ぼした。(25：39)

そして彼ら(マッカの不信仰者たち)はかつて災いの雨を降らされた町[1338]を訪ねたことがあった。それなのに、彼らはそれ(町)を見なかったのか。いや、彼らは甦りを期待しなかった。(25：40)

そして、彼らはおまえを見ると、嘲笑の的にしかしなかった。「これがアッラーが使徒として遣わし給うた者か」。(25：41)

「まことに、彼はわれらの神々からわれらを迷わせかねなかった。もしわれらがそれ(神々の崇拝)に辛抱しなかったならば」。それで、いずれ彼らは、懲罰を見る際に、誰が道により迷ったかを知るであろう。(25：42)

己の欲望(妄執)を神とした者をおまえは見たか、おまえは彼に対する代理人[1339]になるのか。(25：43)

1337　アッ＝ラッスとは語義的には「井戸」を意味し、彼らはアラビア半島のヤマーマ地方の住民であったとも言われる。またアッ＝ラッスの民とはサムードと同一とも言われるが、定説はない。
1338　サドゥーム(ソドム)。21章74節参照。
1339　彼が己の欲望(妄執)に従うのを、おまえが彼に代わってやめさせるのか。

أَمْ تَحْسَبُ أَنَّ أَكْثَرَهُمْ يَسْمَعُونَ أَوْ يَعْقِلُونَ ۚ إِنْ هُمْ إِلَّا
كَالْأَنْعَامِ ۖ بَلْ هُمْ أَضَلُّ سَبِيلًا ﴿٤٤﴾ أَلَمْ تَرَ إِلَىٰ رَبِّكَ كَيْفَ مَدَّ
الظِّلَّ وَلَوْ شَاءَ لَجَعَلَهُ سَاكِنًا ثُمَّ جَعَلْنَا الشَّمْسَ عَلَيْهِ دَلِيلًا
﴿٤٥﴾ ثُمَّ قَبَضْنَاهُ إِلَيْنَا قَبْضًا يَسِيرًا ﴿٤٦﴾ وَهُوَ الَّذِي جَعَلَ لَكُمُ
اللَّيْلَ لِبَاسًا وَالنَّوْمَ سُبَاتًا وَجَعَلَ النَّهَارَ نُشُورًا ﴿٤٧﴾ وَهُوَ
الَّذِي أَرْسَلَ الرِّيَاحَ بُشْرًا بَيْنَ يَدَيْ رَحْمَتِهِ ۚ وَأَنْزَلْنَا مِنَ
السَّمَاءِ مَاءً طَهُورًا ﴿٤٨﴾ لِنُحْيِيَ بِهِ بَلْدَةً مَيْتًا وَنُسْقِيَهُ
مِمَّا خَلَقْنَا أَنْعَامًا وَأَنَاسِيَّ كَثِيرًا ﴿٤٩﴾ وَلَقَدْ صَرَّفْنَاهُ بَيْنَهُمْ
لِيَذَّكَّرُوا فَأَبَىٰ أَكْثَرُ النَّاسِ إِلَّا كُفُورًا ﴿٥٠﴾ وَلَوْ شِئْنَا
لَبَعَثْنَا فِي كُلِّ قَرْيَةٍ نَذِيرًا ﴿٥١﴾ فَلَا تُطِعِ الْكَافِرِينَ وَجَاهِدْهُمْ
بِهِ جِهَادًا كَبِيرًا ﴿٥٢﴾ ۞ وَهُوَ الَّذِي مَرَجَ الْبَحْرَيْنِ هَٰذَا
عَذْبٌ فُرَاتٌ وَهَٰذَا مِلْحٌ أُجَاجٌ وَجَعَلَ بَيْنَهُمَا بَرْزَخًا
وَحِجْرًا مَحْجُورًا ﴿٥٣﴾ وَهُوَ الَّذِي خَلَقَ مِنَ الْمَاءِ بَشَرًا فَجَعَلَهُ
نَسَبًا وَصِهْرًا ۗ وَكَانَ رَبُّكَ قَدِيرًا ﴿٥٤﴾ وَيَعْبُدُونَ مِنْ دُونِ اللَّهِ
مَا لَا يَنْفَعُهُمْ وَلَا يَضُرُّهُمْ ۗ وَكَانَ الْكَافِرُ عَلَىٰ رَبِّهِ ظَهِيرًا ﴿٥٥﴾

それともおまえは、彼らの大半が聞き、もしくは理解すると考えるのか。彼らは家畜のようなものにすぎない。いや、彼らはさらに道に迷っている。(25：44)

おまえは、おまえの主の方を見なかったか、彼がいかに陰を伸ばし給うたかを。もし彼が望み給うたのであれば、それを静止したものとなし給うたであろう。それから、われらは太陽をその案内役とした。(25：45)

そして、われらはそれ(陰)を、われらの方に僅かな掌握で握り寄せた[1340]。(25：46)

彼こそはおまえたちのために夜を衣とし、眠りを休息とし、昼を(活計《たつき》を求める)散開[1341]となし給うた御方。(25：47)

また、彼こそは、その御慈悲(雨)の前に吉報(先触れ)として風を送り給うた御方。そして、われらは天から清らかな水を下した。(25：48)

それによって死んだ土地を生き返らせるためである。そして、われらはそれをわれらが創ったもののうち多くの家畜や人間に飲ませる。(25：49)

そしてわれらはそれ(雨)を、彼らが留意するようにと彼らの間で確かに配分した。だが、人間の大半は(恩寵を)否定すること以外を拒んだ。(25：50)

またもしわれらが望んだなら、われらはあらゆる町に警告者を遣わしたであろう。(25：51)

それゆえ、不信仰者たちに従ってはならない。彼らとはそれ(クルアーン)によって大いなる奮闘《ジハード》を奮闘せよ[1342]。(25：52)

そして彼こそは二つの海を解き放ち、―こちらは甘く美味く、またこちらは塩辛く苦い―、その二つの間に障壁と遮られた遮断をなし給うた御方。(25：53)

また、彼こそは水から人を創り、彼に血統と姻戚をなし給うた御方。そしておまえの主は全能なる御方であらせられた。(25：54)

だが、彼らはアッラーをさしおいて彼らの役に立つことも彼らを害することもないものに仕える。そして不信仰者は彼の主に抗って(悪魔への)助力者であった。(25：55)

1340　太陽が高く昇るにつれて、少しずつ陰を小さくした。

1341　昼が夜の眠りから目覚める時であり、眠りからの目覚めが死からの復活の比喩となることから、「ヌシュール(散開)」を復活と解する説もある。

1342　論敵との論戦は、敵との武力による戦いに優るので、「大いなる奮闘(ジハード・カビール)」と呼ばれている。

وَمَآ أَرۡسَلۡنَٰكَ إِلَّا مُبَشِّرٗا وَنَذِيرٗا ٥٦ قُلۡ مَآ أَسۡـَٔلُكُمۡ عَلَيۡهِ
مِنۡ أَجۡرٍ إِلَّا مَن شَآءَ أَن يَتَّخِذَ إِلَىٰ رَبِّهِۦ سَبِيلٗا ٥٧ وَتَوَكَّلۡ
عَلَى ٱلۡحَيِّ ٱلَّذِي لَا يَمُوتُ وَسَبِّحۡ بِحَمۡدِهِۦۚ وَكَفَىٰ بِهِۦ
بِذُنُوبِ عِبَادِهِۦ خَبِيرًا ٥٨ ٱلَّذِي خَلَقَ ٱلسَّمَٰوَٰتِ وَٱلۡأَرۡضَ
وَمَا بَيۡنَهُمَا فِي سِتَّةِ أَيَّامٖ ثُمَّ ٱسۡتَوَىٰ عَلَى ٱلۡعَرۡشِۖ ٱلرَّحۡمَٰنُ
فَسۡـَٔلۡ بِهِۦ خَبِيرٗا ٥٩ وَإِذَا قِيلَ لَهُمُ ٱسۡجُدُواْۤ لِلرَّحۡمَٰنِ قَالُواْ
وَمَا ٱلرَّحۡمَٰنُ أَنَسۡجُدُ لِمَا تَأۡمُرُنَا وَزَادَهُمۡ نُفُورٗا۩ ٦٠ تَبَارَكَ
ٱلَّذِي جَعَلَ فِي ٱلسَّمَآءِ بُرُوجٗا وَجَعَلَ فِيهَا سِرَٰجٗا وَقَمَرٗا
مُّنِيرٗا ٦١ وَهُوَ ٱلَّذِي جَعَلَ ٱلَّيۡلَ وَٱلنَّهَارَ خِلۡفَةٗ لِّمَنۡ أَرَادَ
أَن يَذَّكَّرَ أَوۡ أَرَادَ شُكُورٗا ٦٢ وَعِبَادُ ٱلرَّحۡمَٰنِ ٱلَّذِينَ يَمۡشُونَ
عَلَى ٱلۡأَرۡضِ هَوۡنٗا وَإِذَا خَاطَبَهُمُ ٱلۡجَٰهِلُونَ قَالُواْ سَلَٰمٗا
٦٣ وَٱلَّذِينَ يَبِيتُونَ لِرَبِّهِمۡ سُجَّدٗا وَقِيَٰمٗا ٦٤ وَٱلَّذِينَ
يَقُولُونَ رَبَّنَا ٱصۡرِفۡ عَنَّا عَذَابَ جَهَنَّمَۖ إِنَّ عَذَابَهَا كَانَ
غَرَامًا ٦٥ إِنَّهَا سَآءَتۡ مُسۡتَقَرّٗا وَمُقَامٗا ٦٦ وَٱلَّذِينَ إِذَآ
أَنفَقُواْ لَمۡ يُسۡرِفُواْ وَلَمۡ يَقۡتُرُواْ وَكَانَ بَيۡنَ ذَٰلِكَ قَوَامٗا ٦٧

そしてわれらがおまえを遣わしたのは吉報伝達者として、また、警告者としてにほかならない。(25：56)

言え、「私はそれ(伝達)に対しておまえたちに報酬など求めない。ただし、彼の主への道を取ること(喜捨)を望む者は(自発的に喜捨するがよい)」。(25：57)

そして死ぬことのない生きた御方に一任せよ。そして、彼への称賛と共に讃美を捧げよ。そして、僕《しもべ》たちの罪について通暁し給う御方としては、彼で万全であらせられる。(25：58)

諸天と地とその間のものを六日で創り、それから高御座に座し給うた御方。慈悲あまねき御方、彼については、通暁する者に尋ねよ[1343]。(25：59)

彼ら(マッカの多神教徒)は慈悲あまねき御方に跪拝せよと言われると、「慈悲あまねき御方とは何か。おまえの命ずるものにわれらが跪拝するというのか」と言って、それ(跪拝せよとの命令)は彼らに忌避を増し加えた。(25：60)

祝福多きかな、天に星座をなし、そこに明かり(太陽)と輝く月をなし給うた御方。(25：61)

また彼こそは、留意しようとする、あるいは感謝しようとする者のために、夜と昼を交替するものとなし給うた御方。(25：62)

そして慈悲あまねき御方の僕《しもべ》たちは大地を謙《へりくだ》って歩く者たちで、無知な者たち(不信仰者)が彼らに(嘲って)話しかけても、「平安を」と言った。(25：63)

そして、それは彼らの主のために跪拝し、また起立して夜を過ごす者たちである。(25：64)

そして、「われらが主よ、われらから火獄《ジャハンナム》の懲罰を遠ざけ給え」と言う者たちである。「まことにその(火獄の)懲罰は苦難(終身刑)であり」、(25：65)

「まことにそれは定住地として、住居として、なんとも悪い」(と彼らは言う)。(25：66)

また、費やす時には浪費せず、また吝嗇にならず、その間の中庸な者たちである。(25：67)

1343　アッラーの属性については、それをよく知る者に尋ねよ。しかしそれを最もよく知る者は、アッラー御自身であらせられる。

وَٱلَّذِينَ لَا يَدۡعُونَ مَعَ ٱللَّهِ إِلَٰهًا ءَاخَرَ وَلَا يَقۡتُلُونَ ٱلنَّفۡسَ
ٱلَّتِي حَرَّمَ ٱللَّهُ إِلَّا بِٱلۡحَقِّ وَلَا يَزۡنُونَۚ وَمَن يَفۡعَلۡ ذَٰلِكَ
يَلۡقَ أَثَامٗا ٦٨ يُضَٰعَفۡ لَهُ ٱلۡعَذَابُ يَوۡمَ ٱلۡقِيَٰمَةِ وَيَخۡلُدۡ
فِيهِۦ مُهَانًا ٦٩ إِلَّا مَن تَابَ وَءَامَنَ وَعَمِلَ عَمَلٗا صَٰلِحٗا
فَأُوْلَٰٓئِكَ يُبَدِّلُ ٱللَّهُ سَيِّـَٔاتِهِمۡ حَسَنَٰتٖۗ وَكَانَ ٱللَّهُ
غَفُورٗا رَّحِيمٗا ٧٠ وَمَن تَابَ وَعَمِلَ صَٰلِحٗا فَإِنَّهُۥ يَتُوبُ
إِلَى ٱللَّهِ مَتَابٗا ٧١ وَٱلَّذِينَ لَا يَشۡهَدُونَ ٱلزُّورَ وَإِذَا مَرُّواْ
بِٱللَّغۡوِ مَرُّواْ كِرَامٗا ٧٢ وَٱلَّذِينَ إِذَا ذُكِّرُواْ بِـَٔايَٰتِ
رَبِّهِمۡ لَمۡ يَخِرُّواْ عَلَيۡهَا صُمّٗا وَعُمۡيَانٗا ٧٣ وَٱلَّذِينَ يَقُولُونَ
رَبَّنَا هَبۡ لَنَا مِنۡ أَزۡوَٰجِنَا وَذُرِّيَّٰتِنَا قُرَّةَ أَعۡيُنٖ وَٱجۡعَلۡنَا
لِلۡمُتَّقِينَ إِمَامًا ٧٤ أُوْلَٰٓئِكَ يُجۡزَوۡنَ ٱلۡغُرۡفَةَ بِمَا صَبَرُواْ
وَيُلَقَّوۡنَ فِيهَا تَحِيَّةٗ وَسَلَٰمًا ٧٥ خَٰلِدِينَ فِيهَاۚ
حَسُنَتۡ مُسۡتَقَرّٗا وَمُقَامٗا ٧٦ قُلۡ مَا يَعۡبَؤُاْ بِكُمۡ رَبِّي
لَوۡلَا دُعَآؤُكُمۡۖ فَقَدۡ كَذَّبۡتُمۡ فَسَوۡفَ يَكُونُ لِزَامَۢا ٧٧

سُورَةُ الشُّعَرَاءِ

また、アッラーと並べて他の神に祈らず、アッラーが(不可侵として)禁じ給うた命を正当な理由なしに殺さず、姦通を犯さない者たちである。そしてそれをなした者は罪(の応報)を被る。(25：68)

彼には復活(審判)の日、懲罰が倍増され、そこに屈辱を受けて永遠に留まる。(25：69)

ただし、悔いて戻り、信仰し、善行をなした者は別で、それらの者はアッラーが彼らの悪事を善事に替え給う。そしてアッラーはよく赦し給う慈悲深い御方であらせられた。(25：70)

そして悔いて戻り、善行をなした者、まことに彼は悔い改めてアッラーの御許に悔いて戻るのである。(25：71)

また偽証を証言しない者たちで、彼らは無駄言に通りがかった時には気高く通り過ぎた[1344]。(25：72)

また、彼らの主の諸々の徴によって訓戒されたときに、それに対して聾者か盲人のように倒れ(平伏し)たのではなかった者たちである[1345]。(25：73)

そして、それらは、「われらが主よ、われらの妻たちと子孫たちからわれらに目の涼しさ(目の保養、喜ばすもの)を与え給え。そして、われらを畏れ身を守る者たちの指導者(模範)となし給え」と言う者たちである。(25：74)

それらの者は彼らが忍耐したことゆえに高殿(楽園の高層)で報われる。そして、彼らはそこで歓迎と平安の挨拶で迎えられる。(25：75)

そこに永遠に。定住地として住居として、なんとも良いものであった。(25：76)

言え、「わが主はおまえたちを気にかけ給わない、たとえおまえたちの祈りがなくとも[1346]。そして確かにおまえたちは嘘と否定したのであり、いずれそれ(懲罰)は必須となるであろう」。(25：77)

1344　無駄話にとりあわなかった、の意。

1345　見聞きしない人のように、訓戒に対し倒れてそれを見聞きしないのではなく、よく聞き理解した上で、心をこめて跪拝(平伏)した者たち。

1346　あるいは、「もしおまえたちの祈りがなければ」。

第 26 章　詩人たち …… سورة الشعراء

マッカ垂示

224-226 節において、詩人たちが非難されることから、「詩人たち」章と名づけられる。

本章においてはムーサーとハールーンがフィルアウンに遣わされる物語(10-68 節)、イブラーヒームの物語(69-89 節)に続いて、ヌーフ、フード、サーリフ、ルート、シュアイブが、彼らの民に遣わされる物語が記されるが(105-191 節)、彼らの呼びかけは一つで、「アッラーを畏れその使徒に従え」である。

بِسۡمِ ٱللَّهِ ٱلرَّحۡمَٰنِ ٱلرَّحِيمِ
طسٓمٓ ١ تِلۡكَ ءَايَٰتُ ٱلۡكِتَٰبِ ٱلۡمُبِينِ ٢ لَعَلَّكَ بَٰخِعٞ نَّفۡسَكَ أَلَّا
يَكُونُواْ مُؤۡمِنِينَ ٣ إِن نَّشَأۡ نُنَزِّلۡ عَلَيۡهِم مِّنَ ٱلسَّمَآءِ ءَايَةٗ فَظَلَّتۡ
أَعۡنَٰقُهُمۡ لَهَا خَٰضِعِينَ ٤ وَمَا يَأۡتِيهِم مِّن ذِكۡرٖ مِّنَ ٱلرَّحۡمَٰنِ مُحۡدَثٍ
إِلَّا كَانُواْ عَنۡهُ مُعۡرِضِينَ ٥ فَقَدۡ كَذَّبُواْ فَسَيَأۡتِيهِمۡ أَنۢبَٰٓؤُاْ مَا كَانُواْ
بِهِۦ يَسۡتَهۡزِءُونَ ٦ أَوَلَمۡ يَرَوۡاْ إِلَى ٱلۡأَرۡضِ كَمۡ أَنۢبَتۡنَا فِيهَا مِن كُلِّ زَوۡجٖ
كَرِيمٍ ٧ إِنَّ فِي ذَٰلِكَ لَأٓيَةٗۖ وَمَا كَانَ أَكۡثَرُهُم مُّؤۡمِنِينَ ٨ وَإِنَّ
رَبَّكَ لَهُوَ ٱلۡعَزِيزُ ٱلرَّحِيمُ ٩ وَإِذۡ نَادَىٰ رَبُّكَ مُوسَىٰٓ أَنِ ٱئۡتِ ٱلۡقَوۡمَ
ٱلظَّٰلِمِينَ ١٠ قَوۡمَ فِرۡعَوۡنَۚ أَلَا يَتَّقُونَ ١١ قَالَ رَبِّ إِنِّيٓ أَخَافُ
أَن يُكَذِّبُونِ ١٢ وَيَضِيقُ صَدۡرِي وَلَا يَنطَلِقُ لِسَانِي فَأَرۡسِلۡ
إِلَىٰ هَٰرُونَ ١٣ وَلَهُمۡ عَلَيَّ ذَنۢبٞ فَأَخَافُ أَن يَقۡتُلُونِ ١٤ قَالَ
كَلَّاۖ فَٱذۡهَبَا بِـَٔايَٰتِنَآۖ إِنَّا مَعَكُم مُّسۡتَمِعُونَ ١٥ فَأۡتِيَا فِرۡعَوۡنَ
فَقُولَآ إِنَّا رَسُولُ رَبِّ ٱلۡعَٰلَمِينَ ١٦ أَنۡ أَرۡسِلۡ مَعَنَا بَنِيٓ إِسۡرَٰٓءِيلَ
١٧ قَالَ أَلَمۡ نُرَبِّكَ فِينَا وَلِيدٗا وَلَبِثۡتَ فِينَا مِنۡ عُمُرِكَ سِنِينَ
١٨ وَفَعَلۡتَ فَعۡلَتَكَ ٱلَّتِي فَعَلۡتَ وَأَنتَ مِنَ ٱلۡكَٰفِرِينَ ١٩

慈悲あまねく慈悲深きアッラーの御名において

ター・スィーン・ミーム[1347]。(26：1)

それは明白な啓典の諸々の徴である。(26：2)

きっとおまえは、彼らが信仰者とならないせいでおまえ自身を滅《ほろぼ》す(ほど苛んでいる)のであろう。(26：3)

もしわれらが望めば、われらは彼らに天から徴を降し、そうすれば、彼らの首[1348]もそれに対して謙虚であり続けたであろう。(26：4)

だが、慈悲深い御方から新たな訓戒(クルアーン)から(の一部)が彼らにもたらされても、彼らはそれから背を向けるばかりであった。(26：5)

それで確かに彼らは嘘だと否定したが、彼らが嘲笑してきたことの消息(懲罰)はいずれ彼らに到来するのである。(26：6)

彼らは大地を見たことがないのか、われらがそこに、あらゆる高貴な種類(の植物)からどれだけのものを培《つちか》ったか。(26：7)

まことに、その中にはまさしく徴がある。だが、彼らの大半は信仰者ではなかった。(26：8)

そしてまことに、おまえの主、彼こそは威力比類なく、慈悲深い御方。(26：9)

そしておまえの主がムーサーに、「不正な民の許に行け」と呼びかけ給うた時のこと[1349]。(26：10)

「フィルアウンの民の許に。彼らは畏れ身を守らないのか」。(26：11)

彼は言った。「わが主よ、まことに私は、彼らが私を嘘つきと否定することを恐れます」。(26：12)

「また私の胸は狭まり(苦しくなり)、私の舌は流暢ではありません。それゆえ、ハールーンに遣わし給え[1350]」。(26：13)

「また、私には彼らに罪があるため、彼らが私を殺すことを私は恐れます[1351]」。(26：14)

1347　2 章 1 節脚注参照。

1348　彼らの首の所有者、つまり彼ら自身。

1349　7 章 103-126 節参照。

1350　ハールーンが私を助けるように、啓示を携えた天使ジブリールを彼に遣わし給え。

1351　ムーサーはかつて古代エジプト人を殴り殺したことがあった。28 章 15 節、「出エジプト記」2 章

قَالَ فَعَلْتُهَآ إِذًا وَأَنَا۠ مِنَ ٱلضَّآلِّينَ ﴿٢٠﴾ فَفَرَرْتُ مِنكُمْ لَمَّا خِفْتُكُمْ
فَوَهَبَ لِى رَبِّى حُكْمًا وَجَعَلَنِى مِنَ ٱلْمُرْسَلِينَ ﴿٢١﴾ وَتِلْكَ نِعْمَةٌ
تَمُنُّهَا عَلَىَّ أَنْ عَبَّدتَّ بَنِىٓ إِسْرَٰٓءِيلَ ﴿٢٢﴾ قَالَ فِرْعَوْنُ وَمَا رَبُّ ٱلْعَٰلَمِينَ
﴿٢٣﴾ قَالَ رَبُّ ٱلسَّمَٰوَٰتِ وَٱلْأَرْضِ وَمَا بَيْنَهُمَآ ۖ إِن كُنتُم مُّوقِنِينَ
﴿٢٤﴾ قَالَ لِمَنْ حَوْلَهُۥٓ أَلَا تَسْتَمِعُونَ ﴿٢٥﴾ قَالَ رَبُّكُمْ وَرَبُّ ءَابَآئِكُمُ
ٱلْأَوَّلِينَ ﴿٢٦﴾ قَالَ إِنَّ رَسُولَكُمُ ٱلَّذِىٓ أُرْسِلَ إِلَيْكُمْ لَمَجْنُونٌ
﴿٢٧﴾ قَالَ رَبُّ ٱلْمَشْرِقِ وَٱلْمَغْرِبِ وَمَا بَيْنَهُمَآ ۖ إِن كُنتُمْ تَعْقِلُونَ
﴿٢٨﴾ قَالَ لَئِنِ ٱتَّخَذْتَ إِلَٰهًا غَيْرِى لَأَجْعَلَنَّكَ مِنَ ٱلْمَسْجُونِينَ
﴿٢٩﴾ قَالَ أَوَلَوْ جِئْتُكَ بِشَىْءٍ مُّبِينٍ ﴿٣٠﴾ قَالَ فَأْتِ بِهِۦٓ إِن كُنتَ
مِنَ ٱلصَّٰدِقِينَ ﴿٣١﴾ فَأَلْقَىٰ عَصَاهُ فَإِذَا هِىَ ثُعْبَانٌ مُّبِينٌ ﴿٣٢﴾
وَنَزَعَ يَدَهُۥ فَإِذَا هِىَ بَيْضَآءُ لِلنَّٰظِرِينَ ﴿٣٣﴾ قَالَ لِلْمَلَإِ حَوْلَهُۥٓ
إِنَّ هَٰذَا لَسَٰحِرٌ عَلِيمٌ ﴿٣٤﴾ يُرِيدُ أَن يُخْرِجَكُم مِّنْ أَرْضِكُم
بِسِحْرِهِۦ فَمَاذَا تَأْمُرُونَ ﴿٣٥﴾ قَالُوٓا۟ أَرْجِهْ وَأَخَاهُ وَٱبْعَثْ فِى ٱلْمَدَآئِنِ
حَٰشِرِينَ ﴿٣٦﴾ يَأْتُوكَ بِكُلِّ سَحَّارٍ عَلِيمٍ ﴿٣٧﴾ فَجُمِعَ ٱلسَّحَرَةُ
لِمِيقَٰتِ يَوْمٍ مَّعْلُومٍ ﴿٣٨﴾ وَقِيلَ لِلنَّاسِ هَلْ أَنتُم مُّجْتَمِعُونَ ﴿٣٩﴾

彼は仰せられた。「(彼らがおまえを殺すことは)決してない。それゆえ、われらの諸々の徴を持って二人して行け。まことにわれらはおまえたちと共に居て、聞いている」。(26：15)

「それゆえ、おまえたち二人はフィルアウンの許に行き、『まことにわれらは諸世界の主の使徒である』と言え」。(26：16)

「『われらと共にイスラーイールの子孫を行かせるように』との(神勅を携えた使徒である)」。(26：17)

彼(フィルアウン)は言った。「われらは幼少のおまえをわれらの許で世話し、おまえはわれらの許でおまえの生涯のうちの多くの年月を過ごしたのではなかったか」。(26：18)

「それなのに、おまえはおまえのなしたおまえの行為(殺人)をなし、おまえは忘恩者[1352](たちの一人)であった」。(26：19)

彼(ムーサー)は言った。「私がそれをなしたのは、私が迷った者(たちの一人)であった時のことである」。(26：20)

「そこで私はあなたがたを恐れたので、あなたがたの許から逃れた。すると、わが主は私に英知を授け、私を使者(使徒)たちの一人となし給うた」。(26：21)

「それがあなたが私に恩を着せる恩寵である、(つまり)あなたがイスラーイールの子孫を奴隷化したことが[1353]」。(26：22)

フィルアウンは言った。「また諸世界の主とはなにか」。(26：23)

彼(ムーサー)は言った。「諸天と地と、その間のものの主であらせられる。もし、あなたがたが確信する者であったならば(彼をこそ信仰せよ)」。(26：24)

彼は周囲の者に言った。「おまえたちは聞かなかったか」。(26：25)

彼(ムーサー)は言った。「あなたがたの主であり、昔のあなたがたの祖先の主である」。(26：26)

彼(フィルアウン)は言った。「おまえたちに遣わされたおまえたちの使徒は確かに狂人である」。(26：27)

彼(ムーサー)は言った。「東と西とその間のものの主であらせられる、もしあなたがたが理解していたら」。(26：28)

彼(フィルアウン)は言った。「もしもおまえがわれ以外に神を立てるなら、必ずやわれはおまえを囚人たち(の一人)とするであろう」。(26：29)

彼(ムーサー)は言った。「たとえ私があなたの許に明白なもの(真理を明かすもの)をもたらしたとしてもか」。(26：30)

---

12 節参照。

1352　あるいは、(フィルアウンが主であることを否定する)不信仰者。

1353　イスラーイールの子孫を奴隷にした中で、私だけを奴隷にせず育てたことを恩に着せようとするが、そもそも彼らを奴隷にすること自体が不正だったのであり、私が恩義を感ずるべきことではない。

لَعَلَّنَا نَتَّبِعُ ٱلسَّحَرَةَ إِن كَانُوا۟ هُمُ ٱلْغَٰلِبِينَ ﴿٤٠﴾ فَلَمَّا جَآءَ ٱلسَّحَرَةُ
قَالُوا۟ لِفِرْعَوْنَ أَئِنَّ لَنَا لَأَجْرًا إِن كُنَّا نَحْنُ ٱلْغَٰلِبِينَ ﴿٤١﴾ قَالَ نَعَمْ
وَإِنَّكُمْ إِذًا لَّمِنَ ٱلْمُقَرَّبِينَ ﴿٤٢﴾ قَالَ لَهُم مُّوسَىٰٓ أَلْقُوا۟ مَآ أَنتُم مُّلْقُونَ
﴿٤٣﴾ فَأَلْقَوْا۟ حِبَالَهُمْ وَعِصِيَّهُمْ وَقَالُوا۟ بِعِزَّةِ فِرْعَوْنَ إِنَّا لَنَحْنُ
ٱلْغَٰلِبُونَ ﴿٤٤﴾ فَأَلْقَىٰ مُوسَىٰ عَصَاهُ فَإِذَا هِىَ تَلْقَفُ مَا يَأْفِكُونَ
﴿٤٥﴾ فَأُلْقِىَ ٱلسَّحَرَةُ سَٰجِدِينَ ﴿٤٦﴾ قَالُوٓا۟ ءَامَنَّا بِرَبِّ ٱلْعَٰلَمِينَ ﴿٤٧﴾
رَبِّ مُوسَىٰ وَهَٰرُونَ ﴿٤٨﴾ قَالَ ءَامَنتُمْ لَهُۥ قَبْلَ أَنْ ءَاذَنَ لَكُمْ ۖ إِنَّهُۥ
لَكَبِيرُكُمُ ٱلَّذِى عَلَّمَكُمُ ٱلسِّحْرَ فَلَسَوْفَ تَعْلَمُونَ ۚ لَأُقَطِّعَنَّ أَيْدِيَكُمْ
وَأَرْجُلَكُم مِّنْ خِلَٰفٍ وَلَأُصَلِّبَنَّكُمْ أَجْمَعِينَ ﴿٤٩﴾ قَالُوا۟ لَا ضَيْرَ ۖ إِنَّآ
إِلَىٰ رَبِّنَا مُنقَلِبُونَ ﴿٥٠﴾ إِنَّا نَطْمَعُ أَن يَغْفِرَ لَنَا رَبُّنَا خَطَٰيَٰنَآ أَن كُنَّآ
أَوَّلَ ٱلْمُؤْمِنِينَ ﴿٥١﴾ ۞ وَأَوْحَيْنَآ إِلَىٰ مُوسَىٰٓ أَنْ أَسْرِ بِعِبَادِىٓ إِنَّكُم
مُّتَّبَعُونَ ﴿٥٢﴾ فَأَرْسَلَ فِرْعَوْنُ فِى ٱلْمَدَآئِنِ حَٰشِرِينَ ﴿٥٣﴾ إِنَّ هَٰٓؤُلَآءِ
لَشِرْذِمَةٌ قَلِيلُونَ ﴿٥٤﴾ وَإِنَّهُمْ لَنَا لَغَآئِظُونَ ﴿٥٥﴾ وَإِنَّا لَجَمِيعٌ حَٰذِرُونَ
﴿٥٦﴾ فَأَخْرَجْنَٰهُم مِّن جَنَّٰتٍ وَعُيُونٍ ﴿٥٧﴾ وَكُنُوزٍ وَمَقَامٍ كَرِيمٍ ﴿٥٨﴾
كَذَٰلِكَ ۖ وَأَوْرَثْنَٰهَا بَنِىٓ إِسْرَٰٓءِيلَ ﴿٥٩﴾ فَأَتْبَعُوهُم مُّشْرِقِينَ ﴿٦٠﴾

彼(フィルアウン)は言った。「では、それをもたらしてみせよ、もしおまえが真実を語る者(たちの一人)であるなら」。(26：31)

そこで、彼(ムーサー)は彼の杖を投げた。すると途端にそれは明白な蛇であった。(26：32)

また、彼は彼の手を引き出したが、すると途端にそれは見る者たちにとって白色であった。(26：33)

彼は彼の周囲の長老たちに言った。「まことにこれは物知りの魔術師である」。(26：34)

「彼は、彼の魔術でおまえたちを、おまえたちの土地から追い出すことを望んでいる。さておまえたちはなにを命じるか」。(26：35)

彼らは言った。「彼と彼の兄を待機させ、諸都市に召集者を遣わしてください」。(26：36)

(そうすれば)「あなたの許に物知りの魔術師をことごとく連れて来ます」。(26：37)

そこで魔術師たちは周知の日の定時に集められた。(26：38)

人々に向かって言われた。「おまえたちは集まる者たちであるか[1354]」。(26：39)

「きっとわれらは魔術師に従うであろう。もし、彼らが勝利者であれば」。(26：40)

魔術師たちは、やって来ると、フィルアウンに言った。「まことにわれらには報酬がありますか。もし、われらが勝利者であれば」。(26：41)

彼は言った。「そうだ。そしてまことに、おまえたちは、その時には側近の者(たちの一部)となろう」。(26：42)

彼らに向かってムーサーは言った。「おまえたちが投げるものを投げよ」。(26：43)

そこで彼らは、彼らの縄と杖を投げ、言った。「フィルアウンの威力にかけて。まことにわれらこそ勝利者である」。(26：44)

それからムーサーは彼の杖を投げた。すると途端に、それは彼らが捏造したもの(縄と杖でできた紛い物の蛇)を呑み込むのである。(26：45)

そこで魔術師たちは身を投げて跪拝した。(26：46)

彼らは言った。「われらは諸世界の主を信じました」。(26：47)

「ムーサーとハールーンの主を」。(26：48)

彼(フィルアウン)は言った。「われがおまえたちに許可する前におまえたちは彼(ムーサー)を信じたのか。まことに、彼はおまえたちに魔術を教えた頭目である。だが、おまえたちはいずれ思い知ろう。必ずやわれがおまえたちの手とおまえたちの足を互い違いに切断し、おまえたちを一斉に磔にするであろう」。(26：49)

彼らは言った。「構いません。まことにわれらはわれらの主の御許に戻される者です」。(26：50)

1354　人々よ、集まりなさい、の意。

فَلَمَّا تَرَٰٓءَا ٱلۡجَمۡعَانِ قَالَ أَصۡحَٰبُ مُوسَىٰٓ إِنَّا لَمُدۡرَكُونَ ٦١
قَالَ كَلَّآۖ إِنَّ مَعِيَ رَبِّي سَيَهۡدِينِ ٦٢ فَأَوۡحَيۡنَآ إِلَىٰ مُوسَىٰٓ أَنِ
ٱضۡرِب بِّعَصَاكَ ٱلۡبَحۡرَۖ فَٱنفَلَقَ فَكَانَ كُلُّ فِرۡقٖ كَٱلطَّوۡدِ ٱلۡعَظِيمِ
٦٣ وَأَزۡلَفۡنَا ثَمَّ ٱلۡأٓخَرِينَ ٦٤ وَأَنجَيۡنَا مُوسَىٰ وَمَن مَّعَهُۥٓ أَجۡمَعِينَ
٦٥ ثُمَّ أَغۡرَقۡنَا ٱلۡأٓخَرِينَ ٦٦ إِنَّ فِي ذَٰلِكَ لَأٓيَةٗۖ وَمَا كَانَ
أَكۡثَرُهُم مُّؤۡمِنِينَ ٦٧ وَإِنَّ رَبَّكَ لَهُوَ ٱلۡعَزِيزُ ٱلرَّحِيمُ ٦٨
وَٱتۡلُ عَلَيۡهِمۡ نَبَأَ إِبۡرَٰهِيمَ ٦٩ إِذۡ قَالَ لِأَبِيهِ وَقَوۡمِهِۦ مَا تَعۡبُدُونَ
٧٠ قَالُواْ نَعۡبُدُ أَصۡنَامٗا فَنَظَلُّ لَهَا عَٰكِفِينَ ٧١ قَالَ هَلۡ
يَسۡمَعُونَكُمۡ إِذۡ تَدۡعُونَ ٧٢ أَوۡ يَنفَعُونَكُمۡ أَوۡ يَضُرُّونَ ٧٣ قَالُواْ
بَلۡ وَجَدۡنَآ ءَابَآءَنَا كَذَٰلِكَ يَفۡعَلُونَ ٧٤ قَالَ أَفَرَءَيۡتُم مَّا كُنتُمۡ
تَعۡبُدُونَ ٧٥ أَنتُمۡ وَءَابَآؤُكُمُ ٱلۡأَقۡدَمُونَ ٧٦ فَإِنَّهُمۡ عَدُوّٞ لِّيٓ
إِلَّا رَبَّ ٱلۡعَٰلَمِينَ ٧٧ ٱلَّذِي خَلَقَنِي فَهُوَ يَهۡدِينِ ٧٨ وَٱلَّذِي هُوَ
يُطۡعِمُنِي وَيَسۡقِينِ ٧٩ وَإِذَا مَرِضۡتُ فَهُوَ يَشۡفِينِ ٨٠ وَٱلَّذِي
يُمِيتُنِي ثُمَّ يُحۡيِينِ ٨١ وَٱلَّذِيٓ أَطۡمَعُ أَن يَغۡفِرَ لِي خَطِيٓـَٔتِي
يَوۡمَ ٱلدِّينِ ٨٢ رَبِّ هَبۡ لِي حُكۡمٗا وَأَلۡحِقۡنِي بِٱلصَّٰلِحِينَ ٨٣

「まことにわれらは、最初の信仰者[1355]となったことで、われらの主がわれらの罪過を赦し給うことを願う」。(26：51)

そしてわれらはムーサーに、「わが僕《しもべ》たちを連れて夜の旅に出よ」と啓示した。「おまえたちは追跡される者となろう」。(26：52)

それでフィルアウンは諸都市に(軍の)召集の使いを送った。(26：53)

(フィルアウンは言った。)「まことに、それらの者は少数の一団である」、(26：54)

「そして、まことに彼らはわれらを激怒させる者たちである」、(26：55)

「しかし、まことにわれらは警備抜かりない集団である」。(26：56)

そこで、われらは彼ら(フィルアウンとその民)を園や泉から追い出し、(26：57)

また、蔵匿の財宝や高貴な居所からも。(26：58)

そのようであった。そして、われらはそれをイスラーイールの子孫に継がせた[1356]。(26：59)

それで、彼ら(フィルアウンの軍勢)は日の出を受けて彼らに追いついた。(26：60)

二集団が互いに相手を見ると、ムーサーの仲間は言った。「まことに、われらは追いつかれる者である」。(26：61)

彼は言った。「決して(追いつかれることは)ない。まことに、私にはわが主が共におられ、私を導き給うであろう」。(26：62)

そこで、われらはムーサーに啓示した、「おまえの杖で海を打て」と。すると、それは裂け[1357]、割れたもののそれぞれは巨大な山岳のようであった。(26：63)

そして、われらはそこに他方の者たち(フィルアウンの軍勢)を引き寄せた。(26：64)

そして、われらはムーサーと、彼と共にいた者たちをそっくり救い出した。(26：65)

それから、他方の者たち(フィルアウンの軍勢)を溺れさせた[1358]。(26：66)

まことに、その中には徴がある。だが、彼らの大半は信仰者ではなかった。(26：67)

そして、まことに、おまえの主、彼こそは威力比類なき慈悲深い御方。(26：68)

また彼ら(マッカの多神教徒)にイブラーヒームの消息を読み語れ。(26：69)

1355　フィルアウンの民の中でムーサーを信じた最初の信仰者。

1356　イスラエルの民はフィルアウンの軍勢が全滅した後、一旦エジプトに戻って彼らの財宝と住宅を獲得した、とも伝えられる。
　現代のムハンマド・アサドの注釈は、これはアッラーがパレスチナの地において財宝や住居をイスラエルの民たちに恵み給うたことを示していると言う。

1357　十二の道をつくる様に裂けた。

1358　10章90-92節、20章78節参照。

وَٱجْعَل لِّى لِسَانَ صِدْقٍ فِى ٱلْءَاخِرِينَ ﴿٨٤﴾ وَٱجْعَلْنِى مِن وَرَثَةِ جَنَّةِ
ٱلنَّعِيمِ ﴿٨٥﴾ وَٱغْفِرْ لِأَبِىٓ إِنَّهُۥ كَانَ مِنَ ٱلضَّآلِّينَ ﴿٨٦﴾ وَلَا تُخْزِنِى يَوْمَ
يُبْعَثُونَ ﴿٨٧﴾ يَوْمَ لَا يَنفَعُ مَالٌ وَلَا بَنُونَ ﴿٨٨﴾ إِلَّا مَنْ أَتَى ٱللَّهَ بِقَلْبٍ
سَلِيمٍ ﴿٨٩﴾ وَأُزْلِفَتِ ٱلْجَنَّةُ لِلْمُتَّقِينَ ﴿٩٠﴾ وَبُرِّزَتِ ٱلْجَحِيمُ لِلْغَاوِينَ
﴿٩١﴾ وَقِيلَ لَهُمْ أَيْنَ مَا كُنتُمْ تَعْبُدُونَ ﴿٩٢﴾ مِن دُونِ ٱللَّهِ هَلْ يَنصُرُونَكُمْ
أَوْ يَنتَصِرُونَ ﴿٩٣﴾ فَكُبْكِبُوا۟ فِيهَا هُمْ وَٱلْغَاوُۥنَ ﴿٩٤﴾ وَجُنُودُ إِبْلِيسَ
أَجْمَعُونَ ﴿٩٥﴾ قَالُوا۟ وَهُمْ فِيهَا يَخْتَصِمُونَ ﴿٩٦﴾ تَٱللَّهِ إِن كُنَّا لَفِى
ضَلَٰلٍ مُّبِينٍ ﴿٩٧﴾ إِذْ نُسَوِّيكُم بِرَبِّ ٱلْعَٰلَمِينَ ﴿٩٨﴾ وَمَآ أَضَلَّنَآ إِلَّا
ٱلْمُجْرِمُونَ ﴿٩٩﴾ فَمَا لَنَا مِن شَٰفِعِينَ ﴿١٠٠﴾ وَلَا صَدِيقٍ حَمِيمٍ ﴿١٠١﴾ فَلَوْ
أَنَّ لَنَا كَرَّةً فَنَكُونَ مِنَ ٱلْمُؤْمِنِينَ ﴿١٠٢﴾ إِنَّ فِى ذَٰلِكَ لَءَايَةً ۖ وَمَا كَانَ
أَكْثَرُهُم مُّؤْمِنِينَ ﴿١٠٣﴾ وَإِنَّ رَبَّكَ لَهُوَ ٱلْعَزِيزُ ٱلرَّحِيمُ ﴿١٠٤﴾ كَذَّبَتْ
قَوْمُ نُوحٍ ٱلْمُرْسَلِينَ ﴿١٠٥﴾ إِذْ قَالَ لَهُمْ أَخُوهُمْ نُوحٌ أَلَا تَتَّقُونَ ﴿١٠٦﴾
إِنِّى لَكُمْ رَسُولٌ أَمِينٌ ﴿١٠٧﴾ فَٱتَّقُوا۟ ٱللَّهَ وَأَطِيعُونِ ﴿١٠٨﴾ وَمَآ أَسْـَٔلُكُمْ
عَلَيْهِ مِنْ أَجْرٍ ۖ إِنْ أَجْرِىَ إِلَّا عَلَىٰ رَبِّ ٱلْعَٰلَمِينَ ﴿١٠٩﴾ فَٱتَّقُوا۟ ٱللَّهَ
وَأَطِيعُونِ ﴿١١٠﴾ ۞ قَالُوٓا۟ أَنُؤْمِنُ لَكَ وَٱتَّبَعَكَ ٱلْأَرْذَلُونَ ﴿١١١﴾

彼が、彼の父と彼の民に向かって、「あなたがたは何に仕えているのですか」と言った時のこと。(26：70)

彼らは言った。「われらは偶像に仕え、それ(その奉拝《ほうはい》)に没頭し続ける」。(26：71)

彼は言った。「あなたがたが呼びかけ祈る時、それらはあなたがた(の祈り)を聞いているのですか」。(26：72)

「あるいはそれらはあなたがたを益するのですか、あるいは害するのですか」。(26：73)

彼らは言った。「いや、われらは、われらの祖先がそのようになすのを見出したのである」。(26：74)

彼は言った。「あなたがたは、あなたがたが仕えてきたものについて考えてみたのですか」。(26：75)

「あなたがたも、かつてのあなたがたの祖先も」。(26：76)

「そしてまことに、それら(偶像神)は私にとって敵であり[1359]、ただ、諸世界の主は別です」。(26：77)

「私を創造し、そして、彼こそ私を導き給う御方」。(26：78)

「そして、彼こそ私を食べさせ、飲ませ給う御方」。(26：79)

「そして、私が病気になったならば、彼が癒し給う」。(26：80)

「そして、私を死なせ、それから生き返らせ給う御方」。(26：81)

「そして、裁きの日に私の罪過を赦し給わんことを私が願う御方」。(26：82)

「わが主よ、私に英知を授け給え。そして、私を義人たちに合流させ給え」。(26：83)

「また、私に後の者たちにおいて真実の舌をなし給え[1360]」。(26：84)

「また、私を至福の楽園の相続者たち(の一人)となし給え」。(26：85)

「また、私の父を赦し給え[1361]。まことに彼は迷った者(たちの一人)でありました」。(26：86)

「また、彼ら(人々)が甦らされる日に、私を辱め給うな」。(26：87)

「財産も子孫も役立たない日に」。(26：88)

ただし、アッラーの御許に健全な心で来る者は別である。(26：89)

そして、楽園は畏れ身を守る者たちに近寄せられた。(26：90)

また、焦熱地獄は誤った者たちに顕わにされた。(26：91)

1359　従って私はそれらを崇拝しないが。

1360　後世にまで語り継がれる名誉、賛辞を与え給え。あるいは真理の宣教者(すなわち、預言者ムハンマド)を立て給え、の意味とも言われる。

1361　この祈りは父がアッラーの敵であることがイブラーヒームに判明する以前のことであった。9章113-114節、19章47節参照。

قال وما علمي بما كانوا يعملون ١١٢ إن حسابهم إلا على ربي
لو تشعرون ١١٣ وما أنا بطارد المؤمنين ١١٤ إن أنا إلا نذير مبين
١١٥ قالوا لئن لم تنته يا نوح لتكونن من المرجومين ١١٦ قال
رب إن قومي كذبون ١١٧ فافتح بيني وبينهم فتحا ونجني ومن
معي من المؤمنين ١١٨ فأنجيناه ومن معه في الفلك المشحون
١١٩ ثم أغرقنا بعد الباقين ١٢٠ إن في ذلك لآية وما كان
أكثرهم مؤمنين ١٢١ وإن ربك لهو العزيز الرحيم ١٢٢ كذبت
عاد المرسلين ١٢٣ إذ قال لهم أخوهم هود ألا تتقون ١٢٤ إني لكم
رسول أمين ١٢٥ فاتقوا الله وأطيعون ١٢٦ وما أسألكم عليه
من أجر إن أجري إلا على رب العالمين ١٢٧ أتبنون بكل ريع
آية تعبثون ١٢٨ وتتخذون مصانع لعلكم تخلدون ١٢٩
وإذا بطشتم بطشتم جبارين ١٣٠ فاتقوا الله وأطيعون ١٣١
واتقوا الذي أمدكم بما تعلمون ١٣٢ أمدكم بأنعام وبنين
١٣٣ وجنات وعيون ١٣٤ إني أخاف عليكم عذاب يوم عظيم
١٣٥ قالوا سواء علينا أوعظت أم لم تكن من الواعظين ١٣٦

そして、彼らには言われる。「おまえたちが仕えていたもの(偶像神)はどこか」。(26：92)

「アッラーを差し置いて。それらはおまえたちを助けるか、あるいはそれら自身を助ける(自衛する)か」。(26：93)

それから、それらはそこに(顔を下にして)投げ落とされる、それらも、誤った者たちも。(26：94)

そして、イブリースの軍隊も総勢で(投げ落とされる)。(26：95)

彼らはそこで口論して、言った。(26：96)

「アッラーに誓って、まことに、われらは明白な迷誤のうちにあった」。(26：97)

「おまえたちを諸世界の主と等しいものとしたのであるから」。(26：98)

「そしてわれらを迷わせたのは、罪人に他ならない」。(26：99)

「それでわれらには執り成してくれる者などいない」。(26：100)

「また近しい友もいない」。(26：101)

「われらにやり直しがあれば良いのに、そうすればわれらは信仰者たちとなるだろう」。(26：102)

まことに、その中には徴がある。だが、彼らの大半は信仰者ではなかった。(26：103)

そして、まことに、おまえの主、彼こそは威力比類なく慈悲深い御方。(26：104)

ヌーフの民も使者(使徒)たち[1362]を嘘だと否定した。(26：105)

彼らに彼らの同胞[1363]ヌーフが、「あなたがたは畏れ身を守らないのか」と言った時のこと。(26：106)

「まことに、私はあなたがたへの誠実な使徒である」。(26：107)

「それゆえ、アッラーを畏れ身を守り、私に従え」。(26：108)

「また私はあなたがたにそれに対する報酬など求めない。まことに、私の報酬は諸世界の主からの他にない」。(26：109)

「それゆえ、アッラーを畏れ身を守り、私に従え」。(26：110)

彼らは言った。「われらがおまえを信じるだと、おまえには最も卑しい者たちが従っているというのに」。(26：111)

彼は言った。「彼らがしていたことについて何が私の知るところでしょう[1364]」。(26：112)

「まことに、彼らの清算はわが主の上の(わが主による)ほかありません、もし、あなたがたが感知するなら」。(26：113)

1362　各々の使徒は全ての使徒たちを信じることを求めるので、使徒一名(この場合ヌーフ)を嘘と否定することは全使徒を嘘と否定するに等しいとされる。

1363　宗教上の同胞ではなく、血縁上の同胞。

1364　彼ら(ヌーフに従った者たち)の行為・仕事について調べることは、私は(アッラーから)課されていない。

إِنۡ هَٰذَآ إِلَّا خُلُقُ ٱلۡأَوَّلِينَ ١٣٧ وَمَا نَحۡنُ بِمُعَذَّبِينَ ١٣٨ فَكَذَّبُوهُ
فَأَهۡلَكۡنَٰهُمۡۚ إِنَّ فِي ذَٰلِكَ لَأٓيَةٗۖ وَمَا كَانَ أَكۡثَرُهُم مُّؤۡمِنِينَ ١٣٩
وَإِنَّ رَبَّكَ لَهُوَ ٱلۡعَزِيزُ ٱلرَّحِيمُ ١٤٠ كَذَّبَتۡ ثَمُودُ ٱلۡمُرۡسَلِينَ ١٤١ إِذۡ
قَالَ لَهُمۡ أَخُوهُمۡ صَٰلِحٌ أَلَا تَتَّقُونَ ١٤٢ إِنِّي لَكُمۡ رَسُولٌ أَمِينٞ ١٤٣
فَٱتَّقُواْ ٱللَّهَ وَأَطِيعُونِ ١٤٤ وَمَآ أَسۡـَٔلُكُمۡ عَلَيۡهِ مِنۡ أَجۡرٍۖ إِنۡ أَجۡرِيَ
إِلَّا عَلَىٰ رَبِّ ٱلۡعَٰلَمِينَ ١٤٥ أَتُتۡرَكُونَ فِي مَا هَٰهُنَآ ءَامِنِينَ ١٤٦
فِي جَنَّٰتٖ وَعُيُونٖ ١٤٧ وَزُرُوعٖ وَنَخۡلٖ طَلۡعُهَا هَضِيمٞ ١٤٨
وَتَنۡحِتُونَ مِنَ ٱلۡجِبَالِ بُيُوتٗا فَٰرِهِينَ ١٤٩ فَٱتَّقُواْ ٱللَّهَ وَأَطِيعُونِ
١٥٠ وَلَا تُطِيعُوٓاْ أَمۡرَ ٱلۡمُسۡرِفِينَ ١٥١ ٱلَّذِينَ يُفۡسِدُونَ فِي ٱلۡأَرۡضِ
وَلَا يُصۡلِحُونَ ١٥٢ قَالُوٓاْ إِنَّمَآ أَنتَ مِنَ ٱلۡمُسَحَّرِينَ ١٥٣ مَآ أَنتَ
إِلَّا بَشَرٞ مِّثۡلُنَا فَأۡتِ بِـَٔايَةٍ إِن كُنتَ مِنَ ٱلصَّٰدِقِينَ ١٥٤ قَالَ
هَٰذِهِۦ نَاقَةٞ لَّهَا شِرۡبٞ وَلَكُمۡ شِرۡبُ يَوۡمٖ مَّعۡلُومٖ ١٥٥ وَلَا تَمَسُّوهَا
بِسُوٓءٖ فَيَأۡخُذَكُمۡ عَذَابُ يَوۡمٍ عَظِيمٖ ١٥٦ فَعَقَرُوهَا فَأَصۡبَحُواْ
نَٰدِمِينَ ١٥٧ فَأَخَذَهُمُ ٱلۡعَذَابُۚ إِنَّ فِي ذَٰلِكَ لَأٓيَةٗۖ وَمَا كَانَ
أَكۡثَرُهُم مُّؤۡمِنِينَ ١٥٨ وَإِنَّ رَبَّكَ لَهُوَ ٱلۡعَزِيزُ ٱلرَّحِيمُ ١٥٩

「また私は信仰者たちを追い払う者ではありません[1365]」。(26：114)

「私は明白な警告者でしかありません」。(26：115)

彼らは言った。「おまえが止めないなら[1366]、ヌーフよ、必ずやおまえは(石で)打たれ(て殺され)た者たち(の一人)となるであろう」。(26：116)

彼は言った。「わが主よ、まことに、私の民は私を嘘だと否定します」。(26：117)

「それゆえ、私と彼らの間を裁定により解決し給え。そして、私を助け、私と共にいる信仰者たちをも(助け給え)」。(26：118)

そこで、われらは彼と、彼と共にいる者を、満載の方舟で救い出した。(26：119)

それから、後に、残った者たちを溺れさせた。(26：120)

まことに、その中には徴がある。だが、彼らの大半は信仰者ではなかった。(26：121)

そしてまことに、おまえの主、彼こそは威力比類なく慈悲深い御方。(26：122)

アード(族)は使者(使徒)たち[1367]を嘘だと否定した。(26：123)

彼らに、彼らの同胞フードが、「あなたがたは畏れ身を守らないのか」と言った時のこと。(26：124)

「まことに、私はあなたがたへの誠実な使徒である」。(26：125)

「それゆえ、アッラーを畏れ身を守り、私に従え」。(26：126)

「そして私はあなたがたにそれに対する報酬など求めない。まことに、私の報酬は諸世界の主からの他にない」。(26：127)

「あなたがたは戯れにあらゆる高台に徴(高楼)を建てるのか[1368]」。(26：128)

「また、あなたがたは要塞[1369]を持つのか、きっと永遠に(死なずに)留まるだろうと」。(26：129)

「そしてあなたがたは力を振るった時、暴虐者のように力を振るった」。(26：130)

「それゆえ、アッラーを畏れ身を守り、私に従え」。(26：131)

「またあなたがたが知っているものをあなたがたに授け給うた御方を畏れ身を守れ」。(26：132)

「家畜と子孫をあなたがたに供給し給うた」。(26：133)

「そして園と泉をも」。(26：134)

「まことに、私はあなたがたに大いなる日の懲罰を恐れる」。(26：135)

1365　彼らがいかなる有り様であろうと。

1366　おまえの行っている信仰への呼びかけと我らの神々をけなすことを。

1367　7章65-72節、11章50-60節、38章12-14節参照。

1368　あるいは、「あなたがたはあらゆる高台に徴(高楼)を建てて、(通行人をばかにするなどして)戯れるのか」。一説には、「戯れる」は通行税を取ることを意味するとも言われる。

1369　貯水槽とも言われる。

كَذَّبَتْ قَوْمُ لُوطٍ الْمُرْسَلِينَ ١٦٠ إِذْ قَالَ لَهُمْ أَخُوهُمْ لُوطٌ أَلَا تَتَّقُونَ
١٦١ إِنِّي لَكُمْ رَسُولٌ أَمِينٌ ١٦٢ فَاتَّقُوا اللَّهَ وَأَطِيعُونِ ١٦٣ وَمَا
أَسْأَلُكُمْ عَلَيْهِ مِنْ أَجْرٍ إِنْ أَجْرِيَ إِلَّا عَلَىٰ رَبِّ الْعَالَمِينَ ١٦٤
أَتَأْتُونَ الذُّكْرَانَ مِنَ الْعَالَمِينَ ١٦٥ وَتَذَرُونَ مَا خَلَقَ لَكُمْ رَبُّكُمْ
مِنْ أَزْوَاجِكُمْ بَلْ أَنْتُمْ قَوْمٌ عَادُونَ ١٦٦ قَالُوا لَئِنْ لَمْ تَنْتَهِ يَا لُوطُ
لَتَكُونَنَّ مِنَ الْمُخْرَجِينَ ١٦٧ قَالَ إِنِّي لِعَمَلِكُمْ مِنَ الْقَالِينَ ١٦٨
رَبِّ نَجِّنِي وَأَهْلِي مِمَّا يَعْمَلُونَ ١٦٩ فَنَجَّيْنَاهُ وَأَهْلَهُ أَجْمَعِينَ ١٧٠
إِلَّا عَجُوزًا فِي الْغَابِرِينَ ١٧١ ثُمَّ دَمَّرْنَا الْآخَرِينَ ١٧٢ وَأَمْطَرْنَا عَلَيْهِمْ
مَطَرًا فَسَاءَ مَطَرُ الْمُنْذَرِينَ ١٧٣ إِنَّ فِي ذَٰلِكَ لَآيَةً وَمَا كَانَ أَكْثَرُهُمْ
مُؤْمِنِينَ ١٧٤ وَإِنَّ رَبَّكَ لَهُوَ الْعَزِيزُ الرَّحِيمُ ١٧٥ كَذَّبَ أَصْحَابُ
لْـَٔيْكَةِ الْمُرْسَلِينَ ١٧٦ إِذْ قَالَ لَهُمْ شُعَيْبٌ أَلَا تَتَّقُونَ ١٧٧ إِنِّي لَكُمْ
رَسُولٌ أَمِينٌ ١٧٨ فَاتَّقُوا اللَّهَ وَأَطِيعُونِ ١٧٩ وَمَا أَسْأَلُكُمْ عَلَيْهِ
مِنْ أَجْرٍ إِنْ أَجْرِيَ إِلَّا عَلَىٰ رَبِّ الْعَالَمِينَ ١٨٠ ۞ أَوْفُوا الْكَيْلَ وَلَا
تَكُونُوا مِنَ الْمُخْسِرِينَ ١٨١ وَزِنُوا بِالْقِسْطَاسِ الْمُسْتَقِيمِ ١٨٢
وَلَا تَبْخَسُوا النَّاسَ أَشْيَاءَهُمْ وَلَا تَعْثَوْا فِي الْأَرْضِ مُفْسِدِينَ ١٨٣

彼らは言った。「われらにとっては同じこと、おまえが訓戒しようと、訓戒する者たち(の一人)でなかったとしても」。(26：136)

「まことに、これは昔の者たちの習慣[1370]にほかならない」。(26：137)

「そしてわれらは罰せられる者ではない」。(26：138)

こうして彼らは彼を嘘だと否定し、そこで、われらは彼らを滅ぼした。まことに、その中には徴がある。だが、彼らの大半は信仰者ではなかった。(26：139)

そしてまことに、おまえの主、彼こそは威力比類なく慈悲深い御方。(26：140)

サムード(族)は使者(使徒)たちを嘘だと否定した。(26：141)

彼らに、彼らの同胞サーリフが、「あなたがたは畏れ身を守らないのか」と言った時のこと。(26：142)

「まことに、私はあなたがたへの誠実な使徒である」。(26：143)

「それゆえ、アッラーを畏れ身を守り、私に従え」。(26：144)

「そして私はあなたがたにそれに対する報酬など求めない。まことに、私の報酬は諸世界の主からの他にない」。(26：145)

「あなたがたはここにあるもの(安楽)のうちに安泰に放置されるのか」。(26：146)

「園と泉のうちに」。(26：147)

「また、畑や肉穂花序(実)がほっそりとしたナツメヤシの木(のうち)に」。(26：148)

「また、あなたがたは巧みに山から家々を彫っているけれども」。(26：149)

「それゆえ、アッラーを畏れ身を守り、私に従え」。(26：150)

「そして度を越した者たちの命令に従ってはならない」。(26：151)

「(彼らは)地上で害悪をなし、改善しない者たち(である)」。(26：152)

彼らは言った。「おまえは魔術をかけられた者[1371]たち(の一人)である」。(26：153)

「おまえはわれらと同様の人間にすぎない。それゆえ徴を持って来るがいい、もし、おまえが真実を語る者たち(の一人)であるならば」。(26：154)

彼は言った。「これは一頭のラクダで、それには水飲みがあり、あなたがたにも周知の日の水飲みがある[1372]」。(26：155)

「それでそれに害を加えてはならない。さもなければ、大いなる日の懲罰があなたがたを捕らえるでしょう」。(26：156)

1370　自分たちは過去の人々の習慣、宗教に従っている、の意。「khuluq(習慣)」は「作り話」を意味するとも言われ、この場合、「これ」はフードの呼び招く宗教を指す。

1371　魔術により理性を失い、狂人となった。

1372　一日おきに交互にラクダが水を飲む日と人々が飲む日が定められた、と言われる。

وَٱتَّقُوا۟ ٱلَّذِى خَلَقَكُمْ وَٱلْجِبِلَّةَ ٱلْأَوَّلِينَ ١٨٤ قَالُوٓا۟ إِنَّمَآ أَنتَ مِنَ
ٱلْمُسَحَّرِينَ ١٨٥ وَمَآ أَنتَ إِلَّا بَشَرٌ مِّثْلُنَا وَإِن نَّظُنُّكَ لَمِنَ
ٱلْكَٰذِبِينَ ١٨٦ فَأَسْقِطْ عَلَيْنَا كِسَفًا مِّنَ ٱلسَّمَآءِ إِن كُنتَ
مِنَ ٱلصَّٰدِقِينَ ١٨٧ قَالَ رَبِّىٓ أَعْلَمُ بِمَا تَعْمَلُونَ ١٨٨ فَكَذَّبُوهُ
فَأَخَذَهُمْ عَذَابُ يَوْمِ ٱلظُّلَّةِ ۚ إِنَّهُۥ كَانَ عَذَابَ يَوْمٍ عَظِيمٍ ١٨٩
إِنَّ فِى ذَٰلِكَ لَءَايَةً ۖ وَمَا كَانَ أَكْثَرُهُم مُّؤْمِنِينَ ١٩٠ وَإِنَّ رَبَّكَ
لَهُوَ ٱلْعَزِيزُ ٱلرَّحِيمُ ١٩١ وَإِنَّهُۥ لَتَنزِيلُ رَبِّ ٱلْعَٰلَمِينَ ١٩٢ نَزَلَ بِهِ
ٱلرُّوحُ ٱلْأَمِينُ ١٩٣ عَلَىٰ قَلْبِكَ لِتَكُونَ مِنَ ٱلْمُنذِرِينَ ١٩٤ بِلِسَانٍ
عَرَبِىٍّ مُّبِينٍ ١٩٥ وَإِنَّهُۥ لَفِى زُبُرِ ٱلْأَوَّلِينَ ١٩٦ أَوَلَمْ يَكُن لَّهُمْ ءَايَةً
أَن يَعْلَمَهُۥ عُلَمَٰٓؤُا۟ بَنِىٓ إِسْرَٰٓءِيلَ ١٩٧ وَلَوْ نَزَّلْنَٰهُ عَلَىٰ بَعْضِ ٱلْأَعْجَمِينَ
١٩٨ فَقَرَأَهُۥ عَلَيْهِم مَّا كَانُوا۟ بِهِۦ مُؤْمِنِينَ ١٩٩ كَذَٰلِكَ سَلَكْنَٰهُ
فِى قُلُوبِ ٱلْمُجْرِمِينَ ٢٠٠ لَا يُؤْمِنُونَ بِهِۦ حَتَّىٰ يَرَوُا۟ ٱلْعَذَابَ
ٱلْأَلِيمَ ٢٠١ فَيَأْتِيَهُم بَغْتَةً وَهُمْ لَا يَشْعُرُونَ ٢٠٢ فَيَقُولُوا۟
هَلْ نَحْنُ مُنظَرُونَ ٢٠٣ أَفَبِعَذَابِنَا يَسْتَعْجِلُونَ ٢٠٤ أَفَرَءَيْتَ
إِن مَّتَّعْنَٰهُمْ سِنِينَ ٢٠٥ ثُمَّ جَآءَهُم مَّا كَانُوا۟ يُوعَدُونَ ٢٠٦

だが、彼らはその腱を切り（殺し）、後悔する者となった[1373]。（26：157）

そして、懲罰が彼らを捕らえた。まことに、その中には徴がある。だが、彼らの大半は信仰者ではなかった。（26：158）

そしてまことに、おまえの主、彼こそは威力比類なく慈悲深い御方。（26：159）

ルートの民は使徒たちを嘘だと否定した。（26：160）

彼らに、彼らの同胞[1374]ルートが、「あなたがたは畏れ身を守らないのか」と言った時のこと。（26：161）

「まことに、私はあなたがたへの誠実な使徒である」。（26：162）

「それゆえ、アッラーを畏れ身を守り、私に従え」。（26：163）

「そして私はあなたがたにそれに対する報酬など求めない。まことに、私の報酬は諸世界の主からの他にない」。（26：164）

「あなたがたは、諸世界の（人々のうちの）男たちに赴くのか」。（26：165）

「そして、あなたがたの主があなたがたに創り給うたあなたがたの伴侶を放置するのか[1375]。いや、あなたがたは法外な民である」。（26：166）

彼らは言った。「おまえが止めなければ、ルートよ、おまえは追放された者たち（の一人）となるであろう」。（26：167）

彼は言った。「まことに、私はあなたがたの行為に対して、嫌悪する者たち（の一人）である」。（26：168）

「わが主よ、私と私の家族を彼らが行うことから救い給え」。（26：169）

そこで、われらは、彼と彼の家族をそっくり救った。（26：170）

ただし、後に残った者たちのうちの老女（ルートの妻）は別であった。（26：171）

それからわれらは他の者たちを滅ぼした。（26：172）

そして、われらは彼らの上に（石の）雨を降らせた。警告されていた者たちの雨のなんと悪いことよ。（26：173）

まことに、その中には徴がある。だが、彼らの大半は信仰者ではなかった。（26：174）

そして、まことに、おまえの主、彼こそは威力比類なく慈悲深い御方。（26：175）

森の住人たち[1376]は使者（使徒）たちを嘘だと否定した。（26：176）

彼らにシュアイブが、「あなたがたは畏れ身を守らないのか」と言った時のこと。（26：177）

1373　7章77節、11章65節参照。

1374　宗教や血縁によるものでなく、地縁によるもの。

1375　2章223節参照。

1376　森とはマドヤンの森林で、森の住人とはシュアイブが遣わされたマドヤンの民。11章84-95節参照。

مَآ أَغۡنَىٰ عَنۡهُم مَّا كَانُواْ يُمَتَّعُونَ ٢٠٧ وَمَآ أَهۡلَكۡنَا مِن قَرۡيَةٍ إِلَّا
لَهَا مُنذِرُونَ ٢٠٨ ذِكۡرَىٰ وَمَا كُنَّا ظَٰلِمِينَ ٢٠٩ وَمَا تَنَزَّلَتۡ بِهِ
ٱلشَّيَٰطِينُ ٢١٠ وَمَا يَنۢبَغِي لَهُمۡ وَمَا يَسۡتَطِيعُونَ ٢١١ إِنَّهُمۡ عَنِ
ٱلسَّمۡعِ لَمَعۡزُولُونَ ٢١٢ فَلَا تَدۡعُ مَعَ ٱللَّهِ إِلَٰهًا ءَاخَرَ فَتَكُونَ
مِنَ ٱلۡمُعَذَّبِينَ ٢١٣ وَأَنذِرۡ عَشِيرَتَكَ ٱلۡأَقۡرَبِينَ ٢١٤ وَٱخۡفِضۡ
جَنَاحَكَ لِمَنِ ٱتَّبَعَكَ مِنَ ٱلۡمُؤۡمِنِينَ ٢١٥ فَإِنۡ عَصَوۡكَ فَقُلۡ إِنِّي
بَرِيٓءٞ مِّمَّا تَعۡمَلُونَ ٢١٦ وَتَوَكَّلۡ عَلَى ٱلۡعَزِيزِ ٱلرَّحِيمِ ٢١٧ ٱلَّذِي
يَرَىٰكَ حِينَ تَقُومُ ٢١٨ وَتَقَلُّبَكَ فِي ٱلسَّٰجِدِينَ ٢١٩ إِنَّهُۥ هُوَ ٱلسَّمِيعُ
ٱلۡعَلِيمُ ٢٢٠ هَلۡ أُنَبِّئُكُمۡ عَلَىٰ مَن تَنَزَّلُ ٱلشَّيَٰطِينُ ٢٢١ تَنَزَّلُ عَلَىٰ
كُلِّ أَفَّاكٍ أَثِيمٖ ٢٢٢ يُلۡقُونَ ٱلسَّمۡعَ وَأَكۡثَرُهُمۡ كَٰذِبُونَ ٢٢٣
وَٱلشُّعَرَآءُ يَتَّبِعُهُمُ ٱلۡغَاوُۥنَ ٢٢٤ أَلَمۡ تَرَ أَنَّهُمۡ فِي كُلِّ وَادٖ
يَهِيمُونَ ٢٢٥ وَأَنَّهُمۡ يَقُولُونَ مَا لَا يَفۡعَلُونَ ٢٢٦ إِلَّا ٱلَّذِينَ
ءَامَنُواْ وَعَمِلُواْ ٱلصَّٰلِحَٰتِ وَذَكَرُواْ ٱللَّهَ كَثِيرٗا وَٱنتَصَرُواْ مِنۢ
بَعۡدِ مَا ظُلِمُواْۗ وَسَيَعۡلَمُ ٱلَّذِينَ ظَلَمُوٓاْ أَيَّ مُنقَلَبٖ يَنقَلِبُونَ ٢٢٧

سُورَةُ النَّمۡلِ

「まことに、私はあなたがたへの誠実な使徒である」。(26：178)

「それゆえ、アッラーを畏れ身を守り、私に従え」。(26：179)

「そして私はあなたがたにそれに対する報酬など求めない。まことに、私の報酬は諸世界の主からの他にない」。(26：180)

「升目を満たせ。また、損をさせる者たち(の一人)となってはならない」。(26：181)

「正確な天秤で量り」、(26：182)

「人々から彼らの物を減らしてはならない。また、害をなす者となって地上で悪を犯してはならない」。(26：183)

「あなたがたと昔の諸民族を創り給うた御方を畏れ身を守れ」。(26：184)

彼らは言った。「おまえは魔術をかけられた者の一人である」。(26：185)

「そしておまえはわれらと同様の人間にすぎない。われらはおまえがまさに嘘つき(の一人)だと考える」。(26：186)

「それではわれらの上に天の一角を崩落させよ[1377]。もし、おまえが真実を語る者たち(の一人)であるならば」。(26：187)

彼は言った。「わが主はあなたがたのなすことをよりよく知り給う」。(26：188)

だが、彼らは彼を嘘として否定し、陰の日の懲罰[1378]が彼らを捕らえた。まことに、それは大いなる日の懲罰であった。(26：189)

まことに、その中には徴がある。だが、彼らの大半は信仰者ではなかった。(26：190)

そして、まことに、おまえの主、彼こそは威力比類なく慈悲深い御方。(26：191)

そして、まことに、それ(クルアーン)は諸世界の主の垂示である。(26：192)

誠実な霊(ジブリール)がそれを携えて下った。(26：193)

おまえの心の上に、おまえが警告者たちの一人となるように。(26：194)

明白なアラビアの舌(アラビア語)で。(26：195)

そしてまことに、これ[1379]は昔の者たちの諸書(啓典)の中にある。(26：196)

彼らにとって徴ではないか、イスラーイールの子孫の学者たちがそれを知っているということが。(26：197)

また、たとえわれらがそれを異邦人[1380]たちの一部の者たちに垂示し、(26：198)

1377　天から懲罰の一部を下して見せよ。

1378　彼らを激しい暑さが襲い、その後に雲が彼らを覆い、人々は涼を求めてその下に集ったが、火の雨に見舞われることとなった。

1379　クルアーンが垂示されることになるであろうとの予告。

1380　アラビア語を解さない者。非アラブ人。

彼(異邦人)がそれを彼ら(マッカの多神教徒)に読み聞かせたとしても[1381]、彼らはそれを信じなかったであろう。(26：199)

このようにして、われらは罪人たちの心の中にそれを至らせた[1382]。(26：200)

彼らは痛烈な懲罰を目にするまで、それ(クルアーン)を信じない。(26：201)

そして、それ(懲罰)が彼らの許に、彼らが感づかないうちに突然訪れ、(26：202)

そして、「われらは猶予されないのか」と彼らが言うまで。(26：203)

それなのに、われらの懲罰を彼らは急《せ》かすのか。(26：204)

おまえは見て考えたか、もしわれらが彼らを数年享楽させたとしても、(26：205)

それから彼らには、彼らに約束されたもの(懲罰)が訪れたのなら、(26：206)

彼らが享楽させてもらったものが彼らに対しなんの役に立ったのか[1383](ということを見て考えたか)。(26：207)

そして、われらはどんな村でも、それへの警告者たちなしには滅ぼさなかった。(26：208)

訓戒として。そしてわれらは不正な者ではないのである。(26：209)

また悪魔がそれ(クルアーン)をもって降《くだ》った(垂示した)のではない。(26：210)

それは彼らには相応しくなく、また、彼らにはできないことである。(26：211)

まことに、彼らは(クルアーンの)聴聞から引き離されている。(26：212)

それゆえ、アッラーに並べて他の神に祈ってはならない。さもなければ、おまえは罰せられる者たち(の一人)となるであろう。(26：213)

そして、おまえの近親の一族に警告せよ。(26：214)

また、信仰者たちでおまえに従った者たちにはおまえの翼を下げよ(柔和に扱え)。(26：215)

そして、もし彼らがおまえに背いたなら、言え、「あなたがたの行うことから私は無関係である」と。(26：216)

そして、威力比類なく慈悲深い御方に一任せよ。(26：217)

おまえが(礼拝に)立つ時におまえを見ておられる御方に。(26：218)

また、跪拝する者たちの間でのおまえの(礼拝の)動きを(見ておられる御方に)。(26：219)

まことに彼こそはよく聞きよく知り給う御方。(26：220)

悪魔がだれの上に降るかについて、おまえたち(マッカの住民等)に告げようか。(26：221)

彼らは、あらゆる罪深い大嘘つきの上に降る。(26：222)

彼らは聴覚を向けるが[1384]、彼らの大半は嘘つきである。(26：223)

また、詩人たち、彼らには迷った者たちが従う。(26：224)

彼らがあらゆる谷(涸川)をさ迷い歩く(雑多な与太話に耽る)のをおまえは見なかったか。(26：225)

そして彼らは、自分たちがしないことを言う。(26：226)

ただし、信仰し、善行をなし、アッラーを多く想念・唱名し[1385]、不正を被った後自らを

1381　クルアーンの模倣不可能性に加えて、非アラブ人が正しいアラビア語でそれを伝えるという二重の奇蹟が行われたとしても。

1382　クルアーンを否定する気持ちを吹き込んだ。

1383　あるいは、「彼らが享楽させてもらったものが彼らにとってなんの役にも立たなかった」とも解される。

1384　巫蠱が悪魔たちに耳を傾け、悪魔たちが巫蠱に虚報を吹き込み、それを彼らが人々に言いふらす。

1385　彼らの詩作において、アッラーを賞賛すること。

援けた(報復した)者たちは別である[1386]。不正をなした者たちはいずれ、いかなる転じ方によって彼らが転じるかを知るであろう。(26：227)

第 27 章　蟻 …… سورة النمل

マッカ垂示

動物の言葉を解読する能力を授かったスライマーン王が蟻の言葉を聞く逸話に因んで「蟻」章と名づけられる(15-19 節)。本章は、その他にもスライマーンとサバァの女王(20-44 節)、ムーサー（7-14 節)、サーリフ(45-53 節)、ルート(54-58 節)などの物語も収録されている。また、終末に出現するといわれる「獣」について言及されるのも本章である(82 節)。

慈悲あまねく慈悲深きアッラーの御名において

بِسۡمِ ٱللَّهِ ٱلرَّحۡمَٰنِ ٱلرَّحِيمِ
طسٓۚ تِلۡكَ ءَايَٰتُ ٱلۡقُرۡءَانِ وَكِتَابٖ مُّبِينٍ ١ هُدٗى وَبُشۡرَىٰ
لِلۡمُؤۡمِنِينَ ٢ ٱلَّذِينَ يُقِيمُونَ ٱلصَّلَوٰةَ وَيُؤۡتُونَ ٱلزَّكَوٰةَ وَهُم
بِٱلۡأٓخِرَةِ هُمۡ يُوقِنُونَ ٣ إِنَّ ٱلَّذِينَ لَا يُؤۡمِنُونَ بِٱلۡأٓخِرَةِ زَيَّنَّا لَهُمۡ
أَعۡمَٰلَهُمۡ فَهُمۡ يَعۡمَهُونَ ٤ أُوْلَٰٓئِكَ ٱلَّذِينَ لَهُمۡ سُوٓءُ ٱلۡعَذَابِ
وَهُمۡ فِي ٱلۡأٓخِرَةِ هُمُ ٱلۡأَخۡسَرُونَ ٥ وَإِنَّكَ لَتُلَقَّى ٱلۡقُرۡءَانَ مِن
لَّدُنۡ حَكِيمٍ عَلِيمٍ ٦ إِذۡ قَالَ مُوسَىٰ لِأَهۡلِهِۦٓ إِنِّيٓ ءَانَسۡتُ نَارٗا سَـَٔاتِيكُم
مِّنۡهَا بِخَبَرٍ أَوۡ ءَاتِيكُم بِشِهَابٖ قَبَسٖ لَّعَلَّكُمۡ تَصۡطَلُونَ ٧ فَلَمَّا جَآءَهَا
نُودِيَ أَنۢ بُورِكَ مَن فِي ٱلنَّارِ وَمَنۡ حَوۡلَهَا وَسُبۡحَٰنَ ٱللَّهِ رَبِّ
ٱلۡعَٰلَمِينَ ٨ يَٰمُوسَىٰٓ إِنَّهُۥٓ أَنَا ٱللَّهُ ٱلۡعَزِيزُ ٱلۡحَكِيمُ ٩ وَأَلۡقِ عَصَاكَۚ
فَلَمَّا رَءَاهَا تَهۡتَزُّ كَأَنَّهَا جَآنّٞ وَلَّىٰ مُدۡبِرٗا وَلَمۡ يُعَقِّبۡۚ يَٰمُوسَىٰ لَا تَخَفۡ
إِنِّي لَا يَخَافُ لَدَيَّ ٱلۡمُرۡسَلُونَ ١٠ إِلَّا مَن ظَلَمَ ثُمَّ بَدَّلَ حُسۡنَۢا بَعۡدَ
سُوٓءٖ فَإِنِّي غَفُورٞ رَّحِيمٞ ١١ وَأَدۡخِلۡ يَدَكَ فِي جَيۡبِكَ تَخۡرُجۡ بَيۡضَآءَ مِنۡ
غَيۡرِ سُوٓءٖۖ فِي تِسۡعِ ءَايَٰتٍ إِلَىٰ فِرۡعَوۡنَ وَقَوۡمِهِۦٓۚ إِنَّهُمۡ كَانُواْ قَوۡمٗا فَٰسِقِينَ
١٢ فَلَمَّا جَآءَتۡهُمۡ ءَايَٰتُنَا مُبۡصِرَةٗ قَالُواْ هَٰذَا سِحۡرٞ مُّبِينٞ ١٣

ター・スィーン[1387]。それ(これ)はクルアーンの、そして明白な啓典の諸々の徴(節)である。(27：1)

信仰者への導き、また吉報である。(27：2)

(彼らは)礼拝を遵守し、浄財を支払い、彼らこそは来世を確信する者たち。(27：3)

まことに、来世を信じない者たち、われらは彼らに彼らの行いを(美しく見えるように)飾り、それゆえ、彼らはさ迷う。(27：4)

それらの者は、(現世にて)悪い懲罰がある者たちで、彼らは来世において、彼らこそ最大の損失者である。(27：5)

そしてまことに、おまえ(預言者ムハンマド)は英明にして全知なる御方の御前からクルアーンを授かっている。(27：6)

ムーサーが彼の家族に言った時のこと[1388]、「まことに私は火を見かけた。おまえたちにそこから情報[1389]を持って来よう。あるいは、火種である炎を持って来よう。きっとおまえたちは暖を取るだろう」。(27：7)

それで彼がそれ(火の所)に来ると、呼びかけられた。「火の中の者、そしてその周囲の者[1390]は祝福されよ。そして称えあれ、アッラー、諸世界の主こそ超越者」と。(27：8)

「ムーサーよ、まことにそれ、われこそはアッラー、威力比類なく英明なる者」。(27：9)

「おまえの杖を投げよ」。だが、彼は、それが蛇であるかのように揺れ動くのを見た時、

1386　不信仰者から詩によって誹謗中傷されたムスリムが、風刺詩によって相手を論駁することは許される。

1387　2 章 1 節脚注参照。

1388　20 章 9 節以下参照。

1389　正しい道に行くための。

1390　ムーサーと天使たち。「周囲の者」は、「祝福された場所」(28 章 30 節)とその周辺の地にある者を指すとも言われる。

وَجَحَدُوا۟ بِهَا وَٱسْتَيْقَنَتْهَآ أَنفُسُهُمْ ظُلْمًا وَعُلُوًّا ۚ فَٱنظُرْ كَيْفَ
كَانَ عَـٰقِبَةُ ٱلْمُفْسِدِينَ ﴿١٤﴾ وَلَقَدْ ءَاتَيْنَا دَاوُۥدَ وَسُلَيْمَـٰنَ عِلْمًا ۖ
وَقَالَا ٱلْحَمْدُ لِلَّهِ ٱلَّذِى فَضَّلَنَا عَلَىٰ كَثِيرٍ مِّنْ عِبَادِهِ ٱلْمُؤْمِنِينَ
﴿١٥﴾ وَوَرِثَ سُلَيْمَـٰنُ دَاوُۥدَ ۖ وَقَالَ يَـٰٓأَيُّهَا ٱلنَّاسُ عُلِّمْنَا مَنطِقَ
ٱلطَّيْرِ وَأُوتِينَا مِن كُلِّ شَىْءٍ ۖ إِنَّ هَـٰذَا لَهُوَ ٱلْفَضْلُ ٱلْمُبِينُ ﴿١٦﴾
وَحُشِرَ لِسُلَيْمَـٰنَ جُنُودُهُۥ مِنَ ٱلْجِنِّ وَٱلْإِنسِ وَٱلطَّيْرِ فَهُمْ
يُوزَعُونَ ﴿١٧﴾ حَتَّىٰٓ إِذَآ أَتَوْا۟ عَلَىٰ وَادِ ٱلنَّمْلِ قَالَتْ نَمْلَةٌ يَـٰٓأَيُّهَا
ٱلنَّمْلُ ٱدْخُلُوا۟ مَسَـٰكِنَكُمْ لَا يَحْطِمَنَّكُمْ سُلَيْمَـٰنُ وَجُنُودُهُۥ وَهُمْ
لَا يَشْعُرُونَ ﴿١٨﴾ فَتَبَسَّمَ ضَاحِكًا مِّن قَوْلِهَا وَقَالَ رَبِّ أَوْزِعْنِىٓ
أَنْ أَشْكُرَ نِعْمَتَكَ ٱلَّتِىٓ أَنْعَمْتَ عَلَىَّ وَعَلَىٰ وَٰلِدَىَّ وَأَنْ أَعْمَلَ
صَـٰلِحًا تَرْضَىٰهُ وَأَدْخِلْنِى بِرَحْمَتِكَ فِى عِبَادِكَ ٱلصَّـٰلِحِينَ
﴿١٩﴾ وَتَفَقَّدَ ٱلطَّيْرَ فَقَالَ مَا لِىَ لَآ أَرَى ٱلْهُدْهُدَ أَمْ كَانَ
مِنَ ٱلْغَآئِبِينَ ﴿٢٠﴾ لَأُعَذِّبَنَّهُۥ عَذَابًا شَدِيدًا أَوْ لَأَا۟ذْبَحَنَّهُۥٓ
أَوْ لَيَأْتِيَنِّى بِسُلْطَـٰنٍ مُّبِينٍ ﴿٢١﴾ فَمَكَثَ غَيْرَ بَعِيدٍ فَقَالَ
أَحَطتُ بِمَا لَمْ تُحِطْ بِهِۦ وَجِئْتُكَ مِن سَبَإٍۭ بِنَبَإٍ يَقِينٍ ﴿٢٢﴾

背を向けて逃げ去り、引き返さなかった。「ムーサーよ、恐れてはならない。使徒たちはわれの前では恐れないものである」。(27：10)

「ただし、不正をなし、その後、悪の後で善を取り替えた者(悔いて戻った者)は別である[1391]。そしてまことにわれはよく赦す慈悲深い者[1392]」。(27：11)

「そしておまえの手をおまえの脇に入れよ。それは悪疫でもないのに白くなって出るであろう。フィルアウンと彼の民への九つの徴のうち(の一つ)である[1393]。まことに、彼らは邪な民であった」。(27：12)

ところがわれらの諸々の徴が彼らの許に目に見えて訪れるや、彼らは、「これは明白な魔術である」と言った。(27：13)

そして彼らは内心それを確信したが、不正と高慢さゆえにそれを否認した。それゆえ害悪をなす者たちの末路がどうであったかをよく見よ。(27：14)

また、確かにわれらはダーウードとスライマーンに知識を授けた。二人は言った。「称賛はアッラーに帰す、信仰する彼の僕《しもべ》たちの多くの者の上にわれらを選別し給うた御方」。(27：15)

そして、スライマーンはダーウードの後を継いで[1394]、言った。「人々よ、われらには鳥の言葉が教えられ、あらゆるものが授けられた。まことにこれこそ明白な御恵みである」。(27：16)

スライマーンのための幽精《ジン》と人間と鳥からなる彼の軍勢が集められ、それらは戦列に並べられた。(27：17)

ついに蟻の谷まで来た時、一匹の蟻が言った。「蟻たちよ、おまえたちの住処に入れ。スライマーンと彼の軍隊が気づかないうちにおまえたちを踏み潰さないように」。(27：18)

そこで彼は、彼らの言葉に笑って微笑んで、言った。「わが主よ、あなたが私と私の両親に恵み給うたあなたの恩寵に私が感謝し、あなたが嘉される善行をなすように私を促し給え。そして、私をあなたの御慈悲によって正しいあなたの僕《しもべ》たちの中に入れ給え」。(27：19)

また、彼は鳥を観閲《かんえつ》し、言った。「ヤツガシラを見かけないとはどうしたことか。やつは欠席者たち(の一羽)であったか」。(27：20)

「われは必ずや厳しい懲罰でやつを罰するであろう。もしくは、われはあやつを切り殺すであろう。もしくは(ただし)、あやつが明白な弁明を携えてわが許に来るかである(その場合には罰しない)」。(27：21)

(ヤツガシラは)程なく(戻り)、言った。「私は、あなたが察知されなかったことを察知

1391　それらの者はわれ(アッラー)を恐れる。
1392　それらの者の悔い改めを受け入れる者。
1393　17 章 101 節参照。
1394　預言者性と知識と王権を継いだ。

إِنِّي وَجَدتُّ ٱمۡرَأَةٗ تَمۡلِكُهُمۡ وَأُوتِيَتۡ مِن كُلِّ شَيۡءٖ وَلَهَا
عَرۡشٌ عَظِيمٞ ٢٣ وَجَدتُّهَا وَقَوۡمَهَا يَسۡجُدُونَ لِلشَّمۡسِ
مِن دُونِ ٱللَّهِ وَزَيَّنَ لَهُمُ ٱلشَّيۡطَٰنُ أَعۡمَٰلَهُمۡ فَصَدَّهُمۡ عَنِ ٱلسَّبِيلِ
فَهُمۡ لَا يَهۡتَدُونَ ٢٤ أَلَّا يَسۡجُدُواْۤ لِلَّهِ ٱلَّذِي يُخۡرِجُ ٱلۡخَبۡءَ فِي
ٱلسَّمَٰوَٰتِ وَٱلۡأَرۡضِ وَيَعۡلَمُ مَا تُخۡفُونَ وَمَا تُعۡلِنُونَ ٢٥ ٱللَّهُ
لَآ إِلَٰهَ إِلَّا هُوَ رَبُّ ٱلۡعَرۡشِ ٱلۡعَظِيمِ۩ ٢٦ ۞قَالَ سَنَنظُرُ
أَصَدَقۡتَ أَمۡ كُنتَ مِنَ ٱلۡكَٰذِبِينَ ٢٧ ٱذۡهَب بِّكِتَٰبِي هَٰذَا
فَأَلۡقِهۡ إِلَيۡهِمۡ ثُمَّ تَوَلَّ عَنۡهُمۡ فَٱنظُرۡ مَاذَا يَرۡجِعُونَ ٢٨ قَالَتۡ يَٰٓأَيُّهَا
ٱلۡمَلَؤُاْ إِنِّيٓ أُلۡقِيَ إِلَيَّ كِتَٰبٞ كَرِيمٌ ٢٩ إِنَّهُۥ مِن سُلَيۡمَٰنَ وَإِنَّهُۥ
بِسۡمِ ٱللَّهِ ٱلرَّحۡمَٰنِ ٱلرَّحِيمِ ٣٠ أَلَّا تَعۡلُواْ عَلَيَّ وَأۡتُونِي مُسۡلِمِينَ ٣١
قَالَتۡ يَٰٓأَيُّهَا ٱلۡمَلَؤُاْ أَفۡتُونِي فِيٓ أَمۡرِي مَا كُنتُ قَاطِعَةً أَمۡرًا حَتَّىٰ
تَشۡهَدُونِ ٣٢ قَالُواْ نَحۡنُ أُوْلُواْ قُوَّةٖ وَأُوْلُواْ بَأۡسٖ شَدِيدٖ وَٱلۡأَمۡرُ
إِلَيۡكِ فَٱنظُرِي مَاذَا تَأۡمُرِينَ ٣٣ قَالَتۡ إِنَّ ٱلۡمُلُوكَ إِذَا دَخَلُواْ قَرۡيَةً
أَفۡسَدُوهَا وَجَعَلُوٓاْ أَعِزَّةَ أَهۡلِهَآ أَذِلَّةٗۚ وَكَذَٰلِكَ يَفۡعَلُونَ ٣٤
وَإِنِّي مُرۡسِلَةٌ إِلَيۡهِم بِهَدِيَّةٖ فَنَاظِرَةُۢ بِمَ يَرۡجِعُ ٱلۡمُرۡسَلُونَ ٣٥

しました。私は、サバァ[1395]から確実な消息を携えて来ました」。(27：22)

「まことに私はある女[1396]が彼らを(女王として)統治するのを見出しました。彼女にはあらゆるものが授けられ、彼女には素晴らしい高御座があります」。(27：23)

「私は、彼女と彼女の民がアッラーを差し置いて太陽に跪拝するのを見出しました。悪魔が彼らの(太陽崇拝等の)行為を飾り(美しく見せ)、彼らを道から逸らし、そのため彼らは導かれていないのです」。(27：24)

「彼らがアッラー、諸天と地の隠匿(内に隠された雨や植物)を引き出し、おまえたちが隠すことも公にすることも知り給う御方に跪拝しないようにと(悪魔が彼らの行為を飾ったのです)」。(27：25)

「アッラー、彼のほかに神はない。大いなる高御座の主」。(27：26)

彼(スライマーン)は言った。「いずれわれらは、おまえが真実を語ったか、それともおまえが嘘つき(の一羽)であるかを見るであろう」。(27：27)

「このわが書簡を持って行き、それを彼らに投げ落とし(届け)、それから彼らの許を去れ。そして、彼らがなにを返してくるかを眺めてみよ」。(27：28)

彼女(サバァの女王)は言った。「長老たちよ、まことに、私の許に高貴な手紙が投げ落とされた(届いた)」。(27：29)

「それはスライマーンからであり、それは、『慈悲あまねく慈悲深きアッラーの御名において』」。(27：30)

「『おまえたちはわれに対し高慢であってはならない。わが許に服従する者《ムスリム》たちとして来たれ』と」。(27：31)

彼女は言った。「長老たちよ、私の件について私に勧告せよ。おまえたちが立ち会うまで私は物事を決断する者ではない」。(27：32)

彼らは言った。「われらは力を持つ者であり、猛々しい武勇を持つ者です。しかし、この件はあなたに帰されます。なんと命令するかお考えください」。(27：33)

彼女は言った。「まことに、王たちというものは町に入った時にはそれを荒廃させ、その住民の最も威勢ある者を最も卑しい者となした。そしてそのように彼らもするであろう」。(27：34)

「それで、まことに、私は彼らに贈物を遣わす者である。そして、派遣された者たちがなにを携えて戻るかを見る(待つ)者である」。(27：35)

1395　南アラビアの地名。所謂「シバの女王」の物語は、「列王記上」(10章1-13節)、「歴代誌下」(9章1-12節)にあるが、内容はクルアーンの記述と大きく異なる。

1396　ビルキース・ビント・シャラーヒール。

فَلَمَّا جَآءَ سُلَيۡمَٰنَ قَالَ أَتُمِدُّونَنِ بِمَالٖ فَمَآ ءَاتَىٰنِۦَ ٱللَّهُ خَيۡرٞ مِّمَّآ
ءَاتَىٰكُمۚ بَلۡ أَنتُم بِهَدِيَّتِكُمۡ تَفۡرَحُونَ ٣٦ ٱرۡجِعۡ إِلَيۡهِمۡ فَلَنَأۡتِيَنَّهُم
بِجُنُودٖ لَّا قِبَلَ لَهُم بِهَا وَلَنُخۡرِجَنَّهُم مِّنۡهَآ أَذِلَّةٗ وَهُمۡ صَٰغِرُونَ ٣٧
قَالَ يَٰٓأَيُّهَا ٱلۡمَلَؤُاْ أَيُّكُمۡ يَأۡتِينِي بِعَرۡشِهَا قَبۡلَ أَن يَأۡتُونِي مُسۡلِمِينَ
٣٨ قَالَ عِفۡرِيتٞ مِّنَ ٱلۡجِنِّ أَنَا۠ ءَاتِيكَ بِهِۦ قَبۡلَ أَن تَقُومَ مِن مَّقَامِكَۖ
وَإِنِّي عَلَيۡهِ لَقَوِيٌّ أَمِينٞ ٣٩ قَالَ ٱلَّذِي عِندَهُۥ عِلۡمٞ مِّنَ ٱلۡكِتَٰبِ أَنَا۠
ءَاتِيكَ بِهِۦ قَبۡلَ أَن يَرۡتَدَّ إِلَيۡكَ طَرۡفُكَۚ فَلَمَّا رَءَاهُ مُسۡتَقِرًّا عِندَهُۥ
قَالَ هَٰذَا مِن فَضۡلِ رَبِّي لِيَبۡلُوَنِيٓ ءَأَشۡكُرُ أَمۡ أَكۡفُرُۖ وَمَن شَكَرَ فَإِنَّمَا
يَشۡكُرُ لِنَفۡسِهِۦۖ وَمَن كَفَرَ فَإِنَّ رَبِّي غَنِيّٞ كَرِيمٞ ٤٠ قَالَ نَكِّرُواْ لَهَا
عَرۡشَهَا نَنظُرۡ أَتَهۡتَدِيٓ أَمۡ تَكُونُ مِنَ ٱلَّذِينَ لَا يَهۡتَدُونَ ٤١ فَلَمَّا
جَآءَتۡ قِيلَ أَهَٰكَذَا عَرۡشُكِۖ قَالَتۡ كَأَنَّهُۥ هُوَۚ وَأُوتِينَا ٱلۡعِلۡمَ مِن قَبۡلِهَا
وَكُنَّا مُسۡلِمِينَ ٤٢ وَصَدَّهَا مَا كَانَت تَّعۡبُدُ مِن دُونِ ٱللَّهِۖ إِنَّهَا كَانَتۡ مِن
قَوۡمٖ كَٰفِرِينَ ٤٣ قِيلَ لَهَا ٱدۡخُلِي ٱلصَّرۡحَۖ فَلَمَّا رَأَتۡهُ حَسِبَتۡهُ لُجَّةٗ
وَكَشَفَتۡ عَن سَاقَيۡهَاۚ قَالَ إِنَّهُۥ صَرۡحٞ مُّمَرَّدٞ مِّن قَوَارِيرَۗ قَالَتۡ رَبِّ
إِنِّي ظَلَمۡتُ نَفۡسِي وَأَسۡلَمۡتُ مَعَ سُلَيۡمَٰنَ لِلَّهِ رَبِّ ٱلۡعَٰلَمِينَ ٤٤

（女王の使者が）そしてスライマーンの許に来ると、彼は言った。「あなたがたは私を財産によって助けるのか。だが、アッラーが私に授け給うたものは、あなたがたが与えたものよりも一層よい。いや、あなたがたこそ、自分たちの贈物に悦に入っているのである」。(27：36)

「彼らの許に戻るがいい。われらは、軍隊と共に彼らの許を訪れ、彼らにはそれに対抗する力はないであろう。そして、われらは彼らを下賤で卑小な者としてそこから追放するであろう」。(27：37)

彼（スライマーン）は[1397]言った。「長老たちよ、おまえたちのだれが、彼らがわれの許に服した者《ムスリム》たちとしてやって来る前に、われの許に彼女の高御座を持って来るか」。(27：38)

幽精《ジン》のうち悪鬼《イフリート》が言った。「私があなたにそれを、あなたがあなたの場所から立ち上がる前[1398]に持って来ましょう。そしてまことに、私はそれに対し力強く、誠実です[1399]」。(27：39)

啓典の知識がある者が言った。「私はあなたにそれを、あなたの視線があなたに戻る前に（瞬きの間に）持って来ましょう」。それでそれが彼の許に安置されているのを見ると、彼は言った。「これはわが主の御恵みで、彼はわれが感謝するか（御恵みを）否定する（忘恩の徒となる）か、われを試み給うのである。感謝した者、まさに彼は自分自身のために感謝するのであり、（御恵みを）否定する（忘恩の）者、まことにわが主は自足し給う高貴な御方[1400]」。(27：40)

彼は言った。「彼女のために彼女の高御座の外見を変えよ。彼女が導かれているのか[1401]、導かれていない者たち（の一人）かをわれらは見ることになろう」。(27：41)

それで彼女が来ると、言われた。「あなたの高御座はこのようであるか」。彼女は言った。「それはその（私の高御座の）ようです」。（スライマーンは言った。）「そしてわれらは彼女以前に知識を授けられており、またわれらは服する者《ムスリム》であった」[1402]。(27：42)

「だが、彼女がアッラーを差し置いて仕えていたものが彼女を（アッラーの信仰から）逸らせた。まことに、彼女は不信仰の民の一人であった」。(27：43)

彼女には言われた。「殿上に入られよ」。それを見るや、彼女はそれを湖水だと考え、彼女の

1397　サバァの女王たちが自らの許にやって来るのを知って。
1398　人々に裁決を下すこの会議が終了する前に。
1399　それを運ぶのに力強く、それを保つことに誠実である（高御座の宝石をくすねたりはしない）。
1400　アッラーに感謝する者はその報奨を受けとることになり自らを益するが、アッラーへの感謝がなされなくとも、アッラーはそれを必要とはせず、高貴で気前が良いため、現世では感謝する者にもしない者にも良きものが与えられ、来世において裁かれる。
1401　それを自らの高御座と認識することに。
1402　「そしてわれらはこれ（この奇蹟）以前に（スライマーンが預言者であるとの）知識を授けられており、またわれらは服する者（ムスリム）であった」という意味の女王の言葉とする説もある。

وَلَقَدْ أَرْسَلْنَا إِلَىٰ ثَمُودَ أَخَاهُمْ صَٰلِحًا أَنِ ٱعْبُدُوا۟ ٱللَّهَ
فَإِذَا هُمْ فَرِيقَانِ يَخْتَصِمُونَ ﴿٤٥﴾ قَالَ يَٰقَوْمِ لِمَ تَسْتَعْجِلُونَ
بِٱلسَّيِّئَةِ قَبْلَ ٱلْحَسَنَةِ ۖ لَوْلَا تَسْتَغْفِرُونَ ٱللَّهَ لَعَلَّكُمْ
تُرْحَمُونَ ﴿٤٦﴾ قَالُوا۟ ٱطَّيَّرْنَا بِكَ وَبِمَن مَّعَكَ ۚ قَالَ طَٰٓئِرُكُمْ
عِندَ ٱللَّهِ ۖ بَلْ أَنتُمْ قَوْمٌ تُفْتَنُونَ ﴿٤٧﴾ وَكَانَ فِى ٱلْمَدِينَةِ
تِسْعَةُ رَهْطٍ يُفْسِدُونَ فِى ٱلْأَرْضِ وَلَا يُصْلِحُونَ ﴿٤٨﴾
قَالُوا۟ تَقَاسَمُوا۟ بِٱللَّهِ لَنُبَيِّتَنَّهُۥ وَأَهْلَهُۥ ثُمَّ لَنَقُولَنَّ لِوَلِيِّهِۦ
مَا شَهِدْنَا مَهْلِكَ أَهْلِهِۦ وَإِنَّا لَصَٰدِقُونَ ﴿٤٩﴾ وَمَكَرُوا۟
مَكْرًا وَمَكَرْنَا مَكْرًا وَهُمْ لَا يَشْعُرُونَ ﴿٥٠﴾ فَٱنظُرْ
كَيْفَ كَانَ عَٰقِبَةُ مَكْرِهِمْ أَنَّا دَمَّرْنَٰهُمْ وَقَوْمَهُمْ
أَجْمَعِينَ ﴿٥١﴾ فَتِلْكَ بُيُوتُهُمْ خَاوِيَةًۢ بِمَا ظَلَمُوٓا۟ ۗ إِنَّ
فِى ذَٰلِكَ لَءَايَةً لِّقَوْمٍ يَعْلَمُونَ ﴿٥٢﴾ وَأَنجَيْنَا ٱلَّذِينَ ءَامَنُوا۟
وَكَانُوا۟ يَتَّقُونَ ﴿٥٣﴾ وَلُوطًا إِذْ قَالَ لِقَوْمِهِۦٓ أَتَأْتُونَ
ٱلْفَٰحِشَةَ وَأَنتُمْ تُبْصِرُونَ ﴿٥٤﴾ أَئِنَّكُمْ لَتَأْتُونَ ٱلرِّجَالَ
شَهْوَةً مِّن دُونِ ٱلنِّسَآءِ ۚ بَلْ أَنتُمْ قَوْمٌ تَجْهَلُونَ ﴿٥٥﴾

両脛《すね》を露わにした。彼は言った。「それはギヤマンで張られた殿上である」。彼女は言った。「わが主よ、まことに私はわが身に不正をなしました。そして(今)私はスライマーンと共に諸世界の主アッラーに服しました」。(27：44)

また、確かにわれらはサムード(族)の許に彼らの同胞サーリフを遣わした。「アッラーに仕えよ」と。だが、そこで、彼らは二派となり、互いに争った。(27：45)

彼は言った。「わが民よ、どうしてあなたがたは良きことの前に悪しきことを急ぐのか。アッラーに赦しを乞わないのは何故か。きっとあなたがたも御慈悲をかけられるであろうに」。(27：46)

彼らは言った。「われらはおまえと、おまえと共にいる者たちについて(鳥占いの)凶兆を引いた」。彼は言った。「あなたがたの鳥(運命)はアッラーの御許にある。いや、あなたがたは試練を被る民である」。(27：47)

その町(アル＝ヒジュル)には九人の一団があった。彼らは地上で害悪をなし、改善しなかった。(27：48)

彼らは言った。「互いにアッラーに誓い合おう、われらが彼(サーリフ)と彼の家族を夜陰に秘め(夜襲し)、それから彼の後見[1403]には『彼の家族の殺害をわれらは目撃しなかった。そしてまことにわれらは真実を語る者である』と言うことを」。(27：49)

そして彼らは策謀を弄したが、われらも、彼らが気づかないうちに策謀を弄した。(27：50)

それゆえ、見よ、彼らの策謀の結果がどのようなものであったか、われらは彼らと彼らの民を一斉に滅ぼしたことを。(27：51)

そしてそれが彼らの家々である、不正をなしたがゆえに廃墟となって。まことにその(滅亡の)中には知る民のための徴がある。(27：52)

一方、われらは、信仰し畏れ身を守っていた者たちを救った。(27：53)

また、ルートを(われらは遣わした)。彼が彼の民に言った時のこと、「あなたがたは、正視(悪を自覚)しながら、醜行に赴くのか」。(27：54)

「まことに、あなたがたは、女を差し置いて、欲望を持って男に赴くのか。いや、あなたがたは(善悪正邪真偽を)知らない民である」。(27：55)

1403　血の代償の相続人には。

* فَمَا كَانَ جَوَابَ قَوْمِهِۦٓ إِلَّآ أَن قَالُوٓاْ أَخْرِجُوٓاْ ءَالَ
لُوطٍ مِّن قَرْيَتِكُمْ ۖ إِنَّهُمْ أُنَاسٌ يَتَطَهَّرُونَ ﴿٥٦﴾ فَأَنجَيْنَٰهُ
وَأَهْلَهُۥٓ إِلَّا ٱمْرَأَتَهُۥ قَدَّرْنَٰهَا مِنَ ٱلْغَٰبِرِينَ ﴿٥٧﴾ وَأَمْطَرْنَا
عَلَيْهِم مَّطَرًا ۖ فَسَآءَ مَطَرُ ٱلْمُنذَرِينَ ﴿٥٨﴾ قُلِ ٱلْحَمْدُ لِلَّهِ
وَسَلَٰمٌ عَلَىٰ عِبَادِهِ ٱلَّذِينَ ٱصْطَفَىٰٓ ۗ ءَآللَّهُ خَيْرٌ أَمَّا يُشْرِكُونَ
﴿٥٩﴾ أَمَّنْ خَلَقَ ٱلسَّمَٰوَٰتِ وَٱلْأَرْضَ وَأَنزَلَ لَكُم مِّنَ ٱلسَّمَآءِ
مَآءً فَأَنۢبَتْنَا بِهِۦ حَدَآئِقَ ذَاتَ بَهْجَةٍ مَّا كَانَ لَكُمْ أَن
تُنۢبِتُواْ شَجَرَهَآ ۗ أَءِلَٰهٌ مَّعَ ٱللَّهِ ۚ بَلْ هُمْ قَوْمٌ يَعْدِلُونَ ﴿٦٠﴾
أَمَّن جَعَلَ ٱلْأَرْضَ قَرَارًا وَجَعَلَ خِلَٰلَهَآ أَنْهَٰرًا وَجَعَلَ
لَهَا رَوَٰسِىَ وَجَعَلَ بَيْنَ ٱلْبَحْرَيْنِ حَاجِزًا ۗ أَءِلَٰهٌ مَّعَ ٱللَّهِ ۚ
بَلْ أَكْثَرُهُمْ لَا يَعْلَمُونَ ﴿٦١﴾ أَمَّن يُجِيبُ ٱلْمُضْطَرَّ إِذَا
دَعَاهُ وَيَكْشِفُ ٱلسُّوٓءَ وَيَجْعَلُكُمْ خُلَفَآءَ ٱلْأَرْضِ ۗ
أَءِلَٰهٌ مَّعَ ٱللَّهِ ۚ قَلِيلًا مَّا تَذَكَّرُونَ ﴿٦٢﴾ أَمَّن يَهْدِيكُمْ فِى
ظُلُمَٰتِ ٱلْبَرِّ وَٱلْبَحْرِ وَمَن يُرْسِلُ ٱلرِّيَٰحَ بُشْرًۢا بَيْنَ يَدَىْ
رَحْمَتِهِۦٓ ۗ أَءِلَٰهٌ مَّعَ ٱللَّهِ ۚ تَعَٰلَى ٱللَّهُ عَمَّا يُشْرِكُونَ ﴿٦٣﴾

だが、彼の民の返答は、「ルートの一族をおまえたちの村から追放せよ。まことに、彼らは身を清める人々である[1404]」と言ったことのほかはなかった。(27：56)

そこで、われらは、彼と彼の家族を救い出した。ただし、彼の妻は別で、われらは彼女を居残った者たち(の一人)と定めた。(27：57)

そして、われらは彼らの上に(石の)雨を降らした。警告された者たちの雨のなんと悪いことよ。(27：58)

言え、「称賛はアッラーに帰す。彼が選び給うた彼の僕《しもべ》たちの上に平安あれ。アッラーのほうが良いか、それとも彼らが同位に配するもの(偶像神)たちか」。(27：59)

「(偶像神が良いか)それとも、諸天と地を創造し、あなたがたの上に天から水を下し給うた御方(のほうが良い)か」。そうしてわれらはそれによって美を備えた果樹園を生やした。おまえたちには、その木を生やすことは出来なかった。アッラーと共に神があるのか。いや、彼らは(アッラーと偶像を)等位に扱う民である。(27：60)

「(偶像神が良いか)それとも、大地を安定したものとなし、その割れ目に河川をなし、またそれに山脈をなし、二つの海の間に防壁[1405]をなし給うた御方(のほうが良い)か」。アッラーと共に神があるのか。いや、彼らの大半は知らないのである。(27：61)

「(偶像神が良いか)それとも、困った者が彼に祈った時、その者に応え、災難を取り除き、おまえたちを地上の後継者たちとなし給う御方(のほうが良い)か」。アッラーと共に神があるのか。おまえたちが留意することはなんとも少ない。(27：62)

「(偶像神が良いか)それとも、おまえたちを陸と海の諸々の闇の中で導き、彼の御慈悲(雨)の前に吉報として風を送り給う御方(のほうが良い)か」。アッラーと共に神があるのか。称えあれ、アッラー、彼らが同位に配するものを高く越え給う御方。(27：63)

1404　皮肉として言った。

1405　25章53節、55章19-20節参照。

أَمَّن يَبۡدَؤُاْ ٱلۡخَلۡقَ ثُمَّ يُعِيدُهُۥ وَمَن يَرۡزُقُكُم مِّنَ ٱلسَّمَآءِ وَٱلۡأَرۡضِۗ
أَءِلَٰهٞ مَّعَ ٱللَّهِۚ قُلۡ هَاتُواْ بُرۡهَٰنَكُمۡ إِن كُنتُمۡ صَٰدِقِينَ ٦٤ قُل
لَّا يَعۡلَمُ مَن فِي ٱلسَّمَٰوَٰتِ وَٱلۡأَرۡضِ ٱلۡغَيۡبَ إِلَّا ٱللَّهُۚ وَمَا يَشۡعُرُونَ
أَيَّانَ يُبۡعَثُونَ ٦٥ بَلِ ٱدَّٰرَكَ عِلۡمُهُمۡ فِي ٱلۡأٓخِرَةِۚ بَلۡ هُمۡ فِي
شَكّٖ مِّنۡهَاۖ بَلۡ هُم مِّنۡهَا عَمُونَ ٦٦ وَقَالَ ٱلَّذِينَ كَفَرُوٓاْ أَءِذَا
كُنَّا تُرَٰبٗا وَءَابَآؤُنَآ أَئِنَّا لَمُخۡرَجُونَ ٦٧ لَقَدۡ وُعِدۡنَا هَٰذَا
نَحۡنُ وَءَابَآؤُنَا مِن قَبۡلُ إِنۡ هَٰذَآ إِلَّآ أَسَٰطِيرُ ٱلۡأَوَّلِينَ ٦٨
قُلۡ سِيرُواْ فِي ٱلۡأَرۡضِ فَٱنظُرُواْ كَيۡفَ كَانَ عَٰقِبَةُ ٱلۡمُجۡرِمِينَ
٦٩ وَلَا تَحۡزَنۡ عَلَيۡهِمۡ وَلَا تَكُن فِي ضَيۡقٖ مِّمَّا يَمۡكُرُونَ ٧٠
وَيَقُولُونَ مَتَىٰ هَٰذَا ٱلۡوَعۡدُ إِن كُنتُمۡ صَٰدِقِينَ ٧١ قُلۡ عَسَىٰٓ
أَن يَكُونَ رَدِفَ لَكُم بَعۡضُ ٱلَّذِي تَسۡتَعۡجِلُونَ ٧٢ وَإِنَّ رَبَّكَ
لَذُو فَضۡلٍ عَلَى ٱلنَّاسِ وَلَٰكِنَّ أَكۡثَرَهُمۡ لَا يَشۡكُرُونَ ٧٣ وَإِنَّ
رَبَّكَ لَيَعۡلَمُ مَا تُكِنُّ صُدُورُهُمۡ وَمَا يُعۡلِنُونَ ٧٤ وَمَا مِنۡ غَآئِبَةٖ
فِي ٱلسَّمَآءِ وَٱلۡأَرۡضِ إِلَّا فِي كِتَٰبٖ مُّبِينٍ ٧٥ إِنَّ هَٰذَا ٱلۡقُرۡءَانَ
يَقُصُّ عَلَىٰ بَنِيٓ إِسۡرَٰٓءِيلَ أَكۡثَرَ ٱلَّذِي هُمۡ فِيهِ يَخۡتَلِفُونَ ٧٦

「(偶像神が良いか)それとも、創造を開始し、それからそれを繰り返し給う[1406]御方、おまえたちに天と地から糧を与え給う御方(のほうが良い)か」。アッラーと共に神があるのか。言え、「おまえたちの証拠を持って来るがいい、もしおまえたちが真実を語る者であるなら」。(27：64)

言え、「諸天と地の者は隠されたもの[1407]を知らず、ただ、アッラーのみ。そして彼らはいつ甦らされるのか感知しない」。(27：65)

いや(はたして)、彼らの知識は来世について十全に了解しているのか。いや、彼らはそのことに関して疑念のうちにある。いや、彼らはそれについて盲目である。(27：66)

また、信仰を拒んだ者たちは言った。「われらが、また、われらの祖先が、土くれとなった時(後)に、われらが引き出される者となるのか」。(27：67)

「かつて、われらも、われらの祖先も、以前からそのようなことを約束されていた。まことに、それは昔の者の作り話にすぎない」。(27：68)

言え、「地上を旅し、罪人たちの末路がどのようなものであったかを見よ」。(27：69)

そして彼ら(の不信仰)に対して悲しんではならない。また彼らが策謀することゆえに苦悩することはない。(27：70)

彼らは言う。「その(懲罰の)約束はいつか、もし、おまえたちが真実を語る者であるなら」。(27：71)

言え、「あなたがたが急ぐものの一部があなたがたのすぐ背後に近づいたかもしれない」。(27：72)

そして、まことに、おまえの主は人々に対する御恵み[1408]の持ち主。だが、彼らの大半は感謝しない。(27：73)

そして、まことに、おまえの主は彼らの胸が隠すこと(内心)も彼らが公にするものも知り給う。(27：74)

そして天と地の秘め事で、明白な書物(「護持された書板」)[1409]の中にないものはない。(27：75)

まことに、このクルアーンはイスラーイールの子孫に対し、彼らが分裂することの大半[1410]を語る(明らかにする)ものである。(27：76)

1406　来世での復活によって。
1407　2章3節脚注参照。
1408　懲罰を遅らせるという。
1409　85章22節参照。
1410　アッラーの超越性と内在性、楽園と火獄、ウザイル(エズラ)やイエスの性質、地位について。

وَإِنَّهُۥ لَهُدًى وَرَحْمَةٌ لِّلْمُؤْمِنِينَ ٧٧ إِنَّ رَبَّكَ يَقْضِى بَيْنَهُم
بِحُكْمِهِۦ ۚ وَهُوَ ٱلْعَزِيزُ ٱلْعَلِيمُ ٧٨ فَتَوَكَّلْ عَلَى ٱللَّهِ ۖ إِنَّكَ عَلَى
ٱلْحَقِّ ٱلْمُبِينِ ٧٩ إِنَّكَ لَا تُسْمِعُ ٱلْمَوْتَىٰ وَلَا تُسْمِعُ ٱلصُّمَّ ٱلدُّعَآءَ
إِذَا وَلَّوْا۟ مُدْبِرِينَ ٨٠ وَمَآ أَنتَ بِهَٰدِى ٱلْعُمْىِ عَن ضَلَٰلَتِهِمْ ۖ إِن
تُسْمِعُ إِلَّا مَن يُؤْمِنُ بِـَٔايَٰتِنَا فَهُم مُّسْلِمُونَ ٨١ ۞ وَإِذَا وَقَعَ
ٱلْقَوْلُ عَلَيْهِمْ أَخْرَجْنَا لَهُمْ دَآبَّةً مِّنَ ٱلْأَرْضِ تُكَلِّمُهُمْ أَنَّ
ٱلنَّاسَ كَانُوا۟ بِـَٔايَٰتِنَا لَا يُوقِنُونَ ٨٢ وَيَوْمَ نَحْشُرُ مِن كُلِّ أُمَّةٍ
فَوْجًا مِّمَّن يُكَذِّبُ بِـَٔايَٰتِنَا فَهُمْ يُوزَعُونَ ٨٣ حَتَّىٰٓ إِذَا جَآءُو قَالَ
أَكَذَّبْتُم بِـَٔايَٰتِى وَلَمْ تُحِيطُوا۟ بِهَا عِلْمًا أَمَّاذَا كُنتُمْ تَعْمَلُونَ
٨٤ وَوَقَعَ ٱلْقَوْلُ عَلَيْهِم بِمَا ظَلَمُوا۟ فَهُمْ لَا يَنطِقُونَ ٨٥ أَلَمْ
يَرَوْا۟ أَنَّا جَعَلْنَا ٱلَّيْلَ لِيَسْكُنُوا۟ فِيهِ وَٱلنَّهَارَ مُبْصِرًا ۚ إِنَّ فِى
ذَٰلِكَ لَءَايَٰتٍ لِّقَوْمٍ يُؤْمِنُونَ ٨٦ وَيَوْمَ يُنفَخُ فِى ٱلصُّورِ فَفَزِعَ مَن
فِى ٱلسَّمَٰوَٰتِ وَمَن فِى ٱلْأَرْضِ إِلَّا مَن شَآءَ ٱللَّهُ ۚ وَكُلٌّ أَتَوْهُ
دَٰخِرِينَ ٨٧ وَتَرَى ٱلْجِبَالَ تَحْسَبُهَا جَامِدَةً وَهِىَ تَمُرُّ مَرَّ ٱلسَّحَابِ ۚ
صُنْعَ ٱللَّهِ ٱلَّذِىٓ أَتْقَنَ كُلَّ شَىْءٍ ۚ إِنَّهُۥ خَبِيرٌۢ بِمَا تَفْعَلُونَ ٨٨

そしてまことに、それはまさに導き、信仰者への慈悲である[1411]。(27：77)

まことに、おまえの主は彼の(真実と正義の)裁定によって彼ら[1412]の間を裁き給う。彼こそは威力比類なく、全知なる御方。(27：78)

それゆえ、アッラーに一任せよ。まことに、おまえは明白な真理の上にある。(27：79)

まことに、おまえは死者たちに聞かせることは(出来)なく、聾者たちに呼びかけを聞かせることは(出来)ない、もし、彼らが背を向けて去る時には。(27：80)

また、おまえは(心の)盲人たちを彼らの迷誤から導く(ことが出来る)者ではない。おまえが聞かせる(ことが出来る)のは、われらの諸々の徴を信じ、そうして服した者《ムスリム》たちに他ならない。(27：81)

そして、彼らの上に(懲罰の)言葉が実現する時、われらは彼らに大地から獣[1413]を出でさせ、それは彼らに、「まことに人々はわれらの諸々の徴を確信していなかった」と語るであろう。(27：82)

そして、われらがあらゆる共同体から、われらの諸々の徴を嘘だと否定した者の一群を集め、彼らが隊列に分けられる日。(27：83)

ついに彼らが来ると、(アッラーは)仰せられる。「おまえたちは、われの諸々の徴を知識として把握もせずに嘘だと否定したではないか。それとも、(それ以外の)なにごとをおまえたちはしていたのだ」。(27：84)

そして、彼らの上に、彼らが不正をなしたものゆえに(懲罰の)御言葉が実現するが、彼らは(弁明の)言葉を発しない。(27：85)

彼らは見て考えなかったのか、われらが夜を、彼らがそこに休息するようにと、また、昼を見せるもの[1414]として設けたのを。まことに、その中には信仰する民への諸々の徴がある。(27：86)

そして角笛が吹かれる日、諸天にいる者と地にいる者は、アッラーが望み給うた者を除き、怯えた[1415]。そして、だれもが卑しめられて彼の御許にまかり出た。(27：87)

そしておまえは山々を見、それが堅固であると思うが、それは雲の通過する如くに行き去る。あらゆる物を全うし給うアッラーの御業として。まことに、彼はおまえたちのなすことについて通暁し給う御方。(27：88)

1411　「信仰者への」は、導きと慈悲の双方にかかっているとも考えられる。

1412　分裂するイスラーイールの子孫。

1413　「獣」の出現は、終末の予兆の一つ。「獣」とは人々を偵察する忍獣(ジャッサーサ)であるとも、人語を話す動物であるとも、獣のような人であるとも言われる。「ヨハネの黙示録」13章に終末の前に現れる「獣」についての記述がある。

1414　10章67節脚注参照。

1415　39章68節参照。

مَن جَآءَ بِٱلۡحَسَنَةِ فَلَهُۥ خَيۡرٞ مِّنۡهَا وَهُم مِّن فَزَعٖ يَوۡمَئِذٍ ءَامِنُونَ ٨٩
وَمَن جَآءَ بِٱلسَّيِّئَةِ فَكُبَّتۡ وُجُوهُهُمۡ فِي ٱلنَّارِ هَلۡ تُجۡزَوۡنَ إِلَّا
مَا كُنتُمۡ تَعۡمَلُونَ ٩٠ إِنَّمَآ أُمِرۡتُ أَنۡ أَعۡبُدَ رَبَّ هَٰذِهِ ٱلۡبَلۡدَةِ
ٱلَّذِي حَرَّمَهَا وَلَهُۥ كُلُّ شَيۡءٖۖ وَأُمِرۡتُ أَنۡ أَكُونَ مِنَ ٱلۡمُسۡلِمِينَ
٩١ وَأَنۡ أَتۡلُوَاْ ٱلۡقُرۡءَانَۖ فَمَنِ ٱهۡتَدَىٰ فَإِنَّمَا يَهۡتَدِي لِنَفۡسِهِۦۖ
وَمَن ضَلَّ فَقُلۡ إِنَّمَآ أَنَا۠ مِنَ ٱلۡمُنذِرِينَ ٩٢ وَقُلِ ٱلۡحَمۡدُ لِلَّهِ
سَيُرِيكُمۡ ءَايَٰتِهِۦ فَتَعۡرِفُونَهَاۚ وَمَا رَبُّكَ بِغَٰفِلٍ عَمَّا تَعۡمَلُونَ ٩٣

سُورَةُ ٱلۡقَصَصِ

بِسۡمِ ٱللَّهِ ٱلرَّحۡمَٰنِ ٱلرَّحِيمِ

طسٓمٓ ١ تِلۡكَ ءَايَٰتُ ٱلۡكِتَٰبِ ٱلۡمُبِينِ ٢ نَتۡلُواْ عَلَيۡكَ
مِن نَّبَإِ مُوسَىٰ وَفِرۡعَوۡنَ بِٱلۡحَقِّ لِقَوۡمٖ يُؤۡمِنُونَ ٣ إِنَّ
فِرۡعَوۡنَ عَلَا فِي ٱلۡأَرۡضِ وَجَعَلَ أَهۡلَهَا شِيَعٗا يَسۡتَضۡعِفُ
طَآئِفَةٗ مِّنۡهُمۡ يُذَبِّحُ أَبۡنَآءَهُمۡ وَيَسۡتَحۡيِۦ نِسَآءَهُمۡۚ إِنَّهُۥ كَانَ
مِنَ ٱلۡمُفۡسِدِينَ ٤ وَنُرِيدُ أَن نَّمُنَّ عَلَى ٱلَّذِينَ ٱسۡتُضۡعِفُواْ
فِي ٱلۡأَرۡضِ وَنَجۡعَلَهُمۡ أَئِمَّةٗ وَنَجۡعَلَهُمُ ٱلۡوَٰرِثِينَ ٥

善事を携えて来た者、彼にはそれよりも良いもの(報償)があり[1416]、彼らはその日、怯えから安全である。(27：89)

だが、悪事を携えて来た者、彼らの顔は獄火の中にひっくり返された(顔からさかさまに獄火に投げ込まれた)。「おまえたちはおまえたちがなしてきたこと以外で報いられるであろうか」。(27：90)

(言え、)「私は、この国(マッカ)の主に仕えるよう命じられたのである。彼がそれを禁じ(禁域とし)給い[1417]、彼にこそあらゆるものは属す御方。そして、私は帰依する者たち(の一人)となるよう命じられた」。(27：91)

「また、クルアーンを読誦するようにとも」。それゆえ、導かれた者があれば、彼は自分自身のために導かれるのであり、迷った者があれば、言え、「私は警告者たち(の一人)にすぎない」と。(27：92)

そして、言え、「称賛はアッラーのもの。いずれ彼はおまえたちに彼の諸々の徴を見せ給い、おまえたちはそれを認めるであろう。おまえの主はおまえたちのなすことについて見落とし給う御方ではない」。(27：93)

第28章　物語……سورة القصص

マッカ垂示

前半でムーサーとフィルアウンの関係の物語(3-46節)が詳しく語られるため「物語」章と呼ばれる。またムーサーの民の大富豪であったが傲慢な不信仰によって滅ぼされたカールーンについての詳しい記述も本章に述べられている(76-82節)。

また本章においては、万物が消滅するものであり、永遠に存在するのはアッラーのみであることが教えられる(88節)。

慈悲あまねく慈悲深きアッラーの御名において

ター・スィーン・ミーム[1418]。(28：1)

それは明白な啓典の諸々の徴(節)である。(28：2)

われらはおまえにムーサーとフィルアウンの消息を信仰する民のために真実と共に読み聞かせる。(28：3)

まことに、フィルアウンはこの地で驕り高ぶり、その住民を諸党派となし、彼らの一派(イ

1416　「彼にはそれによって良いもの(報酬)があり」、との解釈も有力。
1417　そこでの殺人、狩猟、木の伐採を禁止し給うた。
1418　2章1節脚注参照。

وَنُمَكِّنَ لَهُمْ فِي ٱلْأَرْضِ وَنُرِيَ فِرْعَوْنَ وَهَٰمَٰنَ وَجُنُودَهُمَا
مِنْهُم مَّا كَانُوا۟ يَحْذَرُونَ ٦ وَأَوْحَيْنَآ إِلَىٰٓ أُمِّ مُوسَىٰٓ
أَنْ أَرْضِعِيهِ ۖ فَإِذَا خِفْتِ عَلَيْهِ فَأَلْقِيهِ فِي ٱلْيَمِّ وَلَا تَخَافِى
وَلَا تَحْزَنِىٓ ۖ إِنَّا رَآدُّوهُ إِلَيْكِ وَجَاعِلُوهُ مِنَ ٱلْمُرْسَلِينَ ٧
فَٱلْتَقَطَهُۥٓ ءَالُ فِرْعَوْنَ لِيَكُونَ لَهُمْ عَدُوًّا وَحَزَنًا ۗ إِنَّ
فِرْعَوْنَ وَهَٰمَٰنَ وَجُنُودَهُمَا كَانُوا۟ خَٰطِـِٔينَ ٨
وَقَالَتِ ٱمْرَأَتُ فِرْعَوْنَ قُرَّتُ عَيْنٍ لِّى وَلَكَ ۖ لَا تَقْتُلُوهُ
عَسَىٰٓ أَن يَنفَعَنَآ أَوْ نَتَّخِذَهُۥ وَلَدًا وَهُمْ لَا يَشْعُرُونَ ٩
وَأَصْبَحَ فُؤَادُ أُمِّ مُوسَىٰ فَٰرِغًا ۖ إِن كَادَتْ لَتُبْدِى بِهِۦ لَوْلَآ
أَن رَّبَطْنَا عَلَىٰ قَلْبِهَا لِتَكُونَ مِنَ ٱلْمُؤْمِنِينَ ١٠ وَقَالَتْ
لِأُخْتِهِۦ قُصِّيهِ ۖ فَبَصُرَتْ بِهِۦ عَن جُنُبٍ وَهُمْ لَا يَشْعُرُونَ
١١ ۞ وَحَرَّمْنَا عَلَيْهِ ٱلْمَرَاضِعَ مِن قَبْلُ فَقَالَتْ هَلْ أَدُلُّكُمْ
عَلَىٰٓ أَهْلِ بَيْتٍ يَكْفُلُونَهُۥ لَكُمْ وَهُمْ لَهُۥ نَٰصِحُونَ
١٢ فَرَدَدْنَٰهُ إِلَىٰٓ أُمِّهِۦ كَىْ تَقَرَّ عَيْنُهَا وَلَا تَحْزَنَ وَلِتَعْلَمَ
أَنَّ وَعْدَ ٱللَّهِ حَقٌّ وَلَٰكِنَّ أَكْثَرَهُمْ لَا يَعْلَمُونَ ١٣

スラーイールの民)を虐げ、彼らの男児たちを惨殺し、彼らの女たちは生かしておいた[1419]。まことに、彼は害をなす者たち(の一人)であった。(28：4)

そこでわれらは、地上で虐げられた者たちの上に恵みを下し、彼らを指導者たちとなし、また彼らを相続人となそうと望む[1420]。(28：5)

そして、われらは、彼らにこの地で権勢を与え、フィルアウンとハーマーン[1421]と両者の軍勢に、彼ら(イスラエルの民)によって、彼ら(フィルアウンとハーマーンとその軍勢)が警戒していたこと(王権の崩壊)を見せようと望んだ。(28：6)

そして、われらはムーサーの母に、「彼に乳を飲ませよ」と啓示した[1422]。「そして、もし、おまえが彼に危険を感じた時には、彼を大河に投げ込め。恐れることはない、また、悲しむこともない。まことに、われらは彼をおまえに返す者であり、彼を使者(使徒)たち(の一人)となす者である」と。(28：7)

すると、フィルアウンの一族が彼(ムーサー)を拾い上げたが、彼は彼らにとって(やがて)敵となり、悲しみ(の種)となるのであった。まことに、フィルアウンとハーマーンと両者の軍勢は誤った者たちであった。(28：8)

そしてフィルアウンの妻が言った。「(この子は)私とあなたにとって目の涼しさ(目の保養)です。どうか彼を殺さないで下さい。きっと彼はわれらの役に立ちましょう。あるいは、われらは彼を子供としましょう」。そして彼らは気づいていないのであった。(28：9)

そしてムーサーの母の胸は空ろになり(わが子ムーサーのことで一杯になり)、まさに彼(が息子であるとの真相)について明かすところであった。もし、われらが彼女の心を引き締め(強め)、彼女を信仰者たち(の一人)となしていなければ。(28：10)

そして彼女は彼(ムーサー)の姉に言った。「彼を追跡しなさい」。そこで、彼女は遠くから彼を見守ったが、彼らは気づいていなかった。(28：11)

そしてわれらは以前から彼に乳母たちを禁じていた[1423]。そこで、彼女(ムーサーの姉)は(フィルアウンたちに)言った。「あなたがたのために彼の世話をする家族をあなたがたに知らせましょうか。そして彼らは彼にとって忠実な者たちです」。(28：12)

そうしてわれらは彼を彼の母に戻した。彼女の目が涼み(喜び)、彼女が悲しまないためであり、また、彼女が、アッラーの約束が真実であると知るためであった。だが、彼らの大半は知らないのである。(28：13)

1419　2章49節、7章141節参照。
1420　フィルアウンの王権の相続人とする。当時のエジプトの支配はシリア、パレスチナ地方にも及んでいた。
1421　「エステル記」3-9章に登場するペルシャの宰相ハマンとは別人。
1422　正夢を見せることによって。あるいは霊感によって。
1423　アッラーはムーサーが自分の母以外の乳を飲まないようにし給うていた。

وَلَمَّا بَلَغَ أَشُدَّهُۥ وَٱسْتَوَىٰٓ ءَاتَيْنَٰهُ حُكْمًا وَعِلْمًا ۚ وَكَذَٰلِكَ نَجْزِى
ٱلْمُحْسِنِينَ ﴿١٤﴾ وَدَخَلَ ٱلْمَدِينَةَ عَلَىٰ حِينِ غَفْلَةٍ مِّنْ أَهْلِهَا
فَوَجَدَ فِيهَا رَجُلَيْنِ يَقْتَتِلَانِ هَٰذَا مِن شِيعَتِهِۦ وَهَٰذَا مِنْ عَدُوِّهِۦ ۖ
فَٱسْتَغَٰثَهُ ٱلَّذِى مِن شِيعَتِهِۦ عَلَى ٱلَّذِى مِنْ عَدُوِّهِۦ فَوَكَزَهُۥ
مُوسَىٰ فَقَضَىٰ عَلَيْهِ ۖ قَالَ هَٰذَا مِنْ عَمَلِ ٱلشَّيْطَٰنِ ۖ إِنَّهُۥ عَدُوٌّ مُّضِلٌّ
مُّبِينٌ ﴿١٥﴾ قَالَ رَبِّ إِنِّى ظَلَمْتُ نَفْسِى فَٱغْفِرْ لِى فَغَفَرَ لَهُۥٓ ۚ إِنَّهُۥ
هُوَ ٱلْغَفُورُ ٱلرَّحِيمُ ﴿١٦﴾ قَالَ رَبِّ بِمَآ أَنْعَمْتَ عَلَىَّ فَلَنْ أَكُونَ
ظَهِيرًا لِّلْمُجْرِمِينَ ﴿١٧﴾ فَأَصْبَحَ فِى ٱلْمَدِينَةِ خَآئِفًا يَتَرَقَّبُ فَإِذَا
ٱلَّذِى ٱسْتَنصَرَهُۥ بِٱلْأَمْسِ يَسْتَصْرِخُهُۥ ۚ قَالَ لَهُۥ مُوسَىٰٓ إِنَّكَ لَغَوِىٌّ
مُّبِينٌ ﴿١٨﴾ فَلَمَّآ أَنْ أَرَادَ أَن يَبْطِشَ بِٱلَّذِى هُوَ عَدُوٌّ لَّهُمَا قَالَ
يَٰمُوسَىٰٓ أَتُرِيدُ أَن تَقْتُلَنِى كَمَا قَتَلْتَ نَفْسًۢا بِٱلْأَمْسِ ۖ إِن تُرِيدُ
إِلَّآ أَن تَكُونَ جَبَّارًا فِى ٱلْأَرْضِ وَمَا تُرِيدُ أَن تَكُونَ مِنَ ٱلْمُصْلِحِينَ
﴿١٩﴾ وَجَآءَ رَجُلٌ مِّنْ أَقْصَا ٱلْمَدِينَةِ يَسْعَىٰ قَالَ يَٰمُوسَىٰٓ إِنَّ ٱلْمَلَأَ
يَأْتَمِرُونَ بِكَ لِيَقْتُلُوكَ فَٱخْرُجْ إِنِّى لَكَ مِنَ ٱلنَّٰصِحِينَ ﴿٢٠﴾
فَخَرَجَ مِنْهَا خَآئِفًا يَتَرَقَّبُ ۖ قَالَ رَبِّ نَجِّنِى مِنَ ٱلْقَوْمِ ٱلظَّٰلِمِينَ ﴿٢١﴾

そして彼が壮年(三十－四十歳)に達し、成熟すると、われらは彼に判断力と知識を授けた。そしてこのようにわれらは善を尽くす者たちに報いる。(28：14)

そこで彼は町に、その住民の不注意の時に乗じて入り、そこで二人の男が争っているのを見出した。この者は彼の党派(イスラーイールの民)の一人で、この者(他方)は彼の敵(古代エジプト人)の一人である。すると、彼の党派の者が彼の敵の者に対し、彼に助けを求めた。そこで、ムーサーは彼を拳で打って彼を死なせた[1424]。彼は言った。「これは悪魔の行いである。まことに、彼は明白な迷わす敵である」。(28：15)

彼は言った。「わが主よ、まことに私は自分自身に不正をなしました。それゆえ、私を赦し給え[1425]」。そこで、彼は彼を赦し給うた。まことに、彼はよく赦し給う慈悲深い御方。(28：16)

彼は言った。「わが主よ、あなたが私に恵み給うたものゆえに、私は決して罪人たちの味方にはなりません」。(28：17)

彼は町で朝を迎え、恐れながら、身構えていると、すると昨日彼に援助を求めた者(イスラーイールの民の者)が彼に声を上げて助けを求めた。ムーサーは彼に言った。「まことにおまえは明白な誤った者である」。(28：18)

彼が、彼ら二人にとって敵である者(古代エジプト人)に対して暴力を振るおうとした時、彼は言った[1426]。「ムーサーよ、おまえは私を殺そうとするのか、昨日一人殺したように。おまえはこの地で暴君となることしか望まないのであろう。(人々の争いを)正す者たち(の一人)となることは望まないのであろう」。(28：19)

町の最果てから一人の男が走って来て、言った。「ムーサーよ、まことに、長老たちがあなたを殺そうとあなたについて相談している。それゆえ、出て行きなさい。まことに私はあなたに対する忠告者たち(の一人)です」。(28：20)

そこで彼は恐れ、身構えながら立ち去り、言った。「わが主よ、不正な民から私を救い出し給え」。(28：21)

1424　ムーサーが古代エジプト人を殺し、マドヤンに逃れ、結婚する話については、「出エジプト記」2章参照。

1425　この事件はムーサーが預言者として召命される以前の出来事。なお、預言者は悪事を犯さないが、「敬虔な人々にとっての善行も、アッラーの側近の者たちにとっては悪行である」と言われるように、一般人にとっては赦されることも預言者の高い道徳的基準から見ればアッラーに赦しを乞うべき悪と映る。

1426　以下の言葉は、古代エジプト人が言ったとも、ムーサーが今度は自分を殺そうしているとムーサーの発言(前節)によって勘違いしたイスラーイール人が言ったとも言われる。

وَلَمَّا تَوَجَّهَ تِلۡقَآءَ مَدۡيَنَ قَالَ عَسَىٰ رَبِّيٓ أَن يَهۡدِيَنِي سَوَآءَ
ٱلسَّبِيلِ ٢٢ وَلَمَّا وَرَدَ مَآءَ مَدۡيَنَ وَجَدَ عَلَيۡهِ أُمَّةٗ مِّنَ
ٱلنَّاسِ يَسۡقُونَ وَوَجَدَ مِن دُونِهِمُ ٱمۡرَأَتَيۡنِ تَذُودَانِۖ قَالَ
مَا خَطۡبُكُمَاۖ قَالَتَا لَا نَسۡقِي حَتَّىٰ يُصۡدِرَ ٱلرِّعَآءُۖ وَأَبُونَا
شَيۡخٞ كَبِيرٞ ٢٣ فَسَقَىٰ لَهُمَا ثُمَّ تَوَلَّىٰٓ إِلَى ٱلظِّلِّ فَقَالَ
رَبِّ إِنِّي لِمَآ أَنزَلۡتَ إِلَيَّ مِنۡ خَيۡرٖ فَقِيرٞ ٢٤ فَجَآءَتۡهُ إِحۡدَىٰهُمَا
تَمۡشِي عَلَى ٱسۡتِحۡيَآءٖ قَالَتۡ إِنَّ أَبِي يَدۡعُوكَ لِيَجۡزِيَكَ
أَجۡرَ مَا سَقَيۡتَ لَنَاۚ فَلَمَّا جَآءَهُۥ وَقَصَّ عَلَيۡهِ ٱلۡقَصَصَ قَالَ
لَا تَخَفۡۖ نَجَوۡتَ مِنَ ٱلۡقَوۡمِ ٱلظَّٰلِمِينَ ٢٥ قَالَتۡ إِحۡدَىٰهُمَا
يَٰٓأَبَتِ ٱسۡتَـٔۡجِرۡهُۖ إِنَّ خَيۡرَ مَنِ ٱسۡتَـٔۡجَرۡتَ ٱلۡقَوِيُّ ٱلۡأَمِينُ
٢٦ قَالَ إِنِّيٓ أُرِيدُ أَنۡ أُنكِحَكَ إِحۡدَى ٱبۡنَتَيَّ هَٰتَيۡنِ عَلَىٰٓ أَن
تَأۡجُرَنِي ثَمَٰنِيَ حِجَجٖۖ فَإِنۡ أَتۡمَمۡتَ عَشۡرٗا فَمِنۡ عِندِكَۖ
وَمَآ أُرِيدُ أَنۡ أَشُقَّ عَلَيۡكَۚ سَتَجِدُنِيٓ إِن شَآءَ ٱللَّهُ مِنَ
ٱلصَّٰلِحِينَ ٢٧ قَالَ ذَٰلِكَ بَيۡنِي وَبَيۡنَكَۖ أَيَّمَا ٱلۡأَجَلَيۡنِ
قَضَيۡتُ فَلَا عُدۡوَٰنَ عَلَيَّۖ وَٱللَّهُ عَلَىٰ مَا نَقُولُ وَكِيلٞ ٢٨

そして彼はマドヤンの方に向かって進むと、言った。「きっとわが主は私を中庸の道[1427]に導き給うであろう」。(28：22)

そしてマドヤンの水場に至ると、そこに水を飲ませる人々の集団を見出し、彼らから離れたところに(自分たちの羊が水場に向かうのを)抑える二人の女を見出した。彼は言った。「あなたがたの事情はなにか」。二人は言った。「羊飼いたちが(家畜を)連れ戻すまで私たちは水を飲ませることができません。また私たちの父は高齢の老人だからです[1428]」。(28：23)

そこで彼は彼女ら二人のために水を飲ませ、それから(木)陰に退いて、言った。「主よ、私は、あなたが私に下し給うた良き物(食物)を必要とする者です」。(28：24)

すると、彼女ら二人の一人が恥ずかしげに歩いて彼の許にやって来た[1429]。彼女は言った。「私の父があなたをお招きしています。あなたが私たちのために(家畜に)水を飲ませたことの報酬をあなたに報いたいのです」。そこで、彼(ムーサー)が彼(彼女らの父)の許に来て、彼に物語を語ったところ、彼は言った。「恐れることはありません。あなたは不正な民から逃れ果《おお》せたのです[1430]」。(28：25)

彼女らの一人が言った。「わが父よ、彼をお雇いください。まことに、あなたが雇った者の最良の者は強健で誠実な者です」。(28：26)

彼は言った。「私はあなたをこれら二人の娘の一人に娶わせたい、あなたが私に八年期の間雇われる条件で。もし、あなたが十(年期)を全うしてくれるなら、あなたの方から(の自発的な好意による無償奉仕)である。私はあなたに無理強いしたくはない。アッラーが望み給うたならば、あなたは私が正しい者たち(の一人)であることを見出すでしょう」。(28：27)

彼は言った。「それ(合意内容)は私とあなたの間の(有効な)ことです。二つの期限のいずれかを私が果たしたとしても、私に対する侵害がないように。そしてアッラーはわれらの言うことに対して代理人(証人、保証人)であらせられます」。(28：28)

1427　マドヤンへ向かう正しい道。

1428　屈強な羊飼いたちと張り合って水を飲ませることも、老齢の父にたのむこともできない。

1429　二人がいつもよりも早く戻ってきたため、父がその理由を尋ね、その男を自分のもとへ呼ぶように頼んだ。なお、二人の父が誰であったかは諸説があるが、シュアイブであったとするのが有力である。

1430　エジプト王フィルアウンの権力は当時、マドヤンにまでは及んでいなかった。

۞ فَلَمَّا قَضَىٰ مُوسَى ٱلْأَجَلَ وَسَارَ بِأَهْلِهِۦٓ ءَانَسَ مِن جَانِبِ
ٱلطُّورِ نَارًا قَالَ لِأَهْلِهِ ٱمْكُثُوٓا۟ إِنِّىٓ ءَانَسْتُ نَارًا لَّعَلِّىٓ ءَاتِيكُم
مِّنْهَا بِخَبَرٍ أَوْ جَذْوَةٍ مِّنَ ٱلنَّارِ لَعَلَّكُمْ تَصْطَلُونَ
﴿٢٩﴾ فَلَمَّآ أَتَىٰهَا نُودِىَ مِن شَٰطِئِ ٱلْوَادِ ٱلْأَيْمَنِ فِى ٱلْبُقْعَةِ
ٱلْمُبَٰرَكَةِ مِنَ ٱلشَّجَرَةِ أَن يَٰمُوسَىٰٓ إِنِّىٓ أَنَا ٱللَّهُ رَبُّ
ٱلْعَٰلَمِينَ ﴿٣٠﴾ وَأَنْ أَلْقِ عَصَاكَ فَلَمَّا رَءَاهَا تَهْتَزُّ كَأَنَّهَا
جَآنٌّ وَلَّىٰ مُدْبِرًا وَلَمْ يُعَقِّبْ يَٰمُوسَىٰٓ أَقْبِلْ وَلَا تَخَفْ
إِنَّكَ مِنَ ٱلْءَامِنِينَ ﴿٣١﴾ ٱسْلُكْ يَدَكَ فِى جَيْبِكَ تَخْرُجْ
بَيْضَآءَ مِنْ غَيْرِ سُوٓءٍ وَٱضْمُمْ إِلَيْكَ جَنَاحَكَ مِنَ ٱلرَّهْبِ
فَذَٰنِكَ بُرْهَٰنَانِ مِن رَّبِّكَ إِلَىٰ فِرْعَوْنَ وَمَلَإِي۟هِۦٓ إِنَّهُمْ
كَانُوا۟ قَوْمًا فَٰسِقِينَ ﴿٣٢﴾ قَالَ رَبِّ إِنِّى قَتَلْتُ مِنْهُمْ نَفْسًا
فَأَخَافُ أَن يَقْتُلُونِ ﴿٣٣﴾ وَأَخِى هَٰرُونُ هُوَ أَفْصَحُ مِنِّى لِسَانًا
فَأَرْسِلْهُ مَعِىَ رِدْءًا يُصَدِّقُنِىٓ إِنِّىٓ أَخَافُ أَن يُكَذِّبُونِ ﴿٣٤﴾
قَالَ سَنَشُدُّ عَضُدَكَ بِأَخِيكَ وَنَجْعَلُ لَكُمَا سُلْطَٰنًا فَلَا
يَصِلُونَ إِلَيْكُمَا بِـَٔايَٰتِنَآ أَنتُمَا وَمَنِ ٱتَّبَعَكُمَا ٱلْغَٰلِبُونَ ﴿٣٥﴾

そしてムーサーが年季を満了し、家族と共に旅をしていると、かの山《トゥール》(シナイ山)の脇に火を見かけた。彼は家族に言った。「留まれ。まことに私は火を見かけた。きっと私はおまえたちにそこから情報か種火を持って来よう。きっとおまえたちは暖を取るだろう[1431]」。(28：29)

それでそれ(火)にやって来ると、彼は、涸川(谷)の右土手の祝福された場所の、木から呼ばれた。「ムーサーよ、まことにわれはアッラー、諸世界の主である」と。(28：30)

また「おまえの杖を投げよ」と。するとそれが蛇のように揺れ動くのを見た時、(ムーサーは)背を向けて逃げ去り、引き返さなかった。「ムーサーよ、近く寄れ。恐れてはならない。まことに、おまえは安全な者たち(の一人)である」。(28：31)

「おまえの手をおまえの脇に差し込め。それは悪疫でもないのに白くなって出るであろう。そして恐れからおまえの翼(手)をおまえの方に引き寄せよ(恐れを鎮めよ)。それら(の奇蹟)はおまえの主からフィルアウンと彼の長老たちへの二つの明証である。まことに、彼らは邪な民であった」。(28：32)

彼は言った。「わが主よ、私は彼らのうちの一人を殺しました。そのため、彼らが私を殺すことを恐れます」。(28：33)

「そして私の兄ハールーン、彼は私よりも舌が雄弁です。それゆえ、彼を私と共に、私(の言うこと)を真実と確証する援助者として遣わし給え。まことに、私は彼らが私を嘘だと否定することを恐れます」。(28：34)

彼は仰せられた。「われらはおまえの片腕をおまえの兄によって強化し、おまえたち二人に権威を授けよう。それで彼らはおまえたちには手出しできない。われらの諸々の徴によって。おまえたち二人とおまえたちに従った者は勝利者たちである」。(28：35)

1431　27章7節以下参照。

فَلَمَّا جَآءَهُم مُّوسَىٰ بِـَٔايَٰتِنَا بَيِّنَٰتٖ قَالُواْ مَا هَٰذَآ إِلَّا سِحۡرٞ
مُّفۡتَرٗى وَمَا سَمِعۡنَا بِهَٰذَا فِيٓ ءَابَآئِنَا ٱلۡأَوَّلِينَ ٣٦
وَقَالَ مُوسَىٰ رَبِّيٓ أَعۡلَمُ بِمَن جَآءَ بِٱلۡهُدَىٰ مِنۡ عِندِهِۦ وَمَن
تَكُونُ لَهُۥ عَٰقِبَةُ ٱلدَّارِۚ إِنَّهُۥ لَا يُفۡلِحُ ٱلظَّٰلِمُونَ ٣٧
وَقَالَ فِرۡعَوۡنُ يَٰٓأَيُّهَا ٱلۡمَلَأُ مَا عَلِمۡتُ لَكُم مِّنۡ إِلَٰهٍ
غَيۡرِي فَأَوۡقِدۡ لِي يَٰهَٰمَٰنُ عَلَى ٱلطِّينِ فَٱجۡعَل لِّي صَرۡحٗا لَّعَلِّيٓ
أَطَّلِعُ إِلَىٰٓ إِلَٰهِ مُوسَىٰ وَإِنِّي لَأَظُنُّهُۥ مِنَ ٱلۡكَٰذِبِينَ ٣٨
وَٱسۡتَكۡبَرَ هُوَ وَجُنُودُهُۥ فِي ٱلۡأَرۡضِ بِغَيۡرِ ٱلۡحَقِّ وَظَنُّوٓاْ
أَنَّهُمۡ إِلَيۡنَا لَا يُرۡجَعُونَ ٣٩ فَأَخَذۡنَٰهُ وَجُنُودَهُۥ فَنَبَذۡنَٰهُمۡ
فِي ٱلۡيَمِّۖ فَٱنظُرۡ كَيۡفَ كَانَ عَٰقِبَةُ ٱلظَّٰلِمِينَ ٤٠
وَجَعَلۡنَٰهُمۡ أَئِمَّةٗ يَدۡعُونَ إِلَى ٱلنَّارِۖ وَيَوۡمَ ٱلۡقِيَٰمَةِ
لَا يُنصَرُونَ ٤١ وَأَتۡبَعۡنَٰهُمۡ فِي هَٰذِهِ ٱلدُّنۡيَا لَعۡنَةٗۖ
وَيَوۡمَ ٱلۡقِيَٰمَةِ هُم مِّنَ ٱلۡمَقۡبُوحِينَ ٤٢ وَلَقَدۡ ءَاتَيۡنَا
مُوسَى ٱلۡكِتَٰبَ مِنۢ بَعۡدِ مَآ أَهۡلَكۡنَا ٱلۡقُرُونَ ٱلۡأُولَىٰ
بَصَآئِرَ لِلنَّاسِ وَهُدٗى وَرَحۡمَةٗ لَّعَلَّهُمۡ يَتَذَكَّرُونَ ٤٣

それでムーサーが明白なものとしてわれらの諸々の徴を携えて彼らの許に来ると、彼らは言った。「これは捏造された魔術にほかならない。またわれらは、昔のわれらの祖先においてもこのようなこと(ムーサーが呼び招く教え)を聞いたことがない」。(28：36)

そこでムーサーは言った。「わが主は、だれが彼の御許から導きを携えて来たのか一層よく御存知であらせられる。また、住まいの結末(来世の楽園)が自分のものとなるのがだれであるかも。まことに、不正な者たちは成功しない」。(28：37)

そこでフィルアウンは言った。「長老たちよ、われはおまえたちに、われ以外の神があるとは承知していない。それゆえ、ハーマーンよ、われのために泥土に火を焚きつけよ(煉瓦を作れ)。そして、われのために塔をなせ。きっとわれはムーサーの神の許まで昇って行こう。そしてまことにわれは彼が嘘つきたち(の一人)であると考える[1432]」。(28：38)

そして彼と彼の軍勢は、その地で正当性もなく思い上がり、われらの許へと戻されることはないと考えた。(28：39)

そこで、われらは、彼と彼の軍勢を捕らえ、彼らを海に投げ捨てた。それゆえ、見よ、不正な者たちの末路がどのようなものであったかを。(28：40)

そして、われらは彼らを獄火へ呼び招く先導者となした。そして、復活(審判)の日、彼らは(誰にも)助けられることはない。(28：41)

また、われらは彼らにこの現世で呪いを付きまとわせた。そして、復活(審判)の日、彼らは忌み嫌われる者のうちである。(28：42)

そして確かにわれらは、ムーサーに昔の諸世代を滅ぼした後、啓典を授けた。人々への啓蒙として、また、導きと慈悲として。きっと彼らも訓戒を聞き入れるであろうと。(28：43)

1432　40章36-37節参照。

وَمَا كُنتَ بِجَانِبِ ٱلۡغَرۡبِيِّ إِذۡ قَضَيۡنَآ إِلَىٰ مُوسَى ٱلۡأَمۡرَ وَمَا كُنتَ
مِنَ ٱلشَّٰهِدِينَ ٤٤ وَلَٰكِنَّآ أَنشَأۡنَا قُرُونٗا فَتَطَاوَلَ عَلَيۡهِمُ
ٱلۡعُمُرُۚ وَمَا كُنتَ ثَاوِيٗا فِيٓ أَهۡلِ مَدۡيَنَ تَتۡلُواْ عَلَيۡهِمۡ
ءَايَٰتِنَا وَلَٰكِنَّا كُنَّا مُرۡسِلِينَ ٤٥ وَمَا كُنتَ بِجَانِبِ
ٱلطُّورِ إِذۡ نَادَيۡنَا وَلَٰكِن رَّحۡمَةٗ مِّن رَّبِّكَ لِتُنذِرَ قَوۡمٗا
مَّآ أَتَىٰهُم مِّن نَّذِيرٖ مِّن قَبۡلِكَ لَعَلَّهُمۡ يَتَذَكَّرُونَ ٤٦
وَلَوۡلَآ أَن تُصِيبَهُم مُّصِيبَةُۢ بِمَا قَدَّمَتۡ أَيۡدِيهِمۡ فَيَقُولُواْ
رَبَّنَا لَوۡلَآ أَرۡسَلۡتَ إِلَيۡنَا رَسُولٗا فَنَتَّبِعَ ءَايَٰتِكَ وَنَكُونَ
مِنَ ٱلۡمُؤۡمِنِينَ ٤٧ فَلَمَّا جَآءَهُمُ ٱلۡحَقُّ مِنۡ عِندِنَا قَالُواْ
لَوۡلَآ أُوتِيَ مِثۡلَ مَآ أُوتِيَ مُوسَىٰٓۚ أَوَلَمۡ يَكۡفُرُواْ بِمَآ أُوتِيَ
مُوسَىٰ مِن قَبۡلُۖ قَالُواْ سِحۡرَانِ تَظَٰهَرَا وَقَالُوٓاْ إِنَّا بِكُلّٖ كَٰفِرُونَ
٤٨ قُلۡ فَأۡتُواْ بِكِتَٰبٖ مِّنۡ عِندِ ٱللَّهِ هُوَ أَهۡدَىٰ مِنۡهُمَآ أَتَّبِعۡهُ
إِن كُنتُمۡ صَٰدِقِينَ ٤٩ فَإِن لَّمۡ يَسۡتَجِيبُواْ لَكَ فَٱعۡلَمۡ
أَنَّمَا يَتَّبِعُونَ أَهۡوَآءَهُمۡۚ وَمَنۡ أَضَلُّ مِمَّنِ ٱتَّبَعَ هَوَىٰهُ بِغَيۡرِ
هُدٗى مِّنَ ٱللَّهِۚ إِنَّ ٱللَّهَ لَا يَهۡدِي ٱلۡقَوۡمَ ٱلظَّٰلِمِينَ ٥٠

そしてわれらがムーサーに命令を定めた時、おまえ（預言者ムハンマド）は（シナイ山の）西側にいたわけではなく、おまえは目撃者たち（の一人）ではなかった。(28：44)

だが、われらは諸世代を興し、彼らの上に生命が長引いた[1433]。そしておまえはマドヤンの住民の間に居住し、われらの諸々の徴を彼らに読み聞かせたわけではなく、われらは（使徒を）遣わす者であった。(28：45)

また、われらが呼びかけた時、おまえはかの山《トゥール》（シナイ山）の脇にいたわけではなかった。だが、おまえの主からの御慈悲として、おまえが、おまえ以前には一人の警告者も訪れたことのなかった民（マッカの住人）に警告するためである。きっと、彼らも訓戒を聞き入れるだろうと。(28：46)

もし、彼らの手が前もってなしたことゆえに災厄が彼らを襲い、そこで、彼らが、「われらが主よ、あなたがわれらの許に使徒を遣わし給わなかったのは何故か。そうすれば、われらはあなたの諸々の徴に従い、信仰者たち（の一部）になったものを」と言わなければ[1434]。(28：47)

ところが、われらの許から真理（預言者ムハンマド）が彼らに訪れると、彼らは言った。「ムーサーが授けられたもののようなもの[1435]が彼には授けられないものか」。だが、彼らは、以前にムーサーが授けられたものを拒まなかったか。彼らは言った。「（『律法の書』とクルアーンは）支持し合う二つの魔術である」。また、彼らは言った。「まことに、われらはいずれをも拒む者である」。(28：48)

言え、「それでは、その二つよりも一層導かれた啓典をアッラーの御許からもたらしてみよ。私はそれに従うであろう。もし、おまえたちが真実を語る者であったならば」。(28：49)

それでもし、彼らがおまえに応えないのであれば、彼らが彼らの妄執に従っているにすぎないことを知れ。そしてアッラーからの導きなしに己の妄執に従った者より迷った者が誰かあろうか。まことに、アッラーは不正な民を導き給わない。(28：50)

1433　そして彼らはアッラーとの契約を忘れてしまった。
1434　彼らがこの様に言い逃れないのであれば、彼らに使徒たちを遣わすことはなかったであろう。
1435　ムーサーに与えられた様な奇蹟や、「律法の書」がまとめて下されたようなこと。

۞ وَلَقَدْ وَصَّلْنَا لَهُمُ ٱلْقَوْلَ لَعَلَّهُمْ يَتَذَكَّرُونَ ﴿٥١﴾ ٱلَّذِينَ
ءَاتَيْنَٰهُمُ ٱلْكِتَٰبَ مِن قَبْلِهِۦ هُم بِهِۦ يُؤْمِنُونَ ﴿٥٢﴾ وَإِذَا يُتْلَىٰ
عَلَيْهِمْ قَالُوٓا۟ ءَامَنَّا بِهِۦٓ إِنَّهُ ٱلْحَقُّ مِن رَّبِّنَآ إِنَّا كُنَّا مِن قَبْلِهِۦ
مُسْلِمِينَ ﴿٥٣﴾ أُو۟لَٰٓئِكَ يُؤْتَوْنَ أَجْرَهُم مَّرَّتَيْنِ بِمَا صَبَرُوا۟ وَيَدْرَءُونَ
بِٱلْحَسَنَةِ ٱلسَّيِّئَةَ وَمِمَّا رَزَقْنَٰهُمْ يُنفِقُونَ ﴿٥٤﴾ وَإِذَا سَمِعُوا۟
ٱللَّغْوَ أَعْرَضُوا۟ عَنْهُ وَقَالُوا۟ لَنَآ أَعْمَٰلُنَا وَلَكُمْ أَعْمَٰلُكُمْ سَلَٰمٌ
عَلَيْكُمْ لَا نَبْتَغِى ٱلْجَٰهِلِينَ ﴿٥٥﴾ إِنَّكَ لَا تَهْدِى مَنْ أَحْبَبْتَ
وَلَٰكِنَّ ٱللَّهَ يَهْدِى مَن يَشَآءُ ۚ وَهُوَ أَعْلَمُ بِٱلْمُهْتَدِينَ ﴿٥٦﴾
وَقَالُوٓا۟ إِن نَّتَّبِعِ ٱلْهُدَىٰ مَعَكَ نُتَخَطَّفْ مِنْ أَرْضِنَآ ۚ أَوَلَمْ
نُمَكِّن لَّهُمْ حَرَمًا ءَامِنًا يُجْبَىٰٓ إِلَيْهِ ثَمَرَٰتُ كُلِّ شَىْءٍ رِّزْقًا
مِّن لَّدُنَّا وَلَٰكِنَّ أَكْثَرَهُمْ لَا يَعْلَمُونَ ﴿٥٧﴾ وَكَمْ أَهْلَكْنَا مِن
قَرْيَةٍۭ بَطِرَتْ مَعِيشَتَهَا ۖ فَتِلْكَ مَسَٰكِنُهُمْ لَمْ تُسْكَن مِّنۢ
بَعْدِهِمْ إِلَّا قَلِيلًا ۖ وَكُنَّا نَحْنُ ٱلْوَٰرِثِينَ ﴿٥٨﴾ وَمَا كَانَ رَبُّكَ
مُهْلِكَ ٱلْقُرَىٰ حَتَّىٰ يَبْعَثَ فِىٓ أُمِّهَا رَسُولًا يَتْلُوا۟ عَلَيْهِمْ
ءَايَٰتِنَا ۚ وَمَا كُنَّا مُهْلِكِى ٱلْقُرَىٰٓ إِلَّا وَأَهْلُهَا ظَٰلِمُونَ ﴿٥٩﴾

そして確かにわれらは彼らに言葉(クルアーン)を続々と届けた。きっと彼らも訓戒を聞き入れるであろうと。(28：51)

われらがそれ(クルアーン)以前に啓典を授けた者たち、彼らはそれ(クルアーン)を信じている。(28：52)

そして、それが彼らに読み聞かせられると、彼らは言う。「われらはそれを信じた。まことに、それはわれらの主からの真実である。まことに、われらはそれ以前から帰依する者であった」。(28：53)

それらの者は彼らの報酬を二回与えられよう。彼らが忍耐し、良きことによって悪しきことを追い払い、われらが彼らに糧と与えたものから(善に)費やしたがゆえに。(28：54)

また、彼らは無駄話を聞いた時には、それから身を引いて言った。「われらにはわれらの行いがあり、あなたがたにはあなたがたの行いがある。あなたがたに平安あれ。われらは無知な者たちを求めはしない」。(28：55)

まことにおまえがおまえの愛した者[1436]を導くのではなく、アッラーが御望みの者を導き給うのである。そして彼は導かれる者たちについて一層よく知り給う。(28：56)

彼ら(マッカのクライシュ族の多神教徒たち)は言った。「もし、われらがおまえと共に導きに従ったなら、われらはわれらの土地から(他のアラブ諸部族による襲撃で)あっというまにつかみ出されることになろう」。だが、われらは彼らに安全な禁域を　―あらゆるものの果実がわれらの側からの糧としてそこに集められる―　確立しなかったか。だが、彼らの大半は知らないのである。(28：57)

そしてその活計《たつき》を誇っていたなんと多くの町をわれらは滅ぼしたことか。それで彼らのそうした住居は、彼らの後、わずかばかりを除いて住まれておらず、われらこそ、その相続者であった。(28：58)

だが、おまえの主は町々を滅ぼす御方ではなかった、その母体(首都)にわれらの諸々の徴を彼ら(住民)に読み聞かせる使徒を遣わすまでは。また、われらは、その住民が不正な者であるほか町々を滅ぼす者ではなかった。(28：59)

1436　おまえが導きたいと強く欲した者。

وَمَآ أُوتِيتُم مِّن شَيْءٍ فَمَتَٰعُ ٱلْحَيَوٰةِ ٱلدُّنْيَا وَزِينَتُهَا ۚ وَمَا عِندَ
ٱللَّهِ خَيْرٌ وَأَبْقَىٰٓ ۚ أَفَلَا تَعْقِلُونَ ٦٠ أَفَمَن وَعَدْنَٰهُ وَعْدًا حَسَنًا
فَهُوَ لَٰقِيهِ كَمَن مَّتَّعْنَٰهُ مَتَٰعَ ٱلْحَيَوٰةِ ٱلدُّنْيَا ثُمَّ هُوَ يَوْمَ ٱلْقِيَٰمَةِ
مِنَ ٱلْمُحْضَرِينَ ٦١ وَيَوْمَ يُنَادِيهِمْ فَيَقُولُ أَيْنَ شُرَكَآءِىَ
ٱلَّذِينَ كُنتُمْ تَزْعُمُونَ ٦٢ قَالَ ٱلَّذِينَ حَقَّ عَلَيْهِمُ ٱلْقَوْلُ رَبَّنَا
هَٰٓؤُلَآءِ ٱلَّذِينَ أَغْوَيْنَآ أَغْوَيْنَٰهُمْ كَمَا غَوَيْنَا ۖ تَبَرَّأْنَآ إِلَيْكَ ۖ
مَا كَانُوٓا۟ إِيَّانَا يَعْبُدُونَ ٦٣ وَقِيلَ ٱدْعُوا۟ شُرَكَآءَكُمْ فَدَعَوْهُمْ
فَلَمْ يَسْتَجِيبُوا۟ لَهُمْ وَرَأَوُا۟ ٱلْعَذَابَ ۚ لَوْ أَنَّهُمْ كَانُوا۟ يَهْتَدُونَ
٦٤ وَيَوْمَ يُنَادِيهِمْ فَيَقُولُ مَاذَآ أَجَبْتُمُ ٱلْمُرْسَلِينَ ٦٥
فَعَمِيَتْ عَلَيْهِمُ ٱلْأَنۢبَآءُ يَوْمَئِذٍ فَهُمْ لَا يَتَسَآءَلُونَ ٦٦ فَأَمَّا
مَن تَابَ وَءَامَنَ وَعَمِلَ صَٰلِحًا فَعَسَىٰٓ أَن يَكُونَ مِنَ ٱلْمُفْلِحِينَ
٦٧ وَرَبُّكَ يَخْلُقُ مَا يَشَآءُ وَيَخْتَارُ ۗ مَا كَانَ لَهُمُ ٱلْخِيَرَةُ ۚ سُبْحَٰنَ
ٱللَّهِ وَتَعَٰلَىٰ عَمَّا يُشْرِكُونَ ٦٨ وَرَبُّكَ يَعْلَمُ مَا تُكِنُّ
صُدُورُهُمْ وَمَا يُعْلِنُونَ ٦٩ وَهُوَ ٱللَّهُ لَآ إِلَٰهَ إِلَّا هُوَ ۖ لَهُ
ٱلْحَمْدُ فِى ٱلْأُولَىٰ وَٱلْءَاخِرَةِ ۖ وَلَهُ ٱلْحُكْمُ وَإِلَيْهِ تُرْجَعُونَ ٧٠

そしておまえたちに与えられたどんなものも、現世の享楽であり、その装飾である。一方、アッラーの御許にあるものは一層良く、一層残るものである。それなのに、おまえたちは悟らないのか。(28：60)

一体、われらが良い約束(楽園)を約し、それに出会う者が、われらが現世の愉悦を享楽させ、それから復活(審判)の日に(火獄へと)引き出される者たち(の一人)である者と同様であろうか。(28：61)

そして彼(アッラー)が彼らに呼びかけ、仰せられる日、「おまえたちが言い張っていたわが共同者(偶像神)たちはどこか」。(28：62)

その上に(獄火の懲罰の)御言葉が実現した者(不信仰者の頭目)たちは言った。「われらが主よ、われらが迷わせたこれらの者たち、われらはわれら(自身)が迷っていたのと同様に彼らを迷わせました。われらはあなたの許で(彼らと)絶縁します。われらに彼らは仕えていたのではありません[1437]」。(28：63)

それで言われる。「おまえたちの共同者(偶像神)たちに呼んで祈るがよい」。そこで彼らに呼んで祈るが、彼らは彼らに応えなかった。そして、彼らは懲罰を見た。もし、彼らが導かれていたならば(懲罰を見なかっただろうに)。(28：64)

そして彼が彼らに呼びかけ、仰せられる日、「おまえたちは使者(使徒)たちになんと応えたのか」。(28：65)

すると、その日、消息は彼らに不明となり、そのため彼らは互いに尋ね合わない[1438]。(28：66)

一方、悔いて戻り、信仰し、善行をなした者、きっと彼は成功者(たちの一人)であろう。(28：67)

そしておまえの主は御望みのものを創り、選び給う。彼らに選択はなかったのである[1439]。称えあれ、アッラーこそ彼らが同位に配するものから超越し、いと高き御方。(28：68)

そしておまえの主は、彼らの胸が隠すことも、彼らが公にすることも知り給う。(28：69)

そして彼こそはアッラー、彼のほかに神はない。先の世でも後の世でも彼にこそ称賛は属し、彼にこそ決定は属し、また、彼の御許におまえたちは戻されるのである。(28：70)

1437　彼らは自分たちの欲望・妄執や悪魔に仕えていた、ということ。

1438　自分たちを救うためにどうすればよいのか誰にも良い知恵は思い浮かばず、尋ねあうこともできない。

1439　誰が預言者として選ばれるかはアッラーの選択によるものであり、人々にその選択が任されることはなかった。

言え、「おまえたちは考えたか、もし、アッラーがおまえたちに夜を復活(審判)の日まで久遠《くおん》となし給うたら、アッラー以外のどの神がおまえたちに輝きをもたらすのか。それなのに、おまえたちは聞かないのか」。(28：71)

言え、「おまえたちは考えたか、もし、アッラーがおまえたちに日中を復活(審判)の日まで久遠となし給うたら、アッラー以外のどの神がおまえたちにおまえたちがそこで休息する夜をもたらすのか。それなのに、おまえたちは見ないのか」。(28：72)

彼の御慈悲から、彼はおまえたちに、夜と昼を、おまえたちがそこで休息し、そして、彼の御恵み(糧)を求めるために作り給うた。そしてきっとおまえたちも感謝するだろうと。(28：73)

そして彼が彼らに呼びかけ、仰せられる日、「おまえたちが言い張っていたわが共同者(偶像神)たちはどこか」。(28：74)

قُلۡ أَرَءَيۡتُمۡ إِن جَعَلَ ٱللَّهُ عَلَيۡكُمُ ٱلَّيۡلَ سَرۡمَدًا إِلَىٰ يَوۡمِ
ٱلۡقِيَٰمَةِ مَنۡ إِلَٰهٌ غَيۡرُ ٱللَّهِ يَأۡتِيكُم بِضِيَآءٍۚ أَفَلَا تَسۡمَعُونَ
﴿٧١﴾ قُلۡ أَرَءَيۡتُمۡ إِن جَعَلَ ٱللَّهُ عَلَيۡكُمُ ٱلنَّهَارَ سَرۡمَدًا إِلَىٰ
يَوۡمِ ٱلۡقِيَٰمَةِ مَنۡ إِلَٰهٌ غَيۡرُ ٱللَّهِ يَأۡتِيكُم بِلَيۡلٖ تَسۡكُنُونَ
فِيهِۚ أَفَلَا تُبۡصِرُونَ ﴿٧٢﴾ وَمِن رَّحۡمَتِهِۦ جَعَلَ لَكُمُ ٱلَّيۡلَ
وَٱلنَّهَارَ لِتَسۡكُنُواْ فِيهِ وَلِتَبۡتَغُواْ مِن فَضۡلِهِۦ وَلَعَلَّكُمۡ
تَشۡكُرُونَ ﴿٧٣﴾ وَيَوۡمَ يُنَادِيهِمۡ فَيَقُولُ أَيۡنَ شُرَكَآءِيَ ٱلَّذِينَ
كُنتُمۡ تَزۡعُمُونَ ﴿٧٤﴾ وَنَزَعۡنَا مِن كُلِّ أُمَّةٖ شَهِيدٗا فَقُلۡنَا
هَاتُواْ بُرۡهَٰنَكُمۡ فَعَلِمُوٓاْ أَنَّ ٱلۡحَقَّ لِلَّهِ وَضَلَّ عَنۡهُم
مَّا كَانُواْ يَفۡتَرُونَ ﴿٧٥﴾ ۞إِنَّ قَٰرُونَ كَانَ مِن قَوۡمِ مُوسَىٰ
فَبَغَىٰ عَلَيۡهِمۡۖ وَءَاتَيۡنَٰهُ مِنَ ٱلۡكُنُوزِ مَآ إِنَّ مَفَاتِحَهُۥ لَتَنُوٓأُ
بِٱلۡعُصۡبَةِ أُوْلِي ٱلۡقُوَّةِ إِذۡ قَالَ لَهُۥ قَوۡمُهُۥ لَا تَفۡرَحۡۖ إِنَّ ٱللَّهَ
لَا يُحِبُّ ٱلۡفَرِحِينَ ﴿٧٦﴾ وَٱبۡتَغِ فِيمَآ ءَاتَىٰكَ ٱللَّهُ ٱلدَّارَ ٱلۡأٓخِرَةَۖ
وَلَا تَنسَ نَصِيبَكَ مِنَ ٱلدُّنۡيَاۖ وَأَحۡسِن كَمَآ أَحۡسَنَ ٱللَّهُ إِلَيۡكَۖ
وَلَا تَبۡغِ ٱلۡفَسَادَ فِي ٱلۡأَرۡضِۖ إِنَّ ٱللَّهَ لَا يُحِبُّ ٱلۡمُفۡسِدِينَ ﴿٧٧﴾

われらは、あらゆる共同体から一名の証言者[1440]を引き出し、それから言った。「おまえたちの証拠を持って来い」。そこで彼らは、真実がアッラーのものであると知り、彼らが捏造していたものは彼らからはぐれ去った。(28：75)

まことに、カールーン[1441]はムーサーの民の一人で、彼らに対し横暴に振る舞った。われらは彼にあらゆるかぎりの財宝から与えたが、まことに、その鍵束[1442]は力を持った一団によっても重みに沈んだ。彼に彼の民が言った時のこと、「得意然となるな。まことに、アッラーは得意然な者たちを愛し給わない」。(28：76)

「そしてアッラーがあなたに与え給うたもの(財産)のうちに[1443]、来世の住まいを求めよ。そして現世でのあなたの分け前を忘れるな[1444]。アッラーがあなたに対して至善をなし給うたように、あなたも(人々に)最善を尽くし、この地で害悪を求めるな。まことに、アッラーは害悪をなす者を愛し給わない」。(28：77)

1440　その共同体に遣わされた預言者。

1441　「民数記」16章のコラとも言われる。ムーサーの従兄弟だったと言われる。

1442　あるいは、宝箱。

1443　財産をアッラーの嘉されるように使うことによって。

1444　財産を自分のために適切に使うことを忘れてはならない。

قَالَ إِنَّمَآ أُوتِيتُهُۥ عَلَىٰ عِلْمٍ عِندِىٓ ۚ أَوَلَمْ يَعْلَمْ أَنَّ ٱللَّهَ قَدْ أَهْلَكَ
مِن قَبْلِهِۦ مِنَ ٱلْقُرُونِ مَنْ هُوَ أَشَدُّ مِنْهُ قُوَّةً وَأَكْثَرُ جَمْعًا ۚ
وَلَا يُسْـَٔلُ عَن ذُنُوبِهِمُ ٱلْمُجْرِمُونَ ﴿٧٨﴾ فَخَرَجَ عَلَىٰ قَوْمِهِۦ
فِى زِينَتِهِۦ ۖ قَالَ ٱلَّذِينَ يُرِيدُونَ ٱلْحَيَوٰةَ ٱلدُّنْيَا يَٰلَيْتَ لَنَا
مِثْلَ مَآ أُوتِىَ قَٰرُونُ إِنَّهُۥ لَذُو حَظٍّ عَظِيمٍ ﴿٧٩﴾ وَقَالَ ٱلَّذِينَ
أُوتُوا۟ ٱلْعِلْمَ وَيْلَكُمْ ثَوَابُ ٱللَّهِ خَيْرٌ لِّمَنْ ءَامَنَ وَعَمِلَ
صَٰلِحًا ۚ وَلَا يُلَقَّىٰهَآ إِلَّا ٱلصَّٰبِرُونَ ﴿٨٠﴾ فَخَسَفْنَا بِهِۦ
وَبِدَارِهِ ٱلْأَرْضَ فَمَا كَانَ لَهُۥ مِن فِئَةٍ يَنصُرُونَهُۥ مِن دُونِ
ٱللَّهِ وَمَا كَانَ مِنَ ٱلْمُنتَصِرِينَ ﴿٨١﴾ وَأَصْبَحَ ٱلَّذِينَ تَمَنَّوْا۟
مَكَانَهُۥ بِٱلْأَمْسِ يَقُولُونَ وَيْكَأَنَّ ٱللَّهَ يَبْسُطُ ٱلرِّزْقَ لِمَن
يَشَآءُ مِنْ عِبَادِهِۦ وَيَقْدِرُ ۖ لَوْلَآ أَن مَّنَّ ٱللَّهُ عَلَيْنَا لَخَسَفَ بِنَا ۖ
وَيْكَأَنَّهُۥ لَا يُفْلِحُ ٱلْكَٰفِرُونَ ﴿٨٢﴾ تِلْكَ ٱلدَّارُ ٱلْءَاخِرَةُ نَجْعَلُهَا
لِلَّذِينَ لَا يُرِيدُونَ عُلُوًّا فِى ٱلْأَرْضِ وَلَا فَسَادًا ۚ وَٱلْعَٰقِبَةُ لِلْمُتَّقِينَ
﴿٨٣﴾ مَن جَآءَ بِٱلْحَسَنَةِ فَلَهُۥ خَيْرٌ مِّنْهَا ۖ وَمَن جَآءَ بِٱلسَّيِّئَةِ فَلَا
يُجْزَى ٱلَّذِينَ عَمِلُوا۟ ٱلسَّيِّـَٔاتِ إِلَّا مَا كَانُوا۟ يَعْمَلُونَ ﴿٨٤﴾

彼は言った。「私がそれを与えられたのは、私の許にある知識のみによる」。彼は知らなかったのか、アッラーが彼以前にも幾世代ものうちから、彼よりも力が強く、蓄えも多かった者を滅ぼし給うたことを。そして罪人は彼らの罪について問われることはないのである[1445]。(28：78)

そして、彼は彼の民の許に飾りをまとって出かけた。現世を望む者たちは言った。「ああ、われらにもカールーンに与えられたものと同じものがあったらよいものを。まことに、彼はおおいなる幸運の持ち主である」。(28：79)

だが、知識を授けられた者たちは言った。「あなたがたの情けないこと。アッラーの報奨は信仰し、善行をなした者にとって一層よい。だが、忍耐する者しかそれに恵まれない」。(28：80)

そこで、われらは、大地に彼と彼の館を飲み込ませたが、彼にはアッラーをおいて彼を助ける一団はなく、彼は自分を助ける(自衛する)者(たちの一人)ではなかった。(28：81)

それで昨日まで彼の立場を願っていた者たちは言い始めた。「あぁ、アッラーは彼の僕《しもべ》たちのうちの御望みの者に糧を広げ、また、制限し給う。もしもアッラーがわれらに恩恵を垂れ給うていなければ、われらを飲み込ませ給うていたであろう。あぁ、不信仰者は成功しないのである」。(28：82)

そうした来世の住まい(楽園)、われらはそれを地上で高圧も害悪も望まない者たちのためのものとした。そして(良き)結果は畏れ身を守る者のものである。(28：83)

善事を持参した者、彼にはそれより良いものがあり、悪事を持参した者、悪事をなした者は彼らのなしたもの(と同じものによって)以外には報われない。(28：84)

1445　アッラーは彼らの罪を御存知であり、審問による申し開きや悔い改めの機会を与えず、獄火に入れ給う。

まことに、おまえにクルアーンを課し給うた御方は必ずやおまえを帰る処に戻し給う[1446]。言え、「わが主はだれが導きと共に来るか、また、だれが明白な迷誤の中にあるかをより良く御存知の御方」。(28：85)

またおまえに啓典(クルアーン)が下されることをおまえは期待していなかったが、ただ、おまえの主からの慈悲としてであった[1447]。それゆえ、不信仰者たちの助力者となってはならない。(28：86)

彼らがおまえをアッラーの諸々の徴(節)から逸脱させることがあってはならない、それ(クルアーンの諸節)がおまえの許に下された後に。おまえの主へと呼び招き、断じて多神教徒(たちの一人)となってはならない。(28：87)

また、アッラーと共に別の神に祈ってはならない。彼のほかに神はない。あらゆるものは滅び去る。ただし、彼の御顔は別である。彼にこそ決定は属し、彼の御許にこそおまえたちは戻される。(28：88)

إِنَّ ٱلَّذِى فَرَضَ عَلَيْكَ ٱلْقُرْءَانَ لَرَآدُّكَ إِلَىٰ مَعَادٍ قُل رَّبِّىٓ
أَعْلَمُ مَن جَآءَ بِٱلْهُدَىٰ وَمَنْ هُوَ فِى ضَلَٰلٍ مُّبِينٍ ﴿٨٥﴾ وَمَا كُنتَ
تَرْجُوٓا۟ أَن يُلْقَىٰٓ إِلَيْكَ ٱلْكِتَٰبُ إِلَّا رَحْمَةً مِّن رَّبِّكَ فَلَا
تَكُونَنَّ ظَهِيرًا لِّلْكَٰفِرِينَ ﴿٨٦﴾ وَلَا يَصُدُّنَّكَ عَنْ ءَايَٰتِ
ٱللَّهِ بَعْدَ إِذْ أُنزِلَتْ إِلَيْكَ وَٱدْعُ إِلَىٰ رَبِّكَ وَلَا تَكُونَنَّ مِنَ
ٱلْمُشْرِكِينَ ﴿٨٧﴾ وَلَا تَدْعُ مَعَ ٱللَّهِ إِلَٰهًا ءَاخَرَ لَآ إِلَٰهَ إِلَّا هُوَ
كُلُّ شَىْءٍ هَالِكٌ إِلَّا وَجْهَهُۥ لَهُ ٱلْحُكْمُ وَإِلَيْهِ تُرْجَعُونَ ﴿٨٨﴾

سُورَةُ ٱلْعَنكَبُوتِ

بِسْمِ ٱللَّهِ ٱلرَّحْمَٰنِ ٱلرَّحِيمِ

الٓمٓ ﴿١﴾ أَحَسِبَ ٱلنَّاسُ أَن يُتْرَكُوٓا۟ أَن يَقُولُوٓا۟ ءَامَنَّا وَهُمْ
لَا يُفْتَنُونَ ﴿٢﴾ وَلَقَدْ فَتَنَّا ٱلَّذِينَ مِن قَبْلِهِمْ فَلَيَعْلَمَنَّ ٱللَّهُ ٱلَّذِينَ
صَدَقُوا۟ وَلَيَعْلَمَنَّ ٱلْكَٰذِبِينَ ﴿٣﴾ أَمْ حَسِبَ ٱلَّذِينَ يَعْمَلُونَ
ٱلسَّيِّـَٔاتِ أَن يَسْبِقُونَا سَآءَ مَا يَحْكُمُونَ ﴿٤﴾ مَن كَانَ يَرْجُوا۟
لِقَآءَ ٱللَّهِ فَإِنَّ أَجَلَ ٱللَّهِ لَءَاتٍ وَهُوَ ٱلسَّمِيعُ ٱلْعَلِيمُ ﴿٥﴾ وَمَن
جَٰهَدَ فَإِنَّمَا يُجَٰهِدُ لِنَفْسِهِۦٓ إِنَّ ٱللَّهَ لَغَنِىٌّ عَنِ ٱلْعَٰلَمِينَ ﴿٦﴾

第 29 章　蜘蛛 …… سورة العنكبوت

マッカ垂示

ヌーフ(14-15 節)、イブラーヒームとルート(16-35 節)、シュアイブ(36-37)、アードとサムード、カールーン、フィルアウン、ハーマーン(38-40 節)などの物語が語られた後、多神教徒が蜘蛛に喩えられる 41 節に因んで本章は「蜘蛛」章と名づけられる。なお、ヌーフの宣教が九五十年にわたるものであったことが明らかにされるのも、本章においてである。

慈悲あまねく慈悲深きアッラーの御名において

アリフ・ラーム・ミーム[1448]。(29：1)

人々は、「われらは信じた」と言えば、試練を被ることなく放置されると考えたのか[1449]。(29：2)

そしてわれらは、かつて彼ら以前の者たちにも試練を与えた。それで必ずやアッラーは、誠を

1446　アッラーは、マッカでの多神教徒からの迫害を逃れてマディーナに移住(聖遷)された預言者ムハンマドを故郷のマッカに凱旋させ給う。

1447　預言者ムハンマドは、クルアーンがアッラーから彼に下されるのは、彼への慈悲としてに他ならないことを予期していた、との解釈も存在する。

1448　2 章 1 節脚注参照。

1449　イスラームに入信したところ、多神教徒たちによって迫害されたアンマール・ブン・ヤースィルらに関して啓示された。

وَٱلَّذِينَ ءَامَنُوا۟ وَعَمِلُوا۟ ٱلصَّٰلِحَٰتِ لَنُكَفِّرَنَّ عَنْهُمْ سَيِّـَٔاتِهِمْ
وَلَنَجْزِيَنَّهُمْ أَحْسَنَ ٱلَّذِى كَانُوا۟ يَعْمَلُونَ ﴿٧﴾ وَوَصَّيْنَا ٱلْإِنسَٰنَ
بِوَٰلِدَيْهِ حُسْنًا ۖ وَإِن جَٰهَدَاكَ لِتُشْرِكَ بِى مَا لَيْسَ لَكَ بِهِۦ عِلْمٌ
فَلَا تُطِعْهُمَآ ۚ إِلَىَّ مَرْجِعُكُمْ فَأُنَبِّئُكُم بِمَا كُنتُمْ تَعْمَلُونَ ﴿٨﴾
وَٱلَّذِينَ ءَامَنُوا۟ وَعَمِلُوا۟ ٱلصَّٰلِحَٰتِ لَنُدْخِلَنَّهُمْ فِى ٱلصَّٰلِحِينَ
﴿٩﴾ وَمِنَ ٱلنَّاسِ مَن يَقُولُ ءَامَنَّا بِٱللَّهِ فَإِذَآ أُوذِىَ فِى ٱللَّهِ جَعَلَ
فِتْنَةَ ٱلنَّاسِ كَعَذَابِ ٱللَّهِ ۖ وَلَئِن جَآءَ نَصْرٌ مِّن رَّبِّكَ لَيَقُولُنَّ
إِنَّا كُنَّا مَعَكُمْ ۚ أَوَلَيْسَ ٱللَّهُ بِأَعْلَمَ بِمَا فِى صُدُورِ ٱلْعَٰلَمِينَ
﴿١٠﴾ وَلَيَعْلَمَنَّ ٱللَّهُ ٱلَّذِينَ ءَامَنُوا۟ وَلَيَعْلَمَنَّ ٱلْمُنَٰفِقِينَ
﴿١١﴾ وَقَالَ ٱلَّذِينَ كَفَرُوا۟ لِلَّذِينَ ءَامَنُوا۟ ٱتَّبِعُوا۟ سَبِيلَنَا
وَلْنَحْمِلْ خَطَٰيَٰكُمْ وَمَا هُم بِحَٰمِلِينَ مِنْ خَطَٰيَٰهُم مِّن
شَىْءٍ ۖ إِنَّهُمْ لَكَٰذِبُونَ ﴿١٢﴾ وَلَيَحْمِلُنَّ أَثْقَالَهُمْ وَأَثْقَالًا مَّعَ
أَثْقَالِهِمْ ۖ وَلَيُسْـَٔلُنَّ يَوْمَ ٱلْقِيَٰمَةِ عَمَّا كَانُوا۟ يَفْتَرُونَ
﴿١٣﴾ وَلَقَدْ أَرْسَلْنَا نُوحًا إِلَىٰ قَوْمِهِۦ فَلَبِثَ فِيهِمْ أَلْفَ سَنَةٍ
إِلَّا خَمْسِينَ عَامًا فَأَخَذَهُمُ ٱلطُّوفَانُ وَهُمْ ظَٰلِمُونَ ﴿١٤﴾

尽くした者を知り、嘘つきを知り給う。(29：3)

悪事をなす者たちは、われらを出し抜くことができると考えたのか。彼らの判断するもののなんと悪いことよ。(29：4)

アッラーとの会見を期待していた者、まことにアッラーの時期は来るべきもの。そして、彼はよく聴きよく知り給う御方。(29：5)

そして奮闘《ジハード》した者、彼は自分自身のためにのみ奮闘《ジハード》したのである。まことにアッラーは諸世界[1450]を必要とせず自足し給う御方。(29：6)

また、信仰し、善行をなした者たち、必ずやわれらは彼らから彼らの悪事を帳消しにし、必ずや彼らがなしたものの最良のものに対して報うであろう。(29：7)

そしてわれらは人間に、自分の両親に対する善を命じた。だが、もし彼ら二人がおまえに、われと並べておまえに、それについておまえに知識のないものを同位者として配するよう奮闘《ジハード》したなら、二人に従ってはならない[1451]。われにこそおまえたちの帰り処はあり、それからわれはおまえたちにおまえたちのなしてきたことについて告げるのである。(29：8)

信仰し、善行をなした者たち、必ずやわれらは彼らを義人たちの中に入れよう。(29：9)

また人々の中には、「アッラーを信じた」と言うが、アッラーゆえに危害を受けると人々からの試練をアッラーの懲罰のようにみなす者[1452]がいる。ところが、もしもおまえの主から勝利(と戦利品)が訪れることがあれば、彼は、「まことに、われらはおまえたちと共にあった」と必ずや言う。アッラーは諸世界の者たちの胸の中のものについてより良く御存知であらせられるのではないか。(29：10)

そしてアッラーは、信仰した者たちを必ずや知り、偽信者たちを必ずや知り給う。(29：11)

そして信仰を拒んだ者たちは信仰した者たちに言った。「われらの道に従え。それでわれらがあなたがたの罪を背負おう」。だが、彼らは彼らの罪をわずかにも背負うことはない。まことに、彼らは嘘つきである。(29：12)

そして彼らは、自分たちの重荷を必ずや背負い、自分たちの重荷に加えた重荷[1453]をも。そして、彼らは、復活(審判)の日、彼らが捏造していたものについて必ずや問われるであろう。(29：13)

また、われらはかつてヌーフを彼の民に遣わした。そこで彼は彼らの間に千年に五十年欠ける間留まった。それから、彼らが不正な者たちであったところ、彼らを洪水が捕らえた[1454]。(29：14)

1450　1章2節脚注参照。

1451　サアド・ブン・アブー・ワッカースがイスラームに入信した時、彼の母親が、彼がイスラームから背教しない限り、死ぬまで飲食を絶つと誓ったのに対して啓示された。

1452　偽信者。

1453　彼らが迷わせた者の重荷。

1454　11章40-43節参照。

فَأَنجَيْنَٰهُ وَأَصْحَٰبَ ٱلسَّفِينَةِ وَجَعَلْنَٰهَآ ءَايَةً لِّلْعَٰلَمِينَ
﴿١٥﴾ وَإِبْرَٰهِيمَ إِذْ قَالَ لِقَوْمِهِ ٱعْبُدُوا۟ ٱللَّهَ وَٱتَّقُوهُ ۖ ذَٰلِكُمْ
خَيْرٌ لَّكُمْ إِن كُنتُمْ تَعْلَمُونَ ﴿١٦﴾ إِنَّمَا تَعْبُدُونَ مِن
دُونِ ٱللَّهِ أَوْثَٰنًا وَتَخْلُقُونَ إِفْكًا ۚ إِنَّ ٱلَّذِينَ تَعْبُدُونَ مِن
دُونِ ٱللَّهِ لَا يَمْلِكُونَ لَكُمْ رِزْقًا فَٱبْتَغُوا۟ عِندَ ٱللَّهِ ٱلرِّزْقَ
وَٱعْبُدُوهُ وَٱشْكُرُوا۟ لَهُۥٓ ۖ إِلَيْهِ تُرْجَعُونَ ﴿١٧﴾ وَإِن تُكَذِّبُوا۟
فَقَدْ كَذَّبَ أُمَمٌ مِّن قَبْلِكُمْ ۖ وَمَا عَلَى ٱلرَّسُولِ إِلَّا ٱلْبَلَٰغُ
ٱلْمُبِينُ ﴿١٨﴾ أَوَلَمْ يَرَوْا۟ كَيْفَ يُبْدِئُ ٱللَّهُ ٱلْخَلْقَ ثُمَّ
يُعِيدُهُۥٓ ۚ إِنَّ ذَٰلِكَ عَلَى ٱللَّهِ يَسِيرٌ ﴿١٩﴾ قُلْ سِيرُوا۟ فِى ٱلْأَرْضِ
فَٱنظُرُوا۟ كَيْفَ بَدَأَ ٱلْخَلْقَ ۚ ثُمَّ ٱللَّهُ يُنشِئُ ٱلنَّشْأَةَ ٱلْءَاخِرَةَ ۚ
إِنَّ ٱللَّهَ عَلَىٰ كُلِّ شَىْءٍ قَدِيرٌ ﴿٢٠﴾ يُعَذِّبُ مَن يَشَآءُ وَيَرْحَمُ
مَن يَشَآءُ ۖ وَإِلَيْهِ تُقْلَبُونَ ﴿٢١﴾ وَمَآ أَنتُم بِمُعْجِزِينَ فِى
ٱلْأَرْضِ وَلَا فِى ٱلسَّمَآءِ ۖ وَمَا لَكُم مِّن دُونِ ٱللَّهِ مِن
وَلِىٍّ وَلَا نَصِيرٍ ﴿٢٢﴾ وَٱلَّذِينَ كَفَرُوا۟ بِـَٔايَٰتِ ٱللَّهِ وَلِقَآئِهِۦٓ
أُو۟لَٰٓئِكَ يَئِسُوا۟ مِن رَّحْمَتِى وَأُو۟لَٰٓئِكَ لَهُمْ عَذَابٌ أَلِيمٌ ﴿٢٣﴾

そして、われらは彼と船の仲間を救い、それ(船)を諸世界への徴となした。(29：15)

また、イブラーヒームを(想起せよ)。彼が、彼の民に言った時のこと。「アッラーに仕え、彼を畏れ身を守れ。それはあなたがたにとって一層良い。もし、あなたがたが知っているなら」。(29：16)

「あなたがたはただアッラーを差し置いて偶像を崇拝し、虚偽を捏造しているのである。まことに、あなたがたがアッラーを差し置いて仕えている者たちは、あなたがたに対して糧を支配してはいない。それゆえ、アッラーの御許に糧を求め、彼に仕え、彼に感謝せよ。彼の御許に、あなたがたは戻されるのである」。(29：17)

「またたとえ、あなたがたが(私を)嘘だと否定するとしても、あなたがた以前にも諸共同体が嘘だと否定しているのである。そして使徒に課されたのは、明白な伝達のほかない」。(29：18)

彼らは見なかったのか、どのようにアッラーが創造を始め、それからそれを繰り返し給うことを[1455]。まことに、そうしたことは、アッラーには容易いこと。(29：19)

言え、「地上を旅し、どのように彼が創造を始め給うたかをよく見よ。それからアッラーは最後の創生を創り給う(甦らせ給う)のである。まことに、アッラーはあらゆるものに対し全能なる御方」。(29：20)

「彼は御望みの者を罰し、御望みの者に慈悲をかけ給う。そして、彼の御許におまえたちは返されるのである」。(29：21)

「またおまえたちは地上でも天でも(アッラーを)出し抜くことはできず、おまえたちにはアッラーを差し置いて後見も援助者もいない」。(29：22)

そしてアッラーの諸々の徴と彼との会見を拒んだ者たち、それらの者はわが慈悲に絶望する。そしてそれらの者、彼らには痛苦の懲罰がある。(29：23)

1455　創造を繰り返すとは、死後に甦らせることを意味するとも、子宮に新しい生命を宿らせ育むことを意味するとも言われる。

فَمَا كَانَ جَوَابَ قَوْمِهِۦٓ إِلَّآ أَن قَالُوا۟ ٱقْتُلُوهُ أَوْ حَرِّقُوهُ
فَأَنجَىٰهُ ٱللَّهُ مِنَ ٱلنَّارِ ۚ إِنَّ فِى ذَٰلِكَ لَءَايَٰتٍ لِّقَوْمٍ يُؤْمِنُونَ
٢٤ وَقَالَ إِنَّمَا ٱتَّخَذْتُم مِّن دُونِ ٱللَّهِ أَوْثَٰنًا مَّوَدَّةَ بَيْنِكُمْ
فِى ٱلْحَيَوٰةِ ٱلدُّنْيَا ۖ ثُمَّ يَوْمَ ٱلْقِيَٰمَةِ يَكْفُرُ بَعْضُكُم
بِبَعْضٍ وَيَلْعَنُ بَعْضُكُم بَعْضًا وَمَأْوَىٰكُمُ ٱلنَّارُ
وَمَا لَكُم مِّن نَّٰصِرِينَ ٢٥ ۞ فَـَٔامَنَ لَهُۥ لُوطٌ ۘ وَقَالَ
إِنِّى مُهَاجِرٌ إِلَىٰ رَبِّىٓ ۖ إِنَّهُۥ هُوَ ٱلْعَزِيزُ ٱلْحَكِيمُ ٢٦
وَوَهَبْنَا لَهُۥٓ إِسْحَٰقَ وَيَعْقُوبَ وَجَعَلْنَا فِى ذُرِّيَّتِهِ
ٱلنُّبُوَّةَ وَٱلْكِتَٰبَ وَءَاتَيْنَٰهُ أَجْرَهُۥ فِى ٱلدُّنْيَا ۖ وَإِنَّهُۥ
فِى ٱلْءَاخِرَةِ لَمِنَ ٱلصَّٰلِحِينَ ٢٧ وَلُوطًا إِذْ قَالَ لِقَوْمِهِۦٓ
إِنَّكُمْ لَتَأْتُونَ ٱلْفَٰحِشَةَ مَا سَبَقَكُم بِهَا مِنْ أَحَدٍ
مِّنَ ٱلْعَٰلَمِينَ ٢٨ أَئِنَّكُمْ لَتَأْتُونَ ٱلرِّجَالَ وَتَقْطَعُونَ
ٱلسَّبِيلَ وَتَأْتُونَ فِى نَادِيكُمُ ٱلْمُنكَرَ ۖ فَمَا كَانَ جَوَابَ
قَوْمِهِۦٓ إِلَّآ أَن قَالُوا۟ ٱئْتِنَا بِعَذَابِ ٱللَّهِ إِن كُنتَ مِنَ
ٱلصَّٰدِقِينَ ٢٩ قَالَ رَبِّ ٱنصُرْنِى عَلَى ٱلْقَوْمِ ٱلْمُفْسِدِينَ ٣٠

それでも彼の民の返答は、ただ、「彼を殺すか、彼を焼いてしまえ」と言うほかなかった。だが、アッラーは彼を火から救い給うた[1456]。まことに、その中には信仰する民への諸々の徴がある。(29：24)

そして彼は言った。「あなたがたがアッラーを差し置いて偶像を持ったのは、ただ現世におけるあなたがたの間の愛情ゆえにのみである。それから復活(審判)の日、あなたがたは互いに否認し合い、互いに呪い合う。そして、あなたがたの住まいは獄火であり、あなたがたには援助者たちなどいない」。(29：25)

そしてルートは彼(イブラーヒーム)を信じた。彼(イブラーヒーム)は言った。「まことに、私はわが主の御許に移り住む者[1457]である。まことに、彼こそは威力比類なく、英明なる御方」。(29：26)

そしてわれらは彼にイスハークとヤアクーブを贈り、彼の子孫に預言者性と啓典を与え、また彼には現世で彼の報酬を授けた。そして、まことに彼は来世では義人たち(の一人)である。(29：27)

また、ルートを(想起せよ)。彼が彼の民に言った時のこと、「まことにあなたがたは醜行に赴く。諸世界の者のだれ一人としてそのことであなたがたに先行した者はいない[1458]」。(29：28)

「まことに、あなたがたは男たちの許に赴き、道を遮り[1459]、そして、あなたがたの集会で忌まわしいことに赴くのか」。だが、彼の民の返答は、ただ、「アッラーの懲罰をわれらにもたらしてみせよ。もし、おまえが真実を語る者たち(の一人)であるならば」と言うだけであった。(29：29)

彼は言った。「わが主よ、害悪をなす民に対して私を助け勝たせ給え」。(29：30)

1456　21章68-70節参照。

1457　わが主の命じられた場所(シャーム、歴史的シリア)へと移住する者。この移住に妻サーラとルートが同行した。

1458　11章77-82節参照。

1459　通行人、旅行者を襲う。

そしてわれらの使徒（天使）たちがイブラーヒームの許に吉報と共に訪れた時、彼らは言った。「まことに、われらはこの町の住民を滅ぼす者である。まことに、その住民は不正な者たちであった[1460]」。(29：31)

彼は言った。「そこにはルートがおります」。彼らは言った。「われらはそこにだれがいるかを一層良く知っている。われらは彼と彼の家族を必ずや救うであろう。ただし、彼の妻は別で、彼女は後に残る者たちの一人であった」。(29：32)

そしてわれらの使徒がルートの許に来た時、彼は彼らのことで悩み、彼らを守る腕《うで》（力《ちから》）が及ばなかった。すると、彼らは言った。「恐れなくてよい。また悲しまなくてよい。まことにわれらはおまえとおまえの家族を救う者であるが、ただし、おまえの妻は別で、彼女は後に残る者たち（の一人）であった」。(29：33)

وَلَمَّا جَآءَتۡ رُسُلُنَآ إِبۡرَٰهِيمَ بِٱلۡبُشۡرَىٰ قَالُوٓاْ إِنَّا مُهۡلِكُوٓاْ
أَهۡلِ هَٰذِهِ ٱلۡقَرۡيَةِۖ إِنَّ أَهۡلَهَا كَانُواْ ظَٰلِمِينَ ٣١
قَالَ إِنَّ فِيهَا لُوطٗاۚ قَالُواْ نَحۡنُ أَعۡلَمُ بِمَن فِيهَاۖ لَنُنَجِّيَنَّهُۥ
وَأَهۡلَهُۥٓ إِلَّا ٱمۡرَأَتَهُۥ كَانَتۡ مِنَ ٱلۡغَٰبِرِينَ ٣٢ وَلَمَّآ
أَن جَآءَتۡ رُسُلُنَا لُوطٗا سِيٓءَ بِهِمۡ وَضَاقَ بِهِمۡ ذَرۡعٗاۖ
وَقَالُواْ لَا تَخَفۡ وَلَا تَحۡزَنۡ إِنَّا مُنَجُّوكَ وَأَهۡلَكَ إِلَّا
ٱمۡرَأَتَكَ كَانَتۡ مِنَ ٱلۡغَٰبِرِينَ ٣٣ إِنَّا مُنزِلُونَ عَلَىٰٓ أَهۡلِ
هَٰذِهِ ٱلۡقَرۡيَةِ رِجۡزٗا مِّنَ ٱلسَّمَآءِ بِمَا كَانُواْ يَفۡسُقُونَ
٣٤ وَلَقَد تَّرَكۡنَا مِنۡهَآ ءَايَةَۢ بَيِّنَةٗ لِّقَوۡمٖ يَعۡقِلُونَ
٣٥ وَإِلَىٰ مَدۡيَنَ أَخَاهُمۡ شُعَيۡبٗا فَقَالَ يَٰقَوۡمِ ٱعۡبُدُواْ ٱللَّهَ
وَٱرۡجُواْ ٱلۡيَوۡمَ ٱلۡأٓخِرَ وَلَا تَعۡثَوۡاْ فِي ٱلۡأَرۡضِ مُفۡسِدِينَ
٣٦ فَكَذَّبُوهُ فَأَخَذَتۡهُمُ ٱلرَّجۡفَةُ فَأَصۡبَحُواْ فِي دَارِهِمۡ
جَٰثِمِينَ ٣٧ وَعَادٗا وَثَمُودَاْ وَقَد تَّبَيَّنَ لَكُم
مِّن مَّسَٰكِنِهِمۡۖ وَزَيَّنَ لَهُمُ ٱلشَّيۡطَٰنُ أَعۡمَٰلَهُمۡ
فَصَدَّهُمۡ عَنِ ٱلسَّبِيلِ وَكَانُواْ مُسۡتَبۡصِرِينَ ٣٨

「まことに、われらはこの町の住民に、彼らが違背したものゆえに天から罰を下す者である」。(29：34)

そして確かにわれらは理解する民のためにそれから明白な徴を残した。(29：35)

また、マドヤン（の民）には、彼らの同胞シュアイブを（遣わした）[1461]。そこで、彼は言った。「わが民よ、アッラーに仕え、最後の日（の報酬）を待望し、害悪をなす者たちとなり地上で罪を犯してはならない」。(29：36)

だが、彼らは彼を嘘だと否定し、それで、大地震が彼らを捉え、彼らは家の中で屈んだまま（死んで）朝を迎えた。(29：37)

また、アード（族）とサムード（族）をも（われらは滅ぼした）。そして（彼らの滅亡は）おまえたちにはすでに彼らの住まい（の遺跡）から明白となっている。そして悪魔は彼らに彼らの諸行為を飾った。そして、彼らは洞察力があったにもかかわらず彼（悪魔）は彼らを道から逸らした。(29：38)

1460　11 章 69-76 節参照。
1461　11 章 84-95 節参照。

وَقَٰرُونَ وَفِرْعَوْنَ وَهَٰمَٰنَ ۖ وَلَقَدْ جَآءَهُم مُّوسَىٰ بِٱلْبَيِّنَٰتِ
فَٱسْتَكْبَرُوا۟ فِى ٱلْأَرْضِ وَمَا كَانُوا۟ سَٰبِقِينَ ٣٩
فَكُلًّا أَخَذْنَا بِذَنۢبِهِۦ ۖ فَمِنْهُم مَّنْ أَرْسَلْنَا عَلَيْهِ حَاصِبًا
وَمِنْهُم مَّنْ أَخَذَتْهُ ٱلصَّيْحَةُ وَمِنْهُم مَّنْ خَسَفْنَا بِهِ
ٱلْأَرْضَ وَمِنْهُم مَّنْ أَغْرَقْنَا ۚ وَمَا كَانَ ٱللَّهُ لِيَظْلِمَهُمْ
وَلَٰكِن كَانُوٓا۟ أَنفُسَهُمْ يَظْلِمُونَ ٤٠ مَثَلُ ٱلَّذِينَ
ٱتَّخَذُوا۟ مِن دُونِ ٱللَّهِ أَوْلِيَآءَ كَمَثَلِ ٱلْعَنكَبُوتِ
ٱتَّخَذَتْ بَيْتًا ۖ وَإِنَّ أَوْهَنَ ٱلْبُيُوتِ لَبَيْتُ ٱلْعَنكَبُوتِ ۚ
لَوْ كَانُوا۟ يَعْلَمُونَ ٤١ إِنَّ ٱللَّهَ يَعْلَمُ مَا يَدْعُونَ مِن
دُونِهِۦ مِن شَىْءٍ ۚ وَهُوَ ٱلْعَزِيزُ ٱلْحَكِيمُ ٤٢ وَتِلْكَ
ٱلْأَمْثَٰلُ نَضْرِبُهَا لِلنَّاسِ ۖ وَمَا يَعْقِلُهَآ إِلَّا ٱلْعَٰلِمُونَ
٤٣ خَلَقَ ٱللَّهُ ٱلسَّمَٰوَٰتِ وَٱلْأَرْضَ بِٱلْحَقِّ ۚ إِنَّ فِى ذَٰلِكَ
لَءَايَةً لِّلْمُؤْمِنِينَ ٤٤ ٱتْلُ مَآ أُوحِىَ إِلَيْكَ مِنَ ٱلْكِتَٰبِ
وَأَقِمِ ٱلصَّلَوٰةَ ۖ إِنَّ ٱلصَّلَوٰةَ تَنْهَىٰ عَنِ ٱلْفَحْشَآءِ
وَٱلْمُنكَرِ ۗ وَلَذِكْرُ ٱللَّهِ أَكْبَرُ ۗ وَٱللَّهُ يَعْلَمُ مَا تَصْنَعُونَ ٤٥

そして、カールーン[1462]とフィルアウンとハーマーン[1463]をも(われらは滅ぼした)。そして確かに彼らにはムーサーが明証を携えて訪れたが、彼らはこの地で尊大となった。だが、彼らは先んじる者ではなかった[1464]。(29：39)

そこで、われらはいずれの者もその罪によって捕えた。それで彼らの中にはわれらが小石を撒き散らす強風を送った者(ルートの民やアード族のように)もいれば、彼らの中には叫び声が捕えた者(サムード族のように)もいた。また、彼らの中にはわれらが地中に引きずり込んだ者(カールーンのように)もいれば、また、彼らの中にはわれらが溺れさせた者(ヌーフの民や、フィルアウンとその民のように)もいた。そしてアッラーは彼らに不正をなし給うことはなかった。だが、彼らが自分自身に不正をなしたのである。(29：40)

アッラーを差し置いて後見たちを持つ者たちの譬《たと》えは、ちょうど家を作る蜘蛛の譬えのようである。まことに、家のうち最も脆いものは蜘蛛の家である。もし、おまえたちが知っていたならば。(29：41)

まことに、アッラーは彼らが彼を差し置いて祈るどんなものも知り給う。そして彼こそは威力比類なく英明なる御方。(29：42)

そしてそうした譬えが、われらが人々に挙げるものである。だが、知識ある者しかそれを悟らない。(29：43)

アッラーは諸天と地を真理をもって創造し給うた。まことに、その中には信仰者たちへの徴がある。(29：44)

啓典でおまえに啓示されたものを読誦し、礼拝を遵守せよ。まことに、礼拝は醜行と忌み事を禁じる。そして、アッラーの想念・唱名こそはさらに大きい[1465]。そしてアッラーはおまえたちのなすことを知り給う。(29：45)

1462　28章76-82節参照。
1463　28章38節、40章36-37節参照。
1464　アッラーの懲罰を逃れることはできなかった。
1465　アッラーを念ずることは、他のあらゆる崇拝行為、善行に優る。

۞ وَلَا تُجَٰدِلُوٓاْ أَهۡلَ ٱلۡكِتَٰبِ إِلَّا بِٱلَّتِي هِيَ أَحۡسَنُ إِلَّا
ٱلَّذِينَ ظَلَمُواْ مِنۡهُمۡۖ وَقُولُوٓاْ ءَامَنَّا بِٱلَّذِيٓ أُنزِلَ إِلَيۡنَا وَأُنزِلَ
إِلَيۡكُمۡ وَإِلَٰهُنَا وَإِلَٰهُكُمۡ وَٰحِدٞ وَنَحۡنُ لَهُۥ مُسۡلِمُونَ
٤٦ وَكَذَٰلِكَ أَنزَلۡنَآ إِلَيۡكَ ٱلۡكِتَٰبَۚ فَٱلَّذِينَ ءَاتَيۡنَٰهُمُ
ٱلۡكِتَٰبَ يُؤۡمِنُونَ بِهِۦۖ وَمِنۡ هَٰٓؤُلَآءِ مَن يُؤۡمِنُ بِهِۦۚ وَمَا
يَجۡحَدُ بِـَٔايَٰتِنَآ إِلَّا ٱلۡكَٰفِرُونَ ٤٧ وَمَا كُنتَ تَتۡلُواْ مِن
قَبۡلِهِۦ مِن كِتَٰبٖ وَلَا تَخُطُّهُۥ بِيَمِينِكَۖ إِذٗا لَّٱرۡتَابَ
ٱلۡمُبۡطِلُونَ ٤٨ بَلۡ هُوَ ءَايَٰتُۢ بَيِّنَٰتٞ فِي صُدُورِ ٱلَّذِينَ
أُوتُواْ ٱلۡعِلۡمَۚ وَمَا يَجۡحَدُ بِـَٔايَٰتِنَآ إِلَّا ٱلظَّٰلِمُونَ ٤٩ وَقَالُواْ
لَوۡلَآ أُنزِلَ عَلَيۡهِ ءَايَٰتٞ مِّن رَّبِّهِۦۖ قُلۡ إِنَّمَا ٱلۡأٓيَٰتُ عِندَ ٱللَّهِ
وَإِنَّمَآ أَنَا۠ نَذِيرٞ مُّبِينٌ ٥٠ أَوَلَمۡ يَكۡفِهِمۡ أَنَّآ أَنزَلۡنَا عَلَيۡكَ
ٱلۡكِتَٰبَ يُتۡلَىٰ عَلَيۡهِمۡۚ إِنَّ فِي ذَٰلِكَ لَرَحۡمَةٗ وَذِكۡرَىٰ
لِقَوۡمٖ يُؤۡمِنُونَ ٥١ قُلۡ كَفَىٰ بِٱللَّهِ بَيۡنِي وَبَيۡنَكُمۡ
شَهِيدٗاۖ يَعۡلَمُ مَا فِي ٱلسَّمَٰوَٰتِ وَٱلۡأَرۡضِۗ وَٱلَّذِينَ ءَامَنُواْ
بِٱلۡبَٰطِلِ وَكَفَرُواْ بِٱللَّهِ أُوْلَٰٓئِكَ هُمُ ٱلۡخَٰسِرُونَ ٥٢

また啓典の民とはより良いもの（議論）によってでなければ論争してはならない。ただし、彼らのうち不正をなした者は別である。言え、「われらは、われらの許に下され、そしてあなたがたの許に下されたものを信じた。そしてわれらの神とあなたがたの神は一つであり、われらは彼に帰《ム》依《ス》す《リ》る者《ム》である」。(29：46)

そしてこのようにわれらはおまえに啓典（クルアーン）を下した。それゆえわれらが啓典（律法の書、福音書）を授けた者たちはそれを信じる。また、それらの者（マッカの多神教徒）の中にもそれを信じる者がいる。そしてわれらの諸々の徴を否定するのは不信仰者たち以外にない。(29：47)

またおまえはそれ以前に啓典など読んだことはなかったし、おまえの右手でそれを書いたのでもない[1466]。その時には[1467]、虚偽を行う輩は疑いを抱いたであろう。(29：48)

いや、それ（クルアーン）は知識を授けられた者たちの胸の中にある明白な諸々の徴である。そしてわれらの諸々の徴を否定するのは不正な者以外にない。(29：49)

だが、彼らは言った。「彼には彼の主からの諸々の徴が下されないのは何故か」。言え、「まことに諸々の徴はアッラーの御許にあり、まことに私は明白な警告者にすぎない」。(29：50)

われらが、彼らに読み聞かされる啓典をおまえに下したということで彼らには十分ではないのか。まことに、その中には信仰する民への慈悲と訓戒がある。(29：51)

言え、「私とあなたがたの間の証言者としてはアッラーで万全である。彼は諸天と地にあるものを知り給う。そして虚偽を信じ、アッラーを拒んだ者たち、それらの者、彼らこそ損失者である」。(29：52)

1466　「書いたのでもない」ということを彼らは知っている。
1467　もし、お前が以前に啓典を読み、右手でそれを書いていたのであれば。

وَيَسۡتَعۡجِلُونَكَ بِٱلۡعَذَابِ وَلَوۡلَآ أَجَلٞ مُّسَمّٗى لَّجَآءَهُمُ ٱلۡعَذَابُۚ
وَلَيَأۡتِيَنَّهُم بَغۡتَةٗ وَهُمۡ لَا يَشۡعُرُونَ ﴿٥٣﴾ يَسۡتَعۡجِلُونَكَ بِٱلۡعَذَابِ
وَإِنَّ جَهَنَّمَ لَمُحِيطَةُۢ بِٱلۡكَٰفِرِينَ ﴿٥٤﴾ يَوۡمَ يَغۡشَىٰهُمُ ٱلۡعَذَابُ
مِن فَوۡقِهِمۡ وَمِن تَحۡتِ أَرۡجُلِهِمۡ وَيَقُولُ ذُوقُواْ مَا كُنتُمۡ تَعۡمَلُونَ
﴿٥٥﴾ يَٰعِبَادِيَ ٱلَّذِينَ ءَامَنُوٓاْ إِنَّ أَرۡضِي وَٰسِعَةٞ فَإِيَّٰيَ فَٱعۡبُدُونِ
﴿٥٦﴾ كُلُّ نَفۡسٖ ذَآئِقَةُ ٱلۡمَوۡتِۖ ثُمَّ إِلَيۡنَا تُرۡجَعُونَ ﴿٥٧﴾ وَٱلَّذِينَ
ءَامَنُواْ وَعَمِلُواْ ٱلصَّٰلِحَٰتِ لَنُبَوِّئَنَّهُم مِّنَ ٱلۡجَنَّةِ غُرَفٗا تَجۡرِي
مِن تَحۡتِهَا ٱلۡأَنۡهَٰرُ خَٰلِدِينَ فِيهَاۚ نِعۡمَ أَجۡرُ ٱلۡعَٰمِلِينَ ﴿٥٨﴾ ٱلَّذِينَ
صَبَرُواْ وَعَلَىٰ رَبِّهِمۡ يَتَوَكَّلُونَ ﴿٥٩﴾ وَكَأَيِّن مِّن دَآبَّةٖ لَّا تَحۡمِلُ
رِزۡقَهَا ٱللَّهُ يَرۡزُقُهَا وَإِيَّاكُمۡۚ وَهُوَ ٱلسَّمِيعُ ٱلۡعَلِيمُ ﴿٦٠﴾ وَلَئِن
سَأَلۡتَهُم مَّنۡ خَلَقَ ٱلسَّمَٰوَٰتِ وَٱلۡأَرۡضَ وَسَخَّرَ ٱلشَّمۡسَ وَٱلۡقَمَرَ
لَيَقُولُنَّ ٱللَّهُۖ فَأَنَّىٰ يُؤۡفَكُونَ ﴿٦١﴾ ٱللَّهُ يَبۡسُطُ ٱلرِّزۡقَ لِمَن يَشَآءُ مِنۡ
عِبَادِهِۦ وَيَقۡدِرُ لَهُۥٓۚ إِنَّ ٱللَّهَ بِكُلِّ شَيۡءٍ عَلِيمٞ ﴿٦٢﴾ وَلَئِن سَأَلۡتَهُم
مَّن نَّزَّلَ مِنَ ٱلسَّمَآءِ مَآءٗ فَأَحۡيَا بِهِ ٱلۡأَرۡضَ مِنۢ بَعۡدِ مَوۡتِهَا
لَيَقُولُنَّ ٱللَّهُۚ قُلِ ٱلۡحَمۡدُ لِلَّهِۚ بَلۡ أَكۡثَرُهُمۡ لَا يَعۡقِلُونَ ﴿٦٣﴾

また彼らはおまえに懲罰を急《せ》かす。だが、もし定められた期限がなければ、彼らには懲罰が必ずや訪れたであろう。そして、それは、彼らの許に突然、彼らが気づかない間に来るであろう。(29：53)

彼らはおまえに懲罰を急《せ》かす。だが、まことに火獄《ジャハンナム》は不信仰者たちを取り囲んでいるのである。(29：54)

彼らの上から、そして、彼らの足の下から懲罰が彼らを襲う日、彼(アッラー)は仰せられる。「おまえたちがなしてきたことを味わえ」。(29：55)

信仰したわが僕《しもべ》たちよ、まことにわが大地は広い。それゆえ、われにこそ仕えよ[1468]。(29：56)

あらゆる魂は死を味わう。それから、われらの許におまえたちは戻される。(29：57)

そして、信仰し、善行をなした者、われらは必ずや彼らを楽園の高殿(高層)に住まわせよう。その下に河川が流れ、彼らはそこに永遠に。行為者たちの報酬のなんと良いものよ。(29：58)

(彼らは)忍耐し、彼らの主に一任する者たちである。(29：59)

またどれほどの動物が己の糧を背負えずにいるか。アッラーがそれに糧を与え、おまえたちにも。そして彼はよく聴き知り給う御方。(29：60)

またもしおまえが彼らに、「諸天と地を創造し、太陽と月を従わせたのは誰か」と問えば、「アッラーである」と必ずや言うであろう。それならば、どうして彼らは迷い去らされるのか。(29：61)

アッラーは彼の僕《しもべ》たちのうちの御望みの者に糧を広げ、また、彼に制限し給う。まことに、アッラーはあらゆるものについてよく知り給う御方。(29：62)

また、もしもおまえが彼らに、「だれが天から水を降らし、大地をその(大地の)死の後にそれ(水)によって生き返らせたのか」と問えば、「アッラーである」と必ずや言うであろう。言え、「称賛はアッラーに帰す」。だが、彼らの大半は悟らない。(29：63)

1468　迫害を恐れてイスラームの公表、実践ができないようなら、アッラーお独りに崇拝を捧げられる土地に移住せよ。

そしてこの現世は戯れ、遊びにほかならない。そしてまことに、来世の館、それこそ(真の)生である。もし、彼らが知っていたならば[1469]。(29：64)

また彼らは船に乗った時にはアッラーに対して彼のみに信心して祈ったが、われらが彼らを陸に救うと、途端に、彼らは多神を配する。(29：65)

われらが彼らに授けたものに感謝せず、享楽に耽るのである。そしていずれ、彼らは知るであろう。(29：66)

彼ら(マッカの多神教徒)は見なかったのか、われらが(マッカを)安全な聖域となしたのを。彼らの周りでは人々が強奪されているのである[1470]。それなのに、彼らは虚偽を信じ、アッラーの恩寵を(不信仰にも)感謝しないのか。(29：67)

またアッラーについて虚偽を捏造したか、あるいは自分に真理がもたらされた時にそれを嘘だと否定した者より不正な者が誰かあろうか。火獄《ジャハンナム》の中には不信仰者たちのための住まいがないというのか。(29：68)

وَمَا هَٰذِهِ الْحَيَاةُ الدُّنْيَا إِلَّا لَهْوٌ وَلَعِبٌ ۚ وَإِنَّ الدَّارَ الْآخِرَةَ لَهِيَ
الْحَيَوَانُ ۚ لَوْ كَانُوا يَعْلَمُونَ ﴿٦٤﴾ فَإِذَا رَكِبُوا فِي الْفُلْكِ دَعَوُا اللَّهَ
مُخْلِصِينَ لَهُ الدِّينَ فَلَمَّا نَجَّاهُمْ إِلَى الْبَرِّ إِذَا هُمْ يُشْرِكُونَ ﴿٦٥﴾
لِيَكْفُرُوا بِمَا آتَيْنَاهُمْ وَلِيَتَمَتَّعُوا ۖ فَسَوْفَ يَعْلَمُونَ ﴿٦٦﴾
أَوَلَمْ يَرَوْا أَنَّا جَعَلْنَا حَرَمًا آمِنًا وَيُتَخَطَّفُ النَّاسُ مِنْ
حَوْلِهِمْ ۚ أَفَبِالْبَاطِلِ يُؤْمِنُونَ وَبِنِعْمَةِ اللَّهِ يَكْفُرُونَ ﴿٦٧﴾
وَمَنْ أَظْلَمُ مِمَّنِ افْتَرَىٰ عَلَى اللَّهِ كَذِبًا أَوْ كَذَّبَ بِالْحَقِّ لَمَّا جَاءَهُ ۚ
أَلَيْسَ فِي جَهَنَّمَ مَثْوًى لِلْكَافِرِينَ ﴿٦٨﴾ وَالَّذِينَ جَاهَدُوا
فِينَا لَنَهْدِيَنَّهُمْ سُبُلَنَا ۚ وَإِنَّ اللَّهَ لَمَعَ الْمُحْسِنِينَ ﴿٦٩﴾

سُورَةُ الرُّومِ

بِسْمِ اللَّهِ الرَّحْمَٰنِ الرَّحِيمِ

الم ﴿١﴾ غُلِبَتِ الرُّومُ ﴿٢﴾ فِي أَدْنَى الْأَرْضِ وَهُمْ مِنْ
بَعْدِ غَلَبِهِمْ سَيَغْلِبُونَ ﴿٣﴾ فِي بِضْعِ سِنِينَ ۗ لِلَّهِ الْأَمْرُ
مِنْ قَبْلُ وَمِنْ بَعْدُ ۚ وَيَوْمَئِذٍ يَفْرَحُ الْمُؤْمِنُونَ ﴿٤﴾
بِنَصْرِ اللَّهِ ۚ يَنْصُرُ مَنْ يَشَاءُ ۖ وَهُوَ الْعَزِيزُ الرَّحِيمُ ﴿٥﴾

一方、われらにおいて奮闘《ジハード》した者たち、われらは彼らをわれらの道に必ずや導く。まことに、アッラーは善を尽くす者たちと共にあらせられる。(29：69)

第30章　(東)ローマ …… سورة الروم

マッカ垂示

冒頭の(東)ローマのペルシャに対する敗北と数年後の勝利の予言に因んで「(東)ローマ」章と呼ばれる。本章では、イスラームが人間の天性に適った宗教であること(30節)、利息ではなく浄財こそが真の富を増し加える利殖であること(39節)が教えられる。

慈悲あまねく慈悲深きアッラーの御名において

アリフ・ラーム・ミーム。(30：1)

(東)ローマ(ギリシャ人)は制圧された[1471]。(30：2)

1469　消えさる現世を永続する来世よりも大切にすることはなかったであろう。

1470　マッカの周辺地域では人々に対する強奪が行われているにも関わらず、マッカは安全であり、これはアッラーからの明白な恩寵である。

1471　613年から616年にかけてササン朝ペルシャのホスロー二世(在位590-628年)は(東)ローマ帝国のシリア地方を攻略し首都コンスタンチノープルを包囲するまでに至った。しかしその後(東)ローマ帝国のヘラクリウス帝(在位610-641年)の622年から626年にかけての反攻によりペルシャ軍は

وَعْدَ ٱللَّهِ ۖ لَا يُخْلِفُ ٱللَّهُ وَعْدَهُۥ وَلَٰكِنَّ أَكْثَرَ ٱلنَّاسِ لَا يَعْلَمُونَ
٦ يَعْلَمُونَ ظَٰهِرًا مِّنَ ٱلْحَيَوٰةِ ٱلدُّنْيَا وَهُمْ عَنِ ٱلْءَاخِرَةِ هُمْ
غَٰفِلُونَ ٧ أَوَلَمْ يَتَفَكَّرُوا۟ فِىٓ أَنفُسِهِم ۗ مَّا خَلَقَ ٱللَّهُ ٱلسَّمَٰوَٰتِ
وَٱلْأَرْضَ وَمَا بَيْنَهُمَآ إِلَّا بِٱلْحَقِّ وَأَجَلٍ مُّسَمًّى ۗ وَإِنَّ كَثِيرًا
مِّنَ ٱلنَّاسِ بِلِقَآئِ رَبِّهِمْ لَكَٰفِرُونَ ٨ أَوَلَمْ يَسِيرُوا۟ فِى
ٱلْأَرْضِ فَيَنظُرُوا۟ كَيْفَ كَانَ عَٰقِبَةُ ٱلَّذِينَ مِن قَبْلِهِمْ ۚ كَانُوٓا۟
أَشَدَّ مِنْهُمْ قُوَّةً وَأَثَارُوا۟ ٱلْأَرْضَ وَعَمَرُوهَآ أَكْثَرَ مِمَّا
عَمَرُوهَا وَجَآءَتْهُمْ رُسُلُهُم بِٱلْبَيِّنَٰتِ ۖ فَمَا كَانَ ٱللَّهُ
لِيَظْلِمَهُمْ وَلَٰكِن كَانُوٓا۟ أَنفُسَهُمْ يَظْلِمُونَ ٩ ثُمَّ كَانَ
عَٰقِبَةَ ٱلَّذِينَ أَسَٰٓـُٔوا۟ ٱلسُّوٓأَىٰٓ أَن كَذَّبُوا۟ بِـَٔايَٰتِ ٱللَّهِ وَكَانُوا۟
بِهَا يَسْتَهْزِءُونَ ١٠ ٱللَّهُ يَبْدَؤُا۟ ٱلْخَلْقَ ثُمَّ يُعِيدُهُۥ ثُمَّ إِلَيْهِ تُرْجَعُونَ
١١ وَيَوْمَ تَقُومُ ٱلسَّاعَةُ يُبْلِسُ ٱلْمُجْرِمُونَ ١٢ وَلَمْ يَكُن لَّهُم مِّن
شُرَكَآئِهِمْ شُفَعَٰٓؤُا۟ وَكَانُوا۟ بِشُرَكَآئِهِمْ كَٰفِرِينَ
١٣ وَيَوْمَ تَقُومُ ٱلسَّاعَةُ يَوْمَئِذٍ يَتَفَرَّقُونَ ١٤ فَأَمَّا ٱلَّذِينَ
ءَامَنُوا۟ وَعَمِلُوا۟ ٱلصَّٰلِحَٰتِ فَهُمْ فِى رَوْضَةٍ يُحْبَرُونَ ١٥

この地の近くで。だが、彼らは彼らの敗北の後、いずれ制圧するであろう。(30：3)

数年のうちに。前からも後からも[1472]、物事はアッラーに属す。そしてその日、信仰者たちは喜ぶ。(30：4)

アッラーの援けに。彼は御望みの者を援け給う。そして彼は威力比類なく、慈悲深き御方。(30：5)

（それを）アッラーの約束として（約束し給うた）。アッラーは彼の約束を違え給わない。だが、人々の大半は知らない。(30：6)

現世の表面を彼らは知るが、彼らは来世について、彼らこそは不注意な者である。(30：7)

彼らは己自身について熟考しないのか。アッラーが諸天と地とその間のものを創り給うたのは、真理と定めの期限と共に（創り給うたのに）ほかならない。だが、人々の多くは彼らの主との会見を拒む者である。(30：8)

彼らは大地を旅し、（アッラーに滅ぼされた）彼ら以前の者たちの末路がいかなるものであったかを見たことがないのか。彼らは彼らよりも力において強く、大地を耕し、彼らが建てたよりも多くそれ（大地）に建てた。また、彼らの許には彼らの使徒たちが諸々の明証を携えてやって来た。それゆえアッラーが彼らに不正をなし給うたのではなく、彼らが、己自身に不正をなしたのである。(30：9)

それから、悪をなした者たちの結末は最悪である。彼らがアッラーの諸々の徴を嘘として否定し、それを笑いものにしていたこと故に。(30：10)

アッラーは創造を始め、それから、それを繰り返し給い、それから彼の御許におまえたちは戻されるのである。(30：11)

そして時が到来する日、罪人たちは意気消沈する。(30：12)

そして彼らには彼らの共同者たち（偶像神）からの（彼らを助けるための）執り成しはなかったのであり、彼らは彼らの共同者たちを拒む（絶縁する）者であった。(30：13)

そして時が到来する日、その日、彼ら（人々）はばらばらに分けられる。(30：14)

そして信仰し、善行をなした者たち、彼らは庭園（楽園）で歓待される。(30：15)

（東）ローマ帝国から一掃された。

1472　東ローマの敗北以前も、それ以後も。

وَأَمَّا ٱلَّذِينَ كَفَرُوا۟ وَكَذَّبُوا۟ بِـَٔايَٰتِنَا وَلِقَآئِ ٱلْـَٔاخِرَةِ
فَأُو۟لَٰٓئِكَ فِى ٱلْعَذَابِ مُحْضَرُونَ ١٦ فَسُبْحَٰنَ ٱللَّهِ حِينَ تُمْسُونَ
وَحِينَ تُصْبِحُونَ ١٧ وَلَهُ ٱلْحَمْدُ فِى ٱلسَّمَٰوَٰتِ وَٱلْأَرْضِ
وَعَشِيًّا وَحِينَ تُظْهِرُونَ ١٨ يُخْرِجُ ٱلْحَىَّ مِنَ ٱلْمَيِّتِ وَيُخْرِجُ
ٱلْمَيِّتَ مِنَ ٱلْحَىِّ وَيُحْىِ ٱلْأَرْضَ بَعْدَ مَوْتِهَا ۚ وَكَذَٰلِكَ تُخْرَجُونَ
١٩ وَمِنْ ءَايَٰتِهِۦٓ أَنْ خَلَقَكُم مِّن تُرَابٍ ثُمَّ إِذَآ أَنتُم بَشَرٌ
تَنتَشِرُونَ ٢٠ وَمِنْ ءَايَٰتِهِۦٓ أَنْ خَلَقَ لَكُم مِّنْ أَنفُسِكُمْ
أَزْوَٰجًا لِّتَسْكُنُوٓا۟ إِلَيْهَا وَجَعَلَ بَيْنَكُم مَّوَدَّةً وَرَحْمَةً
إِنَّ فِى ذَٰلِكَ لَـَٔايَٰتٍ لِّقَوْمٍ يَتَفَكَّرُونَ ٢١ وَمِنْ ءَايَٰتِهِۦ
خَلْقُ ٱلسَّمَٰوَٰتِ وَٱلْأَرْضِ وَٱخْتِلَٰفُ أَلْسِنَتِكُمْ وَأَلْوَٰنِكُمْ
إِنَّ فِى ذَٰلِكَ لَـَٔايَٰتٍ لِّلْعَٰلِمِينَ ٢٢ وَمِنْ ءَايَٰتِهِۦ مَنَامُكُم
بِٱلَّيْلِ وَٱلنَّهَارِ وَٱبْتِغَآؤُكُم مِّن فَضْلِهِۦٓ ۚ إِنَّ فِى ذَٰلِكَ
لَـَٔايَٰتٍ لِّقَوْمٍ يَسْمَعُونَ ٢٣ وَمِنْ ءَايَٰتِهِۦ يُرِيكُمُ ٱلْبَرْقَ
خَوْفًا وَطَمَعًا وَيُنَزِّلُ مِنَ ٱلسَّمَآءِ مَآءً فَيُحْىِۦ بِهِ ٱلْأَرْضَ
بَعْدَ مَوْتِهَآ ۚ إِنَّ فِى ذَٰلِكَ لَـَٔايَٰتٍ لِّقَوْمٍ يَعْقِلُونَ ٢٤

だが一方、信仰を拒み、われらの諸々の徴と来世での会見を嘘として否定した者たち、それらの者は懲罰に立ち会わされる。(30：16)

それゆえ、称えあれ、アッラーこそ超越者、晩を迎える時、そして、朝を迎える時に(彼を称えよ)[1473]。(30：17)

—そして彼にこそ、諸天と地において称賛は帰される—　夕暮れにも、真昼を迎える時にも(彼を称えよ)。(30：18)

彼は死者から生者を出でさせ、生者から死者を出でさせ給う。そして、大地をその死の後に生き返らせ給う。そしてこのようにおまえたちも引き出されるのである。(30：19)

また彼の諸々の徴には、彼がおまえたち[1474]を土くれから創り給うたことがある。そして[1475]、するとどうだ、おまえたちは人間となり、(地上に)散って広がっている。(30：20)

また、彼の諸々の徴の一つに、彼がおまえたちに、おまえたち自身から伴侶を[1476]、彼女の許に安住するようにと創り給うたことがある。また、彼はおまえたちの間に愛情と慈悲をなし給うた。まことに、その中には熟考する民への徴がある。(30：21)

また、彼の諸々の徴の一つに、諸天と地の創造、おまえたちの舌(言語)と色の相違がある。まことに、その中には、知識ある者たちへの徴がある。(30：22)

また、彼の諸々の徴の一つに、夜と昼におけるおまえたちの眠りと、彼の御恵み(糧)を求めることがある[1477]。まことに、その中には聞く民への諸々の徴がある。(30：23)

また、彼の諸々の徴の一つとして、彼はおまえたちに稲光を恐怖として、また、(降雨の)期待として見せ給い、天から水を降らせ、それによって大地をその死の後に生き返らせ給う(ことがある)。まことに、その中には理解する民への諸々の徴がある。(30：24)

1473　朝な夕なにアッラーを賛美し礼拝せよ。

1474　おまえたちの祖であるアーダムを。

1475　時が経過し。

1476　16章72節参照。

1477　「夜におけるおまえたちの眠りと、昼において彼の御恵みを求めることがある」との解釈もある。

وَمِنْ ءَايَٰتِهِۦٓ أَن تَقُومَ ٱلسَّمَآءُ وَٱلْأَرْضُ بِأَمْرِهِۦ ۚ ثُمَّ إِذَا دَعَاكُمْ
دَعْوَةً مِّنَ ٱلْأَرْضِ إِذَآ أَنتُمْ تَخْرُجُونَ ﴿٢٥﴾ وَلَهُۥ مَن فِى ٱلسَّمَٰوَٰتِ
وَٱلْأَرْضِ ۖ كُلٌّ لَّهُۥ قَٰنِتُونَ ﴿٢٦﴾ وَهُوَ ٱلَّذِى يَبْدَؤُا۟ ٱلْخَلْقَ ثُمَّ
يُعِيدُهُۥ وَهُوَ أَهْوَنُ عَلَيْهِ ۚ وَلَهُ ٱلْمَثَلُ ٱلْأَعْلَىٰ فِى ٱلسَّمَٰوَٰتِ
وَٱلْأَرْضِ ۚ وَهُوَ ٱلْعَزِيزُ ٱلْحَكِيمُ ﴿٢٧﴾ ضَرَبَ لَكُم مَّثَلًا
مِّنْ أَنفُسِكُمْ ۖ هَل لَّكُم مِّن مَّا مَلَكَتْ أَيْمَٰنُكُم مِّن
شُرَكَآءَ فِى مَا رَزَقْنَٰكُمْ فَأَنتُمْ فِيهِ سَوَآءٌ تَخَافُونَهُمْ
كَخِيفَتِكُمْ أَنفُسَكُمْ ۚ كَذَٰلِكَ نُفَصِّلُ ٱلْءَايَٰتِ لِقَوْمٍ
يَعْقِلُونَ ﴿٢٨﴾ بَلِ ٱتَّبَعَ ٱلَّذِينَ ظَلَمُوٓا۟ أَهْوَآءَهُم بِغَيْرِ عِلْمٍ ۖ
فَمَن يَهْدِى مَنْ أَضَلَّ ٱللَّهُ ۖ وَمَا لَهُم مِّن نَّٰصِرِينَ ﴿٢٩﴾ فَأَقِمْ
وَجْهَكَ لِلدِّينِ حَنِيفًا ۚ فِطْرَتَ ٱللَّهِ ٱلَّتِى فَطَرَ ٱلنَّاسَ عَلَيْهَا ۚ
لَا تَبْدِيلَ لِخَلْقِ ٱللَّهِ ۚ ذَٰلِكَ ٱلدِّينُ ٱلْقَيِّمُ وَلَٰكِنَّ أَكْثَرَ
ٱلنَّاسِ لَا يَعْلَمُونَ ﴿٣٠﴾ ۞ مُنِيبِينَ إِلَيْهِ وَٱتَّقُوهُ وَأَقِيمُوا۟
ٱلصَّلَوٰةَ وَلَا تَكُونُوا۟ مِنَ ٱلْمُشْرِكِينَ ﴿٣١﴾ مِنَ ٱلَّذِينَ فَرَّقُوا۟
دِينَهُمْ وَكَانُوا۟ شِيَعًا ۖ كُلُّ حِزْبٍۭ بِمَا لَدَيْهِمْ فَرِحُونَ ﴿٣٢﴾

また、彼の諸々の徴の一つに、天と地が彼(アッラー)の御命令によって立ち、それから、彼が大地からの(復活の)呼びかけでおまえたちを呼び給うと、するとただちにおまえたちが現れることがある。(30：25)

そして彼にこそ、諸天と地の者は属し、すべてのものは彼に服している。(30：26)

そして彼こそは創造を始め、それからそれを繰り返す御方。それ(創造の繰り返し)は彼にとっては(創造よりも)さらに容易いこと。彼にこそ天と地における最高の譬《たと》え[1478]は属す。そして彼こそは威力比類なく、英明なる御方。(30：27)

彼はおまえたちに、おまえたち自身から譬えを挙げ給うた。おまえたちには、われらがおまえたちに糧と与えたものにおいておまえたちの右手が所有するもの(奴隷)である共同者たちがあり、そしてそれ(糧)においておまえたち(自由人と奴隷)が同等で、おまえたち自身に対するおまえたちの恐れのように[1479]おまえたちが彼ら(奴隷)を恐れるようなことがあろうか(いや、ない)[1480]。このようにわれらは、理解する民にわれらの諸々の徴を解説する。(30：28)

いや、不正をなした者たちは知識もないまま、己の妄執に従った。そしてアッラーが迷わせ給うた者を誰が導けようか。そして彼らには、援助者たちなどいないのである。(30：29)

それゆえ、おまえの顔を、ひたむきにこの宗教に直面せしめよ。彼(アッラー)が人々に造り給うたアッラーの本性を(遵守せよ)[1481]。アッラーの創造に変更はない。それこそ正しい宗教である。だが、人々の大半は知らない。(30：30)

彼の許に悔いて帰った者たちとして(遵守せよ)。そして、彼を畏れ身を守れ。また、礼拝を遵守し、多神教徒たち(の一人)となってはならない。(30：31)

己の宗教を分裂させ、党派となる者たちの(一人となってはならない)。どの党も己の手許にあるもの(宗教)に喜ぶ。(30：32)

1478　属性。また、アッラーと同様のものは存在しない、の意。

1479　おまえたち自由人が他の自由人の共同者たちを糧(財産)の分配において恐れ合うように。

1480　おまえたちは奴隷がおまえたちの財産の共同者となることを拒むというのに、何故アッラーに彼の被造物を共同者として併置するのか。

1481　イスラームは人間の本性に適った宗教である。それゆえ「全ての新生児は本性の上に生まれる。ただその両親が彼をユダヤ教徒やキリスト教徒にするのである」とのハディースにあるように、人間はイスラームの本性を持って生まれるが、親の教育により、異教に染まっていくのである。

وَإِذَا مَسَّ ٱلنَّاسَ ضُرٌّ دَعَوْا۟ رَبَّهُم مُّنِيبِينَ إِلَيْهِ ثُمَّ إِذَآ أَذَاقَهُم
مِّنْهُ رَحْمَةً إِذَا فَرِيقٌ مِّنْهُم بِرَبِّهِمْ يُشْرِكُونَ ﴿٣٣﴾ لِيَكْفُرُوا۟ بِمَآ
ءَاتَيْنَٰهُمْ ۚ فَتَمَتَّعُوا۟ فَسَوْفَ تَعْلَمُونَ ﴿٣٤﴾ أَمْ أَنزَلْنَا عَلَيْهِمْ
سُلْطَٰنًا فَهُوَ يَتَكَلَّمُ بِمَا كَانُوا۟ بِهِۦ يُشْرِكُونَ ﴿٣٥﴾ وَإِذَآ أَذَقْنَا
ٱلنَّاسَ رَحْمَةً فَرِحُوا۟ بِهَا ۖ وَإِن تُصِبْهُمْ سَيِّئَةٌۢ بِمَا قَدَّمَتْ أَيْدِيهِمْ
إِذَا هُمْ يَقْنَطُونَ ﴿٣٦﴾ أَوَلَمْ يَرَوْا۟ أَنَّ ٱللَّهَ يَبْسُطُ ٱلرِّزْقَ لِمَن يَشَآءُ
وَيَقْدِرُ ۚ إِنَّ فِى ذَٰلِكَ لَءَايَٰتٍ لِّقَوْمٍ يُؤْمِنُونَ ﴿٣٧﴾ فَـَٔاتِ ذَا ٱلْقُرْبَىٰ
حَقَّهُۥ وَٱلْمِسْكِينَ وَٱبْنَ ٱلسَّبِيلِ ۚ ذَٰلِكَ خَيْرٌ لِّلَّذِينَ يُرِيدُونَ
وَجْهَ ٱللَّهِ ۖ وَأُو۟لَٰٓئِكَ هُمُ ٱلْمُفْلِحُونَ ﴿٣٨﴾ وَمَآ ءَاتَيْتُم مِّن رِّبًا
لِّيَرْبُوَا۟ فِىٓ أَمْوَٰلِ ٱلنَّاسِ فَلَا يَرْبُوا۟ عِندَ ٱللَّهِ ۖ وَمَآ ءَاتَيْتُم مِّن
زَكَوٰةٍ تُرِيدُونَ وَجْهَ ٱللَّهِ فَأُو۟لَٰٓئِكَ هُمُ ٱلْمُضْعِفُونَ ﴿٣٩﴾
ٱللَّهُ ٱلَّذِى خَلَقَكُمْ ثُمَّ رَزَقَكُمْ ثُمَّ يُمِيتُكُمْ ثُمَّ يُحْيِيكُمْ ۖ هَلْ مِن
شُرَكَآئِكُم مَّن يَفْعَلُ مِن ذَٰلِكُم مِّن شَىْءٍ ۚ سُبْحَٰنَهُۥ وَتَعَٰلَىٰ
عَمَّا يُشْرِكُونَ ﴿٤٠﴾ ظَهَرَ ٱلْفَسَادُ فِى ٱلْبَرِّ وَٱلْبَحْرِ بِمَا كَسَبَتْ
أَيْدِى ٱلنَّاسِ لِيُذِيقَهُم بَعْضَ ٱلَّذِى عَمِلُوا۟ لَعَلَّهُمْ يَرْجِعُونَ ﴿٤١﴾

そして、人々を災難が捕えると、己の主に悔いて帰りながら祈るが、それから、彼が彼からの御慈悲を彼らに味わわせると、途端に彼らの一部は己の主に共同者たちを配するのである。(30：33)

そうして彼らはわれらが彼らに与えたものに対する恩を否定する[1482]。そして享楽するがよい。いずれ、おまえたちは知るであろう。(30：34)

それとも、われらが彼らに権威(論拠)を下し、それでそれが、彼らが彼(アッラー)に共同者として配するものについて語るのか。(30：35)

そしてわれらが人々に慈悲を味わわせると、彼らはそれに喜んだ。だが、彼らの手が前もってなしたことゆえに悪しきことが彼らを襲うと、途端に彼らは失望するのである。(30：36)

彼らは見なかったのか、アッラーが彼の御望みの者に糧を広げ、また制限し給うのを。まことに、その中には信仰する民への諸々の徴がある。(30：37)

それゆえ、近親の者に彼の権利を与えよ。そして、貧困者と旅路にある者にも。それは、アッラーの御顔を望む者には一層良い。そしてそれらの者、彼らこそが成功者である。(30：38)

また、おまえたちが利子として ―それが人々の財産において増殖する(利殖となる)ようにと― 与えるもの(貸付金)[1483]、それはアッラーの御許では増殖しない(利殖とならない)。一方、おまえたちがアッラーの御顔を望んで差し出した浄財があれば、それらの者、彼らは倍増させる者たちである[1484]。(30：39)

アッラーはおまえたちを創造し、それからおまえたちに糧を与え、それからおまえたちを死なせ、それからおまえたちを生かす御方におわします。おまえたちの共同者たちのうち、こうしたことのなんらかをなす者がいるか。称えあれ、彼こそは超越者、彼らが共同者たちとして配するものから高く超え給う御方。(30：40)

人々の両手が稼いだものゆえに陸と海に荒廃が現われた。彼(アッラー)が彼らのなしたことの一部を彼らに味わわせ給うためである。きっと彼らも(悔いて)戻るであろうと。(30：41)

1482　「彼らはわれらが彼らに与えたものに対する恩を忘れるが良い」とも解される。
1483　「利息(リバー)」の語義は「増殖」である。
1484　2章245、265節参照。

قُلْ سِيرُوا فِي الْأَرْضِ فَانظُرُوا كَيْفَ كَانَ عَاقِبَةُ الَّذِينَ مِن قَبْلُ
كَانَ أَكْثَرُهُم مُّشْرِكِينَ ﴿٤٢﴾ فَأَقِمْ وَجْهَكَ لِلدِّينِ الْقَيِّمِ مِن
قَبْلِ أَن يَأْتِيَ يَوْمٌ لَّا مَرَدَّ لَهُ مِنَ اللَّهِ يَوْمَئِذٍ يَصَّدَّعُونَ ﴿٤٣﴾ مَن
كَفَرَ فَعَلَيْهِ كُفْرُهُ وَمَنْ عَمِلَ صَالِحًا فَلِأَنفُسِهِمْ يَمْهَدُونَ ﴿٤٤﴾
لِيَجْزِيَ الَّذِينَ آمَنُوا وَعَمِلُوا الصَّالِحَاتِ مِن فَضْلِهِ إِنَّهُ لَا يُحِبُّ
الْكَافِرِينَ ﴿٤٥﴾ وَمِنْ آيَاتِهِ أَن يُرْسِلَ الرِّيَاحَ مُبَشِّرَاتٍ وَلِيُذِيقَكُم
مِّن رَّحْمَتِهِ وَلِتَجْرِيَ الْفُلْكُ بِأَمْرِهِ وَلِتَبْتَغُوا مِن فَضْلِهِ وَلَعَلَّكُمْ
تَشْكُرُونَ ﴿٤٦﴾ وَلَقَدْ أَرْسَلْنَا مِن قَبْلِكَ رُسُلًا إِلَىٰ قَوْمِهِمْ فَجَاءُوهُم
بِالْبَيِّنَاتِ فَانتَقَمْنَا مِنَ الَّذِينَ أَجْرَمُوا وَكَانَ حَقًّا عَلَيْنَا نَصْرُ
الْمُؤْمِنِينَ ﴿٤٧﴾ اللَّهُ الَّذِي يُرْسِلُ الرِّيَاحَ فَتُثِيرُ سَحَابًا فَيَبْسُطُهُ
فِي السَّمَاءِ كَيْفَ يَشَاءُ وَيَجْعَلُهُ كِسَفًا فَتَرَى الْوَدْقَ يَخْرُجُ مِنْ
خِلَالِهِ فَإِذَا أَصَابَ بِهِ مَن يَشَاءُ مِنْ عِبَادِهِ إِذَا هُمْ يَسْتَبْشِرُونَ
﴿٤٨﴾ وَإِن كَانُوا مِن قَبْلِ أَن يُنَزَّلَ عَلَيْهِم مِّن قَبْلِهِ لَمُبْلِسِينَ
﴿٤٩﴾ فَانظُرْ إِلَىٰ آثَارِ رَحْمَتِ اللَّهِ كَيْفَ يُحْيِي الْأَرْضَ بَعْدَ مَوْتِهَا
إِنَّ ذَٰلِكَ لَمُحْيِي الْمَوْتَىٰ وَهُوَ عَلَىٰ كُلِّ شَيْءٍ قَدِيرٌ ﴿٥٠﴾

言え、地上を旅し、以前の者たちの末路がどのようなものだったかを見よ。彼らの大半は多神教徒であった[1485]。(30：42)

それゆえ、おまえの顔を正しい宗教に直面せしめよ、彼(人間)には防御しようがない日(復活の日)がアッラーの許から来る前に。その日、彼らは分裂する。(30：43)

信仰を拒んだ者、彼の上には彼の不信仰(の応報)があり、善行をなした者、彼らは己自身のために(楽園の住まいを)用意する。(30：44)

彼(アッラー)が信仰し、善行をなした者たちに彼の御恵みから報い給うためである。まことに、彼は不信仰者を愛し給わない。(30：45)

また彼の諸々の徴の中に、彼が風を(雨の)吉兆として送り給うことがある。そしてそれは彼がおまえたちに彼の御慈悲を味わわせ給うためであり、また、船が彼の御命令によって進むためであり、おまえたちが彼の御恵みを求めるためである。そしてきっとおまえたちも感謝するであろうと。(30：46)

またかつて、われらはおまえ以前にも使徒たちを彼らの民に遣わし、彼らは様々な明証を携えて彼らの許を訪れた。そこで、われらは罪を犯した者たちに報復した。そして信仰者たちの援けはわれらに対する務めであった。(30：47)

アッラーこそ風を送り給い、それは雲を起こす。また、彼はそれを天に御望みのままに延ばし広げ、それを断片にもなし給う。すると、おまえは、その裂け目から出る雨水を見る。そして彼が彼の僕《しもべ》たちのうちの御望みの者にそれを浴びせ給うたなら、俄然、彼らは喜ぶのである。(30：48)

そして彼らの上にそれが降らされる前、(丁度)その前には彼らは意気消沈する者であった。(30：49)

それゆえ、アッラーの御慈悲の跡をよく見て考えよ。いかに彼が大地をその死の後に生き返らせ給うかについて(考えながら見よ)。まことに、それ(大地を生き返らせる存在)は死者を生き返らせる御方。そして、彼こそはあらゆるものに対して全能なる御方。(30：50)

1485　滅亡の諸理由のうち一番多いものが多神崇拝であった、あるいは、滅ぼされた民の多くは多神教徒の民であった、あるいは滅びの民の中には多神崇拝が出来ない小児や狂人もいたが多数派は多神教徒であった、の意とされる。

وَلَئِنْ أَرْسَلْنَا رِيحًا فَرَأَوْهُ مُصْفَرًّا لَّظَلُّوا۟ مِنۢ بَعْدِهِۦ يَكْفُرُونَ
(٥١) فَإِنَّكَ لَا تُسْمِعُ ٱلْمَوْتَىٰ وَلَا تُسْمِعُ ٱلصُّمَّ ٱلدُّعَآءَ إِذَا وَلَّوْا۟
مُدْبِرِينَ (٥٢) وَمَآ أَنتَ بِهَٰدِ ٱلْعُمْىِ عَن ضَلَٰلَتِهِمْ ۖ إِن تُسْمِعُ إِلَّا
مَن يُؤْمِنُ بِـَٔايَٰتِنَا فَهُم مُّسْلِمُونَ (٥٣) ۞ ٱللَّهُ ٱلَّذِى خَلَقَكُم
مِّن ضَعْفٍ ثُمَّ جَعَلَ مِنۢ بَعْدِ ضَعْفٍ قُوَّةً ثُمَّ جَعَلَ مِنۢ بَعْدِ
قُوَّةٍ ضَعْفًا وَشَيْبَةً ۚ يَخْلُقُ مَا يَشَآءُ ۖ وَهُوَ ٱلْعَلِيمُ ٱلْقَدِيرُ
(٥٤) وَيَوْمَ تَقُومُ ٱلسَّاعَةُ يُقْسِمُ ٱلْمُجْرِمُونَ مَا لَبِثُوا۟ غَيْرَ
سَاعَةٍ ۚ كَذَٰلِكَ كَانُوا۟ يُؤْفَكُونَ (٥٥) وَقَالَ ٱلَّذِينَ أُوتُوا۟
ٱلْعِلْمَ وَٱلْإِيمَٰنَ لَقَدْ لَبِثْتُمْ فِى كِتَٰبِ ٱللَّهِ إِلَىٰ يَوْمِ ٱلْبَعْثِ ۖ
فَهَٰذَا يَوْمُ ٱلْبَعْثِ وَلَٰكِنَّكُمْ كُنتُمْ لَا تَعْلَمُونَ (٥٦) فَيَوْمَئِذٍ
لَّا يَنفَعُ ٱلَّذِينَ ظَلَمُوا۟ مَعْذِرَتُهُمْ وَلَا هُمْ يُسْتَعْتَبُونَ
(٥٧) وَلَقَدْ ضَرَبْنَا لِلنَّاسِ فِى هَٰذَا ٱلْقُرْءَانِ مِن كُلِّ مَثَلٍ ۚ
وَلَئِن جِئْتَهُم بِـَٔايَةٍ لَّيَقُولَنَّ ٱلَّذِينَ كَفَرُوٓا۟ إِنْ أَنتُمْ إِلَّا
مُبْطِلُونَ (٥٨) كَذَٰلِكَ يَطْبَعُ ٱللَّهُ عَلَىٰ قُلُوبِ ٱلَّذِينَ لَا يَعْلَمُونَ
(٥٩) فَٱصْبِرْ إِنَّ وَعْدَ ٱللَّهِ حَقٌّ ۖ وَلَا يَسْتَخِفَّنَّكَ ٱلَّذِينَ لَا يُوقِنُونَ (٦٠)

しかしわれらが風を送り、それ(植物)が黄ばむのを見たならば、彼らはその後で(信仰や恩寵が存在したことを)否定し拒むようになった。(30：51)

そして、まことにおまえは死者たちには聞かせられず、また聾者たちにも、もし彼らが背を向けて立ち去ったなら、呼び声を聞かせられないのである。(30：52)

おまえは、盲人たちを彼らの迷誤から導く者ではない。おまえは、われらの諸々の徴(節)を信じる者たちにしか聞かせられない。彼らこそ帰依した者《ムスリム》である。(30：53)

アッラーこそおまえたちを虚弱さ(精液)から創り給い、それから虚弱さ(幼少)の後を(成人の)強健さとなし給い、それから強健さの後を虚弱さと白髪になし給うた御方。彼は御望みのものを創り給う。そして、彼こそはよく知り給う全能なる御方。(30：54)

そしてかの時が起こる日、罪人たちは、(墓に、あるいは現世に)一時以外には留まらなかったと宣誓する。このように彼らは迷い去らされていた。(30：55)

だが、知識と信仰を授けられた者たちは言った。「おまえたちはアッラーの書[1486]のうちに(予め書き定められた通りに)甦りの日まで留まったのである。そしてこれこそ甦りの日である。だが、おまえたちは知ってはいなかった」。(30：56)

それゆえその日、不正をなした者たちには彼らの弁解は役立たず、彼らは(アッラーの)御機嫌を直すことを求められることはない[1487]。(30：57)

そして確かにわれらは人々にこのクルアーンの中であらゆる譬《たと》えを挙げた。だが、もしもおまえが彼らの許に徴(奇蹟)を携えて訪れたとしても、信仰を拒んだ者たちは必ずや言うであろう。「おまえたちは虚偽の者にほかならない」。(30：58)

このようにアッラーは知らない者たちの心を封じ給う。(30：59)

それゆえ、忍耐せよ。まことにアッラーの約束は真実である。そして確信しない者たちがおまえを浮き足立たせるようなことがあってはならない。(30：60)

1486　天上の「護持された書板」(85章22節)。

1487　アッラーが満悦し給うように悔い改め、行いを正すことをもはや求められることはない。つまり、もはや立ち直りの機会はない。

سُورَةُ لُقۡمَانَ

بِسۡمِ ٱللَّهِ ٱلرَّحۡمَٰنِ ٱلرَّحِيمِ

الٓمٓ ١ تِلۡكَ ءَايَٰتُ ٱلۡكِتَٰبِ ٱلۡحَكِيمِ ٢ هُدٗى وَرَحۡمَةٗ
لِّلۡمُحۡسِنِينَ ٣ ٱلَّذِينَ يُقِيمُونَ ٱلصَّلَوٰةَ وَيُؤۡتُونَ ٱلزَّكَوٰةَ وَهُم
بِٱلۡأٓخِرَةِ هُمۡ يُوقِنُونَ ٤ أُوْلَٰٓئِكَ عَلَىٰ هُدٗى مِّن رَّبِّهِمۡۖ وَأُوْلَٰٓئِكَ
هُمُ ٱلۡمُفۡلِحُونَ ٥ وَمِنَ ٱلنَّاسِ مَن يَشۡتَرِي لَهۡوَ ٱلۡحَدِيثِ
لِيُضِلَّ عَن سَبِيلِ ٱللَّهِ بِغَيۡرِ عِلۡمٖ وَيَتَّخِذَهَا هُزُوًاۚ أُوْلَٰٓئِكَ لَهُمۡ
عَذَابٞ مُّهِينٞ ٦ وَإِذَا تُتۡلَىٰ عَلَيۡهِ ءَايَٰتُنَا وَلَّىٰ مُسۡتَكۡبِرٗا
كَأَن لَّمۡ يَسۡمَعۡهَا كَأَنَّ فِيٓ أُذُنَيۡهِ وَقۡرٗاۖ فَبَشِّرۡهُ بِعَذَابٍ أَلِيمٍ ٧
إِنَّ ٱلَّذِينَ ءَامَنُواْ وَعَمِلُواْ ٱلصَّٰلِحَٰتِ لَهُمۡ جَنَّٰتُ ٱلنَّعِيمِ ٨
خَٰلِدِينَ فِيهَاۖ وَعۡدَ ٱللَّهِ حَقّٗاۚ وَهُوَ ٱلۡعَزِيزُ ٱلۡحَكِيمُ ٩ خَلَقَ
ٱلسَّمَٰوَٰتِ بِغَيۡرِ عَمَدٖ تَرَوۡنَهَاۖ وَأَلۡقَىٰ فِي ٱلۡأَرۡضِ رَوَٰسِيَ أَن تَمِيدَ
بِكُمۡ وَبَثَّ فِيهَا مِن كُلِّ دَآبَّةٖۚ وَأَنزَلۡنَا مِنَ ٱلسَّمَآءِ مَآءٗ فَأَنۢبَتۡنَا
فِيهَا مِن كُلِّ زَوۡجٖ كَرِيمٍ ١٠ هَٰذَا خَلۡقُ ٱللَّهِ فَأَرُونِي مَاذَا
خَلَقَ ٱلَّذِينَ مِن دُونِهِۦۚ بَلِ ٱلظَّٰلِمُونَ فِي ضَلَٰلٖ مُّبِينٖ ١١

第31章　ルクマーン …… سورة لقمان

マッカ垂示

アッラーから英知を授かったルクマーンによる、唯一神崇拝、親孝行、礼拝、勧善懲悪と忍耐を命じ、傲慢な態度を戒める子供への教訓(12-19節)に因んで「ルクマーン」章と名づけられる。アッラーの御言葉が、海水をインクとし更に七つの海の水を足しても書ききれない無限の豊かさを有することが教えられる(27節)。

慈悲あまねく慈悲深きアッラーの御名において

アリフ・ラーム・ミーム[1488]。(31：1)

それは英明なる啓典の諸々の徴(節)である。(31：2)

善を尽くす者たちへの導き、また慈悲として。(31：3)

(善を尽くす者たちは)礼拝を遵守し、浄財を支払う者たちで、彼ら、彼らこそは来世を確信する。(31：4)

それらの者は彼らの主からの導きの上にあり、それらの者、彼らこそ成功者である。(31：5)

また人々の中には、アッラーの道から(人々を)迷わせ、それ[1489]を笑いものにするために、知識もないまま戯言を買う者がいる[1490]。それらの者、彼らには恥辱の懲罰がある。(31：6)

そして彼にわれらの諸々の徴(節)が読み聞かされると、思い上がって立ち去った。まるでそれを聞かなかったかのように、まるで両耳に聾があるかのように。それゆえ彼には痛苦の懲罰の吉報を伝えよ。(31：7)

信仰し、善行をなした者たち、彼らには至福の楽園がある。(31：8)

彼らはそこに永遠に。真なるアッラーの約束として。そして彼こそは威力比類なく、英明なる御方。(31：9)

彼は、おまえたちに見える列柱なしに天を創り、大地に、それがおまえたちと共に揺れること(がないようにと)、山脈を投げつけ給うた[1491]。また、そこにあらゆる動物を散らばし給うた。そして、われらは天から水(雨)を下し、そこにあらゆる高貴な種類の植物を生やした。(31：10)

これがアッラーの創造である。それゆえ彼以外の者たちが創造したものが何であるのかわれに見せよ。いや、不正な者たちは明白な迷誤の中にいる。(31：11)

1488　2章1節脚注参照。

1489　クルアーンの節。あるいは、アッラーの道。

1490　この節は、マッカのクライシュ族の多神教徒たちがイスラームから気をそらせるようにと、娯楽用に外国の民話集を買い入れたナドル・ブン・アル＝ハーリスについて啓示されたとも、クルアーン読誦から気を逸らさせるために女奴隷歌手が買われた出来事を指すとも言われる。

1491　大地が揺れないようにと山々を重石に据えた。

またかつてわれらはルクマーン[1492]に英知を授けた、「アッラーに感謝せよ」との(内容の)。そして感謝する者、彼は己自身のために感謝するのであり、(不信仰で)恩を忘れた者があっても、アッラーは自足し、称賛されるべき御方。(31：12)

そしてルクマーンが彼の息子に、彼を戒めて言った時のこと(を想起せよ)、「吾子《あこ》よ、アッラーに共同者を配してはならない。まことに、多神崇拝は大いなる不正である」。(31：13)

また、われらは人間に両親について訓戒した。彼(人間)の母は衰弱の上に衰弱を重ねて彼を抱え(孕み)、彼の離乳は二年のうちである。われに感謝せよ、そして、おまえの両親にも。われの許にこそ行き着く先はある。(31：14)

だが、もし両(親)が、それについての知識がおまえにないものをわれに共同者たちとして配するようにおまえと奮闘《ジハード》するなら、両(親)に従ってはならない。だが、現世では両(親)に良識に則って付き合え。そしてわれの許に悔いて帰った者の道に従え。それから、われの許におまえたちの帰り処はある。そして、われはおまえたちにおまえたちがなしてきたことについて告げるのである。(31：15)

「吾子《あこ》よ、たとえそれ(善事、悪事)がカラシ種の一粒の重さであり、それが岩の中、または諸天の中、または地の中であっても、アッラーはそれをもたらし給う[1493]。まことにアッラーは精妙で通暁し給うた御方」。(31：16)

「吾子《あこ》よ、礼拝を遵守し、良識を命じ、悪行を禁じよ。そして、(勧善懲悪に際して)おまえに降りかかったもの(迫害)に対して忍耐せよ。まことに、それは(聖法の定める)物事の定めである」。(31：17)

「また人々におまえの頬を(傲慢に)背けてはならず、地上を得意然と歩いてはならない。まことに、アッラーはいかなる尊大な自慢屋も愛し給わない」。(31：18)

「またおまえの歩みにおいて中庸であれ、おまえの声をひそめよ。まことに、声の中で最も厭わしいのはロバの声(煩い嘶き)である」。(31：19)

وَلَقَدۡ ءَاتَيۡنَا لُقۡمَٰنَ ٱلۡحِكۡمَةَ أَنِ ٱشۡكُرۡ لِلَّهِۚ وَمَن يَشۡكُرۡ فَإِنَّمَا
يَشۡكُرُ لِنَفۡسِهِۦۖ وَمَن كَفَرَ فَإِنَّ ٱللَّهَ غَنِيٌّ حَمِيدٞ ١٢ وَإِذۡ قَالَ
لُقۡمَٰنُ لِٱبۡنِهِۦ وَهُوَ يَعِظُهُۥ يَٰبُنَيَّ لَا تُشۡرِكۡ بِٱللَّهِۖ إِنَّ ٱلشِّرۡكَ
لَظُلۡمٌ عَظِيمٞ ١٣ وَوَصَّيۡنَا ٱلۡإِنسَٰنَ بِوَٰلِدَيۡهِ حَمَلَتۡهُ أُمُّهُۥ
وَهۡنًا عَلَىٰ وَهۡنٖ وَفِصَٰلُهُۥ فِي عَامَيۡنِ أَنِ ٱشۡكُرۡ لِي وَلِوَٰلِدَيۡكَ
إِلَيَّ ٱلۡمَصِيرُ ١٤ وَإِن جَٰهَدَاكَ عَلَىٰٓ أَن تُشۡرِكَ بِي مَا لَيۡسَ
لَكَ بِهِۦ عِلۡمٞ فَلَا تُطِعۡهُمَاۖ وَصَاحِبۡهُمَا فِي ٱلدُّنۡيَا مَعۡرُوفٗاۖ
وَٱتَّبِعۡ سَبِيلَ مَنۡ أَنَابَ إِلَيَّۚ ثُمَّ إِلَيَّ مَرۡجِعُكُمۡ فَأُنَبِّئُكُم
بِمَا كُنتُمۡ تَعۡمَلُونَ ١٥ يَٰبُنَيَّ إِنَّهَآ إِن تَكُ مِثۡقَالَ حَبَّةٖ مِّنۡ
خَرۡدَلٖ فَتَكُن فِي صَخۡرَةٍ أَوۡ فِي ٱلسَّمَٰوَٰتِ أَوۡ فِي ٱلۡأَرۡضِ يَأۡتِ
بِهَا ٱللَّهُۚ إِنَّ ٱللَّهَ لَطِيفٌ خَبِيرٞ ١٦ يَٰبُنَيَّ أَقِمِ ٱلصَّلَوٰةَ وَأۡمُرۡ
بِٱلۡمَعۡرُوفِ وَٱنۡهَ عَنِ ٱلۡمُنكَرِ وَٱصۡبِرۡ عَلَىٰ مَآ أَصَابَكَۖ إِنَّ ذَٰلِكَ
مِنۡ عَزۡمِ ٱلۡأُمُورِ ١٧ وَلَا تُصَعِّرۡ خَدَّكَ لِلنَّاسِ وَلَا تَمۡشِ فِي ٱلۡأَرۡضِ
مَرَحًاۖ إِنَّ ٱللَّهَ لَا يُحِبُّ كُلَّ مُخۡتَالٖ فَخُورٖ ١٨ وَٱقۡصِدۡ فِي مَشۡيِكَ
وَٱغۡضُضۡ مِن صَوۡتِكَۚ إِنَّ أَنكَرَ ٱلۡأَصۡوَٰتِ لَصَوۡتُ ٱلۡحَمِيرِ ١٩

1492　ルクマーンの素性については定説がないが、預言者ではなく賢者であった、というのが通説。

1493　最後の審判の日に、いかなる隠れた小さな善行、悪行であろうとも、残らず数え上げて清算し給う。

أَلَمْ تَرَوْا أَنَّ ٱللَّهَ سَخَّرَ لَكُم مَّا فِى ٱلسَّمَـٰوَٰتِ وَمَا فِى ٱلْأَرْضِ وَأَسْبَغَ
عَلَيْكُمْ نِعَمَهُۥ ظَـٰهِرَةً وَبَاطِنَةً ۗ وَمِنَ ٱلنَّاسِ مَن يُجَـٰدِلُ فِى ٱللَّهِ
بِغَيْرِ عِلْمٍ وَلَا هُدًى وَلَا كِتَـٰبٍ مُّنِيرٍ ﴿٢٠﴾ وَإِذَا قِيلَ لَهُمُ ٱتَّبِعُوا۟
مَآ أَنزَلَ ٱللَّهُ قَالُوا۟ بَلْ نَتَّبِعُ مَا وَجَدْنَا عَلَيْهِ ءَابَآءَنَآ ۚ أَوَلَوْ كَانَ
ٱلشَّيْطَـٰنُ يَدْعُوهُمْ إِلَىٰ عَذَابِ ٱلسَّعِيرِ ﴿٢١﴾ ۞ وَمَن يُسْلِمْ
وَجْهَهُۥٓ إِلَى ٱللَّهِ وَهُوَ مُحْسِنٌ فَقَدِ ٱسْتَمْسَكَ بِٱلْعُرْوَةِ ٱلْوُثْقَىٰ ۗ
وَإِلَى ٱللَّهِ عَـٰقِبَةُ ٱلْأُمُورِ ﴿٢٢﴾ وَمَن كَفَرَ فَلَا يَحْزُنكَ كُفْرُهُۥٓ ۚ
إِلَيْنَا مَرْجِعُهُمْ فَنُنَبِّئُهُم بِمَا عَمِلُوٓا۟ ۚ إِنَّ ٱللَّهَ عَلِيمٌۢ بِذَاتِ ٱلصُّدُورِ
﴿٢٣﴾ نُمَتِّعُهُمْ قَلِيلًا ثُمَّ نَضْطَرُّهُمْ إِلَىٰ عَذَابٍ غَلِيظٍ ﴿٢٤﴾
وَلَئِن سَأَلْتَهُم مَّنْ خَلَقَ ٱلسَّمَـٰوَٰتِ وَٱلْأَرْضَ لَيَقُولُنَّ ٱللَّهُ ۚ قُلِ
ٱلْحَمْدُ لِلَّهِ ۚ بَلْ أَكْثَرُهُمْ لَا يَعْلَمُونَ ﴿٢٥﴾ لِلَّهِ مَا فِى ٱلسَّمَـٰوَٰتِ
وَٱلْأَرْضِ ۚ إِنَّ ٱللَّهَ هُوَ ٱلْغَنِىُّ ٱلْحَمِيدُ ﴿٢٦﴾ وَلَوْ أَنَّمَا فِى ٱلْأَرْضِ
مِن شَجَرَةٍ أَقْلَـٰمٌ وَٱلْبَحْرُ يَمُدُّهُۥ مِنۢ بَعْدِهِۦ سَبْعَةُ أَبْحُرٍ
مَّا نَفِدَتْ كَلِمَـٰتُ ٱللَّهِ ۗ إِنَّ ٱللَّهَ عَزِيزٌ حَكِيمٌ ﴿٢٧﴾ مَّا خَلْقُكُمْ
وَلَا بَعْثُكُمْ إِلَّا كَنَفْسٍ وَٰحِدَةٍ ۗ إِنَّ ٱللَّهَ سَمِيعٌۢ بَصِيرٌ ﴿٢٨﴾

おまえたちは見なかったのか、アッラーが諸天にあるものと地にあるものをおまえたちに従わせ、表面的にも内面的にも[1494]彼の恩寵をおまえたちの上にふんだんに授け給うたのを。だが、人々の中には、アッラーについて、知識もなく、導きもなく、照明する啓典もないまま議論する者がいる。(31：20)

そして、彼らに対して、「アッラーが下し給うたものに従え」と言われると、彼らは、「いや、われらは、われらの祖先がその上にあるのをわれらが見出したもの(祖先の立場)に従う」と言った。たとえ悪魔が彼らを烈火の懲罰に招いていたとしてもか。(31：21)

また善行者で、己の顔をアッラーに委ねる者[1495]、彼は最も堅い握りを摑んだのである。そして、アッラーにこそ物事の結末はある。(31：22)

また信仰を拒んだ者があっても、彼の不信仰がおまえを悲しませることがあってはならない。われらにこそ彼らの帰り処はあり、われらは彼らのなしたことについて彼らに告げる。まことに、アッラーは胸中にあるものについてよく知り給う御方。(31：23)

われらは彼らをわずかばかり楽しませ、それから彼らを苛酷な懲罰へと強いる。(31：24)

またもしおまえが彼らに誰が諸天と地を創造したのかと問えば、必ずや彼らは、「アッラーである」と言うであろう。言え、「称賛はアッラーに帰す」。だが、彼らの大半は知らない。(31：25)

アッラーにこそ諸天と地にあるものは属す。まことに、アッラー、彼こそは自足し、称賛されるべき御方。(31：26)

そしてたとえ地上にあるところのものの木(地上のすべての木)がペンで、一つの海と、その後に七つの海がそれに(インクを)供給するとしても、アッラーの御言葉は(書き)尽く(される)ことはなかった。まことに、アッラーは威力比類なく、英明なる御方。(31：27)

おまえたち(全員)の創造も、おまえたち(全員)の復活も、一つの魂の(創造と復活)と同様であるに過ぎない。まことに、アッラーはよく聴きよく見通し給う御方。(31：28)

1494　健康、富裕、子孫、美、品行などの表面に顕れるものも、良識、理性、手際の良さ、知足、学習、信仰心などの隠れており間接的にのみ知られるものも。

1495　自らの事柄をアッラーに委ね、アッラーのみに崇拝行為をささげる者。

おまえは見なかったか、アッラーが夜を昼に入り込ませ、昼を夜に入り込ませ給うのを。彼は太陽と月を従わせ給い、それぞれ定めの期限まで運行する。また、アッラーがおまえたちのなすことについて通暁した御方であらせられるのを。(31：29)

それ(上述の内容)は、アッラー、彼こそが真理であらせられ、彼をさしおいて彼らが祈るものは虚偽だからであり、アッラー、彼こそは至高にして至大なる御方であらせられるからである。(31：30)

おまえは見なかったか、船がアッラーの恩寵によって海を行くのを。おまえたちに彼の諸々の徴を見せ給うために。まことに、その中にはすべてのよく耐え、深謝する者への諸々の徴がある。(31：31)

また(陰を成す山のような)日よけのような波が彼らを覆った時、彼らはアッラーに宗教を一心に捧げて祈ったが、彼が彼らを陸に救い給うた時には、彼らの中には(信仰と不信仰の)間を取る者が出る。だが、われらの諸々の徴を否定するのはあらゆる不実な忘恩の輩のほかない。(31：32)

人々よ、おまえたちの主を畏れ身を守れ。また、親がその子の代りとなり、生まれた子もわずかにもその親の代りとなれない日を懼れよ。まことに、アッラーの約束は真実である。それゆえ、現世がおまえたちを欺くことがあってはならない。また、欺く者(悪魔)がアッラーについておまえたちを欺くことがあってはならない。(31：33)

まことに、アッラー、彼の御許にこそ、かの時(最後の審判の日)の知識はあり、そして彼は雨を降らせ給い、また子宮の中にあるものを知り給う。そして誰も、己が明日なにを稼ぐかを知らず、また誰も、己がいずれの地で死ぬかを知らない。まことに、アッラーはよく知り通暁し給う御方。(31：34)

أَلَمْ تَرَ أَنَّ ٱللَّهَ يُولِجُ ٱلَّيْلَ فِى ٱلنَّهَارِ وَيُولِجُ ٱلنَّهَارَ فِى ٱلَّيْلِ
وَسَخَّرَ ٱلشَّمْسَ وَٱلْقَمَرَ كُلٌّ يَجْرِىٓ إِلَىٰٓ أَجَلٍ مُّسَمًّى وَأَنَّ ٱللَّهَ
بِمَا تَعْمَلُونَ خَبِيرٌ ٢٩ ذَٰلِكَ بِأَنَّ ٱللَّهَ هُوَ ٱلْحَقُّ وَأَنَّ مَا يَدْعُونَ
مِن دُونِهِ ٱلْبَٰطِلُ وَأَنَّ ٱللَّهَ هُوَ ٱلْعَلِىُّ ٱلْكَبِيرُ ٣٠ أَلَمْ تَرَ أَنَّ
ٱلْفُلْكَ تَجْرِى فِى ٱلْبَحْرِ بِنِعْمَتِ ٱللَّهِ لِيُرِيَكُم مِّنْ ءَايَٰتِهِۦٓ ۚ إِنَّ
فِى ذَٰلِكَ لَءَايَٰتٍ لِّكُلِّ صَبَّارٍ شَكُورٍ ٣١ وَإِذَا غَشِيَهُم مَّوْجٌ
كَٱلظُّلَلِ دَعَوُا۟ ٱللَّهَ مُخْلِصِينَ لَهُ ٱلدِّينَ فَلَمَّا نَجَّىٰهُمْ إِلَى ٱلْبَرِّ
فَمِنْهُم مُّقْتَصِدٌ ۚ وَمَا يَجْحَدُ بِـَٔايَٰتِنَآ إِلَّا كُلُّ خَتَّارٍ كَفُورٍ
٣٢ يَٰٓأَيُّهَا ٱلنَّاسُ ٱتَّقُوا۟ رَبَّكُمْ وَٱخْشَوْا۟ يَوْمًا لَّا يَجْزِى وَالِدٌ
عَن وَلَدِهِۦ وَلَا مَوْلُودٌ هُوَ جَازٍ عَن وَالِدِهِۦ شَيْـًٔا ۚ إِنَّ وَعْدَ ٱللَّهِ
حَقٌّ ۖ فَلَا تَغُرَّنَّكُمُ ٱلْحَيَوٰةُ ٱلدُّنْيَا وَلَا يَغُرَّنَّكُم بِٱللَّهِ
ٱلْغَرُورُ ٣٣ إِنَّ ٱللَّهَ عِندَهُۥ عِلْمُ ٱلسَّاعَةِ وَيُنَزِّلُ ٱلْغَيْثَ
وَيَعْلَمُ مَا فِى ٱلْأَرْحَامِ ۖ وَمَا تَدْرِى نَفْسٌ مَّاذَا تَكْسِبُ غَدًا ۖ
وَمَا تَدْرِى نَفْسٌۢ بِأَىِّ أَرْضٍ تَمُوتُ ۚ إِنَّ ٱللَّهَ عَلِيمٌ خَبِيرٌۢ ٣٤

سُورَةُ ٱلسَّجْدَةِ

بِسْمِ ٱللَّهِ ٱلرَّحْمَٰنِ ٱلرَّحِيمِ
الٓمٓ ١ تَنزِيلُ ٱلْكِتَٰبِ لَا رَيْبَ فِيهِ مِن رَّبِّ ٱلْعَٰلَمِينَ
٢ أَمْ يَقُولُونَ ٱفْتَرَىٰهُ ۚ بَلْ هُوَ ٱلْحَقُّ مِن رَّبِّكَ لِتُنذِرَ قَوْمًا
مَّآ أَتَىٰهُم مِّن نَّذِيرٍ مِّن قَبْلِكَ لَعَلَّهُمْ يَهْتَدُونَ ٣ ٱللَّهُ
ٱلَّذِى خَلَقَ ٱلسَّمَٰوَٰتِ وَٱلْأَرْضَ وَمَا بَيْنَهُمَا فِى سِتَّةِ أَيَّامٍ
ثُمَّ ٱسْتَوَىٰ عَلَى ٱلْعَرْشِ ۖ مَا لَكُم مِّن دُونِهِۦ مِن وَلِىٍّ وَلَا شَفِيعٍ ۚ
أَفَلَا تَتَذَكَّرُونَ ٤ يُدَبِّرُ ٱلْأَمْرَ مِنَ ٱلسَّمَآءِ إِلَى ٱلْأَرْضِ ثُمَّ يَعْرُجُ
إِلَيْهِ فِى يَوْمٍ كَانَ مِقْدَارُهُۥٓ أَلْفَ سَنَةٍ مِّمَّا تَعُدُّونَ ٥ ذَٰلِكَ
عَٰلِمُ ٱلْغَيْبِ وَٱلشَّهَٰدَةِ ٱلْعَزِيزُ ٱلرَّحِيمُ ٦ ٱلَّذِىٓ أَحْسَنَ
كُلَّ شَىْءٍ خَلَقَهُۥ ۖ وَبَدَأَ خَلْقَ ٱلْإِنسَٰنِ مِن طِينٍ ٧ ثُمَّ جَعَلَ
نَسْلَهُۥ مِن سُلَٰلَةٍ مِّن مَّآءٍ مَّهِينٍ ٨ ثُمَّ سَوَّىٰهُ وَنَفَخَ فِيهِ مِن
رُّوحِهِۦ ۖ وَجَعَلَ لَكُمُ ٱلسَّمْعَ وَٱلْأَبْصَٰرَ وَٱلْأَفْـِٔدَةَ ۚ قَلِيلًا
مَّا تَشْكُرُونَ ٩ وَقَالُوٓا۟ أَءِذَا ضَلَلْنَا فِى ٱلْأَرْضِ أَءِنَّا لَفِى
خَلْقٍ جَدِيدٍۭ ۚ بَلْ هُم بِلِقَآءِ رَبِّهِمْ كَٰفِرُونَ ١٠ ۞ قُلْ يَتَوَفَّىٰكُم
مَّلَكُ ٱلْمَوْتِ ٱلَّذِى وُكِّلَ بِكُمْ ثُمَّ إِلَىٰ رَبِّكُمْ تُرْجَعُونَ ١١

第32章　跪拝 …… سورة السجدة

マッカ垂示

第15節に因み、「跪拝」章と名づけられる。

また本章では天での一日が、現世の千年に相当することが教えられる(5節)。

慈悲あまねく慈悲深きアッラーの御名において

アリフ・ラーム・ミーム[1496]。(32：1)

啓典の垂示、そこに疑いはなく、諸世界の主から(垂示された)。(32：2)

それとも、彼らは「彼(預言者ムハンマド)がそれを捏造した」と言うのか。いや、それはおまえの主からの真実であり、おまえ以前には警告者など訪れたことのなかった民に、きっと導かれようと、おまえが警告するためである。(32：3)

アッラーこそ諸天と地とその間のものを六日間で創造し、それから高御座に座し給うた御方。おまえたちには彼をさしおいて後見も仲裁者もない。それなのに、おまえたちは留意しないのか。(32：4)

彼は天から地までの物事を采配し給い、それから、それ(物事)は一日のうちに　―その長さはおまえたちが数えるところのうちの千年であるが[1497]―　彼の御許に昇る。(32：5)

それは、隠されたものと顕れたものを知り給う、威力比類なく、慈悲深い御方。(32：6)

御自身が創造し給うたあらゆるものを最善となし、人間の創造を泥土から始め給うた御方。(32：7)

それから、彼は卑しい水の髄からその後裔をなし給い、(32：8)

それからそれを整え、その中に彼の霊から吹き込み給うた。そして、彼はおまえたちに聴覚と視覚と心臓をなし給うた。わずかにしかおまえたちは感謝しない。(32：9)

そして彼らは言った。「われらが(死んで)地中にはぐれ去った時、そのわれらが新たな創造のうちにあるというのか」。いや、彼らは彼らの主との会見(への信仰)を拒んだ。(32：10)

言え、「おまえたちについて任された死の天使がおまえたちを召し上げ、それからおまえたちの主の許へおまえたちは帰《かえ》されるのである」。(32：11)

1496　2章1節脚注参照。

1497　70章4節の中では五万年となっている。

そしてもしもおまえが、罪を犯した者たちが彼らの主の御許で頭を垂れた時を見たならば(それはすさまじい光景である)[1498]。(罪を犯した者たちは言う。)「われらが主よ、われらは目にし、聞きました[1499]。それゆえ、われらを帰し給え。われらは善行をなすでしょう。まことにわれらは確信する者です」。(32：12)

もしもわれらが望んだなら、あらゆる者にその者の導きを与えたであろう。だが、われからの言葉は真実となった、「われは必ずや火獄《ジャハンナム》を幽精《ジン》と人々とで共に満たすであろう」との。(32：13)

「それゆえ味わうがよい、このおまえたちの日の会見を忘れていたがゆえに」。まことにわれらもおまえたちを忘れた。そしておまえたちがなしてきたことゆえに永遠の懲罰を味わえ。(32：14)

われらの諸々の徴を信じるのは、それによって戒められると、身を投げ出して跪拝し、己の主への称賛によって賛美した者たちだけで、彼らは思い上がっていない。(32：15)

彼らの体側は寝床から離れ、恐れと希望を持ちながら彼らの主に祈り、われらが彼らに糧と与えたものから(善に)費やす。(32：16)

それで目の涼しさ(目の保養、喜ばすもの)で彼ら(のため)に隠され(取っておかれ)たもの(報酬)を誰も知らない。彼らがなしてきたことに対する報いのため。(32：17)

信仰者であった者が邪だった者のようであろうか。彼らは同じではない。(32：18)

信仰し、善行をなした者たちはというと、彼らには住まいの楽園が、彼らのなしてきたことゆえの歓待としてある。(32：19)

一方、罪悪をなした者たちはというと、彼らの住まいは獄火で、そこから出ようとした度に、彼らはそこに戻され、言われた。「おまえたちが嘘と否定していた獄火の懲罰を味わえ」。(32：20)

وَلَوۡ تَرَىٰٓ إِذِ ٱلۡمُجۡرِمُونَ نَاكِسُواْ رُءُوسِهِمۡ عِندَ رَبِّهِمۡ
رَبَّنَآ أَبۡصَرۡنَا وَسَمِعۡنَا فَٱرۡجِعۡنَا نَعۡمَلۡ صَٰلِحًا إِنَّا مُوقِنُونَ
١٢ وَلَوۡ شِئۡنَا لَأٓتَيۡنَا كُلَّ نَفۡسٍ هُدَىٰهَا وَلَٰكِنۡ حَقَّ
ٱلۡقَوۡلُ مِنِّي لَأَمۡلَأَنَّ جَهَنَّمَ مِنَ ٱلۡجِنَّةِ وَٱلنَّاسِ أَجۡمَعِينَ
١٣ فَذُوقُواْ بِمَا نَسِيتُمۡ لِقَآءَ يَوۡمِكُمۡ هَٰذَآ إِنَّا نَسِينَٰكُمۡۖ
وَذُوقُواْ عَذَابَ ٱلۡخُلۡدِ بِمَا كُنتُمۡ تَعۡمَلُونَ ١٤ إِنَّمَا يُؤۡمِنُ
بِـَٔايَٰتِنَا ٱلَّذِينَ إِذَا ذُكِّرُواْ بِهَا خَرُّواْ سُجَّدٗا وَسَبَّحُواْ بِحَمۡدِ
رَبِّهِمۡ وَهُمۡ لَا يَسۡتَكۡبِرُونَ ۩ ١٥ تَتَجَافَىٰ جُنُوبُهُمۡ
عَنِ ٱلۡمَضَاجِعِ يَدۡعُونَ رَبَّهُمۡ خَوۡفٗا وَطَمَعٗا وَمِمَّا رَزَقۡنَٰهُمۡ
يُنفِقُونَ ١٦ فَلَا تَعۡلَمُ نَفۡسٞ مَّآ أُخۡفِيَ لَهُم مِّن قُرَّةِ أَعۡيُنٖ
جَزَآءَۢ بِمَا كَانُواْ يَعۡمَلُونَ ١٧ أَفَمَن كَانَ مُؤۡمِنٗا كَمَن كَانَ فَاسِقٗاۚ
لَّا يَسۡتَوُۥنَ ١٨ أَمَّا ٱلَّذِينَ ءَامَنُواْ وَعَمِلُواْ ٱلصَّٰلِحَٰتِ فَلَهُمۡ
جَنَّٰتُ ٱلۡمَأۡوَىٰ نُزُلَۢا بِمَا كَانُواْ يَعۡمَلُونَ ١٩ وَأَمَّا ٱلَّذِينَ فَسَقُواْ
فَمَأۡوَىٰهُمُ ٱلنَّارُۖ كُلَّمَآ أَرَادُوٓاْ أَن يَخۡرُجُواْ مِنۡهَآ أُعِيدُواْ فِيهَا
وَقِيلَ لَهُمۡ ذُوقُواْ عَذَابَ ٱلنَّارِ ٱلَّذِي كُنتُم بِهِۦ تُكَذِّبُونَ ٢٠

1498　あるいは、見ることができたら良いのだが、という願望を示すとも言われる。
1499　来世の実在や自らの所業を。

وَلَنُذِيقَنَّهُم مِّنَ ٱلْعَذَابِ ٱلْأَدْنَىٰ دُونَ ٱلْعَذَابِ ٱلْأَكْبَرِ
لَعَلَّهُمْ يَرْجِعُونَ ﴿٢١﴾ وَمَنْ أَظْلَمُ مِمَّن ذُكِّرَ بِـَٔايَٰتِ رَبِّهِۦ ثُمَّ
أَعْرَضَ عَنْهَآ ۚ إِنَّا مِنَ ٱلْمُجْرِمِينَ مُنتَقِمُونَ ﴿٢٢﴾ وَلَقَدْ ءَاتَيْنَا
مُوسَى ٱلْكِتَٰبَ فَلَا تَكُن فِى مِرْيَةٍ مِّن لِّقَآئِهِۦ ۖ وَجَعَلْنَٰهُ
هُدًى لِّبَنِىٓ إِسْرَٰٓءِيلَ ﴿٢٣﴾ وَجَعَلْنَا مِنْهُمْ أَئِمَّةً يَهْدُونَ بِأَمْرِنَا
لَمَّا صَبَرُوا۟ ۖ وَكَانُوا۟ بِـَٔايَٰتِنَا يُوقِنُونَ ﴿٢٤﴾ إِنَّ رَبَّكَ هُوَ
يَفْصِلُ بَيْنَهُمْ يَوْمَ ٱلْقِيَٰمَةِ فِيمَا كَانُوا۟ فِيهِ يَخْتَلِفُونَ
﴿٢٥﴾ أَوَلَمْ يَهْدِ لَهُمْ كَمْ أَهْلَكْنَا مِن قَبْلِهِم مِّنَ ٱلْقُرُونِ
يَمْشُونَ فِى مَسَٰكِنِهِمْ ۚ إِنَّ فِى ذَٰلِكَ لَءَايَٰتٍ ۚ أَفَلَا يَسْمَعُونَ
﴿٢٦﴾ أَوَلَمْ يَرَوْا۟ أَنَّا نَسُوقُ ٱلْمَآءَ إِلَى ٱلْأَرْضِ ٱلْجُرُزِ فَنُخْرِجُ
بِهِۦ زَرْعًا تَأْكُلُ مِنْهُ أَنْعَٰمُهُمْ وَأَنفُسُهُمْ ۚ أَفَلَا يُبْصِرُونَ
﴿٢٧﴾ وَيَقُولُونَ مَتَىٰ هَٰذَا ٱلْفَتْحُ إِن كُنتُمْ صَٰدِقِينَ ﴿٢٨﴾
قُلْ يَوْمَ ٱلْفَتْحِ لَا يَنفَعُ ٱلَّذِينَ كَفَرُوٓا۟ إِيمَٰنُهُمْ وَلَا هُمْ
يُنظَرُونَ ﴿٢٩﴾ فَأَعْرِضْ عَنْهُمْ وَٱنتَظِرْ إِنَّهُم مُّنتَظِرُونَ ﴿٣٠﴾

سُورَةُ ٱلْأَحْزَابِ

そして、必ずやわれらは(来世での)最大の懲罰の前に(現世での)手近な懲罰から彼らに味わわせよう。きっと彼らは(悔いて信仰に)帰るであろう。(32：21)

そして己の主の諸々の徴で戒められながら、その上でそれから背を向けた者より不正な者が誰かあろうか。まことに、われらは罪人たちに報復する者である。(32：22)

またかつてわれらはムーサーに啓典を授けた。それゆえ、彼との会見に対する[1500]疑念に陥ってはならない。そして、われらは彼をイスラーイールの子孫への導きとなした。(32：23)

また、われらは、彼らが忍耐しわれらの諸々の徴を確信していた際、彼らのうちからわれらの命令によって導く導師たちをなした。(32：24)

まことに、おまえの主、彼こそは復活(審判)の日に、彼ら(信仰者と不信仰者)が分裂していたことについて彼らの間を裁決し給う。(32：25)

彼らに明らかにならなかったのか、われらが彼ら以前にもどれほどの世代を滅ぼしたかが。彼らは彼ら(過去の民)の居住地[1501]の中を歩いているというのに。まことに、その中には諸々の徴がある。それなのに、彼らは聞かないのか。(32：26)

また、彼らは見なかったのか、われらが水を不毛の地に流し[1502]、それによってわれらが彼らの家畜と彼ら自身が食べる作物を出でさせるのを。それなのに、彼らは目にしないのか。(32：27)

そして彼ら(不信仰者)は言う。「この勝利はいつか[1503]。もし、おまえたちが真実を語る者であったならば」。(32：28)

言え、「勝利の日(復活の日)には、信仰を拒んだ者たちには彼らの信仰は役に立たず、彼らは待ってもらえない」。(32：29)

それゆえ、彼らから背を向け、待つがいい。まことに、彼らも待つ者である。(32：30)

1500　昇天(ミウラージュ)の夜に、おまえ(預言者ムハンマド)が天でムーサーに出会ったことを疑ってはならない。昇天については、17章1節脚注参照。「彼」と訳した男性三人称単数代名詞が「アッラー」を指すとの解釈(つまり、アッラーとムーサーの会見)、「啓典」を指すと取り、「ムーサーが、あるいは預言者ムハンマドが啓典を授かったこと(会見)を疑ってはならない」とする解釈もある。

1501　マッカの多神教徒たちは、預言者フード、サーリフ、ルートたちが遣わされ滅ぼされた民たちの故地のアラビア半島やシリアを隊商で通り、その遺跡を目にしているのである。

1502　雨や雪、あるいは川や泉として。

1503　信仰者と不信仰者の間で決着がつき、アッラーの懲罰がもたらされるのはいつか。

第33章　部族連合 …… سورة الأحزاب

マディーナ垂示

マッカの多神教徒たちとアラブ遊牧諸部族の連合軍がマディーナに攻め寄せてきたのを、ムスリム軍が塹壕を掘って食い止め撃退した部族連合の戦い(別名「塹壕の戦い」)の物語(9-27節、なお26-27節は部族連合の戦いに続いて行われたユダヤ教徒クライザ族討伐の記述)に因んで「部族連合」章と名づけられる。

本章では、預言者の妻たちの規定(32-59節)が述べられ、その中で、自分の男の養子と離婚した女性との結婚の合法性(37節)、妻との床入り前の離婚の規定(49節)、女性の服装規定(55、59節)などの一般規定も述べられる。

また本章では、預言者ムハンマドが最後の預言者(預言者の封緘)であること(40節)、他の被造物が拒否した自由意志の信託を人間だけが向う見ずに引き受けたこと(72節)が教えられる。

なお、この章には「老人と老女が姦通を犯した時には二人を断固、石打にせよ、アッラーからの見せしめとして。アッラーは威力比類なく英明なる御方」という既婚者の姦通に対する石打刑の節があったが、後にその文言は削除され、規定だけが残された、と伝えられている。

بِسۡمِ ٱللَّهِ ٱلرَّحۡمَٰنِ ٱلرَّحِيمِ

يَٰٓأَيُّهَا ٱلنَّبِيُّ ٱتَّقِ ٱللَّهَ وَلَا تُطِعِ ٱلۡكَٰفِرِينَ وَٱلۡمُنَٰفِقِينَۚ إِنَّ
ٱللَّهَ كَانَ عَلِيمًا حَكِيمٗا (١) وَٱتَّبِعۡ مَا يُوحَىٰٓ إِلَيۡكَ
مِن رَّبِّكَۚ إِنَّ ٱللَّهَ كَانَ بِمَا تَعۡمَلُونَ خَبِيرٗا (٢) وَتَوَكَّلۡ
عَلَى ٱللَّهِۚ وَكَفَىٰ بِٱللَّهِ وَكِيلٗا (٣) مَّا جَعَلَ ٱللَّهُ لِرَجُلٖ مِّن
قَلۡبَيۡنِ فِي جَوۡفِهِۦۚ وَمَا جَعَلَ أَزۡوَٰجَكُمُ ٱلَّٰٓـِٔي تُظَٰهِرُونَ
مِنۡهُنَّ أُمَّهَٰتِكُمۡۚ وَمَا جَعَلَ أَدۡعِيَآءَكُمۡ أَبۡنَآءَكُمۡۚ ذَٰلِكُمۡ قَوۡلُكُم
بِأَفۡوَٰهِكُمۡۖ وَٱللَّهُ يَقُولُ ٱلۡحَقَّ وَهُوَ يَهۡدِي ٱلسَّبِيلَ (٤)
ٱدۡعُوهُمۡ لِأٓبَآئِهِمۡ هُوَ أَقۡسَطُ عِندَ ٱللَّهِۚ فَإِن لَّمۡ تَعۡلَمُوٓاْ ءَابَآءَهُمۡ
فَإِخۡوَٰنُكُمۡ فِي ٱلدِّينِ وَمَوَٰلِيكُمۡۚ وَلَيۡسَ عَلَيۡكُمۡ جُنَاحٞ فِيمَآ
أَخۡطَأۡتُم بِهِۦ وَلَٰكِن مَّا تَعَمَّدَتۡ قُلُوبُكُمۡۚ وَكَانَ ٱللَّهُ
غَفُورٗا رَّحِيمًا (٥) ٱلنَّبِيُّ أَوۡلَىٰ بِٱلۡمُؤۡمِنِينَ مِنۡ أَنفُسِهِمۡۖ
وَأَزۡوَٰجُهُۥٓ أُمَّهَٰتُهُمۡۗ وَأُوْلُواْ ٱلۡأَرۡحَامِ بَعۡضُهُمۡ أَوۡلَىٰ بِبَعۡضٖ
فِي كِتَٰبِ ٱللَّهِ مِنَ ٱلۡمُؤۡمِنِينَ وَٱلۡمُهَٰجِرِينَ إِلَّآ أَن تَفۡعَلُوٓاْ إِلَىٰٓ
أَوۡلِيَآئِكُم مَّعۡرُوفٗاۚ كَانَ ذَٰلِكَ فِي ٱلۡكِتَٰبِ مَسۡطُورٗا (٦)

慈悲あまねく慈悲深きアッラーの御名において

預言者よ、アッラーを畏れ身を守り、不信仰者たちと偽信者たちに従ってはならない。まことに、アッラーはよく知り給う英明なる御方。(33：1)

そして、おまえの主からおまえに啓示されるものに従え。まことに、アッラーはおまえたちのなすことについて通暁した御方。(33：2)

また、アッラーに一任せよ。そしてアッラーは代理人として万全であった。(33：3)

アッラーは男に、その体内に二つの心臓をなし給わなかった[1504]。また、おまえたちがズィハール離婚[1505]するところの妻たちをおまえたちの母親とはなし給わなかった。また、おまえたちの養子たちを実の息子とはなし給わなかった。そうしたことはおまえたちの口によっておまえたちが言うことであるが、アッラーは真実を述べ給い、彼こそは道に導き給う。(33：4)

1504　記憶力に優れたクライシュ族の多神教徒の一人ジャミール・ブン・マアマル・アル＝フィフリーについて、クライシュ族の者たちが「彼の物覚えが良いのは、心臓が二つあるからだ」と言い、彼自身も「私には二つ心があり、その片方で考えても、ムハンマドの理性よりも優れている」と言ったのに対して啓示された、と言われる。

1505　「おまえは私にとっては私の母の背中(ザフル)のようだ」と宣言する、ジャーヒリーヤ(イスラーム以前の無明時代)の離婚の形式。「背中(ザフル)」に因んで「ズィハール離婚」と呼ばれる。

وَإِذۡ أَخَذۡنَا مِنَ ٱلنَّبِيِّـۧنَ مِيثَٰقَهُمۡ وَمِنكَ وَمِن نُّوحٖ وَإِبۡرَٰهِيمَ
وَمُوسَىٰ وَعِيسَى ٱبۡنِ مَرۡيَمَۖ وَأَخَذۡنَا مِنۡهُم مِّيثَٰقًا غَلِيظٗا ٧
لِّيَسۡـَٔلَ ٱلصَّٰدِقِينَ عَن صِدۡقِهِمۡۚ وَأَعَدَّ لِلۡكَٰفِرِينَ عَذَابًا أَلِيمٗا
٨ يَٰٓأَيُّهَا ٱلَّذِينَ ءَامَنُواْ ٱذۡكُرُواْ نِعۡمَةَ ٱللَّهِ عَلَيۡكُمۡ إِذۡ جَآءَتۡكُمۡ
جُنُودٞ فَأَرۡسَلۡنَا عَلَيۡهِمۡ رِيحٗا وَجُنُودٗا لَّمۡ تَرَوۡهَاۚ وَكَانَ ٱللَّهُ
بِمَا تَعۡمَلُونَ بَصِيرًا ٩ إِذۡ جَآءُوكُم مِّن فَوۡقِكُمۡ وَمِنۡ أَسۡفَلَ
مِنكُمۡ وَإِذۡ زَاغَتِ ٱلۡأَبۡصَٰرُ وَبَلَغَتِ ٱلۡقُلُوبُ ٱلۡحَنَاجِرَ
وَتَظُنُّونَ بِٱللَّهِ ٱلظُّنُونَا۠ ١٠ هُنَالِكَ ٱبۡتُلِيَ ٱلۡمُؤۡمِنُونَ وَزُلۡزِلُواْ
زِلۡزَالٗا شَدِيدٗا ١١ وَإِذۡ يَقُولُ ٱلۡمُنَٰفِقُونَ وَٱلَّذِينَ فِي قُلُوبِهِم
مَّرَضٞ مَّا وَعَدَنَا ٱللَّهُ وَرَسُولُهُۥٓ إِلَّا غُرُورٗا ١٢ وَإِذۡ قَالَت طَّآئِفَةٞ
مِّنۡهُمۡ يَٰٓأَهۡلَ يَثۡرِبَ لَا مُقَامَ لَكُمۡ فَٱرۡجِعُواْۚ وَيَسۡتَـٔۡذِنُ فَرِيقٞ
مِّنۡهُمُ ٱلنَّبِيَّ يَقُولُونَ إِنَّ بُيُوتَنَا عَوۡرَةٞ وَمَا هِيَ بِعَوۡرَةٍۖ إِن يُرِيدُونَ
إِلَّا فِرَارٗا ١٣ وَلَوۡ دُخِلَتۡ عَلَيۡهِم مِّنۡ أَقۡطَارِهَا ثُمَّ سُئِلُواْ ٱلۡفِتۡنَةَ
لَأٓتَوۡهَا وَمَا تَلَبَّثُواْ بِهَآ إِلَّا يَسِيرٗا ١٤ وَلَقَدۡ كَانُواْ عَٰهَدُواْ
ٱللَّهَ مِن قَبۡلُ لَا يُوَلُّونَ ٱلۡأَدۡبَٰرَۚ وَكَانَ عَهۡدُ ٱللَّهِ مَسۡـُٔولٗا ١٥

彼ら（養子）は彼らの父によって呼べ[1506]。それはアッラーの御許ではより公正である。それでもしおまえたちが彼らの父親を知らないならば、彼らは宗教におけるおまえたちの兄弟であり、おまえたちの郎党である[1507]。そしておまえたちがそのことで誤ったことについてはおまえたちに咎はない。そうではなく、おまえたちの心が意図したもの（については咎がある）[1508]。そしてアッラーはよく赦し給う慈悲深い御方であらせられた。（33：5）

預言者は信仰者たちに彼ら自身よりも近く、彼の妻たちは彼らの母である。また、血縁を持つ者はアッラーの書[1509]においては、互いに信仰者や移住者よりも近しい[1510]。ただし、おまえたちの後見（義兄弟）たちに善事[1511]をなすことは別である。それはかの書（「護持された書板」）の中に記されたものであった。（33：6）

そしてわれらが預言者たちから彼らの確約を取った時のこと（を想起せよ）。そして、おまえからも、ヌーフ、イブラーヒーム、ムーサー、マルヤムの息子イーサーからも。またわれらは彼らから峻厳な確約を取った。（33：7）

彼（アッラー）が、誠実な者（預言者）たちに、彼らの誠実さを問い給うためである。そして、彼は不信仰者たちには痛苦の懲罰を用意し給うた。（33：8）

信仰した者たちよ、おまえたちへのアッラーの恩恵を思い出せ。おまえたちの許に軍隊がやって来た時のこと[1512]。それでわれらは彼らに風とおまえたちには見えない（天使の）軍隊を送った。そしてアッラーはおまえたちのなすことについて見通し給う御方。（33：9）

おまえたちの上から、そして、おまえたちの下から彼らがおまえたちの許にやって来た時。そして目は逸れ（正視できず）、また心は喉許に達し、おまえたちがアッラーについて様々な思いで邪推した時。（33：10）

そこで信仰者たちは試みられ、また激しい揺れで揺さぶられた。（33：11）

そして、偽信者たちと心に病のある者たちが、「アッラーと彼の使徒が約束したことは欺きにすぎない」と言う時。（33：12）

また、彼ら（偽信者）の一派が言った時のこと、「ヤスリブ（マディーナの旧名）の住民

1506　「誰某の息子」と、実の父親の名前（誰某）で呼べ。預言者ムハンマドの養子ザイドについて啓示された。この啓示が下るまで、彼はザイド・ブン・ムハンマド（ムハンマドの息子ザイド）と呼ばれていたが、それ以降、父親の名に拠りザイド・ブン・ハーリサ（ハーリサの息子ザイド）と呼ばれるようになった。

1507　我が兄弟よ、我が郎党よと呼べ。

1508　罪になるのは、禁止を知った後で故意にそれを破った場合である。

1509　アッラーの定めた規定（シャリーア）、あるいは「護持された書板」。

1510　マディーナに聖遷した当初、血縁によらず信仰による聖遷のために信徒同士で遺産を相続しあったが、この節により破棄され、相続は血縁に基づくことになった。4 章 33 節脚注参照。

1511　遺言などの。

1512　多神教徒のアラブ遊牧部族連合軍が襲来した塹壕の戦い。

قُل لَّن يَنفَعَكُمُ ٱلْفِرَارُ إِن فَرَرْتُم مِّنَ ٱلْمَوْتِ أَوِ ٱلْقَتْلِ وَإِذًا
لَّا تُمَتَّعُونَ إِلَّا قَلِيلًا ﴿١٦﴾ قُلْ مَن ذَا ٱلَّذِى يَعْصِمُكُم مِّنَ ٱللَّهِ
إِنْ أَرَادَ بِكُمْ سُوٓءًا أَوْ أَرَادَ بِكُمْ رَحْمَةً ۚ وَلَا يَجِدُونَ لَهُم مِّن دُونِ
ٱللَّهِ وَلِيًّا وَلَا نَصِيرًا ﴿١٧﴾ ۞ قَدْ يَعْلَمُ ٱللَّهُ ٱلْمُعَوِّقِينَ مِنكُمْ وَٱلْقَآئِلِينَ
لِإِخْوَٰنِهِمْ هَلُمَّ إِلَيْنَا ۖ وَلَا يَأْتُونَ ٱلْبَأْسَ إِلَّا قَلِيلًا ﴿١٨﴾ أَشِحَّةً
عَلَيْكُمْ ۖ فَإِذَا جَآءَ ٱلْخَوْفُ رَأَيْتَهُمْ يَنظُرُونَ إِلَيْكَ تَدُورُ أَعْيُنُهُمْ
كَٱلَّذِى يُغْشَىٰ عَلَيْهِ مِنَ ٱلْمَوْتِ ۖ فَإِذَا ذَهَبَ ٱلْخَوْفُ سَلَقُوكُم
بِأَلْسِنَةٍ حِدَادٍ أَشِحَّةً عَلَى ٱلْخَيْرِ ۚ أُو۟لَٰٓئِكَ لَمْ يُؤْمِنُوا۟ فَأَحْبَطَ
ٱللَّهُ أَعْمَٰلَهُمْ ۚ وَكَانَ ذَٰلِكَ عَلَى ٱللَّهِ يَسِيرًا ﴿١٩﴾ يَحْسَبُونَ
ٱلْأَحْزَابَ لَمْ يَذْهَبُوا۟ ۖ وَإِن يَأْتِ ٱلْأَحْزَابُ يَوَدُّوا۟ لَوْ أَنَّهُم
بَادُونَ فِى ٱلْأَعْرَابِ يَسْـَٔلُونَ عَنْ أَنۢبَآئِكُمْ ۖ وَلَوْ كَانُوا۟ فِيكُم
مَّا قَٰتَلُوٓا۟ إِلَّا قَلِيلًا ﴿٢٠﴾ لَّقَدْ كَانَ لَكُمْ فِى رَسُولِ ٱللَّهِ أُسْوَةٌ حَسَنَةٌ
لِّمَن كَانَ يَرْجُوا۟ ٱللَّهَ وَٱلْيَوْمَ ٱلْـَٔاخِرَ وَذَكَرَ ٱللَّهَ كَثِيرًا ﴿٢١﴾
وَلَمَّا رَءَا ٱلْمُؤْمِنُونَ ٱلْأَحْزَابَ قَالُوا۟ هَٰذَا مَا وَعَدَنَا ٱللَّهُ وَرَسُولُهُۥ
وَصَدَقَ ٱللَّهُ وَرَسُولُهُۥ ۚ وَمَا زَادَهُمْ إِلَّآ إِيمَٰنًا وَتَسْلِيمًا ﴿٢٢﴾

よ、おまえたちには(負け戦に安全な)居場所はない。それゆえ、戻るがいい」。また、彼らの一部は預言者に(自宅に戻る)許しを願い出て、言う。「まことに、われらの家は脆弱(無防備に剝き出しに晒された状態)です」。しかしそれは脆弱(無防備に剝き出しに晒された状態)ではない。ただ、彼らは逃亡を望んだにすぎない。(33：13)

そしてもし彼らがその(マディーナの)四方から入り込まれ、それから、試練[1513]を求められたら、それに赴き(それを行い)、わずかにしかそのことを思い止まらなかったであろう。(33：14)

そしてすでに彼らは以前に、背を向けないとアッラーに約束していた。そしてアッラーの約束は(履行責任を)問われるものであった。(33：15)

言え、(おまえたちの)逃亡はおまえたちの役に立たない。たとえ、おまえたちが死や殺害から逃れたとしても。そうなっても、おまえたちはわずかにしか享楽させられないのである。(33：16)

言え、「もしアッラーがおまえたちに悪を欲し給うたなら、あるいは、彼がおまえたちに御慈悲を欲し給うたなら、おまえたちをアッラーから防ぐことの出来る者は誰か。そして彼らはアッラーをさしおいて後見も援助者も見出さない」。(33：17)

アッラーは、おまえたちのうち引き止めた者と、同胞に「われらの許に来い」と言った者たちを知り給おう。そして彼ら[1514]はわずかしか力業を行わなかった。(33：18)

おまえたちに貪欲(吝嗇)に[1515]。だが、恐怖が来ると、彼らがおまえの方を、死によって覆われた(瀕死の)者のように眼を回して(目が泳ぎ右《う》顧《こ》左《さ》眄《べん》して)熟視するのをおまえは見た。ところが、恐怖が去ると、良いもの(戦利品)に貪欲で、おまえたちを辛辣な舌で傷つけた。それらの者たちは信仰していなかった。それゆえアッラーは彼らの行為を無効となし給うた。そしてそれはアッラーには容易いことであった。(33：19)

彼らは、部族連合軍は撤収したのではない(駐屯中だ)と考える。そして、もし部族連合軍が来れば、彼らはベドウィンの間で荒れ野に生活し、おまえたちの消息を尋ねたいと願っている。たとえ、彼らがおまえたちの間にいたとしても、彼らはわずかしか戦わなかったであろう。(33：20)

確かにおまえたちにはアッラーの使徒のうちに良い模範があった。アッラーと最後の日を期待しており、またアッラーを多く想念・唱名した者にとっては。(33：21)

そして信仰者たちは、部族連合軍を見た時、言った。「これはアッラーがわれらに約束し給うたものであり、そして彼の使徒も。そしてアッラーは真実を語り給うた、そして彼の使徒も[1516]」。それは

1513　多神教への棄教。

1514　敵との戦いを妨害し、戦いを避け、ムスリム軍に戦闘からの離脱を誘った偽信者たち。

1515　ムスリム軍を助けて戦うことに力を出し惜しみ。

1516　2章214節などの試練と勝利を予告している。尚、アラビア語の動詞には双数形があるが、クル

مِّنَ ٱلْمُؤْمِنِينَ رِجَالٌ صَدَقُوا۟ مَا عَٰهَدُوا۟ ٱللَّهَ عَلَيْهِ ۖ فَمِنْهُم مَّن
قَضَىٰ نَحْبَهُۥ وَمِنْهُم مَّن يَنتَظِرُ ۖ وَمَا بَدَّلُوا۟ تَبْدِيلًا ﴿٢٣﴾ لِّيَجْزِىَ
ٱللَّهُ ٱلصَّٰدِقِينَ بِصِدْقِهِمْ وَيُعَذِّبَ ٱلْمُنَٰفِقِينَ إِن شَآءَ أَوْ
يَتُوبَ عَلَيْهِمْ ۚ إِنَّ ٱللَّهَ كَانَ غَفُورًا رَّحِيمًا ﴿٢٤﴾ وَرَدَّ ٱللَّهُ ٱلَّذِينَ
كَفَرُوا۟ بِغَيْظِهِمْ لَمْ يَنَالُوا۟ خَيْرًا ۚ وَكَفَى ٱللَّهُ ٱلْمُؤْمِنِينَ
ٱلْقِتَالَ ۚ وَكَانَ ٱللَّهُ قَوِيًّا عَزِيزًا ﴿٢٥﴾ وَأَنزَلَ ٱلَّذِينَ ظَٰهَرُوهُم مِّنْ
أَهْلِ ٱلْكِتَٰبِ مِن صَيَاصِيهِمْ وَقَذَفَ فِى قُلُوبِهِمُ ٱلرُّعْبَ
فَرِيقًا تَقْتُلُونَ وَتَأْسِرُونَ فَرِيقًا ﴿٢٦﴾ وَأَوْرَثَكُمْ أَرْضَهُمْ
وَدِيَٰرَهُمْ وَأَمْوَٰلَهُمْ وَأَرْضًا لَّمْ تَطَـُٔوهَا ۚ وَكَانَ ٱللَّهُ عَلَىٰ كُلِّ
شَىْءٍ قَدِيرًا ﴿٢٧﴾ يَٰٓأَيُّهَا ٱلنَّبِىُّ قُل لِّأَزْوَٰجِكَ إِن كُنتُنَّ تُرِدْنَ
ٱلْحَيَوٰةَ ٱلدُّنْيَا وَزِينَتَهَا فَتَعَالَيْنَ أُمَتِّعْكُنَّ وَأُسَرِّحْكُنَّ
سَرَاحًا جَمِيلًا ﴿٢٨﴾ وَإِن كُنتُنَّ تُرِدْنَ ٱللَّهَ وَرَسُولَهُۥ وَٱلدَّارَ
ٱلْءَاخِرَةَ فَإِنَّ ٱللَّهَ أَعَدَّ لِلْمُحْسِنَٰتِ مِنكُنَّ أَجْرًا عَظِيمًا ﴿٢٩﴾
يَٰنِسَآءَ ٱلنَّبِىِّ مَن يَأْتِ مِنكُنَّ بِفَٰحِشَةٍ مُّبَيِّنَةٍ يُضَٰعَفْ
لَهَا ٱلْعَذَابُ ضِعْفَيْنِ ۚ وَكَانَ ذَٰلِكَ عَلَى ٱللَّهِ يَسِيرًا ﴿٣٠﴾

彼らに信仰と服従しか増し加えなかった。(33：22)

また信仰者の中にはアッラーと約定を交わしたこと(内容)を誠実に果たした男たちがいた。それで彼らの中には誓いを果たした(死んだ)者もいれば、彼らの中には待っている者もいる[1517]。そして彼らは決して(約定を)替えなかった。(33：23)

アッラーが誠実な者たちには彼らの誠実さに報い(信仰を確固とし)、望み給えば偽信者たちを罰し、あるいは彼らの許に顧み戻り給うためである。まことに、アッラーはよく赦し給う慈悲深き御方であらせられた。(33：24)

そしてアッラーは信仰を拒んだ者たち(部族連合軍)を彼らが(負けて)激怒するままに(マディーナから)退け給い、彼らは良いものを得なかった。そしてアッラーは信仰者たちを戦闘において守り給うた。そしてアッラーは力強く、威力比類なき御方であらせられた。(33：25)

また、彼は、啓典の民のうち彼らを後援した者たち(ユダヤ教徒クライザ族)を彼らの砦から引き下し、彼らの心に震恐を投じ給い、おまえたちは一部(成人男性)を殺し、一部(子女)を捕虜とする。(33：26)

また、彼はおまえたちに彼らの土地、彼らの住宅、彼らの財産、そしておまえたちが踏み入れたことのない地を継がせ給うた[1518]。そしてアッラーはすべてのものに対して全能なる御方であらせられた。(33：27)

預言者よ、おまえの妻たち[1519]に言え、「もし、あなたがたが現世とその装飾を望んだなら、来るがいい。あなたがたに生活費を与え、美しい離別で別れよう」。(33：28)

「だが、もしあなたがたがアッラーとその使徒と来世の住まいを望んだなら、まことに、アッラーはあなたがたのうち善を尽くした者たちには大いなる報奨を用意し給うた[1520]」。(33：29)

預言者の妻たちよ、おまえたちのうち明白な醜行をもたらした者、彼女には懲罰は二倍

アーンでは「アッラーと彼の使徒『両名』が約束し給うた」や「『両名』が真実を語り給うた」とでも訳すべき双数形が「アッラーと彼の使徒」に対して使われておらず、このことは、アッラーの偉大さと超越性を強調する表現となっている。

1517　アッラーとの約束を破らず、戦って勝利と戦利品か、殉教の栄誉を得る機会が来ることを待ち望んでいる者もいる。8 章 7 節脚注参照。

1518　クライザ族の征服の後の、ナディール族のハイバルの地の征服。

1519　預言者ムハンマドにはハディージャ・ビント・フワイリド、アーイシャ・ビント・アブー・バクル、ハフサ・ビント・ウマル・ブン・アル＝ハッターブ、ウンム・ハビーバ・ビント・アブー・スフヤーン、ウンム・サラマ・ビント・アブー・ウマイヤ、サウダ・ビント・ザムア、ザイナブ・ビント・ジャフシュ、マイムーナ・ビント・アル＝ハーリス・アル＝ヒラーリーヤ、ザイナブ・ビント・フザイマ・アル＝ヒラーリーヤ、ジュワイリヤ・ビント・アル＝ハーリス・アル＝フザーイーヤ、サフィーヤ・ビント・フヤイイ・ブン・アフタブの十一人の妻がいたが、ハディージャとザイナブ・ビント・フザイマは既に亡くなっており、この時点での妻は残りの九人であった。

1520　預言者の妻たちが、鮮衣と生活費の加増を求めた際に啓示され、預言者ムハンマドはアーイシャを始めとした妻たちにどちらを選ぶか求められ、全員がアッラーとその使徒を選ぶとしたため、預言者はアッラーに感謝を捧げ、33 章 52 節が垂示された。

に倍加されよう。そしてそれはアッラーにとっては容易いことであった。(33：30)

だが、おまえたちのうちアッラーと彼の使徒に服し、善行をなす者、われらは彼女に彼女の報酬を二倍にして与えよう。そして、われらは彼女には高貴な糧を(楽園に)用意した。(33：31)

預言者の妻たちよ、おまえたちは(普通の)女たちのどの一人のようでもない。もしおまえたちが畏れ身を守るならば。それゆえ(男たちと話すときは)言葉を優しくしてはならない。心に病がある者が欲望を覚えることになろうから。そして良識ある言葉を言え。(33：32)

また、おまえたちの家に留まり、昔のジャーヒリーヤ(イスラーム以前の無明時代)の華美さで飾り立ててはならない。そして礼拝を遵守し、浄財を支払い、アッラーと彼の使徒に従え。アッラーはただ、この家の者たち(よ)、おまえたちから汚れを取り除き、そしておまえたちを清らかに清めたいと欲し給うのである。(33：33)

また、アッラーの諸々の徴(節)と英知でおまえたちの家で読誦されるものを念じ唱えよ。まことに、アッラーは繊細で、通暁し給うた御方。(33：34)

まことに、男の帰依する者《ムスリム》たちと女の帰依する者《ムスリマ》たち、男の信仰者たちと女の信仰者たち、男の服従者たちと女の服従者たち、誠実な男たちと誠実な女たち、忍耐する男たちと忍耐する女たち、謙虚な男たちと謙虚な女たち、喜捨をなす男たちと喜捨をなす女たち、斎戒をする男たちと斎戒をする女たち、己の陰部を守る男たちと守る女たち、アッラーを多く想念・唱名する男たちと想念・唱名する女たち、アッラーは彼らに御赦しと大いなる報酬を用意し給うた[1521]。(33：35)

۞ وَمَن يَقْنُتْ مِنكُنَّ لِلَّهِ وَرَسُولِهِۦ وَتَعْمَلْ صَٰلِحًا نُّؤْتِهَآ
أَجْرَهَا مَرَّتَيْنِ وَأَعْتَدْنَا لَهَا رِزْقًا كَرِيمًا ٣١ يَٰنِسَآءَ ٱلنَّبِىِّ
لَسْتُنَّ كَأَحَدٍ مِّنَ ٱلنِّسَآءِ إِنِ ٱتَّقَيْتُنَّ ۚ فَلَا تَخْضَعْنَ بِٱلْقَوْلِ
فَيَطْمَعَ ٱلَّذِى فِى قَلْبِهِۦ مَرَضٌ وَقُلْنَ قَوْلًا مَّعْرُوفًا ٣٢ وَقَرْنَ
فِى بُيُوتِكُنَّ وَلَا تَبَرَّجْنَ تَبَرُّجَ ٱلْجَٰهِلِيَّةِ ٱلْأُولَىٰ ۖ وَأَقِمْنَ
ٱلصَّلَوٰةَ وَءَاتِينَ ٱلزَّكَوٰةَ وَأَطِعْنَ ٱللَّهَ وَرَسُولَهُۥٓ ۚ إِنَّمَا
يُرِيدُ ٱللَّهُ لِيُذْهِبَ عَنكُمُ ٱلرِّجْسَ أَهْلَ ٱلْبَيْتِ وَيُطَهِّرَكُمْ
تَطْهِيرًا ٣٣ وَٱذْكُرْنَ مَا يُتْلَىٰ فِى بُيُوتِكُنَّ مِنْ
ءَايَٰتِ ٱللَّهِ وَٱلْحِكْمَةِ ۚ إِنَّ ٱللَّهَ كَانَ لَطِيفًا خَبِيرًا ٣٤
إِنَّ ٱلْمُسْلِمِينَ وَٱلْمُسْلِمَٰتِ وَٱلْمُؤْمِنِينَ وَٱلْمُؤْمِنَٰتِ
وَٱلْقَٰنِتِينَ وَٱلْقَٰنِتَٰتِ وَٱلصَّٰدِقِينَ وَٱلصَّٰدِقَٰتِ وَٱلصَّٰبِرِينَ
وَٱلصَّٰبِرَٰتِ وَٱلْخَٰشِعِينَ وَٱلْخَٰشِعَٰتِ وَٱلْمُتَصَدِّقِينَ
وَٱلْمُتَصَدِّقَٰتِ وَٱلصَّٰٓئِمِينَ وَٱلصَّٰٓئِمَٰتِ وَٱلْحَٰفِظِينَ
فُرُوجَهُمْ وَٱلْحَٰفِظَٰتِ وَٱلذَّٰكِرِينَ ٱللَّهَ كَثِيرًا
وَٱلذَّٰكِرَٰتِ أَعَدَّ ٱللَّهُ لَهُم مَّغْفِرَةً وَأَجْرًا عَظِيمًا ٣٥

1521　預言者の妻たちが、アッラーがクルアーンの中で良いことについて男性にばかり言及し、女性については言及し給わないのはなぜか、女性には良いことがないのか、と尋ねた時に、啓示されたと言われる。4章32節参照。

وَمَا كَانَ لِمُؤْمِنٍ وَلَا مُؤْمِنَةٍ إِذَا قَضَى ٱللَّهُ وَرَسُولُهُۥٓ أَمْرًا أَن يَكُونَ
لَهُمُ ٱلْخِيَرَةُ مِنْ أَمْرِهِمْ ۗ وَمَن يَعْصِ ٱللَّهَ وَرَسُولَهُۥ فَقَدْ ضَلَّ ضَلَـٰلًا
مُّبِينًا ﴿٣٦﴾ وَإِذْ تَقُولُ لِلَّذِىٓ أَنْعَمَ ٱللَّهُ عَلَيْهِ وَأَنْعَمْتَ عَلَيْهِ
أَمْسِكْ عَلَيْكَ زَوْجَكَ وَٱتَّقِ ٱللَّهَ وَتُخْفِى فِى نَفْسِكَ مَا ٱللَّهُ
مُبْدِيهِ وَتَخْشَى ٱلنَّاسَ وَٱللَّهُ أَحَقُّ أَن تَخْشَىٰهُ ۖ فَلَمَّا قَضَىٰ زَيْدٌ
مِّنْهَا وَطَرًا زَوَّجْنَـٰكَهَا لِكَىْ لَا يَكُونَ عَلَى ٱلْمُؤْمِنِينَ حَرَجٌ فِىٓ
أَزْوَٰجِ أَدْعِيَآئِهِمْ إِذَا قَضَوْا۟ مِنْهُنَّ وَطَرًا ۚ وَكَانَ أَمْرُ ٱللَّهِ مَفْعُولًا
﴿٣٧﴾ مَّا كَانَ عَلَى ٱلنَّبِىِّ مِنْ حَرَجٍ فِيمَا فَرَضَ ٱللَّهُ لَهُۥ ۖ سُنَّةَ ٱللَّهِ فِى
ٱلَّذِينَ خَلَوْا۟ مِن قَبْلُ ۚ وَكَانَ أَمْرُ ٱللَّهِ قَدَرًا مَّقْدُورًا ﴿٣٨﴾ ٱلَّذِينَ
يُبَلِّغُونَ رِسَـٰلَـٰتِ ٱللَّهِ وَيَخْشَوْنَهُۥ وَلَا يَخْشَوْنَ أَحَدًا إِلَّا ٱللَّهَ ۗ وَكَفَىٰ
بِٱللَّهِ حَسِيبًا ﴿٣٩﴾ مَّا كَانَ مُحَمَّدٌ أَبَآ أَحَدٍ مِّن رِّجَالِكُمْ وَلَـٰكِن
رَّسُولَ ٱللَّهِ وَخَاتَمَ ٱلنَّبِيِّـۧنَ ۗ وَكَانَ ٱللَّهُ بِكُلِّ شَىْءٍ عَلِيمًا ﴿٤٠﴾
يَـٰٓأَيُّهَا ٱلَّذِينَ ءَامَنُوا۟ ٱذْكُرُوا۟ ٱللَّهَ ذِكْرًا كَثِيرًا ﴿٤١﴾ وَسَبِّحُوهُ
بُكْرَةً وَأَصِيلًا ﴿٤٢﴾ هُوَ ٱلَّذِى يُصَلِّى عَلَيْكُمْ وَمَلَـٰٓئِكَتُهُۥ
لِيُخْرِجَكُم مِّنَ ٱلظُّلُمَـٰتِ إِلَى ٱلنُّورِ ۚ وَكَانَ بِٱلْمُؤْمِنِينَ رَحِيمًا ﴿٤٣﴾

そして信仰者の男にとっても信仰者の女にとっても、アッラーと彼の使徒がある事柄を決定し給うた時には、彼らに自分たちの事柄についての(アッラーと使徒の決定に背く自己の)選択があることは罷りならない。そしてアッラーと彼の使徒に背いた者、彼は明白な迷誤で迷ったのである。(33：36)

また、アッラーが彼に恩寵を垂れ、おまえも彼に(解放奴隷の身を養子として厚遇し)恵みを与えた者(ザイド)に、おまえ(預言者ムハンマド)が言った時のこと、「おまえの妻をおまえの許に留めよ。そして、アッラーを畏れ身を守れ」。そして、おまえはアッラーが明らかにされるもの[1522]を自分のうちに隠し、人々を懼れつつ(そう言った)。だが、アッラーこそおまえが懼れるに一層正当な御方。ザイドが彼女のことで用件(離婚)を済ませた際、われらはおまえを彼女と結婚させた。信仰者たちに、彼らの養子の妻については、もし彼らが彼女らについて用件(離婚)を済ませた時には(結婚しても)咎はないとするためであった[1523]。そしてアッラーの御命令はなされるべきものであった。(33：37)

預言者には、アッラーが彼に義務となし(許し)給うたことについて咎はなかった。以前に逝った者(預言者)たちにおけるアッラーの慣行として。そしてアッラーの御命令は定められた予定であった。(33：38)

(彼らは)アッラーの使信を伝え、彼を懼れ、アッラーのほかには何者をも懼れない者たち[1524]。そして清算者としてはアッラーで万全であった。(33：39)

ムハンマドはおまえたちの男たちのうちの誰の父親でもなく[1525]、アッラーの使徒で、預言者たちの封緘《ふうかん》(最後の預言者)である。そしてアッラーはあらゆることについてよく知り給う御方であらせられた。(33：40)

信仰する者たちよ、アッラーを多くの想念・唱名によって念じ唱えよ。(33：41)

そして、彼を朝に夕に賛美せよ。(33：42)

彼こそは、おまえたちを諸々の闇から光に連れ出すために、おまえたちの上に祝福を与え給う御方であり、彼の天使たちもまた(おまえたちのために御許しを祈っている)。そして彼は信仰者たちに対して慈悲深い御方であらせられた。(33：43)

1522　アッラーが預言者ムハンマドに明らかにし給うた、彼がザイナブと結婚するとの予定(運命)。

1523　預言者が、彼の養子ザイド・ブン・ハーリサが離婚したザイナブ・ビント・ジャフシュと結婚を望んだが、人々から、預言者が自分の養子の元妻と結婚した、と陰口を言われるのを気にかけられた時に、啓示されたと言われる。

1524　前節の「逝った者たち」にかかる関係代名詞節とも言われる。

1525　養子ザイドの父ではない。37 節脚注参照。

تَحِيَّتُهُمْ يَوْمَ يَلْقَوْنَهُۥ سَلَـٰمٌ ۚ وَأَعَدَّ لَهُمْ أَجْرًا كَرِيمًا ﴿٤٤﴾ يَـٰٓأَيُّهَا
ٱلنَّبِىُّ إِنَّآ أَرْسَلْنَـٰكَ شَـٰهِدًا وَمُبَشِّرًا وَنَذِيرًا ﴿٤٥﴾ وَدَاعِيًا
إِلَى ٱللَّهِ بِإِذْنِهِۦ وَسِرَاجًا مُّنِيرًا ﴿٤٦﴾ وَبَشِّرِ ٱلْمُؤْمِنِينَ بِأَنَّ لَهُم
مِّنَ ٱللَّهِ فَضْلًا كَبِيرًا ﴿٤٧﴾ وَلَا تُطِعِ ٱلْكَـٰفِرِينَ وَٱلْمُنَـٰفِقِينَ
وَدَعْ أَذَىٰهُمْ وَتَوَكَّلْ عَلَى ٱللَّهِ ۚ وَكَفَىٰ بِٱللَّهِ وَكِيلًا ﴿٤٨﴾
يَـٰٓأَيُّهَا ٱلَّذِينَ ءَامَنُوٓا۟ إِذَا نَكَحْتُمُ ٱلْمُؤْمِنَـٰتِ ثُمَّ طَلَّقْتُمُوهُنَّ
مِن قَبْلِ أَن تَمَسُّوهُنَّ فَمَا لَكُمْ عَلَيْهِنَّ مِنْ عِدَّةٍ تَعْتَدُّونَهَا ۖ
فَمَتِّعُوهُنَّ وَسَرِّحُوهُنَّ سَرَاحًا جَمِيلًا ﴿٤٩﴾ يَـٰٓأَيُّهَا ٱلنَّبِىُّ
إِنَّآ أَحْلَلْنَا لَكَ أَزْوَٰجَكَ ٱلَّـٰتِىٓ ءَاتَيْتَ أُجُورَهُنَّ وَمَا مَلَكَتْ
يَمِينُكَ مِمَّآ أَفَآءَ ٱللَّهُ عَلَيْكَ وَبَنَاتِ عَمِّكَ وَبَنَاتِ عَمَّـٰتِكَ
وَبَنَاتِ خَالِكَ وَبَنَاتِ خَـٰلَـٰتِكَ ٱلَّـٰتِى هَاجَرْنَ مَعَكَ وَٱمْرَأَةً
مُّؤْمِنَةً إِن وَهَبَتْ نَفْسَهَا لِلنَّبِىِّ إِنْ أَرَادَ ٱلنَّبِىُّ أَن يَسْتَنكِحَهَا
خَالِصَةً لَّكَ مِن دُونِ ٱلْمُؤْمِنِينَ ۗ قَدْ عَلِمْنَا مَا فَرَضْنَا
عَلَيْهِمْ فِىٓ أَزْوَٰجِهِمْ وَمَا مَلَكَتْ أَيْمَـٰنُهُمْ لِكَيْلَا
يَكُونَ عَلَيْكَ حَرَجٌ ۗ وَكَانَ ٱللَّهُ غَفُورًا رَّحِيمًا ﴿٥٠﴾

彼らが彼(アッラー)に見《まみ》える日、彼らの挨拶は「平安あれ」。そして彼は、彼らに高貴な報酬を用意し給うた。(33：44)

預言者よ、まことに、われらはおまえを証人として、吉報伝達者として、また警告者として遣わした。(33：45)

また、アッラーへと彼の御許可によって呼び招く者として、そして、照明の灯明として(遣わした)。(33：46)

そして信仰者たちに、彼らにはアッラーから大きな御恵みがあるという吉報を伝えよ。(33：47)

また不信仰者たちと偽信者たちに従ってはならない。彼らの危害は放置し、アッラーに一任せよ[1526]。そして代理人としてはアッラーで万全であった。(33：48)

信仰する者たちよ、おまえたちが信仰者の女たちと婚姻し、それから彼女らに触れる(性交する)前に離婚した時には、彼女らに対しておまえたちにはおまえたちの数えるべき期限(待婚期間)はない。それゆえ、彼女らには生活費を与え、美しい離別で別れよ。(33：49)

預言者よ、まことに、われらはおまえに(結婚相手として)おまえが報酬(婚資)を与えたおまえの妻たち、アッラーがおまえへの戦利品となし給うたもののうちおまえの右手が所有したもの(奴隷)、父方おじの娘たち、父方おばたちの娘たち、母方おじの娘たち、母方おばたちの娘たちでおまえと共に移住した者たち、また、信仰者の女で自分自身を預言者に贈り、預言者が彼女と結婚することを望んだ場合の者を許した。おまえに対する特例で[1527]、信仰者たちは除かれる。すでにわれらは、彼らの妻たちと彼らの右手が所有したものに関し、われらが彼らに義務としたもの(諸規定)を知っている。それは、おまえに困難がないようにである。アッラーはよく赦し給う慈悲深い御方であらせられた。(33：50)

1526　不信仰者との戦闘を命ずる「剣の節」(９章５節)によって廃棄された。

1527　婚資なしに結婚すること、四人以上の妻と結婚することは、一般の信者には許されないが、預言者ムハンマドだけに許された特例である。

۞ تُرْجِى مَن تَشَآءُ مِنْهُنَّ وَتُـْٔوِىٓ إِلَيْكَ مَن تَشَآءُ ۖ وَمَنِ ٱبْتَغَيْتَ
مِمَّنْ عَزَلْتَ فَلَا جُنَاحَ عَلَيْكَ ۚ ذَٰلِكَ أَدْنَىٰٓ أَن تَقَرَّ أَعْيُنُهُنَّ
وَلَا يَحْزَنَّ وَيَرْضَيْنَ بِمَآ ءَاتَيْتَهُنَّ كُلُّهُنَّ ۚ وَٱللَّهُ يَعْلَمُ
مَا فِى قُلُوبِكُمْ ۚ وَكَانَ ٱللَّهُ عَلِيمًا حَلِيمًا ﴿٥١﴾ لَّا يَحِلُّ لَكَ
ٱلنِّسَآءُ مِنۢ بَعْدُ وَلَآ أَن تَبَدَّلَ بِهِنَّ مِنْ أَزْوَٰجٍ وَلَوْ أَعْجَبَكَ
حُسْنُهُنَّ إِلَّا مَا مَلَكَتْ يَمِينُكَ ۗ وَكَانَ ٱللَّهُ عَلَىٰ كُلِّ
شَىْءٍ رَّقِيبًا ﴿٥٢﴾ يَـٰٓأَيُّهَا ٱلَّذِينَ ءَامَنُوا۟ لَا تَدْخُلُوا۟ بُيُوتَ ٱلنَّبِىِّ
إِلَّآ أَن يُؤْذَنَ لَكُمْ إِلَىٰ طَعَامٍ غَيْرَ نَـٰظِرِينَ إِنَىٰهُ وَلَـٰكِنْ
إِذَا دُعِيتُمْ فَٱدْخُلُوا۟ فَإِذَا طَعِمْتُمْ فَٱنتَشِرُوا۟ وَلَا مُسْتَـْٔنِسِينَ
لِحَدِيثٍ ۚ إِنَّ ذَٰلِكُمْ كَانَ يُؤْذِى ٱلنَّبِىَّ فَيَسْتَحْىِۦ مِنكُمْ ۖ
وَٱللَّهُ لَا يَسْتَحْىِۦ مِنَ ٱلْحَقِّ ۚ وَإِذَا سَأَلْتُمُوهُنَّ مَتَـٰعًا فَسْـَٔلُوهُنَّ
مِن وَرَآءِ حِجَابٍ ۚ ذَٰلِكُمْ أَطْهَرُ لِقُلُوبِكُمْ وَقُلُوبِهِنَّ ۚ
وَمَا كَانَ لَكُمْ أَن تُؤْذُوا۟ رَسُولَ ٱللَّهِ وَلَآ أَن تَنكِحُوٓا۟ أَزْوَٰجَهُۥ
مِنۢ بَعْدِهِۦٓ أَبَدًا ۚ إِنَّ ذَٰلِكُمْ كَانَ عِندَ ٱللَّهِ عَظِيمًا ﴿٥٣﴾
إِن تُبْدُوا۟ شَيْـًٔا أَوْ تُخْفُوهُ فَإِنَّ ٱللَّهَ كَانَ بِكُلِّ شَىْءٍ عَلِيمًا ﴿٥٤﴾

おまえは、彼女らのうちおまえの望んだ者(の同衾の割り当てられた順)を遅らせ、おまえの望んだ者をおまえの許に受け入れる[1528]。また、おまえが(同衾の割当てから)遠ざけた者のうちおまえが(改めて同衾を)欲した者も、おまえには咎はない。それは、彼女らの目が涼み(喜び)、彼女らが悲しまず、彼女らすべてがおまえが与えたものに満足することに一層近い。アッラーはおまえたちの心の中にあるものを知り給う。アッラーはよく知り給う寛容なる御方であらせられた。(33：51)

以後、おまえには女たち(との新たな結婚)は許されず、彼女らによって妻を取り替える[1529]こともである。たとえ、彼女らの美貌がおまえの気を引いたとしても、おまえの右手が所有したものを除いては(許されない)[1530]。そしてアッラーはあらゆることに対する監視者であらせられた。(33：52)

信仰する者たちよ、預言者の家には入ってはならない。ただし、おまえたちが食事を許可され、その出来上がり時を待ち窺わないのであれば、別である(入ってよい)。だが、おまえたちが呼ばれた時には、入るがいい。そして、食べたら、退散し、長話に耽ってはならない。まことに、おまえたちのそうしたことは預言者を苦しめていたが、彼はおまえたちに遠慮するのである。だが、アッラーは真実に対し遠慮し給うことはない。また、おまえたちが彼女らに必要なもの(借り物)を頼む時には覆い(帳)の後ろから彼女らに尋ねよ。おまえたちのそうしたことはおまえたちの心にとっても彼女らの心にとっても一層清らかである。そしておまえたちにとって絶対にアッラーの御使いを害することも、また、彼の後、彼の妻たちと結婚することも罷り成らない。そうしたことは、アッラーの御許においては大それたことである。(33：53)

おまえたちがなにかを現そうと、それを隠そうと、まことにアッラーはあらゆることについてよく知り給う御方。(33：54)

1528　当初、預言者ムハンマドは複数の妻と順番に同衾していたが、そのようにせずとも良い。
1529　妻の一部ないし全部と離婚し、その分新たな妻を迎えること。
1530　預言者はエジプト王ムカウキスから献上されたコプト教徒の女奴隷マーリヤとの間に男子イブラーヒームをもうけたが、彼は夭折した。

لَا جُنَاحَ عَلَيْهِنَّ فِىٓ ءَابَآئِهِنَّ وَلَآ أَبْنَآئِهِنَّ وَلَآ إِخْوَٰنِهِنَّ وَلَآ
أَبْنَآءِ إِخْوَٰنِهِنَّ وَلَآ أَبْنَآءِ أَخَوَٰتِهِنَّ وَلَا نِسَآئِهِنَّ وَلَا مَا مَلَكَتْ
أَيْمَٰنُهُنَّ ۗ وَٱتَّقِينَ ٱللَّهَ ۚ إِنَّ ٱللَّهَ كَانَ عَلَىٰ كُلِّ شَىْءٍ شَهِيدًا
﴿٥٥﴾ إِنَّ ٱللَّهَ وَمَلَٰٓئِكَتَهُۥ يُصَلُّونَ عَلَى ٱلنَّبِىِّ ۚ يَٰٓأَيُّهَا ٱلَّذِينَ
ءَامَنُوا۟ صَلُّوا۟ عَلَيْهِ وَسَلِّمُوا۟ تَسْلِيمًا ﴿٥٦﴾ إِنَّ ٱلَّذِينَ يُؤْذُونَ
ٱللَّهَ وَرَسُولَهُۥ لَعَنَهُمُ ٱللَّهُ فِى ٱلدُّنْيَا وَٱلْءَاخِرَةِ وَأَعَدَّ لَهُمْ عَذَابًا
مُّهِينًا ﴿٥٧﴾ وَٱلَّذِينَ يُؤْذُونَ ٱلْمُؤْمِنِينَ وَٱلْمُؤْمِنَٰتِ بِغَيْرِ
مَا ٱكْتَسَبُوا۟ فَقَدِ ٱحْتَمَلُوا۟ بُهْتَٰنًا وَإِثْمًا مُّبِينًا ﴿٥٨﴾
يَٰٓأَيُّهَا ٱلنَّبِىُّ قُل لِّأَزْوَٰجِكَ وَبَنَاتِكَ وَنِسَآءِ ٱلْمُؤْمِنِينَ
يُدْنِينَ عَلَيْهِنَّ مِن جَلَٰبِيبِهِنَّ ۚ ذَٰلِكَ أَدْنَىٰٓ أَن يُعْرَفْنَ فَلَا
يُؤْذَيْنَ ۗ وَكَانَ ٱللَّهُ غَفُورًا رَّحِيمًا ﴿٥٩﴾ ۞ لَّئِن لَّمْ يَنتَهِ ٱلْمُنَٰفِقُونَ
وَٱلَّذِينَ فِى قُلُوبِهِم مَّرَضٌ وَٱلْمُرْجِفُونَ فِى ٱلْمَدِينَةِ
لَنُغْرِيَنَّكَ بِهِمْ ثُمَّ لَا يُجَاوِرُونَكَ فِيهَآ إِلَّا قَلِيلًا ﴿٦٠﴾ مَّلْعُونِينَ ۖ
أَيْنَمَا ثُقِفُوٓا۟ أُخِذُوا۟ وَقُتِّلُوا۟ تَقْتِيلًا ﴿٦١﴾ سُنَّةَ ٱللَّهِ فِى
ٱلَّذِينَ خَلَوْا۟ مِن قَبْلُ ۖ وَلَن تَجِدَ لِسُنَّةِ ٱللَّهِ تَبْدِيلًا ﴿٦٢﴾

彼女らには、彼女らの父親たち、息子たち、兄弟たち、兄弟の息子たち、姉妹の息子たち、彼女らの女たち、さらに彼女らの右手が所有するもの(奴隷)については(覆いなしでも)咎はない[1531]。そしてアッラーを畏れ身を守れ。まことに、アッラーはあらゆることに対する証言者であらせられた。(33：55)

まことに、アッラーと彼の天使たちは預言者を祝福・祈願する。信仰する者たちよ、彼を祝福・祈願し、平和の挨拶をせよ。(33：56)

まことにアッラーと彼の使徒を害する者たち、アッラーは彼らを現世と来世で呪い、また彼らには屈辱の懲罰を用意し給うた。(33：57)

また、信仰者の男たちと信仰者の女たちを、彼らが稼いだもの以外で害する(無実の罪で誹謗する)者、彼らは中傷と明白な罪を負ったのである。(33：58)

預言者よ、おまえの妻たち、娘たち、そして信仰者の女たちに言え、己の上に長衣を引き寄せるようにと。そうすることは、彼女らが見分けられ[1532]、害を受けないことに一層近い。そしてアッラーはよく赦し給う慈悲深い御方であらせられた。(33：59)

もしも、偽信者、心に病のある者たち、そしてこの町(マディーナ)の扇動者たちが止めないなら、われらはおまえを彼らに駆り立て(処刑、追放させ)よう。その後には、彼らはそこでわずか(の期間)しかおまえとは隣り合って住むことはない。(33：60)

呪われた者として。どこで見つけられようと、捕らえられ、虐殺され殺されよう。(33：61)

以前に逝った者たちにおけるアッラーの慣行として。そしておまえはアッラーの慣行に変更を見出すことはない。(33：62)

1531　24 章 31 節参照。

1532　偽信者たちが手出しをしていた奴隷女や遊女たちと見た目で区別がつき、彼女らが自由人の淑女であることが分かるように。

يَسۡـَٔلُكَ ٱلنَّاسُ عَنِ ٱلسَّاعَةِۖ قُلۡ إِنَّمَا عِلۡمُهَا عِندَ ٱللَّهِۚ وَمَا يُدۡرِيكَ
لَعَلَّ ٱلسَّاعَةَ تَكُونُ قَرِيبًا ٦٣ إِنَّ ٱللَّهَ لَعَنَ ٱلۡكَٰفِرِينَ وَأَعَدَّ
لَهُمۡ سَعِيرًا ٦٤ خَٰلِدِينَ فِيهَآ أَبَدٗاۖ لَّا يَجِدُونَ وَلِيّٗا وَلَا نَصِيرٗا
٦٥ يَوۡمَ تُقَلَّبُ وُجُوهُهُمۡ فِي ٱلنَّارِ يَقُولُونَ يَٰلَيۡتَنَآ أَطَعۡنَا ٱللَّهَ
وَأَطَعۡنَا ٱلرَّسُولَا۠ ٦٦ وَقَالُواْ رَبَّنَآ إِنَّآ أَطَعۡنَا سَادَتَنَا وَكُبَرَآءَنَا
فَأَضَلُّونَا ٱلسَّبِيلَا۠ ٦٧ رَبَّنَآ ءَاتِهِمۡ ضِعۡفَيۡنِ مِنَ ٱلۡعَذَابِ
وَٱلۡعَنۡهُمۡ لَعۡنٗا كَبِيرٗا ٦٨ يَٰٓأَيُّهَا ٱلَّذِينَ ءَامَنُواْ لَا تَكُونُواْ كَٱلَّذِينَ
ءَاذَوۡاْ مُوسَىٰ فَبَرَّأَهُ ٱللَّهُ مِمَّا قَالُواْۚ وَكَانَ عِندَ ٱللَّهِ وَجِيهٗا ٦٩
يَٰٓأَيُّهَا ٱلَّذِينَ ءَامَنُواْ ٱتَّقُواْ ٱللَّهَ وَقُولُواْ قَوۡلٗا سَدِيدٗا ٧٠ يُصۡلِحۡ
لَكُمۡ أَعۡمَٰلَكُمۡ وَيَغۡفِرۡ لَكُمۡ ذُنُوبَكُمۡۗ وَمَن يُطِعِ ٱللَّهَ وَرَسُولَهُۥ
فَقَدۡ فَازَ فَوۡزًا عَظِيمًا ٧١ إِنَّا عَرَضۡنَا ٱلۡأَمَانَةَ عَلَى ٱلسَّمَٰوَٰتِ
وَٱلۡأَرۡضِ وَٱلۡجِبَالِ فَأَبَيۡنَ أَن يَحۡمِلۡنَهَا وَأَشۡفَقۡنَ مِنۡهَا وَحَمَلَهَا
ٱلۡإِنسَٰنُۖ إِنَّهُۥ كَانَ ظَلُومٗا جَهُولٗا ٧٢ لِّيُعَذِّبَ ٱللَّهُ ٱلۡمُنَٰفِقِينَ
وَٱلۡمُنَٰفِقَٰتِ وَٱلۡمُشۡرِكِينَ وَٱلۡمُشۡرِكَٰتِ وَيَتُوبَ ٱللَّهُ
عَلَى ٱلۡمُؤۡمِنِينَ وَٱلۡمُؤۡمِنَٰتِۗ وَكَانَ ٱللَّهُ غَفُورٗا رَّحِيمَۢا ٧٣

人々はおまえにかの時（最後の審判の日）について尋ねる。言え、その知識はアッラーの御許のみにある。何がおまえに（それについて）教えるか。かの時は近いかもしれない[1533]。(33：63)

まことに、アッラーは不信仰者たちを呪い給い、そして彼らに烈火を用意し給うた。(33：64)

彼らはその中にいつまでも永遠に。彼らは後見も援助者も見出さない。(33：65)

彼らの顔が獄火の中で転じられる日、彼らは言う。「ああ、われらがアッラーに従い、使徒に従っていればよかったものを」。(33：66)

そして彼らは言った。「われらが主よ、まことに、われらはわれらの長《おさ》たちや大物たちに従ったのです。それで彼らがわれらに道を迷わせたのです」。(33：67)

「われらが主よ、彼らに二倍の懲罰を与え、大きな呪いで彼らを呪い給え」。(33：68)

信仰する者たちよ、ムーサーを（中傷し）害した者たちのようになってはならない[1534]。それでアッラーは彼らの言ったことから彼を無関係となし給うた[1535]。また彼はアッラーの御許で誉れある者であった。(33：69)

信仰する者たちよ、アッラーを畏れ身を守り、的確な言葉を語れ。(33：70)

（そうすれば）彼はおまえたちにおまえたちの行為を正し、おまえたちにおまえたちの罪を赦し給う。そしてアッラーと彼の使徒に従う者、彼は大いなる成功を勝ち得たのである。(33：71)

まことに、われらは諸天と地と山々に信託[1536]を提示したが、それら（天地、山々）はそれを担うことを拒み、それに対して怯んだが、人間がそれを担った。まことに、彼は極めて不正で無知な者であった。(33：72)

アッラーが偽信者の男たちと偽信者の女たちと多神教徒の男たちと多神教徒の女たちを罰し、またアッラーが信仰者の男たちと信仰者の女たちには顧み戻り給うためであった。そしてアッラーはよく赦し給う慈悲深い御方であらせられた。(33：73)

1533　あるいは、「何がおまえに、かの時は近いかもしれないと教えるのか」。
1534　預言者ムハンマドを害してはならない。
1535　アッラーがムーサーの無実を証明し給うた。
1536　自由意志による命令の履行と禁令の遵守の義務負荷。

第34章　サバァ …… سورة سبأ

マッカ垂示

ダーウードとスライマーンの物語(10-14節)に続いて、15-20節にかけて語られるサバァの物語に因んで「サバァ」章と名づけられる。

本章ではアッラーから使徒が遣わされる時、都市の富裕層が傲慢に信仰を拒む傾向があることが教えられる(34-37節)。

سورة سبأ

بسم الله الرحمن الرحيم

الحمد لله الذي له ما في السماوات وما في الأرض وله الحمد
في الآخرة وهو الحكيم الخبير ١ يعلم ما يلج في الأرض وما
يخرج منها وما ينزل من السماء وما يعرج فيها وهو
الرحيم الغفور ٢ وقال الذين كفروا لا تأتينا الساعة
قل بلى وربي لتأتينكم عالم الغيب لا يعزب عنه مثقال
ذرة في السماوات ولا في الأرض ولا أصغر من ذلك
ولا أكبر إلا في كتاب مبين ٣ ليجزي الذين
آمنوا وعملوا الصالحات أولئك لهم مغفرة ورزق
كريم ٤ والذين سعو في آياتنا معاجزين أولئك
لهم عذاب من رجز أليم ٥ ويرى الذين أوتوا العلم
الذي أنزل إليك من ربك هو الحق ويهدي إلى صراط
العزيز الحميد ٦ وقال الذين كفروا هل ندلكم على رجل
ينبئكم إذا مزقتم كل ممزق إنكم لفي خلق جديد ٧

慈悲あまねく慈悲深きアッラーの御名において

称賛はアッラーに属す、諸天にあるものと地にあるものが属する御方。また、来世においても彼にこそ称賛は属す。そして彼は英明にして通暁し給う御方。(34:1)

地に入り込むものもそこから出るもの[1537]も、また、天から下るものもそこに昇るもの[1538]も知り給う。そして彼は慈悲深く、よく赦す御方。(34:2)

そして信仰を拒んだ者たちは言った。「かの時(最後の審判の日)はわれらには到来しない」。言え、「そうではない。わが主にかけて(誓って)、それは必ずやおまえたちに到来する。隠されたものを知り給う御方に(かけて)。彼からは諸天と地の微塵の重さも逃れられない。また、それより小さなものも大きなものも、明白な書(「護持された書板」)の中にないものはない」。(34:3)

「(アッラーが)信仰し、善行をなした者たちに報い給うためである。それらの者、彼らには御赦しと高貴な糧がある」。(34:4)

「だが、見縊《みくび》ってわれらの諸々の徴に対して(毀損しようと)奔走する者、それらの者、彼らには痛苦の天罰の懲罰があろう」。(34:5)

「そして知識を授けられた者たちは、おまえにおまえの主から下されたものは、それが真理であり、威力比類なく称賛されるべき御方(アッラー)の道へと導くものであると考える」。(34:6)

だが、信仰を拒んだ者たちは言った。「おまえたちがすっかり朽ち果て砕け散らされた時、おまえたちが新たな創造のうちにあるとおまえたちに告げる男(預言者ムハンマド)をおまえたちに示そうか」。(34:7)

1537　地に入る水、死体、地から出る植物、鉱物など。

1538　天より下る雨、雪、糧、天使、啓典、天に上る天使、人々の行為(の記録)など。

أَفْتَرَىٰ عَلَى ٱللَّهِ كَذِبًا أَم بِهِۦ جِنَّةٌۢ بَلِ ٱلَّذِينَ لَا يُؤْمِنُونَ بِٱلْءَاخِرَةِ
فِى ٱلْعَذَابِ وَٱلضَّلَٰلِ ٱلْبَعِيدِ ٨ أَفَلَمْ يَرَوْا۟ إِلَىٰ مَا بَيْنَ أَيْدِيهِمْ
وَمَا خَلْفَهُم مِّنَ ٱلسَّمَآءِ وَٱلْأَرْضِ ۚ إِن نَّشَأْ نَخْسِفْ بِهِمُ ٱلْأَرْضَ
أَوْ نُسْقِطْ عَلَيْهِمْ كِسَفًا مِّنَ ٱلسَّمَآءِ ۚ إِنَّ فِى ذَٰلِكَ لَءَايَةً
لِّكُلِّ عَبْدٍ مُّنِيبٍ ٩ ۞ وَلَقَدْ ءَاتَيْنَا دَاوُۥدَ مِنَّا فَضْلًا ۖ
يَٰجِبَالُ أَوِّبِى مَعَهُۥ وَٱلطَّيْرَ ۖ وَأَلَنَّا لَهُ ٱلْحَدِيدَ ١٠ أَنِ ٱعْمَلْ
سَٰبِغَٰتٍ وَقَدِّرْ فِى ٱلسَّرْدِ ۖ وَٱعْمَلُوا۟ صَٰلِحًا ۖ إِنِّى بِمَا تَعْمَلُونَ
بَصِيرٌ ١١ وَلِسُلَيْمَٰنَ ٱلرِّيحَ غُدُوُّهَا شَهْرٌ وَرَوَاحُهَا شَهْرٌ ۖ
وَأَسَلْنَا لَهُۥ عَيْنَ ٱلْقِطْرِ ۖ وَمِنَ ٱلْجِنِّ مَن يَعْمَلُ بَيْنَ يَدَيْهِ بِإِذْنِ
رَبِّهِۦ ۖ وَمَن يَزِغْ مِنْهُمْ عَنْ أَمْرِنَا نُذِقْهُ مِنْ عَذَابِ ٱلسَّعِيرِ ١٢
يَعْمَلُونَ لَهُۥ مَا يَشَآءُ مِن مَّحَٰرِيبَ وَتَمَٰثِيلَ وَجِفَانٍ كَٱلْجَوَابِ
وَقُدُورٍ رَّاسِيَٰتٍ ۚ ٱعْمَلُوٓا۟ ءَالَ دَاوُۥدَ شُكْرًا ۚ وَقَلِيلٌ مِّنْ عِبَادِىَ
ٱلشَّكُورُ ١٣ فَلَمَّا قَضَيْنَا عَلَيْهِ ٱلْمَوْتَ مَا دَلَّهُمْ عَلَىٰ مَوْتِهِۦٓ
إِلَّا دَآبَّةُ ٱلْأَرْضِ تَأْكُلُ مِنسَأَتَهُۥ ۖ فَلَمَّا خَرَّ تَبَيَّنَتِ ٱلْجِنُّ
أَن لَّوْ كَانُوا۟ يَعْلَمُونَ ٱلْغَيْبَ مَا لَبِثُوا۟ فِى ٱلْعَذَابِ ٱلْمُهِينِ ١٤

「彼(預言者ムハンマド)はアッラーに対して虚偽を捏造したのか、それとも、彼には狂気があるのか」。いや、来世を信じない者は懲罰と遠い迷誤の中にいる。(34：8)

彼らは見なかったのか、天と地のうちで彼らの前にあるものと彼らの後ろにあるものを。もしわれらが望めば、われらは大地に彼らを飲み込ませるか、天の断片を彼らの上に落とすであろう。まことに、その中には、すべての悔い改める僕《しもべ》への徴がある。(34：9)

また確かにわれらはダーウードにわれらから恵みを授けた。「山々よ、彼と共に立ち帰れ(賛美せよ)。そして、鳥たちもまた」[1539]。また、われは彼に鉄を柔らかくした[1540]。(34：10)

「鎧(鎖帷子)を作り、金輪《かなわ》(鎖の輪)を測れ(精密に製作せよ)。また、善行をなせ。まことに、われはおまえたちのなすことを見通している」。(34：11)

また、スライマーンには風を(従わせた)[1541]。その(風の)朝の出立は一ヶ月で、夕暮れの帰路は一ヶ月(一日で二ヶ月の旅の行程を進んだ)。また、われらは彼に溶けた銅の泉を流した。そして幽精《ジン》の中には彼の主の御許しと共に彼の前で働く者もあれば[1542]、また彼らの中にはわれらの命令から外れる者もあり、われらはその者には烈火の懲罰を味わわせる。(34：12)

彼らは彼のために高殿[1543]や、彫像[1544]、湖のような大皿、しっかり固定した大鍋など彼の望むものを製作する。「ダーウードの一族、感謝をなせ」。だが、わが僕《しもべ》たちのうち、よく感謝する者はわずかである。(34：13)

そしてわれらが彼に死を定めた時、彼の死を彼らに示したのは彼の杖を食べる地の虫のほかになかった。それで彼が倒れた時[1545]、幽精《ジン》は、もし彼らが見えないことを知っていれば、屈辱の懲罰のうちに留まってはいなかったことをはっきりと悟った。(34：14)

1539　21章79節、27章16節参照。
1540　鉄器の製作を教えた。
1541　21章81節参照。
1542　27章17節、39節参照。
1543　あるいは、礼拝堂。
1544　「彼ら(イスラーイールの民)は、義人が亡くなると、その墓の上に礼拝堂を建て、そこにその姿の彫像を作った」との預言者ムハンマドのハディースが伝えられている。スライマーンの聖法では彫像は禁じられていなかった、とも言われる。
1545　スライマーンは死後も、死体が彼の杖にもたれかかって立った姿勢のままであった。それで幽精《ジン》たちは、木食い虫が彼の杖を食み、死体が倒れ伏すまで、彼の死に気づかず、生前にスライマーンが命じた苦役を続けていた。

لَقَدْ كَانَ لِسَبَإٍ فِي مَسْكَنِهِمْ ءَايَةٌ جَنَّتَانِ عَن يَمِينٍ وَشِمَالٍ
كُلُوا مِن رِّزْقِ رَبِّكُمْ وَاشْكُرُوا لَهُ بَلْدَةٌ طَيِّبَةٌ وَرَبٌّ غَفُورٌ
١٥ فَأَعْرَضُوا فَأَرْسَلْنَا عَلَيْهِمْ سَيْلَ الْعَرِمِ وَبَدَّلْنَاهُم بِجَنَّتَيْهِمْ
جَنَّتَيْنِ ذَوَاتَيْ أُكُلٍ خَمْطٍ وَأَثْلٍ وَشَيْءٍ مِّن سِدْرٍ قَلِيلٍ
١٦ ذَٰلِكَ جَزَيْنَاهُم بِمَا كَفَرُوا وَهَلْ نُجَازِي إِلَّا الْكَفُورَ ١٧
وَجَعَلْنَا بَيْنَهُمْ وَبَيْنَ الْقُرَى الَّتِي بَارَكْنَا فِيهَا قُرًى ظَاهِرَةً
وَقَدَّرْنَا فِيهَا السَّيْرَ سِيرُوا فِيهَا لَيَالِيَ وَأَيَّامًا ءَامِنِينَ ١٨
فَقَالُوا رَبَّنَا بَاعِدْ بَيْنَ أَسْفَارِنَا وَظَلَمُوا أَنفُسَهُمْ فَجَعَلْنَاهُمْ
أَحَادِيثَ وَمَزَّقْنَاهُمْ كُلَّ مُمَزَّقٍ إِنَّ فِي ذَٰلِكَ لَآيَاتٍ لِّكُلِّ صَبَّارٍ
شَكُورٍ ١٩ وَلَقَدْ صَدَّقَ عَلَيْهِمْ إِبْلِيسُ ظَنَّهُ فَاتَّبَعُوهُ إِلَّا
فَرِيقًا مِّنَ الْمُؤْمِنِينَ ٢٠ وَمَا كَانَ لَهُ عَلَيْهِم مِّن سُلْطَانٍ
إِلَّا لِنَعْلَمَ مَن يُؤْمِنُ بِالْآخِرَةِ مِمَّنْ هُوَ مِنْهَا فِي شَكٍّ
وَرَبُّكَ عَلَىٰ كُلِّ شَيْءٍ حَفِيظٌ ٢١ قُلِ ادْعُوا الَّذِينَ زَعَمْتُم مِّن
دُونِ اللَّهِ لَا يَمْلِكُونَ مِثْقَالَ ذَرَّةٍ فِي السَّمَاوَاتِ وَلَا فِي
الْأَرْضِ وَمَا لَهُمْ فِيهِمَا مِن شِرْكٍ وَمَا لَهُ مِنْهُم مِّن ظَهِيرٍ ٢٢

かつて、サバァ[1546]に対しても彼らの居住地の中に一つの徴(つまり)右と左からの二つの園があった。「おまえたちの主の糧から食べよ。そして、彼に感謝せよ。(おまえたちの国は)良い国であり、(おまえたちの主は)よく赦す主であらせられる」。(34：15)

だが、彼らは背き去った。そこでわれらは彼らに激しい洪水[1547]を送り、彼らの二つの園を苦味の食(果実)と御柳《タマリスク》とわずかばかりのナツメのある園に取替えた。(34：16)

それをわれらは彼らが信仰を拒んだゆえに彼らに報いた。不信仰な者(忘恩の徒)以外にわれらが報復することがあろうか。(34：17)

またわれらは、彼ら(サバァ)とわれらが祝福した(シリアの)町々の間に目立った町々をなし、その行程を定めた[1548]。「夜も昼も安全に旅せよ」。(34：18)

ところが、彼らは、「われらが主よ、われらの旅程の間(宿所の間隔)を遠くし給え」と言って、己自身に不正をなした。そこで、われらは彼らを語り草とし、彼らをばらばらに追い散らした。まことに、その中にはあらゆる堅忍不抜の深謝する者への徴がある。(34：19)

そして確かにイブリースが彼らに対して彼の(誤った)思惑を正しいと保証した。そこで彼らは彼に従った。だが、信仰者たちの一部は別であった。(34：20)

だが、彼(イブリース)には彼らに対して権威があったわけではなく、ただ、来世を信じる者をそれ(来世)について疑念のうちにある者の中からわれらが識別するためにほかならなかった。そしておまえの主はあらゆることを看視し給う御方。(34：21)

言え、「アッラーを差し置いておまえたちが(神々であると)主張した者たちに祈るがよい。彼らは諸天においても地においても、微塵の重さ(の力)も有さない。そこにおいて彼らには持ち分はなく、また、彼(アッラー)には彼ら(偶像神)のうちに助力者などない」。(34：22)

1546　サバァの女王の逸話は、27 章 22-44 節、「列王記上」10 章 1-13 節など参照。
1547　あるいは「ダムの洪水」。かつてマアリブにあったダムを指す。
1548　ある町で昼休みを取り、また別の町で夜を過ごし、という風に旅行を続け、彼らが旅行中に旅の糧や水を運ばずに済むように計らった。

وَلَا تَنفَعُ ٱلشَّفَٰعَةُ عِندَهُۥٓ إِلَّا لِمَنْ أَذِنَ لَهُۥ ۚ حَتَّىٰٓ إِذَا فُزِّعَ عَن
قُلُوبِهِمْ قَالُوا۟ مَاذَا قَالَ رَبُّكُمْ ۖ قَالُوا۟ ٱلْحَقَّ ۖ وَهُوَ ٱلْعَلِىُّ ٱلْكَبِيرُ
﴿٢٣﴾ ۞ قُلْ مَن يَرْزُقُكُم مِّنَ ٱلسَّمَٰوَٰتِ وَٱلْأَرْضِ ۖ قُلِ ٱللَّهُ ۖ
وَإِنَّآ أَوْ إِيَّاكُمْ لَعَلَىٰ هُدًى أَوْ فِى ضَلَٰلٍ مُّبِينٍ ﴿٢٤﴾ قُل
لَّا تُسْـَٔلُونَ عَمَّآ أَجْرَمْنَا وَلَا نُسْـَٔلُ عَمَّا تَعْمَلُونَ ﴿٢٥﴾ قُلْ
يَجْمَعُ بَيْنَنَا رَبُّنَا ثُمَّ يَفْتَحُ بَيْنَنَا بِٱلْحَقِّ وَهُوَ ٱلْفَتَّاحُ ٱلْعَلِيمُ
﴿٢٦﴾ قُلْ أَرُونِىَ ٱلَّذِينَ أَلْحَقْتُم بِهِۦ شُرَكَآءَ ۖ كَلَّا ۚ بَلْ هُوَ ٱللَّهُ
ٱلْعَزِيزُ ٱلْحَكِيمُ ﴿٢٧﴾ وَمَآ أَرْسَلْنَٰكَ إِلَّا كَآفَّةً لِّلنَّاسِ
بَشِيرًا وَنَذِيرًا وَلَٰكِنَّ أَكْثَرَ ٱلنَّاسِ لَا يَعْلَمُونَ ﴿٢٨﴾
وَيَقُولُونَ مَتَىٰ هَٰذَا ٱلْوَعْدُ إِن كُنتُمْ صَٰدِقِينَ ﴿٢٩﴾
قُل لَّكُم مِّيعَادُ يَوْمٍ لَّا تَسْتَـْٔخِرُونَ عَنْهُ سَاعَةً وَلَا تَسْتَقْدِمُونَ
﴿٣٠﴾ وَقَالَ ٱلَّذِينَ كَفَرُوا۟ لَن نُّؤْمِنَ بِهَٰذَا ٱلْقُرْءَانِ وَلَا
بِٱلَّذِى بَيْنَ يَدَيْهِ ۗ وَلَوْ تَرَىٰٓ إِذِ ٱلظَّٰلِمُونَ مَوْقُوفُونَ عِندَ
رَبِّهِمْ يَرْجِعُ بَعْضُهُمْ إِلَىٰ بَعْضٍ ٱلْقَوْلَ يَقُولُ ٱلَّذِينَ
ٱسْتُضْعِفُوا۟ لِلَّذِينَ ٱسْتَكْبَرُوا۟ لَوْلَآ أَنتُمْ لَكُنَّا مُؤْمِنِينَ ﴿٣١﴾

また彼の御許では、彼がその者に対し許可し給うた者を除き、執り成しは役立たない。そして、ついに彼ら[1549]の心から恐怖が取り除かれると、彼らは言った。「おまえの主はなんと仰せられたか」。彼らは言った。「真理である。そして彼こそは至高にして、至大の御方」。(34：23)

(多神教徒に対して)言え、「誰がおまえたちに諸天と地から糧を与えるのか」。言え、「アッラーであらせられる。まことにわれらかあるいはおまえたち(の一方)が、導きの上、もしくは明白な迷誤の中にあるのである」。(34：24)

言え、「おまえたち(多神教徒)はわれらが犯したことについて問われることはなく、われらもおまえたちがなすことについて問われることはない」。(34：25)

言え、「われらの主はわれらの間を(復活の日に)集め、それから、真理をもってわれらの間を解決し給う。彼こそは解決者にして、よく知り給う御方」。(34：26)

言え、「おまえたちが彼(アッラー)に共同者たちとして配した者たちを私に見せよ」。いや(それは不可能)、彼こそはアッラー、威力比類なく、英明なる御方。(34：27)

そしてわれらがおまえを遣わしたのは、一切の人々への吉報伝達者として、また警告者としてにほかならない。だが、人々の大半は知らない。(34：28)

そして彼らは言う。「その約束はいつか。もし、おまえたちが真実を語る者なら」。(34：29)

言え、「おまえたちにはある一日(最後の審判の日)の約束時があり、おまえたちはそれから一刻も遅れることはないし、先んじることもない」。(34：30)

そして信仰を拒んだ者たちは言った。「われらがこのクルアーンを信じることはなく、その前にあるもの(律法の書や福音書など)をも」。そしてもし不正な者たちが彼らの主の御許に立たされる時のことをおまえが見るならば(それは凄まじい光景だ)。その時、彼らは互いに言葉を返し、虐げられていた者たちは尊大であった者たちに言う。「もしおまえたちがいなければ、われらは信仰者であった」。(34：31)

1549　天使、執り成しを行うことを許された者たち。

قَالَ ٱلَّذِينَ ٱسْتَكْبَرُوا۟ لِلَّذِينَ ٱسْتُضْعِفُوٓا۟ أَنَحْنُ صَدَدْنَـٰكُمْ
عَنِ ٱلْهُدَىٰ بَعْدَ إِذْ جَآءَكُم ۖ بَلْ كُنتُم مُّجْرِمِينَ ﴿٣٢﴾ وَقَالَ ٱلَّذِينَ
ٱسْتُضْعِفُوا۟ لِلَّذِينَ ٱسْتَكْبَرُوا۟ بَلْ مَكْرُ ٱلَّيْلِ وَٱلنَّهَارِ إِذْ
تَأْمُرُونَنَآ أَن نَّكْفُرَ بِٱللَّهِ وَنَجْعَلَ لَهُۥٓ أَندَادًا ۚ وَأَسَرُّوا۟ ٱلنَّدَامَةَ
لَمَّا رَأَوُا۟ ٱلْعَذَابَ ۚ وَجَعَلْنَا ٱلْأَغْلَـٰلَ فِىٓ أَعْنَاقِ ٱلَّذِينَ كَفَرُوا۟ ۖ
هَلْ يُجْزَوْنَ إِلَّا مَا كَانُوا۟ يَعْمَلُونَ ﴿٣٣﴾ وَمَآ أَرْسَلْنَا فِى قَرْيَةٍ
مِّن نَّذِيرٍ إِلَّا قَالَ مُتْرَفُوهَآ إِنَّا بِمَآ أُرْسِلْتُم بِهِۦ كَـٰفِرُونَ ﴿٣٤﴾
وَقَالُوا۟ نَحْنُ أَكْثَرُ أَمْوَٰلًا وَأَوْلَـٰدًا وَمَا نَحْنُ بِمُعَذَّبِينَ ﴿٣٥﴾
قُلْ إِنَّ رَبِّى يَبْسُطُ ٱلرِّزْقَ لِمَن يَشَآءُ وَيَقْدِرُ وَلَـٰكِنَّ أَكْثَرَ
ٱلنَّاسِ لَا يَعْلَمُونَ ﴿٣٦﴾ وَمَآ أَمْوَٰلُكُمْ وَلَآ أَوْلَـٰدُكُم بِٱلَّتِى تُقَرِّبُكُمْ
عِندَنَا زُلْفَىٰٓ إِلَّا مَنْ ءَامَنَ وَعَمِلَ صَـٰلِحًا فَأُو۟لَـٰٓئِكَ لَهُمْ جَزَآءُ
ٱلضِّعْفِ بِمَا عَمِلُوا۟ وَهُمْ فِى ٱلْغُرُفَـٰتِ ءَامِنُونَ ﴿٣٧﴾ وَٱلَّذِينَ
يَسْعَوْنَ فِىٓ ءَايَـٰتِنَا مُعَـٰجِزِينَ أُو۟لَـٰٓئِكَ فِى ٱلْعَذَابِ مُحْضَرُونَ ﴿٣٨﴾
قُلْ إِنَّ رَبِّى يَبْسُطُ ٱلرِّزْقَ لِمَن يَشَآءُ مِنْ عِبَادِهِۦ وَيَقْدِرُ لَهُۥ ۚ
وَمَآ أَنفَقْتُم مِّن شَىْءٍ فَهُوَ يُخْلِفُهُۥ ۖ وَهُوَ خَيْرُ ٱلرَّٰزِقِينَ ﴿٣٩﴾

尊大であった者たちは虐げられていた者たちに言った。「われらがおまえたちを導きから逸らした(妨げた)というのか。それがおまえたちに到来した後で。いや、おまえたちは罪人であった」。(34：32)

そこで虐げられていた者たちは尊大であった者たちに言った。「いや、(かれらを逸らしたのはおまえたちの)夜と昼の策謀である。その時、おまえたちはわれらに、アッラーへの信仰を拒み、彼に互角の者(偶像)を配するよう命じた」。そして懲罰を見た時、彼らは後悔を(心中に)秘めた。そして、われらは信仰を拒んだ者たちの首に枷をなした。彼らは、彼らのなしてきたもの以外によって報いられることがあろうか。(34：33)

そしてわれらが町に警告者を遣わすと、その奢侈者たちは、「まことにわれらは、あなたがたがそれを携えて遣わされたものへの信仰を拒む者である」と言わずにはいなかった。(34：34)

彼らは言った。「われらは財産も子供たちもより多く、われらは罰せられる者ではない」。(34：35)

言え、「まことに、わが主は御望みの者には糧を広げ、また、制限し給う。だが、人々の大半は知らない」。(34：36)

おまえたちの財産も、おまえたちの子供たちもわれらの許でおまえたちを側に近づけるものではない。ただ、信仰し、善行をなした者は別で[1550]、それらの者、彼らには彼らのなしたことに対し倍の報いがあり、彼らは(楽園の)高殿に安全でいる。(34：37)

われらの諸々の徴に対して(毀損しようと)見縊《みくび》って奔走する者たち、それらの者は懲罰に立ち合わされる。(34：38)

言え、「まことにわが主は彼の僕《しもべ》たちのうち御望みの者に糧を広げ、またその者に制限し給う。おまえたちが(善に)費やしたどんなものも、彼がそれを償還し給う。そして彼こそは糧を与える者のうち最良の御方」。(34：39)

1550　それらの者がアッラーの道に費やした財産は別である、の意。

وَيَوْمَ يَحْشُرُهُمْ جَمِيعًا ثُمَّ يَقُولُ لِلْمَلَٰٓئِكَةِ أَهَٰٓؤُلَآءِ إِيَّاكُمْ كَانُوا۟
يَعْبُدُونَ ﴿٤٠﴾ قَالُوا۟ سُبْحَٰنَكَ أَنتَ وَلِيُّنَا مِن دُونِهِم ۖ بَلْ كَانُوا۟
يَعْبُدُونَ ٱلْجِنَّ ۖ أَكْثَرُهُم بِهِم مُّؤْمِنُونَ ﴿٤١﴾ فَٱلْيَوْمَ لَا يَمْلِكُ
بَعْضُكُمْ لِبَعْضٍ نَّفْعًا وَلَا ضَرًّا وَنَقُولُ لِلَّذِينَ ظَلَمُوا۟ ذُوقُوا۟ عَذَابَ
ٱلنَّارِ ٱلَّتِى كُنتُم بِهَا تُكَذِّبُونَ ﴿٤٢﴾ وَإِذَا تُتْلَىٰ عَلَيْهِمْ ءَايَٰتُنَا بَيِّنَٰتٍ
قَالُوا۟ مَا هَٰذَآ إِلَّا رَجُلٌ يُرِيدُ أَن يَصُدَّكُمْ عَمَّا كَانَ يَعْبُدُ ءَابَآؤُكُمْ
وَقَالُوا۟ مَا هَٰذَآ إِلَّآ إِفْكٌ مُّفْتَرًى ۚ وَقَالَ ٱلَّذِينَ كَفَرُوا۟ لِلْحَقِّ لَمَّا
جَآءَهُمْ إِنْ هَٰذَآ إِلَّا سِحْرٌ مُّبِينٌ ﴿٤٣﴾ وَمَآ ءَاتَيْنَٰهُم مِّن كُتُبٍ
يَدْرُسُونَهَا ۖ وَمَآ أَرْسَلْنَآ إِلَيْهِمْ قَبْلَكَ مِن نَّذِيرٍ ﴿٤٤﴾ وَكَذَّبَ
ٱلَّذِينَ مِن قَبْلِهِمْ وَمَا بَلَغُوا۟ مِعْشَارَ مَآ ءَاتَيْنَٰهُمْ فَكَذَّبُوا۟
رُسُلِى ۖ فَكَيْفَ كَانَ نَكِيرِ ﴿٤٥﴾ ۞ قُلْ إِنَّمَآ أَعِظُكُم بِوَٰحِدَةٍ ۖ أَن
تَقُومُوا۟ لِلَّهِ مَثْنَىٰ وَفُرَٰدَىٰ ثُمَّ تَتَفَكَّرُوا۟ ۚ مَا بِصَاحِبِكُم مِّن
جِنَّةٍ ۚ إِنْ هُوَ إِلَّا نَذِيرٌ لَّكُم بَيْنَ يَدَىْ عَذَابٍ شَدِيدٍ ﴿٤٦﴾ قُلْ
مَا سَأَلْتُكُم مِّنْ أَجْرٍ فَهُوَ لَكُمْ ۖ إِنْ أَجْرِىَ إِلَّا عَلَى ٱللَّهِ ۖ وَهُوَ عَلَىٰ
كُلِّ شَىْءٍ شَهِيدٌ ﴿٤٧﴾ قُلْ إِنَّ رَبِّى يَقْذِفُ بِٱلْحَقِّ عَلَّٰمُ ٱلْغُيُوبِ ﴿٤٨﴾

そして彼が彼らを一斉に集め給い、それから天使たちに仰せられる日、「これらの者はおまえたちに仕えていたのか」。(34：40)

彼らは言う。「称えあれ、あなたこそ超越者、あなたはわれらの後見であらせられ、彼らはそうではありません。いや、彼らは幽精《ジン》に仕えていたのです。彼らの大半はそれらを信じる者でした」。(34：41)

それゆえ今日、おまえたちの誰も(他の)誰に対しても益も害も持ち合わせない[1551]。そして、われらは不正をなした者たちに言う。「おまえたちが嘘と否定していた獄火の懲罰を味わえ」。(34：42)

そして彼らにわれらの諸々の徴(節)が明白なものとして読み聞かされると、彼らは言った。「これはおまえたちの祖先が仕えていたものからおまえたちを逸らそうと欲する男にほかならない」。また、彼らは言った。「これは、捏造された虚偽にほかならない」。また、信仰を拒んだ者たちは真理に対しそれが彼らに到来すると言った。「これは明白な魔術にほかならない」。(34：43)

またわれらは彼らに彼らが学ぶ(多神崇拝を正当化する)諸啓典を授けはしなかったし、われらは彼らにおまえ以前に警告者など送らなかった。(34：44)

また彼ら以前の者たちも嘘と否定した。彼ら(アラブの多神教徒)(の権勢や富)はわれらが彼ら(過去の民)に授けたものの十分の一にも達しなかったが[1552]、わが使徒たちを嘘として否定した。わが峻拒《しゅんきょ》がどのようなものであったか。(34：45)

言え、「私は一つのことだけを訓告する。おまえたちがアッラーに二人ずつ、また、一人ずつ立ち(真剣に真理を求め)、それから熟考することを。おまえたちの仲間(預言者ムハンマド)は物憑き(狂人)ではない。彼は厳しい懲罰の手前のおまえたちへの警告者にほかならない」。(34：46)

言え、「私がおまえたちに報酬で求めたものがあったとしても、それはおまえたちのものである。私の報酬はアッラーにあるほかにない。彼こそはあらゆることに対する証言者であらせられる」。(34：47)

言え、「まことに、わが主は真理を投げ込み給う[1553]、見えない諸事象を知り尽くし給うた御方」。(34：48)

1551　おまえたちのうち崇拝されていたものが、崇拝していた者を益することも害することもできない。

1552　あるいは、「彼ら(過去の民)(の感謝)はわれらが彼ら(過去の民)に授けたもの(権勢や富)の十分の一にも達しなかったが」。

1553　アッラーは預言者に真理を与える。または、アッラーは虚偽に真理を投げつけ、虚偽を粉砕する。

言え、「真理は到来し、虚偽は創始せず、再帰もさせない[1554]」。(34：49)

言え、「もし私が迷ったとすれば、私は自分自身に対してのみ迷ったのである。また、もし私が導かれたとすれば、それはわが主が私に啓示し給うたものゆえである。まことに彼はよく聞き給う身近なる御方」。(34：50)

そしてもしおまえが彼らが慄く時を見たならば(それは凄まじい光景だ)。だが、逃げ道はなく、彼らは近い処[1555]で捕らえられた。(34：51)

そして、(そうなった時には)彼らは言った。「彼を信じた」。だが、いかにして彼らに遠い処での[1556]（信仰の)受領があろうか。(34：52)

またかつて以前にも、彼らはその信仰を拒み、(真実から)遠い処から隠されたものごとについて臆断していた。(34：53)

そして彼らと彼らが熱望するもの(信仰の承認と獄火からの救済)の間は遮られた。以前にも彼らの同類たちになされたように。まことに、彼らは(来世に対して)訝しむ疑念のうちにあった。(34：54)

قُلْ جَآءَ ٱلْحَقُّ وَمَا يُبْدِئُ ٱلْبَٰطِلُ وَمَا يُعِيدُ ﴿٤٩﴾ قُلْ إِن ضَلَلْتُ
فَإِنَّمَآ أَضِلُّ عَلَىٰ نَفْسِى ۖ وَإِنِ ٱهْتَدَيْتُ فَبِمَا يُوحِىٓ إِلَىَّ رَبِّىٓ ۚ إِنَّهُۥ
سَمِيعٌ قَرِيبٌ ﴿٥٠﴾ وَلَوْ تَرَىٰٓ إِذْ فَزِعُوا۟ فَلَا فَوْتَ وَأُخِذُوا۟ مِن
مَّكَانٍ قَرِيبٍ ﴿٥١﴾ وَقَالُوٓا۟ ءَامَنَّا بِهِۦ وَأَنَّىٰ لَهُمُ ٱلتَّنَاوُشُ مِن
مَّكَانٍۭ بَعِيدٍ ﴿٥٢﴾ وَقَدْ كَفَرُوا۟ بِهِۦ مِن قَبْلُ ۖ وَيَقْذِفُونَ
بِٱلْغَيْبِ مِن مَّكَانٍۭ بَعِيدٍ ﴿٥٣﴾ وَحِيلَ بَيْنَهُمْ وَبَيْنَ مَا يَشْتَهُونَ
كَمَا فُعِلَ بِأَشْيَاعِهِم مِّن قَبْلُ ۚ إِنَّهُمْ كَانُوا۟ فِى شَكٍّ مُّرِيبٍۭ ﴿٥٤﴾

سُورَةُ فَاطِرٍ

بِسْمِ ٱللَّهِ ٱلرَّحْمَٰنِ ٱلرَّحِيمِ

ٱلْحَمْدُ لِلَّهِ فَاطِرِ ٱلسَّمَٰوَٰتِ وَٱلْأَرْضِ جَاعِلِ ٱلْمَلَٰٓئِكَةِ رُسُلًا أُو۟لِىٓ
أَجْنِحَةٍ مَّثْنَىٰ وَثُلَٰثَ وَرُبَٰعَ ۚ يَزِيدُ فِى ٱلْخَلْقِ مَا يَشَآءُ ۚ إِنَّ ٱللَّهَ عَلَىٰ
كُلِّ شَىْءٍ قَدِيرٌ ﴿١﴾ مَّا يَفْتَحِ ٱللَّهُ لِلنَّاسِ مِن رَّحْمَةٍ فَلَا مُمْسِكَ لَهَا ۖ
وَمَا يُمْسِكْ فَلَا مُرْسِلَ لَهُۥ مِنۢ بَعْدِهِۦ ۚ وَهُوَ ٱلْعَزِيزُ ٱلْحَكِيمُ ﴿٢﴾
يَٰٓأَيُّهَا ٱلنَّاسُ ٱذْكُرُوا۟ نِعْمَتَ ٱللَّهِ عَلَيْكُمْ ۚ هَلْ مِنْ خَٰلِقٍ غَيْرُ ٱللَّهِ
يَرْزُقُكُم مِّنَ ٱلسَّمَآءِ وَٱلْأَرْضِ ۚ لَآ إِلَٰهَ إِلَّا هُوَ ۖ فَأَنَّىٰ تُؤْفَكُونَ ﴿٣﴾

第35章　創始者 …… سورة فاطر

マッカ垂示

冒頭の、「諸天と地の創始者」に因んで「創始者」章と呼ばれる。あるいは、それに続く「天使たちを使徒となし給う御方」に因んで「天使たち」章とも呼ばれる。

本章において、様々な肌の色に創造された人間のうち、真にアッラーを畏怖するのは、知識がありアッラーに仕える僕《しもべ》だけであることが明らかにされる(28節)。

慈悲あまねく慈悲深きアッラーの御名において

称賛はアッラーに属す、諸天と地の創始者、二対、三対、または四対の翼を持った天使たちを使徒となし給う御方。彼は創造において御望みのものを増やし給う[1557]。まことにアッラーはあらゆるものに対して全能なる御方。(35：1)

アッラーが人々に開き給うどんな慈悲も、それに対する阻止者はいない。また、彼が阻止し給うどんな

1554　虚偽はことごとく消え去った。

1555　「墓から」とも、「最後の審判の清算の場」からとも言われる。

1556　信仰を呼びかけられたのは現世であったのに、遠く隔たった来世において遅ればせながら信仰したといって、いかにしてそれが承認されることがあろうか。

1557　大天使ジブリールは七百の翼を有すると言われる。

وَإِن يُكَذِّبُوكَ فَقَدۡ كُذِّبَتۡ رُسُلٞ مِّن قَبۡلِكَۚ وَإِلَى ٱللَّهِ تُرۡجَعُ ٱلۡأُمُورُ
٤ يَٰٓأَيُّهَا ٱلنَّاسُ إِنَّ وَعۡدَ ٱللَّهِ حَقّٞۖ فَلَا تَغُرَّنَّكُمُ ٱلۡحَيَوٰةُ ٱلدُّنۡيَا
وَلَا يَغُرَّنَّكُم بِٱللَّهِ ٱلۡغَرُورُ ٥ إِنَّ ٱلشَّيۡطَٰنَ لَكُمۡ عَدُوّٞ فَٱتَّخِذُوهُ
عَدُوًّاۚ إِنَّمَا يَدۡعُواْ حِزۡبَهُۥ لِيَكُونُواْ مِنۡ أَصۡحَٰبِ ٱلسَّعِيرِ ٦ ٱلَّذِينَ
كَفَرُواْ لَهُمۡ عَذَابٞ شَدِيدٞۖ وَٱلَّذِينَ ءَامَنُواْ وَعَمِلُواْ ٱلصَّٰلِحَٰتِ لَهُم
مَّغۡفِرَةٞ وَأَجۡرٞ كَبِيرٌ ٧ أَفَمَن زُيِّنَ لَهُۥ سُوٓءُ عَمَلِهِۦ فَرَءَاهُ حَسَنٗاۖ فَإِنَّ
ٱللَّهَ يُضِلُّ مَن يَشَآءُ وَيَهۡدِي مَن يَشَآءُۖ فَلَا تَذۡهَبۡ نَفۡسُكَ عَلَيۡهِمۡ
حَسَرَٰتٍۚ إِنَّ ٱللَّهَ عَلِيمُۢ بِمَا يَصۡنَعُونَ ٨ وَٱللَّهُ ٱلَّذِيٓ أَرۡسَلَ
ٱلرِّيَٰحَ فَتُثِيرُ سَحَابٗا فَسُقۡنَٰهُ إِلَىٰ بَلَدٖ مَّيِّتٖ فَأَحۡيَيۡنَا بِهِ ٱلۡأَرۡضَ
بَعۡدَ مَوۡتِهَاۚ كَذَٰلِكَ ٱلنُّشُورُ ٩ مَن كَانَ يُرِيدُ ٱلۡعِزَّةَ فَلِلَّهِ ٱلۡعِزَّةُ جَمِيعًاۚ
إِلَيۡهِ يَصۡعَدُ ٱلۡكَلِمُ ٱلطَّيِّبُ وَٱلۡعَمَلُ ٱلصَّٰلِحُ يَرۡفَعُهُۥۚ وَٱلَّذِينَ
يَمۡكُرُونَ ٱلسَّيِّـَٔاتِ لَهُمۡ عَذَابٞ شَدِيدٞۖ وَمَكۡرُ أُوْلَٰٓئِكَ هُوَ يَبُورُ
١٠ وَٱللَّهُ خَلَقَكُم مِّن تُرَابٖ ثُمَّ مِن نُّطۡفَةٖ ثُمَّ جَعَلَكُمۡ أَزۡوَٰجٗاۚ
وَمَا تَحۡمِلُ مِنۡ أُنثَىٰ وَلَا تَضَعُ إِلَّا بِعِلۡمِهِۦۚ وَمَا يُعَمَّرُ مِن مُّعَمَّرٖ
وَلَا يُنقَصُ مِنۡ عُمُرِهِۦٓ إِلَّا فِي كِتَٰبٍۚ إِنَّ ذَٰلِكَ عَلَى ٱللَّهِ يَسِيرٞ ١١

ものも、その(阻止の)後にそれを解き放つものはない。そして彼こそは威力比類なく英明なる御方。(35 : 2)

人々よ、アッラーのおまえたちへの恩寵を思い起こせ。アッラーの他に、おまえたちに天と地から糧を与える創造主などあろうか。彼のほかに神はない。それなのにいかにおまえたちは逸らされるのか。(35 : 3)

またたとえ彼らがおまえを嘘つき呼ばわりするとしても、かつて、おまえ以前の使徒たちも嘘と否定された。そしてアッラーにこそ物事は戻される。(35 : 4)

人々よ、まことに、アッラーの約束は真実である。それゆえ現世がおまえたちを欺くことがあってはならず、欺く者(悪魔)がおまえたちをアッラーについて欺くことがあってはならない。(35 : 5)

まことに、悪魔はおまえたちにとって敵である。それゆえ、彼を敵とせよ[1558]。彼はただ彼の党派(追従者たち)を彼らが烈火の仲間となるべく呼び招くのである[1559]。(35 : 6)

信仰を拒んだ者たち、彼らには厳しい懲罰がある。一方、信仰し、善行をなした者、彼らには御赦しと大きな報酬がある。(35 : 7)

己の行いの悪が(悪魔によって)美しく飾られ、それ(悪)を良いものと見る者が(導かれた者と同じ)か。まことに、アッラーは御望みの者を迷わせ、御望みの者を導き給う。それゆえ、彼らに対する嘆きから、おまえの心が逝ってしまうようなことがあってはならない。まことに、アッラーは彼らのなすことについてよく知り給う。(35 : 8)

またアッラーこそ風を送り給うた御方で、それは雲をかき立てる。そして、われらは、死んだ(植物が枯れた)土地にそれを追い立て、それ(雲からの降雨)によって大地をその死の後に(植物を生やせ)生き返らせた。復活もこのようである。(35 : 9)

威力(栄誉)を願っていた者があれば、アッラーにこそ威力はそっくり属す。彼の御許に良い言葉は昇り、そして善行はそれを上げる[1560]。一方、悪事を企む者たち、彼らには厳しい懲罰があり、それらの者の策謀、それは無効となる。(35 : 10)

またアッラーはおまえたちを土くれから、それから精滴から[1561]創り、それからおまえたちをつがいになし給うた。女性のうち、彼(アッラー)の知識によらずして孕む者はなく、また産み落とす者もなく、書(「護持された書板」)の中になくして長寿者が生き延び(加齢)させられることはなく、また寿命を減らされる者もない。まことに、そうしたことはアッ

1558　悪魔に対してアッラーへの服従によって闘え。悪魔に従ってはならない。

1559　7 章 16-18 節参照。

1560　「善行はそれを上げる」には「善行は、アッラーがそれを(その御許に)昇らせる」、「善行は、良い言葉がそれを(アッラーの御許に)昇らせる」、「善行は、それ(良い言葉あるいは善行の所有者)を(アッラーの御許に)昇らせる」の三通りの解釈がある。

1561　人類の祖先であるアーダムを土くれから、それから人々を精滴から。

وَمَا يَسْتَوِي ٱلْبَحْرَانِ هَٰذَا عَذْبٌ فُرَاتٌ سَآئِغٌ شَرَابُهُۥ وَهَٰذَا
مِلْحٌ أُجَاجٌ ۖ وَمِن كُلٍّ تَأْكُلُونَ لَحْمًا طَرِيًّا وَتَسْتَخْرِجُونَ
حِلْيَةً تَلْبَسُونَهَا ۖ وَتَرَى ٱلْفُلْكَ فِيهِ مَوَاخِرَ لِتَبْتَغُوا۟ مِن فَضْلِهِۦ
وَلَعَلَّكُمْ تَشْكُرُونَ ١٢ يُولِجُ ٱلَّيْلَ فِى ٱلنَّهَارِ وَيُولِجُ
ٱلنَّهَارَ فِى ٱلَّيْلِ وَسَخَّرَ ٱلشَّمْسَ وَٱلْقَمَرَ ۖ كُلٌّ يَجْرِى
لِأَجَلٍ مُّسَمًّى ۚ ذَٰلِكُمُ ٱللَّهُ رَبُّكُمْ لَهُ ٱلْمُلْكُ ۚ وَٱلَّذِينَ
تَدْعُونَ مِن دُونِهِۦ مَا يَمْلِكُونَ مِن قِطْمِيرٍ ١٣ إِن
تَدْعُوهُمْ لَا يَسْمَعُوا۟ دُعَآءَكُمْ وَلَوْ سَمِعُوا۟ مَا ٱسْتَجَابُوا۟ لَكُمْ ۖ
وَيَوْمَ ٱلْقِيَٰمَةِ يَكْفُرُونَ بِشِرْكِكُمْ ۚ وَلَا يُنَبِّئُكَ مِثْلُ خَبِيرٍ
١٤ ۞ يَٰٓأَيُّهَا ٱلنَّاسُ أَنتُمُ ٱلْفُقَرَآءُ إِلَى ٱللَّهِ ۖ وَٱللَّهُ هُوَ ٱلْغَنِىُّ
ٱلْحَمِيدُ ١٥ إِن يَشَأْ يُذْهِبْكُمْ وَيَأْتِ بِخَلْقٍ جَدِيدٍ ١٦
وَمَا ذَٰلِكَ عَلَى ٱللَّهِ بِعَزِيزٍ ١٧ وَلَا تَزِرُ وَازِرَةٌ وِزْرَ أُخْرَىٰ ۚ وَإِن
تَدْعُ مُثْقَلَةٌ إِلَىٰ حِمْلِهَا لَا يُحْمَلْ مِنْهُ شَىْءٌ وَلَوْ كَانَ ذَا قُرْبَىٰٓ ۗ
إِنَّمَا تُنذِرُ ٱلَّذِينَ يَخْشَوْنَ رَبَّهُم بِٱلْغَيْبِ وَأَقَامُوا۟ ٱلصَّلَوٰةَ ۚ
وَمَن تَزَكَّىٰ فَإِنَّمَا يَتَزَكَّىٰ لِنَفْسِهِۦ ۚ وَإِلَى ٱللَّهِ ٱلْمَصِيرُ ١٨

ラーには容易いこと。(35：11)

そして二つの海(淡水と鹹水《かんすい》)は等しくない。こちらは甘く、旨く、飲みやすく、こちらは塩辛く苦い。そして、それぞれからおまえたちは新鮮な(魚)肉を食べ、身に付ける装飾品を採取する。また、おまえは、そこを船が水を切って進むのを見る。おまえたちが彼の御恵みを求めるようにと。そしてきっと、おまえたちも感謝するだろうと。(35：12)

彼は夜を昼に入り込ませ[1562]、昼を夜に入り込ませ給う。また、太陽と月を従わせ給い、それぞれは定められた期限まで運行する。そのような御方がアッラー、おまえたちの主であらせられ、彼にこそ主権は属す。彼を差し置いておまえたちが祈る者(偶像神)たち、彼らはナツメヤシの薄膜(ほどの支配力)すら所有しない。(35：13)

たとえおまえたちが彼らに祈って呼んでも、彼らはおまえたちの祈りを聞かず、また仮に聞いたとしても、おまえたちに答えることはない。そして、復活の日、彼らはおまえたちの多神崇拝を拒絶する。そして通暁し給う御方のようにおまえに(真実を)告げ知らせる者はない。(35：14)

人々よ、おまえたちはアッラーを必要とする貧者である。そして、アッラーこそは自足し、称賛されるべき御方。(35：15)

もし彼が御望みなら、おまえたちを去らせ、新たな創造をもたらし給う[1563]。(35：16)

そしてそうしたことはアッラーには大事《おおごと》ではない。(35：17)

そして荷(罪)を負う者は他の者の荷を負うことはない。もし、重荷を背負わされた者が己の積み荷のために(他人を)呼んでも、たとえ近親であったとしても、そのわずかなものすら担われることはない。おまえは見えないままに[1564]己の主を懼れ、礼拝を遵守した者たちにのみ警告するのである。そして身を清めた者は、己自身のためにのみ清めるのである。そして、アッラーの御許にこそ行き着く先はある。(35：18)

1562　夜を長くし昼を短くするの意とも、その逆であるとも、昼夜の交代の様を表現しているとも言われる。

1563　おまえたちよりも信仰深い被造物と取り替え給う。

1564　彼らがアッラーを見ることなしに。あるいは、彼らが人目から離れた状態で。

وَمَا يَسْتَوِي ٱلْأَعْمَىٰ وَٱلْبَصِيرُ ١٩ وَلَا ٱلظُّلُمَٰتُ وَلَا ٱلنُّورُ
٢٠ وَلَا ٱلظِّلُّ وَلَا ٱلْحَرُورُ ٢١ وَمَا يَسْتَوِي ٱلْأَحْيَآءُ وَلَا
ٱلْأَمْوَٰتُ إِنَّ ٱللَّهَ يُسْمِعُ مَن يَشَآءُ وَمَآ أَنتَ بِمُسْمِعٍ مَّن فِي
ٱلْقُبُورِ ٢٢ إِنْ أَنتَ إِلَّا نَذِيرٌ ٢٣ إِنَّآ أَرْسَلْنَٰكَ بِٱلْحَقِّ بَشِيرًا
وَنَذِيرًا وَإِن مِّنْ أُمَّةٍ إِلَّا خَلَا فِيهَا نَذِيرٌ ٢٤ وَإِن يُكَذِّبُوكَ
فَقَدْ كَذَّبَ ٱلَّذِينَ مِن قَبْلِهِمْ جَآءَتْهُمْ رُسُلُهُم بِٱلْبَيِّنَٰتِ
وَبِٱلزُّبُرِ وَبِٱلْكِتَٰبِ ٱلْمُنِيرِ ٢٥ ثُمَّ أَخَذْتُ ٱلَّذِينَ كَفَرُوا۟
فَكَيْفَ كَانَ نَكِيرِ ٢٦ أَلَمْ تَرَ أَنَّ ٱللَّهَ أَنزَلَ مِنَ ٱلسَّمَآءِ
مَآءً فَأَخْرَجْنَا بِهِۦ ثَمَرَٰتٍ مُّخْتَلِفًا أَلْوَٰنُهَا وَمِنَ ٱلْجِبَالِ
جُدَدٌۢ بِيضٌ وَحُمْرٌ مُّخْتَلِفٌ أَلْوَٰنُهَا وَغَرَابِيبُ سُودٌ ٢٧
وَمِنَ ٱلنَّاسِ وَٱلدَّوَآبِّ وَٱلْأَنْعَٰمِ مُخْتَلِفٌ أَلْوَٰنُهُۥ كَذَٰلِكَ
إِنَّمَا يَخْشَى ٱللَّهَ مِنْ عِبَادِهِ ٱلْعُلَمَٰٓؤُا۟ إِنَّ ٱللَّهَ عَزِيزٌ غَفُورٌ ٢٨
إِنَّ ٱلَّذِينَ يَتْلُونَ كِتَٰبَ ٱللَّهِ وَأَقَامُوا۟ ٱلصَّلَوٰةَ وَأَنفَقُوا۟ مِمَّا
رَزَقْنَٰهُمْ سِرًّا وَعَلَانِيَةً يَرْجُونَ تِجَٰرَةً لَّن تَبُورَ ٢٩ لِيُوَفِّيَهُمْ
أُجُورَهُمْ وَيَزِيدَهُم مِّن فَضْلِهِۦٓ إِنَّهُۥ غَفُورٌ شَكُورٌ ٣٠

そして盲人と晴眼者は等しくなく[1565]、(35：19)

また諸々の闇と光も(等しくなく)、(35：20)

また陰と灼熱も(等しくなく)、(35：21)

また生者たちと死者たちも等しくない。まことに、アッラーは御望みの者に聞かせ給う。だがおまえは墓の中の者に聞かせる者ではない。(35：22)

おまえは警告者にすぎない。(35：23)

まことに、われらはおまえを真理と共に吉報伝達者として、また警告者として遣わした。そしてどんな共同体も、そこで警告者が逝かなかった(来たのち死去しなかった)ところはない[1566]。(35：24)

そしてもし彼らがおまえを嘘として否定しても、彼ら以前の者たちもかつて嘘と否定した。彼らの許には彼らの使徒たちが諸々の明証と諸書と照明する啓典を携えて来た。(35：25)

それから、われは信仰を拒んだ者たちを捕らえた。わが峻拒《しゅんきょ》がいかなるものであったか。(35：26)

おまえは見なかったのか、アッラーが天から水(雨)を下し給うたのを。われらはそれによって色とりどりの果実を出でさせた。また、山々には、白と赤の、色とりどりの、さらに黒々とした(複数の)道筋がある。(35：27)

また、人々、獣、家畜にも、同様に色とりどりがある。アッラーの僕《しもべ》たちのうち知者たちこそが彼を懼れる。まことに、アッラーは威力比類なく、よく赦し給う御方。(35：28)

まことに、アッラーの書を読誦し、礼拝を遵守し、われらが彼らに糧として与えたものから密かに、また公然と(善に)費やす者は、決して滅びない商売を期待している。(35：29)

彼(アッラー)が、彼らに彼らの報酬を十分に支払い、彼の恵みから彼らに追加し給うようにと。まことに、彼はよく赦し、深謝し給う[1567]御方。(35：30)

1565　以下は、信仰と不信仰、楽園と火獄などの比喩。

1566　アラブ人にはイスマーイールの後、ムハンマドが使徒として遣わされるまで、預言者が遣わされることはなかった、と言われる。イスマーイールとムハンマドの間の使徒の宣教の空白時代のアラブ人については、17章15節に基づき、不信仰の罪が免責されるとも言われる。

1567　彼らの善行を嘉し、豊かに報いられる御方。

وَٱلَّذِيٓ أَوۡحَيۡنَآ إِلَيۡكَ مِنَ ٱلۡكِتَٰبِ هُوَ ٱلۡحَقُّ مُصَدِّقٗا لِّمَا بَيۡنَ
يَدَيۡهِۗ إِنَّ ٱللَّهَ بِعِبَادِهِۦ لَخَبِيرُۢ بَصِيرٞ ٣١ ثُمَّ أَوۡرَثۡنَا ٱلۡكِتَٰبَ
ٱلَّذِينَ ٱصۡطَفَيۡنَا مِنۡ عِبَادِنَاۖ فَمِنۡهُمۡ ظَالِمٞ لِّنَفۡسِهِۦ وَمِنۡهُم
مُّقۡتَصِدٞ وَمِنۡهُمۡ سَابِقُۢ بِٱلۡخَيۡرَٰتِ بِإِذۡنِ ٱللَّهِۚ ذَٰلِكَ هُوَ
ٱلۡفَضۡلُ ٱلۡكَبِيرُ ٣٢ جَنَّٰتُ عَدۡنٖ يَدۡخُلُونَهَا يُحَلَّوۡنَ
فِيهَا مِنۡ أَسَاوِرَ مِن ذَهَبٖ وَلُؤۡلُؤٗاۖ وَلِبَاسُهُمۡ فِيهَا حَرِيرٞ ٣٣
وَقَالُواْ ٱلۡحَمۡدُ لِلَّهِ ٱلَّذِيٓ أَذۡهَبَ عَنَّا ٱلۡحَزَنَۖ إِنَّ رَبَّنَا لَغَفُورٞ
شَكُورٌ ٣٤ ٱلَّذِيٓ أَحَلَّنَا دَارَ ٱلۡمُقَامَةِ مِن فَضۡلِهِۦ لَا يَمَسُّنَا
فِيهَا نَصَبٞ وَلَا يَمَسُّنَا فِيهَا لُغُوبٞ ٣٥ وَٱلَّذِينَ كَفَرُواْ لَهُمۡ
نَارُ جَهَنَّمَ لَا يُقۡضَىٰ عَلَيۡهِمۡ فَيَمُوتُواْ وَلَا يُخَفَّفُ عَنۡهُم مِّنۡ
عَذَابِهَاۚ كَذَٰلِكَ نَجۡزِي كُلَّ كَفُورٖ ٣٦ وَهُمۡ يَصۡطَرِخُونَ
فِيهَا رَبَّنَآ أَخۡرِجۡنَا نَعۡمَلۡ صَٰلِحًا غَيۡرَ ٱلَّذِي كُنَّا نَعۡمَلُۚ
أَوَلَمۡ نُعَمِّرۡكُم مَّا يَتَذَكَّرُ فِيهِ مَن تَذَكَّرَ وَجَآءَكُمُ ٱلنَّذِيرُۖ
فَذُوقُواْ فَمَا لِلظَّٰلِمِينَ مِن نَّصِيرٍ ٣٧ إِنَّ ٱللَّهَ عَٰلِمُ
غَيۡبِ ٱلسَّمَٰوَٰتِ وَٱلۡأَرۡضِۚ إِنَّهُۥ عَلِيمُۢ بِذَاتِ ٱلصُّدُورِ ٣٨

そしてわれらがおまえに啓示した啓典であるもの、それは真実で、それ以前にあったもの（以前の諸啓典）を確証するものである。まことに、アッラーは彼の僕《しもべ》たちについて通暁し、見通し給うた御方。（35：31）

それから、われらは啓典を、われらの僕《しもべ》たちのうちわれらが選んだ者たち[1568]に継がせた。それで彼らの中には己に対して不正な者もあれば、彼らの中には中庸の者もあれば、彼らの中にはアッラーの御許可によって善行に先んじる者もいる。そうしたもの、それこそは大きな御恵みである。（35：32）

常住の楽園、そこに彼らは入る、そこで金と真珠の腕輪で飾られて。そして、そこでの彼らの衣装は絹である。（35：33）

そして彼らは言った。「称賛はアッラーに属す、われらから悲しみを去らせ給うた御方。まことに、われらの主はよく赦し、深謝し給う御方」。（35：34）

「われらを彼の御恵みから永住の館（楽園）に住まわせ給うた御方。そこでは、苦労がわれらを捉えることはなく、そこでは疲弊がわれらを捉えることもない」。（35：35）

一方、信仰を拒んだ者たち、彼らには火獄《ジャハンナム》の火がある。彼らに対して（再度の死の）断が下されて彼らが死ぬこともなければ、その懲罰を軽減されることもない。このようにわれらはすべての忘恩の不信仰者に報いる。（35：36）

そして彼らはそこで助けを求めて叫ぶ。「われらが主よ、われらを（救い）出し給え。われらは、われらがなしていたことではない善行をなしましょう」。「われらは留意する者が留意するだけのもの（時間）をおまえたちに長生きさせなかったか[1569]。そしておまえたちに警告者が訪れたのである。それゆえ、味わえ。不正な者たちには援助者などいない」。（35：37）

まことに、アッラーは諸天と地の見えないことを知った御方。まことに、彼は、胸中にあるものをよく知り給う御方。（35：38）

1568　イスラームの共同体に。
1569　使徒の警告について十分に考えて悔い改める時間的猶予を与えなかったか。

هُوَ ٱلَّذِي جَعَلَكُمْ خَلَٰٓئِفَ فِي ٱلْأَرْضِ ۚ فَمَن كَفَرَ فَعَلَيْهِ كُفْرُهُۥ ۖ وَلَا
يَزِيدُ ٱلْكَٰفِرِينَ كُفْرُهُمْ عِندَ رَبِّهِمْ إِلَّا مَقْتًا ۖ وَلَا يَزِيدُ ٱلْكَٰفِرِينَ
كُفْرُهُمْ إِلَّا خَسَارًا ٣٩ قُلْ أَرَءَيْتُمْ شُرَكَآءَكُمُ ٱلَّذِينَ تَدْعُونَ مِن
دُونِ ٱللَّهِ أَرُونِي مَاذَا خَلَقُوا۟ مِنَ ٱلْأَرْضِ أَمْ لَهُمْ شِرْكٌ فِي ٱلسَّمَٰوَٰتِ
أَمْ ءَاتَيْنَٰهُمْ كِتَٰبًا فَهُمْ عَلَىٰ بَيِّنَتٍ مِّنْهُ ۚ بَلْ إِن يَعِدُ ٱلظَّٰلِمُونَ
بَعْضُهُم بَعْضًا إِلَّا غُرُورًا ٤٠ ۞ إِنَّ ٱللَّهَ يُمْسِكُ ٱلسَّمَٰوَٰتِ
وَٱلْأَرْضَ أَن تَزُولَا ۚ وَلَئِن زَالَتَآ إِنْ أَمْسَكَهُمَا مِنْ أَحَدٍ مِّنۢ بَعْدِهِۦٓ ۚ
إِنَّهُۥ كَانَ حَلِيمًا غَفُورًا ٤١ وَأَقْسَمُوا۟ بِٱللَّهِ جَهْدَ أَيْمَٰنِهِمْ لَئِن جَآءَهُمْ
نَذِيرٌ لَّيَكُونُنَّ أَهْدَىٰ مِنْ إِحْدَى ٱلْأُمَمِ ۖ فَلَمَّا جَآءَهُمْ نَذِيرٌ
مَّا زَادَهُمْ إِلَّا نُفُورًا ٤٢ ٱسْتِكْبَارًا فِي ٱلْأَرْضِ وَمَكْرَ ٱلسَّيِّئِ ۚ
وَلَا يَحِيقُ ٱلْمَكْرُ ٱلسَّيِّئُ إِلَّا بِأَهْلِهِۦ ۚ فَهَلْ يَنظُرُونَ إِلَّا سُنَّتَ
ٱلْأَوَّلِينَ ۚ فَلَن تَجِدَ لِسُنَّتِ ٱللَّهِ تَبْدِيلًا ۖ وَلَن تَجِدَ لِسُنَّتِ ٱللَّهِ تَحْوِيلًا
٤٣ أَوَلَمْ يَسِيرُوا۟ فِي ٱلْأَرْضِ فَيَنظُرُوا۟ كَيْفَ كَانَ عَٰقِبَةُ ٱلَّذِينَ مِن
قَبْلِهِمْ وَكَانُوٓا۟ أَشَدَّ مِنْهُمْ قُوَّةً ۚ وَمَا كَانَ ٱللَّهُ لِيُعْجِزَهُۥ مِن شَيْءٍ
فِي ٱلسَّمَٰوَٰتِ وَلَا فِي ٱلْأَرْضِ ۚ إِنَّهُۥ كَانَ عَلِيمًا قَدِيرًا ٤٤

彼こそは、おまえたち(人間)を地上において後継者(次々と後を継ぐ者)たち[1570]となし給うた御方。それゆえ、信仰を拒んだ者、彼には己の不信仰があり、不信仰者たちに彼らの不信仰は彼らの主の御許で憎悪(アッラーからの御怒り)を増すほかなく、不信仰者たちに彼らの不信仰は損失を増すほかなかった。(35：39)

言え、「おまえたちは、おまえたちがアッラーを差し置いて祈るおまえたちの共同者(偶像神)たちを見なかったか。彼らが大地の何を創ったかを私に見せてみよ。それとも、彼らには天(の創造)において(アッラーとの)共同があるのか。それともわれらは彼らに(多神崇拝を許可する)啓典を授け、それで彼らはそれからの明証の上にあるのか」。いや、まことに、不正な者たちは互いに欺瞞しか約束しない。(35：40)

まことに、アッラーは諸天と地を、それらが(所定の位置から)離れること(がないようにと)掌握し給う。もしも、それらが離れれば、誰一人としてその後に[1571]それらを掌握することはなかった。まことに、彼は寛容にして、よく赦し給う御方であらせられた。(35：41)

また彼ら(クライシュ族の多神教徒)は必死の誓約でアッラーに誓った、もしも彼らに警告者が来たら、必ずや諸共同体のどんなものよりもさらに導かれた者となるであろうと。ところが、彼らの許に警告者が来ると、それは彼らに離反しか増し加えなかった。(35：42)

地上で思い上がり、悪の策謀を(策謀して)。だが、悪の策謀はその当人たちにしか降りかからない。彼らは、昔の者たちの慣行ではないなにかを座視するのであろうか[1572]。したがって、おまえがアッラーの慣行に変更を見出すことはなく、アッラーの慣行に転変を見出すこともない。(35：43)

1570　先行世代を後続世代が継ぎ、ある者や共同体が他の者や共同体を継ぐ。

1571　あるいは、「彼の後の(彼以外の)誰一人として」とも解される。

1572　不信仰者が滅ぼされるとのアッラーの慣行(定め)に自分たちだけが見舞われないと期待して待っているのか。

彼らは地上を旅し、彼ら以前の者たちの末路がどのようなものであったかを見なかったのか。そして彼ら(昔の者たち)は、彼らよりも力が強かったのである。そしてアッラーは、諸天と地にある何かが彼を(出し抜き)頓挫させるような御方ではなかった。まことに、彼はよく知り給う全能なる御方であらせられた。(35:44)

もし、アッラーが人々を、彼らが稼いだものによって問責し給うなら、その背(地上)には一頭の動物(人間)も残らなかったであろう。だが、彼は定めの期限まで彼らを猶予し給う。そして、彼らの期限が到来した時、まことに、アッラーは彼の僕《しもべ》たちについて見通し給う御方であらせられた。(35:45)

وَلَوْ يُؤَاخِذُ ٱللَّهُ ٱلنَّاسَ بِمَا كَسَبُوا۟ مَا تَرَكَ عَلَىٰ ظَهْرِهَا
مِن دَآبَّةٍ وَلَٰكِن يُؤَخِّرُهُمْ إِلَىٰٓ أَجَلٍ مُّسَمًّى فَإِذَا
جَآءَ أَجَلُهُمْ فَإِنَّ ٱللَّهَ كَانَ بِعِبَادِهِۦ بَصِيرًۢا ﴿٤٥﴾

سُورَةُ يسٓ

بِسْمِ ٱللَّهِ ٱلرَّحْمَٰنِ ٱلرَّحِيمِ

يسٓ ﴿١﴾ وَٱلْقُرْءَانِ ٱلْحَكِيمِ ﴿٢﴾ إِنَّكَ لَمِنَ ٱلْمُرْسَلِينَ ﴿٣﴾ عَلَىٰ
صِرَٰطٍ مُّسْتَقِيمٍ ﴿٤﴾ تَنزِيلَ ٱلْعَزِيزِ ٱلرَّحِيمِ ﴿٥﴾ لِتُنذِرَ قَوْمًا
مَّآ أُنذِرَ ءَابَآؤُهُمْ فَهُمْ غَٰفِلُونَ ﴿٦﴾ لَقَدْ حَقَّ ٱلْقَوْلُ عَلَىٰٓ أَكْثَرِهِمْ
فَهُمْ لَا يُؤْمِنُونَ ﴿٧﴾ إِنَّا جَعَلْنَا فِىٓ أَعْنَٰقِهِمْ أَغْلَٰلًا فَهِىَ إِلَى
ٱلْأَذْقَانِ فَهُم مُّقْمَحُونَ ﴿٨﴾ وَجَعَلْنَا مِنۢ بَيْنِ أَيْدِيهِمْ سَدًّا
وَمِنْ خَلْفِهِمْ سَدًّا فَأَغْشَيْنَٰهُمْ فَهُمْ لَا يُبْصِرُونَ ﴿٩﴾ وَسَوَآءٌ
عَلَيْهِمْ ءَأَنذَرْتَهُمْ أَمْ لَمْ تُنذِرْهُمْ لَا يُؤْمِنُونَ ﴿١٠﴾ إِنَّمَا تُنذِرُ
مَنِ ٱتَّبَعَ ٱلذِّكْرَ وَخَشِىَ ٱلرَّحْمَٰنَ بِٱلْغَيْبِ فَبَشِّرْهُ بِمَغْفِرَةٍ
وَأَجْرٍ كَرِيمٍ ﴿١١﴾ إِنَّا نَحْنُ نُحْىِ ٱلْمَوْتَىٰ وَنَكْتُبُ مَا قَدَّمُوا۟
وَءَاثَٰرَهُمْ وَكُلَّ شَىْءٍ أَحْصَيْنَٰهُ فِىٓ إِمَامٍ مُّبِينٍ ﴿١٢﴾

第36章　ヤー・スィーン …… سورة يس

マッカ垂示

冒頭に置かれた「ヤー・スィーン」の文字に因んで「ヤー・スィーン」章と名づけられる。

本章では無記名の三人の使徒が遣わされた町の物語(13-29節)が述べられる。古典注釈の多くは、この町をアンティオキアと同定しているが、確かな典拠はない。

「ヤー・スィーン」章は「クルアーンの心臓」とも呼ばれ、死者の冥福を祈って葬儀などでよく読まれる章である。

慈悲あまねく慈悲深きアッラーの御名において

ヤー・スィーン[1573]。(36:1)

英明なるクルアーンにかけて(われは誓う)、(36:2)

まことに、おまえ(ムハンマド)は使者(使徒)たち(の一人)で、(36:3)

真っすぐな道の上にある。(36:4)

威力比類なく慈悲深き御方の垂示として[1574]。(36:5)

おまえが民に　―彼らの祖先は警告されずそれゆえ彼らは不注意であった―　警告するためである。(36:6)

確かに彼らの大半の上にその御言葉[1575]は実現した、それゆえ彼らは信じない。(36:7)

まことに、われらは彼らの首に枷をなし、それは顎まであり、そのため彼ら(の頭)は上

1573　2章1節脚注参照。「ヤー・スィーン」はアッラーの使徒ムハンマドの別名とも、クルアーンの別名とも言われる。

1574　クルアーンを垂示した。

1575　不信仰者への懲罰を確定する言葉。32章13節等参照。

وَاضْرِبْ لَهُم مَّثَلًا أَصْحَابَ الْقَرْيَةِ إِذْ جَاءَهَا الْمُرْسَلُونَ
(١٣) إِذْ أَرْسَلْنَا إِلَيْهِمُ اثْنَيْنِ فَكَذَّبُوهُمَا فَعَزَّزْنَا بِثَالِثٍ فَقَالُوا
إِنَّا إِلَيْكُم مُّرْسَلُونَ (١٤) قَالُوا مَا أَنتُمْ إِلَّا بَشَرٌ مِّثْلُنَا
وَمَا أَنزَلَ الرَّحْمَٰنُ مِن شَيْءٍ إِنْ أَنتُمْ إِلَّا تَكْذِبُونَ (١٥) قَالُوا
رَبُّنَا يَعْلَمُ إِنَّا إِلَيْكُمْ لَمُرْسَلُونَ (١٦) وَمَا عَلَيْنَا إِلَّا الْبَلَاغُ
الْمُبِينُ (١٧) قَالُوا إِنَّا تَطَيَّرْنَا بِكُمْ لَئِن لَّمْ تَنتَهُوا لَنَرْجُمَنَّكُمْ
وَلَيَمَسَّنَّكُم مِّنَّا عَذَابٌ أَلِيمٌ (١٨) قَالُوا طَائِرُكُم مَّعَكُمْ أَئِن
ذُكِّرْتُم بَلْ أَنتُمْ قَوْمٌ مُّسْرِفُونَ (١٩) وَجَاءَ مِنْ أَقْصَى الْمَدِينَةِ
رَجُلٌ يَسْعَىٰ قَالَ يَا قَوْمِ اتَّبِعُوا الْمُرْسَلِينَ (٢٠) اتَّبِعُوا
مَن لَّا يَسْأَلُكُمْ أَجْرًا وَهُم مُّهْتَدُونَ (٢١) وَمَا لِيَ لَا أَعْبُدُ
الَّذِي فَطَرَنِي وَإِلَيْهِ تُرْجَعُونَ (٢٢) أَأَتَّخِذُ مِن دُونِهِ آلِهَةً
إِن يُرِدْنِ الرَّحْمَٰنُ بِضُرٍّ لَّا تُغْنِ عَنِّي شَفَاعَتُهُمْ شَيْئًا
وَلَا يُنقِذُونِ (٢٣) إِنِّي إِذًا لَّفِي ضَلَالٍ مُّبِينٍ (٢٤) إِنِّي آمَنتُ
بِرَبِّكُمْ فَاسْمَعُونِ (٢٥) قِيلَ ادْخُلِ الْجَنَّةَ قَالَ يَا لَيْتَ قَوْمِي
يَعْلَمُونَ (٢٦) بِمَا غَفَرَ لِي رَبِّي وَجَعَلَنِي مِنَ الْمُكْرَمِينَ (٢٧)

向きになっている[1576]。(36：8)

また、われらは彼らの前に障壁を、また彼らの後ろにも障壁をなし、彼らを覆った。それで、彼らは目にすることができない。(36：9)

そしておまえが彼らに警告したとしても警告しなかったとしても、彼らには等しく、彼らは信じない。(36：10)

おまえは、訓戒に従い慈悲あまねき御方を見ずして懼れる者に警告するのみである。それゆえ、彼に御赦しと高貴な報酬の吉報を伝えよ。(36：11)

まことに、われらは死者を生き返らせ、彼らが先に(現世で)なしたこと、そして、彼らの痕跡を書き留める。あらゆることをわれらは明白な案内(「護持された書板」)の中に数え上げ(記録し)た。(36：12)

また彼らに譬《たと》えに町[1577]の住民を挙げよ。そこに派遣された者たちが訪れた時のこと。(36：13)

その時、われらは彼らに二人を遣わしたが、彼らは二人を嘘として否定し、そこで、われらは三人目で強化した。そこで彼らは言った。「まことに、われらはおまえたちへ派遣された者である」。(36：14)

彼ら(町の住人)は言った。「おまえたちはわれら同様の人間にすぎない。慈悲あまねき御方はなにも下し給わなかった。おまえたちは嘘をついているにほかならない」。(36：15)

彼ら(使徒たち)は言った。「われらの主は、われらが確かにおまえたちへ派遣された者であることを知り給う」。(36：16)

「そしてわれらに課せられたものは明白な伝達にほかならない」。(36：17)

彼らは言った。「まことにわれらは、おまえたちに凶兆を見る。もしもおまえたちが止めなければ、必ずやわれらはおまえたちを石打ちにし、必ずやわれらからの痛烈な責め苦がおまえたちを捕らえるであろう」。(36：18)

彼らは言った。「おまえたちの凶兆はおまえたちと共にある[1578]。たとえ、おまえたちは訓戒されてもか[1579]。いや、おまえたちは度を越す民である」。(36：19)

そこで町の最果てから一人の男が奔走して来て言った。「わが民よ、使者(使徒)たちに従え」。(36：20)

「おまえたちに報酬を求めない者に従え。そして彼らは導かれた者である」。(36：21)

「そして私を創始し給うた御方に私が仕えないとは、私はどうしたのか。そして彼の御許にこそおまえたちは戻されるのである」。(36：22)

「そして彼を差し置いて神々を私が取る(崇拝する)というのか。もし、慈悲あまねき御方が私に害を望み給えば、それらの執り成しは私にはわずかにも役立たず、またそれらが

1576　首枷に顎がつかえて下をむくことができない。真理に謙虚に頭を垂れないことの比喩。
1577　通説ではアンティオキアを指すと言われる。
1578　おまえたちの不信仰が原因となって。
1579　おまえたちは訓戒されても、凶兆を見る(と主張する)のか。

私を救うこともない」。(36：23)

「まことにその時には、私は明白な迷誤の中にいることになる」。(36：24)

「まことに、私はおまえたちの主(創造主)を信じた。それゆえ、私に耳を傾けよ」。(36：25)

彼は(天使から)言われた。「楽園に入れ[1580]」。彼は言った。「ああ、わが民が知っていればよかったものを」。(36：26)

「わが主が私を赦し給い、私を厚遇された者(たちの一人)となし給うたことについて」。(36：27)

そしてわれらは彼の民に彼の(殺害)後、天から(天使の)軍勢を下さなかったし、われらは下す者ではなかった[1581]。(36：28)

それ(滅亡)は、一声の叫び声のほかではなく、すると途端に、彼らは消え失せた[1582]。(36：29)

ああ、悲嘆よ、僕《しもべ》たちの上に[1583]。彼らに使徒が訪れる度、彼らは彼を嘲笑せずにはいなかった。(36：30)

۞ وَمَآ أَنزَلْنَا عَلَىٰ قَوْمِهِۦ مِنۢ بَعْدِهِۦ مِن جُندٍ مِّنَ ٱلسَّمَآءِ وَمَا
كُنَّا مُنزِلِينَ ﴿٢٨﴾ إِن كَانَتْ إِلَّا صَيْحَةً وَٰحِدَةً فَإِذَا هُمْ خَٰمِدُونَ
﴿٢٩﴾ يَٰحَسْرَةً عَلَى ٱلْعِبَادِ ۚ مَا يَأْتِيهِم مِّن رَّسُولٍ إِلَّا كَانُوا۟ بِهِۦ
يَسْتَهْزِءُونَ ﴿٣٠﴾ أَلَمْ يَرَوْا۟ كَمْ أَهْلَكْنَا قَبْلَهُم مِّنَ ٱلْقُرُونِ
أَنَّهُمْ إِلَيْهِمْ لَا يَرْجِعُونَ ﴿٣١﴾ وَإِن كُلٌّ لَّمَّا جَمِيعٌ لَّدَيْنَا مُحْضَرُونَ
﴿٣٢﴾ وَءَايَةٌ لَّهُمُ ٱلْأَرْضُ ٱلْمَيْتَةُ أَحْيَيْنَٰهَا وَأَخْرَجْنَا مِنْهَا حَبًّا
فَمِنْهُ يَأْكُلُونَ ﴿٣٣﴾ وَجَعَلْنَا فِيهَا جَنَّٰتٍ مِّن نَّخِيلٍ
وَأَعْنَٰبٍ وَفَجَّرْنَا فِيهَا مِنَ ٱلْعُيُونِ ﴿٣٤﴾ لِيَأْكُلُوا۟ مِن ثَمَرِهِۦ
وَمَا عَمِلَتْهُ أَيْدِيهِمْ ۖ أَفَلَا يَشْكُرُونَ ﴿٣٥﴾ سُبْحَٰنَ ٱلَّذِى
خَلَقَ ٱلْأَزْوَٰجَ كُلَّهَا مِمَّا تُنۢبِتُ ٱلْأَرْضُ وَمِنْ أَنفُسِهِمْ
وَمِمَّا لَا يَعْلَمُونَ ﴿٣٦﴾ وَءَايَةٌ لَّهُمُ ٱلَّيْلُ نَسْلَخُ مِنْهُ ٱلنَّهَارَ
فَإِذَا هُم مُّظْلِمُونَ ﴿٣٧﴾ وَٱلشَّمْسُ تَجْرِى لِمُسْتَقَرٍّ لَّهَا ۚ
ذَٰلِكَ تَقْدِيرُ ٱلْعَزِيزِ ٱلْعَلِيمِ ﴿٣٨﴾ وَٱلْقَمَرَ قَدَّرْنَٰهُ مَنَازِلَ حَتَّىٰ
عَادَ كَٱلْعُرْجُونِ ٱلْقَدِيمِ ﴿٣٩﴾ لَا ٱلشَّمْسُ يَنۢبَغِى لَهَآ أَن تُدْرِكَ
ٱلْقَمَرَ وَلَا ٱلَّيْلُ سَابِقُ ٱلنَّهَارِ ۚ وَكُلٌّ فِى فَلَكٍ يَسْبَحُونَ ﴿٤٠﴾

彼ら(マッカの多神教徒)は見なかったのか、どれほどの世代を彼ら以前にわれらが滅ぼしたことか。彼ら(過去の民)が彼ら(マッカの多神教徒)の許に戻らないことを。(36：31)

そして誰も皆、われらの許に召し出されずにはいない。(36：32)

そして彼らへの一つの徴は、死んだ大地である。われらはそれを生き返らせ、そこから穀物を出でさせ、それから彼らは食べる。(36：33)

また、われらは、そこにナツメヤシとブドウの園をなし、そこに泉を沸き出でさせた。(36：34)

彼らがその果実から食べるためであるが、彼らの手がそれを作り出したわけではない。それなのに、彼らは感謝しないのか。(36：35)

称えあれ、諸種類を、そのすべてを　―大地が生やすものであれ、彼ら自身であれ、そして彼らの知らないものであれ―　創り給うた御方こそ超越者。(36：36)

また、彼らへの一つの徴は夜である。われらはそこから昼をめくり取り、すると途端に、彼らは闇に包まれた[1584]。(36：37)

また、太陽も、それはその休息所に進む。そうしたことが、威力比類なくよく知り給う御方の采配である。(36：38)

1580　殉教者として。生きたまま天に上げられたとも言われる。

1581　彼らを滅ぼすのに天使は必要ではなかった。

1582　火が消えたあとの灰の様に死んだ。

1583　ここでの「僕《しもべ》たち」は使徒たちを嘲笑した不信仰者たちを指すとも、使徒たちを指すとも言われる。

1584　夜(闇)が素の状態であり、昼(光)を纏っている。羊や人体(夜)から羊毛や服(昼)がめくり取られると、裸体(闇)があらわれるのと同様。

وَءَايَةٌ لَّهُمْ أَنَّا حَمَلْنَا ذُرِّيَّتَهُمْ فِى ٱلْفُلْكِ ٱلْمَشْحُونِ ﴿٤١﴾ وَخَلَقْنَا
لَهُم مِّن مِّثْلِهِۦ مَا يَرْكَبُونَ ﴿٤٢﴾ وَإِن نَّشَأْ نُغْرِقْهُمْ فَلَا صَرِيخَ لَهُمْ
وَلَا هُمْ يُنقَذُونَ ﴿٤٣﴾ إِلَّا رَحْمَةً مِّنَّا وَمَتَٰعًا إِلَىٰ حِينٍ ﴿٤٤﴾ وَإِذَا
قِيلَ لَهُمُ ٱتَّقُوا۟ مَا بَيْنَ أَيْدِيكُمْ وَمَا خَلْفَكُمْ لَعَلَّكُمْ تُرْحَمُونَ
﴿٤٥﴾ وَمَا تَأْتِيهِم مِّنْ ءَايَةٍ مِّنْ ءَايَٰتِ رَبِّهِمْ إِلَّا كَانُوا۟ عَنْهَا
مُعْرِضِينَ ﴿٤٦﴾ وَإِذَا قِيلَ لَهُمْ أَنفِقُوا۟ مِمَّا رَزَقَكُمُ ٱللَّهُ قَالَ ٱلَّذِينَ
كَفَرُوا۟ لِلَّذِينَ ءَامَنُوٓا۟ أَنُطْعِمُ مَن لَّوْ يَشَآءُ ٱللَّهُ أَطْعَمَهُۥٓ إِنْ
أَنتُمْ إِلَّا فِى ضَلَٰلٍ مُّبِينٍ ﴿٤٧﴾ وَيَقُولُونَ مَتَىٰ هَٰذَا ٱلْوَعْدُ إِن كُنتُمْ
صَٰدِقِينَ ﴿٤٨﴾ مَا يَنظُرُونَ إِلَّا صَيْحَةً وَٰحِدَةً تَأْخُذُهُمْ وَهُمْ
يَخِصِّمُونَ ﴿٤٩﴾ فَلَا يَسْتَطِيعُونَ تَوْصِيَةً وَلَآ إِلَىٰٓ أَهْلِهِمْ
يَرْجِعُونَ ﴿٥٠﴾ وَنُفِخَ فِى ٱلصُّورِ فَإِذَا هُم مِّنَ ٱلْأَجْدَاثِ إِلَىٰ رَبِّهِمْ
يَنسِلُونَ ﴿٥١﴾ قَالُوا۟ يَٰوَيْلَنَا مَنۢ بَعَثَنَا مِن مَّرْقَدِنَا ۜ هَٰذَا مَا وَعَدَ
ٱلرَّحْمَٰنُ وَصَدَقَ ٱلْمُرْسَلُونَ ﴿٥٢﴾ إِن كَانَتْ إِلَّا صَيْحَةً
وَٰحِدَةً فَإِذَا هُمْ جَمِيعٌ لَّدَيْنَا مُحْضَرُونَ ﴿٥٣﴾ فَٱلْيَوْمَ لَا تُظْلَمُ
نَفْسٌ شَيْـًٔا وَلَا تُجْزَوْنَ إِلَّا مَا كُنتُمْ تَعْمَلُونَ ﴿٥٤﴾

また、月をわれらは宿に振り分け、やがてそれは老いたナツメヤシの枝のように戻った[1585]。(36：39)

太陽には月に追いつくことがあってはならず、夜が昼に先行することはない。それぞれが一つの軌道の中を泳ぐ(運行する)のである。(36：40)

また、彼らへの一つの徴は、われらが彼らの子孫を満載の船[1586]に運んだことである。(36：41)

そして、われらは彼らにそれと似た彼らが乗るものを創った。(36：42)

そしてもしわれらが望めば、われらは彼らを溺れさせ、そうなれば、彼らには叫び[1587]はなく、彼らは救助されることはない。(36：43)

ただし、われらからの慈悲によって、一時までの享楽としては別である。(36：44)

だが、彼らに向かって、「おまえたちの前にあるものとおまえたちの背後のものを[1588]畏れ身を守れ。きっとおまえたちも慈悲をかけられるであろう」と言われると(彼らは背を向けた)。(36：45)

そして彼らには彼らの主の諸々の徴のどんな徴が訪れても、それから背を向け続けるばかりであった。(36：46)

また、彼らに向かって、「アッラーがおまえたちに糧として与え給うたものから(善に)費やせ」と言われると、信仰を拒んだ者たちは信仰する者たちに言った。「アッラーが御望みなら彼が食べさせ給う者にわれらが食べさせるというのか[1589]。おまえたちは明白な迷誤の中にあるほかない」。(36：47)

そして、彼らは言った。「その約束はいつか。もしおまえたちが真実を語る者であるならば」。(36：48)

彼らは座視して待つに過ぎない、ただ一声の叫び声を。それは議論し合う彼らを捕らえるのである。(36：49)

すると、彼らは遺言もできず、彼らの家族の許に帰ることもない。(36：50)

そして、角笛が吹かれ、すると途端に、彼らは墓所から彼らの主の許に急ぐのである。(36：51)

彼らは言った。「ああ、われらの災いよ。われらをわれらの臥所から呼び起こしたのは誰か。これこそ慈悲あまねき御方が約束し給うたものであり、使者たちは真実を語った」。(36：52)

それ(吹鳴《すいめい》)は、一声の叫び声のほかではなく、すると途端に、彼らは皆、われらの許に召し出される。(36：53)

そしてその日、誰もわずかにも不正を受けず、おまえたちがなしてきたことのほかに報いられることはない。(36：54)

1585　ナツメヤシの房の柄が細くなり、曲がり、黄色くなるように。
1586　ヌーフの方舟を指すと言われる。
1587　救助者、あるいは救助を求める者、を意味すると言われる。
1588　現世での懲罰と来世での懲罰、あるいは過去に犯した罪と将来犯す罪を。
1589　アッラーこそが糧を与える御方だとおまえたちが主張しているのにも拘わらず。

إِنَّ أَصۡحَٰبَ ٱلۡجَنَّةِ ٱلۡيَوۡمَ فِي شُغُلٖ فَٰكِهُونَ ٥٥ هُمۡ وَأَزۡوَٰجُهُمۡ
فِي ظِلَٰلٍ عَلَى ٱلۡأَرَآئِكِ مُتَّكِـُٔونَ ٥٦ لَهُمۡ فِيهَا فَٰكِهَةٞ
وَلَهُم مَّا يَدَّعُونَ ٥٧ سَلَٰمٞ قَوۡلٗا مِّن رَّبّٖ رَّحِيمٖ ٥٨ وَٱمۡتَٰزُواْ
ٱلۡيَوۡمَ أَيُّهَا ٱلۡمُجۡرِمُونَ ٥٩ ۞أَلَمۡ أَعۡهَدۡ إِلَيۡكُمۡ يَٰبَنِيٓ ءَادَمَ
أَن لَّا تَعۡبُدُواْ ٱلشَّيۡطَٰنَۖ إِنَّهُۥ لَكُمۡ عَدُوّٞ مُّبِينٞ ٦٠ وَأَنِ
ٱعۡبُدُونِيۚ هَٰذَا صِرَٰطٞ مُّسۡتَقِيمٞ ٦١ وَلَقَدۡ أَضَلَّ مِنكُمۡ
جِبِلّٗا كَثِيرًاۖ أَفَلَمۡ تَكُونُواْ تَعۡقِلُونَ ٦٢ هَٰذِهِۦ جَهَنَّمُ ٱلَّتِي
كُنتُمۡ تُوعَدُونَ ٦٣ ٱصۡلَوۡهَا ٱلۡيَوۡمَ بِمَا كُنتُمۡ تَكۡفُرُونَ ٦٤
ٱلۡيَوۡمَ نَخۡتِمُ عَلَىٰٓ أَفۡوَٰهِهِمۡ وَتُكَلِّمُنَآ أَيۡدِيهِمۡ وَتَشۡهَدُ أَرۡجُلُهُم
بِمَا كَانُواْ يَكۡسِبُونَ ٦٥ وَلَوۡ نَشَآءُ لَطَمَسۡنَا عَلَىٰٓ أَعۡيُنِهِمۡ
فَٱسۡتَبَقُواْ ٱلصِّرَٰطَ فَأَنَّىٰ يُبۡصِرُونَ ٦٦ وَلَوۡ نَشَآءُ لَمَسَخۡنَٰهُمۡ
عَلَىٰ مَكَانَتِهِمۡ فَمَا ٱسۡتَطَٰعُواْ مُضِيّٗا وَلَا يَرۡجِعُونَ ٦٧
وَمَن نُّعَمِّرۡهُ نُنَكِّسۡهُ فِي ٱلۡخَلۡقِۚ أَفَلَا يَعۡقِلُونَ ٦٨
وَمَا عَلَّمۡنَٰهُ ٱلشِّعۡرَ وَمَا يَنۢبَغِي لَهُۥٓۚ إِنۡ هُوَ إِلَّا ذِكۡرٞ وَقُرۡءَانٞ مُّبِينٞ
٦٩ لِّيُنذِرَ مَن كَانَ حَيّٗا وَيَحِقَّ ٱلۡقَوۡلُ عَلَى ٱلۡكَٰفِرِينَ ٧٠

まことに、楽園の住民はその日、（楽園のあらゆる快楽の）従事に喜々としている。（36：55）

彼らと彼らの妻たちは木陰で、寝台にもたれかかっている。（36：56）

彼らにはそこで果物があり、彼らには彼らの求めるものが（全て）ある。（36：57）

「平安（あれ）」、慈悲深い主からの御言葉として。（36：58）

「そして今日、罪人たちよ、離れ去れ」。（36：59）

われはおまえたちに約束しなかったか、アーダムの子らよ、悪魔に仕えてはならないと。まことに、彼はおまえたちにとって明白な敵である。（36：60）

そして、われに仕えよと。これこそ真っすぐな道である。（36：61）

だが、すでに彼はおまえたちのうち多くの集団を迷わせた。それなのに、おまえたちは悟らなかったのか。（36：62）

これこそおまえたちが約束されていた火獄《ジャハンナム》である。（36：63）

今日、おまえたちが信仰を拒んでいたということゆえにそれに焼《く》べられよ。（36：64）

今日、われらは彼らの口を封じ、彼らの手がわれらに語り、彼らの足が彼らの稼いだものについて証言する。（36：65）

そしてもしわれらが望んだならば、われらは彼らの目を消し去り、そうなれば、彼らは道を急ごうとする、しかしそうなればいかにして見ることができるであろうか（見えはしない）。（36：66）

また、もしわれらが望んだならば、われらは彼らの場所で彼らを変態させ[1590]、そうなれば、彼らは行くこともできなかったし帰ることもないであろう。（36：67）

またわれらが長生きさせる者があれば、われらは創造において彼を逆さにしよう[1591]。それなのに、彼らは悟らないのか。（36：68）

またわれらは彼（ムハンマド）に詩を教えたことはなく、それは彼にはあってはならない。これは訓戒に、明白なクルアーンにほかならない。（36：69）

彼[1592]が生きている（信仰を持つ）者に警告し、そして不信仰者の上に（懲罰の）御言葉が実現するためである。（36：70）

1590　彼らの姿形を醜く変え、の意。
1591　か弱い子供が、たくましく成人し、そしてまたか弱い老人になる。
1592　「彼」（預言者ムハンマド）、あるいは「それ」（クルアーン）

أَوَلَمْ يَرَوْا أَنَّا خَلَقْنَا لَهُم مِّمَّا عَمِلَتْ أَيْدِينَا أَنْعَامًا فَهُمْ لَهَا
مَالِكُونَ ﴿٧١﴾ وَذَلَّلْنَاهَا لَهُمْ فَمِنْهَا رَكُوبُهُمْ وَمِنْهَا يَأْكُلُونَ
﴿٧٢﴾ وَلَهُمْ فِيهَا مَنَافِعُ وَمَشَارِبُ أَفَلَا يَشْكُرُونَ ﴿٧٣﴾ وَاتَّخَذُوا
مِن دُونِ اللَّهِ آلِهَةً لَّعَلَّهُمْ يُنصَرُونَ ﴿٧٤﴾ لَا يَسْتَطِيعُونَ
نَصْرَهُمْ وَهُمْ لَهُمْ جُندٌ مُّحْضَرُونَ ﴿٧٥﴾ فَلَا يَحْزُنكَ قَوْلُهُمْ
إِنَّا نَعْلَمُ مَا يُسِرُّونَ وَمَا يُعْلِنُونَ ﴿٧٦﴾ أَوَلَمْ يَرَ الْإِنسَانُ أَنَّا
خَلَقْنَاهُ مِن نُّطْفَةٍ فَإِذَا هُوَ خَصِيمٌ مُّبِينٌ ﴿٧٧﴾ وَضَرَبَ لَنَا
مَثَلًا وَنَسِيَ خَلْقَهُ قَالَ مَن يُحْيِي الْعِظَامَ وَهِيَ رَمِيمٌ ﴿٧٨﴾
قُلْ يُحْيِيهَا الَّذِي أَنشَأَهَا أَوَّلَ مَرَّةٍ وَهُوَ بِكُلِّ خَلْقٍ عَلِيمٌ
﴿٧٩﴾ الَّذِي جَعَلَ لَكُم مِّنَ الشَّجَرِ الْأَخْضَرِ نَارًا فَإِذَا أَنتُم
مِّنْهُ تُوقِدُونَ ﴿٨٠﴾ أَوَلَيْسَ الَّذِي خَلَقَ السَّمَاوَاتِ وَالْأَرْضَ
بِقَادِرٍ عَلَىٰ أَن يَخْلُقَ مِثْلَهُم بَلَىٰ وَهُوَ الْخَلَّاقُ الْعَلِيمُ ﴿٨١﴾
إِنَّمَا أَمْرُهُ إِذَا أَرَادَ شَيْئًا أَن يَقُولَ لَهُ كُن فَيَكُونُ ﴿٨٢﴾
فَسُبْحَانَ الَّذِي بِيَدِهِ مَلَكُوتُ كُلِّ شَيْءٍ وَإِلَيْهِ تُرْجَعُونَ ﴿٨٣﴾

سُورَةُ الصَّافَّاتِ

彼らは見なかったのか、われらが彼らのためにわれらの両手が作ったものである家畜を創り、それで彼らはそれを所有するのである。(36：71)

そして、われらはそれらを彼らに対し卑しめ(従わせ)、それでその中には彼らの乗り物があり、また、それから彼らは食べるのである。(36：72)

そして彼らにはそこに様々な益と飲み物がある。それなのに、彼らは感謝しないのか。(36：73)

そして彼らはアッラーを差し置いて神々を立てた。きっと彼らは援けられるであろうと。(36：74)

それらには彼らの援助はできず、それらは彼らのために(獄火に)居合わせる軍勢である[1593]。(36：75)

それゆえ、彼らの言葉がおまえを悲しませることがあってはならない。まことに、われらは彼らが秘めることも彼らが公にすることも知っている。(36：76)

人間は見なかったのか、われらが彼を一滴の精滴から創ったのを。それなのに、見よ、彼は明白な論敵となった。(36：77)

そして彼はわれらに喩えを出し、自分の創造を忘れた。彼らは(喩えとして)言った。「誰が朽ち果てた骨を生き返らせるというのか」。(36：78)

言え、「それ(骨)を最初に創生し給うた御方がそれを生き返らせ給うのである。そして彼はあらゆる創造(被造物)についてよく知り給う御方」。(36：79)

「おまえたちに緑の木から火をなし給うた御方で、それで、おまえたちはそれから火を熾《おこ》すのである」。(36：80)

諸天と地を創造し給うた御方が彼らのようなものを創造できないことがあろうか。いや、彼こそはよく創造し給いよく知り給う御方。(36：81)

何かを望み給うた時、彼の御業は、ただそれに「あれ」と仰せになるだけ、すると(それは)ある。(36：82)

それゆえ、称えあれ、あらゆるものの至上権《マラクート》を手にされた御方こそ超越者。そして、彼の御許におまえたちは戻されるのである。(36：83)

1593 「それらには彼らの援助はできない、彼ら(こそ)がそれら(を守る)ために居合わせる軍勢であるというのに」との解釈もある。

第 37 章　整列 …… سورة الصافات

マッカ垂示

冒頭の、「列成す整列(天使)」に因んで「整列」章と名づけられる。

ヌーフ、イブラーヒーム、イスハーク、ムーサー、ハールーン、イルヤース、ルート、ユーヌスら、預言者たちの物語(75-148 節)が述べられるが、特にヌーフ、イブラーヒーム、ムーサー、ハールーン、イルヤースについては、彼らへの祝福が後世にまで引き継がれることが特記されている。なおクルアーンの中でイルヤースの事績が語られるのは本章だけである。

بِسۡمِ ٱللَّهِ ٱلرَّحۡمَٰنِ ٱلرَّحِيمِ
وَٱلصَّٰٓفَّٰتِ صَفّٗا ١ فَٱلزَّٰجِرَٰتِ زَجۡرٗا ٢ فَٱلتَّٰلِيَٰتِ ذِكۡرًا ٣ إِنَّ
إِلَٰهَكُمۡ لَوَٰحِدٞ ٤ رَّبُّ ٱلسَّمَٰوَٰتِ وَٱلۡأَرۡضِ وَمَا بَيۡنَهُمَا وَرَبُّ
ٱلۡمَشَٰرِقِ ٥ إِنَّا زَيَّنَّا ٱلسَّمَآءَ ٱلدُّنۡيَا بِزِينَةٍ ٱلۡكَوَاكِبِ ٦ وَحِفۡظٗا
مِّن كُلِّ شَيۡطَٰنٖ مَّارِدٖ ٧ لَّا يَسَّمَّعُونَ إِلَى ٱلۡمَلَإِ ٱلۡأَعۡلَىٰ وَيُقۡذَفُونَ
مِن كُلِّ جَانِبٖ ٨ دُحُورٗاۖ وَلَهُمۡ عَذَابٞ وَاصِبٌ ٩ إِلَّا مَنۡ خَطِفَ
ٱلۡخَطۡفَةَ فَأَتۡبَعَهُۥ شِهَابٞ ثَاقِبٞ ١٠ فَٱسۡتَفۡتِهِمۡ أَهُمۡ أَشَدُّ خَلۡقًا أَم
مَّنۡ خَلَقۡنَآۚ إِنَّا خَلَقۡنَٰهُم مِّن طِينٖ لَّازِبِۭ ١١ بَلۡ عَجِبۡتَ وَيَسۡخَرُونَ
١٢ وَإِذَا ذُكِّرُواْ لَا يَذۡكُرُونَ ١٣ وَإِذَا رَأَوۡاْ ءَايَةٗ يَسۡتَسۡخِرُونَ ١٤
وَقَالُوٓاْ إِنۡ هَٰذَآ إِلَّا سِحۡرٞ مُّبِينٌ ١٥ أَءِذَا مِتۡنَا وَكُنَّا تُرَابٗا وَعِظَٰمًا
أَءِنَّا لَمَبۡعُوثُونَ ١٦ أَوَءَابَآؤُنَا ٱلۡأَوَّلُونَ ١٧ قُلۡ نَعَمۡ وَأَنتُمۡ دَٰخِرُونَ
١٨ فَإِنَّمَا هِيَ زَجۡرَةٞ وَٰحِدَةٞ فَإِذَا هُمۡ يَنظُرُونَ ١٩ وَقَالُواْ يَٰوَيۡلَنَا
هَٰذَا يَوۡمُ ٱلدِّينِ ٢٠ هَٰذَا يَوۡمُ ٱلۡفَصۡلِ ٱلَّذِي كُنتُم بِهِۦ تُكَذِّبُونَ ٢١
۞ ٱحۡشُرُواْ ٱلَّذِينَ ظَلَمُواْ وَأَزۡوَٰجَهُمۡ وَمَا كَانُواْ يَعۡبُدُونَ ٢٢ مِن دُونِ
ٱللَّهِ فَٱهۡدُوهُمۡ إِلَىٰ صِرَٰطِ ٱلۡجَحِيمِ ٢٣ وَقِفُوهُمۡۖ إِنَّهُم مَّسۡـُٔولُونَ ٢٤

慈悲あまねく慈悲深きアッラーの御名において

列成す整列(天使)たちにかけて(われは誓う)、(37：1)

ついで、(雲を)追い払う払い手(天使)たち、(37：2)

ついで、訓戒し、読み聞かせる者たちにかけて、(37：3)

まことに、おまえたちの神は唯一であり、(37：4)

諸天と地とその間のものの主にして、諸々の(光の)昇る処[1594]の主であらせられる。(37：5)

まことに、われらは最下天を星々の装飾によって飾った。(37：6)

そして反抗的なあらゆる悪魔に対する守りとして。(37：7)

彼らは最高の集い(長老格の天使たち)を耳にすることはなく、彼らは四方八方から(流星によって)石撃たれる。(37：8)

追放されて。そして、彼らには永続する懲罰がある。(37：9)

ただし、(天上の知の一部を盗み聞きし)強奪して掠め取った者は別であるが、彼を輝き燃える炎(流星)が追跡した。(37：10)

それゆえ彼ら(マッカの多神教徒たち)の見解を質せ、彼らは創造において一層困難(強固)か、それとも、われらが創ったもの(天使やその他の被造物)の方か。まことに、われらは彼ら(人間)を粘りのある泥土で創った。(37：11)

いや、おまえは驚愕したが[1595]、彼らは嘲笑している。(37：12)

そして、彼らは訓戒されても、聞き入れず、(37：13)

1594　日の出の方角(地点)の変化を意味する。あるいは、星々の昇る処。
1595　彼らが復活を否定することから。

مَا لَكُمْ لَا تَنَاصَرُونَ ٢٥ بَلْ هُمُ الْيَوْمَ مُسْتَسْلِمُونَ ٢٦ وَأَقْبَلَ بَعْضُهُمْ
عَلَىٰ بَعْضٍ يَتَسَاءَلُونَ ٢٧ قَالُوا إِنَّكُمْ كُنتُمْ تَأْتُونَنَا عَنِ الْيَمِينِ ٢٨
قَالُوا بَل لَّمْ تَكُونُوا مُؤْمِنِينَ ٢٩ وَمَا كَانَ لَنَا عَلَيْكُم مِّن سُلْطَانٍ
بَلْ كُنتُمْ قَوْمًا طَاغِينَ ٣٠ فَحَقَّ عَلَيْنَا قَوْلُ رَبِّنَا إِنَّا لَذَائِقُونَ ٣١
فَأَغْوَيْنَاكُمْ إِنَّا كُنَّا غَاوِينَ ٣٢ فَإِنَّهُمْ يَوْمَئِذٍ فِي الْعَذَابِ مُشْتَرِكُونَ
٣٣ إِنَّا كَذَٰلِكَ نَفْعَلُ بِالْمُجْرِمِينَ ٣٤ إِنَّهُمْ كَانُوا إِذَا قِيلَ لَهُمْ
لَا إِلَٰهَ إِلَّا اللَّهُ يَسْتَكْبِرُونَ ٣٥ وَيَقُولُونَ أَئِنَّا لَتَارِكُو آلِهَتِنَا
لِشَاعِرٍ مَّجْنُونٍ ٣٦ بَلْ جَاءَ بِالْحَقِّ وَصَدَّقَ الْمُرْسَلِينَ ٣٧ إِنَّكُمْ
لَذَائِقُو الْعَذَابِ الْأَلِيمِ ٣٨ وَمَا تُجْزَوْنَ إِلَّا مَا كُنتُمْ تَعْمَلُونَ
٣٩ إِلَّا عِبَادَ اللَّهِ الْمُخْلَصِينَ ٤٠ أُولَٰئِكَ لَهُمْ رِزْقٌ مَّعْلُومٌ ٤١
فَوَاكِهُ وَهُم مُّكْرَمُونَ ٤٢ فِي جَنَّاتِ النَّعِيمِ ٤٣ عَلَىٰ سُرُرٍ مُّتَقَابِلِينَ
٤٤ يُطَافُ عَلَيْهِم بِكَأْسٍ مِّن مَّعِينٍ ٤٥ بَيْضَاءَ لَذَّةٍ لِّلشَّارِبِينَ
٤٦ لَا فِيهَا غَوْلٌ وَلَا هُمْ عَنْهَا يُنزَفُونَ ٤٧ وَعِندَهُمْ قَاصِرَاتُ
الطَّرْفِ عِينٌ ٤٨ كَأَنَّهُنَّ بَيْضٌ مَّكْنُونٌ ٤٩ فَأَقْبَلَ بَعْضُهُمْ عَلَىٰ
بَعْضٍ يَتَسَاءَلُونَ ٥٠ قَالَ قَائِلٌ مِّنْهُمْ إِنِّي كَانَ لِي قَرِينٌ ٥١

また徴を見ても、嘲笑う。(37：14)

そして、言った。「これは明白な魔術にほかならない」。(37：15)

「死んで土くれと骨になった時、まことにわれらが甦らされる者だというのか」。(37：16)

「われらの昔の祖先もか」。(37：17)

言え、「その通り。おまえたちは卑しい者である[1596]」。(37：18)

そしてそれ(復活)は一声の譴責(呼び声)にすぎない。すると、彼らは見るであろう。(37：19)

そして、言う。「ああ、われらの災いよ」。「これが裁きの日である」。(37：20)

(彼らに言われる)「これが、おまえたちが嘘と否定していた判別の日である」。(37：21)

追い集めよ、不正をなした者たちと彼らの連れ合い(仲間)、そして、彼らが仕えていたものを[1597]。(37：22)

アッラーを差し置いて[1598]。それゆえ焦熱地獄の道へと彼らを導け。(37：23)

そして、彼らを立ち止まらせよ。まことに、彼らは尋問される者である(故に)。(37：24)

おまえたちはどうしたのか、互いに援け合わないとは。(37：25)

いや、彼らは今日、屈服する者である。(37：26)

そして彼らは互いに向かって、尋ね合う(詰問し合う)。(37：27)

彼らは言った。「まことに、おまえたちはわれらの許に右からやって来たものだった」[1599]。(37：28)

彼らは言った。「いや、おまえたちは信仰者ではなかったのだ」。(37：29)

「そしてわれらには、おまえたちに対して権威などなかった。いや、おまえたちは無法な民であった」。(37：30)

「それでわれらにわれらの主の御言葉[1600]が実現した。まことに、われらは(懲罰を)味わう者である」。(37：31)

「それでわれらはおまえたちを惑わせたが、まことにわれらもまた惑っていたのである」。(37：32)

1596　あるいは、「おまえたちは卑しい者として(甦らされる)」。

1597　天使に対して言われる言葉。

1598　前節の「彼らが仕えていたもの」にかかる。

1599　ここでの「ヤミーン(右)」は「誓い」、「力」、「真理」などと解釈されている。「右からやって来た」とは「強者としてやって来た」、「(自分たちが正しいと)誓ってやって来た」といった意味になる。

1600　32章13節参照。

それゆえまことに、彼らはその日、懲罰において共有者(仲間)である。(37：33)

まことに、このようにわれらは罪人たちに対してなす。(37：34)

まことに、彼らは「アッラーのほかに神はない」と言われると、思い上がり、(37：35)

そして、言うのであった。「われらが憑かれた(気の狂った)詩人のためにわれらの神々を捨てるというのか」。(37：36)

いや、彼(預言者ムハンマド)は真理と共に来て、(過去の)使者(使徒)たちの真実性を確証したのである。(37：37)

まことに、必ずやおまえたちは痛烈な懲罰を味わう者となろう。(37：38)

そしておまえたちは、おまえたちがなしたことのほか報いられることはない。(37：39)

ただし、選別されたアッラーの僕《しもべ》たちは別である。(37：40)

それらの者、彼らには(楽園で)既知(定め)の糧がある。(37：41)

(つまり)果物が。そして、彼らは厚遇される。(37：42)

至福の楽園の中で。(37：43)

寝台の上で向かい合って。(37：44)

彼らには(酒の)泉からの酒杯が回される。(37：45)

真っ白で、飲む者に美味である。(37：46)

それには悪酔いはなく、彼らはそれに酩酊することもない。(37：47)

そして彼らの許には円らな瞳で、ひたむきな眼差し[1601]の女たちがいる。(37：48)

彼女らは隠された卵のようである。(37：49)

彼らは互いに向かって、尋ね合う。(37：50)

彼らのうち言う者が言った。「私には連れがいた」。(37：51)

1601　眼差しを自分の夫のみに向けた、の意。

يَقُولُ أَءِنَّكَ لَمِنَ ٱلْمُصَدِّقِينَ ﴿٥٢﴾ أَءِذَا مِتْنَا وَكُنَّا تُرَابًا وَعِظَٰمًا أَءِنَّا
لَمَدِينُونَ ﴿٥٣﴾ قَالَ هَلْ أَنتُم مُّطَّلِعُونَ ﴿٥٤﴾ فَٱطَّلَعَ فَرَءَاهُ فِى سَوَآءِ
ٱلْجَحِيمِ ﴿٥٥﴾ قَالَ تَٱللَّهِ إِن كِدتَّ لَتُرْدِينِ ﴿٥٦﴾ وَلَوْلَا نِعْمَةُ رَبِّى
لَكُنتُ مِنَ ٱلْمُحْضَرِينَ ﴿٥٧﴾ أَفَمَا نَحْنُ بِمَيِّتِينَ ﴿٥٨﴾ إِلَّا مَوْتَتَنَا
ٱلْأُولَىٰ وَمَا نَحْنُ بِمُعَذَّبِينَ ﴿٥٩﴾ إِنَّ هَٰذَا لَهُوَ ٱلْفَوْزُ ٱلْعَظِيمُ ﴿٦٠﴾
لِمِثْلِ هَٰذَا فَلْيَعْمَلِ ٱلْعَٰمِلُونَ ﴿٦١﴾ أَذَٰلِكَ خَيْرٌ نُّزُلًا أَمْ شَجَرَةُ
ٱلزَّقُّومِ ﴿٦٢﴾ إِنَّا جَعَلْنَٰهَا فِتْنَةً لِّلظَّٰلِمِينَ ﴿٦٣﴾ إِنَّهَا شَجَرَةٌ
تَخْرُجُ فِىٓ أَصْلِ ٱلْجَحِيمِ ﴿٦٤﴾ طَلْعُهَا كَأَنَّهُۥ رُءُوسُ ٱلشَّيَٰطِينِ
﴿٦٥﴾ فَإِنَّهُمْ لَءَاكِلُونَ مِنْهَا فَمَالِـُٔونَ مِنْهَا ٱلْبُطُونَ ﴿٦٦﴾ ثُمَّ إِنَّ لَهُمْ
عَلَيْهَا لَشَوْبًا مِّنْ حَمِيمٍ ﴿٦٧﴾ ثُمَّ إِنَّ مَرْجِعَهُمْ لَإِلَى ٱلْجَحِيمِ ﴿٦٨﴾
إِنَّهُمْ أَلْفَوْا۟ ءَابَآءَهُمْ ضَآلِّينَ ﴿٦٩﴾ فَهُمْ عَلَىٰٓ ءَاثَٰرِهِمْ يُهْرَعُونَ ﴿٧٠﴾
وَلَقَدْ ضَلَّ قَبْلَهُمْ أَكْثَرُ ٱلْأَوَّلِينَ ﴿٧١﴾ وَلَقَدْ أَرْسَلْنَا فِيهِم
مُّنذِرِينَ ﴿٧٢﴾ فَٱنظُرْ كَيْفَ كَانَ عَٰقِبَةُ ٱلْمُنذَرِينَ ﴿٧٣﴾
إِلَّا عِبَادَ ٱللَّهِ ٱلْمُخْلَصِينَ ﴿٧٤﴾ وَلَقَدْ نَادَىٰنَا نُوحٌ فَلَنِعْمَ
ٱلْمُجِيبُونَ ﴿٧٥﴾ وَنَجَّيْنَٰهُ وَأَهْلَهُۥ مِنَ ٱلْكَرْبِ ٱلْعَظِيمِ ﴿٧٦﴾

「彼は言っていた。『おまえは(復活を)真実と認めた者たち(の一人)なのか』」。(37：52)

「『われらが死んで土くれと骨となった時、われらが審判されるというのか』」。(37：53)

彼は(楽園の住人に)言った。「あなたたちは(私と一緒に火獄を)見下ろす者たちであろうか」。(37：54)

そこで、彼が見下ろすと、焦熱地獄の中央に彼を見つけた。(37：55)

彼は言った。「アッラーに誓って、まことにおまえは私を滅ぼすところであった」。(37：56)

「もしわが主の恩寵がなければ、私はきっと(火獄の中に)引き出される者(たちの一人)であったであろう」。(37：57)

「われらは死ぬ者ではないのか」。(37：58)

「われらの最初の死のほかには。われらは懲罰を受ける者ではないのか[1602]」。(37：59)

まことに、それこそ大いなる成就である。(37：60)

このようなもののためにこそ、行為者たちには行わせよ。(37：61)

そうしたものが歓待として良いか、それともザックームの木の方か[1603]。(37：62)

まことに、われらはそれを不正な者たちへの試練となした[1604]。(37：63)

それは焦熱地獄の源(底)に生え出る木で、(37：64)

その肉穂花序は悪魔たちの頭のようである。(37：65)

そして必ずや彼らはそれを食べ、それで腹を満たすであろう。(37：66)

それから、まことに、彼らにはその上に熱湯の混ぜ物がある[1605]。(37：67)

それから、まことに、彼らの帰り処は焦熱地獄である。(37：68)

まことに、彼らは彼らの祖先が迷っているのを見出した。(37：69)

そこで、彼らはその足跡の上を(追って)急がされる(急ぐ)。(37：70)

また確かに彼ら以前にも昔の者の大半は迷っていた。(37：71)

そして、確かにわれらは彼らに警告者たちを遣わした。(37：72)

それゆえ、よく見よ、警告された者たちの末路がどのようなものであったかを。(37：73)

ただし、選別されたアッラーの僕《しもべ》たちは別である。(37：74)

またかつてわれらにヌーフは呼びかけた。そして応答者(アッラー)のなんと良きことか[1606]。(37：75)

そしてわれらは彼と彼の家族を大いなる悲嘆から救い出した。(37：76)

1602　この疑問形は喜びの表現。

1603　44章43-46節参照。

1604　マッカの不信仰者たちが、「火は木を燃やしてしまうのに、どうして火獄の中に木が生えていることがあろう」と嘲笑したのに対してこれらの節が啓示された。

1605　78章25節参照。

1606　11章25-48節参照。

وَجَعَلْنَا ذُرِّيَّتَهُۥ هُمُ ٱلْبَاقِينَ ﴿٧٧﴾ وَتَرَكْنَا عَلَيْهِ فِى ٱلْءَاخِرِينَ ﴿٧٨﴾ سَلَٰمٌ
عَلَىٰ نُوحٍ فِى ٱلْعَٰلَمِينَ ﴿٧٩﴾ إِنَّا كَذَٰلِكَ نَجْزِى ٱلْمُحْسِنِينَ ﴿٨٠﴾ إِنَّهُۥ
مِنْ عِبَادِنَا ٱلْمُؤْمِنِينَ ﴿٨١﴾ ثُمَّ أَغْرَقْنَا ٱلْءَاخَرِينَ ﴿٨٢﴾ ۞ وَإِنَّ مِن
شِيعَتِهِۦ لَإِبْرَٰهِيمَ ﴿٨٣﴾ إِذْ جَآءَ رَبَّهُۥ بِقَلْبٍ سَلِيمٍ ﴿٨٤﴾ إِذْ قَالَ
لِأَبِيهِ وَقَوْمِهِۦ مَاذَا تَعْبُدُونَ ﴿٨٥﴾ أَئِفْكًا ءَالِهَةً دُونَ ٱللَّهِ تُرِيدُونَ
﴿٨٦﴾ فَمَا ظَنُّكُم بِرَبِّ ٱلْعَٰلَمِينَ ﴿٨٧﴾ فَنَظَرَ نَظْرَةً فِى ٱلنُّجُومِ ﴿٨٨﴾
فَقَالَ إِنِّى سَقِيمٌ ﴿٨٩﴾ فَتَوَلَّوْا۟ عَنْهُ مُدْبِرِينَ ﴿٩٠﴾ فَرَاغَ إِلَىٰٓ ءَالِهَتِهِمْ
فَقَالَ أَلَا تَأْكُلُونَ ﴿٩١﴾ مَا لَكُمْ لَا تَنطِقُونَ ﴿٩٢﴾ فَرَاغَ عَلَيْهِمْ ضَرْبًۢا
بِٱلْيَمِينِ ﴿٩٣﴾ فَأَقْبَلُوٓا۟ إِلَيْهِ يَزِفُّونَ ﴿٩٤﴾ قَالَ أَتَعْبُدُونَ مَا تَنْحِتُونَ
﴿٩٥﴾ وَٱللَّهُ خَلَقَكُمْ وَمَا تَعْمَلُونَ ﴿٩٦﴾ قَالُوا۟ ٱبْنُوا۟ لَهُۥ بُنْيَٰنًا فَأَلْقُوهُ
فِى ٱلْجَحِيمِ ﴿٩٧﴾ فَأَرَادُوا۟ بِهِۦ كَيْدًا فَجَعَلْنَٰهُمُ ٱلْأَسْفَلِينَ ﴿٩٨﴾
وَقَالَ إِنِّى ذَاهِبٌ إِلَىٰ رَبِّى سَيَهْدِينِ ﴿٩٩﴾ رَبِّ هَبْ لِى مِنَ ٱلصَّٰلِحِينَ
﴿١٠٠﴾ فَبَشَّرْنَٰهُ بِغُلَٰمٍ حَلِيمٍ ﴿١٠١﴾ فَلَمَّا بَلَغَ مَعَهُ ٱلسَّعْىَ قَالَ يَٰبُنَىَّ
إِنِّىٓ أَرَىٰ فِى ٱلْمَنَامِ أَنِّىٓ أَذْبَحُكَ فَٱنظُرْ مَاذَا تَرَىٰ ۚ قَالَ يَٰٓأَبَتِ
ٱفْعَلْ مَا تُؤْمَرُ ۖ سَتَجِدُنِىٓ إِن شَآءَ ٱللَّهُ مِنَ ٱلصَّٰبِرِينَ ﴿١٠٢﴾

そして、われらは、彼の子孫こそを残る者とした[1607]。(37：77)

そして、われらは彼に対し(称賛の言葉を)後の者たちの間に残した。(37：78)

「諸世界の者においてヌーフの上に平安あれ」と。(37：79)

まことに、われらはこのように善を尽くす者たちに報いる。(37：80)

まことに、彼はわれらの信仰する僕《しもべ》たちの一人であった。(37：81)

それから、われらは他の者たちを溺れさせた。(37：82)

そして、まことに彼(ヌーフ)の党派にはイブラーヒームがいる。(37：83)

彼が健全な心で彼の主(アッラー)にやって来た時のこと[1608]。(37：84)

その時、彼は彼の父と彼の民に向かって言った。「あなたがたは何に仕えるのか」。(37：85)

「偽りを、神々を、アッラーを差し置いてあなたがたは望むのか[1609]」。(37：86)

「それでは諸世界の主に関するあなたがたの考えは何か」。(37：87)

彼は星々に一瞥を向けると、(37：88)

それで言った。「私は病である[1610]」。(37：89)

そこで、彼らは彼に背を向けて立ち去った[1611]。(37：90)

そこで、彼は彼らの神々の方に向かい、「あなたがたは(供物を)食べないのか」と言った。(37：91)

「口を利かないとはあなたがたはどうしたのか」。(37：92)

すると、彼は、それらにひっそりと向かい、右手で殴って(破壊した)。(37：93)

そこで、彼ら(偶像崇拝者)は早足で彼の方にやって来た。(37：94)

彼は言った。「あなたがたは自分で刻んだものに仕えるのか」。(37：95)

「アッラーこそがあなたがたを創り給うたのに。またあなたがたがなすこともまた(アッラーが創り給うた)」。(37：96)

彼らは言った。「彼に建物(炉)を建てよ、そして、彼を焦熱地獄の中に投げ込め」。(37：97)

こうして彼らは彼に対して策謀を望んだが、われらが彼らを最低な者たちとなした[1612]。

1607　一説によると、人類は全てヌーフの子孫であり、ヌーフの子サーム(セム)の子孫がアラブ人、ペルシャ人、ギリシャ・ローマ人、ハーム(ハム)の子孫が黒人、ヤーファス(ヤペテ)の子孫がトルコ人、モンゴル人となった。

1608　21章52-70節参照。

1609　あるいは、「偽りにアッラーを差し置いて神々をあなたがたは望むのか」。

1610　彼らの崇拝する星を蔑視して、「気分が悪い」と言った。彼らの祭りに一緒に行かないために。

1611　祭りに向った。

1612　彼らを抑えこみ、イブラーヒームを火から救出した。

فَلَمَّآ أَسۡلَمَا وَتَلَّهُۥ لِلۡجَبِينِ ﴿١٠٣﴾ وَنَٰدَيۡنَٰهُ أَن يَٰٓإِبۡرَٰهِيمُ ﴿١٠٤﴾
قَدۡ صَدَّقۡتَ ٱلرُّءۡيَآۚ إِنَّا كَذَٰلِكَ نَجۡزِي ٱلۡمُحۡسِنِينَ ﴿١٠٥﴾ إِنَّ
هَٰذَا لَهُوَ ٱلۡبَلَٰٓؤُاْ ٱلۡمُبِينُ ﴿١٠٦﴾ وَفَدَيۡنَٰهُ بِذِبۡحٍ عَظِيمٖ ﴿١٠٧﴾ وَتَرَكۡنَا
عَلَيۡهِ فِي ٱلۡأٓخِرِينَ ﴿١٠٨﴾ سَلَٰمٌ عَلَىٰٓ إِبۡرَٰهِيمَ ﴿١٠٩﴾ كَذَٰلِكَ نَجۡزِي
ٱلۡمُحۡسِنِينَ ﴿١١٠﴾ إِنَّهُۥ مِنۡ عِبَادِنَا ٱلۡمُؤۡمِنِينَ ﴿١١١﴾ وَبَشَّرۡنَٰهُ
بِإِسۡحَٰقَ نَبِيّٗا مِّنَ ٱلصَّٰلِحِينَ ﴿١١٢﴾ وَبَٰرَكۡنَا عَلَيۡهِ وَعَلَىٰٓ إِسۡحَٰقَۚ
وَمِن ذُرِّيَّتِهِمَا مُحۡسِنٞ وَظَالِمٞ لِّنَفۡسِهِۦ مُبِينٞ ﴿١١٣﴾ وَلَقَدۡ مَنَنَّا
عَلَىٰ مُوسَىٰ وَهَٰرُونَ ﴿١١٤﴾ وَنَجَّيۡنَٰهُمَا وَقَوۡمَهُمَا مِنَ ٱلۡكَرۡبِ
ٱلۡعَظِيمِ ﴿١١٥﴾ وَنَصَرۡنَٰهُمۡ فَكَانُواْ هُمُ ٱلۡغَٰلِبِينَ ﴿١١٦﴾ وَءَاتَيۡنَٰهُمَا
ٱلۡكِتَٰبَ ٱلۡمُسۡتَبِينَ ﴿١١٧﴾ وَهَدَيۡنَٰهُمَا ٱلصِّرَٰطَ ٱلۡمُسۡتَقِيمَ
﴿١١٨﴾ وَتَرَكۡنَا عَلَيۡهِمَا فِي ٱلۡأٓخِرِينَ ﴿١١٩﴾ سَلَٰمٌ عَلَىٰ مُوسَىٰ
وَهَٰرُونَ ﴿١٢٠﴾ إِنَّا كَذَٰلِكَ نَجۡزِي ٱلۡمُحۡسِنِينَ ﴿١٢١﴾ إِنَّهُمَا
مِنۡ عِبَادِنَا ٱلۡمُؤۡمِنِينَ ﴿١٢٢﴾ وَإِنَّ إِلۡيَاسَ لَمِنَ ٱلۡمُرۡسَلِينَ ﴿١٢٣﴾
إِذۡ قَالَ لِقَوۡمِهِۦٓ أَلَا تَتَّقُونَ ﴿١٢٤﴾ أَتَدۡعُونَ بَعۡلٗا وَتَذَرُونَ أَحۡسَنَ
ٱلۡخَٰلِقِينَ ﴿١٢٥﴾ ٱللَّهَ رَبَّكُمۡ وَرَبَّ ءَابَآئِكُمُ ٱلۡأَوَّلِينَ ﴿١٢٦﴾

(37：98)

そして彼は言った。「まことに、私は主の許に行く者である[1613]。いずれ彼は私を導き給おう」。(37：99)

「主よ、私に義人たち(となる子供)を授け給え」。(37：100)

そこでわれらは彼に寛容な男児(懐胎)の吉報を告げた。(37：101)

彼(息子)が彼(イブラーヒーム)と共に出歩く(働き手伝う)こと(が可能な年齢)に達すると、彼は言った。「吾子《あこ》よ、私は夢の中で私がおまえを犠牲に捧げるのを見る。それでおまえはどう見るか、よく見定めよ」。彼は言った。「わが父よ、あなたが命じられたことをなしてください。アッラーが望み給うたなら私が忍耐する者たち(の一人)であることをあなたは見出すでしょう[1614]」。(37：102)

そこで二人が(アッラーの命に)服し、彼(イブラーヒーム)が彼(息子)を額を地面につけるように倒した時。(37：103)

そしてわれらは彼に呼びかけた。「イブラーヒームよ」、と。(37：104)

「確かにおまえは夢(のお告げ)を真実とみなして実行した。われらは、このように善を尽くす者たちに報いる」。(37：105)

まことに、これこそ明白な試練であった。(37：106)

そして、われらは彼を大いなる犠牲によって贖《あがな》った[1615]。(37：107)

そして、われらは彼に対して(称賛の言葉を)後の者たちの中に残した。(37：108)

イブラーヒームに平安あれ。(37：109)

このようにわれらは善を尽くす者たちに報いる。(37：110)

まことに、彼はわれらの信仰者の僕《しもべ》たち(の一人)であった。(37：111)

また、われらは彼に義人たち(の一人)で預言者のイスハークの(誕生の)吉報を告げた。(37：112)

そして、われらは彼(イブラーヒーム)を祝福し、イスハークをも。そして彼らの子孫には善を尽くす者もあれば、己自身に不正をなすことが明白な者もいた。(37：113)

また、われらはムーサーとハールーンに恩恵を授けた。(37：114)

そして二人と彼ら二人の民を大いなる悲嘆から救い出した[1616]。(37：115)

1613　主の命に従って移住する、の意。シャーム(歴史的シリア)へと。

1614　預言者が啓示として見る正夢を見た。「創世記」22章参照。「創世記」ではイブラーヒームが犠牲に捧げようとしたのはイサク(イスハーク)であるが、イスラームのクルアーン注釈者の間では、イスハークが113節にて後述されることから、イスマーイール(イシュマエル)だったとするのが多数説である。

1615　羊の犠牲に代えた。この故事に基づき、大巡礼における犠牲の大祭の儀礼が定められた。

1616　フィルアウンによる虐待と迫害から。20章9-78節など参照。

فَكَذَّبُوهُ فَإِنَّهُمْ لَمُحْضَرُونَ ﴿١٢٧﴾ إِلَّا عِبَادَ ٱللَّهِ ٱلْمُخْلَصِينَ ﴿١٢٨﴾
وَتَرَكْنَا عَلَيْهِ فِى ٱلْـَٔاخِرِينَ ﴿١٢٩﴾ سَلَٰمٌ عَلَىٰٓ إِلْ يَاسِينَ ﴿١٣٠﴾ إِنَّا
كَذَٰلِكَ نَجْزِى ٱلْمُحْسِنِينَ ﴿١٣١﴾ إِنَّهُۥ مِنْ عِبَادِنَا ٱلْمُؤْمِنِينَ
﴿١٣٢﴾ وَإِنَّ لُوطًا لَّمِنَ ٱلْمُرْسَلِينَ ﴿١٣٣﴾ إِذْ نَجَّيْنَٰهُ وَأَهْلَهُۥٓ أَجْمَعِينَ
﴿١٣٤﴾ إِلَّا عَجُوزًا فِى ٱلْغَٰبِرِينَ ﴿١٣٥﴾ ثُمَّ دَمَّرْنَا ٱلْـَٔاخَرِينَ ﴿١٣٦﴾ وَإِنَّكُمْ
لَتَمُرُّونَ عَلَيْهِم مُّصْبِحِينَ ﴿١٣٧﴾ وَبِٱلَّيْلِ ۚ أَفَلَا تَعْقِلُونَ ﴿١٣٨﴾ وَإِنَّ
يُونُسَ لَمِنَ ٱلْمُرْسَلِينَ ﴿١٣٩﴾ إِذْ أَبَقَ إِلَى ٱلْفُلْكِ ٱلْمَشْحُونِ ﴿١٤٠﴾
فَسَاهَمَ فَكَانَ مِنَ ٱلْمُدْحَضِينَ ﴿١٤١﴾ فَٱلْتَقَمَهُ ٱلْحُوتُ وَهُوَ مُلِيمٌ
﴿١٤٢﴾ فَلَوْلَآ أَنَّهُۥ كَانَ مِنَ ٱلْمُسَبِّحِينَ ﴿١٤٣﴾ لَلَبِثَ فِى بَطْنِهِۦٓ إِلَىٰ يَوْمِ
يُبْعَثُونَ ﴿١٤٤﴾ ۞ فَنَبَذْنَٰهُ بِٱلْعَرَآءِ وَهُوَ سَقِيمٌ ﴿١٤٥﴾ وَأَنۢبَتْنَا
عَلَيْهِ شَجَرَةً مِّن يَقْطِينٍ ﴿١٤٦﴾ وَأَرْسَلْنَٰهُ إِلَىٰ مِا۟ئَةِ أَلْفٍ أَوْ
يَزِيدُونَ ﴿١٤٧﴾ فَـَٔامَنُوا۟ فَمَتَّعْنَٰهُمْ إِلَىٰ حِينٍ ﴿١٤٨﴾ فَٱسْتَفْتِهِمْ
أَلِرَبِّكَ ٱلْبَنَاتُ وَلَهُمُ ٱلْبَنُونَ ﴿١٤٩﴾ أَمْ خَلَقْنَا ٱلْمَلَٰٓئِكَةَ إِنَٰثًا
وَهُمْ شَٰهِدُونَ ﴿١٥٠﴾ أَلَآ إِنَّهُم مِّنْ إِفْكِهِمْ لَيَقُولُونَ ﴿١٥١﴾ وَلَدَ
ٱللَّهُ وَإِنَّهُمْ لَكَٰذِبُونَ ﴿١٥٢﴾ أَصْطَفَى ٱلْبَنَاتِ عَلَى ٱلْبَنِينَ ﴿١٥٣﴾

そして、彼らを援け、それで彼らは勝利者となった。(37：116)

また、われらは二人に解明の啓典を与えた。(37：117)

そして、二人を真っすぐな道に導いた。(37：118)

そして、二人に対し(称賛の言葉を)後の者たちの中に取り残した。(37：119)

「ムーサーとハールーンの上に平安あれ」と。(37：120)

まことに、われらはこのように善を尽くす者たちに報いる。(37：121)

まことに、二人は、われらの信仰者の僕《しもべ》たちのうちにあった。(37：122)

また、まことにイルヤースも使者(使徒)たち(の一人)であった。(37：123)

彼が彼の民に、「あなたがたは畏れ身を守らないのか」と言った時のこと。(37：124)

「あなたがたはバアルに祈り[1617]、創造者たちのうち最良の方を見捨てるのか」。(37：125)

「あなたがたの主であり、あなたがたの昔の祖先の主であるアッラーを」。(37：126)

だが、彼らは彼を嘘として否定した。それゆえ、必ずや彼らは(火獄に)引き出される者であろう。(37：127)

ただし、選別されたアッラーの僕《しもべ》たちは別である。(37：128)

われらは彼に対して(称賛の言葉を)後の者たちの中に取り残した。(37：129)

「イル・ヤースィーン[1618]の上に平安あれ」と。(37：130)

まことに、われらはこのように善を尽くす者たちに報いる。(37：131)

まことに、彼はわれらの信仰者の僕《しもべ》たち(の一人)であった。(37：132)

また、ルートも使者(使徒)たち(の一人)であった[1619]。(37：133)

われらが彼と彼の家族を全員救い出した時のこと。(37：134)

ただし、後に残った者たちの間の老女は別であった。(37：135)

それから、われらは他の者たちを滅亡させた。(37：136)

それからおまえたちは彼らの(遺跡の)許を朝に通りがかり、(37：137)

夜にもまた。それなのに、おまえたちは悟らないのか。(37：138)

まことに、ユーヌスも使者(使徒)たち(の一人)であった。(37：139)

1617　イスラエルの民のバアル崇拝については聖書に多くの記述があるが、例えばイルヤース(エリヤ)がバアルの預言者たち四百五十人と戦った逸話については「列王記上」18章参照。

1618　イルヤースと同一人物とも、イルヤースの一族とも言われる。

1619　26章160-173節参照。

مَا لَكُمْ كَيْفَ تَحْكُمُونَ ١٥٤ أَفَلَا تَذَكَّرُونَ ١٥٥ أَمْ لَكُمْ سُلْطَٰنٌ مُّبِينٌ ١٥٦
فَأْتُوا۟ بِكِتَٰبِكُمْ إِن كُنتُمْ صَٰدِقِينَ ١٥٧ وَجَعَلُوا۟ بَيْنَهُۥ وَبَيْنَ ٱلْجِنَّةِ
نَسَبًا ۚ وَلَقَدْ عَلِمَتِ ٱلْجِنَّةُ إِنَّهُمْ لَمُحْضَرُونَ ١٥٨ سُبْحَٰنَ ٱللَّهِ عَمَّا
يَصِفُونَ ١٥٩ إِلَّا عِبَادَ ٱللَّهِ ٱلْمُخْلَصِينَ ١٦٠ فَإِنَّكُمْ وَمَا تَعْبُدُونَ ١٦١
مَآ أَنتُمْ عَلَيْهِ بِفَٰتِنِينَ ١٦٢ إِلَّا مَنْ هُوَ صَالِ ٱلْجَحِيمِ ١٦٣ وَمَا مِنَّآ إِلَّا
لَهُۥ مَقَامٌ مَّعْلُومٌ ١٦٤ وَإِنَّا لَنَحْنُ ٱلصَّآفُّونَ ١٦٥ وَإِنَّا لَنَحْنُ ٱلْمُسَبِّحُونَ
١٦٦ وَإِن كَانُوا۟ لَيَقُولُونَ ١٦٧ لَوْ أَنَّ عِندَنَا ذِكْرًا مِّنَ ٱلْأَوَّلِينَ ١٦٨ لَكُنَّا
عِبَادَ ٱللَّهِ ٱلْمُخْلَصِينَ ١٦٩ فَكَفَرُوا۟ بِهِۦ ۖ فَسَوْفَ يَعْلَمُونَ ١٧٠ وَلَقَدْ
سَبَقَتْ كَلِمَتُنَا لِعِبَادِنَا ٱلْمُرْسَلِينَ ١٧١ إِنَّهُمْ لَهُمُ ٱلْمَنصُورُونَ ١٧٢
وَإِنَّ جُندَنَا لَهُمُ ٱلْغَٰلِبُونَ ١٧٣ فَتَوَلَّ عَنْهُمْ حَتَّىٰ حِينٍ ١٧٤ وَأَبْصِرْهُمْ
فَسَوْفَ يُبْصِرُونَ ١٧٥ أَفَبِعَذَابِنَا يَسْتَعْجِلُونَ ١٧٦ فَإِذَا نَزَلَ بِسَاحَتِهِمْ
فَسَآءَ صَبَاحُ ٱلْمُنذَرِينَ ١٧٧ وَتَوَلَّ عَنْهُمْ حَتَّىٰ حِينٍ ١٧٨ وَأَبْصِرْ
فَسَوْفَ يُبْصِرُونَ ١٧٩ سُبْحَٰنَ رَبِّكَ رَبِّ ٱلْعِزَّةِ عَمَّا يَصِفُونَ
١٨٠ وَسَلَٰمٌ عَلَى ٱلْمُرْسَلِينَ ١٨١ وَٱلْحَمْدُ لِلَّهِ رَبِّ ٱلْعَٰلَمِينَ ١٨٢

سُورَةُ صٓ

彼が満載の船に逃れた時のことである[1620]。(37：140)

彼は籤を引き、敗れた者たち(の一人)となった。(37：141)

すると、責めを負う彼を大魚が飲み込んだ。(37：142)

そしてもし彼が賛美する者たち(の一人)でなかったなら、(37：143)

彼はその腹の中に彼ら(人々)が甦らされる日まで留まったであろう。(37：144)

それからわれらは彼を(海辺の)むきだしの荒れ地に投げ出したが、彼は病んでいた。(37：145)

そしてわれらは彼の上に瓜《うり》の木[1621]を生やした。(37：146)

そしてわれらは彼を十万、あるいは更にそれ以上の(人数の民の)許に遣わした。(37：147)

それで彼らは信仰し、そこで、われらは彼らをある時まで享楽させた。(37：148)

それで彼らの見解を質せ、おまえの主に娘たちがあり、彼らに息子たちがあるのか[1622]。(37：149)

それとも、われらは天使たちを女性に創り、彼らが立ち会っていたのか。(37：150)

まことに、彼らは彼らの虚偽から言うのではないか。(37：151)

アッラーが子をもうけ給うたと。そしてまことに、彼らこそは嘘つきである。(37：152)

彼は息子よりも娘を選び給うたのか。(37：153)

おまえたちはどうしたのか。どのように判断するのか。(37：154)

それでもおまえたちは、留意し(考え)ないのか。(37：155)

それとも、おまえたちには明白な権威があるのか。(37：156)

それならおまえたちの啓典を持って来るがいい。もし、おまえたちが真実を語る者であるなら。(37：157)

彼らは、彼(アッラー)と幽精《ジン》との間に関係を設定する[1623]。だが幽精《ジン》は彼ら(このような主張をする者)が(火獄に)連れ込まれる者であると知っていた。(37：158)

称えあれ、アッラー、彼らが思い描くものから遥かに超越し給う御方。(37：159)

ただし、選別されたアッラーの僕《しもべ》たちは別である。(37：160)

それゆえおまえたち(多神教徒)も、おまえたちが仕えるもの(偶像神)も、(37：161)

おまえたちは(誰かを)それ(偶像神)に対して(崇拝するようにと)扇動する者ではない、

1620　21章87節脚注参照。

1621　南瓜《かぼちゃ》とも言われる。

1622　16章57節参照。

1623　アッラーと幽精《ジン》との間に婚姻関係を設定し、天使たちをアッラーの娘たちとする。あるいは、ここでは幽精《ジン》が天使を意味し、アッラーと幽精《ジン》(つまり、天使)との間に血縁関係を設定する、の意。

(37：162)

ただし、焦熱地獄に焼《く》べられる者は別である(扇動されてしまう)。(37：163)

(天使たちは言った。)「そしてわれらのうち、(天上にアッラーを崇拝するための)既定の立ち処のないものはない[1624]」。(37：164)

「そしてまことにわれらは整列者である」[1625]。(37：165)

「そしてまことにわれらは賛美者である」。(37：166)

また確かに彼ら(マッカの不信仰者たち)は言っていたものだった。(37：167)

「もしわれらの許に昔の者たちからの訓戒(啓典)があれば」、(37：168)

「必ずやわれらも選別されたアッラーの僕《しもべ》たちとなっていたであろう」。(37：169)

だが、彼らはその信仰を拒んだ。それゆえ、いずれ彼らは知るであろう(不信仰の結末を)。(37：170)

そして確かに、われらの僕《しもべ》である使者(使徒)たちに対するわれらの言葉が先立っていた。(37：171)

まことに彼ら、彼らこそは、援助される者である、と。(37：172)

そして、われらの軍勢、それらこそが勝利者である、と。(37：173)

それゆえ、ある時まで彼ら(不信仰者たち)を避けよ。(37：174)

そして、彼らを見つめよ。いずれ彼らも目にするであろう(不信仰者の末路の懲罰を)。(37：175)

それなのに、彼らはわれらの懲罰を急ぎ求めるのか。(37：176)

そして、それが彼らの中庭(只中)に下る時、警告を受けた者たちの朝のなんと悪いことよ。(37：177)

それゆえ、ある時まで彼らを避けよ。(37：178)

そして、彼らを見つめよ。いずれ彼らも目にするであろう。(37：179)

称えあれ、おまえの主にして比類ない威力の主、彼らの思い描くものから超越し給う御方。(37：180)

そして、使者(使徒)たちに平安あれ。(37：181)

称賛はアッラー、諸世界の主に属す。(37：182)

1624　各天使には固有の位階があり、それを越えることはない。

1625　天使達は崇拝行為や役務において整然と列を成す。

بِسْمِ ٱللَّهِ ٱلرَّحْمَٰنِ ٱلرَّحِيمِ
صٓ ۚ وَٱلْقُرْءَانِ ذِى ٱلذِّكْرِ ١ بَلِ ٱلَّذِينَ كَفَرُوا۟ فِى عِزَّةٍ وَشِقَاقٍ ٢
كَمْ أَهْلَكْنَا مِن قَبْلِهِم مِّن قَرْنٍ فَنَادَوا۟ وَّلَاتَ حِينَ مَنَاصٍ ٣ وَعَجِبُوٓا۟
أَن جَآءَهُم مُّنذِرٌ مِّنْهُمْ ۖ وَقَالَ ٱلْكَٰفِرُونَ هَٰذَا سَٰحِرٌ كَذَّابٌ ٤
أَجَعَلَ ٱلْـَٔالِهَةَ إِلَٰهًا وَٰحِدًا ۖ إِنَّ هَٰذَا لَشَىْءٌ عُجَابٌ ٥ وَٱنطَلَقَ ٱلْمَلَأُ
مِنْهُمْ أَنِ ٱمْشُوا۟ وَٱصْبِرُوا۟ عَلَىٰٓ ءَالِهَتِكُمْ ۖ إِنَّ هَٰذَا لَشَىْءٌ يُرَادُ ٦
مَا سَمِعْنَا بِهَٰذَا فِى ٱلْمِلَّةِ ٱلْـَٔاخِرَةِ إِنْ هَٰذَآ إِلَّا ٱخْتِلَٰقٌ ٧ أَءُنزِلَ
عَلَيْهِ ٱلذِّكْرُ مِنۢ بَيْنِنَا ۚ بَلْ هُمْ فِى شَكٍّ مِّن ذِكْرِى ۚ بَل لَّمَّا يَذُوقُوا۟ عَذَابِ
٨ أَمْ عِندَهُمْ خَزَآئِنُ رَحْمَةِ رَبِّكَ ٱلْعَزِيزِ ٱلْوَهَّابِ ٩ أَمْ لَهُم مُّلْكُ
ٱلسَّمَٰوَٰتِ وَٱلْأَرْضِ وَمَا بَيْنَهُمَا ۖ فَلْيَرْتَقُوا۟ فِى ٱلْأَسْبَٰبِ ١٠ جُندٌ
مَّا هُنَالِكَ مَهْزُومٌ مِّنَ ٱلْأَحْزَابِ ١١ كَذَّبَتْ قَبْلَهُمْ قَوْمُ نُوحٍ
وَعَادٌ وَفِرْعَوْنُ ذُو ٱلْأَوْتَادِ ١٢ وَثَمُودُ وَقَوْمُ لُوطٍ وَأَصْحَٰبُ
لْـَٔيْكَةِ ۚ أُو۟لَٰٓئِكَ ٱلْأَحْزَابُ ١٣ إِن كُلٌّ إِلَّا كَذَّبَ ٱلرُّسُلَ
فَحَقَّ عِقَابِ ١٤ وَمَا يَنظُرُ هَٰٓؤُلَآءِ إِلَّا صَيْحَةً وَٰحِدَةً مَّا لَهَا
مِن فَوَاقٍ ١٥ وَقَالُوا۟ رَبَّنَا عَجِّل لَّنَا قِطَّنَا قَبْلَ يَوْمِ ٱلْحِسَابِ ١٦

第 38 章　サード …… سورة ص

マッカ垂示

冒頭の「サード」の文字にちなんで「サード」章と名づけられる。またダーウードの物語(17-26節)にちなんで「ダーウード」章とも呼ばれる。

ヌーフ、ルート、ダーウード、スライマーン、アイユーブ、イブラーヒーム、イスハーク、ヤアクーブ、イスマーイール、アルヤサア、ズー・アル＝キフル(12-48節)などの預言者の物語が述べられる。

ダーウード王は本章においてカリフ(代理人)と呼ばれ(26節)、正義に基づいて治めることが命じられている。またダーウードとスライマーンが自らの過ちに気付き悔い改める逸話は、為政者の心得を示している(21-25、31-35節)。

慈悲あまねく慈悲深きアッラーの御名において

サード。訓戒に満ちたクルアーンにかけて、(38：1)

いや、信仰を拒んだ者たちは傲慢と(預言者ムハンマドとの)対立のうちにある。(38：2)

どれほどの世代を彼ら以前にわれらが滅ぼしたことか。彼らは(救いを求め)呼びかけた、逃亡の時ではない時に[1626]。(38：3)

また彼らは、彼らの許に警告者が彼らの中から来たことに驚き、不信仰者たちは言った。「これ(預言者ムハンマド)は大嘘つきの魔術師である」。(38：4)

「彼は、諸々の神々を一つの神となしたのか。まことにこれは大変な驚きである」。(38：5)

そして彼らのうちの長老たちは立ち去った。「行け、そしておまえたちの神々に忍耐せよ(崇拝を続けよ)。まことにこれが求められたことである」。(38：6)

「われらはこのようなことを最後の宗旨(キリスト教)に聞いたことがない。これは捏造にほかならない」。(38：7)

「われらの間にいる彼の上に訓戒が下されたのか」。いや、彼らはわが訓戒に対し疑念のうちにある。いや、彼らはまだわが懲罰を味わっていない。(38：8)

それとも、彼らの許には威力比類ない良き贈与者、おまえの主の御慈悲の宝庫があるのか。(38：9)

それとも、彼らには諸天と地とその間のものの王権があるのか。それならば、彼らには(天に至る)縄を登らせよ。(38：10)

1626　逃亡するには既にもう遅すぎる時に。

ٱصْبِرْ عَلَىٰ مَا يَقُولُونَ وَٱذْكُرْ عَبْدَنَا دَاوُۥدَ ذَا ٱلْأَيْدِ ۖ إِنَّهُۥٓ أَوَّابٌ ﴿١٧﴾ إِنَّا
سَخَّرْنَا ٱلْجِبَالَ مَعَهُۥ يُسَبِّحْنَ بِٱلْعَشِيِّ وَٱلْإِشْرَاقِ ﴿١٨﴾ وَٱلطَّيْرَ
مَحْشُورَةً ۖ كُلٌّ لَّهُۥٓ أَوَّابٌ ﴿١٩﴾ وَشَدَدْنَا مُلْكَهُۥ وَءَاتَيْنَٰهُ ٱلْحِكْمَةَ
وَفَصْلَ ٱلْخِطَابِ ﴿٢٠﴾ ۞ وَهَلْ أَتَىٰكَ نَبَؤُا۟ ٱلْخَصْمِ إِذْ تَسَوَّرُوا۟
ٱلْمِحْرَابَ ﴿٢١﴾ إِذْ دَخَلُوا۟ عَلَىٰ دَاوُۥدَ فَفَزِعَ مِنْهُمْ ۖ قَالُوا۟ لَا تَخَفْ ۖ
خَصْمَانِ بَغَىٰ بَعْضُنَا عَلَىٰ بَعْضٍ فَٱحْكُم بَيْنَنَا بِٱلْحَقِّ وَلَا تُشْطِطْ
وَٱهْدِنَآ إِلَىٰ سَوَآءِ ٱلصِّرَٰطِ ﴿٢٢﴾ إِنَّ هَٰذَآ أَخِى لَهُۥ تِسْعٌ وَتِسْعُونَ نَعْجَةً
وَلِىَ نَعْجَةٌ وَٰحِدَةٌ فَقَالَ أَكْفِلْنِيهَا وَعَزَّنِى فِى ٱلْخِطَابِ ﴿٢٣﴾ قَالَ
لَقَدْ ظَلَمَكَ بِسُؤَالِ نَعْجَتِكَ إِلَىٰ نِعَاجِهِۦ ۖ وَإِنَّ كَثِيرًا مِّنَ ٱلْخُلَطَآءِ لَيَبْغِى
بَعْضُهُمْ عَلَىٰ بَعْضٍ إِلَّا ٱلَّذِينَ ءَامَنُوا۟ وَعَمِلُوا۟ ٱلصَّٰلِحَٰتِ وَقَلِيلٌ
مَّا هُمْ ۗ وَظَنَّ دَاوُۥدُ أَنَّمَا فَتَنَّٰهُ فَٱسْتَغْفَرَ رَبَّهُۥ وَخَرَّ رَاكِعًا وَأَنَابَ ۩
﴿٢٤﴾ فَغَفَرْنَا لَهُۥ ذَٰلِكَ ۖ وَإِنَّ لَهُۥ عِندَنَا لَزُلْفَىٰ وَحُسْنَ مَـَٔابٍ ﴿٢٥﴾
يَٰدَاوُۥدُ إِنَّا جَعَلْنَٰكَ خَلِيفَةً فِى ٱلْأَرْضِ فَٱحْكُم بَيْنَ ٱلنَّاسِ بِٱلْحَقِّ
وَلَا تَتَّبِعِ ٱلْهَوَىٰ فَيُضِلَّكَ عَن سَبِيلِ ٱللَّهِ ۚ إِنَّ ٱلَّذِينَ يَضِلُّونَ
عَن سَبِيلِ ٱللَّهِ لَهُمْ عَذَابٌ شَدِيدٌۢ بِمَا نَسُوا۟ يَوْمَ ٱلْحِسَابِ ﴿٢٦﴾

（彼らは）そこでは諸党派（多神教徒の諸部族[1627]）の敗走させられた軍勢である。（38：11）

彼ら以前にもヌーフの民とアード（族）、そして列柱（権勢）の持ち主フィルアウンが嘘と否定した。（38：12）

さらに、サムード（族）、ルートの民、森の住民（シュアイブの民）も。それらは諸党派である。（38：13）

いずれも、使徒たちを嘘として否定しなかった党派はなく、それゆえ、わが応報は必定であった。（38：14）

それらの者は一声の叫び声（審判の日の角笛の一吹き）を座視するばかりで、それには合間（遅れ）はなかった。（38：15）

そして彼らは（嘲笑して）言った。「われらが主よ、われらの（懲罰の[1628]）取り分を清算の日の前に早め給え」。（38：16）

彼らが言うことに耐え、力を持ったわれらの僕《しもべ》、ダーウードを思い起こせ。まことに、彼はよく悔いて帰る者である。（38：17）

まことに、われらは山々を従わせ、彼と共にそれは晩に日の出に賛美する。（38：18）

また、鳥も集められて（われらは従わせた）。いずれも彼（アッラー）によく悔いて帰るものである[1629]。（38：19）

またわれらは彼の王権を強化し、彼に英知と弁舌の才を授けた。（38：20）

またおまえの許に訴人たちの消息は届いたか。その時、彼らは（ダーウードの）聖所に壁を越えて入った。（38：21）

その時、彼らはダーウードの許に入り込み、彼は彼らに怯えた。彼らは言った。「恐れることはない。（我々は）二名の訴人である。われらの一方が他方を不当に扱った。それゆえ、われらの間を真実で裁き、不正な扱いをせず、われらを公平な道に導け」。（38：22）

「これは私の兄弟で、彼には九九頭の雌羊があり、私には一頭の雌羊がある。すると、彼はそれを私に任せよ、と言い、弁において私を圧した[1630]」。（38：23）

彼は言った。「確かに彼は、おまえの雌羊を自分の雌羊へと（合併することを）求めることによっておまえに不正をなした。また、まことに共同所有者たちの多くは互いに相手に不当な扱いをなすものである。ただし、信仰し、善行をなす者たちは別であるが、彼らのなんとも少ないことよ」。そこでダーウードはわれらが彼を試みたと考え、彼の主に赦し

1627　あるいは、イブリースの諸党派である多神教徒たち、の意。

1628　あるいは帳簿（17 章 71 節）。

1629　27 章 15-16 節参照。

1630　雌羊は妻の隠喩。ダーウードには九九人の妻がいたが、彼は一人しか妻のいない者の妻を求め、策を弄して彼女を奪って結婚したとも言われる。「サムエル記下」11-12 章参照。

وَمَا خَلَقْنَا ٱلسَّمَآءَ وَٱلْأَرْضَ وَمَا بَيْنَهُمَا بَٰطِلًا ۚ ذَٰلِكَ ظَنُّ ٱلَّذِينَ
كَفَرُوا۟ ۚ فَوَيْلٌ لِّلَّذِينَ كَفَرُوا۟ مِنَ ٱلنَّارِ ﴿٢٧﴾ أَمْ نَجْعَلُ ٱلَّذِينَ ءَامَنُوا۟ وَعَمِلُوا۟
ٱلصَّٰلِحَٰتِ كَٱلْمُفْسِدِينَ فِى ٱلْأَرْضِ أَمْ نَجْعَلُ ٱلْمُتَّقِينَ كَٱلْفُجَّارِ
﴿٢٨﴾ كِتَٰبٌ أَنزَلْنَٰهُ إِلَيْكَ مُبَٰرَكٌ لِّيَدَّبَّرُوٓا۟ ءَايَٰتِهِۦ وَلِيَتَذَكَّرَ أُو۟لُوا۟
ٱلْأَلْبَٰبِ ﴿٢٩﴾ وَوَهَبْنَا لِدَاوُۥدَ سُلَيْمَٰنَ ۚ نِعْمَ ٱلْعَبْدُ ۖ إِنَّهُۥٓ أَوَّابٌ
﴿٣٠﴾ إِذْ عُرِضَ عَلَيْهِ بِٱلْعَشِىِّ ٱلصَّٰفِنَٰتُ ٱلْجِيَادُ ﴿٣١﴾ فَقَالَ إِنِّىٓ أَحْبَبْتُ
حُبَّ ٱلْخَيْرِ عَن ذِكْرِ رَبِّى حَتَّىٰ تَوَارَتْ بِٱلْحِجَابِ ﴿٣٢﴾ رُدُّوهَا عَلَىَّ ۖ
فَطَفِقَ مَسْحًۢا بِٱلسُّوقِ وَٱلْأَعْنَاقِ ﴿٣٣﴾ وَلَقَدْ فَتَنَّا سُلَيْمَٰنَ
وَأَلْقَيْنَا عَلَىٰ كُرْسِيِّهِۦ جَسَدًا ثُمَّ أَنَابَ ﴿٣٤﴾ قَالَ رَبِّ ٱغْفِرْ لِى وَهَبْ
لِى مُلْكًا لَّا يَنۢبَغِى لِأَحَدٍ مِّنۢ بَعْدِىٓ ۖ إِنَّكَ أَنتَ ٱلْوَهَّابُ ﴿٣٥﴾
فَسَخَّرْنَا لَهُ ٱلرِّيحَ تَجْرِى بِأَمْرِهِۦ رُخَآءً حَيْثُ أَصَابَ ﴿٣٦﴾ وَٱلشَّيَٰطِينَ
كُلَّ بَنَّآءٍ وَغَوَّاصٍ ﴿٣٧﴾ وَءَاخَرِينَ مُقَرَّنِينَ فِى ٱلْأَصْفَادِ ﴿٣٨﴾ هَٰذَا
عَطَآؤُنَا فَٱمْنُنْ أَوْ أَمْسِكْ بِغَيْرِ حِسَابٍ ﴿٣٩﴾ وَإِنَّ لَهُۥ عِندَنَا لَزُلْفَىٰ وَحُسْنَ
مَـَٔابٍ ﴿٤٠﴾ وَٱذْكُرْ عَبْدَنَآ أَيُّوبَ إِذْ نَادَىٰ رَبَّهُۥٓ أَنِّى مَسَّنِىَ ٱلشَّيْطَٰنُ
بِنُصْبٍ وَعَذَابٍ ﴿٤١﴾ ٱرْكُضْ بِرِجْلِكَ ۖ هَٰذَا مُغْتَسَلٌۢ بَارِدٌ وَشَرَابٌ ﴿٤٢﴾

を乞い、身を屈してひれ伏し、悔いて帰った[1631]。(38：24)

そこで、われらは彼にそれを赦した。まことに、彼には、われらの御許への側近と良い帰り処がある。(38：25)

「ダーウードよ、われらはおまえを地上の代理者とした。それゆえ、人々の間を真実をもって裁き、欲望に従ってはならない。そしてそれはおまえをアッラーの道から迷わすであろう。まことに、アッラーの道から迷った者たち、彼らには清算の日を忘れたがゆえに厳しい懲罰がある」。(38：26)

そしてわれらは天と地とその間のものを無駄に創りはしなかった。それは信仰を拒んだ者たちの憶測である。それゆえ、信仰を拒んだ者たちに獄火からの災いあれ。(38：27)

それとも、われらが、信仰し、善行をなした者たちを地上で害悪をなす者たちのようにするというのか。あるいは、われらが、畏れ身を守る者たちを背徳者たちのようにするというのか。(38：28)

(このクルアーンは)われらがおまえに下した啓典であり、祝福されたものである。彼らがその諸々の徴(節)について熟慮し、賢慮を備えた者たちが留意するためである。(38：29)

また、われらはダーウードにスライマーンを授けた。彼(スライマーン)は、なんと良き僕《しもべ》であることよ。まことに、彼はよく悔いて帰る者である。(38：30)

俊足の駿馬[1632]たちが晩[1633]に彼に献上された時のこと。(38：31)

彼は言った。「私は、善への愛を愛するあまり(この世の楽しみの駿馬に目を奪われ)、わが主の念唱から気が逸れ、ついに(礼拝の時間が過ぎ太陽が夜の)帳によって身を隠してしまった」。(38：32)

「それ(駿馬)を私の許に戻せ」。そして彼は(剣で)足と首を払い始めた(屠殺してしまった[1634])。(38：33)

また、われらはかつてスライマーンに試練を与え、彼の高御座の上に一体の肉体を投じ、それから、彼は回帰した[1635]。(38：34)

1631　ダーウードの犯した罪は、23節脚注の内容であるとも、二名の訴人を認めた時に聖所にいたにも拘わらずアッラーではなく人を恐れたことであるとも、二名の訴人の双方の言い分を聞かずに判決を出したことであるとも、罪の内容についての信頼のおける伝承がないため不明であるとも言われる。

1632　駿馬(ṣāfinah)とは、「三本足で立ち、残りの一本はひづめの端を立てた美しい姿の馬」を意味する。

1633　南中後から日没までの時間。

1634　手で足と首を撫でた(屠殺しなかった)とも言われる。

1635　「一体の肉体を投じ」の意味に関しては注釈者の見解は分かれている。

彼は言った。「わが主よ、私を赦し給え。私に、私の後の誰一人にもありうべきでない王権を授け給え。まことに、あなたはよく贈与し給う御方」。(38：35)

そこで、われらは彼に風を従わせ、それは彼の命令によって彼が意図したところを穏やかに流れる。(38：36)

また、悪魔たち、(つまり)あらゆる大工と潜水夫を(従わせた)。(38：37)

また枷に繋がれたその他の者(悪魔)たちをも(従わせた)。(38：38)

これが、われらの賜物である。それゆえ、恵むなり控えるなりせよ、(何れも)計算なしである。(38：39)

そしてまことに、彼にはわれらの許に側近と良い帰り処がある。(38：40)

またわれらの僕《しもべ》アイユーブを思い起こせ。彼が彼の主に呼びかけた時のこと。「まことに、悪魔が苦難と苦痛で私を襲いました」。(38：41)

「おまえの足で(大地を)踏め。これは冷たい洗い水と飲み水である[1636]」。(38：42)

一説では、それは幽精《ジン》であり、スライマーンの姿に変身し彼の高御座に座ったが、誰もそれが偽者とは気付かなかった。この説によると、「彼は回帰した」とは「王座に復帰した」との意味。

別の説によると、スライマーンはある夜、「アッラーのために戦う騎士を全員が生むように、七十人の妻の許に赴く」と誓って七十人の妻の許に赴いたが、「アッラーが御望みであれば」の句を付け加えなかったために誰も妊娠せず、ただ一人だけが奇形児を産み落としたが、この節で言う「肉体」とはその奇形児である。この場合、「彼は回帰した」は、「悔い改めてアッラーの御許に立ち返った」との意味。

また別の説では、病気によって試されたスライマーンの精気の失せた肉体を指し、「回帰した」は健康が戻った、の意。

1636　この水によってアイユーブの病は去った。

وَوَهَبْنَا لَهُۥٓ أَهْلَهُۥ وَمِثْلَهُم مَّعَهُمْ رَحْمَةً مِّنَّا وَذِكْرَىٰ لِأُو۟لِى ٱلْأَلْبَٰبِ
٤٣ وَخُذْ بِيَدِكَ ضِغْثًا فَٱضْرِب بِّهِۦ وَلَا تَحْنَثْ ۗ إِنَّا وَجَدْنَٰهُ صَابِرًا ۚ نِّعْمَ
ٱلْعَبْدُ ۖ إِنَّهُۥٓ أَوَّابٌ ٤٤ وَٱذْكُرْ عِبَٰدَنَآ إِبْرَٰهِيمَ وَإِسْحَٰقَ وَيَعْقُوبَ أُو۟لِى
ٱلْأَيْدِى وَٱلْأَبْصَٰرِ ٤٥ إِنَّآ أَخْلَصْنَٰهُم بِخَالِصَةٍ ذِكْرَى ٱلدَّارِ ٤٦
وَإِنَّهُمْ عِندَنَا لَمِنَ ٱلْمُصْطَفَيْنَ ٱلْأَخْيَارِ ٤٧ وَٱذْكُرْ إِسْمَٰعِيلَ
وَٱلْيَسَعَ وَذَا ٱلْكِفْلِ ۖ وَكُلٌّ مِّنَ ٱلْأَخْيَارِ ٤٨ هَٰذَا ذِكْرٌ ۚ وَإِنَّ لِلْمُتَّقِينَ
لَحُسْنَ مَـَٔابٍ ٤٩ جَنَّٰتِ عَدْنٍ مُّفَتَّحَةً لَّهُمُ ٱلْأَبْوَٰبُ ٥٠ مُتَّكِـِٔينَ
فِيهَا يَدْعُونَ فِيهَا بِفَٰكِهَةٍ كَثِيرَةٍ وَشَرَابٍ ٥١ ۞ وَعِندَهُمْ قَٰصِرَٰتُ
ٱلطَّرْفِ أَتْرَابٌ ٥٢ هَٰذَا مَا تُوعَدُونَ لِيَوْمِ ٱلْحِسَابِ ٥٣ إِنَّ هَٰذَا
لَرِزْقُنَا مَا لَهُۥ مِن نَّفَادٍ ٥٤ هَٰذَا ۚ وَإِنَّ لِلطَّٰغِينَ لَشَرَّ مَـَٔابٍ
٥٥ جَهَنَّمَ يَصْلَوْنَهَا فَبِئْسَ ٱلْمِهَادُ ٥٦ هَٰذَا فَلْيَذُوقُوهُ حَمِيمٌ
وَغَسَّاقٌ ٥٧ وَءَاخَرُ مِن شَكْلِهِۦٓ أَزْوَٰجٌ ٥٨ هَٰذَا فَوْجٌ
مُّقْتَحِمٌ مَّعَكُمْ ۖ لَا مَرْحَبًۢا بِهِمْ ۚ إِنَّهُمْ صَالُوا۟ ٱلنَّارِ ٥٩ قَالُوا۟
بَلْ أَنتُمْ لَا مَرْحَبًۢا بِكُمْ ۖ أَنتُمْ قَدَّمْتُمُوهُ لَنَا ۖ فَبِئْسَ ٱلْقَرَارُ ٦٠
قَالُوا۟ رَبَّنَا مَن قَدَّمَ لَنَا هَٰذَا فَزِدْهُ عَذَابًا ضِعْفًا فِى ٱلنَّارِ ٦١

そしてわれらは彼に彼の家族と、彼ら(家族)と同じものを彼ら(家族)と共に授けた[1637]。われらからの慈悲として、また、賢慮を備えた者への訓戒として。(38：43)

「また一握りの草を取り、それで打て。そして誓いを破ってはならない[1638]」。まことに、われらは彼が忍耐強いことを見出した。彼は、なんと良き僕《しもべ》であることよ。まことに彼はよく悔いて帰る者である。(38：44)

また、われらの僕《しもべ》イブラーヒーム、イスハーク、そしてヤアクーブを思い起こせ。力と心眼を備えた者であった。(38：45)

まことに、われらは彼らを格別な、(来世の)住まいへの念で選り抜いた。(38：46)

そしてまことに、彼らはわれらの許では選りすぐりの最良の者たちである。(38：47)

また、イスマーイール、アルヤサア(エリシャ)、そしてズー・アル＝キフルを思い起こせ。みな、選良たちである。(38：48)

これは訓戒である。そして、まことに畏れ身を守る者たちには良い帰り処がある。(38：49)

常住の楽園で、彼らには諸々の扉が開かれている。(38：50)

彼らはそこで寄りかかり、そこでは多くの果実と飲み物を求める。(38：51)

そして彼らの許には同年齢のひたむきな眼差しの女たちがいる。(38：52)

これは清算の日におまえたちに約束されているものである。(38：53)

まことに、これはわれらの支給であり、それには尽きることがない。(38：54)

こうである。そしてまことに、無法者たちには悪い帰り処がある。(38：55)

火獄《ジャハンナム》で、彼らはそれに焼《く》べられる。なんと悪い臥所であることよ。(38：56)

これ(懲罰)は　―それゆえ、彼らはそれを味わえ―　熱湯と膿である。(38：57)

さらにそれに類する別のもの(懲罰)幾種類もである。(38：58)

「これは、おまえたちと共に突進する一団である[1639]」。「彼らには、歓待はない。まことに、彼らは獄火に焼べられる[1640]」。(38：59)

彼ら[1641]は言った。「いや、おまえたち、おまえたちにこそ歓待はない。あなたがたはわれらの前にそれ(不信仰)を差し出したのである。なんと悪い居住であることよ」。(38：60)

彼らは言った。「われらが主よ、われらの前にこれを差し出した者、彼には獄火で倍の懲罰を加え給え」。(38：61)

1637　これにより、家族の総員は二倍となった。

1638　アイユーブが、妻を百回鞭打つと誓いを立てており、その誓いを破らず果たすため、痛みのない柔らかい草で打った。

1639　天使の発言とも、火獄の住民の言葉とも言われる。

1640　不信仰者の頭目たちの言葉とされる。

1641　頭目たちに従った不信仰者たち。

وَقَالُوا۟ مَا لَنَا لَا نَرَىٰ رِجَالًا كُنَّا نَعُدُّهُم مِّنَ ٱلْأَشْرَارِ ٦٢ أَتَّخَذْنَٰهُمْ
سِخْرِيًّا أَمْ زَاغَتْ عَنْهُمُ ٱلْأَبْصَٰرُ ٦٣ إِنَّ ذَٰلِكَ لَحَقٌّ تَخَاصُمُ أَهْلِ
ٱلنَّارِ ٦٤ قُلْ إِنَّمَآ أَنَا۠ مُنذِرٌ ۖ وَمَا مِنْ إِلَٰهٍ إِلَّا ٱللَّهُ ٱلْوَٰحِدُ ٱلْقَهَّارُ ٦٥
رَبُّ ٱلسَّمَٰوَٰتِ وَٱلْأَرْضِ وَمَا بَيْنَهُمَا ٱلْعَزِيزُ ٱلْغَفَّٰرُ ٦٦ قُلْ هُوَ نَبَؤٌا۟
عَظِيمٌ ٦٧ أَنتُمْ عَنْهُ مُعْرِضُونَ ٦٨ مَا كَانَ لِىَ مِنْ عِلْمٍۭ بِٱلْمَلَإِ ٱلْأَعْلَىٰٓ
إِذْ يَخْتَصِمُونَ ٦٩ إِن يُوحَىٰٓ إِلَىَّ إِلَّآ أَنَّمَآ أَنَا۠ نَذِيرٌ مُّبِينٌ ٧٠ إِذْ قَالَ
رَبُّكَ لِلْمَلَٰٓئِكَةِ إِنِّى خَٰلِقٌۢ بَشَرًا مِّن طِينٍ ٧١ فَإِذَا سَوَّيْتُهُۥ وَنَفَخْتُ
فِيهِ مِن رُّوحِى فَقَعُوا۟ لَهُۥ سَٰجِدِينَ ٧٢ فَسَجَدَ ٱلْمَلَٰٓئِكَةُ كُلُّهُمْ
أَجْمَعُونَ ٧٣ إِلَّآ إِبْلِيسَ ٱسْتَكْبَرَ وَكَانَ مِنَ ٱلْكَٰفِرِينَ ٧٤ قَالَ
يَٰٓإِبْلِيسُ مَا مَنَعَكَ أَن تَسْجُدَ لِمَا خَلَقْتُ بِيَدَىَّ ۖ أَسْتَكْبَرْتَ أَمْ كُنتَ
مِنَ ٱلْعَالِينَ ٧٥ قَالَ أَنَا۠ خَيْرٌ مِّنْهُ ۖ خَلَقْتَنِى مِن نَّارٍ وَخَلَقْتَهُۥ مِن طِينٍ
٧٦ قَالَ فَٱخْرُجْ مِنْهَا فَإِنَّكَ رَجِيمٌ ٧٧ وَإِنَّ عَلَيْكَ لَعْنَتِىٓ إِلَىٰ يَوْمِ ٱلدِّينِ
٧٨ قَالَ رَبِّ فَأَنظِرْنِىٓ إِلَىٰ يَوْمِ يُبْعَثُونَ ٧٩ قَالَ فَإِنَّكَ مِنَ
ٱلْمُنظَرِينَ ٨٠ إِلَىٰ يَوْمِ ٱلْوَقْتِ ٱلْمَعْلُومِ ٨١ قَالَ فَبِعِزَّتِكَ
لَأُغْوِيَنَّهُمْ أَجْمَعِينَ ٨٢ إِلَّا عِبَادَكَ مِنْهُمُ ٱلْمُخْلَصِينَ ٨٣

また彼らは言った。「われらが下種たちのうちに数えていた男たち[1642]が見えないのはどうしたことか」。(38：62)

「われらは彼らを物笑いにしていたのか[1643]、それとも、視線が彼らから外れたのか(火獄にいる彼らを見落としているのか)」。(38：63)

まことに、これは真実で、獄火の民の言い争いである。(38：64)

言え、「まさしく、私は警告者にすぎない。そして、唯一なる支配者アッラーのほかに神はない」。(38：65)

「諸天と地と、その間のものの主にして、威力比類なく、よく赦し給う御方」。(38：66)

言え、「それ(クルアーン)は大いなる消息である」。(38：67)

「おまえたちはそれから背を向ける」。(38：68)

「最高の者(天使)たちが争論する時[1644]、私(預言者ムハンマド)には彼らについての知識はなかった」。(38：69)

「私に啓示されたのは、私がまさに明白な警告者であることにほかならない」。(38：70)

おまえの主が天使たちに、「われは泥土から人間を創造する者である」と仰せられた時のこと[1645]。(38：71)

「それゆえわれがそれを整え、その中にわが霊から吹き込んだ時、彼に向かって跪拝して身を伏せよ」。(38：72)

そこで、天使たちは彼らすべてが一斉に跪拝した。(38：73)

ただし、イブリースは別で、彼は思い上がった。彼は不信仰者たち(の一人)となった。(38：74)

彼は仰せられた。「イブリースよ、われがわが手によって創造したものに向かっておまえが跪拝することをおまえに阻止したものはなにか。おまえは思い上がったのか、それとも、高貴な者(たちの一人)だったのか」。(38：75)

彼は言った。「私は彼よりも優れています。あなたは私を火から創り、彼を泥土から創り給いました」。(38：76)

彼は仰せられた。「それならば、そこから出て行け。まことに、おまえは石もて追われた者である」。(38：77)

「そして、おまえの上にはわが呪いが裁きの日までである」。(38：78)

彼は言った。「わが主よ、それでは、彼らが甦らされる日まで私を待ち給え」。(38：79)

彼は仰せられた。「それでは、まことにおまえは待たれた者たち(の一人)である」。(38：80)

1642　ビラールやスハイブのような預言者の弟子の身分が低く貧しい者たち。

1643　つまり、それが間違っていたのか。

1644　アーダムの創造について。2章30節参照。

1645　2章30-34節、7章11-18節、15章28-40節参照。

قَالَ فَٱلْحَقُّ وَٱلْحَقَّ أَقُولُ ٨٤ لَأَمْلَأَنَّ جَهَنَّمَ مِنكَ وَمِمَّن تَبِعَكَ مِنْهُمْ
أَجْمَعِينَ ٨٥ قُلْ مَآ أَسْـَٔلُكُمْ عَلَيْهِ مِنْ أَجْرٍ وَمَآ أَنَا۠ مِنَ ٱلْمُتَكَلِّفِينَ
٨٦ إِنْ هُوَ إِلَّا ذِكْرٌ لِّلْعَٰلَمِينَ ٨٧ وَلَتَعْلَمُنَّ نَبَأَهُۥ بَعْدَ حِينٍۭ ٨٨

سُورَةُ الزُّمَرِ

بِسْمِ ٱللَّهِ ٱلرَّحْمَٰنِ ٱلرَّحِيمِ

تَنزِيلُ ٱلْكِتَٰبِ مِنَ ٱللَّهِ ٱلْعَزِيزِ ٱلْحَكِيمِ ١ إِنَّآ أَنزَلْنَآ إِلَيْكَ
ٱلْكِتَٰبَ بِٱلْحَقِّ فَٱعْبُدِ ٱللَّهَ مُخْلِصًا لَّهُ ٱلدِّينَ ٢ أَلَا
لِلَّهِ ٱلدِّينُ ٱلْخَالِصُ وَٱلَّذِينَ ٱتَّخَذُوا۟ مِن دُونِهِۦٓ أَوْلِيَآءَ
مَا نَعْبُدُهُمْ إِلَّا لِيُقَرِّبُونَآ إِلَى ٱللَّهِ زُلْفَىٰٓ إِنَّ ٱللَّهَ يَحْكُمُ
بَيْنَهُمْ فِى مَا هُمْ فِيهِ يَخْتَلِفُونَ إِنَّ ٱللَّهَ لَا يَهْدِى مَنْ هُوَ
كَٰذِبٌ كَفَّارٌ ٣ لَّوْ أَرَادَ ٱللَّهُ أَن يَتَّخِذَ وَلَدًا لَّٱصْطَفَىٰ
مِمَّا يَخْلُقُ مَا يَشَآءُ سُبْحَٰنَهُۥ هُوَ ٱللَّهُ ٱلْوَٰحِدُ ٱلْقَهَّارُ
٤ خَلَقَ ٱلسَّمَٰوَٰتِ وَٱلْأَرْضَ بِٱلْحَقِّ يُكَوِّرُ ٱلَّيْلَ عَلَى
ٱلنَّهَارِ وَيُكَوِّرُ ٱلنَّهَارَ عَلَى ٱلَّيْلِ وَسَخَّرَ ٱلشَّمْسَ وَٱلْقَمَرَ
كُلٌّ يَجْرِى لِأَجَلٍ مُّسَمًّى أَلَا هُوَ ٱلْعَزِيزُ ٱلْغَفَّٰرُ ٥

「定めの時の日まで」。(38：81)

彼は言った。「それでは、あなたの比類なき威力にかけて、必ずや私は彼らをそっくり惑わすでしょう」。(38：82)

「ただし、彼らのうち、選別されたあなたの僕《しもべ》たちは別です」。(38：83)

彼は仰せられた。「それで真実は(に誓って)—真実をわれは言おう—」。(38：84)

「必ずや、われはおまえと、彼らのうちおまえに従った者すべてによって火獄《ジャハンナム》を満たすであろう」。(38：85)

言え、「私(預言者ムハンマド)はそれに対してあなたがたに報酬など求めないし、私は詐称者たち(の一人)ではない」。(38：86)

「まことに、それは諸世界への訓戒にほかならない」。(38：87)

「そしておまえたちは一時の後、その消息を必ずや知るであろう」。(38：88)

第39章　集団 …… سورة الزمر

マッカ垂示

審判の日に不信仰者は火獄に、信仰者は楽園に集団で連れて行かれることを教える本章最後の章句(71-75節)に因んで「集団」章と名づけられる。

慈悲あまねく慈悲深きアッラーの御名において

この啓典の垂示は、威力比類なく英明なるアッラーからである。(39：1)

まことに、われらはおまえ(ムハンマド)にこの啓典を真実によって下した。それゆえ、アッラーに仕えよ、彼に宗教(崇拝行為)を専らに捧げて。(39：2)

アッラーにこそ純粋な宗教は属すのではないか。彼ではないものを後見とした者たち(は言った)、「われらが彼らに仕えるのは、彼らがわれらをアッラーの御側に近づけるためにほかならない[1646]」。まことに、アッラーは、彼らが分裂することについて、彼らの間を裁き給う。まことに、アッラーは忘恩の不信仰の嘘つきを導き給わない。(39：3)

もしアッラーが子を持とうと望み給うたなら、彼が創り給うものから御望みのものを選り抜き給うたであろう。称えあれ、彼こそは超越者。彼はアッラー、唯一なる御方にして支配者。(39：4)

1646　我らが天使、ウザイル、イーサー、星辰、偶像神などを神と見なし仕えるのは、彼らが我らをアッラーに近づけ彼に取りなして貰うためである、の意。

خَلَقَكُم مِّن نَّفْسٍ وَٰحِدَةٍ ثُمَّ جَعَلَ مِنْهَا زَوْجَهَا وَأَنزَلَ لَكُم
مِّنَ ٱلْأَنْعَٰمِ ثَمَٰنِيَةَ أَزْوَٰجٍ يَخْلُقُكُمْ فِى بُطُونِ أُمَّهَٰتِكُمْ
خَلْقًا مِّنۢ بَعْدِ خَلْقٍ فِى ظُلُمَٰتٍ ثَلَٰثٍ ذَٰلِكُمُ ٱللَّهُ رَبُّكُمْ لَهُ
ٱلْمُلْكُ لَآ إِلَٰهَ إِلَّا هُوَ فَأَنَّىٰ تُصْرَفُونَ (٦) إِن تَكْفُرُوا۟ فَإِنَّ
ٱللَّهَ غَنِىٌّ عَنكُمْ وَلَا يَرْضَىٰ لِعِبَادِهِ ٱلْكُفْرَ وَإِن تَشْكُرُوا۟ يَرْضَهُ
لَكُمْ وَلَا تَزِرُ وَازِرَةٌ وِزْرَ أُخْرَىٰ ثُمَّ إِلَىٰ رَبِّكُم مَّرْجِعُكُمْ
فَيُنَبِّئُكُم بِمَا كُنتُمْ تَعْمَلُونَ إِنَّهُ عَلِيمٌۢ بِذَاتِ ٱلصُّدُورِ (٧)
* وَإِذَا مَسَّ ٱلْإِنسَٰنَ ضُرٌّ دَعَا رَبَّهُ مُنِيبًا إِلَيْهِ ثُمَّ إِذَا خَوَّلَهُ نِعْمَةً
مِّنْهُ نَسِىَ مَا كَانَ يَدْعُوٓا۟ إِلَيْهِ مِن قَبْلُ وَجَعَلَ لِلَّهِ أَندَادًا لِّيُضِلَّ
عَن سَبِيلِهِ قُلْ تَمَتَّعْ بِكُفْرِكَ قَلِيلًا إِنَّكَ مِنْ أَصْحَٰبِ ٱلنَّارِ
(٨) أَمَّنْ هُوَ قَٰنِتٌ ءَانَآءَ ٱلَّيْلِ سَاجِدًا وَقَآئِمًا يَحْذَرُ ٱلْءَاخِرَةَ
وَيَرْجُوا۟ رَحْمَةَ رَبِّهِ قُلْ هَلْ يَسْتَوِى ٱلَّذِينَ يَعْلَمُونَ وَٱلَّذِينَ
لَا يَعْلَمُونَ إِنَّمَا يَتَذَكَّرُ أُو۟لُوا۟ ٱلْأَلْبَٰبِ (٩) قُلْ يَٰعِبَادِ ٱلَّذِينَ
ءَامَنُوا۟ ٱتَّقُوا۟ رَبَّكُمْ لِلَّذِينَ أَحْسَنُوا۟ فِى هَٰذِهِ ٱلدُّنْيَا حَسَنَةٌ
وَأَرْضُ ٱللَّهِ وَٰسِعَةٌ إِنَّمَا يُوَفَّى ٱلصَّٰبِرُونَ أَجْرَهُم بِغَيْرِ حِسَابٍ (١٠)

彼は諸天と地を真実をもって創造し給うた。彼は夜を昼の上に巻き、昼を夜の上に巻き給う。また、太陽と月を従わせ給い、いずれも定めの期限まで運行する。彼こそは威力比類なき寛恕者ではないか。(39：5)

彼はおまえたちを一つの命(アーダム)から創り、次いで、それからその伴侶(ハウワーゥ：イブ)をなし、おまえたちのために家畜から八種を下し給うた[1647]。彼はおまえたちをおまえたちの母親たちの腹の中で一つの創造からまた一つの創造へと三つの闇[1648]の中で創り給うた。それこそがアッラー、おまえたちの主であり、彼にこそ王権は属す。彼のほかに神はない。それなのに、いかにしておまえたちは逸らされるのか。(39：6)

おまえたちが信仰を拒んだとしても、まことにアッラーはおまえたちを必要とせず、自足し給うた御方。そして、彼は彼の僕《しもべ》たちに対して不信仰を嘉し給わないが、もしおまえたちが感謝すれば、彼はそれをおまえたちに嘉し給う。そして荷を負う(者)は他(の者)の荷を負うことはない。それから、おまえたちの主にこそおまえたちの帰り処はある。そして、彼はおまえたちにおまえたちのなしてきたことについて告げ給う。まことに彼は胸中にあるものについてよく知り給う御方。(39：7)

また人間は、災厄が触れると己の主に悔いて帰り、祈ったが、それから彼(アッラー)が彼からの恩寵を彼に授け給うと、彼が以前にその(解決の)ために祈っていたもの(災厄)[1649]を忘れ、アッラーに互角の者(偶像)たちを配し、彼(アッラー)の道から(人々を)迷わせる。言え、「おまえの不信仰をわずかばかり享楽するがよい。まことに、おまえは獄火の輩(の一人)である」。(39：8)

それとも、夜の時間に謙《へりくだ》り、跪拝し、立礼し、来世を警戒し、その主の御慈悲を期待する者が(より良い)か。言え、「知っている者たちと知らない者たちが同じであろうか」。賢慮を備えた者たちだけが留意する。(39：9)

言え、「信仰するわが僕《しもべ》たちよ、おまえたちの主を畏れ身を守れ。この現世で善を尽くした者たちには良きこと(報酬)がある。そしてアッラーの大地は広い。忍耐強い者たちは彼らの報酬を清算なしに十全に与えられる」。(39：10)

1647　ラクダ、牛、羊、ヤギの雌と雄を(四×二 ＝ 八)。6章143-144節参照。
1648　腹、子宮、卵膜の三重の闇。
1649　「彼が以前にそちらに向かって祈っていた御方」、「彼が以前にその(解決の)ために祈っていたということ」との解釈もある。

قُلْ إِنِّيٓ أُمِرْتُ أَنْ أَعْبُدَ ٱللَّهَ مُخْلِصًا لَّهُ ٱلدِّينَ ﴿١١﴾ وَأُمِرْتُ لِأَنْ أَكُونَ
أَوَّلَ ٱلْمُسْلِمِينَ ﴿١٢﴾ قُلْ إِنِّيٓ أَخَافُ إِنْ عَصَيْتُ رَبِّي عَذَابَ يَوْمٍ عَظِيمٍ
﴿١٣﴾ قُلِ ٱللَّهَ أَعْبُدُ مُخْلِصًا لَّهُۥ دِينِي ﴿١٤﴾ فَٱعْبُدُوا۟ مَا شِئْتُم مِّن دُونِهِۦۗ
قُلْ إِنَّ ٱلْخَٰسِرِينَ ٱلَّذِينَ خَسِرُوٓا۟ أَنفُسَهُمْ وَأَهْلِيهِمْ يَوْمَ ٱلْقِيَٰمَةِۗ
أَلَا ذَٰلِكَ هُوَ ٱلْخُسْرَانُ ٱلْمُبِينُ ﴿١٥﴾ لَهُم مِّن فَوْقِهِمْ ظُلَلٌ مِّنَ ٱلنَّارِ
وَمِن تَحْتِهِمْ ظُلَلٌۚ ذَٰلِكَ يُخَوِّفُ ٱللَّهُ بِهِۦ عِبَادَهُۥۚ يَٰعِبَادِ فَٱتَّقُونِ ﴿١٦﴾
وَٱلَّذِينَ ٱجْتَنَبُوا۟ ٱلطَّٰغُوتَ أَن يَعْبُدُوهَا وَأَنَابُوٓا۟ إِلَى ٱللَّهِ لَهُمُ ٱلْبُشْرَىٰۚ
فَبَشِّرْ عِبَادِ ﴿١٧﴾ ٱلَّذِينَ يَسْتَمِعُونَ ٱلْقَوْلَ فَيَتَّبِعُونَ أَحْسَنَهُۥٓۚ
أُو۟لَٰٓئِكَ ٱلَّذِينَ هَدَىٰهُمُ ٱللَّهُۖ وَأُو۟لَٰٓئِكَ هُمْ أُو۟لُوا۟ ٱلْأَلْبَٰبِ ﴿١٨﴾
أَفَمَنْ حَقَّ عَلَيْهِ كَلِمَةُ ٱلْعَذَابِ أَفَأَنتَ تُنقِذُ مَن فِي ٱلنَّارِ ﴿١٩﴾
لَٰكِنِ ٱلَّذِينَ ٱتَّقَوْا۟ رَبَّهُمْ لَهُمْ غُرَفٌ مِّن فَوْقِهَا غُرَفٌ مَّبْنِيَّةٌ تَجْرِي
مِن تَحْتِهَا ٱلْأَنْهَٰرُۖ وَعْدَ ٱللَّهِ لَا يُخْلِفُ ٱللَّهُ ٱلْمِيعَادَ ﴿٢٠﴾ أَلَمْ تَرَ
أَنَّ ٱللَّهَ أَنزَلَ مِنَ ٱلسَّمَآءِ مَآءً فَسَلَكَهُۥ يَنَٰبِيعَ فِي ٱلْأَرْضِ ثُمَّ
يُخْرِجُ بِهِۦ زَرْعًا مُّخْتَلِفًا أَلْوَٰنُهُۥ ثُمَّ يَهِيجُ فَتَرَىٰهُ مُصْفَرًّا ثُمَّ
يَجْعَلُهُۥ حُطَٰمًاۚ إِنَّ فِي ذَٰلِكَ لَذِكْرَىٰ لِأُو۟لِي ٱلْأَلْبَٰبِ ﴿٢١﴾

言え、「私は、アッラーに、宗教(崇拝行為)を専ら捧げて仕えるように命じられた」。(39：11)

「また、私は、帰依者《ムスリム》たちの最初の者となるよう命じられた」。(39：12)

言え、「もし私がわが主にそむいたなら、大いなる日の懲罰を私は恐れる」。(39：13)

言え、「アッラーにこそ私はわが宗教(崇拝行為)を専ら捧げて仕える」。(39：14)

「それゆえ、彼を差し置いておまえたちが望むものに仕えるがいい」。言え、「まことに、損失者たちとは、己自身と己の家族を復活(審判)の日に失った者たちである。それこそ、明白な損失ではないか」。(39：15)

彼らには、彼らの上から火の暈《かさ》があり、彼らの下からも暈がある。これが、アッラーがそれによって彼の僕《しもべ》たちを脅し給うものである。「わが僕《しもべ》たちよ、それゆえ、われを畏れ身を守れ」。(39：16)

邪神を、それに仕えることを避け、アッラーに悔いて帰った者たち、彼らには吉報がある。それゆえ、わが僕《しもべ》たちに吉報を伝えよ。(39：17)

御言葉を傾聴し、その最善のものに従う者たち、それらの者はアッラーが導き給うた者である。それらの者、彼らこそ賢慮を備えた者たちである。(39：18)

懲罰の御言葉[1650]が現実のものとなった者があったとしてもか。(その場合)おまえは獄火の中にいる者を救出するのか。(39：19)

だが、己の主を畏れ身を守った者、彼らには階上室があり、その上にはさらに建てられた階上室があり、その下に河川が流れる。アッラーの約束で。アッラーは御約束を違え給わない。(39：20)

おまえは見なかったのか、アッラーが天から水(雨)を下し、それを大地の泉に染み透らせ、それによって、色とりどりの作物を生え出だせ給うたのを。それから、それは枯れ、おまえはそれが黄色になるのを見る。それから、彼はそれを枯屑となし給う。まことに、その中には賢慮を備えた者たちへの訓戒がある。(39：21)

1650　38章85節、7章18節など。

أَفَمَن شَرَحَ ٱللَّهُ صَدْرَهُۥ لِلْإِسْلَٰمِ فَهُوَ عَلَىٰ نُورٍ مِّن رَّبِّهِۦ ۚ فَوَيْلٌ
لِّلْقَٰسِيَةِ قُلُوبُهُم مِّن ذِكْرِ ٱللَّهِ ۚ أُو۟لَٰٓئِكَ فِى ضَلَٰلٍ مُّبِينٍ ﴿٢٢﴾
ٱللَّهُ نَزَّلَ أَحْسَنَ ٱلْحَدِيثِ كِتَٰبًا مُّتَشَٰبِهًا مَّثَانِىَ تَقْشَعِرُّ مِنْهُ
جُلُودُ ٱلَّذِينَ يَخْشَوْنَ رَبَّهُمْ ثُمَّ تَلِينُ جُلُودُهُمْ وَقُلُوبُهُمْ
إِلَىٰ ذِكْرِ ٱللَّهِ ۚ ذَٰلِكَ هُدَى ٱللَّهِ يَهْدِى بِهِۦ مَن يَشَآءُ ۚ وَمَن
يُضْلِلِ ٱللَّهُ فَمَا لَهُۥ مِنْ هَادٍ ﴿٢٣﴾ أَفَمَن يَتَّقِى بِوَجْهِهِۦ سُوٓءَ
ٱلْعَذَابِ يَوْمَ ٱلْقِيَٰمَةِ ۚ وَقِيلَ لِلظَّٰلِمِينَ ذُوقُوا۟ مَا كُنتُمْ تَكْسِبُونَ
﴿٢٤﴾ كَذَّبَ ٱلَّذِينَ مِن قَبْلِهِمْ فَأَتَىٰهُمُ ٱلْعَذَابُ مِنْ حَيْثُ
لَا يَشْعُرُونَ ﴿٢٥﴾ فَأَذَاقَهُمُ ٱللَّهُ ٱلْخِزْىَ فِى ٱلْحَيَوٰةِ ٱلدُّنْيَا ۖ وَلَعَذَابُ
ٱلْءَاخِرَةِ أَكْبَرُ ۚ لَوْ كَانُوا۟ يَعْلَمُونَ ﴿٢٦﴾ وَلَقَدْ ضَرَبْنَا لِلنَّاسِ فِى
هَٰذَا ٱلْقُرْءَانِ مِن كُلِّ مَثَلٍ لَّعَلَّهُمْ يَتَذَكَّرُونَ ﴿٢٧﴾ قُرْءَانًا عَرَبِيًّا
غَيْرَ ذِى عِوَجٍ لَّعَلَّهُمْ يَتَّقُونَ ﴿٢٨﴾ ضَرَبَ ٱللَّهُ مَثَلًا رَّجُلًا فِيهِ
شُرَكَآءُ مُتَشَٰكِسُونَ وَرَجُلًا سَلَمًا لِّرَجُلٍ هَلْ يَسْتَوِيَانِ مَثَلًا ۚ
ٱلْحَمْدُ لِلَّهِ ۚ بَلْ أَكْثَرُهُمْ لَا يَعْلَمُونَ ﴿٢٩﴾ إِنَّكَ مَيِّتٌ وَإِنَّهُم
مَّيِّتُونَ ﴿٣٠﴾ ثُمَّ إِنَّكُمْ يَوْمَ ٱلْقِيَٰمَةِ عِندَ رَبِّكُمْ تَخْتَصِمُونَ ﴿٣١﴾

アッラーが胸をイスラームに開き給い、そのため、その主からの光の上にある者が(不信仰者と同じである)か。そしてアッラーの想念・唱名に対して心が頑なな者に災いあれ。それらの者こそ明白な迷いの中にある。(39：22)

アッラーは御語りの最良のもの[1651]を互いに似た繰り返しの[1652]啓典として垂示し給うた。己の主を懼れる者の肌はそれに震える。それから、彼らの肌と彼らの心はアッラーの想念・唱名に和らぐ。それがアッラーの導きで、彼はそれによって御望みの者を導き給う。アッラーが迷わせ給う者、彼には導き手などない。(39：23)

復活(審判)の日、懲罰の悪(責苦)を己の顔で防ぐ(受ける)ことになる者が(より良い)か。不正な者たちには言われる。「おまえたちが稼いできたものを味わえ」。(39：24)

彼ら以前の者たちも嘘と否定した。そこで、彼らが気づかないところから彼らに懲罰が訪れた。(39：25)

そしてアッラーは彼らに現世の中で屈辱を味わわせ給うた。だが、来世の懲罰はさらに大きい。もし、彼らが知っていたならば(嘘と否定しなかっただろうに)。(39：26)

われらは人々にこのクルアーンの中であらゆる喩えを挙げた。きっと彼らも留意するであろうと。(39：27)

曲がったところのないアラビア語のクルアーンとして。きっと、彼らも畏れ身を守るであろう。(39：28)

アッラーは喩えとして、相対立する共有者たちが所有する男(奴隷)と、一人の男(主人)に忠実な男(奴隷)を挙げ給うた。二人が喩えとして同じであろうか。称賛はアッラーに属す。いや、彼らの大半は知らない。(39：29)

おまえは死ぬ者であり、彼らも死ぬ者である。(39：30)

その後に、まことにおまえたちは、復活(審判)の日におまえたちの主の御許で言い争うのである。(39：31)

1651　クルアーンを意味する。

1652　互いに似たとは、全編に亘ってアラビア語が正則で、イスラーム入信への呼びかけという主題が通底しており、模倣不可能であることを指す。繰り返しとは、過去の事例、諸天と地の様態、楽園と火獄、福音と警告、天使と悪魔などの主題や、命令と禁止、一般と固有・特殊、多義・抽象と一義・具体などの形式、および韻律などが繰り返されていることを指す。

۞ فَمَنْ أَظْلَمُ مِمَّن كَذَبَ عَلَى ٱللَّهِ وَكَذَّبَ بِٱلصِّدْقِ
إِذْ جَآءَهُۥٓ ۚ أَلَيْسَ فِى جَهَنَّمَ مَثْوًى لِّلْكَـٰفِرِينَ ٣٢ وَٱلَّذِى
جَآءَ بِٱلصِّدْقِ وَصَدَّقَ بِهِۦٓ ۙ أُو۟لَـٰٓئِكَ هُمُ ٱلْمُتَّقُونَ ٣٣
لَهُم مَّا يَشَآءُونَ عِندَ رَبِّهِمْ ۚ ذَٰلِكَ جَزَآءُ ٱلْمُحْسِنِينَ ٣٤
لِيُكَفِّرَ ٱللَّهُ عَنْهُمْ أَسْوَأَ ٱلَّذِى عَمِلُوا۟ وَيَجْزِيَهُمْ أَجْرَهُم
بِأَحْسَنِ ٱلَّذِى كَانُوا۟ يَعْمَلُونَ ٣٥ أَلَيْسَ ٱللَّهُ بِكَافٍ
عَبْدَهُۥ ۖ وَيُخَوِّفُونَكَ بِٱلَّذِينَ مِن دُونِهِۦ ۚ وَمَن يُضْلِلِ ٱللَّهُ
فَمَا لَهُۥ مِنْ هَادٍ ٣٦ وَمَن يَهْدِ ٱللَّهُ فَمَا لَهُۥ مِن مُّضِلٍّ ۗ
أَلَيْسَ ٱللَّهُ بِعَزِيزٍ ذِى ٱنتِقَامٍ ٣٧ وَلَئِن سَأَلْتَهُم مَّنْ خَلَقَ
ٱلسَّمَـٰوَٰتِ وَٱلْأَرْضَ لَيَقُولُنَّ ٱللَّهُ ۚ قُلْ أَفَرَءَيْتُم مَّا تَدْعُونَ
مِن دُونِ ٱللَّهِ إِنْ أَرَادَنِىَ ٱللَّهُ بِضُرٍّ هَلْ هُنَّ كَـٰشِفَـٰتُ
ضُرِّهِۦٓ أَوْ أَرَادَنِى بِرَحْمَةٍ هَلْ هُنَّ مُمْسِكَـٰتُ رَحْمَتِهِۦ ۚ
قُلْ حَسْبِىَ ٱللَّهُ ۖ عَلَيْهِ يَتَوَكَّلُ ٱلْمُتَوَكِّلُونَ ٣٨ قُلْ يَـٰقَوْمِ
ٱعْمَلُوا۟ عَلَىٰ مَكَانَتِكُمْ إِنِّى عَـٰمِلٌ ۖ فَسَوْفَ تَعْلَمُونَ ٣٩
مَن يَأْتِيهِ عَذَابٌ يُخْزِيهِ وَيَحِلُّ عَلَيْهِ عَذَابٌ مُّقِيمٌ ٤٠

アッラーについて嘘を言い、真実(クルアーン)について、それがもたらされた時に嘘と否定した者より不正な者が誰かあろうか。火獄《ジャハンナム》には不信仰者たちの住まいがないというのか。(39：32)

だが、真実をもたらし、それを真実と認めた者[1653]、それらの者、彼らこそ畏れ身を守る者である。(39：33)

彼らには彼らの主の御許に望むものがある。それが善を尽くした者たちの報いである。(39：34)

アッラーが彼らから彼らのなした最悪のもの[1654]を帳消しにし給い、彼らがなしてきた最善のものによって彼らの報酬を彼らに報い給うためである。(39：35)

アッラーは彼の僕《しもべ》に万全な御方ではないか。だが、彼らは彼以外の者たち(偶像神)でおまえを脅す。そしてアッラーが迷わせ給う者、彼には導き手などない。(39：36)

また、アッラーが導き給う者、彼には迷わせる者などない。アッラーは威力比類なき報復の主であらせられるのではないか。(39：37)

またもしもおまえが彼らに、「諸天と地を創ったのは誰か」と問えば、必ずや彼らは、「アッラーである」と言うであろう。言え、「では、おまえたちがアッラーを差し置いて祈るもの、もしアッラーが私に災厄を望み給うたなら、それらが彼(アッラー)の災厄を取り除くものであると思うのか。あるいは、彼が私に慈悲を望み給うたなら、それらが彼(アッラー)の御慈悲を引き止めるものであるのか」。言え、「私にはアッラーで十分」。彼にこそ一任する者たちは一任するのである。(39：38)

言え、「わが民よ、おまえたちの場所で(現状どおりに)なせ。まことに私も行為者である。そして、いずれおまえたちは知るであろう」。(39：39)

誰の許にその者を辱める懲罰が訪れ、永遠の懲罰が下るのかを。(39：40)

1653　前者が預言者ムハンマドで後者が彼に従った者たちとも、前者が預言者ムハンマドで後者がアブー・バクルとも、前者が天使ジブリールで後者が預言者ムハンマドとも言われる。

1654　諸説あるが、信仰後に犯した罪を指すと言われる。46章16節参照。

إِنَّآ أَنزَلۡنَا عَلَيۡكَ ٱلۡكِتَٰبَ لِلنَّاسِ بِٱلۡحَقِّۖ فَمَنِ ٱهۡتَدَىٰ
فَلِنَفۡسِهِۦۖ وَمَن ضَلَّ فَإِنَّمَا يَضِلُّ عَلَيۡهَاۖ وَمَآ أَنتَ عَلَيۡهِم
بِوَكِيلٍ ٤١ ٱللَّهُ يَتَوَفَّى ٱلۡأَنفُسَ حِينَ مَوۡتِهَا وَٱلَّتِي
لَمۡ تَمُتۡ فِي مَنَامِهَاۖ فَيُمۡسِكُ ٱلَّتِي قَضَىٰ عَلَيۡهَا ٱلۡمَوۡتَ
وَيُرۡسِلُ ٱلۡأُخۡرَىٰٓ إِلَىٰٓ أَجَلٖ مُّسَمًّىۚ إِنَّ فِي ذَٰلِكَ لَأٓيَٰتٖ لِّقَوۡمٖ
يَتَفَكَّرُونَ ٤٢ أَمِ ٱتَّخَذُواْ مِن دُونِ ٱللَّهِ شُفَعَآءَۚ قُلۡ
أَوَلَوۡ كَانُواْ لَا يَمۡلِكُونَ شَيۡـٔٗا وَلَا يَعۡقِلُونَ ٤٣ قُل
لِّلَّهِ ٱلشَّفَٰعَةُ جَمِيعٗاۖ لَّهُۥ مُلۡكُ ٱلسَّمَٰوَٰتِ وَٱلۡأَرۡضِۖ ثُمَّ
إِلَيۡهِ تُرۡجَعُونَ ٤٤ وَإِذَا ذُكِرَ ٱللَّهُ وَحۡدَهُ ٱشۡمَأَزَّتۡ
قُلُوبُ ٱلَّذِينَ لَا يُؤۡمِنُونَ بِٱلۡأٓخِرَةِۖ وَإِذَا ذُكِرَ ٱلَّذِينَ مِن
دُونِهِۦٓ إِذَا هُمۡ يَسۡتَبۡشِرُونَ ٤٥ قُلِ ٱللَّهُمَّ فَاطِرَ ٱلسَّمَٰوَٰتِ
وَٱلۡأَرۡضِ عَٰلِمَ ٱلۡغَيۡبِ وَٱلشَّهَٰدَةِ أَنتَ تَحۡكُمُ بَيۡنَ عِبَادِكَ
فِي مَا كَانُواْ فِيهِ يَخۡتَلِفُونَ ٤٦ وَلَوۡ أَنَّ لِلَّذِينَ ظَلَمُواْ مَا فِي
ٱلۡأَرۡضِ جَمِيعٗا وَمِثۡلَهُۥ مَعَهُۥ لَٱفۡتَدَوۡاْ بِهِۦ مِن سُوٓءِ ٱلۡعَذَابِ
يَوۡمَ ٱلۡقِيَٰمَةِۚ وَبَدَا لَهُم مِّنَ ٱللَّهِ مَا لَمۡ يَكُونُواْ يَحۡتَسِبُونَ ٤٧

まことに、われらは人々のために、真実と共におまえに啓典を下した。そして導かれた者は己自身のためであり、迷った者、彼は己に仇して迷うのである。そしておまえは彼らの代理人ではない。(39：41)

アッラーは魂を、その死に臨んで召し上げ給う。また、死ななかった魂も眠りにおいて(召し上げ給う)。そして、死を定め給うた魂を引き留め、別の魂は定めの期限まで(身体に)送り返し給う[1655]。まことに、この中には熟考する民への諸々の徴がある。(39：42)

彼らはアッラーを差し置いて(偶像神を)仲裁者たちと成すのか。言え、「彼ら(偶像神)がなんの権限も持たず、理解することもないとしてもか」。(39：43)

言え、「アッラーにこそ執り成しはすべて属す。彼にこそ諸天と地の王権は属し、それから彼の御許におまえたちは戻される」。(39：44)

そして、アッラーお独りが言及されると来世を信じない者たちの心は(反感に)縮んだが、彼以外の者(偶像神)たちが言及されると、するとただちに彼らは喜ぶのである。(39：45)

言え、「アッラーよ、諸天と地の創始者、隠されたものと顕れたものを知り給う御方よ、あなたはあなたの僕《しもべ》たちの間を彼らが分裂していたことについて裁き給う」。(39：46)

そしてたとえ、不正をなした者に地上にあるものすべてと、それに加えてそれと同じものがあったとしても、復活(審判)の日、懲罰の悪(責苦)からそれによってわが身を贖《あがな》うであろう。だが彼らには彼らが思いもしなかったもの(懲罰)がアッラーの御許から現われた。(39：47)

1655　睡眠中に判断力や行動力が失われ、覚醒時に感覚などが戻されることを指す。3章55節、6章60-61節参照。

وَبَدَا لَهُمْ سَيِّـَٔاتُ مَا كَسَبُوا۟ وَحَاقَ بِهِم مَّا كَانُوا۟ بِهِۦ
يَسْتَهْزِءُونَ ٤٨ فَإِذَا مَسَّ ٱلْإِنسَـٰنَ ضُرٌّ دَعَانَا ثُمَّ إِذَا خَوَّلْنَـٰهُ
نِعْمَةً مِّنَّا قَالَ إِنَّمَآ أُوتِيتُهُۥ عَلَىٰ عِلْمٍۭ ۚ بَلْ هِىَ فِتْنَةٌ وَلَـٰكِنَّ
أَكْثَرَهُمْ لَا يَعْلَمُونَ ٤٩ قَدْ قَالَهَا ٱلَّذِينَ مِن قَبْلِهِمْ فَمَآ
أَغْنَىٰ عَنْهُم مَّا كَانُوا۟ يَكْسِبُونَ ٥٠ فَأَصَابَهُمْ سَيِّـَٔاتُ
مَا كَسَبُوا۟ ۚ وَٱلَّذِينَ ظَلَمُوا۟ مِنْ هَـٰٓؤُلَآءِ سَيُصِيبُهُمْ سَيِّـَٔاتُ
مَا كَسَبُوا۟ وَمَا هُم بِمُعْجِزِينَ ٥١ أَوَلَمْ يَعْلَمُوٓا۟ أَنَّ ٱللَّهَ يَبْسُطُ
ٱلرِّزْقَ لِمَن يَشَآءُ وَيَقْدِرُ ۚ إِنَّ فِى ذَٰلِكَ لَـَٔايَـٰتٍ لِّقَوْمٍ يُؤْمِنُونَ
٥٢ ۞ قُلْ يَـٰعِبَادِىَ ٱلَّذِينَ أَسْرَفُوا۟ عَلَىٰٓ أَنفُسِهِمْ لَا تَقْنَطُوا۟
مِن رَّحْمَةِ ٱللَّهِ ۚ إِنَّ ٱللَّهَ يَغْفِرُ ٱلذُّنُوبَ جَمِيعًا ۚ إِنَّهُۥ هُوَ
ٱلْغَفُورُ ٱلرَّحِيمُ ٥٣ وَأَنِيبُوٓا۟ إِلَىٰ رَبِّكُمْ وَأَسْلِمُوا۟ لَهُۥ مِن
قَبْلِ أَن يَأْتِيَكُمُ ٱلْعَذَابُ ثُمَّ لَا تُنصَرُونَ ٥٤ وَٱتَّبِعُوٓا۟ أَحْسَنَ
مَآ أُنزِلَ إِلَيْكُم مِّن رَّبِّكُم مِّن قَبْلِ أَن يَأْتِيَكُمُ ٱلْعَذَابُ
بَغْتَةً وَأَنتُمْ لَا تَشْعُرُونَ ٥٥ أَن تَقُولَ نَفْسٌ يَـٰحَسْرَتَىٰ
عَلَىٰ مَا فَرَّطتُ فِى جَنۢبِ ٱللَّهِ وَإِن كُنتُ لَمِنَ ٱلسَّـٰخِرِينَ ٥٦

彼らには彼らが(生前に)稼いだ悪事が現われ、彼らが嘲笑していたものが彼らを取り囲んだ。(39：48)

そして人間を、災厄が襲うと、彼はわれらに祈った。それからわれらが彼にわれらからの恩寵を授けると、言った。「私がそれを授けられたのは知識[1656]に基づくに過ぎない」。いや、それは試練である[1657]。だが、彼らの大半は知らない。(39：49)

彼ら以前の者たちもかつてそう言った。だが、彼らの稼いできたものは彼らの役に立たなかった。(39：50)

それで彼ら(過去の民)には彼らの稼いだ悪事が降りかかり、彼ら(預言者ムハンマドの遺された民)のうち不正をなした者たち、いずれ彼らにも彼らの稼いだ悪事が降りかかる。そして彼らは(アッラーを出し抜き)頓挫させる者ではない。(39：51)

彼らは知らなかったのか、アッラーが御望みの者に糧を広げ、また、制限し給うことを。まことに、この中には信仰する民たちへの諸々の徴がある。(39：52)

言え、「己自身に仇して度を越したわが僕《しもべ》たちよ、アッラーの御慈悲に絶望してはならない。まことに、アッラーは罪をそっくり赦し給う。まことに、彼こそはよく赦し給う慈悲深い御方」。(39：53)

そしておまえたちの主の御許に悔いて帰り、彼に帰依せよ、おまえたちに懲罰が訪れる前に。そうなれば、おまえたちは援けられない。(39：54)

そしておまえたちの主からおまえたちに下されたものの最善(クルアーン)に従え、おまえたちが気づかないうちに不意に懲罰が訪れる前に。(39：55)

魂が、「アッラーの側(服従)において私が怠ったものに対するわが悲嘆よ。そして、まことに私は嘲笑者たち(の一人)であった」と言うこと(のないように)。(39：56)

1656　自分の世俗知、あるいはアッラーの永遠の全知。
1657　自らの成功が自分の能力によるものと自惚れず、アッラーに感謝するかという試練。

أَوۡ تَقُولَ لَوۡ أَنَّ ٱللَّهَ هَدَىٰنِي لَكُنتُ مِنَ ٱلۡمُتَّقِينَ ﴿٥٧﴾ أَوۡ تَقُولَ
حِينَ تَرَى ٱلۡعَذَابَ لَوۡ أَنَّ لِي كَرَّةٗ فَأَكُونَ مِنَ ٱلۡمُحۡسِنِينَ
﴿٥٨﴾ بَلَىٰ قَدۡ جَآءَتۡكَ ءَايَٰتِي فَكَذَّبۡتَ بِهَا وَٱسۡتَكۡبَرۡتَ وَكُنتَ
مِنَ ٱلۡكَٰفِرِينَ ﴿٥٩﴾ وَيَوۡمَ ٱلۡقِيَٰمَةِ تَرَى ٱلَّذِينَ كَذَبُواْ عَلَى
ٱللَّهِ وُجُوهُهُم مُّسۡوَدَّةٌۚ أَلَيۡسَ فِي جَهَنَّمَ مَثۡوٗى لِّلۡمُتَكَبِّرِينَ
﴿٦٠﴾ وَيُنَجِّي ٱللَّهُ ٱلَّذِينَ ٱتَّقَوۡاْ بِمَفَازَتِهِمۡ لَا يَمَسُّهُمُ ٱلسُّوٓءُ
وَلَا هُمۡ يَحۡزَنُونَ ﴿٦١﴾ ٱللَّهُ خَٰلِقُ كُلِّ شَيۡءٖۖ وَهُوَ عَلَىٰ كُلِّ
شَيۡءٖ وَكِيلٞ ﴿٦٢﴾ لَّهُۥ مَقَالِيدُ ٱلسَّمَٰوَٰتِ وَٱلۡأَرۡضِۗ وَٱلَّذِينَ
كَفَرُواْ بِـَٔايَٰتِ ٱللَّهِ أُوْلَٰٓئِكَ هُمُ ٱلۡخَٰسِرُونَ ﴿٦٣﴾ قُلۡ
أَفَغَيۡرَ ٱللَّهِ تَأۡمُرُوٓنِّيٓ أَعۡبُدُ أَيُّهَا ٱلۡجَٰهِلُونَ ﴿٦٤﴾ وَلَقَدۡ
أُوحِيَ إِلَيۡكَ وَإِلَى ٱلَّذِينَ مِن قَبۡلِكَ لَئِنۡ أَشۡرَكۡتَ
لَيَحۡبَطَنَّ عَمَلُكَ وَلَتَكُونَنَّ مِنَ ٱلۡخَٰسِرِينَ ﴿٦٥﴾ بَلِ
ٱللَّهَ فَٱعۡبُدۡ وَكُن مِّنَ ٱلشَّٰكِرِينَ ﴿٦٦﴾ وَمَا قَدَرُواْ ٱللَّهَ حَقَّ
قَدۡرِهِۦ وَٱلۡأَرۡضُ جَمِيعٗا قَبۡضَتُهُۥ يَوۡمَ ٱلۡقِيَٰمَةِ وَٱلسَّمَٰوَٰتُ
مَطۡوِيَّٰتُۢ بِيَمِينِهِۦۚ سُبۡحَٰنَهُۥ وَتَعَٰلَىٰ عَمَّا يُشۡرِكُونَ ﴿٦٧﴾

あるいは、それ(魂)が「もし、アッラーが私を導き給うていれば、私は畏れ身を守る者たち(の一人)であったものを」と言うか、(39：57)

あるいは、それ(魂)が懲罰を見た時、「私にもう一度(現世に戻ること)があったならば、私は善を尽くす者たち(の一人)となったであろう」と言うこと(のないように)。(39：58)

いや、おまえにはわが諸々の徴が訪れたが、おまえはそれを嘘として否定し、思い上がった。そしておまえは不信仰者たち(の一人)であったのである。(39：59)

そして復活(審判)の日、アッラーについて嘘をついた者たち、彼らの顔が黒ずんでいるのをおまえは見る。火獄《ジャハンナム》の中には高慢な者たちの住まいがないというのか。(39：60)

一方、アッラーは畏れ身を守った者たちを彼らの成就の場所(楽園)で救い給う。彼らに悪が触れることはなく、彼らは悲しまない。(39：61)

アッラーはあらゆるものの創造者であらせられ、彼こそはあらゆるものに対する代理人であらせられる。(39：62)

彼にこそ諸天と地の鍵はある[1658]。そしてアッラーの諸々の徴の信仰を拒んだ者、それらの者こそ損失者である。(39：63)

言え、「アッラー以外のものに仕えるよう私に命じるのか、無知な者たちよ」。(39：64)

そしておまえと、おまえ以前の者たちには既に啓示されている。「もし仮に、おまえが(アッラーに)多神を配したとすれば、必ずやおまえの行為は無駄になり、おまえは必ずや損失者たち(の一人)となろう」。(39：65)

「いや、アッラーにこそ仕え、感謝する者たち(の一人)となれ」。(39：66)

しかし彼らはアッラーを彼の真価に則り評価しなかった。そして復活(審判)の日、大地はそっくり彼の一握りであり、諸天もその右手によって巻き上げられよう。称えあれ、彼こそは超越者。彼らが同位に配するものから高く超え給う御方。(39：67)

1658　種々の天地の恵みを格納する倉庫群の鍵がアッラーに属する、つまりそれらがアッラーの思いのままであることを意味する。

وَنُفِخَ فِي ٱلصُّورِ فَصَعِقَ مَن فِي ٱلسَّمَٰوَٰتِ وَمَن فِي ٱلۡأَرۡضِ
إِلَّا مَن شَآءَ ٱللَّهُۖ ثُمَّ نُفِخَ فِيهِ أُخۡرَىٰ فَإِذَا هُمۡ قِيَامٞ يَنظُرُونَ
٦٨ وَأَشۡرَقَتِ ٱلۡأَرۡضُ بِنُورِ رَبِّهَا وَوُضِعَ ٱلۡكِتَٰبُ وَجِاْيٓءَ
بِٱلنَّبِيِّـۧنَ وَٱلشُّهَدَآءِ وَقُضِيَ بَيۡنَهُم بِٱلۡحَقِّ وَهُمۡ لَا يُظۡلَمُونَ
٦٩ وَوُفِّيَتۡ كُلُّ نَفۡسٖ مَّا عَمِلَتۡ وَهُوَ أَعۡلَمُ بِمَا يَفۡعَلُونَ ٧٠
وَسِيقَ ٱلَّذِينَ كَفَرُوٓاْ إِلَىٰ جَهَنَّمَ زُمَرًاۖ حَتَّىٰٓ إِذَا جَآءُوهَا
فُتِحَتۡ أَبۡوَٰبُهَا وَقَالَ لَهُمۡ خَزَنَتُهَآ أَلَمۡ يَأۡتِكُمۡ رُسُلٞ مِّنكُمۡ
يَتۡلُونَ عَلَيۡكُمۡ ءَايَٰتِ رَبِّكُمۡ وَيُنذِرُونَكُمۡ لِقَآءَ يَوۡمِكُمۡ
هَٰذَاۚ قَالُواْ بَلَىٰ وَلَٰكِنۡ حَقَّتۡ كَلِمَةُ ٱلۡعَذَابِ عَلَى ٱلۡكَٰفِرِينَ
٧١ قِيلَ ٱدۡخُلُوٓاْ أَبۡوَٰبَ جَهَنَّمَ خَٰلِدِينَ فِيهَاۖ فَبِئۡسَ مَثۡوَى
ٱلۡمُتَكَبِّرِينَ ٧٢ وَسِيقَ ٱلَّذِينَ ٱتَّقَوۡاْ رَبَّهُمۡ إِلَى ٱلۡجَنَّةِ
زُمَرًاۖ حَتَّىٰٓ إِذَا جَآءُوهَا وَفُتِحَتۡ أَبۡوَٰبُهَا وَقَالَ لَهُمۡ خَزَنَتُهَا
سَلَٰمٌ عَلَيۡكُمۡ طِبۡتُمۡ فَٱدۡخُلُوهَا خَٰلِدِينَ ٧٣ وَقَالُواْ
ٱلۡحَمۡدُ لِلَّهِ ٱلَّذِي صَدَقَنَا وَعۡدَهُۥ وَأَوۡرَثَنَا ٱلۡأَرۡضَ
نَتَبَوَّأُ مِنَ ٱلۡجَنَّةِ حَيۡثُ نَشَآءُۖ فَنِعۡمَ أَجۡرُ ٱلۡعَٰمِلِينَ ٧٤

そして、角笛が吹かれ、諸天にいる者も地にいる者も、アッラーが御望みの者を除いて気絶した。それからもう一吹き吹かれると、すると途端に、彼らは立って眺める。(39：68)

そして大地はその主の光に輝き、書(善行と悪行の帳簿)が据えられ、預言者たちと証言者たちが連れ出される。そして、彼ら(被造物)の間が真理によって裁かれ、彼らは不正を被らない。(39：69)

そしてすべての魂は己がなしたことを十分に報いられた。そして彼(アッラー)は彼らのなすことについて最も良く知り給う。(39：70)

そして信仰を拒んだ者たちは集団で火獄《ジャハンナム》に追い立てられ、やがて、そこに至ると、その諸々の門は開かれた。そして、その門番たちが彼らに言った。「おまえたちの主の諸々の徴をおまえたちに読み聞かせ、おまえたちのこの日の会見を警告する使徒たちがおまえたちの中からおまえたちの許に来なかったのか」。彼らは言った。「いや、確かに」。だが、懲罰の御言葉[1659]は不信仰者たちの上に実現した。(39：71)

「そこに永遠に留まるものとして火獄の諸々の門に入れ」と言われる。そして高慢な者の住まいのなんと悪いものよ。(39：72)

一方、その主を畏れ身を守った者たちは集団で楽園に追い立てられ、やがて、そこに至ると、その門は開かれていた。そして、その門番たちが彼らに言った。「おまえたちに平安あれ。おまえたちは良かった。それゆえ、永遠に留まるものとしてそこに入れ」。(39：73)

そして、彼らは言った。「称賛はアッラーに属す、御約束をわれらに果たし、われらに(楽園の)地を継がせ給うた御方。われらは楽園でわれらの望むところを占める」。(良き)行為者たちの報酬のなんと良いことよ。(39：74)

1659　32章13節、38章85節など参照。

そして、おまえは天使たちが高御座の周囲を取り囲み、彼らの主への称賛と共に賛美するのを見るであろう。そして彼ら(被造物)の間は真理によって裁かれた。そして、「称賛はアッラーに属す、諸世界の主に」と言われる。(39：75)

第 40 章　赦す御方 ...... سورة غافر

マッカ垂示

冒頭第３節の「罪を赦し給う御方」に因んで「赦す御方」章と名づけられる。また、ムーサーの物語(23-54 節)の中で、フィルアウンの民の中で密かに信仰していたある信仰者の逸話(28-45 節)に因んで「信仰者」章とも呼ばれる。

慈悲あまねく慈悲深きアッラーの御名において

وَتَرَى ٱلْمَلَٰٓئِكَةَ حَآفِّينَ مِنْ حَوْلِ ٱلْعَرْشِ يُسَبِّحُونَ بِحَمْدِ
رَبِّهِمْ ۚ وَقُضِىَ بَيْنَهُم بِٱلْحَقِّ ۚ وَقِيلَ ٱلْحَمْدُ لِلَّهِ رَبِّ ٱلْعَٰلَمِينَ ﴿٧٥﴾

سُورَةُ غَافِر

بِسْمِ ٱللَّهِ ٱلرَّحْمَٰنِ ٱلرَّحِيمِ

حمٓ ﴿١﴾ تَنزِيلُ ٱلْكِتَٰبِ مِنَ ٱللَّهِ ٱلْعَزِيزِ ٱلْعَلِيمِ ﴿٢﴾ غَافِرِ ٱلذَّنۢبِ
وَقَابِلِ ٱلتَّوْبِ شَدِيدِ ٱلْعِقَابِ ذِى ٱلطَّوْلِ ۖ لَآ إِلَٰهَ إِلَّا هُوَ ۖ إِلَيْهِ
ٱلْمَصِيرُ ﴿٣﴾ مَا يُجَٰدِلُ فِىٓ ءَايَٰتِ ٱللَّهِ إِلَّا ٱلَّذِينَ كَفَرُوا۟ فَلَا يَغْرُرْكَ
تَقَلُّبُهُمْ فِى ٱلْبِلَٰدِ ﴿٤﴾ كَذَّبَتْ قَبْلَهُمْ قَوْمُ نُوحٍ وَٱلْأَحْزَابُ
مِنۢ بَعْدِهِمْ ۖ وَهَمَّتْ كُلُّ أُمَّةٍۭ بِرَسُولِهِمْ لِيَأْخُذُوهُ ۖ
وَجَٰدَلُوا۟ بِٱلْبَٰطِلِ لِيُدْحِضُوا۟ بِهِ ٱلْحَقَّ فَأَخَذْتُهُمْ ۖ فَكَيْفَ
كَانَ عِقَابِ ﴿٥﴾ وَكَذَٰلِكَ حَقَّتْ كَلِمَتُ رَبِّكَ عَلَى ٱلَّذِينَ
كَفَرُوٓا۟ أَنَّهُمْ أَصْحَٰبُ ٱلنَّارِ ﴿٦﴾ ٱلَّذِينَ يَحْمِلُونَ ٱلْعَرْشَ
وَمَنْ حَوْلَهُۥ يُسَبِّحُونَ بِحَمْدِ رَبِّهِمْ وَيُؤْمِنُونَ بِهِۦ وَيَسْتَغْفِرُونَ
لِلَّذِينَ ءَامَنُوا۟ ۖ رَبَّنَا وَسِعْتَ كُلَّ شَىْءٍ رَّحْمَةً وَعِلْمًا فَٱغْفِرْ
لِلَّذِينَ تَابُوا۟ وَٱتَّبَعُوا۟ سَبِيلَكَ وَقِهِمْ عَذَابَ ٱلْجَحِيمِ ﴿٧﴾

ハー・ミーム[1660]。(40：1)

この啓典の垂示は威力比類なく全知なるアッラーからである。(40：2)

罪を赦し、悔い戻りを受け入れ、応報に厳しく、恩恵を施し給う御方。彼のほかに神はなく、彼の御許にこそ行き着く先はある。(40：3)

アッラーの諸々の徴について論争するのは信仰を拒んだ者たちのほかいない。それゆえ、彼らの諸国の往来(交易の繁栄)がおまえを惑わすことがあってはならない。(40：4)

彼ら(マッカの多神教徒)以前にもヌーフの民が(使徒を)嘘と否定し、彼ら(ヌーフの民)の後にも諸党派が。そしてどの共同体も彼らの使徒を捕らえようともくろんだ。そして、虚偽によって議論し、それによって真実を無効にしようとした。そこで、われは彼らを捕らえたのである。それでわが応報がいかなるものであったことか。(40：5)

そしてこのように、「彼らは獄火の輩である」との、おまえの主の御言葉[1661]は信仰を拒んだ者たちの上に実現した。(40：6)

高御座を担う者(天使)たちとその(高御座の)周囲の者は彼らの主を称賛と共に賛美し、彼を信じる。また、彼らは信仰した者たちのために赦しを乞う。「われらが主よ、あなたは御慈悲と知識によってあらゆるものを包み給いました。それゆえ、悔いて戻り、あなたの道に従った者たちを赦し給え。そして、彼らを焦熱地獄の懲罰から守り給え」。(40：7)

1660　2 章 1 節脚注参照。

1661　32 章 13 節、38 章 85 節など参照。

رَبَّنَا وَأَدْخِلْهُمْ جَنَّٰتِ عَدْنٍ ٱلَّتِى وَعَدتَّهُمْ وَمَن صَلَحَ
مِنْ ءَابَآئِهِمْ وَأَزْوَٰجِهِمْ وَذُرِّيَّٰتِهِمْۚ إِنَّكَ أَنتَ ٱلْعَزِيزُ
ٱلْحَكِيمُ ﴿٨﴾ وَقِهِمُ ٱلسَّيِّـَٔاتِۚ وَمَن تَقِ ٱلسَّيِّـَٔاتِ
يَوْمَئِذٍ فَقَدْ رَحِمْتَهُۥۚ وَذَٰلِكَ هُوَ ٱلْفَوْزُ ٱلْعَظِيمُ ﴿٩﴾ إِنَّ
ٱلَّذِينَ كَفَرُوا۟ يُنَادَوْنَ لَمَقْتُ ٱللَّهِ أَكْبَرُ مِن مَّقْتِكُمْ
أَنفُسَكُمْ إِذْ تُدْعَوْنَ إِلَى ٱلْإِيمَٰنِ فَتَكْفُرُونَ ﴿١٠﴾ قَالُوا۟ رَبَّنَآ
أَمَتَّنَا ٱثْنَتَيْنِ وَأَحْيَيْتَنَا ٱثْنَتَيْنِ فَٱعْتَرَفْنَا بِذُنُوبِنَا فَهَلْ
إِلَىٰ خُرُوجٍ مِّن سَبِيلٍ ﴿١١﴾ ذَٰلِكُم بِأَنَّهُۥٓ إِذَا دُعِىَ ٱللَّهُ
وَحْدَهُۥ كَفَرْتُمْۖ وَإِن يُشْرَكْ بِهِۦ تُؤْمِنُوا۟ۚ فَٱلْحُكْمُ لِلَّهِ
ٱلْعَلِىِّ ٱلْكَبِيرِ ﴿١٢﴾ هُوَ ٱلَّذِى يُرِيكُمْ ءَايَٰتِهِۦ وَيُنَزِّلُ لَكُم مِّنَ
ٱلسَّمَآءِ رِزْقًاۚ وَمَا يَتَذَكَّرُ إِلَّا مَن يُنِيبُ ﴿١٣﴾ فَٱدْعُوا۟ ٱللَّهَ
مُخْلِصِينَ لَهُ ٱلدِّينَ وَلَوْ كَرِهَ ٱلْكَٰفِرُونَ ﴿١٤﴾ رَفِيعُ
ٱلدَّرَجَٰتِ ذُو ٱلْعَرْشِ يُلْقِى ٱلرُّوحَ مِنْ أَمْرِهِۦ عَلَىٰ مَن يَشَآءُ
مِنْ عِبَادِهِۦ لِيُنذِرَ يَوْمَ ٱلتَّلَاقِ ﴿١٥﴾ يَوْمَ هُم بَٰرِزُونَۖ لَا يَخْفَىٰ
عَلَى ٱللَّهِ مِنْهُمْ شَىْءٌۚ لِّمَنِ ٱلْمُلْكُ ٱلْيَوْمَۖ لِلَّهِ ٱلْوَٰحِدِ ٱلْقَهَّارِ ﴿١٦﴾

「われらが主よ、また彼らをあなたが彼らに約束し給うた常住の楽園に入れ給え。彼らの父祖と妻と子孫のうち(信仰と行為を)正した者たちも。まことに、あなたは威力比類なく英明なる御方」。(40：8)

「また彼らを悪しきこと(への懲罰)から守り給え。その日、あなたが悪しきこと(への懲罰)から守り給う者、あなたはその者に慈悲を掛け給うたのであり、それこそ大いなる成就である」。(40：9)

信仰を拒んだ者たち、彼らは呼びかけられる。「アッラーの憎悪こそは(最後の審判で獄火が必定となった時の)おまえたちの己自身への憎悪よりも大きい。というのも、おまえたちは信仰に呼びかけられながら、拒むからである」。(40：10)

彼らは言った。「われらが主よ、あなたはわれらを二度死なせ、二度生かし給い[1662]、そしてわれらはわれらの罪を認めました。それで、脱出への道はあるのですか」。(40：11)

「そうしたこと(懲罰の実現)は、アッラーお独りが呼びかけられた(祈り崇拝された)時、おまえたちは信仰を拒み、彼に共同者が配されると、おまえたちは(多神を)信じたがゆえである。それゆえ、裁決は至高にして至大なるアッラーに属す」。(40：12)

彼こそはおまえたちに彼の諸々の徴を見せ、おまえたちに天から糧を[1663]降し給う御方であらせられる。だが、悔いて帰る者しか留意しない。(40：13)

それゆえ、アッラーに宗教をひたすら捧げて彼に祈れ。たとえ、不信仰者たちが嫌ったとしても。(40：14)

位階が高く、高御座を有する御方で、彼の御命令から霊(啓示)を彼の僕《しもべ》たちの御望みの者の上に投げ込み給う。彼が[1664]会見の日を警戒させるために。(40：15)

彼らが(墓から)あらわれる日、アッラーに対しては彼らのどんなものも隠れ得ない。「今日、主権は誰のものか」。「唯一なる支配者アッラーのもの[1665]」。(40：16)

1662　生まれる前の精子の状態が第一の死、現世での生が第一の生、現世での死が第二の死、来世での復活が第二の生とされる。

1663　糧を育てる雨を。

1664　預言者が人々に、あるいはアッラーが預言者に。

1665　アッラーが問いかけ給うたのに対し誰も答えないため、アッラーが自答し給う。

ٱلْيَوْمَ تُجْزَىٰ كُلُّ نَفْسٍۭ بِمَا كَسَبَتْ ۚ لَا ظُلْمَ ٱلْيَوْمَ ۚ إِنَّ
ٱللَّهَ سَرِيعُ ٱلْحِسَابِ ﴿١٧﴾ وَأَنذِرْهُمْ يَوْمَ ٱلْـَٔازِفَةِ إِذِ ٱلْقُلُوبُ
لَدَى ٱلْحَنَاجِرِ كَـٰظِمِينَ ۚ مَا لِلظَّـٰلِمِينَ مِنْ حَمِيمٍ وَلَا شَفِيعٍ
يُطَاعُ ﴿١٨﴾ يَعْلَمُ خَآئِنَةَ ٱلْأَعْيُنِ وَمَا تُخْفِى ٱلصُّدُورُ ﴿١٩﴾ وَٱللَّهُ
يَقْضِى بِٱلْحَقِّ ۖ وَٱلَّذِينَ يَدْعُونَ مِن دُونِهِۦ لَا يَقْضُونَ
بِشَىْءٍ ۗ إِنَّ ٱللَّهَ هُوَ ٱلسَّمِيعُ ٱلْبَصِيرُ ﴿٢٠﴾ ۞ أَوَلَمْ يَسِيرُوا۟ فِى
ٱلْأَرْضِ فَيَنظُرُوا۟ كَيْفَ كَانَ عَـٰقِبَةُ ٱلَّذِينَ كَانُوا۟ مِن قَبْلِهِمْ ۚ
كَانُوا۟ هُمْ أَشَدَّ مِنْهُمْ قُوَّةً وَءَاثَارًا فِى ٱلْأَرْضِ فَأَخَذَهُمُ ٱللَّهُ
بِذُنُوبِهِمْ وَمَا كَانَ لَهُم مِّنَ ٱللَّهِ مِن وَاقٍ ﴿٢١﴾ ذَٰلِكَ بِأَنَّهُمْ
كَانَت تَّأْتِيهِمْ رُسُلُهُم بِٱلْبَيِّنَـٰتِ فَكَفَرُوا۟ فَأَخَذَهُمُ ٱللَّهُ ۚ
إِنَّهُۥ قَوِىٌّ شَدِيدُ ٱلْعِقَابِ ﴿٢٢﴾ وَلَقَدْ أَرْسَلْنَا مُوسَىٰ بِـَٔايَـٰتِنَا
وَسُلْطَـٰنٍ مُّبِينٍ ﴿٢٣﴾ إِلَىٰ فِرْعَوْنَ وَهَـٰمَـٰنَ وَقَـٰرُونَ
فَقَالُوا۟ سَـٰحِرٌ كَذَّابٌ ﴿٢٤﴾ فَلَمَّا جَآءَهُم بِٱلْحَقِّ مِنْ
عِندِنَا قَالُوا۟ ٱقْتُلُوٓا۟ أَبْنَآءَ ٱلَّذِينَ ءَامَنُوا۟ مَعَهُۥ وَٱسْتَحْيُوا۟
نِسَآءَهُمْ ۚ وَمَا كَيْدُ ٱلْكَـٰفِرِينَ إِلَّا فِى ضَلَـٰلٍ ﴿٢٥﴾

その日、誰もが己の稼いだものによって報いられる。その日、不正はない。まことに、アッラーは清算に素早い御方。(40：17)

間近な日を彼らに警告せよ。その時、心は(悲嘆に)締め上げられ(恐怖のため)喉許に(せり上がる)。不正な者たちには親友もなく、聞き入れられる仲裁者もいない。(40：18)

彼(アッラー)は目の裏切り[1666]も、胸が隠すものも知り給う。(40：19)

そしてアッラーは真理によって裁き給う。しかし彼らが彼を差し置いて祈る者たち(偶像神)は何によっても裁くことはできない。まことに、アッラーこそはよく聞きよく見通し給う御方。(40：20)

彼らは、地上を旅し、彼ら以前の者たちの末路がどのようなものであったかを見ていないのか。彼ら(以前の者たち)は彼らよりも力と地上の事跡において勝っていた。だが、アッラーは彼らの罪ゆえに彼らを捕らえ給うた。そして彼らにはアッラーからの守り手などいなかった。(40：21)

それは、諸々の明証と共に彼らの使徒たちが彼らの許にやって来たのに、彼らは信仰を拒んだからで、それでアッラーが彼らを捕らえ給うたのであった。まことに、彼は力強く、懲罰に厳しい御方。(40：22)

そして確かにわれらはムーサーをわれらの諸々の徴と明白な権威と共に遣わした。(40：23)

フィルアウンとハーマーンとカールーンの許に[1667]。だが、彼らは、「大嘘つきの魔術師である」と言った。(40：24)

そこで彼が彼らの許にわれらの御許からの真理と共にやって来ると、彼らは言った。「彼と共に信仰する者たちの息子たちを殺せ、そして彼らの女たちは生かしておけ」。だが、不信仰者の策謀は迷誤の中にしかない。(40：25)

1666　見てはならないものを盗み見ること。

1667　フィルアウン、ハーマーン、カールーンについては28章6-8、38-40、76-81節、29章39-40節参照。

وَقَالَ فِرْعَوْنُ ذَرُونِيٓ أَقْتُلْ مُوسَىٰ وَلْيَدْعُ رَبَّهُۥٓ ۖ إِنِّيٓ أَخَافُ
أَن يُبَدِّلَ دِينَكُمْ أَوْ أَن يُظْهِرَ فِي ٱلْأَرْضِ ٱلْفَسَادَ ﴿٢٦﴾
وَقَالَ مُوسَىٰٓ إِنِّي عُذْتُ بِرَبِّي وَرَبِّكُم مِّن كُلِّ مُتَكَبِّرٍ لَّا يُؤْمِنُ
بِيَوْمِ ٱلْحِسَابِ ﴿٢٧﴾ وَقَالَ رَجُلٌ مُّؤْمِنٌ مِّنْ ءَالِ فِرْعَوْنَ
يَكْتُمُ إِيمَٰنَهُۥٓ أَتَقْتُلُونَ رَجُلًا أَن يَقُولَ رَبِّيَ ٱللَّهُ وَقَدْ
جَآءَكُم بِٱلْبَيِّنَٰتِ مِن رَّبِّكُمْ ۖ وَإِن يَكُ كَٰذِبًا فَعَلَيْهِ
كَذِبُهُۥ ۖ وَإِن يَكُ صَادِقًا يُصِبْكُم بَعْضُ ٱلَّذِي يَعِدُكُمْ ۖ
إِنَّ ٱللَّهَ لَا يَهْدِي مَنْ هُوَ مُسْرِفٌ كَذَّابٌ ﴿٢٨﴾ يَٰقَوْمِ لَكُمُ
ٱلْمُلْكُ ٱلْيَوْمَ ظَٰهِرِينَ فِي ٱلْأَرْضِ فَمَن يَنصُرُنَا مِنۢ بَأْسِ ٱللَّهِ
إِن جَآءَنَا ۚ قَالَ فِرْعَوْنُ مَآ أُرِيكُمْ إِلَّا مَآ أَرَىٰ وَمَآ أَهْدِيكُمْ
إِلَّا سَبِيلَ ٱلرَّشَادِ ﴿٢٩﴾ وَقَالَ ٱلَّذِيٓ ءَامَنَ يَٰقَوْمِ إِنِّيٓ أَخَافُ
عَلَيْكُم مِّثْلَ يَوْمِ ٱلْأَحْزَابِ ﴿٣٠﴾ مِثْلَ دَأْبِ قَوْمِ نُوحٍ وَعَادٍ
وَثَمُودَ وَٱلَّذِينَ مِنۢ بَعْدِهِمْ ۚ وَمَا ٱللَّهُ يُرِيدُ ظُلْمًا لِّلْعِبَادِ ﴿٣١﴾
وَيَٰقَوْمِ إِنِّيٓ أَخَافُ عَلَيْكُمْ يَوْمَ ٱلتَّنَادِ ﴿٣٢﴾ يَوْمَ تُوَلُّونَ مُدْبِرِينَ
مَا لَكُم مِّنَ ٱللَّهِ مِنْ عَاصِمٍ ۗ وَمَن يُضْلِلِ ٱللَّهُ فَمَا لَهُۥ مِنْ هَادٍ ﴿٣٣﴾

またフィルアウンは言った。「お前たちは私に任せよ。私がムーサーを殺そう。彼には彼の主に祈らせておけ[1668]。まことに私は、彼がおまえたちの宗教を替えるか、または彼がこの地に荒廃を顕すことを恐れる」。(40：26)

そこでムーサーは言った。「まことに、私はわが主にしてあなたがたの主に、清算の日を信じないあらゆる高慢な者からの守護を求める」。(40：27)

フィルアウンの一族の信仰者で己の信仰を隠した男が言った。「あなたがたは男を、『わが主はアッラーである』と言うことで殺す[1669]のですか。確かに彼はあなたがたにあなたがたの主からの諸々の明証を携えてやって来たというのに。そしてもし、彼が嘘つきであれば、彼の嘘は彼自身に降りかかり、もし、彼が真実を語る者であれば、彼があなたがたに警告するものの一部があなたがたを襲います。まことに、アッラーは嘘つきで度を越した者である者を導き給いません」。(40：28)

「わが民よ、今日、あなたがたはこの地で勝ち誇って、王権を有している。だが、アッラーからの猛威がわれらに到来した時、誰がわれらをそれから援けるだろうか」。フィルアウンは言った。「私が(良いと)見るものしか私はおまえたちに見せない[1670]。私はおまえたちを道理の道にしか導かない」。(40：29)

また(その)信仰する者が言った。「わが民よ、まことに私はあなたがたに諸党派の日と同じものを恐れる」。(40：30)

「ヌーフの民、アード(族)、サムード(族)、それから彼らの後の者たちの習慣(使徒に背いた民に対する懲罰と滅亡)と同じものを。そしてアッラーは僕《しもべ》たちに不正は望み給わない」。(40：31)

「またわが民よ、まことに私はあなたがたの上に呼び合いの日(最後の審判の日)を恐れる」。(40：32)

おまえたちが背を向け逃げ去る日、おまえたちにはアッラーからの防御者などいない。アッラーが迷わせ給う者、彼には導き手などいない。(40：33)

1668　フィルアウンから守り給えと祈らせておけ。
1669　あるいは、「……と言わないように、殺す」。
1670　私が自分で良いと思った(見た)ことをおまえたちに指示する(見せる)だけである。

وَلَقَدۡ جَآءَكُمۡ يُوسُفُ مِن قَبۡلُ بِٱلۡبَيِّنَٰتِ فَمَا زِلۡتُمۡ فِي
شَكّٖ مِّمَّا جَآءَكُم بِهِۦۖ حَتَّىٰٓ إِذَا هَلَكَ قُلۡتُمۡ لَن يَبۡعَثَ ٱللَّهُ
مِنۢ بَعۡدِهِۦ رَسُولٗاۚ كَذَٰلِكَ يُضِلُّ ٱللَّهُ مَنۡ هُوَ مُسۡرِفٞ
مُّرۡتَابٌ ٣٤ ٱلَّذِينَ يُجَٰدِلُونَ فِيٓ ءَايَٰتِ ٱللَّهِ بِغَيۡرِ سُلۡطَٰنٍ
أَتَىٰهُمۡۖ كَبُرَ مَقۡتًا عِندَ ٱللَّهِ وَعِندَ ٱلَّذِينَ ءَامَنُواْۚ كَذَٰلِكَ
يَطۡبَعُ ٱللَّهُ عَلَىٰ كُلِّ قَلۡبِ مُتَكَبِّرٖ جَبَّارٖ ٣٥ وَقَالَ فِرۡعَوۡنُ
يَٰهَٰمَٰنُ ٱبۡنِ لِي صَرۡحٗا لَّعَلِّيٓ أَبۡلُغُ ٱلۡأَسۡبَٰبَ ٣٦ أَسۡبَٰبَ
ٱلسَّمَٰوَٰتِ فَأَطَّلِعَ إِلَىٰٓ إِلَٰهِ مُوسَىٰ وَإِنِّي لَأَظُنُّهُۥ كَٰذِبٗاۚ
وَكَذَٰلِكَ زُيِّنَ لِفِرۡعَوۡنَ سُوٓءُ عَمَلِهِۦ وَصُدَّ عَنِ ٱلسَّبِيلِۚ
وَمَا كَيۡدُ فِرۡعَوۡنَ إِلَّا فِي تَبَابٖ ٣٧ وَقَالَ ٱلَّذِيٓ ءَامَنَ
يَٰقَوۡمِ ٱتَّبِعُونِ أَهۡدِكُمۡ سَبِيلَ ٱلرَّشَادِ ٣٨ يَٰقَوۡمِ
إِنَّمَا هَٰذِهِ ٱلۡحَيَوٰةُ ٱلدُّنۡيَا مَتَٰعٞ وَإِنَّ ٱلۡأٓخِرَةَ هِيَ
دَارُ ٱلۡقَرَارِ ٣٩ مَنۡ عَمِلَ سَيِّئَةٗ فَلَا يُجۡزَىٰٓ إِلَّا مِثۡلَهَاۖ
وَمَنۡ عَمِلَ صَٰلِحٗا مِّن ذَكَرٍ أَوۡ أُنثَىٰ وَهُوَ مُؤۡمِنٞ فَأُوْلَٰٓئِكَ
يَدۡخُلُونَ ٱلۡجَنَّةَ يُرۡزَقُونَ فِيهَا بِغَيۡرِ حِسَابٖ ٤٠

またかつて以前、おまえたちの許にユースフが諸々の明証と共にやって来た。だが、彼がおまえたちの許に携えて来たものについておまえたちは疑念のうちにあり続けた。そしてついに、彼が亡くなると、おまえたちは言った。「アッラーは彼の後に使徒を遣わし給うことはない」。このように、アッラーは疑い深い度を越した者を迷わし給う。(40：34)

自分たちにもたらされた権威もなしにアッラーの諸々の徴について議論する者たち、それ(議論)はアッラーの御許で、そして信仰する者たちの許で、憎悪において重大である(激しく憎まれる)。このように、アッラーは高慢で暴虐な者の心をすっかり封じ給う。(40：35)

またフィルアウンは言った。「ハーマーンよ、わがために塔を建てよ。きっと綱[1671]に達しよう[1672]」。(40：36)

「諸天の綱に。そうすれば、ムーサーの神を眺めることができよう。まことに、私は彼が嘘つきだと考える」。そしてこのように、フィルアウンには彼の行いの悪が美しく飾られ、道から逸らされた。そしてフィルアウンの策謀は滅亡のうちにしかなかった。(40：37)

また(その)信仰する者は言った。「わが民よ、私に従え。私はあなたがたを道理の道に導こう」。(40：38)

「わが民よ、この現世は享楽に過ぎず、まことに来世こそ定住の館である」。(40：39)

悪事をなした者、彼はそれと同じものしか報いられない。一方、男でも女でも、信仰者で、善行をなした者、それらの者は楽園に入り、そこで清算なしに糧を与えられる。(40：40)

1671　梯子、道、門のような通過手段。

1672　28章38節参照。

۞ وَيَٰقَوۡمِ مَا لِيٓ أَدۡعُوكُمۡ إِلَى ٱلنَّجَوٰةِ وَتَدۡعُونَنِيٓ إِلَى ٱلنَّارِ
٤١ تَدۡعُونَنِي لِأَكۡفُرَ بِٱللَّهِ وَأُشۡرِكَ بِهِۦ مَا لَيۡسَ لِي بِهِۦ
عِلۡمٞ وَأَنَا۠ أَدۡعُوكُمۡ إِلَى ٱلۡعَزِيزِ ٱلۡغَفَّٰرِ ٤٢ لَا جَرَمَ أَنَّمَا
تَدۡعُونَنِيٓ إِلَيۡهِ لَيۡسَ لَهُۥ دَعۡوَةٞ فِي ٱلدُّنۡيَا وَلَا فِي ٱلۡأٓخِرَةِ
وَأَنَّ مَرَدَّنَآ إِلَى ٱللَّهِ وَأَنَّ ٱلۡمُسۡرِفِينَ هُمۡ أَصۡحَٰبُ ٱلنَّارِ
٤٣ فَسَتَذۡكُرُونَ مَآ أَقُولُ لَكُمۡۚ وَأُفَوِّضُ أَمۡرِيٓ إِلَى ٱللَّهِۚ
إِنَّ ٱللَّهَ بَصِيرُۢ بِٱلۡعِبَادِ ٤٤ فَوَقَىٰهُ ٱللَّهُ سَيِّـَٔاتِ مَا مَكَرُواْۖ
وَحَاقَ بِـَٔالِ فِرۡعَوۡنَ سُوٓءُ ٱلۡعَذَابِ ٤٥ ٱلنَّارُ يُعۡرَضُونَ
عَلَيۡهَا غُدُوّٗا وَعَشِيّٗاۚ وَيَوۡمَ تَقُومُ ٱلسَّاعَةُ أَدۡخِلُوٓاْ ءَالَ
فِرۡعَوۡنَ أَشَدَّ ٱلۡعَذَابِ ٤٦ وَإِذۡ يَتَحَآجُّونَ فِي ٱلنَّارِ
فَيَقُولُ ٱلضُّعَفَٰٓؤُاْ لِلَّذِينَ ٱسۡتَكۡبَرُوٓاْ إِنَّا كُنَّا لَكُمۡ
تَبَعٗا فَهَلۡ أَنتُم مُّغۡنُونَ عَنَّا نَصِيبٗا مِّنَ ٱلنَّارِ ٤٧ قَالَ
ٱلَّذِينَ ٱسۡتَكۡبَرُوٓاْ إِنَّا كُلّٞ فِيهَآ إِنَّ ٱللَّهَ قَدۡ حَكَمَ
بَيۡنَ ٱلۡعِبَادِ ٤٨ وَقَالَ ٱلَّذِينَ فِي ٱلنَّارِ لِخَزَنَةِ جَهَنَّمَ
ٱدۡعُواْ رَبَّكُمۡ يُخَفِّفۡ عَنَّا يَوۡمٗا مِّنَ ٱلۡعَذَابِ ٤٩

「だが、わが民よ、私はどうしたことか、私はあなたがたを救いに呼び招くのに、あなたがたは私を獄火に呼び招くとは」。(40：41)

「あなたがたは私を、私がアッラーへの信仰を拒み、彼に並べて私にはそれについて知識のないものを共同者たちとして配するよう呼び招く。一方、私はあなたがたを威力比類なき寛恕者へと呼び招く」。(40：42)

「間違いなく、あなたがたが私をそれへと(崇拝するように)呼び招いているものは、現世でも来世でも祈り(の呼びかけへ応答)がなく、われらの帰る処はアッラーの御許であり、度を越した者たち、彼らは獄火の住民である」。(40：43)

「私があなたがたに言うことを、あなたがたはいずれ思い起こすであろう。私は私の件をアッラーに委ねる。まことに、アッラーは僕《しもべ》たちについて見通し給う御方」。(40：44)

そこで、アッラーは彼らが策謀した悪事から彼を守り給い、フィルアウンの一族には懲罰の悪が取り囲んだ。(40：45)

獄火、彼らは朝晩それに晒され[1673]、そして、時が到来する(復活の)日、「フィルアウンの一族を最も厳しい懲罰に入れよ」。(40：46)

そして、彼らが獄火の中で口論する時のこと。弱者たちが思い上がっていた者たちに言う。「われらはおまえたちに従う者であった。それで、おまえたちはわれらから獄火の一部をなしで済まさせる者であるか[1674]」。(40：47)

思い上がっていた者たちは言った。「われらは誰もがその中にいる。すでにアッラーは僕《しもべ》たちの間を裁き給うた」。(40：48)

そこで獄火にいる者たちは火獄《ジャハンナム》の門番に言った。「あなたがたの主に、われらから一日、懲罰を軽減し給うよう祈ってくれ」。(40：49)

1673　墓中にて。
1674　われらに代わって獄火の一部を担い、われらからそれを取り除くか。

قَالُوٓاْ أَوَلَمۡ تَكُ تَأۡتِيكُمۡ رُسُلُكُم بِٱلۡبَيِّنَٰتِۖ قَالُواْ بَلَىٰۚ
قَالُواْ فَٱدۡعُواْۗ وَمَا دُعَٰٓؤُاْ ٱلۡكَٰفِرِينَ إِلَّا فِي ضَلَٰلٍ ٥٠
إِنَّا لَنَنصُرُ رُسُلَنَا وَٱلَّذِينَ ءَامَنُواْ فِي ٱلۡحَيَوٰةِ ٱلدُّنۡيَا
وَيَوۡمَ يَقُومُ ٱلۡأَشۡهَٰدُ ٥١ يَوۡمَ لَا يَنفَعُ ٱلظَّٰلِمِينَ مَعۡذِرَتُهُمۡۖ
وَلَهُمُ ٱللَّعۡنَةُ وَلَهُمۡ سُوٓءُ ٱلدَّارِ ٥٢ وَلَقَدۡ ءَاتَيۡنَا مُوسَى
ٱلۡهُدَىٰ وَأَوۡرَثۡنَا بَنِيٓ إِسۡرَٰٓءِيلَ ٱلۡكِتَٰبَ ٥٣ هُدٗى
وَذِكۡرَىٰ لِأُوْلِي ٱلۡأَلۡبَٰبِ ٥٤ فَٱصۡبِرۡ إِنَّ وَعۡدَ ٱللَّهِ
حَقّٞ وَٱسۡتَغۡفِرۡ لِذَنۢبِكَ وَسَبِّحۡ بِحَمۡدِ رَبِّكَ بِٱلۡعَشِيِّ
وَٱلۡإِبۡكَٰرِ ٥٥ إِنَّ ٱلَّذِينَ يُجَٰدِلُونَ فِيٓ ءَايَٰتِ ٱللَّهِ
بِغَيۡرِ سُلۡطَٰنٍ أَتَىٰهُمۡ إِن فِي صُدُورِهِمۡ إِلَّا كِبۡرٞ
مَّا هُم بِبَٰلِغِيهِۚ فَٱسۡتَعِذۡ بِٱللَّهِۖ إِنَّهُۥ هُوَ ٱلسَّمِيعُ
ٱلۡبَصِيرُ ٥٦ لَخَلۡقُ ٱلسَّمَٰوَٰتِ وَٱلۡأَرۡضِ أَكۡبَرُ مِنۡ
خَلۡقِ ٱلنَّاسِ وَلَٰكِنَّ أَكۡثَرَ ٱلنَّاسِ لَا يَعۡلَمُونَ ٥٧
وَمَا يَسۡتَوِي ٱلۡأَعۡمَىٰ وَٱلۡبَصِيرُ وَٱلَّذِينَ ءَامَنُواْ وَعَمِلُواْ
ٱلصَّٰلِحَٰتِ وَلَا ٱلۡمُسِيٓءُۚ قَلِيلٗا مَّا تَتَذَكَّرُونَ ٥٨

彼らは言った。「おまえたちの許にはおまえたちの使徒が諸々の明証を携えてやって来なかったのか」。彼らは言った。「いかにも」。彼らは言った。「では、おまえたちが（自分で）祈るがいい」。だが、不信仰者たちの祈りは迷誤の中にしかない。（40：50）

まことに、われらは、われらの使徒たちと信仰した者たちを現世において、また、証人たちが立つ日に必ずや援ける。（40：51）

不正な者たちに彼らの弁解が役立たない日に。そして、彼らには呪いがあり、彼らには悪い住まいがある。（40：52）

そしてかつてわれらはムーサーに導きを与え、イスラーイールの子孫に啓典を継がせた。（40：53）

導きとして、また訓戒として、賢慮を備えた者たちへの。（40：54）

それゆえ、忍耐せよ。まことに、アッラーの約束は真実である。そして、おまえの罪への赦しを乞い、おまえの主への称賛と共に賛美せよ、晩にも朝にも。（40：55）

まことに、自分たちにもたらされた権威もなしにアッラーの諸々の徴について議論する者たち、彼らの胸中には彼らには達しようのない思い上がりしかない[1675]。それゆえ、アッラーに守護を求めよ。まことに、彼こそはよく聴きよく見通し給う御方。（40：56）

諸天と地の創造は、人々の創造よりも偉大である。だが、人々の大半は知らない。（40：57）

盲人と晴眼者は同じではなく、信仰し善行をなす者たちと、悪行の輩もまた。ほんのわずかにしかおまえたちは留意しない。（40：58）

1675　思い上がって権力を得て預言者ムハンマドに打ち勝つと夢想するが、それは達成できない。

إِنَّ ٱلسَّاعَةَ لَأٓتِيَةٞ لَّا رَيۡبَ فِيهَا وَلَٰكِنَّ أَكۡثَرَ ٱلنَّاسِ
لَا يُؤۡمِنُونَ ٥٩ وَقَالَ رَبُّكُمُ ٱدۡعُونِيٓ أَسۡتَجِبۡ لَكُمۡۚ
إِنَّ ٱلَّذِينَ يَسۡتَكۡبِرُونَ عَنۡ عِبَادَتِي سَيَدۡخُلُونَ جَهَنَّمَ
دَاخِرِينَ ٦٠ ٱللَّهُ ٱلَّذِي جَعَلَ لَكُمُ ٱلَّيۡلَ لِتَسۡكُنُواْ
فِيهِ وَٱلنَّهَارَ مُبۡصِرًاۚ إِنَّ ٱللَّهَ لَذُو فَضۡلٍ عَلَى ٱلنَّاسِ وَلَٰكِنَّ
أَكۡثَرَ ٱلنَّاسِ لَا يَشۡكُرُونَ ٦١ ذَٰلِكُمُ ٱللَّهُ رَبُّكُمۡ
خَٰلِقُ كُلِّ شَيۡءٖ لَّآ إِلَٰهَ إِلَّا هُوَۖ فَأَنَّىٰ تُؤۡفَكُونَ ٦٢
كَذَٰلِكَ يُؤۡفَكُ ٱلَّذِينَ كَانُواْ بِـَٔايَٰتِ ٱللَّهِ يَجۡحَدُونَ ٦٣
ٱللَّهُ ٱلَّذِي جَعَلَ لَكُمُ ٱلۡأَرۡضَ قَرَارٗا وَٱلسَّمَآءَ بِنَآءٗ
وَصَوَّرَكُمۡ فَأَحۡسَنَ صُوَرَكُمۡ وَرَزَقَكُم مِّنَ
ٱلطَّيِّبَٰتِۚ ذَٰلِكُمُ ٱللَّهُ رَبُّكُمۡۖ فَتَبَارَكَ ٱللَّهُ رَبُّ
ٱلۡعَٰلَمِينَ ٦٤ هُوَ ٱلۡحَيُّ لَآ إِلَٰهَ إِلَّا هُوَ فَٱدۡعُوهُ مُخۡلِصِينَ
لَهُ ٱلدِّينَۗ ٱلۡحَمۡدُ لِلَّهِ رَبِّ ٱلۡعَٰلَمِينَ ٦٥ ۞ قُلۡ إِنِّي
نُهِيتُ أَنۡ أَعۡبُدَ ٱلَّذِينَ تَدۡعُونَ مِن دُونِ ٱللَّهِ لَمَّا جَآءَنِيَ
ٱلۡبَيِّنَٰتُ مِن رَّبِّي وَأُمِرۡتُ أَنۡ أُسۡلِمَ لِرَبِّ ٱلۡعَٰلَمِينَ ٦٦

まことに、かの時(審判の時)は到来すべきもので、そこには疑いはない。だが、人々の大半は信じない。(40：59)

そしておまえたちの主は仰せられた。「われに祈れ、そうすればわれはおまえたちに応える。われの崇拝に(対し軽蔑し)思い上がった者はいずれ卑しめられて火獄《ジャハンナム》に入る」。(40：60)

アッラーこそおまえたちのために夜をおまえたちがそこに落ち着くようにとなし、また、昼を見るもの[1676]となし給うた御方。まことにアッラーこそ人々に対する御恵みの持ち主。だが、人々の大半は感謝しない。(40：61)

そうした御方こそアッラー、おまえたちの主であり、あらゆるものの創造者。彼のほかに神はない。それなのに、いかにしておまえたちは迷い去らされるのか。(40：62)

このように、アッラーの諸々の徴を否定していた者は迷い去らされる。(40：63)

アッラーこそおまえたちに大地を住処となし、天を建物(天蓋)となし給い、おまえたちを形作り、おまえたちの姿を美しくなし、おまえたちに良いものから糧を与え給うた御方。そうした御方がアッラー、おまえたちの主であらせられる。それゆえ、祝福あれ、諸世界の主アッラー。(40：64)

彼こそは生きた御方、彼のほかに神はない。それゆえ、彼に宗教を専ら捧げ、彼に祈れ。称賛は諸世界の主アッラーに属す。(40：65)

言え、「私には、あなたがたがアッラーを差し置いて祈っている者たちに仕えることは禁じられた。私の許にわが主からの諸々の明証が訪れたときに。そして私は諸世界の主に帰依することを命じられた」。(40：66)

1676　物体を照らし、見えるようにするもの。

هُوَ ٱلَّذِى خَلَقَكُم مِّن تُرَابٍ ثُمَّ مِن نُّطْفَةٍ ثُمَّ مِنْ عَلَقَةٍ ثُمَّ
يُخْرِجُكُمْ طِفْلًا ثُمَّ لِتَبْلُغُوٓا۟ أَشُدَّكُمْ ثُمَّ لِتَكُونُوا۟ شُيُوخًا ۚ
وَمِنكُم مَّن يُتَوَفَّىٰ مِن قَبْلُ ۖ وَلِتَبْلُغُوٓا۟ أَجَلًا مُّسَمًّى وَلَعَلَّكُمْ
تَعْقِلُونَ ﴿٦٧﴾ هُوَ ٱلَّذِى يُحْىِۦ وَيُمِيتُ ۖ فَإِذَا قَضَىٰٓ أَمْرًا فَإِنَّمَا
يَقُولُ لَهُۥ كُن فَيَكُونُ ﴿٦٨﴾ أَلَمْ تَرَ إِلَى ٱلَّذِينَ يُجَٰدِلُونَ
فِىٓ ءَايَٰتِ ٱللَّهِ أَنَّىٰ يُصْرَفُونَ ﴿٦٩﴾ ٱلَّذِينَ كَذَّبُوا۟ بِٱلْكِتَٰبِ
وَبِمَآ أَرْسَلْنَا بِهِۦ رُسُلَنَا ۖ فَسَوْفَ يَعْلَمُونَ ﴿٧٠﴾ إِذِ ٱلْأَغْلَٰلُ
فِىٓ أَعْنَٰقِهِمْ وَٱلسَّلَٰسِلُ يُسْحَبُونَ ﴿٧١﴾ فِى ٱلْحَمِيمِ
ثُمَّ فِى ٱلنَّارِ يُسْجَرُونَ ﴿٧٢﴾ ثُمَّ قِيلَ لَهُمْ أَيْنَ مَا كُنتُمْ
تُشْرِكُونَ ﴿٧٣﴾ مِن دُونِ ٱللَّهِ ۖ قَالُوا۟ ضَلُّوا۟ عَنَّا بَل لَّمْ نَكُن
نَّدْعُوا۟ مِن قَبْلُ شَيْـًٔا ۚ كَذَٰلِكَ يُضِلُّ ٱللَّهُ ٱلْكَٰفِرِينَ ﴿٧٤﴾
ذَٰلِكُم بِمَا كُنتُمْ تَفْرَحُونَ فِى ٱلْأَرْضِ بِغَيْرِ ٱلْحَقِّ وَبِمَا كُنتُمْ
تَمْرَحُونَ ﴿٧٥﴾ ٱدْخُلُوٓا۟ أَبْوَٰبَ جَهَنَّمَ خَٰلِدِينَ فِيهَا ۖ فَبِئْسَ مَثْوَى
ٱلْمُتَكَبِّرِينَ ﴿٧٦﴾ فَٱصْبِرْ إِنَّ وَعْدَ ٱللَّهِ حَقٌّ ۚ فَإِمَّا نُرِيَنَّكَ
بَعْضَ ٱلَّذِى نَعِدُهُمْ أَوْ نَتَوَفَّيَنَّكَ فَإِلَيْنَا يُرْجَعُونَ ﴿٧٧﴾

彼こそはおまえたちを土くれから、それから精滴から、それから凝血から創り、それからおまえたちを乳児として出でさせ給うた御方。それから、おまえたちが壮年(三十－四十歳)に至り、それから、おまえたちが老人になるように。そして、おまえたちの中には(壮年か老年)以前に召される者もあるが、また、おまえたちが定めの期限(死期)に至るように。そしてきっとおまえたちも悟るであろうと。(40：67)

彼こそは生かし、また死なせ給う御方。そして、一事を決断し給うた時には、ただそれに「あれ」と仰せられ、すると、それはある。(40：68)

おまえは見なかったか、アッラーの諸々の徴について議論する者たちを。いかに彼らは逸らされていることか。(40：69)

啓典(クルアーン)と、われらがわれらの使徒たちをそれと共に遣わしたもの[1677]について嘘と否定した者たち、彼らはいずれ知ることになる。(40：70)

その時、枷が彼らの首にはあり、鎖もまた。彼らは引きずられる。(40：71)

熱湯の中で。それから、獄火の中で彼らは熱せられる。(40：72)

それから、彼らには言われる。「おまえたちが共同者と配していたもの(偶像神)はどこか」。(40：73)

「アッラーを差し置いて」。彼らは言った。「それらはわれらからはぐれ去った。いや、われらは以前からなにものにも祈ってはいなかった[1678]」。このようにアッラーは不信仰者たちを迷わせ給う。(40：74)

「それ(懲罰)は、おまえたちが真理によらずして地上で満悦していたもののせいであり、また、おまえたちが驕っていたもののせいである」。(40：75)

「火獄《ジャハンナム》の諸々の門に入れ。その中に永遠に。高慢な者たちの住まいのなんと悪いものであることよ」。(40：76)

それゆえ、忍耐せよ(ムハンマドよ)。まことにアッラーの約束は真実である。そしてもしわれらがおまえに、われらが彼らに用意したものの一部を見せるとしても[1679]、あるいはおまえを召し上げるとしても、(結局は)われらの許に彼らは戻されるのである。(40：77)

1677　諸啓典、信条、法、など。

1678　自分たちが多神崇拝を犯した事実を否定する。あるいは、自分たちが拝んでいたものが実体の無い空名に過ぎなかったことを認める。

1679　現世において彼らへの懲罰の一部を実現するとしても。

وَلَقَدۡ أَرۡسَلۡنَا رُسُلٗا مِّن قَبۡلِكَ مِنۡهُم مَّن قَصَصۡنَا عَلَيۡكَ
وَمِنۡهُم مَّن لَّمۡ نَقۡصُصۡ عَلَيۡكَۗ وَمَا كَانَ لِرَسُولٍ أَن يَأۡتِيَ
بِـَٔايَةٍ إِلَّا بِإِذۡنِ ٱللَّهِۚ فَإِذَا جَآءَ أَمۡرُ ٱللَّهِ قُضِيَ بِٱلۡحَقِّ وَخَسِرَ
هُنَالِكَ ٱلۡمُبۡطِلُونَ ٧٨ ٱللَّهُ ٱلَّذِي جَعَلَ لَكُمُ ٱلۡأَنۡعَٰمَ
لِتَرۡكَبُواْ مِنۡهَا وَمِنۡهَا تَأۡكُلُونَ ٧٩ وَلَكُمۡ فِيهَا مَنَٰفِعُ
وَلِتَبۡلُغُواْ عَلَيۡهَا حَاجَةٗ فِي صُدُورِكُمۡ وَعَلَيۡهَا وَعَلَى
ٱلۡفُلۡكِ تُحۡمَلُونَ ٨٠ وَيُرِيكُمۡ ءَايَٰتِهِۦ فَأَيَّ ءَايَٰتِ ٱللَّهِ
تُنكِرُونَ ٨١ أَفَلَمۡ يَسِيرُواْ فِي ٱلۡأَرۡضِ فَيَنظُرُواْ كَيۡفَ
كَانَ عَٰقِبَةُ ٱلَّذِينَ مِن قَبۡلِهِمۡۚ كَانُوٓاْ أَكۡثَرَ مِنۡهُمۡ وَأَشَدَّ
قُوَّةٗ وَءَاثَارٗا فِي ٱلۡأَرۡضِ فَمَآ أَغۡنَىٰ عَنۡهُم مَّا كَانُواْ يَكۡسِبُونَ
٨٢ فَلَمَّا جَآءَتۡهُمۡ رُسُلُهُم بِٱلۡبَيِّنَٰتِ فَرِحُواْ بِمَا عِندَهُم مِّنَ
ٱلۡعِلۡمِ وَحَاقَ بِهِم مَّا كَانُواْ بِهِۦ يَسۡتَهۡزِءُونَ ٨٣ فَلَمَّا رَأَوۡاْ
بَأۡسَنَا قَالُوٓاْ ءَامَنَّا بِٱللَّهِ وَحۡدَهُۥ وَكَفَرۡنَا بِمَا كُنَّا بِهِۦ
مُشۡرِكِينَ ٨٤ فَلَمۡ يَكُ يَنفَعُهُمۡ إِيمَٰنُهُمۡ لَمَّا رَأَوۡاْ بَأۡسَنَاۖ سُنَّتَ
ٱللَّهِ ٱلَّتِي قَدۡ خَلَتۡ فِي عِبَادِهِۦۖ وَخَسِرَ هُنَالِكَ ٱلۡكَٰفِرُونَ ٨٥

またかつてわれらはおまえ以前にも使徒たちを遣わした。彼らの中にはわれらがおまえに語った者もあれば、彼らの中にはわれらがまだおまえに語っていない者もある。そして使徒にとって、アッラーの御許可なしに徴(奇蹟)を携えて来ることはあり得なかった。そして、アッラーの命令が到来した時、真理によって裁かれ[1680]、その時には虚偽の輩は損失した。(40：78)

アッラーはおまえたちに家畜を作り給うた御方、おまえたちがそのあるものに乗り、また、あるものを食べるためにである。(40：79)

またおまえたちにはそれ(家畜)の中に益があり、また、それに乗っておまえたちの胸中にある要用を果たすためでもあり、それに乗って、また船に乗っておまえたちは運ばれる。(40：80)

そして、彼はおまえたちに彼の諸々の徴を見せ給う。一体、アッラーの諸々の徴のいずれをおまえたちは否定するのか。(40：81)

彼らは地上を旅し、彼ら以前の者たちの末路がどのようなものであったかをよく見なかったのか。彼ら(過去の民)は彼らよりも(数が)多く、力に勝り、地上の事跡も多かった。だが、彼ら(過去の民)が稼いできたものは彼ら(過去の民)には役立たなかった。(40：82)

そこで彼らの使徒が諸々の明証と共に彼らの許に来た時、彼らは自分たちの許にある知識に満悦していた。だが、彼らが嘲笑していたこと(懲罰)が彼らを取り囲んだ。(40：83)

そして、彼らがわれらの猛威(懲罰)を見た時、彼らは言った。「われらはアッラーお独りを信じ、われらが彼に並べて共同者たちとしていたものの信仰を拒みました」。(40：84)

だが、彼らの信仰は、彼らがわれらの猛威を見た時には彼らに役立たなかった。アッラーの慣行であり、それは彼の僕《しもべ》たちにおいてすでに過ぎ去った[1681]。そして、そこで、不信仰者たちは損失した。(40：85)

1680　使徒たちと、彼らを嘘として否定した者たちの間が。
1681　アッラーの僕《しもべ》たち全てに対する彼の慣行である。

第41章　解説された……سورة فصلت

マッカ垂示

冒頭の第３節に基づき「解説された」章と名づけられた。また第１節にある「ハー・ミーム」と37節にある跪拝《サジダ》に因んで「ハー・ミーム・アッ＝サジダ」章、あるいは第12節に因み「灯籠」章とも呼ばれる。

本章において、天地が六日間で創造された理《ことわり》が解説され(9-12節)、アッラーの徴が、宇宙と人間自身の中に示されていることが教えられる(53節)。

慈悲あまねく慈悲深きアッラーの御名において

ハー・ミーム。(41：1)

(これは)慈悲あまねく慈悲深き御方からの垂示である[1682]。(41：2)

سُورَةُ فُصِّلَتۡ

بِسۡمِ ٱللَّهِ ٱلرَّحۡمَٰنِ ٱلرَّحِيمِ

حمٓ ١ تَنزِيلٞ مِّنَ ٱلرَّحۡمَٰنِ ٱلرَّحِيمِ ٢ كِتَٰبٞ فُصِّلَتۡ ءَايَٰتُهُۥ
قُرۡءَانًا عَرَبِيّٗا لِّقَوۡمٖ يَعۡلَمُونَ ٣ بَشِيرٗا وَنَذِيرٗا فَأَعۡرَضَ أَكۡثَرُهُمۡ
فَهُمۡ لَا يَسۡمَعُونَ ٤ وَقَالُواْ قُلُوبُنَا فِيٓ أَكِنَّةٖ مِّمَّا تَدۡعُونَآ إِلَيۡهِ
وَفِيٓ ءَاذَانِنَا وَقۡرٞ وَمِنۢ بَيۡنِنَا وَبَيۡنِكَ حِجَابٞ فَٱعۡمَلۡ إِنَّنَا عَٰمِلُونَ
٥ قُلۡ إِنَّمَآ أَنَا۠ بَشَرٞ مِّثۡلُكُمۡ يُوحَىٰٓ إِلَيَّ أَنَّمَآ إِلَٰهُكُمۡ إِلَٰهٞ وَٰحِدٞ
فَٱسۡتَقِيمُوٓاْ إِلَيۡهِ وَٱسۡتَغۡفِرُوهُۗ وَوَيۡلٞ لِّلۡمُشۡرِكِينَ ٦ ٱلَّذِينَ
لَا يُؤۡتُونَ ٱلزَّكَوٰةَ وَهُم بِٱلۡأٓخِرَةِ هُمۡ كَٰفِرُونَ ٧ إِنَّ ٱلَّذِينَ
ءَامَنُواْ وَعَمِلُواْ ٱلصَّٰلِحَٰتِ لَهُمۡ أَجۡرٌ غَيۡرُ مَمۡنُونٖ ٨ ۞ قُلۡ أَئِنَّكُمۡ
لَتَكۡفُرُونَ بِٱلَّذِي خَلَقَ ٱلۡأَرۡضَ فِي يَوۡمَيۡنِ وَتَجۡعَلُونَ لَهُۥٓ أَندَادٗاۚ
ذَٰلِكَ رَبُّ ٱلۡعَٰلَمِينَ ٩ وَجَعَلَ فِيهَا رَوَٰسِيَ مِن فَوۡقِهَا
وَبَٰرَكَ فِيهَا وَقَدَّرَ فِيهَآ أَقۡوَٰتَهَا فِيٓ أَرۡبَعَةِ أَيَّامٖ سَوَآءٗ
لِّلسَّآئِلِينَ ١٠ ثُمَّ ٱسۡتَوَىٰٓ إِلَى ٱلسَّمَآءِ وَهِيَ دُخَانٞ فَقَالَ
لَهَا وَلِلۡأَرۡضِ ٱئۡتِيَا طَوۡعًا أَوۡ كَرۡهٗا قَالَتَآ أَتَيۡنَا طَآئِعِينَ ١١

その諸々の徴(節)が(アラビア語を)知る(真理を理解する)民のために解説されたアラビア語のクルアーンとしての啓典である。(41：3)

吉報であり、警告として。だが、彼ら(マッカのクライシュ族)の大半は背を向け、聞こうとしない。(41：4)

そして、彼らは言った。「われらの心は、おまえがわれらをそこに呼び招くものに対する覆いの中にあり、われらの耳には聾があり、われらとおまえの間には幕がある。それゆえ、(おまえの宗教に従って好きなように)なすがいい、まことにわれらも(われらの宗教に従って好きなように)なす者である」。(41：5)

言え、「私はおまえたちと同じ人間に過ぎないが、私には、おまえたちの神は唯一の神のみであると啓示されている。それゆえ、彼の方に真っすぐに立ち、彼に赦しを乞え。そして、多神教徒たちには災いあれ」。(41：6)

浄財を払わない者たちで、彼らは来世の信仰を、彼らこそは拒む者たちである。(41：7)

まことに、信仰し、善行をなした者たち、彼らには絶えない報酬がある。(41：8)

言え、「おまえたちは、二日[1683]で大地を創り給うた御方への信仰を拒み、彼に互角の者(偶像)たちを配するというのか。そのような御方こそ諸世界の主であらせられるのに」。(41：9)

そして彼はそこにその上に山脈をなし、そこ(大地)を祝福し、求める者たちのために均等に四日の間に食料を配分し給うた。(41：10)

それから、煙であった天に向かい給い、それと大地に対して仰せられた。「服従して、あるいは嫌々ながらでも来たれ」。両者は言った。「服従するものとしてわれらは参ります」。(41：11)

1682　あるいは、「垂示は」(主語)となり、第３節が述部となる。

1683　９節の二日は10節の四日に含まれ、12節の二日と合わせて六日で天地は創造された。天界における時間は、一日が千年とも、五万年とも言われる。32章4-5節、70章4節参照。

فَقَضَىٰهُنَّ سَبْعَ سَمَٰوَاتٍ فِي يَوْمَيْنِ وَأَوْحَىٰ فِي كُلِّ سَمَآءٍ أَمْرَهَاۚ
وَزَيَّنَّا ٱلسَّمَآءَ ٱلدُّنْيَا بِمَصَٰبِيحَ وَحِفْظًاۚ ذَٰلِكَ تَقْدِيرُ ٱلْعَزِيزِ
ٱلْعَلِيمِ ١٢ فَإِنْ أَعْرَضُوا۟ فَقُلْ أَنذَرْتُكُمْ صَٰعِقَةً مِّثْلَ صَٰعِقَةِ
عَادٍ وَثَمُودَ ١٣ إِذْ جَآءَتْهُمُ ٱلرُّسُلُ مِنۢ بَيْنِ أَيْدِيهِمْ وَمِنْ
خَلْفِهِمْ أَلَّا تَعْبُدُوٓا۟ إِلَّا ٱللَّهَۖ قَالُوا۟ لَوْ شَآءَ رَبُّنَا لَأَنزَلَ مَلَٰٓئِكَةً
فَإِنَّا بِمَآ أُرْسِلْتُم بِهِۦ كَٰفِرُونَ ١٤ فَأَمَّا عَادٌ فَٱسْتَكْبَرُوا۟ فِي
ٱلْأَرْضِ بِغَيْرِ ٱلْحَقِّ وَقَالُوا۟ مَنْ أَشَدُّ مِنَّا قُوَّةًۖ أَوَلَمْ يَرَوْا۟ أَنَّ ٱللَّهَ
ٱلَّذِي خَلَقَهُمْ هُوَ أَشَدُّ مِنْهُمْ قُوَّةًۖ وَكَانُوا۟ بِـَٔايَٰتِنَا يَجْحَدُونَ
١٥ فَأَرْسَلْنَا عَلَيْهِمْ رِيحًا صَرْصَرًا فِيٓ أَيَّامٍ نَّحِسَاتٍ لِّنُذِيقَهُمْ
عَذَابَ ٱلْخِزْيِ فِي ٱلْحَيَوٰةِ ٱلدُّنْيَاۖ وَلَعَذَابُ ٱلْءَاخِرَةِ أَخْزَىٰۖ وَهُمْ
لَا يُنصَرُونَ ١٦ وَأَمَّا ثَمُودُ فَهَدَيْنَٰهُمْ فَٱسْتَحَبُّوا۟ ٱلْعَمَىٰ عَلَى
ٱلْهُدَىٰ فَأَخَذَتْهُمْ صَٰعِقَةُ ٱلْعَذَابِ ٱلْهُونِ بِمَا كَانُوا۟ يَكْسِبُونَ
١٧ وَنَجَّيْنَا ٱلَّذِينَ ءَامَنُوا۟ وَكَانُوا۟ يَتَّقُونَ ١٨ وَيَوْمَ يُحْشَرُ أَعْدَآءُ ٱللَّهِ
إِلَى ٱلنَّارِ فَهُمْ يُوزَعُونَ ١٩ حَتَّىٰٓ إِذَا مَا جَآءُوهَا شَهِدَ عَلَيْهِمْ
سَمْعُهُمْ وَأَبْصَٰرُهُمْ وَجُلُودُهُم بِمَا كَانُوا۟ يَعْمَلُونَ ٢٠

それから彼はそれらを二日で七つの天に完成し給い、それぞれの天にその命令を啓示し給うた。そして、われらは最下天を数々の灯籠で飾ったが、守護としても[1684]。そうしたものが威力比類なくよく知り給う御方の裁量である。(41：12)

それゆえもし彼らが背を向けたなら、言え、「私はおまえたちにアード(族)とサムード(族)の雷のような雷を警告した」。(41：13)

その時、彼らの許には彼らの前からも彼らの後ろからも使徒たちがやって来た、「アッラーのほかに仕えてはならない」と。彼らは言った。「われらの主が望み給うたなら、彼は天使たちを[1685]下し給うたであろう。それゆえ、われらは、おまえたちがそれと共に遣わされたものへの信仰を拒む者である」。(41：14)

そしてアード(族)については[1686]、彼らは地上で権利(正当性)もなく思い上がり、「われらより力の強い者が誰かあろうか」と言った。彼らは見て考えなかったのか、彼らを創り給うたアッラーが、彼こそは彼らよりも力が強いことを。だが彼らはわれらの諸々の徴を否定していたのである。(41：15)

そこで、われらは彼らの上に不吉な日々に突風を送った。われらが彼らに現世において屈辱の懲罰を味わわせるために。だが、来世の懲罰はさらに屈辱的であり、彼らは援けられない。(41：16)

またサムード(族)については、われらは彼らを導いたが、彼らは導きよりも盲目を好んだ。そこで彼らの稼いできたものゆえに軽侮の懲罰の雷が彼らを捕らえた[1687]。(41：17)

だが、われらは信仰し、畏れ身を守っていた者たちを救った。(41：18)

そしてアッラーの敵たちが獄火に追い集められ、彼らが制せられる[1688]日、(41：19)

そしてついに彼らがそこ(獄火)に至ると、彼らの耳と目と皮膚(身体全体)が彼らのなしていたことについて彼らに仇して証言した。(41：20)

1684　最下天を星で飾り、また星によって天を悪魔から守護した。15章16-18節、37章6-10節参照。

1685　人間ではなく天使を使徒として。

1686　7章65-72節、23章31-41節参照。

1687　7章73-79節、11章61-68節参照。

1688　数珠つなぎにされる、連れてゆかれる等の意と言われる。

وَقَالُوا۟ لِجُلُودِهِمْ لِمَ شَهِدتُّمْ عَلَيْنَا ۖ قَالُوٓا۟ أَنطَقَنَا ٱللَّهُ ٱلَّذِىٓ
أَنطَقَ كُلَّ شَىْءٍ ۚ وَهُوَ خَلَقَكُمْ أَوَّلَ مَرَّةٍ وَإِلَيْهِ تُرْجَعُونَ ﴿٢١﴾
وَمَا كُنتُمْ تَسْتَتِرُونَ أَن يَشْهَدَ عَلَيْكُمْ سَمْعُكُمْ وَلَآ أَبْصَـٰرُكُمْ
وَلَا جُلُودُكُمْ وَلَـٰكِن ظَنَنتُمْ أَنَّ ٱللَّهَ لَا يَعْلَمُ كَثِيرًا مِّمَّا تَعْمَلُونَ
﴿٢٢﴾ وَذَٰلِكُمْ ظَنُّكُمُ ٱلَّذِى ظَنَنتُم بِرَبِّكُمْ أَرْدَىٰكُمْ فَأَصْبَحْتُم
مِّنَ ٱلْخَـٰسِرِينَ ﴿٢٣﴾ فَإِن يَصْبِرُوا۟ فَٱلنَّارُ مَثْوًى لَّهُمْ ۖ وَإِن يَسْتَعْتِبُوا۟
فَمَا هُم مِّنَ ٱلْمُعْتَبِينَ ﴿٢٤﴾ ۞ وَقَيَّضْنَا لَهُمْ قُرَنَآءَ فَزَيَّنُوا۟ لَهُم
مَّا بَيْنَ أَيْدِيهِمْ وَمَا خَلْفَهُمْ وَحَقَّ عَلَيْهِمُ ٱلْقَوْلُ فِىٓ أُمَمٍ قَدْ
خَلَتْ مِن قَبْلِهِم مِّنَ ٱلْجِنِّ وَٱلْإِنسِ ۖ إِنَّهُمْ كَانُوا۟ خَـٰسِرِينَ ﴿٢٥﴾
وَقَالَ ٱلَّذِينَ كَفَرُوا۟ لَا تَسْمَعُوا۟ لِهَـٰذَا ٱلْقُرْءَانِ وَٱلْغَوْا۟ فِيهِ
لَعَلَّكُمْ تَغْلِبُونَ ﴿٢٦﴾ فَلَنُذِيقَنَّ ٱلَّذِينَ كَفَرُوا۟ عَذَابًا شَدِيدًا
وَلَنَجْزِيَنَّهُمْ أَسْوَأَ ٱلَّذِى كَانُوا۟ يَعْمَلُونَ ﴿٢٧﴾ ذَٰلِكَ جَزَآءُ أَعْدَآءِ ٱللَّهِ
ٱلنَّارُ ۖ لَهُمْ فِيهَا دَارُ ٱلْخُلْدِ ۖ جَزَآءًۢ بِمَا كَانُوا۟ بِـَٔايَـٰتِنَا يَجْحَدُونَ
﴿٢٨﴾ وَقَالَ ٱلَّذِينَ كَفَرُوا۟ رَبَّنَآ أَرِنَا ٱلَّذَيْنِ أَضَلَّانَا مِنَ ٱلْجِنِّ
وَٱلْإِنسِ نَجْعَلْهُمَا تَحْتَ أَقْدَامِنَا لِيَكُونَا مِنَ ٱلْأَسْفَلِينَ ﴿٢٩﴾

そこで彼らは彼らの皮膚に言った。「どうしておまえたちはわれらに仇して証言したのか」。それらは言った。「すべてのものに口を利かせ給うたアッラーがわれらに口を利かせ給うたのである。そして、彼こそはおまえたちを最初に創り、彼の御許にこそおまえたちは戻されるのである」。(41：21)

おまえたちは、おまえたちの耳が、また目も、そして、皮膚がおまえたちに仇して証言することに(用心して)(醜悪な行為をなす)己を(自分の四肢に対して)隠さなかった。いや、おまえたちは、アッラーがおまえたちのなすことの多くを知り給わないと考えた。(41：22)

そしてそうしたものがおまえたちの考えで、おまえたちがおまえたちの主について考えたものであり、それがおまえたちを滅ぼし、おまえたちは損失した者となった。(41：23)

それゆえたとえ彼らが忍耐するとしても、獄火が彼らのための住いである。そして、たとえ彼らが御機嫌直し(アッラーの御赦し)を求めたとしても、彼らは御機嫌直しを授かる者ではない。(41：24)

そしてわれらは彼らに相棒たち(悪魔)をあてがい、彼ら(悪魔)は彼ら(火獄の民)に彼らの前にあるもの(現世)と彼らの後ろにあるもの(来世)を美しく飾った[1689]。そして、彼ら以前に過ぎ去った幽《ジ》精《ン》と人間の諸共同体における御言葉[1690]が彼らの上に実現した。まことに、彼らは損失者であった。(41：25)

また信仰を拒んだ者たちは言った。「このクルアーンに耳を傾けてはならない。その(読誦の)最中に無駄話をせよ[1691]。きっとおまえたちは圧倒するであろう」。(41：26)

それゆえ必ずやわれらは信仰を拒んだ者たちに厳しい懲罰を味わわせ、必ずや彼らがなしてきた最悪のことで彼らに報いるであろう。(41：27)

それがアッラーの敵たちの報い、獄火である。彼らにはそこに永遠の住居がある。彼らがわれらの諸々の徴を否定したことの報いとして。(41：28)

そこで信仰を否定した者たちは言った。「われらが主よ、幽《ジ》精《ン》と人間でわれらを迷わせた者たちを見せ給え。われらは両者[1692]をわれらの足の下に置き、最低の者とならせましょう」。(41：29)

1689　現世では、禁じられた欲望や不信仰や迷誤を美しく見せ、死後に関しては復活を否定したりして懲罰への恐れを取り除いた。

1690　32章13節、38章85節等の。

1691　大声を上げて騒ぎ立ててクルアーンの読誦を妨害せよ。

1692「両者」とは、悪魔イブリースとカービール(カイン)のこととも言われる。

إِنَّ ٱلَّذِينَ قَالُواْ رَبُّنَا ٱللَّهُ ثُمَّ ٱسۡتَقَٰمُواْ تَتَنَزَّلُ عَلَيۡهِمُ
ٱلۡمَلَٰٓئِكَةُ أَلَّا تَخَافُواْ وَلَا تَحۡزَنُواْ وَأَبۡشِرُواْ بِٱلۡجَنَّةِ
ٱلَّتِي كُنتُمۡ تُوعَدُونَ ٣٠ نَحۡنُ أَوۡلِيَآؤُكُمۡ فِي ٱلۡحَيَوٰةِ ٱلدُّنۡيَا
وَفِي ٱلۡأٓخِرَةِۖ وَلَكُمۡ فِيهَا مَا تَشۡتَهِيٓ أَنفُسُكُمۡ وَلَكُمۡ
فِيهَا مَا تَدَّعُونَ ٣١ نُزُلٗا مِّنۡ غَفُورٖ رَّحِيمٖ ٣٢ وَمَنۡ أَحۡسَنُ
قَوۡلٗا مِّمَّن دَعَآ إِلَى ٱللَّهِ وَعَمِلَ صَٰلِحٗا وَقَالَ إِنَّنِي مِنَ
ٱلۡمُسۡلِمِينَ ٣٣ وَلَا تَسۡتَوِي ٱلۡحَسَنَةُ وَلَا ٱلسَّيِّئَةُۚ ٱدۡفَعۡ
بِٱلَّتِي هِيَ أَحۡسَنُ فَإِذَا ٱلَّذِي بَيۡنَكَ وَبَيۡنَهُۥ عَدَٰوَةٞ كَأَنَّهُۥ
وَلِيٌّ حَمِيمٞ ٣٤ وَمَا يُلَقَّىٰهَآ إِلَّا ٱلَّذِينَ صَبَرُواْ وَمَا يُلَقَّىٰهَآ
إِلَّا ذُو حَظٍّ عَظِيمٖ ٣٥ وَإِمَّا يَنزَغَنَّكَ مِنَ ٱلشَّيۡطَٰنِ نَزۡغٞ
فَٱسۡتَعِذۡ بِٱللَّهِۖ إِنَّهُۥ هُوَ ٱلسَّمِيعُ ٱلۡعَلِيمُ ٣٦ وَمِنۡ ءَايَٰتِهِ
ٱلَّيۡلُ وَٱلنَّهَارُ وَٱلشَّمۡسُ وَٱلۡقَمَرُۚ لَا تَسۡجُدُواْ لِلشَّمۡسِ
وَلَا لِلۡقَمَرِ وَٱسۡجُدُواْۤ لِلَّهِۤ ٱلَّذِي خَلَقَهُنَّ إِن كُنتُمۡ
إِيَّاهُ تَعۡبُدُونَ ٣٧ فَإِنِ ٱسۡتَكۡبَرُواْ فَٱلَّذِينَ عِندَ
رَبِّكَ يُسَبِّحُونَ لَهُۥ بِٱلَّيۡلِ وَٱلنَّهَارِ وَهُمۡ لَا يَسۡـَٔمُونَ ۩ ٣٨

まことに、「われらの主はアッラー」と言って、そうして真っすぐに立った者、彼らの上には天使たちが降《くだ》る。「恐れることはない、悲しむことはない。そしておまえたちが約束されていた楽園の吉報に喜べ」と。(41：30)

「われらは現世においておまえたちの後見であり、また、来世においても。おまえたちにはそこにおまえたち自身が欲するものがあり、おまえたちにはそこにおまえたちが求めるものがある」。(41：31)

「よく赦し給う慈悲深い御方からの歓待として」。(41：32)

そしてアッラーに呼び招き、善行をなし、「まことに、私は帰依した者《ムスリム》たち(の一人)である」と言った者よりも言葉においてさらに美しい者が誰かあろうか。(41：33)

また良きことと悪しきことは同じではない。より良いものによって(悪を)追い払え。すると、おまえと彼の間に敵意がある者も、親密な後見のようになる。(41：34)

だが、それ[1693]が与えられるのは、忍耐した者のほかにいない。それが与えられるのは、大いなる幸運の持ち主のほかにいない。(41：35)

またもしも悪魔からの扇動がおまえを唆すことがあれば、アッラーに守護を求めよ。まことに、彼こそはよく聞きよく知り給う御方。(41：36)

また、彼の諸々の徴のうちに、夜と昼、太陽と月がある。太陽にも月にも跪拝してはならない。それらを創り給うたアッラーに跪拝せよ。もし、おまえたちが彼にこそ仕えるのであれば。(41：37)

それでたとえ彼らが思い上がっても、おまえの主の御許にいる者(天使)たちは夜も昼も彼に賛美を捧げ、彼らは倦むことがない。(41：38)

1693　悪をより良いものによって追い払う人徳。

وَمِنْ ءَايَٰتِهِۦٓ أَنَّكَ تَرَى ٱلْأَرْضَ خَٰشِعَةً فَإِذَآ أَنزَلْنَا عَلَيْهَا ٱلْمَآءَ
ٱهْتَزَّتْ وَرَبَتْ ۚ إِنَّ ٱلَّذِىٓ أَحْيَاهَا لَمُحْىِ ٱلْمَوْتَىٰٓ ۚ إِنَّهُۥ عَلَىٰ كُلِّ شَىْءٍ
قَدِيرٌ ﴿٣٩﴾ إِنَّ ٱلَّذِينَ يُلْحِدُونَ فِىٓ ءَايَٰتِنَا لَا يَخْفَوْنَ عَلَيْنَآ ۗ أَفَمَن
يُلْقَىٰ فِى ٱلنَّارِ خَيْرٌ أَم مَّن يَأْتِىٓ ءَامِنًا يَوْمَ ٱلْقِيَٰمَةِ ۚ ٱعْمَلُوا۟ مَا شِئْتُمْ ۖ
إِنَّهُۥ بِمَا تَعْمَلُونَ بَصِيرٌ ﴿٤٠﴾ إِنَّ ٱلَّذِينَ كَفَرُوا۟ بِٱلذِّكْرِ لَمَّا جَآءَهُمْ ۖ
وَإِنَّهُۥ لَكِتَٰبٌ عَزِيزٌ ﴿٤١﴾ لَّا يَأْتِيهِ ٱلْبَٰطِلُ مِنۢ بَيْنِ يَدَيْهِ وَلَا مِنْ
خَلْفِهِۦ ۖ تَنزِيلٌ مِّنْ حَكِيمٍ حَمِيدٍ ﴿٤٢﴾ مَّا يُقَالُ لَكَ إِلَّا مَا قَدْ قِيلَ
لِلرُّسُلِ مِن قَبْلِكَ ۚ إِنَّ رَبَّكَ لَذُو مَغْفِرَةٍ وَذُو عِقَابٍ أَلِيمٍ
﴿٤٣﴾ وَلَوْ جَعَلْنَٰهُ قُرْءَانًا أَعْجَمِيًّا لَّقَالُوا۟ لَوْلَا فُصِّلَتْ ءَايَٰتُهُۥٓ ۖ
ءَا۬عْجَمِىٌّ وَعَرَبِىٌّ ۗ قُلْ هُوَ لِلَّذِينَ ءَامَنُوا۟ هُدًى وَشِفَآءٌ ۖ وَٱلَّذِينَ
لَا يُؤْمِنُونَ فِىٓ ءَاذَانِهِمْ وَقْرٌ وَهُوَ عَلَيْهِمْ عَمًى ۚ أُو۟لَٰٓئِكَ
يُنَادَوْنَ مِن مَّكَانٍۭ بَعِيدٍ ﴿٤٤﴾ وَلَقَدْ ءَاتَيْنَا مُوسَى ٱلْكِتَٰبَ
فَٱخْتُلِفَ فِيهِ ۗ وَلَوْلَا كَلِمَةٌ سَبَقَتْ مِن رَّبِّكَ لَقُضِىَ
بَيْنَهُمْ ۚ وَإِنَّهُمْ لَفِى شَكٍّ مِّنْهُ مُرِيبٍ ﴿٤٥﴾ مَّنْ عَمِلَ صَٰلِحًا
فَلِنَفْسِهِۦ ۖ وَمَنْ أَسَآءَ فَعَلَيْهَا ۗ وَمَا رَبُّكَ بِظَلَّٰمٍ لِّلْعَبِيدِ ﴿٤٦﴾

また、彼の諸々の徴のうちに、おまえが大地を干上がっていると見るが、われらがそこに水(雨)を下すと、身震いし、(草木が生えて)盛り上がったことがある。まことに、それ(大地)を生き返らせ給うた御方は死者をも生き返らせ給う御方である。まことに、彼はあらゆるものに対して全能な御方。(41：39)

まことに、われらの諸々の徴(節)について冒瀆する者たちはわれらに対して隠れ得ない。獄火に投げ込まれる者が良いか、それとも、復活(審判)の日に安全にやって来る者か。おまえたちが望んだことをなすがよい。まことに彼(アッラー)は、おまえたちのなすことについて見通し給う御方。(41：40)

まことに、訓戒(クルアーン)が訪れた時にその信仰を拒んだ者たち[1694]。まことに、それは比類なき啓典である。(41：41)

虚偽はその(クルアーンの)前からも後ろからもそれにやって来ることはない[1695]。英明にして称賛されるべき御方からの垂示である。(41：42)

おまえ以前の使徒たちにかつて言われたこと(預言の否認、非難)がお前に言われているのにほかならない。まことに、おまえの主は赦しの主であり、痛烈な応報の主であらせられる。(41：43)

またもしわれらがそれを外国語のクルアーンとなしていれば、彼らは言ったであろう。「その諸々の徴(節)が解説されなかったのは何故か。外国語で、アラブ人がか[1696]」。言え、「それは、信仰する者たちには導きであり、癒しである。一方、(クルアーンを)信仰しない者たち、彼らの耳には聾があり、それ(クルアーン)は彼らには盲目である。それらの者、彼らは遠い場所から呼びかけられている」。(41：44)

そして確かにわれらはムーサーに啓典を授けたが、それについては分裂があった。そしてもしおまえの主からの御言葉[1697]が先行していなければ、彼らの間は裁決されていたであろう。そしてまことに、彼らはそれについて訝しむ疑念のうちにある。(41：45)

善行をなした者、それは己自身のためである。そして、悪をなした者、それは己に仇している。そしておまえの主は僕《しもべ》たちに対して不当不正な御方ではあらせられない。(41：46)

1694　述部については諸説あり、「彼らは滅ぼされ懲罰を受ける」とも、「彼らはわれらに対して隠れ得ない」とも言われる。

1695　「律法の書」や「福音書」のような過去の啓典とそれ(クルアーン)が矛盾することはなく、将来に、それを否定する啓典が下されることもなく、それはいかなる点からも反駁されることはない。

1696　われらが理解するようにとアラビア語で解説されなかったのは何故か、おかしいではないか。クルアーンが外国語で、それを啓示される預言者がアラブ人というのか。

1697　清算と懲罰の延期についての。16 章 61 節、35 章 45 節参照。

۞ إِلَيْهِ يُرَدُّ عِلْمُ ٱلسَّاعَةِ ۚ وَمَا تَخْرُجُ مِن ثَمَرَٰتٍ مِّنْ أَكْمَامِهَا
وَمَا تَحْمِلُ مِنْ أُنثَىٰ وَلَا تَضَعُ إِلَّا بِعِلْمِهِۦ ۚ وَيَوْمَ يُنَادِيهِمْ أَيْنَ
شُرَكَآءِى قَالُوٓا۟ ءَاذَنَّـٰكَ مَا مِنَّا مِن شَهِيدٍ ﴿٤٧﴾ وَضَلَّ عَنْهُم
مَّا كَانُوا۟ يَدْعُونَ مِن قَبْلُ ۖ وَظَنُّوا۟ مَا لَهُم مِّن مَّحِيصٍ ﴿٤٨﴾
لَّا يَسْـَٔمُ ٱلْإِنسَـٰنُ مِن دُعَآءِ ٱلْخَيْرِ وَإِن مَّسَّهُ ٱلشَّرُّ فَيَـُٔوسٌ
قَنُوطٌ ﴿٤٩﴾ وَلَئِنْ أَذَقْنَـٰهُ رَحْمَةً مِّنَّا مِنۢ بَعْدِ ضَرَّآءَ مَسَّتْهُ
لَيَقُولَنَّ هَـٰذَا لِى وَمَآ أَظُنُّ ٱلسَّاعَةَ قَآئِمَةً وَلَئِن رُّجِعْتُ إِلَىٰ
رَبِّىٓ إِنَّ لِى عِندَهُۥ لَلْحُسْنَىٰ ۚ فَلَنُنَبِّئَنَّ ٱلَّذِينَ كَفَرُوا۟ بِمَا عَمِلُوا۟
وَلَنُذِيقَنَّهُم مِّنْ عَذَابٍ غَلِيظٍ ﴿٥٠﴾ وَإِذَآ أَنْعَمْنَا عَلَى ٱلْإِنسَـٰنِ
أَعْرَضَ وَنَـَٔا بِجَانِبِهِۦ وَإِذَا مَسَّهُ ٱلشَّرُّ فَذُو دُعَآءٍ عَرِيضٍ
﴿٥١﴾ قُلْ أَرَءَيْتُمْ إِن كَانَ مِنْ عِندِ ٱللَّهِ ثُمَّ كَفَرْتُم بِهِۦ
مَنْ أَضَلُّ مِمَّنْ هُوَ فِى شِقَاقٍۭ بَعِيدٍ ﴿٥٢﴾ سَنُرِيهِمْ ءَايَـٰتِنَا
فِى ٱلْـَٔافَاقِ وَفِىٓ أَنفُسِهِمْ حَتَّىٰ يَتَبَيَّنَ لَهُمْ أَنَّهُ ٱلْحَقُّ ۗ
أَوَلَمْ يَكْفِ بِرَبِّكَ أَنَّهُۥ عَلَىٰ كُلِّ شَىْءٍ شَهِيدٌ ﴿٥٣﴾ أَلَآ إِنَّهُمْ
فِى مِرْيَةٍ مِّن لِّقَآءِ رَبِّهِمْ ۗ أَلَآ إِنَّهُۥ بِكُلِّ شَىْءٍ مُّحِيطٌۢ ﴿٥٤﴾

彼の御許にかの時(復活・審判の日)の知識は戻される[1698]。そして彼の知識によらずして、どんな果実もその萼《がく》から出ることはなく、どんな女も子を宿し、産み落とすこともない。そして、彼が彼らに、「われに対する共同者(偶像神)たちはどこか」と呼びかけ給う日、彼らは言った。「われらはあなたに伝えました。われらの中には証言者などいませんでした(と)[1699]」。(41：47)

彼らが以前から祈っていたもの(偶像神)は彼らからはぐれ去り、彼らは彼らには逃所《にげど》などないと考えた(確信した)。(41：48)

人間は善を祈って倦むことがない。そして、彼に災いが襲うと、落胆し、絶望する。(41：49)

そして、もしもわれらが、損害が彼を襲った後で、彼にわれらからの慈悲を味わわせると、必ず彼は言うのである。「これは私のもの。私はかの時(審判の日)が到来するものとは考えない。また、もしも私がわが主の御許に戻らされたとしても、まことに、私には彼の御許に至善があろう」。それゆえ、われらは信仰を拒んだ者たちに彼らのなしたことを必ずや示し、彼らには必ずや峻厳な懲罰を味わわせる。(41：50)

そしてわれらが人間に恩寵を垂れれば、彼は(感謝から)身を背け、脇を捩るが(尊大に離反するが)、災いが彼を襲うと、おおいに祈る。(41：51)

言え、「おまえたちは見て考えたか、もしそれ(クルアーン)がアッラーの御許からのものであって、その後におまえたちがそれへの信仰を拒んだのであれば[1700]。遠い分裂にある者より迷った者が誰かあろうか」。(41：52)

いずれわれらは彼ら(不信仰者)に地平線と彼ら自身の中にわれらの諸々の徴を見せるであろう。彼らにそれ(クルアーン)が真理であることがはっきりするように。おまえの主で万全であらせられなかったか、彼があらゆるものの上に証言者であらせられることで。(41：53)

まことに、彼らは彼らの主との会見について疑いの中にあるのではないか。まことに、彼はあらゆるものを(知識と力で)取り囲み給う御方であらせられるのではないか。(41：54)

1698　いつ、それが起こるかはアッラー以外に知る者はない。
1699　あなた(アッラー)に共同者がいるなどと証言する者は私たちの中にはおりません、とお伝えします。
1700　そうであれば、おまえたちは最も迷った者である。

第 42 章　協議 …… سورة الشورى

マッカ垂示

第 38 節に因んで「協議」章と名づけられる。冒頭の第 1-2 節に因んで、「ハー・ミーム・アイン・スィーン・カーフ」章、または、「アイン・スィーン・カーフ」章、または、「ハー・ミーム・スィーン・カーフ」章とも呼ばれる。

本章において協議が信仰者の徳目に数えられていることから、政治における協議の重要性の教えが引き出される。また本章はアッラーの啓示の諸形態を明らかにしている(51 節)。

سُورَةُ الشُّورَىٰ

بِسْمِ اللَّهِ الرَّحْمَٰنِ الرَّحِيمِ

حمٓ ١ عٓسٓقٓ ٢ كَذَٰلِكَ يُوحِيٓ إِلَيْكَ وَإِلَى ٱلَّذِينَ مِن قَبْلِكَ
ٱللَّهُ ٱلْعَزِيزُ ٱلْحَكِيمُ ٣ لَهُۥ مَا فِي ٱلسَّمَٰوَٰتِ وَمَا فِي ٱلْأَرْضِ
وَهُوَ ٱلْعَلِيُّ ٱلْعَظِيمُ ٤ تَكَادُ ٱلسَّمَٰوَٰتُ يَتَفَطَّرْنَ مِن فَوْقِهِنَّ
وَٱلْمَلَٰٓئِكَةُ يُسَبِّحُونَ بِحَمْدِ رَبِّهِمْ وَيَسْتَغْفِرُونَ لِمَن فِي
ٱلْأَرْضِ أَلَآ إِنَّ ٱللَّهَ هُوَ ٱلْغَفُورُ ٱلرَّحِيمُ ٥ وَٱلَّذِينَ ٱتَّخَذُواْ
مِن دُونِهِۦٓ أَوْلِيَآءَ ٱللَّهُ حَفِيظٌ عَلَيْهِمْ وَمَآ أَنتَ عَلَيْهِم بِوَكِيلٍ
٦ وَكَذَٰلِكَ أَوْحَيْنَآ إِلَيْكَ قُرْءَانًا عَرَبِيًّا لِّتُنذِرَ أُمَّ ٱلْقُرَىٰ وَمَنْ
حَوْلَهَا وَتُنذِرَ يَوْمَ ٱلْجَمْعِ لَا رَيْبَ فِيهِ فَرِيقٌ فِي ٱلْجَنَّةِ وَفَرِيقٌ فِي
ٱلسَّعِيرِ ٧ وَلَوْ شَآءَ ٱللَّهُ لَجَعَلَهُمْ أُمَّةً وَٰحِدَةً وَلَٰكِن يُدْخِلُ مَن
يَشَآءُ فِي رَحْمَتِهِۦ وَٱلظَّٰلِمُونَ مَا لَهُم مِّن وَلِيٍّ وَلَا نَصِيرٍ ٨ أَمِ
ٱتَّخَذُواْ مِن دُونِهِۦٓ أَوْلِيَآءَ فَٱللَّهُ هُوَ ٱلْوَلِيُّ وَهُوَ يُحْيِ ٱلْمَوْتَىٰ وَهُوَ
عَلَىٰ كُلِّ شَيْءٍ قَدِيرٌ ٩ وَمَا ٱخْتَلَفْتُمْ فِيهِ مِن شَيْءٍ فَحُكْمُهُۥٓ
إِلَى ٱللَّهِ ذَٰلِكُمُ ٱللَّهُ رَبِّي عَلَيْهِ تَوَكَّلْتُ وَإِلَيْهِ أُنِيبُ ١٠

慈悲あまねく慈悲深きアッラーの御名において

ハー・ミーム。(42：1)

アイン・スィーン・カーフ。(42：2)

このようにおまえに威力比類なく英明なるアッラーは啓示し給い、おまえ以前の者たちにもまた。(42：3)

彼にこそ諸天にあるものも地にあるものも属し、彼はいと高く偉大なる御方。(42：4)

諸天はその上の方から裂けようとし[1701]、天使たちが彼らの主への称賛と共に賛美し、地上にいる者のために赦しを乞う。まことに、アッラーこそはよく赦し給う慈悲深い御方ではないか。(42：5)

そして彼を差し置いて(偶像神の)後見たちを持つ者たち、アッラーが彼らの上に監視者であらせられ、おまえは彼らの代理人ではない。(42：6)

そしてこのようにわれらはおまえにアラビア語のクルアーンを啓示した。諸都市の母(マッカ)とその周辺の者におまえが警告し、疑いのない集合(最後の審判)の日を警告するためである。一団は楽園に、一団は烈火の中に。(42：7)

もしアッラーが望み給うたなら、彼は彼ら(全人類)を一つの共同体[1702]となし給うたであろう。だが、彼は御望みの者を彼の御慈悲の中に入れ給う。そして、不正な者たち、彼らには後見はなく、援助者もない。(42：8)

それとも、彼らは彼を差し置いて後見たちを持ったのか。アッラーこそ後見であらせられる。また彼は死者を生かし給う。そして彼はあらゆるものに対して全能なる御方。(42：9)

そしておまえたちが何事か[1703]について分裂することがあれば、その裁定はアッラーに属す。そうした御方がアッラー、わが主であり、彼にこそ私は一任し、彼の御許にこそ私は悔いて帰る。(42：10)

1701　多神教徒の罪により(19 章 90 節)、あるいはアッラーの偉大さにより。

1702　正しく導かれた(あるいは迷誤にある)宗教共同体。

1703　宗教上の。

فَاطِرُ السَّمَاوَاتِ وَالْأَرْضِ جَعَلَ لَكُم مِّنْ أَنفُسِكُمْ أَزْوَاجًا
وَمِنَ الْأَنْعَامِ أَزْوَاجًا يَذْرَؤُكُمْ فِيهِ لَيْسَ كَمِثْلِهِ شَيْءٌ وَهُوَ
السَّمِيعُ الْبَصِيرُ ﴿١١﴾ لَهُ مَقَالِيدُ السَّمَاوَاتِ وَالْأَرْضِ يَبْسُطُ
الرِّزْقَ لِمَن يَشَاءُ وَيَقْدِرُ إِنَّهُ بِكُلِّ شَيْءٍ عَلِيمٌ ﴿١٢﴾ شَرَعَ
لَكُم مِّنَ الدِّينِ مَا وَصَّىٰ بِهِ نُوحًا وَالَّذِي أَوْحَيْنَا إِلَيْكَ وَمَا
وَصَّيْنَا بِهِ إِبْرَاهِيمَ وَمُوسَىٰ وَعِيسَىٰ أَنْ أَقِيمُوا الدِّينَ
وَلَا تَتَفَرَّقُوا فِيهِ كَبُرَ عَلَى الْمُشْرِكِينَ مَا تَدْعُوهُمْ إِلَيْهِ اللَّهُ
يَجْتَبِي إِلَيْهِ مَن يَشَاءُ وَيَهْدِي إِلَيْهِ مَن يُنِيبُ ﴿١٣﴾ وَمَا تَفَرَّقُوا
إِلَّا مِن بَعْدِ مَا جَاءَهُمُ الْعِلْمُ بَغْيًا بَيْنَهُمْ وَلَوْلَا كَلِمَةٌ سَبَقَتْ
مِن رَّبِّكَ إِلَىٰ أَجَلٍ مُّسَمًّى لَّقُضِيَ بَيْنَهُمْ وَإِنَّ الَّذِينَ أُورِثُوا
الْكِتَابَ مِن بَعْدِهِمْ لَفِي شَكٍّ مِّنْهُ مُرِيبٍ ﴿١٤﴾ فَلِذَٰلِكَ
فَادْعُ وَاسْتَقِمْ كَمَا أُمِرْتَ وَلَا تَتَّبِعْ أَهْوَاءَهُمْ وَقُلْ
آمَنتُ بِمَا أَنزَلَ اللَّهُ مِن كِتَابٍ وَأُمِرْتُ لِأَعْدِلَ بَيْنَكُمُ
اللَّهُ رَبُّنَا وَرَبُّكُمْ لَنَا أَعْمَالُنَا وَلَكُمْ أَعْمَالُكُمْ لَا حُجَّةَ
بَيْنَنَا وَبَيْنَكُمُ اللَّهُ يَجْمَعُ بَيْنَنَا وَإِلَيْهِ الْمَصِيرُ ﴿١٥﴾

諸天と地の創始者。彼はおまえたちにおまえたち自身から伴侶たちをなし[1704]、家畜からも伴侶たちを(なし)、それでおまえたちを増やし給う。彼の同類のようなものはなにもない。彼こそはよく聞きよく見通し給う御方。(42：11)

彼にこそ諸天と地の諸々の鍵は属す。彼は彼の御望みの者に糧を広げ、また、制限し給う。まことに、彼はあらゆることについてよく知り給う御方。(42：12)

彼は、宗教のうちヌーフに命じ給うたものをおまえたちに制定し給うた。そして、われらがおまえに啓示したものと、われらがイブラーヒーム、ムーサー、そしてイーサーに命じたものを。(つまり)「宗教を遵奉し、その中で分裂してはならない」ということである。多神教徒にとっておまえが彼らをそこへと呼び招くものは重大(困難)であった。アッラーは御望みの者をそれに選び、悔いて帰る者をそれへと導き給う。(42：13)

そして彼らが分裂したのは彼らの許に知識がやって来た後のことで、彼らの間の羨望ゆえにほかならなかった。それで、定められた期限までとの[1705]おまえの主からの御言葉が先行していなかったら、彼らの間は裁決されていたであろう。だが、彼らの後で啓典を継承させられた者たち(ユダヤ教徒、キリスト教徒)は、彼(ムハンマド)[1706]について訝しむ疑念のうちにある。(42：14)

それゆえそうしたもの[1707]に呼び招け。そして、命じられたように真っすぐに立て。彼らの妄執に従ってはならない。そして、言え、「私は啓典でアッラーが下し給うたものを信じた。私はあなたがたの間を公平に扱うよう命じられた。アッラーはわれらの主であり、また、あなたがたの主であらせられ、われらにはわれらの行為があり、あなたがたにはあなたがたの行為がある。われらとあなたがたの間には議論はないのである。アッラーはわれらの間を集め給う。そして、彼の許にこそ行き着く先はあるのである」。(42：15)

1704　16章72節参照。
1705　応報を猶予するとの(16章61節、35章45節)。
1706　あるいは、それ(クルアーン)について、訝しむ疑念のうちにある。
1707　唯一神信仰。

وَٱلَّذِينَ يُحَآجُّونَ فِى ٱللَّهِ مِنۢ بَعْدِ مَا ٱسْتُجِيبَ لَهُۥ حُجَّتُهُمْ
دَاحِضَةٌ عِندَ رَبِّهِمْ وَعَلَيْهِمْ غَضَبٌ وَلَهُمْ عَذَابٌ شَدِيدٌ
١٦ ٱللَّهُ ٱلَّذِىٓ أَنزَلَ ٱلْكِتَٰبَ بِٱلْحَقِّ وَٱلْمِيزَانَ ۗ وَمَا يُدْرِيكَ
لَعَلَّ ٱلسَّاعَةَ قَرِيبٌ ١٧ يَسْتَعْجِلُ بِهَا ٱلَّذِينَ لَا يُؤْمِنُونَ
بِهَا ۖ وَٱلَّذِينَ ءَامَنُوا۟ مُشْفِقُونَ مِنْهَا وَيَعْلَمُونَ أَنَّهَا ٱلْحَقُّ ۗ
أَلَآ إِنَّ ٱلَّذِينَ يُمَارُونَ فِى ٱلسَّاعَةِ لَفِى ضَلَٰلٍۭ بَعِيدٍ ١٨
ٱللَّهُ لَطِيفٌۢ بِعِبَادِهِۦ يَرْزُقُ مَن يَشَآءُ ۖ وَهُوَ ٱلْقَوِىُّ ٱلْعَزِيزُ
١٩ مَن كَانَ يُرِيدُ حَرْثَ ٱلْءَاخِرَةِ نَزِدْ لَهُۥ فِى حَرْثِهِۦ ۖ وَمَن
كَانَ يُرِيدُ حَرْثَ ٱلدُّنْيَا نُؤْتِهِۦ مِنْهَا وَمَا لَهُۥ فِى ٱلْءَاخِرَةِ
مِن نَّصِيبٍ ٢٠ أَمْ لَهُمْ شُرَكَٰٓؤُا۟ شَرَعُوا۟ لَهُم مِّنَ ٱلدِّينِ
مَا لَمْ يَأْذَنۢ بِهِ ٱللَّهُ ۚ وَلَوْلَا كَلِمَةُ ٱلْفَصْلِ لَقُضِىَ بَيْنَهُمْ ۗ
وَإِنَّ ٱلظَّٰلِمِينَ لَهُمْ عَذَابٌ أَلِيمٌ ٢١ تَرَى ٱلظَّٰلِمِينَ
مُشْفِقِينَ مِمَّا كَسَبُوا۟ وَهُوَ وَاقِعٌۢ بِهِمْ ۗ وَٱلَّذِينَ
ءَامَنُوا۟ وَعَمِلُوا۟ ٱلصَّٰلِحَٰتِ فِى رَوْضَاتِ ٱلْجَنَّاتِ ۖ لَهُم
مَّا يَشَآءُونَ عِندَ رَبِّهِمْ ۚ ذَٰلِكَ هُوَ ٱلْفَضْلُ ٱلْكَبِيرُ ٢٢

そして、彼が応えられた後で[1708]、アッラーを巡って議論する者たち、彼らの抗弁は彼らの主の御許においては無効であり、彼らには(アッラーからの)御怒りがあり、彼らには厳しい懲罰がある。(42：16)

アッラーこそ真理と共に啓典をまた秤(公正さ)を下し給うた御方。そしてかの時(審判の日)が近いかもしれないことを何がおまえに知らせるか。(42：17)

それを信じない者たちはそれを急《せ》かす。だが、信仰する者たちはそれに不安を抱き、それが真実であることを知っている。まことに、かの時について論議する者たちは遠い迷誤の中にあるのではないか。(42：18)

アッラーは彼の僕《しもべ》たちに対して繊細であらせられ、御望みの者に糧を与え給う。そして彼は力強く、威力比類なき御方。(42：19)

そして来世の耕作(成果)を願った者があれば、われらは彼にその耕作を増やそう。また、現世の耕作を願った者があれば、彼にそれから与え、彼には来世においては分け前はない。(42：20)

それとも、彼らには共同者(悪魔)たちがいて、それらが彼らに、宗教でアッラーが許可し給わなかったものを制定したのか。そして(来世で審判の日に裁かれるとの)裁断の御言葉がなければ、彼らの間は(現世での懲罰で)裁決されていたであろう。まことに不正な者たち、彼らには痛苦の懲罰がある。(42：21)

(復活の日に)おまえは見るであろう、不正な者たちが己の稼いだものに不安を抱き、そして、それ(稼いだものへの応報)が彼らに降りかかるのを。一方、信仰し、善行をなした者たちは、楽園の庭園にいる。彼らには彼らの主の御許で望むものがある。そうしたもの、それこそ大いなる御恵みである。(42：22)

1708　彼(アッラー)が人々によって応えられる、つまり人々がアッラーの命令に応え、彼に帰依する。あるいは、彼(預言者ムハンマド)が人々によって応えられる(人々が彼の宣教に応える)。あるいは、彼(預言者ムハンマド)がアッラーによって応えられ、その祈願が叶う。

ذَٰلِكَ ٱلَّذِى يُبَشِّرُ ٱللَّهُ عِبَادَهُ ٱلَّذِينَ ءَامَنُوا۟ وَعَمِلُوا۟ ٱلصَّٰلِحَٰتِ ۗ
قُل لَّآ أَسْـَٔلُكُمْ عَلَيْهِ أَجْرًا إِلَّا ٱلْمَوَدَّةَ فِى ٱلْقُرْبَىٰ ۗ وَمَن يَقْتَرِفْ
حَسَنَةً نَّزِدْ لَهُۥ فِيهَا حُسْنًا ۚ إِنَّ ٱللَّهَ غَفُورٌ شَكُورٌ ﴿٢٣﴾ أَمْ يَقُولُونَ
ٱفْتَرَىٰ عَلَى ٱللَّهِ كَذِبًا ۖ فَإِن يَشَإِ ٱللَّهُ يَخْتِمْ عَلَىٰ قَلْبِكَ ۗ وَيَمْحُ ٱللَّهُ
ٱلْبَٰطِلَ وَيُحِقُّ ٱلْحَقَّ بِكَلِمَٰتِهِۦٓ ۚ إِنَّهُۥ عَلِيمٌۢ بِذَاتِ ٱلصُّدُورِ ﴿٢٤﴾
وَهُوَ ٱلَّذِى يَقْبَلُ ٱلتَّوْبَةَ عَنْ عِبَادِهِۦ وَيَعْفُوا۟ عَنِ ٱلسَّيِّـَٔاتِ
وَيَعْلَمُ مَا تَفْعَلُونَ ﴿٢٥﴾ وَيَسْتَجِيبُ ٱلَّذِينَ ءَامَنُوا۟ وَعَمِلُوا۟
ٱلصَّٰلِحَٰتِ وَيَزِيدُهُم مِّن فَضْلِهِۦ ۚ وَٱلْكَٰفِرُونَ لَهُمْ عَذَابٌ
شَدِيدٌ ﴿٢٦﴾ ۞ وَلَوْ بَسَطَ ٱللَّهُ ٱلرِّزْقَ لِعِبَادِهِۦ لَبَغَوْا۟ فِى ٱلْأَرْضِ
وَلَٰكِن يُنَزِّلُ بِقَدَرٍ مَّا يَشَآءُ ۚ إِنَّهُۥ بِعِبَادِهِۦ خَبِيرٌۢ بَصِيرٌ ﴿٢٧﴾ وَهُوَ
ٱلَّذِى يُنَزِّلُ ٱلْغَيْثَ مِنۢ بَعْدِ مَا قَنَطُوا۟ وَيَنشُرُ رَحْمَتَهُۥ ۚ وَهُوَ ٱلْوَلِىُّ ٱلْحَمِيدُ
﴿٢٨﴾ وَمِنْ ءَايَٰتِهِۦ خَلْقُ ٱلسَّمَٰوَٰتِ وَٱلْأَرْضِ وَمَا بَثَّ فِيهِمَا مِن دَآبَّةٍ ۚ
وَهُوَ عَلَىٰ جَمْعِهِمْ إِذَا يَشَآءُ قَدِيرٌ ﴿٢٩﴾ وَمَآ أَصَٰبَكُم مِّن مُّصِيبَةٍ فَبِمَا
كَسَبَتْ أَيْدِيكُمْ وَيَعْفُوا۟ عَن كَثِيرٍ ﴿٣٠﴾ وَمَآ أَنتُم بِمُعْجِزِينَ
فِى ٱلْأَرْضِ ۖ وَمَا لَكُم مِّن دُونِ ٱللَّهِ مِن وَلِىٍّ وَلَا نَصِيرٍ ﴿٣١﴾

それが、信仰し、善行をなした彼の僕《しもべ》たちにアッラーが吉報として告げ給うものである。言え、「私はあなたがたにそれ(イスラームの伝達)に対して報酬を求めない。ただ、近親における愛情だけを[1709]」。そして善事を稼いだ者があれば、われらは彼にそれに対して善を増やす。まことに、アッラーはよく赦し深謝し(報い)給う御方。(42：23)

それとも、彼らは、「彼はアッラーに対して嘘を捏造した」と言うのか[1710]。もし、アッラーが御望みなら、おまえの心を封じ給うであろう[1711]。アッラーは虚偽を抹消し、彼の御言葉によって真理を実現し給う。まことに、彼は胸中にあるものについてよく知り給う御方。(42：24)

また、彼こそは彼の僕《しもべ》たちの悔い戻りを受け入れ、悪事を免じ、おまえたちのなすことを知り給う御方。(42：25)

また、彼は信仰し、善行をなした者たちに応え、彼らに彼の御恵みを増やし給う。だが、不信仰者たち、彼らには厳しい懲罰がある。(42：26)

またアッラーが彼の僕《しもべ》たちに糧を広げ給うたならば、彼らは地上で法《のり》を超えたであろう。だが、彼は彼の御望みに応じて(糧を)降し給う。まことに、彼は、彼の僕《しもべ》たちについて通暁し、見通し給う御方。(42：27)

そして彼こそは彼らが絶望した後で雨水を降らし、彼の御慈悲を拡げ給う御方。そして彼こそは後見にして称賛されるべき御方。(42：28)

また、彼の諸々の徴のうちに、諸天と地の創造、また、動物でその双方(天地)に彼が撒き散らし給うたものがある。そして、彼こそは、彼が御望みになる時に彼らの召集が可能であらせられる御方。(42：29)

そしておまえたちを襲う苦難は、おまえたちの両手で稼いだものゆえである。だが、彼は多くを免じ給う。(42：30)

そしておまえたちは地上において(アッラーを出し抜き)頓挫させる者ではなく、おまえたちにはアッラーを差し置いて後見も援助者もいない。(42：31)

1709　預言者ムハンマドの同族のクライシュ族に対して親族としての情愛を求めるだけである。

1710　クルアーンはアッラーからの啓示などではなくムハンマドによる捏造である、と言うのか。

1711　もし万が一にも捏造などあれば、アッラーは預言者ムハンマドの心を封じ給うため、捏造など不可能である。

وَمِنْ ءَايَٰتِهِ ٱلْجَوَارِ فِى ٱلْبَحْرِ كَٱلْأَعْلَٰمِ ٣٢ إِن يَشَأْ يُسْكِنِ ٱلرِّيحَ
فَيَظْلَلْنَ رَوَاكِدَ عَلَىٰ ظَهْرِهِۦٓ ۚ إِنَّ فِى ذَٰلِكَ لَءَايَٰتٍ لِّكُلِّ صَبَّارٍ شَكُورٍ
٣٣ أَوْ يُوبِقْهُنَّ بِمَا كَسَبُوا۟ وَيَعْفُ عَن كَثِيرٍ ٣٤ وَيَعْلَمَ ٱلَّذِينَ
يُجَٰدِلُونَ فِىٓ ءَايَٰتِنَا مَا لَهُم مِّن مَّحِيصٍ ٣٥ فَمَآ أُوتِيتُم مِّن شَىْءٍ فَمَتَٰعُ
ٱلْحَيَوٰةِ ٱلدُّنْيَا ۖ وَمَا عِندَ ٱللَّهِ خَيْرٌ وَأَبْقَىٰ لِلَّذِينَ ءَامَنُوا۟ وَعَلَىٰ رَبِّهِمْ
يَتَوَكَّلُونَ ٣٦ وَٱلَّذِينَ يَجْتَنِبُونَ كَبَٰٓئِرَ ٱلْإِثْمِ وَٱلْفَوَٰحِشَ وَإِذَا مَا
غَضِبُوا۟ هُمْ يَغْفِرُونَ ٣٧ وَٱلَّذِينَ ٱسْتَجَابُوا۟ لِرَبِّهِمْ وَأَقَامُوا۟ ٱلصَّلَوٰةَ
وَأَمْرُهُمْ شُورَىٰ بَيْنَهُمْ وَمِمَّا رَزَقْنَٰهُمْ يُنفِقُونَ ٣٨ وَٱلَّذِينَ إِذَآ أَصَابَهُمُ
ٱلْبَغْىُ هُمْ يَنتَصِرُونَ ٣٩ وَجَزَٰٓؤُا۟ سَيِّئَةٍ سَيِّئَةٌ مِّثْلُهَا ۖ فَمَنْ عَفَا
وَأَصْلَحَ فَأَجْرُهُۥ عَلَى ٱللَّهِ ۚ إِنَّهُۥ لَا يُحِبُّ ٱلظَّٰلِمِينَ ٤٠ وَلَمَنِ ٱنتَصَرَ
بَعْدَ ظُلْمِهِۦ فَأُو۟لَٰٓئِكَ مَا عَلَيْهِم مِّن سَبِيلٍ ٤١ إِنَّمَا ٱلسَّبِيلُ عَلَى
ٱلَّذِينَ يَظْلِمُونَ ٱلنَّاسَ وَيَبْغُونَ فِى ٱلْأَرْضِ بِغَيْرِ ٱلْحَقِّ ۚ أُو۟لَٰٓئِكَ
لَهُمْ عَذَابٌ أَلِيمٌ ٤٢ وَلَمَن صَبَرَ وَغَفَرَ إِنَّ ذَٰلِكَ لَمِنْ عَزْمِ
ٱلْأُمُورِ ٤٣ وَمَن يُضْلِلِ ٱللَّهُ فَمَا لَهُۥ مِن وَلِىٍّ مِّنۢ بَعْدِهِۦ ۗ وَتَرَى
ٱلظَّٰلِمِينَ لَمَّا رَأَوُا۟ ٱلْعَذَابَ يَقُولُونَ هَلْ إِلَىٰ مَرَدٍّ مِّن سَبِيلٍ ٤٤

また、彼の諸々の徴のうちに、高山のような海における走行物(船)がある。(42：32)

もし彼が御望みなら、風を静め給い、それら(船)は、その(海の)表面に静止したままとなる。まことに、そこにはすべてのよく耐え、深謝する者への諸々の徴がある。(42：33)

あるいは、彼はそれらを、彼らが稼いだもの(罪)ゆえに難破させ給うが、多くは免じ給うであろう。(42：34)

そしてわれらの諸々の徴について言い争う者たちが、彼らには逃所《にげど》などないことを知るために。(42：35)

おまえたちにどんなものが授けられようと、それはただ現世の享楽である。しかしアッラーの御許にあるものは、信仰し、彼らの主に一任する者たちにとってはさらに良く、さらに長続きする。(42：36)

そして大罪や醜行を避け、怒った時にも赦す者たち(にとっては)。(42：37)

また、彼らの主に応え、礼拝を遵守し、彼らの物事は彼らの間での協議[1712]であり、われらが彼らに糧と与えたものから(善に)費やす者たち(にとっては)。(42：38)

また、彼らが不当な扱いをうけた時には援けを得る(自衛・反撃する)者たち(にとっては)。(42：39)

そして一つの悪事の報いは、それと同様の悪事一つである。だが、免じ、(関係を)正す者、その報酬はアッラーの上にある。まことに、彼は不正な者を愛し給わない。(42：40)

だが、不正の後に援けを得た(自衛した)者、そうした者には(咎める)道は課せられない。(42：41)

(咎める)道は、人々に不正をなし、地上で権利(正当性)もなく法《のり》を超える者たちのみに対するものである。それらの者、彼らには痛苦の懲罰がある。(42：42)

だが、忍耐し、赦した者、まことに、それは、(聖法の定める)物事の定めである。(42：43)

一方、アッラーが迷わせ給う者、彼には彼(アッラー)の後には後見などいない。そしておまえは見る(であろう)、不正な者たちが懲罰を見た時、「引き返しの道はあるのか」と言うのを。(42：44)

1712　公事私事に亘って独断や独裁を避け協議すること(3章159節参照)。マディーナの民は協議を習慣としていたが預言者ムハンマドの聖遷後もこれを踏襲したとも、彼らによる預言者ムハンマドの招聘が協議により決せられたとも、協議により富の独占が防がれ、調和がもたらされるとも言われる。

وَتَرَىٰهُمْ يُعْرَضُونَ عَلَيْهَا خَٰشِعِينَ مِنَ ٱلذُّلِّ يَنظُرُونَ
مِن طَرْفٍ خَفِيٍّ ۗ وَقَالَ ٱلَّذِينَ ءَامَنُوٓا۟ إِنَّ ٱلْخَٰسِرِينَ ٱلَّذِينَ
خَسِرُوٓا۟ أَنفُسَهُمْ وَأَهْلِيهِمْ يَوْمَ ٱلْقِيَٰمَةِ ۗ أَلَآ إِنَّ ٱلظَّٰلِمِينَ
فِى عَذَابٍ مُّقِيمٍ ﴿٤٥﴾ وَمَا كَانَ لَهُم مِّنْ أَوْلِيَآءَ يَنصُرُونَهُم
مِّن دُونِ ٱللَّهِ ۗ وَمَن يُضْلِلِ ٱللَّهُ فَمَا لَهُۥ مِن سَبِيلٍ ﴿٤٦﴾ ٱسْتَجِيبُوا۟
لِرَبِّكُم مِّن قَبْلِ أَن يَأْتِىَ يَوْمٌ لَّا مَرَدَّ لَهُۥ مِنَ ٱللَّهِ ۚ مَا لَكُم
مِّن مَّلْجَإٍ يَوْمَئِذٍ وَمَا لَكُم مِّن نَّكِيرٍ ﴿٤٧﴾ فَإِنْ أَعْرَضُوا۟
فَمَآ أَرْسَلْنَٰكَ عَلَيْهِمْ حَفِيظًا ۖ إِنْ عَلَيْكَ إِلَّا ٱلْبَلَٰغُ ۗ وَإِنَّآ إِذَآ
أَذَقْنَا ٱلْإِنسَٰنَ مِنَّا رَحْمَةً فَرِحَ بِهَا ۖ وَإِن تُصِبْهُمْ سَيِّئَةٌۢ
بِمَا قَدَّمَتْ أَيْدِيهِمْ فَإِنَّ ٱلْإِنسَٰنَ كَفُورٌ ﴿٤٨﴾ لِّلَّهِ مُلْكُ
ٱلسَّمَٰوَٰتِ وَٱلْأَرْضِ ۚ يَخْلُقُ مَا يَشَآءُ ۚ يَهَبُ لِمَن يَشَآءُ إِنَٰثًا
وَيَهَبُ لِمَن يَشَآءُ ٱلذُّكُورَ ﴿٤٩﴾ أَوْ يُزَوِّجُهُمْ ذُكْرَانًا وَإِنَٰثًا ۖ
وَيَجْعَلُ مَن يَشَآءُ عَقِيمًا ۚ إِنَّهُۥ عَلِيمٌ قَدِيرٌ ﴿٥٠﴾ ۞ وَمَا كَانَ
لِبَشَرٍ أَن يُكَلِّمَهُ ٱللَّهُ إِلَّا وَحْيًا أَوْ مِن وَرَآئِ حِجَابٍ أَوْ يُرْسِلَ
رَسُولًا فَيُوحِىَ بِإِذْنِهِۦ مَا يَشَآءُ ۚ إِنَّهُۥ عَلِىٌّ حَكِيمٌ ﴿٥١﴾

また、おまえは彼らがそこ(獄火)に晒されるのを見る(であろう)。彼らは卑しめから謙《へりくだ》り、密かな一瞥で見つめている。そして、信仰した者たちは言った。「まことに損失者とは、復活(審判)の日に己自身と己の家族を損失した者たちである[1713]」。まことに不正な者たちは永住の懲罰の中にいるのではないか。(42：45)

そして彼らにはアッラーを差し置いて彼らを援ける後見たちなどいない。そして、アッラーが迷わせ給う者、彼には道はないのである。(42：46)

おまえたちの主に応えよ、(現世への)引き返しのない日がアッラーからやって来る前に。おまえたちにはその日、避難所はなく、おまえたちには否認もないのである。(42：47)

それゆえもし彼らが背を向けたとしても、われらはおまえを彼らの監視者として遣わしたのではなかった。おまえには伝達以外は課されていない。そしてまことにわれらが人間にわれらからの慈悲を味わわせると、彼(人間)はそれに喜んだ。だが、もし彼らに彼らの両手が前もってなしたものゆえに悪しきことが降りかかれば、まことに人間は忘恩の不信仰の徒である。(42：48)

アッラーにこそ諸天と地の王権は属す。彼は御望みのものを創り給う。御望みの者に女児たち(のみ)を授け、また御望みの者に男児たち(のみ)を授け給う。(42：49)

あるいは、彼ら(赤児)を男児たちと女児たちに組み合わせ給い、また、御望みの者を不妊となし給う。まことに、彼はよく知り給う全能なる御方。(42：50)

そして人間にとっては、アッラーが彼に語りかけ給うことはありえない。ただし、啓示としては別であり、あるいは、帳の後ろから、あるいは、使徒(天使)を遣わし、彼(アッラー)の御許可によって御望みのことを啓示することも。まことに、彼は至高にして、英明なる御方。(42：51)

1713　あるいは、「信仰した者たちは復活の日に言った。『まことに損失者とは、己自身と…』」とも訳される。自らを損失するとは、楽園に入る機会を逸し火獄に永住すること。家族を損失するとは、家族や縁者が楽園に入り永遠の別れが実現すること。

そしてこのようにわれらはおまえに、われらの命《めい》からの霊[1714]を啓示した。おまえは啓典がなんであるかも信仰(がなんであるか)もわからなかった。だが、われらはそれ[1715]を光となし、それによってわれらの僕《しもべ》たちのうちわれらが望む者を導く。そしてまことに、おまえは真っすぐな道に導くのである。(42：52)

諸天にあるものも地にあるものも属すアッラーの道に。アッラーの御許にこそ万事は行き着くのではないか。(42：53)

第 43 章　金の装飾
…… سورة الزخرف

マッカ垂示

第 35 節の「金の装飾」の語に因んで「金の装飾」章と名づけられる。イブラーヒーム(26-28 節)、ムーサー (46-56 節)、イーサー (57-65 節)の物語が記されるが、イーサーは最後の審判の徴の一つと呼ばれている(61 節)。

وَكَذَٰلِكَ أَوْحَيْنَآ إِلَيْكَ رُوحًا مِّنْ أَمْرِنَا ۚ مَا كُنتَ تَدْرِى مَا ٱلْكِتَٰبُ
وَلَا ٱلْإِيمَٰنُ وَلَٰكِن جَعَلْنَٰهُ نُورًا نَّهْدِى بِهِۦ مَن نَّشَآءُ مِنْ عِبَادِنَا ۚ
وَإِنَّكَ لَتَهْدِىٓ إِلَىٰ صِرَٰطٍ مُّسْتَقِيمٍ ٥٢ صِرَٰطِ ٱللَّهِ ٱلَّذِى لَهُۥ
مَا فِى ٱلسَّمَٰوَٰتِ وَمَا فِى ٱلْأَرْضِ ۗ أَلَآ إِلَى ٱللَّهِ تَصِيرُ ٱلْأُمُورُ ٥٣

سُورَةُ الزُّخْرُف

بِسْمِ ٱللَّهِ ٱلرَّحْمَٰنِ ٱلرَّحِيمِ

حمٓ ١ وَٱلْكِتَٰبِ ٱلْمُبِينِ ٢ إِنَّا جَعَلْنَٰهُ قُرْءَٰنًا عَرَبِيًّا
لَّعَلَّكُمْ تَعْقِلُونَ ٣ وَإِنَّهُۥ فِىٓ أُمِّ ٱلْكِتَٰبِ لَدَيْنَا
لَعَلِىٌّ حَكِيمٌ ٤ أَفَنَضْرِبُ عَنكُمُ ٱلذِّكْرَ صَفْحًا
أَن كُنتُمْ قَوْمًا مُّسْرِفِينَ ٥ وَكَمْ أَرْسَلْنَا مِن نَّبِىٍّ فِى
ٱلْأَوَّلِينَ ٦ وَمَا يَأْتِيهِم مِّن نَّبِىٍّ إِلَّا كَانُوا۟ بِهِۦ يَسْتَهْزِءُونَ
٧ فَأَهْلَكْنَآ أَشَدَّ مِنْهُم بَطْشًا وَمَضَىٰ مَثَلُ ٱلْأَوَّلِينَ
٨ وَلَئِن سَأَلْتَهُم مَّنْ خَلَقَ ٱلسَّمَٰوَٰتِ وَٱلْأَرْضَ لَيَقُولُنَّ
خَلَقَهُنَّ ٱلْعَزِيزُ ٱلْعَلِيمُ ٩ ٱلَّذِى جَعَلَ لَكُمُ ٱلْأَرْضَ
مَهْدًا وَجَعَلَ لَكُمْ فِيهَا سُبُلًا لَّعَلَّكُمْ تَهْتَدُونَ ١٠

慈悲あまねく慈悲深きアッラーの御名において

ハー・ミーム[1716]。(43：1)

解明の啓典にかけて。(43：2)

まことに、われらはそれをアラビア語のクルアーンとなした。きっとおまえたちも悟るであろうと。(43：3)

そして、まことに、それは書物の母[1717]の中に、われらの許にあり、高貴にして英知あふれている。(43：4)

おまえたちが度を越した民であることで、われらはこの訓戒をおまえたちから取り上げ差し控えるのか。(43：5)

また、どれほどの預言者をわれらは昔の者たちに遣わしたことか。(43：6)

だが、預言者が彼らの許にやって来る度、彼らは彼を嘲笑せずにはいなかった。(43：7)

そこで、われらは彼ら(預言者ムハンマドの民)よりも勢力の強いものを滅ぼした。そして、昔の者の喩えは過ぎ去った。(43：8)

またもしもおまえが彼らに、「誰が諸天と地を創造したか」と問えば、必ずや彼らは、「威力比類ないよく知り

1714　信仰者の心がクルアーンによって生きるため、クルアーンが「霊」と呼ばれている。あるいは、「霊」は慈悲とも、啓示とも言われる。

1715　啓典(クルアーン)、あるいは信仰。

1716　2 章 1 節脚注参照。

1717　13 章 39 節参照。

وَٱلَّذِي نَزَّلَ مِنَ ٱلسَّمَآءِ مَآءَۢ بِقَدَرٖ فَأَنشَرۡنَا بِهِۦ بَلۡدَةٗ مَّيۡتٗاۚ
كَذَٰلِكَ تُخۡرَجُونَ ١١ وَٱلَّذِي خَلَقَ ٱلۡأَزۡوَٰجَ كُلَّهَا وَجَعَلَ
لَكُم مِّنَ ٱلۡفُلۡكِ وَٱلۡأَنۡعَٰمِ مَا تَرۡكَبُونَ ١٢ لِتَسۡتَوُۥاْ عَلَىٰ ظُهُورِهِۦ
ثُمَّ تَذۡكُرُواْ نِعۡمَةَ رَبِّكُمۡ إِذَا ٱسۡتَوَيۡتُمۡ عَلَيۡهِ وَتَقُولُواْ سُبۡحَٰنَ
ٱلَّذِي سَخَّرَ لَنَا هَٰذَا وَمَا كُنَّا لَهُۥ مُقۡرِنِينَ ١٣ وَإِنَّآ إِلَىٰ رَبِّنَا
لَمُنقَلِبُونَ ١٤ وَجَعَلُواْ لَهُۥ مِنۡ عِبَادِهِۦ جُزۡءًاۚ إِنَّ ٱلۡإِنسَٰنَ
لَكَفُورٞ مُّبِينٌ ١٥ أَمِ ٱتَّخَذَ مِمَّا يَخۡلُقُ بَنَاتٖ وَأَصۡفَىٰكُم
بِٱلۡبَنِينَ ١٦ وَإِذَا بُشِّرَ أَحَدُهُم بِمَا ضَرَبَ لِلرَّحۡمَٰنِ مَثَلٗا
ظَلَّ وَجۡهُهُۥ مُسۡوَدّٗا وَهُوَ كَظِيمٌ ١٧ أَوَمَن يُنَشَّؤُاْ فِي
ٱلۡحِلۡيَةِ وَهُوَ فِي ٱلۡخِصَامِ غَيۡرُ مُبِينٖ ١٨ وَجَعَلُواْ ٱلۡمَلَٰٓئِكَةَ
ٱلَّذِينَ هُمۡ عِبَٰدُ ٱلرَّحۡمَٰنِ إِنَٰثًاۚ أَشَهِدُواْ خَلۡقَهُمۡۚ سَتُكۡتَبُ
شَهَٰدَتُهُمۡ وَيُسۡـَٔلُونَ ١٩ وَقَالُواْ لَوۡ شَآءَ ٱلرَّحۡمَٰنُ مَا عَبَدۡنَٰهُمۗ
مَّا لَهُم بِذَٰلِكَ مِنۡ عِلۡمٍۖ إِنۡ هُمۡ إِلَّا يَخۡرُصُونَ ٢٠ أَمۡ ءَاتَيۡنَٰهُمۡ
كِتَٰبٗا مِّن قَبۡلِهِۦ فَهُم بِهِۦ مُسۡتَمۡسِكُونَ ٢١ بَلۡ قَالُوٓاْ إِنَّا
وَجَدۡنَآ ءَابَآءَنَا عَلَىٰٓ أُمَّةٖ وَإِنَّا عَلَىٰٓ ءَاثَٰرِهِم مُّهۡتَدُونَ ٢٢

給う御方がそれらを創り給うた」と言うであろう。(43：9)

おまえたちのために大地を臥所となし、おまえたちのためにそこに多くの道をなし給うた御方。きっとおまえたちも導かれようと。(43：10)

また、天から適量に水(雨)を降らした御方。そして、われらはそれによって死んだ土地を甦らせた。このようにおまえたちは(墓から)引き出される。(43：11)

また、(動植物等の)諸種類のすべてを創り、おまえたちに舟と家畜からおまえたちが乗るものを作り給うた御方。(43：12)

おまえたちがその背に座すため、それからおまえたちがそれに座した時におまえたちの主の恩寵を思い出し、「称えあれ、われらにこれを従わせ給うた御方こそ超越者。われらはそれに対して可能な者ではありませんでした」と言うためである。(43：13)

「そして、まことに、われらはわれらの主の御許に還る者です」。(43：14)

だが、彼らは彼に彼の僕《しもべ》から分身をなした[1718]。まことに、人間は明白な忘恩の不信仰者である。(43：15)

それとも、彼は、彼が創り給うものから(御自身には)娘たちを取り、おまえたちを息子たちによって優遇し給うたのか[1719]。(43：16)

そして彼ら(多神教徒たち)の一人に、彼(その男)が慈悲あまねき御方に対して類似のもの(女神)としてあてがったもの(娘の誕生)の吉報が伝えられると、彼の顔は黒く翳《かげ》り、鬱ぎ込んだ。(43：17)

それとも、装飾の中で育てられ、議論において明晰でない者(女性)を(彼らはアッラーにあてがう)というのか。(43：18)

また、彼らは慈悲あまねき御方の僕《しもべ》たちである天使たちを、女性となした。彼らはそれらの創造に立ち会ったのか。彼らの証言はいずれ書き留められ、そして彼らは問われるであろう。(43：19)

また彼らは言った。「もし慈悲あまねき御方が御望みなら、われらは彼ら(天使たち)には仕えなかったであろう[1720]」。彼らにはそれについて知識などなかった。ただ彼らは憶断している(虚言を述べている)にすぎない。(43：20)

それとも、われらが彼らにそれ(クルアーン)以前に(多神崇拝を教える)啓典を与え、それで彼らはそれを固守する者であるのか。(43：21)

いや、彼らは言った。「まことにわれらは、われらの祖先がある一つの宗派の上にあるのを見出し、またまことにわれらは彼らの足跡の上にあり、導かれる者である」。(43：22)

1718　マッカの多神教徒たちはアッラーの僕《しもべ》に過ぎない天使をアッラーの娘と呼んで崇めた。
1719　16章57節参照。
1720　彼らが天使たちに仕えるのはアッラーの意志によるものである、との主張。

وَكَذَٰلِكَ مَآ أَرۡسَلۡنَا مِن قَبۡلِكَ فِي قَرۡيَةٖ مِّن نَّذِيرٍ إِلَّا قَالَ مُتۡرَفُوهَآ
إِنَّا وَجَدۡنَآ ءَابَآءَنَا عَلَىٰٓ أُمَّةٖ وَإِنَّا عَلَىٰٓ ءَاثَٰرِهِم مُّقۡتَدُونَ ٢٣
۞قَٰلَ أَوَلَوۡ جِئۡتُكُم بِأَهۡدَىٰ مِمَّا وَجَدتُّمۡ عَلَيۡهِ ءَابَآءَكُمۡۖ
قَالُوٓاْ إِنَّا بِمَآ أُرۡسِلۡتُم بِهِۦ كَٰفِرُونَ ٢٤ فَٱنتَقَمۡنَا مِنۡهُمۡۖ فَٱنظُرۡ
كَيۡفَ كَانَ عَٰقِبَةُ ٱلۡمُكَذِّبِينَ ٢٥ وَإِذۡ قَالَ إِبۡرَٰهِيمُ لِأَبِيهِ وَقَوۡمِهِۦٓ
إِنَّنِي بَرَآءٞ مِّمَّا تَعۡبُدُونَ ٢٦ إِلَّا ٱلَّذِي فَطَرَنِي فَإِنَّهُۥ سَيَهۡدِينِ
٢٧ وَجَعَلَهَا كَلِمَةَۢ بَاقِيَةٗ فِي عَقِبِهِۦ لَعَلَّهُمۡ يَرۡجِعُونَ ٢٨ بَلۡ
مَتَّعۡتُ هَٰٓؤُلَآءِ وَءَابَآءَهُمۡ حَتَّىٰ جَآءَهُمُ ٱلۡحَقُّ وَرَسُولٞ مُّبِينٞ ٢٩
وَلَمَّا جَآءَهُمُ ٱلۡحَقُّ قَالُواْ هَٰذَا سِحۡرٞ وَإِنَّا بِهِۦ كَٰفِرُونَ ٣٠ وَقَالُواْ
لَوۡلَا نُزِّلَ هَٰذَا ٱلۡقُرۡءَانُ عَلَىٰ رَجُلٖ مِّنَ ٱلۡقَرۡيَتَيۡنِ عَظِيمٍ ٣١ أَهُمۡ
يَقۡسِمُونَ رَحۡمَتَ رَبِّكَۚ نَحۡنُ قَسَمۡنَا بَيۡنَهُم مَّعِيشَتَهُمۡ فِي ٱلۡحَيَوٰةِ
ٱلدُّنۡيَاۚ وَرَفَعۡنَا بَعۡضَهُمۡ فَوۡقَ بَعۡضٖ دَرَجَٰتٖ لِّيَتَّخِذَ بَعۡضُهُم
بَعۡضٗا سُخۡرِيّٗاۗ وَرَحۡمَتُ رَبِّكَ خَيۡرٞ مِّمَّا يَجۡمَعُونَ ٣٢ وَلَوۡلَآ
أَن يَكُونَ ٱلنَّاسُ أُمَّةٗ وَٰحِدَةٗ لَّجَعَلۡنَا لِمَن يَكۡفُرُ بِٱلرَّحۡمَٰنِ
لِبُيُوتِهِمۡ سُقُفٗا مِّن فِضَّةٖ وَمَعَارِجَ عَلَيۡهَا يَظۡهَرُونَ ٣٣

そしてこのように、われらはおまえ以前にも町に警告者を遣わしたが、その奢侈な者たちは、「まことに、われらはわれらの祖先がある一つの宗派の上にあるのを見出し、またまことにわれらは彼らの足跡の上を辿る者である」と言わずにはいなかった。(43：23)

彼(警告者の一人)は言った。「たとえ、私があなたがたの許に、あなたがたの祖先がその上にいるのをあなたがたが見出したもの(宗派)よりもさらに導かれたものを携えて来たとしてもか」。彼らは言った。「われらは、おまえたちが携えて遣わされたものへの信仰を拒む者である」。(43：24)

そこで、われらは彼らに報復した。それゆえ、よく見るがよい、嘘と否定した者たちの末路がどのようなものであったかを。(43：25)

またイブラーヒームが彼の父と彼の民に向かって言った時のこと(を想起せよ)、「まことに、私は、あなたがたが仕えるものとは無縁である」。(43：26)

「ただし、私を創始し給うた御方は別であり、彼こそがいずれ私を導き給う」。(43：27)

また彼はそれ[1721]を彼の後継において残存する言葉となした。きっと、彼らも帰るであろう[1722]。(43：28)

いや、われはそれらの者と彼らの祖先を享楽させた。だが、ついに彼らの許に真理と明白な使徒[1723]が訪れた。(43：29)

そして、彼らの許に真理が訪れた時、彼らは言った。「これは魔術であり、まことにわれらはそれへの信仰を拒む者である」。(43：30)

また、彼らは言った。「このクルアーンが二つの町の有力人物[1724]の上に垂示されなかったのは何故か」。(43：31)

彼らがおまえの主の御慈悲(預言の啓示)を割り振るというのか。われらこそが彼らの間に現世における彼らの生活手段を割り振り、彼らのある者を別のある者の上に位階を高めた、一方が他方を人夫(傭夫)とするために。そしておまえの主の御慈悲(楽園[1725])は彼らが蓄積するものよりも良い。(43：32)

1721　「アッラー以外に神はない」との唯一神信仰の言葉。

1722　一神教を彼の子孫に永続的に伝えた。それゆえ一神教は、イブラーヒーム(アブラハム)の長男イスマーイール(イシュマエル)の子孫アラブ人を通じてイスラームとして、また次男イスハーク(イサク)の子孫ユダヤ人(イスラーイールの民)を通じてユダヤ教、キリスト教として人類に広まった。「帰る」とはアッラーのみを崇拝することに帰るの意。

1723　クルアーンと預言者ムハンマド。

1724　マッカのワリード・ブン・アル＝ムギーラとターイフのウルワ・ブン・マスウード・アッ＝サカフィーを指すと言われる。

1725　あるいは、預言者性とそれへの服従。

وَلِبُيُوتِهِمْ أَبْوَٰبًا وَسُرُرًا عَلَيْهَا يَتَّكِـُٔونَ ٣٤ وَزُخْرُفًا وَإِن
كُلُّ ذَٰلِكَ لَمَّا مَتَٰعُ ٱلْحَيَوٰةِ ٱلدُّنْيَا وَٱلْءَاخِرَةُ عِندَ رَبِّكَ
لِلْمُتَّقِينَ ٣٥ وَمَن يَعْشُ عَن ذِكْرِ ٱلرَّحْمَٰنِ نُقَيِّضْ لَهُۥ شَيْطَٰنًا
فَهُوَ لَهُۥ قَرِينٌ ٣٦ وَإِنَّهُمْ لَيَصُدُّونَهُمْ عَنِ ٱلسَّبِيلِ وَيَحْسَبُونَ
أَنَّهُم مُّهْتَدُونَ ٣٧ حَتَّىٰٓ إِذَا جَآءَنَا قَالَ يَٰلَيْتَ بَيْنِى وَبَيْنَكَ
بُعْدَ ٱلْمَشْرِقَيْنِ فَبِئْسَ ٱلْقَرِينُ ٣٨ وَلَن يَنفَعَكُمُ ٱلْيَوْمَ
إِذ ظَّلَمْتُمْ أَنَّكُمْ فِى ٱلْعَذَابِ مُشْتَرِكُونَ ٣٩ أَفَأَنتَ تُسْمِعُ
ٱلصُّمَّ أَوْ تَهْدِى ٱلْعُمْىَ وَمَن كَانَ فِى ضَلَٰلٍ مُّبِينٍ ٤٠ فَإِمَّا
نَذْهَبَنَّ بِكَ فَإِنَّا مِنْهُم مُّنتَقِمُونَ ٤١ أَوْ نُرِيَنَّكَ ٱلَّذِى
وَعَدْنَٰهُمْ فَإِنَّا عَلَيْهِم مُّقْتَدِرُونَ ٤٢ فَٱسْتَمْسِكْ بِٱلَّذِىٓ أُوحِىَ
إِلَيْكَ ۖ إِنَّكَ عَلَىٰ صِرَٰطٍ مُّسْتَقِيمٍ ٤٣ وَإِنَّهُۥ لَذِكْرٌ لَّكَ وَلِقَوْمِكَ ۖ
وَسَوْفَ تُسْـَٔلُونَ ٤٤ وَسْـَٔلْ مَنْ أَرْسَلْنَا مِن قَبْلِكَ مِن رُّسُلِنَآ
أَجَعَلْنَا مِن دُونِ ٱلرَّحْمَٰنِ ءَالِهَةً يُعْبَدُونَ ٤٥ وَلَقَدْ أَرْسَلْنَا
مُوسَىٰ بِـَٔايَٰتِنَآ إِلَىٰ فِرْعَوْنَ وَمَلَإِي۟هِۦ فَقَالَ إِنِّى رَسُولُ رَبِّ
ٱلْعَٰلَمِينَ ٤٦ فَلَمَّا جَآءَهُم بِـَٔايَٰتِنَآ إِذَا هُم مِّنْهَا يَضْحَكُونَ ٤٧

そして人々が一つの(不信仰の)共同体になることがなければ[1726]、われらは慈悲あまねき御方への信仰を拒む者に、彼らの家に銀の屋根をなしたであろうし、その上に彼らが上る(銀の)梯子段をも。(43：33)

また、彼らの家にはいくつもの(銀の)扉と、その上にもたれかかる(銀の)寝台をも。(43：34)

さらに、金の装飾を。だが、そうしたものすべては現世の享楽にすぎない。そして、おまえの主の御許における来世は畏れ身を守る者たちのものである。(43：35)

そして慈悲あまねき御方の念唱(クルアーン)から目を逸らす者があれば、われらは彼に悪魔を振り当てる。そして、それは彼にとって相棒となる。(43：36)

それでまことに、それら(悪魔)は彼らを道から逸らし、そして彼らは自分たちが導かれていると思い込むのである。(43：37)

ついに彼がわれらの許に来ると、言った。「ああ、私とおまえ(相棒の悪魔)の間に二つの東の隔たり(東と西の間ほどの隔たり)があったならば」。また、なんと悪い相棒であったことよ。(43：38)

そしてそれ[1727]はおまえたちには役に立たない、今日、おまえたちが不正をなした(ことが明らかになった)時には。おまえたちは懲罰の中で共同者である。(43：39)

そして、おまえは聾者たちに聞かせ、あるいは盲人たちや明白な迷誤の中にいる者を導くのか。(43：40)

それでもしわれらがおまえを連れ去るとしても、まことに、われらは彼らに報復する者である[1728]。(43：41)

あるいは、(もし)われらが彼らに約束したもの(懲罰)をおまえに(存命中に)見せるとすれば、まことに、われらは彼らに対し力ある者である。(43：42)

それゆえ、おまえに啓示されたものを固持せよ。まことに、おまえは真っすぐな道の上にある。(43：43)

まことに、それはおまえとおまえの民(アラブ、クライシュ族)の念唱(名誉)である[1729]。いずれおまえたちは問われるであろう。(43：44)

そしてわれらの使徒たちでわれらがおまえ以前に遣わした者に問え[1730]、われらが慈悲あまねき御方を差し置いて仕えられるべき神々をもうけたかと。(43：45)

またかつてわれらはムーサーをわれらの諸々の徴と共にフィルアウンとその長老たちの許に遣わし、彼は言った。「まことに、私は諸世界の主の使徒である」。(43：46)

だが、彼が彼らの許にわれらの諸々の徴を携えて来ると、すると途端に、彼らはそれを嘲笑った。(43：47)

1726　人々が現世の財産に目が眩み、不信仰において纏まった一つの共同体になる恐れがなければ。
1727　悪魔が懲罰における共同者であること。あるいは、隔たりがあったならばという後悔と願望。
1728　たとえ現世で彼らを罰する前におまえを連れさる(死なす)としても、来世で彼らを罰する。
1729　彼らの言葉(アラビア語)によって聖典クルアーンが啓示されたことによって。
1730　使徒たちが遣わされた諸共同体に問え。あるいは、昇天の際に使徒たちと会う時に。

وَمَا نُرِيهِم مِّنْ ءَايَةٍ إِلَّا هِىَ أَكْبَرُ مِنْ أُخْتِهَا ۖ وَأَخَذْنَٰهُم
بِٱلْعَذَابِ لَعَلَّهُمْ يَرْجِعُونَ ﴿٤٨﴾ وَقَالُوا۟ يَٰٓأَيُّهَ ٱلسَّاحِرُ ٱدْعُ لَنَا
رَبَّكَ بِمَا عَهِدَ عِندَكَ إِنَّنَا لَمُهْتَدُونَ ﴿٤٩﴾ فَلَمَّا كَشَفْنَا
عَنْهُمُ ٱلْعَذَابَ إِذَا هُمْ يَنكُثُونَ ﴿٥٠﴾ وَنَادَىٰ فِرْعَوْنُ فِى قَوْمِهِۦ
قَالَ يَٰقَوْمِ أَلَيْسَ لِى مُلْكُ مِصْرَ وَهَٰذِهِ ٱلْأَنْهَٰرُ تَجْرِى مِن
تَحْتِىٓ ۚ أَفَلَا تُبْصِرُونَ ﴿٥١﴾ أَمْ أَنَا۠ خَيْرٌ مِّنْ هَٰذَا ٱلَّذِى هُوَ مَهِينٌ
وَلَا يَكَادُ يُبِينُ ﴿٥٢﴾ فَلَوْلَآ أُلْقِىَ عَلَيْهِ أَسْوِرَةٌ مِّن ذَهَبٍ أَوْ جَآءَ
مَعَهُ ٱلْمَلَٰٓئِكَةُ مُقْتَرِنِينَ ﴿٥٣﴾ فَٱسْتَخَفَّ قَوْمَهُۥ
فَأَطَاعُوهُ ۚ إِنَّهُمْ كَانُوا۟ قَوْمًا فَٰسِقِينَ ﴿٥٤﴾ فَلَمَّآ ءَاسَفُونَا
ٱنتَقَمْنَا مِنْهُمْ فَأَغْرَقْنَٰهُمْ أَجْمَعِينَ ﴿٥٥﴾ فَجَعَلْنَٰهُمْ
سَلَفًا وَمَثَلًا لِّلْءَاخِرِينَ ﴿٥٦﴾ ۞ وَلَمَّا ضُرِبَ ٱبْنُ مَرْيَمَ مَثَلًا
إِذَا قَوْمُكَ مِنْهُ يَصِدُّونَ ﴿٥٧﴾ وَقَالُوٓا۟ ءَأَٰلِهَتُنَا خَيْرٌ أَمْ
هُوَ ۚ مَا ضَرَبُوهُ لَكَ إِلَّا جَدَلًۢا ۚ بَلْ هُمْ قَوْمٌ خَصِمُونَ ﴿٥٨﴾ إِنْ هُوَ
إِلَّا عَبْدٌ أَنْعَمْنَا عَلَيْهِ وَجَعَلْنَٰهُ مَثَلًا لِّبَنِىٓ إِسْرَٰٓءِيلَ ﴿٥٩﴾
وَلَوْ نَشَآءُ لَجَعَلْنَا مِنكُم مَّلَٰٓئِكَةً فِى ٱلْأَرْضِ يَخْلُفُونَ ﴿٦٠﴾

　またわれらは彼らに徴を見せたが、それはその姉妹(以前の徴[1731])よりも大きなものばかりであった。そして、われらは彼らを懲罰で捕らえた。きっと彼らも帰るであろうと。(43：48)

　それで彼らは言った。「魔術師[1732](ムーサー)よ、われらのためにおまえの主に、彼がおまえに約定し給うたもの[1733]によって祈ってくれ。まことにわれらは導かれた者となろう」。(43：49)

　だが、われらが彼らから懲罰を取り除くと、すると途端に彼らは(その約束を)破棄するのである。(43：50)

　そしてフィルアウンは彼の民に呼び掛けて言った。「わが民よ、われにこそエジプトとわが下を流れるこれらの川の王権は属すのではないか。それなのに、おまえたちは目にしないのか(悟らないのか)」。(43：51)

「それとも、われはこの卑しく、明瞭に話せそうにもない者[1734]よりも優れている(のではないか)」。(43：52)

「それなら彼には金の腕輪が授けられないのは何故か。あるいは、彼と共に天使たちが連れ添って来ないのか」。(43：53)

　それで彼(フィルアウン)は彼の民を扇動し、それで彼らは彼に従った。まことに彼らは邪な民であった。(43：54)

　それで彼らがわれを憤慨させた時、われらは彼らに報復し、彼らをそっくり溺死させた。(43：55)

　それゆえわれらは彼らを先人となし、後の者たちの(他山の石とすべき)先例となした。(43：56)

　また、マルヤムの息子(イーサー)が喩えとして挙げられると、すると途端におまえの民はそれに騒ぎ立てた[1735]。(43：57)

　そして、彼らは言った。「われらの神々の方が優れているか、それとも彼(イーサー)か」。彼らがおまえにそれを挙げるのは、詭弁にほかならない。いや、彼らは論《あげつら》う民である。(43：58)

　彼はわれらが恩寵を垂れた僕《しもべ》にすぎず、われらは彼をイスラーイールの子孫への喩えとした。(43：59)

　またもしわれらが望めば、おまえたちより(代わりに)天使を成し、地上で彼らは引き継ぐであろう。(43：60)

1731　「徴(āyah)」は文法上女性なので「姉妹」と呼ばれている。17章101節脚注参照。

1732　当時、エジプトでは魔術師は学識者として尊重されていた、とされる。

1733　フィルアウンたちが信仰すれば、懲罰を取り除き給うとのアッラーのムーサーに対する約定。

1734　ムーサーは言葉が不自由であった。20章27節、「出エジプト記」4章10節参照。

1735　21章98節が啓示されると、イブン・アッ＝ズィバアラーが預言者ムハンマドに「私はおまえを論破した。カアバの主に誓って、キリスト教徒はメシア・イーサーに仕えたのではないか。ユダヤ教徒はウザイルに仕えたのではないか。マリーフ族(フザーア族の支族)は天使たちに仕えたのではないか。それらの者(イーサー、ウザイル、天使たちとそれらに仕えた者)が獄火に入るのであれば、われらはわれらとわれらの神々も彼らと共にいるなら満足だ」と言い、マッカの多神教徒たちはその言葉に喜び、笑い、声を上げた。そこでこの節が啓示された。

وَإِنَّهُۥ لَعِلْمٌ لِّلسَّاعَةِ فَلَا تَمْتَرُنَّ بِهَا وَٱتَّبِعُونِ هَٰذَا صِرَٰطٌ
مُّسْتَقِيمٌ ٦١ وَلَا يَصُدَّنَّكُمُ ٱلشَّيْطَٰنُ إِنَّهُۥ لَكُمْ عَدُوٌّ مُّبِينٌ
٦٢ وَلَمَّا جَآءَ عِيسَىٰ بِٱلْبَيِّنَٰتِ قَالَ قَدْ جِئْتُكُم بِٱلْحِكْمَةِ
وَلِأُبَيِّنَ لَكُم بَعْضَ ٱلَّذِى تَخْتَلِفُونَ فِيهِ فَٱتَّقُوا۟ ٱللَّهَ وَأَطِيعُونِ
٦٣ إِنَّ ٱللَّهَ هُوَ رَبِّى وَرَبُّكُمْ فَٱعْبُدُوهُ هَٰذَا صِرَٰطٌ مُّسْتَقِيمٌ
٦٤ فَٱخْتَلَفَ ٱلْأَحْزَابُ مِنۢ بَيْنِهِمْ فَوَيْلٌ لِّلَّذِينَ ظَلَمُوا۟
مِنْ عَذَابِ يَوْمٍ أَلِيمٍ ٦٥ هَلْ يَنظُرُونَ إِلَّا ٱلسَّاعَةَ أَن
تَأْتِيَهُم بَغْتَةً وَهُمْ لَا يَشْعُرُونَ ٦٦ ٱلْأَخِلَّآءُ يَوْمَئِذٍۭ
بَعْضُهُمْ لِبَعْضٍ عَدُوٌّ إِلَّا ٱلْمُتَّقِينَ ٦٧ يَٰعِبَادِ لَا خَوْفٌ
عَلَيْكُمُ ٱلْيَوْمَ وَلَآ أَنتُمْ تَحْزَنُونَ ٦٨ ٱلَّذِينَ ءَامَنُوا۟ بِـَٔايَٰتِنَا
وَكَانُوا۟ مُسْلِمِينَ ٦٩ ٱدْخُلُوا۟ ٱلْجَنَّةَ أَنتُمْ وَأَزْوَٰجُكُمْ
تُحْبَرُونَ ٧٠ يُطَافُ عَلَيْهِم بِصِحَافٍ مِّن ذَهَبٍ وَأَكْوَابٍ
وَفِيهَا مَا تَشْتَهِيهِ ٱلْأَنفُسُ وَتَلَذُّ ٱلْأَعْيُنُ وَأَنتُمْ فِيهَا
خَٰلِدُونَ ٧١ وَتِلْكَ ٱلْجَنَّةُ ٱلَّتِىٓ أُورِثْتُمُوهَا بِمَا كُنتُمْ
تَعْمَلُونَ ٧٢ لَكُمْ فِيهَا فَٰكِهَةٌ كَثِيرَةٌ مِّنْهَا تَأْكُلُونَ ٧٣

そしてまことに、彼(の再臨)はかの時(最後の審判)のための標識である。それゆえ、それについて疑ってはならない。そして、「われに従え。それが真っすぐな道である」。(43：61)

そして悪魔がおまえたちを逸らせることがあってはならない。まことに、彼はおまえたちにとって明白な敵である。(43：62)

そしてイーサーは、諸々の明証を携えて来ると言った。「まことに、私はあなたがたの許に英知と共にやって来た。また、あなたがたがそれを巡って分裂するものの一部をあなたがたに説明するために。それゆえ、アッラーを畏れ身を守り、私に従え」。(43：63)

「まことに、アッラー、彼こそはわが主にして、あなたがたの主であらせられる。それゆえ、彼に仕えよ。それが真っすぐな道である」。(43：64)

だが、彼らの間で諸党派が分裂した[1736]。そして不正をなした者たちには痛苦の(最後の審判の)日の懲罰の災いあれ。(43：65)

彼らは、かの時のほかに座視することがあるのか、(つまり)それが彼らに突然、彼らの気づかないうちに到来することのほかに。(43：66)

親友たちは、その日、互いが互いにとって敵となる。ただし、畏れ身を守る者たちは別である。(43：67)

「わが僕《しもべ》たちよ、今日、おまえたちには恐怖はなく、おまえたちは悲しむことはない」。(43：68)

われらの諸々の徴を信じ、帰依した者《ムスリム》であった者たちである。(43：69)

「楽園に入れ、おまえたちもおまえたちの伴侶たちも歓待されよう」。(43：70)

彼らには金の大皿や杯が回され、そこには己が欲し、目が喜ぶものがある。そして、おまえたちはそこに永遠に留まる。(43：71)

そしてそれが、おまえたちがなしてきたことゆえにおまえたちが継がせられた楽園である。(43：72)

おまえたちにはそこには多くの果物があり、それからおまえたちは食べる。(43：73)

1736　イーサーが神であるか、アッラーの息子であるか、三位一体の第三位格であるか。

إِنَّ ٱلۡمُجۡرِمِينَ فِي عَذَابِ جَهَنَّمَ خَٰلِدُونَ ﴿٧٤﴾ لَا يُفَتَّرُ عَنۡهُمۡ وَهُمۡ
فِيهِ مُبۡلِسُونَ ﴿٧٥﴾ وَمَا ظَلَمۡنَٰهُمۡ وَلَٰكِن كَانُواْ هُمُ ٱلظَّٰلِمِينَ ﴿٧٦﴾
وَنَادَوۡاْ يَٰمَٰلِكُ لِيَقۡضِ عَلَيۡنَا رَبُّكَۖ قَالَ إِنَّكُم مَّٰكِثُونَ ﴿٧٧﴾ لَقَدۡ
جِئۡنَٰكُم بِٱلۡحَقِّ وَلَٰكِنَّ أَكۡثَرَكُمۡ لِلۡحَقِّ كَٰرِهُونَ ﴿٧٨﴾ أَمۡ أَبۡرَمُوٓاْ أَمۡرٗا
فَإِنَّا مُبۡرِمُونَ ﴿٧٩﴾ أَمۡ يَحۡسَبُونَ أَنَّا لَا نَسۡمَعُ سِرَّهُمۡ وَنَجۡوَىٰهُمۚ بَلَىٰ
وَرُسُلُنَا لَدَيۡهِمۡ يَكۡتُبُونَ ﴿٨٠﴾ قُلۡ إِن كَانَ لِلرَّحۡمَٰنِ وَلَدٞ فَأَنَا۠ أَوَّلُ
ٱلۡعَٰبِدِينَ ﴿٨١﴾ سُبۡحَٰنَ رَبِّ ٱلسَّمَٰوَٰتِ وَٱلۡأَرۡضِ رَبِّ ٱلۡعَرۡشِ
عَمَّا يَصِفُونَ ﴿٨٢﴾ فَذَرۡهُمۡ يَخُوضُواْ وَيَلۡعَبُواْ حَتَّىٰ يُلَٰقُواْ يَوۡمَهُمُ
ٱلَّذِي يُوعَدُونَ ﴿٨٣﴾ وَهُوَ ٱلَّذِي فِي ٱلسَّمَآءِ إِلَٰهٞ وَفِي ٱلۡأَرۡضِ
إِلَٰهٞۚ وَهُوَ ٱلۡحَكِيمُ ٱلۡعَلِيمُ ﴿٨٤﴾ وَتَبَارَكَ ٱلَّذِي لَهُۥ مُلۡكُ ٱلسَّمَٰوَٰتِ
وَٱلۡأَرۡضِ وَمَا بَيۡنَهُمَا وَعِندَهُۥ عِلۡمُ ٱلسَّاعَةِ وَإِلَيۡهِ تُرۡجَعُونَ
﴿٨٥﴾ وَلَا يَمۡلِكُ ٱلَّذِينَ يَدۡعُونَ مِن دُونِهِ ٱلشَّفَٰعَةَ إِلَّا
مَن شَهِدَ بِٱلۡحَقِّ وَهُمۡ يَعۡلَمُونَ ﴿٨٦﴾ وَلَئِن سَأَلۡتَهُم مَّنۡ خَلَقَهُمۡ
لَيَقُولُنَّ ٱللَّهُۖ فَأَنَّىٰ يُؤۡفَكُونَ ﴿٨٧﴾ وَقِيلِهِۦ يَٰرَبِّ إِنَّ هَٰٓؤُلَآءِ قَوۡمٞ
لَّا يُؤۡمِنُونَ ﴿٨٨﴾ فَٱصۡفَحۡ عَنۡهُمۡ وَقُلۡ سَلَٰمٞۚ فَسَوۡفَ يَعۡلَمُونَ ﴿٨٩﴾

まことに、罪人たちは火獄《ジャハンナム》の懲罰の中に永遠に留まる。(43：74)

彼らに対しては(懲罰は)緩和されず、彼らはその中で意気消沈する。(43：75)

またわれらが彼らに不正をなしたのではなく、彼らこそが不正な者たちであった。(43：76)

そして彼らは呼んだ。「マーリク(獄火の番人の天使の名)よ、あなたの主がわれらに対して(生殺しでなく死滅の)決着をつけ給いますように」。彼は言った。「おまえたちは滞留するのである」。(43：77)

既にわれらはおまえたちの許に真実をもたらした。だが、おまえたちの大半は真実を嫌っている。(43：78)

それとも、彼らは物事を確定したのか。われらこそ確定者である[1737]。(43：79)

それとも、彼らはわれらが彼らの秘密や彼らの密談を聞かないと思うのか。いや、われらの使徒(書記の天使)たちが彼らの許で書き留めている。(43：80)

言え、「もし仮に慈悲あまねき御方に子供があるとすれば、私は(その子に)仕える者たちの最初の者であろう」。(43：81)

称えあれ、諸天と地の主、高御座の主こそ彼らが描写するものから超越し給うた御方。(43：82)

それゆえ、彼らが耽り、戯れるままに放置せよ、彼らが彼らに約束された彼らの(最後の審判の)日に直面するまで。(43：83)

そして彼こそは、天において神であり、地において神であらせられる御方。そして、彼こそは英明にしてよく知り給う御方。(43：84)

そして、祝福充つるかな、諸天と地とその間のものの王権が彼に属す御方。彼の御許にこそかの時の知識はあり、彼の御許にこそおまえたちは帰《かえ》されるのである。(43：85)

彼らが彼を差し置いて祈る者(偶像神)たちは執り成しの力を持たない。ただ、真理を知ったうえで証言する者たちは別である。(43：86)

そしてもしもおまえが彼らに、誰がおまえたちを創ったかと問えば、必ずや彼らは「アッラー」と言うであろう。それなのに、いかに彼らは迷い去らされるのか。(43：87)

そして彼(ムハンマド)の言うことの[1738]、「わが主よ、まことに、これらの者は信仰しない民です」。(43：88)

「それゆえ彼らを放任せよ、そして、『平安あれ』と言え。いずれ、彼らは知るであろう」。(43：89)

1737　マッカの住民は預言者ムハンマドに敵対する策謀を決心し完全を期したというのか。アッラーこそが、彼ら多神教徒たちの破滅の策を確実に為し遂げる者であらせられる。

1738　85節にかかり、彼(アッラー)の御許にこそムハンマドの以下の言葉についての知識がある。あるいは、「彼(ムハンマド)の言うことにかけて」という誓いの表現ともされる。

سُورَةُ الدُّخَانِ

بِسۡمِ ٱللَّهِ ٱلرَّحۡمَٰنِ ٱلرَّحِيمِ

حمٓ ﴿١﴾ وَٱلۡكِتَٰبِ ٱلۡمُبِينِ ﴿٢﴾ إِنَّآ أَنزَلۡنَٰهُ فِي لَيۡلَةٖ مُّبَٰرَكَةٍۚ
إِنَّا كُنَّا مُنذِرِينَ ﴿٣﴾ فِيهَا يُفۡرَقُ كُلُّ أَمۡرٍ حَكِيمٍ ﴿٤﴾ أَمۡرٗا
مِّنۡ عِندِنَآۚ إِنَّا كُنَّا مُرۡسِلِينَ ﴿٥﴾ رَحۡمَةٗ مِّن رَّبِّكَۚ إِنَّهُۥ هُوَ
ٱلسَّمِيعُ ٱلۡعَلِيمُ ﴿٦﴾ رَبِّ ٱلسَّمَٰوَٰتِ وَٱلۡأَرۡضِ وَمَا بَيۡنَهُمَآۖ
إِن كُنتُم مُّوقِنِينَ ﴿٧﴾ لَآ إِلَٰهَ إِلَّا هُوَ يُحۡيِۦ وَيُمِيتُۖ رَبُّكُمۡ
وَرَبُّ ءَابَآئِكُمُ ٱلۡأَوَّلِينَ ﴿٨﴾ بَلۡ هُمۡ فِي شَكّٖ يَلۡعَبُونَ ﴿٩﴾
فَٱرۡتَقِبۡ يَوۡمَ تَأۡتِي ٱلسَّمَآءُ بِدُخَانٖ مُّبِينٖ ﴿١٠﴾ يَغۡشَى ٱلنَّاسَۖ
هَٰذَا عَذَابٌ أَلِيمٞ ﴿١١﴾ رَّبَّنَا ٱكۡشِفۡ عَنَّا ٱلۡعَذَابَ إِنَّا مُؤۡمِنُونَ
﴿١٢﴾ أَنَّىٰ لَهُمُ ٱلذِّكۡرَىٰ وَقَدۡ جَآءَهُمۡ رَسُولٞ مُّبِينٞ ﴿١٣﴾ ثُمَّ
تَوَلَّوۡاْ عَنۡهُ وَقَالُواْ مُعَلَّمٞ مَّجۡنُونٌ ﴿١٤﴾ إِنَّا كَاشِفُواْ ٱلۡعَذَابِ قَلِيلًاۚ
إِنَّكُمۡ عَآئِدُونَ ﴿١٥﴾ يَوۡمَ نَبۡطِشُ ٱلۡبَطۡشَةَ ٱلۡكُبۡرَىٰٓ إِنَّا مُنتَقِمُونَ
﴿١٦﴾ ۞ وَلَقَدۡ فَتَنَّا قَبۡلَهُمۡ قَوۡمَ فِرۡعَوۡنَ وَجَآءَهُمۡ رَسُولٞ كَرِيمٌ
﴿١٧﴾ أَنۡ أَدُّوٓاْ إِلَيَّ عِبَادَ ٱللَّهِۖ إِنِّي لَكُمۡ رَسُولٌ أَمِينٞ ﴿١٨﴾

第44章　煙霧 …… سورة الدخان

マッカ垂示

第10節に因み「煙霧」章と名づけられる。

煙霧による懲罰にもかかわらず信じなかったマッカの不信仰者たちに対して、ムーサーを拒んで滅ぼされたフィルアウンと滅亡したトゥッバウの民の先例によって警告がなされる(10-37節)。

慈悲あまねく慈悲深きアッラーの御名において

ハー・ミーム[1739]。(44：1)

解明の啓典(クルアーン)にかけて。(44：2)

まことに、われらはそれを祝福された夜[1740]に下した。まことに、われらは警告する者であった。(44：3)

そこ(祝福された夜)では英知をもって完成されたすべての物事が分配される[1741]。(44：4)

われらの許からのこととして。まことに、われらは(使徒を)遣わす者であった。(44：5)

おまえの主からの御慈悲として。まことに、彼こそはよく聞き知り給う御方。(44：6)

諸天と地とその間のものの主(からの)[1742]。もしおまえたちが確信する者であったならば[1743]。(44：7)

彼のほかに神はなく、生かし、死なせる御方。おまえたちの主であり、おまえたちの昔の祖先の主であらせられる。(44：8)

いや、彼らは疑念の中で戯れている。(44：9)

では、天が明白な煙霧をもたらす日を待ち受けよ[1744]。(44：10)

それは人々を包む。「これは痛烈な懲罰である」。(44：11)

「われらが主よ、われらから懲罰を取り除き給え。まことに、われらは信仰者です」。(44：12)

いかに彼らに訓戒があろうか、既に彼らの許には明白な使徒が訪れたというのに。(44：13)

それから、彼らは彼(ムハンマド)から背き去って言った。「入れ知恵された者である[1745]」、「狂人である」。(44：14)

1739　2章1節脚注参照。

1740　「祝福された夜」とは通説では、ラマダーン月の最後の十日の奇数日(二七日が最有力)にあたる「決定の夜(ライラ・アル＝カドル)」(第97章参照)を指す。

1741　寿命、糧、好事、苦難等の一年分の予定(運命)が「護持された書版」から天使たちに分けられる。

1742　第6節の「おまえの主」の換言。

1743　そうであるなら、ムハンマドを預言者として信じ、アッラーが全ての被造物の主であることを認めよ。

1744　預言者ムハンマドへの呼びかけ。通説では、マッカを襲った旱魃のため、不信仰者たちが空腹のあまり視力が弱ったため空が煙って見えた、あるいは旱魃による激しい乾燥で埃が空気に舞い上がり煙のように見えたことを指す。

　一説では、ここで言う「煙霧」とは最後の審判が近づく徴の一つ。

1745　16章103節脚注参照。

وَأَن لَّا تَعْلُوا۟ عَلَى ٱللَّهِ ۖ إِنِّىٓ ءَاتِيكُم بِسُلْطَٰنٍ مُّبِينٍ ﴿١٩﴾ وَإِنِّى عُذْتُ
بِرَبِّى وَرَبِّكُمْ أَن تَرْجُمُونِ ﴿٢٠﴾ وَإِن لَّمْ تُؤْمِنُوا۟ لِى فَٱعْتَزِلُونِ ﴿٢١﴾
فَدَعَا رَبَّهُۥٓ أَنَّ هَٰٓؤُلَآءِ قَوْمٌ مُّجْرِمُونَ ﴿٢٢﴾ فَأَسْرِ بِعِبَادِى لَيْلًا إِنَّكُم
مُّتَّبَعُونَ ﴿٢٣﴾ وَٱتْرُكِ ٱلْبَحْرَ رَهْوًا ۖ إِنَّهُمْ جُندٌ مُّغْرَقُونَ ﴿٢٤﴾ كَمْ
تَرَكُوا۟ مِن جَنَّٰتٍ وَعُيُونٍ ﴿٢٥﴾ وَزُرُوعٍ وَمَقَامٍ كَرِيمٍ ﴿٢٦﴾ وَنَعْمَةٍ
كَانُوا۟ فِيهَا فَٰكِهِينَ ﴿٢٧﴾ كَذَٰلِكَ ۖ وَأَوْرَثْنَٰهَا قَوْمًا ءَاخَرِينَ ﴿٢٨﴾ فَمَا
بَكَتْ عَلَيْهِمُ ٱلسَّمَآءُ وَٱلْأَرْضُ وَمَا كَانُوا۟ مُنظَرِينَ ﴿٢٩﴾ وَلَقَدْ
نَجَّيْنَا بَنِىٓ إِسْرَٰٓءِيلَ مِنَ ٱلْعَذَابِ ٱلْمُهِينِ ﴿٣٠﴾ مِن فِرْعَوْنَ ۚ إِنَّهُۥ
كَانَ عَالِيًا مِّنَ ٱلْمُسْرِفِينَ ﴿٣١﴾ وَلَقَدِ ٱخْتَرْنَٰهُمْ عَلَىٰ عِلْمٍ عَلَى
ٱلْعَٰلَمِينَ ﴿٣٢﴾ وَءَاتَيْنَٰهُم مِّنَ ٱلْءَايَٰتِ مَا فِيهِ بَلَٰٓؤٌا۟ مُّبِينٌ ﴿٣٣﴾
إِنَّ هَٰٓؤُلَآءِ لَيَقُولُونَ ﴿٣٤﴾ إِنْ هِىَ إِلَّا مَوْتَتُنَا ٱلْأُولَىٰ وَمَا نَحْنُ
بِمُنشَرِينَ ﴿٣٥﴾ فَأْتُوا۟ بِـَٔابَآئِنَآ إِن كُنتُمْ صَٰدِقِينَ ﴿٣٦﴾ أَهُمْ
خَيْرٌ أَمْ قَوْمُ تُبَّعٍ وَٱلَّذِينَ مِن قَبْلِهِمْ أَهْلَكْنَٰهُمْ ۚ إِنَّهُمْ كَانُوا۟
مُجْرِمِينَ ﴿٣٧﴾ وَمَا خَلَقْنَا ٱلسَّمَٰوَٰتِ وَٱلْأَرْضَ وَمَا بَيْنَهُمَا لَٰعِبِينَ
﴿٣٨﴾ مَا خَلَقْنَٰهُمَآ إِلَّا بِٱلْحَقِّ وَلَٰكِنَّ أَكْثَرَهُمْ لَا يَعْلَمُونَ ﴿٣٩﴾

われらはわずかばかり懲罰を取り除く者である。まことにおまえたちは戻る者である[1746]。(44：15)

われらが最大の猛襲で捕獲する日[1747]、まことに、われらは報復する者である。(44：16)

またかつてわれらは、彼ら以前にフィルアウンの民を試み、彼らの許に高貴な使徒(ムーサー)が訪れた。(44：17)

「私にアッラーの僕《しもべ》たちを履行(返還)せよ[1748]、まことに、私はあなたがたへの誠実な使徒である」、と。(44：18)

「また、アッラーに対して高慢になってはならない。まことに、私はあなたがたの許に明白な権威をもってやって来た者である」。(44：19)

「また、まことに、私はわが主にしてあなたがたの主に、あなたがたが私を石打ちにすることからの守護を求める」。(44：20)

「また、もし、私を信じないとしても、私から手を引け」。(44：21)

そこで[1749]、彼は彼の主に祈った、「これらの者は罪を犯した民です」、と。(44：22)

(アッラーは仰せられた。)「それではわが僕《しもべ》たちと共に夜に旅せよ。まことに、おまえたちは追跡される者である」。(44：23)

そして、海は(割れて)穏やかなままに放置せよ。まことに、彼らは溺れる軍勢である[1750]。(44：24)

どれほど彼らは楽園と泉を残したことか。(44：25)

また、畑と高貴な地位を。(44：26)

また、彼らがその中で享楽した恩寵を。(44：27)

このようであった。そして、われらはそれを別の民に継がせた。(44：28)

天と地も彼らのためには泣かず、彼らは(懲罰を)待たれる(延期される)者ではなかった。(44：29)

またかつてわれらはイスラーイールの子孫を屈辱の責め苦から救った。(44：30)

フィルアウンから。まことに、彼は高慢で、度を越した者の一人であった。(44：31)

またかつてわれらは彼ら(イスラーイールの民)を、知識に基づいて諸世界の上に選んだ。(44：32)

そして、彼らに諸々の徴のうち明白な試練(恵み)を含んだものを与えた[1751]。(44：33)

1746　われらは一時的に旱魃による懲罰を終わらせる。ところがおまえたちは懲罰が中断されるとたちまち元の不信仰に戻る。

1747　多神教徒軍をムスリム軍が打ち破ったバドルの戦いの日を意味するとも、最後の審判の日を意味するとも言われる。

1748　フィルアウンたちに対する命令。ただし、対格の「アッラーの僕《しもべ》たち」を呼びかけと取り(私に履行せよ、アッラーの僕《しもべ》たちよ)、古代エジプト人に対して、アッラーへの帰依を命じたとの解釈も存在する。

1749　彼らが手を引かなかったので、そこで。

1750　10 章 90-92 節、20 章 77-78 節、26 章 52-67 節参照。

1751　ムーサーに様々な奇蹟や明証を与えたが、そこには彼らへの試練と恵みが含まれていた。恵みを与えられた者が恵みを与え給うたアッラーに感謝するかどうかが試される。

إِنَّ يَوْمَ ٱلْفَصْلِ مِيقَـٰتُهُمْ أَجْمَعِينَ ٤٠ يَوْمَ لَا يُغْنِى مَوْلًى
عَن مَّوْلًى شَيْـًٔا وَلَا هُمْ يُنصَرُونَ ٤١ إِلَّا مَن رَّحِمَ ٱللَّهُ
إِنَّهُۥ هُوَ ٱلْعَزِيزُ ٱلرَّحِيمُ ٤٢ إِنَّ شَجَرَتَ ٱلزَّقُّومِ ٤٣ طَعَامُ
ٱلْأَثِيمِ ٤٤ كَٱلْمُهْلِ يَغْلِى فِى ٱلْبُطُونِ ٤٥ كَغَلْىِ
ٱلْحَمِيمِ ٤٦ خُذُوهُ فَٱعْتِلُوهُ إِلَىٰ سَوَآءِ ٱلْجَحِيمِ ٤٧ ثُمَّ
صُبُّوا۟ فَوْقَ رَأْسِهِۦ مِنْ عَذَابِ ٱلْحَمِيمِ ٤٨ ذُقْ إِنَّكَ
أَنتَ ٱلْعَزِيزُ ٱلْكَرِيمُ ٤٩ إِنَّ هَـٰذَا مَا كُنتُم بِهِۦ تَمْتَرُونَ
٥٠ إِنَّ ٱلْمُتَّقِينَ فِى مَقَامٍ أَمِينٍ ٥١ فِى جَنَّـٰتٍ وَعُيُونٍ
٥٢ يَلْبَسُونَ مِن سُندُسٍ وَإِسْتَبْرَقٍ مُّتَقَـٰبِلِينَ ٥٣
كَذَٰلِكَ وَزَوَّجْنَـٰهُم بِحُورٍ عِينٍ ٥٤ يَدْعُونَ فِيهَا بِكُلِّ
فَـٰكِهَةٍ ءَامِنِينَ ٥٥ لَا يَذُوقُونَ فِيهَا ٱلْمَوْتَ إِلَّا
ٱلْمَوْتَةَ ٱلْأُولَىٰ ۖ وَوَقَىٰهُمْ عَذَابَ ٱلْجَحِيمِ ٥٦ فَضْلًا مِّن
رَّبِّكَ ۚ ذَٰلِكَ هُوَ ٱلْفَوْزُ ٱلْعَظِيمُ ٥٧ فَإِنَّمَا يَسَّرْنَـٰهُ بِلِسَانِكَ
لَعَلَّهُمْ يَتَذَكَّرُونَ ٥٨ فَٱرْتَقِبْ إِنَّهُم مُّرْتَقِبُونَ ٥٩

سُورَةُ الجَاثِيَةِ

まことに、それらの者(マッカの不信仰者たち)は言うのである。(44：34)

「それはわれらの最初の死にほかならず、われらは甦らされる者ではない」。(44：35)

「それでは、われらの祖先を連れて来るがいい。もし、おまえたちが真実を語る者であったなら」。(44：36)

彼らが優れているか、それともトゥッバウ[1752]の民、または彼ら以前の者たちの方か。われらは彼らを滅ぼした。まことに、彼らは罪人であった。(44：37)

そしてわれらは諸天と地とその間のものを戯れに創ったのではない。(44：38)

われらがそれらを創ったのは、真理によってにほかならないが、彼らの大半は知らない。(44：39)

まことに、決定(最後の審判)の日は彼らすべての定刻である。(44：40)

庇護者は庇護されていた者に対して何も役立たず、彼らが援けられない日。(44：41)

ただし、アッラーが慈悲を掛け給うた者は別である。まことに、彼こそは威力比類なく慈悲深い御方。(44：42)

まことに、ザックーム[1753]の木は、(44：43)

罪深い者の食べ物である。(44：44)

溶鉱のようで、腹の中で煮え立つ。(44：45)

熱湯の沸騰のように。(44：46)

「彼を捕らえ、焦熱地獄の中央に引きずり込め[1754]」。(44：47)

「それから、彼の頭の上に熱湯の懲罰を浴びせかけよ」。(44：48)

「味わえ。まことに、おまえは(現世で自称するところでは)威力比類なく、高貴であった」。(44：49)

まことに、これこそ、おまえたちが疑っていたものである。(44：50)

まことに、畏れ身を守った者たちは安全な場所にいる。(44：51)

楽園と泉に。(44：52)

錦や緞子を纏い、向かい合っている。(44：53)

このようである。そして、われらは彼らを円らな瞳の天女に娶わせる。(44：54)

彼らはそこで、安全に、あらゆる果物を呼ぶ(求める)。(44：55)

彼らはそこでは死を味わうことはなく、ただ、最初の死だけを(現世で味わった)。そして、彼(アッラー)は彼らを焦熱地獄の懲罰から守り給う。(44：56)

おまえの主からの御恵みとして。それは大いなる成就である。(44：57)

それゆえただわれらはそれ(クルアーン)をおまえの舌(言語)で易しいものとなす。きっと彼らも留意するであろうと。(44：58)

それゆえ、(われらがおまえに約束した彼らに対する勝利と懲罰を)待ち受けよ。まことに、彼らも(お前の破滅を)待ち受ける者である。(44：59)

1752　南アラビアのヒムヤル王国の王の名と言われ、この王は信仰者であったとも言われる。

1753　37章62-66節参照。　1754　火獄の使い(ザバーニヤ、96章18節)に対して言われる言葉。

第45章　蹲った群れ …… سورة الجاثية

بِسۡمِ ٱللَّهِ ٱلرَّحۡمَٰنِ ٱلرَّحِيمِ
حمٓ ١ تَنزِيلُ ٱلۡكِتَٰبِ مِنَ ٱللَّهِ ٱلۡعَزِيزِ ٱلۡحَكِيمِ ٢ إِنَّ فِي ٱلسَّمَٰوَٰتِ
وَٱلۡأَرۡضِ لَأٓيَٰتٖ لِّلۡمُؤۡمِنِينَ ٣ وَفِي خَلۡقِكُمۡ وَمَا يَبُثُّ مِن دَآبَّةٍ ءَايَٰتٞ
لِّقَوۡمٖ يُوقِنُونَ ٤ وَٱخۡتِلَٰفِ ٱلَّيۡلِ وَٱلنَّهَارِ وَمَآ أَنزَلَ ٱللَّهُ مِنَ ٱلسَّمَآءِ
مِن رِّزۡقٖ فَأَحۡيَا بِهِ ٱلۡأَرۡضَ بَعۡدَ مَوۡتِهَا وَتَصۡرِيفِ ٱلرِّيَٰحِ ءَايَٰتٞ لِّقَوۡمٖ
يَعۡقِلُونَ ٥ تِلۡكَ ءَايَٰتُ ٱللَّهِ نَتۡلُوهَا عَلَيۡكَ بِٱلۡحَقِّۖ فَبِأَيِّ حَدِيثِۭ بَعۡدَ
ٱللَّهِ وَءَايَٰتِهِۦ يُؤۡمِنُونَ ٦ وَيۡلٞ لِّكُلِّ أَفَّاكٍ أَثِيمٖ ٧ يَسۡمَعُ ءَايَٰتِ
ٱللَّهِ تُتۡلَىٰ عَلَيۡهِ ثُمَّ يُصِرُّ مُسۡتَكۡبِرٗا كَأَن لَّمۡ يَسۡمَعۡهَاۖ فَبَشِّرۡهُ بِعَذَابٍ أَلِيمٖ
٨ وَإِذَا عَلِمَ مِنۡ ءَايَٰتِنَا شَيۡـًٔا ٱتَّخَذَهَا هُزُوًاۚ أُوْلَٰٓئِكَ لَهُمۡ عَذَابٞ
مُّهِينٞ ٩ مِّن وَرَآئِهِمۡ جَهَنَّمُۖ وَلَا يُغۡنِي عَنۡهُم مَّا كَسَبُواْ شَيۡـٔٗا
وَلَا مَا ٱتَّخَذُواْ مِن دُونِ ٱللَّهِ أَوۡلِيَآءَۖ وَلَهُمۡ عَذَابٌ عَظِيمٌ ١٠ هَٰذَا
هُدٗىۖ وَٱلَّذِينَ كَفَرُواْ بِـَٔايَٰتِ رَبِّهِمۡ لَهُمۡ عَذَابٞ مِّن رِّجۡزٍ أَلِيمٌ ١١
۞ ٱللَّهُ ٱلَّذِي سَخَّرَ لَكُمُ ٱلۡبَحۡرَ لِتَجۡرِيَ ٱلۡفُلۡكُ فِيهِ بِأَمۡرِهِۦ وَلِتَبۡتَغُواْ
مِن فَضۡلِهِۦ وَلَعَلَّكُمۡ تَشۡكُرُونَ ١٢ وَسَخَّرَ لَكُم مَّا فِي ٱلسَّمَٰوَٰتِ وَمَا فِي
ٱلۡأَرۡضِ جَمِيعٗا مِّنۡهُۚ إِنَّ فِي ذَٰلِكَ لَأٓيَٰتٖ لِّقَوۡمٖ يَتَفَكَّرُونَ ١٣

マッカ垂示

第28節の終末の描写に因んで「蹲《うずくま》った群れ」章と名づけられる。

預言者ムハンマドが一つの聖法(シャリーア)をもたらしたこと(18節)、人が自己の欲望・妄執を神とすることで、理性と良心が曇らされることが教えられる(23節)。

慈悲あまねく慈悲深きアッラーの御名において

ハー・ミーム。(45：1)

この啓典の垂示は、威力比類なく英明なるアッラーからである。(45：2)

まことに、諸天と地の中には信仰する者たちへの諸々の徴がある。(45：3)

また、(アッラーによる)おまえたちの創造と、動物で彼が撒き散らし給うものの中にも、確信する民への諸々の徴がある。(45：4)

また、夜と昼の交代、糧のうちでアッラーが天から下し給うたもの(雨) ―そしてそれによって、彼は大地をその死の後に生き返らせ給うた―、また、風向きの変更にも、理解する民への諸々の徴がある。(45：5)

それがアッラーの諸々の徴で、われらはそれをおまえに真理と共に読み聞かせる。それで、アッラーと彼の諸々の徴(節)の後にいかなる話を彼らは信じるのか。(45：6)

あらゆる罪深い大嘘つきに災いあれ。(45：7)

彼は、己に読み聞かせられたアッラーの諸々の徴を聞き、それから高慢にも(不信仰に)固執し、まるでそれを聞かなかったかのようである。それゆえ、彼には痛苦の懲罰という吉報を伝えよ。(45：8)

われらの諸々の徴(クルアーンの節)のいくらかを知ると[1755]、彼はそれを笑い種《ぐさ》にした。それらの者、彼らには恥辱の懲罰がある。(45：9)

彼らの後ろには火獄《ジャハンナム》があり、彼らが稼いだものはわずかにも彼らに役立たず、彼らがアッラーを差し置いて後見たちとしたもの(偶像神)も(役に立た)ない。彼らには大いなる懲罰がある。(45：10)

これ(クルアーン)が導きである。だが、彼らの主の諸々の徴(節)への信仰を拒んだ者たち、彼らには痛苦の天罰の懲罰がある。(45：11)

アッラーこそはおまえたちに海を従わせ給うた御方。船がそこを彼の御命令によって進み、おまえたちが彼の御恵み(糧)を求めるために。そしてきっとおまえたちも感謝しようと。(45：12)

また、彼はおまえたちのために諸天にあるものと地にあるものをすべて、彼(アッラー)からのものとして従わせ給うた。まことに、その中には、熟考する民への諸々の徴がある。(45：13)

1755　自分自身でクルアーンの節を聞かなかった場合には、人伝にその内容を知ると。

قُل لِّلَّذِينَ ءَامَنُوا يَغْفِرُوا لِلَّذِينَ لَا يَرْجُونَ أَيَّامَ ٱللَّهِ لِيَجْزِيَ
قَوْمًۢا بِمَا كَانُوا يَكْسِبُونَ ﴿١٤﴾ مَنْ عَمِلَ صَٰلِحًا فَلِنَفْسِهِۦ
وَمَنْ أَسَآءَ فَعَلَيْهَا ثُمَّ إِلَىٰ رَبِّكُمْ تُرْجَعُونَ ﴿١٥﴾ وَلَقَدْ ءَاتَيْنَا
بَنِىٓ إِسْرَٰٓءِيلَ ٱلْكِتَٰبَ وَٱلْحُكْمَ وَٱلنُّبُوَّةَ وَرَزَقْنَٰهُم مِّنَ ٱلطَّيِّبَٰتِ
وَفَضَّلْنَٰهُمْ عَلَى ٱلْعَٰلَمِينَ ﴿١٦﴾ وَءَاتَيْنَٰهُم بَيِّنَٰتٍ مِّنَ ٱلْأَمْرِ
فَمَا ٱخْتَلَفُوٓا إِلَّا مِنۢ بَعْدِ مَا جَآءَهُمُ ٱلْعِلْمُ بَغْيًۢا بَيْنَهُمْ إِنَّ رَبَّكَ
يَقْضِى بَيْنَهُمْ يَوْمَ ٱلْقِيَٰمَةِ فِيمَا كَانُوا فِيهِ يَخْتَلِفُونَ
﴿١٧﴾ ثُمَّ جَعَلْنَٰكَ عَلَىٰ شَرِيعَةٍ مِّنَ ٱلْأَمْرِ فَٱتَّبِعْهَا وَلَا تَتَّبِعْ
أَهْوَآءَ ٱلَّذِينَ لَا يَعْلَمُونَ ﴿١٨﴾ إِنَّهُمْ لَن يُغْنُوا عَنكَ مِنَ ٱللَّهِ
شَيْـًٔا وَإِنَّ ٱلظَّٰلِمِينَ بَعْضُهُمْ أَوْلِيَآءُ بَعْضٍ وَٱللَّهُ وَلِىُّ ٱلْمُتَّقِينَ
﴿١٩﴾ هَٰذَا بَصَٰٓئِرُ لِلنَّاسِ وَهُدًى وَرَحْمَةٌ لِّقَوْمٍ يُوقِنُونَ ﴿٢٠﴾
أَمْ حَسِبَ ٱلَّذِينَ ٱجْتَرَحُوا ٱلسَّيِّـَٔاتِ أَن نَّجْعَلَهُمْ كَٱلَّذِينَ
ءَامَنُوا وَعَمِلُوا ٱلصَّٰلِحَٰتِ سَوَآءً مَّحْيَاهُمْ وَمَمَاتُهُمْ سَآءَ
مَا يَحْكُمُونَ ﴿٢١﴾ وَخَلَقَ ٱللَّهُ ٱلسَّمَٰوَٰتِ وَٱلْأَرْضَ بِٱلْحَقِّ
وَلِتُجْزَىٰ كُلُّ نَفْسٍۭ بِمَا كَسَبَتْ وَهُمْ لَا يُظْلَمُونَ ﴿٢٢﴾

信仰する者たちに言え、彼らがアッラーの日々を望まない(想定しない)者たちを赦すように[1756]。彼が民を、彼らがなしていたことによって報い給うために。(45：14)

善行をなした者があれば、己自身のためであり、悪をなした者があれば、己に仇してである。それから、おまえたちは、おまえたちの主の御許に戻される。(45：15)

またかつて、われらはイスラーイールの子孫に啓典と判断力と預言を授け、彼らに良いものから糧を恵み、彼らを諸世界の者の上に優遇した。(45：16)

また、われらは彼らに(宗教に関する)事柄の諸々の明証を授けた。それで、彼らが分裂したのは、彼らの許に知識が訪れた後のことで、彼らの間の(互いの嫉妬による)羨望ゆえにほかならなかった。まことに、おまえの主は復活(審判)の日、彼らが対立していたことについて、彼らの間を裁決し給う。(45：17)

それから、われらはおまえを(宗教に関する)事柄の聖法[1757]の上に置いた。それゆえ、それに従い、(宗教の真理を)知らない者たちの妄執に従ってはならない。(45：18)

まことに、彼らはアッラーに対し少しもおまえの役に立つことはない。まことに、不正な者たちは互いに互いの後見であるが、アッラーが畏れ身を守る者たちの後見であらせられる。(45：19)

これ(クルアーン)は、人々への洞察であり、確信する民への導きであり、慈悲である。(45：20)

悪事を犯した者たちは、われらが彼らを、信仰し善行をなした者たちのようなものに―彼らの生も彼らの死も同様に― すると思ったのか。彼らの判断することのなんと悪いことよ。(45：21)

そしてアッラーは真理をもって諸天と地を創り給うた。そして、各々が稼いだものに応じて報いられるためであり、彼らは不正を被ることはない。(45：22)

1756　アッラーによる信仰者たちへの神佑を恐れず、またその敵たちへの懲罰を恐れない不信仰者たちを放任しておけ。「アッラーの日々」は、アッラーが過去の民に下したような懲罰を指すともいわれる。なお、これは不信仰者に対する戦闘が命じられる前の規定である。

1757　「シャリーア(聖法)」の原義は、水場や川など人々が水を飲む場所に至る道を意味した。

أَفَرَءَيْتَ مَنِ ٱتَّخَذَ إِلَٰهَهُۥ هَوَىٰهُ وَأَضَلَّهُ ٱللَّهُ عَلَىٰ عِلْمٍ وَخَتَمَ عَلَىٰ سَمْعِهِۦ
وَقَلْبِهِۦ وَجَعَلَ عَلَىٰ بَصَرِهِۦ غِشَٰوَةً فَمَن يَهْدِيهِ مِنۢ بَعْدِ ٱللَّهِ ۚ أَفَلَا
تَذَكَّرُونَ ﴿٢٣﴾ وَقَالُوا۟ مَا هِىَ إِلَّا حَيَاتُنَا ٱلدُّنْيَا نَمُوتُ وَنَحْيَا وَمَا يُهْلِكُنَآ
إِلَّا ٱلدَّهْرُ ۚ وَمَا لَهُم بِذَٰلِكَ مِنْ عِلْمٍ ۖ إِنْ هُمْ إِلَّا يَظُنُّونَ ﴿٢٤﴾ وَإِذَا تُتْلَىٰ
عَلَيْهِمْ ءَايَٰتُنَا بَيِّنَٰتٍ مَّا كَانَ حُجَّتَهُمْ إِلَّآ أَن قَالُوا۟ ٱئْتُوا۟ بِـَٔابَآئِنَآ إِن
كُنتُمْ صَٰدِقِينَ ﴿٢٥﴾ قُلِ ٱللَّهُ يُحْيِيكُمْ ثُمَّ يُمِيتُكُمْ ثُمَّ يَجْمَعُكُمْ إِلَىٰ
يَوْمِ ٱلْقِيَٰمَةِ لَا رَيْبَ فِيهِ وَلَٰكِنَّ أَكْثَرَ ٱلنَّاسِ لَا يَعْلَمُونَ ﴿٢٦﴾ وَلِلَّهِ مُلْكُ
ٱلسَّمَٰوَٰتِ وَٱلْأَرْضِ ۚ وَيَوْمَ تَقُومُ ٱلسَّاعَةُ يَوْمَئِذٍ يَخْسَرُ ٱلْمُبْطِلُونَ ﴿٢٧﴾
وَتَرَىٰ كُلَّ أُمَّةٍ جَاثِيَةً ۚ كُلُّ أُمَّةٍ تُدْعَىٰٓ إِلَىٰ كِتَٰبِهَا ٱلْيَوْمَ تُجْزَوْنَ مَا كُنتُمْ
تَعْمَلُونَ ﴿٢٨﴾ هَٰذَا كِتَٰبُنَا يَنطِقُ عَلَيْكُم بِٱلْحَقِّ ۚ إِنَّا كُنَّا نَسْتَنسِخُ
مَا كُنتُمْ تَعْمَلُونَ ﴿٢٩﴾ فَأَمَّا ٱلَّذِينَ ءَامَنُوا۟ وَعَمِلُوا۟ ٱلصَّٰلِحَٰتِ
فَيُدْخِلُهُمْ رَبُّهُمْ فِى رَحْمَتِهِۦ ۚ ذَٰلِكَ هُوَ ٱلْفَوْزُ ٱلْمُبِينُ ﴿٣٠﴾ وَأَمَّا
ٱلَّذِينَ كَفَرُوٓا۟ أَفَلَمْ تَكُنْ ءَايَٰتِى تُتْلَىٰ عَلَيْكُمْ فَٱسْتَكْبَرْتُمْ وَكُنتُمْ قَوْمًا
مُّجْرِمِينَ ﴿٣١﴾ وَإِذَا قِيلَ إِنَّ وَعْدَ ٱللَّهِ حَقٌّ وَٱلسَّاعَةُ لَا رَيْبَ فِيهَا
قُلْتُم مَّا نَدْرِى مَا ٱلسَّاعَةُ إِن نَّظُنُّ إِلَّا ظَنًّا وَمَا نَحْنُ بِمُسْتَيْقِنِينَ ﴿٣٢﴾

それで、おまえは見なかったか、己の欲望・妄執を己の神とした者を。そしてアッラーは知識に基づいて彼を迷わせ給い、彼の耳と彼の心を封じ、彼の目には覆いをなし給うた。それで、アッラーの後に誰が彼を導こうか。それなのに、おまえたちは留意しないのか。(45：23)

また彼らは言った。「それ(生)は、われらの現世のほかになく、われらは死に、われらは生き、われらを滅ぼすのは時のほかにはない」。だが、彼らにはそのことについて知識などなく、彼らは憶測しているにすぎない。(45：24)

そして、彼らに明白なるわれらの諸々の徴(節)が読誦されると、彼らの抗弁はただ、「われらの祖先を連れて来い、もしおまえたちが真実を語る者であるなら」と言うほかにない。(45：25)

言え、「アッラーはおまえたちを生かし、それからおまえたちを死なせ、それからおまえたちを疑いのない復活(審判)の日に集め給う」。だが、人々の大半は知らない。(45：26)

アッラーにこそ諸天と地の王権は属す。そして、かの時が到来する日、その日、虚偽の者たちは損失する。(45：27)

そしておまえはそれぞれの共同体が蹲《うずくま》った[1758]群れとなり、それぞれの共同体がその記録簿の方に呼び招かれるのを見るであろう。「今日、おまえたちは、おまえたちのなしたことを報いられる」。(45：28)

これはわれらの記録簿でおまえたちについて真実を語る。まことに、われらは、おまえたちがなしていたことを(天使に命じ)書き写させていた。(45：29)

そして信仰し、善行をなした者たちは、彼らの主は彼らを彼の御慈悲の中に入れ給う。それこそ明白な成就である。(45：30)

一方、信仰を拒んだ者たち(は言われる)、「われらの諸々の徴(クルアーンの節)はおまえたちには読み聞かせられなかったのか。ところがおまえたちは思い上がった。またおまえたちは罪を犯した民であった」。(45：31)

そして「まことに、アッラーの約束は真実であり、かの時は、それ(の実現)には疑いはない」と言われると、おまえたちは「われらにはかの時とは何か分からない。われらは、ただ憶測でしか考えず、確信を持つ者ではない」と言った。(45：32)

1758　両膝を地につけて。

وَبَدَا لَهُمْ سَيِّـَٔاتُ مَا عَمِلُوا۟ وَحَاقَ بِهِم مَّا كَانُوا۟ بِهِۦ يَسْتَهْزِءُونَ
٣٣ وَقِيلَ ٱلْيَوْمَ نَنسَىٰكُمْ كَمَا نَسِيتُمْ لِقَآءَ يَوْمِكُمْ هَـٰذَا وَمَأْوَىٰكُمُ ٱلنَّارُ
وَمَا لَكُم مِّن نَّـٰصِرِينَ ٣٤ ذَٰلِكُم بِأَنَّكُمُ ٱتَّخَذْتُمْ ءَايَـٰتِ ٱللَّهِ هُزُوًا
وَغَرَّتْكُمُ ٱلْحَيَوٰةُ ٱلدُّنْيَا ۚ فَٱلْيَوْمَ لَا يُخْرَجُونَ مِنْهَا وَلَا هُمْ يُسْتَعْتَبُونَ
٣٥ فَلِلَّهِ ٱلْحَمْدُ رَبِّ ٱلسَّمَـٰوَٰتِ وَرَبِّ ٱلْأَرْضِ رَبِّ ٱلْعَـٰلَمِينَ ٣٦
وَلَهُ ٱلْكِبْرِيَآءُ فِى ٱلسَّمَـٰوَٰتِ وَٱلْأَرْضِ ۖ وَهُوَ ٱلْعَزِيزُ ٱلْحَكِيمُ ٣٧

سُورَةُ ٱلْأَحْقَافِ

بِسْمِ ٱللَّهِ ٱلرَّحْمَـٰنِ ٱلرَّحِيمِ

حمٓ ١ تَنزِيلُ ٱلْكِتَـٰبِ مِنَ ٱللَّهِ ٱلْعَزِيزِ ٱلْحَكِيمِ ٢ مَا خَلَقْنَا
ٱلسَّمَـٰوَٰتِ وَٱلْأَرْضَ وَمَا بَيْنَهُمَآ إِلَّا بِٱلْحَقِّ وَأَجَلٍ مُّسَمًّى ۚ وَٱلَّذِينَ
كَفَرُوا۟ عَمَّآ أُنذِرُوا۟ مُعْرِضُونَ ٣ قُلْ أَرَءَيْتُم مَّا تَدْعُونَ مِن
دُونِ ٱللَّهِ أَرُونِى مَاذَا خَلَقُوا۟ مِنَ ٱلْأَرْضِ أَمْ لَهُمْ شِرْكٌ فِى
ٱلسَّمَـٰوَٰتِ ۖ ٱئْتُونِى بِكِتَـٰبٍ مِّن قَبْلِ هَـٰذَآ أَوْ أَثَـٰرَةٍ مِّنْ عِلْمٍ إِن كُنتُمْ
صَـٰدِقِينَ ٤ وَمَنْ أَضَلُّ مِمَّن يَدْعُوا۟ مِن دُونِ ٱللَّهِ مَن
لَّا يَسْتَجِيبُ لَهُۥٓ إِلَىٰ يَوْمِ ٱلْقِيَـٰمَةِ وَهُمْ عَن دُعَآئِهِمْ غَـٰفِلُونَ ٥

そして彼らのなした悪事が彼らに現われ、彼らが嘲笑していたもの(懲罰)が彼らを取り囲んだ。(45：33)

そして言われた。「今日、われらはおまえたちを忘れる。ちょうど、おまえたちがこのおまえたちの日の会見を忘れていたように。そしておまえたちの住み処は獄火であり、おまえたちには援助者たちなどいない」。(45：34)

それ(懲罰)は、おまえたちがアッラーの諸々の徴(節)を笑い種にし、現世がおまえたちを欺いたがゆえである。それゆえ、今日、彼らはそこから出されることはなく、彼らは(アッラーの)御機嫌を直すことを求められない[1759]。(45：35)

それゆえアッラーにこそ称賛は属す、諸天の主であり、地の主にして、諸世界の主に。(45：36)

そして彼にこそ諸天と地において尊厳は属す。そして彼こそは威力比類なく、英明なる御方。(45：37)

第46章　砂丘 …… سورة الأحقاف

マッカ垂示

フードがアードにイエメンの砂丘で警告した物語(21-25節)に因んで「砂丘」章と名づけられる。

また、本章では幽精《ジン》の一団が預言者ムハンマドの読むクルアーンに聞き入り、イスラームに入信する逸話(29-32節)が語られる。

慈悲あまねく慈悲深きアッラーの御名において

ハー・ミーム[1760]。(46：1)

この啓典の垂示は威力比類なく英明なるアッラーからである。(46：2)

われらが諸天と地とその間のものを創ったのは真理によって、また定めの期限を伴ってにほかならない。だが、信仰を拒んだ者たちは警告されたことから背を向ける。(46：3)

言え、「おまえたちは見て考えたか、おまえたちがアッラーを差し置いて祈るもの(偶像神)が、—私に見せるが良い(告げてみよ)—、彼らが大地の何を創ったかを。それとも、彼らには諸天に(アッラーとの)協働があるのか。これ以前の啓典を、あるいは、知識の痕跡を私に持って来てみせよ。もしおまえたちが真実を語る者であったならば」。(46：4)

そしてアッラーを差し置いて復活(審判)の日まで彼(祈る者)に応えることのない者(偶像神)に祈る者ほど迷った者が誰かあろうか。そしてそれらは彼らの祈りに対して無理解である。(46：5)

1759　もはや悔い改め、アッラーに服従し、その御機嫌を直していただける機会を与えられることはない。
1760　2章1節脚注参照。

وَإِذَا حُشِرَ ٱلنَّاسُ كَانُواْ لَهُمْ أَعْدَآءً وَكَانُواْ بِعِبَادَتِهِمْ كَٰفِرِينَ ٦ وَإِذَا
تُتْلَىٰ عَلَيْهِمْ ءَايَٰتُنَا بَيِّنَٰتٍ قَالَ ٱلَّذِينَ كَفَرُواْ لِلْحَقِّ لَمَّا جَآءَهُمْ هَٰذَا
سِحْرٌ مُّبِينٌ ٧ أَمْ يَقُولُونَ ٱفْتَرَىٰهُ قُلْ إِنِ ٱفْتَرَيْتُهُۥ فَلَا تَمْلِكُونَ
لِى مِنَ ٱللَّهِ شَيْـًٔا هُوَ أَعْلَمُ بِمَا تُفِيضُونَ فِيهِ كَفَىٰ بِهِۦ شَهِيدًۢا بَيْنِى
وَبَيْنَكُمْ وَهُوَ ٱلْغَفُورُ ٱلرَّحِيمُ ٨ قُلْ مَا كُنتُ بِدْعًا مِّنَ ٱلرُّسُلِ
وَمَآ أَدْرِى مَا يُفْعَلُ بِى وَلَا بِكُمْ إِنْ أَتَّبِعُ إِلَّا مَا يُوحَىٰٓ إِلَىَّ وَمَآ أَنَا۠
إِلَّا نَذِيرٌ مُّبِينٌ ٩ قُلْ أَرَءَيْتُمْ إِن كَانَ مِنْ عِندِ ٱللَّهِ وَكَفَرْتُم بِهِۦ
وَشَهِدَ شَاهِدٌ مِّنۢ بَنِىٓ إِسْرَٰٓءِيلَ عَلَىٰ مِثْلِهِۦ فَـَٔامَنَ وَٱسْتَكْبَرْتُمْ
إِنَّ ٱللَّهَ لَا يَهْدِى ٱلْقَوْمَ ٱلظَّٰلِمِينَ ١٠ وَقَالَ ٱلَّذِينَ كَفَرُواْ
لِلَّذِينَ ءَامَنُواْ لَوْ كَانَ خَيْرًا مَّا سَبَقُونَآ إِلَيْهِ وَإِذْ لَمْ يَهْتَدُواْ بِهِۦ
فَسَيَقُولُونَ هَٰذَآ إِفْكٌ قَدِيمٌ ١١ وَمِن قَبْلِهِۦ كِتَٰبُ مُوسَىٰٓ
إِمَامًا وَرَحْمَةً وَهَٰذَا كِتَٰبٌ مُّصَدِّقٌ لِّسَانًا عَرَبِيًّا لِّيُنذِرَ
ٱلَّذِينَ ظَلَمُواْ وَبُشْرَىٰ لِلْمُحْسِنِينَ ١٢ إِنَّ ٱلَّذِينَ قَالُواْ رَبُّنَا
ٱللَّهُ ثُمَّ ٱسْتَقَٰمُواْ فَلَا خَوْفٌ عَلَيْهِمْ وَلَا هُمْ يَحْزَنُونَ ١٣
أُوْلَٰٓئِكَ أَصْحَٰبُ ٱلْجَنَّةِ خَٰلِدِينَ فِيهَا جَزَآءًۢ بِمَا كَانُواْ يَعْمَلُونَ ١٤

そして、人々が追い集められた時、それらは彼らにとって敵であり、彼らの崇拝について否認する者であった[1761]。(46：6)

そして、彼らに明白にわれらの諸々の徴(節)が読み聞かされると、信仰を拒んだ者たちは真理に対し、それが彼らに訪れた際に言った。「それは明白な魔術である」。(46：7)

それとも、彼らは、「彼がそれを捏造した」と言うのか。言え、「もし、私がそれを捏造したのであれば、おまえたちは私のためにアッラーに対して何もできないであろう。彼こそはおまえたちがそれ(クルアーン)について流言させること(冒瀆)を最も良く知り給う。私とおまえたちの間の証言者としては彼で万全であらせられる。そして彼こそはよく赦し給う慈悲深い御方」。(46：8)

言え、「私は、使徒たちのうちの新奇ではない。また、私は、私に対し、またおまえたちに対し何がなされるのかを知らない。私はただ、私に啓示されたものに従うだけであり、私は、明白な警告者以外のものではない」。(46：9)

言え、「おまえたちは見て考えたか(私に告げよ)、もしそれ(クルアーン)がアッラーからのもので、それでもおまえたちがその信仰を拒み、しかも、イスラーイールの子孫のうちの証言者(アブドゥッラー・ブン・サラーム)がそれと同様のものに対して証言し[1762]、信じたというのに、おまえたちが思い上がったとしたら(お前たちはいかに不正であるか)。まことに、アッラーは不正な民は導き給わない」。(46：10)

そして信仰を拒んだ者たちは、信仰した者たちに対して(ついて)言った。「もし、それが良いものであったならば、それに向かって彼らがわれらに先行することはなかった」。そしてその時[1763]、彼らはそれ(クルアーン)によって導かれなかった。そして、「これは古い虚言である」とやがて言い出すのである。(46：11)

だが、それ以前にも、ムーサーの啓典が導師として、また、慈悲として(あった)。そして、これ(クルアーン)は、アラビア語での確証する啓典で、不正をなした者たちに警告するためであり、また、善を尽くす者たちへの吉報である。(46：12)

まことに、「われらの主はアッラー」と言って、それから廉直であった者たち、彼らには恐れはなく、彼らは悲しむことはない。(46：13)

それらの者は楽園の民で、そこに永遠に(留まる)。彼らがなしてきたことの報酬として(報われる)。(46：14)

またわれらは人間に両親に対する心尽くしを命じた。彼の母親は苦しみながら懐胎し、苦しみながら産み落とす。そして彼の懐胎と離乳は三十ヶ月である。やがてついに、彼は

1761　10章28節参照。

1762　かつてムーサーにクルアーンと同類の啓典「律法の書」が下されていることを証言した。

1763　彼らの頑迷さが現れる時。

وَوَصَّيْنَا ٱلْإِنسَٰنَ بِوَٰلِدَيْهِ إِحْسَٰنًا ۖ حَمَلَتْهُ أُمُّهُۥ كُرْهًا وَوَضَعَتْهُ
كُرْهًا ۖ وَحَمْلُهُۥ وَفِصَٰلُهُۥ ثَلَٰثُونَ شَهْرًا ۚ حَتَّىٰٓ إِذَا بَلَغَ أَشُدَّهُۥ وَبَلَغَ
أَرْبَعِينَ سَنَةً قَالَ رَبِّ أَوْزِعْنِىٓ أَنْ أَشْكُرَ نِعْمَتَكَ ٱلَّتِىٓ أَنْعَمْتَ
عَلَىَّ وَعَلَىٰ وَٰلِدَىَّ وَأَنْ أَعْمَلَ صَٰلِحًا تَرْضَىٰهُ وَأَصْلِحْ لِى فِى ذُرِّيَّتِىٓ ۖ
إِنِّى تُبْتُ إِلَيْكَ وَإِنِّى مِنَ ٱلْمُسْلِمِينَ ﴿١٥﴾ أُو۟لَٰٓئِكَ ٱلَّذِينَ نَتَقَبَّلُ
عَنْهُمْ أَحْسَنَ مَا عَمِلُوا۟ وَنَتَجَاوَزُ عَن سَيِّـَٔاتِهِمْ فِىٓ أَصْحَٰبِ
ٱلْجَنَّةِ ۖ وَعْدَ ٱلصِّدْقِ ٱلَّذِى كَانُوا۟ يُوعَدُونَ ﴿١٦﴾ وَٱلَّذِى قَالَ
لِوَٰلِدَيْهِ أُفٍّ لَّكُمَآ أَتَعِدَانِنِىٓ أَنْ أُخْرَجَ وَقَدْ خَلَتِ ٱلْقُرُونُ مِن
قَبْلِى وَهُمَا يَسْتَغِيثَانِ ٱللَّهَ وَيْلَكَ ءَامِنْ إِنَّ وَعْدَ ٱللَّهِ حَقٌّ فَيَقُولُ
مَا هَٰذَآ إِلَّآ أَسَٰطِيرُ ٱلْأَوَّلِينَ ﴿١٧﴾ أُو۟لَٰٓئِكَ ٱلَّذِينَ حَقَّ عَلَيْهِمُ ٱلْقَوْلُ
فِىٓ أُمَمٍ قَدْ خَلَتْ مِن قَبْلِهِم مِّنَ ٱلْجِنِّ وَٱلْإِنسِ ۖ إِنَّهُمْ كَانُوا۟ خَٰسِرِينَ
﴿١٨﴾ وَلِكُلٍّ دَرَجَٰتٌ مِّمَّا عَمِلُوا۟ ۖ وَلِيُوَفِّيَهُمْ أَعْمَٰلَهُمْ وَهُمْ لَا يُظْلَمُونَ
﴿١٩﴾ وَيَوْمَ يُعْرَضُ ٱلَّذِينَ كَفَرُوا۟ عَلَى ٱلنَّارِ أَذْهَبْتُمْ طَيِّبَٰتِكُمْ فِى حَيَاتِكُمُ
ٱلدُّنْيَا وَٱسْتَمْتَعْتُم بِهَا فَٱلْيَوْمَ تُجْزَوْنَ عَذَابَ ٱلْهُونِ بِمَا كُنتُمْ
تَسْتَكْبِرُونَ فِى ٱلْأَرْضِ بِغَيْرِ ٱلْحَقِّ وَبِمَا كُنتُمْ تَفْسُقُونَ ﴿٢٠﴾

壮年に達し、そして、四十歳に達すると、言った[1764]。「主よ、私と私の両親に恵み給うたあなたの恩寵に感謝し、また、あなたが満悦し給う善行をなすよう私を促し(導き)給え。また私のために私の子孫のうちに良きものを成し給え。まことに私はあなたの御許に悔いて戻りました。またまことに私は帰依した者《ムスリム》たち(の一人)です」。(46：15)

それらの者は、われらが彼らのなしたものの最善を彼らから受け入れる者たちで、われらは、楽園の住民たちの間(にいる)彼らの悪事を大目に見る。彼らが約束された真実の約束として。(46：16)

己の両親に向かって、「あなたがたにはうんざりだ。あなたがたは、私が(墓から)引き出されると私に約束するのか。私以前にも諸世代が逝ったというのに」と言った者。そこで二人(両親)はアッラーに助けを願った。「おまえに災いあれ。信じよ。まことに、アッラーの約束は真実である」。だが、彼は、「それは昔の者の作り話にすぎない」と言う。(46：17)

それらの者は、彼ら以前に過ぎ去った幽精《ジン》と人間の諸共同体における、御言葉[1765]が彼らの上に必定となった者たちである。まことに、彼らは損失者であった。(46：18)

そしてそれぞれに、なしたものからの位階がある。彼(アッラー)が彼らの行い(の報酬)を完済し給うためであり、そして彼らは不正を受けることはない。(46：19)

そして信仰を拒んだ者たちが獄火に晒される日、「おまえたちはおまえたちの現世においておまえたちの良い物を持ち去り、それを享受した。それゆえ、今日、おまえたちは、地上で正当性もなく思い上がり、邪であったがゆえに、屈辱の懲罰で報いられる」。(46：20)

1764　この節はアブー・バクルが四十歳になり、「主よ、私と私の両親に恵み給うた…帰依した者たち(の一人)です」と祈った時に啓示されたと言われる。預言者ムハンマドの弟子たちの中で、両親と子供の全てがイスラームに入信したのは、アブー・バクルただ一人であったと言われる。

1765　11章119節等の。

۞ وَٱذۡكُرۡ أَخَا عَادٍ إِذۡ أَنذَرَ قَوۡمَهُۥ بِٱلۡأَحۡقَافِ وَقَدۡ خَلَتِ ٱلنُّذُرُ
مِنۢ بَيۡنِ يَدَيۡهِ وَمِنۡ خَلۡفِهِۦٓ أَلَّا تَعۡبُدُوٓاْ إِلَّا ٱللَّهَ إِنِّيٓ أَخَافُ عَلَيۡكُمۡ
عَذَابَ يَوۡمٍ عَظِيمٖ ٢١ قَالُوٓاْ أَجِئۡتَنَا لِتَأۡفِكَنَا عَنۡ ءَالِهَتِنَا فَأۡتِنَا
بِمَا تَعِدُنَآ إِن كُنتَ مِنَ ٱلصَّٰدِقِينَ ٢٢ قَالَ إِنَّمَا ٱلۡعِلۡمُ عِندَ ٱللَّهِ
وَأُبَلِّغُكُم مَّآ أُرۡسِلۡتُ بِهِۦ وَلَٰكِنِّيٓ أَرَىٰكُمۡ قَوۡمٗا تَجۡهَلُونَ ٢٣ فَلَمَّا
رَأَوۡهُ عَارِضٗا مُّسۡتَقۡبِلَ أَوۡدِيَتِهِمۡ قَالُواْ هَٰذَا عَارِضٞ مُّمۡطِرُنَاۚ
بَلۡ هُوَ مَا ٱسۡتَعۡجَلۡتُم بِهِۦۖ رِيحٞ فِيهَا عَذَابٌ أَلِيمٞ ٢٤ تُدَمِّرُ كُلَّ
شَيۡءِۭ بِأَمۡرِ رَبِّهَا فَأَصۡبَحُواْ لَا يُرَىٰٓ إِلَّا مَسَٰكِنُهُمۡۚ كَذَٰلِكَ نَجۡزِي
ٱلۡقَوۡمَ ٱلۡمُجۡرِمِينَ ٢٥ وَلَقَدۡ مَكَّنَّٰهُمۡ فِيمَآ إِن مَّكَّنَّٰكُمۡ فِيهِ
وَجَعَلۡنَا لَهُمۡ سَمۡعٗا وَأَبۡصَٰرٗا وَأَفۡـِٔدَةٗ فَمَآ أَغۡنَىٰ عَنۡهُمۡ سَمۡعُهُمۡ
وَلَآ أَبۡصَٰرُهُمۡ وَلَآ أَفۡـِٔدَتُهُم مِّن شَيۡءٍ إِذۡ كَانُواْ يَجۡحَدُونَ بِـَٔايَٰتِ
ٱللَّهِ وَحَاقَ بِهِم مَّا كَانُواْ بِهِۦ يَسۡتَهۡزِءُونَ ٢٦ وَلَقَدۡ أَهۡلَكۡنَا
مَا حَوۡلَكُم مِّنَ ٱلۡقُرَىٰ وَصَرَّفۡنَا ٱلۡأٓيَٰتِ لَعَلَّهُمۡ يَرۡجِعُونَ ٢٧
فَلَوۡلَا نَصَرَهُمُ ٱلَّذِينَ ٱتَّخَذُواْ مِن دُونِ ٱللَّهِ قُرۡبَانًا ءَالِهَةَۢۖ
بَلۡ ضَلُّواْ عَنۡهُمۡۚ وَذَٰلِكَ إِفۡكُهُمۡ وَمَا كَانُواْ يَفۡتَرُونَ ٢٨

またアード（族）の同胞（預言者フード）を思い起こせ。彼が砂丘[1766]の彼の民に警告した時を。彼の前にも後にも警告者たちは過ぎ去った。「おまえたちはアッラーのほかに仕えてはならない。まことに、私はおまえたちに大いなる日の懲罰を恐れる」。(46：21)

彼らは言った。「おまえはわれらの許に、われらをわれらの神々から外れさせるために来たのか。それなら、おまえがわれらに約束したもの（懲罰）をわれらにもたらせ。もし、おまえが真実を語る者たち（の一人）であるならば」。(46：22)

彼は言った。「その知識はアッラーの御許のみにあり、私はおまえたちに私がそれと共に遣わされたものを伝えるのである。だが、私が見るところ、おまえたちは悟らない民である」。(46：23)

そこで彼らがそれ[1767]を、彼らの涸川（谷）に向かって現われた雲を見ると、彼らは言った。「それはわれらの雨を降らす雲である」と。いや、それは、おまえたちが急《せ》いたものである。風で、その中には痛苦の懲罰がある。(46：24)

それは、その主の御命令によってあらゆるものを破壊する。それで朝を迎えると、彼らの居住地しか見当たらなかった。このように、われらは罪を犯した民に報いるのである[1768]。(46：25)

またわれらは、われらがおまえたち（マッカの不信仰者たち）をそれに就けなかったもの（地位）に彼ら（アード族）を就けた。そして、われらは彼らに聴覚と視覚と心臓をなしたが、彼らの聴覚も彼らの視覚も彼らの心臓も彼らにはわずかにも役立たなかった。なぜなら、彼らはアッラーの諸々の徴を否定しており、そして彼らが嘲笑していたものが彼らを取り巻いたからである。(46：26)

またかつてわれらは、おまえたちの周囲の町々を滅ぼし、諸々の徴を次々に示した。きっと、彼らも（不信仰から）帰るであろうと。(46：27)

それで、彼らがアッラーを差し置いて（アッラーへの）近侍のための神々とした者たちが彼らを援けなかったのは何故か。いや、彼ら（偶像神）は彼ら（多神教徒）からはぐれ去った。そうしたことは彼らの虚偽であり、また彼らが捏造したものである。(46：28)

1766　イエメンのハドラマウト地方の北西部の砂漠地帯と言われる。
1767　おまえがわれらに約束したもの（懲罰）。あるいは、漠然とした内容を指す「それ」。
1768　69 章 6-7 節参照。

وَإِذۡ صَرَفۡنَآ إِلَيۡكَ نَفَرٗا مِّنَ ٱلۡجِنِّ يَسۡتَمِعُونَ ٱلۡقُرۡءَانَ فَلَمَّا
حَضَرُوهُ قَالُوٓاْ أَنصِتُواْۖ فَلَمَّا قُضِيَ وَلَّوۡاْ إِلَىٰ قَوۡمِهِم مُّنذِرِينَ
٢٩ قَالُواْ يَٰقَوۡمَنَآ إِنَّا سَمِعۡنَا كِتَٰبًا أُنزِلَ مِنۢ بَعۡدِ مُوسَىٰ
مُصَدِّقٗا لِّمَا بَيۡنَ يَدَيۡهِ يَهۡدِيٓ إِلَى ٱلۡحَقِّ وَإِلَىٰ طَرِيقٖ مُّسۡتَقِيمٖ
٣٠ يَٰقَوۡمَنَآ أَجِيبُواْ دَاعِيَ ٱللَّهِ وَءَامِنُواْ بِهِۦ يَغۡفِرۡ لَكُم مِّن
ذُنُوبِكُمۡ وَيُجِرۡكُم مِّنۡ عَذَابٍ أَلِيمٖ ٣١ وَمَن لَّا يُجِبۡ دَاعِيَ ٱللَّهِ
فَلَيۡسَ بِمُعۡجِزٖ فِي ٱلۡأَرۡضِ وَلَيۡسَ لَهُۥ مِن دُونِهِۦٓ أَوۡلِيَآءُۚ أُوْلَٰٓئِكَ
فِي ضَلَٰلٖ مُّبِينٍ ٣٢ أَوَلَمۡ يَرَوۡاْ أَنَّ ٱللَّهَ ٱلَّذِي خَلَقَ ٱلسَّمَٰوَٰتِ
وَٱلۡأَرۡضَ وَلَمۡ يَعۡيَ بِخَلۡقِهِنَّ بِقَٰدِرٍ عَلَىٰٓ أَن يُحۡـِۧيَ ٱلۡمَوۡتَىٰۚ بَلَىٰٓۚ
إِنَّهُۥ عَلَىٰ كُلِّ شَيۡءٖ قَدِيرٞ ٣٣ وَيَوۡمَ يُعۡرَضُ ٱلَّذِينَ كَفَرُواْ عَلَى ٱلنَّارِ
أَلَيۡسَ هَٰذَا بِٱلۡحَقِّۖ قَالُواْ بَلَىٰ وَرَبِّنَاۚ قَالَ فَذُوقُواْ ٱلۡعَذَابَ بِمَا
كُنتُمۡ تَكۡفُرُونَ ٣٤ فَٱصۡبِرۡ كَمَا صَبَرَ أُوْلُواْ ٱلۡعَزۡمِ مِنَ ٱلرُّسُلِ
وَلَا تَسۡتَعۡجِل لَّهُمۡۚ كَأَنَّهُمۡ يَوۡمَ يَرَوۡنَ مَا يُوعَدُونَ لَمۡ يَلۡبَثُوٓاْ إِلَّا
سَاعَةٗ مِّن نَّهَارِۭۚ بَلَٰغٞۚ فَهَلۡ يُهۡلَكُ إِلَّا ٱلۡقَوۡمُ ٱلۡفَٰسِقُونَ ٣٥

سُورَةُ مُحَمَّدٍ

またわれらがおまえの方にクルアーンを聞く幽精《ジン》の一団を差し向けた時のこと(を想起せよ)[1769]。それ(預言者のクルアーン読誦)に臨むと、彼らは言った。「静聴せよ」。そして、それが終わると、警告する者たちとして彼らの民の許に立ち去った。(46：29)

彼らは言った。「われらが民よ、われらは、ムーサーの後に下された、それ以前にあったものへの確証である啓典を聞いた。それは真理へと、そして真っすぐな道へと導く」。(46：30)

「われらが民よ、アッラーの呼び手[1770]に応え、彼を信じよ。彼(アッラー)はおまえたちにおまえたちの罪の一部を赦し、おまえたちを痛苦の懲罰から救い給う」。(46：31)

「そしてアッラーの呼び手に応えない者、彼は地上において(アッラーを出し抜いて)頓挫させる者ではなく、彼には彼(アッラー)を差し置いて後見たちなどいない。それらの者は明白な迷誤の中にいる」。(46：32)

彼らは見て考えなかったのか、諸天と地を創り給い、それらの創造を苦にし給わなかったアッラーは、死者たちを生き返らせることが可能であらせられることを。いや、まことに、彼はすべてのことに対して全能なる御方。(46：33)

そして信仰を拒んだ者たちが獄火に晒される日、「これは真実ではないか」。彼らは言った。「いかにも。われらが主にかけて」。彼(アッラー)は仰せられた。「では、おまえたちが信仰を拒んだがゆえに懲罰を味わうがよい」。(46：34)

それゆえ、忍耐せよ、使徒たちで決意を持った者たち[1771]が忍耐したように。そして彼ら(マッカの不信仰者たち)に対して(懲罰が下るのを)急《せ》いてはならない。彼らが約束されたものを見る日、彼らは昼間の一刻しか(現世に)留まらなかったかのようである。(これが)伝達である。邪な民のほかに滅ぼされることがあろうか。(46：35)

1769　72章参照。

1770　アッラーの信仰へと呼び招く者、つまり預言者ムハンマド。

1771　ヌーフ、イブラーヒーム、ムーサー、イーサー。それにムハンマドを加えた五人が、「決意を持った者たち(ウルー・アル＝アズム)」、つまり、「重責に耐える堅忍不抜の者たち」と呼ばれる。

第47章　ムハンマド …… سورة محمد

マディーナ垂示

第２節に因んで「ムハンマド」章、あるいはクルアーンによる戦闘の命令に怖気づいた偽信者たちを譴責する第20節に因んで「戦闘」章と呼ばれる。戦闘終了後には、身代金を取るか無償で捕虜を解放することが許可される(4節)。

慈悲あまねく慈悲深きアッラーの御名において

بِسۡمِ ٱللَّهِ ٱلرَّحۡمَٰنِ ٱلرَّحِيمِ
ٱلَّذِينَ كَفَرُواْ وَصَدُّواْ عَن سَبِيلِ ٱللَّهِ أَضَلَّ أَعۡمَٰلَهُمۡ ١ وَٱلَّذِينَ
ءَامَنُواْ وَعَمِلُواْ ٱلصَّٰلِحَٰتِ وَءَامَنُواْ بِمَا نُزِّلَ عَلَىٰ مُحَمَّدٖ وَهُوَ ٱلۡحَقُّ مِن
رَّبِّهِمۡ كَفَّرَ عَنۡهُمۡ سَيِّـَٔاتِهِمۡ وَأَصۡلَحَ بَالَهُمۡ ٢ ذَٰلِكَ بِأَنَّ ٱلَّذِينَ كَفَرُواْ
ٱتَّبَعُواْ ٱلۡبَٰطِلَ وَأَنَّ ٱلَّذِينَ ءَامَنُواْ ٱتَّبَعُواْ ٱلۡحَقَّ مِن رَّبِّهِمۡۚ كَذَٰلِكَ يَضۡرِبُ
ٱللَّهُ لِلنَّاسِ أَمۡثَٰلَهُمۡ ٣ فَإِذَا لَقِيتُمُ ٱلَّذِينَ كَفَرُواْ فَضَرۡبَ ٱلرِّقَابِ حَتَّىٰٓ
إِذَآ أَثۡخَنتُمُوهُمۡ فَشُدُّواْ ٱلۡوَثَاقَ فَإِمَّا مَنَّۢا بَعۡدُ وَإِمَّا فِدَآءً حَتَّىٰ تَضَعَ ٱلۡحَرۡبُ
أَوۡزَارَهَاۚ ذَٰلِكَۖ وَلَوۡ يَشَآءُ ٱللَّهُ لَٱنتَصَرَ مِنۡهُمۡ وَلَٰكِن لِّيَبۡلُوَاْ بَعۡضَكُم
بِبَعۡضٖۗ وَٱلَّذِينَ قُتِلُواْ فِي سَبِيلِ ٱللَّهِ فَلَن يُضِلَّ أَعۡمَٰلَهُمۡ ٤ سَيَهۡدِيهِمۡ
وَيُصۡلِحُ بَالَهُمۡ ٥ وَيُدۡخِلُهُمُ ٱلۡجَنَّةَ عَرَّفَهَا لَهُمۡ ٦ يَٰٓأَيُّهَا ٱلَّذِينَ
ءَامَنُوٓاْ إِن تَنصُرُواْ ٱللَّهَ يَنصُرۡكُمۡ وَيُثَبِّتۡ أَقۡدَامَكُمۡ ٧ وَٱلَّذِينَ كَفَرُواْ
فَتَعۡسٗا لَّهُمۡ وَأَضَلَّ أَعۡمَٰلَهُمۡ ٨ ذَٰلِكَ بِأَنَّهُمۡ كَرِهُواْ مَآ أَنزَلَ ٱللَّهُ
فَأَحۡبَطَ أَعۡمَٰلَهُمۡ ٩ ۞أَفَلَمۡ يَسِيرُواْ فِي ٱلۡأَرۡضِ فَيَنظُرُواْ كَيۡفَ كَانَ
عَٰقِبَةُ ٱلَّذِينَ مِن قَبۡلِهِمۡۖ دَمَّرَ ٱللَّهُ عَلَيۡهِمۡۖ وَلِلۡكَٰفِرِينَ أَمۡثَٰلُهَا ١٠ ذَٰلِكَ
بِأَنَّ ٱللَّهَ مَوۡلَى ٱلَّذِينَ ءَامَنُواْ وَأَنَّ ٱلۡكَٰفِرِينَ لَا مَوۡلَىٰ لَهُمۡ ١١

信仰を拒み、(人々を)アッラーの道から逸らした者たち、彼(アッラー)は彼らの行いを迷わせ給うた[1772]。(47：1)

また信仰し、善行をなし、そして、ムハンマドに垂示されたもの(クルアーン)　―それは彼らの主からの真理である―　を信じた者たち、彼(アッラー)は彼らから彼らの悪事を帳消しにし、彼らの状態を改善し給うた。(47：2)

それは、信仰を拒んだ者たちが虚偽に従い、信仰した者たちが彼らの主からの真理に従ったからである。このように、アッラーは人々に彼らの喩えを挙げ給う。(47：3)

それゆえおまえたちが信仰を拒んだ者たちと出会った時には、彼らを殺戮するに至るまで首を打ち(切り)、そして戦いがその重荷を置く[1773]までは、(捕虜の)束縛を引締め、後は、恩情か、身代金かである[1774]。そのようである。だがもし、アッラーが御望みなら、彼(アッラー)が彼らに報復し給う[1775]であろうが、おまえたちのある者を(別の)ある者によって試み給うためである[1776]。アッラーの道で殺された者たち、彼が彼らの行いを迷誤させ給うことはない[1777]。(47：4)。

いずれ彼は彼らを導き、彼らの状態を改善し給うであろう。(47：5)

そして、彼らに知らせ給うた楽園に彼らを入れ給う。(47：6)

信仰する者たちよ、もしおまえたちがアッラー（の宗教と使徒)を援ければ、彼はおまえたちを援け、おまえたちの足を堅固になし給う。(47：7)

信仰を拒んだ者たち、彼らには滅亡があり、彼は彼らの行いを迷わせ給うた。(47：8)

それは、彼らがアッラーが下し給うたものを嫌ったためで、それで彼は彼らの行いを無

1772　彼らが現世で行った善行も来世では無効となり、報酬は無い。但し、現世ではアッラーの恩寵により報われることもある。

1773　戦士が武具を置くまで、つまり戦いが終わるまで。

1774　戦いが終われば、無償で捕虜を解放することも、身代金を取って解放することも許される。別訳としては「…と出会った時には、首を打て(切れ)。そうして、彼らを殺戮した時には、(捕虜の)束縛を引締め、後は、恩情か身代金かである。そしてついには、戦いがその重荷を置く」。

1775　戦闘を行うことなく。

1776　戦闘(ジハード)の命令が下されたのは。

1777　来世の報酬を無効にし給うことはない。

إِنَّ ٱللَّهَ يُدۡخِلُ ٱلَّذِينَ ءَامَنُواْ وَعَمِلُواْ ٱلصَّٰلِحَٰتِ جَنَّٰتٖ تَجۡرِي مِن
تَحۡتِهَا ٱلۡأَنۡهَٰرُۖ وَٱلَّذِينَ كَفَرُواْ يَتَمَتَّعُونَ وَيَأۡكُلُونَ كَمَا تَأۡكُلُ ٱلۡأَنۡعَٰمُ
وَٱلنَّارُ مَثۡوٗى لَّهُمۡ ﴿١٢﴾ وَكَأَيِّن مِّن قَرۡيَةٍ هِيَ أَشَدُّ قُوَّةٗ مِّن قَرۡيَتِكَ
ٱلَّتِيٓ أَخۡرَجَتۡكَ أَهۡلَكۡنَٰهُمۡ فَلَا نَاصِرَ لَهُمۡ ﴿١٣﴾ أَفَمَن كَانَ عَلَىٰ بَيِّنَةٖ مِّن
رَّبِّهِۦ كَمَن زُيِّنَ لَهُۥ سُوٓءُ عَمَلِهِۦ وَٱتَّبَعُوٓاْ أَهۡوَآءَهُم ﴿١٤﴾ مَّثَلُ ٱلۡجَنَّةِ ٱلَّتِي
وُعِدَ ٱلۡمُتَّقُونَۖ فِيهَآ أَنۡهَٰرٞ مِّن مَّآءٍ غَيۡرِ ءَاسِنٖ وَأَنۡهَٰرٞ مِّن لَّبَنٖ لَّمۡ يَتَغَيَّرۡ
طَعۡمُهُۥ وَأَنۡهَٰرٞ مِّنۡ خَمۡرٖ لَّذَّةٖ لِّلشَّٰرِبِينَ وَأَنۡهَٰرٞ مِّنۡ عَسَلٖ مُّصَفّٗىۖ وَلَهُمۡ
فِيهَا مِن كُلِّ ٱلثَّمَرَٰتِ وَمَغۡفِرَةٞ مِّن رَّبِّهِمۡۖ كَمَنۡ هُوَ خَٰلِدٞ فِي ٱلنَّارِ وَسُقُواْ
مَآءً حَمِيمٗا فَقَطَّعَ أَمۡعَآءَهُمۡ ﴿١٥﴾ وَمِنۡهُم مَّن يَسۡتَمِعُ إِلَيۡكَ حَتَّىٰٓ إِذَا
خَرَجُواْ مِنۡ عِندِكَ قَالُواْ لِلَّذِينَ أُوتُواْ ٱلۡعِلۡمَ مَاذَا قَالَ ءَانِفًاۚ أُوْلَٰٓئِكَ
ٱلَّذِينَ طَبَعَ ٱللَّهُ عَلَىٰ قُلُوبِهِمۡ وَٱتَّبَعُوٓاْ أَهۡوَآءَهُمۡ ﴿١٦﴾ وَٱلَّذِينَ ٱهۡتَدَوۡاْ
زَادَهُمۡ هُدٗى وَءَاتَىٰهُمۡ تَقۡوَىٰهُمۡ ﴿١٧﴾ فَهَلۡ يَنظُرُونَ إِلَّا ٱلسَّاعَةَ
أَن تَأۡتِيَهُم بَغۡتَةٗۖ فَقَدۡ جَآءَ أَشۡرَاطُهَاۚ فَأَنَّىٰ لَهُمۡ إِذَا جَآءَتۡهُمۡ
ذِكۡرَىٰهُمۡ ﴿١٨﴾ فَٱعۡلَمۡ أَنَّهُۥ لَآ إِلَٰهَ إِلَّا ٱللَّهُ وَٱسۡتَغۡفِرۡ لِذَنۢبِكَ
وَلِلۡمُؤۡمِنِينَ وَٱلۡمُؤۡمِنَٰتِۗ وَٱللَّهُ يَعۡلَمُ مُتَقَلَّبَكُمۡ وَمَثۡوَىٰكُمۡ ﴿١٩﴾

益となし給うた。(47：9)

彼らは地上を旅し、そうして彼ら以前の者たちの末路がどのようなものであったかをよく見なかったのか。アッラーは彼らに対し(彼ら自身や家族・財産を)壊滅させ給うた。そして、不信仰者たちにはそれと同様のもの(末路)がある。(47：10)

それは、アッラーが信仰した者たちの庇護者であらせられ、不信仰者たち、彼らには庇護者がないためである。(47：11)

まことに、アッラーは、信仰し、善行をなした者たちを下に河川が流れる楽園に入れ給う。一方、信仰を拒んだ者たちは享楽し、家畜が食べるように食べ[1778]、獄火が彼らの住いである。(47：12)

またいかほどの町を　—それはおまえを追放したおまえの町(マッカ)よりも力が強かった—　われらが彼ら(住民)を滅ぼしたことか。そして彼らには援助者はなかったのである。(47：13)

それで、己の主からの明証の上にいる者が、己の行いの悪が美しく飾られ、自分たちの欲望・妄執に従った者たちのようであろうか。(47：14)

畏れ身を守る者たちに約束された楽園の喩えは、そこには腐ることのない水の川、味の変わることのない乳の川、飲む者に快い酒の川、純粋な蜜の川がある。また、彼らにはそこにあらゆる果実と彼らの主からの御赦しがある。(畏れ身を守る者たちが)獄火の中に永遠に留まり、煮え湯を飲まされ、それが腸を寸断する者のようである(のか)。(47：15)

彼らの中にはおまえに傾聴する者もあるが、やがておまえの許から出て行くと、知識を持った者たちに言った[1779]。「先ほど彼が言ったことは何か」。それらの者はアッラーが心に封をなし給い、己の欲望・妄執に従った者たちである。(47：16)

一方、導かれた者たち、彼(アッラー)は彼らに導きを増し加え、彼らに畏怖の念を授け給うた。(47：17)

彼らはかの時(最後の審判の日)が彼らの許に不意に訪れることのほか座視することがあるのか。その諸々の兆候がすでに訪れた[1780]からには。それ(かの時)が彼らの許に来た時、彼らにとって彼らの留意はどんなものか(もはや役には立たない)。(47：18)

それゆえ、アッラーのほかに神はないと知れ。そして、おまえの罪の赦しを乞え、また、信仰する男と信仰する女の(罪の)ためにも。そしてアッラーはおまえたちの行き来(行動)もおまえたちの住いも知り給う。(47：19)

1778　現世において。

1779　不信仰者たちの中の、偽信者たちが、預言者ムハンマドの弟子たちの中でイスラームの知識の深い者たちを嘲笑して言った。

1780　預言者ムハンマドの派遣や、月が割れること(54章1節参照)など。

وَيَقُولُ ٱلَّذِينَ ءَامَنُوا۟ لَوْلَا نُزِّلَتْ سُورَةٌ ۖ فَإِذَآ أُنزِلَتْ سُورَةٌ
مُّحْكَمَةٌ وَذُكِرَ فِيهَا ٱلْقِتَالُ ۙ رَأَيْتَ ٱلَّذِينَ فِى قُلُوبِهِم مَّرَضٌ
يَنظُرُونَ إِلَيْكَ نَظَرَ ٱلْمَغْشِىِّ عَلَيْهِ مِنَ ٱلْمَوْتِ ۖ فَأَوْلَىٰ لَهُمْ
٢٠ طَاعَةٌ وَقَوْلٌ مَّعْرُوفٌ ۚ فَإِذَا عَزَمَ ٱلْأَمْرُ فَلَوْ صَدَقُوا۟ ٱللَّهَ
لَكَانَ خَيْرًا لَّهُمْ ٢١ فَهَلْ عَسَيْتُمْ إِن تَوَلَّيْتُمْ أَن تُفْسِدُوا۟
فِى ٱلْأَرْضِ وَتُقَطِّعُوٓا۟ أَرْحَامَكُمْ ٢٢ أُو۟لَٰٓئِكَ ٱلَّذِينَ لَعَنَهُمُ
ٱللَّهُ فَأَصَمَّهُمْ وَأَعْمَىٰٓ أَبْصَٰرَهُمْ ٢٣ أَفَلَا يَتَدَبَّرُونَ ٱلْقُرْءَانَ
أَمْ عَلَىٰ قُلُوبٍ أَقْفَالُهَآ ٢٤ إِنَّ ٱلَّذِينَ ٱرْتَدُّوا۟ عَلَىٰٓ أَدْبَٰرِهِم
مِّنۢ بَعْدِ مَا تَبَيَّنَ لَهُمُ ٱلْهُدَى ۙ ٱلشَّيْطَٰنُ سَوَّلَ لَهُمْ وَأَمْلَىٰ
لَهُمْ ٢٥ ذَٰلِكَ بِأَنَّهُمْ قَالُوا۟ لِلَّذِينَ كَرِهُوا۟ مَا نَزَّلَ ٱللَّهُ
سَنُطِيعُكُمْ فِى بَعْضِ ٱلْأَمْرِ ۖ وَٱللَّهُ يَعْلَمُ إِسْرَارَهُمْ ٢٦
فَكَيْفَ إِذَا تَوَفَّتْهُمُ ٱلْمَلَٰٓئِكَةُ يَضْرِبُونَ وُجُوهَهُمْ
وَأَدْبَٰرَهُمْ ٢٧ ذَٰلِكَ بِأَنَّهُمُ ٱتَّبَعُوا۟ مَآ أَسْخَطَ ٱللَّهَ
وَكَرِهُوا۟ رِضْوَٰنَهُۥ فَأَحْبَطَ أَعْمَٰلَهُمْ ٢٨ أَمْ حَسِبَ
ٱلَّذِينَ فِى قُلُوبِهِم مَّرَضٌ أَن لَّن يُخْرِجَ ٱللَّهُ أَضْغَٰنَهُمْ ٢٩

また信仰する者たちは言う。「(奮闘《ジハード》を命ずる)一章が垂示されないのは何故か」。ところが、断固とした一章が下され、その中で戦闘が言及されると、心に病がある者たち(偽信者たち)が、死(の恐れ)に気も漫《そぞ》ろな者の眼差しでおまえの方を見つめるのをおまえは見た。それで彼らに一層ふさわしいものは[1781]、(47：20)

服従と良識的な言葉である。そして、物事が決定された時には[1782]、アッラーに忠実であれば、それは彼らにとっては一層良かった。(47：21)

それでおまえたちが(アッラーの命に)背き去ったならば、おまえたちは地上で害悪をなし、おまえたちの血縁(関係)を断つのであろうか(断つのではないだろうか)。(47：22)

それらの者はアッラーが呪い給うた者たちで、それで彼は彼らを聾にし、彼らの目を盲となし給うた。(47：23)

それで彼らはクルアーンを熟考しないのか。それとも、心の上にその(心の)錠がかかっているのか。(47：24)

まことに、導きが彼らに明白となった後から背を向けて(不信仰へと)引き返した者(偽信者)たち、悪魔が彼らを唆し、彼らに猶予した[1783]。(47：25)

それは、彼ら(偽信者たち)が、アッラーが(預言者ムハンマドに)垂示し給うたものを嫌った者たち(多神教徒たち)に、「事の一部において[1784]、われらはあなたがたに従うであろう」と言ったからである。だが、アッラーは彼らが秘めたことを知り給う。(47：26)

それゆえ天使たちが彼らを召し上げた時はどのようであるか。彼らの顔と彼らの背部を打ちながらに。(47：27)

それは、彼らがアッラーを激怒させることに従い、彼の御満悦を嫌い、それで彼(アッラー)が彼らの行いを無駄にし給うたためである。(47：28)

それとも、心に病がある者たちは、アッラーが彼らの(イスラームに対する)憎悪を暴き給うことはないと考えたのか。(47：29)

1781　述部は次節の「服従と良識的な言葉」、つまり、「それで彼らに一層ふさわしいものは服従と良識的な言葉である」と続く。一説では、「一層ふさわしい」と訳したアラビア語の原語「'awlā」とは「彼らに災いが近づくように」との呪いの言葉であるとも言われる(75章34節脚注参照)。

1782　戦闘の命令が必定となった時には。

1783　悪魔が彼らに偽りの希望を長引かせた。

1784　預言者ムハンマドに敵対し、ムスリム軍の士気を殺いで撹乱するという共謀において。

وَلَوۡ نَشَآءُ لَأَرَيۡنَٰكَهُمۡ فَلَعَرَفۡتَهُم بِسِيمَٰهُمۡۚ وَلَتَعۡرِفَنَّهُمۡ فِي
لَحۡنِ ٱلۡقَوۡلِۚ وَٱللَّهُ يَعۡلَمُ أَعۡمَٰلَكُمۡ ﴿٣٠﴾ وَلَنَبۡلُوَنَّكُمۡ حَتَّىٰ نَعۡلَمَ
ٱلۡمُجَٰهِدِينَ مِنكُمۡ وَٱلصَّٰبِرِينَ وَنَبۡلُوَاْ أَخۡبَارَكُمۡ ﴿٣١﴾ إِنَّ ٱلَّذِينَ
كَفَرُواْ وَصَدُّواْ عَن سَبِيلِ ٱللَّهِ وَشَآقُّواْ ٱلرَّسُولَ مِنۢ بَعۡدِ
مَا تَبَيَّنَ لَهُمُ ٱلۡهُدَىٰ لَن يَضُرُّواْ ٱللَّهَ شَيۡـٔٗا وَسَيُحۡبِطُ أَعۡمَٰلَهُمۡ
﴿٣٢﴾ ۞ يَٰٓأَيُّهَا ٱلَّذِينَ ءَامَنُوٓاْ أَطِيعُواْ ٱللَّهَ وَأَطِيعُواْ ٱلرَّسُولَ
وَلَا تُبۡطِلُوٓاْ أَعۡمَٰلَكُمۡ ﴿٣٣﴾ إِنَّ ٱلَّذِينَ كَفَرُواْ وَصَدُّواْ عَن سَبِيلِ
ٱللَّهِ ثُمَّ مَاتُواْ وَهُمۡ كُفَّارٞ فَلَن يَغۡفِرَ ٱللَّهُ لَهُمۡ ﴿٣٤﴾ فَلَا تَهِنُواْ
وَتَدۡعُوٓاْ إِلَى ٱلسَّلۡمِ وَأَنتُمُ ٱلۡأَعۡلَوۡنَ وَٱللَّهُ مَعَكُمۡ وَلَن يَتِرَكُمۡ
أَعۡمَٰلَكُمۡ ﴿٣٥﴾ إِنَّمَا ٱلۡحَيَوٰةُ ٱلدُّنۡيَا لَعِبٞ وَلَهۡوٞۚ وَإِن تُؤۡمِنُواْ وَتَتَّقُواْ
يُؤۡتِكُمۡ أُجُورَكُمۡ وَلَا يَسۡـَٔلۡكُمۡ أَمۡوَٰلَكُمۡ ﴿٣٦﴾ إِن يَسۡـَٔلۡكُمُوهَا
فَيُحۡفِكُمۡ تَبۡخَلُواْ وَيُخۡرِجۡ أَضۡغَٰنَكُمۡ ﴿٣٧﴾ هَٰٓأَنتُمۡ هَٰٓؤُلَآءِ
تُدۡعَوۡنَ لِتُنفِقُواْ فِي سَبِيلِ ٱللَّهِ فَمِنكُم مَّن يَبۡخَلُۖ وَمَن يَبۡخَلۡ
فَإِنَّمَا يَبۡخَلُ عَن نَّفۡسِهِۦۚ وَٱللَّهُ ٱلۡغَنِيُّ وَأَنتُمُ ٱلۡفُقَرَآءُۚ وَإِن
تَتَوَلَّوۡاْ يَسۡتَبۡدِلۡ قَوۡمًا غَيۡرَكُمۡ ثُمَّ لَا يَكُونُوٓاْ أَمۡثَٰلَكُم ﴿٣٨﴾

だがもしわれらが望むなら、おまえに彼らを見せ、そうしておまえは彼らを彼らの特徴で見分けたであろう。必ずやおまえは彼らを言葉の調子の悪さ(曖昧さ)で見分けるであろう。そしてアッラーはおまえたちの行いを知り給う。(47：30)

また、おまえたちのうち奮闘《ジハード》する者と忍耐する者をわれらが知るために、必ずやわれらはおまえたちを試みる。また、われらがおまえたちの報告を試みるために[1785]。(47：31)

まことに、信仰を拒み、(人々を)アッラーの道から逸らし、導きが明白となった後から使徒に反抗した者たちは、アッラーをわずかにも害することはなく、いずれ彼は彼らの行いを無駄なものとなし給う。(47：32)

信仰した者たちよ、アッラーに従い、使徒に従え。おまえたちの行いを無駄にしてはならない。(47：33)

まことに、信仰を拒み、(人々を)アッラーの道から逸らし、それから不信仰者として死んだ者たち、そうであればアッラーが彼らを赦し給うことはない。(47：34)

それゆえ、弱気になって和平を呼びかけてはならない[1786]。おまえたちが勝者でありながらにしては。そしてアッラーはおまえたちと共にあらせられ、おまえたちの行いを損ない給うことはない。(47：35)

現世はただ遊びであり、戯れにすぎない。そしておまえたちが信仰し、畏れ身を守るなら、彼(アッラー)はおまえたちにおまえたちの報酬を与え給い、おまえたちにおまえたちの財産を求め給わない[1787]。(47：36)

もし彼がおまえたちにそれ(財産)を求め、おまえたちに強要し給えば、おまえたちは出し惜しみし、またそれ[1788]はおまえたちの憎悪を引き出すであろう。(47：37)

さあ、おまえたち、これなる者、おまえたちはアッラーの道において費やすよう呼びかけられているのである。だが、おまえたちの中には出し惜しむ者がいる。そして出し惜しむ者があれば、彼は己に対して出し惜しむのである。そしてアッラーは自足した御方であらせられ、おまえたちは貧者[1789]である。それでもおまえたちが背き去ったなら、彼はおまえたち以外の民を代わりとなし給い、彼らはおまえたちの同類ではない。(47：38)

1785　戦闘における彼らの行状について、あるいは彼らの信仰、忠誠について明るみに出すために。

1786　この節は、8章61節を破棄するものであるとも、逆にこの節が8章61節によって破棄されたとも、両者はそれぞれ違った状況に関する規定として有効であるとも言われる。

1787　おまえたちの財産の全てを浄財として求め給うことはない。あるいは、御自身のために求め給うことはない。あるいは、お前たちの財産ではなく、彼御自身の(おまえたちに与え給うた)財産を求め給うのである。

1788　強要。あるいは吝嗇。あるいは、アッラーが(おまえたちの憎悪を引き出し給うであろう)。

1789　アラビア語の「ファキール(貧者)」は、「必要とする者」を意味する。つまり、「アッラーによって創造され、扶養されることを必要とする者」の意。他方、アラビア語の「ガニー(富者)」はアッラーの神名(美称)としては「自足者」と訳される。

第 48 章　勝利 …… سورة الفتح

マディーナ垂示

本章は、フダイビーヤの和約に際して啓示されたもので、それが「明白な勝利」（1 節）と呼ばれることから、「勝利」章と名づけられた。また本章では、預言者がマッカ巡礼を果たす夢が正夢となって実現したことが語られる（27 節）。

慈悲あまねく慈悲深きアッラーの御名において

まことに、われらはおまえに明白な勝利を開いた[1790]。（48：1）

アッラーがおまえに、おまえの罪のうち先行したものも後回しになったものも赦し[1791]、彼のおまえに対する恩寵を全うし、おまえを真っすぐな道に導き給うためである。（48：2）

また、アッラーがおまえを威力ある援助で援け給うためである。（48：3）

سُورَةُ الفَتْح

بِسْمِ اللَّهِ الرَّحْمَٰنِ الرَّحِيمِ

إِنَّا فَتَحْنَا لَكَ فَتْحًا مُّبِينًا ١ لِّيَغْفِرَ لَكَ اللَّهُ مَا تَقَدَّمَ مِن ذَنۢبِكَ
وَمَا تَأَخَّرَ وَيُتِمَّ نِعْمَتَهُۥ عَلَيْكَ وَيَهْدِيَكَ صِرَٰطًا مُّسْتَقِيمًا ٢
وَيَنصُرَكَ اللَّهُ نَصْرًا عَزِيزًا ٣ هُوَ الَّذِىٓ أَنزَلَ السَّكِينَةَ فِى قُلُوبِ
الْمُؤْمِنِينَ لِيَزْدَادُوٓا۟ إِيمَٰنًا مَّعَ إِيمَٰنِهِمْ ۗ وَلِلَّهِ جُنُودُ السَّمَٰوَٰتِ
وَالْأَرْضِ ۚ وَكَانَ اللَّهُ عَلِيمًا حَكِيمًا ٤ لِّيُدْخِلَ الْمُؤْمِنِينَ وَالْمُؤْمِنَٰتِ
جَنَّٰتٍ تَجْرِى مِن تَحْتِهَا الْأَنْهَٰرُ خَٰلِدِينَ فِيهَا وَيُكَفِّرَ عَنْهُمْ
سَيِّـَٔاتِهِمْ ۚ وَكَانَ ذَٰلِكَ عِندَ اللَّهِ فَوْزًا عَظِيمًا ٥ وَيُعَذِّبَ
الْمُنَٰفِقِينَ وَالْمُنَٰفِقَٰتِ وَالْمُشْرِكِينَ وَالْمُشْرِكَٰتِ الظَّآنِّينَ
بِاللَّهِ ظَنَّ السَّوْءِ ۚ عَلَيْهِمْ دَآئِرَةُ السَّوْءِ ۖ وَغَضِبَ اللَّهُ عَلَيْهِمْ
وَلَعَنَهُمْ وَأَعَدَّ لَهُمْ جَهَنَّمَ ۖ وَسَآءَتْ مَصِيرًا ٦ وَلِلَّهِ جُنُودُ
السَّمَٰوَٰتِ وَالْأَرْضِ ۚ وَكَانَ اللَّهُ عَزِيزًا حَكِيمًا ٧ إِنَّآ
أَرْسَلْنَٰكَ شَٰهِدًا وَمُبَشِّرًا وَنَذِيرًا ٨ لِّتُؤْمِنُوا۟ بِاللَّهِ وَرَسُولِهِۦ
وَتُعَزِّرُوهُ وَتُوَقِّرُوهُ ۚ وَتُسَبِّحُوهُ بُكْرَةً وَأَصِيلًا ٩

彼こそは信仰者たちの心に静謐[1792]を下し給うた御方。彼らが自らの（既存の）信仰の上に信仰を増し加えるためである。そしてアッラーにこそ諸天と地の軍勢は属す。そしてアッラーはよく知り給う英明なる御方であらせられた。（48：4）

信仰する男たちと信仰する女たちを下に河川が流れる楽園に入れ給い　―彼らはそこに永遠に留まって―、そして、彼らから彼らの悪事を帳消しにし給うためである。そしてそうしたことはアッラーの御許において大いなる成就であった。（48：5）

また、アッラーについて悪の憶測で邪推する[1793]偽信者の男たちと偽信者の女たち、多神教徒の男たちと多神教徒の女たちを罰し給うためである。彼らの上には悪の巡り合わせがある。そして、アッラーは彼らに激怒し、彼らを呪い、彼らには火獄《ジャハンナム》を用意し給うた。また、なんと悪い行き着き先であることよ。（48：6）

そしてアッラーにこそ諸天と地の軍勢は属す。そしてアッラーは威力比類なく英明なる

1790　この章の啓示の契機は、預言者ムハンマドがヒジュラ暦 6 年（西暦 628 年）に約千四百人の弟子たちを連れてウムラ（小巡礼）のためにマッカを目指されたが、マッカまで一日の行程の町フダイビーヤに至ると、多神教徒が彼にマッカ入りを阻止し、その年は引き返すかわりに翌年マッカに三日間留まることで和睦がなった。預言者の弟子たちが、小巡礼を果たすことができず、悲しみと落胆に打ちひしがれていた。そこで、アッラーは彼らを慰め、悲しみを取り去ろうと望み給い、彼に啓示を下し給うた。

この和睦以降、ムスリム勢が優勢になり、間もなくマッカを征服し、その後瞬く間にアラビア半島を統一し、アラビア半島を越えた大征服とイスラームの拡大につながったため、この和睦が「一連の勝利のきっかけ」という意味で「勝利」と呼ばれている。

1791　無謬の預言者の罪を赦すとは、罪を犯すことを遮ることを意味するとも言われる。

1792　26 節脚注参照。

1793　アッラーがその預言者や信仰者たちを援けることなどないであろうとの邪推。

إِنَّ ٱلَّذِينَ يُبَايِعُونَكَ إِنَّمَا يُبَايِعُونَ ٱللَّهَ يَدُ ٱللَّهِ فَوْقَ
أَيْدِيهِمْ فَمَن نَّكَثَ فَإِنَّمَا يَنكُثُ عَلَىٰ نَفْسِهِۦ وَمَنْ أَوْفَىٰ
بِمَا عَٰهَدَ عَلَيْهُ ٱللَّهَ فَسَيُؤْتِيهِ أَجْرًا عَظِيمًا ١٠ سَيَقُولُ
لَكَ ٱلْمُخَلَّفُونَ مِنَ ٱلْأَعْرَابِ شَغَلَتْنَآ أَمْوَٰلُنَا وَأَهْلُونَا
فَٱسْتَغْفِرْ لَنَا يَقُولُونَ بِأَلْسِنَتِهِم مَّا لَيْسَ فِى قُلُوبِهِمْ قُلْ
فَمَن يَمْلِكُ لَكُم مِّنَ ٱللَّهِ شَيْـًٔا إِنْ أَرَادَ بِكُمْ ضَرًّا أَوْ أَرَادَ بِكُمْ
نَفْعًۢا بَلْ كَانَ ٱللَّهُ بِمَا تَعْمَلُونَ خَبِيرًۢا ١١ بَلْ ظَنَنتُمْ أَن لَّن
يَنقَلِبَ ٱلرَّسُولُ وَٱلْمُؤْمِنُونَ إِلَىٰٓ أَهْلِيهِمْ أَبَدًا وَزُيِّنَ ذَٰلِكَ فِى
قُلُوبِكُمْ وَظَنَنتُمْ ظَنَّ ٱلسَّوْءِ وَكُنتُمْ قَوْمًۢا بُورًا ١٢ وَمَن لَّمْ يُؤْمِنۢ
بِٱللَّهِ وَرَسُولِهِۦ فَإِنَّآ أَعْتَدْنَا لِلْكَٰفِرِينَ سَعِيرًا ١٣ وَلِلَّهِ مُلْكُ
ٱلسَّمَٰوَٰتِ وَٱلْأَرْضِ يَغْفِرُ لِمَن يَشَآءُ وَيُعَذِّبُ مَن يَشَآءُ
وَكَانَ ٱللَّهُ غَفُورًا رَّحِيمًا ١٤ سَيَقُولُ ٱلْمُخَلَّفُونَ إِذَا
ٱنطَلَقْتُمْ إِلَىٰ مَغَانِمَ لِتَأْخُذُوهَا ذَرُونَا نَتَّبِعْكُمْ يُرِيدُونَ
أَن يُبَدِّلُوا۟ كَلَٰمَ ٱللَّهِ قُل لَّن تَتَّبِعُونَا كَذَٰلِكُمْ قَالَ ٱللَّهُ مِن قَبْلُ
فَسَيَقُولُونَ بَلْ تَحْسُدُونَنَا بَلْ كَانُوا۟ لَا يَفْقَهُونَ إِلَّا قَلِيلًا ١٥

御方であらせられた。(48：7)

まことに、われらはおまえを証言者、そして吉報伝達者、また警告者として遣わした。(48：8)。

おまえたちがアッラーと彼の使徒を信じ、彼[1794]を援助し、彼を称揚し、朝に夕に彼(アッラー)を讃美するためである。(48：9)

まことに、おまえと誓約する者、彼らはまさにアッラーと誓約するのであり、アッラーの御手は彼らの手の上にある[1795]。それで破った者、彼は己自身に仇して破るのである。一方、アッラーと約定したものを果たした者、いずれ彼(アッラー)は彼に大いなる報酬を与え給う。(48：10)

ベドウィンで取り残された者たち[1796]はおまえに言うであろう。「われらの財産とわれらの家族がわれらを忙殺しました。それゆえ、われらのために赦し乞いをしてください」。彼らは、彼らの舌で、心にないことを言うのである。言え、「誰がおまえたちのためにアッラーに対して何かができるであろうか、もし、彼がおまえたちに害を望み給うか、あるいはおまえたちに益を望み給うたならば。いや、アッラーはおまえたちのなすことについて通暁した御方であらせられた」。(48：11)

「いや、おまえたちは、使徒と信仰者たちが(殺されてしまい)彼らの家族の許に戻ることは決してないと考えた。そして、そうしたことはおまえたちの心の中で飾られた。そしておまえたちは悪の憶測で邪推した。そしておまえたちは衰滅の民[1797]であった」。(48：12)

そしてアッラーと彼の使徒を信じなかった者があれば(その者は不信仰者であり)、まことに、われらは不信仰者には烈火を用意した。(48：13)

そしてアッラーにこそ諸天と地の王権は属す。彼は御望みの者を赦し、御望みの者を罰し給う。そしてアッラーはよく赦し給う慈悲深い御方であらせられた。(48：14)

取り残された者たちは、おまえたちが戦利品の方にそれを取るために向かうと、「われらをあなたがたに付いて行かせてくれ」と言うであろう[1798]。彼らはアッラーの御言葉を替

1794　アッラー(アッラーを援助するとは、彼の教え・宗教を援助する、の意)。あるいは、アッラーの使徒を指すとも言われる。

1795　フダイビーヤの地で、預言者ムハンマドに対して弟子たち一行は彼らの手を取って、和睦が成立するか、殉教するまで戦い、決して戦場から逃げない誓約を交わした。

1796　預言者ムハンマドは、マッカへの小巡礼に出かけるにあたり、マディーナ周辺のジュハイナ族、ギファール族、アシュジャウ族などの遊牧民を召集したが、彼らは家族の世話と財産の管理で手が離せないとの理由で同行を断った。

1797　アッラーの御許において。

1798　フダイビーヤの和睦の後、預言者ムハンマドは、小巡礼に同行した者たちと、マディーナの北部のハイバルのユダヤ教徒たちの討伐に向かった。この時、マッカへの小巡礼への同行を拒否した偽信者たちが戦利品目当てに従軍を望んだ。

قُل لِّلْمُخَلَّفِينَ مِنَ ٱلْأَعْرَابِ سَتُدْعَوْنَ إِلَىٰ قَوْمٍ أُو۟لِى بَأْسٍ شَدِيدٍ
تُقَٰتِلُونَهُمْ أَوْ يُسْلِمُونَ ۖ فَإِن تُطِيعُوا۟ يُؤْتِكُمُ ٱللَّهُ أَجْرًا حَسَنًا ۖ
وَإِن تَتَوَلَّوْا۟ كَمَا تَوَلَّيْتُم مِّن قَبْلُ يُعَذِّبْكُمْ عَذَابًا أَلِيمًا ١٦ لَّيْسَ
عَلَى ٱلْأَعْمَىٰ حَرَجٌ وَلَا عَلَى ٱلْأَعْرَجِ حَرَجٌ وَلَا عَلَى ٱلْمَرِيضِ حَرَجٌ ۗ
وَمَن يُطِعِ ٱللَّهَ وَرَسُولَهُۥ يُدْخِلْهُ جَنَّٰتٍ تَجْرِى مِن تَحْتِهَا
ٱلْأَنْهَٰرُ ۖ وَمَن يَتَوَلَّ يُعَذِّبْهُ عَذَابًا أَلِيمًا ١٧ ۞ لَّقَدْ رَضِىَ ٱللَّهُ
عَنِ ٱلْمُؤْمِنِينَ إِذْ يُبَايِعُونَكَ تَحْتَ ٱلشَّجَرَةِ فَعَلِمَ مَا فِى
قُلُوبِهِمْ فَأَنزَلَ ٱلسَّكِينَةَ عَلَيْهِمْ وَأَثَٰبَهُمْ فَتْحًا قَرِيبًا ١٨ وَمَغَانِمَ
كَثِيرَةً يَأْخُذُونَهَا ۗ وَكَانَ ٱللَّهُ عَزِيزًا حَكِيمًا ١٩ وَعَدَكُمُ ٱللَّهُ
مَغَانِمَ كَثِيرَةً تَأْخُذُونَهَا فَعَجَّلَ لَكُمْ هَٰذِهِۦ وَكَفَّ أَيْدِىَ
ٱلنَّاسِ عَنكُمْ وَلِتَكُونَ ءَايَةً لِّلْمُؤْمِنِينَ وَيَهْدِيَكُمْ صِرَٰطًا
مُّسْتَقِيمًا ٢٠ وَأُخْرَىٰ لَمْ تَقْدِرُوا۟ عَلَيْهَا قَدْ أَحَاطَ ٱللَّهُ بِهَا ۚ
وَكَانَ ٱللَّهُ عَلَىٰ كُلِّ شَىْءٍ قَدِيرًا ٢١ وَلَوْ قَٰتَلَكُمُ ٱلَّذِينَ
كَفَرُوا۟ لَوَلَّوُا۟ ٱلْأَدْبَٰرَ ثُمَّ لَا يَجِدُونَ وَلِيًّا وَلَا نَصِيرًا ٢٢ سُنَّةَ
ٱللَّهِ ٱلَّتِى قَدْ خَلَتْ مِن قَبْلُ ۖ وَلَن تَجِدَ لِسُنَّةِ ٱللَّهِ تَبْدِيلًا ٢٣

えることを望んでいる[1799]。言え、「おまえたちがわれらに付いて来ることは決してない。そのように以前からアッラーは仰せられたのである」。すると、彼らは言うであろう。「いや、あなたがたはわれらを妬んでいるのである」。いや、彼らはわずかしか理解[1800]していなかったのである。(48：15)

ベドウィンで取り残された者に言え、「いずれおまえたちは激しい力を持った民(との戦い)へと召集され、おまえたちが彼らと戦うか、彼らが(戦わずして)帰依(イスラーム化)するかに至るであろう。それでもし、おまえたちが従えば、アッラーはおまえたちに良い報酬を与え給う。だが、おまえたちが以前に背き去ったように背き去れば、彼はおまえたちを痛苦の懲罰で罰し給う」。(48：16)

盲人には咎はなく、足の不自由な者にも咎はなく、病人にも咎はない[1801]。そしてアッラーと彼の使徒に従う者があれば、彼(アッラー)は彼を下に河川が流れる楽園に入れ給う。だが、背き去る者があれば、彼は彼を痛苦の懲罰で罰し給う。(48：17)

かつてアッラーは信仰者たちに、彼らがおまえと木の下で誓約した時に満足し給うた[1802]。それで彼は、彼らの心の中にあるものを知り、彼らの上に静謐を下し、近い勝利[1803]を彼らに報い与え給うた。(48：18)

そして、彼らが手に入れる多くの戦利品をも。アッラーは威力比類なく、英明なる御方であらせられた。(48：19)

アッラーはおまえたちに、おまえたちが手に入れる多くの戦利品を約束し、それでおまえたちにこれを急ぎ給い、またおまえたちに対して人々の手を抑え給うた。そして、それ[1804]が信仰者たちへの徴となり、彼がおまえたちを真っすぐな道に導き給うためである。(48：20)

さらに、おまえたちの力が及ばなかった他のもの(戦利品)も、アッラーはすでにそれを取り囲み給うた。そしてアッラーはすべてのものに対して全能な御方であらせられた。(48：21)

そしてたとえ信仰を拒んだ者たちがおまえたちと戦ったとしても、彼らは背を向けた(敗走した)であろう。それから彼らは後見も援助者も見出さない。(48：22)

かつて以前にも過ぎ去ったアッラーの慣行として。そして、おまえはアッラーの慣行に変更を見出すことはない。(48：23)

1799　ハイバル討伐は、フダイビーヤの和睦に立ち会った信徒たちに限られる、とのアッラーの御約束を反故にしようと望んでいる。
1800　イスラームの諸規定について。
1801　出征しないことに。
1802　10 節のフダイビーヤの地での誓約を指す。
1803　ハイバルのユダヤ教徒討伐を指す。
1804　戦利品。あるいは、人々の手を抑えること。

وَهُوَ ٱلَّذِي كَفَّ أَيۡدِيَهُمۡ عَنكُمۡ وَأَيۡدِيَكُمۡ عَنۡهُم بِبَطۡنِ مَكَّةَ مِنۢ
بَعۡدِ أَنۡ أَظۡفَرَكُمۡ عَلَيۡهِمۡۚ وَكَانَ ٱللَّهُ بِمَا تَعۡمَلُونَ بَصِيرًا ٢٤
هُمُ ٱلَّذِينَ كَفَرُواْ وَصَدُّوكُمۡ عَنِ ٱلۡمَسۡجِدِ ٱلۡحَرَامِ
وَٱلۡهَدۡيَ مَعۡكُوفًا أَن يَبۡلُغَ مَحِلَّهُۥۚ وَلَوۡلَا رِجَالٞ مُّؤۡمِنُونَ وَنِسَآءٞ
مُّؤۡمِنَٰتٞ لَّمۡ تَعۡلَمُوهُمۡ أَن تَطَـُٔوهُمۡ فَتُصِيبَكُم مِّنۡهُم مَّعَرَّةُۢ
بِغَيۡرِ عِلۡمٖۖ لِّيُدۡخِلَ ٱللَّهُ فِي رَحۡمَتِهِۦ مَن يَشَآءُۚ لَوۡ تَزَيَّلُواْ لَعَذَّبۡنَا
ٱلَّذِينَ كَفَرُواْ مِنۡهُمۡ عَذَابًا أَلِيمًا ٢٥ إِذۡ جَعَلَ ٱلَّذِينَ كَفَرُواْ
فِي قُلُوبِهِمُ ٱلۡحَمِيَّةَ حَمِيَّةَ ٱلۡجَٰهِلِيَّةِ فَأَنزَلَ ٱللَّهُ سَكِينَتَهُۥ
عَلَىٰ رَسُولِهِۦ وَعَلَى ٱلۡمُؤۡمِنِينَ وَأَلۡزَمَهُمۡ كَلِمَةَ ٱلتَّقۡوَىٰ
وَكَانُوٓاْ أَحَقَّ بِهَا وَأَهۡلَهَاۚ وَكَانَ ٱللَّهُ بِكُلِّ شَيۡءٍ عَلِيمٗا ٢٦
لَّقَدۡ صَدَقَ ٱللَّهُ رَسُولَهُ ٱلرُّءۡيَا بِٱلۡحَقِّۖ لَتَدۡخُلُنَّ ٱلۡمَسۡجِدَ
ٱلۡحَرَامَ إِن شَآءَ ٱللَّهُ ءَامِنِينَ مُحَلِّقِينَ رُءُوسَكُمۡ وَمُقَصِّرِينَ
لَا تَخَافُونَۖ فَعَلِمَ مَا لَمۡ تَعۡلَمُواْ فَجَعَلَ مِن دُونِ ذَٰلِكَ
فَتۡحٗا قَرِيبًا ٢٧ هُوَ ٱلَّذِيٓ أَرۡسَلَ رَسُولَهُۥ بِٱلۡهُدَىٰ وَدِينِ
ٱلۡحَقِّ لِيُظۡهِرَهُۥ عَلَى ٱلدِّينِ كُلِّهِۦۚ وَكَفَىٰ بِٱللَّهِ شَهِيدٗا ٢٨

そして彼こそは、彼らの手をおまえたちから、また、おまえたちの手を彼らから、マッカの谷間(フダイビーヤ)で、おまえたちを彼らに対して勝利させ給うた後、控えさせ給うた御方であらせられる。アッラーはおまえたちのなすことについて見通し給うた御方であらせられた。(48：24)

彼らこそ、信仰を拒み、禁裏モスクからおまえたちを逸らせ、また、犠牲を、—それは(彼らに)阻まれて[1805]— それがそれを捧げる場に達すること(から)逸らせた者たちである。そしてもし、おまえたちの知らない信仰する男たちと信仰する女たちが存在しなかったならば、(つまり)おまえたちが彼ら(マッカにいる信仰者)を踏み砕き、そして知識のないまま(知らずして)罪が彼らからおまえたちを襲うことが(なかったならば)[1806]。アッラーが彼の御慈悲の中に御望みの者を入れ給うためであった。もし、彼らが(不信仰者より)分別されていれば、われらは彼ら(マッカの住民)のうち信仰を拒んだ者たちを痛烈な懲罰で罰したであろう。(48：25)

その時、信仰を拒んだ者たちは彼らの心の中に慢心、ジャーヒリーヤ(イスラーム以前の無明時代)の慢心を抱いた。そこで、アッラーは彼の静謐を彼の使徒と信仰者たちの上に下し、彼らに畏怖の言葉を課し給うた[1807]。彼らはそれ(畏怖の言葉)に対し一層値し、それにふさわしかった。アッラーはあらゆることについてよく知り給う御方であらせられた。(48：26)

確かにアッラーは、彼の使徒にその夢を真実によって正しいものとなし(実現させ)給うた[1808]。必ずやおまえたちは、アッラーが御望みならば、安全に禁裏モスクに入るのであ

1805　小巡礼の預言者ムハンマドたち一行がマッカの禁裏モスクに詣でて、犠牲の儀を挙行することが、マッカの不信仰者たちによって妨害され阻止されたことを示す。

1806　そのまま戦闘になった場合、預言者ムハンマドが率いるムスリム軍が、マッカの不信仰者の間に混じって暮らしていた男女のムスリムを気付かずに不信仰者と間違えて殺害してしまい、無辜のムスリムを殺すという罪を犯すことになる恐れがなかったならば、アッラーはこの時点でマッカを戦闘によって征服させ給うていたであろう。

1807　フダイビーヤでクライシュ族の不信仰者たちは、翌年三日間、預言者にマッカを明け渡す代わりにその年は引き返すことを預言者に提案し、和睦がなり、彼らの間で協定書を交わすことになった。預言者ムハンマドは書記のアリーに、「これはアッラーの使徒ムハンマドとマッカの民の和約である、と書きなさい」と言われた。すると彼らは、「もしわれらがおまえがアッラーの使徒であると認めているならば、そもそもおまえが禁裏モスクに詣でるのを妨げなかったであろうし、おまえと戦いもしなかったであろう。『ムハンマド・ブン・アブドゥッラーとマッカの民の和約である、と書け』」と言ったが、預言者は「彼らの望むように書きなさい」と言われた。ところがムスリムたちは、それを受け入れられず、戦いになりかけたが、アッラーが彼らの心に静謐を下し、彼らは落ち着き、和睦を受け入れた。

「畏怖の言葉」とは「アッラーの他に神はなく、ムハンマドはアッラーの使徒である」との信仰告白句であると言われる。

1808　預言者ムハンマドは夢の中で弟子たちと共に平和裡にマッカに入り、小巡礼の儀を行い、剃髪し

る。おまえたちの頭を剃り、また、短くして、おまえたちは恐れないで。それで、彼（アッラー）はおまえたちが知らないことを知り、それ（禁裏モスクに入ること）より前に近い勝利[1809]を授け給うた。（48：27）

彼こそは彼の使徒を導きと真理の宗教と共に、それを宗教すべての上に現すために遣わし給うた御方。そしてアッラーで証言者としては万全であらせられた。（48：28）

ムハンマドはアッラーの使徒である。そして彼と共にいる者たちは不信仰者たちには峻厳で、彼らの間では慈悲深い。おまえは、屈礼し跪拝する彼らを見る。彼らはアッラーからの御恵みと御満悦を切望するのである。彼らの徴は彼らの顔に跪拝の跡としてある。これが、律法の書の中にある彼らの喩えである。また福音書の中にある彼らの喩えは、ちょうど種のようである。それはその若枝を出し、それを強くし、すると太くなり、幹の上に真っすぐ伸び、それは種を蒔いた者を感嘆させる。彼（アッラー）が彼らによって不信仰者を憤慨させ給うためである。アッラーは、彼らのうちの、信仰し、善行をした者たちに御赦しと大いなる報酬を約束し給うた。（48：29）

مُّحَمَّدٌ رَّسُولُ ٱللَّهِ ۚ وَٱلَّذِينَ مَعَهُۥٓ أَشِدَّآءُ عَلَى ٱلْكُفَّارِ رُحَمَآءُ بَيْنَهُمْ ۖ
تَرَىٰهُمْ رُكَّعًا سُجَّدًا يَبْتَغُونَ فَضْلًا مِّنَ ٱللَّهِ وَرِضْوَٰنًا ۖ سِيمَاهُمْ
فِى وُجُوهِهِم مِّنْ أَثَرِ ٱلسُّجُودِ ۚ ذَٰلِكَ مَثَلُهُمْ فِى ٱلتَّوْرَىٰةِ ۚ وَمَثَلُهُمْ فِى
ٱلْإِنجِيلِ كَزَرْعٍ أَخْرَجَ شَطْـَٔهُۥ فَـَٔازَرَهُۥ فَٱسْتَغْلَظَ فَٱسْتَوَىٰ
عَلَىٰ سُوقِهِۦ يُعْجِبُ ٱلزُّرَّاعَ لِيَغِيظَ بِهِمُ ٱلْكُفَّارَ ۗ وَعَدَ ٱللَّهُ ٱلَّذِينَ
ءَامَنُوا۟ وَعَمِلُوا۟ ٱلصَّٰلِحَٰتِ مِنْهُم مَّغْفِرَةً وَأَجْرًا عَظِيمًۢا ٢٩

سُورَةُ ٱلْحُجُرَاتِ

بِسْمِ ٱللَّهِ ٱلرَّحْمَٰنِ ٱلرَّحِيمِ

يَٰٓأَيُّهَا ٱلَّذِينَ ءَامَنُوا۟ لَا تُقَدِّمُوا۟ بَيْنَ يَدَىِ ٱللَّهِ وَرَسُولِهِۦ ۖ وَٱتَّقُوا۟
ٱللَّهَ ۚ إِنَّ ٱللَّهَ سَمِيعٌ عَلِيمٌ ١ يَٰٓأَيُّهَا ٱلَّذِينَ ءَامَنُوا۟ لَا تَرْفَعُوٓا۟
أَصْوَٰتَكُمْ فَوْقَ صَوْتِ ٱلنَّبِىِّ وَلَا تَجْهَرُوا۟ لَهُۥ بِٱلْقَوْلِ كَجَهْرِ بَعْضِكُمْ
لِبَعْضٍ أَن تَحْبَطَ أَعْمَٰلُكُمْ وَأَنتُمْ لَا تَشْعُرُونَ ٢ إِنَّ ٱلَّذِينَ
يَغُضُّونَ أَصْوَٰتَهُمْ عِندَ رَسُولِ ٱللَّهِ أُو۟لَٰٓئِكَ ٱلَّذِينَ ٱمْتَحَنَ
ٱللَّهُ قُلُوبَهُمْ لِلتَّقْوَىٰ ۚ لَهُم مَّغْفِرَةٌ وَأَجْرٌ عَظِيمٌ ٣ إِنَّ ٱلَّذِينَ
يُنَادُونَكَ مِن وَرَآءِ ٱلْحُجُرَٰتِ أَكْثَرُهُمْ لَا يَعْقِلُونَ ٤

第 49 章　部屋 …… سورة الحجرات

マディーナ垂示

部屋の中にいる預言者に声をかける際の作法が教えられることから「部屋」章と名づけられる(1-5節)。また本章ではムスリムの間の内戦に対処する法規(9-10 節)、陰口と詮索・スパイ行為の禁止(12 節)、人類が共通の祖先から生まれながら多様な民族に創造されたのが互いに知り合うためであり、民族間に優劣はなく人間の価値が神への畏れによってのみ決まること(13 節)、形だけの服従は信仰ではなく、真の信仰とはアッラーと彼の使徒を信じ財産と身命を捧げて奮闘《ジハード》することであることが教えられる(14-15 節)。

慈悲あまねく慈悲深きアッラーの御名において

たり、短髪にするのを見られたため、弟子たちの一行を連れマッカに向かわれた。ところがフダイビーヤでマッカの不信仰者たちが彼らを阻み、彼らは引き返すことになったので、偽信者たちは預言者の夢の御告げを疑った。そこでこの節が啓示された。

1809　近い勝利とは、その直後のハイバルのユダヤ教徒の討伐であり、禁裏モスクへの小巡礼の夢は翌年実現し、そのままマッカを征服することになる。

وَلَوْ أَنَّهُمْ صَبَرُوا۟ حَتَّىٰ تَخْرُجَ إِلَيْهِمْ لَكَانَ خَيْرًا لَّهُمْ ۚ وَٱللَّهُ غَفُورٌ
رَّحِيمٌ ٥ يَـٰٓأَيُّهَا ٱلَّذِينَ ءَامَنُوٓا۟ إِن جَآءَكُمْ فَاسِقٌۢ بِنَبَإٍ فَتَبَيَّنُوٓا۟ أَن
تُصِيبُوا۟ قَوْمًۢا بِجَهَـٰلَةٍ فَتُصْبِحُوا۟ عَلَىٰ مَا فَعَلْتُمْ نَـٰدِمِينَ ٦
وَٱعْلَمُوٓا۟ أَنَّ فِيكُمْ رَسُولَ ٱللَّهِ ۚ لَوْ يُطِيعُكُمْ فِى كَثِيرٍ مِّنَ ٱلْأَمْرِ لَعَنِتُّمْ
وَلَـٰكِنَّ ٱللَّهَ حَبَّبَ إِلَيْكُمُ ٱلْإِيمَـٰنَ وَزَيَّنَهُۥ فِى قُلُوبِكُمْ وَكَرَّهَ
إِلَيْكُمُ ٱلْكُفْرَ وَٱلْفُسُوقَ وَٱلْعِصْيَانَ ۚ أُو۟لَـٰٓئِكَ هُمُ ٱلرَّٰشِدُونَ ٧
فَضْلًا مِّنَ ٱللَّهِ وَنِعْمَةً ۚ وَٱللَّهُ عَلِيمٌ حَكِيمٌ ٨ وَإِن طَآئِفَتَانِ
مِنَ ٱلْمُؤْمِنِينَ ٱقْتَتَلُوا۟ فَأَصْلِحُوا۟ بَيْنَهُمَا ۖ فَإِنۢ بَغَتْ إِحْدَىٰهُمَا
عَلَى ٱلْأُخْرَىٰ فَقَـٰتِلُوا۟ ٱلَّتِى تَبْغِى حَتَّىٰ تَفِىٓءَ إِلَىٰٓ أَمْرِ ٱللَّهِ ۚ فَإِن فَآءَتْ
فَأَصْلِحُوا۟ بَيْنَهُمَا بِٱلْعَدْلِ وَأَقْسِطُوٓا۟ ۖ إِنَّ ٱللَّهَ يُحِبُّ ٱلْمُقْسِطِينَ
٩ إِنَّمَا ٱلْمُؤْمِنُونَ إِخْوَةٌ فَأَصْلِحُوا۟ بَيْنَ أَخَوَيْكُمْ ۚ وَٱتَّقُوا۟ ٱللَّهَ
لَعَلَّكُمْ تُرْحَمُونَ ١٠ يَـٰٓأَيُّهَا ٱلَّذِينَ ءَامَنُوا۟ لَا يَسْخَرْ قَوْمٌ مِّن قَوْمٍ
عَسَىٰٓ أَن يَكُونُوا۟ خَيْرًا مِّنْهُمْ وَلَا نِسَآءٌ مِّن نِّسَآءٍ عَسَىٰٓ أَن يَكُنَّ خَيْرًا
مِّنْهُنَّ ۖ وَلَا تَلْمِزُوٓا۟ أَنفُسَكُمْ وَلَا تَنَابَزُوا۟ بِٱلْأَلْقَـٰبِ ۖ بِئْسَ ٱلِٱسْمُ
ٱلْفُسُوقُ بَعْدَ ٱلْإِيمَـٰنِ ۚ وَمَن لَّمْ يَتُبْ فَأُو۟لَـٰٓئِكَ هُمُ ٱلظَّـٰلِمُونَ ١١

信仰する者たちよ、アッラーと彼の使徒の前に先んじてはならない[1810]。そして、アッラーを畏れ身を守れ。まことに、アッラーはよく聞きよく知り給う御方。(49:1)

信仰する者たちよ、おまえたちの声を預言者の声の上に(よりも大きく)上げてはならない。また、おまえたちの互いへの大声のように彼に向かって大声で話してはならない。おまえたちが気づかないうちにおまえたちの行いを無にすること(がないように)。(49:2)

まことに、アッラーの使徒の許で声を低める者たち、それらの者はアッラーが彼らの心を畏怖のために試み(純化し)給うた者である。彼らには御赦しと大いなる報酬がある。(49:3)

まことに、部屋の後ろからおまえを呼ぶ者たち、彼らの大半は理解していないのである[1811]。(49:4)

だがもし仮に、彼らがおまえが彼らの許に出て行くまで忍耐していたなら、それは彼らにとって一層良かった。そしてアッラーはよく赦し給う慈悲深い御方。(49:5)

信仰する者たちよ、もし、おまえたちの許に邪な者が情報を持って来たなら、明白に(検証)せよ。おまえたちが無知によって民に害をなし、己のなしたことに後悔する者となること(がないように)。(49:6)

そしておまえたちの間にはアッラーの使徒がいると知れ。もし仮に、彼が物事の多くにおいておまえたち(のもたらす虚報)に従うなら、おまえたちは罪を犯すことになったであろう。だが、アッラーはおまえたちに信仰を好ましいものとなし、それをおまえたちの心の中で飾り、不信仰と邪悪と反逆をおまえたちにとって忌まわしいものとなし給うた。それらの者、彼らこそ正しく導かれた者である。(49:7)

アッラーからのお恵み、そして、恩寵として[1812]。そしてアッラーはよく知り給う英明なる御方。(49:8)

またもし、信仰者たちの二派が闘争すれば、おまえたちは双方の間を正せ。そして、もし一方が他方に不当に振舞えば、不当に振舞う側と、そちらがアッラーの御命令に戻るまで戦え。それでもしそちらが戻れば、双方の間を公正に正し、公平にせよ。まことに、アッラーは公平な者たちを愛し給う。(49:9)

信仰者たちは兄弟にほかならない。それゆえ、おまえたちの兄弟両者の間を正し、アッラーを畏れ身を守れ。きっとおまえたちも慈悲を掛けられるであろう。(49:10)

信仰する者たちよ、ある民がある民を嘲弄してはならない。おそらく、彼らは彼らよりも[1813]

1810　アッラーとその使徒による裁決の前に、信仰者が事柄について決を下してはならない。

1811　自分たちが預言者に対するに相応しい敬意と礼節を欠いていることを分っていない。アラブの遊牧民たちが、マディーナにやって来て、預言者の家の妻たちのそれぞれの部屋の外から「ムハンマドよ、ムハンマドよ」と呼ばわったのに対して、啓示された。

1812　あるいは、「恩寵の故に」。

1813　嘲弄された民は嘲弄した民よりも。

يَٰٓأَيُّهَا ٱلَّذِينَ ءَامَنُواْ ٱجۡتَنِبُواْ كَثِيرٗا مِّنَ ٱلظَّنِّ إِنَّ بَعۡضَ ٱلظَّنِّ
إِثۡمٞۖ وَلَا تَجَسَّسُواْ وَلَا يَغۡتَب بَّعۡضُكُم بَعۡضًاۚ أَيُحِبُّ أَحَدُكُمۡ أَن
يَأۡكُلَ لَحۡمَ أَخِيهِ مَيۡتٗا فَكَرِهۡتُمُوهُۚ وَٱتَّقُواْ ٱللَّهَۚ إِنَّ ٱللَّهَ
تَوَّابٞ رَّحِيمٞ ١٢ يَٰٓأَيُّهَا ٱلنَّاسُ إِنَّا خَلَقۡنَٰكُم مِّن ذَكَرٖ وَأُنثَىٰ وَجَعَلۡنَٰكُمۡ
شُعُوبٗا وَقَبَآئِلَ لِتَعَارَفُوٓاْۚ إِنَّ أَكۡرَمَكُمۡ عِندَ ٱللَّهِ أَتۡقَىٰكُمۡۚ إِنَّ ٱللَّهَ
عَلِيمٌ خَبِيرٞ ١٣ ۞ قَالَتِ ٱلۡأَعۡرَابُ ءَامَنَّاۖ قُل لَّمۡ تُؤۡمِنُواْ وَلَٰكِن
قُولُوٓاْ أَسۡلَمۡنَا وَلَمَّا يَدۡخُلِ ٱلۡإِيمَٰنُ فِي قُلُوبِكُمۡۖ وَإِن تُطِيعُواْ ٱللَّهَ
وَرَسُولَهُۥ لَا يَلِتۡكُم مِّنۡ أَعۡمَٰلِكُمۡ شَيۡـًٔاۚ إِنَّ ٱللَّهَ غَفُورٞ رَّحِيمٌ ١٤
إِنَّمَا ٱلۡمُؤۡمِنُونَ ٱلَّذِينَ ءَامَنُواْ بِٱللَّهِ وَرَسُولِهِۦ ثُمَّ لَمۡ يَرۡتَابُواْ
وَجَٰهَدُواْ بِأَمۡوَٰلِهِمۡ وَأَنفُسِهِمۡ فِي سَبِيلِ ٱللَّهِۚ أُوْلَٰٓئِكَ هُمُ
ٱلصَّٰدِقُونَ ١٥ قُلۡ أَتُعَلِّمُونَ ٱللَّهَ بِدِينِكُمۡ وَٱللَّهُ يَعۡلَمُ مَا فِي
ٱلسَّمَٰوَٰتِ وَمَا فِي ٱلۡأَرۡضِۚ وَٱللَّهُ بِكُلِّ شَيۡءٍ عَلِيمٞ ١٦ يَمُنُّونَ
عَلَيۡكَ أَنۡ أَسۡلَمُواْۖ قُل لَّا تَمُنُّواْ عَلَيَّ إِسۡلَٰمَكُمۖ بَلِ ٱللَّهُ يَمُنُّ
عَلَيۡكُمۡ أَنۡ هَدَىٰكُمۡ لِلۡإِيمَٰنِ إِن كُنتُمۡ صَٰدِقِينَ ١٧ إِنَّ ٱللَّهَ يَعۡلَمُ
غَيۡبَ ٱلسَّمَٰوَٰتِ وَٱلۡأَرۡضِۚ وَٱللَّهُ بَصِيرُۢ بِمَا تَعۡمَلُونَ ١٨

優れているであろう。また、女たちが女たちをも。おそらく、彼女らは彼女らよりも優れているであろう。またおまえたち自身を(お互いを)悪く言ってはならず、あだ名で悪し様に呼び合ってもならない。信仰後のその(様な)名、不道徳の、なんと酷いことか。そして悔いて戻らなかった者があれば、それらの者、彼らこそ不正な者である。(49：11)

信仰する者たちよ、憶測の多くを避けよ。まことに、一部の憶測は罪である。また詮索(密偵)してはならない。またおまえたちの相互が陰口を言うことがあってはならない。おまえたちの誰か、死んだ己の兄弟の肉を食べることが好きな者があるか。それでおまえたちはそれを嫌った。そしてアッラーを畏れ身を守れ。まことに、アッラーはよく顧み戻る慈悲深い御方。(49：12)

人々よ、われらはおまえたちを男性と女性から創り、おまえたちを種族や部族となした。おまえたちが互いに知り合うためである[1814]。まことに、アッラーの御許でおまえたちのうち最も高貴な者は最も畏れ身を守る者である。まことに、アッラーはよく知り通暁し給う御方。(49：13)

ベドウィンたちは、「信仰した」と言った。言え、「おまえたちは未だ信仰してはいない。そうではなく、『帰依《イスラーム》した』[1815]と言え。信仰はおまえたちの心にまだ入っていないので。だがもし、おまえたちがアッラーと彼の使徒に従うなら、彼は、おまえたちの行いからわずかもおまえたちに(報酬を)減らし給うことはない。まことに、アッラーはよく赦し給う慈悲深い御方」。(49：14)

信仰者たちとは、アッラーと彼の使徒を信じ、その後に疑念を持たず、アッラーの道において己の財産と己自身によって奮闘《ジハード》する者たちにほかならない。それらの者、彼らこそ誠実な者である。(49：15)

言え、「おまえたちは、おまえたちの宗教についてアッラーに教えるのか[1816]。アッラーは諸天にあるものも地にあるものも知り給い、そしてアッラーはあらゆるものについてよく知り給う御方であるというのに」。(49：16)

彼らはおまえに対して帰依《イスラーム》したこと(イスラームへの改宗)を恩に着せる。言え、「おまえたちの帰依《イスラーム》を私に対し恩に着せるな。いや、アッラーがおまえたちを信仰に導き給うたことでおまえたちに恩を施し給うのである。もし、おまえたちが誠実な者であったなら」。(49：17)

まことに、アッラーは諸天と地の隠されたものを知り給う。アッラーはおまえたちのなすことを見通し給う御方。(49：18)

1814　互いの血統を自慢しあうためではなく。
1815　表面上はイスラームに服し、帰依者《ムスリム》(イスラーム教徒)となった。
1816　ベドウィンたちは、「信仰した」と言うことで、アッラーを欺いて自分たちが信仰していると思わせることができると思っているのか。

سُورَةُ قٓ

بِسۡمِ ٱللَّهِ ٱلرَّحۡمَٰنِ ٱلرَّحِيمِ

قٓۚ وَٱلۡقُرۡءَانِ ٱلۡمَجِيدِ ١ بَلۡ عَجِبُوٓاْ أَن جَآءَهُم مُّنذِرٞ مِّنۡهُمۡ
فَقَالَ ٱلۡكَٰفِرُونَ هَٰذَا شَيۡءٌ عَجِيبٌ ٢ أَءِذَا مِتۡنَا وَكُنَّا تُرَابٗاۖ ذَٰلِكَ
رَجۡعُۢ بَعِيدٞ ٣ قَدۡ عَلِمۡنَا مَا تَنقُصُ ٱلۡأَرۡضُ مِنۡهُمۡۖ وَعِندَنَا كِتَٰبٌ
حَفِيظُۢ ٤ بَلۡ كَذَّبُواْ بِٱلۡحَقِّ لَمَّا جَآءَهُمۡ فَهُمۡ فِيٓ أَمۡرٖ مَّرِيجٍ ٥
أَفَلَمۡ يَنظُرُوٓاْ إِلَى ٱلسَّمَآءِ فَوۡقَهُمۡ كَيۡفَ بَنَيۡنَٰهَا وَزَيَّنَّٰهَا
وَمَا لَهَا مِن فُرُوجٖ ٦ وَٱلۡأَرۡضَ مَدَدۡنَٰهَا وَأَلۡقَيۡنَا فِيهَا رَوَٰسِيَ
وَأَنۢبَتۡنَا فِيهَا مِن كُلِّ زَوۡجِۢ بَهِيجٖ ٧ تَبۡصِرَةٗ وَذِكۡرَىٰ لِكُلِّ عَبۡدٖ
مُّنِيبٖ ٨ وَنَزَّلۡنَا مِنَ ٱلسَّمَآءِ مَآءٗ مُّبَٰرَكٗا فَأَنۢبَتۡنَا بِهِۦ جَنَّٰتٖ
وَحَبَّ ٱلۡحَصِيدِ ٩ وَٱلنَّخۡلَ بَاسِقَٰتٖ لَّهَا طَلۡعٞ نَّضِيدٞ ١٠ رِّزۡقٗا
لِّلۡعِبَادِۖ وَأَحۡيَيۡنَا بِهِۦ بَلۡدَةٗ مَّيۡتٗاۚ كَذَٰلِكَ ٱلۡخُرُوجُ ١١ كَذَّبَتۡ قَبۡلَهُمۡ
قَوۡمُ نُوحٖ وَأَصۡحَٰبُ ٱلرَّسِّ وَثَمُودُ ١٢ وَعَادٞ وَفِرۡعَوۡنُ وَإِخۡوَٰنُ
لُوطٖ ١٣ وَأَصۡحَٰبُ ٱلۡأَيۡكَةِ وَقَوۡمُ تُبَّعٖۚ كُلّٞ كَذَّبَ ٱلرُّسُلَ فَحَقَّ وَعِيدِ
١٤ أَفَعَيِينَا بِٱلۡخَلۡقِ ٱلۡأَوَّلِۚ بَلۡ هُمۡ فِي لَبۡسٖ مِّنۡ خَلۡقٖ جَدِيدٖ ١٥

第50章　カーフ …… سورة ق

マッカ垂示

冒頭のカーフの文字に因んで「カーフ」章と名づけられる。ヌーフの民、アッ＝ラッスの住民、サムード族、アード族、フィルアウン、ルートの民らが使徒たちを拒んだことが述べられ(12-14節)、死、最後の審判、火獄、楽園の情景が描かれる(16-35節)。

慈悲あまねく慈悲深きアッラーの御名において

カーフ。栄光あるクルアーンにかけて。(50：1)

いや、彼らは、自分たちの中から警告者が彼らの許に来たことに驚いた。それで不信仰者たちは言った。「これは奇妙なことである」。(50：2)

「われらが死に、土くれとなった時に(私が甦らされるというの)か。それは遠い戻りである[1817]」。(50：3)

われらは大地が彼ら(の死体)から何を減らす(腐食させる)かを確かに知った。また、われらの許には記録の書(「護持された書板」)がある。(50：4)

いや、彼らは真理を、それが彼らの許に来た時に嘘と否定した。そのため、彼らは混乱した事情の中にあるのである[1818]。(50：5)

彼らは彼らの上の天をよく見たことはないのか、どのようにわれらがそれを建て、それを飾ったかを、またそれには裂け目はないことを。(50：6)

そして、大地を、われらは伸ばし、そこに山脈を据え、そこにあらゆる麗しい種類(の植物)を生やした。(50：7)

悔いて帰るあらゆる僕《しもべ》のための洞察として、また訓戒として。(50：8)

また、われらは天から祝福された水(雨)を降らし、それによって園と収穫の穀物を生やした。(50：9)

そして、ナツメヤシをも。聳え立ち、それには積み重なった肉穂花序(実)がある。(50：10)

僕《しもべ》たちへの糧として。そして、われらはそれ(天水)によって死んでいた大地を生き返らせた。このように(甦った人間の墓からの)出来《しゅったい》はある。(50：11)

彼ら以前にもヌーフの民とアッ＝ラッスの住民[1819]とサムード(族)が嘘と否定した。(50：12)

また、アード(族)、フィルアウン、そして、ルートの同胞も。(50：13)

また、森の住民[1820]とトゥッバウの民[1821]も、すべてが使徒たちを嘘として否定し、それゆえわが警告は必定となった。(50：14)

われらは最初の創造を苦にしたか。いや、彼らは新たな創造(死後の復活)の疑念の中にいる。(50：15)

1817　そのような戻り(復活)が生じるとはありそうもない(実現可能性からほど遠い)。
1818　預言者ムハンマドのことを、狂人だ、巫蠱だ、魔術師だ、詩人だなどと言っている。
1819　25章38節脚注参照。
1820　15章78節参照。
1821　44章37節脚注参照。

وَلَقَدْ خَلَقْنَا ٱلْإِنسَـٰنَ وَنَعْلَمُ مَا تُوَسْوِسُ بِهِۦ نَفْسُهُۥ ۖ وَنَحْنُ أَقْرَبُ إِلَيْهِ
مِنْ حَبْلِ ٱلْوَرِيدِ ﴿١٦﴾ إِذْ يَتَلَقَّى ٱلْمُتَلَقِّيَانِ عَنِ ٱلْيَمِينِ وَعَنِ ٱلشِّمَالِ
قَعِيدٌ ﴿١٧﴾ مَّا يَلْفِظُ مِن قَوْلٍ إِلَّا لَدَيْهِ رَقِيبٌ عَتِيدٌ ﴿١٨﴾ وَجَآءَتْ سَكْرَةُ
ٱلْمَوْتِ بِٱلْحَقِّ ۖ ذَٰلِكَ مَا كُنتَ مِنْهُ تَحِيدُ ﴿١٩﴾ وَنُفِخَ فِى ٱلصُّورِ ۚ ذَٰلِكَ
يَوْمُ ٱلْوَعِيدِ ﴿٢٠﴾ وَجَآءَتْ كُلُّ نَفْسٍ مَّعَهَا سَآئِقٌ وَشَهِيدٌ ﴿٢١﴾ لَّقَدْ
كُنتَ فِى غَفْلَةٍ مِّنْ هَـٰذَا فَكَشَفْنَا عَنكَ غِطَآءَكَ فَبَصَرُكَ ٱلْيَوْمَ حَدِيدٌ
﴿٢٢﴾ وَقَالَ قَرِينُهُۥ هَـٰذَا مَا لَدَىَّ عَتِيدٌ ﴿٢٣﴾ أَلْقِيَا فِى جَهَنَّمَ كُلَّ كَفَّارٍ
عَنِيدٍ ﴿٢٤﴾ مَّنَّاعٍ لِّلْخَيْرِ مُعْتَدٍ مُّرِيبٍ ﴿٢٥﴾ ٱلَّذِى جَعَلَ مَعَ ٱللَّهِ إِلَـٰهًا
ءَاخَرَ فَأَلْقِيَاهُ فِى ٱلْعَذَابِ ٱلشَّدِيدِ ﴿٢٦﴾ ۞ قَالَ قَرِينُهُۥ رَبَّنَا مَآ أَطْغَيْتُهُۥ
وَلَـٰكِن كَانَ فِى ضَلَـٰلٍۭ بَعِيدٍ ﴿٢٧﴾ قَالَ لَا تَخْتَصِمُوا۟ لَدَىَّ وَقَدْ قَدَّمْتُ
إِلَيْكُم بِٱلْوَعِيدِ ﴿٢٨﴾ مَا يُبَدَّلُ ٱلْقَوْلُ لَدَىَّ وَمَآ أَنَا۠ بِظَلَّـٰمٍ لِّلْعَبِيدِ ﴿٢٩﴾
يَوْمَ نَقُولُ لِجَهَنَّمَ هَلِ ٱمْتَلَأْتِ وَتَقُولُ هَلْ مِن مَّزِيدٍ ﴿٣٠﴾ وَأُزْلِفَتِ
ٱلْجَنَّةُ لِلْمُتَّقِينَ غَيْرَ بَعِيدٍ ﴿٣١﴾ هَـٰذَا مَا تُوعَدُونَ لِكُلِّ أَوَّابٍ حَفِيظٍ
﴿٣٢﴾ مَّنْ خَشِىَ ٱلرَّحْمَـٰنَ بِٱلْغَيْبِ وَجَآءَ بِقَلْبٍ مُّنِيبٍ ﴿٣٣﴾ ٱدْخُلُوهَا
بِسَلَـٰمٍ ۖ ذَٰلِكَ يَوْمُ ٱلْخُلُودِ ﴿٣٤﴾ لَهُم مَّا يَشَآءُونَ فِيهَا وَلَدَيْنَا مَزِيدٌ ﴿٣٥﴾

そしてわれらは人間を確かに創り、われらは彼の魂が己にささやくということ[1822]を知っている。そしてわれらは彼に頸動脈の血管よりも近い。(50：16)

二人の受け手[1823]が右と左に座って受け取る時。(50：17)

彼(人間)の側に監視する者、待ち構える者(天使)がいることなしには彼(人間)は言葉を発しない。(50：18)

そして、死の苦しみが真実と共に来た。「それはおまえ(人間)が避けてきたものである」。(50：19)

そして、角笛が吹かれた。それは、(懲罰の)警告の日である。(50：20)

そして、すべての魂がやって来るが、それには追っ手(天使)と証言者(天使)が共にいる。(50：21)

「実におまえはこうしたことの失念の中にいた。だが、われらはおまえからおまえの覆いを取り除いた。それゆえ、おまえの視線は今日、鋭い」。(50：22)

そして、彼の片割れ(天使)は言った。「それは私の許に待ち構えるもの(行状記録簿)である」。(50：23)

「火獄《ジャハンナム》に投げ込め、投げ込め[1824]、あらゆる頑迷な不信仰者を」。(50：24)

「善を阻み、非道で、疑いを抱いた者を」。(50：25)

「アッラーと並べて他の神をなした者がいれば、彼を厳しい懲罰の中に投げ込め、投げ込め」。(50：26)

彼の片割れ(悪魔)は言った。「われらが主よ、私が彼を不遜にしたのではなく、彼が遠い迷誤の中にいたのです」。(50：27)

彼(アッラー)は仰せられた。「わが許で訴えるな[1825]。すでにわれはおまえたちに(来世の懲罰の)警告を先立たせた」。(50：28)

「わが許で言葉は挿げ替えられない。そして、われは僕《しもべ》に対して不当不正な者ではない」。(50：29)

われらが獄火に、「おまえは満たされたか」と言い、それが、「追加がありますか」と言う日を(想起せよ)。(50：30)

そして、楽園は畏れ身を守った者たちに近寄せられ、遠くはなく。(50：31)

「これがおまえたちに約束されたものである、あらゆるよく悔いて帰り、よく(アッラーの戒めを)守った者に」。(50：32)

「見えないままに[1826]慈悲あまねき御方を懼れ、悔いて帰る心で来た者である」。(50：33)

1822　あるいは「彼の魂がささやくこと(内容)」。

1823　人間の言動を記録する二人の天使、右の天使は善行を記録し、左の天使は悪行を記録すると言われる。

1824　「アルキヤー(投げ込め、投げ込め)」は双数命令形で、「投げ込め」の繰り返しとも、二人の天使「追っ手」と「証言者」への命令「おまえたち二人は、投げ込め」であるとも言われる。

1825　あるいは「言い争うな」。

1826　(他人の目に)見えないままに(周囲に他人の目がなく一人でいる時にも)。あるいは、慈悲あまね

وَكَمْ أَهْلَكْنَا قَبْلَهُم مِّن قَرْنٍ هُمْ أَشَدُّ مِنْهُم بَطْشًا فَنَقَّبُوا
فِي الْبِلَادِ هَلْ مِن مَّحِيصٍ ﴿٣٦﴾ إِنَّ فِي ذَٰلِكَ لَذِكْرَىٰ لِمَن
كَانَ لَهُ قَلْبٌ أَوْ أَلْقَى السَّمْعَ وَهُوَ شَهِيدٌ ﴿٣٧﴾ وَلَقَدْ خَلَقْنَا
السَّمَاوَاتِ وَالْأَرْضَ وَمَا بَيْنَهُمَا فِي سِتَّةِ أَيَّامٍ وَمَا مَسَّنَا
مِن لُّغُوبٍ ﴿٣٨﴾ فَاصْبِرْ عَلَىٰ مَا يَقُولُونَ وَسَبِّحْ بِحَمْدِ رَبِّكَ
قَبْلَ طُلُوعِ الشَّمْسِ وَقَبْلَ الْغُرُوبِ ﴿٣٩﴾ وَمِنَ اللَّيْلِ فَسَبِّحْهُ
وَأَدْبَارَ السُّجُودِ ﴿٤٠﴾ وَاسْتَمِعْ يَوْمَ يُنَادِ الْمُنَادِ مِن مَّكَانٍ قَرِيبٍ
﴿٤١﴾ يَوْمَ يَسْمَعُونَ الصَّيْحَةَ بِالْحَقِّ ذَٰلِكَ يَوْمُ الْخُرُوجِ ﴿٤٢﴾ إِنَّا
نَحْنُ نُحْيِي وَنُمِيتُ وَإِلَيْنَا الْمَصِيرُ ﴿٤٣﴾ يَوْمَ تَشَقَّقُ الْأَرْضُ
عَنْهُمْ سِرَاعًا ذَٰلِكَ حَشْرٌ عَلَيْنَا يَسِيرٌ ﴿٤٤﴾ نَحْنُ أَعْلَمُ بِمَا يَقُولُونَ
وَمَا أَنتَ عَلَيْهِم بِجَبَّارٍ فَذَكِّرْ بِالْقُرْآنِ مَن يَخَافُ وَعِيدِ ﴿٤٥﴾

سُورَةُ الذَّارِيَاتِ

بِسْمِ اللَّهِ الرَّحْمَٰنِ الرَّحِيمِ

وَالذَّارِيَاتِ ذَرْوًا ﴿١﴾ فَالْحَامِلَاتِ وِقْرًا ﴿٢﴾ فَالْجَارِيَاتِ يُسْرًا ﴿٣﴾
فَالْمُقَسِّمَاتِ أَمْرًا ﴿٤﴾ إِنَّمَا تُوعَدُونَ لَصَادِقٌ ﴿٥﴾ وَإِنَّ الدِّينَ لَوَاقِعٌ ﴿٦﴾

「平安と共にそこに入れ。それが永遠の日である」。(50：34)

彼らにはそこで彼らが望むものがあり、さらにわれらの許には加増がある。(50：35)

そして彼ら(マッカの多神教徒)以前にもどれほどの世代をわれらが滅ぼしたことか。彼ら(過去の民)は彼ら(マッカの多神教徒)よりもさらに威力があり、それで、彼らは諸国を探索した。だが、(死と懲罰からの)逃所《にげど》はあるのか。(50：36)

まことに、その中には、心があった者、または証人として(注意深く)耳を傾けた者への訓戒がある。(50：37)

またかつてわれらは諸天と地とその間のものを六日間で創造した。だが、われらに疲労が触れることはなかった(安息を要さなかった)。(50：38)

それゆえ、(預言者ムハンマドよ)彼らの言うことに耐えよ、そして、おまえの主を称賛と共に、日の出前と日没前に讃美せよ。(50：39)

また、夜も、彼を讃美せよ、跪拝の後にも。(50：40)

そして、呼ぶ者[1827]が近い場所から呼ぶ日、耳を傾けよ。(50：41)

その日、彼らは真実と共に叫び声を聞く。それが、(甦った人間の墓からの)出来の日である。(50：42)

まことに、われらこそ生かし、死なせ、そして、われらの許に行き着き先はある。(50：43)

その日、大地は割れて彼らを吐き出し、急いで(出来する)。それが追い集めで、われらにとって容易いもの。(50：44)

われらは彼らの言うことをより良く知っている。そしておまえは彼らに対して強制者ではない。それゆえ、我が警告を恐れる者にクルアーンによって訓戒せよ。(50：45)

第51章　撒き散らすもの …… سورة الذاريات

マッカ垂示

冒頭の誓言句(1節)に因んで「撒き散らすもの」章と名づけられる。イブラーヒーム、ムーサー、アード族、サムード族、ヌーフの物語が語られ(24-46節)、人間が創造された目的が、アッラーを崇拝することにのみあることが教えられる(56節)。

き御方を(肉眼で)見えないままに。

1827　天使イスラーフィール。6章73節脚注参照。あるいは天使ジブリールによる、清算への追い集めの呼びかけを指すとも言われる。

وَٱلسَّمَآءِ ذَاتِ ٱلۡحُبُكِ ٧ إِنَّكُمۡ لَفِي قَوۡلٖ مُّخۡتَلِفٖ ٨ يُؤۡفَكُ عَنۡهُ مَنۡ
أُفِكَ ٩ قُتِلَ ٱلۡخَرَّٰصُونَ ١٠ ٱلَّذِينَ هُمۡ فِي غَمۡرَةٖ سَاهُونَ ١١ يَسۡـَٔلُونَ
أَيَّانَ يَوۡمُ ٱلدِّينِ ١٢ يَوۡمَ هُمۡ عَلَى ٱلنَّارِ يُفۡتَنُونَ ١٣ ذُوقُواْ فِتۡنَتَكُمۡ
هَٰذَا ٱلَّذِي كُنتُم بِهِۦ تَسۡتَعۡجِلُونَ ١٤ إِنَّ ٱلۡمُتَّقِينَ فِي جَنَّٰتٖ وَعُيُونٍ
١٥ ءَاخِذِينَ مَآ ءَاتَىٰهُمۡ رَبُّهُمۡۚ إِنَّهُمۡ كَانُواْ قَبۡلَ ذَٰلِكَ مُحۡسِنِينَ ١٦
كَانُواْ قَلِيلٗا مِّنَ ٱلَّيۡلِ مَا يَهۡجَعُونَ ١٧ وَبِٱلۡأَسۡحَارِ هُمۡ يَسۡتَغۡفِرُونَ ١٨
وَفِيٓ أَمۡوَٰلِهِمۡ حَقّٞ لِّلسَّآئِلِ وَٱلۡمَحۡرُومِ ١٩ وَفِي ٱلۡأَرۡضِ ءَايَٰتٞ
لِّلۡمُوقِنِينَ ٢٠ وَفِيٓ أَنفُسِكُمۡۚ أَفَلَا تُبۡصِرُونَ ٢١ وَفِي ٱلسَّمَآءِ رِزۡقُكُمۡ
وَمَا تُوعَدُونَ ٢٢ فَوَرَبِّ ٱلسَّمَآءِ وَٱلۡأَرۡضِ إِنَّهُۥ لَحَقّٞ مِّثۡلَ مَآ أَنَّكُمۡ
تَنطِقُونَ ٢٣ هَلۡ أَتَىٰكَ حَدِيثُ ضَيۡفِ إِبۡرَٰهِيمَ ٱلۡمُكۡرَمِينَ ٢٤ إِذۡ
دَخَلُواْ عَلَيۡهِ فَقَالُواْ سَلَٰمٗاۖ قَالَ سَلَٰمٞ قَوۡمٞ مُّنكَرُونَ ٢٥ فَرَاغَ إِلَىٰٓ
أَهۡلِهِۦ فَجَآءَ بِعِجۡلٖ سَمِينٖ ٢٦ فَقَرَّبَهُۥٓ إِلَيۡهِمۡ قَالَ أَلَا تَأۡكُلُونَ
٢٧ فَأَوۡجَسَ مِنۡهُمۡ خِيفَةٗۖ قَالُواْ لَا تَخَفۡۖ وَبَشَّرُوهُ بِغُلَٰمٍ عَلِيمٖ ٢٨
فَأَقۡبَلَتِ ٱمۡرَأَتُهُۥ فِي صَرَّةٖ فَصَكَّتۡ وَجۡهَهَا وَقَالَتۡ عَجُوزٌ عَقِيمٞ
٢٩ قَالُواْ كَذَٰلِكِ قَالَ رَبُّكِۖ إِنَّهُۥ هُوَ ٱلۡحَكِيمُ ٱلۡعَلِيمُ ٣٠

慈悲あまねく慈悲深いアッラーの御名において

(土埃などを)撒布し撒き散らすもの(風)にかけて、(51：1)

そして重荷を運ぶもの(雨を運ぶ雲)にかけて、(51：2)

そして易々と航行するもの(船)にかけて、(51：3)

そして御命令[1828]を振り分けるもの(天使たち)にかけて、(51：4)

まことに、おまえたちが約束されたことは真実であり、(51：5)

そしてまことに、裁き(審判)は必ずや起こる。(51：6)

(星の)道筋を持った天にかけて、(51：7)

まことに、おまえたちは異論の渦中にいる[1829]。(51：8)

外された者はそれから外れる[1830]。(51：9)

嘘つきたちは殺された[1831]。(51：10)

それは(無知の)深みの中に気がそぞろな者、(51：11)

彼らは問う。「裁きの日はいつか」。(51：12)

彼らが獄火の上で艱難を被る日に。(51：13)

おまえたちの艱難を味わえ。これこそおまえたちが急《せ》いていたものである。(51：14)

まことに、畏れ身を守った者は楽園と泉の中で、(51：15)

彼らの主が彼らに授け給うたものを受け取って。まことに、彼らはそれ以前、善を尽くす者であった。(51：16)

夜のほんのわずかの間眠り[1832]、(51：17)

そして暁には、彼らは赦し乞いをしていた。(51：18)

また、彼らの財産の中には乞い求める者と禁じられた者(生活手段を絶たれた者)への権利(施しの分け前)があった。(51：19)

また、大地には確信する者たちへの諸々の徴があった。(51：20)

1828　被造物に関するアッラーの御命令。あるいは、雨、糧などの事柄。

1829　詩人だ、魔術師だ、巫蠱だ、狂人だなどといった誹謗の渦中にいる。あるいはおまえたちの言うことは定見がなく支離滅裂である。

1830　預言者ムハンマドとクルアーンから背き去った者は、信仰に背を向ける。あるいは、(悪魔によって)逸らされた者は、それ(クルアーンと預言者)から逸れる。

1831　預言者ムハンマドを誹謗した者(8節参照)は呪われよ。「殺された」は文法的には叙述文の受動態完了形であるが意味は呪詛。

1832　夜の大半を礼拝に費やした。

۞ قَالَ فَمَا خَطْبُكُمْ أَيُّهَا ٱلْمُرْسَلُونَ ٣١ قَالُوٓا۟ إِنَّآ أُرْسِلْنَآ إِلَىٰ قَوْمٍ
مُّجْرِمِينَ ٣٢ لِنُرْسِلَ عَلَيْهِمْ حِجَارَةً مِّن طِينٍ ٣٣ مُّسَوَّمَةً عِندَ رَبِّكَ
لِلْمُسْرِفِينَ ٣٤ فَأَخْرَجْنَا مَن كَانَ فِيهَا مِنَ ٱلْمُؤْمِنِينَ ٣٥ فَمَا وَجَدْنَا
فِيهَا غَيْرَ بَيْتٍ مِّنَ ٱلْمُسْلِمِينَ ٣٦ وَتَرَكْنَا فِيهَآ ءَايَةً لِّلَّذِينَ يَخَافُونَ
ٱلْعَذَابَ ٱلْأَلِيمَ ٣٧ وَفِى مُوسَىٰٓ إِذْ أَرْسَلْنَٰهُ إِلَىٰ فِرْعَوْنَ بِسُلْطَٰنٍ
مُّبِينٍ ٣٨ فَتَوَلَّىٰ بِرُكْنِهِۦ وَقَالَ سَٰحِرٌ أَوْ مَجْنُونٌ ٣٩ فَأَخَذْنَٰهُ وَجُنُودَهُۥ
فَنَبَذْنَٰهُمْ فِى ٱلْيَمِّ وَهُوَ مُلِيمٌ ٤٠ وَفِى عَادٍ إِذْ أَرْسَلْنَا عَلَيْهِمُ ٱلرِّيحَ
ٱلْعَقِيمَ ٤١ مَا تَذَرُ مِن شَىْءٍ أَتَتْ عَلَيْهِ إِلَّا جَعَلَتْهُ كَٱلرَّمِيمِ ٤٢
وَفِى ثَمُودَ إِذْ قِيلَ لَهُمْ تَمَتَّعُوا۟ حَتَّىٰ حِينٍ ٤٣ فَعَتَوْا۟ عَنْ أَمْرِ رَبِّهِمْ
فَأَخَذَتْهُمُ ٱلصَّٰعِقَةُ وَهُمْ يَنظُرُونَ ٤٤ فَمَا ٱسْتَطَٰعُوا۟ مِن قِيَامٍ
وَمَا كَانُوا۟ مُنتَصِرِينَ ٤٥ وَقَوْمَ نُوحٍ مِّن قَبْلُ إِنَّهُمْ كَانُوا۟ قَوْمًا
فَٰسِقِينَ ٤٦ وَٱلسَّمَآءَ بَنَيْنَٰهَا بِأَيْي۟دٍ وَإِنَّا لَمُوسِعُونَ ٤٧ وَٱلْأَرْضَ
فَرَشْنَٰهَا فَنِعْمَ ٱلْمَٰهِدُونَ ٤٨ وَمِن كُلِّ شَىْءٍ خَلَقْنَا زَوْجَيْنِ
لَعَلَّكُمْ تَذَكَّرُونَ ٤٩ فَفِرُّوٓا۟ إِلَى ٱللَّهِ إِنِّى لَكُم مِّنْهُ نَذِيرٌ مُّبِينٌ ٥٠
وَلَا تَجْعَلُوا۟ مَعَ ٱللَّهِ إِلَٰهًا ءَاخَرَ إِنِّى لَكُم مِّنْهُ نَذِيرٌ مُّبِينٌ ٥١

そして、おまえたち自身の中にも。それなのに、おまえたちは洞察しないのか。(51：21)

また、天にはおまえたちの糧と、おまえたちに約束されたものがある。(51：22)

それゆえ天と地の主にかけて、まことに、それ[1833]は、おまえたちが口を利くのと同様に真実である。(51：23)

イブラーヒームの高貴な客人(天使)たちの話はおまえの許に来たか[1834]。(51：24)

彼らが彼(イブラーヒーム)の許に入り、「平安を」と言った時のこと。彼は言った。「平安が。見知らぬ民よ」。(51：25)

そして、彼は家族の方に姿を隠し、肥えた子牛(焼肉)を持ってやって来た。(51：26)

そして、彼はそれを彼らの方に近づけた。彼は言った。「あなたがたは食べないのか」。(51：27)

そこで、彼は、彼らに恐怖を抱いた。彼らは言った。「恐れることはない」。それから、彼らは彼に、知識ある息子の(誕生の予告の)吉報を伝えた。(51：28)

そこで彼の妻は声をあげてやって来て、(自分の)顔を(手で)打って言った。「(私は)不妊の老女です」。(51：29)

彼らは言った。「そのようにおまえの主は仰せられた。まことに、彼は英明にしてよく知り給う御方」。(51：30)

彼(イブラーヒーム)は言った。「あなたがたの用事は何か、使者(使徒)の方々よ」。(51：31)

彼らは言った。「われらは罪を犯した民に遣わされたのである」。(51：32)

「彼らの上に泥土の石を送るために」。(51：33)

「おまえの主の御許で徴をつけられた(石)を、度を越した者たちに」。(51：34)

それでわれらはそこ(サドゥーム：ソドム)に居た信仰者たちを出立させた。(51：35)

だが、われらはそこには帰依者《ムスリム》たちの一軒の家(ルートとその家族)しか見出さなかった。(51：36)

そして、われらはそこ(サドゥーム)に痛苦の懲罰を恐れる者たちへの徴を残した。(51：37)

また、ムーサーにも(徴を残した)。われらが彼をフィルアウンに明白な権威と共に遣わした時に[1835]。(51：38)

だが、彼は彼の支柱(側近)と共に背き去り、言った。「(この者は)魔術師、あるいは狂

1833　クルアーン、宗教(裁き)、「その日(復活・審判の日)」、預言者ムハンマド、アッラーの約束事を指すと言われる。

1834　11章69-83節、15章51-76節、26章161-173節参照。

1835　7章103-136節など参照。

人である」。(51：39)

そこで、われらは彼と彼の軍勢を捕らえ、彼らを海に投げ捨てた。彼は非難に値する者であった。(51：40)

また、アード(族)にも(徴を残した)。われらが彼らの上に不毛の風を送った時に[1836]。(51：41)

それはどんなものであれ、(風が)その上に及んだものを朽ち果てたものの様にしないでは置かなかった。(51：42)

また、サムード(族)にも(徴を残した)[1837]。彼らに、「ある時まで享楽せよ」と言われた時に。(51：43)

だが、彼らは彼らの主の御命令に対し横柄に振舞い、そこで雷が彼らを、彼らが見ている間に捕らえた。(51：44)

それで彼らは立つことが出来ず、授けを得る(自衛する)者ではなかった。(51：45)

また、ヌーフの民をも、以前に(われらは滅ぼした)。まことに、彼らは邪な民であった。(51：46)

また、天を、われらは力添えで建て、われらは能力のある者であった。(51：47)

また、大地を、われらは敷きつめた。それで、(われら)広げる者のなんと良いことよ。(51：48)

また、あらゆるものから、われらは対を創った。きっとおまえたちも留意するであろうと。(51：49)

「それゆえ、アッラーに向かって逃れよ[1838]。まことに、私(預言者ムハンマド)はおまえたちへの彼からの明白な警告者である」。(51：50)

「アッラーと並べて他の神をなしてはならない。まことに、われはおまえたちへの彼からの明白な警告者である」。(51：51)

このようである[1839]。彼ら(マッカのクライシュ族)以前にも使徒はやって来たが、彼ら(過去の民)は、「魔術師か狂人である」と言わないことはなかった。(51：52)

彼らはそれを互いに勧めあったのか[1840]。いや、彼らは無法な民であった。(51：53)

それゆえ、彼らから立ち去れ。それでおまえは咎められる者ではない。(51：54)

そして、訓戒せよ。まことに、訓戒は信仰者たちに役立つ。(51：55)

そしてわれが幽精《ジン》と人間を創ったのは(われらの命により)彼らがわれに仕える(ことの)ためにほかならなかった。(51：56)

われは彼らから糧など望まず、彼らがわれを食べさせることを望まない。(51：57)

まことに、アッラー、彼こそは豊かに糧を恵み給う、力を備えた、強固なる御方。(51：58)

1836　41章16節、46章24-25節参照。

1837　11章65節参照。

1838　アッラーの御怒りと懲罰から、アッラーの御満悦と報償へと信仰と服従によって逃れよ。

1839　事態はこのように、かつて預言者たちが遣わされてくると、人々が彼を嘘として否定するのが常態であったこと。

1840　過去の不信仰者たちから現在の不信仰者たちに至るまで預言者を嘘と否定することが遺言として伝えられてきたのか。

كَذَٰلِكَ مَآ أَتَى ٱلَّذِينَ مِن قَبْلِهِم مِّن رَّسُولٍ إِلَّا قَالُوا۟ سَاحِرٌ أَوْ مَجْنُونٌ
٥٢ أَتَوَاصَوْا۟ بِهِۦ ۚ بَلْ هُمْ قَوْمٌ طَاغُونَ ٥٣ فَتَوَلَّ عَنْهُمْ فَمَآ أَنتَ
بِمَلُومٍ ٥٤ وَذَكِّرْ فَإِنَّ ٱلذِّكْرَىٰ تَنفَعُ ٱلْمُؤْمِنِينَ ٥٥ وَمَا خَلَقْتُ
ٱلْجِنَّ وَٱلْإِنسَ إِلَّا لِيَعْبُدُونِ ٥٦ مَآ أُرِيدُ مِنْهُم مِّن رِّزْقٍ وَمَآ أُرِيدُ
أَن يُطْعِمُونِ ٥٧ إِنَّ ٱللَّهَ هُوَ ٱلرَّزَّاقُ ذُو ٱلْقُوَّةِ ٱلْمَتِينُ ٥٨
فَإِنَّ لِلَّذِينَ ظَلَمُوا۟ ذَنُوبًا مِّثْلَ ذَنُوبِ أَصْحَٰبِهِمْ فَلَا يَسْتَعْجِلُونِ
٥٩ فَوَيْلٌ لِّلَّذِينَ كَفَرُوا۟ مِن يَوْمِهِمُ ٱلَّذِى يُوعَدُونَ ٦٠

سُورَةُ الطُّورِ

بِسْمِ ٱللَّهِ ٱلرَّحْمَٰنِ ٱلرَّحِيمِ

وَٱلطُّورِ ١ وَكِتَٰبٍ مَّسْطُورٍ ٢ فِى رَقٍّ مَّنشُورٍ ٣ وَٱلْبَيْتِ
ٱلْمَعْمُورِ ٤ وَٱلسَّقْفِ ٱلْمَرْفُوعِ ٥ وَٱلْبَحْرِ ٱلْمَسْجُورِ ٦ إِنَّ
عَذَابَ رَبِّكَ لَوَٰقِعٌ ٧ مَّا لَهُۥ مِن دَافِعٍ ٨ يَوْمَ تَمُورُ ٱلسَّمَآءُ
مَوْرًا ٩ وَتَسِيرُ ٱلْجِبَالُ سَيْرًا ١٠ فَوَيْلٌ يَوْمَئِذٍ لِّلْمُكَذِّبِينَ
١١ ٱلَّذِينَ هُمْ فِى خَوْضٍ يَلْعَبُونَ ١٢ يَوْمَ يُدَعُّونَ إِلَىٰ نَارِ
جَهَنَّمَ دَعًّا ١٣ هَٰذِهِ ٱلنَّارُ ٱلَّتِى كُنتُم بِهَا تُكَذِّبُونَ ١٤

　そしてまことに、不正をなした者たちには彼らの同類の者たちの割当と同じ(懲罰の)割当がある。それゆえ、彼らがわれを(懲罰に)急《せ》かすことがあってはならない。(51：59)

　それゆえ、信仰を拒んだ者たちには、彼らに約束された彼らの日(復活の日)の災いあれ。(51：60)

第52章　山 …… سورة الطور

　マッカ垂示

　冒頭の誓言句(1節)に因んで「山」章と名づけられる。審判の日の懲罰と、火獄、楽園の情景が活写される(1-28節)。

　慈悲あまねく慈悲深きアッラーの御名において

　かの山《トゥール》[1841]にかけて、(52：1)

また書き記された啓典にかけて、(52：2)

広げられた皮紙の中に。(52：3)

また詣でられる館[1842]にかけて、(52：4)

また高く掲げられた天蓋にかけて、(52：5)

また満ち溢れた海にかけて[1843]、(52：6)

まことに、おまえの主の懲罰は起こるものである。(52：7)

それには防ぐものはない。(52：8)

その日、天は振動し、揺らぐ。(52：9)

そして、山々は流動し動く[1844]。(52：10)

それでその日にこそ、(アッラーや預言者を)嘘と否定した者たちに災いあれ。(52：11)

(虚妄への)没頭の中で戯れる者たち。(52：12)

その日、彼らは火獄《ジャハンナム》の火の中に追い立てで押し込まれる。(52：13)

「これがおまえたちが嘘と否定していた獄火である」。(52：14)

1841　通説では、アッラーがムーサーに語りかけ給うた山、シナイ山と言われる。19章52節、20章80節、28章29、46節参照。但し、クルアーンの中でシナイ山の名前が言及されているのは23章20節のみ(95章2節のスィーニーン山もシナイ山と看做されている)。「出エジプト記」19章を参照。

1842　天使たちが詣でる天の神殿、あるいはマッカのカアバ神殿。

1843　最後の審判の前に燃え上がった海を指すとも言われる。81章6節参照。

1844　雲が流れる様に、早く滑るように動く。

أَفَسِحۡرٌ هَٰذَآ أَمۡ أَنتُمۡ لَا تُبۡصِرُونَ ١٥ ٱصۡلَوۡهَا فَٱصۡبِرُوٓاْ
أَوۡ لَا تَصۡبِرُواْ سَوَآءٌ عَلَيۡكُمۡۖ إِنَّمَا تُجۡزَوۡنَ مَا كُنتُمۡ تَعۡمَلُونَ ١٦
إِنَّ ٱلۡمُتَّقِينَ فِي جَنَّٰتٖ وَنَعِيمٖ ١٧ فَٰكِهِينَ بِمَآ ءَاتَىٰهُمۡ رَبُّهُمۡ
وَوَقَىٰهُمۡ رَبُّهُمۡ عَذَابَ ٱلۡجَحِيمِ ١٨ كُلُواْ وَٱشۡرَبُواْ هَنِيٓـَٔۢا بِمَا
كُنتُمۡ تَعۡمَلُونَ ١٩ مُتَّكِـِٔينَ عَلَىٰ سُرُرٖ مَّصۡفُوفَةٖۖ وَزَوَّجۡنَٰهُم
بِحُورٍ عِينٖ ٢٠ وَٱلَّذِينَ ءَامَنُواْ وَٱتَّبَعَتۡهُمۡ ذُرِّيَّتُهُم بِإِيمَٰنٍ أَلۡحَقۡنَا
بِهِمۡ ذُرِّيَّتَهُمۡ وَمَآ أَلَتۡنَٰهُم مِّنۡ عَمَلِهِم مِّن شَيۡءٖۚ كُلُّ ٱمۡرِيِٕۭ بِمَا
كَسَبَ رَهِينٞ ٢١ وَأَمۡدَدۡنَٰهُم بِفَٰكِهَةٖ وَلَحۡمٖ مِّمَّا يَشۡتَهُونَ ٢٢
يَتَنَٰزَعُونَ فِيهَا كَأۡسٗا لَّا لَغۡوٞ فِيهَا وَلَا تَأۡثِيمٞ ٢٣ ۞ وَيَطُوفُ عَلَيۡهِمۡ
غِلۡمَانٞ لَّهُمۡ كَأَنَّهُمۡ لُؤۡلُؤٞ مَّكۡنُونٞ ٢٤ وَأَقۡبَلَ بَعۡضُهُمۡ عَلَىٰ
بَعۡضٖ يَتَسَآءَلُونَ ٢٥ قَالُوٓاْ إِنَّا كُنَّا قَبۡلُ فِيٓ أَهۡلِنَا مُشۡفِقِينَ
٢٦ فَمَنَّ ٱللَّهُ عَلَيۡنَا وَوَقَىٰنَا عَذَابَ ٱلسَّمُومِ ٢٧ إِنَّا كُنَّا
مِن قَبۡلُ نَدۡعُوهُۖ إِنَّهُۥ هُوَ ٱلۡبَرُّ ٱلرَّحِيمُ ٢٨ فَذَكِّرۡ فَمَآ أَنتَ بِنِعۡمَتِ
رَبِّكَ بِكَاهِنٖ وَلَا مَجۡنُونٍ ٢٩ أَمۡ يَقُولُونَ شَاعِرٞ نَّتَرَبَّصُ بِهِۦ رَيۡبَ
ٱلۡمَنُونِ ٣٠ قُلۡ تَرَبَّصُواْ فَإِنِّي مَعَكُم مِّنَ ٱلۡمُتَرَبِّصِينَ ٣١

「魔術かこれが、それともおまえたちは目にしないのか」。(52：15)

「それで焼けるが良い。それで忍耐しようと忍耐しまいと[1845]、おまえたちには同じこと。おまえたちがなしたことをおまえたちは報いられるだけである」。(52：16)

まことに、畏れ身を守った者たちは楽園と至福の中に。(52：17)

彼らの主が彼らに与え給うたものに歓喜して。そして彼らの主は彼らを焦熱地獄の懲罰から守り給う。(52：18)

「食べよ、そして、飲め、おまえたちがなしていたことゆえに、楽しんで」。(52：19)

並べられた寝台の上に寄り掛かって。そして、われらは彼らに円らな瞳の天女を娶わせた。(52：20)

また信仰し、その子孫が信仰によって後に従った者たち、われらは彼らに彼らの子孫を追い付かせた[1846]。そしてわれらは彼ら(父祖)に対し彼らの行い(の報酬)から何も損なわなかった。誰もが己の稼いだものによる抵当である[1847]。(52：21)

また、われらは彼らに、彼らの欲するような果物や肉を増し与えた。(52：22)

彼らはそこで酒杯を互いに渡し合う。そこでは無駄話もなく、過ちを犯すこともない。(52：23)

また彼らには彼らの小姓が回る。彼らは隠された真珠のようである。(52：24)

そして彼ら(楽園の民)は互いに近づき、尋ねあう。(52：25)

彼らは言った。「われらは以前(現世で)、家族の許で不安を抱いていた」。(52：26)

「だが、アッラーはわれらに(御慈悲と御導きを)恵み給い、われらを(毛穴から体内に吹き込む獄火の)熱風の懲罰から守り給うた」。(52：27)

「まことに、われらは以前から彼に祈っていた。まことに彼は、至善者にして慈悲深い御方」。(52：28)

それゆえ、訓戒せよ。おまえは、おまえの主の恩寵によって、巫蠱でもなければ、狂人でもないのである。(52：29)

あるいは、彼らは言うのか。「(彼は)詩人だ」、「われらは彼に時運の転変(死)を待ち構えよう」。(52：30)

言え、「おまえたち、待ち構えるがいい。まことに、私もおまえたちと共に待ち構える者たち(の一人)である」。(52：31)

1845　直訳すると、「おまえたち、忍耐せよ。あるいは忍耐するな」。

1846　子孫が親ほどの善行を行わなかったとしても。

1847　他人の罪は負わない。

أَمْ تَأْمُرُهُمْ أَحْلَٰمُهُم بِهَٰذَآ ۚ أَمْ هُمْ قَوْمٌ طَاغُونَ ٣٢ أَمْ يَقُولُونَ تَقَوَّلَهُۥ ۚ
بَل لَّا يُؤْمِنُونَ ٣٣ فَلْيَأْتُوا۟ بِحَدِيثٍ مِّثْلِهِۦٓ إِن كَانُوا۟ صَٰدِقِينَ
٣٤ أَمْ خُلِقُوا۟ مِنْ غَيْرِ شَىْءٍ أَمْ هُمُ ٱلْخَٰلِقُونَ ٣٥ أَمْ خَلَقُوا۟
ٱلسَّمَٰوَٰتِ وَٱلْأَرْضَ ۚ بَل لَّا يُوقِنُونَ ٣٦ أَمْ عِندَهُمْ خَزَآئِنُ رَبِّكَ
أَمْ هُمُ ٱلْمُصَۣيْطِرُونَ ٣٧ أَمْ لَهُمْ سُلَّمٌ يَسْتَمِعُونَ فِيهِ ۖ فَلْيَأْتِ
مُسْتَمِعُهُم بِسُلْطَٰنٍ مُّبِينٍ ٣٨ أَمْ لَهُ ٱلْبَنَٰتُ وَلَكُمُ ٱلْبَنُونَ ٣٩
أَمْ تَسْـَٔلُهُمْ أَجْرًا فَهُم مِّن مَّغْرَمٍ مُّثْقَلُونَ ٤٠ أَمْ عِندَهُمُ ٱلْغَيْبُ
فَهُمْ يَكْتُبُونَ ٤١ أَمْ يُرِيدُونَ كَيْدًا ۖ فَٱلَّذِينَ كَفَرُوا۟ هُمُ ٱلْمَكِيدُونَ ٤٢
أَمْ لَهُمْ إِلَٰهٌ غَيْرُ ٱللَّهِ ۚ سُبْحَٰنَ ٱللَّهِ عَمَّا يُشْرِكُونَ ٤٣ وَإِن يَرَوْا۟ كِسْفًا
مِّنَ ٱلسَّمَآءِ سَاقِطًا يَقُولُوا۟ سَحَابٌ مَّرْكُومٌ ٤٤ فَذَرْهُمْ حَتَّىٰ يُلَٰقُوا۟
يَوْمَهُمُ ٱلَّذِى فِيهِ يُصْعَقُونَ ٤٥ يَوْمَ لَا يُغْنِى عَنْهُمْ كَيْدُهُمْ شَيْـًٔا
وَلَا هُمْ يُنصَرُونَ ٤٦ وَإِنَّ لِلَّذِينَ ظَلَمُوا۟ عَذَابًا دُونَ ذَٰلِكَ وَلَٰكِنَّ
أَكْثَرَهُمْ لَا يَعْلَمُونَ ٤٧ وَٱصْبِرْ لِحُكْمِ رَبِّكَ فَإِنَّكَ بِأَعْيُنِنَا ۖ وَسَبِّحْ
بِحَمْدِ رَبِّكَ حِينَ تَقُومُ ٤٨ وَمِنَ ٱلَّيْلِ فَسَبِّحْهُ وَإِدْبَٰرَ ٱلنُّجُومِ ٤٩

سُورَةُ ٱلنَّجْمِ

それとも、彼らの知性が彼らにそうしたことを命じるのか。それとも、彼らは無法な民なのか。(52：32)

あるいは、彼らは、「彼はそれ(クルアーン)を偽作した」と言うのか。いや、彼らは信じないのである。(52：33)

それでは彼らにはそれ(クルアーン)と同じような話を持って来させよ。もし、彼らが真実を語る者であったならば。(52：34)

彼らは何もなしで(創造者がいなくて)創られたか、それとも、彼らが創造者たちなのか。(52：35)

それとも、彼らが諸天と地を創ったのか。いや、彼らは確信しない。(52：36)

それとも、彼らの許にはおまえの主の宝庫があるのか、それとも、彼らは支配者なのか。(52：37)

それとも、彼らには(天への)梯子があって、そこで(天使たちの会話を)聞き取るのか。それならば、彼らの(うちの)聞き取った者は明白な権威(根拠)を持って来るが良い。(52：38)

それとも、彼(アッラー)には娘たちがいて、おまえたちには息子たちがいるのか[1848]。(52：39)

それとも、おまえが彼らに(イスラームの伝達に際し)報酬を求めるため、それで、彼らは負債に押し潰されているのか[1849]。(52：40)

それとも、彼らの許には隠されたもの(についての知識)があり、それで、彼らは(それを)書き取っているのか。(52：41)

それとも、彼らは策謀を意図しているのか。信仰を拒んだ者たち、彼らこそ策謀に嵌められる者である。(52：42)

それとも、彼らにはアッラーのほかに神がいるのか。称えあれ、アッラーこそ彼らが同位に配するものを超越し給う御方。(52：43)

そしてたとえ天の一角が崩落するのを見ても、彼らは、「積乱雲である」と言うであろう[1850]。(52：44)

それゆえ[1851]、彼らの日に出会うまで彼らを放っておけ。その日、彼らは被雷する[1852]であろう。(52：45)

その日、彼らの策謀はなにほどにも役立たず、彼らは援けられない。(52：46)

そして、まことに不正をなした者たちには、それ(来世での懲罰)以前にも懲罰がある。だが、彼らの大半は知らない。(52：47)

そしておまえの主の裁定に忍耐せよ。そしてまことに、おまえはわれらの目(視)の許にある[1853]。またおまえが立つ時にはおまえの主への称賛と共に讃美せよ。(52：48)

また、夜にも、彼を讃美し、星の退却(消えた後)にも。(52：49)

1848　16章57節参照。
1849　イスラームの教えを乞うのにお金がかかるため、彼らは入信しないのか。
1850　17章92節、46章24節参照。本節の前提として、26章187-189節も参照。
1851　彼らの不信仰がここまで極まった場合には。
1852　即死する。恐怖で死ぬ。あるいは、戦いで殺される。
1853　おまえにはわれらの目が届いており、庇護下にある。

第 53 章　星 …… سورة النجم

マッカ垂示

冒頭の誓言句(1 節)に因み「星」章と名づけられる。

本章には、天使ジブリールとの二度にわたる出会いの記述(5-18 節)、アッラート、アル＝ウッザー、マナートの三偶像神の否定(19-25 節)、ムーサーとイブラーヒームの啓典の教えの確認(36-54 節)などが教えられる。

بِسۡمِ ٱللَّهِ ٱلرَّحۡمَٰنِ ٱلرَّحِيمِ
وَٱلنَّجۡمِ إِذَا هَوَىٰ ١ مَا ضَلَّ صَاحِبُكُمۡ وَمَا غَوَىٰ ٢ وَمَا يَنطِقُ عَنِ
ٱلۡهَوَىٰٓ ٣ إِنۡ هُوَ إِلَّا وَحۡيٞ يُوحَىٰ ٤ عَلَّمَهُۥ شَدِيدُ ٱلۡقُوَىٰ ٥
ذُو مِرَّةٖ فَٱسۡتَوَىٰ ٦ وَهُوَ بِٱلۡأُفُقِ ٱلۡأَعۡلَىٰ ٧ ثُمَّ دَنَا فَتَدَلَّىٰ ٨
فَكَانَ قَابَ قَوۡسَيۡنِ أَوۡ أَدۡنَىٰ ٩ فَأَوۡحَىٰٓ إِلَىٰ عَبۡدِهِۦ مَآ أَوۡحَىٰ ١٠
مَا كَذَبَ ٱلۡفُؤَادُ مَا رَأَىٰٓ ١١ أَفَتُمَٰرُونَهُۥ عَلَىٰ مَا يَرَىٰ ١٢ وَلَقَدۡ رَءَاهُ
نَزۡلَةً أُخۡرَىٰ ١٣ عِندَ سِدۡرَةِ ٱلۡمُنتَهَىٰ ١٤ عِندَهَا جَنَّةُ ٱلۡمَأۡوَىٰٓ ١٥
إِذۡ يَغۡشَى ٱلسِّدۡرَةَ مَا يَغۡشَىٰ ١٦ مَا زَاغَ ٱلۡبَصَرُ وَمَا طَغَىٰ ١٧ لَقَدۡ رَأَىٰ
مِنۡ ءَايَٰتِ رَبِّهِ ٱلۡكُبۡرَىٰٓ ١٨ أَفَرَءَيۡتُمُ ٱللَّٰتَ وَٱلۡعُزَّىٰ ١٩ وَمَنَوٰةَ
ٱلثَّالِثَةَ ٱلۡأُخۡرَىٰٓ ٢٠ أَلَكُمُ ٱلذَّكَرُ وَلَهُ ٱلۡأُنثَىٰ ٢١ تِلۡكَ إِذٗا قِسۡمَةٞ
ضِيزَىٰٓ ٢٢ إِنۡ هِيَ إِلَّآ أَسۡمَآءٞ سَمَّيۡتُمُوهَآ أَنتُمۡ وَءَابَآؤُكُم مَّآ أَنزَلَ
ٱللَّهُ بِهَا مِن سُلۡطَٰنٍۚ إِن يَتَّبِعُونَ إِلَّا ٱلظَّنَّ وَمَا تَهۡوَى ٱلۡأَنفُسُۖ
وَلَقَدۡ جَآءَهُم مِّن رَّبِّهِمُ ٱلۡهُدَىٰٓ ٢٣ أَمۡ لِلۡإِنسَٰنِ مَا تَمَنَّىٰ ٢٤ فَلِلَّهِ
ٱلۡأٓخِرَةُ وَٱلۡأُولَىٰ ٢٥ ۞ وَكَم مِّن مَّلَكٖ فِي ٱلسَّمَٰوَٰتِ لَا تُغۡنِي
شَفَٰعَتُهُمۡ شَيۡـًٔا إِلَّا مِنۢ بَعۡدِ أَن يَأۡذَنَ ٱللَّهُ لِمَن يَشَآءُ وَيَرۡضَىٰٓ ٢٦

慈悲あまねく慈悲深きアッラーの御名において

沈んだ時の星[1854]にかけて、(53：1)

おまえたちの仲間(預言者ムハンマド)は迷ったのではなく、誤ったのでもない。(53：2)

欲望・妄執によって話すのでもない。(53：3)

それ[1855]は啓示された啓示にほかならない。(53：4)

力の強烈な者(天使ジブリール)が彼(預言者ムハンマド)に教えた。(53：5)

(ジブリールは)知力を備えた者で、彼は真っすぐに立った。(53：6)

そして(その時)彼は最も高い地平線のところにいた。(53：7)

それから、近づき、そして下りた。(53：8)

それで彼(と預言者ムハンマドの距離)は弓二つの間隔、あるいはさらに近かった。(53：9)

そこで、彼(アッラー)は彼の僕《しもべ》(預言者ムハンマド)に彼(アッラー、あるいは天使ジブリール)が啓示したことを啓示し給うた[1856]。(53：10)

その(彼の)心は彼が見たものを偽らなかった[1857]。(53：11)

それなのに、おまえたちは、彼が見ることについて彼と言い争うのか。(53：12)

そして確かに彼は、彼(ジブリール)をもう一度見たのである。(53：13)

最果てのスィドラ(の木)の許で[1858]。(53：14)

1854　「najm(星：単数形)」とは、暁と共に沈む昴(プレアデス星団、六連星)のことだとも言われる。「昴(al-thuraiyā)」を数の上からは複数形で「星団(nujūm)」と呼ぶべきであるが、アラブはこれを「najm(星：単数形)」と呼ぶ。星が沈むとは、復活の日に星が消滅することを指すとも言われる。

1855　クルアーン。預言者ムハンマドの規範に関わる発言。

1856　あるいは、「そこで、彼(アッラー)は彼の僕《しもべ》(天使ジブリール)に彼(ジブリール)が(預言者ムハンマドに)啓示したこと(内容)を啓示し給うた」。

1857　預言者ムハンマドの心は肉眼によって見られた天使ジブリールを幻覚だと否定せず正しく認識した。

1858　「昇天」の夜に第六天で。17 章 1 節脚注参照。スィドラは、ナツメの一種。「最果てのスィドラ」

إِنَّ ٱلَّذِينَ لَا يُؤۡمِنُونَ بِٱلۡأٓخِرَةِ لَيُسَمُّونَ ٱلۡمَلَٰٓئِكَةَ تَسۡمِيَةَ ٱلۡأُنثَىٰ ﴿٢٧﴾
وَمَا لَهُم بِهِۦ مِنۡ عِلۡمٍۖ إِن يَتَّبِعُونَ إِلَّا ٱلظَّنَّۖ وَإِنَّ ٱلظَّنَّ لَا يُغۡنِي مِنَ
ٱلۡحَقِّ شَيۡـٔٗا ﴿٢٨﴾ فَأَعۡرِضۡ عَن مَّن تَوَلَّىٰ عَن ذِكۡرِنَا وَلَمۡ يُرِدۡ إِلَّا ٱلۡحَيَوٰةَ
ٱلدُّنۡيَا ﴿٢٩﴾ ذَٰلِكَ مَبۡلَغُهُم مِّنَ ٱلۡعِلۡمِۚ إِنَّ رَبَّكَ هُوَ أَعۡلَمُ بِمَن ضَلَّ عَن
سَبِيلِهِۦ وَهُوَ أَعۡلَمُ بِمَنِ ٱهۡتَدَىٰ ﴿٣٠﴾ وَلِلَّهِ مَا فِي ٱلسَّمَٰوَٰتِ وَمَا فِي
ٱلۡأَرۡضِ لِيَجۡزِيَ ٱلَّذِينَ أَسَٰٓـُٔواْ بِمَا عَمِلُواْ وَيَجۡزِيَ ٱلَّذِينَ أَحۡسَنُواْ
بِٱلۡحُسۡنَى ﴿٣١﴾ ٱلَّذِينَ يَجۡتَنِبُونَ كَبَٰٓئِرَ ٱلۡإِثۡمِ وَٱلۡفَوَٰحِشَ إِلَّا ٱللَّمَمَۚ
إِنَّ رَبَّكَ وَٰسِعُ ٱلۡمَغۡفِرَةِۚ هُوَ أَعۡلَمُ بِكُمۡ إِذۡ أَنشَأَكُم مِّنَ ٱلۡأَرۡضِ
وَإِذۡ أَنتُمۡ أَجِنَّةٞ فِي بُطُونِ أُمَّهَٰتِكُمۡۖ فَلَا تُزَكُّوٓاْ أَنفُسَكُمۡۖ هُوَ أَعۡلَمُ
بِمَنِ ٱتَّقَىٰٓ ﴿٣٢﴾ أَفَرَءَيۡتَ ٱلَّذِي تَوَلَّىٰ ﴿٣٣﴾ وَأَعۡطَىٰ قَلِيلٗا وَأَكۡدَىٰٓ
﴿٣٤﴾ أَعِندَهُۥ عِلۡمُ ٱلۡغَيۡبِ فَهُوَ يَرَىٰٓ ﴿٣٥﴾ أَمۡ لَمۡ يُنَبَّأۡ بِمَا فِي صُحُفِ
مُوسَىٰ ﴿٣٦﴾ وَإِبۡرَٰهِيمَ ٱلَّذِي وَفَّىٰٓ ﴿٣٧﴾ أَلَّا تَزِرُ وَازِرَةٞ وِزۡرَ أُخۡرَىٰ
﴿٣٨﴾ وَأَن لَّيۡسَ لِلۡإِنسَٰنِ إِلَّا مَا سَعَىٰ ﴿٣٩﴾ وَأَنَّ سَعۡيَهُۥ سَوۡفَ يُرَىٰ
﴿٤٠﴾ ثُمَّ يُجۡزَىٰهُ ٱلۡجَزَآءَ ٱلۡأَوۡفَىٰ ﴿٤١﴾ وَأَنَّ إِلَىٰ رَبِّكَ ٱلۡمُنتَهَىٰ ﴿٤٢﴾
وَأَنَّهُۥ هُوَ أَضۡحَكَ وَأَبۡكَىٰ ﴿٤٣﴾ وَأَنَّهُۥ هُوَ أَمَاتَ وَأَحۡيَا ﴿٤٤﴾

その許には住まいの楽園がある。(53：15)

その時、覆う(形容を絶する)ものがスィドラ(の木)を覆う。(53：16)

その(預言者ムハンマドの)視線は外れることなく、(視線は)法《のり》を超えなかった。(53：17)

確かに彼は、彼の主の最大の諸々の徴から(の一部)を見た。(53：18)

おまえたちは見たか、アッラートとアル＝ウッザーを。(53：19)

そして、さらに別の第三番目のマナートを[1859]。(53：20)

おまえたちには男性(息子)があり、彼(アッラー)には女性(娘)か。(53：21)

であれば、それは、不当な分け方である。(53：22)

それら(偶像神)はおまえたちとおまえたちの祖先がそう名付けた空名にすぎない。アッラーはそれらにはなんの権威も下し給わなかった。彼らは憶測と我欲が欲するものに従うにすぎない。そして確かに彼らには、彼らの主から導きが訪れていた。(53：23)

それとも、人間に、願ったものが属するのか[1860]。(53：24)

いや、アッラーにこそ来世もこちらの世も属す。(53：25)

また、どれほどの天使が諸天にいようが、彼らの執り成しは何の役にも立たない。ただ、アッラーが望み、満悦し給うた者に対して彼が許可し給う後は別である[1861]。(53：26)

まことに、来世を信じない者たちは天使たちを女性の呼び名で名付ける。(53：27)

また彼らにはそれについてなんの知識もない。彼らは憶測に従っているに他ならない。だが、まことに、憶測は真実に対してなにも役立たない。(53：28)

それゆえ、われらの訓戒から背き去り、現世しか望まなかった者から背を向けよ。(53：29)

そうしたものが彼らの知識の限界である[1862]。まことに、おまえの主、彼こそ彼の道から迷った者についてより良く御存知であらせられ、また、彼こそ導かれた者についてより良く御存知であらせられる。(53：30)

そしてアッラーにこそ諸天にあるものと地にあるものは属す。悪をなした者たちを彼らのなしたことによって報い、善をなした者を至善(最良の行い)によって報い給うのであ

は楽園の第六天か第七天に位置し、この木より先には被造物の知識は及ばない。「諸天と地」の上限であり、アッラーから垂示される全てのもの(預言等)は、ここに降される。

1859　アッラートはターイフのサキーフ族の白い岩の偶像、アル＝ウッザーはクライシュ族が崇めた木の偶像、マナートはフザイル族、マディーナのアウス族とハズラジュ族の岩の偶像であったとも言われる。

1860　偶像神に執り成してもらいたい等の願いが実現したのか。否、そうではない。

1861　2章255節、21章28節参照。

1862　あるいは、そうしたもの(現世とその飾りしか求めないこと)が、彼らの知識の到達点(目標)である。

る。(53：31)

微罪は別として大罪や醜行を避ける者、まことにおまえの主は御赦しが広大であらせられる。彼はおまえたちについてより良く御存知であらせられる、おまえたちを大地から創り出し給うた時も、また、おまえたちが母親の腹の中の胎児であった時も。それゆえ、おまえたち自らを清いとしてはならない[1863]。彼は、畏れ身を守る者についてより良く御存知であらせられる。(53：32)

それでおまえは、背き去った者を見たか。(53：33)

そしてわずかに与え、手控えた者を[1864]。(53：34)

彼の許には隠されたものの知識があり、彼は見ているのか[1865]。(53：35)

それとも、ムーサーの諸書の中にあることについて告げられたことはないのか。(53：36)

また(アッラーの御言葉を)履行した[1866]イブラーヒームの(諸書の中にあることについて)。(53：37)

(つまり)「重荷を負う者は他の者の荷を負うことはない」、と。(53：38)

「そして人間には彼が奔走したもの(努力した善行)しかない」、と。(53：39)

「そして、彼の奔走はいずれ(来世で)見られる[1867]であろう」、と。(53：40)

「それから、彼(行為者)はそれ(善行)に十分な報いを報いられる」、と。(53：41)

「そして、おまえの主の方に終着がある」、と。(53：42)

「そして彼こそが笑わせ、そして、泣かせ給う御方である」、と。(53：43)

「そして、彼こそが死なせ、そして、生かし給う御方である」、と。(53：44)

「そして彼が両配偶を、(つまり)男性と女性を創り給うた」、と。(53：45)

「精滴から、それが射精された時に(創り給うた)」。(53：46)

「そして彼(アッラー)の(責任の)上に再度の創生(死後の復活)はある」、と。(53：47)

「そして彼こそが豊かにし、また、満足させ給う御方である」、と。(53：48)

「そして彼こそが(多神教徒たちが崇拝していた)天狼星の主であらせられる」、と。(53：49)

「そして彼が最初のアード(族)[1868]を滅ぼし給うた」、と。(53：50)

「またサムード(族)をも。そして(彼らのうち誰も)残し給わなかった」。(53：51)

「また以前にはヌーフの民をも。まことに、彼らは、彼らこそ、さらに不正で、さらに法《のり》を超えていた」。(53：52)

「また転覆させられた都市(ルートの民の町：ソドム)を、崩落させ給うた」。(53：53)

「そこで、覆ったものがそれを覆った[1869]」。(53：54)

それで、一体、おまえの主のいずれの恩顧について、おまえは疑うのか[1870]。(53：55)

1863　自らを賞賛し、敬虔であるとしたり、罪を免れているとしてはならない。

1864　ワリード・ブン・アル＝ムギーラは一旦イスラームに入信したが、多神教徒たちから非難された。彼は「私はアッラーの懲罰を懼れる」と答えたが、彼を悪く言った者に、もし彼が多神崇拝に戻っていくらかの金額を自分にくれるなら自分が彼に代わってアッラーの懲罰を引き受ける、と言われ、イスラームを捨て多神崇拝に戻った。ところが、その後、約束の金額を払うのが惜しくなり、僅かだけを与えて、残りを払わなかった。

1865　他人が自分の罪を来世で負ってくれるのを。

1866　2章124節参照。

1867　善行・悪行の帳簿の中に。また、アッラーや預言者や信仰者や本人によって見られる。

1868　最初の(旧)アード族には預言者フードが遣わされた。後の(新)アード族とはサーリフの遣わされたサムード族を指すとも言われる。

1869　11章82節参照。

1870　人間一般への問いかけ。

وَأَنَّهُۥ خَلَقَ ٱلزَّوْجَيْنِ ٱلذَّكَرَ وَٱلْأُنثَىٰ ٤٥ مِن نُّطْفَةٍ إِذَا تُمْنَىٰ
٤٦ وَأَنَّ عَلَيْهِ ٱلنَّشْأَةَ ٱلْأُخْرَىٰ ٤٧ وَأَنَّهُۥ هُوَ أَغْنَىٰ وَأَقْنَىٰ ٤٨ وَأَنَّهُۥ
هُوَ رَبُّ ٱلشِّعْرَىٰ ٤٩ وَأَنَّهُۥٓ أَهْلَكَ عَادًا ٱلْأُولَىٰ ٥٠ وَثَمُودَا۟ فَمَآ
أَبْقَىٰ ٥١ وَقَوْمَ نُوحٍ مِّن قَبْلُ ۖ إِنَّهُمْ كَانُوا۟ هُمْ أَظْلَمَ وَأَطْغَىٰ
٥٢ وَٱلْمُؤْتَفِكَةَ أَهْوَىٰ ٥٣ فَغَشَّىٰهَا مَا غَشَّىٰ ٥٤ فَبِأَىِّ ءَالَآءِ
رَبِّكَ تَتَمَارَىٰ ٥٥ هَٰذَا نَذِيرٌ مِّنَ ٱلنُّذُرِ ٱلْأُولَىٰٓ ٥٦ أَزِفَتِ ٱلْـَٔازِفَةُ
٥٧ لَيْسَ لَهَا مِن دُونِ ٱللَّهِ كَاشِفَةٌ ٥٨ أَفَمِنْ هَٰذَا ٱلْحَدِيثِ
تَعْجَبُونَ ٥٩ وَتَضْحَكُونَ وَلَا تَبْكُونَ ٦٠ وَأَنتُمْ سَٰمِدُونَ
٦١ فَٱسْجُدُوا۟ لِلَّهِ وَٱعْبُدُوا۟ ۩ ٦٢

سُورَةُ ٱلْقَمَرِ

بِسْمِ ٱللَّهِ ٱلرَّحْمَٰنِ ٱلرَّحِيمِ

ٱقْتَرَبَتِ ٱلسَّاعَةُ وَٱنشَقَّ ٱلْقَمَرُ ١ وَإِن يَرَوْا۟ ءَايَةً يُعْرِضُوا۟ وَيَقُولُوا۟
سِحْرٌ مُّسْتَمِرٌّ ٢ وَكَذَّبُوا۟ وَٱتَّبَعُوٓا۟ أَهْوَآءَهُمْ ۚ وَكُلُّ أَمْرٍ مُّسْتَقِرٌّ ٣
وَلَقَدْ جَآءَهُم مِّنَ ٱلْأَنۢبَآءِ مَا فِيهِ مُزْدَجَرٌ ٤ حِكْمَةٌۢ بَٰلِغَةٌ ۖ فَمَا تُغْنِ
ٱلنُّذُرُ ٥ فَتَوَلَّ عَنْهُمْ ۘ يَوْمَ يَدْعُ ٱلدَّاعِ إِلَىٰ شَىْءٍ نُّكُرٍ ٦

この者（ムハンマド）[1871] は昔の警告者たちのうちの警告者である。(53：56)

接近するもの（最後の審判の日）は近づいた。(53：57)

それには、アッラーを除いて明かすものはない[1872]。(53：58)

それでこの話（クルアーン）におまえたち（マッカの多神教徒たち）は驚くのか。(53：59)

そして、おまえたちは（嘲）笑い、（警告があるのに）泣くことはない。(53：60)

そして、おまえたちは（遊び）呆けている。(53：61)

それゆえ、アッラーに跪拝し、仕えよ。(53：62)

第 54 章　月 …… سورة القمر

マッカ垂示

冒頭の最後の審判の徴の一つとして月が割れるとの予言に因み「月」章と名づけられる。

使徒たちを拒んだヌーフの民、アード族、サムード族、ルートの民、フィルアウンの一族の滅亡が告げられ、警告される（9-42 節）。

慈悲あまねく慈悲深きアッラーの御名において

かの時（最後の審判の日）は近づき、月は裂けた[1873]。(54：1)

そして彼らは徴（奇蹟）を見ても、背を向け、「強力な[1874] 魔法である」と言う。(54：2)

そして彼らは嘘と否定し、彼らの欲望・妄執に従った。だが、すべての物事は確定する。(54：3)

また確かに彼らには諸々の消息で、その中に牽制があるものがやって来た[1875]。(54：4)

（このクルアーンは）十全な英知である。だが、それらの警告も役立たなかった。(54：5)

それゆえ、彼らから立ち去れ。呼ぶ者[1876] が禍事へと呼ぶ日。(54：6)

1871　あるいは「これ（クルアーン）」。

1872　7 章 187 節参照。

1873　マッカの多神教徒たちから神兆を求められた預言者ムハンマドが、アッラーに祈られると月が二つに割れ、片方はアブー・クバイス山の上に、他方はクアイカアーン山の上にかかった。しかし多神教徒たちは、預言者が彼らを魔法にかけたのだ、と言って信じなかった。一説では、最後の審判の前に起こる出来事で、まだ実現していないが、確実に起こるために「裂けた」との完了形が用いられている、とも言われる。

1874　あるいは、「継続する（止切れない）」、又は「消えてなくなる」。

1875　不信仰、多神崇拝への警告となるアッラーに背いた過去の諸民族の滅亡の物語が伝えられた。

1876　50 章 41 節参照。

خُشَّعًا أَبۡصَٰرُهُمۡ يَخۡرُجُونَ مِنَ ٱلۡأَجۡدَاثِ كَأَنَّهُمۡ جَرَادٞ مُّنتَشِرٞ ﴿٧﴾
مُّهۡطِعِينَ إِلَى ٱلدَّاعِۖ يَقُولُ ٱلۡكَٰفِرُونَ هَٰذَا يَوۡمٌ عَسِرٞ ﴿٨﴾ ۞كَذَّبَتۡ
قَبۡلَهُمۡ قَوۡمُ نُوحٖ فَكَذَّبُواْ عَبۡدَنَا وَقَالُواْ مَجۡنُونٞ وَٱزۡدُجِرَ ﴿٩﴾ فَدَعَا
رَبَّهُۥٓ أَنِّي مَغۡلُوبٞ فَٱنتَصِرۡ ﴿١٠﴾ فَفَتَحۡنَآ أَبۡوَٰبَ ٱلسَّمَآءِ بِمَآءٖ مُّنۡهَمِرٖ
﴿١١﴾ وَفَجَّرۡنَا ٱلۡأَرۡضَ عُيُونٗا فَٱلۡتَقَى ٱلۡمَآءُ عَلَىٰٓ أَمۡرٖ قَدۡ قُدِرَ ﴿١٢﴾
وَحَمَلۡنَٰهُ عَلَىٰ ذَاتِ أَلۡوَٰحٖ وَدُسُرٖ ﴿١٣﴾ تَجۡرِي بِأَعۡيُنِنَا جَزَآءٗ لِّمَن كَانَ
كُفِرَ ﴿١٤﴾ وَلَقَد تَّرَكۡنَٰهَآ ءَايَةٗ فَهَلۡ مِن مُّدَّكِرٖ ﴿١٥﴾ فَكَيۡفَ كَانَ
عَذَابِي وَنُذُرِ ﴿١٦﴾ وَلَقَدۡ يَسَّرۡنَا ٱلۡقُرۡءَانَ لِلذِّكۡرِ فَهَلۡ مِن مُّدَّكِرٖ ﴿١٧﴾
كَذَّبَتۡ عَادٞ فَكَيۡفَ كَانَ عَذَابِي وَنُذُرِ ﴿١٨﴾ إِنَّآ أَرۡسَلۡنَا عَلَيۡهِمۡ رِيحٗا
صَرۡصَرٗا فِي يَوۡمِ نَحۡسٖ مُّسۡتَمِرّٖ ﴿١٩﴾ تَنزِعُ ٱلنَّاسَ كَأَنَّهُمۡ أَعۡجَازُ نَخۡلٖ
مُّنقَعِرٖ ﴿٢٠﴾ فَكَيۡفَ كَانَ عَذَابِي وَنُذُرِ ﴿٢١﴾ وَلَقَدۡ يَسَّرۡنَا ٱلۡقُرۡءَانَ
لِلذِّكۡرِ فَهَلۡ مِن مُّدَّكِرٖ ﴿٢٢﴾ كَذَّبَتۡ ثَمُودُ بِٱلنُّذُرِ ﴿٢٣﴾ فَقَالُوٓاْ أَبَشَرٗا
مِّنَّا وَٰحِدٗا نَّتَّبِعُهُۥٓ إِنَّآ إِذٗا لَّفِي ضَلَٰلٖ وَسُعُرٍ ﴿٢٤﴾ أَءُلۡقِيَ ٱلذِّكۡرُ عَلَيۡهِ
مِنۢ بَيۡنِنَا بَلۡ هُوَ كَذَّابٌ أَشِرٞ ﴿٢٥﴾ سَيَعۡلَمُونَ غَدٗا مَّنِ ٱلۡكَذَّابُ ٱلۡأَشِرُ
﴿٢٦﴾ إِنَّا مُرۡسِلُواْ ٱلنَّاقَةِ فِتۡنَةٗ لَّهُمۡ فَٱرۡتَقِبۡهُمۡ وَٱصۡطَبِرۡ ﴿٢٧﴾

彼らの視線は伏せられ、彼らは墓場から、まるで散らばるバッタ[1877]であるかのように出で来る。(54：7)

呼ぶ者の方へ早足で。不信仰者たちは言う。「これは難儀な日である」。(54：8)

彼ら(マッカの多神教徒)以前にもヌーフの民が嘘と否定した[1878]。彼らはわれらの僕《しもべ》(ヌーフ)を嘘として否定し、「狂人である」と言って、(ヌーフは)追い返された。(54：9)

そこで、彼は彼の主に祈った。「私は圧倒されました。それゆえ、援け給え」。(54：10)

そこで、われらは奔流の水で天の諸門を開いた。(54：11)

そして、われらは、大地に泉を湧き出でさせた。そこで、(天と地の)水は、すでに定められた事(洪水による民の溺死)の上に落ち合った(合流した)。(54：12)

だが、われらは彼を板と釘のあるもの(方舟)の上に乗せた。(54：13)

われらの目(視)の許で、それは走った。信仰を拒まれた者(ヌーフ)への報いとして。(54：14)

そして確かにわれらはそれを徴として残した。さて、留意する者はあるか。(54：15)

それでわが懲罰とわが警告がどのようなものであったか。(54：16)

また確かにわれらはクルアーンを想起[1879]のために易しいものとした。さて、留意する者はあるか。(54：17)

アード(族)は嘘と否定した。さて、わが懲罰とわが警告はどのようなものであったか。(54：18)

まことに、われらは、連続する厄災の日に、彼らの上に突風を送った。(54：19)

それは人々を引き抜いた、まるで彼らが切り倒されたナツメヤシの幹であるかのように。(54：20)

それでわが懲罰とわが警告はどのようなものであったか。(54：21)

そして確かにわれらはクルアーンを想起のために易しいものとした。さて、留意する者はあるか。(54：22)

サムード(族)は警告を嘘として否定した[1880]。(54：23)

そして、彼らは言った。「われらの中の一人の人間にか、われらが彼に従うと。そうなれば、われらは迷誤と妄想の中にいることになる」。(54：24)

「われらの間から彼の上に訓戒が投げ込まれたのか。いや、彼は不敬な大嘘つきである」。(54：25)

(アッラーが仰せられた、あるいは預言者サーリフは言った。)「明日、彼らは誰が不敬な大嘘つきかを知るであろう」。(54：26)

(アッラーはサーリフに仰せられた。)「まことに、われらは彼らへの試みとしてラクダを送る者である。それゆえ、彼らを静観し、忍耐せよ」。(54：27)

1877　地平線を埋め尽くすほど多く、入り乱れて。

1878　11 章 25-48 節参照。

1879　記憶、訓戒。

1880　11 章 61-68 節、26 章 141-158 節参照。

وَنَبِّئْهُمْ أَنَّ ٱلْمَآءَ قِسْمَةٌۢ بَيْنَهُمْ ۖ كُلُّ شِرْبٍ مُّحْتَضَرٌ ﴿٢٨﴾ فَنَادَوْا۟ صَاحِبَهُمْ
فَتَعَاطَىٰ فَعَقَرَ ﴿٢٩﴾ فَكَيْفَ كَانَ عَذَابِى وَنُذُرِ ﴿٣٠﴾ إِنَّآ أَرْسَلْنَا عَلَيْهِمْ
صَيْحَةً وَٰحِدَةً فَكَانُوا۟ كَهَشِيمِ ٱلْمُحْتَظِرِ ﴿٣١﴾ وَلَقَدْ يَسَّرْنَا ٱلْقُرْءَانَ
لِلذِّكْرِ فَهَلْ مِن مُّدَّكِرٍ ﴿٣٢﴾ كَذَّبَتْ قَوْمُ لُوطٍۭ بِٱلنُّذُرِ ﴿٣٣﴾ إِنَّآ أَرْسَلْنَا
عَلَيْهِمْ حَاصِبًا إِلَّآ ءَالَ لُوطٍ ۖ نَّجَّيْنَٰهُم بِسَحَرٍ ﴿٣٤﴾ نِّعْمَةً مِّنْ عِندِنَا ۚ
كَذَٰلِكَ نَجْزِى مَن شَكَرَ ﴿٣٥﴾ وَلَقَدْ أَنذَرَهُم بَطْشَتَنَا فَتَمَارَوْا۟ بِٱلنُّذُرِ
﴿٣٦﴾ وَلَقَدْ رَٰوَدُوهُ عَن ضَيْفِهِۦ فَطَمَسْنَآ أَعْيُنَهُمْ فَذُوقُوا۟ عَذَابِى
وَنُذُرِ ﴿٣٧﴾ وَلَقَدْ صَبَّحَهُم بُكْرَةً عَذَابٌ مُّسْتَقِرٌّ ﴿٣٨﴾ فَذُوقُوا۟
عَذَابِى وَنُذُرِ ﴿٣٩﴾ وَلَقَدْ يَسَّرْنَا ٱلْقُرْءَانَ لِلذِّكْرِ فَهَلْ مِن مُّدَّكِرٍ ﴿٤٠﴾
وَلَقَدْ جَآءَ ءَالَ فِرْعَوْنَ ٱلنُّذُرُ ﴿٤١﴾ كَذَّبُوا۟ بِـَٔايَٰتِنَا كُلِّهَا فَأَخَذْنَٰهُمْ
أَخْذَ عَزِيزٍ مُّقْتَدِرٍ ﴿٤٢﴾ أَكُفَّارُكُمْ خَيْرٌ مِّنْ أُو۟لَٰٓئِكُمْ أَمْ لَكُم بَرَآءَةٌ
فِى ٱلزُّبُرِ ﴿٤٣﴾ أَمْ يَقُولُونَ نَحْنُ جَمِيعٌ مُّنتَصِرٌ ﴿٤٤﴾ سَيُهْزَمُ ٱلْجَمْعُ
وَيُوَلُّونَ ٱلدُّبُرَ ﴿٤٥﴾ بَلِ ٱلسَّاعَةُ مَوْعِدُهُمْ وَٱلسَّاعَةُ أَدْهَىٰ وَأَمَرُّ ﴿٤٦﴾
إِنَّ ٱلْمُجْرِمِينَ فِى ضَلَٰلٍ وَسُعُرٍ ﴿٤٧﴾ يَوْمَ يُسْحَبُونَ فِى ٱلنَّارِ عَلَىٰ
وُجُوهِهِمْ ذُوقُوا۟ مَسَّ سَقَرَ ﴿٤٨﴾ إِنَّا كُلَّ شَىْءٍ خَلَقْنَٰهُ بِقَدَرٍ ﴿٤٩﴾

「そして、水が彼らの間の割り当てであることを彼らに告げよ。（サムードとラクダの）それぞれの飲水（の割当）がやって来る」。（54：28）

しかし彼らは彼らの仲間（の一人）を呼び、彼（その男）は（剣を）取り、腱を切った（そのラクダを殺した）。（54：29）

それでわが懲罰とわが警告はどのようなものであったか。（54：30）

まことに、われらは彼らの上に一声の叫び声を送った。すると、彼らは木の柵を作る者の（用いる）枯れ枝のようになった。（54：31）

そして確かにわれらはクルアーンを想起のために易しいものとした。さて、留意する者はあるか。（54：32）

ルートの民も警告を嘘として否定した。（54：33）

まことに、われらは彼らの上に、小石を撒き散らす強風を送った。ただし、ルートの一族は別で、われらは彼らを暁に救い出した。（54：34）

われらの許からの恩寵として。このように、われらは感謝した者に報う。（54：35）

また確かに彼（ルート）はわれらの掌握（懲罰）を彼らに警告した。だが、彼らは警告を疑った[1881]。（54：36）

そして、彼らは彼の客人から彼を引き離そうと[1882]誘った。そこで、われらは彼らの目を潰した。「それゆえ、わが懲罰とわが警告を味わえ」。（54：37）

そして、確かに、ある早朝、確定した懲罰が彼らを襲った。（54：38）

「それゆえ、わが懲罰とわが警告を味わえ」。（54：39）

そして確かにわれらはクルアーンを想起のために易しいものとした。さて、留意する者はあるか。（54：40）

また確かにフィルアウンの一族の許に警告はやって来た。（54：41）

彼らはわれらの徴をすべて嘘と否定した[1883]。そこで、われらは威力比類ない、万能者の把握で彼らを捕らえた。（54：42）

おまえたち（マッカのクライシュ族）の不信仰者たちはそれらの者よりも優れているのか。それとも、おまえたちには諸書の中に免責があるのか。（54：43）

それとも、彼らは、「われらは援けを得る（勝利する）集りである」と言うのか。（54：44）

いずれその集まりは打ち負かされ、敗走する[1884]。（54：45）

1881　11章77-81節参照。

1882　ルートに、彼の客人を引き渡すよう求めた。

1883　17章101節脚注参照。

1884　バドルの戦いに際して、マッカの多神教徒たちが「われらは援けを得る（勝利する）集りである」と言ったのに対してこれらの節が啓示された。

いや、かの時(最後の審判の日)は彼らの約束の時であり、かの時はさらに不幸でさらに苦い。(54：46)

まことに罪人たちは迷誤と烈火[1885]の中にいる。(54：47)

彼らが獄火の中を顔の上で(顔を下にして)引きずられる日、「猛火(火獄)の感触を味わえ」。(54：48)

まことに、あらゆるものは定命と共にわれらが創った。(54：49)

そしてわれらの命令は、目の一瞥のような一つ(の命令)でしかない[1886]。(54：50)

そして確かにわれらはおまえたちの諸党派(過去のおまえたち同様の不信仰の諸民族)を滅ぼした。さて、留意する者はあるか。(54：51)

そして彼らがなしたあらゆることは諸書(看視の天使の行状記録簿)の中にある。(54：52)

小さなものも大きなものもことごとく、(「護持された書板」に)書き記されている。(54：53)

まことに、畏れ身を守る者たちは楽園と川にいる。(54：54)

真実の居所の中、万能の王者の御許に。(54：55)

وَمَآ أَمۡرُنَآ إِلَّا وَٰحِدَةٞ كَلَمۡحِۭ بِٱلۡبَصَرِ ٥٠ وَلَقَدۡ أَهۡلَكۡنَآ
أَشۡيَاعَكُمۡ فَهَلۡ مِن مُّدَّكِرٖ ٥١ وَكُلُّ شَيۡءٖ فَعَلُوهُ فِي ٱلزُّبُرِ
٥٢ وَكُلُّ صَغِيرٖ وَكَبِيرٖ مُّسۡتَطَرٌ ٥٣ إِنَّ ٱلۡمُتَّقِينَ
فِي جَنَّٰتٖ وَنَهَرٖ ٥٤ فِي مَقۡعَدِ صِدۡقٍ عِندَ مَلِيكٖ مُّقۡتَدِرِۭ ٥٥

سُورَةُ الرَّحۡمَٰنِ

بِسۡمِ ٱللَّهِ ٱلرَّحۡمَٰنِ ٱلرَّحِيمِ

ٱلرَّحۡمَٰنُ ١ عَلَّمَ ٱلۡقُرۡءَانَ ٢ خَلَقَ ٱلۡإِنسَٰنَ ٣ عَلَّمَهُ ٱلۡبَيَانَ ٤
ٱلشَّمۡسُ وَٱلۡقَمَرُ بِحُسۡبَانٖ ٥ وَٱلنَّجۡمُ وَٱلشَّجَرُ يَسۡجُدَانِ ٦
وَٱلسَّمَآءَ رَفَعَهَا وَوَضَعَ ٱلۡمِيزَانَ ٧ أَلَّا تَطۡغَوۡاْ فِي ٱلۡمِيزَانِ ٨
وَأَقِيمُواْ ٱلۡوَزۡنَ بِٱلۡقِسۡطِ وَلَا تُخۡسِرُواْ ٱلۡمِيزَانَ ٩ وَٱلۡأَرۡضَ
وَضَعَهَا لِلۡأَنَامِ ١٠ فِيهَا فَٰكِهَةٞ وَٱلنَّخۡلُ ذَاتُ ٱلۡأَكۡمَامِ ١١
وَٱلۡحَبُّ ذُو ٱلۡعَصۡفِ وَٱلرَّيۡحَانُ ١٢ فَبِأَيِّ ءَالَآءِ رَبِّكُمَا تُكَذِّبَانِ
١٣ خَلَقَ ٱلۡإِنسَٰنَ مِن صَلۡصَٰلٖ كَٱلۡفَخَّارِ ١٤ وَخَلَقَ ٱلۡجَآنَّ مِن
مَّارِجٖ مِّن نَّارٖ ١٥ فَبِأَيِّ ءَالَآءِ رَبِّكُمَا تُكَذِّبَانِ ١٦ رَبُّ
ٱلۡمَشۡرِقَيۡنِ وَرَبُّ ٱلۡمَغۡرِبَيۡنِ ١٧ فَبِأَيِّ ءَالَآءِ رَبِّكُمَا تُكَذِّبَانِ ١٨

第55章　慈悲あまねき御方 …… سورة الرحمن

マディーナ垂示

冒頭の第１節に因んで「慈悲あまねき御方」章と名づけられる。

現世と来世におけるアッラーの恵みが列挙されたうえで、三一回にわたって「それで、おまえたち両者は、おまえたち双方の主のいずれの恩顧を嘘として否定するのか」の句が反復される。

慈悲あまねく慈悲深きアッラーの御名において

慈悲あまねき御方。(55：1)

クルアーンを教え給うた。(55：2)

人間を創り給うた。(55：3)

表現[1887]を教え給うた。(55：4)

太陽と月は計算によって(運行する)。(55：5)

1885　あるいは妄想、狂気。

1886　「あれ」という創造の御言葉。36章82節参照。

1887　発話、筆記、説明、明らかにすること。

مَرَجَ ٱلْبَحْرَيْنِ يَلْتَقِيَانِ ﴿١٩﴾ بَيْنَهُمَا بَرْزَخٌ لَّا يَبْغِيَانِ ﴿٢٠﴾ فَبِأَيِّ ءَالَآءِ
رَبِّكُمَا تُكَذِّبَانِ ﴿٢١﴾ يَخْرُجُ مِنْهُمَا ٱللُّؤْلُؤُ وَٱلْمَرْجَانُ ﴿٢٢﴾ فَبِأَيِّ ءَالَآءِ
رَبِّكُمَا تُكَذِّبَانِ ﴿٢٣﴾ وَلَهُ ٱلْجَوَارِ ٱلْمُنشَـَٔاتُ فِى ٱلْبَحْرِ كَٱلْأَعْلَـٰمِ ﴿٢٤﴾
فَبِأَيِّ ءَالَآءِ رَبِّكُمَا تُكَذِّبَانِ ﴿٢٥﴾ كُلُّ مَنْ عَلَيْهَا فَانٍ ﴿٢٦﴾ وَيَبْقَىٰ وَجْهُ
رَبِّكَ ذُو ٱلْجَلَـٰلِ وَٱلْإِكْرَامِ ﴿٢٧﴾ فَبِأَيِّ ءَالَآءِ رَبِّكُمَا تُكَذِّبَانِ ﴿٢٨﴾
يَسْـَٔلُهُۥ مَن فِى ٱلسَّمَـٰوَٰتِ وَٱلْأَرْضِ ۚ كُلَّ يَوْمٍ هُوَ فِى شَأْنٍ ﴿٢٩﴾ فَبِأَيِّ
ءَالَآءِ رَبِّكُمَا تُكَذِّبَانِ ﴿٣٠﴾ سَنَفْرُغُ لَكُمْ أَيُّهَ ٱلثَّقَلَانِ ﴿٣١﴾ فَبِأَيِّ
ءَالَآءِ رَبِّكُمَا تُكَذِّبَانِ ﴿٣٢﴾ يَـٰمَعْشَرَ ٱلْجِنِّ وَٱلْإِنسِ إِنِ ٱسْتَطَعْتُمْ
أَن تَنفُذُوا۟ مِنْ أَقْطَارِ ٱلسَّمَـٰوَٰتِ وَٱلْأَرْضِ فَٱنفُذُوا۟ ۚ لَا تَنفُذُونَ
إِلَّا بِسُلْطَـٰنٍ ﴿٣٣﴾ فَبِأَيِّ ءَالَآءِ رَبِّكُمَا تُكَذِّبَانِ ﴿٣٤﴾ يُرْسَلُ عَلَيْكُمَا
شُوَاظٌ مِّن نَّارٍ وَنُحَاسٌ فَلَا تَنتَصِرَانِ ﴿٣٥﴾ فَبِأَيِّ ءَالَآءِ رَبِّكُمَا
تُكَذِّبَانِ ﴿٣٦﴾ فَإِذَا ٱنشَقَّتِ ٱلسَّمَآءُ فَكَانَتْ وَرْدَةً كَٱلدِّهَانِ
﴿٣٧﴾ فَبِأَيِّ ءَالَآءِ رَبِّكُمَا تُكَذِّبَانِ ﴿٣٨﴾ فَيَوْمَئِذٍ لَّا يُسْـَٔلُ عَن
ذَنۢبِهِۦٓ إِنسٌ وَلَا جَآنٌّ ﴿٣٩﴾ فَبِأَيِّ ءَالَآءِ رَبِّكُمَا تُكَذِّبَانِ ﴿٤٠﴾
يُعْرَفُ ٱلْمُجْرِمُونَ بِسِيمَـٰهُمْ فَيُؤْخَذُ بِٱلنَّوَٰصِى وَٱلْأَقْدَامِ ﴿٤١﴾

そして、草[1888]と木は跪拝する。(55：6)

そして、天を掲げ、秤を置き給うた[1889]。(55：7)

おまえたちが秤において法《のり》を越えないように。(55：8)

そして、目方は公正に計り、秤を損じてはならない[1890]。(55：9)

そして、大地を生き物のために据え給うた。(55：10)

そこには果物と萼《がく》を付けたナツメヤシがある。(55：11)

そして、穂のある穀物と香草も。(55：12)

それで、おまえたち両者[1891]は、おまえたち双方の主のいずれの恩顧を嘘として否定するのか。(55：13)

人間を陶器のようなからからの粘土から創り、(55：14)

ジャーンヌ[1892]を火の炎から創った。(55：15)

それで、おまえたち両者は、おまえたち双方の主のいずれの恩顧を嘘として否定するのか。(55：16)

(冬と夏の)二つの日の昇るところ(東)の主にして、(冬と夏の)二つの日の沈むところ(西)の主であらせられる。(55：17)

それで、おまえたち両者は、おまえたち双方の主のいずれの恩顧を嘘として否定するのか。(55：18)

(淡水と鹹水《かんすい》の)二つの海を出会うように放ち給うた。(55：19)

両者の間には障壁があり、両者は(障壁を)超えることはない。(55：20)

それで、おまえたち両者は、おまえたち双方の主のいずれの恩顧を嘘として否定するのか。(55：21)

両者からは真珠と珊瑚が産出する。(55：22)

それで、おまえたち両者は、おまえたち双方の主のいずれの恩顧を嘘として否定するのか。(55：23)

そして、彼にこそ、高山のような海に於ける建造された航行物(船)は属す。(55：24)

それで、おまえたち両者は、おまえたち双方の主のいずれの恩顧を嘘として否定するのか。(55：25)

その上に(地上に)いる者はすべて消えるもの。(55：26)

1888　あるいは、星。
1889　地には、公正さ(秤)を下し給うた。
1890　計量を誤魔化して減らしてはならない。
1891　人間と幽精《ジン》の両者。
1892　幽精《ジン》のこととも、幽精《ジン》の太祖イブリースのこととも言われる。

だが、おまえの主の威厳と厚恩を帯びた御顔は残る。(55：27)

それで、おまえたち両者は、おまえたち双方の主のいずれの恩顧を嘘として否定するのか。(55：28)

諸天と地にいる者は彼に乞い求め、毎日、彼(アッラー)は任務のうちにあらせられる。(55：29)

それで、おまえたち両者は、おまえたち双方の主のいずれの恩顧を嘘として否定するのか。(55：30)

いずれわれらは、二種の重い者たちよ[1893]、おまえたち(の清算)に向かおう。(55：31)

それで、おまえたち両者は、おまえたち双方の主のいずれの恩顧を嘘として否定するのか。(55：32)

幽精《ジン》と人間の者共よ、もしおまえたちが諸天と地の端から脱出できたなら[1894]、脱出してみよ。おまえたちは権能なしには脱出はできない。(55：33)

それで、おまえたち両者は、おまえたち双方の主のいずれの恩顧を嘘として否定するのか。(55：34)

おまえたち両者の上には獄火の炎と溶けた真鍮(あるいは煙)が送られ、おまえたちは援けを得ない(自衛しない)。(55：35)

それで、おまえたち両者は、おまえたち双方の主のいずれの恩顧を嘘として否定するのか。(55：36)

それで、天が裂け、(煮立った)油[1895]のようなバラ(色)となった時。(55：37)

それで、おまえたち両者は、おまえたち双方の主のいずれの恩顧を嘘として否定するのか。(55：38)

それでその日、人間は己の罪について問われず[1896]、ジャーンヌもまた。(55：39)

それで、おまえたち両者は、おまえたち双方の主のいずれの恩顧を嘘として否定するのか。(55：40)

1893　「二種の重い者」とは人間と幽精《ジン》のことで、両者の重要性に鑑み「重い者」と呼ばれる。

1894　アッラーの支配や定命から逃れることが出来るのであれば。

1895　あるいは赤革とも、(赤い)地表とも、塗料とも、「純粋な」バラ色、とも言われる。

1896　善悪の清算が行われるのは墓からの出来直後ではないの意。あるいは、徴によって見分けられる(41節)ためとも言われる。

فَبِأَيِّ ءَالَآءِ رَبِّكُمَا تُكَذِّبَانِ ﴿٤٢﴾ هَٰذِهِۦ جَهَنَّمُ ٱلَّتِي يُكَذِّبُ بِهَا
ٱلْمُجْرِمُونَ ﴿٤٣﴾ يَطُوفُونَ بَيْنَهَا وَبَيْنَ حَمِيمٍ ءَانٍ ﴿٤٤﴾ فَبِأَيِّ ءَالَآءِ
رَبِّكُمَا تُكَذِّبَانِ ﴿٤٥﴾ وَلِمَنْ خَافَ مَقَامَ رَبِّهِۦ جَنَّتَانِ ﴿٤٦﴾ فَبِأَيِّ
ءَالَآءِ رَبِّكُمَا تُكَذِّبَانِ ﴿٤٧﴾ ذَوَاتَآ أَفْنَانٍ ﴿٤٨﴾ فَبِأَيِّ ءَالَآءِ رَبِّكُمَا
تُكَذِّبَانِ ﴿٤٩﴾ فِيهِمَا عَيْنَانِ تَجْرِيَانِ ﴿٥٠﴾ فَبِأَيِّ ءَالَآءِ رَبِّكُمَا تُكَذِّبَانِ
﴿٥١﴾ فِيهِمَا مِن كُلِّ فَٰكِهَةٍ زَوْجَانِ ﴿٥٢﴾ فَبِأَيِّ ءَالَآءِ رَبِّكُمَا تُكَذِّبَانِ
﴿٥٣﴾ مُتَّكِـِٔينَ عَلَىٰ فُرُشٍۭ بَطَآئِنُهَا مِنْ إِسْتَبْرَقٍ وَجَنَى ٱلْجَنَّتَيْنِ دَانٍ
﴿٥٤﴾ فَبِأَيِّ ءَالَآءِ رَبِّكُمَا تُكَذِّبَانِ ﴿٥٥﴾ فِيهِنَّ قَٰصِرَٰتُ ٱلطَّرْفِ
لَمْ يَطْمِثْهُنَّ إِنسٌ قَبْلَهُمْ وَلَا جَآنٌّ ﴿٥٦﴾ فَبِأَيِّ ءَالَآءِ رَبِّكُمَا تُكَذِّبَانِ
﴿٥٧﴾ كَأَنَّهُنَّ ٱلْيَاقُوتُ وَٱلْمَرْجَانُ ﴿٥٨﴾ فَبِأَيِّ ءَالَآءِ رَبِّكُمَا تُكَذِّبَانِ
﴿٥٩﴾ هَلْ جَزَآءُ ٱلْإِحْسَٰنِ إِلَّا ٱلْإِحْسَٰنُ ﴿٦٠﴾ فَبِأَيِّ ءَالَآءِ رَبِّكُمَا
تُكَذِّبَانِ ﴿٦١﴾ وَمِن دُونِهِمَا جَنَّتَانِ ﴿٦٢﴾ فَبِأَيِّ ءَالَآءِ رَبِّكُمَا
تُكَذِّبَانِ ﴿٦٣﴾ مُدْهَآمَّتَانِ ﴿٦٤﴾ فَبِأَيِّ ءَالَآءِ رَبِّكُمَا تُكَذِّبَانِ
﴿٦٥﴾ فِيهِمَا عَيْنَانِ نَضَّاخَتَانِ ﴿٦٦﴾ فَبِأَيِّ ءَالَآءِ رَبِّكُمَا تُكَذِّبَانِ ﴿٦٧﴾
فِيهِمَا فَٰكِهَةٌ وَنَخْلٌ وَرُمَّانٌ ﴿٦٨﴾ فَبِأَيِّ ءَالَآءِ رَبِّكُمَا تُكَذِّبَانِ ﴿٦٩﴾

罪人たちは彼らの徴によって見分けられ、前髪と足により捕らえられる[1897]。(55：41)

それで、おまえたち両者は、おまえたち双方の主のいずれの恩顧を嘘として否定するのか。(55：42)

「これが罪人たちが嘘と否定する火獄《ジャハンナム》である」。(55：43)

彼らはそれ（火獄）と煮え立つ熱湯の間を巡回する。(55：44)

それで、おまえたち両者は、おまえたち双方の主のいずれの恩顧を嘘として否定するのか。(55：45)

そして己の主の（御前の清算の）立ち処を恐れた者には二つの園がある。(55：46)

それで、おまえたち両者は、おまえたち双方の主のいずれの恩顧を嘘として否定するのか。(55：47)

枝々を持った二つのもの（園）が。(55：48)

それで、おまえたち両者は、おまえたち双方の主のいずれの恩顧を嘘として否定するのか。(55：49)

その二つには流れでる二つの泉がある。(55：50)

それで、おまえたち両者は、おまえたち双方の主のいずれの恩顧を嘘として否定するのか。(55：51)

その二つには、あらゆる果物の二種がある。(55：52)

それで、おまえたち両者は、おまえたち双方の主のいずれの恩顧を嘘として否定するのか。(55：53)

裏地が緞子の寝床の上に寄りかかり、二つの園の果実は近くにある（手が届く）。(55：54)

それで、おまえたち両者は、おまえたち双方の主のいずれの恩顧を嘘として否定するのか。(55：55)

それら[1898]の中には、眼差しを止めた女たちがいて、彼ら（楽園の民）の前には人間もジャーンヌも彼女らと交わったことがない。(55：56)

それで、おまえたち両者は、おまえたち双方の主のいずれの恩顧を嘘として否定するのか。(55：57)

まるで彼女らはルビーと珊瑚[1899]のようである。(55：58)

それで、おまえたち両者は、おまえたち双方の主のいずれの恩顧を嘘として否定するのか。(55：59)

心尽くしの報いは心尽くしのほかにあるか（いや、ない）。(55：60)

それで、おまえたち両者は、おまえたち双方の主のいずれの恩顧を嘘として否定するのか。(55：61)

またその二つのほかにも二つの園がある。(55：62)

それで、おまえたち両者は、おまえたち双方の主のいずれの恩顧を嘘として否定するのか。(55：63)

二つの深緑のもの（園）が。(55：64)

それで、おまえたち両者は、おまえたち双方の主のいずれの恩顧を嘘として否定するのか。(55：65)

その二つの中には、噴き出す二つの泉がある。(55：66)

それで、おまえたち両者は、おまえたち双方の主のいずれの恩顧を嘘として否定するのか。(55：67)

1897　足が前髪に結わえられるとも言われる。

1898　二つの園（の内容物）。あるいは楽園。あるいは寝床。

1899　あるいは真珠。宝石とも。

その二つの中には、果物とナツメヤシとザクロがある。(55：68)

それで、おまえたち両者は、おまえたち双方の主のいずれの恩顧を嘘として否定するのか。(55：69)

それらの中には、美しき良き女性たちがいる。(55：70)

それで、おまえたち両者は、おまえたち双方の主のいずれの恩顧を嘘として否定するのか。(55：71)

天幕の中に閉じ込められた(つぶらな瞳の)天女たちである。(55：72)

それで、おまえたち両者は、おまえたち双方の主のいずれの恩顧を嘘として否定するのか。(55：73)

彼ら(楽園の民)の前には人間もジャーンヌも彼女らと交わったことがない。(55：74)

それで、おまえたち両者は、おまえたち双方の主のいずれの恩顧を嘘として否定するのか。(55：75)

緑の褥と美しい絨毯の上に寄りかかって。(55：76)

それで、おまえたち両者は、おまえたち双方の主のいずれの恩顧を嘘として否定するのか。(55：77)

威厳と厚恩を備えたおまえの主の御名に祝福あれ。(55：78)

فِيهِنَّ خَيْرَٰتٌ حِسَانٌ ﴿٧٠﴾ فَبِأَيِّ ءَالَآءِ رَبِّكُمَا تُكَذِّبَانِ
﴿٧١﴾ حُورٌ مَّقْصُورَٰتٌ فِى ٱلْخِيَامِ ﴿٧٢﴾ فَبِأَيِّ ءَالَآءِ رَبِّكُمَا
تُكَذِّبَانِ ﴿٧٣﴾ لَمْ يَطْمِثْهُنَّ إِنسٌ قَبْلَهُمْ وَلَا جَآنٌّ ﴿٧٤﴾ فَبِأَيِّ
ءَالَآءِ رَبِّكُمَا تُكَذِّبَانِ ﴿٧٥﴾ مُتَّكِـِٔينَ عَلَىٰ رَفْرَفٍ خُضْرٍ
وَعَبْقَرِيٍّ حِسَانٍ ﴿٧٦﴾ فَبِأَيِّ ءَالَآءِ رَبِّكُمَا تُكَذِّبَانِ ﴿٧٧﴾
تَبَٰرَكَ ٱسْمُ رَبِّكَ ذِى ٱلْجَلَٰلِ وَٱلْإِكْرَامِ ﴿٧٨﴾

سُورَةُ الوَاقِعَةِ

بِسْمِ ٱللَّهِ ٱلرَّحْمَٰنِ ٱلرَّحِيمِ

إِذَا وَقَعَتِ ٱلْوَاقِعَةُ ﴿١﴾ لَيْسَ لِوَقْعَتِهَا كَاذِبَةٌ ﴿٢﴾ خَافِضَةٌ رَّافِعَةٌ
﴿٣﴾ إِذَا رُجَّتِ ٱلْأَرْضُ رَجًّا ﴿٤﴾ وَبُسَّتِ ٱلْجِبَالُ بَسًّا ﴿٥﴾ فَكَانَتْ
هَبَآءً مُّنۢبَثًّا ﴿٦﴾ وَكُنتُمْ أَزْوَٰجًا ثَلَٰثَةً ﴿٧﴾ فَأَصْحَٰبُ ٱلْمَيْمَنَةِ
مَآ أَصْحَٰبُ ٱلْمَيْمَنَةِ ﴿٨﴾ وَأَصْحَٰبُ ٱلْمَشْـَٔمَةِ مَآ أَصْحَٰبُ
ٱلْمَشْـَٔمَةِ ﴿٩﴾ وَٱلسَّٰبِقُونَ ٱلسَّٰبِقُونَ ﴿١٠﴾ أُوْلَٰٓئِكَ ٱلْمُقَرَّبُونَ ﴿١١﴾
فِى جَنَّٰتِ ٱلنَّعِيمِ ﴿١٢﴾ ثُلَّةٌ مِّنَ ٱلْأَوَّلِينَ ﴿١٣﴾ وَقَلِيلٌ مِّنَ ٱلْءَاخِرِينَ
﴿١٤﴾ عَلَىٰ سُرُرٍ مَّوْضُونَةٍ ﴿١٥﴾ مُّتَّكِـِٔينَ عَلَيْهَا مُتَقَٰبِلِينَ ﴿١٦﴾

第 56 章　かの出来事 …… سورة الواقعة

マッカ垂示

冒頭第 1 節に因み「かの出来事」章と名づけられる。審判の日の出来事(1-6 節)、右手の徒、左手の徒、側近たちの三種の人々の来世での姿が描かれる(7-56、88-94 節)。また本章では尊いクルアーンが清浄な者しか触れてはならないことが教えられる(77-79 節)。

慈悲あまねく慈悲深きアッラーの御名において

かの出来事(復活)が起こった時、(56：1)

その到来を嘘として否定するものはなく、(56：2)

(それは)低めるもの、高めるもの(である)[1900]。(56：3)

その時、大地は大揺れに揺れ、(56：4)

そして山々は粉々に砕き潰されて、(56：5)

それで撒き散らされた埃となった。(56：6)

そして、おまえたちは三種となった。(56：7)

1900　それ(かの出来事)は不信仰者を獄火に落とすことにより低め、信仰者を楽園に入れることで高める。

يَطُوفُ عَلَيْهِمْ وِلْدَٰنٌ مُّخَلَّدُونَ ١٧ بِأَكْوَابٍ وَأَبَارِيقَ وَكَأْسٍ مِّن مَّعِينٍ
١٨ لَّا يُصَدَّعُونَ عَنْهَا وَلَا يُنزِفُونَ ١٩ وَفَٰكِهَةٍ مِّمَّا يَتَخَيَّرُونَ
٢٠ وَلَحْمِ طَيْرٍ مِّمَّا يَشْتَهُونَ ٢١ وَحُورٌ عِينٌ ٢٢ كَأَمْثَٰلِ ٱللُّؤْلُؤِ
ٱلْمَكْنُونِ ٢٣ جَزَآءًۢ بِمَا كَانُوا۟ يَعْمَلُونَ ٢٤ لَا يَسْمَعُونَ فِيهَا لَغْوًا
وَلَا تَأْثِيمًا ٢٥ إِلَّا قِيلًا سَلَٰمًا سَلَٰمًا ٢٦ وَأَصْحَٰبُ ٱلْيَمِينِ مَآ أَصْحَٰبُ
ٱلْيَمِينِ ٢٧ فِى سِدْرٍ مَّخْضُودٍ ٢٨ وَطَلْحٍ مَّنضُودٍ ٢٩ وَظِلٍّ مَّمْدُودٍ
٣٠ وَمَآءٍ مَّسْكُوبٍ ٣١ وَفَٰكِهَةٍ كَثِيرَةٍ ٣٢ لَّا مَقْطُوعَةٍ وَلَا مَمْنُوعَةٍ
٣٣ وَفُرُشٍ مَّرْفُوعَةٍ ٣٤ إِنَّآ أَنشَأْنَٰهُنَّ إِنشَآءً ٣٥ فَجَعَلْنَٰهُنَّ أَبْكَارًا
٣٦ عُرُبًا أَتْرَابًا ٣٧ لِّأَصْحَٰبِ ٱلْيَمِينِ ٣٨ ثُلَّةٌ مِّنَ ٱلْأَوَّلِينَ ٣٩
وَثُلَّةٌ مِّنَ ٱلْءَاخِرِينَ ٤٠ وَأَصْحَٰبُ ٱلشِّمَالِ مَآ أَصْحَٰبُ ٱلشِّمَالِ
٤١ فِى سَمُومٍ وَحَمِيمٍ ٤٢ وَظِلٍّ مِّن يَحْمُومٍ ٤٣ لَّا بَارِدٍ
وَلَا كَرِيمٍ ٤٤ إِنَّهُمْ كَانُوا۟ قَبْلَ ذَٰلِكَ مُتْرَفِينَ ٤٥ وَكَانُوا۟
يُصِرُّونَ عَلَى ٱلْحِنثِ ٱلْعَظِيمِ ٤٦ وَكَانُوا۟ يَقُولُونَ أَئِذَا مِتْنَا وَكُنَّا
تُرَابًا وَعِظَٰمًا أَءِنَّا لَمَبْعُوثُونَ ٤٧ أَوَءَابَآؤُنَا ٱلْأَوَّلُونَ ٤٨ قُلْ إِنَّ
ٱلْأَوَّلِينَ وَٱلْءَاخِرِينَ ٤٩ لَمَجْمُوعُونَ إِلَىٰ مِيقَٰتِ يَوْمٍ مَّعْلُومٍ ٥٠

まず、右手の徒。右手の徒とは何か(何と良いことよ)。(56：8)

そして、左手の徒。左手の徒とは何か(何と悪いことよ)。(56：9)

そして、先立った者たち[1901]。先立った者は、(56：10)

それらの者は側近たちである。(56：11)

至福の楽園の中で。(56：12)

昔の者[1902]からの集団(大勢)と、(56：13)

そして後の者[1903]からの少数は、(56：14)

刺繍された寝椅子の上にいる。(56：15)

その上に寄りかかり、向かい合っている。(56：16)

彼ら(の周り)には永遠の少年たちが回っている。(56：17)

グラスと水差しと(酒)泉からの酒杯を持って。(56：18)

彼らはそれによって頭痛を覚えることはなく、酔うこともない。(56：19)

そして、彼らが選ぶ果物と、(56：20)

そして、彼らが好む鳥の肉を(持って回っている)。(56：21)

そして、円らな瞳の天女も(いる)[1904]。(56：22)

まるで隠された真珠のようである。(56：23)

彼らがなして来たことの報いとして。(56：24)

そこでは、彼らは無駄話や雑言を聞くことはなく、(56：25)

ただ、平安を、平安を、という言葉だけ。(56：26)

そして、右手の徒、右手の徒とは何か(何と良いことよ)。(56：27)

棘を取られたナツメの木の間に、(56：28)

そして積み重なったタルフ(バナナ)の木に、(56：29)

そして広げられた(永続する)日陰に、(56：30)

そして流れ出る水に、(56：31)

そして多くの果物に(楽しみ)、(56：32)

(果物は)途絶えることはなく、禁じられることもない。(56：33)

そして高く上げられた寝床の(中にいる)。(56：34)

まことに、われらは彼女ら(天女)を創生として(出産によらず)創生した。(56：35)

そして、彼女らを処女となした。(56：36)

熱愛者に、同年齢に(なした)。(56：37)

右手の徒のためである。(56：38)

昔の者からの集団(大勢)であり、(56：39)

1901　信仰や善行に於いて。

1902　ムハンマドの共同体の先達と過去の預言者たちの信奉者たち。

1903　ムハンマドの共同体の新参者。

1904　あるいは、天女も(持って回っている)。

ثُمَّ إِنَّكُمْ أَيُّهَا ٱلضَّآلُّونَ ٱلْمُكَذِّبُونَ ﴿٥١﴾ لَءَاكِلُونَ مِن شَجَرٍ مِّن زَقُّومٍ ﴿٥٢﴾
فَمَالِـُٔونَ مِنْهَا ٱلْبُطُونَ ﴿٥٣﴾ فَشَٰرِبُونَ عَلَيْهِ مِنَ ٱلْحَمِيمِ ﴿٥٤﴾ فَشَٰرِبُونَ
شُرْبَ ٱلْهِيمِ ﴿٥٥﴾ هَٰذَا نُزُلُهُمْ يَوْمَ ٱلدِّينِ ﴿٥٦﴾ نَحْنُ خَلَقْنَٰكُمْ فَلَوْلَا
تُصَدِّقُونَ ﴿٥٧﴾ أَفَرَءَيْتُم مَّا تُمْنُونَ ﴿٥٨﴾ ءَأَنتُمْ تَخْلُقُونَهُۥٓ أَمْ نَحْنُ
ٱلْخَٰلِقُونَ ﴿٥٩﴾ نَحْنُ قَدَّرْنَا بَيْنَكُمُ ٱلْمَوْتَ وَمَا نَحْنُ بِمَسْبُوقِينَ ﴿٦٠﴾
عَلَىٰٓ أَن نُّبَدِّلَ أَمْثَٰلَكُمْ وَنُنشِئَكُمْ فِى مَا لَا تَعْلَمُونَ ﴿٦١﴾ وَلَقَدْ
عَلِمْتُمُ ٱلنَّشْأَةَ ٱلْأُولَىٰ فَلَوْلَا تَذَكَّرُونَ ﴿٦٢﴾ أَفَرَءَيْتُم مَّا تَحْرُثُونَ
﴿٦٣﴾ ءَأَنتُمْ تَزْرَعُونَهُۥٓ أَمْ نَحْنُ ٱلزَّٰرِعُونَ ﴿٦٤﴾ لَوْ نَشَآءُ لَجَعَلْنَٰهُ
حُطَٰمًا فَظَلْتُمْ تَفَكَّهُونَ ﴿٦٥﴾ إِنَّا لَمُغْرَمُونَ ﴿٦٦﴾ بَلْ نَحْنُ
مَحْرُومُونَ ﴿٦٧﴾ أَفَرَءَيْتُمُ ٱلْمَآءَ ٱلَّذِى تَشْرَبُونَ ﴿٦٨﴾ ءَأَنتُمْ أَنزَلْتُمُوهُ
مِنَ ٱلْمُزْنِ أَمْ نَحْنُ ٱلْمُنزِلُونَ ﴿٦٩﴾ لَوْ نَشَآءُ جَعَلْنَٰهُ أُجَاجًا فَلَوْلَا
تَشْكُرُونَ ﴿٧٠﴾ أَفَرَءَيْتُمُ ٱلنَّارَ ٱلَّتِى تُورُونَ ﴿٧١﴾ ءَأَنتُمْ أَنشَأْتُمْ
شَجَرَتَهَآ أَمْ نَحْنُ ٱلْمُنشِـُٔونَ ﴿٧٢﴾ نَحْنُ جَعَلْنَٰهَا تَذْكِرَةً وَمَتَٰعًا
لِّلْمُقْوِينَ ﴿٧٣﴾ فَسَبِّحْ بِٱسْمِ رَبِّكَ ٱلْعَظِيمِ ﴿٧٤﴾ ۞ فَلَآ أُقْسِمُ
بِمَوَٰقِعِ ٱلنُّجُومِ ﴿٧٥﴾ وَإِنَّهُۥ لَقَسَمٌ لَّوْ تَعْلَمُونَ عَظِيمٌ ﴿٧٦﴾

後の者からの集団(大勢)である。(56：40)

そして左手の徒、左手の徒とは何か(何と悪いことよ)。(56：41)

熱風と熱湯の中にいる。(56：42)

そして、黒煙の陰の(中に)。(56：43)

(陰は)涼しくなく、心地良くもない。(56：44)

まことに、彼らはこれ以前には奢侈であった。(56：45)

途方もない重罪(多神崇拝)に固執していて、(56：46)

そして、言っていた。「われらが死に、土くれと骨になった時に、まことにわれらが甦らされるというのか」。(56：47)

「われらの昔の祖先もか」。(56：48)

言え、「昔の者たちも後の者たちも」、(56：49)

「必ずや、既定の(最後の審判の)日の定刻へと集められるのである」。(56：50)

「それから、おまえたち、嘘と否定した迷った者どもよ」。(56：51)

「必ずや、ザックーム[1905]の木から食べるであろう」。(56：52)

「そして、それで腹を満たすであろう」。(56：53)

「そして、その上に熱湯を飲むであろう」。(56：54)

「そして、喉の渇いたラクダの飲み様で飲むであろう」。(56：55)

これが裁きの日の彼らの歓待である。(56：56)

われらがおまえたちを創ったのである。それなのに、おまえたちは真実と認めないのは何故か。(56：57)

おまえたちは、おまえたちが射精するものを見たか。(56：58)

おまえたちがそれを創ったのか[1906]、それとも、われらが創造者か。(56：59)

われらがおまえたちの間に死を定めたのであり、われらは先を越される[1907]者ではない。(56：60)

おまえたちの同類を取替え、(復活の日に)おまえたちをおまえたちの知らないものに創生し(直す)ことに対して(われらは先を越されない)。(56：61)

そして確かにおまえたちは最初の創生を知った。それなのに、留意しないのか。(56：62)

おまえたちは、おまえたちが耕すものを見たか。(56：63)

おまえたちがそれを蒔いた(生やした)のか、それともわれらが蒔く(生やす)者であるか。(56：64)

1905　37章62-66節参照。

1906　おまえたちが、精子を人間に成したのか。

1907　挫かれる(不能にされる)。

もしわれらが望めば、われらはそれを枯れ屑にし、するとおまえたちは困惑し続けたであろう。(56：65)

「まことに、われらは負債を負う(損失した)者である」。(56：66)

「いや、われらは(糧を)禁じられた者である」。(56：67)

おまえたちは、おまえたちの飲む水を見たか。(56：68)

おまえたちがそれを雨雲から下したのか、それとも、われらが下す者であるか。(56：69)

もしわれらが望めば、それを苦く(塩辛く)したであろう。それなのに、おまえたちは感謝しないのか。(56：70)

おまえたちは、おまえたちが(木を擦り合わせて)熾《おこ》す火を見たか。(56：71)

おまえたちがその木を創生したのか、それともわれらが創生者か。(56：72)

われらはそれ(火)を訓戒とし、また砂漠の者(旅人)たちのための活計《たつき》とした。(56：73)

それゆえ、大いなるおまえの主の御名を讃美せよ。(56：74)

それゆえ、星々の(沈む)場所にかけてまさに誓おうではないか[1908]。(56：75)

そしてまことに、それは、—もしおまえたちが知っているならば— 大いなる宣誓である。(56：76)

まことに、それは尊いクルアーンである。(56：77)

隠された書の中にある[1909]。(56：78)

それに触れるのは清められた者たちのほかいない[1910]。(56：79)

諸世界の主からの垂示である。(56：80)

それなのに、この話(クルアーン)を、おまえたち(多神教徒)は軽んじるのか。(56：81)

そして、おまえたちは、おまえたちの糧(への感謝)を、おまえたちが嘘と否定することとするのか[1911]。(56：82)

どうしたことか、それ(霊・魂)が(死に臨む者の)喉元まで達した時、(56：83)

—その時、(その場に立ち会った)おまえたちは座視していた。(56：84)

われらはおまえたちより彼(死に臨む者)に近いが、おまえたちは目にしていない—(56：85)

何故(行わ)ないのか、もし、おまえたちが(復活の日に)裁かれる身でないなら、(56：86)

それ(霊・魂)を(肉体に)戻す(ことを)、もし、おまえたちが真実を語る者であるならば[1912]。(56：87)

それで、もしそれ(死者)が側近たち(の一人)であった場合については、(56：88)

1908　本文中の「lā」は否定詞ではなく、強調の意の虚字であるとされる。この表現は誓いの対象の事柄が誓うまでもなく明らかな時に用いられるとも言われる(誓わずとも良いが、誓おうではないか)。

1909　改竄から守られて表紙のついた写本や刊本に記されている。一説では、天の「護持された書板」の中にある。

1910　儀礼的な浄化(ウドゥーゥ)で身を清めた者以外は触れてはならない。前節の「隠された書」を天上の「護持された書板」ととる解釈に従うと、この「清められた者」とは天使を意味する。

1911　おまえたちは糧(雨)を与えられたことに感謝せず、アッラーの御恵みを嘘として否定するのか。

1912　83-87 節は一連の文で、84-85 節が挿入句に相当し、残りの部分の連続性を重視して訳すと次のようになる。「それ(霊・魂)が(死に臨む者の)喉元まで達した時、もし、お前たちが裁かれる身でなく、真実を語る者であるならば、それ(霊・魂)を(肉体に)戻さないのは何故か」。

休息と、好物と、至福の楽園である。(56：89)

そして、もしそれが右手の徒(の一人)であったなら、(56：90)

そこで「あなたに平安」と右手の徒から[1913]。(56：91)

だが、もし彼が嘘と否定する迷った者たち(の一人)であったなら、(56：92)

そこで熱湯の歓待がある。(56：93)

そして、焦熱地獄の火炙りが。(56：94)

まことに、こうしたこと、それこそが確信の真理である。(56：95)

それゆえ、大いなるおまえの主の御名によって讃美せよ。(56：96)

إِنَّهُۥ لَقُرْءَانٌ كَرِيمٌ ٧٧ فِى كِتَٰبٍ مَّكْنُونٍ ٧٨ لَّا يَمَسُّهُۥٓ إِلَّا
ٱلْمُطَهَّرُونَ ٧٩ تَنزِيلٌ مِّن رَّبِّ ٱلْعَٰلَمِينَ ٨٠ أَفَبِهَٰذَا ٱلْحَدِيثِ
أَنتُم مُّدْهِنُونَ ٨١ وَتَجْعَلُونَ رِزْقَكُمْ أَنَّكُمْ تُكَذِّبُونَ ٨٢ فَلَوْلَآ
إِذَا بَلَغَتِ ٱلْحُلْقُومَ ٨٣ وَأَنتُمْ حِينَئِذٍ تَنظُرُونَ ٨٤ وَنَحْنُ أَقْرَبُ
إِلَيْهِ مِنكُمْ وَلَٰكِن لَّا تُبْصِرُونَ ٨٥ فَلَوْلَآ إِن كُنتُمْ غَيْرَ مَدِينِينَ
٨٦ تَرْجِعُونَهَآ إِن كُنتُمْ صَٰدِقِينَ ٨٧ فَأَمَّآ إِن كَانَ مِنَ ٱلْمُقَرَّبِينَ
٨٨ فَرَوْحٌ وَرَيْحَانٌ وَجَنَّتُ نَعِيمٍ ٨٩ وَأَمَّآ إِن كَانَ مِنْ أَصْحَٰبِ
ٱلْيَمِينِ ٩٠ فَسَلَٰمٌ لَّكَ مِنْ أَصْحَٰبِ ٱلْيَمِينِ ٩١ وَأَمَّآ إِن كَانَ مِنَ
ٱلْمُكَذِّبِينَ ٱلضَّآلِّينَ ٩٢ فَنُزُلٌ مِّنْ حَمِيمٍ ٩٣ وَتَصْلِيَةُ جَحِيمٍ
٩٤ إِنَّ هَٰذَا لَهُوَ حَقُّ ٱلْيَقِينِ ٩٥ فَسَبِّحْ بِٱسْمِ رَبِّكَ ٱلْعَظِيمِ ٩٦

سُورَةُ الحَدِيدِ

بِسْمِ ٱللَّهِ ٱلرَّحْمَٰنِ ٱلرَّحِيمِ

سَبَّحَ لِلَّهِ مَا فِى ٱلسَّمَٰوَٰتِ وَٱلْأَرْضِ وَهُوَ ٱلْعَزِيزُ ٱلْحَكِيمُ ١ لَهُۥ مُلْكُ
ٱلسَّمَٰوَٰتِ وَٱلْأَرْضِ يُحْىِۦ وَيُمِيتُ وَهُوَ عَلَىٰ كُلِّ شَىْءٍ قَدِيرٌ ٢ هُوَ
ٱلْأَوَّلُ وَٱلْءَاخِرُ وَٱلظَّٰهِرُ وَٱلْبَاطِنُ وَهُوَ بِكُلِّ شَىْءٍ عَلِيمٌ ٣

第57章　鉄……　سورة الحديد

マディーナ垂示

鉄が人類の福利のためにアッラーから下されたことが示されるために「鉄」章と名づけられる(24節)。また本章において、修道院制度はキリスト教徒が創作したもので、アッラーの教えにないことも明らかにされる(27節)。

慈悲あまねく慈悲深きアッラーの御名において

諸天と地のものはアッラーに賛美を捧げた。そして彼は威力比類なく、英明なる御方。(57：1)

彼にこそ諸天と地の王権は属す。生かし、また、死なせ給い、彼はあらゆるものに対して全能なる御方。(57：2)

彼は最初にして最後の御方、外に現れ、また内に隠れた御方[1914]。彼はあらゆるものをよく知り給う御方。(57：3)

1913　死に際し、天使が告げる内容であるとされる。

1914　存在においてアッラーに先行するものはなく、全存在物が消融した後も存在し続け、アッラーの上には何も(覆い隠すようなものは)なく(その存在は明らかであり)、その本体の本質が内に隠れている(感覚や理性によって網羅することができない)、あるいは、あらゆる存在に対してその知識と支配能力において身近である。

هُوَ الَّذِي خَلَقَ السَّمَاوَاتِ وَالْأَرْضَ فِي سِتَّةِ أَيَّامٍ ثُمَّ اسْتَوَىٰ
عَلَى الْعَرْشِ ۚ يَعْلَمُ مَا يَلِجُ فِي الْأَرْضِ وَمَا يَخْرُجُ مِنْهَا وَمَا يَنزِلُ مِنَ
السَّمَاءِ وَمَا يَعْرُجُ فِيهَا ۖ وَهُوَ مَعَكُمْ أَيْنَ مَا كُنتُمْ ۚ وَاللَّهُ بِمَا تَعْمَلُونَ
بَصِيرٌ ﴿٤﴾ لَّهُ مُلْكُ السَّمَاوَاتِ وَالْأَرْضِ ۚ وَإِلَى اللَّهِ تُرْجَعُ الْأُمُورُ
﴿٥﴾ يُولِجُ اللَّيْلَ فِي النَّهَارِ وَيُولِجُ النَّهَارَ فِي اللَّيْلِ ۚ وَهُوَ عَلِيمٌ بِذَاتِ
الصُّدُورِ ﴿٦﴾ آمِنُوا بِاللَّهِ وَرَسُولِهِ وَأَنفِقُوا مِمَّا جَعَلَكُم
مُّسْتَخْلَفِينَ فِيهِ ۖ فَالَّذِينَ آمَنُوا مِنكُمْ وَأَنفَقُوا لَهُمْ أَجْرٌ كَبِيرٌ ﴿٧﴾
وَمَا لَكُمْ لَا تُؤْمِنُونَ بِاللَّهِ ۙ وَالرَّسُولُ يَدْعُوكُمْ لِتُؤْمِنُوا بِرَبِّكُمْ وَقَدْ
أَخَذَ مِيثَاقَكُمْ إِن كُنتُم مُّؤْمِنِينَ ﴿٨﴾ هُوَ الَّذِي يُنَزِّلُ عَلَىٰ عَبْدِهِ
آيَاتٍ بَيِّنَاتٍ لِّيُخْرِجَكُم مِّنَ الظُّلُمَاتِ إِلَى النُّورِ ۚ وَإِنَّ اللَّهَ بِكُمْ
لَرَءُوفٌ رَّحِيمٌ ﴿٩﴾ وَمَا لَكُمْ أَلَّا تُنفِقُوا فِي سَبِيلِ اللَّهِ وَلِلَّهِ مِيرَاثُ
السَّمَاوَاتِ وَالْأَرْضِ ۚ لَا يَسْتَوِي مِنكُم مَّنْ أَنفَقَ مِن قَبْلِ الْفَتْحِ
وَقَاتَلَ ۚ أُولَٰئِكَ أَعْظَمُ دَرَجَةً مِّنَ الَّذِينَ أَنفَقُوا مِن بَعْدُ وَقَاتَلُوا ۚ
وَكُلًّا وَعَدَ اللَّهُ الْحُسْنَىٰ ۚ وَاللَّهُ بِمَا تَعْمَلُونَ خَبِيرٌ ﴿١٠﴾ مَّن ذَا
الَّذِي يُقْرِضُ اللَّهَ قَرْضًا حَسَنًا فَيُضَاعِفَهُ لَهُ وَلَهُ أَجْرٌ كَرِيمٌ ﴿١١﴾

彼こそは諸天と地を六日間で創り、それから高御座に座し給うた御方。大地に入り込むものもそこから出るものも、また、天から下るものもそこに昇るものも知り給う。そして彼はおまえたちがどこにいようとおまえたちと共にあらせられる。そしてアッラーはおまえたちがなすことについて見通し給う御方。(57：4)

彼にこそ諸天と地の王権は属す。そして、アッラーの許に万事は帰《かえ》される。(57：5)

夜を昼に没入させ、昼を夜に没入させ給う。そして、彼は胸中にあるものについてよく知り給う御方。(57：6)

アッラーと彼の使徒を信じ、彼がおまえたちをその後継者(管財人)となし給うたものから(善に)費やせ。そうすればおまえたちのうち信仰し、費やした者たち、彼らには大きな報酬がある。(57：7)

そしておまえたちがアッラーを信じないとは、どうしたことか、使徒がおまえたちに、おまえたちの主を信じるよう呼び招いているというのに。しかも彼(アッラー)はすでにおまえたちの確約を取り給うているのである[1915]。もしおまえたちが信仰者であるなら。(57：8)

彼こそは彼の僕《しもべ》(預言者ムハンマド)の上に明白な諸々の徴(節)を垂示し給う御方。おまえたちを諸々の闇から光へと連れ出すためである。そしてまことにアッラーはおまえたちに対して憐れみ深く、慈悲深い御方。(57：9)

またアッラーの道において費やさないとは、おまえたちはどうしたのか、アッラーにこそ天と地の遺産は属すというのに。おまえたちのうち(マッカ征服の)勝利の前に費やし、戦った者は(それ以後にそうした者と)等しくはない。それらの者は後から費やし、戦った者たちよりも位階がより勝れている。だが、(前者と後者の)いずれにもアッラーは至善を約束し給うた。そしてアッラーはおまえたちのなすことについて通暁し給う御方。(57：10)

アッラーに良い債権を貸し付ける(アッラーの道において費やす)者は誰か。そうすれば彼(アッラー)は彼(費やした者)にそれを倍増し給うであろう。そして、彼(費やした者)には気前の良い報酬がある。(57：11)

1915　7章172節参照。

يَوۡمَ تَرَى ٱلۡمُؤۡمِنِينَ وَٱلۡمُؤۡمِنَٰتِ يَسۡعَىٰ نُورُهُم بَيۡنَ أَيۡدِيهِمۡ
وَبِأَيۡمَٰنِهِمۖ بُشۡرَىٰكُمُ ٱلۡيَوۡمَ جَنَّٰتٞ تَجۡرِي مِن تَحۡتِهَا ٱلۡأَنۡهَٰرُ خَٰلِدِينَ
فِيهَاۚ ذَٰلِكَ هُوَ ٱلۡفَوۡزُ ٱلۡعَظِيمُ ١٢ يَوۡمَ يَقُولُ ٱلۡمُنَٰفِقُونَ وَٱلۡمُنَٰفِقَٰتُ
لِلَّذِينَ ءَامَنُواْ ٱنظُرُونَا نَقۡتَبِسۡ مِن نُّورِكُمۡ قِيلَ ٱرۡجِعُواْ وَرَآءَكُمۡ
فَٱلۡتَمِسُواْ نُورٗاۖ فَضُرِبَ بَيۡنَهُم بِسُورٖ لَّهُۥ بَابُۢ بَاطِنُهُۥ فِيهِ ٱلرَّحۡمَةُ
وَظَٰهِرُهُۥ مِن قِبَلِهِ ٱلۡعَذَابُ ١٣ يُنَادُونَهُمۡ أَلَمۡ نَكُن مَّعَكُمۡۖ قَالُواْ بَلَىٰ
وَلَٰكِنَّكُمۡ فَتَنتُمۡ أَنفُسَكُمۡ وَتَرَبَّصۡتُمۡ وَٱرۡتَبۡتُمۡ وَغَرَّتۡكُمُ ٱلۡأَمَانِيُّ
حَتَّىٰ جَآءَ أَمۡرُ ٱللَّهِ وَغَرَّكُم بِٱللَّهِ ٱلۡغَرُورُ ١٤ فَٱلۡيَوۡمَ لَا يُؤۡخَذُ مِنكُمۡ
فِدۡيَةٞ وَلَا مِنَ ٱلَّذِينَ كَفَرُواْۚ مَأۡوَىٰكُمُ ٱلنَّارُۖ هِيَ مَوۡلَىٰكُمۡۖ
وَبِئۡسَ ٱلۡمَصِيرُ ١٥ ۞ أَلَمۡ يَأۡنِ لِلَّذِينَ ءَامَنُوٓاْ أَن تَخۡشَعَ
قُلُوبُهُمۡ لِذِكۡرِ ٱللَّهِ وَمَا نَزَلَ مِنَ ٱلۡحَقِّ وَلَا يَكُونُواْ كَٱلَّذِينَ
أُوتُواْ ٱلۡكِتَٰبَ مِن قَبۡلُ فَطَالَ عَلَيۡهِمُ ٱلۡأَمَدُ فَقَسَتۡ قُلُوبُهُمۡۖ وَكَثِيرٞ
مِّنۡهُمۡ فَٰسِقُونَ ١٦ ٱعۡلَمُوٓاْ أَنَّ ٱللَّهَ يُحۡيِ ٱلۡأَرۡضَ بَعۡدَ مَوۡتِهَاۚ قَدۡ بَيَّنَّا
لَكُمُ ٱلۡأٓيَٰتِ لَعَلَّكُمۡ تَعۡقِلُونَ ١٧ إِنَّ ٱلۡمُصَّدِّقِينَ وَٱلۡمُصَّدِّقَٰتِ
وَأَقۡرَضُواْ ٱللَّهَ قَرۡضًا حَسَنٗا يُضَٰعَفُ لَهُمۡ وَلَهُمۡ أَجۡرٞ كَرِيمٞ ١٨

男の信仰者たちと女の信仰者たち、彼らの光が彼らの前や右に走る[1916]のをおまえ(預言者ムハンマド)が見る日(最後の審判の日)、「今日、おまえたちの吉報は、下に河川が流れる楽園で、おまえたちはそこに永遠に」(と彼らは言われる)。それこそは大いなる成就である。(57：12)

男の偽信者たちと女の偽信者たちが信仰した者たちに言う日、「われらを見て(待って)くれ。おまえたちの光から灯を取りたいのだ」。言われる。「おまえたちの背後に戻り、光を求めよ」。すると、彼ら(信仰者と偽信者)の間に壁が設けられる。それには一つの扉があり、その内側は慈悲がそこにあり、その外側は懲罰がその方向にある。(57：13)

彼ら(偽信者)は彼ら(信仰者)に呼びかける。「われらはおまえたちと共にいたではないか」。彼らは言う。「いかにも。だが、おまえたちは己自身を幻惑し、(預言者ムハンマドの死とムスリムの没落を)待ち望み、疑念を抱き、(イスラーム消滅という)虚しい望みがおまえたちを欺き、ついにアッラーの命令が到来し、欺く者(悪魔)がアッラーについておまえたちを欺いたのである」。(57：14)

それゆえ、今日、おまえたちからも信仰を拒んだ者たちからも身代金は受け入れられない。おまえたちの住処は獄火であり、それがおまえたちの庇護者である。またなんと悪い行き着く先であることよ。(57：15)

信仰する者たちには、アッラーの訓戒と下った真理(クルアーン)に彼らの心が畏《かしこ》まる時はまだ来ないのか。そして以前より啓典を授けられたが、(彼らの預言者たちが遣わされた時代からの)期間が長引き、心が頑なになった者たち　—彼らの多くは邪な者である—のようでなくなる時は(信仰する者たちにはまだ来ないのか)。(57：16)

アッラーが大地を(その)死の後に(不毛の地を)生き返らせ給うことを知れ[1917]。既にわれらはおまえたちに諸々の徴を明示した、きっとおまえたちも悟るであろうと。(57：17)

まことに喜捨をなす男たちと喜捨をなす女たち、　—そして、彼らはアッラーに良い債権を貸付けた—[1918]、彼らには(報酬が)倍増され、彼らには気前のいい報酬がある。(57：18)

1916　光は、来世で信仰者の道を照らし出す。
1917　このように、アッラーは死んだ人を復活させ、死んだ心を蘇らす。
1918　あるいは、「そしてアッラーに良い債権を貸付けた者たち」。

وَٱلَّذِينَ ءَامَنُواْ بِٱللَّهِ وَرُسُلِهِۦٓ أُوْلَٰٓئِكَ هُمُ ٱلصِّدِّيقُونَۖ وَٱلشُّهَدَآءُ
عِندَ رَبِّهِمۡ لَهُمۡ أَجۡرُهُمۡ وَنُورُهُمۡۖ وَٱلَّذِينَ كَفَرُواْ وَكَذَّبُواْ
بِـَٔايَٰتِنَآ أُوْلَٰٓئِكَ أَصۡحَٰبُ ٱلۡجَحِيمِ ١٩ ٱعۡلَمُوٓاْ أَنَّمَا ٱلۡحَيَوٰةُ
ٱلدُّنۡيَا لَعِبٞ وَلَهۡوٞ وَزِينَةٞ وَتَفَاخُرُۢ بَيۡنَكُمۡ وَتَكَاثُرٞ فِي ٱلۡأَمۡوَٰلِ
وَٱلۡأَوۡلَٰدِۖ كَمَثَلِ غَيۡثٍ أَعۡجَبَ ٱلۡكُفَّارَ نَبَاتُهُۥ ثُمَّ يَهِيجُ فَتَرَىٰهُ
مُصۡفَرّٗا ثُمَّ يَكُونُ حُطَٰمٗاۖ وَفِي ٱلۡأٓخِرَةِ عَذَابٞ شَدِيدٞ وَمَغۡفِرَةٞ
مِّنَ ٱللَّهِ وَرِضۡوَٰنٞۚ وَمَا ٱلۡحَيَوٰةُ ٱلدُّنۡيَآ إِلَّا مَتَٰعُ ٱلۡغُرُورِ ٢٠
سَابِقُوٓاْ إِلَىٰ مَغۡفِرَةٖ مِّن رَّبِّكُمۡ وَجَنَّةٍ عَرۡضُهَا كَعَرۡضِ ٱلسَّمَآءِ
وَٱلۡأَرۡضِ أُعِدَّتۡ لِلَّذِينَ ءَامَنُواْ بِٱللَّهِ وَرُسُلِهِۦۚ ذَٰلِكَ فَضۡلُ
ٱللَّهِ يُؤۡتِيهِ مَن يَشَآءُۚ وَٱللَّهُ ذُو ٱلۡفَضۡلِ ٱلۡعَظِيمِ ٢١ مَآ أَصَابَ
مِن مُّصِيبَةٖ فِي ٱلۡأَرۡضِ وَلَا فِيٓ أَنفُسِكُمۡ إِلَّا فِي كِتَٰبٖ مِّن
قَبۡلِ أَن نَّبۡرَأَهَآۚ إِنَّ ذَٰلِكَ عَلَى ٱللَّهِ يَسِيرٞ ٢٢ لِّكَيۡلَا
تَأۡسَوۡاْ عَلَىٰ مَا فَاتَكُمۡ وَلَا تَفۡرَحُواْ بِمَآ ءَاتَىٰكُمۡۗ وَٱللَّهُ
لَا يُحِبُّ كُلَّ مُخۡتَالٖ فَخُورٍ ٢٣ ٱلَّذِينَ يَبۡخَلُونَ وَيَأۡمُرُونَ
ٱلنَّاسَ بِٱلۡبُخۡلِۗ وَمَن يَتَوَلَّ فَإِنَّ ٱللَّهَ هُوَ ٱلۡغَنِيُّ ٱلۡحَمِيدُ ٢٤

そしてアッラーと彼の使徒を信じた者たち、それらの者は彼らこそ篤信者である。殉教者たち[1919]は彼らの主の御許にいて、彼らには彼らの報酬と彼らの光がある。他方、信仰を拒み、われらの徴を嘘だと否定した者たち、それらの者は焦熱地獄の輩である。(57：19)

おまえたちは知れ、現世は遊びにして戯れ、そして虚飾であり、おまえたちの間での誇示のし合い、財産と子供における多さの競い合いにほかならないと。ちょうど慈雨の喩えのようなもので、その(雨による)植物は不信仰者たちを感嘆させるが、それから枯れ、おまえはそれが黄色くなるのを見、それからそれは枯れ屑となる。そして来世には厳しい懲罰があり、また、アッラーからの御赦しと御満悦がある。そして現世はまやかしの享楽にほかならない。(57：20)

おまえたちの主からの御赦しと楽園に向かってわれ先に急げ。その(楽園の)幅は天地の幅のようで、それはアッラーと彼の使徒たちを信じた者たちに用意された。それはアッラーからの御恵みであり、彼はそれを御望みの者に与え給う。そしてアッラーは大いなる御恵みを有し給う御方。(57：21)

災難のうち地上に、そしておまえたち自身に降りかかるもので、われらがそれ(災難)を造る以前から一冊の書物(「護持された書板」)の中に(書き留められてい)ないものはない。まことに、それはアッラーには容易いことである。(57：22)

それは、おまえたちが失ったものに対して悲嘆せず、また、おまえたちに彼が与え給うたものにおまえたちが慢心しないためである。そしてアッラーはあらゆる尊大な自慢屋を愛し給わない。(57：23)

(つまり、彼らは)出し惜しみをし、人々にも吝嗇を命じる者たちである。そして背き去る者がいても、まことに、アッラーは、彼こそ、自足者、称賛されるべき御方であらせられる。(57：24)

1919　shuhadā' を殉教者たちではなく証言者たちと取り、「…彼らこそ彼らの主の御許において篤信者であり証言者たちである。彼らには彼らの…」との解釈もある。あるいは、「…篤信者である。証言者たちは彼らの主の…」との解釈もあり、この場合の証言者とは預言者を指す(4章41節参照)。

لَقَدْ أَرْسَلْنَا رُسُلَنَا بِٱلْبَيِّنَٰتِ وَأَنزَلْنَا مَعَهُمُ ٱلْكِتَٰبَ
وَٱلْمِيزَانَ لِيَقُومَ ٱلنَّاسُ بِٱلْقِسْطِ ۖ وَأَنزَلْنَا ٱلْحَدِيدَ فِيهِ
بَأْسٌ شَدِيدٌ وَمَنَٰفِعُ لِلنَّاسِ وَلِيَعْلَمَ ٱللَّهُ مَن يَنصُرُهُۥ وَرُسُلَهُۥ
بِٱلْغَيْبِ ۚ إِنَّ ٱللَّهَ قَوِىٌّ عَزِيزٌ ﴿٢٥﴾ وَلَقَدْ أَرْسَلْنَا نُوحًا وَإِبْرَٰهِيمَ
وَجَعَلْنَا فِى ذُرِّيَّتِهِمَا ٱلنُّبُوَّةَ وَٱلْكِتَٰبَ ۖ فَمِنْهُم مُّهْتَدٍ ۖ
وَكَثِيرٌ مِّنْهُمْ فَٰسِقُونَ ﴿٢٦﴾ ثُمَّ قَفَّيْنَا عَلَىٰٓ ءَاثَٰرِهِم
بِرُسُلِنَا وَقَفَّيْنَا بِعِيسَى ٱبْنِ مَرْيَمَ وَءَاتَيْنَٰهُ ٱلْإِنجِيلَ ۖ وَجَعَلْنَا
فِى قُلُوبِ ٱلَّذِينَ ٱتَّبَعُوهُ رَأْفَةً وَرَحْمَةً ۚ وَرَهْبَانِيَّةً
ٱبْتَدَعُوهَا مَا كَتَبْنَٰهَا عَلَيْهِمْ إِلَّا ٱبْتِغَآءَ رِضْوَٰنِ ٱللَّهِ
فَمَا رَعَوْهَا حَقَّ رِعَايَتِهَا ۖ فَـَٔاتَيْنَا ٱلَّذِينَ ءَامَنُوا۟ مِنْهُمْ أَجْرَهُمْ ۖ
وَكَثِيرٌ مِّنْهُمْ فَٰسِقُونَ ﴿٢٧﴾ يَٰٓأَيُّهَا ٱلَّذِينَ ءَامَنُوا۟ ٱتَّقُوا۟ ٱللَّهَ
وَءَامِنُوا۟ بِرَسُولِهِۦ يُؤْتِكُمْ كِفْلَيْنِ مِن رَّحْمَتِهِۦ وَيَجْعَل لَّكُمْ نُورًا
تَمْشُونَ بِهِۦ وَيَغْفِرْ لَكُمْ ۚ وَٱللَّهُ غَفُورٌ رَّحِيمٌ ﴿٢٨﴾ لِّئَلَّا يَعْلَمَ
أَهْلُ ٱلْكِتَٰبِ أَلَّا يَقْدِرُونَ عَلَىٰ شَىْءٍ مِّن فَضْلِ ٱللَّهِ ۙ وَأَنَّ
ٱلْفَضْلَ بِيَدِ ٱللَّهِ يُؤْتِيهِ مَن يَشَآءُ ۚ وَٱللَّهُ ذُو ٱلْفَضْلِ ٱلْعَظِيمِ ﴿٢٩﴾

確かにわれらは、諸々の明証と共にわれらの使徒たちを遣わし、人々が正義を行うようにと彼らと共に啓典と秤を下した。また、われらは鉄を下したが、その中には強い力と人々への益がある。また、それは、アッラーが、誰が見えないままに彼（アッラー）と彼の使徒たちを援けるかを知り給うためであった。まことに、アッラーは強く、威力比類なき御方。(57：25)

また、われらはヌーフとイブラーヒームを遣わし、彼ら両名の子孫の中に預言と啓典をなした。それで彼らの中には導かれた者もあったが、彼らの多くは邪な者であった。(57：26)

それから、われらは彼らの足跡をわれらの使徒たちによって辿らせ（引き続き使徒たちを遣わし）、また、マルヤムの子イーサーにも辿らせ、われらは彼に福音を授けた。そして、われらは、彼に従った者たちの心に慈愛と慈悲をなし、修道院制度を彼らは作り出したが、それはわれらが彼らに書き留めた（義務とした）のではなく、ただ（彼らが）アッラーの御満悦を求めて（作り出したのである）。だが、彼らはそれを正しい守り方で守らなかった。われらは彼らのうち信仰した者に彼らの報酬を与えたが、彼らの多くは邪な者であった。(57：27)

信仰する者たちよ、アッラーを畏れ身を守り、彼の使徒を信じよ。彼はおまえたちに彼の御慈悲から二倍の割り当てを与え、おまえたちが携えて歩む（ための）光をおまえたちに成し、おまえたちを赦し給うであろう。そしてアッラーはよく赦し給う慈悲深い御方。(57：28)

啓典の民が、自分たちがアッラーの御恵みのいかなるものに対しても力を持たず、御恵みはアッラーの御手にあり、彼がお望みの者にそれを授け給うことを知らないがためである[1920]。そしてアッラーは大いなる御恵みの持ち主であらせられる。(57：29)

1920　文頭の「lā」を否定詞ではなく虚字とし、「知るようにと」と解するのが多数説。

第58章　抗弁する女 …… سورة المجادلة

マディーナ垂示

イスラーム以前からのアラブの悪習である、「私にとってお前は私の母の背のようである」との宣告によって離婚された女性が預言者ムハンマドに抗弁したことを契機に、そのような離婚を禁ずる啓示が下ったことに因み「抗弁する女」章と名づけられる(1-4節)。また本章では密談、集会、相談の作法(8-13節)、偽信者との親交の禁止(14-22節)が教えられる。

سُورَةُ المُجَادلَةِ

بِسۡمِ ٱللَّهِ ٱلرَّحۡمَٰنِ ٱلرَّحِيمِ

قَدۡ سَمِعَ ٱللَّهُ قَوۡلَ ٱلَّتِي تُجَٰدِلُكَ فِي زَوۡجِهَا وَتَشۡتَكِيٓ إِلَى ٱللَّهِ
وَٱللَّهُ يَسۡمَعُ تَحَاوُرَكُمَآۚ إِنَّ ٱللَّهَ سَمِيعُۢ بَصِيرٌ ١ ٱلَّذِينَ يُظَٰهِرُونَ
مِنكُم مِّن نِّسَآئِهِم مَّا هُنَّ أُمَّهَٰتِهِمۡۖ إِنۡ أُمَّهَٰتُهُمۡ إِلَّا ٱلَّٰٓـِٔي
وَلَدۡنَهُمۡۚ وَإِنَّهُمۡ لَيَقُولُونَ مُنكَرٗا مِّنَ ٱلۡقَوۡلِ وَزُورٗاۚ وَإِنَّ
ٱللَّهَ لَعَفُوٌّ غَفُورٞ ٢ وَٱلَّذِينَ يُظَٰهِرُونَ مِن نِّسَآئِهِمۡ ثُمَّ يَعُودُونَ
لِمَا قَالُواْ فَتَحۡرِيرُ رَقَبَةٖ مِّن قَبۡلِ أَن يَتَمَآسَّاۚ ذَٰلِكُمۡ تُوعَظُونَ
بِهِۦۚ وَٱللَّهُ بِمَا تَعۡمَلُونَ خَبِيرٞ ٣ فَمَن لَّمۡ يَجِدۡ فَصِيَامُ شَهۡرَيۡنِ
مُتَتَابِعَيۡنِ مِن قَبۡلِ أَن يَتَمَآسَّاۖ فَمَن لَّمۡ يَسۡتَطِعۡ فَإِطۡعَامُ سِتِّينَ
مِسۡكِينٗاۚ ذَٰلِكَ لِتُؤۡمِنُواْ بِٱللَّهِ وَرَسُولِهِۦۚ وَتِلۡكَ حُدُودُ ٱللَّهِۗ
وَلِلۡكَٰفِرِينَ عَذَابٌ أَلِيمٌ ٤ إِنَّ ٱلَّذِينَ يُحَآدُّونَ ٱللَّهَ وَرَسُولَهُۥ
كُبِتُواْ كَمَا كُبِتَ ٱلَّذِينَ مِن قَبۡلِهِمۡۚ وَقَدۡ أَنزَلۡنَآ ءَايَٰتِۭ بَيِّنَٰتٖۚ
وَلِلۡكَٰفِرِينَ عَذَابٞ مُّهِينٞ ٥ يَوۡمَ يَبۡعَثُهُمُ ٱللَّهُ جَمِيعٗا فَيُنَبِّئُهُم
بِمَا عَمِلُوٓاْۚ أَحۡصَىٰهُ ٱللَّهُ وَنَسُوهُۚ وَٱللَّهُ عَلَىٰ كُلِّ شَيۡءٖ شَهِيدٌ ٦

慈悲あまねく慈悲深きアッラーの御名において

アッラーは確かに聞き入れ給うた。夫のことでおまえ(預言者ムハンマド)に抗弁し、アッラーに苦情(苦境)を訴えた女の言葉を[1921]。そしてアッラーはおまえたち二人の対話を聞き給う。まことにアッラーはよく聞きよく見通し給う御方。(58：1)

おまえたちのうち妻たちを「私にとってお前は私の母の背のようである」との宣告で遠ざけた者たち、彼女らは彼らの母親ではない。彼らの母親とは、彼らを生んだ者以外にはいない。そしてまことに彼らは、忌むべき言葉と虚偽を語っているのである。そしてまことにアッラーはよく免じ、よく赦し給う御方。(58：2)

妻たちを「私にとってお前は私の母の背のようである」との宣告で遠ざけ、それから己の言ったことを撤回する者は、互いが触れ合う(性交する)前に奴隷一人の解放(が贖罪として課される)。それがおまえたちに訓告されるものである。そしてアッラーはおまえたちのなすことについて通暁し給う御方。(58：3)

それで(奴隷を)見出さなかった(所有しない)者は、二人が触れ合う前に続けて二ヶ月の斎戒。それでできなかった者は、六十人の貧困者に食べさせること。それはおまえたちがアッラーと彼の使徒を信じるためである。そしてそれがアッラーの諸法度である。そして、不信仰者[1922]たちには痛苦の懲罰がある。(58：4)

まことにアッラーと彼の使徒に背く者たちは、彼ら以前の者たちが征されたように征された。そして既

1921　アウス・ブン・アッ＝サーミトが妻のハウラ・ビント・サアラバに、ジャーヒリーヤ(イスラーム以前のアラブの無明時代)の離婚の一形態であった「私にとってお前は私の母の背のようである(従って婚姻関係を結べない)」との宣告(ズィハール離婚)を行った時、ハウラが預言者ムハンマドに救済を申し立てた。しかし預言者は、その問題にはアッラーからの救済措置は定められていないと彼女に言い渡された。すると彼女は「私はアッラーに私の困窮、孤独、窮状を訴えます。私には幼い子供がいます。もしあなたが子供たちを私と一緒になし給えば、彼らは飢えるでしょう。もしあなたが子供たちを夫と一緒になし給えば、泣き叫ぶでしょう。アッラーよ、私はあなたに訴えます。アッラーよ、どうかあなたの預言者の舌に、私の救済策を垂示して下さい」と言った。そこで1-4節が啓示された。

1922　アッラーの諸法度を否定する者。

にわれらは明白に諸々の徴（節）を下したのである。そして、不信仰者たちは恥辱の懲罰がある。（58：5）

その日、アッラーは彼らを一斉に甦らせ、彼らのなしたことについて彼らに告げ給う。アッラーはそれを数え上げ給うたが、彼らはそれを忘れていた。アッラーはあらゆることに立会い（証言し）給う御方。（58：6）

おまえは見なかったか、アッラーが諸天にあるものも地にあるものも知り給うことを。三人の密談には必ずや彼が彼ら（参加者）の四番目にあらせられ、五人の時にも必ず彼が彼ら（参加者）の六番目にあらせられ、またそれより少なくても多くても、彼らがどこに居ようと、彼は彼らと共にあらせられ、それから復活（審判）の日に彼らのなしたことについて彼らに告げ給う。まことにアッラーはあらゆることについてよく知り給う御方。（58：7）

おまえは見なかったか、密談を禁じられたのに、その後、その禁じられたことに戻り、罪と敵意と使徒への反逆について密談する者たち[1923]を。そして彼らはおまえの許に来ると、アッラーがおまえに挨拶し給わなかったもので挨拶し[1924]、自分たちだけの間で、「アッラーはわれらの言うことに対してわれらを罰し給わないのは何故か」と言う。彼らには火獄《ジャハンナム》で十分であり、彼らはそれに焼《く》べられる。またなんと悪い行き着き先であることよ。（58：8）

信仰する者たちよ、おまえたちが密談する時には、罪と敵意と使徒への反逆について密談してはならない。善意と畏怖において密談し、アッラーを畏れ身を守れ。その彼の許におまえたちは集められるのである。（58：9）

まことにこの密談[1925]は悪魔からのもので、それは彼が信仰する者たちを悲しませるための（ものである）[1926]。だが、アッラーの御許可がない限り、彼（悪魔、あるいは密談）はわずかにも彼らに害をなすものではない。それゆえアッラーにこそ信仰者たちは一任せよ。（58：10）

信仰する者たちよ、集会の席で「（他人の為に）間を広く空けよ」と言われた時には間を空けよ。アッラーもおまえたちに間を広く開け給うであろう。また、「立ち上がれ」と言われた時には、立ち上がれ。アッラーは、おまえたちのうち信仰する者たちと、知識を授けられた者たちには位階を上げ給う。そしてアッラーはおまえたちのなすことについて通暁し給う御方。（58：11）

أَلَمْ تَرَ أَنَّ ٱللَّهَ يَعْلَمُ مَا فِى ٱلسَّمَٰوَٰتِ وَمَا فِى ٱلْأَرْضِ مَا يَكُونُ مِن
نَّجْوَىٰ ثَلَٰثَةٍ إِلَّا هُوَ رَابِعُهُمْ وَلَا خَمْسَةٍ إِلَّا هُوَ سَادِسُهُمْ وَلَآ أَدْنَىٰ
مِن ذَٰلِكَ وَلَآ أَكْثَرَ إِلَّا هُوَ مَعَهُمْ أَيْنَ مَا كَانُوا۟ ثُمَّ يُنَبِّئُهُم بِمَا
عَمِلُوا۟ يَوْمَ ٱلْقِيَٰمَةِ إِنَّ ٱللَّهَ بِكُلِّ شَىْءٍ عَلِيمٌ ٧ أَلَمْ تَرَ إِلَى ٱلَّذِينَ
نُهُوا۟ عَنِ ٱلنَّجْوَىٰ ثُمَّ يَعُودُونَ لِمَا نُهُوا۟ عَنْهُ وَيَتَنَٰجَوْنَ بِٱلْإِثْمِ
وَٱلْعُدْوَٰنِ وَمَعْصِيَتِ ٱلرَّسُولِ وَإِذَا جَآءُوكَ حَيَّوْكَ بِمَا لَمْ يُحَيِّكَ
بِهِ ٱللَّهُ وَيَقُولُونَ فِىٓ أَنفُسِهِمْ لَوْلَا يُعَذِّبُنَا ٱللَّهُ بِمَا نَقُولُ حَسْبُهُمْ
جَهَنَّمُ يَصْلَوْنَهَا فَبِئْسَ ٱلْمَصِيرُ ٨ يَٰٓأَيُّهَا ٱلَّذِينَ ءَامَنُوٓا۟ إِذَا
تَنَٰجَيْتُمْ فَلَا تَتَنَٰجَوْا۟ بِٱلْإِثْمِ وَٱلْعُدْوَٰنِ وَمَعْصِيَتِ ٱلرَّسُولِ
وَتَنَٰجَوْا۟ بِٱلْبِرِّ وَٱلتَّقْوَىٰ وَٱتَّقُوا۟ ٱللَّهَ ٱلَّذِىٓ إِلَيْهِ تُحْشَرُونَ ٩ إِنَّمَا
ٱلنَّجْوَىٰ مِنَ ٱلشَّيْطَٰنِ لِيَحْزُنَ ٱلَّذِينَ ءَامَنُوا۟ وَلَيْسَ بِضَآرِّهِمْ
شَيْـًٔا إِلَّا بِإِذْنِ ٱللَّهِ وَعَلَى ٱللَّهِ فَلْيَتَوَكَّلِ ٱلْمُؤْمِنُونَ ١٠ يَٰٓأَيُّهَا
ٱلَّذِينَ ءَامَنُوٓا۟ إِذَا قِيلَ لَكُمْ تَفَسَّحُوا۟ فِى ٱلْمَجَٰلِسِ فَٱفْسَحُوا۟ يَفْسَحِ
ٱللَّهُ لَكُمْ وَإِذَا قِيلَ ٱنشُزُوا۟ فَٱنشُزُوا۟ يَرْفَعِ ٱللَّهُ ٱلَّذِينَ ءَامَنُوا۟ مِنكُمْ
وَٱلَّذِينَ أُوتُوا۟ ٱلْعِلْمَ دَرَجَٰتٍ وَٱللَّهُ بِمَا تَعْمَلُونَ خَبِيرٌ ١١

1923　ユダヤ教徒（と偽信者）。

1924　ユダヤ教徒が預言者の許にやって来て、アッラーの預言者ムハンマドへの挨拶の御言葉である「平安があなたの上にありますように（al-salāmu ‘alay-kum）」と言う代わりに「死毒があなたの上にありますように（al-sāmmu ‘alay-ka）」と挨拶した。

1925　罪と敵意と使徒への反逆についての。

1926　あるいは、「それは信仰する者たちが悲しむ（ようになる）ための（ものである）」。

يَٰٓأَيُّهَا ٱلَّذِينَ ءَامَنُوٓاْ إِذَا نَٰجَيۡتُمُ ٱلرَّسُولَ فَقَدِّمُواْ بَيۡنَ يَدَيۡ نَجۡوَىٰكُمۡ
صَدَقَةٗۚ ذَٰلِكَ خَيۡرٞ لَّكُمۡ وَأَطۡهَرُۚ فَإِن لَّمۡ تَجِدُواْ فَإِنَّ ٱللَّهَ غَفُورٞ رَّحِيمٌ
١٢ ءَأَشۡفَقۡتُمۡ أَن تُقَدِّمُواْ بَيۡنَ يَدَيۡ نَجۡوَىٰكُمۡ صَدَقَٰتٖۚ فَإِذۡ لَمۡ تَفۡعَلُواْ
وَتَابَ ٱللَّهُ عَلَيۡكُمۡ فَأَقِيمُواْ ٱلصَّلَوٰةَ وَءَاتُواْ ٱلزَّكَوٰةَ وَأَطِيعُواْ ٱللَّهَ
وَرَسُولَهُۥۚ وَٱللَّهُ خَبِيرُۢ بِمَا تَعۡمَلُونَ ١٣ ۞أَلَمۡ تَرَ إِلَى ٱلَّذِينَ تَوَلَّوۡاْ
قَوۡمًا غَضِبَ ٱللَّهُ عَلَيۡهِم مَّا هُم مِّنكُمۡ وَلَا مِنۡهُمۡ وَيَحۡلِفُونَ عَلَى ٱلۡكَذِبِ
وَهُمۡ يَعۡلَمُونَ ١٤ أَعَدَّ ٱللَّهُ لَهُمۡ عَذَابٗا شَدِيدًاۖ إِنَّهُمۡ سَآءَ مَا كَانُواْ
يَعۡمَلُونَ ١٥ ٱتَّخَذُوٓاْ أَيۡمَٰنَهُمۡ جُنَّةٗ فَصَدُّواْ عَن سَبِيلِ ٱللَّهِ فَلَهُمۡ
عَذَابٞ مُّهِينٞ ١٦ لَّن تُغۡنِيَ عَنۡهُمۡ أَمۡوَٰلُهُمۡ وَلَآ أَوۡلَٰدُهُم مِّنَ ٱللَّهِ
شَيۡـًٔاۚ أُوْلَٰٓئِكَ أَصۡحَٰبُ ٱلنَّارِۖ هُمۡ فِيهَا خَٰلِدُونَ ١٧ يَوۡمَ يَبۡعَثُهُمُ
ٱللَّهُ جَمِيعٗا فَيَحۡلِفُونَ لَهُۥ كَمَا يَحۡلِفُونَ لَكُمۡ وَيَحۡسَبُونَ أَنَّهُمۡ
عَلَىٰ شَيۡءٍۚ أَلَآ إِنَّهُمۡ هُمُ ٱلۡكَٰذِبُونَ ١٨ ٱسۡتَحۡوَذَ عَلَيۡهِمُ ٱلشَّيۡطَٰنُ
فَأَنسَىٰهُمۡ ذِكۡرَ ٱللَّهِۚ أُوْلَٰٓئِكَ حِزۡبُ ٱلشَّيۡطَٰنِۚ أَلَآ إِنَّ حِزۡبَ ٱلشَّيۡطَٰنِ
هُمُ ٱلۡخَٰسِرُونَ ١٩ إِنَّ ٱلَّذِينَ يُحَآدُّونَ ٱللَّهَ وَرَسُولَهُۥٓ أُوْلَٰٓئِكَ فِي ٱلۡأَذَلِّينَ
٢٠ كَتَبَ ٱللَّهُ لَأَغۡلِبَنَّ أَنَا۠ وَرُسُلِيٓۚ إِنَّ ٱللَّهَ قَوِيٌّ عَزِيزٞ ٢١

信仰する者たちよ、おまえたちが使徒と内密に相談する時には、内談の前にまず喜捨を差し出せ[1927]。その方がおまえたちにとって一層良く、一層清廉である。しかしもし、おまえたちが(喜捨するものを)見出さないのであれば、まことにアッラーはよく赦し給う慈悲深い御方。(58：12)

おまえたちは、内談の前に喜捨を差し出すことを憂えるのか。それで、おまえたちがなさなかった際には、―アッラーはおまえたちの許に顧み戻り給うた―　礼拝を遵守し、浄財を支払い、アッラーと彼の使徒に従え。そしてアッラーはおまえたちのなすことについて通暁し給う御方。(58：13)

おまえは、アッラーが怒り給うた民(ユダヤ教徒)を後見とする者(偽信者)たちを見なかったか。彼ら(偽信者)はおまえたちの仲間ではなく、彼ら(ユダヤ教徒)の仲間でもない。そして彼らは知りながら、虚偽について誓う[1928]のである。(58：14)

アッラーは彼らに厳しい懲罰を用意し給うた。まことに彼ら、彼らのなしてきたことのなんと悪いことよ。(58：15)

彼らは彼らの誓約を盾に取り[1929]、アッラーの道から(人々を)逸らすのである。それゆえ、彼らには恥辱の懲罰がある。(58：16)

彼らには彼らの財産も子供たちもアッラーに対してはわずかにも役に立たない。それらの者は獄火の輩で、彼らはそこに永遠に留まる。(58：17)

アッラーが一斉に彼らを甦らせる日、彼らはおまえたちに誓ったように彼に誓い、彼らは自分たちがなんらかの(役立つ)ものの上にあると思っている。まことに、彼らこそ嘘付きというものではないか。(58：18)

悪魔が彼らを征圧し、それで彼らにアッラーの想起を忘れさせた。それらの者は、悪魔の一党である。まことに、悪魔の一党、彼らこそ損失者というものではないか。(58：19)

まことに、アッラーと彼の使徒に反抗する者たち、それらの者は最も卑しい者たちの中にいる。(58：20)

アッラーは書き定め給うた。「われとわが使徒たちは必ずや勝つ」、と。まことにアッラーは強く威力比類なき御方。(58：21)

1927　それを必要とする貧困者等に差し出せ。この喜捨の規定は次節13節によって廃棄された。
1928　自分たちが信仰していないのを知りながら、ムスリム(イスラーム教徒)であると誓う。
1929　自分たちがムスリムであるとの誓いによって自らの生命や財産を守り。

おまえは、アッラーと最後の日を信じる民が、アッラーと彼の使徒に反抗する者と親交を結ぶのを見出すことはない。たとえ、彼らが己の父、息子たち、兄弟、一族であったとしても。それらの者、彼らの心には彼(アッラー)が信仰を書き留め給い、彼からの霊[1930]によって彼らを強化し給うた。そして、彼は、下に河川が流れる楽園に彼らを入れ給う。彼らはそこに永遠に。アッラーは彼らに満足し給い、彼らも彼に満足する。それらの者はアッラーの一党である。まことに、アッラーの一党、彼らこそ成功者というものではないか。(58：22)

第 59 章　追い集め …… سورة الحشر

マディーナ垂示

本章名の「追い集め」とは、堅固な砦に立て籠もったユダヤ教徒ナディール族を神佑によって撃破し、マディーナから追放したことを指す(2-5、11-14 節)。

لَّا تَجِدُ قَوْمًا يُؤْمِنُونَ بِٱللَّهِ وَٱلْيَوْمِ ٱلْـَٔاخِرِ يُوَآدُّونَ مَنْ حَآدَّ
ٱللَّهَ وَرَسُولَهُۥ وَلَوْ كَانُوٓا۟ ءَابَآءَهُمْ أَوْ أَبْنَآءَهُمْ أَوْ إِخْوَٰنَهُمْ
أَوْ عَشِيرَتَهُمْ ۚ أُو۟لَٰٓئِكَ كَتَبَ فِى قُلُوبِهِمُ ٱلْإِيمَٰنَ وَأَيَّدَهُم
بِرُوحٍ مِّنْهُ ۖ وَيُدْخِلُهُمْ جَنَّٰتٍ تَجْرِى مِن تَحْتِهَا ٱلْأَنْهَٰرُ
خَٰلِدِينَ فِيهَا ۚ رَضِىَ ٱللَّهُ عَنْهُمْ وَرَضُوا۟ عَنْهُ ۚ أُو۟لَٰٓئِكَ حِزْبُ
ٱللَّهِ ۚ أَلَآ إِنَّ حِزْبَ ٱللَّهِ هُمُ ٱلْمُفْلِحُونَ ٢٢

سُورَةُ الحَشۡرِ

بِسْمِ ٱللَّهِ ٱلرَّحْمَٰنِ ٱلرَّحِيمِ

سَبَّحَ لِلَّهِ مَا فِى ٱلسَّمَٰوَٰتِ وَمَا فِى ٱلْأَرْضِ ۖ وَهُوَ ٱلْعَزِيزُ ٱلْحَكِيمُ
١ هُوَ ٱلَّذِىٓ أَخْرَجَ ٱلَّذِينَ كَفَرُوا۟ مِنْ أَهْلِ ٱلْكِتَٰبِ مِن دِيَٰرِهِمْ
لِأَوَّلِ ٱلْحَشْرِ ۚ مَا ظَنَنتُمْ أَن يَخْرُجُوا۟ ۖ وَظَنُّوٓا۟ أَنَّهُم مَّانِعَتُهُمْ
حُصُونُهُم مِّنَ ٱللَّهِ فَأَتَىٰهُمُ ٱللَّهُ مِنْ حَيْثُ لَمْ يَحْتَسِبُوا۟ ۖ وَقَذَفَ
فِى قُلُوبِهِمُ ٱلرُّعْبَ ۚ يُخْرِبُونَ بُيُوتَهُم بِأَيْدِيهِمْ وَأَيْدِى ٱلْمُؤْمِنِينَ
فَٱعْتَبِرُوا۟ يَٰٓأُو۟لِى ٱلْأَبْصَٰرِ ٢ وَلَوْلَآ أَن كَتَبَ ٱللَّهُ عَلَيْهِمُ
ٱلْجَلَآءَ لَعَذَّبَهُمْ فِى ٱلدُّنْيَا ۖ وَلَهُمْ فِى ٱلْـَٔاخِرَةِ عَذَابُ ٱلنَّارِ ٣

本章では、戦闘が行われることなく降伏した敵から獲得した賠償金の配分の規定が教えられる(6-8 節)。

慈悲あまねく慈悲深きアッラーの御名において

諸天にあるものも地にあるものもアッラーに讃美を捧げた。そして彼は威力比類なく、英明なる御方。(59：1)

彼こそは、啓典の民のうち信仰を拒んだ者たちを、最初の追い集めの際に、彼らの住居から追い出し給うた御方。おまえたちは彼らが出て行くとは考えなかったし、また彼らも、自分たちの要塞がアッラーから自分たちを防衛するものであると考えていた。だが、アッラー（の命、懲罰)は、彼らが予期しなかったところから彼らのもとにやって来て、彼は彼らの心に震恐を投げ込み給い、彼らは自らの手と信仰者たちの手によって自らの家を破壊するのである[1931]。それゆえ、心眼を備えた者たちよ、考慮せよ。(59：2)

1930　光明。佑け。バドルの戦いの際の天使ジブリール。

1931　預言者ムハンマドとマッカのムスリムたちがマディーナにヒジュラ(聖遷)を行った時、マディーナに住んでいたナディール族は預言者に敵対も味方もせず中立を守るとの和平協定を結んだ。しかしウフドの戦いでムスリム軍が戦術的な敗北を喫すると、ナディール族はこの和平協定を破り、マッカのクライシュ族の多神教徒たちと同盟を結んだため、ヒジュラ暦 4 年(西暦 625 年)のラビーウ・アル＝アウワル月に、預言者ムハンマドとムスリム軍は彼らの討伐に向かった。彼らは砦に立て籠もって戦ったが、恐怖にかられて、降伏を申し出、預言者ムハンマドは、ラクダに積める限りの武具以外の財産を持ってマディーナから出て行くとの条件で降伏を認め、彼らはマディーナから出て行ったが、その際、自分たちの住宅を破壊していった。

これが第一の「追い集め」であり、第二の「追い集め」とは第二代カリフ・ウマルの治世におけ

ذَٰلِكَ بِأَنَّهُمْ شَاقُّوا اللَّهَ وَرَسُولَهُ ۖ وَمَن يُشَاقِّ اللَّهَ فَإِنَّ اللَّهَ شَدِيدُ
الْعِقَابِ ﴿٤﴾ مَا قَطَعْتُم مِّن لِّينَةٍ أَوْ تَرَكْتُمُوهَا قَائِمَةً عَلَىٰ
أُصُولِهَا فَبِإِذْنِ اللَّهِ وَلِيُخْزِيَ الْفَاسِقِينَ ﴿٥﴾ وَمَا أَفَاءَ اللَّهُ
عَلَىٰ رَسُولِهِ مِنْهُمْ فَمَا أَوْجَفْتُمْ عَلَيْهِ مِنْ خَيْلٍ وَلَا رِكَابٍ
وَلَٰكِنَّ اللَّهَ يُسَلِّطُ رُسُلَهُ عَلَىٰ مَن يَشَاءُ ۚ وَاللَّهُ عَلَىٰ كُلِّ شَيْءٍ
قَدِيرٌ ﴿٦﴾ مَّا أَفَاءَ اللَّهُ عَلَىٰ رَسُولِهِ مِنْ أَهْلِ الْقُرَىٰ فَلِلَّهِ وَلِلرَّسُولِ
وَلِذِي الْقُرْبَىٰ وَالْيَتَامَىٰ وَالْمَسَاكِينِ وَابْنِ السَّبِيلِ كَيْ لَا يَكُونَ
دُولَةً بَيْنَ الْأَغْنِيَاءِ مِنكُمْ ۚ وَمَا آتَاكُمُ الرَّسُولُ فَخُذُوهُ
وَمَا نَهَاكُمْ عَنْهُ فَانتَهُوا ۚ وَاتَّقُوا اللَّهَ ۖ إِنَّ اللَّهَ شَدِيدُ الْعِقَابِ
﴿٧﴾ لِلْفُقَرَاءِ الْمُهَاجِرِينَ الَّذِينَ أُخْرِجُوا مِن دِيَارِهِمْ وَأَمْوَالِهِمْ
يَبْتَغُونَ فَضْلًا مِّنَ اللَّهِ وَرِضْوَانًا وَيَنصُرُونَ اللَّهَ وَرَسُولَهُ ۚ
أُولَٰئِكَ هُمُ الصَّادِقُونَ ﴿٨﴾ وَالَّذِينَ تَبَوَّءُوا الدَّارَ وَالْإِيمَانَ مِن
قَبْلِهِمْ يُحِبُّونَ مَنْ هَاجَرَ إِلَيْهِمْ وَلَا يَجِدُونَ فِي صُدُورِهِمْ
حَاجَةً مِّمَّا أُوتُوا وَيُؤْثِرُونَ عَلَىٰ أَنفُسِهِمْ وَلَوْ كَانَ بِهِمْ خَصَاصَةٌ ۚ
وَمَن يُوقَ شُحَّ نَفْسِهِ فَأُولَٰئِكَ هُمُ الْمُفْلِحُونَ ﴿٩﴾

そしてたとえアッラーが彼らに放逐を書き定め給うことがなかったとしても、必ずや彼は彼らを現世で罰し給うたであろう。そして、彼らには来世で獄火の懲罰がある。(59：3)

それは、彼らがアッラーと彼の使徒に反抗したがゆえである。そしてアッラーに反抗する者があれば、まことにアッラーは応報に厳しい御方。(59：4)

おまえたちがナツメヤシの木を切り倒しても、あるいはそれを幹の上に立ったままに放置しても、(それは)アッラーの御許可によるもので[1932]、彼が邪な者たちを辱め給うためである[1933]。(59：5)

そしてアッラーが彼ら[1934]から彼の使徒に返し給うたものは、おまえたちがそれに向かって馬や乗り物を走らせたわけではなく[1935]、アッラーが彼の使徒に御望みの者(敵)を支配させ給うのである。そしてアッラーはあらゆるものに対し全能なる御方。(59：6)

アッラーが町々の住民から彼の使徒に返し給うたものがあれば、それはアッラーのものであり、使徒と(使徒の)近親、孤児たち、貧困者たち、そして旅路にある者のものである[1936]。おまえたちのうち金持ちたちの間での持ち回りとならないためである。そして使徒がおまえたちに与えたものがあれば、それは受け取り、彼がおまえたちに禁じたものがあれば、避けよ。そして、アッラーを畏れ身を守れ。まことにアッラーは応報に厳しい御方。(59：7)

自分たちの住居と財産から追い出された(マッカからマディーナへの)移住者たちの貧者たちに[1937]。彼らは、アッラーからの御恵みと御満悦を求め、アッラーと彼の使徒を援けている。それらの者、彼らこそ誠実な者である。(59：8)

また、彼ら以前から住居(マディーナ)と信仰を手にしていた者たちは、自分たちの許に移住して来た者を愛し[1938]、彼ら(移住者)に与えられたものに対して己の心に必要(物欲・嫉妬)を見出さず、またたとえ、自分自身に欠乏があっても自分自身よりも(他の同胞を)優先する。また、己の強欲から護られた者、それらの者、彼らこそ成功者である。(59：9)

るユダヤ教徒のハイバルからの追放を指すと言われる。

1932　あるいは、「おまえたちはアッラーの御許可によって切ったのであり、」。

1933　ナディール族の砦を包囲した時、預言者ムハンマドは彼らの所有するナツメヤシの木を伐採するように命じられた。

1934　ナディール族、不信仰者、啓典の民。

1935　この節の「返し給うたもの(マー・アファーァ)」に因んで、実際に戦闘を行って敵を打ち破って戦利品として獲得したのではなく、講和の条件に則って入手したものなどを「払い戻し(ファイ)」と呼ぶ。

1936　戦闘による戦利品の分配については8章41節参照。

1937　「払い戻し(ファイ)」を分配せよ。

1938　ヒジュラ(聖遷)の起こる前からイスラームを奉じていたマディーナのムスリムたちは、マッカからの亡命者たち(ムハージルーン)を受け入れ援助したので、援助者たち(アンサール)と呼ばれる。

وَٱلَّذِينَ جَآءُو مِنۢ بَعۡدِهِمۡ يَقُولُونَ رَبَّنَا ٱغۡفِرۡ لَنَا وَلِإِخۡوَٰنِنَا
ٱلَّذِينَ سَبَقُونَا بِٱلۡإِيمَٰنِ وَلَا تَجۡعَلۡ فِي قُلُوبِنَا غِلّٗا لِّلَّذِينَ
ءَامَنُواْ رَبَّنَآ إِنَّكَ رَءُوفٞ رَّحِيمٌ ١٠ ۞ أَلَمۡ تَرَ إِلَى ٱلَّذِينَ
نَافَقُواْ يَقُولُونَ لِإِخۡوَٰنِهِمُ ٱلَّذِينَ كَفَرُواْ مِنۡ أَهۡلِ ٱلۡكِتَٰبِ
لَئِنۡ أُخۡرِجۡتُمۡ لَنَخۡرُجَنَّ مَعَكُمۡ وَلَا نُطِيعُ فِيكُمۡ أَحَدًا أَبَدٗا
وَإِن قُوتِلۡتُمۡ لَنَنصُرَنَّكُمۡ وَٱللَّهُ يَشۡهَدُ إِنَّهُمۡ لَكَٰذِبُونَ
١١ لَئِنۡ أُخۡرِجُواْ لَا يَخۡرُجُونَ مَعَهُمۡ وَلَئِن قُوتِلُواْ لَا يَنصُرُونَهُمۡ
وَلَئِن نَّصَرُوهُمۡ لَيُوَلُّنَّ ٱلۡأَدۡبَٰرَ ثُمَّ لَا يُنصَرُونَ ١٢ لَأَنتُمۡ
أَشَدُّ رَهۡبَةٗ فِي صُدُورِهِم مِّنَ ٱللَّهِۚ ذَٰلِكَ بِأَنَّهُمۡ قَوۡمٞ
لَّا يَفۡقَهُونَ ١٣ لَا يُقَٰتِلُونَكُمۡ جَمِيعًا إِلَّا فِي قُرٗى مُّحَصَّنَةٍ
أَوۡ مِن وَرَآءِ جُدُرِۭۚ بَأۡسُهُم بَيۡنَهُمۡ شَدِيدٞۚ تَحۡسَبُهُمۡ جَمِيعٗا
وَقُلُوبُهُمۡ شَتَّىٰۚ ذَٰلِكَ بِأَنَّهُمۡ قَوۡمٞ لَّا يَعۡقِلُونَ ١٤ كَمَثَلِ
ٱلَّذِينَ مِن قَبۡلِهِمۡ قَرِيبٗاۖ ذَاقُواْ وَبَالَ أَمۡرِهِمۡ وَلَهُمۡ عَذَابٌ
أَلِيمٞ ١٥ كَمَثَلِ ٱلشَّيۡطَٰنِ إِذۡ قَالَ لِلۡإِنسَٰنِ ٱكۡفُرۡ فَلَمَّا
كَفَرَ قَالَ إِنِّي بَرِيٓءٞ مِّنكَ إِنِّيٓ أَخَافُ ٱللَّهَ رَبَّ ٱلۡعَٰلَمِينَ ١٦

そして彼らの後に来た者たち[1939]は言う。「われらが主よ、われらと、信仰においてわれらに先んじたわれらの兄弟を赦し、われらの心に信仰する者たちに対する恨み心をなし給うな。われらが主よ、まことにあなたは情け深く慈悲深い御方」。(59：10)

おまえは、信仰を偽る者たちが啓典の民のうち信仰を拒んだ彼らの同胞(ユダヤ教徒)に向かって言うのを見なかったか[1940]。「もしもおまえたちが追放されたならば、われらもおまえたちと共に出て行こう。そしてわれらはおまえたちの件では誰にも断じて従わない。また、もしもおまえたちが攻撃されたならば、われらは必ずやおまえたちを助けよう」。だが、アッラーは彼らがまぎれもない嘘つきであることを証言し給う。(59：11)

彼ら(偽信者)は、もしも彼ら(ユダヤ教徒)が追放されても彼らと共に出て行きはしないし、もしも彼らが攻撃されても彼らを援けはしない。また、もしも彼らが彼らを援けたとしても、彼らは背を向けて逃げ、結局彼ら(ユダヤ教徒)は援けられないのである。(59：12)

彼ら(偽信者とユダヤ教徒)の胸中では、おまえたちこそがアッラーよりも強い恐怖(の対象)なのである。それは、彼らが理解しない民ゆえのことである。(59：13)

彼らは、防備された町においてか、囲い(壁)の後ろからでなければ、一丸となっておまえたちと戦うことはないであろう。彼らの力は彼らの間では強く[1941]、おまえは彼らが一丸となっていると思うが、彼らの心はばらばらである。それは、彼らが悟らない民ゆえのことである。(59：14)

つい先ごろの彼ら以前の者たち[1942]の譬《たと》えのようである。彼らは彼らの行いの重い結末を味わった。そして、彼らには(来世でも)痛苦の懲罰がある。(59：15)

悪魔の譬えのようである[1943]。彼が人間に向かって、「信仰を拒め」と言い、それで、彼(人間)が信仰を拒むと、「われはおまえとは無関係である、われは諸世界の主アッラーを恐れる」と言った時の。(59：16)

1939　前節の「彼ら以前から住居と信仰を手にしていた者たち」と本節の「彼らの後に来た者たち」にも「払い戻し」を分配せよ、との意であるともされる。

1940　偽信者アブドゥッラー・ブン・ウバイイたちがナディール族のユダヤ教徒たちを唆した。

1941　彼ら(偽信者とユダヤ教徒、また各々の派閥)同士が相手に対して有する敵愾心は強い(激しい仲間割れがある)の意とされる。あるいは、彼らのムスリムに対する威嚇の言葉は仲間内では激しい。

1942　バドルの戦いで敗れたマッカの多神教徒たち。ユダヤ教徒のカイヌカーウ族。

1943　偽信者によるユダヤ教徒の教唆煽動は、悪魔による人間の教唆煽動に似る。

فَكَانَ عَٰقِبَتَهُمَآ أَنَّهُمَا فِي ٱلنَّارِ خَٰلِدَيۡنِ فِيهَاۚ وَذَٰلِكَ جَزَٰٓؤُاْ
ٱلظَّٰلِمِينَ ١٧ يَٰٓأَيُّهَا ٱلَّذِينَ ءَامَنُواْ ٱتَّقُواْ ٱللَّهَ وَلۡتَنظُرۡ نَفۡسٞ
مَّا قَدَّمَتۡ لِغَدٖۖ وَٱتَّقُواْ ٱللَّهَۚ إِنَّ ٱللَّهَ خَبِيرُۢ بِمَا تَعۡمَلُونَ ١٨
وَلَا تَكُونُواْ كَٱلَّذِينَ نَسُواْ ٱللَّهَ فَأَنسَىٰهُمۡ أَنفُسَهُمۡۚ أُوْلَٰٓئِكَ
هُمُ ٱلۡفَٰسِقُونَ ١٩ لَا يَسۡتَوِيٓ أَصۡحَٰبُ ٱلنَّارِ وَأَصۡحَٰبُ
ٱلۡجَنَّةِۚ أَصۡحَٰبُ ٱلۡجَنَّةِ هُمُ ٱلۡفَآئِزُونَ ٢٠ لَوۡ أَنزَلۡنَا هَٰذَا
ٱلۡقُرۡءَانَ عَلَىٰ جَبَلٖ لَّرَأَيۡتَهُۥ خَٰشِعٗا مُّتَصَدِّعٗا مِّنۡ خَشۡيَةِ
ٱللَّهِۚ وَتِلۡكَ ٱلۡأَمۡثَٰلُ نَضۡرِبُهَا لِلنَّاسِ لَعَلَّهُمۡ يَتَفَكَّرُونَ
٢١ هُوَ ٱللَّهُ ٱلَّذِي لَآ إِلَٰهَ إِلَّا هُوَۖ عَٰلِمُ ٱلۡغَيۡبِ وَٱلشَّهَٰدَةِۖ
هُوَ ٱلرَّحۡمَٰنُ ٱلرَّحِيمُ ٢٢ هُوَ ٱللَّهُ ٱلَّذِي لَآ إِلَٰهَ إِلَّا هُوَ ٱلۡمَلِكُ
ٱلۡقُدُّوسُ ٱلسَّلَٰمُ ٱلۡمُؤۡمِنُ ٱلۡمُهَيۡمِنُ ٱلۡعَزِيزُ ٱلۡجَبَّارُ
ٱلۡمُتَكَبِّرُۚ سُبۡحَٰنَ ٱللَّهِ عَمَّا يُشۡرِكُونَ ٢٣ هُوَ ٱللَّهُ
ٱلۡخَٰلِقُ ٱلۡبَارِئُ ٱلۡمُصَوِّرُۖ لَهُ ٱلۡأَسۡمَآءُ ٱلۡحُسۡنَىٰۚ يُسَبِّحُ
لَهُۥ مَا فِي ٱلسَّمَٰوَٰتِ وَٱلۡأَرۡضِۖ وَهُوَ ٱلۡعَزِيزُ ٱلۡحَكِيمُ ٢٤

سُورَةُ ٱلۡمُمۡتَحَنَةِ

それで両者(悪魔と人間)の結末は、彼らが獄火の中に、そこに永遠にいることであった。そしてそれが不正な者たちの報いである。(59：17)

信仰する者たちよ、アッラーを畏れ身を守れ。また、人をして、明日(最後の審判の日)のために何を前もってなしておいたかを眺めさせよ。そして、アッラーを畏れ身を守れ。まことにアッラーはおまえたちのなすことについて通暁し給う御方。(59：18)

そして、おまえたちはアッラーを忘れ、それで彼(アッラー)が彼らに彼ら自身を忘れさせ給うた者[1944]のようになってはならない。それらの者、彼らこそ邪な者である。(59：19)

獄火の住民と楽園の住民は同じではない。楽園の住民、彼らこそ勝者である。(59：20)

もし、われらがこのクルアーンを山に下したなら、おまえはそれが畏まり、アッラーへの畏怖から割れ裂けるのを見たであろう[1945]。そしてそれらの譬《たと》え、それらをわれらは人々に示す。きっと彼らも考慮するであろうと。(59：21)

彼はアッラー、彼のほかに神はいない御方。隠されたものも顕れたものも知り給う御方。彼は慈悲あまねく、慈悲深き御方。(59：22)

彼はアッラー、彼のほかに神はいない御方。王なる御方、聖なる御方、平安なる御方、安全保障者[1946]、統制者、威力比類なき御方、強制者、尊大なる御方。アッラーに称えあれ、彼ら(多神教徒)が共同者として配するものを超越し給う御方。(59：23)

彼はアッラー、創造者、造物者、造形者。彼にこそ至善の諸々の名は属す。諸天と地のものは彼を賛美する。彼こそは威力並びなく英明なる御方。(59：24)

1944　自分自身を来世で護ることになる善行を行うことを忘れさせられた者。
1945　2章74節参照。
1946　ここでの「ムウミン(安全保障者)」は、「(人間に)信仰を与え給う御方」であるとの解釈もある。

第60章　試問される女 …… سورة الممتحنة

マディーナ垂示

マッカの不信仰者の夫の許からマディーナに亡命してきた信徒の女性に、試問して信仰を確認せよ、との命令に因み「試問される女」章と名づけられる(10節)。

不信仰の夫から逃れて亡命してきた信仰者の女性を、不信仰者の夫の許に送り返すことは許されず、その女性は夫に婚資を返した上で、ムスリムと再婚することが許されること、ムスリム女性と不信仰者、ムスリムと不信仰者の女性の結婚も許されないことが定められる(10-11節)。

また本章では、たとえ血縁であっても不信仰者とは親交を結んではならず、ムスリムに戦いを仕掛け、彼らを故郷から追い出した不信仰者たちとは戦いが義務であることが強調される一方、敵対行為をなしていない不信仰者に親切、公正に振舞うことは禁じられていないことが教えられる(1-9節)。

بِسْمِ ٱللَّهِ ٱلرَّحْمَٰنِ ٱلرَّحِيمِ
يَٰٓأَيُّهَا ٱلَّذِينَ ءَامَنُوا۟ لَا تَتَّخِذُوا۟ عَدُوِّى وَعَدُوَّكُمْ أَوْلِيَآءَ تُلْقُونَ
إِلَيْهِم بِٱلْمَوَدَّةِ وَقَدْ كَفَرُوا۟ بِمَا جَآءَكُم مِّنَ ٱلْحَقِّ يُخْرِجُونَ ٱلرَّسُولَ
وَإِيَّاكُمْ أَن تُؤْمِنُوا۟ بِٱللَّهِ رَبِّكُمْ إِن كُنتُمْ خَرَجْتُمْ جِهَٰدًا فِى سَبِيلِى
وَٱبْتِغَآءَ مَرْضَاتِى ۚ تُسِرُّونَ إِلَيْهِم بِٱلْمَوَدَّةِ وَأَنَا۠ أَعْلَمُ بِمَآ أَخْفَيْتُمْ
وَمَآ أَعْلَنتُمْ ۚ وَمَن يَفْعَلْهُ مِنكُمْ فَقَدْ ضَلَّ سَوَآءَ ٱلسَّبِيلِ ١ إِن
يَثْقَفُوكُمْ يَكُونُوا۟ لَكُمْ أَعْدَآءً وَيَبْسُطُوٓا۟ إِلَيْكُمْ أَيْدِيَهُمْ وَأَلْسِنَتَهُم
بِٱلسُّوٓءِ وَوَدُّوا۟ لَوْ تَكْفُرُونَ ٢ لَن تَنفَعَكُمْ أَرْحَامُكُمْ وَلَآ أَوْلَٰدُكُمْ ۚ
يَوْمَ ٱلْقِيَٰمَةِ يَفْصِلُ بَيْنَكُمْ ۚ وَٱللَّهُ بِمَا تَعْمَلُونَ بَصِيرٌ ٣ قَدْ كَانَتْ
لَكُمْ أُسْوَةٌ حَسَنَةٌ فِىٓ إِبْرَٰهِيمَ وَٱلَّذِينَ مَعَهُۥٓ إِذْ قَالُوا۟ لِقَوْمِهِمْ إِنَّا
بُرَءَٰٓؤُا۟ مِنكُمْ وَمِمَّا تَعْبُدُونَ مِن دُونِ ٱللَّهِ كَفَرْنَا بِكُمْ وَبَدَا بَيْنَنَا
وَبَيْنَكُمُ ٱلْعَدَٰوَةُ وَٱلْبَغْضَآءُ أَبَدًا حَتَّىٰ تُؤْمِنُوا۟ بِٱللَّهِ وَحْدَهُۥٓ إِلَّا قَوْلَ
إِبْرَٰهِيمَ لِأَبِيهِ لَأَسْتَغْفِرَنَّ لَكَ وَمَآ أَمْلِكُ لَكَ مِنَ ٱللَّهِ مِن شَىْءٍ ۖ
رَّبَّنَا عَلَيْكَ تَوَكَّلْنَا وَإِلَيْكَ أَنَبْنَا وَإِلَيْكَ ٱلْمَصِيرُ ٤ رَبَّنَا لَا تَجْعَلْنَا
فِتْنَةً لِّلَّذِينَ كَفَرُوا۟ وَٱغْفِرْ لَنَا رَبَّنَآ ۖ إِنَّكَ أَنتَ ٱلْعَزِيزُ ٱلْحَكِيمُ ٥

慈悲あまねく慈悲深きアッラーの御名において

信仰する者たちよ、わが敵、そしておまえたちの敵を、おまえたちが愛情を持って向かう[1947]後見としてはならない。既に彼らはおまえたちの許に来た真理を拒んでおり、使徒とおまえたちを、おまえたちがおまえたちの主アッラーを信じること故に追放している。もし、おまえたちがわが道において奮闘《ジハード》するために、またわが満悦を願う(求める)ために出かけるのであれば[1948]。おまえたちは彼らへの愛情を秘めるが[1949]、われはおまえたちが隠すことも公にすることもよりよく知っている。そしておまえたちのうち、そのようなことをなす者は中庸の道から迷ったのである。(60：1)

彼らはおまえたちを凌駕すれば、おまえたちに対する敵となり、またおまえたちの方に手と舌を悪意を持って伸ばし、そしておまえたちが信仰を拒むことを望んだ。(60：2)

おまえたちの血縁も子供たちもおまえたちの役には立たない。復活(審判)の日、彼(アッラー)はおまえたちの間を分別(裁定)し給う[1950]。そしてアッラーはおまえたちのなすことについて見通し給う御方。(60：3)

イブラーヒーム、また彼と共にいた者たちのうちには、確かにおまえたちにとって良い模

1947　預言者ムハンマドや信仰者の内情について打ち明ける。
1948　そうであれば、彼らを後見としてはならない。
1949　愛情故に秘密について漏らすが。
1950　アッラーとその使徒に従った者は楽園へ、逆らった者は火獄へ。

لَقَدْ كَانَ لَكُمْ فِيهِمْ أُسْوَةٌ حَسَنَةٌ لِّمَن كَانَ يَرْجُوا۟ ٱللَّهَ وَٱلْيَوْمَ ٱلْـَٔاخِرَ
وَمَن يَتَوَلَّ فَإِنَّ ٱللَّهَ هُوَ ٱلْغَنِىُّ ٱلْحَمِيدُ ٦ ۞ عَسَى ٱللَّهُ أَن يَجْعَلَ بَيْنَكُمْ
وَبَيْنَ ٱلَّذِينَ عَادَيْتُم مِّنْهُم مَّوَدَّةً ۚ وَٱللَّهُ قَدِيرٌ ۚ وَٱللَّهُ غَفُورٌ رَّحِيمٌ
٧ لَّا يَنْهَىٰكُمُ ٱللَّهُ عَنِ ٱلَّذِينَ لَمْ يُقَـٰتِلُوكُمْ فِى ٱلدِّينِ وَلَمْ يُخْرِجُوكُم
مِّن دِيَـٰرِكُمْ أَن تَبَرُّوهُمْ وَتُقْسِطُوٓا۟ إِلَيْهِمْ ۚ إِنَّ ٱللَّهَ يُحِبُّ ٱلْمُقْسِطِينَ
٨ إِنَّمَا يَنْهَىٰكُمُ ٱللَّهُ عَنِ ٱلَّذِينَ قَـٰتَلُوكُمْ فِى ٱلدِّينِ وَأَخْرَجُوكُم مِّن
دِيَـٰرِكُمْ وَظَـٰهَرُوا۟ عَلَىٰٓ إِخْرَاجِكُمْ أَن تَوَلَّوْهُمْ ۚ وَمَن يَتَوَلَّهُمْ فَأُو۟لَـٰٓئِكَ
هُمُ ٱلظَّـٰلِمُونَ ٩ يَـٰٓأَيُّهَا ٱلَّذِينَ ءَامَنُوٓا۟ إِذَا جَآءَكُمُ ٱلْمُؤْمِنَـٰتُ مُهَـٰجِرَٰتٍ
فَٱمْتَحِنُوهُنَّ ۖ ٱللَّهُ أَعْلَمُ بِإِيمَـٰنِهِنَّ ۖ فَإِنْ عَلِمْتُمُوهُنَّ مُؤْمِنَـٰتٍ فَلَا
تَرْجِعُوهُنَّ إِلَى ٱلْكُفَّارِ ۖ لَا هُنَّ حِلٌّ لَّهُمْ وَلَا هُمْ يَحِلُّونَ لَهُنَّ ۖ وَءَاتُوهُم
مَّآ أَنفَقُوا۟ ۚ وَلَا جُنَاحَ عَلَيْكُمْ أَن تَنكِحُوهُنَّ إِذَآ ءَاتَيْتُمُوهُنَّ أُجُورَهُنَّ ۚ
وَلَا تُمْسِكُوا۟ بِعِصَمِ ٱلْكَوَافِرِ وَسْـَٔلُوا۟ مَآ أَنفَقْتُمْ وَلْيَسْـَٔلُوا۟ مَآ أَنفَقُوا۟ ۚ
ذَٰلِكُمْ حُكْمُ ٱللَّهِ ۖ يَحْكُمُ بَيْنَكُمْ ۚ وَٱللَّهُ عَلِيمٌ حَكِيمٌ ١٠ وَإِن فَاتَكُمْ
شَىْءٌ مِّنْ أَزْوَٰجِكُمْ إِلَى ٱلْكُفَّارِ فَعَاقَبْتُمْ فَـَٔاتُوا۟ ٱلَّذِينَ ذَهَبَتْ
أَزْوَٰجُهُم مِّثْلَ مَآ أَنفَقُوا۟ ۚ وَٱتَّقُوا۟ ٱللَّهَ ٱلَّذِىٓ أَنتُم بِهِۦ مُؤْمِنُونَ ١١

範があった。彼らが彼らの民に言った時のこと。「まことにわれらは、おまえたちと、おまえたちがアッラーを差し置いて仕えるもの(神々)と無関係である。われらはおまえたちと絶縁した[1951]。われらとおまえたちの間には敵意と憎悪が永遠に現れた、おまえたちがアッラーお独りを信じるまでは」。ただし、イブラーヒームの彼の父親に対する言葉は別である[1952]。「私は必ずやあなたのために赦しを乞いましょう。しかし、私はあなたのためにアッラーに対していかなる力も持ちません」。「われらが主よ、あなたにこそわれらは一任し、あなたにこそ悔いて帰りました。そしてあなたの許にこそ行き着く先はあります」。(60：4)

「われらが主よ、われらを信仰を拒む者たちへの試練となし給うな[1953]。そしてわれらを赦し給え。われらが主よ、まことにあなたは、威力比類なく英明なる御方」。(60：5)

確かに彼らのうちには、おまえたちにとって良い模範があった。(つまり)アッラーと最後の日に期待する者にとって。だが、背き去る者があれば、まことにアッラー、彼は自足し、称賛されるべき御方であらせられる。(60：6)

アッラーは、おまえたちとおまえたちが敵対する者たちの間に愛情を成し給うこともあろう[1954]。そしてアッラーは全能なる御方であり、またアッラーはよく赦し給う慈悲深い御方。(60：7)

アッラーはおまえたちに、おまえたちと宗教において戦うことなく、おまえたちをおまえたちの家から追い出さなかった者たちについて、おまえたちが彼らに親切にし、彼らに対して公正に振る舞うことを禁じ給わない。まことに、アッラーは公正な者たちを愛し給う。(60：8)

アッラーはおまえたちに、宗教においておまえたちと戦い、おまえたちをおまえたちの家から追い出し、おまえたちの追放を支援する者たちについてのみ、おまえたちが彼らを後見とすることを禁じ給う。そして彼らを後見とする者があれば、それらの者、彼らは不正な者である。(60：9)

信仰する者たちよ、おまえたちの許に信仰する女たちが移住して来たら、彼女らを試問せよ。アッラーは彼女らの信仰についてよりよく知り給う。それでもし、おまえたちが彼女たちは信仰者であると知った(認めた)なら、彼女らを不信仰者たちの許に帰してはならない[1955]。彼女らは彼らには許されず、彼らも彼女らには許されない。そして彼らには彼ら

1951　おまえたちの神々や不信仰の行為と。

1952　9章114節、19章41-47節参照。良い模範からは外れる、あるいはイブラーヒームは彼の父を赦し乞いに於いて別扱いした、の意。

1953　不信仰者たちが勝利することによって、自分たちが正しいと錯覚し、誤りに固執することがないように。あるいは、「われらを信仰を拒む者たちにとっての試練(迫害)(の対象)となし給うな」。

1954　アッラーはおまえたちが敵対している親戚を始めとした不信仰者をイスラームに導き給うこともある。

1955　フダイビーヤでは、マッカの住民で預言者の許に来た者はたとえムスリムでもマッカに送り返すという条件でクライシュ族の多神教徒と和約が結ばれたが、スバイア・ビント・アル＝ハーリス・アル＝アスラミーヤという女性信者が和約締結後に、預言者の許に逃げてきた。そこで彼女の不

が(婚資として)出費したものを与えよ。そしておまえたちが彼女らと結婚しても、おまえたちには咎はない、おまえたちが彼女らに彼女らの報酬(婚資)を与えたならば。また不信仰の女たちの絆(結婚契約)を引き留めてはならない[1956]。そしておまえたちが出費したもの(婚資)を(返す様に)求めよ[1957]。また、彼らにも彼らが出費したもの(婚資)を(返す様に)求めさせよ[1958]。それがアッラーの裁決である。彼はおまえたちの間を裁き給う。そしてアッラーはよく知り給う英知ある御方。(60：10)

そしておまえたちの妻のうち、なんらかがおまえたちから不信仰者たちの許へと失われ[1959]、それからおまえたちが報復した(戦利品を得た)なら、妻が去った者たちに彼らが出費したもの(婚資)と同じものをおまえたちは(その戦利品から)与えよ。そしておまえたちが信仰するアッラーを畏れ身を守れ。(60：11)

預言者よ、おまえの許に信仰する女たちが来て、アッラーになにものをも同位とせず、盗みをせず、姦通をせず、子供たちを殺さず、両手の間と両足(の間)で捏造した虚偽をもたらさず[1960]、良識においておまえに背かないことをおまえに誓約したなら、それで彼女らと誓約し、彼女らのためにアッラーに赦しを乞え。まことに、アッラーはよく赦し給う慈悲深い御方。(60：12)

信仰する者たちよ、アッラーが怒り給うた民を後見としてはならない。確かに彼らは来世に絶望している、ちょうど墓の住民(の復活)に不信仰者たちが[1961]絶望したように。(60：13)

يَٰٓأَيُّهَا ٱلنَّبِيُّ إِذَا جَآءَكَ ٱلۡمُؤۡمِنَٰتُ يُبَايِعۡنَكَ عَلَىٰٓ أَن لَّا يُشۡرِكۡنَ بِٱللَّهِ
شَيۡـٔٗا وَلَا يَسۡرِقۡنَ وَلَا يَزۡنِينَ وَلَا يَقۡتُلۡنَ أَوۡلَٰدَهُنَّ وَلَا يَأۡتِينَ
بِبُهۡتَٰنٖ يَفۡتَرِينَهُۥ بَيۡنَ أَيۡدِيهِنَّ وَأَرۡجُلِهِنَّ وَلَا يَعۡصِينَكَ فِي
مَعۡرُوفٖ فَبَايِعۡهُنَّ وَٱسۡتَغۡفِرۡ لَهُنَّ ٱللَّهَۚ إِنَّ ٱللَّهَ غَفُورٞ رَّحِيمٞ
١٢ يَٰٓأَيُّهَا ٱلَّذِينَ ءَامَنُواْ لَا تَتَوَلَّوۡاْ قَوۡمًا غَضِبَ ٱللَّهُ عَلَيۡهِمۡ قَدۡ
يَئِسُواْ مِنَ ٱلۡأٓخِرَةِ كَمَا يَئِسَ ٱلۡكُفَّارُ مِنۡ أَصۡحَٰبِ ٱلۡقُبُورِ ١٣

سُورَةُ ٱلصَّفِّ

بِسۡمِ ٱللَّهِ ٱلرَّحۡمَٰنِ ٱلرَّحِيمِ

سَبَّحَ لِلَّهِ مَا فِي ٱلسَّمَٰوَٰتِ وَمَا فِي ٱلۡأَرۡضِۖ وَهُوَ ٱلۡعَزِيزُ ٱلۡحَكِيمُ
١ يَٰٓأَيُّهَا ٱلَّذِينَ ءَامَنُواْ لِمَ تَقُولُونَ مَا لَا تَفۡعَلُونَ ٢
كَبُرَ مَقۡتًا عِندَ ٱللَّهِ أَن تَقُولُواْ مَا لَا تَفۡعَلُونَ ٣ إِنَّ
ٱللَّهَ يُحِبُّ ٱلَّذِينَ يُقَٰتِلُونَ فِي سَبِيلِهِۦ صَفّٗا كَأَنَّهُم
بُنۡيَٰنٞ مَّرۡصُوصٞ ٤ وَإِذۡ قَالَ مُوسَىٰ لِقَوۡمِهِۦ يَٰقَوۡمِ لِمَ
تُؤۡذُونَنِي وَقَد تَّعۡلَمُونَ أَنِّي رَسُولُ ٱللَّهِ إِلَيۡكُمۡۖ فَلَمَّا زَاغُوٓاْ
أَزَاغَ ٱللَّهُ قُلُوبَهُمۡۚ وَٱللَّهُ لَا يَهۡدِي ٱلۡقَوۡمَ ٱلۡفَٰسِقِينَ ٥

第 61 章　戦列 …… سورة الصف

マディーナ垂示

第 4 節に因んで「戦列」章と名づけられる。

本章において、イーサーが彼の後に新たな預言者ムハンマドが遣わされることを予言してい

信仰者の夫がやって来て妻の返還を迫ったときに、この節が啓示され、預言者ムハンマドは彼女の信仰を誓約によって確認した上で、彼に婚資を返して彼女を引き取った。

1956　「啓典の民」の女性との婚姻は 5 章 5 節により許される。

1957　ムスリムの夫の妻が背教し、不信仰者たちの許へ合流したならば、元妻に支払った婚資を不信仰者たちに求めよ。

1958　不信仰者の夫の妻がイスラームに改宗し、ムスリムたちの許へ合流したならば、元夫は支払った婚資をムスリムたちに求めよ。

1959　ムスリムの妻たちの一部が背教し不信仰者たちの許へ合流し、その婚資の払い戻しが聞き入れられず。

1960　両手で拾った捨て子や、両足の間から姦通で生んだ子を偽って夫の籍にいれない。

1961　あるいは、「ちょうど墓の住民である(既に死んだ)不信仰者たちが」。

たことが教えられる(6節)。

慈悲あまねく慈悲深きアッラーの御名において

諸天にあるものも地にあるものも[1962]アッラーに讃美を捧げた。そして彼は威力比類なく英明なる御方。(61：1)

信仰する者たちよ、どうしておまえたちは己の行わないことを言うのか[1963]。(61：2)

おまえたちがしないことを言うことは、アッラーの御許では忌まわしいこと甚だしい。(61：3)

まことにアッラーは、凝集した(隙間のない)建物のように戦列をなして彼の道において戦う者たちを愛し給う。(61：4)

そしてムーサーが彼の民に言った時のこと(を想起せよ)。「わが民よ、どうしておまえたちは私を苦しめるのか。確かにおまえたちは私がアッラーからおまえたちへの使徒であると知っているというのに」。そして、彼らが逸脱すると、アッラーは彼らの心を逸脱させ給うた。そしてアッラーは邪な民を導き給わない。(61：5)

1962　理性の有無にかかわらず天地における全存在が、の意。

1963　アッラーのために最良の行いをしたいと述べた信仰者の一群にジハードの義務が課されたものの、ウフドの戦いで敵に背を向けたのに際し啓示されたとも(4章77-78節、61章4、10-11節参照)、偽信者に関して降されたとも言われる。「偽信者の徴は三つである。約束すればこれを違え、話せば嘘をつき、信頼されればこれを裏切る」(ハディース)。

وَإِذْ قَالَ عِيسَى ابْنُ مَرْيَمَ يَا بَنِي إِسْرَائِيلَ إِنِّي رَسُولُ اللَّهِ إِلَيْكُم مُّصَدِّقًا لِّمَا
بَيْنَ يَدَيَّ مِنَ التَّوْرَاةِ وَمُبَشِّرًا بِرَسُولٍ يَأْتِي مِن بَعْدِي اسْمُهُ أَحْمَدُ ۖ فَلَمَّا
جَاءَهُم بِالْبَيِّنَاتِ قَالُوا هَٰذَا سِحْرٌ مُّبِينٌ ﴿٦﴾ وَمَنْ أَظْلَمُ مِمَّنِ افْتَرَىٰ عَلَى
اللَّهِ الْكَذِبَ وَهُوَ يُدْعَىٰ إِلَى الْإِسْلَامِ ۚ وَاللَّهُ لَا يَهْدِي الْقَوْمَ الظَّالِمِينَ
﴿٧﴾ يُرِيدُونَ لِيُطْفِئُوا نُورَ اللَّهِ بِأَفْوَاهِهِمْ وَاللَّهُ مُتِمُّ نُورِهِ وَلَوْ كَرِهَ
الْكَافِرُونَ ﴿٨﴾ هُوَ الَّذِي أَرْسَلَ رَسُولَهُ بِالْهُدَىٰ وَدِينِ الْحَقِّ لِيُظْهِرَهُ
عَلَى الدِّينِ كُلِّهِ وَلَوْ كَرِهَ الْمُشْرِكُونَ ﴿٩﴾ يَا أَيُّهَا الَّذِينَ آمَنُوا هَلْ أَدُلُّكُمْ عَلَىٰ
تِجَارَةٍ تُنجِيكُم مِّنْ عَذَابٍ أَلِيمٍ ﴿١٠﴾ تُؤْمِنُونَ بِاللَّهِ وَرَسُولِهِ وَتُجَاهِدُونَ
فِي سَبِيلِ اللَّهِ بِأَمْوَالِكُمْ وَأَنفُسِكُمْ ۚ ذَٰلِكُمْ خَيْرٌ لَّكُمْ إِن كُنتُمْ تَعْلَمُونَ ﴿١١﴾
يَغْفِرْ لَكُمْ ذُنُوبَكُمْ وَيُدْخِلْكُمْ جَنَّاتٍ تَجْرِي مِن تَحْتِهَا الْأَنْهَارُ وَمَسَاكِنَ
طَيِّبَةً فِي جَنَّاتِ عَدْنٍ ۚ ذَٰلِكَ الْفَوْزُ الْعَظِيمُ ﴿١٢﴾ وَأُخْرَىٰ تُحِبُّونَهَا ۖ نَصْرٌ
مِّنَ اللَّهِ وَفَتْحٌ قَرِيبٌ ۗ وَبَشِّرِ الْمُؤْمِنِينَ ﴿١٣﴾ يَا أَيُّهَا الَّذِينَ آمَنُوا كُونُوا
أَنصَارَ اللَّهِ كَمَا قَالَ عِيسَى ابْنُ مَرْيَمَ لِلْحَوَارِيِّينَ مَنْ أَنصَارِي إِلَى اللَّهِ ۖ
قَالَ الْحَوَارِيُّونَ نَحْنُ أَنصَارُ اللَّهِ ۖ فَآمَنَت طَّائِفَةٌ مِّن بَنِي إِسْرَائِيلَ
وَكَفَرَت طَّائِفَةٌ ۖ فَأَيَّدْنَا الَّذِينَ آمَنُوا عَلَىٰ عَدُوِّهِمْ فَأَصْبَحُوا ظَاهِرِينَ ﴿١٤﴾

またマルヤムの子イーサーが言った時のこと。「イスラーイールの子孫よ、まことに私はアッラーからおまえたちへの使徒である。私以前にある律法の書を立証するものとして、また、私の後にやって来るアフマドという名の使徒についての吉報伝達者として」。だが、彼が彼らの許に明証をもたらすと、彼らは、「これは明白な魔術である」と言った。(61：6)

そしてアッラーについて虚偽を捏造する者より不正な者が誰かあろうか。彼は帰依《イスラーム》へと呼び招かれているのに。そしてアッラーは不正な民を導き給わない。(61：7)

彼らはアッラーの光を口(口舌《こうぜつ》)で消そうと望む。だが、アッラーはその御光の完成者であらせられる、たとえ不信仰者たちが嫌おうとも。(61：8)

彼こそは彼の使徒を導き(クルアーン)と真理の宗教と共に遣わし給うた御方。宗教すべての上にそれを現し給う[1964]ために、たとえ多神教徒たちが嫌おうとも。(61：9)

信仰する者たちよ、おまえたちを痛苦の懲罰から救う商売についておまえたちに示そうか。(61：10)

アッラーと彼の使徒を信じ、おまえたちの財産とおまえたちの命をもってアッラーの道に奮闘《ジハード》することである。それはおまえたちにとってより良い。もし、おまえたちが知っていたなら(そのようにせよ)。(61：11)

彼はおまえたちにおまえたちの罪を赦し、おまえたちを下に河川が流れる楽園と定住の園の中の良い住まいに入れ給う。それは大いなる成就である。(61：12)

さらにおまえたちの好きな他の(恩寵もある)。(それは)アッラーからの援助と間近な勝利である。そして信仰者たちに吉報を伝えよ。(61：13)

信仰する者たちよ、アッラーの(宗教の)援助者となれ。ちょうど、マルヤムの子イーサーが弟子たちに言ったように。「アッラー(の宗教)への私の援助者たちは誰か」。弟子たちは言った。「われらがアッラーの(宗教の)援助者です」。そうしてイスラーイールの子孫のうちの一派は信仰したが、一派は信仰を拒んだ。それで、われらは信仰した者たちを彼らの敵に対して加勢し、彼らは勝利者となった。(61：14)

1964　勝利させ高め給う、の意。この様な勝利は、典拠や明証による思想・理論的なものとも、部分的に実現したとも、預言者イーサーの再臨の際に完成するとも言われる。

第62章　金曜集合礼拝 …… سورة الجمعة

سُورَةُ الجُمُعَةِ

بِسْمِ ٱللَّهِ ٱلرَّحْمَٰنِ ٱلرَّحِيمِ

يُسَبِّحُ لِلَّهِ مَا فِى ٱلسَّمَٰوَٰتِ وَمَا فِى ٱلْأَرْضِ ٱلْمَلِكِ ٱلْقُدُّوسِ ٱلْعَزِيزِ
ٱلْحَكِيمِ ١ هُوَ ٱلَّذِى بَعَثَ فِى ٱلْأُمِّيِّۦنَ رَسُولًا مِّنْهُمْ يَتْلُوا۟ عَلَيْهِمْ
ءَايَٰتِهِۦ وَيُزَكِّيهِمْ وَيُعَلِّمُهُمُ ٱلْكِتَٰبَ وَٱلْحِكْمَةَ وَإِن كَانُوا۟
مِن قَبْلُ لَفِى ضَلَٰلٍ مُّبِينٍ ٢ وَءَاخَرِينَ مِنْهُمْ لَمَّا يَلْحَقُوا۟ بِهِمْ ۚ
وَهُوَ ٱلْعَزِيزُ ٱلْحَكِيمُ ٣ ذَٰلِكَ فَضْلُ ٱللَّهِ يُؤْتِيهِ مَن يَشَآءُ ۚ وَٱللَّهُ
ذُو ٱلْفَضْلِ ٱلْعَظِيمِ ٤ مَثَلُ ٱلَّذِينَ حُمِّلُوا۟ ٱلتَّوْرَىٰةَ ثُمَّ لَمْ
يَحْمِلُوهَا كَمَثَلِ ٱلْحِمَارِ يَحْمِلُ أَسْفَارًۢا ۚ بِئْسَ مَثَلُ ٱلْقَوْمِ
ٱلَّذِينَ كَذَّبُوا۟ بِـَٔايَٰتِ ٱللَّهِ ۚ وَٱللَّهُ لَا يَهْدِى ٱلْقَوْمَ ٱلظَّٰلِمِينَ
٥ قُلْ يَٰٓأَيُّهَا ٱلَّذِينَ هَادُوٓا۟ إِن زَعَمْتُمْ أَنَّكُمْ أَوْلِيَآءُ لِلَّهِ مِن
دُونِ ٱلنَّاسِ فَتَمَنَّوُا۟ ٱلْمَوْتَ إِن كُنتُمْ صَٰدِقِينَ ٦ وَلَا يَتَمَنَّوْنَهُۥٓ
أَبَدًۢا بِمَا قَدَّمَتْ أَيْدِيهِمْ ۚ وَٱللَّهُ عَلِيمٌۢ بِٱلظَّٰلِمِينَ ٧ قُلْ
إِنَّ ٱلْمَوْتَ ٱلَّذِى تَفِرُّونَ مِنْهُ فَإِنَّهُۥ مُلَٰقِيكُمْ ۖ ثُمَّ تُرَدُّونَ
إِلَىٰ عَٰلِمِ ٱلْغَيْبِ وَٱلشَّهَٰدَةِ فَيُنَبِّئُكُم بِمَا كُنتُمْ تَعْمَلُونَ ٨

マディーナ垂示

金曜集合礼拝の規定が教えられることから「金曜集合礼拝」章と名づけられる(9-11節)。

慈悲あまねく慈悲深きアッラーの御名において

天にあるものと地にあるものはアッラーに讃美を捧げる、王にして、聖なる御方、威力比類なく、英明なる御方に。(62：1)

彼こそは、文盲の者たち(アラブ人たち)に彼らのうちから使徒(ムハンマド)を遣わし給うた御方で、彼(使徒)は彼らに彼の諸々の徴(節)を読み聞かせ、彼らを清め、彼らに啓典と英知を教える、彼らは以前には明白な迷誤のうちにあったのではあるが。(62：2)

また、未だ彼らに追いついていない彼らのうちの他の者たち(後の世代)をも[1965]。そして彼(アッラー)は威力比類なく、英明なる御方。(62：3)

それはアッラーの御恵みで、彼はそれを御望みの者に与え給う。そしてアッラーは大いなる御恵みの持ち主であらせられる。(62：4)

律法の書を負わされながら、それを負わない者たちの喩えは、諸書を負ったロバの喩えのようである。アッラーの諸々の徴(節)を嘘として否定した民の喩えのなんと悪いことよ。そしてアッラーは不正な民は導き給わない。(62：5)

言え、「『戻った者たち』(ユダヤ教徒)よ、もし、おまえたちが人々を差し置いてアッラーの後見(近しい者)であると主張するなら、死を願うがよい、もし、おまえたちが真実を語る者ならば」。(62：6)

だが彼らはそれを決して願わない、彼らの手がこれまでになしたことゆえに。そしてアッラーは不正な者たちについてよく知り給う御方。(62：7)

言え、「まことにおまえたちがそこから逃れようとする死、まことにそれはおまえたちと出会うものであり、それからおまえたちは隠れたものと顕れたものを知り給う御方の許に戻され、それで彼はおまえたちにおまえたちがなしてきたことを告げ給う」。(62：8)

信仰する者たちよ、集合の日(金曜)の礼拝へと呼びかけられた時にはアッラーの想念・唱名[1966]に急ぎ赴き、売買は放置せよ。そうしたことはおまえたちにとって一層良い。もし、おまえたちが知っていれば。(62：9)

1965　彼(使徒)は、未だ彼らに追いついていない彼ら(ムスリム)のうちの他の者たち(後の世代)をも清め、教える。あるいは、彼(アッラー)は未だ彼らに追いついていない彼ら(文盲の者たち)のうちの他の者たち(アラブ以外の民)に使徒(ムハンマド)を遣わし給うた。

1966　金曜日の集合礼拝時の、説教と礼拝。この両者が、アッラーの名前が多く言及される機会であるため。

يَٰٓأَيُّهَا ٱلَّذِينَ ءَامَنُوٓا۟ إِذَا نُودِىَ لِلصَّلَوٰةِ مِن يَوْمِ ٱلْجُمُعَةِ فَٱسْعَوْا۟
إِلَىٰ ذِكْرِ ٱللَّهِ وَذَرُوا۟ ٱلْبَيْعَ ۚ ذَٰلِكُمْ خَيْرٌ لَّكُمْ إِن كُنتُمْ تَعْلَمُونَ
٩ فَإِذَا قُضِيَتِ ٱلصَّلَوٰةُ فَٱنتَشِرُوا۟ فِى ٱلْأَرْضِ وَٱبْتَغُوا۟
مِن فَضْلِ ٱللَّهِ وَٱذْكُرُوا۟ ٱللَّهَ كَثِيرًا لَّعَلَّكُمْ تُفْلِحُونَ ١٠
وَإِذَا رَأَوْا۟ تِجَٰرَةً أَوْ لَهْوًا ٱنفَضُّوٓا۟ إِلَيْهَا وَتَرَكُوكَ قَآئِمًا ۚ قُلْ مَا عِندَ
ٱللَّهِ خَيْرٌ مِّنَ ٱللَّهْوِ وَمِنَ ٱلتِّجَٰرَةِ ۚ وَٱللَّهُ خَيْرُ ٱلرَّٰزِقِينَ ١١

سُورَةُ المُنَافِقُونَ

بِسْمِ ٱللَّهِ ٱلرَّحْمَٰنِ ٱلرَّحِيمِ

إِذَا جَآءَكَ ٱلْمُنَٰفِقُونَ قَالُوا۟ نَشْهَدُ إِنَّكَ لَرَسُولُ ٱللَّهِ ۗ وَٱللَّهُ يَعْلَمُ إِنَّكَ
لَرَسُولُهُۥ وَٱللَّهُ يَشْهَدُ إِنَّ ٱلْمُنَٰفِقِينَ لَكَٰذِبُونَ ١ ٱتَّخَذُوٓا۟
أَيْمَٰنَهُمْ جُنَّةً فَصَدُّوا۟ عَن سَبِيلِ ٱللَّهِ ۚ إِنَّهُمْ سَآءَ مَا كَانُوا۟
يَعْمَلُونَ ٢ ذَٰلِكَ بِأَنَّهُمْ ءَامَنُوا۟ ثُمَّ كَفَرُوا۟ فَطُبِعَ عَلَىٰ قُلُوبِهِمْ فَهُمْ
لَا يَفْقَهُونَ ٣ ۞ وَإِذَا رَأَيْتَهُمْ تُعْجِبُكَ أَجْسَامُهُمْ ۖ وَإِن يَقُولُوا۟
تَسْمَعْ لِقَوْلِهِمْ ۖ كَأَنَّهُمْ خُشُبٌ مُّسَنَّدَةٌ ۖ يَحْسَبُونَ كُلَّ صَيْحَةٍ
عَلَيْهِمْ ۚ هُمُ ٱلْعَدُوُّ فَٱحْذَرْهُمْ ۚ قَٰتَلَهُمُ ٱللَّهُ ۖ أَنَّىٰ يُؤْفَكُونَ ٤

それで礼拝が終わったら、大地に散らばり、アッラーの御恵み(糧)を求め[1967]、アッラーを多く想念し唱えよ。きっと、おまえたちは成功しよう。(62：10)

ところが彼らは商売や娯楽を見出すと、そちらに散開し、おまえを立ったまま置き去りにした[1968]。言え、「アッラーの御許にあるものは娯楽よりも商売よりも一層良い。そしてアッラーは糧を与える者のうち最良の御方」。(62：11)

第63章　偽信者たち …… سورة المنافقون

マディーナ垂示

「偽信者たち」の実相について告げられるため、「偽信者たち」章と名づけられる。

慈悲あまねく慈悲深きアッラーの御名において

偽信者たちは、おまえの許にやって来ると言った。「われらは、あなたがまさしくアッラーの使徒であると証言する」。そしてアッラーはおまえがまさしく彼の使徒であると知り給い、そしてアッラーは偽信者たちがまさしく嘘つきであると証言し給う。(63：1)

彼らはその誓約を盾に取り、それで(自分たちと人々を)アッラーの道から逸らしている[1969]。まことに、彼らのなしてきたことのなんとも悪いことよ。(63：2)

それは、彼らが信仰し、それから信仰を拒み、それで彼らの心に封がなされたせいである。そのため彼らは理解しないのである。(63：3)

そしておまえが彼らを見ると、彼らの風体に驚嘆し、彼らが語れば、おまえは彼らの言葉に耳を傾ける。彼らは立てかけられた材木[1970]のようである。彼らはいずれの叫び声も彼らに向けられていると考える[1971]。彼らは敵である、それゆえ、彼らに警戒せよ。アッラーは彼らと戦い給うた[1972]。いかに彼らは逸らされていくのか。(63：4)

1967　生活の糧を求めて働け。命令形であるが許可を意味する。

1968　預言者ムハンマドが金曜集合礼拝で立って説教をされていた時に隊商がやって来た。すると人々はモスクからそれに向かって出て行き、モスクの預言者の許に残った者は十二人だけであった。そこでこの節が啓示された。

1969　58章16節参照。

1970　理解しない様の比喩とも、立ち姿の美しさを意味するとも、腐朽した材木を指すとも言われる。一説では、立てかけられたとは、信仰を粧いそれによりかかる事によって生命を守ることの比喩。

1971　自分たちの正体を暴露されるのではとの恐怖から、被害妄想に陥っている。

1972　アッラーが彼らを滅ぼし給いますように、との呪詛の言葉。

وَإِذَا قِيلَ لَهُمْ تَعَالَوْا يَسْتَغْفِرْ لَكُمْ رَسُولُ اللَّهِ لَوَّوْا رُءُوسَهُمْ
وَرَأَيْتَهُمْ يَصُدُّونَ وَهُم مُّسْتَكْبِرُونَ ٥ سَوَاءٌ عَلَيْهِمْ
أَسْتَغْفَرْتَ لَهُمْ أَمْ لَمْ تَسْتَغْفِرْ لَهُمْ لَن يَغْفِرَ اللَّهُ لَهُمْ
إِنَّ اللَّهَ لَا يَهْدِي الْقَوْمَ الْفَاسِقِينَ ٦ هُمُ الَّذِينَ يَقُولُونَ
لَا تُنفِقُوا عَلَىٰ مَنْ عِندَ رَسُولِ اللَّهِ حَتَّىٰ يَنفَضُّوا وَلِلَّهِ
خَزَائِنُ السَّمَاوَاتِ وَالْأَرْضِ وَلَٰكِنَّ الْمُنَافِقِينَ لَا يَفْقَهُونَ
٧ يَقُولُونَ لَئِن رَّجَعْنَا إِلَى الْمَدِينَةِ لَيُخْرِجَنَّ الْأَعَزُّ
مِنْهَا الْأَذَلَّ وَلِلَّهِ الْعِزَّةُ وَلِرَسُولِهِ وَلِلْمُؤْمِنِينَ وَلَٰكِنَّ
الْمُنَافِقِينَ لَا يَعْلَمُونَ ٨ يَا أَيُّهَا الَّذِينَ آمَنُوا لَا تُلْهِكُمْ
أَمْوَالُكُمْ وَلَا أَوْلَادُكُمْ عَن ذِكْرِ اللَّهِ وَمَن يَفْعَلْ
ذَٰلِكَ فَأُولَٰئِكَ هُمُ الْخَاسِرُونَ ٩ وَأَنفِقُوا مِن مَّا رَزَقْنَاكُم
مِّن قَبْلِ أَن يَأْتِيَ أَحَدَكُمُ الْمَوْتُ فَيَقُولَ رَبِّ لَوْلَا أَخَّرْتَنِي
إِلَىٰ أَجَلٍ قَرِيبٍ فَأَصَّدَّقَ وَأَكُن مِّنَ الصَّالِحِينَ ١٠ وَلَن
يُؤَخِّرَ اللَّهُ نَفْسًا إِذَا جَاءَ أَجَلُهَا وَاللَّهُ خَبِيرٌ بِمَا تَعْمَلُونَ ١١

سُورَةُ التَّغَابُنِ

そして彼らに向かって、「おまえたち来たれ、おまえたちのためにアッラーの使徒が赦しを乞うてくださる」と言われると、彼らは顔を背ける。そしておまえは彼らが思い上がって離反するのを見るであろう。(63：5)

おまえが彼らのために赦しを乞うても、彼らのために赦しを乞わなくても、彼らには同じこと、アッラーが決して彼らを赦し給うことはない。まことにアッラーは邪な民を導き給わない。(63：6)

彼らは「アッラーの使徒の許にいる者に対して費やすな、彼らが(使徒を残して)四散するまでは」と言う者たちである。いや、アッラーにこそ諸天と地の宝庫は属すが、偽信者たちは理解しない。(63：7)

彼らは、「われらがマディーナに戻れば、その有力者はきっと下賤の者を追い出すであろう」と言う[1973]。だがアッラーにこそ威力は属し、また、彼の使徒と信仰者たちにも。ところが偽信者たちは知らないのである。(63：8)

信仰する者たちよ、おまえたちの財産やおまえたちの子供たちがアッラーの訓戒・念唱からおまえたちの気を逸らせることがあってはならない。それでもそのようなことをなす者、それらの者こそ損失者である。(63：9)

そしてわれらがおまえたちに糧と恵んだものから(善に)費やせ、おまえたちのいずれかに死が訪れ、「わが主よ、しばしの期限まで私を猶予し給うては如何ですか。そうすれば、私は喜捨をなし、正しい者たち(の一人)となろうものを」と言う前に。(63：10)

しかしその(誰かの死の)期限がやって来た時、アッラーは誰をも猶予し給わない。アッラーはおまえたちのなすことに通暁し給う御方。(63：11)

1973　ムスタリク族との戦いの遠征からマディーナに戻る帰路で、偽信者の頭目アブドゥッラー・ブン・ウバイイが言った言葉。「有力者」とは自分たち偽信者を、「下賤な者たち」とはマッカから移住してきたムスリムの難民を指す。

第 64 章　相互得失 …… سورة التغابن

マディーナ垂示

最後の審判の日に信仰者が不信仰者の失ったものを得ることが述べられる章句(9-10 節)に因んで「相互得失」章と名づけられる。

بِسْمِ ٱللَّهِ ٱلرَّحْمَٰنِ ٱلرَّحِيمِ
يُسَبِّحُ لِلَّهِ مَا فِي ٱلسَّمَٰوَٰتِ وَمَا فِي ٱلْأَرْضِ لَهُ ٱلْمُلْكُ وَلَهُ ٱلْحَمْدُ
وَهُوَ عَلَىٰ كُلِّ شَيْءٍ قَدِيرٌ ١ هُوَ ٱلَّذِي خَلَقَكُمْ فَمِنكُمْ كَافِرٌ وَمِنكُم
مُّؤْمِنٌ وَٱللَّهُ بِمَا تَعْمَلُونَ بَصِيرٌ ٢ خَلَقَ ٱلسَّمَٰوَٰتِ وَٱلْأَرْضَ
بِٱلْحَقِّ وَصَوَّرَكُمْ فَأَحْسَنَ صُوَرَكُمْ وَإِلَيْهِ ٱلْمَصِيرُ ٣ يَعْلَمُ
مَا فِي ٱلسَّمَٰوَٰتِ وَٱلْأَرْضِ وَيَعْلَمُ مَا تُسِرُّونَ وَمَا تُعْلِنُونَ وَٱللَّهُ
عَلِيمٌ بِذَاتِ ٱلصُّدُورِ ٤ أَلَمْ يَأْتِكُمْ نَبَؤُا۟ ٱلَّذِينَ كَفَرُوا۟ مِن قَبْلُ
فَذَاقُوا۟ وَبَالَ أَمْرِهِمْ وَلَهُمْ عَذَابٌ أَلِيمٌ ٥ ذَٰلِكَ بِأَنَّهُۥ كَانَت تَّأْتِيهِمْ
رُسُلُهُم بِٱلْبَيِّنَٰتِ فَقَالُوٓا۟ أَبَشَرٌ يَهْدُونَنَا فَكَفَرُوا۟ وَتَوَلَّوا۟ وَّٱسْتَغْنَى
ٱللَّهُ وَٱللَّهُ غَنِيٌّ حَمِيدٌ ٦ زَعَمَ ٱلَّذِينَ كَفَرُوٓا۟ أَن لَّن يُبْعَثُوا۟ قُلْ بَلَىٰ
وَرَبِّي لَتُبْعَثُنَّ ثُمَّ لَتُنَبَّؤُنَّ بِمَا عَمِلْتُمْ وَذَٰلِكَ عَلَى ٱللَّهِ يَسِيرٌ ٧
فَـَٔامِنُوا۟ بِٱللَّهِ وَرَسُولِهِۦ وَٱلنُّورِ ٱلَّذِيٓ أَنزَلْنَا وَٱللَّهُ بِمَا تَعْمَلُونَ خَبِيرٌ
٨ يَوْمَ يَجْمَعُكُمْ لِيَوْمِ ٱلْجَمْعِ ذَٰلِكَ يَوْمُ ٱلتَّغَابُنِ وَمَن يُؤْمِنۢ بِٱللَّهِ
وَيَعْمَلْ صَٰلِحًا يُكَفِّرْ عَنْهُ سَيِّـَٔاتِهِۦ وَيُدْخِلْهُ جَنَّٰتٍ تَجْرِي مِن
تَحْتِهَا ٱلْأَنْهَٰرُ خَٰلِدِينَ فِيهَآ أَبَدًا ذَٰلِكَ ٱلْفَوْزُ ٱلْعَظِيمُ ٩

慈悲あまねく慈悲深きアッラーの御名において

諸天にあるものも地にあるものもアッラーに讃美を捧げる。彼にこそ王権はあり、彼にこそ称賛はある。そして、彼はあらゆるものに対し全能なる御方。(64：1)

彼こそはおまえたちを創り給うた御方で、おまえたちの中には不信仰者もいれば、おまえたちの中には信仰者もいる。そしてアッラーはおまえたちのなすことについて見通し給う御方。(64：2)

彼は諸天と地を真理によって創り、おまえたちを形作り、そしておまえたちの形を美しいものとなし給うた。そして、彼の御許にこそ行きつく先はある。(64：3)

諸天と地にあるものを知り、おまえたちが秘めるものも露にするものも知り給う。そして、アッラーは胸中にあるものについてよく知り給う御方。(64：4)

以前に信仰を拒み、それで己の行状の結末を味わった者たちの消息がおまえたち(不信仰者)に届かなかった(というの)か。彼らには痛苦の懲罰があった。(64：5)

それ(懲罰)は、彼らの許に彼らの使徒たちが数々の明証と共にやって来たのに、彼らが「人間(たち)がわれらを導くのか」と言い、信仰を拒み、それで背き去ったためである。そしてアッラーは(彼らの信仰を必要とされず)自足し給うた。アッラーは自足し給う、称賛されるべき御方。(64：6)

信仰を拒んだ者たちは、甦らされることはないと主張した。言え、「いや、わが主に誓って、必ずやおまえたちは甦らされ、それからおまえたちが行ったことについて告げ知らされるのである。そしてそれはアッラーには容易なことである」。(64：7)

それゆえ、アッラーと彼の使徒を信じよ、そして、われらが下した光(クルアーン)を。そしてアッラーはおまえたちのなすことについて通暁し給う御方。(64：8)

彼がおまえたちを集会の日(最後の審判の日)のために集め給う日を(想起せよ)。それは、相互得失[1974]の日である。そしてアッラーを信じ、善行をなす者、彼(アッラー)は彼(その者)の悪事を彼から帳消しにし、下に河川が流れる楽園に彼を入れ給う。彼らはそこにいつまでも永遠に。それは大いなる成就である。(64：9)

1974　信仰者が楽園の報酬を得、不信仰者が報酬を失う日。ghabn とは、本来の値より安く、あるいは情報を隠して商品を入手し、得をすること。安く売りすぎた者、高く買いすぎた者は maghbūn(損をした者)と呼ばれる。不信仰者は信仰を放棄したことにより、信仰者は善行の出し惜しみにより、損失者となる日とも、現世で損失者であった信仰者が、来世で利得者となる日、とも言われる。

وَٱلَّذِينَ كَفَرُوا۟ وَكَذَّبُوا۟ بِـَٔايَٰتِنَآ أُو۟لَٰٓئِكَ أَصْحَٰبُ ٱلنَّارِ
خَٰلِدِينَ فِيهَا ۖ وَبِئْسَ ٱلْمَصِيرُ ١٠ مَآ أَصَابَ مِن مُّصِيبَةٍ
إِلَّا بِإِذْنِ ٱللَّهِ ۗ وَمَن يُؤْمِنۢ بِٱللَّهِ يَهْدِ قَلْبَهُۥ ۚ وَٱللَّهُ بِكُلِّ
شَىْءٍ عَلِيمٌ ١١ وَأَطِيعُوا۟ ٱللَّهَ وَأَطِيعُوا۟ ٱلرَّسُولَ ۚ فَإِن
تَوَلَّيْتُمْ فَإِنَّمَا عَلَىٰ رَسُولِنَا ٱلْبَلَٰغُ ٱلْمُبِينُ ١٢ ٱللَّهُ لَآ إِلَٰهَ
إِلَّا هُوَ ۚ وَعَلَى ٱللَّهِ فَلْيَتَوَكَّلِ ٱلْمُؤْمِنُونَ ١٣ يَٰٓأَيُّهَا
ٱلَّذِينَ ءَامَنُوٓا۟ إِنَّ مِنْ أَزْوَٰجِكُمْ وَأَوْلَٰدِكُمْ عَدُوًّا
لَّكُمْ فَٱحْذَرُوهُمْ ۚ وَإِن تَعْفُوا۟ وَتَصْفَحُوا۟ وَتَغْفِرُوا۟
فَإِنَّ ٱللَّهَ غَفُورٌ رَّحِيمٌ ١٤ إِنَّمَآ أَمْوَٰلُكُمْ وَأَوْلَٰدُكُمْ
فِتْنَةٌ ۚ وَٱللَّهُ عِندَهُۥٓ أَجْرٌ عَظِيمٌ ١٥ فَٱتَّقُوا۟ ٱللَّهَ مَا ٱسْتَطَعْتُمْ
وَٱسْمَعُوا۟ وَأَطِيعُوا۟ وَأَنفِقُوا۟ خَيْرًا لِّأَنفُسِكُمْ ۗ وَمَن يُوقَ
شُحَّ نَفْسِهِۦ فَأُو۟لَٰٓئِكَ هُمُ ٱلْمُفْلِحُونَ ١٦ إِن تُقْرِضُوا۟
ٱللَّهَ قَرْضًا حَسَنًا يُضَٰعِفْهُ لَكُمْ وَيَغْفِرْ لَكُمْ ۚ وَٱللَّهُ شَكُورٌ
حَلِيمٌ ١٧ عَٰلِمُ ٱلْغَيْبِ وَٱلشَّهَٰدَةِ ٱلْعَزِيزُ ٱلْحَكِيمُ ١٨

سُورَةُ الطَّلَاقِ

そして信仰を拒み、われらの諸々の徴(節)を嘘として否定する者たち、それらの者は獄火の輩であり、彼らはそこに永遠に。またなんと悪い行き着き先であることよ。(64：10)

どんな災難も、アッラーの御許可なしに降りかかることはなかった。そしてアッラーを信じる者があれば、彼(アッラー)は彼(その者)の心を導き給う。そしてアッラーはあらゆることについてよく知り給う御方。(64：11)

そしてアッラーに従い、使徒に従え。それでもし、おまえたちが背き去ったとしても、われらの使徒に課せられたのはただ明白な伝達のみである。(64：12)

アッラー、彼のほかに神はない。そしてアッラーにこそ、信仰者たちは一任せよ。(64：13)

信仰する者たちよ、まことにおまえたちの妻たちや子供たちの中にはおまえたちに対する敵がいる[1975]。それゆえ、彼らに警戒せよ。また、もし、おまえたちが大目に見、寛恕し、そして赦すなら、まことにアッラーはよく赦し給う慈悲深い御方であらせられる。(64：14)

まことに、おまえたちの財産と子供たちは試練[1976]に他ならない。そしてアッラー、彼の御許にこそ大いなる報酬がある。(64：15)

それゆえ、出来る限りアッラーを畏れ身を守れ。そして聞き、従い、(善に)費やせ。(それは)おまえたち自身にとって良い(ものとなる)[1977]。そして己の強欲から護られた者、それらの者たちは成功者である。(64：16)

もし、おまえたちがアッラーに良い債権を貸付けるなら、彼はおまえたちにそれを倍増し、おまえたちを赦し給う。そしてアッラーは深謝[1978]し給う寛容な御方。(64：17)

隠れたものと現れたものを知り給う威力比類なく英明なる御方。(64：18)

1975　マッカの多神教徒の男たちの中に、イスラームに入信しマディーナの預言者の許に移住を望んだにもかかわらず、妻子から反対、懇願されて、移住を断念した者があったために、この節が啓示された。
1976　来世から気を逸らせる誘惑、試練。
1977　あるいは、「良いものを」(もたらせ、あるいは費やせ)。
1978　35章30節脚注参照。

第 65 章　離婚 …… سورة الطلاق

マディーナ垂示

離婚に際しての待婚期間や扶養義務などが規定される(1-7 節)ことから「離婚」章と名づけられる。

慈悲あまねく慈悲深きアッラーの御名において

بِسْمِ اللَّهِ الرَّحْمَٰنِ الرَّحِيمِ
يَا أَيُّهَا النَّبِيُّ إِذَا طَلَّقْتُمُ النِّسَاءَ فَطَلِّقُوهُنَّ لِعِدَّتِهِنَّ وَأَحْصُوا الْعِدَّةَ
وَاتَّقُوا اللَّهَ رَبَّكُمْ لَا تُخْرِجُوهُنَّ مِنْ بُيُوتِهِنَّ وَلَا يَخْرُجْنَ إِلَّا أَنْ
يَأْتِينَ بِفَاحِشَةٍ مُبَيِّنَةٍ وَتِلْكَ حُدُودُ اللَّهِ وَمَنْ يَتَعَدَّ حُدُودَ اللَّهِ
فَقَدْ ظَلَمَ نَفْسَهُ لَا تَدْرِي لَعَلَّ اللَّهَ يُحْدِثُ بَعْدَ ذَٰلِكَ أَمْرًا (١)
فَإِذَا بَلَغْنَ أَجَلَهُنَّ فَأَمْسِكُوهُنَّ بِمَعْرُوفٍ أَوْ فَارِقُوهُنَّ بِمَعْرُوفٍ
وَأَشْهِدُوا ذَوَيْ عَدْلٍ مِنْكُمْ وَأَقِيمُوا الشَّهَادَةَ لِلَّهِ ذَٰلِكُمْ يُوعَظُ
بِهِ مَنْ كَانَ يُؤْمِنُ بِاللَّهِ وَالْيَوْمِ الْآخِرِ وَمَنْ يَتَّقِ اللَّهَ يَجْعَلْ لَهُ
مَخْرَجًا (٢) وَيَرْزُقْهُ مِنْ حَيْثُ لَا يَحْتَسِبُ وَمَنْ يَتَوَكَّلْ عَلَى اللَّهِ
فَهُوَ حَسْبُهُ إِنَّ اللَّهَ بَالِغُ أَمْرِهِ قَدْ جَعَلَ اللَّهُ لِكُلِّ شَيْءٍ
قَدْرًا (٣) وَاللَّائِي يَئِسْنَ مِنَ الْمَحِيضِ مِنْ نِسَائِكُمْ إِنِ
ارْتَبْتُمْ فَعِدَّتُهُنَّ ثَلَاثَةُ أَشْهُرٍ وَاللَّائِي لَمْ يَحِضْنَ وَأُولَاتُ
الْأَحْمَالِ أَجَلُهُنَّ أَنْ يَضَعْنَ حَمْلَهُنَّ وَمَنْ يَتَّقِ اللَّهَ
يَجْعَلْ لَهُ مِنْ أَمْرِهِ يُسْرًا (٤) ذَٰلِكَ أَمْرُ اللَّهِ أَنْزَلَهُ إِلَيْكُمْ
وَمَنْ يَتَّقِ اللَّهَ يُكَفِّرْ عَنْهُ سَيِّئَاتِهِ وَيُعْظِمْ لَهُ أَجْرًا (٥)

預言者よ、おまえたちが妻たちを離婚した(いと望んだ)時には、彼女らの(待婚)期間に離婚し、その期間を数えよ[1979]。そしておまえたちの主アッラーを畏れ身を守れ。彼女らを家から追い出してはならず、また、彼女らは出て行ってはならない。ただし、彼女らが明白な醜行をなす場合は別である。そしてそれがアッラーの諸法度である。そしてアッラーの諸法度を超える者は己自身に不正をなしたのである。おまえは、あるいはアッラーがこの後、何らかのこと(復縁)を起こし給うかを知らない。(65：1)

それで彼女らが彼女らの(待婚)期限を満了した時には、おまえたちは良識に則って彼女らを引き止めるか、良識に則って彼女らと別れよ。そしておまえたちのうち公正さを持ち合わせた者二人を証人に立て、アッラーに対して証言を果たせ[1980]。それが、アッラーと最後の日を信じる者が訓戒されたことである。そしてアッラーを畏れ身を守る者、彼(アッラー)はその者に出口を成し給う。(65：2)

そして、彼(その者)が予想だにしないところから彼に糧を与え給う。そしてアッラーに一任する者、彼(アッラー)は彼(その者)にとって十全であらせられる。まことにアッラーは彼の御意の完遂者。確かにアッラーはあらゆることに度合い(期限)を定め給うた。(65：3)

おまえたちの妻のうち、月経を諦めた者(老妻)たち、もし、おまえたちが疑うのであれば、彼女らの(待婚)期間は三ヶ月であり、まだ月経のない者たちもまた。そして妊娠している者たち、彼女らの(待婚)期限は彼女らが彼女らの荷を下ろす(出産する)までである。そしてアッラーを畏れ身を守る者、彼(アッラー)は彼(その者)に事を容易になし給う。(65：4)

それが、アッラーがおまえたちに下し給うた御命令である。そしてアッラーを畏れ身を守る者があれば、彼(アッラー)は彼にその悪事を帳消しにし給い、報奨を大きなものとなし給う。(65：5)

1979　女性が生理でない清浄で、交合のない期間中に離婚し、待婚期間が過ぎるのを待て。
1980　離婚か、復縁かをはっきりさせるために。

أَسۡكِنُوهُنَّ مِنۡ حَيۡثُ سَكَنتُم مِّن وُجۡدِكُمۡ وَلَا تُضَآرُّوهُنَّ لِتُضَيِّقُواْ
عَلَيۡهِنَّۚ وَإِن كُنَّ أُوْلَٰتِ حَمۡلٖ فَأَنفِقُواْ عَلَيۡهِنَّ حَتَّىٰ يَضَعۡنَ حَمۡلَهُنَّۚ فَإِنۡ
أَرۡضَعۡنَ لَكُمۡ فَـَٔاتُوهُنَّ أُجُورَهُنَّ وَأۡتَمِرُواْ بَيۡنَكُم بِمَعۡرُوفٖۖ وَإِن
تَعَاسَرۡتُمۡ فَسَتُرۡضِعُ لَهُۥٓ أُخۡرَىٰ ٦ لِيُنفِقۡ ذُو سَعَةٖ مِّن سَعَتِهِۦۖ وَمَن
قُدِرَ عَلَيۡهِ رِزۡقُهُۥ فَلۡيُنفِقۡ مِمَّآ ءَاتَىٰهُ ٱللَّهُۚ لَا يُكَلِّفُ ٱللَّهُ نَفۡسًا إِلَّا
مَآ ءَاتَىٰهَاۚ سَيَجۡعَلُ ٱللَّهُ بَعۡدَ عُسۡرٖ يُسۡرٗا ٧ وَكَأَيِّن مِّن قَرۡيَةٍ عَتَتۡ
عَنۡ أَمۡرِ رَبِّهَا وَرُسُلِهِۦ فَحَاسَبۡنَٰهَا حِسَابٗا شَدِيدٗا وَعَذَّبۡنَٰهَا عَذَابٗا
نُّكۡرٗا ٨ فَذَاقَتۡ وَبَالَ أَمۡرِهَا وَكَانَ عَٰقِبَةُ أَمۡرِهَا خُسۡرًا ٩ أَعَدَّ ٱللَّهُ
لَهُمۡ عَذَابٗا شَدِيدٗاۖ فَٱتَّقُواْ ٱللَّهَ يَٰٓأُوْلِي ٱلۡأَلۡبَٰبِ ٱلَّذِينَ ءَامَنُواْۚ قَدۡ أَنزَلَ
ٱللَّهُ إِلَيۡكُمۡ ذِكۡرٗا ١٠ رَّسُولٗا يَتۡلُواْ عَلَيۡكُمۡ ءَايَٰتِ ٱللَّهِ مُبَيِّنَٰتٖ لِّيُخۡرِجَ
ٱلَّذِينَ ءَامَنُواْ وَعَمِلُواْ ٱلصَّٰلِحَٰتِ مِنَ ٱلظُّلُمَٰتِ إِلَى ٱلنُّورِۚ وَمَن يُؤۡمِنۢ
بِٱللَّهِ وَيَعۡمَلۡ صَٰلِحٗا يُدۡخِلۡهُ جَنَّٰتٖ تَجۡرِي مِن تَحۡتِهَا ٱلۡأَنۡهَٰرُ خَٰلِدِينَ
فِيهَآ أَبَدٗاۖ قَدۡ أَحۡسَنَ ٱللَّهُ لَهُۥ رِزۡقًا ١١ ٱللَّهُ ٱلَّذِي خَلَقَ سَبۡعَ سَمَٰوَٰتٖ
وَمِنَ ٱلۡأَرۡضِ مِثۡلَهُنَّۖ يَتَنَزَّلُ ٱلۡأَمۡرُ بَيۡنَهُنَّ لِتَعۡلَمُوٓاْ أَنَّ ٱللَّهَ عَلَىٰ
كُلِّ شَيۡءٖ قَدِيرٞ وَأَنَّ ٱللَّهَ قَدۡ أَحَاطَ بِكُلِّ شَيۡءٍ عِلۡمَۢا ١٢

（離婚し待婚期間にある）彼女らを、おまえたちが住んでいるところで、おまえたちの手持ちに応じて住まわせよ。おまえたちは（離婚し待婚期間にある）彼女らに居辛くなるように嫌がらせをしてはならない。またもし、（離婚し待婚期間にある）彼女らが妊娠中であれば、彼女らが彼女らの荷を下ろすまで、彼女らに対し出費せよ。それでもし、彼女らがおまえたちのために授乳するのなら、彼女らの報酬を彼女らに与えよ。そしておまえたちの間で良識を勧め合え。それでおまえたちが互いに無理を言った時には、他の女が彼のために授乳することになる[1981]。（65：6）

豊かさのある者にはその豊かさから出費させよ。また糧の限られた者にも、アッラーが彼に与え給うたものから出費させよ。アッラーはだれにも、与え給うたもの（糧）（の多寡に応じて）しか課し給わない。いずれアッラーは、困難の後に安楽をなし給おう。（65：7）

またどれほど多くの町が、その主と彼（主）の使徒たちの命令に反逆したことか。それでわれらは厳しい清算でそれ（その町）を算定し、おぞましい懲罰でそれを罰した。（65：8）

それでそれ（その町）は己の所業の結末を味わった。そしてその所業の結果は損失であった。（65：9）

アッラーは彼らに厳しい懲罰を用意し給うた。それゆえアッラーを畏れ身を守れ、信仰する賢慮を備えた者たちよ。確かにアッラーはおまえたちに訓戒（クルアーン）を下し給うた。（65：10）

おまえたちにアッラーの諸々の徴を明かして読み聞かせる使徒を[1982]。信仰し、善行をなす者たちを諸々の闇から光へと彼が[1983]連れ出すために。そしてアッラーを信じ、善行をなす者、彼（アッラー）は、彼（その者）を下に河川が流れる楽園に入れ給い、彼らはそこにいつまでも永遠に。確かにアッラーは彼のために（楽園に於ける）糧を良きものとなし給うた。（65：11）

アッラーこそ七つの天を、そして大地でそれらと同様なものを[1984]創造し給うた御方で、御命令はそれらの間を降る。アッラーがあらゆるものに対し全能であらせられ、アッラーがあらゆるものを知識によって確かに取り囲み給うたことをおまえたちが知るためである。（65：12）

1981　父と母が授乳の報酬額で折り合わなかった場合は、父親が別に乳母を雇い、母親が授乳を強制されることはない。

1982　使徒（ムハンマド）を遣わし給うた。あるいは、前節の「訓戒」がクルアーンではなく預言者ムハンマドを指し、本節冒頭がその言い換え。一説に、使徒（天使ジブリール）を下し給うたの意とも。

1983　「彼」は、アッラーとも、使徒とも、訓戒とも言われる。

1984　七つの大地を、つまり七層の大地の意であるとの説が有力。

第 66 章　禁止 …… سورة التحريم

マディーナ垂示

預言者が妻たちの意向に沿ってアッラーが許し給うたものを禁止したことを無効とした冒頭の句(1 節)に因み、「禁止」章と名づけられる。本章で、邪な女性の典型として、預言者ヌーフとルートの妻、義なる女性の典型としてフィルアウンの妻とマルヤムの例が挙げられている(10-12 節)。

سورة التحريم

بسم الله الرحمن الرحيم

يا أيها النبي لم تحرم ما أحل الله لك تبتغي مرضات أزواجك والله
غفور رحيم ١ قد فرض الله لكم تحلة أيمانكم والله مولاكم وهو
العليم الحكيم ٢ وإذ أسر النبي إلى بعض أزواجه حديثا فلما
نبأت به وأظهره الله عليه عرف بعضه وأعرض عن بعض فلما
نبأها به قالت من أنبأك هذا قال نبأني العليم الخبير ٣ إن
تتوبا إلى الله فقد صغت قلوبكما وإن تظاهرا عليه فإن الله
هو مولاه وجبريل وصالح المؤمنين والملائكة بعد ذلك
ظهير ٤ عسى ربه إن طلقكن أن يبدله أزواجا خيرا منكن
مسلمات مؤمنات قانتات تائبات عابدات سائحات ثيبات
وأبكارا ٥ يا أيها الذين آمنوا قوا أنفسكم وأهليكم نارا
وقودها الناس والحجارة عليها ملائكة غلاظ شداد
لا يعصون الله ما أمرهم ويفعلون ما يؤمرون ٦ يا أيها الذين
كفروا لا تعتذروا اليوم إنما تجزون ما كنتم تعملون ٧

慈悲あまねく慈悲深きアッラーの御名において

預言者よ、どうしておまえは、アッラーがおまえに許し給うたものを禁じ、おまえの妻たちの満足を願うのか[1985]。そしてアッラーはよく赦し給う慈悲深い御方。(66：1)

アッラーはすでにおまえたちの誓約の解消をおまえたちに課し給うた[1986]。そしてアッラーはおまえたちの庇護者であらせられ、彼はよく知り給う英明なる御方。(66：2)

そして預言者が彼の妻たちのある者(ハフサ)に話[1987]を内密に打ち明けた時のこと。ところが彼女がそれについて(別の妻のアーイシャに)告げ知らせ[1988]、アッラーがそれ(ハフサとアーイシャの会話内容)を彼(預言者ムハンマド)に明かし給うた時、彼(預言者ムハンマド)は(ハフサに)その一部は知らせ、一部は(口外を)抑えられた。それで彼が彼女(ハフサ)にそれを告げ知らせると、彼女は言った。「誰がこのことをあなたに告げ知らせたのですか」。彼は言った。「よく知りよく通暁し給う御方が私に告げ知らせ給うた」。(66：3)

もしおまえたち二人(ハフサとアーイシャ)がアッラーの御許に悔いて戻るなら(二人は受け入れられる)。実際おまえたち二人の心は(あるべき様から外れ)傾いていたのである。だが、もし二人が彼(預言者)に対抗して助け合うなら(彼は援助者を見出す)。まことにアッラーが、彼こそが彼の庇護者であらせられ、ジブリールと信仰者たちの正しい者もまた(そうであるからには)。それからさらに天使たちも助力者である。(66：4)

きっと彼の主は、彼がおまえたち(妻)を離婚すれば、おまえたちよりも良い妻たちを彼に取替え

1985　預言者は甘い物や蜂蜜を好まれ、妻の一人であるザイナブの居所に長時間留まることが多かったが、そこでは蜂蜜が供された。そこで、妻のアーイシャとハフサが共謀し、アーイシャは預言者がハフサの許へ来た時、「マガーフィール」(甘いが臭い匂いのする草)の匂いがすると告げるように、ハフサに求めた。臭い匂いを嫌われる預言者は自らに蜂蜜を飲むことを禁じられた。一説では、エジプトのムカウキス王から献上されたコプト・キリスト教徒の女奴隷マーリヤと関係を持つことを、妻の一人ハフサの機嫌を取るために自らに禁じた。

1986　破約には償いが課される。破約の贖罪については、5 章 89 節参照。

1987　今後、蜂蜜を飲まないということ。

1988　二人の共謀が成功したことを。

يَٰٓأَيُّهَا ٱلَّذِينَ ءَامَنُواْ تُوبُوٓاْ إِلَى ٱللَّهِ تَوۡبَةٗ نَّصُوحًا عَسَىٰ رَبُّكُمۡ
أَن يُكَفِّرَ عَنكُمۡ سَيِّـَٔاتِكُمۡ وَيُدۡخِلَكُمۡ جَنَّٰتٖ تَجۡرِي
مِن تَحۡتِهَا ٱلۡأَنۡهَٰرُ يَوۡمَ لَا يُخۡزِي ٱللَّهُ ٱلنَّبِيَّ وَٱلَّذِينَ ءَامَنُواْ
مَعَهُۥۖ نُورُهُمۡ يَسۡعَىٰ بَيۡنَ أَيۡدِيهِمۡ وَبِأَيۡمَٰنِهِمۡ يَقُولُونَ رَبَّنَآ
أَتۡمِمۡ لَنَا نُورَنَا وَٱغۡفِرۡ لَنَآۖ إِنَّكَ عَلَىٰ كُلِّ شَيۡءٖ قَدِيرٞ ٨
يَٰٓأَيُّهَا ٱلنَّبِيُّ جَٰهِدِ ٱلۡكُفَّارَ وَٱلۡمُنَٰفِقِينَ وَٱغۡلُظۡ عَلَيۡهِمۡۚ
وَمَأۡوَىٰهُمۡ جَهَنَّمُۖ وَبِئۡسَ ٱلۡمَصِيرُ ٩ ضَرَبَ ٱللَّهُ مَثَلٗا
لِّلَّذِينَ كَفَرُواْ ٱمۡرَأَتَ نُوحٖ وَٱمۡرَأَتَ لُوطٖۖ كَانَتَا تَحۡتَ
عَبۡدَيۡنِ مِنۡ عِبَادِنَا صَٰلِحَيۡنِ فَخَانَتَاهُمَا فَلَمۡ يُغۡنِيَا عَنۡهُمَا
مِنَ ٱللَّهِ شَيۡـٔٗا وَقِيلَ ٱدۡخُلَا ٱلنَّارَ مَعَ ٱلدَّٰخِلِينَ ١٠
وَضَرَبَ ٱللَّهُ مَثَلٗا لِّلَّذِينَ ءَامَنُواْ ٱمۡرَأَتَ فِرۡعَوۡنَ إِذۡ
قَالَتۡ رَبِّ ٱبۡنِ لِي عِندَكَ بَيۡتٗا فِي ٱلۡجَنَّةِ وَنَجِّنِي مِن فِرۡعَوۡنَ
وَعَمَلِهِۦ وَنَجِّنِي مِنَ ٱلۡقَوۡمِ ٱلظَّٰلِمِينَ ١١ وَمَرۡيَمَ ٱبۡنَتَ
عِمۡرَٰنَ ٱلَّتِيٓ أَحۡصَنَتۡ فَرۡجَهَا فَنَفَخۡنَا فِيهِ مِن رُّوحِنَا
وَصَدَّقَتۡ بِكَلِمَٰتِ رَبِّهَا وَكُتُبِهِۦ وَكَانَتۡ مِنَ ٱلۡقَٰنِتِينَ ١٢

給う。帰依者《ムスリム》で、信仰者で、献身的で、悔いて戻る者で、仕える者で、斎戒者で、既婚の女と(あるいは)処女である(妻たち)を。(66：5)

信仰する者たちよ、おまえたち自身とおまえたちの家族を獄火から守れ。その(獄火の)燃料は人々と石で、その上には獰猛で過酷な天使たちがいる。彼らはアッラーに、(つまり)彼が彼らに命じ給うたことに背かず、命じられたことを行う。(66：6)

信仰を拒んだ者たちよ、今日、弁解はならない。おまえたちはおまえたちがなしてきたことを報いられるのである。(66：7)

信仰した者たちよ、誠実な悔い戻りでアッラーの御許に悔いて戻れ。きっとおまえたちの主はおまえたちの悪事をおまえたちから帳消しにし、おまえたちを下に河川が流れる楽園に入れ給うであろう。アッラーが預言者そして彼と共に信仰した者たちを辱め給わない日(最後の審判の日)、彼らの光は彼らの前を走り、彼らの右にも[1989]。彼らは言う。「われらが主よ、われらの光を(楽園に至るまで)全うさせ、われらを赦し給え。まことにあなたはあらゆるものに対し全能なる御方」。(66：8)

預言者よ、不信仰者たち、偽信者たちと奮闘《ジハード》し、彼らに対し強硬であれ。そして彼らの帰り処は火獄《ジャハンナム》である。またなんと悪い行き着く先であることよ。(66：9)

アッラーは、信仰を拒んだ者たちの譬《たと》えとしてヌーフの妻[1990]とルートの妻[1991]を挙げ給うた。この二人はわれらの僕《しもべ》たちのうちの二人の正しい僕《しもべ》(預言者ヌーフとルート)の下にいた。だが、彼女ら二人は(夫である)二人を裏切り、彼ら二人は彼女ら二人にはアッラーに対してわずかにも役立たず、「おまえたち二人は、入る者たちと共に獄火に入れ」と言われた。(66：10)

また、アッラーは、信仰する者たちの譬えとしてフィルアウンの妻を挙げ給うた[1992]。彼女が「わが主よ、あなたの御許に家を、楽園に建て給え。そして、私をフィルアウンと彼の所業から救い、また私を不正な民から救い給え」と言った時[1993]。(66：11)

また、イムラーンの娘マルヤムを。彼女は陰部を守り、われらはそこにわれらの霊から吹き込み[1994]、彼女は彼女の主の御言葉と彼の諸啓典を真実と認め、彼女は献身者たち(の一人)であった。(66：12)

1989　57章12節参照。

1990　彼女はヌーフを狂人と罵ったと言われる。

1991　ルートの家族は救われたが、妻だけが例外として滅ぼされた。11章81節、26章171節など参照。ルートの妻は客人の存在をルートの民に教えた、と言われる。

1992　フィルアウンの妻については28章9節参照。彼女の名はアースィヤであったと伝えられる。

1993　彼女が拷問にかけられた際の言葉とされる。

1994　19章17-21節、21章91節参照。

第 67 章　王権 …… سورة الملك

سُورَةُ المُلْكِ

بِسْمِ ٱللَّهِ ٱلرَّحْمَٰنِ ٱلرَّحِيمِ

تَبَٰرَكَ ٱلَّذِي بِيَدِهِ ٱلْمُلْكُ وَهُوَ عَلَىٰ كُلِّ شَيْءٍ قَدِيرٌ ١ ٱلَّذِي خَلَقَ
ٱلْمَوْتَ وَٱلْحَيَوٰةَ لِيَبْلُوَكُمْ أَيُّكُمْ أَحْسَنُ عَمَلًا وَهُوَ ٱلْعَزِيزُ ٱلْغَفُورُ
٢ ٱلَّذِي خَلَقَ سَبْعَ سَمَٰوَٰتٍ طِبَاقًا مَّا تَرَىٰ فِي خَلْقِ ٱلرَّحْمَٰنِ مِن
تَفَٰوُتٍ فَٱرْجِعِ ٱلْبَصَرَ هَلْ تَرَىٰ مِن فُطُورٍ ٣ ثُمَّ ٱرْجِعِ ٱلْبَصَرَ كَرَّتَيْنِ
يَنقَلِبْ إِلَيْكَ ٱلْبَصَرُ خَاسِئًا وَهُوَ حَسِيرٌ ٤ وَلَقَدْ زَيَّنَّا ٱلسَّمَآءَ
ٱلدُّنْيَا بِمَصَٰبِيحَ وَجَعَلْنَٰهَا رُجُومًا لِّلشَّيَٰطِينِ وَأَعْتَدْنَا لَهُمْ عَذَابَ
ٱلسَّعِيرِ ٥ وَلِلَّذِينَ كَفَرُوا۟ بِرَبِّهِمْ عَذَابُ جَهَنَّمَ وَبِئْسَ ٱلْمَصِيرُ
٦ إِذَآ أُلْقُوا۟ فِيهَا سَمِعُوا۟ لَهَا شَهِيقًا وَهِيَ تَفُورُ ٧ تَكَادُ تَمَيَّزُ
مِنَ ٱلْغَيْظِ كُلَّمَآ أُلْقِيَ فِيهَا فَوْجٌ سَأَلَهُمْ خَزَنَتُهَآ أَلَمْ يَأْتِكُمْ نَذِيرٌ ٨
قَالُوا۟ بَلَىٰ قَدْ جَآءَنَا نَذِيرٌ فَكَذَّبْنَا وَقُلْنَا مَا نَزَّلَ ٱللَّهُ مِن شَيْءٍ إِنْ أَنتُمْ
إِلَّا فِي ضَلَٰلٍ كَبِيرٍ ٩ وَقَالُوا۟ لَوْ كُنَّا نَسْمَعُ أَوْ نَعْقِلُ مَا كُنَّا فِيٓ أَصْحَٰبِ
ٱلسَّعِيرِ ١٠ فَٱعْتَرَفُوا۟ بِذَنۢبِهِمْ فَسُحْقًا لِّأَصْحَٰبِ ٱلسَّعِيرِ ١١ إِنَّ
ٱلَّذِينَ يَخْشَوْنَ رَبَّهُم بِٱلْغَيْبِ لَهُم مَّغْفِرَةٌ وَأَجْرٌ كَبِيرٌ ١٢

マッカ垂示

冒頭第 1 節に因み「王権」章と名づけられる。続いて大権の主アッラーが死と生の創造者であることが述べられる(2 節)。

慈悲あまねく慈悲深きアッラーの御名において

祝福あれ、その御手に王権がある御方に。そして彼はすべてのものに対して全能なる御方。(67：1)

(つまり)死と生を創り給うた御方。おまえたちのうち誰が行いにおいて最も優れているかを試み給うために。そして彼は威力比類なく、よく赦し給う御方。(67：2)

重層に七つの天を創り給うた御方。おまえは慈悲あまねき御方の創造になんの不調和も見出さない。それから(天に)視線を戻してみよ、おまえはなにか裂け目を見出すか。(67：3)

それから視線を二度[1995]戻してみよ。疲れた視線は伏し目に、おまえの許に引き返す。(67：4)

またまことにわれらは最下天を灯明(星々)で飾り、それ(灯明)を悪魔たちへの投石とし[1996]、彼らには烈火の懲罰を用意した。(67：5)

また、己の主への信仰を拒んだ者たちには火獄《ジャハンナム》の懲罰がある。またなんと悪い行き着く先であることよ。(67：6)

彼らがそこ(火獄)に投げ込まれた時、彼らは、煮えたぎるその咆哮を聞いた。(67：7)

それは激怒から破裂せんばかりである。そこに一団が投げ込まれる度、その門番たちが彼らに尋ねた。「おまえたちに警告者は来なかったのか」。(67：8)

彼らは言った。「いや、その通り。確かにわれらには警告者が来たが、われらは嘘と否定し、そして言った。『アッラーはなにも垂示し給わなかった。おまえたちは大きな迷誤のうちにあるにほかならない』」。(67：9)

また彼らは言った。「もしわれらが聞き、悟っていたなら、烈火の輩の中にはいなかったものを」。(67：10)

そうして彼らは己の罪を認めた。それゆえ、烈火の輩は(アッラーの慈悲から)遠ざけられよ。(67：11)

まことに己の主を見えないところで懼れる者たち、彼らには御赦しと大きな報酬がある。(67：12)

1995　一度の後にもう一度。再三再四、何度もの意。

1996　15 章 16-17 節、37 章 6-10 節参照。

وَأَسِرُّوا۟ قَوْلَكُمْ أَوِ ٱجْهَرُوا۟ بِهِۦٓ ۖ إِنَّهُۥ عَلِيمٌۢ بِذَاتِ ٱلصُّدُورِ ١٣ أَلَا
يَعْلَمُ مَنْ خَلَقَ وَهُوَ ٱللَّطِيفُ ٱلْخَبِيرُ ١٤ هُوَ ٱلَّذِى جَعَلَ لَكُمُ ٱلْأَرْضَ
ذَلُولًا فَٱمْشُوا۟ فِى مَنَاكِبِهَا وَكُلُوا۟ مِن رِّزْقِهِۦ ۖ وَإِلَيْهِ ٱلنُّشُورُ ١٥
ءَأَمِنتُم مَّن فِى ٱلسَّمَآءِ أَن يَخْسِفَ بِكُمُ ٱلْأَرْضَ فَإِذَا هِىَ تَمُورُ ١٦
أَمْ أَمِنتُم مَّن فِى ٱلسَّمَآءِ أَن يُرْسِلَ عَلَيْكُمْ حَاصِبًا ۖ فَسَتَعْلَمُونَ
كَيْفَ نَذِيرِ ١٧ وَلَقَدْ كَذَّبَ ٱلَّذِينَ مِن قَبْلِهِمْ فَكَيْفَ كَانَ نَكِيرِ ١٨
أَوَلَمْ يَرَوْا۟ إِلَى ٱلطَّيْرِ فَوْقَهُمْ صَٰٓفَّٰتٍ وَيَقْبِضْنَ ۚ مَا يُمْسِكُهُنَّ إِلَّا
ٱلرَّحْمَٰنُ ۚ إِنَّهُۥ بِكُلِّ شَىْءٍۭ بَصِيرٌ ١٩ أَمَّنْ هَٰذَا ٱلَّذِى هُوَ جُندٌ لَّكُمْ
يَنصُرُكُم مِّن دُونِ ٱلرَّحْمَٰنِ ۚ إِنِ ٱلْكَٰفِرُونَ إِلَّا فِى غُرُورٍ ٢٠ أَمَّنْ هَٰذَا
ٱلَّذِى يَرْزُقُكُمْ إِنْ أَمْسَكَ رِزْقَهُۥ ۚ بَل لَّجُّوا۟ فِى عُتُوٍّ وَنُفُورٍ ٢١ أَفَمَن
يَمْشِى مُكِبًّا عَلَىٰ وَجْهِهِۦٓ أَهْدَىٰٓ أَمَّن يَمْشِى سَوِيًّا عَلَىٰ صِرَٰطٍ
مُّسْتَقِيمٍ ٢٢ قُلْ هُوَ ٱلَّذِىٓ أَنشَأَكُمْ وَجَعَلَ لَكُمُ ٱلسَّمْعَ وَٱلْأَبْصَٰرَ
وَٱلْأَفْـِٔدَةَ ۖ قَلِيلًا مَّا تَشْكُرُونَ ٢٣ قُلْ هُوَ ٱلَّذِى ذَرَأَكُمْ فِى
ٱلْأَرْضِ وَإِلَيْهِ تُحْشَرُونَ ٢٤ وَيَقُولُونَ مَتَىٰ هَٰذَا ٱلْوَعْدُ إِن كُنتُمْ
صَٰدِقِينَ ٢٥ قُلْ إِنَّمَا ٱلْعِلْمُ عِندَ ٱللَّهِ وَإِنَّمَآ أَنَا۠ نَذِيرٌ مُّبِينٌ ٢٦

そして、おまえたちは言葉を秘めるなり、表わすなりするがいい。まことに、彼は胸中にあるものについてよく知り給う御方。(67：13)

創造し給うた御方が(秘密と公然を)知り給わないことがあろうか、彼は緻密にして、通暁し給う御方であらせられるというのに。(67：14)

彼こそはおまえたちに大地を低く(耕し、歩き易く)し給うた御方。それゆえ、その方々を歩き、彼(アッラー)の(援け給うた)糧を食べよ。そして彼の御許にこそ復活はある。(67：15)

おまえたちは天におわします御方[1997]から安全なのか、(つまり)彼が大地におまえたちを呑み込ませ給い、すると途端に、それが波立つことから。(67：16)

それとも、おまえたちは天におわします御方から安全なのか、(つまり)彼がおまえたちに小石を撒き散らす強風を送り給うことから。それでいずれおまえたちはわが警告がいかなるものかを知るであろう。(67：17)

そして彼ら(マッカの多神教徒)以前の者たちもかつて嘘と否定した。それでわが峻拒《しゅんきょ》がいかなるものであったか。(67：18)

それとも彼らは彼らの上に(翼を)広げては畳む鳥の方を見たことがないのか。それらを(空中に)把《は》持《じ》するのは慈悲あまねき御方のほかにない。まことに彼はすべてのことについて見通し給う御方。(67：19)

いや、誰がその者、(つまり)慈悲あまねき御方を差し置いておまえたちを援けるおまえたちのための軍隊である者(だというの)か。不信仰者たちはまやかしの中にいるに他ならない。(67：20)

いや、誰がその者、(つまり)おまえたちに糧を与える者である(というの)か、もし彼(アッラー)が彼の糧を控え給うたなら。いや、彼らは高慢と(真理の)忌避に固執した。(67：21)

己の顔をうつ伏せにして歩く者[1998]がより導かれているのか、それとも真っすぐな道の上を姿勢良く歩く者がか。(67：22)

言え、「彼こそはおまえたちを創生し、そしておまえたちに聴覚と視覚と心を作り給うた御方。わずかにしかおまえたちは感謝しない」。(67：23)

言え、「彼こそはおまえたちを大地に蒔き散らし(増やし)給うた御方であり、そして彼の御許におまえたちは追い集められる」。(67：24)

すると彼らは言う。「その(復活の日の)約束はいつか、おまえたちが真実を語る者であるなら(日時を示せ)」。(67：25)

言え、「その知識はアッラーの御許にのみある。そして私は明白な警告者にすぎない」。(67：26)

1997　天を支配し給う御方。あるいは、天の上に超越し給う御方。
1998　真下しか見られないので、どこにどのようにして行ったら良いか判らない者。

それで、彼らがそれ(懲罰)を間近に見るや、信仰を拒んだ者たちの顔は曇った。そして、言われた。「これが、おまえたちがそれについて(そんなものは無いと)主張していたものである」と。(67：27)

言え、「おまえたちは見て考えたか、もしアッラーが私と私と共にいる者を滅ぼし給うたとして、あるいはわれらに慈悲をかけ給うたとして[1999]。そうであれば、誰が不信仰者たちを痛苦の懲罰から護る(という)のか」。(67：28)

言え、「彼こそは慈悲あまねき御方。われらは彼を信じ、彼に一任した。そしていずれおまえたちは誰が明白な迷誤の中にいるのかを知るであろう」。(67：29)

言え、「おまえたちは見て考えたか、もしおまえたちの水が(地中に)しみ込んでしまったならば、誰が湧き出る水をおまえたちにもたらすか」。(67：30)

فَلَمَّا رَأَوْهُ زُلْفَةً سِيٓـَٔتْ وُجُوهُ ٱلَّذِينَ كَفَرُوا۟ وَقِيلَ هَٰذَا ٱلَّذِى كُنتُم
بِهِۦ تَدَّعُونَ ٢٧ قُلْ أَرَءَيْتُمْ إِنْ أَهْلَكَنِىَ ٱللَّهُ وَمَن مَّعِىَ أَوْ رَحِمَنَا
فَمَن يُجِيرُ ٱلْكَٰفِرِينَ مِنْ عَذَابٍ أَلِيمٍ ٢٨ قُلْ هُوَ ٱلرَّحْمَٰنُ
ءَامَنَّا بِهِۦ وَعَلَيْهِ تَوَكَّلْنَا فَسَتَعْلَمُونَ مَنْ هُوَ فِى ضَلَٰلٍ مُّبِينٍ
٢٩ قُلْ أَرَءَيْتُمْ إِنْ أَصْبَحَ مَآؤُكُمْ غَوْرًا فَمَن يَأْتِيكُم بِمَآءٍ مَّعِينٍۭ ٣٠

سُورَةُ ٱلْقَلَمِ

بِسْمِ ٱللَّهِ ٱلرَّحْمَٰنِ ٱلرَّحِيمِ

نٓ وَٱلْقَلَمِ وَمَا يَسْطُرُونَ ١ مَآ أَنتَ بِنِعْمَةِ رَبِّكَ بِمَجْنُونٍ ٢ وَإِنَّ
لَكَ لَأَجْرًا غَيْرَ مَمْنُونٍ ٣ وَإِنَّكَ لَعَلَىٰ خُلُقٍ عَظِيمٍ ٤ فَسَتُبْصِرُ
وَيُبْصِرُونَ ٥ بِأَييِّكُمُ ٱلْمَفْتُونُ ٦ إِنَّ رَبَّكَ هُوَ أَعْلَمُ بِمَن ضَلَّ
عَن سَبِيلِهِۦ وَهُوَ أَعْلَمُ بِٱلْمُهْتَدِينَ ٧ فَلَا تُطِعِ ٱلْمُكَذِّبِينَ
٨ وَدُّوا۟ لَوْ تُدْهِنُ فَيُدْهِنُونَ ٩ وَلَا تُطِعْ كُلَّ حَلَّافٍ مَّهِينٍ
١٠ هَمَّازٍ مَّشَّآءٍۭ بِنَمِيمٍ ١١ مَّنَّاعٍ لِّلْخَيْرِ مُعْتَدٍ أَثِيمٍ ١٢
عُتُلٍّۭ بَعْدَ ذَٰلِكَ زَنِيمٍ ١٣ أَن كَانَ ذَا مَالٍ وَبَنِينَ ١٤ إِذَا تُتْلَىٰ عَلَيْهِ
ءَايَٰتُنَا قَالَ أَسَٰطِيرُ ٱلْأَوَّلِينَ ١٥ سَنَسِمُهُۥ عَلَى ٱلْخُرْطُومِ ١٦

第68章　筆 …… سورة القلم

マッカ垂示

冒頭の誓言句「ヌーン。筆にかけて」に因んで、「筆」章、あるいは「ヌーン」章と名づけられる。預言者が偽者ではないことが告げられた後、不遜な振る舞いにより現世で懲罰を被った「園の持ち主たち」の教訓が語られる(2-33節)。

慈悲あまねく慈悲深きアッラーの御名において

ヌーン。筆にかけて[2000]、また、彼ら(人間や天使)が書くものにかけて。(68：1)

おまえ(預言者ムハンマド)は、おまえの主の恩寵によって、狂人ではない。(68：2)

そしてまことにおまえには、尽きない報酬がある。(68：3)

また、まことにおまえは偉大な徳性[2001]の上にある。(68：4)

いずれおまえは見、また、彼らも見るであろう、(68：5)

おまえたちのいずれが気の触れた者であるかを。(68：6)

まことに、おまえの主、彼こそは彼の道から迷った者についてより良く御存知であり、そして彼こそは、導かれた者たちについて最も良く御存知であらせられる。(68：7)

1999　もしアッラーがわれわれを死なせ給うか、あるいは生き長らえさせ給うたとしても、われわれの寿命の長短はおまえたちには何の役にも立たない。当時、マッカの不信仰者たちは、預言者ムハンマドたちの滅亡を願い呪詛していた。

2000　ここでの「筆」とは、「護持された書板」の言葉を書いたところの筆であるとも、現世の通常の筆であるとも言われる。アッラーが最初に創造し給うたのは、筆であり、それが「護持された書板」に世界の創造の後に生起する全ての事象を書き留めた、とも言われる。

2001　23章1-10節に見られる様な。

إِنَّا بَلَوْنَٰهُمْ كَمَا بَلَوْنَآ أَصْحَٰبَ ٱلْجَنَّةِ إِذْ أَقْسَمُوا۟ لَيَصْرِمُنَّهَا مُصْبِحِينَ ﴿١٧﴾ وَلَا
يَسْتَثْنُونَ ﴿١٨﴾ فَطَافَ عَلَيْهَا طَآئِفٌ مِّن رَّبِّكَ وَهُمْ نَآئِمُونَ ﴿١٩﴾ فَأَصْبَحَتْ
كَٱلصَّرِيمِ ﴿٢٠﴾ فَتَنَادَوْا۟ مُصْبِحِينَ ﴿٢١﴾ أَنِ ٱغْدُوا۟ عَلَىٰ حَرْثِكُمْ إِن كُنتُمْ
صَٰرِمِينَ ﴿٢٢﴾ فَٱنطَلَقُوا۟ وَهُمْ يَتَخَٰفَتُونَ ﴿٢٣﴾ أَن لَّا يَدْخُلَنَّهَا ٱلْيَوْمَ عَلَيْكُم
مِّسْكِينٌ ﴿٢٤﴾ وَغَدَوْا۟ عَلَىٰ حَرْدٍ قَٰدِرِينَ ﴿٢٥﴾ فَلَمَّا رَأَوْهَا قَالُوٓا۟ إِنَّا لَضَآلُّونَ
﴿٢٦﴾ بَلْ نَحْنُ مَحْرُومُونَ ﴿٢٧﴾ قَالَ أَوْسَطُهُمْ أَلَمْ أَقُل لَّكُمْ لَوْلَا تُسَبِّحُونَ
﴿٢٨﴾ قَالُوا۟ سُبْحَٰنَ رَبِّنَآ إِنَّا كُنَّا ظَٰلِمِينَ ﴿٢٩﴾ فَأَقْبَلَ بَعْضُهُمْ عَلَىٰ بَعْضٍ
يَتَلَٰوَمُونَ ﴿٣٠﴾ قَالُوا۟ يَٰوَيْلَنَآ إِنَّا كُنَّا طَٰغِينَ ﴿٣١﴾ عَسَىٰ رَبُّنَآ أَن يُبْدِلَنَا
خَيْرًا مِّنْهَآ إِنَّآ إِلَىٰ رَبِّنَا رَٰغِبُونَ ﴿٣٢﴾ كَذَٰلِكَ ٱلْعَذَابُ ۖ وَلَعَذَابُ ٱلْءَاخِرَةِ
أَكْبَرُ ۚ لَوْ كَانُوا۟ يَعْلَمُونَ ﴿٣٣﴾ إِنَّ لِلْمُتَّقِينَ عِندَ رَبِّهِمْ جَنَّٰتِ ٱلنَّعِيمِ ﴿٣٤﴾
أَفَنَجْعَلُ ٱلْمُسْلِمِينَ كَٱلْمُجْرِمِينَ ﴿٣٥﴾ مَا لَكُمْ كَيْفَ تَحْكُمُونَ ﴿٣٦﴾ أَمْ لَكُمْ
كِتَٰبٌ فِيهِ تَدْرُسُونَ ﴿٣٧﴾ إِنَّ لَكُمْ فِيهِ لَمَا تَخَيَّرُونَ ﴿٣٨﴾ أَمْ لَكُمْ أَيْمَٰنٌ عَلَيْنَا
بَٰلِغَةٌ إِلَىٰ يَوْمِ ٱلْقِيَٰمَةِ ۙ إِنَّ لَكُمْ لَمَا تَحْكُمُونَ ﴿٣٩﴾ سَلْهُمْ أَيُّهُم بِذَٰلِكَ
زَعِيمٌ ﴿٤٠﴾ أَمْ لَهُمْ شُرَكَآءُ فَلْيَأْتُوا۟ بِشُرَكَآئِهِمْ إِن كَانُوا۟ صَٰدِقِينَ ﴿٤١﴾ يَوْمَ
يُكْشَفُ عَن سَاقٍ وَيُدْعَوْنَ إِلَى ٱلسُّجُودِ فَلَا يَسْتَطِيعُونَ ﴿٤٢﴾

それゆえ、おまえは(アッラーの諸々の徴や預言を)嘘だと否定する者たちに従ってはならない。(68：8)

彼らは、おまえが妥協し、そして彼らも妥協することを望んだ。(68：9)

それゆえ、どんな卑しい宣誓常習者[2002]にも従ってはならない。(68：10)

(それは)中傷者で、悪口を言いふらす者、(68：11)

善(に費やすこと)を妨げ、度を越す罪深い者、(68：12)

粗野で、その上、素性の卑しい者に(従ってはならない)。(68：13)

財産と子供を持っていること(故に)[2003]。(68：14)

彼にわれらの諸々の徴が読み聞かせられると、「(これは)昔の者たちの作り話である」と言った。(68：15)

いずれわれらは彼[2004]の鼻面に焼印を押そう。(68：16)

まことにわれらは彼らを試みた[2005]、ちょうど「園の持ち主たち」を試みたように。その時、彼らは早朝にそれを刈り取る[2006]ことを誓った。(68：17)

だが、彼らは除外しない[2007]。(68：18)

それで、彼らが眠っている間に、おまえの主からの巡回(破滅)がそれ(園)を訪れた。(68：19)

すると、それは朝には闇夜のようになっていた[2008]。(68：20)

そこで、朝を迎え、彼らは呼びかけ合った。(68：21)

「おまえたちの耕作地に早朝に出かけよ、もし、おまえたちが刈り取る者であるならば」。(68：22)

そこで彼らは声を潜めて、出かけた。(68：23)

「今日こそ、おまえたち(の意)に反して貧乏人がそこに入ることはない」と。(68：24)

そして彼らは(貧乏人の)阻止が可能な者として早朝出かけた。(68：25)

2002　真実や虚偽の宣誓を軽々しく繰り返し行う者。

2003　財産等があるからといって、この様な者に従ってはならない。あるいは、第15節の理由を説明している。

2004　ワリード・ブン・アル＝ムギーラ。彼の鼻はバドルの戦いの日に剣で傷を受けた。

2005　マッカの不信仰者たちを旱魃と飢饉で試み給うた。

2006　貧民に気づかれず、彼らの取り分を与えないために。

2007　「もしアッラーが望み給うたならば(イン・シャーァ・アッラー)」との条件文を言わなかった。あるいは、貧民の取り分を別扱いしなかった。

2008　火に焼かれ枯れて黒ずんでいた。あるいは、刈り取られていた。

ところがそれ(変わり果てた自分たちの果樹園)を見て、彼らは言った。「まことにわれらは(道に)迷ったのだ[2009]」。(68：26)

「いや、われらは(収穫を)禁じられたのだ」。(68：27)

彼らのうち最も公平な者が言った。「『おまえたち、賛美してはどうか』と私はおまえたちに言わなかったか」。(68：28)

彼らは言った。「称えあれ、われらの主こそ超越者。まことにわれらは不正な者であった」。(68：29)

それで彼らは非難し合いながら互いに向き合った。(68：30)

彼らは言った。「われらの災いよ。まことにわれらは無法者であった」。(68：31)

「きっとわれらの主はこれ(園)よりも良いものをわれらに取替え給うであろう。まことにわれらはわれらの主に(御赦しと良きものを)期待する者である」。(68：32)

このようなもので、懲罰は、ある[2010]。だが、来世の懲罰はさらに大きい。もし、彼らが知っていたならば。(68：33)

まことに、畏れ身を守る者たちには、彼らの主の許に至福の園がある。(68：34)

われらが帰依者《ムスリム》たちを罪人(不信仰者)たちのようにするというのか。(68：35)

おまえたちはどうしたのか。いかにして(そのように)判定するというのか[2011]。(68：36)

それとも、おまえたちには啓典があり、それ(その啓典)でおまえたちは学ぶ(調べる)のか。(68：37)

まことにそれ(啓典)にはおまえたちに、まさにおまえたちが(好ましいものとして)選ぶもの(内容)があるのだと。(68：38)

それとも、おまえたちにはわれらに対する復活(審判)の日まで達する(有効な)誓約があるのか。まことに、おまえたちには、まさにおまえたちが判定するものがあると[2012]。(68：39)

彼らに問え、彼らのいずれがそれに関する保証人かと。(68：40)

それとも、彼らには共同者たち[2013]があるのか。それなら、彼らの共同者たちを連れて来させよ。もし、彼らが真実を語る者であるならば。(68：41)

脛が露わにされ[2014]、彼らが跪拝に呼びかけられるが[2015]、できない日。(68：42)

2009　別のところに来てしまい、目の前にあるものは自分たちの果樹園ではない。

2010　現世では、懲罰はこのようなものである。

2011　来世にて罪人が帰依者のように遇されると。

2012　おまえたちの欲することが生じると。

2013　彼らが、アッラーの共同者たちであると主張する神々。

2014　「脛が露わにされ」の原義は、男性が重労働の際に、あるいは敗戦時に恐怖にかられた深窓の佳人が逃走する際に裾をたくし上げ脛を剥き出すことで、ここでは最後の審判の日の重大さや恐怖の比喩。

2015　叱責として。

خَٰشِعَةً أَبۡصَٰرُهُمۡ تَرۡهَقُهُمۡ ذِلَّةٞۖ وَقَدۡ كَانُواْ يُدۡعَوۡنَ إِلَى ٱلسُّجُودِ وَهُمۡ
سَٰلِمُونَ ٤٣ فَذَرۡنِي وَمَن يُكَذِّبُ بِهَٰذَا ٱلۡحَدِيثِۖ سَنَسۡتَدۡرِجُهُم
مِّنۡ حَيۡثُ لَا يَعۡلَمُونَ ٤٤ وَأُمۡلِي لَهُمۡۚ إِنَّ كَيۡدِي مَتِينٌ ٤٥ أَمۡ تَسۡـَٔلُهُمۡ
أَجۡرٗا فَهُم مِّن مَّغۡرَمٖ مُّثۡقَلُونَ ٤٦ أَمۡ عِندَهُمُ ٱلۡغَيۡبُ فَهُمۡ يَكۡتُبُونَ
٤٧ فَٱصۡبِرۡ لِحُكۡمِ رَبِّكَ وَلَا تَكُن كَصَاحِبِ ٱلۡحُوتِ إِذۡ نَادَىٰ
وَهُوَ مَكۡظُومٞ ٤٨ لَّوۡلَآ أَن تَدَٰرَكَهُۥ نِعۡمَةٞ مِّن رَّبِّهِۦ لَنُبِذَ بِٱلۡعَرَآءِ
وَهُوَ مَذۡمُومٞ ٤٩ فَٱجۡتَبَٰهُ رَبُّهُۥ فَجَعَلَهُۥ مِنَ ٱلصَّٰلِحِينَ
٥٠ وَإِن يَكَادُ ٱلَّذِينَ كَفَرُواْ لَيُزۡلِقُونَكَ بِأَبۡصَٰرِهِمۡ لَمَّا سَمِعُواْ
ٱلذِّكۡرَ وَيَقُولُونَ إِنَّهُۥ لَمَجۡنُونٞ ٥١ وَمَا هُوَ إِلَّا ذِكۡرٞ لِّلۡعَٰلَمِينَ ٥٢

سُورَةُ الحَاقَّةِ

بِسۡمِ ٱللَّهِ ٱلرَّحۡمَٰنِ ٱلرَّحِيمِ

ٱلۡحَآقَّةُ ١ مَا ٱلۡحَآقَّةُ ٢ وَمَآ أَدۡرَىٰكَ مَا ٱلۡحَآقَّةُ ٣ كَذَّبَتۡ ثَمُودُ وَعَادُۢ
بِٱلۡقَارِعَةِ ٤ فَأَمَّا ثَمُودُ فَأُهۡلِكُواْ بِٱلطَّاغِيَةِ ٥ وَأَمَّا عَادٞ فَأُهۡلِكُواْ بِرِيحٖ
صَرۡصَرٍ عَاتِيَةٖ ٦ سَخَّرَهَا عَلَيۡهِمۡ سَبۡعَ لَيَالٖ وَثَمَٰنِيَةَ أَيَّامٍ حُسُومٗاۖ فَتَرَى
ٱلۡقَوۡمَ فِيهَا صَرۡعَىٰ كَأَنَّهُمۡ أَعۡجَازُ نَخۡلٍ خَاوِيَةٖ ٧ فَهَلۡ تَرَىٰ لَهُم مِّنۢ بَاقِيَةٖ ٨

彼らの目は伏せられ、卑しめが彼らを捉える。かつて、彼らが健全だった時、彼らは跪拝に呼びかけられていたのであった。(68：43)

それゆえ、おまえはわれを、この言葉(クルアーン)を嘘として否定する者と共に、放置せよ[2016]。われらは彼らの知らないところから彼らを徐々に追い込むであろう[2017]。(68：44)

そして、われは彼らを猶予する。まことにわが策略は強固である。(68：45)

それとも、おまえが彼らに報酬を求めたため、それで彼らは負債に押し潰されているのか[2018]。(68：46)

それとも、彼らの許には隠されたもの(不可視界の知識)があり、それで彼らは書いているのか。(68：47)

それゆえおまえは、おまえの主の裁決に忍耐し、打ちのめされて(アッラーに祈り)呼びかけた時の「大魚の友(ユーヌス)」のようになってはならない[2019]。(68：48)

もし彼の主からの恩寵が彼に達しなければ、彼は叱責を受け、不毛の地に投げ捨てられたであろう。(68：49)

だが、彼の主は彼を選び、義人たち(の一人)となし給うた。(68：50)

そしてまことに、信仰を拒んだ者たちは訓戒(クルアーン)を聞くと、彼らの目でおまえを射落とさんばかりにし(睨み)、そして「彼は狂人である」と言う。(68：51)

だが、これ(クルアーン)は諸世界への訓戒にほかならない。(68：52)

第69章　必ず実現するもの …… سورة الحاقة

マッカ垂示

冒頭の語「必ず実現するもの」に因んで名付けられた。「必ず実現するもの」とは審判の日であり、全編にわたり、終末、審判、火獄と楽園の情景が物語られ、警告がなされる。

慈悲あまねく慈悲深きアッラーの御名において

必ず実現するもの[2020]、(69：1)

2016　彼らのことは、我独りの好きにさせよ、我に任せよ。

2017　彼らが健康で豊かな生活を享楽しているままにしばし猶予し、気付かない間に懲罰の末路に誘《おび》き寄せる。

2018　52章40節参照。

2019　21章87節参照。

2020　復活の日。

وَجَآءَ فِرۡعَوۡنُ وَمَن قَبۡلَهُۥ وَٱلۡمُؤۡتَفِكَٰتُ بِٱلۡخَاطِئَةِ ﴿٩﴾ فَعَصَوۡاْ رَسُولَ
رَبِّهِمۡ فَأَخَذَهُمۡ أَخۡذَةٗ رَّابِيَةً ﴿١٠﴾ إِنَّا لَمَّا طَغَا ٱلۡمَآءُ حَمَلۡنَٰكُمۡ فِي ٱلۡجَارِيَةِ
﴿١١﴾ لِنَجۡعَلَهَا لَكُمۡ تَذۡكِرَةٗ وَتَعِيَهَآ أُذُنٞ وَٰعِيَةٞ ﴿١٢﴾ فَإِذَا نُفِخَ فِي ٱلصُّورِ
نَفۡخَةٞ وَٰحِدَةٞ ﴿١٣﴾ وَحُمِلَتِ ٱلۡأَرۡضُ وَٱلۡجِبَالُ فَدُكَّتَا دَكَّةٗ وَٰحِدَةٗ ﴿١٤﴾
فَيَوۡمَئِذٖ وَقَعَتِ ٱلۡوَاقِعَةُ ﴿١٥﴾ وَٱنشَقَّتِ ٱلسَّمَآءُ فَهِيَ يَوۡمَئِذٖ وَاهِيَةٞ
﴿١٦﴾ وَٱلۡمَلَكُ عَلَىٰٓ أَرۡجَآئِهَاۚ وَيَحۡمِلُ عَرۡشَ رَبِّكَ فَوۡقَهُمۡ يَوۡمَئِذٖ ثَمَٰنِيَةٞ
﴿١٧﴾ يَوۡمَئِذٖ تُعۡرَضُونَ لَا تَخۡفَىٰ مِنكُمۡ خَافِيَةٞ ﴿١٨﴾ فَأَمَّا مَنۡ أُوتِيَ كِتَٰبَهُۥ
بِيَمِينِهِۦ فَيَقُولُ هَآؤُمُ ٱقۡرَءُواْ كِتَٰبِيَهۡ ﴿١٩﴾ إِنِّي ظَنَنتُ أَنِّي مُلَٰقٍ حِسَابِيَهۡ
﴿٢٠﴾ فَهُوَ فِي عِيشَةٖ رَّاضِيَةٖ ﴿٢١﴾ فِي جَنَّةٍ عَالِيَةٖ ﴿٢٢﴾ قُطُوفُهَا دَانِيَةٞ ﴿٢٣﴾
كُلُواْ وَٱشۡرَبُواْ هَنِيٓـَٔۢا بِمَآ أَسۡلَفۡتُمۡ فِي ٱلۡأَيَّامِ ٱلۡخَالِيَةِ ﴿٢٤﴾ وَأَمَّا مَنۡ أُوتِيَ
كِتَٰبَهُۥ بِشِمَالِهِۦ فَيَقُولُ يَٰلَيۡتَنِي لَمۡ أُوتَ كِتَٰبِيَهۡ ﴿٢٥﴾ وَلَمۡ أَدۡرِ مَا حِسَابِيَهۡ
﴿٢٦﴾ يَٰلَيۡتَهَا كَانَتِ ٱلۡقَاضِيَةَ ﴿٢٧﴾ مَآ أَغۡنَىٰ عَنِّي مَالِيَهۡۜ ﴿٢٨﴾ هَلَكَ عَنِّي سُلۡطَٰنِيَهۡ
﴿٢٩﴾ خُذُوهُ فَغُلُّوهُ ﴿٣٠﴾ ثُمَّ ٱلۡجَحِيمَ صَلُّوهُ ﴿٣١﴾ ثُمَّ فِي سِلۡسِلَةٖ ذَرۡعُهَا
سَبۡعُونَ ذِرَاعٗا فَٱسۡلُكُوهُ ﴿٣٢﴾ إِنَّهُۥ كَانَ لَا يُؤۡمِنُ بِٱللَّهِ ٱلۡعَظِيمِ ﴿٣٣﴾
وَلَا يَحُضُّ عَلَىٰ طَعَامِ ٱلۡمِسۡكِينِ ﴿٣٤﴾ فَلَيۡسَ لَهُ ٱلۡيَوۡمَ هَٰهُنَا حَمِيمٞ ﴿٣٥﴾

必ず実現するものとは何か。(69：2)

必ず実現するものとは何かを、何がおまえに分からせたか。(69：3)

サムード(族)とアード(族)は、大打撃(最後の審判の日)を嘘として否定した。(69：4)

そこでサムード(族)については、彼らは大音響によって滅ぼされた[2021]。(69：5)

またアード(族)については、彼らは強力な突風によって滅ぼされた[2022]。(69：6)

彼(アッラー)は彼らの上に七夜八日の連日連夜それ(突風)を従わせ(吹かせ)給うた。そして、おまえはその(突風の)中で民が、まるで空洞になって倒れたナツメヤシの幹のように、投げ倒された(死んだ)のを見る。(69：7)

おまえは彼らに生き残りがいるのを見るか。(69：8)

また、フィルアウンと彼以前の者、そして転覆した諸都市[2023]は罪過をもたらした(犯した)。(69：9)

また、彼らは彼らの主の使徒に背き、それゆえ、彼(アッラー)はいや増す捕獲で[2024]彼らを捕らえ給うた。(69：10)

まことにわれらは、水が溢れた時[2025]、おまえたち(の祖先)を船で運んだ。(69：11)

われらがそれ[2026]をおまえたちへの教訓とし、注意深い耳がそれを覚えるために。(69：12)

それで角笛が一吹き吹かれた時、(69：13)

そして大地と山々が持ち運ばれ、両者が一打で粉砕された(時)。(69：14)

それでその日、かの出来事は起こり、(69：15)

そして天は裂けた。それはその日、脆いのである。(69：16)

そして、天使(たち)はその(天の)端々の上にいる。そして彼ら(天使たち)の上にあるおまえの主の高御座を、その日、八(天使)が支える。(69：17)

その日、おまえたちは晒され、おまえたちの(たった)一つの隠し事すら隠れることはない。(69：18)

2021　11章65-67節、54章31節参照。
2022　41章16節、46章24-25節、51章41-42節、54章19節参照。
2023　ルートの民の町。サドゥーム(ソドム)。
2024　より一層激しい捕獲で。
2025　ヌーフの洪水。「創世記」6-9章を参照
2026　この出来事を。この行いを。あるいは船を。

そこで、己の記録簿を右手に渡される者については、彼(その者)は言う。「さあ[2027]、あなたたち、私の帳簿を読んでくれ」。(69：19)

「まことに、私は己の清算に出会うと考えていた」。(69：20)

それで彼は満悦の生活にある。(69：21)

高い楽園の中で。(69：22)

その果物は手近にある。(69：23)

「喜んで食べ、飲むがよい。過ぎ去った日々におまえたちが前もってなしたことゆえに」。(69：24)

だが、己の記録簿を左手に渡される者については、彼(その者)は言う。「ああ、私の帳簿が私に渡されなければ良かったのに」、(69：25)

「そして、私の清算がどんなものかを知らなければ(良かったのに)」。(69：26)

「ああ、それ(現世での死)が終結であったなら良かったのに」。(69：27)

「私の財産は私に役立たなかった」。(69：28)

「私から私の権威[2028]は消滅した」。(69：29)

(火獄の番人たちに対し言われる)「おまえたち、彼を捕らえ、彼を縛れ」。(69：30)

「それから、焦熱地獄に彼を焼《く》べよ」。(69：31)

「それから、長さが七十腕尺の鎖の中に、彼を差し込め(繋げ)」。(69：32)

「まことに、彼は大いなるアッラーを信じていなかった」。(69：33)

「また、貧困者の食事(の施し)を勧めなかった」。(69：34)

2027　あなたたち、手に取ってくれの意とされる。
2028　現世で人々に対して有していた権威とも、自らを擁護するための「明証」とも言われる。

وَلَا طَعَامٌ إِلَّا مِنْ غِسْلِينٍ ﴿٣٦﴾ لَّا يَأْكُلُهُۥٓ إِلَّا ٱلْخَٰطِـُٔونَ ﴿٣٧﴾ فَلَآ أُقْسِمُ
بِمَا تُبْصِرُونَ ﴿٣٨﴾ وَمَا لَا تُبْصِرُونَ ﴿٣٩﴾ إِنَّهُۥ لَقَوْلُ رَسُولٍ كَرِيمٍ ﴿٤٠﴾ وَمَا هُوَ
بِقَوْلِ شَاعِرٍ ۚ قَلِيلًا مَّا تُؤْمِنُونَ ﴿٤١﴾ وَلَا بِقَوْلِ كَاهِنٍ ۚ قَلِيلًا مَّا تَذَكَّرُونَ
﴿٤٢﴾ تَنزِيلٌ مِّن رَّبِّ ٱلْعَٰلَمِينَ ﴿٤٣﴾ وَلَوْ تَقَوَّلَ عَلَيْنَا بَعْضَ ٱلْأَقَاوِيلِ ﴿٤٤﴾
لَأَخَذْنَا مِنْهُ بِٱلْيَمِينِ ﴿٤٥﴾ ثُمَّ لَقَطَعْنَا مِنْهُ ٱلْوَتِينَ ﴿٤٦﴾ فَمَا مِنكُم
مِّنْ أَحَدٍ عَنْهُ حَٰجِزِينَ ﴿٤٧﴾ وَإِنَّهُۥ لَتَذْكِرَةٌ لِّلْمُتَّقِينَ ﴿٤٨﴾ وَإِنَّا
لَنَعْلَمُ أَنَّ مِنكُم مُّكَذِّبِينَ ﴿٤٩﴾ وَإِنَّهُۥ لَحَسْرَةٌ عَلَى ٱلْكَٰفِرِينَ
﴿٥٠﴾ وَإِنَّهُۥ لَحَقُّ ٱلْيَقِينِ ﴿٥١﴾ فَسَبِّحْ بِٱسْمِ رَبِّكَ ٱلْعَظِيمِ ﴿٥٢﴾

سُورَةُ المَعَارِج

بِسْمِ ٱللَّهِ ٱلرَّحْمَٰنِ ٱلرَّحِيمِ

سَأَلَ سَآئِلٌۢ بِعَذَابٍ وَاقِعٍ ﴿١﴾ لِّلْكَٰفِرِينَ لَيْسَ لَهُۥ دَافِعٌ ﴿٢﴾
مِّنَ ٱللَّهِ ذِى ٱلْمَعَارِجِ ﴿٣﴾ تَعْرُجُ ٱلْمَلَٰٓئِكَةُ وَٱلرُّوحُ إِلَيْهِ
فِى يَوْمٍ كَانَ مِقْدَارُهُۥ خَمْسِينَ أَلْفَ سَنَةٍ ﴿٤﴾ فَٱصْبِرْ صَبْرًا جَمِيلًا
﴿٥﴾ إِنَّهُمْ يَرَوْنَهُۥ بَعِيدًا ﴿٦﴾ وَنَرَىٰهُ قَرِيبًا ﴿٧﴾ يَوْمَ تَكُونُ ٱلسَّمَآءُ
كَٱلْمُهْلِ ﴿٨﴾ وَتَكُونُ ٱلْجِبَالُ كَٱلْعِهْنِ ﴿٩﴾ وَلَا يَسْـَٔلُ حَمِيمٌ حَمِيمًا ﴿١٠﴾

「それゆえ、今日、彼にはここでは近しい者はなく」、(69：35)

「また膿[2029]のほかに食事はない」。(69：36)

「それを食べるのは過ちを犯した者たちだけである」。(69：37)

それでわれはおまえたちが見るものにかけて誓おうではないか[2030]。(69：38)

また、おまえたちが見ないものにかけて(誓おうではないか)。(69：39)

まことにそれ(クルアーン)は高貴なる使徒の言葉[2031]である。(69：40)

そして、それは詩人の言葉ではない。おまえたちはほとんど信じない。(69：41)

また、(それは)巫《ふ》蠱《こ》の言葉でもない。おまえたちはほとんど留意しない。(69：42)

(それは)諸世界の主からの垂示である。(69：43)

そしてもし彼(預言者ムハンマド)がわれらに関しなんらかの戯言を捏造したなら、(69：44)

必ずやわれらは彼を右手で捕らえ[2032]、(69：45)

それから彼の大動脈を必ずや切ったであろう。(69：46)

それでおまえたちの誰一人として彼を守る者はない。(69：47)

そしてまことにそれ(クルアーン)は畏れ身を守る者への訓戒に他ならない。(69：48)

そしてまことに、われらはおまえたちの中に(クルアーンを)嘘と否定する者がいることを確かに知っている。(69：49)

そしてまことに、それ(クルアーン)は不信仰者たちにはまさに悲嘆である。(69：50)

そしてまことに、それはまさに確信の(確実な)真実である。(69：51)

それゆえ、大いなるおまえの主の御名を讃美せよ。(69：52)

第70章　階梯 …… سورة المعارج

マッカ垂示

第３節に因み、「階梯」章と呼ばれる。天使はアッラーの御許への階梯を一日で昇るが、その一日は現世の五万年に相当することが教えられる(４節)。

2029　原義は、傷を洗った時に流れ出るもの(膿や血)。一説には火獄の木を指す。

2030　56章75節脚注参照。

2031　使徒(預言者ムハンマド、もしくは天使ジブリール)によって伝えられ読まれた言葉。

2032　右手は威力と力強さの象徴。「必ずやわれらは彼を(我らの)威力によって力強く捕らえ」の意。あるいは、「必ずやわれらは彼の右手を捕らえ」。右手を捕らえるとは屠殺の際に押さえ込むこと。

本章も、全編にわたり、終末、審判、火獄と楽園の情景が物語られ、警告がなされる。

慈悲あまねく慈悲深きアッラーの御名において

求める者が起こるべき懲罰について求めた[2033]。(70：1)

不信仰者たちに対して(懲罰が下るようにと祈った)[2034] —それ(懲罰)には追い払うすべはない—、(70：2)

階梯の主アッラーから[2035]。(70：3)

天使たちと霊[2036]は彼の御許まで昇る、その時間が五万年に相当する一日に[2037]。(70：4)

それゆえ、(彼らの嘲罵に)良い忍耐で耐えよ。(70：5)

まことに彼らはそれ(懲罰、または復活の日)を遠いと見る。(70：6)

だが、われらはそれを近いと見る。(70：7)

天が鎔鉱のようになる日に。(70：8)

そして、山々は羊毛のようになる(日)、(70：9)

また近しい者(近親)も近しい者(近親)を尋ねない(日)。(70：10)

彼らは彼らを見せられている(というのに)[2038]。罪人は己の子供たちによってその日の懲罰から身を贖《あがな》えるならば、と願う。(70：11)

また、己の伴侶や兄弟や、(70：12)

また己を庇護した一族によって(贖えるならばと願う)。(70：13)

さらに、地上のすべての者によって、そうしてそれが[2039]己を救うことになるならば、と。(70：14)

断じて。まことに、それは炎熱(火獄)である、(70：15)

頭皮を剝ぎ取るものである(炎熱である)、(70：16)

それは呼び招く、(真理に)背を向け、背き去った者を、(70：17)

そして、(財産を)集め、溜め込んだ(者を)。(70：18)

まことに、人間は気短に創られた。(70：19)

災厄が彼に触れると、嘆き、(70：20)

また幸福が彼に触れると、物惜しみする(者である)。(70：21)

ただし、礼拝者たちは別である。(70：22)

彼らは己の礼拝を常に履行する者たちであり、(70：23)

また己の財産において一定の権利(貧者の取り分)が存在する者たち、(70：24)

乞い求める者と禁じられた者(生活手段を絶たれた者)の(権利として)。(70：25)

2033　マッカの不信仰者が預言者ムハンマドを嘲笑しふざけて、懲罰を下すようにアッラーに祈り求めた。8章32節参照。

2034　あるいは、前節を修飾する「不信仰者たちに対する(懲罰)」。

2035　「アッラーから(起こるべき懲罰である)」。あるいは前節からの続きで、「それには、アッラーに対し、追い払うすべはない」。

2036　天使ジブリール(聖霊)。

2037　復活の日を指す、とも言われる。

2038　互いが相手を。あるいは、信仰者が不信仰者を。

2039　贖い。あるいは地上のすべての者(人間と幽精《ジン》)。

يُبَصَّرُونَهُمْ يَوَدُّ ٱلْمُجْرِمُ لَوْ يَفْتَدِى مِنْ عَذَابِ يَوْمِئِذٍۭ بِبَنِيهِ ﴿١١﴾
وَصَٰحِبَتِهِۦ وَأَخِيهِ ﴿١٢﴾ وَفَصِيلَتِهِ ٱلَّتِى تُـْٔوِيهِ ﴿١٣﴾ وَمَن فِى ٱلْأَرْضِ جَمِيعًا
ثُمَّ يُنجِيهِ ﴿١٤﴾ كَلَّآ ۖ إِنَّهَا لَظَىٰ ﴿١٥﴾ نَزَّاعَةً لِّلشَّوَىٰ ﴿١٦﴾ تَدْعُوا۟ مَنْ أَدْبَرَ
وَتَوَلَّىٰ ﴿١٧﴾ وَجَمَعَ فَأَوْعَىٰٓ ﴿١٨﴾ ۞ إِنَّ ٱلْإِنسَٰنَ خُلِقَ هَلُوعًا ﴿١٩﴾ إِذَا مَسَّهُ ٱلشَّرُّ
جَزُوعًا ﴿٢٠﴾ وَإِذَا مَسَّهُ ٱلْخَيْرُ مَنُوعًا ﴿٢١﴾ إِلَّا ٱلْمُصَلِّينَ ﴿٢٢﴾ ٱلَّذِينَ هُمْ
عَلَىٰ صَلَاتِهِمْ دَآئِمُونَ ﴿٢٣﴾ وَٱلَّذِينَ فِىٓ أَمْوَٰلِهِمْ حَقٌّ مَّعْلُومٌ ﴿٢٤﴾ لِّلسَّآئِلِ
وَٱلْمَحْرُومِ ﴿٢٥﴾ وَٱلَّذِينَ يُصَدِّقُونَ بِيَوْمِ ٱلدِّينِ ﴿٢٦﴾ وَٱلَّذِينَ هُم مِّنْ عَذَابِ
رَبِّهِم مُّشْفِقُونَ ﴿٢٧﴾ إِنَّ عَذَابَ رَبِّهِمْ غَيْرُ مَأْمُونٍ ﴿٢٨﴾ وَٱلَّذِينَ هُمْ
لِفُرُوجِهِمْ حَٰفِظُونَ ﴿٢٩﴾ إِلَّا عَلَىٰٓ أَزْوَٰجِهِمْ أَوْ مَا مَلَكَتْ أَيْمَٰنُهُمْ
فَإِنَّهُمْ غَيْرُ مَلُومِينَ ﴿٣٠﴾ فَمَنِ ٱبْتَغَىٰ وَرَآءَ ذَٰلِكَ فَأُو۟لَٰٓئِكَ هُمُ ٱلْعَادُونَ ﴿٣١﴾
وَٱلَّذِينَ هُمْ لِأَمَٰنَٰتِهِمْ وَعَهْدِهِمْ رَٰعُونَ ﴿٣٢﴾ وَٱلَّذِينَ هُم بِشَهَٰدَٰتِهِمْ قَآئِمُونَ
﴿٣٣﴾ وَٱلَّذِينَ هُمْ عَلَىٰ صَلَاتِهِمْ يُحَافِظُونَ ﴿٣٤﴾ أُو۟لَٰٓئِكَ فِى جَنَّٰتٍ مُّكْرَمُونَ ﴿٣٥﴾
فَمَالِ ٱلَّذِينَ كَفَرُوا۟ قِبَلَكَ مُهْطِعِينَ ﴿٣٦﴾ عَنِ ٱلْيَمِينِ وَعَنِ ٱلشِّمَالِ
عِزِينَ ﴿٣٧﴾ أَيَطْمَعُ كُلُّ ٱمْرِئٍ مِّنْهُمْ أَن يُدْخَلَ جَنَّةَ نَعِيمٍ ﴿٣٨﴾ كَلَّآ ۖ إِنَّا خَلَقْنَٰهُم
مِّمَّا يَعْلَمُونَ ﴿٣٩﴾ فَلَآ أُقْسِمُ بِرَبِّ ٱلْمَشَٰرِقِ وَٱلْمَغَٰرِبِ إِنَّا لَقَٰدِرُونَ ﴿٤٠﴾

また、裁きの日を真実と認める者たち、(70：26)

彼らの主の懲罰に不安を抱く者たちである。(70：27)

まことに、彼らの主の懲罰は安全ではない。(70：28)

また彼ら、己の陰部を守る者たち、(70：29)

ただし、己の妻たち、または己の右手が所有するもの(女奴隷)に対しては別である。まことに彼らは非難を免れた者である。(70：30)

それでその先を求める者、それらの者たちは法《のり》を超えた者である。(70：31)

また彼ら、己の信託物や約束を守る者たち、(70：32)

また彼ら、己の証言を果たす者たち、(70：33)

また彼ら、己の礼拝を履行する者たち。(70：34)

それらの者たちは楽園にいて、厚遇を受けている。(70：35)

それで信仰を拒んだ者たちがおまえの方を見据えて早足で近寄ってくるのはどうしたことか[2040]。(70：36)

右にも左にも、群れをなして。(70：37)

彼らの誰もが至福の楽園に入れられることを望むのか。(70：38)

断じて。まことにわれらは彼らを彼らが知っているもの(精液)から創った。(70：39)

(天体の)昇る諸々の場と(天体の)沈む諸々の場の主に誓おうではないか[2041]。まことにわれらには可能である。(70：40)

(彼らを)彼らより良い者に取り替えることが。そしてわれらは出し抜かれることはない。(70：41)

それゆえ、彼らに約束された彼らの日(審判の日)に彼らが出会うまで(虚偽に)耽り、戯れるままに放っておけ。(70：42)

彼らが墓所からあわただしく出る日、ちょうど彼らが偶像[2042]に急いだように。(70：43)

彼らの目は伏せられ、卑しめが彼らを捉えた状態で(急ぐ)。それが彼らに約束されていた日である。(70：44)

2040　クルアーンと預言者ムハンマドを嘲罵するために。

2041　56章75節脚注参照。

2042　あるいは、旗、目標等の「揚げられたもの」。道に迷った者が目印に急ぐように。

عَلَىٰٓ أَن نُّبَدِّلَ خَيْرًا مِّنْهُمْ وَمَا نَحْنُ بِمَسْبُوقِينَ ٤١ فَذَرْهُمْ
يَخُوضُوا۟ وَيَلْعَبُوا۟ حَتَّىٰ يُلَٰقُوا۟ يَوْمَهُمُ ٱلَّذِى يُوعَدُونَ ٤٢ يَوْمَ
يَخْرُجُونَ مِنَ ٱلْأَجْدَاثِ سِرَاعًا كَأَنَّهُمْ إِلَىٰ نُصُبٍ يُوفِضُونَ ٤٣
خَٰشِعَةً أَبْصَٰرُهُمْ تَرْهَقُهُمْ ذِلَّةٌ ذَٰلِكَ ٱلْيَوْمُ ٱلَّذِى كَانُوا۟ يُوعَدُونَ ٤٤

سُورَةُ نُوحٍ

بِسْمِ ٱللَّهِ ٱلرَّحْمَٰنِ ٱلرَّحِيمِ

إِنَّآ أَرْسَلْنَا نُوحًا إِلَىٰ قَوْمِهِۦٓ أَنْ أَنذِرْ قَوْمَكَ مِن قَبْلِ أَن يَأْتِيَهُمْ
عَذَابٌ أَلِيمٌ ١ قَالَ يَٰقَوْمِ إِنِّى لَكُمْ نَذِيرٌ مُّبِينٌ ٢ أَنِ ٱعْبُدُوا۟
ٱللَّهَ وَٱتَّقُوهُ وَأَطِيعُونِ ٣ يَغْفِرْ لَكُم مِّن ذُنُوبِكُمْ وَيُؤَخِّرْكُمْ
إِلَىٰٓ أَجَلٍ مُّسَمًّى إِنَّ أَجَلَ ٱللَّهِ إِذَا جَآءَ لَا يُؤَخَّرُ لَوْ كُنتُمْ تَعْلَمُونَ ٤
قَالَ رَبِّ إِنِّى دَعَوْتُ قَوْمِى لَيْلًا وَنَهَارًا ٥ فَلَمْ يَزِدْهُمْ دُعَآءِىٓ إِلَّا
فِرَارًا ٦ وَإِنِّى كُلَّمَا دَعَوْتُهُمْ لِتَغْفِرَ لَهُمْ جَعَلُوٓا۟ أَصَٰبِعَهُمْ فِىٓ
ءَاذَانِهِمْ وَٱسْتَغْشَوْا۟ ثِيَابَهُمْ وَأَصَرُّوا۟ وَٱسْتَكْبَرُوا۟ ٱسْتِكْبَارًا
٧ ثُمَّ إِنِّى دَعَوْتُهُمْ جِهَارًا ٨ ثُمَّ إِنِّىٓ أَعْلَنتُ لَهُمْ وَأَسْرَرْتُ
لَهُمْ إِسْرَارًا ٩ فَقُلْتُ ٱسْتَغْفِرُوا۟ رَبَّكُمْ إِنَّهُۥ كَانَ غَفَّارًا ١٠

第71章　ヌーフ …… سورة نوح

マッカ垂示

本章は、ヌーフの遣使に始まり、その宣教、彼に背いた民の滅亡が語られ、ヌーフの祈りによって終わる。

慈悲あまねく慈悲深きアッラーの御名において

まことに、われらはヌーフを彼の民に遣わした。「おまえの民に、彼らに痛苦の懲罰が襲う前に警告せよ」、と。(71：1)

彼は言った。「私の民よ、まことに私はおまえたちへの明白な警告者である」。(71：2)

「おまえたちはアッラーに仕え、彼を畏れ身を守り、私に従え」、と。(71：3)

「彼はおまえたちの罪を[2043]赦し、定められた期限までおまえたちを猶予し給う。まことに、アッラーの期限は、それが訪れた時には、猶予されない。もしおまえたちが知っているならば[2044]」。(71：4)

彼は言った。「わが主よ、まことに私は私の民を夜も昼も呼び招きました」。(71：5)

「しかし、私の呼び招きは彼らに(信仰からの)逃避を増し加えるばかりでした」。(71：6)

「そしてあなたが彼らを赦し給うよう、私が彼らを(信仰へ)呼び招く度、彼らは指を耳に入れ、服に身を隠し[2045]、(不信仰に)固執して、高慢の上にも高慢となりました」。(71：7)

「それから私は彼らに声高に(信仰へ)呼び招きました」。(71：8)

「それから私は(呼び招きを)公然とし、またこっそりと密かにもしました」。(71：9)

「そして、私は言いました。『おまえたちの主に赦しを乞え。まことに彼はよく赦し給う御方であらせられた』。(71：10)

『そしておまえたちの上に天(から雨)を豊かに送り(降らし)』、(71：11)

『またおまえたちに財産と子孫を増やし、おまえたちに園々をなし、おまえたちに河川をなし給う』。(71：12)

『アッラーに尊厳を期待しないとは[2046]、おまえたちはどうしたことか』。(71：13)

2043　あるいは、「罪の一部を」。つまり、人間のアッラーに対する罪を。人間の人間に対する罪は赦しに含まれない。

2044　信仰に急いだことであろうに。

2045　私を見ないように服で顔を隠した。

2046　アッラーの尊厳による報酬を期待しないとは。なぜアッラーの尊厳を恐れないのか、の意とも言われる。

يُرْسِلِ السَّمَاءَ عَلَيْكُم مِّدْرَارًا ﴿١١﴾ وَيُمْدِدْكُم بِأَمْوَالٍ وَبَنِينَ وَيَجْعَل
لَّكُمْ جَنَّاتٍ وَيَجْعَل لَّكُمْ أَنْهَارًا ﴿١٢﴾ مَّا لَكُمْ لَا تَرْجُونَ لِلَّهِ وَقَارًا ﴿١٣﴾
وَقَدْ خَلَقَكُمْ أَطْوَارًا ﴿١٤﴾ أَلَمْ تَرَوْا كَيْفَ خَلَقَ اللَّهُ سَبْعَ سَمَاوَاتٍ
طِبَاقًا ﴿١٥﴾ وَجَعَلَ الْقَمَرَ فِيهِنَّ نُورًا وَجَعَلَ الشَّمْسَ سِرَاجًا ﴿١٦﴾
وَاللَّهُ أَنبَتَكُم مِّنَ الْأَرْضِ نَبَاتًا ﴿١٧﴾ ثُمَّ يُعِيدُكُمْ فِيهَا وَيُخْرِجُكُمْ
إِخْرَاجًا ﴿١٨﴾ وَاللَّهُ جَعَلَ لَكُمُ الْأَرْضَ بِسَاطًا ﴿١٩﴾ لِّتَسْلُكُوا مِنْهَا
سُبُلًا فِجَاجًا ﴿٢٠﴾ قَالَ نُوحٌ رَّبِّ إِنَّهُمْ عَصَوْنِي وَاتَّبَعُوا مَن لَّمْ يَزِدْهُ
مَالُهُ وَوَلَدُهُ إِلَّا خَسَارًا ﴿٢١﴾ وَمَكَرُوا مَكْرًا كُبَّارًا ﴿٢٢﴾ وَقَالُوا
لَا تَذَرُنَّ آلِهَتَكُمْ وَلَا تَذَرُنَّ وَدًّا وَلَا سُوَاعًا وَلَا يَغُوثَ وَيَعُوقَ
وَنَسْرًا ﴿٢٣﴾ وَقَدْ أَضَلُّوا كَثِيرًا وَلَا تَزِدِ الظَّالِمِينَ إِلَّا ضَلَالًا ﴿٢٤﴾
مِّمَّا خَطِيئَاتِهِمْ أُغْرِقُوا فَأُدْخِلُوا نَارًا فَلَمْ يَجِدُوا لَهُم مِّن دُونِ
اللَّهِ أَنصَارًا ﴿٢٥﴾ وَقَالَ نُوحٌ رَّبِّ لَا تَذَرْ عَلَى الْأَرْضِ مِنَ الْكَافِرِينَ
دَيَّارًا ﴿٢٦﴾ إِنَّكَ إِن تَذَرْهُمْ يُضِلُّوا عِبَادَكَ وَلَا يَلِدُوا إِلَّا فَاجِرًا
كَفَّارًا ﴿٢٧﴾ رَّبِّ اغْفِرْ لِي وَلِوَالِدَيَّ وَلِمَن دَخَلَ بَيْتِيَ مُؤْمِنًا
وَلِلْمُؤْمِنِينَ وَالْمُؤْمِنَاتِ وَلَا تَزِدِ الظَّالِمِينَ إِلَّا تَبَارًا ﴿٢٨﴾

『また彼はおまえたちを確かにいくつもの段階[2047]に創り給うたというのに』。(71：14)

『おまえたちは見なかったか、いかにアッラーが七つの天を重層に創り』、(71：15)

『そして月をそれら(七つの天)の中の光とし、太陽を灯明となし給うたかを』。(71：16)

『またアッラーはおまえたちを大地から生やし(産出させ)[2048]』、(71：17)

『それからおまえたちをそこ(大地)に戻し、そして、外へと出でさせ給う[2049]』。(71：18)

『また、アッラーはおまえたちのために大地を敷布(広げられたもの)となし給うた』。(71：19)

『おまえたちがそこに広い道を辿るために』」。(71：20)

ヌーフは言った。「わが主よ、彼らは私に背き、その財産とその子供が損失[2050]しか増やさなかった者(彼らの頭目)に従いました」。(71：21)

「そして彼らは大それた策謀を企みました」。(71：22)

「そして彼らは言いました。『おまえたちは、おまえたちの神々を捨ててはならない。おまえたちは、ワッドもスワーウもヤグースもヤウークもナスル[2051]も捨ててはならない』」。(71：23)

「そして彼ら(頭目たち)はすでに多く(の追従者)を迷わせました。そして(わが主よ)不正な者たちには迷誤しか増やし給うな」。(71：24)

彼らの罪過により、彼らは(洪水で)溺れさせられ[2052]、そして(来世で火獄の)火に入れられた。そして彼らはアッラーの他に自分たちの援助者たちを見出ださなかった。(71：25)

そしてヌーフは言った。「わが主よ、地上に不信仰者から一人の住人も放置し(残し)給うな」。(71：26)

「あなたがもし彼らを放置し(残し)給えば、彼らはあなたの僕《しもべ》たちを迷わせ、背徳の不信仰の輩しか生まないでしょう」。(71：27)

「わが主よ、私と私の両親と私の家に信仰者として入る者、そして、信仰者の男たちと信仰者の女たちを赦し給え。そして不正な者には滅亡しか増やし給うな」。(71：28)

2047　精液、凝血などの。
2048　植物の創生の様に、アーダムを土から創り給うた。3 章 59 節、「創世記」2 章 7 節参照。
2049　墓に埋葬され、甦り墓から出る。
2050　現世での迷誤と来世での損失(懲罰)。
2051　ワッド、スワーウ、ヤグース、ヤウーク、ナスルは偶像の名。いずれも義人であったが、死後に人々が彼らの偶像を造り神に祀り上げたとも言われる。
2052　11 章 40-44 節参照。

سُورَةُ الجِنِّ

بِسْمِ ٱللَّهِ ٱلرَّحْمَٰنِ ٱلرَّحِيمِ

قُلْ أُوحِىَ إِلَىَّ أَنَّهُ ٱسْتَمَعَ نَفَرٌ مِّنَ ٱلْجِنِّ فَقَالُوٓا۟ إِنَّا سَمِعْنَا قُرْءَانًا
عَجَبًا ١ يَهْدِىٓ إِلَى ٱلرُّشْدِ فَـَٔامَنَّا بِهِۦ ۖ وَلَن نُّشْرِكَ بِرَبِّنَآ أَحَدًا ٢
وَأَنَّهُۥ تَعَٰلَىٰ جَدُّ رَبِّنَا مَا ٱتَّخَذَ صَٰحِبَةً وَلَا وَلَدًا ٣ وَأَنَّهُۥ كَانَ
يَقُولُ سَفِيهُنَا عَلَى ٱللَّهِ شَطَطًا ٤ وَأَنَّا ظَنَنَّآ أَن لَّن تَقُولَ ٱلْإِنسُ
وَٱلْجِنُّ عَلَى ٱللَّهِ كَذِبًا ٥ وَأَنَّهُۥ كَانَ رِجَالٌ مِّنَ ٱلْإِنسِ يَعُوذُونَ بِرِجَالٍ
مِّنَ ٱلْجِنِّ فَزَادُوهُمْ رَهَقًا ٦ وَأَنَّهُمْ ظَنُّوا۟ كَمَا ظَنَنتُمْ أَن لَّن يَبْعَثَ
ٱللَّهُ أَحَدًا ٧ وَأَنَّا لَمَسْنَا ٱلسَّمَآءَ فَوَجَدْنَٰهَا مُلِئَتْ حَرَسًا
شَدِيدًا وَشُهُبًا ٨ وَأَنَّا كُنَّا نَقْعُدُ مِنْهَا مَقَٰعِدَ لِلسَّمْعِ ۖ فَمَن
يَسْتَمِعِ ٱلْـَٔانَ يَجِدْ لَهُۥ شِهَابًا رَّصَدًا ٩ وَأَنَّا لَا نَدْرِىٓ أَشَرٌّ أُرِيدَ
بِمَن فِى ٱلْأَرْضِ أَمْ أَرَادَ بِهِمْ رَبُّهُمْ رَشَدًا ١٠ وَأَنَّا مِنَّا ٱلصَّٰلِحُونَ
وَمِنَّا دُونَ ذَٰلِكَ ۖ كُنَّا طَرَآئِقَ قِدَدًا ١١ وَأَنَّا ظَنَنَّآ أَن لَّن نُّعْجِزَ
ٱللَّهَ فِى ٱلْأَرْضِ وَلَن نُّعْجِزَهُۥ هَرَبًا ١٢ وَأَنَّا لَمَّا سَمِعْنَا ٱلْهُدَىٰٓ
ءَامَنَّا بِهِۦ ۖ فَمَن يُؤْمِنۢ بِرَبِّهِۦ فَلَا يَخَافُ بَخْسًا وَلَا رَهَقًا ١٣

第72章　幽精《ジン》……سورة الجن

マッカ垂示

本章の前半を成す預言者ムハンマドの読むクルアーンを聞いてイスラームに入信した幽精《ジン》の物語に因み、「幽精《ジン》」章と名づけられる。

慈悲あまねく慈悲深きアッラーの御名において

言え[2053]、「私に啓示された。幽精《ジン》の一団が(私のクルアーンの読誦を)聞いて言った[2054]、『まことに、われらは驚くべきクルアーンを聞いた』。(72：1)

『それ(クルアーン)は正導に導く。それでわれらはそれを信じ、われらはわれらの主になにものをも同位に配さない』。(72：2)

『そして　―われらの主の栄光こそ高められよ―　彼は伴侶を娶らず、子も持ち給わない』。(72：3)

『そしてわれらの愚か者はアッラーについて途方もないことを語っていた』。(72：4)

『またわれらは、人間も幽精《ジン》もアッラーについて嘘を語ることは決してない、と思っていた』。(72：5)

『そして人間の男たちの中には幽精《ジン》の男たちに守護を求める者がいた。そして、彼ら(人間の男たち)は彼ら(幽精《ジン》の男たち)に不遜を増大させた[2055]』。(72：6)

『また彼ら(人間)は、おまえたち(幽精《ジン》)が考えたように、アッラーは誰も甦らせ給いはしないと考えた』。(72：7)

『そしてわれらは天を求めた[2056]が、それが厳しい護衛(天使)と輝く流星で一杯であることを見出した』。(72：8)

『またわれらは聴くためにその(天の)座所に座っていた。それで今、聞こうとする者は、そこに見張りの流星を見出すだろう[2057]』。(72：9)

2053　預言者ムハンマドよ、おまえの共同体に対して、言え(述べ伝えよ)。

2054　預言者ムハンマドがマッカとターイフの間の旅路で夜明け前の礼拝を捧げていた時のことと言われる。46章29節参照。

2055　かつて、イスラーム以前のアラブは涸川(谷)に逗留する際に、「私はこの涸川の長(である幽精《ジン》)に彼の民の愚か者たちからの守護を求めます」と祈っていた。あるいは、彼ら(幽精《ジン》の男たち)は彼ら(人間の男たち)に罪や恐怖を増大させた。

2056　原義は「触れる」。例えば、「糧に触れる」とは糧を求めるの意。あるいは、近づくの意で「われらは天に近づいたが」。

2057　かつて幽精《ジン》たちは天の情報を聞き、時には巫蠱に伝えていたが、預言者ムハンマドの派遣以降は天に厳しい護衛などがつくようになった。

وَأَنَّا مِنَّا ٱلْمُسْلِمُونَ وَمِنَّا ٱلْقَـٰسِطُونَ ۖ فَمَنْ أَسْلَمَ فَأُو۟لَـٰٓئِكَ
تَحَرَّوْا۟ رَشَدًا ﴿١٤﴾ وَأَمَّا ٱلْقَـٰسِطُونَ فَكَانُوا۟ لِجَهَنَّمَ حَطَبًا ﴿١٥﴾
وَأَلَّوِ ٱسْتَقَـٰمُوا۟ عَلَى ٱلطَّرِيقَةِ لَأَسْقَيْنَـٰهُم مَّآءً غَدَقًا ﴿١٦﴾ لِّنَفْتِنَهُمْ
فِيهِ ۚ وَمَن يُعْرِضْ عَن ذِكْرِ رَبِّهِۦ يَسْلُكْهُ عَذَابًا صَعَدًا ﴿١٧﴾ وَأَنَّ
ٱلْمَسَـٰجِدَ لِلَّهِ فَلَا تَدْعُوا۟ مَعَ ٱللَّهِ أَحَدًا ﴿١٨﴾ وَأَنَّهُۥ لَمَّا قَامَ عَبْدُ ٱللَّهِ
يَدْعُوهُ كَادُوا۟ يَكُونُونَ عَلَيْهِ لِبَدًا ﴿١٩﴾ قُلْ إِنَّمَآ أَدْعُوا۟ رَبِّى وَلَآ أُشْرِكُ
بِهِۦٓ أَحَدًا ﴿٢٠﴾ قُلْ إِنِّى لَآ أَمْلِكُ لَكُمْ ضَرًّا وَلَا رَشَدًا ﴿٢١﴾ قُلْ إِنِّى
لَن يُجِيرَنِى مِنَ ٱللَّهِ أَحَدٌ وَلَنْ أَجِدَ مِن دُونِهِۦ مُلْتَحَدًا ﴿٢٢﴾ إِلَّا بَلَـٰغًا
مِّنَ ٱللَّهِ وَرِسَـٰلَـٰتِهِۦ ۚ وَمَن يَعْصِ ٱللَّهَ وَرَسُولَهُۥ فَإِنَّ لَهُۥ نَارَ جَهَنَّمَ
خَـٰلِدِينَ فِيهَآ أَبَدًا ﴿٢٣﴾ حَتَّىٰٓ إِذَا رَأَوْا۟ مَا يُوعَدُونَ فَسَيَعْلَمُونَ
مَنْ أَضْعَفُ نَاصِرًا وَأَقَلُّ عَدَدًا ﴿٢٤﴾ قُلْ إِنْ أَدْرِىٓ أَقَرِيبٌ مَّا تُوعَدُونَ
أَمْ يَجْعَلُ لَهُۥ رَبِّىٓ أَمَدًا ﴿٢٥﴾ عَـٰلِمُ ٱلْغَيْبِ فَلَا يُظْهِرُ عَلَىٰ غَيْبِهِۦٓ
أَحَدًا ﴿٢٦﴾ إِلَّا مَنِ ٱرْتَضَىٰ مِن رَّسُولٍ فَإِنَّهُۥ يَسْلُكُ مِنۢ بَيْنِ
يَدَيْهِ وَمِنْ خَلْفِهِۦ رَصَدًا ﴿٢٧﴾ لِّيَعْلَمَ أَن قَدْ أَبْلَغُوا۟ رِسَـٰلَـٰتِ
رَبِّهِمْ وَأَحَاطَ بِمَا لَدَيْهِمْ وَأَحْصَىٰ كُلَّ شَىْءٍ عَدَدًۢا ﴿٢٨﴾

『また地にある者(人間)に悪が望まれたのか、それとも彼らの主は彼らに正導を望み給うたのか、われらにはわからない』。(72：10)

『またわれらの中には正しい者たちもあれば、そうでない者もあり、われらはばらばらの違った路々にあった』。(72：11)

『またわれらは地においてアッラーを頓挫させる(出し抜く)ことはならず、(地から天に)逃げて彼を頓挫させることもできないと考えた』。(72：12)

『そしてわれらは導き(クルアーン)を聞くや、それを信じた。己の主を信じる者があれば、そうすれば(善行の報酬の)削減も不当(な重罰)も恐れることはない』。(72：13)

『またわれらは、われらの中には帰依者《ムスリム》たちもいれば、不正な者たちもいる。そして、帰依した者《ムスリム》、それらの者は正導を追い求めたのである』。(72：14)

『他方で、不正な者たちについては、彼らは火獄《ジャハンナム》の薪であった』」。(72：15)

「彼ら(マッカの不信仰者たち)が(イスラームの)路に真っすぐ立つなら、われらは豊かな水を彼らに飲ませ与えよう[2058]」。(72：16)

「われらがそれにおいて彼らを試すために。それで己の主の想念・唱名から背を向ける者があれば、彼(アッラー)は彼(その者)を辛い懲罰に入れ給うであろう」。(72：17)

「そして諸モスクはアッラーのものである。それゆえ、(そこでは)アッラーに並べて何ものにも祈ってはならない」。(72：18)

「そしてアッラーの僕《しもべ》(預言者ムハンマド)が立って彼(アッラー)に祈ると、彼らは彼(預言者ムハンマド)の上にもつれた毛とならんばかりであった[2059]」と(啓示された)。(72：19)

言え、「私はわが主のみに祈り、彼になにものも並び置かない」。(72：20)

言え、「私はおまえたちに対し害(の力)も正導(の力)も有さない」。(72：21)

言え、「私をアッラーから守ることは誰にもできない。また、私は彼を差し置いて避難所を見出すことはできない」。(72：22)

「ただし、アッラーからの伝達と彼の使信だけは別である(私はそれらのみを有する)。そしてアッラーと彼の使徒に背く者がいれば、彼には火獄《ジャハンナム》の火があり、彼らはそこにいつまでも永遠に(留まる)」。(72：23)

やがて、ついに彼らが自分たちに約束されたもの(懲罰)を見た時、彼らは、誰が援助者

2058 彼らに豊かな糧を与えよう。

2059 折り重なりひしめき合う群集の比喩。預言者のクルアーン朗唱に熱心に耳を傾ける幽精《ジン》を指すとも、預言者ムハンマドに敵意を抱いて襲い掛からんばかりのマッカの不信仰者を指すとも言われる。

に関してより弱く、数に関してより少ないかを知るであろう。(72：24)

言え、「私には分からない、おまえたちに約束されたものが近いか、それともわが主がそれに(猶予)期間をもうけ給うのか[2060]」。(72：25)

(アッラーは)隠されたものを知り給う御方。それで彼は御自身の隠されたものを誰にも明かし給わない。(72：26)

ただし、彼(アッラー)が使徒として満悦し(選り抜き)給うた者は別である(そのような使徒には明かし給う)。彼(アッラー)は彼(使徒)の前にも後ろにも見張り(天使)を伴わせ給う。(72：27)

彼(アッラー)が、彼ら(使徒たち)が彼らの主の使信を確かに伝えたことを知り給うためである[2061]。そして、彼(アッラー)は彼ら(使徒たち)の許にあるものを取り囲み、あらゆるものの数を計算し給うた。(72：28)

2060　第24節が啓示され、その懲罰とやらは何時来るのかと不信仰者が尋ねたのに対して啓示された。

2061　あるいは、「彼(預言者ムハンマド)が、彼ら(以前の使徒たち)が彼らの主の使信を確かに伝えた(そして彼らが守られていた)ことを知るためである」。

第73章　包まる者 ...... سورة المزمل

マッカ垂示

冒頭における「包まる者よ」との預言者への呼びかけに因み「包まる者」章と名づけられる。最初期の啓示の一つであり、夜の礼拝の重要性が教えられる。

慈悲あまねく慈悲深きアッラーの御名において

包まる者よ[2062]、(73：1)

夜に(礼拝に)立て、少時を除いて。(73：2)

(つまり)その(夜の)半分、もしくは、それより少し欠くほどか、(73：3)

あるいは、それ(夜の半分)より増やせ。そしてクルアーンを滔々と読誦せよ。(73：4)

われらはいずれ、おまえの上に重い言葉(クルアーン)を投げかける。(73：5)

سُورَةُ المُزَّمِّلِ

بِسْمِ ٱللَّهِ ٱلرَّحْمَٰنِ ٱلرَّحِيمِ

يَٰٓأَيُّهَا ٱلْمُزَّمِّلُ ﴿١﴾ قُمِ ٱلَّيْلَ إِلَّا قَلِيلًا ﴿٢﴾ نِّصْفَهُۥٓ أَوِ ٱنقُصْ مِنْهُ قَلِيلًا
﴿٣﴾ أَوْ زِدْ عَلَيْهِ وَرَتِّلِ ٱلْقُرْءَانَ تَرْتِيلًا ﴿٤﴾ إِنَّا سَنُلْقِى عَلَيْكَ قَوْلًا
ثَقِيلًا ﴿٥﴾ إِنَّ نَاشِئَةَ ٱلَّيْلِ هِىَ أَشَدُّ وَطْـًٔا وَأَقْوَمُ قِيلًا ﴿٦﴾ إِنَّ لَكَ فِى
ٱلنَّهَارِ سَبْحًا طَوِيلًا ﴿٧﴾ وَٱذْكُرِ ٱسْمَ رَبِّكَ وَتَبَتَّلْ إِلَيْهِ تَبْتِيلًا ﴿٨﴾
رَّبُّ ٱلْمَشْرِقِ وَٱلْمَغْرِبِ لَآ إِلَٰهَ إِلَّا هُوَ فَٱتَّخِذْهُ وَكِيلًا ﴿٩﴾ وَٱصْبِرْ
عَلَىٰ مَا يَقُولُونَ وَٱهْجُرْهُمْ هَجْرًا جَمِيلًا ﴿١٠﴾ وَذَرْنِى وَٱلْمُكَذِّبِينَ
أُو۟لِى ٱلنَّعْمَةِ وَمَهِّلْهُمْ قَلِيلًا ﴿١١﴾ إِنَّ لَدَيْنَآ أَنكَالًا وَجَحِيمًا ﴿١٢﴾
وَطَعَامًا ذَا غُصَّةٍ وَعَذَابًا أَلِيمًا ﴿١٣﴾ يَوْمَ تَرْجُفُ ٱلْأَرْضُ وَٱلْجِبَالُ
وَكَانَتِ ٱلْجِبَالُ كَثِيبًا مَّهِيلًا ﴿١٤﴾ إِنَّآ أَرْسَلْنَآ إِلَيْكُمْ رَسُولًا شَٰهِدًا
عَلَيْكُمْ كَمَآ أَرْسَلْنَآ إِلَىٰ فِرْعَوْنَ رَسُولًا ﴿١٥﴾ فَعَصَىٰ فِرْعَوْنُ ٱلرَّسُولَ
فَأَخَذْنَٰهُ أَخْذًا وَبِيلًا ﴿١٦﴾ فَكَيْفَ تَتَّقُونَ إِن كَفَرْتُمْ يَوْمًا
يَجْعَلُ ٱلْوِلْدَٰنَ شِيبًا ﴿١٧﴾ ٱلسَّمَآءُ مُنفَطِرٌۢ بِهِۦ ۚ كَانَ وَعْدُهُۥ مَفْعُولًا
﴿١٨﴾ إِنَّ هَٰذِهِۦ تَذْكِرَةٌ ۖ فَمَن شَآءَ ٱتَّخَذَ إِلَىٰ رَبِّهِۦ سَبِيلًا ﴿١٩﴾

夜の発現[2063]、それはさらに平坦で、言葉もさらに廉直である。(73：6)

おまえには、昼間は長い(生活のための)往来がある[2064]。(73：7)

そしておまえの主の御名を唱え、彼に専従し仕えよ。(73：8)

東と西の主[2065]、彼のほかに神はいない。それゆえ彼を代理人とせよ。(73：9)

そして、彼ら(マッカの多神教徒)の言うことに耐え、彼らからきれいに(みごとに)身をかわし避けよ。(73：10)

そしておまえはわれを、恩恵の持ち主で(わが使信を)嘘と否定する者たちと共に、放置せよ[2066]。わずかばかり彼らを猶予せよ。(73：11)

まことに、われらの許に足枷と焦熱地獄はある。(73：12)

また喉を塞ぐ食べ物と痛苦の懲罰も。(73：13)

大地と山々が震動し、山々が砕け散った砂丘[2067]となった日に。(73：14)

われらはおまえたち(マッカの民)の証人である使徒をおまえたちに遣わした、ちょうどわれらがフィルアウンに使徒を遣わしたように。(73：15)

だがフィルアウンはその使徒(ムーサー)に背き、それでわれらは彼を猛烈な捕獲で捕らえ

2062　最初の啓示の到来に際して、その重責に身震いし、服で身を包んだ預言者ムハンマドを指すと言われる。

2063　「夜の発現」とは「夜に目を覚ましての礼拝」、あるいは「夜の初めの時間帯」。

2064　夜に礼拝する理由として、昼間の忙しさがある。

2065　東と西とその間、すなわち全世界。

2066　アッラーから御恵みを授かっていながら信仰を拒む者については放置しアッラーにお任せせよ。68章44節参照。

2067　踏めば踝《くるぶし》まで沈むようなさらさらした砂丘。「砂丘」とは、風によって出来た砂の集まりのこと。

۞إِنَّ رَبَّكَ يَعْلَمُ أَنَّكَ تَقُومُ أَدْنَىٰ مِن ثُلُثَيِ اللَّيْلِ وَنِصْفَهُ وَثُلُثَهُ وَطَائِفَةٌ
مِّنَ الَّذِينَ مَعَكَ ۚ وَاللَّهُ يُقَدِّرُ اللَّيْلَ وَالنَّهَارَ ۚ عَلِمَ أَن لَّن تُحْصُوهُ فَتَابَ
عَلَيْكُمْ ۖ فَاقْرَءُوا مَا تَيَسَّرَ مِنَ الْقُرْآنِ ۚ عَلِمَ أَن سَيَكُونُ مِنكُم مَّرْضَىٰ
وَآخَرُونَ يَضْرِبُونَ فِي الْأَرْضِ يَبْتَغُونَ مِن فَضْلِ اللَّهِ ۙ وَآخَرُونَ
يُقَاتِلُونَ فِي سَبِيلِ اللَّهِ ۖ فَاقْرَءُوا مَا تَيَسَّرَ مِنْهُ ۚ وَأَقِيمُوا الصَّلَاةَ وَآتُوا
الزَّكَاةَ وَأَقْرِضُوا اللَّهَ قَرْضًا حَسَنًا ۚ وَمَا تُقَدِّمُوا لِأَنفُسِكُم مِّنْ خَيْرٍ تَجِدُوهُ
عِندَ اللَّهِ هُوَ خَيْرًا وَأَعْظَمَ أَجْرًا ۚ وَاسْتَغْفِرُوا اللَّهَ ۖ إِنَّ اللَّهَ غَفُورٌ رَّحِيمٌ ﴿٢٠﴾

سُورَةُ الْمُدَّثِّرِ

بِسْمِ اللَّهِ الرَّحْمَٰنِ الرَّحِيمِ

يَا أَيُّهَا الْمُدَّثِّرُ ﴿١﴾ قُمْ فَأَنذِرْ ﴿٢﴾ وَرَبَّكَ فَكَبِّرْ ﴿٣﴾ وَثِيَابَكَ فَطَهِّرْ ﴿٤﴾
وَالرُّجْزَ فَاهْجُرْ ﴿٥﴾ وَلَا تَمْنُن تَسْتَكْثِرُ ﴿٦﴾ وَلِرَبِّكَ فَاصْبِرْ ﴿٧﴾ فَإِذَا نُقِرَ
فِي النَّاقُورِ ﴿٨﴾ فَذَٰلِكَ يَوْمَئِذٍ يَوْمٌ عَسِيرٌ ﴿٩﴾ عَلَى الْكَافِرِينَ غَيْرُ يَسِيرٍ ﴿١٠﴾
ذَرْنِي وَمَنْ خَلَقْتُ وَحِيدًا ﴿١١﴾ وَجَعَلْتُ لَهُ مَالًا مَّمْدُودًا ﴿١٢﴾ وَبَنِينَ
شُهُودًا ﴿١٣﴾ وَمَهَّدتُّ لَهُ تَمْهِيدًا ﴿١٤﴾ ثُمَّ يَطْمَعُ أَنْ أَزِيدَ ﴿١٥﴾ كَلَّا ۖ إِنَّهُ
كَانَ لِآيَاتِنَا عَنِيدًا ﴿١٦﴾ سَأُرْهِقُهُ صَعُودًا ﴿١٧﴾ إِنَّهُ فَكَّرَ وَقَدَّرَ ﴿١٨﴾

た。(73：16)

それでおまえたちが信仰を拒んだなら、いかにして子供を(恐怖によって)白髪となす(最後の審判の)日を畏れ身を守るのか。(73：17)

天がそれ(最後の審判の日の恐怖)によって、裂ける(日)。彼(アッラー)の約束は成就されるものであった。(73：18)

これ(クルアーンの威嚇的な諸節)は訓戒である。それゆえ、(救済を)望む者があれば己の主に至る道を取る(が良い)。(73：19)

おまえの主は、おまえが夜の三分の二未満、そして半分、そして三分の一を(礼拝に)立ち、おまえと共にいる者たちのうちの一派もそうであることを知り給う。そしてアッラーは夜と昼を計り(それらの長さを知り)給う。彼は、おまえたちがそれを計算できないことを知り、おまえたちに対し顧み戻り給うた[2068]。それゆえ、おまえたちはクルアーンから(おまえたちにとって)易しいものを(夜の礼拝において)読め。彼は、いずれおまえたちの中には病人、また他にもアッラーの御恵みを求めて地を闊歩する者、また他にもアッラーの道において戦う者が出てくるであろうことを知り給うた。それゆえ、そこから易しいものを読め。そしておまえたちは礼拝を遵守し、浄財を払い、アッラーに良い債権を貸し付けよ。そしておまえたちが自分たちのために前もってなしておく良いことがあれば、おまえたちはアッラーの御許でそれが一層良く、一層大きな報奨であるのを見出す。そして、アッラーに赦しを乞え。まことにアッラーはよく赦し給う慈悲深い御方。(73：20)

第74章　身を包んだ者 …… سورة المدثر

マッカ垂示

冒頭における「身を包んだ者よ」との預言者への呼びかけに因み「身を包んだ者」章と名づけられる。最初期の啓示の一つであり、礼拝と施しの重要性が説かれる(3-6、43-44節)。

慈悲あまねく慈悲深きアッラーの御名において

身を包んだ者よ[2069]、(74：1)

2068　預言者の弟子たちの中には、自分が礼拝に立った時間がどれほどであり、夜の時間全体に対してどれほどの割合であるかが分からず、用心のために夜通し礼拝に立って過ごした者もあった。そこでアッラーは彼らを憐れみ、本章第2節による夜中の礼拝の義務を撤回し給うた。

2069　啓示が暫く途絶えた後にヒラーゥ山にジブリールが現れ啓示をもたらした時に、衣服(肌着の上に着るもの：dithār)に身を包んだ預言者ムハンマドを指すと言われる。

فَقُتِلَ كَيۡفَ قَدَّرَ ﴿١٩﴾ ثُمَّ قُتِلَ كَيۡفَ قَدَّرَ ﴿٢٠﴾ ثُمَّ نَظَرَ ﴿٢١﴾ ثُمَّ عَبَسَ وَبَسَرَ
﴿٢٢﴾ ثُمَّ أَدۡبَرَ وَٱسۡتَكۡبَرَ ﴿٢٣﴾ فَقَالَ إِنۡ هَٰذَآ إِلَّا سِحۡرٞ يُؤۡثَرُ ﴿٢٤﴾ إِنۡ هَٰذَآ
إِلَّا قَوۡلُ ٱلۡبَشَرِ ﴿٢٥﴾ سَأُصۡلِيهِ سَقَرَ ﴿٢٦﴾ وَمَآ أَدۡرَىٰكَ مَا سَقَرُ ﴿٢٧﴾
لَا تُبۡقِي وَلَا تَذَرُ ﴿٢٨﴾ لَوَّاحَةٞ لِّلۡبَشَرِ ﴿٢٩﴾ عَلَيۡهَا تِسۡعَةَ عَشَرَ ﴿٣٠﴾ وَمَا جَعَلۡنَآ
أَصۡحَٰبَ ٱلنَّارِ إِلَّا مَلَٰٓئِكَةٗۙ وَمَا جَعَلۡنَا عِدَّتَهُمۡ إِلَّا فِتۡنَةٗ لِّلَّذِينَ كَفَرُواْ
لِيَسۡتَيۡقِنَ ٱلَّذِينَ أُوتُواْ ٱلۡكِتَٰبَ وَيَزۡدَادَ ٱلَّذِينَ ءَامَنُوٓاْ إِيمَٰنٗا وَلَا يَرۡتَابَ
ٱلَّذِينَ أُوتُواْ ٱلۡكِتَٰبَ وَٱلۡمُؤۡمِنُونَ وَلِيَقُولَ ٱلَّذِينَ فِي قُلُوبِهِم مَّرَضٞ
وَٱلۡكَٰفِرُونَ مَاذَآ أَرَادَ ٱللَّهُ بِهَٰذَا مَثَلٗاۚ كَذَٰلِكَ يُضِلُّ ٱللَّهُ مَن يَشَآءُ
وَيَهۡدِي مَن يَشَآءُۚ وَمَا يَعۡلَمُ جُنُودَ رَبِّكَ إِلَّا هُوَۚ وَمَا هِيَ إِلَّا ذِكۡرَىٰ
لِلۡبَشَرِ ﴿٣١﴾ كَلَّا وَٱلۡقَمَرِ ﴿٣٢﴾ وَٱلَّيۡلِ إِذۡ أَدۡبَرَ ﴿٣٣﴾ وَٱلصُّبۡحِ إِذَآ أَسۡفَرَ ﴿٣٤﴾ إِنَّهَا
لَإِحۡدَى ٱلۡكُبَرِ ﴿٣٥﴾ نَذِيرٗا لِّلۡبَشَرِ ﴿٣٦﴾ لِمَن شَآءَ مِنكُمۡ أَن يَتَقَدَّمَ أَوۡ يَتَأَخَّرَ
﴿٣٧﴾ كُلُّ نَفۡسِۭ بِمَا كَسَبَتۡ رَهِينَةٌ ﴿٣٨﴾ إِلَّآ أَصۡحَٰبَ ٱلۡيَمِينِ ﴿٣٩﴾ فِي جَنَّٰتٖ
يَتَسَآءَلُونَ ﴿٤٠﴾ عَنِ ٱلۡمُجۡرِمِينَ ﴿٤١﴾ مَا سَلَكَكُمۡ فِي سَقَرَ ﴿٤٢﴾ قَالُواْ لَمۡ نَكُ
مِنَ ٱلۡمُصَلِّينَ ﴿٤٣﴾ وَلَمۡ نَكُ نُطۡعِمُ ٱلۡمِسۡكِينَ ﴿٤٤﴾ وَكُنَّا نَخُوضُ مَعَ
ٱلۡخَآئِضِينَ ﴿٤٥﴾ وَكُنَّا نُكَذِّبُ بِيَوۡمِ ٱلدِّينِ ﴿٤٦﴾ حَتَّىٰٓ أَتَىٰنَا ٱلۡيَقِينُ ﴿٤٧﴾

立って警告せよ。(74：2)

そしておまえの主の偉大さを称えよ。(74：3)

そしておまえの衣服を清めよ。(74：4)

そして不浄[2070]（偶像）を避けよ。(74：5)

そして（施したもの）より多く（の見返り）を求めて施しをするな。(74：6)

そしておまえの主のために耐えよ。(74：7)

それで角笛が鳴らされた時、(74：8)

そうなれば、それこそは、その日、苦難の日である。(74：9)

不信仰者たちにとっての（苦難の日）、容易ではない（日である）。(74：10)

おまえはわれをわれが一人きりに創った者と共に、放置せよ[2071]。(74：11)

そしてわれは彼に拡張された（豊かな）財産を与え、(74：12)

また側に控える息子たちをも（与えた）。(74：13)

またわれは彼に（富と名望を）整然と整えた[2072]。(74：14)

その上、彼はわれが追加することを（不当にも）期待する。(74：15)

断じて（そのような期待には応じない）、彼がわれらの諸々の徴に対し頑迷であったからには。(74：16)

いずれわれは彼に険しい坂道[2073]を課そう。(74：17)

彼が（クルアーンについて）熟考し、（それを如何にして貶められるかと）推し量ったからには。(74：18)

それで彼は殺された（呪詛の言葉）。いかに彼は推し量ったというのか[2074]。(74：19)

それから、彼は殺された（呪詛の言葉）。いかに彼は推し量ったというのか。(74：20)

それから、彼は眺め・考え[2075]、(74：21)

それから、眉をひそめ、顔をしかめた。(74：22)

2070　あるいは、懲罰、すなわち懲罰の諸原因を指すとも言われる。

2071　アッラーが子供も財産もない裸一貫の独りぼっちの存在として創造し給うた者については、放置してアッラーにお任せしておけ、との意味。68章44節参照。なお、これはワリード・ブン・アル＝ムギーラを指していると言われる。

2072　富と名望を広大に与えた。

2073　原語の ṣaʻūd については諸説あり、火獄にある山の名前でこれを登る懲罰を意味するとも、険しい坂道、つまり厳しい懲罰、休みなく続く懲罰を意味するとも言われる。

2074　彼は呪われよ。いかにして、彼はクライシュ族の望むようなクルアーンと預言者ムハンマドに対する非難（24-25節参照）を推し量り思いつくなどという大それた悪行を行ったのだ。

2075　クルアーンに対する非難を考えたとも、預言者の属するハーシム家の一族の顔色を見ながら、彼を批判したとも言われる。

それから、彼は(信仰に)背を向け、思い上がった。(74：23)

そして、彼は言った。「これは言い伝えの[2076]魔術にほかならない」。(74：24)

「これは人間の言葉にほかならない」。(74：25)

いずれ、われは彼を猛火に焼《く》べるであろう。(74：26)

そして猛火とは何かを何がおまえに知らせるか。(74：27)

それは残さず、捨て置かない[2077]。(74：28)

(それは)皮膚を黒く変える(焼き焦がす)ものである[2078]。(74：29)

その上には十九(火獄の番人の天使の数)。(74：30)

そしてわれらは、天使たち以外を獄火の支配者(門番)たちとはなさず、われらは彼らの数(の確定)を、信仰を否定する者たちへの試練に他ならないものとなした。啓典を授けられた者たち(ユダヤ教徒、キリスト教徒)が確信し、信仰した者たちが信仰を増やし、啓典を授けられた者たちと信仰者たちが疑いを持たないために、また、心に病のある者(偽信者)たちと不信仰者たちが、「アッラーはこれ(天使の数)によって譬《たと》えとして何を望み(意図し)給うのか」と言うために。このようにアッラーは御望みの者を迷わせ、御望みの者を導き給う。そしておまえの主の軍勢(天使たち)を知る者は彼(アッラー)のほかになく、そしてそれ(猛火)は人間への訓戒にほかならない。(74：31)

否、断じて(不信仰者の考えているとおりではなく)、月にかけて、(74：32)

退き去る時の夜にかけて、(74：33)

明らむ時の朝にかけて、(74：34)

まことにそれ(猛火)は最大のもの(懲罰)の一つである、(74：35)

人間への警告として、(74：36)

(つまり)おまえたちのうち、(善行によって)先に進むか、または、(悪行によって)遅れることを望んだ者への(警告として)。(74：37)

人はみな、己の稼いだことに対する抵当である[2079]。(74：38)

ただし、右手の徒[2080]は別である。(74：39)

楽園の中で、彼らは尋ね合う、(74：40)

罪人たち(の状況)について。(74：41)

「何がおまえたちを猛火に入れたのか」(とその後、言った)。(74：42)

彼ら(罪人たち)は言った。「われらは礼拝する者たちではなかった」。(74：43)

「そして、貧者たちに食べさせなかった」。(74：44)

「また、われらは(虚言に)耽る者たちと共に耽り」、(74：45)

「また裁きの日を否定していた」。(74：46)

「やがて、ついに確かなもの(死)がわれらを訪れた」。(74：47)

2076　魔術師から伝えられる学習可能な。

2077　肉を残さず、骨も捨て置かずに焼きつくす。あるいは、投げ込まれた者を(焼かずに)残すことはなく、(滅すまでは)捨て置かない。あるいは、その中にある者を生きたまま残すことはなく、その者を死んだままに捨て置くこともない。

2078　あるいは、「(それは)人(の目)にとって(遠方からでも判るような程)はっきりと現れる」との解釈もある。

2079　その行為に対する抵当としてアッラーの御許に囚われる。

2080　信仰者を指すとも、右手に帳簿を渡される者(69章19節)であるとも、帰依者《ムスリム》の子供で幼時に死んだ者を指すとも言われる。

そして彼らには執り成す者たちの執り成しも益をなさない。(74：48)
それで彼らはどうしたというのか、訓戒から背を向けるとは。(74：49)
彼らはまるで驚いてどっと逃げ出したロバたちのようであった、(74：50)
ライオンから逃げ出した(ロバたちのようであった)。(74：51)
いや、彼らの誰もが開かれた書巻が自らにもたらされることを望む[2081]。(74：52)
断じて(そんなことはありえない)、いや彼らは来世を恐れない。(74：53)
断じて、まことに、それ(クルアーン)は訓戒である。(74：54)
それゆえ、望んだ者はそれ(クルアーン)を心に留めた。(74：55)
だが、アッラーが望み給うということがなければ、彼らは心に留めない。彼は畏怖にふさわしく、赦しにふさわしい御方。(74：56)

فَمَا تَنفَعُهُمْ شَفَٰعَةُ ٱلشَّٰفِعِينَ ﴿٤٨﴾ فَمَا لَهُمْ عَنِ ٱلتَّذْكِرَةِ مُعْرِضِينَ
﴿٤٩﴾ كَأَنَّهُمْ حُمُرٌ مُّسْتَنفِرَةٌ ﴿٥٠﴾ فَرَّتْ مِن قَسْوَرَةٍۭ ﴿٥١﴾ بَلْ يُرِيدُ
كُلُّ ٱمْرِئٍ مِّنْهُمْ أَن يُؤْتَىٰ صُحُفًا مُّنَشَّرَةً ﴿٥٢﴾ كَلَّا ۖ بَل لَّا يَخَافُونَ
ٱلْءَاخِرَةَ ﴿٥٣﴾ كَلَّآ إِنَّهُۥ تَذْكِرَةٌ ﴿٥٤﴾ فَمَن شَآءَ ذَكَرَهُۥ ﴿٥٥﴾ وَمَا يَذْكُرُونَ
إِلَّآ أَن يَشَآءَ ٱللَّهُ ۚ هُوَ أَهْلُ ٱلتَّقْوَىٰ وَأَهْلُ ٱلْمَغْفِرَةِ ﴿٥٦﴾

سُورَةُ ٱلْقِيَامَةِ

بِسْمِ ٱللَّهِ ٱلرَّحْمَٰنِ ٱلرَّحِيمِ

لَآ أُقْسِمُ بِيَوْمِ ٱلْقِيَٰمَةِ ﴿١﴾ وَلَآ أُقْسِمُ بِٱلنَّفْسِ ٱللَّوَّامَةِ ﴿٢﴾ أَيَحْسَبُ
ٱلْإِنسَٰنُ أَلَّن نَّجْمَعَ عِظَامَهُۥ ﴿٣﴾ بَلَىٰ قَٰدِرِينَ عَلَىٰٓ أَن نُّسَوِّىَ بَنَانَهُۥ ﴿٤﴾ بَلْ
يُرِيدُ ٱلْإِنسَٰنُ لِيَفْجُرَ أَمَامَهُۥ ﴿٥﴾ يَسْـَٔلُ أَيَّانَ يَوْمُ ٱلْقِيَٰمَةِ ﴿٦﴾ فَإِذَا بَرِقَ
ٱلْبَصَرُ ﴿٧﴾ وَخَسَفَ ٱلْقَمَرُ ﴿٨﴾ وَجُمِعَ ٱلشَّمْسُ وَٱلْقَمَرُ ﴿٩﴾ يَقُولُ ٱلْإِنسَٰنُ
يَوْمَئِذٍ أَيْنَ ٱلْمَفَرُّ ﴿١٠﴾ كَلَّا لَا وَزَرَ ﴿١١﴾ إِلَىٰ رَبِّكَ يَوْمَئِذٍ ٱلْمُسْتَقَرُّ ﴿١٢﴾ يُنَبَّؤُا۟
ٱلْإِنسَٰنُ يَوْمَئِذٍۭ بِمَا قَدَّمَ وَأَخَّرَ ﴿١٣﴾ بَلِ ٱلْإِنسَٰنُ عَلَىٰ نَفْسِهِۦ بَصِيرَةٌ ﴿١٤﴾
وَلَوْ أَلْقَىٰ مَعَاذِيرَهُۥ ﴿١٥﴾ لَا تُحَرِّكْ بِهِۦ لِسَانَكَ لِتَعْجَلَ بِهِۦٓ ﴿١٦﴾ إِنَّ عَلَيْنَا
جَمْعَهُۥ وَقُرْءَانَهُۥ ﴿١٧﴾ فَإِذَا قَرَأْنَٰهُ فَٱتَّبِعْ قُرْءَانَهُۥ ﴿١٨﴾ ثُمَّ إِنَّ عَلَيْنَا بَيَانَهُۥ ﴿١٩﴾

第75章　復活 ...... سورة القيامة

マッカ垂示
本章は復活を主題とし、冒頭の誓言句「復活の日に誓おうではないか」(1節)に因み、「復活」章と名づけられる。

慈悲あまねく慈悲深きアッラーの御名において

復活(審判)の日に誓おうではないか[2082]。(75：1)
そして自責する魂に誓おうではないか。(75：2)
人間は、われらが(復活の日に)彼(人間)の骨を集めることはないと考えるか。(75：3)
いや、われらは彼の指先まで整えることが可能で(、それを整える)。(75：4)
いや、人間はこの先も罪悪を重ねることを望み[2083]、(75：5)
復活(審判)の日はいつごろか、と(嘲って)尋ねる。(75：6)
それで(復活の日の恐怖に)目が眩《くら》んだ時、(75：7)
そして月が姿を隠し、(75：8)

2081　預言者ムハンマドではなく、自分自身が啓典を授かることを望んだ。
2082　56章75節脚注参照。
2083　あるいは、「この先も罪悪を行うために(将来の復活と審判を否定することを、あるいは罪悪を続けることを)望む」。

また太陽と月が合わせられた(時)[2084]、(75：9)

人間はその日、逃げ場はどこか、と言う。(75：10)

断じて、退避地はない。(75：11)

その日、おまえの主の御許に落ち着き先はある。(75：12)

その日、人間は、先になしたことと後にしたこと[2085]について告げられる。(75：13)

いや、人間は己に対して(不利な)証拠となる[2086]、(75：14)

たとえその様々な申し訳を持ち出したとしても。(75：15)

それ(クルアーンの啓示、暗記)に急《せ》いておまえの舌をそれ(クルアーンの読誦)で動かしてはならない[2087]。(75：16)

その(胸中への)収集(記憶)とその読誦は、われらの務めである。(75：17)

それゆえ、われらがそれを読み聞かせた時にはその読誦に従え[2088]。(75：18)

それから、その解明もわれらの務めである。(75：19)

2084　太陽と月の光が消えた(時)。

2085　生前なした行為と死後も残った事跡。あるいは、生前なした善行と死後になって知った己の悪行。あるいは、生前なした悪行と、遅らせて行わなかった善行。

2086　17章14節参照。あるいは、24章24節、36章65節参照。

2087　クルアーンが啓示される際に、それを忘れないうちに急いで記憶しようとし、啓示のあとにつづいて舌を動かしているが、啓示が完了しないうちにお前の舌をその読誦によって動かそうとしてはいけない。

2088　天使ジブリールがクルアーンを啓示した時には、その読誦を清聴し、その後でそれに倣って読誦せよ。

断じて、いや、おまえたち（不信仰者）は目先のもの（現世）を愛し、（75：20）

そして来世をなおざりにする。（75：21）

その日、（信仰者たちの）顔は輝き、（75：22）

（顔は）その主の方を仰ぎ見る[2089]。（75：23）

また、その日、（不信仰者たちの）顔は暗く歪み、（75：24）

背骨折（のような責め苦）が己に対しなされると思う（確信する）。（75：25）

断じて、（魂が喉元を囲む）鎖骨に達した時、（75：26）

そして（周囲の者に）言われた。「（あなたがたのうち）誰が呪医《じゅい》ですか[2090]」。（75：27）

そして彼（瀕死の者）は、それがかの別離であると思った（確信した）。（75：28）

そして脚は脚に重なる[2091]。（75：29）

その日、おまえの主の方（裁定）に追い立てはある。（75：30）

それでも彼（人間）は真実と認めず[2092]、礼拝もしなかった。（75：31）

いや、嘘と否定し、背を向けた。（75：32）

それから、意気揚々と歩んで[2093]家族の許に赴いた。（75：33）

（破滅は）おまえに近いぞ、近い[2094]。（75：34）

更に、おまえに近いぞ、近い。（75：35）

人間は見逃されて放っておかれると考えるのか。（75：36）

彼（人間）は射出された精液の一滴ではなかったか。（75：37）

それから、それは凝血となり、更に（アッラーがそれを人間に）創り、更に整え給うた。（75：38）

そして、それ（そのような人間）[2095]から男と女の両配偶者を成した。（75：39）

そのような御方が死者を生かすことができ給わないであろうか。（75：40）

كَلَّا بَلْ تُحِبُّونَ الْعَاجِلَةَ ﴿٢٠﴾ وَتَذَرُونَ الْآخِرَةَ ﴿٢١﴾ وُجُوهٌ يَوْمَئِذٍ نَّاضِرَةٌ
﴿٢٢﴾ إِلَىٰ رَبِّهَا نَاظِرَةٌ ﴿٢٣﴾ وَوُجُوهٌ يَوْمَئِذٍ بَاسِرَةٌ ﴿٢٤﴾ تَظُنُّ أَن يُفْعَلَ بِهَا
فَاقِرَةٌ ﴿٢٥﴾ كَلَّا إِذَا بَلَغَتِ التَّرَاقِيَ ﴿٢٦﴾ وَقِيلَ مَنْ ۜ رَاقٍ ﴿٢٧﴾ وَظَنَّ أَنَّهُ الْفِرَاقُ
﴿٢٨﴾ وَالْتَفَّتِ السَّاقُ بِالسَّاقِ ﴿٢٩﴾ إِلَىٰ رَبِّكَ يَوْمَئِذٍ الْمَسَاقُ ﴿٣٠﴾ فَلَا
صَدَّقَ وَلَا صَلَّىٰ ﴿٣١﴾ وَلَٰكِن كَذَّبَ وَتَوَلَّىٰ ﴿٣٢﴾ ثُمَّ ذَهَبَ إِلَىٰ أَهْلِهِ يَتَمَطَّىٰ
﴿٣٣﴾ أَوْلَىٰ لَكَ فَأَوْلَىٰ ﴿٣٤﴾ ثُمَّ أَوْلَىٰ لَكَ فَأَوْلَىٰ ﴿٣٥﴾ أَيَحْسَبُ الْإِنسَانُ
أَن يُتْرَكَ سُدًى ﴿٣٦﴾ أَلَمْ يَكُ نُطْفَةً مِّن مَّنِيٍّ يُمْنَىٰ ﴿٣٧﴾ ثُمَّ كَانَ
عَلَقَةً فَخَلَقَ فَسَوَّىٰ ﴿٣٨﴾ فَجَعَلَ مِنْهُ الزَّوْجَيْنِ الذَّكَرَ
وَالْأُنثَىٰ ﴿٣٩﴾ أَلَيْسَ ذَٰلِكَ بِقَادِرٍ عَلَىٰ أَن يُحْيِيَ الْمَوْتَىٰ ﴿٤٠﴾

سُورَةُ الْإِنسَانِ

بِسْمِ اللَّهِ الرَّحْمَٰنِ الرَّحِيمِ

هَلْ أَتَىٰ عَلَى الْإِنسَانِ حِينٌ مِّنَ الدَّهْرِ لَمْ يَكُن شَيْئًا مَّذْكُورًا ﴿١﴾ إِنَّا خَلَقْنَا
الْإِنسَانَ مِن نُّطْفَةٍ أَمْشَاجٍ نَّبْتَلِيهِ فَجَعَلْنَاهُ سَمِيعًا بَصِيرًا ﴿٢﴾ إِنَّا
هَدَيْنَاهُ السَّبِيلَ إِمَّا شَاكِرًا وَإِمَّا كَفُورًا ﴿٣﴾ إِنَّا أَعْتَدْنَا لِلْكَافِرِينَ سَلَاسِلَ
وَأَغْلَالًا وَسَعِيرًا ﴿٤﴾ إِنَّ الْأَبْرَارَ يَشْرَبُونَ مِن كَأْسٍ كَانَ مِزَاجُهَا كَافُورًا ﴿٥﴾

第76章　人間 …… سورة الإنسان

マディーナ垂示

2089　覆い等なしに直接、アッラーを目視する。

2090　あるいは天使たちが、「誰が（この者の魂を）持ち上げるのか」と相談している言葉が発話された。

2091　埋葬用白布に包まれた際の様子を指すとも、現世の最後の断末魔の苦しみと来世での懲罰の苦しみの開始が重なり合うことの比喩とも言われる。

2092　信じるべきものを信じなかった。あるいは、「喜捨（浄財）を支払わなかった」との解釈もある。

2093　踏ん反り返って。あるいは、大手を振って。

2094　'aulā（近い）は厄災（wayl）の意味で、「お前は滅びよ」、との呪詛とも言われる。47章20節脚注参照。

2095　あるいは、肉塊を指す。22章5節、23章14節参照。

عَيۡنٗا يَشۡرَبُ بِهَا عِبَادُ ٱللَّهِ يُفَجِّرُونَهَا تَفۡجِيرٗا ٦ يُوفُونَ بِٱلنَّذۡرِ وَيَخَافُونَ
يَوۡمٗا كَانَ شَرُّهُۥ مُسۡتَطِيرٗا ٧ وَيُطۡعِمُونَ ٱلطَّعَامَ عَلَىٰ حُبِّهِۦ مِسۡكِينٗا
وَيَتِيمٗا وَأَسِيرًا ٨ إِنَّمَا نُطۡعِمُكُمۡ لِوَجۡهِ ٱللَّهِ لَا نُرِيدُ مِنكُمۡ جَزَآءٗ وَلَا شُكُورًا
٩ إِنَّا نَخَافُ مِن رَّبِّنَا يَوۡمًا عَبُوسٗا قَمۡطَرِيرٗا ١٠ فَوَقَىٰهُمُ ٱللَّهُ شَرَّ ذَٰلِكَ
ٱلۡيَوۡمِ وَلَقَّىٰهُمۡ نَضۡرَةٗ وَسُرُورٗا ١١ وَجَزَىٰهُم بِمَا صَبَرُواْ جَنَّةٗ وَحَرِيرٗا ١٢
مُّتَّكِـِٔينَ فِيهَا عَلَى ٱلۡأَرَآئِكِۖ لَا يَرَوۡنَ فِيهَا شَمۡسٗا وَلَا زَمۡهَرِيرٗا ١٣
وَدَانِيَةً عَلَيۡهِمۡ ظِلَٰلُهَا وَذُلِّلَتۡ قُطُوفُهَا تَذۡلِيلٗا ١٤ وَيُطَافُ عَلَيۡهِم بِـَٔانِيَةٖ
مِّن فِضَّةٖ وَأَكۡوَابٖ كَانَتۡ قَوَارِيرَا۠ ١٥ قَوَارِيرَاْ مِن فِضَّةٖ قَدَّرُوهَا تَقۡدِيرٗا ١٦
وَيُسۡقَوۡنَ فِيهَا كَأۡسٗا كَانَ مِزَاجُهَا زَنجَبِيلًا ١٧ عَيۡنٗا فِيهَا تُسَمَّىٰ سَلۡسَبِيلٗا
١٨ ۞وَيَطُوفُ عَلَيۡهِمۡ وِلۡدَٰنٞ مُّخَلَّدُونَ إِذَا رَأَيۡتَهُمۡ حَسِبۡتَهُمۡ لُؤۡلُؤٗا مَّنثُورٗا
١٩ وَإِذَا رَأَيۡتَ ثَمَّ رَأَيۡتَ نَعِيمٗا وَمُلۡكٗا كَبِيرًا ٢٠ عَٰلِيَهُمۡ ثِيَابُ سُندُسٍ
خُضۡرٞ وَإِسۡتَبۡرَقٞۖ وَحُلُّوٓاْ أَسَاوِرَ مِن فِضَّةٖ وَسَقَىٰهُمۡ رَبُّهُمۡ شَرَابٗا
طَهُورًا ٢١ إِنَّ هَٰذَا كَانَ لَكُمۡ جَزَآءٗ وَكَانَ سَعۡيُكُم مَّشۡكُورًا ٢٢ إِنَّا
نَحۡنُ نَزَّلۡنَا عَلَيۡكَ ٱلۡقُرۡءَانَ تَنزِيلٗا ٢٣ فَٱصۡبِرۡ لِحُكۡمِ رَبِّكَ وَلَا تُطِعۡ
مِنۡهُمۡ ءَاثِمًا أَوۡ كَفُورٗا ٢٤ وَٱذۡكُرِ ٱسۡمَ رَبِّكَ بُكۡرَةٗ وَأَصِيلٗا ٢٥

冒頭第１節に因み「人間」章と名づけられ、楽園と火獄の記述を主たる内容とする。

慈悲あまねく慈悲深きアッラーの御名において

人間には、言及されるようなものでなかった[2096]時期が来た(経過した)ではないか。(76：1)

まことに、われらは人間を　—われらは彼を試す[2097]—　混ぜ合わされた[2098]精滴から創り、そして彼に聴覚と視覚を成した。(76：2)

われらは彼を道に導いた、感謝する者として、あるいは忘恩の輩(不信仰者)として[2099]。(76：3)

われらは不信仰者たちに鎖と枷と烈火を用意した。(76：4)

敬虔な者たちは酒杯から飲むが、その混ぜものは樟脳[2100]であった。(76：5)

アッラーの僕《しもべ》たちがそこで飲む泉[2101]、彼らはそれをこんこんと(易々と)湧き出でさせる。(76：6)

彼らは誓願を果たし、その害悪が広がる日(最後の審判の日)を恐れ、(76：7)

また、貧しい者や孤児や捕虜に食べさせる、それ(食料)への愛着に抗って[2102]。(76：8)

「われらがあなたがたに食べさせるのはアッラーの御顔のためにほかならず、あなたがたからは報酬も謝恩も望みません」。(76：9)

「われらはわれらの主から、(苦渋と恐怖により)顔を歪める顰蹙の日を恐れるのです」。(76：10)

それで、アッラーは彼らをその日の害悪から守り、彼らに輝きと喜びを投げ与え(授け)給う。(76：11)

そして、彼らが耐えたことに対し、楽園と絹で彼らに報い給う。(76：12)

彼らはそこで寝台に寄りかかり、そこでは太陽も酷寒も見ないで。(76：13)

2096　取るに足らない存在、記憶されない存在。霊魂を吹き込まれる前の肉塊までの状態を指すと言われる。

2097　われらは人間を試すべく、人間を創った。あるいは、われらは、われらに試される存在である人間を創った。試すとは、人間に対する義務負荷とそれへの対応を見ることを指す。

2098　男女の性液が混合した。

2099　われらは、感謝する者と忘恩の輩の状態を明らかにして彼を道に導いた。あるいは、われらは彼に感謝する道と忘恩の道を導いた(明らかにした)。あるいは、われらは彼を道(正道)に導いたが、彼が信仰するか否かは(われらにとって)既知であった、の意。

2100　現世に於ける理解としてはクスノキから抽出される香りの良い結晶、あるいはクスノキ。

2101　「(つまり樟脳とは)泉(であり)」。あるいは「(つまり酒杯から飲むとは)泉(の酒を飲むということであり)」。あるいは、「敬虔な者たちは、アッラーの僕《しもべ》たちがそこで飲む泉を、酒杯から飲む」。

2102　代名詞がアッラーを指示するとし、「アッラーへの愛に従って」と解釈する説もある。

そして彼らの上にはその(楽園の木)陰が間近で、その果物は低く垂れ下げられた。(76：14)

そして彼らの周りには銀の器とギヤマンのコップが回され、(76：15)

(つまり)銀のギヤマンで、彼ら(召使の酌人たち)は適量を計り取る。(76：16)

そして彼ら(敬虔な者たち)はそこ(楽園)で酒杯で(酒を)注がれるが、その混ぜ物はショウガである。(76：17)

(つまりショウガとは[2103])サルサビールと名付けられたそこ(楽園)にある泉(の水)である。(76：18)

そして彼らの周りには永遠の少年たちが回る。おまえが彼らを見たなら、撒き散らされた真珠かと想ったであろう。(76：19)

そして、おまえがそこ(楽園の現場)で見たなら、(そこに)至福と広大な王権を見たであろう。(76：20)

彼ら(敬虔な者たち)の上には緑の錦と緞子の服があり、銀の腕輪で飾られ、彼らには彼らの主が清らかな飲み物を飲ませ給う。(76：21)

「まことに、これがおまえたちへの報いであり、おまえたちの努力は厚く報いられた[2104]」(と彼らに言われた)。(76：22)

われらこそ、われらこそがおまえの上にクルアーンを垂示として(徐々に)降した。(76：23)

それゆえ、おまえの主の裁定に耐え、彼らのうちの邪な者にも忘恩の不信仰者にも従ってはならない。(76：24)

そして、おまえの主の御名を朝に夕に唱えよ。(76：25)

そして、夜のうちも[2105]彼に跪拝し、夜に長く、彼を賛美(礼拝)せよ[2106]。(76：26)

これらの者(不信仰者)たちは目先のもの(現世)を好み、重大な日(最後の審判の日)を己の背後に打ち捨てる。(76：27)

われらこそが彼らを創り、彼らの(体の各部の)繋ぎ[2107]を引き締めたのである。それでもしわれらが望んだなら、彼らを同類の者と交代に取り替えたであろう[2108]。(76：28)

まことに、これ(クルアーンの章や節)は訓戒である。それゆえ、(救済を)望む者があれば己の主への道を取る(が良い)。(76：29)

だが、おまえたちは、アッラーが望み給うたのでなければ(アッラーへの服従を)望むことはない[2109]。まことに、アッラーはよく知り給う英知ある御方であらせられた。(76：30)

彼(アッラー)は御望みの者を彼の御慈悲のうちに入れ給う。一方、不正な者たちには痛苦の懲罰を彼らに用意し給うた。(76：31)

2103　あるいは、「つまり酒杯(の中の酒)とは」。

2104　受け入れられ、嘉された。

2105　夜間の一時に。義務の礼拝である日没後と夜の礼拝を指す。

2106　任意の礼拝を指す。

2107　体の四肢を繋ぐ関節とも、諸器官の連繋とも、人間の造作とも言われる。

2108　9章39節、47章38節参照。

2109　つまり、何ごとにつけても、アッラーの御望みなしには、その何かを望むことはない。

وَمِنَ ٱلَّيۡلِ فَٱسۡجُدۡ لَهُۥ وَسَبِّحۡهُ لَيۡلٗا طَوِيلًا ﴿٢٦﴾ إِنَّ هَٰٓؤُلَآءِ
يُحِبُّونَ ٱلۡعَاجِلَةَ وَيَذَرُونَ وَرَآءَهُمۡ يَوۡمٗا ثَقِيلٗا ﴿٢٧﴾ نَّحۡنُ خَلَقۡنَٰهُمۡ
وَشَدَدۡنَآ أَسۡرَهُمۡۖ وَإِذَا شِئۡنَا بَدَّلۡنَآ أَمۡثَٰلَهُمۡ تَبۡدِيلًا ﴿٢٨﴾ إِنَّ
هَٰذِهِۦ تَذۡكِرَةٞۖ فَمَن شَآءَ ٱتَّخَذَ إِلَىٰ رَبِّهِۦ سَبِيلٗا ﴿٢٩﴾ وَمَا تَشَآءُونَ
إِلَّآ أَن يَشَآءَ ٱللَّهُۚ إِنَّ ٱللَّهَ كَانَ عَلِيمًا حَكِيمٗا ﴿٣٠﴾ يُدۡخِلُ
مَن يَشَآءُ فِي رَحۡمَتِهِۦۚ وَٱلظَّٰلِمِينَ أَعَدَّ لَهُمۡ عَذَابًا أَلِيمَۢا ﴿٣١﴾

سُورَةُ المُرۡسَلَاتِ

بِسۡمِ ٱللَّهِ ٱلرَّحۡمَٰنِ ٱلرَّحِيمِ

وَٱلۡمُرۡسَلَٰتِ عُرۡفٗا ﴿١﴾ فَٱلۡعَٰصِفَٰتِ عَصۡفٗا ﴿٢﴾ وَٱلنَّٰشِرَٰتِ نَشۡرٗا ﴿٣﴾
فَٱلۡفَٰرِقَٰتِ فَرۡقٗا ﴿٤﴾ فَٱلۡمُلۡقِيَٰتِ ذِكۡرًا ﴿٥﴾ عُذۡرًا أَوۡ نُذۡرًا ﴿٦﴾ إِنَّمَا
تُوعَدُونَ لَوَٰقِعٞ ﴿٧﴾ فَإِذَا ٱلنُّجُومُ طُمِسَتۡ ﴿٨﴾ وَإِذَا ٱلسَّمَآءُ فُرِجَتۡ
﴿٩﴾ وَإِذَا ٱلۡجِبَالُ نُسِفَتۡ ﴿١٠﴾ وَإِذَا ٱلرُّسُلُ أُقِّتَتۡ ﴿١١﴾ لِأَيِّ يَوۡمٍ أُجِّلَتۡ
﴿١٢﴾ لِيَوۡمِ ٱلۡفَصۡلِ ﴿١٣﴾ وَمَآ أَدۡرَىٰكَ مَا يَوۡمُ ٱلۡفَصۡلِ ﴿١٤﴾ وَيۡلٞ يَوۡمَئِذٖ
لِّلۡمُكَذِّبِينَ ﴿١٥﴾ أَلَمۡ نُهۡلِكِ ٱلۡأَوَّلِينَ ﴿١٦﴾ ثُمَّ نُتۡبِعُهُمُ ٱلۡأٓخِرِينَ
﴿١٧﴾ كَذَٰلِكَ نَفۡعَلُ بِٱلۡمُجۡرِمِينَ ﴿١٨﴾ وَيۡلٞ يَوۡمَئِذٖ لِّلۡمُكَذِّبِينَ ﴿١٩﴾

第77章　送られるものたち …… سورة المرسلات

マッカ垂示

冒頭の誓言句「次々と送られるものたちにかけて」(1節)に因み、「送られるものたち」章と名づけられる。復活の日が必ず到来することが誓言される。

慈悲あまねく慈悲深きアッラーの御名において

次々と送られるものたち(風)にかけて[2110]、(77:1)

そして激しく吹き荒れる暴風[2111]に(かけて)、(77:2)

また(雲と雨を)撒き散らすものたち(風あるいは天使)に(かけて)、(77:3)

そして(善悪を)分かち区別するものたち(啓典を啓示する天使)[2112]に(かけて)、(77:4)

そして訓戒を投下する者たち(天使)[2113]に(かけて)、(77:5)

免責事由[2114]として、または警告として、(77:6)

まことに、おまえたちに約束されたこと(復活)は起こるものである。(77:7)

そして星々が消された時、(77:8)

また天が裂けた時、(77:9)

また山々が粉砕された時、(77:10)

また使徒たちの定めの時が到来した時[2115]、(77:11)

「いかなる日までそれら(使徒たち)は[2116]遅延されたか」。(77:12)

「決定(最後の審判)の日までである」。(77:13)

そして決定の日が何であるかを、何がおまえに分からせたか。(77:14)

災いあれ、その日、(復活の日等のイスラームの信条を)嘘と否定した者たちに。(77:15)

昔の者たちをわれらは滅ぼさなかったか。(77:16)

それから、われらは彼らに(彼ら同様の)後の者たちを続かせ(滅ぼし)た。(77:17)

2110　あるいは、「良識(善)のために送られるもの(天使、預言者)たちにかけて」。

2111　アッラーの命により疾走する天使を指すとも言われる。

2112　あるいは使徒たちを指すとも、クルアーンを指すとも言われる。

2113　訓戒(啓示)を携えた天使とも、民に啓示を伝える使徒とも言われる。

2114　人間が来世でアッラーに対し、「主よ、あなたは何故我らに訓戒を下されなかったのですか」等と抗弁する事に対する免責事由として。

2115　…した時、おまえたちに約束されたことは起こる(事態は明らかとなる)。あるいは、…した時、第12節の言葉が人々に言われる。「定めの時」とは、使徒たちが自らの民に対して自らの責務を果たしたと証言するために出てくる時とも(5章109節参照)、39章69節、あるいは7章6節の内容を指すとも言われる。

2116　使徒たちの証言は。あるいは、「それら」とは復活の日の諸事である、とも言われる。

أَلَمۡ نَخۡلُقكُّم مِّن مَّآءٖ مَّهِينٖ ﴿٢٠﴾ فَجَعَلۡنَٰهُ فِي قَرَارٖ مَّكِينٍ ﴿٢١﴾ إِلَىٰ قَدَرٖ
مَّعۡلُومٖ ﴿٢٢﴾ فَقَدَرۡنَا فَنِعۡمَ ٱلۡقَٰدِرُونَ ﴿٢٣﴾ وَيۡلٞ يَوۡمَئِذٖ لِّلۡمُكَذِّبِينَ ﴿٢٤﴾
أَلَمۡ نَجۡعَلِ ٱلۡأَرۡضَ كِفَاتًا ﴿٢٥﴾ أَحۡيَآءٗ وَأَمۡوَٰتٗا ﴿٢٦﴾ وَجَعَلۡنَا فِيهَا رَوَٰسِيَ
شَٰمِخَٰتٖ وَأَسۡقَيۡنَٰكُم مَّآءٗ فُرَاتٗا ﴿٢٧﴾ وَيۡلٞ يَوۡمَئِذٖ لِّلۡمُكَذِّبِينَ ﴿٢٨﴾
ٱنطَلِقُوٓاْ إِلَىٰ مَا كُنتُم بِهِۦ تُكَذِّبُونَ ﴿٢٩﴾ ٱنطَلِقُوٓاْ إِلَىٰ ظِلّٖ ذِي ثَلَٰثِ
شُعَبٖ ﴿٣٠﴾ لَّا ظَلِيلٖ وَلَا يُغۡنِي مِنَ ٱللَّهَبِ ﴿٣١﴾ إِنَّهَا تَرۡمِي بِشَرَرٖ
كَٱلۡقَصۡرِ ﴿٣٢﴾ كَأَنَّهُۥ جِمَٰلَتٞ صُفۡرٞ ﴿٣٣﴾ وَيۡلٞ يَوۡمَئِذٖ لِّلۡمُكَذِّبِينَ ﴿٣٤﴾
هَٰذَا يَوۡمُ لَا يَنطِقُونَ ﴿٣٥﴾ وَلَا يُؤۡذَنُ لَهُمۡ فَيَعۡتَذِرُونَ ﴿٣٦﴾ وَيۡلٞ يَوۡمَئِذٖ
لِّلۡمُكَذِّبِينَ ﴿٣٧﴾ هَٰذَا يَوۡمُ ٱلۡفَصۡلِۖ جَمَعۡنَٰكُمۡ وَٱلۡأَوَّلِينَ ﴿٣٨﴾ فَإِن كَانَ
لَكُمۡ كَيۡدٞ فَكِيدُونِ ﴿٣٩﴾ وَيۡلٞ يَوۡمَئِذٖ لِّلۡمُكَذِّبِينَ ﴿٤٠﴾ إِنَّ ٱلۡمُتَّقِينَ
فِي ظِلَٰلٖ وَعُيُونٖ ﴿٤١﴾ وَفَوَٰكِهَ مِمَّا يَشۡتَهُونَ ﴿٤٢﴾ كُلُواْ وَٱشۡرَبُواْ هَنِيٓـَٔۢا
بِمَا كُنتُمۡ تَعۡمَلُونَ ﴿٤٣﴾ إِنَّا كَذَٰلِكَ نَجۡزِي ٱلۡمُحۡسِنِينَ ﴿٤٤﴾ وَيۡلٞ
يَوۡمَئِذٖ لِّلۡمُكَذِّبِينَ ﴿٤٥﴾ كُلُواْ وَتَمَتَّعُواْ قَلِيلًا إِنَّكُم مُّجۡرِمُونَ ﴿٤٦﴾ وَيۡلٞ
يَوۡمَئِذٖ لِّلۡمُكَذِّبِينَ ﴿٤٧﴾ وَإِذَا قِيلَ لَهُمُ ٱرۡكَعُواْ لَا يَرۡكَعُونَ ﴿٤٨﴾
وَيۡلٞ يَوۡمَئِذٖ لِّلۡمُكَذِّبِينَ ﴿٤٩﴾ فَبِأَيِّ حَدِيثِۭ بَعۡدَهُۥ يُؤۡمِنُونَ ﴿٥٠﴾

このようにわれらは罪人たちに為す。(77：18)

災いあれ、その日、嘘と否定した者たちに。(77：19)

われらはおまえたちを卑しい水(精液)から創ったのではないか。(77：20)

それから、われらはそれを安定した定着地(子宮)に置いたではないか、(77：21)

定められた期間まで。(77：22)

それでわれらは定めた。(われらの)なんと良き定める者であることか。(77：23)

災いあれ、その日、嘘と否定した者たちに。(77：24)

われらは大地を把《は》持《じ》するもの[2117]となしたのではないか、(77：25)

生きた者を、そして、死んだ者を(把持するものと)。(77：26)

そして、われらはそこに聳え立つ山脈をなし、おまえたちに甘美な水を飲ませたではないか。(77：27)

災いあれ、その日、嘘と否定した者たちに。(77：28)

「おまえたちが嘘と否定していたもの(火獄)に赴け」。(77：29)

「三つの枝のある陰に赴け[2118]」。(77：30)

「(遮る)翳《かげ》がなく、炎に対して役立たない(陰に赴け)」。(77：31)

まことに、それ(火獄、あるいは炎)は城のような火花を放ち、(77：32)

ちょうどそれ(火花)は黄褐色[2119]の駱駝たちのようである。(77：33)

災いあれ、その日、嘘と否定した者たちに。(77：34)

これは、彼ら(不信仰者)が話さない日。(77：35)

彼らが(弁明を)許可されず、申し開きすることもない。(77：36)

災いあれ、その日、嘘と否定した者たちに。(77：37)

これが決定の日であり、われらはおまえたちと昔の者たち(今昔の不信仰者)を集める。(77：38)

もしおまえたちに策略があったなら、われに対し策を弄してみよ。(77：39)

災いあれ、その日、嘘と否定した者たちに。(77：40)

まことに、畏れ身を守る者たちは(木)陰と泉にいて、(77：41)

そして、彼らの望む果物に(囲まれている)。(77：42)

2117　中に集めるもの、容器。あるいは、すみか。覆い。表面には生者、内部には死者があるもの。

2118　「陰」は火獄の炎の煙、あるいは炎そのものを指す。「三つの枝」とは上、下、左右を囲むような意とも、三つ又にわかれたの意とも、火炎、火花、煙を指すとも言われる。

2119　黄色と黒の混ざった色と言われる。

「おまえたちがなしてきたことゆえに楽しく食べ、飲むがいい」。(77：43)
まことにわれらはこのように善を尽くした者たちに報いる。(77：44)
災いあれ、その日、嘘と否定した者たちに。(77：45)
「おまえたちは僅かの間、食べ、楽しむがよい。おまえたちは罪人である」。(77：46)
災いあれ、その日、嘘と否定した者たちに。(77：47)
また、「おまえたちは屈礼(礼拝)せよ」、と言われても、彼らは屈礼しない。(77：48)
災いあれ、その日、嘘と否定した者たちに。(77：49)
その(クルアーンの)後、彼らはどんな言葉(啓典)を信じるというのか。(77：50)

第78章　消息……سورة النبأ

マッカ垂示

冒頭の「大いなる消息について」（２節）に因み、「消息」章と名づけられる。アッラーの天地の創造の御業に注意が喚起された後、復活と火獄、楽園について告げられる。「大いなる消息」章、「何について」章、「尋ね合い」章とも呼ばれる。

سُورَةُ ٱلنَّبَإِ

بِسْمِ ٱللَّهِ ٱلرَّحْمَـٰنِ ٱلرَّحِيمِ

عَمَّ يَتَسَآءَلُونَ ﴿١﴾ عَنِ ٱلنَّبَإِ ٱلْعَظِيمِ ﴿٢﴾ ٱلَّذِى هُمْ فِيهِ مُخْتَلِفُونَ ﴿٣﴾
كَلَّا سَيَعْلَمُونَ ﴿٤﴾ ثُمَّ كَلَّا سَيَعْلَمُونَ ﴿٥﴾ أَلَمْ نَجْعَلِ ٱلْأَرْضَ مِهَـٰدًا ﴿٦﴾
وَٱلْجِبَالَ أَوْتَادًا ﴿٧﴾ وَخَلَقْنَـٰكُمْ أَزْوَٰجًا ﴿٨﴾ وَجَعَلْنَا نَوْمَكُمْ سُبَاتًا
﴿٩﴾ وَجَعَلْنَا ٱلَّيْلَ لِبَاسًا ﴿١٠﴾ وَجَعَلْنَا ٱلنَّهَارَ مَعَاشًا ﴿١١﴾ وَبَنَيْنَا
فَوْقَكُمْ سَبْعًا شِدَادًا ﴿١٢﴾ وَجَعَلْنَا سِرَاجًا وَهَّاجًا ﴿١٣﴾ وَأَنزَلْنَا مِنَ
ٱلْمُعْصِرَٰتِ مَآءً ثَجَّاجًا ﴿١٤﴾ لِّنُخْرِجَ بِهِۦ حَبًّا وَنَبَاتًا ﴿١٥﴾ وَجَنَّـٰتٍ
أَلْفَافًا ﴿١٦﴾ إِنَّ يَوْمَ ٱلْفَصْلِ كَانَ مِيقَـٰتًا ﴿١٧﴾ يَوْمَ يُنفَخُ فِى ٱلصُّورِ
فَتَأْتُونَ أَفْوَاجًا ﴿١٨﴾ وَفُتِحَتِ ٱلسَّمَآءُ فَكَانَتْ أَبْوَٰبًا ﴿١٩﴾ وَسُيِّرَتِ
ٱلْجِبَالُ فَكَانَتْ سَرَابًا ﴿٢٠﴾ إِنَّ جَهَنَّمَ كَانَتْ مِرْصَادًا ﴿٢١﴾ لِّلطَّـٰغِينَ
مَـَٔابًا ﴿٢٢﴾ لَّـٰبِثِينَ فِيهَآ أَحْقَابًا ﴿٢٣﴾ لَّا يَذُوقُونَ فِيهَا بَرْدًا وَلَا شَرَابًا
﴿٢٤﴾ إِلَّا حَمِيمًا وَغَسَّاقًا ﴿٢٥﴾ جَزَآءً وِفَاقًا ﴿٢٦﴾ إِنَّهُمْ كَانُوا۟
لَا يَرْجُونَ حِسَابًا ﴿٢٧﴾ وَكَذَّبُوا۟ بِـَٔايَـٰتِنَا كِذَّابًا ﴿٢٨﴾ وَكُلَّ شَىْءٍ
أَحْصَيْنَـٰهُ كِتَـٰبًا ﴿٢٩﴾ فَذُوقُوا۟ فَلَن نَّزِيدَكُمْ إِلَّا عَذَابًا ﴿٣٠﴾

慈悲あまねく慈悲深きアッラーの御名において

何について彼ら（マッカの不信仰者たち）は尋ね合うのか。（78：1）
大いなる消息（復活）について[2120]。（78：2）
それについて彼らは分裂する。（78：3）
断じて、彼らはやがて知るであろう。（78：4）
それから、断じて、彼らはやがて知るであろう[2121]。（78：5）
また、われらは大地を寝床に成さなかったか。（78：6）
また、山々を杭[2122]と（成さなかったか）。（78：7）
また、おまえたちをつがいに創り、（78：8）
また、おまえたちの眠りを休息と成し、（78：9）
また、夜を衣服（覆い）と成し、（78：10）
また、昼間を生計と成した。（78：11）
また、われらはおまえたちの上に堅固な七つ（の諸天）を打ち建て、（78：12）
また、燃え立つ灯火（太陽）を置き、（78：13）
また、われらは雨雲からほとばしる水を下した。（78：14）
それによってわれらが穀物や草を萌え出でさせるため、（78：15）
また、生い茂る園をも（萌え出でさせるため）[2123]。（78：16）
まことに決定（最後の審判）の日は定刻であった。（78：17）
角笛が吹かれる日、おまえたちは群れを成してやって来る。（78：18）
また、天は開かれ、数々の扉[2124]となった。（78：19）
また、山々は動かされ、蜃気楼（のよう）になった。（78：20）

2120　「消息について（尋ね合うのである）」。あるいは、「（何故）消息について（尋ね合うというのか）」。消息はクルアーンを指すとも言われる。

2121　彼らが嘘として否定したことが真実であるということを、遅くとも死後に知る。

2122　天幕が杭によって固定される様に、大地を揺れ動かない様に固定する。

2123　8-16節は、形式上は肯定文だが、意味上は6節に続き疑問を包含する。

2124　天使たちが降りてくるための。あるいは天が四分五裂した様。

إِنَّ لِلْمُتَّقِينَ مَفَازًا ٣١ حَدَآئِقَ وَأَعْنَٰبًا ٣٢ وَكَوَاعِبَ أَتْرَابًا ٣٣ وَكَأْسًا
دِهَاقًا ٣٤ لَّا يَسْمَعُونَ فِيهَا لَغْوًا وَلَا كِذَّٰبًا ٣٥ جَزَآءً مِّن رَّبِّكَ عَطَآءً
حِسَابًا ٣٦ رَّبِّ ٱلسَّمَٰوَٰتِ وَٱلْأَرْضِ وَمَا بَيْنَهُمَا ٱلرَّحْمَٰنِ لَا يَمْلِكُونَ
مِنْهُ خِطَابًا ٣٧ يَوْمَ يَقُومُ ٱلرُّوحُ وَٱلْمَلَٰٓئِكَةُ صَفًّا لَّا يَتَكَلَّمُونَ
إِلَّا مَنْ أَذِنَ لَهُ ٱلرَّحْمَٰنُ وَقَالَ صَوَابًا ٣٨ ذَٰلِكَ ٱلْيَوْمُ ٱلْحَقُّ فَمَن
شَآءَ ٱتَّخَذَ إِلَىٰ رَبِّهِۦ مَـَٔابًا ٣٩ إِنَّآ أَنذَرْنَٰكُمْ عَذَابًا قَرِيبًا يَوْمَ يَنظُرُ
ٱلْمَرْءُ مَا قَدَّمَتْ يَدَاهُ وَيَقُولُ ٱلْكَافِرُ يَٰلَيْتَنِى كُنتُ تُرَٰبًۢا ٤٠

سُورَةُ النَّازِعَاتِ

بِسْمِ ٱللَّهِ ٱلرَّحْمَٰنِ ٱلرَّحِيمِ

وَٱلنَّٰزِعَٰتِ غَرْقًا ١ وَٱلنَّٰشِطَٰتِ نَشْطًا ٢ وَٱلسَّٰبِحَٰتِ سَبْحًا ٣
فَٱلسَّٰبِقَٰتِ سَبْقًا ٤ فَٱلْمُدَبِّرَٰتِ أَمْرًا ٥ يَوْمَ تَرْجُفُ ٱلرَّاجِفَةُ ٦
تَتْبَعُهَا ٱلرَّادِفَةُ ٧ قُلُوبٌ يَوْمَئِذٍ وَاجِفَةٌ ٨ أَبْصَٰرُهَا خَٰشِعَةٌ ٩
يَقُولُونَ أَءِنَّا لَمَرْدُودُونَ فِى ٱلْحَافِرَةِ ١٠ أَءِذَا كُنَّا عِظَٰمًا نَّخِرَةً ١١ قَالُوا۟
تِلْكَ إِذًا كَرَّةٌ خَاسِرَةٌ ١٢ فَإِنَّمَا هِىَ زَجْرَةٌ وَٰحِدَةٌ ١٣ فَإِذَا هُم بِٱلسَّاهِرَةِ
١٤ هَلْ أَتَىٰكَ حَدِيثُ مُوسَىٰٓ ١٥ إِذْ نَادَىٰهُ رَبُّهُۥ بِٱلْوَادِ ٱلْمُقَدَّسِ طُوًى ١٦

火獄《ジャハンナム》は待ち伏せしていた[2125]。(78：21)

無法者たちのために(待ち伏せる)、帰り処であった。(78：22)

彼らはそこに長々と[2126]留まって。(78：23)

そこで彼らは涼しさ[2127]を味わうことはなく、また飲み物を(味わうこともない)、(78：24)

ただ、煮え湯と膿汁[2128]ばかりを(味わう)。(78：25)

相応の報いを(報われる)。(78：26)

彼らは清算を期待(想定)していなかった。(78：27)

そして、われらの諸々の徴(節)を嘘として激しく否定した。(78：28)

だが、ことごとくを、われらは書に[2129]数え留めた。(78：29)

それゆえ、おまえたちは味わえ。われらはおまえたちには懲罰よりほかに増し加えはしない。(78：30)

まことに、畏れ身を守る者たちには成就(救済の成功)[2130]がある。(78：31)

(つまり)いくつもの庭とぶどう畑、(78：32)

そして同年齢の胸の丸く膨れた乙女たち、(78：33)

そして満たされた酒杯(があり)、(78：34)

そこでは彼らは戯れ言も(互いが)嘘つき呼ばわりすることも聞くことはない。(78：35)

おまえの主からの報いとして(つまり)十分な賜物として。(78：36)

(つまり)諸天と地とその間のものの主、慈悲あまねき御方(からの報いとして)。彼らは彼に話しかける権限を持たない[2131]。(78：37)

霊(ジブリール)と天使たちが整列して立つ日、彼らが語る(請願する)ことはない。但し、慈悲あまねき御方が許し給い、正語を述べた者は別である。(78：38)

それが真実の日である。それゆえ、望む者は主の御許に帰り処を得る(が良い)。(78：39)

まことにわれらはおまえたちに近い懲罰を警告した。人が己の手が以前になしたことを見、そして、不信仰者が「ああ、わが身が土くれであればよかったものを」と言う日における(懲罰を)。(78：40)

2125　あるいは、「火獄は(その番人による)待ち伏せの場だった」。
2126　長年の後にまた長年と、永遠に。
2127　あるいは、「眠り」。
2128　ghassāq(膿汁)の意味は、「凍傷を起すほど冷たいもの」とも言われる。
2129　記録簿に。あるいは「護持された書板」(85章22節)に。
2130　あるいは、「獲得地(懲罰から救われる楽園)」。
2131　アッラーからの御許可なしには、彼らはアッラーに話す(何かを請願する)ことを得ない。

第79章　引き抜く者たち …… سورة النازعات

マッカ垂示

冒頭の「引き抜く者たち」(2節)に因み、「引き抜く者たち」章と名づけられる。ムーサーとフィルアウンの物語が挿入され(15-26節)、復活と火獄、楽園について告げられる。

慈悲あまねく慈悲深きアッラーの御名において

(不信仰者の魂を)力任せに[2132]引き抜く者(天使)たちにかけて、(79：1)
また(信仰者の魂を)やさしく取り出す者(天使)たち[2133]に(かけて)、(79：2)
また(空中を)泳いで飛ぶ者(天使)たちに(かけて)、(79：3)
また、先んじて先を行く者(天使)たちに(かけて)[2134]、(79：4)
また、事を処理する者(天使)たちに(かけて)[2135]、(79：5)
(復活の前の死滅を告げる天使の角笛で)震動するもの(大地、あるいは万物)が震動する日、(79：6)
それには次に来るもの(復活を告げる第二の角笛の響き)が続く[2136]。(79：7)
心はその日、おののき震え、(79：8)
その(心の所有者の)目は伏せられる。(79：9)
彼らは言う。「なんと、まことにわれらが原状に戻される者であるのか」。(79：10)
「腐朽した骨となった時にか」。(79：11)
「それ(戻されること)は、そうなれば、損な帰還である[2137]」と彼らは言った。(79：12)
だが、それ(戻されること)はまさしく一声の叱声《しっせい》[2138]に過ぎない。(79：13)
すると途端に彼らは地表[2139]にいる。(79：14)
おまえにムーサーの話は届いたか。(79：15)
彼の主が聖なるトゥワーの谷で彼に呼びかけ給うた時のこと[2140]。(79：16)

2132　思いきり激しく、痛みを伴って。

2133　直訳すると、「さっと繋ぎを解く者たち」。あるいは、「(釣瓶を井戸から引き上げるように)そっと引き上げる者たち」。

2134　悪魔を制して預言者に啓示を伝える、あるいは信仰者の霊を楽園に先導する、あるいは人間に対して信仰に先んじる。

2135　(上述のものにかけて)必ずやおまえたちは復活させられるのである。なお、1-5節の内容を星々を指すとし、星々の日々の運行(1節)、黄道上の運行(2節)、軌道を泳ぐ様(3節、なお21章33節、36章40節参照)、恒星や惑星が競う様(4節)、太陽をはじめとした天体の運行の変化によって生じる季節や時間の移り変わりが現世に影響を及ぼす様(5節)とする解釈など、諸説ある。

2136　「震動するもの」と「次に来るもの」は、大地の震動に続く天と天体の震動と寸裂とも、角笛の第一回目と第二回目の轟きであるとも言われる。

2137　あるいは、「それは、そうであるならば、損なわれた(実現しない、虚偽の)帰還である」。

2138　角笛の一吹きを意味する。

2139　蜃気楼が生じるような白みがかった平坦な大地とされる。一説には、アッ＝サーヒラという固有名詞。

2140　20章12節参照。アッラーは不信仰者による讒言《ざんげん》に心を痛めていた預言者ムハンマドの慰めとしてムーサーについて述べ給うた。

اذْهَبْ إِلَىٰ فِرْعَوْنَ إِنَّهُۥ طَغَىٰ ﴿١٧﴾ فَقُلْ هَل لَّكَ إِلَىٰٓ أَن تَزَكَّىٰ ﴿١٨﴾ وَأَهْدِيَكَ
إِلَىٰ رَبِّكَ فَتَخْشَىٰ ﴿١٩﴾ فَأَرَىٰهُ ٱلْءَايَةَ ٱلْكُبْرَىٰ ﴿٢٠﴾ فَكَذَّبَ وَعَصَىٰ ﴿٢١﴾ ثُمَّ
أَدْبَرَ يَسْعَىٰ ﴿٢٢﴾ فَحَشَرَ فَنَادَىٰ ﴿٢٣﴾ فَقَالَ أَنَا۠ رَبُّكُمُ ٱلْأَعْلَىٰ ﴿٢٤﴾ فَأَخَذَهُ
ٱللَّهُ نَكَالَ ٱلْءَاخِرَةِ وَٱلْأُولَىٰٓ ﴿٢٥﴾ إِنَّ فِى ذَٰلِكَ لَعِبْرَةً لِّمَن يَخْشَىٰٓ ﴿٢٦﴾
ءَأَنتُمْ أَشَدُّ خَلْقًا أَمِ ٱلسَّمَآءُ ۚ بَنَىٰهَا ﴿٢٧﴾ رَفَعَ سَمْكَهَا فَسَوَّىٰهَا ﴿٢٨﴾
وَأَغْطَشَ لَيْلَهَا وَأَخْرَجَ ضُحَىٰهَا ﴿٢٩﴾ وَٱلْأَرْضَ بَعْدَ ذَٰلِكَ دَحَىٰهَآ ﴿٣٠﴾
أَخْرَجَ مِنْهَا مَآءَهَا وَمَرْعَىٰهَا ﴿٣١﴾ وَٱلْجِبَالَ أَرْسَىٰهَا ﴿٣٢﴾ مَتَٰعًا لَّكُمْ
وَلِأَنْعَٰمِكُمْ ﴿٣٣﴾ فَإِذَا جَآءَتِ ٱلطَّآمَّةُ ٱلْكُبْرَىٰ ﴿٣٤﴾ يَوْمَ يَتَذَكَّرُ ٱلْإِنسَٰنُ
مَا سَعَىٰ ﴿٣٥﴾ وَبُرِّزَتِ ٱلْجَحِيمُ لِمَن يَرَىٰ ﴿٣٦﴾ فَأَمَّا مَن طَغَىٰ ﴿٣٧﴾ وَءَاثَرَ
ٱلْحَيَوٰةَ ٱلدُّنْيَا ﴿٣٨﴾ فَإِنَّ ٱلْجَحِيمَ هِىَ ٱلْمَأْوَىٰ ﴿٣٩﴾ وَأَمَّا مَنْ خَافَ
مَقَامَ رَبِّهِۦ وَنَهَى ٱلنَّفْسَ عَنِ ٱلْهَوَىٰ ﴿٤٠﴾ فَإِنَّ ٱلْجَنَّةَ هِىَ ٱلْمَأْوَىٰ
﴿٤١﴾ يَسْـَٔلُونَكَ عَنِ ٱلسَّاعَةِ أَيَّانَ مُرْسَىٰهَا ﴿٤٢﴾ فِيمَ أَنتَ مِن
ذِكْرَىٰهَآ ﴿٤٣﴾ إِلَىٰ رَبِّكَ مُنتَهَىٰهَآ ﴿٤٤﴾ إِنَّمَآ أَنتَ مُنذِرُ مَن يَخْشَىٰهَا
﴿٤٥﴾ كَأَنَّهُمْ يَوْمَ يَرَوْنَهَا لَمْ يَلْبَثُوٓا۟ إِلَّا عَشِيَّةً أَوْ ضُحَىٰهَا ﴿٤٦﴾

سُورَةُ عَبَسَ

「フィルアウンの許に行け。彼は無法を極めた」。(79：17)

「そして、言え、『あなたには(不信仰などから離れ)清まることの方(に向かいたいという願望)はあるのか』」。(79：18)

「『そして、私があなたをあなたの主に導き、あなたも(彼を)懼れるようになる(ことに向かいたいという願望はあるのか)』と」。(79：19)

それから彼(ムーサー)は彼(フィルアウン)に最大の徴[2141]を見せた。(79：20)

だが、彼(フィルアウン)は嘘と否定し、(アッラーに)背いた。(79：21)

その後、背を向け、(ムーサーの妨害に)奔走し、(79：22)

それから(人々を)集め、そして呼びかけ、(79：23)

そして言った。「われは至高なるおまえたちの主である」。(79：24)

そこで、アッラーは彼を捕らえ給うた、後者と前者の見せしめの懲罰として(懲らしめた)[2142]。(79：25)

まことに、そこには懼れる者への教訓がある。(79：26)

おまえたちの方が創造に関してより難しいか、それとも彼(アッラー)が打ち建て給うた天の方か。(79：27)

その高さを高め[2143]、そして、それを均《なら》し、(79：28)

そして、その(天の)夜を暗くし、その(天の太陽の)光を出し給うた[2144]。(79：29)

そして、大地を、その後、押し広げ給い、(79：30)

そこ(大地)からその水とその牧草を出でさせ給うた。(79：31)

また、山を停泊(固定)させ給うた。(79：32)

おまえたちと、おまえたちの家畜の活計《たつき》として。(79：33)

それで最大の溢れ押し寄せる破局(復活の日)が来た時[2145]、(79：34)

(つまり)人間が己の精を出してきたことを思い出す日に、(79：35)

そして、焦熱地獄が見る者の前に出現せしめられた(日に)。(79：36)

2141　ムーサーの杖が蛇に変わったこと。手の白色化を含むとも言われる。7章106-108節、「出エジプト記」4章2-7節、7章8-12節参照。

2142　「後者」が第24節の、「前者」が第21節(あるいは28章38節)の内容を指す(これらの発言等に対する懲罰)とも、「後者」とは後の世、「前者」とはムーサーの世代を指す(これらの世代の人々が戒められんがため)とも、「後者」とは来世、「前者」とは現世を指す(現世と来世における懲罰)とも言われる。

2143　あるいは、「その上限を持ちあげ」。天の距離(厚み)を天頂に向って長く高くした。

2144　あるいは、「その(天の)昼を(日光によって)出し(はっきりとさせ)給うた」。

2145　破局が来た時、第37-41節のようになる。あるいは、それ(破局など)を人間は見る。

さて、無法に振舞った者については、(79：37)
そして現世を優先した(者については)、(79：38)
焦熱地獄、それが住み処である。(79：39)
一方、己の主の立ち処を[2146]恐れ、自我に欲望を禁じた者については、(79：40)
楽園、それが住み処である。(79：41)
彼ら(マッカの不信仰者)はかの時についておまえに尋ねる。「その停泊(到来)はいつごろか」。(79：42)
その(かの時の)言及についておまえはどこにいるのか[2147]。(79：43)
おまえの主の御許にその(かの時の)結末(究極の知識)はある。(79：44)
おまえはそれ(かの時)を懼れる者への警告者に過ぎない。(79：45)
彼らがそれを見る日、あたかも彼らは一夕かその朝のほかは(現世に)留まらなかったかのようである。(79：46)

2146　己の主の前に立つことを。あるいは、己の主の至大さを。
2147　おまえ(預言者ムハンマド)は彼らの質問に答えるべき立場にはなく、知識も授けられていない。

بِسۡمِ ٱللَّهِ ٱلرَّحۡمَٰنِ ٱلرَّحِيمِ
عَبَسَ وَتَوَلَّىٰٓ ١ أَن جَآءَهُ ٱلۡأَعۡمَىٰ ٢ وَمَا يُدۡرِيكَ لَعَلَّهُۥ يَزَّكَّىٰٓ ٣
أَوۡ يَذَّكَّرُ فَتَنفَعَهُ ٱلذِّكۡرَىٰٓ ٤ أَمَّا مَنِ ٱسۡتَغۡنَىٰ ٥ فَأَنتَ لَهُۥ تَصَدَّىٰ
٦ وَمَا عَلَيۡكَ أَلَّا يَزَّكَّىٰ ٧ وَأَمَّا مَن جَآءَكَ يَسۡعَىٰ ٨ وَهُوَ يَخۡشَىٰ ٩
فَأَنتَ عَنۡهُ تَلَهَّىٰ ١٠ كَلَّآ إِنَّهَا تَذۡكِرَةٞ ١١ فَمَن شَآءَ ذَكَرَهُۥ ١٢ فِي صُحُفٖ
مُّكَرَّمَةٖ ١٣ مَّرۡفُوعَةٖ مُّطَهَّرَةِۭ ١٤ بِأَيۡدِي سَفَرَةٖ ١٥ كِرَامِۭ بَرَرَةٖ ١٦
قُتِلَ ٱلۡإِنسَٰنُ مَآ أَكۡفَرَهُۥ ١٧ مِنۡ أَيِّ شَيۡءٍ خَلَقَهُۥ ١٨ مِن نُّطۡفَةٍ
خَلَقَهُۥ فَقَدَّرَهُۥ ١٩ ثُمَّ ٱلسَّبِيلَ يَسَّرَهُۥ ٢٠ ثُمَّ أَمَاتَهُۥ فَأَقۡبَرَهُۥ ٢١ ثُمَّ إِذَا
شَآءَ أَنشَرَهُۥ ٢٢ كَلَّا لَمَّا يَقۡضِ مَآ أَمَرَهُۥ ٢٣ فَلۡيَنظُرِ ٱلۡإِنسَٰنُ إِلَىٰ طَعَامِهِۦٓ
٢٤ أَنَّا صَبَبۡنَا ٱلۡمَآءَ صَبّٗا ٢٥ ثُمَّ شَقَقۡنَا ٱلۡأَرۡضَ شَقّٗا ٢٦ فَأَنۢبَتۡنَا فِيهَا
حَبّٗا ٢٧ وَعِنَبٗا وَقَضۡبٗا ٢٨ وَزَيۡتُونٗا وَنَخۡلٗا ٢٩ وَحَدَآئِقَ غُلۡبٗا ٣٠ وَفَٰكِهَةٗ
وَأَبّٗا ٣١ مَّتَٰعٗا لَّكُمۡ وَلِأَنۡعَٰمِكُمۡ ٣٢ فَإِذَا جَآءَتِ ٱلصَّآخَّةُ ٣٣ يَوۡمَ يَفِرُّ
ٱلۡمَرۡءُ مِنۡ أَخِيهِ ٣٤ وَأُمِّهِۦ وَأَبِيهِ ٣٥ وَصَٰحِبَتِهِۦ وَبَنِيهِ ٣٦ لِكُلِّ
ٱمۡرِيٕٖ مِّنۡهُمۡ يَوۡمَئِذٖ شَأۡنٞ يُغۡنِيهِ ٣٧ وُجُوهٞ يَوۡمَئِذٖ مُّسۡفِرَةٞ
٣٨ ضَاحِكَةٞ مُّسۡتَبۡشِرَةٞ ٣٩ وَوُجُوهٞ يَوۡمَئِذٍ عَلَيۡهَا غَبَرَةٞ ٤٠

第80章　眉をひそめ …… سورة عبس

マッカ垂示

不信仰な部族の有力者との応接中に、割り込んできた盲人の信仰者に対して預言者ムハンマドが眉をひそめたことに関する訓話(1-12節)に因み「眉をひそめ」章と名づけられる。

慈悲あまねく慈悲深きアッラーの御名において

彼(預言者ムハンマド)が眉をひそめ、背を向けた。(80：1)

かの盲人が彼の許に来たことのために[2148]。(80：2)

そして、彼(かの盲人)が清まる[2149]かもしれないと何がおまえに分からせるか[2150]。(80：3)

あるいは、(おまえの言葉によって)彼が留意し、その訓戒が彼に益するかもしれないと。(80：4)

自足した者[2151](クライシュ族の有力者)については、(80：5)

おまえは彼に没頭(熱心に応接)した。(80：6)

彼が清まらないことは、おまえに責めはないというのに。(80：7)

一方、おまえの許に足労して来た者については、(80：8)

彼(その者)が(アッラーを)懼れて(来て)いるのに、(80：9)

おまえは彼をなおざりにする。(80：10)

断じて(その様に振る舞ってはならない)、まことに、それ(クルアーンの章・節)は訓戒であり、(80：11)

—それで望んだ者はそれ[2152]を銘記せよ—(80：12)

2148　この章の啓示の契機は、預言者ムハンマドが、かねてよりイスラーム入信を切望していたアブー・ジャフルやウマイヤ・ブン・ハラフらクライシュ族の有力者たちと話をしていたところに、盲人のアブドゥッラー・ブン・ウンム・マクトゥームがやって来て「あなたにアッラーが教え給うたことを私に教えてください」と呼びかけ預言者の邪魔をしたことであった。この後、預言者はこの盲人がやって来ると、「ようこそ、わが主がその件で私を咎め給うた者よ」と言って、何か困ったことはないかと気遣った。

2149　罪から離れ信仰が深まる。

2150　あるいは、「何が(盲人の真相やその未来を)おまえに分からせるというのか。彼は清まるかも知れない」。

2151　財力、勢力、名声に満足し、クルアーンを聞きいれる必要を感じない者。

2152　訓戒を。あるいはクルアーンを。あるい訓戒を垂示するアッラーを。

高貴なる諸書[2153]のうちにあり、(80：13)
高く揚げられ、清められた、(80：14)
記録者(天使)たちの手による[2154](諸書のうちにあるが)、(80：15)
(彼らは)気高く、敬虔(である)。(80：16)
(不信仰の)人間は殺された(呪詛の言葉)、彼はなんとひどく恩知らずなことか[2155]。(80：17)
どんなものから彼(アッラー)が彼(不信仰の人間)を創り給うたことか。(80：18)
一滴の精液から彼を創り、それから彼に割り当て給うた[2156]。(80：19)
それから、その道[2157]を易しいものとなし給い、(80：20)
それから、彼を死なせ、墓に埋めさせ給い[2158]、(80：21)
それから、望み給うた時に彼を甦らせ給うた。(80：22)
断じて、彼(人間)は、彼(アッラー)が命じ給うたことをまだ果たしていない。(80：23)
それで人間には己の食べ物の方をよく眺め(考え)させよ。(80：24)
(つまり)われらが水をざあざあと注ぎ、(80：25)
それから、大地を(植物の萌芽によって)裂き割り、(80：26)
それから、そこに穀物を生やし、(80：27)
またブドウや青草を、(80：28)
またオリーブやナツメヤシを、(80：29)
また生い茂る庭園を、(80：30)
また果物や牧草を、(80：31)
おまえたちとおまえたちの家畜のための活計《たつき》として(生やしたことの方をよく眺めさせよ)。(80：32)
それで(復活の耳を聾する)大音声が来た時、(80：33)
(つまり)人が己の兄弟から逃げる日、(80：34)
また母や父からも、(80：35)
また伴侶や子供たちからも(逃げる日には)、(80：36)
彼らの誰もが、その日、己の気を奪うものを有する(自分のことだけで精一杯である)。(80：37)
数ある顔はその日、明るく、(80：38)
笑い、喜ぶ。(80：39)
また、数ある顔はその日、上に塵があり、(80：40)
埃[2159]が顔を覆う。(80：41)
それらの者、彼らこそ不信仰な背徳者である。(80：42)

2153　過去の諸啓典、あるいは「護持された書板」。
2154　あるいは、「記録者たちの手により高く揚げられ、清められた」。
2155　あるいは、「何が彼に信仰を否定させたというのか」。
2156　彼を様々な段階や様態になし給うた。
2157　善行の道とも、胎内からの産道とも言われる。
2158　人間のために埋葬用の墓を成し給い。
2159　煤煙のような黒さ、または卑賤さを指すと言われる。

تَرۡهَقُهَا قَتَرَةٌ ﴿٤١﴾ أُوْلَٰٓئِكَ هُمُ ٱلۡكَفَرَةُ ٱلۡفَجَرَةُ ﴿٤٢﴾

سُورَةُ التَّكۡوِيرِ

بِسۡمِ ٱللَّهِ ٱلرَّحۡمَٰنِ ٱلرَّحِيمِ

إِذَا ٱلشَّمۡسُ كُوِّرَتۡ ﴿١﴾ وَإِذَا ٱلنُّجُومُ ٱنكَدَرَتۡ ﴿٢﴾ وَإِذَا ٱلۡجِبَالُ
سُيِّرَتۡ ﴿٣﴾ وَإِذَا ٱلۡعِشَارُ عُطِّلَتۡ ﴿٤﴾ وَإِذَا ٱلۡوُحُوشُ حُشِرَتۡ
﴿٥﴾ وَإِذَا ٱلۡبِحَارُ سُجِّرَتۡ ﴿٦﴾ وَإِذَا ٱلنُّفُوسُ زُوِّجَتۡ ﴿٧﴾ وَإِذَا
ٱلۡمَوۡءُۥدَةُ سُئِلَتۡ ﴿٨﴾ بِأَيِّ ذَنۢبٖ قُتِلَتۡ ﴿٩﴾ وَإِذَا ٱلصُّحُفُ نُشِرَتۡ
﴿١٠﴾ وَإِذَا ٱلسَّمَآءُ كُشِطَتۡ ﴿١١﴾ وَإِذَا ٱلۡجَحِيمُ سُعِّرَتۡ ﴿١٢﴾ وَإِذَا ٱلۡجَنَّةُ
أُزۡلِفَتۡ ﴿١٣﴾ عَلِمَتۡ نَفۡسٞ مَّآ أَحۡضَرَتۡ ﴿١٤﴾ فَلَآ أُقۡسِمُ بِٱلۡخُنَّسِ ﴿١٥﴾
ٱلۡجَوَارِ ٱلۡكُنَّسِ ﴿١٦﴾ وَٱلَّيۡلِ إِذَا عَسۡعَسَ ﴿١٧﴾ وَٱلصُّبۡحِ إِذَا تَنَفَّسَ ﴿١٨﴾
إِنَّهُۥ لَقَوۡلُ رَسُولٖ كَرِيمٖ ﴿١٩﴾ ذِي قُوَّةٍ عِندَ ذِي ٱلۡعَرۡشِ مَكِينٖ ﴿٢٠﴾ مُّطَاعٖ
ثَمَّ أَمِينٖ ﴿٢١﴾ وَمَا صَاحِبُكُم بِمَجۡنُونٖ ﴿٢٢﴾ وَلَقَدۡ رَءَاهُ بِٱلۡأُفُقِ ٱلۡمُبِينِ
﴿٢٣﴾ وَمَا هُوَ عَلَى ٱلۡغَيۡبِ بِضَنِينٖ ﴿٢٤﴾ وَمَا هُوَ بِقَوۡلِ شَيۡطَٰنٖ رَّجِيمٖ ﴿٢٥﴾
فَأَيۡنَ تَذۡهَبُونَ ﴿٢٦﴾ إِنۡ هُوَ إِلَّا ذِكۡرٞ لِّلۡعَٰلَمِينَ ﴿٢٧﴾ لِمَن شَآءَ مِنكُمۡ أَن
يَسۡتَقِيمَ ﴿٢٨﴾ وَمَا تَشَآءُونَ إِلَّآ أَن يَشَآءَ ٱللَّهُ رَبُّ ٱلۡعَٰلَمِينَ ﴿٢٩﴾

第81章　巻き上げ …… سورة التكوير

マッカ垂示

冒頭第1節に因んで「巻き上げ」章と名づけられる。預言者ムハンマドがもの憑きではなく、クルアーンの啓示が天使ジブリールを通じてなされたことが教えられる(19-25節)。

慈悲あまねく慈悲深きアッラーの御名において

太陽が巻き上げられ(その光が失われ)た時、(81：1)

そして星々が流れ落ちた時、(81：2)

そして山々が動かされた時[2160]、(81：3)

そして妊娠十ヶ月の身重ラクダたち[2161]が放置された時、(81：4)

そして野獣が追い集められた時[2162]、(81：5)

そして海洋が燃え上がった(溢れた)時[2163]、(81：6)

そして魂が(肉体と)[2164]組み合わされた時、(81：7)

そして生き埋めにされた女児が、(81：8)

己はどんな罪で殺されたかと問われた時[2165]、(81：9)

そして(行状の)帳簿が開かれた時、(81：10)

そして天が剝ぎ取られた時、(81：11)

そして焦熱地獄が燃え上げられた時、(81：12)

そして、楽園が近寄せられた時、(81：13)

魂は己が持って来たもの(帳簿に記載された行状)を知る。(81：14)

われは誓おうではないか[2166]、隠れるものに、(81：15)

2160　78章20節、18章47節参照。

2161　出産まで残すところ二ヶ月となった雌ラクダは、アラブにとって大変貴重な財産であった。

2162　復活の後に、人間に懐かない全動物が、互いに報復するために集められ、その後土に戻される。一説には、死に追い集められることを指す。

2163　52章6節参照。

2164　あるいは、「(同様の魂と)」(つまり、善い魂は善い魂と)。56章7節、あるいは37章22節参照。

2165　これに対し女児は、「私は何の罪もなしに殺されました」と答える。無明時代のアラブは、産まれた娘を殺すと決めると、身長が六シブル(九十cm程度)になるまで生かしておき、その後、「この娘を親戚のところへ連れて行くので着飾らせなさい」と妻に頼み、掘っておいた井戸に着くと、「中を覗いてごらん」と言って後ろから突き落とし、井戸を埋めた。

2166　56章75節脚注参照。

（つまり）身を潜める走るもの[2167]にかけて、（81：16）
そして闇と共に去来する時の夜にかけて、（81：17）
そして、息を吐いた（光が広まった）時の朝にかけて、（81：18）
まことに、それ（クルアーン）は高貴な使徒（天使ジブリール）の言葉であり[2168]、（81：19）
力を持ち、高御座の持ち主（アッラー）の御許に場を占め、（81：20）
そこ（その場）で（他の天使たちに）従われ、信頼された者。（81：21）
そしておまえたちの仲間（ムハンマド）はもの憑き（狂人）ではない。（81：22）
そして確かに彼は、明るい（東の）地平線に彼（ジブリール）を見たのである[2169]。（81：23）
そして彼は、隠されたもの（啓示内容）に対して出し惜しみする者ではない。（81：24）
そしてそれ（クルアーン）は石もて追われた悪魔の言葉ではない。（81：25）
それなのに、おまえたちはどこに行くのか。（81：26）
それ（クルアーン）は諸世界への訓戒にほかならず、（81：27）
（つまり）おまえたちのうち真っすぐ立ちたいと望んだ者への（訓戒にほかならない）。（81：28）
だが、諸世界の主アッラーが御望みにならない限り、おまえたちは望むことはないのである。（81：29）

2167　昼に隠れる運行する星々（あるいは惑星）。あるいは、野牛、ガゼルとも言われる。
2168　クルアーンは、天使ジブリールによって伝達された、あるいは発話されたアッラーの言葉である。
2169　53章5-10節参照。

سُورَةُ الانفِطَارِ

بِسۡمِ ٱللَّهِ ٱلرَّحۡمَٰنِ ٱلرَّحِيمِ

إِذَا ٱلسَّمَآءُ ٱنفَطَرَتۡ ١ وَإِذَا ٱلۡكَوَاكِبُ ٱنتَثَرَتۡ ٢ وَإِذَا ٱلۡبِحَارُ
فُجِّرَتۡ ٣ وَإِذَا ٱلۡقُبُورُ بُعۡثِرَتۡ ٤ عَلِمَتۡ نَفۡسٞ مَّا قَدَّمَتۡ
وَأَخَّرَتۡ ٥ يَٰٓأَيُّهَا ٱلۡإِنسَٰنُ مَا غَرَّكَ بِرَبِّكَ ٱلۡكَرِيمِ ٦ ٱلَّذِي
خَلَقَكَ فَسَوَّىٰكَ فَعَدَلَكَ ٧ فِيٓ أَيِّ صُورَةٖ مَّا شَآءَ رَكَّبَكَ ٨
كَلَّا بَلۡ تُكَذِّبُونَ بِٱلدِّينِ ٩ وَإِنَّ عَلَيۡكُمۡ لَحَٰفِظِينَ ١٠ كِرَامٗا
كَٰتِبِينَ ١١ يَعۡلَمُونَ مَا تَفۡعَلُونَ ١٢ إِنَّ ٱلۡأَبۡرَارَ لَفِي نَعِيمٖ ١٣ وَإِنَّ
ٱلۡفُجَّارَ لَفِي جَحِيمٖ ١٤ يَصۡلَوۡنَهَا يَوۡمَ ٱلدِّينِ ١٥ وَمَا هُمۡ عَنۡهَا بِغَآئِبِينَ
١٦ وَمَآ أَدۡرَىٰكَ مَا يَوۡمُ ٱلدِّينِ ١٧ ثُمَّ مَآ أَدۡرَىٰكَ مَا يَوۡمُ ٱلدِّينِ
١٨ يَوۡمَ لَا تَمۡلِكُ نَفۡسٞ لِّنَفۡسٖ شَيۡـٔٗاۖ وَٱلۡأَمۡرُ يَوۡمَئِذٖ لِّلَّهِ ١٩

سُورَةُ المُطَفِّفِينَ

بِسۡمِ ٱللَّهِ ٱلرَّحۡمَٰنِ ٱلرَّحِيمِ

وَيۡلٞ لِّلۡمُطَفِّفِينَ ١ ٱلَّذِينَ إِذَا ٱكۡتَالُواْ عَلَى ٱلنَّاسِ يَسۡتَوۡفُونَ ٢
وَإِذَا كَالُوهُمۡ أَوۡ وَّزَنُوهُمۡ يُخۡسِرُونَ ٣ أَلَا يَظُنُّ أُوْلَٰٓئِكَ أَنَّهُم مَّبۡعُوثُونَ ٤

第82章　裂けること …… سورة الانفطار

マッカ垂示

冒頭第1節に因んで「裂けること」章と名づけられる。裁きの日を主題とする。

慈悲あまねく慈悲深きアッラーの御名において

天が裂けた時、(82：1)

そして星々が飛び散った時、(82：2)

そして、海洋が溢れ出させられた時[2170]、(82：3)

そして、墓が掘り起こされた時、(82：4)

魂は、先になしたことと後になしたこと[2171]を知った。(82：5)

人間よ、何がおまえを寛容なるおまえの主について欺いたのか、(82：6)

(つまり)おまえを創り、おまえを均《なら》し、おまえを整え給うた御方、(82：7)

望み給うた通りのどのような姿形にもおまえを組み立て給うた(おまえの主について)。(82：8)

断じて、いや、おまえたちは宗教(裁き)について嘘と否定する。(82：9)

そしてまことに、おまえたちの上には監視者たち(天使)がいて、(82：10)

高貴な記録者たちで、(82：11)

おまえたちがなすことを知っている(監視者たちがいる)。(82：12)

まことに、敬虔な者たちは至福の中にあり、(82：13)

背徳者たちは焦熱地獄の中にいる。(82：14)

裁きの日、彼らはそれに焼《く》べられ、(82：15)

そして彼らはそこからいなくなる(逃れる)者ではない。(82：16)

裁きの日が何であるかを、何がおまえに分からせたか。(82：17)

それから、裁きの日が何であるかを、何がおまえに分からせたか。(82：18)

どんな魂も(他の)魂に対しなんの権限も持たない日。そして御命令(決定)は、その日、アッラーに属す。(82：19)

第83章　量りをごまかす者たち …… سورة المطففين

マッカ垂示

冒頭第1節の呪詛に因んで「量りをごまかす者たち」章と呼ばれる。悪人の行状簿のある

2170　太平洋や大西洋といった海洋の境界が裂かれ(あるいは海面の水位が上昇し)、一つの海となる。あるいは、真水と塩水が一つとなる。もしくは、海水がなくなるの意とも言われる。

2171　75章13節脚注参照。

لِيَوۡمٍ عَظِيمٖ ٥ يَوۡمَ يَقُومُ ٱلنَّاسُ لِرَبِّ ٱلۡعَٰلَمِينَ ٦ كَلَّآ إِنَّ كِتَٰبَ
ٱلۡفُجَّارِ لَفِي سِجِّينٖ ٧ وَمَآ أَدۡرَىٰكَ مَا سِجِّينٞ ٨ كِتَٰبٞ مَّرۡقُومٞ ٩
وَيۡلٞ يَوۡمَئِذٖ لِّلۡمُكَذِّبِينَ ١٠ ٱلَّذِينَ يُكَذِّبُونَ بِيَوۡمِ ٱلدِّينِ ١١ وَمَا يُكَذِّبُ
بِهِۦٓ إِلَّا كُلُّ مُعۡتَدٍ أَثِيمٍ ١٢ إِذَا تُتۡلَىٰ عَلَيۡهِ ءَايَٰتُنَا قَالَ أَسَٰطِيرُ ٱلۡأَوَّلِينَ
١٣ كَلَّاۖ بَلۡۜ رَانَ عَلَىٰ قُلُوبِهِم مَّا كَانُواْ يَكۡسِبُونَ ١٤ كَلَّآ إِنَّهُمۡ عَن رَّبِّهِمۡ
يَوۡمَئِذٖ لَّمَحۡجُوبُونَ ١٥ ثُمَّ إِنَّهُمۡ لَصَالُواْ ٱلۡجَحِيمِ ١٦ ثُمَّ يُقَالُ هَٰذَا
ٱلَّذِي كُنتُم بِهِۦ تُكَذِّبُونَ ١٧ كَلَّآ إِنَّ كِتَٰبَ ٱلۡأَبۡرَارِ لَفِي عِلِّيِّينَ ١٨
وَمَآ أَدۡرَىٰكَ مَا عِلِّيُّونَ ١٩ كِتَٰبٞ مَّرۡقُومٞ ٢٠ يَشۡهَدُهُ ٱلۡمُقَرَّبُونَ ٢١
إِنَّ ٱلۡأَبۡرَارَ لَفِي نَعِيمٍ ٢٢ عَلَى ٱلۡأَرَآئِكِ يَنظُرُونَ ٢٣ تَعۡرِفُ فِي
وُجُوهِهِمۡ نَضۡرَةَ ٱلنَّعِيمِ ٢٤ يُسۡقَوۡنَ مِن رَّحِيقٖ مَّخۡتُومٍ ٢٥ خِتَٰمُهُۥ
مِسۡكٞۚ وَفِي ذَٰلِكَ فَلۡيَتَنَافَسِ ٱلۡمُتَنَٰفِسُونَ ٢٦ وَمِزَاجُهُۥ مِن
تَسۡنِيمٍ ٢٧ عَيۡنٗا يَشۡرَبُ بِهَا ٱلۡمُقَرَّبُونَ ٢٨ إِنَّ ٱلَّذِينَ أَجۡرَمُواْ كَانُواْ
مِنَ ٱلَّذِينَ ءَامَنُواْ يَضۡحَكُونَ ٢٩ وَإِذَا مَرُّواْ بِهِمۡ يَتَغَامَزُونَ ٣٠
وَإِذَا ٱنقَلَبُوٓاْ إِلَىٰٓ أَهۡلِهِمُ ٱنقَلَبُواْ فَكِهِينَ ٣١ وَإِذَا رَأَوۡهُمۡ قَالُوٓاْ
إِنَّ هَٰٓؤُلَآءِ لَضَآلُّونَ ٣٢ وَمَآ أُرۡسِلُواْ عَلَيۡهِمۡ حَٰفِظِينَ ٣٣

スィッジーン(7-9節)、善人の行状簿のあるイッリーユーン(18-21節)について教えられる。

慈悲あまねく慈悲深きアッラーの御名において

災いあれ、量りをごまかす者たちに。(83：1)
(彼らは)人から量ってもらった時には満杯で取りながら、(83：2)
彼ら(他人)に量ったり彼らのために秤にかけたりした時には損をさせる者たちである。(83：3)
それらの者たちは自分たちが甦らされる身であると思わないのか、(83：4)
大いなる日に、(83：5)
(つまり)人々が諸世界の主のために(前に)立つ日に(甦らせる身であると)。(83：6)
断じて、まことに背徳者の書(行状簿)はスィッジーン[2172]の中にある。(83：7)
そして何がスィッジーンであるのかを、何がおまえに分からせたか。(83：8)
(それは)書き記された[2173]書である。(83：9)
災いあれ、その日、嘘と否定した者たちに、(83：10)
つまり裁きの日を嘘として否定する者たちに。(83：11)
そしてそれを嘘として否定するのはあらゆる罪深い度を越す者にほかならない。(83：12)
彼(度を超す者)にわれらの徴(節)が読み聞かされると、「昔の者たちの作り話だ」と言った。(83：13)
断じて(作り話ではない)、いや、彼らが稼いだもの(悪事)が彼らの心を錆《さ》びさせたのである。(83：14)
断じて、彼らは彼らの主(に見《まみ》えること)から、その日、遮られた者である。(83：15)
それから、必ずや彼らは焦熱地獄に焼《く》べられ、(83：16)
それから、「これがおまえたちが嘘と否定していたものだ」と言われる。(83：17)
断じて、敬虔な者たちの書(行状簿)はイッリーユーン[2174]の中にある。(83：18)
そして何がイッリーユーンであるかを、何がおまえに分からせたか。(83：19)
(それは)書き記された書である。(83：20)
側近(天使)たちがそれに立ち会う。(83：21)
まことに、敬虔な者たちは至福の中にいる。(83：22)
彼らは寝台の上で眺める。(83：23)
おまえは彼らの顔に至福の輝きを認める。(83：24)

2172　スィッジーンとは悪人の行状を記録する帳簿(sijill)とも、イブリースとその配下の悪魔たちの閉じ込められた地下牢(sijn)とも言われる。

2173　あるいは、「封印された」。

2174　イッリーユーンとは善人の行状を天使(‘illī)が記録した帳簿とも、最高天である第七天のアッラーの高御座の下の場といった高所(‘ulū)とも言われる。

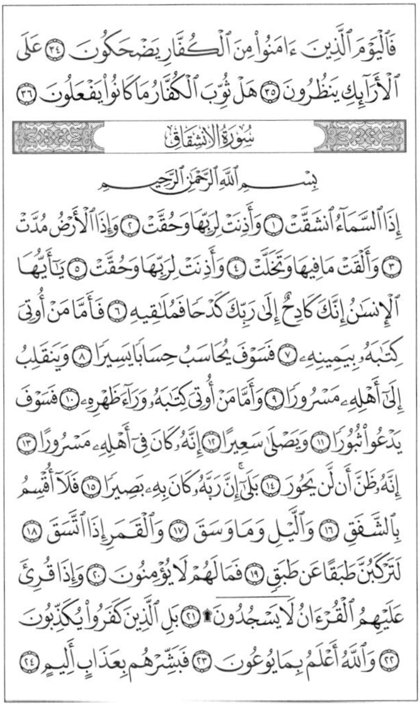
فَٱلْيَوْمَ ٱلَّذِينَ ءَامَنُوا۟ مِنَ ٱلْكُفَّارِ يَضْحَكُونَ ٣٤ عَلَى
ٱلْأَرَآئِكِ يَنظُرُونَ ٣٥ هَلْ ثُوِّبَ ٱلْكُفَّارُ مَا كَانُوا۟ يَفْعَلُونَ ٣٦
سُورَةُ ٱلِانشِقَاقِ
بِسْمِ ٱللَّهِ ٱلرَّحْمَٰنِ ٱلرَّحِيمِ
إِذَا ٱلسَّمَآءُ ٱنشَقَّتْ ١ وَأَذِنَتْ لِرَبِّهَا وَحُقَّتْ ٢ وَإِذَا ٱلْأَرْضُ مُدَّتْ
٣ وَأَلْقَتْ مَا فِيهَا وَتَخَلَّتْ ٤ وَأَذِنَتْ لِرَبِّهَا وَحُقَّتْ ٥ يَٰٓأَيُّهَا
ٱلْإِنسَٰنُ إِنَّكَ كَادِحٌ إِلَىٰ رَبِّكَ كَدْحًا فَمُلَٰقِيهِ ٦ فَأَمَّا مَنْ أُوتِىَ
كِتَٰبَهُۥ بِيَمِينِهِۦ ٧ فَسَوْفَ يُحَاسَبُ حِسَابًا يَسِيرًا ٨ وَيَنقَلِبُ
إِلَىٰٓ أَهْلِهِۦ مَسْرُورًا ٩ وَأَمَّا مَنْ أُوتِىَ كِتَٰبَهُۥ وَرَآءَ ظَهْرِهِۦ ١٠ فَسَوْفَ
يَدْعُوا۟ ثُبُورًا ١١ وَيَصْلَىٰ سَعِيرًا ١٢ إِنَّهُۥ كَانَ فِىٓ أَهْلِهِۦ مَسْرُورًا ١٣
إِنَّهُۥ ظَنَّ أَن لَّن يَحُورَ ١٤ بَلَىٰٓ إِنَّ رَبَّهُۥ كَانَ بِهِۦ بَصِيرًا ١٥ فَلَآ أُقْسِمُ
بِٱلشَّفَقِ ١٦ وَٱلَّيْلِ وَمَا وَسَقَ ١٧ وَٱلْقَمَرِ إِذَا ٱتَّسَقَ ١٨
لَتَرْكَبُنَّ طَبَقًا عَن طَبَقٍ ١٩ فَمَا لَهُمْ لَا يُؤْمِنُونَ ٢٠ وَإِذَا قُرِئَ
عَلَيْهِمُ ٱلْقُرْءَانُ لَا يَسْجُدُونَ ۩ ٢١ بَلِ ٱلَّذِينَ كَفَرُوا۟ يُكَذِّبُونَ
٢٢ وَٱللَّهُ أَعْلَمُ بِمَا يُوعُونَ ٢٣ فَبَشِّرْهُم بِعَذَابٍ أَلِيمٍ ٢٤

彼らは封印された清酒[2175]を注がれる。(83：25)

その封印は麝香《じゃこう》である。そして(それを)競って求める者たちは、それを競って求めるが良い。(83：26)

そしてその(清酒の)混ぜものはタスニームから。(83：27)

(タスニームとは)側近の者たちがそれで(そこから)飲む泉を(意味する)。(83：28)

罪を犯した者たちは信仰する者たちを嘲笑していた。(83：29)

そして彼ら(罪人)が彼ら(信仰者)の側を通りかかると、互いに(嘲笑して)目配せし、(83：30)

そして己の家族の許に帰って来た時には、上機嫌で帰って来た。(83：31)

また、彼らを見かけると、「それらの者はまさに迷った者だ」と言った。(83：32)

だが、彼ら(不信仰者)は彼ら(信仰者)に対し監視者として送られたのではなかった。(83：33)

それで今日、信仰した者たちは不信仰者たちを笑う、(83：34)

寝台の上から眺めながら。(83：35)

不信仰者たちは彼らがなしていたことの報いを受けたであろうか。(83：36)

第84章　割れること …… سورة الانشقاق

マッカ垂示

冒頭第1節に因んで「割れること」章と名づけられる。復活、審判、楽園、火獄が主題である。

慈悲あまねく慈悲深きアッラーの御名において

天が割れた時、(84：1)

—それはその主に聞き従い、それが(聞き従うことがアッラーによって)必然(当然)とされた—(84：2)

そして、大地が伸び均され、(84：3)

そしてその中のもの[2176]を投げ出してすっかり空になった時[2177]、(84：4)

2175　紛い物の入っていない酒。あるいは、最良の葡萄酒。

2176　死者。あるいは財宝や鉱物。

2177　1節及び3-4節が条件で2節及び5節が帰結とも、1-5節が条件で6節が帰結とも、1-2節が主

―それはその主に聞き従い、それが(聞き従うことがアッラーによって)必然(当然)とされた―。(84：5)

人間よ、おまえはおまえの主に向かって労苦、努力する者、そしてそれに[2178]出会う者である。(84：6)

それで己の書(行状簿)を右手に与えられた者(信仰者)については、(84：7)

いずれ彼はたやすい清算を受けるであろうし、(84：8)

そして、自分の家族の許へ喜んで帰る(であろう)。(84：9)

一方、己の書を背の後ろで[2179]与えられた者(不信仰者)については、(84：10)

いずれ彼は死滅を呼び求めるであろうし、(84：11)

そして、烈火に焼《く》べられる(であろう)。(84：12)

彼は(現世では)家族の許で喜んでいた。(84：13)

彼は(アッラーの許へ)帰ることはないと考えた。(84：14)

いや、彼の主は彼のことを見ておられた。(84：15)

それゆえ、夕映え[2180]に誓おうではないか[2181]。(84：16)

そして夜とそれが包んだもの[2182]に(かけて)、(84：17)

そして満ちた時の月に(かけて)、(84：18)

おまえたちは必ずや一つの層から別の層へと[2183]上り移るのである。(84：19)

それでも信じないとは彼らはどうしたというのか。(84：20)

また彼らにクルアーンが読誦されても、跪拝しない。(84：21)

いや、信仰を拒んだ者たちは(クルアーン等の真理を)嘘と否定する。(84：22)

だが、アッラーは彼らが(胸中に)蔵することをより良く知り給う。(84：23)

それゆえ、彼らには痛苦の懲罰という吉報を伝えよ。(84：24)

ただし、信仰し、善行をなした者たちは別で、彼らには尽きることのない報酬がある。(84：25)

節で3-5節が述節であるとも、～の時を想起せよの意とも言われる。

2178　自分の努力の善果を見る。三人称単数男性代名詞目的格をアッラーととり、アッラーに見《まみ》える、との解釈もある。

2179　背後から左手で受けとる。

2180　日没後の残照とも言われる。

2181　56章75節脚注参照。

2182　夜の帳に包まれたもの。あるいは、「それが(事物を闇の中に)包むということ」とも訳しうる。

2183　死から復活、審判、そして火獄か楽園へと諸段階を。

إِلَّا ٱلَّذِينَ ءَامَنُوا۟ وَعَمِلُوا۟ ٱلصَّٰلِحَٰتِ لَهُمْ أَجْرٌ غَيْرُ مَمْنُونٍۭ ﴿٢٥﴾

سُورَةُ ٱلْبُرُوجِ

بِسْمِ ٱللَّهِ ٱلرَّحْمَٰنِ ٱلرَّحِيمِ

وَٱلسَّمَآءِ ذَاتِ ٱلْبُرُوجِ ﴿١﴾ وَٱلْيَوْمِ ٱلْمَوْعُودِ ﴿٢﴾ وَشَاهِدٍ وَمَشْهُودٍ
﴿٣﴾ قُتِلَ أَصْحَٰبُ ٱلْأُخْدُودِ ﴿٤﴾ ٱلنَّارِ ذَاتِ ٱلْوَقُودِ ﴿٥﴾ إِذْ هُمْ عَلَيْهَا
قُعُودٌ ﴿٦﴾ وَهُمْ عَلَىٰ مَا يَفْعَلُونَ بِٱلْمُؤْمِنِينَ شُهُودٌ ﴿٧﴾ وَمَا نَقَمُوا۟
مِنْهُمْ إِلَّآ أَن يُؤْمِنُوا۟ بِٱللَّهِ ٱلْعَزِيزِ ٱلْحَمِيدِ ﴿٨﴾ ٱلَّذِى لَهُۥ مُلْكُ
ٱلسَّمَٰوَٰتِ وَٱلْأَرْضِ ۚ وَٱللَّهُ عَلَىٰ كُلِّ شَىْءٍ شَهِيدٌ ﴿٩﴾ إِنَّ ٱلَّذِينَ
فَتَنُوا۟ ٱلْمُؤْمِنِينَ وَٱلْمُؤْمِنَٰتِ ثُمَّ لَمْ يَتُوبُوا۟ فَلَهُمْ عَذَابُ جَهَنَّمَ وَلَهُمْ
عَذَابُ ٱلْحَرِيقِ ﴿١٠﴾ إِنَّ ٱلَّذِينَ ءَامَنُوا۟ وَعَمِلُوا۟ ٱلصَّٰلِحَٰتِ لَهُمْ
جَنَّٰتٌ تَجْرِى مِن تَحْتِهَا ٱلْأَنْهَٰرُ ۚ ذَٰلِكَ ٱلْفَوْزُ ٱلْكَبِيرُ ﴿١١﴾ إِنَّ بَطْشَ
رَبِّكَ لَشَدِيدٌ ﴿١٢﴾ إِنَّهُۥ هُوَ يُبْدِئُ وَيُعِيدُ ﴿١٣﴾ وَهُوَ ٱلْغَفُورُ ٱلْوَدُودُ ﴿١٤﴾
ذُو ٱلْعَرْشِ ٱلْمَجِيدُ ﴿١٥﴾ فَعَّالٌ لِّمَا يُرِيدُ ﴿١٦﴾ هَلْ أَتَىٰكَ حَدِيثُ ٱلْجُنُودِ
﴿١٧﴾ فِرْعَوْنَ وَثَمُودَ ﴿١٨﴾ بَلِ ٱلَّذِينَ كَفَرُوا۟ فِى تَكْذِيبٍ ﴿١٩﴾ وَٱللَّهُ مِن
وَرَآئِهِم مُّحِيطٌۢ ﴿٢٠﴾ بَلْ هُوَ قُرْءَانٌ مَّجِيدٌ ﴿٢١﴾ فِى لَوْحٍ مَّحْفُوظٍۭ ﴿٢٢﴾

第85章　星座……سورة البروج

マッカ垂示

冒頭の誓言句「星座を持つ天にかけて」(1節)に因んで「星座」章と名づけられる。

棄教を拒んだ信仰者たちを焚殺した「坑の民」(4-9節)、フィルアウンとサムード族(17-18節)が言及される。

慈悲あまねく慈悲深きアッラーの御名において

星座[2184]を持つ天にかけて、(85：1)

また約束された日(復活の日)に(かけて)、(85：2)

また証言者と証言されるもの(にかけて)[2185]、(85：3)

坑の民[2186]は殺された(呪詛の表現)、(85：4)

(つまり)燃料を焼《く》べられた火(のある坑の民は)、(85：5)

その時、彼らはその(坑からたち上る火の)側に座り、(85：6)

そして彼らは彼らが信仰者たちになすこと(焚殺)に立ち会っていた。(85：7)

そして彼らが彼ら(信仰者)を迫害したのは、ひとえに彼ら(信仰者)が威力比類なく称賛されるべきアッラーを信じたからにほかならなかった。(85：8)

彼にこそ諸天と地の王権が属す御方。そしてアッラーはあらゆることに対し証言者であらせられる。(85：9)

信仰する男たちと信仰する女たちを試練にあわせ[2187]、その後で悔い戻らなかった者たち、彼らには火獄《ジャハンナム》の懲罰があり、彼らには燃焼の懲罰がある。(85：10)

信仰し、善行をなした者たち、彼らには下に河川が流れる楽園がある。それは大きな成就である。(85：11)

まことにおまえの主の威力(復讐)は強烈である。(85：12)

まことに、彼こそは(創造を)開始し、繰り返し(復活させ)給う。(85：13)

2184　黄道十二宮を指す。あるいは、重要な星々を指す。

2185　「証言者」と「証言されるもの」が何を指すかについては諸説あるが、ハディースに基づき「証言者」は金曜日(集合礼拝の日)、「証言されるもの」はアラファの日(巡礼月九日)であるとの説が有力。復活の日に、預言者たちが自らの民に対して証言することとも、人々が他人に対してその罪を証言することとも言われる。

2186　棄教を拒んだ者を坑(溝)の中で焚殺した者たち。西暦六世紀のイエメンのヒムヤル王国のユダヤ教徒の王ユースフ・ズー・ヌワースがナジュラーンのキリスト教徒たちを焚殺したことを指すとも言われる。

2187　火責めや焚殺にかけ。

そして、彼はよく赦し給う情け深い御方。(85：14)
高御座の主[2188]、寛大な御方、(85：15)
御望みのことをなし遂げ給う御方。(85：16)
おまえに軍勢の話は達したか、(85：17)
(つまり)フィルアウン[2189]とサムード(族)[2190]の。(85：18)
いや、信仰を拒んだ者たちは(預言者やクルアーンを)嘘と否定することの中にいる、(85：19)
そしてアッラーは彼らの背後から取り囲んでおられる。(85：20)
いや、それは栄光あるクルアーンで、(85：21)
「護持された書板」の中にある。(85：22)[2191]

2188　高御座の創造者、所有者。
2189　2章49節以下など参照。
2190　7章73節以下など参照。
2191　第七天にあり、悪魔による改竄から護られている、と言われる。

سُورَةُ الطَّارِقِ

بِسۡمِ ٱللَّهِ ٱلرَّحۡمَٰنِ ٱلرَّحِيمِ

وَٱلسَّمَآءِ وَٱلطَّارِقِ ١ وَمَآ أَدۡرَىٰكَ مَا ٱلطَّارِقُ ٢ ٱلنَّجۡمُ ٱلثَّاقِبُ
٣ إِن كُلُّ نَفۡسٖ لَّمَّا عَلَيۡهَا حَافِظٞ ٤ فَلۡيَنظُرِ ٱلۡإِنسَٰنُ مِمَّ خُلِقَ ٥
خُلِقَ مِن مَّآءٖ دَافِقٖ ٦ يَخۡرُجُ مِنۢ بَيۡنِ ٱلصُّلۡبِ وَٱلتَّرَآئِبِ ٧ إِنَّهُۥ عَلَىٰ
رَجۡعِهِۦ لَقَادِرٞ ٨ يَوۡمَ تُبۡلَى ٱلسَّرَآئِرُ ٩ فَمَا لَهُۥ مِن قُوَّةٖ وَلَا نَاصِرٖ
١٠ وَٱلسَّمَآءِ ذَاتِ ٱلرَّجۡعِ ١١ وَٱلۡأَرۡضِ ذَاتِ ٱلصَّدۡعِ ١٢ إِنَّهُۥ
لَقَوۡلٞ فَصۡلٞ ١٣ وَمَا هُوَ بِٱلۡهَزۡلِ ١٤ إِنَّهُمۡ يَكِيدُونَ كَيۡدٗا ١٥
وَأَكِيدُ كَيۡدٗا ١٦ فَمَهِّلِ ٱلۡكَٰفِرِينَ أَمۡهِلۡهُمۡ رُوَيۡدَۢا ١٧

سُورَةُ الأَعۡلَى

بِسۡمِ ٱللَّهِ ٱلرَّحۡمَٰنِ ٱلرَّحِيمِ

سَبِّحِ ٱسۡمَ رَبِّكَ ٱلۡأَعۡلَى ١ ٱلَّذِي خَلَقَ فَسَوَّىٰ ٢ وَٱلَّذِي قَدَّرَ فَهَدَىٰ
٣ وَٱلَّذِيٓ أَخۡرَجَ ٱلۡمَرۡعَىٰ ٤ فَجَعَلَهُۥ غُثَآءً أَحۡوَىٰ ٥ سَنُقۡرِئُكَ
فَلَا تَنسَىٰٓ ٦ إِلَّا مَا شَآءَ ٱللَّهُۚ إِنَّهُۥ يَعۡلَمُ ٱلۡجَهۡرَ وَمَا يَخۡفَىٰ ٧ وَنُيَسِّرُكَ
لِلۡيُسۡرَىٰ ٨ فَذَكِّرۡ إِن نَّفَعَتِ ٱلذِّكۡرَىٰ ٩ سَيَذَّكَّرُ مَن يَخۡشَىٰ ١٠

第86章　夜の訪問者 ...... سورة الطارق

マッカ垂示

冒頭の誓言句「天と夜の訪問者にかけて」に因み、「夜の訪問者」章と呼ばれる。

復活が可能であること(5-8節)、クルアーンが真理であることが告げ知らされる(13-14節)。

慈悲あまねく慈悲深きアッラーの御名において

天と夜の訪問者にかけて、(86：1)

何が夜の訪問者であるかを、何がおまえに分からせたか。(86：2)

(闇を)貫き輝く星である。(86：3)

どの魂もその上に監視者(記録天使)[2192]がいないものはない。(86：4)

人間には、彼(己)が何から創られたかを見(考え)させよ。(86：5)

彼(人間)はほとばしる水(精液)から創られ、(86：6)

腰と肋骨[2193]の間から出る(水から創られた)。(86：7)

まことに、彼(アッラー)には彼(人間)の引き戻し(再生)が可能であらせられる、(86：8)

数ある秘密が試問される(最後の審判の)日に(人間を蘇らすことが)。(86：9)

(そうなれば)彼(人間)には力もなければ、援助者もない。(86：10)

戻り(雨)[2194]のある天にかけて、(86：11)

(植物の発芽による)裂け目[2195]のある大地にかけて、(86：12)

まことに、それ(クルアーン)は(真偽)決定の御言葉であり、(86：13)

そしてそれは戯れではない。(86：14)

彼らは策謀を弄するが、(86：15)

われもまた策謀を弄する。(86：16)

それゆえ、(預言者ムハンマドよ、)不信仰者たちを猶予し、彼らにゆっくりと時間を与えよ[2196]。(86：17)

第87章　至高者 ...... سورة الأعلى

2192　「監視者」とはアッラーを指すとの説もある。
2193　男性の腰と女性の肋骨。76章2節参照。「腰」を脊髄とする解釈もある。
2194　雲、季節の移り変わり、天体の循環とも言われる。
2195　涸川(谷)、道、耕耘《こううん》を指すとも言われる。
2196　彼らの破滅を急ぎ求めるな。

وَيَتَجَنَّبُهَا ٱلۡأَشۡقَى ١١ ٱلَّذِي يَصۡلَى ٱلنَّارَ ٱلۡكُبۡرَىٰ ١٢ ثُمَّ لَا يَمُوتُ
فِيهَا وَلَا يَحۡيَىٰ ١٣ قَدۡ أَفۡلَحَ مَن تَزَكَّىٰ ١٤ وَذَكَرَ ٱسۡمَ رَبِّهِۦ فَصَلَّىٰ ١٥
بَلۡ تُؤۡثِرُونَ ٱلۡحَيَوٰةَ ٱلدُّنۡيَا ١٦ وَٱلۡأٓخِرَةُ خَيۡرٞ وَأَبۡقَىٰٓ ١٧ إِنَّ
هَٰذَا لَفِي ٱلصُّحُفِ ٱلۡأُولَىٰ ١٨ صُحُفِ إِبۡرَٰهِيمَ وَمُوسَىٰ ١٩

سُورَةُ الغَاشِيَةِ

بِسۡمِ ٱللَّهِ ٱلرَّحۡمَٰنِ ٱلرَّحِيمِ

هَلۡ أَتَىٰكَ حَدِيثُ ٱلۡغَٰشِيَةِ ١ وُجُوهٞ يَوۡمَئِذٍ خَٰشِعَةٌ ٢ عَامِلَةٞ
نَّاصِبَةٞ ٣ تَصۡلَىٰ نَارًا حَامِيَةٗ ٤ تُسۡقَىٰ مِنۡ عَيۡنٍ ءَانِيَةٖ ٥ لَّيۡسَ
لَهُمۡ طَعَامٌ إِلَّا مِن ضَرِيعٖ ٦ لَّا يُسۡمِنُ وَلَا يُغۡنِي مِن جُوعٖ ٧ وُجُوهٞ
يَوۡمَئِذٖ نَّاعِمَةٞ ٨ لِّسَعۡيِهَا رَاضِيَةٞ ٩ فِي جَنَّةٍ عَالِيَةٖ ١٠ لَّا تَسۡمَعُ
فِيهَا لَٰغِيَةٗ ١١ فِيهَا عَيۡنٞ جَارِيَةٞ ١٢ فِيهَا سُرُرٞ مَّرۡفُوعَةٞ ١٣ وَأَكۡوَابٞ
مَّوۡضُوعَةٞ ١٤ وَنَمَارِقُ مَصۡفُوفَةٞ ١٥ وَزَرَابِيُّ مَبۡثُوثَةٌ ١٦ أَفَلَا يَنظُرُونَ
إِلَى ٱلۡإِبِلِ كَيۡفَ خُلِقَتۡ ١٧ وَإِلَى ٱلسَّمَآءِ كَيۡفَ رُفِعَتۡ ١٨ وَإِلَى
ٱلۡجِبَالِ كَيۡفَ نُصِبَتۡ ١٩ وَإِلَى ٱلۡأَرۡضِ كَيۡفَ سُطِحَتۡ ٢٠
فَذَكِّرۡ إِنَّمَآ أَنتَ مُذَكِّرٞ ٢١ لَّسۡتَ عَلَيۡهِم بِمُصَيۡطِرٍ ٢٢

マッカ垂示

冒頭の句「至高なるおまえの主の御名を讃美せよ」（1節）に因んで「至高者」章と名づけられる。現世より来世を求めるべきこと、そしてそれがイブラーヒームとムーサーの教えでもあったことが示される（16-19節）。

慈悲あまねく慈悲深きアッラーの御名において

至高なるおまえの主の御名を讃美せよ、（87：1）

創造し、そして整え給うた御方、（87：2）

そして定め[2197]、導き給うた御方、（87：3）

そして牧草を萌え出でさせ給うた御方、（87：4）

それから、それを黒い枯れ屑となし給うた（御方であるおまえの主の御名を讃美せよ）。（87：5）

いずれ、われらはおまえに（クルアーンを）読ませよう。それでおまえは（それを）忘れないであろう[2198]。（87：6）

ただし、アッラーが（おまえが忘れるようにと）望み給うたものは別である。まことに、彼は、公然のものも隠れたものも知り給う。（87：7）

そして、われらはおまえを平坦な道（イスラーム）に進み易くしよう。（87：8）

それゆえ、訓戒せよ、もしも訓戒が益をなすなら。（87：9）

懼れる者はいずれ留意するであろう、（87：10）

だが、最も不幸な者はそれを避け、（87：11）

最大の火（来世の獄火）に焼《く》べられる（最も不幸な者は）、（87：12）

そして、そこで彼は死ぬことはなく、生きることもない（生殺しの苦しみが永遠に続く）。（87：13）

己を清めた者は確かに成功し、（87：14）

そして己の主の御名を唱え、礼拝した（者は成功した）。（87：15）

いや、おまえたちは現世を優先する、（87：16）

来世の方が一層良く、一層残るものであるというのに。（87：17）

まことに、これ[2199]は昔の諸書（啓典）にある。（87：18）

イブラーヒームとムーサーの諸書（啓典）に。（87：19）

2197　定命を含む森羅万象を。

2198　75章17節参照。

2199　本章の内容、あるいは、14-17節の内容。

第88章　覆い被さるもの …… سورة الغاشية

マッカ垂示

冒頭の句「おまえの許に、覆い被さるものの話は届いたか」(1節)に因んで「覆い被さるもの」章と名づけられる。中心的内容は、審判、獄火、楽園の記述である。

慈悲あまねく慈悲深きアッラーの御名において

おまえの許に、(人々に)覆い被さるもの(大災、最後の審判)[2200]の話は届いたか。(88：1)

その日、数ある顔はうなだれ、(88：2)

それ(顔の所有者)は(火獄での苦役に)働き、疲れ、(88：3)

燃え盛る火に焼《く》べられ[2201]、(88：4)

煮え立つ泉水を飲まされる。(88：5)

彼らには苦い茨のほかに食べ物はなく、(88：6)

(茨は)太らすことも、空腹を癒すこともない。(88：7)

その日、数ある顔は和らぎ、(88：8)

それ(顔の所有者)は己の奔走(努力の報酬)に満足し、(88：9)

高い楽園にいる[2202]。(88：10)

そこではそれ(顔の所有者)[2203]は戯れ言を聞くことはなく、(88：11)

そこには、流れ出る泉があり、(88：12)

そこには、高く上げられた寝台があり、(88：13)

備えられた杯、(88：14)

そして並べられた枕(座布団)、(88：15)

そして、広げられた敷物がある。(88：16)

それで彼ら(マッカの不信仰者)はラクダを眺め(考え)ないのか、(つまり)どのようにそれが創られたかを、(88：17)

そして天を、(つまり)どのようにそれが持ち上げられたかを、(88：18)

そして山々を、(つまり)どのようにそれが据えられたかを、(88：19)

そして、大地を、(つまり)どのようにそれが平らにされたかを(眺め考えないのか)。(88：20)

それゆえ、訓戒せよ、おまえは訓戒者にほかならない。(88：21)

おまえは彼らの支配者ではない。(88：22)

ただし(しかし)、背き去り、信仰を拒んだ者[2204]、(88：23)

2200　不信仰者に覆い被さる獄火とも言われる。

2201　あるいは、「うなだれ、働き、疲れた数ある顔(の所有者)は燃え盛る火に焼け」との解釈もある。

2202　あるいは、「和らぎ、己の奔走に満足した数ある顔(の所有者)は高い楽園にいる」との解釈もある。

2203　あるいは、「おまえ」。

2204　「ただし、背き去り、信仰を拒んだ者は別であり(おまえが訓戒する必要はなく)」との解釈もある。

アッラーは彼を(来世で)最大の懲罰(火獄)で罰し給う。(88：24)
われらの許にこそ彼らの帰り(処)はある。(88：25)
それから、われらにこそ彼らの清算はある。(88：26)

إِلَّا مَن تَوَلَّىٰ وَكَفَرَ ﴿٢٣﴾ فَيُعَذِّبُهُ اللَّهُ الْعَذَابَ الْأَكْبَرَ ﴿٢٤﴾
إِنَّ إِلَيْنَا إِيَابَهُمْ ﴿٢٥﴾ ثُمَّ إِنَّ عَلَيْنَا حِسَابَهُم ﴿٢٦﴾

سُورَةُ الْفَجْرِ

بِسْمِ اللَّهِ الرَّحْمَٰنِ الرَّحِيمِ

وَالْفَجْرِ ﴿١﴾ وَلَيَالٍ عَشْرٍ ﴿٢﴾ وَالشَّفْعِ وَالْوَتْرِ ﴿٣﴾ وَاللَّيْلِ إِذَا يَسْرِ ﴿٤﴾
هَلْ فِي ذَٰلِكَ قَسَمٌ لِّذِي حِجْرٍ ﴿٥﴾ أَلَمْ تَرَ كَيْفَ فَعَلَ رَبُّكَ بِعَادٍ ﴿٦﴾
إِرَمَ ذَاتِ الْعِمَادِ ﴿٧﴾ الَّتِي لَمْ يُخْلَقْ مِثْلُهَا فِي الْبِلَادِ ﴿٨﴾ وَثَمُودَ الَّذِينَ
جَابُوا الصَّخْرَ بِالْوَادِ ﴿٩﴾ وَفِرْعَوْنَ ذِي الْأَوْتَادِ ﴿١٠﴾ الَّذِينَ طَغَوْا فِي
الْبِلَادِ ﴿١١﴾ فَأَكْثَرُوا فِيهَا الْفَسَادَ ﴿١٢﴾ فَصَبَّ عَلَيْهِمْ رَبُّكَ سَوْطَ
عَذَابٍ ﴿١٣﴾ إِنَّ رَبَّكَ لَبِالْمِرْصَادِ ﴿١٤﴾ فَأَمَّا الْإِنسَانُ إِذَا مَا ابْتَلَاهُ
رَبُّهُ فَأَكْرَمَهُ وَنَعَّمَهُ فَيَقُولُ رَبِّي أَكْرَمَنِ ﴿١٥﴾ وَأَمَّا إِذَا مَا ابْتَلَاهُ
فَقَدَرَ عَلَيْهِ رِزْقَهُ فَيَقُولُ رَبِّي أَهَانَنِ ﴿١٦﴾ كَلَّا بَل لَّا تُكْرِمُونَ
الْيَتِيمَ ﴿١٧﴾ وَلَا تَحَاضُّونَ عَلَىٰ طَعَامِ الْمِسْكِينِ ﴿١٨﴾ وَتَأْكُلُونَ
التُّرَاثَ أَكْلًا لَّمًّا ﴿١٩﴾ وَتُحِبُّونَ الْمَالَ حُبًّا جَمًّا ﴿٢٠﴾ كَلَّا إِذَا
دُكَّتِ الْأَرْضُ دَكًّا دَكًّا ﴿٢١﴾ وَجَاءَ رَبُّكَ وَالْمَلَكُ صَفًّا صَفًّا ﴿٢٢﴾

第89章　暁 …… سورة الفجر

マッカ垂示

冒頭の誓言句「暁にかけて」（1節）に因み「暁」章と名づけられる。

アード族、イラムの町、サムード族、フィルアウンの滅亡に注意を喚起した後（6-13節）、審判の警告がなされる。

慈悲あまねく慈悲深きアッラーの御名において

暁にかけて、(89：1)
十夜[2205]にかけて、(89：2)
偶数と奇数にかけて[2206]、(89：3)
夜行する時の夜にかけて、(89：4)
この(上述の内容の)中には抑制(理性)[2207]のある者への誓いがあるのではないか。(89：5)
おまえは見なかったか、おまえの主がアード(族)に対しどうなされたかを、(89：6)
(つまり)柱(高い石柱の建物)のあるイラム[2208]に(対し)、(89：7)
その(アード族[2209]の)ようなものはこの国にかつて創られたことがなかったところの(彼らに対し)、(89：8)
また、谷間の岩を切り削っ（て家屋とし[2210])たサムード(族)に(対し)、(89：9)
そして、杭(拷問用の)を持った[2211]フィルアウンに(対しおまえの主がどうなされたかを見なかったか)。(89：10)
彼ら[2212]はその国において無法に振舞った。(89：11)
そして、彼らはそこで荒廃を多くなした。(89：12)
そこで、彼らの上にはおまえの主が懲罰の鞭を浴びせ給うた。(89：13)
まことに、おまえの主は監視所におわします(全てを監視し給う)。(89：14)

2205　通説では功徳が大きい「巡礼月」上旬の十日間の夜。
2206　「偶数」と「奇数」が何を指すかについては諸説あるが、森羅万象における両者を指すとも、51章49節に基づき「偶数」とは全ての被造物、「奇数」とは唯一なる御方アッラーを指すとも言われる。
2207　あるいは、知識、宗教。
2208　イラムとはアード族の町でイエメンにあったとも、アード族の別名とも、アード族の支族とも言われる。
2209　あるいは、イラムを指す。
2210　7章74節、26章149節参照。
2211　「杭」とは彼を支える配下、軍隊、あるいは壮大な建造物を指すとも言われる。
2212　フィルアウンの一党。あるいは、アード族、サムード族、フィルアウン。

وَجِاْيٓءَ يَوۡمَئِذِۭ بِجَهَنَّمَۚ يَوۡمَئِذٖ يَتَذَكَّرُ ٱلۡإِنسَٰنُ وَأَنَّىٰ
لَهُ ٱلذِّكۡرَىٰ ٢٣ يَقُولُ يَٰلَيۡتَنِي قَدَّمۡتُ لِحَيَاتِي ٢٤ فَيَوۡمَئِذٖ
لَّا يُعَذِّبُ عَذَابَهُۥٓ أَحَدٞ ٢٥ وَلَا يُوثِقُ وَثَاقَهُۥٓ أَحَدٞ ٢٦ يَٰٓأَيَّتُهَا
ٱلنَّفۡسُ ٱلۡمُطۡمَئِنَّةُ ٢٧ ٱرۡجِعِيٓ إِلَىٰ رَبِّكِ رَاضِيَةٗ مَّرۡضِيَّةٗ ٢٨
فَٱدۡخُلِي فِي عِبَٰدِي ٢٩ وَٱدۡخُلِي جَنَّتِي ٣٠

سُورَةُ البَلَدِ

بِسۡمِ ٱللَّهِ ٱلرَّحۡمَٰنِ ٱلرَّحِيمِ

لَآ أُقۡسِمُ بِهَٰذَا ٱلۡبَلَدِ ١ وَأَنتَ حِلُّۢ بِهَٰذَا ٱلۡبَلَدِ ٢ وَوَالِدٖ وَمَا وَلَدَ
٣ لَقَدۡ خَلَقۡنَا ٱلۡإِنسَٰنَ فِي كَبَدٍ ٤ أَيَحۡسَبُ أَن لَّن يَقۡدِرَ عَلَيۡهِ
أَحَدٞ ٥ يَقُولُ أَهۡلَكۡتُ مَالٗا لُّبَدًا ٦ أَيَحۡسَبُ أَن لَّمۡ يَرَهُۥٓ أَحَدٌ
٧ أَلَمۡ نَجۡعَل لَّهُۥ عَيۡنَيۡنِ ٨ وَلِسَانٗا وَشَفَتَيۡنِ ٩ وَهَدَيۡنَٰهُ
ٱلنَّجۡدَيۡنِ ١٠ فَلَا ٱقۡتَحَمَ ٱلۡعَقَبَةَ ١١ وَمَآ أَدۡرَىٰكَ مَا ٱلۡعَقَبَةُ ١٢
فَكُّ رَقَبَةٍ ١٣ أَوۡ إِطۡعَٰمٞ فِي يَوۡمٖ ذِي مَسۡغَبَةٖ ١٤ يَتِيمٗا ذَا مَقۡرَبَةٍ
١٥ أَوۡ مِسۡكِينٗا ذَا مَتۡرَبَةٖ ١٦ ثُمَّ كَانَ مِنَ ٱلَّذِينَ ءَامَنُواْ وَتَوَاصَوۡاْ
بِٱلصَّبۡرِ وَتَوَاصَوۡاْ بِٱلۡمَرۡحَمَةِ ١٧ أُوْلَٰٓئِكَ أَصۡحَٰبُ ٱلۡمَيۡمَنَةِ ١٨

人間は、彼の主が彼を試み[2213]、彼を厚遇し、彼に幸福をもたらし給うと、「わが主は私を厚遇し給うた」と言う[2214]。(89：15)

一方、主が彼を試み[2215]、彼の糧を制限し給うと、「わが主は私を卑しめ給うた」と言う。(89：16)

断じて(彼らの発言は間違っている)。いや、おまえたちは孤児を厚遇しない。(89：17)

そして、貧しい者の食事(の施し)を奨励しない。(89：18)

そして、遺産を貪欲にむさぼり食らう[2216]。(89：19)

そして、財産を溺愛で愛する(89：20)

断じて(このようであるべきでない)。大地がさんざんに取り壊され(て平坦になっ)た時、(89：21)

そして、おまえの主が[2217]お出ましになり、天使も列また列をなして(まかり出でる時)、(89：22)

そしてその日、火獄《ジャハンナム》が連れて来られ、その日、人間は思い出す[2218]が、思い出すことが彼にとって何になろうか[2219]。(89：23)

「ああ、私の(来世の)生のために前もって(善行を)しておけばよかった」と言う。(89：24)

それでその日、彼(アッラー)の懲罰(に匹敵する罰)で罰する者は誰もなく、(89：25)

また、彼(アッラー)の束縛(に匹敵する束縛)で束縛する者も誰もいない。(89：26)

「安らいだ(信仰者の)魂よ[2220]」、(89：27)

「おまえの主の許に、満足し、御満悦に与って戻れ」。(89：28)

「それでわが僕《しもべ》たちの(集団の)中に入れ」。(89：29)

「そして(彼らと共に)わが楽園に入れ」。(89：30)

第90章　国…… سورة البلد

マッカ垂示

2213　人間がアッラーから授けられた順境に感謝するか否かが試されている。
2214　「主は私を選び給い、厚遇に相応しい者へと高め給うた」と喜び、感謝を忘れる。
2215　逆境によって。
2216　善悪の区別なく、遺産における他人の権利まで貪る。
2217　あるいは、おまえの主の御命令、勝利が。
2218　現世での行状を思い出す。あるいは訓戒を得る、留意する。
2219　直訳すると、「何処(から、如何にして)彼にとって(役立つ)のか」。
2220　27-30節の内容は、死に際して信仰者に告げられる言葉であるとされる。

冒頭の誓言句「この国にかけて」(1節)に因み「国」章と名づけられる。イスラームの道とは信仰し弱者を助けることであると教えられる(10-17節)。

慈悲あまねく慈悲深きアッラーの御名において

この国[2221](マッカの地)にかけて誓おうではないか[2222]、(90：1)
—おまえはこの国で許されている[2223]—(90：2)
また、父とそれが生んだもの[2224](にかけて誓おうではないか)、(90：3)
確かにわれらは人間を苦難の中に創ったのである。(90：4)
彼(人間[2225])は(自らの権勢、能力、財産を恃み)誰も自分の上に力を及ぼすことがないと考えているのか。(90：5)
彼は「積み上げた財産を蕩尽した[2226]」と(自慢して)言う。(90：6)
彼は誰も己を見ないと考えているのか。(90：7)
われらは彼に両目をなしたではないか、(90：8)
そして、舌と両唇を(なしたではないか)。(90：9)
そしてわれらは彼を二つの(善と悪の)山道[2227]に導いた。(90：10)
それなのに、彼は険しい山路に踏み入ろうとしなかった。(90：11)
何が険しい山路であるかを、何がおまえに分からせたか。(90：12)
(それは)奴隷の解放、(90：13)
あるいは、飢えに苦しむ日に食べさせること、(90：14)
近親の孤児に、(90：15)
あるいは、埃を被った貧困者に(食べさせること)。(90：16)
それから彼は、信仰し、忍耐を勧め合い、慈愛を勧め合う者たち(の一人)となった。(90：17)
それらの者は右手の徒である[2228]。(90：18)
われらの諸々の徴(節)を嘘と拒んだ者たち、彼らは左手の徒である[2229]。(90：19)
彼らの上には覆われ閉じられた火がある。(90：20)

2221　語義的には人間が集住する全ての地域を指す。
2222　56章75節脚注参照。
2223　マッカは禁域であるにもかかわらず、多神教徒たちは、預言者ムハンマドに手出しすることが許されると考えて迫害している。一説では、預言者ムハンマドは、マッカにおいて多神教徒と戦うことが許されているということを意味する。あるいは、「ヒッル(許される)」とは居住者であることを意味し、預言者がそこに住むことによってマッカの誉れが増す、との含意があるとも言われる。
2224　アーダムとその子孫(全人類)を指すとも言われる。
2225　あるいは、預言者ムハンマドを苦しめたクライシュ族の一部の有力者。
2226　預言者ムハンマドに敵対するべく費やしたの意とも言われる。
2227　一説には「二つの山道」とは乳児の生命線である二つの乳房であるとも言われる。
2228　「右手の徒」については56章27-38節参照。
2229　「左手の徒」については56章41-56節参照。

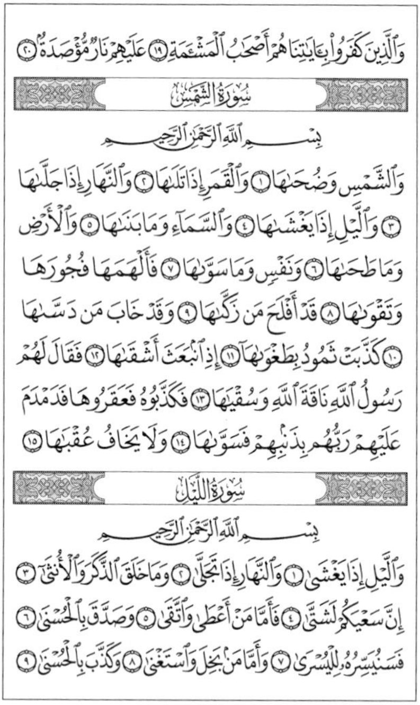

وَالَّذِينَ كَفَرُوا بِآيَاتِنَا هُمْ أَصْحَابُ الْمَشْأَمَةِ ﴿١٩﴾ عَلَيْهِمْ نَارٌ مُؤْصَدَةٌ ﴿٢٠﴾

سُورَةُ الشَّمْسِ

بِسْمِ اللَّهِ الرَّحْمَٰنِ الرَّحِيمِ

وَالشَّمْسِ وَضُحَاهَا ﴿١﴾ وَالْقَمَرِ إِذَا تَلَاهَا ﴿٢﴾ وَالنَّهَارِ إِذَا جَلَّاهَا
﴿٣﴾ وَاللَّيْلِ إِذَا يَغْشَاهَا ﴿٤﴾ وَالسَّمَاءِ وَمَا بَنَاهَا ﴿٥﴾ وَالْأَرْضِ
وَمَا طَحَاهَا ﴿٦﴾ وَنَفْسٍ وَمَا سَوَّاهَا ﴿٧﴾ فَأَلْهَمَهَا فُجُورَهَا
وَتَقْوَاهَا ﴿٨﴾ قَدْ أَفْلَحَ مَنْ زَكَّاهَا ﴿٩﴾ وَقَدْ خَابَ مَنْ دَسَّاهَا
﴿١٠﴾ كَذَّبَتْ ثَمُودُ بِطَغْوَاهَا ﴿١١﴾ إِذِ انْبَعَثَ أَشْقَاهَا ﴿١٢﴾ فَقَالَ لَهُمْ
رَسُولُ اللَّهِ نَاقَةَ اللَّهِ وَسُقْيَاهَا ﴿١٣﴾ فَكَذَّبُوهُ فَعَقَرُوهَا فَدَمْدَمَ
عَلَيْهِمْ رَبُّهُمْ بِذَنْبِهِمْ فَسَوَّاهَا ﴿١٤﴾ وَلَا يَخَافُ عُقْبَاهَا ﴿١٥﴾

سُورَةُ اللَّيْلِ

بِسْمِ اللَّهِ الرَّحْمَٰنِ الرَّحِيمِ

وَاللَّيْلِ إِذَا يَغْشَىٰ ﴿١﴾ وَالنَّهَارِ إِذَا تَجَلَّىٰ ﴿٢﴾ وَمَا خَلَقَ الذَّكَرَ وَالْأُنْثَىٰ ﴿٣﴾
إِنَّ سَعْيَكُمْ لَشَتَّىٰ ﴿٤﴾ فَأَمَّا مَنْ أَعْطَىٰ وَاتَّقَىٰ ﴿٥﴾ وَصَدَّقَ بِالْحُسْنَىٰ ﴿٦﴾
فَسَنُيَسِّرُهُ لِلْيُسْرَىٰ ﴿٧﴾ وَأَمَّا مَنْ بَخِلَ وَاسْتَغْنَىٰ ﴿٨﴾ وَكَذَّبَ بِالْحُسْنَىٰ ﴿٩﴾

第 91 章　太陽 …… سورة الشمس

マッカ垂示

冒頭の誓言句「太陽とその輝きにかけて」(1節)に因み「太陽」章と名づけられる。

アッラーの命に背いたサムード族の滅亡が教えられる(11-16 節)。

慈悲あまねく慈悲深きアッラーの御名において

太陽とその(朝の)輝きにかけて、(91：1)

それ(太陽)のあとを継ぐ時の月にかけて、(91：2)

それ[2230]を輝き現す時の昼にかけて、(91：3)

それ[2231]を(闇で)覆う時の夜にかけて、(91：4)

天と、それを建てたということにかけて[2232]、(91：5)

大地と、それを展開したということ[2233]にかけて、(91：6)

魂[2234]と、それを整えたということ[2235]にかけて、(91：7)

そしてそれに背徳と畏怖の念を吹き込んだ[2236](ということにかけて)、(91：8)

それ(魂・己)を清めた者は確かに成功し、(91：9)

そしてそれを葬った(背徳に埋めた)者は確かに失敗した。(91：10)

サムード(族)はその無法によって(預言者サーリフを)嘘と否定した[2237]、(91：11)

彼らの最も惨めな者が(アッラーのラクダを殺すべく)派遣された時に。(91：12)

それでアッラーの使徒(サーリフ)は彼らに言った。「アッラーのラクダとその飲み水を(警戒し、それに近づくな)」。(91：13)

ところが、彼らは彼を嘘として否定し、その(ラクダの)腱を切った(殺した)。そこで、彼らの主は彼らの罪ゆえに彼らを根絶し(懲罰で蓋い)、それを均し給うた[2238]。(91：14)

そして、彼(アッラー)はその末路など気にかけ給わない。(91：15)

2230　太陽とも、闇とも、大地とも、現世とも言われる。

2231　太陽、あるいは大地。

2232　天とその建造にかけて、の意。「天と、それを建て給うた御方にかけて」との解釈もある。

2233　「それを展開し給うた御方」との解釈もある。

2234　アーダム、あるいは肉体を伴った個人を指すとも言われる。

2235　魂に様々な力を与え、あるいは身体の諸器官を整え、それらを精妙なものとすること。「整え給うた御方」との解釈もある。

2236　善と悪の道を教え示した。

2237　7 章 73-79 節、11 章 61-68 節、26 章 141-158 節、54 章 23-31 節参照。

2238　それ(サムード族)を(跡形もなく)均し給うた。あるいは、それ(根絶、または懲罰で蓋うこと)を均し(彼ら全員に与え)給うた。

第92章　夜 …… سورة الليل

マッカ垂示

冒頭の誓言句「包み隠す時の夜にかけて」(1節)に因んで「夜」章と名づけられる。吝嗇に火獄が警告され、施しが勧められる。

慈悲あまねく慈悲深きアッラーの御名において

(闇で)包み隠す時の夜にかけて、(92：1)
明るくなる時の昼(日中)にかけて[2239]、(92：2)
雄と雌を創り給うた御方[2240]にかけて、(92：3)
まことにおまえたちの奔走(努力)は様々である[2241]。(92：4)
それで、与え(施し)、畏れ身を守った者、(92：5)
そして至善[2242]を真実と認めた(者)、(92：6)
彼にはわれらがいずれ(楽園の)安楽(に至る道)を易しくしよう。(92：7)
一方、(善に)出し惜しみし、自ら足れりとした者[2243]、(92：8)
そして至善を嘘だと言った(者については)、(92：9)
彼にはいずれわれらが(火獄の)苦難(に至る道)を易しくしよう。(92：10)
そして彼の財産は、彼が(火獄に)落ちた時には何も役立たない。(92：11)
まことに、われらにこそ導き(の任)はあり、(92：12)
そしてまことに、われらにこそ来世も現世も属する。(92：13)
それゆえ、われはおまえたちに燃え盛る火について警告した。(92：14)
それに焼《く》べられるのは最も不幸な者以外にはなく、(92：15)
(それは)嘘と否定し、背き去った者。(92：16)
最も敬虔な者はそれ(獄火)から遮られるであろう、(92：17)
(それは)己の財産を与え、身を清める者。(92：18)
誰も彼の許に(彼によってその誰かに対し)報いられるべき(過去に施した)恩恵を少しも有さず[2244]、(92：19)
ただ、彼は至高なる彼の主の御顔を希求するばかりに(そう行った)。(92：20)
そしていずれ彼は必ずや満足するであろう。(92：21)

2239　ここでの「昼」は夜の対義語。夜明けに日の光が増し、夜の闇をやぶって日中となってゆく様。

2240　あるいは、「雄と雌を創るということ」。

2241　善に走る者や、悪に走る者など。

2242　「アッラーの他に神はない」とのイスラームの信仰告白句を指すとも、アッラーの定め給うた義務を指すとも、楽園の意とも言われるが、定説はない。

2243　アッラーの報酬を必要としないと考え、現世の欲望や財産に充足し。

2244　彼は誰かに報いる(返す)べき恩を過去に誰からか被っていたわけでもなく、また誰からも報恩を期待していなかったが、己の財産を与え、身を清めた。17-21節はアブー・バクルに関して啓示されたとも言われる。

فَسَنُيَسِّرُهُۥ لِلْعُسْرَىٰ ١٠ وَمَا يُغْنِى عَنْهُ مَالُهُۥٓ إِذَا تَرَدَّىٰٓ ١١ إِنَّ عَلَيْنَا
لَلْهُدَىٰ ١٢ وَإِنَّ لَنَا لَلْـَٔاخِرَةَ وَٱلْأُولَىٰ ١٣ فَأَنذَرْتُكُمْ نَارًا تَلَظَّىٰ ١٤
لَا يَصْلَىٰهَآ إِلَّا ٱلْأَشْقَى ١٥ ٱلَّذِى كَذَّبَ وَتَوَلَّىٰ ١٦ وَسَيُجَنَّبُهَا
ٱلْأَتْقَى ١٧ ٱلَّذِى يُؤْتِى مَالَهُۥ يَتَزَكَّىٰ ١٨ وَمَا لِأَحَدٍ عِندَهُۥ مِن نِّعْمَةٍ
تُجْزَىٰٓ ١٩ إِلَّا ٱبْتِغَآءَ وَجْهِ رَبِّهِ ٱلْأَعْلَىٰ ٢٠ وَلَسَوْفَ يَرْضَىٰ ٢١

سُورَةُ الضُّحَىٰ

بِسْمِ ٱللَّهِ ٱلرَّحْمَٰنِ ٱلرَّحِيمِ

وَٱلضُّحَىٰ ١ وَٱلَّيْلِ إِذَا سَجَىٰ ٢ مَا وَدَّعَكَ رَبُّكَ وَمَا قَلَىٰ ٣
وَلَلْـَٔاخِرَةُ خَيْرٌ لَّكَ مِنَ ٱلْأُولَىٰ ٤ وَلَسَوْفَ يُعْطِيكَ رَبُّكَ
فَتَرْضَىٰٓ ٥ أَلَمْ يَجِدْكَ يَتِيمًا فَـَٔاوَىٰ ٦ وَوَجَدَكَ ضَآلًّا فَهَدَىٰ
٧ وَوَجَدَكَ عَآئِلًا فَأَغْنَىٰ ٨ فَأَمَّا ٱلْيَتِيمَ فَلَا تَقْهَرْ ٩
وَأَمَّا ٱلسَّآئِلَ فَلَا تَنْهَرْ ١٠ وَأَمَّا بِنِعْمَةِ رَبِّكَ فَحَدِّثْ ١١

سُورَةُ الشَّرْحِ

بِسْمِ ٱللَّهِ ٱلرَّحْمَٰنِ ٱلرَّحِيمِ

أَلَمْ نَشْرَحْ لَكَ صَدْرَكَ ١ وَوَضَعْنَا عَنكَ وِزْرَكَ ٢

第 93 章　朝 …… سورة الضحى

マッカ垂示

冒頭の誓言句「朝にかけて」（1 節）に因んで「朝」章と名づけられる。貧しい孤児であった預言者ムハンマドの境遇が言及され(6-8 節)、弱者へのいたわりが命じられる。

慈悲あまねく慈悲深きアッラーの御名において

朝にかけて、(93：1)

静まりかえった時の[2245]夜にかけて、(93：2)

おまえの主は、おまえを見捨てたのでも、嫌い給うたのでもなく[2246]、(93：3)

そして来世はおまえにとって現世よりも良く、(93：4)

そしていずれ必ずやおまえの主は、おまえに授け[2247]、おまえは満足するであろう。(93：5)

彼はおまえが孤児であったのを見出し給うたではないか、そして庇護し給い[2248]、(93：6)

そしておまえが迷っている[2249]のを見出し、導き給い、(93：7)

そしておまえが窮乏しているのを見出し、裕福にし給うた。(93：8)

それゆえ、孤児については虐げてはならない。(93：9)

そして乞う者については、邪険にしてはならない。(93：10)

そして、おまえの主の恩寵[2250]については、述べ語れ[2251]。(93：11)

第 94 章　広げること …… سورة الشرح

マッカ垂示

冒頭の句「おまえの胸を広げたではないか」（1 節）に因んで「広げること」章と名づけられ

2245　(夜が)やって来た時の、あるいは、背を向けて去る時の、を意味するとも言われる。

2246　この節はしばらくクルアーンの啓示が途絶え、預言者ムハンマドがそれに心を痛められた時に下された。

2247　来世での報酬と地位を。あるいは現世での援助を。

2248　見出し、そして庇護し給い、の意。

2249　アッラーの聖法について無知であったの意。42 章 52 節、12 章 3 節参照。

2250　預言者性、クルアーンを指すとも言われる。

2251　他人に伝えて、また、内心でも感謝せよ。

る。どんな苦難にも安楽が見出されることが教えられる。

慈悲あまねく慈悲深きアッラーの御名において

われらはおまえのために、おまえの胸[2252]を広げた[2253]ではないか。(94：1)
そして、おまえの重荷を取り除いたではないか、(94：2)
おまえの背を押し潰していた(重荷)を[2254]。(94：3)
そして、おまえのために、おまえの名声を高めたではないか。(94：4)
まことに、困難と共に安楽はある。(94：5)
まことに、困難と共に安楽はある[2255]。(94：6)
それゆえ、(一つの任を)終えたら、(次の任に)刻苦せよ、(94：7)
そして、おまえの主に祈り求めよ。(94：8)

2252　心、胸の内、懐、度量、思慮。

2253　平安等を与えた。召命以前のムハンマドが幼少の頃、天使ジブリールが彼の胸を裂き、心臓を取り出して洗いまた戻したと伝承される故事を指すともいわれる。

2254　重荷とは罪を意味し、聖法の啓示を授かる前にそれに反する行為をなしたことについての気懸かりを指すとも(48章2節参照)、重荷とは自らの民を導こうとの預言者ムハンマドの重責や責任感を指すとも言われる。

2255　5-6節の「困難」には両方とも定冠詞がついているため同一の「困難」であるが、両節の「安楽」には定冠詞がついていないためそれぞれ別の安楽を指すと考えられ、ハディースには「一つの困難が二つの安楽を圧倒することはない」と伝えられる。

ٱلَّذِىٓ أَنقَضَ ظَهْرَكَ ﴿٣﴾ وَرَفَعْنَا لَكَ ذِكْرَكَ ﴿٤﴾ فَإِنَّ مَعَ ٱلْعُسْرِ يُسْرًا ﴿٥﴾
إِنَّ مَعَ ٱلْعُسْرِ يُسْرًا ﴿٦﴾ فَإِذَا فَرَغْتَ فَٱنصَبْ ﴿٧﴾ وَإِلَىٰ رَبِّكَ فَٱرْغَب ﴿٨﴾

سُورَةُ ٱلتِّينِ

بِسْمِ ٱللَّهِ ٱلرَّحْمَٰنِ ٱلرَّحِيمِ

وَٱلتِّينِ وَٱلزَّيْتُونِ ﴿١﴾ وَطُورِ سِينِينَ ﴿٢﴾ وَهَٰذَا ٱلْبَلَدِ ٱلْأَمِينِ ﴿٣﴾
لَقَدْ خَلَقْنَا ٱلْإِنسَٰنَ فِىٓ أَحْسَنِ تَقْوِيمٍ ﴿٤﴾ ثُمَّ رَدَدْنَٰهُ أَسْفَلَ سَٰفِلِينَ
﴿٥﴾ إِلَّا ٱلَّذِينَ ءَامَنُوا۟ وَعَمِلُوا۟ ٱلصَّٰلِحَٰتِ فَلَهُمْ أَجْرٌ غَيْرُ مَمْنُونٍ ﴿٦﴾
فَمَا يُكَذِّبُكَ بَعْدُ بِٱلدِّينِ ﴿٧﴾ أَلَيْسَ ٱللَّهُ بِأَحْكَمِ ٱلْحَٰكِمِينَ ﴿٨﴾

سُورَةُ ٱلْعَلَقِ

بِسْمِ ٱللَّهِ ٱلرَّحْمَٰنِ ٱلرَّحِيمِ

ٱقْرَأْ بِٱسْمِ رَبِّكَ ٱلَّذِى خَلَقَ ﴿١﴾ خَلَقَ ٱلْإِنسَٰنَ مِنْ عَلَقٍ ﴿٢﴾ ٱقْرَأْ
وَرَبُّكَ ٱلْأَكْرَمُ ﴿٣﴾ ٱلَّذِى عَلَّمَ بِٱلْقَلَمِ ﴿٤﴾ عَلَّمَ ٱلْإِنسَٰنَ
مَا لَمْ يَعْلَمْ ﴿٥﴾ كَلَّآ إِنَّ ٱلْإِنسَٰنَ لَيَطْغَىٰٓ ﴿٦﴾ أَن رَّءَاهُ ٱسْتَغْنَىٰٓ
﴿٧﴾ إِنَّ إِلَىٰ رَبِّكَ ٱلرُّجْعَىٰٓ ﴿٨﴾ أَرَءَيْتَ ٱلَّذِى يَنْهَىٰ ﴿٩﴾ عَبْدًا
إِذَا صَلَّىٰٓ ﴿١٠﴾ أَرَءَيْتَ إِن كَانَ عَلَى ٱلْهُدَىٰٓ ﴿١١﴾ أَوْ أَمَرَ بِٱلتَّقْوَىٰٓ ﴿١٢﴾

第95章　イチジク …… سورة التين

マッカ垂示

冒頭の誓言句「イチジクとオリーブにかけて」(1節)に因み「イチジク」章と名づけられる。信仰と善行による無尽の報酬の他には人間には衰滅しかないことが教えられる。

慈悲あまねく慈悲深きアッラーの御名において

イチジクとオリーブにかけて、(95：1)

シナイ山[2256]にかけて、(95：2)

この安全なる国(マッカの地)にかけて、(95：3)

確かにわれらは人間を最も美しい姿に創った。(95：4)

それから、われらは彼を低い者たちのうちでも最も低い者に戻した[2257]。(95：5)

ただし、信仰し、善行をなした者たちは別であり、彼らには尽きない報酬がある。(95：6)

それなのに(これらの明証の)後に、何がおまえ(人間)に、裁き(最後の審判)を嘘として否定させるのか。(95：7)

アッラーは審判者たちのうちで最もよく裁き給う御方にあらせられるではないか。(95：8)

第96章　凝血 …… سورة العلق

マッカ垂示

第2節に因んで「凝血」章と名づけられる。あるいは冒頭の「誦め」(1節)に因んで「誦め」章とも呼ばれる。本章はクルアーンの中で最初に啓示された章である。

慈悲あまねく慈悲深きアッラーの御名において

誦め、おまえの主の御名において、(森羅万象を)創造し給うた(主の御名において)[2258]、

2256　アッラーがムーサーに語りかけ給うた山。20章9-12節、27章7-9節、52章1節、「出エジプト記」19章参照。

2257　われらは彼(人間)を壮年の後に、老衰の状態に戻した。「低い者」ではなく、「低い所」とする解釈もあり、この場合には本節は一部の人間(不信仰者)を火獄に入れる、の意となる。

2258　おまえの主(アッラー)の御名を唱えてから(クルアーンを)誦め、の意であるとの説が有力。「誦

(96：1)

(つまり)彼は人間を凝血から創造し給うた。(96：2)

誦め。そしておまえの主は最も気前よき御方であり、(96：3)

筆によって(書くことを)教え給うた御方であり、(96：4)

(つまり)人間に彼(人間)の知らなかったことを教え給うた(御方である)[2259]。(96：5)

まったく、まことに人間は無法に振る舞う、(96：6)

自らを自足したものと見た(考えた)ことで。(96：7)

おまえの主の御許にこそ(復活の日の)再帰(と清算)はある。(96：8)

おまえ[2260]は見たか、阻止する者を[2261]、(96：9)

僕《しもべ》(預言者ムハンマド)を(阻止する者を)、彼(僕《しもべ》)が礼拝を捧げる時に。(96：10)

おまえは見たか、もし、彼(阻止する者)が導きの上にあり、(96：11)

あるいは敬虔を命じていたのだとしたら[2262]。(96：12)

おまえは見たか、もし彼(阻止する者)が嘘と否定し背を向けたとしても、(96：13)

アッラーが見ておられることを彼は知らなかったというのか。(96：14)

断じて(彼の考えは間違っており)、もしも彼が止めなければ、必ずやわれらはその前髪を引っ摑むであろう、(96：15)

(つまり)嘘つきで誤った(者の)前髪を。(96：16)

それで彼は己の寄り合い(に集う者たち)を呼び集めるがよい。(96：17)

われらも火獄の番人たち《ザバーニヤ》を呼び集めよう。(96：18)

断じて(彼の考えは間違っており)、おまえは彼に従ってはならない。そして(アッラーに)跪拝し、近づけ。(96：19)

め、おまえの主の御名を」とする解釈もある。

2259　3-5節は、「誦め。おまえの主が最も…御方である(と確信しながら)」とする解釈もある。

2260　預言者ムハンマド。

2261　阻止したのはアブー・ジャフルで、彼に対する強い驚きと非難の表現。

2262　何でこのような事が出来ようか、の意。あるいは、アッラーが見ておられることをあやつは知らなかったというのか、の意。11-12節の「彼」を預言者ムハンマドととり、「おまえ(不信仰者)は見たか、もし彼(預言者ムハンマド)が導きの上にあり、あるいは敬虔を命じていたのだとしたら(それでもおまえは阻止するのか)」とする解釈もある。

أَرَءَيْتَ إِن كَذَّبَ وَتَوَلَّىٰٓ ١٣ أَلَمْ يَعْلَم بِأَنَّ ٱللَّهَ يَرَىٰ ١٤ كَلَّا لَئِن لَّمْ يَنتَهِ
لَنَسْفَعًۢا بِٱلنَّاصِيَةِ ١٥ نَاصِيَةٍ كَـٰذِبَةٍ خَاطِئَةٍ ١٦ فَلْيَدْعُ نَادِيَهُۥ ١٧
سَنَدْعُ ٱلزَّبَانِيَةَ ١٨ كَلَّا لَا تُطِعْهُ وَٱسْجُدْ وَٱقْتَرِب ۩ ١٩

سُورَةُ ٱلْقَدْرِ

بِسْمِ ٱللَّهِ ٱلرَّحْمَـٰنِ ٱلرَّحِيمِ

إِنَّآ أَنزَلْنَـٰهُ فِى لَيْلَةِ ٱلْقَدْرِ ١ وَمَآ أَدْرَىٰكَ مَا لَيْلَةُ ٱلْقَدْرِ ٢
لَيْلَةُ ٱلْقَدْرِ خَيْرٌ مِّنْ أَلْفِ شَهْرٍ ٣ تَنَزَّلُ ٱلْمَلَـٰٓئِكَةُ وَٱلرُّوحُ فِيهَا
بِإِذْنِ رَبِّهِم مِّن كُلِّ أَمْرٍ ٤ سَلَـٰمٌ هِىَ حَتَّىٰ مَطْلَعِ ٱلْفَجْرِ ٥

سُورَةُ ٱلْبَيِّنَةِ

بِسْمِ ٱللَّهِ ٱلرَّحْمَـٰنِ ٱلرَّحِيمِ

لَمْ يَكُنِ ٱلَّذِينَ كَفَرُوا۟ مِنْ أَهْلِ ٱلْكِتَـٰبِ وَٱلْمُشْرِكِينَ مُنفَكِّينَ حَتَّىٰ
تَأْتِيَهُمُ ٱلْبَيِّنَةُ ١ رَسُولٌ مِّنَ ٱللَّهِ يَتْلُوا۟ صُحُفًا مُّطَهَّرَةً ٢ فِيهَا كُتُبٌ
قَيِّمَةٌ ٣ وَمَا تَفَرَّقَ ٱلَّذِينَ أُوتُوا۟ ٱلْكِتَـٰبَ إِلَّا مِنۢ بَعْدِ مَا جَآءَتْهُمُ
ٱلْبَيِّنَةُ ٤ وَمَآ أُمِرُوٓا۟ إِلَّا لِيَعْبُدُوا۟ ٱللَّهَ مُخْلِصِينَ لَهُ ٱلدِّينَ
حُنَفَآءَ وَيُقِيمُوا۟ ٱلصَّلَوٰةَ وَيُؤْتُوا۟ ٱلزَّكَوٰةَ ۚ وَذَٰلِكَ دِينُ ٱلْقَيِّمَةِ ٥

第 97 章　決定 …… سورة القدر

マッカ垂示

本章では、千ヶ月よりも功徳があると言われる「決定の夜」（1 節）について教えられる。

慈悲あまねく慈悲深きアッラーの御名において

われらはそれ（クルアーン）を決定《カドル》の夜に下した[2263]。(97：1)

そして何が決定の夜であるかを、何がおまえに分からせたか。(97：2)

決定の夜は千ヶ月より良い。(97：3)

それ（夜）には、諸天使と霊（天使ジブリール）が彼らの主の御許可によって万象のために[2264]降《くだ》る。(97：4)

平安である、それ（夜）は、暁が明けるまで。(97：5)

第 98 章　明証 …… سورة البينة

マディーナ垂示

イスラームの明証をめぐるキリスト教徒とユダヤ教徒の離反と分裂について述べられることから「明証」章と呼ばれる。

慈悲あまねく慈悲深きアッラーの御名において

啓典の民と多神教徒たちの中で信仰を拒んだ者たちは、明証が彼らの許に来るまでは離反しなかった。(98：1)

（つまり）清められた諸葉（クルアーン）を読み聞かせるアッラーからの使徒（ムハンマド）が（来るまでは）。(98：2)

その（クルアーンの）中には正しい諸書[2265]があった。(98：3)

そして啓典を授けられた者たちが分裂したのは、彼らに明証が訪れた後でしかなかっ

2263　ジブリールがクルアーンを「護持された書板」から最下天に下し、そこから預言者ムハンマドに啓示した。2 章 185 節、44 章 3-4 節参照。「決定《カドル》の夜」の由来は、その夜に来る年の諸事が天使たちに開示・決定されるためとも、カドルとは高貴さ、偉大さを意味しているためとも言われる。

2264　あるいは、「あらゆる御命令を伴って」との解釈もある。

2265　諸節を意味する。あるいは、「書き定め」、つまり諸規定。一説には、過去の諸啓典に関するクルアーンの言及を意味する。

た。(98：4)

また彼らに(諸命令が)命じられたのは[2266]、ただ彼らがアッラーに、信仰を専ら彼に捧げてひたむきに仕え、礼拝を遵守し、浄財を与えるために他ならなかった[2267]。そしてそれこそ正しい宗教である。(98：5)

啓典の民と多神教徒たちの中で信仰を拒んだ者たちは、火獄《ジャハンナム》の火の中にいる(こととなり)、彼らはそこに永遠に。それらの者、彼らこそ被造者のうち最悪の者である。(98：6)

信仰し、善行を行う者たち、それらの者、彼らこそ被造者のうち最善の者である。(98：7)

彼らの主の御許での彼らの報酬は、下に河川が流れる常住の園であり、そこにいつまでも永遠に。アッラーは彼らに満足し給い、彼らも彼に満足した[2268]。こうしたものが、己の主を懼れた者にはある。(98：8)

2266　彼らの啓典において。あるいは預言者ムハンマドによって。

2267　あるいは、「他ならなかったというにも拘わらず」。

2268　「アッラーは…した」は祈願文であるとも言われる。

إِنَّ ٱلَّذِينَ كَفَرُواْ مِنْ أَهْلِ ٱلْكِتَٰبِ وَٱلْمُشْرِكِينَ فِي نَارِ جَهَنَّمَ
خَٰلِدِينَ فِيهَآ أُوْلَٰٓئِكَ هُمْ شَرُّ ٱلْبَرِيَّةِ ٦ إِنَّ ٱلَّذِينَ ءَامَنُواْ
وَعَمِلُواْ ٱلصَّٰلِحَٰتِ أُوْلَٰٓئِكَ هُمْ خَيْرُ ٱلْبَرِيَّةِ ٧ جَزَآؤُهُمْ
عِندَ رَبِّهِمْ جَنَّٰتُ عَدْنٍ تَجْرِي مِن تَحْتِهَا ٱلْأَنْهَٰرُ خَٰلِدِينَ
فِيهَآ أَبَدًا رَّضِيَ ٱللَّهُ عَنْهُمْ وَرَضُواْ عَنْهُ ذَٰلِكَ لِمَنْ خَشِيَ رَبَّهُۥ ٨

سُورَةُ الزَّلْزَلَةِ

بِسْمِ ٱللَّهِ ٱلرَّحْمَٰنِ ٱلرَّحِيمِ

إِذَا زُلْزِلَتِ ٱلْأَرْضُ زِلْزَالَهَا ١ وَأَخْرَجَتِ ٱلْأَرْضُ أَثْقَالَهَا ٢ وَقَالَ
ٱلْإِنسَٰنُ مَا لَهَا ٣ يَوْمَئِذٍ تُحَدِّثُ أَخْبَارَهَا ٤ بِأَنَّ رَبَّكَ أَوْحَىٰ لَهَا
٥ يَوْمَئِذٍ يَصْدُرُ ٱلنَّاسُ أَشْتَاتًا لِّيُرَوْاْ أَعْمَٰلَهُمْ ٦ فَمَن يَعْمَلْ
مِثْقَالَ ذَرَّةٍ خَيْرًا يَرَهُۥ ٧ وَمَن يَعْمَلْ مِثْقَالَ ذَرَّةٍ شَرًّا يَرَهُۥ ٨

سُورَةُ الْعَادِيَاتِ

بِسْمِ ٱللَّهِ ٱلرَّحْمَٰنِ ٱلرَّحِيمِ

وَٱلْعَٰدِيَٰتِ ضَبْحًا ١ فَٱلْمُورِيَٰتِ قَدْحًا ٢ فَٱلْمُغِيرَٰتِ
صُبْحًا ٣ فَأَثَرْنَ بِهِۦ نَقْعًا ٤ فَوَسَطْنَ بِهِۦ جَمْعًا ٥

第 99 章　地震 ...... سورة الزلزلة

マディーナ垂示
地震に続く最後の審判について述べられる。

慈悲あまねく慈悲深きアッラーの御名において

大地がその振動でぐらぐらと揺れた時、(99：1)
そして大地がその重荷[2269]を吐き出した(時)、(99：2)
そして「それ(大地)に何があったのか[2270]」と人間が言った(時)、(99：3)
その日、それ(大地)はその情報[2271]を語るのである、(99：4)
おまえの主がそれに啓示(命令)し給うたということゆえに。(99：5)
その日、人々は三々五々進み出て、己の行いを見せつけられる。(99：6)
それで(現世で)微塵の重さでも善行をなす者があれば、(来世で)それを見るのである。(99：7)
そして(現世で)微塵の重さでも悪行をなす者があれば、(来世で)それを見るのである。(99：8)

第 100 章　駆けるもの ...... سورة العاديات

マッカ垂示
冒頭の誓言句に因み「駆けるもの」章と言われ、人間の忘恩の本性が告げられる。

慈悲あまねく慈悲深きアッラーの御名において

吐く息荒く駆けるもの(馬[2272])たちにかけて、(100：1)
そしてカチカチと火花を散らすものたちに(かけて)[2273]、(100：2)

2269　84 章 4 節脚注参照。
2270　大地に何が起こったというのか、という驚愕。
2271　大地の上で行われた諸行為についての。
2272　あるいは、大巡礼の際にアラファからムズダリファへ移動するラクダ。
2273　蹄から火花を散らし疾走する馬とも、夜戦や大巡礼の際のムズダリファでの野営の火をつける者とも言われる。

そして暁に急襲するもの(馬[2274])たちに(かけて)、(100：3)

そして(それらは)砂塵をそこに[2275]巻き上げ、(100：4)

そして(それらは)それ[2276]と共に(敵の)群れの只中に突入する[2277](こういったものにかけて)、(100：5)

まことに、人間は己の主に対して恩知らずである。(100：6)

そして、まことに彼(人間自身[2278])がそのことについての証言者である[2279]。(100：7)

そして、まことに彼は富貴の愛に甚だしい[2280]。(100：8)

それで彼は知らないのか、墓の中にあるものが掘り起こされた時に、(100：9)

胸の中にあるものが提示された時に、(100：10)

まことに、彼らの主がその日、彼らについて通暁し給う(ということを)。(100：11)

2274　あるいは、大巡礼の際に、ムズダリファからミナーへと急ぐラクダ。

2275　あるいは、「その時に」。つまり暁に。

2276　砂塵。あるいは暁。あるいは砂塵を巻き上げた状態。

2277　あるいは、「群れ(巡礼者でごった返すムズダリファの地)の只中に進む」。

2278　あるいは、アッラー。

2279　人間はその行為によって自らが忘恩の徒であることを証明する。

2280　あるいは、「富貴の愛のために峻厳(吝嗇)である」。

第 101 章　大打撃 …… سورة القارعة

マッカ垂示
「大打撃」の名で、最後の審判の日について告げられる。

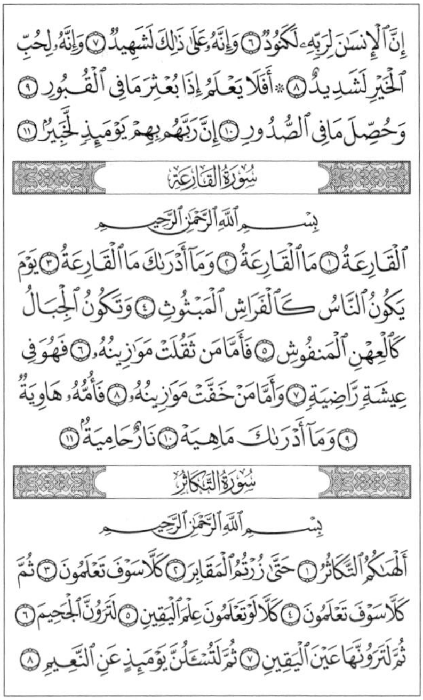
إِنَّ ٱلْإِنسَٰنَ لِرَبِّهِۦ لَكَنُودٌ ﴿٦﴾ وَإِنَّهُۥ عَلَىٰ ذَٰلِكَ لَشَهِيدٌ ﴿٧﴾ وَإِنَّهُۥ لِحُبِّ
ٱلْخَيْرِ لَشَدِيدٌ ﴿٨﴾ ۞ أَفَلَا يَعْلَمُ إِذَا بُعْثِرَ مَا فِى ٱلْقُبُورِ ﴿٩﴾
وَحُصِّلَ مَا فِى ٱلصُّدُورِ ﴿١٠﴾ إِنَّ رَبَّهُم بِهِمْ يَوْمَئِذٍ لَّخَبِيرٌۢ ﴿١١﴾
سُورَةُ القَارِعَةِ
بِسْمِ ٱللَّهِ ٱلرَّحْمَٰنِ ٱلرَّحِيمِ
ٱلْقَارِعَةُ ﴿١﴾ مَا ٱلْقَارِعَةُ ﴿٢﴾ وَمَآ أَدْرَىٰكَ مَا ٱلْقَارِعَةُ ﴿٣﴾ يَوْمَ
يَكُونُ ٱلنَّاسُ كَٱلْفَرَاشِ ٱلْمَبْثُوثِ ﴿٤﴾ وَتَكُونُ ٱلْجِبَالُ
كَٱلْعِهْنِ ٱلْمَنفُوشِ ﴿٥﴾ فَأَمَّا مَن ثَقُلَتْ مَوَٰزِينُهُۥ ﴿٦﴾ فَهُوَ فِى
عِيشَةٍ رَّاضِيَةٍ ﴿٧﴾ وَأَمَّا مَنْ خَفَّتْ مَوَٰزِينُهُۥ ﴿٨﴾ فَأُمُّهُۥ هَاوِيَةٌ
﴿٩﴾ وَمَآ أَدْرَىٰكَ مَا هِيَهْ ﴿١٠﴾ نَارٌ حَامِيَةٌۢ ﴿١١﴾
سُورَةُ التَّكَاثُرِ
بِسْمِ ٱللَّهِ ٱلرَّحْمَٰنِ ٱلرَّحِيمِ
أَلْهَىٰكُمُ ٱلتَّكَاثُرُ ﴿١﴾ حَتَّىٰ زُرْتُمُ ٱلْمَقَابِرَ ﴿٢﴾ كَلَّا سَوْفَ تَعْلَمُونَ ﴿٣﴾ ثُمَّ
كَلَّا سَوْفَ تَعْلَمُونَ ﴿٤﴾ كَلَّا لَوْ تَعْلَمُونَ عِلْمَ ٱلْيَقِينِ ﴿٥﴾ لَتَرَوُنَّ ٱلْجَحِيمَ ﴿٦﴾
ثُمَّ لَتَرَوُنَّهَا عَيْنَ ٱلْيَقِينِ ﴿٧﴾ ثُمَّ لَتُسْـَٔلُنَّ يَوْمَئِذٍ عَنِ ٱلنَّعِيمِ ﴿٨﴾

慈悲あまねく慈悲深きアッラーの御名において

大打撃[2281]、(101：1)
大打撃とは何か。(101：2)
そして何が大打撃であるかを、何がおまえに分からせたか。(101：3)
人々が散らされた蛾[2282]のようになる日に[2283]、(101：4)
そして山々が梳《す》かれた赤みがかった羊毛[2284]のようになる(日に)。(101：5)
それで己の秤(計量されるもの[2285])が(善行が勝って)重かった者については、(101：6)
彼は満ち足りた生にある。(101：7)
一方、己の秤(計量されるもの)が(悪行が勝って)軽かった者については、(101：8)
彼の母(頼って身を寄せる場)は奈落である。(101：9)
そしてそれ(奈落)が何であるのかを、何がおまえに分からせたか。(101：10)
(それは)灼熱の火である。(101：11)

第 102 章　数の競い合い …… سورة التكاثر

マッカ垂示
現世での「数の競い合い」の果てにある来世の末路が教えられる。

慈悲あまねく慈悲深きアッラーの御名において

(財産、子供、先祖の)数の競い合いがおまえたちの気を逸らした、(102：1)

2281　最後の審判の日。
2282　人々の混乱し、数多く、入り乱れ、重なりあい、己の末路に無知である様。蛾は火に飛び入り自滅することで知られる。
2283　彼らを大打撃が襲う。あるいは、「…なる日を(想起せよ)」。
2284　風で飛ぶほど軽く、弱々しい様。
2285　mawāzīn とは、秤の複数形とも計量されるものの複数形とも言われる。

おまえたちが墓を訪れるまで[2286]。(102：2)

断じて(そのようであってはならない)、いずれおまえたちは知るであろう[2287]。(102：3)

それから、断じて、いずれおまえたちは知るであろう[2288]。(102：4)

断じて、もしおまえたちが確信の知識で知ったなら[2289]。(102：5)

おまえたちは必ずや焦熱地獄を見るのである。(102：6)

それから、おまえたちは必ずやそれを確信の目で見るのである。(102：7)

それから、おまえたちは必ずやその日、(現世での)享楽について問われるのである。(102：8)

2286　埋葬されるまで。あるいは、部族の名士の数を競い合うのに夢中なあまり、生者に加えて死者の数まで数え上げた(墓を訪れた)。

2287　数の競い合いが間違った行為で、その結末が悪いものであることを。

2288　第3、4節は繰り返しによる強調表現とも、第3節が現世での、第4節が来世での知識を指すとも言われる。

2289　もしそうであれば、数の競い合いなど行わず、永続する幸せのために行《おこな》ったであろう。

第 103 章　時 …… سورة العصر

マッカ垂示

「時にかけて」との誓言により、信じ善行を行う者以外には滅亡しかないことが教えられる。

慈悲あまねく慈悲深きアッラーの御名において

時[2290]にかけて（誓う）、（103：1）

まことに、人間は損失[2291]のうちにあるが、（103：2）

ただし、信仰し、善行をなし、真理を勧め合い、忍耐を勧め合った者たちは別である。（104：3）

第 104 章　中傷者たち …… سورة الهمزة

マッカ垂示

誹謗中傷、貪欲吝嗇が譴責されることに因み「中傷者たち」章と名づけられる。

سُورَةُ العَصۡرِ

بِسۡمِ ٱللَّهِ ٱلرَّحۡمَٰنِ ٱلرَّحِيمِ

وَٱلۡعَصۡرِ ١ إِنَّ ٱلۡإِنسَٰنَ لَفِي خُسۡرٍ ٢ إِلَّا ٱلَّذِينَ ءَامَنُواْ
وَعَمِلُواْ ٱلصَّٰلِحَٰتِ وَتَوَاصَوۡاْ بِٱلۡحَقِّ وَتَوَاصَوۡاْ بِٱلصَّبۡرِ ٣

سُورَةُ الهُمَزَةِ

بِسۡمِ ٱللَّهِ ٱلرَّحۡمَٰنِ ٱلرَّحِيمِ

وَيۡلٞ لِّكُلِّ هُمَزَةٖ لُّمَزَةٍ ١ ٱلَّذِي جَمَعَ مَالٗا وَعَدَّدَهُۥ ٢
يَحۡسَبُ أَنَّ مَالَهُۥٓ أَخۡلَدَهُۥ ٣ كَلَّاۖ لَيُنۢبَذَنَّ فِي ٱلۡحُطَمَةِ ٤
وَمَآ أَدۡرَىٰكَ مَا ٱلۡحُطَمَةُ ٥ نَارُ ٱللَّهِ ٱلۡمُوقَدَةُ ٦ ٱلَّتِي تَطَّلِعُ
عَلَى ٱلۡأَفۡـِٔدَةِ ٧ إِنَّهَا عَلَيۡهِم مُّؤۡصَدَةٞ ٨ فِي عَمَدٖ مُّمَدَّدَةِۭ ٩

سُورَةُ الفِيلِ

بِسۡمِ ٱللَّهِ ٱلرَّحۡمَٰنِ ٱلرَّحِيمِ

أَلَمۡ تَرَ كَيۡفَ فَعَلَ رَبُّكَ بِأَصۡحَٰبِ ٱلۡفِيلِ ١ أَلَمۡ يَجۡعَلۡ
كَيۡدَهُمۡ فِي تَضۡلِيلٖ ٢ وَأَرۡسَلَ عَلَيۡهِمۡ طَيۡرًا أَبَابِيلَ ٣
تَرۡمِيهِم بِحِجَارَةٖ مِّن سِجِّيلٖ ٤ فَجَعَلَهُمۡ كَعَصۡفٖ مَّأۡكُولِۭ ٥

慈悲あまねく慈悲深きアッラーの御名において

災いあれ、悪口を言う者たち、中傷者たちすべてに、（104：1）

（つまり）財を集め、その勘定にふける者（に）。（104：2）

彼は己の財が己を不滅にすると考える[2292]。（104：3）

断じて（財によって不滅になることはなく）、彼は必ずや破砕器[2293]に投げ込まれる。（104：4）

破砕器とは何であるのかを、何がおまえに分からせたか。（104：5）

（それは）焚きつけられた[2294]アッラーの火、（104：6）

（それは）心臓まで這い上がる（もの）。（104：7）

それは彼らの上で閉じられている。（104：8）

張り広げられた列柱の中に[2295]。（104：9）

第 105 章　象 …… سورة الفيل

2290　時間とも、午後とも、午後遅くとも、預言者ムハンマドの時代とも言われる。

2291　アッラーとではなく、悪魔と取引することによる損失。あるいは、破滅、悪、欠乏を指すとも言われる。

2292　あるいは、「…と考えながら（勘定にふける）」。

2293　火獄の別名。食い尽くすもの。あるいは火獄の門の名前とも、火獄の層の名前とも言われる。

2294　激しく燃え消えることのない。2 章 24 節、3 章 10 節、66 章 6 節参照。

2295　「（彼らは、あるいは火は、その時）…列柱の中に（いる、あるいはある）」。

マッカ垂示

マッカの禁裏モスクに襲来した象軍団がアッラーにより壊滅させられた逸話に因み「象」章と名づけられる。

慈悲あまねく慈悲深きアッラーの御名において

おまえは見なかったか[2296]、おまえの主が象の輩たち(人々、衆)にどのようになし給うたか[2297]。(105：1)

彼は彼らの企み(カアバ神殿侵略)を、迷誤(失敗)の中となし給わなかったか。(105：2)

そして彼は、彼らの上に群れなす鳥たちを遣わし給うた。(105：3)

それらは焼き泥土のつぶてを投げ、(105：4)

それで彼ら(象軍団)を食い荒らされた茎[2298]のようになし給うた。(105：5)

2296　おまえは知らないというのか(いや、知っている)、の意。

2297　エチオピア王国のイエメン総督であったアブラハの率いた象軍団がマッカのカアバ神殿に侵攻しようとした。それは預言者ムハンマドが生まれた年(西暦570年)の事件であった。

2298　「茎」とは、取り入れ後に残った作物の葉とも、55章12節にある「穂」とも言われる。

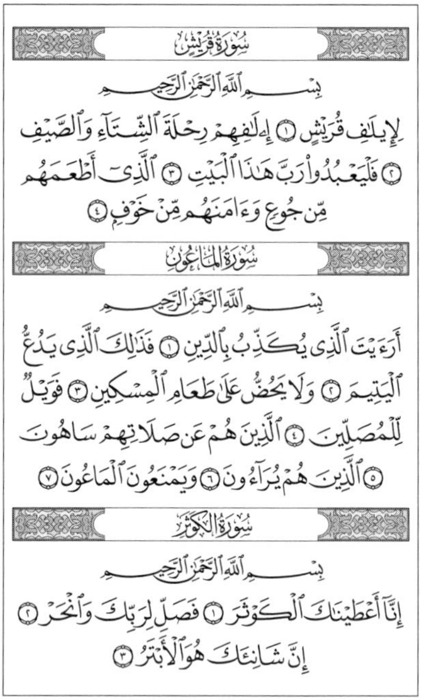
سورة قريش
بسم الله الرحمن الرحيم
لِإِيلَٰفِ قُرَيْشٍ ١ إِۦلَٰفِهِمْ رِحْلَةَ ٱلشِّتَآءِ وَٱلصَّيْفِ
٢ فَلْيَعْبُدُوا۟ رَبَّ هَٰذَا ٱلْبَيْتِ ٣ ٱلَّذِىٓ أَطْعَمَهُم
مِّن جُوعٍ وَءَامَنَهُم مِّنْ خَوْفٍۭ ٤
سورة الماعون
بسم الله الرحمن الرحيم
أَرَءَيْتَ ٱلَّذِى يُكَذِّبُ بِٱلدِّينِ ١ فَذَٰلِكَ ٱلَّذِى يَدُعُّ
ٱلْيَتِيمَ ٢ وَلَا يَحُضُّ عَلَىٰ طَعَامِ ٱلْمِسْكِينِ ٣ فَوَيْلٌ
لِّلْمُصَلِّينَ ٤ ٱلَّذِينَ هُمْ عَن صَلَاتِهِمْ سَاهُونَ
٥ ٱلَّذِينَ هُمْ يُرَآءُونَ ٦ وَيَمْنَعُونَ ٱلْمَاعُونَ ٧
سورة الكوثر
بسم الله الرحمن الرحيم
إِنَّآ أَعْطَيْنَٰكَ ٱلْكَوْثَرَ ١ فَصَلِّ لِرَبِّكَ وَٱنْحَرْ ٢
إِنَّ شَانِئَكَ هُوَ ٱلْأَبْتَرُ ٣

第106章　クライシュ(族) …… سورة قريش

マッカ垂示

アッラーのクライシュ族への特別の恩顧が語られ、「クライシュ（族)」章と名づけられる。

慈悲あまねく慈悲深きアッラーの御名において

クライシュ(族)の慣習[2299]のため、(106：1)

(つまり)冬と夏の旅の彼らの慣習の(ため)[2300]、(106：2)

それゆえ(そうであれば)、彼らにはこの館(カアバ神殿)の主に仕えさせよ、(106：3)

彼らに空腹に対して食べ物を与え、彼らを恐怖から安全にし給うた御方に。(106：4)

第107章　什器 …… سورة الماعون

マッカ垂示

什器を貸すことに象徴される弱者へのいたわりが信仰と不可分であることが教えられ、「什器」章と名づけられる。

慈悲あまねく慈悲深きアッラーの御名において

おまえは裁き[2301]（最後の審判)を嘘として否定する者を見たか。(107：1)

しからば[2302]、それ(その者)は、孤児を追い払う者であり[2303]、(107：2)

また、貧困者の食事(の施し)を奨励しない者である[2304]。(107：3)

それゆえ、災いあれ、礼拝する者たち(ではあるが)、(107：4)

己の礼拝から気が逸れた者たちに[2305]、(107：5)

2299　'īlāf(保全)とはカアバ神殿に仕える民として彼らが享受していた、隊商の安全を確保するための安全保障協定を意味するとも言われる。

2300　第1、2節は、105章5節からの続きであるとも(クライシュ族の保全のために、象軍団を滅ぼし給うた)、次の第3節に続くとも(彼らがアッラーからの恩寵を認めないというのであれば、彼らの保全という明瞭な恩寵のために彼らにはアッラーに仕えさせよ)、独立しているとも(クライシュ族の保全に驚くが良い、あるいはクライシュ族の保全のために、われはそのように行った)言われる。

2301　あるいは、「この宗教」(イスラーム)を指すとの説もある。

2302　前節で言及された「否定する者」を知りたいのであれば、の意。

2303　孤児の(相続した遺産の持ち分の)権利を踏みにじり食い物にする者。あるいは力ずくで追い払う者。

2304　2-3節は1節に続き、「そして、それ(その者)を、…追い払う者で、また…を奨励しない者を(おまえは見たか)」の意ともされる。

2305　己の礼拝から気が逸れた者たちとは、礼拝の定刻に遅れる者たちを意味するとも、そのような偽信者を指すとも言われる。

（つまり礼拝などを）見せつける者たちで、（107：6）

什器を（貸すことを）[2306] 断る（者たちに災いあれ）。（107：7）

第108章　豊饒 …… سورة الكوثر

マッカ垂示

預言者ムハンマドに授けられた「豊饒」（恩寵）について語られ、「豊饒」章と名づけられる。

慈悲あまねく慈悲深きアッラーの御名において

われらはおまえ（預言者ムハンマド）に豊饒[2307] を与えた。（108：1）

それゆえ、おまえの主に対し礼拝し[2308]、駱駝の頸動脈を切って屠れ（犠牲を捧げよ）[2309]。
（108：2）

おまえを憎む者、彼こそ断絶した者[2310] である。（108：3）

2306　「mā‘ūn（什器）」とは食器や塩、油等の日用品とも、浄財とも、助けになるもの一般とも、僅かばかりの喜捨、施しを意味する、とも言われる。

2307　「カウサル（豊饒）」とは善の豊饒、すなわち、預言者性、クルアーン、イスラーム等を指す、あるいは、楽園の川の名前とも言われる。

2308　感謝し、の意ともされる。

2309　（礼拝の際に）両手を胸部（naḥr）に（組んで）当てよ、の意とも言われる。

2310　マッカの不信仰者が預言者ムハンマドを罵って、「彼には息子がおらず、死ねば忘れ去られる」と言ったことに対し、啓示された。断絶したとは、後継者がいない者とも、良きものから切り離されたものとも言われる。

第 109 章　不信仰者たち …… سورة الكافرون

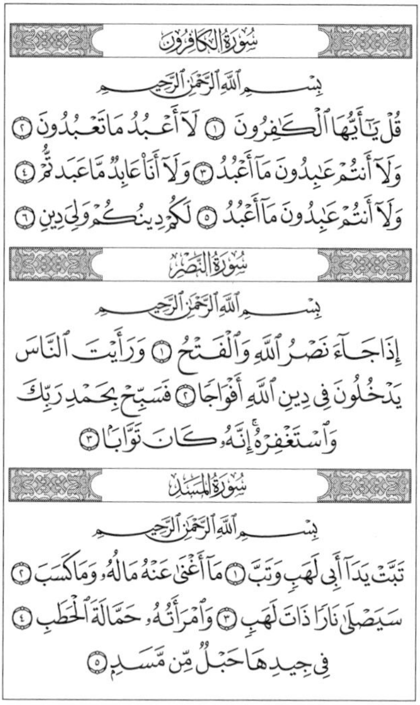
سُورَةُ الكَافِرُونَ
بِسْمِ ٱللَّهِ ٱلرَّحْمَٰنِ ٱلرَّحِيمِ
قُلْ يَٰٓأَيُّهَا ٱلْكَٰفِرُونَ ١ لَآ أَعْبُدُ مَا تَعْبُدُونَ ٢
وَلَآ أَنتُمْ عَٰبِدُونَ مَآ أَعْبُدُ ٣ وَلَآ أَنَا۠ عَابِدٌ مَّا عَبَدتُّمْ ٤
وَلَآ أَنتُمْ عَٰبِدُونَ مَآ أَعْبُدُ ٥ لَكُمْ دِينُكُمْ وَلِيَ دِينِ ٦
سُورَةُ النَّصْرِ
بِسْمِ ٱللَّهِ ٱلرَّحْمَٰنِ ٱلرَّحِيمِ
إِذَا جَآءَ نَصْرُ ٱللَّهِ وَٱلْفَتْحُ ١ وَرَأَيْتَ ٱلنَّاسَ
يَدْخُلُونَ فِى دِينِ ٱللَّهِ أَفْوَاجًا ٢ فَسَبِّحْ بِحَمْدِ رَبِّكَ
وَٱسْتَغْفِرْهُ إِنَّهُۥ كَانَ تَوَّابًۢا ٣
سُورَةُ المَسَدِ
بِسْمِ ٱللَّهِ ٱلرَّحْمَٰنِ ٱلرَّحِيمِ
تَبَّتْ يَدَآ أَبِى لَهَبٍ وَتَبَّ ١ مَآ أَغْنَىٰ عَنْهُ مَالُهُۥ وَمَا كَسَبَ ٢
سَيَصْلَىٰ نَارًا ذَاتَ لَهَبٍ ٣ وَٱمْرَأَتُهُۥ حَمَّالَةَ ٱلْحَطَبِ ٤
فِى جِيدِهَا حَبْلٌ مِّن مَّسَدٍۭ ٥

マッカ垂示
冒頭の「言え、『不信仰者たちよ』」（1 節）との呼びかけに因み「不信仰者たち」章と名づけられる。異教徒の信仰への不干渉の原理が表明される。
この章だけでクルアーンの四分の一に相当するともいわれる。

慈悲あまねく慈悲深きアッラーの御名において

言え、「不信仰者たちよ」、(109：1)
「私はおまえたちの仕えるもの（偶像神）に仕えないし」、(109：2)
「おまえたちも私の仕えるもの（アッラー）に仕える者ではない」。(109：3)
「また、私はおまえたちが仕えたものに仕える者ではなく」、(109：4)
「おまえたちも私が仕えるものに仕える者ではない」。(109：5)
「おまえたちにはおまえたちの宗教があり、私には私の宗教がある[2311]」。(109：6)

第 110 章　援助 …… سورة النصر

マディーナ垂示
マッカの征服とその民のイスラーム入信について述べられ、一つの章として纏まって啓示された最後の章と言われる。

慈悲あまねく慈悲深きアッラーの御名において

アッラーの援助と勝利（マッカ征服）が来て、(110：1)
そして人々が群れをなしてアッラーの宗教に入るのを見たなら、(110：2)
しからば、おまえの主の称賛をもって（主を称賛して）讃美し、彼に赦しを乞え。まことに彼はよく顧み戻り給う御方。(110：3)

第 111 章　棕櫚 …… سورة المسد

2311　双方の宗教は別であり、それぞれがその帰結に責任を負う。

マッカ垂示

預言者ムハンマドに激しく敵対したアブー・ラハブとその妻への呪詛で、章名はアブー・ラハブの妻が火獄で首に巻かれる棕櫚《しゅろ》の縄に由来する(5節)。

慈悲あまねく慈悲深きアッラーの御名において

アブー・ラハブの両手は滅び、また彼も滅びた[2312]（呪詛）。(111：1)
彼の財産も、彼が稼いだものも彼には役立たなかった[2313]。(111：2)
いずれ彼は、炎《ラハブ》を伴った火に焼《く》べられる。(111：3)
彼の妻もまた(火に焼け)、薪を運んで[2314]、(111：4)
彼女の頸(首)には棕櫚の縄が(つけられて)ある[2315]。(111：5)

2312 「…の両手は滅び(呪詛、つまり両手よ滅びよの意)、そしてそれ(呪詛の内容)は滅びた(実現が確定した)」の意であるともされる。両手に対する呪詛は、全身に対する呪詛を表現する。

2313 「彼の財産が彼にとって何の役に立ったというのか、彼が何を稼いだというのか」との解釈もある。

2314 アブー・ラハブの妻は、預言者ムハンマドを傷つけるために、夜中に棘のある木の薪を運んで、預言者の通り道に置いていた、と言われる。また薪を運ぶとは、人々の間に敵意と憎悪の火をつける中傷や、陰口を言いふらすことの比喩とも言われる。

2315 あるいは、「(つけられた)状態で」。

第 112 章　純正 …… سورة الإخلاص

マッカ垂示

アッラーの純正な唯一性を凝縮して表現した章であることから「純正」章と名づけられる。この章だけでクルアーン全体の三分の一に相当するとも言われる。

慈悲あまねく慈悲深きアッラーの御名において

言え、「それはアッラー、唯一なる御方[2316]」。(112：1)

「アッラーは、自存者[2317]」。(112：2)

「彼は生まず、生まれもしない」。(112：3)

「そして彼には匹敵するもの何一つない[2318]」。(112：4)

سُورَةُ الإِخْلَاصِ

بِسْمِ اللَّهِ الرَّحْمَٰنِ الرَّحِيمِ

قُلْ هُوَ اللَّهُ أَحَدٌ ١ اللَّهُ الصَّمَدُ ٢ لَمْ يَلِدْ وَلَمْ يُولَدْ ٣
وَلَمْ يَكُن لَّهُ كُفُوًا أَحَدٌ ٤

سُورَةُ الفَلَقِ

بِسْمِ اللَّهِ الرَّحْمَٰنِ الرَّحِيمِ

قُلْ أَعُوذُ بِرَبِّ الْفَلَقِ ١ مِن شَرِّ مَا خَلَقَ ٢ وَمِن شَرِّ
غَاسِقٍ إِذَا وَقَبَ ٣ وَمِن شَرِّ النَّفَّاثَاتِ فِي الْعُقَدِ ٤
وَمِن شَرِّ حَاسِدٍ إِذَا حَسَدَ ٥

سُورَةُ النَّاسِ

بِسْمِ اللَّهِ الرَّحْمَٰنِ الرَّحِيمِ

قُلْ أَعُوذُ بِرَبِّ النَّاسِ ١ مَلِكِ النَّاسِ ٢ إِلَٰهِ
النَّاسِ ٣ مِن شَرِّ الْوَسْوَاسِ الْخَنَّاسِ ٤ الَّذِي
يُوَسْوِسُ فِي صُدُورِ النَّاسِ ٥
مِنَ الْجِنَّةِ وَالنَّاسِ ٦

第 113 章　夜明け …… سورة الفلق

マッカ垂示

次章と共にアッラーの御加護を祈る章句。冒頭の「夜明けの主に」(1 節)に因み、「夜明け」章と名づけられる。

慈悲あまねく慈悲深きアッラーの御名において

言え、「私は夜明け[2319]の主に守護を求めます」、(113：1)

「彼が創造し給うたもの(被造物)の悪から」、(113：2)

「また暗《く》れ塞《ふさ》がった時の闇夜[2320]の悪から」、(113：3)

また、「結び目に息を吹きかける(呪術師の)女たちの悪(呪詛)から」、(113：4)

また、「妬む者が妬んだ時の悪から(の守護を求めます)」。(113：5)

2316 「それはアッラー、唯一なる御方である」、あるいは、「それ、(つまり)アッラーは、唯一なる御方である」、あるいは、「それはアッラーであり唯一なる御方である」、あるいは、「それはアッラーであり、(彼は)唯一なる御方である」。「それ」は、不信仰者たちの「おまえの主について形容せよ」、「鉄で出来ているのか、それとも銅か」との質問に対する答えであるとも、主題を指す代名詞であるともされる。

2317 「ṣamad(自存者)」とは、「困った時に常に助けを求められる者」を意味するとも言われる。

2318 あるいは、「何一つとして、彼に匹敵はしない」。

2319 「夜明け(falaq)」は裂かれたものを意味し、種、動物、大地、山などの裂ける被造物全てとも、火獄(あるいはその牢)とも言われる。6 章 95-96 節参照。

2320 あるいは、月食によって隠れた時の月とも、沈む時の昴とも言われる。

第 114 章　人々 …… سورة الناس

マッカ垂示

前章と共にアッラーの加護を祈る章句。冒頭の「人々の主に」（1 節）に因み、「人々」章と名づけられる。

慈悲あまねく慈悲深きアッラーの御名において

言え、「私は人々の主に守護を求めます」、（114：1）
「（つまり）人々の王に」、（114：2）
「（つまり）人々の神に」、（114：3）
「姿をくらます[2321] ささやき（悪魔）の悪から」、（114：4）
「（つまり）人々の胸にささやきかける者（の悪から）」、（114：5）
「（それが）幽精《ジン》であろうと人々であろうと[2322]」。（114：6）

2321　アッラーが想念・唱名されるたびに姿をくらますが、それが止まると戻ってくるような。
2322　あるいは、「（つまり）幽精《ジン》と人々の（悪から）」。6 章 112 節参照。

クルアーン正統十読誦注解

松山 洋平

1. はじめに

現代のスンナ派イスラーム世界では、クルアーンの十通りの読誦法「十読誦 al-qirā’āt al-‘ashr」が正統として認められている。この正統「十読誦」のそれぞれの読誦法は、「師 'imām」あるいは「読誦者 qāri'」と呼ばれる一名の読誦者に帰される。これらの師の読誦法を普及させた人物を「伝承者 rāwī」と呼ぶが、十読誦の「師」にはそれぞれ有力な二人の「伝承者」が存在する。但し、すべての「伝承者」が「師」に直接師事しているわけではない。また、「伝承者」の読誦を伝える諸々の下位伝承は「経路 ṭarīq」と呼ばれ、「伝承 riwāyah」とは区別される。なお、各「伝承者」はそれぞれ有力な二種の「経路」を持っている[1]。

これらの「師」、「伝承者」、「経路」の系譜の一例を記せば、「師」ナーフィウの読誦法の「伝承者」はカールーンとワルシュであり、カールーンの「経路」はアブー・ナシートとアル＝ハラワーニー、ワルシュの「経路」はアル＝アズラクとアル＝アスバハーニーとなり、更にアブー・ナシート、アル＝ハラワーニー等の読誦を伝える複数の下位の「経路」に分岐する。

「師」、「伝承者」、「経路」などの伝承経路は、通常「読誦学 ‘ilm al-qirā’āt」と呼ばれる分野において扱われる。この「読誦学」は、「クルアーン諸学 ‘ulūm al-qur’ān」に属する下位学問分野の一つに数えられる。「クルアーン諸学」は、「クルアーンに関連する諸事を研究する学問」を意味し、「クルアーン注釈学(タフスィール)」と並び、クルアーンに関わる学問体系を構成する重要な学問領野である。「クルアーン諸学」の対象は、クルアーンの章句の性質の分類や、啓示が下った経緯・状況に関わる諸問題、発声学(タジュウィード学)、クルアーンの内容理解に関わる諸問題、ムスハフの編纂の経緯や方法など、多岐にわたる。「読誦学」は、「クルアーンの諸単語の読み方(kayfīyah al-'adā')の内、合意されたものと見解の相違のあるもの、及び、それを伝承する者の伝承経路を知るための学問」と定義されている。この「読誦学」を対象とした最初の著作として、アブー・ウバイド・アル＝カースィム・ブン・サッラーム(d. 222h[2])の *al-Qirā’āt* が挙げられる。ただし、彼の作業には学問的方法論が欠けていたため、正統「十読誦」の確立に繋がる最初の作品としては通常イブン・ムジャーヒド(d. 324h)の *al-Sab‘ah fī al-Qirā’āt* が挙げられる。イブン・ムジャーヒドはこの著作の中で、ナーフィウ、イブン・カスィール、アブー・アムル、イブン・アーミル、アースィム、ハムザ、アル＝キサーイーの七人の読誦を正統の七つの読誦として選択している。この見解が、アブー・アムル・アッ＝ダーニー（d. 444h)によるその解説書 *al-Taysīr fī al-Qirā’āt al-Sab‘*、及びアブー・ムハンマド・アッ＝シャーティビー（d. 590h)による韻文要約 *Ḥirz al-'Amānī wa Wajh al-Tahānī* (通称 *al-Shāṭibīyah*)などの流布により定着した[3]。これら七人の読誦

1　Shihāb al-Dīn 'Aḥmad bn Muḥammad bn ‘Abd al-Ghanī al-Dimyāṭī, *'Itḥāf Fuḍalā' al-Bashar fī al-Qirā’āt al-'Arba‘ah ‘Ashar*, Beirut, 2001, pp. 10-14.

2　以降、死亡年に付された “h” はヒジュラ歴を意味する。

3　アブー・アル＝ハサン・ターヒル・ガリブーン(d. 399h)の *al-Tadhkirah fī al-Qirā’āt al-Thamān*、

法は、「七読誦 al-qirā'āt al-sab'」と呼ばれる。

その後イブン・アル＝ジャザリー（d. 833h）によって、アブー・ジャアファル、ヤアクーブ・アル＝ハドラミー、ハラフの三人の読誦が上記の「七読誦」と同等の正統性を有することを論じた *Taḥbīr al-Taysīr al-Qirā'āt al-'Ashr* や、同主題を韻文詩にした *al-Durrah al-Muḍī'ah*、及び、各読誦を伝える九百八十の「経路」を集めた *al-Nashr fī al-Qirā'āt al-'Ashr*、更に、同主題を韻文詩にした *Ṭayyibah al-Nashr* が著され、これらが広い支持を勝ち得るに及び、十読誦の正統性が承認され現在に至る[4]。

なお、シャーティビーの *Ḥirz* にイブン・アル＝ジャザリーの *al-Durrah al-Muḍī'ah* の成果が加えられ、十名の「読誦者」と二十名の「伝承者」、及び、各「伝承者」につき一名の「経路」が確定されたものを「小・十読誦 al-qirā'āt al-'ashr al-ṣughrā」、そして、その後 *Ṭayyibah al-Nashr* によって全ての「経路」が加えられたものを「大・十読誦 al-qirā'āt al-'ashr al-kubrā」と呼ぶ。

また、シャーティビーが伝える諸「経路」は「シャーティビー系経路」、イブン・アル＝ジャザリーが伝える諸「経路」は *Ṭayyibah al-Nashr* から「タイイバの経路」と呼ばれ、両者の間ではタジュウィードの規則に若干の違いがある[5]。

上記のような経緯で、「七読誦」と、「十読誦」から「七読誦」を引いた残りの三つの読誦との捉え方について、イブン・アル＝ジャザリー以前と以降の学者間に差がある。即ち、イブン・アル＝ジャザリー以前の学者間には「七読誦」以外の三つの読誦の正統性に関する見解の相違が存在するが、イブン・アル＝ジャザリー以降の殆どの学者においては、「七読誦」と三つの読誦の間に正統性に関する蓋然性の差があるわけではない。

たとえば、イブン・アル＝ジャザリー以前の時代を生きた大法学者イブン・クダーマ（d. 620h）の著した法学書の *al-Mughnī* には、礼拝中のクルアーン読誦について「（十読誦の）十名のうちの誰か一人の読誦法（で読むこと）は忌避されない。但し、ハムザとアル＝キサーイーは除外される。（中略）しかし、礼拝中における両名（ハムザとアル＝キサーイー）の読誦法が許容されるとも言われる[6]」と記されており、有効な読誦に関して、学者たちの見解が分裂していた状況を窺い知ることができる。

一方、後代の学者であるアッ＝スブキー（d. 771h）は、「これ（十読誦の正統性）に何かしら異議を唱えるのは、ただ無知な者のみである[7]」と述べ、十の読誦法の正統性を強調している。

正統十読誦の他にも、否定の余地のない伝承経路の信憑性は認められないものの、一定の正統性が認められる読誦が存在する。これらの読誦法を伝えるのは一般的にアル＝ハサン・アル＝バスリー、アル＝ヤズィーディー、イブン・ムハイスィン、アル＝アアマシュの四名

アブー・ムハンマド・マッキー・ブン・アビー・ターリブ（d. 437h）の *al-Tabṣirah*、アブー・ターヒル・ブン・サアド・アル＝アンサーリー（d. 455h）の *al-'Unwān fī al-Qirā'āt al-Sab'* なども有名。

4 Muḥammad Ḥabash, *al-Shāmil fī al-Qirā'āt al-Mutawātirah*, Damascus; Beirut, 2001, pp.33-35, 51-56, Tawfīq Ibrāhīm Ḍamrah, *'Aḥsan al-Bayān Sharḥ Ṭuruq al-Ṭayyibah bi Riwāyah Ḥafṣ bn Sulaymān*, Amman, 2006, pp. 29-36. ただし、シーア派（十二イマーム派）において正統性が認められているのは現代においても「七読誦」のみである。

5 この点は、前注の *'Aḥsan al-Bayān* に詳しい。

6 Ibn Qudāmah al-Maqdisī, *al-Mughnī*, vol. 2, Cairo, 1992, p. 165.

7 'Abd al-Wahhāb bn al-Subkī al-Shāfi'ī, "Fatwā al-Subkī," Muḥammad Kurayyim Rājiḥ, *al-Qirā'āt al-'Ashr al-Mutawātirah min Ṭarīqay al-Shāṭibīyah wa al-Durrah*, Medina, 1994.

とされ[8]、正統十読誦にこれらの四つの読誦を加えたものを「十四読誦 al-qirā'āt al-'arba'ah 'ashar」と呼ぶ。

これら「十四読誦」の各読誦法における「師」と「伝承者」の概略は以下の通りである。

【ナーフィウの読誦】[9]

ナーフィウ・ブン・アブディッラフマーン・アル＝マダニー（d. 169h）を「師」とし、カールーン（d. 220h）とワルシュ（d. 197h）を「伝承者」とする読誦法。エジプト南部、スーダン北部・西部、北アフリカ、西アフリカ一帯で支配的であり、レバノンでも読まれている。

ナーフィウはアブドゥルマリク・ブン・マルワーンの治世にエスファハーンに生まれ、マディーナに移住。アッ＝ズフリー（d. 124h）、アブドゥッラフマーン・ブン・アル＝カースィム（d. 126h）、アル＝アアラジュ（d. 117h）など数多くの預言者の孫弟子世代からクルアーン読誦を学んだ。マーリキー法学派の祖マーリク・ブン・アナス（d. 179h）も彼からクルアーン読誦を学んでおり、マーリクは「ナーフィウの読誦はスンナである」と述べたと伝えられる。現代のイスラーム世界で、アースィムの読誦に次いで広く読まれている読誦である。

【イブン・カスィールの読誦】[10]

アブドゥッラー・ブン・カスィール・アル＝ファーリスィー（d. 120h）を「師」とし、アル＝バッズィー（d. 250h）とクンブル（d. 291h）を「伝承者」とする読誦法。両伝承者はイブン・カスィールと同時代には生きておらず、アル＝バッズィーは自身の父親から、クンブルはアル＝バッズィーから読誦を学んでいる。

イブン・カスィールはマッカにおけるクルアーン読誦の大家であり、ハディース伝承者としては預言者の直弟子のアナス・ブン・マーリク、アブドゥッラー・ブン・アッ＝ズバイル等からハディースを伝え、預言者の直弟子イブン・アッバースの解放奴隷ディルバース、ムジャーヒド・ブン・ジャブル（d. 104h）等からクルアーン読誦を学んでいる。

【アブー・アムルの読誦】[11]

アブー・アムル・ブン・アル＝アラーゥ・アル＝バスリー（d. 154h）を「師」とし、アッ＝ドゥーリー（d. 246h）とアッ＝スースィー（d. 261h）を「伝承者」とする読誦法。両伝承者は共にヤフヤー・アル＝ヤズィーディー（d. 202h）からアブー・アムルの読誦を学んでいる。「師」のアブー・アムルはバスラのクルアーン読誦者で、アル＝ハサン・アル＝バスリー、アースィム、イブン・カスィール、イクリマ等からクルアーン読誦を学んだ。

【イブン・アーミルの読誦】[12]

アブドゥッラー・ブン・アーミル・アッ＝シャーミー（d. 118h）を「師」とし、ヒシャーム（d. 245h）とイブン・ザクワーン（d. 242h）を「伝承者」とする読誦法で、シリア地方で約五

---

8 *'Itḥāf*, p. 14. 正統性に基づく諸読誦の分類については後述する。

9 *al-Shāmil*, pp. 35-36, 107.

10 *al-Shāmil*, pp. 36-37, 117-120.

11 *al-Shāmil*, pp. 37-38, 121-131.

12 *al-Shāmil*, pp. 38-39, 132-134.

世紀の間支配的であった。両伝承者は共にアイユーブ・ブン・アビー・タミーマ・アル＝バスリー（d. 131h）にクルアーン読誦を学んでいる。「師」のイブン・アーミルはシリアのクルアーン読誦者で、預言者の直弟子たちのクルアーン読誦を直接耳にし、第三代カリフ、ウスマーンがウスマーン版クルアーン写本を授けてシリアに派遣したアル＝ムギーラ・ブン・アビー・シハーブを通じてウスマーンに帰される読誦を学んだ。

【アースィムの読誦】[13]

アースィム・ブン・アビー・アン＝ヌジュード・アル＝クーフィー（d. 127h）を「師」とし、ハフス（d. 180h）とシュウバ（d. 193h）を「伝承者」とする読誦法。「師」のアースィムはクーファのクルアーン読誦者で、ズィッル・ブン・フバイシュ（d. 83h）やアブー・アブディッラフマーン・アッ＝スラミー（d. 70h）ら預言者の孫弟子から読誦を学ぶ。両伝承者はアースィムに直接師事している。ハフスの伝えるアースィムの読誦法が現代のイスラーム世界で最も流布している読誦法である。

【ハムザの読誦】[14]

ハムザ・ブン・ハビーブ・アル＝クーフィー（d. 156h）を「師」とし、ハラフ（d. 229h）とハッラード（d. 220h）を「伝承者」とする読誦法。「師」のハムザはアル＝アアマシュ（d. 148h）やジャアファル・アッ＝サーディク（d. 148h）等にクルアーン読誦を学び、アル＝キサーイーやアル＝ヤズィーディー（d. 202h）等に教えている。ハラフは、ハムザの読誦の「伝承者」であると同時に、後述のように「師」の一人でもある。

【アル＝キサーイーの読誦】[15]

アリー・ブン・ハムザ・アル＝キサーイー（d. 189h）を「師」とし、アッ＝ライス（d. 240h）とアッ＝ドゥーリー[16]を「伝承者」とする読誦。「師」のアル＝キサーイーはペルシャ系の解放奴隷で、クーファのクルアーン読誦者。ハムザから読誦を学んでいる。

【アブー・ジャアファルの読誦】[17]

ヤズィード・アル＝カアカーゥ・アル＝マダニー（d. 130h）、通称アブー・ジャアファルを「師」とし、イブン・ウィルダーン（d. 160h）とイブン・ジャンマーズ（d. 170h）を「伝承者」とする読誦法。「師」のアブー・ジャアファルは、預言者の直弟子であるアブドゥッラー・ブン・アッバースやアブー・フライラから直接クルアーン読誦を学んでいる。

【ヤアクーブの読誦】[18]

ヤアクーブ・ブン・イスハーク・ブン・ザイド・アル＝ハドラミー（d. 205h）を「師」と

13　*al-Shāmil*, pp. 39-40, 135-136.

14　*al-Shāmil*, pp. 40-41, 137-140.

15　*al-Shāmil*, pp. 41-42, 141-144.

16　アブー・アムルの伝承者と同一人物。

17　*al-Shāmil*, pp. 42, 145-146.

18　*al-Shāmil*, pp. 42-43, 145-146.

し、ルワイス(d. 238h)とラウフ(d. 234h)を「伝承者」とする読誦法。両伝承者はヤアクーブに直接師事している。「師」のヤアクーブはバスラの読誦者で、預言者の孫弟子アブー・アル＝アシュアス(d. 165h)、シハーブ・ブン・シャランカから読誦を学んでいる。

【ハラフの読誦】[19]

ハラフ・ブン・ヒシャーム・アル＝バグダーディー(d. 229h)を「師」とし、イスハーク(d. 286h)とイドリース(d. 292h)を「伝承者」とする読誦法。「師」のハラフは読誦者ハムザの「伝承者」でもあるが、単独の「師」でもある。ハラフを、ハムザの「伝承者」としてではなく特に「師」として言及する場合、「第十のハラフ」や「読誦者ハラフ」と呼ぶ。両伝承者はハラフに直接師事している。

【アル＝ハサン・アル＝バスリーの読誦】[20]

アブー・サイード・アル＝ハサン・ブン・アビー・アル＝ハサン・アル＝バスリー(d. 110h)を「師」とし、アブー・ナスル・アル＝バルヒーとアッ＝ドゥーリーを「伝承者」とする読誦法。「師」のアル＝ハサン・アル＝バスリーは預言者の直弟子であり第四代カリフ、アリー・ブン・アビー・ターリブと会っている。

【アル＝ヤズィーディーの読誦】[21]

ヤフヤー・ブン・アル＝ムバーラク・アル＝ヤズィーディー (d. 202h)を「師」とし、スフイマーン・ブン・アル＝ヒカムとアフマド・ブン・ファラフを「伝承者」とする読誦法。

【イブン・ムハイスィンの読誦】[22]

イブン・ムハイスィン・アッ＝サハミー・アル＝マッキー(d. 123h)を「師」とし、アル＝バッズィーとシャナブーズを「伝承者」とする読誦法。「師」のイブン・ムハイスィンはアラビア語学の大家であった。

【アル＝アアマシュの読誦】[23]

スライマーン・ブン・マハラーン・アル＝クーフィー・アル＝アアマシュ(d. 148h)を「師」とし、アブー・アル＝ハサン・アル＝ムッタウウィイーとアブー・アル＝ファラジュ・アッ＝シャナブーズィーを「伝承者」とする読誦法。

既述のように、「師」はそれぞれ二人の「伝承者」を持つが、アッ＝ドゥーリーはアル＝キサーイーとアブー・アムル両名の「伝承者」であるため、「伝承者」の数は十九人である。また、ハラフはハムザの読誦の「伝承者」であるが独立の読誦の「師」でもあるため、正統「十読誦」の「師」と「伝承者」の合計は二八人となる。また、各「伝承者」はそれぞれ二

---

19 *al-Shāmil*, pp. 43, 149.

20 *al-Shāmil*, pp. 43-44, *al-’Itḥāf*, p. 10.

21 *al-Shāmil*, p. 44, *al-’Itḥāf*, p. 10.

22 *Ibid*.

23 *Ibid*.

種の有力な「経路」を持つため、「伝承者」に帰される有力な「経路」は合計で八十通り存在する計算となる[24]。

2.「七つのハルフ（sab'ah 'aḥruf）」

クルアーンが複数の方法で読誦されることを示すハディースは多数存在するが、ここではその中の一つを紹介することにする。

「ウマル・ブン・アル＝ハッターブは次のように語った。神の使徒の存命中に、わたしはヒシャーム・ブン・ハキームが『フルカーン』の章を唱えるのを聞いたが、そのとき彼は、わたしが神の使徒から教えられたのとは大幅に異なる仕方でこの章を誦んでいた。礼拝中にもかかわらず、わたしは彼に跳びかかりそうになったが、しばらく待ち、礼拝が終わったときに彼の衣をとらえ『この章を誰から教わったか』と尋ねると、彼は『神の使徒から教わった』と答えた。そこで、わたしは彼に『嘘だ、わたしは、今お前が唱えるのを聞いたこの章を神の使徒からじかに教わったのだ』と言ってから、彼を神の使徒のもとへ連れて行き、『神の使徒よ、わたしはこの者が、以前あなたがわたしに「フルカーン」の章を教えて下さったとき、お示しにならなかったようなやり方で唱えるのを聞きました』と告げた。すると、神の使徒は『ウマルよ、彼を離しなさい。そしてヒシャームよ、唱えてごらん』と命じ、ヒシャームが先に唱えたと同じ仕方で唱えると、彼は『そのようにこの章は下された』と言った。次に神の使徒は『ウマルよ、唱えてごらん』と命じ、私が唱えたときも、彼は『そのようにこの章は下された』と言った。それから彼は『コーランは七通りの唱え方(sab'ah 'aḥruf)で下された。だから、あなた方に一番やり易い仕方で唱えなさい』とつけ加えた[25]」。

上記の牧野訳では「七通りの唱え方」と訳されているため、このハディースは「七読誦」の正統性を立証しているように見えるが、そのように解するのは誤りである。このハディースの「七通りの唱え方」と訳された箇所は、原文では sab'ah 'aḥruf、つまり「七つのハルフ ḥarf」という意味である。ハルフとは、単に「文字」という意味であり、「唱え方」という限定的な意味を持つ言葉ではなく、牧野が意訳を採用していることがわかる。この「七つのハルフ」を巡っては、学者間に多数の解釈が存在し、（牧野が採用した）「七つのハルフ」を「七つの読誦」とみる見解はその中の一つに過ぎない。本節では、ムスリムの間でクルアーン読誦の多様性が如何に認められているのかを垣間見るため、この「七つのハルフ」の多様な解釈を紹介したい。

アッ＝スユーティーによれば、「七つのハルフ」の解釈はおよそ四十通りに分かれる[26]。しかし、類似する複数の解釈を一つにまとめ、大きく以下の六つの説に分類して説明するのが現代では一般的である[27]。

その第一は、「七つのハルフ」がアラビア語の七つの諸方言による同義語を示すとの説であり、多数の学者がこの立場に立っている。クルアーンが啓示された七世紀のアラビア半島

24　*'Itḥāf*, pp. 10-14.

25　Muḥammad bn 'Ismā'īl, *Ṣaḥīḥ al-Bukhārī*, Damascus, 1999, p. 1190、牧野信也訳『ハディース　イスラーム伝承集成』下巻、中央公論社、1994 年、240 頁。

26　Jalāl al-Dīn al-Suyūṭī, *al-'Itqān fī 'Ulūm al-Qur'ān*, vol. 1, Beirut, 1951, p. 45.

27　Mannā' al-Qaṭṭān, *Mabāḥith fī 'Ulūm al-Qur'ān*, Cairo, 1981, pp. 134-145, Muḥammad al-Ṣābūnī, *al-Tibyān fī 'Ulūm al-Qur'ān*, Mecca, 1986, pp. 214-217.

では、部族ごとに異なる方言が使用されていた。そのため、クルアーンが単一の読誦法に固定された場合、クルアーン中に使用される単語について部族ごとに理解が異なってしまう可能性が存在した。そのような事態を防ぐために、主要七部族の方言において使用されていた異音同義語を用いたクルアーン読誦が許されたとされる。なお、この主要七部族がどの部族を指すかについては見解が分かれている。一説にはクライシュ（Quraysh)、フザイル(Hudhayl)、サキーフ(Thaqīf)、ハワーズィン(Hawāzin)、キナーナ(Kinānah)、タミーム(Tamīm)、アル＝ヤマン(al-Yaman) [28]であると言われるが、クライシュ、フザイル、タミーム、アル＝アザド(al-'Azad)、ラビーア(Rabī'ah)、ハワーズィン、サアド・ブン・バクル(Sa'd bn Bakr)だとも言われ、その他にも諸説がある。

第二は、「七つのハルフ」が、啓示されたクルアーンの中に七つのアラビア語方言が混在していることを示すとする説である。この説によれば、クルアーンは諸アラビア語のうち最も正しく美しい七つの方言によって構成されている。最も多用されているのはクライシュの方言であり、残りはフザイル、サキーフ、ハワーズィン、キナーナ、タミーム、アル＝ヤマンの方言となる。

第三の説によれば、「七つのハルフ」はクルアーンの内容が七つの属性に分かれていることを示している。この説によれば、クルアーンの内容は「命令」、「禁止」、「約束」、「警告」、「論証」、「物語」、「喩え」の七つ、あるいは、「命令」、「禁止」、「ハラール」、「ハラーム」、「確固たるもの(muḥkam)」、「曖昧なもの(mutashābih)」、「喩え」の七つの属性によって構成される。

第四は、複数の読誦間における相違の属性を七種類とする説である。読誦におけるこの七種類の相違とは(1)単語の単数型 / 双数系 / 複数形あるいは男性型 / 女性型の相違、(2)文の格変化('i'rāb)の相違、(3)単語の形態の相違、(4)倒置による相違、(5)置換による相違、(6)付加・欠落による相違、(7)方言の相違を含む発声技術上の相違である。それぞれの例をひとつずつ挙げれば、(1)第23章8節の「信託 'amānāt」をある読誦では単数型の「信託 'amānah」で読む、(2)第2章37節の「アーダムは彼の主から御言葉を授かり」をある読誦では「アーダム」を目的格に「御言葉」を主格に読むことで「アーダムに彼の主から御言葉が臨み」と読む、(3)第34章19節の「遠くし給え(bā'id)」を「遠くし給うた(bā'ada)」と読む、(4)には文字レヴェルの前後と単語レヴェルの前後があり、前者の例は第13章31節の「知覚し yay'as」の "y" と "'a" を置換し "ya'yas" と読む読誦、後者の例は第9章111節の「殺し、殺される」を「殺され、殺す」とする読誦がある、(5)第56章29節「タラフ ṭalaḥ」を「タラウ ṭala'」と読む、(6) 第2章116節の「また wa」を読む読誦と読まない読誦がある、(7)には様々なパターンがあるが、代表的なものの一つとして、一部の読誦において採用されている、「来る 'atā」や「ムーサー mūsā」等の単語を「'atæ:」、「mūsæ:」とし「ア」の長母音(アリフ・マクスーラ)を「エ」に近い発音で読む「イマーラ('imālah)」の規則が挙げられる。

第五は、「七つのハルフ」がアラビア語の範囲内での不特定多数の相違を表現しているとする説である。というのも、アラビア語には「七十」によって「数十」を、「七百」によって「数百」を意図する表現が存在するからである。

第六の説によれば、「七つのハルフ」はクルアーンの正統「七読誦」を指す。これは、牧

28　「アル＝ヤマン(イエメン)」は地名でもあるが、ここでは部族名を指す。

野が「七つのハルフ」を「七通りの唱え方」と意訳するにあたって採用した説であろう[29]。

このように「七つのハルフ」の解釈は様々であるが、次に提起される問題として、「七つのハルフ」はすべて現存しているのか、あるいはその一部は消失してしまったのかという問いがある。一団の学者たちによれば、「七つのハルフ」のすべてはウスマーン版の諸ムスハフの中に保持されていると言う。二つ目の説によれば、ウスマーン版ムスハフには、預言者ムハンマドと天使ジブリールの最後の「読み合わせ[30]」の際の読誦のみが収められており、「七つのハルフ」のうち、その書体に合致するもののみが保持されている。三つ目の説によれば、ウスマーン版ムスハフには「七つのハルフ」の中の一つのハルフのみが保持されており、ウンマの団結のために残りのハルフは破棄されたという。多数派の学者が支持しているのは二つ目の説であるが、第一の説を支持する者も多数存在する[31]。

3. 諸読誦の分類

さて、先に正統「七読誦」、正統「十読誦」、及びそれに不正規の読誦を加えた「十四読誦」を紹介したが、次に、このような諸々の読誦がムスリムによってどのような位置づけを与えられているのかを概観したい。

ムスリムの学者たちは、「伝承者」や「経路」によって伝えられる複数の読誦を、その正統性に基づいていくつかの序列に分類してきた。その際に考慮された基準が①アラビア語の正しさ、②ウスマーン版ムスハフの書体(rasm)への一致の如何、③伝承経路の信憑性、の三つである[32]。

第一の基準であるアラビア語の正しさは、あるクルアーンの読誦法が、アラビア語文法的に「正しい」か否かを選定基準としている。

創造主の語りであり、人類への最終啓示であるクルアーンには、文法的・意味的な過ちが含まれる余地はない。クルアーンではいくつもの箇所で、クルアーンで使われている言語が、明白で誤りのないアラビア語であることが宣言されている。「まことにわれらはそれをアラビア語のクルアーンとして下した。きっとおまえたちも悟るであろうと」(第12章2節)、「そしてわれらは彼らが、「人間がそれを教えているだけだ」と言うのを確かに知っている。彼らが依拠している言葉は外国語であるが、これは明確なアラビア語である」(第16章103節)、「曲がったところのないアラビア語のクルアーンとして。きっと、彼らも畏れ身を守るであろう」(第39章28節)。したがって、アラビア語文法学上の誤りを含む読誦が、クルアーンの正規の読誦として認められることはあり得ないことである。

第二の基準はウスマーン版ムスハフの書体との一致である。この一致は、「明白な一致」と「可能な一致」のどちらか一方によって確認される。明白な一致とは、ある読誦と、ムスハフの書体を追加の記号無しに通常の読み方でそのまま読んだ場合の読誦とが一致することである。例えば、ナーフィウの読誦では、第1章4節のm-l-kをmalikiと読むが、これはムスハフの書体をそのまま読むことで成立する読誦法であり、明白な一致となる。一方、可能

29　*Mabāḥith*, pp. 136-139.

30　預言者ムハンマドと天使ジブリールは、毎年のラマダーン月にクルアーンの読み合わせを行い、その章句の順序などを確認していた。

31　*al-Tibyān* , p. 218.

32　*Mabāḥith*, pp. 152-154, *'Itqān*, vol. 1, pp. 75-76.

な一致とは、何らかの追加記号を付加することでムスハフの書体と読誦が一致する場合である。例えば、先の第1章4節のm-l-kをアースィムの読誦ではmālikiと読むが、「ミーム(m)」と「ラーム(l)」の間に長母音が挿入された読み方である。明白な一致と可能な一致は、共にウスマーン版ムスハフの書体への「一致」として等しく認められる。

さらにこの「一致」は、文法的に可能な文字の置換や、若干の文字・単語の欠落や付加があった場合にも承認される場合がある。例えば、第1章6節の「道 aṣ-ṣirāṭ」のṣには「サード」の文字が当てられているが、「伝承者」のクンブルとルワイスの読誦ではこれをas-sirāṭとし、「スィーン」の文字で読ませる。これは、ṣirāṭの語根が本来s-r-ṭであるため、文法的に追認される。またハラフの伝えるハムザの読誦ではaṣ-ṣirāṭの「サード(ṣ)」に「ザーイ(z)」の音を混ぜて読むが、これも同様に承認される[33]。文字の欠落・付加は、例えば第3章184節の「明証と書巻と bi l-bayyināti wa z-zuburi」では最初の前置詞biが「明証」と「書巻」の両単語にかかっているが、イブン・アーミルの読誦では「bi l-bayyināti wa bi z-zuburi」と読まれ、「明証」「書巻」それぞれに前置詞biが充てられている。この表記法はシャーム地方のムスハフに見られるため、ウスマーン版ムスハフに「一致」しているとみなされる。このような付加・欠落の許容範囲は、「単語の付加と欠落、および単語の前後の入れ替え」[34]であるとされ、この範囲を超えない相違はムスハフとの不一致とはみなされない。

なお、複数のウスマーン版ムスハフ間に書体の相違がある理由については、大別して二つの説がある。第一の説は、ムスハフ編纂の際に、複数回に分けて文字に起こしたため、それぞれの回で書き方に差が生じたというものである。第二の説は、諸ムスハフによって複数の読誦法を保持するために、意図的に書き方に差異を持たせたというものである[35]。この点について、近年タイヤル・アルトゥクラチュによって著されたウスマーン版ムスハフの校訂本シリーズ『アル＝ムスハフ・アッ＝シャリーフ』は、ムスハフ写本と、その写本が依拠していることが推定されるウスマーン版ムスハフとの間でも書体の異同があり、前者の説のように、書き写す過程で書体の変化が起こる可能性を傍証している[36]。同氏の研究では、ウスマーン版ムスハフの編纂の経緯、その特徴、それに従う義務についての諸学者の見解などの論点を概観した上で、七つのムスハフ(タシュケントの古代芸術博物館、イスタンブールのトプカピ宮殿、イスタンブールのトルコ・イスラーム美術博物館、カイロのアル＝マシュハド・アル＝フサイニー、ロンドンの大英図書館、セントペテルスブルグの東方学研究所図書館、パリのフランス国立図書館)とファハド国王版ムスハフそれぞれの書体の特徴と異同が検討されている他、各地に所蔵されているクルアーンの最古の写本の校定結果が写本の写真付きで収載されている。本シリーズは、ウスマーン版ムスハフの書体に関する諸問題の最先端の研究成果と言えるだろう。

三つ目の基準は伝承経路の信憑性である。この信憑性は、伝承を伝える者が「公正で品行方正な人物(al-ʻadl al-ḍābiṭ)」であり、その伝承者が、同様に公正で品行方正な人物の読誦を

33 *'Itḥāf*, p. 163. これは、クルアーン発声学における「イシュマーム 'ishmām」の規則の一つである。

34 *'Itqān*, vol. 1, p. 76.

35 *al-Shāmil*, pp. 108-109.

36 Tayyar Altıkulaç, *al-Muṣḥaf al-Sharīf: al-Mansūb 'ilā ʻUthmān bn ʻAffān: Nuskhah Mathaf Ṭup Qapī Sarāyī*, Istanbul, 2007, *al-Muṣḥaf al-Sharīf: al-Mansūb 'ilā ʻUthmān bn ʻAffān: Nuskhah al-Mashhad al-Ḥusaynī bi al-Qāhirah*, Istanbul, 2009, *al-Muṣḥaf al-Sharīf: al-Mansūb 'ilā ʻAlī bn Abī Ṭālib*, Istanbul, 2011.

伝えている場合に承認される。

クルアーン諸読誦は、これら三つの基準に従って選定されいくつかの序列に分類されるわけだが、その分類方法は学者間で定まっているわけではない。ある分類方法によれば、諸読誦は以下の四つの部類に序列される[37]。

その第一は、正しいアラビア語文法で読まれ、ウスマーン版ムスハフの書体に一致し、伝承経路において否定の余地のない信憑性を獲得した諸読誦である。通常クルアーンはこの部類に属する読誦によって読まれ、これらの読誦を無知ゆえではなく否定した者は不信仰者とみなされる。

第二は、一定の信憑性を備えた伝承経路('āḥād)で伝えられ、正しいアラビア語で読まれるが、ムスハフの書体に一致しない読誦である。多数派説によればクルアーンがこの部類の読誦で読まれることはなく、これらの読誦を否定しても不信仰とはみなされない。イブン・マスウード(d. 32h)[38]の読誦などがここに分類される。イブン・マスウードの読誦の例は後述する。

第三の分類には、単独の品行方正で信頼に足る伝承者に由るが、アラビア語の正しさが確定しない読誦、及び信頼されない伝承者に由る読誦が含まれる。この部類の読誦は、たとえウスマーン版ムスハフの書体と一致していたとしても受け入れられない。アブー・ハニーファ(d. 150h)[39]に帰される読誦などがこれに分類される。アブー・ハニーファに帰される読誦の例を挙げれば、第35章28節の「アッラーのしもべのうち知者たちこそが彼を懼れる」と読む箇所を、「アッラーはそのしもべたちのうち知者をこそ懼れる」と、「アッラー」を主格、「知者」を対格で読む。

第四は、正しいアラビア語で読まれ、書体も一致するものの、それを伝える伝承者が確認できない読誦である。この部類の読誦で読むことは禁じられ、この読誦を採用した者は「大罪 kabā'ir」を犯したことになる。

これとは別に、諸読誦を以下の六つに分類する方法も存在する[40]。第一の分類は「ムタワーティル mutawātir(信憑性に否定の余地のない程多数の伝承者によって代々継承されたもの)」である。それは、否定の余地がないほど多数の伝承者が伝える読誦を意味し、「七読誦」や「十読誦」はこれに属する。第二は「マシュフール mashhūr(周知のもの)」であり、正しいアラビア語で読まれムスハフの書体にも一致し、伝承経路の正しさが証明されてはいるが、伝承者の少なさによってムタワーティルの序列には及ばない読誦である。第三は「アーハード 'āḥād(単独経路のもの)」である。それは、伝承経路の正しさが証明されてはいるが、アラビア語の正しさかムスハフの書体への一致、或いは「マシュフール」の条件に欠ける読誦である。第四は「シャーッズ shādhdh(不正規)」であり、アラビア語の正しさかムスハフの書体への一致、或いはマシュフールの条件に欠け、かつ伝承経路の正しさが確証されない読誦である。第五は「マウドゥーウ mawḍū'(偽作)」であり、それは何の根拠も確認されない読誦である。第六は「ムドゥラジュ mudraj(追加説明のあるもの)」であり、クルアーンの文言に注釈形式の付加がある読誦である。この部類の例としては、イブン・アッバース(d.

37 *Ibid.*, pp. 76-77.

38 預言者の直弟子の一人で、クーファでクルアーンを教えた。

39 スンナ派四大法学派の一つハナフィー学派の祖師。

40 *Ibid.*, p. 77, *Mabāḥith*, pp. 154-155.

68h）[41]の注釈が有名である。イブン・アッバースの注釈の例を挙げれば、例えば第2章198節の「おまえたちがおまえたちの主からの恩恵を願うことは罪ではない」に、「巡礼の折に fī mawāsim al-ḥajj」との文言を挿入し、「おまえたちがおまえたちの主からの恩恵を巡礼の折に願うことは罪ではない」と書かれる。

クルアーンは、これら六つの序列のうち最初の二つによってのみ読誦が許されるが、残りの四種の不正規の読誦に関しても様々な学問的問いが存在する。第一に、それらの読誦を礼拝のクルアーン読誦に採用することの有効性についての問題、第二に、礼拝以外の時間にそれを読誦することの可否、第三に、それを諸々のシャリーアの規定を導き出す際の論拠として使用することの可否などである。

第一の問いに関しては、大多数の学者がそれを禁じている。第二の問いについても大多数の学者はそれを禁じており、一説によればその禁止にイジュマーウ（学者間の合意）が成立している。アン＝ナワウィーはこの問題について以下のように述べている。「礼拝の最中、或いはそれ以外であれ、不正規の読誦によるクルアーン読誦は許されない。なぜならそれらはクルアーンではないからである。クルアーンは、タワートゥル（伝承の数と信憑性に否定の余地がないこと）によってしか確定しない」。ただし一方で、アッ＝スユーティーはそれを許容する学者の存在も伝えている[42]。

第三の問いについては、補足的論拠として採用されることがしばしばある。例えば、クルアーン第5章38節に次のようにある。「男の盗人と女の盗人は 、彼らの手（首）を切断せよ」。この聖句を根拠の一つとして、窃盗への最高刑が手首の切断であることに学者たちは合意しているが、初めに切断されるのはその右手であるとされている[43]。しかし、この聖句の中では切断する手が右手であるか左手であるかは明言されていない。ただし、当該箇所を、不正規の読誦の一つであるイブン・マスウードの読誦では以下のように読む。「男の盗人と女の盗人は、彼らの右を切断せよ」。切断されるのが左ではなく右手首とされる根拠の一つとして、このイブン・マスウードの読誦が挙げられることがある[44]。この例のように、不正規の読誦はイスラーム法学の議論に資する他、アラビア語言語学やクルアーン注釈学においても援用される。

後代においては、単純化のために、信憑性のない諸読誦にはそもそも触れずに「十四読誦」のみを①「ムタワーティル」、②「マシュフール」、③「シャーッズ」の三つに分類して説明する場合がある[45]。この場合の「ムタワーティル」とは「七読誦」を指し、そのタワートゥルに関し学者間の相違がないことを意味する。「マシュフール」は「十読誦」の残りの三つの読誦を指し、学者間の見解の相違があるものの、多数派説ではそのタワートゥルが認められていることを意味する。「シャーッズ」は「十四読誦」の残りの四読誦を指し、その不正規性（shudhūdh）に学者間の合意が成立していることを意味する。

41　預言者ムハンマドのいとこでクルアーン解釈学の権威。

42　*'Itqān*, vol. 1, p. 109.

43　Wahbah al-Zuḥaylī, *Fiqh al-'Islāmī wa 'Adillatu-hu*, vol. 6, Damascus, 1985, pp. 96-97.

44　al-Bahūtī, *al-Rawḍ al-Murbi*, vol. 7, n.p., 2002/3, pp. 372-373, Muḥammah ‘Umar al-Rāmfūrī, *al-Bināya fī Sharḥ al-Hidāyah*, vol. 6, Beirut, 1990, pp. 431-432.

45　*'Itḥāf*, p. 14.

4. 複数の読誦が存在することの意義

既述のように、「七つのハルフ」を巡る解釈は多岐にわたるが、クルアーンがその読誦における多様性をもって下されたという事実についてムスリムの学者は一致している。一般的に、このようにアッラーが複数の読誦においてクルアーンを啓示したことには、アッラーの叡智、すなわち人間のために計らわれた特定の福利が秘められていると理解されている。

第一に、複数の読誦の存在は、クルアーン読誦に際する信徒への軽減措置として機能する。これを示すハディースとして、例えば次の二つが挙げられる。「預言者は言われた。『私は文盲のウンマに遣わされました。その中には小さな子供もいれば、使用人、年老いた老人や老婆がいます』。するとジブリールは言われた。『ならば、彼らに七つのハルフにおいてクルアーンを読ませよ』[46]」。「アッラーは私にクルアーンを一つのハルフにおいて読むよう命じられた。そのため私は『主よ、私のウンマのために軽くし給え』と言った。すると私に命じて『それを二つのハルフにおいて読め』と仰せになられた。そのため私は『主よ、私のウンマのために軽くし給え』と言った。すると私に、それを七つのハルフにおいて読むよう命じられた。それらは天国の七つの扉に由り、その各々が癒すものであり、充たすものである[47]」。

他方、「七つのハルフ」がクルアーンの「模倣不可能性 'i'jāz」を表現しているとも言われる。「七つのハルフ」によって示される模倣不可能性は、言語的模倣不可能性と意味的模倣不可能性に分かれる。前者は即ち、多様な読誦法が存在することで、様々な方言を持つアラブ人の全てに対し、彼らが明白に認識し理解できる形でクルアーンの模倣不可能性が示されることを意味する。意味的模倣不可能性とは、文法や単語レヴェルの相違の存在によってクルアーン解釈に多様性が生まれ、時代や状況に適応したシャリーアの規範を導き出すことが可能になることを意味している。

第二の点と関連するが、複数の読誦間の相違は、イスラーム法学における実践的意義も有している。その例としてここでは、クルアーン第5章6節と第2章222節に関わる法的諸規則の議論を紹介したい。

まず、第5章6節には「おまえたちの顔と両手を肘まで洗い(fa-ghsilū)、頭のところを撫で(wa-msaḥū bi ru'ūsi-kum)、両足を('arjula-kum)くるぶしまで」とある。この聖句は、ムスリムが礼拝に立つ前やクルアーンを読誦する際に行う水による清めの行＝ウドゥー（wuḍū'）の規定を教示しているものである。この句の「両足を」という文言は、その前の「撫で」ではなく「洗い」の目的語であり、「顔」や「両手」と同じく対格で「'arjula-kum」と読まれる。そのため、ウドゥーの際に義務となるのは、顔と両手を水で洗い、頭を撫で、両足を洗うことと定められている。

しかし、イブン・カスィール、アブー・アムル、シュウバ経由のアースィム、アル＝キサーイー、ヤアクーブの読誦によれば、この節の「両足」は対格ではなく属格で「'arjuli-kum」と読まれ、「洗い」の目的語としては不適格な形となる。そのため、属格の「両足」はその前の「撫で wa-msaḥū bi」にかかっていると解釈され、この読誦方法による聖句の意味は、

46　アフマド、アブー・ダーウード、アッ＝ティルミズィー、アッ＝タバリーの伝えるハディース。*Mabāḥith*, pp. 145-146.

47　ムスリム、アッ＝タバリーの伝えるハディース。*Ibid.*, p. 145.

「おまえたちの顔と両手を洗い、頭と、両足のところをくるぶしまで撫でよ」となる。よってこの聖句は、厚手の靴下を履いている際にウドゥーを行う場合に、軽減措置として許されている「足撫で(masḥ khuffayn)」の規定を教示していることがわかる。従って、第5章6節には一つの句の中に通常の「ウドゥー」の規定と「足撫で」の規定の二つの規定が異なる読誦によって明示されていることになる。

第2章222節は、ナーフィウ、イブン・カスィール、アブー・アムルなどの読誦では「月経には妻たちから遠ざかり、彼女らが清まる(yaṭhurna)まで近づいてはならない」と読まれる。しかしハムザ、アル＝キサーイー、ハラフなどの読誦ではこれを「彼女らが清める(yaṭṭahharna)まで近づいてはならない」と読む。前者の読誦法における「清まる」は、月経が終了し通常の状態に戻ることを意味している。この聖句を根拠の一つとして、イスラーム法では月経中の妻との性交渉が禁じられている。しかし、月経が終了しても直ちに性交渉が許されるわけではなく、水による大浄＝グスル(ghusl)を行って初めて交渉が許されることが定められている。この規定を教示しているのが後者の読誦であり、「清める」は「グスルによって身を清める」ことを意味する。

したがってこの聖句では、二つの読誦方法によって「月経終了後のグスルによって性交渉が許可される」という一つの規定が示されていることになる。前者の読誦のみでは「月経終了後に許される」ことは理解されるが、「グスルの後」であることは理解されない。後者の読誦のみでも「グスルによって」許されることは理解されるが「月経終了後のグスル」であるかは判別できない。よってこの聖句においては、二つの読誦によって一つの規定が教示されており、異なる読誦同士が一種の法学的カップリング連関を構成しているのである。先に挙げた切断刑におけるイブン・マスウードの読誦の役割は、別の読誦によって既に確立した規定の詳細規定を補足するものであり、第2章222節の例とは構造的に異なっている。

以上をまとめれば、クルアーンの複数の読誦は、①ウンマへの軽減措置、②クルアーンの「模倣不可能性」の明示、③単独の聖句による複数の法規定の教示、④複数の読誦による単独の法規定の教示、⑤別の読誦によって確立した法規定の補足などの意義を持つことがわかる。

5. 相違の種類

以上で示したような読誦の相違はクルアーン全体を通して見られるが、学者たちはこれらの相違を便宜上「法則的相違 khilāf ʼuṣūlī」、「不規則的相違 khilāf farshī」、「ムスハフ間の相違」の三つのレヴェルに分けて論じている。

「法則的相違」とは、発声法上の法則に関わる相違を指し、ある読誦がその読誦に特有の法則を持つ場合に、他の読誦との間に発音上の相違が生じることを言う。この種の相違は、その法則に適合する単語や文字の並びにおいて、クルアーン全体を通して確認されるものである。

「不規則的相違」とはそれとは異なり、特定の箇所においてのみ確認される変則的な読み方を指し、特定の法則に還元され得ない読誦を言う。「十読誦」においてこの「不規則的相違」に当たる単語は千四百四十七個存在し、その中の千三百十五個は二通りに、百五個は三通りに、二四個は四通りに、三個は五通りに読まれる[48]。

「ムスハフ間の相違」とは、三代目カリフ、ウスマーンが編纂した七冊のムスハフ間(四冊との説も存在する)における文字の相違を意味し、この種の相違は諸ウスマーン版ムスハフの間に四九箇所確認される。既述のように、七つのムスハフのいずれかの書体に一致している限り、その読誦が「ムタワーティル」の条件を欠くことはない。

6. 翻訳の方針

訳出にあたっては、まずハフス&アースィム版の読誦全体を中田等が翻訳し、それを素材としてその他の九つの読誦を松山が編纂する形を取った。

底本としてはMuḥammad Fahd Khārūf, *al-Muyassar fī al-Qirā'āt al-'Arba' 'Ashrah,* Damascus; Beirut, 1995を用いるが、Muḥammad Ḥabash, *al-Shāmil fī al-Qirā'āt al-Mutawātirah,* Damascus; Beirut, 2001、Muḥammad Kurayyim Rājiḥ (ed.), *al-Qirā'āt al-'Ashr al-Mutawātirah,* Medina; Hadramaut, 1994も同時に参照し、底本との間に不一致が見られる場合は注にそれを記した。また、中田は2010年8月にエジプトのカイロにて、クルアーン読誦学者のイサーム・ウマル師から*al-Muyassar fī al-Qirā'āt al-'Arba'ah 'Ashrah*に誤りがあるとの指摘を受け、同師の訂正による正誤表を入手したため、この正誤表の訂正箇所は注の中で*al-Shāmil fī al-Qirā'āt al-Mutawātirah*及び*al-Qirā'āt al-'Ashr al-Mutawātirah*との不一致と併記した。

なお翻訳にあたっては、クルアーン全体の翻訳において採用したハフス経由のアースィムの読誦とその他の読誦との間に、日本語への翻訳によって消滅しないほどの意味的相違が確認される箇所及び固有名詞の異読を訳出する形をとった[49]。その際、ハフス経由のアースィムの読誦とは異なる読誦を採用している「師」の名を列記したが、共通の「師」の読誦を伝える二人の「伝承者」間に見解の相違がある場合は、「伝承者」の名を加えそれを示した。また、意味的相違を生じさせない発音上の違いや同義の動詞の型の違いは記載しなかったが、固有名詞の読み方、及び単数形と複数形の相違がある場合は収載した。

訳語の選定については、『タフスィール・アル=ジャラーライン』(中田香織訳・中田考監訳、日本サウディアラビア協会、第一巻2002年、第二巻2004年、第三巻2006年)に複数の読誦に言及がある場合は可能な限りその訳語を踏襲した。『タフスィール・アル=ジャラーライン』に訳語が見つからない場合は、同書の注釈書であるSulaymān bn 'Umar al-'Ujaylī, *al-Futūḥāt al-'Ilāhīyah,* Cairo, n.d.、及び、'Abdullāh bn 'Aḥmad bn Maḥmūd al-Nasafī, *Madārik al-Tanzīl wa Ḥaqā'iq al-Ta'wīl,* Beirut, 1995、'Abū Ja'far al-Ṭabarī, *Jāmi' al-Bayān 'an Ta'wīl 'Āy al-Qur'ān,* Beirut, 1997、Shihāb al-Dīn 'Aḥmad bn Muḥammad bn 'Abd al-Ghanī al-Dimyāṭī, *'Itḥāf Fuḍalā' al-Bashar fī al-Qirā'āt al-'Arba'ah 'Ashar,* Beirut, 2001を参照して意味を確定し、訳語を定めた。言葉の意味や文法的説明の必要がある場合は注に記したが、その際の解釈もまた上記の諸注釈書に依拠した。

7. 脚注について

各読誦法に解説を施した脚注部分では、アラビア語の文法専門は極力排し、平易な解説を

48　*al-Shāmil*, pp. 170-174.

49　但し、日本語の構造的に差異を表すことができないものでも、アラビア語において意味の相違がある箇所は収載し、注においてそれを解説した。

試みた。例えば、マフウール・アル＝ムトゥラク[mafʿūl al-muṭlaq]やタムイーズ[tamyīz]は、「属性を表す副詞」、「説明する副詞」などと適宜表記した。ただし、「タンウィーン(不定指示語尾撥音)」や「ファトハ／ダンマ／カスラ」等、解説に必要不可欠な最低限の専門用語はその例外とした。

記号等

〔　〕：クルアーンの節の番号

【　】：師、あるいは伝承者の名

[無]：ハフス＆アースィムの読誦に存在する語が当該の読誦に存在しないことを示す。

[yuqbal]：ラテン文字でアラビア語の発音を示す。なお、語末の母音については、その母音の種類が読誦の意味の異同に関連する場合のみ、特に表記した。

[双]：ハフス＆アースィムの読誦と同じ読誦と異なる読誦双方を伝える伝承が存在することを示す。

[複数形]：当該の単語が複数形であることを示す。

[単数形]：当該の単語が単数形であることを示す。

(　)：ハフス＆アースィム版訳者(中田等)による補足。

[　]：正統「十読誦」編者(松山)による補足。

…：中略記号。

表記例

・第 90 章

〔13〕奴隷の解放：彼は奴隷を解放した【イブン・カスィール、アブー・アムル、アル＝キサーイー】

上の例は、第 90 章 13 節の読誦を示している。節を示す〔13〕の直近の読誦「奴隷の解放」は、ハフス＆アースィム版の読誦であり、コロン以下にそれ以外の読誦を示した。この節の場合、ハフス＆アースィムの読誦とは異なる「彼は奴隷を解放した」との読誦をイブン・カスィール、アブー・アムル、アル＝キサーイーの三名の読誦者が伝えている。読誦者の名前が登場しない場合、その読誦者がハフス＆アースィムの読誦と同じ読誦を伝えていることを意味する。

クルアーン正統十読誦

・第1章

〔4〕 主宰者：王[50]【ナーフィウ、イブン・カスィール、アブー・アムル、イブン・アーミル、ハムザ、アブー・ジャアファル】

・第2章

〔9〕 欺いているが[欺こうとしているが]、彼らが欺いているのは：欺こうとしているが、彼らが欺こうとしているのは[51]【ナーフィウ、イブン・カスィール、アブー・アムル】

〔10〕 嘘をついた：虚偽とみなした[52]【ナーフィウ、イブン・カスィール、アブー・アムル、イブン・アーミル、アブー・ジャアファル、ヤアクーブ】

〔28〕 おまえたちは彼の許に戻されるというのに：おまえたちは彼の許に戻るというのに【ヤアクーブ】

〔36〕 躓き出でさせ：おびき出し[53]【ハムザ】

〔37〕 アーダムは彼の主から御言葉を授かり：アーダムに彼の主から御言葉が臨み[54]【イブン・カスィール】

〔58〕 われらはおまえたちにおまえたちの過ちを赦し：おまえたちのためにおまえたちの過ちが赦され【ナーフィウ、アブー・ジャアファル、イブン・アーミル】

〔74〕 おまえたちがなすことについて：彼らがなすことについて【イブン・カスィール】

〔81〕 悪事：悪事[複数形]【ナーフィウ、アブー・ジャアファル】

〔83〕 おまえたちはアッラー以外のものに仕えない：彼らはアッラー以外のものに仕えない【イブン・カスィール、ハムザ、アル＝キサーイー】

〔83〕 善を語れ：良いものを語れ[55]【ハムザ、アル＝キサーイー、ヤアクーブ、ハラフ】

〔85〕 彼らを身請けする：彼らの身代金を払う【イブン・カスィール、アブー・アムル、

50　ハフス＆アースィムの読誦では m-l-k を「主宰者 mālik」と読むのに対し、ナーフィウ等の読誦では「王 malik」と読む。

51　両読誦共に、語根 kh-d-ʻ の派生形動詞の三人称男性複数未完了形であるが、ハフス＆アースィムの読誦では、最初の「欺く」は第Ⅲ型で「欺こうとする yukhādiʻūna」、二番目の「欺く」は第Ⅰ形で「欺く yakhdaʻūna」と読む。一方、ナーフィウ等の読誦では、両方の「欺く」を第Ⅲ形で読む。

52　両読誦共に、語根 k-dh-b の派生形動詞の三人称男性複数未完了形であるが、ハフス＆アースィムの読誦では第Ⅰ型で「嘘をつく yakdhibūna」と読むのに対し、ナーフィウ等の読誦では第Ⅱ型で「虚偽とみなした yukadhdhibūna」と読む。後者の場合の目的語は、アッラーが遣わした諸預言者である。

53　ハフス＆アースィムの読誦では語根 z-l-l の第Ⅳ型派生形動詞の三人称男性単数完了形で「躓き出でさせ 'azalla」と読むが、ハムザの読誦では語根 z-w-l の第Ⅳ型派生形動詞の三人称男性単数完了形で「おびき出し 'azāla」と読む。前者は「出て行かせ 'adhhaba」、「遠ざけ 'abʻada」の意であり、後者は「誘導し naḥā」の意。

54　ハフス＆アースィムの読誦では「アーダム 'ādam」を主格、「御言葉 kalimāt」を対格に読むが、イブン・カスィールの読誦では「アーダム」を対格に、「御言葉」を主格にとる。

55　ハフス＆アースィムの読誦では ḥ-s-nan を「善を ḥusnan」と読む一方、ハムザ等の読誦では「良いものを ḥasanan」と読む。前者は動名詞である。後者は形容詞で、「良い言葉 qawl ḥasan」を意味するとされる。

イブン・アーミル、ハムザ、ハラフ】

〔85〕おまえたちのなすこと：彼らのなすこと【ナーフィウ、イブン・カスィール、シュウバ、ヤアクーブ、ハラフ】

〔90〕彼の御恵みを垂示し給う：彼の御恵みを下し給う[56]【イブン・カスィール、アブー・アムル、ヤアクーブ】

〔96〕彼らがなすこと：おまえたちがなすこと【ヤアクーブ】

〔98〕ジブリール：ジャブリール【イブン・カスィール】：ジャブライール【シュウバ、ハムザ、アル＝キサーイー、ハラフ】：ジャブライル【シュウバ[57]】

〔98〕ミーカール：ミーカーイル【ナーフィウ、クンブル[58]、アブー・ジャアファル】：ミーカーイール【イブン・カスィール、イブン・アーミル、シュウバ、ハムザ[59]、アル＝キサーイー、ハラフ】

〔105〕垂示される：下される[60]【イブン・カスィール、アブー・アムル、ヤアクーブ】

〔106〕われらが取り消す：われらが取り消させる[61]【イブン・アーミル】

〔106〕忘れさせる：取り残す【イブン・カスィール、アブー・アムル】

〔116〕また：［無］【イブン・アーミル】

〔119〕おまえは問われはしない：おまえは問うな[62]【ナーフィウ、ヤアクーブ】

〔124〕イブラーヒーム：イブラーハーム【イブン・アーミル】

56　両読誦共に、語根n-z-lの派生形動詞の三人称男性単数未完了接続形であるが、ハフス＆アースィムの読誦は第Ⅱ型［yunazzila］で、イブン・カスィール等の読誦では第Ⅳ型［yunzila］である。n-z-l（下る）の第Ⅱ型、第Ⅳ型はいずれも他動詞形で「下す」を意味するが、クルアーンに関しては、第Ⅱ型は「段階的に複数回に分けて下す」、第Ⅳ型は「一度に下す」ことを意味する、と説明される。例えば預言者ムハンマドの言葉として伝えられるハディース「クルアーンはカドルの夜にこの世の天に一遍に下され、そしてその後二五年の間に下された」の最初の「下る」は第Ⅳ型であるが、二つ目の「下る」は第Ⅱ型である。

しかし、一度に下されたと言われる律法の書（tawrāh）についても、3章93節のように第Ⅱ型が用いられている例もありクルアーンが第Ⅱ型と第Ⅳ型を一貫して使い分けているかどうかは必ずしも明らかではないが、本十読誦解説部では、ハフス＆アースィムの翻訳にならい、可能な限り第Ⅱ型を「垂示する」あるいは「降す」、第Ⅳ型を「下す」と訳した。

57　シュウバは「ジャブライール」と「ジャブライル」双方の読みを伝えている。このように、一人の師や伝承者に二つの読誦が帰される場合がある。但し*al-'Ashr*では、シュウバの読誦は「ジャブライル」のみとされる。

58　*al-'Ashr*及び*al-Shāmil*では、クンブルは「ミーカーイル」の分類に含まれず、イブン・カスィールの読誦は「ミーカーイール」とされる。

59　ハムザは、簡易化のために「ミーカーイル」でも構わないとしている。

60　両読誦共に語根n-z-lの派生形動詞の三人称男性単数未完了接続形の受動態であるが、ハフス＆アースィムの読誦では第Ⅱ型で［yunazzala］、イブン・カスィール等の読誦では第Ⅳ型で［yunzala］と読む。語根n-z-lの第Ⅱ型及び第Ⅳ型派生形動詞の意味的相違については本章90節注参照。

61　両読誦共に語根n-s-khの派生形動詞の一人称複数未完了短形であるが、ハフス＆アースィムの読誦では第Ⅰ型で［nansakh］と読む一方、イブン・アーミルの読誦では第Ⅳ型の使役動詞で［nunsikh］と読む。後者の場合、命じられる対象は「おまえ（預言者ムハンマド）」或いは「ジブリール」と解される。

62　両読誦共に語根s-'-lの第Ⅰ型動詞「問う sa'ala」の活用であるが、ハフス＆アースィムの読誦では二人称男性単数未完了形の受動態で［lā tus'alu］と読む一方、ナーフィウ等の読誦では［lā tas'al］と短形で読み、二人称単数を対象とした否定命令文とする。

〔125〕礼拝の場とせよ：礼拝の場とした[63]【ナーフィウ、イブン・アーミル】
〔127〕イブラーヒーム：イブラーハーム【イブン・アーミル】
〔132〕言い残し：命じ[64]【ナーフィウ、イブン・アーミル、アブー・ジャアファル】
〔135〕イブラーヒーム：イブラーハーム【イブン・アーミル[65]】
〔140〕おまえたちは…言うのか：彼らは…言うのか【ナーフィウ、イブン・カスィール、アブー・アムル、シュウバ、アブー・ジャアファル、ラウフ】
〔144〕彼らのなすこと：おまえたちのなすこと【イブン・アーミル、ハムザ、アル＝キサーイー、アブー・ジャアファル、ラウフ】
〔149〕おまえたちのなすこと：彼らのなすこと【アブー・アムル】
〔158〕自発的になした者：自発的になす者【ハムザ、アル＝キサーイー、ヤアクーブ、ハラフ】
〔164〕風：風[単数形]【ハムザ、アル＝キサーイー、ハラフ】
〔165〕見る時：[懲罰を]見せられる時[66]【イブン・アーミル】
〔165〕[彼が]知りさえすれば：[お前が]知りさえすれば【ナーフィウ、イブン・アーミル、イブン・ウィルダーン[67]】
〔184〕代償、(つまり)貧者への食べ物：代償、(つまり)貧者たちの食べ物【ヒシャーム】：貧者たちの食べ物の代償[68]【ナーフィウ、イブン・ザクワーン、アブー・ジャアファル】
〔184〕喜んでなした者：喜んでなす者【ハムザ、アル＝キサーイー、ハラフ】
〔185〕クルアーン：クラーン【イブン・カスィール、ハムザ[69]】
〔191〕彼らがそこでおまえたちに戦いをしかけるまでは彼らと戦ってはならない。だが彼らがおまえたちと戦うなら：彼らがそこでおまえたちを殺すまで彼らを殺してはならない。だが彼らがおまえたちを殺すなら[70]【ハムザ、アル＝キサーイー、ハラフ】

63　両読誦共に語根 '-kh-dh の第Ⅷ型「採用する ittakhadha」だが、ハフス＆アースィムの読誦では二人称複数を対象とした命令形で[ittakhidhū]と読む一方、ナーフィウ等の読誦では三人称男性複数完了形で[ittakhadhū]と読む。

64　両読誦共に語根 w-ṣ-y の派生形動詞の三人称男性単数完了形であるが、ハフス＆アースィムの読誦では第Ⅱ型で「言い残す waṣṣā」と読む一方、ナーフィウ等の読誦では第Ⅳ型で「遺言する、命じる 'awṣā」と読む。

65　*al-'Ashr* では、「イブラーハーム」とする読誦があるのは135節ではなく136節とされる。この場合も「イブラーハーム」と読むのはイブン・アーミルのみである。

66　両読誦共に語根 r-'-y の男性複数未完了形であるが、ハフス＆アースィムの読誦では第Ⅰ型「見る ra'ā」の能動態で[yarawna]と読むのに対し、イブン・アーミルの読誦では第Ⅳ型「見せる 'arā」の受動態で[yurawna]と読む。

67　*al-'Ashr* では、ヤアクーブはナーフィウ等の読誦に含まれる。

68　ハフス＆アースィムの読誦では「代償 fidyah」をタンウィーンの主格で読み、同じく主格の「貧者の食べ物 ṭa'āmu miskīn」をその言い換えとする。ヒシャームの読誦は、「貧者たち masākīn」を複数形で読む以外はハフス＆アースィムの読誦と同じ文構造である。一方ナーフィウ等の読誦では、「代償」と「貧者たちの食べ物」を属格結合させて読むことで、「貧者たちの食べ物という代償」という意になる。

69　*al-'Ashr* ではハムザは「クラーン」の読誦者には含まれていない。

70　両読誦共に語根 q-t-l の派生形動詞であるが、ハフス＆アースィムの読誦では第Ⅲ型「戦う qātala」で読むのに対し、ハムザ等の読誦では第Ⅰ型「殺す qatala」で読む。

〔210〕白雲の陰影の中をアッラーが、そして天使たちが、彼らの許を訪れ給い：白雲と天使たちの陰影の中、アッラーが彼らの許を訪れ給い[71]【アブー・ジャアファル】

〔210〕戻される：戻る【イブン・アーミル、ハムザ、アル＝キサーイー、ヤアクーブ、ハラフ】

〔213〕裁定し給うため：裁定されるため【アブー・ジャアファル】

〔219〕大きな罪：多くの罪[72]【ハムザ、アル＝キサーイー】

〔222〕彼女たちが清まるまで：彼女たちが清めるまで【シュウバ、ハムザ、アル＝キサーイー、ハラフ】

〔229〕彼ら二人が…恐れる：彼ら二人に…恐れがある[73]【ハムザ、アブー・ジャアファル、ヤアクーブ】

〔233〕提示したものを：もたらしたものを[74]【イブン・カスィール】

〔240〕遺言を：遺言が[75]【ナーフィウ、イブン・カスィール、シュウバ、アル＝キサーイー、アブー・ジャアファル、ヤアクーブ、ハラフ】

〔245〕帰らされるのである：帰るのである【ヤアクーブ】

〔251〕抑制させ給わなければ：追い払い給わなければ【ナーフィウ、アブー・ジャアファル、ヤアクーブ】

〔258〕イブラーヒーム：イブラーハーム【ヒシャーム、イブン・ザクワーン［双］】[76]

〔259〕生き返らせ：生命を与え[77]【ナーフィウ、イブン・カスィール、アブー・アムル、アブー・ジャアファル、ヤアクーブ】

〔259〕私は知っている：知れ[78]【ハムザ、アル＝キサーイー】

〔271〕（それは）帳消しにする：われらは帳消しにする【ナーフィウ、イブン・カスィール、アブー・アムル、シュウバ、ハムザ、アル＝キサーイー、アブー・ジャアファル、ヤアクーブ、ハラフ】

71　ハフス＆アースィムの読誦では「天使たち al-malā'ikah」を主格で読むため「アッラー Allāh」と共に「訪れる」主体となる。一方アブー・ジャアファルの読誦では「天使たち」を属格で読むため、「白雲 al-ghamām」と等位になり、「白雲」と共に「陰影 ẓulal」を構成するものとなる。

72　ハフス＆アースィムの読誦では「大きな kabīr」と読む一方、ハムザ等の読誦では「多くの kathīr」と読む。

73　両読誦共に kh-w-f の派生動詞第Ⅰ型「恐れる khāfa」の三人称双数未完了形だが、ハフス＆アースィムの読誦では能動態で［yakhāfā］と読む一方、ハムザ等の読誦では受動態で［yukhāfā］と読む。

74　両読誦共に語根 '-t-y の派生形動詞の三人称男性単数完了形だが、ハフス＆アースィムの読誦では第Ⅳ型で「提示する 'ātā」と読み、イブン・カスィールの読誦では第Ⅰ型で「もたらす 'atā」と読む。

75　ハフス＆アースィムの読誦では「遺言 waṣīyah」を目的語として対格で読み「遺言を残せ」との意になるが、ナーフィウ等の読誦では主語として主格で読み、「遺言が彼らに課される」との意になる。

76　*al-'Ashr* では 260 節のヴァリアントも同節と同様とされている。

77　ハフス＆アースィムの読誦では語根 n-sh-z の第Ⅳ型派生形動詞の一人称複数未完了形で「生き返らせ・再生させ nunshizu」と読む一方、ナーフィウ等の読誦では語根 n-sh-r の第Ⅳ型派生形動詞の一人称複数未完了形で「生命を与え nunshiru」と読む。

78　両読誦共に語根 '-l-m の第Ⅰ型「知る 'alima」の活用形だが、ハフス＆アースィムの読誦では一人称単数未完了形で［'a'lamu］と読む一方、ハムザ等の読誦では二人称単数に対する命令形で「知れ i'lam」と読む。

〔279〕知れ：知らしめよ[79]【シュウバ、ハムザ】

〔281〕帰され：帰り【アブー・アムル、ヤアクーブ】

〔282〕もう一人が相手に思い出させるのである：もう一人が相手を男とするのである[80]【イブン・カスィール、アブー・アムル、ヤアクーブ】

〔282〕[その取引が]その場の取引であれば別で：その場の取引があれば別で[81]【ナーフィウ、イブン・カスィール、アブー・アムル、イブン・アーミル、ハムザ、アル＝キサーイー、アブー・ジャアファル、ヤアクーブ、ハラフ】

〔284〕おまえたちを清算し給う。そして、御望みの者を赦し、御望みの者を罰し給う：おまえたちを清算し給いて、御望みの者を赦し、御望みの者を罰し給う[82]【ナーフィウ、イブン・カスィール、アブー・アムル、ハムザ、アル＝キサーイー、ハラフ】

〔285〕彼の諸啓典：彼の啓典[単数形]【ハムザ、アル＝キサーイー、ハラフ】

〔285〕われらは…区別をつけない：彼は…区別をつけない【ヤアクーブ】

・第3章

〔12〕おまえたちはいずれ打ち負かされ、火獄に追い集められよう：彼らはいずれ打ち負かされ、火獄に追い集められよう【ハムザ、アル＝キサーイー、ハラフ】

〔13〕彼らの目には：おまえたちの目には[83]【ナーフィウ、アブー・ジャアファル、ヤアクーブ】

〔19〕まことに…である：…であると[立証し給う][84]【アル＝キサーイー】

〔21〕を殺す者：に戦う者【ハムザ】

〔23〕彼らの間を裁くために：彼らの間が裁かれるために【アブー・ジャアファル】

〔28〕[恐怖によって]彼らを恐れて身を守る場合は：信仰隠しによって彼らを恐れて身を

79　両読誦共に語根 '-dh-n の派生形動詞であるが、ハフス＆アースィムの読誦では第Ⅰ型「知る 'adhina」の二人称複数に対する命令形で[i'dhanū]と読む一方、シュウバ等の読誦では第Ⅳ型「知らしめる 'ādhana」の命令形で['ādhinū]と読む。

80　両読誦共に、語根 dh-k-r の派生形動詞の女性単数未完了接続形であるが、ハフス＆アースィムの読誦では第Ⅱ型で「思い出させる tudhakkira」と読む一方、イブン・カスィール等の読誦では第Ⅳ型で「男とする tudhkira」と読む。但し、後者の意味を「思い出させる」とする説もあり、この場合は両読誦に意味の相違が生じない。

81　ハフス＆アースィムの読誦では「その場の取引 tijārah ḥāḍirah」を対格で読み、主語は「それ(取引)」となる。一方ナーフィウ等の読誦では「その場の取引」を主格で読み、[takūna]を存在の自動詞として扱い、「その場の取引が存在する場合は」との意になる。

82　ハフス＆アースィムの読誦では「赦し」と「罰し給う」を直接法で[yaghfiru]、[yu'adhdhibu]と読み、「清算し給う yuḥāsib」とは別の文として扱う。一方ナーフィウ等の読誦では、「赦し」と「罰し給う」を短形で[yaghfir]、[yu'adhdhib]と読み、「現そうと隠そうと」という条件節に対する帰結節の一部として扱い「清算し給う」と等位となる。

83　両読誦共に語根 r-'-y の第Ⅰ型「目で見る ra'ā」の未完了形だが、ハフス＆アースィムの読誦では三人称男性複数を主語にとり[yarawna]、ナーフィウ等の読誦では二人称男性複数を主語にとり[tarawna]と読む。

84　ハフス＆アースィムの読誦では '-n を['inna]と読み、新たな文の開始を示す。一方、アル＝キサーイーの読誦では['anna]と読み目的節を構成し、19節の「アッラーの御許における宗教はイスラームである」が前節18節の「立証し給い」の内包の言い換えとなる。

守る場合は[85]【ヤアクーブ】

〔36〕 彼女が産み落としたものを：私が産み落としたものを【イブン・アーミル、シュウバ、ヤアクーブ】

〔37〕 彼女をザカリーヤーに託し給うた：ザカリーヤーは彼女を預かった[86]【ナーフィウ、イブン・カスィール、アブー・アムル、イブン・アーミル、アブー・ジャアファル、ヤアクーブ】

〔37〕 ザカリーヤー：ザカリーヤーウ【ナーフィウ、イブン・カスィール、アブー・アムル、イブン・アーミル、シュウバ、アブー・ジャアファル、ヤアクーブ】

〔38〕 ザカリーヤー：ザカリーヤーウ【ナーフィウ、イブン・カスィール、アブー・アムル、イブン・アーミル、シュウバ、アブー・ジャアファル、ヤアクーブ】

〔39〕 天使たちが彼に呼びかけた：天使[ジブリール]が彼に呼びかけた[87]【ハムザ、アル＝キサーイー、ハラフ】

〔48〕 彼(アッラー)は…教え給う：われらは…教える【イブン・カスィール、アブー・アムル、イブン・アーミル、ハムザ、アル＝キサーイー、ハラフ】

〔49〕 鳥の形のようなもの：飛ぶものの形のようなもの[88]【アブー・ジャアファル】

〔49〕 鳥となる：飛ぶものとなる【ナーフィウ、アブー・ジャアファル、ヤアクーブ】

〔57〕 (アッラーは)彼らに…十分に与え給う：われらは彼らに…十分に与える【ナーフィウ、イブン・カスィール、アブー・アムル、イブン・アーミル、シュウバ、ハムザ、アル＝キサーイー、アブー・ジャアファル、ラウフ、ハラフ】

〔73〕 論駁すると：論駁することをか[89]【イブン・カスィール】

〔79〕 教え：知り[90]【ナーフィウ、イブン・カスィール、アブー・アムル、アブー・ジャアファル、ヤアクーブ】

〔80〕 命じることはない：(アッラーが)命じ給うことはない[91]【ナーフィウ、イブン・カ

85　ハフス＆アースィムの読誦では、節の最後に「[おまえたちが]恐れて身を守る tattaqū」の動名詞「恐れ tuqātan」を布置することで「恐れて身を守る」の意味を強調する。一方ヤアクーブの読誦では「恐れ tuqātan」の代わりに「信仰隠し taqīyatan」と読む。この場合、「信仰隠しによって」或いは「信仰隠しとして」という意味になる。

86　両読誦共に語根 k-f-l の派生形動詞の三人称男性単数完了形だが、ハフス＆アースィムの読誦では第Ⅰ型で「預かった kafala」と読み、「ザカリーヤー」を主語にとる。一方、ナーフィウ等の読誦では第Ⅱ型で「託した kaffala」と読み、主語を「アッラー」、目的語を「ザカリーヤー」にする。

87　両読誦共に語根 n-d-w の第Ⅲ型派生形動詞「呼びかける nādā」の完了形だが、ハフス＆アースィムの読誦では三人称女性単数で[nādat]と読む。この場合、主語は女性名詞である「天使たち al-malā'ikah」となる。一方ハムザ等の読誦では三人称男性単数で[nādā]と読む。一説によれば、この場合、主語の「天使たち」が「ジブリール」を指すものと解釈される。

88　ハフス＆アースィムの読誦では「鳥 ṭayr」と読み、アブー・ジャアファルの読誦では「飛ぶもの ṭā'ir」と読む。

89　イブン・カスィールの読誦では「論駁すること 'an yu'tā」の前に疑問符「ハムザ('a)」を挿入して読む。「誰かにそれと同じものを授けることがあると認めるのか」との意。

90　両読誦共に語根 ‘-l-m の派生動詞で二人称男性複数未完了形だが、ハフス＆アースィムの読誦では第Ⅱ型で「教え tu‘allimūna」と読み、ナーフィウの読誦は第Ⅰ型で「知り ta‘lamūna」と読む。

91　両読誦共に語根 '-m-r の第Ⅰ型「命じる 'amara」の三人称男性単数の能動態であるが、ハフス＆アースィムの読誦では未完了接続形で[ya'mura]と読み、ナーフィウ等の読誦では直接法で[ya'muru]と読む。接続形で読む場合、「命じる」は前 79 節の['an]に接続するため、79 節の「言う

スィール、アブー・アムル、アル＝キサーイー、アブー・ジャアファル】

〔81〕まことにわれがおまえたちに授けたところのものは啓典と英知である：啓典と英知をわれがおまえたちに授けるために[92]【ハムザ】

〔81〕われが…授けた：われらが…授けた【ナーフィウ、アブー・ジャアファル】

〔83〕彼らは求めるのか：おまえたちは求めるのか【ナーフィウ、イブン・カスィール、イブン・アーミル、シュウバ、ハムザ、アル＝キサーイー、アブー・ジャアファル、ハラフ】

〔83〕彼らは…帰される：彼らは…帰る【ヤアクーブ】：おまえたちは…帰される【ナーフィウ、イブン・カスィール、アブー・アムル、イブン・アーミル、シュウバ、ハムザ、アル＝キサーイー、アブー・ジャアファル、ハラフ】

〔93〕垂示される：下される[93]【イブン・カスィール、アブー・アムル、ヤアクーブ】

〔97〕大巡礼：目指すこと[94]【ナーフィウ、イブン・カスィール、アブー・アムル、イブン・アーミル、シュウバ、ヤアクーブ】

〔109〕帰される：帰す【イブン・アーミル、ハムザ、アル＝キサーイー、ヤアクーブ、ハラフ】

〔115〕彼らのなす：おまえたちのなす【ナーフィウ、イブン・カスィール、アッ＝ドゥーリー［双］、イブン・アーミル、シュウバ、アブー・ジャアファル、ヤアクーブ[95]】

〔124〕下された：降された[96]【イブン・アーミル】

〔125〕徴を付けた：徴を付けられた【ナーフィウ、イブン・アーミル、ハムザ、アル＝キサーイー、アブー・ジャアファル、ハラフ】

〔133〕そして：［無］【ナーフィウ、イブン・アーミル、アブー・ジャアファル】

〔146〕戦い：殺され[97]【ナーフィウ、イブン・カスィール、アブー・アムル、ヤアクーブ】

〔154〕悲嘆の後に安堵を、おまえたちのなかの一派を覆うまどろみを下し給うた：おまえたちの中の一派を覆う、悲しみの後の安堵を、まどろみを[98]【ハムザ、アル＝キサー

---

yaqūla」と等位となり、「アッラーが啓典と英知と預言を授け給うた」人が主語として想定される。一方ナーフィウ等の読誦では、80節は新たな文として始まり、「命じる」の主語はアッラーとなる。

92　ハフス&アースィムの読誦では、l-mā を[lamā]と読むことで「まことに(la)」＋関係代名詞[mā]と解すが、ハムザの読誦では[limā]と読み、目的を示す前置詞[li]＋関係代名詞[mā]となる。

93　両読誦共に語根 n-z-l の派生形動詞の三人称女性単数未完了接続形の受動態であるが、ハフス&アースィムの読誦では第Ⅱ型で[tunazzala]と読み、イブン・カスィール等の読誦では第Ⅳ型で[tunzala]と読む。語根 n-z-l の第Ⅱ型及び第Ⅳ型派生形動詞の意味的相違については第2章90節注参照。

94　ハフス&アースィムの読誦では「大巡礼 ḥajj」と読み、ナーフィウ等の読誦では「目指すこと ḥijj」と読む。

95　*al-ʻAshr* 及び *al-Shāmil* ではアブー・アムルがナーフィウ等の読誦に分類されている。

96　ハフス&アースィムの読誦では、語根 n-z-l の第Ⅳ型の受動分詞で[munzalīn]と読むのに対し、イブン・アーミルの読誦では第Ⅱ型の受動分詞で[munazzalīn]と読む。語根 n-z-l の第Ⅱ型及び第Ⅳ型派生形動詞の意味的相違については第2章90節注参照。

97　第2章191節と同様。

98　両読誦共に語根 gh-sh-y の第Ⅰ型動詞「覆う ghashiya」の単数未完了形の能動態であるが、ハフス&アースィムの読誦では「まどろみ nu'ās」を主語とする男性形で[yaghshā]と読み、ハムザ等の読誦では「安堵 'amanah」を主語とする女性形で[taghshā]と読む。本文の訳では、「まどろみ」が「安堵」の置換との説を取ったが、「まどろみ」が「下し給うた」の目的語で、「安堵」は状態を表す副

イー、ハラフ】

〔154〕事はそのすべてが：事のすべては【アブー・アムル、ヤアクーブ】

〔156〕おまえたちのなすことを：彼らのなすことを【イブン・カスィール、ハムザ、アル＝キサーイー、ハラフ】

〔157〕彼らが(現世で)かき集めた：おまえたちが(現世で)かき集めた【ナーフィウ、イブン・カスィール、アブー・アムル、イブン・アーミル、シュウバ、ハムザ、アル＝キサーイー、アブー・ジャアファル、ヤアクーブ、ハラフ】

〔161〕詐取すること：詐取されること【ナーフィウ、イブン・アーミル、ハムザ、アル＝キサーイー、アブー・ジャアファル、ヤアクーブ、ハラフ】

〔168〕殺される：惨殺される[99]【ヒシャーム[双]】

〔169〕[おまえは]考えてはならない：[彼は]考えてはならない[100]【ヒシャーム[双]】

〔169〕殺された：惨殺された[101]【イブン・アーミル】

〔171〕彼らは、アッラーからの恩寵と御恵み、そして、アッラーが信仰者たちの報酬を喪失せしめ給わないことを喜ぶ：彼らは、アッラーからの恩寵と御恵みを喜ぶ。そして、まことにアッラーは信仰者の報酬を喪失せしめ給わない[102]【アル＝キサーイー】

〔178〕信仰を拒む者たちは、われらが彼らを猶予することを自分たちにとって良いと考えることがあってはならない：おまえは、信仰を拒む者たちをわれらが猶予することが彼ら自身にとって良いと考えることがあってはならない[103]【ハムザ】

〔180〕アッラーが御恵みとして与え給うたものを出し惜しみする者たちは、それが自分たちにとって良いと考えることがあってはならない：おまえは、アッラーが御恵みとして与え給うたものを出し惜しみすることが彼らにとって良いと考えることがあってはならない[104]【ハムザ】

〔180〕おまえたちのなすこと：彼らのなすこと【イブン・カスィール、アブー・アムル、ヤアクーブ】

〔181〕われらは彼らの言ったこと、そして正当性なく預言者たちを殺したことを書き留め：彼らの言ったこと、そして正当性なく預言者たちを殺したことは書き留めら

詞との説もある。後者の場合、ハムザ等の読誦は「おまえたちの中の一派を覆う、悲しみの後の安堵として、まどろみを(下し給うた)」との意になる。

99　両読誦共に語根q-t-lの派生形動詞の三人称男性複数完了形の受動態であるが、ハフス＆アースィムの読誦では第Ⅰ型で「殺された qutilū」と読む一方、ヒシャームの読誦では第Ⅱ型で「惨殺された quttilū」と読む。

100　「凡そ人はそう考えてはならない」という意味である。

101　本章168節と同様。

102　ハフス＆アースィムの読誦では語頭の '-n を['anna]と読み「アッラーが信仰者の報酬を喪失せしめ給わないこと 'anna Allāha lā yuḍī'u 'ajra al-mu'minīn」が「恩寵 ni'mah」と「御恵み faḍl」と等位となり、「～を喜ぶ yastabshirūna」の目的語になる。一方アル＝キサーイーの読誦では '-n を['inna]と読み、新しい文章の開始を示す。

103　両読誦共に語根 ḥ-s-b の第Ⅰ型「考える ḥasaba」の否定命令であるが、ハフス＆アースィムの読誦では三人称男性単数で[lā yaḥsabanna]と読むのに対し、ハムザの読誦では二人称男性単数で[lā taḥsabanna]と読む。前者の場合、「信仰を拒む者たち」は「考える」の主語であるが、後者の場合は「考える」の目的節のなかの主語となる。

104　前注を参照。

れ[105]【ハムザ】

〔181〕われらは…言う：彼は…言い給う【ハムザ】

〔187〕お前たちはそれを人々に解明し：彼らはそれを人々に解明し【イブン・カスィール、アブー・アムル、シュウバ】

〔188〕[おまえは]決して考えてはならない：[彼は]決して考えてはならない[106]【ナーフィウ、イブン・カスィール、アブー・アムル、イブン・アーミル、アブー・ジャアファル】

〔195〕戦い、殺された：殺され、戦った[107]【ハムザ、アル＝キサーイー、ハラフ】：戦い、惨殺された[108]【イブン・カスィール、イブン・アーミル】

・第 4 章

〔1〕 また、血縁を：また、血縁に[誓って][109]【ハムザ】

〔3〕 一人…を：一人…である[110]【アブー・ジャアファル】

〔10〕 火を焼《く》べる：火に焼《く》べられる【イブン・アーミル、シュウバ】

〔11〕 もし女一人であれば：もし女一人がいたときには[111]【ナーフィウ、アブー・ジャアファル】

〔11〕 彼が遺した：遺された【イブン・カスィール、イブン・アーミル、シュウバ】

〔12〕 その者が損害を生ずることなく遺した[遺された]：その者が損害を生ずることなく遺した[112]【ナーフィウ、アブー・アムル、ハムザ、アル＝キサーイー、アブー・ジャアファル、ヤアクーブ、ハラフ】

〔13〕 彼は…入れ給い：われらは…入れ【ナーフィウ、イブン・アーミル、アブー・ジャアファル】

105　両読誦共に語根 k-t-b の第Ⅰ型「書く、書き留める kataba」の未完了形だが、ハフス＆アースィムの読誦では一人称複数を主語にとり「われらは書き留める naktubu」と読み「われら(アッラー)」が主語となる。一方、ハムザの読誦では三人称男性単数の受動態で「(それが)書き留められる yuktabu」と読むため、「言ったこと mā qālū」と「殺したこと qatla-hum」を主語にとる。

106　この節には「決して考えてはならない」が二か所ある。前者の主語を「彼」とするのは記載の五人の読誦者であるが、後者の主語も同様に「彼」とするのはイブン・カスィールとアブー・アムルのみである。

107　つまり、信仰者の一部が殺された後に、生き残った信仰者が戦ったことを意味する。

108　本章 168 節と同様。

109　ハフス＆アースィムの読誦では「血縁 'arḥām」を目的語として対格で読むことで「アッラー Allāh」と等位になり、「血縁を畏れ身を守れ」との意になる。一方ハムザの読誦では「血縁 'arḥām」を属格で読むことで、「彼に誓って bi-hi」の人称代名詞「彼 hi」と等位となり、「血縁に誓って」との意になる。

110　ハフス＆アースィムの読誦では「一人 wāḥidah」を「娶れ」の目的語として対格で読む一方、アブー・ジャアファルの読誦では「一人」を主格で読む。

111　ハフス＆アースィムの読誦では、「女一人 wāḥidah」を対格で読むことで「もしそれが女一人であったならば」との意になる。一方、ナーフィウの読誦では「女一人」を主格で読み[kānat]を存在の自動詞として扱い、「女一人が存在した場合には」との意になる。

112　ハフス＆アースィムの読誦で「遺した」と訳されている[yūṣā]の元の意味は受動態で「遺された」であるが、意訳を採用している。しかし、ナーフィウ等の読誦ではこの箇所を「遺した yūṣī」と能動態で読む。

〔14〕 彼は…入れ給い：われらは…入れ【ナーフィウ、イブン・アーミル、アブー・ジャアファル】

〔19〕 無理やり：強制的に[113]【ハムザ、アル＝キサーイー、ハラフ】

〔19〕 明らかな：明らかにされた【イブン・カスィール、シュウバ】

〔24〕 それ以外は許された：彼はそれ以外を許し給うた[114]【ナーフィウ、イブン・カスィール、アブー・アムル、イブン・アーミル、シュウバ、ヤアクーブ】

〔25〕 嫁がされた後：結婚した後[115]【シュウバ、ハムザ、アル＝キサーイー、ハラフ】

〔29〕 商売であれば：商売があれば[116]【ナーフィウ、イブン・カスィール、アブー・アムル、イブン・アーミル、アブー・ジャアファル、ヤアクーブ】

〔33〕 おまえたちの誓約が結ばれた者：おまえたちと誓約を結び合った者[117]【ナーフィウ、イブン・カスィール、アブー・アムル、イブン・アーミル、アブー・ジャアファル、ヤアクーブ】

〔34〕 アッラーが守り給うたがゆえに：アッラーを憶えていたがゆえに[118]【アブー・ジャアファル】

〔40〕 もしそれ(微塵)が一つの善事であれば：もし一つの善事があれば[119]【ナーフィウ、イブン・カスィール、アブー・ジャアファル】

〔42〕 平らにされれば：平らになれば【ナーフィウ、イブン・アーミル、ハムザ、アル＝キサーイー、アブー・ジャアファル、ハラフ】

〔77〕 おまえたちは…不正を蒙ることはない：彼らは…不正を蒙ることはない【イブン・カスィール、ハムザ、アル＝キサーイー、アブー・ジャアファル、ラウフ〔双〕、ハ

113　「無理やり」と訳された[kurhan]は「忌避 karāhah」の派生語であり、「彼女が嫌がっているのを」というニュアンスが単語の表面的響きに顕れる。一方、ハムザ等の読誦[karhan]は「強制 ikrāh」の派生語であり、「有無を言わさず」、「力ずくで」というニュアンスが強調される。

114　両読誦共に語根 ḥ-l-l の第Ⅳ型派生形動詞「許す 'aḥalla」の三人称男性単数完了形であるが、ハフス＆アースィムの読誦では受動態で「許された 'uḥilla」と読み、「それ以外 mā warā'a dhālikum」を主語にとる一方、ナーフィウ等の読誦では能動態で「許した 'aḥalla」と読み、「アッラー Allāh」を主語とし「それ以外」を目的語にとる。

115　両読誦共に語根 ḥ-ṣ-n の第Ⅳ型派生形動詞「結婚する 'aḥṣana」の三人称女性複数完了形であるが、ハフス＆アースィムの読誦では受動態で['uḥṣinna]と読むが、シュウバ等の読誦では能動態で['aḥṣanna]と読む。

116　ハフス＆アースィムの読誦では「商売 tijārah」を対格に読むことで「それ(財産)がお互いの合意の上での商売の財産である場合は」との意になる。一方、ナーフィウ等の読誦では「商売」を主格で読み[takūna]を存在の自動詞として扱い、「お互いの合意の上での商売が存在した場合は」との意になる。

117　両読誦共に語根 ‘-q-d の派生形動詞の三人称女性単数完了形であるが、ハフス＆アースィムの読誦では第Ⅰ型で「誓約を結んだ ‘aqadat」と読む一方、ナーフィウ等の読誦では第Ⅲ型で「互いに誓約を結んだ ‘āqadat」と読む。

118　両読誦共に語根 ḥ-f-ẓ の第Ⅰ型「守る ḥafiẓa」の三人称男性単数完了形であるが、ハフス＆アースィムの読誦ではそれに続く「アッラー Allāh」を主格で読み「アッラー」を主語にとるのに対し、アブー・ジャアファルの読誦では「アッラー」を対格で読み「アッラーを守った」つまり「アッラーを憶えていた」との意になる。

119　ハフス＆アースィムの読誦では「善事 ḥasanah」を対格で読み「もしそれ(微塵)が一つの善事であれば」の意とするが、ナーフィウ等の読誦では「善事」を主格に読み[taku]を存在の自動詞として扱い、「一つの善事が存在した場合は」との意になる。

ラフ】

〔82〕クルアーン：クラーン【イブン・カスィール、ハムザ[120]】

〔94〕平安の挨拶：帰依の言葉[121]【ナーフィウ、イブン・アーミル、ハムザ、アブー・ジャアファル、ハラフ】

〔94〕信仰者ではない：信じられない[122]【アブー・ジャアファル［双］[123]】

〔94〕判別せよ：確認せよ[124]【ハムザ、アル＝キサーイー、ハラフ】

〔114〕われらは…与えよう：彼は…与え給う【アブー・アムル、ハムザ、ハラフ】

〔124〕入り：入れられ【イブン・カスィール、アブー・アムル、シュウバ、アブー・ジャアファル、ラウフ】

〔125〕イブラーヒーム：イブラーハーム【ヒシャーム、イブン・ザクワーン［双］[125]】

〔128〕和解で仲直りすること：和解で仲直りし合うこと[126]【ナーフィウ、イブン・カスィール、アブー・アムル、イブン・アーミル、アブー・ジャアファル、ヤアクーブ】

〔136〕下し給うた啓典：下された啓典【イブン・カスィール、アブー・アムル、イブン・アーミル】

〔136〕垂示し給うた啓典：垂示された啓典【イブン・カスィール、アブー・アムル、イブン・アーミル】

〔140〕垂示し給うた：垂示された【ナーフィウ、イブン・カスィール、アブー・アムル、イブン・アーミル、ハムザ、アル＝キサーイー、アブー・ジャアファル、ハラフ】

〔152〕彼が…与え給う：われらが…与える【ナーフィウ、イブン・カスィール、アブー・アムル、イブン・アーミル、シュウバ、ハムザ、アル＝キサーイー、アブー・ジャアファル、ヤアクーブ、ハラフ】

〔153〕垂示するよう：下すよう[127]【イブン・カスィール、アブー・アムル、ヤアクーブ】

〔162〕われらが…与えよう：彼が…与え給う【ハムザ、ハラフ】

120　*al-'Ashr* では、「クラーン」と読むのはイブン・カスィールのみとされる。

121　ハフス＆アースィムの読誦では s-l-m を［salām］と読み、ナーフィウ等の読誦では［salam］と読む。前者が「アッサラームアライクムとの挨拶」を意味するのに対し、後者は「信仰告白の言葉を唱えることによる服従」を意味する。共に、発言者がムスリムであることを示す外的な証拠である。

122　ハフス＆アースィムの読誦では m-'-m-n を「信じる者 mu'min」と能動分詞で読むのに対し、アブー・ジャアファルの読誦では「信じられる者 mūman」と受動分詞で読む。

123　*al-'Ashr* 及び *al-Shāmil* では、イブン・ウィルダーンのみを「信じられない」との読誦に分類し、イブン・ジュンマーズは「信仰者」との読誦に分類している。

124　ハフス＆アースィムの読誦では「判別せよ tabayyanū」と読み、ハムザ等の読誦では「確認せよ tathabbatū」と読む。両者は意味は近いが語根の異なる単語である。

125　*al-'Ashr* では、ヒシャームのみが「イブラーハーム」との読誦に分類される。

126　両読誦共に語根 ṣ-l-ḥ の派生形動詞の三人称双数未完了形であるが、ハフス＆アースィムの読誦では第Ⅳ型で「和解で仲直りする yuṣliḥā」と読むのに対し、ナーフィウの読誦では第Ⅵ型「和解で仲直りし合う yataṣālaḥā」の変則活用で［yaṣṣālaḥā］と読む。

127　両読誦共に語根 n-z-l の派生形動詞の二人称男性単数未完了接続形であるが、ハフス＆アースィムの読誦では第Ⅱ型で「垂示する tunazzila」と読むのに対し、イブン・カスィール等の読誦では第Ⅳ型で「下す tunzila」と読む。語根 n-z-l の第Ⅱ型及び第Ⅳ型派生形動詞の意味的相違については第2章90節注参照。

〔163〕イブラーヒーム：イブラーハーム【ヒシャーム、イブン・ザクワーン［双］[128]】

〔163〕詩篇：書き写されたもの[129]【ハムザ、ハラフ】

・第５章

〔2〕　おまえたちを妨害したことで：おまえたちを妨害したときに[130]【イブン・カスィール、アブー・アムル】

〔6〕　おまえたちの顔と両手を肘まで洗い、頭のところを撫で、両足をくるぶしまで［洗え］：おまえたちの顔と両手を肘まで洗い、頭のところと、両足をくるぶしまで撫でよ[131]【イブン・カスィール、アブー・アムル、シュウバ、ハムザ、アブー・ジャアファル、ハラフ】

〔13〕頑なに：悪く[132]【ハムザ、アル＝キサーイー】

〔47〕裁かせよ：裁くために[133]【ハムザ】

〔50〕彼らは求めているというのか：おまえたちは求めているというのか【イブン・アーミル】

〔53〕そして：［無］【ナーフィウ、イブン・カスィール、イブン・アーミル、アブー・ジャアファル】

〔57〕おまえたち以前に啓典を授けられた者で、おまえたちの宗教を笑いものとし、戯れごととする者たち、そして不信仰者たちを：おまえたち以前に啓典を授けられた者と不信仰者たちで、おまえたちの宗教を笑いものとし、戯れごととする者たちを[134]【アブー・アムル、アル＝キサーイー、ヤアクーブ】

〔60〕彼らから猿と豚を成し給うた者、また邪神を崇拝した者：彼らから猿と豚と邪神の奴隷を成し給うた者[135]【ハムザ】

〔67〕便り：便り［複数形］【ナーフィウ、イブン・アーミル、シュウバ、アブー・ジャアファル、ヤアクーブ】

128　*al-'Ashr* では、ヒシャームのみが「イブラーハーム」の読誦に分類される。

129　ハフス＆アースィムの読誦では z-b-w-r を［zabūr］と読むが、ハムザ等の読誦では［zubūr］と読む。前者は固有名詞である「詩篇」を意味するが、後者は「書き写されたもの mazbūr」、即ち「書かれたもの maktūb」という意味の動名詞である。

130　ハフス＆アースィムの読誦では ʾ-n を節を導く辞詞［ʾan］で読むのに対し、イブン・カスィール等の読誦では条件句［ʾin］として読む。

131　682-683 頁を参照。

132　「頑な qāsiyah」は、固く乾燥し（yābisah）、慈悲（raḥmah）や柔和さ（līn）に欠けることを意味し、「悪い qasīyah」は醜悪で低級（radīʾ）であることを意味する。

133　両読誦共に語根 ḥ-k-m の第Ⅰ型「裁く ḥakama」の三人称男性単数未完了形であるが、ハフス＆アースィムの読誦では短形で［yaḥkum］と読み使役の意に解するのに対し、ハムザの読誦では接続形で［yaḥkuma］と読み、その前の［li］を目的を表す前置詞として扱う。

134　ハフス＆アースィムの読誦では「不信仰者たち kuffār」を対格で読み、「戯れごととする者たち」と共に「味方にしてはならない lā tattakhidhū」の目的語とする。一方、アブー・アムル等の読誦では「不信仰者たち」を属格で読み、「啓典を授けられた者 alladhīna ʾūtū al-kitāb」と等位に扱う。

135　ハムザの読誦では、ハフス＆アースィムの読誦における「崇拝した 'abada」を「奴隷 'abd」の集合名詞［'abud］と読み、「邪神 aṭ-ṭāghūt」を属格で接続させる。この場合、「邪神の奴隷 'abud aṭ-ṭāghūt」が「猿 al-qiradah」と「豚 al-khanāzīr」と等位に扱われる。

〔89〕誓約を交わした：互いに誓約を結んだ[136]【イブン・ザクワーン】

〔95〕代償　―おまえたちのうち公正な二人が家畜の中から判定する彼の殺した等価物で：おまえたちのうち公正な二人がそうと判定する彼の殺した家畜の等価物の代償[137]【ナーフィウ、イブン・カスィール、アブー・アムル、イブン・アーミル、アブー・ジャアファル】

〔95〕贖罪　―貧者への食べ物：貧者への食べ物の贖罪[138]【ナーフィウ、イブン・アーミル、アブー・ジャアファル】

〔101〕垂示される：下される[139]【イブン・カスィール、アブー・アムル、ヤアクーブ】

〔101〕クルアーン：クラーン【イブン・カスィール、ハムザ】

〔107〕最も縁の深い：第一人者の[140]【シュウバ、ハムザ、ヤアクーブ、ハラフ】

〔110〕鳥の姿：飛ぶものの姿[141]【アブー・ジャアファル】

〔110〕鳥となり：飛ぶものとなり[142]【ナーフィウ、アブー・ジャアファル、ヤアクーブ】

〔110〕魔術：魔術師[143]【ハムザ、アル＝キサーイー、ハラフ】

〔112〕あなたの主は…できるでしょうか：あなたはあなたの主に…［と頼むことは］できるでしょうか[144]【アル＝キサーイー】

〔112〕降し給う：下し給う[145]【イブン・カスィール、アブー・アムル、ヤアクーブ】

136　両読誦共に語根 ‘-q-d の派生形動詞の二人称男性複数完了形であるが、ハフス＆アースィムの読誦では第Ⅱ型で「誓約を交わした ‘aqqad-tum」と読むのに対し、イブン・ザクワーンの読誦では第Ⅲ型で「互いに誓約を結んだ ‘āqad-tum」と読む。

137　ハフス＆アースィムの読誦では、「代償」をタンウィーンで[jazā'un]と読むことで「おまえたちのうち公正な二人がそうと判定する彼の殺した家畜の等価物」が「代償」の言い換えとなっている。一方、ナーフィウ等の読誦では「代償」を非タンウィーンで[jazā'u]と読み「等価物 mithl」を属格結合させて読むことで、「…の等価物という代償」という意になる。

138　「贖罪 kaffārah」と「食べ物 ṭa‘ām」の関係は、前注における「代償 jazā'」と「等価物 mithl」の関係に等しい。

139　両読誦共に語根 n-z-l の派生形動詞の三人称男性単数未完了接続形の受動態であるが、ハフス＆アースィムの読誦では第Ⅱ型で[yunazzal]と読むのに対し、イブン・カスィール等の読誦では第Ⅳ型で[yunzal]と読む。語根 n-z-l の第Ⅱ型及び第Ⅳ型派生形動詞の意味的相違については第2章90節注参照。

140　ハフス＆アースィムの読誦の「最も縁の深い 'awlayān」は「血縁者」を意味している。一方、シュウバ等の読誦の「第一人者 'awwalīn」には、「罪に値することが判明した二人」よりも優れていることを示す称賛の意が含まれている。

141　第3章49節注参照。

142　第3章49節注参照。

143　ハフス＆アースィムの読誦では「魔術 siḥr」と読むのに対し、ハムザ等の読誦では「魔術師 sāḥir」と読む。後者の場合、「これ hādhā」が「イーサー ‘īsā」を指示する。

144　二つの読誦では、「できる istaṭā‘a」と「あなたの主 rabb-ka」の読み方が異なる。ハフス＆アースィムの読誦では「できる」の主語を三人称男性単数で[yastaṭī‘u]と読み、「あなたの主」を主語として主格で読む。一方、アル＝キサーイーの読誦では「できる」の主語を二人称男性単数で[tastaṭī‘u]と読み「あなたの主」を対格で読むことで、「あなた(イーサー)」を主語、「あなたの主」を目的語とする。

145　両読誦共に語根 n-z-l の派生形動詞の三人称男性単数未完了接続形であるが、ハフス＆アースィムの読誦では第Ⅱ型で[yunazzila]と読み、イブン・カスィール等の読誦では第Ⅳ型で[yunzila]と読む。語根 n-z-l の第Ⅱ型及び第Ⅳ型派生形動詞の意味的相違については第2章90節注参照。

〔115〕降す者：下す者[146]【イブン・カスィール、アブー・アムル、ハムザ、アル＝キサーイー、ヤアクーブ、ハラフ】

〔119〕アッラーは仰せられた。「これ(復活、最後の審判の日)は誠実な者の誠実さが益をなす日である…」：アッラーはこれを、誠実な者の誠実さが益をなす日に仰せられた[147]【ナーフィウ】

・第6章

〔16〕それ(懲罰)を遠ざけられた者：それ(懲罰)を彼が遠ざけ給う者[148]【シュウバ、ハムザ、アル＝キサーイー、ヤアクーブ、ハラフ】

〔19〕クルアーン：クラーン【イブン・カスィール、ハムザ】

〔22〕われらが…一斉に追い集める：彼が…一斉に追い集め給う【ヤアクーブ】

〔22〕われらは…言う：彼は…仰せになる【ヤアクーブ】

〔23〕われらが主アッラーに誓って：アッラーに誓って、われらが主よ[149]【ハムザ、アル＝キサーイー、ハラフ】

〔27〕戻されることがあればよいものを。そうすれば…否定せず、信仰者たちの中にあるものを：戻され、否定せず、信仰者たちの中にあればよいものを【ナーフィウ、イブン・カスィール、アブー・アムル、シュウバ、アル＝キサーイー、アブー・ジャアファル、ハラフ】：戻され、否定しなければよいものを。そうすれば、信仰者たちの中にあったものを[150]【イブン・アーミル】

〔32〕おまえたちは理解しないのか：彼らは理解しないのか【イブン・カスィール、アブー・アムル、シュウバ、ハムザ、アル＝キサーイー、ハラフ】

〔33〕嘘と否定している：嘘つき呼ばわりする[151]【ナーフィウ、アル＝キサーイー】

146　ハフス＆アースィムの読誦では語根 n-z-l の第Ⅱ型の能動分詞で[munazzilu]と読み、イブン・カスィール等の読誦では第Ⅳ型の能動分詞で[munzilu]と読む。語根 n-z-l の第Ⅱ型及び第Ⅳ型派生形動詞の意味的相違については第2章90節注参照。

147　ハフス＆アースィムの読誦では、「日 yawm」を主格で読むことで、「これ hādhā」を主語、「日」を述語とし、両単語がアッラーの直接法の語りの内容を構成する。一方、ナーフィウの読誦では「日」を対格で読み、状況を表す句(ẓarf)として機能させる。この場合、アッラーが語った内容は間接法で「これ」とされ、「アッラーはこれを、誠実な者の誠実さが益をなす日に、イーサーに対して仰せられた」という意味になる。

148　両読誦共に語根 ṣ-r-f の第Ⅰ型「遠ざける ṣarafa」の三人称男性単数未完了短形であるが、ハフス＆アースィムの読誦では受動態で「遠ざけられる yuṣraf」と読み、シュウバ等の読誦では能動態で「遠ざける yaṣrif」と読む。

149　ハフス＆アースィムの読誦では「われらが主 rabb-nā」を属格で読み「アッラー Allāh」の形容修辞句として扱うのに対し、ハムザ等の読誦では「われらが主」を対格で読み、呼びかけとする。

150　ハフス＆アースィムの読誦では「否定せず」と「なった」を共に接続形で[nukadhdhiba]、[nakūna]と読み、帰結節の一部とする。ナーフィウの読誦では「否定せず」と「なった」を「戻される nuraddu」と同じ直接法で[nukadhdhibu]、[nakūnu]と読み等位に扱う。一方イブン・アーミルの読誦では、「否定せず」のみを「戻される」と等位に直接法で読み、「なった」のみを願望節の帰結節として接続形で読む。

151　両読誦共に語根 k-dh-b の派生形動詞の三人称男性複数未完了形であるが、ハフス＆アースィムの読誦では第Ⅱ型で「嘘と否定する yukadhdhibūna」と読むのに対し、ナーフィウ等の読誦では第Ⅳ型で「嘘つき呼ばわりする yukdhibūna」と読む。

〔36〕帰らされる：帰る【ヤアクーブ】

〔37〕垂示すること：下すこと[152]【イブン・カスィール】

〔54〕すなわち：まことに[153]【イブン・カスィール、アブー・アムル、ハムザ、アル＝キサーイー、ハラフ】

〔55〕道が明らかとなるため：道をおまえが明示するため[154]【ナーフィウ、アブー・ジャアファル】

〔57〕語り給い：定め給い[155]【アブー・アムル、イブン・アーミル、ハムザ、アル＝キサーイー、ヤアクーブ、ハラフ】

〔63〕彼が…救い出し給うたなら：あなたが…救い出し給うたなら【ナーフィウ、イブン・カスィール、アブー・アムル、イブン・アーミル、アブー・ジャアファル、ヤアクーブ】

〔81〕降し給うて：下し給うて[156]【イブン・カスィール、アブー・アムル、ヤアクーブ】

〔83〕われらの望む者を位階において高める：われらの望む者の位階を高める[157]【ナーフィウ、イブン・カスィール、アブー・アムル、イブン・アーミル、アブー・ジャアファル】

〔85〕ザカリーヤー：ザカリーヤーウ【ナーフィウ、イブン・カスィール、アブー・アムル、イブン・アーミル、シュウバ、アブー・ジャアファル、ヤアクーブ】

〔86〕アルヤサア：アッライサア[158]【ハムザ、アル＝キサーイー、ハラフ】

〔90〕彼らの導きについて、それに倣え。言え：彼らの導きについて、倣え、言え[159]【ハムザ、アル＝キサーイー、ヤアクーブ、ハラフ】

152　両読誦共に語根 n-z-l の派生形動詞の三人称男性単数未完了接続形であるが、ハフス＆アースィムの読誦では第Ⅱ型で[yunazzila]と読むのに対し、イブン・カスィールの読誦では第Ⅳ型で[yunzila]と読む。語根 n-z-l の第Ⅱ型及び第Ⅳ型派生形動詞の意味的相違については第2章90節注参照。

153　ハフス＆アースィムの読誦では '-n-h を「すなわちそれは 'anna-hu」と読み、「それ hu」を「慈悲 ar-raḥmah」の言い換えとする。一方イブン・カスィール等の読誦では「まことに 'inna-hu」と読み「それ hu」を主題を表す仮主語として扱う。

154　ハフス＆アースィムの読誦では「道 sabīl」を主格で読み、「明らかとなる／明示する istabāna」の未完了形を[yastabīna]と読んで三人称男性単数(「道」)を主語にとる。一方ナーフィウ等の読誦では[tastabīna]と読んで「おまえ(預言者)」を主語にとり、「道」を対格で読む。

155　ハフス＆アースィムの読誦では語根 q-ṣ-ṣ の派生形動詞の第Ⅰ型「説く qaṣṣa」の未完了形で[yaquṣṣu]と読むのに対し、アブー・アムル等の読誦では q-ḍ-y の派生形動詞の第Ⅰ型「定める qaḍā」の未完了形で[yaqḍī]と読む。

156　両読誦共に語根 n-z-l の派生形動詞の三人称男性単数未完了短形であるが、ハフス＆アースィムの読誦では第Ⅱ型で[yunazzil]と読み、イブン・カスィール等の読誦では第Ⅳ型で[yunzil]と読む。語根 n-z-l の第Ⅱ型及び第Ⅳ型派生形動詞の意味的相違については第2章90節注参照。

157　ハフス＆アースィムの読誦では「位階 darajāt」をタンウィーンの属格で[darajātin]と読み、「位階において fī darajātin」との意に解する。一方ナーフィウ等の読誦では「位階」を非タンウィーンで読み「われらの望む者」を属格接続させ、「われらの望む者の位階」を「高める narfa‘u」の目的語として扱う。

158　ハフス＆アースィムの読誦では al-y-s-‘ と記し、それを「アルヤサア al-yasa‘」と読むが、ハムザ等の読誦では[l]と[y]の間にもう一つ[l]を挿入して al-l-y-s-‘ と記し、それを「アッライサア al-laysa‘」と読む。

159　ハムザ等の読誦では、「それ hi」が欠落し、「倣え、言え iqtadi qul」と読む。

〔91〕おまえたちは…したため：彼らは…したため【イブン・カスィール、アブー・アムル】

〔92〕おまえが…警告するため：それが…警告するため[160]【シュウバ】

〔94〕おまえたちの間で絶縁され：おまえたちの間が絶縁され[161]【イブン・カスィール、アブー・アムル、イブン・アーミル、シュウバ、ハムザ、ヤアクーブ、ハラフ】

〔96〕作り給うた：作り給うた御方[162]【ナーフィウ、イブン・カスィール、アブー・アムル、イブン・アーミル、アブー・ジャアファル、ヤアクーブ】

〔98〕定位する処：定位するもの[163]【イブン・カスィール、アブー・アムル、ラウフ】

〔105〕おまえは習った：おまえは教わった【イブン・カスィール、アブー・アムル】：それは先だった[164]【イブン・アーミル、ヤアクーブ】

〔109〕彼らは信じない：おまえたちは信じない【イブン・アーミル、ハムザ】

〔111〕種類ごとに：目の当たりに[165]【ナーフィウ、イブン・アーミル、アブー・ジャアファル】

〔114〕垂示されたもの：下されたもの[166]【ナーフィウ、イブン・カスィール、アブー・アムル、シュウバ、ハムザ、アル＝キサーイー、アブー・ジャアファル、ヤアクーブ、ハラフ】

〔115〕主の御言葉：主の御言葉[複数形]【ナーフィウ、イブン・カスィール、アブー・アムル、イブン・アーミル、アブー・ジャアファル】

〔119〕彼はおまえたちに禁じ給うたものをすでに明示し給うているのに：おまえたちに禁じられたものがすでに明示されているのに【イブン・カスィール、アブー・アムル、イブン・アーミル】：彼はおまえたちに禁じられたものをすでに明示し給うているのに[167]【シュウバ、ハムザ、アル＝キサーイー、ハラフ】

160　ハフス＆アースィムの読誦の「おまえ」は使徒を、シュウバの読誦の「それ」はクルアーンを指す。

161　ハフス＆アースィムの読誦では「おまえたちの間 bayn-kum」を対格で読み副詞として扱うのに対し、イブン・カスィール等の読誦では主格で読み、「絶縁され taqaṭṭa‘a」の主語として扱う。

162　ハフス＆アースィムの読誦では「作った ja‘ala」と動詞で読むのに対し、ナーフィウ等の読誦では「作る者 jā‘il」と能動分詞で読む。

163　ハフス＆アースィムの読誦では「定位されるもの mustaqarr」、即ち「定位する処」と読むのに対し、イブン・カスィール等の読誦では能動分詞で「定位するもの mustaqirr」と読む。

164　三つの読誦はすべて語根 d-r-s の派生形動詞の完了形だが、ハフス＆アースィムの読誦では第Ⅰ型の二人称男性単数で「おまえは習った darasta」と読み、「おまえが啓典の民の諸啓典を読み(qara'ta)、学んだ(ta‘allamta)」との意になり、イブン・カスィール等の読誦では第Ⅲ型の二人称男性単数で「おまえは教わった dārasta」と読み、「啓典の民の許で学び(fāqahta)、彼らがお前に読み聞かせた(qara'ū ‘alayka)」との意になる。他方、イブン・アーミルの読誦では第Ⅰ型の三人称女性単数で「それが先立った darasat」と読むことで、「節 'āyah」を主語とし、「おまえが読んでいるクルアーンの節はすでにずっと前から存在したものであろう」との意になる。

165　ハフス＆アースィムの読誦では q-b-lan を「群、種 qabīl」の複数形で[qubulan]と読むのに対し、ナーフィウ等の読誦では「直接に／目の当たりに mu‘āyanah」の意味を持つ[qibalan]で読む。[qibalan]は、「続々と／次々と 'afwājan」の意だとも言われる。

166　両読誦共に語根 n-z-l の派生形動詞の受動分詞であるが、ハフス＆アースィムの読誦では第Ⅱ型で[munazzalun]と読む一方、ナーフィウ等の読誦では第Ⅳ型で[munzalun]と読む。語根 n-z-l の第Ⅱ型及び第Ⅳ型派生形動詞の意味的相違については第2章90節注参照。

167　ハフス＆アースィムの読誦では「禁じた ḥarrama」と「明示した faṣṣala」の双方を能動態で読む

〔119〕迷わせている：迷っている[168]【ナーフィウ、イブン・カスィール、アブー・アムル、イブン・アーミル、アブー・ジャアファル、ヤアクーブ】

〔124〕彼の使信：彼の使信［複数形］【ナーフィウ、アブー・アムル、イブン・アーミル、シュウバ、ハムザ、アル＝キサーイー、アブー・ジャアファル、ヤアクーブ、ハラフ】

〔128〕彼が…一斉に集め給う日：われらが…一斉に集める日【ナーフィウ、イブン・カスィール、アブー・アムル、イブン・アーミル、シュウバ、ハムザ、アル＝キサーイー、アブー・ジャアファル、ルワイス、ハラフ】

〔132〕彼らのなすこと：おまえたちのなすこと【イブン・アーミル】

〔135〕おまえたちの立場：おまえたちの立場［複数形］【シュウバ】

〔137〕多くの多神教徒に、彼らの共同者たち（偶像神）は、子供たちの殺害（間引き）を美しく飾った：彼らの共同者たちによる彼らの子供たちの殺害が美しく飾られた[169]【イブン・アーミル】

〔139〕それが死産なら：死産があれば[170]【イブン・カスィール、イブン・アーミル、アブー・ジャアファル】

〔140〕殺し：惨殺し【イブン・カスィール、イブン・アーミル】

〔145〕死肉…であれば：死肉…があれば[171]【イブン・アーミル、アブー・ジャアファル】

〔159〕彼らの宗教を分裂させ：彼らの宗教から抜け出て[172]【ハムザ、アル＝キサーイー】

〔161〕イブラーヒーム：イブラーハーム【ヒシャーム、イブン・ザクワーン［双］[173]】

・第7章

〔3〕 おまえたちは留意しない：彼らは留意しない【イブン・アーミル】

のに対し、イブン・カスィール等の読誦では双方を受動態で「禁じられた ḥurrima」、「明示された fuṣṣila」と読む。他方、シュウバ等の読誦では、「禁じた」のみを受動態で読み、「明示した」は能動態で読む。

168　両読誦共に語根 ḍ-l-l の派生形動詞の三人称男性複数未完了形であるが、ハフス＆アースィムの読誦では第Ⅳ型で［yuḍillūna］と読み、「他人を迷わせている」と他動詞の意味を持たせるのに対し、ナーフィウ等の読誦では第Ⅰ型で［yaḍillūna］と読み、「自分が迷っている」との意になる。

169　ハフス＆アースィムの読誦では、「飾った zayyana」を能動態で読み、「殺害 qatl」をその目的語として対格で、「彼らの共同者たち shurakā'-hum」を主語として主格で読む。一方イブン・アーミルの読誦では、「飾った」を受動態で、「殺害」を主語として主格で読み、「彼らの共同者たち」を「殺害」に属格結合させる。後者の場合、ハフス＆アースィムの読誦で属格になっていた「彼らの子供たち 'awlādi-him」が目的語として対格となり［'awlāda-hum］と読まれる。

170　イブン・カスィール等の読誦では、「死産 maytah」を主格で読むことで［takun］を存在の自動詞として扱う。なお、アブー・ジャアファルのみ「死産」を［mayyitah］と読む。

171　イブン・アーミル等の読誦では、「死肉」を主格で読むことで［takūna］を存在の自動詞として扱う。なお、アブー・ジャアファルのみ「死肉」を［mayyitah］と読む。

172　両読誦共に語根 f-r-q の派生形動詞の三人称男性複数完了形であるが、ハフス＆アースィムの読誦では第Ⅱ型で「分裂させた farraqū」と読むのに対し、ハムザ等の読誦では第Ⅲ型で「抜け出した fāraqū」と読む。なお、「分裂させた farraqa」とは「イブラーヒームの純粋な一神教」から諸分派に分裂したことを意味し、「抜け出した fāraqa」とは「彼らの宗教から出て（kharaja）、背教する（irtadda）」ことを意味する。本節で述べられる「彼らの宗教を分裂させ、諸派に分かれた者」は、「ユダヤ教徒とキリスト教徒」であるとも、「ムスリムの共同体の中の異端者」であるとも言われる。

173　*al-'Ashr* では、ヒシャームのみが「イブラーハーム」との読誦に分類される。

〔25〕 おまえたちは引き出される：おまえたちは出て来る[174]【イブン・ザクワーン、ハムザ、アル＝キサーイー、ヤアクーブ、ハラフ】

〔26〕 おまえたちの陰部を被う衣服と装飾を確かに下した。そしてタクワー（神を畏れ身を守ること）の衣服、その方がもっと良い。：おまえたちの陰部を被う衣服と装飾、そしてタクワーの衣服を確かに下した。それがもっと良い[175]。【ナーフィウ、イブン・アーミル、アル＝キサーイー、アブー・ジャアファル】

〔32〕 復活（審判）の日にはとりわけそうである：復活の日には［彼らに］とり分けられたものである[176]【ナーフィウ】

〔33〕 降し給うていないもの：下し給うていないもの[177]【イブン・カスィール、アブー・アムル、ヤアクーブ】

〔38〕 おまえたちは知らない：彼らは知らない【シュウバ】

〔43〕 そして：［無］[178]【イブン・アーミル】

〔44〕 アッラーの呪いは不正な者たちの上にある：アッラーの呪いは不正な者たちの上にある[179]【クンブル［双］、イブン・アーミル、ハムザ、アル＝キサーイー、アブー・ジャアファル、ハラフ】

〔54〕 また、太陽と月と星を。彼の命令に従うものたちとして：また、太陽と月と星は、彼の命令に従うものたちである[180]【イブン・アーミル】

〔57〕 風：風［単数形］[181]【イブン・カスィール、ハムザ、アル＝キサーイー、ハラフ】

〔57〕 吉報として：散り散りに【ナーフィウ、イブン・カスィール、アブー・アムル、イブン・アーミル、アブー・ジャアファル、ヤアクーブ】：雲を呼ぶそよ風として[182]

174　両読誦共に語根 kh-r-j の派生形動詞の二人称男性複数未完了形であるが、ハフス＆アースィムの読誦では第Ⅳ型「引き出す 'akhraja」の受動態で［tukhrajūna］と読むのに対し、イブン・ザクワーン等の読誦では第Ⅰ型「出る kharaja」の能動態で［takhrujūna］と読む。

175　ハフス＆アースィムの読誦では「タクワーの衣服 libās at-taqwā」を主格で読む。一方ナーフィウ等の読誦では、「タクワーの衣服」を対格で読むことで、「衣服 libās」や「装飾 rīsh」と同じ「下した 'anzalnā」の目的語として扱われる。

176　ハフス＆アースィムの読誦では［khāliṣah］をタンウィーンの対格で読み「とりわけ」の意味の副詞として扱うのに対し、ナーフィウの読誦では主格で読み「とり分けられたもの khāliṣatun」とする。

177　両読誦共に語根 n-z-l の派生形動詞の三人称男性単数未完了短形であるが、ハフス＆アースィムの読誦では第Ⅱ型で［yunazzil］と読む一方、イブン・カスィール等の読誦では第Ⅳ型で［yunzil］と読む。なお、語根 n-z-l の第Ⅱ型及び第Ⅳ型派生形動詞の意味的相違については第2章90節注参照。

178　イブン・アーミルの読誦には冒頭の「そして」がない。

179　ハフス＆アースィムの読誦では '-n を［'an］と読み、ナーフィウ等の読誦では［'anna］と読む。多数派説では両読誦の間に意味的差異はないが、ハフス＆アースィムの読誦について「呪い la‘nah」を述語とし、主語は省略された「それ hā」と解し、「それは不正な者たちの上にあるアッラーの呪いである」とする説も存在する。この場合、両読誦の意味は異なるものとなる。

180　ハフス＆アースィムの読誦では、「太陽 ash-shams」、「月 al-qamar」、「星 an-nujūm」を対格で読み、同節の「天 as-samāwāt」と「地 al-'arḍ」と同様に「創り khalaqa」の目的語として扱う。またこれを受け、「従うものたち musakhkharāt」も同様に対格で読まれる。一方イブン・アーミルの読誦では「太陽」、「月」、「星」を主格で読み、新たな文の主語として扱う。これを受け、「従うものたちは」はその述語として主格で読まれる。

181　ハフス＆アースィムの読誦では「風」を複数形の［riyāḥ］で読むのに対し、イブン・カスィール等の読誦では単数形で［rīḥ］と読む。

182　ハフス＆アースィムの読誦では「吉報 bushr」、ナーフィウ等の読誦では「散り散り nushur」、ハ

【ハムザ、アル＝キサーイー、ハラフ】

〔59､65､73､85〕彼のほかに神はない：彼のほかの神はない[183]【アル＝キサーイー、アブー・ジャアファル】

〔75〕彼の民のうち…：また、彼の民のうち…[184]【イブン・アーミル】

〔81〕赴く：赴くのか[185]【イブン・カスィール、アブー・アムル、イブン・アーミル、シュウバ、ハムザ、アル＝キサーイー、ヤアクーブ、ハラフ】

〔105〕私がアッラーについて真実しか言わないことは当然である：私に対する義務は、アッラーについて真実しか言わないことである[186]【ナーフィウ】

〔112〕魔術師：大魔術師[187]【ハムザ、アル＝キサーイー、ハラフ】

〔113〕報奨があろう：報奨があろうか[188]【アブー・アムル、イブン・アーミル、シュウバ、ハムザ、アル＝キサーイー、ヤアクーブ、ハラフ】

〔127〕惨殺し：殺し[189]【ナーフィウ、イブン・カスィール、アブー・ジャアファル】

〔141〕われらが…救った：彼が…救い給うた【イブン・アーミル】

〔141〕惨殺し：殺し[190]【ナーフィウ】

〔144〕使信：使信[単数形][191]【ナーフィウ、イブン・カスィール、アブー・ジャアファル、ラウフ】

〔149〕われらの主がわれらに慈悲をかけ、われらを赦し給わなければ：われらの主よ、あなたがわれらに慈悲をかけ、われらを赦し給わなければ[192]【ハムザ、アル＝キサー

ムザ等の読誦では「雲を呼ぶそよ風 nashr」を、それぞれ対格で読み、副詞として扱う。なお、イブン・アーミルのみ[nushr]と読むが、意味はナーフィウ等の読誦と等しく「散り散り」である。

183　ハフス＆アースィムの読誦では「彼のほか ghayr-h」を主格で[ghayru-hu]と読む。これは、「神 'ilāh」の前に付けられた前置詞[min]が虚字であるため、「神」の構文上の地位＝主格が、「彼のほか」において表れるからである。一方アル＝キサーイーの読誦では「彼のほか」を「神」の形容修辞句として属格で[ghayri-hi]と読む。

184　イブン・アーミルの読誦には、ハフス＆アースィムの読誦には含まれない「また wa」の文字が挿入される。

185　イブン・カスィール等の読誦には、ハフス＆アースィムの読誦には含まれない疑問符['a]が挿入される。

186　ハフス＆アースィムの読誦では「当然である／義務である ḥaqīqun」に続く語を[‘alā]と読み、「私がアッラーについて真実しか言わないこと」を内容として受ける前置詞として扱うのに対し、ナーフィウの読誦では「当然である／義務である」に続く語を「私に対して ‘alayya」と読み、以下をその義務の内容とする。

187　ハフス＆アースィムの読誦では「魔術師 sāḥir」と読むのに対し、ハムザ等の読誦では「大魔術師 saḥḥār」と読む。

188　アブー・アムル等の読誦には、ハフス＆アースィムの読誦には含まれない疑問符['a]が挿入される。

189　第 3 章 168 節と同様。

190　本章 127 節と同様。

191　ハフス＆アースィムの読誦では「使信」を複数形で[risālāt]と読むのに対し、ナーフィウ等の読誦では単数形で[risālah]と読む。

192　ハフス＆アースィムの読誦では「われらの主 rabb-nā」を、「慈悲をかける yarḥam」と「赦す yaghfir」の主語として主格で[rabbu-nā]と読むのに対し、ハムザ等の読誦では「われらの主」を呼び掛けとして[rabba-nā]と対格で読み、「慈悲をかける」と「赦す」を二人称男性単数未完了短形で[tarḥam]、[taghfir]と読む。

イー、ハラフ】

〔157〕負担：負担[複数形][193]【イブン・アーミル】

〔161〕われらは…過ちを赦し：過ちは赦され[194]【ナーフィウ、イブン・アーミル、アブー・ジャアファル、ヤアクーブ】

〔161〕過ち：過ち[単数形][195]【イブン・アーミル】

〔164〕免責として：免責である[196]【ナーフィウ、イブン・カスィール、アブー・アムル、イブン・アーミル、シュウバ、ハムザ、アル＝キサーイー、アブー・ジャアファル、ヤアクーブ、ハラフ】

〔169〕おまえたちは悟らないのか：彼らは悟らないのか【イブン・カスィール、アブー・アムル、シュウバ、ハムザ、アル＝キサーイー、ハラフ】

〔172、173〕おまえたちが…言うことが(ないように)：彼らが…言うことが(ないように)【アブー・アムル】

〔186〕[彼は]…任せ給う：われらは…任せる【ナーフィウ、イブン・カスィール、イブン・アーミル、アブー・ジャアファル】

〔186〕彼には導きはない。彼らを彼らの無法の中に当てもなくさ迷うがままに任せ給う：彼に導きはなく、彼らを彼らの無法の中に当てもなくさ迷うがままに任せ給う[197]【ハムザ、アル＝キサーイー、ハラフ】

〔204〕クルアーン：クラーン【イブン・カスィール、ハムザ】

・第8章

〔9〕列をなす：列にされた[198]【ナーフィウ、アブー・ジャアファル、ヤアクーブ】

〔11〕彼がおまえたちを、彼からの安全としてまどろみで包み給うた：彼からの安全としてまどろみがおまえたちを包んだ[199]【イブン・カスィール、アブー・アムル】

193　ハフス＆アースィムの読誦では「負担」を単数形で[ʾiṣr]と読むのに対し、イブン・アーミルの読誦では複数形で[ʾāṣār]と読む。

194　ハフス＆アースィムの読誦では、「赦す」を一人称複数未完了短形で[naghfir]と読みアッラーを主語とし、「過ち khaṭīʾāt」を目的語として対格で読む。一方、ナーフィウ等の読誦では「赦す」を三人称男性単数未完了短形の受動態で[yughfar]と読み、「過ち」をその主語として主格で読む。

195　ハフス＆アースィムの読誦では「過ち」を複数形で[khaṭīʾāt]と読むのに対し、イブン・アーミルは単数形で[khaṭīʾah]と読む。

196　ハフス＆アースィムの読誦では「免責 maʿdhirah」を対格で読み副詞として扱うのに対し、ナーフィウ等の読誦では主格で読み、省略された意味上の主語「われらの訓戒」に対する述部として扱う。

197　ハムザ等の読誦では、「任せ給う」を短形[yadhar]で読むことで、同節の「アッラーが迷わせ給うた者」という仮定文の帰結節として、「彼に導きはない」と等位に扱う。一方ハフス＆アースィムの読誦では「任せ給う」を直接法で[yadharu]と読み、新たな一文として扱う。

198　ハフス＆アースィムの読誦では能動分詞で「列をなす mardifīn」と読むが、ナーフィウ等の読誦では受動分詞で[mardafīn]と読む。後者の場合、アッラーが天使たちを列となしていることが含意される。

199　ハフス＆アースィムの読誦では「まどろみ nuʿās」を対格で読み、「包む yughashshī」の第二目的語とする。一方イブン・カスィール等の読誦では、「まどろみ」を主格で読み、「おまえたち」を目的語にとる主語として扱う。なお、イブン・カスィール等の読誦では「包む」に語根 gh-sh-y の第Ⅰ型「包む ghashiya」が使われているが、ハフス＆アースィムの読誦では「～を覆いとして…の上

〔11〕 降らせ：下し[200]【イブン・カスィール、アブー・アムル、ヤアクーブ】

〔19〕 誠にアッラーは信仰者たちと共におわします：誠にアッラーは信仰者たちと共におわします[201]【イブン・カスィール、アブー・アムル、シュウバ、ハムザ、アル＝キサーイー、ヤアクーブ、ハラフ】

〔39〕 彼らのなすこと：おまえたちのなすこと【ルワイス】

〔44〕 戻される：戻る【イブン・アーミル、ハムザ、アル＝キサーイー、ヤアクーブ、ハラフ】

〔50〕 召し上げる：召し上げる[202]【イブン・アーミル】

〔59〕 信仰を拒んだ者たちは、出し抜いたと考えてはならない：おまえは、信仰を拒んだ者たちが出し抜いたと考えてはならない[203]【ナーフィウ、イブン・カスィール、アブー・アムル、シュウバ、アル＝キサーイー、ヤアクーブ、イスハーク、イドリース[双]】

・第 9 章

〔12〕 誓約がない：信仰がない[204]【イブン・アーミル】

〔17〕 諸モスク：モスク[単数形][205]【イブン・カスィール、アブー・アムル、ヤアクーブ】

〔24〕 一族：一族[複数形][206]【シュウバ】

〔37〕 信仰を拒んだ者たちはそれに迷わされ：信仰を拒んだ者たちはそれによって迷い[207]

に広げる」という意味を持つ第Ⅱ型の[ghashshā]が使われている。

200　両読誦共に語根 n-z-l の派生形動詞の三人称男性単数未完了形であるが、ハフス＆アースィムの読誦では第Ⅱ型で[yunazzilu]と読む一方、イブン・カスィール等の読誦では第Ⅳ型で[yunzilu]と読む。語根 n-z-l の第Ⅱ型及び第Ⅳ型派生形動詞の意味的相違については第 2 章 90 節注参照。

201　ハフス＆アースィムの読誦では '-n を['anna]と読むが、これには理由の前置詞[li]が省略されていると解される(即ち、「〜だからである li-'anna」)。一方イブン・カスィール等の読誦では、'-n を['inna]と読み、新しい文の始まりを表す。

202　ハフス＆アースィムの読誦では「召し上げる」を[yatawaffā]と読み三人称男性単数を主語にとる。そのため、主語を「天使」とする説の他に「アッラー」とする説も存在する。一方イブン・アーミルの読誦では[tatawaffā]と読み、三人称女性単数を主語にとる。この場合、女性名詞として扱うことができる「天使 al-malā'ikah」が主語となり、それ以外に解すことはできない。

203　ハフス＆アースィムの読誦では「考える」を[yaḥsabanna]と読み、三人称男性単数を主語にとる。ここでは「信仰を拒んだ者たち」が主語に当たり、「出し抜く」の意味上の主語は省略された「彼ら自身」である。一方ナーフィウ等の読誦では「考える」を[taḥsibanna]と読むことで二人称男性単数を主語にとり、「信仰を拒んだ者たち」は「出し抜く」の意味上の主語となる。なお、シュウバのみ「考える」を[taḥsabanna]と読む。

204　ハフス＆アースィムの読誦では '-y-mān を「誓約 'aymān」と読むのに対し、イブン・アーミルの読誦では「信仰 'īmān」と読む。

205　ハフス＆アースィムの読誦では「モスク」を複数形で[masājid]と読み、イブン・カスィール等の読誦では単数形で[masjid]と読む。複数形の場合はモスク一般を指すが、単数形の場合はマッカの禁裏モスクを指す。

206　ハフス＆アースィムの読誦では「一族」を単数形で['ashīrah]と読むのに対し、シュウバの読誦では複数形で['ashīrāt]と読む。

207　ハフス＆アースィムの読誦では語根 ḍ-l-l の第Ⅳ型派生形動詞「迷わす 'aḍalla」の三人称男性単数未完了形の受動態で[yuḍallu]と読む。一方ナーフィウ等の読誦では、第Ⅰ型「迷う ḍalla」の三人称男性単数未完了形の能動態で[yaḍillu]と読む。なお、ヤアクーブの読誦では第Ⅳ型を能動態で[yuḍillu]と読み、本来であれば「迷わす」の意になるが、ここでは第Ⅰ型と同様に自動詞の意に解

【ナーフィウ、イブン・カスィール、アブー・アムル、イブン・アーミル、シュウバ、アブー・ジャアファル、ヤアクーブ】

〔40〕 アッラーの御言葉、これこそは至高である：アッラーの御言葉、それこそを高いものとなし給うた[208]【ヤアクーブ】

〔53〕 嫌々ながらにでも：強制的にでも[209]【ハムザ、アル＝キサーイー、ハラフ】

〔61〕 おまえたちのうち信仰する者たちへの慈悲である：おまえたちのうち信仰する者たちへの慈悲の[耳である][210]【ハムザ】

〔64〕 垂示される：下される[211]【イブン・カスィール、アブー・アムル、ヤアクーブ】

〔66〕 おまえたちの一派についてはわれらが寛恕するとしても、別の一派は…われらが懲らしめるであろう：おまえたちの一派については寛恕されるとしても、別の一派は…懲らしめられるであろう[212]【ナーフィウ、イブン・カスィール、アブー・アムル、イブン・アーミル、ハムザ、アル＝キサーイー、アブー・ジャアファル、ヤアクーブ、ハラフ】

〔90〕 弁解者たち：免責事由を有する者たち[213]【ヤアクーブ】

〔100〕 移住者たちと援助者たちの最初の先行者たちと至善をもって彼らに続いた者たち：移住者たちの中の最初の先行者たちと、援助者たちと、至善をもって彼らに続いた者たち[214]【ヤアクーブ】

〔100〕 下に河川が流れる：下から河川が流れる[215]【イブン・カスィール】

される。

208 ハフス＆アースィムの読誦では「言葉 kalimah」を主格で読む一方、ヤアクーブの読誦では対格で読む。

209 第 4 章 19 節と同様。なお、本節で「嫌々ながらにでも」と訳された kurhan は第 4 章 19 節においては「無理やり」との訳語を充ててあるが、同じ単語である。

210 ハフス＆アースィムの読誦では「慈悲 raḥmah」を主格で読むことで「耳 'udhn」と等位に扱うのに対し、ハムザの読誦では属格で読み、「良きこと khayr」と同様に「耳」に属格接続させる。

211 両読誦共に語根 n-z-l の派生形動詞の三人称女性単数未完了接続形の受動態であるが、ハフス＆アースィムの読誦では第Ⅱ型で[tunazzala]と読むのに対し、イブン・カスィール等の読誦では第Ⅳ型で[tunzala]と読む。語根 n-z-l の第Ⅱ型及び第Ⅳ型派生形動詞の意味的相違については第 2 章 90 節注参照。

212 ハフス＆アースィムの読誦では、「寛恕する」、「懲らしめる」共に一人称複数未完了短形で[na‘fu]、[nu‘adhdhib]と読み、「われら(アッラー)」を主語にとる。一方ナーフィウ等の読誦では、「寛恕する」を三人称男性単数未完了短形の受動態で[yu‘fa]と読み、「懲らしめる」を三人称女性単数未完了短形の受動態で[tu‘adhdhab]と読み、「一派 ṭā'ifah」を主語にとる。

213 ハフス＆アースィムの読誦では m-‘-dh-r-w-n を「弁解者たち mu‘adhdhirūna」と読む一方、ヤアクーブの読誦では「免責事由を有する者たち mu‘dhirūna」と読む。一説によれば、前者は正当な免責事由を有さないにもかかわらずそれを主張する嘘つき、あるいは偽信者を意味し、後者は正当な免責事由を有しアッラーが免責し給うた信仰者たちを指す。なお、[mu‘adhdhirūna]の原形は語根 ‘-dh-r の第Ⅷ型の能動分詞[mu‘tadhirūna]であるが、ターウ(t)とザール(dh)の発音場所の近接によりザール(dh)の二重音に転移したものである。

214 ハフス＆アースィムの読誦では「移住者たちと援助者たちの最初の先行者たち」と「至善をもって彼らに続いた者たち」の二者が並べられているのに対し、ヤアクーブの読誦では「援助者たち al-'anṣār」を主格に読むことで「移住者たちの中の最初の先行者たち」と「援助者たち」と「至善をもって彼らに続いた者たち」の三者を並立させる。

215 イブン・カスィールの読誦では前置詞「～の下に taḥt」の前に前置詞「～から min」を挿入して読む。

〔103〕祝福祈願：祝福祈願[複数形][216]【ナーフィウ、イブン・カスィール、アブー・アムル、イブン・アーミル、シュウバ、アブー・ジャアファル、ヤアクーブ】

〔107〕また：[無][217]【ナーフィウ、イブン・アーミル、アブー・ジャアファル】

〔109〕礎を定める…礎を定め：礎が定められる…礎が定められ[218]【ナーフィウ、イブン・アーミル】

〔110〕彼らの心が砕かれない限り：彼らの心が砕かれるまで[219]【ヤアクーブ】

〔111〕殺しまた殺される：殺されまた殺す[220]【ハムザ、アル＝キサーイー、ハラフ】

〔111〕クルアーン：クラーン【イブン・カスィール、ハムザ】

〔114〕イブラーヒーム：イブラーハーム【ヒシャーム、イブン・ザクワーン[双][221]】

〔126〕彼らは気付かないのか：おまえたちは気付かないのか【ハムザ、ヤアクーブ】

・第10章

〔2〕 魔術師：魔術[222]【ナーフィウ、アブー・アムル、イブン・アーミル、アブー・ジャアファル、ヤアクーブ】

〔4〕 まことに彼は創造を始め、そしてそれを繰り返し給う：それは彼が創造を始め、そしてそれを繰り返し給うからである[223]【アブー・ジャアファル】

〔5〕 [彼は]解明し給う：われらは解明する[224]【ナーフィウ、イブン・アーミル、シュウバ、ハムザ、アル＝キサーイー、アブー・ジャアファル、ハラフ】

〔11〕 彼らの期限(天命)は終わらされたであろう：彼らの期限(天命)を終わらせ給うたであろう[225]【イブン・アーミル、ヤアクーブ】

〔15〕 クルアーン：クラーン【イブン・カスィール、ハムザ】

216　ハフス＆アースィムの読誦では「祝福祈願」を単数形で[ṣalāt]と読むのに対し、ナーフィウ等の読誦では複数形で[ṣalawāt]と読む。

217　ナーフィウ等の読誦には、ハフス＆アースィムの読誦に含まれる「また wa」の文字が節の冒頭に存在しない。

218　両読誦共に語根 ʼ-s-s の第Ⅱ型派生形動詞「定める ʼassasa」の三人称男性単数完了形であるが、ハフス＆アースィムの読誦では能動態で「定める ʼassasa」と読み、「礎 bunyān」を目的語として対格に読むのに対し、ナーフィウ等の読誦では「定める」を受動態で[ʼussisa]と読み、「礎」を主語として主格で読む。

219　ヤアクーブの読誦では、ハフス＆アースィムの読誦で「～でない限り ʼillā」と読む箇所を「～まで ʼilā」と読む。

220　ハフス＆アースィムの読誦とハムザ等の読誦では、「殺す yaqtulūna」と「殺される yuqtalūna」の順序が逆に読まれる。

221　*al-ʻAshr* では、ヒシャームのみが「イブラーハーム」との読誦に分類されている。

222　ハフス＆アースィムの読誦では「魔術師 sāḥir」と読むのに対し、ナーフィウ等の読誦では「魔術 siḥr」と読む。

223　ハフス＆アースィムの読誦では ʼ-n を[ʼinna]と読み新しい文の開始を示すが、アブー・ジャアファルの読誦では[ʼanna]と読むため、理由の前置詞[li]が潜在していると解される。

224　両読誦共に語根 f-ṣ-l の第Ⅱ型派生形動詞「解明する faṣṣala」の未完了形であるが、ハフス＆アースィムの読誦では三人称男性単数で[yufaṣṣilu]と読むのに対し、ナーフィウの読誦では一人称複数で[nufaṣṣilu]と読む。

225　両読誦共に語根 q-ḍ-y の第Ⅰ型「終わらせる qaḍā」の三人称男性単数完了形であるが、ハフス＆アースィムの読誦では受動態で[quḍiya]と読むのに対し、イブン・アーミル等の読誦では能動態で[qaḍā]と読む。後者の場合、主語はアッラーと解される。

〔16〕 私がおまえたちにこれを読み聞かせることもなく、彼がおまえたちにそれについて知らせ給うこともなかったであろう：私がおまえたちにこれを読み聞かせることはなく、彼がおまえたちに知らせ給うたであろう[226]【アル＝バッズィー［双］、クンブル】

〔18〕 彼らが同位に配する：おまえたちが同位に配する【ハムザ、アル＝キサーイー、ハラフ】

〔21〕 おまえたちが策謀すること：彼らが策謀すること【ラウフ】

〔22〕 おまえたちに陸と海を旅させ給う御方：おまえたちを陸と海に散らし給う御方[227]【イブン・アーミル、アブー・ジャアファル】

〔23〕 享楽を：享楽である[228]【ナーフィウ、イブン・カスィール、アブー・アムル、イブン・アーミル、シュウバ、ハムザ、アル＝キサーイー、アブー・ジャアファル、ヤアクーブ、ハラフ】

〔30〕 確かめる：読み上げる[229]【ハムザ、アル＝キサーイー、ハラフ】

〔33〕 御言葉：御言葉［複数形］【ナーフィウ、イブン・アーミル、アブー・ジャアファル】

〔37〕 クルアーン：クラーン【イブン・カスィール、ハムザ】

〔45〕 彼が彼らを集め給う：われらが彼らを集める【ナーフィウ、イブン・カスィール、アブー・アムル、イブン・アーミル、シュウバ、ハムザ、アル＝キサーイー、アブー・ジャアファル、ヤアクーブ、ハラフ】

〔56〕 おまえたちは帰される：おまえたちは帰る[230]【ヤアクーブ】

〔58〕 彼らを喜ばせよ：おまえたちは喜べ[231]【ルワイス】

〔58〕 彼らが集める：おまえたちが集める【イブン・アーミル、アブー・ジャアファル、ルワイス】

〔61〕 クルアーン：クラーン【イブン・カスィール、ハムザ】

226　ハフス＆アースィムの読誦では「知らせる 'adrā」の前の語を否定詞の［lā］で読むのに対し、アル＝バッズィー等の読誦では［la］と読み、同節の「もし law」に対する帰結の辞詞として扱う。後者の場合「知らせる」は肯定文となり、「私が読み聞かせることはなく、私以外の者の舌を通じておまえたちにそれについて教え給うたであろう」との意に解される。

227　ハフス＆アースィムの読誦において「旅をさせる yusayyiru」（語根 s-y-r 第Ⅱ型派生形動詞の三人称男性単数未完了形）と読む箇所を、イブン・アーミル等の読誦では「散らす yanshuru」（語根 n-sh-r 第Ⅰ型の三人称男性単数未完了形）で読む。

228　ハフス＆アースィムの読誦において対格で読む「享楽 matā'」を、ナーフィウ等の読誦では主格で読む。

229　ハフス＆アースィムの読誦において「確かめる tablū」（語根 b-l-w 第Ⅰ型の三人称女性単数未完了形）と読む箇所を、ハムザ等の読誦では「読み上げる tatlū」（語根 t-l-w 第Ⅰ型の三人称女性単数未完了形）と読む。

230　両読誦共に語根 r-j-' の派生形動詞の二人称男性複数未完了形であるが、ハフス＆アースィムの読誦では第Ⅳ型の受動態で［turja'ūna］と読むのに対し、ヤアクーブの読誦では第Ⅰ型の能動態で［tarji'ūna］と読む。

231　両読誦共に語根 f-r-ḥ の第Ⅰ型「喜ぶ fariḥa」の未完了短形であるが、ハフス＆アースィムの読誦において「彼らを喜ばせよ fal-yafraḥū」と読む箇所を、ルワイスの読誦では接頭人称代名詞を二人称男性複数とし「おまえたちは喜べ fal-tafraḥū」と読む。

〔79〕魔術師：大魔術師[232]【ハムザ、アル＝キサーイー、ハラフ】

〔81〕おまえたちがもたらしたものは魔法である。：何がおまえたちのもたらしたものか。魔法か[233]。【アブー・アムル、アブー・ジャアファル】

〔88〕彼らは(人々を)あなたの道から迷わせました：彼らはあなたの道から迷妄に陥りました[234]【ナーフィウ、イブン・カスィール、アブー・アムル、イブン・アーミル、アブー・ジャアファル、ヤアクーブ】

〔90〕イスラーイールの子孫が信じた御方のほかに神はないことを私は信じた。：私は信じた。まことに、イスラーイールの子孫が信じた御方のほかに神はない[235]。【ハムザ、アル＝キサーイー、ハラフ】

〔96〕御言葉：御言葉[複数形]【ナーフィウ、イブン・アーミル、アブー・ジャアファル】

〔100〕彼は…与え給う：われらは…与える【シュウバ】

・第11章

〔7〕魔術：魔術師[236]【ハムザ、アル＝キサーイー、ハラフ】

〔28〕不明瞭ならば：不明瞭ならば[237]【ナーフィウ、イブン・カスィール、アブー・アムル、イブン・アーミル、シュウバ、アブー・ジャアファル、ヤアクーブ】

〔34〕おまえたちは戻される：おまえたちは戻る【ヤアクーブ】

〔46〕それは正しい行いではない：彼は正しくない行いをなした[238]【アル＝キサーイー、ヤアクーブ】

〔46〕われに求めてはならない：求めてはならない[239]【イブン・カスィール、ヒシャーム［双］[240]】

〔50、61、84〕彼のほかに神はない：彼のほかの神はない[241]【アル＝キサーイー、アブー・

232　第7章112節と同様。

233　アブー・アムル等の読誦では、「魔法 siḥr」の前にハフス＆アースィムの読誦には含まれない疑問詞[ʾa]が挿入される。この場合、その前部分にある[mā]が疑問詞に解されるのに対し、ハフス＆アースィムの読誦においては関係節を形成する辞詞とみなされる。

234　第6章119節と同様。

235　ハフス＆アースィムの読誦ではʾ-nを[ʾanna]と読み、「～ということを bi-ʾanna」の意に解するのに対し、ハムザ等の読誦では[ʾinna]と読み新しい文の開始を示す。

236　第5章110節と同様。

237　両読誦とも語根 ʿ-m-y の派生形動詞であるが、ハフス＆アースィムの読誦では第Ⅱ型「不明瞭にする ʿammā」の三人称女性単数完了形の受動態で「不明瞭とされた ʿummiyat」と読む(ハフス＆アースィム版の「不明瞭ならば」は「不明瞭とされたならば」の意訳)。一方、ナーフィウ等の読誦では第Ⅰ型の能動態で「不明瞭である ʿamiyat」と読む。

238　ハフス＆アースィムの読誦では ʿ-m-l を名詞で「行い ʿamalun」と読み、「正しくない ghayru ṣāliḥin」で形容する。一方アル＝キサーイーらの読誦では ʿ-m-l を動詞で「なす ʿamila」と読み、[ghayr]を対格で読んで「なす」の目的語として扱う。

239　ハフス＆アースィムの読誦では t-s-ʾ-l-n を「私に求め(てはならない) tasʾalni」と読むのに対し、イブン・カスィール等の読誦では[tasʾalanna]と読みヌーン(n)を強調の接尾辞として扱う。

240　*al-ʿAshr* 及び *al-Shāmil* ではヒシャームはイブン・カスィールと同じ読誦の部類には含まれていない。

241　第7章59節と同様。

ジャアファル】

〔66〕その日の恥辱から：その日、恥辱から[242]【ナーフィウ、アル＝キサーイー、アブー・ジャアファル】

〔69〕平安を：平和を[243]【ハムザ、アル＝キサーイー】

〔71〕われらは彼女にイスハーク、そしてイスハークの後にはヤアクーブの吉報を伝えた。：われらは彼女にイスハークの吉報を伝えた。そしてイスハークの後にはヤアクーブがいる[244]。【ナーフィウ、イブン・カスィール、アブー・アムル、シュウバ、アル＝キサーイー、アブー・ジャアファル、ヤアクーブ、ハラフ】

〔93、121〕立場：立場［複数形］【シュウバ】

〔108〕幸福にされた：幸福である[245]【ナーフィウ、イブン・カスィール、アブー・アムル、イブン・アーミル、シュウバ、アブー・ジャアファル、ヤアクーブ】

〔111〕まことに、ことごとくおまえの主は彼らの行いに対して必ずや彼らに報い給う。：ことごとくおまえの主は彼らの行いに対して報い給わずにはおかない[246]。【ナーフィウ、イブン・カスィール】

〔123〕戻される：戻る【イブン・カスィール、アブー・アムル、イブン・アーミル、シュウバ、ハムザ、アル＝キサーイー、アブー・ジャアファル、ヤアクーブ、ハラフ】

〔123〕おまえたちのなすこと：彼らのなすこと【イブン・カスィール、アブー・アムル、シュウバ、ハムザ、アル＝キサーイー、ハラフ】

・第12章

〔2、3〕クルアーン：クラーン【イブン・カスィール、ハムザ】

〔7〕諸々の徴：徴[247]【イブン・カスィール】

〔10、15〕底：底［単数形］[248]【ナーフィウ、アブー・ジャアファル】

242　ハフス＆アースィムの読誦では［yawmi'idhin］とミーム（m）の母音をカスラ（i）で読むが、ナーフィウ等の読誦では［yawma'idhin］とミーム（m）の母音をファトハ（a）で読む。前者の場合、「その日」が「恥辱 ‘adhāb」に属格接続されるニュアンスが強いのに対し、後者の場合は副詞的なニュアンスが強い。

243　ハフス＆アースィムの読誦では s-l-m を「平安 salāmun」と読むのに対し、ハムザの読誦では「争い／衝突 muḥārabah」の対義語「平和 silmun」として読む。

244　ハフス＆アースィムの読誦では「ヤアクーブ ya‘qūb」を属格で読み、「［われらは彼女に］吉報を伝えた bashsharnā-hā」に付属する前置詞［bi］に接続させ、「イスハーク 'isḥāq」と等位に扱う。一方ナーフィウ等の読誦では「ヤアクーブ」を主格で読み、新たな文の主語として扱う。

245　両読誦共に語根 s-‘-d の第Ⅰ型「幸福である／幸福にする sa‘ida」の三人称男性複数完了形であるが、ハフス＆アースィムの読誦では受動態で「幸福にされた su‘idū」と読み、ナーフィウの読誦では能動態で「幸福である sa‘idū」と読む。

246　ナーフィウ等の読誦では、ハフス＆アースィムの読誦における「まことに 'inna」を［'in］と読み、「必ずや lammā」を［lamā］と読む。この場合、［lamā］が「～以外に 'illā」の意味を持つため、［'in］が否定詞［mā］として機能し、文全体の意味が「おまえの主は彼らの行いに対して報い給わずにはおかない」となる。

247　ハフス＆アースィムの読誦では「徴」を複数形［'āyāt］で読むのに対し、イブン・カスィールの読誦では単数形で［'āyah］と読む。

248　ハフス＆アースィムの読誦では「底」を複数形［ghayābāt］で読むのに対し、ナーフィウ等の読誦では単数形で［ghayābah］と読む。

〔12〕彼は楽しみ、遊び：われらは楽しみ、遊び【イブン・カスィール、アブー・アムル、イブン・アーミル】

〔19〕吉報かな：わが吉報かな[249]【ナーフィウ、イブン・カスィール、アブー・アムル、イブン・アーミル、アブー・ジャアファル、ヤアクーブ】

〔24〕選別された：誠実な[250]【イブン・カスィール、アブー・アムル、イブン・アーミル、ヤアクーブ】

〔49〕彼らは…絞る：あなたがたは…絞る[251]【ハムザ、アル＝キサーイー、ハラフ】

〔56〕彼はそのどこでも望むところを居所と定める：彼はわれらがどこでも望むところを居所と定める[252]【イブン・カスィール】

〔63〕われらは量ってもらえます：彼は量ってもらえます【ハムザ、アル＝キサーイー、ハラフ】

〔64〕守護者として：守護において[253]【ナーフィウ、イブン・カスィール、アブー・アムル、イブン・アーミル、シュウバ、アブー・ジャアファル、ヤアクーブ】

〔76〕われらは望む者に位階を高める：われらは望む者の位階を高める【ナーフィウ、イブン・カスィール、アブー・アムル、イブン・アーミル、アブー・ジャアファル】：彼はその望む者の位階を高め給う[254]【ヤアクーブ】

〔90〕あなたは、まさか、ユースフですか：あなたはユースフだ[255]【イブン・カスィール、アブー・ジャアファル】

〔109〕われらが啓示を下した：彼が啓示を下された[256]【ナーフィウ、イブン・カスィール、アブー・アムル、イブン・アーミル、シュウバ、ハムザ、アル＝キサーイー、アブー・ジャアファル、ヤアクーブ、ハラフ】

249　ハフス＆アースィムの読誦では「吉報 bushrā」と読むのに対し、ナーフィウ等の読誦では一人称の接尾人称代名詞を加え、「わが吉報 bushrāya」と読む。

250　ハフス＆アースィムの読誦では m-kh-l-ṣ-y-n を受動分詞で「選別された mukhlaṣīna」と読むのに対し、イブン・カスィールの読誦では能動分詞で「誠実な mukhliṣīna」と読む。

251　両読誦共に語根 ‘-ṣ-r の第Ⅰ型「絞る ‘aṣara」の未完了形であるが、ハフス＆アースィムの読誦では三人称男性複数で[ya‘ṣirūna]と読むのに対し、ハムザ等の読誦では二人称男性複数で[ta‘ṣirūna]と読む。

252　両読誦共に語根 sh-y-’ の第Ⅰ型「望む shā’a」の未完了形であるが、ハフス＆アースィムの読誦では三人称男性複数で[yashā’u]と読み「彼(ユースフ)」をその主語にとるのに対し、イブン・カスィールの読誦では一人称複数で[nashā’u]と読み「われら(アッラー)」を主語にとる。

253　ハフス＆アースィムの読誦では能動分詞で「守護者として ḥāfiẓan」と読むのに対し、ナーフィウ等の読誦では動名詞で「守護において ḥifẓan」と読む。

254　ハフス＆アースィムの読誦では、「位階」をタンウィーンの対格で[darajātin]と読み、「位階」を第一目的語、「(われらが)望む者 man nashā’u」を第二目的語とする。一方ナーフィウ等の読誦では「位階」を非タンウィーンで[darajāti]と読み「(われらが)望む者」を属格接続させ、「われらが望む者の位階」を目的語とする。ヤアクーブの読誦ではナーフィウ等の読誦同様「位階」を非タンウィーンで読むが、「高める」と「望む」の主語を三人称男性単数で[yarfa‘u]、[yashā’u]と読み、「彼(アッラー)」を主語にとる。

255　イブン・カスィール等の読誦には、ハフス＆アースィムの読誦に含まれる疑問符[’a]が存在しない。

256　底本にはナーフィウ等の読誦は「彼が啓示を下した yūḥī」とあるが、ウマル師の修正表、*al-Shāmil*、*al-‘Ashr* 及び諸注釈書では、ナーフィウ等の読誦は「啓示を下された yūḥā」と受動態で読まれるとされており、意味的にもこちらが妥当なため、ここでは後者を採用した。

〔109〕おまえたちは悟らないのか：彼らは悟らないのか【イブン・カスィール、アブー・アムル、ハムザ、アル＝キサーイー、ハラフ】

〔110〕嘘をつかれた：嘘と否定された[257]【ナーフィウ、イブン・カスィール、アブー・アムル、イブン・アーミル、ヤアクーブ】

〔110〕われらの望む者は救われたのである：われらの望む者をわれらは救うのである[258]【ナーフィウ、イブン・カスィール、アブー・アムル、ハムザ、アル＝キサーイー、アブー・ジャアファル、ハラフ】

・13章

〔4〕　ブドウの園、畑、そして双生のと双生でないナツメヤシ：ブドウと畑と双生のナツメヤシと双生でないものの園[259]【ナーフィウ、イブン・アーミル、シュウバ、ハムザ、アル＝キサーイー、アブー・ジャアファル、ハラフ】

〔4〕　われらは…優越させる：彼は…優越させ給う【ハムザ、アル＝キサーイー、ハラフ】

〔17〕　彼らが火に焼《く》べる：おまえたちが火に焼《く》べる【ナーフィウ、イブン・カスィール、アブー・アムル、イブン・アーミル、シュウバ、アブー・ジャアファル、ヤアクーブ】

〔31〕　ある読誦されるもの(クルアーン)：クラーン【イブン・カスィール、ハムザ[260]】

〔33〕　逸らされたのである：逸らしたのである[261]【ナーフィウ、イブン・カスィール、アブー・アムル、イブン・アーミル、アブー・ジャアファル】

〔39〕　確定し給う：承認し給う[262]【ナーフィウ、イブン・アーミル、ハムザ、アル＝キサーイー、アブー・ジャアファル、ハラフ】

〔42〕　不信仰者たち：不信仰者[263]【ナーフィウ、イブン・カスィール、アブー・アムル、

257　両読誦共に語根 k-dh-b の派生形動詞の三人称男性複数完了形の受動態であるが、ハフス＆アースィムの読誦では第Ⅰ型で「嘘をつかれた kudhibū」と読むのに対し、ナーフィウ等の読誦では第Ⅱ型で「嘘と否定された kudhdhibū」と読む。

258　両読誦共に語根 n-j-y の派生形動詞であるが、ハフス＆アースィムの読誦では第Ⅱ型「救う najjā」の三人称男性単数完了形の受動態で「彼は救われた nujjiya」と読むのに対し、ナーフィウ等の読誦では第Ⅳ型「救う 'anjā」の一人称複数未完了形の能動態で「われらは救う nunjī」と読む。

259　ハフス＆アースィムの読誦では「畑 zar'」、「双生のナツメヤシ nakhīl ṣinwān」、「双生でないもの ghayr ṣinwān」を全て主格で読むことで「園 jannāt」と等位に並置するのに対し、ナーフィウ等の読誦では「畑」、「双生のナツメヤシ」、「双生でないもの」を属格で読むことで「ブドウ 'a'nāb」と等位に並置し、「ブドウの園 jannātun min 'a'nāb」の構成物として扱う。

260　*al-'Ashr* では、ハムザは「クラーン」の読誦者には含まれない。

261　両読誦共に語根 ṣ-d-d の第Ⅰ型「逸らす ṣadda」の三人称男性複数完了形であるが、ハフス＆アースィムの読誦では受動態で「逸らされた ṣuddū」と読み、「アッラーが彼らを正道から逸らし給うた」との意になるのに対し、ナーフィウ等の読誦では能動態で「逸らした ṣaddū」と読み、「多神教徒たちが他の人々を正道から逸らした」との意になる。

262　両読誦共に語根 th-b-t の派生形動詞の三人称男性単数未完了形であるが、ハフス＆アースィムの読誦では第Ⅳ型で「確定する yuthbitu」と読むのに対し、ナーフィウ等の読誦では第Ⅱ型で「承認する yuthabbitu」と読む。前者の意味は「書く yaktubu」であるのに対し、後者は「認諾する yuqirru」、「そのままの状態に放置する yatruku-hu 'alā ḥāli-hi」、「消さない lā yamḥū」との意を持つ。

263　ハフス＆アースィムの読誦では「不信仰者」を複数形で[al-kuffār]と読むのに対し、ナーフィウ等の読誦では単数形で[al-kāfir]と読む。尚後者は「一人の不信仰者」ではなく不信仰者という「種」を指示している。

アブー・ジャアファル】

・第 14 章

〔18〕 風：風[複数形][264]【ナーフィウ、アブー・ジャアファル】

〔19〕 アッラーが諸天と地を真理と共に創造し給うた：アッラーが諸天と地を真理と共に創造された御方である[265]【ハムザ、アル＝キサーイー、ハラフ】

〔30〕 迷わせた：迷妄に陥った[266]【イブン・カスィール、アブー・アムル、ルワイス[双]】

〔35〕 イブラーヒーム：イブラーハーム【ヒシャーム、イブン・ザクワーン[双][267]】

〔46〕 しかし彼らの策謀は、それで山を消すようなものではない：まこと彼らの策謀は、それで山を消すほどである[268]【アル＝キサーイー】

・第 15 章

〔1〕 クルアーン：クラーン【イブン・カスィール、ハムザ】

〔8〕 われらが天使たちを降すのは：天使たちが下るのは【ナーフィウ、イブン・カスィール、アブー・アムル、イブン・アーミル、アブー・ジャアファル、ヤアクーブ】：天使たちが降されるのは[269]【シュウバ】

〔22〕 風：風[単数形][270]【ハムザ、ハラフ】

〔40〕 選別された：誠実な[271]【イブン・カスィール、アブー・アムル、イブン・アーミル、ヤアクーブ】

〔41〕 われへのまっすぐな道：誉れ高きまっすぐな道[272]【ヤアクーブ】

---

264 ハフス&アースィムの読誦では「風」を単数形で[rīḥ]と読むのに対し、ナーフィウ等の読誦では複数形で[riyāḥ]と読む。

265 ハフス&アースィムの読誦では kh-l-q を動詞で「創造した khalaqa」と読むのに対し、ハムザ等の読誦では能動分詞で「創造された御方 khāliq」と読む。

266 第 6 章 119 節と同様。

267 *al-'Ashr* では、ヒシャームのみが「イブラーハーム」との読誦に分類される。

268 ハフス&アースィムの読誦では l-t-z-w-l を[li-tazūla]と読み、アル＝キサーイーの読誦では[la-tazūlu]と読む。前者の場合、同節の辞詞の['in]は否定詞[mā]の意を持ち、[li]はそれを受けた辞詞とされる。後者の場合、['in]が強調の辞詞とされ、[la]はそれを受けた辞詞となる。意味としては、ハフス&アースィムの読誦では「彼らの策謀はその弱さと無分別ゆえに、山を消すようなものではない」となり、アル＝キサーイーの読誦では「彼らの策謀はその大きさと激しさによって、山をも消すほどである」となる。

269 ハフス&アースィムの読誦では「降す」を語根 n-z-l の第Ⅱ型派生形動詞での一人称複数未完了形で「われらが降す nunazzilu」と読み、「天使 al-malā'ikah」を対格で読んで目的語とする。ナーフィウ等の読誦では、ハフス&アースィムの読誦における「降す」の箇所を[tanazzalu]と読むが、これは第Ⅴ型派生形動詞の三人称女性単数未完了形[tatanazzalu]の二つの[ta]の内の一方が省略された変則活用であり、自動詞で「下る」の意である。この読誦では、「天使」を主格に読む。シュウバの読誦では「降す」をハフス&アースィムの読誦と同様第Ⅱ型派生形動詞で読むが、三人称女性単数未完了形の受動態で「降され tunazzalu」とし、「天使」は主格で読む。

270 ハフス&アースィムの読誦では「風」を複数形で[riyāḥ]と読むのに対し、ハムザ等の読誦では単数形で[rīḥ]と読む。

271 第 12 章 24 節と同様。

272 ハフス&アースィムの読誦では '-l-y を「われへの 'alayya」と読むのに対し、ヤアクーブの読誦では形容詞で「誉れ高き 'alīyun」と読む。

〔54〕何をあなたがたは吉報として告げるのか：何をあなたがたは私に吉報として告げるのか[273]【ナーフィウ、イブン・カスィール】

〔87〕クルアーン：クラーン【イブン・カスィール、ハムザ】

〔91〕クルアーン：クラーン【イブン・カスィール、ハムザ】

・第16章

〔1〕彼らが同位に配する：おまえたちが同位に配する【ハムザ、アル＝キサーイー、ハラフ】

〔2〕彼は…天使たちを…降し給う：彼は…天使たちを…下し給う【イブン・カスィール、アブー・アムル、ルワイス】：天使たちは…下る[274]【ラウフ】

〔11〕彼は…生やし給う：われらは…生やす【シュウバ】

〔12〕彼はおまえたちに夜と昼、太陽と月を従わせ給い、星々も彼の命令によって服従する：彼はおまえたちに夜と昼を従わせ給い、太陽と月と星々も彼の命令によって服従する【イブン・アーミル】：彼はおまえたちに夜と昼と太陽と月と星々を、彼の命令によって服従するものとして従わせ給うた[275]【ナーフィウ、イブン・カスィール、アブー・アムル、シュウバ、ハムザ、アル＝キサーイー、アブー・ジャアファル、ヤアクーブ、ハラフ】

〔20〕彼らが…祈る：おまえたちが…祈る【ナーフィウ、イブン・カスィール、アブー・アムル、イブン・アーミル、ハムザ、アル＝キサーイー、アブー・ジャアファル、ハラフ】

〔27〕おまえたちが彼らを巡って対立していた：おまえたちが彼らを巡ってわれと対立していた[276]【ナーフィウ】

273　ハフス＆アースィムの読誦では「告げる」を[tubashshirūna]と読み二人称複数未完了形の直接形で読むのに対し、ナーフィウ等の読誦では対格の接尾人称代名詞「私に」を加え、語尾の母音をカスラ(i)で[tubashshirūni]と読む。なお、イブン・カスィールは[tubashshirūnni]と最後のヌーン(n)をシャッダで読む。

274　全ての読誦は、語根n-z-lの派生形動詞の未完了形であるが、ハフス＆アースィムの読誦では第Ⅱ型の三人称男性単数で[yunazzilu]と読む一方、イブン・カスィール等の読誦では第Ⅳ型での三人称男性単数で[yunzilu]と読む。語根n-z-lの第Ⅱ型及び第Ⅳ型派生形動詞の意味的相違については第2章90節注参照。ラウフの読誦では第Ⅴ型「下るtanazzala」の三人称女性単数未完了形の変則活用で[tanazzalu]と読み、「天使たちal-malā'ikah」をその主語として主格で読む。意味は第15章8節と同様。

275　ハフス＆アースィムの読誦では「太陽ash-shams」と「月al-qamar」を、「従わせ給うたsakhkhara」の目的語として「夜al-layl」と「昼an-nahār」と同様に対格で読む。そして「星々an-nujūm」を主格で読み、新たな文の主語として扱う。これを受け、「従うものたちはmusakhkharāt」はその述語として主格で読まれる。一方イブン・アーミルの読誦では、「従わせ給うた」の目的語は「夜」と「昼」のみであり、「夜」、「昼」、「太陽」、「月」、「星々」は新たな文の主語として主格で読み、「従うものたち」を述語として主格で読む。ナーフィウ等の読誦では、「太陽」、「月」、「星々」の全てを「従わせ給うた」の目的語として対格で読む。またこれを受け、「従うものたち」も同様に対格で読まれる。

276　ハフス＆アースィムの読誦では「おまえたちが対立する」を二人称複数未完了形の直接形で[tushāqqūna]と読むのに対し、ナーフィウの読誦では対格の接尾人称代名詞「私に」を加え、語尾の母音をカスラ(i)で読む。

〔37〕アッラーは迷わせ給う者を導き給わない：アッラーが迷わせ給う者は導かれない[277]【ナーフィウ、イブン・カスィール、アブー・アムル、イブン・アーミル、アブー・ジャアファル、ヤアクーブ】

〔43〕われらが啓示を授けた男たち：それが啓示される男たち[278]【ナーフィウ、イブン・カスィール、アブー・アムル、イブン・アーミル、シュウバ、ハムザ、アル＝キサーイー、アブー・ジャアファル、ヤアクーブ、ハラフ】

〔48〕彼らは…見たことがないのか：おまえたちは…見たことがないのか【ハムザ、アル＝キサーイー、ハラフ】

〔62〕彼らは(そこに)捨て置かれる：彼らは限度を超えた者たちである【ナーフィウ】：彼らは怠る者たちである[279]【アブー・ジャアファル】

〔66〕われらは…飲ませる：それは…飲ませる[280]【アブー・ジャアファル】

〔71〕彼らは…否定する：おまえたちは…否定する【シュウバ、ルワイス】

〔79〕彼らは…見なかったか：おまえたちは…見なかったか【イブン・アーミル、ハムザ、ヤウクーブ、ハラフ】

〔96〕われらは…報酬を与えよう：彼は…報酬を与え給う【ナーフィウ、アブー・アムル、イブン・アーミル［双］[281]、ハムザ、アル＝キサーイー、ヤアクーブ、ハラフ】

〔98〕クルアーン：クラーン【イブン・カスィール、ハムザ】

〔101〕垂示し給う：下し給う[282]【イブン・カスィール、アブー・アムル】

〔110〕迫害を被った：迫害を与えた[283]【イブン・アーミル】

〔120、123〕イブラーヒーム：イブラーハーム【ヒシャーム、イブン・ザクワーン［双］[284]】

・第17章

277　両読誦共に語根 h-d-y の第Ⅰ型「導く hadā」の三人称男性単数未完了形であるが、ハフス＆アースィムの読誦では能動態で[yahdī]と読み、「迷わせ給う者 man yuḍillu」を目的語とする。一方ナーフィウ等の読誦では受動態で[yuhdā]と読み、「迷わせ給う者」をその意味上の主語にとる。

278　両読誦共に語根 w-ḥ-y の第Ⅳ型「啓示する 'awḥā」の未完了形であるが、ハフス＆アースィムの読誦では一人称複数で[nūḥī]と読むのに対し、ナーフィウ等の読誦では三人称男性単数の受動態で[yūḥā]と読む。

279　ハフス＆アースィムの読誦では m-f-r-ṭ-w-n を[mufraṭūn]、ナーフィウの読誦では[mufriṭūn]、アブー・ジャアファルの読誦では[mufarriṭūn]と読む。[mufraṭūn]とは、業火に急かされ(mu'ajjalūn)そこに放置される(matrūkūn, mukhallafūn)者である。[mufriṭūn]とは、罪と背信行為に耽り(musrifūn)それを繰り返す(mukthirūn)者である。[mufarriṭūn]とは、献神行為を怠る(muqaṣṣirūn)者である。

280　アブー・ジャアファルの読誦では三人称女性単数を主語にとり[tasqī-kum]と読むが、この場合の主語は「家畜 al-'an'ām」である。

281　*al-'Ashr* では、イブン・ザクワーンのみが二つの読誦に帰されている。

282　両読誦共に語根 n-z-l の派生形動詞の三人称男性単数未完了形であるが、ハフス＆アースィムの読誦では第Ⅱ型で[yunazzilu]と読む一方、イブン・カスィール等の読誦では第Ⅳ型で[yunzilu]と読む。語根 n-z-l の第Ⅱ型及び第Ⅳ型派生形動詞の意味的相違については第2章90節注参照。

283　両読誦共に語根 f-t-n の三人称複数完了形であるが、ハフス＆アースィムの読誦では受動態で[futinū]と読むのに対し、イブン・アーミルの読誦では能動態で[fatanū]と読む。後者の場合、不信仰者としてムスリムたちを迫害した後に、イスラームに改宗した者たちが意図されている。

284　*al-'Ashr* では、ヒシャームのみが「イブラーハーム」との読誦に分類されている。

〔2〕 おまえたちが…持ってはならない：彼らが…持ってはならない【アブー・アムル】

〔7〕 彼らは…曇らせ：彼は…曇らせ【イブン・アーミル、シュウバ、ハムザ、ハラフ】：われらは…曇らせ[285]【アル＝キサーイー】

〔9〕 クルアーン：クラーン【アル＝キサーイー、ハムザ】

〔13〕 われらは彼に書を差し出し：それは彼に書として差し出され【アブー・ジャアファル】：それは彼に書として出て[286]【ヤアクーブ】

〔13〕 彼はそれが開かれているのを見る：彼はそれを開かれた状態で用意される[287]【イブン・アーミル、アブー・ジャアファル】

〔41〕 クルアーン：クラーン【アル＝キサーイー、ハムザ】

〔41〕 彼らに留意させようと：彼らが念じるようにと[288]【ハムザ、アル＝キサーイー、ハラフ】

〔42〕 彼らが言うように：おまえたちが言うように【ナーフィウ、アブー・アムル、イブン・アーミル、シュウバ、ハムザ、アル＝キサーイー、アブー・ジャアファル、ヤアクーブ、ハラフ】

〔43〕 彼らが言うものから：おまえたちが言うものから【ハムザ、アル＝キサーイー、ルワイス[289]、ハラフ】

〔46〕 クルアーン：クラーン【アル＝キサーイー、ハムザ】

〔55〕 詩篇：書き写されたもの[290]【ハムザ、ハラフ】

〔60〕 クルアーン：クラーン【アル＝キサーイー、ハムザ】

〔68〕 彼が…飲み込ませ給う：われらが…飲み込ませる【イブン・カスィール、アブー・アムル】

〔68〕 彼が…送り給い：われらが…送り【イブン・カスィール、アブー・アムル】

〔69〕 彼が…戻し…送り：われらが…戻し…送り【イブン・カスィール、アブー・アムル】

〔69〕 彼が…溺死させ給う：[暴風が]溺死させる【アブー・ジャアファル、ルワイス】：われらが溺死させる[291]【イブン・カスィール、アブー・アムル】

285　三読誦全て語根 s-w-' の第Ⅰ型「曇らせる sā'a」の未完了接続形であるが、ハフス＆アースィムの読誦では三人称男性複数で[yasū'ū]、イブン・アーミル等の読誦では三人称男性単数で[yasū'a]、アル＝キサーイーの読誦では一人称複数で[nasū'a]と読む。なお、アル＝キサーイーの主語「われら」は「アッラー」を指すと解されるが、イブン・アーミル等の読誦における主語は「アッラー」であるとも「人」であるとも言われる。

286　三読誦全て語根 kh-r-j の派生形動詞の未完了形であるが、ハフス＆アースィムの読誦では第Ⅳ型「差し出す 'akhraja」の一人称複数の能動態で[nukhriju]、アブー・ジャアファルの読誦では同じく第Ⅳ型の三人称男性単数の受動態で[yukhraju]、ヤアクーブの読誦では第Ⅰ型の三人称男性単数の能動態で[yakhruju]と読む。

287　両読誦共に語根 l-q-y の三人称男性単数未完了形であるが、ハフス＆アースィムの読誦では第Ⅰ型の能動態で「見る yalqā」と読むのに対し、イブン・アーミル等の読誦では第Ⅱ型「用意する yulaqqī」の受動態で[yulaqqā]と読む。

288　両読誦共に語根 dh-k-r の派生形動詞の三人称複数未完了接続形であるが、ハフス＆アースィムの読誦では第Ⅴ型の変則で「留意する yadhdhakkarū」と読むのに対し、ハムザ等の読誦では第Ⅰ型で「念じる yadhkurū」と読む。

289　*al-'Ashr* と *al-Shāmil* では、ルワイスはこちらの読誦に分類されていない。

290　第 4 章 163 節と同様。

291　三読誦全て語根 gh-r-q の第Ⅳ型派生形動詞「溺死させる 'aghraqa」の未完了接続形であるが、ハ

〔78〕クルアーン：クラーン【アル＝キサーイー、ハムザ】

〔82〕垂示する：下す[292]【アブー・アムル、ヤアクーブ】

〔83〕脇を捩り：傲慢に振る舞い[293]【イブン・ザクワーン、アブー・ジャアファル】

〔88〕クルアーン：クラーン【アル＝キサーイー、ハムザ】

〔93〕垂示する：下す[294]【アブー・アムル、ヤアクーブ】

〔93〕言え：彼は言った【イブン・カスィール、イブン・アーミル】

〔102〕おまえは…知っていた：私は…知っていた【アル＝キサーイー】

〔106〕クルアーン：クラーン【アル＝キサーイー、ハムザ】

・第18章

〔18〕一杯になったであろう：一杯になったであろう[295]【ナーフィウ、イブン・カスィール、アブー・ジャアファル】

〔26〕彼は彼の裁定において何者も参与させ給わない：彼の裁定において何者も同位に配してはならない[296]【イブン・アーミル】

〔36〕これよりも良いもの：双方よりも良いもの[297]【ナーフィウ、イブン・カスィール、イブン・アーミル、アブー・ジャアファル】

〔44〕庇護：権能[298]【ハムザ、アル＝キサーイー、ハラフ】

フス＆アースィムの読誦では三人称男性単数で[yughriqa]と読むのに対し、アブー・ジャアファル等の読誦では三人称女性単数で[tughriqa]、イブン・カスィール等の読誦では一人称複数で[nughriqa]と読む。アブー・ジャアファル等の読誦の場合、主語は「暴風」である。なお、ハフス＆アースィムの読誦でも主語を「彼(アッラー)」ではなく「暴風」に解す説があるが、どちらに取ることもできる。また、第Ⅳ型と共に第Ⅱ型の読誦[tugharriqa]がイブン・ウィルダーンのものとして伝えられる(意味はほぼ等しい)。

292　両読誦共に語根 n-z-l の派生形動詞の一人称複数未完了形であるが、ハフス＆アースィムの読誦では第Ⅱ型で[nunazzilu]と読むのに対し、アブー・アムル等の読誦では第Ⅳ型で[nunzilu]と読む。語根 n-z-l の第Ⅱ型及び第Ⅳ型派生形動詞の意味的相違については第2章90節注参照。

293　ハフス＆アースィムの読誦では「捩る na'ā」と読む箇所を、イブン・ザクワーン等の読誦では「立つ nā'a」と読む。[na'ā]とは即ち「遠ざかる ba'uda」の意であるが、[nā'a]は「立つ nahaḍa」の意であり、「脇によって立つ nā'a bi-jānibi-hi」と読み「傲慢に振る舞う」との意味を持つ慣用句となる。

294　両読誦共に語根 n-z-l の派生形動詞の二人称男性単数未完了接続形であるが、ハフス＆アースィムの読誦では第Ⅱ型で[tunazzila]と読むのに対し、アブー・アムル等の読誦では第Ⅳ型で[tunzila]と読む。語根 n-z-l の第Ⅱ型及び第Ⅳ型派生形動詞の意味的相違については第2章90節注参照。

295　両読誦共に語根 m-l-' の派生形動詞の二人称男性単数完了形の受動態であるが、ハフス＆アースィムの読誦では第Ⅰ型で[muli'ta]と読むのに対し、ナーフィウ等の読誦では第Ⅱ型で[mulli'ta]と読む(アブー・ジャアファルのみ[mullīta]と読む)。両動詞共に「一杯になる、満たされる」の意だが、第Ⅱ型には段階的に、徐々に満たされる意が含まれる。

296　両読誦共に語根 sh-r-k の第Ⅳ型「参与させる 'ashraka」であるが、ハフス＆アースィムの読誦では三人称男性単数で「彼は参与させない lā yushriku」と読むのに対し、イブン・アーミルの読誦では二人称男性単数未完了短形で「同位に配するな、参与させるな lā tushrik」と読み否定命令文となる。

297　ハフス＆アースィムの読誦では女性単数の接尾人称代名詞で「これよりも min-hā」と読むのに対し、ナーフィウ等の読誦では双数形で「双方よりも min-humā」と読む。

298　ハフス＆アースィムの読誦では「庇護 walāyah」と読むのに対し、ハムザ等の読誦では「権能 wilāyah」と読む。

〔44〕 庇護は真実なる御方アッラーに属す：真の庇護はアッラーに属す[299]【アブー・アムル、アル＝キサーイー】

〔45〕 風：風[単数形]【ハムザ、アル＝キサーイー、ハラフ】

〔47〕 われらが山々を動かし：山々が動かされ[300]【イブン・カスィール、アブー・アムル、イブン・アーミル】

〔51〕 われは…立ち会わせなかった：われらは…立ち会わせなかった【アブー・ジャアファル】

〔51〕 われは…ではなかった：あなたは…ではなかった【アブー・ジャアファル】

〔52〕 彼が…仰せになる：われらが…言う【ハムザ】

〔54〕 クルアーン：クラーン【イブン・カスィール、ハムザ】

〔55〕 彼らに懲罰が様々に到来する：彼らの面前に懲罰が到来する[301]【ナーフィウ、イブン・カスィール、アブー・アムル、イブン・アーミル、ヤアクーブ】

〔71〕 その者たちを溺れさせようと：その者たちが溺れるようにと[302]【ハムザ、アル＝キサーイー、ハラフ】

〔88〕 応報として至善：至善のものの応報[303]【ナーフィウ、イブン・カスィール、アブー・アムル、イブン・アーミル、シュウバ[304]、アブー・ジャアファル】

〔93〕 彼らは…解さなかった：彼らは…解させなかった[305]【ハムザ、アル＝キサーイー、ハラフ】

・第 19 章

〔2、7〕ザカリーヤー：ザカリーヤーウ【ナーフィウ、イブン・カスィール、アブー・アムル、イブン・アーミル、シュウバ、アブー・ジャアファル、ヤアクーブ】

〔9〕 われは…創造した：われらは…創造した【ハムザ、アル＝キサーイー】

---

299 ハフス＆アースィムの読誦では「真実 al-ḥaqq」を属格で読み「アッラー」の言い換えとして扱うのに対し、アブー・アムル等の読誦では主格に読み「庇護 al-walāyah」の形容として扱う。

300 両読誦共に語根 s-y-r の第Ⅱ型派生形動詞「動かす sayyara」の未完了形であるが、ハフス＆アースィムの読誦では一人称複数で「われらが動かす nusayyiru」と読むのに対し、イブン・カスィール等の読誦では三人称女性単数の受動態で「それが動かされる tusayyaru」と読む。前者の場合「山々 al-jibāl」を目的語として対格で読むのに対し、後者の場合は主格で読む。

301 ハフス＆アースィムの読誦では q-b-lan を「多種に qubulan」と読むのに対し、ナーフィウ等の読誦では「面前に qibalan」と読む。

302 両読誦共に語根 gh-r-q の派生形動詞の未完了接続形であるが、ハフス＆アースィムの読誦では第Ⅳ型の二人称男性単数で「あなたが溺れさせる tughriqa」と読み、「その者たち 'ahl-hā」を目的語として対格で読むのに対し、ハムザ等の読誦では第Ⅰ型の三人称男性単数で「溺れる yaghriqa」とし、「その者たち」を主語として主格で読む。

303 ハフス＆アースィムの読誦では「応報 jazā'」をタンウィーンの対格で[jazā'an]と読み、「至善のもの al-ḥusnā」の属性を示す副詞として扱うのに対し、ナーフィウ等の読誦では「応報」を非タンウィーンの主格で読み「至善のもの」を属格接続させる。

304 *al-Shāmil* ではシュウバはハフス＆アースィムと同様の読誦に分類されている。

305 両読誦共に語根 f-q-h の派生形動詞の三人称男性複数未完了形であるが、ハフス＆アースィムの読誦では第Ⅰ型で「解す yafqahūna」と読むのに対し、ハムザ等の読誦では第Ⅳ型で「解させる yufqihūna」と読む。後者は即ち、「彼らは彼らの言葉を彼ら以外の者に理解させることができなかった」との意である。

〔19〕 私が…授ける：彼が…授け給う【カールーン[双]、ワルシュ、アブー・アムル、ヤアクーブ】

〔24〕 彼女の下から：彼女の下の者が[306]【イブン・カスィール、アブー・アムル、イブン・アーミル、シュウバ、ルワイス】

〔25〕 新鮮な実を落とす：新鮮な実として落ちる[307]【ナーフィウ、イブン・カスィール、アブー・アムル、イブン・アーミル、シュウバ、ハムザ、アル＝キサーイー、アブー・ジャアファル、ヤアクーブ、ハラフ】

〔34〕 真実の言葉として(言う)、彼らがそれについて疑うところの：真実の言葉であるが、彼らはそれについて疑う[308]【ナーフィウ、イブン・カスィール、アブー・アムル、ハムザ、アル＝キサーイー、アブー・ジャアファル、ハラフ】

〔36〕 まことにアッラーはわが主であり、おまえの主であらせられる。それゆえ、彼に仕えよ。これこそが真っすぐな道である：「アッラーはわが主であり、おまえの主であらせられる。それゆえ、彼に仕えよ。これこそが真っすぐな道である」と[思い起こせ][309]【ナーフィウ、イブン・カスィール、アブー・アムル、アブー・ジャアファル、ルワイス】

〔40〕 帰される：帰る【ヤアクーブ】

〔41〕 イブラーヒーム：イブラーハーム【ヒシャーム、イブン・ザクワーン[双][310]】

〔51〕 選別された者：誠実な者[311]【ナーフィウ、イブン・カスィール、アブー・アムル、イブン・アーミル、アブー・ジャアファル、ヤアクーブ】

〔58〕 イブラーヒーム：イブラーハーム【ヒシャーム、イブン・ザクワーン[双]】

〔60〕 入り：入れられ【イブン・カスィール、アブー・アムル、シュウバ、アブー・ジャアファル、ヤアクーブ】

〔66〕 …というのか：…と[312]【イブン・ザクワーン[双]】

〔67〕 思い出さない：訓戒を聞き入れない[313]【イブン・カスィール、アブー・アムル、ハ

306　ハフス＆アースィムの読誦では m-n を前置詞「～から min」で読み「彼女の下 taḥt-hā」を属格接続させ、「彼女の下から min taḥti-hā」とする。一方イブン・カスィール等の読誦では m-n を「者 man」とし「彼女の下」を対格で読み、「彼女の下の者 man taḥta-hā」とする。

307　両読誦共に語根 s-q-ṭ の派生形動詞の未完了短形であるが、ハフス＆アースィムの読誦では第Ⅲ型の三人称女性単数で「落とす tusāqiṭ」と読むのに対し、ナーフィウ等の読誦では第Ⅵ型の三人称女性単数の変則活用で「落ちる tassāqaṭ」と読む(但し、ヤアクーブとシュウバは三人称男性単数の[yassāqaṭ]との読みを伝えている)。前者の場合「新鮮な実 ruṭaban janīyan」は目的語として扱われるが、後者の場合は属性を示す副詞として扱われる。

308　ハフス＆アースィムの読誦では「言葉 qawl」を対格で[qawla]と読むが、ナーフィウ等の読誦では主格で[qawlu]と読む。

309　ハフス＆アースィムの読誦では '-n を['inna]と読むことで強調の意、あるいは「言え qul」を受けた節を形成する辞詞に解されるのに対し、ナーフィウ等の読誦では['anna]と読み、「思い起こせ udhkur」が省略されていると解される。

310　*al-‘Ashr* 及び *al-Shāmil* では、ヒシャームのみが「イブラーハーム」との読誦に分類される。

311　第 12 章 24 節参照。

312　イブン・ザクワーンの読誦には、ハフス＆アースィムの読誦に含まれる疑問符['a]が存在しない。

313　両読誦共に語根 dh-k-r の派生形動詞の三人称男性単数未完了形であるが、ハフス＆アースィムの読誦では第Ⅰ型で「思いだす yadhkuru」と読むのに対し、イブン・カスィール等の読誦では第Ⅴ型の変則活用で「訓戒を聞き入れる yadhdhakkaru」と読む。

ムザ、アル＝キサーイー、アブー・ジャアファル、ヤアクーブ、ハラフ】
〔97〕　おまえが…吉報を伝え：おまえが…喜び[314]【ハムザ】

・第20章

〔2〕　クルアーン：クラーン【イブン・カスィール、ハムザ】
〔13〕　われは…選んだ：われらは…選んだ【ハムザ】
〔31〕　彼によって私の背(力)を強めたまえ：私は彼によって私の背(力)を強めます[315]【イブン・アーミル、イブン・ウィルダーン[双][316]】
〔32〕　私の任務において彼を協力させ給え：私は私の任務において彼を協力させます[317]【イブン・アーミル、イブン・ウィルダーン[双][318]】
〔39〕　われの目の許でおまえが育てられるためであった：われの目の許でおまえは育ちなさい[319]【アブー・ジャアファル】
〔64〕　おまえたちの策略を決めて：おまえたちの策略を寄せ集め[320]【アブー・アムル】
〔69〕　魔術師の詐術：魔術の詐術[321]【ハムザ、アル＝キサーイー、ハラフ】
〔77〕　追いつかれることを恐がらず、(溺死を)恐れずに：追いつかれることを恐がるな。そしてあなたは恐れない[322]。【ハムザ】
〔80〕　われらは…救いだし…約束し：われは…救いだし…約束し【ハムザ、アル＝キサーイー、ハラフ】
〔81〕　われらが…糧として与えた：われが…糧として与えた【ハムザ、アル＝キサーイー、ハラフ】

314　両読誦共に語根 b-sh-r の派生形動詞の二人称単数未完了接続形であるが、ハフス＆アースィムの読誦では第Ⅱ型の他動詞で「吉報を伝える tubashshira」と読むのに対し、ハムザの読誦では第Ⅰ型の自動詞で「喜ぶ tabshura」と読む。

315　両読誦共に語根 sh-d-d の第Ⅰ型「強める shadda」であるが、ハフス＆アースィムの読誦では二人称単数に対する命令形で「強めろ ushdud」と読むのに対し、イブン・アーミル等の読誦では一人称単数未完了短形で「私は強める 'ashdud」と読む。

316　*al-'Ashr* では、イブン・アーミルのみがこの読誦に分類されている。

317　両読誦共に語根 sh-r-k の第Ⅳ型の派生形動詞「協力させる 'ashraka」であるが、ハフス＆アースィムの読誦では二人称男性単数に対する命令形で「協力させろ 'ashrik」と読むのに対し、イブン・アーミル等の読誦では一人称単数の未完了短形で「私は協力させる 'ushrik」と読む。

318　*al-'Ashr* 及び *al-Shāmil* では、イブン・アーミルのみがこの読誦に分類される。

319　ハフス＆アースィムの読誦ではラーム(l)を理由を表す前置詞として[li]と読むのに対し、アブー・ジャアファルの読誦では使役・命令の意味で[(wa) l]と読む。また、ハフス＆アースィムの読誦では、接続形で[tuṣna'a]と読むのに対し、アブー・ジャアファルの読誦では短形で[tuṣna']と読む(この点について、底本ではアブー・ジャアファルの読誦法も接続形であるが、ウマル師の修正表、及び *al-'Ashr* においては短形とされる)。

320　両読誦共に語根 j-m-' の派生形動詞の二人称複数に対する命令形であるが、ハフス＆アースィムの読誦では第Ⅳ型「決定する 'ajma'a」の活用で['ajmi'ū]と読むのに対し、アブー・アムルの読誦では第Ⅰ型「寄せ集める jama'a」の活用で[ijma'ū]と読む。

321　ハフス＆アースィムの読誦で「魔術師 sāḥir」と読む箇所をハムザ等の読誦では「魔術 siḥr」と読む。

322　「恐がらず」について、両読誦共に語根 kh-w-f の第Ⅰ型[khāfa]の二人称男性単数未完了形であるが、ハフス＆アースィムの読誦においては直接法で[takhāfu]と読むのに対し、ハムザの読誦では短形で[takhaf]と読み、命令文とする。

〔81〕 降ろう：降ろう[323]【アル＝キサーイー】

〔87〕 運ばされ：運び【アブー・アムル、シュウバ、ハムザ、アル＝キサーイー、ラウフ、ハラフ】

〔96〕 彼らが見抜かなかったこと：あなた方が見抜かなかったこと[324]【ハムザ、アル＝キサーイー、ハラフ】

〔97〕 破られることのない：おまえが破ることのない[325]【イブン・カスィール、アブー・アムル、ヤアクーブ】

〔102〕角笛が吹かれる：われらが角笛を吹く[326]【アブー・アムル】

〔113、114〕クルアーン：クラーン【イブン・カスィール、ハムザ】

〔114〕おまえにその啓示が完了する：われらがおまえにその啓示を完了する[327]【ヤアクーブ】

〔119〕また、おまえはそこでは渇くことはなく：また、まことにおまえはそこでは渇くことはなく[328]【ナーフィウ、シュウバ】

〔130〕おまえは満足する：おまえは満足される【シュウバ、アル＝キサーイー】

・第 21 章

〔4〕 彼は言った：言え【ナーフィウ、イブン・カスィール、アブー・アムル、イブン・アーミル、シュウバ、アブー・ジャアファル、ヤアクーブ】

〔7〕 われらが啓示した：啓示された[329]【ナーフィウ、イブン・カスィール、アブー・アムル、イブン・アーミル、シュウバ、ハムザ、アル＝キサーイー、アブー・ジャアファル、ヤアクーブ、ハラフ】

323　両読誦共に語根 ḥ-l-l の第Ⅰ型であるが、ハフス＆アースィムの読誦では[yaḥilla]と読み、アル＝キサーイーの読誦では[yaḥulla]と読む。前者の意は「定まる wajaba」、後者の意は「降りかかる nazala」である。

324　両読誦共に語根 b-ṣ-r の第Ⅰ型「見抜く baṣara」の複数形の未完了短形であるが、ハフス＆アースィムの読誦では主語を「彼ら＝イスラエルの民」とし三人称男性複数で[yabṣurū]と読むのに対し、ハムザ等の読誦では主語を「あなた方＝ムーサーとその民」とし二人称男性複数で[tabṣurū]と読む。

325　両読誦共に語根 kh-l-f の第Ⅳ型「破る 'akhlafa」の二人称男性単数未完了接続形であるが、ハフス＆アースィムの読誦では受動態で「おまえが破られる tukhlafa」と読み、イブン・カスィール等の読誦では能動態で「おまえが破る tukhlifa」と読む。

326　両読誦共に語根 n-f-kh の第Ⅰ型「吹く nafakha」の未完了形であるが、ハフス＆アースィムの読誦では三人称男性単数の受動態で[yunfakhu]と読み「角笛 aṣ-ṣūr」を主語にとるのに対し、アブー・アムルの読誦では一人称複数の能動態で[nanfukhu]と読み、主語を「われら（アッラー）」と解す。

327　両読誦共に語根 q-ḍ-y の第Ⅰ型「完了させる qaḍā」の派生形動詞の未完了接続形であるが、ハフス＆アースィムの読誦では三人称男性単数の受動態で[yuqḍā]と読み「啓示 waḥy」をその主語として主格で読むのに対し、ヤアクーブの読誦では一人称複数の能動態で[naqḍiya]と読み「啓示 waḥy」をその目的語として対格で読む。

328　ハフス＆アースィムの読誦では '-n を['anna]と読みナーフィウ等の読誦では['inna]と読む。前者の場合、本節の['anna]は前節（118 節）の「（飢えることは）なく 'allā」と等位であり、二節でひとつの文を構成している。一方後者の場合、本節は前節とは途切れた新たな文である。

329　両読誦共に語根 w-ḥ-y の第Ⅳ型「啓示する 'awḥā」の未完了形であるが、ハフス＆アースィムの読誦では一人称複数で「われらが啓示する nūḥī」と読むのに対し、ナーフィウ等の読誦では三人称男性単数の受動態で「啓示された yūḥā」と読む。後者の意味上の主語は「男たち rijāl」である。

〔25〕 啓示せずに：啓示されずに[330]【ナーフィウ、イブン・カスィール、アブー・アムル、イブン・アーミル、シュウバ、アブー・ジャアファル、ヤアクーブ】

〔30〕 また：[無][331]【イブン・カスィール】

〔34〕 おまえが死んでも：われが死んでも[332]【イブン・カスィール、アブー・アムル、イブン・アーミル、シュウバ、アブー・ジャアファル、ヤアクーブ】

〔35〕 戻される：戻る【ヤアクーブ】

〔45〕 聾者たちは…その呼び声を聞かない：あなたは聾者たちに…その呼び声を聞かせることはない[333]【イブン・アーミル】

〔47〕 たとえそれがカラシの種粒の重さほどであっても：カラシの種粒の重さほどがあれば[334]【ナーフィウ、アブー・ジャアファル】

〔80〕 それ[胸甲《きょうこう》]でおまえたちを…守った：われらがおまえたちを…守った【シュウバ、ルワイス】：彼[ダーウード]がおまえたちを…守った[335]【ナーフィウ、イブン・カスィール、アブー・アムル、ハムザ、アル＝キサーイー、ラウフ、ハラフ】

〔81〕 風：風[複数形]【アブー・ジャアファル】

〔87〕 われらが彼に対して力を及ぼすことはない：彼に対して力が及ぼされることはない[336]【ヤアクーブ】

〔89〕 ザカリーヤー：ザカリーヤーウ【ナーフィウ、イブン・カスィール、アブー・アムル、イブン・アーミル、シュウバ、アブー・ジャアファル、ヤアクーブ】

〔95〕 禁じられた：決定された[337]【シュウバ、ハムザ、ハラフ[338]】

330　本章第7節と同様。

331　イブン・カスィールの読誦には、ハフス＆アースィムの読誦に含まれる「また wa」が存在しない。

332　両読誦共に語根 m-w-t の第Ⅰ型「死ぬ māta」の完了形であるが、ハフス＆アースィムの読誦では「おまえが死ぬ mitta」と読むのに対し、イブン・カスィール等の読誦では「わたしが死ぬ muttu」と読む。但し *al-ʻAshr* 及び *al-Shāmil* では、[muttu]ではなく[mutta]とされており、この場合はハフス＆アースィムの読誦と意味的差異が生じない。

333　両読誦共に語根 s-m-ʻ の派生形動詞の未完了形であるが、ハフス＆アースィムの読誦では第Ⅰ型の三人称男性単数で「聞く yasmaʻu」と読むのに対し、イブン・アーミルの読誦では第Ⅳ型の二人称男性単数で「あなたは聞かせる tusmiʻu」と読む。前者では「聾者たち aṣ-ṣumm」を主語として主格で読むが、後者では目的語として対格で読む。

334　ハフス＆アースィムの読誦では、「重さ mithqāl」を対格で読むことで「もしそれがカラシの種粒の重さほどであっても」との意になる。一方、ナーフィウ等の読誦では「重さ」を主格で読むことで[kāna]を存在の自動詞として扱い、「カラシの種粒の重さほどが存在したときには」との意になる。

335　三つの読誦は全て語根 ḥ-ṣ-n の第Ⅳ型「守る 'aḥṣana」の未完了接続形であるが、ハフス＆アースィムの読誦では三人称女性単数で[tuḥṣina]、シュウバらの読誦では一人称複数で[nuḥṣina]、ナーフィウ等の読誦では三人称男性単数で[yuḥṣina]と読む。それぞれの主語は、第一の読誦の場合は「胸甲 labūs」或いは「作り方 ṣanʻah」、第二の読誦の場合は「われら（アッラー）」、第三の読誦の場合は「彼（預言者ダーウード）」である。

336　両読誦共に語根 q-d-r の第Ⅰ型「力を及ぼす qadara」の未完了接続形であるが、ハフス＆アースィムの読誦では一人称複数の能動態で「われらが力を及ぼす naqdira」と読むのに対し、ヤアクーブの読誦では三人称男性単数の受動態で「彼に力が及ぼされる yuqdara」と読む。

337　ハフス＆アースィムの読誦では[ḥarām]、シュウバらの読誦では[ḥirm]と読む。[ḥirm]は「決定 ʻazm」の意である。

338　ウマル師の修正表、*al-ʻAshr* 及び *al-Shāmil* では、ハラフは「禁じられた」の読誦に分類され、代

〔96〕ヤアジュージュとマアジュージュ：ヤージュージュとマージュージュ【ナーフィウ、イブン・カスィール、アブー・アムル、イブン・アーミル、ハムザ、アル＝キサーイー、アブー・ジャアファル、ヤアクーブ、ハラフ】

〔104〕われらが…天を巻き上げる：天が巻き上げられる【アブー・ジャアファル】

〔104〕紙葉(巻物)：紙葉(巻物)［単数形］【ナーフィウ、イブン・カスィール、アブー・アムル、イブン・アーミル、シュウバ、アブー・ジャアファル、ヤアクーブ】

〔105〕詩篇：書き写されたもの[339]【ハムザ、ハラフ】

〔112〕彼(預言者ムハンマド)は言った：言え【ナーフィウ、イブン・カスィール、アブー・アムル、イブン・アーミル、シュウバ、ハムザ、アル＝キサーイー、アブー・ジャアファル、ヤアクーブ、ハラフ】

〔112〕おまえたちが述べる：彼らが述べる【イブン・ザクワーン[双]】

・第22章

〔9〕迷わす：迷妄に陥る[340]【イブン・カスィール、アブー・アムル、ルワイス[双][341]】

〔23〕金の腕輪と真珠：金と真珠の腕輪[342]【イブン・カスィール、アブー・アムル、イブン・アーミル、ハムザ、アル＝キサーイー、アブー・ジャアファル、ハラフ[343]】

〔31〕風：風[複数形]【アブー・ジャアファル】

〔39〕許可された：彼は許可し給うた【イブン・カスィール、イブン・アーミル、ハムザ、アル＝キサーイー、イドリース[双][344]】

〔39〕戦いを仕掛けられた：戦う【イブン・カスィール、アブー・アムル、シュウバ、ハムザ、アル＝キサーイー［双］[345]、ヤアクーブ、ハラフ】

〔45〕われらは滅ぼした：われは滅ぼした【アブー・アムル、ヤアクーブ】

〔47〕おまえたちが数える：彼らが数える【イブン・カスィール、ハムザ、アル＝キサーイー、ハラフ】

〔58〕殺されるか：惨殺されるか[346]【イブン・アーミル】

〔62〕彼らが…祈るもの：おまえたちが…祈るもの【ナーフィウ、イブン・カスィール、イブン・アーミル、シュウバ、アブー・ジャアファル】

わりにアル＝キサーイーが「決定された」の読誦に分類される。

339 ハフス＆アースィムの読誦では[az-zabūr]、ハムザ等の読誦では[az-zubūr]と読む。本節の[az-zabūr]の解釈には、「アッラーが諸預言者に下した全ての啓典」とする説、「トーラーと詩篇と福音書とクルアーン」とする説、「トーラーの次に下された啓典」とする説、「詩篇」とする説がある。[az-zubūr]の意味については第4章163節の注を参照。

340 第6章119節参照。

341 ウマル師の修正表によれば、ルワイスについては、ハフス＆アースィムの読誦と同じ読誦と、異なる読誦双方を伝える伝承が存在する。

342 ハフス＆アースィムの読誦では「真珠 lu'lu'」を対格で読み「腕輪 'asāwir」と等位に扱うのに対し、イブン・カスィールらの読誦では属格で読み「金 dhahab」と等位に扱い、「腕輪」に属格接続させる。

343 *al-Shāmil* ではアッ＝スースィーが「金の腕輪と真珠」との読誦に分類されている。

344 *al-'Ashr* 及び *al-Shāmil* では、イドリースは「彼は許可し給うた」との読誦に分類されていない。

345 ウマル師の修正表によれば、アル＝キサーイーについては、ハフス＆アースィムの読誦と同じ読誦と、異なる読誦双方を伝える伝承が存在する。

346 第3章168節参照。

〔71〕 降し給う：下し給う[347]【イブン・カスィール、アブー・アムル、ヤアクーブ】

〔73〕 おまえたちが祈る：彼らが祈る【ヤアクーブ】

〔76〕 帰される：帰す【イブン・アーミル、ハムザ、アル＝キサーイー、ヤアクーブ、ハラフ】

・第23章

〔8〕 信託内容：信託内容[単数形]【イブン・カスィール】

〔9〕 礼拝：礼拝[単数形]【ハムザ、アル＝キサーイー、ハラフ】

〔14〕 骨：骨[単数形]【イブン・アーミル、シュウバ】

〔20〕 生える：生やす【イブン・カスィール、アブー・アムル、ルワイス】

〔21〕 われらは…飲ませる：それは…飲ませる【アブー・ジャアファル】

〔23〕 彼のほかに神はない：彼のほかの神はない[348]【アル＝キサーイー、アブー・ジャアファル】

〔27〕 あらゆるものからつがいを二匹ずつ：あらゆるつがいから二匹ずつ[349]【ナーフィウ、イブン・カスィール、アブー・アムル、イブン・アーミル、シュウバ、ハムザ、アル＝キサーイー、アブー・ジャアファル、ヤアクーブ、ハラフ】

〔32〕 彼のほかに神はない：彼のほかの神はない[350]【アル＝キサーイー、アブー・ジャアファル】

〔52〕 共同体である：共同体であると[知っている][351]【ナーフィウ、イブン・カスィール、アブー・アムル、アブー・ジャアファル、ヤアクーブ】

〔72〕 支払い：供出[352]【ハムザ、アル＝キサーイー、ハラフ】

〔72〕 供出：支払い【イブン・アーミル】

〔87、89〕 アッラーに：アッラーである[353]【アブー・アムル、ヤアクーブ】

〔111〕 彼らが忍耐したことゆえに、今日彼らに、彼らこそ勝者であることを報いた：彼らが忍耐したことゆえに、今日彼らに報いた。まことに、彼らこそ勝者である[354]【ハ

347　両読誦共に語根 n-z-l の派生形動詞の三人称男性単数未完了短形であるが、ハフス＆アースィムの読誦では第Ⅱ型で[yunazzil]と読み、イブン・カスィール等の読誦では第Ⅳ型で[yunzil]と読む。語根 n-z-l の第Ⅱ型及び第Ⅳ型派生形動詞の意味的相違については第2章90節注参照。

348　第7章59節参照。

349　ハフス＆アースィムの読誦では[kull]をタンウィーンで読み「あらゆるものから min kullin」とし、続く「二匹のつがい zawjayn ithnayn」を「乗り込ませよ fa-(u)sluk」の目的語として扱う。一方、ナーフィウらの読誦では、「あらゆるもの kull」に後続の「つがい zawjayn」を属格接続させ、「二匹 ithnayn」のみを「乗り込ませよ」の目的語として扱う。

350　第7章59節参照。

351　ハフス＆アースィムの読誦では['inna]、ナーフィウらの読誦では['anna]と読む。前者は、前節とは区別された新たな文の開始を示すが、アッラーが預言者イーサーに語りかけた内容を指すとの説も存在する。一方後者は、前節の「知っている ‘alīm」の目的語となる節を構成する。

352　ハフス＆アースィムの読誦では「支払い kharj」、ハムザ等の読誦では「供出 kharāj」と読む。

353　ハフス＆アースィムの読誦では目的の前置詞[li]に「アッラー Allah」を属格接続させ[li-llāhi]と読むのに対し、アブー・アムル等の読誦には[li]が存在せず「アッラー」を主格で読む。

354　ハフス＆アースィムの読誦では '-n を['anna]と読みそれ以降の「彼らこそ勝者であること」を「われは報いた jazaytu」の第二目的語と解するのに対し、ハムザ等の読誦では['inna]と読み、以降を新たな文と解す。

ムザ、アル＝キサーイー】

〔112〕彼は仰せられた：言え【イブン・カスィール、ハムザ、アル＝キサーイー】

〔114〕彼は仰せられた：言え【ハムザ、アル＝キサーイー】

〔115〕おまえたちが…戻される：おまえたちが…戻る【ハムザ、アル＝キサーイー、ヤアクーブ、ハラフ】

・第 24 章

〔6〕 自分たち以外に証人がいない者たち、彼ら一人の証言は、確かに自分が真実を語る者（たちの一人）であるとのアッラーに誓った 4 回の証言である：自分たち以外に証人がいない場合、アッラーに誓った 4 回の証言による、確かに自分が真実を語る者（たちの一人）であるとの彼ら一人の証言である[355]【ナーフィウ、イブン・カスィール、アブー・アムル、イブン・アーミル、シュウバ、アブー・ジャアファル、ヤアクーブ】

〔9〕 アッラーの御怒りが自分の上にあれ：アッラーが自分に怒り給うように[356]【ナーフィウ】

〔11〕 大罪：大部分[357]【ヤアクーブ】

〔22〕 誓ってはならない：誓ってはならない[358]【アブー・ジャアファル】

〔34〕 明白にする：明白な[359]【ナーフィウ、イブン・カスィール、アブー・アムル、シュウバ、アブー・ジャアファル、ヤアクーブ】

〔35〕 灯されている：燃えた【イブン・カスィール、アブー・アムル、アブー・ジャアファル、ヤアクーブ】：灯されている[360]【シュウバ、ハムザ、アル＝キサーイー、ハラフ】

---

355 ハフス＆アースィムの読誦では「4 回 'arba‘」を主格で、ナーフィウ等の読誦では対格で読む。前者の場合、「彼ら一人の証言 shahādah 'aḥadi-him」が主語となり、「4 回（の証言）」はその述部に当たる。後者の場合、「アッラーに誓った 4 回の証言」は「彼ら一人の証言」を説明する補語節となり、全体でひとつの名詞節を作る。つまり、「彼ら一人の証言が必要となる」との意である。

356 ハフス＆アースィムの読誦では「御怒り ghaḍab」と読む箇所をナーフィウの読誦では動詞で「怒る ghaḍiba」と読む。また、後者の場合「アッラー Allāh」を主語として主格で読む。

357 ハフス＆アースィムの読誦では[kibr]と読む箇所をヤアクーブの読誦では[kubr]と読む。[kibr]は「罪（ma'tham）」の意であり、[kubr]は「大部分（mu‘ẓam）」の意となる。

358 ハフス＆アースィムの読誦で[ya'tali]と読む箇所を、アブー・ジャアファルの読誦では[yata'alla]と読む。両者が同義であるとの説も有力であるが、異なる意味を持つとの説によれば、ハフス＆アースィムの読誦は「蔑ろにする」の意になり、アブー・ジャアファルの読誦のみが「誓ってはならない」の意を取る。

359 ハフス＆アースィムの読誦では、語根 b-y-n の第Ⅲ型派生形動詞「明白とする bayyana」の能動分詞で[mubayyināt]と読み、「『諸々の徴 'āyāt』が真理を明らかとする」ことが含意されるのに対し、ナーフィウ等の読誦では受動分詞で「明白とされる mubayyanāt」と読み、「『諸々の徴』が明白である」ことを含意している。

360 三つの読誦は全て語根 w-q-d の派生形動詞であるが、ハフス＆アースィムの読誦では第Ⅳ型「灯す」の三人称男性単数未完了形の受動態で[yūqadu]、イブン・カスィール等の読誦では第Ⅴ型「燃える」の三人称男性単数完了形で[tawaqqada]、シュウバ等の読誦では第Ⅳ型の三人称女性単数未完了形の受動態で[tūqadu]と読む。第一、第二の読誦の場合、男性名詞の「灯火 al-miṣbāḥ」が主語となるが、第三の読誦の場合は女性名詞の「ガラス az-zujājah」が主語となる。

〔36〕 讃美(礼拝)を捧げる：讃美が捧げられる【イブン・アーミル、シュウバ】

〔40〕 その上には雲がある。いくつもの暗闇が：その上にはいくつもの暗闇の雲があり【アル＝バッズィー】：その上にはいくつもの暗闇として雲があり[361]【クンブル】

〔43〕 降し給うた：下し給うた[362]【イブン・カスィール、アブー・アムル、ヤアクーブ】

〔45〕 創り給うた：創り給うた御方[363]【ハムザ、アル＝キサーイー、ハラフ】

〔46〕 明白にする：明白な[364]【ナーフィウ、イブン・カスィール、アブー・アムル、シュウバ、アブー・ジャアファル、ヤアクーブ】

〔48, 51〕彼が彼らの間を裁く：彼らの間が裁かれる【アブー・ジャアファル】

〔55〕 彼が彼ら以前の者たちに後を継がせ給うた：彼ら以前の者たちが後を継がされた[365]【シュウバ】

〔57〕 おまえは…考えてはならない：彼は…考えてはならない【イブン・アーミル、ハムザ、イドリース[双][366]】

〔58〕 3つの恥部である：3つの恥部に[求めさせよ][367]【シュウバ、ハムザ、アル＝キサーイー、ハラフ】

〔64〕 彼らが…帰される：彼らが…帰る【ヤアクーブ】

・第25章

〔8〕 [彼が]食べる：われわれが食べる【ハムザ、アル＝キサーイー、ハラフ】

〔17〕 (アッラーが) …追いたて：われらが…追い立て【ナーフィウ、アブー・アムル、イブン・アーミル、シュウバ、ハムザ、アル＝キサーイー、ハラフ】

〔17〕 [アッラーが]仰せられる：われらは言う【イブン・アーミル】

〔18〕 後見たちを持つ：後見たちを持たされる[368]【アブー・ジャアファル】

〔19〕 おまえたち(多神教徒)が言ったこと：彼らが言ったこと【クンブル[双]】

361　ハフス＆アースィムの読誦では「雲 saḥāb」と後続の「いくつもの暗闇 ẓulumāt」双方をタンウィーンの主格で[saḥābun]、[ẓulumātun]と読み、「いくつもの暗闇」以降が「雲」以前の節とは異なる新たな節を構成する。アル＝バッズィーの読誦では「雲」を非タンウィーンの主格で[saḥābu]、「いくつもの暗闇」をタンウィーンの属格で[ẓulumātin]と読み「雲」に属格接続させる。クンブルの読誦では「雲」をタンウィーンの主格で[saḥābun]、「いくつもの暗闇」はタンウィーンの対格で[ẓulumātin]と読み「雲」を説明する副詞として扱う。

362　両読誦共に語根 n-z-l の派生形動詞の三人称男性単数未完了形であるが、ハフス＆アースィムの読誦では第Ⅱ型で[yunazzilu]と読む一方、イブン・カスィール等の読誦では第Ⅳ型で[yunzilu]と読む。語根 n-z-l の第Ⅱ型及び第Ⅳ型派生形動詞の意味的相違については第2章90節注参照。

363　第14章19節と同様。

364　本章34節と同様。

365　両読誦共に語根 kh-l-f の第Ⅹ型「後を継がせる istakhlafa」の三人称男性単数完了形であるが、ハフス＆アースィムの読誦では能動態で[istakhlafa]、シュウバの読誦では受動態で[ustukhlifa]と読む。

366　*al-'Ashr* 及び *al-Shāmil* では、イドリースは「彼は…考えてはならない」との読誦に分類されていない。

367　シュウバ等の読誦では、ハフス＆アースィムの読誦において主格で読む「3つ thalāth」を対格で読み、同節の「3回 thalāth marrāt」の言い換えとする。

368　両読誦共に語根 '-kh-dh の第Ⅷ型派生形動詞「～として採用する、とる ittakhadha」の一人称複数未完了接続形であるが、ハフス＆アースィムの読誦では能動態で[nattakhidha]と読み、アブー・ジャアファルの読誦では受動態で[nuttakhadha]と読む。

〔19〕 おまえたちは…能わない：彼らは…能わない【ナーフィウ、イブン・カスィール、アブー・アムル、イブン・アーミル、シュウバ、ハムザ、アル＝キサーイー、アブー・ジャアファル、ヤアクーブ、ハラフ】

〔25〕 天使たちが…降される：天使たちを…われらが下す[369]【イブン・カスィール】

〔30，32〕クルアーン：クラーン【イブン・カスィール、ハムザ】

〔48〕 風：風［単数形］【イブン・カスィール】

〔48〕 吉報（先触れ）として：散り散りに【ナーフィウ、イブン・カスィール、アブー・アムル、イブン・アーミル、アブー・ジャアファル、ヤアクーブ】：雲を呼ぶそよ風として[370]【ハムザ、アル＝キサーイー、ハラフ】

〔50〕 彼らが留意する：彼らが思い出す[371]【ハムザ、アル＝キサーイー、ハラフ】

〔60〕 おまえの命ずるもの：彼が命ずるもの【ハムザ、アル＝キサーイー】

〔61〕 明かり：明かり［複数形］【ハムザ、アル＝キサーイー、ハラフ】

〔62〕 留意し：思い出し[372]【ハムザ、ハラフ】

〔74〕 子孫たち：子孫［単数形］【アブー・アムル、シュウバ[373]、ハムザ、アル＝キサーイー、ハラフ】

〔75〕 迎えられる：見出す[374]【シュウバ、ハムザ、アル＝キサーイー、ハラフ】

・26章

〔4〕 降し：下し[375]【イブン・カスィール、アブー・アムル、ヤアクーブ】

〔13〕 私の胸は狭まり（苦しくなり）、私の舌は流暢ではありません：私の胸が狭まり、私の舌が流暢でないことを[376]【ヤアクーブ】

〔111〕おまえには最も卑しい者たちが従っているというのに：おまえの追従者たちは最も

369　両読誦共に語根 n-z-l の派生形動詞であるが、ハフス＆アースィムの読誦は第Ⅱ型の三人称男性単数完了形の受動態で「（段階的に）降される nuzzila」と読み、「天使たち al-malā'ikah」をその主語として主格で読むが、イブン・カスィールの読誦では第Ⅳ型の一人称複数の未完了形で「われらは下す nunzilu」と読み、「天使たち」をその目的語として対格で読む。

370　第7章57節と同様。

371　両読誦共に語根 dh-k-r の派生形動詞の三人称男性複数未完了接続形であるが、ハフス＆アースィムの読誦では第Ⅴ型の変則活用で「留意する yadhdhakkarū」と読む一方、ハムザ等の読誦では第Ⅰ型で「思い出す yadhkurū」と読む。

372　両読誦共に語根 dh-k-r の派生形動詞の三人称男性単数接続形であるが、ハフス＆アースィムの読誦では第Ⅴ型の変則活用で「留意する yadhdhakkara」と読み、ハムザ等の読誦では第Ⅰ型で「思い出す yadhkura」と読む。

373　*al-Shāmil* では、シュウバは後者の読誦に含まれていない。

374　両読誦共に語根 l-q-y の派生形動詞の三人称男性複数の未完了形であるが、ハフス＆アースィムの読誦では第Ⅱ型の受動態で「迎えられる yulaqqawna」、シュウバ等の読誦では第Ⅰ型の能動態で「見出す yalqawna」と読む。

375　両読誦共に語根 n-z-l の派生形動詞の一人称複数未完了短形であるが、ハフス＆アースィムの読誦では第Ⅱ型で［nunazzil］と読む一方、イブン・カスィール等の読誦では第Ⅳ型で［nunzil］と読む。語根 n-z-l の第Ⅱ型及び第Ⅳ型派生形動詞の意味的相違については第2章90節注参照。

376　ハフス＆アースィムの読誦では「狭まる」、「発話する」をそれぞれ直接法で［yaḍīqu］、［yanṭaliqu］と読むのに対し、ヤアクーブの読誦では接続形で［yaḍīqa］、［yanṭaliqa］と読む。後者の場合、前節の［'an］に接続されるため13節の「私の胸が狭まること」と「流暢でないこと」は12節の「私を嘘つきと否定すること」と等位として扱われる。

卑しい者たちであるというのに[377]【ヤアクーブ】

〔137〕習慣：作り話[378]【イブン・カスィール、アブー・アムル、アル＝キサーイー、アブー・ジャアファル、ヤアクーブ】

〔149〕巧みに：活発に[379]【ナーフィウ、イブン・カスィール、アブー・アムル、アブー・ジャアファル、ヤアクーブ】

〔176〕森：ライカ[380]【ナーフィウ、イブン・カスィール、イブン・アーミル、アブー・ジャアファル】

〔193〕誠実な霊が…下った：誠実な霊を…彼は降し給うた[381]【イブン・アーミル、シュウバ、ハムザ、アル＝キサーイー、ヤアクーブ、ハラフ】

〔197〕彼らにとって徴ではないか、イスラーイールの子孫の学者たちがそれを知っているということが：彼らにイスラーイールの子孫の学者たちがそれを知っているという徴がなかったのか[382]【イブン・アーミル】

〔217〕そして：それ故[383]【ナーフィウ、イブン・アーミル、アブー・ジャアファル】

・第27章

〔1、6〕クルアーン：クラーン【イブン・カスィール、ハムザ】

〔25〕 彼らがアッラー…に跪拝しないようにと：さあ、いざアッラーに跪拝せよ[384]【アル＝キサーイー、アブー・ジャアファル、ルワイス】

---

377 ハフス＆アースィムの読誦において「おまえに従った ittaba‘a-ka」と読む箇所を、ヤアクーブの読誦では「おまえの追従者たち ’atbā‘u-ka」と読む。[’atbā‘]とは「追従者 tābi‘」の複数形である。前者の場合は「最も卑しい者たち al-’ardhalūn」を主語として主格で読むのに対し、後者の場合は述語として主格で読む。

378 ハフス＆アースィムの読誦では kh-l-q を「習慣 khuluq」と読むのに対し、イブン・カスィール等の読誦では「作り話 khalq」と読む。

379 ハフス＆アースィムの読誦において「巧みに fārihīn」と読む箇所をナーフィウ等の読誦では「活発に farihīn」と読む。それぞれの単数形は[fārih]、[farih]である。[fārih]とは「熟練した ḥādhiq」の意であり、[farih]とは「威勢が良い baṭir」、「陽気である ’ashir」の意である。

380 ハフス＆アースィムの読誦では[l’aykah]と読む箇所をナーフィウ等の読誦では[laykah]と読む。両者が同義語との説が有力であるが、後者の[laykah]が村の名前であるとの説もある。

381 両読誦共に語根 n-z-l の派生形動詞の三人称男性単数完了形であるが、ハフス＆アースィムの読誦では第Ⅰ型で「下った nazala」と読み、「誠実な霊 ar-rūḥ al-’amīn」を主語として主格で読むのに対し、イブン・アーミル等の読誦では第Ⅱ型で「降した nazzala」と読み、「誠実な霊」を目的語として対格で読む。

382 ハフス＆アースィムの読誦では、「徴 ’āyah」を対格で読むことで「それは徴でなかったのか」との意になる。「それ」とは、[’an]以下の「イスラーイールの子孫の学者たちがそれを知っているということ」を指す。一方、イブン・アーミルの読誦では「徴」を主格で読むことで[yakun]が存在の自動詞として扱われ、「徴が存在したときには」との意になる。この場合、[’an]以下は「徴」の内容を説明する節となる。

383 ハフス＆アースィムの読誦における付帯の接続詞「そして wa」が、ナーフィウの読誦では因果関係を示す接続詞「それ故 fa」で読まれる。

384 ハフス＆アースィムの読誦では[’allā yasjudū]と読み、アル＝キサーイー等の読誦では[’alā yasjudū]と読む。後者の[’alā]は呼び掛け・注意の促しの意を持つ。この場合後続の[yasjudū]は、同様に呼び掛け・注意の促しの意味を持つ[yā]と、二人称複数に対する命令形「跪拝せよ usjudū」をつなげて表記したものとされる。

〔25〕 おまえたちが隠すことも公にすることも：彼らが隠すことも公にすることも【ナーフィウ、イブン・カスィール、アブー・アムル、イブン・アーミル、シュウバ、ハムザ、アブー・ジャアファル、ヤアクーブ、ハラフ】

〔49〕 互いにアッラーに誓い合おう：互いにアッラーに誓い合え[385]【ハムザ、アル＝キサーイー、ハラフ】

〔49〕 われらが…夜陰に秘め(夜襲し) …言う：おまえたちが…夜陰に秘め(夜襲し) …言う[386]【ハムザ、アル＝キサーイー、ハラフ】

〔59〕 彼らが同位に配する：おまえたちが同位に配する【ナーフィウ、イブン・カスィール、イブン・アーミル、ハムザ、アル＝キサーイー、アブー・ジャアファル、ハラフ】

〔62〕 おまえたちが留意する：彼らが留意する【アブー・アムル、ヒシャーム、ラウフ】

〔63〕 吉報として：散り散りに【ナーフィウ、イブン・カスィール、アブー・アムル、イブン・アーミル、アブー・ジャアファル、ヤアクーブ】：雲を呼ぶそよ風として[387]【ハムザ、アル＝キサーイー、ハラフ】

〔63〕 風：風[単数形]【イブン・カスィール、ハムザ、アル＝キサーイー、ハラフ】

〔76〕 クルアーン：クラーン【イブン・カスィール、ハムザ】

〔80〕 聾者たちに呼びかけを聞かせる：聾者たちが呼び声を聞く[388]【イブン・カスィール】

〔81〕 盲人たちを…導く(ことが出来る)者ではない：盲人たちを…導かない[389]【ハムザ】

〔82〕 それは彼らに、「まことに人々はわれらの徴を確信していなかった」と語るであろう：それは彼らに語るであろう。まことに、人々はわれらの徴を確信していなかった[390]【ナーフィウ、イブン・カスィール、アブー・アムル、イブン・アーミル、アブー・ジャアファル】

〔87〕 だれもが…彼の御許にまかり出た：だれもが…彼の御許にまかり出る者である[391]【ナーフィウ、イブン・カスィール、アブー・アムル、イブン・アーミル、シュウ

385　両読誦共に語根 q-s-m の第Ⅵ型派生形動詞「誓い合う taqāsama」の二人称複数に対する命令形であるが、後述のようにハフス＆アースィムの読誦では「夜陰に秘め」と「言う」の主語が「われわれ」であるため、「誓い合おう」と意訳している。

386　ハフス＆アースィムの読誦では「夜陰に秘め」と「言う」を一人称複数でそれぞれ[nubayyitanna]、[naqūlanna]と読むのに対し、ハムザ等の読誦では二人称男性複数で[tubayyitunna]、[taqūlunna]と読む。

387　第7章57節と同様。

388　第21章45節参照。

389　ハフス＆アースィムの読誦において、否定詞[mā]に付属する前置詞[bi]に「導く者 hādī」を接続させ[bi-hādī]と読む箇所を、ハムザの読誦では動詞「導く hadā」の二人称男性単数未完了形で[tahdī]と読む。前者の場合、後続の「盲人たち al-‘umy」を「導く者」に属格接続させるが、後者の場合、「導く」の目的語として対格で読む。

390　ハフス＆アースィムの読誦では ’-n を[’anna]と読み、それ以降の文を「それは彼らに語る tukallimu-hum」の目的節とするのに対し、ナーフィウ等の読誦では[’inna]と読み、以降を新たな文として扱う。

391　ハフス＆アースィムの読誦では、語根 ’-t-y の第Ⅰ型動詞「まかり出る ’atā」の三人称男性複数完了形[’ataw]に、目的語として三人称男性単数の接尾人称代名詞を加え[’ataw-hu]と読む。一方ナーフィウ等の読誦では、同語根の能動分詞「訪れる者 ’ātī」の複数形[’ātūna]に目的語として三人称男性単数の接尾人称代名詞が加わるため、[na]が落ち、[’ātū-hu]と読む。

バ、アル＝キサーイー、アブー・ジャアファル、ヤアクーブ】

〔88〕 おまえたちのなすこと：彼らのなすこと【イブン・カスィール、アブー・アムル、イブン・アーミル、シュウバ[双]、ヤアクーブ】[392]

〔89〕 その日、怯えから：その日の怯えから[393]【ナーフィウ、イブン・カスィール、アブー・アムル、イブン・アーミル、アブー・ジャアファル、ヤアクーブ】

〔92〕 クルアーン：クラーン【イブン・カスィール、ハムザ】

〔93〕 おまえたちのなすこと：彼らのなすこと【イブン・カスィール、アブー・アムル、シュウバ、ハムザ、アル＝キサーイー、ハラフ】

・28章

〔6〕 われらは…フィルアウンとハーマーンと両者の軍勢に…見せようと望んだ：われらは…フィルアウンとハーマーンと両者の軍勢が…見ることを望んだ[394]【ハムザ、アル＝キサーイー、ハラフ】

〔23〕 連れ戻す：現れる[395]【アブー・アムル、イブン・アーミル、アブー・ジャアファル】

〔34〕 私(の言うこと)を真実と確証する援助者として遣わし給え：援助者として遣わし給え。彼は私を真実と確証するでしょう[396]【ナーフィウ、イブン・カスィール、アブー・アムル、イブン・アーミル、シュウバ、アル＝キサーイー、アブー・ジャアファル、ヤアクーブ、ハラフ】

〔37〕 そこで：[無]【イブン・カスィール】

〔39〕 戻される：戻る【ナーフィウ、ハムザ、アル＝キサーイー、ヤアクーブ、ハラフ】

〔48〕 二つの魔術：二人の魔術師[397]【ナーフィウ、イブン・カスィール、アブー・アムル、イブン・アーミル、アブー・ジャアファル、ヤアクーブ】

〔60〕 おまえたちは悟らない：彼らは悟らない【アッ＝ドゥーリー、アッ＝スースィー

392　*al-'Ashr* 及び *al-Shāmil* では、「彼らのなすこと」との読誦にシュウバは含まれず、更にイブン・アーミルの名もなく、その伝承者ヒシャームのみが挙げられている。

393　ナーフィウ等の読誦では、「怯え faza'」を非タンウィーンで、「その日 yawma'idh」をタンウィーンで読み属格接続させる。なお、この読誦に分類される師のうち、ナーフィウとアブー・ジャアファルは[yawma'idhin]とミーム(m)の母音をファトハ(a)で読み、それ以外は[yawmi'idhin]とミーム(m)の母音をカスラ(i)で読む。前者は副詞的なニュアンスが強いのに対し、後者は属格接続のニュアンスが強い。

394　両読誦共に語根 r-'-y の派生形動詞の未完了接続形であるが、ハフス＆アースィムの読誦では第Ⅳ型「見せる 'arā」の一人称複数で[nuriya]と読むのに対し、ハムザ等の読誦では第Ⅰ型「見る ra'ā」の三人称男性単数で[yarā]と読む。前者の場合、「フィルアウン fir'awn」と「ハーマーン hāmān」と「両者の軍勢 junūd-humā」を「見る」の主語として主格で読むのに対し、後者の場合は「見せる」の目的語として対格で読む。

395　両読誦共に語根 ṣ-d-r の派生形動詞の三人称男性単数未完了接続形であるが、ハフス＆アースィムの読誦では第Ⅳ型で「連れ戻す yuṣdira」と読むのに対し、アブー・アムル等の読誦では第Ⅰ型で「現れる yaṣdura」と読む。

396　両読誦共に語根 ṣ-d-q の第Ⅱ型「真実と確証する ṣaddaqa」の三人称男性単数未完了形であるが、ハフス＆アースィムの読誦では直接法で[yuṣaddiqu]と読み「援助者 rid'」の形容とするのに対し、ナーフィウ等の読誦では短形で[yuṣaddiq]と読み祈りの帰結文とする。

397　ハフス＆アースィムの読誦では「魔術 siḥr」の双数形で[siḥrāni]と読むのに対し、ナーフィウ等の読誦では「魔術師 sāḥir」の双数形で[sāḥirāni]と読む。

［双］】

〔70〕 おまえたちは戻される：おまえたちは戻る【ヤアクーブ】

〔82〕 われらを飲み込ませ給うていた：われらは飲み込まれていた[398]【ナーフィウ、イブン・カスィール、アブー・アムル、イブン・アーミル、シュウバ、ハムザ、アル＝キサーイー、アブー・ジャアファル、ハラフ】

〔85〕 クルアーン：クラーン【イブン・カスィール、ハムザ】

〔88〕 おまえたちは戻される：おまえたちは戻る【ヤアクーブ】

・第29章

〔17〕 あなたがたは戻される：あなたがたは戻る【ヤアクーブ】

〔19〕 彼らは見なかったのか：おまえたちは見なかったのか【シュウバ［双］、ハムザ、アル＝キサーイー、ハラフ】

〔25〕 あなたがたの間の愛情ゆえにのみである：あなたがたの間の愛情のみである【イブン・カスィール、アブー・アムル、アル＝キサーイー、ルワイス】：あなたがたの間にある愛情ゆえにのみである[399]【ナーフィウ、イブン・アーミル、シュウバ、アブー・ジャアファル、ハラフ】

〔28〕 あなたがたは醜行に赴く：あなたがたは醜行に赴くのか[400]【アブー・アムル、シュウバ、ハムザ、アル＝キサーイー、ハラフ】

〔31〕 イブラーヒーム：イブラーハーム【ヒシャーム、イブン・ザクワーン［双］[401]】

〔34〕 下す者：降す者[402]【イブン・アーミル】

〔42〕 彼らが…祈る：おまえたちが…祈る【ナーフィウ、イブン・カスィール、イブン・アーミル、ハムザ、アル＝キサーイー、アブー・ジャアファル、ハラフ】

〔50〕 彼の主からの諸々の徴：彼の主からの諸々の徴［単数形］【イブン・カスィール、シュウバ、ハムザ、アル＝キサーイー、ハラフ】

〔55〕 彼(アッラー)は仰せられる：われは言う【イブン・カスィール、アブー・アムル、イブン・アーミル、アブー・ジャアファル、ヤアクーブ】

〔57〕 おまえたちは戻される：おまえたちは戻る【ヤアクーブ】：彼らは戻される【シュウバ】

398　両読誦共に語根kh-s-fの第Ⅰ型「飲み込ませる khasafa」の三人称男性単数完了形であるが、ハフス＆アースィムの読誦では能動態で[khasafa]、ナーフィウ等の読誦では受動態で[khusifa]と読む。

399　ハフス＆アースィムの読誦では「愛情 mawaddah」を非タンウィーンの対格で[mawaddata]、「あなたがたの間」を属格で[bayni-kum]と読み「愛情」に属格接続させる。なお「愛情」を対格で読むのは副詞的用法である。イブン・カスィール等の読誦では「愛情」を非タンウィーンの主格で[mawaddatu]と読み、「あなたがたの間」を属格接続させる。この場合、「偶像を持ったこと」が主語となり、それが「あなたがたの現世への愛情である」との意になる。ナーフィウ等の読誦では「愛情」をタンウィーンの対格で副詞的に[mawaddatan]と読み、それを「あなたがたの間の bayna-kum」と説明する。

400　アブー・アムル等の読誦には、ハフス＆アースィムの読誦には含まれない疑問詞['a]が存在する。

401　*al-'Ashr*では、ヒシャームのみが「イブラーハーム」との読誦に分類される。

402　両読誦共に語根n-z-lの派生形動詞の能動名詞であるが、ハフス＆アースィムの読誦では第Ⅳ型で[munzilūna]と読み、イブン・アーミルの読誦では第Ⅱ型で[munazzilūna]と読む。語根n-z-lの第Ⅱ型及び第Ⅳ型派生形動詞の意味的相違については第2章90節注参照。

〔66〕 感謝せず、享楽に耽る：感謝しない。ならば彼らは享楽に耽らせるがよい[403]【カールーン、イブン・カスィール、ハムザ、アル＝キサーイー、ハラフ】

・第 30 章

〔11〕 おまえたちは戻される：おまえたちは戻る【ルワイス】：彼らは戻される【アブー・アムル、シュウバ】：彼らは戻る【ラウフ】

〔19〕 おまえたちも引き出される：おまえたちも出てくる[404]【ハムザ、アル＝キサーイー、ハラフ、イブン・ザクワーン[双]】

〔22〕 知識ある者たち：諸世界[405]【ナーフィウ、イブン・カスィール、アブー・アムル、イブン・アーミル、シュウバ、ハムザ、アル＝キサーイー、アブー・ジャアファル、ヤアクーブ、ハラフ】

〔24〕 降らせ：下し[406]【イブン・カスィール、アブー・アムル、ヤアクーブ】

〔32〕 分裂させ：抜け出して[407]【ハムザ、アル＝キサーイー】

〔40〕 彼らが共同者たちとして配する：おまえたちが共同者たちとして配する【ハムザ、アル＝キサーイー、ハムザ】

〔41〕 彼(アッラー)が…味わわせ給う：われらが…味わわせる【ラウフ、クンブル[双]】

〔48〕 風：風[単数形]【イブン・カスィール、ハムザ、アル＝キサーイー、ハラフ】

〔49〕 降らされる：降らされる[408]【イブン・カスィール、アブー・アムル、ヤアクーブ】

〔50〕 跡：跡[単数形]【ナーフィウ、イブン・カスィール、アブー・アムル、シュウバ、アブー・ジャアファル、ヤアクーブ】

〔52〕 聾者たちに…聞かせられない：聾者たちは…聞かない[409]【イブン・カスィール】

〔53〕 盲人たちを…導く者ではない：盲人たちを…導かない[410]【ハムザ】

〔58〕 クルアーン：クラーン【イブン・カスィール、ハムザ】

403　ハフス＆アースィムの読誦ではラーム(l)を、理由を表す前置詞として[li]と読むのに対し、カールーン等の読誦では使役・命令の意味で[(wa) l]と読む。

404　両読誦共に語根 kh-r-j の派生形動詞の二人称男性複数未完了形であるが、ハフス＆アースィムの読誦では第Ⅳ型「引き出す 'akhraja」の受動態で「引き出される tukhrajūna」と読むのに対し、ハムザ等の読誦では第Ⅰ型「出る kharaja」の能動態で[takhrujūna]と読む。

405　ハフス＆アースィムの読誦では「知識ある者 ‘ālim」の複数形で[‘ālimīna]と読むのに対し、ナーフィウ等の読誦では「世界 ‘ālam」の複数形で[‘ālamīna]と読む。

406　両読誦共に語根 n-z-l の派生形動詞の三人称男性単数未完了形であるが、ハフス＆アースィムの読誦では第Ⅱ型で[yunazzilu]と読み、イブン・カスィールの読誦では第Ⅳ型で[yunzilu]と読む。語根 n-z-l の第Ⅱ型及び第Ⅳ型派生形動詞の意味的相違については第 2 章 90 節注参照。

407　両読誦共に語根 f-r-q の派生形動詞の三人称男性複数完了形であるが、ハフス＆アースィムの読誦では第Ⅱ型で「分裂させた farraqū」と読むのに対し、ハムザ等の読誦では第Ⅲ型で「抜け出した fāraqū」と読む。第 6 章 159 節注参照。

408　両読誦共に語根 n-z-l の派生形動詞の三人称男性単数の未完了接続形の受動態であるが、ハフス＆アースィムの読誦では第Ⅱ型で[yunazzalu]と読み、イブン・カスィールの読誦では第Ⅳ型で[yunzalu]と読む。語根 n-z-l の第Ⅱ型及び第Ⅳ型派生形動詞の意味的相違については第 2 章 90 節注参照。

409　第 21 章 45 節注参照。

410　第 27 章 81 節と同様。

・第 31 章

〔3〕 善を尽くす者たちへの導き、また慈悲として：善を尽くす者たちへの導きであり、また慈悲である[411]【ハムザ】

〔6〕 (人々を)迷わせ：迷い[412]【イブン・カスィール、アブー・アムル、ルワイス[双][413]】

〔6〕 アッラーの道から(人々を)迷わせ、それを笑いものにするために、知識もないまま戯言を買う者がいる：アッラーの道から(人々を)迷わせるために、知識もないまま戯言を買い、それを笑いものにする者がいる[414]【ナーフィウ、イブン・カスィール、アブー・アムル、イブン・アーミル、シュウバ、アブー・ジャアファル】

〔16〕 たとえそれ(善事、悪事)がカラシ種の一粒の重さであり、それが岩の中、または諸天の中、または地の中であっても：たとえカラシ種の一粒の重さが、岩の中、または諸天の中、または地の中にあっても[415]【ナーフィウ、アブー・ジャアファル】

〔20〕 彼の恩寵：恩寵[416]【イブン・カスィール、イブン・アーミル、シュウバ、ハムザ、アル＝キサーイー、ヤアクーブ、ハラフ】

〔30〕 彼らが祈る：おまえたちが祈る【ナーフィウ、イブン・カスィール、イブン・アーミル、シュウバ、アブー・ジャアファル】

〔34〕 彼は…降らせ給い：彼は…降らせ給い[417]【イブン・カスィール、アブー・アムル、ハムザ、アル＝キサーイー、ヤアクーブ、ハラフ】

・第 32 章

〔7〕 創造し給うたあらゆるもの：あらゆるもの、つまり彼の被造物【イブン・カスィール、アブー・アムル、イブン・アーミル、アブー・ジャアファル、ヤアクーブ】

〔11〕 おまえたちは帰される：おまえたちは帰る【ヤアクーブ】

〔24〕 彼らが…確信していた際：彼らが…確信していた故に[418]【ハムザ、アル＝キサー

411　ハフス&アースィムの読誦では「慈悲 raḥmah」をタンウィーンの対格で[raḥmatan]と読み副詞的用法とするのに対し、ハムザの読誦ではタンウィーンの主格で[raḥmatun]と読む。前者の場合「導き hudan」も対格として、後者の場合は主格として扱うが、読み方に変化はない。

412　第 6 章 119 節注参照。

413　*al-'Ashr* 及び *al-Shāmil* では、ルワイスはこの読誦に含まれない。

414　「(笑いものに)する」について、両読誦共に語根 '-kh-dh の第Ⅷ型「採用する ittakhadha」の三人称男性単数未完了形であるが、ハフス&アースィムの読誦では接続形で[yattakhidha]、ナーフィウ等の読誦では直接法で[yattakhidhu]と読む。前者の場合、「迷わせ yuḍilla」と共に原因の前置詞[li]にかかるのに対し、後者の場合は「買い yashtarī」と等位に扱われる。

415　ハフス&アースィムの読誦では「重さ mithqāl」を対格で[mithqāla]と読むのに対し、ナーフィウ等の読誦では主格で[mithqālu]と読む。前者の場合、「重さ」が、[taku]（kāna の三人称女性単数短形)の隠れた主語「それ」に応じた述部であるのに対し、後者の場合、[taku]が存在の自動詞として扱われ、「重さがあった場合は」との意になる。

416　ハフス&アースィムの読誦では「恩寵 ni'mah」の複数形[ni'am]の対格に三人称男性単数の接尾人称代名詞が付属し[ni'ama-hu]と読むのに対し、イブン・カスィール等の読誦では「恩寵」の単数形のタンウィーン対格で[ni'matan]と読む。

417　両読誦共に語根 n-z-l の派生形動詞の三人称男性単数の未完了形であるが、ハフス&アースィムの読誦では第Ⅱ型で[yunazzilu]と読み、イブン・カスィールの読誦では第Ⅳ型で[yunzilu]と読む。語根 n-z-l の第Ⅱ型及び第Ⅳ型派生形動詞の意味的相違については第 2 章 90 節注参照。

418　ハフス&アースィムの読誦において「～の際 lammā」と読む箇所を、ハムザ等の読誦においては

イー、ルワイス】

・第33章

〔2、9〕おまえたちのなすこと：彼らのなすこと【アブー・アムル】

〔13〕 居場所：場所[419]【ナーフィウ、イブン・カスィール、アブー・アムル、イブン・アーミル、シュウバ、ハムザ、アル＝キサーイー、アブー・ジャアファル、ヤアクーブ、ハラフ】

〔14〕 それに赴き：それを為し[420]【ナーフィウ、イブン・カスィール、イブン・ザクワーン［双］、アブー・ジャアファル】

〔30〕 懲罰は2倍に倍加されよう：われらが懲罰を2倍に倍加しよう[421]【イブン・カスィール、イブン・アーミル】

〔68〕 大きな：多くの[422]【ナーフィウ、イブン・カスィール、アブー・アムル、ヒシャーム［双］、イブン・ザクワーン、ハムザ、アル＝キサーイー、アブー・ジャアファル、ヤアクーブ、ハラフ】

・第34章

〔3〕 知り給う御方に：知り尽くし給う御方に【ハムザ、アル＝キサーイー】：知り給う御方である[423]【ナーフィウ、イブン・アーミル、アブー・ジャアファル、ルワイス】

〔5〕 痛苦の天罰の懲罰：天罰の痛苦の懲罰[424]【ナーフィウ、アブー・アムル、イブン・アーミル、シュウバ、ハムザ、アル＝キサーイー、アブー・ジャアファル、ハラフ】

〔9〕 われらが望めば、われらは…飲み込ませるか…落とす：彼が望み給えば、彼は…飲み込ませ給うか…落とし給う【ハムザ、アル＝キサーイー、ハラフ】

〔12〕 風：風［複数形］【アブー・ジャアファル】

「～の故に li-mā」と読む。

419　ハフス＆アースィムの読誦において［muqām］と読む箇所をナーフィウ等の読誦では［maqām］と読む。前者は「居住 'iqāmah / makth」の意であり、後者は「場所 makān」の意である。

420　両読誦共に語根 '-t-y の派生形動詞の三人称男性複数完了形であるが、ハフス＆アースィムの読誦では第Ⅳ型で「赴く 'ātaw」、ナーフィウ等の読誦では第Ⅰ型で「為す 'ataw」と読む。

421　両読誦共に語根 ḍ-'-f の派生形動詞の未完了短形であるが、ハフス＆アースィムの読誦では第Ⅲ型の三人称男性単数の受動態で［yuḍā'af］と読むのに対し、イブン・カスィール等の読誦では第Ⅱ型の一人称複数の能動態で［nuḍa''if］と読む。なお、第Ⅱ型と第Ⅲ型は同意義である。

422　ハフス＆アースィムの読誦において「大きな kabīran」と読む箇所を、ナーフィウ等の読誦においては「多くの kathīran」と読む。

423　ハフス＆アースィムの読誦において「知り給う御方 'ālim」と読む箇所を、ハムザらの読誦においてはその強調形で「知り尽くし給う御方 'allām」と読む。また、ハフス＆アースィムの読誦の「知り給う御方」及びハムザらの読誦の「知り尽くし給う御方」は属格で読み、「わが主 rabbī」の形容として扱うのに対し、ナーフィウの読誦では主格で［'ālimu］と読み、それ以降の文の主語として扱う。

424　ハフス＆アースィムの読誦では「痛苦の 'alīm」をタンウィーンの主格で［'alīmun］と読み「懲罰 'adhābun」を形容するのに対し、ナーフィウ等の読誦ではタンウィーンの属格で［'alīmin］と読み「天罰 rijzin」を形容する。

〔12〕 スライマーンには風を：スライマーンには風が[425]【シュウバ】

〔15〕 居住地：居住地[複数形][426]【ナーフィウ、イブン・カスィール、アブー・アムル、イブン・アーミル、シュウバ、アブー・ジャアファル、ヤアクーブ】

〔16〕 苦味の食(果実)と御柳《タマリスク》とわずかばかりのナツメ：苦味と御柳《タマリスク》とわずかばかりのナツメの食[427]【アブー・アムル、ヤアクーブ】

〔17〕 不信仰な者(忘恩の徒)以外にわれらが報復することがあろうか：不信仰な者以外が報復されることがあろうか[428]【ナーフィウ、イブン・カスィール、アブー・アムル、イブン・アーミル、シュウバ、アブー・ジャアファル】

〔19〕 われらが主よ…遠くし給え：われらが主は…遠くし給うた[429]【ヤアクーブ】

〔23〕 彼が…許可し給うた：許可された[430]【アブー・アムル、ハムザ、アル＝キサーイー、ハラフ】

〔23〕 恐怖が取り除かれる：恐怖を取り除き給う[431]【イブン・アーミル、ヤアクーブ】

〔31〕 クルアーン：クラーン【イブン・カスィール、ハムザ】

〔37〕 倍の報い：報いとして倍のもの[432]【ルワイス】

〔37〕 高殿：高殿[単数形][433]【ハムザ】

〔40〕 彼が…集め給い：われらが…集め[434]【ナーフィウ、イブン・カスィール、アブー・アムル、イブン・アーミル、シュウバ、ハムザ、アル＝キサーイー、アブー・ジャアファル、ハラフ】

425　ハフス＆アースィムの読誦では「風 ar-rīḥ」を対格で読むのに対し、シュウバの読誦では主格で読む。前者は「われら(アッラー)がスライマーンに風を従わせた」との意であるのに対し、後者は「スライマーンには風の服従があった」との意になる。

426　ハフス＆アースィムの読誦では[maskan]、ナーフィウ等の読誦では[masākin]と読む。

427　ハフス＆アースィムの読誦では「食 'ukul」を属格のタンウィーンで読み、「御柳 'athlin」と「わずかばかりのナツメ shay'in min sidrin qalīlin」と等位に扱うのに対し、アブー・アムル等の読誦では「食」を属格の非タンウィーンでよみ、以降の「苦味 khamṭin」と「御柳」と「わずかばかりのナツメ」を属格接続させる。

428　ハフス＆アースィムの読誦では「報復する」を一人称複数未完了形で[nujāzī]と読み、「不信仰な者 al-kafūr」をその目的語として対格で読むのに対し、ナーフィウ等の読誦では「報復する」を三人称男性単数の受動態で[yujāzā]と読み、「不信仰な者」を主語として主格で読む。

429　ハフス＆アースィムの読誦では「われらが主 rabb-nā」を呼び掛けとして対格で[rabba-nā]と読むのに対し、ヤアクーブの読誦では主語として主格で[rabbu-nā]と読む。後者の場合、ハフス＆アースィムの読誦において命令形である「遠くし給え bā‘id」を三人称男性単数の完了形で「遠くし給うた bā‘ada」と読む。

430　両読誦共に動詞「許可する 'adhina」の三人称男性単数完了形であるが、ハフス＆アースィムの読誦では能動態で['adhina]と読むのに対し、アブー・アムル等の読誦では受動態で['udhina]と読む。

431　両読誦共に動詞「恐怖を取り除く fazza‘a」の三人称男性単数完了形であるが、ハフス＆アースィムの読誦では受動態で[fuzzi‘a]と読むのに対し、イブン・アーミルの読誦では能動態で[fazza‘a]と読む。

432　ハフス＆アースィムの読誦では「報い jazā'」を非タンウィーンの主格で[jazā'u]と読み後続の「倍 aḍ-ḍi‘f」を属格接続させるのに対し、ルワイスの読誦では「報い」をタンウィーンの対格で[jazā‘an]と読み副詞的に扱い、「倍」を主格で読む。

433　ハフス＆アースィムの読誦では複数形で[al-ghurufāt]、ハムザの読誦では単数形で[al-ghurfah]と読む。

434　両読誦共に語根 ḥ-sh-r の第Ｉ型の未完了形であるが、ハフス＆アースィムの読誦では三人称男性単数で[yaḥshuru]、ナーフィウの読誦では一人称複数で[naḥshuru]と読む。

〔40〕 彼が…仰せられる：われらが…言う[435]【ナーフィウ、イブン・カスィール、アブー・アムル、イブン・アーミル、シュウバ、ハムザ、アル＝キサーイー、アブー・ジャアファル、ハラフ】

・第 35 章

〔3〕 アッラーの他に…創造主などあろうか：…アッラーの他の創造主などあろうか[436]【ハムザ、アル＝キサーイー、アブー・ジャアファル、ハラフ】

〔4〕 物事は戻される：物事は戻る【イブン・アーミル、ハムザ、アル＝キサーイー、ヤアクーブ、ハラフ】

〔8〕 おまえの心が逝ってしまうようなことがあってはならない：おまえの心を逝かせてしまうようなことがあってはならない[437]【アブー・ジャアファル】

〔9〕 風：風[単数形]【イブン・カスィール、ハムザ、アル＝キサーイー、ハラフ】

〔11〕 減らされる：彼が減らし給う[438]【ルワイス[双]、ラウフ】

〔33〕 彼らは入る：彼らは入れられる【アブー・アムル】

〔36〕 われらはすべての忘恩の不信仰者に報いる：すべての忘恩の不信仰者は報いられる[439]【アブー・アムル】

〔40〕 明証：明証[複数形]【ナーフィウ、イブン・アーミル、シュウバ、アル＝キサーイー、アブー・ジャアファル、ヤアクーブ】

・第 36 章

〔2〕 クルアーン：クラーン【イブン・カスィール、ハムザ[双]】

〔5〕 垂示として：垂示である[440]【ナーフィウ、イブン・カスィール、アブー・アムル、シュウバ、アブー・ジャアファル、ヤアクーブ】

〔14〕 強化した：圧倒した[441]【シュウバ】

〔22〕 おまえたちは戻される：おまえたちは戻る【ヤアクーブ】

435　両語根共に語根 q-w-l の第Ⅰ型「言う qāla」の未完了形であるが、ハフス＆アースィムの読誦では三人称男性単数で[yaqūlu]、ナーフィウの読誦では一人称複数で[naqūlu]と読む。

436　第 7 章 59 節注参照。

437　ハフス＆アースィムの読誦では t-dh-h-b を語根 dh-h-b の第Ⅰ型「行く dhahaba」の三人称女性単数未完了短形で[tadhhab]と読み、「おまえの心 nafs-ka」を意味上の主語として主格で読む。一方アブー・ジャアファルの読誦では t-dh-h-b を同語根 dh-h-b の第Ⅳ型「行かせる 'adhhaba」の二人称男性単数未完了短形で[tudhhib]と読み、「おまえの心」を目的語として対格で読む。

438　両読誦共に語根 n-q-ṣ の派生形動詞の三人称男性単数未完了形であるが、ハフス＆アースィムの読誦では第Ⅳ型「減らす 'anqaṣa」の受動態で[yunqaṣu]と読む一方、ルワイスらの読誦では第Ⅰ型「減る naqaṣa」の能動態で[yanquṣu]と読む。

439　両読誦共に語根 j-z-y の第Ⅰ型「報いる jazā」の未完了形であるが、ハフス＆アースィムの読誦では一人称複数で[najzī]と読み「すべて kull」を目的語として対格で読むのに対し、アブー・アムルの読誦では「報いる」を三人称男性単数の受動態で[yujzā]と読み「すべて」をその主語として主格で読む。

440　ハフス＆アースィムの読誦では「啓示 tanzīl」を対格で[tanzīla]と読むが、ナーフィウ等の読誦では主格で[tanzīlu]と読む。

441　両読誦共に語根 ‘-z-z の派生形動詞の一人称複数完了形であるが、ハフス＆アースィムの読誦では第Ⅱ型で[‘azzaznā]と読むのに対し、シュウバの読誦では第Ⅰ型で[‘azaznā]と読む。

〔29〕それ(滅亡)は、一声の叫び声のほかではなく：一声の叫び声のほかには何もなく[442]【アブー・ジャアファル】

〔32〕誰も皆、われらの許に召し出されずにはいない：誰も皆、われらの許に召し出される[443]【ナーフィウ、イブン・カスィール、アブー・アムル、アル＝キサーイー、イブン・ウィルダーン、ヤアクーブ、ハラフ】

〔41〕子孫：子孫[複数形]【ナーフィウ、イブン・アーミル、アブー・ジャアファル、ヤアクーブ】

〔53〕それ(吹鳴《すいめい》)は、一声の叫び声のほかではなく：一声の叫び声のほかに何もなく[444]【アブー・ジャアファル】

〔67〕場所：場所[複数形]【シュウバ】

〔68〕彼らは悟らないのか：おまえたちは悟らないのか【ナーフィウ、イブン・アーミル[445]、アブー・ジャアファル、ヤアクーブ】

〔69〕クルアーン：クラーン【イブン・カスィール、ハムザ】

〔70〕彼が…警告し：おまえが…警告し【ナーフィウ、イブン・アーミル、アブー・ジャアファル、ヤアクーブ】

〔83〕おまえたちは戻される：おまえたちは戻る【ヤアクーブ】

・第 37 章

〔12〕おまえは驚愕した：わたしは驚愕した【ハムザ、アル＝キサーイー、ハラフ】

〔40、74〕選別された：誠実な[446]【イブン・カスィール、アブー・アムル、イブン・アーミル、ヤアクーブ】

〔47〕酩酊することもない：欠くこともない[447]【ハムザ、アル＝キサーイー、ハラフ】

〔102〕どう見るか：何を見せるか[448]【ハムザ、アル＝キサーイー、ハラフ】

〔126〕アッラーを：アッラーである[449]【ナーフィウ、イブン・カスィール、アブー・アムル、イブン・アーミル、シュウバ、アブー・ジャアファル】

442　ハフス＆アースィムの読誦では「一声の叫び声 ṣayḥah wāḥidah」を対格で[ṣayḥatan wāḥidatan]と読むのに対し、アブー・ジャアファルの読誦では主格で[ṣayḥatun wāḥidatun]と読む。後者の場合[kānat]が存在の自動詞となる。

443　ハフス＆アースィムの読誦では l-mā を[lammā]と読む一方、ナーフィウ等の読誦では[lamā]と読む。前者の場合、同節の['in]は否定詞[mā]、[lammā]は除外を指示する['illā]の意となる。後者の場合、['in]は「まことに 'inna」の意であり、[lamā]のラーム[la]は否定詞の['in]から['inna]の意の['in]を区別するための区別のラーム(l)で、[mā]は虚字である。

444　本章 29 節と同様。

445　*al-'Ashr* 及び *al-Shāmil* では、イブン・アーミルではなくその伝承者イブン・ザクワーンのみがこの読誦に分類されている。

446　第 12 章 24 節注参照。

447　両読誦共に語根 n-z-f の派生形動詞の三人称男性複数未完了形であるが、ハフス＆アースィムの読誦では第Ⅰ型「酩酊する／酩酊させる nazafa」の受動態で[yunzafūna]と読む一方、ハムザ等の読誦では第Ⅳ型「欠く 'anzafa」の能動態で[yunzifūna]と読む。

448　両読誦共に語根 r-'-y の派生形動詞の二人称男性単数未完了形であるが、ハフス＆アースィムの読誦では第Ⅰ型で「見る tarā」と読むのに対し、ハムザ等の読誦では第Ⅳ型で「見せる turī」と読む。

449　ハフス＆アースィムの読誦では「アッラー Allāh」及び本節の二つの「主 rabb」を対格で読むのに対し、ナーフィウ等の読誦ではそれら全てを主格で読む。

〔128〕選別された：誠実な[450]【イブン・カスィール、アブー・アムル、イブン・アーミル、ヤアクーブ】

〔130〕イル・ヤースィーン：ヤースィーンの一族[451]【ナーフィウ、イブン・アーミル、ヤアクーブ】

〔153〕選び給うたのか：選び給うた[452]【ワルシュ［双］[453]、アブー・ジャアファル】

〔160、169〕選別された：誠実な[454]【イブン・カスィール、アブー・アムル、イブン・アーミル、ヤアクーブ】

・第38章

〔1〕 クルアーン：クラーン【イブン・カスィール、ハムザ】

〔15〕 合間：退き[455]【ハムザ、アル＝キサーイー、ハラフ】

〔29〕 彼らが…熟慮し：おまえたちが…熟慮し【アブー・ジャアファル】

〔36〕 風：風[複数形]【アブー・ジャアファル】

〔41〕 苦難：苦痛【アブー・ジャアファル】：疲労[456]【ヤアクーブ】

〔45〕 僕《しもべ》：僕《しもべ》[単数形]【イブン・カスィール】

〔48〕 アルヤサア：アッライサウ【ハムザ、アル＝キサーイー、ハラフ】

〔53〕 おまえたちに約束されている：彼らに約束されている【イブン・カスィール、アブー・アムル】

〔83〕 選別された：誠実な[457]【イブン・カスィール、アブー・アムル、イブン・アーミル、ヤアクーブ】

〔84〕 真実は：真実を[458]【ナーフィウ、イブン・カスィール、アブー・アムル、イブン・アーミル、アル＝キサーイー、アブー・ジャアファル、ヤアクーブ】

・第39章

〔8〕 （人々を）迷わせる：迷う[459]【イブン・カスィール、アブー・アムル、ルワイス

---

450 第12章24節注参照。

451 ハフス＆アースィムの読誦では['ilyāsīn]と読むが、ナーフィウ等の読誦では['āli yāsīn]と読む。後者の場合、「ヤースィーン」が「イルヤース」を指すとする説と、預言者ムハンマドを指すとする説がある。

452 ワルシュらの読誦には、ハフス＆アースィムの読誦に含まれる疑問詞['a]が存在しない。

453 *al-ʻAshr* 及び *al-Shāmil* では、ワルシュはこの読誦に分類されない。

454 第12章24節注参照。

455 ハフス＆アースィムの読誦では「合間 fawāq」と読む一方、ハムザ等の読誦では「退き fuwāq」と読む。[fuwāq]とは「戻ること rujūʻ」、「撤退 irtidād」を意味する。

456 ハフス＆アースィムの読誦では「苦難 nuṣb」と読む箇所を、アブー・ジャアファルの読誦では[nuṣub]、ヤアクーブの読誦では[naṣab]と読む。[nuṣub]は「苦痛 ʻadhāb」、[naṣab]は「疲労 'iʻyā'」の意である。

457 第12章24節注参照。

458 ハフス＆アースィムの読誦では「真実 al-ḥaqq」を主格で読む一方、ナーフィウ等の読誦では対格で読む。

459 両読誦共に語根 ḍ-l-l の派生形動詞の三人称男性単数未完了接続形であるが、ハフス＆アースィムの読誦では第Ⅳ型で[yuḍilla]と読み、「（他人を）迷わせている」と他動詞の意味を持たせるのに対し、ナーフィウ等の読誦では第Ⅰ型で[yaḍilla]と読み、「（自分が）迷っている」との意になる。

[双][460]】

〔9〕 それとも、夜の時間に謙《へりくだ》り、跪拝し、立礼し、来世を警戒し、その主の御慈悲を期待する者が(より良い)か：夜の時間に謙り、跪拝し、立礼し、来世を警戒し、その主の御慈悲を期待する者か[461]【ナーフィウ、イブン・カスィール】

〔27、28〕クルアーン：クラーン【イブン・カスィール、ハムザ】

〔36〕 僕《しもべ》：僕《しもべ》[複数形]【ハムザ、アル＝キサーイー、アブー・ジャアファル、ハラフ】

〔39〕 場所：場所[複数形]【シュウバ】

〔42〕 死を定め給うた：死が定められた[462]【ハムザ、アル＝キサーイー、ハラフ】

〔44〕 おまえたちは戻される：おまえたちは戻る【ヤアクーブ】

〔61〕 成就の場所：成就の場所[複数形]【シュウバ、ハムザ、アル＝キサーイー、ハラフ】

・第40章

〔6〕 御言葉：御言葉[複数形]【ナーフィウ、イブン・アーミル、アブー・ジャアファル】

〔13〕 降し給う：下し給う[463]【イブン・カスィール、アブー・アムル、ヤアクーブ】

〔20〕 彼らが…祈る：おまえたちが…祈る【ナーフィウ、ヒシャーム、イブン・ザクワーン[双][464]】

〔21〕 彼らよりも：おまえたちよりも【イブン・アーミル】

〔26〕 彼が…荒廃を顕す：荒廃が…顕れる[465]【イブン・カスィール、イブン・アーミル、シュウバ、ハムザ、アル＝キサーイー、ハラフ】

〔26〕 替えるか、または：替え、そして[466]【ナーフィウ、イブン・カスィール、アブー・

---

460 ウマル師の修正表によれば、ルワイスについては、ハフス＆アースィムの読誦と同じ読誦と、異なる読誦双方を伝える伝承が存在する。

461 ハフス＆アースィムの読誦で['amman]と読む箇所を、ナーフィウ等の読誦では['aman]と読む。前者は、二者択一を提示する助詞['am]に関係代名詞[man]が連結したものと解される。後者の解釈については二つ説がある。一つは、文頭の['a]を疑問符とする説であり、この場合は訳出した意味になる。もう一方は、文頭の['a]を呼びかけの意にとる説であり、この場合本節の意味は「夜の時間に謙り、跪拝し、立礼し、来世を警戒し、その主の御慈悲を期待する者よ」となる。なおここでの呼びかけの対象は預言者ムハンマドである。

462 両読誦共に語根 q-ḍ-y の第Ⅰ型「定める qaḍā」の三人称男性単数完了形であるが、ハフス＆アースィムの読誦では能動態で「彼が定めた qaḍā」と読むのに対し、ハムザ等の読誦では受動態で「それが定められた quḍiya」と読む。前者の場合、「死 al-mawt」を目的語として対格で読むのに対し、後者の場合は主語として主格で読む。

463 両読誦共に語根 n-z-l の派生形動詞の三人称男性単数未完了形であるが、ハフス＆アースィムの読誦では第Ⅱ型で[yunazzilu]と読み、イブン・カスィール等の読誦では第Ⅳ型で[yunzilu]と読む。語根 n-z-l の第Ⅱ型及び第Ⅳ型派生形動詞の意味的相違については第2章90節注参照。

464 *al-'Ashr* 及び *al-Shāmil* では、イブン・ザクワーンは当読誦に分類されない。

465 両読誦共に語根 ẓ-h-r の派生形動詞の三人称男性単数未完了接続形であるが、ハフス＆アースィムの読誦では第Ⅳ型で「顕す yuẓhira」と読むのに対し、イブン・カスィール等の読誦では第Ⅰ型で「顕れる yaẓhara」と読む。前者の場合、「荒廃 al-fasād」を目的語として対格で読むのに対し、後者の場合は主語として主格で読む。

466 ハフス＆アースィムの読誦において「または 'aw」と読む箇所を、ナーフィウ等の読誦では「そして wa」と読む。

アムル、イブン・アーミル、アブー・ジャアファル】

〔35〕 高慢で暴虐な者の心：高慢で暴虐な心[467]【アブー・アムル、イブン・アーミル［双］[468]】

〔37〕 そうすれば：そして[469]【ナーフィウ、イブン・カスィール、アブー・アムル、イブン・アーミル、シュウバ、ハムザ、アル＝キサーイー、アブー・ジャアファル、ヤアクーブ、ハラフ】

〔37〕 逸らされた：逸れた【ナーフィウ、イブン・カスィール、アブー・アムル、イブン・アーミル、アブー・ジャアファル】

〔40〕 入り：入れられ【イブン・カスィール、アブー・アムル、シュウバ、アブー・ジャアファル、ヤアクーブ】

〔46〕 フィルアウンの一族を最も厳しい懲罰に入れよ：フィルアウンの一族、最も厳しい懲罰に入れ[470]【イブン・カスィール、アブー・アムル、イブン・アーミル、シュウバ】

〔58〕 おまえたちは留意しない：彼らは留意しない【ナーフィウ、イブン・カスィール、アブー・アムル、イブン・アーミル、アブー・ジャアファル、ヤアクーブ】

〔60〕 入る：入れられる【イブン・カスィール、シュウバ［双］、アブー・ジャアファル、ルワイス】

〔77〕 彼らは戻される：彼らは戻る【ヤアクーブ】

・第41章

〔3〕 クルアーン：クラーン【イブン・カスィール、ハムザ】

〔19〕 敵たちが…追い集められ：敵たちを…われらが追い集め[471]【ナーフィウ、ヤアクーブ】

〔21〕 おまえたちは戻される：おまえたちは戻る【ヤアクーブ】

〔26、44〕クルアーン：クラーン【イブン・カスィール、ハムザ】

〔47〕 果実：果実［単数形］【イブン・カスィール、アブー・アムル、シュウバ、ハムザ、

467　ハフス＆アースィムの読誦では「心 qalb」を非タンウィーン属格で[qalbi]と読み、後続の「高慢で暴虐 mutakabbirin jabbārin」を属格接続させる。一方、アブー・アムル等の読誦では「心」を属格のタンウィーンで[qalbin]と読み、「高慢で暴虐」を形容詞的につなげる。

468　*al-'Ashr* 及び *al-Shāmil* では、イブン・アーミルではなくその伝承者イブン・ザクワーンのみがこの読誦に分類される。

469　両読誦共に語根 ṭ-l-' の第Ⅷ型派生形動詞「眺める iṭṭala'a」の一人称単数未完了形であるが、ハフス＆アースィムの読誦では接続形で['aṭṭali'a]と読み、ナーフィウ等の読誦では直接法で['aṭṭali'u]と読む。前者の場合、前節の「建てよ ibni」の帰結となるが、後者の場合は前節の「達しよう 'ablughu」にかかる。

470　両読誦共に語根 d-kh-l の派生形動詞の二人称複数に対する命令形であるが、ハフス＆アースィムの読誦では第Ⅳ型で「入れよ 'adkhilū」と読むのに対し、イブン・カスィール等の読誦では第Ⅰ型で「入れ udkhulū」と読む。どちらの場合も「フィルアウンの一族 'āl fir'awn」は対格で読むが、前者の場合は目的語、後者の場合は呼び掛けの意になる。

471　両読誦共に語根 ḥ-sh-r の第Ⅰ型「追い集める ḥashara」の未完了形であるが、ハフス＆アースィムの読誦では三人称男性単数の受動態で[yuḥsharu]と読むのに対し、ナーフィウ等の読誦では一人称複数の能動態で[naḥshuru]と読む。前者の場合、「敵たち 'a'dā'」を主語として主格で読むのに対し、後者の場合は目的語として対格で読む。

アル＝キサーイー、ヤアクーブ、ハラフ】

・第 42 章

〔3〕 おまえに威力比類なく英明なるアッラーは啓示し給い、おまえ以前の者たちにもまた：おまえに、そしておまえ以前の者たちに啓示された。威力比類なく英明なるアッラー[472]【イブン・カスィール】

〔7〕 クルアーン：クラーン【イブン・カスィール、ハムザ】

〔13〕 イブラーヒーム：イブラーハーム【ヒシャーム、イブン・ザクワーン［双］】

〔25〕 おまえたちのなすこと：彼らのなすこと【ナーフィウ、イブン・カスィール、アブー・アムル、イブン・アーミル、シュウバ、アブー・ジャアファル、ラウフ、ルワイス［双］】

〔27〕 降し給う：下し給う[473]【イブン・カスィール、アブー・アムル、ヤアクーブ】

〔28〕 降らし：下し[474]【イブン・カスィール、アブー・アムル、ハムザ、アル＝キサーイー、ヤアクーブ、ハラフ】

〔33〕 風：風［複数形］【ナーフィウ、アブー・ジャアファル】

〔35〕 知るために：知る【ナーフィウ、イブン・アーミル、アブー・ジャアファル】

〔37〕 大罪：大罪［単数形］【ハムザ、アル＝キサーイー、ハラフ】

・第 43 章

〔3〕 クルアーン：クラーン【イブン・カスィール、ハムザ】

〔11〕 おまえたちは（墓から）引き出される：おまえたちは出る【イブン・ザクワーン、ハムザ、アル＝キサーイー、ハラフ】

〔18〕 育てられ：育ち【ナーフィウ、イブン・カスィール、アブー・アムル、イブン・アーミル、シュウバ、アブー・ジャアファル、ヤアクーブ】

〔19〕 慈悲あまねき御方の僕《しもべ》たちである：慈悲あまねき御方の許にいる[475]【ナーフィウ、イブン・カスィール、イブン・アーミル、アブー・ジャアファル、ヤアクーブ】

〔19〕 立ち会ったのか：立ち会わされたのか[476]【ナーフィウ、アブー・ジャアファル】

〔24〕 彼（警告者の一人）は言った：言え[477]【ナーフィウ、イブン・カスィール、アブー・

472　両読誦共に語根 w-ḥ-y の第Ⅳ型「啓示する 'awḥā」の三人称男性単数未完了形であるが、ハフス＆アースィムの読誦では能動態で「啓示し給う yūḥī」と読む一方、イブン・カスィールの読誦では受動態で「啓示される yūḥā」と読む。後者の場合も、「威力比類なく英明なるアッラー Allāhu al-'azīzu al-ḥakīmu」は「啓示する主体 al-mūḥī」として主格で読まれる。

473　両読誦共に語根 n-z-l の派生形動詞の三人称男性単数未完了形であるが、ハフス＆アースィムの読誦では第Ⅱ型で［yunazzilu］と読む一方、イブン・カスィール等の読誦では第Ⅳ型で［yunzilu］と読む。語根 n-z-l の第Ⅱ型及び第Ⅳ型派生形動詞の意味的相違については第 2 章 90 節注参照。

474　前注と同様。

475　ハフス＆アースィムの読誦において「僕《しもべ》たち 'ibād」と読む箇所を、ナーフィウ等の読誦においては前置詞「〜の許 'inda」と読む。

476　両読誦共に語根 sh-h-d の派生形動詞の三人称男性複数完了形であるが、ハフス＆アースィムの読誦では第Ⅰ型で「立ち会った shahidū」と読む一方、ナーフィウ等の読誦では第Ⅳ型「立ち会わせる 'ashhada」の受動態で［'ushhidū］と読む。

477　両読誦共に語根 q-w-l の第Ⅰ型「言う qāla」であるが、ハフス＆アースィムの読誦では三人称男

アムル、シュウバ、ハムザ、アル＝キサーイー、アブー・ジャアファル、ヤアクーブ、ハラフ】

〔24〕 私が…来た：私たちが…来た【アブー・ジャアファル】

〔31〕 クルアーン：クラーン【イブン・カスィール、ハムザ】

〔33〕 屋根：屋根[単数形]【イブン・カスィール、アブー・アムル、アブー・ジャアファル】

〔35〕 そうしたものすべては現世の享楽にすぎない：まことにそうしたものすべては現世の享楽である[478]【ナーフィウ、イブン・カスィール、アブー・アムル、ヒシャーム[双]、イブン・ザクワーン、アル＝キサーイー、イブン・ウィルダーン、ヤアクーブ、ハラフ】

〔36〕 われらは…振り当てる：彼は…振り当て給う【シュウバ[双][479]、ヤアクーブ】

〔38〕 彼が…来ると：彼ら二人が…来ると【ナーフィウ、イブン・カスィール、イブン・アーミル、シュウバ、アブー・ジャアファル】

〔53〕 腕輪：腕輪[複数形]【ナーフィウ、イブン・カスィール、アブー・アムル、イブン・アーミル、シュウバ、ハムザ、アル＝キサーイー、アブー・ジャアファル、ハラフ】

〔57〕 騒ぎ立てた：背いた[480]【ナーフィウ、イブン・アーミル、アル＝キサーイー、アブー・ジャアファル、ハラフ】

〔85〕 おまえたちは帰される：おまえたちは帰る【ラウフ】：彼らは帰される【イブン・カスィール、ハムザ、アル＝キサーイー、ハラフ】：彼らは帰る【ルワイス】

〔88〕 彼(ムハンマド)の言うことの：彼(ムハンマド)の(次のように)言うことを[481]【ナーフィウ、イブン・カスィール、アブー・アムル、イブン・アーミル、アル＝キサーイー、アブー・ジャアファル、ヤアクーブ、ハラフ】

〔89〕 彼らは知る：おまえたちは知る【ナーフィウ、イブン・アーミル、アブー・ジャアファル】

・第 44 章

〔49〕 まことに、おまえは(現世で自称するところでは)威力比類なく、高貴であった：お

性単数完了形で[qāla]と読むのに対し、ナーフィウ等の読誦では単数に対する命令形で[qul]と読む。

478　ハフス＆アースィムの読誦では l-m-a を[lammā]と読み、ナーフィウ等の読誦では[lamā]と読む。前者の場合、['in]は['inna]の意で、[lammā]の[mā]は虚字となる。後者の場合、['in]は否定詞[mā]の意となり、[lamā]は['illā]の意となる。

479　*al-'Ashr* 及び *al-Shāmil* では、シュウバは当読誦には分類されない。

480　両読誦共に語根 ṣ-d-d の第 I 型の三人称男性複数未完了形であるが、ハフス＆アースィムの読誦では[yaṣiddūna]と読む一方、ナーフィウ等の読誦では[yaṣuddūna]と読む。

481　ハフス＆アースィムの読誦では「言うこと qīl」を属格で[qīli]と読むのに対し、ナーフィウ等の読誦では対格で[qīla]と読む。前者の場合、「彼の言うこと」が本章 85 節の「かの時 as-sā'ah」と等位として「知識 'ilm」に属格接続し、「アッラーの許にこそ、かの時の知識と、彼(ムハンマド)の言ったことの知識がある」との意になる。後者の場合、「彼の言うこと」を本章 80 節の「秘密 sirr」と等位とし、「彼らは、われらが彼らの秘密や彼らの密談、彼(ムハンマド)の言ったことを聞かないと思うのか」との意になる。

まえは(現世で自称するところでは)威力比類なく、高貴であった故に[482]【アル＝キサーイー】

〔51〕 場所：住まい[483]【ナーフィウ、イブン・アーミル、アブー・ジャアファル】

・第45章

〔5〕 風：風[単数形]【ハムザ、アル＝キサーイー、ハラフ】

〔6〕 彼らは信じるのか：おまえたちは信じるのか【イブン・アーミル、シュウバ、ハムザ、アル＝キサーイー、ルワイス、ハラフ】

〔11〕 痛苦の天罰の懲罰：天罰の痛苦の懲罰[484]【ナーフィウ、アブー・アムル、イブン・アーミル、シュウバ、ハムザ、アル＝キサーイー、アブー・ジャアファル、ハラフ】

〔14〕 彼が民を…報い給う：われらが民を…報いる【イブン・アーミル、ハムザ、アル＝キサーイー、ハラフ】：民が…報われる【アブー・ジャアファル】

〔15〕 おまえたちは…戻される：おまえたちは…戻る【ヤアクーブ】

〔21〕 われらが彼らを、信仰し善行をなした者たちのようなものに ―彼らの生も彼らの死も同様に― すると思ったのか：われらが彼らを、信仰し善行をなした者たちのようなものにすると思ったのか、彼らの生と彼らの死が同じだと[485]【ナーフィウ、イブン・カスィール、アブー・アムル、イブン・アーミル、シュウバ、アブー・ジャアファル、ヤアクーブ】

〔35〕 彼らは…出されることはなく：彼らは…出ることはなく【ハムザ、アル＝キサーイー、ハラフ】

・第46章

〔12〕 警告する：おまえが警告する[486]【ナーフィウ、アル＝バッズィー、イブン・アーミル、アブー・ジャアファル、ヤアクーブ】

〔15〕 心尽くし：善[487]【ナーフィウ、イブン・カスィール、アブー・アムル、イブン・アーミル、アブー・ジャアファル、ヤアクーブ】

〔16〕 われらが…受け入れる：受け入れられる【ナーフィウ、イブン・カスィール、アブー・アムル、イブン・アーミル、シュウバ、アブー・ジャアファル、ヤアクー

482　ハフス&アースィムの読誦では'-nを['inna]と読む一方、アル＝キサーイーの読誦では['anna]と読む。前者は新しい文の開始を意味するが、後者は前置詞「～故に li'anna」の省略であると言われる。

483　ハフス&アースィムの読誦において[maqām]と読む箇所をナーフィウ等の読誦では[muqām]と読む。前者は「場所 makān」の意であり、後者は「居住 'iqāmah / makth」の意である。

484　第34章5節と同様。

485　ハフス&アースィムの読誦では「同じ sawā'」をタンウィーンの対格で[sawā'an]と読み状態の副詞句として扱うのに対し、ナーフィウ等の読誦では主格で[sawā'un]と読む。

486　両読誦共に語根 n-dh-r の第Ⅳ型「警告する 'andhara」の未完了接続形であるが、ハフス&アースィムの読誦では三人称男性単数で[yundhira]と読む一方、ナーフィウ等の読誦では二人称男性単数で[tundhira]と読む。主語は、前者の場合はクルアーン、後者の場合は預言者ムハンマドである。

487　ハフス&アースィムの読誦では「心尽くし 'iḥsānan」、ナーフィウ等の読誦では「善 ḥusnan」と読む。

ブ】

〔16〕 われらは…を大目に見る：は大目に見られる【ナーフィウ、イブン・カスィール、アブー・アムル、イブン・アーミル、シュウバ、アブー・ジャアファル、ヤアクーブ】

〔19〕 彼(アッラー)が…完済し給う：われらが…完済する【ナーフィウ、ヒシャーム[双]、イブン・ザクワーン、ハムザ、アル＝キサーイー、アブー・ジャアファル、ハラフ】

〔20〕 …それを享受した：…それを享受したか[488]【イブン・カスィール、イブン・アーミル、アブー・ジャアファル、ヤアクーブ】

〔25〕 彼らの居住地しか見当たらなかった：おまえは彼らの居住地しか見ない[489]【ナーフィウ、イブン・カスィール、アブー・アムル、イブン・アーミル、アル＝キサーイー、アブー・ジャアファル】

〔29〕 クルアーン：クラーン【イブン・カスィール、ハムザ】

・第 47 章

〔4〕 殺された：戦った[490]【ナーフィウ、イブン・カスィール、イブン・アーミル、シュウバ、ハムザ、アル＝キサーイー、アブー・ジャアファル、ハラフ】

〔22〕 背き去ったならば：背き去らされたならば[491]【ルワイス】

〔24〕 クルアーン：クラーン【イブン・カスィール、ハムザ】

〔25〕 猶予した：猶予された【アブー・アムル、ヤアクーブ】

〔26〕 彼らが秘めたこと：彼らの秘密[492]【ナーフィウ、イブン・カスィール、アブー・アムル、イブン・アーミル、シュウバ、アブー・ジャアファル、ヤアクーブ】

〔31〕 われらが知る：彼が知り給う【シュウバ】

〔31〕 われらは…試みる：彼は…試み給う【シュウバ】

〔31〕 われらが…試みる：彼が…試み給う【シュウバ】

・第 48 章

---

488 イブン・カスィール等の読誦には、ハフス＆アースィムの読誦には含まれない疑問符['a]が「持ち去り 'adhhab-tum」の前に入る。

489 両読誦共に語根 r-'-y の第Ⅰ型「見る ra'ā」の未完了形であるが、ハフス＆アースィムの読誦では三人称男性単数の受動態で[yurā]と読むのに対し、ナーフィウ等の読誦では二人称男性単数の能動態で[tarā]と読む。前者の場合、「居住地 masākin」を主語として主格で読むが、後者の場合は目的語として対格で読む。なお、後者の読誦の「見ない」の主語の「おまえ」とは預言者ムハンマドのことである。

490 両読誦共に語根 q-t-l の派生形動詞の三人称男性複数の完了形であるが、ハフス＆アースィムの読誦では第Ⅰ型「殺す qatala」の受動態で[qutilū]と読むのに対し、ナーフィウ等の読誦では第Ⅲ型「戦う qātala」の能動態で[qātalū]と読む。

491 両読誦共に語根 w-l-y の第Ⅴ型派生形動詞「背き去る tawallā」の二人称男性複数完了形であるが、ハフス＆アースィムの読誦では能動態で[tawallaytum]と読むのに対し、ルワイスの読誦では受動態で[tuwullītum]と読む。

492 ハフス＆アースィムの読誦では動名詞で「秘めること 'isrār」と読み、ナーフィウ等の読誦では「秘密 sirr」の複数形で['asrār]と読む。

〔9〕 おまえたちが…信じ…援助し…称揚し…讃美する：彼らが…信じ…援助し…称揚し…讃美する【イブン・カスィール、アブー・アムル】

〔10〕 彼(アッラー)は…与え給う：われらは…与える【ナーフィウ、イブン・カスィール、イブン・アーミル、アブー・ジャアファル、ラウフ】

〔17〕 彼(アッラー)は…入れ給う：われらは…入れる【ナーフィウ、イブン・アーミル、アブー・ジャアファル】

〔17〕 彼は…罰し給う：われらは…罰する【ナーフィウ、イブン・アーミル、アブー・ジャアファル】

〔24〕 おまえたちのなすこと：彼らのなすこと【アブー・アムル】

・第 49 章

〔6〕 明白に(検証)せよ：確認せよ[493]【ハムザ、アル＝キサーイー、ハラフ】

〔10〕 兄弟両者：兄弟たち[494]【ヤアクーブ】

〔18〕 おまえたちのなすこと：彼らのなすこと【イブン・カスィール】

・第 50 章

〔1〕 クルアーン：クラーン【イブン・カスィール、ハムザ】

〔30〕 われらが…言い：彼が…言い給い【ナーフィウ、シュウバ】

〔32〕 おまえたちに約束された：彼らに約束された【イブン・カスィール】

〔45〕 クルアーン：クラーン【イブン・カスィール、ハムザ】

・第 51 章

〔23〕 同様に：同様の[495]【シュウバ、ハムザ、アル＝キサーイー、ハラフ】

〔24〕 イブラーヒーム：イブラーハーム【ヒシャーム、イブン・ザクワーン［双］[496]】

〔25〕 平安が：平和が[497]【ハムザ、アル＝キサーイー】

〔46〕 ヌーフの民をも：ヌーフの民にも[498]【アブー・アムル、ハムザ、アル＝キサーイー、ハラフ】

・第 52 章

493　ハフス＆アースィムの読誦では「判別せよ、明白にせよ tabayyanū」と読み、ハムザ等の読誦では「確認せよ tathabbatū」と読む。両者は、意味は近いが語根の異なる単語である。

494　ハフス＆アースィムの読誦では、「兄弟 'akh」の双数形で['akhaway-kum]と読むが、ヤアクーブの読誦では複数形で['ikhwati-kum]と読む。

495　ハフス＆アースィムの読誦では「同様 mithl」を対格で読むが、シュウバ等の読誦では主格で読む。前者の場合、後続の[mā]と連結し「同様に」との意になるのに対し、後者の場合は「同様」が「真実 ḥaqqun」の形容となり、[mā]は虚字として扱われる。

496　*al-'Ashr* では、イブン・ザクワーンは当読誦に分類されない。

497　第 11 章 69 節と同様。

498　ハフス＆アースィムの読誦では「民 qawm」を対格で読むが、アブー・アムル等の読誦では属格で読む。前者の場合、「ヌーフの民 qawm nūḥ」が本章 44 節の「捕らえた 'akhadhat」の目的語となるのに対し、後者の場合、「ヌーフの民」は本章 38 節の「ムーサー mūsā」及び 43 節の「サムード thamūd」と等位となる。

〔21〕 子孫が…後に従った：われらが子孫を…後に従わせた[499]【アブー・アムル】

〔21〕 子孫：子孫［複数形］[500]【ナーフィウ、アブー・アムル、イブン・アーミル、アブー・ジャアファル、ヤアクーブ】

〔28〕 まことに彼は、至善者にして慈悲深い御方：彼は、至善者にして慈悲深い御方であるが故に[501]【ナーフィウ、アル＝キサーイー、アブー・ジャアファル】

・第 53 章

〔11〕 偽らなかった：虚偽とみなさなかった[502]【ヒシャーム、アブー・ジャアファル】

〔12〕 彼と言い争うのか：彼を否認するのか[503]【ハムザ、アル＝キサーイー、ヤアクーブ、ハラフ】

〔19〕 アッラート：アッラーット【ルワイス】

〔20〕 マナート：マナーアト【イブン・カスィール】

〔32〕 大罪：大罪［単数形］【ハムザ、アル＝キサーイー、ハラフ】

〔37〕 イブラーヒーム：イブラーハーム【ヒシャーム、イブン・ザクワーン［双］[504]】

・第 54 章

〔17、22〕クルアーン：クラーン【イブン・カスィール、ハムザ】

〔26〕 彼らは…知るであろう：おまえたちは…知るであろう【イブン・アーミル、ハムザ】

〔32、40〕クルアーン：クラーン【イブン・カスィール、ハムザ】

・第 55 章

〔2〕 クルアーン：クラーン【イブン・カスィール、ハムザ】

〔12〕 穂のある穀物と香草も：穂と香草のある穀物も【ハムザ、アル＝キサーイー、ハラフ】：穂のある穀物と香草をも[505]【イブン・アーミル】

---

499 両読誦共に語根 t-b-ʻ の派生形動詞の完了形であるが、ハフス＆アースィムの読誦では第Ⅷ型「従う ittabaʻa」の三人称女性単数で［wa-(i)ttabaʻat-hum］と読む一方、アブー・アムルの読誦では第Ⅳ型「従わせる 'atbaʻa」の一人称複数で［wa 'atbaʻnā-hum］と読む。前者の場合、「子孫 dhurrīyah」は主語として主格で読むのに対し、後者の場合は目的語として対格で読む(但し、アブー・アムルはこの箇所を複数形で［dhurrīyāt］と読む)。

500 本節には「子孫 dhurrīyah」が二箇所存在するが、両者ともに複数形で［dhurrīyāt］と読むのはアブー・アムル、イブン・アーミル、ヤアクーブであり、ナーフィウとアブー・ジャアファルは後者のみ複数形で読む。

501 ハフス＆アースィムの読誦では '-n を［'inna］と読む一方、ナーフィウ等の読誦では［'anna］と読む。前者は新しい文の開始を意味するが、後者は前置詞「〜故に li'anna」の省略であると言われる。

502 両読誦共に語根 k-dh-b の派生形動詞の三人称男性単数完了形であるが、ハフス＆アースィムの読誦では第Ⅰ型で「偽った kadhaba」と読むのに対し、ヒシャームらの読誦では第Ⅱ型で「虚偽とみなす kadhdhaba」と読む。

503 両読誦共に語根 m-r-y の派生形動詞の二人称男性複数未完了形であるが、ハフス＆アースィムの読誦では第Ⅲ型で「言い争う tumārūna」と読むのに対し、ハムザ等の読誦では第Ⅰ型で「否認する tamrūna」と読む。

504 *al-ʻAshr* では、イブン・ザクワーンは当読誦に分類されない。

505 ハフス＆アースィムの読誦では「穂 al-ʻaṣf」を属格で読み、主格の「穀物 al-ḥabb」に後続する所有詞［dhū］に接続させ、「香草 ar-rayḥān」を主格で読み「穀物」と等位に扱う。ハムザ等の読誦

〔22〕 産出する：産出される【ナーフィウ、アブー・アムル、アブー・ジャアファル、ヤアクーブ】

〔31〕 われらは…向かおう：彼は…向かい給う【ハムザ、アル＝キサーイー、ハラフ】

〔35〕 獄火の炎と溶けた真鍮：獄火と溶けた真鍮の炎[506]【イブン・カスィール、アブー・アムル、ラウフ】

〔78〕 威厳と厚恩を備えたおまえの主の御名に祝福あれ：おまえの主の御名に祝福あれ、威厳と厚恩を備えた御方[507]【イブン・アーミル】

・第56章

〔22〕 円らな瞳の天女も：円らな瞳の天女を持って[508]【ハムザ、アル＝キサーイー、アブー・ジャアファル】

〔66〕 である：であるのか[509]【シュウバ】

〔75〕 場所：場所［単数形］【ハムザ、アル＝キサーイー、ハラフ】

〔77〕 クルアーン：クラーン【イブン・カスィール、ハムザ】

・第57章

〔5〕 帰される：帰す【イブン・アーミル、ハムザ、アル＝キサーイー、ヤアクーブ、ハラフ】

〔8〕 彼（アッラー）はすでにおまえたちの確約を取り給うている：おまえたちの確約はすでに取られている[510]【アブー・アムル】

〔9〕 垂示し給う：下し給う[511]【イブン・カスィール、アブー・アムル、ヤアクーブ】

では「穀物」のみ主格で読み、「穂」と「香草」の双方を［dhū］に属格接続させる。イブン・アーミルの読誦では「穂」のみを属格で読み、「穀物」と「香草」を対格で読むが、それに伴い［dhū］が対格の［dhā］に変化する。イブン・アーミルの読誦における「穀物」と「香草」の対格は、本章10節の「据え給うた」を受けている。

506 ハフス＆アースィムの読誦では、「炎 shuwāẓ」を主格で読み、「獄火 an-nār」が構成要素を示す前置詞［min］に属格でかかり、「溶けた真鍮 nuḥās」を主格で読んで「炎」と等位に並置する。イブン・カスィール等の読誦では、「獄火」と「溶けた真鍮」共に属格で前置詞［min］にかかり、双方を「炎」の構成要素とする。

507 ハフス＆アースィムの読誦では所有詞［dhū］を属格で［dhī］と読み、「威厳と厚恩を備えた御方 dhī al-jalāl wa al-'ikrām」を「おまえの主 rabbi-ka」の言い換えとして扱う。一方のイブン・アーミルの読誦では、［dhū］を主格のまま読む。

508 ハフス＆アースィムの読誦では「円らな瞳の天女 ḥūr 'īn」を主格で［ḥūrun 'īnun］と読むのに対し、ハムザ等の読誦では属格で［ḥūrin 'īnin］と読む。後者の場合、「天女」は本章20節の「果物 fākihah」、及び21節の「鳥の肉 laḥm ṭayr」と等位に扱われる。

509 シュウバの読誦では、文頭にハフス＆アースィムの読誦には含まれない疑問符［'a］が挿入される。

510 両読誦共に語根 '-kh-dh の第Ⅰ型「取る 'akhadha」の三人称男性単数完了形であるが、ハフス＆アースィムの読誦では能動態で［'akhadha］と読み、アブー・アムルの読誦では受動態で［'ukhidha］と読む。前者の場合、「確約 mīthāq」を目的語として主格で読むのに対し、後者の場合は主語として主格で読む。

511 両読誦共に語根 n-z-l の派生形動詞の三人称男性単数未完了形であるが、ハフス＆アースィムの読誦では第Ⅱ型で［yunazzilu］と読むのに対し、イブン・カスィール等の読誦では第Ⅳ型で［yunzilu］と読む。語根 n-z-l の第Ⅱ型及び第Ⅳ型派生形動詞の意味的相違については第2章90節注参照。

〔16〕 下った：彼が下し給うた[512]【イブン・カスィール、アブー・アムル、イブン・アーミル、シュウバ、ハムザ、アル＝キサーイー、アブー・ジャアファル、ラウフ、ルワイス[双]、ハラフ】

〔18〕 喜捨をなす男たちと喜捨をなす女たち：固く信ずる男と固く信ずる女[513]【イブン・カスィール、シュウバ】

〔23〕 彼が与え給うたもの：やって来たもの[514]【アブー・アムル】

〔24〕 彼こそ：[無][515]【ナーフィウ、イブン・アーミル、アブー・ジャアファル】

〔26〕 イブラーヒーム：イブラーハーム【ヒシャーム、イブン・ザクワーン[双]】

・第58章

〔11〕 集会：集会[単数形]【ナーフィウ、イブン・カスィール、アブー・アムル、イブン・アーミル、ハムザ、アル＝キサーイー、アブー・ジャアファル、ヤアクーブ、ハラフ】

・第59章

〔7〕 持ち回りとならないためである：持ち回りがないためである[516]【ヒシャーム、アブー・ジャアファル】

〔14〕 囲い：囲い[単数形]【イブン・カスィール、アブー・アムル】

〔21〕 クルアーン：クラーン【イブン・カスィール、ハムザ】

・第60章

〔3〕 彼(アッラー)はおまえたちの間を分別(裁定)し給う：おまえたちの間は分別される[517]【ナーフィウ、イブン・カスィール、アブー・アムル、イブン・アーミル、アブー・ジャアファル】

512　両読誦共に語根 n-z-l の派生形動詞の三人称男性単数完了形であるが、ハフス＆アースィムの読誦では第Ⅰ型で[nazala]と読むのに対し、イブン・カスィール等の読誦では第Ⅱ型で[nazzala]と読む。[nazala]が自動詞であるのに対し[nazzala]は他動詞であり、その主語はアッラーとなる。

513　ハフス＆アースィムの読誦では「喜捨をなす男たち al-muṣṣaddiqīna」、「喜捨をなす女たち al-muṣṣaddiqāt」と読むが、イブン・カスィール等の読誦では「固く信ずる男たち al-muṣaddiqīna」、「固く信ずる女たち al-muṣaddiqāt」と読む。

514　両読誦共に語根 '-t-y の派生形動詞だが、ハフス＆アースィムの読誦では第Ⅳ型「与える 'ātā」と読み、アブー・アムルの読誦では第Ⅰ型で「やって来る 'atā」と読む。

515　ナーフィウ等の読誦には、ハフス＆アースィムの読誦において「アッラー Allāh」に後続する「彼 huwa」が存在しない。

516　ハフス＆アースィムの読誦では「持ち回り dūlah」を対格で読むのに対し、ヒシャーム等の読誦では主格で読む。また、アブー・ジャアファルの読誦ではハフス＆アースィムの読誦において[yakūna]と読む箇所を[takūna]と読み、ヒシャームに関しては[yakūna]、[takūna]双方の読み方が伝えられる。ヒシャーム等の読誦の場合、[takūna]が存在の自動詞として扱われる。

517　全ての読誦は語根 f-ṣ-l の派生形動詞の三人称男性単数未完了形であるが、ハフス＆アースィムの読誦では第Ⅰ型で[yafṣilu]と読む一方、イブン・アーミルの読誦では第Ⅱ型の受動態で[yufaṣṣalu]と読み、ナーフィウ、イブン・カスィール、アブー・アムル、アブー・ジャアファルの読誦では第Ⅰ型の受動態で[yufṣalu]と読む。但し、イブン・アーミルの伝承者であるヒシャームに関しては、[yufaṣṣalu]と[yufṣalu]双方の読誦が伝えられる。

〔4〕　イブラーヒーム：イブラーハーム【ヒシャーム、イブン・ザクワーン［双］[518]】

・第 61 章

〔6〕　魔術：魔術師[519]【ハムザ、アル＝キサーイー、ハラフ】

〔8〕　その御光の完成者：その御光を完成し給う御方[520]【ナーフィウ、アブー・アムル、イブン・アーミル、シュウバ、アブー・ジャアファル、ヤアクーブ】

〔14〕アッラーの（宗教の）援助者となれ：アッラーのために援助者となれ[521]【ナーフィウ、イブン・カスィール、アブー・アムル、アブー・ジャアファル】

・第 62 章

本章には、意味の相違を生む諸読誦間の差異は存在しない。

・63 章

〔11〕おまえたちのなすこと：彼らのなすこと【シュウバ】

・第 64 章

〔9〕　彼が…集め給う：われらが…集める【ヤアクーブ】

〔9〕　彼（アッラー）は…帳消しにし…入れ給う：われらは…帳消しにし…入れる【ナーフィウ、イブン・アーミル、アブー・ジャアファル】

・第 65 章

〔1〕　明白な：明白な[522]【イブン・カスィール、シュウバ】

〔3〕　彼の御意の完遂者：彼の御意を完遂し給う御方[523]【ナーフィウ、イブン・カスィール、アブー・アムル、イブン・アーミル、シュウバ、ハムザ、アル＝キサーイー、アブー・ジャアファル、ヤアクーブ、ハラフ】

〔11〕明かして：明かして[524]【ナーフィウ、イブン・カスィール、アブー・アムル、シュウバ、アブー・ジャアファル、ヤアクーブ】

〔11〕彼（アッラー）は…入れ給い：われらは…入れ【ナーフィウ、イブン・アーミル、ア

518　*al-'Ashr* では、イブン・ザクワーンは当読誦に分類されていない。

519　第 5 章 110 節と同様。

520　ハフス＆アースィムの読誦では「完成者 mutimm」を非タンウィーンの主格で読み、「その御光 nūr-h」を属格で［nūri-hi］と接続させて読む。一方のナーフィウ等の読誦では、「完成者」をタンウィーンの主格で［mutimmun］と読み、「その御光」をその目的語として対格で［nūra-hu］と読む。

521　ハフス＆アースィムの読誦では「援助者 'anṣār」に「アッラー Allāh」を属格接続させるのに対し、ナーフィウ等の読誦では「援助者」をタンウィーンの対格で［'anṣāran］と読み、ハフス＆アースィムの読誦において「アッラー Allāh」と読む箇所を「アッラーのために li-llāh」と読む。

522　ハフス＆アースィムの読誦では［mubayyinah］と読み、イブン・カスィール等の読誦では［mubayyanah］と読む。意味的相違については第 24 章 34 節注を参照。

523　ハフス＆アースィムの読誦では「完遂者 bāligh」を非タンウィーンの主格で読み、「彼の御意 'amr-h」を属格で［'amri-hi］と接続させて読む。一方のナーフィウ等の読誦では、「完遂者」をタンウィーンの主格で［bālighun］と読み、「彼の御意」をその目的語として対格で［'amra-hu］と読む。

524　第 24 章 34 節と同様。

ブー・ジャアファル】

・第 66 章

〔3〕 彼(預言者ムハンマド)は(ハフサに)その一部は知らせ：彼はその一部を知り[525]【アル＝キサーイー】

〔4〕 ジブリール：ジャブリール【イブン・カスィール】：ジャブライール【シュウバ、ハムザ、アル＝キサーイー、ハラフ】：ジャブライル【シュウバ】

〔12〕 諸啓典：啓典[単数形]【ナーフィウ、イブン・カスィール、イブン・アーミル、シュウバ、ハムザ、アル＝キサーイー、アブー・ジャアファル、ハラフ】

・第 67 章

〔27〕 おまえたちが…主張して：おまえたちが…要求して[526]【ヤアクーブ】

〔29〕 おまえたちは…知るであろう：彼らは…知るであろう【アル＝キサーイー】

・第 68 章

〔14〕 …持っていること(故に)：…持っていること(故に)か[527]【イブン・アーミル、シュウバ、ハムザ、アブー・ジャアファル、ヤアクーブ】

・第 69 章

〔9〕 彼以前の者：彼の側の者[528]【アブー・アムル、アル＝キサーイー、ヤアクーブ】

〔41〕 おまえたちは…信じない：彼らは…信じない【イブン・カスィール、ヒシャーム、イブン・ザクワーン[双]、ヤアクーブ】

〔42〕 おまえたちは…留意しない：彼らは…留意しない【イブン・カスィール、ヒシャーム、イブン・ザクワーン[双]、ヤアクーブ】

・第 70 章

〔10〕 近しい者(近親)も近しい者(近親)を尋ねない：近しい者が近しい者として尋ねられない[529]【アル＝バッズィー［双]、アブー・ジャアファル】

---

525 両読誦共に語根 ‘-r-f の派生形動詞の三人称男性単数完了形であるが、ハフス＆アースィムの読誦では第Ⅱ型で「知らせた ‘arrafa」と読み、アル＝キサーイーの読誦では第Ⅰ型で「知った ‘arafa」と読む。

526 ハフス＆アースィムの読誦では[tadda‘ūn]と読み、ヤアクーブの読誦では[tad‘ūn]と読む。前者は、一説によれば「主張 da‘wā」、別の説では「要求 du‘ā’」の派生動詞である。一つ目の説を採った場合、両読誦間に意味的相違が生じる。

527 イブン・アーミル等の読誦では、ハフス＆アースィムの読誦には含まれない疑問符['a]が文頭に挿入される。

528 ハフス＆アースィムの読誦では前置詞[min]の次の q-b-l を[qabla]と読む一方、アブー・アムル等の読誦では[qibala]と読む。

529 両読誦共に語根 s-'-l の第Ⅰ型「尋ねる sa'ala」の三人称男性単数未完了形であるが、ハフス＆アースィムの読誦では能動態で[yas'alu]と読む一方、アル＝バッズィー等の読誦では受動態で[yus'alu]と読む。後者の場合、尋ねられるのは最初の「近しい者 ḥamīmun」で、後続の「近しい者 ḥamīman」は属性を示す副詞として機能する。

〔11〕 罪人は己の子供たちによってその日の懲罰から：罪人はその日、己の子供たちによって懲罰から[530]【ナーフィウ、アル＝キサーイー、アブー・ジャアファル】

〔32〕 信託物：信託物[単数形]【イブン・カスィール】

〔33〕 証言：証言[単数形]【ナーフィウ、イブン・カスィール、アブー・アムル、イブン・アーミル、シュウバ、ハムザ、アル＝キサーイー、アブー・ジャアファル、ハラフ】

・第71章

本章には、意味の相違を生む諸読誦間の差異は存在しない。

・第72章

〔1〕 クルアーン：クラーン【イブン・カスィール、ハムザ】

〔17〕 彼(アッラー)は…入れ給う：われらは…入れる【ナーフィウ、イブン・カスィール、アブー・アムル、イブン・アーミル、アブー・ジャアファル】

〔20〕 言え：彼は言った[531]【ナーフィウ、イブン・カスィール、アブー・アムル、イブン・アーミル、アル＝キサーイー、ヤアクーブ、ハラフ】

〔28〕 知り給う：知らされる[532]【ルワイス】

・第73章

〔4〕 クルアーン：クラーン【イブン・カスィール、ハムザ】

〔6〕 平坦で：一致し[533]【アブー・アムル、イブン・アーミル】

〔9〕 東と西の主：東と西の主の[御名を][534]【イブン・アーミル、シュウバ、ハムザ、アル＝キサーイー、ヤアクーブ、ハラフ】

〔20〕 夜の三分の二未満 、そして半分、そして三分の一：夜の、そしてその半分の、そしてその三分の一の三分の二[535]【ナーフィウ、アブー・アムル、イブン・アーミル、アブー・ジャアファル、ヤアクーブ】

530　ハフス＆アースィムの読誦では[yawmi'idhin]とミーム(m)の母音をカスラ(i)で読むが、ナーフィウ等の読誦では[yawma'idhin]とミーム(m)の母音をファトハ(a)で読む。前者の場合、「その日」が「懲罰 ‘adhāb」に属格接続されるニュアンスが強いのに対し、後者の場合は副詞的なニュアンスが強い。

531　両読誦共に語根 q-w-l の第Ⅰ型「言う qāla」であるが、ハフス＆アースィムの読誦では単数に対する命令形で[qul]と読むのに対し、ナーフィウ等の読誦では三人称男性単数完了形で[qāla]と読む。

532　両読誦共に語根 ‘-l-m の派生形動詞の三人称男性単数未完了接続形であるが、ハフス＆アースィムの読誦では第Ⅰ型の能動態で[ya‘lama]と読むのに対し、ルワイスの読誦では第Ⅳ型の受動態で[yu‘lama]と読む。

533　ハフス＆アースィムの読誦で「平坦 waṭ'an」と読む箇所をアブー・アムル等の読誦では「一致 wiṭā'an」と読む。後者は、クルアーンを読誦する舌とそれを聞く耳に、心が一致するとの意である。

534　ハフス＆アースィムの読誦では「主 rabb」を主格で読むが、イブン・アーミル等の読誦では属格で読み、前節の「おまえの主 rabbi-ka」の言い換えとなる。

535　ハフス＆アースィムの読誦では「半分 niṣf」と「三分の一 thuluth」双方を対格で読み「夜の三分の二近く 'adnā min thuluthay al-layl」と等位に扱うのに対し、ナーフィウ等の読誦では両者を属格で読み、「夜」と等位で「三分の二」に属格接続させる。

〔20〕 クルアーン：クラーン【イブン・カスィール、ハムザ】

・第 74 章

〔5〕 不浄(偶像)：懲罰[536]【ナーフィウ、イブン・カスィール、アブー・アムル、イブン・アーミル、ハムザ、アル＝キサーイー、ハラフ】

〔50〕 驚いて：驚かされて【ナーフィウ、イブン・アーミル、アブー・ジャアファル】

〔56〕 彼らは心に留めない：おまえたちは心に留めない【ナーフィウ】

・第 75 章

〔20〕 おまえたち(不信仰者)は…愛し：彼らは…愛し【イブン・カスィール、アブー・アムル、イブン・アーミル、ヤアクーブ】

〔21〕 [おまえたちは]なおざりにする：彼らはなおざりにする【イブン・カスィール、アブー・アムル、イブン・アーミル、ヤアクーブ】

・第 76 章

〔23〕 クルアーン：クラーン【イブン・カスィール、ハムザ】

〔30〕 おまえたちは…望むことはない：彼らは…望むことはない【イブン・カスィール、アブー・アムル、イブン・アーミル[双]】

・第 77 章

〔23〕 われらは定めた：われらは定めた[537]【ナーフィウ、アル＝キサーイー、アブー・ジャアファル】

〔30〕 赴け：彼らは赴いた[538]【ルワイス】

・第 78 章

〔35〕 嘘つき呼ばわり：嘘[539]【アル＝キサーイー】

〔37〕 諸天と地とその間のものの主、慈悲あまねき御方(からの報いとして)：諸天と地とその間のものの主は、慈悲あまねき御方である【ナーフィウ、イブン・カスィール、アブー・アムル、アブー・ジャアファル】：諸天と地とその間のものの主[からの報いとして]。慈悲あまねき御方である[540]【ハムザ、アル＝キサーイー、ハラフ】

536　ハフス＆アースィムの読誦では[az-zujr]と読む箇所を、ナーフィウ等の読誦では[az-zijr]と読む。前者は偶像の名であるが、後者は「懲罰 al-‘adhāb」を意味する。

537　両読誦共に語根 q-d-r の派生形動詞の一人称複数完了形であるが、ハフス＆アースィムの読誦では第Ⅰ型で[qadarnā]と読むのに対し、ナーフィウ等の読誦では第Ⅱ型で[qaddarnā]と読む。前者の意味は「能力 qudrah」に由来し、後者の意味は「決定 qadar」に由来する。

538　両読誦共に語根 ṭ-l-q の派生形動詞第Ⅶ型「赴く inṭalaqa」であるが、ハフス＆アースィムの読誦では複数に対する命令形で[inṭaliqū]と読むのに対し、ルワイスの読誦では三人称男性複数完了形で[inṭalaqū]と読む。

539　ハフス＆アースィムの読誦では「嘘つき呼ばわり kidhdhāban」、アル＝キサーイーの読誦では「嘘 kidhāban」と読む。

540　ハフス＆アースィムの読誦では、「主 rabb」を前節の「おまえの主 rabbi-ka」の言い換えとして

・第 79 章

〔45〕 それ(かの時)を懼れる者への警告者：それを懼れる者に警告する者[541]【アブー・ジャアファル】

・第 80 章

本章には、意味の相違を生む諸読誦間の差異は存在しない。

・第 81 章

〔9〕 殺された：惨殺された[542]【アブー・ジャアファル】

〔24〕 出し惜しみする者：疑わしい者[543]【イブン・カスィール、アブー・アムル、アル＝キサーイー、ルワイス】

・第 82 章

〔9〕 おまえたちは…嘘と否定する：彼らは…嘘と否定する【アブー・ジャアファル】

〔19〕 …持たない日：…持たない日である[544]【イブン・カスィール、アブー・アムル、ヤアクーブ】

・第 83 章

〔24〕 おまえは彼らの顔に至福の輝きを認める：彼らの顔に至福の輝きが認められる[545]【アブー・ジャアファル、ヤアクーブ】

・第 84 章

〔21〕 クルアーン：クラーン【イブン・カスィール】

・第 85 章

属格で読み、「慈悲深い御方 ar-raḥmān」も「主」の言い換えとして属格で読む。ナーフィウ等の読誦では「主」、「慈悲深い御方」共に主格で読み、両者が主語と述語の関係になる。ハムザ等の読誦では「主」のみを属格で読み前節の「おまえの主」の言い換えとし、「慈悲深い御方」は主格で読むが、これは省略された主語「彼は huwa」の述語と解される。

541　ハフス＆アースィムの読誦では「警告者 mundhir」を非タンウィーンの主格で[mundhiru]と読み、「それを懼れる者 man yakhshā-hā」を属格接続させる。一方アブー・ジャアファルの読誦では「警告者」をタンウィーンの主格で[mundhirun]と読み、「それを懼れる者」をその目的語として対格としてつなげる。

542　第 3 章 168 節参照。

543　ハフス＆アースィムの読誦では「出し惜しみする者 ḍanīn」、イブン・カスィール等の読誦では「疑わしい者 ẓanīn」と読む。

544　ハフス＆アースィムの読誦では「日 yawm」を非タンウィーンの対格で[yawma]と読み、イブン・カスィール等の読誦では主格で[yawmu]と読む。

545　両読誦共に語根 ‘-r-f の第 I 型「知る ‘arafa」の未完了形であるが、ハフス＆アースィムの読誦では二人称男性単数で[ta‘rifu]と読むのに対し、アブー・ジャアファル等の読誦では三人称女性単数の受動態で[tu‘rafu]と読む。前者の場合、「輝き naḍrah」を目的語として対格で読み、後者の場合は主語として主格で読む。

〔15〕 高御座の主、寛大な御方：栄光ある高御座の主[546]【ハムザ、アル＝キサーイー、ハラフ】

〔21〕 クルアーン：クラーン【イブン・カスィール、ハムザ】

〔22〕「護持された書板」の中にある：書板の中に護持されている[547]【ナーフィウ】

・第86章

〔4〕 どの魂もその上に監視者(記録天使) がいないものはない：まことに、どの魂もその上に監視者(記録天使)がいる[548]【ナーフィウ、イブン・カスィール、アブー・アムル、アル＝キサーイー、ヤアクーブ、ハラフ】

・第87章

〔16〕 おまえたちは…優先する：彼らは…優先する【アブー・アムル】

・第88章

〔11〕 戯れ言を聞くことはなく：戯れ言が聞かれることはなく[549]【ナーフィウ、イブン・カスィール、アブー・アムル、ルワイス】

・第89章

〔17、18、19、20〕おまえたちは…厚遇しない…奨励しない…むさぼり食らう…愛する：彼らは…厚遇しない…奨励しない…むさぼり食らう…愛する【アブー・アムル、ラウフ[双]、ルワイス】

〔25〕 罰する：罰される[550]【アル＝キサーイー、ヤアクーブ】

〔26〕 束縛する：束縛される[551]【アル＝キサーイー、ヤアクーブ】

・第90章

---

546 ハフス＆アースィムの読誦では「寛大な al-majīd」を主格で読み「主 dhū」の形容とするのに対し、ハムザ等の読誦では属格で読み「高御座 al-‘arsh」の形容(栄光ある)とする。

547 ハフス＆アースィムの読誦では「護持された maḥfūẓ」を属格で読み「書版 lawḥ」の形容とするのに対し、ナーフィウの読誦では主格で読み前節の「クルアーン qur'ān」の形容とする。

548 第43章35節と同様。

549 両読誦共に語根 s-m-‘ の派生形動詞第Ⅰ型「聞く sami‘a」の未完了形であるが、ハフス＆アースィムの読誦では二人称男性単数で[tasma‘u]と読み、「戯れ言 lāghiyah」をその目的語として対格で読む。一方ナーフィウの読誦では三人称女性単数の受動態で[tusma‘u]と読み、「戯れ言」をその主語として主格で読む。イブン・カスィール、アブー・アムル、ルワイスの読誦では三人称男性単数の受動態で[yusma‘u]と読むが、文の意味はナーフィウの読誦に等しい。

550 両読誦共に語根 ‘-dh-b の第Ⅱ型派生形動詞「罰する ‘adhdhaba」の三人称男性単数の未完了形であるが、ハフス＆アースィムの読誦では能動態で[yu‘adhdhibu]と読むのに対し、アル＝キサーイー等の読誦では受動態で[yu‘adhdhabu]と読む。前者の場合の主語は「アッラー」であるが、後者の場合の主語は「不信仰者」である。同節の「彼の懲罰」の「彼」の意味も同様である。

551 両読誦共に語根 w-th-q の第Ⅳ型派生形動詞「束縛する 'awthaqa」の三人称男性単数の未完了形であるが、ハフス＆アースィムの読誦では能動態で[yūthiqu]と読むのに対し、アル＝キサーイー等の読誦では受動態で[yūthaqu]と読む。前者の場合の主語は「アッラー」であるが、後者の場合の主語は「不信仰者」である。同節の「彼の束縛」の「彼」の意も同様である。

〔13〕（それは）奴隷の解放：彼は奴隷を解放した[552]【イブン・カスィール、アブー・アムル、アル＝キサーイー】

〔14〕食べさせること：彼は食べさせた[553]【イブン・カスィール、アブー・アムル、アル＝キサーイー】

・第 91 章

〔15〕そして、彼（アッラー）はその末路など気にかけ給わない：彼（アッラー）はその末路など気にかけ給わないが故に[554]【ナーフィウ、イブン・アーミル、アブー・ジャアファル】

・第 92 章

本章には、意味の相違を生む諸読誦間の差異は存在しない。

・第 93 章

本章には、意味の相違を生む諸読誦間の差異は存在しない。

・第 94 章

本章には、意味の相違を生む諸読誦間の差異は存在しない。

・第 95 章

本章には、意味の相違を生む諸読誦間の差異は存在しない。

・第 96 章

本章には、意味の相違を生む諸読誦間の差異は存在しない。

・第 97 章

〔5〕暁が明けるまで：暁が明けるまで[555]【アル＝キサーイー、ハラフ】

・第 98 章

本章には、意味の相違を生む諸読誦間の差異は存在しない。

552　ハフス＆アースィムの読誦では f-k を名詞で「解放 fakk」と読み「奴隷 raqabah」を属格接続させるのに対し、イブン・カスィール等の読誦では動詞で「解放した fakka」と読み「奴隷」をその目的語として対格で読む。

553　ハフス＆アースィムの読誦では語根 ṭ-‘-m の第Ⅳ型派生形動詞「食べさせる ’aṭ‘ama」の動名詞で[’iṭ‘ām]と読むのに対し、イブン・カスィール等の読誦では動詞で[’aṭ‘ama]と読む。

554　ハフス＆アースィムの読誦における付帯の接続詞[wa]の箇所を、ナーフィウ等の読誦では因果関係を示す接続詞[fa]で読む。

555　ハフス＆アースィムの読誦では m-ṭ-l-‘ を[maṭla‘]と読む一方、アル＝キサーイーらの読誦では[maṭli‘]と読む。前者は動名詞で、後者は一般名詞である。あるいは、前者が「暁が昇ること」を意味し、後者が「暁が昇る場所」を意味するとも言われる。

・第 99 章
本章には、意味の相違を生む諸読誦間の差異は存在しない。

・第 100 章
本章には、意味の相違を生む諸読誦間の差異は存在しない。

・第 101 章
本章には、意味の相違を生む諸読誦間の差異は存在しない。

・第 102 章
〔6〕　見る：見せられる【イブン・アーミル、アル＝キサーイー】

・第 103 章
本章には、意味の相違を生む諸読誦間の差異は存在しない。

・第 104 章
本章には、意味の相違を生む諸読誦間の差異は存在しない。

・第 105 章
本章には、意味の相違を生む諸読誦間の差異は存在しない。

・第 106 章
本章には、意味の相違を生む諸読誦間の差異は存在しない。

・第 107 章
本章には、意味の相違を生む諸読誦間の差異は存在しない。

・第 108 章
本章には、意味の相違を生む諸読誦間の差異は存在しない。

・第 109 章
本章には、意味の相違を生む諸読誦間の差異は存在しない。

・第 110 章
本章には、意味の相違を生む諸読誦間の差異は存在しない。

・第 111 章
〔1〕　アブー・ラハブ：アブー・ラフブ[556]【イブン・カスィール】

556　ハフス＆アースィムの読誦では[’abī lahab]と読むが、イブン・カスィールの読誦では[’abī lahb]

〔4〕 彼の妻もまた(火に焼け)、薪を運んで：薪を運ぶ彼の妻もまた[557]【ナーフィウ、イブン・カスィール、アブー・アムル、イブン・アーミル、ハムザ、アル＝キサーイー、アブー・ジャアファル、ヤアクーブ、ハラフ】

・第 112 章
本章には、意味の相違を生む諸読誦間の差異は存在しない。

・第 113 章
本章には、意味の相違を生む諸読誦間の差異は存在しない。

・第 114 章
本章には、意味の相違を生む諸読誦間の差異は存在しない。

と読む。

557 ハフス＆アースィムの読誦では「運ぶ ḥammālah」を対格で読み状態を表す副詞として扱うのに対し、ナーフィウ等の読誦では主格で読み「彼の妻 imra'tu-hu」の形容とする。

索　引

ア行

カ行

サ行

タ行

ナ行

ハ行

マ行

ヤ行

ラ行

ワ行

【略歴】

■監修者

中田　考

1960年岡山県生まれ。東京大学文学部卒業。東京大学大学院人文科学研究科修士課程修了。カイロ大学大学院文学部哲学科博士課程修了（哲学　博士）。クルアーン釈義免状取得、ハナフィー派法学修学免状取得。在サウジアラビア日本国大使館専門調査員、山口大学教育学部助教授、同志社大学神学部教授、日本ムスリム協会理事などを歴任。現在、イブン・ハルドゥーン大学（在トルコ）客員教授。
主な著作に、『イスラーム学』（作品社、2020年）、『イスラーム入門』（集英社、2017年）、『帝国の復興と啓蒙の未来』（太田出版、2017年）、主な翻訳に『イブン・タイミーヤ政治論集』（2017年、作品社）など。

■訳者・著者

中田香織

1961年静岡県生まれ。静岡大学文学部卒業（仏文学専攻）。京都大学文学研究科修士課程修了。パリ大学文学部修士課程修了。2008年逝去。著書『イスラームの息吹の中で』（泰流社、1997年）

下村佳州紀

1975年東京都生まれ。東洋大学社会学部社会学科卒業。アブン＝ヌール学院（在ダマスカス）客員研究員、在イエメン日本国大使館専門調査員、在シリア日本国大使館専門調査員、同志社大学一神教学際研究センター共同研究員、愛知県立大学非常勤講師等を経て、現在、黎明イスラーム学術・文化振興会代表理事、名古屋市立大学非常勤講師、名古屋外国語大学非常勤講師。本書クルアーンへの貢献等に関しイスラーム学広宣単科大学（在レバノン）にて名誉博士号を授与された。

松山洋平

1984年、静岡県生まれ。東京外国語大学外国語学部卒業、同大学大学院総合国際学研究科博士後期課程修了。博士（学術）。専門はイスラーム思想。著書に『イスラーム神学』（作品社）、『イスラーム思想を読みとく』（筑摩書房）など。現在、東京大学大学院人文社会系研究科准教授。

■責任編集

黎明イスラーム学術・文化振興会

平成21年に一般社団法人として設立。本邦で馴染みの薄いイスラーム関連の翻訳・執筆などの活動を行う。本訳書に関しては編集協力や出版助成などを行った。

ترجمة معاني القرآن الكريم باللغة اليابانية
حسب القراءات العشر المتواترة وبحاشيته شرح لمعاني الآيات

إشراف: الأستاذ الدكتور حسن كو ناكاتا

فريق الترجمة: حبيبة كاؤوري ناكاتا

الدكتور حامد كازوكي شيمومورا

الدكتور مجاهد يوهيه ماتسوياما (مع مقدمة عن علم القراءات)

المراجعة: الدكتور محمد عبد الرؤوف جباصيني

مسؤول التحرير: جمعية ريمي (الفجر) لنشر علوم الإسلام وثقافته

日亜対訳　クルアーン

［付］　訳解と正統十読誦注解

2014年 8 月 5 日第 1 刷発行
2025年 2 月 25 日第 12 刷発行

監　修　中田考
訳　中田香織、下村佳州紀
「クルアーン正統十読誦注解」著・訳　松山洋平
責任編集　黎明イスラーム学術・文化振興会

発行者　福田隆雄
発行所　株式会社作品社
〒102-0072　東京都千代田区飯田橋 2-7-4
Tel 03-3262-9753 Fax 03-3262-9757
https://www.sakuhinsha.com
振替口座 00160-3-27183

装　幀　小川惟久
本文組版　有限会社閏月社
クルアーン亜文　データ加工・編集　日向工房
印刷・製本　シナノ印刷(株)

Printed in Japan
落丁・乱丁本はお取替えいたします
定価はカバーに表示してあります
ISBN978-4-86182-471-5 C0014